Sciences économiques et sociales
Nouveau manuel

TROISIÈME ÉDITION

Sciences économiques et sociales
Nouveau manuel

TROISIÈME ÉDITION

Terminale ES

Sous la direction de
Pascal Combemale
et Jean-Paul Piriou

La Découverte
9 *bis*, rue Abel-Hovelacque
75013 Paris

Secrétariat d'édition	Hélène Kloeckner, Stéphanie Pezet
Mise en page	Nord Compo
Couverture	Didier Gonord
Infographie	Nord Compo
Dessins	Plantu (dessins parus dans *Le Monde* et *L'Express*)
Fabrication	Andreas Streiff

ISBN 2-7071-4031-7

SOMMAIRE

Direction et coordination

Pascal Combemale, professeur de sciences économiques et sociales au lycée Henri-IV (Paris).

Jean-Paul Piriou, maître de conférences en économie à l'université Paris-I.

Dossiers

Romain Gény, Thierry Jean, Christian Laval, Aline Mignan, Hervé Moreau et Christiane Padiolleau, professeurs de sciences économiques et sociales aux lycées Pablo-Picasso (Avion, Pas-de-Calais), Romain-Rolland (Argenteuil, Val d'Oise), Saint-John-Perse (Pau, Pyrénées-Atlantiques), Turgot (Paris).

Textes originaux

Anne Amiel, professeur de philosophie en classes préparatoires.

Françoise Benhamou, économiste, professeur à l'université de Rouen et à l'École nationale du patrimoine, chercheur au MATISSE (université Paris-I-Panthéon-Sorbonne).

Serge Bosc, agrégé de sciences sociales, enseignant de sociologie à l'université Paris-VIII.

Pierre Bourdieu (1930-2002), sociologue, professeur au Collège de France.

Robert Boyer, économiste, directeur de recherche au CNRS (CEPREMAP), directeur d'études à l'EHESS.

Robert Castel, sociologue, directeur d'études à l'EHESS.

Louis Chauvel, sociologue, maître de conférences des universités à l'IEP de Paris, chercheur à l'OFCE et à l'OSC.

Christian Chavagneux, journaliste au mensuel *Alternatives économiques*, rédacteur en chef de la revue *L'Économie politique*, chercheur associé au Center for Global Political Economy de l'université du Sussex.

Catherine Colliot-Thélène, professeur des universités et directrice du Centre Marc Bloch à Berlin.

Denys Cuche, maître de conférences en ethnologie à l'université Paris-V-Sorbonne.

Daniel Diatkine, professeur d'économie à l'université d'Évry-Val-d'Essonne, directeur du PHARE (CNRS, Paris-I, Paris-X).

Jacques Freyssinet, professeur émérite d'économie à l'université Paris-I-Panthéon-Sorbonne, ancien directeur de l'IRES, président du Conseil scientifique du Centre d'études de l'emploi.

Jean Gadrey, professeur d'économie à l'université Lille-I, chercheur au CLERSE.

Bernard Gazier, professeur d'économie à l'université Paris-I-PanthéonSorbonne, chercheur au MATISSE (université Paris-I et CNRS).

Dominique Guellec, économiste dans une organisation internationale.

Dominique Merllié, professeur de sociologie à l'université Paris-VIII, chercheur au Centre de sociologie de l'éducation et de la culture (EHESS et CNRS).

Françoise Milewski, économiste, maître de conférences à l'IEP de Paris, rédactrice en chef des publications de l'OFCE.

Érik Neveu, professeur de sciences politiques à l'IEP de Rennes, directeur du Centre de recherches administratives et politiques (unité associée au CNRS) à l'université Rennes-I.

Thomas Piketty, économiste, directeur d'études à l'EHESS, chercheur au CNRS (CEPREMAP).

Jean Pisani-Ferry, économiste, professeur associé à l'université Paris-IX-Dauphine.

Dominique Plihon, professeur d'économie à l'université Paris-Nord, membre du CAE, président du Conseil scientifique d'ATTAC.

Michel Rainelli, professeur d'économie à l'université de Nice-Sophia-Antipolis, directeur du LATAPSES.

Philippe Steiner, économiste et sociologue, professeur de sociologie à l'université Lille-III.

Organismes cités ■ **CAE** : Conseil d'analyse économique • **CEPREMAP** : Centre d'études prospectives d'économie mathématique appliquée à la planification • **CLERSE** : Centre lillois d'études et de recherches sociologiques et économiques • **CNRS** : Centre national de la recherche scientifique • **EHESS** : École des hautes études en sciences sociales • **IEP** : Institut d'études politiques • **IRES** : Institut de recherche économique et sociales • **LATAPSES** : Laboratoire « Analyse des transformations de l'appareil productif et des stratégies économiques sectorielles » • **MATISSE** : Modélisation appliquée, trajectoires institutionnelles et stratégies socioéconomiques • **OFCE** : Observatoire français des conjonctures économiques • **OSC** : Observatoire sociologique du changement • **PHARE** : Pôle d'histoire de l'analyse et des représentations économiques

Les titres et intertitres sont la responsabilité de l'éditeur

TABLE DES MATIÈRES

DEUXIÈME PARTIE
LE CHANGEMENT SOCIAL

TROISIÈME PARTIE
LES ENJEUX DE LA MONDIALISATION

POUR ALLER PLUS LOIN

Chapitre introductif

DÉVELOPPEMENT ET CHANGEMENT SOCIAL EN PERSPECTIVE

Pascal Combemale

Nouveau manuel, mode d'emploi

Ce *Nouveau manuel* a été réalisé par des professeurs de lycée, des universitaires et des chercheurs, économistes et sociologues, qui ont travaillé ensemble pour vous. Leur objectif ? Ils ont le même que votre professeur : vous aider à réussir votre terminale, pas seulement dans la perspective de l'examen mais aussi pour vous préparer efficacement à vos études supérieures.

En sciences économiques et sociales, la difficulté principale provient paradoxalement du fait que chacun possède spontanément un savoir sur l'univers social auquel il appartient. Non seulement il a déjà une idée personnelle sur tel ou tel problème (le chômage, la famille, l'immigration, etc.), mais il trouve exposées dans les médias toutes sortes de points de vue sans qu'il soit possible *a priori* de distinguer ce qui relève de l'opinion et ce qui relève du discours (ou du débat) scientifique. En général les économistes et les sociologues amateurs, voire les charlatans, ne manquent pas. Vous trouverez au début de tous les chapitres de ce manuel des textes qui n'ont pas été rédigés par des amateurs ou des charlatans, mais par des spécialistes reconnus de chacune des questions au programme.

Qu'apporte chacun de ces textes en plus de cette garantie essentielle de rigueur intellectuelle ?

1. Il permet de hiérarchiser les connaissances et d'aller à l'essentiel : éliminant les raffinements inutiles et les digressions à la mode, le spécialiste a sélectionné le noyau dur des savoirs scientifiques. Pour faciliter le travail de l'élève, une partie « synthèse et révision », immédiatement après le texte, l'aide à tester sa compréhension des idées principales et à construire une fiche « sur mesure » qui sera très utile au moment des révisions et beaucoup plus efficace en tout cas qu'une de ces fiches « toutes prêtes » qu'il n'aurait pas conçue lui-même. Il pourra ainsi économiser l'achat de ces ouvrages parascolaires, considérés à tort comme des « produits miracles », qui complètent inévitablement les manuels composés exclusivement de dossiers.

2. Il présente sous une forme problématisée et argumentée, à l'image d'une dissertation, ce qui manque d'ordinaire à l'élève noyé sous une avalanche de documents hétérogènes et dispersés : l'expression d'une pensée organisée, cohérente.

3. Enfin, en jouant le rôle d'un filet de sécurité disponible « à la maison », il apporte une liberté supplémentaire au professeur et à l'élève, qui ne sont plus obnubilés à tout moment par la seule accumulation de connaissances et peuvent par conséquent prendre ensemble du recul pour réfléchir, critiquer, débattre, donc pratiquer une pédagogie active indispensable en SES.

Chaque chapitre se poursuit avec des dossiers et des exercices conçus par des professeurs expérimentés qui enseignent dans des lycées variés : banlieue et « centre ville », province et Paris, ZEP... Pourquoi ces dossiers sont-ils aussi nombreux et aussi riches ? Pour permettre aux utilisateurs du manuel de choisir entre les dossiers et à l'intérieur des dossiers.

Chaque chapitre comprend ensuite deux sujets de bac originaux, une dissertation et une épreuve de synthèse. Pour vous éviter à nouveau de vous disperser dans le parascolaire, pratiquement chaque chapitre propose des « fiches-outils » ; elles apportent les connaissances indispensables sur les aspects méthodologiques, les questions plus techniques, des parties de cours clairement délimitées. Pour faciliter votre travail sur les textes et sur les dossiers, figurent en fin de manuel un lexique et un index conçus pour être vraiment utiles.

Dans les deux cents dernières pages, vous trouverez les « Pour aller plus loin » qui correspondent aux auteurs au programme de l'enseignement de spécialité. Ils apporteront beaucoup aussi à tous ceux qui n'ont pas choisi cette option mais qui sont passionnés par les SES. Ils sont complétés par d'autres textes « pour aller plus loin » dans des domaines comme la comptabilité nationale, la finance, la réforme des retraites...

Parce que le *Nouveau manuel* n'est pas en couleur, nous avons pu adopter un papier particulièrement mince et léger. Pesez-le et comparez : vous constaterez que malgré sa richesse, il est nettement plus léger que ses concurrents. Vous n'aurez donc aucune excuse pour ne pas l'avoir toujours avec vous ! Nous vous souhaitons de prendre autant de plaisir à l'utiliser que nous en avons eu à le concevoir.

Pascal Combemale et Jean-Paul Piriou

SOMMAIRE

CROISSANCE, DÉVELOPPEMENT ET CHANGEMENT SOCIAL SUR TRÈS LONGUE PÉRIODE : VERS UNE NOUVELLE BIFURCATION ?

Ce texte cherche à atteindre l'objectif que le programme officiel assigne à l'introduction : « établir une problématique d'ensemble, proposer un fil conducteur, sans entrer dans le détail des concepts et des raisonnements. » L'intention de l'auteur est ici de vous inciter à vous poser des questions. Car ce sont les questions que l'on se pose soi-même, celles qui ont un sens et que l'on juge importantes, qui justifient que l'on fasse ensuite l'effort d'apprendre, de comprendre, de réfléchir.

Depuis l'invention de la bombe atomique, l'homme sait qu'il peut détruire l'espèce humaine. Au terme de deux siècles d'industrialisation, d'explosion démographique, d'exploitation systématique des ressources naturelles, l'homme sait qu'il peut détruire sa planète, la Terre. Votre génération est ainsi confrontée à une question particulièrement facile à énoncer – comment sauver l'homme, comment sauver la Terre ? – et particulièrement difficile à résoudre. En effet, bien que nous appartenions tous à une même et seule humanité, regroupée dans ce petit coin de l'Univers, nous sommes divisés en peuples dont les cultures et les intérêts immédiats sont différents. Certains vivent dans l'opulence et le gaspillage pendant que d'autres vivent dans la misère, comme ces enfants des bidonvilles qui recherchent de quoi survivre dans les poubelles et les tas d'ordures…

I. ÊTES-VOUS OPTIMISTE OU PESSIMISTE ?

Les plus optimistes prétendent que l'humanité ne se pose que les problèmes qu'elle peut résoudre. Ils pensent que le progrès de la science nous apportera les solutions le moment venu et que le marché nous incitera à les mettre en œuvre : par exemple, quand les réserves de pétrole s'épuiseront, le pétrole deviendra cher, parce que rare, et c'est la hausse de son prix relatif qui incitera à l'économiser et à lui substituer de nouvelles sources d'énergie ; quand la pénurie d'eau douce provoquera des catastrophes à grande échelle, il deviendra rentable de dessaler l'eau de mer, etc.

Les pessimistes craignent que les solutions soient découvertes trop tard ou qu'elles ne soient pas à la hauteur des problèmes, parce que certaines destructions sont irréversibles : il en va ainsi pour de nombreuses espèces végétales et animales, à jamais disparues. Ils croient urgent de rompre dès maintenant avec la logique du système économique et social actuel, qui n'est pas viable à terme. Cette urgence exclut de s'en remettre au marché, qui est un processus de coordination par tâtonnement et correction *a posteriori* des erreurs commises. Le marché, efficace dans certains cas, est déficient dès qu'il s'agit d'effectuer des choix très risqués, avec des conséquences globales, à long terme, dont l'ampleur ne peut être évaluée à l'échelon individuel. Les mesures à prendre exigent l'intervention d'un pouvoir politique et, parce qu'elles doivent s'appliquer à la planète tout entière, elles posent la question d'un gouvernement mondial.

C'est donc l'avenir de notre mode de développement – de notre façon de travailler, de produire, de consommer, de vivre ensemble – qui se trouve en jeu. Pour comprendre cet enjeu, il faut d'abord essayer de comprendre comment nous en sommes arrivés là.

PLAN

II. ACCUMULER OU PAS ?

Il y eut, dans l'histoire de l'humanité, plusieurs bifurcations majeures. La première fut la révolution néolithique : alors qu'il se contentait auparavant d'habiter des niches écologiques plus ou moins accueillantes, se procurant son alimentation par la chasse et la cueillette, l'homme a progressivement cherché à domestiquer la nature, en pratiquant l'élevage et l'agriculture. Ce premier progrès des techniques a permis d'obtenir ce que l'on appelle un surplus, c'est-à-dire un excédent de production par rapport à ce qui est consommé (détruit) au cours d'une période donnée (par exemple une année). Pendant des millénaires, les utilisations du surplus ont été multiples : construire des pyramides, des palais, des tombeaux, etc. Mais il ne servait que de façon très résiduelle à accumuler des moyens de production, du capital, comme si ce que nous appelons aujourd'hui la croissance économique n'était pas une priorité. Malgré l'extrême diversité des cultures et des civilisations, les niveaux de vie moyens, abstraction faite des très fortes inégalités à l'intérieur de chaque société, sont restés longtemps relativement proches. Si l'on en croit l'historien Angus Maddison, vers 1400 le PNB par habitant de la Chine était même un peu supérieur à celui de l'Europe occidentale. Or, bien que la civilisation chinoise fut, en ce début de XVe siècle, techniquement plus avancée que la nôtre, en 1820 le PNB par habitant de l'Europe occidentale était devenu le double de celui de la Chine, lequel n'avait pas changé au cours de ces quatre siècles; en 1950, il était déjà dix fois plus élevé. Comment un tel écart a-t-il pu se creuser? Pourquoi certaines sociétés sont-elles parvenues à surmonter les obstacles qui s'opposaient à la croissance économique ? Des éléments de réponse se trouvent dans les différences de cultures, de systèmes de valeurs, de représentations du monde…

III. RELIGION ET DÉVELOPPEMENT ÉCONOMIQUE

De nombreuses religions condamnent le désir d'enrichissement individuel sans frein (la cupidité), la recherche permanente et systématique du profit, donc la plupart des comportements caractéristiques d'une économie capitaliste. Dans les sociétés traditionnelles, on attend de l'individu qu'il sacrifie son intérêt personnel à l'intérêt collectif de sa famille élargie, de son clan, de sa communauté… Très longtemps, et presque partout dans le monde, les activités économiques ont été dévalorisées ou méprisées, qu'il s'agisse du travail, corvée imposée aux catégories sociales dominées, telles que les esclaves, les serfs, les femmes, ou du commerce, réservé à des groupes en marge, à la fois déconsidérés et strictement contrôlés. Par conséquent, pour que l'économie puisse prospérer il fallait qu'elle s'émancipât de la religion, de la morale traditionnelle, et que le comportement des premiers entrepreneurs capitalistes, autrefois condamné ou méprisé, en vienne à être toléré, puis valorisé. Comment expliquer un tel renversement des systèmes de valeurs ?

Si l'on retient l'hypothèse que la religion gouvernait totalement les représentations du monde, imprégnait toutes les valeurs, alors il faut rechercher la religion qui prescrivait ou acceptait des comportements dont les conséquences inintentionnelles favorisèrent l'essor du capitalisme. Ce fut le raisonnement de Max Weber [*Pour aller plus loin 7*], qui a mis en évidence l'affinité entre l'éthique protestante et « l'esprit du capitalisme ».

Toutefois, il est possible de rechercher l'explication non pas à l'intérieur de la religion, mais à l'extérieur, en supposant que c'est son reflux, son retrait du monde profane, qui a libéré les forces de l'économie. Cette seconde hypothèse n'est pas absurde si l'on se souvient que la période du décollage économique succède, en Europe occidentale, à celle des guerres civiles de religion, lesquelles menaçaient de destruction l'ordre social. On était alors en quête de solutions à ce problème politique et l'idée se propagea que le développement économique pouvait pacifier la société. Parmi les défenseurs de cette thèse, selon laquelle le libre jeu des intérêts économiques peut se substituer avantageusement au règne des passions religieuses et politiques, on trouve le père de l'économie politique : Adam Smith [*Pour aller plus loin 1*].

IV. L'IDÉOLOGIE DU CAPITALISME

Selon Smith, il n'y a rien de moralement répréhensible dans le désir qu'à chaque être humain d'améliorer ses conditions matérielles d'existence. Bien plus, en laissant chacun poursuivre librement son intérêt individuel il en résultera, par le jeu d'une « main invisible », ce que le philosophe utilitariste Bentham appellera ensuite « le plus grand bonheur du plus grand nombre ». Enfin, à la différence des aristocrates qui dilapident les revenus de leur propriété foncière en dépenses de luxe, les capitalistes présentent l'avantage d'investir leur épargne. Et l'accumulation du capital qui en résulte est le principal facteur d'une croissance économique [*chapitre I*] dont toute la population finit par bénéficier, bien qu'inégalement. Apparemment, la suite de l'histoire a donné raison à Smith : entre 1400 et la fin du XXe siècle le PNB par habitant des pays les plus développés (Europe de l'Ouest, Amérique du Nord, Australie) a été multiplié environ par 33.

Mais les représentations, l'idéologie, n'expliquent pas tout. De nombreux autres facteurs ont favorisé la bifurcation intervenue en Europe occidentale entre la Renaissance et le XIXe, dont les moments forts furent la révolution agricole (n'oublions pas que la France de Louis XIV était encore victime de famines) et la première révolution industrielle (fin du XVIIIe et première moitié du XIXe siècle). Parmi ces facteurs, il faudrait étudier l'urbanisation, la formation des États-nations, la découverte de l'Amérique puis la colonisation, le progrès des sciences et des techniques, les révolutions politiques (anglaise et française), etc. L'importance particulière de deux d'entre eux doit toutefois être soulignée, parce qu'elle est riche d'enseignements, aujourd'hui encore, pour les pays dont le développement reste entravé : l'intervention de l'État et la nature, plus ou moins démocratique, du régime politique.

V. L'ÉTAT GARANT DE LA SÉCURITÉ ET DU DROIT

L'économie ne peut prospérer dans une société ravagée par la guerre civile, menacée de sombrer à tout moment dans l'anarchie, livrée au pillage, au banditisme, aux mafias… L'existence d'un État suffisamment fort et stable pour assurer un minimum de sécurité des personnes et des biens est donc indispensable. De plus, l'investissement [*chapitre II*], la prise de risques économiques, l'innovation [*chapitre I*] sont paralysés si les capitalistes redoutent de ne pouvoir s'approprier les gains qui en résultent. L'existence de droits de propriété protégés par la puissance publique est donc une autre condition du développement économique, à laquelle on peut ajouter l'existence d'un droit des contrats, lui aussi garanti par le bon fonctionnement d'un système judiciaire sanctionnant les comportements opportunistes (les menteurs et les tricheurs). Plus généralement, il s'avère que sans État de droit, donc en situation d'arbitraire et d'incertitude totale, quand les comportements d'autrui deviennent complètement imprévisibles, l'activité économique se réduit au strict nécessaire ou à des opérations au jour le jour, purement spéculatives…

VI. DÉMOCRATIE ET DÉVELOPPEMENT

La démocratie est-elle l'une des conditions du développement économique ? Cette question est plus délicate. La formation de marchés nationaux propice au décollage de l'économie a souvent résulté d'une alliance entre les princes et les marchands, entre le roi, ou l'empereur, et la bourgeoisie, les premiers ayant besoin d'argent et les seconds de protection. La croissance économique s'est ensuite accompagnée de la montée en puissance d'une classe moyenne (au sens de classe intermédiaire entre le « peuple » et l'aristocratie) qui a revendiqué des droits politiques. À des dates et sous des formes différentes selon les pays européens, des révolutions plus ou moins démocratiques – garantissant des droits individuels, dont le droit de propriété, et instaurant des procédures de contrôle des gouvernants par les gouvernés – ont précédé ou accompagné l'essor économique. Dans tous les cas s'est manifesté le rejet des ordres sociaux fondés sur la transmission héréditaire des statuts ainsi que l'aspiration individualiste à une société permettant la mobilité sociale [*chapitre VI*]. Tocqueville est l'un des auteurs à avoir le mieux analysé cette évolution séculaire vers la démocratie, qu'il définit sociologiquement comme un mouvement irréversible vers l'égalisation des conditions [*Pour aller plus loin 5*]. Mais il fut également conscient du divorce possible entre le libéralisme économique, qui exige seulement la reconnaissance de droits économiques (droit de propriété, de créer une entreprise, d'échanger librement sur un marché, etc.), l'État renonçant à intervenir directement dans la sphère économique (« laisser-faire »), et le libéralisme politique, qui exige la reconnaissance de droits politiques (liberté d'expression, de réunion, etc.) et des citoyens disposés à s'associer pour agir dans la sphère politique.

L'histoire fournissant des exemples contradictoires, cette question des relations entre la démocratie et le développement économique demeure encore très controversée. Selon le prix Nobel d'économie Amartya Sen, la démocratie est un facteur du développement (elle est par exemple une condition d'éradication des famines dans le tiers monde, dont les causes sont beaucoup plus souvent politiques qu'économiques), mais il n'est pas certain qu'elle soit une condition nécessaire du décollage économique.

VII. LA DOMINATION OCCIDENTALE

Toujours est-il que c'est en Europe occidentale que la conjonction de tous les facteurs favorables permit, pour la première fois, ce décollage de l'économie. Et c'est aussi ce qui lui donna les moyens de dominer le monde : avant la première guerre mondiale, que ce soit le résultat de la colonisation (à laquelle il faut associer la traite des esclaves et le pillage des ressources naturelles), de l'émigration (l'exemple de référence étant la formation des États-Unis d'Amérique), de la conquête des marchés (souvent par la force), de l'exportation des capitaux (firmes multinationales), l'Europe occidentale est en effet parvenue à étendre son hégémonie sur les quatre-cinquièmes de la planète. Il faudra deux guerres mondiales et la grande crise pour briser cette domination. Le centre de l'économie du monde capitaliste s'est alors déplacé vers les États-Unis. Ce déplacement a évidemment eu de nombreuses incidences, mais il n'a pas modifié la logique du capitalisme. Quelle est-elle ?

VIII. LA MARCHANDISATION DU MONDE

Comme son nom l'indique, le capitalisme est fondé sur l'accumulation du capital. Dans un tel système, des individus, seuls ou associés, engagent du capital, qui est au départ une quantité d'argent (possédé ou emprunté), dans des entreprises qui l'utilisent pour acheter des matières premières, des produits intermédiaires, des machines, etc. (l'argent est devenu du capital physique), et pour embaucher des salariés (une partie de l'argent sert à les payer périodiquement), afin de produire des biens ou des services destinés à être vendus sur des marchés dans l'espoir de réaliser ainsi le taux profit le plus élevé possible. Si cet objectif est atteint, ces mêmes individus disposent donc d'une quantité d'argent plus importante qu'ils s'empressent de réinvestir afin de disposer ensuite d'une quantité d'argent encore plus importante, qu'ils réinvestiront aussi, de telle sorte que l'on assiste bien à une accumulation du capital, comparable à un effet « boule de neige », *a priori* sans fin, tant que le taux de profit reste suffisant.

Le capitalisme est par conséquent un système dynamique, inconcevable « au repos », dont la « nature » est de s'étendre sans cesse, dans chaque société et au-delà des frontières, jusqu'à conquérir le monde entier... Cette dynamique implique l'expansion elle aussi indéfinie du marché, qu'il s'agisse de la création de marchés nationaux et internationaux ou qu'il s'agisse de la transformation de toute chose et de toute activité humaine en marchandise que l'on vend et que l'on achète : le capitalisme a pour horizon la marchandisation du monde ; l'un des corollaires de cette tendance est l'expansion du salariat. Ce que l'on appelle aujourd'hui la « mondialisation » [*chapitre XI*], pour désigner une nouvelle phase de l'internationalisation de la production et des échanges, les flux croissants de marchandises, de capitaux et d'informations entre pays, et l'intégration plus ou moins poussée des marchés à l'échelle planétaire (le plus intégré étant le marché des capitaux : *chapitre XIII*), n'a rien de très étonnant car il s'agit de la logique même du capitalisme depuis ses origines.

IX. LE CAPITALISME EST RÉVOLUTIONNAIRE

Dans la mesure de l'intensité de la concurrence pour conquérir des parts de marchés ou créer de nouveaux marchés, les capitalistes sont incités à innover, à mettre en œuvre de nouvelles techniques de production, à lancer de nouveaux produits ; il en résulte des gains de productivité qui sont la principale source de la croissance économique : pour ne donner qu'un exemple, la production par heure de travail a été multipliée par 25 en France entre 1830 et 1990 [*chapitre IV*]. C'est pourquoi il est justifié, comme le pensait Marx [*Pour aller plus loin 3*], de considérer que le capitalisme est, à sa façon, révolutionnaire : il déstabilise, bouleverse sans répit les sociétés, les cultures qu'il investit ; il détruit les formes traditionnelles de solidarité, il déracine les hommes, change leur mode de vie, il sape les fondements des hiérarchies héritées, il rend obsolètes les anciennes techniques (Schumpeter insistera tout particulièrement sur ce processus de « destruction créatrice » [*Pour aller plus loin 4*])…

X. LE PROCESSUS DE RATIONALISATION

Mais le capitalisme doit lui-même être expliqué. Selon Max Weber, il n'est que l'une des manifestations d'un processus de rationalisation propre à l'Occident. Rationaliser une activité cela implique de rechercher le moyen optimal d'atteindre la fin qui lui correspond, sans jamais se contenter du résultat acquis : rationaliser le travail cela revient à l'organiser de telle sorte qu'il soit le plus efficace possible (un exemple célèbre de rationalisation est le taylorisme : *chapitre III*) ; rationaliser un sport comme le football cela signifie mettre en œuvre les méthodes de formation et de sélection des joueurs, les techniques d'entraînement, les tactiques de jeu qui permettent de gagner le plus grand nombre possible de matchs. Cette logique rationalisatrice exige finalement que l'on calcule tout et tout le temps (« *Time is money* »), avec l'obsession d'éliminer systématiquement ce qui paraît inefficace, inutile. De ce point de vue le capitalisme est bien une forme de rationalisation puisqu'il repose sur un calcul incessant des coûts et des bénéfices. Mais ce processus ne s'applique pas seulement à la sphère économique : se substituant à l'arbitraire du prince, le droit rationnel rend les comportements prévisibles, tout comme l'administration rationnelle permet de gérer des populations importantes, etc. Le progrès de la science et des techniques participe aussi de ce mouvement qui remet en question les traditions, les routines, les croyances ancestrales… Le paradoxe de cette course en avant pour maîtriser et dominer tout ce qui résistait à l'homme, à commencer par la nature, c'est qu'elle donne en même temps le sentiment à l'individu d'être emporté par une évolution irrésistible, qui le dépasse totalement, et dont il ignore où elle le conduit.

XI. L'ACCULTURATION

Si l'on cumule toutes ces tendances à l'œuvre dans un contexte de mondialisation, on peut commencer à comprendre le choc que cela représente pour les sociétés et les cultures du tiers monde. Dans la longue période de transition entre le moment de la déstabilisation de l'ordre ancien et celui de la construction d'un nouvel équilibre, elles sont soumises à de violentes perturbations et souvent profondément déstabilisées par le conflit entre la nostalgie d'une identité traditionnelle perdue, rétrospectivement idéalisée, et l'aspiration fantasmée à une modernité occidentale perçue d'abord sous l'angle de la consommation. Ce choc est d'autant plus violent que la mondialisation des industries culturelles [*chapitre XIV*] télescope le temps et l'espace, créant immédiatement un décalage insupportable entre un modèle occidental diffusé par les médias (cinéma, séries télé, publicité, etc.) et des économies incapables de subvenir aussi rapidement à tous ces besoins « modernes » qu'il suscite, notamment dans la jeunesse. Il en résulte une ambivalence des réactions à cette occidentalisation du monde, faite à la fois d'adhésion mimétique au modèle (dont témoigne l'uniforme mondial : *T-shirt*, survêtement, baskets, casquette, arborant les marques de l'une des multinationales du prêt-à-porter) et d'un ressentiment nourri par l'envie frustrée. Ce processus d'acculturation est potentiellement explosif dès lors que l'échec ou la lenteur du développement alimente la tentation du repli vers toutes les formes d'intégrisme.

XII. CRISES ET SORTIES DE CRISES

Il ne faudrait pas déduire de cette occidentalisation du monde que la logique capitaliste se serait déployée sans heurts ni douleurs dans les pays développés. La croissance capitaliste est fluctuante, cyclique, de fait scandée par des crises d'amplitude et de durée variables, périodes au cours desquelles des entreprises, des capacités de production, des emplois sont détruits, précipitant des populations entières dans la détresse et le désarroi. Livré à lui-même, dérégulé, le capitalisme sans entrave ne parvient pas à maîtriser les forces qu'il déchaîne : les phases d'expansion se dégradent en phases de suraccumulation, dopées par le crédit, amplifiées par des bulles spéculatives; leur succèdent inévitablement, après un retournement plus ou moins brutal, souvent ponctué d'un krach boursier, des phases de correction, d'assainissement, dont la dynamique cumulative plonge l'économie dans la dépression ou la stagnation, provoquant un chômage de masse [*chapitre V*].

Si le capitalisme a, jusqu'à aujourd'hui, survécu à ses crises, c'est parce qu'il s'est profondément transformé [*voir page 208*]. Paradoxalement, il a été sauvé par les forces qui combattaient ses excès : par l'État, qui est intervenu pour prendre en charge une partie de l'investissement, réguler la conjoncture, redistribuer une partie du revenu national, etc., finalement pallier l'initiative privée chaque fois qu'elle est défaillante et relancer l'activité économique quand les entreprises sont enlisées dans la récession [*Pour aller plus loin 8*]; par les luttes des salariés pour l'augmentation de leur pouvoir d'achat (donc des débouchés pour les entreprises) et la conquête de droits sociaux (prestations sociales en cas de chômage, de maladie, de retraite, etc., qui évitent un effondrement de la demande en cas de récession).

Même l'économie américaine, souvent citée comme l'une des plus proches du modèle libéral, est une économie mixte, qui ne pourrait fonctionner sans un minimum d'intervention de l'État et de réglementation.

XIII. L'IMPORTANCE DES INSTITUTIONS

De façon plus générale, il faut que l'économie soit soutenue, canalisée, contrôlée par des institutions pour que les crises soient évitées ou atténuées, sur des périodes plus ou moins longues, comme l'a montré l'exemple toujours cité des « trente glorieuses » (1945-

1975). Parmi ces institutions il y a tout ce qui normalise les relations entre les patrons et les salariés (négociation des salaires, conditions de travail, droit du travail...), les modalités de l'intervention de l'État [*chapitres X, XV, XVI*], la régulation du système monétaire (politique monétaire, réglementation des banques, etc.), les formes de concurrence (plus ou moins oligopolistique), les modalités de l'insertion dans la division internationale du travail.

Le succès, puis la crise (en 2000) de la « nouvelle économie » américaine confirment à la fois que la croissance ne dépend pas exclusivement des nouvelles techniques mais beaucoup des innovations organisationnelles, de la gestion des « ressources humaines », de la politique économique [*Conclusion de la troisième partie*]. Or cela s'avère aujourd'hui d'autant plus difficile que la mondialisation rend les économies de plus en plus interdépendantes. Une solution consiste à organiser des espaces régionaux, dont l'Union européenne est un exemple [*chapitres XV, XVI*].

XIV. INTÉGRATION ET JUSTICE SOCIALE

Les crises, le chômage, ne sont pas les seuls effets indésirables du capitalisme dérégulé ou mal régulé : l'accroissement des inégalités, entre les pays et à l'intérieur de chaque pays, est une conséquence logique d'un système fondé sur la lutte de tous contre tous pour l'enrichissement individuel, quand rien ne vient tempérer le jeu du marché. Au Nord cet accroissement pose aux sociétés un problème d'intégration [*chapitre X*] et de justice sociale [*Conclusion de la deuxième partie*]; au Sud il pose d'abord le problème de la pauvreté.

La société industrielle du XIXe était clairement divisée en classes sociales; Marx ne fut ni le premier ni le seul à faire ce constat. La société postindustrielle de ce début de XXIe siècle est à la fois la même – elle est toujours soumise à une logique capitaliste – et très différente, du fait de profondes transformations dues à de nombreux facteurs : l'augmentation du niveau de vie de la classe ouvrière, principalement pendant la période « fordiste », l'essor des catégories intermédiaires (techniciens, enseignants, cadres, etc.) sous l'effet de l'approfondissement de la division du travail et du progrès technique, l'extension des assurances sociales, l'intervention de l'État (scolarisation, politique du logement...), l'action des mouvements sociaux (mouvements revendiquant des droits pour les femmes, les homosexuels, mouvements écologistes, régionalistes, actions pour le droit au logement... [*chapitre VIII*]).

La France appartient au club des pays les plus riches, mais ce privilège ne suffit pas à garantir la cohésion d'une société confrontée à une perte de légitimité de ses institutions (dont l'école) et à une crise d'intégration d'une fraction de la jeunesse, particulièrement visible dans les « quartiers de relégation ». L'ampleur des inégalités [*chapitre IX*], la remise en question des compromis de l'âge d'or de la société salariale, quand le travail était le « grand intégrateur » [*chapitre X*], le chômage, la précarité, etc., conduisent à s'interroger sur les nouvelles lignes de fracture, le délitement du lien social, voire sur un éventuel « retour » des classes sociales [*chapitre VII*].

XV. L'AVENIR DES PLUS PAUVRES EST AUSSI LE NÔTRE

Mais nos problèmes semblent souvent dérisoires si on les compare aux difficultés quotidiennes des populations déshéritées de ce que l'on appelait autrefois le tiers monde. Selon le rapport annuel du PNUD, plus d'un milliard d'individus disposent de moins d'un dollar par jour ; le revenu des 5 % les plus riches est 114 fois supérieur à celui des 5 % les plus pauvres de la planète ; le revenu cumulé des 25 millions d'Américains les plus riches est égal à celui de près de 2 milliards d'êtres humains.

Pendant quelque temps, après l'échec plus ou moins catastrophique des expériences socialistes et le retour d'un libéralisme économique triomphant, les « experts » ont redécouvert une idée ancienne : il suffirait que les pays en développement nous imitent pour qu'ils parviennent enfin à nous rattraper sur la seule route possible de la réussite économique. Hormis quelques exceptions spectaculaires, et malgré les progrès accomplis, les chiffres cités démentent largement cette prophétie. Aujourd'hui, la question importante n'est plus de savoir si cette situation s'explique par leur incapacité à nous imiter, ou par d'autres raisons. En effet, il convient désormais de se demander si la mondialisation de notre modèle de développement est souhaitable. Nous avons déjà évoqué certains de ses effets sociaux et culturels les plus inquiétants. Ce ne sont pas les seuls : les équilibres écologiques de la planète pourraient-ils résister, par exemple, à la généralisation du mode de vie américain, en ne prenant pour seul critère que la consommation d'énergie par habitant ? Probablement pas. Et d'autant moins que la population mondiale va s'accroître de 50 % au cours des cinquante prochaines années. Peut-on alors imaginer que le reste de l'humanité accepterait de renoncer à accéder à notre niveau de consommation pour nous permettre de continuer à accroître indéfiniment notre bien-être matériel ? Probablement pas, non plus, du fait même de la puissance d'attraction de notre système. De plus, comme nous l'avons vu, il est dans la logique intrinsèque du capitalisme de s'étendre sans cesse : son horizon est la marchandisation du monde, de tous les pays comme de tous les rapports sociaux.

Il n'y aurait donc qu'une seule issue : ceux qui servent de modèle doivent changer de modèle. À l'échelle de l'histoire humaine, ce serait une nouvelle bifurcation. Votre génération saura-t-elle l'inventer à temps ? Cette ultime question soulève un problème classique : nous pouvons renoncer à participer à une action collective qui profiterait pourtant à tous parce que notre intérêt individuel immédiat nous incite à faire défection. Le « chacun pour soi » l'emportera-t-il sur le « tous ensemble » ? L'individualisme, qui est l'une des tendances majeures de notre société [*introduction des « Pour aller plus loin »*], n'incite guère à l'optimisme... Mais les pessimistes ont parfois tort.

Pascal Combemale

Dossier 1

Une fracture sociale mondiale ?

Document 1

La structure du développement humain dans le monde

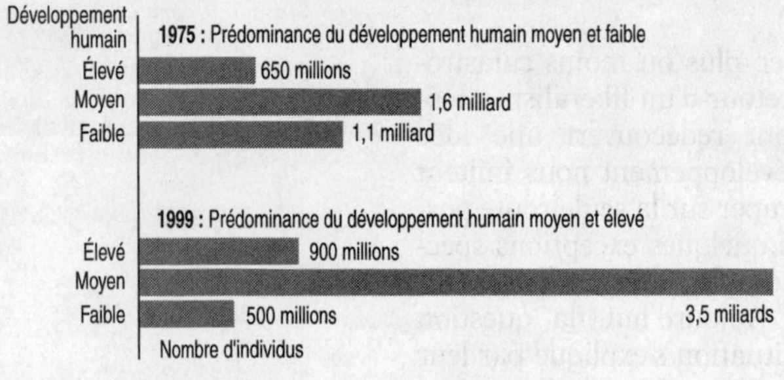

Note : Développement humain élevé : IDH > 0,8. Développement humain moyen : 0,5 < IDH < 0,8. Faible développement humain : IDH < 0,5.
Source : PNUD, Rapport mondial sur le développement humain, *2001.*

Document 2

Espérance de vie à la naissance	**1970-1975** 60 ans	**1995-2000** 66 ans
Personnes souffrant de malnutrition (en millions)	**1975** 920	**2000** 820
Taux d'alphabétisation des adultes	**1970** 64 %	**2000** 79 %
Enfants non scolarisés (en millions)	**1970** 385	**2000** 325
PIB par habitant dans les pays en développement (en dollars PPA de 1985)	**1975** 1 300	**1998** 2 500

Source : PNUD, ibid.

Document 3

Pays affichant un recul de l'indicateur du développement humain, 1999

IDH inférieur au niveau de 1975	IDH inférieur au niveau de 1980	IDH inférieur au niveau de 1985	IDH inférieur au niveau de 1990	IDH inférieur au niveau de 1995
Zambie	Roumanie Russie, Féd. de Zimbabwe	Botswana Bulgarie Burundi Congo Lesotho Lettonie	Afrique du Sud Bélarus Cameroun Kenya Lithuanie Moldova, Rép. de Swaziland Ukraine	Malawi Namibie

Source : PNUD, ibid.

Questions sur l'ensemble du dossier

Trente ans de progrès impressionnants

1. Comment a évolué la structure du développement humain dans le monde entre 1975 et 1999 ? [*doc. 1*]
2. Étudiez l'évolution de chacun de ces indicateurs. Résumez l'essentiel de vos constats en une seule phrase. [*doc. 2*]

Mais encore un long chemin à parcourir

3. Comment interprétez-vous les données présentées dans ces deux tableaux au regard des constats précédents ? [*doc. 3 et 4*]

Un maintien d'écarts considérable

4. Quelles informations principales peut-on tirer de l'évolution des taux de mortalité infantile dans le monde entre 1970 et 1999 ? [*doc. 5*]
5. Quelle évolution constatez-vous pour les deux autres indicateurs ? [*doc. 5*]
6. Quelles autres disparités l'IDH décomposé par régions et par catégorie de population permet-il de mettre en évidence ? [*doc. 6*]
7. Quel enseignement général peut-on tirer de ces évolutions ?
8. **Question de synthèse.** À partir du travail ci-dessus et des documents 7, 8, 9 et 10, commentez l'expression « la fracture sociale mondiale ».

Document 4

Des insuffisances graves et multiples

Pays en développement

Santé
968 millions de personnes sont privées d'accès à des points d'eau aménagés (1998)
2,4 milliards de personnes n'ont pas accès aux infrastructures sanitaires de base (1998)
34 millions de personnes sont séropositives ou malades du SIDA (fin 2000)
2,2 millions de personnes meurent chaque année de la pollution de l'air qu'elles respirent à domicile (1996)

Éducation
854 millions d'adultes, parmi lesquels 543 millions de femmes, sont analphabètes (2000)
325 millions d'enfants, dont 183 millions de filles, ne sont pas scolarisés dans le primaire ou le secondaire (2000)

Pauvreté monétaire
1,2 milliard d'individus ont moins d'un dollar par jour (en PPA de 1993) pour vivre, et 2,4 milliards disposent de moins de 2 dollars par jour (1958)

Enfants
163 millions d'enfants de moins de 5 ans souffrent d'insuffisance pondérale (1998)
11 millions d'enfants de moins de 5 ans meurent chaque année de maladie pour lesquelles existe une prophylaxie ou d'un autre mal évitable (1998)

Pays de l'OCDE
15 % des adultes peuvent être considérés comme illettrés (1994-98)
130 millions d'individus connaissent la pauvreté monétaire (c'est-à-dire de moins de la moitié du revenu médian) (1999)
8 millions de personnes souffrent de malnutrition (1996-98)
1,5 million d'individus sont séropositifs ou malades du SIDA (2000)

Source : PNUD, ibid.

Document 5

Variations régionales de la survie, de l'enseignement et du revenu

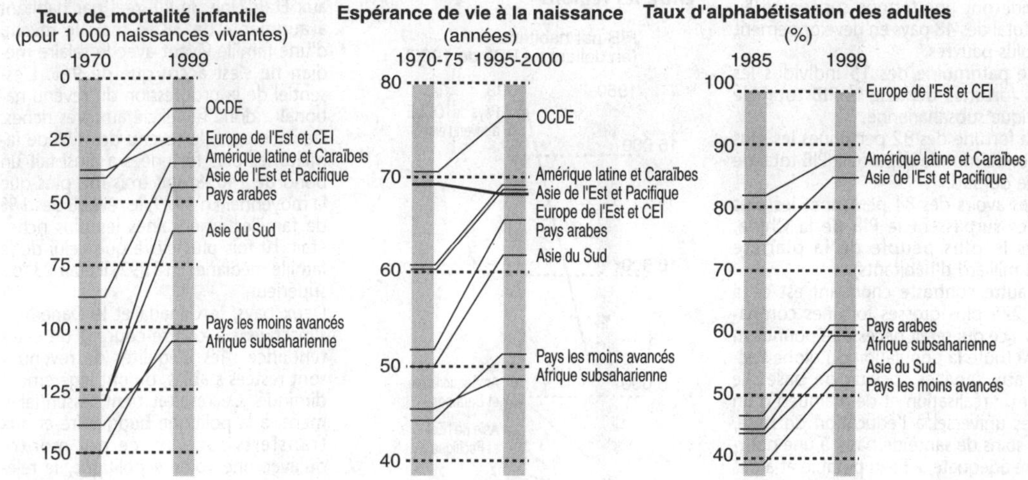

Source : PNUD, ibid.

Document 6

En décomposant cet IDH selon les secteurs géographiques et les catégories de population, il est alors possible de constater des disparités criantes. Il n'est pas rare que cette pratique déclenche de grands débats nationaux. Elle aide en tout cas les décideurs à évaluer la profondeur des différences de développement humain entre régions, entre villes et campagnes, entre groupes ethniques et entre catégories de revenu au sein d'un même pays. Ainsi, en Afrique du Sud, en 1996, l'IDH de la Province du Nord n'était que de 0,531 alors qu'il atteignait 0,712 dans celle de Gauteng. Au Cambodge, en 1999, l'IDH des 20 % d'habitants les plus pauvres était de 0,445, bien en dessous de la moyenne nationale (0,517), mais, et c'est plus grave, inférieur de presque un tiers à celui des 20 % les plus riches (0,623). Au Guatemala, en 1998, l'IDH des populations vivant en milieu rural (0,536) était nettement plus bas que celui en milieu urbain (0,672). Aux États-Unis, en 1999, l'IDH des Blancs était de 0,870. C'était plus que les 0,805 de la population afro-américaine et bien au-dessus de celui des Hispaniques (0,756). En 1996, l'IDH des Intouchables au Népal était presque inférieur de moitié à celui des Brahmanes (0,239 contre 0,439). ■

PNUD, ibid.

Document 7

***Répartition mondiale des revenus en 1991** (en % du total mondial)*

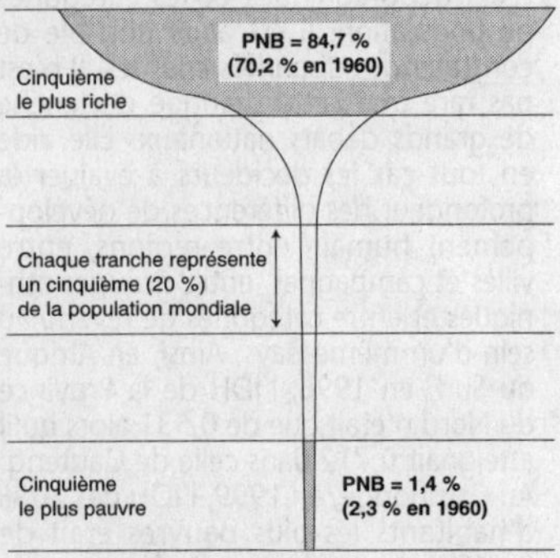

Source : PNUD, Rapport mondial sur le développement humain, *Economica, 1994.*

Document 8

Les plus grosses fortunes

Les estimations récentes montrent que les 225 plus grosses fortunes du monde représentent un total de plus de mille milliards de dollars, soit l'équivalent du revenu annuel des 47 % d'individus les plus pauvres de la population mondiale (2,5 milliards de personnes).

L'immensité des richesses des individus les plus riches contraste de façon ahurissante avec l'extrême faiblesse des revenus des populations des pays en développement.

■ Les trois personnes les plus riches du monde ont une fortune supérieure au PIB total des 48 pays en développement les plus pauvres.

■ Le patrimoine des 15 individus les plus fortunés dépasse le PIB total de l'Afrique subsaharienne.

■ La fortune des 32 personnes les plus riches du monde dépasse le PIB total de l'Asie du Sud.

■ Les avoirs des 84 personnes les plus riches surpassent le PIB de la Chine, pays le plus peuplé de la planète (1,2 milliard d'habitants).

Un autre contraste choquant est celui des 225 plus grosses fortunes comparées à ce qui serait nécessaire pour donner à toute la population du globe l'accès aux services sociaux de base. Le coût de réalisation et de maintien d'un accès universel à l'éducation de base, aux soins de santé de base, à une nourriture adéquate, à l'eau potable et à des infrastructures sanitaires, ainsi que, pour les femmes, aux soins de gynécologie et d'obstétrique, est estimé à environ 40 milliards de dollars par an. Cela représente moins de 4 % de la richesse cumulée des 225 plus grosses fortunes. C'est aux États-Unis que l'on trouve le plus grand nombre de ces 225 fortunes, avec 60 personnes qui se partagent 311 milliards de dollars. Viennent ensuite l'Allemagne, avec 21 individus totalisant 111 milliards de dollars, puis le Japon (14 personnes pour une fortune de 41 milliards de dollars). Les pays industrialisés comptent 147 très grandes fortunes, soit un patrimoine total de 645 milliards de dollars, et les pays en développement 78, pour une richesse combinée de 370 milliards de dollars. L'Afrique n'en abrite que deux (3,7 milliards de dollars), dans un seul pays : l'Afrique du Sud. ■

PNUD, ibid.

Document 9

L'écart de revenu se creuse entre les régions

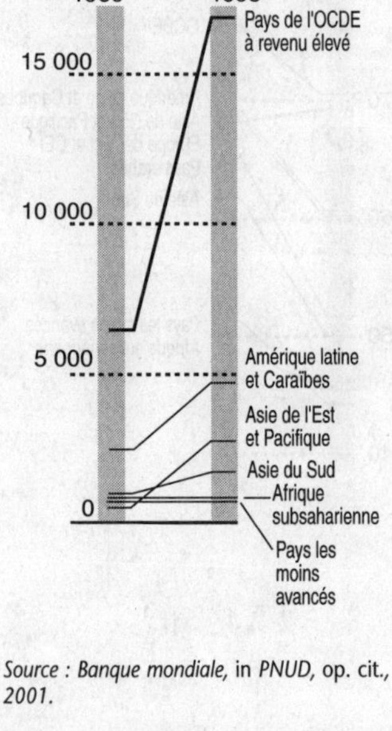

Source : Banque mondiale, in PNUD, op. cit., 2001.

Document 10

La pauvreté est un phénomène relatif

Même les habitants les plus pauvres des pays riches ont généralement un revenu bien supérieur à celui des pauvres vivant dans les pays en développement, mais ils n'en souffrent pas moins de graves manques. En effet, plus un pays s'enrichit, plus ses habitants ont besoin de produits et de services coûteux pour pourvoir participer à la vie de la société. Un élève peut se sentir exclu des discussions en classe si ses parents ne possèdent pas de téléviseurs. Un ouvrier du bâtiment peut être dans l'incapacité de trouver du travail s'il n'a pas de voiture. De tels biens, qui étaient naguère des objets de luxe, deviennent essentiels à mesure que leur usage se généralise. Ainsi, même dans un pays riche où la pauvreté monétaire absolue n'existe pas, la pauvreté monétaire *relative* peut engendrer une pauvreté *absolue* dans certaines dimensions importantes du développement humain, telles que l'éducation, l'estime de soi ou la capacité à trouver un travail décent.

Tous les pays de l'OCDE ont vu leur revenu s'accroître en valeur absolue au cours des deux décennies. Cependant, la plupart connaissent un creusement des inégalités de revenu. C'est au Royaume-Uni et aux États-Unis que cette dégradation est la plus constante et la plus grave. Entre 1979 et 1997, aux États-Unis, le PIB réel par habitant a augmenté de 38 %, mais le revenu d'une famille vivant avec le salaire médian ne s'est accru que de 9 %. L'essentiel de la progression du revenu national a donc bénéficié aux très riches. Dans ce pays, le revenu des 1 % de familles les plus fortunées a ainsi fait un bond de 140 %, soit trois fois plus que la moyenne. En 1979, le revenu des 1 % de familles américaines les plus riches était 10 fois plus élevé que celui de la famille médiane. En 1997, il était 23 fois supérieur.

Deux pays, le Canada et le Danemark s'inscrivent à contre-courant de cette tendance : les inégalités de revenu y sont restées stables, ou ont légèrement diminué. Ce résultat tient, essentiellement, à la politique budgétaire et aux transferts sociaux, ce qui montre qu'avec une volonté politique, le relèvement du niveau de revenu ne s'accompagne pas inévitablement d'un creusement des inégalités. ■

PNUD, Rapport mondial sur le développement humain, *2002.*

Dossier 2

Capitalisme et mondialisation

Document 1

Quatre définitions du capitalisme

Une première définit le capitalisme comme ce mode de l'organisation des activités économiques où tous les facteurs de production – c'est-à-dire, pour simplifier, ce avec quoi on fait – sont l'objet de la définition de droits de propriété. Autrement dit, c'est une économie de la propriété.

Une deuxième définition, qui n'est pas contradictoire, au contraire, avec la première, le définit comme un régime de l'économie dans lequel l'affectation des ressources rares se fait par l'entremise de mécanismes de marché, où se rencontrent des offreurs et des demandeurs. Ces offreurs et ces demandeurs pourront être des producteurs d'un côté et des consommateurs de l'autre, ou des intermédiaires. [...]

La troisième définition insiste davantage sur les acteurs, c'est-à-dire sur les individus ou les petits groupes. Il s'agit surtout des individus qui peuvent s'entourer d'aides en nombre croissant, et dans ce cas on a affaire à des entreprises. Donc ce sont des individus qui prennent des initiatives et qui décident de combiner d'une certaine manière des facteurs de production parce qu'ils ont fait le pari qu'en apportant le produit – un bien ou un service – sur un marché, ils y rencontreront une demande solvable. Autrement dit, c'est une économie des entrepreneurs.

Et enfin, quatrième définition, qui est pour moi la plus décisive, c'est un état non seulement de l'économique, mais je dirai un état de la civilisation, de la culture, des mœurs également, caractérisé par le fait que les conséquences des trois premières définitions du capitalisme se traduisent par un primat des valeurs économiques, par le fait qu'il y a une croissance et un développement à travers le temps des revenus par tête, et que l'ensemble des activités sociales tendent à se considérer ou à être considérées comme au service de l'économique. Autrement dit, selon cette quatrième définition – je reprendrai ici un vieux mot d'Aristote que tout le monde ne connaît peut-être pas –, le capitalisme c'est la « chrématistique », c'est-à-dire l'enrichissement pour l'enrichissement, l'économique devenu une fin de l'homme. Non pas une fin intermédiaire, un moyen, mais quasiment une fin dernière. ■

Jean Baechler,
« L'avenir du capitalisme »
(débat avec Immanuel Wallerstein animé par Philippe Simonnot),
in « Comment peut-on être anticapitaliste ? », Revue du M.A.U.S.S. *n° 9, 1er semestre 1997, La Découverte.*

Document 2

L'accumulation du capital

Ce qui fait la spécificité historique du système social que nous appelons capitalisme, c'est que le capital a fini par y être utilisé (investi) d'une manière bien particulière. Il en est venu à être employé dans le but premier et délibéré de son auto-expansion.

Dans les systèmes antérieurs au capitalisme, le long et complexe processus d'accumulation du capital se trouvait presque toujours bloqué en l'un ou l'autre de ses points, même lorsque était réalisée la condition préalable (réunion aux mains de quelques-uns ou appropriation d'un stock de biens non consommés). Notre capitaliste en puissance devait toujours recourir à une force de travail, ce qui signifie qu'il devait exister des gens attirés par un tel travail, ou contraints de l'effectuer. Une fois les travailleurs rassemblés et les biens produits, il fallait, d'une façon ou d'une autre, écouler ces derniers, ce qui réclamait à la fois l'existence d'un réseau de distribution et la présence d'acheteurs disposant du pouvoir d'achat nécessaire. [...]

L'émergence historique du capitalisme réclamait donc l'extension des processus marchands (ou « marchandisation »), non seulement dans l'échange, mais aussi dans la production, dans la distribution et l'investissement, qui s'effectuaient auparavant sans passer par le marché. Une fois cette évolution amorcée, les capitalistes ont cherché à marchandiser, dans leur recherche d'une accumulation toujours plus grande, des processus sociaux de plus en plus nombreux, dans toutes les sphères de la vie économique. Dans la mesure où le capitalisme est centré sur un processus auto-entretenu, aucune activité ou transaction sociale ne se trouvait par nature à l'abri d'une intégration possible à ce processus. C'est pourquoi l'on peut dire que le développement historique du capitalisme a impliqué un mouvement irrépressible de transformation de toute chose en marchandise, une véritable « marchandisation du monde ». ■

Immanuel Wallerstein,
Le Capitalisme historique,
La Découverte, « Repères », 2002.

Document 3

La bourgeoisie a révolutionné le monde

Talonnée par le besoin de débouchés toujours plus étendus pour ses produits,

---

Questions sur l'ensemble du dossier

1. Expliquez les différentes définitions du capitalisme présentées dans le document 1 et montrez en quoi elles diffèrent les unes des autres et en quoi elles se complètent.
2. Quel rapport y a-t-il entre accumulation du capital et « marchandisation du monde ». Donnez des exemples concrets de ce dernier phénomène. [*doc. 2*]
3. Résumez l'analyse de Marx et d'Engels en soulignant bien la cause et les effets du phénomène décrit. [*doc. 3*]
4. La tendance historique mise en évidence par le document 3 s'est-elle confirmée depuis le siècle dernier ? S'est-elle accélérée ?. [*doc. 4, 5, 6*]
5. Quels sont les aspects nouveaux de la mondialisation selon le document 7 ? Illustrez l'idée principale du texte par des exemples d'entreprises françaises.
6. En quoi la mondialisation affecte-t-elle le rapport des individus à la vie politique ? [*doc. 8*]
7. Dans quelle mesure « la dissolution de la politique dans l'économie » dont parle le document 9 vous semble-t-elle liée à la mondialisation ?

la bourgeoisie gagne la terre entière. Il lui faut se nicher partout, s'installer partout, créer partout des relations.
Par son exploitation du marché mondial, la bourgeoisie a rendu cosmopolites la production et la consommation de tous les pays. [...] Les anciens besoins qui étaient satisfaits par les produits nationaux font place à de nouveaux besoins qui réclament pour leur satisfaction les produits des pays et des climats les plus lointains. L'autosuffisance et l'isolement régional et national d'autrefois ont fait place à une circulation générale, à une interdépendance générale, des nations. Et ce pour les productions matérielles aussi bien que pour les productions intellectuelles. [...]
Par l'amélioration rapide de tous les instruments de production, par les communications rendues infiniment plus faciles, la bourgeoisie entraîne toutes les nations, jusqu'aux plus barbares, dans le courant de la civilisation. Le bas prix de ses marchandises est son artillerie lourde, avec laquelle elle rase toutes les murailles de Chine, avec laquelle elle contraint à capituler les barbares xénophobes les plus entêtés. Elle contraint toutes les nations, si elles ne veulent pas courir à leur perte, à adopter le mode de production de la bourgeoisie; elle les contraint à introduire chez elles ce qu'on appelle civilisation, c'est-à-dire à devenir bourgeoises. En un mot, elle se crée un monde à sa propre image. ■

Karl Marx, Friedrich Engels,
Manifeste du parti communiste, *1848.*

Document 4

Taux d'exportation pour quelques pays européens, 1830-1910
(en pourcentage du PNB)

	1830	1850	1870	1890	1910
Allemagne	–	–	17,2	13,5	14,6
France	–	7,4	11,5	13,8	15,3
Royaume-Uni	7,8	11,4	17,6	16,3	17,5
Europe	4,4	7,0	10,9	12,6	13,2

Source : Extrait de Paul Bairoch, Commerce extérieur et développement économique de l'Europe au XIXe siècle, *Mouton, Paris, 1976, tabl. 20, p. 79.*

Document 5

Taux d'exportation pour quelques pays développés, 1960-1980
(en pourcentage du PIB)

	1960	1970	1975	1980
États-Unis	4,0	4,3	7,0	8,6
France	11,1	12,7	15,5	17,9
Royaume-Uni	14,3	15,9	19,1	22,3
Japon	9,4	9,8	12,2	12,6
Allemagne fédérale	20,7	18,5	21,5	23,4

Source : calculs d'après GATT, Le Commerce international en 1976-1977 et en 1980-1981, *Genève, 1977 et 1981.*

Document 6

Taux d'exportation pour quelques pays développés, 1980-1997 aux prix de 1990

	1980	1990	1997
États-Unis	7,6	9,7	14,1
Japon	9,5	10,7	13,5
Royaume-Uni	22,4	24,2	30,4
France	19,4	22,5	29,3
Allemagne	24,2	32,1	30,3
UE à 15 (y compris intra UE)	23,1	28,2	34,8

Source : Eurostat, in INSEE Résultats *n° 607-609, 1998.*

Document 7

Les entreprises et leur pays

Au lendemain de la dernière guerre, le libre-échange entre les nations se développe. Il rend possible une mobilité toujours plus grande des marchandises. La plupart des pays, ceux en tout cas qui participent à ce mouvement de libéralisation commerciale, voient leurs exportations et, bien sûr, aussi leurs importations augmenter dans des proportions considérables. Par ce biais, la concurrence entre nations se développe et s'intensifie. Elle peut avoir des effets dévastateurs sur des pans entiers d'une économie mais elle passe entièrement par le seul commerce des marchandises. De quoi dépend la compétitivité française dans ces premières décennies de l'après-guerre? De la capacité des entreprises nationales à affronter la concurrence des entreprises étrangères. La compétitivité de la France et celle de ses entreprises sont alors confondues.
Que se passe-t-il dans une économie mondialisée? Les marchandises ne sont plus seules à circuler d'un bout à l'autre de la planète. Les entreprises, les savoir-faire, les capitaux peuvent se déplacer aussi bien. Le principe de la concurrence entre les nations s'en trouve radicalement modifié. Une entreprise française ouvre une usine en Thaïlande, après avoir fermé une unité en France et puisé dans l'épargne nationale pour financer son investissement à l'étranger. Les produits de cette implantation thaïlandaise sont ensuite vendus sur le marché français. L'ensemble de ces opérations dégrade la balance des paiements et l'emploi français. Le dynamisme de cette entreprise française est-il un atout pour la compétitivité du pays? Il serait naïf de le croire... Les entreprises françaises vivent désormais leur vie dans l'économie mondiale. Leur sort est, dès lors, de moins en moins lié à celui de notre économie. La mondialisation détend considérablement la solidarité qui a existé, un moment, entre un pays et ses entreprises. ■

Anton Brender
La France face à la mondialisation,
La Découverte, « Repères », 2002, p. 13-14.

Document 8

Le consommateur et le citoyen

Une des difficultés politiques majeures de la mondialisation tient au fait que celle-ci oppose en permanence l'individu citoyen à l'individu consommateur. En effet, en tant que consommateurs, nous nous réjouirons très aisément de pouvoir acheter un micro-ondes chinois dix fois moins cher qu'un micro-ondes français. Mais en tant que salariés ou citoyens, nous serons tout aussi naturellement enclins à combattre la délocalisation d'une entreprise française à l'étranger. Cette contradiction, nous la vivons en France de manière très évidente. Les Français, qui se montrent le plus attachés au commerce de proximité, vivent dans le pays d'Europe où le quadrillage par les grandes surfaces est le plus spectaculaire. Bien que fortement attachés à leur identité nationale, ils n'envisagent pas d'aligner leur consommation sur leur citoyenneté. Cette dynamique conduit à opposer le consommateur, surpuissant et flatté de toute part, au citoyen impuissant qui se sent délaissé. Il ne fait guère de doute que la mondialisation renforce ce déséquilibre, car les demandes et les droits des citoyens se nourrissent de plus en plus de l'environnement international. Mais, simultanément, les ressources dont les sociétés disposent pour satisfaire ces demandes restent, elles, très limitées. Malgré tout ce qui se dit sur la mondialisation, les dispositifs représentatifs comme les mécanismes redistributifs continuent à être organisés sur une base strictement nationale. Il y a donc un risque assez grand de voir s'accentuer cet écart entre une demande sociale structurée sur des bases mondiales et une offre politique qui continuera à s'exprimer sur une base nationale, et cela tant que l'on ne disposera pas d'institutions supranationales ou de mécanismes de redistribution supranationaux. ■

Zaki Laïdi,
Malaise dans la mondialisation,
Textuel, 1998, p. 26-27.

Document 9

Politique et gestion économique

Le débat politique se focalise sur le mode de gestion des contraintes économiques et de leur accompagnement social. La valorisation de l'entreprise, les appels répétés à la mobilisation des Français pour la modernisation industrielle, bien plus : la présentation de la nation et de l'Europe dans cette même logique (l'entreprise France dans le grand marché européen), tous ces discours assenés pendant près de dix ans marquent la dissolution qui semble alors s'opérer de la politique dans l'économie. Réduite de plus en plus à la gestion des contraintes économiques par des spécialistes, la politique apparaît comme un discours et une pratique sur lesquels les citoyens n'ont plus guère de prise. Le paradoxe n'en est que plus saisissant : le discours politique dominant s'identifie de plus en plus à des objectifs économiques, alors que les forces politiques au pouvoir n'ont jamais fait à ce point la démonstration de leur impuissance à résoudre le chômage. ■

Jean-Pierre Le Goff,
Le Mythe de l'entreprise,
La Découverte, 1992, p. 277.

Dossier 3

Transformations économiques et sociales

Document 1

La moitié de la population mondiale habite en ville

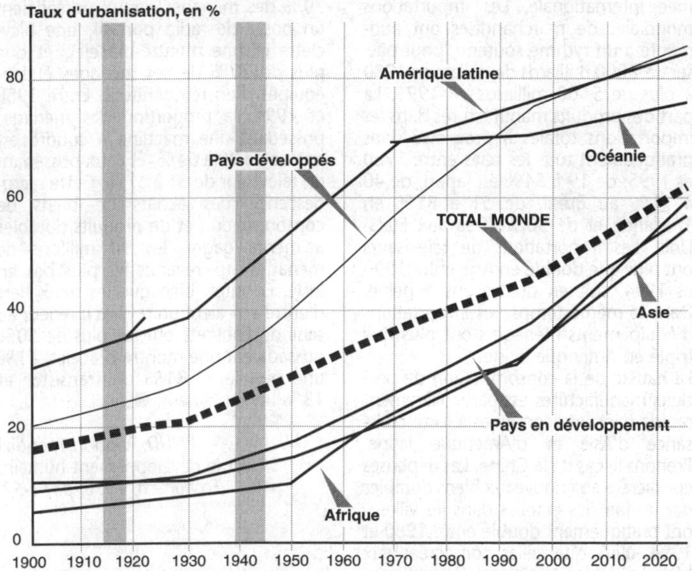

Source : ONU 1995, in Paul Bairoch, Victoires et déboires, *Gallimard, « Folio Histoire », 1997,* in Alternatives économiques, *hors-série n° 42, 1999, p. 66.*

Questions sur l'ensemble du dossier

1. À partir des différents documents, décrivez les principales transformations économiques et sociales qui ont affecté le monde au cours des dernières décennies.
2. Quels sont les liens qui unissent ces transformations économiques et sociales ?
3. Au regard de ces évolutions, peut-on parler d'une uniformisation des sociétés à l'échelle planétaire ?

Document 2

L'urbanisation change les modes de vie. Elle entraîne une dépersonnalisation des relations entre individus et un relâchement des liens communautaires. La communauté traditionnelle voit le contrôle social qu'elle exerce limité au profit des autorités collectives (État, partis politiques, syndicats, etc.). Le lien social se transforme : des rapports de domination anciens (le père, les anciens, les voisins, etc.) sont affaiblis et de nouveaux se créent (l'entreprise, les représentants de l'ordre, etc.). Les individus, en se fondant dans la masse, gagnent en liberté de mouvement. La monétarisation de nombreuses activités (repas, transports, etc.) libère du lien de face-à-face, mais entraîne aussi une déshumanisation des rapports sociaux.
Le mode de vie urbain implique des pratiques nouvelles. La restriction des espaces joue sur la taille des familles. Les nouveaux biens et services (électricité, eau courante, appareils ménagers) mo-

difient les pratiques, et notamment les emplois du temps. Le fonctionnement de la ville elle-même permet des économies d'échelle immenses (logement, transports, infrastructures collectives, etc.), mais il engendre aussi son lot de nuisances (pollutions, embouteillages), surtout quand la croissance urbaine est beaucoup plus rapide que celle du traitement des déchets, de l'assainissement de l'eau ou des transports. La situation de nombreuses mégapoles du Sud est, de ce point de vue, catastrophique aujourd'hui. ■

Alternatives économiques, *hors-série n° 48, 2001.*

Document 3

L'essor du salariat

Parallèlement, l'essor du salariat se poursuit dans la plupart des pays développés, même si la condition salariale a été bousculée par la montée du chômage de masse. Le pays capitaliste le plus avancé, les États-Unis, est aussi celui qui compte le moins d'indépendants. Le Japon est passé d'un peu plus de 50 % de salariés au début des années 60 à plus de 80 % au milieu des années 90. Dans les pays industrialisés, le taux de salariat s'étend de 70 à 90 %. Et, ces dernières années, les pays en développement ont emprunté le même chemin. Ainsi, selon le Bureau international du travail (BIT), la part des salariés est passée de 47 à 63 % en Corée entre 1980 et 1997, de 28 à 38 % en Thaïlande entre 1990 et 1996. ■

Alternatives économiques, ibid.

Document 4

Même si les conditions de travail et de rémunérations sont très difficiles, le salariat représente souvent, conjointement avec la vie en ville, un progrès pour de nombreux habitants du Sud. Il entraîne une plus grande stabilité des revenus (toute relative dans le tiers monde). En réduisant l'incertitude des horizons de vie, le salariat et la protection qui va avec ont, par exemple, un effet sur la baisse de la fécondité. En outre, via le travail salarié, les femmes acquièrent une place nouvelle, plus autonome, qui modifie à son tour les pratiques et les relations sociales.

Mais cette extension du salariat au Sud contribue en fait à creuser les inégalités au sein du salariat mondial.

Une heure de travail d'un ouvrier mexicain valait 22 % de celle d'un ouvrier américain en 1980, et 11 % aujourd'hui... ■

Alternatives économiques, op. cit.

Document 5

Évolution des structures de la population active (1975-2000)

En % de la population active	1975			2000[a]		
	Agriculture	Industrie	Services	Agriculture	Industrie	Services
Nigeria	69,1	11,1	19,3	37,7	7,5	54,8
Égypte	48,8	18,4	32,8	29,8	22,3	47,9
Inde	70,7	12,9	16,4	59,6	–	–
Chine	76,3	12,1	11,6	47,5	18,1	34,4
Corée du Sud	44,4	25,5	30,1	8,5	27,8	63,7
Indonésie	61,8	11,7	26,5	45,1	15,5	37,4
Japon	12,7	35,9	51,4	4,2	31,0	64,8
Canada	6,1	29,3	64,6	2,8	22,4	74,8
États-Unis	4,1	30,6	65,3	2,2	22,4	75,4
Brésil	37,9	24,3	37,8	23,4	20,1	56,5
Allemagne	6,8	45,4	47,8	2,5	32,9	64,6
Royaume-Uni	2,8	40,4	56,8	1,5	24,9	73,4
France	10,3	38,6	51,1	4,0	24,5	71,6

a. Les données ne correspondent pas toujours à l'année 2000, mais à des dates proches.
Source : L'état du monde 2002, *La Découverte, 2001.*

Document 6

Au cours de la dernière décennie, l'accélération de la mondialisation et l'intégration du marché mondial de la consommation ont provoqué des changements rapides dans les modes de consommation, de la pâte dentifrice aux réfrigérateurs, et ont vu la diffusion des produits « de marque » de renommée internationale. Les importations mondiales de marchandises ont augmenté à un rythme soutenu, pour passer de 2 000 milliards de dollars en 1980 à plus de 5 000 milliards en 1995. La part des produits manufacturés dans les importations totales a progressé dans pratiquement tous les pays entre 1980 et 1995, de 19 à 54 % au Japon, de 40 à 71 % au Brésil, de 51 à 81 % en Thaïlande et de 50 à 79 % aux États-Unis. Les importations de téléviseurs ont plus que doublé en Asie entre 1990 et 1994, soit en quatre ans à peine. Dans le même temps, les importations d'équipements ménagers ont plus que triplé en Amérique latine.

La hausse de la consommation de produits manufacturés est particulièrement rapide dans les économies à forte croissance d'Asie et d'Amérique latine. Prenons le cas de la Chine. Les dépenses consacrées aux nouveaux biens durables par les familles établies dans les villes y ont pratiquement doublé entre 1980 et 1994, alors que celles consacrées aux biens durables traditionnels reculaient de quasiment 10 %. Le revenu par habitant s'étant accru de 50 % dans les zones urbaines entre 1981 et 1985, les achats de lave-linge, de réfrigérateurs et de téléviseurs ont été multipliés par 8 à 40, sous l'effet à la fois des importations et de la progression phénoménale de la production intérieure. Au milieu des années 1980, la Chine était devenue le premier fabricant de postes de télévision, avec 23 % de la production mondiale.

L'expansion des produits de consommation n'atteint pas seulement l'élite urbaine et les classes moyennes. Ainsi, en Inde, en 1994, une étude du Conseil national de la recherche économique appliquée (*National Council of Applied Economic Research*) a révélé que plus de 70 % des ménages ruraux possédaient un poste de radio portatif, une bicyclette et une montre-bracelet, et que plus de 20 % de ces ménages étaient équipés d'un réfrigérateur. Entre 1988 et 1994, la proportion des ménages possédant une machine à coudre est passée de 39 à 64 %, et ceux possédant un téléviseur de 31 à 57 %. Cette recrudescence des achats de biens de consommation et de produits durables a même gagné les 90 millions de ménages aux revenus les plus bas en Inde. En effet, bien que les deux tiers d'entre eux aient un revenu inférieur au seuil de pauvreté officiel, plus de 50 % possédaient une montre-bracelet, 41 % une bicyclette, 31 % un transistor et 13 % un ventilateur. ■

PNUD, Rapport mondial sur le développement humain, *Économica, 1998, p. 51-52.*

Document 7

Nombre de téléviseurs par 1000 habitants

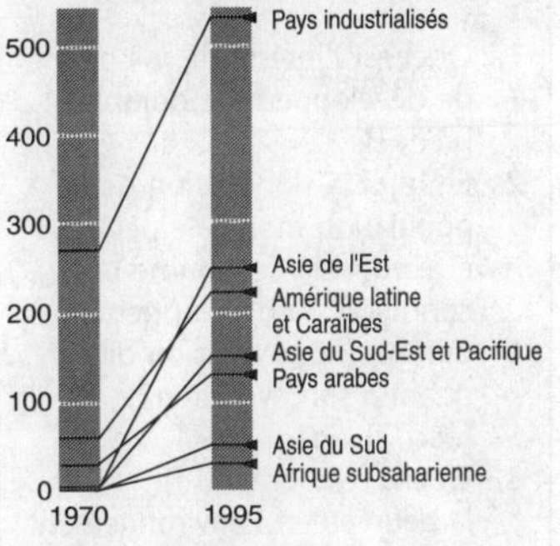

Source : PNUD, ibid., p. 54.

Document 8

	Automobiles pour 1 000 habitants		Téléphones pour 1 000 habitants	
	1975	1993	1975	1995
Afrique subsaharienne		11	6	12
Pays arabes	16	42	8	49
Asie du Sud	2	5	2	16
Asie de l'Est	1	6	4	49
Asie du Sud-Est et Pacifique	7	18	3	29
Amérique latine et Caraïbes	40	61	34	86
Total pays en développement	8	16	8	39
Pays industrialisés	289	405	178	414

Source : PNUD, ibid., p. 54.

Document 9

Plus le revenu du ménage est faible, plus la part consacrée à l'alimentation et à l'énergie est élevée et plus celle du transport, de la santé et de l'éducation est réduite
(en pourcentage des dépenses du ménage)

	20 % de ménages au revenu le plus faible					20 % de ménages au revenu le plus élevé				
Pays	Alimentation	Énergie	Transport	Santé	Éducation	Alimentation	Énergie	Transport	Santé	Éducation
Sierra Leone	67,9	6,6	1,9	2,7	1,8	53,9	3,3	8,9	4,7	3,2
Costa Rica	54,4	9,4	4,2	2,1	0,7	29,1	7,5	19,5	4,8	1,0
Thaïlande	52,8	5,0	3,8	2,6	1,2	25,2	2,9	20,3	3,9	2,1
Jordanie	43,4	7,6	3,5	2,4	1,3	32,1	4,1	16,8	2,0	4,7

Informations provenant d'enquêtes réalisées auprès des ménages entre 1987 et 1994.
Sources : Sierra Leone : Office central des statistiques, 1993. Costa Rica : Office général des statistiques, 1988. Thaïlande : Office national des statistiques, 1995. Jordanie : Service des statistiques, 1993. In *PNUD, ibid., p. 56.*

Document 10

Les marques mondiales
valeur des quinze plus importantes marques mondiales en l'an 2000, en millions de dollars

Rang	Marques d'affaires	Chiffre	Pays d'origine
1	Coca-Cola	72,5	États-Unis
2	Microsoft	70	États-Unis
3	IBM	53	États-Unis
4	Intel	39	États-Unis
5	Nokia	38,5	Finlande
6	General Electric	38	États-Unis
7	Ford	36	États-Unis
8	Disney	33,5	États-Unis
9	McDonald's	28	États-Unis
10	AT&T	25,5	États-Unis
11	Marlboro	22	États-Unis
12	Mercedes	21	Allemagne
13	Hewlett-Packard	20,5	États-Unis
14	Cisco	20	États-Unis
15	Toyota	19	Japon

Source : Alternatives économiques, *hors-série n° 48, 2001.*

Dossier 4

Développement durable et croissance

Document 1

La première définition du concept de développement durable date du rapport Brundtland préparatoire à la Conférence des Nations unies sur l'environnement et le développement (CNUED, Rio de Janeiro, 1992) : il s'agit d'« un processus de changement par lequel l'exploitation des ressources, l'orientation des investissements, des changements techniques et institutionnels se trouvent en harmonie, et renforcent le potentiel actuel et futur de satisfaction des besoins humains ».

Le concept de développement durable a fait suite à celui d'écodéveloppement, auquel avait fait référence, pour la première fois en 1980, l'Union internationale pour la conservation de la nature et de ses ressources (UICN) dans son rapport rédigé avec le World Wild Fund (WWF), *La Stratégie mondiale pour l'environnement.*

Le développement « durable » ou mieux encore « soutenable », de l'anglais « *sustainable* », cherche donc à concilier les besoins des générations vivantes sans aliéner ceux des générations du futur. Il part d'un constat écologique qui est un véritable état des lieux de la planète Terre. L'explosion démographique et urbaine, l'extinction en masse d'espèces vivantes, la pollution croissante des sols, des eaux et de l'atmosphère, ainsi que les changements climatiques, sont analysés comme les conséquences inéluctables d'un modèle de croissance non durable, littéralement « insoutenable », dans les deux sens du terme, éthique et écologique. ■

Jean-Paul Deléage,
« Le Développement durable est un projet politique pour toute l'humanité », in
Serge Cordellier (dir.),
Le Nouvel état du monde,
La Découverte, nouvelle éd., 2002.

Document 2

Une population mondiale de onze milliards ?

Parler d'une future stabilisation de la population mondiale ne paraît plus déraisonnable. En effet, elle continue d'augmenter, mais son rythme de croissance s'est nettement ralenti. Supérieur à 2 % entre 1965 et 1970, il est tombé à 1,3 % à la fin des années 1990. On dénombrait alors 78 millions de nouveaux Terriens chaque année, contre 86 millions dans la période 1985-1990, au moment le plus fort de la vague démographique. Cependant, malgré ce ralentissement, la population continuera de croître encore longtemps, mais moins vite. Les démographes ont fait l'hypothèse que la population mondiale atteindra un peu plus de 9 milliards en 2050. Elle augmenterait alors encore de quelque 33 millions d'habitants chaque année. Le ralentissement de la croissance démographique continuera donc longtemps encore à susciter d'importants déséquilibres économiques et sociaux pour de nombreux pays : problèmes d'emploi, de logement et d'équipements pour l'école, les hôpitaux, etc. La croissance démographique souligne également la nécessité d'une meilleure répartition des richesses mondiales et une réduction des inégalités sociales. [...]

Les démographes ont calculé que la population mondiale pourrait se stabiliser aux alentours de 11 milliards d'êtres humains vers 2200. ■

L'état du monde junior. Encyclopédie
historique et géopolitique,
La Découverte, 2002.

Document 3

La dégradation de l'environnement frappe presque toujours plus durement ceux qui vivent dans la pauvreté. L'immense majorité des personnes qui meurent chaque année à cause de la pollution de l'eau et de l'air appartiennent aux populations pauvres des pays en développement. Il en est de même des personnes les plus touchées par la désertification et il en sera de même de celles qui pâtiront le plus des inondations, des tempêtes et des mauvaises récoltes résultant du réchauffement de la planète. Dans le monde entier, ce sont les pauvres qui vivent généralement le plus près des usines polluantes, des routes à fort trafic et des décharges.

La pauvreté et la dégradation de l'environnement sont souvent prises dans une spirale descendante. La détérioration des ressources dans le passé accroît la pauvreté actuelle. Et cette dernière rend très difficile la préservation ou la restauration des ressources agricoles, l'élaboration de solutions de remplacement à la déforestation pour empêcher la désertification, la lutte contre l'érosion et la réintroduction d'éléments fertilisants dans le sol. Pour survivre, les individus confrontés à la pauvreté sont obligés de puiser dans les ressources, au risque de les épuiser, et cette dégradation de l'environnement ne fait qu'accroître leur pauvreté. [...]

Dans les pays en développement, les pressions pesant sur l'environnement s'intensifient chaque jour à mesure que la population augmente. ■

PNUD, Rapport mondial sur
le développement humain,
1998, p. 74.

Questions sur l'ensemble du dossier

1. Quel est l'intérêt de la notion de développement durable ? [*doc. 1*]
2. En quoi la stabilisation de la population mondiale peut-elle être considérée comme une condition du développement durable ? Que peut-on dire quant à son évolution ? [*doc. 2*]
3. Quelle relation entre la pauvreté et l'environnement le rapport du PNUD fait-il apparaître ? [*doc. 3*]
4. Pourquoi l'association de l'IDH et de l'empreinte idéologique permet-elle de situer les différents pays par rapport au développement humain durable ? [*doc. 4 et 5*]
5. Quelle relation le graphique fait-il apparaître ? Pourquoi les pays pauvres semblent-ils respecter la « durabilité écologique » ? [*doc. 4 et 5*]
6. Économie et écologie sont-elles conciliables ? [*doc. 6 et 7*]
7. En quoi le développement durable est-il un projet politique ? [*doc. 8*]

Document 4

Le développement humain écologiquement durable

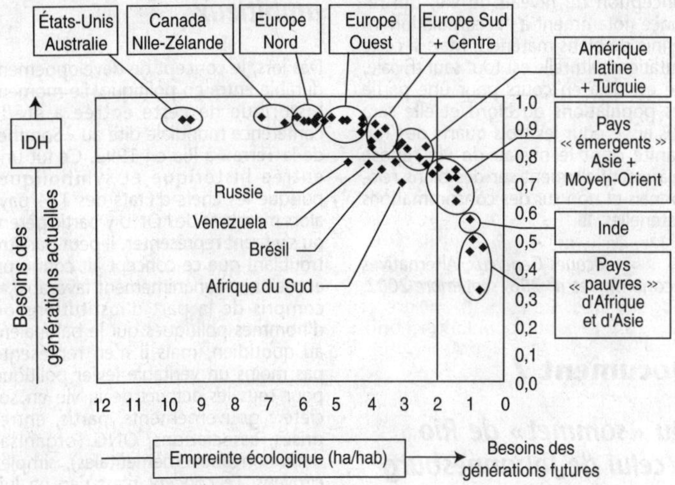

Source : Aurélien Boutaud, « Développement durable, quelques vérités embarrassantes », Économie et humanisme *n° 363, décembre 2002, in* Problèmes économiques *n° 2800, mars 2003.*

Document 5

IDH + empreinte écologique = développement durable ?

La définition la plus consensuelle et la plus largement admise est celle donnée en 1987 par la Commission mondiale sur l'environnement et le développement (CMED), qui décrit le développement durable comme celui qui « répond aux besoins du présent sans compromettre la capacité des générations futures à répondre aux leurs » [CMED, *Notre avenir à tous* (Rapport Brundtland), Éditions du Fleuve, 1988].

Ainsi présenté, le développement durable reste encore très indistinct. Admettons néanmoins, sur le modèle du rapport de la CMED, qu'il s'agit de promouvoir un développement humain, reflétant les aspirations des générations actuelles, qui soit écologiquement durable, c'est-à-dire qui pérennise le support de vie et de développement des générations futures. Afin de rendre les contours du concept plus précis, un jeu assez simple consiste à évaluer les performances d'un certain nombre de nations du globe.

Pour ce faire, deux indicateurs, largement admis et stabilisés au niveau international, peuvent être choisis : l'indicateur de développement humain (IDH) et l'empreinte écologique. (Rappelons que l'empreinte écologique est un indicateur qui permet d'évaluer la surface théorique de sol productif nécessaire à une population pour répondre à sa consommation et à ses besoins d'absorption de déchets.) Ainsi, croisant sur un même graphique ces deux données, et traçant les seuils de « développement acceptable » (seuil moyen fixé par les Nations unies à 0,800 pour l'IDH) et de « durabilité écologique », on parvient à construire une grille d'évaluation sur laquelle apparaît l'objectif à atteindre : un niveau de développement humain à la fois satisfaisant... et écologiquement durable !

Sur cette base, le schéma [*doc. 4*] représente les performances, en matière de développement durable, d'un échantillon de quarante-neuf nations.

La première évidence qui saute aux yeux est sans appel : aucune nation ne réussit à atteindre un niveau de développement humain élevé tout en gardant un impact environnemental inférieur au seuil de durabilité écologique. À ce petit jeu, il semble donc que tout le monde soit perdant...

Autre conclusion intéressante : on voit clairement apparaître, sur le graphique ainsi obtenu, ce qu'on pourrait appeler la « voie du développement classique ». Ce cheminement, qui mène des pays les plus « pauvres » vers le « modèle » que représentent les États-Unis et l'Australie, montre que, dans les premières phases d'évolution, le niveau de développement humain augmente beaucoup plus rapidement que ne croît l'impact écologique lié à ce développement.

Dans un deuxième temps, la courbe tend à s'infléchir : l'impact écologique augmente plus rapidement que le niveau de développement humain. Ce phénomène empêche les pays « émergents » d'atteindre l'état de développement durable puisque, pour passer à un stade de développement humain supérieur, ils vont avoir tendance à privilégier des modes de vie et de consommation davantage prédateurs de ressources.

On laissera le lecteur apprécier et commenter par lui-même les résultats ainsi obtenus sur le graphique. Les pays les plus peuplés, l'Inde et la Chine en particulier, se maintiennent pour l'instant en dessous du seuil de durabilité écologique, ce qui signifie que la majorité de la population mondiale garde un mode de vie qui est encore « écologiquement durable ». Inversement, si l'intégralité de l'humanité se mettait à consommer sur le modèle états-unien, il faudrait l'équivalent de quatre à cinq planètes comme la Terre pour soutenir un tel rythme de prédation de manière pérenne.

Enfin, le stade ultime marque un rabattement presque total de la courbe (caractéristique propre aux courbes de rendement décroissant) : à partir d'un indice de développement humain atteignant 0,900, les progrès en matière de développement ne se font qu'au prix d'une très forte augmentation de l'empreinte écologique. Au-delà d'un IDH de 0,850, c'est essentiellement la course à la croissance économique qui est à mettre en cause dans l'agrandissement considérable de l'empreinte écologique, alors que le niveau de développement humain stagne. ■

Aurélien Boutaud, ibid.

Document 6

Le développement durable est-il soutenable ?

Dès les années 1970, les travaux de Nicholas Georgescu-Roegen et de René Passet, notamment, ont montré que la logique de croissance infinie propre au capitalisme était physiquement insoutenable. [...] Nicholas Georgescu-Roegen montre qu'il ne suffit pas de renoncer à la croissance. En effet, le simple maintien de notre niveau de vie actuel pérenniserait des prélèvements considérables dans notre patrimoine, au détriment des perspectives de survie des générations futures : « Chaque fois que nous produisons une voiture, nous le faisons au prix d'une baisse du nombre de vies à venir. » Ainsi, la croissance zéro ne ferait que retarder les catastrophes ; seule la « décroissance » permettrait de retrouver un mode de vie soutenable.

Une autre excellente raison de prôner la décroissance, au moins dans les pays du Nord, réside dans l'impératif de développement des pays du Sud. Dans un monde où les 20 % d'habitants du Nord consomment 80 % des ressources mondiales, l'engagement du Sud dans un mouvement mondial pour le développement durable est politiquement insoutenable s'il ne consiste pas à redistribuer la consommation des ressources à son profit. François Schneider propose un calcul grossier, mais très éclairant sur ce qui est ici en jeu. Si, pour rétablir la justice à l'horizon 2050, nous devions offrir une consommation par habitant partout équivalente à celle qui prévaut aujourd'hui au Nord, et en supposant que ce dernier se contente du niveau actuel, il nous faudrait disposer d'un espace naturel équivalent à douze planètes ! Le seul scénario autorisant l'égalité mondiale à un niveau soutenable impliquerait un doublement de la consommation dans les pays du tiers monde et sa décroissance annuelle de 5 % dans les pays industrialisés pendant quarante-huit ans !

On peut certes discuter ces estimations, mais cela ne changera rien au problème. Quand bien même la décroissance nécessaire pour « libérer » les ressources nécessaires au développement du Sud serait de cinq à dix fois inférieure à ce qu'indiquent les chiffres de Schneider, une décroissance serait politiquement impossible et socialement inacceptable. Quand on considère les problèmes sociaux insolubles auxquels nous sommes confrontés dès que la croissance est seulement ralentie, il est évident qu'un recul annuel permanent de la production de 1 % ou même de 0,5 % engendrerait un véritable chaos social. Seules des dictatures effroyables pourraient l'imposer avant de s'orienter rapidement vers une autre solution : le génocide des pauvres. Après tout, s'il nous faut deux ou trois planètes pour rendre notre mode de vie soutenable, il « suffirait » de diviser la population mondiale dans les mêmes proportions ! Si l'on estime que notre culture relativement démocratique nous interdit d'envisager une telle perspective, il faut se rendre à l'évidence qu'elle nous interdit aussi de promouvoir la décroissance que l'écologie radicale nous présente comme une nécessité vitale. La seule issue à cette impasse est de rechercher non pas la décroissance, mais une autre croissance qui substitue progressivement la consommation de services immatériels et de manière recyclée aux biens dont la fabrication détruit le patrimoine naturel. Une voiture fabriquée avec les matériaux d'une ancienne voiture et consommant de l'électricité solaire ou éolienne n'est pas produite « au prix d'une baisse du nombre de vies à venir ».

Il est heureusement une autre écologie radicale, incarnée par exemple par Lester Brown, qui dessine les contours d'une « éco-économie ». Cette dernière suggère une révolution mentale : loin de considérer l'environnement comme une donnée contraignante à intégrer dans le système économique, elle envisage l'économie comme un outil de production d'un meilleur environnement. Cette économie fondée sur le recyclage des énergies propres et l'essor des services, pourrait à la fois assurer le plein-emploi et le progrès du niveau de vie. Certes, elle implique une autre conception du niveau de vie, qui renonce notamment à l'accumulation indéfinie de biens matériels. Mais si cette mutation culturelle est tout sauf triviale, elle est déjà en cours pour une partie des populations du Nord et elle sera plus aisée pour les trois quarts de l'humanité dont le niveau de vie repose déjà essentiellement sur des biens relationnels et non sur des consommations matérielles. ■

Jacques Généreux, Alternatives économiques *n° 206, septembre 2002.*

Document 7

Du « sommet » de Rio à celui de Johannesburg

En 1992, à Rio, un ambitieux programme avait été adopté, sous le nom d'« Agenda 21 ». Il dressait la liste des initiatives à prendre pour rendre le XXIe siècle plus vivable pour tous. Ces mesures traduisent le souci d'une plus grande justice sociale, d'une attitude plus précautionneuse vis-à-vis de l'environnement et d'un rééquilibrage Nord-Sud réduisant la fracture entre riches et pauvres. Deux conventions internationales ont été adoptées, malgré les pressions des compagnies pétrolières et des multinationales pharmaceutiques qui défendaient leur propre intérêt. L'une portait sur la lutte contre le réchauffement climatique, l'autre sur la préservation de la biodiversité.

Dix ans plus tard, lors du « sommet » mondial sur le développement durable tenu en 2002 à Johannesburg (Afrique du Sud), le constat était alarmant. En effet, malgré certaines avancées, nombre d'engagements pris lors de la réunion de Rio n'avaient pas été tenus. Cela concernait notamment la réduction de la pauvreté, l'amélioration de la situation sanitaire, la préservation des écosystèmes et la limitation de la pollution. De plus, certains pays, comme les Etats-Unis, refusaient toujours de signer le protocole de Kyoto visant à limiter les risques climatiques et se dérobaient à leurs responsabilités. Cependant, cette réunion a montré que la mobilisation des ONG et des citoyens, loin de faiblir en dix ans, s'était beaucoup renforcée. Cela obligerait de plus en plus les entreprises et les gouvernements à en tenir compte. La création, dans beaucoup de pays, de ministères de l'Environnement ou de l'Écologie ou encore du Développement durable en témoigne, de même que le développement des partis politiques écologistes. ■

L'état du monde junior, op.cit.

Document 8

Un projet politique ambitieux

Dès lors, le concept de développement durable entre en politique. Le moment historique de cette entrée a été la conférence mondiale dite au « Sommet de la Terre » à Rio en 1992. Ce fut une entrée historique et symbolique, puisque les chefs d'États des 174 pays alors membres de l'ONU y participèrent ou s'y firent représenter. Il peut paraître troublant que ce concept ait connu un accueil aussi unanimement favorable, y compris de la part d'institutions ou d'hommes politiques qui le bafouaient au quotidien, mais il n'en représente pas moins un véritable levier politique pour tous les acteurs de la vie en société : gouvernements, partis, entreprises, associations, ONG (organisations non gouvernementales), simples citoyens. Le concept n'est rien en lui-même. Il reste peu pertinent s'il est enfermé dans les différents champs disciplinaires et que ceux-ci s'en emparent à la seule fin de développer leur propre rhétorique universitaire. En revanche, il peut devenir un puissant outil pour l'action dès lors qu'il entre dans l'arène politique. Banalisé et abaissé au rang d'argument de marketing par les entreprises multinationales et leurs agences de communication, dévalorisé par les tactiques d'hommes politiques cyniques, le développement durable est une arme pour les citoyens et leurs associations dans les conflits pour la reconnaissance de leurs droits civiques, sociaux et environnementaux. Désormais, nulle politique ne peut se soustraire au fait que l'empreinte écologique, c'est-à-dire la surface productive nécessaire aux activités humaines, augmente annuellement de 2,5 % dans le biosphère, monde fini et seul espace possible de notre vie future.

Il n'est guère d'activité qui échappe aux conflits suscités par l'exigence d'un développement durable. ■

Jean-Paul Deléage, op. cit.

Dossier 5 • Fiche TD

Croissance et développement en perspective

Document 1

Comparaison des PNB dans les pays en développement *et dans les pays développés* (1750-1990)[a]

	Total (milliards de dollars)		Par habitant (dollars)	
1750	112	*35*	188	*182*
1800	137	*47*	188	*198*
1830	150	*67*	183	*237*
1860	159	*118*	174	*324*
1900	184	*297*	175	*540*
1913	217	*430*	192	*662*
1928	252	*568*	194	*782*
1938	293	*678*	202	*856*
1950	338	*889*	214	*1 180*
1970	810	*2 450*	340	*2 540*
1980	1 280	*3 400*	390	*2 920*
1990	1 730	*4 350*	430	*3 490*

a. En prix et dollars des États-Unis constants de 1960.
Source : Paul Bairoch, Mythes et paradoxes de l'histoire économique, *La Découverte/Poche, 1999.*

Tableau A

	1750		1950		1990	
	milliards $	%	milliards $	%	milliards $	%
PNB des PED	112		338	28	1730	28
PNB des pays développés	35		889	72	4350	
Production mondiale		100	1227	100	6080	100

Tableau B

Indices base 100 en 1750	1750	1950	1990
PNB des PED			
PNB des pays développés			

Tableau C

Indices base 100 en 1750	1750	1950	1990
PNB/hab des PED			
PNB/hab des pays développés			

Tableau D

	1750		1950		1990	
	en millions	en %	en millions	en %	en millions	en %
Population des PED			1579,4	68	4023,3	76
Population des pays développés			753,4	32	1246,4	24
Population mondiale		100	2332,8	100	5269,7	100

Tableau F

	1750-1900	1900-1950	1950-1970	1970-1990
TCAM PNB des pays en développement				
TCAM PNB des pays développés				

Questions sur l'ensemble du dossier

1. À l'aide du lexique et de vos connaissances, rappelez la distinction entre le concept de croissance et celui de développement.
2. Peut-on dire que les indicateurs statistiques du document 1 renseignent sur la croissance et sur le développement ? Justifiez votre réponse.
3. Complétez le tableau A (extrait du document 1) puis commentez l'évolution observée.
4. Complétez le tableau B à l'aide du document 1 et commentez l'évolution observée.
5. Complétez le tableau C à l'aide du document 1. Comparez les résultats obtenus à ceux du tableau B. D'où la différence vient-elle ?
6. Complétez les tableaux D et E à l'aide du document 1. Commentez les évolutions constatées. Ces résultats confirment-ils votre réponse à la question 5 ?
7. Complétez le tableau F à l'aide du document 1. Que remarquez-vous quant au rythme de la croissance dans les pays développés et dans les pays en développement sur la longue période ?
8. **Question de synthèse.** Rédigez un texte d'une trentaine de ligne permettant de caractériser la dynamique de croissance et de développement observée depuis 1750. Vous vous appuierez sur le document 1 et sur toutes les transformations statistiques effectuées à partir de ce tableau.

Tableau E (à l'aide du tableau D)

	1750-1950	1950-1990
TCAM population des PED		
TCAM population des pays développés		

Dossier 6 • Fiche TD

Inégalités et mondialisation

Avertissement : tous les documents sont extraits de Frédérique Sachwald, « Mondialisation, innovation et inégalités », Les Notes de l'IFRI (Institut français des relations internationales)*, novembre 2002.*

Document 1

Évolution du revenu par habitant, 1960-2001[a]

	Revenu par habitant et par jour en dollar PPA (1990)			**Revenu par habitant en % du revenu par habitant des 15 pays les plus riches**		
Pays/zone	**1960**	**1980**	**2001**	**1960**	**1980**	**2001**
Pays en développement	**3,4**	**5,9**	**11,1**	**13**	**12**	**14**
Asie	2,2	3,6	10,9	8	7	14
Chine	*1,9*	*2,7*	*14,4*	*7*	*5*	*18*
Inde	*1,9*	*2,4*	*5,2*	*7*	*5*	*7*
Indonésie	*2,5*	*5,3*	*10,3*	*10*	*10*	*13*
Vietnam	*2,1*	*2,3*	*5,8*	*8*	*5*	*7*
Afrique subsaharienne	3,6	4,6	4,0	14	9	5
Amérique latine	9,9	18	19,8	37	35	25
Argentine	*17,2*	*24,5*	*23,9*	*65*	*48*	*30*
Mexique	*11,8*	*23,5*	*26,7*	*44*	*46*	*34*
Monde arabe	7,2	14,5	13,2	27	28	17
Europe de l'Est[b]	**10,3**	**22,6**	**15,5**	**39**	**44**	**20**
Pays industrialisés	**24,2**	**45,9**	**68,0**	**91**	**90**	**86**
États-Unis	35,4	57,8	90,1	133	113	115
Union européenne	22,4	42,8	60,3	84	84	77
Monde	**8,6**	**14,5**	**19,9**	**32**	**28**	**25**
Les 15 pays les plus pauvres en 1960	1,3	1,9	2,3	5	4	3
Les 15 pays les plus pauvres en 2001	2,3	2,3	1,7	9	5	2
Les 15 pays les plus riches en 2001	26,6	51,1	78,6	100	100	100

a. Le revenu est mesuré ici par le PIB-PPA [voir fiche-outil 3 sur les parités de pouvoir d'achat, dans ce chapitre].
b. L'Europe de l'Est intègre les pays d'Europe centrale, la Russie et les républiques de l'ex-Yougoslavie.
Source : calculs à partir de la base CHELEM du CEPII.

Document 2

L'inégalité internationale

Mesurer l'évolution de l'inégalité internationale suppose dons de calculer un indicateur synthétique qui prenne en compte l'ensemble des différences de revenus entre les pays, et pas uniquement entre certains pays ou zones géographiques. À l'échelle internationale, un tel indicateur peut être conçu de deux manières. La première consiste à mesurer les différences de revenus entre pays, chaque pays pesant du même poids dans l'indicateur. Dans ce cas, l'Angola pèse le même poids que la Chine dans la comparaison. Or, la croissance rapide de la Chine depuis les années 1980 signifie que des centaines de millions d'individus ont vu leur situation s'améliorer. D'autres pays très peuplés, tels que l'Inde ou l'Indonésie, ont aussi connu des taux de croissance relativement élevés depuis 1980. Il peut donc apparaître logique de tenir compte de la taille des différents pays. D'où la seconde conception de l'indicateur d'inégalité internationale, dans laquelle le revenu moyen par habitant est pondéré par la population de chaque pays. ■

Questions sur l'ensemble du dossier

1. Rappelez ce qu'est le PIB et l'intérêt de l'évaluer en parités de pouvoir d'achat. [*doc. 1*]
2. Comparez l'évolution du PIB par habitant entre les pays industrialisés et les autres. [*doc. 1*]
3. Procédez à la même comparaison entre les pays (ou zones géographiques) en développement répertoriés dans le tableau. [*doc. 1*]
4. Que peut-on dire de l'évolution des inégalités internationales à la lumière de ces données ? Étayez vos réponses sur des éléments précis. [*doc. 1*]
5. Qu'est-ce qu'une courbe de Lorenz ? [*doc. 2, 3 et lexique*]
6. Le coefficient de Gini permet de comparer deux courbes de Lorenz. Pourquoi traduit-il une égalité parfaite lorsqu'il est égal à 0 et une inégalité extrême lorsqu'il est égal à 1 ? [*doc. 2, 3 et lexique*]
7. Commentez l'évolution du coefficient de Gini pour le monde de 1960 à 1980. [*doc. 2 et 3*]
8. Pourquoi le coefficient de Gini est-il inférieur sans les États-Unis ? sans l'Afrique ? [*doc. 2 et 3*]
9. Depuis quelle date l'évolution des inégalités s'inverse-t-elle lorsque l'on fait abstraction de la Chine ? Commentez ce résultat. [*doc. 4*]
10. Pourquoi ne constate-t-on pas le même phénomène avec l'Inde ? [*doc. 4*]
11. La prise en compte de l'inégalité individuelle mondiale modifie-t-elle l'ampleur des inégalités mesurées et le sens des évolutions ? [*doc. 5 et 6*]
12. Commentez le tableau. Comment la situation a-t-elle évolué pour l'ensemble de la Chine ? [*doc. 6*]
13. **Question de synthèse.** Finalement, la mondialisation s'accompagne-t-elle d'une augmentation ou d'une réduction des inégalités ?

Document 3

Inégalité internationale de revenu, coefficient de Gini pondéré par la population. Monde, sans les États-Unis, sans l'Afrique, 1960-2001

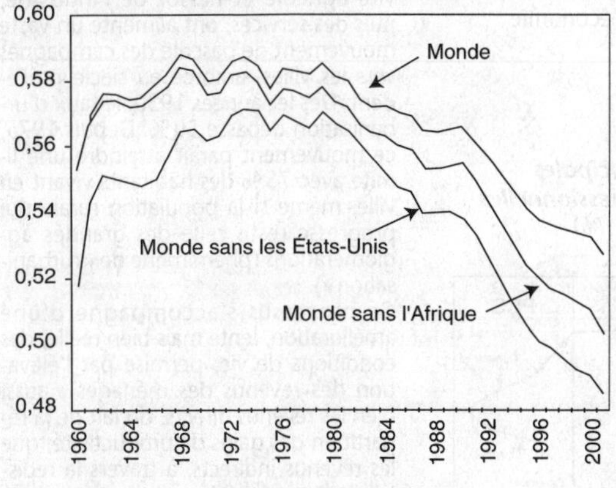

Source : Calculs à partir de la base CHELEM du CEPII.

Document 4

Inégalité internationale de revenu, coefficient de Gini pondéré par la population. Monde, monde sans la Chine et monde sans l'Inde, 1960-2001

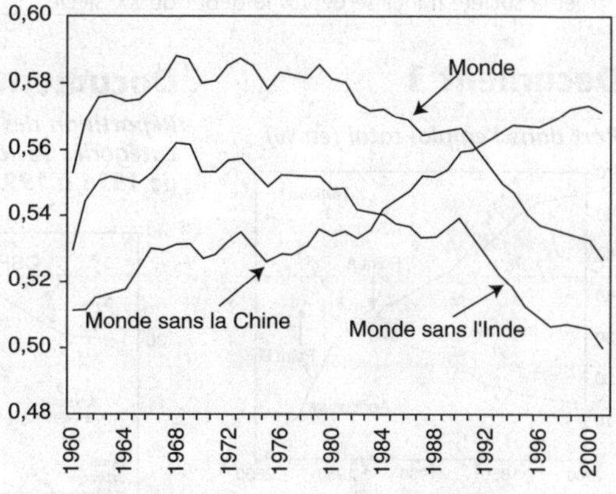

Source : Calculs à partir de la base CHELEM du CEPII.

Document 5

Inégalité individuelle mondiale de revenu[a] coefficient de Gini, 1960-2000

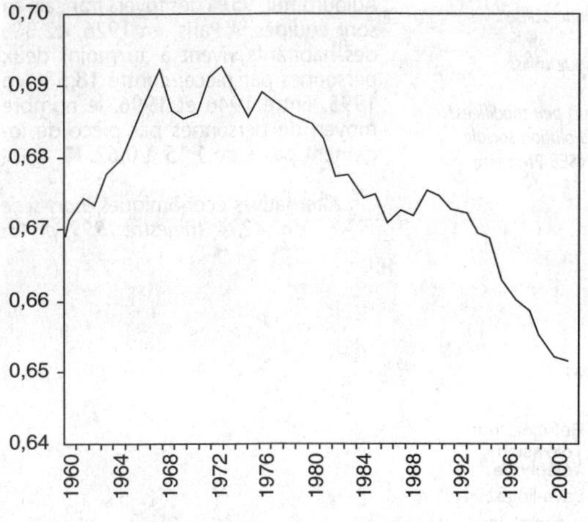

a. Depuis 1980 environ, la croissance rapide de certains pays, au Nord comme au Sud, s'est accompagnée d'un accroissement des inégalités internes, qui est analysé dans la seconde partie de cette étude. Un diagnostic global suppose donc le calcul d'un indicateur d'inégalité mondiale, qui synthétise les évolutions de l'inégalité internationale et des inégalités internes. Cet indicateur est construit à partir d'une distribution mondiale du revenu, comme si le monde n'était qu'un seul pays. Il permet de mesurer l'évolution de la situation relative des « riches » et des « pauvres » de la planète, quel que soit le revenu moyen ou la taille de leur pays d'origine.

Source : adapté de S. Bhalla, Imagine there's no country, *Institute for international Economics, Washington, 2002.*

Document 6

Évolution de la pauvreté et des inégalités de revenu en Chine, 1990-1999

	1990	1995	1999
Part de la population vivant avec moins de 1 dollar par jour[a] (en %)			
Zones rurales	42,5	30,8	24,9
Villes	1,0	0,6	0,5
Total Chine	31,5	22,0	17,4
Indice de Gini			
Zones rurales	29,8	33,9	33,9
Villes	23,4	28,3	29,7
Total Chine	34,8	41,5	41,6

a. PPA 1993.
Source : Chen et Wang, 2001.

Sujet de bac

DISSERTATION

▶ TRANSFORMATIONS DE L'ÉCONOMIE ET DE LA SOCIÉTÉ FRANÇAISE

Sujet : Vous analyserez les transformations qui ont affecté l'économie et la société française depuis le début du XXe siècle.

Document 1

***Part dans l'emploi total** (en %)*

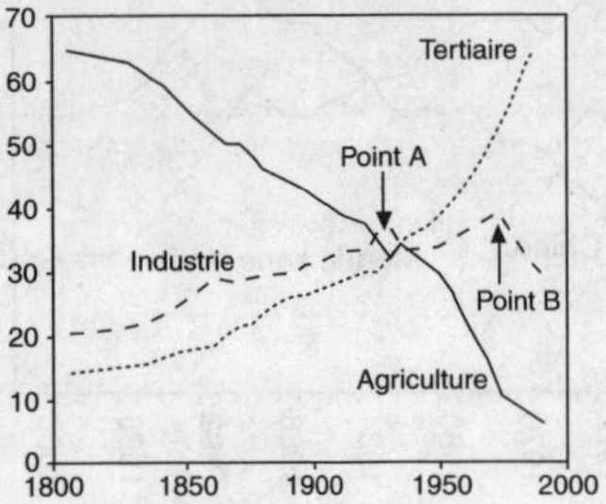

Le secteur primaire comprend l'agriculture et la pêche; le secondaire, l'industrie, le bâtiment et les travaux publics; le tertiaire, tout le reste.
Au point A, les emplois se répartissent en trois tiers; au point B, le secteur industriel atteint son maximum (voir Jean Fourastié, Le Grand Espoir du XXe siècle, *Gallimard, 1989). La Grande-Bretagne, pionnière de la révolution industrielle, a atteint le point A au début du XIXe siècle et le point B au milieu du XXe siècle.*
Source : Olivier Marchand, Claude Thélot, Deux Siècles de travail en France, *INSEE, 1991.*

Document 2

***Répartition des principales catégories socioprofessionnelles de 1936 à 1995** (en %)*

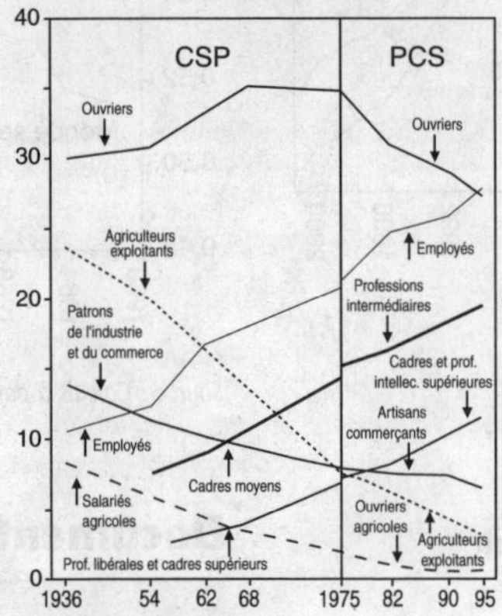

De 1936 à 1975, le graphique utilise la nomenclature CSP.
De 1975 à 1995, le graphique utilise la nomenclature PCS.
Les nomenclatures ont été un peu modifiées.
Source : Baudoin Seys, « L'évolution sociale de la population active », INSEE Première, *mars 1996.*

Document 3

La croissance de l'économie française a débouché sur une transformation profonde des modes de vie au cours du siècle. L'augmentation de la productivité agricole et l'essor de l'industrie, puis des services, ont alimenté un vaste mouvement de bascule des campagnes vers les villes, amorcé au siècle précédent. Dès les années 1930, le taux d'urbanisation dépasse 50 %. Depuis 1975, ce mouvement paraît atteindre une limite avec 75 % des habitants vivant en ville, même si la population rurale qui progresse reste celle des grandes agglomérations (phénomène de « rurbanisation »).

Ce processus s'accompagne d'une amélioration, lente mais bien réelle, des conditions de vie, permise par l'élévation des revenus des ménages : aussi bien les revenus directs, du fait de la répartition des gains de productivité, que les revenus indirects, à travers la redistribution et les biens collectifs offerts par les pouvoirs publics et les organismes de Sécurité sociale (éducation, santé, etc.). Premier bénéficiaire : le logement. Jusqu'à la seconde guerre mondiale, la majorité des Français n'a pas de sanitaires, souvent pas d'eau courante et un faible éclairage au gaz. À Lille, par exemple, en 1908, seulement 5 % des logements ont des WC. Aujourd'hui, 95 % des foyers français en sont équipés. À Paris, en 1926, 42,3 % des habitants vivent à au moins deux personnes par pièce, contre 18,5 % en 1995. Entre 1946 et 1996, le nombre moyen de personnes par pièce de logement passe de 1,15 à 0,62. ■

Alternatives économiques, *hors-série n° 42, 4e trimestre 1999, p. 43.*

Document 4

Des biens durables largement diffusés

***Évolution du taux d'équipement pour différents biens** (en %)*

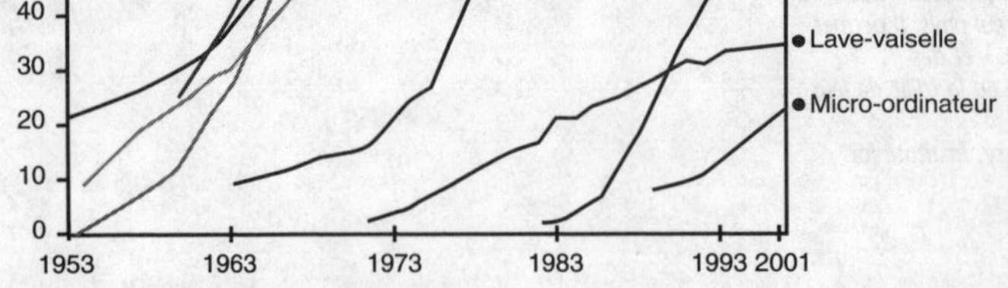

Alternatives économiques, ibid., p. 42.

➡ MÉTHODES POUR LE BAC pages 738-751

Document 5

Moins pour le pain, plus pour le logement

Répartition des dépenses de consommation d'une famille ouvrière (en %)

1906

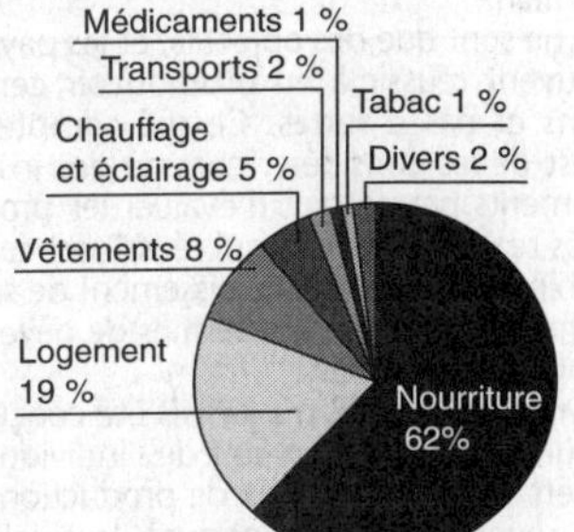

1995

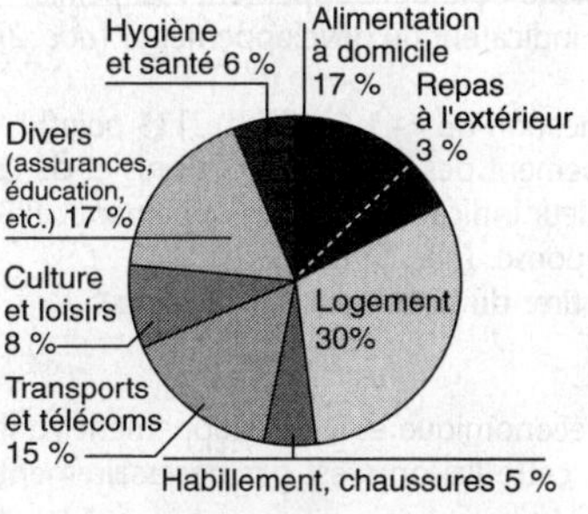

N.B. : Ces deux camemberts décrivent la structure de la consommation au début et à la fin du siècle. La mesure des dépenses n'étant pas réalisée de la même façon (les nomenclatures ne sont pas les mêmes), il faut les considérer comme des ordres de grandeur très approximatifs.

Sources : Maurice Halbachs, Revue politique, *1939 ; INSEE, enquête «Budget des ménages» 1995; in ibid, p. 42.*

Document 6

Quarante ans de consommation des ménages (en %)	Part dans la consommation effective des ménages à prix courants		Évolution annuelle moyenne en volume
	1960	**2000**	**2000/1960**
Produits alimentaires, boissons non alcoolisées	23,2	11,4	2,3
Boissons alcoolisées, tabac	5,4	2,7	1,5
Articles d'habillement et chaussures	9,7	4,0	1,8
Logement, chauffage, éclairage	10,7	19,1	4,0
dont : Location de logement	*5,6*	*13,6*	*4,3*
Chauffage, éclairage	*3,6*	*3,0*	*3,4*
Équipement du logement	8,4	5,1	3,0
Santé	1,5	2,9	6,4
Transports	9,3	12,2	3,9
dont : Achats de véhicules	*2,2*	*3,2*	*5,5*
Carburants, lubrifiants	*2,6*	*2,9*	*3,8*
Entretien	*2,3*	*3,5*	*3,0*
Transports collectifs	*2,1*	*1,8*	*2,4*
Communications	0,5	1,7	9,4
Loisirs et culture	6,2	7,1	4,5
Éducation	0,5	0,5	2,2
Hôtels, cafés, restaurants	6,5	6,0	1,6
Autres biens et services	5,7	6,0	2,7
Total dépense de consommation des ménages	**87,6**	**78,7**	**3,2**
Dépense de consommation des ISBLSM[a]	1,1	0,9	1,4
Dépense de consommation des APU[b]	11,3	20,4	4,5
dont : Santé	*4,1*	*9,7*	*6,2*
Éducation	*5,3*	*6,4*	*2,7*
Consommation effective des ménages	**100**	**100**	**3,4**

a. Dépenses de consommation des institutions sans but lucratif au service des ménages en biens et services individualisables (organisations caritatives, clubs sportifs...).
b. Dépenses de consommation des administrations publiques en biens et services individualisables.
Source : base 1995, INSEE Première *n° 832, février 2002.*

Sujet de bac

ÉPREUVE DE SYNTHÈSE

CROISSANCE ET DÉVELOPPEMENT

Travail préparatoire (*10 points*)

1. Qu'est-ce que le PIB ? (*1 point*)
2. À partir des informations contenues dans le document 1, quel lien peut-on établir entre la croissance économique et le développement ? (*2 points*)
3. Pourquoi le PNB n'est-il pas un bon indicateur du développement ? [*doc. 2*] (*2 points*)
4. Exprimez dans une phrase la signification de « – 1,6 ». [*doc. 3*] (*1 point*)
5. Comparez les niveaux de développement des Émirats arabes unis et de la Corée du Sud et dites quel est le meilleur indicateur de développement : PIB par habitant ou IDH. Justifiez votre réponse. [*doc. 3*] (*2 points*)
6. Quels constats principaux peut-on tirer du document 4 ? (*2 points*)

Question de synthèse (*10 points*)

Après avoir montré que la croissance économique et le développement vont souvent de pair, vous montrerez que cette liaison n'est pas nécessairement systématique.

Document 1

Les différences entre régions et pays sont particulièrement marquées en termes de croissance économique. Or, c'est cette croissance qui est à l'origine des ressources publiques qui seront investies dans l'éducation et les services de santé. C'est elle qui renforce les moyens des individus de vivre dans des conditions décentes et d'améliorer maints autres aspects de leur vie. Entre 1975 et 1999, le revenu par habitant a quadruplé dans la zone Asie de l'Est et Pacifique, avec un taux de croissance annuel de 6 %. Dans le même temps, la croissance de l'Asie du Sud dépassait 2 % l'an. Sur ce plan, deux pays qui représentent à eux seuls un tiers de la population mondiale peuvent afficher un beau palmarès : le revenu par habitant a augmenté au rythme alerte de 8 % par an en Chine et de 3,2 % en Inde. Les pays de l'OCDE ont, pour leur part, bénéficié d'une croissance annuelle moyenne de 2 %, qui a porté leur revenu annuel moyen, déjà élevé, à plus de 22 000 dollars (en PPA). Parallèlement, la croissance a été à la fois plus irrégulière et globalement plus lente dans les pays arabes et la zone Amérique latine et Caraïbes, avec une moyenne annuelle inférieure à 1 %. C'est l'Afrique subsaharienne qui enregistre les résultats les plus désastreux : le revenu moyen, déjà très faible initialement, a encore baissé depuis lors : moins 1 % entre 1975 et 1999. Au Mali et à Madagascar, il atteint respectivement 753 et 799 dollars (en PPA de 1999), contre 898 et 1 258 dollars (là aussi en PPA de 1999) il y a 25 ans. Dans 15 autres pays d'Afrique subsaharienne, le revenu moyen a également reculé sur cette période. Il en va de même en Europe de l'Est et dans la Communauté des États indépendants (CEI), avec une diminution dans 16 pays. Dans 4 de ces derniers, le revenu par habitant a même baissé de plus de moitié. ■

PNUD, Rapport mondial sur le développement humain, *2001, p. 10-13.*

Document 2

Qu'est-ce qu'une « bonne » croissance économique ?

C'est une croissance qui favorise toutes les dimensions du développement humain. C'est une croissance qui :
- génère le plein-emploi et la sécurité des moyens de subsistance ;
- encourage la liberté et le contrôle de l'individu sur sa destinée ;
- distribue les avantages équitablement ;
- favorise la cohésion et la coopération sociales ;
- préserve l'avenir du développement humain.

Ce ne sont que des objectifs, et les pays peuvent réussir à en promouvoir certains et pas d'autres. Ce qui compte, c'est de les considérer comme des instruments permettant d'évaluer les progrès réalisés. Un pays qui réussit est capable de convertir l'accroissement de sa richesse en progrès en termes de développement humain.

À vrai dire, le PNB n'a jamais été conçu pour mesurer le bien-être de l'individu. Il sert à mesurer les flux de production, de revenus et de dépenses, lesquels peuvent contribuer au bien-être de l'individu.

Il faut des instruments de mesure plus directs du développement humain pour déterminer si les objectifs sont atteints. Certaines déficiences du PNB en tant qu'instrument de mesure de l'activité économique peuvent être corrigées, du moins en théorie. Pour calculer le revenu national, il est possible, par exemple, d'attribuer une valeur à l'épuisement des matières premières non renouvelables. Mais il est moins facile de remédier à d'autres faiblesses. De nombreux critères de choix ne peuvent pas être mesurés en termes monétaires : le plaisir ressenti devant une nature vierge et sauvage, la satisfaction du travail accompli chaque jour, l'impression de faire partie d'une communauté, fruit de l'investissement dans la vie associative, ainsi que la liberté, la paix et la sécurité que l'on retrouve dans une société harmonieuse. Il est impossible de quantifier tous ces critères qui ne peuvent pas être non plus réduits à des dollars ou des roupies, des deutsche marks ou des pesos, et qui font pourtant partie intégrante de l'essence du développement humain. ■

PNUD, Rapport mondial sur le développement humain, *1996.*

Document 3

	Émirats arabes unis	Corée du Sud
Population (millions d'habitants) en 1999	2,6	46,4
PIB PPA[a] (milliards de dollars) en 1999	49,5	736,3
PIB PPA par habitants (dollars) en 1999	18162	15712
TCAM[b] de la population 1975-1999 (%)	6,8	1,1
TCAM du PIB par habitants 1990-1999 (%)	– 1,6	4,7
Taux de fécondité (ISF 1995-2000)	3,2	1,5
Espérance de vie (1995-2000)	74,6	74,3
Taux d'alphabétisation des adultes (+ 15 ans) en 1999	75,1	97,6
IDH (1999)	0,809	0,875

a. PPA : Parité pouvoir d'achat.
b. TCAM : taux de croissance annuel moyen.
Tableau établi à partir du Rapport mondial sur le développement humain, *PNUD, 2001.*

Document 4

Indicateurs du développement humain désagrégés pour les États-Unis

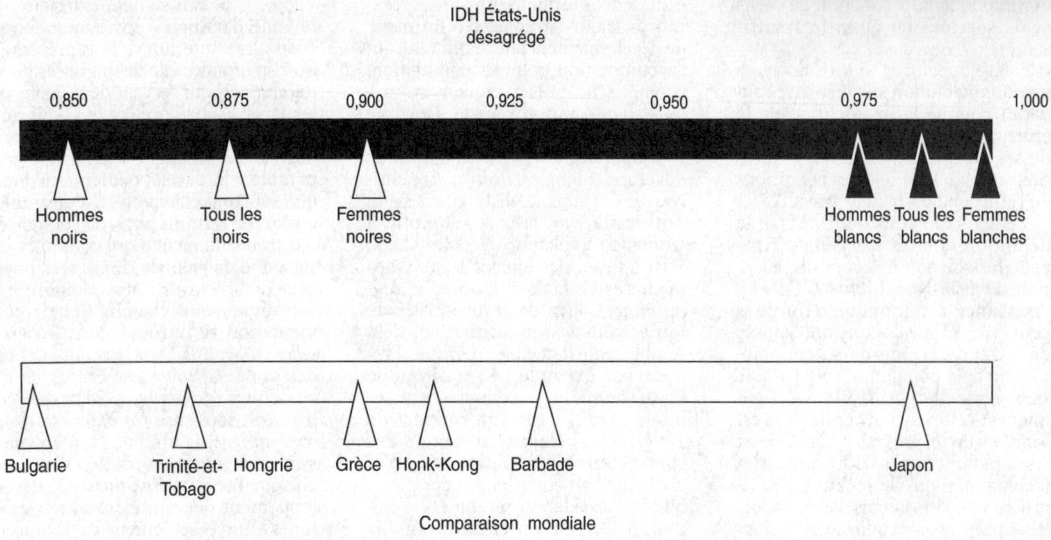

PNUD, Rapport mondial sur le développement humain, *1993, p. 19.*

→ MÉTHODES POUR LE BAC pages 738-751

Fiche-outil 1

Croissance, développement et changement social

L'habitude a été prise de distinguer la croissance, phénomène quantitatif (croissance de quelque chose, de la production, etc.), et le développement, phénomène qualitatif (développement d'une région, d'un pays).

La croissance serait l'augmentation, sur longue période (ce critère la distingue de l'expansion), de la production de biens et de services. Le plus simple consiste dans ce cas à la mesurer par l'augmentation du PIB en volume (les comparaisons internationales rendent nécessaire le calcul de PIB-PPA; *voir fiche-outil 3*). On peut alors distinguer la *croissance extensive*, proportionnelle à l'accroissement du volume des facteurs de production (on produit plus parce que l'on utilise plus de facteurs de production : de terre, de travail, de capital...), et la *croissance intensive*, qui résulte de gains de productivité (eux-mêmes dus au progrès technique, à l'innovation, etc.). La croissance intensive peut être mesurée par le PIB en volume par habitant; un indicateur proche est le revenu national par habitant, donc le revenu moyen par personne, ce qui permet d'établir un lien (sommaire) avec la croissance du niveau de vie.

Il convient bien sûr de savoir relativiser la signification de ces indicateurs : le périmètre du PIB est celui de l'économie monétaire (il exclut donc les relations non monétaires, au sein du réseau de parenté, entre voisins, bénévoles, de don contre-don, etc., particulièrement importantes dans les pays « pauvres »), le revenu moyen peut masquer de très importantes inégalités, etc.

Le développement serait une transformation, sur longue période aussi, des structures démographiques, économiques et sociales (industrialisation, urbanisation, salarisation, tertiairisation...), mais aussi des représentations (systèmes de valeurs, conceptions du monde...) et des comportements (rationalisation, calcul économique...). Bien que cette notion soit qualitative, il existe des indicateurs de développement, tels que l'IDH [*voir fiche-outil 4*].

Ces premières définitions mettent déjà en évidence *l'interdépendance entre croissance et développement :*
– la croissance n'est jamais seulement une évolution quantitative, elle s'accompagne nécessairement d'une mutation des structures (exemple : du seul fait de l'élévation du niveau

de vie, la structure de la consommation se modifie); de plus, elle apparaît comme une condition nécessaire du développement (pour que la qualité de la vie s'améliore il faut pouvoir se nourrir, se loger, se soigner etc., ce qui implique la production de biens et de services en quantités suffisantes);
– le développement, si on l'associe à une augmentation du bien-être, apparaît comme la justification de la croissance, mais aussi comme l'une de ses conditions (la santé, l'éducation sont par exemple des conditions de l'efficacité du facteur travail).

Cette relation est confirmée par la définition donnée par Simon Kuznets, lors de son discours de réception du prix Nobel, en 1971 : « La croissance économique d'un pays peut être définie comme une hausse de longue période de sa capacité d'offrir à sa population une gamme sans cesse élargie de biens économiques; cette capacité croissante est fondée sur le progrès technique et les ajustements institutionnels et idéologiques qu'elle requiert. » Réciproquement, François Perroux, célèbre pour avoir évoqué le « développement de tout l'homme en chaque homme », définit celui-ci comme « la combinaison des changements mentaux et sociaux d'une population qui la rendent apte à faire croître, cumulativement et durablement, son produit réel global ».

I. LE DÉVELOPPEMENT HUMAIN : UN AVEU ?

Cette imbrication entre la croissance et le développement pose problème : cette dépendance du développement vis-à-vis de la croissance n'est-elle pas la conséquence d'une conception particulière, occidentale, du développement ?

On trouvait en effet, au cours des années 1970, des auteurs qui parlaient :
– de « croissance sans développement », pour désigner la situation de pays engagés dans un processus de « modernisation » de leur économie, dont ne profitent qu'une infime minorité de la population et les firmes étrangères venues s'implanter pour exploiter des ressources naturelles ou de la main-d'œuvre « bon marché » (croissance extravertie dont les bénéfices sont expatriés, sans retombées locales); on peut même aller jusqu'à évoquer le spectre du « développement du sous-développement », dès lors que cette modernisation importée a pour conséquence principale la destruction du tissu économique local (ruine des petits paysans, des artisans, des industries dans l'enfance), la destructuration de la société (acculturation, exode rural massif et urbanisation sauvage, dont les bidonvilles sont la manifestation, tertiairisation parasitaire...), etc.
– de « développement sans croissance », pour en appeler à un mode de développement alternatif, refusant l'accumulation pour l'accumulation, soucieux de préserver l'environnement, l'intégration sociale, l'identité culturelle, etc.

Il apparaît ainsi que la notion de développement est loin d'être univoque. Certains la distinguent de la notion de « *progrès économique* » (l'ouvrage fondateur de Colin Clark, écrit à la fin des années 1930, s'intitulait *Les Conditions du progrès économique*), afin de la préserver de toute connotation normative. Cela semble pourtant peine perdue. Prenons par exemple l'objectif que le PNUD donne au « développement humain » [*sic*], dans son rapport de 1991 : « [...] élargir la gamme des choix offerts à la population [...], ces choix doivent comprendre des possibilités d'accéder au revenu et à l'emploi, à l'éducation et aux soins de santé, et à un environnement propre ne présentant pas de danger. L'individu doit également avoir la possibilité de participer pleinement aux décisions de la communauté et jouir des libertés humaines, économiques et politiques. » Comment ne pas applaudir ? Mais cette définition est normative :
– elle fait référence à des besoins en termes de niveau de vie, de santé, d'éducation (ce que Perroux appelait « les coûts de l'homme »); or les anthropologues ont montré depuis longtemps la relativité socioculturelle des « besoins »;
– elle fait référence à une norme écologique dont on ne se souciait guère autrefois, puis célèbre l'individu et ses libertés, qui sont des valeurs occidentales.

C'est cette référence à des normes et des valeurs, qui nous paraissent universelles parce que ce sont les nôtres, que mettent en avant ceux qui analysent le développement comme une idéologie occidentale, voire le masque de la domination occidentale sur le reste du monde.

Comme le rappelle opportunément Gilbert Rist dans un ouvrage récent, l'ère du « développement » a été inaugurée par le point IV du discours d'investiture du président américain Harry Truman le 20 janvier 1949. En voici un extrait : « Il nous faut lancer un nouveau programme [...] qui mette les avantages de notre avance scientifique et de notre progrès industriel au service de l'amélioration et de la croissance des régions sous-développées [*underdevelopped areas*][1]. »

Cette période est celle de la sortie progressive de la colonisation, de l'émergence du tiers monde (Alfred Sauvy invente ce mot en 1952), mais aussi de la guerre froide. Truman précise que l'aide sera accordée aux pays « libres », ce qui signifie extérieurs à la zone d'influence soviétique. S'impose alors une nouvelle représentation du monde : elle distingue les pays développés, qui servent de modèle, et les pays « sous-développés », qui apparaissent dès lors comme « en retard ». L'accompagne une logique imparable : le développement, en tant que source de bien-être, est désirable en soi; or certains pays, occidentaux, ont trouvé la recette qui conduit à la société d'abondance; les autres pays sont donc invités à les rejoindre en suivant le même chemin. Cette argumentation se retrouve dans le *best-seller* de Walt Rostow, paru au début des années 1960 : *Les Étapes de la croissance économique*. Bien que ce livre soit sous-titré *Un manifeste non communiste*, le fond de l'argumentation est le même du côté « socialiste » puisque l'on y célèbre aussi « le développement des forces productives » (on s'efforce seulement de montrer que l'industrialisation socialiste sera plus rapide !).

II. LE DÉVELOPPEMENT DURABLE : UN PLÉONASME ?

Un demi-siècle après le point IV, le monde a beaucoup changé – l'empire soviétique s'est effondré, les NPI (nouveaux pays industrialisés) ont émergé, le tiers monde a « éclaté », etc. – mais le discours dominant est-il si différent ? Après l'éphémère « nouvel ordre économique international » promis au milieu des années 1970, après la crise de la dette et la chape de plomb des politiques d'ajustement structurel au cours des années 1980, après la globalisation et les crises financières des années 1990, après d'innombrables rapports de commissions travaillant sous l'égide des organisations internationales, peut-on continuer à croire en la promesse du développement ?

Oui, plus que jamais, depuis que la commission présidée par Madame Gro Harlem Bruntland a inventé, dans son rapport de mars 1987, la notion de « développement durable » (*sustainable development*). Voici un extrait de ce rapport : « Le genre humain a parfaitement les moyens d'assurer un développement durable, de

1. Traduit par Gilbert Rist, *Le Développement, histoire d'une croyance occidentale*, Presses de Sciences-Po, 2001.

répondre aux besoins du présent sans compromettre la possibilité pour les générations à venir de satisfaire les leurs. » Le développement étant durable par définition (voir ci-dessus), que peut bien signifier une évolution durable… « durable » ? Serait-ce un aveu inavouable : ne chercherions-nous pas à nous rassurer au moment même où il s'avère que notre modèle de développement ne peut pas durer, surtout s'il s'étend à toute la planète ? ! À moins que le développement « durable » ne soit la redécouverte honteuse de la « croissance zéro » préconisée par le rapport Meadows du début des années 1970… Apparemment pas, puisqu'on lit quelques lignes plus bas : « Nous sommes capables d'améliorer nos techniques et notre organisation sociale de manière à ouvrir la voie à une nouvelle ère de croissance économique. » Donc il s'agit bien de notre bon vieux « développement », dont on ne sait trop s'il est le but (la récompense ?) ou le moyen de la croissance économique.

Si le développement signifie le bien-être et la liberté pour tous, les « droits de l'homme », la démocratie, comment ne pas le désirer, mais s'agit-il d'une réalité ou d'un idéal ? Si l'on éprouve périodiquement le besoin de renommer le développement, de l'affubler d'épithètes étranges tels que « humain » (il était donc inhumain ?) ou « durable » (pour le faire durer ?), n'est-ce pas parce que l'idéal tarde à se concrétiser ? Si cet idéal est celui des pays occidentaux, est-il universalisable ?

Ce sont quelques-unes des questions à se poser avant de faire un usage contrôlé de la notion de développement.

III. ET LE CHANGEMENT SOCIAL ?

Si le développement est défini comme l'évolution des structures économiques et sociales indissociable de la croissance économique, alors il s'accompagne nécessairement aussi d'un « changement social ». En tant que réalité observable celui-ci n'appelle donc pas d'investigation complémentaire. La distinction entre développement et changement social dans les sociétés « modernes » ne peut se justifier que par une séparation entre l'économie et la sociologie : les économistes analyseraient sous le nom de « développement » ce que les sociologues étudieraient sous le nom de « changement social ».

Il est vrai que les premiers sociologues, sous l'influence des philosophies de l'histoire, ont voulu découvrir les lois du changement social. Auguste Comte, l'inventeur du néologisme « sociologie », est célèbre pour avoir énoncé la « loi des trois états » selon laquelle l'humanité passerait nécessairement par trois phases, cette évolution s'expliquant par les progrès de l'esprit humain. L'époque est alors au scientisme (on croit en la toute puissance de la raison, qui permettra de découvrir les lois de la vie sociale comme elle parvient à découvrir les lois de la nature) et à l'évolutionnisme : on pense que l'histoire de l'humanité a un sens immanent, qui est celui du progrès irréversible de l'homme vers la civilisation, un peu comme l'individu qui passe de l'enfance à l'âge adulte ; l'évolution est supposée aller du simple vers le complexe, de l'homogène vers l'hétérogène, etc.

Cette vision incite par conséquent à rechercher les lois du passage d'un stade de l'histoire à un autre, ou des tendances générales. Elle imprègne les auteurs du XIXe siècle et du début du XXe. On la retrouve par exemple, à des degrés divers, chez Tocqueville, qui met en évidence un mouvement irrésistible vers l'égalité des conditions, chez Marx, qui privilégie le développement des forces productives et théorise la succession des modes de production, chez Durkheim qui s'interroge sur le passage de la solidarité mécanique à la solidarité organique, chez Weber qui étudie le processus de rationalisation propre à la civilisation occidentale, etc.

L'histoire du XXe siècle, avec son cortège d'horreurs (les guerres mondiales, le nazisme, les camps d'extermination, le stalinisme…), a rendu les sociologues plus prudents. On ne se risque plus aujourd'hui à réduire l'évolution d'une société à l'effet mécanique, déterministe, de quelques facteurs hypostasiés. Certains contextes sociohistoriques stabilisés permettent de repérer des tendances, telles que l'individualisme ou la montée des valeurs postmatérialistes, mais les auteurs rigoureux se gardent d'en déduire des prédictions. Il n'existe donc plus, à proprement parler, de théories globales et synthétiques du changement social.

Cela s'explique en fait par une raison fort simple : parmi les facteurs principaux du changement social il y a les innovations et les conflits sociaux. Or, les innovations, comme l'issue des conflits sociaux, sont imprévisibles… Dans ce manuel, on trouve de multiples analyses de nombreux changements sociaux, mais on chercherait en vain LA théorie contemporaine du changement social.

Pascal Combemale

Fiche-outil 2

Le PIB n'est pas un BIB

NB : le calcul du PIB et la différence entre le PIB et le PNB (ou RNB) sont présentés dans la fiche « Comprendre la comptabilité nationale » en fin d'ouvrage.

On reproche souvent au produit intérieur brut de ne pas « tout » évaluer. Il oublierait ainsi l'économie « souterraine », « non officielle » ou informelle (travail au noir, c'est-à-dire effectué sans que soient acquittés les impôts et cotisations sociales dus et sans respecter la législation du travail) et la fraude ou l'évasion fiscale. C'est inexact. Les comptables nationaux s'efforcent d'introduire une évaluation de ces activités ; ce n'est généralement bien sûr ni simple ni très précis ; mais pas toujours : en France, par exemple, les vols dans les magasins sont assez bien évalués globalement (ils augmentent le revenu des ménages et leur consommation) et la « méthode italienne » dont l'utilisation se généralise en Europe permet de beaucoup mieux cerner l'ampleur du travail au noir. En 1995, les corrections pour travail au noir, fraude, etc. représentaient 6,5 % du PIB français, c'est-à-dire trois fois la valeur ajoutée de l'agriculture.

Le nouveau système de comptabilité nationale défini par l'ONU en 1993 va plus loin puisqu'il prévoit d'intégrer dans le PIB les activités illégales, c'est-à-dire la production de biens ou de services interdits par la loi (drogues interdites et autres activités qui ne peuvent pas être exercées autrement que clandestinement), ce qui devrait rendre un peu plus réalistes les comptes nationaux de pays tels que la Colombie. Les pays de l'Union européenne ont décidé de ne pas évaluer cette production illégale parce qu'elle n'y joue qu'un rôle marginal.

Le PIB ne prendrait pas en compte la production domestique (préparation des repas, entretien du linge, soins aux enfants...), soit, pour la France, selon la méthode d'évaluation choisie, une valeur comprise entre le quart et la moitié du PIB. C'est exact et cela est gênant pour au moins deux raisons : d'une part, la production domestique n'a pas le même poids dans les différents pays, ce qui rend difficiles les comparaisons dans l'espace (indépendamment de la question des « parités de pouvoir d'achat ») ; d'autre part, l'importance relative de cette production dans le PIB diminue au fur et à mesure de la croissance économique parce que celle-ci se traduit par la « marchandisation » de nombreuses activités qui relevaient jadis de la sphère domestique, ce qui biaise les comparaisons temporelles (la croissance du PIB est supérieure à celle de la richesse produite).

Autre critique classique : le PIB compterait comme production de richesse des activités nuisibles (production de cigarettes...) et des activités destinées à réparer les conséquences des nuisances dues à la production (dépollution...). Enfin, le PIB oublierait qu'une partie de la production est fictive, car elle a pour origine un prélèvement sur les stocks (déforestation), ou est le résultat d'une baisse de la qualité des stocks (eaux polluées, paysages dévastés...).

Tous ces reproches sont fondés mais manquent leur cible. Reprocher au PIB d'être un mauvais indicateur du bien-être ou de la production utile est vain parce que le PIB n'a jamais été construit dans cette perspective : ce n'est pas un bonheur intérieur brut (BIB), mais d'abord et avant tout un indicateur pour la politique économique, notamment conjoncturelle. Dans cette perspective, c'est moins son niveau que sa variation relative qui intéresse l'économiste. Sur longue période, cette variation est elle-même très délicate à interpréter car les conditions de vie et les produits changent trop pour qu'on puisse considérer qu'on mesure la croissance d'un ensemble homogène.

Nous sommes dans une société qui veut toujours réduire le qualitatif à du quantitatif et le quantitatif à du monétaire. Pourquoi participerions-nous à ce réductionnisme ? N'est-ce pas un symptôme d'aliénation que de revendiquer que le PIB aille encore plus loin dans cette réification des rapports sociaux ? Faudrait-il mesurer tous nos actes, y compris les plus intimes, aux prix du marché pour que le PIB ait un sens ?

Pour tenter des comparaisons de « bien-être », nécessairement très approximatives, mieux vaut laisser tomber le PIB, qui est un indicateur de moyens (les biens et services sont des résultats de l'activité productive, mais des moyens pour satisfaire des besoins individuels et collectifs), et construire un indicateur de résultats (espérance de vie, espérance de vie sans incapacité, illettrisme, etc.). C'est la voie explorée par exemple par les inventeurs de l'IDH.

Comment utiliser alors le PIB ? Le PIB est une mesure de la production qui résulte de l'emploi socialement organisé. Autrement dit, comme on l'a vu, ce n'est pas un indicateur de *résultats* (niveau de vie, bien-être...), mais un indicateur de *moyens*. Plus précisément l'indicateur d'*une partie des moyens* dont nous disposons, puisqu'il exclut la production qui résulte du travail « domestique » non salarié (une valeur comprise entre le tiers et les deux tiers du PIB selon la méthode de calcul retenue) et celle du travail bénévole.

Cette distinction entre moyens et résultats n'est pas rhétorique. Par exemple, les États-Unis sont ceux qui consacrent la plus grande proportion du PIB à la santé (14 %), mais dans le classement établi par l'OMS en 2000 à partir d'indicateurs de résultats (donc d'efficacité dans l'utilisation des moyens), ils ne sont que 37e. La France obtient la médaille d'or de ce palmarès alors que sa dépense de santé est inférieure de 4 points de PIB, ce qui correspond à un coût par habitant deux fois moins élevé.

Si le PIB est d'abord un indicateur de moyens, le calculer par habitant n'est pas une bonne idée pour mesurer notre efficacité. Mieux vaut sans doute ne prendre en compte que la population qui a effectivement un emploi (PIB par actif occupé) ou le nombre d'heures de travail (on tombe alors sur la notion de PIB par heure de travail qui est une mesure de la productivité horaire du travail). Un dossier de ce manuel [*page 124*] présente des séries longues sur la productivité horaire et le PIB par habitant dans les grands pays industrialisés. Elles permettent de constater que, même s'il n'est pas un BIB, le PIB est un indicateur utile.

Jean-Paul Piriou

Fiche-outil 3

Les PIB-PPA : comment comparer malgré les taux de change

NB : sur les définitions du PIB, du RNB (PNB), voir la fiche « Comprendre la comptabilité nationale », en fin de manuel.

Comment comparer les PIB de deux pays différents comme la France et les États-Unis ? On peut toujours convertir le PIB français en dollars en utilisant le taux de change, jadis du franc et aujourd'hui de l'euro. Toutefois, cette méthode ne donne pas de résultats significatifs car les taux de change reflètent très mal les pouvoirs d'achat des monnaies. Pour contourner cette difficulté, les économistes Gilbert et Kravis ont mis au point en 1954 pour le compte de l'OCDE une méthode particulière pour déterminer la parité de pouvoir d'achat (PPA) d'une monnaie. L'utilisation de données converties aux PPA a beaucoup progressé depuis 50 ans. Après avoir présenté le principe de calcul des PPA en prenant l'exemple du franc par rapport au

France, la PPA du dollar est de 4,10 F, mais de 4,95 F si c'est la structure du PIB américain qui est utilisée.

Évaluer une PPA revient finalement à calculer un indice spatial de prix : on compare les prix entre deux espaces et non entre deux périodes comme dans le cas de l'indice des prix à la consommation. En 1970, ce qui valait un dollar aux États-Unis (donc 5,55 F d'après le taux de change), pouvait s'acheter en France avec 4,10 F ou 4,95 F. Les prix américains étaient donc supérieurs aux prix français de 35,4 % (5,55/4,10 = 1,354) ou de 12,1 % (5,55/4,95 = 1,121). Pour les comparaisons internationales qui mettent en cause de nombreux pays, il ne peut être question de multiplier les pondérations; on effectue les calculs en utilisant la structure d'un pays théorique qui est en quelque sorte la moyenne des pondérations de tous les pays à comparer (en pratique, c'est plus compliqué).

Les PPA sont calculées notamment par le FMI, l'OCDE et Eurostat (l'INSEE de l'Union européenne) sous l'égide de l'ONU. Les résultats consignés dans le tableau A permettent de comparer des PNB par habitant (le nom officiel de cet agrégat est maintenant le RNB) selon qu'ils sont calculés avec des taux de change ou avec des PPA. On constate qu'utiliser les taux de change exagère les écarts déjà importants qui existent entre les pays tels que les PPA permettent de les appréhender. Lorsque l'on utilise les mêmes prix pour mesurer les PIB des différents pays, les pauvres sont moins pauvres et les riches moins riches. Mais les différences restent évidemment colossales.

La difficulté des PPA à s'imposer dans les médias tient peut-être en partie au fait qu'elles conduisent souvent à des résultats moins spectaculaires qu'avec les taux de change. C'est ainsi que, mesuré avec les taux de change, le revenu des 20 % de la population mondiale vivant dans les pays les plus riches représentait 34 fois le revenu des 20 % habitant les pays les plus pauvres en 1970 et 70 fois en 1997. L'inégalité avait donc plus que doublé. Sur la base des PPA, ce rapport interquintile n'était « que » de 15 en 1970 et il avait un peu diminué (13) en 1997 (PNUD, *Rapport mondial sur le développement humain 2001*, www.unpd.org). Il est clair que c'est cette dernière évaluation qu'il faut retenir, la prise en compte des taux de change conduisant à des résultats fantaisistes, comme l'illustre le tableau B.

Le calcul des PPA pose des problèmes encore plus ardus que ceux des indices temporels de prix car les différences entre les produits et les modes de vie sont plus délicates à prendre en compte entre différents pays à une même date qu'entre deux dates pour un même pays. Il ne faudrait pas prendre prétexte des erreurs commises par Eurostat en 2001 dans l'évaluation des PPA en Europe pour rejeter l'utilisation des PPA (voir J.-P. Piriou, « Le "recul" du PIB français : une erreur », *Le Monde*, 30 avril 2002). Les données en PPA constituent un progrès indéniable si on les utilise à bon escient : la précision de la méthode permet aujourd'hui de classer des pays par groupes de pays de niveau de PIB par habitant proche, mais pas de départager des pays que moins de 5 % d'écart sépare.

Il faut bien réaliser que le passage à l'euro n'a pas du tout supprimé l'intérêt des PPA car les prix exprimés en euros restent évidemment différents dans les pays qui ont adopté la monnaie unique.

Attention ! Les PPA ne font pas disparaître l'intérêt des données converties avec les taux de change. Si l'on s'intéresse par exemple à la compétitivité de différents pays, on ne calculera pas le coût salarial unitaire par unité produite en PPA : sur les marchés mondiaux les prix ne sont pas en PPA !

Jean-Paul Piriou

Tableau A

PNB (RNB) par habitant en 2000

	Aux taux de change	Aux PPA
Ensemble du monde	**100**	**100**
Pays à bas revenu	8	27
Pays à revenu intermédiaire	38	77
Pays à revenu élevé	534	373
dont zone euro	*427*	*322*
Pays à revenu bas et intermédiaire	24	53
dont :		
Asie de l'Est et Pacifique	*21*	*56*
Europe et Asie centrale	*39*	*90*
Amérique latine et Caraïbes	*71*	*96*
Moyen-Orient et Afrique du Nord	*40*	*70*
Asie du Sud	*9*	*31*
Afrique subsaharienne	*9*	*21*

Source : World Development Indicators, *Banque mondiale, 2001.*

Tableau B

PIB par habitant aux États-Unis par rapport à celui de l'Europe (CEE à 12 = 100)

	Taux de change	PPA
1970	215	165
1975	148	156
1980	120	152
1985	208	156
1989	138	154

Lecture : en 1980, le PIB américain par tête est supérieur au PIB européen de 20 % si la comparaison se fait avec les taux de change et de 52 % si elle est aux PPA.
Source : Eurostat, 1991.

Fiche-outil 4

L'IDH, indicateur du développement humain

Pour manifester que la mesure du développement ne saurait se réduire au PIB, le PNUD (Programme des Nations unies pour le développement) calcule un IDH depuis 1990. C'est un indicateur composite qui est la moyenne de trois indicateurs (pondérés de façon égale) :
– la longévité, mesurée par l'espérance de vie à la naissance ;
– le niveau d'éducation, mesuré à partir du taux d'alphabétisation des adultes (pour deux tiers de l'indicateur) et du taux brut de scolarisation (tous niveaux d'études confondus) (pour le dernier tiers) ;
– le niveau de vie, mesuré par le PIB réel corrigé par habitant.
La valeur de chacun de ces indicateurs est comprise entre 0 et 1 ; elle est proportionnelle à la position du pays par rapport au minimum et au maximum fixés par le PNUD pour chaque indicateur (25 ans et 85 ans pour l'espérance de vie, 0 % et 100 % pour les taux, 100 dollars et 40 000 dollars pour le PIB).

Un pays dont les habitants ont une espérance de vie de 67 ans aura un indicateur de 0,7 car il se situe à 70 % de l'écart entre valeurs extrêmes (42 ans au-dessus de 25 ans, alors que l'écart est 60 ans ; autrement dit (67–25)/(85–25) = 0,7.

Pour le niveau de vie, on obtient l'indicateur situé entre 0 et 1 par le même procédé, mais le PIB-PPA [*voir la fiche-outil 3*] par habitant utilisé dans le calcul subit d'abord une correction. En effet, le PNUD fait l'hypothèse que le niveau de vie n'est pas strictement proportionnel au PIB, mais augmente de moins en moins vite au fur et à mesure que le PIB par habitant s'élève. Autrement dit, comme producteur de bien-être, le PIB a un rendement décroissant : lorsque le PIB par tête augmente de n %, le niveau de vie s'élève, mais de moins de n % ; en d'autres termes, l'utilité d'une unité supplémentaire de PIB – l'utilité marginale disent les économistes – est décroissante [*voir encadré A*].

La démarche de l'IDH présente l'intérêt de manifester – contre l'opinion de beaucoup d'économistes – que le développement ne peut être ramené au PIB et que, s'il ne se réduit pas à du quantitatif, il peut néanmoins être quantifié. Dans le tableau B, on constate que des IDH de valeurs très voisines peuvent s'accompagner de PIB très différents et que l'inverse est également possible.

Jean-Paul Piriou

Tableau A

PIB ET IDH : quelques exemples

Classement selon l'IDH	PIB-PPA	IDH
1. Norvège	29 918	0,942
6. États-Unis	34 142	0,939
9. Japon	26 755	0,933
12. France	24 223	0,928
17. Allemagne	25 103	0,925
23. Hong-Kong	25 153	0,888
24. Grèce	16 501	0,885
43. Costa Rica	8 650	0,820
45. Koweit	15 800	0,813
69. Venezuela	5 794	0,770
93. Équateur	3 203	0,732
96. Chine	3 976	0,726
106. Algérie	5 308	0,697
124. Inde	2 358	0,577
173. Sierra Leone	490	0,275

Source : PNUD, Rapport mondial sur le développement humain 2002, www.undp.org.

Encadré A : *Du logarithme dans l'IDH !*

Pour introduire techniquement cette idée, les concepteurs de l'IDH remplacent le PIB-PPA par tête par son logarithme. Le logarithme d'un nombre est la puissance à laquelle il faut élever 10 pour retrouver le nombre : celui de 100 est 2 car $10^2 = 100$; le logarithme de 1 000 est 3 car $10^3 = 1\,000$; celui de 10 000 est 4 parce que $10^4 = 10\,000$. Quand le PIB/habitant passe de 100 dollars (minimum envisagé par le PNUD) à 1 000 dollars, puis à 10 000 dollars, le logarithme passe donc de 2 à 3, puis à 4. Lorsque le PIB est multiplié une première fois par 10, son logarithme est donc multiplié par 1,5 ; lorsqu'il l'est une deuxième fois, ce dernier est multiplié par 1,33. Pour le maximum du PIB par tête fixé à 40 000 dollars, le logarithme est 4,6. Ramené de 0 à 1 l'indicateur, que le PNUD appelle indice, s'écrit pour un PIB par habitant égal à y :
$W(y) = (\log y - \log 100)/(\log 40\,000 - \log 100) = (\log y - 2)/(4{,}6 - 2{,}6)$

Tableau B

L'indicateur du PIB dans l'IDH

PIB-PPA en dollars	Log du PIB	Indice du PIB-PPA
Minimum : 100	2	0
Sierra Leone : 500	2,7	0,27
Pays les moins avancés : 1 216	3,1	0,42
Afrique subsaharienne : 1 690	3,23	0,47
Pays en développement : 3 783	3,58	0,69
Monde : 7 446	3,87	0,72
Hongrie : 12 416	4,09	0,81
Portugal : 17 290	4,24	0,86
France : 24 223	4,38	0,92
Suisse : 28 769	4,46	0,95
États-Unis : 34 142	4,53	0,97
Maximum : 40 000	4,6	1

Les PIB-PPA sont ceux de 2000. Source : Banque mondiale, in PNUD, Rapport 2002.

Fiche-outil 5

Indices et TCAM : des instruments pour « faire parler les données »

I. RÉVISION SUR LES INDICES

Le PIB par tête dans le monde en 1998 s'établit à 270,1 sur base 100 en 1950.

Calcul : 100 x 5709/2114 = 270,06

Dans ce cas précis, le chiffre après la virgule relève de la précision trompeuse (pensez au phénomène que l'on mesure et aux hypothèses qu'il a fallu faire ; par exemple sur le PIB en Chine en 1950) et 270 fait aussi bien l'affaire.

On pourrait aussi dire que l'indice s'établit à 2,7 sur base 1 en 1950. Autrement dit, lorsqu'une grandeur est à l'indice 270, elle a été multipliée par 2,7 (un indice sur base 1 est donc identique à un coefficient multiplicateur).

Autre façon de dire la même chose : le PIB a augmenté de 170 % en quarante-huit ans. 170 % et non 270 % : ce qui valait 100 vaut 270, c'est-à-dire s'est accrû de 170.

Nous vous conseillons de toujours calculer des indices en base 1 avec vos calculettes ; multiplier ou diviser par 100 ne sert à rien et multiplie les risques d'erreurs. Une fois que vous avez obtenu le résultat sur base 1, il suffit de déplacer la virgule de deux chiffres pour l'obtenir sur base 100.

Autre exemple. Quel est l'indice du PIB par habitant d'Europe de l'Est en 1998 sur base 100 en 1973 ? 76.

Calcul : 4354/5729 = 0,75999 sur base 1, donc 75,999 qui peut être arrondi de deux façons : 76 ou 76,0.

Quelle différence y a-t-il entre 76,0 et 76 ? 76 signifie que l'indice est entre 75,501 et 76,499. 76,0 est plus précis : entre 75,951 et 76,049. Dans le cas présent, 76 est d'une précision suffisante compte tenu de la nature des données.

L'indice 76 correspond à une baisse de 24 %.

Enchaînement d'indices

Le PIB par tête du monde s'établit à 140 en 1950 sur base 100 en 1913 (100 x 2114/1510 = 140). On a vu que sur base 100 en 1950, il était à 270 en 1998. Imaginons que nous ne disposions que de ces indices et pas des données en dollars du tableau. À combien l'indice s'établit-il en 1998 sur base 100 en 1913 ? 378.

Calcul : 140 x 270/100 = 378

Dans ce cas, on dit que l'on a enchaîné les indices. Pour comprendre la nature de l'opération, il est beaucoup plus simple (comme d'habitude) de raisonner avec des indices en base 1. Le PIB a été multiplié par 1,4 au cours de la première période ; puis par 2,7 au cours de la seconde. Au total, il a donc été multiplié par 1,4 x 2,7 = 3,78.

II. UN NOUVEL OUTIL : LE TCAM

Si une grandeur augmente de 20 % par an, elle est multipliée par 1,2 au bout d'un an ; à nouveau par 1,2 à l'issue de l'année suivante ; en deux ans, elle a donc été multipliée par $(1,2)^2$ c'est-à-dire 1,44. Après n années, elle sera multipliée par $(1,2)^n$. 20 % est un taux de croissance annuel moyen (TCAM).

Quel est le TCAM d'une grandeur passant de 56 à 226 en deux ans ?

Cette grandeur a été multipliée par 226/56, soit 2,25. Il suffit d'extraire avec une calculette (dans ce cas on peut d'ailleurs s'en passer) la racine carré de 2,25 pour obtenir 1,5 qui est le coefficient par lequel la grandeur a été multipliée en moyenne chaque année. Son TCAM est donc de 50 % (si une grandeur est multipliée par 1,5, ce qui valait 100 vaut 150).

Quel a été le TCAM du PIB par habitant de la planète de 1 950 à 1 998 ? Il a été multiplié par 2,7 (voir plus haut) en quarante-huit ans. La calculette nous permet d'obtenir immédiatement la racine quarante huitième de 2,7. Elle est égale à 1,020908. Chaque année le PIB par terrien a été multiplié par 1,021. Soit un taux de croissance annuel moyen de 2,1 % (chaque année, le PIB est à l'indice 102,1 sur base 100 l'année précédente). Si vous avez compris, vous devez pouvoir trouver que, pendant la même période, cette croissance a été de 1,0 % en Afrique, de

PIB par habitant (dollars 1990, PPA[a])

	1820	1913	1950	1973	1998
Europe de l'Ouest	1 232	3 473	4 594	11 534	17 921
Pays d'immigration européenne	1 201	5 257	9 288	16 172	26 146
Japon	669	1 387	1 926	11 439	20 410
Sous-total A	**1 130**	**3 687**	**5 663**	**13 140**	**21 470**
Amérique latine	665	1 511	2 554	4 531	5 795
Europe de l'Est et ex-URSS	667	1 501	2 601	5 729	4 354
Asie (hors Japon)	575	640	635	1 231	2 936
Afrique	418	585	852	1 365	1 368
Sous-total B	**573**	**835**	**1 091**	**2 073**	**3 102**
Monde (A + B)	**667**	**1 510**	**2 114**	**4 103**	**5 709**

a. Sur les PPA, voir la fiche-outil 3 de ce chapitre.
Source : Angus Maddison, L'Économie mondiale, *OCDE, 2001.*

3,2 % en Asie (hors Japon), de 5,0 % au Japon.

L'intérêt des TCAM est moins de permettre des comparaisons entre pays pour une même période – l'utilisation d'indices y suffirait – que de comparer sans difficultés des périodes de durées différentes. Vérifiez que le TCAM du PIB par terrien a été de 0,88 % de 1820 à 1913, de 0,91 % de 1913 à 1950, de 2,93 entre 1950 et 1973, de 1,33 % de 1973 à 1998, de 1,21 % de 1820 à 1998. Un dossier fiche TD du chapitre 3 démontre que l'utilisation d'outils aussi simples que les indices et les TCAM permet déjà de « faire parler les données ».

Jean-Paul Piriou

Fiche-outil 6

Valeur, volume, prix

Les prix à la consommation augmentent de 20 % et votre salaire de 25 %. De combien votre pouvoir d'achat a-t-il varié ? Si vous répondez 5 %, vous êtes trop optimiste.

Lorsque les prix augmentent de 20 %, ils ont été multipliés par 1,2. Le panier de biens qui valait 100 vaut maintenant 120.

Lorsque le salaire nominal (celui que l'on reçoit en euros) augmente de 25 %, il a été multiplié par 1,25. Si votre dépense de consommation était de 100, elle peut être maintenant de 125. Mais le panier de biens vaut désormais 120. Vous pouvez l'acheter et il vous reste donc 5 pour obtenir en plus non pas 5/100 mais 5/120 du panier. Votre pouvoir d'achat a donc augmenté de 4,17 %.

Votre pouvoir d'achat a été multiplié par 1,25 parce que votre salaire a été multiplié par 1,25 ; il a été divisé par 1,2 parce que les prix des biens de consommation ont été multipliés par 1,2. Au total, le salaire réel, c'est-à-dire le pouvoir d'achat du salaire, a donc été multiplié par 1,25/1,2, soit 1,0417. C'est bien une hausse de 4,17 %.

Avec des indices en base 1 sur la période précédente, on peut donc écrire :

indice du pouvoir d'achat du salaire = indice du salaire nominal/indice de prix

Reprenons les mêmes données en nous intéressant à la consommation. La consommation en valeur, c'est-à-dire la dépense de consommation en euros, a été multipliée par 1,25. La consommation en volume, c'est-à-dire en faisant comme si les prix n'avaient pas augmenté, a été multipliée par 1,0417. Les prix de la consommation ont été multipliés par 1,20. On peut écrire :

indice de volume =
indice de valeur/indice de prix
(1,0417 = 1,25/1,20)

On parle de volume à propos de l'évolution des biens et services mais pas à propos de celle des revenus. La FBCF en volume (ou le volume de la FBCF), les exportations en volume, existent ; mais pas le salaire en volume ou le volume du salaire. Dans ce cas, on parle du pouvoir d'achat du salaire. Cette différence tient au fait qu'on ne peut pas calculer directement d'indice de prix des salaires, on ne peut qu'obtenir un indice des prix pour les biens et supposer que tout le salaire sert à acheter des biens.

Voici un exemple (données de l'INSEE, Institut national de la statistique et des études économiques). Exprimées en milliards d'euros, les dépenses de consommation des ménages sont passées de 243,2 en 1980 à 553,9 en 1990 et 764,0 en 2000. Pour les mêmes années, l'indice des prix à la consommation était de 48,1, 88,3 et 106,0 sur base 100 en 1995. Calculez l'évolution en volume de la consommation au cours de chacune des décennies.

Raisonnons avec des indices en base 1 (coefficient multiplicateur). Indice de valeur de la consommation en 1990 (base 1 en 1980) : 553,9/243,2 = 2,2775. Indice de prix en 1990 (base 1 en 1980) : 88,3/48,1 = 1,8358. Donc l'indice de volume est 2,2775/1,8358 = 1,24, soit une hausse de 24 % en dix ans (après avoir lu la fiche-outil 5 sur le TCAM, vous devez pouvoir vérifier que cela correspond à une hausse annuelle de 2,17 % et non de 2,4 %). Pour la décennie suivante, vous devez pouvoir trouver seul que la consommation a augmenté de 15 %.

Jean-Paul Piriou

PREMIÈRE PARTIE

CROISSANCE ET DÉVELOPPEMENT

Le pêcheur et son fils

Introduction à la première partie

Voyageons un peu dans le temps et dans l'espace pour atteindre une société primitive, au cœur de la jungle amazonienne... Dans cette société les hommes chassent et les femmes cueillent. Combien de temps par jour ? En moyenne trois ou quatre heures, rarement plus... Le reste du temps est consacré à la vie sociale, aux jeux, aux fêtes, à la sieste... Il serait possible de produire plus, d'accumuler des surplus, à condition de travailler plus, mais à quoi bon ?

Revenons plus près de nous, dans un petit port breton, il y a une cinquantaine d'années. Intéressons-nous au patron d'un bateau de pêche modeste, qui connaît bien son métier. Certains mois, quand les conditions sont mauvaises, il sort en mer presque tous les jours. En revanche, quand elles sont bonnes, il en profite pour gagner sa vie, sans plus, et s'arrête lorsqu'il a atteint un objectif raisonnable. Parce qu'il a la chance d'être indépendant, et qu'il a échappé au piège de l'endettement, il choisit de travailler pour vivre, selon ses habitudes et la coutume locale, mais non de vivre pour travailler. Il n'est ni riche ni pauvre et s'en moque. Ce qui l'intéresse, c'est de préserver un certain style de vie dont la philosophie n'est pas complètement étrangère à celle du chasseur, dans la jungle...

Mais son fils ne voit pas les choses de la même façon. Il emprunte beaucoup d'argent à une banque pour acheter un nouveau bateau, ultra-moderne, bourré d'électronique. On ne le voit presque jamais au port, en train de boire une bière avec des amis. Il est toujours en mer, obsédé par les tonnages de poissons, par la fluctuation des cours, et... par le remboursement de ses dettes, mois après mois. Il rêve déjà à un plus gros bateau encore, pour aller plus loin, plus vite, avec un plus gros filet. Et produire toujours plus, pour vendre toujours plus, éliminer la concurrence, gagner de l'argent, encore plus d'argent, le réinvestir, accumuler, produire, vendre, accumuler...

Un monde sépare le fils du père, qui sépare aussi l'entrepreneur capitaliste de l'artisan, l'accumulation de la simple reproduction, la croissance économique de la stagnation séculaire. Cette historiette montre que la croissance économique est d'abord la conséquence d'un changement de comportement de l'homme vis-à-vis de la nature et des autres hommes, en relation avec un changement de conception du monde et de ce qui donne un sens à la vie. Dans toutes les sociétés il y a des individus désireux d'entreprendre, d'innover, de s'enrichir par le commerce, etc. Mais dans beaucoup de sociétés on interdit à ce groupe d'individus, les marchands, les financiers, de prospérer au-delà d'une certaine limite, parce que leur activisme économique, qui n'est borné par aucune fin, menace l'ordre social traditionnel. L'une des singularités de nos sociétés occidentales réside au contraire dans la libération et la promotion de ce type d'initiatives individuelles : il est désormais permis de s'enrichir indéfiniment en produisant plus, en vendant plus, en spéculant plus. Ce monde du toujours plus, de la course sans répit (en avant ?) est le nôtre, avec ses avantages et ses inconvénients. Pour espérer comprendre sa dynamique et tenter de prévoir où elle nous mène, toutes les sciences sociales doivent être réquisitionnées : l'histoire, l'anthropologie, la sociologie, l'économie... L'enquête commence dans cette première partie par une étude des trois principaux facteurs de la croissance économique : la qualification et l'organisation du travail, l'accumulation du capital, le progrès technique. Mais le processus de croissance n'est pas homothétique : il s'accompagne inévitablement d'un bouleversement des structures économiques et sociales (structures des secteurs d'activité, des emplois, des qualifications, etc.). C'est bien pourquoi l'enquête se prolonge par l'étude du développement, lequel est indissociable du changement social (deuxième partie), qui est aussi, nous l'avons vu, une condition de la croissance. Cette causalité systémique, enchevêtrée, fait le charme des sciences sociales, n'est-ce pas ?

Pascal Combemale

Chapitre I

COMMENT EXPLIQUER LA CROISSANCE ?

Dominique Guellec

Introduction

À Sacramento, la diligence passait deux fois par semaine, en fin d'après-midi. Elle apportait le courrier. Il en descendait parfois une jeune femme inconnue, fatiguée, sa robe en taffetas couverte de poussière. On changeait plus souvent de cocher que de chevaux, parce qu'il restait quelques Apaches dans la région. C'était le bon vieux temps.

Mais les Anglais inventèrent le chemin de fer et les Américains les imitèrent. La résistance s'organisa, car le rail n'apporte rien de bon aux conducteurs de diligence, aux cow-boys et aux... bisons, victimes du *gun* de William Frederick Cody, un salarié des grandes compagnies connu sous le nom de Buffalo Bill. Aux bisons, donc aux Indiens. D'ailleurs, Cody était aussi un exterminateur d'Indiens.

Les Apaches attaquèrent aussi le train. Mais il résiste mieux aux flèches que les conducteurs de diligence. On appelle cela le progrès technique. Le courrier arrive tous les jours et les jeunes femmes ne sont plus couvertes de poussière.

Au départ il y a donc l'invention d'un savant, plus ou moins génial, plus ou moins fou, l'innovation d'un entrepreneur, qui va faire fortune s'il arrive au bon moment, et sera imité par tous ceux qu'attire l'odeur des dollars. L'enrichissement des uns accompagne le chômage et la faillite des autres. Pour échapper à la misère, les victimes du progrès doivent s'adapter, se reconvertir, comme Jesse James, le Sudiste, qui attaquait... les trains.

Mais il y a aussi tout ceux qui profitent des retombées de l'innovation, parce qu'ils fabriquent de l'acier et des rails, parce qu'ils ont du bétail à transporter, parce que leur marché s'étend, etc. Ce processus de création destructrice, décrit par Schumpeter, est le principal facteur de la croissance économique et de l'amélioration du niveau de vie. Pour un coût social parfois très important. Et l'on commence seulement à se préoccuper de son coût écologique.

Les conséquences du progrès technique sont donc multiples et contrastées. Il reste à comprendre ses causes. Car l'entreprise consistant à se lancer dans la création d'un chemin de fer qui traverse les États-Unis n'est pas évidente : il y a déjà des diligences, et des Indiens, sans parler des bisons. Et il faut de l'argent, beaucoup d'argent.

Par définition l'innovation est très risquée. On ne peut quasiment pas évaluer ses chances de succès. Qui acceptera alors de la financer ? Pour convaincre les apporteurs de capitaux, il faut leur promettre un taux de rentabilité très élevé, à la hauteur du risque encouru. Un tel taux suppose que l'innovateur puisse exercer un pouvoir de marché, bénéficier de surprofits, comme ceux que rapporte une position de monopole. Or, l'innovation place l'entreprise dans cette position. Tant qu'elle n'est pas imitée...

Pour en savoir beaucoup plus sur le progrès technique, ses causes, ses modalités, ses conséquences, il suffit de lire le texte de Dominique Guellec et les dossiers qui l'accompagnent. La prise de risque est faible.

Pascal Combemale

Sommaire

REPÈRES ET PERSPECTIVES

DOSSIERS

SUJETS DE BAC

CROISSANCE ET INNOVATION

➾ Dominique Guellec, *économiste dans une organisation internationale a publié Économie de l'innovation, La Découverte, « Repères », 1999, et en collaboration avec Pierre Ralle, dans la même collection, Les Nouvelles Théories de la croissance (5e éd., 2003).*

La croissance économique, définie comme une *augmentation durable de la production par tête*, est un trait essentiel des pays occidentaux sur les deux derniers siècles. Quels sont les *mécanismes* à l'œuvre dans la croissance économique ? Quels sont les *facteurs* de la croissance ? Quelles conditions institutionnelles, en termes de rôle des acteurs (entreprises, marchés, État) permettent la poursuite du processus ? Telles sont les questions principales que se posent les *théories de la croissance*. Celles-ci mettent notamment en évidence le rôle clé joué par le progrès technique. Si les théories ne répondent pas directement à la question de la durabilité de la croissance, elles mettent cependant en place le cadre conceptuel dans lequel cette durabilité doit être analysée.

I. REPRÉSENTER LA CROISSANCE : LE MODÈLE NÉOCLASSIQUE

La fonction de production

La croissance économique est définie comme une augmentation durable de la production au cours du temps. Représenter la croissance implique donc en premier lieu de représenter la production. Celle-ci est modélisée par une *fonction de production*, qui décrit la correspondance entre les facteurs et cette production.

Prenons l'exemple d'un agriculteur, qui utilise une année de son temps, un hectare de terre et un cheval pour produire une tonne de blé. Travail, cheval et terre sont les *facteurs de production*, le blé est le produit. La fonction de production (appelons la F) s'écrira alors :

1 tonne de blé = F (1 année de travail, 1 hectare de terre, 1 cheval)

L'idée de ce modèle est que la production naît de la mise en œuvre simultanée des facteurs que sont le travail et le capital, terme générique désignant les instruments de tous ordres à la disposition du travailleur (ici : le cheval et la terre).

Supposons maintenant que notre agriculteur ait eu deux enfants, maintenant à l'âge adulte, qui reprennent la ferme alors que leur père se retire. Chacun s'équipe d'un cheval, et ils défrichent un hectare supplémentaire de terre. La nouvelle situation de notre ferme s'écrit :

2 tonnes de blé = F (2 années de travail, 2 hectares de terre, 2 chevaux)

Dans cette nouvelle situation, le produit a augmenté par rapport à la période précédente, il y a eu croissance de l'économie. Le doublement du produit provient d'un doublement de la main-d'œuvre et du capital utilisés. C'est là un mécanisme de la croissance économique : l'augmentation du produit s'explique par celle de la

📖 Bibliographie

Dominique Guellec, Économie de l'innovation, *La Découverte, Paris, « Repères », 1999.*

quantité de facteurs mis en œuvre dans la production.

Au niveau de l'ensemble de l'économie, disons un pays, ce modèle se transpose dans une *fonction de production agrégée*, qui représente le *produit agrégé* (le produit intérieur brut ou PIB, en termes de comptabilité nationale) comme résultant de l'ensemble du travail et de l'ensemble du capital mis en œuvre dans le pays :

1 milliard d'euros de produit = F (15 000 années de travail, 5 milliards d'euros de capital)

PLAN

L'accumulation des facteurs

Dans ce cadre la croissance économique résulte d'une augmentation de la population active employée (le nombre d'années de travail) ou du stock de capital (on met en œuvre plus de machines). Ce processus d'augmentation de la quantité des facteurs de production est appelé *l'accumulation*. L'accumulation de la main-d'œuvre provient dans le long terme de la *croissance démographique*, celle du capital provient de *l'investissement*. Celui-ci correspond à cette partie du produit global qui est allouée, à chaque période, à la production de biens de production (qui seront utiles pour la production dans les périodes suivantes) plutôt qu'à celle de biens immédiatement consommés.

La *productivité du travail* est définie comme le *ratio* du produit sur la quantité de travail mise en œuvre : dans le cas de notre agriculteur la productivité sera de 1 tonne par année de travail, ou dans le cas de notre économie nationale elle sera mesurée par le PIB en volume de 67 000 euros environ de produit par travailleur. Le produit par tête d'un pays (PIB en volume divisé par la population totale du pays) sera d'autant plus élevé que la productivité du travail y est élevée et que la part des travailleurs dans la population totale y est grande (du fait de la structure par âge de la population ou du taux d'activité des femmes par exemple).

Rendements décroissants

Le processus de croissance compris comme augmentation de la quantité de produit par tête résulte dans ce cadre d'une augmentation de la quantité de capital par tête. Dans l'exemple précédent de croissance de notre ferme agricole, la productivité du travail était constante. Supposons maintenant que nos deux agriculteurs s'achètent chacun un cheval supplémentaire. La production s'écrit alors :

3 tonnes de blé = F (2 années de travail, 2 hectares, 4 chevaux)

C'est parce qu'ils disposent de plus de capital machines (ici les chevaux) que les deux agriculteurs de l'exemple précédent peuvent produire chacun plus que leur père. Ce processus a cependant des limites.

La fonction de production néoclassique est caractérisée par des *rendements d'échelle constants* : une multiplication de la quantité utilisée de chacun des facteurs par un nombre donné entraîne une augmentation du produit de même ampleur. Par exemple, si notre agriculteur forme une économie nationale avec neuf autres agriculteurs également dotés (chacun ayant un hectare de terre et un cheval), alors la production globale est dix fois celle de chaque producteur individuel, mais le niveau de productivité globale est strictement identique au niveau de productivité de chaque agriculteur. Cette propriété de la fonction néoclassique est extrêmement utile dans un cadre d'analyse statique, lorsqu'il s'agit de comparer ou d'agréger des processus de production se déroulant simultanément. Elle est par contre gênante lorsqu'il s'agit d'analyser la croissance économique. En effet, elle implique directement que le capital est de moins en moins productif lorsque sa quantité augmente par rapport à celle du travail. Si la quantité de produit double lorsque la main-d'œuvre et le capital doublent tous deux, en revanche le produit fait moins que doubler lorsque le capital double mais que la main-d'œuvre est constante. Un agriculteur doté de deux charrues ne produira en général pas deux fois plus qu'un agriculteur doté d'une seule charrue. Le capital est donc de moins en moins productif lorsque sa quantité utilisée par tête augmente : or la rémunération du capital dépend de sa contribution au produit. C'est une composante centrale de la théorie néoclassique que chaque facteur est rémunéré en proportion de sa productivité marginale, c'est-à-dire la contribution à la production de la dernière unité utilisée de ce facteur. L'argument justifiant cette thèse est le suivant : si la dernière unité de ce facteur est rémunérée moins que sa productivité, alors elle coûte plus qu'elle ne rapporte et le producteur a intérêt à s'en débarrasser; si elle est rémunérée plus que sa productivité, alors il est rentable de mettre en exploitation une unité supplémentaire de ce facteur (qui produira plus qu'il ne coûtera). La diminution progressive de l'efficacité du capital se poursuit donc jusqu'au point où sa rémunération est inférieure à son coût, les agents décidant alors d'interrompre le processus d'accumulation qui se ferait dorénavant à perte. Dans l'exemple précédent, le second cheval est moins rentable que ne l'était le premier en ce sens que la production supplémentaire qu'il permet est plus faible. Ce mécanisme, connu sous le nom de *loi des rendements décroissants*, a conduit au siècle dernier certains économistes (l'Anglais Ricardo notamment) à émettre des prévisions pessimistes sur le devenir de la croissance, condamnée selon eux à s'éteindre progressivement du fait d'un arrêt de l'accumulation du capital. Or la réalité historique des deux derniers siècles, en Occident, est une croissance économique persistante. Le modèle précédent, s'il décrit la production à un instant donné (dans un cadre « statique »), ne rend pas compte des changements de celle-ci au cours du temps (dans un cadre « dynamique »).

C'est l'introduction d'un troisième facteur de production, aux côtés du travail et du capital, qui offre la solution : le progrès technique. Celui-ci permet à la fois de conserver les rendements d'échelle constants dans les facteurs travail et capital (agréger deux unités de production aux caractéristiques identiques n'induit pas de changement de la productivité), tout en engendrant des rendements d'échelle dynamiques : l'accumulation du capital au cours du temps ne consiste pas à empiler toujours plus d'unités de même type (toujours plus de chevaux dans le cas de nos agriculteurs), mais à acquérir des machines de type nouveau, plus efficaces, qui assurent une constance de la rentabilité du capital malgré l'augmentation de la quantité par tête de celui-ci. Ainsi nos jeunes agriculteurs, plutôt que d'acheter un second cheval chacun, pourraient revendre le premier cheval pour investir chacun dans un tracteur d'une valeur équivalente à celle de deux chevaux. De façon cohérente avec la théorie, l'augmentation de la production permise par ce tracteur devrait être plus élevée que celle permise par le second cheval. Par exemple :

4 tonnes de blé = F (2 années de travail, 2 hectares de terre, 2 tracteurs)

Le rôle joué par le progrès technique dans le modèle néoclassique est double. D'une part, une technologie plus efficace affecte directement le niveau de la productivité ; d'autre part, en rétablissant le rendement du capital, le progrès technique suscite des investissements nouveaux, donc une augmentation du capital par tête, qui affecte à son tour la productivité du travail.

II. L'INNOVATION À LA SOURCE DE LA CROISSANCE

La dynamisation du cadre néoclassique est opérée au sein des théories modernes de la « croissance endogène », développées après le milieu des années 1980, qui cherchent à expliquer le rythme et l'orientation du progrès technique dans un cadre macroéconomique. Alors que la théorie traditionnelle considérait le changement technique comme résultant de forces extérieures à l'économie, « exogènes », la théorie moderne insiste sur l'influence que les forces économiques ont sur le rythme et l'orientation des progrès de la technologie. Dans ces théories le changement technique résulte d'investissements réalisés par des agents économiques motivés par le gain, et par l'État visant au bien-être collectif. Les technologies s'accumulent tout comme les autres formes de capital. Ces investissements sont les dépenses en recherche, en activités innovantes, en formation, et aussi en capital physique dans la mesure où celui-ci est source de savoir supplémentaire (la construction d'une usine nouvelle engendre un savoir-faire nouveau). La quantité d'investissement de ce type réalisée commande le rythme du progrès technique.

Qu'est-ce qui différencie la technologie des autres facteurs, notamment le capital physique, qui fasse d'elle le moteur de la croissance ? C'est, selon les théories de la croissance endogène, l'existence d'économies d'échelle (ou rendements d'échelle croissants) dans la production et l'utilisation des connaissances. La loi des rendements décroissants ne s'applique pas à la connaissance. Une même connaissance peut être utilisée par un nombre quelconque d'agents simultanément, contrairement à un élément de capital physique (une machine). Un agriculteur ne peut utiliser simultanément un nombre indéfini de chevaux, alors qu'il peut tirer tout le parti d'un tracteur plus moderne, incorporant tout le savoir existant dans ce domaine technologique. De plus chaque nouvelle connaissance ouvre la voie à des découvertes ultérieures (« nous sommes des nains juchés sur les épaules de géants », selon les mots de Bernard de Chartres au XIIe siècle : c'est le décryptage du génome humain qui permet, par des efforts subséquents de recherche, de comprendre les racines de certaines maladies). Un processus persistant, auto-entretenu, d'accumulation de la connaissance est donc possible, qui entraîne à son tour l'accumulation des autres facteurs et donc la croissance. Si notre agriculteur n'est pas disposé à acheter un second tracteur, identique au premier et s'ajoutant à celui-ci, dont la productivité ne justifierait pas le coût, il peut en revanche acheter un tracteur d'un type nouveau, remplaçant l'ancien, coûtant deux fois plus cher et étant effectivement au moins deux fois plus productif.

On distingue trois stades dans le processus du changement technique. *L'invention* est la production de connaissance nouvelle (on parle de l'invention de la pénicilline) ; *l'innovation* est un dispositif nouveau, produit (un nouvel antibiotique) ou procédé (une nouvelle façon de synthétiser des molécules d'un type donné), effectivement vendu ou mis en œuvre ; la *diffusion* consiste en l'adoption de ce dispositif technique à plus grande échelle, par une large population d'agents. Ces trois phases sont étroitement liées. Par exemple, les idées nouvelles permettent la mise au point et la commercialisation de produits nouveaux (une meilleure compréhension des lois de l'aérodynamique amène à concevoir de nouveaux profils pour les ailes des avions), lesquels à leur tour suscitent de nouvelles idées (les besoins de matériaux spéciaux, pour les avions par exemple, suscitent des recherches sur les propriétés de la matière) ; les produits nouveaux sont diffusés, et la diffusion encourage en retour la mise au point de produits nouveaux (« innovation tirée par la demande »).

Il existe diverses taxonomies de l'innovation. On oppose les *innovations radicales* (de grande ampleur : le premier micro-ordinateur) aux *innovations incrémentales* (de petite taille, telle une nouvelle génération de microprocesseurs légèrement plus rapide que la génération précédente mais construite sur les mêmes principes). On oppose aussi les *innovations de produit* aux *innovations de procédé* : on entend par innovation technologique de produit la mise au point/commercialisation d'un produit plus performant dans le but de fournir au consommateur des services nouveaux ou améliorés.

Encadré A : *La théorie du progrès technique de Schumpeter*

L'analyse du rôle du progrès technique est développée par Joseph Schumpeter (1883-1950), qui voit l'histoire de la croissance en Occident comme une succession de cycles d'une durée moyenne de 50 ans (Schumpeter reprend sa chronologie des travaux du statisticien russe Nicolas Kondratieff). Des phases de croissance de l'ordre de 25 ans alternent avec des phases de croissance lente de la même durée. La périodisation (qui a été discutée et revue par les successeurs de Schumpeter) est la suivante : 1780-1840 (première révolution industrielle, textile), 1840-1896 (diffusion de la vapeur, chemin de fer), 1896-1945 (électricité, acier, chimie), 1945-années 1990 (production de masse, automobile). Schumpeter propose un schéma explicatif de ces cycles longs. Le début de l'expansion est caractérisé par un bourgeonnement de produits et procédés nouveaux (les *grappes d'innovations*), alimenté par des profits élevés et un crédit bancaire abondant, porté par des entreprises nouvelles. Ces profits élevés sont essentiellement des *rentes*, engendrées par la position de monopole dont bénéficient les innovateurs (une innovation ne peut être copiée immédiatement et, dans l'intervalle l'innovateur est seul sur le marché : c'est le cas sur le marché des microprocesseurs où la course poursuite entre Intel et AMD guide les fluctuations de prix). C'est une phase d'intense *destruction créatrice* (les entreprises anciennes, porteuses des technologies obsolètes, sont chassées du marché par les entreprises nouvelles) et de forte croissance économique, car les innovations suscitent des investissements. Puis le filon technologique se tarit, les innovations se font moins nombreuses et moins radicales, les entreprises sont prises dans un mouvement de concentration, la croissance ralentit et le profit diminue du fait de l'érosion des rentes associées à des positions de monopoles de moins en moins assurées. Lorsque les profits deviennent trop faibles, l'investissement se réduit, une crise ouverte éclate, entraînant des faillites d'entreprises illiquides (elles ne peuvent rembourser leurs dettes) et une récession. Cette crise a une dimension financière d'autant plus marquée que les espoirs entraînés par la vague précédente d'innovations ont amené les investisseurs à placer plus de capital dans des entreprises qui s'avèrent finalement non viables. Une fois l'assainissement réalisé (les entreprises les moins viables ayant disparu), les conditions sont mûres pour un redémarrage de l'accumulation. La dernière décennie du XXe siècle illustre parfaitement cette séquence, notamment aux États-Unis, avec la saga de la « nouvelle économie ». Les progrès de l'informatique, autour d'Internet, ont entraîné après 1995 des opportunités de profits qui ont justifié une très forte vague d'investissement, laquelle a permis une accélération de la croissance du PIB (proche ou supérieure à 4 % par an de 1995 à 2000 aux États-Unis). Les cours des actions en bourse ont connu une envolée à la hauteur des espoirs de profits. Lorsqu'il s'est avéré que les profits n'étaient pas au niveau attendu, que nombre d'entreprises apparemment prometteuses n'étaient finalement pas viables, les cours boursiers se sont effondrés (à partir de mars 2000), suivis par un repli de l'investissement et une récession de l'économie américaine en 2001-2002.

Par innovation technologique de procédé, on entend la mise au point/adoption de méthodes de production ou de distribution nouvelles ou notablement améliorées.

La recherche est la source principale de l'innovation. La recherche et le développement expérimental (R & D) englobent les travaux de création entrepris de façon systématique en vue d'accroître la somme des connaissances, ainsi que l'utilisation de cette somme de connaissances pour concevoir de nouvelles applications. La recherche peut être fondamentale (visant essentiellement à produire des connaissances; par exemple la recherche en astronomie) ou appliquée (ayant un objectif directement commercial : la mise au point d'un matériau nouveau pour des voitures plus légères ou plus robustes). Les autres sources de l'innovation sont l'apprentissage par la pratique (changement du type de certaines pièces sur une machine car l'usage en a montré l'utilité), l'imitation (un nouveau type de yaourt connaît un grand succès, inventé par une certaine entreprise, les autres entreprises offrent quelques mois plus tard des produits similaires sur le marché), l'achat de technologie (on achète une nouvelle machine, il faut apprendre à s'en servir) : elles jouent un rôle important pour rendre opérationnelles les découvertes issues de la recherche et ainsi en réaliser pleinement les potentialités.

Les investissements en recherche et en innovation sont réalisés par les entreprises en fonction des perspectives de gain qu'ils offrent, lesquelles résultent de multiples facteurs : la propension des consommateurs à adopter des produits nouveaux (la cassette audio numérique a été rejetée par les consommateurs au début des années 1990); l'existence de technologies complémentaires qui assurent une plus grande utilité à la technologie concernée (par exemple la diffusion de la vidéo numérique est encouragée par la disponibilité de mémoires de plus grande capacité sur les micro-ordinateurs permettant un traitement informatique des films); la possibilité pour l'entreprise d'accéder aux facteurs nécessaires à la production du nouveau bien (travailleurs ayant les compétences requises, capital financier disposé à s'investir malgré le risque plus grand associé à la production d'un bien nouveau, par exemple « capital-risque »).

III. RÔLE DES ACTEURS, RÔLE DE L'ÉTAT

Les théories de la croissance endogène considèrent en général que le taux de croissance de l'économie dans une économie concurrentielle est inférieur au taux de croissance socialement optimal (celui que commanderait l'intérêt de la société). La raison de cet écart est l'existence d'*externalités*. Les agents prennent leurs décisions d'investissement en fonction du rendement privé, lequel est inférieur au rendement social. Ils investissent donc moins que cela ne serait souhaitable pour la collectivité.

Les externalités sont définies comme des interactions entre les agents économiques qui ont lieu en dehors du marché. Dans le cas le plus étudié, celui de l'environnement, les externalités sont négatives : le producteur de nuisances affecte négativement le bien-être des consommateurs sans les compenser monétairement (il n'y a pas de prix associé à la pollution). Dans le cas de la technologie, on a plutôt affaire à des externalités positives, les « externalités informationnelles ». Le savoir produit par l'innovateur bénéficie à d'autres agents sans compensation, monétaire ou autre, de leur part : les autres agents peuvent simplement imiter l'innovateur, ou reprendre son idée pour l'améliorer, en n'ayant pas dans tous les cas à repayer le coût intégral de la recherche initiale.

En effet, la connaissance est un *bien public*, caractérisé d'un point de vue économique par deux traits. En premier lieu une même connaissance peut être utilisée un nombre quelconque de fois, par un nombre quelconque d'agents, et cela simultanément et sans se détériorer. Si l'on ne peut manger la même pomme deux fois, l'on peut en revanche mettre en œuvre la même invention autant de fois que l'on veut sans l'altérer. De plus, la circulation de la connaissance se fait à un coût direct (coût de la transmission) faible par rapport à sa valeur. La conséquence directe de cette propriété, en termes économiques, est que le coût marginal de l'utilisation d'une connaissance existante est nul. Une fois qu'une invention a été réalisée, le coût de sa reproduction est essentiellement nul (le coût d'impression d'un exemplaire d'un livre donné est plus faible que le coût d'écriture de ce livre). Cela constitue une forte incitation à l'imitation. En effet l'imitateur, contrairement à l'inventeur initial, n'encourt que le coût de production directe du bien, et non le coût de l'invention.

En second lieu, l'inventeur ne peut généralement pas exclure entièrement les autres de l'usage de son invention. Les moyens de protection existants (brevet, secret, barrières à l'entrée basées sur le contrôle d'actifs complémentaires tels les circuits de distribution) sont au mieux imparfaits (comme l'illustre la saga du MP3 sur Internet). Ainsi, l'invention peut être utilisée par les concurrents comme base pour d'autres découvertes dont l'inventeur initial n'aura pas le contrôle. En conséquence, l'inventeur ne peut, en général, s'assurer le monopole de l'usage d'une connaissance, et donc s'approprier toute sa valeur. Une partie de celle-ci va aux concurrents, une autre partie va aux consommateurs. Les études économétriques estiment en général le rendement privé de l'investissement en recherche à 15-20 % et son rendement social au double environ.

Puisque le rendement privé est plus faible que le rendement social, l'investissement en activités innovantes effectué dans une économie de marché sera inférieur à son montant socialement désirable. Les firmes sous-investissent en recherche, délivrant un progrès technique moindre que celui qui serait atteint si l'intérêt de la société présidait aux investissements en la matière. C'est l'objet de la politique publique, notamment sa composante scientifique et technologique, que de remédier à ce problème par une intervention appropriée de l'État.

C'est sans doute dans la recherche fondamentale que le rendement privé serait le plus faible (l'appropriation privée des résultats fondamentaux est très limitée, et leurs applications économiques directes sont souvent marginales : la découverte d'une nouvelle planète ne présente pas d'intérêt économique à un horizon proche), alors que le rendement social peut être élevé (les connaissances de bases se diffusent dans des applications lointaines mais nombreuses, en aval). Il y a un décalage de quarante ans entre la théorie de la relativité restreinte d'Einstein et les premières centrales nucléaires. D'où l'importance particulière des politiques scientifiques, sans lesquelles la recherche fondamentale serait sans doute très faible, avec des conséquences dommageables sur le progrès technique dans le long terme. L'État finance donc des institutions publiques de recherche, tel le CNRS (Centre national de la recherche scientifique) en France.

L'État peut aussi créer des règles institutionnelles qui assurent un niveau plus élevé au rendement privé de la recherche. Il en est ainsi du brevet, titre de propriété accordé à l'inventeur à titre temporaire (au maximum vingt ans) et qui lui assure le monopole d'exploitation de son invention sur la période. Le propriétaire peut soit produire lui-même l'invention protégée, et extraire ainsi une rente du marché, soit accorder des licences, c'est-à-dire vendre à d'autres producteurs le droit d'utiliser sa découverte. Si le brevet est un outil important pour susciter l'innovation (dans nombre de cas, sans la garantie de ne pas être imitée, une entreprise n'engagerait pas les lourdes dépenses requises par la recherche), il a par contre le défaut d'accorder un monopole à une entreprise privée, qui peut en faire un usage pas toujours compatible avec des critères sociaux plus larges que le profit (voir les problèmes rencontrés par les pays en développement pour accéder à certains médicaments brevetés).

L'État peut financer directement ou indirectement l'effort de recherche des entreprises. Les aides directes (subventions) sont distribuées selon certains critères, concernant soit le projet aidé (aides centrées sur certaines technologies, telles les technologies de l'information et de la communication), soit le bénéficiaire de l'aide (les petites entreprises par exemple sont aidées par l'ANVAR, Agence nationale pour la valorisation de la recherche, dite « Agence de l'innovation »). L'Union européenne, à travers les « programmes cadres de R & D », contribue de façon croissante aux aides directes (elle en attribue pour environ 500 millions d'euros par an en France, montant similaire à celui distribué par le gouvernement français). Le crédit d'impôt recherche (aide indirecte) consiste à accorder aux entreprises une réduction de leur impôt proportionnelle à l'accroissement de leur dépense en recherche. Son montant est, en France, aussi élevé que celui des aides directes (de l'ordre de 500 millions d'euros chaque année).

L'intervention de l'État dans la recherche ne se borne pas à pallier les défaillances du marché. L'État est aussi un consommateur de technologie, en matière de défense, de santé, d'environnement ou pour satisfaire d'autres besoins sociaux. Il est souvent difficile de séparer les besoins de l'État de ceux du marché, du fait de la polyvalence de nombreuses techniques : une technologie mise au point pour un avion militaire, et donc payée par l'État, peut pour partie être utilisée dans un avion civil. Ainsi les politiques d'achat public sont un moyen d'intervention sur le marché. C'est un objet de litiges internationaux récurrents que de savoir dans quelle mesure les gouvernements utilisent les commandes publiques comme moyen caché de subvention de la recherche privée (caché car interdit par les règles internationales de l'OMC, l'Organisation mondiale du commerce), notamment dans le cas de l'aéronautique (Boeing aux États-Unis contre Airbus en Europe).

Les politiques publiques affectant la croissance sont bien sûr plus larges que les seules mesures prises dans les domaines scientifique et technique. Les politiques d'éducation notamment, qui conditionnent la qualification de la main-d'œuvre, donc sa capacité à produire et utiliser les technologies nouvelles, mais aussi les investissements publics en infrastructures (transports par exemple) jouent un rôle clé en fournissant aux entreprises les facteurs qu'elles ne sont pas en mesure de produire elles-mêmes.

Encadré B : *Recherche et technologie dans les pays développés*

Les dépenses en recherche ont atteint près de 600 milliards de dollars en 2000 dans l'ensemble de l'OCDE (qui rassemble trente pays parmi les plus développés de la planète), soit un montant équivalent en euros (ce qui représente près de 40 % du PIB de la France). Mesurée en termes réels (déflatée de l'inflation), l'augmentation par rapport à 1981 est de 130 % environ. La R & D est très inégalement répartie entre pays. Ce sont les pays riches qui font le plus de recherche. Ainsi l'OCDE, prise globalement, représente près de 90 % des dépenses mondiales en R & D en 2000. Les États-Unis représentent 44 % des dépenses de l'OCDE, suivis de l'Union européenne (29 %) et du Japon (16 %). Parmi les pays européens, l'Allemagne est la première, suivie de la France (avec une part de 5,4 % correspondant à un montant de 32 milliards d'euros en 2001) et du Royaume-Uni. La part des États-Unis, qui a continuellement baissé jusqu'au milieu des années 1980 (au profit notamment de celle du Japon) s'est fortement redressée par la suite.

Le phénomène marquant à l'échelle mondiale après le milieu des années 1980 est l'émergence progressive de la Chine comme grande puissance technologique : en 2000, les dépenses de R & D y étaient supérieures à 50 milliards de dollars ppa, soit un niveau presque égal à celui de l'Allemagne [*voir tableau A*].

L'intensité en recherche (ratio dépenses de R & D/PIB) est de 2,2 % en moyenne dans la zone OCDE. On voit [*voir graphique A*] que la Suède vient largement en tête, suivie du Japon et des États-Unis, l'Union européenne venant loin derrière. Cette position faible renvoie pour beaucoup à la présence de quelques pays peu actifs en recherche au sein de l'Union (Italie, Grèce et Portugal par exemple). Cependant, même les grands pays européens (Allemagne, France, Royaume-Uni) sont loin derrière les États-Unis et le Japon.

Le poids de l'État dans le financement de la recherche est inférieur à 30 % sur l'ensemble de l'OCDE [*voir tableau B*]. Il est plus élevé en France qu'ailleurs, mais il montre dans tous les pays une tendance nette à la baisse depuis le début des années 1980, qui s'est accélérée au cours des années 1990. La fin de la guerre froide (réduction des dépenses militaires, très intensives en recherche) et les problèmes budgétaires rencontrés par les gouvernements expliquent largement cette réduction.

Les dépenses de recherche sont une mesure de l'« intrant » : il est possible qu'un pays dépense beaucoup, sans avoir des résultats en conséquence, du fait d'une efficacité moindre de son système de recherche. La mesure la plus répandue de la performance technologique des pays est le nombre de brevets déposés par les résidents. De ce point de vue, il apparaît [*voir tableau C*] que l'Union européenne a connu un recul important au cours des deux dernières décennies, de même que les États-Unis, alors que la montée du Japon au cours des années 1980 s'interrompait dans les années 1990. Ce sont les pays non-OCDE, au premier rang desquels Taiwan, qui ont accru leur part dans les années 1990.

Tableau A

Dépenses en R & D des principaux pays (en milliards de dollars ppa courants[a])

Pays	1981	2000
France	11,0	32,7
Allemagne	15,5	53,0
Royaume-Uni	11,4	27,0
Union européenne	51,6	174,7
Japon	24,8	98,6
États-Unis	76,7	265,2
OCDE total	156,2	602,9

a. Parité de pouvoir d'achat.
Entre ces deux années, le PIB des États-Unis a été multiplié par 3.
Source : OCDE.

Tableau B

Part du gouvernement dans le financement de la R & D (en %)

Pays	1981	2000
France	54	39
Allemagne	41	32
Royaume-Uni	48	29
Union européenne	47	35
Japon	25	20
États-Unis	49	27
OCDE total	45	29

Source : OCDE.

Graphique A

Part de la R & D dans le PIB en 2000 (en %)

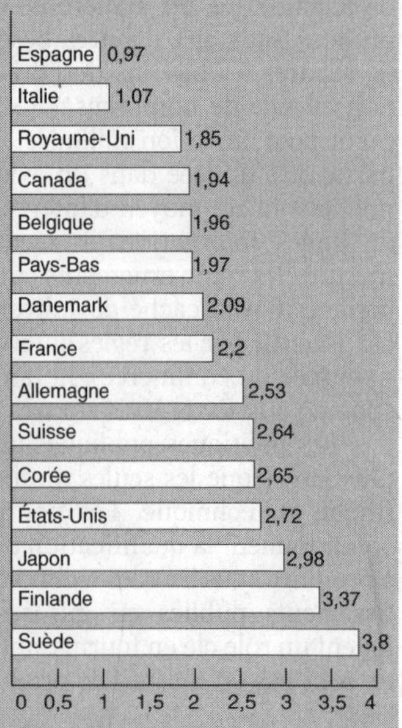

Source : OCDE.

Tableau C

Part des pays dans les brevets délivrés aux États-Unis (en %)

Pays	1980	1995	2002
France	3,4	2,8	2,4
Allemagne	9,4	6,5	6,8
Royaume-Uni	3,9	2,5	2,3
Union européenne	21,8	15,9	16,3
Japon	11,5	21,5	20,6
États-Unis	60,2	54,8	51,9
OCDE total	98,5	97,2	94,9

Source : OCDE.

IV. CONCLUSION : DURABILITÉ DE LA CROISSANCE

On a vu les théories de la croissance endogène expliquer pourquoi l'idée de la fin de la croissance qui hantait les économistes au début du XIXe siècle ne s'est pas réalisée : parce que la loi des rendements décroissants ne s'applique pas au progrès technique. Mais un niveau de production sans cesse accru a aussi engendré des dommages à l'environnement à une échelle correspondante. Le réchauffement de la planète en est la forme extrême. Toutefois le progrès technique a aussi une autre face...

En effet, la croissance apparaît historiquement comme opérant une substitution de la technologie à d'autres facteurs, matériels et donc épuisables : matières premières, machines (elles aussi faites de matière). Le PIB est de plus en plus immatériel, alors que les consommations « intangibles », services, culture, prennent une place accrue dans le panier des ménages. Le progrès technique a aussi montré sa capacité à réduire les nuisances à l'environnement engendrées par les activités matérielles : du fait des recherches activement menées par les États et par les entreprises, les automobiles émettent de moins en moins de composés nocifs, les piles à combustibles (consommant de l'hydrogène et ne dégageant que de l'eau) pourraient supplanter dans les décennies à venir les moteurs actuels brûlant des dérivés du pétrole.

Les théories de la croissance endogène reflètent la malléabilité du progrès technique, dont le rythme et l'orientation ne sont pas imposés à l'homme par la seule nature, mais résultent d'investissements publics et privés, donc de choix. Si les sociétés jugent que les tendances actuelles ne vont pas suffisamment dans le sens d'une soutenabilité économique, sociale et environnementale de la croissance, elles ont tout à fait la possibilité d'infléchir ces développements par les réformes institutionnelles et les investissements publics appropriés.

Dominique Guellec

Synthèse et révision

En répondant aux questions suivantes, vous allez pouvoir préparer, chez vous et/ou en classe, une synthèse des connaissances fondamentales à acquérir sur un grand thème du programme. Cet exercice va vous permettre de construire vous-même dès maintenant la fiche qui vous sera indispensable au moment de vos révisions parce qu'elle contient ces connaissances de base. L'expérience montre que ce travail, complété par la maîtrise systématique des mots clés, est beaucoup plus efficace que la lecture de fiches « toutes prêtes » ou d'autres produits miracles.

Questions

I. Représenter la croissance : le modèle néoclassique

La fonction de production

1. Qu'est-ce qu'une fonction de production ? Expliquez la première formule présentée par l'auteur.

L'accumulation

2. Qu'est-ce que l'accumulation ? D'où provient-elle ? Que permet-elle ?

Rendements décroissants

3. Dans quel cas les rendements d'échelle sont-ils constants ?
4. Quand deviennent-ils décroissants ?
5. Quelle est la conséquence de cette loi sur la croissance ?
6. Cette loi a-t-elle été vérifiée au cours des deux derniers siècles ?

II. L'innovation à la source de la croissance

7. Pourquoi la loi des rendements décroissants ne s'applique-t-elle pas à la connaissance et au progrès technique ?
8. Quelle en est la conséquence ?
9. Pourquoi les nouvelles théories utilisent-elles le qualificatif d'« endogène » pour caractériser la croissance ?
10. Quelles sont les trois phases du processus de changement technique ? Que peut-on dire de leur interdépendance ?
11. Quels sont les différents types d'innovation ?
12. Quelles sont les différentes sources de l'innovation ?
13. Reprenez le schéma que propose Schumpeter pour expliquer les cycles longs et appliquez-le au cas de la « nouvelle économie ».

III. Rôle des acteurs, rôle de l'État

14. Expliquez la notion d'externalité (rappel : il existe aussi un lexique).
15. Pourquoi le rendement privé de l'innovation est-il inférieur à son rendement social ?
16. Quel effet ceci a-t-il sur la croissance économique ? Comment en tenir compte ?
17. Énumérez toutes les actions que peut entreprendre l'État pour tenter de résoudre ce problème.

Mots clés

Croissance économique • Facteurs de production • Fonction de production • Productivité, rendements constants • Rendements décroissants • Rendements croissants • Progrès technique • Destruction créatrice • Recherche & développement • Innovation de procédé/de produit • Innovation organisationnelle • Croissance endogène • Externalités • Bien public.

Dossier 1

Robinson, la croissance et le progrès technique : une fable pour comprendre

Document 1

1. Consommation, investissement et épargne

Robinson venait d'arriver sur l'île déserte. De son naufrage il n'avait sauvé qu'un sac de blé. Robinson le considéra : voilà de quoi vivre, mais pendant combien de temps ?

Il regarda l'île. Elle était composée d'une bonne terre dont la quantité était telle qu'un homme seul ne pourrait jamais la cultiver tout entière. Ce constat soulagea Robinson. Toute sa vie il avait vécu de son travail. Sur cette terre, ce serait comme ailleurs. Cette année il sèmerait. L'an prochain, la récolte lui permettrait de vivre et de semer de nouveau.

Il avait cependant un souci : quelle quantité de blé devait-il semer ? Et combien pouvait-il en garder pour sa consommation (◀ **Question 1**)*?*

2. Les rendements décroissants

Robinson décida de planter une certaine proportion de son stock de blé. Les premières années celui-ci augmenta rapidement. En maintenant constante la proportion du stock qu'il plantait, Robinson consommait, plantait et récoltait toujours plus.

Il se rendit cependant compte que son stock de blé s'accroissait de moins en moins vite. C'est que plus la quantité de grain semé était élevée, plus le rendement de chaque grain était faible. Un jour il s'aperçut qu'il n'avait plus d'intérêt à accroître la quantité de grain semé : la quantité supplémentaire de blé qu'il semait devenant supérieure à la quantité qu'elle permettait de récolter. Il arrêta donc son expansion. La quantité de grain semé se stabilisa ainsi que les quantités produites et consommées (◀ **Question 2**)*.*

3. Le progrès technique

Un matin Robinson rencontra le perroquet. Ce qu'il avait d'abord considéré comme un simple compagnon de jeu s'avéra d'une aide précieuse. Ce perroquet avait manifestement été en contact avec les plus grands savants et les cultivateurs les plus experts. Chaque jour il transmettait à Robinson un peu du savoir appris auprès d'eux. Et Robinson pouvait ainsi améliorer l'efficacité de son travail. La production se mit alors à croître et rien ne semblait pouvoir l'arrêter (◀ **Question 3**)*.*

4. L'accumulation du savoir

Un jour le perroquet disparut. Au bout de quelques années, la production se stabilisa de nouveau. Robinson comprit alors qu'en étudiant ses expériences passées et en procédant à de nouvelles expérimentations, il pourrait à nouveau améliorer l'efficacité de son travail. Mais une telle étude prendrait du temps qu'il ne pourrait pas utiliser à produire du blé. Cela lui donna un second souci : quelle part de son temps allait-il consacrer à accroître son savoir-faire ? Et combien pouvait-il en consacrer à produire (◀ **Question 4**)*?*

5. Innovation et concurrence imparfaite

Puis Vendredi apparut. Comme l'île était grande, les deux hommes se la partagèrent, chacun cultivant sur sa partie la quantité de blé nécessaire à sa consommation et à son investissement, chacun partageant son temps entre production du blé et étude.

Robinson surveillait attentivement les modifications que Vendredi apportait à sa façon d'organiser la production : en les appliquant à son tour, il pouvait accroître la productivité de son travail. Quand Vendredi consacrait une grande partie de son temps à étudier, les progrès de Robinson étaient considérables… À vrai dire, celui-ci aurait souhaité que Vendredi consacre une part plus importante de son temps à étudier et une part plus faible à produire. Vendredi était d'un naturel égoïste. Quand il comprit que son compagnon profitait ainsi de ses travaux d'étude, il décida de construire une palissade pour se protéger de l'espionnage. Ainsi, au bout de quelque temps, les méthodes de production des deux hommes devinrent différentes. Le blé de Robinson fournissait de hauts rendements, mais était d'une qualité médiocre, utile pour les usages courants. Celui de Vendredi était meilleur et pouvait servir dans les occasions exceptionnelles, mais ses rendements étaient faibles. Les deux hommes se mirent à échanger. Vendredi se rendit compte que les quantités de son blé que Robinson souhaitait se procurer étaient d'autant plus importantes que le prix fixé était bas. Ce dont il tint compte pour fixer le prix de son blé… (◀ **Question 5**) ■

Dominique Guellec, Pierre Ralle, Les Nouvelles Théories de la croissance, *La Découverte, « Repères », 5e éd., 2003.*

Questions sur l'ensemble du dossier

1. De quelles ressources Robinson dispose-t-il ? Quel arbitrage économique doit-il effectuer ?
2. Comment la production de blé évolue-t-elle ? Pourquoi se stabilise-t-elle ?
3. Que symbolise le perroquet ? Pourquoi la production de blé s'est-elle mise à croître de façon ininterrompue ?
4. Le progrès technique a-t-il disparu ? En quoi est-il devenu différent ?
5. Que symbolise l'apparition de Vendredi ? Pourquoi Vendredi construit-il une palissade ? À quoi correspond la palissade dans le monde réel ? Quel est l'effet de la palissade sur la production ? Comment expliquer cela ?
6. À quelles théories présentées dans les textes principaux du chapitre I les différents épisodes de cette fable font-ils référence ?

Dossier 2

Microprocesseurs : la course à l'innovation

Document 1

La loi de Moore

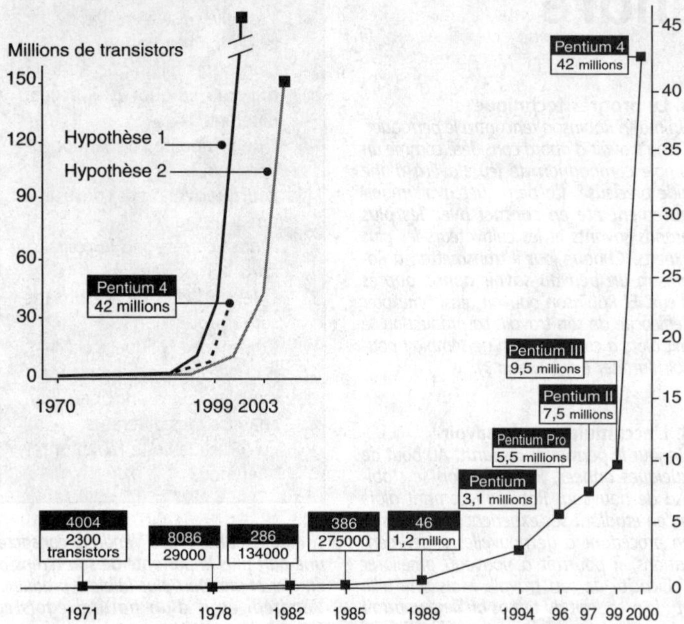

À la fin des années 1960, Gordon Moore a édicté une loi stipulant que le nombre des transistors sur une puce électronique doublait tous les dix-huit mois (hypothèse 1), voire tous les vingt-quatre mois (hypothèse 2).
Le tout nouveau Pentium 4 se situe entre les deux, preuve que les lois ne sont pas toujours exactes. Toutefois, on peut penser que le cap des 100 millions de transistors – et non 151 ou 600 millions comme prévu par la théorie – devrait être franchi d'ici à 2003.

Le Monde, 22 novembre 2000.

Document 2

Effondrement des prix des mémoires informatiques	
Année	**Nombre de mégabits de mémoire vive dynamique pour un dollar de dépense**
1970	0,0002
1980	0,002
1990	0,13
1999	5,9

Source : PNUD, 2001.

Document 3

La microélectronique poursuit sa vertigineuse miniaturisation

Intel fait appel à la gravure à 0,13 micron pour son nouveau Pentium 4 à 2,2 GHz

Irrésistiblement, les fabricants de puces multiplient le nombre des transistors de leurs microprocesseurs. Le 8 janvier, le numéro un mondial dans ce domaine, Intel, a annoncé la commercialisation de sa dernière version du Pentium 4 (P4). La nouvelle puce fonctionne à une cadence (nombre de cycles par seconde) de 2,2 GHz, contre 2 GHz pour le modèle précédent, lancé en août 2001.

Questions sur l'ensemble du dossier

1. Quel constat pouvez-vous effectuer à la lecture du document 1 ?
2. Comment expliquer une telle baisse du prix de la mémoire ? [*doc. 2*]
3. Quelle est l'innovation mise au point par Intel et décrite dans le document 3 ?
4. Quels avantages présente cette innovation ?
5. Qu'est-ce que la phase de lancement ? Pourquoi le prix est-il élevé pendant cette phase ? [*doc. 3*]
6. Pourquoi le prix baissera-t-il nécessairement après cette phase selon l'auteur ?
7. Comment expliquer que ce marché fortement oligopolistique (peu d'offreurs) soit à la fois le lieu d'une course à l'innovation et d'une baisse des prix ? [*doc. 3*]
8. À partir du document 4, montrez que, selon les théories de la croissance endogène, le progrès technique est planifié, cumulatif et sélectif.
9. Illustrez ces caractéristiques à l'aide des exemples fournis dans les documents 5, 6 et 7 et trouvez d'autres exemples.
10. **Question de synthèse.**
   a. Le progrès technique que connaît aujourd'hui l'industrie des microprocesseurs vous paraît-il être plutôt exogène ou endogène ? Justifiez votre réponse à l'aide de cette étude et de vos connaissances.
   b. Pour les élèves ayant choisi l'EDS : montrez quels éléments de la théorie de Schumpeter sont vérifiés dans l'exemple de l'industrie des microprocesseurs.

Mais, surtout, ce microprocesseur bénéficie d'une avancée importante en matière de gravure grâce au passage à une largeur de trait de 0,13 micron, contre 0,18 micron précédemment. Cette différence infime a des conséquences multiples sur la manière dont la microélectronique assure sa progression vers l'infiniment petit.
Ainsi, cette nouvelle gravure permet à la puce d'Intel d'augmenter de 13 millions le nombre des transistors qu'elle contient, passant ainsi de 42 à 55 millions. Le fabricant a utilisé la totalité de cette nouvelle ressource pour faire passer la mémoire cache de la puce de 128 ko à 512 ko, afin d'améliorer la vitesse de traitement du microprocesseur. Dans le même temps, la surface de ce dernier a été réduite de 217 mm² à 146 mm². [...]
En augmentant la densité des composants de la puce, Intel gagne sur tous les tableaux à la fois. Plus la taille des transistors est faible, moins les signaux électriques ont de distance à parcourir, d'où un gain en rapidité de fonctionnement. La consommation ainsi que l'échauffement de la puce se trouvent également réduits. [...]
Enfin, la réduction de la taille des puces affecte leur coût de production. En effet, ce dernier est lié au nombre de microprocesseurs qu'il est possible de tailler dans une tranche de silicium *(wafer)*. Plus ils sont nombreux, moins ils reviennent cher. De quoi simplement maintenir le prix de lancement du nouveau P4 à 562 dollars (638 euros), le même tarif que le PA à 2 GHz. Si confortable que soit la marge que s'octroie le fabricant, elle permet à l'acheteur de bénéficier d'une puce plus puissante au même prix.
Bien entendu, ces prix chuteront rapidement, comme toujours après la phase de lancement, qui vise essentiellement le petit nombre des technophiles les plus impatients. Pour Intel, ce phénomène a d'ailleurs tendance à s'accélérer sous la pression de plus en plus vive de son concurrent, AMD. Le même jour qu'Intel, celui-ci a d'ailleurs mis sur le marché sa nouvelle puce, l'Athlon XP2000 + à 1,67 GHz, gravé en 0,18 micron, qui prétend surpasser le nouveau Pentium 4 sur plusieurs applications populaires. Cette année, Intel annonce que ses microprocesseurs dépasseront la barre des 2,5 GHz. Celle du GHz avait été franchie en mars 2000 par AMD, quelques heures avant qu'Intel n'annonce sa propre puce cadencée à cette même fréquence. [...]
Ces avancées confortent les prévisions d'Intel, qui prétend respecter la fameuse loi de Moore (doublement du nombre de transistors tous les dix-huit à vingt-quatre mois) au cours des prochaines années. ■

Michel Alberganti,
Le Monde, *16 février 2002.*

Document 4

Selon les théories de la croissance endogène, le changement technique n'est pas exogène (indépendant de l'économie). Il résulte d'investissements réalisés par des agents économiques motivés par le gain. Il s'agit de dépenses de recherche, d'innovation et de formation. Dans cette logique l'accumulation collective des connaissances devient fondamentale. Non seulement une même connaissance peut être utilisée simultanément par un nombre quelconque d'agents, mais encore chaque nouvelle connaissance ouvre la voie à des découvertes ultérieures.
Le rythme et l'orientation du progrès technique sont donc déterminés par les stratégies des agents économiques. De la sorte le progrès technique est endogène. Son évolution dépend des choix retenus par les acteurs de l'innovation. ■

Thierry Jean, Christiane Padiolleau.

Document 5

L'échéancier officiel pour la taille des transistors

	Prévisions 2001	Prévisions 1999
2004/2005	90 nm	100 nm
2007/2008	65 nm	70 nm
2010/2011	45 nm	50 nm
2013/2014	32 nm	35 nm
2016	22 nm	

C'est lors de l'ITRS (International Technologie Roadmap for Semiconductors) – qui réunit 800 experts des États-Unis, d'Europe, du Japon, de Corée du Sud et de Taïwan –, que les fabricants de semiconducteurs se fixent des objectifs à 15 ans. Alors que les derniers processeurs présentent des transistors d'une taille de 130 nanomètres, l'édition 2001 de l'ITRS mise sur une accélération des progrès dans la réduction de la taille des puces dans le futur. Un planning donc plus optimiste que celui qui avait été proposé en 1999, mais qui ne va pas jusqu'à parier sur du 20 nm en 2007, comme le fait Intel qui cherche à se montrer toujours à la pointe. ■

SVM n° 200, janvier 2002.

Document 6

« La loi de Moore tue l'apparition de nouvelles technologies », regrette Michel Rivier, ingénieur composants chez IBM Micro-electronics. Qu'est-ce à dire ? Que la maudite loi de Moore impose des cadences de nature à décourager ceux qui ont voulu croire en d'autres technologies.
Exemple fameux, celui des mémoires à bulles, qui n'ont pas su progresser assez vite pour s'installer dans nos machines. Et tandis que les puces fabriquées en 0,35 µm sont déjà dans les devantures, la génération suivante, à 0,25 µm, se prépare. Les autres aussi. Avis aux prototypes exotiques jalousement conservés dans les laboratoires et encore bien loin de pouvoir être produits par millions... ■

SVM n° 133, décembre 1995.

Document 7

Bouillon de cultures pour l'ordinateur du futur

Difficile d'imaginer de quoi seront faits les ordinateurs du prochain millénaire : physiciens, chimistes et même biologistes sont mis à contribution pour explorer de nouvelles voies plus futuristes que jamais.
Si l'on veut poursuivre pendant une quinzaine d'années de plus la croissance imposée par la loi de Moore (qui veut que la puissance des processeurs double tous les dix-huit mois), il faudra faire mille fois mieux aux alentours de 2010, pour entrer dans l'ère du petaflop[1]. Un défi que l'électronique actuelle ne pourra sans doute pas relever sans faire des signes en direction des autres disciplines scientifiques. On sait aujourd'hui fabriquer en laboratoire des transistors de 0,08 µm, voire même de 0,05 µm ! Cette fois, les limites de la physique fondamentale s'approchent dangereusement.
Alors, on cherche frénétiquement. Et dans toutes les directions. Bien sûr, l'électronique telle qu'on la connaît a son mot à dire... Elle pourrait cependant ne pas suffire. La réponse viendra, en fait, des centaines de laboratoires actuellement impliqués de par le monde dans cette quête du supercalculateur du XXIe siècle. À la recherche d'une nouvelle « culture technologique » qui viendrait jongler avec les molécules, les gènes ou la lumière... ■

SVM, *mai 1997.*

1. 1 mégaflop = 1 million d'opérations par seconde ; 1 gigaflop = 1 milliard ; 1 téraflop = 1 000 milliards ; 1 petaflop = 1 000 000 milliards !

Dossier 3

Innovations et changement social

Document 1

À mesure que Peyrane s'est transformé en centre de villégiature, il a perdu ses caractéristiques de village agricole. Le vieux M. Jouvaud a fermé sa forge en 1951 et il est mort quelques mois plus tard. Personne ne l'a remplacé. M. Prayal, l'autre maréchal-ferrant du village, a pris sa retraite en 1953. Son fils Roger, qui avait toujours travaillé avec lui et qui devait prendre sa succession, est allé s'employer dans une quincaillerie d'Apt. Comme les cultivateurs ont presque tous remplacé leurs chevaux par des tracteurs, il n'avait plus grand-chose à faire à Peyrane.

Leurs neuf enfants étant tous partis gagner leur vie ailleurs, les Prayal se sentent maintenant très seuls, d'autant plus qu'ils voient leurs vieux amis disparaître rapidement. [...]

Avec le départ des vieilles femmes, le village a pris une allure plus gaie. Les femmes, même veuves, ne portent plus le deuil comme autrefois. Les jeunes s'habillent comme les citadines et on les distingue à peine des touristes qui se pressent aux terrasses des trois cafés de la place.

Les parasols multicolores qui ornent les terrasses des cafés ainsi que les percolateurs flambant neufs qui trônent derrière les comptoirs sont les symboles de la nouvelle fonction de Peyrane.

En 1950, il y avait deux cafés, mais l'un d'eux avait si peu de travail qu'il dut fermer au bout de quelques mois; maintenant, il y en a trois dont les affaires marchent fort bien (au moins durant la saison d'été). On compte en outre un restaurant et un hôtel. [...]

Mme Avenas, l'ancienne coiffeuse, a définitivement renoncé à son premier métier. Sous le nom de « Maman Jeanne », elle a ouvert une pension de famille qui est toujours pleine pendant les vacances. [...]

La télévision est arrivée à Peyrane vers la fin des années 1950, quand on a installé un poste relais dans le Lubéron afin de transmettre les programmes de Marseille dans la vallée d'Apt. Immédiatement, Emile s'est acheté un poste, ou plutôt il l'a pris chez le marchand et l'a payé en douze mensualités. Cette façon d'agir était entièrement nouvelle pour lui; elle était même contraire à toutes les habitudes et les principes de la famille. Maintenant, il est convaincu qu'il a été bien sot de s'être privé pendant tant d'années de choses dont il avait envie à cause de ce préjugé contre le crédit. Ce changement d'attitude s'explique en grande partie du fait qu'avec la nouvelle prospérité économique, l'avenir paraît moins incertain qu'autrefois.

En 1950, Prayal, le forgeron, m'avait dit : « Personne ici ne voudra acheter à crédit s'il peut l'éviter. Personne ne veut rien devoir à personne. »

En 1961, il y avait vingt-trois postes de télévision à Peyrane même et dix-sept dans les fermes alentour : la plupart avaient été achetés à crédit.

L'apparition de la télévision a beaucoup changé la vie des Peyranais. Paulin, par exemple, un cultivateur des environs, ne manquait jamais un concours de boules autrefois. Je l'ai rencontré un dimanche après-midi en 1959; le voyant prendre le chemin de sa ferme au lieu de se rendre au café où l'on était en train d'organiser un concours de boules, je lui en demandai la raison. « Oh, je ne joue plus beaucoup, dit-il. Il m'arrive encore de regarder une partie, mais pas souvent, car ce sont surtout les estivants qui jouent maintenant. J'aime autant rester à la maison et regarder un bon programme à la télé. »

Je revenais alors de chez Émile Pian où nous avions fait un excellent déjeuner, si copieux et qui avait duré si longtemps qu'arrivé au café, Émile ne tenait plus en place : il mourait d'envie d'ouvrir son poste de télévision. Ainsi, au lieu de bavarder tranquillement comme autrefois en prenant le café, nous suivîmes un championnat international de natation. Le même soir, je passai au *Café des Sports*, espérant y trouver Pascal et les Avenas qui, jadis, venaient y faire leur partie de belote quotidienne. « Oh, vous savez, ils ont la télé, me dit-on. On ne les voit plus très souvent le soir. »

La télévision semble avoir complètement distendu les rapports sociaux déjà fort précaires entre les Peyranais. Mais les Peyranais qui regardent la télévision au lieu de jouer aux boules avec leurs voisins ou de papoter sur les affaires du village ont certainement le sentiment qu'ils sont en train de partager le mode de vie de tous ces Français qui suivent, en même temps, le championnat de natation en direct de Paris. C'est un exemple parmi tant d'autres qui contribue à intégrer les Peyranais au reste de la nation. [...]

Si la modernisation des exploitations a augmenté la productivité de chaque cultivateur, elle a aussi accru son endettement. Pour payer son nouveau matériel, le cultivateur est obligé de vendre une plus grande quantité de produits à des prix plus élevés. Mais les marchés ne se sont pas développés au même rythme que la production, et les circuits de distribution ne sont pas adaptés à l'agriculture moderne. [...]

D'autre part, l'introduction des méthodes modernes n'a fait que souligner la gravité d'un problème qui se pose depuis longtemps : le morcellement des terres. En effet, ce qui était déjà un handicap autrefois devient une question vitale : les paysans s'aperçoivent que les tracteurs et les machines agricoles en général ne sont pas rentables sur de si petites surfaces et qu'ils ont beaucoup de mal à amortir leur matériel.

Il est difficile d'imaginer à quel point les terres d'un paysan peuvent être réparties en de multiples parcelles disséminées sur tout le territoire de la commune. Une visite à la ferme de Carette un jour de l'été 1961 fut pour moi une véritable « leçon de choses ». [...]

Il est triste de penser que la situation économique de Carette ne peut aller qu'en s'aggravant. Outre le temps et l'énergie qu'il perd à aller d'un champ à l'autre, il use inutilement son matériel

Questions sur l'ensemble du dossier

1. Relevez les principales innovations qui concernent le village de Peyrane et tentez d'en préciser les conséquences économiques et sociales. Reportez ces informations dans un tableau comprenant deux colonnes intitulées « Types d'innovations » et « Conséquences des innovations ». [*doc. 1*]
2. Quel bilan des transformations économiques et sociales du village de Peyrane pouvez-vous établir ? [*doc. 1*]
3. Comment les habitants de Peyrane vivent-ils ces transformations ? [*doc. 1*]
4. Les habitants de Peyrane semblent avoir largement subi les transformations économiques et sociales induites par le progrès technique. Cela signifie-t-il pour autant que les populations sont privées de toute autonomie par rapport à la technologie ? Relevez les arguments qui permettent de nuancer cette idée. [*doc. 2, 3 et 4*]

qui ne peut être rentable sur des surfaces aussi réduites. Pour s'en sortir, il faudrait qu'il se spécialise dans un ou deux types de culture, mais ses parcelles de terre sont si diversifiées qu'elles ne le permettraient pas. On ne voit pas comment il va être en mesure de faire face à la concurrence grandissante du Marché commun, encore moins du marché mondial. La polyculture était un avantage quand les familles devaient se suffire à elles-mêmes, mais maintenant qu'il est question de se mesurer aux grands vignobles du Languedoc, aux champs de blé de la Beauce, sans parler des plantations d'Argentine, des immenses plaines à blé de Russie ou du maïs de l'Iowa, cela devient une aberration. [...]

En attendant, il est probable que l'agitation sociale va s'accroître parmi les cultivateurs, car les Carette de France ne se laisseront pas abattre sans lutte. Que ce soit par l'action syndicale ou par des démonstrations de force telles que celles qui se sont déroulées en 1961, les paysans peuvent obliger le gouvernement à prendre des mesures en vue de faciliter la phase de transition, mais de toute façon le processus est irréversible.

Carette se trouve d'ailleurs dans la même situation que les quelques petits commerçants de Peyrane qui essaient tant bien que mal de survivre avec leurs maigres revenus. En 1950, il y avait cinq épiceries ; deux ont été obligées de fermer sans trouver d'acheteur ; une troisième a changé trois fois de propriétaire ; la quatrième réussit à s'en sortir car elle fait en même temps boulangerie et le patron fait des tournées dans la campagne. Même le cinquième épicier, qui semblait pourtant en assez bonne posture, m'a dit en 1961 qu'il cherchait à vendre sa boutique car sa femme et lui en avaient assez de travailler quatre-vingts heures par semaine pour arriver à gagner tout juste de quoi vivre. ■

Laurence Wylie, Un village du Vaucluse, *Gallimard, « Nrf », 1979, p. 379-409.*

Document 2

Le développement du cinéma souligne combien l'usage d'une invention n'est pas donné dès son apparition. Il existe une période de latence au cours de laquelle plusieurs directions s'avèrent possibles. Les inventeurs ne sont pas nécessairement les plus clairvoyants sur la destinée de leur invention. Les frères Lumière ont ainsi déclaré que le cinéma serait – à l'instar des dispositifs de salon qui l'avaient précédé – un jouet dont le public se lasserait rapidement. Quand à Edison, il choisit dans un premier temps la forme du kinétoscope, alors que la projection publique va s'avérer le mode majeur de diffusion du cinéma ; prenant modèle sur le phonographe, qu'il a mis au point peu avant, Edison pense, par ailleurs, que le nouveau dispositif est destiné à enregistrer des personnages célèbres ou des événements mémorables, et non de la pantomime...

Les premières années du cinéma illustrent la façon dont un média se développe à travers une série de négociations entre possibilités techniques, contenu des programmes (on ne raconte pas la même histoire sur une bobine de deux minutes enregistrée en plein air, et sur un film de deux heures tourné en studio...), goût du public, formé par d'autres distractions, et répertoire existant. Au cours de ce temps de négociation, le nouveau média prend des formes transitoires, qui seront progressivement dépassées, explore des voies de traverse, qui seront abandonnées par la suite, et constitue peu à peu son propre répertoire, son propre domaine d'usage, avec lequel devront négocier à leur tour les changements techniques ultérieurs. ■

Frédéric Barbier, Catherine Bertho-Lavenir, Histoire des médias, *Armand Colin, 1996, p. 170.*

Document 3

L'ingénieur n'est pas dans sa tour d'ivoire. Il fait partie de la société de son temps. Il a son opinion sur les changements qu'on devrait y apporter. C'est clair chez les ingénieurs de la seconde moitié du XIXe siècle. Ils cherchent à apporter des solutions non pas seulement à des problèmes techniques, mais aussi économiques et sociaux. Par exemple, les innovations autour de la lumière participent d'une lutte obstinée, quasi obsessionnelle contre l'obscurité et l'insécurité dans les maisons, dans les usines et dans les rues. L'accident joue ici un rôle considérable. Des incendies catastrophiques, tels que celui de l'ambassade d'Autriche au début du siècle, lors d'une réception à la bougie, ou de l'Opéra-comique en 1887, dû au gaz, ont profondément marqué les esprits. Les réponses avancées avant l'apparition de la lumière électrique ne furent pas à la mesure du « *besoin de lumière* », selon l'expression d'un ingénieur, qui marqua tout le siècle. Ce besoin répond à une autre volonté, celle de combattre l'immoralité : l'obscurité est aussi associée à la prostitution. ■

Entretien avec François Caron par Sylvain Allemand, Sciences humaines *n° 120, octobre 2001.*

Document 4

Le développement du téléphone permet d'expérimenter les pratiques de communication dans un réseau interactif. Il montre que l'usage du nouvel instrument doit se greffer sur les pratiques de communication existantes et développer des modes de relations cohérents avec les usages communément admis dans une collectivité. La société de 1900 invente ainsi des pratiques de politesse spécifiques au téléphone. Dans des milieux où l'on n'adresse pas la parole à quelqu'un à qui l'on n'a pas été présenté, où l'on dépose une carte lorsque l'on vient en visite, les abonnés sont réticents devant un appareil qui fait pénétrer une présence inconnue directement dans l'intimité du foyer. On fait répondre par les domestiques. Les abonnés forment une sorte de club et, en 1884, on se demande si l'on peut autoriser les appels depuis des cabines publiques installées dans les rues, et socialement non contrôlables. Dans les histoires satiriques et les dessins humoristiques, le téléphone est durablement associé à des pratiques amoureuses, clandestines ou non : amant appelant sa maîtresse en l'absence du mari, *call-girl* exerçant sa coupable industrie...

Ces historiettes ne sont pas sans conséquences, qui reflètent un état d'esprit. En France, par exemple, on confie le réseau téléphonique à l'État mais on répugne à lui donner les moyens de le développer. Média de l'oral, voué à des conversations « féminines », futiles et symboliquement dévaluées, le téléphone ne réunit pas de consensus sur la nécessité de son développement, au contraire de la poste ou du télégraphe, dont on a vu qu'ils avaient été associés aux notions d'intégration du territoire, de fonctionnement de la vie politique et de protection des intérêts vitaux de l'État. La place du téléphone est, semble-t-il, tout autre aux États-Unis. Il est développé par des compagnies privées pour lesquelles toute conversation a *a priori* autant de valeur qu'une autre, qu'il s'agisse de femmes « au foyer » ou d'hommes d'affaires. Le téléphone sert à maintenir le lien social dans les campagnes. Dans les grandes plaines, où l'habitat est dispersé et où les fermes sont éloignées d'au moins 800 mètres, les communautés de fermiers développent très tôt des systèmes empiriques de téléphonie qu'ATT a l'intelligence de reprendre à son compte. Beaucoup moins attachée à l'écrit que la vieille Europe, l'Amérique du Nord fait du téléphone, dès les années 1930, un moyen de communication largement diffusé et socialement accepté. Dans des pays neufs comme l'Australie, où des associations féminines prennent en charge des fonctions comme la surveillance collective des enfants ou le soutien aux personnes âgées, le téléphone est perçu comme un moyen indispensable au maintien du lien social. Média de l'oral, il assure aussi la communication au sein des communautés immigrées. ■

Frédéric Barbier, Catherine Bertho-Lavenir, op. cit., *p. 139.*

Dossier 4

Progrès technique et développement

Document 1

Les liens entre technologie et développement humain

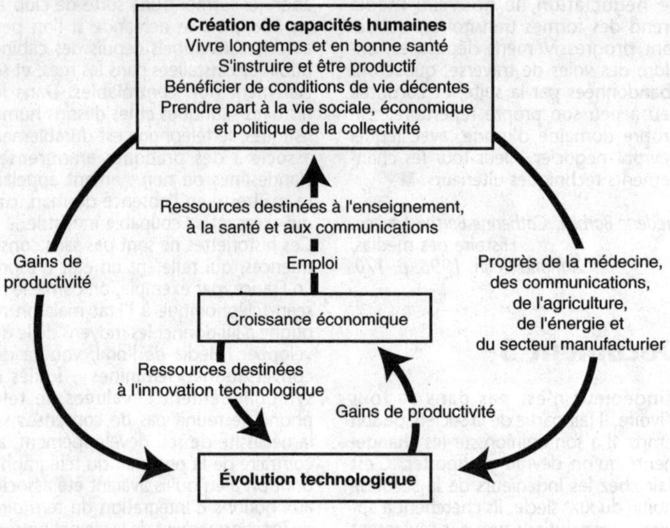

Source : PNUD, Rapport mondial sur le développement humain, *2001, p. 28.*

Document 2

Pourtant, nombre d'inventions vieilles de plusieurs décennies et très précieuses pour le développement humain n'ont toujours pas été adoptées partout. Leur diffusion s'est interrompue, voire arrêtée, pour des raisons apparemment liées au revenu, à l'infrastructure et aux institutions.
Quelque 2 milliards de personne, soit le tiers de la population mondiale, n'ont toujours pas *l'électricité*. En 1998, la consommation moyenne d'énergie électrique en Asie du Sud et en Afrique subsaharienne était plus de dix fois inférieure à celle des pays de l'OCDE.
Le *téléphone* existe depuis plus d'un siècle. Alors qu'il y a plus d'une ligne d'abonné pour 2 habitants dans la zone OCDE, le chiffre est d'une pour 15 dans les pays en développement et d'une pour 200 dans les pays les moins avancés. De telles disparités freinent l'accès à Internet et au monde numérique en général. [...] Entre 1990 et 1999, on est passé de 22 à 69 lignes d'abonnés pour 1 000 habitants dans les pays en développement. La téléphonie mobile permet par ailleurs de s'affranchir de certaines contraintes d'infrastructure, et se répand aussi vite que les téléphones fixes dans certains pays. [...] Jusqu'à maintenant, la vague du mobile a toutefois tendance à élargir le fossé, car elle submerge plus rapidement les pays de l'OCDE.
La *transformation des techniques agricoles,* illustrée par la sélection végétale, l'amélioration des semences, les engrais, la gestion de l'eau et la mécanisation, a débuté en Europe au milieu du XVIIIe siècle, avant de gagner le reste du monde. Avec la révolution verte, les rendements céréaliers mondiaux ont doublé entre le début des années 1960 et la fin des années 1990, avec un essor particulièrement rapide en Asie et en Amérique latine. L'Afrique subsaharienne, en revanche, est très à la traîne en ce qui concerne l'utilisation de nouvelles variétés de semences, ainsi que des tracteurs et des engrais. [...]
Les *progrès médicaux* qui ont permis de sauver un nombre de vies considérable sont encore inaccessibles à un grand nombre d'individus. Deux milliards de personnes n'ont pas accès à des médicaments aussi vitaux que la pénicilline. Dans les pays en développement, les thérapeutiques de réhydratation orale ne sont toujours pas utilisées dans 38 % des cas de diarrhée. À l'âge d'un an, la moitié seulement des enfants africains sont vaccinés contre la diphtérie, la tuberculose, le tétanos, la poliomyélite et la rougeole. ■

PNUD, ibid., *p. 42-43.*

Document 3

Du fait du caractère cumulatif des progrès technologiques, la concentration de longue date de la recherche scientifique et de l'innovation technique entre les mains des pays riches a creusé un fossé béant entre ceux-ci et les pays en développement. Les marchés mondiaux suivent en effet une trajectoire technologique inadaptée aux besoins de ces derniers. Les programmes de recherche sont déterminés par les intérêts de chercheurs et d'inventeurs travaillant dans des pôles scientifiques et motivés par les besoins et les désirs de consommateurs européens, japonais et nord-américains à revenu élevé et des membres de l'élite vivant dans les pays en développement. [...]
Certains marchés sont en effet trop restreints sur le plan économique ou écologique pour motiver la recherche privée, aussi bien locale qu'internationale. Qui investirait dans de longs travaux sur un vaccin vendu à des pays où les dépenses de santé publique ne dépassent pas 10 dollars par personne et par an ? Qui entreprendrait de coûteuses recherches biotechnologiques sur une variété de manioc destinée à l'agriculture de subsistance dans les zones exposées d'une poignée de pays d'Afrique ? [...]
En 1992, moins de 10 % des dépenses mondiales de recherche dans le domaine de la santé concernaient 90 % des cas de maladies. Ainsi, la pneumonie et la diarrhée, qui constituent 11 % des affections au niveau mondial, n'ont attiré que 0,2 % des dépenses. Ce fossé en termes de financement en creuse un autre au niveau de la médecine et de la recherche : en 1995, plus de 94 000 articles scientifiques ont été publiés sur des thérapeutiques, mais seuls 182 (soit 0,2 % du total) traitaient de maladies tropicales. En outre, sur les 1 223 nouveaux médicaments commercialisés dans le monde entre 1975 et 1996, 13 seulement étaient destinés au traitement des maladies tropicales, et 4

étaient directement le fruit des recherches de l'industrie pharmaceutique. Une réaffectation de seulement 1 % des dépenses mondiales de recherche sur la santé fournirait 700 millions de dollars supplémentaires aux recherches visant en priorité les maladies des populations déshéritées. ■

PNUD, ibid., *p. 96, 109.*

Document 4

Pour orienter l'évolution technologique en fonction des besoins humains, le marché ne suffit pas. Il peut proposer des jeux vidéo ou des traitements de la calvitie, mais il n'éliminera pas forcément la maladie, la malnutrition, l'isolement et l'ignorance chez les plus pauvres. [...]
Faire de la technologie un instrument du développement humain requiert donc souvent une volonté réelle et des dépenses publiques permettant d'assurer une large diffusion des innovations. [...]
En 1999, les pays d'Afrique subsaharienne ont consacré 7 milliards de dollars aux dépenses militaires. Était-ce un choix judicieux pour un continent souffrant de besoins technologiques si pressants dans d'autres domaines ? Avec 10 % seulement de cette somme, on aurait pu dégager 700 millions de dollars, soit le double de ce qui est actuellement consacré à la recherche sur un vaccin contre le sida. ■

PNUD, ibid., *p. 43, 111.*

Questions sur l'ensemble du dossier

Progrès technique et développement humain : une dynamique positive

1. À partir du document 1, complétez le tableau ci-dessous. Déduisez de votre travail la relation existant entre l'innovation technologique et le développement humain.

Formes de progrès technique	Exemple d'innovation	Capacités humaines
progrès de la médecine	vaccination	vivre plus longtemps et en bonne santé

2. À partir du document 1, montrez comment évolution technologique et croissance économique interagissent. Donnez un ou des exemples.
3. Pourquoi la croissance économique est-elle favorable au développement humain ? [*doc. 1*]
4. Montrez que le développement humain est lui aussi un outil essentiel du progrès technologique. [*doc. 1*]
5. En résumant, comment caractériseriez-vous les relations qui unissent le progrès technique et le développement humain ? [*doc. 1*]

Mais loin d'être automatique

6. Quel constat essentiel peut-on établir à partir du document 2 ?
7. Comment peut-on expliquer cette inégale diffusion du progrès technique ? [*doc. 3*]
8. Quel principal enseignement peut-on tirer des explications fournies dans le document 4 ?

Et pas toujours compatible avec le développement durable

9. Quels enseignements peut-on tirer du document 5 ?
10. Qu'est-ce que le principe de précaution ? Comment se justifie-t-il ? [*doc. 6*]
11. Quelles sont les critiques que l'on peut formuler à l'égard du principe de précaution ? [*doc. 6*]

Document 5

Le génie génétique : le progrès en balance

Les bénéfices escomptés	Les risques potentiels
• AGRICULTURE : – **Résistance** aux nuisibles, aux champignons, aux virus, améliore les rendements. – **Tolérance** aux herbicides totaux, simplifie le désherbage. – **Exploitation** d'environnements dégradés : tomate poussant avec de l'eau salée, maïs/sorgho résistant à la sécheresse. • INDUSTRIE : – **Production** de plastiques biodégradables à base de végétaux. – **Fabrication** de pâte à papier moins polluante. • SANTÉ : – **Amélioration** de la valeur nutritive des aliments : oléagineux sans acides gras toxiques. – **Alicaments** (aliments-médicaments) enrichis en vitamines et protéines spécifiques : riz doré enrichi en carotène permettant de lutter contre la cécité dans le tiers monde, à condition d'en ingérer plusieurs kilos par jour.	• SANTÉ : – **Toxicité** : Insecticides et herbicides métabolisés par l'OGM pourraient avoir des conséquences à moyen et long terme sur la chaîne alimentaire. – **Flux de gènes** : transmission à des bactéries de gènes de résistance à certains antibiotiques utilisés pour sélectionner les OGM. – **Effets indésirables** : les méthodes de transfert de gène ne permettent pas de contrôler précisément l'emplacement du transgène, lequel pourrait perturber le métabolisme de l'OGM, susceptible d'avoir une influence sur la chaîne alimentaire, par le biais d'allergies par exemple. • ENVIRONNEMENT : – **Résistance** : l'apparition d'insectes résistant aux toxines produites par la plante obligerait à recourir à d'autres insecticides. – **Toxicité** : des insectes non nuisibles pourraient être infectés. – **Pollution génétique** : transmission à des adventices (les mauvaises herbes) de la capacité à tolérer les herbicides, qui rendrait leur éradication plus difficile. Risques enfin de pollution des variétés « naïves » : en juillet, l'Agence française de la sécurité alimentaire (Afsa) a ainsi révélé que sur 39 échantillons de maïs non OGM testés, 41 % présentaient des traces d'OGM d'origine inconnue.

Source : Le Monde, *7 septembre 2001.*

Document 6

Le principe de précaution

Le principe de précaution est apparu au cours des années 1980, à l'occasion de débats relatifs aux problèmes internationaux d'environnement, avant de recevoir une consécration publique en 1992, à l'occasion de la conférence de Rio. La France est le premier pays à l'avoir inscrit dans son droit interne.

La loi du 2 février 1995, dite loi Barnier, en fournit une définition, insérée à l'article L. 200-1 du Code rural qui dispose que « l'absence de certitudes, compte tenu des connaissances scientifiques et techniques du moment, ne doit pas retarder l'adoption de mesures effectives et proportionnées visant à prévenir un risque de dommages graves et irréversibles à l'environnement à un coût économique acceptable ». [...]

Le principe de précaution a connu un succès d'opinion si notable que son usage en est devenu parfois incantatoire. Il est considéré par certains comme une avancée majeure du droit qui, non seulement est susceptible d'améliorer la sécurité, mais peut encore constituer un pilier du développement économique durable et servir de rempart contre les débordements de la technique et du productivisme. À l'inverse, il est également dénoncé comme étant de nature à pervertir l'imputation de certaines responsabilités, à pénaliser les entreprises dont la compétitivité se trouverait compromise par des excès de réglementation, à faire obstacle à l'innovation et, dans les échanges internationaux, à masquer des intérêts protectionnistes. [...]

Au dicton, « dans le doute abstiens-toi », le principe de précaution substitue l'impératif : « dans le doute, mets tout en œuvre pour agir au mieux ». Cette attitude positive, d'action plutôt que d'inaction, de gestion active du risque plutôt que de démission devant le risque, correspond à l'objectif unanimement partagé de réduction des risques pour l'homme et l'environnement sans que celle-ci passe obligatoirement par une accumulation de moratoires et un gel des innovations. ■

Le Principe de précaution : rapport au Premier ministre, *La Documentation française, 2000.*

Dossier 5 • Fiche TD

L'innovation au cœur de la croissance

Questions sur l'ensemble du dossier

1. Comment évolue l'activité économique sur longue période ? [*doc. 1 et 5*]
2. Peut-on établir un lien entre innovations technologiques et évolution de l'activité économique ? [*doc. 1, 2 et 5*]
3. Montrez que les innovations se produisent par « grappes », qu'une innovation en entraîne d'autres. [*doc. 2*]
4. À l'aide du document 3, commentez l'idée de « destruction créatrice ». Trouvez d'autres exemples que ceux cités par l'auteur.
5. Pourquoi et comment le progrès technique a-t-il joué un rôle moteur dans la croissance économique depuis deux siècles ? [*doc. 4*]

Document 1

En 1926 dans « les vagues longues de la conjoncture », à partir de l'observation des mouvements des prix de gros et de détail, ainsi que sur ceux de la production, l'économiste russe Kondratieff constate la corrélation entre les variations des prix et les variations de la production. Il en déduit l'existence statistique de cycles économiques longs, s'étendant sur une période de 50 ans, composée de deux phases successives d'une durée d'environ 25 ans. Pendant la première phase, les prix et la production augmentent (période d'expansion économique), lors d'une seconde phase, les prix baissent et la production diminue ou ralentit (période de crise). ■

Alternatives économiques, *hors-série n° 42, 4e trimestre 1999.*

Document 2

Le textile avait été, au début du XIXe siècle, le premier moteur de la révolution industrielle. De l'histoire ancienne : la production de textile a stagné tout au long de notre siècle pour se retrouver actuellement quasiment au même niveau qu'en 1900. Dans la seconde moitié du XIXe, le charbon et l'acier avaient pris le relais, produisant le chemin de fer et la tour Eiffel. Le XXe siècle porte encore la trace de ce dynamisme. Mais si le haut-fourneau et le « métallo » ont continué à symboliser la modernité industrielle, ce siècle a surtout été celui de l'électricité et du pétrole. Du téléphone à la télévision, de la machine à laver à l'ordinateur, la liste des innovations qu'a permis l'apprivoisement progressif de la fée électricité est impressionnante. Il n'y a donc rien de particulièrement surprenant à ce que la production d'électricité ait crû si vivement : on en produit mille six cents fois plus qu'en 1900.

Parallèlement, la domestication du pétrole a permis le développement de l'automobile et l'envolée de la chimie, avec l'invasion des plastiques, ainsi que celle de la pharmacie. L'humanité s'en est trouvée progressivement libérée de sa dépendance ancestrale vis-à-vis de nombreuses matières premières végétales et animales. Mais, aujourd'hui, l'ère de l'électricité et de la chimie paraît se clore pour laisser place à celle de l'information et des biotechnologies. La maîtrise de l'électricité a débouché sur la numérisation, la codification de toutes les informations possibles et imaginables sous forme de 1 et de 0. Permettant ainsi d'en faire la « matière première » d'un secteur économique en expansion rapide. ■

Ibid.

Document 3

Le chemin de fer a été un élément déstabilisant considérable pour certaines régions. Il a entraîné des processus de désindustrialisation. En moins de dix ans, dans les années 1860, il a par exemple entraîné en Bourgogne l'effondrement de la sidérurgie du bois en la mettant en concurrence avec celle du charbon. Cet effondrement était justifié du point de vue de la rationalité économique. En ce sens, c'est un processus de destruction créatrice au sens où l'entend Schumpeter. Par ailleurs, les chemins de fer ont été, au même titre que l'école publique, un instrument d'unification culturelle du territoire, de l'unité nationale. D'ailleurs, dès l'origine, ils ont été conçus pour cela. Dans les discours des parlementaires au moment des débats sur la loi de 1842, il est dit explicitement que le chemin de fer sera un instrument de destruction des langues régionales. Une innovation n'est pas toujours neutre politiquement. ■

Sciences Humaines *n° 120, octobre 2001, p. 40-43.*

Document 4

Jusqu'aux années 1950, les progrès technologiques très rapides engendrent des inventions majeures : automobile en 1895, communication par ondes radio en 1900, premier vol d'un aéroplane dès 1903... Mais ces équipements sont encore très chers, peu performants et réservés aux élites d'Europe occidentale et d'Amérique du Nord. Ainsi, on ne dénombre que 53 000 véhicules automobiles en France en 1910. Et seulement un peu plus de 2 millions en 1938 (utilitaires inclus), c'est-à-dire 5 véhicules pour 100 habitants. Dans les années 1920, les premières liaisons aériennes régulières font leur apparition. Mais le voyage en avion reste hors de portée du commun des mortels jusque dans les années 1950 en raison de son coût. La radiodiffusion prend son essor après la Première Guerre mondiale, mais on ne compte qu'un million d'auditeurs en Allemagne en 1926. Et la France ne compte qu'un seul poste de téléphone pour 100 habitants en 1922. Les États-Unis, le pays le plus avancé, ne disposent que de 13 postes de téléphone pour 100 habitants en 1932. La donne change à partir de la Seconde Guerre mondiale. Le conflit militaire accélère les progrès technologiques. La production de masse et la baisse des coûts unitaires de fabrication rendent les innovations du début du siècle accessibles au plus grand nombre. Entre 1950 et aujourd'hui, le nombre d'automobiles en circulation en France est multiplié par quatorze, alors que le parc automobile mondial est multiplié par dix. Le téléphone fait son apparition au sein de chaque foyer, ainsi que la télévision. Le voyage en avion se démocratise. Des navires toujours plus nombreux, plus grands et plus rapides permettent d'assurer les transports de marchandises à coût réduit, ce qui facilite la mondialisation des marchés. ■

Alternatives économiques, op. cit.

Document 5

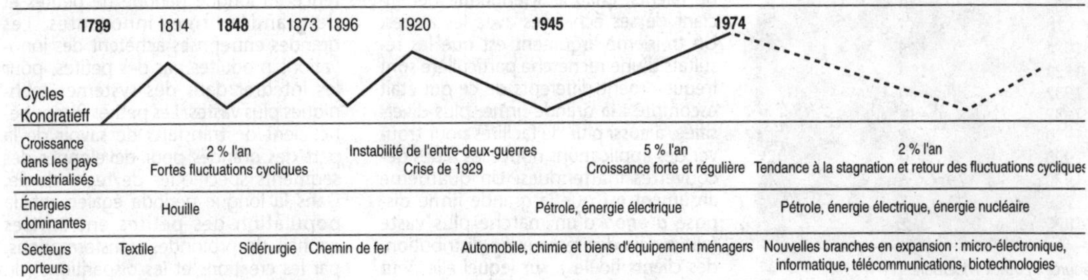

Source : Alternatives économiques, *ibid.*

Innovation, marché, croissance

Document 1

[...] L'innovation lorsqu'elle réussit est pour la firme une source de revenu extraordinaire, de rente. La rente est la différence entre le coût marginal, y compris le coût du capital (qui inclut le profit au sens de la théorie économique), et le prix de vente. L'innovation de produit est la source d'une rente de monopole. L'entreprise innovante se trouve seule à fournir un certain bien que les consommateurs désirent. Puisqu'elle ne subit pas directement la pression de la concurrence sur ce créneau qu'elle a ouvert, elle est à même de faire payer au consommateur un prix plus élevé que le coût marginal – ce qu'elle obtiendrait sur un marché parfaitement concurrentiel. L'innovateur en procédé fabrique le bien à un coût inférieur à ses concurrents. Il peut choisir de le vendre à son coût réel ; chassant alors ses concurrents du marché, il se trouve en position de monopole. Il peut choisir alternativement de vendre son bien au prix courant (égal au coût de ses concurrents), gagnant alors la différence entre ce prix et son coût plus bas. ■

Dominique Guellec,
Économie de l'innovation,
La Découverte, « Repères », 1999.

Questions sur l'ensemble du dossier

1. Qu'est-ce que la rente ? [*doc. 1*]
2. Pourquoi l'innovation est-elle source de rente ? [*doc. 1*]
3. Comment expliquez-vous la hausse du nombre de constructeurs automobiles entre 1900 et 1914 ? [*doc. 2 et 3*]
4. Pourquoi le nombre d'offreurs chute-t-il ensuite ? [*doc. 2 et 3*]
5. Quels sont les avantages en matière d'innovation apportés par l'augmentation de la taille de l'entreprise ? [*doc. 4*]
6. Quel contre-argument permet de relativiser la réponse précédente ? [*doc. 4*]
7. Assiste-t-on à la disparition des petites entreprises innovantes ? [*doc. 5*]

Document 2

Dans l'industrie automobile du début du siècle, les coûts d'entrée étaient faibles. Une myriade de petites entreprises mobilisait les savoir-faire ouvriers et rivalisait d'inventivité. Conséquence : une concurrence vive entre de nombreux nouveaux entrants. Mais l'avantage comparatif apporté par la taille (en termes industriels, mais aussi commerciaux) a provoqué un mouvement de concentration qui se poursuit aujourd'hui comme en témoigne la fusion Daimler-Chrysler ou le rapprochement de Renault avec Nissan. ■

Alternatives Économiques, *hors-série n° 42, 4e trimestre 1999.*

Document 3

Nombre de constructeurs automobiles en France	
1900	30
1910	57
1914	155
1929	100
1932	60
1939	31
1950	18
1960	10
1970	6
1980	2
1990	2

Source : Patrick Fridenson, Histoire des usines Renault, *Le Seuil, 1972,* in Alternatives économiques, ibid.

Document 4

Le débat sur les relations entre taille des firmes et propension à innover peut être tracé jusqu'à Schumpeter (1942), qui affirme que les grandes firmes contribuent plus à l'innovation que les petites. Plusieurs arguments ont été apportés en faveur de cette thèse. L'imperfection des marchés des capitaux fait que les firmes doivent financer l'innovation largement sur leur revenu ou leurs fonds propres, lesquels sont plus élevés dans des firmes plus grandes. Celles-ci ont aussi plus facilement accès aux marchés des capitaux, du fait du moindre risque qu'elles présentent (si un projet échoue dans une grande firme, celle-ci n'en disparaît pas pour autant, ce qui pourra bien arriver à la petite firme qui gère un seul projet) ou de la réputation plus large de la grande entreprise. Un deuxième argument est qu'il y a dans la recherche des économies d'échelle. Un laboratoire plus grand est aussi plus productif, car il rassemble une plus grande diversité de talents, chaque scientifique bénéficiant de ses échanges avec les autres. Un troisième argument est que les résultats d'une recherche particulière sont fréquemment différents de ce qui était escompté : la grande firme, plus diversifiée, a aussi plus de facilités pour trouver des applications nouvelles à des découvertes inattendues. Un quatrième argument est que la grande firme dispose *a priori* d'un marché plus vaste (elle a déjà des réseaux de distribution, des clients fidèles), sur lequel elle peut amortir plus aisément les coûts fixes de la recherche. [...]

Le principal argument allant en sens inverse, comme dans toute la littérature sur la taille de la firme, est celui de la bureaucratisation. Un laboratoire plus grand est aussi plus difficile à gérer (coût et délais dans la circulation de l'information), l'incitation de chaque chercheur, noyé dans la masse de ses collègues, est moindre que dans un petit laboratoire, où chacun sait que la survie de la firme est entre ses mains. La multiplication des couches hiérarchiques, qui va de pair avec la taille, réduit l'information qui arrive en haut et dilue les incitations en bas. ■

Dominique Guellec, op. cit.

Document 5

Certaines industries, telle la chimie, présentent une domination écrasante et ancienne des grandes firmes, tandis que dans les biotechnologies, depuis plusieurs décennies, des entreprises de petite taille ont donné le ton. Des petites firmes innovantes croissent, jusqu'à devenir grandes, tandis que d'autres font faillite ou sont absorbées par des firmes plus grandes ou plus solides, ou que d'autres encore vivent dans la durée leur vie de petite firme. Beaucoup d'industries sont caractérisées par la coexistence en longue période de petites et de grandes firmes innovantes. Les grandes entreprises achètent des innovations produites par des petites, pour les intégrer dans des systèmes techniques plus vastes. Les petites firmes bénéficient de transferts de savoir de la part des grandes pour développer des segments spécifiques de technologie. Dans la longue période également, la population des petites entreprises connaît de profondes transformations, par les créations et les disparitions (du fait d'échecs, de fusions ou de rachat par les grandes). Les petites firmes jouent un rôle qui s'apparente à celui de « poisson pilote », identifiant des domaines de progrès qui sont ensuite exploités avec les ressources massives que seules de grandes firmes peuvent mobiliser. ■

Ibid.

Dossier 7 • Fiche TD

Construire et lire un graphique semi-log

Premier ministre d'un petit pays, la Maboulie, vous êtes en train de préparer le discours annuel sur l'état de la nation. En l'an 2000 le PIB maboule valait 100 yaks (monnaie locale inconvertible). Les années suivantes, il est passé à 200, puis 300, enfin 400 yaks (dernière année connue)! Chaque année il a augmenté de 100 yaks! Cette variation absolue constante correspond à une variation relative en pourcentage (taux de croissance) décroissante.

Question 1. Calculez ces taux de croissance.

Afin de mettre en valeur le résultat de votre politique économique, vous représentez l'évolution du PIB par un graphique (années en abscisses, PIB en ordonnées).

Pendant ce temps, le leader de l'opposition prépare lui aussi des graphiques, dans l'intention de critiquer votre politique. Il veut comparer la Maboulie à trois pays dont voici les performances économiques :

Pays \ Années	2000	2001	2002	2003
Lacanie	100	200	400	800
Entropie	100	250	500	900
Philanthropie	100	150	300	700

L'économie lacanienne croît à taux constant; l'économie entropienne croît à taux décroissant; l'économie philanthropienne croît à taux croissant.

Question 2. Vérifiez par le calcul l'affirmation précédente et tracez dans un même repère les courbes représentant l'évolution économique de ces trois pays.

Entre 2001 et 2002, le taux de croissance de ces trois économies est le même (combien?). Pourtant, entre ces deux dates, les pentes des trois courbes ne sont pas les mêmes (vérifiez-le). Un économiste qui veut comparer rapidement les taux de croissance des économies, sans effectuer de calcul, peut par conséquent commettre une erreur de lecture en lisant ce graphique. Afin de satisfaire ce genre d'individu pressé, on a inventé les graphiques semi-logarithmiques.

Il est possible de les découvrir grâce à une présentation simplifiée. Le plus facile consiste à choisir les Log à base dix en les définissant ainsi : *le log d'un nombre est la puissance à laquelle il faut élever la base (ici 10) pour obtenir ce nombre.* Exemples : le Log de 100 est 2 parce que $100 = 10^2$ (2 est la puissance à laquelle il faut élever 10 pour obtenir 100); le Log de 1 000 est 3 parce que $1\,000 = 10^3$; si vous avez compris que le log de 10 est 1, alors tout va bien. Si vous utilisez votre calculatrice pour vérifier que l'on ne vous raconte pas de bêtises, faites attention à ne pas confondre les log décimaux (généralement notés en majuscules), que nous venons de présenter, et les log népériens (notés ln ou log en minuscules), dont la base est *e*.

En partant d'un graphique arithmétique (comme ceux que vous venez d'utiliser), on obtient un graphique semi-logarithmique, semi-log pour les initiés, en transformant l'un des axes : le plus souvent l'axe des ordonnées. Ici l'ordonnée de chaque point ne sera plus la valeur du PIB pour chaque date, mais le Log de cette valeur. Exemple : pour l'année 2000, tous les pays qui commençaient à 100 vont commencer à 2 (car Log de 100 = 2).

Au hasard, prenons la Lacanie : en 2001, l'ordonnée n'est plus 200, mais Log de 200. Quelqu'un autour de vous est peut-être l'heureux propriétaire d'une calculatrice surpuissante. Supposons qu'elle soit en état de marche. Il suffit alors d'entrer 200, puis d'appuyer sur la touche « LOG » (peut-être après avoir appuyé sur la touche « *secund function* » si une jolie couleur vous invite à le faire), pour lire, à peu près : 2,3. Ensuite, on obtient 2,6 pour 400 et 2,9 pour 800.

Question 3. Effectuez les calculs correspondants pour Entropie et Philanthropie, reportez les résultats dans un tableau, puis représentez-les graphiquement.

Qu'observe-t-on à la lecture de ce graphique semi-log? Les courbes ont été aplaties. L'évolution de l'économie lacanienne est représentée par un segment de droite. Par définition la pente d'une droite est constante. Or le taux de croissance du PIB lacanien est constant. Il semble donc y avoir une relation *facile à lire* entre taux de croissance et pente, ce qui n'était pas le cas, on l'a vu, avec le graphique arithmétique.

Question 4. Pourquoi les pentes des segments de droite sont-elles parallèles entre 2001 et 2002?

Dans un graphique semi-log : à un taux de croissance constant correspond un segment de droite (pente constante); à des pentes égales correspondent des taux de croissance égaux; à une pente plus forte (cas de Philanthropie entre 2002 et 2003) correspond un taux de croissance plus fort; à une pente plus faible (cas d'Entropie entre 2002 et 2003) correspond un taux de croissance plus faible aussi. Voilà pour la présentation la plus simple.

Ce qui vaut pour la croissance vaut aussi pour la décroissance. Lorsqu'il s'agit de courbes et non de segments de droite, on se trouve en présence de croissances (ou de décroissances) à taux croissant ou à taux décroissant (comme le confirme la comparaison sur l'ensemble de la période de nos trois pays).

L'avantage procuré par le graphique semi-log se paie inévitablement par un inconvénient : ce type de graphique étant fait pour *comparer des taux de croissance* (ou de décroissance), donc des rythmes d'évolution (X progresse plus vite que Y, moins vite que Z, etc.), mieux vaut ne pas l'utiliser pour autre chose.

Question 5. Exercez-vous à commenter un graphique semi-log avec celui reproduit dans le dossier 8 de ce chapitre.

Pascal Combemale

Dossier 8 • Fiche TD

L'analyse de la croissance à partir des productivités du travail et du capital

Avertissement : tous les documents sont extraits de Dominique Guellec, Pierre Ralle, Les Nouvelles Théories de la croissance, *La Découverte, « Repères », nouvelle éd., 1997.*

Document 1

La productivité du travail

La création de richesses est obtenue à partir de facteurs de production dont les mieux identifiés sont le capital « humain » (communément appelé le « travail ») et le capital « matériel », ou encore « physique », qui est le stock de richesses accumulées (communément appelé le « capital »).

La productivité d'un facteur est le rapport entre la quantité de bien produite et la quantité de facteur utilisée. Ainsi, la production annuelle d'un pays peut être décomposée en un produit de deux termes : la quantité annuelle de travail multipliée par la production par heure travaillée. La première variable et un indicateur de la quantité de travail fourni. La seconde mesure la productivité et est en quelque sorte un indicateur de la « qualité » de ce travail. Le nombre total d'heures de travail au cours d'une année est lui-même le produit de l'emploi et de la durée annuelle du travail. [...]

La productivité horaire du travail est une mesure simple de l'efficacité du travail qui joue un rôle crucial en matière d'analyse de la croissance. [...] Entre 1870 et 1992, elle a été multipliée par plus de 40 au Japon, par près de 20 en France et en Allemagne et par plus de 10 aux États-Unis. Un des points essentiels est que, dans les trois pays où la productivité était la plus basse en 1870, elle a crû beaucoup plus rapidement que dans le pays leader, où elle était la plus élevée en 1870 (les États-Unis). On observe ainsi un certain « rattrapage » du pays le plus développé par ceux qui le sont moins. À la fin du XIXe siècle, la productivité de l'heure de travail japonaise valait environ 20 % de celle de l'heure de travail américaine ; elle en vaut les deux tiers au début des années 1990. Quant aux heures de travail française et allemande, leur productivité est devenue, au cours de la même période, à peu près équivalente à celle de l'heure américaine. Ainsi, la croissance de la productivité d'un pays semble d'autant plus forte que le niveau initial de son efficacité est faible par rapport à celui du pays leader.

Tableau A

Emploi et durée annuelle du travail en longue période

Emploi en millions	Japon	Allemagne	France	États-Unis
1870	18,7	10,3	17,8	14,7
1992	64,4	29,1	22,6	119,2
Durée annuelle en heures	**Japon**	**Allemagne**	**France**	**États-Unis**
1870	2 945	2 941	2 945	2 964
1992	1 876	1 563	1 542	1 589

Source : Angus Maddison, L'Économie mondiale, 1820-1992, *OCDE, 1995.*

Tableau B

Productivité horaire du travail

	Japon	Allemagne	France	États-Unis
Taux de croissance annuel moyen en %				
1950-1973	7,7	6,0	5,1	2,7
1973-1992	3,1	2,7	2,7	1,1

Source : Angus Maddison, ibid.

Questions sur l'ensemble du dossier

1. Définir « productivité d'un facteur » ; « productivité horaire du travail » et « productivité du capital ».
2. Il y a deux façons de produire plus : en augmentant la quantité de facteurs utilisée (croissance extensive), en augmentant l'efficacité des facteurs utilisés (croissance intensive). Sur quel obstacle vient nécessairement buter la croissance extensive ? Quel est le critère qui permet de constater que l'on passe d'une croissance extensive à une croissance intensive ?
3. Quels sont les différents facteurs de l'augmentation de la productivité du travail ?
4. Commentez le graphique « Productivité horaire du travail ».
5. Comment s'explique l'évolution du capital par personne employée ?
6. Qu'est-ce que le coefficient de capital ? Comment expliquer la relation entre l'évolution du coefficient de capital et celle de l'intensité capitalistique (capital par personne employée) ?
7. Expliquez la thèse du rattrapage.
8. Pourquoi une analyse des productivités partielles du travail et du capital est-elle insuffisante ? Le principal facteur explicatif auquel on peut songer pour rendre compte de la croissance fait ici défaut : de quoi s'agit-il ?

Graphique A

Productivité horaire du travail

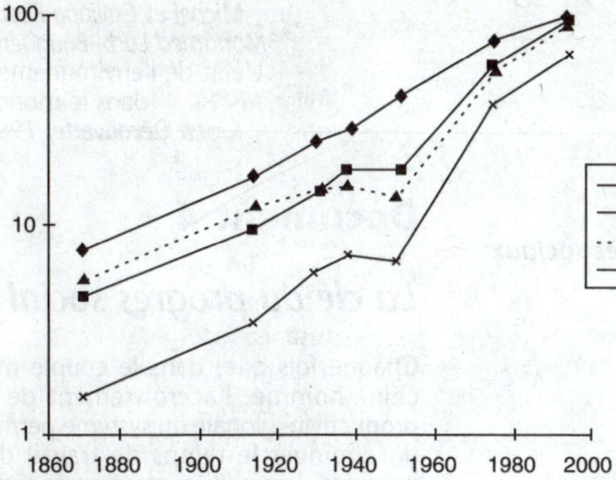

Échelle logarithmique
Source : Angus Maddison, ibid.
N.B. Lorsque l'échelle des ordonnées est logarithmique, la pente des droites (ou des courbes) est égale au taux de croissance de la variable. Voir dossier précédent.

Le choc pétrolier de 1974 et la récession de 1975 qui l'a suivi n'ont été que le point de départ d'un ralentissement *durable* de la productivité. Celui-ci a été observé dans tous les pays développés. [...]
Que la productivité ralentisse dans les pays qui ont initialement le niveau de productivité le plus faible peut s'expliquer largement par le phénomène de rattrapage : au fur et à mesure que celui-ci se produit, il est plus de plus en plus coûteux. À la limite, quand les pays « suiveurs » ont rattrapé le pays leader, la croissance de leur productivité devient équivalente à la sienne. Cependant, l'ampleur du choc est telle que ce mécanisme n'est pas suffisant pour l'expliquer. De plus, il ne rendrait pas compte du ralentissement de la productivité aux États-Unis. Peut-on trouver des éléments d'explication du côté de l'autre grand facteur de production : le capital ? ■

Document 2

La productivité du capital

Tableau A

Capital (hors logement) par personne employée (en milliers de dollars de 1990)					
	1890	1913	1950	1973	1992
Japon	1,5	2	8	40	113
Allemagne	nd	nd	18	58	102
France	nd	nd	18	49	103
États-Unis	14	45	58	86	112

Source : Angus Maddison, op. cit.

Tableau B

Coefficient de capital[a]					
	1890	1913	1950	1973	1992
Japon	0,7	0,9	1,7	1,7	3,0
Allemagne	nd	nd	1,8	1,9	2,3
France	nd	nd	1,6	1,6	2,3
États-Unis	3,1	3,3	2,5	2,1	2,4

Rapport du capital (hors logement) au PIB.
a. Le coefficient de capital est le rapport entre le capital et la production. C'est donc l'inverse de la productivité du capital.
Source : Angus Maddison, op. cit.

Le capital physique accumulé est une source de création de richesses dont l'analyse est inévitable. Le nombre de machines et d'usines a évidemment une influence sur le niveau de la production. Directement tout d'abord : toutes choses égales par ailleurs, le niveau de la production est d'autant plus élevé que celui du capital l'est. Indirectement aussi : l'accumulation du capital physique permet un progrès technique « incorporé » dans les machines. Le capital a ainsi un double rôle : économiser le travail et favoriser le progrès technique.
Sur longue période, la quantité de capital par personne employée a crû fortement [*voir tableau A*]. Entre 1890 et 1992, elle a été multipliée par près de 50 au Japon (pays où en 1890 la productivité de l'heure de travail était la plus faible), et par 4 aux États-Unis (pays le plus développé en 1890).
Le coefficient de capital (qui est le rapport entre le stock de capital et le PIB annuel, c'est-à-dire l'inverse de la productivité du capital) est passé de moins de 1 à 3 entre 1890 et 1992 au Japon [*voir tableau B*]. Aux États-Unis, il a décru entre les deux guerres mondiales et est quasi stable depuis.
La hiérarchie des pays pour le capital par personne employée peut s'expliquer par les phénomènes de rattrapage. En effet, la convergence observée précédemment entre les niveaux de la productivité horaire du travail des quatre pays a été rendue possible par le fait que le rythme d'accumulation du capital était d'autant plus intense que le pays était initialement peu développé. Ce constat met en évidence les limites d'une approche en termes de productivité partielle de chaque facteur de production, pris isolément. C'est la productivité globale que l'on va maintenant analyser. ■

N.B. Le dossier 3 du chapitre III donne des évolutions jusqu'en 1998 pour la productivité du travail. Certaines évaluations peuvent y être un peu différentes, Maddison ayant révisé certaines séries.

Sujet de bac

DISSERTATION

▶ PROGRÈS TECHNIQUE ET DÉVELOPPEMENT

Sujet : Peut-on dire que le progrès technique est facteur de développement ?

Document 1

Progrès technique et développement : des choix économiques et sociaux

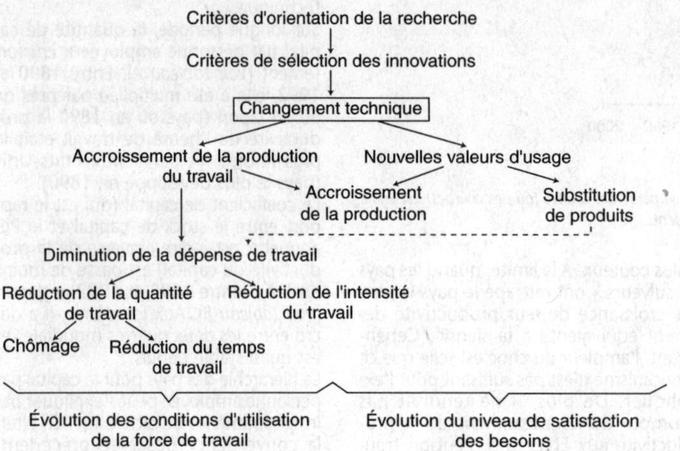

Source : Jacques Freyssinet, Le Chômage, *La Découverte, « Repères », 2002.*

Document 2

Taux d'équipement moyen des ménages (2001) en %	
Réfrigérateur sans congélateur	47
Lave-linge	90
Combiné réfrigérateur	60
Micro-ondes	61
Congélateur	49
Lave-vaisselle	39
Sèche-linge	30
Télévision couleur	94
Magnétoscope	70
Chaîne hi-fi	61
Caméscope	14
Répondeur	37
Téléphone portable	55
Micro-ordinateur	32
Une voiture	51
Plusieurs voitures	29

Source : INSEE, enquête « Conditions de vie des ménages », Tableaux de l'économie française 2002-2003.

Document 3

Quand l'humanité met la planète en danger

Et tout s'accélère encore aujourd'hui : poussée démographique dans certaines régions pauvres du monde ; urbanisation, modernisation, industrialisation, recherche des modes modernes de consommation s'étendent sur tous les continents ; et là où production et consommation ont déjà atteint de hauts niveaux, la poursuite de la croissance apparaît comme la principale perspective, car les sociétés riches ont fait progresser ensemble, en leur sein, richesse et pauvreté ; et elles n'ont plus guère d'autres ferments de cohérence que la recherche de plus de consommation et de richesses. Parallèlement, a été organisée à grande échelle la production de la science et de la technique, d'où naissent des flux de plus en plus puissants de connaissances, de capacités techniques et de procédés technologiques : nous les mettons en œuvre, souvent pour satisfaire en priorité le luxe, le prestige ou la puissance, sans savoir quels en seront les effets sur les hommes, les sociétés, la terre et le vivant.

Ainsi, nous progressons en aveugles, en suscitant des évolutions qui nous échappent. Qu'il s'agisse des larges palettes des déchets que nous déversons, des atteintes aux espèces, aux sols, aux forêts, aux océans, de la destruction partielle de la couche d'ozone ou de l'effet de serre, des processus sont à l'œuvre qui un jour se montreront irréversibles ; s'attaquer aux causes se révélera, alors, insuffisant et ne permettra même pas d'en entraver immédiatement la progression. ■

Michel et Calliope Beaud, Mohamed Larbi Bouguerra, L'état de l'environnement dans le monde, *La Découverte, 1993.*

Document 4

La clé du progrès social

Chaque fois que, dans le couple machine-homme, l'accroissement de la productivité globale du système permet de diminuer le temps de travail des hommes, lorsqu'ils sont occupés à des tâches ingrates, on réalise un progrès pour l'espèce humaine. Améliorer la productivité des corvées, c'est améliorer proportionnellement la qualité de la vie. [...]

Il faut tout de même avoir en tête que, si la durée du travail a été divisée par deux en un siècle, en même temps que le revenu moyen augmentait de façon considérable, ce n'est pas sans rapport avec le fait que la production effectuée par une personne qui travaille aujourd'hui vaut treize fois ce qu'elle était au début du décollage industriel, vers le milieu du XIXᵉ siècle. La production par heure travaillée vaut vingt-cinq fois celle des années 1830, c'est-à-dire que, en cent cinquante ans, chaque homme a multiplié sa productivité par vingt-cinq, il a multiplié par vingt-cinq la quantité de biens produits, à durée égale de travail. Une proportion hallucinante...

Plus près de nous, de 1949 à 1973 (les « trente glorieuses », le plein-emploi, la richesse des Français multipliée par quatre...), la productivité du travail a augmenté de 4,5 % à 5 % par an ; de 1973 à aujourd'hui, elle a augmenté de 2,2 % par actif occupé, de 3,1 % par heure travaillée.

Ce sont ces gains de productivité qui, en un siècle, ont été la clé du progrès social, de l'accroissement du niveau de vie et du formidable développement économique, culturel et social des pays tels que les nôtres. Gardons assez de lucidité pour le reconnaître. ■

Guy Aznar, Travailler moins pour travailler tous, *Syros, 1993.*

→ **MÉTHODES POUR LE BAC** pages 738-751

Document 5

L'impact du progrès technique sur le travail

Un courant critique voit dans le progrès technique un instrument d'accélération de la déqualification et de l'intensification du travail qui sont au cœur de la dynamique capitaliste. Les nouvelles technologies de l'information en fourniraient aujourd'hui une illustration supplémentaire : elles permettent un contrôle systématique de l'activité de travail, soumettant celle-ci à un ensemble de normes incorporées dans les machines et dans les programmes, identifiant toute défaillance et réduisant toute marge d'autonomie.

À l'opposé, d'autres auteurs voient dans les progrès techniques le moyen d'éliminer les pénibilités du travail manuel et de concentrer progressivement l'activité humaine sur des fonctions de contrôle, de communication et de coopération.

Les très nombreuses études monographiques réalisées dans ce domaine fournissent des arguments aux deux thèses. Les choix des techniques et des équipements qui les incorporent, les choix des modes de division et d'organisation du travail qui les accompagnent s'opèrent avec de vastes marges de liberté. Ils sont le lieu d'affrontements entre les groupes d'acteurs concernés : techniciens, commerciaux et financiers du côté de la direction, différentes catégories professionnelles du côté des salariés. Le résultat final dépend de leurs objectifs respectifs et des rapports de forces qui s'établissent entre eux. Ici encore, le déterminisme technologique est absent ; ce sont les régulations économiques et sociales qui commandent les critères de sélection et les modes d'usage des techniques. Plus diversifiées sont les options offertes, plus fortes seront les conséquences sur le contenu du travail dans ses différents aspects : qualification, autonomie, intensité, pénibilité… ■

Jacques Freyssinet,
« Le progrès technique et l'emploi »,
in *Jacques Kergoat (dir.)*
Le Monde du travail
La Découverte, 1998.

Document 6

La marginalisation des productions traditionnelles

Pendant des décennies, personne n'a jugé utile d'orienter la recherche vers la mise au point de procédés de transformation adaptés aux céréales secondaires et aux tubercules qui forment la nourriture de base des peuples des régions équatoriales.

Ayant bénéficié des attentions constantes de la science et de la force de frappe commerciale des grands exportateurs du monde développé, entrées depuis longtemps dans les circuits de l'industrie agro-alimentaire, douées d'un pouvoir d'attraction symbolique qui a facilité la mondialisation de leur consommation, et devenues en quelques décennies la base de l'alimentation humaine, les céréales modernes sont ainsi parvenues à marginaliser les productions traditionnelles, privées pour leur part des possibilités de connaître un développement analogue. Mils, sorghos, tubercules continuent pourtant d'être cultivés dans une grande partie du tiers-monde par des millions de familles paysannes dont ils constituent l'ordinaire. Mais, faute de moyens techniques et financiers et d'incitations économiques, leur production a stagné ou ne s'est accrue que dans des proportions modestes, engendrant un double phénomène de paupérisation des masses rurales concernées : dans de vastes régions, d'Afrique essentiellement, la croissance de leur production a été globalement inférieure à celle de la population rurale qui a vu de ce fait ses disponibilités alimentaires se réduire dans la mesure où, dans sa grande majorité, elle ne dispose pas d'un surplus monétaire suffisant pour combler son déficit par le recours au marché. Mais en même temps, toute possibilité d'accroître leur production au-delà de la simple autosubsistance pour augmenter leurs revenus est pratiquement interdite aux petits paysans, puisqu'ils sont privés du débouché que pourrait représenter une population urbaine à la croissance rapide qui se détourne de l'alimentation traditionnelle. ■

Sophie Bessis, La Faim dans le monde,
La Découverte, « Repères », 1991.

Sujet de bac

ÉPREUVE DE SYNTHÈSE

► LES ENJEUX DES NOUVELLES TECHNOLOGIES DE L'INFORMATION ET DE LA COMMUNICATION

Travail préparatoire (*10 points*)

1. Exprimez en une seule phrase les données statistiques figurant sur les deux barres supérieures du graphique. [*doc. 1*] (*1 point*)
2. Montrez quels sont les effets positifs des nouvelles technologies de l'information et de la communication (NTIC) sur la société. [*doc. 2*] (*2 points*)
3. Quels intérêts présentent les NTIC pour les entreprises ? [*doc. 2*] (*2 points*)
4. Quelle information principale peut-on dégager du document 3 ? Justifiez votre réponse en utilisant les données chiffrées du document. (*2 points*)
5. Quels sont les risques que les NTIC font encourir à nos sociétés ? [*doc. 4*] (*2 points*)
6. En comparant les documents 1 et 3, montrez à qui profitent les NTIC. Quelle conclusion pouvez-vous en tirer pour les autres ? (*1 point*)

Question de synthèse (*10 points*)

Après avoir montré que les NTIC sont des vecteurs de progrès économiques et sociaux, vous vous demanderez si elles ne constituent pas également un risque pour la démocratie.

Document 1

L'accès au Web

Répartition des ménages américains, par tranche de revenus (en %)

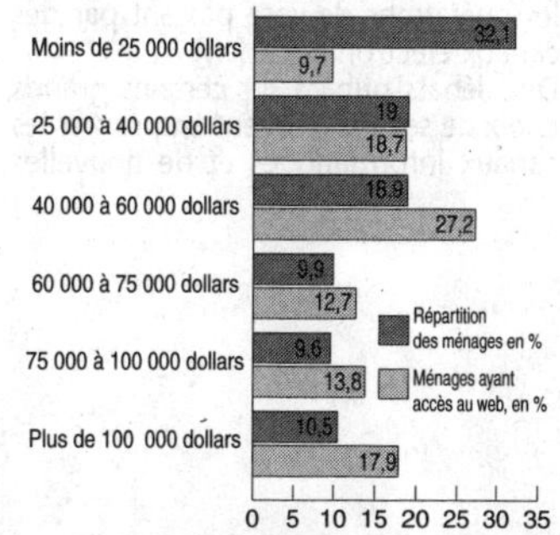

Source : Media Metrix, juin 2000,
in Alternatives économiques,
hors-série n° 46, 4ᵉ trimestre 2000, p. 64.

Document 2

Les possibilités de s'informer sont amplifiées par les multiples sites d'information publics ou privés que l'on trouve sur le *web*. Les journaux, les agences de presse, tous les médias en général, mais aussi les bibliothèques ou les musées proposent de plus en plus de services à l'intention des élèves, des étudiants, et des citoyens dans leur ensemble. Le système éducatif a déjà compris tout le bénéfice qu'il peut tirer de ces technologies. [...]
Le développement du courrier électronique pour un coût modique et avec une très grande rapidité, permet aux personnes de correspondre entre elles de quelque point du monde que ce soit. [...]
Le téléphone cellulaire constitue, quant à lui, un vecteur très novateur de communication. Sa généralisation dans toutes les couches de la société intensifie les liens sociaux et il représente un bel instrument de liberté individuelle. [...]
Des liens sociaux originaux s'établissent, des forums numériques se développent où la société civile trouve de nouveaux canaux d'expression. [...]
Ces technologies stimulent enfin la liberté d'entreprise. [...]
Les transactions sont simplifiées par l'automatisation des instruments de gestion des relations avec la clientèle, la dématérialisation des opérations et l'utilisation des moyens électroniques de paiement. Le commerce électronique occupe une place déjà très appréciable dans le commerce international et la nouvelle économie mondiale repose en grande partie sur les technologies de l'information. [...]
L'expression de la démocratie peut se trouver à son tour vivifiée voire transformée. Il est permis d'imaginer une démocratie électronique qui vienne compléter les outils politiques traditionnels. [...]
Techniquement, il est dorénavant concevable d'organiser des consultations populaires en temps réel, comme des référendums nationaux ou locaux, les opérations de vote passant par des canaux électroniques. [...]
Des débats publics sur certains grands choix de société peuvent emprunter les canaux informatiques et de nouvelles lois peuvent être discutées sur des forums Internet, à l'exemple de la future loi sur la société de l'information. [...]
Ainsi, ces technologies autorisent une citoyenneté mieux avertie et une démocratie plus participative. ■

Henri Oberdorff, « Nouvelles technologies, nouvel environnement », in Cahiers français *n° 294, janvier-février 2000.*

Document 3

Nombre d'ordinateurs destinés à l'usage individuel, pour 1 000 habitants, en 1998

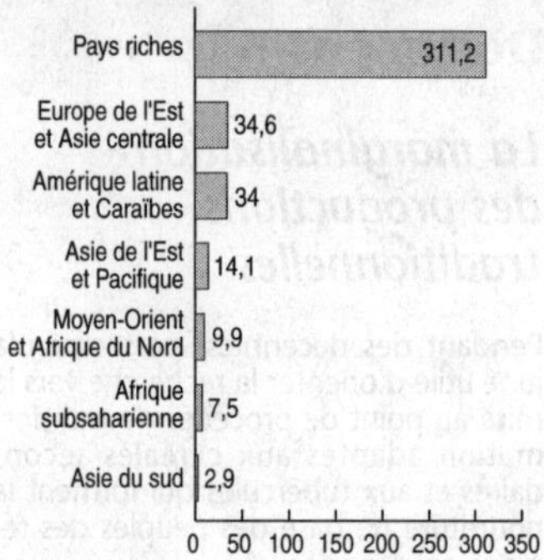

Source : Banque mondiale, in Alternatives économiques, op. cit.

Document 4

Le développement des applications informatiques permet une multiplication des fichiers ou des traitements automatisés. Toute personne est dorénavant appréhendée en fonction de sa catégorie ou de sa position sociale ; on est étudiant ou salarié, contribuable, assuré social, porteur de telle ou telle affection, titulaire d'un compte bancaire ou postal, abonné à un journal, client de magasin, téléspectateur, utilisateur de logiciel, de matériel informatique ou de réseau informatique, syndicaliste, militant politique... Ces informations sont souvent stockées à l'insu des personnes et elles circulent de plus en plus facilement. Les risques de détournements des finalités du fichage augmentent, multipliant les atteintes possibles à la vie privée.
Les cybercitoyens laissent un nombre sans cesse croissant de traces électroniques, soit en effectuant des transactions avec leurs cartes de paiement, soit en circulant sur des réseaux informatiques. [...]
Très souvent, ce sont des impératifs de sécurité qui sont invoqués pour justifier certaines pratiques. Le recours à la vidéosurveillance, par exemple, s'explique par le souci de protéger les individus et les biens. Éviter les vols, les atteintes à l'intégrité physique dans les lieux privés ou publics grâce à l'installation de caméras participe d'une démarche parfaitement justifiable. Mais, en même temps, la liberté de circuler sans être surveillé et sans que son image ne soit enregistrée se trouve mise en cause, ce qui constitue une atteinte à la vie privée et à ses secrets. [...] Le téléphone cellulaire est ainsi un outil remarquable pour suivre un individu dans tous ses déplacements. [...]
Les technologies de l'information et de la communication facilitent tous les types de comportements qu'ils soient licites ou pénalement condamnables. Sur de nombreux sites Internet prospèrent donc des comportements quasi délictueux, délictueux ou même criminels. On peut citer pêle-mêle les activités pornographiques et surtout pédophiles ; le commerce concernant les médicaments interdits dans notre pays, les drogues ou les armes de toute nature ; la propagande de caractère révisionniste, raciste ou les incitations expresses à la violence ou au crime. La violation des droits d'auteur, véritable pillage des écrits d'autrui, déjà facilitée par la photocopie, est rendue encore plus aisée avec la publication numérique et le téléchargement à grande échelle. ■

Henri Oberdorff, op. cit.

→ **MÉTHODES POUR LE BAC** pages 738-751

CROISSANCE ET DÉVELOPPEMENT

Chapitre II

L'INVESTISSEMENT ET LA CROISSANCE

JEAN-PAUL PIRIOU

Introduction

Profitant du Salon de l'agriculture, le grand Matthieu, le voisin de la ferme de la Vache verte, monta à Paris pour acheter un nouveau tracteur. À son retour parmi nous, il avait changé. Plus distant, presque hautain, il semblait se prendre pour l'archiduc du bocage. Quand vint le jour de la livraison de l'engin, nous comprîmes pourquoi le Matthieu faisait son important.

Un JPP 735 RZ ! Rouge ! 185 chevaux, six cylindres en ligne, air conditionné, lecteur CD, ordinateur de bord ! Une gueule de terminator et du 35 à l'heure dans les labours.

Dans le hameau, personne ne dépassait les 100 chevaux. Tous se sentaient aplatis par cette démonstration de puissance, incapables de relever le défi. Mais, une fois le choc encaissé, on commença à jaser.

Un JPP haut de gamme, ça coûte, sans les options, à peu près 80 000 euros hors taxe... Un sacré investissement ! D'où vient l'argent ? Aucun héritage, un petit mariage, et le Matthieu ne joue pas au Loto, donc presque pas d'autofinancement... Alors ? Il ne reste que le crédit. Et dans la région il n'y a que le Crédit Horticole. D'ailleurs son oncle n'est-il pas administrateur au Crédit Horticole ? De plus, les taux d'intérêt sont bas en ce moment et ils ont dû hypothéquer le corps de ferme...

Il n'empêche : un 180 chevaux sur une exploitation de 50 hectares, dans le bocage, c'est de la folie ! Il passera à peine dans les chemins creux et sera sous-utilisé en permanence, même en allant travailler chez les autres. Pas rentable, cette affaire-là. On ne peut pas amortir une telle somme avec un aussi petit chiffre d'affaires. Ou sur 100 ans !

Non, décidément, ce n'est pas sérieux. Un investissement, c'est une décision stratégique pour une entreprise. Ça engage l'avenir, de façon irréversible. Il faut donc réfléchir, comparer les alternatives, calculer. On peut par exemple louer le matériel au lieu de l'acheter. Ou se grouper...

Si encore on pouvait anticiper une hausse de la demande, ou du prix des produits agricoles, mais la tendance observée a plutôt de quoi rendre pessimiste.

Finalement, le Matthieu risque fort de regretter sa décision. S'il avait fait une terminale ES et s'il avait lu le texte de Jean-Paul Piriou sur l'investissement, il n'aurait pas commis une telle erreur.

Pascal Combemale

SOMMAIRE

LES DÉTERMINANTS DE L'INVESTISSEMENT

Pourquoi s'investir dans l'étude de l'investissement ? Parce que l'investissement est investi d'un statut essentiel dans l'analyse économique. Son importance se situe au moins à deux niveaux.

I. LES DEUX HORIZONS DE L'INVESTISSEMENT

Le discours de l'économiste sur l'investissement diffère beaucoup selon qu'il considère l'économie à court terme ou à un horizon plus éloigné. Le court terme correspond à la période pendant laquelle les capacités de production sont considérées comme données, mais pendant laquelle il est possible de faire varier la production en modifiant le niveau de l'emploi (durée du travail, nombre de travailleurs). À court terme, l'investissement est seulement un élément de la demande finale. Pour bien comprendre ce que cela signifie, il suffit de se remémorer [*voir « Pour comprendre la comptabilité nationale », en fin de manuel*] l'égalité nécessairement réalisée entre les ressources en produits dont dispose l'économie nationale et les utilisations de ces produits par cette même économie (entre parenthèses figure ce que représentait en moyenne de 1978 à 2001 chaque élément en % du PIB) : PIB (100) + importations (22) = consommation finale effective (79) + investissement, appelé aussi FBCF (21) + variation des stocks (0) + exportations (22).

Que l'investissement – la FBCF – soit un élément de la demande finale signifie que sa variation va peser sur la conjoncture économique, c'est-à-dire sur la situation de l'économie à un moment donné. S'il est en croissance, ceux qui investissent augmenteront leur demande de biens d'équipement, ce qui élargira les débouchés des entreprises qui les produisent et améliorera le niveau de la production et de l'emploi (sauf si les biens d'investissement sont importés). Cet enchaînement ne sera évidemment possible que si l'économie peut produire plus, c'est-à-dire est en situation de sous-emploi. Dans le cas d'une économie en plein-emploi, il ne sera possible à court terme d'investir plus qu'en réduisant la consommation ou les exportations, ou en augmentant les importations.

Si, au contraire, l'investissement est en régression, la demande finale faiblira ; face à des débouchés qui se contractent, les entreprises réduiront la production et l'emploi. L'analyse sommaire ici esquissée à propos du court terme sera développée ailleurs dans ce manuel lors de la présentation de l'approche keynésienne [*voir notamment la fiche-outil 1 du chapitre XVI*].

À court terme évidemment, l'évolution de l'investissement n'est pas la seule cause de variation de la conjoncture. Ce n'est pas *a priori* non plus la plus importante. Par exemple, si la consommation des ménages augmente de 3 %, l'effet sur la croissance du PIB sera plus important que si l'investissement s'accroît d'autant. Lorsque que

Bibliographie

OFCE, L'Économie française 2003, *La Découverte, « Repères », chaque année une nouvelle édition permet de suivre l'évolution de la croissance, de l'investissement et de la politique économique en France et en Europe.*

cette consommation pèse près de 80 % du PIB, une telle croissance représente en effet finalement 2,4 points de PIB (c'est-à-dire 3 % de 80 %), alors que l'investissement pesant seulement quelque 20 % du PIB, une variation équivalente de 3 % ne compte que pour 0,6 point de PIB (3 % de 20 %).

Si, malgré cette dernière remarque, les variations de l'investissement à court terme retiennent l'attention, c'est parce qu'elles risquent d'être beaucoup plus fortes (et difficiles à prévoir) que celles des autres éléments de la demande finale. Autrement dit, comme élément de la demande finale, l'investissement est porteur à court terme d'instabilité pour l'économie, ainsi qu'on le verra bientôt.

Dès que nous sortons du court terme, par définition, les capacités de production ne sont plus considérées comme données. À moyen terme donc, l'investissement devient un facteur de l'offre puisqu'il renforce les capacités de production. Autrement dit, l'investissement est considéré comme une accumulation de capital qui permet la croissance. Cette question a été traitée dans le chapitre précédent qui a dit en quoi l'investissement avait à voir avec la croissance et le rôle qu'il jouait par rapport à l'innovation.

Ces premières observations ont esquissé les enjeux de l'investissement : à court terme, l'investissement peut ou non soutenir l'activité parce qu'il est un élément de la demande ; à moyen terme, il est irremplaçable parce qu'il desserre la contrainte qui limite l'offre. Ce texte voudrait vous faire découvrir d'autres aspects de l'investissement en apportant des éléments de réflexion sur ses déterminants. Autrement dit, pourquoi l'investissement est-il plus ou moins élevé ? De quoi l'investissement dépend-il ? Avant de lire la suite, il est peut-être utile de vérifier que vous maîtrisez bien quelques définitions et mécanismes élémentaires [*voir la fiche-outil 1*].

PLAN

II. L'ACCÉLÉRATEUR

Pour avoir besoin d'investir, il faut évidemment être incapable de produire plus avec le capital déjà installé. Autrement dit, la première condition de l'investissement – évidente – est que *le taux d'utilisation des capacités de production* soit très élevé, de telle sorte que de nouveaux équipements soient nécessaires pour produire plus. Encore faut-il avoir besoin de produire plus, autrement dit que les débouchés *prévus*, que la demande *anticipée*, soient suffisants. Nous examinons maintenant comment doit évoluer l'investissement si les entreprises veulent produire plus pour satisfaire la demande qu'elles anticipent.

Encadré A : *L'investissement en France*

En 2001, le taux d'investissement de la France, traditionnellement mesuré par le rapport de la FBCF au PIB, était de 20 % Mais pendant cette année la variation du capital fixe n'avait correspondu qu'à 6 points de PIB car la consommation de capital fixe (mesure de l'usure du capital) avait absorbé 14 points.

De 1978 à 2001, le taux d'investissement est passé de 22,9 % à 20,2 % exactement. Toutefois ce recul relatif doit être interprété avec prudence. Car pendant cette période, les prix des produits qui constituent la FBCF ont augmenté beaucoup moins vite que l'ensemble des prix des autres biens et services qui constituent le PIB : le prix relatif de la FBCF a donc baissé [*voir le tableau A*]. Si bien que, mesuré à prix constants (en l'occurrence ceux de 1995), le taux d'investissement n'a pas baissé de 2,7 % (comme lorsqu'il est mesuré aux prix courants), mais a... augmenté de 1,4 %, passant de 19,2 à 20,6.

Cette baisse du prix relatif est particulièrement spectaculaire pour les équipements électriques et électroniques (les ordinateurs en font partie) dont le prix relatif a atteint 21 en 2001 sur base 100 en 1978 ; il a donc été divisé par près de 5 en moins d'un quart de siècle ; on peut également dire qu'il a diminué de quelque 80 % (100 – 21 = 79), ce qui correspond à une baisse annuelle moyenne de 6,6 % (il suffit d'appliquer ce que vous devez savoir sur le TCAM : le prix relatif a été multiplié par 0,21 en 23 ans ; en un an il a donc été multiplié par la racine vingt-troisième de 0,21, soit 0,934 et 1 – 0,934 = 0,0656 soit 6,6 %). Le tableau 1 donne d'autres informations sur le contenu de la FBCF en produits. On constate que la construction y occupe encore une place considérable, bien qu'en baisse.

La FBCF peut être décomposée en fonction des secteurs institutionnels investisseurs. En 2001, les sociétés non financières en ont réalisé 52 %, les ménages 27 % (23 % pour le logement, 4 % pour la FBCF des entreprises individuelles), les administrations publiques 17 % et les sociétés financières 4 %. Il faut en retenir que la question des investissements ne se limite pas aux seules sociétés.

La FBCF peut également être ventilée par branche. Le tableau B est conçu pour montrer que lorsque l'on parle d'investissement en général, il s'agit d'une abstraction qui recouvre des situations très variées. Pour le comprendre, le lecteur peut utiliser ce tableau pour répondre à quelques questions. Quelles sont les branches qui investissent le plus ? Quelles sont les branches les plus capitalistiques, c'est-à-dire celles dans lesquelles le capital par tête est le plus élevé ? L'ampleur des amortissements (consommation de capital fixe) est-elle la même partout ? Le coefficient de capital (le capital fixe rapporté à la valeur ajoutée) est-il très différent selon les branches ? De ce tableau, on peut sans doute aussi retenir que l'économie nationale ne se réduit pas à l'industrie (qui ne réalise qu'un cinquième de la FBCF des branches).

Tableau A

Éléments sur la FBCF par produits (en % de la FBCF totale)

	Aux prix courants		Aux prix de 1995		Indice des prix relatifs[a]
	1978	2001	1978	2001	
Automobile	5,5	8,7	5,8	9,5	79,2
Équipements mécaniques	14,0	13,5	9,9	13,5	57,9
Équipements électriques et électroniques	4,7	8,9	1,7	13,0	21,1
Construction	58,0	44,7	68,3	42,0	103,0
Services principalement marchands	10,3	17,6	12,5	16,1	109,3
FBCF totale	**100**	**100**	**100**	**100**	**82,1**
FBCF/PIB	**22,9**	**20,2**	**19,2**	**20,6**	

a. sur base 100 en 1978. Lecture du tableau : en 1978, les produits de l'industrie automobile représentaient 5,5 % de la FBCF totale. Par rapport au prix du PIB, le prix relatif de la FBCF a diminué de 17,9 % (indice 82,1). Prix 1995 = prix de l'année précédente, chaînés, base 1995.

Tableau B

Investissement et capital par branche[a] en 2001

Année 2001	VA (en %)	FBCF (en %)	Emploi (en %)	Capital fixe (en %)	CCF/VA (en %)	Capital par tête	Coeff. de capital
Agriculture	3	3	4	2	22	123	3,2
Industrie	21	21	17	10	14	138	1,8
dont énergie	*3*	*3*	*1*	*3*	*28*	*786*	*4,8*
Construction	5	1	7	1	6	23	0,4
Services principalement marchands	54	66	44	72	18	83	4,9
dont activités immobilières	*12*	*32*	*1*	*56*	*34*	*ns*	*21*
Services administrés	21	15	28	14	12	117	2,4
Éducation, santé, action sociale	*12*	*6*	*16*	*3*	*9*	*50*	*1,0*
Administration	*9*	*9*	*12*	*11*	*16*	*202*	*4,4*
Ensemble	**100**	**100**	**100**	**100**	**16**	**100**	**3,6**

a. La notion de branche est à chercher dans le lexique. CCF : consommation de capital fixe. En 2001, la FBCF totale est évaluée à 296 milliards d'euros, la VA à 1 311 milliards (le total des VA ne fait pas 100 pour des raisons techniques que nous n'infligerons pas au lecteur) et le capital fixe à environ 4 000 milliards d'euros. L'emploi est en équivalent temps-plein (23 millions en 2001). Le capital par tête (rapport du capital fixe à l'emploi en équivalent temps-plein) est sur base 100 pour l'ensemble de l'économie nationale moins la branche « activités immobilières » pour laquelle cette notion n'a guère de sens ; rappelons que la valeur ajoutée et la FBCF de cette branche sont réalisées principalement par les ménages qui occupent le logement qu'ils possèdent ou louent celui-ci à un tiers (ns = non significatif). Le coefficient de capital est ici le rapport du capital net à la valeur ajoutée nette. Du tableau on peut déduire le poids de l'amortissement (CCF) en fonction du capital fixe : la branche énergie a une CCF correspondant à 28 % de sa VA et un coefficient de capital de 4,8 ; cette CCF représente donc 6 % de son capital fixe (28 divisé par 4,8).
Source : calculs de l'auteur à partir des Comptes nationaux, INSEE, 2002.

Un exemple numérique

Supposons que le *coefficient de capital* soit toujours égal à 2 ; ce coefficient est égal au capital fixe rapporté à la valeur ajoutée (VA). Autrement dit, avec un capital fixe de 200 euros, les entreprises peuvent produire 100 euros de VA. On considère que ces données sont celles de l'année 0. Pendant l'année 1, les entreprises veulent produire plus, elles veulent augmenter leur VA de 6 % ; comme la VA doit atteindre 106, le capital fixe nécessaire est donc de 212. Pour atteindre ce niveau, les entreprises doivent donc faire varier leur capital fixe de 12.

C'est possible grâce à l'investissement. Mais celui-ci sera plus élevé, car les entreprises ne doivent pas seulement faire varier le niveau du stock de capital fixe, elles ont aussi à remplacer le capital fixe usé. On considère que chaque année ce sont 5 % de la valeur du capital fixe existant à la fin de l'année précédente qui doivent être remplacés. Ainsi, pendant l'année 1, par exemple, l'investissement de remplacement doit être de 10 euros (la valeur du capital fixe à la fin de l'année 0 multipliée par le taux d'amortissement). L'investissement brut (la formation brute de capital fixe, FBCF) doit donc être de 22 pendant l'année 1, sur lesquels seulement 12 correspondent à un investissement net, c'est-à-dire à un investissement qui fait varier le niveau du capital fixe. Le tableau A est construit suivant ces principes.

Exemple : pendant l'année 2, une hausse de la VA de 6 % prévue par les entreprises la porte à 112,36 ; le capital fixe doit donc être de 112,36 × 2 = 224,72 ; les entreprises doivent donc augmenter le capital fixe de 224,72 – 212 = 12,72 ; par ailleurs, l'usure du capital fixe est de 5 % de 212 soit 10,6. La FBCF requise est donc de 12,72 + 10,6 = 23,32 euros.

Pour commenter les principaux résultats du tableau, il faut distinguer selon que la croissance de la valeur ajoutée se fait à taux constant ou non.

Tableau A

	Année 1	Année 2	Année 3	Année 4	Année 5	Année 6	Année 7	Année 8
Variation de la VA (%)	6	6	2	2	4	4	0	0
Niveau de la VA (euros)	106	112,36	114,61	116,90	121,58	126,44	126,44	126,44
Capital fixe nécessaire (euros)	212	224,72	229,21	233,80	243,15	22,88	252,88	252,88
Variation du capital fixe (euros)	12	12,72	4,49	4,58	9,35	9,73	0	0
Usure du capital fixe (euros)	10	10,60	11,24	11,46	11,69	12,16	12,64	12,64
FBCF (euros)	22	23,32	15,73	16,05	21,04	21,88	12,64	12,64
Variation de la FBCF (%)	nd	6	– 32,55	2	31,14	4	– 42,22	0
Variation du capital fixe (%)	6	6	2	2	4	4	0	0
Taux d'investissement (%)	20,75	20,75	13,73	13,73	17,31	17,31	10	10

VA : valeur ajoutée.
FBCF : formation brute de capital fixe.
Taux d'investissement : FBCF/VA.

L'investissement et la croissance à taux constant

La valeur ajoutée croît à taux constant lorsque son taux de croissance est le même que celui de l'année précédente (c'est le cas ici des années paires). Pendant ces années, on observe que la valeur ajoutée et le capital fixe croissent au même taux. Ce n'est pas étonnant : puisqu'on a fait l'hypothèse que le coefficient de capital (c'est-à-dire le rapport capital fixe/VA) était constant, il est logique que le capital fixe évolue au même rythme que la valeur ajoutée (pour qu'une fraction soit constante, il suffit que son numérateur augmente à la même vitesse que son dénominateur).

On observe aussi que la FBCF croît au même taux que la VA. Dans ces conditions, le taux d'investissement (rapport de la FBCF à la VA) est stable (le numérateur et le dénominateur augmentent au même taux) : ainsi le taux d'investissement est de 20,75 % en 2 comme en 1, de 13,73 % en 4 comme en 3, de 17,31 % en 6 comme en 5, de 10 % en 8 comme en 7. Ce constat est fondamental : *dans la croissance à taux constant, la part de la VA consacrée à la FBCF est constante mais liée au niveau du taux de croissance. Il n'y a pas d'à-coups dans l'évolution de la FBCF.* Ce n'est plus du tout le cas lorsque le taux de croissance se modifie.

Les soubresauts de l'investissement

Lorsque le taux de variation de la VA n'est plus le même que l'année précédente (c'est le cas ici pour les années impaires), on constate que l'égalité des taux de croissance de la VA et du capital fixe se maintient. C'est normal puisqu'elle n'est – on l'a vu – que la conséquence logique de l'hypothèse de fixité du coefficient de capital.

Par contre, l'évolution de la FBCF n'opère plus sans à-coups mais avec des soubresauts : – 33 % en année 3 lorsque la croissance de la VA passe de 6 % à 2 % (l'investissement s'effondre alors que la croissance reste positive mais a ralenti) ; + 31 % en année 5 lorsque le taux de croissance remonte à 4 % ; – 42 % en année 7 quand la croissance disparaît. Ces violentes variations se traduisent par de fortes variations du taux d'investissement.

Finalement, l'évolution de l'investissement est nettement plus chaotique que celle de la production [*voir tableau B*].

Nous sommes ici en présence des manifestations de ce que les économistes appellent l'accélérateur : *la vitesse de l'investissement ne dépend pas de la vitesse de la valeur ajoutée mais de son accélération (ou de sa décélération).*

Dans les économies concrètes, le phénomène d'accélération est moins violent que dans notre exemple. Surtout parce que le coefficient de capital n'est pas totalement fixe. Il dépend en effet de la durée et de l'intensité d'utilisation des équipements. Par exemple, une hausse de cette durée permet de produire plus avec le même capital fixe, ce qui limite un peu le besoin d'investissement supplémentaire. En outre, le taux d'utilisation des capacités de production peut fluctuer, ce qui permet là encore de rendre moins rigide le lien entre le stock de capital et la production réalisable.

Tableau B

Taux de variation annuelle (en %)

	FBCF	*VA*
Année 2	6	6
Année 3	– 33	2
Année 4	2	2
Année 5	31	4
Année 6	4	4
Année 7	– 42	0
Année 8	0	0

Les conséquences

Le phénomène d'accélération est un facteur d'instabilité pour l'économie. Les fluctuations de la FBCF ne conduisent pas seulement les secteurs qui produisent les biens d'équipement à une évolution de leur activité plus heurtée que celle des secteurs des biens de consommation. Elles provoquent sur l'ensemble de l'économie des chocs amplifiés par le mécanisme du multiplicateur [*voir la fiche-outil sur le multiplicateur, page 595*]. En retour, les effets du multiplicateur sur la demande peuvent renforcer les effets d'accélération. C'est d'ailleurs en combinant ces deux mécanismes – accélérateur et multiplicateur – que l'économiste américain Paul A. Samuelson a construit dès 1939 un modèle simulant des fluctuations économiques connu sous le nom d'*oscillateur*.

III. LES AUTRES DÉTERMINANTS DE L'INVESTISSEMENT

L'investissement ne dépend pas exclusivement de l'évolution de la demande, mais aussi de l'intérêt, voire du profit antérieurement réalisé.

Le taux d'intérêt

Pour appréhender l'influence du taux d'intérêt sur l'investissement, il faut comprendre que les investissements n'ont pas tous le même rendement. On effectue d'abord les investissements les plus intéressants, c'est-à-dire les plus rentables. Au fur et à mesure que l'investissement augmente, on met donc en œuvre des projets dont la rentabilité est de plus en plus faible. Autrement dit, le rendement de l'investissement supplémentaire décroît au fur et à mesure que le niveau de l'investissement s'élève.

Les investissements doivent en général être financés par des emprunts [*voir « Comprendre la finance », en fin de manuel*]. Ceux-ci coûtent le taux d'intérêt. En résulte que le niveau de l'intérêt influence celui des investissements. Lorsque le taux d'intérêt s'élève, certains projets d'investissement deviennent non rentables. Plus le taux d'intérêt des emprunts est élevé, plus la masse des investissements rentables est faible. Et réciproquement, lorsque le taux d'intérêt diminue, le volume des investissements qu'il est rentable de réaliser augmente.

Dans ces conditions évidemment, *toutes choses égales par ailleurs*, une politique économique (en l'occurrence, il s'agit normalement d'une politique monétaire) qui permet de faire baisser le taux d'intérêt devrait conduire à un accroissement de l'investissement. En pratique, cette influence dépend de la plus ou moins grande sensibilité (l'élasticité) de l'investissement au taux d'intérêt.

L'influence du taux d'intérêt sur l'investissement ne doit pas être surestimée. La baisse du taux d'intérêt ne provoquera aucune hausse de l'investissement si les débouchés sont insuffisants, c'est-à-dire s'il existe des capacités de production sous-employées. Ce n'est pas parce que le prix de l'eau a baissé que l'on peut faire boire un âne qui n'a pas soif.

Le profit

Dans le raisonnement précédent, nous avons implicitement supposé que le marché financier était parfait, c'est-à-dire que le taux d'intérêt était une donnée pour l'entreprise ; autrement dit, qu'elle pouvait emprunter autant qu'elle le voulait au taux d'intérêt en vigueur (si elle ne le peut pas, il ne sert à rien de s'interroger sur l'influence du taux d'intérêt sur l'investissement...).

En pratique, l'entreprise ne peut pas s'endetter de façon illimitée [*voir « Comprendre la finance », en fin de manuel*]. Pour limiter leurs risques, les banques vont obliger l'entreprise à respecter certaines proportions entre ses emprunts et son autofinancement (ou/et lui faire payer des primes de risque de plus en plus élevées au fur et à mesure qu'elle s'endette). Autrement dit, un certain rationnement du crédit va s'imposer à l'entreprise.

Dans ces conditions, le profit réalisé précédemment par l'entreprise devient un déterminant de l'investissement. Lorsque ce profit a augmenté, l'entreprise peut desserrer la contrainte qui pesait sur son financement du fait de ces pratiques bancaires : à taux d'intérêt donné, elle peut emprunter plus, donc investir plus.

Insistons sur le fait que ce raisonnement n'aboutit en aucune manière à dire que l'investissement dépend, *en général*, du profit réalisé : il dépend du profit seulement, dans la mesure où ce dernier permet à l'entreprise qui a des débouchés de contourner la contrainte de financement due à l'imperfection du marché financier.

Il ne faut pas confondre l'influence du profit passé, que nous venons d'évoquer, et celle du profit futur attendu de l'investissement dont la maximisation est en tout état de cause l'objectif de l'entreprise.

Les salaires

La hausse des salaires a des effets ambigus sur l'investissement. Au niveau *microéconomique*, elle augmente ses coûts, donc fait baisser le profit de la firme. Comme certains projets d'investissement ne sont plus rentables avec les salaires augmentés, l'entreprise doit réduire le niveau de l'investissement.

Simultanément, la hausse des salaires peut inciter l'entreprise à réaliser des investissements de productivité pour utiliser moins de travail (facteur de production dont le prix s'est élevé). Autre façon de dire la même chose : la hausse des salaires fait baisser le prix relatif du capital et incite donc à mettre en œuvre des techniques plus capitalistiques, c'est-à-dire qui utilisent plus de capital par travailleur (d'où surcroît d'investissement de productivité).

Au niveau macroéconomique, contrairement à ce qui se produit au niveau microéconomique, il n'est pas certain que la masse des profits des entreprises diminue, car la hausse des salaires augmente les débouchés donc les ventes. Cette hausse globale de la demande peut même favoriser l'investissement de capacité.

On le devine, la *baisse des salaires* peut présenter des avantages au niveau microéconomique. Si elle n'a lieu que dans une entreprise, elle lui permet de baisser ses coûts, donc d'augmenter sa part de marché, ce qui requiert une hausse des investissements de capacité.

Au niveau macroéconomique, la situation est moins rose. La baisse des salaires fait régresser les débouchés des entreprises ; les investissements de capacité doivent dès lors diminuer ; les investissements de productivité également : si le travail coûte moins cher, pourquoi serait-il intéressant d'investir pour l'économiser ? La baisse du prix relatif du travail n'incite pas aux investissements de productivité.

On vient de le voir, ce n'est pas la même chose de raisonner au niveau microéconomique (on raisonne sur une entreprise toutes choses égales par ailleurs) et dans une logique macroéconomique (dans ce cas il faut imaginer les interactions entre les effets des décisions des agents économiques).

Le « théorème » d'Helmut Schmidt

Depuis plus d'un quart de siècle, plusieurs gouvernements ont vanté une politique économique reposant sur le prétendu « théorème » d'Helmut Schmidt (chancelier de la RFA à l'époque où Valéry Giscard d'Estaing était président de la République). Ce « théorème » s'énonce ainsi *: la compétitivité d'aujourd'hui fait les profits d'aujourd'hui ; les profits d'aujourd'hui font l'investissement de demain ; l'investissement de demain fait l'emploi d'après-demain.*

C'est beaucoup d'illusions en une seule phrase. Car la compétitivité ne conduit au profit que s'il existe des débouchés. Or la rigueur salariale obtenue pour améliorer la compétitivité, ne permet pas une expansion de la demande. On peut toujours penser que le profit peut néanmoins provenir d'un surcroît d'exportations autorisé par la compétitivité. C'est vrai si nos partenaires… ne font pas la même politique. Mais pourquoi nous laisseraient-ils exporter durablement notre chômage chez eux ?

Le lien du profit et de l'investissement n'est pas meilleur. Nous avons en effet vu que le profit ne suscite pas par lui-même d'investissement : ce n'est pas parce qu'il y a plus d'eau que l'âne a soif. Sans croyance dans l'expansion des débouchés, le profit ne se transforme pas en investissements mais en placements financiers.

Quant au lien entre l'investissement et l'emploi, le moins que l'on puisse dire est qu'il est hypothétique. Il dépend de l'objectif de l'investissement : capacité ou productivité.

Débouchés, taux d'intérêt, profit : quelle hiérarchie ?

Parmi tous ces déterminants, quels sont les plus décisifs ? Les résultats des études empiriques publiées notamment par l'INSEE au début du XXIe siècle montrent que l'évolution globale de l'investissement est expliquée principalement par l'accélérateur et le taux de profit. Le profit a une influence dans la mesure où un certain rationnement du crédit fait de l'autofinancement (c'est-à-dire du *profit conservé* par l'entreprise) la source privilégiée du financement de l'investissement. Cette situation de marché financier imparfait est sans doute assez fréquente : l'emprunteur en sait plus sur lui-même que son prêteur… Les autres variables supposées pertinentes par la théorie (taux d'intérêt…) n'ont pas de pouvoir explicatif empiriquement détectable (on peut évidemment soutenir que ce n'est pas parce que ces effets ne sont pas encore détectables avec les techniques disponibles qu'ils n'existent pas, mais l'enjeu concret de cette affirmation semble faible). Reste que le rôle de l'accélérateur dans l'évolution de l'investissement renforce l'idée finalement assez banale selon laquelle les débouchés jouent un rôle décisif dans la décision d'investir. Sans eux, effectivement, pourquoi investir ?

IV. LE RÔLE DES ANTICIPATIONS ET L'INCERTITUDE

On a vu que l'influence de la demande (les débouchés) sur l'investissement est essentielle. Or, la mise en œuvre de l'investissement prend du temps (jusqu'à plusieurs années) et la durée de vie des biens d'équipement est longue (souvent plus de dix ans) ; autrement dit, l'investissement décidé aujourd'hui n'aura pas d'effets immédiats sur les capacités de production, mais il les aura pendant une longue période. *La décision d'investir ne peut donc reposer que sur une prévision, une anticipation, de la demande future qui reste par nature incertaine.*

John Maynard Keynes (1883-1946) a particulièrement insisté sur cet aspect de la décision d'investir. Il s'écarte à cet égard fortement des conceptions néoclassiques qui ignorent l'incertain et se contentent du probabilisable. Dans un article de 1937 (« La théorie générale de l'emploi ») où il expose les « *idées fondamentales et relativement simples* » qui sous-tendent son principal livre (*Théorie générale de l'emploi, de l'intérêt et de la monnaie*, publié en 1936), Keynes explique : « Par connaissance “incertaine”, je n'entends pas simplement distinguer ce que l'on considère comme certain de ce qui est seulement probable. Le jeu de la roulette n'est pas, en ce sens, sujet à l'incertitude [...]. De la même façon, l'espérance de vie est seulement un peu incertaine. Même le temps qu'il fera n'est que modérément incertain. Le sens que je donne à ce terme est celui qu'il prend lorsque l'on juge incertain la perspective d'une guerre européenne, le niveau du prix du cuivre ou du taux d'intérêt dans vingt ans, la date d'obsolescence d'une invention récente ou la place des classes possédantes dans la société des années soixante-dix. Il n'existe pour toutes ces questions aucun fondement scientifique sur lequel construire le moindre calcul probabiliste. Tout simplement : nous ne savons pas[1]. »

L'incertitude liée à l'investissement est redoutable. Car il ne s'agit pas seulement de prévoir la demande future ; il faut prévoir comment les concurrents prévoient et quelles seront leurs réactions. Dans ces conditions, les anticipations correspondent à des opinions, voire à des croyances ; elles peuvent se modifier brutalement, ce qui risque d'accentuer le phénomène d'accélération présenté dans la deuxième partie de ce texte.

Comme un hit-parade

La situation économique d'aujourd'hui résulte des anticipations sur l'avenir formées par l'ensemble des entrepreneurs (s'ils croient à une croissance de leurs débouchés, ils investissent, ce qui dynamise l'économie). Mais chaque entrepreneur anticipe et agit seul, sans concertation avec l'ensemble des autres entrepreneurs (l'économie de marché est décentralisée). Or l'avenir dépend lui-même des décisions prises aujourd'hui par l'ensemble des entrepreneurs. Autrement dit, le présent dépend des croyances sur le futur, mais le futur sera le produit des décisions présentes.

Dans ces conditions, s'il veut investir à bon escient, l'entrepreneur doit non pas deviner l'avenir, mais ce que croient les autres entrepreneurs sur cet avenir. Plus précisément, il doit deviner ce que les autres entrepreneurs croient sur ce que croient les autres entre-

1. Traduction de Pascal Combemale, *Introduction à Keynes*, La Découverte, « Repères », 2003.

preneurs, etc. Le processus de formation de l'opinion sur l'avenir est alors tout à fait comparable à ces hit-parades dans lesquels les auditeurs n'ont pas à exprimer de préférences individuelles sur des titres mais doivent essayer de deviner ce que l'ensemble des auditeurs préférera, ce qui revient à essayer de prévoir ce que les autres pensent sur ce que pensent les autres. S'il en est ainsi, l'économie dans son ensemble peut se révéler encore plus instable que ne le laissait supposer l'accélérateur. Le cadre d'analyse de l'investissement doit alors s'élargir : vers la finance par exemple, ou l'étude du mode de formation des anticipations. Mais c'est une autre histoire.

➡ **Pour aller plus loin** *sur ce thème, voir «John Meynard Keynes»,* page 697

Jean-Paul Piriou

Synthèse et révision

En répondant aux questions suivantes, vous allez pouvoir préparer, chez vous et/ou en classe, une synthèse des connaissances fondamentales à acquérir sur un grand thème du programme. Cet exercice va vous permettre de construire vous-même dès maintenant la fiche qui vous sera indispensable au moment de vos révisions parce qu'elle contient ces connaissances de base. L'expérience montre que ce travail, complété par la maîtrise systématique des mots clés, est beaucoup plus efficace que la lecture de fiches «toutes prêtes» ou d'autres produits miracles.

Questions

I. Les deux horizons de l'investissement

1. À court terme : pourquoi l'investissement peut-il influencer l'activité économique ? Tracez un schéma montrant par quels mécanismes l'investissement peut soutenir l'activité.
2. À moyen terme : expliquez la phrase du texte «Il [l'investissement] est irremplaçable parce qu'il desserre la contrainte qui limite l'offre».

II. L'accélérateur

3. Quelles sont les deux conditions préalables à toute décision d'investissement ?
4. Compte tenu des hypothèses de l'exercice (coefficient de capital et amortissement), retrouvez par le calcul les données de l'année 5, sachant que le taux de croissance de la valeur ajoutée passe de 2 % (année 4) à 4 % (année 5). Comparez la croissance de l'investissement à celle de la valeur ajoutée.
5. Observez maintenant le passage de l'année 6 à l'année 7. Le taux de croissance de la valeur ajoutée passe de 4 % (année 6) à 0 % (année 7). Comparez la croissance de l'investissement à celle de la valeur ajoutée.
6. À l'aide des questions précédentes et du texte, définissez le principe de l'accélérateur.
7. Quelles sont les conséquences de ce principe sur l'économie ?
8. Dans la réalité, qu'est-ce qui peut limiter le phénomène d'accélération ?

III. Les autres déterminants de l'investissement

Le taux d'intérêt

9. Quelle relation peut-on *a priori* établir entre taux d'intérêt et investissement ? Justifiez votre réponse.
10. Quelle politique économique peut inspirer une telle relation ?
11. Quelles sont les limites d'une stimulation de l'investissement à partir du taux d'intérêt ?

Le profit

12. Expliquez pourquoi les profits passés, réalisés par l'entreprise, sont un déterminant de l'investissement.
13. Pourquoi ne faut-il pas confondre l'influence du profit passé et celle du profit futur attendu de l'investissement ?

Les salaires

Montrez les effets ambigus d'une variation des salaires sur l'investissement en complétant le tableau ci-dessous.

	Niveau microéconomique	Niveau macroéconomique
Hausse des salaires		
Baisse des salaires		

Le « théorème » d'Helmut Schmidt

14. Retraduisez ce théorème sous forme de schéma.
15. Quelles sont les limites d'un tel raisonnement ?

Débouchés, taux d'intérêt, profits : quelle hiérarchie ?

16. Quels sont les déterminants de l'investissement les plus décisifs ?

IV. Le rôle des anticipations et l'incertitude

17. Pourquoi peut-on dire que l'investissement est un pari sur l'avenir ?

Mots clés

Investissement brut/net • Productif/improductif • Matériel/immatériel • Investissement de capacité, de productivité, de remplacement • Stock de capital fixe • Flux d'investissement • Valeur ajoutée brute • Excédent brut d'exploitation • Amortissement • FBCF • Consommation de capital fixe • Coefficient de capital • Financement externe/interne • Autofinancement • Taux d'investissement • Taux d'autofinancement • Taux de marge • Taux d'épargne brute • Taux de rentabilité économique • Taux de rentabilité financière • Taux d'intérêt • Profitabilité • Taux d'intérêt nominal et réel • Accélérateur • Multiplicateur.

Dossier 1

L'investissement public dans l'éducation et la recherche

Document 1

Le coût des études

En 2001, un collégien coûte 6 910 euros, un lycéen 8 150 euros en enseignement général, 9 530 euros en enseignement professionnel, et 10 270 euros pour le technologique. Une scolarité commencée à l'âge de trois ans et menant à un baccalauréat général et technologique sans redoublement est évaluée à 87 730 euros. En 1986, ce même cursus scolaire était estimé à 60 810 euros (aux prix 2001), soit une augmentation de 44,3 % en 15 ans. Une scolarité menant à un baccalauréat professionnel en 16 ans est évaluée à 99 480 euros en 2001, soit 13,4 % de plus que la scolarité menant, en 15 ans, au baccalauréat général et technologique. ■

Ministère de l'Éducation nationale, L'État de l'école, *2002.*

Document 2

L'évolution de la dépense d'éducation

De 1974 à 2001, la dépense d'éducation a connu un taux de croissance annuel moyen de 2,6 %, supérieur à celui du PIB, en hausse de 2,2 % par an sur la période.

Cette croissance s'explique moins par l'accroissement du nombre d'élèves que par celui du coût de chaque élève. Tous niveaux confondus, la dépense moyenne par élève ou étudiant augmente sur la période 1975-2001 de 2,4 % par an en prix constants, par suite du poids croissant des enseignements du second degré et du supérieur, de l'amélioration de l'encadrement dans le premier degré, et de la revalorisation du statut des enseignants.

Si les dépenses moyennes par élève des premier et second degrés ont crû dans des proportions importantes (respectivement 94 % et 74 %), la dépense moyenne par étudiant du supérieur n'a augmenté que de 28 %, la forte hausse des effectifs jusqu'en 1996 ayant absorbé la plus grande part de l'augmentation des crédits consacrés à l'enseignement supérieur.

L'État qui emploie plus de 1,3 million de personnes, participe de manière prépondérante au financement de la dépense d'éducation, à hauteur de 64,5 % dont 57,0 % pour le seul ministère se l'Éducation nationale. Les collectivités territoriales assurent 20,7 % du financement total. Leur part s'est accrue dans le second degré, le supérieur et la formation continue, suite aux transferts de charge de l'État. Les ménages, quant à eux, participent à hauteur de 6,5 %, et les autres administrations publiques et caisses d'allocations familiales hauteur de 1,9 %, notamment par le biais de l'allocation de rentrée scolaire. ■

Ministère de l'Éducation nationale, ibid.

Document 3

L'investissement dans l'éducation dans les pays de l'OCDE

Les pays de l'OCDE consacrent 5,7 % de leurs PIB cumulés au financement des établissements d'enseignement (dépenses publiques et privées confondues). Les disparités sont assez limitées ; quelques pays tels que la Corée, le Danemark ou la Suède se distinguent par un effort élevé de l'ordre de 7 %. La France, en consacrant 6,2 % de sa richesse à l'éducation, se situe dans la moyenne haute, que ce soit au sein de l'OCDE ou par rapport aux autres pays de l'UE. [...]

Les dépenses d'éducation ont eu tendance à augmenter entre 1995 et 1998 dans la zone OCDE. Toutefois, la croissance du PIB a été plus rapide ce qui s'est traduit par un léger tassement de la dépense en pourcentage du PIB, contrairement à la tendance observée dans la première moitié des années 1990.

Les établissements d'enseignement sont financés pour l'essentiel sur des fonds publics même si les ressources privées tendent à augmenter. La part de ces dernières, qui bénéficient en majorité à l'enseignement supérieur, varie de 3 % au Portugal, en Suède et en Norvège à 22 % en Allemagne, 25 % aux États-Unis, au Japon et en Australie et 57 % en Corée. En France, la part du financement privé se situe autour de 8 % ; elle est en légère décroissance par rapport à 1995. ■

Commissariat général au Plan, La France dans l'économie du savoir : pour une dynamique collective, *La Documentation française, 2002, p. 36-37.*

Questions sur l'ensemble du dossier

1. Montrez l'importance croissante des dépenses d'éducation en France. [*doc. 1 et 2*]
2. Comment les dépenses d'éducation en France se répartissent-elles ? [*doc. 2*]
3. Comment les dépenses d'éducation dans les différents pays de l'OCDE ont-elles évolué ? [*doc. 3*]
4. Décrivez l'effort de recherche en France depuis une vingtaine d'années. Comment a évolué la part de la recherche publique ? [*doc. 4*]
5. Comment la France se situe-t-elle en matière de recherche par rapport aux autres pays développés ? [*doc. 5*]
6. Que recouvre la notion de « capital humain » ? En quoi est-elle aujourd'hui une notion qui permet d'expliquer la croissance des dépenses d'éducation et de recherche ? [*doc. 6, 7 et 8*]
7. **Question de synthèse.** Dans quelle mesure peut-on soutenir que les dépenses d'éducation et de recherche sont des « investissements rentables » ? N'y a-t-il pas un risque à n'envisager ces dépenses que sous leur seul angle économique ?

Document 4

L'effort de recherche français

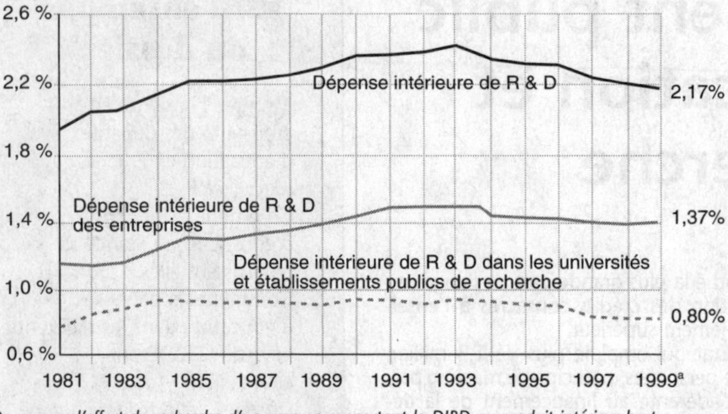

On mesure l'effort de recherche d'un pays en rapportant la DIRD au produit intérieur brut (PIB, total des richesses produites en une année). En 1998, il est de 2,18 % = DIRD/PIB.
a. Estimation.
Source : www.education.gouv.fr/dpd/texweb/rd002.htm (site du ministère de l'Éducation nationale).

Document 5

La France dans la compétition internationale

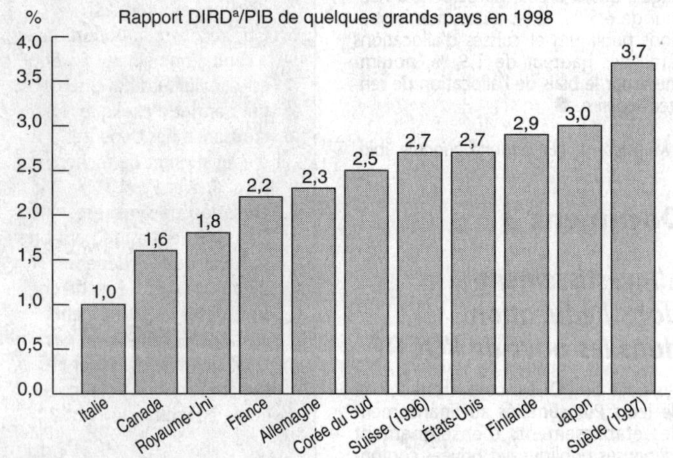

a. DIRD : Dépense intérieure de R & D.
Source : ministère de l'Éducation nationale, ibid.

Document 6

Une justification de l'investissement éducatif

Les économistes désignent par capital humain « le stock de connaissances valorisables économiquement et incorporées aux individus ». Ce sont d'abord des qualifications acquises, soit dans le système de formation, soit dans l'expérience professionnelle. Plus largement, cette notion peut englober les multiples atouts qu'un individu peut faire valoir sur le marché et faire reconnaître auprès de employeurs comme sources potentielles de valeur : apparence physique, civilité, manière d'être et de penser ou état de santé par exemple. Ainsi, selon l'OCDE, le capital humain rassemblerait « les connaissances, les qualifications, les compétences et caractéristiques individuelles qui facilitent la création du bien-être personnel, social et économique ». Sans être totalement originale, la conception du capital humain a connu un immense succès dans les organismes internationaux et parmi les gouvernements occidentaux, non seulement parce qu'elle propose une stratégie de « croissance durable », comme le disent ses promoteurs, mais parce qu'elle donne une justification économique aux dépenses éducatives, la seule qui vaut aujourd'hui aux yeux des « décideurs ». ■

Christian Laval, L'école n'est pas une entreprise, *La Découverte, 2003, p.44-45.*

Document 7

La notion de capital humain

Dans le passé, les économistes distinguaient trois facteurs de production : la terre, le travail et le capital physique. À partir du début des années 1960, l'attention s'est de plus en plus portée sur la qualité de la main-d'œuvre, en particulier son niveau de formation. C'est ainsi qu'est apparue la notion de capital humain, qui désigne les qualifications et autres caractéristiques des personnes qui leur confèrent divers avantages d'ordre personnel, économique et social. Les qualifications et les compétences sont en grande partie acquises par l'instruction et l'expérience, mais peuvent également refléter des capacités innées. Certains aspects de la motivation et du comportement ainsi que des caractéristiques individuelles telles que la santé physique, psychologique et mentale sont aussi assimilés à du capital humain. ■

OCDE, Du bien-être des nations, le rôle du capitalisme humain et social, *2001, p.18.*

Document 8

Un rôle essentiel dans la croissance

Du fait de l'évolution des conditions économiques et sociales, les connaissances et les qualifications – le capital humain – jouent un rôle de plus en plus décisif dans la réussite économique des nations et des personnes. Les technologies de l'information et des communications, la mondialisation de l'activité économique et la tendance des individus à assumer davantage de responsabilités et à devenir plus autonome ont modifié la demande de formation. Les économistes et autres spécialistes admettent généralement que les compétences et le savoir jouent un rôle essentiel en stimulant la croissance économique.

Nombreux sont ceux qui considèrent que le rendement non économique de la formation sous forme d'une amélioration du bien-être individuel et de la cohésion sociale, est aussi important que son effet sur les revenus du travail et sur la connaissance économique. Ces objectifs individuels et collectifs de la formation ne sont pas nécessairement incompatibles avec l'amélioration visée des performances économiques, d'autant que la réalisation des objectifs économiques de l'éducation exige des individus qu'ils soient accomplis, souples et adaptables, et disposés à apprendre tout au long de leur vie. ■

OCDE, ibid, p.17.

Dossier 2

L'évolution de l'investissement en France depuis 1978

Document 1

Capital et investissement en France (1970-1999)

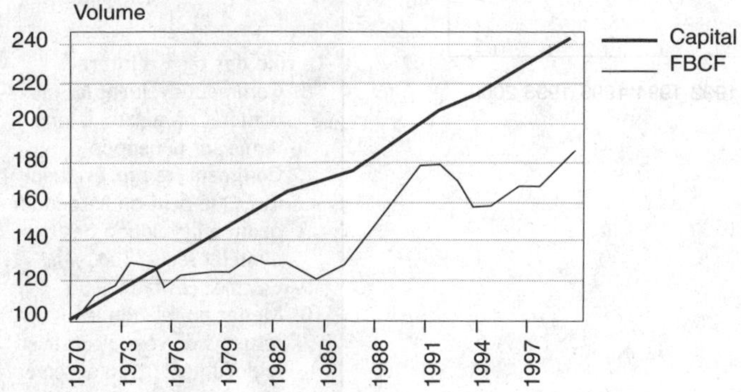

Secteur privé hors logement, base 100 en 1970.
Source : OCDE.

Document 2

Produit intérieur brut en France
Taux de croissance en %, à prix constants

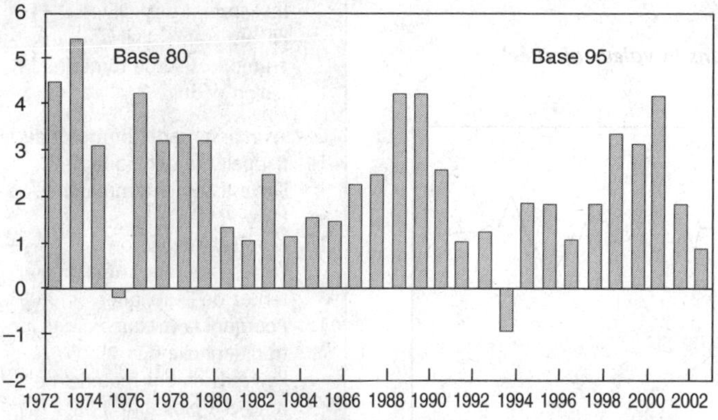

Source : INSEE, in OFCE, L'Économie française 2003, *La Découverte, « Repères », 2003.*

Questions sur l'ensemble du dossier

Le constat

1. Périodisez la courbe à l'aide de traits verticaux, de façon à faire apparaître les phases de crise, de quasi-stagnation, ou de reprise de l'investissement productif des entreprises. [*doc. 1*]

Croissance économique et évolution de l'investissement

2. Reportez sur le document 2 la périodisation adoptée lors de l'étude du document 1. Que constatez-vous ? Comment l'expliquez-vous ?

Degré d'utilisation des capacités de production, durée d'utilisation des équipements et évolution des investissements

3. Reportez sur le document 3 la périodisation adoptée lors de l'étude du document 1. Comparez les documents 2 et 3 : qu'observez-vous ? Comment l'expliquez-vous ? Comparez les documents 1 et 3 : qu'observez-vous ? Comment l'expliquez-vous ?

Évolution de la consommation et de l'investissement

4. Reportez sur le document 4 la périodisation adoptée lors de l'étude du document 1. Comparez les graphiques 1 et 4 : que constatez-vous ? Comment l'expliquez-vous ?

Le rôle des profits

5. Reportez sur le document 5 la périodisation adoptée lors de l'étude du document 1. Observe-t-on une corrélation entre l'évolution du taux de marge et celle de l'investissement ? Comment peut-on l'expliquer ? Cette corrélation est-elle toujours vérifiée ? Pourquoi ?

L'évolution de la situation financière des entreprises

6. Avec quelles ressources l'entreprise peut-elle autofinancer ses investissements ? Comment calcule-t-on un taux d'autofinancement ?

Suite de la question 6, page suivante.

Document 3

Degré d'utilisation des capacités de production dans l'industrie

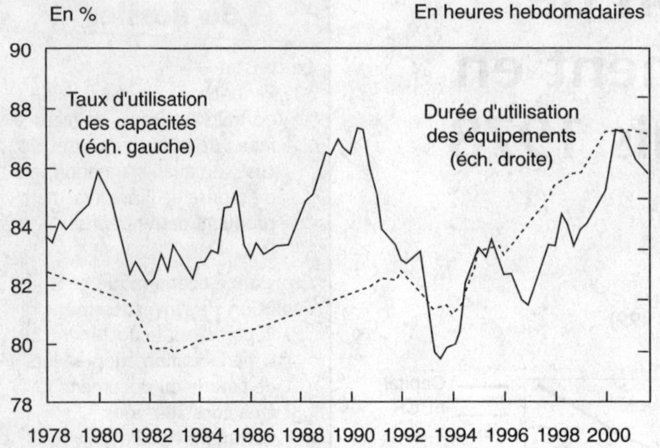

Source : INSEE, in OFCE, ibid.

Document 4

Consommation des ménages

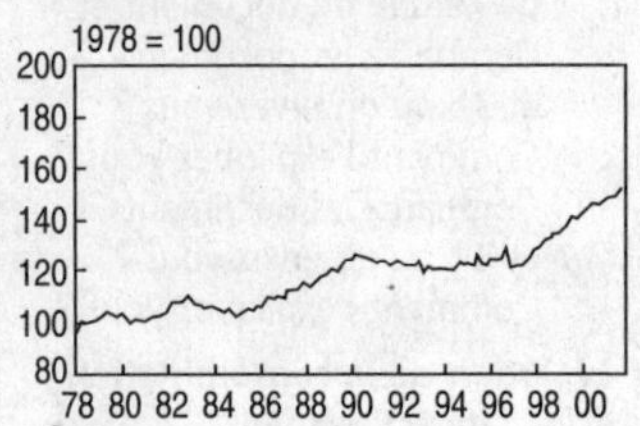

Source : INSEE, Comptes nationaux, graphique d'après OFCE, ibid.

Document 5

Taux de marge des sociétés (part de l'excédent brut d'exploitation dans la valeur ajoutée)

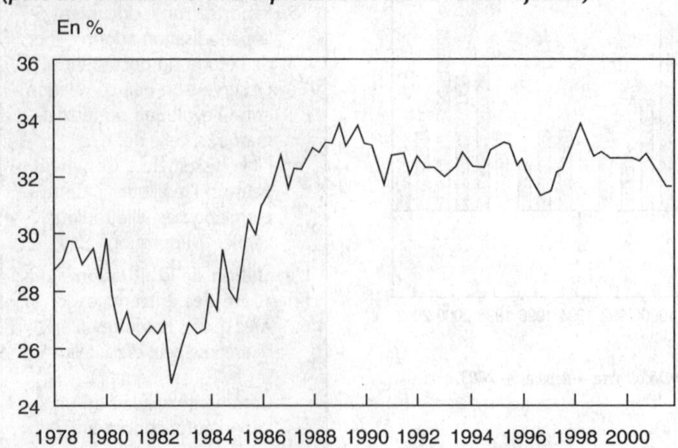

Source : INSEE, Comptes nationaux, in OFCE, ibid.

Questions sur l'ensemble du dossier *(suite)*

Que signifie un taux d'autofinancement inférieur à 100 % ? supérieur à 100 % ? Dans quel cas l'entreprise a-t-elle un besoin de financement ? une capacité de financement ? [*doc. 1, 5 et 6*]

7. Commentez l'évolution de la situation financière des entreprises depuis 1978. [*doc. 1 et 5*]

Le rôle des taux d'intérêt

8. Comment évoluent les taux d'intérêt nominaux à long terme sur la période ? Comment les prix évoluent-ils ? Que peut-on en déduire quant à l'évolution des taux d'intérêt réels ? [*doc. 1 et 7*]
9. Calculez ces taux.
10. Mettez en relation les résultats de vos calculs avec le document 1, qu'observez-vous ? Expliquez.

Les investissements directs à l'étranger

11. Qu'est-ce qu'un investissement direct à l'étranger ? [*doc. 1 et 8*]
12. Que signifie un solde positif ? un solde négatif ? [*doc. 8*]
13. Peut-on établir une corrélation négative entre le flux sortant des IDE et l'investissement des entreprises sur le territoire ? Qu'en déduire ?

Les investissements immatériels

14. Rappelez la définition de l'investissement immatériel. [*doc. 9*]
15. Montrez l'évolution de l'investissement immatériel et tentez de l'expliquer.
16. Pourquoi la mesure traditionnelle de l'investissement matériel ne rend-elle plus tout à fait compte de l'effort réel d'investissement des entreprises ? [*doc. 9 et 10*]

Document 6

Taux d'autofinancement des sociétés (épargne brute/investissement, en %)

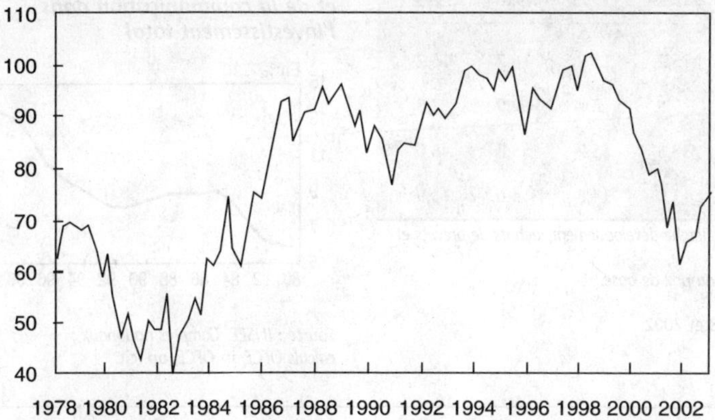

Source : INSEE, Comptes nationaux, in OFCE, ibid.

Document 7

Inflation et taux d'intérêt en France (en %)	1990	1991	1992	1993	1994	1995	1996	1997	1998	1999	2000
Taux d'intérêt nominal à long terme (rendement des obligations à long terme sur le marché secondaire)	10,4	9,5	9	7	7,5	7,7	6,5	5,7	4,6	4,1	4,2
Variation annuelle de l'indice des prix à la consommation	3,4	3,2	2,4	2,1	1,7	1,7	2,0	1,2	0,7	0,5	1,3

Source : INSEE, OCDE.

Document 8

Évolution des flux d'investissement directs entre la France et l'étranger

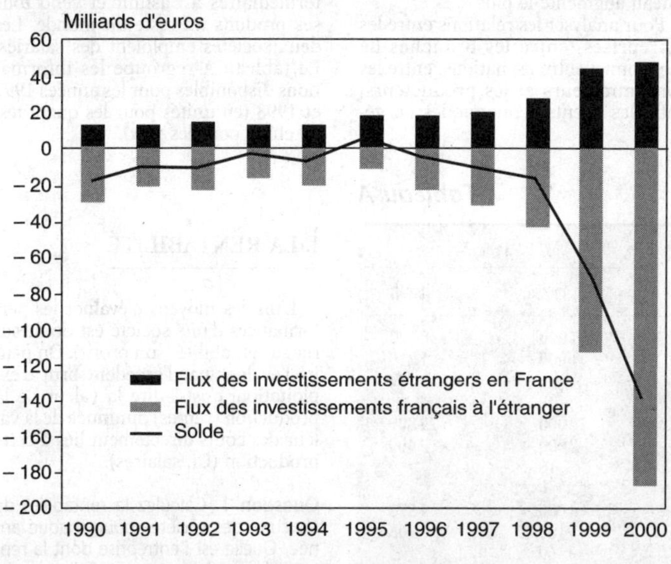

Source : Banque de France, in Tableaux de l'économie française 2002-2003.

Document 9

Évolution des différentes composantes de l'investissement total[a]						
	Unités	1974	1985	1995	1995[b]	1999[b]
Investissement matériel /valeur ajoutée	%	18,1	15,2	15,2	16,2	16,2
Investissement immatériel /valeur ajoutée	%	3,8	5,9	8,4	9,0	7,8
Investissement immatériel/ investissement matériel	%	21,2	38,8	55,7	55,7	48,0
Recherche-développement/ investissement matériel	%	8,0	13,0	14,6	14,6	13,9

a. L'investissement immatériel comprend les postes : recherche-développement, achats de brevets et licences, formation, dépenses de publicité.

b. Rupture de série due au passage à la valeur ajoutée au prix de base.

Champ : sociétés et entreprises individuelles.

Source : INSEE, Annuaire statistique de la France 1998 et 2002.

Document 10

Part des investissements en technologie de l'information et de la communication dans l'investissement total

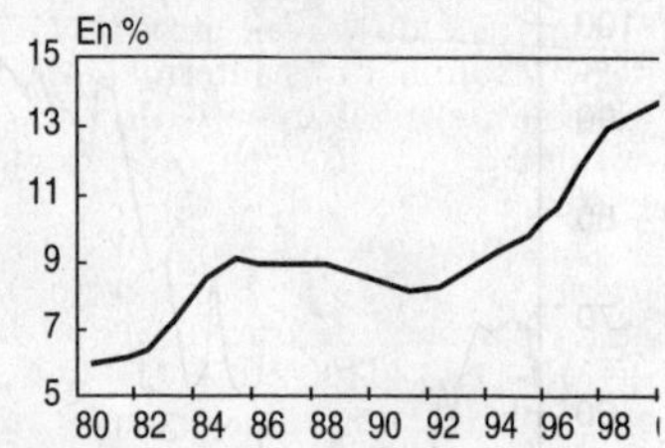

Source : INSEE, Comptes nationaux ; calculs OFCE, in *OFCE,* op. cit.

Dossier 3 • Fiche TD

Décrypter les liens entre la rentabilité et la productivité

Avertissement : Cette fiche TD est complétée par celle du dossier suivant. Elle peut être faite sans la seconde.

Que l'économie soit en croissance ou en crise, les prix changent. Les uns s'élèvent, d'autres baissent, ou s'effondrent ; bien peu restent stables. Ces mouvements de prix modifient la distribution de la richesse : les uns en profitent, d'autres en pâtissent. Mais ce ne sont pas nécessairement ceux dont les performances productives se sont le plus améliorées dont la part du gâteau augmente le plus.

Pour analyser les relations entre les entreprises, entre les branches de l'économie, entre les nations, entre les consommateurs et les producteurs, entre les agents économiques en général, beaucoup d'efforts sont nécessaires. Nous allons ici apprendre à ne pas confondre productivité et rentabilité ; à comprendre aussi que les mouvements de prix sont les vecteurs de quelques prouesses. Nous allons constater en effet que la rentabilité résulte à la fois des évolutions de productivité et des variations de prix ; mais aussi que, dans ces conditions, la rentabilité des uns n'est pas nécessairement liée à leur productivité, mais peut découler de celle des autres.

L'exercice qui suit cherche moins à expliquer qu'à décrire.

Soit deux sociétés. La société Casimir achète au reste du monde les consommations intermédiaires (ce sont des matières premières) nécessaires à sa production et vend toute sa production à la société Jallion. Jallion achète toutes ses consommations intermédiaires à Casimir et vend tous ses produits au reste du monde. Les deux sociétés emploient des salariés. Le tableau A regroupe les informations disponibles pour les années 1997 et 1998 (en unités pour les quantités, en euros pour les prix).

Tableau A

	Casimir		Jallion	
	1997	1998	1997	1998
Ventes	**20 000**	**22 800**	**31 000**	**38 720**
Quantités	2 000	2 400	1 000	1 210
Prix	10	9,5	31	32
Achats de CI	**7 500**	**9 350**	**20 000**	**22 800**
Quantités	1 500	1 700	2 000	2 400
Prix	5	5,5	10	9,5
Travail	**6 000**	**7 350**	**6 000**	**7 875**
Quantités	200	210	100	105
Prix	30	35	60	75

I. LA RENTABILITÉ

L'un des moyens d'évaluer les performances d'une société est de mesurer sa rentabilité (son profit). On peut ici l'évaluer par l'excédent brut d'exploitation, c'est-à-dire la valeur de la production (ventes) diminuée de la valeur des coûts directement liés à cette production (CI, salaires).

Question 1. Calculez la rentabilité de chacune des sociétés pour chaque année. Quelle est l'entreprise dont la rentabilité a le plus augmenté ?

II. LA PRODUCTIVITÉ

Mesurer la productivité est une autre façon de rendre compte des performances de l'entreprise. Mais plusieurs définitions sont alors possibles : productivité du travail, productivité des consommations intermédiaires (on pourrait aussi s'intéresser à la productivité du capital si l'énoncé y faisait référence).

Chez Casimir, la productivité du travail est passée de 10 unités produites par unité de travail (2 000/200 = 10) à 11,43 (2 400/210 = 11,43). La productivité du travail a augmenté de 14,3 % (11,43/10 = 1,143).

La productivité des CI est passée de 1,33 unité (2 000/1 500 = 1,33) à 1,41 (2 400/1 700 = 1,41). Cette croissance de 5,9 % (1,41/1,33 = 1,059) signifie que Casimir utilise ses CI d'une façon plus efficace dans le processus productif en 1998 qu'en 1997.

Question 2. Calculez l'évolution de la productivité du travail et celle des CI chez Jallion. Inscrivez vos résultats dans le tableau B. Quelle est la société la plus performante en matière d'évolution de la productivité ?

Tableau B

Évolution en %	Casimir	Jallion
Productivité du travail	14,3	?
Productivité des CI	5,9	?

III. LA PRODUCTIVITÉ GLOBALE

Compte tenu des problèmes rencontrés pour répondre à la question précédente, on se propose de donner une évaluation plus synthétique de l'évolution de la productivité des « facteurs de production » (travail et consommations intermédiaires). On va définir une *productivité globale* des facteurs (les auteurs anglo-saxons l'appellent plutôt productivité totale) en rapportant le volume de la production non seulement au volume du travail, mais aussi à celui des autres facteurs de production (ici les consommations intermédiaires).

Pour rapporter le volume de la production au volume des facteurs, il faut nécessairement *agréger* (additionner) les facteurs. Pour le faire, on utilise leurs prix et on raisonne *à prix constants* ; cette valeur à prix constants correspond à la notion de volume.

La valeur des facteurs utilisés par Casimir s'élève à 13 500 € en 1997 : (1 500 × 5) + (200 × 30) = 13 500. Avec 13 500 € de coûts de facteurs, Casimir a produit 20 000 € de produits (2 000 × 10 €) en 1997 ; sa productivité globale est donc de 1,48 (20 000/13 500 = 1,4815). En 1998, *mesurée aux prix de 1997*, la valeur des facteurs utilisés par Casimir s'élève à (1 700 × 5) + (210 × 30) = 14 800 € ; sa production, mesurée également aux prix de l'année 1997, est de 24 000 € (2 400 × 10) ; la productivité globale est donc de 1,62 (24 000/14 800 = 1,6216). D'une période à l'autre, la productivité globale des facteurs a donc augmenté de 9,5 % (1,6216/1,4815 = 1,09459).

On peut aussi dire que cette croissance de 9,5 % résulte d'une variation de 20 % du volume de la production (de 20 000 à 24 000) obtenue avec une hausse de 9,63 % du volume des facteurs utilisés (de 13 500 à 14 800).

N.B. : 120/109,63 = 1,095.

Question 3. Vérifiez que la productivité globale de Jallion a augmenté de 3,8 %.

IV. UN PREMIER BILAN

Le tableau C présente les résultats obtenus. Casimir et Jallion réalisent des performances contrastées.

Question 4. Pour chacun des critères recensés dans le tableau C, indiquez quelle est la société la plus performante. Quelle société vous semble – en définitive – être la meilleure ?

Compte tenu des réponses que vous venez d'apporter à la question 4, on voit bien l'intérêt de poursuivre l'analyse. Comment en effet comprendre qu'une des sociétés réalise de bonnes performances en productivité globale mais que sa rentabilité diminue ? Comment est-il possible que l'autre société voit sa rentabilité évoluer très favorablement malgré une évolution médiocre de sa productivité globale ?

Pour répondre à ces questions, il faut analyser comment rentabilité et productivité s'articulent. Pour cela, il est commode d'introduire la notion de *surplus de productivité* et de prendre en considération les *cessions* ou les *apports* de revenus qui résultent des mouvements de prix.

V. LE SURPLUS DE PRODUCTIVITÉ

Le « surplus de productivité » est la différence entre la variation de volume des produits et la variation de volume des facteurs utilisés (ici le travail et les CI). Il n'y a surplus de productivité que s'il y a eu croissance de la productivité globale des facteurs. Illustrons cette définition avec la société Casimir.

À prix constants, c'est-à-dire mesurée aux prix de 1997, la production de Casimir a augmenté de 4 000 € de 1997 à 1998 (400 × 10 €). Également à prix constants, les CI utilisées ont augmenté de 1 000 € (200 × 5 €) et le travail de 300 € (10 × 30 €). Bref, mesurés à prix constants, les facteurs de production utilisés ont varié de 1 300 €. Grâce à l'utilisation d'une quantité plus importante de facteurs de production, à une meilleure utilisation des facteurs et à l'amélioration des performances de ces facteurs de

Tableau C

Variation en %	Casimir	Jallion
Productivité du travail	14,3	15,2
Productivité des consommations intermédiaires	5,9	0,8
Productivité globale des facteurs	9,5	3,8
Rentabilité	– 6,2	60,9

Tableau D

(en francs)	Casimir	Jallion
Variation du volume de la production (a)	4 000	?
Variation du volume		
• des consommations intermédiaires (b)	1 000	?
• du travail (c)	300	?
Variation du volume des facteurs (d = b + c)	1 300	?
Surplus de productivité (e = a – d)	2 700	?

production, Casimir parvient à produire 4 000 € de plus (en volume, c'est-à-dire à prix constants). Comme la quantité de facteurs n'a augmenté que de 1 300 € (toujours en volume, c'est-à-dire mesurée aux prix de 1997), le surplus de productivité de Casimir est donc de 4 000 – 1 300 = 2 700 €.

Question 5. En utilisant la même méthode et le tableau D, vérifiez que le surplus de productivité de Jallion est de 2 210.

Tableau E

(en francs)	Casimir	Jallion
Surplus de productivité (a)	+ 2 700	+ 2 210
Apports (+) ou cessions (–) dans les relations avec :		
• les fournisseurs (b)	– 850	?
• les clients (c)	– 1 200	?
• les salariés (d)	– 1 050	?
Transferts totaux (e = b + c + d)	– 3 100	?
Variation de rentabilité (a + e)	– 400	?

VI. DE LA PRODUCTIVITÉ À LA RENTABILITÉ

On constate que ces surplus de productivité sont d'une ampleur équivalente pour les deux sociétés, alors que les rentabilités n'ont pas du tout évolué de la même façon. Comment expliquer, par exemple, que Casimir, dont le surplus est de 2 700 €, voit sa rentabilité se dégrader de 400 (ainsi que vous avez dû le constater en répondant à la première question), alors que la rentabilité de Jallion s'améliore fortement ? La réponse est à rechercher du côté des mouvements de prix. Les variations de prix sont un moyen de transférer du surplus d'un agent vers un autre.

En 1998, Casimir vend plus, mais moins cher qu'en 1997 (peu importe les causes de cette baisse de prix : ici nous nous attachons à décrire). À cette dégradation de prix il faut attribuer une perte de recette de 1 200 € (2 400 × 0,5 €). La hausse du prix des CI importées augmente les coûts de Casimir de 850 € (1 700 × 0,5 €) et celle du salaire les élève de 1 050 € (210 × 5).

Au total, les changements de prix ont contraint Casimir à céder 1 200 + 850 + 1 050, c'est-à-dire 3 100 €. Comme son surplus de productivité n'était que de 2 700, des transferts négatifs (cessions) d'une telle ampleur n'ont été possibles que grâce à une baisse de la rentabilité de 400, égale au surplus diminué des cessions (2 700 – 3 100 = – 400). On peut écrire que pour Casimir :

surplus de productivité (2 700 €) – cessions (3 100 €) = variation de rentabilité (– 400 €).

Question 6. Calculez les cessions (ou les apports) provoquées par les changements de prix pour Jallion. En les rapprochant du surplus vérifiez que la variation de rentabilité est bien celle obtenue à la question 1. Reportez les résultats dans le tableau E. Commentez les résultats obtenus.

Question 7. Essayez de trouver des exemples de situations analogues en France ou ailleurs.

Jean-Paul Piriou

Dossier 4 • Fiche TD

Le surplus de productivité en France

Avertissement : il faut avoir compris les principaux points abordés au cours de la fiche TD précédente avant d'aborder celle-ci.

VII. LE SURPLUS DISTRIBUABLE DANS L'ÉCONOMIE NATIONALE

On s'est jusqu'à présent principalement intéressé à deux sociétés. On peut utiliser la même approche pour rendre compte de l'évolution des rémunérations de l'ensemble des agents d'une économie nationale. Imaginons une économie nationale constituée par les deux entreprises Casimir et Jallion, et par leurs salariés ; cette économie est en relation avec le reste du monde via les importations de Casimir et les exportations de Jallion.

Si cette économie était sans relation avec le reste du monde et sans surplus de productivité, la redistribution des revenus opérée par les variations de prix relatifs serait un « jeu à somme nulle » ; autrement dit, l'amélioration du revenu des uns serait strictement compensée par la détérioration de celui des autres.

Grâce au surplus de productivité les mouvements de prix relatifs s'accompagnent d'un jeu à somme positive. Ce qui ne signifie pas que tous les agents économiques sont gagnants, mais que la somme des gains (les apports reçus par les uns) est supérieure à celle des pertes (les cessions concédées par les autres).

En outre, les relations avec le reste du monde peuvent augmenter ou diminuer le *surplus distribuable* dans l'économie nationale, selon l'évolution des *termes de l'échange,* c'est-à-dire selon les évolutions relatives des prix des importations et des prix des exportations, et selon l'évolution des volumes échangés.

En 1998, le reste du monde a reçu 850 € parce qu'il a vendu plus cher à Casimir qu'en 1997 (1 700 x 0,5 €) ; mais il a dû céder 1 210 € parce qu'il a acheté plus cher à Jallion (1 210 x 1 €). Cette détérioration des termes de l'échange (pour le reste du monde) conduit donc à un apport de 360 € (1 210 – 850) pour l'économie nationale (constituée par les deux sociétés et leurs salariés).

Question 8. En vous aidant du tableau F, vérifiez que la somme des gains de pouvoir d'achat des salariés et des variations de rentabilité des sociétés est égale au surplus distribuable par chaque société, c'est-à-dire à la somme des surplus de productivité des sociétés et de l'apport dû à l'amélioration des termes de l'échange.

Question 9. Cochez les cases qui conviennent dans le tableau G en essayant d'expliciter le raisonnement qui vous a guidé.

Tableau F

	Casimir	Jallion	Total
Origine du surplus distribuable			
Croissance du volume de la production (a)	4 000		
Accroissement du volume des facteurs (b)	1 300		
Surplus de productivité (c = a – b)	2 700		
Termes de l'échange (d)	– 850	1 210	360
Transferts clients-fournisseurs nationaux (e)	– 1 200	1 200	0[a]
Surplus distribuable (c + d + e) = (f + g)	650		
Répartition du surplus distribuable			
Rentabilité des entreprises (f)	– 400		
Rémunération des salariés (g)	1 050		

a. Par définition, la somme de cette ligne est nulle; ce que l'une des sociétés perd est gagné par l'autre; la situation est donc neutre pour l'économie nationale.

Tableau G

Les affirmations suivantes sont-elles justes?	Oui	Non	Cela dépend
1. La hausse de la productivité dans une entreprise augmente toujours la rentabilité			
2. La rentabilité d'une entreprise peut baisser même si sa productivité a augmenté			
3. La hausse de la productivité d'un producteur automobile peut permettre une meilleure rentabilité de ses sous-traitants			
4. L'évolution de la rentabilité du producteur d'aluminium dépend de l'évolution de la productivité du producteur d'électricité			
5. L'évolution de la productivité du producteur d'aluminium dépend de l'évolution de la productivité du producteur d'électricité			
6. L'évolution de la rentabilité du producteur d'aluminium dépend de l'évolution de la rentabilité du producteur d'électricité			
7. La hausse des termes de l'échange diminue le surplus distribuable			
8. Les gains de productivité des producteurs de téléviseurs ont bénéficié aux consommateurs au moyen d'une baisse des prix			
9. La hausse des prix agricoles diminue la rentabilité de l'industrie			
10. La hausse de la productivité dans l'industrie permet d'améliorer la rentabilité dans l'agriculture			
11. La baisse du prix de l'électricité est incompatible avec une hausse de la rentabilité d'EDF			

VIII. CROISSANCE ET RÉPARTITION DES « FRUITS DE LA CROISSANCE » EN FRANCE

Le tableau H est construit comme le tableau F mais il est valable pour toute la France. Ce sont les résultats de la comptabilité nationale qui rendent possible l'établissement d'un tel tableau; plus précisément, les rémunérations évoquées dans le tableau correspondent à l'excédent brut d'exploitation (défini au début de ce dossier) pour la ligne « e », à la rémunération des salariés (salaires avec toutes les cotisations sociales, qu'elles soient à la charge des employeurs ou des salariés) pour la ligne « f ».

Ce tableau est précieux parce qu'il décrit le résultat de l'activité économique après coup, en organisant l'information disponible selon une problématique du surplus de productivité dont le début de ce dossier a illustré l'intérêt. Mais attention! Il ne suffit pas de mesurer pour comprendre. Le tableau ne donne pas d'explication économique à proprement parler. Autrement dit, il ne décrit pas d'enchaînements, de liens de causalité entre des variables qui détermineraient la croissance de la richesse ou sa répartition. Il ne nous dit pas si la répartition conditionne ou non la production, etc.

Imaginons que nous ne connaissions la Grande Guerre qu'à travers un tableau indiquant pour chacun des belligérants les données mensuelles de décès et d'obus tirés de 1914 à 1918. Nous ne pourrions pas en déduire les causes de la guerre, l'acharnement des combattants, l'incompétence de certains généraux, les décès dus à la grippe, ni même l'issue des combats. Les données du tableau H ne nous en disent finalement guère plus sur cette période. Elles sont utiles, mais ne dispensent pas de réfléchir et de faire l'analyse économique et sociale de la période. Réciproquement, une analyse qui ne tiendrait pas compte des résultats de ce tableau serait peu convaincante.

Question 10. Considérez les cinq premières lignes du tableau H. Comment l'essentiel de la croissance du PIB s'explique-t-il d'un point de vue comptable? Par l'évolution quantitative du stock de capital utilisé? Par l'accroissement quantitatif du facteur travail? Par l'évolution de la productivité globale des facteurs? Le surplus de productivité représente-t-il toujours à peu près la même proportion pendant les différentes périodes?

Question 11. Après avoir relu la première partie de ce dossier et en mobilisant vos connaissances, indiquez ce qui

Tableau H

De la croissance du PIB au surplus distribuable en France (1971-1993)

Moyenne annuelle en % du PIB	71-73	74-82	83-87	88-89	90-92	71-92	1993
Croissance du PIB (a)	4,9	2,5	1,8	4,4	1,5	2,7	– 0,9
Accroissement des facteurs (b)	2,5	1,4	0,8	2,0	1,1	1,4	– 0,2
dont • accroissement du travail[a]	0,5	0,2	0,0	0,6	0,1	0,2	– 0,7
• accroissement du capital	1,5	1,0	0,6	0,9	0,9	1,0	0,6
Surplus de productivité globale (c = a – b)	2,4	1,1	1,0	2,4	0,4	1,3	– 0,7
Termes de l'échange (d)	0,6	– 0,6	0,7	– 0,1	0,1	0,0	– 0,1
Surplus distribuable							
(c + d) = (e + f + g + h) [b]	3,0	0,5	1,7	2,3	0,5	1,3	– 0,8
Capital (e) 0,3	– 0,8	1,1	1,0	– 0,5	0,0	– 0,8	
Travail salarié (f)	2,6	1,4	0,4	0,8	1,0	1,2	0,0
Travail non salarié (g)	0,5	0,0	0,2	0,7	0,1	0,2	0,1
Administrations (h)	– 0,2	– 0,1	0,0	– 0,1	– 0,1	– 0,1	0,0

a. Le troisième élément de l'accroissement des facteurs est celui des services de l'État, non reproduit ici.
b. Compte tenu des arrondis le total peut être différent de la somme des éléments.
Source : INSEE Études, Rapport sur les comptes de la nation pour 1992, *1993.*

pourrait expliquer selon vous l'importance du surplus de productivité dans la croissance du PIB.

Question 12. Pourquoi existe-t-il une différence entre le surplus de productivité et le surplus distribuable ? Après avoir relu le paragraphe VII, expliquez à quoi correspond la ligne « terme de l'échange ». Dans quelles colonnes du tableau les deux chocs pétroliers se situent-ils ? Peut-on dire que les chocs pétroliers se sont traduits par une ponction sur l'économie française ?
Pour mettre en perspective votre réponse à la question 12, sachez que le contre-choc pétrolier de 1'année 1985 se traduit sur la ligne « d » par + 0,6 en 1985 (il a eu lieu à l'automne) et par + 2,2 en 1986.

Question 13. Commentez l'évolution du surplus de productivité globale.

Complément d'information utile pour la question 13 : de 1960 à 1973, le surplus annuel de productivité globale s'est élevé en moyenne à 3,8 % du PIB, l'effet des termes de l'échange étant nul. Ce surplus est allé pour 2,2 % au travail salarié, 0,8 % au travail non salarié, 0,5 % au capital et 0,3 % à l'État (vous pouvez utiliser ces données – les ordres de grandeur sont acceptables – bien que des raisons très techniques ne les rendent pas strictement comparables à celles du tableau H. Source : Documents du CERC n° 89, 1988 ; Yves Chassard, Pierre Concialdi, Les Revenus en France, La Découverte, « Repères », 1989).

Question 14. Comment la répartition du surplus distribuable évolue-t-elle ? (On ne commentera pas la ligne « h »).

Tableau I

Répartition du surplus de productivité en France
(1980-1999, en % du PIB, moyenne annuelle)

	1980-1984	1985-1989	1990-1994	1995-1999
Surplus distribuable	1,5	3,1	0,5	1,3
Capital	– 0,6	1,8	– 0,7	0,3
Travail salarié	1,6	1,0	1,0	0,9
Travail non salarié	0,5	0,3	0,2	0,1

Source : Isabelle Braun-Lemaire, « Évolution et répartition du surplus de productivité », INSEE, Documents de travail G2001/03, révisé en juin 2001, disponible sur le site de l'INSEE. Au début de 2003, ces données restaient les plus récentes. Les différences avec le tableau précédent s'expliquent par des différences de méthodes et par l'origine des données : les comptes nationaux de la base 1995, alors que le tableau précédent reprend ceux de la base 1980 (explications dans « Comprendre la nouvelle comptabilité nationale » en fin de manuel).

IX. LES LIMITES DE L'ANALYSE EN TERME DE SURPLUS DE PRODUCTIVITÉ

On entend souvent dire qu'une entreprise ou un pays ne peuvent pas distribuer plus de richesse qu'ils n'en ont produit. C'est faux. On peut seulement affirmer qu'ils ne peuvent pas distribuer plus de richesse qu'ils n'en ont capté. Dans le cas d'un pays, on peut penser qu'il n'est pas durablement possible (ou souhaitable) de capter de la richesse produite ailleurs (jeu des termes de l'échange).

Dans ces conditions, il y a nécessairement égalité entre richesse produite et richesse distribuée ; autrement dit, après coup, on constate évidemment que le surplus distribué égale le surplus de productivité réalisé. Cela ne signifie pas toutefois que la productivité soit une contrainte naturelle qui viendrait préalablement fixer la taille du gâteau à répartir. Bref, que la production serait logiquement déterminée avant la répartition.

On peut très bien imaginer au contraire que la façon de distribuer la richesse peut restreindre les gains de productivité ou les encourager.

Question 15. Commentez la dernière phrase du texte.

Jean-Paul Piriou

Sujet de bac ÉPREUVE DE SYNTHÈSE

▶ L'INVESTISSEMENT DANS LES ANNÉES 1990

Travail préparatoire (*10 points*)

1. Comment ont évolué le taux de marge et le taux d'investissement pendant la décennie 1990 ? Peut-on établir une relation entre ces deux grandeurs ? [*doc.* 3] (*2 points*)
2. Peut-on établir une relation entre l'évolution de la valeur ajoutée des sociétés non financières et celle de leur investissement pendant cette décennie ? [*doc. 1 et* 3] (*2 points*)
3. Compte tenu des informations données dans le document 4, que peut-on dire de l'évolution des taux d'intérêt réels à long terme pendant cette décennie ? (*2 points*)
4. Quelle est l'influence attendue d'une variation des taux d'intérêt réels à long terme sur l'investissement ? Cela se vérifie-t-il sur la période ? [*doc. 1 et 4*] (*2 points*)
5. Que signifie un taux d'autofinancement égal à 100,5 % en 1998 ? [*doc.* 3] (*1 point*)
6. Peut-on établir une relation entre le degré d'utilisation des capacités de production et l'évolution de l'investissement ? [*doc. 2*] (*1 point*)

Question de synthèse (*10 points*)
Après avoir présenté les déterminants de l'investissement des entreprises, vous expliquerez son évolution au cours de la décennie 1990.

➞ **MÉTHODES POUR LE BAC** pages 738-751

Document 1

Évolution de l'investissement en volume (base 100 en 1985)

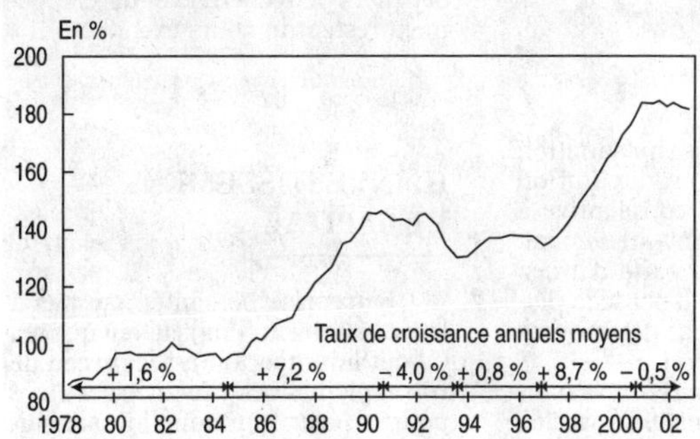

Source : INSEE, Comptes nationaux, calculs OFCE, in *OFCE,* L'Économie française 2003, *La Découverte, « Repères », 2003.*

Document 2

Degré d'utilisation des capacités de production dans l'industrie

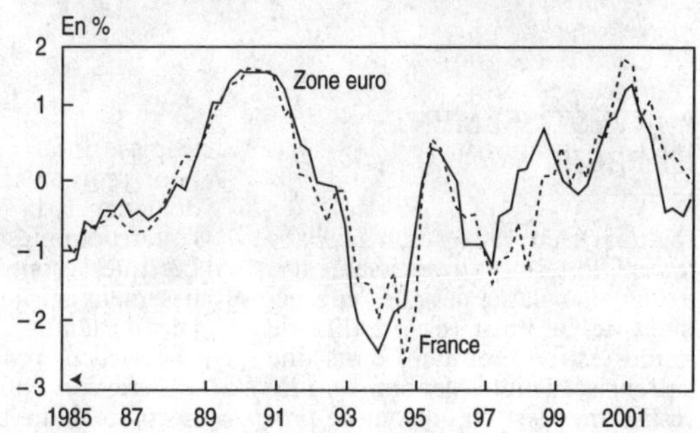

Source : Commission européenne, in *OFCE,* ibid.

Document 3

	1990	1991	1992	1993	1994	1995	1996	1997	1998	1999	2000
Sociétés non financières											
Taux de marge	32,6	32,4	32,4	32,3	32,5	32,7	31,9	32,2	33,4	32,7	32,6
Taux d'investissement	21,3	20,7	20,4	18,6	18,5	18,2	18,2	17,4	18,0	18,5	19,3
Taux d'autofinancement	82,6	85,1	91,1	95,9	97,5	93,0	93,3	97,4	100,5	91,4	82,5
Taux de croissance annuel de la valeur ajoutée en volume	3,5	1,2	1,6	–2,4	0,8	1,9	–0,3	2,7	5,0	3,4	4,2

Source : INSEE, Comptes nationaux.

Document 4

Inflation et taux d'intérêt en France (en %)

	1990	1991	1992	1993	1994	1995	1996	1997	1998	1999	2000
Taux d'intérêt nominal à long terme	10,4	9,5	9	7	7,5	7,7	6,5	5,7	4,6	4,1	4,2
Variation annuelle des prix à la consommation	3,4	3,2	2,4	2,1	1,7	1,7	2,0	1,2	0,7	0,5	1,3

Source : INSEE, OCDE.

Fiche-outil 1

L'investissement : définitions et typologie

I. INVESTISSEMENT ET FBCF

Apparu en 1924 selon *Le Petit Robert*, le terme « investissement », d'origine anglaise, désigne l'engagement de capitaux (c'est-à-dire de liquidités, de monnaie) dans une entreprise. Pour l'économiste, l'investissement est un « détour de production » : au lieu de consommer directement tout ce qui est produit par l'économie nationale, on en emploie une partie à améliorer les capacités de production. On dépense aujourd'hui pour produire davantage demain. Cette amélioration peut consister en achat de moyens de production supplémentaires, en dépenses de formation de la main-d'œuvre (investissement dans le capital humain), en dépenses de recherche-développement (R & D) [*voir le texte de Dominique Guellec au chapitre I, page 44*], etc. On peut même admettre que lorsqu'une entreprise interrompt sa production pour réorganiser la production ou déménager, la perte consécutive à l'interruption est un investissement. Lorsque l'économiste parle d'investissement en général, il pense la plupart du temps à l'achat des moyens matériels de production.

Cette conception se retrouve dans la comptabilité nationale. L'investissement y est mesuré par la FBCF (formation brute de capital fixe), c'est-à-dire par *la valeur des achats de biens durables utilisés pendant au moins un an dans le processus de production*. Il correspond à des acquisitions d'*actifs corporels* : machines, véhicules, bâtiments et équipements divers. On parle de capital fixe parce que ces biens durables *fixent* de la valeur pendant plus d'un an. Cette définition est restée celle de la comptabilité nationale pendant un demi-siècle; elle était restrictive et de plus en plus inadaptée à la réalité puisqu'elle omettait les acquisitions d'*actifs incorporels*, c'est-à-dire les investissements immatériels (recherche et développement, logiciels, formation...). Depuis la fin du siècle dernier, le champ couvert par la FBCF des entreprises et des administrations a été élargi aux logiciels (4% de la FBCF totale en 2001). Les dépenses de recherche et développement restent toujours exclues.

II. INVESTISSEMENT ET CAPITAL

L'entreprise ne s'intéresse pas à l'investissement (flux) en tant que tel. Ce qui lui importe c'est le niveau de son capital (stock). Est-il assez élevé pour assurer la production souhaitée ? C'est seulement si le stock de capital *effectif* est inférieur au stock de capital *désiré* que l'entreprise investit (le capital désiré est celui dont l'entreprise souhaiterait disposer pour produire).

Le niveau désiré du capital dépend de la production souhaitée et du *coefficient de capital c*, rapport de la valeur du capital fixe à celle de la valeur ajoutée. Si pour produire 500 millions d'euros de valeur ajoutée pendant l'année l'entreprise a besoin d'utiliser un capital fixe de 3 milliards d'euros (valeur des machines, équipements...), son coeffi-

Encadré A : *Flux et stocks*

La population peut être vue comme un stock. Celui-ci augmente grâce à un flux (les naissances) et diminue à cause d'un autre flux (les décès). La variation de la population ΔP pendant l'année est égale aux naissances annuelles N moins les décès annuels D. Tant que les naissances sont supérieures aux décès, la population augmente. Ceci est encore vrai si les naissances de l'année sont inférieures à celles de l'année précédente mais restent supérieures aux décès. L'investissement et le capital entretiennent le même type de relations que les naissances et la population.

Chaque année la FBCF vient augmenter le stock de capital K; mais chaque année également une partie du capital déjà là doit être remplacée car elle est usée (autrement dit, il y a des décès). Cette usure du capital fait diminuer le stock de capital. La FBCF correspond à l'investissement *brut* dans lequel on ne peut pas distinguer les équipements qui servent à remplacer les équipements usés de ceux qui font augmenter le stock de capital (de même qu'on ne peut distinguer dans les naissances celles qui remplacent les morts de celles qui font augmenter la population).

La variation de la population est égale à la différence entre les naissances et les décès. De même, la variation du capital est l'excédent de la FBCF (investissement brut) sur la consommation de capital fixe CCF (mesure de l'usure du capital ou amortissement). Cet excédent s'appelle aussi l'investissement *net*. La population ne diminue pas si les naissances régressent tant qu'elles demeurent supérieures aux décès. De même, la FBCF peut diminuer sans que le capital ne baisse. Il suffit que la FBCF reste supérieure à la consommation de capital fixe (l'amortissement).

En France, aujourd'hui, la valeur de la consommation de capital fixe des entreprises représente environ 14% de leur valeur ajoutée. La consommation de capital fixe de l'ensemble de l'économie (entreprises, ménages, administrations) représente chaque année quelque 14% du PIB. Ceci correspond à un peu plus de 5% de la valeur du capital fixe au début de l'année.

Schéma A

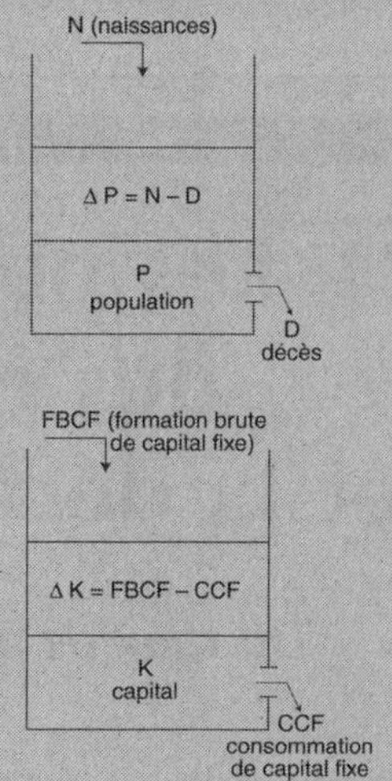

cient de capital *c* est donc de 6. Un coefficient très élevé correspond à une production très *capitalistique* (une centrale nucléaire par exemple); un coefficient faible serait plutôt celui du coiffeur. En ce début de siècle, le coefficient de capital des sociétés non financières est en France voisin de 2. Très variable évidemment selon les branches : 5 pour l'énergie, 3 pour l'agriculture ou les transports, 2 pour l'industrie, mais seulement 1 pour le commerce ou les services aux entreprises.

Lorsque l'on parle d'investissement, il ne faut jamais perdre de vue que *le motif de l'investissement n'est pas nécessairement d'accroître les capacités de production*. Il peut aussi être d'augmenter la productivité pour baisser les coûts. Il y a donc des *investissements de capacité* (pour produire plus de produits ou des produits nouveaux) et des *investissements de productivité*, mais il n'est pas toujours facile de les distinguer. Notons aussi l'existence d'*investissements de remplacement* lorsqu'il s'agit de remplacer les équipements déclassés, c'est-à-dire ceux qu'il a fallu retirer du processus de production soit parce qu'ils sont usés à force d'avoir fonctionné, soit parce qu'ils sont devenus obsolètes. Pour un bien d'équipement, l'*obsolescence* – Marx parlait d'*usure morale* – est le fait d'être périmé à cause de l'évolution technique (par exemple un ordinateur qui peut continuer à fonctionner sans problème mais est rendu obsolète par l'arrivée sur le marché d'un nouveau modèle beaucoup plus puissant et de coût moindre). L'investissement de remplacement est souvent simultanément un investissement de productivité. Si l'investissement de remplacement n'est pas réalisé, la valeur du capital fixe diminue et on parlera alors souvent de *désinvestissement*.

L'opposition entre les investissements de productivité et ceux de capacité renvoie à une autre distinction usuelle : si la croissance repose surtout sur des investissements de capacité on parlera souvent de *croissance extensive* ; et de *croissance intensive* si elle repose d'abord sur des investissements de productivité.

La distinction entre les investissements de capacité et les investissements de productivité est importante puisque *les premiers créent des emplois alors que les seconds, généralement, en détruisent.*

III. INVESTISSEMENTS PUBLICS ET PRIVÉS

Les investissements publics réalisés par l'État et les collectivités locales (routes, ponts, universités, casernes, infrastructures diverses, etc.) ont une logique en général non marchande, ce qui ne signifie pas qu'ils n'influencent pas la qualité des infrastructures qui conditionnent les performances des entreprises. Ils ne dépendent pas d'une demande solvable sur un marché, des taux d'intérêt ou des autres facteurs qui déterminent l'investissement privé, mais des ressources que la collectivité décide de mobiliser pour répondre à certains besoins.

Les investissements publics peuvent être utilisés pour soutenir une conjoncture économique défaillante. On parle alors de politique contracyclique. L'investissement public brut (FBCF) des administrations représentait 3,5% du PIB en 2002, soit un sixième de l'investissement national.

IV. INVESTISSEMENT DANS LES LOGEMENTS

Les achats de logements (et les grosses réparations des logements) font partie de la FBCF. Les investissements en logements correspondent à environ 5% du PIB et au quart de l'investissement total. Pour plus de 80%, les logements sont détenus par des ménages. L'évolution de l'investissement en logements dépend de celle du revenu des ménages, mais aussi, de façon décisive, de celle du taux d'intérêt car la plupart des logements sont achetés à crédit : lorsque le taux d'intérêt s'élève, de nombreux candidats à l'accession à la propriété doivent renoncer à leur projet car les mensualités de remboursement deviennent trop élevées ; s'ils ne renoncent pas, les banques les y obligent puisqu'elles ne prêtent pas lorsque les mensualités de remboursement dépassent une certaine proportion (environ un tiers) du revenu des emprunteurs ; elles ont en effet l'expérience du fait qu'au-delà de cette proportion les défauts de remboursement sont trop nombreux.

Lorsque les économistes s'interrogent sur l'évolution de l'investissement, ils ne raisonnent généralement que sur l'investissement productif privé : les achats de machines, d'équipements divers, de véhicules, de logiciels et de bâtiments nécessaires pour produire des biens et services vendus sur le marché. C'est la partie de la FBCF la plus sensible aux modifications du « climat des affaires », c'est-à-dire aux anticipations des entrepreneurs [*sur l'investissement, voir le texte principal de ce chapitre*].

Fiche-outil 2

Les performances des entreprises et la décision d'investir

Du taux de marge à la profitabilité

Cette fiche vous permettra d'approfondir certaines notions utiles pour (encore) mieux comprendre certains indicateurs de performances des entreprises (taux de marge par exemple) et progresser dans l'analyse de la décision d'investissement. Il est préférable de ne l'étudier que si vous avez au préalable assimilé le texte principal de ce chapitre.

Si vous consultez un jour des ouvrages de gestion sur ce sujet (voir par exemple le *Dictionnaire de gestion* d'Élie Cohen, La Découverte, collection « Dictionnaires Repères », 2002), vous constaterez à quel point les développements qui vont suivre sont simplifiés ; mais ils permettent de mettre en évidence des phénomènes importants pour comprendre la décision d'investir.

I. LE TAUX DE MARGE

Le taux de marge est la part de l'excédent brut d'exploitation de l'entreprise (EBE) dans la valeur ajoutée (VA). L'EBE peut-être interprété comme un profit puisque c'est ce qui reste à l'entreprise de la valeur de la production après qu'elle a réglé tous les coûts directement liés à cette production (consommations intermédiaires, salaires et impôts liés à la production). Pour avoir une meilleure idée du profit produit par l'entreprise, il faut retirer de l'EBE la valeur du capital fixe usé au cours de la période – l'amortissement économique – pour obtenir l'excédent net d'exploitation (cet amortissement économique appelé consommation de capital fixe correspond à 13 ou 14 % de la valeur ajoutée des sociétés en France). Dans la suite de ce texte nous ignorons ce problème et raisonnons à partir de l'EBE.

Si l'on néglige les impôts sur la production, le taux de marge peut se décomposer ainsi (en appelant les salaires SAL) :

$$EBE/VA = (VA - SAL)/VA = 1 - SAL/VA$$

Autrement dit, le taux de marge augmente lorsque SAL/VA – le poids des salaires dans la valeur ajoutée – baisse. Pour mieux comprendre de quoi dépend ce poids, il suffit de diviser numérateur et dénominateur par le nombre de salariés (il vous est recommandé d'écrire la suite des transformations du taux de marge sur un papier pour mieux assimiler le raisonnement). Le numérateur devient ainsi le salaire par tête et le dénominateur la valeur ajoutée par tête. Si nous divisons maintenant numérateur et dénominateur par un indice de prix nous obtenons au numérateur le salaire réel et au dénominateur la productivité apparente du travail (on pourrait encore diviser les deux termes de la fraction par le nombre d'heures travaillées par chaque salarié, ce qui donnerait le salaire et la productivité horaires). On peut donc écrire :

Taux de marge = 1 – (salaire réel/productivité du travail).

D'un point de vue comptable, après coup, on pourra donc constater que le taux de marge augmente quand le salaire réel baisse ou quand la productivité s'accroît. Mais aussi qu'*une hausse du salaire réel n'est pas incompatible avec une hausse du taux de marge si la productivité s'élève plus rapidement que le salaire réel*. Ou encore qu'*une élévation du salaire réel égale à celle de la productivité est compatible avec un maintien du taux de marge*. À noter que le ratio salaire réel/productivité est la même chose que le coût salarial par unité (de valeur ajoutée) produite. Cette notion apparaît donc décisive pour comprendre la dynamique du taux de marge.

Lorsque les entreprises subissaient un ralentissement de la croissance de la production, elles mettaient auparavant un certain temps à ajuster l'emploi à la nouvelle évolution de la production ; il en résultait donc un ralentissement brutal – voire une diminution – de la productivité, qui se traduisait par une baisse du taux de marge ; une accélération de la production (ou une inflexion de l'évolution du salaire réel) produisait un phénomène inverse (ce décalage entre l'évolution de la production et celle de l'emploi est à l'origine de ce que l'on appelle le « cycle de la productivité »). On peut lire à la lumière de cette observation l'évolution du taux de marge.

Au cours de la dernière décennie du siècle, ce phénomène semble avoir régressé considérablement. Pour s'en convaincre, il est intéressant d'observer l'évolution du taux de marge des sociétés du secteur concurrentiel (c'est-à-dire sans les grandes entreprises nationales, GEN) lors de chacune des récessions qui ont frappé l'économie française. En 1975 et en 1993, l'activité de ces sociétés se contracte à peu près de la même façon : baisse de l'ordre de 1 % du volume de la VA par rapport à l'année précédente. Mais alors qu'en 1975 leur taux de marge chute de 3,4 points (29,4 % en 1974, 26 % en 1975), en 1993 le taux reste stable (30,2 après 30,3 en 1992). Cette différence illustre à quel point le rapport de force entre les entreprises et les salariés s'est inversé en vingt ans.

La facilité et la rapidité avec lesquelles les entreprises peuvent ajuster leurs effectifs salariés (flexibilité du travail) leur permet de stabiliser leur part dans la valeur ajoutée dans un contexte où l'activité évolue très irrégulièrement. C'est bien ainsi qu'il faut interpréter la spectaculaire stabilité du taux de marge dans les années 1990.

II. RENTABILITÉ ÉCONOMIQUE ET RENTABILITÉ FINANCIÈRE

Le *ratio* EBE/VA n'est pas un taux de profit : il rapporte un flux à un autre flux alors que le taux de profit rapporte un flux (le profit) à un stock (la valeur K du capital engagé pour produire : machines, équipements et autres actifs non financiers).

Pour l'économiste, la variation du taux de marge est un bon indicateur de l'évolution du partage de la valeur ajoutée entre les salariés et les entreprises. Pour l'entrepreneur qui veut maximiser son profit, ce n'est pas le taux de marge mais le taux de profit qui doit être le critère de la décision d'investir. Pour mieux comprendre son raisonnement, il faut introduire des notions supplémentaires.

L'acquisition du capital non financier K (machines, etc.) a été financée par des *fonds propres* FP (liquidités apportées par les actionnaires de l'entreprise et profits non distribués accumulés dans l'entreprise) et par des *dettes financières* DF (crédits bancaires, emprunts obligataires, etc.) [*voir « Comprendre la finance », en fin de manuel*]. On a donc K = FP + DF.

On définit la *rentabilité économique* $R_{éco}$ = EBE/K. C'est un indicateur de performance des capitaux engagés dans la production quelle que soit leur origine : fonds propres ou dettes financières. La rentabilité économique est donc indépendante du mode de financement de l'entreprise. Elle dépend seulement du taux de marge et de la « productivité apparente du capital » VA/K. En effet, on peut écrire :

$$EBE/K = (EBE/VA) \times (VA/K)$$

Comme $R_{éco}$ = EBE/K et que K = FP + DF, on peut écrire $R_{éco}$ = EBE/(FP + DF). La rentabilité économique est le critère que devrait retenir l'économie nationale pour sélectionner les projets d'investissement. Mais la relation $R_{éco}$ = EBE/(FP + DF) montre bien que la rentabilité économique n'est pas ce qui détermine directement la décision d'investir des propriétaires de l'entreprise.

Car ce qui leur importe n'est pas le rendement de l'ensemble des capitaux engagés (FP + DF) mais le rendement de leurs propres capitaux (FP). On parle de *rentabilité financière* (R_{fi}) pour désigner ce rendement.

Pour calculer la rentabilité financière, il faut retirer de l'EBE les intérêts versés sur les dettes financières. Si le taux d'intérêt est *r*, le montant des intérêts est *r*DF. Le profit qui appartient aux propriétaires (en général des actionnaires) est donc égal à EBE – *r*DF. La rentabilité financière s'écrit donc :

$$R_{fi} = (EBE - rDF)/FP$$

La différence entre les rentabilités économique et financière va donc dépendre à la fois de la différence entre le taux d'intérêt et $R_{éco}$, et du poids de l'endettement par rapport aux fonds propres.

III. L'EFFET DE LEVIER DE L'ENDETTEMENT

Soient les deux entreprises Nathier et Hatan dont les caractéristiques sont celles du tableau A.

Les deux sociétés ont le même taux de marge (35 %) mais la rentabilité économique de Nathier est supérieure à celle de Hatan car la « productivité apparente du capital » VA/K de la première (2 000/6 250 = 0,32) est supérieure à celle de Hatan (1 000/3 500 = 0,286).

Ou vaut-il mieux être actionnaire ? Autrement dit quelle société rémunère le mieux les actions ? Tout dépend du taux d'intérêt.

Imaginons tout d'abord que le taux d'intérêt soit de 8 %. Incontestablement la rentabilité financière de Hatan (22 %) est préférable à celle de Nathier (19,4 %). Pourquoi les hiérarchies des rentabilités économiques et financières sont-elles opposées ?

Chaque euro emprunté par Hatan lui a rapporté 2 centimes (10 centimes de rentabilité économique moins 8 centimes de frais financiers) ; chez Nathier, chaque euro emprunté a rapporté 3,2 centimes (11,2 – 8). Il y a donc chez Nathier une différence plus nette entre la rentabilité économique et le taux d'intérêt. Le « bras du levier », c'est-à-dire la différence entre la rentabilité économique et le taux d'intérêt, est plus élevé chez Nathier que chez Hatan : 3,2 % contre 2 %.

Mais alors que 1 euro de fonds propres s'accompagne de 2,57 euros d'endettement chez Nathier, chez Hatan ce sont 6 euros qui sont empruntés pour chaque euro de fonds propres. Ce qu'on a l'habitude d'appeler le ratio du levier, c'est-à-dire le poids de l'endettement par rapport aux fonds propres, est donc plus élevé chez Hatan.

Grâce au levier de l'endettement, un euro de fonds propres va bénéficier d'une rentabilité supplémentaire de 6 fois 2 centimes chez Hatan (soit 12 centimes), alors que chez Nathier l'effet ne sera que de 2,57 fois 3,2 centimes (soit 8,224 centimes).

Dans ces conditions, la rentabilité financière d'un euro de fonds propres de Nathier sera de 11,2 centimes (rentabilité économique) plus 8,24 centimes (effet de levier de l'endettement), soit un total de 19,4 centimes, correspondant bien au taux de rentabilité financière précédemment calculé de 19,4 %. La meilleure rentabilité financière de Hatan s'explique ainsi facilement. Sa rentabilité économique n'est que de 10 % mais chaque euro de fonds propres ne rapporte pas seulement 10 centimes (rentabilité économique) mais aussi 12 centimes (effet de levier de l'endettement) ; d'où une rentabilité financière de 22 %.

Évidemment, les résultats sont opposés si le taux d'intérêt est supérieur à la rentabilité économique, par exemple 12 % [*voir tableau A, résumé dans le tableau B*]. Hatan perd alors 2 centimes par euro emprunté (cet euro lui rapporte 10 % mais lui coûte 12 %). Pour chaque euro de fonds propres Hatan gagne 10 centimes de rentabilité économique mais perd 6 fois 2 centimes à cause de l'endettement. D'où une rentabilité financière de moins 2 %.

La situation est totalement différente pour Nathier qui ne perd que 0,8 centime par euro emprunté (11,2 – 12) et qui n'a emprunté que 2,57 fois ses fonds propres. Chaque euro de fonds propres lui rapporte 11,2 centimes (rentabilité économique) et lui fait perdre 2,1 centimes (2,57 fois 0,8 centime). D'où une rentabilité financière de 9,1 %.

Tableau A

(millions de F)	Hatan	Nathier
Valeur ajoutée	1 000	2 000
EBE (1)	350	700
Actifs non financiers :		
K (2)	3 500	6 250
Fonds propres : FP (3)	500	1 750
Dettes financières : DF	3 000	4 500
Rentabilité		
économique : (1)/(2)	10 %	11,2 %
1. Taux d'intérêt *r* = 8 %		
Frais financiers : rDF	240	360
EBE – *r*DF (4)	110	340
Rentabilité financière :		
(4)/(3)	22 %	19,4 %
2. Taux d'intérêt r = 12 %		
Frais financiers *r*DF	360	540
EBE – *r*DF (5)	– 10	160
Rentabilité financière :		
(5)/(3)	– 2 %	9,1 %

IV. AUBAINE OU RISQUE ?

Résumons

La rentabilité financière diffère de la rentabilité économique parce qu'une partie des fonds nécessaires à l'entreprise est empruntée. La rentabilité financière est supérieure à la rentabilité économique lorsque le taux d'intérêt est plus faible que cette dernière (bras du levier positif). L'ampleur de la différence est proportionnelle à l'effet de levier de l'endettement sur la rentabilité.

L'effet de levier peut être une aubaine si le « bras du levier » est positif, car il permet alors à la rentabilité financière d'être supérieure à la rentabilité économique. On peut noter à cet égard que l'exploitation systématique de l'effet de levier constitue l'objectif essentiel de l'activité bancaire : la banque dispose de peu de fonds propres par rapport aux liquidités qu'elle collecte (la banque, c'est « l'argent des autres ») et peut donc disposer d'un ratio de levier particulièrement élevé [*voir « Comprendre la finance », en fin de manuel*].

Mais l'effet de levier est aussi un risque. Car il est difficile de prévoir le taux d'intérêt et la rentabilité économique peut baisser pour des raisons difficiles à anticiper. Alors l'inversion du bras du levier fait passer la rentabilité financière sous la rentabilité économique (cas de Nathier) et peut même la rendre négative (cas de Hatan).

La profitabilité

Les conséquences des analyses précédentes sont importantes pour la compréhension de la décision d'investir. Pour accepter d'investir dans un projet (ou dans une entreprise), il faut que la rentabilité financière prévisible soit supérieure à ce que rapporterait un simple placement, c'est-à-dire le taux d'intérêt réel. On a pris l'habitude d'appeler *profitabilité* cette différence entre la rentabilité financière et le taux d'intérêt réel. Il n'y aura de décision d'investissement que si la profitabilité atteint un certain seuil. Compte tenu des incertitudes inhérentes à tout projet d'investissement et à l'évolution du taux d'intérêt réel (celui-ci n'est connu qu'après coup, lorsque l'inflation est constatée), les investisseurs exigeront des primes de risque plus ou moins élevées (une prime forte déprime l'incitation à investir).

Jean-Paul Piriou

Tableau B

Ratio de levier : DF/FP (a)	6	2,57
Rentabilité économique (b)	10 %	11,2 %
1. Taux d'intérêt $r = 8\,\%$ (c)		
Bras du levier : $R_{éco} - r$ (d) = (b) – (c)	2 %	3,2 %
Effet de levier : (e) = (a) x (d)	12 %	8,2 %
Rentabilité financière (f) = (e) + (b)	22 %	19,4 %
2. Taux d'intérêt $r = 12\,\%$		
Bras du levier : $R_{éco} - r$	– 2 %	– 0,8 %
Effet de levier	– 12 %	– 2,1 %
Rentabilité financière	– 2 %	9,1 %

Exercice

Évaluation de votre degré de compréhension du mécanisme de l'effet de levier.

En millions d'euros ou en %	Billette	Gic
Valeur ajoutée	1 000	1 500
Dettes en % des fonds propres	60 %	200 %
Actifs non financiers	2 000	2 400
Taux de marge	30 %	24 %

Calculez la rentabilité économique de chaque entreprise. Quelle est leur rentabilité financière si le taux d'intérêt est de 10 %. Que se passe-t-il si ce taux est de 20 % ?

J.-P. P.

Graphique A

L'effet de levier aux États-Unis

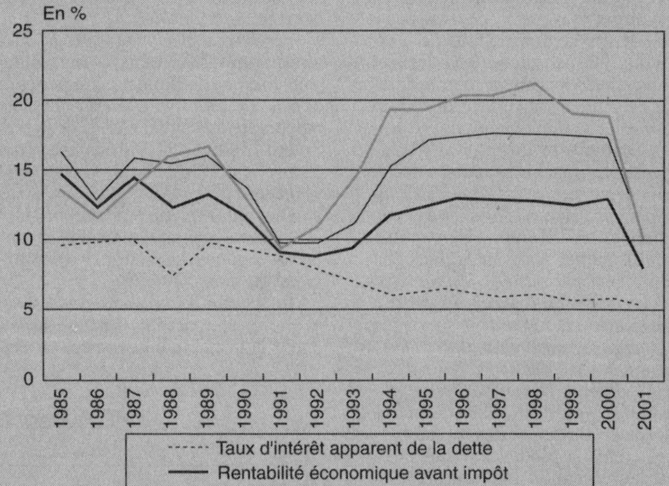

Lecture : Le graphique présente des évolutions relatives aux entreprises non financières du S & P 100, c'est-à-dire les 100 sociétés qui figurent dans cet indice boursier de grande notoriété construit par la société Standard & Poors.
En observant les évolutions de la rentabilité financière des fonds propres (ROE, return on equity*), on constate que l'effet de levier (décrit dans la fiche-outil) permet généralement d'amplifier les évolutions de la rentabilité économique. Comme la fiche l'explique, la différence entre les deux rentabilités dépend du poids de l'endettement par rapport aux fonds propres (non représenté dans le graphique) et du taux d'intérêt apparent de la dette (frais financiers pendant une année rapportés à la valeur moyenne de l'endettement pendant l'année).*
Source : Commissariat général du Plan, Rentabilité et risque dans le nouveau régime de croissance *(Rapport du groupe présidé par Dominique Plihon), La Documentation française, octobre 2002.*

Chapitre III

LES MUTATIONS DU TRAVAIL

BERNARD GAZIER

Introduction

Pendant la première révolution industrielle, l'usine est un bagne dans lequel les travailleurs, hommes et femmes, peinent de 12 à 15 heures par jour, jusqu'à la limite de leur résistance physique, ici dans le froid, l'humidité, là dans la chaleur, les émanations toxiques, quand ce ne sont pas des enfants auxquels on inculque les cadences sous la menace du fouet. Tous les témoignages de la première moitié du xixe siècle s'accordent sur ce tableau effroyable : la malnutrition, la maladie, les taudis insalubres, une mortalité infantile très élevée sont la condition ouvrière.

Comment s'étonner si l'organisation capitaliste du travail est alors perçue et analysée sous les aspects de l'exploitation, de l'aliénation, de la domination ?

Sous l'effet conjugué des luttes ouvrières et de l'intervention de l'État, le capitalisme s'est civilisé, plus ou moins selon les pays. Mais il suffit d'observer les conditions de travail dans les régions du monde aujourd'hui engagées dans un processus d'industrialisation pour avoir l'impression de remonter le temps. Malgré les transformations, ne peut-on retrouver des invariants, des tendances de fond de l'organisation capitaliste du travail ?

À la fin des années 1960, alors que les conditions d'existence des travailleurs se sont sensiblement améliorées, on assiste à une contestation, parfois radicale, des formes d'organisation les plus taylorisées. Les critiques portent alors sur la nature du travail (les cadences, les tâches répétitives, la déqualification de nombreux emplois), son absence de sens pour l'individu (simple rouage dans un univers bureaucratisé), et sur la hiérarchie (fondée sur la séparation entre ceux qui conçoivent, ceux qui encadrent et ceux qui exécutent, soumis à l'arbitraire des « petits chefs »). On rêve alors d'enrichissement du travail, de polyvalence, d'autogestion…, mais la crise et la montée du chômage vont rapidement rétablir l'ordre dans les ateliers et les bureaux.

Toutefois, à partir des années 1980, bien que la contestation ait reflué, il apparaît de plus en plus clairement aux entreprises que les mutations en cours (révolution des techniques, intensification de la concurrence liée à la mondialisation) appellent une transformation des anciennes méthodes. C'est l'époque des voyages d'études au Japon et des *best-sellers* qui vendent les recettes du succès : les cercles de qualité, les cinq zéros, le toyotisme… Un nouveau modèle émerge, celui du travailleur qualifié qui s'implique totalement dans la vie de son entreprise, s'intègre dans des équipes, sait prendre des initiatives, etc., apparemment tout le contraire du taylorisme !

Mais l'objectif prioritaire est la restauration de la « flexibilité » : l'entreprise souhaite pouvoir adapter en « temps réel » les horaires, les effectifs, les qualifications afin de suivre au plus près les fluctuations des marchés et les exigences des clients. Du fait de l'importance des effets d'apprentissage, de l'expérience accumulée, de la mémoire collective, des coûts de rotation et de formation de la main-d'œuvre, elle doit également parvenir à fidéliser le groupe de salariés qui se trouve au cœur de son activité principale. Cette contradiction entre la flexibilité et la stabilité, comme entre la précarité et l'implication, se traduit par un dualisme dans la gestion de la main-d'œuvre : autour du noyau stratégique qu'elles tentent de stabiliser et d'intégrer, les entreprises entretiennent un volant de main-d'œuvre formé d'intérimaires, de contrats à durée déterminée, de temps partiels… ou recourent à la sous-traitance.

Finalement la réalité contemporaine du monde du travail s'avère particulièrement contrastée : le post-taylorisme peut se développer dans certaines branches quand le taylorisme continue encore à se développer dans d'autres; le toyotisme peut devenir célèbre au moment où il entre en crise; une minorité de salariés très qualifiés peut bénéficier de la flexibilité alors qu'une fraction croissante est victime de la précarité… C'est aussi une réalité complexe parce qu'elle mêle la coopération et le conflit, parce qu'elle n'est pas seulement économique (minimisation des coûts de production, adaptation au marché), mais aussi politique (lutte pour le pouvoir dans l'entreprise) et idéologique (légitimation d'un ordre social). Une réalité à laquelle vous serez confrontés dès votre entrée dans la vie professionnelle.

Pascal Combemale

SOMMAIRE

LES TRANSFORMATIONS DE L'ORGANISATION DU TRAVAIL

➻ **Bernard Gazier** *est professeur d'économie à l'université Paris-I-Panthéon-Sorbonne et chercheur au MATISSE (université Paris-I et CNRS). Il a notamment publié* Les stratégies des ressources humaines, *La Découverte, « Repères », nouvelle éd., 2001.*

Machinisme, taylorisme, fordisme : trois termes célèbres résument souvent les transformations colossales qui ont affecté le monde du travail depuis 1800 et ont conduit à la société que nous connaissons aujourd'hui, dominée par les grandes entreprises et la production de masse. Ils ne constituent cependant que la partie émergée de l'iceberg. L'analyse économique de ces processus explicite ces termes et s'appuie en partie sur eux, mais elle privilégie un point de vue plus large, celui de *l'organisation*. Elle montre la diversité des situations rencontrées et gérées par les travailleurs, qui ont donné lieu à des *conflits* et des *stratégies* complexes au cours de cette période et ont créé un monde du travail inégalitaire et hiérarchisé.

I. LA RATIONALISATION DU TRAVAIL

Division et coordination du travail

Le capitalisme, depuis ses débuts, a été un gigantesque laboratoire d'expérimentation du travail en groupe, pour le meilleur (intelligence et créativité du travail en commun) comme pour le pire (routine et dépendance). Entrepreneurs et ingénieurs ont sans cesse tenté de faire travailler des groupes d'opérateurs de la manière la plus rapide et efficace possible. Il en résulte différentes techniques d'organisation [*voir encadré B*].

Ces dispositifs, il est vrai essentiels, concernent les seuls opérateurs de base. Les entreprises sont formées de différents types de travailleurs, et il faut parvenir à une vue d'ensemble de leurs choix d'organisation du travail.

Tout tourne autour d'une seule idée, faussement simple : celle de la *division du travail*.

Le point de départ est l'Anglais Adam Smith et son ouvrage fondateur de l'économie politique *La Richesse des nations* (1776). Dans son exemple célèbre de la manufacture d'épingles, Smith montre qu'en spécialisant plusieurs travailleurs dans des étapes différentes de fabrication d'épingles et en les faisant travailler séparément, on peut multiplier massivement la production d'une journée : de quelques unités à plusieurs milliers. L'important ici est de bien remarquer qu'il ne s'agit pas de machinisme ou de progrès technique, mais bien de choix d'organisation. Les outils des travailleurs spécialisés dans une opération ne sont pas plus perfectionnés que ceux auxquels aurait recours le travailleur unique se chargeant de toutes les opérations ! Bien sûr ces machines ont pu être perfectionnées par la suite ; mais ce n'est pas l'argument de Smith, qui repose sur les possibilités d'accélérer les gestes et de s'y habituer. Après avoir formulé cette

📖 **Bibliographie**
Michel Gollac, Serge Volkoff, Les Conditions de travail, *La Découverte, « Repères », 2000.*
Thomas Coutrot, Critique de l'organisation du travail, *La Découverte, « Repères », série « thèses et débats », 2002.*

découverte considérable, Smith s'est intéressé à bien autre chose : essentiellement à la coordination, par le système du marché, d'individus isolés (la célèbre « main invisible »).

On trouve ensuite deux auteurs qui ont écrit vers 1900 : le Français Henri Fayol et l'Américain Frédéric Taylor.

Le taylorisme est tellement connu, important et discuté, qu'il désigne simultanément un principe, un âge du capitalisme et une doctrine sociale [*voir encadré C*].

Taylor, ingénieur (il a étudié de près la découpe des métaux), a voulu pousser la division du travail, en distinguant et en rationalisant chacune des tâches ou des fonctions dans l'entreprise. Une conséquence paradoxale est que, pour Taylor, un ouvrier doit avoir autant de chefs, spécialisés, que l'on peut distinguer de fonctions différentes impliquées par son travail : un pour son rythme de fabrication, un pour ses outils, un pour ses affectations…

C'est la voie opposée qu'explore Fayol. Ingénieur comme Taylor, il a pu constater lors d'une urgence tragique (un accident au fond d'une mine) à quelles incohérences conduit l'absence d'un responsable clairement désigné. Dans son œuvre, il insiste avant tout sur un principe : l'unicité du commandement. Si des fonctions doivent bien évidemment être distinguées, on ne peut éviter d'introduire un pôle d'autorité, quitte à déléguer les tâches qui n'engagent pas la cohésion de l'entreprise.

Beaucoup plus près de nous, enfin, le Canadien Henry Mintzberg (1982), en adoptant le point de vue systématique de l'organisation, a pu faire la synthèse. Il rassemble ses trois prédécesseurs en notant que si l'on a divisé le travail (c'est Smith et Taylor) alors il faut le coordonner (et c'est Fayol), et surtout en montrant qu'il existe au moins cinq manières, toutes actuelles, de diviser/coordonner le travail [*voir encadré D*].

PLAN

Encadré A : *1800-2000 – Métamorphoses du travail*

Vers 1800, 80 % de la population occidentale vivait à la campagne; la plupart des personnes en âge de travailler étaient des artisans et surtout des paysans. La vie était rythmée par les saisons, et le travail était dur, effectué manuellement, mais aussi varié (il fallait entretenir ou réparer les outils, soigner le bétail, récolter, conserver viandes et salaisons) et interrompu durant des jours de fêtes et des périodes d'inactivité forcée (hivers passés au coin du feu). Même si des perfectionnements étaient peu à peu introduits, l'essentiel des tâches n'étaient pas mécanisées ou accomplies avec l'aide de chevaux (labourage), et le métier de paysan s'apprenait au contact de la terre et dans le respect des traditions. Si l'on se penche avec un regard d'économiste sur ces travaux, on remarque qu'ils supposent le plus souvent l'autonomie du travailleur : c'est lui ou elle qui décide ce qu'il ou elle fera de sa journée, et aussi la complémentarité des membres de la famille : les rôles de l'homme et de la femme sont le plus souvent distincts, mais ils peuvent travailler ensemble (par exemple l'homme contrôle la charrue pendant que la femme guide l'attelage), voire faire la même chose en cas de nécessité. Une double solidarité fonctionne, celle de la famille et celle du voisinage (par exemple vendange en commun).

À ce tableau bien connu s'oppose presque terme à terme le travail de 80 % des Français d'aujourd'hui. C'est un travail salarié, urbain, dont les tâches peuvent être répétitives et sont prescrites par l'employeur. Beaucoup de ces tâches sont intellectuelles, et toutes demandent l'utilisation de documents écrits. Le rythme annuel est celui des vacances légales, il y a beaucoup moins de jours fériés et les horaires sont réguliers et impératifs. La complémentarité familiale a disparu, c'est avec d'autres salariés que le travailleur doit se coordonner. De plus en plus de métiers sont pratiqués indifféremment par des hommes ou des femmes, même si bien des filières sont réservées (discrimination) à l'un ou l'autre sexe. Avec les transformations des équipements, qui peuvent être énormes (penser à une raffinerie, un aéroport…), les activités peuvent changer du tout au tout en quelques années, ce qui impose des formations nouvelles, des adaptations, des recyclages. Et s'il n'y a pas de travail, c'est le chômage.

Selon cette synthèse, qui insiste sur la coopération des acteurs et ne s'intéresse guère à leurs conflits, il serait absurde de prévoir ou souhaiter la disparition de la standardisation des procédés. Son champ d'application reste immense, et pas seulement dans les pays à bas salaires. Le défi est d'en maîtriser les conséquences.

Tendances actuelles de la rationalisation du travail

Les tendances actuelles en matière d'organisation du travail vont d'abord vers la décentralisation et l'attribution d'une autonomie grandissante aux travailleurs. Celles-ci répondent aux exigences de qualité et de diversité des productions, qui se sont renforcées depuis les années 1980. En caricaturant, on a pu caractériser la situation actuelle par le passage de la civilisation de la « peine » à celle de la « panne ». Autrefois des travailleurs dont on sollicitait surtout la force physique, aujourd'hui des opérateurs surveillant des machines parfois chères et sophistiquées, dont on sollicite l'effort nerveux et la réactivité. Le coût d'une panne, d'une interruption de la production, pouvant être très élevé, il est essentiel que les travailleurs en charge d'une machine puissent prendre le maximum d'initiatives par eux-mêmes sans en référer à la hiérarchie. Plus généralement, le travail tend à s'organiser par projets donnant lieu à la constitution de groupes de projets. Pour une période donnée, un ensemble de travailleurs se voit attribuer la réalisation d'une production, et chacun est réorienté vers d'autres projets une fois la tâche réalisée. Dans les termes d'Henry Mintzberg, les coordinations par les résultats et les

Encadré B : *Techniques de travail collectif – Quelques définitions*

Travail à la chaîne : le support du travail défilant à un rythme régulier, les travailleurs espacés les uns des autres et en position fixe effectuent une courte série de tâches dans un ordre et un temps imposés, et recommencent tant que la chaîne est en mouvement. S'ils prennent du retard, ils doivent accompagner le mouvement général de la chaîne puis retrouver leur place en accélérant leur cadence. Ce type de travail a toujours été minoritaire : au maximum 3 % des salariés en France, durant les années 1970.

Travail en groupes semi-autonomes : un groupe de travailleurs préalablement constitué se voit affecter une mission globale définie dans un temps imparti, et répartit les tâches, les affectations, voire les horaires, sous l'autorité d'un ou plusieurs chefs de groupe ou contremaître. Par exemple, réaliser le montage d'une automobile à partir du moteur et des pièces de la carrosserie.

Travail en *pool* : il regroupe de nombreuses personnes effectuant des tâches semblables dans un seul local. On peut ainsi rassembler des secrétaires. Les centres d'appels en sont un bon exemple.

Travail en équipes alternantes (ou encore travail posté) : ce sont les célèbres 2 x 8 ou 3 x 8. De manière à utiliser au maximum les équipements, l'entreprise fait venir successivement plusieurs groupes de travailleurs sur les mêmes machines. Les 2 x 8 élargissent simplement le travail de jour (de 6 heures du matin à 14 heures et de 14 heures à 22 heures par exemple). Les 3 x 8 prévoient une équipe de nuit, ce qui est très éprouvant, voire dangereux, pour les travailleurs et reste réglementé. Deux possibilités existent : soit ce sont toujours les mêmes travailleurs, et ils bénéficient de primes, soit les travailleurs appartiennent successivement à l'équipe du matin, du soir et de nuit. De toute manière cela perturbe leur rythme de vie, leurs périodes de sommeil et de récupération, et leur vie familiale et sociale. Ce type de travail concernait durant les années 1990 près de 9 % des salariés.

Travail en flux tendus ou « juste-à-temps » : la fabrication ne commence que lorsqu'une commande est traitée, et il n'y a pas de stocks, ni en cours de production ni à l'arrivée. Le produit arrivé à un stade intermédiaire passe sans délai d'une opération à une autre et est immédiatement livré. On peut produire ainsi des biens électroménagers (télévisions, cuisinières). Cette organisation réduit ainsi les frais (stocker des produits coûte cher, non seulement en place perdue mais aussi en frais financiers, parce que c'est de la marchandise non vendue). En revanche elle est vulnérable, la moindre panne arrête l'ensemble du processus de production.

Encadré C : *Le taylorisme, entre mythe et réalité*

Le taylorisme est fondamentalement la doctrine de F.W. Taylor, un ensemble de principes de gestion du travail, ce que l'on a appelé au début du XXe siècle l'organisation scientifique du travail (OST). Loin de s'appliquer à toutes les situations, celle-ci devait répondre aux défis posés par des productions diversifiées en petite et moyenne série, les travailleurs étant mis sur des postes fixes le long d'une ligne non mécanisée[1]. Un service spécialisé, dirigé par un ingénieur et travaillant avec les salariés les plus performants, analyse et chronomètre les tâches de production. Il en découle l'attribution d'un temps « normal » d'exécution. Le salaire, payé à la tâche, est augmenté de 30 à 100 % si la procédure et le temps alloué sont respectés, voire améliorés. Par là, on lutte contre les temps morts, qu'ils découlent d'une mauvaise organisation ou de la tendance spontanée des travailleurs à choisir leur propre rythme, ce que Taylor appelait la « flânerie ouvrière ».

En approfondissant cette définition, on trouve la combinaison de deux options : le chronométrage des tâches et la recherche d'un compromis social, à travers un système de rémunération récompensant les travailleurs les plus rapides. Il y a ici l'idée que les ouvriers et les patrons peuvent avoir des intérêts communs. Une dernière caractéristique du taylorisme est la croyance que le processus de rationalisation du travail n'admet qu'une voie optimale : la *one best way*.

Par la suite, et abusivement, le mot taylorisme a désigné une organisation du travail reposant sur la séparation absolue entre conception et exécution du travail et poussant à son comble la décomposition des tâches en sous-tâches, puis en actes, voire gestes, élémentaires. Or la séparation de la conception et l'exécution du travail est apparue vers 1750, alors que le travail répétitif et parcellisé est une conséquence du travail à la chaîne semi-automatique, apparue bien après Taylor.

Plus abusivement encore, le taylorisme désigne un âge du capitalisme : celui du travail à la chaîne (en gros de 1920 à 1970 pour les pays développés). Dans certaines grandes entreprises, qui sont restées minoritaires, l'instauration du travail à la chaîne a permis de recruter et de mettre au travail des ouvriers peu ou pas qualifiés, et de les astreindre à des tâches répétitives sans avoir à les former. C'est l'ère de l'OS, l'ouvrier spécialisé qui porte si mal son nom puisque précisément il n'est spécialisé en rien ! Si les patrons ont obtenu par là une main-d'œuvre à bas prix, les contreparties sont catastrophiques : les salariés travaillent de manière monotone, dans la dépendance la plus totale, sans aucune prise sur leur rythme et sans la moindre perspective de carrière. Et l'entreprise peut subir de très fort taux d'absentéisme et de *turnover*[2].

Or le travail à la chaîne a toujours été minoritaire [*voir encadré B*], alors que d'autres formes de travail répétitif ont été instaurées, notamment dans le tertiaire, par exemple le travail en *pool* ou le tri postal manuel.

Le taylorisme est ainsi à la fois un (et même plusieurs) mythe(s) et une réalité. Il a fini par désigner à lui tout seul les conflits et les contradictions du travail moderne : ces problèmes énormes sont sans doute dénoncés, mais aussi mal analysés, par le recours abusif à ce terme.

1. Voir Robert Boyer et Michel Freyssinet, *Les Modèles productifs*, La Découverte, « Repères » 2000.
2. Taux de *turnover* ou taux de rotation : pourcentage des salariés qui quittent l'entreprise chaque année (ou qui la rejoignent) à effectifs constants. Un fort taux de *turnover* est coûteux parce que cela désorganise la production et qu'il faut mettre au courant les nouveaux arrivants.

« adhocraties » (organisations rassemblant des travailleurs aux compétences très diverses et combinant l'ajustement mutuel et la standardisation des qualifications, par exemple pour réaliser un film ou un prototype de voiture) prennent une place grandissante.

Il en découle deux conséquences partiellement contradictoires. D'un côté, on valorise les initiatives individuelles et on rémunère les performances individuelles, ce qui conduit par exemple à cesser de rétribuer les salariés selon leur ancienneté ou à minimiser l'importance de ce critère dans l'établissement de leur salaire. D'un autre côté, l'engagement dans le collectif de travail demeure valorisé, tout comme la loyauté et l'implication collective. Une manière de résoudre ce conflit est de promouvoir délibérément une « culture d'entreprise ». Ce que l'on appelait autrefois l'« esprit de corps », qui naissait plus ou moins spontanément du travail réalisé en commun, devient aujourd'hui une « charte d'entreprise » valorisant certaines qualités ou certains comportements, et en proscrivant d'autres. Des documents écrits détaillent l'ambition et les valeurs de l'entreprise, auxquelles les salariés sont invités à participer. Plus que des tentatives d'embrigadement des salariés, qui auraient peu de chances d'aboutir, ces « chartes » fixent les règles du jeu et cherchent à promouvoir une coopération entre les salariés.

La rationalisation du travail a surtout été étudiée dans les grandes industries, ce qui n'a pas empêché ses manifestations d'apparaître aussi dans les services et notamment au sein des grandes bureaucraties. Un exemple parlant est celui de l'assurance automobile. Tant que les automobilistes étaient peu nombreux, et fortunés, l'assurance d'un véhicule s'est faite par un contrat « sur mesure », négocié avec chaque propriétaire. Dès lors que l'automobile s'est répandue et que l'assurance est devenue obligatoire, un document type a été établi pour ce service de masse, et l'employé se borne à enregistrer les indications nécessaires dans un programme informatique. On reconnaît là les avantages de la standardisation.

Les services correspondant aujourd'hui à plus de 70 % des emplois, il est utile de se demander si ce secteur obéit à des tendances spécifiques. Jean Gadrey a opposé deux processus de rationalisation qui affectent les services : la « rationalisation industrielle » et la « rationalisation professionnelle »[1]. La première repose précisément sur la standardisation, sur la spécialisation, et tente de contrôler les moyens et les procédés. Il en découle des services plutôt impersonnels, figurant dans des nomenclatures. Cette industrialisation du tertiaire, si l'on peut dire, est élaborée par un groupe d'experts séparés, une « technostructure », qui établit une ligne de produits et tente de mécaniser voire d'automatiser la production. Un exemple d'une telle rationalisation est donné par certains services bancaires. Dans les années 1970, pour retirer de l'argent, le titulaire d'un compte devait présenter sa demande au guichet d'accueil d'une agence et faire un chèque que l'employé encaissait avant de lui remettre l'argent liquide. Désormais des distributeurs automatiques de billets de banque ont pris la place des employés au guichet. On remarque que le client lui-même effectue seul les opérations nécessaires. En quelque sorte, c'est lui qui travaille et non plus l'employé de banque.

Mais il reste des employés de banque dans les agences, qui sont là pour répondre à des demandes plus complexes, comme l'établissement d'un dossier de prêt. Ce qui conduit à la seconde rationalisation, la « rationalisation professionnelle ». Elle repose sur la formalisation de procédures et de routines issues de l'expérience, et l'apprentissage se fait grâce à l'adaptation aux cas hors normes, qui peuvent être les plus nombreux. Les services peuvent alors être plus ou moins complexes et plus ou moins individualisés, ce qui signifie une évaluation par les résultats et non plus par les moyens. Les

1. Jean Gadrey, *Services : la productivité en questions*, Desclée de Brouwer, 1996, p. 335 et suiv.

Encadré D : *Les cinq modes de coordination du travail selon Henry Mintzberg*

L'ajustement direct met en présence quelques opérateurs pour des tâches simples : par exemple, deux rameurs sur un petit bateau. Chacun observe l'autre et se règle sur lui.
La supervision simple intervient lorsque le nombre augmente. Il y a alors une personne qui commande, donne les instructions. Pour conserver l'exemple du bateau, lorsqu'il y a cinq rameurs, il y a souvent un barreur pour les coordonner.
Les trois autres modes de coordination sont les trois manières de surmonter les inévitables conflits ou difficultés qui apparaissent entre un superviseur et ses supervisés : soit que le chef demande trop d'efforts, soit que la complexité des tâches rende impossible la coordination par une seule personne. Ce sont des standardisations : c'est-à-dire des règles du jeu posées préalablement.
La standardisation des procédés : on est alors proche du taylorisme (premier sens du terme). Les tâches sont précisées en détail, un rythme général d'exécution étant imposé à chacun.
La standardisation des résultats : demander à une équipe semi-autonome de monter en deux jours tant de voitures, ou encore demander à une filiale de produire ou de vendre tant de marchandises, de réaliser telle marge bénéficiaire.
La standardisation des qualifications : pour certaines tâches particulièrement complexes, ce sont des opérateurs longuement formés qui pourront aviser au mieux. Par exemple, un chirurgien et un anesthésiste qui ne se sont jamais rencontrés peuvent effectuer ensemble une opération, leur formation commune garantissant normalement qu'ils sauront se coordonner. La standardisation des qualifications, qui garantit des automatismes partagés, peut ainsi revenir à l'ajustement mutuel, mais en plus sophistiqué.

tâches sont établies par des professionnels expérimentés et par des groupes de projets, et il en découle une forte proximité entre la conception et l'exécution. Les machines sont alors plus des appuis à la décision et à la résolution de problèmes, que des automates. Dans le cas d'un prêt bancaire, l'employé a recours à l'ordinateur pour simuler les remboursements selon les montants et les calendriers, et non pour obtenir la décision d'attribution d'un prêt.

Cette analyse retrouve ainsi des tendances qui se font jour au sein même du secteur industriel, vers davantage d'autonomie et d'initiative professionnelle. Le terme de « rationalisation industrielle » doit être pris au sens de l'industrie traditionnelle. On doit remarquer pour finir que l'interdépendance entre l'industrie et les services est très étroite : il a bien fallu construire (industriellement) le distributeur automatique de billets de banque, et des travailleurs spécialisés assurent son entretien. Symétriquement, l'industrie n'a jamais pu fonctionner sans des secrétariats et des services de recherche et de vente. Ceux-ci peuvent être intégrés dans l'entreprise industrielle, c'est le cas traditionnel. Mais il est aussi possible de confier à des entreprises sous-traitantes spécialisées certains services, c'est alors un choix d'externalisation. Depuis les années 1980, les entreprises industrielles ont été nombreuses à « externaliser » une partie plus ou moins vaste de leur activité : bureaux d'études, de conception, réseaux de distribution, et même parfois services de recrutement et d'établissement des fiches de paie. La rationalisation de la production mène alors à une dilution des responsabilités initialement assurées par un seul employeur.

II. CONFLITS ET STRATÉGIES DU TRAVAIL

On peut définir le capitalisme comme une société fondée sur la mise en valeur du travail, et en ce sens notre époque reste dominée par les bouleversements de l'ère industrielle, qui se sont fait sentir bien au-delà des portes des usines et des ateliers. Les entreprises ont littéralement façonné notre monde en structurant divers « marchés du travail », et les conflits qu'elles ont générés sont à l'origine d'institutions majeures, mais aussi d'un monde complexe et hiérarchisé.

De la fabrique à la société industrielle

Rassembler de multiples travailleurs n'est pas apparu d'emblée comme la meilleure solution pour produire à grande échelle : les entreprises du début de l'ère industrielle, possédées par des marchands-fabricants, ont souvent eu recours à une forme particulière de sous-traitance, appelée le *putting out system* : les travailleurs effectuent leur travail à domicile, en famille, et des commis représentant le patron passent leur déposer les matières premières à transformer, puis prennent livraison des produits finis. Parfois, le patron loue même des machines aux ouvriers (et parfois il les oblige à se fournir à ses propres boutiques pour les aliments). Ce premier capitalisme a pu ainsi se développer à la campagne. Il a donné lieu à un processus d'exploitation particulièrement violent, les ouvriers restant isolés les uns des autres et donc étant à la merci du donneur d'ordre. Souvent ces travailleurs faisaient travailler toute leur famille avec des horaires invraisemblables, pour terminer dans les temps une commande.

Ensuite est apparue la manufacture dans laquelle on a concentré les salariés, puis l'usine autour d'une source d'énergie (charbon, vapeur). C'est avec l'usine qu'apparaît le machinisme. Bouleversement des modes d'utilisation du travail : on fait travailler séparément les hommes et les femmes (voire les enfants), et les familles sont déstabilisées par cette nouveauté qui empêche l'éducation des enfants. Les horaires sont extrêmement longs (parfois 14 heures par jour) et la

Encadré E : *L'opposition Le Creusot-Billancourt entre 1900 et 1914*

Clairement mise en évidence par Jacques Freyssinet en 1982, l'opposition est radicale en France au début du siècle entre le traitement que les usines Schneider réservent à leur main-d'œuvre et l'attitude de Renault. Les deux entreprises industrielles sont des mastodontes pour l'époque : Schneider compte 14 000 salariés en 1900, et emploie 80 % de la population active du Creusot; Renault, fondé plus tardivement en 1898, compte 5 000 salariés en 1914.

D'un côté, au sein d'une « ville à la campagne » créée autour des activités sidérurgiques, se déploie, dans toute sa cohérence, une logique paternaliste allant jusqu'au patronage, avec la prise en charge de l'essentiel des besoins des salariés et de leurs enfants : le logement, *via* des lotissements, le contrôle de la qualité des bâtiments, une aide à la construction; l'enseignement, avec 1 200 élèves en 1914 dans les écoles dépendantes de l'entreprise, dont les niveaux vont de la scolarisation initiale à la formation d'ingénieurs maison; la santé et la protection sociale, avec un établissement de soins gratuits, une maison de retraite, l'ensemble étant financé pour partie par des prélèvements sur les salaires et pour partie par l'entreprise; les loisirs aussi, avec des associations.

Si beaucoup de ces dispositions frappent par leur modernisme, elles sont alors solidaires d'une position hégémonique, voire envahissante de la famille Schneider, dont la ville entière du Creusot dépend ; elle contrôle la municipalité et, entre uniformes et pressions antisyndicales, la fusion de l'usine et de la société se fait sous le signe de l'autoritarisme. Ajoutons, pour compléter le tableau, que les salaires sont plutôt bas, l'ensemble des avantages en nature et de la sécurité de l'emploi compensant leur faible niveau.

Radicalement différente est la situation à Billancourt : il s'agit désormais du bassin d'emploi parisien, et Renault se contente de puiser dans ce vaste vivier les ouvriers de métier dont a besoin la fabrication automobile à ses débuts : des serruriers, des menuisiers, des chaudronniers. Pour attirer cette main-d'œuvre turbulente et plutôt qualifiée, les salaires sont supérieurs à ceux pratiqués par le marché : en 1911, il sont à 10 % au-dessus de ceux des ouvriers métallurgistes, eux-mêmes deux fois supérieurs au salaire moyen des ouvriers de l'industrie. L'embauche est rapide : il suffit de se présenter le matin, et la décision est prise par le contremaître après une journée d'essai. Mais la mise à pied est encore plus expéditive : on peut « remercier sans indemnité » en prévenant une heure à l'avance... En cas de conflits ou de baisse d'activité, la direction procède à des licenciements massifs, par exemple en mars 1913, 436 ouvriers sont mis à pied. Il n'y a pas d'œuvres sociales.

Ce qui deviendra l'usine phare du prolétariat est à l'époque son exact opposé : un établissement privé se bornant à attirer au jour le jour les collaborations dont il a besoin.

Deux enseignements peuvent être retirés de ces faits bien établis. Tout d'abord, l'opposition entre les deux gestions des salariés s'alimente à, et se justifie par, la différence des marchés du travail de Paris et du Creusot. D'un côté (Paris), la main-d'œuvre est là, en quantité et qualité, et il suffit de l'attirer. De l'autre (Le Creusot), il faut faire venir des campagnes environnantes des travailleurs qu'il reste encore à former : on conçoit qu'il soit hautement souhaitable de les retenir sur le site. Cette dépendance vis-à-vis des contraintes ou des choix découlant de la localisation est typique d'une primauté de la « contingence » (le hasard ou les particularités d'un état de fait). En même temps, elle montre qu'en matière de main-d'œuvre il est indispensable d'introduire immédiatement le fonctionnement, voire les particularités du marché du travail. Mais les moyens de ces choix font synergie et se renforcent mutuellement. Il y a une cohérence entre l'engagement local de la direction de Schneider, l'emprise sur les modes de vie ouvriers, les salaires directs faibles compensés par les éléments indirects : ces éléments convergent pour constituer un collectif, voire une mini société dépendante. La stabilisation de la main-d'œuvre est en même temps son modelage. C'est en revanche par entrées et sorties, par tris et filtrages permanents, que procèdent les responsables de Renault pour obtenir les collaborations et compétences nécessaires : et la rapidité de l'embauche comme du licenciement a ainsi, au-delà de l'arbitraire aujourd'hui ressenti comme choquant, une indéniable dimension fonctionnelle, cependant que les hauts salaires assurent un nombre suffisant de candidatures.

Avec leurs contingences et sans être nécessairement formalisées, il s'agit bien, à notre sens, de stratégies des ressources humaines.

Bernard Gazier, *Les Stratégies des ressources humaines,*
La Découverte, « Repères »,
nouvelle éd., 2001.

Encadré F : ***Les institutions collectives des relations professionnelles et de la protection sociale en France – Une petite chronologie***

1864 : suppression du délit de coalition.
1884 : liberté d'association professionnelle ; il devient légalement possible de créer un syndicat.
1898 : loi sur les accidents du travail. La sécurité du travail relève des obligations de l'employeur.
1928 : loi sur les assurances sociales, créant un début de Sécurité sociale.
1936 : Accords Matignon (Front populaire), favorisant les conventions collectives et instaurant la semaine de 40 heures et les congés payés.
1945-1946 : série de lois et d'ordonnances créant la Sécurité sociale (maladie, maternité et famille, retraite).
1950 : création du salaire minimum interprofessionnel garanti (SMIG).
1967 : réforme de l'assurance chômage créant l'Agence nationale pour l'emploi (ANPE).
1970 : création du salaire minimum interprofessionnel de croissance (SMIC), dont le niveau peut augmenter avec la croissance du pays.
1971 : loi Delors organisant la formation professionnelle continue.
1998 et 2000 : lois Aubry instaurant les 35 heures.

lutte pour une journée de travail normale (de 8 heures) a été un des premiers combats du mouvement ouvrier. En France, une loi de 1906 accorde un repos hebdomadaire, et la journée de 8 heures a été instaurée par la loi en 1919. La semaine de 40 heures a été l'une des principales mesures du Front populaire en 1936.

On doit distinguer au moins deux manières de s'alimenter en main-d'œuvre, dont les conséquences économiques et sociales sont très différentes. D'un côté, l'entreprise peut se contenter d'acheter, en quelque sorte, le travail dont elle a besoin, au meilleur prix. Si les salariés nécessaires sont peu qualifiés, abondants et disponibles, le prix peut être très bas. C'est le cas notamment de l'industrie textile, recrutant des ouvrières peu qualifiées. S'il est nécessaire d'attirer des salariés possédant un métier élaboré, le salaire offert peut être élevé. Ce fut le cas de Renault à Billancourt vers 1914 [*voir encadré E*]. D'un autre côté, l'entreprise peut faire le choix de fixer ses salariés, en se les attachant durablement. Alors il faut leur assurer un logement, des carrières, des organismes de formation et de loisir... Ce fut le choix des aciéries Schneider au Creusot, dès les années 1870 [*voir encadré E*]. De nos jours, les grandes entreprises oscillent entre ces deux pôles, cependant que les plus petites sont plus proches du premier.

Bien des innovations légales ou institutionnelles survenues au cours des XIXe et XXe siècles ont imposé un contrôle de la collectivité sur l'utilisation du travail. Les choses ont commencé par une législation protectrice élémentaire, par exemple l'interdiction de faire travailler les enfants, qui remonte à 1841 (une loi fixe l'âge d'admission à... 8 ans et interdit aux enfants les travaux de nuit ou dangereux; de 12 à 16 ans il était licite de faire travailler les enfants 72 heures par semaine; or cette loi n'a jamais été appliquée). Mais les changements ont été plus profonds. Énumérons, sans nous attarder, quelques-uns de ces piliers de notre monde :
– *le droit du travail* et la représentation syndicale;
– *les négociations collectives;*
– *le salaire minimum;*
– *la Sécurité sociale* et l'indemnisation du chômage;
– *la formation professionnelle.*

Depuis les années 1950 le capitalisme est socialisé, c'est-à-dire contrôlé par de multiples organismes et institutions recherchant la croissance et une répartition des revenus jugée acceptable. Il est ainsi différent de celui qui prévalait au XIXe siècle. Pour souligner cette énorme mutation, certains économistes ont qualifié de « fordisme » (en hommage rétrospectif au constructeur automobile américain Henry Ford) cette nouvelle version du capitalisme qui se serait généralisée à partir des années 1950 dans les pays développés. Celle nouvelle version du capitalisme ayant rencontré des difficultés dès les années 1970, tout un débat s'en est suivi à propos des tendances actuelles : serions-nous dans un « postfordisme » ? ou un « néofordisme » ? Mais cette question n'est pas bien formulée. Le terme « fordisme » méconnaît la diversité des « modèles productifs », dont le modèle « fordien » n'est qu'un exemple parmi beaucoup d'autres [*voir encadrés F et G*].

Inégalités et conflits du travail

Le monde du travail est inégalitaire et hiérarchisé, selon des clivages multiples. On doit commencer par l'opposition classique et ancienne entre cadres et ouvriers. C'est aussi bien leur niveau de revenu que leur place dans la hiérarchie de l'entreprise et leurs valeurs et modes de vie qui les distinguent. Mais cette distinction n'a pas la même portée selon les pays : l'écart moyen de salaires entre l'ingénieur et l'ouvrier (qualifié) allemands est de 1 à 2, alors qu'il est en France de 1 à 3. L'explication principale tient à la forte formation technique reçue par les ouvriers allemands. Ensuite, les catégories intermédiaires sont devenues nombreuses, avec l'existence de techniciens et « professions intermédiaires ». Toutefois, si l'on rassemble avec les ouvriers la catégorie des employés, dont le niveau de vie et la position hiérarchique sont proches de ce groupe, on obtient encore une nette majorité des salariés en France en 2000. Enfin, les inégalités entre les hommes et les femmes sont remarquables et persistantes : en gros les femmes gagnent 30 % de moins que les hommes. Une fois tenu compte de leur moindre ancienneté sur le marché du travail et de leur moindre formation moyenne (cet écart tend à se réduire), il reste 15 % de différence. On voit peu en

Encadré G : *Du fordisme...*

Le célèbre « *five dollars day* » décrété par Henry Ford au début du XXe siècle consistait à garantir une assez forte rémunération à ses ouvriers, avec l'espoir de les stabiliser dans l'entreprise et de leur permettre d'acheter des voitures produites en grande série. Certains économistes y ont vu le symbole d'une transformation radicale du mode de fonctionnement du capitalisme. Dans sa première version, celle de l'accumulation « extensive », les gains des capitalistes étaient obtenus en minimisant les frais de personnel et en recherchant des débouchés en dehors du monde ouvrier. Le choix « fordien » de verser de hauts salaires était lié à un impératif de gestion : stabiliser les salariés et faire baisser le taux de *turnover*. Mais si l'on généralise cette initiative, on définit un capitalisme qui cherche ses débouchés en lui-même, c'est-à-dire auprès de ses propres salariés. Les gains de productivité associés à une production de masse permettent alors de développer la consommation de masse standardisée et de transformer ainsi l'accumulation du capital, qui devient « intensive ». Ce qui permettrait d'expliquer l'expansion des années 1950-1960 par l'instauration du « fordisme » et d'interpréter les difficultés économiques actuelles comme étant celles de l'épuisement de ce mode d'accumulation[1].

Il existe au moins trois limites à cette clé d'analyse du capitalisme, clé séduisante mais trop globale et trop vague :

1. La grande variété des versions nationales du « fordisme » et l'hétérogénéité des mécanismes à l'œuvre dans chaque pays (le « fordisme » ne pouvant concerner qu'un secteur hautement concentré) montrent la complexité des processus en cause.
2. Les sources du dérèglement actuel de ce mode de régulation ne sont pas clairement établies : « crise du travail » (mais le chômage semble avoir singulièrement limité la propension à faire grève ou l'absentéisme, ce qui réduit la portée de cette explication), épuisement des gains de productivité (qu'il reste à expliquer), diversification de la demande...
3. La difficulté de définir les contours de ce qui serait un néo- ou postfordisme enfin, semble cantonner la thèse du « fordisme » à une explication rétrospective.

1. Les principaux auteurs qui ont développé l'opposition entre accumulation extensive et intensive sont les économistes français Robert Boyer et Michel Aglietta.

Encadré H : *... à la diversité des « modèles productifs »*

Dans un livre récent[1], Robert Boyer a montré, avec Michel Freyssenet, que le « fordisme » n'était qu'un « modèle productif » parmi au moins six autres. Et ils l'ont fait en se limitant à l'industrie automobile ! Ceux-ci définissent un « modèle productif » comme un « compromis de gouvernement d'entreprise » qui permet de mettre en œuvre durablement une stratégie de profit viable, grâce à des moyens cohérents et acceptables par les acteurs concernés. Les moyens sont de trois ordres : une politique de produit, c'est-à-dire le choix de ce que l'on va produire et du marché sur lequel on va opérer; une organisation productive; une relation salariale. Un premier « modèle productif » est le modèle taylorien, qui repose sur une orientation stratégique générale qualifiée de « diversité et flexibilité » : on produit des petites et moyennes séries, et on peut se réorienter rapidement. Dans ce cadre, les principes tayloriens (temps alloués à une tâche précise : salaire lié à la performance) définissent un premier modèle. Toutefois l'option « diversité et flexibilité » peut aussi être obtenue en mettant des opérateurs en équipes et en leur reconnaissant davantage d'autonomie : c'est alors un second « modèle productif », qualifié de « woollardien » par les auteurs, en hommage à Frank Woollard, ingénieur chez Morris, qui avait affirmé ces principes dès les années 1920. Le modèle « fordien » est une troisième option, qui repose sur une stratégie « volume » : il s'agit de produire des voitures peu variées en très grande série. Mais un quatrième modèle correspond à la stratégie « volume et diversité », c'est le modèle « sloanien », en hommage à Alfred P. Sloan, qui recherche les positions dominantes sur les marchés mais en offrant une assez grande variété de voitures. Deux autres modèles enfin consistent soit à rechercher une « baisse permanente des coûts », c'est le modèle « toyotien », soit à combiner « innovation et flexibilité », c'est alors le modèle « hondien ». Toyota, Honda : ces deux constructeurs japonais, que l'on a parfois rassemblés sous l'étiquette du « post-fordisme », mettent ainsi en œuvre des choix stratégiques tout à fait différents, que l'on ne doit pas confondre. D'un côté la « production au plus juste », qui repose sur l'élimination des stocks et des délais, mais ne fait guère appel à l'innovation; de l'autre la recherche permanente de produits nouveaux.

Non seulement les auteurs montrent qu'il n'y a pas de séquence nécessaire menant du taylorisme au « fordisme » puis à un « post-fordisme » inspirés par l'expérience des firmes japonaises, mais ils affirment l'actualité de chacun de leurs six modèles...

1. Robert Boyer, Michel Freyssinet, *Les Modèles productifs, op. cit.*

France de discrimination ouverte (payer différemment deux personnes équivalentes faisant le même travail), il s'agit plutôt de filières différentes et désavantageuses pour les femmes.

L'organisation du travail tend, comme on l'a vu plus haut, à décentraliser l'exécution des tâches et à responsabiliser les travailleurs. On aurait tort de sous-estimer ce mouvement vers davantage de participation; mais on aurait tort aussi de penser qu'il donne le pouvoir aux travailleurs et notamment à ceux qui effectuent les tâches de production : il ne s'agit pas du tout des décisions essentielles qui portent sur les investissements, les choix de fabrication, les critères de rentabilité.

Les tendances actuelles de l'organisation du travail sont ainsi affectées par des rapports de force aujourd'hui très favorables aux entreprises et à leurs actionnaires. Les résultats des enquêtes successives « Conditions de travail » menées par l'INSEE montrent pour la France une nette tendance à l'accroissement de la pénibilité du travail. En 1984, le pourcentage des salariés déclarant subir des contraintes découlant de demandes de clients ou du public était de 28 %. Il est passé à 46 % en 1991, puis 54 % en 1998. En 1984, 17 % des salariés étaient soumis à un contrôle permanent de la hiérarchie, ils étaient 23 % en 1991 et 29 % en 1998. Parmi les facteurs de pénibilité le plus souvent cités, on trouve l'obligation de fréquemment abandonner une tâche pour une autre non prévue : c'est ce que déclarent 48 % des salariés en 1991, 56 % en 1998. On trouve également le fait de ne pas pouvoir interrompre son travail en dehors des pauses : 23 % en 1991, 29 % en 1998. En revanche, si 37 % des salariés se plaignaient en 1991 de ne pas pouvoir faire varier les délais, ils étaient moins nombreux en 1998 : 33 %.

Le monde du travail et de l'entreprise est ainsi fait de conflits et de coopérations, dont les enjeux et les acteurs varient au cours du temps.

Les grandes concentrations ouvrières et industrielles ont longtemps fourni aux syndicats leurs bataillons de salariés hommes partageant la même vision du monde et les mêmes objectifs. En France, durant les années 1950 et 1960, de puissants collectifs de travail se sont organisés dans un syndicalisme d'affrontement. La féminisation, la tertiarisation ont depuis lors déplacé les enjeux et transformé l'identité même des travailleurs et travailleuses. Une diversification s'est opérée depuis les années 1980 et a fait apparaître des groupes de salariés moins solidaires et moins radicaux. L'apparition d'un chômage de masse rarement en dessous de 10 % de la population active, la montée progressive des emplois précaires (les contrats à durée déterminée et les missions d'intérim restant toutefois minoritaires en France et représentant moins de 10 % du total des emplois en 2002) et les pratiques d'externalisation des firmes (recours aux sous-traitants et fractionnement des établissements) ont réduit la taille des regroupements de salariés et favorisé des comportements et des valeurs individualistes.

La question de la conciliation entre travail domestique et travail professionnel passe au premier plan, d'autant plus que l'on prend lentement conscience qu'en France le nombre d'heures consacrées aux enfants et à la vie familiale (repas, lessive, ménage...) est supérieur au nombre d'heures consacrées au travail rémunéré (43 milliards d'heures contre 39 milliards en 1997). L'enjeu de l'égalité entre les sexes devient essentiel, et les moins bien traités des travailleurs sont certaines travailleuses faiblement qualifiées et contraintes d'effectuer, après leur travail en entreprise, une seconde journée de travail, domestique celui-là. C'est notamment le cas des caissières des supermarchés.

En prenant un peu de recul, on constate que l'histoire du mouvement ouvrier est faite d'une combinaison de combats localisés et de grandes ruptures telles que la révolution russe de 1917, la prise du pouvoir par les sociaux-démocrates en Suède en 1933 ou le Front populaire en France en 1936. En France comme ailleurs, des affrontements sanglants ont marqué l'irruption de la contestation ouvrière : dès 1831 la révolte des Canuts (ouvriers du tissage de la soie) à Lyon a pris la forme d'une insurrection politique et a été réprimée dans le sang par le maréchal Soult. Le 1er mai 1891, à Fourmies, lors d'une manifestation de grévistes en faveur des 8 heures par jour, la troupe tire sur la foule et fait neuf morts, dont deux enfants, et une soixantaine de blessés. Ce qui est caractéristique du monde moderne n'est pas la disparition des conflits mais leur institutionnalisation : ils sont portés par des acteurs structurés et s'expriment, se résolvent et se poursuivent selon des règles plus ou moins détaillées.

La base des conflits a toujours été double. D'une part, la lutte pour de meilleurs salaires et de meilleures conditions de travail. D'autre part, la recherche de l'autonomie. L'ouvrier sur une chaîne n'est pas seulement victime des cadences, il est dépossédé de tout contrôle voire de toute compréhension de son travail. C'est précisément ce qu'on lui demande : effectuer mécaniquement une série de gestes décidés ailleurs. Le contraste avec la situation d'avant la révolution industrielle est violent, mais surtout plus subtil et complet qu'il n'y paraît. Avant, le travail était réservé aux pauvres, donc peu ou pas intellectualisé, et laissé à l'appréciation du paysan ou de l'artisan. Désormais le travail est le lot de tous, même des plus hautes strates de la société (hormis un petit groupe de rentiers); il est soit intellectuel (le travail de l'élite), soit géré par des intellectuels (le bureau des méthodes, les normes techniques et sociales) et le contrôle descend en cascades. Domination et hiérarchie du savoir vont de pair. Mais aucune activité productrice ne tient sans l'implication active des travailleurs. Il a été montré que même dans les activités les plus répétitives, l'intervention humaine explore des marges d'initiative et d'autonomie. Le sociologue Jean-Daniel Reynaud parle de la « régulation autonome » exercée par les opérateurs, qui vient rééquilibrer la « régulation de contrôle » exercée par la firme et rend possible la coopération.

Les revendications sont donc complexes, elles vont de l'instauration d'une autre société à des affirmations gestionnaires et participatives. Elles sont portées par de multiples organisations syndicales. Dans certains pays, les syndicats regroupent les salariés au niveau de l'entreprise, dans d'autres pays ce sont les branches et les regroupements interprofessionnels qui prévalent. Il est ici utile de situer la France au regard des autres pays développés. Le syndicalisme français est faible et dispersé. En termes d'effectifs, il est le plus faible de l'OCDE : en 2000, il regroupe 9% des salariés, contre 13,5% aux États-Unis, 15% en Espagne, 29% au Royaume-Uni, 29,7% en Allemagne, 35,4% en Italie... Les pays du nord de l'Europe forment quant à eux un bloc à part, avec de très hauts niveaux de syndicalisation : Suède 79%, Danemark 87,5%... Dans un contexte assez général d'érosion du pouvoir syndical (sauf dans les pays nordiques), l'évolution française est singulièrement plus marquée qu'ailleurs. D'où vient cette situation et quelle en est la portée ?

Il y a d'abord le rôle indéniable joué par la persistance du chômage de masse en France, qui fait craindre à tout salarié du secteur privé de perdre son emploi. Dans un contexte de restructurations fréquentes, ce sont les salariés du secteur public ou nationalisé qui résistent le mieux et finissent par porter les revendications de l'ensemble des salariés. C'est ainsi que le nombre de journées de grève en France est passé d'un niveau moyen de 4,5 millions de journées perdues par an[2] entre 1950 et 1980, à un niveau moyen de 1,5 million entre 1980 et 2000 (si l'on excepte l'année 1995), la part de la fonction publique et du secteur nationalisé ayant dépassé à plusieurs reprises 50%. On remarque une nette reprise de la conflictualité en 2000, avec près de 2,5 millions de jours de grève.

Le syndicalisme français est principalement structuré en confédérations ouvrières organisées en branches (CGT, CFDT et FO) dont les projets se distinguent par l'ampleur des transformations sociales revendiquées (recherche d'une rupture avec le capitalisme, promotion de réformes plus ou moins radicales ou accompagnement gestionnaire). Un militantisme de contestation, soit hors organisation soit au sein de nouvelles structures syndicales, telles que le syndicat SUD, s'exprime de manière radicale. Le patronat français est lui-même assez faiblement représentatif et structuré. Passé en 1998 du CNPF (Centre national du patronat français) au Medef (Mouvement des entreprises de France), il oscille entre l'affirmation d'un projet de société libéral et un rôle de lobby. Ce qui est en fait caractéristique de la France, ce n'est pas tant la division syndicale et la concurrence entre différentes organisations (qu'on retrouve par exemple en Espagne et en Italie), que le rôle prédominant joué par l'État dans la gestion des conflits de travail. Une bonne part des avancées obtenues par les salariés passe par le droit du travail et les interventions de l'État. Une importante contrepartie négative existe : le travail d'unification des revendications et de gestion des compromis en est singulièrement compliqué et le rôle des partenaires sociaux est affaibli même (et surtout) s'il est protégé. Signés par des négociateurs ne représentant qu'une minorité des travailleurs, les accords voient souvent leur portée réduite. Il en résulte

2. Mais l'absentéisme au sens strict a représenté durant cette période une cinquantaine de millions de journées perdues par an, ce qui relativise l'importance des grèves.

des conflits parfois « hors institution », faits d'explosions brusques suivies de périodes passives. On peut penser qu'un renforcement du mouvement syndical en France doit passer par un coup d'arrêt donné aux tendances à l'émiettement, ce qui signifie la multiplication d'actions communes voire de regroupements. Une opportunité en ce sens sera peut-être le e-syndicat, fondé sur la communication par Internet, qui permet l'offre de services nouveaux (aide juridique *on line*) et l'expression individuelle tout comme la circulation rapide des informations et des mots d'ordre.

III. CONCLUSION

Au cœur des conflits et des espoirs du monde moderne, le travail a toujours été associé à des craintes, des refus et des espoirs contradictoires. Du côté des protestations, on trouve la critique de l'aliénation et du travail abêtissant et la dénonciation du « management par le stress », mais aussi les critiques communes faites aux « accros du boulot » qui sacrifient leur vie personnelle à leurs ambitions professionnelles. On sait aussi que la souffrance des chômeurs ne se réduit pas à un manque d'argent et provient d'une perte de légitimité sociale : ne pas travailler c'est être exclu de la vie normale. Du côté des espoirs, l'idée que le travail permet l'affirmation de soi est de plus en plus présente, avec l'éloge de la « saga du boulot », mais elle coexiste avec l'affirmation ancienne et toujours d'actualité du « droit à la paresse »[3]. Crainte de pas assez de travail ou de trop de travail ? et quel travail ?

Dans un essai remarqué, la philosophe Dominique Meda a parlé du travail comme une « valeur en voie de disparition »[4], cependant que nombre de responsables de l'action sociale montraient que l'intégration sociale passait de plus en plus par l'intégration professionnelle et donc par le travail socialement reconnu et exercé dans le cadre d'un emploi. Ce que souligne en fait ce débat, c'est l'interpénétration grandissante entre les domaines publics et privés, et l'importance de rendre possibles et effectifs des choix personnels tout au long de la vie. Puisque le travail est devenu plus intellectuel et fait davantage appel à l'initiative et à l'investissement personnel, il ne peut plus être contrôlé seulement par l'action sur les collectifs regroupés dans des établissements de grande taille, et il suppose l'apparition et la mise en œuvre de nouvelles solidarités et de nouveaux droits : droit à la formation tout au long de la vie, à la réorientation professionnelle et à l'entretien des compétences, à la conciliation entre travail domestique et professionnel et notamment aux congés parentaux, à la formulation et à la mise en œuvre d'un projet personnel pouvant combiner des périodes de loisir ou de travail bénévole, militant ou associatif, et des périodes de travail traditionnel, salarié ou non salarié. Au tournant du millénaire, ces droits commencent à être affirmés, ils ne pourront l'être pleinement que dans le cadre d'un nouveau compromis entre les entreprises et les travailleurs, qui reste à imaginer et à construire.

Bernard Gazier

3. Paul Lafargue, gendre de Marx, a publié en 1880 un pamphlet intitulé *Le Droit à la paresse*, qui n'a pas beaucoup plu à son beau-père, partisan d'une émancipation plus laborieuse et organisée.
4. Dominique Meda, *Le Travail, une valeur en voie de disparition*, Aubier, 1995.

Synthèse et révision

En répondant aux questions suivantes, vous allez pouvoir préparer, chez vous et/ou en classe, une synthèse des connaissances fondamentales à acquérir sur un grand thème du programme. Cet exercice va vous permettre de construire vous-même dès maintenant la fiche qui vous sera indispensable au moment de vos révisions parce qu'elle contient ces connaissances de base. L'expérience montre que ce travail, complété par la maîtrise systématique des mots clés, est beaucoup plus efficace que la lecture de fiches « toutes prêtes » ou d'autres produits miracles.

Questions

NB. Le plan de cette fiche ne reprend pas exactement le plan du texte.

I. La division du travail

1. Pourquoi chercher à diviser le travail ?
2. Quelle nouvelle fonction la division du travail impose-t-elle ?

II. Les différentes formes d'organisation du travail

3. Montrez par des exemples la diversité des choix possibles en matière d'organisation du travail.
4. Après avoir rappelé les principes de base du taylorisme, expliquez le titre de l'encadré C.
5. Quelles sont les tendances actuelles de l'organisation du travail ?
6. Quelles formes le processus de rationalisation prend-il aujourd'hui ?

III. Conflits et stratégies du travail

7. Qu'est-ce qui caractérise le passage de la fabrique à la société industrielle ?
8. Montrez que le monde du travail est inégalitaire et hiérarchisé.
9. Quels sont les objets des conflits du travail ?
10. Quelle évolution peut-on observer dans les modes de résolution des conflits du travail ?
11. Caractérisez le syndicalisme français.

Mots clés

Division du travail • Rationalisation • Spécialisation des tâches • OST • Division horizontale et verticale du travail • Taylorisme • Parcellisation des tâches • OS (ouvrier spécialisé) • Fordisme • Travail à la chaîne • Travail posté • Économies d'échelle • Productivité • Polyvalence • Atelier flexible • Toyotisme • Travail en groupes semi-autonomes • Flux tendus ou juste-à-temps • Qualification • Compétences.

Dossier 1

Organisation du travail et gestion de la main-d'œuvre : du nouveau ?

Document 1

Les exigences de variété, de qualité, de délais afin de répondre, au plus près, à une demande qui se diversifie selon les âges, les revenus, les modes de vie, les aires géographiques, deviennent un axe central de la concurrence entre les entreprises. Cette nouvelle « modalité de la concurrence » conduit à la recherche de dispositifs productifs flexibles, pas simplement sur un plan quantitatif (1), mais également et surtout, sur un plan qualitatif : être capable de réaliser des produits et des services différents à partir des mêmes unités productives. Cette phase correspond à l'introduction massive des technologies flexibles, robots, automates programmables..., s'accompagnant généralement de réorganisations significatives pour mettre en place « une flexibilité organisationnelle ». ■

Christian du Tertre, « Activités immatérielles, subjectivité et productivité », Performances humaines et techniques, *Toulouse, n° hors série, septembre 1999, p. 86-88, in* Problèmes politiques et sociaux *n° 867, 2001.*

Document 2

Le développement de la concurrence internationale, du fait de l'ouverture croissante des marchés, de la globalisation des échanges et d'une nouvelle division internationale du travail, a profondément modifié les formes d'organisation des entreprises contraintes, pour survivre, à faire des économies, à exporter toujours plus, à développer la flexibilité sous toutes ses formes, à accroître leur compétitivité en passant d'une économie de l'offre et de la quantité à une économie de la demande et de la qualité. De ce fait, le sens même de l'activité professionnelle, dans les entreprises, a évolué et est devenu plus inséparable des moyens d'assurer leur compétitivité économique. ■

Claude Dubar, Pierre Tripier, Sociologie des professions, *Armand Colin, « U », 1998, p. 229.*

Document 3

Proportion de salariés qui doivent satisfaire une demande immédiate

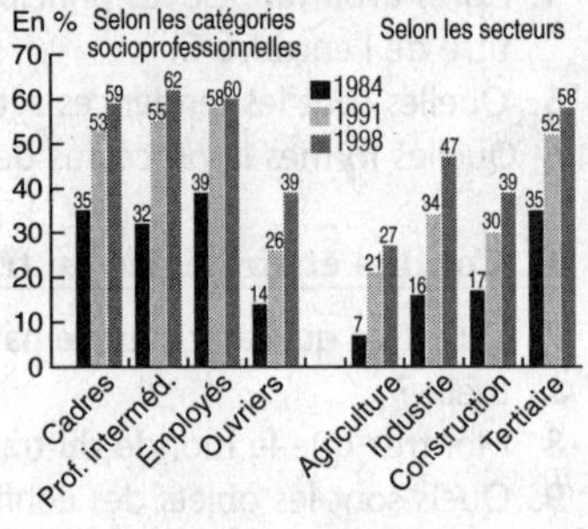

Source : Problèmes politiques et sociaux *n° 867,* op. cit.

Document 4

Une partie croissante de ce qu'on appelait les opérations de travail a été absorbée par les systèmes de machine, par l'automatisation des systèmes industriels, et/ou par la diffusion de l'informatique pour le traitement des calculs et de toutes les opérations élémentaires touchant à l'information.

La vitesse et le débit des machines l'emportent, de manière incontestablement supérieure, sur les opérations gestuelles humaines, voire même sur des opérations intellectuelles élémentaires (telles que les calculs et les mises en corrélation logique simples). [...]

La question est alors : sur quoi se repositionne l'activité humaine ? Elle se repositionne sur l'affrontement à des événements. [...]

Ces événements sont bien connus, ils font le quotidien de la vie d'un atelier automatisé. Ce sont les pannes, les dérives qualité, les matières manquantes, les changements imprévus de programme de fabrication, une demande impromptue d'un client, etc. Bref, tout ce qu'on appelle des aléas.

En quoi consiste alors travailler ? Essentiellement à être en attente vigilante de ces événements, essayer de les « voir venir », et y faire face quand ils surgissent. Y faire face avec succès, en maîtrisant l'événement, en permettant que la production reparte selon les critères attendus. [...]

Les événements, ce sont aussi [...] des problèmes inédits posés par son environnement et qui mobilisent les activités d'innovation. Par exemple, de nouveaux usages possibles des produits, des nouvelles attentes de la clientèle. L'événement apparaît ainsi au départ comme une interpellation de l'entreprise : êtes-vous capable de répondre à cette attente, de résoudre tel problème nouveau posé par un client ? [...]

1. L'événement signifie que la compétence professionnelle ne peut plus être enfermée dans des prédéfinitions de tâches à effectuer dans un poste de travail.

Elle ne peut plus être principalement inscrite dans du travail prescrit. La compétence professionnelle consiste à faire face à des événements de manière pertinente et experte. Et cette compétence appartient en propre à l'individu, et non pas au poste de travail. Il serait d'ailleurs absurde, en langue française, de parler d'un poste de travail compétent ! [...]

Questions sur l'ensemble du dossier

1. À quelles nouvelles contraintes les entreprises doivent-elles faire face ? [*doc. 1 et 2*]
2. Les données statistiques du graphique illustrent-elles une partie de l'analyse précédente ? [*doc. 3*]
3. Quelles sont les conséquences de ces nouvelles contraintes sur la nature du travail ? [*doc. 4*]
4. Quelles sont désormais, compte tenu de cette évolution, les qualités des salariés attendues par l'entreprise ? [*doc. 4*]
5. Que cela suppose-t-il en termes d'organisation du travail ? [*doc. 4*]
6. Les informations de ce document statistique confirment-elles les conclusions précédentes ? [*doc. 5*]
7. À partir des documents 6, 7, 8 et 9, montrez en quoi les exemples pris dans les trois entreprises illustrent les nouveaux modes de gestion de la main-d'œuvre fondés sur les compétences.

2. La compétence doit, face à un événement, être automobilisée par l'individu dans la situation concrète, et reconsidérée ensuite dans l'étude *a posteriori* de l'événement. Il y a donc une part incontournable d'initiative qui vient de l'individu lui-même, qui ne peut pas venir de prescripteurs ni d'une hiérarchie. [...]

3. En plus, les événements, dès qu'ils sont un peu complexes et importants, dépassent le savoir et l'action d'un individu singulier. Ils supposent l'intense mobilisation d'un réseau d'acteurs. Et cette intense mobilisation (autour d'une panne, autour d'un malade...) ne peut s'effectuer que s'il existe déjà des relations préalables entre ces acteurs, que si les compétences, les échanges verbaux, les rôles réussissent à s'ajuster entre eux, au sein de ce réseau. Le travail devient directement collectif. ■

Philippe Zarifian,
Objectif : compétence : par une nouvelle logique, *Éditions Liaisons, 1999,*
in Problèmes politiques et sociaux *n° 867,* ibid.

Document 5

Proportion de salariés... (en %)	– auxquels on dit comment faire le travail		– qui appliquent strictement les consignes		– qui font généralement appel à d'autres pour régler les incidents		– qui ne peuvent pas faire varier leurs délais	
	1991	1998	1991	1998	1991	1998	1991	1998
Ensemble	**18**	**14**	**42**	**37**	**35**	**28**	**37**	**33**
dont :								
Cadres	3	3	20	18	10	10	25	24
Professions intermédiaires	8	7	29	29	20	18	27	26
Employés	19	16	47	43	40	32	36	32
Ouvriers	28	23	53	45	48	40	49	44
dont :								
Agriculture	24	22	43	45	41	38	30	28
Industrie	24	16	46	39	39	31	43	38
Construction	23	22	42	37	39	33	41	39
Tertiaire	15	13	40	36	33	27	34	31

Source : enquêtes « Conditions de travail », MES-OARES, in Jennifer Bué, Catherine Rougerie, « L'organisation du travail : entre contrainte et initiative », Les Dossiers de la DARES, *ministère de l'Emploi et de la Solidarité, La Documentation française n° 4, 2000.*

Document 6

Depuis la fin des années 1970, il devient de plus en plus courant de substituer la notion de compétence à celle de qualification. Désormais, on n'essaie plus de définir la qualification à partir des qualités requises pour exercer un poste déterminé, on tente d'élaborer une définition fonctionnelle du travail conçu comme un ensemble d'activité exigeant des savoirs spécifiques. Cette évaluation des compétences repose sur des critères classants parmi lesquels : autonomie, responsabilité, type d'activité, connaissances requises. Ils constituent des indicateurs généraux de mesure, des référents qui doivent permettre d'établir une évaluation personnalisée du travailleur. ■

Thierry Jean

Document 7

Un exemple japonais de tableau d'évaluations d'ouvriers et d'employés	
Critères pris en compte concernant l'attitude vis-à-vis du travail	
Résultats quantitatifs	Réalisation Quantité de travail Progression de l'efficacité
Résultats qualitatifs	Réalisation Quantité de travail Progression de l'efficacité
Objectifs fixés par l'intéressé	Améliore-t-il ses objectifs Les objectifs sont-ils atteints ?
Créativité Inventivité	Nombre de suggestions Intérêt des suggestions
Coopération	Maîtrise de soi et de son affect Soumission au supérieur Respect de la discipline au travail Coopération et collaboration avec les autres et non-attachement ses propres opinions et à ses propres intérêts
Esprit d'initiative	Volonté de développement personnel (participation à la formation) Attitude vis-à-vis du *Kaizen* (suggestions) Attitude de « challenge » au-delà du travail demandé
Responsabilité	Responsabilité vis-à-vis de son travail Se dérobe-t-il face à ses responsabilités ? Peut-on lui donner du travail en toute confiance (autonomie) ?
Absentéisme	Nombre de jours d'absence (hors congés payés et congés de menstruations) Retards, départs avant l'heure

Traduit du japonais.
Source : J.-P. Durand et J. Durand-Sebag, « Les faces cachées du modèle japonais », Prospecta *(Université d'Evry), CEFRESS, (Université d'Amiens), juin 1992.*

Document 8

Pour améliorer la flexibilité de leur outil de production, les entreprises ont été conduites à décentraliser le pouvoir de décision. Elles ont responsabilisé les agents de production et développé la polyvalence des individus. La mise en œuvre des « organisations qualifiantes » pour accroître la flexibilité productive s'est manifestée par la définition de répertoires des compétences et par l'articulation entre elles des pratiques d'évaluation, de formation et de rémunération. Ainsi, chez 3M, pour accroître la polyvalence dans les usines de production de « Post-it », l'entreprise a identifié les compétences liées à son activité telles que l'évaluation des risques, l'autocontrôle, la prévention, la conduite d'équipement, le diagnostic, la maintenance, le changement de formats et de lames, la gestion des ordres de fabrication, etc. Des procédures de démultiplication de ces compétences ont été mises en œuvre : groupes de résolution de problèmes, tutorat, stages de formation avec des procédures d'évaluation par les responsables d'atelier de l'acquisition réelle des compétences. Enfin, la certification de l'acquisition des compétences par un comité d'experts du site de production donne lieu à une rémunération des compétences acquises. Cette gestion des compétences permet de développer efficacement la polyvalence. Par exemple, sur le site de production de Beauchamps, 90 % des opératrices sont polyvalentes sur deux lignes de conditionnement ou de découpe différentes, et 100 % des opérateurs contrôlent eux-mêmes leur production. ■

Michel Ferrary, Georges Trépo,
« La gestion des compétences : un outil stratégique »,
Sciences humaines *n° 81, mars 1998.*

Document 9

Dans le travail qu'il a consacré à la réorganisation d'une usine d'armement, Thomas Perilleux[1] fait une analyse très précise des formes de sélection qui ont accompagné le passage de l'ancien atelier d'usinage – un hall où travaillaient 800 femmes opératrices-machines – au nouvel atelier composé de pool de machines à commande numérique polyvalentes. Ce processus, qui s'est étalé sur environ cinq années, a vu les effectifs de l'entreprise passer de 10 000 à 1 400 salariés. Les ouvrières ont été licenciées et les « opérateurs » qui travaillent dans le nouvel atelier sont tous d'anciens régleurs. Les niveaux hiérarchiques ont été réduits de 9 à 4. La nouvelle organisation doit permettre « l'implication » et la « responsabilisation » des « opérateurs ». Des épreuves sont instaurées pour l'accès au nouvel atelier qui personnalisent la sélection. La sélection se fait sur la base d'un examen technique et d'un test en *Assessment Center* au service d'embauche de l'entreprise. L'examen technique porte sur des connaissances mathématiques, de dessin et des machines. Le test psychologique porte sur des mises en situation de groupes. Il doit vérifier « l'aptitude à travailler en équipe, savoir transmettre des connaissances, avoir l'esprit d'analyse et de synthèse, être apte à assimiler de nouvelles connaissances ». Ces épreuves visent à appréhender la plasticité des opérateurs, leur capacité à se prendre au jeu, mais aussi à « intervenir sans emportement émotionnel », à « être ouvert aux autres » en « évitant l'irritabilité ». ■

Luc Boltanski, Ève Chiapello,
Le Nouvel Esprit du capitalisme,
Gallimard, 1999.

1. T. Périlleux, *Le Travail des épreuves, Dispositifs de production et formes de souffrance dans une entreprise industrielle,* Paris, thèse de l'EHESS, 1997.

Dossier 2

Organisation du travail et gestion de la main-d'œuvre : quel progrès ?

Questions sur l'ensemble du dossier

La montée des contraintes
[*doc. 1, 2, 3 et 4*]
1. Quelle tendance peut-on dégager de ces quatre documents ?

Une autonomie à relativiser
[*doc. 5, 6 et 7*]
2. En quoi la polyactivité chez Toyota reste-t-elle limitée ? [*doc. 5*] Cette situation illustre-t-elle l'analyse de D. Linhart ? [*doc. 6*]
3. Le développement de l'autonomie dans le travail se justifie théoriquement par l'exigence de qualité. Cela correspond-il à la réalité ? [*doc. 7*]

Document 1

Même si de nouvelles formes d'organisation se font jour, le travail taylorisé n'a pas disparu. Les ouvriers de type industriel demeurent largement soumis au travail à la chaîne. Ce dernier, loin de se résorber, progresse de 7,5 % en 1984 à 15 % en 1998 chez les qualifiés, de 20 à 30 % chez les non-qualifiés. Il concerne plus d'un salarié sur cinq dans l'habillement, l'industrie automobile, les industries agricoles et alimentaires.

16 % des ouvriers déclarent en 1998 que leur rythme de travail leur est imposé par le déplacement automatique d'un produit ou d'une pièce ; ils n'étaient que 6,5 % en 1984. 19 % déclarent travailler sous la cadence automatique d'une machine (11 % en 1984). C'est dans les entreprises de taille moyenne que ce type de contrainte se développe, alors même qu'il diminue ou se stabilise dans les grandes.

Au total, le travail sous cadences concerne au premier chef les ouvriers non qualifiés de type industriel. Mais les ouvriers qualifiés aussi déclarent de plus en plus travailler sous cadences, selon une progression d'ailleurs plus rapide que pour les non-qualifiés, si bien qu'en 1998 plus de 650 000 ouvriers qualifiés de type industriel sont concernés, contre 500 000 en 1991.

Les ouvriers ne sont pas les seuls touchés par les cadences : de plus en plus de techniciens et d'agents de maîtrise les identifient comme des contraintes qui s'appliquent à leur propre travail (techniciens : 2 % en 1984, 4 % en 1991, 10 % en 1998 ; agents de maîtrise : 6 % en 1984, 8 % en 1991, 11 % en 1998). ■

Jennifer Bué, Catherine Rougerie, « L'organisation du travail : entre contrainte et initiative » Les Dossiers de la DARES, *ministère de l'Emploi et de la Solidarité, La Documentation française, 2000,* in Problèmes politiques et sociaux *n° 867, décembre 2001, p. 17.*

Document 2

La montée des contraintes de rythme

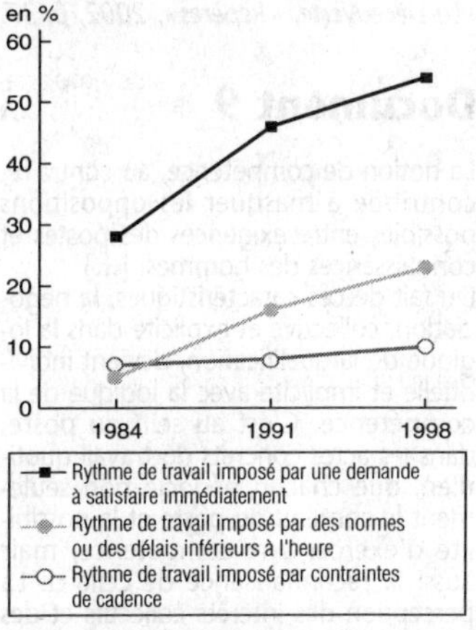

Source : enquêtes « Conditions de travail », MES-DARES in Jennifer Bué, Catherine Rougerie, ibid.

Document 3

Chez Mac Do

En caisse, les cadences sont définies par la demande des clients mais, en cuisine, la plupart des équipements, identiques partout, sont équipés de minuteurs et sonnent pour réclamer l'intervention de l'équipier de service. Les différentes opérations sont minutieusement définies dans des manuels de procédures, identiques elles aussi pour tous les restaurants. La production s'effectue en juste-à-temps, avec un tout petit « stock-tampon » à l'arrière des caisses pour pouvoir servir les clients sans attendre. L'alimentation de ce stock-tampon est une responsabilité éminente du *swing manager* responsable de la zone des caisses. Au fait, qui a dit que l'époque du travail taylorisé était terminée ? ■

Guillaume Duval, L'Entreprise efficace à l'heure de Swatch et Mc Donald's. *Syros, coll. « Alternatives économiques » ,1998.*

Questions sur l'ensemble du dossier

(suite)

Les compétences contre les qualifications [*doc. 8*]

4. Quels étaient les avantages des grilles de qualification ? Comment avaient-elles été obtenues ?
5. Selon l'auteur, quelle est la vraie justification d'une hiérarchie des salaires et des activités reposant sur les compétences ?

Le risque du dualisme et de l'exclusion [*doc. 9*]

6. Comment expliquer le succès de la rémunération basée sur les compétences ?
7. Pourquoi peut-on dire que les nouvelles gestions de la main-d'œuvre favorisent la précarisation de l'emploi, voire contribuent à l'exclusion du monde du travail d'une partie de la population ?

Les conséquences sur les conditions de travail [*doc. 10, 11 et 12*]

8. Montrez quelles sont les conséquences des nouvelles formes de gestion de la main-d'œuvre sur les conditions de travail.

Document 4

Quelques catégories particulièrement concernées par le travail répétitif

	Proportion de salariés qui doivent répéter continuellement une même série de gestes			... dans des cycles de moins d'une minute		
	1984	1991	1998	1984	1991	1998
Ensemble	20	30	29	5	7	7
dont :						
Employés des postes et télécommunications	36	48	62	10	18	24
Employés de la santé	20	36	41	3	3	4
Employés des transports	34	30	37	8	9	16
Employés des libres-services	44	64	67	18	30	40
Vendeurs en alimentation	24	40	37	6	14	11
Employés de l'hôtellerie et de la restauration	20	46	42	5	10	16
Ouvriers qualifiés de type industriel	35	46	51	10	13	15
Ouvriers non qualifiés de type industriel	58	68	70	22	30	31
Ouvriers qualifiés de la manutention, du transport et du magasinage	31	45	41	7	11	10

Source : enquêtes « Conditions de travail », MES-DARES, ibid., p. 18.

Document 5

D'après Kazuo Koïke, la productivité élevée des firmes japonaises naît de la compétence intellectuelle de leurs opérateurs.

Par compétence intellectuelle, Kazuo Koïke entend donc les capacités des salariés à faire du *kaïzen*[1] et à résoudre des problèmes qui surgissent dans leur travail.

Sans nier catégoriquement sa thèse, trois remarques s'imposent. D'abord, il sous-estime l'importance des activités ordinaires, à savoir le travail que font les opérateurs. Clairement, le mode de travail toyotien constitue la source de la productivité et de la qualité : non seulement la polyactivité et l'assurance de la qualité sur le tas, mais aussi les cadences de travail élevées et le travail très intensif. Ensuite, la discussion sur la capacité de *kaïzen* doit être nuancée car

la réalité des activités de *kaïzen* n'est pas aussi simple : lorsqu'il est effectué pour augmenter la productivité, il relève de la tâche des agents d'encadrement et des ingénieurs, et non pas de celle des opérateurs. Enfin, les opérateurs ne peuvent pas toujours résoudre des problèmes apparus au cours de leur travail. Une simple visite de l'atelier de montage laisse voir que lorsqu'un opérateur a arrêté la ligne de montage pour une raison technique, chefs de groupe, d'équipe et de sous-section viennent observer et résoudre son problème. Cela signifie que lesdites capacités ne sont pas assumées par l'opérateur mais par l'agent d'encadrement.
Comme la tâche d'un opérateur comprend plusieurs opérations élémentaires, qui d'ailleurs changent de temps en temps, les opérateurs doivent être polyvalents. En outre, Toyota pratique la rotation des tâches dans l'équipe de travail pour former des « ouvriers polyvalents ». Pourtant, la polyvalence signifie pouvoir faire les opérations élémentaires d'une ligne de fabrication ou d'un segment de la ligne de montage. Ainsi, en 1994, certains salariés fabriquaient le même genre de pièce depuis dix ans, ou travaillaient sur le même segment de la ligne de montage depuis plus de vingt ans bien qu'ils soient promus agents d'encadrement. ■

Koïchi Shimizu, Le Toyotisme, *La Découverte, « Repères », Paris, 1999.*

1. « Les Japonais nomment "kaïzen" cette démarche critique, graduelle et continue, qu'ils appliquent d'une façon générale au fonctionnement de leurs organisations ». Annick Bourguignon, *Le Modèle japonais de gestion,* La Découverte, « Repères », 1993. Voir aussi Lexique.

Document 6

Les directions s'efforcent de développer un nouveau type de contrôle social, qui s'exerce directement sur les esprits, sur la subjectivité sans engager véritablement les transformations de l'organisation du travail correspondante. [...]
Les principes n'ont guère changé qui discriminent soigneusement entre tâches de conception et d'organisation, d'un côté, et tâches d'exécution, de l'autre. [...] Les directions ne semblent pas pour l'heure, et dans la majorité des cas, renoncer aux principes tayloriens majeurs de l'organisation du travail parce qu'elles ne sont pas convaincues de disposer d'une main-d'œuvre suffisamment fiable. En revanche, elles se sont d'ores et déjà lancées dans ce qu'on peut appeler une bataille identitaire pour moderniser la tête des salariés, c'est-à-dire leur faire intérioriser les valeurs, la culture, les méthodes standard de raisonnement de l'entreprise, sur le mode du *one best way* managérial, à partir de la rationalité dominante de l'entreprise excluant tout débat, toute discussion possible, toute proposition alternative quant à la manière de gérer. Il s'agit de les obliger à se défaire des solidarités de métier, de classe pour épouser les seules valeurs de l'entreprise. ■

Danièle Linhart, Robert Linhart, « L'évolution et l'organisation du travail », in Jacques Kergoat, Josiane Boutier, Danièle Linhart, Henri Jacot, Le Monde du travail, *La Découverte, « L'état des savoirs », 1998.*

Document 7

La qualité est devenue, durant les années quatre-vingt, un enjeu central pour tous les producteurs de biens, mais aussi de services, un critère de différenciation essentiel dans un monde en excédent structurel d'offre. Mais qualité ne peut rimer qu'avec répétitivité : pour pouvoir garantir la qualité d'un produit ou d'une prestation, il faut être sûr qu'aucune opération, dans la chaîne de production, ne puisse engendrer de défaut ou de dysfonctionnement. Il faut donc connaître dans le détail ce que chacun fait et spécifier ce que chacun doit faire. Pour pouvoir garantir une qualité élevée et stable, pas question de laisser les salariés agir à leur humeur. C'est le fondement même du taylorisme. Les politiques de qualité totale, la norme Iso 9000 en particulier, ont été des accélérateurs formidables de la taylorisation ces dernières années, notamment dans les activités de service, au sein des sociétés industrielles comme dans la banque, l'assurance ou la distribution. ■

Guillaume Duval, in Alternatives économiques *n° 132, décembre 1995.*

Document 8

Les classifications d'emploi, dans les conventions collectives de branche adoptées à partir de 1936 puis 1945, reposaient sur des listes de métiers très précisément délimités (les « grilles Parodi »). Cette précision constituait une garantie pour les salariés, qui obtenaient en principe une qualification égale à travail égal, dans n'importe quelle entreprise au sein de la branche professionnelle. Elle facilitait aussi la mobilité des salariés d'une entreprise à l'autre. Mais elle introduisait une rigidité pour les employeurs, empêchés de modifier l'affectation d'un travailleur ou la composition de ses tâches quand ils l'estimaient nécessaire. À partir de 1975 et de l'accord de classification dans la métallurgie, les entreprises ont progressivement repris le contrôle de la définition des classifications grâce aux « critères classants ». Avec cette nouvelle technique, chaque personne est classée en fonction de son score sur une liste de critères. Outre le niveau de formation, la plupart des branches professionnelles ont retenu des critères comme l'autonomie, la responsabilité, la « compétence »... plus difficiles à objectiver. L'appréciation des critères, poste par poste, est en général du seul ressort de l'employeur, même si des commissions paritaires existent parfois pour examiner les litiges. Il y a là à la fois une individualisation du mode de classement et un contrôle patronal accru sur le résultat de ce classement. ■

Thomas Coutrot, Critique de l'organisation du travail, *La Découverte, « Repères », 2002, p. 37.*

Document 9

La notion de compétence, au contraire, contribue à masquer les oppositions possibles entre exigences des postes et connaissances des hommes. [...]
Du fait de ces caractéristiques, la négociation, collective et explicite dans la logique de la qualification, devient individuelle et implicite avec la logique de la compétence. C'est au sein du poste, dans les actes concrets du travail quotidien, que chacun négocie non seulement le contenu du poste et la possibilité d'exercer une compétence, mais aussi la reconnaissance de celle-ci. La perception des intérêts collectifs et des oppositions est masquée par la multiplicité des transactions individuelles auxquelles donnent lieu l'exercice et même la reconnaissance de la compétence.
Ainsi, par son effet de dévoilement des rapports de pouvoir, le thème de la qualification, en partie imposé contre les pratiques d'entreprise, apparaît bien une arme au service des salariés; celui de la compétence, au contraire, allant de pair avec une vision unifiée de l'entreprise et avec la valorisation des intérêts communs aux salariés comme à l'entreprise, semble, lui, issu directement des besoins des directions. ■

Élisabeth Dugué, Sociologie du travail *n° 3, 1994, repris dans* Problèmes économiques *n° 2420, 19 avril 1995.*

Document 10

Nous devons à l'article de Thomas Coutrot une tentative pour lier les « innovations organisationnelles » à la politique de l'emploi des organisations concernées. Il constate ainsi que l'adoption d'innovations va de pair avec une « plus grande sélectivité dans la gestion du personnel » : ainsi 23 % des établissements les plus innovants ont à la fois licencié et recruté du personnel d'une même catégorie, contre 16 % pour l'ensemble des établissements. Pour autant, le taux de *turn over* qui mesure le renouvellement du personnel en pourcentage des effectifs totaux, que l'auteur analyse comme le résultat d'une volonté plus ou moins forte de fidélisation de la part de l'employeur, apparaît plus faible dans les établissements innovants, à l'exception de ceux qui pratiquent le juste-à-temps, que dans l'ensemble des établissements. Une façon de résoudre la contradiction apparente entre ces deux tendances est de faire l'hypothèse que ces « établissements innovants » fonctionnent avec un groupe permanent de travailleurs précaires qui coexiste avec du personnel pour lequel on déploie des politiques de fidélisation. Les déplacements destinés à donner plus de flexibilité externe aux firmes ont eu en effet comme conséquence le développement pour toute une frange de la population d'une précarité liée soit à la nature de l'emploi (intérim, contrats à durée déterminée CDD, temps partiel ou variable), soit à sa position dans des entreprises sous-traitantes qui sont en première ligne pour subir les variations de conjoncture et d'ailleurs fortement utilisatrices de travail précaire pour cette raison même. Cette précarisation n'est cependant pas incompatible avec, par exemple, l'augmentation des dépenses de formation pour ceux qui ne sont pas soumis à cette insécurité. [...]

Les critères antérieurs de sélection et de promotion, comme les critères d'ancienneté, sont dénoncés et formellement abandonnés. De nouveaux critères apparaissent : autonomie, communication, plasticité, ouverture à autrui. La sélection à partir de ces nouveaux critères produit des effets irréversibles d'exclusion de l'organisation, avec, notamment, de nombreuses mises à la retraite anticipée. [...]

Ainsi vingt années de sélection systématique, au cours desquelles se sont trouvés écartés, chaque fois que se présentait l'opportunité d'un choix, les moins « mobiles », les moins « adaptables », les moins « diplômés », les « trop vieux », les « trop jeunes », les « originaires » d'Afrique du Nord, d'Afrique noire, etc., nous ont conduits à la situation actuelle marquée, on l'a vu, par une dualisation de plus en plus nette des situations de travail entre ceux qui bénéficient d'une certaine sécurité – même si elle peut être remise en cause par la fermeture de leur établissement ou par la mise en œuvre de réductions d'effectifs –, et ceux qui, condamnés à la précarité et à des salaires médiocres, voient chaque jour un peu plus se restreindre leurs possibilités d'accéder à un emploi régulier. ■

Luc Boltanski, Ève Chiapello, Le Nouvel Esprit du capitalisme, *Gallimard, 1999.*

Document 11

Intensification du travail et TMS

Il y a probablement consensus chez les professionnels de santé : les évolutions de l'organisation du travail ont entraîné une intensification du travail dont les conséquences en termes de fatigue, de surmenage, d'épuisement, d'usure et de pathologies d'hypersollicitation sont manifestes.

Les pathologies musculo-tendineuses d'hypersollicitation (les « TMS »), en constante augmentation, constituent aujourd'hui, et de très loin, la première cause de maladie professionnelle indemnisable. De 1 040 cas reconnus en 1990, nous sommes passés, en 1996, à 5 852 cas.

Les pathologies périarticulaires dues aux gestes répétitifs ne sont que le symptôme le plus visible de l'intensification. Les conséquences de celle-ci s'étendent à l'ensemble des modalités d'atteinte à la santé. ■

Philippe Davezies, Évolution des organisations du travail et atteintes à la santé, *Travailler 3, 1999,* in Problèmes politiques et sociaux, *n° 867, 2001, p. 58.*

Document 12

« Un état du marché dégradé, un chômage qui reste élevé, un amoindrissement des garanties collectives, une multiplication des emplois précaires, un déclin du syndicalisme et de nouvelles formes d'organisation augmentent l'intensité du travail. On a supprimé des postes de maintenance pour désormais se remplacer les uns les autres. La polyvalence a chassé les temps morts », explique Michel Gollac, directeur de recherche au Centre d'études de l'emploi (CEE). Les bilans sont unanimes pour pointer une « surcharge » professionnelle en constante augmentation. Selon l'Apec (Association pour l'emploi des cadres, ingénieurs et techniciens), 60 % des cadres interrogés au printemps dernier jugent leur charge de travail excessive. Notre sondage Liaisons sociales-Manpower réalisé en juillet 2000 est révélateur : près des trois quarts des salariés interrogés reconnaissent éprouver du stress dans le cadre de leur activité. Et pratiquement la moitié d'entre eux en rendent responsable leur charge de travail. ■

Sandrine Foulon, « Salariés, le stress vous gagne », Liaisons sociales, *septembre 2000,* in Problèmes politiques et sociaux, op. cit., *p. 58.*

Document 13

La peur comme système de management ?

« On observe une généralisation de la peur dans l'entreprise, qui devient un véritable système de management », constate Christophe Dejours[1] en détaillant ce processus : c'est d'abord la peur de la précarisation, c'est-à-dire la peur permanente d'être licencié si l'on n'est pas jugé performant. En raison de l'ampleur du chômage, un chef d'entreprise peut facilement rappeler à son personnel que, s'il n'est pas assez « productif », il pourra rapidement être remplacé par quelqu'un de plus « performant », ou simplement de plus jeune ou de plus « motivé », acceptant un salaire moins élevé. La seconde grande peur est liée à l'évaluation permanente des salariés et de leur « rentabilité ». Le salarié doit montrer qu'il contribue à apporter un bénéfice à l'entreprise, et doit lui-même en faire la preuve, en fournissant une « auto évaluation » de son activité. ■

25e Journées nationales de médecine du travail, 23-26 juin 1998, rapports de thèmes, in wwwaimt67.org (association interentreprises de médecine du travail du Bas-Rhin).

1. Directeur du laboratoire de psychologie du travail du CNAM à Paris.

Dossier 3 • Fiche TD

Indices, TCAM

L'objectif est de comprendre à quel point différents instruments simples (indices, taux de croissance annuel moyen) peuvent faciliter l'analyse des données. Les six premiers tableaux sont relatifs à la productivité horaire du travail (valeur ajoutée par heure de travail, à prix constants), les deux derniers au PIB par habitant (valeur ajoutée par habitant à prix constants).

Productivité horaire du travail

Tableau 1

En dollars de 1990 et par heure	1870	1913	1950	1973	1998
Allemagne	1,55	3,03	3,99	14,76	26,56
États-Unis	2,25	5,12	12,65	23,72	34,55
France	1,38	2,88	5,82	18,02	33,72
Japon	0,46	1,08	2,08	11,57	22,54
Royaume-Uni	2,55	4,31	7,93	15,97	27,45

Tableau 2

	1913 (1870 = 100)	1950 (1913 = 100)	1973 (1950 = 100)	1998 (1973 = 100)	1998 (1950 = 100)
Allemagne	195	132	370	180	666
États-Unis	228	?	188	146	273
France	209	202	310	187	579
Japon	235	193	556	195	1 084
Royaume-Uni	169	184	?	172	346

Tableau 3

TCAM en %	1870-1913	1913-1950	1950-1973	1973-1998	1950-1998
Allemagne	1,6	0,8	5,9	2,4	4,0
États-Unis	1,9	2,5	2,8	1,5	?
France	1,7	1,9	5,0	2,5	3,7
Japon	2,0	1,8	?	2,7	5,1
Royaume-Uni	1,2	1,7	3,1	2,2	2,6

Tableau 4

	1870	1913	1950	1973	1998
Allemagne	100	195	257	952	1 714
États-Unis	100	?	562	1 054	1 536
France	100	209	422	1 306	2 443
Japon	100	235	452	2 515	?
Royaume-Uni	100	169	311	626	1 076

Questions sur l'ensemble du dossier

1. Cherchez dans l'un des six premiers tableaux de quel pourcentage la productivité du travail a augmenté en France de 1950 à 1998. Par combien a-t-elle été multipliée pendant cette période ? À quel taux de croissance annuel moyen cela correspond-il ?
2. Calculez les indices et les taux de croissance manquants dans les tableaux 2 et 3 (le calcul du TCAM est présenté page 37). Quelles caractéristiques chacun de ces tableaux met-il en évidence ? Comment permettent-ils d'opposer les pays et les périodes ? Quel est celui qui vous semble le plus intéressant pour comparer les performances entre les périodes ?
3. Calculez les indices manquants dans le tableau 4. L'indice de 1998 pour la France est le produit de plusieurs indices du tableau 2. Lesquels ? Quel est l'intérêt de ce tableau 4 ?
4. Calculez les indices manquants des tableaux 5 et 6. Comment expliquer le niveau atteint par l'Allemagne en 1950 dans le tableau 6 ? En quoi cela remet-il en cause la signification des taux calculés dans le tableau 3 ?
5. Quelles caractéristiques chacun des tableaux 5 et 6 met-il en évidence ? Comment permettent-ils d'opposer les pays et les périodes ? Quel est celui qui vous semble le plus intéressant pour comparer les performances entre les pays ? Certains résultats de ces deux tableaux vous surprennent-ils ? Pourquoi ?
6. Soit les performances de la France dans le tableau 3. Imaginez que le tableau ne comprenne que les périodes 1870-1913, 1913-1950 et 1950-1998. En quoi les constats seraient-ils différents ? Quel phénomène ignorerait-on alors ?

Tableau 5

	1870	1913	1950	1973	1998
Allemagne	4	9	12	43	77
États-Unis	?	15	37	69	100
France	4	8	17	52	98
Japon	1	3	6	33	65
Royaume-Uni	7	12	23	?	79

Tableau 6

	1870	1913	1950	1973	1998
Allemagne	69	59	?	62	77
États-Unis	100	100	100	100	100
France	61	56	46	76	98
Japon	20	21	16	49	65
Royaume-Uni	?	84	63	67	79

PIB par habitant

Tableau 7

Taux de croissance annuel moyen (%)					
	1870-1913	1913-1950	1950-1973	1973-1998	1950-1998
Allemagne	1,6	0,2	5,0	1,6	3,2
États-Unis	1,8	1,6	2,5	2,0	2,2
France	1,5	1,1	4,1	1,6	2,8
Japon	1,5	0,9	8,1	2,3	5,0
Royaume-Uni	1,0	0,9	2,4	1,8	2,1

Tableau 8

Indice sur base 100 pour les États-Unis					
	1870	1913	1950	1973	1998
Allemagne	74	69	41	72	65
États-Unis	100	100	100	100	100
France	77	66	55	79	72
Japon	30	26	20	69	73
Royaume-Uni	131	93	72	72	68

Source : Angus Madison, L'Économie mondiale, une perspective millénaire, *OCDE, 2001.*

Questions sur l'ensemble du dossier *(suite)*

7. Des tableaux 1 à 6, lequel vous semble le plus intéressant ?
8. Parmi les facteurs suivants, quels sont ceux dont les changements pourraient expliquer que la valeur ajoutée par heure de travail et la valeur ajoutée par habitant n'évoluent pas de la même façon : durée annuelle du travail, durée des études, âge de la retraite, taux de chômage, solde extérieur, espérance de vie, taux d'activité des femmes, taux d'activité des hommes, immigration, émigration, durée des vacances, durée hebdomadaire du travail.
9. Comparez les résultats des tableaux 3 et 7 pour la France. Comment expliquez-vous les différences ?
10. Comparez les résultats des tableaux 6 et 8 de 1950 à 1998 pour la France, l'Allemagne et le Japon. Commentez.
11. Pour certains économistes, les « trente glorieuses » constitueraient une parenthèse, une exception, dans l'histoire économique depuis un siècle. Dans quelle mesure les données de ce dossier permettent-elles de répondre à cette question très débattue ?
12. Pour simuler les problèmes posés par l'avenir des retraites, le COR (Conseil d'orientation des retraites, Rapport 2001) fait l'hypothèse d'une hausse de la productivité horaire du travail de 1,6 % chaque année de 2000 à 2040. Compte tenu des évolutions de longue période décrites dans ce dossier, comment peut-on apprécier cette hypothèse ?

Sujet de bac

DISSERTATION

→ MÉTHODES POUR LE BAC pages 738-751

▶ NTIC ET TAYLORISME

Sujet : L'introduction des nouvelles technologies de l'information et de la communication (NTIC) dans les entreprises est-elle en contradiction avec l'organisation taylorienne du travail ?

Document 1

On constate que l'utilisation des NTIC modifie la répartition des compétences dans le collectif de travail. C'est dans le cas du centre d'appel pour les liaisons informatiques des entreprises que l'évolution est la plus nette. Les opérateurs de ce centre d'appel avaient une compétence technique limitée, et devaient, dans 80 % des communications, renvoyer les appels à des experts. Une base de données collective a alors été créée qui permettait de capitaliser l'expérience des différents opérateurs et d'incorporer les réponses des experts. Au bout de deux ans, les opérateurs pouvaient répondre directement à 64 % des appels. Ce transfert de compétences s'est fait à la satisfaction des deux parties. Les opérateurs avaient beaucoup moins d'appels à transférer et étaient satisfaits de ne plus passer pour incompétents. De leur côté, les experts n'avaient plus besoin d'intervenir pour les problèmes simples. ■

P.-J. Benghozi, P. Flichy, A. d'Iribarne, « Le développement des NTIC » in Internet en entreprise, Réseaux *vol. 18, n° 104, 2000.*

Document 2

En modifiant les flux d'informations et les modes d'accès à ces informations qui structurent l'organisation de l'entreprise, les NTIC contribuent à la « débureaucratiser », ainsi qu'à alléger l'encadrement intermédiaire qui joue traditionnellement un rôle de relais d'information entre le bas et le haut de l'échelle. Elles obligent l'entreprise à redéfinir les rôles et les responsabilités de chacun, à redessiner l'architecture des circuits et des procédures de décision. Parce qu'elles rendent l'information accessible à tous, les NTIC remettent en question les anciens modes d'organisation très hiérarchisés : le rôle de transmetteur d'informations est transféré du « chef » vers le réseau. Comme la détention – voire la rétention – d'informations détermine souvent le statut hiérarchique, l'organisation doit être repensée. Dans l'entreprise « orientée NTIC », la responsabilité est reconnue au plus compétent, et non pas au plus gradé ou à celui dont le statut est le plus éminent. L'exercice du contrôle n'est plus (comme dans une pyramide) le fait d'un seul homme ou d'une seule « ligne » verticale, mais il est distribué horizontalement à travers l'ossature d'une organisation par équipes de projets. ■

Jacques Champeaux, Christian Bret, La Cyberentreprise, *Dunod, 2000, p. 12-13, 65-66, 82-83* in Problèmes politiques et sociaux *n° 867, 2001.*

Document 3

Quels sont les enjeux des NTIC ?

Les principaux enjeux tournent autour d'une nouvelle organisation du travail plus collective, plus coopérative et plus interactive. Il est évident qu'un groupe a une capacité supérieure à la simple addition de ses membres individualisés : le travail coopératif, rendu plus facile à mettre en œuvre avec les NTIC, fournit des moyens supplémentaires d'aide au diagnostic, à la prise de décision et au pilotage des processus de production. Les types d'organisation rendus possibles par la mise en place de projet de gestion des connaissances définissent des objectifs d'accroissement de la performance individuelle, nécessitant le renforcement des compétences et surtout le partage des savoir-faire. Le principe vise à favoriser l'autonomie des opérateurs pour les rendre plus aptes à affronter les fluctuations engendrées par des situations de production particulières. ■

Guide thématique Innovations et réalisations sociales *n° 1, juillet 2000,* in www.anact.fr *(agence pour l'amélioration des conditions de travail).*

Document 4

D'une certaine manière, l'informatique peut aider à maintenir l'organisation traditionnelle du travail si l'on considère qu'elle ne traite que des *signes* tandis que le traitement du *sens* pourra être réservé à une minorité de salariés. En reprenant la distinction essentielle qui traverse le salariat entre ceux qui exécutent un travail décidé ailleurs et ceux qui organisent le travail, ou bien en distinguant les salariés interchangeables de ceux qui ont la maîtrise du procès de transformation, on constate :
– que les premiers surveillent des installations qui ne travaillent que sur des signes et que, de plus, leurs rapports aux systèmes machiniques sont basés sur des réponses humaines simples à des signes machiniques ou s'inscrivent dans des procédures strictes (importance du travail prescrit déjà énoncé) ;
– que les seconds – et ceci est d'autant plus vrai que l'on s'élève dans la hiérarchie – travaillent majoritairement sur le sens de l'information traitée par les machines surveillées par les premiers.
[...] d'une part le recours à l'informatique complexifie les systèmes et exige des savoirs accrus et, d'autre part, l'organisation du travail héritée reproduit la disjonction entre travail simple prescrit et procédurier pour la majorité, et travail conceptuel pour une minorité. Ainsi les uns surveillent le traitement des signes pendant que les autres interprètent le sens. ■

Jean-Pierre Durand, « Mutations, résistances et significations », in *Robert Boyer, Jean-Pierre Durand,* L'Après-fordisme, *Syros, nouvelle éd., 1998.*

Document 5

Les technologies de l'intranet[1] comportent par nature des fonctions de collecte d'informations sur l'activité des différents salariés l'utilisant. Il est désormais possible de suivre très précisément l'activité sur un poste de travail informatisé (nombre et types de touches enfoncées sur un clavier, durée d'utilisation d'une application, données saisies). Il devient donc aisé d'effectuer un contrôle très précis de la productivité individuelle, qu'il s'agisse du travail sur ordinateur, sur caisse enregistreuse ou sur machine à commandes numériques, sans que l'employé en ait conscience. Dans cette perspective, nombreuses sont les entreprises qui filtrent l'accès à Internet afin de limiter la flânerie supposée (chère à Taylor) de leur salariés. De plus, le coût du contrôle de la productivité du travail a fortement diminué, notamment par la suppression de certains échelons hiérarchiques traditionnellement en charge de ce type de contrôle. ■

Henri Issac, Michel Kalika,
Revue française de gestion *n° 134, 2001,* in Problèmes économiques *n° 2729, 2001.*

1. Intranet : réseau interne d'une entreprise utilisant les technologies de l'internet.

Document 6

Dans une agence du Crédit Lyonnais il règne, ce midi, une grande affluence. Aimable, mais austère, un jeune guichetier, Jacques S., prend les chèques. Il appuie légèrement sur quelques touches et se concentre, silencieux, sur l'écran du «lecteur de chèques» électronique. Il lui a suffi de taper son code d'entrée puis de taper quelques ordres pour qu'apparaissent diverses précisions, elles aussi en code, et notamment le solde du compte-client concerné. Désormais le «super-guichet» regroupe le guichet et la comptabilité. L'énorme circulation de paperasses, le va-et-vient des employés entre les services, qui faisaient l'ordinaire auparavant, sont en voie de disparition. Pour Jacques S., le pire danger – lié à ce type de travail – est la déqualification progressive du travail. Quelques heures de manipulation, «baptisées pompeusement formation» suffisent à former n'importe quel auxiliaire, dit-il. «Le guichetier devient alors un simple vendeur plaçant des produits au moyen d'une argumentation standard, sauf dans les grandes agences où subsisteront quelques spécialistes pour répondre à la clientèle des entreprises.» [...] «À quoi bon acquérir un titre de comptable si l'on devient OS de banque?» s'interroge-t-il. De CAP en BEP, Jacques S. espérait gravir quelques échelons. Mais demain? Autre préoccupation : le rapport piégé avec la machine. [...] Le travail est de moins en moins concret, on n'a plus la pièce comptable devant soi, on perd peu à peu le sens de la réalité, du travail, de la profession. Ce n'est plus moi, mais la machine qui commande le rythme du travail. Je dois suivre, constate avec regret le jeune guichetier. ■

Danielle Rouard,
Découvrir l'entreprise, *Sirey, 1990.*

Sujet de bac

ÉPREUVE DE SYNTHÈSE

► LES FORMES D'ORGANISATION DU TRAVAIL

Travail préparatoire (*10 points*)

1. Rappelez quels sont les principes de base du taylorisme. [*doc. 1*] (*2 points*)
2. Quels sont les changements intervenus dans l'organisation de la production et pourquoi sont-ils peu compatibles avec la logique taylorienne d'organisation du travail? [*doc. 1*] (*2 points*)
3. Expliquez la phrase soulignée. [*doc. 2*] (*2 points*)
4. Définissez «standardisation». [*doc. 3*] (*1 point*)
5. Standardisation et différenciation sont-elles conciliables? [*doc. 3*] (*2 points*)
6. Comment expliquer la crise du travail à la fin des années 1960? Quelles sont ses conséquences pour les entreprises? [*doc. 4*] (*2 points*)

Question de synthèse (*10 points*)
Après avoir expliqué les raisons de la remise en cause des formes d'organisation du travail prédominantes au cours des dernières décennies, vous montrerez qu'elles sont loin d'avoir disparu.

Document 1

S'il est vrai que, de plus en plus, l'application de la dimension technique du taylorisme (à savoir la prédétermination des modalités d'exécution des tâches) pose problème, les choix managériaux débouchent sur des situations paradoxales où les salariés sont face à des contradictions insoutenables : on leur demande d'être autonomes, tout en cherchant à les contraindre par des impératifs de productivité difficilement conciliables avec les exigences de qualité qui leur sont imposées.
En effet, définir de façon précise et minutieuse des modes opératoires et les durées d'intervention n'est plus adapté au cadre d'un travail qui correspond de plus en plus, dans le secteur industriel, à des tâches de surveillance, de conduite d'installations; dans le secteur tertiaire à une interaction avec le client, et dans tous les cas à une part importante de gestion d'informations, de données, et d'aléas. Il est temps de sortir des logiques tayloriennes. ■

Danièle Linhart,
Le Monde diplomatique, *juin 2002.*

Document 2

Il existe un paradoxe au moins apparent entre la généralisation des marges d'initiative dans le déroulement des tâches et la progression du nombre de salariés déclarant être soumis à des contrôles permanents de leur hiérarchie (17 % en 1984, 23 % en 1991, 29 % en 1998). Ce paradoxe suggère deux explications opposées. D'un côté, l'augmentation des marges d'initiative peut avoir pour effet de rendre plus pesants et donc plus apparents des contrôles qui n'auraient pas changé dans leur contenu. Mais de l'autre, la logique marchande et les démarches de qualité, introduites dans de plus en plus d'entreprises, peuvent se traduire par un double mouvement de responsabilisation des salariés et de formalisation croissante de leurs tâches. Les démarches qualité consistent, en effet, à consigner sur le papier les processus du travail et à préciser les procédures de contrôle. Dans de nombreuses entreprises, des dispositifs de gestion exigeant la spécification des règles et des routines se développent. Or du côté des salariés, on constate que les normes de qualité se traduisent par une surveillance accrue de la hiérarchie. Et si, toutes choses égales par ailleurs, les cadences augmentent la probabilité d'être soumis à cette surveillance, il en va de même des délais courts, et de la demande immédiate. ■

Jennifer Bué, Catherine Rougerie, *«L'organisation du travail : entre contraintes et initiatives»,* Les Dossiers de la DARES, *ministère de l'Emploi et de la Solidarité, La Documentation française n° 4, 2000,* in Problèmes politiques et sociaux *n° 867, 2001, p. 33.*

Document 3

Si l'aspect extérieur des produits est beaucoup plus différencié que dans le passé, si plus d'options, de possibilités de choix sont offertes au consommateur, en revanche le mouvement de standardisation de leur cœur s'est poursuivi et même accéléré. Peugeot et Ci-

troën sont toujours deux marques au *look* et aux modèles différenciés, mais les moteurs, les plates-formes, les boîtes de vitesses… sont désormais les mêmes. Certes, il y a trente ans, il y avait moins d'options pour chaque modèle d'automobiles, mais l'éventail était en fait bien plus large sur le marché en termes de choix techniques fondamentaux. Pour des produits et des technologies récentes comme le micro-ordinateur, le magnétoscope ou le lecteur de disques compacts, le processus est d'emblée achevé : seules trois ou quatre sociétés, comme Intel pour les microprocesseurs ou Philips pour les platines CD, sont à même d'en produire le cœur. […]
Par exemple, c'est la face avant d'un magnétoscope qui lui donne son aspect particulier. Elle sera donc constituée d'une pièce plastique rapportée : on peut ainsi produire l'appareil de base en grande série, le même pour Philips et pour Thomson, et il suffit, pour les différencier, de poser une pièce plastique différente, en fin de chaîne, sur la face avant. […]
Swatch a rencontré un succès impressionnant en poussant cette logique jusqu'au bout avec ses montres : les mécanismes, les outils de production et d'assemblage sont tous identiques, seuls changent les couleurs et le décor du boîtier. ■

Guillaume Duval, L'Entreprise efficace à l'heure de Swatch et McDonald's, *Syros, coll. « Alternatives économiques » 1998, p. 40-41.*

→ MÉTHODES POUR LE BAC pages 738-751

Document 4

Quelques indicateurs de crise du travail dans différents pays

	Absentéisme	Turn over
France	*Industries minières et métallurgiques* 1964-1973 : 6,5 → 9,5 % *Renault* 1961-1974 : 4 → 8,5 %	
Italie		*Fiat (fonderie)* TO > 100 %
Angleterre	*Ford (Usine de Langley)* TO > 40 %	
RFA	*Ensemble de l'industrie* 1966-1972 : 4 → 11 %	
USA	*Chrysler* 1970-1975 : 7,5 → 9,7 %	*8 industries de transformation* 1966-1972 : 40 → 60 % *Ford* TO > 25 %

Source : Union des industries métallurgiques et minières; CEREQ, L'Évolution de l'emploi et la main-d'œuvre dans l'industrie automobile, *1977; D. Linhart,* Contenu et désaffection du travail industriel, *CEREBE, 1976; « La désaffection du travail ouvrier »,* Projet, *mai 1975; J. Rousselet,* L'Allergie au travail, *Le Seuil, 1974;* CFDT aujourd'hui, *juillet/août 1973. Tableau extrait de J. H. Lorenzi, O. Pastré, J. Tolédano,* La Crise du XXe siècle, *Economica, 1980.*

Chapitre IV

CROISSANCE, PROGRÈS TECHNIQUE ET EMPLOI

JEAN GADREY

Introduction

Dans le petit village des Ayekiens, cinq exploitants agricoles produisent avec cinq ouvriers agricoles de quoi nourrir leurs dix familles[1]. La valeur de cette production est de 1 000 thalers. Par un coup de baguette magique, la bonne fée Mossanta, qui s'ennuyait ferme, accroît soudain la fertilité de la terre, de telle sorte que le travail des cinq exploitants suffit désormais à obtenir la même production. Personne ne lui avait rien demandé et le résultat ne se fait pas attendre : cinq ouvriers sont licenciés, cinq familles sombrent dans la misère, cinq exploitants ne parviennent pas à écouler leur production, désormais excédentaire. Bien sûr, les exploitants pouvaient décider de partager le travail et tout le monde aurait pu faire la fête au village pendant le temps ainsi libéré. Mais les Ayekiens ne sont pas un peuple arriéré comme les Mossiens qui vivent de l'autre côté de la montagne : l'esprit du capitalisme plane sur leur territoire. Crise de surproduction, chômage, misère : tous maudissent cette idiote de Mossanta.

Celle-ci, vexée de s'être révélée incapable de prévoir un effet pervers, – une véritable faute professionnelle –, procure alors aux ouvriers agricoles les métiers et le fil leur permettant de produire du tissu en quantité suffisante pour s'habiller et échanger le surplus contre les 500 thalers de produits agricoles dont ils ont besoin pour se nourrir. Morale de ce conte merveilleusement économique : les gains de productivité dans l'agriculture libèrent de la main-d'œuvre pour le textile. Si, comme l'enseignait inlassablement l'économiste et démographe Alfred Sauvy (1898-1990), ce « déversement » de main-d'œuvre d'une branche dans l'autre s'effectue correctement, les emplois créés compensent les emplois détruits et le niveau de vie de tous augmente. Mais il faut pour cela une gentille fée, qui fournisse du capital aux ouvriers licenciés, leur donne l'idée d'un produit qui suscitera une demande et leur montre comment le produire. Rien que ça : de l'investissement, de l'innovation, de la demande, et de la formation…

Pourtant, sur longue période, cela fonctionne à peu près comme le raconte Alfred. Il y a deux cents ans, deux actifs sur trois travaillaient dans le secteur primaire ; dans les années 1930, un sur trois ; aujourd'hui quatre sur cent. Où sont passés les autres ? Presque trois sur quatre travaillent maintenant dans le secteur tertiaire, marchand et non marchand, mais un actif sur dix se trouve au chômage, malgré la réduction du temps de travail…

Rien ne vous interdit de devenir agriculteur ou éleveur ou pêcheur, mais Jean Gadrey va vous expliquer ce qu'il faut comprendre lorsque l'on vous répond que nous vivons désormais dans une économie et une société de services. Une société dans laquelle il n'est pas inutile de se demander qui est servi et qui est serviteur…

Pascal Combemale

1. Cette histoire est l'adaptation libre d'un conte proposé par Anton Brender dans *La France face à la mondialisation*, La Découverte, « Repères », nouvelle éd., 2002.

Sommaire

Repères et perspectives

Dossiers

Sujets de bac

CROISSANCE, PRODUCTIVITÉ, EMPLOI

➾ Jean Gadrey, *professeur d'économie à l'université Lille-I, chercheur au CLERSE.*

Les deux principales questions traitées dans ce chapitre sont les suivantes :
– Quelles relations macroéconomiques y a-t-il entre la croissance économique (celle du PIB en volume), les gains de productivité et la croissance de l'emploi ? Le progrès technique et les gains de productivité du travail (ces deux notions sont liées, mais elles ne se confondent pas) ont-ils tendance à réduire l'emploi ou à le favoriser ?
– Comment expliquer avec ces notions (croissance, productivité) et d'autres (les transformations de la demande), le spectaculaire changement qualitatif de la structure de l'activité depuis un siècle : énorme réduction de l'emploi agricole (43 % de l'emploi total en 1906, 4 % aujourd'hui), progression puis déclin prononcé de l'emploi industriel (29 % en 1906, 40 % en 1973, 23 % en 2000), et surtout irrésistible ascension du secteur tertiaire (28 % en 1906, 73 % en 2000) ?

I. DE LA CROISSANCE À L'EMPLOI

Un rappel nécessaire. Productivité et gains de productivité : définitions et mesures

Dans tout ce chapitre, lorsqu'il sera question de productivité, il s'agira toujours de la productivité du travail. On définit et on utilise d'autres notions (par exemple la productivité du capital, la productivité globale des facteurs... ; *voir chapitre* II, *Dossier 4 • fiche TD, page* 92), mais, dans les analyses de la relation croissance-emploi et des grandes mutations de la structure de l'activité par secteur, c'est la productivité du travail qui joue le premier rôle, et nous nous limiterons à elle.

■ Productivité : l'idée

L'idée est simple, bien que la mesure et les applications le soient moins. Supposons qu'une entreprise baptisée MBI ne produise qu'un seul type de produit standard (des ordinateurs d'un modèle donné) et que ce produit ne change pas entre l'année t0 et l'année t1. Supposons alors qu'entre t0 et t1, cette entreprise parvienne à produire la même quantité (Y) des mêmes ordinateurs en réduisant la quantité totale (L) de travail (pour diverses raisons possibles, qui seront examinées ensuite : *voir dossier 4*). On dira alors qu'elle a réalisé des gains de productivité du travail entre l'année t0 et l'année t1. Cette idée s'applique, en principe, au-delà de la production de biens matériels (agricoles, industriels, bâtiments...) : on peut réaliser des gains de productivité du travail dans les services. C'est par exemple le cas si on utilise moins de travail pour « produire » une minute de

📖 **Bibliographie**
Jean Gadrey, Socio-économie des services, *La Découverte, « Repères », 2003.*

communication standard entre Paris et New York, pour réaliser une opération de l'appendicite avec les mêmes garanties de qualité, etc.

■ Quelques définitions en vue de la mesure

Pour transformer cette idée simple en outil de mesure, on définit la productivité du travail (p) par la formule suivante : p = Y/L

C'est donc le quotient de la « quantité produite » Y (celle de l'entreprise MBI dans l'exemple précédent, mais on peut ensuite envisager n'importe quel ensemble productif donné, y compris l'économie d'un pays), par la quantité totale de travail L utilisé pour la produire *pendant la période de mesure* (le plus souvent une année, mais on peut aussi mesurer la productivité pendant une journée, un mois, etc.).

Lorsque p = Y/L progresse au cours du temps (dans notre exemple entre l'année t0 et l'année t1), on dit qu'il y a des gains de productivité du travail entre t0 et t1. En général on mesure ces gains en pourcentages et, tant que les variations de Y et de L sont faibles, on a : $dp/p = dY/Y - dL/L$

Les gains de productivité du travail sont la différence entre la croissance de la production et les variations de la quantité de travail utilisée pour cette production.

■ Première précision : productivité par personne et productivité horaire

La notion de « quantité de travail » (qui figure au dénominateur de p) est floue pour diverses raisons. La première raison est qu'on peut l'évaluer soit en termes de nombre de personnes qui travaillent (ou nombre d'emplois correspondant à la production), soit en termes d'heures de travail effectué. Si l'on note N le nombre moyen d'emplois (moyenne sur la période de mesure, l'année dans notre exemple), H le nombre d'heures de travail (au cours de l'année), et D la durée moyenne annuelle de travail par emploi, on a : $H = N \times D$. H peut par exemple diminuer alors que N (l'emploi) est stable, parce que la durée du travail D diminue.

Si p_E est la productivité par personne employée (« par tête »), et p_H la productivité par heure de travail, on a les relations suivantes :

$$p_E = Y/N, p_H = Y/H, \text{ donc } p_H = Y/ND = p_E/D$$

De ce fait, les gains de productivité entre t0 et t1 seront différents selon que l'on raisonne « par personne » ou « par heure de travail », sauf si la durée du travail ne change pas. Plus précisément, pour de petites variations, on a : $dp_H/p_H = dp_E/p_E - dD/D$, soit :

gains de productivité par tête = gains de productivité horaire – taux de variation de la durée du travail

■ Deuxième précision

Dans tout ce qui précède, on a fait comme si, pour produire ses ordinateurs, l'entreprise se chargeait de tout de A à Z et n'avait pas de fournisseurs en matières premières, en composants électroniques, en services, etc. Évidemment, cela n'est jamais le cas pour les entreprises réelles, sauf peut-être pour Robinson sur son île.

Si l'on essaie de tenir compte de cette réalité, les choses se compliquent nettement. Supposons par exemple que, entre t0 et t1, l'entreprise MBI, qui se chargeait de toute la filière de production, ait

Exemple numérique

Une entreprise de 1 000 personnes négocie un accord de passage de 39 heures à 35 heures hebdomadaires en conditionnant son accord à la réalisation de gains de productivité horaires de 6 % entre t0 et t1 (meilleure organisation, intensification du travail, etc.). Combien doit-elle créer d'emplois (pour une même quantité produite Y et un même nombre de semaines travaillées) ? On suppose évidemment qu'elle peut supporter le coût de ce passage aux 35 heures, par exemple en raison de l'existence d'aides publiques.

Résultat : Y est inchangé. Pour chaque emploi, la durée du travail est réduite de 39 heures à 35 heures, c'est-à-dire de 10,26 % (la diminution du nombre d'heures hebdomadaires est ici la même que la diminution du nombre d'heures annuelles H). La productivité horaire progresse de 6 %. La formule utile pour connaître le nombre d'emplois nécessaires à l'arrivée (année t1) est $p_H = Y/ND$. On ne peut pas ici utiliser la formule approximative réservée aux très petites variations (quelques %, par exemple 2 ou 3).

Situation initiale : $p_H = Y/ND$

Situation objectif :

$p_H' = Y'/N'D'$, avec $Y = Y'$

D'où : $p_H'/p_H = (N/N').(D/D')$, soit $N'/N = (D/D').(p_H/p_H') = (39/35).(100/106) = 1{,}0512$

N doit donc progresser de 5,12 %, ce qui veut dire que le nombre d'emplois à créer est compris entre 51 et 52.

décidé de sous-traiter à d'autres entreprises la fabrication des composants électroniques, des claviers, et d'autres pièces, en ne produisant plus elle-même qu'environ la moitié de ce qu'elle produisait antérieurement (la moitié en termes de temps de travail total nécessaire). Que va-t-il se passer si l'on mesure ses gains de productivité (horaires) comme on vient de le faire ? C'est fort simple : puisque Y est inchangé et que H est divisé par 2 (au sein de l'entreprise MBI), la productivité ainsi mesurée va doubler (sans aucun changement de l'efficacité du travail dans MBI) ! Cela n'a évidemment aucun sens, et il n'y a aucun intérêt à maintenir de telles mesures. Il faut alors tenter de cerner et de mesurer la « véritable » production de l'entreprise, sa « véritable contribution productive ». Ce qui s'en approche le plus est la notion de valeur ajoutée (pour la contribution mesurée en unités monétaires), et celle de « valeur ajoutée en volume » (pour la contribution « en termes réels »). La productivité du travail retrouve alors un sens acceptable, comme quotient de la valeur ajoutée en volume par le volume de travail effectué, qu'il s'agisse d'une entreprise, d'une branche ou d'un pays tout entier. Dans ce dernier cas, la productivité du travail est le quotient du PIB en volume par le volume total d'heures travaillées, et, point important, on a les deux formules suivantes :

gains de productivité horaire du travail = croissance économique (taux de variation du PIB en volume) – taux de variation du volume d'heures travaillées

gains de productivité du travail par personne employée = croissance économique – taux de variation de la population active occupée

Ces formules ne sont valables, comme d'habitude, que pour de très petites variations, ce qui est en général le cas pour les taux annuels de variation de ces trois grandeurs.

Les gains de productivité dépendent du progrès technique, de l'organisation, et de régulations diverses

Produire plus avec la même quantité de travail (réaliser des gains de productivité) est souvent assimilé au progrès technique, sous la forme de la « substitution du capital technique au travail » : mécanisation, automatisation, informatisation…

Cela est en effet très important, et l'histoire des gains de productivité depuis les révolutions industrielles des XVIIIe et XIXe siècles est, pour une bonne part, une histoire de cette forme de progrès technique. Mais ces deux phénomènes ne doivent pas être identifiés, et il se pourrait même qu'à l'avenir une fraction plus importante qu'autrefois des gains de productivité s'appuie sur d'autres facteurs et sur d'autres formes de « capital » que le seul capital technique, et en particulier sur les deux suivantes :

– le capital humain : les progrès des qualifications et des compétences, liés à la formation, à l'expérience, au progrès de la santé, sont une source de gains de productivité. C'est d'autant plus vrai que le savoir joue un rôle croissant dans la production ;

– l'organisation du travail et la gestion des ressources humaines : à technologie et à capital humain identiques, il est prouvé que la façon d'organiser le travail (division des tâches, coopération, structure hiérarchique) et le mode de gestion des ressources humaines (incitations, reconnaissance, salaires, conditions de travail) influent fortement sur la productivité.

Allons plus loin : des recherches récentes (voir P. Askenazy, *La Croissance moderne,* Economica, 2002) sur les gains de productivité liés aux nouvelles technologies de l'information (informatique, télécommunications, Internet...) dans les entreprises américaines ont montré que :

– lorsque les entreprises se contentent de « s'équiper » (investir) en informatique et en réseaux modernes, sans modifier sérieusement l'organisation et les compétences, elles ne réalisent pas de gains de productivité ou elles en réalisent très peu ;

– il y a des gains de productivité substantiels lorsqu'on combine progrès technique, réorganisation, formation et gestion des ressources humaines adaptée.

Ces travaux microéconomiques invitent à critiquer ce qu'on appelle le « déterminisme technologique », selon lequel les gains de productivité et la croissance sont mécaniquement déterminés par le progrès technique.

Et ce qui est vrai au niveau microéconomique, celui des entreprises et des organisations, l'est tout autant sur le plan macroéconomique. La « théorie de la régulation » a magistralement montré, par exemple, que les gains de productivité et les taux de croissance exceptionnels des « trente glorieuses » (de l'après-guerre à 1973) ont certes fait intervenir massivement le progrès des techniques et de l'organisation (surtout dans l'industrie et l'agriculture, avec la mécanisation et l'automatisation), mais qu'ils n'auraient pas été possibles sans des institutions et des régulations, et en particulier sans la régulation dite fordiste du « partage des gains de productivité » entre le capital et le travail.

La relation entre la croissance, la productivité et l'emploi

Dans ce paragraphe, on envisage d'abord une économie nationale, et l'on se pose la question suivante : comment la croissance économique et les gains de productivité influent-ils globalement sur l'emploi ? Puis, on s'intéresse à la question du « déversement » de l'emploi entre secteurs en expansion et secteurs en déclin relatif, une question qui sera creusée dans la section II à propos de la croissance tertiaire. Enfin, on se situe au niveau d'une entreprise ou d'une branche, pour examiner la façon dont le progrès technique peut influer sur l'emploi à ces niveaux « méso » ou « micro ». Une illustration de cette analyse dans le cas des banques est proposée.

■ Une relation simple et deux complications

La formule la plus simple qui lie la croissance économique et la croissance de l'emploi, *via* les gains de productivité du travail, est la suivante (toujours dans le cas de petites variations) :

taux de croissance de l'emploi = croissance économique – gains de productivité par personne

Traduction : l'emploi progresse tant que la croissance est supérieure aux gains de productivité par personne, et il progresse d'autant plus que la différence entre ces deux taux est forte.

Première complication. Il faut absolument introduire dans le raisonnement la productivité *horaire* du travail et ne pas se contenter de la productivité par personne, car le cas général (dans les pays développés, et au cours des dernières décennies) a été celui d'une sensible réduction de la durée du travail (hebdomadaire et annuelle). La seule exception notable est constituée par les États-Unis, où la durée annuelle moyenne du travail a nettement progressé depuis vingt ans : de l'équivalent d'un mois de travail par an et par personne, ce qui est considérable.

On doit alors utiliser l'équation suivante (1) :

taux de croissance de l'emploi = croissance économique
– gains de productivité horaire du travail
+ variation (%) de la durée annuelle du travail

Sur cette base, trois choses semblent « bonnes pour l'emploi » : une forte croissance économique, de faibles gains de productivité horaire du travail et la réduction de la durée du travail. C'est tout cela qui fait ce que l'on appelle une « croissance riche en emplois ».

Deuxième complication (la plus grave). Dans l'équation précédente, on a fait comme si les trois variables qui composent la croissance de l'emploi étaient indépendantes. Or il n'en est rien, surtout en ce qui concerne le rapport de la croissance de la productivité, car on sait bien que l'essentiel de la croissance économique *à long terme* repose sur les gains de productivité (qui eux-mêmes dépendent pour une large part du progrès technique). Et, nouvelle complication, on a de nombreux indices qu'il existe aussi une relation dans l'autre sens : une bonne croissance stimule les gains de productivité (c'est ce qu'on appelle la loi de Kaldor-Verdoon), en raison notamment des économies d'échelle qu'elle permet lorsque la taille du marché augmente.

Autrement dit, l'équation (1) est parfaitement exacte en « statique » (pour une année donnée ou à court terme), mais on ne peut rien en déduire de valable en dehors de ce cadre statique. Si on l'appliquait au-delà, il faudrait à la limite viser des gains de productivité nuls, stopper tout progrès technique, voire chercher à être le plus inefficace possible au nom de l'emploi, ce qui serait le plus sûr moyen, dans un régime de concurrence internationale, d'assurer le déclin irrésistible d'une économie dont les coûts relatifs s'envoleraient et dont les marchés extérieurs se dégraderaient.

La réponse à cette seconde complication se trouve dans l'existence de compromis dynamiques entre, d'un côté, des gains de productivité assez élevés pour assurer la croissance, la réduction des coûts et la progression du niveau de vie, et, de l'autre, des stratégies privées et publiques de création d'activités dans des secteurs (certains services notamment [*voir section II*]) dont les gains de productivité sont par nature plus faibles, mais qui ont un énorme potentiel de création d'emplois si le niveau de vie progresse (et donc si des régulations et des institutions y veillent).

■ Le « déversement » de l'emploi entre secteurs ou branches

Partons de la question traditionnelle suivante : le progrès technique et, plus largement, les innovations sont-ils favorables ou défavorables à l'emploi, si l'on tient compte des transformations de la structure de l'activité ? Pour répondre à cette question, il est essentiel de bien distinguer son traitement au niveau global (macroéconomique) et son analyse dans le cas d'une entreprise ou d'un secteur donné (paragraphes suivants). Toute l'histoire de la croissance depuis un siècle montre que, sur le strict plan de la quantité, les emplois supprimés dans un secteur sont créés dans d'autres (tant que la croissance globale est suffisante), parce que le progrès technique et les gains de productivité, mais aussi la demande, évoluent à des rythmes différents selon les secteurs. C'est ce que l'on appelle parfois, selon les termes d'Alfred Sauvy, le « déversement des emplois entre secteurs ». L'encadré A évoque cette problématique essentielle, à laquelle la deuxième partie du texte se réfère aussi. Notons, sans développer, que le constat de ce déversement ne conduit pas forcément à l'optimisme. D'abord, le déversement, même s'il existe, peut être insuffisant pour éviter la progression du chômage. Ensuite, il peut être excessivement rapide, brutal et douloureux pour les groupes sociaux concernés, surtout si les mesures collectives, les politiques de reclassement, de formation, etc. sont insuffisantes. Enfin, il peut s'accompagner de « coûts sociaux » énormes, et il ne dit rien sur la qualité respective des emplois créés et supprimés.

■ Le progrès technique et l'emploi dans un secteur donné

Il ne faut pas réduire la question de l'influence du progrès technique (et des gains de productivité) sur l'emploi à leur seule dimension macroéconomique ni à l'examen du déversement entre secteurs. Ce qui se passe *à l'intérieur de chaque secteur* (ou de chaque entreprise) est tout aussi important, comme on va le voir. On fera abstraction dans ce paragraphe de la durée du travail, qui sera supposée constante. On a déjà vu en effet comment il fallait en tenir compte.

Pour réfléchir à cette question, nous aurons besoin de distinguer trois grandes formes typiques d'innovation et de progrès technique, en sachant que des formes intermédiaires existent, et qu'aucune innovation « qui marche » n'est purement technique, nous l'avons vu.

Les deux premières formes sont des innovations de procédés (ou de processus). Elles sont de deux types, en fonction de leurs objectifs :

– remplacer du travail humain par des dispositifs techniques qui exécutent les mêmes tâches. C'est *l'innovation de processus par substitution du capital technique au travail* (à nature inchangée des résultats de la production). C'est la plus connue des formes d'introduction du progrès technique dans la production, celle qui a marqué les grandes révolutions industrielles du passé jusqu'à la période dite « fordiste », c'est-à-dire jusqu'aux années 1970 ;

Encadré A : ***Croissance, déversement entre secteurs et réduction de la durée du travail au cours des « trente glorieuses »***

Prenons l'exemple de l'agriculture : entre 1949 et 1973, la productivité horaire a augmenté en moyenne de 6,7 %. Parce que l'estomac des consommateurs n'est pas indéfiniment extensible, et malgré l'exportation des surplus, la production n'a augmenté en moyenne annuelle que de 2,9 % et ce secteur a perdu, au cours de cette période, 3,3 millions d'emplois ! Ces agriculteurs et fils (ou filles) d'agriculteurs sont-ils devenus des chômeurs ? Non, puisqu'au cours de la même période, le nombre d'emplois, en dehors de l'agriculture, a augmenté de 5,7 millions (dont 1,9 million dans l'industrie et 3,8 millions dans le tertiaire). Le déversement, cher à Alfred Sauvy et Jean Fourastié, a donc eu lieu : la main-d'œuvre libérée dans l'agriculture grâce aux gains de productivité a trouvé à s'employer dans les autres secteurs parce que la croissance économique était au rendez-vous (5,1 % en moyenne annuelle). Avec l'élévation du niveau de vie, la part de l'alimentation dans le budget des ménages a décru (passant d'un tiers au début des années 1960 à moins d'un quart en 1973), mais au profit des dépenses pour le logement, l'équipement ménager, l'automobile, la santé, etc. À partir de 1975, la crise va nous rappeler que ce cercle vertueux – gains de productivité-croissance-déversement – n'était pas naturel. Les gains annuels moyens de productivité horaire passent, pour l'économie dans son ensemble, de 5 % à 2,8 %, alors que la croissance est divisée par deux, tombant à 2,2 % (entre 1973 et 1995). Les plus pessimistes pouvaient déjà remarquer que la préservation de l'emploi n'avait été possible, y compris pendant les périodes fastes, que par la réduction de la durée du travail.

Arnaud Parienty,
Pascal Combemale,
Alternatives économiques, 1998.

– venir en appui au travail humain pour en améliorer la qualité et la fiabilité. C'est *l'innovation de processus par complémentarité du capital technique et du travail*, et en général elle a pour objectif d'améliorer la qualité des produits, biens ou services. Ce second type d'innovation de processus a pris de plus en plus d'importance depuis les années 1980, notamment avec l'informatique décentralisée et les innovations de service. Exemple : l'introduction de l'informatique dans les *pools* centralisés de saisie (jusqu'alors manuelle) des transactions bancaires à partir des années 1960 a été pour l'essentiel une innovation de substitution du capital au travail. L'introduction de l'informatique décentralisée aux guichets des banques pour les « conseillers clientèle » a été pour l'essentiel une innovation de complémentarité du capital et du travail ;
– enfin, la troisième forme d'innovation et de progrès technique est *l'innovation de produit* (biens ou services). C'est la mise au point et la commercialisation d'un nouveau produit qui peut, selon les cas, être une version améliorée d'un produit existant ou un produit radicalement nouveau. Dans le cas des services, comme le produit se confond plus ou moins avec le processus (le produit d'une opération de l'appendicite est souvent assimilé à l'opération elle-même), il n'est pas toujours aisé de distinguer clairement l'innovation de processus et l'innovation de produit.

Comment ces trois formes d'innovation interviennent-elles dans la relation entre le progrès technique et l'emploi ? On commencera par trois propositions générales, que l'on illustrera (paragraphe suivant) avec l'exemple du secteur bancaire.

Les trois propositions suivantes sont faciles à comprendre, en se situant soit dans le cadre d'une entreprise, soit dans celui d'un secteur :
– les innovations de substitution du capital technique au travail conduisent par définition à des gains de productivité du travail. Elles réduisent donc l'emploi *si le volume produit ne varie pas*. Il faut alors examiner comment évolue le volume produit, ce qui fait intervenir la demande. Si cette dernière progresse aussi vite que les gains de productivité (par exemple parce qu'elle est stimulée par la baisse des prix et/ou parce que le pouvoir d'achat des ménages progresse : tout cela fait intervenir les élasticités de la demande par rapport au prix et par rapport au revenu), alors l'emploi ne sera pas réduit ;
– les innovations de complémentarité du capital technique au travail n'ont pas tendance à réduire l'emploi, tant que la demande ne fléchit pas. Elles exigent général une élévation des qualifications (par exemple : apprentissage de l'informatique dans le travail au guichet), et elles s'accompagnent le plus souvent d'une amélioration de la qualité du produit ou service, voire d'authentiques innovations de produit ;
– les innovations de produit ont des effets variables sur l'emploi, mais, le plus souvent, si le produit nouveau trouve des débouchés (à nouveau, la demande intervient), cela se traduit soit par des emplois supplémentaires, si le nouveau produit ne se substitue pas (trop) aux anciens, soit par des transferts d'emplois de la production ancienne vers la production nouvelle. On rejoint alors l'idée du « déversement ».

Dans tous les cas, il apparaît nettement dans les raisonnements précédents que, pour réfléchir à l'impact du progrès technique et des innovations sur l'emploi, *il est essentiel de faire intervenir l'évolution de la demande*, qu'il s'agisse de la demande pour les produits du secteur envisagé ou du pouvoir d'achat en général.

■ Le cas des banques depuis les années 1980

Au début des années 1980, un article d'un bon spécialiste du domaine bancaire, publié par *Le Monde*, avait fait grand bruit. Il était intitulé « Banques : la sidérurgie de demain ». Il annonçait ce que beaucoup de spécialistes des nouvelles technologies de l'époque croyaient inéluctable : une réduction drastique de l'emploi bancaire sous l'effet des nouvelles technologies de l'époque (l'informatique lourde automatisant les transactions). On s'attendait à une réduction de plus de la moitié de l'emploi en une ou deux décennies. *Cela ne s'est pas produit* : entre 1980 et 1990, en dépit d'investissements informatiques massifs, l'emploi du secteur des banques et des assurances a même progressé (d'environ 5 %) ! À partir du début des années 1990, il a en effet diminué, en retrouvant à peu près à la fin des années 1990 son niveau de 1980. Rien de très sidérurgique dans tout cela. Pourquoi ? L'informatique a permis en effet de réaliser des gains de productivité considérables *dans la fraction de l'activité des banques où l'on enregistre et traite des transactions* (ces gains ont été de plus de 10 % par an pendant les années 1980 selon certaines estimations). Dans cette fraction du travail bancaire, c'est alors *l'innovation de processus par substitution du capital informatique au travail* qui a exercé des effets de productivité puissants, réduisant très fortement le volume de travail et l'emploi consacrés à la fonction de traitement des transactions.

Mais, dans le même temps, on a assisté à une spectaculaire diversification et complexification des produits (*innovations de produits et de services* : une banque proposait une dizaine de « produits » dans les années 1970, une centaine en 1990), en relation avec la diffusion de l'informatique décentralisée dans les agences et les guichets (*innovations de complémentarité du capital informatique et du travail*). Les transformations ont porté aussi sur le mode d'usage des services bancaires par les ménages et par les entreprises, sur la montée des « démarches commerciales » et du conseil, dans un environnement devenant de plus en plus concurrentiel. La production des banques a changé de nature. Elle est passée d'une gestion industrielle de comptes simples (qui serait en effet devenue « la sidérurgie de demain ») à une activité de services à fortes dimensions relationnelles, commerciales et intellectuelles (le conseil), appuyée sur l'informatique *mais avec une composante de complémentarité capital-travail plus forte que la composante de substitution*. Cela ne veut pas dire que l'emploi bancaire n'a pas été menacé et qu'il ne l'est pas encore aujourd'hui (par exemple par la désintermédiation ou par de nouvelles institutions financières). Mais ce sont les formes de la concurrence qui le menacent, beaucoup plus que les technologies, anciennes ou nouvelles. On peut évidemment se demander si l'extrême diversification des services financiers et la concurrence commerciale qui l'accompagne sont bien nécessaires à une saine croissance économique, mais c'est une autre question.

Dans ce cas, comme dans bien d'autres, le « déversement » de l'emploi est resté pour l'essentiel à l'intérieur du secteur bancaire, voire à l'intérieur de chaque emploi (« déversement » des tâches et des fonctions). Les emplois peu qualifiés de saisie des transactions et de gestion de comptes simples sont devenus des emplois plus qualifiés correspondant aux nouvelles exigences et aux nouvelles technologies, et une bonne partie des personnels en place a pu s'adapter, moyennant un important effort de formation. Comme la demande pour les nouveaux produits et services est restée suffisante, la catastrophe annoncée ne s'est pas produite.

II. LE « GRAND DÉVERSEMENT » DU XXe SIÈCLE : LES SERVICES

L'exemple le plus cité de « déversement » de l'activité entre grands secteurs est celui de l'emploi agricole, qui s'est « déplacé » régulièrement depuis plus d'un siècle vers les autres secteurs [*voir encadré A*]. Mais le réceptacle du plus grand déversement du siècle est sans nul doute le secteur tertiaire. Il faut se demander quels sont les facteurs qui peuvent expliquer ce bouleversement de la structure des activités : comment le jeu conjugué de la croissance générale, des gains de productivité, et des transformations de la demande a-t-il produit une telle évolution (la « tertiarisation »), probablement destinée à se poursuivre ?

Les constats statistiques

On qualifie de « tertiaires » les activités économiques qui, au lieu de produire des *biens* (agricoles, industriels, bâtiments, infrastructures), produisent des *services*, c'est-à-dire des opérations, des transformations, des « traitements » de réalités existantes : le déplacement spatial d'objets, de personnes (services de transport), la distribution, le traitement et le transfert d'informations (communications), de connaissances (l'enseignement, le conseil), le « traitement » médical (la santé), etc.[1]

■ Croissance à tous les niveaux

Commençons par le cas français et par l'instrument de mesure le plus pratique : l'emploi. Comme le donne à voir le graphique A, alors que, de 1954 à 2000, l'emploi total a augmenté à un rythme lent, l'emploi tertiaire a constamment et fortement progressé ; l'emploi dans l'industrie au sens large (incluant le bâtiment) a, lui, augmenté jusqu'en 1973 pour diminuer ensuite régulièrement. Enfin, l'emploi primaire n'a cessé de diminuer tout au long de la période. Le tableau A montre que le tertiaire représentait, en 2001, 73,2 % de l'emploi total en France, l'industrie et l'énergie 16,6 %, la construction 6,1 % et le secteur primaire 4,1 %. La lecture des comptes nationaux montre qu'en 2000 la part du tertiaire dans le PIB était de 70,9 % (en 1978 ce chiffre n'était que de 58,4 %), soit pratiquement le même pourcentage que la part du tertiaire dans l'emploi. Cela prouve que la valeur ajoutée par emploi est à peu près la même dans le tertiaire que dans l'ensemble de l'économie.

Revenons aux statistiques de l'emploi [*voir tableau A*]. On observe que cette croissance spectaculaire des services est en réalité portée depuis 1978 par certaines branches, alors que les autres ont un poids presque constant dans l'emploi total. Le commerce, les transports et les postes et télécommunications ne progressent presque pas en proportion de l'emploi total. Cela ne veut pas dire qu'ils ne sont pas dynamiques à leur façon, bien au contraire : ils se sont modernisés et ont réalisé de très importants gains de productivité, surtout les télécommunications [*voir tableau C*], de sorte que l'emploi y a moins progressé que le volume des services rendus.

Si l'on regroupe les deux sous-ensembles les plus créateurs d'emplois depuis 1978 (enseignement-santé-action sociale, et ser-

1. Définir le tertiaire et ses sous-ensembles n'est pas simple, car certaines activités produisent à la fois des biens et des services (les restaurants), et parce qu'il est parfois difficile de savoir si le « produit » fourni est plutôt un bien ou plutôt un service : est-ce que distribuer de l'électricité, comme le fait EDF (Électricité de France), revient à fournir un bien ou un service ? En France, on classe cette activité avec l'industrie, aux États-Unis, avec les services de transports et de communications. Il y a donc une part de conventions dans ces classements, mais cela ne concerne qu'une minorité de branches.

vices aux entreprises hors postes et télécommunications), on peut vérifier que leur poids total dans l'emploi a progressé de 9,9 points, soit environ 60 % des 16,6 points de progression du poids du tertiaire. Ils ont été les grands moteurs de la croissance de l'emploi tertiaire au cours de cette période. Or ce sont des activités relativement qualifiées. Il en va de même des administrations, dont le poids dans l'emploi a progressé de 2 points. Certes, l'expansion tertiaire touche aussi des activités de bas niveau moyen de qualification (commerce, restauration et hôtellerie, services aux particuliers), mais cela ne représente qu'une minorité des emplois créés. La question du « dualisme » reste néanmoins posée [*voir dossier 5*].

■ Questions et premiers enseignements

La tertiarisation est-elle une spécificité française ? La réponse est non. En effet, depuis 1965 les tendances sont partout nettement à la progression de la part du secteur tertiaire dans l'emploi (la spécificité de la France étant peut-être la régularité de cette croissance) et que les pays anglo-saxons et les pays de l'Europe du Nord sont particulièrement tertiarisés.

La production industrielle diminue-t-elle ? Si l'on mesure la production industrielle (hors bâtiment) par la valeur ajoutée à prix courants, on observe que la part qu'elle représente dans la valeur ajoutée nationale (le PIB) était de 29,4 % en 1978, et 21,5 % en 2000. Cela ne signifie pas que la production industrielle « en volume » (ou « à prix constants ») diminue. Elle a au contraire, progressé de 1978 à 2000, à un taux annuel moyen de 1,8 %. Pendant la même période, le taux de croissance moyen de l'économie était de 2,2 %.

Remarque. La « désindustrialisation » relative de l'emploi (ou celle de la valeur ajoutée) ne signifie pas automatiquement que la production industrielle cesse de progresser. Il arrive même, pendant certaines périodes (par exemple de 1987 à 1989), que la production industrielle en volume progresse plus vite que la production nationale tandis que la part de l'emploi industriel continue à diminuer. Il ne faut pas confondre déversement de l'emploi et déversement de la production en volume. Entre les deux, il y a les gains de productivité.

Graphique A

***L'emploi par grands secteurs** (en milliers)*
1954-2000

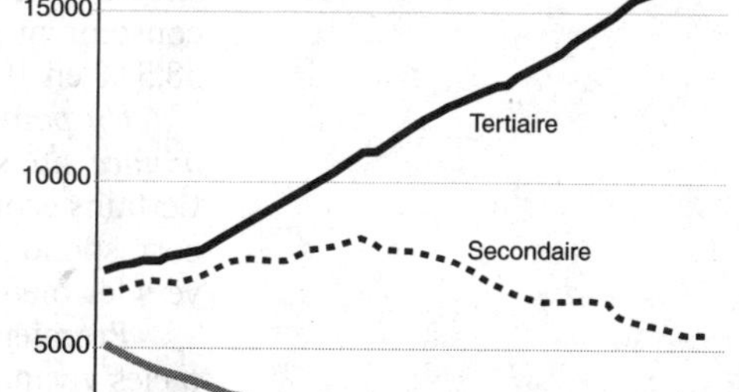

Primaire = agriculture, sylviculture et pêche. Secondaire = industrie, énergie, bâtiment. Ligne verticale = changement de nomenclature (à partir de 1998 dans ces données) ayant un léger effet sur les courbes (progression « anormale » du primaire, du tertiaire et du total entre 1997 et 1998).
Source : INSEE.

Analyse du phénomène de tertiarisation : des explications assez contradictoires

Le « déversement » de l'emploi (en provenance des secteurs primaires et secondaires) vers le secteur tertiaire fait intervenir prioritairement, comme tout autre déversement, les mutations de la structure de la demande (demande finale et demande « intermédiaire ») et le couple : progrès technique-productivité. Mais la façon de les introduire dans le raisonnement suscite des débats contradictoires parmi les économistes.

Tableau A

Structure de l'emploi intérieur par grandes branches (en %)	1978	1990	2001
Branches			
Agriculture, sylv. et pêche	9,4	5,9	4,1
Industrie et énergie	25,3	20,3	16,6
Construction	8,7	7,3	6,1
Services marchands	34,8	40,1	45
Commerce	13,3	13,7	13,7
Transports	4	4,1	4,4
Activités financières	3,1	3,5	3,2
Activités immobilières	1	1,5	1,2
Services aux entreprises (dont postes et télécommunications)	7,3	10,5	14,7
Postes et télécommunications	*1,7*	*1,8*	*1,6*
Services aux entreprises (hors postes et télécommunications)	*5,6*	*8,7*	*13,1*
Conseil et assistance	*2,5*	*4,1*	*5,2*
Services opérationnels	*2,2*	*3,5*	*4,8*
Services aux particuliers	6,2	6,8	7,8
Services administrés	21,8	26,3	28,2
Éducation, santé, action sociale	11,5	14,5	15,9
Administration	10,3	11,8	12,3
Total	100	100	100
Tertiaire (serv. marchands et admin.)	56,6	66,4	73,2

Source : INSEE, Comptes de la Nation, 2001 (les données dans la nouvelle nomenclature ne permettent pas de remonter en deçà de 1978).

■ Les modifications de la structure de la consommation finale

Un point de vue « favorable aux services » : loi d'Engel et statistiques d'évolution de la consommation des ménages. Pour la majorité des économistes, on peut appliquer aux services une « loi » assez simple concernant la consommation des ménages, dite « loi d'Engel » (du nom d'un statisticien allemand de la fin du XIXe siècle), selon laquelle, quand le niveau de vie augmente, la demande des ménages se porte successivement : 1. sur des biens de première nécessité (alimentation, vêtements, logement, chauffage, éclairage, etc.) dont une grande partie (biens alimentaires) est fournie par le secteur « primaire » ; 2. sur des biens de seconde nécessité, principalement issus du secteur secondaire (équipement du foyer, automobiles, etc.) ; 3. enfin, sur des « biens supérieurs », assurant un plus grand agrément de la vie, parmi lesquels se trouvent la plupart des services.

Ces économistes admettent aussi que, au sein des services, existent des catégories « inférieures » et « supérieures », de sorte que les sociétés jouissant d'un plus haut niveau de vie voient leur consommation finale s'orienter vers les services supérieurs tels que la santé, l'éducation, les loisirs et la culture, le tourisme, et toute une série de services collectifs (étatiques ou locaux). La théorie de la « société postindustrielle » est en partie fondée sur une telle analyse de l'évolution de la demande finale. Les statistiques de consommation confirment-elles ces représentations théoriques ? Dans l'ensemble oui, comme le montrent le graphique C [*voir page 144*] et le tableau B, mais on verra dans le paragraphe suivant que des contestations sont possibles. On observe en particulier [*voir graphique C*] que, depuis 1980, le « volume » de services consommés progresse un peu plus vite que la consommation totale. L'écart serait plus important si l'on isolait, dans la consommation de services, les seuls services marchands (directement payés par les ménages). Le tableau B précise ces tendances en termes de « coefficients budgétaires » des principaux postes de consommation des ménages. On y voit de façon encore plus nette la croissance régulière et forte du poids de la consommation de services dans la consommation effective totale : 38,5 % en 1960, 48,7 % en 1980, 57,4 % en 2000.

Un point de vue « contestataire », plus favorable aux biens : la montée du self-service. Ce qui précède semble très convaincant. Certains économistes défendent pourtant un autre point de vue, qui correspond plutôt à l'idée d'un « déversement inverse » : des services vers les biens.

Premier exemple. La dépense des ménages en matière de « spectacles vivants » (concerts, cinéma, cirque, théâtre, etc.) correspond à une consommation « supérieure ». Si l'on applique la loi d'Engel, les achats dans ce domaine devraient progresser fortement avec le niveau de vie. Or ce n'est pas toujours le cas, notamment parce qu'il est possible, depuis quelques décennies, de bénéficier de la diffusion et de la retransmission de la plupart de ces spectacles (*services*) en achetant des *biens* (chaînes hi-fi, télévisions, magnétoscopes, DVD...) et en « consommant » ces spectacles (concerts, films...) en *self-service*. La même « fonction » (écouter de la musique, voir un beau film) n'est plus assurée en achetant un *service* (une place de concert ou de cinéma), mais en achetant des *biens* d'un type nouveau.

La conséquence en est qu'il est dès lors possible que la consommation de ces services de « spectacles vivants » stagne ou même diminue, et que la consommation des biens de substitution augmente. Cela est envisageable, mais dépend, d'une part, du prix relatif des deux solutions (le prix des postes de télévision, magnétoscopes, etc. a beaucoup diminué *par rapport* au prix des places de cinéma et de spectacle), d'autre part, des préférences des consommateurs, qui, contrairement aux hypothèses précédentes, sont loin de considérer qu'un spectacle (une sortie) leur fournit le même plaisir qu'une cassette vidéo ou un DVD à domicile.

Question. Observe-t-on statistiquement, dans ce cas, que la consommation des *services* n'a pas progressé autant qu'on aurait pu le croire en appliquant la loi d'Engel ? En partie seulement. Ainsi, le coefficient budgétaire des dépenses de cinéma (en proportion de la dépense des ménages) était de 4,5 pour mille en 1960, 1,7 pour mille en 1980 (une énorme chute évidemment liée à la diffusion généralisée de la télévision), 1 pour mille en 1992 (point bas), avec une intéressante remontée ensuite (1,23 pour mille en 2000). Cela pourrait indiquer une limite du « *self-service* chez soi ». Pour leur part, les dépenses de spectacles ont vu leur coefficient budgétaire progresser très vivement au cours des années 1990, en passant de 2 pour mille en 1992 à 3,9 pour mille en 2000, un quasi-doublement qui invaliderait plutôt la thèse du *self-service*.

[Que pensez-vous de l'idée que la télévision fait concurrence aux salles de cinéma et aux spectacles ? Cela signifie-t-il que ces derniers risquent de disparaître ? Et, d'ailleurs, la télévision est-elle seulement un bien (pensez aux chaînes câblées, aux programmes, etc.) ?]

Second exemple. Les deux principales façons de laver et d'entretenir le linge et les vêtements sont l'achat de services (ceux des blanchisseries-teintureries) et l'achat de biens (machines à laver, détergents, sèche-linge). Il ne s'agit pas là d'une fonction supérieure, mais il y a bien un arbitrage entre services et biens. Or cette concurrence entre les deux solutions a été très défavorable aux services : le coefficient budgétaire des services des blanchisseries-teintureries était de 5 pour mille en 1960, 2,7 pour mille en1980, 1,8 pour mille en 2000. L'emploi total de ce secteur était de 69 000 actifs en 1936, 59 000 en 1974, 35 000 au recensement de 1999.

[Les blanchisseries-teintureries risquent-elles de disparaître ? Quels sont les facteurs qui pourraient leur assurer un avenir ? Pensez d'un côté aux modes de vie et à l'emploi du temps des ménages, de l'autre au coût de ces services.]

■ Des gains de productivité du travail plus faible dans les services, en moyenne

Ainsi l'évolution de la consommation (celle des ménages et celle des entreprises) explique-t-elle pour une part la croissance des activités de services et le « grand déversement » du XXe siècle.

Graphique B

Évolution en volume de la consommation effective des ménages, période 1960-1980 *(base 100 en 1960)*

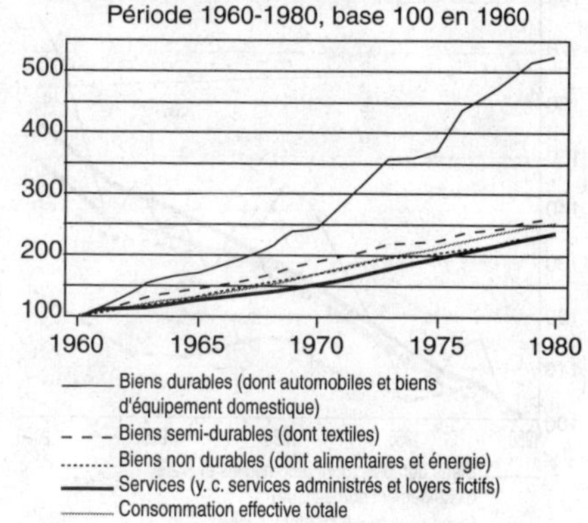

Source : INSEE.

Tableau B

Coefficients budgétaires aux prix courants en % de la « consommation effective » des ménages (par « durabilité » des produits)			
Poste	**1960**	**1980**	**2000**
1. Biens durables importants (automobiles, équipement du foyer...)	6,9	8,2	6,4
2. Biens semi-durables (textiles, cuirs...)	15,3	12,6	9,6
3. Biens non durables, dont :	39,3	30,5	26,6
Énergie	*6,4*	*8,2*	*6,5*
Biens alimentaires	*26,7*	*16,4*	*12,9*
Consommation de biens (1+2+3)	**61,5**	**51,3**	**42,6**
4. Services, dont :	38,5	48,7	57,4
Logements (loyers réels et fictifs, entretien)	*6,0*	*11,2*	*15,4*
Services de santé (marchande ou non)	*3,9*	*7,8*	*9,7*
Transports en commun, postes et télécommunications	*2,8*	*3,5*	*4,2*
Hôtels, cafés, restaurants	*6,5*	*5,5*	*6,0*
Autres services, marchands ou non : action sociale, éducation, culture, services aux personnes, divers...	*19,3*	*20,7*	*22,2*
Consommation effective des ménages	**100**	**100**	**100**

La « consommation effective » compte aussi bien les achats directs des ménages que les services « publics » ou « administrés » dont ils bénéficient sur un mode individuel (l'enseignement et la santé par exemple) en ne les payant pas directement, ou pas totalement. Cela n'empêche pas ces services d'avoir une valeur monétaire, mesurée par leurs coûts de production. Les « loyers fictifs » sont ceux que verseraient les propriétaires qui occupent leurs logements s'ils étaient locataires.
Source : INSEE, Quarante ans de consommation des ménages (1960-2000).

Graphique C

Évolution en volume de la consommation effective des ménages aux prix de 1995 *(base 100 en 1980)*

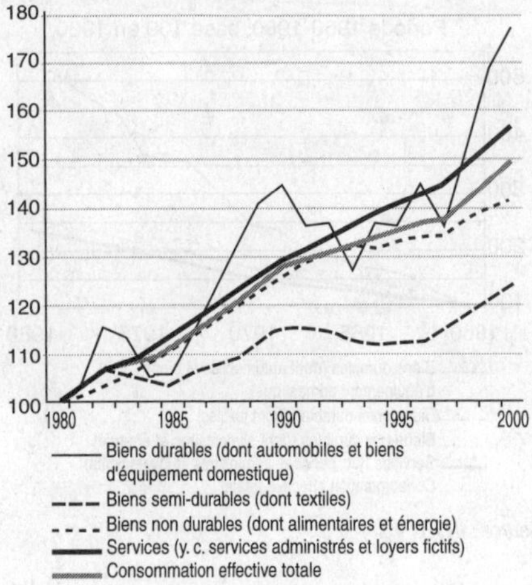

Source : INSEE.

Mais, du côté de la production, une autre variable économique joue dans le même sens : la productivité du travail. En effet, on peut montrer qu'en moyenne [*voir tableau C*] cette productivité progresse plus rapidement dans l'industrie et dans l'agriculture (en particulier par l'automatisation d'une fraction croissante de la fabrication) que dans les services.

Dans ces conditions, même si la consommation de biens et celle de services, en volume, restaient dans un rapport constant, l'emploi dans les services progresserait plus vite que l'emploi industriel. Comme on a vu qu'en fait la consommation de services progresse un peu plus vite que celle de biens industriels, on se trouve avec deux facteurs, l'un du côté de la production, l'autre du côté de la consommation, qui convergent pour expliquer la croissance tertiaire.

Question. Ce qui précède est assez bien vérifié statistiquement depuis un demi-siècle. Mais, après tout, ne peut-on penser qu'à leur tour les services peuvent connaître des gains de productivité élevés, en s'industrialisant, ce qui modifierait peut-être fortement les tendances actuelles ?

Encadré B : *La croissance de la « consommation intermédiaire » de services*

À côté de la consommation finale qui « tire » les services aux ménages, une seconde traction existe : les achats de services des entreprises et des administrations.

Comme pour les ménages, ces agents économiques achètent de plus en plus de services par rapport aux biens, en termes de poids relatif en valeur. En 1970, les services (hors services financiers) représentaient 20,7 % de leur consommation intermédiaire. En 2000, ils comptaient pour 33 %. Les postes qui se sont développés le plus rapidement sont les achats de conseil, études et assistance.

Des explications différentes

A. La désindustrialisation est, pour une part, un « effet d'optique » (ou un effet de « structure ») : l'industrie ne fait qu'externaliser progressivement ses fonctions de services en s'adressant à des firmes de services extérieures. Au lieu de faire (ses études, sa publicité, ses systèmes informatiques de gestion, son recrutement, la surveillance, le nettoyage...), elle fait faire. Mais, si l'on ajoute l'emploi industriel et l'emploi des services aux entreprises, on trouve que ce qui est perdu d'un côté (à savoir, pour l'industrie hors bâtiment, un peu plus de 1,5 million d'emplois entre 1981 et 1997) est en partie « récupéré » de l'autre (création nette de 900 000 emplois dans les services aux entreprises sur la même période). Au total, la diminution (désindustrialisation) serait donc bien plus faible que ce qu'indiquent les chiffres de l'emploi industriel seul. Ce serait un « déversement » par externalisation.

B. L'interprétation précédente n'est qu'en partie fondée. Il est vrai que les entreprises, surtout les grandes, ont de plus en plus tendance à « sous-traiter » certaines fonctions à des entreprises de service, estimant alors que cela est plus efficace en termes de qualité/coût. Mais deux arguments réduisent la portée de cette explication :

– les services (externes) aux entreprises qui se sont développés le plus vite sont des services « supérieurs » (conseil et études en tout genre, le record de croissance appartenant au conseil informatique). Or ces fonctions « supérieures » n'ont pas été réduites, en moyenne, dans l'industrie. Ce qui a chuté, c'est surtout l'emploi ouvrier et l'emploi peu qualifié (substitution du capital au travail dans la fabrication). Pour les fonctions supérieures, on peut même dire qu'il y a eu complémentarité et croissance simultanée (surtout au cours des années 1980) des services externes et des services internes, et non pas substitution. Rien ne dit que cela se poursuivra, mais c'est un argument à considérer ;

– les services (externes) aux entreprises ne sont pas uniquement des services à l'industrie. Ce second argument est encore plus décisif. On s'aperçoit en effet que le chiffre d'affaires des services aux entreprises n'est pas réalisé uniquement avec des clients industriels, mais, de plus en plus, avec des entreprises tertiaires et avec des administrations. C'est particulièrement net pour le conseil informatique, qui a de très gros clients dans les secteurs des banques et assurances et de l'administration (des secteurs où la production consiste pour une bonne part à traiter de l'information). Ainsi, depuis le début des années 1980, le montant total des achats de services par le secteur tertiaire dépasse celui des achats effectués par les secteurs primaire et secondaire réunis, et l'écart ne cesse de se creuser.

En conclusion, la désindustrialisation (de l'emploi, mais aussi de la valeur ajoutée) n'est pas un mythe, mais une réalité incontestable et l'on voit mal ce qui pourrait l'inverser.

■ Conclusion

La croissance du tertiaire, forte depuis plusieurs décennies, va probablement se poursuivre, sous l'effet de trois facteurs : la demande finale des ménages (en dépit de certaines innovations de *self-service*) ; la demande intermédiaire des entreprises (industrielles et tertiaires) et des administrations ; enfin, le fait que la productivité, dans *certains services* (surtout pour les fonctions les plus interactives et des plus personnalisées), ne peut progresser rapidement sans affecter fortement la qualité.

Quand il y a à la fois croissance de la demande et faiblesse des gains de productivité (en raison de limites à la standardisation et à la substitution du capital au travail), l'emploi se trouve favorisé. C'est la raison pour laquelle les activités de services rassemblent de plus en plus de travailleurs. C'est le « grand déversement » du XXe siècle.

III. LE DUALISME DU MARCHÉ DU TRAVAIL, CONSÉQUENCE DE LA CROISSANCE TERTIAIRE ?

Une fois de plus, nous allons opposer une thèse plutôt « négative » à des conceptions postindustrielles plus « optimistes ».

Selon certains, la société de services est une société où se multiplient les « petits boulots », les emplois de « serviteurs » – selon la dénomination d'André Gorz – (bas salaires, statuts dégradés, absence de perspectives). Pour appuyer cette conception, on met fréquemment en avant la croissance d'emplois précaires ou dégradés dans le commerce de détail, dans les services aux personnes (hôtels, cafés, restaurants) ; on cite les livreurs de pizzas, les services domestiques, les gardiens d'immeubles. Et surtout, on prend l'exemple des États-Unis, où des millions d'emplois (en moyenne très peu qualifiés) ont été créés dans le commerce de détail et la restauration : dans ces secteurs, l'emploi total est passé de 12,3 millions en 1970 à 16,3 millions en 1980 et 22,4 millions en 2000, avec une proportion d'emplois à temps partiel d'environ 35 %.

Une autre interprétation est que la société de services est plutôt une société d'emplois qualifiés, où les salariés ont une formation supérieure et des diplômes. Cette conception s'appuie, avec autant de bons arguments que la précédente, sur le fait que les professions qui ont

Tableau C

Productivité horaire du travail, taux de croissance annuels moyens par périodes (en %)

France	**1978-90**	**1990-99**
Agriculture	6,5	5,9
Industrie et énergie	3,6	4,0
Construction	2,2	–0,4
Services marchands, dont :	2,7	0,4
Commerce	*4,2*	*1,2*
Transports	*3,5*	*1,9*
Activités financières	*5,8*	*–1,1*
Activités immobilières	*–1,4*	*1,4*
Services aux entreprises	*1,9*	*0,5*
Postes et télécommunications	*7,8*	*6,7*
Conseils et assistance	*0,2*	*0,2*
Services opérationnels	*–0,1*	*–1,5*
Services aux particuliers	*–1,3*	*–1,5*
Services administrés dont :	1,9	0,9
Éducation, santé, action sociale	*2,0*	*0,7*
Administration	*1,7*	*0,5*
Ensemble	3,0	1,3

Source : INSEE, Comptes nationaux, 2000.

États-Unis (pour quelques branches)	**1960-78**	**1978-90**	**1990-99**
Ens. branches marchandes	2,7	1,4	1,7
Industrie manufacturière, dont :	3	2,4	3,8
Ordinateurs	*n.d.*	*n.d.*	*33*
Composants électroniques	*n.d.*	*n.d.*	*26*
Télécommunications	5,9	5,4	5,7
Banques (indice BLS)	n.d.	1,9	2,6
Commerce de détail alimentaire	1,2	–0,15	–0,03
Restauration et cafés	0,9	–0,05	–0,05
Hôtellerie	2,6	–1,5	1,5

Source : BLS.

n.d. = chiffres non disponibles dans les sources publiques.

1. *En France, ce n'est que depuis le début des années 1990 qu'il y a un écart important entre le tertiaire et l'industrie en matière de gains de productivité.*
2. *Aux États-Unis, l'écart est important depuis les années 1970. Au total, le tertiaire américain aurait une productivité presque stagnante, ce qui expliquerait l'impressionnante création d'emplois dans certains services (notamment le commerce de détail et la restauration).*
3. *Mais, pour ces branches à gains de productivité faibles, voire négatifs sur très longue période, on peut avoir des doutes sur la fiabilité des mesures. Qui peut croire qu'en France la productivité a décliné régulièrement depuis plus de vingt ans dans les services aux entreprises (hors postes et télécommunications) et les services aux particuliers, et depuis dix ans dans les activités financières ? Ces doutes ne suffisent toutefois pas à remettre en cause le constat général d'un écart substantiel entre les services d'un côté, l'industrie et l'agriculture de l'autre.*
4. *Avec ses gains de productivité invraisemblables, l'industrie informatique (ordinateurs et composants), qui ne représente que 5,4 % de l'emploi du secteur manufacturier américain, contribue pour environ un tiers aux 3,8 % de gains annuels moyens de productivité de ce secteur entre 1990 et 1999. Cela tient pour une large part à des conventions de mesure très discutables.*

Encadré C : *Vers une industrialisation des services ?*

Pour répondre à cette question, il faut préciser ce que l'on entend par « industrialisation ». Retenons deux sens possibles : 1. le remplacement des services par des biens industriels utilisés en *self-service*. Mais, dans ce cas, ce n'est pas vraiment une industrialisation de l'activité de service, c'est sa disparition et son remplacement par la production de biens (réalisée dans une autre branche d'activité : c'est une forme de déversement) ; 2. l'activité consiste toujours à produire des services (et non pas des biens), mais elle s'organise selon un modèle de fabrication industrielle : elle cherche à standardiser ses services pour pouvoir les produire en série, elle s'appuie sur des systèmes techniques qui standardisent les procédés (les opérations), elle offre une gamme de services standard reproductibles à l'identique. La restauration rapide est un exemple, mais aussi la gestion automatisée de polices d'assurance automobile standard ou celle des comptes courants bancaires, ou encore la grande distribution (dans ses fonctions logistiques en particulier).

À nouveau, deux conceptions s'opposent :

A. L'industrialisation des services est souhaitable, elle est possible, c'est peut-être même une condition de sortie de la crise (par relance de la croissance). Dans cette conception normative, tout doit être fait pour que la production de services emprunte aux modèles « fordistes » ou « néofordistes » d'organisation industrielle. L'industrialisation des services devrait, en effet, permettre des gains de productivité (et une réduction des coûts unitaires) et accroître en même temps la fiabilité attachée à des standards de qualité et de performance. Même l'enseignement et l'hôpital devraient s'en inspirer.

Cette industrialisation est souvent liée, dans les services, à une informatisation des processus (par substitution du capital au travail) et à la définition de protocoles opératoires précis, « néotayloriens », ainsi qu'à l'introduction du *self-service* pour toutes les fonctions qui s'y prêtent. Les mots clés sont : standardisation et substitution du capital au travail.

B. L'industrialisation des services ne peut concerner que certains secteurs et certaines fonctions. Dans l'ensemble, elle est improbable. De ce fait, les gains de productivité ne peuvent être que faibles (ce qui est plutôt favorable à l'emploi).

Dans cette conception, on s'appuie sur le fait que de très nombreux services ne peuvent être fournis de façon efficace que s'il y a une relation personnalisée (donc chaque fois différente, échappant aux standards) entre les prestataires et les usagers ou clients. Cette relation seule permet d'adapter l'offre à la demande, par interaction. Ainsi en est-il de la relation médecin-malade, enseignant-élève, consultant-entreprise, banque-client, assureur-assuré, commerçant-client, etc. On se trouve ainsi souvent dans une situation qualifiée de « coproduction » du service par des prestataires et des clients en interaction, situation beaucoup plus rare avec les biens industriels. La faiblesse des gains de productivité n'est pas niée : elle est même considérée comme une nécessité pour maintenir ou accroître la qualité du service d'enseignement, de santé, de conseil, d'assistance, par exemple. Par ailleurs, dans ces activités, les innovations et le progrès technique prennent plus souvent la forme de la complémentarité du capital au travail que celle de la substitution.

Sujet de réflexion. Prenez un ou deux exemples de services (ou d'activités commerciales), et demandez-vous ce qui, dans l'ensemble du processus de production du service, peut être industrialisé (ou l'est déjà), et ce qui ne pourrait l'être sans une perte de qualité (voire sans risquer que le service ne soit plus demandé parce qu'il ne répond plus aux attentes).

Exemples possibles : un service d'assurance (envisagez les différents moments où l'on est en relation avec une compagnie ou un agent d'assurance) ; votre banque ; un cabinet de comptabilité ; un hôpital ; une grande surface alimentaire.

les taux de croissance les plus élevés sont pour la plupart des professions qualifiées. Cette observation vaut même pour les États-Unis [*voir encadré D*]. Ce phénomène aurait donc eu une incidence favorable, en moyenne, sur la qualité de l'emploi tertiaire : la société de services ne tire pas la qualité de l'emploi vers le bas, mais vers le haut.

Mais, en sciences sociales, le fait que la « moyenne » progresse ne signifie pas forcément que la situation sociale s'améliore. Tout dépend du point de vue : ce qu'on appelle la « dualisation » de l'emploi (ou des revenus) désigne justement une tendance où l'écart se creuse entre ceux qui sont en haut de l'échelle (des métiers ou des revenus) et ceux qui sont en bas. On peut donc très bien avoir une dualisation avec progression de la moyenne. Les deux thèses citées ci-dessus ne sont pas forcément contradictoires.

La réalité française est-elle celle d'une dualisation de l'emploi (dans les services) ? En France, contrairement aux États-Unis, on n'a pas assisté à une forte croissance des « emplois de serviteurs » (bien

suite du texte page 148 ▶

Encadré D : *Des emplois de plus en plus qualifiés ? L'exemple des États-Unis*

Les vingt métiers en tête de liste (en termes de nombre d'emplois créés) dans les projections d'emploi américaines de 2000 à 2010

Métiers	Effectif en 2000 (milliers)	Croissance (milliers) 2000-2010	Taux de croissance (%)	Quartile de salaires[a]	Niveau de formation
Employés polyvalents de la restauration (surtout *fast-food*)	2206	673	30	4	Formation courte sur le tas
Employés des services clientèle	1946	631	32	3	Formation modérée sur le tas
Infirmiers diplômés	2194	561	26	1	Diplôme professionnel
Employés de vente du commerce de détail	4109	510	12	4	Formation courte sur le tas
Techniciens spécialistes du matériel informatique	506	490	97	2	Diplôme professionnel
Caissiers	3325	474	14	4	Formation courte sur le tas
Employés de bureau	2705	430	16	3	Formation courte sur le tas
Personnels de sécurité	1106	391	35	4	Formation courte sur le tas
Ingénieurs en logiciels (applications)	380	380	100	1	*Bachelor* (licence, maîtrise)
Serveurs (cafés et restaurants)	1983	364	18	4	Formation courte sur le tas
Managers généraux et opérationnels	2398	363	15	1	Maîtrise ou plus, et expérience
Chauffeurs de poids lourds	1749	346	20	2	Formation modérée sur le tas
Aides-soignants et agents de service hospitalier	1373	323	24	3	Formation courte sur le tas
Concierges et portiers	2348	317	13	4	Formation courte sur le tas
Enseignants post-secondaires	1344	315	23	1	Doctorat
Aides-éducateurs	1262	301	24	4	Formation courte sur le tas
Aides pour les soins à domicile	615	291	47	4	Formation courte sur le tas
Manutentionnaires	2084	289	14	3	Formation courte sur le tas
Ingénieurs en logiciels (systèmes)	317	284	90	1	*Bachelor* (licence, maîtrise)
Jardiniers, gardiens de parcs et de terrains	894	260	29	4	Formation courte sur le tas

a. ex. : le quartile 1 contient les 25 % de personnes dont les salaires horaires étaient les plus élevés en 2000. Le quartile 4 regroupe donc les bas salaires (le quart inférieur).
Source : Monthly Labor Review, *novembre 2001.*

Le tableau reprend les projections d'emploi effectuées fin 2001 par les statisticiens américains pour la période 2000-2010. Les métiers les plus créateurs d'emplois y sont classés par ordre décroissant du *nombre d'emplois* créés si ces projections se réalisent.

L'intérêt d'un tel tableau est qu'on peut en faire deux analyses, l'une plutôt « pessimiste » (en ce qui concerne la qualité des emplois qui se créent), l'autre plus « optimiste ».

Analyse « pessimiste » : la très grande majorité des emplois créés (dans cette liste de 20, qui ne couvre donc qu'une petite partie des activités, mais une partie assez significative de la dynamique d'ensemble) ne nécessitent aucune formation (autre qu'une formation sur le tas de durée courte ou modeste) et se situent dans le quart inférieur des taux de salaire. Le total des emplois créés par les 20 métiers est de 7,993 millions. Or les métiers n'exigeant qu'une formation sur le tas, et qui se situent tous dans les quartiles 3 et 4 des salaires (donc sous la médiane), créent 5,6 millions d'emplois, soit 70 % du total. On peut donc dire que la grande majorité des emplois qui se créent sont de faible qualité et à bas niveau de salaire.

Analyse plus « optimiste » : si on lit ce tableau en examinant les *taux de croissance* de l'emploi par métier (colonne 4), il apparaît que les trois métiers en tête de liste, qui sont liés à l'informatique, sont qualifiés et bien payés. Ils ont des taux de croissance impressionnants (leur effectif double presque en 10 ans). On peut donc dire que les métiers les plus dynamiques (taux de croissance) « tirent » plutôt la structure de l'emploi vers le haut.

Comment concilier ces deux diagnostics apparemment opposés ? En remarquant qu'un taux de croissance impressionnant peut très bien ne pas fournir un nombre d'emplois très élevé si ce taux s'applique à un nombre initial d'emplois assez faible, alors qu'à l'inverse un taux faible peut « produire » beaucoup d'emplois s'il s'applique à une catégorie très nombreuse. Ainsi, l'effectif des employés de vente du commerce de détail ne progresse que de 12 % en 10 ans, mais vu l'effectif en 2000 (plus de 4 millions), cela fait près de deux fois plus d'emplois créés que pour les ingénieurs en logiciels (systèmes), en dépit d'un taux de croissance de 90 % pour ce dernier métier. En réalité, ce tableau (qu'il faudrait compléter pour aller au-delà de ces vingt métiers) suggère plutôt un dualisme croissant de la structure de l'emploi, avec à un pôle une masse grandissante d'emplois non ou peu qualifiés et peu payés, et à l'autre pôle un ensemble dynamique d'emplois qualifiés et bien payés liés aux nouvelles technologies de l'information.

que, depuis le milieu des années 1990, une progression du nombre des « travailleurs pauvres » ait été enregistrée). La dualisation se fait actuellement beaucoup plus par le chômage (l'exclusion) que par la création de « petits boulots » de services. Et d'ailleurs, une concierge ou un gardien d'immeuble ne peuvent-ils pas rendre des services appréciables (y compris en matière de sociabilité collective) sans devenir les « serviteurs » de qui que ce soit, et dans des conditions qui ne soient pas celle d'un « petit boulot » ?

Une société a les services qu'elle mérite

Une société inégalitaire (c'est le cas de la société américaine) ne peut créer que des services à son image, reproduisant ses hiérarchies et son dualisme : lorsque certains ont des revenus très élevés et que ceux qui peuvent les « servir » sont très mal payés, avec une faible protection sociale, la création d'emplois de « serviteurs » est favorisée.

Une société moins inégalitaire (c'est le cas des pays scandinaves, qui sont pourtant aussi « tertiaires » que les États-Unis) développera plus volontiers des services de qualité, publics ou locaux, dans des conditions d'emploi beaucoup moins dualistes. Le dualisme, lorsqu'il se manifeste, est un fait de société qui n'a pas grand-chose à voir avec les services, pas plus qu'il n'est la conséquence de la diffusion des nouvelles technologies comme certains l'affirment. Les services se développent autant dans les pays les plus inégalitaires que dans les autres, mais ils y prennent d'autres formes.

Jean Gadrey

Synthèse et révision

En répondant aux questions suivantes, vous allez pouvoir préparer, chez vous et/ou en classe, une synthèse des connaissances fondamentales à acquérir sur un grand thème du programme. Cet exercice va vous permettre de construire vous-même dès maintenant la fiche qui vous sera indispensable au moment de vos révisions parce qu'elle contient ces connaissances de base. L'expérience montre que ce travail, complété par la maîtrise systématique des mots clés, est beaucoup plus efficace que la lecture de fiches « toutes prêtes » ou d'autres produits miracles.

Questions

I. De la croissance à l'emploi

Productivité et gain de productivité

1. Définissez : productivité du travail, productivité par tête, productivité horaire du travail.
2. Pourquoi est-il préférable d'utiliser la notion de valeur ajoutée pour mesurer la productivité du travail ?
3. D'où les gains de productivité du travail proviennent-ils ?

La relation croissance-productivité-emploi

4. En utilisant l'équation (1) et en supposant la durée du travail stable, à quelle condition l'emploi peut-il progresser ? Dans quelle situation régresse-t-il ? Dans quelle situation reste-t-il stable ?

Le déversement de l'emploi entre secteurs ou branches

5. Expliquez le processus du déversement en prenant l'exemple de l'agriculture.

Le progrès technique et l'emploi dans un secteur donné

6. Quelles sont les trois types d'innovations qu'ont connu les banques depuis les années 1980 ? Quels sont leurs effets sur l'emploi ? Donnez des exemples. Expliquez l'expression de l'auteur : « Le déversement de l'emploi est resté pour l'essentiel à l'intérieur du secteur bancaire, voire à l'intérieur de chaque emploi. »

II. Le grand déversement du XXe siècle : les services

La tertiairisation

7. Quelles sont les activités classées dans le secteur tertiaire ? Distinguez tertiaire marchand et tertiaire non marchand.
8. Dans le tableau ci-dessous, reportez les trois principales explications de la tertiairisation et en face d'elles, les éléments qui permettent de les relativiser.

Explications de la tertiairisation	Relativisation

9. Que signifie l'expression « dualisation de l'emploi dans les services » ? Que veut dire l'auteur lorsqu'il affirme : « une société a les services qu'elle mérite » ?

Mots clés

Productivité du travail par tête/horaire • Croissance économique • Tertiairisation • Déversement • Externalisation • Services marchands/non marchands • Innovation.

Dossier 1

Une croissance riche en emploi ?

Document 1

Taux de variation annuel moyen de la valeur ajoutée, de l'emploi, de la durée et de la productivité du travail (en %, secteur marchand hors agriculture)	1979-1986	1987-1990	1991-1996	1997-2002
Valeur ajoutée	2,1	3,5	0,6	2,6
Emploi	−0,4	1,5	−0,2	2,1
Durée du travail	−0,8	0,1	−0,5	−0,8
Productivité horaire	3,2	1,9	1,3	1,3

Sources : INSEE, estimations OFCE pour la durée du travail et 2002, in OFCE, L'Économie française 2003, *La Découverte, « Repères », 2003.*

Document 2

Emplois atypiques (en milliers et en % de la population active occupée)

Année enquête	Intérim	CDD	Contrats aidés et stages	Total emplois atypiques	En % de la population active occupée
1985	114	319	155	588	2,7
1992	211	576	321	1008	5,0
1993	171	616	399	1186	5,3
1994	210	614	395	1219	5,5
1995	287	752	442	1481	6,6
1996	273	790	451	1514	6,7
1997	323	834	411	1567	7,1
1998	405	890	399	1694	7,5
1999	438	877	418	1733	7,6
2000	540	959	455	1954	8,4
2001	605	929	408	1942	8,2
2002	514	897	421	1832	7,7

Source : INSEE, enquêtes « Emploi ».

Document 3

L'enrichissement du contenu de la croissance en emplois

Dans les économies industrielles, la croissance est nécessaire à la création d'emplois. Il existe pour chaque pays un seuil de croissance à partir duquel les créations sont supérieures aux destructions d'emplois. Enrichir le contenu en emplois de la croissance consiste à abaisser ce seuil.

Dans les économies « riches en emplois », les entreprises utilisent de manière plus équilibrée les facteurs de production disponibles, un recours accru à la ressource abondante – aujourd'hui le travail – allant de pair avec des processus de production plus économes en capital. Ainsi, l'enrichissement du contenu de la croissance en emplois correspond à une progression plus faible de la productivité par tête sans diminution de l'efficacité globale de l'économie.

Un tel rééquilibrage ne s'opère pas à titre principal par une substitution du travail au capital existant, mais par une expansion des secteurs riches en main-d'œuvre, notamment les services marchands (tourisme, services de proximité, technologies de l'information et de la communication...). C'est dans ces secteurs que le « déficit » de création d'emplois en Europe est le plus manifeste. ■

DARES, INSEE, DP,
Bilan économique et social de la France,
La Documentation française, 1997.

Questions sur l'ensemble du dossier

1. Rappelez la relation croissance-productivité-emploi. [*doc. 3 et 4*]
2. Illustrez cette relation en prenant des exemples dans les documents 1 et 6.
3. Comparez les données du document 2 pour les périodes 1992-1996 et 1997-2002. Commentez ces données en utilisant également les deux dernières colonnes du document 1. En quoi le document 8 permet-il d'arriver à une conclusion voisine ?
4. Quelles sont les formes d'emploi qui ont le plus progressé ces dernières années ? À quelle logique correspond cette progression ? [*doc. 2, 5 et 7*]
5. **Question de synthèse.** Pour faire reculer le chômage en France, il est souvent proposé de rendre la croissance « plus riche en emplois ». En mobilisant vos connaissances acquises sur la relation croissance-productivité-emploi et les documents de ce dossier, présentez les différentes caractéristiques d'une telle croissance.

Document 4

La relation entre croissance, emploi et chômage

Cet enrichissement très sensible du contenu en emplois de la croissance est attribué en premier lieu au développement du temps partiel et à la réduction du coût du travail peu qualifié, sachant que les deux phénomènes sont inextricablement liés car l'abaissement des charges sociales sur les bas salaires touchait tout particulièrement l'emploi peu qualifié à temps partiel. Cette analyse est corroborée par l'origine sectorielle de la meilleure tenue de l'emploi, à savoir des secteurs comme les services aux ménages et le commerce de détail, gros pourvoyeurs d'emplois peu qualifiés. Cet enrichissement aurait généré environ 300 000 emplois supplémentaires en 4 ou 5 ans dans le secteur marchand.

Au total, dans nos projections à moyen terme, nous tablons sur une poursuite de l'enrichissement du contenu en emplois de la croissance pour autant que l'évolution du coût du travail en général et du coût du travail peu qualifié en particulier reste modérée. Cependant, si la croissance est plus soutenue comme nous l'espérons, l'évolution de la productivité du travail se redresserait un peu par rapport aux tendances récentes, hors prise en compte des effets éventuels de la baisse de la durée légale du travail. Cela nous a conduits, dans nos projections à moyen terme, à retenir l'hypothèse d'une croissance de la productivité du travail un peu inférieure à 2 % et d'une croissance nécessaire pour stabiliser le chômage légèrement inférieure à 2,5 %. Ces estimations sont très voisines de celles faites pour l'ensemble de l'Europe. On considère en effet que le taux de chômage moyen en Europe se stabilise pour une croissance de l'ordre de 2 % l'an. ■

Paul Champsaur,
Directeur général de l'INSEE,
in *Conseil d'analyse économique,*
Croissance et chômage,
La Documentation française, 1998.

Document 5

La croissance riche en emplois

Un rapport du Conseil supérieur de l'emploi, des revenus et des coûts soulignait que l'essor du travail à temps partiel était la première cause de l'enrichissement de la croissance en emplois, près d'une création d'emploi sur deux relevant désormais de cette forme de travail. « La majeure partie des effectifs "supplémentaires" s'explique par cette forme de travail », relevait-il avant d'ajouter : « Plus que d'un enrichissement de la croissance en emplois, il conviendrait, dès lors, de parler d'un enrichissement en effectifs. » Or, cette envolée du travail à temps partiel introduit nécessairement un biais statistique, car, dans le décompte des effectifs salariés, l'INSEE ne fait évidemment pas la différence entre le travail à temps partiel et le travail à temps plein. Pour prendre l'exemple des caissières, si l'employeur transforme un travail à plein temps en deux postes à mi-temps, les statistiques enregistreront une progression de l'emploi, alors qu'il ne s'agit, en réalité, que d'une forme, déguisée, du partage du travail. [...] Depuis le 1er octobre 1996, le travail à temps partiel a été fortement avantagé. Un employeur, dans la grande distribution, bénéficie ainsi d'allégements de charges plus substantiels s'il embauche deux caissières à mi-temps, plutôt qu'une seule à temps plein. Autrement dit, le temps partiel est beaucoup plus souvent subi que voulu. [...]

Peut-on, dans ces conditions, continuer à se réjouir du développement du temps partiel, comme s'il s'agissait d'une avancée sociale synonyme de temps choisi ? Alors que les emplois ainsi « créés » sont souvent les moins qualifiés (femmes de ménage, aides familiales, etc.) et les plus mal payés, peut-on continuer à prétendre que la tendance contribue à la libération de la femme, qui peut ainsi travailler tout en s'occupant de ses enfants ? Et, surtout, peut-on continuer à affirmer que la croissance est, de la sorte, plus riche en emplois ? La vérité est tout autre et renvoie à un autre débat : d'année en année, l'économie française gagne en flexibilité. ■

Laurent Mauduit,
Le Monde, *4 avril 1997.*

Document 6

Taux de croissance annuel moyen de la valeur ajoutée, de l'emploi, de la durée du travail et de la productivité du travail (en %)

	70-75	75-80	80-85	85-90	90-98
Secteur agroalimentaire					
Valeur ajoutée	0,9	1,5	2,1	1,3	0,8
Emploi	– 3,8	– 2,4	– 2,5	– 2,9	– 2,8
Durée du travail	– 1,3	– 1,3	– 1,1	0,1	– 0,3
Productivité horaire	6,3	5,4	5,9	4,1	4,0
Industrie manufacturière					
Valeur ajoutée	3,9	3,3	– 0,5	2,8	1,6
Emploi	0,8	– 1,2	– 2,7	– 0,9	– 1,9
Durée du travail	– 1,4	– 0,4	– 0,9	0,2	– 0,3
Productivité horaire	4,5	4,9	3,3	3,5	3,8
Bâtiment et travaux publics					
Valeur ajoutée	1,3	0,4	– 1,4	3,8	– 1,8
Emploi	– 0,9	– 0,5	– 3,7	1,2	– 2,1
Durée du travail	– 1,3	– 1,5	– 1,1	0,1	– 0,3
Productivité horaire	3,6	2,6	3,5	2,5	0,6
Tertiaire marchand					
Valeur ajoutée	4,7	3,5	2,5	4,3	2,0
Emploi	1,9	2,1	0,9	2,6	0,8
Durée du travail	– 1,0	– 0,4	– 0,8	0,1	– 0,2
Productivité horaire	3,8	1,9	2,5	1,5	1,4
Ensemble du secteur marchand					
Valeur ajoutée	3,5	3,0	1,4	3,4	1,5
Emploi	0,1	0,1	– 1,1	0,8	– 0,5
Durée du travail	– 1,3	– 0,6	– 0,9	0,2	– 0,2
Productivité horaire	4,7	3,6	3,5	2,4	2,2
Tertiaire non marchand					
Valeur ajoutée	3,4	3,2	2,1	1,6	2,1
Emploi	2,2	2,1	2,2	0,9	1,8
Durée du travail	– 0,4	– 0,9	– 1,7	– 0,3	– 0,3
Productivité horaire	1,6	2,0	1,6	1,0	0,6

Source : INSEE, comptabilité nationale trimestrielle, in OFCE, L'Économie française 1999, *La Découverte, « Repères », 1999 (complété par Comptes nationaux annuels pour le non-marchand, calculs Jean-Paul Piriou).*

Document 7

La grande illusion

Au niveau des faits, tout d'abord, la comparaison entre la France et les États-Unis est instructive. Au cours des vingt dernières années, la France et les États-Unis ont connu un taux de croissance identique, 2,3 % par an dans les deux cas. La France n'a créé pratiquement aucun emploi, les États-Unis en ont créé plusieurs millions.

Cette comparaison montre clairement que le niveau du taux de croissance « moyen » n'est pas le facteur cardinal qui commande le taux de chômage. S'il est vrai que, toutes choses égales par ailleurs, plus de croissance veut souvent dire, pour un pays donné, moins de chômage, il est faux d'affirmer que les pays qui ont le mieux réussi à résoudre le problème du chômage y sont parvenus grâce à une croissance plus forte. En d'autres termes encore, ce n'est pas parce que la croissance exceptionnelle d'après-guerre nous a fait ignorer le problème du chômage que le retour au plein-emploi doit nécessairement passer par un retour – bien improbable – à la croissance d'après-guerre.

L'erreur de raisonnement consiste à confondre le progrès technique et la productivité du travail. [...]

Chaque année un lot nouveau d'inventions permet d'accroître la capacité productive des économies. Mais, face à ce progrès technique, les entreprises arbitrent librement entre les différents facteurs de production qu'elles vont mettre en œuvre pour l'utiliser pleinement.

C'est cet arbitrage qui commandera la productivité du travail. Elle peut être faible dans une économie pourtant au faîte des techniques nouvelles, si l'excès d'offre de travail incite les firmes à utiliser beaucoup de personnel, non pas à la place des machines, mais face à celles-ci.

Ainsi aux États-Unis, pour des machines à boisson tout aussi performantes que les nôtres, on est frappé, quand on entre dans une cafétéria, du nombre de *waiters* qui sont à votre disposition pour vous guider jusqu'à votre table. Il n'y a là aucune différence sociologique par rapport à la France, mais le fait que l'absence de régulation salariale permet de sous-payer lesdits *waiters*.

Pour résumer ce point fondamental, il y a mille façons de combiner le progrès technique et l'emploi. Pour une croissance de moyen terme donnée (qui correspond à l'évolution probable des savoirs), certaines sociétés vont économiser la force de travail, d'autres vont l'utiliser pleinement. Il est parfaitement vain d'incriminer le progrès technique comme cause de nos problèmes d'emploi. C'est notre capacité d'innovation sociale qui est en cause.

Les États-Unis ont choisi la voie, en un sens, la plus simple : celle qui consiste à laisser les salaires baisser jusqu'au point où l'incitation à embaucher – ou la désincitation à travailler – permet de résorber le stock des demandeurs d'emploi. Il n'y a aucune raison d'admettre que ce soit la seule voie, ni même la voie la plus efficace.

À l'inverse d'une société ultralibérale, une société ultrasolidaire est tout aussi performante. Elle peut substituer à la baisse des salaires par les forces du marché une baisse du coût du travail par une modification de l'assiette de la fiscalité. Elle peut créer de grands travaux d'utilité publique, comme Roosevelt en son temps, plutôt que de laisser le marché improviser des services sociaux de proximité.

Mais pas plus qu'on ne peut imposer un modèle ultralibéral à une société qui le refuse, on ne peut imposer une société ultrasolidaire à une société qui n'en veut pas. C'est faute de savoir créer par la négociation sociale les conditions d'une reprise de l'emploi, et faute de laisser le marché le faire tout seul, que la France est condamnée à attendre une reprise longue et soutenue pour la guérir du chômage, et à regretter les années d'après-guerre où les lavabos étaient encore sur le palier parce que, « à l'époque », la croissance était forte et les choix de société aisés… ■

Daniel Cohen, Le Monde des débats, *octobre 1994.*

Document 8

Intérim et PIB
(glissement annuel en %)

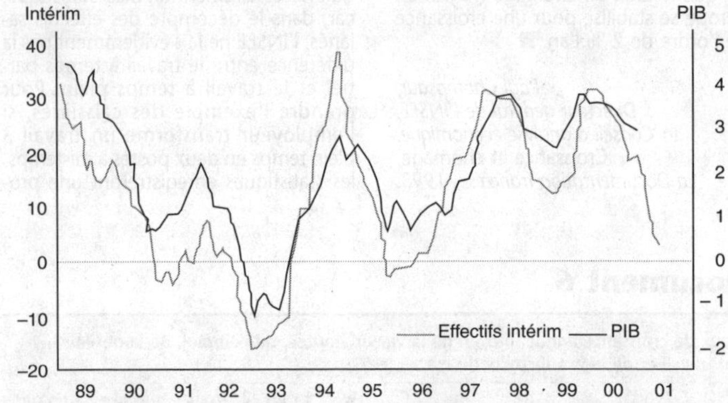

Sources : INSEE, Unedic, in C. Deneuve, « Des modifications du contrat de travail… aux inégalités statutaires », Cahiers français *n° 304, septembre-octobre 2001.*

Dossier 2

L'adéquation formation-emploi

Document 1

Les sortants du système éducatif selon le plus haut diplôme obtenu (en %)				
Dernier diplôme obtenu	**1973**	**1980**	**1990**	**1998**
Aucun diplôme ou CEP ou brevet	54,9	38,9	31,2	20,2
CAP-BEP	17,9	30,3	20,7	16,0
Baccalauréat général ou professionnel	15,5	15,6	18,5	24,5
Supérieur court	6,4	9,0	15,5	18,9
Supérieur long	5,2	6,2	14,0	22,0
Total sortants	789 000	725 000	622 000	726 000

Source : ministère de l'Éducation nationale, in Marlaine Cacouault et Françoise Œuvrard, Sociologie de l'éducation, *La Découverte, « Repères », 2001.*

Questions sur l'ensemble du dossier

1. Commentez l'évolution du niveau de diplôme de la population française. [*doc. 1, 2 et 3*]
2. Comment ont évolué les emplois par groupe socioprofessionnel ? [*doc. 4*] Quel lien peut-on établir entre cette évolution et les constats de la question 1 ?
3. Un diplôme élevé garantit-il un emploi ? [*doc. 5*]
4. Quelles sont les caractéristiques des postes non qualifiés et des postes qualifiés en 1982 ? [*doc. 6*] Cela confirme-t-il les constats précédents ?

Questions sur l'ensemble du dossier *(suite)*

5. Quelle évolution observez-vous entre 1982 et 2001 ? [*doc. 6*]
6. À l'exemple des 13 % des personnes détenant au moins le bac et exerçant un poste non qualifié, quel phénomène observe-t-on ? Caractérisez ce phénomène. [*doc. 6*]
7. Le document 7 permet-il de confirmer les conclusions établies à la question précédente ?
8. Comment peut-on expliquer le phénomène du déclassement selon les auteurs du document 8 ?
9. Quelle explication du chômage ce phénomène confirme-t-il et quelle explication remet-il en cause ? [*doc. 9*]
10. Est-il vraiment possible d'adapter la formation aux besoins de l'appareil productif ? Quel rôle le système de formation devrait-il jouer selon l'auteur du document 10 ?

Document 2

La différence de niveau de formation initiale est évidemment encore plus saisissante par tranche d'âge : ceux qui ont un niveau VI-Vb ne représentent plus que 30 % de la tranche 25-39 ans contre 55 % pour les 50 ans et plus et ceux qui ont le bac et plus, 37 % contre 24 %. Le niveau V, CAP-BEP, est par contre plus représenté dans la tranche des 25 à 39 ans (33 %) que dans celle des 50 ans et plus (23 %), du fait de la forte proportion de diplômés du CAP-BEP dans les années 1980 qui a précédé la montée vers le baccalauréat. ■

« Quelles politiques pour l'emploi ? », Cahiers français *n° 304, septembre-octobre 2001.*

Document 3

Structure de la population active selon le niveau de diplôme (en %)

	1971	1983	1991	2002
Aucun diplôme	61,4	44,9	34,8	22,7
BEPC, CAP, BEP	24,2	32,6	37,5	36,6
Baccalauréat ou équivalent	8,4	10,0	11,3	14,6
Supérieur	6,0	12,5	16,3	26,0

Source : INSEE, enquêtes « Emploi » 2002.

Document 4

Évolution de la population active par groupes socioprofessionnels (en milliers)

	1962	1990	2002
Agriculteurs exploitants	3 045	1 179	638
Artisans, commerçants, chefs d'entreprise	2 084	1 888	1 472
Cadres et professions intellectuelles supérieures	892	2 514	3 656
Professions intermédiaires	2 114	4 526	5 442
Employés	3 535	6 806	7 831
Ouvriers	7 488	7 182	6 999

Source : INSEE, recensement de 1962, d'après Données sociales 1990, *enquêtes « Emploi » 1990 et 2002.*

Document 5

Taux de chômage[a] selon le diplôme de 1 à 4 ans après la fin des études

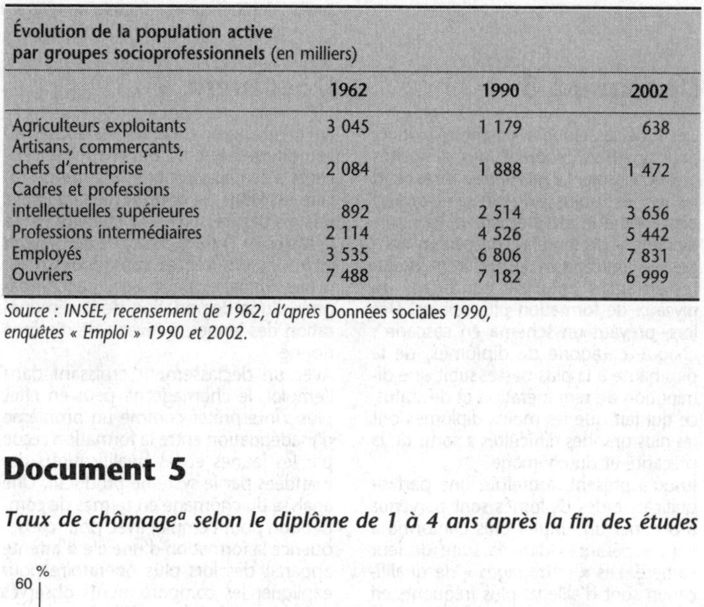

a. Au sens du BIT.
Source : INSEE, Tableaux de l'économie française 2002-2003.

Document 6

Emploi et diplôme	Postes non qualifiés		Postes qualifiés	
	1982	2001	1982	2001
Diplôme				
Au plus le BEPC	79	56	40	21
CAP, BEP	18	31	29	29
Bac	2	10	14	16
Supérieur au Bac	1	3	17	34
Total	100	100	100	100

Champ : salariés. Lecture : En 2001, 56 % des postes non qualifiés sont occupés par des salariés ayant au plus le BEPC.
Source : INSEE, enquêtes « Emploi » 1982 et 2001, in Problèmes économiques *n° 2737, 1er novembre 2001.*

Document 7

Part de déclassement[a] selon le niveau de formation (en %)

Diplôme	1986	1995
Grande école, 3e cycle universitaire	18,8	30,1
2e cycle universitaire	6,6	18,7
Supérieur court (1er cycle, BTS, DUT)	31,5	39,5
Baccalauréats généraux et brevets de technicien	15,5	24,0
Baccalauréats techniques et professionnels	9,4	17,8
CAP, BEP	29,3	26,5
Population totale	**15,2**	**20,8**

a. Déclassement : ce terme désigne ici le fait, pour un jeune, de posséder un niveau de formation supérieur à celui requis pour l'emploi occupé.
Champ : jeunes de 18 à 29 ans en situation d'emploi non aidé (y compris études primaires et sans diplôme).
Lecture : en 1989, 19,8 % des titulaires d'un diplôme d'une grande école ou d'un troisième cycle universitaire étaient surdiplômés par rapport à l'emploi qu'ils occupaient.
Source : INSEE, enquêtes « Emploi » de 1986 et 1995, in Économie et statistique *nos 304-305, 1997.*

Document 8

Ces « déclassements » semblent donc, pour une part, inhérents aux difficultés de l'économie. La rareté des offres rend les jeunes moins exigeants, et quand bien même le recrutement d'un « surdiplômé » présenterait un certain danger, les entreprises le préfèrent manifestement à celui de candidats de niveaux de formation plus faibles. Dès lors, prévaut un schéma en cascade : chaque catégorie de diplômés, de la plus haute à la plus basse, subit une diminution de rémunération et de statut, ce qui fait que les moins diplômés ont les plus grandes difficultés à sortir de la précarité et du chômage.

Jusqu'à présent, toutefois, une part significative des diplômés sont parvenus à occuper un emploi plus conforme à leurs espérances dans la suite de leur carrière. Les « rattrapages » de qualification sont d'ailleurs plus fréquents en période de bonne conjoncture (mars 1998, mars 1995), ce qui suggère qu'une reprise durable pourrait conduire à une requalification des emplois. ■

Claude Minni, Pascale Poulet-Goulibando, « L'évolution récente de la scolarité et de l'insertion professionnelle des jeunes (1996-1998) », Premières informations et premières synthèses *n° 52.1, DARES, décembre 1998.*

Document 9

En même temps, les jeunes sont vraisemblablement d'autant moins réticents à se déclasser que la perte de salaire est faible, et donc la hiérarchie des salaires plus resserrée. La stabilité (voire le tassement) de la *structure des salaires* entre les différentes catégories socioprofessionnelles peut alors s'accompagner d'une dégradation de la rémunération des jeunes, à niveau de diplôme donné.

Avec un déclassement croissant dans l'emploi, le chômage ne peut en effet plus s'interpréter comme un problème d'inadéquation entre la formation reçue par les jeunes et les qualifications demandées par le système productif. Une analyse du chômage en termes de compétition pour l'emploi avec pour conséquence la formation d'une file d'attente apparaît dès lors plus opératoire pour expliquer les comportements observés sur le marché du travail. [...]

Ce processus peut découler en partie d'une certaine rigidité de la structure des salaires relatifs entre professions. Les employeurs seraient incités à réduire leur *coût unitaire* en recrutant des surdiplômés dont ils espèrent une meilleure productivité. Le déclassement pourrait ainsi s'interpréter, en partie, comme une modalité de flexibilisation du coût du travail, qui se substituerait à l'ajustement par les salaires. [...]

À plus court terme cependant, il est vraisemblable que le déclassement résulte avant tout de la pénurie globale d'emplois liée à l'insuffisance de la demande. ■

Gérard Forgeot, Jérôme Gautié, « Insertion professionnelle des jeunes et processus de déclassement », Économie et statistique *n° 304-305, 1997.*

Document 10

Dans une économie de marché ouverte, la possibilité de quantifier secteur par secteur les embauches prévisibles à échéance moyenne ou longue est devenue extrêmement aléatoire, au point qu'il ne se trouve plus aujourd'hui d'étude compétente pour se hasarder, compte tenu de la flexibilité de la production, à définir ce que sera à échéance de cinq ans l'état des métiers dans la plupart des branches d'activité. En ce sens, à supposer même que l'on veuille situer la fonction exclusive ou prioritaire de l'Université dans une formation professionnelle orientée sur l'accès à l'emploi, encore faut-il ne pas négliger que le chômage des titulaires d'un diplôme fortement professionnalisé n'a cessé d'augmenter ces dernières années – et ce pour une raison en quelque sorte structurale : adapter les formations aux métiers, c'est au mieux les rendre adéquates à l'état présent des professions, donc garantir aux étudiants d'aujourd'hui qu'ils posséderont demain les compétences nécessaires pour assurer les métiers d'hier ou d'avant-hier. Il est donc pour le moins douteux que la demande réitérée des chefs d'entreprise, suppliant que l'Université leur adresse non des diplômés hyperprofessionnalisés, mais des collaborateurs à la formation assez solide et ouverte pour permettre plusieurs adaptations à des situations nouvelles et imprévisibles, soit ainsi mieux entendre. ■

Alain Renaut, « Du système éducatif à l'emploi », Cahiers français *n° 285, mars-avril 1998.*

Dossier 3

Tertiaire et société

Questions sur l'ensemble du dossier

1. Que signifie la notion de « substitution productive » utilisée par André Gorz dans le document 1 ?
2. À l'issue de quelle argumentation André Gorz parle-t-il de « travaux de serviteurs » ?
3. Pourquoi le dualisme du marché du travail n'est-il pas une conséquence inéluctable de la croissance du tertiaire ?
4. Les éléments statistiques de ce chapitre vous semblent-ils plutôt aller dans le sens de l'argumentation de André Gorz ?

Document 1

Une société de serviteurs ?

Le travail n'est plus le principal ciment social, ni le principal facteur de socialisation, ni l'occupation principale de chacun, ni la principale source de richesse et de bien-être, ni le sens et le centre de nos vies. Nous sortons de la civilisation du travail, mais nous en sortons à reculons, et nous entrons à reculons dans une civilisation du temps libéré, incapables de la voir et de la vouloir, incapables donc de *civiliser* le temps libéré qui nous échoit, et de fonder une culture du temps disponible et une culture des activités choisies pour relayer et compléter les cultures techniciennes et professionnelles qui dominent la scène. Nos discours demeurent dominés par le souci de l'efficience, du rendement, de la performance maximale, donc par le souci d'obtenir le plus grand résultat possible avec le minimum de travail et dans le minimum de temps. [...]

Que doit être une société dans laquelle le travail à plein temps de tous les citoyens n'est plus nécessaire, ni économiquement utile ? Quelles priorités autres qu'économiques doit-elle se donner ? Comment doit-elle s'y prendre pour que les gains de productivité, les économies de temps de travail profitent à tout le monde ? Comment peut-elle redistribuer au mieux tout le travail socialement utile de manière à ce que tout le monde puisse travailler, mais travailler moins et mieux, tout en recevant une part des richesses socialement produites ?

La tendance dominante est d'écarter ce genre de questions et de poser le problème à l'envers : comment faire pour que, malgré les gains de productivité, l'économie consomme autant de travail que par le passé ? Comment faire pour que de nouvelles activités rémunérées viennent occuper ce temps que, à l'échelle de la société, les gains de productivité libèrent ? À quels nouveaux domaines d'activité peut-on étendre les échanges marchands pour remplacer tant bien que mal les emplois supprimés par ailleurs dans l'industrie par les services industrialisés ?

On connaît la réponse, une réponse pour laquelle les États-Unis et le Japon ont montré la voie : le seul domaine dans lequel il est possible, en économie libérale, de créer à l'avenir un grand nombre d'emplois, c'est celui des services aux personnes. Le développement de l'emploi pourrait être illimité si l'on parvenait à transformer en prestation de services rétribués les activités que les gens ont, jusqu'à présent, assumées chacun pour soi. Les économistes parlent à ce sujet de « nouvelle croissance plus riche en emplois », de « tertiarisation » de l'économie, de « société de services » prenant le relais de la « société industrielle ».

Mais cette façon de vouloir sauver la société salariale pose des problèmes et présente des contradictions qui mériteraient d'être placés au centre du débat public et de la réflexion politique. En effet, quel est le contenu et le sens de la majorité des activités dont la transformation en services professionnalisés et monétarisés est actuellement évoquée ? Il est facile de montrer que leur professionnalisation ne répond plus à la même logique que le développement économique passé. Dans le passé, en effet, la croissance avait pour moteur fondamental ce qu'on appelle la « substitution productive » : des tâches que les gens, depuis des siècles, assumaient eux-mêmes, dans la sphère domestique, étaient progressivement transférées à l'industrie, et à des industries de services, dotées de machines plus performantes que celles dont pouvait disposer un ménage. La production industrielle et les services industrialisés ont ainsi remplacé l'auto-production domestique et la prise en charge des individus par eux-mêmes. Plus personne ne file sa laine, ne tisse son drap, ne coud ses vêtements, ne cuit son pain, etc., car toutes ces tâches sont réalisées plus vite, et souvent mieux, par des industries employant des salariés. Et parce que l'industrialisation permet de produire plus vite et souvent mieux avec moins de travail, chacun peut finalement, avec le salaire d'une heure de son travail, acheter beaucoup plus de biens et de services qu'il ne serait capable d'en produire par et pour lui-même en l'espace d'une heure. L'industrialisation a économisé du temps de travail à tout le monde, et ce temps de travail a été réemployé en grande partie dans l'économie pour produire des richesses supplémentaires que seule l'industrialisation permet de concevoir et de créer.

Mais les nouveaux emplois créés dans les services personnels répondent-ils encore au modèle de la substitution productive ? Assurent-ils de façon plus efficace, c'est-à-dire mieux et plus vite, les services que les gens, jusqu'à présent, se rendaient à eux-mêmes ? L'examen de la grande majorité des emplois créés aux États-Unis depuis une dizaine d'années montre qu'il n'en est rien. Leur fonction, dans la majorité des cas, est plutôt la suivante : les deux, ou trois, ou quatre heures passées jusqu'alors à tondre le gazon, à promener le chien, à faire les courses et le ménage, à acheter le journal ou à s'occuper des enfants, ces heures sont transférées, contre paiement, sur un prestataire de services. Il ne fait rien que chacun ne puisse faire lui-même aussi bien. Simplement, il libère deux ou quatre heures de temps en permettant d'acheter deux ou quatre heures de son temps à lui. Les économistes appellent ce genre de transfert « substitution équivalente », et Adam Smith insistait déjà sur le fait qu'elle est économiquement « improductive ». Acheter le temps de quelqu'un pour augmenter ses propres loisirs ou son confort, ce n'est rien d'autre, en effet, que d'acheter du travail de serviteur. La majorité des emplois créés aux États-Unis, mais aussi une forte proportion de ceux qui, au Japon, expliquent les faibles taux de chômage, sont des emplois de serviteur. Mais qui a intérêt, qui a les moyens de s'offrir les prestations des nouveaux serviteurs ? Voilà bien la question gênante que ne posent pas ceux et celles – y compris les syndicalistes – pour lesquels la création d'emplois est une fin en soi.

Voilà qui donne sa véritable signification au développement des services personnels. Ils se développent, sont susceptibles de créer un si grand nombre d'emplois parce que, dans la majorité des cas, ceux et celles qui assument une heure de tâches domestiques gagnent beaucoup moins que ce que leurs employeurs gagnent en une heure de travail. Les services personnels se développent grâce à la paupérisation d'une masse croissante de gens, phénomène constaté tant en Amérique du Nord qu'en Europe occidentale, ainsi que l'ont montré les études de l'IRES (Institut de recherche économique et sociale) et du CERC (Centre d'étude des revenus et des coûts). L'inégalité sociale et économique entre ceux qui rendent les services personnels et ceux qui les achètent est devenue le moteur du développement de l'emploi, qui est fondé sur une dualisation accentuée de la société, sur une sorte de « sud-africanisation », comme si le modèle colonial prenait pied au cœur même des métropoles.

Nous voyons ainsi se reconstituer à l'ère postindustrielle des conditions qui prévalaient il y a cent cinquante ans, aux débuts de l'ère industrielle, à une époque où le niveau de consommation était dix fois plus faible, où n'existaient encore ni le suffrage universel ni la scolarisation obligatoire.

Aujourd'hui, en revanche, nous vivons ce paradoxe explosif : nos gouvernement veulent, d'une part, que 80 % des jeunes passent le baccalauréat ; et, d'autre part, en vertu de l'idéologie de l'emploi pour l'emploi, que se développe une énorme sous-classe de serviteurs pour agrémenter la vie et les loisirs des couches solvables.

Autrement dit, la création d'emplois dépend principalement, désormais, non pas de l'activité économique, mais de l'activité anti-économique ; non pas de la substitution productive du travail salarié au travail d'autoproduction privée, mais de sa substitution contre-productive. La création d'emplois n'a plus pour fonction d'économiser du temps de travail à l'échelle de la société, mais de gaspiller du temps de travail pour le plus grand agrément d'une minorité de nantis. Le but n'est plus de réduire la quantité de travail par unité de produit ou de service en maximisant la productivité : il est de réduire la productivité et de maximiser la quantité de travail par le développement d'un tertiaire sans utilité sociale.

Le problème de fond auquel nous sommes confrontés est celui d'un au-delà de l'économie et, ce qui revient au même, d'un au-delà du travail rémunéré. La rationalisation économique libère du temps, elle continuera d'en libérer, et il n'est plus possible, par conséquent, de faire dépendre le revenu des citoyens de la quantité de travail dont l'économie a besoin. Il n'est plus possible, non plus, de continuer à faire du travail rémunéré la source principale de l'identité et du sens de la vie pour chacun. ■

André Gorz,
« Pourquoi la société salariale a besoin de nouveaux valets »,
Le Monde diplomatique, *juin 1990.*

Document 2

Une société a les services qu'elle mérite

André Gorz a parfaitement raison de nous déranger, et le constat de la permanence ou de la croissance des inégalités ne peut que renforcer l'intérêt d'un discours critique sur les bienfaits supposés de la « société postindustrielle ». Mais, au fond, je crois qu'il a tort. Il a tort d'attribuer aux services et à leur expansion spectaculaire une quelconque responsabilité dans l'augmentation de ces inégalités et des rapports de domination des catégories aisées sur les autres. Les services qui se développent dans une société *ne font que refléter* l'état plus ou moins inégalitaire de cette société et ils ne sont pas fondamentalement différents de ce point de vue des autres activités, agricoles, industrielles ou artisanales. [...]

Lorsqu'on gagne 200 ou 300 francs de l'heure, on peut payer quelqu'un 50 francs de l'heure pour vous servir, tondre votre pelouse ou garder vos enfants, et le fait que l'on paie à cet effet une société spécialisée plutôt qu'un domestique personnel ne change rien à l'affaire, si ce n'est que cela vous permet d'avoir à tour de rôle autant de domestiques qu'il y a de types de tâches à « sous-traiter ».

Cette vision des choses n'a strictement rien à voir avec ce que l'on observe *dans la grande majorité des services marchands*, qu'il s'agisse de services aux entreprises ou de services aux ménages. En général, le recours à des prestataires de service correspond à des situations où le client *ne peut pas* produire ce service ou ne pourrait le faire que dans des conditions économiques défavorables pour lui-même et *pour la collectivité* : il y a bel et bien « substitution productive » au sens où l'entend André Gorz. [...]

Il est d'ailleurs significatif que, à l'appui de son argumentation, André Gorz mentionne essentiellement des services du type « petits boulots de bas niveau » : tondre le gazon, promener le chien, garder les enfants, faire les courses et le ménage. On pourrait en ajouter quelques autres : les « pousseurs de caddies », les livreurs de pizzas à domicile, les distributeurs de journaux et de prospectus. La liste peut paraître longue, mais au bout du compte on n'aura vraisemblablement rassemblé, qu'il s'agisse de la France ou des États-Unis, que quelques pour cent de la population active. [...]

Une société a les services qu'elle mérite et cela vaut tout autant pour ses services publics que pour ses services marchands. En eux-mêmes, les services ne sont ni vecteurs d'inégalité ni réducteurs d'autonomie. De la même façon qu'une société inégalitaire suscite la production de biens de bas de gamme côtoyant les produits de luxe, elle aura tendance à voir se multiplier les « petits services » aux marges du chômage et de l'exclusion sociale et à faire fonctionner une médecine, une justice et un enseignement à « deux vitesses ». Et de même qu'elle tendra à réduire les individus au rôle de cibles du marketing des produits, elle s'efforcera d'en faire des assistés des services privés ou publics en réduisant leur part d'interaction et de création dans la production des résultats de ces services. Les services n'ont ici aucune responsabilité. *Ils sont un enjeu.* ■

Jean Gadrey, « Société de services ou société de serviteurs »,
in Futuribles, *octobre 1990.*

Dossier 4 • Fiche TD

Gains de productivité et volume de l'emploi

Document 1

Croissance et emploi en France, 1896-1997	1896	1997	Évolution (1 = 1896)	Taux de croissance (%)
PIB (en milliards de francs 1980)	317,20	3 890	12,26	+ 2,50
Productivité horaire (en francs 1980)	5,28	114	21,60	+ 3,10
Activité (en milliards d'heures)	60,10	34	0,57	– 0,60
Durée annuelle (en heures)	2 913	1 519	0,52	– 0,60
Emploi (en millions)	20,62	22,39	1,09	+ 0,10

Source : Jean-Jacques Carré, Paul Dubois, Edmond Malinvaud, La Croissance française, *Le Seuil, 1972, et Comptes nationaux,* INSEE Résultats *nos 607-609, juin 1998.*

Document 2

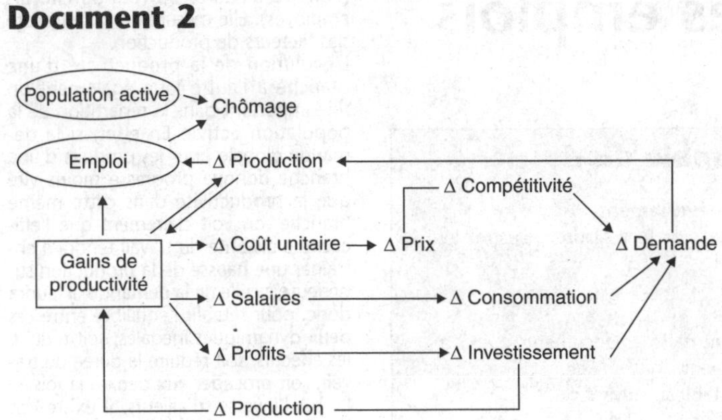

Δ, qui se lit delta, signifie « variation ». Compléter le schéma, c'est notamment indiquer quel est le signe de chacune des variations.

Document 3

Croissance, productivité et emploi aux États-Unis, au Japon et dans l'Union européenne[a] — Taux croissance annuels moyens en %	UE			É-U			Japon			Population active		
	C	P	E	C	P	E	C	P	E	UE	É-U	J
1961-1973	4,7	4,4	0,3	3,9	1,9	1,9	9,6	8,1	1,3	0,3	1,9	1,2
1974-1985	2,0	2,0	0,0	2,3	0,5	1,9	3,7	3,0	0,8	0,7	2,1	0,9
1986-1990	3,2	1,9	1,4	2,8	0,9	1,9	4,6	3,1	1,5	0,9	1,5	1,4
1991-1996	1,5	2,0	– 0,5	2,1	1,0	1,1	1,7	1,1	0,6	– 0,1	1,1	0,9
1974-1996	2,2	2,0	0,1	2,4	0,7	1,7	3,3	2,4	0,9	0,6	1,7	1,0

a. C, P et E représentent respectivement les croissances du PIB réel, de la productivité par tête et de l'emploi.
Source : Services de la Commission, in Économie européenne, *1998.*

Questions sur l'ensemble du dossier

Effets quantitatifs directs et indirects des gains de productivité sur l'emploi

1. Par combien la productivité a-t-elle été multipliée entre 1896 et 1997 ? Qu'est-ce qui explique ce formidable accroissement ? [*doc. 1*]
2. Exprimez l'emploi en fonction des autres variables du tableau. [*doc. 1*]
3. À l'aide de cette relation, retrouvez le nombre d'emplois en 1896. [*doc. 1*]
4. Si rien n'avait changé par ailleurs depuis 1896 sauf la productivité, quel aurait été le nombre d'emplois nécessaire en 1997 ? Quelle aurait été la variation du nombre d'emplois entre 1896 et 1997 en milliers, en % et coefficient multiplicateur ? [*doc. 1*]
   Cette variation mesure les effets *directs* négatifs des gains de productivité sur l'emploi.
5. Combien d'actifs y avait-il effectivement en 1997 ? Quelle a été la variation du nombre d'emplois entre 1896 et 1997 en milliers, en % et coefficient multiplicateur ? Est-ce une augmentation importante ? [*doc. 1*]
   Cette augmentation résulte des effets *indirects* positifs des gains de productivité sur l'emploi.
6. Contrairement à l'hypothèse retenue dans la question 4, d'autres changements se sont produits ; lesquels ? [*doc. 1*]
7. Retrouvez la variation de l'emploi entre 1896 et 1997 en utilisant les coefficients multiplicateurs du tableau et la relation établie à la question 2. [*doc. 1*]
8. Qu'est-ce qui explique un tel accroissement de la production sur cette période ? [*doc. 1*]
9. Complétez le schéma [*doc. 2*] « effets directs et indirects de la productivité sur l'emploi ».

Questions sur l'ensemble du dossier *(suite)*

9. Complétez le schéma [*doc. 2*] « effets directs et indirects de la productivité sur l'emploi ».
10. À l'aide du schéma, corrigez ou complétez votre réponse à la question 8. [*doc. 2*]
11. Les mécanismes décrits dans ce schéma ne présentent-ils pas plusieurs risques de blocage ? Lesquels ? [*doc. 2*]

La relation « croissance, productivité, emploi » : une relation, plusieurs modèles

12. En observant les données du tableau, déterminez dans quel cas le niveau de l'emploi baisse et dans quel cas il augmente. [*doc. 3*]
13. À partir du tableau, distinguez selon les pays et les périodes, les différentes configurations de la relation croissance-productivité-emploi, afin de construire une typologie :
    – le « tiercé gagnant » : de la croissance, de productivité et de l'emploi ;
    – une croissance ralentie et des emplois au détriment de la productivité ;
    – une croissance ralentie et des gains de productivité au détriment de l'emploi. [*doc. 3*]
14. Quel est l'intérêt de comparer les variations de la population active (résultats de la quatrième colonne du tableau) avec celles de l'emploi ? [*doc. 3*]

Dossier 5 • Fiche TD

Gains de productivité et nature des emplois

Questions sur l'ensemble du dossier

Des transferts de population active : le déversement

1. À l'aide des documents 2 et 4 et du texte de Jean Gadrey, illustrez les deux cas présentés dans le document 1.

Une évolution des qualifications

2. Expliquez les évolutions qui apparaissent dans les documents 2 et 3 à l'aide des travaux effectués précédemment.
3. À l'aide du document 5, complétez le tableau suivant.

Métiers	Effectif en 2000 Unités :	Effectif en 2010 Unités :	Croissance (milliers) 2000-2010	Taux de croissance (%)	Indiquez ici le calcul qui permet d'obtenir le taux de croissance inscrit dans la colonne précédente
Employés de vente du commerce de détail					
Ingénieurs en logiciels (systèmes)					

4. Dans le document 5, les créations d'emplois les plus importantes correspondent-elles aux professions où la croissance relative de l'emploi est la plus forte ? Justifiez votre réponse en vous aidant de la question précédente.
5. Peut-on dire que le développement des services se traduit par une croissance de l'emploi qualifié aux États-Unis ? [*doc. 6*]
6. Peut-on observer la même tendance pour la France ? [*doc. 7 et 8*]

Document 1

La productivité se définit comme le rapport entre le volume de production réalisé et la quantité de travail employée (nombre d'heures ouvrées ou effectifs employés). Elle mesure donc l'efficacité des facteurs de production.

L'évolution de la productivité d'une branche à l'autre joue également un rôle important dans la répartition de la population active. En effet, si la demande globale pour les produits d'une branche donnée progresse moins vite que la productivité dans cette même branche, on voit clairement que l'efficacité croissante du travail tendra à entraîner une hausse de la production supérieure à celle de la demande. Il faudra donc, pour rétablir l'équilibre entre ces deux dynamiques inégales, soit réduire les effectifs, soit réduire la durée du travail, soit procéder aux deux à la fois. [...] À l'inverse, d'ailleurs, il existe des branches dans lesquelles les gains de productivité progressent moins vite que la demande, ce qui stimule la création d'emplois intérieurs. Au total, sur le long terme, les gains de productivité inégaux et le dynamisme différent de la demande d'une branche à l'autre provoquent des transferts de population active, qui ne se font pas toujours sans coûts sociaux importants. ■

Denis Clerc,
« La productivité »,
Alternatives économiques,
mai 1991.

Emploi = π° + Durée W − πtivité

= PIB × ~~durée W~~ / πtivité

PIB 12,26 / (0,52 × 21,60) = 1,09

↑ durée W ↓ πtivité

Q3 317,20 / (5,28 × durée h) =

	1970	1980	1990	1999
	100	147	277	443
	100	154	219	302
	100	123	145	144

Document 6

Voir le commentaire du tableau précédent dans l'encadré D du texte de Jean Gadrey, page 147.

...atégorie socioprofessionnelle

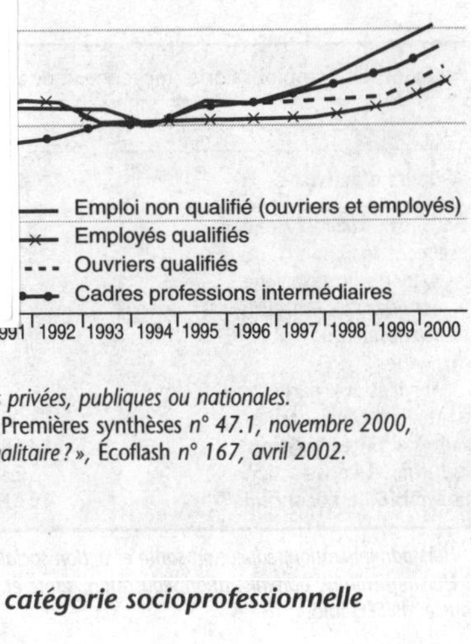

Champs : ensemble des salaires des entreprises privées, publiques ou nationales.
Source : INSEE, enquêtes « Emploi », et DARES, Premières synthèses *n° 47.1, novembre 2000, in J. M. Cardebat, « Le libre-échange est-il inégalitaire ? », Écoflash n° 167, avril 2002.*

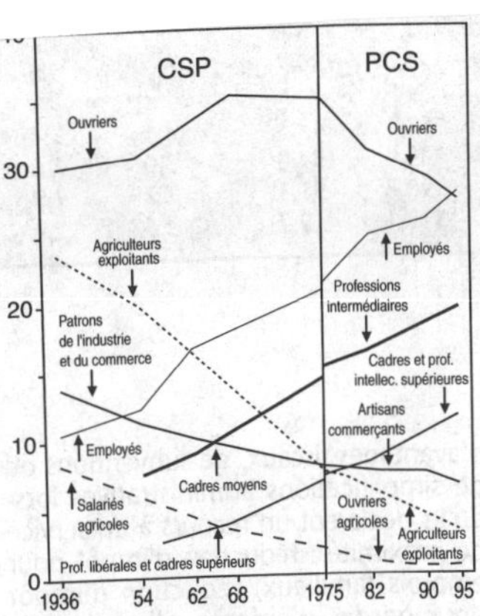

De 1936 à 1975, le graphique utilise la nomenclature CSP.
De 1975 à 1995, le graphique utilise la nomenclature P_{CS}.
Les nomenclatures ont été un peu modifiées.
Source : Baudoin Seys, « L'évolution sociale de la population active », INSEE Première, mars 1996.

Document 8

Évolution de l'emploi par grande catégorie socioprofessionnelle

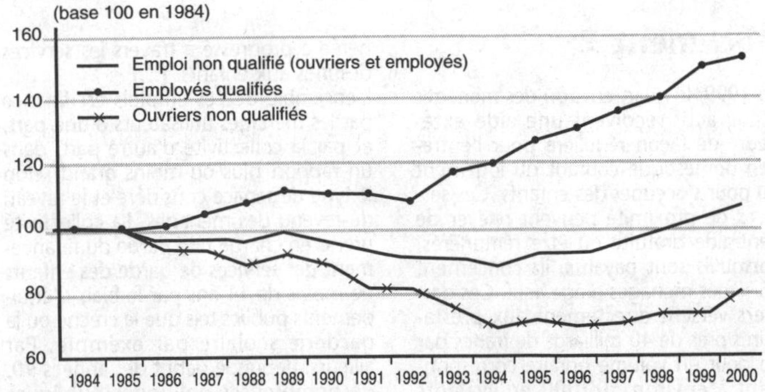

Champs : ensemble des salariés des entreprises privées, publiques ou nationales.
Source : INSEE, enquêtes « Emploi », et DARES, Premières synthèses *n° 47.1, novembre 2000, in Jean-Marie Cardebat, ibid.*

Sujet de bac

DISSERTATION

→ MÉTHODES POUR LE BAC pages 738-751

▶ LE TERTIAIRE ET L'EMPLOI QUALIFIÉ

Sujet : Le développement du tertiaire se traduit-il par une croissance de l'emploi qualifié ?

Document 1

Évolution de la valeur ajoutée (VA) des grandes branches de l'économie (en volume)

	Taux de croissance de la VA				Contribution à la croissance de la VA marchande				Valeur ajoutée 2001	
	1998	1999	2000	2001	1998	1999	2000	2001	en milliards d'€ au prix de 1995	en %
Services marchands	4,2	4,4	4,0	2,2	1,7	1,7	1,6	0,9	405,9	39,9
Autres activités tertiaires	2,8	3,0	4,8	1,2	0,7	0,7	1,2	0,3	244,0	24,0
Industrie manufacturière	5,1	4,2	5,1	2,0	1,0	0,9	1,0	0,4	211,2	20,8
Agriculture, IAA, énergie, BTP	2,5	1,6	2,3	0,6	0,4	0,2	0,4	0,1	156,3	15,4
VA marchande totale	3,8	3,6	4,1	1,7	3,8	3,6	4,1	1,7	1 017,4	100

Source : Commission des comptes des services, « Les services marchands en 2001 », INSEE Première *n° 856, juillet 2002.*

Évolution de l'emploi salarié (moyenne annuelle, en milliers – données brutes)

Secteurs d'activité	1997	1998	1999	2000	2001	Variation en milliers 2000	Variation en milliers 2001	Variation en % 2000	Variation en % 2001
Activités tertiaires[a] dont :	8 444,8	8 786,7	9 140,1	9 567,4	9 889,5	427,3	322,1	4,7	3,4
Services marchands, dont :	3 763,9	3 982,8	4 220,7	4 502,6	4 690,7	281,9	188,1	6,7	4,2
Activités immobilières	259,0	254,4	262,9	268,9	268,5	6,0	– 0,4	2,3	– 0,1
Services aux entreprises	2 422,5	2 592,8	2 771,4	2 994,2	3 140,2	222,8	146,0	8,0	4,9
dont intérim	*349,8*	*434,2*	*502,4*	*604,2*	*611,0*	*101,8*	*6,8*	*20,3*	*1,1*
autres	*2 072,7*	*2 158,6*	*2 269,0*	*2 390,0*	*2 529,2*	*121,0*	*139,2*	*5,3*	*5,8*
Services aux particuliers (hors services domestiques)	1 082,4	1 135,6	1 186,4	1 239,5	1 282,0	53,1	42,5	4,5	3,4
Autres activités tertiaires[a]	4 680,9	4 803,9	4 919,4	5 064,8	5 198,8	145,4	134,0	3,0	2,6
Industrie et construction	5 233,0	5 235,6	5 253,6	5 344,4	5 435,5	90,8	91,1	1,7	1,7
Ensemble de l'économie[b]	**13 677,8**	**14 022,3**	**14 393,7**	**14 911,8**	**15 325,0**	**518,1**	**413,2**	**3,6**	**2,8**

a. Hors administration, éducation santé et action sociale, y compris services domestiques.
b. Hors agriculture, administration, éducation, santé et action sociale.
Source : INSEE, ibid.

Document 2

En 1999, le quart environ des ménages d'âge actif reçoivent une aide extérieure de façon régulière pour l'entretien domestique courant du logement ou pour s'occuper des enfants. Ces services de proximité peuvent relever de l'entraide gratuite ou être rémunérés. Lorsqu'ils sont payants, ils concernent 15 % des ménages d'âge actif. Ces derniers versent directement aux prestataires près de 40 milliards de francs par an pour un volume horaire correspondant à environ 500 000 équivalents temps-plein. Depuis 1996, l'aide rémunérée a progressé à travers les services destinés aux enfants. [...]

L'ensemble de ces emplois est financé par les ménages utilisateurs d'une part, et par la collectivité d'autre part, dans un rapport plus ou moins grand selon le type de service considéré et le niveau de revenu des ménages. La collectivité prend en charge une partie du financement des services de garde des enfants de moins de 11 ans par le biais d'équipements publics tels que la crèche ou la garderie scolaire par exemple. Par ailleurs, depuis le début des années 90, de nombreuses politiques publiques font bénéficier les ménages employeurs d'avantages fiscaux, de subventions ou de simplifications administratives lorsqu'ils déclarent un recours à un service de proximité : réduction d'impôt pour emplois familiaux, réduction d'impôt pour gardes d'enfants, allocation de garde d'enfant à domicile (Aged), aide à la famille pour l'emploi d'une assistante maternelle agréée (Afeama), utilisation du chèque emploi service. Ces mesures se diffusent progressivement. ■

Christel Aliaga, Anne Flipo, « Les services de proximité se développent au profit des enfants », INSEE Première *n° 704, mars 2000.*

Document 3

Les professions les plus dynamiques

	Actifs occupés en 1999	Actifs occupés en 1990	Évolution 1990-1999 (%)
1. Moyens[a] détaillants en alimentation	25 240	5 480	+ 361
2. Professions intermédiaires commerciales (responsable commercial, assistant marketing)	91 940	30 990	+ 197
3. Conseillers familiaux	14 820	5 380	+ 175
4. Cadres spécialistes du recrutement de la formation	35 020	14 310	+ 145
5. Moyens[a] grossistes en produits non alimentaires	13 620	5 630	+ 142
6. Employés de libre-service	179 360	81 030	+ 121
7. Ingénieurs et cadres d'études divers	34 280	15 540	+ 121
8. Assistantes maternelles, gardiennes d'enfants et travailleuses familiales	538 390	261 440	+ 106
9. Indépendants divers prestataires de services[b] (moins de 10 salariés)	94 020	46 150	+ 104
10. Militaires du rang	86 180	42 450	+ 103
11. Artistes dramatiques, danseurs	22 420	11 300	+ 98
12. Cadres des transports et de la logistique	42 700	21 860	+ 95
13. Animateurs socioculturels et de loisirs	100 750	52 330	+ 93
14. Avocats	35 620	18 590	+ 92
15. Techniciens des télécommunications	36 520	19 090	+ 91

Champ : actifs occupés exerçant une des quinze professions dont les effectifs ont le plus augmenté en pourcentage entre 1990 et 1999.
a. 3 à 9 salariés.
b. Communication, informatique surveillance et gardiennage.
Lecture : en 1999, on compte 25 240 moyens détaillants en alimentation, contre 5 480 en 1990, soit une augmentation de 36,1 %.
Source : Recensements de la population, « L'espace des métiers de 1990 à 1999 », INSEE Première *n° 790, juillet 2001.*

Document 4

La place des services dans l'économie française

Ensemble de l'économie	% des emplois
Industrie	17,2
Agriculture	4,4
Tertiaire marchand, dont :	43,8
– services aux entreprises (postes et télécoms, informatique, conseil, publicité, travail temporaire, sécurité et nettoyage, assainissement...)	*14,4*
– services aux particuliers audiovisuel, hôtels, cafés, restaurants, blanchisserie, coiffure...)	*7,2*
– activités immobilières (administration de biens, location immobilière...)	*1,2*
– commerce	*13,4*
– transports	*4,5*
– activités financières	*3,2*
Construction	6,5
Éducation, santé et action sociale	15,7
Autres services non marchands	12,3

Source : INSEE, Comptes nationaux, 2002.

Document 5

Rémunérations des salariés : de grandes disparités

Écarts par rapport à la rémunération moyenne des services aux entreprises (en KF)

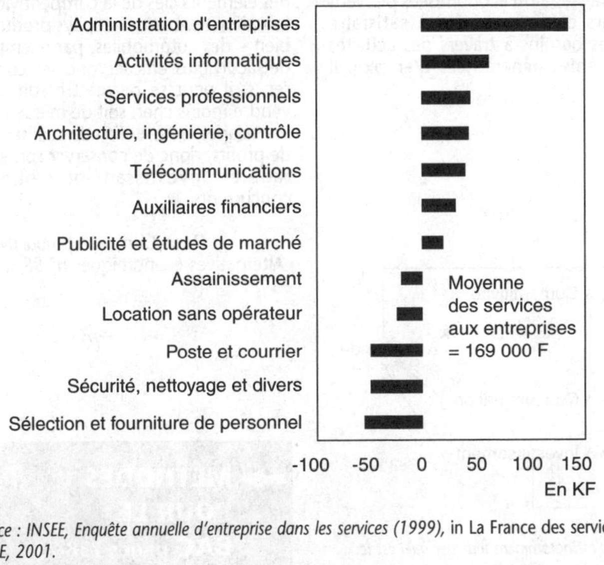

Source : INSEE, Enquête annuelle d'entreprise dans les services (1999), in La France des services, *INSEE, 2001.*

Document 6

Le « cœur » du métier des activités de sécurité et de routage : des emplois flexibles

Dans le modèle dualiste de flexibilité du travail, seuls les spécialistes ou généralistes d'un certain niveau constituent le noyau, le cœur même du métier de l'entreprise. Mais qu'en est-il des services opérationnels tels que la sécurité et le routage dans lesquels la présence ouvrière est forte et largement héritée de l'externalisation de ces fonctions autrefois assurées en interne par les entreprises industrielles notamment ? Le « cœur du métier » dans ces services n'est-il pas plutôt constitué de ces personnels ?
Les emplois défavorables dominent dans ces secteurs (respectivement : 57 % et 76 % des salariés du secteur). L'encadrement pris au sens large (dirigeants, cadres et professions intermédiaires administratives) constitue bien dans les activités *d'enquête et sécurité*, les groupes de salariés présentant des conditions d'emploi et de rémunération favorables. Mais la majorité des personnels, les gardiens et les enquêteurs qui représentent un peu plus de 60 % des postes du secteur, mais aussi les employés administratifs occupent plutôt les postes à temps partiel et intermittents. [...]

Le conseil en systèmes informatiques et la réalisation de logiciels : une segmentation moins nette

Dans le *conseil en systèmes informatiques* comme dans la *réalisation de logiciels*, les emplois favorables dominent (six postes sur dix environ). Les ingénieurs et les techniciens qui sont le cœur même du métier des entreprises de ces secteurs constituent un groupe de salariés à condition d'emploi favorables. Mais, si les volumes de travail très élevés sont surreprésentés dans ce groupe, l'écart par rapport à l'ensemble de la population est nettement moins marqué que celui observé dans les autres secteurs de services.

Ces secteurs étant particulièrement dynamiques, le métier d'informaticien est en pleine croissance. La plupart des personnes qui travaillent dans ces métiers sont employées sur des CDI, les formes d'emploi atypiques étant peu répandues : malgré une stabilité des statuts, ces secteurs connaissent un taux de rotation du personnel relativement important.

Les possibilités d'embauches sont ainsi nombreuses et les salariés présentant les qualifications requises sont très sollicités. ■

Chantal Cases, Nathalie Missegue, « Une forte segmentation des emplois dans les activités de services », in Économie et statistique n° 344, octobre 2001.

Sujet de bac

ÉPREUVE DE SYNTHÈSE

▶ PRODUCTIVITÉ, COMPÉTITIVITÉ ET EMPLOI

Travail préparatoire (*10 points*)

1. Expliquez la phrase soulignée dans le document 1. (*1 point*)
2. Montrez que les gains de productivité stimulent la demande finale des ménages. [*doc. 2*] (*2 points*)
3. Illustrez les deux premières phrases du document 1 par un exemple autre que celui du texte. (*2 points*)
4. Quels liens peut-on établir entre gains de productivité et investissement ? [*doc. 2*] (*1 point*)
5. Quels sont les effets des gains de productivité sur la compétitivité ? [*doc. 2 et 3*] (*2 points*)
6. Montrez par plusieurs exemples de votre choix que les gains de productivité peuvent être favorables à l'emploi. [*doc. 1 et 2*] (*2 points*)

Question de synthèse (*10 points*)

Après avoir expliqué comment les gains de productivité stimulent à la fois l'offre et la demande, vous montrerez qu'ils constituent un élément clé de la compétitivité et de l'emploi.

Document 1

Le fondement économique du mécanisme de déversement est simple : <u>les changements technologiques permettent de produire à moindre coût les biens et les services qui étaient jusque-là très demandeurs en travail humain.</u> Les richesses ainsi économisées peuvent dès lors être consacrées à satisfaire d'autres besoins à travers des activités elles-mêmes génératrices d'emploi. Il n'y a pas de raisons de penser que ce mécanisme cessera de fonctionner à l'avenir : le travail économisé grâce aux ordinateurs et aux réseaux informatiques permettra également de produire d'autres richesses. Lesquelles et au bénéfice de qui ? Ce n'est pas prédéterminé.

Renforceront-elles simplement le patrimoine des plus fortunés ou seront-elles redistribuées aux salariés sous la forme de salaires supplémentaires ou de temps de travail réduit ? Seront-elles investies sur place ou dans un autre coin de la planète ? Seront-elles gaspillées pour produire des armes ou d'autres biens nuisibles pour l'environnement ? C'est affaire de choix sociaux et non de fatalités technologiques. Les réponses détermineront l'impact réel des changements techniques sur l'emploi. ■

« L'emploi est-il condamné à diminuer ? » Alternatives économiques, *hors-série n° 32, 1996, p. 26.*

Document 2

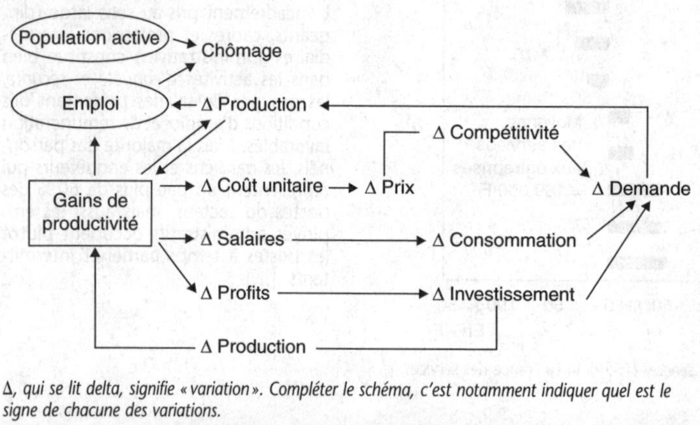

Δ, qui se lit delta, signifie « variation ». Compléter le schéma, c'est notamment indiquer quel est le signe de chacune des variations.

Document 3

Le niveau de productivité, enfin, est un des éléments clés de la compétitivité internationale. Lorsqu'un pays produit un bien – des automobiles, par exemple – de façon plus efficace que ses concurrents, il peut se permettre soit de le vendre moins cher, soit de mieux payer ses salariés, soit, enfin, de réaliser plus de profits, donc de conserver son avantage en investissant plus que ses concurrents. ■

Denis Clerc, « La productivité », Alternatives économiques *n° 88, 1991.*

➞ MÉTHODES POUR LE BAC pages 738-751

CROISSANCE ET DÉVELOPPEMENT

Chapitre V

TRAVAIL, EMPLOI ET CHÔMAGE

JACQUES FREYSSINET

Introduction

Aux États-Unis, lors de la crise des années trente, alors que le taux de chômage atteignait 28 % dans l'industrie, on voyait des hommes défiler dans les rues avec des pancartes annonçant qu'ils acceptaient de travailler pour un dollar par jour. En Allemagne, le taux de chômage dans l'industrie atteignit 44 % en 1932, Hitler fut nommé chancelier le 30 janvier 1933.

Certes, la situation contemporaine n'est pas comparable, du fait, principalement, de l'existence d'un système de protection sociale, mais dans certains quartiers de banlieue le taux de chômage dépasse 25 %, et le nombre de jeunes qui atteindront l'âge de 25 ans sans avoir connu autre chose que les emplois précaires, les « stages parkings » et le chômage demeure élevé.

En survolant l'histoire des civilisations, on constate que l'homme n'a jamais accordé au travail la valeur que nous lui prêtons. Nombre de sociétés primitives ont choisi le loisir au prix de la pauvreté ; dans des sociétés plus proches des nôtres, les classes dominantes réservaient le travail aux esclaves et aux serfs. Le chômage n'acquiert une signification que dans une société où l'intégration sociale se fait par le travail (principalement salarié). C'est parce que nous faisons dépendre du travail notre identité, notre statut, une bonne partie de nos droits sociaux, que le chômage met gravement en péril la cohésion de nos sociétés.

Dès lors, l'alternative s'énonce ainsi : soit il faut faire en sorte que tous puissent travailler, soit il faut trouver un autre fondement à l'intégration sociale que le travail. Cette alternative conduit à la question préalable : y a-t-il encore du travail pour tous ?

Jacques Freyssinet, dans le texte ci-après, montre que les réponses sont variées : certains pensent que le retour au plein-emploi peut être obtenu par le jeu du marché, à condition de laisser celui-ci fonctionner sans entraves (flexibilité des salaires et de la main-d'œuvre). Pour d'autres, cela n'est possible qu'au moyen d'une politique économique appropriée (relance de l'activité dans un cadre européen, réduction du temps de travail, etc.).

La question se pose de savoir si le chômage est d'abord un problème économique, ou bien s'il s'agit d'un problème socio-politique de redistribution des richesses et de solidarité. Dans un cas, on retrouve des chemins balisés et des débats récurrents (chômage conjoncturel ou structurel, volontaire ou involontaire, classique ou keynésien, etc.) ; pour l'économiste, le chômage est avant tout un problème de coordination, d'ajustement, plus ou moins difficile, entre l'offre et la demande de travail. Dans l'autre cas, on manque de repères, puisque c'est le mode d'organisation sociale qui semble inadapté : il nous reviendrait alors d'inventer des solutions inédites (éventuellement en expérimentant un ensemble d'innovations partielles, telles que le revenu minimum inconditionnel, le développement d'un tiers secteur entre le marché et l'État, un redéploiement du temps de travail sur l'ensemble du cycle de vie).

En fait, il s'agit probablement d'un problème indissociablement économique et social. Sous l'angle économique, le chômage est un gigantesque gaspillage de ressources humaines inemployées, mais cette interprétation de la situation présuppose qu'il existe et existera toujours des besoins insatisfaits ; or la nature et le volume de ces besoins dépendent beaucoup du type de société dans lequel on vit. Réciproquement, sous l'angle social, il est possible d'inventer des solutions originales (par exemple, le développement d'activités non marchandes correspondant à une forte demande sociale telles que les soins aux personnes âgées), mais nous pouvons l'envisager sérieusement parce que notre économie nous permet déjà d'indemniser un nombre important de personnes sans emploi (ou de subventionner des emplois faiblement productifs).

Voici donc un chapitre qui justifie une approche intégrée, celle que privilégient les sciences économiques et sociales.

Pascal Combemale

SOMMAIRE

EMPLOI ET CHÔMAGE

➾ **Jacques Freyssinet** *est professeur émérite d'économie à l'université Paris-I-Panthéon-Sorbonne. Ancien président de l'ANPE, directeur de l'IRES jusqu'en 2002, il est président du Conseil scientifique du Centre d'études de l'emploi.*

I. UN PREMIER CADRAGE SIMPLIFIÉ

Toute collectivité humaine pour satisfaire les besoins de ses membres doit consacrer une dépense de travail pour transformer son environnement naturel et ainsi produire, directement ou indirectement, des biens matériels et des services [*voir chapitre IV, page 132*]. La dépense totale de travail résulte donc d'un arbitrage entre le degré de satisfaction des besoins souhaité et la pénibilité du travail nécessaire pour produire les biens et services correspondants. Le rapport entre richesse produite (Y) et quantité de travail nécessaire (L) se mesure par la productivité apparente du travail (P).

$$P = \frac{Y}{L}$$

La quantité de travail dépensée est donc fonction du niveau de la production et de l'efficacité du travail.

$$L = \frac{Y}{L}$$

L'emploi (E) ne correspond qu'à une fraction du travail dépensé, celle qui fait l'objet d'une rémunération (L_1) soit par la vente de la force de travail (travail salarié), soit par la vente du produit du travail (travail indépendant). Une autre partie du travail (L_2) n'est pas rémunérée ; elle correspond aux fournitures directes de prestations au sein de la famille (travail domestique, productions d'autoconsommation) ou au sein de communautés plus vastes (activités bénévoles et militantes, par exemple). Un second arbitrage porte donc sur la répartition de la dépense totale de travail entre activités rémunérées (génératrices d'emplois) et activités non rémunérées.

Enfin, la relation entre travail rémunéré et emploi est fonction du nombre de personnes entre lesquelles est réparti le travail rémunéré. Si l'on mesure le travail en heures, le nombre d'emplois sera fonction de la durée moyenne du travail (D).

$$E = \frac{L_1}{D}$$

On appelle population active (N) l'ensemble des personnes qui cherchent un travail rémunéré. Le chômage (U) est l'écart entre la population active et l'emploi.

$$U = N - E$$

Ainsi le niveau de l'emploi dépend-il fondamentalement :
– du niveau de l'activité productive ;

📖 **Bibliographie**
À la Découverte, dans la collection « Repères » :
Florence Lefresne, Les Jeunes et l'emploi, *2003 ;*
Margaret Maruani, Travail et emploi des femmes, *nouvelle éd., 2003 ;*
Jacques Freyssinet, Le Chômage, *10ᵉ éd., 2002 ;*
Margaret Maruani, Emmanuèle Reynaud, Sociologie de l'emploi, *3ᵉ éd., 2001.*

– de l'efficacité de cette activité (productivité horaire apparente du travail) ;
– de la frontière entre activités rémunérées ou non ;
– de la durée moyenne du travail.

Le niveau du chômage sera alors fonction, pour un certain niveau d'emploi, de la fraction de la population totale qui recherche une activité rémunérée (on mesure cette fraction par le taux d'activité).

L'objet de la théorie de l'emploi et du chômage est d'identifier les facteurs qui commandent ces différents choix. L'objet de la politique de l'emploi et du chômage est de corriger les déséquilibres, quantitatifs et qualitatifs, qui peuvent apparaître. Tous ces éléments sont interdépendants ; pour simplifier l'analyse ils seront examinés séparément [*voir schéma A*].

II. NIVEAU ET TECHNIQUES DE PRODUCTION

Le travail rémunéré se répartit entre deux sphères d'activité qui obéissent à des logiques différentes :
– dans le secteur marchand, les entreprises achètent des facteurs de production (force de travail, équipements productifs, consommations intermédiaires) en fonction d'un calcul sur la rentabilité des productions qu'ils permettent de réaliser ;
– dans le secteur non marchand, les administrations (au sens économique du terme) fournissent des services en se finançant par des prélèvements, obligatoires ou volontaires ; c'est leur capacité de prélèvement qui détermine leur niveau d'activité.

Aujourd'hui, l'approche « néoclassique » occupe une place dominante dans l'explication du volume de travail rémunéré dans les entreprises (secteur marchand). Elle nous servira de point de départ ; nous en verrons ensuite les limites.

L'approche néoclassique du marché du travail

Le raisonnement se situe dans le cadre des hypothèses de la concurrence parfaite ; le travail est considéré comme une marchandise qui fait l'objet d'une offre et d'une demande. Le taux de salaire (w ; il s'agit du salaire réel c'est-à-dire le pouvoir d'achat du salaire nominal) est le prix de cette marchandise.

PLAN

Schéma A

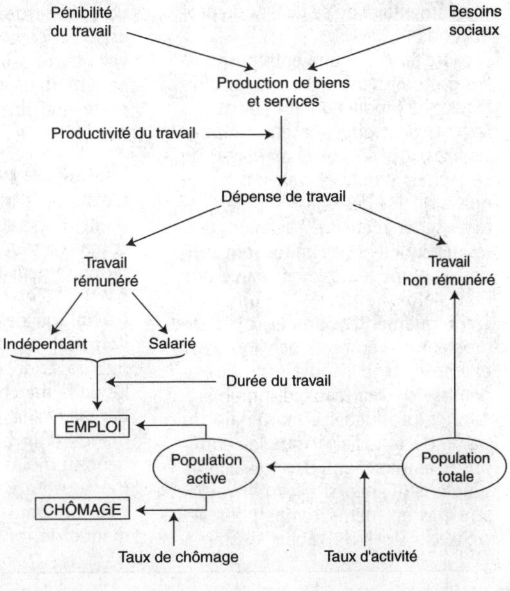

Graphique A

L'équilibre du marché du travail dans l'analyse classique[a]

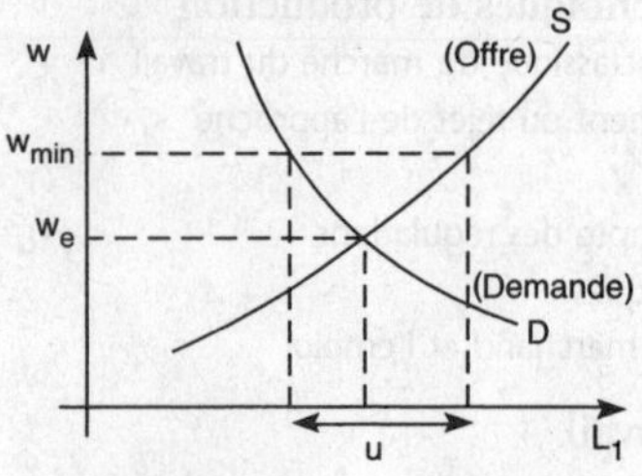

a. Le sens des notations est donné dans le texte.

■ *Les conditions d'équilibre*

L'offre de travail émane de la population active. Le travail est analysé comme une activité pénible dans son contenu et qui, de plus, suppose le sacrifice du temps libre. On adopte donc l'hypothèse que les individus n'acceptent ce sacrifice que dans la mesure où sa rémunération leur permet d'accéder à la consommation marchande (directement, par des consommations immédiates, ou indirectement, par l'intermédiaire de l'épargne). Ainsi la courbe d'offre de travail est fonction positive du taux de salaire. Cette hypothèse implique que l'attrait de consommations supplémentaires est supérieur à l'attrait d'un temps libre plus important. On pourrait, à l'opposé, supposer que les individus profitent d'un taux de salaire supplémentaire pour travailler moins longtemps.

La demande de travail émane des entreprises. L'hypothèse est que les entreprises, à la recherche de rentabilité, utiliseront d'autant plus un facteur de production que son coût relatif est plus faible. La théorie néoclassique adopte l'hypothèse d'une productivité marginale décroissante des facteurs de production [*voir encadré A*] ; dès lors, la courbe de demande de travail est fonction négative du taux de salaire.

Dans ces conditions, le graphique A illustre les conditions d'équilibre sur le marché du travail : le taux de salaire d'équilibre se situe à l'intersection des courbes d'offre (S) et de demande (D) de travail. Pour ce taux de salaire, la somme des offres, mesurées ici en heures de travail, émanant de la population active est égale à la somme des demandes émanant des entreprises. L'ordonnée du point d'intersection définit le taux de salaire d'équilibre (w_e) ; l'abcisse définit le « plein-emploi » en un sens particulier : tous ceux qui sont prêts à accepter le taux de salaire du marché trouvent à s'employer.

Encadré A : *La productivité marginale*

La productivité marginale d'un facteur de production est l'accroissement de la production totale qui résulte de l'emploi d'une unité supplémentaire de ce facteur de production.

À court terme, si une entreprise utilise des unités supplémentaires d'un facteur de production, tous les autres facteurs de production étant supposés fixes, la productivité marginale de ce facteur diminue, non pas parce que la qualité des unités supplémentaires serait inférieure à celle des unités déjà utilisées (les unités sont supposées homogènes), mais parce que l'on s'éloigne de la combinaison techniquement optimale (c'est un problème de proportions : il y a, par exemple, trop d'ouvriers pour le nombre de marteaux disponibles). Ainsi la productivité marginale du travail décroît-elle lorsque les entreprises embauchent des travailleurs supplémentaires (si elles n'investissent pas en même temps pour accroître le stock de capital existant). De ce fait, elles ne se décideront à les embaucher que si cette baisse de la productivité marginale (qui se traduit, à prix de vente constant, par une baisse de la recette marginale) est compensée par une baisse équivalente du coût salarial réel (sinon le coût marginal serait supérieur à la recette marginale et l'entreprise ne maximiserait plus son profit).

L'équilibre partiel

Quand on s'intéresse au fonctionnement d'un seul marché, en faisant comme si tout restait figé autour, on raisonne dans le cadre de l'équilibre partiel. Cette méthode présente l'avantage de simplifier l'analyse : l'offre et la demande ne semblent plus dépendre que d'un seul prix, celui de la marchandise échangée. Or, dans la réalité, le prix, l'offre et la demande d'un bien particulier dépendent au moins du prix des biens liés (les substituts, la hausse du prix du café induisant une hausse de la demande de thé, et les biens complémentaires, la hausse du prix de l'essence induisant une baisse de la demande d'automobiles). Les conclusions tirées d'un raisonnement en termes d'équilibre partiel ne sont donc acceptables (approximativement) que si le marché étudié dépend peu des autres marchés (par exemple, le marché du bilboquet). Ce n'est certainement pas le cas du marché du travail puisque sur ce marché se détermine le niveau des revenus de plus de 80 % de la population active : une baisse du salaire réel a nécessairement un effet sur la demande d'un grand nombre de biens, donc sur la demande de travail (qui dérive de la demande de biens, puisque le travail est un facteur de production), de telle sorte que la courbe de demande peut se déplacer en même temps que le prix (éloignant le point d'équilibre au fur et à mesure que l'on s'en rapproche).

Pascal Combemale

■ *Les sources de déséquilibre*

Dans ces conditions, toute violation des conditions de concurrence parfaite engendre un déséquilibre. Raisonnons sur un exemple : si une réglementation publique (fixation d'un salaire minimum légal) ou la puissance des syndicats (par la négociation collective) fixe le salaire au-dessus de son niveau d'équilibre (w_{min} dans le graphique A), un écart apparaît entre offre et demande (U). Il sera qualifié de chômage « involontaire » en ce sens que des individus disposés à travailler au taux de salaire courant ne trouveront pas d'entreprises disposées à les employer. (Le chômage « volontaire » est la situation d'individus qui ne trouvent pas d'emploi parce qu'ils n'acceptent pas le taux de salaire courant.) Symétriquement, des entreprises renonceront à l'embauche, et donc à une production, alors qu'elles seraient disposées à le faire si le taux de salaire était plus faible.

La résorption de tels déséquilibres n'est possible que si l'on restaure la flexibilité des salaires en éliminant tous les obstacles à la mobilité des travailleurs et au libre jeu de la concurrence sur le marché du travail. Dans l'exemple que nous avons pris, la baisse des salaires exerce un double effet positif sur le volume de travail :
– un effet prix : la baisse du coût de production permet à l'entreprise de réduire ses prix donc d'accroître sa production (en fonction de l'élasticité de la demande du produit relativement à son prix) ;
– un effet de substitution : la diminution du coût du travail relativement à celui des autres facteurs de production conduit la firme à choisir des techniques de production plus « intensives » en travail (en fonction de l'élasticité de substitution des facteurs selon leurs prix relatifs).

Les politiques libérales dans le domaine de l'emploi sont dominées par cet impératif simple : *il n'existe de chômage involontaire que si des rigidités empêchent le taux de salaire de se fixer à son niveau d'équilibre*. Nous raisonnons ici sous l'hypothèse où le travail est homogène. L'analyse est plus complexe, sans être modifiée dans son principe, si l'on reconnaît l'hétérogénéité du facteur travail (les qualifications des travailleurs correspondent, plus ou moins bien aux qualifications exigées par les employeurs). Dans ce cas, le retour à l'équilibre exigera des délais plus longs : modifications des techniques de production, formation des travailleurs...

Approfondissement ou rejet de l'approche néoclassique

Le raisonnement néoclassique repose sur une vision violemment appauvrie des comportements économiques : les individus et les entreprises visent uniquement à maximiser leurs objectifs (utilité ou profit) sur la base d'un calcul purement monétaire soumis aux seules informations fournies par les marchés. Alors que les politiques libérales ont imposé leur domination depuis le début de la décennie 1980, il semble difficile d'admettre que l'existence de dizaines de millions de chômeurs dans les économies occidentales ne serait due qu'à l'imperfection des marchés ou à l'irrationalité des individus. Dès lors, deux démarches sont possibles.

■ *Une conception plus complexe de la rationalité microéconomique*

Un premier courant de pensée conserve l'hypothèse de la rationalité des comportements microéconomiques mais montre que, moyennant une vision moins simplifiée du fonctionnement du marché du travail, il est possible d'expliquer le maintien durable de situations de chômage involontaire. Nous en fournirons deux illustrations.

Les théories du *salaire d'efficience* prennent appui sur le fait que l'employeur est souvent incapable de mesurer l'intensité de l'effort de travail de chaque salarié (ou que cette mesure aurait un coût prohibitif). Il peut alors faire l'hypothèse que cette intensité est fonction du taux de salaire offert. Des salaires plus élevés permettent d'attirer et de fidéliser des travailleurs qui, parce qu'ils se considèrent « bien traités » par l'employeur, seront plus motivés, plus coopératifs, donc plus performants. Profiter du chômage pour réduire leurs salaires entraînerait démotivation, instabilité et conflits. De ce fait, le taux de salaire s'établit à un niveau supérieur à celui qui équilibrerait l'offre et la demande de travail. Le chômage qui en résulte est bien « involontaire » du point de vue des chômeurs ; il n'a pas pour fonction de faire pression sur le taux de salaire des titulaires d'emploi, mais de stimuler leur effort productif (à la fois par la « carotte » du haut salaire et par le « bâton » de la menace de licenciement).

Les théories *insiders-outsiders* s'appuient sur les coûts de *turn-over* (coûts de licenciement, de recrutement et d'adaptation au poste de travail). Leur existence engendre une différence entre le gain net que procure à la firme un titulaire d'emploi stable (*insider*) et celui qui résulterait de l'embauche de chômeurs ou du recours à des travailleurs précaires (*outsiders*). Ainsi dans l'intervalle engendré par cet écart, une firme n'a pas intérêt à recruter un *outsider* même s'il est disposé à accepter un salaire inférieur à celui des *insiders*. Ces derniers peuvent par différents moyens, notamment par l'action syndicale, amplifier les coûts de *turn-over* et maintenir des taux de salaire supérieurs à ceux qui assureraient l'équilibre du marché du travail. Le chômage qui en résulte est auto-entretenu, voire amplifié de manière partiellement irréversible : en situation de récession, les *insiders* négocient le taux de salaire le plus élevé compatible avec le maintien de leur propre emploi ; en cas de reprise, ils en profiteront pour obtenir des augmentations de salaire plutôt que de favoriser un accroissement de l'emploi.

Sans entrer dans les complexes débats techniques provoqués par les différentes formulations de ces deux approches, retenons leur enseignement central commun : le chômage involontaire est provoqué par l'existence de taux de salaires trop élevés, fixés dans des conditions telles que l'employeur n'a pas intérêt à les baisser pour profiter de l'existence de chômeurs disponibles. Deux questions se posent :

– en premier lieu, celle de la pertinence *historique* : quelles sont les transformations intervenues dans ces mécanismes entre la décennie soixante et la décennie quatre-vingt qui permettraient d'y voir l'*origine* d'un chômage massif ? Aucun élément de preuve n'a été fourni en ce domaine ; à l'opposé, c'est une tendance à la flexibilisation des salaires et à la précarisation de l'emploi qui est observable. L'expérience des pays européens montre plutôt la causalité inverse : c'est l'existence d'un chômage massif qui a permis le développement des emplois précaires et mal payés que les chômeurs sont contraints d'accepter ;

– en second lieu, celle de la pertinence *macroéconomique* de modèles dont le fondement est purement microéconomique : dans quelle mesure une baisse généralisée des salaires aurait-elle un effet positif sur le niveau global de l'emploi compte tenu de l'effet dépressif initial exercé sur la demande solvable ? Cela nous renvoie aux débats sur chômage classique et chômage keynésien (selon la terminologie proposée par l'économiste français contemporain Edmond Malinvaud).

La prise en compte des régulations macroéconomiques

L'affirmation selon laquelle une baisse du taux de salaire entraînerait un accroissement du volume de travail rémunéré repose sur la prise en considération de l'aspect « coût de production » du salaire : une entreprise achète une plus grande quantité d'un facteur de production devenu moins coûteux, compte tenu de sa productivité.

Si l'on se situe au niveau macroéconomique, il n'est plus possible d'ignorer l'autre dimension du salaire : il est un *revenu* qui constitue, dans les économies contemporaines, la composante principale de la demande solvable. Depuis plus d'un demi-siècle, John Maynard Keynes a montré que la diminution générale des taux de salaire exerce un effet dépressif sur la demande et donc sur le niveau de production rentable de l'ensemble des entreprises [*voir le chapitre sur Keynes, page 697*]. La chute du niveau d'activité entraînera celle du niveau d'emploi.

Notons que ce raisonnement s'applique aussi dans le domaine de la concurrence internationale : en diminuant ses salaires, une économie nationale peut devenir plus compétitive en termes de prix et espérer gagner des marchés aux dépens de ses concurrents, avec un effet positif sur l'emploi. Mais si toutes les économies nationales adoptent la même stratégie, elles contribuent toutes, à l'échelle globale, à la réduction de la demande solvable, du niveau d'activité et de l'emploi. La seule question sera de savoir comment se répartiront les pertes.

Dans cette logique keynésienne, c'est la demande solvable qui commande le niveau d'activité et d'emploi dès lors qu'il existe des capacités de productions inemployées (chômage, sous-utilisation des équipements). Compte tenu des contraintes de compétitivité internationale, le problème est donc celui d'une coordination des politiques nationales de relance de l'activité économique qui permette des créations généralisées d'emplois sans déséquilibre insupportable des échanges extérieurs.

Cette analyse suppose l'existence d'équipements productifs inutilisés dont la mise en œuvre serait rentable en cas d'augmentation de la demande. Si tel n'est pas le cas, c'est l'investissement qu'il faut privilégier dans un premier temps. Cela suppose, en économie de marché, l'accroissement des taux de profit à la fois pour inciter les entreprises à investir et pour leur donner les moyens de financer les investissements. Au départ une réduction des coûts est donc nécessaire : celles des salaires, des prélèvements obligatoires sur les entreprises ou des taux d'intérêt.

Tels sont les termes fondamentaux du débat entre économistes libéraux et keynésiens lorsqu'il s'agit de définir une politique économique créatrice d'emplois. Pour les premiers, nous sommes en présence d'un chômage « classique » dû à l'insuffisance de rentabilité des investissements ; il faut engendrer une séquence où l'accroissement des profits provoque d'abord celui de l'investissement, puis de l'emploi. Pour les seconds la nature du chômage est « keynésienne » : il faut d'abord augmenter la demande solvable avec des effets positifs successifs sur le niveau de production et d'emploi.

Le secteur non marchand et l'emploi

Les activités non marchandes jouent un double rôle dans la détermination du niveau de l'emploi : d'une part, elles créent directement un certain volume d'emploi, d'autre part, à travers les services qu'elles rendent et les prélèvements qu'elles imposent, elles exercent un effet sur le niveau de l'emploi dans le secteur marchand.

Les administrations, au sens économique du terme, rendent des services qui ne sont pas financés par la vente mais par des prélèvements (impôts, cotisations...). Le niveau d'emploi y est le résultat d'un arbitrage :
– d'une part, les administrations, pour répondre à la demande des usagers, sont conduites à développer les services qu'elles rendent ;
– d'autre part, elles doivent limiter leurs prélèvements (prélèvements obligatoires dans le cas, par exemple, de l'État ou des collectivités territoriales, prélèvements volontaires dans le cas, par exemple, des associations à but non lucratif ou des syndicats) pour tenir compte des réactions de ceux qui les subissent.

Si l'on suppose que le niveau des salaires doit s'aligner, éventuellement avec un écart, sur celui du secteur marchand, le volume d'emploi résulte principalement d'un choix politique portant sur la limite des prélèvements tolérables, compte tenu de la demande des usagers.

Avec la montée du chômage, les administrations ont été amenées à jouer sur la variable coût salarial. Pour réduire le chômage apparent et en espérant favoriser l'insertion professionnelle de catégories en difficulté (jeunes sans qualification, chômeurs de longue durée), elles ont créé de nouvelles formes d'emploi à faible coût, par exemple les travaux d'utilité collective (TUC), puis les contrats emploi-solidarité (CES).

Du fait de leur rôle spécifique, les administrations publiques exercent un double effet sur le niveau de l'emploi dans le secteur marchand.

En premier lieu, les prélèvements obligatoires pèsent sur les coûts de production et peuvent, de ce fait, affaiblir la compétitivité/prix des entreprises. L'accent a été mis sur les prélèvements qui ont pour assiette la masse salariale (principalement les cotisations patronales de sécurité sociale). Un ensemble de mesures ont été prises qui visent à réduire ces prélèvements soit de manière générale (par exemple, financement par l'impôt des allocations familiales), soit de manière ciblée (par exemple, exonérations de cotisations sociales pour l'embauche de jeunes).

En second lieu, les services fournis par les administrations peuvent exercer un effet positif sur l'emploi. L'exemple le plus évident est donné par la politique de formation professionnelle. L'amélioration de la qualification de la population active favorise le développement de l'activité productive et la compétitivité/qualité des entreprises.

Ainsi un élément important de la politique de l'emploi réside dans la recomposition du système prélèvements-prestations des administrations publiques.

III. DURÉE DU TRAVAIL

Dans une première étape, nous avons supposé un lien immédiat entre volume d'activité et niveau d'emploi. Cette hypothèse simplificatrice doit être abandonnée : le nombre total d'heures de travail rémunérées se distribue au sein de la population active en fonction des durées du travail de ceux qui occupent un emploi.

Un siècle de réduction tendancielle de la durée du travail

Après la brutale poussée de la durée (et de l'intensité) du travail liée à la révolution industrielle, le temps de travail connaît un lent

Encadré B : *Les grandes étapes de la réglementation du temps de travail*

1841 Limitation à huit heures par jour de l'emploi des enfants de moins de 12 ans.
1848 Fixation à un maximum de douze heures de la journée de travail pour les ouvriers des usines et des ateliers mécanisés.
1900 Fixation à dix heures de la journée de travail dans l'industrie.
1906 Institution d'un jour de repos hebdomadaire obligatoire.
1919 Institution de la journée de huit heures.
1936 Instauration de la semaine de quarante heures et des congés payés (deux semaines).
1938 Institution des heures supplémentaires : les quarante heures ne sont plus un impératif (c'est l'horaire légal).
1956 Instauration de la troisième semaine de congés payés.
1968 Accord aboutissant à la semaine de quarante heures.
1969 Instauration de la quatrième semaine de congés payés.
1982 Semaine de trente-neuf heures et cinquième semaine de congés payés.

M.-T. Join-Lambert et alii, Politiques sociales, *Presses de la FNSP, Dalloz, 1994, p. 123.*

Durée du travail et modes d'organisation du travail : quelques définitions

– La *durée offerte* ou *horaire affiché* est l'horaire de référence à l'intérieur d'un établissement.
– La *durée effectivement travaillée* est la durée du travail effectuée, en tenant compte de l'absentéisme, des congés annuels, des heures supplémentaires…
– La *durée rémunérée* est le temps de travail qui sert au calcul de la paie.
– L'*amplitude* ou *étendue de la journée de travail* mesure le temps passé entre le début et la fin de la journée de travail, c'est-à-dire y compris les pauses et la coupure du déjeuner, mais pas le temps de trajet domicile-travail.
– La *durée annuelle du travail* est obtenue en multipliant la durée offerte par le nombre de semaines travaillées dans l'année.
– Le *travail posté*, ou *travail en équipes successives*, permet de faire alterner sur un même poste de travail plusieurs salariés. On distingue le travail en discontinu (deux équipes successives), en semi-continu (trois équipes successives pendant 8 heures chacune, 3 X 8, avec un arrêt en fin de semaine) et le travail en continu (sans arrêt, avec souvent des équipes de fin de semaine dites « équipes de suppléance »).
– Les *horaires libres* permettent à chaque salarié de choisir (en général, dans certaines limites) ses plages horaires. Ils sont en général associés à un contrôle des horaires de type « pointeuse ».

Ibid, *p. 144.*

Durée annuelle effective du travail (ensemble des actifs)

En 1896		**En 1991**
2913 heures		1537 heures
2992 heures[a]	dont industrie	1604 heures[b]
3197 heures[c]	Durée normale (hors absentéisme)	1763 heures
	soit	
305 jours de travail et 60 jours libres (52 dimanches et 8 jours fériés)		226 jours de travail et 139 jours libres (52 week-ends, 5 semaines de congés payés et 10 jours fériés)
	de	
10 heures et 30 minutes		7 heures et 48 minutes

a. D'après O. Marchand, C. Thélot, « Deux siècles de travail en France », INSEE, Études, 1991.
b. D'après Comptes de la nation 1991. c. En 1841, dans l'industrie, d'après l'enquête de l'Office du travail.
Source : J. Rigaudiat, Réduire le temps de travail, *Syros, 1998.*

et irrégulier mouvement de réduction qui le ramène en France pour l'ensemble des actifs occupés d'un niveau annuel proche de 3 000 heures en 1870 à environ 1 900 heures en 1970 et 1651 fin 2000 (pour la main-d'œuvre à temps plein ; plus d'un salarié sur deux travaille moins de 1 620 heures).

Les employeurs ont d'abord cherché à imposer l'allongement maximum de la durée du travail. L'expérience leur a montré les effets négatifs qui en résultaient sur l'intensité et la qualité du travail. Progressivement, ils sont passés à la recherche d'un « optimum » en tenant compte des gains de productivité associés à une réduction de la durée. Pour les salariés, le problème est posé en termes de réduction de la pénibilité du travail et d'accroissement du temps libre ; c'est l'aspect de « conquête sociale » qui est dominant, et il exclut toute perte de salaire. À long terme, un compromis n'est donc possible que sur la base du partage des gains de productivité : une fraction de ceux-ci permet de réduire la durée sans réduire le salaire.

Par ailleurs, les fluctuations du niveau d'activité exigent des mécanismes d'adaptation qui reposent, pour l'essentiel, sur le recours aux heures supplémentaires et au chômage partiel.

Un nouveau débat : durées du travail et création d'emplois

La crise contemporaine et le chômage massif qui l'accompagne ont engendré un nouveau débat, qui n'était apparu qu'épisodiquement dans le passé : l'action sur les durées du travail peut-elle exercer un effet positif sur les niveaux d'emploi ?

Globalement, il est aisé de comprendre qu'une quantité totale d'heures de travail peut engendrer un nombre plus grand d'emplois si elle est répartie entre un plus grand nombre de travailleurs grâce à une réduction des durées travaillées. Les modèles macroéconomiques permettent de simuler ces évolutions avec des effets potentiels importants sur l'emploi. Les problèmes naissent des difficultés de mise en œuvre et des contradictions qui apparaissent alors entre les intérêts des différents acteurs.

■ *La compensation salariale*

La réduction de la durée du travail doit-elle s'accompagner du maintien ou d'une amputation du salaire ? C'est un premier facteur d'opposition entre patronat et syndicats où l'on retrouve le débat sur l'effet du coût salarial sur l'emploi. L'analyse montre que la réponse à cette question dépend des modalités de réalisation de la réduction : quel est son effet sur la productivité du travail, sur la durée d'utilisation des équipements, sur la flexibilité de l'organisation de la production, sur les prélèvements sociaux engendrés par le coût du chômage ?

■ *La durée d'utilisation des équipements*

Pour ne pas réduire les capacités productives, la baisse de la durée du travail doit permettre le maintien, voire l'allongement de la durée d'utilisation des équipements. Cela implique la réorganisation des temps de travail : travail en équipes alternantes, horaires atypiques (par exemple, travail de fin de semaine), avec de nouvelles pénibilités pour les travailleurs.

■ *Diversification et flexibilisation des durées de travail*

Pour avoir des effets importants sur l'emploi, la réduction doit être forte et générale. Mais la diversité des conditions de production et l'hétérogénéité des qualifications et des préférences des travailleurs interdisent qu'elle soit brutale et uniforme. Il faut donc imaginer des processus étalés dans le temps et offrant des marges de flexibilité. Ceci implique des différences, transitoires ou durables, selon les types d'activité et selon les catégories de travailleurs, mais aussi une variabilité dans le temps en fonction des rythmes irréguliers des activités productives. Faut-il annualiser le calcul de la durée du travail ou même faire varier celle-ci sur l'ensemble du cycle de vie ? Comment concilier une différenciation des temps de travail répondant aux besoins et aux préférences des travailleurs et une différenciation correspondant aux nécessités de flexibilité de la production ? Comment articuler une politique volontariste globale de réduction générale de la durée et la nécessaire négociation décentralisée (dans la branche, dans l'entreprise) de ses modalités et de ses conditions de mise en œuvre ?

■ *Calcul microéconomique et calcul macroéconomique*

Si elle a des effets positifs sur l'emploi, la réduction de la durée du travail entraîne des économies importantes sur le coût social de prise en charge du chômage. Mais ce gain macroéconomique, qui bénéficie aux administrations et aux chômeurs, n'est pas pris en compte dans le calcul microéconomique de l'entreprise qui envisage une réduction. Faut-il, et comment, subventionner les entreprises qui réduisent la durée du travail de façon à les faire bénéficier des effets externes positifs qu'elles engendrent ?

Au-delà des aspects particuliers que revêt la question de la réduction des durées de travail en période de chômage massif et de croissance faible, apparaissent des choix de société plus fondamentaux : quel arbitrage entre temps de travail rémunéré et autres formes de l'activité humaine, quelles règles de répartition du travail rémunéré entre ceux qui souhaitent y accéder ? Cela nous renvoie au problème de la définition des frontières entre activités rémunérées et non rémunérées.

IV. TRAVAIL RÉMUNÉRÉ ET TRAVAIL NON RÉMUNÉRÉ

L'emploi ne correspond qu'à une fraction des dépenses de travail réalisées dans une société : celle qui fait l'objet d'une rémunération. Le niveau de l'emploi est donc fonction du mode d'organisation sociale qui détermine le partage entre ces deux sphères.

Des tendances contradictoires

Le XXe siècle, sous l'influence de l'urbanisation, du changement des modes de vie, plus récemment de l'augmentation des taux d'activité féminins, a longtemps été marqué par un déplacement massif du travail non rémunéré vers le travail rémunéré. La production agricole d'autoconsommation a quasi disparu avec les « jardins ouvriers » de nos banlieues. Le travail domestique, c'est-à-dire les prestations de service au sein de la famille, s'est beaucoup rétréci avec l'entrée des femmes sur le marché du travail et les nouvelles formes d'habitat : la garde des enfants et la prise en charge des malades et des personnes âgées ont été partiellement transférées à l'extérieur, la restauration collective a remplacé le repas familial... De larges secteurs d'activité caritative, sociale, culturelle ou sportive, qui reposaient sur le travail bénévole ou militant, se sont « professionnalisés ». Ces mouvements ont été créateurs d'emplois.

Depuis deux décennies d'importantes contre-tendances sont apparues. Pour réduire les coûts ou pour répondre aux préférences des consommateurs, des activités de service riches en emplois sont transformées par recours au travail gratuit des usagers accédant à des équipements automatisés : les distributeurs de billets, de tickets, d'essence ou d'informations remplacent les employés de guichet, pompistes, concierges et autres préposés ; le *self-service* et le *do-it-yourself* sont à la mode.

Les comparaisons internationales montrent de fortes différences selon les pays. La question se pose donc de savoir si un objectif de la politique de l'emploi peut être de transformer en travail rémunéré des activités qui ne le sont pas ou ne le sont plus.

Un débat ouvert

En termes simplifiés, deux conceptions des modes de socialisation et des modes de satisfaction des besoins s'opposent en ce domaine.

Certains considèrent que, dans les sociétés modernes, l'exercice d'une activité rémunérée est devenu une condition nécessaire à l'acquisition d'un minimum d'autonomie, à la construction d'une identité et à la reconnaissance sociale. En son absence, les individus sont condamnés à la dépendance, à l'assistance ou à la marginalité. Il faut donc créer une société de pleine activité reconnaissant le droit au travail (sous-entendu rémunéré) pour tous ceux qui le demandent.

La satisfaction effective de ce besoin exige une extension du champ des activités rémunérées. Il s'agit alors d'explorer tous les « gisements d'emplois », de transformer le statut de certaines activités non rémunérées (par exemple, créer un salaire parental) ou encore de soumettre l'obtention de certains revenus (par exemple, l'indemnisation du chômage) à l'accomplissement d'un travail.

Le risque est à l'évidence l'apparition d'une zone d'emplois infériorisés par leur statut ou leur contenu [*voir chapitre III, page 104*].

À l'opposé, d'autres rejettent ce qu'ils analysent comme l'ultime étape d'une conception de la société reposant sur la généralisation de l'échange marchand et du travail contraint. L'objectif, à leurs yeux, est de profiter des gains de productivité pour réduire tendanciellement cette sphère de l'activité humaine et de développer symétriquement le champ du temps libre, non seulement comme temps du loisir, mais comme temps de production de valeurs d'usages délivré de la contrainte du calcul monétaire et de la subordination inhérente au contrat de travail. À la limite, chacun reçoit un revenu d'existence ou de citoyenneté, couvrant ses besoins de base, indépendamment de toute activité productive, et détermine ensuite librement la nature et le volume de son travail. Le complément logique est la réduction forte de la durée du travail (sous-entendu rémunéré).

La question posée est celle de la nature du lien social ou, plus précisément, des modes de socialisation des individus et de maintien de la cohésion sociale dans ce type de configuration.

Le débat sur la durée du travail comme celui sur la frontière des activités rémunérées attirent notre attention sur le fait que la détermination du niveau de l'emploi et du chômage ne constitue pas seulement un problème de nature économique, mais qu'elle résulte aussi d'un mode d'organisation sociale. La même observation est valable si l'on s'intéresse maintenant aux structures de l'emploi et du chômage.

V. QUELS EMPLOIS ?

Définitions

Occuper un emploi c'est exercer une activité rémunérée, mais c'est aussi bénéficier d'un statut qui définit la condition sociale d'un individu. De ce fait, la définition adoptée par le statisticien ne sera pas la même que celle d'un juriste ou d'un sociologue. L'économiste se trouve tiraillé entre ces différents points de vue.

■ *La mesure statistique*

Selon les définitions internationales, une personne occupe un emploi dès lors qu'elle exerce un travail rémunéré. C'est une définition très large puisqu'elle s'applique quelle que soit la durée du travail (ne serait-ce qu'une heure par semaine), quel que soit le niveau de rémunération et quel que soit le statut (employeur, travailleur indépendant, aide familial, salarié, stagiaire).

Cependant les statisticiens ont défini la notion de sous-emploi pour caractériser la situation des personnes qui travaillent moins que la durée jugée « normale » du travail (par exemple, la durée légale ou la durée fixée par une convention collective) et qui désirent travailler plus. Soulignons que les personnes en situation de sous-emploi sont néanmoins classées parmi les titulaires d'emploi.

■ *L'emploi comme statut*

L'évolution historique des économies développées jusqu'aux années soixante-dix avait été caractérisée par une tendance à la généralisation du salariat, à l'homogénéisation de la condition des salariés et au développement de règles, légales ou conventionnelles, qui définissaient un statut des salariés. Les conditions d'embauche et de licenciement, la fixation des salaires, la durée du travail et bien d'autres aspects échappaient à une libre détermination par le seul jeu du marché. Progressivement s'était imposé un modèle de l'emploi standard comme emploi à plein temps, à durée indéterminée, auprès d'un employeur unique qui était l'utilisateur direct de la force de travail.

Avec la crise, ce modèle a été remis en cause ; l'emploi est devenu une réalité plus hétérogène, et sa mesure en a été rendue d'autant plus difficile.

La différenciation des formes d'emploi

Sans revenir sur les formes d'emploi non salarié qui parfois connaissent un renouveau plus ou moins artificiel (pseudo-travailleurs indépendants comme les chauffeurs routiers salariés qui deviennent artisans propriétaires de leur tracteur et tirent les remorques de leur ancien employeur, ou chômeurs créateurs d'entreprise...), il faut insister sur la diversification croissante des statuts des salariés. Elle résulte d'une stratégie des entreprises visant à la flexibilisation de l'emploi. Cette stratégie passe par un double mouvement d'extériorisation juridique et/ou physique des salariés par rapport à l'entreprise [*voir tableau A*].

Par extériorisation au sens *juridique* on désigne la situation où l'entreprise qui utilise un travailleur cesse d'en être l'employeur. Cette dernière fonction est alors accomplie par un tiers qui agit comme fournisseur de main-d'œuvre ou de prestations : entreprise de travail intérimaire, travail en régie.

Par extériorisation au sens *physique* on désigne la situation où des fragments du processus productif sont délocalisés pour être réalisés sous le contrôle de l'entreprise mais en dehors de celle-ci : travail à domicile, sous-traitance.

Comme le montre le tableau B, ces deux mécanismes se combinent. Ils s'accompagnent, le plus souvent, d'une précarisation de l'emploi mais le lien n'est pas absolu : un salarié en contrat à durée déterminée a un emploi précaire même s'il n'est pas « extériorisé ».

La précarisation de l'emploi n'est pas seulement le fait des entreprises. Elle résulte aussi de certains dispositifs de la politique de l'emploi. En espérant faciliter la création d'emplois, notamment au bénéfice de chômeurs en difficulté, les pouvoirs publics ont créé de multiples formes particulières d'emploi (stages ou contrats d'insertion ou de réinsertion professionnelle, parfois accompagnés de formation) qui sont le plus souvent à durée déterminée et/ou à temps partiel.

Tableau A

Extériorisation et précarisation de l'emploi			
		Extériorisation physique	
		Non	Oui
Extériorisation juridique	Non	CDI[a] CDD[b]	Travail à domicile
	Oui	Intérim Régie	Sous-traitance

a. Contrat à durée indéterminée.
b. Contrat à durée déterminée.

Tableau B

Les formes de flexibilité		
	Flexibilité quantitative	Flexibilité qualitative
Flexibilité externe	– Recours à l'externalisation (sous-traitance) – Assouplissement du droit du licenciement – Recours au travail temporaire	
Flexibilité interne	– Possibilité de faire varier la durée du travail et les rémunérations	– Possibilité de modifier l'organisation du travail et l'affectation des salariés

Source : Marie-Thérèse Join-Lambert et alii, Politiques sociales, *Presses de Sciences Po/Dalloz, 1997.*

Marché interne et marché externe du travail

L'observation empirique de la segmentation des marchés du travail a conduit certains économistes à en proposer une interprétation théorique reposant sur l'opposition entre marchés internes et marchés externes du travail. Leur hypothèse est que les grandes entreprises en position oligopolistique exercent sur les marchés un contrôle suffisant pour garantir la stabilité de leur niveau d'activité. Elles ont alors intérêt à s'assurer de la fidélité de leur main-d'œuvre, notamment lorsque celle-ci acquiert, par l'expérience, des qualifications spécifiques à l'entreprise ou pour des raisons déjà signalées par la théorie du salaire d'efficience ou la théorie *insiders-outsiders*. Ces entreprises sont souvent aussi les lieux où les organisations syndicales sont les plus puissantes et s'efforcent d'imposer par la négociation collective des garanties de sécurité de l'emploi pour leurs membres. Pour ces raisons, des compromis s'établissent pour mettre la relation d'emploi à l'abri des fluctuations de court terme de l'offre et de la demande. Les marchés internes du travail sont des ensembles cohérents d'emplois régis par des règles stables où, une fois embauchés, les salariés sont assurés d'un emploi durable et d'une progression de carrière, soit à l'ancienneté, soit en fonction de l'acquisition de qualifications spécifiques.

Par nature, ces îlots de stabilité ne peuvent se généraliser à l'ensemble de l'économie. Les secteurs caractérisés par l'instabilité ou l'imprévisibilité de leur niveau d'activité doivent maintenir la flexibilité de l'emploi et des salaires en jouant sur les mobilités permises par les marchés du travail externes qui sont proches du modèle de concurrence pure et parfaite. Alternant entre le chômage et des emplois précaires peu qualifiants, les salariés des marchés externes n'ont qu'une faible probabilité de pénétrer dans les marchés internes ; ce cloisonnement engendre une tendance à la dualisation des marchés du travail.

Division du travail et structures d'emploi

L'hétérogénéité des emplois résulte aussi de leur contenu et de leur destination.

Sous l'aspect du contenu, les emplois sont classés selon des nomenclatures de catégories professionnelles. Sous l'aspect de leur destination, c'est-à-dire du type de produits et services qu'ils contribuent à créer, les emplois sont classés selon des nomenclatures de secteurs ou de branches d'activité.

L'évolution contemporaine est marquée par le recul des forces de travail directement engagées dans des opérations de transformation de la matière au profit d'opérations indirectement productives (conception, organisation, contrôle de la production) et des prestations de services [*voir chapitre IV*]. Le mouvement dit de « tertiarisation » de l'emploi est la résultante de ces deux tendances : d'une part, croissance de la part des emplois non productifs dans les branches industrielles, d'autre part, croissance de l'emploi dans les branches tertiaires.

VI. QUEL CHÔMAGE ? CHÔMAGES ET CHÔMEURS

Définition

L'identification du chômage résulte des réponses données à deux questions successives : une personne occupe-t-elle un emploi ? Si la réponse est non, recherche-t-elle ou non un emploi ? Sur cette base, la population totale est découpée en trois sous-ensembles [*voir schéma B*].

L'évolution des vingt dernières années a rendu de plus en plus difficile, et donc partiellement arbitraire, le tracé des frontières entre ces trois situations [*voir schéma C*] :

– le développement du travail à temps partiel correspond à des situations à cheval sur l'emploi et l'inactivité (si le temps partiel est volontaire) ou l'emploi et le chômage (si le temps partiel est involontaire) ;

– la politique de l'emploi a pour effet de faire passer statistiquement des chômeurs dans l'inactivité, par exemple lorsqu'ils suivent un stage de formation (ils sont provisoirement indisponibles pour l'emploi) ou lorsqu'ils passent en préretraite (ils renoncent à chercher un emploi) ;

– l'existence durable d'une situation de chômage massif fait qu'une partie des chômeurs renoncent à la recherche d'un emploi parce qu'ils ont perdu l'espoir d'en trouver un (chômeurs dits « découragés »).

Il existe donc une importante marge d'incertitude dans la mesure du chômage. La définition internationale, dite « du BIT » (Bureau international du travail), est restrictive. Comme nous l'avons vu, toute personne ayant travaillé ne serait-ce qu'une heure par semaine est considérée comme ayant un emploi, et toute personne non immédiatement disponible pour un emploi ou n'en recherchant pas un activement est considérée comme inactive.

Schéma B

Composition de la population totale

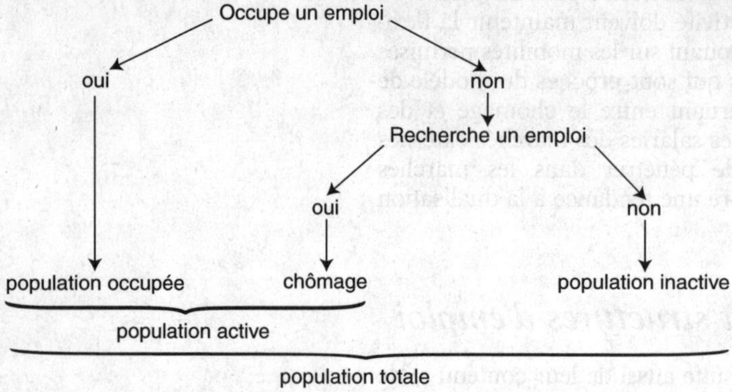

Source : Jacques Freyssinet, Le Chômage, *La Découverte, « Repères », 1998.*

Schéma C

Les chevauchements entre emploi, inactivité et chômage

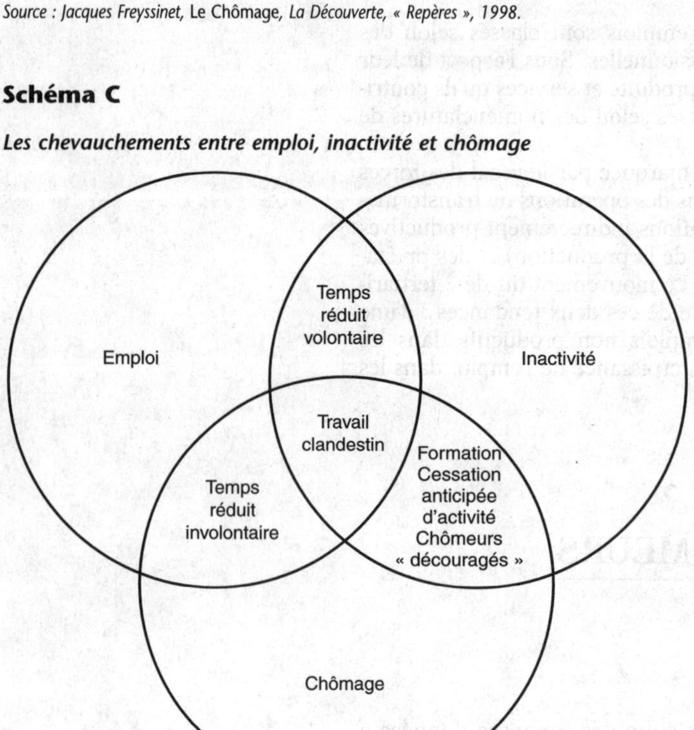

Source : Jacques Freyssinet, ibid.

Les taux de chômage

Sous les réserves qui viennent d'être indiquées, le taux de chômage constitue un indicateur utile pour repérer les évolutions dans le temps et les disparités selon les catégories.

Depuis le début des années soixante-dix, la France connaît à l'occasion de chaque récession de brutales poussées de chômage qui ne sont que très partiellement résorbées lors des phases de reprise économique. Le graphique B montre que, face à une croissance de la population active qui s'est ralentie, le phénomène résulte globalement de la cassure du mouvement de création d'emplois. Ce chômage se répartit inégalement entre les différentes catégories de la population active. Le tableau C permet de mesurer les deux formes principales de disparités, selon les sexes et selon les tranches d'âge. Des écarts tout aussi marqués apparaissent en fonction du niveau de formation ou de la catégorie professionnelle.

Par son caractère massif et durable, le chômage est un phénomène qui a, peu à peu, frappé toutes les catégories de la population. Mais ce mouvement de diffusion du risque de chômage n'a pas réduit les différences de vulnérabilité, ni les différences de probabilité de sortie du chômage pour ceux qui en sont victimes.

Tableau C

Taux de chômage (au sens du BIT) (France, mars 2002, en %)		
Par sexe et tranche d'âge		
	Hommes	Femmes
15 à 24 ans	18,2	22,8
25 à 49 ans	7,3	9,6
50 ans et plus	5,7	7,1
Total	7,9	10,1
Par groupes socioprofessionnels salariés		
Cadres		3,8
Professions intermédiaires		5,4
Employés		10,5
Ouvriers		11,4
Ensemble de la population active		8,9

Source : INSEE, enquête « Emploi », INSEE Résultats, *août 2002.*

Les itinéraires des chômeurs

En simplifiant, il est possible de distinguer trois types principaux de situations de chômage.

Le chômage de *conversion* frappe des travailleurs qui, jusqu'alors titulaires d'un emploi stable, sont victimes d'un licenciement économique. De ce fait, ils bénéficient d'une indemnisation relativement favorable qui leur donne les délais pour chercher, parfois moyennant une formation, un emploi évitant un déclassement. Leur durée du chômage peut donc être relativement longue mais peut conduire à une réinsertion satisfaisante. En cas d'échec, ils rejoindront l'un des deux autres groupes.

Graphique B

Population active, emploi, chômage[a] (1954-1999)

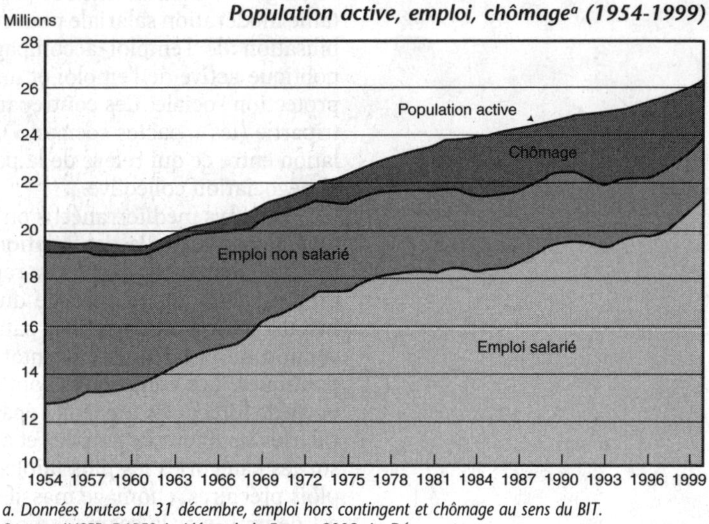

a. Données brutes au 31 décembre, emploi hors contingent et chômage au sens du BIT.
Source : INSEE, DARES, in L'état de la France 2002, *La Découverte.*

Le chômage *répétitif* touche des personnes qui connaissent de multiples passages sur le marché du travail : emplois précaires, stages, etc. Faiblement indemnisés, ils doivent se montrer peu exigeants ; de ce fait, chaque période de chômage est relativement brève mais les retours au chômage sont fréquents.

Le chômage d'*exclusion* frappe des travailleurs victimes de « handicaps » (âge, niveau de formation ou de qualification...) qui, dans un marché du travail de plus en plus sélectif, réduisent brutalement leur probabilité d'accès à des emplois « normaux ». Le risque de chômage de longue durée et de marginalisation sociale est élevé ; l'accès à des emplois « aidés » dans le cadre de la politique de l'emploi ou à des dispositifs de solidarité (de type revenu minimum d'insertion – RMI) est souvent la seule issue.

VII. SPÉCIFICITÉS NATIONALES

Nous avons jusqu'ici étudié les caractéristiques générales de l'emploi et du chômage dans les économies de marché, en les illustrant parfois par des exemples tirés de l'expérience française. Cette simplification était nécessaire dans une première étape mais elle doit être dépassée. Les marchés du travail sont régulés par un ensemble d'institutions (règles légales et conventionnelles, organismes publics et paritaires, coutumes...) qui ont été façonnées par l'histoire ; elles reflètent les formes du développement économique et social, les stratégies des différents acteurs, les rapports de forces, les conflits et les compromis qui ont caractérisé leurs relations. La comparaison internationale constitue un outil essentiel pour repérer les analogies et les spécificités, donc les marges de liberté dont disposent les différents systèmes sociaux. Le cas de l'Union européenne est particulièrement intéressant car les pays membres y connaissent des niveaux de développement économique et technique relativement proches et constituent un espace fortement intégré par la circulation des marchandises et capitaux et par l'existence d'une politique communautaire progressivement élargie ; cependant, la régulation des marchés du travail y est restée fortement différenciée. En simplifiant beaucoup, trois logiques principales peuvent être distinguées.

Les pays nordiques et germaniques (y compris les Pays-Bas) ont cherché à définir des compromis centraux, évolutifs mais stables, qui engagent à moyen terme l'État, le patronat et les syndicats. Des échanges de concessions réciproques ont permis d'assurer une certaine modération salariale pour maintenir la compétitivité, une flexibilisation de l'emploi accompagnée de garanties collectives, une politique active de l'emploi et un système relativement généreux de protection sociale. Ces contreparties sont négociées soit de manière tripartie (les « pactes sociaux »), soit à travers des formes d'articulation entre ce qui relève de la politique publique et ce qui relève de la négociation collective.

Les pays méditerranéens ou latins ont une tradition plus ouvertement conflictuelle des relations sociales, même s'ils ont parfois cherché, temporairement à se rapprocher du modèle précédent (par exemple, l'Italie). Le marché du travail est le lieu d'affrontements instables entre organisations patronales et syndicales avec une intervention de l'État dont l'orientation est très sensible aux majorités politiques. Les compromis sont sensibles à la conjoncture des rapports de forces ; ils tendent à épargner relativement les catégories de salariés les mieux organisées et à faire peser le poids des adaptations sur les catégories les plus faibles (développement des formes d'emplois précaires, chômage massif faiblement indemnisé...). Le risque est de renforcer la segmentation du marché du travail.

Le Royaume-Uni constitue à lui seul un troisième type que les économistes libéraux proposent comme modèle au reste de l'Europe. Sous l'impulsion des gouvernements conservateurs (1979-1997) a été menée une politique de « dérégulation » ou de flexibilisation généralisée des composantes du rapport salarial (salaires, emploi, durée de travail...). À la quasi-absence de législation du travail s'est combinée l'élimination de la négociation collective nationale ; l'objectif est d'assurer un fonctionnement décentralisé et concurrentiel du marché du travail. Depuis 1997, le gouvernement travailliste a infléchi cette orientation, par exemple en créant un salaire minimum, mais en a conservé la logique.

Ces contrastes montrent que les questions de l'emploi et du chômage ne sont pas soumises à un déterminisme économique et technologique ; chaque système social dispose de marges de liberté, même au sein d'un espace aussi intégré que celui de l'Union européenne.

Conclusion

L'analyse de l'emploi et du chômage pose des problèmes complexes car ils se situent à l'intersection d'une logique d'efficacité économique et d'une logique de cohésion sociale.

Destiné à produire des richesses, le travail rémunéré est soumis dans nos économies à une régulation par le marché : le coût salarial et la productivité du travail commandent les décisions de création et de suppression d'emplois sous la pression des contraintes de compétitivité et des objectifs de rentabilité. Le niveau et la structure de l'emploi sont donc liés au niveau de l'activité macro-économique et à ses formes d'organisation.

Forme dominante de socialisation, l'emploi constitue, pour la grande majorité des jeunes et des adultes, la condition de leur autonomie et de la construction de leur identité. L'existence d'un chômage massif et persistant, générateur de marginalisation et d'exclusion, met en cause la cohésion de nos sociétés. Il est un signe d'échec qui appelle une transformation des modes d'organisation et de régulation du système économique et social.

➜ **Voir chapitre X**
page 358

L'impact des politiques de l'emploi n'est pas négligeable mais elles ne font qu'atténuer des déséquilibres. La question posée est de savoir si le droit à l'emploi est concrètement reconnu comme une priorité dans la définition de la politique économique et sociale globale.

➜ **Voir fiche-outil 2 :**
« La politique de l'emploi »
page 205

Jacques Freyssinet

Synthèse et révision

En répondant aux questions suivantes, vous allez pouvoir préparer, chez vous et/ou en classe, une synthèse des connaissances fondamentales à acquérir sur un grand thème du programme. Cet exercice va vous permettre de construire vous-même dès maintenant la fiche qui vous sera indispensable au moment de vos révisions parce qu'elle contient ces connaissances de base. L'expérience montre que ce travail, complété par la maîtrise systématique des mots clés, est beaucoup plus efficace que la lecture de fiches « toutes prêtes » ou d'autres produits miracles.

Questions

NB. Le plan de cette fiche ne reprend pas exactement le plan du texte.

I. Un premier cadrage simplifié

Les facteurs de variation de l'emploi

1. Expliquez par un schéma la phrase « l'emploi ne correspond qu'à une fraction du travail dépensé ».
2. Expliquez par un schéma quels sont les déterminants de l'emploi.

Les facteurs de variation de la population active

3. Quels sont les facteurs qui agissent sur le niveau de la population active ?

Le chômage

4. Que mesure le chômage ?
5. Donnez la définition des deux indicateurs utilisés en France pour mesurer le chômage. [*voir aussi la fiche-outil 1*]
6. À quelles difficultés la mesure du chômage se heurte-t-elle ?

II. Des explications théoriques

L'approche néoclassique du marché du travail

7. Pourquoi l'offre de travail est-elle fonction croissante du salaire réel ?
8. Pourquoi la demande de travail est-elle fonction décroissante du salaire réel ?
9. Faites une représentation graphique simplifiée du fonctionnement du marché du travail selon cette théorie. Vous ferez apparaître sur le graphique trois situations différentes : l'équilibre du marché, un excès d'offre (chômage), un excès de demande (pénurie de main-d'œuvre).
10. Comment les déséquilibres du marché peuvent-ils se résorber ?
11. Pour quelles raisons peut-il y avoir des déséquilibres durables ?
12. Quelles sont les limites de cette approche théorique ?

L'approche keynésienne :
la prise en compte des régulations macroéconomiques

13. Quelle vision du salaire Keynes privilégie-t-il ?
14. Comment le chômage s'explique-t-il dans une logique keynésienne ?

Explications du chômage et politiques de lutte contre le chômage

15. Remplissez le tableau ci-dessous :

	Chômage « classique »	Chômage « keynésien »
Origine du chômage		
Stratégie de lutte contre le chômage		
Enchaînement causal attendu		
Limites d'une telle politique		

Les nouvelles théories : deux illustrations

16. Comment la théorie du salaire d'efficience permet-elle d'expliquer le maintien d'un chômage involontaire ?
17. Comment les théories « *insiders-outsiders* » permettent-elles d'expliquer le maintien d'un chômage involontaire ?
18. Quelles sont les limites de ces nouvelles théories ?

III. Quels emplois et quel chômage ?

19. Relevez les différentes transformations de l'emploi au cours des vingt dernières années.
20. Comment ce phénomène de différenciation s'explique-t-il ?
21. Quelles formes différentes la flexibilité de l'emploi revêt-elle ?
22. Montrez que le chômage frappe inégalement. Expliquez pourquoi.

IV. La durée du travail

23. Quel est le principal facteur explicatif de la baisse de la durée du travail au cours du XXe siècle ?
24. À quelles difficultés une politique de réduction de la durée du travail pour lutter contre le chômage se heurte-t-elle ?

Mots clés

Marché du travail • Offre de travail • Demande de travail • Population active totale • Population active occupée • Productivité • Emploi • Chômage • Chômage BIT • DEFM • Sous-emploi • Précarité • Coût du travail • Cotisations sociales • Salaire net/brut • Salaire nominal/salaire réel • Coût salarial unitaire • Flexibilité • Flexibilité quantitative interne, externe • Extériorisation ou externalisation.

Contrat de travail • Contrat à durée indéterminée • Contrat à durée déterminée • Emplois précaires • Emplois atypiques • Travail intérimaire • Travail saisonnier • Emplois aidés • Marché interne/marché externe • Segmentation du marché du travail • Politique de l'emploi • Effet d'aubaine • Effet de substitution • Effet-prix.

Dossier 1

Les inégalités devant l'emploi et le chômage

Document 1

Emploi, chômage et inactivité parmi les femmes et les hommes en âge de travailler en 2002

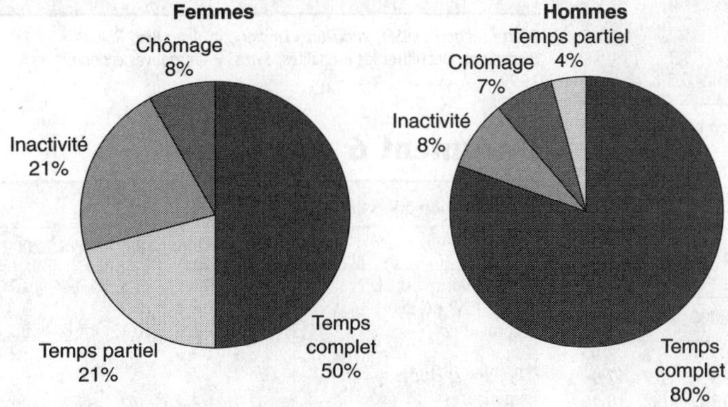

Champ : personnes de 15 à 60 ans, hors apprentis, ayant terminé leur formation initiale.
Effectif des femmes : 15,3 millions; effectif des hommes : 15,5 millions.
Source : INSEE, enquête « Emploi », mars 2002.

Document 2

Population active de 15 ans ou plus, selon la catégorie socioprofessionnelle en 2002 (en centaines de milliers)

Catégorie socioprofessionnelle	Hommes	Femmes	Ensemble
Agriculteurs exploitants	4,3	2,1	6,4
Artisans, commerçants et chefs d'entreprises (10 salariés et +)	10,3	4,4	14,7
dont : artisans	*5,4*	*1,6*	*7,0*
commerçants	*3,9*	*2,6*	*6,5*
Cadres et professions intellectuelles supérieures	23,3	13,3	36,6
dont : professeurs et professions scientifiques	*3,5*	*4,4*	*7,9*
ingénieurs et cadres techniques d'entreprises	*7,6*	*1,4*	*9,1*
Professions intermédiaires	28,8	25,7	54,4
dont : santé et travail social	*2,4*	*8,2*	*10,6*
contremaîtres et agents de maîtrise, techniciens	*13,8*	*2,1*	*15,8*
instituteurs et assimilés	*2,9*	*5,3*	*8,3*
Employés	19,0	59,3	78,3
dont : policiers et militaires	*4,6*	*0,6*	*5,2*
Ouvriers	55,5	14,5	70,0
soit : ouvriers qualifiés	*38,9*	*5,0*	*43,9*
ouvriers non qualifiés (y c. ouvriers agricoles)	*16,6*	*9,5*	*26,1*
Chômeurs n'ayant jamais travaillé	1,1	1,3	2,4
Total	**142,3**	**120,1**	**262,8**

Source : INSEE, enquête « Emploi », 2002.

Questions sur l'ensemble du dossier

1. Mettez en évidence ce qui différencie les hommes et les femmes face au travail. [*doc. 1*]
2. Montrez que les activités professionnelles se distribuent très inégalement selon le sexe et la nationalité. [*doc. 2 et 3*]
3. Quelles inégalités le document 4 fait-il apparaître ?
4. Relevez les facteurs d'inégalité face au chômage. Utilisez les données statistiques pour illustrer vos constats. [*doc. 5, 6, 7 et 8*]
5. Repérez les principales circonstances d'entrées en chômage et la façon dont elles évoluent. [*doc. 10*]
6. La durée du chômage reflète-t-elle les inégalités devant le chômage observées dans les documents précédents ? [*doc. 9 et 11*]
7. Comparez les documents 6 et 12.
8. **Question de synthèse.** Recensez toutes les inégalités détectables avec les documents 1 à 12. Ont-elles toutes évolué dans la même direction ?

Document 3

Étrangers actifs selon la catégorie sociale (en %)

	Effectifs		Proportion d'étrangers dans la CS	
	1990	2002	1990	2002
Agriculteurs exploitants	0,8	0,6	1,0	1,6
Artisans, commerçants et chefs d'entreprise (10 salariés et +)	5,8	7,0	5,6	7,7
Cadres et profession intellectuelles supérieures	5,6	7,9	3,4	3,5
Professions intermédiaires	7,2	10,5	2,5	3,1
Employés	19,4	26,6	4,4	
5,5				
Ouvriers	56,9	45,2	2,3	10,5
Chômeurs n'ayant jamais travaillé	3,1	2,2	9,1	14,6
Total[a]	**100**	**100**	**6,3**	**6,2**

a. Le total est de 1,55 million en 1990 et de 1,62 million en 2002.
Source : INSEE, enquête « Emploi », 2002.

Document 4

Évolution du taux de salariés affectés par les emplois précaires (hors État et collectivités locales)

	% de contrats à durée déterminée		% de salariés intérimaires		CDD + Intérim
	1982	1998	1982	1998	1998
Cadres	1,3	2,8	0,3	0,1	2,9
Professions intermédiaires	1,6	3,3	0,6	0,5	3,8
Employés	2,7	4,9	1,1	0,8	5,7
Ouvriers	2,4	5,4	1,1	5,8	11,2
Ouvriers qualifiés	1,7	3,8	0,9	3,7	7,5
Ouvriers non qualifiés	3,1	8,8	1,5	10,4	19,2
Total	**2,2**	**4,0**	**0,9**	**1,7**	**5,7**

Source : d'après INSEE, enquêtes « Emploi », in *Alain Bihr, Roland Pfefferkorn,* Déchiffrer les inégalités, *Syros, « Alternatives économiques », 1999.*

Document 5

Taux de chômage[a]
(part du chômage, au sens du BIT, dans la population active)

	1980	1985	1990	1995	1998	2000	2001	2002
Taux global	6,4	10,2	8,9	11,4	11,7	9,6	8,8	8,9
Hommes	4,3	8,4	6,7	9,6	10,0	8	7,7	7,9
Femmes	9,5	12,7	11,7	13,7	13,7	11,6	10,7	10,1
15 à 24 ans	15,5	23,2	16,5	22,9	21,8	17,1	16,5	20,2
25 à 49 ans	4,3	7,7	7,9	10,5	10,8	9,0	8,2	8,3
50 ans ou +	4,6	7,0	6,6	8,1	9,2	7,7	6,7	6,3

a. Le décalage constaté avec les taux indiqués dans les autres tableaux tient à des différences de dates et de références.
Sources : MES-DARES, ANPE, INSEE, enquête « Emploi », 2002, et L'état de la France 2002, La Découverte, 2002.

Document 6

Taux de chômage selon le diplôme (en %)

	1982	1985	1990	1995	1998	2002
Sans diplôme ou CEP	8,4	11,9	13,1	16,5	17,4	14,1
BEPC, CAP ou BEP	6,9	9,8	8,4	10,7	11,1	8,3
Baccalauréat	5,3	6,6	6,3	10,1	11,0	8,2
Bac + 2	2,6	3,4	3,6	7,4	7,5	5,6
Diplôme d'études supérieures	3,3	3,3	3,3	6,9	6,8	5,7

Champ : population des ménages.
Source : INSEE, enquêtes « Emploi ».

Document 7

Taux de chômage par CSP (en %)[a]

Catégorie socioprofessionnelle	1975	1985	2002		
			Total	Hommes	Femmes
Agriculteurs exploitants	0,2	0,5	0,2	0,1	0,3
Artisans, commerçants[b]	1,3	3,0	3,4	2,8	4,7
Cadres et professions intermédiaires	2,0	4,0	4,8	4,5	5,1
Employés	4,5	10,8	10,5	9,8	10,7
Ouvriers	4,1	13,7	11,4	10,2	16,0
Total	**2,7**	**10,2**	**8,9**	**7,9**	**10,1**

a. En mars. Proportion de chômeurs par rapport à l'ensemble des actifs de la catégorie.
La comparaison des données datant d'avant et d'après 1982 est approximative du fait du changement de nomenclature intervenu à cette date. b. Et chefs d'entreprise.
Source : INSEE, enquêtes « Emploi », in L'état de la France 2002, *ibid.*

Document 8

Taux de chômage selon le sexe, la nationalité et l'âge regroupé

Sexe et nationalité regroupée	15-24 ans	25-49 ans	50 ans et +	Total
Hommes				
Français	17,9	06,5	04,8	07,2
Ressortissants des pays de la UE	05,1	06,4	07,2	06,7
Étrangers hors UE	33,8	23,5	19,9	23,0
Total des étrangers	26,1	17,9	14,7	17,3
Total	18,2	07,3	05,7	07,9
Femmes				
Françaises	22,4	09,0	06,6	09,6
Ressortissantes des pays de la UE	11,7	09,1	06,6	08,4
Étrangères hors UE	40,1	27,6	28,9	28,7
Total des étrangères	31,9	20,5	15,7	20,1
Total	22,8	09,6	07,1	10,1
Les deux sexes				
Français	19,9	07,6	05,6	08,3
Ressortissants des pays de la UE	08,3	07,6	07,0	07,4
Étrangers hors UE	36,6	25,1	22,1	25,1
Total des étrangers	28,8	18,9	15,0	18,4
Total	20,2	08,3	06,3	08,9

Source : INSEE, enquête « Emploi », mars 2002, in INSEE Résultats, *août 2002.*

Document 9

Ancienneté moyenne de chômage (en mois)							
	1975	1980	1985	1990	1995	1998	2002
Ensemble	7,6	11,7	16,0	13,9	14,6	16,0	12,8
Hommes	6,7	10,6	14,6	13,5	14,3	15,5	12,2
Femmes	8,3	12,3	17,3	14,3	14,9	16,4	13,4

Source : ibid.

Document 10

Circonstances d'entrée en chômage (en %)		
	1990	2002
Fin d'emploi à durée limitée	33,4	41,5
Licenciement	30,4	25,4
Reprise d'activité	11,9	9,1
Fin d'études	6,4	8,3
Démission	8,9	7,4
Autres circonstances	9,1	8,3

Source : INSEE, enquêtes « Emploi ».

Document 11

Proportion de personnes au chômage depuis 1 an ou plus (en %)			
	1990	2000	2002
Ensemble	**35**	**40**	**32**
Hommes	**33**	**39**	**30**
– 15-24 ans	15	18	13
– 25-49 ans	35	39	30
– 50 ans et plus	56	63	53
Femmes	**37**	**41**	**33**
– 15-24 ans	20	20	16
– 25-49 ans	38	42	31
– 50 ans et plus	67	61	54

Source : ibid.

Document 12

Chômage des jeunes

Taux de chômage de 1 à 4 ans après le départ de l'école (en %)

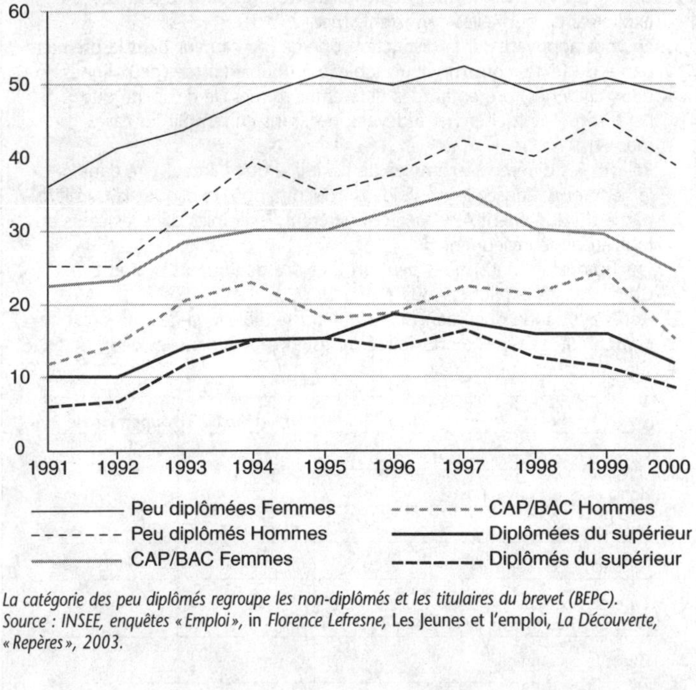

La catégorie des peu diplômés regroupe les non-diplômés et les titulaires du brevet (BEPC).
Source : INSEE, enquêtes « Emploi », in *Florence Lefresne,* Les Jeunes et l'emploi, *La Découverte, « Repères », 2003.*

Dossier 2

Les flexibilités

Document 1

Une organisation est flexible si elle est capable de s'adapter rapidement aux aléas et de réagir intelligemment aux transformations de son environnement. Tel est l'objectif. Il est clair qu'ainsi définie, la flexibilité est un atout majeur des entreprises dans la concurrence, et une source de productivité et de qualité. Mais c'est également un objectif recommandable dans le secteur non marchand, car la qualité du service rendu aux usagers des administrations publiques, à tous les échelons territoriaux, en dépend. ■

Christophe Baret, Jean Gadrey, Camel Gallouj, « Flexibilité à court terme et flexibilité durable », Revue Personnel-ANDCP *n° 391, juillet 1998.*

Document 2

La flexibilité de l'emploi désigne la possibilité qu'ont les entreprises d'ajuster plus ou moins rapidement leur volume d'activité effectif – mesuré en heures de travail – au volume désiré, compte tenu des carnets de commande et de la charge de la production. Le contenu plus ou moins rigoureux de la réglementation définit théoriquement ces possibilités d'ajustement. [...] Elle fixe concrètement les règles d'embauche et de licenciement pour les emplois stables ; elle comprend aussi des dispositions légales sur les formes d'emplois temporaires, le recours aux heures supplémentaires et les possibilités de modulation des horaires en fonction de la charge de la production. [...]
Du côté des salaires, la flexibilité renvoie aux modes d'ajustement de ceux-ci aux inflexions du taux d'inflation, de la productivité du travail et du taux de chômage. La flexibilité salariale sera considérée comme d'autant plus élevée que les salaires nominaux s'ajustent lentement au taux d'inflation et les salaires réels rapidement au taux de chômage. Ces modes d'ajustement des salaires dépendent de déterminants institutionnels relatifs au type d'organisation des conventions collectives ou à l'existence d'un salaire minimum. ■

Gérard Tasso, Écoflash *n° 154, janvier 2001.*

Document 3

Véritable révolution silencieuse à l'initiative des employeurs qui entendaient contrer la capacité de contestation massive exprimée par les salariés en 1968, l'individualisation s'est ainsi imposée. Avec ses conséquences : éclatement et diversification des formes d'emplois, des temps de travail, des horaires, individualisation des rémunérations assortie de l'entretien individuel avec le « N + 1 » (c'est-à-dire le supérieur hiérarchique immédiat) pour « négocier » les objectifs que le salarié s'engage à atteindre et évaluer ses performances de l'année écoulée. Les formations et les carrières se dessinent à partir de bilans individuels de compétences, de l'évaluation des potentiels personnels. ■

Danièle Linhart, Le Monde diplomatique, *juin 2002.*

Document 4

Le travail est la ressource productive qui permet les souplesses les plus immédiates et souvent les moins coûteuses, ce qui explique l'importance du volet « travail » dans les pratiques de flexibilité des entreprises. [...]. En marge des dispositifs traditionnels (embauches/licenciements, heures supplémentaires/chômage partiel), certaines formes de travail précaire (intérim, CDD) se sont banalisées et de nouveaux outils de flexibilité du travail ont progressivement enrichi la panoplie des employeurs. Pour y voir plus clair dans ces différentes modalités, on peut schématiquement opérer deux distinctions :
– l'une entre besoins de flexibilité quantitatifs (on fait varier la quantité de facteurs utilisés) et qualitatifs (on joue sur les caractéristiques des facteurs) ;
– l'autre entre solutions de flexibilité internes (assurées par les ressources existant dans l'entreprise) et solutions externes (assurée par des moyens extérieurs à l'entreprise). [...]
Les entreprises associent plusieurs types de solutions, selon des combinaisons variables en fonction du secteur, de la nature plus ou moins prévisible de l'ac-

Questions sur l'ensemble du dossier

1. Définissez la notion de flexibilité pour une entreprise et citez des éléments qui peuvent constituer des entraves à la flexibilité. [*doc. 1*]
2. Distinguez les deux formes de flexibilité décrites dans le texte et expliquez en quoi elles consistent. [*doc. 2 et 3*]
3. En vous appuyant sur la distinction opérée par l'auteur dans la première partie du texte, construisez un tableau à double entrée (deux lignes, deux colonnes) présentant les différentes formes de flexibilité que l'entreprise peut chercher à développer, sans en remplir les cases. [*doc. 4*].
   Relevez les différents exemples de flexibilité que l'auteur cite dans le texte et définissez-les. À l'aide du document 5, expliquez la dernière partie du document 4. Placez ces différents exemples dans les cases du tableau qui conviennent.
4. Quels constats statistiques peut-on tirer des documents 6, 7 et 8 ? Comment les expliquez-vous ?
5. Après avoir lu le document 9, complétez le tableau ci-dessous comparant les types de flexibilité mises en œuvre dans les deux supermarchés et concluez.

	Supermarché 1	Supermarché 2
Forme d'emploi prédominante		
Horaires et jours de repos		
Formation		
Perspectives de carrière		
Type de flexibilité *(se reporter au tableau de la question 3)*		
Efficacité économique		

6. Que montre le document 10 ? Y a-t-il une forme de flexibilité qui semble dominer aujourd'hui ?

tivité, de leur position dans le système productif. Par exemple, une entreprise de grande distribution aura massivement recours au temps partiel pour organiser les horaires de caisse ; une entreprise de conserves dont l'activité est par nature saisonnière aura le choix entre des contrats de travail précaires ou un dispositif d'aménagement du temps de travail ; dans le secteur des hautes technologies, les sociétés devront répondre par l'organisation à un besoin de flexibilité plus qualitatif pour accroître leur réactivité. Le contexte économique joue aussi dans les arbitrages entre solutions internes [...] et externes, par exemple lorsqu'il existe des incertitudes sur l'intensité et la durée de la croissance.

[...] Lorsqu'elle a décidé d'internaliser la contrainte de flexibilité, l'entreprise dispose de deux options majeures nullement exclusives l'une de l'autre : la réponse par des ajustements temporels et la réponse par des schémas plus souples d'organisation du travail. [...]

Les ajustements temporels

Les vingt dernières années ont placé les différents dispositifs d'aménagement du temps de travail (ATT) au cœur des réflexions sur l'organisation du travail. Certains d'entre eux ne sont d'ailleurs pas nouveaux. C'est le cas des équipes successives (2 x 8, 3 x 8...) ; mais l'éventail du travail posté s'est élargi à de nouvelles formules, comme les équipes de suppléance de fin de semaine qui permettent d'accroître l'utilisation des équipements le week-end. Cela dit, la principale évolution concerne la banalisation progressive de l'annualisation du temps de travail. [...]

Des possibilités de dérogation ont été ouvertes en 1982 : il devenait possible, sous réserve de la conclusion d'un accord de branche et/ou d'entreprise, de moduler le temps de travail sur l'année, c'est-à-dire de faire varier, dans les limites prévues par les textes, les horaires des salariés autour d'une moyenne correspondant à l'horaire hebdomadaire légal. [...]

Les lois Aubry ont déclenché une dynamique sans précédent de négociation au niveau des branches et des entreprises. Les entreprises n'ont pas hésité à profiter des 35 heures pour introduire l'annualisation des horaires.

La remise en cause des méthodes classiques d'organisation

La nécessité de mieux s'ajuster aux exigences des marchés n'est pas qu'affaire de volume : la concurrence se joue sur la rapidité d'innovation, sur les niveaux de qualité, sur les délais. L'impératif de flexibilité qualitative concerne l'ensemble du système productif et conduit les entreprises à remettre en cause leurs modes d'organisation. [...] S'agissant du travail, des schémas plus flexibles d'organisation se substituent progressivement aux modes traditionnels hérités du modèle taylorien-fordien. L'accent est mis désormais sur certaines valeurs (polyvalence, travail en groupe, etc.). Un atelier flexible n'aurait pas de sens dans un univers qui, lui, conserverait ses rigidités : pour s'approcher du « modèle de la réactivité », l'entreprise doit se décentraliser, réduire ses niveaux hiérarchiques afin d'accélérer la prise de décision, développer la communication horizontale... La flexibilité du travail participe de la remise en question de l'organisation générale de la firme.

[Enfin] la flexibilité génère des coûts : moyens excédentaires, nouveaux systèmes d'information, hausse des qualifications, production en séries courtes, coûts de coordination et de gestion... Les coûts et la complexité qu'elle induit pour l'organisation peuvent amener les décideurs à renoncer aux solutions internes et donc à externaliser la contrainte de flexibilité. Non pas en multipliant les formules de travail précaire, mais en se séparant de certaines activités de leur chaîne de valeur, en créant des partenariats ou en fonctionnant en réseau. ■

Pascal Charpentier,
« Les nouvelles questions de l'emploi »,
in Cahiers français *n° 304,*
septembre-octobre 2001.

Document 5

Armelle Gorgeu et René Mathieu[1] offrent une description particulièrement exemplaire de certaines nouvelles pratiques [de flexibilité] dans une monographie sur les nouveaux établissements de proximité des équipementiers automobiles. Il s'agit d'unités de production créées entre 1988 et 1994 et implantées près des unités de montage des constructeurs pour les servir plus facilement juste-à-temps. Ces établissements mènent des opérations d'assemblage et de finition autrefois réalisées chez les constructeurs et livrent un produit complet (ligne d'échappement, collection de sièges, pare-chocs équipés de phares, planche de bord incorporant différents éléments du tableau de bord). Souvent entièrement dédiés à l'usine cliente proche, ces établissements, quoiqu'appartenant à des groupes juridiquement et financièrement indépendants, sont bien plutôt des annexes des usines de montage des constructeurs. Nés à l'occasion d'un mouvement d'externalisation (les achats représentent désormais 65 à 75 % du coût de revient d'un véhicule), ils ont permis aux constructeurs de réduire le nombre d'emplois non qualifiés chez eux en les externalisant, et d'augmenter les exigences au-delà de ce qu'ils auraient pu imposer à leur propre main-d'œuvre. L'emploi dans ces nouveaux établissements de proximité est caractérisé par un très fort volant de personnel précaire (intérimaires et CDD). À certains moments de l'année et dans certains établissements, la proportion d'intérimaires peut atteindre 55 %. « Dans l'année, le pourcentage de personnel précaire par rapport à celui en CDI oscille entre 10 % et 30 % dans l'ensemble des unités créées [...] L'utilisation à titre quasi permanent d'intérimaires est une des caractéristiques essentielles de la plupart des établissements étudiés[2]». Car ce sont, dans la mesure du possible, les mêmes personnes qui travaillent tous les jours en intérim, les entreprises prenant soin de ne pas se séparer des éléments les plus performants. L'utilisation de l'intérim n'est pas seulement un dispositif permettant de faire face aux variations de volume dans les commandes des constructeurs. Il agit également comme dispositif de sélection et de mise sous tension. ■

Luc Boltanski, Ève. Chiapello,
Problèmes politiques et sociaux *n° 867,*
2001, p. 73-74.

1. Armelle Gorgeu, René Mathieu,
« Les ambiguïtés de la proximité. Les nouveaux établissements d'équipement automobile »,
in Acte de la recherche en sciences sociales, Paris, 1996.
2. Armelle Gorgeu, René Mathieu,
« Recrutement et production au plus juste »,
in Dossiers du CEE n° 7,1995.

Document 6

Pour une proportion croissante de salariés concernés, le temps partiel est plutôt subi que voulu et constitue donc une forme de sous-emploi. Pour les femmes, le temps partiel subi représentait en 2001 10 % des emplois, soit un temps partiel sur trois ; pour les hommes, ces proportions étaient respectivement de 2 % et 44 %. Avec la reprise, le temps partiel subi a cependant reculé depuis 1998. ■

Claude Minni,
in L'état de la France 2002,
La Découverte, 2002, p. 254.

Document 7

Part du temps partiel dans l'emploi total*[a] *(par sexe et groupes d'âge)

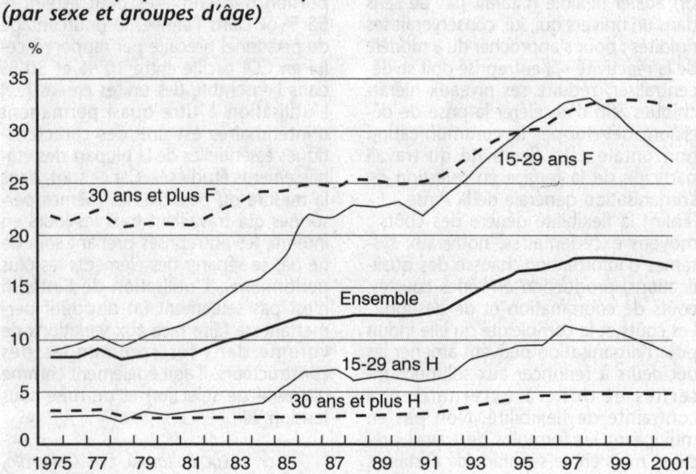

a. Champ : emploi au sens du BIT hors continent.
Source : INSEE, enquête « Emploi », in L'état de la France 2002, *La Découverte, 2002, p. 252.*

Document 8

Les emplois à durée limitée (en milliers)					
	Mars 1985	**Janvier 1999**	**Mars 2000**	**Mars 2001**	**Mars 2002**
Intérimaires	113	438	540	605	514
Contrat à durée déterminée[a]	315	877	959	929	897
Contrats aidés[b]	146	418	455	408	421
Apprentis	178	272	281	260	274
Total	**752**	**2005**	**2235**	**2202**	**2106**
Part dans l'ensemble des salariés (%)	3,9	10,1	10,8	10,4	9,9

a. Hors État et collectivités locales.
b. Contrats d'aides à l'emploi (CES, CIE...) et stages de formation professionnelle classés dans l'emploi au sens des critères du BIT.
Source : INSEE, enquêtes « Emploi ».

Document 9

Hypermarchés et supermarchés, des champions de la flexibilité à court terme

En prenant comme terrain d'observation les grandes surfaces alimentaires, on est dans un domaine où la flexibilité est une obsession permanente de la gestion du personnel et des horaires, tant aux caisses que dans les rayons, pour les employés comme pour l'encadrement. [...]

Nous avons pu observer deux modèles à l'intérieur d'une même chaîne de grandes surfaces alimentaires. [...] Les deux supermarchés que nous allons prendre en exemple ont à peu près la même taille, le même environnement concurrentiel, le même type de clientèle, les mêmes produits et les mêmes types de variations d'activité. Ils doivent donc flexibiliser leur organisation dans les mêmes conditions et y parviennent effectivement l'un et l'autre, mais de manière très différente.

Dans le premier, la flexibilité est obtenue sur la base d'une gestion des ressources humaines taylorienne, à très court terme [...] : une majorité d'employés à temps partiel (54 %), souvent sur des contrats hebdomadaires courts (20 à 25 heures par semaine), avec un volume important mais variable d'heures complémentaires, des horaires largement imprévisibles pour les caissières (dont certaines sont sollicitées par téléphone chez elles lorsqu'il y a du monde), des heures travaillées et non payées, l'absence de jour de repos fixe, aucune formation ni concertation, un usage généreux de contrats de qualification, l'absence de progression salariale et de primes, le tout justifié par le directeur du magasin comme relevant des normes habituelles d'une gestion efficace de la flexibilité. Son idéal : n'avoir que des temps partiels de 20 heures par semaine : « Quand ils sont à 20 heures, ils font 20 heures de travail. Vous les mettez à 39 heures, il n'y a pas 39 heures de travail. Il y a les pauses, le moment d'arriver, de partir, il y a toujours du temps perdu pendant une période... » Un raisonnement impeccable, tout comme le suivant : « Demain, si j'avais un employé qui partait, je le remplacerais par deux contrats de qualification. C'est vraiment bien ça, ce sont des jeunes qui en veulent, on les a pendant deux ans, ils sont comme vous l'avez demandé. »

Dans le second supermarché, le même niveau de flexibilité (capacité de répondre aux aléas) est atteint, mais selon des modalités point par point opposées aux précédentes, argumentées par le directeur du magasin selon un autre raisonnement impeccable : « Je veux un personnel stable, impliqué dans son travail, et cela passe par des emplois à temps plein sauf lorsqu'un salarié à temps plein préfère vraiment le temps partiel. » Le nombre d'emplois à temps partiel n'est que de 11 % dans ce magasin, il ne s'agit que de temps partiel choisi et « long » (contrats de 30 heures par semaine), les derniers recrutements se sont faits à temps plein, et il y a très peu d'heures complémentaires effectuées. Même aux caisses il n'y a que trois personnes sur dix-neuf à temps partiel. Le recours aux CDD est très faible et on ne fait jamais appel à l'intérim. Pour fidéliser le personnel, la direction a mis en place un système de rémunération, de promotions et de primes plus favorables que les dispositions de la convention collective nationale. S'y ajoute un intéressement aux résultats (qui sont bons), représentant actuellement 2 mois de salaire par personne ! Les horaires sont négociés en tenant largement compte des contraintes familiales. Les heures supplémentaires, d'un volume peu élevé, sont récupérées dans les semaines suivantes, la direction n'étant pas favorable à leur paiement pour éviter que l'encadrement ne prenne l'habitude de fonctionner avec trop d'heures. Point essentiel : une polyvalence ou mobilité entre rayons, et entre caisses et rayons, est prévue pour gérer autrement les contraintes extérieures de flexibilité. Les entretiens effectués auprès des salariés montrent un degré élevé de satisfaction et d'ailleurs la rotation annuelle du personnel est incroyablement basse (2 %). Le magasin utilise l'intégralité des fonds que la loi lui impose de réserver à la formation continue. Le propriétaire réunit régulièrement un comité d'entreprise. Depuis son ouverture en 1983, le magasin n'a connu aucun conflit social et la majorité des personnes recrutées à cette époque font encore partie du personnel. Les experts internationaux de la flexibilité du marché du travail vont bien entendu objecter : cette flexibilité qualitative est intéressante, mais à quel coût ? Un tel mode de gestion du personnel convient sans doute au personnel mais s'il doit affaiblir la compétitivité de l'établissement, n'est-il pas nuisible à long terme ? La question est judicieuse. Depuis plusieurs années le second magasin, tout comme les deux autres de la même région qui ont adopté ces principes de gestion non tayloriens, a un « ratio de frais de personnel » de 5,75 % (part de ces frais dans le chiffre d'affaires) inférieur à la moyenne de la chaîne d'hypermarchés dont il fait partie (6,5 %). À l'inverse, le premier supermarché, celui de l'hyperflexibilité taylorienne à courte vue, a un ratio de frais de personnel supérieur à la moyenne (8,5 %) et son chiffre d'affaires décline lentement d'une année sur l'autre. Le second voit au contraire ses ventes progresser et réalise une meilleure marge brute (15,21 % contre 14 %). ■

Christophe Baret, Jean Gadrey, Camel Gallouj, op. cit.

Document 10

Compétitivité-prix et hors-prix doivent se compléter : les entreprises de pointe présentes sur le marché mondial sont soumises à la fois à des pressions très fortes sur les coûts et à des exigences de qualité et d'innovation. Aussi elles pratiquent à la fois la flexibilité externe – recrutement presque seulement sous CDD ou intérim, plans sociaux à répétition pour adapter à court terme la masse salariale à l'activité – et la flexibilité interne – polyvalence, équipes autonomes, formation... Les entreprises les plus innovantes sont aussi celles qui utilisent le plus d'intérimaires. La part des emplois précaires ne cesse d'augmenter. Certes, les CDD et intérimaires ne représentent encore que 12 % des salariés en 2001, et la progression a été rapide, du fait que la plupart des embauches sont précaires. Et surtout, le CDI n'est plus une garantie d'emploi durable ; le licenciement individuel n'est pratiquement soumis à aucune restriction (si ce n'est l'obligation de payer les indemnités légales). La succession des plans sociaux dans la plupart des grandes entreprises est un puissant outil de flexibilisation des salariés restants. Les groupes français aux politiques sociales les plus avancées – Péchiney, Danone ou Renault – se sont convertis sans états d'âme aux nouveaux principes de gestion flexible des ressources humaines. ■

Thomas Coutrot, Critique de l'organisation du travail, *La Découverte, « Repères », 2002, p. 53-54.*

Dossier 3

Flexibilité et chômage

Questions sur l'ensemble du dossier

1. Pourquoi l'absence de flexibilité peut-elle être un facteur de chômage ? [*doc. 1, 2 et 3*]
2. Quel est l'intérêt de l'indice de la législation pour la protection de l'emploi (LPE) de l'OCDE ? [*doc. 4 et 5*]
3. Le graphique fait-il apparaître un lien entre la rigueur de la réglementation et le taux de chômage ? [*doc. 7*] Que peut-on en conclure ?
4. Comment le document 6 permet-il de compléter les conclusions précédentes ?

Document 1

Les entreprises et les salariés américains semblent avoir davantage bénéficié des avancées récentes dans la technologie de l'information que leurs homologues en Europe ou au Japon. [...] Les marchés du travail de ces économies, relativement peu flexibles, et donc plus coûteux, semblent constituer une part significative de l'explication. [...] Parce que nos coûts de licenciement sont plus faibles, les coûts potentiels de l'embauche et les risques associés avec l'augmentation de l'emploi sont moindres. Le résultat [...] a été [...] un déclin spectaculaire du taux de chômage américain dans les années récentes. ■

Alan Greenspan, président de la Réserve fédérale américaine, 11 juillet 2000, cité par Ioana Marinescu, Les éconoclastes, Petit bréviaire des idées reçues en économie, *La Découverte, « Cahiers libres », 2003.*

Document 2

Une réglementation excessive du marché du travail pourrait entraver la nécessaire restructuration économique de certains secteurs, et nous menace d'un retour aux marchés du travail européens sclérosés, qui ont fait l'expérience du chômage de masse à la fin des années 1980 et au début des années 1990. [...] Des marchés du travail modernes, flexibles, nécessitent une nouvelle approche de la réglementation de l'emploi par le droit du travail (*i.e.* moins de règles impératives, une réglementation plus souple reposant sur l'étude des meilleurs pratiques) [...]. ■

Silvio Berlusconi et Tony Blair, « Towards Barcelona : labour market reform ». Déclaration commune en vue du Conseil européen de Barcelone, 15 février 2002, cité par Ioana Marinescu, ibid.

Document 3

Protection de l'emploi ?

[...] la flexibilité du marché du travail est un concept flou. On peut ainsi en distinguer quatre formes : la flexibilité horaire, la flexibilité des salaires, la flexibilité des contrats de travail et, enfin, la flexibilité fonctionnelle qui suppose qu'un seul salarié puisse accomplir plusieurs tâches différentes. Ici, nous nous intéressons essentiellement à la flexibilité des contrats de travail, à savoir la possibilité pour l'entreprise de se séparer de son salarié à peu de frais. La protection de l'emploi, qui va à l'encontre de ce type de flexibilité en augmentant les coûts de la séparation est couramment accusée d'être cause de chômage : les coûts de licenciement, censés protéger du chômage, contribueraient en fait à l'accroître, parce qu'ils décourageraient les entreprises d'embaucher. Il faudrait donc que les pays européens suivent le modèle américain et renoncent à la réglementation « rigide » de la rupture du contrat de travail. C'est pourquoi la

Commission européenne recommande aux États membres d'envisager l'introduction dans leur droit du travail de contrats « adaptables », du type contrat à durée déterminée. ■

Ioana Marinescu, ibid.

Document 5

Le calcul de l'indice de la législation pour la protection de l'emploi de l'OCDE, version 1999

Cet indice est calculé comme une moyenne pondérée de trois sous-indices concernant les contrats de travail réguliers, les contrats de travail temporaires et les licenciements collectifs. Plus l'indice est élevé, plus la protection de l'emploi est dite « stricte ». Les éléments pris en compte sont les suivants :
– pour les contrats de travail réguliers : les inconvénients de la procédure de licenciement, la durée du préavis de licenciement et le montant des indemnités de licenciement pour des licenciements sans faute, la difficulté du licenciement (définition plus ou moins stricte du licenciement injuste, possibilité de réintégration, etc.) ;
– pour les contrats de travail temporaires : la réglementation des contrats à durée déterminée (nombre maximum de contrats successifs possibles, etc.), la réglementation des agences d'intérim ;
– pour les licenciements collectifs : la définition des licenciements collectifs, les préavis de licenciement supplémentaires par rapport aux cas de licenciements individuels, les délais supplémentaires, les autres coûts spécifiques pour les employeurs. ■

Ioana Marinescu, op. cit.

Document 4

Rigueur de la réglementation de l'emploi à la fin des années 1990

	Rigueur globale de la réglementation	Licenciements emplois réguliers	Emplois temporaires	Licenciements collectifs
Portugal	3,7	4,3	3,0	3,6
Grèce	3,5	2,4	4,8	3,3
Italie	3,4	2,8	3,8	4,1
Espagne	3,1	2,6	3,5	3,1
France	2,8	2,3	3,6	2,1
Allemagne	2,6	2,8	2,3	3,1
Norvège	2,6	2,4	2,8	2,8
Suède	2,6	2,8	1,6	4,5
Belgique	2,5	1,5	2,8	4,1
Autriche	2,3	2,6	1,8	3,3
Japon	2,3	2,7	2,1	1,5
Pays-Bas	2,2	3,1	1,2	2,8
Finlande	2,1	2,1	1,9	2,4
DanemarK	1,5	1,6	0,9	3,1
Irlande	1,1	1,6	0,3	2,1
Royaume-Uni	0,9	0,8	0,3	2,9
États-Unis	0,7	0,2	0,3	2,9

La rigueur de la réglementation est cotée sur une échelle allant de 0 à 6.
Source : OCDE, Perspectives de l'emploi, *1999*, in *IRES,* Les Marchés du travail en Europe, *La Découverte, « Repères », 2000.*

Document 6

La rigueur de la réglementation a peu ou pas d'influence sur le niveau du chômage. En revanche, la réglementation de l'emploi influe sur l'évolution du chômage. Une réglementation plus stricte va de pair avec une moindre rotation de la main-d'œuvre et des emplois. La faiblesse des flux d'entrée et de sortie de l'emploi alors tend à accroître la durée de chômage, et donc à stabiliser le nombre de chômeurs. Enfin plus le degré de protection de l'emploi est fort et plus la proportion de chômeurs de longue durée est élevée. Cinq pays font toutefois exception, associant faible rotation de la main-d'œuvre et faible proportion de chômeurs de longue durée : Suisse, Finlande, Suède, Autriche, Norvège, Japon. Ces pays ont la particularité de connaître un faible niveau de chômage, ou une montée récente du chômage. Seule l'Irlande connaît un chômage de longue durée important, en dépit d'une faible protection de l'emploi et d'une rotation moyenne de la main-d'œuvre. ■

IRES, Les Marchés du travail en Europe, op. cit.

Document 7

LPE et taux de chômage dans les années 1990

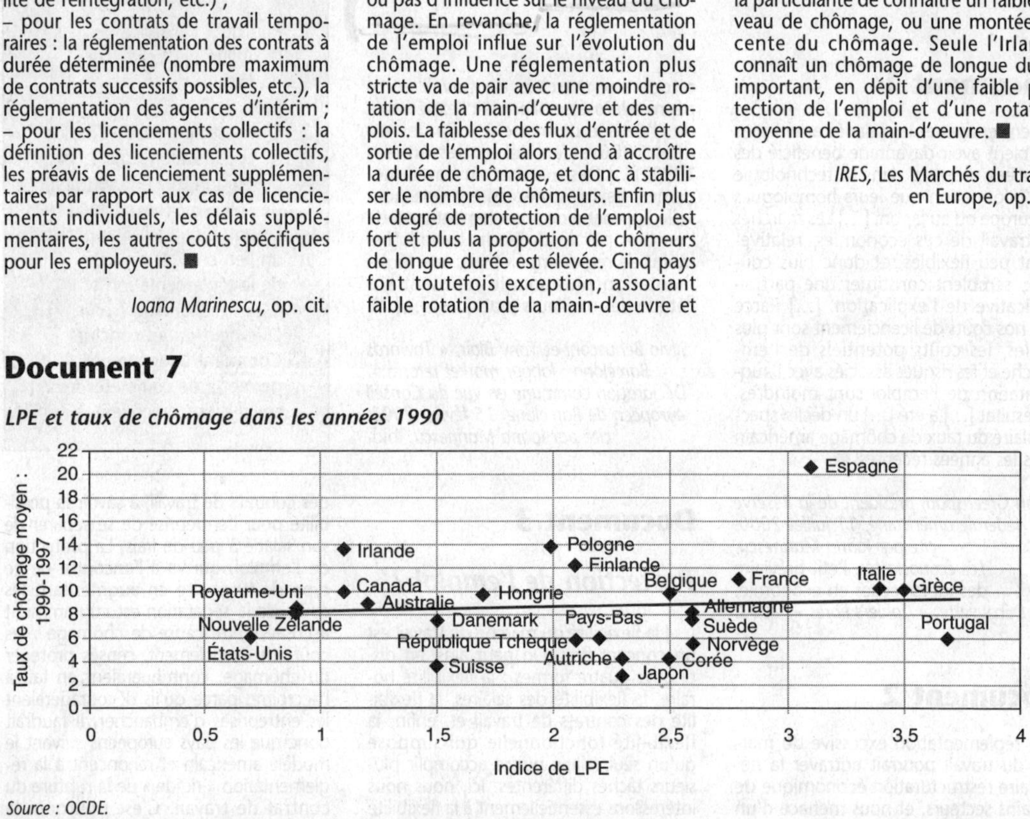

Source : OCDE.

Dossier 4

Les 35 heures

Document 1

Les lois de réduction de la durée du travail

La loi du 11 juin 1996 (loi « Robien »), institue un système d'aide aux entreprises qui réduisent leur temps de travail pour favoriser l'emploi. Il est abrogé par la loi du 13 juin 1998 (loi « Aubry »), qui fixe la durée légale du travail à 35 heures hebdomadaire au 1er janvier 2000 pour les entreprises de plus de vingt salariés, au 1er janvier 2002 pour les autres. La loi « Aubry I » institue un autre dispositif d'aide incitant les entreprises à négocier une RTT avant la baisse de la durée légale. Ces aides sont conditionnées par la signature d'une convention avec l'État, faisant suite à celle d'un accord entre partenaires sociaux.

Le dispositif « Robien » (resp. « Aubry I ») comprend un volet « offensif » dans lequel un allégement des cotisations sociales est subordonné à une augmentation des effectifs d'au moins 10 % (resp. de 6 %) en cas d'une RTT de 10 % ; de 15 % (resp. de 9 %) en cas d'une RTT de 15 % ou plus. Le niveau d'emploi doit être maintenu pendant au moins deux ans. Ce volet a concerné 62 % des salariés dans le dispositif « Robien » et 93 % dans le dispositif « Aubry I ». Chaque dispositif comprend un volet « défensif », dans lequel un allégement bénéficie aux unités qui réduisent la durée du travail afin d'éviter les licenciements. Dans le dispositif « Robien », l'unité qui réalise une RTT de 10 % (resp. 15 %) bénéficie d'allégements de cotisations sociales patronales de 40 % (50 %) la première année, et de 30 % (40 %) les six années suivantes. Dans le dispositif « Aubry I », les aides sont fonction de la date de signature de l'accord : jusqu'en juin 1999, une RTT d'au moins 10 % permet un allégement pendant cinq ans des cotisations sociales de 9 000 francs par salarié la première année, le montant diminuant de 1 000 francs par an. De juillet à décembre 1999, les allégements commencent à 7 000 francs. Pour les entreprises d'au moins vingt salariés, ils commencent à 7 000 francs en 2000, et à 6 000 en 2001. Dans tous les cas ils sont majorés si la RTT atteint 15 %, si les embauches concernent des publics prioritaires (jeunes, handicapés, chômeurs de longue durée), sont en CDI, ou s'il s'agit d'entreprises de main-d'œuvre.

La loi « Aubry II » du 19 janvier 2000 confirme l'abaissement de la durée légale à 35 heures en 2000 pour les entreprises de plus de vingt salariés (en 2002 pour les autres) et organise le nouveau régime de la durée du travail, elle définit notamment la manière de calculer la durée effective, le nouveau régime des heures supplémentaires, et elle introduit une garantie mensuelle de rémunération pour les salariés payés au SMIC. Surtout, elle prévoit un allégement annuel unique de cotisations sociales, dégressif de 21 500 francs par salarié au niveau du SMIC à 4 000 francs à partir de 1,8 SMIC. Cet allégement, revalorisé tous les ans, est octroyé aux entreprises couvertes par un accord sur une durée collective au plus égale à 35 heures (majoré en deçà de 32 heures), sans conditions sur l'ampleur de sa baisse. Après le 1er février 2000, l'accord doit être majoritaire et prévoir le nombre d'emplois créés ou préservés du fait de la RTT. L'allégement se substitue à la ristourne dégressive sur les salaires inférieurs à 1,3 SMIC ; il est en partie cumulable avec les aides des dispositifs incitatifs. ■

Alain Gubian, Vladimir Passeron,
« 35 heures : quels effets sur l'emploi ! »,
Cahiers français *n° 304,*
La Documentation française,
septembre-octobre 2001.

Document 2

La loi Fillon

[Avec la loi de 2002], le dispositif d'allégement des cotisations sociales, qui avait été conçu pour inciter les entreprises à réduire leur temps de travail, n'est plus conditionnel au passage aux 35 heures. Il est donc étendu à l'ensemble des entreprises. De plus, le régime des heures supplémentaires est modifié et leur coût est réduit.

Malgré des effets positifs liés à l'abaissement du coût du travail ou de substitution non qualifiés-qualifiés, l'assouplissement des 35 heures, en conduisant à une hausse de la durée du travail, pourrait avoir des effets légèrement négatifs sur l'emploi. ■

OFCE, L'Économie française 2003,
La Découverte, « Repères », 2003.

Document 3

Les députés s'en sont-ils aperçus ? La loi Aubry visait à moins (de croissance du pouvoir d'achat individuel) pour aboutir à plus (d'emplois). La loi Fillon inverse les choses : plus (de pouvoir d'achat individuel) aboutira inévitablement à moins (d'emplois). Les 35 heures étaient une mesure économique présentée à l'opinion comme une loi sociale.

Désormais, les entreprises pourront revenir (ou rester) aux 39 heures, à condition de payer des heures supplémentaires. Les 35 heures devaient aboutir à une réduction du temps de travail : la loi Fillon les transforme en source d'augmentation des salaires. Les plus gagnants seront les salariés au SMIC n'ayant pas quitté l'ancien horaire (ou y revenant) : d'ici 2005 au plus tard, ils ajouteront à leur salaire mensuel (inchangé en pouvoir d'achat du fait de l'augmentation prévue de 11,4 % du taux horaire) 4 heures sup. Pour l'ins-

Questions sur l'ensemble du dossier

1. a. Quelles sont les décisions prises pour la mise en place de la réduction du temps de travail ? [*doc. 1*]
   b. Pourquoi peut-on résumer ce document par la formule « De l'incitation à la loi » ? [*doc. 1*]
2. Quelle est la difficulté à mesurer la création d'emplois liée à la RTT ? [*doc. 2, 3, 4, 5 et 6*]
3. Quel est l'effet global de la RTT sur la création d'emploi, sur le chômage ? [*doc. 2, 3, 4, 5 et 6*]
4. Calculez la part de création d'emplois liée à la RTT en 1998, en 1999, en 2000, sur l'ensemble de la période [*doc. 2, 3, 4, 5 et 6*]
5. En quoi la loi Fillon freinerait-elle cette création d'emplois ? [*doc. 2 et 3*]
6. a. Que signifient les chiffres entourés ? [*doc. 7*]
   b. À partir de cette première enquête, quel bilan peut-on tirer de l'effet de la RTT sur les conditions de travail ? [*doc. 8*]
7. Pourquoi la RTT s'est-elle traduite par une modération salariale ? [*doc. 3 et 9*]
8. Dans quelle mesure la RTT permet-elle de mieux concilier les différents temps sociaux ? [*doc. 10, 11 et 12*]

tant, la récession en cours réduit la probabilité de ces heures supplémentaires. Mais les entreprises les utiliseront dès que le marché le nécessitera, plutôt que d'embaucher : c'est plus souple pour elles, les salariés sont en général demandeurs et n'y a pas à s'embêter à modifier l'organisation du travail. En maintenant la durée légale à 35 heures tout en autorisant les entreprises à faire travailler davantage leurs salariés, les pouvoirs publics cachent un objectif social (augmenter à terme les salaires individuels) derrière un raisonnement économique (redonner aux entreprises la liberté de leurs horaires). ■

Denis Clerc, « L'intérêt individuel : la feuille de paie contre l'emploi », Alternatives économiques *n° 208, novembre 2002.*

Document 4

Les effets de la RTT sur le volume d'emploi

Les entreprises qui ont réduit la durée du travail dans le cadre des dispositifs incitatifs (« Robien » ou « Aubry I ») devaient s'engager sur l'emploi. Dans le cadre du dispositif « Robien », elles s'engageaient à créer ou maintenir l'équivalent de 10 % des effectifs concernés par la réduction du temps de travail ; pour le dispositif « Aubry I », ce seuil à été abaissé à 6 %. Dans les accords signés dans le cadre des volets « offensifs », très largement majoritaires, les entreprises se sont en fait engagées sur des taux moyens supérieurs : presque 12 % pour le dispositif « Robien » et 8 % pour le dispositif « Aubry I ». Cependant, il ne s'agit que d'engagements et une partie de ces emplois auraient de toute façon été créés. Pour mesurer l'effet net de la réduction du temps de travail sur l'emploi, il faut donc soustraire au nombre d'emplois que ces entreprises ont créés les emplois qu'elles auraient créés en l'absence de réduction du temps de travail. Ces derniers peuvent être estimés en étudiant l'évolution de l'emploi dans les entreprises restées à 39 heures, à taille et secteur d'activités comparables. Cette comparaison est toutefois rendue plus difficile au fur et à mesure de la diffusion des 35 heures car les entreprises restées à 39 heures sont de moins en moins nombreuses et peuvent être trop particulières pour servir de référence.

Les accords des entreprises qui n'ont pas demandé à bénéficier des aides incitatives contiennent des engagements sur l'emploi sensiblement inférieurs à ceux des entreprises « aidées » ; 4,5 % des effectifs pour celles qui n'ont pas anticipé la baisse de la durée légale du travail, 3,8 % pour celles qui ont signé un accord en 2000.

Dans ces entreprises qui réduisent leur durée du travail sans contrainte sur l'amplitude de sa diminution, la baisse du temps de travail est plus limitée.

Au total, le passage à 35 heures aurait induit la création directe d'environ 300 000 emplois nets dans le secteur concurrentiel non agricole sur cinq ans, soit 18 % des emplois créés de 1997 à 2001. ■

Stéphane Jugnot, « Combien d'emplois créés par la RTT ? », Données Sociales 2002-2003, *INSEE.*

Document 5

Décomposition des créations de l'emploi salarié (glissements annuels, en milliers)

	1997	1998	1999	2000	Ensemble
Emploi salarié des secteurs concurrentiels non agricoles	201	281	386	505	1 372
Dont Effet emploi					
- Des emplois aidés	*7*	*– 1*	*0*	*0*	*6*
- Des exonérations générales de cotisations sociales	*44*	*34*	*27*	*19*	*125*
- Des RTT collectives	*6*	*13*	*50*	*149*	*219*
Évolution spontanée (liée notamment à la croissance de l'activité)	143	235	308	337	1 023
Effet emploi total des RTT collectives[a]	7	14	56	165	243

a. C'est-à-dire y compris champ hors secteurs concurrentiels non agricoles.
Au total, fin 2000, 240 000 emplois résulteraient de la RTT et, tenant compte d'effets d'appel des créations d'emplois sur la population inactive, la diminution du nombre de chômeurs serait d'environ 200 000 et celle du taux de chômage de 3/4 point.
Source : DARES, in Cahiers français *n° 304, op. cit.*

Document 6

Les effets de la réduction du temps de travail sur l'emploi salarié concurrentiel[a]

a. L'emploi salarié concurrentiel regroupe les secteurs EB à EP de la NES16 (ce qui exclut notamment les administrations).
Lire ainsi : près de 550 000 emplois ont été créés en 2000, dont plus de 150 000 sont imputables à la réduction du temps de travail.
Source : DARES, in Stéphane Jugnot, ibid.

Document 7

Transformations des conditions de travail (en %)	Pourcentage de salariés concernés	Évolution des conditions de travail		
		Amélioration	Sans changement	Dégradation
Ensemble	100	26,4	45,6	28,0
Polyvalence et intensification du travail tendent plutôt à dégrader les conditions de travail...				
Exigence et polyvalence accrue	48,4	27,1	37,4	35,5
A moins de temps pour les mêmes tâches	41,9	20,7	34,9	44,4
Plus stressé dans son travail	31,7	11,8	24,5	63,7
Nouvelles tâches en plus	22,5	20,9	32,2	46,9
Travail moins soigné	10,1	10,5	21,6	67,9
... mais elles peuvent aussi être vécues positivement pour certains salariés				
S'organise mieux dans son travail	25,6	42,4	35,0	22,6
A plus d'autonomie dans sons travail	15,8	39,8	33,2	27,0
Le bilan est positif lorsque la RTT est associée à un accroissement des effectifs				
Effectifs en hausse dans l'unité de travail	50,4	33,0	43,4	23,6

Lecture : au total, 48,4 % des salariés déclarent devoir faire preuve de plus de polyvalence dans leur travail. Parmi eux, 27,1 % constatent une amélioration et 35,5 % une dégradation de leurs conditions de travail. Source : Marc-Antoine Estrade, Dominique Méda, Renand Orain, « Les effets de la RTT sur les modes de vie », Premières synthèses, *DARES, mai 2001.*

Document 8

L'effet des 35 heures sur les conditions de travail

Pour 46 % des salariés interrogés, la réduction du temps de travail n'a pas globalement modifié les conditions de travail ; un quart des salariés déclarent avoir connu plutôt une amélioration dans ce domaine et un quart plutôt une dégradation.

Évolution des conditions de travail selon le sexe et la catégorie socioprofessionnelle (en %)

Sexe	Catégorie socio-professionnelle	Amélioration	Sans changement	Dégradation
Hommes	Cadre	29,2	42,9	27,9
	Intermédiaire	30,9	40,0	29,1
	Qualifiée	24,3	47,3	28,4
	Non qualifiée	24,2	48,5	27,4
	Ensemble	27,0	44,8	28,3
Femmes	Cadre	42,4	39,3	18,4
	Intermédiaire	21,3	50,9	27,8
	Qualifiée	25,2	49,2	25,5
	Non qualifiée	20,9	43,7	35,4
	Ensemble	25,1	47,7	27,2
Ensemble		**26,4**	**45,6**	**28,0**

Lire ainsi : 29,2 % des cadres de sexe masculin ont constaté une amélioration de leurs conditions de travail depuis la mise en œuvre de la RTT.
Source : DARES, enquête « RTT et Modes de vie », in Dominique Méda, Renand Orain, « Les effets de la réduction du temps de travail sur les modes de vie : premières évaluations », Données sociales 2002-2003, *INSEE.*

Document 9

Une amélioration salariale de l'ordre de 1 % dans les dispositifs incitatifs

Selon les accords de RTT ayant donné lieu à convention les salaires ont été le plus souvent maintenus (compensation salariale totale *ex ante*) mais des engagements de forte modération salariale (moindres augmentations ou gels) ont été pris. Une analyse *ex post* s'appuyant sur l'enquête ACEMO et la même méthode que celle retenue pour les évaluations des effets sur l'emploi fait ressortir une moindre progression moyenne des salaires de base d'au moins un point sur quatre ans pour les accords « Robien offensifs ». La moindre hausse des salaires de base dans les établissements « Aubry I » est estimée à environ 0,8 point au 4e trimestre 2000, sur deux ans, mais la période d'application de la modération salariale prévue dans ces accords n'étant pas terminée, l'effet final devrait être supérieur. En outre la modération a pu également concerner les primes. Enfin la diminution des heures supplémentaires qui donnaient lieu à majorations freine l'évolution du coût salarial horaire.
Concernant les entreprises ayant anticipé la loi « Aubry II », la même analyse fait ressortir une progression moindre des salaires de l'ordre de 0,5 point à la fin 2000, mais la phase de modération salariale n'est probablement pas terminée. Enfin, le recul manque concernant les évolutions salariales des entreprises ayant réduit leur durée de travail à partir de 2000. ■

Cahiers français *n° 304,* op. cit.

Document 10

Près de trois salariés sur quatre déclarent pratiquer le plus souvent au moins une des trois activités suivantes : se reposer, avoir des activités avec ses enfants et partir en week-end. Le repos est l'activité la plus fréquemment citée par les salariés, puis les activités avec les enfants et le fait de partir plus souvent en week-end. Viennent ensuite les activités pour soi (sport, s'occuper de soi), des activités tournées vers la maison (bricolage, jardinage) et des activités de sociabilité (discuter et voir des amis). En revanche, les activités artistiques ou associatives sont peu pratiquées et ne se sont pas développées avec la RTT.
Le temps dégagé par la RTT n'a pas modifié l'aspect très fortement sexué des activités domestiques puisque 93 % des femmes déclarent continuer à prendre en charge la plus grande partie de la les-

sive, 86 % la plus grande part du repassage, 75 % la plus grande part de la préparation des repas, du ménage et du rangement de la maison, et 73 % la plus grande part des courses alimentaires. Les hommes sont pourtant plus nombreux à déclarer « en faire plus » (44 % contre 37), notamment les cadres, alors que les femmes déclarent plus souvent que les hommes que la RTT les a amenées à « modifier le moment où elles accomplissaient certaines de ces activités » (51 % contre 41 %). ■

Dominique Méda, Renand Orain, op. cit.

Document 11

Temps de travail plus court, temps de loisirs plus long ?

On est donc loin d'une opération de « vases communicants » où le temps dédié au travail se transformait automatiquement en temps libre consacré à des activités épanouissantes et conviviales. Les liens entre le travail et hors-travail méritent un examen plus approfondi. L'important est de commencer à poser la question du « partage des charges entre famille, marché et État » pour que la réduction du temps de travail s'élargisse à une politique d'ensemble visant à restructurer les temps sociaux dans une perspective d'égalité entre les sexes et les générations. Dans les pays scandinaves, ce sont ces finalités qui ont guidé les efforts de réduction du temps de travail ; en France elles restent tenues en lisière du débat. Pour qu'elles suscitent plus d'intérêt, des prises de paroles sont indispensables. À cet égard, les femmes, premières exposées aux problèmes de compatibilité entre temps de travail et autres temps, sont les mieux placées pour énoncer des revendications portant sur une pluriactivité ou un multiancrage qui puissent être pleinement assumés.

L'augmentation du temps disponible n'est pas le gage d'un mieux-vivre ensemble. Et il devient de la responsabilité publique de diversifier la gamme des choix disponibles hors de l'entreprise. Sinon les différences de revenus et de ressources culturelles risquent de faire du temps libre un temps qui soit encore plus vecteur d'inégalités que le temps de travail.

Cette société de plein-emploi et de pluriactivité est à inventer. Elle passe par une réduction collective et négociée du temps de travail et une légitimation du travail non marchand, relayée par une politique des temps de la vie qui incluse des mesures pour la réduction des inégalités entre les sexes dans les tâches domestiques, l'augmentation de l'offre de services pour la vie quotidienne (garde d'enfants, aide à domicile, activités culturelles et sportives...), un aménagement du temps et de l'espace qui favorise les loisirs peu coûteux, une meilleure communication sur les possibilités offertes par le tissu associatif, un soutien à l'engagement dans l'espace public... Une réflexion collective sur de telles questions est urgente et les prophéties sur l'avenir du travail, aussi talentueux soient-elles, ne sauraient la remplacer. ■

Jean-Louis Laville,
« Travail, la nouvelle question politique »,
Revue du M.A.U.S.S. *n° 18,*
La Découverte/M.A.U.S.S., 2001.

Document 12

Évolution de la vie quotidienne, au travail et en dehors du travail, selon le sexe et la catégorie socioprofessionnelle (en %)

	Catégorie socio-professionnelle	Amélioration	Sans changement	Dégradation
Hommes	Cadre	64,9	28,4	6,7
	Intermédiaire	57,1	29,3	13,4
	Qualifiée	56,5	29,2	14,3
	Non qualifié	57,2	27,4	15,4
	Ensemble	58,4	28,9	12,7
Femmes	Cadre	72,5	19,5	8,0
	Intermédiaire	73,3	19,3	7,4
	Qualifiée	60,4	25,6	14,0
	Non qualifiée	40,2	39,5	20,4
	Ensemble	61,0	26,0	13,0
Ensemble		**59,2**	**28,0**	**12,8**

Lire ainsi : 64,9 % des cadres de sexe masculin ont constaté une amélioration de leur vie quotidienne depuis la mise en œuvre de la RTT.
Source : DARES, enquête « RTT et Modes de vie », in Dominique Méda, Renand Orain, op. cit.

Dossier 5 • Fiche TD

Coût du travail, salaire et emploi

Document 1

Dans quelle mesure le coût du travail affecte-t-il l'emploi ?

Avant d'aborder les mécanismes économiques, il convient de distinguer les coûts directs du travail de l'ensemble des coûts liés à l'utilisation du facteur travail. Les premiers constituent le coût salarial, qui désigne la somme du salaire net et des cotisations sociales à la charge des salariés et des employeurs (la différence entre l'ensemble des charges sociales – salariés et employeurs – et le salaire net perçu hors impôt par le travailleur constituant le coin fiscal). Les seconds intègrent les coûts d'ajustement de la main-d'œuvre, et notamment les coûts d'embauche et de licenciement. L'étude plus spécifique de ces derniers impliquerait l'analyse de l'ensemble des répercussions de la flexibilité du marché du travail sur l'emploi, ce qui dépasse notre sujet.

Il convient de distinguer les problèmes posés par le *niveau global des salaires* de ceux posés par la *structure des salaires relatifs* selon les niveaux de qualification. Quatre relations retracent les répercussions négatives d'une hausse du salaire moyen sur l'emploi :

– l'effet de substitution qui peut jouer au niveau *micro*, par le biais d'une modification de la combinaison productive, ou au niveau *macroéconomique*, par le biais des répercussions sur la demande des ménages d'une modification des prix relatifs des différents biens et services, selon leur intensité relative en travail et capital (relation 1) ; cette

relation détermine la richesse en emplois de la croissance;
– l'effet profit : une augmentation des salaires peut faire diminuer les profits, et par là l'investissement, la production et l'emploi (relation 2);
– le salaire se répercute sur les prix, et symétriquement (boucle prix-salaire, relation 3); deux effets prix négatifs peuvent en résulter :
• l'effet d'encaisses réelles : quand les prix augmentent, les ménages sont amenés à augmenter leur épargne (et donc à réduire leur consommation) pour maintenir la valeur réelle de leur patrimoine liquide (relation 4),
• l'effet de compétitivité, qui joue négativement sur la demande de produits nationaux (relation 5).
Deux effets joue dans le sens inverse :
– l'effet productivité : au niveau microéconomique, des salaires plus élevés peuvent avoir des répercussions positives sur la productivité du travail – salariés de meilleure qualité, plus motivés, plus stables etc., comme le souligne la théorie du salaire d'efficience – (relation 6); cette hausse peut avoir elle-même des effets positifs sur la compétitivité, via une modération des prix;
– l'effet débouché : au niveau macroéconomique, une hausse de salaire peut se répercuter positivement sur la consommation et donc la production et l'emploi (relation 7);
enfin un dernier effet joue comme force de rappel :
– l'effet Phillips : une baisse du chômage peut entraîner, selon la nature de ce dernier, une hausse des salaires (relation 8). ■

Jérôme Gautié, in Nouveau manuel, *1999, p. 352-353. Jérôme Gautié est l'auteur de* Coût du travail et emploi, *La Découverte, « Repères », nouvelle éd., 2003.*

Document 2

Les termes du débat, inlassablement ressassés, ont été posés dès les années vingt et trente, autour de la «grande crise». d'un côté, pour les économistes néoclassiques tels que Pigou, Robbins et Rueff, le chômage découlait avant tout d'un niveau excessif du salaire réel. De l'autre, Keynes insistait sur le fait que, le salaire étant aussi un revenu, sa baisse pourrait entraîner une diminution de la demande adressée aux entreprises, et par là avoir un effet négatif sur l'emploi. À la fin des années 1970, la théorie du déséquilibre semble dépasser le clivage entre les deux camps non pas en les renvoyant dos à dos, mais en recontextualisant la pertinence de leurs thèses respectives : selon les configurations de prix et de salaires, le chômage peut être de nature «classique» (si les entreprises sont plutôt soumises à une contrainte de rentabilité) ou au contraire de nature «keynésienne» (si c'est la contrainte de débouchés qui domine). Pourtant le débat n'est pas clos. Le nouveau contexte «économique (et notamment la globalisation) et de nouveaux développements théoriques (les «nouvelles théories» du marché du travail) lui redonnent toute son actualité. ■

Jérôme Gautié, op. cit.

Questions sur l'ensemble du dossier

De quoi parle-t-on?

1. Définissez les termes suivants : coûts directs du travail et coût d'ajustement. [*doc. 1*]

La relation salaire-emploi, approche théorique

2. Tracez sur le schéma [*doc. 3*] les huit relations présentées dans le texte [*doc. 1*] en prenant à chaque fois une couleur différente. Pour chaque relation, portez sur les flèches un signe + si les grandeurs reliées varient dans le même sens (elles augmentent toutes les deux ou elles baissent toutes les deux); portez un signe – si elles varient en sens inverse (l'une baisse quand l'autre augmente).
3. Donnez un titre au schéma ainsi complété.
4. Expliquez ce qu'est un chômage de nature «classique» et un chômage de nature «keynésienne» [*doc. 2*].
5. Montrez en quelques phrases pourquoi la question des salaires est source de polémique en matière de luttre contre le chômage [*doc. 2 et 3*].

La relation salaire-emploi en France [*doc. 4, 5 et 6*]

6. Pourquoi le taux de marge (part des profits) des entreprises a-t-il baissé après le premier choc pétrolier?
7. De quelle nature était le chômage à cette période?
8. Pourquoi le taux de marge se redresse-t-il à partir des années 1980?
9. Cela entraîne-t-il une diminution du chômage?
10. Selon vous, le chômage est-il toujours de nature «classique» après les années 1980?

Document 3

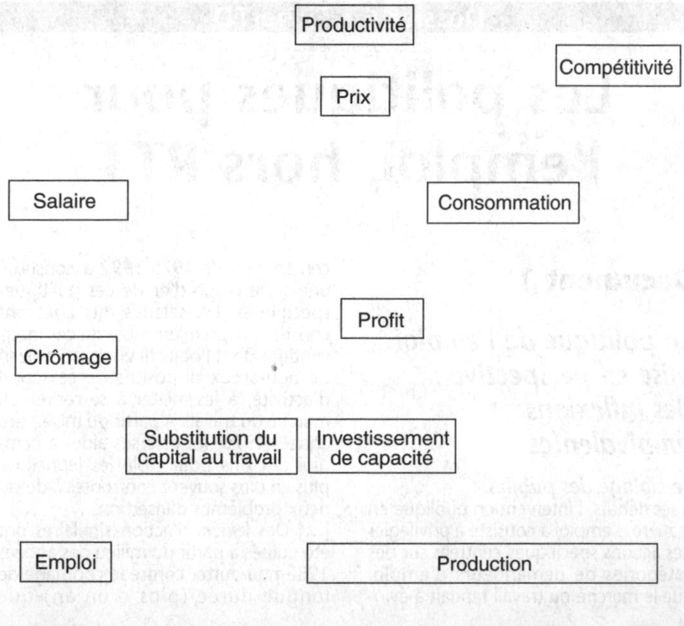

Document 4

Une condition nécessaire pour obtenir une croissance stable est de trouver un juste équilibre entre rentabilité et débouchés sur fond de contrainte de compétitivité. À la suite du premier choc pétrolier, les salaires ont progressé plus vite que la productivité dans la plupart des pays européens. La baisse du taux de marge (qui rapporte l'excédent brut des entreprises à leur valeur ajoutée) et la spirale inflationniste qui en ont résulté ont contribué à l'augmentation du chômage en Europe
Depuis le début des années quatre-vingt cependant, une forte modération salariale a contribué à rétablir la part des profits et à améliorer la compétitivité sans que le chômage diminue nettement dans des pays comme la France, l'Allemagne ou l'Italie. L'évolution des coûts salariaux n'est pas la cause première du chômage. Les politiques économiques relativement restrictives mises en œuvre (notamment depuis le début des années 1990) ont eu un effet négatif durable, du fait de la lenteur des ajustement. ■

Jérôme Gautié, ibid.

Document 5

Emploi, chômage et population active

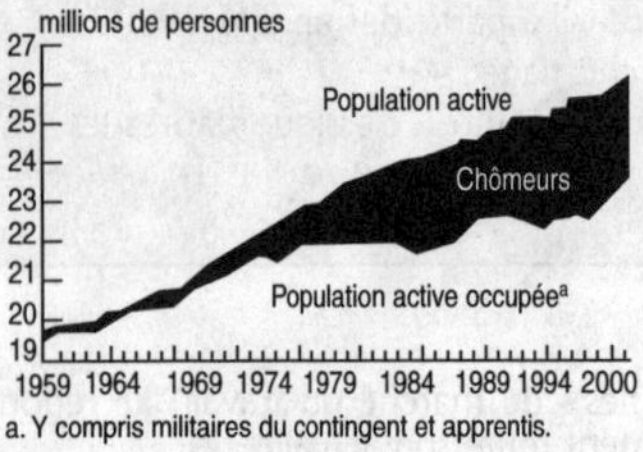

a. Y compris militaires du contingent et apprentis.

Source : INSEE, Tableaux de l'économie française 2001-2002, *p. 75.*

Document 6

Part des salaires dans la valeur ajoutée des entreprises, 1970-2001

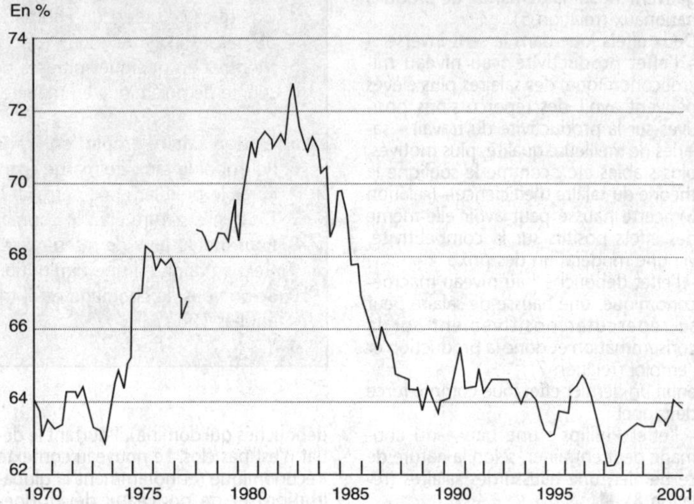

Source : INSEE, in L'état de la France 2002, *La Découverte, p. 191.*

Dossier 6 • Fiche TD

Les politiques pour l'emploi, hors RTT

Document 1

La politique de l'emploi mise en perspective : des inflexions ambivalentes

Le ciblage des publics

À ses débuts, l'intervention publique en matière d'emploi a consisté à privilégier des actions spécifiques centrées sur des catégories de demandeurs d'emploi que le marché du travail tendait à évincer. La période 1975-1992 a constitué une sorte d'âge d'or de ces politiques spécifiques. Les salariés dits âgés ont constitué la première cible de ces interventions dont l'objectif visait, au moyen de nombreux dispositifs de cessation d'activité, à les inciter à se retirer du marché du travail. À partir du milieu des années 1970, les diverses aides à l'emploi ont pris pour cible les jeunes de plus en plus souvent confrontés à de sérieux problèmes d'insertion.
[...] Des leviers d'action similaires ont été utilisés à partir du milieu des années 1980 pour lutter contre le chômage de longue durée (plus d'un an) que connaissait une fraction croissante de demandeurs d'emploi.

Des mesures générales d'abaissement du coût du travail...

Aux mesures ciblées sur des publics spécifiques sont venus s'ajouter de nouveaux instruments qui [...] s'éloignent de la logique du ciblage dans la mesure où ils ne s'adressent pas prioritairement à un groupe particulier de demandeurs d'emploi mais à une catégorie très large de salariés déjà employés. D'inspiration plutôt libérale, ils ont pour point commun l'idée qu'en abaissant le coût du travail au voisinage du SMIC (Salaire minimum interprofessionnel de croissance), les entreprises seront à terme incitées à modifier leur comportement d'embauche en recrutant des salariés faiblement qualifiés.
Une première série de mesures, de nature fiscale ou parafiscale, a d'abord visé à diminuer le coût du travail pour les bas salaires. En 1993 ont ainsi été instaurées des mesures qui abaissaient le taux de cotisations sociales pour les salariés ayant des rémunérations proches

du salaire minimum. Un an plus tôt, des mesures de même nature avaient été prises pour développer le travail à temps partiel sous forme d'exonération des charges sociales pour les entreprises qui embauchaient des salariés à temps partiel ou qui transformaient des contrats à temps plein en contrats à temps partiel. Enfin, dernière née dans cette première catégorie de mesures, la prime pour l'emploi (PPE) a été adoptée en 2001. Elle est réservée, là encore, aux personnes en activité qui perçoivent des bas salaires. Cette prime pour l'emploi vise à accorder un crédit d'impôt dégressif qui s'annule au niveau de 1,4 fois le SMIC. [...]
Une deuxième catégorie d'instruments a vu le jour dans les années 1990. Il s'agit de toutes les mesures d'intéressement adoptées pour modifier non plus le comportement de l'entreprise, mais celui du demandeur d'emploi. L'idée de départ est assez simple à décrire : elle consiste à inciter les demandeurs d'emploi qui perçoivent des indemnités de chômage ou des minima sociaux à reprendre une activité professionnelle autre qu'à temps plein ou à durée indéterminée. Les demandeurs d'emploi qui acceptent d'exercer ces activités occasionnelles peuvent alors cumuler leur revenu d'activité avec une fraction de leurs allocations sociales, de sorte que le total « prestation de chômage + salaire » est supérieur au seul montant du revenu de remplacement. C'est là que se situe le contenu incitatif de ces dispositifs. [...]

...aux programmes d'accompagnement individualisé des demandeurs d'emploi

On peut dater l'émergence de cette dernière catégorie de dispositifs du milieu des années 1990. Cette catégorie [...] regroupe non plus des mesures mais des programmes visant à renforcer le rôle des intermédiaires de l'emploi dans l'insertion des chômeurs.
[...] Ces dispositifs reposent sur l'idée qu'il faut sortir d'une logique instrumentale des aides à l'emploi pour mettre l'accent sur la construction de parcours d'insertion adaptés au profil des demandeurs d'emploi. À une logique de gestion quantitative et ponctuelle des mesures d'insertion doit se substituer une logique d'accompagnement individualisé et durable des chômeurs. Tous les dispositifs introduits à compter de 1997 ont accordé une place considérable à cette dimension d'accompagnement des chômeurs. ■

Carole Tuchszirer,
in L'état de la France 2002,
La Découverte, 2002, p. 329-333.

Questions sur l'ensemble du dossier

Les différents dispositifs de la politique de l'emploi

1. En vous aidant du document 1, expliquez en quoi consiste chacun des dispositifs suivants :
   – préretraites ;
   – formation professionnelle ;
   – subventions aux entreprises en difficulté ;
   – exonérations de charges fiscales ou sociales ;
   – allocation chômage ;
   – emplois aidés : dans le secteur marchand (abattements temps partiel, contrat initiative emploi, formation en alternance) ; dans le secteur non marchand (contrat emploi solidarité – CES –, emplois-jeunes...) ;
   – information, conseils, aide à la recherche d'emploi ;
   – prime pour l'emploi.
2. À l'aide du document 2, déterminez de quels types de politiques ces dispositifs relèvent (politiques actives ou passives), puis recherchez s'ils agissent sur l'offre ou la demande de travail. Justifiez votre réponse.
3. Complétez le tableau ci-dessous.

	Politiques actives	Politiques passives
Action sur l'offre de travail		
Action sur la demande de travail		

Rappel : offre de travail = demande d'emploi ; demande de travail = offre d'emploi.

L'évolution de la politique de l'emploi [*doc. 3*]

4. Quelles sont les composantes de la population potentiellement active ?
5. Certains inactifs pourraient-ils appartenir à cette population active potentielle ?
6. Calculez les variations des effectifs de chaque catégorie et rapportez-la à la variation totale de la population potentiellement active.
7. Utilisez les résultats obtenus à la question précédente pour commenter l'ensemble du tableau.
8. Comment la dépense pour l'emploi a-t-elle évolué ? Faut-il ou non y intégrer les exonérations de charges sociales ?
9. À l'aide des documents 1, 4 et 5, retrouvez les grandes tendances des dispositifs de la politique de l'emploi depuis les années 1970.

Quelle efficacité ?

10. Dans les documents 6, 7 et 8, relevez les différents effets pervers des politiques de l'emploi décrits par les auteurs.
11. Quel bilan des politiques de l'emploi peut-on établir ?

Document 2

Les politiques dites « passives » ne visent pas à agir sur le niveau de l'emploi mais à distribuer des revenus de substitution à ceux qui sont privés d'emploi. Les politiques dites « actives » ont pour objet d'améliorer le fonctionnement des marchés du travail en modifiant les caractéristiques de l'offre et de la demande. ■

Jacques Freyssinet, Nouveau manuel de sciences économiques et sociales,
La Découverte, 2e éd., 1999, p. 331.

Document 3

Voir tableau A de la fiche-outil 1, p. 204

Document 4

Voir tableau B de la fiche-outil 1, p. 204

R: rhéteur -) en fi

Document 5

Dépenses pour l'emploi (en % du PIB)	1973	1984	1993	1998
Dépenses passives, dont :	0,3	2,4	2,1	1,8
– *indemnités chômage*	*0,17*	*1,14*	*1,7*	*1,5*
– *cessation anticipée d'activité*	*0,14*	*1,26*	*0,4*	*0,3*
Dépenses actives, dont :	0,6	1,2	2,0	2,0
formation	*0,5*	*0,8*	*1,2*	*0,9*
Dépenses pour l'emploi	0,9	3,5	4,1	3,8
Exonérations de charges sociales	–	–	0,06	0,5

Source : DARES. D'après Brigitte Roguet, « La dépense pour l'emploi en 1999 », Premières informations et premières synthèses, *DARES, août 2002.*

Document 6

Le recours à une action sur l'emploi par l'intermédiaire de stimulations financières auprès des employeurs soulève interrogations et controverses. Laissons de côté l'inévitable critique néolibérale, qui rejette tout dispositif faussant le libre jeu du marché ; elle renvoie à un débat beaucoup plus général que nous ne pouvons développer ici. En revanche, des questions plus concrètes ne peuvent être ignorées.
Dans quelle mesure ces politiques ont-elles un effet net positif sur l'emploi, dans quelle mesure n'aboutissent-elles qu'à des phénomènes d'aubaine ou de substitution ? Le risque principal est que les entreprises utilisent « rationnellement » ces dispositifs pour empocher des aides publiques à l'occasion des décisions qu'elles auraient prises ou qu'elles prendront de toute façon : ainsi une décision de création d'emploi déjà prise pourra-t-elle être avancée ou reculée dans le temps, ou déplacée géographiquement pour bénéficier d'une prime ; une embauche de toute façon nécessaire pourra être réservée à un travailleur « porteur d'exonérations sociales », etc. ■

Jacques Freyssinet, Le Chômage, *La Découverte, « Repères », 10e éd., 2002.*

Document 7

[...] Les contrats « haut de gamme » (le contrat de qualification, en particulier) sont le plus souvent réservés aux personnes les mieux formées.
A contrario, les dispositifs destinés aux demandeurs d'emploi les moins qualifiés n'ouvrent que peu de perspectives. Ainsi en est-il des contrats emploi-solidarité (plus de 750 000 contrats signés en 1995). On estime, en effet, que loin de faciliter le reclassement durable des chômeurs les plus défavorisés, les CES – subventionnés par l'État à hauteur de 95 % – fonctionnent en vase clos. Les jeunes les moins qualifiés risquent davantage de se retrouver au chômage au terme d'un CES que de tout autre parcours. De même, les adultes qui enchaînent les CES ont également une très faible probabilité de retrouver un emploi à temps plein et à durée indéterminée. Dix-huit mois après la fin de leur CES, moins de 20 % des chômeurs de longue durée occupent un emploi « normal » contre 35 % de ceux n'ayant pas transité par ce dispositif. Ce résultat apparaît d'autant plus surprenant que les CES recouvrent des situations de travail très proches des emplois ordinaires. Dans les établissements publics, bon nombre de services fonctionnent grâce aux CES et, d'une façon générale, aux emplois « hors statut » qui remplacent des emplois publics supprimés. C'est d'ailleurs ce qu'indique clairement en 1996 le rapport de la Cour des comptes : « Le coût faible ou nul du salarié en CES a constitué une forte tentation pour les employeurs » et, de ce fait, « des emplois durables ont été remplacés par des emplois précaires [...] avec un risque de ne pas résorber le stock de marginalité et de conforter une société duale ».
Au total, il apparaît que la politique de l'emploi, par l'usage qu'en font les entreprises, ne peut contrer les effets les plus sélectifs du marché du travail. La politique de tri de la main-d'œuvre opérée par les employeurs réoriente de fait les chômeurs les plus qualifiés vers les mesures les plus efficaces, alors que les chômeurs déjà les plus vulnérables se retrouvent dans des dispositifs qui n'ouvrent que peu de débouchés. ■

Didier Gelot, Claire Villiers, « Les enjeux de la politique de l'emploi », in Jacques Kergoat (dir.), Le Monde du travail, *La Découverte, 1998.*

Document 8

[...] L'existence de ces nouveaux types d'emploi a pour conséquence d'attiser fortement la concurrence entre les différentes catégories de main-d'œuvre, ce qui, par contrecoup, contribue à segmenter encore plus nettement le marché du travail. [...]
Ces dispositifs publics s'inscrivent désormais dans un contexte d'explosion des emplois précaires.
Pour la première fois depuis l'instauration du SMIC, certains dispositifs permettent ainsi aux employeurs d'embaucher des salariés à un coût inférieur aux minimums légaux. Aucune contrepartie particulière (en termes de formation par exemple) ni contrainte ne leur sont imposées en retour (cf. les exonérations pour l'embauche à temps partiel ou les exonérations à l'embauche d'un premier salarié).
C'est pourquoi des mises en garde se font jour : « Il est à peine exagéré de dire que ces dernières années ont été consacrées au façonnement de nouveaux états de travailleurs, c'est-à-dire de conditions juridiques dans lesquelles on les enferme [...]. Il faut prendre garde à ce phénomène car la prolifération des statuts spéciaux visant à l'« insertion » [des jeunes] peut aboutir à l'effet pervers inverse : les catégories juridiques peuvent servir à exclure la main-d'œuvre. »
Au total, on constate que l'État, au travers des diverses inflexions qui ont été données à la politique de l'emploi depuis les premiers plan Barre au milieu des années soixante-dix, a fourni les cadres juridiques d'une déréglementation sans précédent. ■

Didier Gelot, Claire Villiers, ibid.

Sujet de bac

DISSERTATION

▶ CROISSANCE ET CHÔMAGE

Sujet : Pourquoi la croissance économique ne suffit-elle pas à résorber le chômage ?

Document 1

***Valeur ajoutée et productivité du travail en glissements annuels** (en %)*

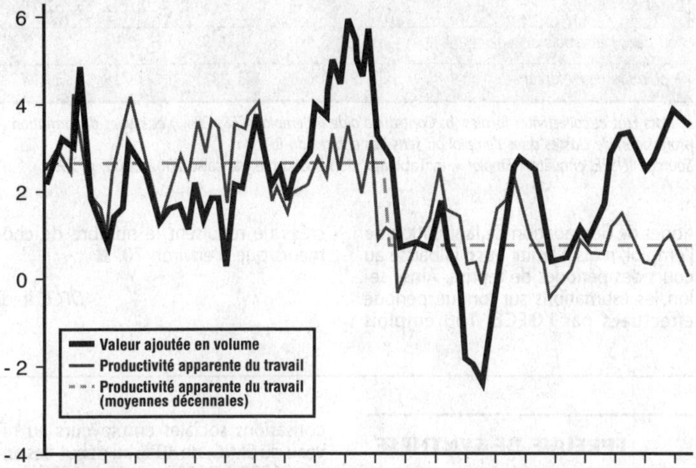

Source : INSEE, in Alternatives économiques, *hors-série n° 48, 2e trimestre 2001.*

Document 2

***Évolution du chômage[a] depuis 1970** (en millions)*

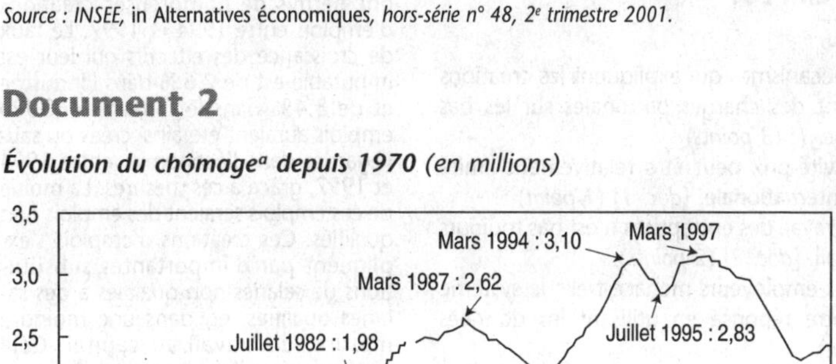

a. Au sens du BIT., corrigé des variations saisonnières.
Source : ministère des Affaires sociales, du Travail et de la Solidarité, in OFCE, L'Économie française 2003, *La Découverte, « Repères », 2003.*

Document 3

Taux de variation annuel moyen de la valeur ajoutée, de l'emploi, de la durée et de la productivité du travail (en %, secteur marchand hors agriculture)

	1979-1986	1987-1990	1991-1996	1997-2002
Valeur ajoutée	2,1	3,5	0,6	2,6
Emploi	– 0,4	1,5	– 0,2	2,1
Durée du travail	– 0,8	0,1	– 0,5	– 0,8
Productivité horaire	3,2	1,9	1,3	1,3

Source : INSEE, estimations OFCE pour la durée du travail et 2002, in OFCE, L'Économie française 2003, ibid.

Document 4

L'évolution de la population active découle en premier lieu des structures démographiques. Celles-ci sont, en France comme dans la plupart des pays occidentaux, marquées par le *baby-boom* des années d'après-guerre. Les naissances très nombreuses, durant toute la période des trente glorieuses, ont entraîné une augmentation rapide de la population totale, puis, depuis le milieu des années 1960, de la population en âge de travailler.

L'évolution de la population active est également influencée par la modification des comportements d'activité. Deux phénomènes jouent un rôle majeur : la montée continue et forte de l'activité des femmes et le raccourcissement de la durée de la vie active. Le pourcentage de femmes actives de 25 à 49 ans est passé de 58,6 % en 1975 à 79,8 % en 2002. Mais, en même temps, la prolongation de la scolarité a fait chuter le taux d'activité des 15 à 24 ans de plus de 50 % à 30,2 %, et l'abaissement de l'âge de la retraite, celui des hommes de plus de 50 ans de 50,9 % à 36,7 %. ■

OFCE, ibid.

→ **MÉTHODES POUR LE BAC** pages 738-751

Document 5

Certains actifs potentiels peuvent arbitrer, au moins provisoirement, entre la participation au marché du travail et une autre occupation : il en va ainsi pour les jeunes qui peuvent, selon que la conjoncture de l'emploi est favorable ou non, entrer rapidement sur le marché ou prolonger leurs études ; de même les femmes, notamment celles qui ont quitté un emploi pour s'occuper de leurs enfants, peuvent revenir plus ou moins rapidement sur le marché du travail. Un certain nombre de personnes sont ainsi à la lisière du marché du travail : celles qui sont en dehors ont tendance à le rejoindre en assez grand nombre lorsque la conjoncture de l'emploi s'améliore, alors que le mouvement inverse se produit quand le chômage augmente. En conséquence, les créations d'emplois ne correspondent pas à une diminution équivalente du nombre de chômeurs, la variation de ces derniers étant d'une ampleur moindre. Ce mécanisme, dit de flexion conjoncturelle des taux d'activité, limite la hausse du chômage au cours des périodes de dégradation de la situation de l'emploi, mais il limite aussi la baisse au cours des périodes de reprise. Ainsi, selon les estimations sur longue période effectuées par l'OFCE, 100 emplois créés ne réduisent le nombre de chômeurs que d'environ 70. ■

OFCE, ibid.

Document 6

Les emplois à durée limitée (en milliers)

	Mars 1985	Mars 2000	Mars 2001	Mars 2002
Intérimaires	113	540	605	514
Contrats à durée déterminée[a]	315	959	929	897
Contrat aidés[b]	146	455	408	421
Apprentis	178	281	260	274
Total	**752**	**2 235**	**2 202**	**2 106**
Part dans l'ensemble des salariés (%)	*3,9*	*10,8*	*10,4*	*9,9*
Population active occupée	*21 706*	*23 261*	*23 759*	*23 942*

a. Hors État et collectivités locales. b. Contrats d'aide à l'emploi (CES, CIE...) et stages de formation professionnelle classés dans l'emploi au sens des critères du BIT.
Source : INSEE, enquête « Emploi », in Tableaux de l'économie française 2002-2003, *p. 79.*

Sujet de bac

ÉPREUVE DE SYNTHÈSE

► COTISATIONS SOCIALES ET EMPLOI

Travail préparatoire (*10 points*)

1. Selon l'INSEE, quels sont les trois mécanismes qui expliquent les créations d'emplois induites par l'abaissement des charges patronales sur les bas salaires ? Justifiez votre réponse. [*doc. 1*] (*3 points*)
2. Montrez pourquoi l'effet compétitivité-prix peut être relativement limité dans un contexte de concurrence internationale. [*doc. 1*] (*1 point*)
3. Expliquez pourquoi la demande de travail des entreprises n'est pas toujours sensible à la baisse du coût du travail. [*doc. 2*] (*2 points*)
4. La baisse des cotisations sociales des employeurs menace-t-elle le système de protection sociale ? Justifiez votre réponse en utilisant les données statistiques du document 3. (*1 point*)
5. Comment cette question a-t-elle été résolue en France ces dernières années ? [*doc. 4*] (*1 point*)
6. La baisse des charges patronales affecte-t-elle le pouvoir d'achat des salariés ? Justifiez votre réponse et précisez les effets éventuels sur l'emploi. [*doc. 3 et 4*] (*2 points*)

Question de synthèse (*10 points*)

Après avoir montré qu'un allégement des cotisations sociales à la charge des employeurs semble *a priori* favorable à l'emploi, vous expliquerez quelles sont les limites d'une telle mesure.

Document 1

Instaurés à partir de 1993, les dispositifs d'allégement de charges sur les bas salaires ont connu un développement important en 1995 et 1996, au point de devenir aujourd'hui un instrument central de la politique pour l'emploi. [...] Par exemple, pour un salarié rémunéré au niveau du SMIC, la réduction de charges est de 5,4 % du salaire brut entre le 1er juillet 1993 et le 31 août 1995 et de 18,2 % à partir du 1er septembre 1995. Cette montée en charge des allégements a eu pour conséquence de faire baisser sensiblement les taux de cotisations sociales employeurs au niveau du SMIC, de 40 % au début des années 1990 à 22 % à partir de 1996. [...] Les dispositifs d'allégement de charges ont permis de nombreuses créations d'emplois entre 1994 et 1997. Le taux de croissance des effectifs qui leur est imputable est de 2,6 % dans l'industrie et de 3,4 % dans le tertiaire. 460 000 emplois auraient été ainsi créés ou sauvegardés dans l'économie, entre 1994 et 1997, grâce à ces mesures. La moitié de ces emplois seraient des emplois non qualifiés. Ces créations d'emplois s'expliquent par d'importantes substitutions de salariés non qualifiés à des salariés qualifiés, et, dans une moindre mesure, du travail au capital. Cela conforte ainsi l'idée, souvent avancée, que l'enrichissement du contenu en emplois de la croissance observée sur cette période est lié aux allégements de charges sur les bas salaires. Des effets de volume, liés aux baisses de prix, elles-mêmes induites par la réduction des coûts de production, contribuent aussi à ces créations d'emplois. ■

Économie et statistique
n° 348, 2001, p. 3-5.

→ MÉTHODES POUR LE BAC pages 738-751

Document 2

Au-delà des ajustements globaux du salaire, il convient d'analyser l'évolution des salaires des différentes catégories de travail (qualifié, non qualifié). Au niveau microéconomique, la sensibilité de la demande de travail à son coût dépend des particularités des techniques de production et de la nature des produits. Les grandes entreprises très capitalistiques à forte proportion de main-d'œuvre qualifiée sont moins sensibles à l'évolution du coût salarial : leur problème est avant tout de sélectionner et de motiver une main-d'œuvre de qualité, relativement complémentaire au capital. Ce type d'entreprises relève d'une « logique industrielle ». Le pôle opposé est constitué par les petites entreprises de service aux particuliers et les commerces, qui emploient beaucoup de main-d'œuvre peu ou pas qualifiée, et qui sont sur des marchés où la demande est très sensible à son prix. Ces entreprises, qui relèvent d'une « logique marchande », sont sensibles au coût salarial, notamment des moins qualifiés. ■

Jérôme Gautié, Nouveau Manuel de sciences économiques et sociales, *La Découverte, 2e éd., p. 353.*

Document 3

La protection sociale en France en 2000[a]

	Dépenses (milliards €)	Recettes (%)		
		Cotisations	Fiscalité	Autre
Sécurité sociale	387	58,8	40,2	0,9
Régime chômage	26,9	94,4	5,2	0,4
Autres	81,2	33,4	57,1	9,5
Total	495,1	56,9	40,9	2,2

a. La protection sociale en France regroupe l'ensemble des systèmes de prévoyance collective assurant une protection contre les aléas de la vie. En 2000, le montant des prestations de protection sociale reçues par les ménages représentait 28,4 % du PIB.
Source : Pierre Volovitch, « Organisation et fonctionnement de la protection sociale », in L'état de la France 2002, *La Découverte, 2002, p. 319-320.*

Document 4

La stratégie conduite dans les années 1990 par les gouvernements successifs a cependant provoqué un relatif désengagement financier des entreprises dans le domaine de la protection sociale. En effet, si en 1990 les cotisations effectives des employeurs représentaient 41 % des ressources de la protection sociale (tous régimes confondus), cette part ne devait plus excéder 35 % en 2002, du fait des exonérations de charges sociales.
En contrepartie de l'allégement de la fiscalité des entreprises, les prélèvements directs sur les revenus des ménages et les contributions publiques ont été accrus, conduisant à une modification de la place de l'État, et à une accentuation de la recentralisation des finances locales et sociales. En effet, les allégements d'impôts locaux et de cotisations sociales n'ont pas été supportés par les budgets locaux et sociaux, mais ont été compensés par le budget de l'État. Ainsi, entre 1990 et 2000, la part des concours de l'État au financement de la protection sociale est passée d'un peu moins de 20 % à environ 35 %. ■

Jean-Marie Monnier, « Politique fiscale : une mise en perspective », in L'état de la France 2002, *La Découverte, 2002, p. 222.*

Fiche-outil 1

Les différentes mesures du chômage

Avertissement : il est utile de lire le paragraphe consacré à la définition du chômage page 179 avant d'étudier cette fiche-outil.

I. LES DONNÉES DE L'ANPE

La statistique « officielle » du chômage qui nourrit régulièrement les commentaires s'appuie sur le comptage des « demandes d'emploi en fin de mois » (DEFM) enregistrées à l'ANPE. Toutes les personnes qui recherchent un emploi peuvent en effet s'inscrire à l'ANPE. Ces demandes font ensuite l'objet d'une classification qui distingue aujourd'hui huit catégories combinant divers critères fondés sur les règles juridiques qui définissent le statut des demandeurs d'emploi [*voir tableau A*]. [...] le baromètre du chômage s'intéresse essentiellement au suivi de la première catégorie qui est présentée comme centrale dans les analyses. [...]

La principale limite de cette statistique est qu'elle est très sensible aux modifications des règles juridiques et administratives qui définissent les différentes catégories de demandeurs. C'est notamment le cas pour la statistique « officielle » du chômage (DEFMI) dont les effectifs évoluent sous l'influence de trois facteurs : les règles administratives qui précisent la définition de cette catégorie, les comportements d'inscription des chômeurs et les pratiques d'enregistrement de ces demandes par l'office de placement. Les changements qui affectent ces différents facteurs alimentent périodiquement les polémiques sur les chiffres du chômage. [...]

Depuis 1985, par exemple, certains chômeurs âgés (de plus de 57 ans et demi ou de plus de 55 ans sous certaines conditions) ont été dispensés de recherche d'emploi (DRE) et ont ainsi disparu de la statistique officielle. On en dénombrait près de 350 000 à la fin de l'année 2000. De même, le changement introduit en 1995 a conduit à exclure des anciennes catégories 1, 2 ou 3 les personnes exerçant une « activité occasionnelle ou réduite » de plus de 78 heures, ce qui a entraîné une rupture importante, notamment dans la catégorie 1 qui constitue le baromètre du chômage. Fin 2000, le baromètre du chômage aurait dénombré 455 000 demandeurs supplémentaires sans ce changement. [...]

Les *comportements d'inscription* des chômeurs dépendent étroitement de leurs attentes par rapport à l'office de placement (qualité des prestations offertes) et de leur intérêt à s'inscrire (lien avec l'indemnisation, maintien des droits sociaux). [...]

Au cours des toutes dernières années, ce sont les *pratiques d'enregistrement* des demandeurs d'emploi qui ont suscité une polémique. Ce débat est parti du constat que la proportion de demandeurs d'emploi à la recherche d'un emploi atypique (temps partiel, emploi temporaire) a grimpé en flèche depuis quatre ans. Elle est passée de moins de 12 % à plus de 25 %, alors que depuis le début des années 1980 elle avait oscillé entre 8 % et 12 %. Cette évolution est d'autant plus surprenante qu'aucune modification des règles de comptage des chômeurs n'est intervenue au cours de cette période. Par ailleurs, on s'explique mal pourquoi les salariés se seraient soudain mis à plébisciter ces emplois précaires, alors même que la situation de l'emploi s'est améliorée. [...]

En résumé, il est clair que le baromètre du chômage reflète la vision administrative de ce phénomène, c'est-à-dire la vision que l'administration se fait et veut donner à voir de la question du chômage. [...]

Mais il est sans doute vain d'espérer construire une mesure « objective » du chômage à partir de cette statistique et la tentation politique de « peser » sur le chiffre du chômage subsistera toujours. [...]

Tableau A

Catégories de demandeurs d'emploi inscrits à l'ANPE

		Sans activité réduite supérieure à 78h/mois	Activité réduite supérieure à 78 heures/mois
Personne sans emploi, immédiatement disponible, à la recherche d'un emploi	À durée indéterminée à temps plein	1	6
	À durée indéterminée, à temps partiel	2	7
	À durée déterminée	3	8
Personne sans emploi, non immédiatement disponible, à la recherche d'un emploi		4	
Personne pourvue d'un emploi, à la recherche d'un autre emploi		5	

Source : Jacques Freyssinet, « Comparaison internationale de la mesure du chômage. Le cas de la France», Document de travail IRES, *décembre 1999.*

II. LE CHÔMAGE AU SENS DU BIT

La statistique du chômage issue des enquêtes « Emploi » réalisées par l'INSEE fournit une mesure qui s'appuie sur la définition du chômage dite « du BIT » telle qu'elle a été formulée par la Conférence internationale des statisticiens du travail. Trois critères généraux sont retenus pour identifier les chômeurs : être sans travail ; être disponible pour travailler ; être à la recherche d'un travail. Les modalités pratiques d'application de ces critères retenues par l'INSEE sont les suivantes.

Le premier critère renvoie, en négatif, à une définition de l'emploi qui est très large. Sont ainsi considérés comme ayant un emploi et exclus, par conséquent, du nombre des chômeurs :

– ceux qui déclarent avoir exercé une occupation ou qui ont travaillé, ne serait-ce qu'une heure, au cours de la semaine de référence, même s'il s'agit d'un emploi occasionnel ;

– les aides familiaux non rémunérés s'ils contribuent à une production marchande ;

– toutes les personnes qui ont un lien formel avec leur emploi (maladie de courte durée, congé de formation, chômage partiel et saisonnier) même s'ils sont absents de leur emploi au moment de l'enquête.

Pour l'application du deuxième critère sont considérés comme disponibles ceux qui peuvent commencer à travailler dans un délai de quinze jours, délai porté à un mois en cas de maladie bénigne. Ce critère exclut donc du chômage les personnes en formation, sauf si les horaires de formation sont compatibles avec l'exercice d'un emploi.

Enfin, l'application du troisième critère est relativement souple : le chômeur doit avoir accompli un acte effectif de recherche d'emploi au cours du mois précédent ou avoir maintenu son inscription à l'ANPE.

Le fait que la mesure du chômage « au sens du BIT » s'appuie sur des conventions internationales est souvent présenté comme un gage d'objectivité. De fait, les comparaisons qui sont réalisées par les organismes internationaux comme Eurostat ou l'OCDE s'appuient généralement sur cette mesure du chômage. Pour autant, cet indicateur n'est pas exempt de limites. [...]

Dans les comparaisons internationales, le fait de retenir un indicateur unique repose sur l'hypothèse que les marchés du travail sont relativement similaires. Or les travaux qui ont été menés sur ce sujet mettent en évidence des différences structurelles qui limitent singulièrement les comparaisons faites à partir d'un tel indicateur. [...]

En outre, les études qui ont été effectuées mettent en évidence de fortes différences dans la façon dont les critères du BIT sont concrètement mis en œuvre par chaque institut statistique, ce qui illustre, même à partir d'une définition générale unique, les limites des comparaisons internationales. [...]

III. LE HALO DU CHÔMAGE

Depuis le début des années 1980, de nombreuses études ont analysé le développement des catégories aux frontières de l'emploi, du chômage ou de l'inactivité. Ces études ont mis

Tableau B

Une deuxième mesure du chômage

Nombre de personnes touchées par les difficultés de l'emploi (1996, en milliers)	
1. Chômeurs (au sens du BIT)	3 082
2. Chômage « déguisé » dont :	820
– demandeurs d'emploi en formation	*353*
– cessation anticipée d'activité	*467*
3. Absence de recherche d'emploi dont : 563	
– chômeurs « découragés »	*242*
– non en mesure de chercher un emploi	*321*
4. Temps réduit subi dont :	1 572
– temps partiel involontaire	*1 359*
– temps complet invonlontairement réduit	*213*
5. Autres formes de précarité subie (intérim, CDD...)	663
Total des personnes	**6 700**

Source : Henri Guaino, Chômage : le cas français, *Rapport au Premier ministre, La Documentation française, 1998.*

en évidence le développement rapide de ce que l'on appelle désormais le « halo » du chômage [*voir le schéma C du texte principal de ce chapitre, page 180*]. [...]

Autour du chômage « au sens du BIT » se développent ainsi des catégories d'importance croissante qui se trouvent en situation d'inactivité plus ou moins volontaire ou en situation d'emploi plus ou moins artificiel. [...]

Devant la multiplication de ces statuts intermédiaires entre l'emploi, le chômage et l'inactivité, le message des spécialistes est unanime : il est vain de rechercher une « bonne » mesure du chômage ; l'objectif doit être désormais de construire une batterie d'indicateurs qui permettent, autour d'un noyau de chômage au sens du BIT, d'identifier les diverses situations intermédiaires entre le chômage, l'emploi stable à plein temps, et l'inactivité totale et volontaire.

Pierre Concialdi,
« Les nouvelles questions de l'emploi »,
in Cahiers français *n° 304,*
octobre 2001, p. 25-33.

Tableau C

Une troisième mesure du chômage

Chiffres du chômage (Évaluation de la CGT, juin 1992, en milliers)	
DEFM 1	2 753
DEFM 2	230
DEFM 3	75
Dispensés de recherche d'emploi	293
Sous total : inscrits à l'ANPE	3 351
Dispositifs pour les chômeurs	197
Divers	24
Total des chômeurs	**3 572**
Préretraites	164
Total des privés d'emploi	**3 736**
Mesures pour les jeunes	274
Total des sans-emplois	**4 011**

Source : Le Peuple *n° 1356, 10 septembre 1992, p. 45.*

Tableau D

Une quatrième mesure du chômage

Évolution des personnes « privées d'emploi » (en milliers)	1981	1985	1991	1995
Ensemble des personnes « privées d'emploi », dont :	**2 458 479**	**3 842 103**	**4 281 592**	**5 000 811**
Chômeurs inscrits (DEFM) et DRE	2 014 392	2 797 793	3 465 821	4 093 411
Chômeurs en formation et conversion	99 369	213 086	326 715	330 000
Personnes en TUC, CES ou assimilés	–	198 523	244 557	400 000
Préretraités	344 718	632 701	244 499	177 400

Source : CERC-Association, Chiffrer le chômage, des enjeux de société, *Les dossiers de CERC-Association n° 1, 1997.*

Fiche-outil 2

La politique de l'emploi

Il est important de comprendre que le terme de « politique de l'emploi » renvoie à deux questions différentes.

1. Quel est le poids accordé à la variable « emploi » dans la définition de la politique économique et sociale globale ?

Fait-on du « plein emploi » un objectif prioritaire ou fait-on de l'emploi une variable d'ajustement dont le niveau dépend d'autres priorités (compétitivité, lutte contre l'inflation, équilibre du budget...) ? Dans cette perspective, la politique pour l'emploi se traduira dans de multiples domaines, par exemple :

– action sur le niveau d'activité économique global ;
– choix des techniques de production et du modèle de consommation qui peuvent être plus ou moins « riches en emplois » ;
– action sur les durées du travail ;
– détermination du coût salarial, soit par le niveau et les modalités du salaire direct, soit par le niveau et les modes de financement de la protection sociale.

2. Quelles interventions spécifiques permettent de réduire ou de rendre socialement tolérables les déséquilibres sur le marché du travail ?

Ces interventions constituent la politique de l'emploi au sens étroit du terme ; elles relèvent principalement de la responsabilité du ministère du Travail.

Il est habituel de distinguer deux grandes rubriques.

■ *Les politiques dites « passives »* ne visent pas à agir sur le niveau de l'emploi mais à distribuer des revenus de substitution à ceux qui sont privés d'emploi. Pour l'essentiel, elles empruntent deux voies : d'une part, l'indemnisation du chômage, d'autre part, le financement des cessations anticipées d'activité (ou « préretraites »).

■ *Les politiques dites « actives »* ont pour objet d'améliorer le fonctionnement des marchés du travail en modifiant les caractéristiques de l'offre et de la demande. Les instruments principaux sont la formation professionnelle continue des actifs (chômeurs ou titulaires d'emplois), les aides au maintien ou à la création d'emplois dans le secteur marchand (notamment par des subventions ou des exonérations de charges fiscales ou sociales), les aides à la création d'emplois dans le secteur non marchand grâce à un financement public (CES...), l'information, le conseil, l'aide pour la recherche d'emploi au bénéfice des chômeurs et l'amélioration des mises en relation entre offreurs et demandeurs d'emploi.

L'*évaluation* de ces politiques pose un problème d'identification de leurs effets ; l'effet « brut » (repéré, par exemple, par le nombre des bénéficiaires d'une mesure) doit être décomposé en trois éléments :

– l'effet d'aubaine : l'employeur bénéficie d'une mesure pour une création d'emploi ou une embauche qu'il aurait de toute façon réalisées, même en l'absence de mesure ;

– l'effet de substitution : l'employeur recrute une personne qui lui apporte le bénéfice d'une mesure « ciblée » à la place de la personne qu'il aurait spontanément embauchée ;

– l'effet net (calculé par solde) : il mesure l'écart par rapport au niveau d'emploi que l'on aurait observé en l'absence de la mesure.

Jacques Freyssinet

Tableau A

Évolution respective de la population active, de l'emploi, du chômage et de la politique de l'emploi entre 1973 et 2001 (effectifs en milliers)

	1973		2001 (provisoire)	
	effectifs	%	effectifs	%
Population potentiellement active	**21 816**	**100,0**	**27 384**	**100,0**
Population active occupée	**21 122**	**96,8**	**24 331**	**88,9**
dont emploi non aidé	21 119	96,8	22 316	81,5
dont emploi aidé	2	0,0	2 015	7,4
Chômage BIT	**593**	**2,7**	**2 321**	**8,5**
Retraits d'activité	**101**	**0,5**	**732**	**2,7**
dont formation professionnelle	57	0,3	227	0,8
dont cessation anticipée d'activité	44	0,2	504	1,8
dont préretraite totale	*44*	*0,2*	*150*	*0,5*
dont dispensés de recherche d'emploi	*0*	*0,0*	*354*	*1,3*

Série d'emploi total : INSEE, France métropolitaine, révisée selon base 1995.
« Formation professionnelle » : données estimées.
Source : DARES.

Tableau B

Dépenses pour l'emploi et taux de chômage dans différents pays de l'OCDE en 2001

	Allemagne	Canada	Espagne	États-Unis	France
Dépenses totales (en % du PIB)	1	0,5	2,1	0,15	3
Part des dépenses actives (en %)	38,3	36,3	35,4	33,3	44,3
Taux de chômage	7,9	7,2	13	4,8	8,6

	Italie	Japon	Pays-Bas	Royaume-Uni	Suède
Dépenses totales (en % du PIB)		9	3,4	0,9	2,3
Part des dépenses actives (en %)		36	45,9	39,1	47,8
Taux de chômage	9,5	5	2,4	5	5,1

Valeurs pour 2001, sauf pour les deux premières lignes : États-Unis et Japon : exercice fiscal 2000-2001 ; Royaume-Uni : exercice fiscal 1999-2000 ; France : exercice fiscal 2000 ; Italie : pas de statistiques globales.
Source : OCDE, Perspectives de l'emploi.

Graphique A

Équilibre du marché du travail

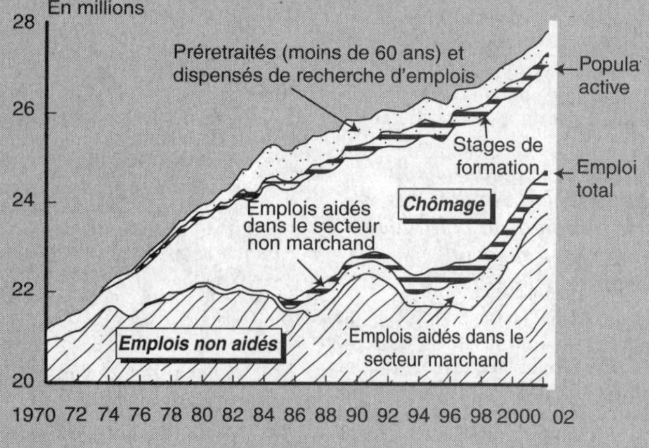

Source : INSEE et ministère des Affaires Sociales, du Travail et de la Solidarité, in OFCE, L'Économie française 2003, *La Découverte, « Repères », 2003.*

Conclusion

L'ÉCONOMIE AU DÉBUT DU XXIe SIÈCLE

ROBERT BOYER

À l'issue de cette première partie du Nouveau manuel, vous avez sans doute déjà pris conscience de l'une des difficultés du travail intellectuel d'appropriation des connaissances : la tension entre l'analyse et la synthèse. Quiconque souhaite aller au-delà de l'explication superficielle et caricaturale de la réalité sociale est en effet contraint de se concentrer sur l'étude approfondie de certains fragments de cette réalité, en oubliant temporairement tout le reste. C'est que le degré de complexité au niveau le plus global excède les possibilités de l'intelligence individuelle. Cette nécessaire spécialisation induit le risque de la fragmentation à l'infini des objets d'étude : on se noie dans les détails, on perd toute vision d'ensemble et l'on ne comprend plus rien. La bonne image est ici celle du puzzle : chacun détient un petit morceau mais personne ne sait ce que représente l'agencement de tous les morceaux. Il nous faut par conséquent disposer aussi de théories générales, qui fédèrent les savoirs spécialisés et nous restituent une image, la moins floue possible, de la réalité globale. Bien sûr, ce type de théorie induit un risque symétrique : celui des généralisations abusives, des raisonnements spéculatifs, des fresques idéalistes. Mais la science ne prétend pas atteindre la vérité absolue, elle tente seulement, ce qui est déjà beaucoup, de s'en rapprocher sans cesse. Nous devons par conséquent accepter cette dialectique ininterrompue entre l'analyse et la synthèse. Après ces cinq chapitres thématiques, le moment est venu d'une première synthèse, qui prend ici la forme d'une mise en perspective historique du développement capitaliste.

Pascal Combemale

Robert Boyer, *économiste, est directeur de recherche au CNRS (CEPREMAP) et directeur d'études à l'École des hautes études en sciences sociales (EHESS).*

Depuis le début des années 1970, les approches de la « régulation » explorent les structures, les institutions et les transformations des économies et des sociétés contemporaines. À cette fin, elles mettent à l'épreuve de l'histoire longue des catégories d'analyse empruntées aux théories marxiste, keynésienne et institutionnaliste. En effet, pour comprendre la nature et les enjeux de l'évolution contemporaine, alors que l'éclatement de la bulle financière en 2000 confirme la difficulté que rencontre le capitalisme à retrouver un régime de croissance durable, il faut prendre du recul en remontant au moins jusqu'à la formation de ce mode de développement que nous avons appelé le fordisme.

I. APRÈS LA SECONDE GUERRE MONDIALE, UNE NOUVELLE CONFIGURATION INSTITUTIONNELLE

Bibliographie

Robert Boyer, Michel Freyssenet, *Les modèles productifs*, La Découverte, « Repères », 2000.
Dominique Phihon, *Le Nouveau Capitalisme, La Découverte,* « Repères », 2003.

La fin de la seconde guerre mondiale marque un bouleversement du régime international et des compromis sociopolitiques internes. En effet, les économies capitalistes ne se reconstruisent pas à l'identique mais enregistrent une mutation de leurs formes d'organisation. D'une part, les élites politiques, américaines mais aussi européennes et japonaises, prennent conscience des enchaînements qui conduisirent à la seconde guerre mondiale, qu'il importe dès lors d'éviter à tout prix de reproduire. D'autre part, l'urgence de la reconstruction et la mise à l'écart des financiers et des politiques qui avaient dominé l'entre-deux-guerres créent un espace pour une nouvelle génération d'entrepreneurs, de fonctionnaires, de responsables politiques et de syndicalistes. C'est dans cette atmosphère très particulière que se noue une série de *compromis* qui, de façon partiellement intentionnelle, partiellement inattendue, vont lancer un régime de croissance sans précédent, le *fordisme*. Ce dernier se construit sur la base de cinq *formes institutionnelles* [*voir encadré A*].

Un système international sous l'égide des États-Unis

À l'issue de la guerre, les États-Unis concentrent l'essentiel du pouvoir en matière de *relations internationales* : au pouvoir militaire et diplomatique s'ajoutent la prééminence technologique, la puissance économique et financière et même l'idéologie, qui associe américanisation et modernisation. Dans l'entre-deux-guerres, le Royaume-Uni voulait encore exercer un pouvoir hégémonique dont il n'avait plus les moyens économiques, alors que les États-Unis auraient eu la puissance économique mais n'avaient ni la volonté ni la capacité de remplacer l'Empire britannique. Par contraste, en 1945, les États-Unis établissent un nouveau système international, dont les principes visent à éviter la généralisation des pressions déflationnistes et favorisent la diffusion du modèle américain, politique et pas seulement productif, au reste du monde. Ainsi le plan Marshall d'aide à la reconstruction de l'Europe (1947) évite les erreurs des réparations allemandes de l'entre-deux-guerres et lance le processus de reconstruction et d'adoption-adaptation de la production et consommation de masse.

Une institutionnalisation du rapport salarial

En effet, le deuxième changement majeur concerne le *rapport salarial*, c'est-à-dire l'organisation de la production, la codification du contrat de travail, la formation des salaires et la couverture sociale. Selon des modalités liées au contexte social et politique de chaque pays, les salariés imposent et obtiennent une institutionnalisation de leur statut. En conséquence, l'évolution de leur niveau de vie est de moins en moins soumise aux aléas du marché du travail, mais codifiée par un principe de partage des « dividendes de la croissance » et par l'accès à une couverture sociale portant sur la santé, l'éducation, la retraite, le logement. Non seulement l'évolution du revenu salarial s'en trouve stabilisée, mais la consommation des salariés s'accroît sensiblement au rythme de l'extension des capacités de production. C'est là une rupture considérable par rapport au jeu des forces du marché, encore puissantes dans les années 1930 et responsables pour une large part de la grande dépression de cette période.

PLAN

Une concurrence relâchée

Simultanément, la concentration du capital et la centralisation financière amènent un changement dans la formation des prix. À la guerre des prix, épisode fréquent lors des crises du XIXe siècle et particulièrement dans les années 1930, succède une *concurrence modérée* du fait du faible nombre des entreprises et du dynamisme de la croissance tirée par la consommation de masse. La concurrence se reporte sur la publicité, la différenciation – apparente ou réelle – le service après vente, de sorte que les profits évoluent beaucoup plus régulièrement qu'auparavant. Cette stabilisation des cycles économiques est encore favorisée par un accès beaucoup plus facile au crédit, lui-même reflet de l'abandon de la religion de l'étalon-or. Enfin, le constat d'une croissance rapide et régulière généralise des anticipations de long terme favorables, au-delà même des aléas de court terme, à l'opposé des incertitudes radicales observées dans l'entre-deux-guerres.

La gestion du crédit conditionne la monnaie

Tous ces changements n'auraient pu intervenir sans une transformation radicale des *relations entre monnaie et crédit*. Dans les régimes monétaires du XIXe siècle, les réserves métalliques et en devises étrangères constituaient le déterminant essentiel de l'offre de crédit par les banques. Se trouvait ainsi assurée une remarquable stabilité de long terme du niveau général des prix, mais la croissance demeurait limitée par la récurrence de crises financières, impliquant faillites industrielles et paupérisation ouvrière. Après un essai partiel et infructueux consécutif à la première guerre mondiale, la monnaie à cours forcé est définitivement instituée après 1945. La considérable élasticité de l'offre de crédit qui en dérive est d'abord utilisée pour financer la reconstruction, souvent grâce à des fonds publics, ensuite pour favoriser le dynamisme et la régularité de l'investissement privé. Certes, une inflation devenue permanente est le prix à payer pour cette remarquable stabilisation du taux de croissance, mais elle est acceptée sans trop de problèmes par

Encadré A : *Quelques définitions de base : formes institutionnelles, régime d'accumulation et mode de régulation*

Forme institutionnelle (ou structurelle)

Toute codification d'un ou plusieurs rapports sociaux fondamentaux.

Cinq formes institutionnelles fondamentales sont distinguées :

1. Forme et régime monétaire :
La forme monétaire [est] la modalité que revêt, pour un pays et une époque donnés, le rapport social fondamental qui institue les sujets marchands… la monnaie n'est pas une marchandise particulière mais une forme de mise en rapport des centres d'accumulation, des salariés et autres sujets marchands. On désigne par régime monétaire la configuration correspondante qui permet d'ajuster déficit et excédents.

2. Forme du rapport salarial :
Configuration du rapport capital/travail, composée des relations entre différents types d'organisation du travail, le mode de vie et les modalités de reproduction des salariés. En termes analytiques, cinq composantes interviennent pour caractériser les configurations historiques du rapport capital-travail : type de moyens de production ; forme de la division sociale et technique du travail ; modalité de mobilisation et d'attachement des salariés à l'entreprise ; déterminants du revenu salarial, direct ou indirect ; enfin mode de vie salarié, plus ou moins lié à l'acquisition de marchandises ou à l'utilisation de services collectifs hors marché.

3. Forme de la concurrence :
Elle indique *comment s'organisent les relations entre un ensemble de centres d'accumulation fractionnés dont les décisions sont* a priori *indépendantes les unes des autres.*
Plusieurs cas polaires sont distingués :
Mécanismes concurrentiels dès lors que c'est la confrontation ex post *sur le marché qui définit la validation ou non des travaux privés. Monopolisme, si prévalent certaines règles de socialisation* ex ante *de la production par une demande sociale d'un montant et d'une composition sensiblement équivalents.*

4. Forme d'adhésion au régime international :
La conjonction des règles qui organisent les relations entre l'État-nation et le reste du monde, aussi bien en matière d'échanges de marchandises que de localisation des productions, via *l'investissement direct, ou de financement des flux et soldes extérieurs.*

5. Formes de l'État :
Ensemble de compromis institutionnalisés [qui] une fois noués, créent des règles et des régularités dans l'évolution des dépenses et recettes publiques.

Régime d'accumulation

L'ensemble des régularités assurant une progression générale et relativement cohérente de l'accumulation du capital, c'est-à-dire permettant de résorber ou d'étaler dans le temps les distorsions et déséquilibres qui naissent en permanence du processus lui-même.

Ces régularités concernent :
– un type d'évolution d'organisation de la production et de rapport des salariés aux moyens de production ;
– un horizon temporel de valorisation du capital sur la base duquel peuvent se dégager les principes de gestion ;
– un partage de la valeur permettant la reproduction dynamique des différentes classes ou groupes sociaux ;
– une composition de la demande sociale validant l'évolution tendancielle des capacités de production ;
– une modalité d'articulation avec les formes non capitalistes, lorsque ces dernières ont une place déterminante dans la formation économique étudiée.

Mode de régulation

Tout ensemble de procédures et de comportements, individuels et collectifs, qui a la propriété de :
– reproduire les rapports sociaux fondamentaux à travers la conjonction de formes institutionnelles historiquement déterminées ;
– soutenir et « piloter » le régime d'accumulation en vigueur ;
– assurer la compatibilité dynamique d'un ensemble de décisions décentralisées, sans que soit nécessaire l'intériorisation par les acteurs économiques des principes de l'ajustement de l'ensemble du système.

tous les gouvernements jusqu'au milieu des années 1970.

Des politiques macroéconomiques contracycliques

Tel l'arc boutant d'une cathédrale gothique, cet édifice institutionnel se parachève par une révolution en matière de *relations État-économie*. Le budget de l'État n'a plus à être géré selon les mêmes principes qu'un agent économique privé (ne pas dépenser plus qu'il ne prélève d'impôts), car il se doit de prévenir et, le cas échéant, de réduire les instabilités propres à une économie soumise à la logique du marché. Tout au long des années 1950 et 1960, les préceptes keynésiens conduisent à la généralisation de politiques contracycliques : freiner l'activité économique par un relèvement des impôts, une réduction des dépenses et/ou une hausse du taux d'intervention de la banque centrale lorsque s'accélère l'inflation au voisinage du plein-emploi ; symétriquement, au cœur de la récession, stimuler la reprise par des programmes de dépenses et d'investissement publics, des réductions d'impôts ou encore une baisse du taux d'escompte par la banque centrale.

L'État joue aussi un rôle dans le développement des infrastructures nécessaires à l'établissement du fordisme, qu'il s'agisse des ports, des chemins de fer, des équipements urbains, etc. La politique économique intervient donc tout autant dans la formation des capacités de production que dans la gestion de la demande. Enfin, faut-il le rappeler, ce sont les dépenses sociales qui croissent le plus rapidement puisqu'elles correspondent à une prise en charge collective de dépenses antérieurement privées (éducation obligatoire, démocratisation de l'accès à la santé, aide au logement social, institution des régimes de retraite…).

Ainsi l'État des « trente glorieuses » est-il tout à la fois *keynésien* (puisqu'il vise à stabiliser la conjoncture), *béveridgien* ou bismarkien (car il intègre pour la première fois les salariés à l'ordre capitaliste), mais aussi *fordien* (en ce qu'il intervient massivement sur les conditions générales de la production et de la consommation de masse). Ces changements se combinent avec ceux de la relation salariale, des formes de la concurrence, du régime monétaire et de l'insertion internationale pour définir une architecture institutionnelle originale, à bien des égards en rupture par rapport aux régularités antérieures.

II. LE FORDISME, UN MODE DE DÉVELOPPEMENT SANS PRÉCÉDENT

Quelques précurseurs avaient pressenti la possibilité d'un système économique qui, tout en continuant à être capitaliste, ferait des salariés les bénéficiaires et donc les alliés de la production et de la consommation de masse. Le grand industriel américain, Henry Ford (1863-1947) est certainement celui qui a exprimé le plus clairement cette vision… tout en entreprenant de lui donner réalité en organisant dans son entreprise le passage aux 5 dollars par jour, soit un relèvement considérable de la rémunération des salariés par rapport aux salaires du marché. Mais il devait échouer et les circonstances de l'après-guerre permirent le passage au fordisme en tant que régime de croissance effectif.

Des stratégies délibérées

Après la seconde guerre mondiale, les *missions de productivité* se sont succédé aux États-Unis : des représentants du monde patronal, syndical et politique cherchaient alors à percer le secret des hauts niveaux de productivité américains. Dans les années 1950 et 1960, les stratégies de modernisation n'ont eu d'autre but que « d'acclimater » le modèle américain aux contextes français, allemand, japonais…

Le processus d'établissement du fordisme est donc le résultat de stratégies délibérées… même si toutes n'ont pas eu les effets attendus. En fait, le fordisme américain devait suivre de toutes autres voies que celles d'un paternalisme étendu à l'ensemble des firmes américaines : ce furent les revendications des syndicats qui impulsèrent les négociations collectives qui devaient conduire à la codification d'une augmentation de salaire programmée sur une période triennale.

Simultanément, les réformes introduites par le *New Deal* en matière de prix et revenus agricoles, gestion des banques et politique monétaire, couverture sociale et éducation, jouèrent un rôle déterminant dans l'établissement de fait de la production et de la consommation de masse. On pourrait même penser à une conjonction quelque peu miraculeuse avec des compromis partiels se conjuguant *ex post* en un mode de régulation cohérent, vecteur d'un mode de développement dont les contours exacts n'avaient pas été anticipés, même par les hommes politiques et les experts les plus clairvoyants.

Synergie des nouvelles formes institutionnelles

Ainsi, telles les pièces d'un puzzle, les formes institutionnelles de l'après-guerre finissent par s'ajuster les unes aux autres. Le compromis salarial permet de bénéficier pleinement des rendements d'échelle propres aux méthodes fordiennes. La concurrence oligopolistique rend possible l'absorption des hausses de salaires, au demeurant uniformes grâce à la puissance syndicale, à la législation sur le salaire minimum et, bien sûr, à la mobilité des salariés d'entreprise à entreprise. La pratique de *prix administrés* par les firmes est elle-même possible grâce à une politique monétaire accommodante (au sens où d'éventuelles explosions salariales, comme Mai 1968 en France, sont suivies d'un accroissement du crédit). Si l'inflation vient à créer un déséquilibre du commerce extérieur, une dévaluation permet, dans le régime international des années 1960, un retour à l'équilibre. Enfin, la généralité et la permanence de politiques économiques keynésiennes fournissent un dernier adjuvant à ce mode de croissance : les conflits sur la distribution du revenu se soldent le plus souvent par une accélération de la productivité et de la production, selon un jeu à somme croissante et non pas nulle comme le postule la théorie économique néoclassique.

III. LA CRISE DU FORDISME

En effet, le succès même de ce nouveau mode de développement a conduit à la lente altération des conditions qui avaient permis son succès après la seconde guerre mondiale. Elles étaient au nombre de trois :
– des possibilités de *gains de productivité* considérables dérivaient d'une accentuation de la division du travail, d'une mécanisation accrue et d'un rythme élevé d'investissement ;
– un bouclage sur l'espace national du circuit économique permettait que *la production et la consommation de masse* se confortent l'une l'autre, la concurrence internationale demeurant contenue dans d'étroites limites ;
– enfin, et surtout, une certaine position de force des salariés, permise par le dynamisme de la croissance et le quasi plein-emploi, garantissait un partage à peu près *stable des gains de productivité* [*voir encadré B*].

La théorie de la régulation diagnostique les premières tensions de ce régime dès le milieu des années 1960. Trois des piliers de l'édifice institutionnel de l'après-guerre mondiale se trouvent, en effet, érodés.

Crise de la productivité

Le facteur le plus décisif est sans doute le ralentissement des *gains de productivité* qui intervient dès 1967 aux États-Unis et s'étend, après 1973, à la quasi-totalité des pays de vieille industrialisation. Il s'explique aussi bien par la perte d'efficacité des méthodes fordiennes (l'investissement est poussé au-delà de ce qu'exigerait une optimisation de la progression de la productivité globale) que par la montée des conflits sociaux autour de l'organisation du travail et l'essor des coûts de contrôle qui en résulte. Ainsi se trouve bloquée l'une des soupapes qui permettaient de convertir les conflits sur la distribution des revenus en un stimulant de la croissance. Au contraire, à partir de la fin des années 1960 s'accélère l'inflation, premier indice par lequel se manifeste la crise du fordisme.

Déstabilisation du régime international

De ce fait, comme les rythmes d'inflation diffèrent selon les pays, le système de change fixe, hérité de l'accord de Bretton Woods, est soumis à des pressions qui aboutissent en 1971 à l'éclatement de la convertibilité du dollar en or. Le passage aux changes flexibles entérine l'impossibilité de prolonger l'ancien système international, mais introduit simultanément des incertitudes de plus en plus grandes en matière de changes, de taux d'intérêt et d'inflation. Cette crise du système international vient fragiliser les régulations nationales, marquées, à partir du milieu des années 1960, par une *extraversion croissante* : jouant des effets de spécialisation, les producteurs ne considèrent plus seulement le marché intérieur, mais les marchés à l'exportation, qui permettent de mieux faire jouer les rendements d'échelle, typiques du fordisme.

En conséquence, les économies nationales deviennent de plus en plus interdépendantes, au point que dans certains cas l'impératif de compétitivité extérieure, lié à l'apparition de déficits extérieurs chroniques ou durables, bloque la dynamique vertueuse des années 1960. On observe ainsi un divorce entre des formes institutionnelles demeurées essentiellement *nationales* et une dynamique de la production et de l'investissement devenue *internationale*. Ce second facteur de crise résulte lui aussi de l'aboutissement des tendances impulsées par l'essor du fordisme.

Délitement de l'architecture institutionnelle du fordisme

Comme crise de la productivité et déstabilisation du régime international se renforcent l'une l'autre, nombre de formes institutionnelles nationales sont progressivement remises en cause, dès la fin des années 1970 par les gouvernements conservateurs, et dans les années 1980 par les gouvernements sociaux-démocrates ou socialistes. Le *compromis capital/travail* est le premier affecté par les pressions de la concurrence internationale, comme par la recomposition de la division du travail que permettent les TIC (technologies de l'information et de la communication). Deux cas de figure se dessinent. En Europe, un chômage important et durable fragilise le pouvoir de négociation de syndicats qui doivent consentir de nombreuses concessions en matière d'indexation des salaires, d'avantages sociaux et d'intensité du travail. En Amérique du Nord, les inégalités s'accentuent selon que les salariés sont plus ou moins qualifiés et porteurs des compétences que requièrent les méthodes d'organisation alternatives au fordisme. Bref, l'édifice institutionnel du fordisme se trouve remis en cause sans que se dégagent immédiatement de nouveaux régimes cohérents susceptibles de renouer avec une croissance forte et le plein-emploi.

IV. LES SUCCESSEURS DU FORDISME : BEAUCOUP DE CANDIDATS... PEU D'ÉLUS

Alors que la période des « trente glorieuses » pouvait donner l'impression d'une *convergence* vers le fordisme américain, les « vingt piteuses » qui leur succèdent marquent l'affirmation d'évolutions nationales beaucoup plus différenciées que par le passé.

Les espoirs déçus du toyotisme

Ce mode de développement prolonge le fordisme puisqu'il organise un approfondissement des méthodes de la production de masse, dans un contexte où l'augmentation du niveau de vie conduit à une demande de diversification des produits. En retour, ce changement appelle un rapport salarial fondé sur l'échange entre stabilité de l'emploi et malléabilité de l'organisation du travail, en réponse aux innovations techniques et aux exigences du marché. Tout au long des années 1980, cette configuration qu'incarnait le Japon est apparue extrêmement performante sur les marchés extérieurs, au point que nombre d'analystes en concluent à la « japonisation » des modèles productifs, ou plus exactement au remplacement du fordisme (américain) par le toyotisme (japonais), comme figure emblématique de la modernité. L'éclatement de la bulle financière japonaise au début des années 1990 a conduit à une réévaluation de ce point de vue. En effet, les difficultés du système bancaire et financier, ainsi que l'incapacité de l'État à promouvoir une relance de l'économie à partir de massifs programmes de dépenses publiques, ont introduit de notables tensions dans la viabilité du modèle productif japonais et du rapport salarial qui lui est associé. À l'issue de la « décennie perdue » des années 1990, il n'est plus évident que le toyotisme soit le successeur du fordisme. Beau paradoxe en matière de relations entre micro et macroéconomies, l'entreprise Toyota prospère, mais pas l'économie japonaise !

Une croissance tirée par les services ?

Dans la lignée des thèses, avancées dès les années 1960, à propos de l'entrée dans l'ère des sociétés postindustrielles, un second modèle de croissance considère que la tertiarisation est devenue le moteur des économies les plus développées [*voir chapitre IV, page 130*]. D'un côté, les services modernes aux entreprises (recherche et développement, études de marché et publicité, financement et assurance, conseil en gestion...) tendent à s'autonomiser par rapport au secteur manufacturier et jouer un rôle déterminant dans les nouvelles formes de concurrence. D'un autre côté, le mûrissement du mode de consommation urbain appelle une tertiarisation associée à l'éducation, la santé, l'essor des loisirs, la distribution et les transports, autant de vecteurs qui transforment la demande des ménages. Plus encore, le développement de l'activité féminine conduit à la mise sur le marché de services qui étaient antérieurement assurés au sein de la famille, comme la restauration, les soins aux personnes âgées, la garde et l'éducation des jeunes enfants. En conséquence, le rapport salarial tend à se différencier considérablement en fonction de la particularité des services offerts, d'autant plus que la syndicalisation et l'homogénéisation des revendications s'avèrent beaucoup plus difficiles que dans la production manufacturière de masse.

Dès lors, que cela tienne à des difficultés de mesure ou à la réalité des caractéristiques d'une économie essentiellement tertiaire, les gains de productivité progressent peu, de sorte que la croissance devient extensive et beaucoup plus inégalitaire, puisque le secteur des services juxtapose des emplois professionnels à très haute qualification avec des emplois peu qualifiés, précaires et faiblement rémunérés, au point d'évoquer parfois une forme moderne d'économie de la domesticité. Ainsi aux États-Unis, la productivité globale des facteurs a stagné pendant les années 1970 et 1980 ; on note une remarquable création d'emplois... mais aussi l'approfondissement des inégalités sociales en matière de revenu, de patrimoine. Typique des États-Unis, ce modèle est loin d'être la norme puisque l'Allemagne, le Japon et les pays scandinaves ne suivent pas cette trajectoire.

Les nouvelles technologies : puissance et limites

Pour sa part, la théorie néoschumpétérienne met en avant le rôle du paradigme technologique centré sur le mariage des techniques de l'information avec celles de la communication comme moteur de la croissance du XXIe siècle. Dès lors, les performances macroéconomiques seraient étroitement corrélées à la plus ou moins grande aptitude à mettre en œuvre un secteur de production de ces nouvelles technologies. L'économie américaine serait à l'avant-garde de cette quatrième révolution technologique puisqu'elle serait capable de produire non seulement les biens d'équipement correspondants mais aussi les services qui leur sont associés (logiciels, services en ligne, constitution de réseaux, commerce électronique...). Par contraste, les autres économies avancées se borneraient à acquérir les biens et services informatiques, pour les appliquer aux domaines plus traditionnels qui avaient assuré leur compétitivité dans le régime de croissance de l'après-guerre.

Une analyse en termes de système d'innovation apporte une réponse plus nuancée [*voir chapitre I, page 42*]. En premier lieu, pas plus le taux de chômage que le dynamisme de la création d'emploi ne semblent liés au degré de mise en œuvre du paradigme fondé sur les TIC. En second lieu, les sources de la compétitivité des diverses industries nationales continuent à être basées sur de fortes

Encadré B : ***Les trois conditions de la croissance fordienne***

À l'origine se trouvent de forts gains de productivité associés à l'implantation puis la diffusion des méthodes de l'organisation scientifique du travail : accroissement de la taille des unités de production, rythme important de mécanisation, amélioration continue des procédés de production. La première condition concerne donc une progression suffisamment rapide de la productivité globale des facteurs, c'est-à-dire incluant le travail, les équipements et les consommations intermédiaires.
Cette modernisation des industries de biens de consommation fait donc appel aux industries de biens d'équipement, qui de ce fait enregistrent un fort niveau d'activité et dégagent des profits élevés, ce qui consolide un cercle vertueux de l'accumulation. Cela suppose, en particulier, que les producteurs nationaux soient capables de livrer les biens d'équipement correspondants, donc qu'ils aient développé les compétences nécessaires. La deuxième condition est que l'économie ne soit pas trop concurrencée par l'étranger, de sorte que la dynamique de l'investissement ne soit pas bloquée par des crises de la balance commerciale.
Enfin, étant donné que le revenu des consommateurs dérive principalement de l'activité salariée, il importe que le compromis capital/travail fordiste codifie une progression du salaire réel en conformité avec l'accroissement des gains de productivité, afin d'éviter aussi bien la spirale déflationniste de l'entre-deux-guerres qu'un possible emballement inflationniste du type de celui observé de 1969 à 1973.
La conjonction de ces trois conditions n'a rien d'automatique : elle serait même assez exceptionnelle comme le montrent aussi bien les travaux historiques de longue période que des comparaisons internationales portant sur la période actuelle. On notera par exemple que le Royaume-Uni ne participe pas au mouvement de diffusion du fordisme et qu'en conséquence son rythme de croissance n'est pas plus rapide de 1950 à 1973 qu'il ne l'était dans l'entre-deux-guerres ou au XIXe siècle.

Le cercle vertueux de la croissance fordienne et ses trois conditions

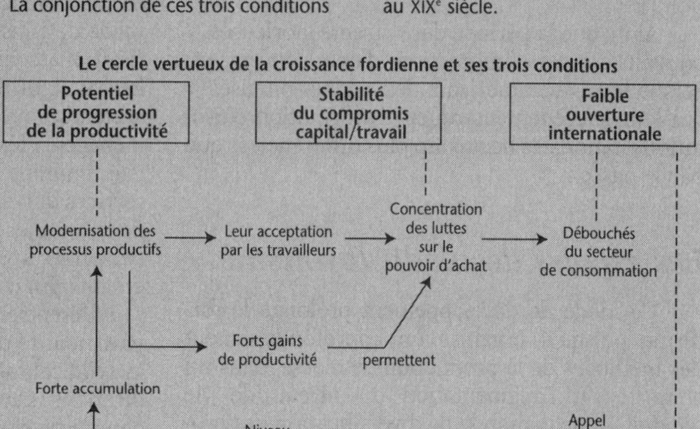

différenciations en matière d'innovation et de type de secteurs auxquels elles s'appliquent, car les formes institutionnelles héritées des « trente glorieuses » et plus ou moins transformées depuis lors façonnent autant de systèmes d'innovation, de modes de régulation et finalement de modes de développement. Enfin, il est illusoire, pour chaque pays, de vouloir être dominant dans la maîtrise de toutes les technologies de l'avenir : une certaine spécialisation est inéluctable et ouvre la possibilité de trajectoires nationales contrastées, même à long terme, et fondées sur des systèmes nationaux qui seraient largement complémentaires.

Privatisation et libéralisation ou le retour de la concurrence

D'autres indices suggèrent que la dynamique du rapport salarial et du système d'innovation est elle-même mue par le durcissement de la concurrence, qui de nationale devient internationale, et qui, de ce fait, impose sa logique à la plupart des autres formes institutionnelles. En effet, sous l'impulsion de la contre-révolution conservatrice observée aux États-Unis et en Angleterre, se sont multipliées les stratégies de privatisation des services publics, d'ouverture à l'investissement direct et de portefeuille, alors que les marchés nationaux des produits ont été de plus en plus sensibles à la concurrence internationale, et que des déréglementations significatives sont intervenues en matière de contrats et marché du travail. L'État lui-même a favorisé un renforcement de la concurrence, dans l'espoir de renforcer la compétitivité des industries nationales, donc le potentiel de croissance et de création d'emploi. Si dans le modèle fordiste les gains de productivité se retranscrivaient assez directement dans l'évolution des salaires réels, depuis les années 1990, ce sont de toutes autres causalités qui se sont imposées. L'existence de surcapacités entraîne l'équivalent d'une guerre des prix, à travers laquelle les gains de productivité se répercutent dans la baisse des prix relatifs. Potentiellement, ce nouveau modèle de croissance suppose que les élasticités de la demande par rapport aux prix sont suffisamment fortes pour que s'amorce un cercle vertueux très différent de celui qui prévalait lors des « trente glorieuses » : les salariés bénéficient du changement technique principalement à travers le ralentissement de la progression des prix à la consommation, et non plus l'indexation de leur rémunération sur la productivité.

Le rôle de l'État s'en trouve transformé puisqu'il doit fixer les règles maintenant la vigueur de la concurrence, car le marché, laissé à lui-même, pousse souvent à l'oligopole, voire au monopole. Nombre de pays ont bénéficié d'une telle stratégie. Pourtant, si elle se généralise au niveau mondial, la stabilité structurelle d'un système bâti sur l'approfondissement continu de la concurrence n'est plus garantie. Enfin, il n'est pas évident que ce modèle impulse une croissance aussi vigoureuse que l'avait fait le rapport salarial fordiste, ne serait-ce que parce qu'il est susceptible de généraliser les pressions déflationnistes associées à une politique monétaire restrictive. En outre, il est potentiellement inégalitaire, l'évolution du statut des salariés étant de plus en plus conditionnée par le secteur dans lequel ils travaillent ou même l'appartenance à une firme particulière.

Charmes et limites d'une croissance tirée par les exportations

Autant le modèle fordiste avait prospéré sur une base essentiellement nationale, autant les modèles en voie d'émergence sont bâtis sur une forte insertion dans le flux des échanges internationaux. En effet, l'une des spécificités des trois dernières décennies est de ne pas avoir précipité de replis protectionnistes, comme cela avait été observé dans les années 1930. Au contraire, la comparaison des pays d'Amérique latine et des dragons du Sud-Est asiatique suggère que les stratégies de croissance tirée par les exportations sont préférables au modèle de substitution d'importations. De même, la nouveauté du processus d'internationalisation contemporain porterait sur l'ensemble du processus de formation de la valeur ajoutée (innovation, production, vente, gestion financière...), ce qui explique le succès du terme de globalisation.

Dès lors, ce serait la qualité de l'insertion dans le système international qui conditionnerait le mode de développement. À cet égard, les quatre dragons asiatiques constituaient la figure emblématique de ce modèle... jusqu'à ce que la crise de l'été 1997 vienne montrer la fragilité des systèmes financiers sur lesquels reposait leur dynamisme industriel antérieur. Mais les pays de plus vieille industrialisation, tels l'Allemagne ou encore la Suède, ont de longue date bâti leur croissance sur le dynamisme du secteur exportateur, bien qu'en l'occurrence l'avantage compétitif tienne plus à la qualité et l'innovation qu'à la faiblesse des coûts de production de biens standardisés. Pourtant la fin des années 1990 a conduit à relativiser la robustesse d'un mode de croissance tiré par les exportations. En effet, lorsqu'il se généralise, il se fait moins efficace et tend à tarir les sources de la demande à l'échelle mondiale, chaque pays comptant sur l'autre pour stimuler la demande interne et donc ses exportations. Plus encore, l'instabilité des changes, elle-même liée à la globalisation financière, peut brutalement déplacer l'avantage compétitif et déstabiliser des modèles de croissance aussi vigoureux que l'étaient ceux de la Corée et du Japon. De même peut s'éroder l'avantage concurrentiel associé à une architecture institutionnelle inchangée et vieillissante, comme on l'observe en Allemagne depuis le début des années 2000.

Un mode de développement gouverné par la globalisation financière ?

En effet, à la lumière de l'évolution observée depuis le milieu des années 1980, c'est la multiplication des innovations financières et leur diffusion internationale qui constituent sans doute le phénomène le plus marquant de la période contemporaine [*voir chapitre XIII, page 480*]. Dès lors, le régime financier tend à imposer sa logique à la quasi-totalité des autres formes institutionnelles. La recherche du meilleur rendement par les investisseurs institutionnels et les fonds de pension rétroagit sur le mode de gouvernement des firmes, qui sont incitées à se spécialiser sur leur métier de base, et à garantir une stabilité de la progression de leurs profits. La concurrence se déplace du marché des produits vers les marchés financiers, qui jouent un rôle essentiel dans l'allocation du capital et les choix stratégiques des firmes. De ce fait, le rapport salarial doit répondre à l'impératif de flexibilité, en termes d'emploi, d'organisation du travail et même de rémunération, puisque se développent les formules de partage des profits ou encore d'achats d'actions par les salariés ou leurs fonds de pension. Simultanément, la consommation des salariés est alimentée par le crédit et l'anticipation des plus values attendues pour leur patrimoine financier. Enfin, la politique économique elle-même recherche la crédibilité, c'est-à-dire l'approbation des marchés financiers à travers une gestion rigoureuse des dépenses et la modération, voire l'élimination, des déficits publics.

Ce régime de croissance, impulsé par la finance, s'observe principalement aux États-Unis et au Royaume-Uni, pays dans lesquels les fonds de pension et le comportement patrimonial des ménages sont les plus développés. La globalisation financière apparaît comme un vecteur de généralisation de ce régime au reste du monde, ce dont rend compte la notion de « marché émergent ». La vigueur de la croissance observée aux États-Unis de 1991 à 2000 a suscité la croyance de la communauté financière en une « nouvelle économie », dans laquelle serait définitivement éliminée l'inflation et assurée une croissance forte et régulière. L'effondrement du cours des valeurs des entreprises de haute technologie a depuis lors rendu manifeste le développement d'une bulle financière spéculative, talon d'Achille de ce régime de croissance.

Zone d'intégration économique et émergence de régulations supranationales

Par opposition au scénario de globalisation qui évoque une homogénéisation du système international et une interdépendance généralisée entre *tous* les pays, en réponse à l'instabilité financière précédemment mentionnée, certains pays ont choisi de constituer des zones d'intégration économique et monétaire. Le meilleur exemple est sans doute l'Union économique européenne, projet beaucoup plus abouti que ceux de l'ALENA ou du Mercosur. La croissance est alors réputée provenir de la constitution d'un grand marché intérieur et de la stabilisation des règles du jeu, en matière de change, de régime monétaire et de forme de la concurrence. Dans une variante extrême, le projet européen vise à reconstruire à l'échelon du continent les institutions susceptibles de promouvoir, *mutatis mutandis* l'équivalent de la croissance qui, lors des « trente glorieuses », s'organisait au niveau national. La principale novation tient à la recomposition des prérogatives de l'État-nation à divers niveaux, selon les compétences concernées : politique monétaire et renforcement de la concurrence à l'échelle communautaire, mais relative autonomie de la politique budgétaire – sous la contrainte du Pacte de croissance et de stabilité – et subsidiarité dans la gestion du rapport salarial et des formes de la solidarité qui restent presque exclusivement nationales.

L'avenir de ce modèle d'intégration économique reste largement *ouvert*. En 2003, avec le ralentissement de la croissance et l'élargissement à de nouveaux membres, on ne peut déterminer si les forces visant à la re-réglementation l'emporteront sur celles qui poussent l'Europe vers une zone de libre-échange. De plus, une même politique monétaire et de concurrence peut-elle régir des économies caractérisées par des modes de régulation qui demeurent hétérogènes dans leurs ressorts ? Enfin, la croissance européenne dépend aussi de façon essentielle de la complémentarité et de l'activation de systèmes nationaux d'innovation qui demeurent hétérogènes et moins dynamiques que celui des États-Unis.

Robert Boyer

DEUXIÈME PARTIE

LE CHANGEMENT SOCIAL

Quel modèle de société pour les pays européens ?

Introduction à la deuxième partie

En ce début de XXIe siècle, l'âge d'or des « trente glorieuses » (1945-1975) apparaît de plus en plus, avec le recul, comme une parenthèse. Rétrospectivement, il est possible de caractériser ces « trente glorieuses » par les deux traits suivants :
– c'est une période de plein-emploi, d'extension et de consolidation des droits sociaux, par conséquent de relative sécurité économique et sociale ; la précarité recule sous toutes ses formes (vais-je trouver un emploi, le conserver, préserver mon revenu, accéder à un logement décent ? Que m'arrivera-t-il si j'ai un accident du travail, si je tombe gravement malade, quand je deviendrai trop vieux pour gagner ma vie ? Si mes ressources sont insuffisantes, mes enfants seront-ils soignés, pourront-ils continuer leurs études ?) ;
– c'est une période qui conforte la croyance au progrès économique et social ; même si la vie était loin d'être toujours facile, chacun pouvait espérer que les choses allaient s'améliorer, aussi bien pour lui-même que pour ses enfants ; une telle perspective permettait de se projeter dans l'avenir, de construire des projets, elle incitait à lutter collectivement pour accélérer cette marche du progrès.

De toute évidence il n'en va plus de même aujourd'hui. Les parents constatent que leurs enfants éprouvent de plus en plus de difficultés à s'insérer dans la vie professionnelle, à obtenir un emploi stable et bien rémunéré, à devenir indépendants. Si l'on fait abstraction des fonctionnaires titulaires de leur poste, nul n'est assuré de son avenir.

Quels que soient les efforts et l'implication du salarié, son entreprise peut faire faillite, être rachetée, restructurée, délocalisée, licencier massivement alors même qu'elle annonce des bénéfices en hausse. Chacun doit se préparer à occuper plusieurs emplois au cours de sa vie professionnelle, en commençant par les plus précaires. Dans le secteur concurrentiel, personne ne prévoit plus de gravir à l'ancienneté les différents échelons d'une carrière programmée. Il est d'ailleurs difficile de prévoir quoi que ce soit. De ce fait, l'horizon temporel se raccourcit considérablement, au moment même où la compétition entre les individus s'intensifie. Il en résulte une forte propension au « chacun pour soi ». Faute d'alternative globale, de projets collectifs, la lutte pour la survie conduit à « jouer perso ». Et cette tendance s'auto-entretient : le « sauve qui peut » individuel affaiblit les organisations (syndicats, partis, voire familles) ; cet affaiblissement explique l'inefficacité des mobilisations sporadiques et des résistances spontanées ; ces échecs renforcent le désengagement.

Si le mot « crise » désigne une période de transition entre deux modèles de développement stabilisés, alors nous traversons une crise. Certes, les anciennes institutions n'ont pas toutes été englouties par le marché : la Sécurité sociale n'a pas disparu, il existe encore des services publics et l'État occupe une place centrale dans nos sociétés. Mais il y a vingt ans que le chômage de masse sape les fondements d'une intégration fondée sur le travail salarié et l'État parvient de moins en moins à préserver la cohésion sociale. La question du type de société dans lequel nous voulons vivre se trouve ainsi posée, de plus en plus à l'échelle européenne. Différents modèles sont en concurrence : la distance est grande entre l'orientation libérale qui prévaut dans les pays anglo-saxons et l'orientation social-démocrate qui résiste dans les pays d'Europe du Nord.

Quel doit être notre idéal collectif ? À quelle distance notre société se trouve-t-elle de cet idéal, en termes d'inégalités, de mobilité sociale, de cohésion, de solidarité ? Sommes-nous disposés à nous mobiliser pour réduire cette distance ? Les chapitres de cette deuxième partie ont pour vocation de vous aider à réfléchir à ces questions, qui concernent directement votre génération.

Pascal Combemale

LE CHANGEMENT SOCIAL

Chapitre VI

UNE SOCIÉTÉ MOBILE ?

Dominique Merllié

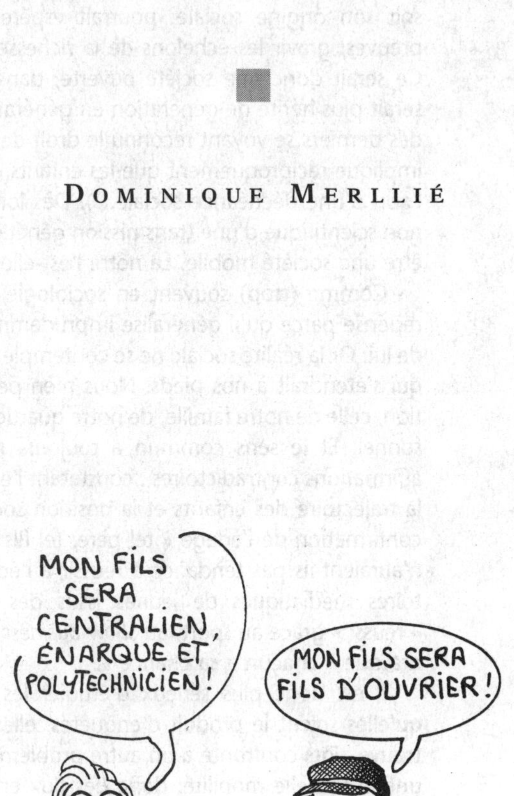

Introduction

« Que le meilleur gagne ! » La règle du jeu qui régit l'univers de la compétition sportive s'applique-t-elle à la compétition pour les meilleures places dans la société ? La question vaut la peine d'être posée dès lors que la conception désormais dominante de la justice sociale semble calquée sur ce modèle sportif : le résultat de la compétition est accepté si l'égalité des chances a été respectée au départ (et si l'arbitre a pénalisé les tricheurs en cours de partie...).

Une société juste serait une société dans laquelle chacun, quelle que soit son origine sociale, pourrait espérer, à condition de faire ses preuves, gravir les échelons de la richesse, du pouvoir, du prestige... Ce serait donc une société ouverte, dans laquelle le statut social ne serait plus hérité de génération en génération, mais acquis, les enfants des derniers se voyant reconnu le droit de devenir les premiers (ce qui implique réciproquement que les enfants des premiers ne soient pas à l'abri d'une déchéance sociale...). Dès lors, sauf à retenir l'hypothèse non scientifique d'une transmission génétique des aptitudes, ce devrait être une société mobile. La nôtre l'est-elle ?

Comme (trop) souvent en sociologie, chacun pense connaître la réponse parce qu'il généralise imprudemment ce qu'il observe autour de lui. Or la réalité sociale ne se contemple pas comme une vaste plaine qui s'étendrait à nos pieds. Nous n'en percevons qu'une infime fraction, celle de notre famille, de notre quartier, de notre petit univers personnel. Et le sens commun a toujours raison parce qu'il mêle des affirmations contradictoires : constatant l'existence d'une relation entre la trajectoire des enfants et la position sociale des parents, il y voit la confirmation de l'adage « tel père, tel fils » (les enfants d'enseignants n'auraient-ils pas tendance à réussir à l'école ?) ; mais devant les histoires médiatiques de jeunes issus des classes populaires qui ont « réussi » grâce au sport, au *show-business* ou à *Star Academy*, il répondra que « chacun a sa chance ».

Il est donc plus sérieux d'étudier les statistiques, à la condition qu'elles soient le produit d'enquêtes, elles aussi, « sérieuses ». On se trouve alors confronté à un autre problème : pour mettre en évidence une éventuelle mobilité, donc des flux entre des positions sociales, il faut d'abord construire une représentation de la structure sociale. La société ressemble-t-elle à une pyramide, à une montgolfière, à un sablier ? Combien y a-t-il de positions ? Comment sont-elles hiérarchisées ? L'image de la mobilité que l'on obtiendra dépendra des choix théoriques présidant à la construction de la structure : elle ne sera pas la même si l'on retient une échelle à dix barreaux ou si l'on oppose « la France d'en haut » à la « France d'en bas »...

Un fait majeur s'impose toutefois : l'essentiel de la mobilité s'explique par les transformations de l'économie et de la société sur une longue période, qu'il s'agisse de l'exode rural, de l'immigration, de la salarisation et de la féminisation de la population active, de l'essor de catégories « moyennes » (employés, professions intermédiaires, cadres), de la tertiairisation, etc. L'importance de cette mobilité structurelle conduit à s'interroger sur les effets de la crise, d'autant que la période des « trente glorieuses » peut apparaître rétrospectivement comme une transition entre deux configurations sociales relativement stabilisées.

L'expansion des classes moyennes avait créé un appel d'air : au départ il a bien fallu recruter les nouveaux cadres ailleurs que chez les fils de cadres puisque ceux-ci étaient peu nombreux (de même pour les enseignants, etc.). Mais cette ouverture peut-elle se poursuivre indéfiniment ? Au moment même où les individus prétendent se définir par une trajectoire sociale, plus que par une position stable, assiste-t-on à une progression de la fluidité sociale ? Ou la société continue-t-elle, malgré l'apparence de mouvements de surface, à se reproduire, selon des modalités et des canaux différents ?

Ce sont des questions cruciales pour une démocratie. Nous les avons posées pour vous à Dominique Merllié.

Pascal Combemale

SOMMAIRE

LA MOBILITÉ SOCIALE

➺ **Dominique Merllié** *est professeur de sociologie à l'université Paris-VIII et chercheur au Centre de sociologie de l'éducation et de la culture (EHESS et CNRS). Il travaille sur l'histoire et les méthodes des sciences sociales. Parmi ses publications,* La Mobilité sociale *(La Découverte, « Repères ») et* Les Enquêtes de mobilité sociale *(PUF, Paris, 1995).*

Toutes les sociétés sont composées de groupes sociaux différenciés et plus ou moins *hiérarchisés* [*voir chapitre précédent*] ; autrement dit, les *statuts sociaux* y sont divers et inégalement valorisés. Comment ces statuts sont-ils attribués ? Par quels processus les individus sont-ils répartis dans les différentes classes ou strates, où acquièrent-ils différents types de statuts sociaux ?

À la suite de Pitirim Sorokin (1889-1968), sociologue américain d'origine russe (émigré aux États-Unis quelques années après la révolution de 1917), les sociologues regroupent l'étude de ces questions sous l'étiquette de « mobilité sociale ». On peut opposer en effet les sociétés où les statuts sociaux sont affectés de manière prédéterminée, rigide et définitive, dont les groupes sociaux se rapprochent des castes [*voir encadré A*], à celles où les conditions d'accès aux statuts permettent des changements et des cas plus ou moins fréquents de déplacement dans la structure sociale, ou de mobilité sociale [*voir encadré B*]. Dans le premier cas, on parlera de statuts sociaux « assignés », que les individus reçoivent de l'extérieur sans pouvoir les modifier, dans le second, de statuts « acquis », sur lesquels ils ont une certaine prise ou qui peuvent être l'objet d'une compétition ouverte, ce qui permet de changer de statut, ou de ne pas être enfermé dans celui que peut définir la « naissance » dans un milieu social.

L'étude de cet aspect du fonctionnement des sociétés est d'un grand intérêt sociologique puisqu'elle met en jeu la question de l'articulation des individus et des structures sociales, qui est un des points de différenciation entre les principales théories sociologiques. Elle renvoie aussi à une expérience sociale commune et comporte une portée idéologique ou politique.

S'élever, décliner ou se maintenir dans la structure sociale, au cours de sa vie ou par rapport aux repères que fournissent d'autres membres de la famille ou les condisciples de l'école, est une expérience sociale à laquelle chacun peut être attentif, pour lui-même comme pour apprécier les destins sociaux des autres. La *réussite sociale*, ses degrés et les différentes formes qu'elle peut prendre (par exemple, plus ou moins honnête ou méritante) font l'objet d'évaluations sociales spontanées et les *success stories* remplissent les contes populaires comme les magazines spécialisés, permettant au moins de rêver. Ainsi, dans la perception et l'évaluation sociale d'autrui et de soi-même, le statut n'est pas appréhendé seulement de manière statique, mais aussi du point de vue d'une évolution, ou d'une trajectoire sociale. La même situation sociale peut paraître bonne ou mauvaise, enviable ou indésirable, selon qu'elle correspond à un progrès ou à une régression, ou qu'elle semble porteuse d'une évolution ultérieure. Le jugement social spontané n'est d'ailleurs pas toujours favorable à la mobilité sociale ascendante, il est prompt à se moquer des *parvenus* aux prétentions culturelles déplacées (situation du Bourgeois gentilhomme), ou à faire porter le soupçon sur les causes des réussites les plus brillantes.

La mobilité sociale est aussi un enjeu politique : dans les sociétés où l'organisation politique se réfère à des principes démocratiques et l'organisation économique au libéralisme, il semble logique qu'à l'égalité des citoyens et à la liberté d'entreprendre corresponde dans le domaine social, sinon l'égalité des situations sociales, du moins

Bibliographie

Dominique Merllié, Jean Prévot, La Mobilité sociale, *La Découverte, « Repères », Paris, nouvelle éd., 1997.*

Pierre Merle, La Démocratisation de l'enseignement, *La Découverte, « Repères », 2002.*

l'égalité des conditions d'accès aux différentes situations. L'analyse de la mobilité sociale renvoie ainsi au principe de l'« égalité des chances », et les sociétés démocratiques et libérales peuvent chercher à évaluer la réalité ou l'efficacité de leurs principes de fonctionnement à l'importance des flux de mobilité sociale qu'elles permettent.

PLAN

I. LES ENQUÊTES ET LEURS RÉSULTATS

La mobilité intergénérationnelle masculine

Les enquêtes de mobilité sociale, dont la formule s'est fixée et généralisée dans les pays occidentaux après la Seconde Guerre mondiale, portent classiquement sur la mobilité entre générations des hommes, étudiée à partir de la profession : elles appliquent des catégories sociales fondées sur le critère de la profession (comme les catégories socio-professionnelles en France) à un échantillon représentatif d'hommes et à leur père, et permettent de construire des tableaux croisés dits tableaux (ou tables) de mobilité [*voir fiche-outil 1*]. Une entrée du tableau (généralement en ligne) correspond à l'*origine* (le classement social du père d'après sa profession), l'autre (généralement en colonne) à la *destinée* (la position sociale de l'enquêté, d'après sa propre profession). On peut étudier de même la mobilité en cours de carrière en croisant la position sociale de l'individu à une date antérieure et au moment de l'enquête.

Pour l'étude de la mobilité entre les générations, il faut tenir compte de l'existence de cette mobilité en cours de carrière : la signification du résultat n'est pas la même pour des enquêtés jeunes, dont on croise la situation en début de carrière professionnelle avec celle de leur père lui-même en fin de carrière, ou pour des sujets plus âgés. C'est pourquoi, dans les enquêtes de l'INSEE (Institut national de la statistique et des études économiques), les tableaux sur la mobilité

Encadré A : ***Castes et ordres***

Le clergé, la noblesse et le tiers état structuraient en trois *ordres*, ou *états*, la France de l'Ancien Régime : les groupes sociaux (par ailleurs très hétérogènes) ainsi constitués avaient une reconnaissance politique et légale, impliquant droits et devoirs différents. On y appartenait en principe par la naissance, sauf pour le clergé qui recrutait ses membres dans les deux autres ordres par des procédures qu'il contrôlait.

Les castes, caractéristiques de la société indienne traditionnelle et de certaines sociétés africaines, constituent de même des groupes sociaux héréditaires et fermés, à l'intérieur desquels se déroule toute l'existence (et notamment les mariages) et dont les rapports sont réglementés. Reposant sur l'hérédité du statut social, les sociétés à castes font donc peser un interdit, à fondement religieux, sur la mobilité sociale. L'histoire de la société indienne montre cependant que le système des castes lui-même évolue et se diversifie, de sorte que la place relative des différentes castes n'est pas totalement figée, ce qui implique une certaine forme de mobilité. Par extension, et par commodité, certains appellent castes des classes ou des groupes sociaux fermés, d'accès très difficiles à ceux qui n'y sont pas nés, comme des groupes liés à l'origine ethnique ou religieuse dans certaines sociétés.

sociale entre les générations sont généralement établis pour les enquêtés ayant quarante ans et plus (âge au-delà duquel les changements de situation professionnelle deviennent plus rares). En effet, dans ces enquêtes, on demande d'indiquer la profession du père lorsque l'enquêté a achevé sa scolarité.

En France, après une enquête réalisée par l'INED (Institut national des études démographiques) en 1948, des enquêtes comportant ces informations ont été faites périodiquement par l'INSEE depuis 1953. La dernière enquête fait apparaître les principaux résultats suivants [*voir tableau A*].

La stabilité sociale (immobilité ou « hérédité » sociale : même catégorie d'origine et de destinée, position sur la diagonale du tableau) est généralement importante, bien que variable selon les catégories et les époques. Des flux de mobilité non négligeables apparaissent cependant, qui ne se distribuent pas n'importe où dans les

Encadré B : *Différents types de mobilité*

La question de la stabilité ou du déplacement des individus dans la structure sociale peut être examinée de différents points de vue. La mobilité sociale, qui n'implique pas de déplacement physique, se distingue de la mobilité géographique, qui ne donne pas nécessairement lieu à changement de niveau social, même si les migrations géographiques, internes ou externes à un même pays, sont très souvent liées à la mobilité sociale. Changer d'emploi, ou simplement trouver un emploi peut conduire à quitter la campagne (exode rural) ou son pays (émigration).
La mobilité proprement sociale, qui implique un changement de statut social, se distingue aussi de la mobilité seulement professionnelle, qui peut consister à changer d'entreprise ou de type de travail sans impliquer nécessairement une modification de niveau social, même si changer de profession est un des moyens de passer à un autre statut social.
La mobilité individuelle, qui est celle d'individus quittant une catégorie sociale pour une autre, se différencie de la mobilité collective, qui implique des groupes ou des catégories sociales dans leur ensemble dont le statut se modifie (comme dans le cas du remaniement d'un système de castes évoqué dans l'encadré A).
La mobilité sociale peut être étudiée également de différents points de vue selon qu'on ne considère que la carrière d'un individu, qui peut changer ou non de statut au cours de son existence d'adulte, ou que l'on réfère les individus à leur origine familiale, en comparant leur statut à celui de membres des générations antérieures, comme leur père ou leur grand-père. On parle alors de mobilité intragénérationnelle (ou en cours de carrière) et intergénérationnelle (ou entre les générations). Dans les travaux de l'INSEE, la première est désignée comme mobilité professionnelle, la seconde comme mobilité sociale.
Le statut social comportant différents aspects ou composantes, la mobilité sociale peut relever de registres différents : mobilité religieuse, par exemple, en cas de conversion (qui peut avoir une signification sociale forte dans les sociétés où la confession religieuse détermine le statut social), mobilité politique pour le passage de statuts sociaux politiquement différenciés (par exemple, électeurs ou non), mobilité économique (pour les cas d'enrichissement ou d'appauvrissement), mobilité professionnelle, etc. Certains éléments du statut social impliquent des formes systématiques ou réglées de mobilité (c'est le cas de l'âge), d'autres sont très généralement fixés de manière définitive (c'est le cas du sexe).

Encadré C : *Les enquêtes sur la mobilité sociale en France*

La série des enquêtes « Formation, qualification professionnelle » (FQP), réalisées, depuis 1964, deux à trois ans après chaque recensement de la population, constitue la source statistique la plus riche pour étudier la mobilité sociale en France, du fait de l'importance et de la précision des questions qu'elles comportent sur les situations professionnelles des enquêtés (à plusieurs dates) et celles de plusieurs de leurs ascendants (au moins pères et mères, parfois grands-parents). L'enquête FQP disponible la plus récente, utilisée ici, a été réalisée en 1993. Une nouvelle enquête est en cours de réalisation en 2003.
Ces enquêtes ont aussi l'avantage de former une série longue assez homogène pour permettre des comparaisons dans le temps. Une enquête antérieure de l'INSEE, réalisée en 1953, permet d'embrasser une période encore plus importante.
D'autres sources statistiques sont parfois utilisées : principalement les enquêtes sur l'emploi d'une part, plus fréquentes et portant sur des échantillons plus importants, du fait qu'elles comportent une question sur la profession du père, l'Échantillon démographique permanent (EDP) d'autre part, qui consiste à suivre un échantillon d'individus de recensement en recensement.

cases du tableau. Les cas de mobilité ascendante sont plus nombreux que ceux de mobilité descendante. Les cas de mobilité modérée, entre des catégories relativement proches par leur niveau social, sont plus importants que ceux qui associent des catégories socialement très différentes : les « trajets » de mobilité sont plutôt courts que longs. Enfin, les situations de mobilité peuvent s'expliquer assez largement par les changements de la structure sociale (part des différentes catégories dans la population) entre les générations, qui se traduisent par les différences entre les deux marges (structures des origines et des destinées) du tableau.

Dans un contexte de déclin de l'emploi agricole et de croissance des emplois ouvriers, par exemple, nombreux sont les enfants d'agriculteurs qui deviennent ouvriers, tandis que les agriculteurs sont très rarement recrutés en dehors de leur milieu. Plus généralement, on retrouve dans l'analyse des destins sociaux que permettent les tableaux de mobilité sociale les marques des grands changements de la société française dans les dernières décennies : exode rural et urbanisation, salarisation, industrialisation puis tertiarisation de l'emploi. C'est en ce sens que l'on parle d'une mobilité *structurelle*, mobilité des individus portée par les changements structurels de la société. Avec l'évolution de la structure des emplois, les différences de fécondité selon les groupes sociaux d'une part, et les mouvement migratoires d'autre part sont les principales causes de mobilité « structurelle ».

L'ensemble des cas de mobilité ne s'expliquent cependant pas par ces causes structurelles et les sociologues cherchent souvent à évaluer une mobilité *nette* correspondant à la différence entre la mobilité totale ou brute et la mobilité structurelle. La distinction entre ces deux types de mobilité conçus comme s'additionnant reste cependant impossible à formaliser sous une forme qui permette de les quantifier de manière satisfaisante. C'est pourquoi on lui substitue plutôt la distinction entre « mobilité absolue » ou « observée » et « mobilité relative » ou « fluidité », la seconde désignant une mesure de l'ouverture sociale traduite par les flux de mobilité indépendante de la forme particulière que prennent ceux-ci. Ce sont les variations de cette « fluidité sociale » que les comparaisons (dans le temps ou entre pays) cherchent à identifier [*voir encadré D*].

Tableau A

Groupe socioprofessionnel des hommes en fonction de celui du père

	Groupe socioprofessionnel de l'enquêté en 1993 (en milliers, premier % en ligne, deuxième % en colonne)						
Groupe socio-professionnel du père	**Cadre et profession intellect. supérieure**	**Profession interméd.**	**Artisan commerç. chef d'entreprise**	**Employé**	**Ouvrier**	**Agri-culteur expl.**	**Ensemble**
Cadre et prof.	260	101	52	40	32	3	488
intellectuelle	53,4	20,7	10,6	8,2	6,5	0,6	100
supérieur	23,3	7,5	7,7	7,3	1,8	0,9	8,4
Profession	223	185	56	61	93	5	622
intermédiaire	35,8	29,7	9,0	9,8	14,9	0,8	100
	19,9	13,7	8,3	11,1	5,1	1,6	10,7
Artisan,	172	160	242	53	154	14	795
commerçant,	21,6	20,2	30,4	6,7	19,3	1,7	100
chef	15,4	11,9	35,9	9,7	8,5	4,6	13,7
d'entreprise							
Employé	140	211	47	72	173	1	645
	21,8	32,8	7,3	11,2	26,8	0,2	100
	12,5	15,6	7,0	13,1	9,5	0,4	11,1
Ouvrier	215	547	200	241	1022	18	2243
	9,6	24,4	8,9	10,8	45,5	0,8	100
	19,2	40,5	29,7	43,9	56,3	6,2	38,6
Agriculteur	108	147	77	82	342	256	1011
exploitant	10,7	14,5	7,6	8,1	33,8	25,3	100
	9,7	10,9	11,4	14,9	18,8	86,3	17,4
Ensemble	1118	1351	674	550	1815	296	5804
(GSP de l'enquêté)	19,3	23,3	11,6	9,5	31,3	5,1	100

Champ : hommes en 1993, actifs occupés ou anciens actifs en mai 1993, âgés de 40 à 59 ans.
Source : INSEE, enquête FQP 1993.
Lecture : en 1993, 5,8 millions d'hommes âgés de 40 à 59 ans ont un emploi ou sont d'anciens actifs occupés. Parmi eux, 1,8 million sont ouvriers, soit 31 % des hommes de cette génération. Ces ouvriers n'ont pas tous grandi dans le même milieu : 1 022 000 ont un père qui était lui aussi ouvrier (soit 56 % d'entre eux), 342 000 ont un père qui était agriculteur (soit 19 %), etc. Plus généralement, dans chaque case, le premier chiffre indique les effectifs : 215 000 hommes de 40 à 59 ans sont cadres fils d'ouvriers. Le deuxième chiffre (en italiques) donne les destinées : 10 % des fils d'ouvriers sont cadres. Et le troisième chiffre présente les recrutements : 19 % des cadres sont fils d'ouvriers.

La mobilité des femmes et le « choix du conjoint »

La plupart des enquêtes de mobilité sociale ne portent que sur les hommes. La justification technique de cet état de fait renvoie au choix de la profession comme indicateur de position sociale. Dans les sociétés occidentales d'après-guerre, les femmes sont souvent inactives, ou actives seulement à certaines périodes de leur vie, avec des interruptions lors du mariage ou de la naissance des enfants. De ce fait, il a paru préférable de les classer en fonction de la profession du chef de famille plutôt que de leur (éventuelle) profession personnelle.

Tableau B

Groupe socioprofessionnel des femmes en 1993 en fonction de celui du père

Groupe socio-professionnel du père	Groupe socioprofessionnel de l'enquêtée en 1993 (en milliers, premier % en ligne, deuxième % en colonne)						
	Cadre et profession intellect. supérieure	Profession interméd.	Artisan commerç. chef d'entreprise	Employée	Ouvrière	Agricul-trice expl.	Ensemble
Cadre et profession intellectuelle supérieure	165 34,3 32	155 32,3 13,1	17 3,5 4,7	123 25,5 5	21 4,4 2,2	- - -	481 100 8,3
Profession intermédiaire	90 15 17,5	196 32,7 16,6	30 5 8,3	238 39,7 9,7	38 6,3 3,8	8 1,3 2,8	600 100 10,4
Artisan, commerçant chef d'entreprise	88 11,4 17,2	183 23,7 15,5	84 10,9 23,4	315 40,8 12,8	82 10,7 8,4	20 2,5 6,9	773 100 13,4
Employé	65 10,1 12,59	160 25 13,57	22 3,4 6	317 49,5 12,89	71 11,2 7,32	5 0,7 1,6	639 100 11,1
Ouvrier	78 3,4 15,1	350 15,5 29,7	132 5,9 36,6	1056 46,7 43	613 27,1 62,8	31 1,4 11	2260 100 39,2
Agriculteur exploitant	29 2,8 5,6	136 13,4 11,5	76 7,4 21	408 40,2 16,6	150 14,8 15,4	218 21,4 77,6	1017 100 17,6
Ensemble (GSP de l'enquêté)	515 8,9	1180 20,5	361 6,3	2457 42,6	976 16,9	281 4,9	5770 100

Champ : femmes, actives occupées ou anciennes actives occupées en mai 1993, âgées de 40 à 59 ans.
Source : INSEE, enquête FQP 1993.
Lecture : en 1993, 5,8 millions des femmes âgées de 40 à 59 ans ont un emploi ou sont d'anciennes actives occupées. Parmi elles, 2,5 millions sont employées, soit 43 % des femmes de cette génération. Ces employées n'ont pas toutes grandi dans le même milieu : 1 056 000 ont un père qui était ouvrier (soit 43 % d'entre elles), 408 000 ont un père qui était agriculteur (soit 17 %), etc.
Plus généralement, dans chaque case, le premier chiffre indique les effectifs : 78 000 femmes de 40 à 59 ans sont cadres filles d'ouvriers.
Le deuxième chiffre (en italiques) donne les destinées : 3 % des filles d'ouvriers sont cadres.
Et le troisième chiffre présente les recrutements : 15 % des cadres femmes sont filles d'ouvriers.

Malgré la forte augmentation de l'activité professionnelle féminine, cette justification garde une certaine pertinence car la structure des emplois féminins est très différente de celle des hommes : rapporter la profession des femmes à celle de leur père donne ainsi des tableaux de mobilité qui ne peuvent avoir la même signification que ceux des hommes [*voir tableau B*]. Ils font nécessairement apparaître plus de mobilité « descendante », puisque le marché de l'emploi féminin est moins ouvert aux emplois supérieurs. Il s'agit, là encore, de différences structurelles, qui ne préjugent pas de la « fluidité ». Il serait alors logique de construire des tableaux croisant la profession des femmes avec celle de leur mère, mais celles-ci appartiennent aux générations de faible activité professionnelle.

Les auteurs des enquêtes de mobilité sociale ont ainsi généralement estimé que si la profession ou le choix de l'activité était le principal canal de mobilité sociale ouvert aux hommes, le mariage ou le choix du conjoint était celui qui s'ouvrait aux femmes. Ils ont donc étudié la mobilité féminine à travers la stabilité ou la variation des milieux sociaux du père et du mari des femmes mariées [*voir tableau C*].

Les tableaux permettant d'analyser la position ou l'origine sociales des membres des couples sont ainsi analogues aux tableaux de mobilité. À l'immobilité correspond l'*homogamie*, situation des couples où le classement des deux conjoints est le même ; à la mobilité correspond l'*hétérogamie*, cas des autres couples. Un tableau croisant la profession des conjoints permet de constater que les couples hétérogames correspondent assez largement aux différences de structure des emplois masculins et féminins : cas des hommes cadres/femmes professions intermédiaires ou employées par exemple, mais aussi des hommes ouvriers/femmes employées [*voir tableau D*]. Un tableau croisant la profession de l'homme et celle du père de la femme permet d'étudier la mobilité féminine intergénérationnelle « par le mariage ». Un tableau croisant la profession des pères des deux conjoints rend compte de la proximité ou de la distance des origines sociales des membres des couples. L'importance relative de l'homogamie et l'étude des cas d'hétérogamie montrent que le poids de l'origine sur le destin ne diffère guère selon le sexe. Toutefois, on peut dire que les hommes ressemblent un peu moins à leurs beaux-pères qu'à leurs pères (les tableaux hommes/pères du conjoint sont un peu moins chargés sur la diagonale que les tableaux hommes/pères), ce qui signifierait que la destinée sociale des femmes, mesurée à ce critère, serait un peu plus ouverte que celle des hommes.

Le double constat d'une forte évolution de la structure des emplois masculins entre les générations et d'une forte différenciation de la structure des emplois masculins et féminins conduit cependant à se poser une autre question. La progression de l'emploi féminin, qui se développe particulièrement parmi les employés, n'est-elle pas l'une des conditions structurelles de la mobilité sociale ascendante des hommes ? Si une femme employée ou institutrice mariée à un ingénieur appartient à un milieu social qui est défini plus par la profession de son mari que par la sienne, elle a pu contribuer, en se satisfaisant de sa position professionnelle, à rendre possible l'accès de son mari à la sienne. Le retrait relatif des femmes dans la compétition pour les emplois les plus valorisés peut apparaître comme l'une des conditions structurelles des flux de mobilité ascendants masculins, de même que, dans les années de croissance économique forte, le recrutement des ouvriers parmi les travailleurs immigrés a pu permettre, par exemple, à des enfants d'ouvriers d'occuper d'autres emplois qui se développaient par ailleurs.

Tableau C

Origines sociales des conjoints (masculins de 40 à 59 ans en 1993)

Groupe socio-professionnel du père, du « mari »		Groupe socioprofessionnel du beau-père 1	2	3	4	5	6	Ensemble hommes
1. Cadres	% →	27,8	18	16,5	11,1	19,2	7,3	100
	% ↓	30,1	14,9	11,2	9,2	4	4,2	8,9
2. Professions intermédiaires		16,4	16,1	13,1	13,9	36	4,5	100
		21,8	16,4	11	14,2	9,3	3,2	10,9
3. Patrons		8,3	13,4	20,7	11,8	33,1	12,3	100
		14,6	17,4	22,2	15,4	11	11	13,9
4. Employés		7,3	14,9	16	14,7	38,9	8,1	100
		9,7	15	13,3	14,9	10	5,7	10,8
5. Ouvriers		4,4	8,3	9,4	10,0	57,1	10,7	100
		20,7	29,6	27,7	36,1	52,2	26,6	38,4
6. Agriculteurs		1,5	4,2	11,1	6,3	32,6	44,3	100
		3,1	6,7	14,7	10,1	13,4	49,2	17,2
Ensemble femmes		8,2	10,7	13	10,7	41,9	15,4	100
		100	100	100	100	100	100	100

Champ : la population est constituée des hommes de l'enquête mariés ou vivant en couple (français de naissance), classés en fonction de la profession de leur père et de celle du père de leur conjoint (les non-réponses à l'une ou l'autre information sont exclues du tableau).
Lecture : dans chaque case, on a d'abord la proportion en ligne, puis en colonne. Ainsi, 28 % des fils de cadres ont épousé une fille de cadre, et 30 % des filles de cadres ont épousé un fils de cadre.
Source : INSEE, enquête FQP 1993.

II. LES FACTEURS DE LA MOBILITÉ SOCIALE

Les trajectoires sociales (immobilité et différentes formes de mobilité) s'expliquent-elles par les structures sociales et leurs évolutions, qui les contraignent ou les rendent possibles, ou bien les structures sont-elles le résultat, instable ou provisoire, de l'action des individus ? Ainsi peut-on résumer, en le simplifiant, un débat qui oppose des sociologues plus attentifs, les uns aux déterminations sociales pesant sur les « agents » sociaux, les autres aux marges de jeu qu'institutions et sociétés laissent toujours aux « acteurs » dans l'interprétation, voire dans l'improvisation, des rôles sociaux. L'analyse de la mobilité sociale est un des lieux où s'exprime le plus directement cette différenciation théorique. Pour éclairer un tel débat, il est nécessaire de s'interroger non seulement sur l'existence ou l'importance de la mobilité, mais aussi sur les mécanismes et les institutions qui la produisent, la permettent ou la canalisent.

Le rôle de l'école

Parmi ces institutions, l'école a polarisé une bonne part des analyses. En effet, si la famille et l'héritage semblent devoir produire des statuts sociaux « assignés » et expliquer ainsi les tendances à l'immobilité, l'institution scolaire, lorsqu'elle est ouverte à tous, semble construite pour permettre de développer les « dons » ou le « mérite » individuel et donner, par les titres décernés au vu de performances réalisées dans certaines conditions d'égalité, les moyens d'acquérir des statuts sociaux qui peuvent différer de ceux de la famille d'origine, favorisant ainsi la mobilité sociale.

Dès lors que la socialisation des individus se fait à la fois dans la famille et dans l'école, cette question renvoie à celle de l'articulation de ces deux formes de socialisation. Une bonne partie des travaux de sociologie de l'éducation (en particulier ceux de Pierre Bourdieu et Jean-Claude Passeron) ont consisté à montrer que cette articulation était fort variable selon les catégories sociales. L'école ne libère guère des déterminismes sociaux de la « naissance », car la culture qu'elle diffuse et en fonction de laquelle elle porte ses jugements, bien que spécifique, est plus proche de celle des classes supérieures que

Tableau D

Groupes professionnels des conjoints
(couples dont les deux membres ont entre 25 et 59 ans en 1993)

Groupe socio-professionnel de l'homme		Groupe socioprofessionnel de la femme 1	2	3	4	5	6	7	8	Ensemble hommes
1. Cadres	% →	24,2	21,3	1,8	16,7	1,4	(Ɛ[a])	3,9	30,7	100
	% ↓	57,3	21,2	8	8,4	2,5	(0,3)	13	15,8	15,2
2. Professions intermédiaires		5,9	24,5	1,6	34	5,3	0,3	3,8	24,5	100
		19,5	34	10	23,9	13,1	2,6	17,7	17,5	21
3. Patrons		6,7	11,3	24,3	26,2	3,2	0,7	3,1	24,5	100
		9,8	6,9	65,3	8,2	3,5	2,7	6,5	7,8	9,3
4. Employés		2,5	16,5	1	45,1	7,2	(0,1)	4,2	23,5	100
		3,2	9	2,3	12,6	7	(0,5)	7,7	6,7	8,3
5. Ouvriers		1	8,5	1	35,3	16,7	0,7	4,6	32,2	100
		5	17,8	8,9	37,4	62,1	8,5	32,5	34,8	31,8
6. Agriculteurs		1,7	7,3	1,4	12,8	5,5	54,3	1,7	15,4	100
		1,0	1,8	1,5	1,6	2,4	82,4	1,4	1,9	3,7
7. Retraités		2,9	14,2	1,1	20,2	6,1	0,8	5,8	49	100
		2,6	5,4	1,8	3,9	4,1	1,9	7,4	9,6	5,8
8. Autres inactifs		2	12	1,6	25,6	9,3	0,6	12,9	36	100
		1,5	3,8	2,3	4,1	5,3	1,1	13,9	5,9	4,9
Ensemble femmes		6,4	15,2	3,5	30	8,5	2,4	4,5	29,5	100
		100	100	100	100	100	100	100	100	100

Champ : hommes et femmes de 25 à 59 ans en couple, dont le conjoint appartient à la même tranche d'âge (toutes nationalités).
N.B. : premier % en ligne, deuxième en colonne : 17 % des ouvriers ont une ouvrière pour conjoint, situation qui caractérise 62 % des ouvrières.
a. Proche de zéro.
Source : enquête FQP 1993.

des autres. Même si elle s'adresse de la même manière à tous, ses messages sont reçus inégalement, et les sanctions qu'elle décerne selon ses propres critères tendent à retraduire dans l'ordre scolaire des différences sociales qui lui préexistent. L'effet global ne serait pas de substituer un mode de classement (scolaire, fondé sur le mérite) à un autre (social, fondé sur la naissance), mais de légitimer le classement social en le retraduisant dans d'autres modalités. L'école participerait ainsi d'autant mieux à la reproduction de l'ordre social qu'elle le ferait de manière déniée, à l'insu de ses propres agents.

Ces analyses s'appuient sur les différences de réussite scolaire des élèves en fonction de l'origine sociale et conduisent à dire que la famille donne en héritage non seulement des biens économiques variables, mais aussi un « capital culturel » inégalement réparti. Elles ne sont pas démenties par la présence de cancres parmi les enfants des classes supérieures et par celle de « miraculés » scolaires qui échappent au destin commun des classes inférieures. Les premiers bénéficient souvent des autres formes de « capital » qui leur évitent de déchoir socialement, notamment par les relations sociales de leurs familles ; les seconds, quand ils ne deviennent pas eux-mêmes des agents dévoués de l'institution scolaire à laquelle ils doivent leur élection, contribuent au nécessaire renouvellement de catégories sociales en expansion.

L'inégalité sociale devant l'école ne se traduit pas seulement dans l'inégale longueur des scolarisations, mais aussi dans les différences d'orientation dans des formations au rendement social inégal. Ainsi, non seulement les enfants d'ouvriers sont bien moins souvent étudiants que les enfants de cadres, mais encore ne font-ils pas les mêmes études. Le recrutement social des formations universitaires de lettres ou de sciences, qui débouchent surtout sur l'enseignement, s'oppose à celui des filières qui conduisent aux professions libérales ou à celui des « grandes écoles » d'ingénieurs ou de commerce, qui forment les futurs cadres du public et du privé.

Encadré D : *Comment la mobilité sociale évolue-t-elle ?*

Si l'on compare les flux de mobilité sociale de sociétés différentes, ou de la même société à des dates différentes, on trouve nécessairement des variations, qui peuvent être considérables, du fait que ces flux relient des groupes sociaux de tailles relatives différentes. Par exemple, il n'est pas surprenant de trouver moins d'ouvriers d'origine agricole dans une société où il y a moins d'agriculteurs et donc d'enfants d'agriculteurs, si l'on compare la Grande-Bretagne et la France, ou encore la France d'aujourd'hui à celle d'il y a quarante ans. La comparaison de la mobilité sociale dans des sociétés ou à des périodes différentes est donc à relier à celle des différences ou des évolutions de structure sociale. Elle est nécessaire pour étudier les variations dans les destins sociaux des individus comme dans le recrutement social des groupes sociaux. Mais elle ne permet pas directement d'estimer si ces variations correspondent ou non à des rigidités sociales plus ou moins fortes dans la transmission des statuts sociaux.

On peut donc se demander aussi si les flux observés traduisent, au-delà des différences de structure, des variations dans l'ouverture des destinées « toutes choses égales d'ailleurs », ou encore dans la « fluidité sociale ». Les techniques statistiques nécessaires pour répondre à cette question reviennent à se demander ce que seraient les tableaux comparés, dont les marges diffèrent (structures des origines et des destinées), *si* ces marges étaient les mêmes. Une difficulté tient au fait que les catégories statistiques utilisées ne sont jamais parfaitement transposables. Même lorsqu'elles sont identiques dans leur définition formelle, leur signification sociale peut varier, notamment avec l'importance relative des groupes correspondants. Les statuts sociaux respectifs d'un cadre ou d'un agriculteur ne sont pas les mêmes dans une société où les agriculteurs sont nombreux et les cadres rares et dans une société où ces rapports s'inversent.

Sous ces réserves, on peut dire que les analyses ont longtemps conclu à des différences faibles de la « fluidité » selon les sociétés. De même, les différences repérables dans le temps ont longtemps paru incertaines ou négligeables. Des analyses récentes sur les quarante années séparant les enquêtes de 1953 et 1993 de l'INSEE concluent cependant à une augmentation faible mais marquée de la « fluidité » en France. Par exemple, le rapport entre les chances des fils de cadres de devenir cadre et celles des fils d'ouvriers de le devenir, qui reste élevé, s'est réduit. Globalement, au rythme constaté sur quarante ans, il faudrait deux siècles pour que l'on arrive à une société où les destins sociaux ne dépendraient plus des origines.

Non seulement, selon ces analyses, l'école n'est pas « neutre » socialement, mais encore décerne-t-elle des titres dont la valeur dépend des qualités sociales de leurs porteurs. L'étude des débouchés professionnels des différentes filières scolaires montre que le rendement social des diplômes dépend aussi de l'origine sociale. Un même diplôme conduit élèves ou étudiants à des professions ou à des niveaux de salaire qui sont sensiblement fonction de leur origine sociale, et tous ne sont pas non plus à égalité pour la conversion des titres scolaires en titres sociaux.

Ainsi, à l'idée spontanée que l'école est un des moyens qui s'ouvrent aux enfants doués ou méritants d'échapper au destin social où pourrait les enfermer leur catégorie sociale de naissance, des études sociologiques convergentes ont pu opposer le constat des limites assez étroites dans lesquelles elle peut jouer effectivement le rôle d'un canal de mobilité sociale. Loin d'être un lieu où l'effet des structures sociales serait suspendu, elle contribuerait de manière spécifique à leur reproduction.

On a reproché à ces analyses de méconnaître le jeu des acteurs et estimé qu'élèves et parents prennent leurs décisions d'orientation en fonction de leurs intérêts. Les analyses de Raymond Boudon, qui expliquent les statistiques scolaires et la mobilité sociale par les comportements individuels et les effets de leur agrégation, débouchent cependant sur des résultats comparables : la réduction des inégalités scolaires n'a pas nécessairement d'effets de même sens sur les inégalités sociales. Dans ces analyses, plus encore que dans les précédentes, l'école n'apparaît pas comme un moyen ou canal de mobilité sociale, puisqu'elle peut se démocratiser sans que l'accès aux positions sociales les plus valorisées se démocratise.

Ces différentes analyses n'infirment cependant en rien la remarque de bon sens de Paul Lapie, un sociologue français, qui affirmait en 1911 que, si réduit que soit l'effet de l'école sur le destin social, « on a tout de même plus de chances de s'élever dans l'échelle sociale en acquérant un peu d'instruction qu'en négligeant d'en acquérir ».

Acteurs et structures

Le débat récurrent opposant déterminisme des structures sociales et initiative des individus (qu'on rencontre, par exemple, entre Durkheim et Tarde, pour qui les deux forces sociales principales étaient l'invention et l'imitation) n'a plus de sens si on le pousse à la limite. Une société est toujours composée d'individus et ne se réduit jamais à une pure juxtaposition d'individus. Son enjeu est donc non dans l'opposition abstraite entre structures et acteurs, mais dans les modes d'articulation de ces niveaux d'analyse : les stratégies se déploient dans des structures sociales.

Étudier la mobilité sociale comme le résultat de la mise en œuvre de projets de mobilité ou de conservation de la position sociale acquise ne saurait conduire à dissoudre la réalité des structures sociales, faute de quoi ces projets mêmes perdraient leur sens. Pour que des individus puissent souhaiter s'élever ou se maintenir dans la structure sociale et agir, de manière appropriée ou non, dans ce sens, il paraît nécessaire qu'existent effectivement des groupes sociaux différenciés et qu'un minimum de résistance s'oppose à ces projets.

Par quels mécanismes les actions sociales convergent-elles en produisant les régularités statistiques observables dans les enquêtes ? Comment institutions et groupes sociaux perdurent-ils à travers leurs transformations ? Pierre Bourdieu et Jean-Claude Passeron ont expliqué les mécanismes de « reproduction » précédemment décrits par le fait que les acteurs sociaux perçoivent la réalité sociale à travers l'expérience de leurs proches et intériorisent ainsi comme normales les destinées les plus fréquentes dans leur horizon social. La socialisation comporte l'intériorisation de « probabilités subjectives » qui se moulent sur les probabilités objectives avant de déterminer celles-ci en retour. C'est ce qui explique que les situations de bouleversement social (comme les périodes de guerre), dans lesquelles les repères ordinaires deviennent moins opérants, puissent notamment être des moments d'accroissement des possibilités et des situations de mobilité sociale.

III. LES EFFETS DE LA MOBILITÉ SOCIALE

La mobilité sociale a été perçue à la fois comme un facteur de paix sociale et de déséquilibre psychologique. On peut, de fait, en étudier les effets à la fois sur les structures sociales et sur les individus.

Mobilité et ordre social

En recrutant les membres des différents groupes en partie en dehors de ces groupes, les sociétés « fluides » assureraient une meilleure adaptation des individus à leur situation sociale. Dans une vision fonctionnaliste des choses, pour que la division du travail social ait des effets positifs, il faut que les individus occupant les différentes fonctions aient des dispositions (talents ou compétences) adaptées à ces fonctions, et la mobilité sociale permet de mieux assurer cette adéquation des individus à leurs rôles sociaux. Dans une version plus politique, la classe dominante ou l'élite ne peut s'imposer durablement que si elle se décharge de ses membres les moins aptes et s'assure le concours des meilleurs (et donc des plus dangereux pour elle) des membres des classes dominées ou de la masse, faute de quoi les rancœurs accumulées par les talents mal employés produisent des révolutions. La mobilité serait ainsi un facteur de bon fonctionnement des sociétés et, par là, de paix sociale.

Du point de vue des groupes sociaux, l'enjeu peut être celui de la permanence de leur identité, qu'un recrutement largement extérieur peut venir menacer. La stabilité d'une culture de classe, facteur d'intégration des classes sociales, est plus facilement assurée quand ses membres y ont été socialisés dès l'enfance que s'ils proviennent de groupes sociaux aux expériences diverses. L'histoire de la classe ouvrière française montre cependant qu'elle a su être un « creuset » pour de nombreux ruraux et immigrés. Mais des flux de mobilité sociale trop importants menaceraient la cohérence et les possibilités de mobilisation et d'identification des groupes sociaux.

Mobilité et comportements sociaux

Les sociologues se sont interrogés sur les effets de la mobilité non seulement sur la stabilité de l'ordre social mais aussi sur les comportements des individus en situation de mobilité, et notamment dans le domaine politique : on s'est demandé par exemple si leur expérience personnelle de la diversité des situations sociales les rendait plus libéraux (au sens politique du terme) ou au contraire plus conservateurs, soit par rancœur en cas de mobilité descendante, soit par fixation sur des privilèges tout neufs en cas de mobilité ascendante. Sans doute ne faut-il pas raisonner ainsi globalement en termes de mobilité ou non, mais analyser ce que les comportements sociaux peuvent devoir à la fois à la catégorie d'origine et à la catégorie de destination. Ainsi, l'origine ouvrière, et non seulement l'appartenance au groupe des ouvriers, semble un facteur prédisposant au vote de gauche. Inversement, le sentiment de ne pas appartenir tout à fait à un groupe social dans lequel on n'a pas été socialisé peut produire des mécanismes d'adaptation excessifs, engendrant un hyperconformisme ; ainsi en va-t-il, par exemple, du purisme linguistique des autodidactes, du patriotisme des immigrants et, plus généralement, de l'ardeur des néophytes.

Pour les individus qui en font l'expérience, la mobilité sociale peut être vécue à la fois comme une libération et comme un arrachement, et créer une situation de dédoublement, sinon de schizophrénie, avec le sentiment d'être doublement étranger : au groupe qu'on a quitté et plus ou moins trahi, au groupe qu'on a rejoint sans y être totalement intégré. Les relations sociales en sont affectées aussi bien avec les membres de la famille ou les amis d'enfance qu'avec les relations du nouveau milieu. Cette situation, comparable à celle des migrants entre deux pays et deux cultures, peut être d'autant plus douloureuse que le projet de mobilité était souvent plus celui des parents, se projetant dans la réussite sociale de leurs enfants, que de ceux-ci : fidélité et trahison sont tissées dans la même trame. Cette position d'étranger, le sentiment de marginalité et les difficultés d'adaptation peuvent aussi constituer un facteur de lucidité et produire des individus plus portés au regard sociologique sur le fonctionnement des groupes sociaux.

Dominique Merllié

Synthèse et révision

En répondant aux questions suivantes, vous allez pouvoir préparer, chez vous et/ou en classe, une synthèse des connaissances fondamentales à acquérir. Cet exercice va vous permettre de construire vous-même dès maintenant la fiche qui vous sera indispensable au moment de vos révisions parce qu'elle contient ces connaissances de base.

→ **Voir fiche-outil** sur les tableaux de mobilité sociale à la fin du chapitre

QUESTIONS

1. Qu'est ce que le statut social ?
2. Dans quel type de société la notion de mobilité sociale a-t-elle un sens ?

I. Les enquêtes de mobilité sociale

3. Qu'appelle-t-on mobilité sociale intergénérationnelle ? mobilité sociale intragénérationnelle ? mobilité professionnelle ?
4. Donnez un exemple de mobilité professionnelle qui ne soit pas un cas de mobilité sociale.
5. Quelle information une table de recrutement donne-t-elle ? une table de destinée ?
6. Quelle information apporte la lecture de la diagonale d'une table de mobilité ?
7. Quelle information apporte chacune des marges d'une table de mobilité croisant destinée et recrutement ?
8. En quoi le nombre de catégories retenues peut-il avoir une incidence sur la mesure de la mobilité sociale ?

9. Le statut d'un cadre des années 1950 est-il comparable au statut d'un cadre des années 2000 ? Justifiez votre réponse.
10. Qu'est-ce qu'un trajet de mobilité court ? long ? Donnez un exemple pour chaque type de trajet.
11. Quelles sont les catégories pour lesquelles on constate une forte mobilité sociale ? une faible mobilité sociale ?
12. Définissez mobilité structurelle, mobilité nette. Parvient-on à distinguer ces deux formes de mobilité ?
13. Finalement la mobilité sociale vous paraît-elle importante ? Justifiez votre réponse.
14. Pourquoi ne rapporte-t-on pas la profession d'une femme à celle de sa mère ?
15. Pourquoi les tables de mobilité rapportant la profession des femmes à celle de leur père font-elle apparaître plus de mobilité descendante ?
16. Pourquoi s'intéresser au choix du conjoint des femmes plutôt qu'à leur choix d'activité professionnelle ? Est-ce justifié ?
17. Qu'est ce que l'homogamie ? Comment l'interpréter ?
18. Expliquez en quoi le comportement collectif des femmes peut être un facteur de mobilité structurelle des hommes ?

II. Les facteurs de la mobilité sociale

19. Qu'est ce qu'un système méritocratique ?
20. Quel est le rôle de l'école dans une société démocratique ?
21. Qu'est-ce qui permet d'affirmer que subsiste une « inégalité sociale devant l'école » ?
22. Comment l'école contribue-t-elle à la reproduction sociale ?
23. Qu'est ce que la fluidité sociale ? Dans quel sens évolue-t-elle ?

III. Les effets de la mobilité sociale

24. Quels sont les effets économiques et politiques de la mobilité sociale ?
25. Quels peuvent être les effets politiques d'une trop faible mobilité sociale ?
26. Quels sont les effets de la mobilité sociale sur les individus qui en font l'expérience ?

Mots clés

Mobilité/immobilité sociale • Mobilité professionnelle • Statut social • Destinée • Recrutement • Mobilité structurelle/nette • Fluidité sociale • Capital économique/culturel/social • Reproduction • Égalité/inégalité des chances • Société démocratique • Méritocratie.

Dossier 1

Les inégalités devant l'école

Questions sur l'ensemble du dossier

1. Décrivez l'évolution du nombre de bacheliers. Montrez les grandes phases de cette évolution et analysez les transformations de la population accédant au baccalauréat. [*doc. 3*]
2. Quelles différences peut-on établir entre les deux significations du terme de « démocratisation » proposées par l'auteur ? Sont-elles contradictoires ? [*doc. 1*]
3. Pourquoi la question de l'inégalité devant l'école est-elle aujourd'hui plus présente qu'avant ? [*doc. 2*]
4. Comment les écarts entre les enfants de groupes sociaux différents en matière d'accès au baccalauréat et d'accès à l'enseignement supérieur ont-ils évolué ? [*doc. 4 et 5*]

Document 1

Diffusion de l'instruction et égalisation des chances

Il est souvent question de « démocratisation de l'enseignement » sans que l'expression soit clairement définie. Il faut distinguer deux significations bien différentes.
La première évoque un phénomène de diffusion de l'instruction jalonné, tout au long de l'histoire de l'école, par des controverses passionnées et des affrontements persistants. [...]
La seconde signification de l'expression renvoie à une tout autre idée, celle de l'égalisation des chances scolaires. Dans cette perspective, la démocratisation de l'école est acquise si l'accès aux études est de moins en moins dépendant de variables telles que le milieu social, le sexe, l'origine nationale ou géographique.
Cette seconde signification du terme démocratisation est radicalement différente de la précédente. Ainsi, en France, la diffusion de l'accès au bac est incontestable : le taux de bacheliers par génération passe de 5 % en 1950 à plus de 60 % à la fin du XXe siècle. Pour autant, l'accès à l'enseignement supérieur demeure très différent selon l'origine sociale, et l'entrée aux grandes écoles est, sur la même période, restée quasiment inaccessible aux enfants d'origine populaire. De même que la société française n'est pas aujourd'hui considérée comme plus démocratique qu'en 1950 parce que le taux d'équipement des ménages en réfrigérateur est désormais proche de 100 %, l'élargissement de l'accès au bac n'est pas davantage un indicateur pertinent de la réduction des inégalités devant l'école. ■

Pierre Merle, La Démocratisation de l'enseignement, *La Découverte, « Repères », 2002, p. 3-4.*

Document 2

Expansion du système éducatif et inégalités des chances à l'école

L'un des leviers de ce changement a été l'avènement progressif du collège unique, en lieu et place de l'ancien système à deux vitesses (Prost, 1992). Commencée en 1941 pendant la guerre et achevée en 1975, la réforme du collège s'est faite sous l'aiguillon d'une croissance forte, dans la crainte d'un déclin dû à l'insuffisance d'ingénieurs et de main-d'œuvre qualifiée. La réduction de l'inégalité des chances était l'autre objectif important de ceux qui ont contribué à l'unification du système. De façon un peu paradoxale, en mettant en compétition dans les mêmes classes des enfants qui jusqu'alors ne se côtoyaient guère, l'ouverture et l'unification du secondaire ont cependant contribué à rendre plus présent encore, dans le débat social, le thème de l'inégalité des chances.
Avec le recul, il est d'autant plus important de proposer un nouveau bilan sur les inégalités que le contexte économique a complètement changé. Le ralentissement de la croissance économique ne permet plus aux diplômés de trouver les débouchés et les statuts qu'obtenaient leurs aînés avec les mêmes diplômes (Goux et Maurin, 1994). Le diplôme est de plus en plus nécessaire pour éviter le chômage et la pauvreté, mais de moins en moins suffisant pour s'élever au-dessus des générations antérieures : la question des inégalités entre enfants d'une même génération n'en devient que plus sensible. ■

Dominique Goux, Éric Maurin, « Démocratisation de l'école et persistance des inégalités », Économie et statistique *n° 306, 1997.*

Document 3

Les baccalauréats général, technologique et professionnel de 1960 à 2000 (France + DOM)

Années	1960	1965	1970	1975	1980	1985	1990	1995	1997	2000
Bacheliers (milliers)	61,5	96,9	168,7	206,9	225,8	257,8	391,3	492,4	481,7	516,5
Variation (en %)	-	+57,1	+74,1	+22,6	+9,1	+14,2	+51,8	+25,9	-2,2	+7,2
Dont filles (en %)	*48,7*	*49,1*	*52,5*	*56,5*	*58,2*	*57,0*	*55,2*	*55,6*	*54,5*	*54,0*
Taux d'accès (en %)	11,3	11,3	20,3	24,4	26,5	30,2	44,4	62,9	61,5	61,7
Dont bac général	*11,3*	*11,3*	*16,8*	*20,5*	*19,0*	*20,2*	*24,8*	*36,7*	*34,3*	*32,6*
Dont bac techno.	-	-	*3,5*	*3,9*	*7,5*	*10,0*	*14,3*	*17,7*	*17,4*	*18,3*
Dont bac pro.	-	-	-	-	-	-	*6,3*	*8,5*	*9,8*	*10,8*

Source : Pierre Merle, op. cit., *p. 37.*

Document 4

Obtention du baccalauréat selon la génération et le milieu social

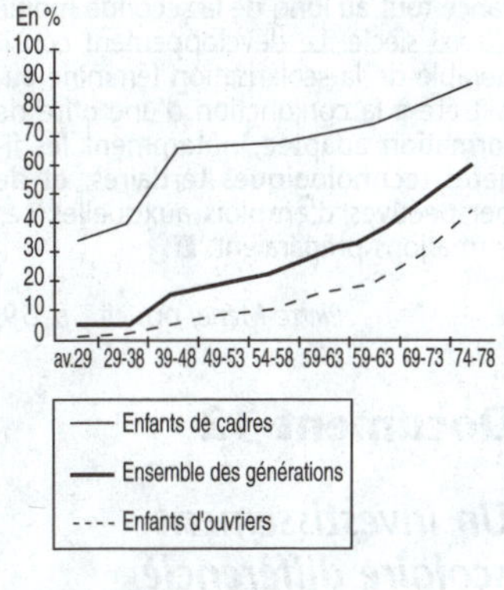

Lecture : 89 % des enfants de cadres nés de 1974 à 1978 sont bacheliers, contre 46 % des enfants d'ouvriers, 41 % des enfants de cadres nés dans les années 1930 obtenaient le baccalauréat, contre 2 % seulement des enfants d'ouvriers.
Source : INSEE, enquêtes « Formation et qualification professionnelle » et « Emploi ».

Document 5

Accès à l'enseignement supérieur des jeunes de 20-21 ans selon leur origine sociale, de 1984 à 2000

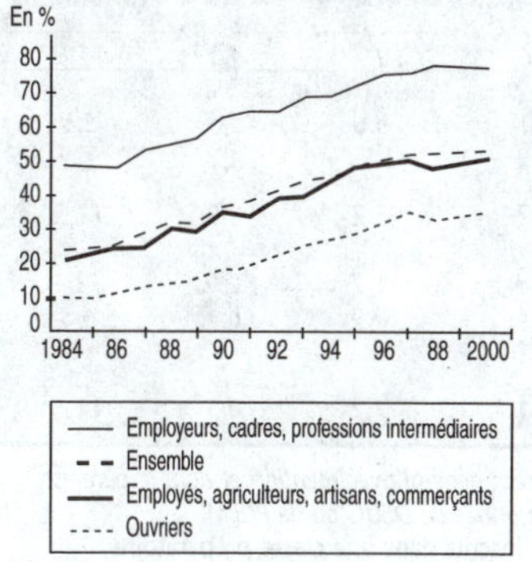

Lecture : En mars 2000, parmi les jeunes de 20 et 21 ans (qui appartiennent donc aux générations 1978 et 1979) dont le père est employeur, cadre, profession intermédiaire..., 77 % suivent des études supérieures. Ce n'est le cas que de 35 % des enfants d'ouvriers du même âge.
Source : INSEE, enquête « Emploi ».

Document 6

Origine sociale des élèves inscrits dans les principales filières de l'enseignement secondaire
(établissements publics, académie de Rennes, en %)

	1984-1985		1994-1995		Variations
	Moy.-sup.	Pop.	Moy.-sup.	Pop.	Pop.
Term. S (C et D)	64,2	35,8	63,6	36,4	+0,6
Term. L (A)	56,1	43,9	54,3	45,7	+1,8
Term. ES (B)	53,0	47,0	51,2	48,8	+1,8
Term. STI (F)	42,2	57,8	38,3	61,7	+3,9
Term. STT (G)	42,0	58,0	37,4	62,6	+4,6
Term. Pro.[a]	34,6	65,4	29,5	70,5	+5,1
BEP (2e année)	35,1	64,9	27,5	72,5	+7,6

Lecture : 64,2 % des élèves inscrits en terminale S (ex. C et D) sont d'origine moyenne et supérieure en 1984-1985.
Note : Les élèves d'origine aisée et moyenne regroupent les enfants d'agriculteurs, artisans, commerçants, chefs d'entreprise, cadres et professions intellectuelles supérieures, professions intermédiaires.
** Année 1989-1990 et non 1984-1985.*
Source : Pierre Merle, op. cit., p. 70.

Document 7

Ainsi, l'étude du recrutement social des différentes séries du baccalauréat de 1985 à 1995 met en évidence une accentuation des écarts sociaux de recrutement : ce sont les séries dont le recrutement est le plus populaire – les séries professionnelles – qui s'ouvrent socialement davantage. Les autres, notamment la section scientifique, conservent pratiquement le même recrutement social. Ce mouvement correspond à une transformation spécifique désignée par l'expression « démocratisation ségrégative » de l'accès au bac. Le premier terme de l'expression rend compte de l'élargissement social de l'accès au bac toutes séries confondues, le second de la divergence croissante du recrutement social entre les différentes séries de bac. ■

Pierre Merle, op. cit., *p. 88.*

Questions sur l'ensemble du dossier *(suite)*

5. Que nous indique le document 6 quant au recrutement social dans les différentes séries du baccalauréat ? L'expression de « démocratisation ségrégative » vous paraît-elle justifiée ? [*doc. 7*]
6. Comparez les choix d'orientation après le baccalauréat des garçons et des filles selon l'origine sociale. Retrouve-t-on des différences de recrutement social selon les filières de l'enseignement supérieur ? [*doc. 8*]
7. Qu'est-ce qui caractérise le parcours scolaire des filles ? [*doc. 9*]
8. Comment les étudiantes se répartissent-elles entre les filières de l'enseignement supérieur ? Comment a évolué cette répartition dans les années 1990 ? [*doc. 10*]
9. En quoi les deux explications proposées se différencient-elles ? Vous semblent-elles inconciliables ? [*doc. 11*]
10. Quels sont les facteurs sociaux qui semblent déterminer les différences de réussite scolaire ? Peut-on parler de « stratégies familiales » en matière scolaire ? Ces comportements se retrouvent-ils dans tous les milieux sociaux ? [*doc. 12, 13 et 14*]
11. Quels sont les aspects négatifs de la « massification » du système d'enseignement que révèle l'enquête de terrain selon Stéphane Beaud ? [*doc. 15*]
12. **Question de synthèse.** D'après l'ensemble des documents, vous semble-t-il justifié de parler de « démocratisation » de l'école ?

Document 8

Orientations prises par les bacheliers généraux avec mention, selon le sexe et l'origine sociale (en %)

	CPGE	DEUG PCEM	IUT	STS	Autres formations
Garçons	40,7	33,6	9,7	4,1	11,9
dont : père chef d'entreprise, profession libérale, cadre	*56,8*	*30,1*	*4,8*	*2,5*	*5,9*
père ouvrier	*29,4*	*43,3*	*14,7*	*4,6*	*7,9*
Filles	24,2	54,2	5,2	5,9	11,3
dont : père chef d'entreprise, profession libérale, cadre	*36,8*	*47,4*	*1,7*	*2,0*	*12,1*
père ouvrier	*14,6*	*63,1*	*9,9*	*6,1*	*6,3*
Ensemble des bacheliers généraux avec mention	**31,5**	**45,1**	**7,2**	**4,5**	**11,6**

Lecture : 56,8 % des garçons titulaires d'un baccalauréat général avec mention et dont le père est cadre entrent en CPGE et 30,1 % entrent en première année de DEUG ou de PCEM.
Source : Sylvie Lernaire, Profits et devenir des élèves inscrits dans une classe préparatoire aux grandes écoles (CPGE), *Ministère de l'Éducation nationale, Note d'information n° 01-33, 2001.*

Document 9

Dans le rapport à leur scolarité, les filles apparaissent souvent dans une position paradoxale. D'une part, elles réussissent en moyenne mieux que les garçons ; en particulier, elles redoublent moins et obtiennent plus souvent le baccalauréat. Mais d'autre part, au moment des grands choix d'orientation, elles s'engagent dans les filières les moins rentables professionnellement et perdent ainsi une partie du bénéfice de cette meilleure réussite scolaire. Cette situation s'observe dans l'enseignement général comme dans l'enseignement professionnel. On la retrouve, aussi, dans l'enseignement supérieur, où les filles optent majoritairement pour l'université et sont sous-représentées dans les filières les plus sélectives. ■

Jean-Paul Caille, Sylvie Lemaire, Marie-Claude Vrolant, Filles et garçons face à l'orientation, *Ministère de l'Éducation nationale, Note d'information n° 02-12, 2002.*

Document 10

Accès inégaux selon les filières

Majoritaires dans les universités (57,1 % des étudiants en 1999) et les sections de techniciens supérieurs (51,1 %), les filles sont nettement minoritaires dans les IUT (39,7 %) et les classes préparatoires aux grandes écoles (38,8 %). Dans celles-ci, les inégalités d'accès sont particulièrement marquées dans les séries scientifiques, tout particulièrement dans les séries qui permettent d'accéder aux écoles les plus reconnues et notamment les « grandes écoles ». De la terminale scientifique à celles-ci, la sélection scolaire concerne toujours plus vivement les filles que les garçons. Toutefois, même dans les CPGE[1] scientifiques, la progression des filles est sensible sur les quinze dernières années. Alors que dans ces filières très sélectives les filles ne représentent, en 1985, qu'un étudiant sur cinq (20,5 %), elles en constituent, en 2000, plus d'un sur quatre (26,5 %). Parallèlement, dans les filières littéraires des CPGE, les filles ont accru leur hégémonie : 68,9 % en 1985, 75,5 % en 2000. ■

Pierre Merle, op. cit., *p. 58.*

1. Classes préparatoires aux grands écoles.

Document 11

Deux explications

Pour expliquer la sous-représentation des filles dans certaines filières, Baudelot et Establet développent une approche « culturaliste » afin d'expliquer pourquoi, à compétence égale à celle des garçons, les filles s'orientent moins fréquemment vers les sections scientifiques les plus valorisées scolairement et socialement. L'intériorisation des stéréotypes de sexe expliquerait cette inégalité de parcours scolaires. Les filles seraient moins préparées « à goûter les plaisirs de la lutte ». Chaque fille organiserait sa scolarité « sur la base de valeurs et de modèles de comportement autour desquels elle a été invitée à construire, très tôt, son identité sociale ».

Duru-Bellat a développé une explication dans laquelle les orientations féminines se construisent davantage par la prise en compte des contraintes spécifiques qui pèsent sur l'insertion sociale des filles. Celles-ci seraient guidées par des choix « raisonnés et raisonnables » prenant en compte les contraintes spécifiques de la vie domestique et conjugale, le fonctionnement du marché du travail et notamment les opportunités d'emploi dans le secteur tertiaire en forte croissance tout au long de la seconde moitié du XXe siècle. Le développement considérable de la scolarisation féminine aurait été à la conjonction d'une offre de formation adaptée, notamment les filières technologiques tertiaires, et de perspectives d'emplois auxquelles ces formations préparaient. ■

Pierre Merle, op. cit., *p. 59.*

Document 12

Un investissement scolaire différencié selon le milieu familial et le sexe

Les familles qui appartiennent aux milieux les plus favorisés et détiennent les diplômes les plus élevés sont aussi celles qui s'impliquent le plus dans les études de leurs enfants. Les enquêtes montrent que tous les parents essaient de contribuer au travail scolaire à la maison. Mais, dès qu'il s'agit d'entrer en contact avec l'institution scolaire, on observe les clivages sociaux habituels : les cadres et les membres des catégories moyennes prennent plus souvent l'initiative de rencontrer les enseignants. Ils sont aussi nettement plus souvent membres d'une association de parents d'élèves. De même, la fréquence des conversations sur la scolarité apparaît nettement liée au milieu social : plus de la moitié des enfants de cadres parlent quotidiennement de leurs études avec leurs parents, contre à peine un tiers des enfants d'ouvriers. Pour les enfants des catégories moyennes indépendantes ou salariées, ces conversations sur la vie scolaire dépendent fortement de la réussite dans les études : la réussite est plus fortement corrélée avec des conversations régulières tournant autour de l'école, les difficultés scolaires sont, au contraire, liées à un certain silence entourant la question scolaire, un peu comme dans le milieu ouvrier.

Les comportements des élèves en classe se différencient fortement à la fois en fonction du sexe et en fonction du milieu social d'origine. Des enquêtes récentes montrent notamment que les fils et les filles de cadres s'investissent davantage dans la compétition scolaire. Les garçons chahutent autant que ceux issus d'un milieu ouvrier, mais participent activement à la classe, tandis que les seconds sont plus apathiques. […]

Les élèves des milieux socioculturels favorisés intègrent généralement les exi-

gences de leur scolarité à leur emploi du temps hors collège : ils consacrent plus de temps à leurs devoirs, lisent davantage, sont plus fréquemment orientés vers des activités encadrées (musique, danse, sports, etc.) et regardent moins souvent la télévision. Mais les filles lisent toujours plus que les garçons. Les discriminations sociales en matière de pratiques artistiques et culturelles sont plus accentuées chez ces derniers. [...]
La façon dont les familles gèrent l'enjeu scolaire apparaît par conséquent comme une dimension constitutive de l'échec comme de la réussite des élèves. ■

Alain Bihr, Roland Pfefferkorn, Déchiffrer les inégalités, *Syros, 1999.*

Document 13

La transmission familiale

Mais il ne suffit pas d'énoncer le fait de l'inégalité devant l'École, il faut décrire les mécanismes objectifs qui déterminent l'élimination continue des enfants des classes les plus défavorisées. Il semble en effet que l'explication sociologique puisse rendre raison complètement des inégalités de réussite que l'on impute le plus souvent à des inégalités de dons. L'action du privilège culturel n'est aperçue, la plupart du temps, que sous ses espèces les plus grossières, recommandations ou relations, aide dans le travail scolaire, ou enseignement supplémentaire, information sur l'enseignement et les débouchés. En fait, chaque famille transmet aux enfants, par des voies indirectes plutôt que directes, un certain capital culturel et un certain *ethos*, système de valeurs implicites et profondément intériorisées, qui contribue à définir entre autres choses les attitudes à l'égard du capital culturel et à l'égard de l'institution scolaire. ■

Pierre Bourdieu, « La transmission de l'héritage culturel », in Darras, Le Partage des bénéfices, *Éditions de Minuit, 1966.*

Document 14

Désectorisation et stratégies familiales

La « désectorisation », c'est-à-dire le retour à la liberté de choix de l'établissement scolaire par les familles, expérimentée depuis 1984, puis progressivement étendue, touche la moitié des collèges et plus d'un quart des lycées dès 1990. Elle accentue la concurrence entre les établissements et renforce la polarisation. Les réglementations antérieures, même peu efficaces et contournées par de multiples stratégies de dérogation et d'évitement, avaient au moins le mérite d'une visée démocratique. Les stratégies d'évitement permettent de plus en plus aux parents informés de se détourner de tel établissement mal coté, parce que (socialement) « mal fréquenté ». À défaut du secteur public, des établissements privés donnent l'occasion à ces parents de mettre en application leur « liberté de choix », c'est-à-dire, dans les faits, d'éviter le mélange social. [...]
Ainsi, le passage d'un système unifié, où chaque élève dépend d'un secteur ou d'un district, à un marché scolaire, où les parents deviennent des « consommateurs d'école », renforce les inégalités. Les établissements sont mis en concurrence, certains deviennent des « établissements vitrines ». Les « bons » établissements éclipsent ceux dont la réputation laisse à désirer. Les « mauvaises écoles » tendent à se dégrader davantage et les « bonnes écoles » sont amenées à pratiquer une sélection plus forte. ■

Alain Bihr, Roland Pfefferkorn, op. cit.

Document 15

Au regard des divers bilans critiques sur la démocratisation scolaire (qu'ils soient statistiques ou ethnographiques), on est bien sûr frappé par le consensus politique qui s'est établi autour de l'objectif des 80 % au bac et dont on peut craindre qu'il ne se soit fait sur fond d'hypocrisie et de mauvaise foi collectives. Tout se passe comme si le fonctionnement effectif du nouveau système scolaire était ignoré ou occulté, saisi d'« en haut » et abstraitement au travers de chiffres apparaissant comme « satisfaisants ». Or l'enquête de terrain, qui vise à saisir les pratiques sociales concrètes, apporte un éclairage plus nuancé et dresse un bilan plus « gris », en donnant à voir en particulier la manière dont l'ensemble du système d'enseignement a été profondément déstabilisé par l'entreprise de massification, menée à marche forcée, sans autre perspective claire que celle de « faire du chiffre » et de contribuer à la diminution du chômage déclaré des jeunes. L'homogénéisation des carrières scolaires, l'abaissement des barrières à franchir, l'allongement de l'espérance de vie scolaire ont permis le développement d'un état d'esprit de négociation-contestation des notes et ont dévalorisé l'ascèse scolaire nécessaire à la réussite. Les effets durables de la sous-sélection scolaire des élèves et des étudiants – perte du sens de l'effort, utilitarisme scolaire, formes larvées de contestation de la culture légitime – heurtent de plein fouet l'*ethos* professionnel des professeurs qui ont été produits par un état antérieur du système scolaire. Ceux, d'origine populaire, ayant connu des processus d'hypersélection scolaire, sont attachés à un certain nombre de valeurs qui leur ont justement permis de réussir à l'école (travail et dévouement des enseignants, respect des décisions des conseils de classe, valorisation des efforts des élèves, en bref, croyance dans une méritocratie scolaire) et qu'ils voient sous leurs yeux disparaître peu à peu. L'enjeu de la réforme du recrutement à l'IUFM pourrait bien être celui de la production d'enseignants qui soient « adaptés » aux nouveaux publics du lycée de masse.
Les effets sociaux de la poursuite d'études dans les milieux populaires ne sont pas immédiatement visibles, mais se retrouvent au cœur de la fabrication de la génération sociale des « enfants de la démocratisation ». Ces derniers se caractérisent par la semi-conscience qu'ils ne sont pas entièrement à leur place dans ce système, qu'ils ont un peu usurpé cette place, mais avec la complicité tacite de l'institution. Le passage par l'université produit chez eux des effets contrastés et ambivalents. Pour certains, davantage les filles que les garçons, il subsiste la satisfaction d'être allés « à la fac » et d'avoir participé à cette expérience sociale de la fac (au nom quasi « magique ») : connaître les « amphis », voir des « profs qui font des sacrés cours », participer à des soirées étudiantes. En devenant étudiants, ils rejoignent ce qui est progressivement devenu une norme pour une fraction de plus en plus grande de la jeunesse populaire. D'autres, au contraire, ont dû assez vite déchanter et admettre qu'ils n'étaient pas prêts à affronter l'anomie du monde universitaire, l'abstraction des cours et le flou des perspectives d'avenir. Lorsqu'ils se livrent à un bilan final de leur expérience étudiante, un sentiment d'amertume prédomine, lié à la conscience qu'ils ont de ne pas avoir su saisir la chance qu'on leur offrait sur le papier. ■

Stéphane Beaud, « 80 % au bac »... et après ?, *La Découverte, 2002.*

Dossier 2

Le capital social

Document 1

Réussite scolaire et destins sociaux

Dans des sociétés qui ont développé et généralisé un système de formation extérieur à la famille, il est inévitable qu'il joue un rôle propre dans le destin social des individus. Un des enjeux de l'analyse est alors de déterminer dans quelle mesure le système scolaire, qui dispose, en tant qu'institution, d'une autonomie relative par rapport aux autres institutions et aux familles, tend à modifier (par exemple, dans un sens « égalitaire » ou dans un sens « conservateur ») le jeu des mécanismes sociaux de la transmission familiale du statut social. Les études de sociologie de l'éducation réalisées dans cette problématique permettent d'abord de constater une inégalité sociale dans l'accès aux niveaux scolaires, d'autant plus marquée qu'il s'agit de niveaux plus élevés, ou à rendement social plus élevé. Ainsi, la sélection sociale est plus grande dans l'enseignement supérieur que dans l'enseignement secondaire, mais aussi dans la section « C » du baccalauréat que dans les autres, dans les « grandes écoles » que dans les universités, ou, pour celles-ci, dans les études médicales que dans les études littéraires.

Mais cela ne signifie pas qu'à chaque forme de scolarisation ou de diplôme correspondent des destins sociaux déterminés. Même si, notamment avec l'extension des emplois salariés de type tertiaire, de plus en plus d'emplois sont soumis à des conditions de diplômes, d'autres conditions ou critères d'appréciation des employeurs, explicites ou non différencient les titulaires d'un même diplôme. Directement par des formes diverses de « piston » ou les réseaux de solidarité, ou indirectement, par les caractéristiques qui lui sont liées (comme le « culot » ou la confiance en soi), l'origine sociale a toujours des effets propres, indépendants de ceux de l'école ou des diplômes, sur le destin social. Cette différenciation a des effets variables : ils peuvent être plus importants pour l'accès à des emplois du secteur privé qu'à ceux de la fonction publique, ou pour l'accès à des positions non salariées, où trouvent plus directement à s'employer le patrimoine et les relations de la famille. Ainsi, l'inégalité sociale dans l'accès aux institutions scolaires se double d'une autre inégalité dans le rendement social des diplômes : la formation scolaire dépend de l'origine sociale, mais aussi, à niveau de formation donné, le statut social dépend encore de l'origine. ■

Dominique Merllié, Jean Prévot, La Mobilité sociale, *La Découverte, « Repères », 1997.*

Document 2

La notion de capital en sociologie

La notion de capital culturel, conçue pour rendre compte de l'accès différentiel des classes sociales à la culture légitime et de la réussite scolaire inégale qui s'en suit, doit être comprise comme une extension de la notion de capital économique, qui renvoie à la possession d'un patrimoine familial que les stratégies de reproduction ont pour but de conserver, accumuler et transmettre. Les agents sociaux se caractérisent ainsi par la possession de différentes espèces de capitaux, dont le capital économique et le capital culturel sont des cas particuliers : le capital social (qui est, très rapidement, l'ensemble des relations personnelles mobilisables par un agent à un moment donné), le capital symbolique (qui est défini par la capacité pour les différentes autres espèces de capitaux à se faire reconnaître comme telles et renvoie à des formes différenciées de « notoriété »). Ces différentes espèces de capitaux s'accumulent et se cumulent – on peut ainsi parler de volume global de capital –, se transmettent (par l'apprentissage et l'expérience culturels notamment) de façon homologue à ce que l'on observe pour le patrimoine proprement économique. Ainsi, les stratégies de reproduction consistent à « gérer » au mieux l'ensemble du capital hérité et acquis pour conserver ou améliorer sa position dans l'espace social. ■

Frédéric Lebaron, « Le structuralisme génétique », in Jean-Michel Berthelot (dir.), La Sociologie française contemporaine, *PUF, 2000.*

Document 3

Le capital social

Le capital social est l'ensemble des ressources actuelles ou potentielles qui sont liées à la possession d'un réseau durable de relations plus ou moins institutionnalisées d'interconnaissance et d'interreconnaissance ; ou, en d'autres termes, à l'appartenance à un groupe, comme ensemble d'agents qui ne sont pas seulement dotés de propriétés communes (susceptibles d'être perçues par l'observateur, par les autres ou par

Questions sur l'ensemble du dossier

Questions sur le document 1.

1. Qu'appelle-t-on égalité des chances ?
2. Pourquoi le système scolaire devrait-il « modifier [...] le jeu des mécanismes sociaux de la transmission familiale du statut » ?
3. Qu'est-ce que le rendement social du diplôme ?
4. Dans quelle mesure un diplôme permet-il d'accéder à un statut social ?

Questions sur les documents 2 à 6.

5. Pourquoi peut-on dire que l'ensemble des relations d'un individu ainsi que la culture qui le caractérise sont des capitaux ?
6. Que signifie : « l'existence d'un réseau de liaisons n'est pas un donné naturel, ni même un donné social » ? [*doc. 3*]
7. Comment entretenir le réseau social ?
8. Pour quelles raisons ne peut-on réduire le concept de capital social au simple piston ?
9. Montrez en quoi les différentes formes de capitaux sont liées.
10. Quel lien peut-on faire entre les notions de capital social et de classe sociale ?
11. Quelles sont les particularités du capital social ?

Questions sur le document 7.

12. Quelle est l'utilité du diplôme ?
13. D'un point de vue sociologique, doit-on caractériser une école uniquement du point de vue des contenus qui y sont enseignés ? Pourquoi ?

eux-mêmes) mais sont aussi unis par des liaisons permanentes et utiles. [...] Le volume du capital social que possède un agent particulier dépend donc de l'étendue du réseau des liaisons qu'il peut effectivement mobiliser et du volume du capital (économique, culturel ou symbolique) possédé en propre par chacun de ceux auxquels il est lié. [...] L'existence d'un réseau de liaisons n'est pas un donné naturel, ni même un « donné social », constitué une fois pour toutes et pour toujours par un acte social d'institution (représenté, dans le cas du groupe familial, par la définition généalogique des relations de parenté qui est caractéristique d'une formation sociale), mais le produit du travail d'instauration et d'entretien qui est nécessaire pour produire et reproduire des liaisons durables et utiles, propres à procurer des profits matériels ou symboliques. Autrement dit, le réseau de liaisons est le produit de stratégies d'investissement social consciemment ou inconsciemment orientées vers l'institution ou la reproduction de relations sociales directement utilisables, à court ou à long terme, c'est-à-dire vers la transformation de relations contingentes, comme les relations de voisinage, de travail ou même de parenté, en relations à la fois nécessaires et électives, impliquant des obligations durables subjectivement ressenties (sentiments de reconnaissance, de respect, d'amitié, etc.) ou institutionnellement garanties (droits) ; cela grâce à l'alchimie de l'échange (de paroles, de dons, de femmes, etc.) comme communication supposant et produisant la connaissance et la reconnaissance mutuelles. L'échange transforme les choses échangées en signes de reconnaissance et, à travers la reconnaissance mutuelle et la reconnaissance de l'appartenance au groupe qu'elle implique, produit le groupe et détermine du même coup les limites du groupe, c'est-à-dire les limites au-delà desquelles l'échange constitutif, commerce, commensalité, mariage, ne peut avoir lieu. ■

Pierre Bourdieu, Le Capital social, *notes provisoires, Actes de la Recherche en sciences sociales.*

Document 4

Capital social et stratégies de reproduction

[...] la reproduction du capital sous ses différentes formes dépend, pour une grande part, de la reproduction de l'unité familiale. Ceci est vrai, tout particulièrement, du capital symbolique et du capital social qui ne peuvent être reproduits que par la reproduction de l'unité sociale élémentaire qu'est la famille. [...] Dans les grandes familles bourgeoises des sociétés modernes avancées, et même dans les catégories du patronat les plus éloignées du mode de reproduction familial, les agents économiques font une place considérable dans leurs stratégies et dans leurs pratiques économiques à la reproduction des liens domestiques élargis, qui est une des conditions de la reproduction de leur capital. Les grands ont de grandes familles (c'est, je crois, une loi anthropologique générale), ils ont un intérêt spécifique à entretenir des relations de type familial étendues et, à travers ces relations, une forme particulière de concentration du capital. Autrement dit, malgré toutes les forces de fission qui s'exercent sur elle, la famille reste un des lieux d'accumulation, de conservation et de reproduction de différentes espèces de capital. ■

Pierre Bourdieu, Raisons pratiques, *Le Seuil, octobre 1994.*

Document 5

Qu'est-ce que la richesse ?

Le sens commun ignore non seulement le caractère multidimensionnel de la richesse, mais aussi son aspect familial et collectif. Les représentations les plus courantes voient dans la fortune le fait d'un homme, du créateur de la dynastie, du grand patron, de l'homme d'affaires astucieux et entreprenant. La presse met l'accent sur les personnalités alors même que la richesse est le fruit d'un processus collectif. Pour durer et être transmise la fortune doit s'appuyer sur la famille et sur le groupe, mais pour se constituer elle doit aussi mettre en œuvre les solidarités et les efficacités de réseaux qui mobilisent les semblables. Se représenter les affaires comme un monde sans pitié, un « Far West » sans foi ni loi peut correspondre à la présentation médiatique de telle ou telle OPA « inamicale », comme il est dit parfois par euphémisme. Le récit des péripéties de la lutte entre la famille Vuitton et Bernard Arnault, pour le contrôle de la bagagerie de luxe, pousse à se représenter le monde des affaires comme tel. Mais cette perception fait oublier ce qui est plus fondamental, plus essentiel au groupe, c'est-à-dire la conscience de la communauté des intérêts vitaux. La vigueur des organisations patronales en est l'une des manifestations. ■

Michel Pinçon, Monique Pinçon-Charlot, Sociologie de la bourgeoisie, *La Découverte, « Repères », 2003.*

Document 6

La richesse sociale

Condition nécessaire, la richesse matérielle n'est pas une condition suffisante pour être coopté dans la haute société. Le capital économique doit être légitimé par d'autres formes de capitaux, le capital culturel et le capital social. [...] La grande bourgeoisie cultive cette forme de capital par un travail spécifique de sociabilité. Alors que le sens commun tend à assimiler le grand bourgeois aux attitudes individualistes, les grandes familles fortunées, d'autant plus qu'elles se situent depuis plus longtemps aux sommets de la société, fonctionnent volontiers sur un mode collectif. Le groupe développe une sociabilité intense qui dépasse le seul cercle familial. Les dîners, les cocktails, les soirées de gala, les vernissages, les premières théâtrales et autres mondanités ne sont pas des loisirs anodins. Il s'agit d'une forme de travail social, dans lequel les femmes jouent un rôle central. Elles ont en charge les réceptions, les cérémonies, les loisirs des enfants, pour lesquels elles ont créé des groupes informels, les « rallyes » sur lesquels nous reviendrons. Des institutions jouent un grand rôle dans l'accumulation et la gestion de cette forme de capital. Les clubs de golf et les équipages de chasse à courre sont des lieux de rencontre, où l'on se fait connaître et reconnaître. L'institution la plus emblématique de ce jeu social est le cercle, qui a été introduit en France à partir du XIXe siècle, anglomanie aidant. On citera, parmi les plus sélectifs, l'Automobile-Club de France, le Cercle du Bois de Boulogne, le Cercle de Deauville, le Cercle de l'Union interalliée, le Jockey Club, le Polo de Paris, le Travellers. Il en existe de nombreux autres, leurs hiérarchies étant homologues à celle de la bourgeoisie elle-même : le Jockey Club prise avant tout l'ancienneté de la famille et les lettres de noblesse, alors que « l'Auto » regroupe volontiers les hommes d'affaires influents. Un club comme le Racing, sans doute plus connu, est avant tout à vocation sportive et rassemble des membres, certes aisés, mais n'appartenant pas tous à la haute société. Ces associations sont en général régies par la loi de 1901. Elles ne se contentent pas de mettre des salons quelque peu poussiéreux à la disposition de vieux messieurs, qui y tromperaient leur ennui et l'angoisse du temps qui passe en jouant au bridge. Les cercles présentent parfois cet aspect, à certaines heures de la journée, mais les salles à manger qu'ils possèdent tous sont des lieux où, à déjeuner, les membres invitent clients et fournisseurs pour traiter au mieux les dossiers les plus importants. Le soir, elles accueillent des dîners plus intimes et de grands banquets, où, entre soi, se cultivent les amitiés utiles. Les salons reçoivent aussi les rallyes des adolescents pour leurs soirées dansantes, les mariages et les cérémonies les plus diverses. Après une journée au bureau, se réfugier au bar permet d'être sûr de ne rencontrer que des semblables, soigneusement choisis par la procédure de la cooptation. Car la cooptation est un mode de fonctionnement essentiel à ce milieu qui sait pertinemment délimiter la population qui le compose. Le poids social des cercles apparaît à l'analyse de leur composition et en particulier de celle de leur conseil d'administration. parfois dénommé « Grand Conseil ». Les cercles sont d'autant plus un lieu de concentration de capital social que leurs membres sont généralement affiliés à d'autres associations similaires. Comme les réseaux familiaux, les réseaux construits à partir des clubs forment un entremêlement inextricable de relations et d'alliances à partir des appartenances croisées, sources de démultiplication de la puissance que représente la possibilité de mobiliser ces amitiés et ces complicités. ■

Michel Pinçon, Monique Pinçon-Charlot, ibid.

Document 7

Un capital peut en cacher un autre

Ainsi quand il s'agit d'accéder aux positions de pouvoir économique, les diplômes ne détiennent qu'une efficacité conditionnelle qui, surtout quand ils sont moins rares et plus « mondains », ne s'exerce pleinement que s'ils sont assortis de titres et de qualités qu'il n'appartient pas à l'école d'inculquer ou de décerner. Les p.-d. g. dépourvus de titres d'enseignement supérieur ou passés par Sciences-po sont issus de familles qui sont anciennes, nobles « et de vieille noblesse » et alliées à des familles nobles dans des proportions beaucoup plus fortes que celles des patrons issus de Polytechnique, beaucoup moins anciennes et beaucoup moins pourvues des attributs traditionnels de la noblesse : les anciens de Sciences-po sont toujours plus souvent membres des clubs les plus anciens et les plus prestigieux (Jockey Club, Automobile Club, Cercle interallié) que les polytechniciens, qui sont rarement inscrits dans un club, le Cercle du Bois de Boulogne excepté, plus rarement même que ceux qui sont passés par des écoles d'ingénieur, Centrale, les Mines de Paris, Nancy, Saint-Étienne notamment, ou des écoles de commerce. Pour les patrons issus de Polytechnique, et en particulier pour ceux d'entre eux qui sont issus de la petite bourgeoisie provinciale et qui se rencontrent surtout parmi les p.-d. g. de filiales étrangères et d'industries moins anciennes, l'école et le titre scolaire sont des conditions déterminantes de l'accès au champ du pouvoir ; pour ceux qui sont passés par Sciences-po et qui, presque tous issus de la bourgeoisie d'affaires parisienne (notamment de la banque) ou de l'aristocratie la plus ancienne, se rencontrent surtout dans les entreprises familiales ou technocratiques, le titre décerné par une institution scolaire moins sélective remplit avant tout une fonction de légitimation. On voit ainsi que, même si les titres scolaires peuvent donner accès à des positions de pouvoir économique, le mode de reproduction à composante scolaire reste fortement concurrencé, et jusque sur les terrains les plus favorables à son efficacité, comme les grandes entreprises bureaucratiques, par le mode de reproduction familial : outre qu'il continue à ouvrir par soi seul l'accès à une part importante des positions dominantes, l'apprentissage culturel assuré par les familles les plus anciennes dans la bourgeoisie est seul à procurer la forme très particulière de capital culturel, maintien, manières, accent, et le capital social qui, associés au capital économique hérité ou même sans lui, donnent l'avantage sur des concurrents dotés de titres scolairement équivalents ou même supérieurs. ■

Pierre Bourdieu, La Noblesse d'État, grandes écoles et esprit de corps, *Éditions de Minuit, 1989.*

Dossier 3 • Fiche TD

La société devient-elle plus fluide ?

I. DES DIFFÉRENCES DE MOBILITÉ AUX DIFFÉRENCES DE « FLUIDITÉ »

La comparaison des enquêtes successives en France fait apparaître un volume croissant de mobilité sociale : au fil du temps, à système de catégories constant, la proportion des individus classés sur la diagonale diminue. Cet accroissement de la mobilité « observée » signifie que les destinées sociales sont de moins en moins souvent la simple reproduction des origines, que les individus expérimentent de plus en plus souvent des situations de mobilité sociale. Le tableau A rapproche les données des enquêtes de l'INSEE de 1953 et de 1993 pour les hommes, dans des catégories construites pour être aussi proches que possible, compte tenu des différences dans le classement des catégories socioprofessionnelles avant et à partir de 1982.

Question 1. En comparant les taux d'immobilité pour chaque catégorie d'origine, vérifiez si l'immobilité sociale diminue dans tous les cas. Quelles sont les catégories où cette diminution est la plus marquée ? Quelles sont les catégories où elle est le plus faible ou ne s'observe pas ? Comment expliquer ces variations ?

Si l'on considère l'ensemble de la population, on peut calculer qu'en 1953 50,7 % des hommes sont classés dans la même catégorie que leurs pères. En 1993, cette proportion globale s'établit à 35,1 %. Toutefois, la régression assez générale de l'immobilité ne signifie pas que les origines seraient de moins en moins déterminantes pour les destinées. En effet, la diminution des proportions observées sur la diagonale est liée aux changements de la structuration sociale (proportions des différentes catégories dans les origines et dans les destinées). Globalement, la différence entre la structure des positions des fils (destinées) et celle de leurs pères (origines) est plus importante en fin qu'en début de période.

Question 2. Comment peut-on le montrer ? Mettez en vis-à-vis les proportions d'ensemble des origines et des destinées en 1953. Pour chaque catégorie, calculez les différences entre ces pourcentages. Additionnez les différences de mêmes signes (catégories où le pourcentage des destinées est plus petit que celui des origines ; catégories où il est plus grand). Trouve-t-on le même résultat ? Est-ce surprenant ? Montrez que ces sommes correspondent à la plus faible proportion de mobilité possible compte tenu des marges (c'est-à-dire des structures des origines et des destinées) du tableau A.

Question 3. Faites le même calcul pour 1993. Dans quel cas cette somme (qu'on peut appeler « indice de dissimilarité ») est-elle la plus importante ? En quoi cela montre-t-il que l'accroissement de la mobilité observée n'implique pas nécessairement un accroissement de la « fluidité » ?

S'interroger sur la « fluidité » consiste à se demander ce que l'accroissement de la mobilité observée peut devoir, indépendamment des changements de structure sociale, à un assouplissement (« toutes choses égales d'ailleurs ») de la tendance des origines à modeler, marquer ou limiter les destinées. Se demander si la fluidité progresse, c'est se demander si les flux de mobilité observés auraient aussi été différents si la structure des marges du tableau n'avait pas évolué comme elle l'a fait (était restée la même aux deux dates).

Analyser globalement des tableaux de mobilité selon cette logique du « toutes choses égales d'ailleurs » demande des outils statistiques complexes (c'est en appliquant ces outils que Louis-André Vallet conclut à un très léger accroissement de la « fluidité » en France). Il est cependant possible de faire des comparaisons ponctuelles entre des tableaux de mobilité mettant en œuvre la même logique. Il s'agit de se demander si, au-delà des changements globaux d'accès aux différentes positions sociales, l'inégalité des chances d'accès à ces positions s'est réduite. L'inégalité dans les destins sociaux peut se mesurer en comparant le rapport entre les chances d'accès à une catégorie plutôt qu'à une autre des enfants de deux catégories différentes.

Question 4. Calculez pour l'année 1953 la probabilité pour les enfants de cadres d'être cadres plutôt qu'ouvriers (le rapport entre leurs chances d'accès à ces deux destins) ; et la probabilité des enfants d'ouvriers d'être, eux aussi, cadres plutôt qu'ouvriers. Faites le rapport de ces deux rapports : il nous dit « combien de fois » plus que les enfants d'ouvriers les enfants de cadres ont de chances de devenir cadres plutôt qu'ouvriers. On appelle *odds ratios* ces rapports entre des rapports de chances. En l'absence d'inégalité des chances, ces rapports de rapports avoisineraient 1.

Question 5. Faites le même calcul pour l'année 1993. Cette inégalité particulière des chances a-t-elle augmenté ou diminué ?

Question 6. Cherchez d'autres couples de catégories (ou groupes de catégories) pour lesquelles il paraît intéressant de se poser cette question de l'évolution des inégalités des chances et calculez le résultat.

On peut dire que les « modèles logistiques » appliqués à la comparaison de tableaux de mobilité sociale consistent à faire une synthèse des très nombreux *odds ratios* que présentent ces tableaux pour estimer si les variations de mobilité observées impliquent ou non des différences globales de fluidité ou d'inégalités des chances.

II. HOMMES ET FEMMES, MÊME « FLUIDITÉ »?

On peut appliquer les mêmes méthodes pour comparer la mobilité sociale des hommes et des femmes, malgré la difficulté due au fait que les structures des professions des hommes et des femmes sont très différentes [*voir tableaux A et B du texte principal du chapitre*].

Tableau A

Destinées sociales des hommes selon leur origine en 1953 et 1993

Groupe socioprofessionnel du père		Groupe socioprofessionnel de l'enquêté								Ensemble en %	
		1	2	3	4	5	6	7	8		
1. Agriculteur exploitant	1953	58	6	8	1	1	3	5	18	100	32
	1993	27	2	7	1	10	10	8	35	100	16
2. Salarié agricole	1953	12	29	11	–	–	–	7	41	100	9
	1993	3	5	10	2	4	14	11	51	100	3
3. Artisan, petit commerçant	1953	3	1	47	4	3	6	10	26	100	16
	1993	2	–	27	6	17	17	7	24	100	11
4. Industriel, gros commerçant, profession libérale	1953	2	1	12	45	13	6	7	14	100	2
	1993	–	–	9	23	35	18	8	7	100	4
5. Cadre (sauf profession libérale)	1953	3	–	13	8	43	19	13	1	100	2
	1993	–	–	8	13	41	21	8	9	100	7
6. Profession intermédaire (sauf contremaître)	1953	–	–	11	8	13	25	24	19	100	2
	1993	1	–	6	8	31	31	9	14	100	8
7. Employé (et autres « actifs » en 1953)	1953	6	–	9	3	11	15	21	35	100	7
	1993	–	–	7	3	19	26	14	31	100	12
8. Ouvrier, contremaître	1953	3	2	11	–	2	8	12	62	100	30
	1993	–	–	8	1	11	18	11	51	100	39
Ensemble (en %)	1953	22	6	15	3	3	6	10	35	100	100
	1993	5	1	10	4	16	19	10	35	100	100

Champ : 1953, hommes actifs âgés de 30 à 59 ans ; 1993, hommes français actifs occupés âgés de 35 à 59 ans.
Lecture : pourcentages en ligne : en 1953, 58 % des fils d'agriculteurs étaient agriculteurs et 18 % ouvriers ; en 1993, 27 % des fils d'agriculteur sont agriculteurs et 35 % ouvriers.
Source : INSEE, enquête « Emploi » 1953 et enquête « FQP » 1993, in *Louis-André Vallet,* Revue française de sociologie *n° 1, 1999.*

Question 7. Comparez les structures des origines de chaque tableau. Diffèrent-elles ? Est-ce surprenant ? Comparez les structures des destinées. Diffèrent-elles ? Que signifie cette différence ?

Question 8. Comparez pour chaque tableau la différence entre les structures des origines et des destinées (calculez les indices de dissimilarité comme dans la question 3). Dans quel cas cette différence est-elle la plus importante ? Pouvait-on s'y attendre ?

Question 9. Calculez le taux global d'immobilité de chaque tableau. Lequel est le plus important ? Est-ce cohérent ou non avec le résultat précédent ?

Question 10. Calculez quelques *odds ratios* intéressants pour comparer les tableaux des hommes et des femmes (comme dans la question 4). Permettent-ils de conclure à une fluidité plus grande dans un cas ou dans l'autre ?

Dominique Merllié

Sujet de bac

DISSERTATION

▶ LA MOBILITÉ SOCIALE

Sujet : les transformations récentes du système scolaire français sont-elles susceptibles de modifier sensiblement les flux de mobilité sociale ?

Document 1

Les salaires reçus sont assez fortement corrélés avec les études suivies, les positions occupées leur sont également liées. Mais ce qui apparaît avec clarté, c'est que le rendement des études dépend étroitement du milieu d'origine. Qu'on envisage les salaires ultérieurs ou qu'on repère les positions futures, dans le salariat ou non, qui sont attachés à des études données, ils présentent d'amples variations selon la position de la famille d'origine. L'école n'est pas une instance de sélection qui, à elle seule et aveuglément pour ainsi dire, distribue ses « produits » dans la structure sociale en fonction des tickets – des diplômes – qu'elle leur délivre.
Non seulement l'école, souvent, est un instrument qu'utilisent les familles et les classes pour assurer leur position, et de ce fait, consacre les inégalités ou les places dans la structure sociale plus qu'elle ne les crée, redresse ou modifie. Mais, au-delà de son rôle sur la scolarité, le milieu d'origine continue d'exercer son influence sur toute la trajectoire : on ne peut comprendre les positions auxquelles les actifs parviennent, ou même les salaires qu'ils reçoivent, en se fondant sur leurs seules études et en occultant leur origine sociale ou même leurs débuts dans la vie active.
De sorte que si les études constituent évidemment une étape importante des trajectoires – essentielle dans certains cas, moins significative dans d'autres – elles ne les expliquent pas à elles seules. Les inégalités sociales ne se réduisent pas aux inégalités scolaires. ■

Claude Thélot, Tel père, tel fils ? Position sociale et origine familiale, *Bordas, 1993.*

Document 2

Situation en 1993 des hommes de 25 à 39 ans selon la profession du père (en %)

	Cadre	Ouvrier
Titulaire d'un diplôme égal ou supérieur au baccalauréat	73,1	19,4
Taux d'accès aux catégories ouvrier et employé parmi les salariés	23,5	74,9
Taux d'accès direct (au premier emploi) à la catégorie des cadres	26,3	2,5

Lecture : en 1993, 73,1 % des fils de cadre âgés de 25 à 39 ans étaient titulaires d'un diplôme égal ou supérieur au baccalauréat.
Source : d'après Dominique Merllié, « Mobilité sociale », in L'état de la France 2002, *La Découverte, 2002.*

Document 3

S'interroger sur les rapports de la mobilité sociale avec l'institution scolaire n'impose pas de se représenter la seconde comme une cause de la première. C'est cette représentation causale qui peut faire accorder tant d'importance au fameux « paradoxe d'Anderson », c'est-à-dire au fait que des individus puissent souvent être plus diplômés que leur père, sans occuper pour autant une position sociale plus élevée que celui-ci. Paul Lapie (1869-1927, sociologue proche de Durkheim et gestionnaire de l'enseignement primaire), faisait le même constat au début du siècle, mais posait le problème en termes plus simples quand il écrivait que la mobilité sociale répond à des déterminations qui sont plus économiques qu'individuelles ou scolaires : l'action de l'école sur le destin social « n'est pas énorme, elle n'est pas suffisante, mais elle n'est pas nulle » et « lorsqu'on est pauvre, on a tout de même plus de chances de s'élever dans l'échelle sociale en acquérant un peu d'instruction qu'en négligeant d'en acquérir ». À la mobilité sociale, elle peut fournir un moyen, ni toujours nécessaire ni toujours suffisant, un canal, sans en être directement le moteur.
Par ailleurs, les formations scolaires peuvent se transformer plus rapidement que la structure sociale, ce qui rend instable la relation entre diplômes et positions sociales et brouille la perception de leurs rapports. Les évolutions « structurelles » sont, à certains moments, plus rapides dans la scolarisation que dans les emplois, de sorte que les conditions de diplôme (de fait ou de droit) de certains emplois peuvent changer rapidement. ■

Dominique Merllié, Jean Prévot, La Mobilité sociale, *La Découverte, « Repères », 1997.*

Document 4

Le diplôme joue donc un triple rôle : diminution du risque de chômage, facilité d'accès aux emplois les plus qualifiés et les mieux payés. Il paraît logique que ces rôles soient particulièrement décisifs en début de carrière. En effet, le diplôme constitue alors, pour l'essentiel, le seul signal pour les entreprises du potentiel des individus.
Par la suite, au fil de leur parcours professionnel, les individus peuvent valoriser en plus leurs expériences professionnelles, leurs formations complémentaires et leurs promotions éventuelles. Chaque année, cependant, la proportion de diplômés au sein des jeunes actifs a eu tendance à s'élever, exacerbant la concurrence pour les emplois qualifiés. Ainsi, parmi les actifs ayant achevé leurs études depuis moins de cinq ans, le pourcentage de ceux qui ont au moins le baccalauréat s'est élevé de 44 % en 1990 à

→ **MÉTHODES POUR LE BAC** pages 738-751

67 % en 2001. De même, la part de ceux qui détiennent un diplôme d'études supérieures est passée de 28 % en 1990 à 45 % en 2001. Dans ces conditions, les jeunes travailleurs ont-ils réellement les moyens de valoriser leur formation initiale ou doivent-ils ajuster leurs prétentions en fonction du risque de chômage ?

[...] La concurrence pour l'emploi implique au niveau macroéconomique l'existence d'une file d'attente en tête de laquelle se trouvent les individus les plus diplômés relativement à l'ensemble des demandeurs d'emploi. Comme l'illustre l'analyse de Fondeur, une telle vision du fonctionnement du marché du travail est susceptible d'expliquer le développement de situations de déclassement en période de pénurie d'emplois qualifiés. En effet, à niveau de diplôme donné, en fonction de la longueur de la « file d'attente » pour un type d'emploi donné, les individus sont amenés à arbitrer entre prolonger leur attente (c'est-à-dire rester au chômage) ou changer de file d'attente (c'est-à-dire postuler pour des emplois moins qualifiés).

[...] Au niveau macroéconomique, le déclassement apparaît, parallèlement au chômage, comme une forme de sous-emploi liée à une pénurie d'emplois qualifiés. L'origine d'une telle pénurie peut être conjoncturelle (insuffisance globale de la demande de travail) ou structurelle (insuffisance relative de la demande de travail qualifié au regard de l'offre de main-d'œuvre diplômée). Ainsi, selon Chauvel, « la dévalorisation [des diplômes] n'est pas le résultat de la seule diffusion des diplômes, mais le fait d'un décalage entre le rythme de progression des diplômes et celui de la croissance des postes qualifiés ». Dans un contexte de chômage élevé, l'acceptation de situations de déclassement peut par ailleurs révéler une préférence croissante pour la stabilité de l'emploi, au détriment de sa qualité ou de sa rémunération. ■

Emmanuelle Nauze-Fichet, Magda Tomasini, « Diplôme et insertion sur le marché du travail : approches socioprofessionnelle et salariale du déclassement », Économie et statistique *n° 354, 2002.*

Document 5

	1970	1980	1995	1999
Part d'une génération titulaire du bac (en %)	21	29	61	61,7[a]
Nombre de licences (en milliers)	40	42	117,5	133,3
Nombre de doctorats (en milliers)	1,1	1,5	9,2	9,4
Nombre de diplômes d'ingénieurs (en milliers)	8,8	11,7	21,8	24,6

a. année 2000.

Source : ministère de l'Éducation nationale, Comptes de l'éducation, in Agnès Van Zantent, « Éducation », in L'état de la France 2002, *La Découverte, 2002.*

Document 6

Origine sociale des élèves scolarisés dans les formations les plus courtes et les plus longues

	CAP	BEP	Université deuxième cycle	Université troisième cycle	Écoles d'ingénieurs
CSP populaires	79,3	75,6	22,5	15,2	15,1
Dont ouvriers et chômeurs	*57,4*	*52,8*	*11*	*6,1*	*6*
CSP moyennes et favorisées	20,7	24,4	77,5	84,8	84,9
Dont cadres	*3,9*	*4,7*	*36,7*	*45,2*	*48,9*

Source : Pierre Merle, La Démocratisation de l'enseignement, *La Découverte, « Repères », 2002.*

Sujet de bac — ÉPREUVE DE SYNTHÈSE

▶ MOBILITÉ SOCIALE ET CATÉGORIES SOCIOPROFESSIONNELLES

Travail préparatoire (*10 points*)

1. Relevez des nombres montrant la transformation de la structure de la population active. Donnez la signification des chiffres que vous utilisez. [*doc. 1*] (*1 point*)
2. Relevez des nombres mettant en évidence l'évolution de l'immobilité sociale et expliquez leur signification. [*doc. 1*] (*2 points*)
3. Quelles sont les trajectoires sociales typiques ? Changent-elles beaucoup entre 1953 et 1993 ? [*doc. 1*] (*2 points*)
4. Le milieu social d'un individu n'est-il défini que par sa seule profession ? [*doc. 1*] (*1 point*)
5. Un individu peut-il changer de statut social sans changer de PCS ? Donnez un exemple. [*doc. 2*] (*2 points*)
6. Quelles sont les transformations que les analyses de la mobilité sociale ne prennent pas en compte lorsque les enquêtes sont construites à partir de la nomenclature des PCS en 8 postes ? [*doc. 3*] (*2 points*)

Question de synthèse (*10 points*)

Après avoir mis en évidence l'effet des transformations structurelles sur la mobilité sociale et les trajectoires typiques, vous montrerez les limites des analyses fondées sur les CSP.

Document 2

[...] Depuis l'époque de conception du code PCS, l'hétérogénéité interne des catégories a crû, dans les catégories en expansion comme les cadres, mais aussi dans celles en récession : il y a désormais à la fois moins d'ouvriers non qualifiés et émergence d'ouvriers non qualifiés dans le tertiaire. Des catégories autrefois homogènes se segmentent : au sein des employés, les vendeurs dans des segments pointus (appareils à technologie comme ordinateurs ou ensembles multimédia, prêt-à-porter de luxe, etc.) deviennent des « conseillers de vente ». Il y a aussi parfois baisse de l'hétérogénéité entre catégories. Ainsi la « fin des paysans » s'accompagne-t-elle d'un effacement de la spécificité « agraire » de l'exploitation agricole qui ressemble de plus en plus aux autres PME. [...]
Ce qui est à classer ne devrait pas être l'intitulé de la profession mais la nature de l'emploi : tâches faites dans le cadre du travail, conditions de leur exécution et capital humain ainsi accumulé rendant plus ou moins probable une mo-

Document 1

Destinées sociales des hommes selon leur origine en 1953 et 1993

Groupe socioprofessionnel du père		Groupe socioprofessionnel de l'enquêté								Ensemble en %	
		1	2	3	4	5	6	7	8		
1. Agriculteur exploitant	1953	58	6	8	1	1	3	5	18	100	32
	1993	27	2	7	1	10	10	8	35	100	16
2. Salarié agricole	1953	12	29	11	–	–	–	7	41	100	9
	1993	3	5	10	2	4	14	11	51	100	3
3. Artisan, petit commerçant	1953	3	1	47	4	3	6	10	26	100	16
	1993	2	–	27	6	17	17	7	24	100	11
4. Industriel, gros commerçant, profession libérale	1953	2	1	12	45	13	6	7	14	100	2
	1993	–	–	9	23	35	18	8	7	100	4
5. Cadre (sauf profession libérale)	1953	3	–	13	8	43	19	13	1	100	2
	1993	–	–	8	13	41	21	8	9	100	7
6. Profession intermédiaire (sauf contremaître)	1953	–	–	11	8	13	25	24	19	100	2
	1993	1	–	6	8	31	31	9	14	100	8
7. Employé (et autres « actifs » en 1953)	1953	6	–	9	3	11	15	21	35	100	7
	1993	–	–	7	3	19	26	14	31	100	12
8. Ouvrier, contremaître	1953	3	2	11	–	2	8	12	62	100	30
	1993	–	–	8	1	11	18	11	51	100	39
Ensemble (en %)	1953	22	6	15	3	3	6	10	35	100	100
	1993	5	1	10	4	16	19	10	35	100	100

Champ : 1953, hommes actifs âgés de 30 à 59 ans ; 1993, hommes français actifs occupés âgés de 35 à 59 ans.
Lecture : pourcentages en ligne : en 1953, 58 % des fils d'agriculteurs étaient agriculteurs et 18 % ouvriers ; en 1993, 27 % des fils d'agriculteur sont agriculteurs et 35 % ouvriers.
Source : INSEE, enquête « Emploi » 1953 et enquête « FQP » 1993, in Louis-André Vallet, Revue française de sociologie, *n° 1, 1999.*

bilité vers d'autres emplois, ce qui nécessite de compléter l'intitulé par d'autres informations pour se rapprocher des tâches effectuées du contexte de travail et des acquis de cette expérience professionnelle. ■

Nicolas Herpin, Daniel Verger, « Consommation et stratification sociale selon le profil d'emploi », Économie et statistique *n° 324-325, 1999.*

Document 3

Une étude [...] montre que, au-delà de la seule mobilité observée, la fluidité évolue aussi faiblement mais régulièrement, dans le sens de l'assouplissement. [...]

La portée de cet assouplissement est limitée par l'inertie des enquêtes, qui ne peuvent rendre compte des évolutions les plus récentes [...]. Les professions (et la position sociale qu'on en déduit) pouvant varier au cours des trajectoires, on ne peut estimer le statut social, pour le comparer à celui des parents, qu'à un âge suffisant pour qu'il soit stabilisé. Rien de sûr n'est donc dit à propos de la destinée qui attend les plus jeunes générations. De fait, les premières positions professionnelles représentent de plus en plus souvent des formes de déclassement par rapport à celle des parents. [...]

Une troisième limite tient aux catégories utilisées. Un premier effet peut être de masquer ce que montreraient des catégories plus fines, que l'on ne peut observer statistiquement. Les inégalités observées sont en fonction de l'échelle d'observation. Ainsi, des monographies sur des catégories spécifiques, comme la haute bourgeoisie, peuvent donner des résultats bien différents de ceux des enquêtes globales. Il faut en outre « figer » les catégories pour évaluer l'évolution de la fluidité, alors que la forte évolution de la structure sociale a non seulement pour effet d'augmenter la mobilité observée, mais aussi de retentir sur la valeur sociale relative des groupes sociaux considérés. ■

Dominique Merllié, « Mobilité sociale », in L'état de la France 2002, *La Découverte, 2002.*

Fiche-outil 1

Lire un tableau de mobilité

Avec les tableaux de mobilité, aux difficultés de lecture ou d'analyse des tableaux statistiques en général, s'ajoutent des difficultés spécifiques, liées à la symétrie formelle de leurs entrées, ainsi qu'aux contraintes liées à la structure des marges. Des exemples simplifiés (tableaux de mobilité élémentaires d'une société analysée en deux groupes sociaux) peuvent aider à s'orienter.

1. Distinguer origines et destinées, ou tenir compte du sens des pourcentages

Trois modes de présentation des pourcentages sont possibles.

a. On peut les calculer sur l'ensemble de la population, et disposer ainsi du pourcentage de chacun des trajets sociaux correspondant à une origine et une destinée (ici 20 % de A/A, 10 % de A/B, 30 % de B/A et 40 % de B/B, soit 40 % de mobiles et 60 % d'immobiles).

b. On peut les calculer en ligne : on obtient la proportion des différentes destinées en fonction de l'origine. On constate, par exemple, que l'immobilité est ici toujours supérieure à la mobilité, mais dans des proportions variables selon l'origine (67 % pour l'origine A, 57 % pour l'origine B).

c. On peut les calculer en colonne : on obtient la proportion des origines, ou encore le recrutement, en fonction de la destinée ; l'immobilité affecte ici les catégories dans des proportions différentes : 40 % des membres de la catégorie A, contre 80 % de ceux de la catégorie B.

Récapitulons. Dans cet exemple, on a 40 % de mobiles. Si la catégorie A est de statut supérieur à la catégorie B, on peut les analyser en 10 % de mobiles descendants et 30 % de mobiles ascendants. La mobilité affecte un tiers de la catégorie A du point de vue de la destinée (il s'agit de la mobilité descendante des individus originaires de la catégorie A) mais 60 % du point de vue de l'origine ou du recrutement (il s'agit de la mobilité ascendante des individus qui ne sont pas originaires de cette catégorie). Elle affecte par ailleurs 43 % de la catégorie B du point de vue de la destinée (mobilité ascendante) et 20 % de la même catégorie du point de vue de l'origine ou du recrutement (par voie de mobilité descendante). Ainsi, chacune des deux cases du tableau impliquant mobilité correspond à des proportions bien différentes selon les catégories et le point de vue adopté.

Tableau des données brutes (effectifs en milliers)

Origines \ Destinées	A	B	Ensemble
A	260	130	390
B	390	520	910
Ensemble	650	650	1 300

Tableau 1.a

% sur l'ensemble

Origines \ Destinées	A	B	Ensemble
A	20	10	30
B	30	40	70
Ensemble	50	50	100

Tableau 1.b

Destinée en % en fonction de l'origine

Origines \ Destinées	A	B	Ensemble
A	40	20	30
B	60	80	70
Ensemble	50	50	100

Tableau 1.c

Origine ou recrutement en % en fonction de la destinée

Origines \ Destinées	A	B	Ensemble
A	40	20	30
B	60	80	70
Ensemble	100	100	100

2. Tenir compte de la taille relative des catégories ou de la structure des marges

Restons dans le cas élémentaire de deux catégories.

a. Premier cas : la proportion des deux catégories sociales est égale et reste stable dans le temps. Dans ce cas, la mobilité pourrait n'affecter aucun des individus (tous situés alors sur les cases diagonales A/A et B/B) ou les affecter tous (situés sur les autres cases A/B et B/A). Parmi tous les cas intermédiaires possibles, l'un, situé en somme entre ces deux extrêmes, ne marque une tendance particulière ni à la mobilité ni à l'immobilité, correspondant à l'indépendance statistique entre origines et destinées (ici, autant d'individus dans chaque case, soit 50 % de mobiles comme d'immobiles).

b. Deuxième cas : la proportion des deux catégories sociales reste stable, mais leurs tailles sont inégales. Dans l'exemple retenu, l'immobilité de tous les individus reste possible, mais non la mobilité de tous : parmi les 70 originaires de B, seuls 30 pourraient devenir A, et la mobilité maximale n'affecterait que 60 % de la population. Quant à l'indépendance entre origine et destinée, qui implique que 30 % des individus de chaque origine accèdent à la catégorie A et 70 % à la catégorie B, elle correspond alors à moins de 50 % (ici 42 %) de mobilité.

c. Troisième cas : la proportion des deux catégories sociales est différente pour les origines et les destinées. Dans ce cas, ni la mobilité ni l'immobilité ne peuvent affecter tous les individus. L'immobilité maximale portera (avec les proportions retenues) sur 80 % des individus, de même que la mobilité maximale. L'indépendance, ici, correspondra à la mobilité et l'immobilité d'autant d'individus (mais cette fois, un plus grand nombre sont en mobilité ascendante qu'en mobilité descendante).

Récapitulons. Les possibilités théoriques de la mobilité sont affectées par la structure des marges : une proportion donnée de mobiles ou d'immobiles n'a donc pas la même signification si elle correspond à des structures sociales (marges du tableau) différentes.

Tableau 2.a

Origines \ Destinées	A	B	Ensemble
A	?	?	50
B	?	?	50
Ensemble	50	50	100

Tableau 2.b

Origines \ Destinées	A	B	Ensemble
A	?	?	30
B	?	?	70
Ensemble	30	70	100

Tableau 2.c

Origines \ Destinées	A	B	Ensemble
A	?	?	30
B	?	?	70
Ensemble	50	50	?

N.B. : on ne donne que le cadre des tableaux 2 pour laisser le lecteur déterminer le contenu des cases en fonction des trois situations (minimum de mobilité, maximum, indépendance).

Questions.

1. Pourquoi la proportion de mobilité ou immobilité globale est-elle aussi affectée par le nombre des catégories ?
2. La structure présentée en 1 et 2.c est la même. Que se passerait-il en 1 si on avait retenu les structures 2.a ou 2.b ?

Dominique Merllié

Chapitre VII

LES TRANSFORMATIONS DE LA STRUCTURE SOCIALE

LOUIS CHAUVEL

INTRODUCTION

Il y a deux siècles, deux actifs sur trois travaillaient dans le secteur primaire, essentiellement l'agriculture ; dans les années 1930, un sur trois ; aujourd'hui, moins de trois sur cent. Les ouvriers, qui représentaient environ 30 % de la population active en 1936 et ont dépassé 37 % au milieu des années 1970, en représentent environ 28 % aujourd'hui ; ils sont dépassés par les employés, qui atteignent les 30 %, mais la somme de ces deux groupes, donc les classes populaires, représente presque 60 % de la population active. De leur côté, les cadres, quasiment inexistants au début du siècle, dépassent aujourd'hui les 12 % : c'est la catégorie sociale dont la croissance est la plus rapide (mais elle inclut les enseignants).

Ces quelques chiffres montrent l'ampleur des transformations de la structure sociale sur deux ou trois générations. Cette évolution s'explique principalement par le progrès technique et l'approfondissement de la division du travail. Des années 1950 au milieu des années 1970, elle a été favorisée par une croissance économique rapide et intensive : déversement du primaire vers le secondaire, tertiairisation, appel à l'immigration, accès élargi à la société de consommation, montée des classes moyennes, etc. Ensuite, c'est la crise qui a laissé sa marque sur le corps social : désindustrialisation, déclin de branches et de régions entières, montée du chômage, de la précarité, de la pauvreté... Par-delà ces ruptures, d'autres tendances, plus profondes, ont continué à se manifester, par exemple la massification du système éducatif, l'augmentation de l'activité féminine, sur fond d'individualisme persistant...

Tous ces bouleversements ont pour résultat de complexifier le paysage social. Il devient de plus en plus difficile de discerner des groupes, de situer des individus aux appartenances multiples, aux trajectoires variées. Autrefois, il y avait les gens du château et les gens du village, les bourgeois et les prolétaires, les cols blancs et les cols bleus... Aujourd'hui, il y a des ouvriers qui travaillent dans le tertiaire, les trois quarts des employés sont des femmes, il y a les gens du public et les gens du privé, des retraités aisés et des travailleurs pauvres, des « bobos » et des érémistes...

Certains sociologues en déduisent que la société, privée de son infrastructure – la division du travail ne reliant plus des groupes aux fonctions complémentaires – et de sa superstructure – les institutions telles que la famille ou l'école n'intégrant plus à une culture commune –, serait désormais une aire de jeux multiples pour des individus nomades, circulant d'un microcosme à l'autre, d'un réseau à l'autre...

Il n'est pourtant pas si sûr que cette évolution de surface disqualifie les anciens outils d'analyse de la stratification. La réalité sociale est-elle devenue complètement amorphe ? Ne serait-elle pas structurée par des rapports de génération, des rapports de genre, voire des rapports de classes ? La réponse à ces questions exige le recours à des méthodes adaptées à l'étude d'une société en mouvement. Ainsi en va-t-il de l'analyse des inégalités : c'est leur dynamique qui importe, au moins autant que leur état à un moment donné. Des écarts peuvent se creuser au détriment des jeunes générations, la situation relative des femmes peut régresser, il est même possible d'assister à un « retour des classes », etc.

Il est donc nécessaire de reprendre la problématique, longtemps restée en déshérence, des transformations de la structure sociale, mais en rénovant les anciennes grilles de lecture, sur la base d'une analyse dynamique des inégalités. Qui s'en charge ? Louis Chauvel, dans le texte qui suit.

Pascal Combemale

Sommaire

REPÈRES ET PERSPECTIVES

DOSSIERS

SUJETS DE BAC

FICHES-OUTILS

LA DYNAMIQUE DE LA STRATIFICATION SOCIALE

➻ **Louis Chauvel**, *sociologue, est maître de conférences des universités à l'Institut d'études politiques de Paris et chercheur à l'OFCE (Observatoire français des conjonctures économiques) et à l'OSC (Observatoire sociologique du changement).*

Depuis vingt ans, la dynamique des systèmes de stratification sociale et le devenir des inégalités économiques sont devenus un champ florissant des sciences économiques et sociales, aux États-Unis comme en Europe. Ces questions recouvrent trois enjeux principaux : d'abord, celui des descriptions les plus appropriées, qui ne cessent de faire débat; ensuite, celui de l'évaluation des conséquences des inégalités sur les équilibres de la société; enfin, celui, normatif, concernant ce que les inégalités devraient être.

Le premier enjeu est avant tout celui de la connaissance descriptive. Vilfredo Pareto (1894-1896), qui a proposé la première formule mathématique destinée à décrire la répartition des richesses, a formulé une loi (celle dite des 20/80, selon laquelle 20% de la population détient 80% des richesses), posant l'invariabilité dans le temps et selon les pays des inégalités économiques. Cette loi d'invariance a été largement remise en cause au cours des décennies récentes, et l'on peut montrer qu'il existe de larges marges de choix historiques.

Le deuxième enjeu est celui des conséquences de la stratification et des inégalités, notamment en termes de stabilité sociale. Depuis Alexis de Tocqueville (1835-1840), la question de l'inégalité est centrale dans l'évaluation des risques politiques qui pèsent sur le système social : « Presque toutes les révolutions qui ont changé la face des peuples ont été faites pour consacrer ou pour détruire l'égalité. [...] Si donc vous pouvez fonder un état de société où chacun ait quelque chose à garder et peu à prendre, vous aurez beaucoup fait pour la paix du monde[1]. » Ignorer la question des inégalités pourrait nous confronter au risque de conflagration sociale. À l'opposé de cette lecture inquiète des inégalités, d'autres auteurs suggèrent que, sans inégalité, l'incitation à l'effort et la rétribution de l'implication dans le travail pourraient disparaître; cet aiguillon du progrès, si trop d'égalité parvenait à l'émousser, pourrait induire une stagnation économique voire une déstabilisation du système social. Trancher entre ces deux thèses est évidemment difficile.

Le troisième enjeu est aussi le premier, historiquement : lorsque Aristote s'interroge sur ce que les inégalités devraient être et sur la justice sociale, l'enjeu normatif est au premier plan. Selon Aristote, la vie bonne est située à distance des extrêmes, et la société la meilleure est constituée autour des classes intermédiaires entre l'extrême richesse et l'extrême pauvreté. Pour autant, l'égalité parfaite (le traitement égal d'êtres inégaux) pourrait être injuste : mieux vaudrait une égalité proportionnelle au mérite.

📖 **Bibliographie**
Louis Chauvel, Le Destin des générations, *PUF, 1998.*
Nicolas Herpin, Sociologie de la consommation, *La Découverte, « Repères », 2001.*
Alain Desrosières, Laurent Thévenot, Les Catégories socioprofessionnelles, *La Découverte, « Repères », 5e éd., 2002.*

I. LA DIVERSITÉ DES APPROCHES

La stratification sociale, l'analyse des inégalités et l'ensemble des questions qui les mettent en jeu sont d'une extrême complexité. Les approches sont diverses et le plus souvent complémentaires, non

1. Alexis de Tocqueville, 1840, *De la démocratie en Amérique*, Tome II, 3e partie, chapitre XXI.

exclusives les unes des autres, et tendent chacune à souligner certains aspects et à en passer d'autres sous silence. Surtout, chaque point de vue privilégie un aspect et une lecture, qui prête à une théorisation implicite et spécifique du social. Ces grandes distinctions dans les approches relèvent avant tout de l'opposition entre hiérarchie et différence, et d'autre part entre vision discontinuiste et vision continuiste.

PLAN

Hiérarchisation versus *différenciation : entre inégalité et distinction*

Si chacun était identique aux autres, il ne pourrait exister d'inégalité. Inversement, les différences entre individus (concernant leur sexe, leur âge, leur région, etc.) ne sont pas nécessairement des inégalités. Pour qu'il y ait des inégalités, il faut qu'il existe des ressources socialement prisées et caractérisées par leur rareté (naturelle ou non), inégalement réparties entre les individus, permettant ainsi de repérer une échelle hiérarchique.

À l'inverse, il pourrait exister des formes de différenciation sans hiérarchisation, comme ce pourrait être le cas *a priori* des différences sociales et culturelles liées à l'appartenance ethnique, religieuse, d'âge ou de genre (femmes et hommes). Évidemment, *a posteriori*, les situations sont bien plus complexes : certaines de ces différences sont en effet détournées au long de processus sociaux pour imposer des hiérarchies entre de tels groupes, comme on le comprend vite lorsque l'on étudie les rapports de genre. Le risque d'une vision hiérarchique serait de renforcer l'idée d'inégalités univoques, comme le risque de l'approche différentialiste est de passer à côté d'inégalités habilement dissimulées. Néanmoins, toute la stratification sociale pourrait ne pas être réduite à une question de hiérarchie. Chez de nombreux sociologues, l'idée générale est que, de plus en plus, les inégalités, en particulier celles léguées de génération en génération, déclineraient et laisseraient la place à des différences choisies de styles de vie, de préférences culturelles et symboliques non hiérarchisées. La démonstration de la pertinence de cette idée est moins évidente que l'on ne le suppose souvent.

Schéma A

Deux types d'approche de la stratification

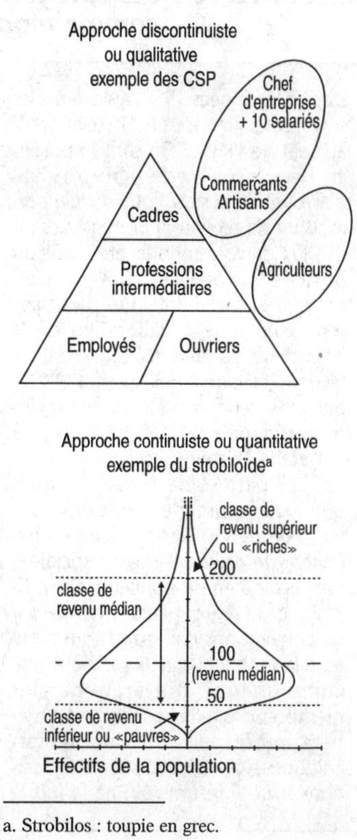

a. Strobilos : toupie en grec.

Approches discontinues versus *continues : entre oppositions qualitatives et inégalités quantitatives*

Une seconde distinction majeure oppose les lectures qualitatives (ou discontinuistes) de la stratification sociale vue comme constituée de groupes différents ou de catégories séparées par des frontières, et des lectures quantitatives (ou continuistes) fondées sur l'idée qu'il existe des grandeurs (des échelles de mesure) permettant de positionner les individus sur un continuum allant du plus au moins.

Schéma B

Approches de la stratification sociale

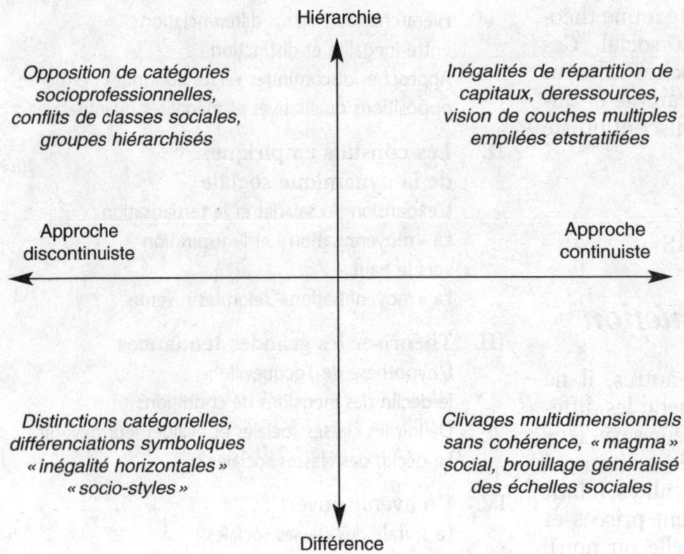

Note : Les jeux de positions relatives sont figurés sur ce plan, mais les frontières entre ces approches ne sont pas réellement étanches.

Les premières approches sont plus pertinentes notamment lorsque l'on s'intéresse à la profession et à l'activité économique des individus : on est avocat ou chaudronnier avant d'être membre du premier ou du dernier décile des revenus. Dès lors, les approches en termes de classes sociales comme celles en termes de catégories socioprofessionnelles [*voir encadré A*] relèvent de cette vision où l'enjeu est le repérage de frontières entre groupes distincts, voire de fractures lorsque les oppositions s'exacerbent. Les secondes approches, continuistes, sont plus pertinentes lorsque l'on s'intéresse à la quantité de ressources rares ou socialement prisées dont disposent les individus pour améliorer leurs conditions d'existence, et lorsqu'il existe des gradations infinies entre les positions extrêmes. L'intensifi-

Encadré A : *Les catégories socioprofessionnelles comme modèle simplifié de la société*

Depuis les années 1950, les catégories socioprofessionnelles (CSP), élaborées au sein de l'INSEE, se sont imposées en France comme le principal outil d'analyse de la statistique sociale permettant de repérer la position des individus dans le monde productif du point de vue de leur profession. Desrosières et Thévenot[1], qui participèrent à l'équipe d'élaboration de la nouvelle grille de 1982 dite des Professions et catégories sociales (PCS), qui a succédé aux Catégories socioprofessionnelles (CSP) de 1954, en ont établi l'histoire succincte.

La CSP permet de repérer empiriquement, sous une forme neutralisée, une notion assez proche en définitive de celle de « classe sociale », sans avoir à en prononcer le nom. La logique du regroupement repose sur les conventions collectives, qui reflètent la reconnaissance sociale d'une communauté d'intérêts par les membres des différents corps de métiers, professions, niveaux hiérarchiques, etc., au travers des négociations. L'outil résume ainsi à la fois la position hiérarchique, le statut (salarié public ou privé, indépendant) et le secteur d'activité.

Il en résulte une division de la société selon des clivages multiples qui synthétisent les grandes divisions connues : l'opposition entre salariat et indépendants, celle au sein du salariat entre cadres et catégories d'exécution routinisée, celle enfin entre secteurs d'activité. Au plus haut degré de synthèse, les CSP font apparaître six groupes typiques – les chiffres renvoient à la codification standard – : (1) les agriculteurs; (2) les artisans-commerçants et chefs d'entreprise de plus de 10 salariés (les « patrons »); (3) les cadres (dits aussi « cadres et professions intellectuelles supérieures »), qui forment l'élite du salariat (plus les professions libérales); (5) les employés et (6) les ouvriers, c'est-à-dire les exécutants du travail conçu comme routinier respectivement dans les services et dans l'industrie; (4) les « professions intermédiaires », archétype des « classes moyennes », méritent leur nom et apparaissent comme une catégorie-pivot entre dirigeants et routiniers, entre expertise et production standardisée. La polarisation entre cadres et ouvriers (on devrait plus généralement leur adjoindre les employés) permet de prendre la mesure de l'étendue du spectre social au sein même du salariat, entre d'une part une population relativement privilégiée de petite taille sans être rare (13 % de la population active), et d'autre part les catégories sociales les plus modestes. Moins spectaculaire que la description du gouffre qui sépare l'élite économique des victimes de l'exclusion sociale, le repérage des différences entre ces deux groupes permet de lire la banalité des inégalités structurées par des différences de ressources économiques ou de toute autre nature.

---

1. Alain Desrozières, Laurent Thévenot, *Les Catégories socioprofessionnelles*, La Découverte, «Repères», 5e éd., 2002.

cation des inégalités s'analyse alors en termes de polarisation, lorsque les échelons intermédiaires se vident au profit des extrêmes opposés. Le danger général des approches qualitatives est de surévaluer souvent l'étanchéité des frontières entre groupes et d'ignorer de nombreuses nuances ; inversement, les approches quantitatives peuvent nier des frontières sociales auxquelles les acteurs sociaux sont effectivement confrontés et surévaluer l'unité du corps social.

Si l'on dispose verticalement l'opposition hiérarchie *versus* différence et horizontalement celle discontinuiste *versus* continuiste, différentes lectures contemporaines de la stratification sociale apparaissent.

Derrière ces représentations du social se dissimulent des hypothèses implicites sur la dynamique des sociétés contemporaines, en particulier celle selon laquelle des inégalités font place à la différence, ce qu'il s'agit d'expliciter plus avant à la lumière des mutations sociales contemporaines.

II. LES CONSTATS EMPIRIQUES DE LA DYNAMIQUE SOCIALE

Ces différentes façons de considérer la stratification sociale ont permis de repérer des changements majeurs. L'approche en termes de CSP a permis d'émettre différents diagnostics sur le devenir de la structure sociale.

L'expansion du salariat et la tertiarisation

Au cours des « trente glorieuses » (1945-1975), époque marquée par des mutations fondamentales de l'économie et de la société française contemporaine, le déclin des professions indépendantes d'agriculteurs, artisans et commerçants, et notamment des plus modestes, est allé de pair avec l'expansion numérique des salariés dans le système productif : la salarisation. Ce changement de la démographie des emplois s'est accompagné d'une construction politique et institutionnelle des « droits salariaux » (retraite, santé, chômage, etc.) organisés par les partenaires sociaux, et dont résulte l'État-providence contemporain. Cette expansion fut surtout sensible dans le courant des années 1960 et 1970 et s'est nettement ralentie depuis.

La tertiarisation est quant à elle la dynamique d'expansion des métiers des services, qu'ils soient qualifiés ou non, et de déclin concomitant des professions manuelles de l'agriculture depuis la

Graphique A

Part des CSP dans la population active (1969-2000)

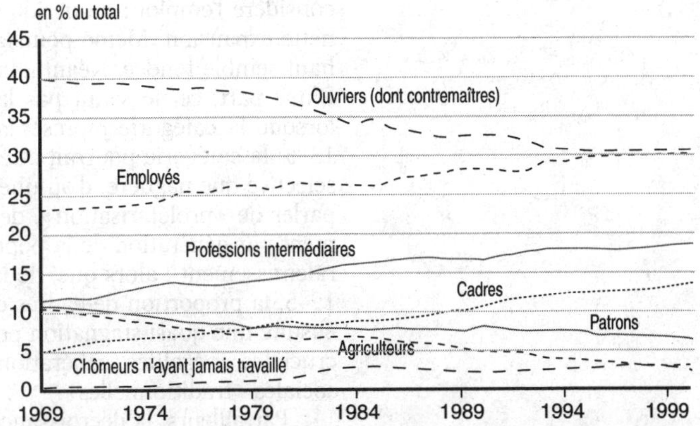

Note : les chômeurs sont classés en fonction de leur profession précédente.
Source : INSEE, enquêtes « Emploi » (1969-2000), enquêtes obtenues auprès d'Irène Fournier, LASMAS-IDL/IRESCO.

Libération puis de l'industrie à partir du milieu des années 1970 [*voir chapitre IV, page 130*]. Cette expansion du secteur des services ne correspond pas aussi nécessairement que l'on aurait pu le croire à une mobilité ascendante, parfois bien au contraire, comme c'est le cas d'une ouvrière qualifiée devenant caissière de grande surface.

La « moyennisation » et l'« aspiration vers le haut »

Un double mouvement hiérarchique a été aussi observé : d'une part une « moyennisation », c'est-à-dire le développement des couches sociales « moyennes » ou intermédiaires, correspondant à la PCS des « professions intermédiaires » ; d'autre part une « aspiration ou glissement vers le haut » (*upgrading* en anglais), qui qualifie le mouvement d'expansion des catégories hiérarchiques les plus élevées (de 1982 à 2000, les professeurs agrégés et certifiés ont été multipliés par trois, les vétérinaires, les avocats, les chercheurs par plus de deux, comme les ingénieurs d'étude et de recherche, les médecins sont moitié plus nombreux, etc.), d'où une vraisemblable mobilité structurelle depuis des catégories plus modestes. En effet, même dans un cas de reproduction sociale rigide, les enfants de ces catégories ne suffiraient pas à pourvoir l'ensemble des postes supplémentaires.

Si les deux premiers arguments (salarisation et tertiarisation) ne font guère débat, les diagnostics en termes de « moyennisation » et d'expansion des catégories supérieures sont de plus de plus controversés : acceptés pour les « trente glorieuses », de tels diagnostics semblent plus difficiles à établir depuis le milieu des années 1980 et pourraient même porter à se méprendre. Les « professions intermédiaires », cet ensemble de cadres B de la fonction publique et d'équivalents du privé, de techniciens, de travailleurs sociaux, d'infirmiers et d'instituteurs et assimilés, que l'on appelait naguère les « cadres moyens », dans la mesure où leur position n'est ni celle d'exécutants ni celle de salariés de direction ou de conception, ont longtemps été l'archétype des classes moyennes. Sans décliner, cette catégorie a connu un freinage important de sa croissance. C'est notamment la conséquence du déclin des recrutements de titulaires de la fonction publique de près d'un tiers en vingt ans, mais pas exclusivement.

Le diagnostic d'expansion des catégories supérieures et de déclin des catégories modestes est en apparence mieux fondé lorsque l'on considère l'emploi : numériquement, les cadres sont la seule CS en nette expansion. Même pour la période récente, l'aspiration vers le haut semble fondée. Néanmoins, deux critiques y ont été opposées. D'une part, ce ne serait pas la même chose d'être cadre en 1964, lorsque la catégorie représentait 5 % de l'emploi, et en 2000, avec 13 % ; la catégorie pourrait être ainsi moins élevée parce que moins sélective que naguère, d'où une idée de « banalisation », pour ne pas parler de « prolétarisation », des cadres. D'autre part, le développement par génération de la population des cadres a connu un grand ralentissement : alors que, de la cohorte née en 1930 à celle née en 1945, la proportion de cadres dans la population a doublé, on note ensuite une quasi-stagnation pour les nouvelles générations, d'où de cruciales inégalités générationnelles qui surcodent les inégalités sociales « traditionnelles ».

Par ailleurs, la décroissance supposée des catégories populaires dissimule des phénomènes complexes : lorsque l'on additionne employés et ouvriers, c'est-à-dire les professions peu qualifiées ou routinières de l'industrie et des services, depuis 1964, ces catégories populaires représentent environ 60 % de la population, selon que l'on compte l'emploi ou la population active. Par conséquent, il n'y a pas disparition des catégories populaires, mais tertiarisation (passage des ouvriers aux employés) et développement du chômage au sein de ces catégories, ce qui ne correspond pas à une logique d'élévation dans l'échelle sociale, bien au contraire. Ainsi, l'argument de l'aspiration vers le haut est-il *a posteriori* plus complexe que dans son énoncé initial.

La « moyennisation » selon les revenus

Le débat sur la moyennisation a été relayé par l'analyse en termes de revenus : les travaux de Thomas Piketty [*voir chapitre IX, page 320*] soulignent, au long du XXe siècle, la baisse des inégalités économiques et en particulier la modération des revenus des plus aisés. Ce resserrement des extrêmes fut essentiel dans la constitution de ce que l'on a appelé dans les années 1970 les « nouvelles classes moyennes salariées », à savoir cette population proche de la médiane des revenus, et dont le niveau de rétribution salariale intermédiaire, de l'ordre de 1 500 euros par mois, assure pour un ménage de deux actifs, un niveau de vie situé à mi-chemin entre les extrêmes.

Cette classe moyenne ou « classe de revenus médians » particulièrement fournie, prise en sandwich entre des riches relativement moins riches et des pauvres moins marginalisés, fut typique de la période 1965-1984, que Mendras a appelée la « seconde révolution » française, marquée par cette « moyennisation » de la société, qui doit être comprise tout à la fois comme un processus objectif de rassemblement de la société autour des classes de revenu moyen et comme un processus de montée en puissance culturelle de nouvelles valeurs et représentations du monde typique de ces classes intermédiaires (déclin des formes traditionnelles de relations interpersonnelles, remise en cause des convenances anciennes et des hiérarchies marquées, recours à une autorité négociée et non imposée, etc.). Depuis le milieu des années 1980, cette tendance connaît des difficultés, comme en atteste une modification du vocable de « classes moyennes » qui fait de nouveau référence à des catégories situées très au-dessus de la moyenne.

Graphique B

Rapport interdécile des revenus disponibles nets après impôts et par unité de consommation

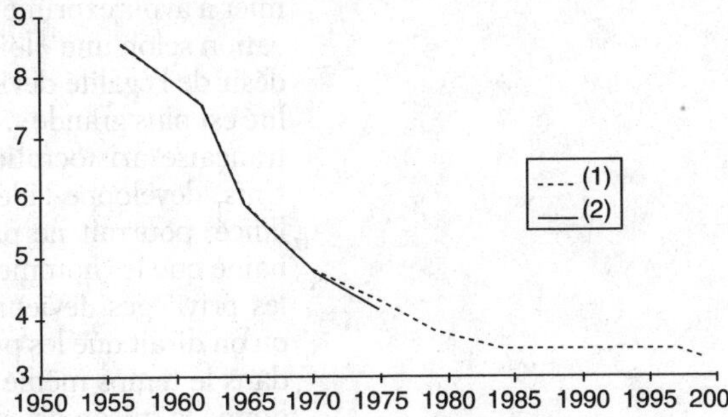

Source : estimations Louis Chauvel, 1997 (1) et INSEE, Données sociales 2002-2003 *(2).*

Schéma C

***Strobiloïde du niveau de vie** (revenu médian = 100)*

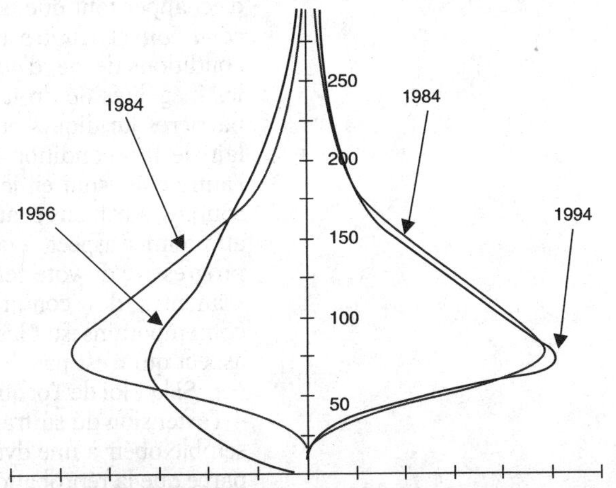

Source : Louis Chauvel, « Les inégalités au fil du temps : 1956-1994 », in L. Dirn, « Tendances de la Société Française », Revue de l'OFCE *n° 61, 1997, p. 201-207.*

III. THÉORISER LES GRANDES TENDANCES

L'hypothèse de Tocqueville : le déclin des inégalités de conditions

Sur le moyen terme de quelques décennies comme sur le long terme de quelques siècles, le déclin des inégalités pourrait sembler être une évidence. La situation contemporaine pourrait apparaître comme un havre d'égalité par rapport aux époques révolues où la faim menaçait les classes populaires lorsque les titulaires des revenus les plus élevés accédaient à des niveaux de vie difficilement imaginables. S'agit-il là d'une tendance séculaire d'égalisation des conditions ?

Alexis de Tocqueville, dans la *Démocratie en Amérique*, est le premier à avoir exprimé cette hypothèse et à lui avoir proposé une explication selon une « loi d'égalisation » que l'on peut résumer ainsi : « le désir de l'égalité devient toujours plus insatiable à mesure que l'égalité est plus grande ». Tocqueville, frappé du contraste entre la société française aristocratique de 1830 et celle démocratique des États-Unis, développe l'idée d'un processus auto-entretenu qui, une fois lancé, pourrait ne pas cesser avant une parfaite égalisation : « La haine que les hommes portent au privilège s'augmente à mesure que les privilèges deviennent plus rares et moins grands, de telle sorte qu'on dirait que les passions démocratiques s'enflamment davantage dans le temps même où elles trouvent le moins d'aliments. J'ai déjà donné la raison de ce phénomène. Il n'y a pas de si grande inégalité qui blesse les regards lorsque toutes les conditions sont inégales ; tandis que la plus petite dissemblance paraît choquante au sein de l'uniformité générale ; la vue en devient plus insupportable à mesure que l'uniformité est plus complète. Il est donc naturel que l'amour de l'égalité croisse sans cesse avec l'égalité elle-même ; en le satisfaisant, on le développe. »

Dès lors, suffit-il de patienter pour voir les sociétés converger vers l'égalité ? En fait, l'interprétation est plus complexe et risque d'échapper tant que nous ne distinguons pas d'une part *inégalité de condition* et d'autre part *inégalité de situation* (autrement dit de conditions de vie, d'où les risques de confusion). D'un côté, ce sont les inégalités de droit et de statut, notamment héréditaires, et des barrières juridiques et symboliques entre les « conditions » (on parlait de la « condition noble » ou de la « condition roturière ») ; de l'autre côté, sont en jeu les inégalités économiques d'accès aux ressources, aux biens et aux services. Tocqueville s'intéressait avant tout au premier aspect, à la fin des sociétés aristocratiques, à l'extension progressive du vote censitaire et à la disparition des « inégalités permanentes des conditions », c'est-à-dire héréditaires. Les débats contemporains sur les inégalités économiques relèvent donc d'un aspect qui n'est pas directement celui du constat de Tocqueville.

Si la « loi de Tocqueville » est avérée pour l'égalité des conditions – l'extension du suffrage universel l'atteste –, l'égalité des situations semble obéir à une dynamique moins claire. Elle est plus complexe parce que la réprobation dont fait l'objet l'inégalité de situation n'est pas aussi unanime : elle pourrait être justifiée par une inégalité des talents, des mérites et de l'implication au travail (bien sûr, dans les pays les plus inégaux, ces qualités ne sont peut-être pas mieux récompensées). D'où une dynamique plus complexe, liée aux prises de position collectives changeantes devant un dilemme aussi ancien que la réflexion sur le politique : s'il est injuste de traiter également des êtres inégaux, nous ne savons pas forcément comment et dans quelle mesure traiter des êtres différents et inégaux.

Définir les classes sociales et évaluer leur devenir

Derrière ces constats se dissimule un autre débat, nettement plus conflictuel, celui qui concerne la *disparition des classes sociales*. Lorsque l'on parle de classes sociales, deux grandes traditions sont implicitement opposées, qui répondent à deux courants contraires qui traversent la sociologie. Pour forcer le trait et simplifier des oppositions que les auteurs ont généralement nuancées ou complexifiées, on peut dire que nous avons deux traditions divergentes, l'une issue de Karl Marx et l'autre de Max Weber, chacune posant une définition des classes sociales qui lui est spécifique et qui engage largement le débat théorique.

Du côté marxiste, les classes sociales sont des collectifs structurés par une position spécifique dans le système économique, définis notamment au travers de la propriété des moyens de production, marqués par un conflit central (l'exploitation); mais, au-delà de ces « conditions de classe », il existe une « conscience de classe », une conscience sociale de leur être collectif, de leur intérêt, de leur dynamique, qui permet de passer de la classe « en soi » à la classe « pour soi ». Cette tradition est parfois qualifiée de *holiste* (« tout » en grec) parce qu'ici, la totalité est plus que la somme des individus, la classe existant indépendamment et au-dessus de ses membres, en leur dictant leur rôle, par-delà la créativité des individus. Prévaut donc l'idée qu'il existe des *rapports sociaux*, c'est-à-dire des conflits structurant le jeu des oppositions dans le monde social, l'inégalité n'étant pas le fait d'une société amorphe, mais de luttes sociales explicites ou implicites permanentes. « Même au moment où il n'y a pas de lutte de classes déclarée, il y a lutte de classes latente, par le fait que, dans une hiérarchie, il faut que les rangs les plus élevés maintiennent leur position, et que, d'autre part, ceux qui occupent les rangs les plus bas, se trouvant dans une situation où ils sont sous-estimés, voudraient bien s'élever dans l'échelle sociale. »[2] Dès lors, la société « tient » du fait de champs de forces contraires que les groupes en conflit engendrent, mais peut à force se déchirer. Cette tradition est qualifiée aussi de réaliste, parce que les classes sont supposées former des entités véritables et tangibles, et non pas des constructions intellectuelles.

D'un autre côté, au contraire, la tradition weberienne suppose que les différentes classes sociales sont des groupes d'individus similaires, partageant une dynamique probable semblable (Max Weber parle de *Lebenschancen* ou « chances de vie »), sans qu'ils en soient nécessairement conscients et sans nécessairement agir en commun. Ces groupes résultent moins, d'ailleurs, d'une répartition conflictuelle des moyens de production que de la division du travail où chaque groupe obéit à une fonction spécifique, dont on peut supposer qu'elle est mutuellement profitable. Ici, la classe sociale n'est pas autre chose, *a priori*, que la somme des individus (individualisme contre holisme) que le chercheur décide d'assembler selon ses critères propres; ainsi, les classes sont des noms plus que des choses (nominalisme contre réalisme), même si, rappelle Weber, *a poste-*

2. Maurice Halbwachs, *Les Classes sociales*, CDU, Paris, 1937, p. 15.

riori, peuvent se constituer historiquement des conflits ouverts. Cette lecture est aussi la plus neutre théoriquement.

Par un curieux retournement de circonstances, on constate finalement que l'approche de Marx, très exigeante, pourrait amener à rejeter l'idée de classes sociales, faute de « conscience de classe » marquée par une conflictualité radicale. Au contraire, l'approche de Weber permet d'admettre sans difficulté la pérennité des classes sociales, la notion étant licite dès qu'existent des groupes inégaux dont les dynamiques sont différentes, comme le montre bien la statistique sociale contemporaine.

Pour sortir des apories des deux courants, lorsque l'on travaille sur l'ensemble de la sociologie des classes (et sur les auteurs qui les remettent en cause), il est possible d'élaborer une définition susceptible de donner lieu à un ensemble de critères tangibles. On pourrait parler de classes sociales pour des groupes :

– hiérarchiquement positionnés – et dotés – dans le système productif;

– marquées par une forte identité de classe, qui pourrait avoir trois modalités distinctes étant repérables :

a. l'identité temporelle, c'est-à-dire la permanence de la catégorie, l'imperméabilité à la mobilité intra- et intergénérationnelle, l'absence de porosité aux échanges matrimoniaux avec les autres catégories (homogamie);

b. l'identité culturelle, c'est-à-dire le partage de références symboliques spécifiques, de modes de vie et de façons de faire permettant une interreconnaissance;

c. l'identité collective, à savoir une capacité à agir collectivement, de façon conflictuelle, dans la sphère politique afin de faire reconnaître l'unité de la classe et ses intérêts;

– dès lors, les aspects objectifs et subjectifs apparaissent comme deux dimensions complémentaires des classes sociales qui peuvent se compléter ou s'opposer.

Le déclin des classes sociales ?

L'idée que les classes sociales disparaissent a connu une expansion considérable en France au cours des vingt dernières années. Cette fin proviendrait :

– dans la sphère politique, de la diffusion du pouvoir (politique et syndical) au sein de l'ensemble des catégories de la population et de la déstructuration des comportements politiques selon les strates sociales;

– dans la sphère économique, d'une part de l'augmentation du secteur tertiaire, dont les emplois ne correspondraient pour la plupart à aucun système de classe parfaitement clair, et d'autre part de la diffusion de la propriété dans toutes les couches sociales;

– de l'élévation du niveau de vie et de consommation qui conduit à la disparition de strates de consommation nettement repérables, rendant peu vraisemblable l'intensification de la lisibilité des différences de classes.

À ces arguments classiques sont venus s'en ajouter d'autres : la croissance scolaire et l'entrée des classes populaires au lycée puis à l'université, le flou croissant des échelles de salaire, la diffusion de la propriété de valeurs immobilières, la généralisation d'une culture « moyenne », la complexification induite par l'entrée massive des femmes dans le monde du travail; l'exclusion des pauvres et la précarisation des *outsiders* pourraient prendre le pas sur les inégalités traditionnelles (les ouvriers stables étant dès lors au nombre des *insiders*) ; la multiplication de différenciations et de conflits fondés sur des enjeux symboliques, la revendication de la reconnaissance des différences religieuses, de genre, d'ordre culturel, régionalistes, ethniques ou d'orientation sexuelle ; enfin, plus généralement, dans les théories postmodernes, l'existence de « styles de vie » mouvants, choisis par les individus au gré du temps, pourrait tout autant disqualifier les approches en termes de classes. Le schéma général de ce type d'argumentation est le plus souvent une ligne causale qui va d'une baisse des inégalités économiques jusqu'à celle de la conscience de classe.

Dans une perspective de long terme, sur le demi-siècle passé, c'est une évidence, mais il convient d'en saisir les limites pour échapper aux risques du dogmatisme. Une lecture attentive des vingt dernières années montre en effet que l'on a peut-être un peu vite anticipé la permanence de ces évolutions. Si l'on passe en revue l'ensemble des indicateurs disponibles, on constatera que :

1. La « disparition » des classes populaires (employés plus ouvriers) est très contestable, puisque cet ensemble représente 60 % de la population active, tout autant que dans les années 1960.

2. Même si les inégalités statiques (le rapport entre le salaire ou le revenu des classes supérieures et des classes populaires) ont diminué, les « inégalités dynamiques » (le temps de rattrapage des mieux situés par les autres) [*voir encadré B, page suivante*] se sont considérablement accrues du fait du ralentissement économique, qui interrompt mécaniquement l'effet d'ascenseur social que la croissance

Schéma D

Strobiloïde du revenu et du patrimoine, en francs (2000)

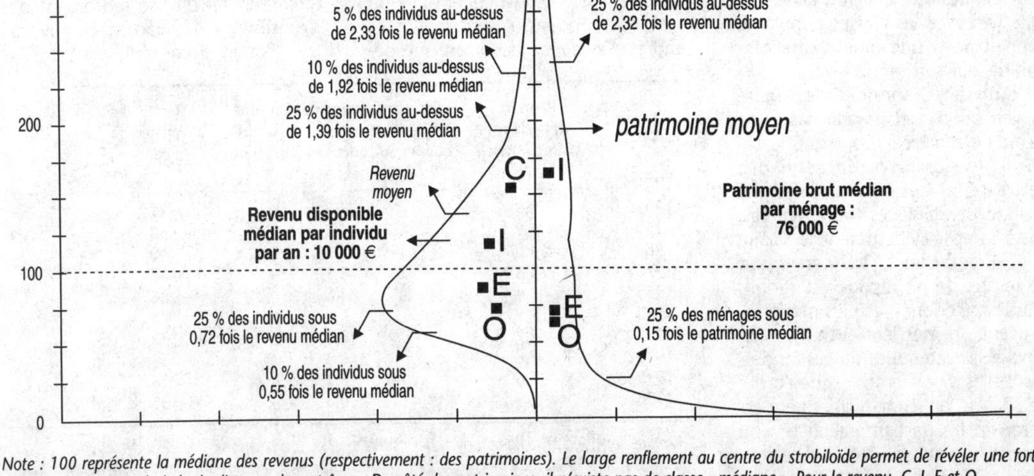

Note : 100 représente la médiane des revenus (respectivement : des patrimoines). Le large renflement au centre du strobiloïde permet de révéler une forte classe moyenne, située à égale distance des extrêmes. Du côté des patrimoines, il n'existe pas de classe « médiane ». Pour le revenu, C, I, E et O représentent la médiane du revenu respectivement des cadres, des professions intermédiaires, des employés et des ouvriers. Pour le patrimoine, ce sont les moyennes.

Source : Budget des ménages 1995 et actifs financiers 1992, réévalués pour l'année 2000 (en tenant compte de l'enrichissement et de l'inflation).

suscitait; dès lors, des frontières que l'on croyait périmées se reconstituent.

3. Alors que la société salariale avait assis sur le salaire tout un ensemble de droits sociaux (retraite, santé, etc.), le recours accru à l'épargne et à la dépense volontaire pourrait amplifier l'effet des inégalités de patrimoine, dont on sait qu'elles sont nettement plus fortes que celles concernant le revenu; en effet, le rapport interdécile des salaires est de 3, d'où des inégalités de retraites « maîtrisées », alors que pour le patrimoine, ce rapport est de 1 à 70; si l'on fait plus appel à la capacité d'épargne pour financer les retraites, les inégalités augmenteront [*voir schéma D*].

4. Par ailleurs, alors que les sociologues postmodernes affirment que nous sommes entrés dans une ère d'abondance qui permet le libre choix des référents de consommation et de culture, on constate au contraire le maintien de très rigides frontières sociales dans l'accès aux biens les plus élaborés, puisque les cadres consacrent relativement à leur budget moitié moins en produits alimentaires de base, moitié plus en dons à d'autres ménages, deux fois plus en vacances et en livres, cinq fois plus en location automobile, quinze fois plus en aides familiales et domesticité.

5. Si la mobilité sociale structurelle s'est accrue avec la croissance des cadres et professions intermédiaires, les nouvelles générations qui connaissent une moindre expansion bénéficient de moindres progrès en la matière; on constate en effet que les premières expériences professionnelles sont déterminantes pour l'ensemble de la carrière, et les générations qui connaissent des débuts

Encadré B : *Les inégalités dynamiques*

Les inégalités ne sont pas simplement instantanées (quel niveau de salaire, quel rang, quelle intensité des écarts ?). Elles sont aussi dynamiques : en combien de temps est-il possible d'améliorer son sort, à quel degré ?

Lors des « trente glorieuses », le salaire réel des ouvriers croissait de 3 à 4 %. Dès lors, les classes populaires connaissaient une rapide amélioration de leur sort : en 20 ans à 3,5 % de croissance annuelle, le salaire moyen double, et il aurait fallu une trentaine d'années pour que le salaire ouvrier rattrape celui des cadres... si celui-ci n'avait pas changé pendant ces trente années, entre temps. Évidemment le salaire des cadres évolue lui aussi, mais plus ce temps de rattrapage est réduit, plus les catégories les plus modestes peuvent projeter leur avenir en observant les catégories situées au-dessus d'elles. Si ce temps est de l'ordre de 30 ans, un jeune ouvrier peut espérer en fin de carrière un revenu proche de celui des cadres qu'il voit, et un ouvrier plus âgé peut attendre pour ses enfants un sort nettement ascendant au regard du sien propre. Dès lors que la croissance ralentit, comme c'est le cas depuis les années 1980, les inégalités dynamiques s'accroissent : avec une croissance de seulement 0,5 %, il faut 140 ans pour assister au doublement du pouvoir d'achat des ouvriers et deux ou trois siècles pour qu'ils rattrapent les cadres. Ce qui se faisait en une génération se fait maintenant en dix. Alors que les inégalités statiques ont diminué (première colonne du tableau), le ralentissement spectaculaire des salaires (deuxième colonne) conduit à un accroissement des inégalités dynamiques (mesurées par le temps de rattrapage de la troisième colonne) tel que se renforcent des frontières entre cadres et ouvriers que l'on avait cru réduites.

	Rapport des salaires cadres/ouvriers	Croissance annuelle moyenne du pouvoir d'achat du salaire ouvrier au cours des 5 dernières années (en %)	Temps de rattrapage (en années)
1955	3,9	4,8	29
1960	3,9	2,8	50
1965	4,0	3,5	40
1970	3,8	3,7	37
1975	3,4	3,5	36
1980	2,9	1,6	65
1985	2,7	0,3	372
1990	2,8	0,3	353
1995	2,6	0,3	316
1998	2,5	0,6	151

Lecture : en 1955, le salaire moyen des cadres est 3,9 fois plus élevé que celui des ouvriers; de 1950 à 1955, le taux de croissance annuelle du pouvoir d'achat du salaire ouvrier était de 4,8 % par an; en 1955, à ce rythme, le temps nécessaire pour rattraper le pouvoir d'achat du salaire des cadres de 1955 est de 29 ans.
Source : INSEE, Séries longues sur les salaires.

difficiles risquent de ne pas rattraper les retards subis ; dès lors, les générations nées dans les années 1940, arrivées dans un monde du travail en expansion avec moins de 4 % de taux de chômage sur les deux premières années de la vie professionnelle, ont eu plus de chances de connaître une forte mobilité ascendante par rapport à leurs parents (nés en moyenne trente ans plus tôt et entrés dans la vie dans le marasme économique des années 1930) ; leurs enfants, nés dans les années 1970, qui ont connu jusqu'à 30 % de taux de chômage sur les deux premières années après les études, connaissent de plus forts risques de mobilité descendante.

6. Concernant la mobilité « nette », s'il existe bien un surcroît de fluidité (une moindre étanchéité des frontières entre catégories sociales), le phénomène dominant reste bien celui de la reproduction sociale où les enfants de cadres ont relativement à ceux d'ouvriers des probabilités 70 fois plus importantes d'accéder à la catégorie cadre plutôt qu'à celle d'ouvrier...

Surtout, d'un point de vue objectif, les clivages traditionnels que l'on repère entre classes se sont fort peu affaiblis au cours des décennies récentes marquées par le ralentissement économique. Pour autant, si les classes sociales semblent perdurer d'un point de vue objectif, elles ont subjectivement peu ou prou disparu, faute de conscience collective clairement élaborée, susceptible d'animer une action construite. S'il existait naguère un « conflit central » autour de la question sociale, et en particulier de l'« exploitation » (il faut noter que l'on magnifie peut-être le passé : l'affaire Dreyfus ou la guerre de 1914-1918 montrent qu'il existait naguère d'autres enjeux conflictuels que les classes), les enjeux politiques se sont considérablement diversifiés. Par conséquent, cet aspect subjectif de déstructuration de la conscience de classe est peut-être la principale dimension de cette « mort des classes sociales ». Pour autant, la conscience sociale des membres des classes populaires de se trouver en difficulté dans la société d'aujourd'hui reste vive et peut perturber profondément le système, comme le 21 avril 2002 l'a montré.

IV. UN AVENIR OUVERT : LA SPIRALE DES CLASSES SOCIALES

Dès lors, il faut concevoir que les aspects objectifs des inégalités et subjectifs des identités de classe sont deux dimensions complémentaires et distinctes. On peut représenter horizontalement l'intensité des inégalités et verticalement celle des identités [*voir schéma E*]. Plus une société se trouve à droite, plus elle correspond à une structure inégalitaire,

Schéma E

La spirale des classes sociales

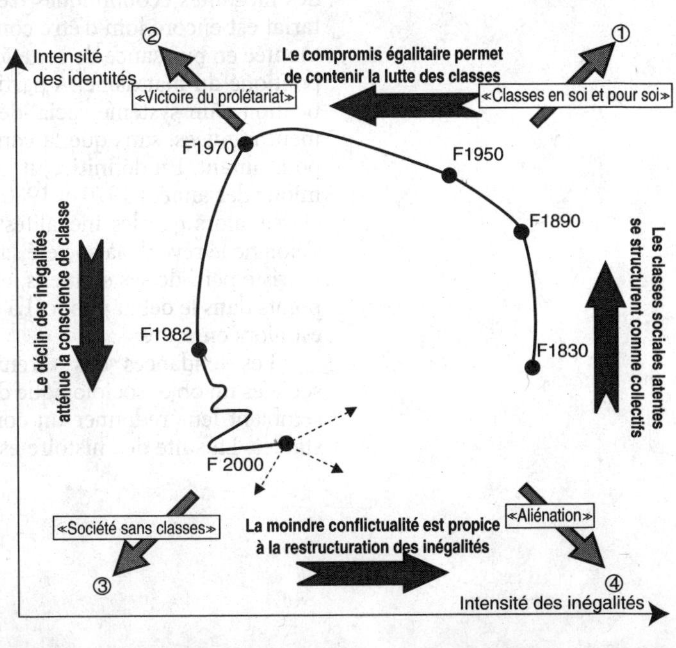

et plus elle est en haut, plus elle correspond à une forte identité collective des classes sociales.

Directionnellement, nous avons ainsi quatre types repérables. En haut à droite, des inégalités fortes sont mobilisées par une conscience de classe marquée : on est en présence d'un système de classes « en soi et pour soi ». En haut à gauche, les inégalités sont affaiblies, mais la conscience de classe reste forte ; on peut faire l'hypothèse que cette situation suit des revendications sociales abouties. En bas à droite, c'est la situation inverse, où les inégalités importantes existent, sans que la conscience de ces classes apparaisse ; il s'agit typiquement d'une situation d'aliénation du prolétariat. En bas à gauche, il s'agit plutôt (à la limite) de la situation d'une société sans classe : sans inégalité ni identité.

En définitive, chacun de ces pôles pourrait être instable, à des degrés divers, notamment parce qu'il faut souvent une génération pour qu'une situation sociale acquise objectivement devienne consciente. La situation de classes en lutte ① est conflictuelle et confronte au risque d'une conflagration sociale, sauf à trouver une issue négociée avec la diminution des inégalités économiques ②. Sans parler d'une égalisation parfaite des conditions, dont on n'a jamais vu d'exemple empirique, cette situation d'égalisation plus ou moins intense peut s'obtenir de deux façons, soit par la victoire politique du prolétariat soit en faisant en sorte que la bourgeoisie « lâche du lest », objectif premier des compromis de la social-démocratie. À partir de la position ④, l'issue ① par la perte de la conscience de classe ne paraît pas très vraisemblable. L'égalisation objective des conditions de vie qui caractérise le passage de ② à ① pourrait dissoudre à terme la conscience de classe, d'où un passage ultérieur à la position ③, sauf à rejouer éternellement les mêmes commémorations officielles et les mêmes vieux mythes.

À cet instant, la difficulté est que l'on risque d'assister à un rebond des inégalités, très clair dans le cas des États-Unis, plus complexe dans le cas de la France. Si nous considérons la France, l'impression est qu'une partie de la boucle a été parcourue. Il est possible de partir du cas de la France préindustrielle de 1830, marquée par des inégalités économiques très fortes, mais où l'identité du prolétariat est encore loin d'être constituée. La suite du siècle fut bien la montée en puissance de cette identité ouvrière et l'entrée dans le jeu politique du marxisme. À partir des « trente glorieuses » et de l'édification d'un système social-démocrate, les inégalités ont été fortement régulées, sans que la conscience de classe ne se soit dissoute pour autant. En définitive, il faut attendre le ralentissement économique des années 1970 et 1980 pour voir s'atténuer la conscience de classe, alors que les inégalités ont cessé de diminuer. C'est là que s'éloigne le rêve de la société sans classes, parce que le discours égalitariste perd de ses soutiens, et que le discours inverse marque des points dans le débat public. La reconstitution d'inégalités plus fortes est alors en route.

Les tendances des « trente glorieuses » ont fait des classes sociales un objet sociologique dépassé, mais ces dernières décennies semblent leur redonner un contenu et des contours objectifs plus stables. La suite de l'histoire est donc très ouverte.

Louis Chauvel

Synthèse et Révision

En répondant aux questions suivantes, vous allez pouvoir préparer, chez vous et/ou en classe, une synthèse des connaissances fondamentales à acquérir sur un grand thème du programme. Cet exercice va vous permettre de construire vous-même dès maintenant la fiche qui vous sera indispensable au moment de vos révisions parce qu'elle contient ces connaissances de base. L'expérience montre que ce travail, complété par la maîtrise systématique des mots clés, est beaucoup plus efficace que la lecture de fiches « toutes prêtes » ou d'autres produits miracles.

Mots clés

Identité sociale • Classe sociale • Mobilité sociale • Moyennisation • Tertiarisation • Conscience en soi • Conscience pour soi • Différenciation • Égalité des conditions • Fluidité sociale • Inégalité.

Questions

I. La diversité des approches

1. Quel est le fondement d'une approche en termes d'inégalités et celui d'une approche en termes de différenciation ?
2. Compléter le tableau suivant :

	Approche continue de la société	Approche discontinue de la société
Critère		
Intérêt		
Limites		

II. Les constats empiriques de la dynamique sociale

3. Quels sont les principaux changements de la société française ?
4. a. Que signifie la notion de « moyennisation » de la société ?
   b. Quels sont les facteurs explicatifs de la moyennisation de la société ?
   c. La moyennisation de la société implique-t-elle la disparition des classes populaires ?

III. Théoriser les grandes tendances

5. Pourquoi, selon Tocqueville, la démocratie représente-t-elle l'égalité des conditions ?
6. Quelle est la distinction entre inégalité des conditions et inégalité des situations ?
7. Quelles sont les configurations politiques possibles pour tendre vers une égalité des conditions ?
8. Quel est le point de départ des analyses en termes de classes ?
9. Définir les termes suivants : conscience en soi ; conscience pour soi ; classe sociale latente ; aliénation.
10. Compléter le tableau suivant :

Les classes sociales

	Analyse de Marx	Analyse de Weber
Intention suivie dans l'élaboration de la notion de classe		
Définition		
Difficultés dans l'utilisation de la notion		

11. La société française s'oriente-t-elle vers un déclin des classes ou vers un retour des classes ?
12. Quelle est la principale inégalité générationnelle ?

Dossier 1

Les inégalités de consommation

Document 1

Éléments sur la consommation des ménages en 1994-1995 (en %)

Consommation du ménage	alimentation	habillement	habitation	hygiène soins	transports télécom	culture loisirs	divers[a]	ensemble	par mén	par uc[b]
Ensemble	18,2	4,9	27,9	6,3	12,8	6,6	23,3	100	100	100
(idem 1979)	25,8	7,8	24,0	6,4	13,4	6,4	16,2	100		
(idem 1956)	45,4	11,7	18,1	5,7	8,3	5,9	4,9	100		
Selon le revenu par unité de conso.										
Moins de 4 200 F	23,5	5,5	29,9	6,1	12,5	7,8	14,7	100	57	53
55 000–67 000 F	21,2	4,8	29,6	6,9	13,7	7,3	16,5	100	79	73
82 000–100 000 F	18,5	4,8	28,5	7,3	13,1	6,6	21,2	100	105	103
130 000 F et plus	13,8	4,8	25,7	5,2	11,1	5,6	33,8	100	174	193
Cadres supérieurs	14,2	5,2	27,7	5,0	11,8	6,5	29,6	100	184	166
(idem 1979)	18,7	8,0	24,4	5,0	13,8	6,7	23,4	100		
Ouvriers	20,2	4,9	30,1	6,0	14,6	7,6	16,6	100	91	75
(idem 1979)	28,6	7,7	24,5	6,3	13,8	6,4	12,7	100		
Moins de 25 ans	16,8	6,2	31,4	4,5	15,5	10,2	15,4	100	57	76
De 35 à 44 ans	18,0	5,3	30,3	5,6	12,6	7,7	20,5	100	119	96
De 65 à 74 ans	20,1	3,7	25,2	8,3	12,2	4,7	25,7	100	81	101

a. Ce poste comprend notamment les impôts sur le revenu, l'assurance vie, les dépenses d'hôtel et de restaurant.
b. Unité de consommation.
Source : INSEE, enquête « Budget de famille », 1994-95.

Document 2

***Taux d'équipement des ménages en biens durables en 2001** (en %)*

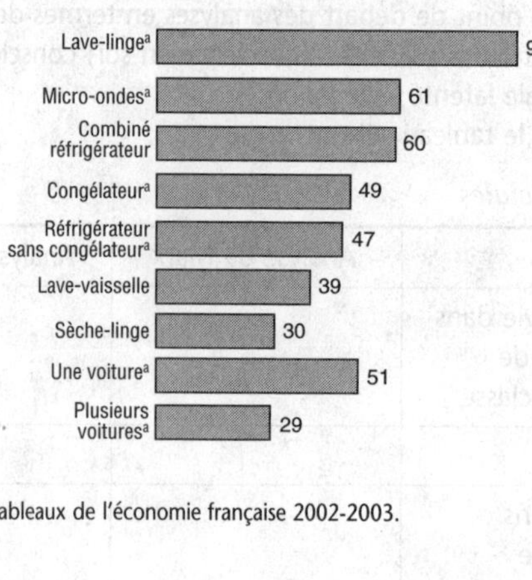

a. 2000.
Source : INSEE, in Tableaux de l'économie française 2002-2003.

Questions sur l'ensemble du dossier

1. a. Les données du document 1 confirment-elles la loi d'Engel ?
   b. Quelles sont les grandes tendances de la consommation des ménages depuis 1956 ?
2. [*doc. 2, 3 et 4*] a. Certains biens de consommation connaissent-ils un effet de saturation ?
   b. Quels sont les facteurs affectant le taux d'équipement des biens à haut contenu technologique ?
3. Que signifient les données entourées [*doc. 8*] ? Comparez entre elles les données calculées pour 1950 ; celles calculées pour les cadres et les ouvriers en 2010 ; celles calculées pour les hommes et pour les femmes (actives et inactives) en 1950, 1980 et 2010. Qu'en concluez-vous ?
4. Dans quelle mesure peut-on parler de « démocratisation des vacances dans les années 1990 » ? [*doc. 5, 6 et 7*]
5. [*doc. 9, 10, 11, 12, 13 et 14*]
   a. Quelles peuvent être les limites de l'étude des pratiques culturelles par PCS ?
   b. En quoi l'évolution des pratiques culturelles reflète-t-elle l'évolution des structures sociales ?
6. [*doc. 9, 10, 11, 12, 13 et 14*]
   a. Quel est l'intérêt de travailler à la fois avec des valeurs relatives et des valeurs absolues ?
   b. Le prix est-il le seul obstacle à certaines pratiques culturelles ?
   c. Que signifie l'expression « culture légitime » ?
   d. Montrez que les pratiques culturelles ne sont pas indépendantes des clivages sociaux.
7. a. Citez des exemples de « cultures émergentes ».
   b. Que signifie la notion de « non-public » ? L'existence de non-public traduit-elle l'existence d'une barrière culturelle ou un phénomène d'exclusion culturelle ? [*doc. 15*]
8. **Question de synthèse.** Peut-on parler de « fracture culturelle ? »

Document 3

Taux d'équipement des ménages en 1999 (en %)

	Informatique		Téléphonie		Audiovisuel-Hifi			
	Connexion à Internet	Ordinateur (portable et de bureau)	Téléphone portable	Répondeur	Chaîne hi-fi*	Magnétoscope	Deux téléviseurs couleur ou plus	Téléviseur couleur
A. Taux d'équipement selon la catégorie socioprofessionnelle								
Agriculteur	2	8	13	14	23	31	25	95
Artisans, commerçants, chefs d'entreprise	4	21	38	33	56	66	34	93
Cadres et prof. intel. sup.	20	50	44	61	82	75	31	89
Professions intermédiaires	9	31	29	50	70	72	34	92
Employés	4	19	25	40	61	62	25	90
Ouvriers	2	13	22	31	57	67	33	95
Inactifs autres que retraités[a]	12	25	29	32	52	29	4	71
Ensemble	7	23	28	40	61	65	30	92
B. Taux d'équipement selon le type de famille								
Personne seule		11	18	32	42	37	10	84
Couple sans enfant		17	22	40	56	68	35	96
Couple avec 1 enfant		33	43	50	81	86	44	95
Couple avec 2 enfants ou plus		44	39	44	84	91	48	97
Famille monoparentale		25	32	47	54	74	29	93
Autre		13	24	28	50	48	24	95
Ensemble		23	28	40	61	65	30	92
C. Taux d'équipement selon le niveau de vie[b]								
Premier quintile		11	15	24	45	51	19	89
Deuxième quintile		17	22	30	55	60	28	93
Troisième quintile		20	24	39	62	66	35	94
Quatrième quintile		29	32	48	70	75	36	93
Cinquième quintile		40	42	59	78	75	35	91
Ensemble		23	28	40	61	65	30	92

**Mai 1998.*

a. Les retraités ont été reclassés dans leur ancienne catégorie socioprofessionnelle.

b. Le niveau de vie est ici calculé comme le revenu par unité de consommation du ménage. Cet indicateur tient compte des économies d'échelle réalisées sur certaines dépenses (logement notamment). Le calcul des unités de consommation se fonde sur une échelle d'équivalence qui donne un poids de 1 au premier adulte, de 0,5 à chaque autre personne de 14 ans ou plus, et de 0,3 à chaque personne de moins de 14 ans. Ainsi, par exemple, selon cette échelle une personne seule ayant un revenu mensuel de 1000 € a ce même niveau de vie qu'un couple avec deux enfants de moins de 14 ans disposant de 2 100 € par mois.

Lecture C : parmi les 20 % de ménages ayant le niveau de vie le plus bas (première quantité), 11 % ont un ordinateur.

Source : INSEE, enquête permanente sur les conditions de vie des ménages, mai 1999, in INSEE Première *n° 700, février 2000.*

Document 4

L'acquisition de biens de haute technologie : un effet de génération

Pour des biens de diffusion ancienne, simples à utiliser, et qui facilitent la vie de tous les jours, le taux d'équipement croît avec l'âge. En effet, à un moment du cycle de vie, le ménage décide de s'équiper et le reste tout au long de sa vie. Le téléviseur couleur en est un bon exemple : en mai 1999, 76 % des ménages dont la personne de référence avait moins de 25 ans en ont un, cette proportion passe à 96 % pour les ménages les plus âgés.

Pour des biens plus récents et plus complexes, le taux d'équipement croît en fonction de l'âge jusqu'à un certain seuil, à partir duquel la relation s'inverse. Mais il ne s'agit pas d'un effet direct de l'âge à proprement parler : on peut penser que les ménages jeunes qui possèdent un ordinateur ou un téléphone portable aujourd'hui n'y renonceront pas l'âge venant. D'ailleurs, dans les années 1970 et 1980, quand la télévision couleur était un bien nouveau, les septuagénaires étaient moins équipés que les ménages en milieu de cycle de vie. Il y a donc bien là un effet de génération, les ménages les plus âgés se montrant réticents à acquérir des biens nouveaux. Cette réticence peut avoir des causes multiples : crainte de ne pas savoir utiliser l'appareil, désintérêt pour un bien dont on s'est passé jusque-là ou refus d'un apprentissage qui ne sera pas rentabilisé sur le long terme. L'ordinateur, mais aussi le magnétoscope, la chaîne hi-fi, le répondeur ou le téléphone portable, entrent dans cette catégorie de produits. ■

INSEE Première, ibid.

Document 5

Taux de départ en vacances sur l'ensemble de l'année	1964		1990		1994	
	Taux de départ (%)	Nombre de jours[a]	Taux de départ (%)	Nombre de jours[a]	Taux de départ (%)	Nombre de jours[a]
Agriculteur exploitant	11,9	18,5	36,3	13,4	38,2	18,3
ACCE	47,5	25,5	58,2	24,0	64,9	21,4
Cadre	86,6	41,2	88,2	34,0	85,3	34,2
Profession intermédiaire	73,6	34,3	81,4	28,1	81,8	26,7
Employé	62,7	27,9	68,6	25,8	66,1	24,1
Ouvrier	44,3	26,9	52,2	22,8	56,5	21,1
Inactifs	31,7	34,1	46,3	33,9	48,4	34,6
Ensemble	43,6	29,9	59,1	27,9	62,0	27,3

ACCE = Artisan, commerçant, chef d'entreprise.
a. Nombre moyen de jours par personne partie.
Source : INSEE Résultats, *série « Consommation, modes de vie » n°s 80-81, mars 1996, p. 36 et 38,* in *Alain Bihr, Roland Pfefferkorn,* Déchiffrer les inégalités, *Syros, « Alternatives économiques », 1999.*

Document 6

***Taux de départ en vacances selon la catégorie sociale** (en %)*

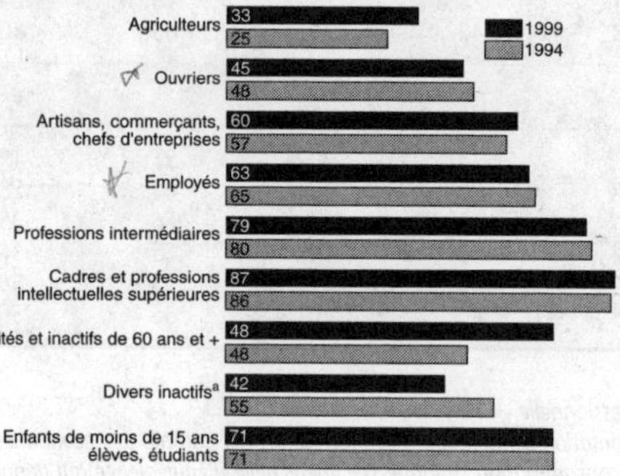

a. Personnes au foyer, militaires du contingent, chômeurs n'ayant jamais travaillé.
Source : INSEE, in Tableaux de l'économie française 2002-2003.

Document 7

Taux de départ selon la génération

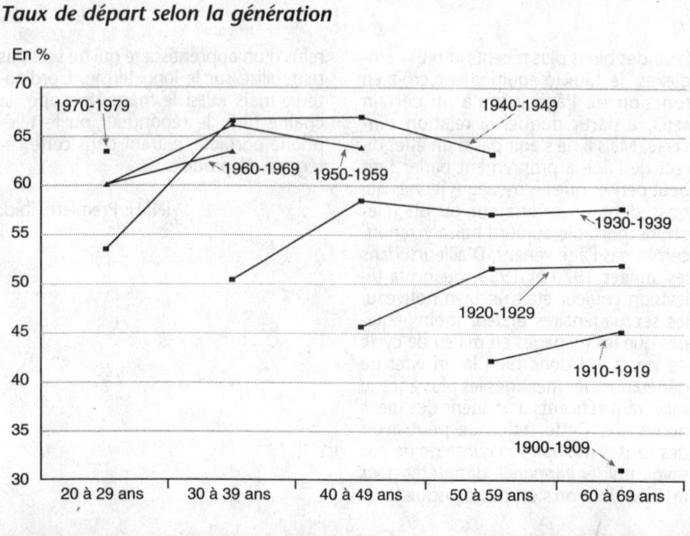

Lecture : chaque courbe représente une génération. On a fait figurer le taux de départ. En 1999, 63 % des personnes nées entre 1940 et 1949 sont parties en vacances. Elles étaient 67 % à le faire dix ans plus tôt. Le déplacement des courbes vers le haut montre qu'à âge égal, les générations récentes partent plus que leurs aînées.
Sources : INSEE, enquête permanente sur les conditions de vie, 1999, et enquête quadrimestrielle, 1989, 1979, 1969 in *Céline Rouquette, « Départs en vacances : la persistance des inégalités »,* Économie et statistique *n° 345, mai 2001.*

Document 8

Cumul sur une vie des temps de loisir (en années)

		Durant la vie active	Durant la retraite	Total
Cadre	1950	8,9	3,7	12,6
	1980	8,5	5,4	13,9
	2010	10,0	6,1	16,1
Artisan	1950	7,3	0,0	7,3
	1980	7,1	2,4	9,5
	2010	9,8	5,2	15,0
Ouvrier	1950	9,6	1,4	11,0
	1980	9,3	4,1	13,4
	2010	11,8	4,9	16,7
Homme	1950	9,1	1,7	10,8
	1980	8,7	4,4	13,1
	2010	11,1	5,1	16,2
Femme active	1950	4,0	2,1	6,1
	1980	5,9	4,3	10,2
	2010	6,1	4,8	10,9
Femme inactive	1950	5,8	2,1	7,9
	1980	7,5	4,3	11,8
	2010	7,1	4,8	11,9

Source : Henri Mendras, La Seconde Révolution française, *1965-1984, Gallimard, « Folio-Essais », 1994.*

Document 9

L'illusion du « toujours pareil »

D'abord, l'analyse des résultats des enquêtes *Pratiques culturelles des Français* a tendance, par sa construction même, à alimenter l'illusion du « toujours pareil » parce qu'elle s'appuie pour l'essentiel sur les pratiques culturelles traditionnelles, les seules pour lesquelles existent des données depuis le début des années 1970, et tend par conséquent à ignorer les formes de participation ou de consommation culturelle apparues au cours des dernières décennies. Raisonner uniquement sur la fréquentation des équipements culturels à partir de catégories qui datent des années 1970 (théâtre, musique classique...) risque de conduire à ne pas prendre en compte la diversification des modes d'accès et des formes d'appropriation de la culture liée en partie à l'élargissement de l'offre culturelle. Au sein même des établissements culturels en effet, l'intérêt pour l'art et la culture prend aujourd'hui des formes beaucoup plus variées qu'il y a trente ans : l'augmentation par exemple de la fréquentation des bibliothèques, devenues pour une partie d'entre elles médiathèques, apparaît très liée à la diversification des services offerts (développement de l'offre en matière de presse et de supports audiovisuels, enrichissement des collections destinées aux enfants...).

Par ailleurs, la programmation des lieux de spectacle a souvent gagné en éclectisme en s'ouvrant progressivement au jazz, à la danse contemporaine ou plus récemment au « nouveau » cirque, de même que l'éventail des musées et des monuments historiques s'est considérablement élargi du fait de la patrimonialisation d'objets ou de lieux considérés auparavant comme ordinaires. Enfin et surtout, ces dernières années ont vu l'essor de formes de participation à la vie culturelle « hors les murs », des spectacles de rue aux sons et lumières, en passant par les visites de quartiers historiques et les festivals. [...]

En évoquant ces quelques exemples, on mesure mieux la difficulté à souligner les permanences tout en intégrant les facteurs de renouvellement ou de rupture liés à l'évolution structurelle de la société française, à l'équipement des ménages en appareils audiovisuels, à l'augmentation considérable de l'effort de l'État et des collectivités territoriales en faveur de la culture, à la médiatisation qui l'a accompagnée, etc. [...]

Dans ces conditions, l'apparente stabilité des écarts entre catégories socioprofessionnelles qu'on observe à la lecture des résultats de *Pratiques culturelles* peut parfaitement recouvrir une série de mutations liées à l'évolution intrinsèque des PCS et cacher ce qu'on peut appeler une démocratisation « structurelle » : l'augmentation des catégories de cadres ou d'étudiants traduit en effet une mobilité ascendante d'une partie des jeunes générations qui a probablement permis à certains d'accéder à des pratiques culturelles étrangères à leur milieu social d'origine. Ceci conduit à penser que, si les écarts entre PCS ont dans l'ensemble peu évolué, les PCS, et notamment la catégorie des cadres qui a été la plus concernée par les évolutions structurelles de la société française, sont devenues moins homogènes, donc moins susceptibles d'être définies par un rapport unique à la culture. ■

Olivier Donnat, S. Octobre (dir.),
Les Publics des équipements culturels,
La Documentation française, 2002.

Document 10

Les pratiques culturelles selon le milieu social (au cours des douze derniers mois)

Sur 100 personnes de chaque groupe (Pcs[a] chef de ménage)	sont allées au théâtre	ont visité un monument historique	ont fréquenté une bibliothèque ou médiathèque	ont joué d'un instrument de musique	ont lu 25 livres et plus	ont regardé Arte au moins une fois par semaine
Cadres et professions intellectuelles supérieures	44	57	55	27	29	30
Professions intermédiaires	21	44	46	17	20	23
Employés	16	27	37	16	16	15
Artisans, commerçants et chefs d'entreprise	11	29	28	13	9	16
Ouvriers	6	21	23	12	6	15
Agriculteurs	5	25	21	7	10	16

a. Profession et catégorie sociale.
Source : Pratiques culturelles des Français, *DEP, ministère de la Culture et de la Communication, 1997.*

Document 11

L'effet de la gratuité des dimanches du musée du Louvre
(L'entrée du musée est gratuite tous les premiers dimanches du mois depuis 1996.)

A. Composition socioprofessionnelle des primo-visiteurs français des dimanches gratuits (en %)

Primo-visiteurs	Cadres supérieurs	Professions intermédiaires	Employés/ ouvriers
Dimanche payant	18	29	53
Dimanche gratuit	18	25	57

L'impact de la gratuité est plus éloquent lorsque l'on considère les effectifs.

B. Nombre moyen de primo-visiteurs français par Pcs et par dimanche (cumul 1996-2000)

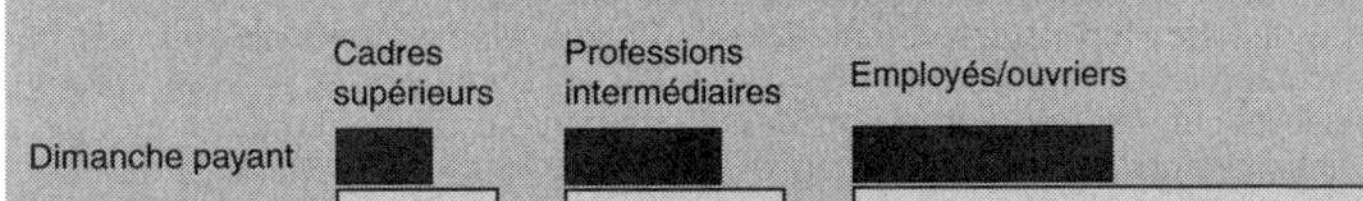

	Cadres supérieurs	Professions intermédiaires	Employés/ouvriers
Dimanche payant	145	240	425
Dimanche gratuit	270	370	850
Rapport	X 1,85	X 1,55	X 2

Source : Observatoire permanent des publics, ISC/ARCMC/musée du Louvre, 1996-2000, in C. Fourteau, « La gratuité au bois dormant », Pratiques culturelles des Français, *op.cit.*

Document 12

Les différenciations internes au sein des groupes « cadres et professions intellectuelles supérieures » et « professions intermédiaires » (au cours des douze derniers mois),

Sur 100 personnes de chaque groupe (PCS de l'individu)	**ont fréquenté régulièrement les équipements culturels**	**ont lu 25 livres ou plus**
Professeurs, professions scientifiques	51	44
Professions information, arts et spectacles	41	27
Cadres d'entreprise	27	33
Ingénieurs	27	22
Instituteurs	33	29
Professions intermédiaires santé et travail social	20	26
Professions intermédiaires adm. et com. d'entreprise	16	27
Techniciens	9	16
Contremaîtres	10	11

Source : Pratiques culturelles des Français, op. cit.

Document 13

Nombre moyen de visiteurs français par PCS et par dimanche (cumul 1996-2000)

	Île-de-France	**Autres régions**
Cadres supérieurs		
Dimanche payant	730	439
Dimanche gratuit	1 945	463
Rapport	x 2,67	x 1,05
Professions intermédiaires		
Dimanche payant	468	406
Dimanche gratuit	1 310	505
Rapport	x 2,81	x 1,24
Employés/ouvriers		
Dimanche payant	590	561
Dimanche gratuit	1 865	687
Rapport	x 3,14	x 1,22

D'autres recherches seront nécessaires pour suivre ce que deviennent les visiteurs du dimanche. Il faudra, dans les prochaines années, analyser qualitativement cette expérience vécue étendue désormais à l'échelle nationale pour interroger la mémoire des visiteurs, comprendre comment la gratuité aura modifié des trajectoires individuelles ou familiales, et quels changements d'attitudes et de pratiques elle aura permis et suscités.

Source : ibid.

Document 14

Une soirée à l'opéra ?

À la fin de 1997, on constatait sans surprise une très forte surreprésentation des catégories socioprofessionnelles supérieures, une surreprésentation des milieux professionnels intellectuels et des diplômés de l'enseignement supérieur, en particulier pour ces derniers dans les filières littéraires et les sciences humaines.

Pourtant, les politiques tarifaires se veulent incitatives : une place de 4ᵉ catégorie à Garnier ou de 5ᵉ à Bastille coûte respectivement 250 francs pour une production lyrique, 125 francs et 165 francs pour un grand ballet classique. Les tarifs dits « de dernière minute » permettent au public jeune et aux chômeurs de découvrir des productions mais ne modifient pas le profil général des spectateurs. C'est dire, une fois encore, la limite des incitations financières.

Chaque type de spectacle attire son public et le lyrique reste, plus que la danse, un genre codifié et un des signes de la culture « légitime ». Même si des spectateurs issus de classes sociales plus diversifiées viennent aujourd'hui voir des spectacles d'opéra, des barrières plus symboliques demeurent chez près d'un tiers d'entre eux. La difficulté d'appropriation du lieu se manifeste, surtout au Palais Garnier, et la demande est forte pour une sorte d'initiation. Quelques exemples de distribution de réponses à des questions d'attitude posées dans le cadre d'une enquête, menée auprès du public à la fin 1997, illustrent les pesanteurs des schémas culturels traditionnels. Si l'on constate avec satisfaction que 48 % de nos spectateurs sont de nouveaux amateurs de lyrique et non des héritiers d'une tradition familiale, 34 % considèrent encore que l'opéra reste un spectacle réservé à une certaine classe.

Ces résultats invitent à relativiser les progrès enregistrés et soulignent la diversité des éléments à mettre en œuvre dans le cadre d'une politique visant à agir sur la composition socioculturelle du public. ■

F. Roussel, « La diversification des publics à l'Opéra national de Paris », Pratiques culturelles des Français, op. cit.

Document 15

Le « non public »

Les études portent sur les publics, pourtant, bien souvent, les responsables des institutions culturelles s'interrogent sur le « non-public », sur les personnes qu'ils ont le sentiment d'avoir des difficultés à toucher ou qu'ils jugent relativement indifférents à l'offre culturelle. Le « non-public » est souvent défini dans les milieux culturels mais aussi sociologiques uniquement par la négative, par l'absence de propriété légitimiste, ce qui conduit à prendre les formes de culture populaire pour des formes d'exclusion culturelle. Sans verser dans le relativisme ethnologique (qui considère chaque comportement dans sa culture d'origine, ce qui donne un tout autre sens au terme « culture »), est-il besoin de rappeler que la culture ne se réduit pas au champ délimité par les institutions culturelles (les « cultures émergentes » leur échappent largement) et que l'essentiel des pratiques culturelles se déroule dans le cadre domestique ou privé, qu'il s'agisse de lecture, de consommations audiovisuelles ou de pratiques amateur ? Les non-fréquentants des établissements culturels ne sont pas tous par conséquent – loin s'en faut – des exclus de la culture. ■

F. Roussel, ibid.

Dossier 2

Trois représentations différentes de la structure sociale : Bourdieu, Halbwachs et Mendras

Document 1

Espace social et classes

L'objectif majeur de la science sociale n'est pas de construire des classes. Le problème du classement, que connaît toute science, ne se pose de manière aussi dramatique aux sciences du monde social que parce qu'il s'agit d'un problème politique, qui surgit, en pratique, dans la logique de la lutte politique, toutes les fois que l'on veut construire des groupes réels, par une action de mobilisation dont le paradigme est l'ambition marxiste de construire le prolétariat comme force historique («Prolétaires de tous les pays, unissez-vous»). Marx, savant et homme d'action, a donné de fausses solutions théoriques – comme l'affirmation de l'existence réelle des classes – à un vrai problème pratique : la nécessité, pour toute action politique, de revendiquer la capacité, réelle ou supposée, en tout cas crédible, d'exprimer les intérêts d'un groupe; de manifester – c'est une des fonctions majeures des manifestations – l'existence de ce groupe, et la force sociale actuelle ou potentielle qu'il est capable d'apporter à ceux qui l'expriment et, par là, le constituent comme groupe. Ainsi, parler d'espace social, c'est résoudre, en le faisant disparaître, le problème de l'existence et de la non-existence des classes, qui divise, depuis l'origine, les sociologues : on peut nier l'existence des classes, sans nier l'essentiel de ce que les défenseurs de la notion entendent affirmer à travers elle, à savoir la *différenciation sociale*, qui peut être génératrice d'antagonismes individuels et, parfois, d'affrontements collectifs entre les agents situés en des positions différentes dans l'espace social. La science sociale doit construire non des classes, mais des espaces sociaux à l'intérieur desquels peuvent être découpées des classes, mais qui n'existent que sur le papier. Elle doit en chaque cas *construire* et *découvrir* [...] le principe de différenciation qui permet de ré-engendrer théoriquement l'espace social empiriquement observé. [...] Principe qui n'est autre que la structure de la distribution des formes de pouvoir ou des espèces de capital qui sont efficientes dans l'univers social considéré – et qui varient donc selon les lieux et les moments. [...] Les classes sociales n'existent pas (même si le travail politique orienté par la théorie de Marx a pu contribuer, en certains cas, à les faire exister au moins à travers des instances de mobilisation et des mandataires). Ce qui existe, c'est un espace social, un espace de différences, dans lequel les classes existent en quelque sorte à l'état virtuel, en pointillé, non comme un donné, mais comme *quelque chose qu'il s'agit de faire*. ■

Pierre Bourdieu, «Espace social et champ du pouvoir», in Raisons pratiques, *Le Seuil, 1994.*

Document 2

La construction d'un «espace social» pour analyser la société française

La notion d'*espace* enferme, par soi, le principe d'une appréhension *relationnelle* du monde social : elle affirme en effet que toute la réalité qu'elle désigne réside dans l'*extériorité mutuelle* des éléments qui la composent. Les êtres apparents, directement visibles, qu'il s'agisse d'individus ou de groupes, existent et subsistent dans et par la *différence*, c'est-à-dire en tant qu'ils occupent des positions *relatives* dans un espace de relations qui, quoique invisible et toujours difficile à manifester empiriquement, est la réalité la plus réelle et le principe réel des comportements des individus et des groupes.

L'espace social est construit de telle manière que les agents ou les groupes y sont distribués en fonction de leur position dans les distributions statistiques selon les *deux principes de différenciation* qui, dans les sociétés les plus avancées, comme les États-Unis, le Japon ou la France, sont sans nul doute les plus ef-

Questions sur l'ensemble du dossier

L'espace social de Pierre Bourdieu

1. Dans quel sens l'auteur utilise-t-il les expressions soulignées? Donnez des exemples de «construction de groupes réels». [*doc. 1*]
2. Qu'est-ce qui caractérise un «espace social»? [*doc. 1*]
3. Quels rôles Pierre Bourdieu fait-il jouer au capital économique et au capital culturel? [*doc. 2 et 3*]
4. Que représente sur le diagramme l'axe vertical? L'axe horizontal? [*doc. 2 et 3*]
5. Dans quelle mesure ce diagramme permet-il de faire apparaître un double système d'oppositions entre les agents sociaux? [*doc. 2 et 3*]

La théorie du feu de camp de Maurice Halbwachs (1877-1945)

6. À quelles conditions une classe existe-t-elle selon Maurice Halbwachs? [*doc. 4 et 5*]
7. Comment se constitue la représentation qu'une classe se fait d'elle-même? [*doc. 4 et 5*]
8. Comment se hiérarchisent les classes sociales dans les sociétés industrielles? [*doc. 4 et 5*]
9. En quoi la conception que se fait Maurice Halbwachs de la différenciation sociale est-elle d'inspiration durkheimienne? [*doc. 5*]
10. Dans quelle mesure cette théorie des classes est-elle d'actualité? [*doc. 5*]

La vision cosmographique de Henri Mendras

11. Comment Henri Mendras justifie-t-il sa «vision cosmographique» de la société? [*doc. 6 et 7*]
12. Quels sont les groupes qui composent les différentes constellations? [*doc. 6 et 7*]
13. Que nous apprend le rite du barbecue sur la constellation centrale? [*doc. 6 et 7*]

ficients, le capital économique et le capital culturel. Il s'ensuit que les agents ont d'autant plus en commun qu'ils sont plus proches dans ces deux dimensions et d'autant moins qu'il sont plus éloignés. [...]

Plus précisément, comme l'exprime le diagramme de *La Distinction* (Minuit, 1979) dans lequel j'ai essayé de représenter l'espace social, les agents sont distribués dans la première dimension selon le volume global du capital qu'ils possèdent sous ses différentes espèces et dans la deuxième dimension selon la structure de leur capital, c'est-à-dire selon le poids relatif des différentes espèces de capital, économique et culturel, dans le volume total de leur capital *[voir document 3]*.

Ainsi, dans la première dimension, sans aucun doute la plus importante, les détenteurs d'un fort volume de capital global comme les patrons, les membres des professions libérales et les professeurs d'université s'opposent globalement aux plus démunis de capital économique et de capital culturel, comme les ouvriers sans qualification; mais d'un autre point de vue, c'est-à-dire du point de vue du poids relatif du capital économique et du capital culturel dans leur patrimoine, les professeurs (plus riches, relativement, en capital culturel qu'en capital économique) s'opposent très fortement aux patrons (plus riches, relativement, en capital économique qu'en capital culturel).

Cette deuxième opposition est, tout comme la première, au principe de différences dans les dispositions et, par là, dans les prises de position : c'est le cas de l'opposition entre les intellectuels et les patrons ou, à un niveau inférieur de la hiérarchie sociale, entre les instituteurs et les petits commerçants qui, dans la France et le Japon de l'après-guerre, se traduit, en politique, dans une opposition entre la gauche et la droite (comme on l'a suggéré dans le diagramme, la probabilité de pencher, en politique, vers la droite ou vers la gauche, dépend au moins autant de la position dans la dimension horizontale que de la position dans la dimension verticale, c'est-à-dire du poids relatif du capital culturel et du capital économique dans le volume du capital possédé au moins autant que de ce volume lui-même). [...]

Les *habitus* sont des principes générateurs de pratiques distinctes et distinctives – ce que mange l'ouvrier et surtout sa manière de le manger, le sport qu'il pratique et sa manière de le pratiquer, les opinions politiques qui sont les siennes et sa manière de les exprimer diffèrent systématiquement des consommations ou des activités correspondantes du patron d'industrie; mais ce sont aussi des schèmes classificatoires, des principes de classement, des principes de vision et de division, des goûts, différents. Ils font des différences entre ce qui est bon et ce qui est mauvais, entre ce qui est bien et ce qui est mal, entre ce qui est distingué et ce qui est vulgaire, etc., mais ce ne sont pas les mêmes. Ainsi, par exemple, le même comportement ou le même bien peut apparaître distingué à l'un, prétentieux ou m'as-tu vu à l'autre, vulgaire à un troisième. ■

Pierre Bourdieu, ibid.

Document 3

Espace des positions sociales et espace des styles de vie en France

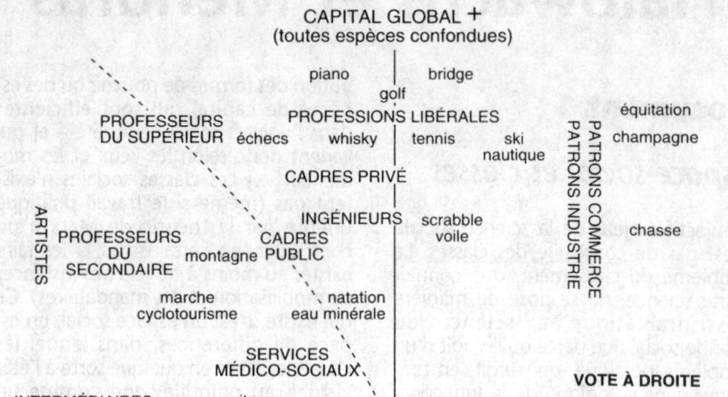

Source : schéma des pages 140 et 141 de La Distinction *(Éditions de Minuit, 1979), simplifié et réduit à quelques indicateurs significatifs en matière de boissons, de sport, d'instruments de musique ou jeux de société. Les pointillés indiquent la limite entre l'orientation probable vers la droite ou vers la gauche.*

Document 4

Que faut-il entendre par classe ?

Il nous paraît contradictoire de supposer qu'une classe existe sans prendre conscience d'elle-même. Rien n'empêche un historien ou un sociologue de distinguer dans une société beaucoup de groupes, en tenant compte des ressemblances et des différences extérieures ou apparentes entre leurs membres : mais de tels «rangements» ont chance d'être le plus souvent artificiels, si on ne se préoccupe pas avant tout de l'attitude et des dispositions collectives des hommes. Appeler «classe» un ensemble d'hommes dans lequel une conscience de classe ne s'est point développée et ne se manifeste pas, c'est ne désigner aucun *objet social*, ou c'est désigner une classe en voie de forma-

tion, qui n'existe pas encore, bien que ses éléments se trouvent là, mais qui existera : c'est-à-dire qu'elle se constituera autour d'une représentation collective dont il faut bien donner au moins une idée.
Voici un autre point, sur lequel il ne peut, croyons-nous, y avoir de désaccord : il n'y a de classes, par définition, que dans une société hiérarchisée, à quelque degré, d'ailleurs, et sous quelque forme qu'elle le soit. Prendre conscience de soi, pour une classe, c'est reconnaître à quel niveau social elle se trouve, et c'est par suite se représenter par rapport à quoi, à quels privilèges, à quels droits, à quels avantages, se mesurent ces niveaux et se détermine cette hiérarchie. Toute représentation de classe implique un double jugement de valeur : l'estimation du bien ou des biens les plus importants et les plus appréciés dans *la société* considérée, l'estimation du degré jusqu'où il est permis aux membres de *la classe* de satisfaire les besoins qui s'y rapportent. On conçoit que, suivant les époques et les pays, la première espèce d'estimation puisse varier. ■

Maurice Halbwachs, La Classe ouvrière et les niveaux de vie, *1912.*

Document 5

La théorie du feu de camp

La société se présente comme un ensemble emboîté de cercles concentriques disposés autour d'un noyau central, chaud et vivant, qui représente « la vie sociale la plus intense qu'on puisse se représenter ».
Chacun des cercles correspond à une classe sociale. Chacune se définit ainsi par la distance qui la sépare du « feu de camp » central. Au plus près, les classes les plus « *in* », les plus instruites, les plus riches, les plus intégrées, les plus sociales (c'est-à-dire les moins matérielles, les moins animales). À la périphérie, tout près de la sortie, les classes – ouvrières – que « leurs fonctions obligent à sortir périodiquement de la société ». [...]
Ces distances plus ou moins grandes qui séparent les différentes classes sociales du feu de camp central engendrent à leur tour des niveaux de vie, c'est-à-dire des degrés inégaux de participation à la vie sociale. Ces derniers ne sont pas de pures vues de l'esprit : on peut les observer, les mesurer, les comparer, les décrire. [...]
On reste donc à l'intérieur de la théorie sociale de Durkheim. L'intégration demeure la valeur centrale et constitutive de la vie sociale. Mais on l'enrichit considérablement en montrant qu'il existe des degrés différents d'intégration et par conséquent plusieurs classes. On peut même imaginer que le degré d'intégration tende vers zéro et que certains groupes sociaux, entièrement absorbés par leurs fonctions dans la production – les classes ouvrières –, soient pratiquement exclus et même désintégrés. Halbwachs n'est pas loin de le penser à propos des ouvriers européens du début du siècle. À notre époque où la sociologie est à nouveau contrainte par les faits à réfléchir en termes d'exclusion, les analyses d'Halbwachs fournissent de précieux repères : une classe ouvrière intégrée, ce n'est pas si vieux. Dans les années 1840, Auguste Comte parle d'un prolétariat campant à la porte de nos cités; Halbwachs situe en 1912 les ouvriers à l'extrême périphérie de la société. [...]

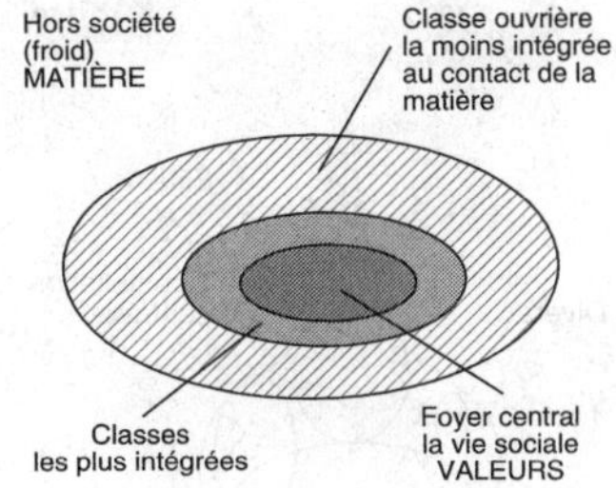

Maurice Halbwachs
ou la « théorie du feu de camp »

Depuis 1975, la généralisation du chômage conduit à penser l'exclusion comme la perte de garanties sociales associées à la condition ouvrière. Il ne faut pas oublier combien ces garanties sont des conquêtes récentes : qu'il s'agisse de l'accès à la salle de bains par le HLM, de l'accès aux soins par la Sécurité sociale ou de l'accès à la plage par la voiture et les congés payés. Les conditions de vie des ouvriers français n'ont véritablement changé qu'au cours des « Trente Glorieuses ». Gardons-nous bien de l'illusion rétrospective qui reprocherait à Halbwachs de n'avoir pas relevé dans la classe ouvrière les traits de l'homme de Billancourt ou du tourneur de chez Citroën.
[...] Le travail y compris sous ses formes les plus industrielles n'est plus à l'extérieur de la société, il est au contraire devenu le bien rare, cette « vie sociale la plus intense » qui sert de combustible au feu de camp central. Ce sont aujourd'hui ceux qui en sont privés qui se voient repoussés en dehors de la société, dans les marges de ses banlieues. Loin d'affaiblir la théorie d'Halbwachs, cette inversion des termes permet au contraire d'en mesurer la robustesse. Notre société engendre encore l'exclusion même si les exclus d'hier sont aujourd'hui entrés dans le cercle. ■

Christian Baudelot, Roger Establet, Maurice Halbwachs, Consommation et société, *PUF, 1994.*

Document 6

Une vision cosmographique de la société

Si l'on renonce à la vision marxiste et à la vision pyramidale, on peut proposer une « vision cosmographique ». Regardons notre société comme un ciel où les étoiles s'organisent en constellations diverses, plus ou moins amples, plus ou moins cristallisées. [...]
De nombreuses études ont souligné l'importance des groupes et des individus qui ne se situent plus au même niveau sur l'échelle du revenu et sur celle des diplômes : riches commerçants sans diplôme universitaire, ou professeurs d'université ayant un salaire moyen par exemple. De tels groupes et individus se singularisent par des comportements atypiques de conformisme ou d'anticonformisme qui peuvent les conduire à des positions politiques extrêmes. Il faut donc dissocier ces deux échelles et les utiliser comme des axes orthogonaux qui délimitent un champ.
Sur ce graphique les diplômes sont portés en ordonnée de 0 à 100 correspondant au pourcentage des actifs disposant au moins du BEPC dans chaque catégorie socioprofessionnelle; les revenus sont portés en abscisse de 0 à 150. Si les deux échelles coïncidaient, tous les groupes devraient s'ordonner le long de la bissectrice. Les différentes catégories d'employés et d'ouvriers, cadres moyens et supérieurs se situent à proximité de la bissectrice, ils constituent l'échelle centrale de la société. Par contre, les agriculteurs, les commerçants et artisans d'un côté, les professeurs et instituteurs d'un autre en sont éloignés. Les professions libérales (haut revenu et haut diplôme) et les industriels et gros commerçants (haut revenu et parfois diplôme médiocre) sont très isolés à 150 en abscisse alors qu'aucun autre groupe ne dépasse 80. Ces deux axes délimitent donc bien un champ sur lequel les CSP se distribuent selon un ordre qui n'est pas une hiérarchie unidimensionnelle.
Les groupes ouvriers et employés sont très proches les uns des autres, c'est à peine si les employés du commerce ont un revenu supérieur à celui des employés de l'industrie, bien que leurs diplômes soient légèrement inférieurs : toutes ces catégories peuvent être regroupées en un ensemble qu'on appellera *constellation populaire*. Cette constellation réunit environ la moitié de la population. Elle est réduite sur le graphique puisque les diplômes sont tous très faibles et les revenus sont très peu dispersés : chez les ouvriers qualifiés, l'écart entre le quart le plus riche et le quart le moins riche est de 25 à 40. Les cadres, les enseignants et les ingénieurs sont plus dispersés que les groupes po-

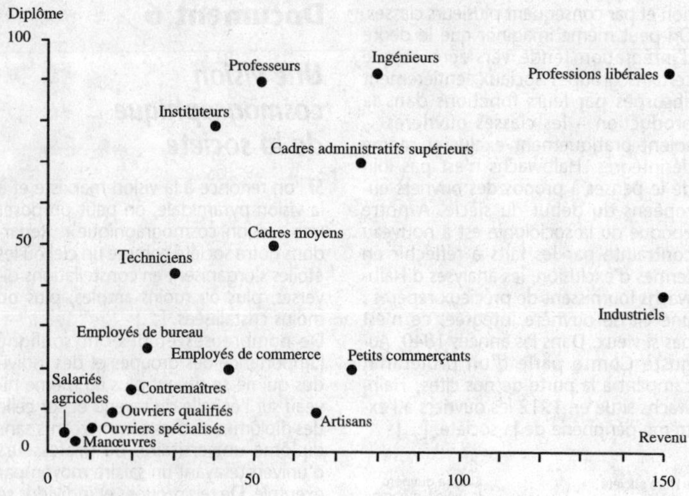

pulaires, mais assez proches les uns des autres quant au diplôme : ils forment une *constellation centrale.* Bien qu'elle ne regroupe qu'un quart de la population environ, cette constellation est beaucoup plus étendue que la précédente, de par la dispersion des diplômes et des revenus : les revenus des ingénieurs vont de 50 à 85 entre quart supérieur et quart inférieur. Les cadres du secteur public ont en moyenne des diplômes supérieurs et des revenus inférieurs à ceux du secteur privé. Ce contraste, valable également pour les cadres moyens et les hauts cadres, est renforcé par une tendance à voter à gauche dans le public et à droite dans le privé.

À la périphérie de ces deux constellations se répartissent différentes galaxies mineures, isolées (professions libérales, grands entrepreneurs et négociants, techniciens, indépendants, agriculteurs).

Dans ce schéma, pauvres et exclus sont mal repérés parce que beaucoup sont à la charge de leur famille, d'une institution ou complètement en marge de la société, on devrait les trouver au pied de la bissectrice. De même les groupes dirigeants sont à la fois trop réduits en nombre et trop répartis dans les catégories supérieures pour qu'apparaisse sur le graphique un « noyau dirigeant », qui devrait se situer au voisinage des professions libérales.

Sur le graphique, une hiérarchie s'ordonne le long de la bissectrice. Si on redresse le graphique en prenant cette bissectrice pour axe vertical et qu'on emprunte la forme de la goutte d'eau ou de la toupie qu'utilisent les analystes du revenu, on obtient le graphique suivant qui rend compte grossièrement des proportions des différentes constellations : environ 50 % pour la constellation populaire, 25 % pour la constellation centrale, 15 % pour les indépendants, 7 % pour la pauvreté et 3 % pour l'élite. ■

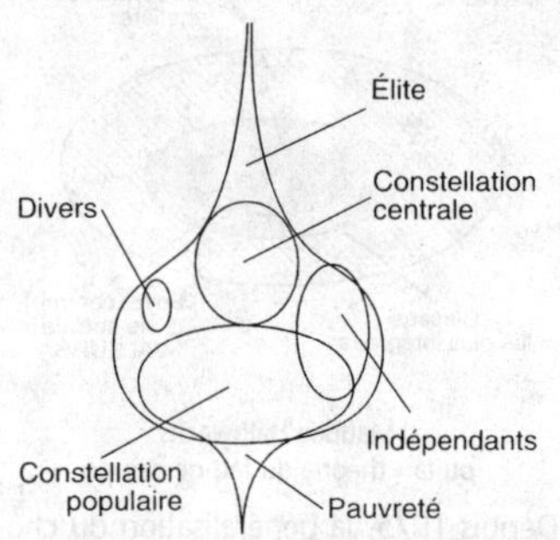

Henri Mendras, La Seconde Révolution française, 1965-1984, *Gallimard, « Folio », 1994.*

Document 7

La constellation centrale et le barbecue

Aujourd'hui chaque groupe a ses leaders qui inventent des nouvelles idées et des comportements. Ces leaders sont évidemment des élites mais ils ne forment pas un ensemble homogène ayant conscience de soi et partageant les mêmes intérêts. Ce serait une erreur de penser que dans la nouvelle cosmographie sociale l'élite est, comme celle d'hier, une sorte de classe sociale ; elle est, au contraire, en partie dispersée dans la constellation centrale ; elle forme des réseaux et non une classe. [...]

La constellation centrale se caractérise par une mobilité sociale intense, très différente de ce qu'elle était autrefois entre les classes. Étant beaucoup plus nombreux, les individus en mobilité ne sont plus des exceptions, mais au contraire apparaissent comme « normaux », dans la vie sociale. [...]

La « bouffe » autour du barbecue est le rite caractéristique de cette constellation centrale, rite en tout point opposé au repas bourgeois. Ni hiérarchie affirmée ni répartition ritualisée des rôles. Tout est inversé : le grillé remplace le rôti, le dehors le dedans (sans pour autant être dans la nature), l'égalité la hiérarchie. Le spectacle ne sert plus à confirmer les positions sociales de chacun, mais plutôt à classer et reclasser chacun sur une échelle discrète où l'on s'efforce continuellement de gravir un nouvel échelon dans l'esprit des autres. La cérémonie se passe dehors dans un cadre agreste, sous un arbre, dans une disposition en apparence improvisée, bien que soigneusement préparée, qui contraste avec le cadre figé et « en dedans » de la salle à manger. Hommes et femmes, jeunes et vieux, les invités et leurs hôtes, tout en tenue « campagnarde », d'une élégance savamment négligée ou volontairement débraillée, se lèvent et s'assoient, se font cuire chacun sa brochette, vont chercher le vin, le sel ou la moutarde. Le désordre est apparent mais bien réglé. L'homme, qui a allumé le feu, préside à tout, distribue les brochettes, se glorifie dans un rôle masculin et rabaisse d'autant le rôle de la femme cantonnée aux salades et aux légumes, qui se préparent dedans, à la cuisine. La recette compliquée exigeant des heures de préparation et le rôti sont remplacés par les légumes crus et la grillade. Les mangeurs sont les cuisiniers, plus de distinction entre producteurs et consommateurs. Chacun se donne en spectacle à chacun des autres, dans un décor « improvisé » et chaque fois renouvelé.

Du haut en bas de l'échelle sociale le rite est le même : au bord de la piscine de la luxueuse villa de la Côte d'Azur comme dans le pavillon de banlieue, sur la pelouse de la résidence secondaire ou dans la cour de la ferme voisine. Le barbecue lui-même peut être riche et élégant, bâti avec une cheminée ou en fer forgé, mais il peut aussi être bricolé dans une jante de camion. Ce qui illustre à la fois l'universalité du rite dans l'ensemble de la société et l'extraordinaire variété des façons de l'accomplir. Comme autrefois au village ou dans les salons bourgeois, les moindres nuances de comportement ou d'opinion alimentent les conversations. La nouveauté du rite, le fait qu'il soit répandu dans toutes les catégories sociales, mais qu'il soit plus caractéristique de la constellation centrale, où il a été inventé, découvre la nouvelle structure de notre société et montre qu'elle échappe aux schémas d'analyse traditionnels. [...]

Un vrai désordre s'est établi en moins d'une décennie, le corps social n'est plus parcouru par un courant hiérarchique mais fragmenté en un grand nombre de groupes différenciés.

Ce schéma d'une constellation centrale structurée et animée par des groupes qui successivement l'entraînent dans le changement paraît mieux rendre compte des transformations de notre société que le schéma pyramidal qui veut que tout changement ou toute innovation vienne du haut. Il suppose, à l'évidence, une société mobile, sans cesse changeante, tout en conservant ses structures fondamentales, où les différents groupes sociaux ont acquis une certaine forme d'autonomie qui leur permet de prendre des initiatives, de lancer des modes. Toute la dynamique de la société est aujourd'hui dans ces mouvements internes. ■

Henri Mendras, op. cit.

Dossier 3

La bourgeoisie, une classe mobilisée?

Document 1

Richesse économique, mais pas seulement

Statisticiens et sociologues se sont beaucoup plus intéressés à la définition d'un seuil de pauvreté qu'à celui d'un seuil de richesse. Il est vrai que la multidimensionnalité de la fortune, alliage d'argent, de culture, des relations sociales, de prestige, rend son approche complexe. De plus, la richesse économique est à la fois professionnelle et patrimoniale, dans des proportions variables. Elle est composée de biens qui représentent le capital d'entreprises (immeubles, machines, actions…) et de biens familiaux (propriétés immobilières, meubles, œuvres d'art, bateaux de plaisance…).

On compte quelque 247000 foyers assujettis à l'impôt sur les grandes fortunes (ISF). Mais la dispersion est considérable puisque, en 1999, les 100 foyers fiscaux les plus imposés déclarent un patrimoine de 867 millions de francs chacun, en moyenne (soit 132 millions d'euros); il est 180 fois plus élevé que celui des 100 ménages se situant juste au niveau du seuil d'imposition à l'ISF (4,7 millions de francs, soit 716000 euros). Selon un classement des 500 plus grandes fortunes professionnelles, en 2001, Mme Bettencourt détient un portefeuille de 112 milliards de francs (17 milliards d'euros) avec 25% de L'Oréal et 3% de Nestlé; le petit dernier, Didier Cazeaux, n'a accumulé que 200 millions de francs (30 millions d'euros), avec 90% du chantier naval Guy Couach, soit 560 fois moins. L'existence de tels écarts de fortune pose la question de l'homogénéité du groupe. En fait, celle-ci se construit par la combinaison de la fortune matérielle avec les autres formes de richesse et dans un processus permanent de cooptation. ■

Monique Pinçon-Charlot, Michel Pinçon, «Qui sont les riches?», Le Monde diplomatique, *septembre 2001.*

Document 2

Une noblesse de l'argent

Être un grand bourgeois, cela se mérite et cela se prouve. On ne doit cette qualité qu'au groupe lui-même, qui coopte ses membres de façon permanente. Il ne s'agit pas d'un diplôme délivré et authentifié par l'État, garanti une fois pour toutes. Le grand bourgeois doit toujours payer de sa personne, être dans les endroits qui comptent, dans les cocktails, les tribunes des grands prix hippiques, les premières d'opéra ou les vernissages d'expositions.

Il faut du temps pour accumuler cette magie sociale qui transforme en qualité de la personne ou de la lignée les richesses socialement accumulées. Un nom peut certes avoir plus ou moins de prestige, et les patronymes nobles conservent encore un avantage, deux siècles après la Révolution. Plus on grimpe dans l'échelle sociale, moins la richesse semble avoir d'importance. Le bourgeois (autrefois le noble, mais l'enjeu est justement la fondation d'une noblesse de l'argent) est ce qu'il est parce qu'il est un être supérieur, et s'il est riche, cela n'est dû qu'au caractère exceptionnel de sa personne.

Ainsi transfigurées, les qualités des membres du groupe apparaissent indépendantes du niveau de fortune. Au fond, il y va de la crédibilité et de la légitimité de la grande bourgeoisie, comme classe dominante, que sa position ne soit pas ramenée à sa richesse matérielle. Les statistiques de l'impôt de solidarité sur les grandes fortunes (ISF) montrent que les écarts de patrimoine sont très élevés et que la relative indépendance de la bourgeoisie à l'égard de l'argent est constitutive de sa force symbolique comme classe dominante. *A contrario,* la position encore peu assurée des nouveaux riches renvoie à l'unidimensionnalité de leur richesse.

Construction permanente des agents qui la composent, la bourgeoisie se cimente grâce à une technique sociale bien éprouvée, la cooptation. Que ce soit pour admettre de nouveaux membres dans les cercles, pour accueillir de nouveaux adolescents dans tel ou tel rallye, pour remplacer un membre d'un conseil d'administration, on pratique comme les immortels de l'Académie française : par

Questions sur l'ensemble du dossier

1. Pourquoi est-il insuffisant de définir la bourgeoisie par un «seuil de richesse»? [*doc. 1*]
2. Pourquoi les auteurs parlent-ils de «magie sociale»? En quoi consiste-t-elle et comment opère-t-elle? [*doc. 2*]
3. Pourquoi la pratique de la cooptation est-elle nécessaire à la domination de la bourgeoisie? [*doc. 2*]
4. Quelles relations peut-on établir entre cette cooptation et la culture de la «distinction» que décrivait Edmond Goblot en 1926? [*doc. 2 et 3*]
5. Comment se manifeste la préférence pour la vie «entre soi»? Cherchez des exemples analogues à ceux décrits dans le document 4.
6. Montrez les liens entre la transmission des bonnes manières, la maîtrise des fréquentations et de la socialisation des jeunes et les nécessités de la reproduction de la classe bourgeoise [*doc. 5, 6 et 7*].
7. **Question de synthèse.** En vous appuyant sur le document 8, expliquez en quoi les phénomènes analysés dans le dossier conduisent à l'idée selon laquelle la bourgeoisie est une «classe mobilisée» pratiquant un «collectivisme» contraire à la représentation volontiers individualiste qu'elle se donne.

vote, on choisit son semblable, ainsi assuré d'atteindre cette immortalité symbolique qui n'est pas l'un des moindres privilèges du groupe. ■

Monique Pinçon-Charlot, Michel Pinçon, « La Dernière classe sociale sur la piste des nantis », Le Monde diplomatique, *septembre 2001.*

Document 3

La « distinction » du bourgeois

Ce qui distingue le bourgeois, c'est la « distinction ».
Naturellement, la meilleure distinction, la plus sûre et la plus claire, c'est la séparation matérielle. L'esprit de la bourgeoisie est, en effet, d'éviter autant que possible la promiscuité, même le voisinage trop proche, de tenir les classes populaires à distance, de ne se laisser ni envahir, ni confondre, d'avoir des restaurants et des hôtels, des coupés de diligence et des wagons de chemin de fer où elles n'aient point accès, des réunions de plaisir où la société ne soit pas « mêlée ». Se croyant supérieure, elle se donne et tâche de se réserver une éducation propre à maintenir au moins les apparences de cette supériorité, et elle tient à ce que les maisons où se donne l'éducation bourgeoise ne soient pas ouvertes à tous.
Mais la séparation complète est impossible. En réalité, les seuils que tout le monde ne franchit pas ne servent guère qu'à protéger et préserver cet ensemble de qualités personnelles, qu'on appelle la « distinction », et qui permettent de se mêler sans se confondre. [...]
Ce n'est pas pour être belle, c'est pour n'être pas confondue que la bourgeoisie moderne s'applique à être distinguée dans sa tenue, ses manières, son langage, les objets dont elle s'entoure. L'opposé de distingué est « commun » : est commun ce qui ne distingue pas, vulgaire ce qui distingue en mal et trahit une infériorité.
La distinction n'est ni la beauté, ni l'élégance, ni le luxe. Il faut qu'elle s'y ajoute ; elle peut les remplacer. Elle doit être apparente ; peu importe qu'elle soit superficielle. Elle consiste souvent en des nuances, des minuties, des riens. Il faut qu'elle soit délicate, subtile même, pour être difficile à imiter. L'éducation bourgeoise s'applique à développer, à affiner ce tact qui permet de la discerner sans hésitation et sans effort. Elle y apporte plus de soin qu'aux qualités de fond : mérite, savoir, talents, vertus. Elle y réussit même avec les natures médiocrement douées : un ignorant, un esprit borné, un méchant, un vicieux peuvent être tolérés dans le monde bourgeois s'ils sont « bien élevés » ; il y a des sots bien élevés, des coquins bien élevés. On a beau être savant, honnête et bon, on y est déplacé si l'on manque d'éducation, « d'usage ». ■

Edmond Goblot, La Barrière et le Niveau, *PUF, 1926.*

Document 4

Vivre « entre-soi »

Cette sociabilité intense, fortement cloisonnée aussi, donne lieu à une ségrégation, produit de l'agrégation des semblables et de la séparation des dissemblables. Tous les témoins disent l'importance de ce qu'ils appellent « la question milieu ». Celle-ci manifeste la volonté stricte de garder les enfants de famille de la contagion des autres enfants, dont il n'est pas besoin qu'ils soient mal élevés pour qu'on les évite. Il suffit seulement qu'ils appartiennent à un autre univers. [...]
Cette ségrégation-agrégation, destinée sans doute à assurer les meilleures chances à la reproduction sociale, s'accompagne, pour l'ensemble de la famille, d'une hypersélectivité du lieu de résidence. Financièrement libres de se loger où elles l'entendent, les classes aisées élisent domicile dans un nombre restreint de quartiers qui, dans le cas de Paris, se concentrent à l'ouest. Les 7e, 8e et 16e arrondissements sont les lieux de prédilection. S'y ajoutent, dans une moindre mesure, les 15e et 6e arrondissements, ce dernier étant surtout celui de la bourgeoisie intellectuelle, tandis que les 10e, 11e, 18e, 19e et 20e sont absolument éliminés. On observe cependant aujourd'hui, en raison de l'augmentation drastique du prix des appartements, un mouvement de « dispatching » relatif de la jeune génération dans l'ensemble de la capitale et, surtout, un effacement progressif des 7e et 8e arrondissements, au profit des 15e et 16e arrondissements, et une translation très nette vers l'ouest, en direction de Neuilly et de Boulogne. ■

Éric Mension-Rigau, L'Enfance au château : l'éducation familiale des élites françaises au XXe siècle, *Rivages, 1991.*

Document 5

Une sociabilité cultivée

Les rallyes sont des groupes informels, dont les membres sont soigneusement sélectionnés par les mères de famille. Ces jeunes apprennent à vivre ensemble, à se connaître et se reconnaître, et finalement à organiser leur vie affective, et sexuelle, en conformité avec les obligations matrimoniales d'une reproduction sociale efficace.
Ces rallyes commencent dès l'âge de dix à treize ans, par des sorties culturelles, pour se terminer par de grandes soirées dansantes. Les sorties culturelles sont un exemple achevé de l'imbrication des différentes formes de capitaux. Le groupe d'enfants pourra par exemple être emmené par quelques mères à l'ambassade de Grande-Bretagne. Accueillis par l'ambassadeur en personne, qui a des liens amicaux ou familiaux avec quelques-uns des parents du rallye, les enfants seront guidés par lui pour visiter le bâtiment, monument historique classé. À d'autres occasions, le conservateur ou le prêtre, eux aussi proches de certaines familles du rallye, feront visiter le musée ou l'église.
Les enfants apprennent ainsi que la culture est un élément inséparable de leur vie, qu'elle imprègne leurs relations amicales, que leurs familles sont chez elles partout, accueillies avec la plus grande déférence, qu'il n'y a pas de solution de continuité entre leur monde quotidien et celui des musées, des monuments, des salles de spectacle. Pour eux, la culture, c'est la vie. ■

Monique Pinçon-Charlot, Michel Pinçon, Sociologie de la bourgeoisie, *La Découverte, « Repères », nouvelle éd., 2003.*

Document 6

Les écoles de la bourgeoisie

L'école, comme deuxième instance de socialisation, vient conforter les expériences liées au milieu familial. En effet les établissements d'enseignement qui accueillent les enfants de la haute société présentent la particularité, qu'ils soient publics ou privés, d'assurer, au-delà de l'instruction proprement dite, des tâches d'éducation. Ces établissements transmettent bien entendu les savoirs indispensables à la réussite aux examens nationaux. Mais ils assurent, en outre, une éducation des esprits et des corps qui prend le relais du travail d'éducation familial.
Cette éducation doit prendre en charge la totalité de la personnalité des enfants, démarche en homologie avec la fortune et la multiplicité des formes de capitaux. Les écoles de la bourgeoisie doivent être à même de conforter les éléments de socialisation transmis par la famille, tous ces codes, manières de faire et manières d'être qui permettent de se faire admettre comme membre à part entière de la haute société. Mais cette importance de l'école comme lieu de transmission ne se traduit pas par un usage exclusif d'établissements privés. En région parisienne, la ségrégation spatiale est si prononcée que les familles se retrouvent toutes dans les mêmes quartiers. Elles sont statisti-

quement et socialement assez dominantes dans les beaux quartiers du centre et de l'ouest de Paris, ou à Neuilly, pour contrôler les établissements publics d'enseignement et pouvoir y envoyer leurs enfants avec confiance. ■

Ibid.

Document 7

Le contrôle de la lignée

L'individualisme n'a guère de prise dans ce milieu et l'individu y est avant tout le représentant d'une famille et d'une lignée. On peut à la rigueur s'y faire un prénom. Mais le nom, lui, vient de l'héritage, ce qui n'est pas sans signifier de lourdes charges pour le bénéficiaire. Le grand bourgeois est le maillon d'une lignée, ou, mieux, la maille d'un filet, pris entre la solidarité des générations et celle des contemporains. L'importance de la famille dans le dispositif demeure primordiale. Elle conditionne les modalités de la transmission et donc de la reproduction. Mais les héritages d'importance sont exigeants : il faut des héritiers aptes à les recevoir. Relayé par un système scolaire *ad hoc*, le milieu familial joue un rôle de premier plan dans leur formation. On comprend la vigilance à l'égard des alliances et de la préservation de la structure familiale. Divorces, concubinage, familles monoparentales sont à éviter à tout prix, et la grande bourgeoisie doit se tenir à l'écart du processus de désagrégation de la cellule familiale. Si les mariages paraissent moins arrangés qu'autrefois, ils restent une pièce maîtresse dans la pérennité de la lignée. Les rallyes constituent une instance particulièrement efficace en permettant une socialisation des adolescents selon les normes du groupe. Les futurs héritiers y apprennent à reconnaître d'instinct leurs semblables, en tant que partenaires possibles pour leur vie affective, sexuelle et surtout matrimoniale. Si la conscience du collectif fait partie des apprentissages de base dans les hautes sphères, le progrès des individualismes sape les solidarités anciennes dans les milieux populaires et les engagements militants dans les classes moyennes. Alors que se délitent les sentiments de classe dans la société, la grande bourgeoisie reste consciente de ses intérêts et soucieuse de sa cohésion. ■

Monique Pinçon-Charlot, Michel Pinçon, « La Dernière classe sociale sur la piste des nantis », Le Monde diplomatique, *septembre 2001.*

Document 8

Individualisme théorique et collectivisme pratique dans la bourgeoisie

L'existence d'importants patrimoines, tant professionnels que strictement familiaux, tend à constituer l'*habitus* grand bourgeois comme ayant, en priorité, à assurer la responsabilité de la gestion et de la transmission de ces fortunes. Le groupe est ainsi mobilisé dans la recherche constante des meilleures conditions pour satisfaire les exigences de cette gestion et de cette transmission. Cette mobilisation se traduit par une formalisation, une codification et une explicitation des enjeux et des moyens de les atteindre que l'on ne trouve que bien rarement ailleurs dans l'espace social. Il en est ainsi pour la quête de l'entre-soi qui atteint un niveau d'explicitation, fort peu usité ailleurs, dont le cynisme étonne. Que ce soit dans les beaux quartiers, dans les écoles, dans les cercles ou dans les conseils d'administration, la conscience des limites du groupe s'affiche sans retenue. La même transparence des motivations et des manières de faire se retrouve dans le soin apporté à la formation des héritiers, préparés à être en mesure d'assumer les tâches qui les attendent.

Tout en manifestant ce collectivisme pratique, l'idéologie mise en avant est celle de l'individualisme. La référence au marché, à la concurrence, à la compétition, apparaît dominante dans les discours des dominants, alors même que leurs pratiques sont bien loin de cet individualisme théorique.

Parce qu'il s'agit de la classe dominante, la pratique peut se passer de théorie, ou mieux, peut s'abriter derrière le paravent idéologique d'une théorisation qui contredit la réalité concrète de la classe. La libre concurrence est loin d'être réalisée dans des situations aussi décisives que celles de la compétition scolaire ou du marché matrimonial. L'égalité des chances est même systématiquement battue en brèche par les institutions *ad hoc* dont la classe s'est pourvue, les écoles d'élites et les rallyes qui pratiquent l'ostracisme social. La proclamation de l'existence de la classe serait non seulement inutile, mais contre-productive, l'individualisme théorique pouvant parfaitement fonctionner parallèlement au collectivisme pratique, l'idéologie libérale étant le meilleur discours autojustificatif que puisse tenir la classe mobilisée. ■

Monique Pinçon-Charlot, Michel Pinçon, Sociologie de la bourgeoisie, op. cit.

Dossier 4

Les cadres

Document 1

Évolution des groupes socio-professionnels dans la population active

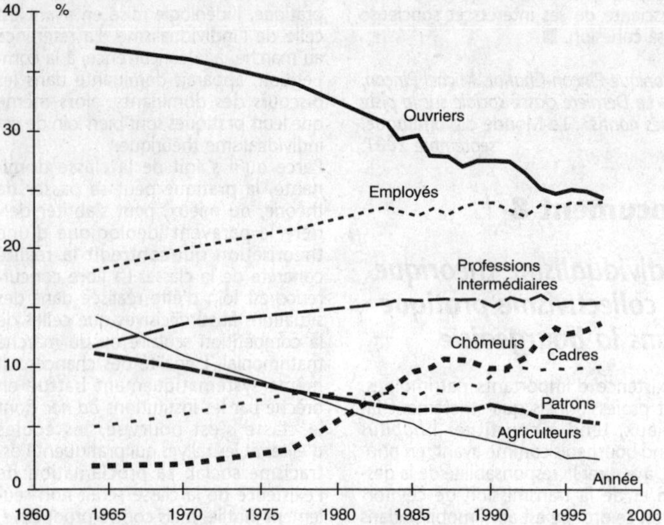

Champ : population active hommes et femmes de 20 à 59 ans, chômeurs séparés.
Source : compilation Pop-emploi, in Louis Chauvel, Le Destin des générations, *PUF, 2002.*

Document 2

Emploi selon la CSP, 1982-1997

	1982 (Recensement)		1997 (Enquête « Emploi »)		Évolution
	Effect. (milliers)	%	Effect. (milliers)	%	%
Agriculteurs	1 470	6,8	728	3,2	– 50,5
Artisans, commerçants, chefs d'entreprise	1 819	8,5	1 613	7,2	– 11,3
Professions libérales	237	1,1	327	1,5	38,0
Cadres fonction publique	244	1,1	285	1,3	16,8
Professeurs, professions scientifiques	349	1,6	679	3,0	94,6
Professions information, arts, spectacle	106	0,5	189	0,8	78,3
Cadres administratifs et commerce entreprise	519	2,6	801	3,6	45,9
Ingénieurs, cadres techn. entreprise	372	1,7	660	2,9	77,4
Cadres et prof. intellectuel sup.	1 857	8,7	2 941	13,1	58,4
Professions intermédiaires	3 874	18,0	4 868	21,7	25,7
Employés	5 502	25,6	6 409	28,6	16,5
Ouvriers	7 004	32,6	5 841	26,0	– 16,6
Total	**21 526**	**100**	**21 672**	**100**	**0,68**

Champ : population active occupée.
Source : Paul Bouffartigue, Charles Gadea, op. cit.

Questions sur l'ensemble du dossier

1. Caractérisez le groupe des cadres ainsi que son évolution depuis 1982. [*doc. 1 à 8*]
2. Les comportements sociaux des cadres sont-ils spécifiques ? Justifiez votre réponse. [*doc. 9, dossier 1 et tables de mobilité du chapitre V*]
3. Que signifie la notion de « salariat de confiance » ? En quoi ce salariat se démarque-t-il du « salariat ordinaire » ? [*doc. 10*] Pourquoi cette notion s'applique-t-elle aux cadres ?
4. Quels sont les facteurs dans les années 1990 remettant en cause l'image classique du cadre ? [*doc. 11, 12 et 13*]
5. Ces changements affectent-ils de manière uniforme le groupe des cadres ?
6. Dans quelle mesure les changements des années 1990 reflètent-ils la fin d'un modèle social ?
7. **Question de synthèse.** Les cadres constituent-ils un groupe social homogène ?

Document 3

La situation des ingénieurs devient difficile lors de la crise de 1930, ils sont touchés par le chômage et le déclassement. Leurs organisations intensifient la pression sur l'État pour obtenir une protection du titre, qui sera partiellement accordée par la loi de 1934. Le diplôme mentionne l'école qui le délivre mais la nouvelle loi n'empêche nullement les entreprises de continuer d'attribuer le titre *professionnel* d'ingénieur à des techniciens promus.
Cette période est capitale pour la formation du groupe social des cadres. L'ensemble de la petite bourgeoisie, alors définie le plus souvent par la propriété et la mise en valeur d'un patrimoine (et s'opposant en cela aux capitalistes d'un côté et aux ouvriers de l'autre), subit la crise. L'inflation ronge la valeur des rentes et la concentration industrielle fragilise les petites entreprises. Autour des catégories sociales qui se situent en position intermédiaire dans l'antagonisme de classe se nouent des enjeux sociaux et politiques majeurs […]
C'est dans ce contexte que se développe l'usage du terme de « cadre », issu

du langage militaire, dans lequel il désigne l'ensemble des officiers et sous-officiers. Auparavant, il était plutôt question de techniciens, y compris à propos des ingénieurs, et de collaborateurs ou d'employés, parfois appelés supérieurs. Le regroupement de ces catégories d'actifs qui ne sont ni ouvriers ni patrons s'effectue par rapprochement avec l'ensemble flou des classes moyennes, mais aussi par différenciation du patronat. Ce sont les organisations d'ingénieurs qui animent ce mouvement, et qui se livrent elles-mêmes à une redéfinition de leur composition sociale, excluant désormais les patrons et dirigeants d'entreprise.
Au moment des grèves de 1936, l'élaboration de catégories mentales permettant de penser comme un ensemble doté de caractéristiques sociales et professionnelles semblables et d'intérêts communs des fractions aussi disparates que les comptables, les chefs du personnel, les contremaîtres, les représentants de commerce, les ingénieurs, etc. franchit un seuil décisif. Voyant les concessions que les ouvriers arrachent à un patronat débordé qui ne se préoccupe alors guère d'elles, ces catégories se structurent en organisations collectives et en organes de représentation pour prendre part aux négociations entre partenaires sociaux. La Confédération générale des cadres de l'économie naît en 1937 par fusion d'un grand nombre de petites associations de collaborateurs et de cadres subalternes. En partie par imitation de la classe ouvrière organisée en syndicats puissants, et en partie par réaction contre elle, se forme alors « cet agrégat dispersé, sans homogénéité, sans organisation, sans identité, et, jusque-là, sans nom, que l'on commence à désigner sous le terme vague de « cadre » en jouant sur le flou de la désignation qui permet de se poser à tout propos la question de savoir qui doit être inclus et qui doit être exclu du *champ de mobilisation* qui se forme alors autour des ingénieurs. » ■

Luc Boltanski,
Les Cadres, la formation d'un groupe social,
Éditions de Minuit, 1982.

Document 4

Les catégories professionnelles chez les cadres

	1982[a]				1997[b]			
	Effect. (mill.)	% F.	% – 35	% dipl. sup.	Effect. (mill.)	% F.	% – 35	% dipl. sup.
Cadres de la fonction publique	**244**	**24**	**33**	**56**	**285**	**31**	**19**	**69**
Cadres administratifs, magistrats	170	33	33	53	197	37	14	66
Personnel politique, ingénieurs	37	7	33	77	58	21	25	83
Officiers	37	2	36	46	30	10	33	59
Cadres administratifs et commerciaux des entreprises	**549**	**20**	**25**	**36**	**801**	**33**	**26**	**60**
Fonction administrative	231	26	28	43	376	42	26	66
dont : gestion courante	185	30	30	23	235	44	18	57
dont : org., études, contrôle, formation	46	21	39	68	171	40	40	82
Fonction commerciale	195	11	27	30	248	23	29	67
dont : marketing, pub., rel. pub.	21	32	39	47	70	43	40	73
dont : autres	174	8	25	28	178	15	28	46
Banques	66	16	21	35	91	23	17	53
Assurances	42	31	21	27	43	30	19	56
Autres	15				12			
Ingénieurs et cadres techniques	**372**	**6**	**27**	**56**	**660**	**11**	**30**	**73**
Informaticiens	48	15	50	61	167	17	40	78
Études, recherches, essais	121	6	31	71	194	11	31	85
Technico-commerciaux, commerciaux	36	4	24	66	73	8	25	62
Fabrication	100	4	21	46	167	6	20	57
Autres	37				58			
Ensemble des 3 CSP	**1 165**	**17**	**27**	**47**	**1 746**	**24**	**26**	**66**

Champ : population active ayant un emploi.
a. Recensement. b. Enquêtes « Emploi ».
Source : Paul Bouffartigue, Charles Gadea, op. cit.

Document 5

Part des femmes au sein des CSP

	1954	1982	Évolution
Agricultures exploitants	41,5	37,5	– 4,0
Salariés agricoles	15,0	15,8	0,8
Patrons industrie et commerce	37,2	34,6	– 2,6
Professions libérales	15,6	25,4	9,8
Cadres supérieurs	**13,3**	**26,7**	**13,4**
dont professeurs et professions littéraires et scientifiques	*39,9*	*48,3*	*8,4*
dont ingénieurs	*2,1*	*6,7*	*4,6*
dont cadres administratifs supérieurs	*8,6*	*22,2*	*13,6*
Cadres moyens	36,7	48,8	12,1
Employés	52,8	65,5	12,7
Ouvriers	22,7	24,0	1,3
Personnels de service	80,7	79,0	– 1,7
Autres catégories	26,1	13,0	– 13,1
Ensemble	**34,8**	**40,7**	**5,9**

Source : Paul Bouffartigue, Charles Gadea, ibid.

Document 6

[...] La seconde moitié du XXe siècle aura certainement été, du point de vue de l'histoire du travail, celle de la montée des cadres, qui s'affirme dans la période de croissance et se maintient au cours des années de crise.

Mais la confusion entre cadres moyens et cadres supérieurs, entretenue par les médias, ne fait que s'amplifier au cours des années 1960 et 1970. Elle reste ancrée dans les esprits, bien qu'en 1982 l'INSEE ait opté pour une terminologie sans ambiguïté en rebaptisant les cadres moyens en « professions intermédiaires ».

Ce n'était pourtant pas une opération de taxinomie sociale mineure que celle qui fut réalisée par l'INSEE à l'occasion du recensement de 1982. Les catégories sont désormais constituées pour l'essentiel à partir des classements dans les conventions collectives, et non à partir de la correspondance entre la profession déclarée par les individus et le code des métiers. ■

Paul Bouffartigue, Charles Gadea
Sociologie des cadres,
La Découverte, « Repères », 2000.

Document 7

Salaires moyens[a] des hommes cadres selon le diplôme et l'âge
(Enquête « Emploi » 1997, exploitation originale)

		Moins de 40 ans	40 ans et plus	Différence entre 40 et + et 40 et – (%)
Cadres de la fonction publique	Bac + 4 ou plus	15 359	26 647	12,4
	Bac + 2	14 551	17 650	17,6
	Bac et moins	13 142	15 987	17,8
Cadres administratifs et commerciaux d'entrepr.	Bac + 4 et plus	19 873	27 205	27,0
	Bac + 2	15 585	21 242	26,6
	Bac et moins	14 962	18 936	21,0
Ingénieurs et cadres techniques d'entrepr.	Bac + 4 et plus	16 493	26 037	36,7
	Bac + 2	15 324	19 062	19,6
	Bac et moins	14 015	17 990	22,1

a. Mensuels en francs.
Source : Paul Bouffartigue, Charles Gadea, op. cit.

Document 8

Une féminisation non neutralisée

La féminisation des cadres est associée à de profondes transformations au sein de cette catégorie, que ce soit sur le plan des identités professionnelles, des carrières ou des pratiques en matière de temps de travail, mais cette féminisation demeure marquée de profondes et récurrentes inégalités.

On assiste ainsi à un double mouvement : d'une part des carrières de plus en plus diversifiées s'offrent aux femmes en raison de leur accès croissant aux diplômes et de leur recherche de reconnaissance professionnelle, d'autre part le « plafond de verre » qui les sépare de l'accès aux responsabilités est toujours là. Un ensemble de facteurs – pratiques d'entreprises, division familiale du travail, anticipations et « choix » des femmes elles-mêmes quant à une recherche « d'équilibre » entre plusieurs types d'aspirations – s'articulent les uns aux autres et contribuent à rendre moins probable l'accès des femmes au « dernier cercle ».

Dans ce contexte, on pourrait s'interroger sur la pertinence et la légitimité de démarches visant à accélérer l'accès des femmes aux postes de responsabilité dans les entreprises. De fait, la loi sur l'égalité professionnelle et les plans d'égalité professionnelle ont peu concerné les femmes cadres, catégorie déjà « privilégiée ».

Pourtant, la plus grande mixité du recrutement des jeunes diplômé(e)s est devenue un objectif explicite ou implicite de beaucoup d'entreprises soucieuses de puiser dans le potentiel que représentent les jeunes femmes. Il serait logique que cette évolution conduise désormais à mettre au premier plan la question de la participation des femmes aux responsabilités dans l'entreprise. ■

Jacqueline Laufer, Annie Fouquet,
« À l'épreuve de la féminisation »
in *Paul Bouffartigue (dir.),*
Cadres, la grande rupture,
La Découverte, « Recherches », 2000.

Document 9

Des pratiques spécifiques de consommation ?

Les cadres dépensent pour leur alimentation relativement moins que les autres catégories sociales : 14,2 % du total des dépenses, pour 20 % chez les ouvriers et les employés. Mais, en valeur absolue, ce poste budgétaire est, comme les autres, nettement plus important que pour les autres groupes de salariés. En dehors de l'alimentation, la structure du budget par grands postes ne fait pas apparaître d'écarts très marqués entre eux et les autres catégories sociales, même si les produits consommés sont très différents.

Le niveau des ressources n'est pas le seul facteur de variation de la structure des dépenses. La composition du ménage, le niveau scolaire, l'activité professionnelle des membres, le lieu de résidence, les diverses normes sociales liées au rapport au corps et à la présentation de soi, ou au mode de vie, combinent leurs effets. Ce n'est pas seulement leur pouvoir d'achat qui fait des cadres le symbole de la société de consommation. Cela tient aussi aux formes de prestige et de distinction qui s'attachent au personnage social qu'ils incarnent dans les représentations collectives et qu'ils peuvent être amenés eux-mêmes à intérioriser. [...]

Nombre des biens de consommation ou éléments du patrimoine dont jouissent les cadres relèvent autant du souci de conformité aux normes exprimant la réussite que de l'importance de leur budget. Tel est le cas de la résidence secondaire, qu'ils sont 17 % à posséder en 1995, pour 15 % des indépendants, 8 % des professions intermédiaires et 4 % des ouvriers. Ces biens conférant à leurs propriétaires un prestige lié à leur rareté relative varient au fil du temps, et leur pouvoir s'efface au fur et à mesure qu'ils se répandent. ■

Paul Bouffartigue, Charles Gadea, op. cit.
Voir aussi les données du dossier 1 sur les inégalités de consommation.

Document 10

Un salariat...

Désigner la condition sociale des membres de ces catégories sociales d'abord sous l'angle de leur insertion dans la relation salariale signifie qu'ils sont d'abord placés dans un rapport social de dépendance (ils n'ont pas de patrimoine productif à mettre en valeur, il leur faut vendre leurs capacités de travail contre salaire) et de subordination (c'est l'employeur, à disposition duquel ils mettent leurs compétences, qui définit les objectifs qui leurs sont fixés ainsi que les moyens organisationnels pour les atteindre). Le salariat est un rapport social allant bien au-delà de la forme de rémunération.

... de confiance
Dans tous les pays industriels, le capital est contraint de reconnaître certaines formes d'autonomie à une fraction de la force de travail, du fait de son expertise technique, ou des responsabilités managériales qui lui sont déléguées. Mais les modes de formation, de recrutement et de stratification des travailleurs techniques, et par voie de conséquence de l'organisation du travail dans laquelle ils se situent, dépendent de constructions sociales, variables selon les pays.
La notion de confiance définit la relation salariale dans les deux sens. Il s'agit d'abord de *la confiance accordée par l'employeur* au travers de la rétrocession d'une parcelle de son pouvoir, d'une délégation d'autorité. Et de *la confiance dont l'employeur bénéficie en retour de la part de l'employé*, et qui se traduit par sa loyauté ainsi que des formes d'implication spécifiques dans le travail. Cette relation a des dimensions objectives et subjectives. Elle spécifie un contrat salarial particulier, dans lequel ce qui est échangé est bien plus que la mise à disposition, ponctuelle et réversible, dans une unité de temps donnée, de capacités professionnelles contre salaire.
La relation salariale de confiance se distingue donc de la relation salariale ordinaire, à la manière dont la *profession* s'oppose à l'*occupation* ou au *job* dans la tradition anglo-saxone. Le salarié de confiance échange son expérience et sa compétence accumulées contre la promesse implicite d'une progression dans son salaire et sa position. Cela implique un haut niveau de confiance et une relation beaucoup plus étendue. ■

Paul Bouffartigue, Les Cadres. Fin d'un modèle social, *La Dispute, 2001.*

Document 11

La rupture des années 1990

Graphique A

***Chômage des cadres 1990-1997** (en %)*

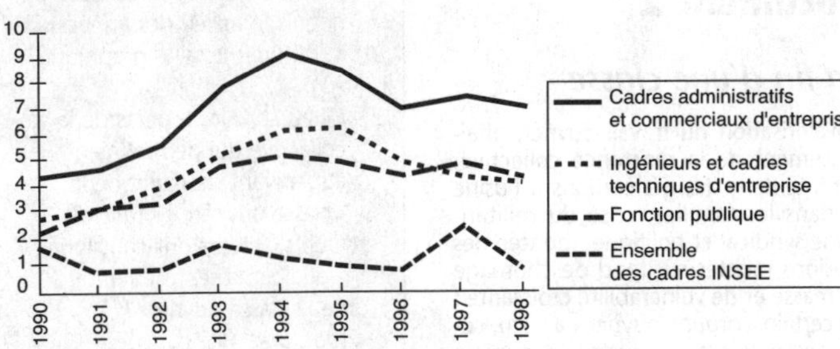

Source : Paul Bouffartigue, Charles Gadea, op. cit.

Graphique B

***Indice d'inemployabilité 1990-1998** (en %)*
(part des chômeurs de longue durée dans les chômeurs cadres)

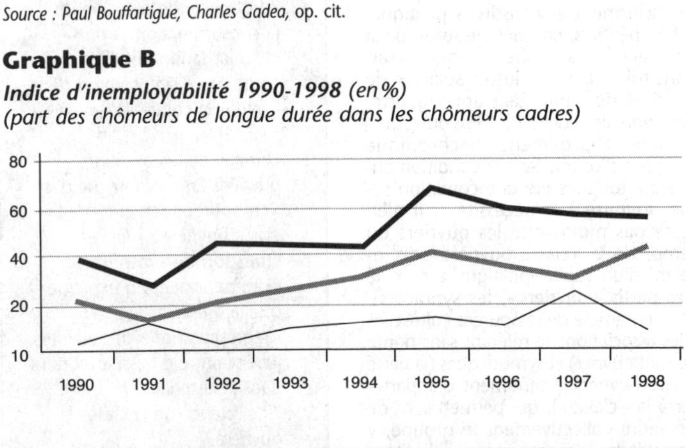

Source : Sophie Pochic, « Chômage des cadres : quelles déstabilisations », in Paul Bouffartigue Cadres, la grande rupture, op. cit.

Document 12

Une vulnérabilité croissante ? La fin des « plans de carrière »

La prédominance de la logique des actionnaires sur les gestionnaires de l'entreprise, « la prédominance du financier et la dominante du court-termisme » expliqueraient la mutation de l'entreprise désormais en restructuration permanente. Cette vulnérabilité croissante des cadres serait donc de nature structurelle, quels que soient l'âge et la formation. Et dans la logique financière, les salaires des cadres, notamment quand ils sont âgés, peuvent être analysés comme des coûts à réduire. « Car ces crises se traduisent bien souvent par des plans sociaux qui frappent toutes les strates de l'entreprise. Des fonctions administratives à la production, en passant par la recherche ou le marketing, plus personne n'est à l'abri. Premiers visés : les employés de plus de 50 ans, les gros salaires et les personnes jugées les moins " adaptables ", comme les allergiques à l'informatique, les récalcitrants à l'expatriation ou les réticents à l'anglais[1]. [...] En tout cas, en termes de génération, les jeunes cadres ont plus de probabilités de rencontrer le chômage au cours de leur carrière que les anciennes générations, en raison de cette mutation des entreprises vers plus de flexibilité.
Cependant, contrairement à l'idée de généralisation de l'insécurité, tous les cadres ne sont pas exposés au même risque de chômage, et surtout n'ont pas la même employabilité (au sens statistique de probabilité de sortir du chômage). Les différenciations internes au groupe, notamment selon l'âge et le diplôme, camouflées dans les périodes de croissance de la catégorie, deviennent manifestes dans les périodes de restructuration du système économique. « Les différences liées aux générations, au capital social et scolaire, aux trajectoires professionnelles, réapparaissent en force et portent atteinte à l'image de relative homogénéité qui prévalait au sein des "trente glorieuses"[2]. » ■

Sophie Pochic, ibid.

1. « Consignes de survie », L'Express, 20 avril 2000.
2. A. Pichon, *Travail et Emploi* n° 80.

Document 13

Une précarisation limitée, mais redoutée

Le fossé s'est accru entre une élite de cadres dirigeants, toujours aussi étroitement sélectionnés à partir d'une poignée de grandes écoles, et la masse des autres cadres. L'usage de l'appellation unificatrice de cadre est elle-même en recul. S'y substituent de multiples distinctions. Venue du monde anglo-saxon, la séparation entre managers et experts est devenue coutumière dans le langage de la gestion des ressources humaines des grandes entreprises. Seuls les premiers seraient désormais de vrais cadres. Institutionnalisée par la seconde loi sur les 35 heures, une tripartition distingue les cadres dirigeants, les cadres intégrés à une équipe de travail et les autres cadres. Seuls les deuxièmes sont traités *a priori* comme les autres travailleurs du point de vue des modalités de diminution du temps de travail. L'éclatement de la catégorie semble ainsi bien avancé, alors même que, simultanément, ses frontières avec les multiples professions intermédiaires paraissent plus floues et moins légitimes. Si les cadres ont représenté une figure sociale typique de l'ancien salariat de confiance, c'est aussi parce que les frontières qui les séparaient du salariat d'exécution paraissaient plus nettes qu'aujourd'hui. L'appel à l'autonomie individuelle et collective et à l'engagement dans les objectifs des entreprises s'est diffusé dans les profondeurs du salariat ; il ne s'adresse plus, loin de là, aux seuls cadres. Le double mouvement plus d'autonomie/plus de contrainte constitue une donnée largement partagée dans les organisations modernes. Les discours sociaux annonçant la fin des cadres paraissent donc excessifs, de même que le sont quelques interprétations sociologiques en termes de précarisation des cadres. Ils sont toutefois le symptôme des métamorphoses de cette figure du salariat de confiance. ■

Paul Bouffartigue, Les Cadres. Fin d'un modèle social, op. cit.

Dossier 5

La fin de la classe ouvrière ?

Document 1

Une classe invisible

Comment expliquer que les ouvriers constituent toujours le groupe social le plus important de la société française et que leur existence passe de plus en plus inaperçue ? Pourquoi le groupe ouvrier s'est-il rendu, en quelque sorte, invisible dans la société française ? En cette fin de XXe siècle, la « classe ouvrière » traditionnelle n'est plus présente physiquement : les grandes usines et les grandes concentrations ouvrières ont largement disparu du paysage, les quartiers ouvriers ne sont plus que des « quartiers » (euphémisme de plus en plus employé pour désigner les « cités » HLM), les « immigrés » ne sont plus considérés comme des travailleurs mais sont avant tout définis par leur origine nationale. Les « ouvriers » ont, d'une certaine manière, disparu du paysage social, désormais, lorsqu'on va à leur rencontre, c'est soit pour faire revivre la « mémoire ouvrière », soit pour étudier, avec inquiétude et dans la précipitation, l'« énigme » du vote ouvrier en faveur du Front national.

Bref, les ouvriers existent, mais on ne les voit plus. ■

Stéphane Beaud, Michel Pialoux, Retour sur la condition ouvrière, *Fayard, 1999, p. 13-15.*

Document 2

La fin d'une classe

Dévalorisation du travail ouvrier, affaiblissement de la résistance collective, affrontement des générations à l'usine et dans les familles, crise du militantisme syndical et politique, montée des tensions racistes sur fond de chômage de masse et de vulnérabilité croissante : un certain « groupe ouvrier » a vécu, celui des ouvriers d'industrie, organisés syndicalement et constitués politiquement, héritiers, en quelque sorte, de la « génération singulière[1] » qui s'était construite dans les luttes sociales de 1936 et de l'immédiat après-guerre. Sans vouloir céder ici à l'illusion rétrospective et largement anachronique d'un âge d'or ouvrier – la condition ouvrière a toujours été une condition subie, soumise à la nécessité –, il n'en reste pas moins que les ouvriers du temps de la « classe ouvrière » disposaient d'un capital politique accumulé (les partis « ouvriers », les syndicats), d'un ensemble de ressources culturelles (des associations se référant sans honte au mot ouvrier) et symboliques (la fierté d'être ouvrier, le sentiment d'appartenir à la « classe »), qui permettaient de défendre collectivement le groupe, y compris les « conservateurs », limitant ainsi l'emprise de la domination économique et culturelle.

Il existait aussi, hors de l'usine, ce qu'on peut appeler une « société ouvrière » qui

Questions sur l'ensemble du dossier

1. Expliquez le paradoxe contenu dans le document 1. Rappelez dans votre réponse l'évolution des effectifs ouvriers et de leur part dans la population active depuis le milieu des années 1980 (voir aussi le graphique A, p. 253)
2. Quels sont les aspects de la vie collective qui permettaient auparavant de parler de la « classe ouvrière » ? [*doc. 2*]
3. Quels facteurs ont contribué à affaiblir la représentation de la classe ouvrière ? [*doc. 3 et 4*]
4. En quoi l'augmentation de la consommation et de la scolarisation ont-elles contribué à l'effacement de la « tradition culturelle ouvrière » ? [*doc. 5*]
5. Le refus de la condition ouvrière est-il synonyme d'un « embourgeoisement » de la classe ouvrière ? [*doc. 6*]
6. **Question de synthèse.** Comment peut-on expliquer que la « visibilité » et la « représentation » des ouvriers jouent un rôle aussi important dans l'existence ou l'inexistence de la classe ouvrière ?

permettait à ses membres de vivre dans un entre-soi protecteur et rassurant au sein duquel s'épanouissait une culture spécifique dont les traits étaient proches de ceux décrits par Richard Hoggart[1], à propos des ouvriers anglais des années 1950 : opposition entre le monde des autres (« Eux ») et le « Nous » communautaire, liberté accordée aux enfants et réalisme scolaire, répartition traditionnelle des rôles dans le couple. Dans ce monde intégré, diverses instances de socialisation (cercles laïques, Jeunesse communiste ou Jeunesse ouvrière chrétienne, colonies de vacances, activités culturelles et de loisir des comités d'entreprise) encadraient la jeunesse dans les zones urbaines et contribuaient à la transmission des mêmes valeurs. Cette longue période durant laquelle l'existence de la classe ouvrière apparut comme une évidence semble aujourd'hui révolue. ■

Stéphane Beaud, Michel Pialoux, ibid., *p. 417-418.*

1. Richard Hoggart, *La Culture du pauvre*, Éditions de Minuit, 1970.

Document 3

Le paradoxe des classes sociales

Comment se fait-il que l'accroissement des inégalités – notamment en termes de patrimoine – coexiste avec un affaiblissement, dans les catégories du bas de la hiérarchie sociale, du sentiment d'appartenance à une classe sociale ? Trois raisons peuvent expliquer ce paradoxe. La première, c'est que le groupe ouvrier est devenu quasi invisible dans l'espace public, du fait de l'effondrement du Parti communiste, de la perte des croyances collectives en un avenir meilleur, du travail symbolique de disqualification des dirigeants ouvriers dans le champ médiatique. De ce fait, les classes populaires, arrimées autour de ce groupe central des ouvriers, sont de moins en moins représentées socialement dans le champ politique. Leur participation au vote diminuant, elles sont de plus en plus pensées, par les partis de gauche, comme une simple force d'appoint. L'effritement de la représentation syndicale dans le privé, le repli des syndicats sur des bastions dans le secteur public et parapublic, la bureaucratisation croissante de leur fonctionnement ont aussi joué un grand rôle.

La deuxième raison, c'est que si l'appartenance communiste s'est effondrée, d'autres luttes ont pris le relais du combat ouvrier, mais sans forcément avoir un lien direct avec le monde du travail. Ce sont des luttes des « sans » : sans-logement, sans-papiers, sans-emploi ou autres, qui débordent largement l'univers des ouvriers.

Enfin, troisième point : l'accent mis sur la coupure entre exclus et inclus. Elle a contribué à minimiser l'aggravation des écarts sociaux lors des « vingt piteuses », les années 1975-1995. Cette vision binaire de la société d'*in* et d'*out*, qui incite à penser tous les *in* comme des privilégiés, occulte des phénomènes sociaux aussi importants que l'enrichissement des riches et la déstabilisation des stables (menaces permanentes au travail, non remplacement des salariés partis, chantage au licenciement, etc.). ■

Stéphane Beaud, « Portrait social de la France », Alternatives économiques, *hors-série n° 49, 3e trimestre 2001.*

Document 4

Les causes du refoulement

Le processus de réhabilitation de l'entreprise à l'œuvre depuis le début des années 1980, qui a étroitement coïncidé avec les « adieux au prolétariat » de nombreux intellectuels « marxistes », a fait apparaître les ouvriers comme des obstacles à la modernisation de l'industrie, comme les héritiers d'un passé révolu, menant nécessairement des combats d'arrière-garde. Progressivement et insensiblement, ils ont quitté l'horizon mental des faiseurs d'opinion (intellectuels, journalistes, hommes politiques, etc.), et cela au moment où, en raison même de l'affaiblissement des formes de résistance collective, le travail s'est intensifié dans les ateliers, où les relations sociales au travail se sont détériorées, où les ouvriers ont été pour ainsi dire transformés en simple variable d'ajustement, réduits à une composante de la masse salariale qu'il faut comprimer toujours plus. Au cours de ces quinze dernières années, la « question ouvrière » a été véritablement refoulée.

Leur porte-parole (les syndicats ouvriers, les délégués à l'usine, les militants associatifs, le « Parti »), qui avait vocation à les représenter dans l'espace public, a considérablement perdu de son influence. L'image que le groupe ouvrier se faisait de lui-même s'en est trouvée ternie. Cette crise de la représentation a fortement contribué à la non-visibilité du groupe. Disons-le brutalement : les ouvriers, qui avaient pour eux la force du nombre, ont peu à peu cessé d'être craints et ne font plus peur aux dirigeants. Il s'agit là d'une rupture importante dans l'histoire des rapports de classe. Elle signifie que les digues construites au fil du temps par le mouvement ouvrier pour s'opposer à l'exploitation, doter le groupe d'une conscience de classe et mieux résister à la domination symbolique ont très largement cédé. ■

Stéphane Beaud, Michel Pialoux, op. cit., *p. 15-16.*

Document 5

La désagrégation de la culture ouvrière

Avec la généralisation de la protection sociale et sanitaire, l'extension du travail féminin qui procure un deuxième salaire, les ouvriers ont pu entrer dans un rapport gestionnaire à leur propre existence. D'autres facteurs les ont obligés à développer cette capacité de gestion ; par exemple, la mensualisation les a contraints d'apprendre à gérer leurs revenus sur un mois. De la même manière, quand la consommation s'est développée, elle a contraint les ouvriers d'apprendre à gérer des investissements dans des biens durables, d'abord la voiture, puis le logement. On a assisté à une déprolétarisation, au moins dans la consommation (près de la moitié des familles ouvrières sont propriétaires de leur logement). Enfin, ça a été l'explosion scolaire, la généralisation de l'entrée des fils d'ouvriers dans le secondaire, d'où l'accès à la mobilité sociale. Un enfant d'ouvrier sur deux a accédé au salariat non ouvrier. De plus en plus d'ouvriers suivent de très près la scolarité de leurs enfants. C'est une véritable révolution. Tout cela a désagrégé la tradition culturelle ouvrière et s'est manifesté dès 68 dans l'aspiration de la jeune génération à l'émancipation individuelle, y compris par rapport aux formes traditionnelles d'organisation ouvrière. Depuis lors, la crise a tout à la fois stimulé le développement de cette aspiration et creusé les écarts au sein de la classe. ■

Jean-Pierre Terrail, « La forteresse vide », in Ouvriers, Ouvrières, *Autrement, 1992, p. 152.*

Document 6

Les refus de la dévalorisation

Beaucoup d'ouvriers prennent, de nos jours, de la distance par rapport aux manières anciennes et à certaines formes de sociabilité qu'ils ressentent comme archaïques, s'efforçant désormais de se démarquer de ce qui fait trop « ouvrier ». La revendication diffuse de ne plus être exclu de pratiques et d'activités sociales auparavant réservées aux autres classes correspond notamment à la profonde exigence d'égalité qui anime un nombre croissant d'entre eux. Cette influence croissante du modèle méritocratique est moins une preuve de leur embourgeoisement que l'expression de leur refus de reprendre à leur compte une identité sociale purement ouvrière, construite depuis longtemps mais dévalorisée, pour imposer une image plus positive de soi. ■

Stéphane Beaud, Michel Pialoux,
op. cit., *p. 418-419.*

Sujet de bac

DISSERTATION

▶ DÉMOCRATISATION DE LA CULTURE ?

Sujet : peut-on parler de démocratisation des consommations culturelles ?

➞ MÉTHODES POUR LE BAC pages 738-751

Document 1

La part du budget consacrée à la culture tend à augmenter

Une progression due à une moindre hausse des prix des consommations culturelles

Les dépenses pour la culture sont passées de 2 395 F en moyenne en 1979 à 6 695 F en 1995, soit quasiment un triplement en francs courants (de 1 à 2,8) mais une augmentation de seulement 43 % en francs constants (base 1980). La part des dépenses culturelles en francs courants dans le budget total a connu, après un recul sensible entre 1979 et 1985 (de 3,5 à 3,2 % du budget total), une augmentation dans la décennie suivante, pour revenir à 3,5 % en 1995. En francs constants, du fait d'une moindre hausse des prix des biens et services culturels, la progression est nette et constante, de 3,4 % entre 1979 à 4,0 % en 1995.

Des évolutions divergentes

La progression des dépenses pour la culture (en francs constants) de moins de 1 % l'an entre 1979 et 1985 passe à plus de 3 % l'an durant la décennie suivante. Ceci n'est pas seulement dû à la croissance rapide de la filière micro-informatique et multimédia prise en compte à partir de 1985. On assiste en effet à un double mouvement – toujours en francs constants – : une très forte accélération entre 1985 et 1989 des achats d'appareils audiovisuels qui est retombée entre 1989 et 1995 ; une croissance modérée pour les autres dépenses culturelles (1,4 % l'an entre 1985 et 1989) qui s'est ensuite accélérée (4,4 % l'an entre 1989 et 1995). Ces mouvements contrastent avec l'évolution concomitante des prix : légère baisse relative du prix des appareils audiovisuels depuis 1988 mais hausse relative des prix des autres biens et services, particulièrement entre 1983 et 1987. ■

« Les Dépenses des ménages pour la culture : évolutions et déterminants »,
Développement culturel *n° 132, février 2000.*

Document 2

L'effet du diplôme affecte de manière relativement équivalente la propension aux loisirs culturels et aux loisirs non culturels, ce qui laisse à penser que le capital culturel supporte une propension aux loisirs qui est à peu près indépendante de leur contenu, et donc relativement insensible aux effets de distinction classiquement mis en évidence par la sociologie des pratiques culturelles.

Curieusement, la différenciation des loisirs culturels et non culturels procède ici principalement des contraintes de localisation, à travers l'opposition Paris/province, et de la division sexuelle des loisirs : la propension aux loisirs culturels est plus affirmée chez les femmes, tandis que la propension aux loisirs non culturels est plus marquée chez les hommes. ■

P. Coulangeon, P.M. Menger, I. Boharik,
« Les loisirs des actifs : un reflet de la stratification sociale »,
Économie et statistique *n° 352-353, septembre 2002.*

Document 3

Le volume de dépenses du budget culturel en fonction du niveau de revenu du ménage en 1995 (en francs)

	Niveau de revenu					
	< 70 000 F	De 70 000 à 100 000 F	De 100 000 à 150 000 F	De 150 000 à 200 000 F	De 200 000 à 300 000 F	> 300 000 F
Dépenses culturelles totales	2 699	3 789	5 416	7 408	9 767	15 474
Dépenses totales des ménages	78 082	109 477	151 815	206 300	269 212	438 064
Part des dépenses culturelles/dépenses totales des ménages (en %)	3,5	3,5	3,6	3,6	3,6	3,5

Source : Crédoc, d'après l'enquête INSEE « Budget des familles », 1995, in ibid.

Document 4

Les sorties culturelles selon « le milieu social » (1973-1997)

PCS du chef de ménage	Sont allés au cours des 12 derniers mois...											
	Dans un musée				À un concert de musique classique				Au cinéma			
	1973	1981	1989	1997	1973	1981	1989	1997	1973	1981	1989	1997
Agriculteurs	17	19	22	23	4	5	4	3	39	36	31	32
Patrons industrie et commerce	28	32	32	34	7	7	8	7	76	60	52	59
Cadres supérieurs et professions libérales	56	60	61	65	22	25	31	27	82	81	82	82
Cadres moyens	48	49	43	46	12	13	14	11	90	76	70	72
Employés	34	33	30	34	7	9	7	6	78	64	62	61
Ouvriers	25	24	23	24	4	4	4	4	78	55	46	44

Note : Pour permettre une comparaison avec les résultats de l'enquête de 1973, les professions des personnes interrogées en 1997 ont été recodifiées dans l'ancienne nomenclature des catégories socioprofessionnelles.

Source : DEP, ministère de la Culture et de la Communication, enquêtes « Les Pratiques culturelles des Français », in Olivier Donnat, « L'Évolution des pratiques culturelles », Données sociales 2002-2003, *INSEE.*

Document 5

L'augmentation de la taille de la commune ou de l'unité urbaine de résidence va de pair avec une plus forte intensité des dépenses culturelles, ce qui renvoie à l'importance de l'offre culturelle accessible. Paris s'inscrit dans cette logique avec une très forte intensité de consommation des Parisiens (10 544 F en moyenne soit 4,3 % de leur budget). L'agglomération parisienne (hors Paris) reste à l'écart de cette tendance, du fait, certainement, d'un moindre développement de l'offre dans les communes, par ailleurs, de tailles très différentes.
Signe de l'effet de l'offre, les dépenses pour le cinéma, les spectacles et les pratiques en amateur sont significativement plus élevées à partir de 100 000 habitants et à Paris. Ainsi les dépenses des Parisiens pour la culture *au sens strict* (livres, disques, sorties culturelles, y compris cinéma, et pratiques en amateur) approchent 5 500 F soit presque deux fois plus que ne dépensent les habitants de l'agglomération parisienne hors Paris, 2,4 fois plus que ceux des unités urbaines de plus de 100 000 habitants et 3,8 fois plus que ceux des communes rurales. De plus, ces dépenses constituent plus de la moitié des dépenses culturelles des Parisiens (contre le quart de celles des habitants des communes rurales). De 1989 à 1995, la part des dépenses pour la culture (au sens large) s'est plutôt homogénéisée, augmentant au-dessous de 20 000 habitants mais plafonnant au-dessus et dans l'agglomération parisienne ; il en va de même en niveau bien que les Parisiens creusent encore l'écart. Ainsi, l'agglomération parisienne (avec Paris) réalise 22,5 % des dépenses culturelles totales avec 17,6 % des ménages alors que le quart des ménages (24,2 %) habitant une commune rurale ne réalisent que le cinquième des dépenses culturelles (20,3 %). ■

Développement culturel *n° 132*, op. cit.

Document 6

Les bibliothèques et médiathèques ne sont pas les seuls équipements culturels dont la fréquentation a augmenté. La tendance est générale : la plupart des sorties et visites culturelles ont vu leur taux de pratique progresser depuis les années 1970, notamment dans le cas des concerts de rock ou de jazz, des musées et des expositions temporaires.
Toutefois, cette tendance à la hausse au cours de la période étudiée renvoie plus au gonflement des catégories de population les plus familières des équipements culturels (les cadres et professions supérieures, les professions intermédiaires et les étudiants notamment) ou à une intensification de leurs pratiques qu'à un réel élargissement des publics. Dans les cas où le taux de fréquentation des cadres moyens ou des employés a progressé, celui des cadres supérieurs et professions libérales a progressé à peu près dans les mêmes proportions. Il n'y a donc pas eu de « rattrapage » des milieux sociaux traditionnellement les moins investis dans la vie culturelle. Dans le cas du cinéma en salle, qui demeure la sortie culturelle la plus courante, on note même une certaine élitisation du public, en raison du retrait relatif des « milieux populaires ». [...]
Le fait que les publics des équipements culturels ont dans l'ensemble peu changé au cours des dernières décennies, même quand la fréquentation a augmenté, ne doit pas faire oublier que les dernières années ont été marquées par l'essor de formes de participation à la vie culturelle « hors les murs », depuis les événements exceptionnels comme la Fête de la musique aux spectacles de rue, en passant par les sons et lumières et les festivals. Le succès récent des spectacles de rue en est un exemple : 29 % des Français ont assisté à l'un d'eux au cours de l'année 1997, les deux tiers d'entre eux n'ayant pas été dans un théâtre au cours de la même période. Ce succès montre que la participation à la vie culturelle ne peut plus se mesurer à la seule aune de fréquentation des équipements.
Enfin, un dernier phénomène a activement participé au mouvement de diversification des modes d'accès à l'art et la culture : le développement de la pratique en amateur d'activités artistiques. [...] Tout porte à croire que ces activités, qui sont souvent investies de fortes aspirations en matière d'expression de soi et de recherche d'authenticité, ont de fortes chances de continuer à se diffuser sous l'effet du simple renouvellement des générations mais aussi de la force des dynamiques qui les portent (accroissement du temps libre avec l'arrivée de la retraite des générations du *baby-boom*, généralisation de la loi sur les 35 heures, plan d'éducation artistique et culturelle à l'école et à l'université, etc.). ■

Olivier Donnat,
Données sociales 2002-2003, op. cit.

Sujet de bac

ÉPREUVE DE SYNTHÈSE

▶ MOYENNISATION DE LA SOCIÉTÉ FRANÇAISE ?

Travail préparatoire (*10 points*)

1. Caractérisez l'évolution des professions intermédiaires de 1969 à 1999. [*doc. 1*] (*1 point*)
2. Quelle est la part des employés dans la population active en 1999 ? [*doc. 1*] (*1 point*)
3. Dans quelle mesure la période des « trente glorieuses » a-t-elle permis la réduction des inégalités de revenus ? [*doc. 2*] (*2 points*)
4. Expliquez la phrase soulignée [*doc. 3*] (*2 points*)
5. Quelles sont les conséquences de la stagnation des professions intermédiaires sur la mobilité sociale ? [*doc. 3*] (*2 points*)
6. Dans quelle mesure le phénomène de « déstabilisation des stables » concerne les strates intermédiaires ? [*doc. 4*] (*2 points*)

Question de synthèse (*10 points*)

Après avoir expliqué le phénomène de moyennisation de la société française, vous vous interrogerez sur les limites de celui-ci.

Document 1

***Part des CSP dans la population active** (1969-2000, en % du total)*

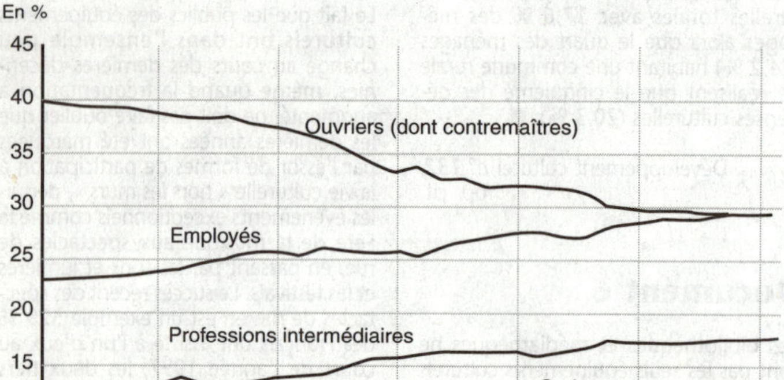

a. Les chômeurs sont classés en fonction de leur profession précédente.
Source : INSEE, enquêtes « Emploi » (1969-2000), enquêtes obtenues auprès de Irène Founier, LASMAS-IDL/IRESCO, in Louis Chauvel, « Classes ou strates sociales ? », L'état de la France 2002, La Découverte, 2002, p. 133.

Document 2

Lorsque l'on s'intéresse simplement aux quatre décennies 1960 à 1990, l'évolution de la structure sociale du point de vue du revenu a été cruciale, notamment au centre de la répartition où une classe de revenus intermédiaires a pu se constituer. Pour autant, ce mouvement d'égalisation a cessé au milieu des années 1980. Ensuite, l'éventail des revenus a semblé s'ouvrir par le haut, tout particulièrement pour les tranches de revenus et de patrimoines les plus élevées ; en revanche, les classes moyennes et populaires (représentant 80 % de la population) ont connu une stagnation économique. Il semble ainsi qu'après la phase d'enrichissement des « trente glorieuses », dont le salariat a le plus bénéficié, la tendance ancienne se soit brisée.
Plus encore, lors de la phase d'enrichissement des années 1950-1975, la croissance des revenus, de l'ordre de 4 % par an, était telle que les groupes sociaux pouvaient projeter leur avenir dans le sort des catégories situées audessus d'elles. Pour en dire l'ampleur, au rythme de croissance des salaires d'alors, dans les années 1960, le temps de rattrapage du salaire des cadres par celui des ouvriers était de l'ordre d'une trentaine d'années. Pour un jeune ouvrier, le niveau de vie du cadre était ainsi accessible à l'aune d'une vie, et pour les classes populaires, il était normal d'attendre pour ses enfants un sort sans conteste meilleur. Depuis 1975, au rythme de croissance du salaire, il faudrait attendre 300 ans pour parvenir au même rattrapage. Autrement dit, le simple fait du ralentissement économique contribue à renforcer des frontières sociales que la croissance contribuait à éroder. ■

Louis Chauvel, ibid.

Document 3

L'examen des professions intermédiaires parachève la démonstration de la difficulté du concept de moyennisation qui moins encore que l'aspiration vers le haut, n'est une fatalité de l'évolution de la structure sociale, mais une réalité précaire, dépendante du temps et aussi, peut-être du consentement d'une société à se représenter, se recruter, et se réaliser dans le cadre d'un projet social de construction d'une classe moyenne.
À l'inverse des cadres, la proportion des professions intermédiaires parmi la population de 28 ans est toujours supérieure à la proportion correspondante dans la population globale, parce qu'à mesure de la progression dans sa carrière, il existe plus de départ (en général des promotions en catégories cadre) que des recrutements (en général en provenance du groupe employé). Mais comme pour les cadres, la proportion de professions intermédiaires chez les 28 ans a connu une expansion considérable de 1964 à 1977, en passant de 11 à 16,5 %, soit moitié plus, pour décroître après 1977 et se stabiliser depuis le début des années 1980. Autrement dit, la proportion des professions intermédiaires atteint à peine en 1997, le niveau qu'elle a en 1970. Ce résultat n'argumente en rien l'hypothèse de la moyennisation, même si le vieillissement des cohortes nées dans les années 1940, qui ont massivement bénéficié de l'expansion passée, implique une crois-

➞ **MÉTHODES POUR LE BAC** pages 738-751

sance, qui ralentit peu à peu, de la proportion des professions intermédiaires. […] La moyennisation semble plus l'histoire d'une génération, et non pas celle de la société dans son entier. […]
Il en résulte que si en 2005, les recrutements des professions intermédiaires ne reprennent pas, ce groupe social est appelé à stagner purement et simplement. ■

Louis Chauvel, Le Destin des générations. Structures sociales et cohortes au XXe siècle, *PUF, 2002.*

Document 4

Le problème actuel n'est donc pas seulement celui que pose la constitution d'une périphérie précaire mais aussi de la « déstabilisation des stables ». Une partie de la classe ouvrière intégrée et des salariés de la petite classe moyenne est menacée de basculement. Alors que la consolidation de la société salariale avait continûment élargi l'assise des positions assurées et ménagé les voies de la promotion sociale, c'est le mouvement inverse qui prévaut. C'est sans doute sur le devenir de ces strates intermédiaires – ni le bas ni le haut de la pyramide sociale –, qui n'ont pas actuellement beaucoup à espérer du fait du blocage de la mobilité ascendante, mais davantage à perdre, que se joue l'équilibre de notre structure sociale (le populisme de droite ou de gauche est la traduction politique de leur mise en situation d'insécurité). Confirmation du fait qu'il ne suffit pas de traiter la question sociale à partir de ses marges et de se contenter de dénoncer l'« exclusion ». ■

Robert Castel, Les Métamorphoses de la question sociale. Une chronique du salariat, *Fayard, 1995.*

Fiche-outil 1

Effets d'âge et de génération

I. COMMENÇONS PAR QUELQUES DÉFINITIONS

■ Les cohortes sont des ensembles d'individus ayant vécu au cours de la même période un événement fondamental de leur histoire ou ayant franchi en même temps la même étape : naissance, service militaire, mariage, fin des études, entrée sur le marché du travail, etc. On peut, par exemple, suivre plusieurs années la cohorte des bacheliers d'une année donnée pour étudier comment ils s'insèrent sur le marché du travail. Si aucune précision n'est fournie il s'agit *a priori* d'une cohorte définie par l'année de naissance ; dans ce cas, les individus d'une même cohorte appartiennent, à une date donnée, à une même classe d'âge. Les classes d'âge sont toutefois des constructions sociales : on n'est pas « jeune » ou « vieux » au même âge biologique selon les sociétés et les époques…

■ Au sens strict, les générations sont des cohortes particulières qui regroupent des personnes ayant vécu les mêmes expériences historiques socialisatrices et partagent de ce fait une communauté de pensée et de sentiments, à la limite une conscience collective qui persiste au cours de la vie. L'exemple type, ce sont les générations marquées par des guerres (telles que la première guerre mondiale pour les Français ou les Allemands, la guerre du Vietnam pour les Américains, etc.) et l'exemple le plus cité est probablement la « génération 68 ». Au sens large, on tend à confondre génération et cohorte, ce qui sera le cas ci-après…

II. PASSONS AUX APPLICATIONS…

On s'est longtemps interrogé sur la forme en cloche de la courbe des salaires des ouvriers en fonction de l'âge [*voir graphique A*].

Comment expliquer la baisse apparente de la rémunération avant la retraite ? Par une usure physique, l'obsolescence du capital humain, etc. ? De plus, cette baisse apparente venait contredire ce qui prédominait alors : la prise en compte de l'ancienneté dans la rémunération. Pour trouver la solution, il fallait sortir de l'analyse transversale (étude sur une année donnée des salaires en fonction de l'âge, chaque âge « masquant » en fait une génération) et passer à l'analyse longitudinale (suivre plusieurs générations au cours de leur cycle de vie) : pour chaque ouvrier le salaire augmente en fonction de l'ancienneté mais les nouvelles générations d'ouvriers sont mieux payées que les anciennes (les ouvriers d'une génération gagnent plus à cinquante ans qu'ils ne gagnaient à quarante ans mais leurs successeurs de la génération suivante gagnent plus à quarante ans qu'eux à cinquante) [*voir graphique B*].

On découvrait ainsi la nécessité de distinguer trois effets :
– effet d'âge : évolution (du comportement, des opinions, etc.) au cours du cycle de vie, quelle que soit la génération ;
– effet de génération : différences (de comportement, d'opinions, etc.) entre générations aux différents âges ;
– effet de période : modification (de comportement, etc.) au cours d'une période particulière affectant tous les individus, quels que soient leur âge et leur génération.

Le premier problème méthodologique consiste donc à distinguer l'effet d'âge et l'effet de génération (ici au sens large). En effet, les différences (d'opinion, de pratique électorale, religieuse, etc.) entre les différentes classes d'âge (les « jeunes », les « adultes », les « vieux », etc.) ne résultent pas du seul effet de l'âge (donc du vieillissement, lequel est à la fois biologique, psychologique et social), mais aussi de l'appartenance à des cohortes différentes, ayant vécu des histoires différentes (les « vieux » de demain ne seront pas les « mêmes » que les vieux d'aujourd'hui, etc.).

S'il n'y avait que des effets d'âge, les jeunes d'aujourd'hui penseraient et se comporteraient demain comme les vieux d'aujourd'hui (les chiffres seraient les mêmes pour un âge donné quelle que soit la cohorte à laquelle appartiennent ceux qui ont cet âge) ; s'il n'y avait que des effets de génération, les écarts se maintiendraient au cours du temps (les chiffres seraient les mêmes pour une cohorte donnée tout au long de son cycle de vie). La difficulté consiste le plus souvent à conjuguer ces deux effets : toutes choses égales par ailleurs, les retraités ont tendance à voter plus à droite ; toutes choses égales par ailleurs, la génération de « 68 » a tendance à voter plus à gauche ; comment voteront les retraités soixante-huitards ?

La démographie fournit l'une des meilleures illustrations de la distinc-

tion entre les effets d'âge et de génération :
– l'indicateur conjoncturel de fécondité (ICF, parfois nommé indicateur synthétique de fécondité) est la somme des taux de fécondité par âge (de 15 à 50 ans) une année donnée ; on additionne par conséquent les taux de fécondité de femmes appartenant à des générations différentes ; le résultat peut être interprété comme le nombre moyen d'enfants que mettrait au monde une femme si elle connaissait, durant toute sa vie féconde, les conditions de fécondité observées l'année de référence ;
– la descendance finale (DF) est le nombre moyen d'enfants mis au monde par les femmes appartenant à une même génération, calculé lorsqu'elles parviennent à la fin de leur vie féconde (en pratique à cinquante ans, mais le calcul peut être effectué un peu avant si la fécondité aux âges avancés est très faible).

La méthode transversale, qui conduit au calcul de l'ICF, permet de prévoir ce que sera la descendance finale si les générations successives ne changent pas de comportement ; mais la relation entre l'ICF et la DF peut être perturbée par des modifications de calendrier : une baisse de l'ICF peut ne pas être interprétée comme un indicateur avancé de la baisse de la DF si elle traduit un effet de report des naissances (les nouvelles générations ayant leurs enfants plus tard), qui sera alors confirmé plus tard par un effet de rattrapage (remontée des taux de fécondité aux âges avancés) ; la difficulté consiste donc à utiliser un indicateur « du moment » (photographie conjoncturelle), comme s'il s'agissait d'un indicateur temporel (film de la trajectoire d'une génération). La méthode longitudinale ne présente pas cet inconvénient mais elle ne permet pas de faire de prévision (on connaît la fécondité des femmes nées cinquante ans plus tôt...).

Il faut enfin tenir compte de l'effet de période, ou de date, ce qui n'est pas plus simple : l'effet de période est mêlé aux effets de génération et de date puisque les cohortes se suivent à des dates différentes (avoir trente ans en appartenant à la génération 70 implique que l'on soit en 2000). Voici un exemple : entre deux dates, la décohabitation (jeunes vivant ailleurs que chez leurs parents) peut avoir augmenté parce que les nouvelles cohortes de jeunes veulent quitter plus rapidement leurs parents, mais moins qu'elle ne l'aurait fait si le chômage plus élevé à la deuxième date n'avait pas freiné le départ des jeunes sans emploi.

Pascal Combemale

Graphique A

Salaires selon l'âge en 1970 : une vision transversale

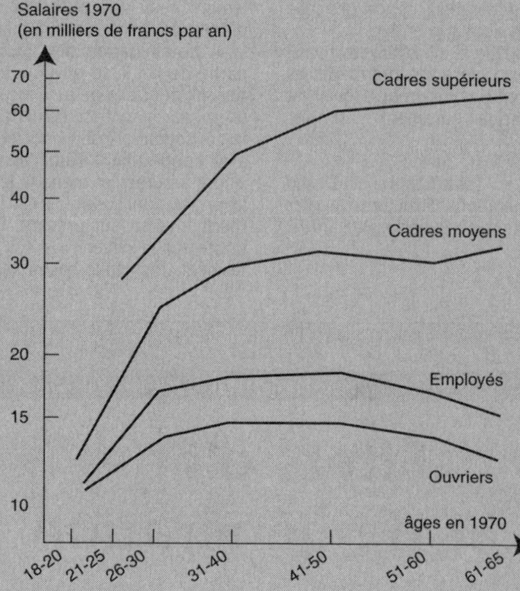

Source : C. Baudelot, « L'évolution des salaires : une nouvelle approche », Économie et statistique n°149, novembre 1982.

Graphique B

Salaires selon l'âge

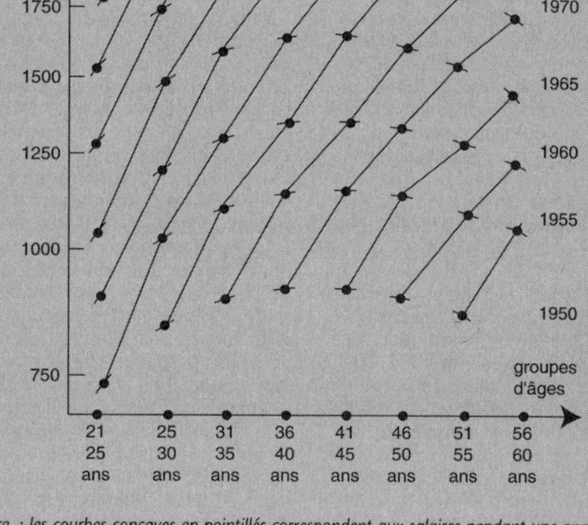

Lecture : les courbes concaves en pointillés correspondent aux salaires pendant une année donnée (approche tranversale) ; les courbes continues correspondent chacune à l'évolution des salaires d'une génération différente à différentes dates (approche longitudinale).
Source : C. Baudelot, ibid.

Fiche-outil 2

Comment étudier un groupe social

Au baccalauréat, il peut vous être demandé d'étudier une catégorie ou un groupe social. Exemples : « Les employés forment-ils un groupe social ? » ; « Peut-on encore parler de classe ouvrière ? » ; « Les cadres », etc. Afin de vous aider dans ce type d'exercice, nous vous proposons la grille ci-après. Elle a été conçue pour vous éviter d'oublier les traits caractéristiques les plus importants. C'est pourquoi elle inclut de nombreux critères. Les documents statistiques dont vous disposerez ne vous permettront pas de les retrouver tous, loin s'en faut (on ne vous demande pas une thèse, mais un travail de quatre heures !). Il ne s'agit pas de prendre prétexte de cette grille pour se lamenter sur les lacunes des documents (il n'en existe pas nécessairement de meilleurs). Il s'agit d'utiliser le plus efficacement possible les informations disponibles.

Un groupe social (qui présuppose, au-delà de conditions d'existence et de pratiques communes, un sentiment d'appartenance et une conscience collective) se caractérise par des propriétés intrinsèques (ses membres possèdent en commun un certain nombre de traits distinctifs) et par des propriétés de position (ses membres entretiennent un certain type de rapports avec les membres d'autres groupes sociaux ; l'ensemble de ses rapports à l'échelon de la société constitue sa structure).

Pour analyser un groupe social, il est conseillé de ne pas oublier l'une des étapes ci-contre !

1. La description

Dans un premier temps, il importe de décrire ce que l'on observe en s'intéressant à l'effectif, à la part relative dans la population, à l'évolution de ces chiffres (à relier aux mutations structurelles : salarisation, concentration, tertiarisation, etc.), au niveau de qualification, au niveau de diplôme, au degré de féminisation, au lieu de résidence, etc.

2. La place occupée dans la division du travail et dans les rapports de production...

Ensuite, on peut commencer à étudier la place du groupe dans la structure sociale à partir des critères suivants : propriété des moyens de production (salariés, indépendants, chefs d'entreprise), place dans la hiérarchie (pouvoir de décision, encadrement, exécution), nature des tâches effectuées (direction, conception, expertise, savoir-faire, exécution), qualification professionnelle, type de travail (pénibilité, relation à des objets ou à des personnes, monotonie, polyvalence, degré d'autonomie, dimension intellectuelle, etc.), type d'emploi (statut, précarité, polyactivité, etc.).

3... Et plus généralement dans l'économie

Dans le prolongement du niveau précédent, mais en sortant de l'atelier ou du bureau, on peut s'intéresser au patrimoine (niveau et composition), aux revenus (niveau absolu, relatif, primaire/de transfert), au niveau de vie (degré de satisfaction des besoins primaires, consommation sous l'angle quantitatif).

4. Les pratiques, les comportements

On entre ici dans ce qui constitue la trame de la vie sociale : les comportements sociodémographiques, le mode de vie (style de vie, structure du budget, consommation ostentatoire, etc.), le type de loisirs (pétanque ou golf ?), la sociabilité (relations avec la famille, le voisinage, etc.), la participation à la vie sociale (associations, syndicats, etc.) et politique (vote, militantisme, etc.), la pratique religieuse.

5. Les traits culturels, la conscience collective

On aborde maintenant un domaine plus difficile à étudier, mais qui s'impose puisque le groupe n'existe pas sans conscience collective ; on s'intéresse ici aux valeurs et aux croyances, aux opinions (politiques et autres), aux goûts et aux dégoûts (effets de distinction), au sentiment d'appartenance.

6. La reproduction

Pour persévérer dans son être, le groupe doit se reproduire ; sous cet angle on étudiera la mobilité sociale (recrutement et destinée), les différentes formes d'héritage (capitaux : économique, culturel, social, symbolique), l'homogamie.

7. L'acteur social

Dans certains cas, le groupe s'affirme aussi comme acteur social : il se trouve à l'origine de mouvements sociaux (grèves, manifestations), il agit comme groupe de pression (agriculteurs, fonctionnaires, etc.) ; se pose ici la question de sa place dans la structure sociale (est-ce un groupe prestigieux, dominant, dominé, etc. ?).

Cette liste est non limitative, mais elle est largement suffisante pour passer les documents au tamis...

Pascal Combemale

CRISE ET CHANGEMENT SOCIAL

Chapitre VIII

CONFLITS SOCIAUX ET ACTION COLLECTIVE

ÉRIK NEVEU

Introduction

« Tu vas à l'AG ? demande une lycéenne à un garçon de sa classe de terminale.

– L'AG ?

– Oui, l'assemblée générale des élèves du lycée, pour décider si l'on va à la manif demain.

– Pourquoi une manif ?

– Pour obtenir la satisfaction de nos revendications : des classes moins chargées, des salles pour se réunir, du soutien pour les élèves, un labo pour les langues, etc.

– Mais, demain il y a cours…

– Justement, on sera en grève pour aller à la manif !

– Et qui a eu l'idée de cette AG ?

– On a rencontré dans le bus des élèves de l'autre lycée, qui sont déjà dans le mouvement et qui nous demandent de les rejoindre.

– Qui sont ces élèves ? Probablement des militants politiques ! Tout ça c'est de la manipulation ! Nos problèmes existaient déjà à la rentrée et personne n'a bougé. Et puis comme ça, d'un seul coup, un groupuscule lance un mouvement !

– Parce que tu crois qu'il suffit d'appuyer sur un bouton pour lancer un mouvement ! Bien sûr, à l'origine, il y a souvent les plus militants, les mieux organisés… Parce que s'il fallait compter sur tous les autres, complètement apathiques, il ne se passerait jamais rien !

– Justement, il ne se passera rien. Pour que ça marche il faut que tout le monde participe, mais chacun reste dans son coin en se disant : j'attends de voir si les autres bougent avant de me décider. Et si tous les autres y vont, ça ne sert à rien que j'y aille : un de plus ou un de moins… C'est le chacun pour soi dans cette société.

– Pas toujours ! Parfois, il y a un tel ras-le-bol que tout le monde s'y met. Parfois, il y a de la solidarité. D'ailleurs notre slogan, c'est : Tous ensemble !

– C'est complètement idéaliste ! La plupart manifestent pour sécher les cours, pour s'amuser, parce qu'il fait beau… Ils ne savent même pas pourquoi ils sont dans la rue ! Ils n'ont pas de conscience politique, ils se préoccupent seulement de leur sortie du samedi soir…

– Je suis peut-être idéaliste, mais toi tu es cynique. Avec de tels raisonnements, on aurait encore un roi et tu serais serf dans un champ de pommes de terre !

– Parce qu'on vit dans quel système d'après toi ? Dans une démocratie, on ne devrait pas avoir besoin de descendre dans la rue pour se faire entendre. La démocratie, c'est le gouvernement du peuple, par le peuple et pour le peuple !

– Monsieur le bon élève récite la leçon qu'il a apprise par cœur !

– Non, je dis simplement que dans une démocratie on vote régulièrement pour choisir ceux qui prennent les décisions à tous les échelons : la ville, la région, la nation, même l'Europe ! Si l'on n'est pas content, il suffit de voter pour ceux qui proposent autre chose… Dans une vraie démocratie, on ne descend pas dans la rue tous les mois pour manifester !

– Toi, t'as tout faux ! La démocratie, ça ne consiste pas à aller voter de temps en temps et à rester ensuite affalé devant sa télé à regarder les Guignols ! La démocratie, c'est la participation active du citoyen à la vie de la cité. Et il y a différentes façons de participer, dont le vote, mais aussi les manifestations…

– Parce que des chauffeurs-routiers qui bloquent toute la circulation, ou des paysans qui brûlent des préfectures, c'est de la démocratie ? Non, ce sont des minorités qui défendent leurs intérêts particuliers de façon plus ou moins violente ! Au contraire, la démocratie, c'est le consensus, la paix civile, le respect de la volonté générale qui s'exprime par la voix d'assemblées élues au suffrage universel.

– Bla-bla… Il a encore faux : la démocratie, c'est la possibilité d'exprimer des désaccords, jusqu'au conflit si nécessaire, dès lors qu'il ne dégénère pas en guerre civile ! Pour le comprendre il faut que tu commences par venir aux AG ! D'ailleurs tu pourras y voter…

– Voter pour qui, au nom de quoi ? C'est un simulacre de démocratie : des individus s'autoproclament représentants de tous les autres, vont parader devant les caméras de télé, s'expriment au nom des absents…

– D'où l'importance de la manif, ou de la grève, qui servent de test. Personne n'est obligé de suivre les mots d'ordre. Si la mobilisation est faible, si la manif est ratée, les leaders du moment perdent leur légitimité : ils sont désavoués. Alors, tu viens ? »

Pascal Combemale

Sommaire

REPÈRES ET PERSPECTIVES

DOSSIERS

SUJETS DE BAC

FICHE-OUTIL

CONFLITS ET MOUVEMENTS SOCIAUX

➻ **Érik Neveu** *est professeur de sciences politiques à l'IEP de Rennes. Il est directeur du Centre de recherches administratives et politiques (unité associée au CNRS) à l'université Rennes-I. Dans la collection « Repères », il a publié* Sociologie du journalisme *(2001),* Sociologie des mouvements sociaux *(2002), et* Introduction aux *cultural studies (avec Armand Mattelart, 2003).*

Les conflits et « mouvements » sociaux sont inscrits dans l'histoire et le quotidien. 1848, 1936, 1968 constituent des dates de mobilisations majuscules, entrées dans les programmes d'histoire. À une échelle plus modeste et plus récente, on évoquera les grandes grèves de décembre 1995 contre le « plan Juppé », la longue mobilisation des enseignants de Seine-Saint-Denis, en 1998, contre le sous-encadrement scolaire, les barrages de routes répétés des chauffeurs routiers, les actions des ouvriers de Moulinex contre la fermeture de leurs usines, les occupations d'églises par des « sans-papiers », le refus concerté de certains chasseurs de respecter les calendriers relatifs au tir des oiseaux migrateurs, l'action de médecins libéraux en 2002 pour augmenter le prix de leurs consultations sans l'accord de la Sécurité sociale.

Peut-on trouver des points communs à ces actions dont les protagonistes et les formes semblent aussi diverses que les valeurs et les demandes qu'elles mettent en jeu ? Oui, tous les exemples cités ici ont en commun d'associer quatre critères qui peuvent amorcer une définition du mouvement social :

– ils reposent sur une action en commun, concertée et coordonnée ;
– ils mettent en avant des revendications (hausse de rémunération, maintien d'un site industriel) ou la défense d'une « cause » ;
– ces revendications sont adressées à un adversaire bien identifié (employeur, caisses de Sécurité sociale, gouvernement) dans une logique de conflit. Cette action « contre » sépare un mouvement social d'autres mobilisations dans lesquelles les personnes agissent pour résoudre entre elles le problème rencontré. Ce serait le cas par exemple si de jeunes couples préféraient s'organiser pour faire fonctionner entre eux une crèche parentale plutôt que de demander l'ouverture d'un tel service à la mairie ;
– la prise de parole que matérialise un mouvement social n'est pas enfermée dans les procédures d'expression et de représentation organisées par les pouvoirs publics ou l'autorité hiérarchique. Elle s'exprime au-delà des seuls moments d'élection, peut court-circuiter les lieux et porte-parole officiels de concertation, lorsqu'ils existent.

Si la protestation s'oppose aux formes plus organisées et officielles d'expression, elle a aussi ses règles et constantes. Il s'agit de ce que l'historien américain Charles Tilly nomme les « répertoires d'action collective ». L'expression désigne l'existence d'une gamme de façons particulières d'exprimer la protestation (manifestations, grèves, occupations de bâtiments, grèves de la faim, pétitions, boycott), variable selon les sociétés et les époques. Elle suggère aussi que, comme des chansons, ce répertoire peut être « interprété ». Une manifestation peut être un défilé presque militaire ou jouer de l'humour avec fanfares et déguisements. Elle peut solliciter le tragique, quand les militants d'Act Up se couchent sur la rue pour symboliser les morts du sida. Les répertoires sont aussi un enjeu de lutte avec l'autorité qui cherche à les encadrer par la loi. Une part des « lois Sarkozy » débattues en 2003 visait à entraver l'action des squatteurs, la mise en cause des symboles nationaux (drapeau, Marseillaise) par des protestataires.

📖 **Bibliographie**
Érik Neveu, Sociologie des mouvements sociaux, *La Découverte, « Repères », Paris, 3e éd., 2002.*
Patrick Peretti-Watel, La Société du risque, *La Découverte, « Repères », 2001.*

Les mouvements sociaux sont donc *des actions concertées en faveur d'intérêts ou de valeurs, où le groupe mobilisé exprime son conflit avec un adversaire en puisant dans un répertoire protestataire d'action collective*.

PLAN

I. LE CONFLIT SOCIAL : UNE RÉALITÉ DIFFICILE À PENSER

Comprendre ces conflits est souvent une entreprise difficile, pour quatre raisons au moins.

Les conflits sociaux sont souvent ramenés à une lecture *trop politique*. Tels grévistes veulent-ils gêner le gouvernement ? Telle mobilisation serait-elle poussée en coulisses par la droite ou la gauche ? Ces questions se justifient parfois, elles n'épuisent jamais le pourquoi des conflits.

Les conflits sociaux déclenchent souvent des réactions *émotionnelles* qui paralysent l'analyse. Il peut s'agir de la peur suscitée par la violence, de la colère de ceux qui subissent les inconvénients d'une action (transports en commun) ou se sentent mis en cause dans leurs valeurs par les revendications des protestataires. Mais trop de sympathie pour un mouvement rend aussi rarement lucide.

La façon dont les *médias*, en particulier la télévision, parlent des conflits n'est pas toujours éclairante. L'impératif de contracter l'information en séquences d'une ou deux minutes, la priorité donnée aux images chocs ne permettent pas toujours aux journalistes d'expliquer les causes d'un conflit, ses enjeux, de faire entendre la parole des personnes mobilisées. Celles-ci ne sont d'ailleurs pas toujours à l'aise pour s'exprimer clairement en direct devant un micro ou une caméra.

Mais la difficulté la plus grande est liée aux « transformations de la structure sociale » analysées dans le précédent chapitre. Elles produisent, sous nos yeux, un double *brouillage* des fondements traditionnels du conflit social et des outils de pensée qui permettaient de lui donner sens. Voici un siècle et demi, Karl Marx ouvrait le *Manifeste communiste* par la phrase fameuse : « *L'histoire de toute société jusqu'à nos jours est l'histoire de la lutte des classes.* » L'accent mis sur les conflits entre classes sociales comme moteur du changement social est caractéristique de l'héritage intellectuel de Marx. Il serait cependant très simpliste de penser que cette façon de lire la société n'ait été que « marxiste ». Le grand intellectuel libéral Raymond Aron est l'auteur d'un livre intitulé *La Lutte des classes* (1964) où il souligne la réalité des groupes sociaux, l'importance de leurs conflits. Si elle remet en cause les divisions binaires (bourgeois/prolétaires), la place prise dans les années 1960-1970 par de nouveaux groupes sociaux (cadres, classes moyennes salariées) complique l'interprétation des tensions sociales, mais ne fait pas disparaître la référence aux classes. Les jeunes qui entrent dans une université où leurs parents n'ont jamais mis les pieds ne sont-ils pas des « boursiers » qui s'opposent aux « héritiers » ? Les « cadres » du privé ne se pensent-ils pas comme menant une double lutte contre ce qui serait l'archaïsme des classes populaires et celui des vieux patrons de droit divin ? Ce sont toutes ces façons, réductrices mais éclairantes, de penser le conflit social à partir des classes qui sont aujourd'hui en crise pour de multiples raisons. [*voir encadré A*]

II. LE CONFLIT, SIMPLE EXPRESSION DES INÉGALITÉS SOCIALES ?

Si la place des oppositions de classes comme fondement des conflits sociaux se brouille, un repère simple semble, lui, rester pertinent : le conflit social est intimement lié aux inégalités et à leur perception.

Il peut provenir d'inégalités objectives, qu'il est possible de mesurer, dont la réalité s'impose à l'observateur comme l'écart entre salaires masculins et féminins, les difficultés plus grandes des jeunes diplômés issus de l'immigration à se faire embaucher. Ces inégalités objectives peuvent se mesurer à la hausse des écarts de revenus ou de patrimoine depuis vingt ans. Elles se traduisent dans les contraintes qui s'accumulent sur certains groupes (dans les hypermarchés, le temps partiel imposé et fractionné suscite souvent le mécontentement des caissières) ou encore dans des comportements qui manifestent à certains groupes le peu de respect qui leur est accordé : en 1997 les ouvrières de Maryflo, près de Lorient, firent grève contre la répétition d'injures sexistes. Mais le conflit peut aussi naître de la perception subjective que des groupes ont de leur situation. Le sociologue Pierre Bourdieu nommait « misère de position » ces cas où une relative réussite sociale peut être vécue sur le mode de l'échec et de la frustration. On peut avoir trouvé un emploi dans

Encadré A : ***Les raisons du déclin de la théorie du conflit des classes***

L'effondrement du bloc soviétique a disqualifié tant les réalisations pratiques que le prestige intellectuel qui pouvaient s'associer à l'idée d'un système politique alternatif issu du conflit de classes vu par Marx.

Le monde ouvrier qui constituait une classe pivot dans ces visions du conflit social subit une crise multiforme. Elle tient à la baisse de ses effectifs, au glissement vers le tiers monde d'une part des emplois ouvriers. Elle est liée au naufrage du communisme comme promesse d'un monde meilleur porté par ce groupe. Elle doit aussi à la dégradation fréquente des conditions de vie des ouvriers (chômage, précarité, recul de la puissance syndicale). Mais la véritable humiliation que subit le monde ouvrier est aussi symbolique. Aux images valorisantes du producteur, du militant (syndical ou politique), d'hommes et de femmes assumant avec dignité des tâches souvent difficiles, se substituent une série de représentations souvent méprisantes. Le monde ouvrier et populaire devient mis en scène comme celui des « beaufs », des Bidochon, de la famille Groseille dans *La vie est un long fleuve tranquille*. C'est une identité collective qui se défait ainsi.

Même si de grosses différences existent en leur sein entre un instituteur, un informaticien et un cadre des assurances, la montée des classes moyennes et professions « intermédiaires », désormais majoritaires, a contribué à estomper le sentiment des différences sociales, de leur pertinence pour comprendre la société.

L'évolution des inégalités en matière de revenus, d'insertion, d'accès à l'emploi stimule des réactions de protestation de groupes qui se sentent exclus. Ces protestations mettent en avant des identités religieuses, ethniques, « communautaires » où les oppositions de classes sociales semblent devenir secondaires.

Enfin, de nouvelles réalités et de nouvelles croyances convergent pour renvoyer au second plan une vision de la société fracturée par le conflit de classes. La mondialisation invite à penser en termes d'espace plus que de groupes. Elle alimente aussi depuis le 11 septembre le fantasme d'un « choc des civilisations » comme base du conflit. Elle suggère encore une opposition à des pays lointains où une main-d'œuvre peu coûteuse menacerait « nos » emplois. Le thème de la société de communication fait, lui, du conflit une anomalie, un échec par rapport à un modèle théorique de relations sociales reposant sur l'écoute et l'explication. La vision simpliste d'une société faite d'exclus et d'inclus contribue de son côté à ramener la perception de nombre de mouvements sociaux à une crispation de corporatismes, publics ou privés, à une défense égoïste d'« avantages acquis ».

un orchestre symphonique ou une université et s'y sentir brimé ou raté. Le malaise des médecins généralistes doit aussi à l'écart entre le prestige – et les promesses matérielles – du statut de médecin qu'ils avaient anticipés à vingt ans, et ce que ces éléments sont parfois devenus à cinquante ans.

L'accumulation et la combinaison des inégalités objectives, des situations matérielles difficiles, des frustrations et attentes déçues fonctionne alors dans toute société comme un grand réservoir de conflictualité que l'étincelle d'un incident peut allumer. Il semble même facile de proposer une sorte de météo du conflit. Plus une personne ou un groupe sont mal lotis dans la répartition des richesses et du prestige social, plus la perception qu'ils ont de leur situation est critique, plus ils seront disponibles pour le conflit. Ce modèle est clair et simple. Il est aussi faux.

Il l'est d'abord parce que le conflit social – ou son impossibilité – obéit à une série de causes et de contraintes qui ne se réduisent pas au schéma mécanique d'une addition de handicaps et de frustrations qui engendrerait mécaniquement le combustible des conflits. Bien d'autres facteurs interviennent [*voir encadré A*].

Il l'est en second lieu parce que même le sentiment très vif qu'il faut se mobiliser contre une situation peut déboucher sur son contraire. C'est là le paradoxe développé par l'économiste américain Olson. Imaginons que cent habitants d'un petit village soient excédés par les impôts locaux fixés par le nouveau maire. Ils se réunissent et décident d'agir. Supposons que si chacun d'eux est prêt à donner du temps (réunions, manifestation) et de l'argent pour le fonctionnement d'une association de défense et l'édition de tracts, un investissement équivalent à 40 € chacun rend à peu près certain le recul du maire et une réduction d'impôt de 100 €. L'action collective est donc assurée de rapporter (100 – 40) = 60 € à chaque protestataire. Oui. Ou plutôt non, car il y a plus rentable : la posture du « passager clandestin » qui regarde les autres agir et faire baisser l'impôt. Et qui récupère ainsi le gain de 100 € sans le réduire du moindre coût de mobilisation. Égoïste, mais rentable. Oui. Ou peut-être non, car lorsque les passagers clandestins sont les plus nombreux la mobilisation est inexistante ou inefficace. Olson souligne qu'on peut limiter le nombre des passagers clandestins, soit par la pression (aller intimider les « lâcheurs »), soit par l'incitation (avantages individuels comme des conseils fiscaux ou des « pots » gratuits aux participants à l'action). Olson a l'immense mérite de souligner que l'action collective ne va jamais de soi. Fondé sur le calcul économique, son modèle fait aussi l'économie de beaucoup de questions comme les sentiments de solidarité, le fait que le souci de dignité ou l'euphorie de la mobilisation puissent conduire à des comportements non calculateurs. Sauf à utiliser une vision très extensive ou cynique de la notion d'intérêt, son modèle peine aussi à expliquer des engagements dont on ne tire aucun profit matériel (Téléthon, solidarité Nord-Sud). Le bon usage d'Olson consiste peut-être à se demander au préalable dans quelles situations – elles existent, mais sont-elles la norme ? – nos comportements sont régis par le calcul conscient.

Tenant d'une vision plus ouverte aux sciences sociales, un autre auteur, Albert Hirschman, aide aussi à comprendre pourquoi la mobilisation n'est qu'*une* et non *la* réponse à des tensions et insatisfactions. Une première alternative au conflit (« *voice* ») se nomme la *défection* (« *exit* »). Elle peut prendre des formes multiples : démission, changement d'entreprise ou de métier. Mais on peut y placer aussi l'émigration, la mobilité sociale quand elle permet d'échapper à un destin jugé peu enviable. Elle consiste à réagir à la situation qui crée le mécontentement en en sortant individuellement pour chercher ailleurs la réponse à ses attentes. Une autre réaction se nomme *loyalisme* (« *loyalty* »). L'institution dans laquelle se développe un mécontentement réussit alors à susciter un attachement affectif, une « culture d'entreprise » assez forte pour que ses tares soient acceptées comme un inconvénient déplaisant, mais compensé par d'autres avantages. On peut penser ici à la façon dont certaines organisations politiques rendent quasi impensable la contestation interne en créant un patriotisme de parti, mais aussi à la façon dont des entreprises industrielles (dans l'automobile, le BTP) réussissent à créer un esprit maison qui enrôle le personnel, canalise d'éventuelles protestations dans des structures inoffensives comme un syndicat-maison. On pourrait ajouter au modèle de Hirschman un quatrième type : la *thérapie*. Il désignerait des situations où les personnes soumises à des tensions ou des difficultés y font face sur le mode d'une culpabilité, prennent sur elles la responsabilité de la situation, tentent d'y répondre par un travail sur elles-mêmes pour « se soigner » et se réformer Une part du développement de la « communication interne » dans les entreprises vise ainsi à faire intérioriser par le personnel le poids des « contraintes » de la compétition internationale, la nécessité de consentir à des sacrifices et des réaménagements statutaires pour y faire face.

Le conflit, qu'Hirschman appelle « *prise de parole* » (« *voice* »), apparaît alors comme l'une des façons de répondre à un mécontentement, et non comme son résultat mécanique. Et la prise en compte de la manière dont se conjuguent, s'ouvrent ou se ferment toutes les possibilités évoquées ici devient alors un moyen très utile de comprendre les variations dans l'intensité des conflits selon les sociétés, les milieux.

III. CHANGEMENT SOCIAL ET INSTITUTIONNALISATION DES CONFLITS : L'ANCIEN ET LE NOUVEAU

Les mouvements sociaux influencent les choix politiques, la définition des « problèmes » dont une société débat, sur lesquels elle essaie de peser et d'agir. Leur action peut produire des refus : lorsqu'en 1984 d'énormes manifestations obligent le gouvernement de gauche à renoncer à ses projets sur les écoles privées, lorsqu'en 1995 les projets d'un gouvernement de droite sur la protection sociale sont mis en échec. Les mouvements sociaux peuvent accélérer ou imposer des changements que le fonctionnement ordinaire du monde politique rendait improbables ou lents. Ils sont pour beaucoup dans la conquête du droit au divorce par les Italiens, dans la légalisation de l'avortement (1974-1975) sous la pression des mouvements de femmes en France. Des mobilisations peuvent aussi jouer un rôle précurseur, faire entrer dans le débat public des problèmes dont les élus s'occupaient peu : environnement, développement durable.

Les mouvements sociaux sont aussi producteurs *d'identité*. Ils amènent des individus à se penser comme les membres d'un « nous » au sein duquel ils partagent des traits communs, des solidarités. Ce phénomène peut prendre des formes très diverses. Il engendre des corporatismes, crispés sur leurs intérêts et peu attentifs aux besoins d'autres catégories sociales. Mais en valorisant des sentiments d'appartenance collective, des actions qui vont au-delà de l'intérêt individuel, les mouvements sociaux peuvent aussi être, dans une société individualiste du « je », un espace de construction de liens sociaux, de visibilité des solidarités et des clivages qui font la trame du monde social. Les mobilisations des infirmières à la fin des années 1980 ont contribué à leur donner le sentiment de constituer un groupe. Leur slogan : « Ni nonnes, ni bonnes, ni connes » soulignait leur refus des images dévalorisantes de leur métier. Il revendiquait une dignité, la prise au sérieux de leur apport à la vie de l'hôpital, à la santé des malades. La notion d'identité est aussi importante pour comprendre la mobilisation de groupes qui cherchent à s'opposer à des images négatives ou dégradantes. Les mots et les slogans sont parlants : « *Black is beautiful* » opposé au discours raciste ; « *Gay Pride* » c'est-à-dire fierté de dire son homosexualité. Ces exemples montrent aussi les tensions propres à l'identité. Elles concernent d'abord l'écart entre la manière dont un groupe se perçoit et souhaite être perçu des autres… et les images, souvent moins flatteuses, que lui renvoient les autres groupes, les médias, les clichés de la publicité. L'image sociale des patrons, celle des professeurs, sont-elles exactement celles que mettent en scène le Medef ou les syndicats enseignants ? Les tensions de l'identité viennent aussi de ce qu'avec des effectifs ou des problèmes comparables, certains groupes ont une forte conscience de constituer un « nous » (agrégés dans les lycées, ouvriers du livre, convoyeurs de fonds), quand d'autres ont bien moins ce sentiment d'appartenir à un collectif (intellectuels « précaires » travaillant pour l'édition et les médias, vigiles de centres commerciaux).

Pour certains analystes, comme Ronald Inglehart, le rôle de l'identité et du système de valeurs devient déterminant pour expliquer les conflits des sociétés « post-matérialistes », dans lesquelles les besoins matériels de base de la population seraient assurés. En France, Alain Touraine est de ceux qui ont proposé de distinguer désormais les « nouveaux mouvements sociaux » des mobilisations plus anciennes. Quatre différences les opposeraient :

– les nouveaux mouvements sociaux seraient plutôt méfiants à l'égard de la lourdeur bureaucratique et des rigidités des organisations traditionnelles, leur préférant des structures légères (coordinations), des procédures comme la rotation des porte-parole pour empêcher que s'installent des dirigeants permanents ;

– les revendications seraient un autre point d'opposition : demandes « matérialistes » en termes de salaires, d'avantages quantifiables (âge de la retraite) pour les anciens ; demandes plutôt « qualitatives », non négociables pour les nouveaux mouvements, sensibles à la qualité de vie, à la défense des identités (refus de l'énergie nucléaire, liberté sexuelle) ;

– l'opposition se lirait aussi dans le rapport au politique. Du côté des anciens mouvements, la connivence avec les partis (par exemple les relations PC-CGT), la volonté de rentrer dans un jeu d'exercice direct du pouvoir, du côté des nouveaux le souci de rester indépendant, le désir d'obtenir des changements et non des places ;

– enfin, l'opposition tiendrait à la composition des mouvements, plus liée à des classes sociales (ouvriers, paysans) hier, plus mélangée, ou basée sur des clivages autres que les classes (jeunes, minorités ethniques, styles de vie) dans les « nouveaux » mouvements.

Cette opposition invite à mieux regarder les caractéristiques des mouvements sociaux d'aujourd'hui. Mais elle comporte sans doute plus d'inconvénients que d'avantages. Avoir l'image du « nouveau » est évidemment plus flatteur que celle de l'« ancien ». Mais reprendre à son compte les étiquettes valorisantes que se donnent les groupes est-il une bonne manière de faire des sciences sociales, d'exercer une réflexion critique ? L'opposition risque surtout de combiner deux caricatures. Un mouvement « ancien » comme le syndicalisme s'est construit en France à la fin du XIXe siècle sur le refus initial de tout lien aux partis (voir la charte d'Amiens), il s'est battu pour la journée de huit heures dont l'enjeu qualitatif était de permettre aux ouvriers de se reposer et de se cultiver. Quant aux « nouveaux » mouvements sociaux, l'idée qu'ils échappent à toute définition en termes de catégorie sociale est contredite par le fait que leurs troupes se recrutent souvent dans les nouvelles classes moyennes salariées, issues de l'université. Ils ont aussi produit des partis politiques participant à l'exercice du pouvoir (Verts français, *Grünen* allemands), ou se sont investis dans la gestion quotidienne de dossiers en coopération avec les pouvoirs publics (associations écologistes en matière de chasse). Où classer les défenseurs des chasses « traditionnelles » (CNPT) qui se présentent aux élections mais défendent aussi une qualité de la vie rurale : anciens ou nouveaux ?

Pour échapper à une opposition réductrice, mieux vaut réfléchir en termes d'institutionnalisation des mouvements sociaux. Ce terme désigne le fait que les organisations nées d'une mobilisation cherchent à durer – surtout si elles obtiennent des résultats –, à être reconnues comme interlocuteurs par les pouvoirs publics. L'histoire du syndicalisme illustre en large partie ce processus. Des organisations, nées de grèves locales, se sont lentement organisées puis fait accepter, par la négociation et le conflit, comme les porte-parole des salariés. Comment le syndicalisme hier, l'écologisme aujourd'hui font-ils face aux contradictions qu'implique le fait de se voir reconnaître officiellement un pouvoir (réel ou illusoire) d'influence, de gestion de certains dossiers ?

Parler d'institutionnalisation ne signifie pas que tout mouvement social finisse par être récupéré ou apprivoisé. La question invite aussi à se demander comment des mobilisations qui réussissent font face à ces risques. À l'opposé, elle amène aussi à remettre en cause les distinctions trop nettes entre mouvements sociaux, groupes de pression, voire administrations. On appelle groupe de pression une institution bien établie qui défend des intérêts organisés. À la différence d'un mouvement social, plus fluide et temporaire, il a souvent des locaux, des salariés, des experts. Il est consulté par les pouvoirs publics. Ce sont par exemple les chambres d'agriculture, de commerce et d'industrie, les confédérations syndicales. Pour employer une image simpliste mais parlante, beaucoup de groupes de pression sont l'équivalent de la roche dure née de la lave des mouvements sociaux.

L'institutionnalisation peut aussi s'analyser comme un processus de domestication. L'État dispose de toute une panoplie de techniques (subventions, monopoles de candidature aux élections professionnelles, intégrations dans des commissions et des organismes consultatifs) qui lui permettent de négocier avec les représentants des mouvements sociaux. Le principe implicite est d'échanger une reconnaissance et un droit de participation contre la modération des revendications et des formes d'action. Une des meilleures façons d'illustrer ce processus d'institutionnalisation consiste à observer les nouveaux ministères nés depuis une trentaine d'années (Environnement, Droit des femmes, Consommation). Il s'agit d'administrations publiques, mais leur personnel de direction, parfois leur ministre, se recrute souvent parmi d'anciens participants aux mobilisations. Une partie au moins de leurs responsables a gardé un rapport militant au travail professionnel. Souvent mal dotés en personnel, ces ministères « militants » ne fonctionnent parfois au niveau local et départemental que grâce aux relais qu'ils trouvent chez les militants associatifs, avec lesquels ils nouent des relations complexes faites de coopération et de tensions. Pour être moins spectaculaires que les manifestations, ces formes de coopération n'en sont pas moins essentielles pour mesurer la contribution des mouvements sociaux au changement social.

IV. MOUVEMENTS SOCIAUX ET DÉMOCRATIE

À chaque grande vague de mouvements sociaux revient la question de leur compatibilité avec le fonctionnement d'une société démocratique. Grèves ou barrages routiers sont alors associés à des interrogations sur le droit que s'arrogent des minorités de bloquer des activités sociales importantes. La question d'une action de la « rue » allant contre les décisions de gouvernements issus des urnes est posée. Ces questions sont importantes, mais souvent formulées d'une façon simpliste.

Il est possible de défendre une conception de la démocratie qui repose sur l'idée qu'un gouvernement issu des élections peut faire tout ce qui figurait dans son programme pendant son mandat, à la simple condition de respecter les règles de droit. Dans ce cas la critique du caractère non démocratique des mouvements sociaux est logique. Elle n'est pas forcément très convaincante. Pourquoi ?

D'abord parce que les gouvernants n'appliquent pas toujours leurs promesses électorales ! Ensuite parce qu'aucune famille de pensée ne souscrit plus vraiment à pareille conception de la démocratie. Toute une tradition libérale, avec Tocqueville, insiste sur le rôle de contre-pouvoirs, sur les bienfaits de l'intervention, même remuante, de la société civile contre la toute puissance de l'État. La gauche souligne, depuis Rousseau, l'importance d'une participation active et permanente des citoyens aux décisions collectives, le droit de contrôler les élus. Mais surtout, c'est, dans les faits, le comportement des citoyens qui manifeste en actes un refus, probablement irréversible, d'une démocratie qui s'épuiserait dans le vote.

Les sociétés dites démocratiques sont le théâtre d'une expression croissante des conflits et mouvements sociaux. Les formes du conflit changent (déclin des journées de grève); celles du militantisme aussi avec la crise du syndicalisme. Mais plus qu'un déclin de l'action collective, c'est son renouvellement qui s'affirme *via* le rôle d'associations locales, les engagements que suscitent la mondialisation, la solidarité Nord-Sud, l'action humanitaire ou environnementale. Si les très grandes manifestations sont plus rares depuis quinze ans, le nombre des manifestations se situe en France de façon permanente à des niveaux élevés : environ 8 000 par an. Cette vitalité de l'action collective, venant d'une population de plus en plus scolarisée, peut s'interpréter comme la traduction en actes d'une volonté d'influence directe sur les décisions concernant son existence quotidienne, d'une méfiance désormais très enracinée envers la délégation de pouvoir illimitée aux élus, et *a fortiori* aux experts et hauts fonctionnaires non élus qui élaborent de nombreuses décisions. À travers cette vitalité des mouvements sociaux, il est possible d'identifier quatre tendances montantes d'une nouvelle pratique de la démocratie.

La première a trait à la *transparence*. Par définition, les mouvements sociaux se développent dans l'espace public, celui de la rue et des médias. Ils sont donc contraints d'expliquer leurs revendications, leurs propositions et par là de contribuer au débat public. Il serait naïf de croire que ce caractère public les préserve de toute démagogie ou de tout simplisme dans l'argumentation, ou de soutenir que les médias permettent en permanence un débat clair. Mais le caractère public des débats que déclenchent les mouvements sociaux contraste souvent avec le caractère confidentiel des négociations corporatives où, derrière les portes closes des palais officiels, se prennent souvent sans débat public des décisions essentielles (comme celle de fabriquer des farines animales pour nourrir les bovins) entre hauts fonctionnaires et représentants d'une profession.

Les mouvements sociaux peuvent aussi fonctionner comme des machines à mobiliser *imagination* et *savoirs*. Sur des questions comme celle de l'environnement, des rapports entre sexes, des solidarités Nord-Sud, les mouvements sociaux ont joué un rôle décisif et pionnier pour introduire dans les débats publics des questions nouvelles, pousser les représentants élus à prendre la mesure d'enjeux collectifs. On peut aussi souligner que les effets combinés de la technicité de certains dossier et des savoirs spécialisés que peuvent mobiliser certaines entreprises (producteurs d'OGM) ou administrations (ministère de la Santé) ont donné à l'expertise et à l'argumentation scientifique une place inédite comme arme de la protestation. Le fait est évident dans le domaine nucléaire et écologique avec le rôle des mesures de radioactivité, les études d'impact. Il l'est bien au-delà de ce cas particulier si l'on pense au rôle de l'expertise dans les mobilisations pour ou contre l'interdiction de certaines techniques de pêche (filets dérivants...). Cette combinaison d'imagination critique et d'expertise a permis aux écologistes canadiens de proposer aux pêcheurs de Terre-Neuve d'utiliser des enregistrements de baleines en détresse dont le bruit fait fuir les cétacés, les sauve... et évite aussi qu'elles ne détruisent les coûteux filets de pêche.

Les mouvements sociaux suggèrent en troisième lieu la montée d'une exigence de fonctionnement en *continu* des mécanismes démocratiques. Ils sont porteurs d'une intervention permanente des citoyens sur les enjeux que ceux-ci considèrent comme ayant un impact sensible sur leur vie quotidienne. Parce qu'ils expriment des préoccupations directement vécues, parce qu'ils supposent une forme d'engagement personnel et concret sur un enjeu, les mouvements sociaux participent de façon au moins aussi significative à ce mouvement de refus d'une démocratie exclusivement ramenée à l'échéance électorale.

La place et la nature des mouvements sociaux contemporains suggèrent enfin une forme de contestation larvée des évolutions de la vie politique. L'évolution du personnel politique s'est caractérisée depuis les années 1960 par une fermeture accrue du recrutement social des dirigeants politiques, par la montée des diplômés de l'ENA, par une professionnalisation multiforme du métier politique. Ces évolutions ont engendré un accroissement de la distance sociale et intellectuelle entre représentants et représentés, une fermeture croissante du monde politique sur ses enjeux internes, une moindre attention aux impacts de ses décisions sur les citoyens ordinaires. Le conflit fonctionne alors comme possibilité de prise de parole des groupes qui ne s'identifient plus au jeu politique, n'y trouvent plus l'écho de leurs problèmes. Il ne débouche pas forcément sur la formulation de propositions cohérentes. Mais, même confuses dans leur signification, les mobilisations indiquent un dysfonctionnement désormais durable de la représentation politique.

Une discussion qui se ramènerait à répondre par oui ou non à la question de savoir si les mouvements sociaux servent la démocratie serait, on le voit, bien mal engagée. Le modèle démocratique est indissociable du vote comme moment solennel de convocation commune des citoyens, possibilité théorique de choix entre de grandes orientations distinctes. Que serait-il si la démocratie se pratiquait un jour tous les cinq ans ? L'identification de la démocratie aux seuls mouvements sociaux serait aussi imprudente. Certains peuvent véhiculer des revendications qui menacent les normes démocratiques, recourir à des violences injustifiables. D'autres peuvent n'être que l'expression d'égoïsmes sectoriels ou de groupes ultraminoritaires. Mais les mouvements sociaux contiennent aussi les ferments d'une démocratie plus participative, plus continue, plus transparente, moins corsetée par les rigidités des institutions et de la politique professionnelle.

Érik Neveu

Synthèse et révision

En répondant aux questions suivantes, vous allez pouvoir préparer, chez vous et/ou en classe, une synthèse des connaissances fondamentales à acquérir sur un grand thème du programme. Cet exercice va vous permettre de construire vous-même dès maintenant la fiche qui vous sera indispensable au moment de vos révisions parce qu'elle contient ces connaissances de base. L'expérience montre que ce travail, complété par la maîtrise systématique des mots clés, est beaucoup plus efficace que la lecture de fiches « toutes prêtes » ou d'autres produits miracles.

Questions

Introduction

1. Quelles sont les caractéristiques communes de tous les mouvements sociaux ?

I. Le conflit social : une réalité difficile à penser

2. Résumez la théorie marxiste de la « lutte des classes ».
3. Quel rôle les syndicats jouent-ils dans les conflits ? En quoi sont-ils aujourd'hui affaiblis ? [*voir aussi les dossiers*]
4. En quoi les évolutions des rapports sociaux entre classes ont-elles brouillé « les fondements traditionnels du conflit social » ? [*voir encadré A*]

II. Le conflit, simple expression des inégalités sociales ?

5. Quels obstacles à la mobilisation collective Olson met-il en relief ? Quelles sont les limites de ce modèle ?
6. D'après Hirschman, comment les individus peuvent-ils résoudre leurs insatisfactions ?

III. Changement social et institutionnalisation des conflits : l'ancien et le nouveau

7. En quoi les mouvements sociaux, en général, sont-ils « producteurs d'identité » ?

8. Qu'a-t-on appelé les « nouveaux mouvements sociaux » ? Qu'est-ce qui les caractérise ? Donnez des exemples. En quoi cette catégorie est-elle critiquable ?
9. Qu'entend-on par le phénomène « d'institutionnalisation des conflits » ? Donnez des exemples.
10. Quelles différences peut-on faire entre mouvements sociaux et groupes de pression ?

IV. Mouvements sociaux et démocratie

11. Quel rôle peut-on attribuer aux mouvements sociaux dans le fonctionnement et les évolutions des sociétés démocratiques ?

Mots clés

Classes sociales • Syndicat • Rapports sociaux • Mouvements sociaux • Institutionnalisation des conflits • Lutte des classes • Mobilisation collective • Identités • Valeurs • Groupes de pression.

Dossier 1

La crise du syndicalisme

Document 1

Taux de syndicalisation en France depuis la Libération

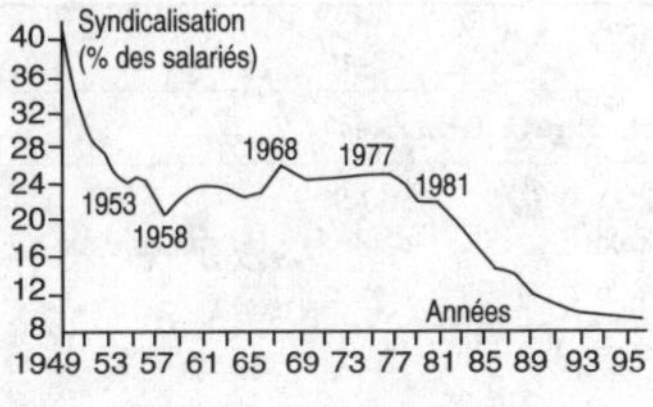

Le taux de syndicalisation rapporte les effectifs des confédérations, connus ou estimés, à la population active salariée.
Source : Dominique Andolfatto, Dominique Labbé, Sociologie des syndicats, *La Découverte, « Repères », 2000, p. 29.*

Document 2

Taux de syndicalisation (%)

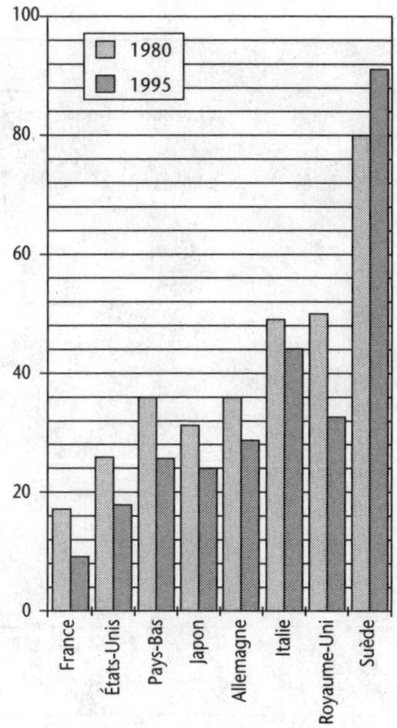

Source : BIT.

Document 3

Parallèlement à la transformation de l'organisation technique du travail dans les années 1980, la direction [de Peugeot Sochaux] s'est employée à dissoudre progressivement ce qu'on peut appeler l'esprit ou la culture de résistance en isolant les ouvriers, en les coupant des délégués syndicaux pour aboutir à faire fonctionner les solidarités d'atelier au profit de la direction. C'est notamment l'objectif recherché par les nouveaux dispositifs visant à faire participer les travailleurs : *briefings,* pauses, cercles de qualité, groupes de progrès. En même temps que disparaît la proximité ancienne – qui autorisait parfois une certaine complicité – entre chefs d'équipe et ouvriers, le système des primes (primes individuelles mais surtout primes d'équipe qui sautent si l'un des membres de l'équipe effectue « mal » son travail) instaure dans l'équipe de travail une logique de concurrence et de contrôle réciproque. On n'en comprendrait pas l'extension si l'on ne voyait pas en même temps que chaque ouvrier se sent individuellement menacé de licenciement et se sait désormais incapable de retrouver rapidement un travail. Ces nouveaux groupes de travail (ou « modules ») développent un nouvel esprit fondé sur la « responsabilité » [...] de chacun vis-à-vis de l'équipe, et de l'équipe vis-à-vis du produit fini. [...]
Ce système des primes sera très efficace pour diviser les ouvriers : les OS qui refusent de « jouer le jeu » courent dorénavant le risque de passer aux yeux des autres pour des « égoïstes », des « profiteurs » ou des « traîtres ». [...]
Dans les nouveaux ateliers, on pourrait dire que tout le monde est devenu « un peu fayot ». Mais la nécessité de se protéger contre un ordre économique qui fait peser sur eux (et sur leur vie privée) des pressions énormes [...] incite à l'indulgence vis-à-vis des « fayots ». Beaucoup ont le sentiment que les formes de résistance anciennes sont devenues inutiles, n'empêcheront pas l'obligation de s'adapter, coûte que coûte, à la modernisation. [...] Les OS qui sont entrés au cours de ces dernières années dans le jeu de la direction (passés moniteur, ils ont accepté une promotion, « fayotent » pour avoir des primes) le font dans la honte, la dissimulation. [...] S'ils agissent ainsi, c'est principalement mus par la peur, le désir de garder leur place. ■

Stéphane Beaud, Michel Pialoux,
Retour sur la condition ouvrière,
Fayard, 1999

Questions sur l'ensemble du dossier

1. Comment la taille des entreprises et la précarité de l'emploi influencent-elles l'implantation des syndicats ? [*doc. 5*]
2. De quels facteurs la connaissance, par les salariés, de l'existence d'un délégué dans leur entreprise dépend-elle ? [*doc. 5*]
3. En quoi peut-on parler de « crise » du syndicalisme en France ? [*doc. 1, 6 et 7*]
4. En quoi l'individualisme remet-il en cause l'engagement syndical ? [*doc. 8*]
5. Comment le rapport au travail et à l'emploi des salariés influence-t-il leur rapport au syndicat ? [*doc. 3*]
6. Explicitez le passage souligné. [*doc. 4*]
7. On distingue généralement des causes externes et des causes internes aux syndicats dans l'explication de leur déclin. Classez dans un tableau reprenant cette distinction les différents facteurs explicatifs étudiés. [*doc. 3, 4 et 8*]
8. Comment peut-on expliquer la volonté du Medef de réformer le cadre de la négociation collective ? Quelles peuvent être les conséquences pour les syndicats ? [*doc. 9*]
9. Peut-on nuancer l'idée de « crise » du syndicalisme ? Pourquoi ? [*doc. 10*]

Document 4

Jusqu'à la fin des années 1960, le militant syndical était un salarié parmi les autres, disposant d'un contingent limité d'heures de délégation qu'il utilisait pour résoudre les problèmes individuels et collectifs de ses camarades de travail. Comme le syndicat vivait essentiellement des cotisations de ses adhérents, il n'était pas question de s'en désintéresser. Certes, le syndicalisme n'était pas une activité de tout repos : le *turnover* des responsables était assez rapide et les militants connaissaient souvent le découragement. Mais le renouvellement se faisait pratiquement toujours. Ces militants dévoués et altruistes sont de moins en moins nombreux. C'est une forme de sociabilité au travail qui est en voie de disparition. Les syndicalistes sont devenus des professionnels de la représentation, souvent mis à la disposition des appareils syndicaux par les administrations et les entreprises. Ces permanents estiment disposer d'un mandat général pour décider au nom des salariés et sans avoir à les consulter. Leur temps est surtout occupé par les réunions et ils rencontrent peu leurs collègues en dehors des campagnes électorales. Or la présence sur le lieu de travail demeure une condition indispensable pour l'adhésion. Mais les aides et les indemnités se sont substituées aux cotisations comme première ressource des syndicats. Cela a provoqué la méfiance et éloigné un peu plus les syndicalistes des salariés. [...] [Parallèlement à cette institutionnalisation] la politisation et la division des syndicats ont aggravé leur affaiblissement numérique. [...] Depuis vingt ans, les polémiques publiques, les luttes fratricides n'ont pas cessé, notamment pour le contrôle des caisses de Sécurité sociale. [...] En une trentaine d'années, le mouvement syndical a totalement changé. Il était l'une des forces vives qui apportaient à une vie politique sclérosée des idées et des hommes neufs. Aujourd'hui, émietté et bureaucratisé, il est plutôt perçu comme un frein au changement. ■

Dominique Andolfatto, Dominique Labbé, op. cit.

Document 5

Où sont les délégués syndicaux ?

Présence des délégués syndicaux		**Caractéristiques des salariés et des entreprises**					
Implantation des délégués syndicaux, en % des établissements	**Taille de l'établissement**	**20-49 salariés**	**50-99 salariés**	**100-199 salariés**	**200-499 salariés**	**500-999 salariés**	**1 000 salariés ou +**
	Présence d'au moins un délégué	23	50	72	85	95	97

Implantation des délégués syndicaux, en % des établissements	**Part des emplois temporaires (CDD + intérim)**	**0 %**	**6 à 10 %**	**11 à 20 %**	**> 20 %**
	Présence d'au moins un délégué	32	43	38	35

Pourcentage de salariés connaissant la présence d'un délégué syndical dans l'entreprise	**Selon le type d'emploi**	**CDI**	**CDD**	**Temps partiel**	**Temps complet**
		49	39	38	49
	Selon l'âge	**< 25 ans**	**25-34 ans**	**35-49 ans**	**50 ans et +**
		43	48	51	43

Pourcentage de salariés connaissant la présence d'un délégué syndical dans l'entreprise	**Selon le sexe**	**femmes**	**hommes**
		44	52

Source : DARES, « Le regard des salariés sur la représentation syndicale », Premières synthèses *n° 22.1, mai 2002. DARES, « Où sont les délégués syndicaux ? »,* Premières synthèses, *n° 41.2, octobre 2000.*

Document 6

Résultats des élections prud'homales

		1979	1982	1987	1992	1997	2002
Taux d'abstention aux élections prud'homales (%)	Salariés	37	41	54,5	60	66	67
	Employeurs	52	53	67	75	80	73
Part des suffrages exprimés obtenus par chaque organisation syndicale de salariés (%)	CGT	42,4	36,8	36,3	33,4	32,9	32,1
	CFDT	23,1	23,5	23,1	23,7	25,4	25,2
	FO	17,4	17,8	20,5	20,4	20,5	18,3
	CFTC	6,9	8,5	8,3	8,6	7,6	9,7
	CFE-CGC	5,2	9,6	7,4	6,9	5,9	7
	UNSA	-	-	-	-	-	5
	G-10	-	-	-	-	-	1,5
	divers	-	-	-	-	-	1,3

Source : ministère des Affaires sociales, du travail et de la solidarité.

Document 7

Conflits du travail (1952-2000)

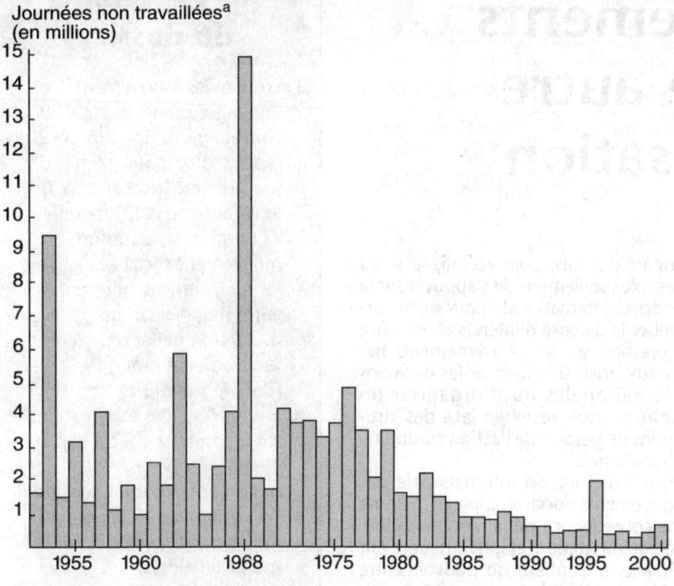

a. Hors fonction publique (conflits généralisés et localisés).
Source : ministère du Travail et des Affaires sociales – DARES, in L'état de la France, *La Découverte, 2002.*

Document 8

Comment expliquer la crise du syndicalisme ?

Longtemps, les syndicats ont prétendu détenir le monopole de la représentation parce que le lieu de travail était à l'origine de tout : de la construction de l'identité comme de l'accès à la protection sociale. Or, depuis une vingtaine d'années, le mouvement syndical a perdu une partie de ses adhérents et de sa légitimité sous l'effet de plusieurs facteurs : la remise en cause des bastions traditionnels de forte implantation syndicale, l'apparition de nouvelles couches de salariés et l'émergence de mouvements autonomes spécialisés, qui concurrencent la représentativité syndicale en revendiquant une identité égale ou même supérieure. Aujourd'hui, être femme peut être plus important que d'être salarié, et les syndicats se voient astreints au périmètre du travail. ■

Entretien avec Michel Offerlé, in Alternatives économiques, *hors série n° 49, 3e trimestre 2001, p. 37.*

Document 9

Entre la loi et les contrats de travail individuels, des accords collectifs très divers sont produits par les partenaires sociaux. En France, la négociation collective s'est construite sur une base législative, sans jamais devenir vraiment le mode normal de fonctionnement des relations sociales : le dialogue social existe difficilement sans intervention de l'État ou en dehors de crises sociales aiguës. Avec l'ouverture, en février 2000, des discussions sur la « refondation » du système social français des relations professionnelles, la place respective des partenaires sociaux et de l'État dans la régulation du social allait être explicitement en débat. Les contrats collectifs doivent-ils primer sur la loi ? Qui est légitime pour représenter les employeurs et les salariés ? [...]
Intervenu après seize mois de négociations, [l'accord du 16 juillet 2001, signé par la CFDT, la CFTC, la CGC et FO avec le Medef, la CGPME et l'UPA] clôturait le chantier de la « refondation sociale ». [...] L'objectif du Medef était [...] de donner la primauté au contrat par rapport à la loi, et de ne laisser qu'un rôle supplétif (subsidiaire) à la convention de branche professionnelle.
La grande innovation de l'accord concerne l'introduction d'une logique majoritaire pour la validité des accords conclus. Dans le système en place, un accord collectif est valable dès lors qu'il est signé par une organisation syndicale représentative, qu'elle représente ou non une majorité de salariés. Pour les accords d'entreprise obligatoires, il existe un droit d'opposition des organisations non signataires si elles sont majoritaires. Le texte propose deux modes de conclusion alternatifs pour les accords d'entreprise : d'une part, la signature par une ou plusieurs organisations syndicales représentatives ayant obtenu au moins 50 % des voix lors des élections du comités d'entreprise ou des délégués du personnel [...]. D'autre part, l'absence d'opposition des organisations syndicales non signataires ayant recueilli ensemble au moins 50 % des votes aux élections. [...]
Le Medef n'a certainement pas tort de caractériser le système français de relations sociales par la place prépondérante occupée par l'État. Cette intervention n'est pourtant pas illégitime : l'État peut être fondé, au nom de l'intérêt général et du respect des principes démocratiques, à fixer les règles du jeu entre les représentants des intérêts professionnels. ■

Catherine Vincent, « La politique contractuelle fonde-t-elle les relations sociales ? », in L'état de la France, *La Découverte, 2002.*

Document 10

Q : Il existe bien un problème de représentativité [des syndicats] ?
R : On demande des comptes aux syndicats, mais quelle est la représentativité d'une ONG ? Son nombre de passages à la télé ? Par tradition, les syndicats, y compris ceux des médecins et des agriculteurs, s'appuient sur le nombre d'adhérents et la durée. Faut-il revenir à la capacité de mobiliser comme critère de représentativité ? N'oublions pas que le syndicalisme français n'a jamais été représentatif en nombre, sauf lors de deux périodes (1936-1937 et 1945-1947), car il a toujours été élitiste ; il ne fournit pas de services mais demande de revendiquer. D'un autre côté, le syndicalisme a permis l'expression des classes populaires. Les nouveaux acteurs sociaux viennent des classes moyennes. Qui s'est soucié, aux dernières élections municipales, que les candidats issus de la catégorie sociale ouvrière ne soient que 5 % sur les listes ? ■

Entretien avec Michel Offerlé, op. cit.

Dossier 2

Les mouvements pour une autre mondialisation

Questions sur l'ensemble du dossier

1. En quoi les mouvements pour une autre mondialisation constituent-ils une rupture par rapport aux mouvements précédents ? [*doc. 1, 2 et 3*]
2. a. À l'aide de la fiche-outil « Comment analyser un mouvement social », analysez les mouvements pour une autre mondialisation.
b. Peut-on parler d'un mouvement homogène ? [*doc. 4, 5 et 6*]
3. a. Cherchez des informations sur le forum social de Porto Alegre.
b. En quoi ce forum constitue-t-il un moment fort pour les mouvements pour une autre mondialisation ? [*doc. 3, 4, 5 et 6*]
4. a. Quels sont les débats sur la légitimité de ces mouvements ?
b. Quelles peuvent être les apories de ces mouvements ? [*doc. 7 et 8*]
5. Comment concilier cette nouvelle forme de militantisme et la montée de l'individualisme ? [*doc. 8, 9 et 10*]

Document 1

Depuis les années 1970, les associations de médecins vont en tous lieux soigner toutes les détresses sans distinction ethnique ou religieuse. Amnesty International défend les droits humains sur toute la planète en dénonçant l'emprisonnement arbitraire et la torture d'État. Greenpeace s'est consacré à la tâche vitale de sauvegarder la biosphère. Survival International se voue aux petits peuples qui en tous continents sont menacés d'extermination culturelle ou physique. De nombreuses associations non gouvernementales se dédient à des problèmes communs pour toute l'humanité, notamment l'égalité des droits pour les femmes.
Il y eut un saut qualitatif en décembre 1999. La manifestation de l'anti-Seattle contre la mondialisation techno-économique s'est transformée en manifestation pour une autre mondialisation, dont la devise fut « le monde n'est pas une marchandise ». Cette prise de conscience de la nécessité d'une réponse à l'échelle planétaire chercha à se prolonger en force de proposition. Porto Alegre devint ainsi le forum d'une société civile mondiale naissante. ■

Edgar Morin,
« Au-delà de la globalisation et du développement, société-monde ou empire-monde ? »,
in Revue du M.A.U.S.S. *n° 20, novembre 2002, La Découverte-M.A.U.S.S.*

Document 2

Cependant, les mouvements sociaux récents semblent initier une phase nouvelle d'intervention des sociétés civiles.

Une internationalisation plus authentique

Au XIXe siècle et au début du XXe siècle, l'identité nationale restait un facteur structurant des mouvements sociaux internationaux, même si les partis et les syndicats défendant les intérêts du travail se sont organisés dès leur origine sur une base internationale. […] Dans la plupart des cas, aujourd'hui, le souci n'est plus seulement de s'appuyer sur la solidarité internationale pour mieux organiser la défense d'intérêts et accroître la pression sur les gouvernements nationaux, mais d'influencer les décisions internationales ou d'organiser un contre-pouvoir social en face des institutions de gestion de l'action commune internationale.
Cette structuration internationale des mouvements sociaux apparaît comme une conséquence de la mondialisation. Déréglementation et privatisation ont déplacé la frontière du pouvoir entre public et privé. L'accroissement des interdépendances l'a translaté de l'État-nation vers les institutions multilatérales parce qu'elles sont à la fois perçues comme des lieux d'élaboration des normes – libre-échange pour l'OMC – et parce que s'y prennent des décisions qui affectent directement les économies et les sociétés nationales. Cette attitude répond logiquement à celle des gouvernements, qui se gardent généralement d'assumer la responsabilité de décisions impopulaires et préfèrent s'en défausser sur les organisations internationales.
[…] Le développement des technologies de l'information et de la communication a considérablement réduit les coûts de transaction et de communication liés à toute organisation transnationale, notamment avec Internet, outil de communication puissant, dénationalisé, non réservé aux élites et susceptible de cimenter la société civile autour de projets politiques transnationaux. […]

Une solidarité interthématique

La solidarité internationale est aussi devenue interthématique. Ce qui est nouveau, en effet, dans les mouvements récents, est la coïncidence temporelle des actions internationales, la conscience que toutes ont trait à l'organisation de la mondialisation, et l'émergence d'une solidarité dans l'action au-delà des frontières thématiques. Ainsi, le mouvement de contestation rassemble aussi bien tiers-mondistes et anticapitalistes unis contre le pouvoir des multinationales et la poursuite de la libéralisation, que défenseurs de l'environnement et des droits de l'homme, partisans d'une limitation des mouvements de capitaux, avocats d'une remise de la dette des pays pauvres, etc. Cette solidarité interthématique offre aux contestations une cible de plus en plus générale et globale : les thèmes s'effacent presque pour faire place à un facteur commun jouant le rôle de catalyseur qui s'incarne dans la contestation de la gouvernance libérale de la mondialisation. Toute réunion internationale devient une cible potentielle, une occasion de rassemblement et de construction de ce mouvement. ■

Pierre Jacquet, Jean Pisani-Ferry, Laurence Tubiana,
Gouvernance mondiale, rapport du Conseil d'analyse économique *n° 37, La Documentation française, mai 2002.*

Document 3

Le Forum social mondial de Porto Alegre illustre le poids grandissant des organisations non gouvernementales (ONG) dans l'arène politique interna-

tionale. Cela en fait-il pour autant aujourd'hui des acteurs clés de la régulation politique de la mondialisation ? Si leur contestation de la mondialisation libérale occupe le devant de la scène, visibilité médiatique et influence politique ne peuvent être confondues. La première se constate de manière immédiate, la seconde demande une analyse fine et du temps pour être estimée. [...] Ces mouvements citoyens ont déjà gagné deux batailles : en animant le débat social et politique international, elles ont ramené beaucoup de gens vers l'action politique ; elles se sont imposées comme des interlocuteurs incontournables et sont reconnues tels par les États et les firmes.
Mais, après être passé des résistances aux propositions, l'enjeu crucial pour ces mouvements est aujourd'hui de définir une alternative au libéralisme. Les ONG sont passées du statut de contestataires marginaux à celui d'interlocuteurs sérieux. Il leur reste maintenant à trouver les moyens de transformer ce premier pas en une capacité d'influence qui, pour obtenir quelques victoires, reste encore limitée. ■

Christian Chavagneux, *« Une maîtrise politique de la mondialisation économique »*, in Revue du M.A.U.S.S. *n° 20*, op. cit.

Document 4

Les mouvements sociaux transnationaux poursuivent trois objectifs principaux : ils cherchent à influencer le choix des thèmes retenus dans les négociations publiques internationales, à aboutir à des modifications de procédure (transparence, contrôle, etc.) et à modifier les politiques engagées. Pour ce faire, ils disposent de quatre tactiques : la dissémination d'informations et d'expertises, la mobilisation symbolique, l'effet de levier (influencer un acteur public ou privé influent), le contrôle des engagements pris par les acteurs influents, publics ou privés. [...]
Si les mouvements transnationaux se veulent l'expression d'une société civile en devenir, les experts y jouent néanmoins un rôle essentiel. On peut en donner une illustration avec le rôle international joué par certains « *think tanks* ». Les juristes dominent les débats en matière de lutte pour les droits de l'homme, les économistes, la contestation de la mondialisation libérale. Les passages d'un monde à l'autre (université, ONG, gouvernement) leur sont familiers, particulièrement aux États-Unis où le travail dans une ONG internationale est considéré comme valorisant dans tout parcours professionnel.
Un autre facteur tendant à limiter l'émergence d'une société civile transnationale tient à l'histoire particulière dans laquelle s'inscrivent les différents mouvements de contestation et les institutions qui les portent. Les représentants de la « société civile » américaine sont le plus souvent des lobbyistes et experts professionnels bien payés, sortant des universités prestigieuses avec d'importants moyens financiers. À l'inverse, un mouvement comme ATTAC est à la fois un mouvement politique, une ONG militante et un mouvement d'éducation populaire dont le monde a peu à voir avec celui des organisations d'outre-Atlantique. L'action internationale des ONG vise alors à acquérir des ressources additionnelles, symboliques ou matérielles, pour mieux occuper l'espace national ou local dont elles sont issues. ■

Christian Chavagneux, *« La montée en puissance des acteurs non étatiques »*, in Gouvernance mondiale, op. cit.

Document 5

En termes de moyens, initiatives bénéficiant de gros moyens et programmes luttant – souvent en vain – pour leur survie se côtoient au sein de la société civile. Dans le même ordre d'idées, certaines organisations ont de nombreux membres, un personnel qualifié, des moyens financiers, de grands bureaux, des moyens de communication modernes et des bases de données. D'autres manquent de ces moyens matériels. Certaines organisations affichent des valeurs et des objectifs très clairs, ont des arguments solides à présenter, mènent une campagne astucieuse, s'appuient sur des symboles et un discours propres à mobiliser une large audience et disposent de dirigeants efficaces. D'autres groupes manquent de capital humain et d'idées. Enfin, certaines organisations de la société civile entretiennent des liens étroits avec les élites, tandis que d'autres sont complètement coupées des centres de pouvoir. ■

J. Aart Scholte, *« Société civile et gouvernance mondiale »*, in Gouvernance mondiale, op. cit.

Document 6

Les activités de la société civile se sont considérablement développées au cours de l'histoire récente. De nombreux pays comptent désormais sur leur sol des dizaines de milliers d'organisations de la société civile officielle, et ce chiffre ne tient pas compte de la pléiade d'organisations informelles.
Selon l'Union des associations internationales, le nombre de groupes de la société civile *transfrontaliers* (c'est-à-dire qui exercent leurs activités dans plusieurs pays) en activité a été multiplié par plus de dix au cours des quarante dernières années du XXᵉ siècle pour s'établir aujourd'hui à 17 000 environ. La plupart des nouveaux groupes s'intéressent aux questions de gouvernance mondiale liées au développement, à l'écologie, aux droits de l'homme et à la paix.
En dépit de ces puissantes incitations à l'activité de la société civile, on se gardera bien d'exagérer l'ampleur du phénomène. Le phénomène est d'abord d'importance inégale selon les pays : il est par exemple plus marqué aux Philippines qu'en Chine, en France plus qu'en Russie. Partout dans le monde, les activités de la sphère officielle et du marché continuent généralement d'éclipser celles de la société civile. En effet, la plupart des gens ne sont pas engagés de manière active dans les initiatives de la société civile ou n'y participent que de manière occasionnelle et accessoire.
On ne peut cependant qu'être frappé par la montée en puissance récente de la société civile et certains de ses impacts sur la gouvernance mondiale. Il suffit de penser aux campagnes concernant les mines antipersonnelles, le travail des enfants, l'allégement de la dette, le VIH/sida, les populations autochtones, les juridictions pénales internationales, les politiques d'ajustement structurel, le racisme, les grands barrages, la responsabilité sociale des entreprises, le statut des femmes, la taxe Tobin, le changement climatique et la démocratie mondiale. ■

J. Aart Scholte, ibid.

Document 7

À Seattle, nous avons assisté à l'expression politique de quatre grands groupes sociaux : les groupes sociaux protectionnistes du Nord, qui veulent donner un contenu éthique à la mondialisation pour se protéger de la croissance du Sud. Il y a ensuite les groupes environnementalistes, qui sont soucieux de l'émergence d'un paradigme de développement durable et qui ont donc eux aussi intérêt à développer une conditionnalité éthique dans les échanges. Le troisième groupe est celui des consommateurs, qui veulent assurer le primat de la sécurité alimentaire sur la liberté des échanges et qui ont avantage à ce que le principe de précaution soit reconnu comme tel et non pas seulement comme un obstacle aux échanges. C'est d'ailleurs sur ce plan que les contradictions entre intérêts économiques privés et intérêts sociaux sont les plus sensibles, car, même aux États-Unis, la méfiance à l'égard des OGM, par exemple, est très forte. Enfin, il y a les ONG plus politiques, qui veulent éviter que la mondialisation soit monopolisée par la rationalité des seules multinationales et qui, de ce fait, veulent construire des contre-pouvoirs à cette hégémonie. On peut donc dire qu'à Seattle, c'est une forte demande de mondialisation éthique qui s'est exprimée. Mais cette expression pose à son tour deux séries de problèmes. Le premier tient au fait que la demande éthique exprime pour l'essentiel les préférences éthiques des sociétés du Nord. Naturellement, la défense des droits des travailleurs ou la protection des enfants relèvent d'une « éthique universelle ». Mais croire que l'on pourra convaincre le Sud de renoncer à ses pratiques sur la base d'arguments purement moraux relève d'une formidable illusion. Par ailleurs, comment se fait-il que ces préférences éthiques émanent des seuls pays du Nord ? Est-ce à dire que les pays du Sud n'ont pas de préférence dans ce domaine ? Ou bien est-ce à dire qu'il est impensable que les pays du Sud soient eux aussi la source de préférences opposables au Nord ? ■

Zahi Laïdi,
Libération, *9 décembre 1999.*

Document 8

Il reste que la légitimité des multiples mouvements qui prétendent représenter la société civile demeure discutable. Pour la majorité d'entre eux, ils expriment des intérêts spécifiques à certaines collectivités ou à certains groupes sociaux dont le lien avec la mondialisation est parfois ténu : mouvements « verts », féministes, minorités sexuelles ou ethniques, petits paysans indépendants, ouvriers des secteurs menacés par la délocalisation et le progrès technique, nostalgiques de la souveraineté nationale et du jacobinisme, partis révolutionnaires, etc. Leur pouvoir de négociation direct est encore réduit. Bien que leurs revendications s'appuient sur des manifestations impressionnantes, les mots d'ordre demeurent vagues, multiples et souvent contradictoires, allant de la réforme du fonctionnement des grandes firmes en matière sociale et environnementale au renversement du mode de production capitaliste en passant par la légalisation des drogues douces… En outre, il est douteux que la dérive possible du mouvement vers le « communautarisme » puisse fonder une nouvelle régulation de la mondialisation. En revanche, l'expansion de ce courant se nourrit lui aussi de l'affaiblissement des États-nations. Il pourrait accélérer son éclatement en prônant le retour des microrégions, des ethnies, des clans fondés sur les croyances ou sur les dialectes. C'est pourquoi leur impact à travers les médias est loin d'être négligeable. L'idéologie communautariste fait certainement écho à l'angoisse diffuse créée par le bouleversement de l'environnement habituel des sédentaires provoqué par la dynamique anonyme et implacable de la globalisation. ■

Charles-Albert Michalet,
Qu'est-ce que la mondialisation ?,
La Découverte, « Cahiers libres », 2002.

Document 9

On assiste en fait depuis une dizaine d'années à une modification considérable de l'anticapitalisme. Faute d'alternative générale plausible et partagée, on ne trouve plus guère d'opposition frontale et générale, système contre système. On voit se développer un anticapitalisme de défense plus que d'attaque, qui s'inscrit dans une acceptation plus ou moins tacite du capitalisme comme mode économique dominant, quitte à le contester violemment en paroles, à lutter activement contre telle ou telle de ses manifestations, ou à attendre la catastrophe qui seule pourrait encore nous sauver. Les mouvements alternatifs se veulent des réseaux (et non des appareils), sans centre ni sommet ni chefs, qui existent au coup par coup et qui rassemblent sur la base d'une hétérogénéité assumée mais évidemment problématique à terme.
La persistance de rhétoriques anciennes joue le rôle d'un signe de ralliement seul capable de surmonter cette diversité. Mais le militant n'est plus un homme de parti, ni un homme de foi. Chanter *L'Internationale* ou arborer un T-shirt à l'effigie de Che Guevara n'a plus la même signification qu'à l'époque où les jeunes contestataires lisaient Marx. Aujourd'hui, le nouveau militant apparaît en quelque sorte comme un activiste sans (grande) théorie, et comme un croisé qui mène des croisades sans croix et sans espoir de rédemption finale. ■

Alain Caillé,
Le Monde, *21 janvier 2003.*

Document 10

Dans les mouvements antiglobalisation, de Seattle à Gênes en passant par Porto Alegre, les différences des multiples composantes n'apparaissent pas comme un handicap mais comme une force nouvelle, la diversité (culturelle, générationnelle, sociale, organisationnelle, etc.) n'empêche pas les convergences. Tout cela ne constitue pas une vraie radiographie de ces nouveaux modes d'action collective, c'est plutôt une façon de mettre l'accent sur des potentialités émergentes. Car dans la réalité des pratiques, les choses sont plus floues, plus contradictoires, et le vieux pèse encore beaucoup sur le neuf. […]
L'heure est donc à la prise de conscience de ces dangers et au déploiement de l'inventivité. Afin que ce qui a été tracé en pointillé du côté des nouveaux mouvements contestataires puisse être consolidé et que des transferts d'expérience et de militants puissent s'effectuer du côté partisan. Un nouveau type d'organisation politique, radical et pragmatique, inséré dans les mouvements sociaux, ouvert à la diversité sociale et culturelle, hospitalier à l'égard des expérimentations nouvelles, rééquilibrant les traditionnelles politiques masculines de la force par la promotion de valeurs socialement définies comme féminines, attentif aux contraintes nées de l'autonomie individuelle, est bien à réinventer. Pour réélaborer dans les espaces publics, dans les quartiers, dans les entreprises, dans les lycées ou dans les universités, la question sociale. ■

Philippe Corcuff, « Dévalorisation de la politique, individualisme et nouvelles formes d'engagement », in À gauche !, *La Découverte, « Sur le vif », 2002.*

Dossier 3

Le mouvement des femmes

Document 1

Un mouvement historique

La plupart des féministes du XIXe et du début du XXe siècle ne se sont pas interrogées sur le rôle spécifique des femmes dans la famille, rôle qu'elles ne remettaient pas en question. En fait, leur militantisme en faveur des droits et des opportunités des femmes, comme, par exemple, l'accès à l'éducation ou au vote, était souvent basé sur l'argument que ces droits et opportunités rendraient les femmes meilleures épouses ou mères, ou que le monde politique pourrait bénéficier de leurs sensibilités morales spécifiques, développées dans la sphère domestique. Ainsi, tout en se démenant pour renverser la subordination légalisée des épouses et en revendiquant l'égalité des droits pour les femmes dans la sphère publique, ces féministes acceptaient néanmoins l'idée dominante que les femmes étaient par nature et inévitablement étroitement liées à la sphère domestique, et que c'étaient elles les principales responsables de cette sphère. Même au début de la « deuxième vague » du féminisme, dans les années 1960, certaines femmes réclamaient le démantèlement de toutes les barrières pour les femmes dans le monde du travail et de la politique tout en souscrivant à la spécificité des responsabilités féminines dans la famille. […]
À l'autre extrême, les premières féministes radicales soutenaient qu'il fallait « détruire » la famille, puisque celle-ci était à l'origine de l'oppression des femmes. Mais il a fallu peu de temps pour que la majorité des féministes développe des positions intermédiaires, refusant d'accepter comme naturelle et invariable la division sexuée du travail, mais refusant également d'abandonner la famille. Nous reconnaissions que la structure de genre de la famille n'était pas inévitable, mais aussi qu'il ne pouvait y avoir aucun espoir d'égalité pour les femmes – ni dans la sphère domestique, ni dans la sphère publique – tant que cette structure n'était pas réellement remise en question. […]
Les féministes de différentes tendances politiques, et de diverses disciplines, ont révélé et analysé les multiples connexions qui existent, premièrement, entre les rôles domestiques des femmes et l'inégalité et la ségrégation qu'elles subissent au travail, et deuxièmement, entre leur socialisation dans des familles structurées par le genre et les aspects psychologiques de leur subordination. Ainsi, la famille est devenue, et est toujours, un enjeu central pour la politique féministe, ainsi qu'une préoccupation majeure de la théorie féministe. Par conséquent, le féminisme contemporain pose un sérieux défi au postulat implicite des théories politiques selon lequel la sphère de la famille et de la vie personnelle est tellement séparée et distincte du reste de la vie sociale, que ces théories peuvent légitimement se permettre d'en faire abstraction. ■

Susan Moller Oxin, « Le genre, le public et le privé », in Genre et Politique, *Gallimard, « Folio », 2000.*

Document 2

Un mouvement d'idées

Le féminisme est un mouvement d'idées, une exigence qui traverse l'ensemble de la société. À travers les diverses luttes des femmes, dans les usines, dans les bureaux, dans les banques, les mêmes questions sont posées, qui refusent les cadres habituels : pas de lutte contre la surexploitation des femmes dans le travail sans remise en question de leur domination dans l'ensemble de la société, du partage inégal dans la famille. Dans les grèves des femmes, elles découvrent la solidarité et la force collective. Dans les conflits mixtes, elles réagissent à leur subordination et pose le problème de la démocratie syndicale.
Luttes des femmes salariées et luttes féministes se rejoignent, convergent, autour des mêmes thèmes. Avortement, contraception, viol, partage des tâches… les questions de la vie privée s'imposent comme des faits sociaux et les syndicats, sous la pression de leurs militantes, doivent les prendre en considération. ■

Françoise Picq, Libération des femmes – Les années mouvement, *Le Seuil, 1993, p. 273.*

Questions sur l'ensemble du dossier

1. Quelles sont les différentes étapes du mouvement des femmes ?
2. Quel est le rôle des associations de femmes pour la marche des femmes vers l'égalité ? Ce rôle a-t-il évolué ?
3. Par quels réseaux se sont diffusées les idées féministes ?
4. Dans quelle mesure la médiatisation des idées féministes a-t-elle favorisé le mouvement ?
5. Quels sont les principaux changements des associations féministes des années 1990 ?
6. Quelle est la participation actuelle des femmes au mouvement social ?
7. **Question de synthèse.** Dans quelle mesure le mouvement associatif des femmes a-t-il contribué à la conquête de l'égalité et de l'émancipation des femmes ?

Document 3

Où sont les femmes ?

Le mouvement des femmes aurait-il déserté les rues, l'action pour se réfugier dans la douceur feutrée des bibliothèques ? Aurait-il substitué aux luttes provocatrices celles du débat d'idées ? Aurait-il à son tour délaissé le politique pour investir le culturel ?
Il n'y a plus d'assemblées générales, plus guère de grandes campagnes unificatrices. Mais les occasions de se mobiliser ne manquent pas. ■

Françoise Picq, ibid., *p. 272.*

Document 4

Diffusion et/ou récupération du mouvement ?

Au-delà du petit groupe des féministes actives, au-delà du nombre relativement limité de celles qui, à un moment ou à un autre, ont participé à une manifestation, à un meeting, ont lu un journal ou une revue, l'influence du fé-

minisme s'est fait sentir beaucoup plus largement. À travers la presse féminine, à travers les syndicats, les partis. À travers ceux qui font l'opinion et éclairent l'évolution sociale.
Comment, par exemple, faut-il considérer l'évolution des journaux féminins? On peut se réjouir de voir ceux-ci intégrer les thèmes féministes, présenter une nouvelle image des femmes. D'autant que cela montre à quel point la demande des lectrices a changé.
On peut se féliciter de voir les femmes journalistes, de plus en plus, se dire féministes. On peut aussi s'irriter de les voir découvrir ce qu'on répète depuis si longtemps. On peut ironiser sur la place faite aux « femmes » dans un magazine féminin : un encart entre les pages mode-beauté-publicité.
Le magazine tend aux « nouvelles femmes » un miroir lumineux, leur promet un avenir sans nuages. « Pionnières d'une évolution irréversible et tranquille de toutes vers un tissu social nouveau », celles-ci ne devraient rencontrer aucun obstacle majeur. Elles conquièrent l'égalité sans rien perdre de leur identité de femme. Responsables de leur vie, contrôlant leur fertilité, elles trouvent leur équilibre entre travail et vie familiale, entre autonomie et relation de couple. Réconciliées avec les « nouveaux hommes », avec la société qui ne demande qu'à évoluer, avec la consommation et la publicité qui fait vivre les magazines féminins, les « nouvelles femmes » semblent tout ignorer des inégalités sociales. Elles sont nouvelles par leur attitude vis-à-vis du mariage, de la maternité, de la sexualité, du travail, comme si toutes les femmes étaient en mesure de faire ces choix. ■

Françoise Picq, ibid.

Document 5

La révolution en chantant

Au pays des Barbies
(sur l'air de « *Candy* »)
Au pays des Barbies,
Comme dans tous les pays
On papote, on s'met du vernis
On attend son chéri
Et quand il y a des moments difficiles
Allez aux Galeries, c'est très facile
Un peu de lingerie, très peu d'esprit
C'est la vie des Barbies
Mais elles rêvent et elles imaginent
Tous les soirs en s'endormant,
Que les mouvements féministes
Viennent leur parler doucement
Égalité, mixité, ça c'est la liberté!
Antisexisme et féminisme
Ensemble, on va gagner! ■

Chanson chantée lors des manifestations pour les droits des femmes dans les années 1990.

Document 6

Féministes aujourd'hui

Changer les rapports de genre, c'est également modifier les représentations communément partagées de ce que sont et doivent être les rôles féminins et masculins, de ce qui les fonde et les justifie. Cela relève de mesures politiques volontaristes simples : loi antisexiste sur le modèle de la loi antiraciste; droit de se marier à 18 ans pour tout le monde, et non plus à 15 ans pour les filles et 18 ans pour les garçons (en attendant la disparition du mariage!); suppression de la distinction entre « madame » et « mademoiselle » dans les formulaires administratifs; interdiction des différences de prix entre les hommes et les femmes chez le coiffeur, les modulations de prix devant uniquement dépendre du type de coupe... Un travail en profondeur est dans le même temps indispensable : campagnes de sensibilisation, soutien au développement et à la diffusion des recherches sur les genres, parmi lesquelles la question des violences doit prendre une place importante. Il n'est plus concevable que la problématique des genres soit totalement ignorée dans le domaine scolaire. Elle doit être introduite aussi bien dans l'enseignement, secondaire et supérieur, que dans les démarches présidant à l'orientation des élèves.
Ce tour d'horizon succinct propose quelques pistes d'action à creuser et à discuter, notamment au sein de groupes de réflexion à toutes échelles. De la sphère domestique aux violences faites aux femmes, le champ est très vaste. En attendant une véritable volonté politique de nos représentants, la mobilisation est l'incontournable outil en vue d'une transformation des rapports sociaux entre les sexes. ■

Clémentine Autain, Irène Jami, « Au-delà de la parité, pour une politique permettant de changer les rapports de genre », in À gauche!, *La Découverte, « Sur le vif », 2002.*

Document 7

Les Nanas beurs

La présidente des Nanas beurs veut aider les filles issues de l'immigration à prendre leur vie en main. [...]
Son identité « beur », elle la revendique, car elle n'aime pas être traitée « d'Arabe ou de Maghrébine », même si ce n'est pas une « vraie » Beurette. Elle est arrivée du Maroc à l'âge de douze ans. Elle est farouchement féministe, mais n'est pas « contre les hommes ». Selon elle, les vrais ennemis des filles issues de l'immigration, ce sont leurs mères, qui les éduquent à coups de « une fille, ça ne s'habille pas comme ça, une fille ça ne fume pas et ça apprend à faire à manger pour son mari... » Fatima ne veut pas seulement dépasser les tabous de la culture traditionnelle familiale maghrébine, elle veut aussi bousculer les clichés où sont figées les Beurettes. « On dit qu'elles réussissent mieux que leurs frères pour rassurer la société française sur l'immigration. Mais c'est un discours trompeur. Il empêche de voir qu'elles ont d'énormes difficultés à s'intégrer. Elles cumulent tous les handicaps : elles sont jeunes, femmes et d'origine étrangère. » [...]
L'association a pour mission de venir en aide aux filles d'origine maghrébine confrontées à des ruptures familiales violentes, des mariages forcés, des problèmes de papiers... ou qui ont besoin d'un soutien moral pour dépasser des crises d'identité. Et la demande est importante. En France, le taux de suicide chez ces adolescentes est deux fois plus élevé que chez les autochtones...
L'équipe permanente des Nanas beurs se compte sur les doigts de la main. Elles sont pourtant souvent sollicitées par les assistantes sociales, les infirmières scolaires et les éducatrices, pour s'occuper des « petites sœurs ». Pour servir de lien avec les institutions. De modèles aussi. « Les filles se sentent plus à l'aise avec nous, on a les mêmes origines, on a connu les mêmes galères. Elles peuvent dire les choses à demi-mots en étant sûres d'être comprises. » ■

Sabrina Kassa, L'Humanité, *22 mai 1999.*

Document 8

Féministes pour une autre mondialisation

Que les femmes soient les premières victimes de la mondialisation commence à se savoir – même dans les instances internationales, qui aimeraient bien se mettre dans la poche les bonnes élèves du développement. Les femmes ne sont pourtant pas prêtes à se laisser victimiser et manipuler. Côté soleil, la mondialisation leur a facilité l'accès à l'information et aux échanges. Côté ombre, les crises et conflits, s'ils ont accru les violences et les souffrances, ont aussi parfois permis de renforcer et formaliser des alternatives solidaires. Les femmes sont aussi des penseuses de la mondialisation : ça, ça ne se sait encore pas assez, même si les mouvements sociaux commencent à intégrer les propositions féministes.
Intégrer la dimension du genre n'a pas été d'emblée une priorité des militants

Suite du document 8 page 312

Document 9

Chronologie	
1804	Le Code civil consacre l'incapacité juridique totale de la femme mariée.
1838	Première École normale d'institutrices.
1850	La loi Falloux rend obligatoire la création d'une école de filles dans toute commune de plus de 800 habitants.
1881	Création de l'École normale supérieure de Sèvres formant les professeurs femmes de l'enseignement secondaire féminin. Les lois Jules Ferry instaurent l'enseignement primaire obligatoire, public et laïc, ouvert aux filles comme aux garçons.
1892	Interdiction du travail de nuit pour les femmes.
1907	Les femmes mariées peuvent disposer librement de leur salaire. Les femmes sont électrices et éligibles aux Conseils des prud'hommes.
1909	Loi instituant un congé de maternité de huit semaines sans rupture du contrat de travail.
1919	Création du baccalauréat féminin.
1920	Les femmes peuvent adhérer à un syndicat sans l'autorisation de leur mari.
1924	Les programmes d'études dans le secondaire deviennent identiques pour les garçons et les filles, entraînant l'équivalence entre les baccalauréats masculin et féminin.
1925	Création de l'École polytechnique féminine.
1938	Réforme des régimes matrimoniaux : suppression de l'incapacité juridique de la femme, l'époux conserve le droit d'imposer le lieu de la résidence et d'autoriser ou non l'exercice d'une profession par sa femme. Il garde l'autorité paternelle sur les enfants.
1942	L'avortement de délit (1923) devient crime contre la sûreté de l'État, il est puni de mort.
1944	Les femmes obtiennent le droit de vote et l'éligibilité.
1946	Le préambule de la Constitution pose le principe de l'égalité des droits entre hommes et femmes dans tous les domaines.
1947	Germaine Poinso-Chapuis est la première femme nommée ministre.
1966	La femme peut exercer une activité professionnelle sans l'autorisation de son mari. Interdiction de licencier une femme enceinte et pendant douze semaines après l'accouchement.
1967	La loi Neuwirth autorise la contraception sans lever l'interdiction de toute publicité en dehors des revues médicales.
1970	Remplacement de l'autorité paternelle par « l'autorité parentale ». Désormais, la notion de chef de famille est supprimée. Les époux assurent ensemble la direction morale et matérielle de la famille.
1971	Décrets d'application de la loi Neuwirth après quatre ans d'attente.
1972	Le principe de l'égalité de rémunération entre hommes et femmes pour les travaux de valeur égale est admis. Création des centres de planification ou d'éducation familiale et des établissements d'information, de consultation ou de conseil familial. Possibilité pour la femme mariée de contester la paternité du mari et de reconnaître un enfant sous son nom de naissance. Mixité de l'École polytechnique.
1973	Création du Conseil supérieur de l'information sexuelle, de la régulation des naissances et de l'éducation familiale.
1974	Création d'un secrétariat d'État à la Condition féminine. Remboursement des frais relatifs à la pilule et au stérilet par la Sécurité sociale.
1975	Loi provisoire autorisant l'interruption volontaire de grossesse. Loi sanctionnant les discriminations fondées sur le sexe en particulier en matière d'embauche. Instauration du divorce par consentement mutuel. Choix du lieu de résidence par les deux époux avec possibilité d'opter pour deux domiciles différents.
1981	Création d'un ministère des Droits de la femme.
1982	Remboursement de l'interruption volontaire de grossesse par la Sécurité sociale. Loi du 10 juillet offrant la possibilité aux conjoints d'artisans et de commerçants travaillant dans l'entreprise familiale d'opter pour un statut de conjoint collaborateur, de conjoint salarié ou de conjoint associé, générateur de droits propres en matière de couverture sociale. Instauration d'un congé de maternité rémunéré pour l'ensemble des femmes de profession non salariée non agricole.
1983	Loi sur l'égalité professionnelle entre hommes et femmes. Double signature obligatoire sur la déclaration de revenus d'un couple marié. Suppression de la notion de chef de famille dans le droit fiscal.
1990	Loi du 10 juillet qui permet aux associations luttant contre les violences familiales de se porter partie civile.
1992	Loi du 22 juillet créant le délit de harcèlement sexuel dans les relations de travail.

Source : INSEE, Regards sur la parité, 2002.

(ni même de toutes les militantes) anti-mondialisation néolibérale, Bernard Cassen, président d'ATTAC France, le reconnaît volontiers. L'ennemi était censé nous frapper indifféremment, et nous lui répondre unitairement. Le neutre, l'unitaire, cela restait, encore et toujours, le masculin.

Il fallut aussi (ou il faudra) admettre quelques faits troublants... Le mouvement n'émanait pas d'une poignée de bourgeoises des pays riches (définition de la féministe encore couramment acceptée), mais réunissait des femmes du monde entier. Que toutes ne se définissent pas comme féministes n'empêchait pas de puissants efforts pour créer des réseaux d'échanges et de solidarité. De plus en plus de groupes de femmes, nationaux ou internationaux, participaient, en tant que tels, aux rencontres de la lutte anti-mondialisation néolibérale. Et les femmes membres des groupes « mixtes » relayaient elles aussi la même analyse : les femmes sont les principales victimes de la mondialisation.

Il devient difficile de l'ignorer, quand le PNUD même l'admet et se propose de le prendre en compte dans ses programmes. Plans d'ajustement structurel au Sud, libéralisation sauvage à l'Est, privatisation des services au Nord : autant de phénomènes qui ont des conséquences dramatiques sur l'habitat, la santé, l'éducation... Tous les domaines de la vie quotidienne, prise en charge partout, par les femmes.

Sur l'emploi aussi, bien sûr, et là encore de façon spécifique en ce qui concerne les femmes. Elles constituent, avec les enfants, la main-d'œuvre la plus exploitée parmi les travailleurs surexploités par les multinationales qui exportent leur production vers les pays pauvres. Pepsico Argentina en est un poignant exemple, où les ouvrières soumises à des cadences infernales se sont pourtant engagées sur la voie de la révolte. ■

Dominique Foufelle,
www.penelopes.org, juin 2002.

Dossier 4

Chasse, pêche, nature et traditions

Document 1

Campagne de chasse	1975-1976	1980-1981	1985-1986	1990-1991	1995-1996	2000-2001
Nombre de validations de permis de chasse	2 219 051	2 019 206	1 863 926	1 689 272	1 542 399	1 425 163
Population française (en milliers)	52 600	53 731	55 157	56 577	57 753	58 749

Remarque : le nombre de validations de permis est une approximation du nombre de chasseurs : certains chasseurs font valider leur permis dans plusieurs départements et sont donc comptabilisés plusieurs fois.
Source : www.oncfs.gouv.fr/permis/ss_rub07.htm et INSEE, Tableaux de l'économie française 2002-2003.

Document 2

En %	Intensité de la chasse ou de la pêche selon la P_{CS} en 1999[a]	Composition de la population de chasseurs en fonction de la P_{CS} et de l'activité en 1993	
		actifs	retraités
Agriculteurs	1,4	14,5	30,0
Artisans, commerçants et chefs d'entreprise	1,4	11,3	11,7
Cadres et professions intellectuelles supérieures	0,2	12,9	4,5
Professions intermédiaires	0,3	14,5	27,5
Employés	0,4	19,0	5,6
Ouvriers	1,6	26,9	20,5
Ensemble	**0,8**	**100**	**100**

a. Pourcentage de personnes qui, le jour de l'enquête, ont pratiqué la chasse ou la pêche.
Source : INSEE, Enquête « Emploi du temps », *1999 et www.unfdc.com/structures/eco/eco.htm.*

Questions sur l'ensemble du dossier

1. Analysez les principales caractéristiques de la population des chasseurs [*doc. 1, 2 et 3*].
2. En quoi peut-on parler de « malaise des chasseurs » dans les années 1980-1990 ? Quelles sont les causes de ce « malaise » ? [*doc. 1 et 4*]
3. Quelles valeurs et quels intérêts CPNT entend-il défendre ? [*doc. 5 et 6*]
4. En comparant les documents 4 et 6, montrez que CPNT cherche à faire exister symboliquement le groupe « chasseurs ».
5. Quels « ennemis » permettent à CPNT de mobiliser les chasseurs ? [*doc. 7*]
6. Montrez que CPNT semble bénéficier de forts appuis politiques. [*doc. 8*]
7. Dans quelle mesure le mouvement CPNT s'est-il institutionnalisé ? [*doc. 5, 8 et 9*]
8. **Question de synthèse.** Le mouvement des chasseurs peut-il être classé comme un « nouveau mouvement social » ?

Document 3

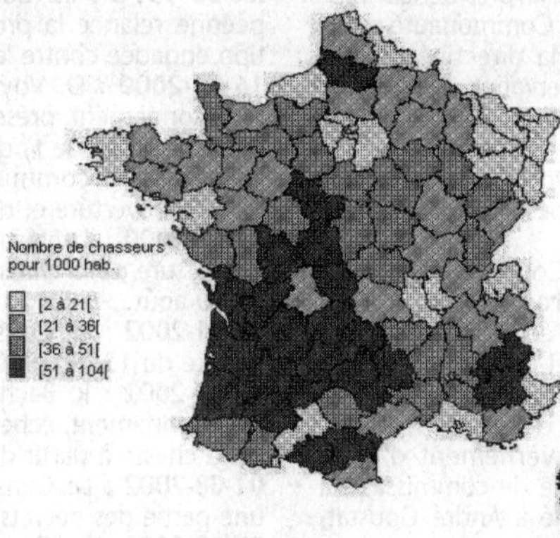

Source : www.ifen.fr/eider/ff_eid.htm, 2002.

Document 4

[...] Le chasseur peut être déstabilisé par un environnement social qui tend de manière croissante à déprécier les pratiques à travers lesquelles il prétend pouvoir se valoriser. La « rurbanisation » des campagnes [...] condamne [le chasseur] à faire l'expérience d'une incompatibilité croissante entre l'estime de soi à laquelle il prétend et le regard qu'autrui veut bien lui adresser. La multiplication des résidences secondaires, le développement d'une société de loisirs ont multiplié les occasions d'incidents avec d'autres utilisateurs investissant la nature pour s'adonner à d'autres pratiques : randonnée, cueillette, footing, vélo tous terrains, escalade, etc. Habitué de longue date à arpenter des territoires de chasse vidés par l'exode rural, le chasseur est de plus en plus souvent l'objet des invectives lancées par de nouveaux voisins légitimement inquiets pour leur sécurité. [...]

On aurait bien tort de vouloir attribuer cette dévalorisation de la chasse à un superficiel et éphémère effet de mode. [...] Du fait de la violence qu'elle met en œuvre, la chasse se trouve directement interpellée par les effets sociaux de ces évolutions de longue durée que Norbert Élias nous invite à prendre en compte. D'une manière générale, « Élias constate que la propension des gens à tirer du plaisir en participant ou en assistant directement à des actes de violence a décliné de manière durable en Europe occidentale. [...] Il en a résulté tout d'abord un abaissement du seuil de répulsion en face du sang et d'autres manifestations directes de la violence directe[1] ».

Il n'est pas besoin d'une longue investigation dans le milieu des chasseurs pour se rendre compte que ces derniers manifestent une conscience aiguë des connotations négatives auxquelles sont aujourd'hui associées leurs pratiques. À l'instar de n'importe quel autre Français, le chasseur est de plus en plus souvent appelé à contempler dans les médias un ensemble d'images bien peu gratifiantes de la chasse. Il n'est pas rare, en effet, que le chasseur soit présenté sous les traits d'une brute épaisse qui – la gibecière pleine de canettes de bière – arpente les sous-bois afin de cribler de plomb le plus petit souffle de vie sauvage. L'adepte de la chasse, après avoir incarné dans la geste pagnolesque « La gloire de mon père », est devenu en quelques décennies seulement le modèle du « beauf » grotesque. ■

C. Traïni,
« Les braconniers de la politique »,
Cahiers du Cevipof
n° 28, juin 2000.

1. E. Dunning, *in* E. Dunning, N. Élias, *Sport et civilisation*, Fayard, 1994.

Document 5

Article 1 : But et composition de l'association

Il est fondé entre les adhérents aux présents statuts, une association, ci-après dénommée « Mouvement », régie par la loi du 1er juillet 1901, le décret du 16 août 1901, ainsi que la loi du 11 mars 1988 modifiée par la loi du 15 janvier 1990.

Ce mouvement est dénommé « CHASSE-PÊCHE-NATURE-TRADITIONS ». Il pourra être désigné en abrégé sous le sigle CPNT.

Il a pour objet de regrouper et de défendre par tous les moyens légaux toutes les personnes qui, sans exclusive, veulent œuvrer pour la défense et la promotion des régions de France, dans le respect de leur diversité et de leurs spécificités. Dans cette perspective, il s'attache notamment à la défense des valeurs de la ruralité et des intérêts du monde rural, ainsi qu'à la valorisation des activités traditionnelles ou culturelles sur lesquelles se fondent les identités régionales, en particulier de la chasse et de la pêche.

Il a enfin pour objet la protection et la gestion de la nature, patrimoine de l'humanité, notamment par la recherche et le contrôle scientifique de toute pollution de l'eau, de l'air, du sol, de la faune et de la flore et des remèdes à y apporter.

La durée du mouvement est illimitée. ■

http://cpnt.free.fr/Mouvement.htm

Document 6

[...] L'énonciation de préférences collectives et la prétention de *« fédérer la ruralité »* ne visent pas seulement à recueillir l'assentiment d'une opinion publique initialement hostile. Elles s'ingénient tout autant à *exalter des qualités partagées supérieures aux anciennes identifications partisanes de chacun.* Elles s'efforcent de convaincre que rien ne devrait s'opposer à ce que la ruralité puisse réunir d'anciens militants socialistes, gaullistes, communistes, etc. [...] La conversion au CPNT exige du militant qu'il accepte de sacrifier ses inclinations politiques initiales sur l'autel d'une « ruralité » grâce à laquelle il pourra, avec d'autres, restaurer une image positive de lui-même. Il doit, de ce fait, perdre l'habitude de déterminer la signification de ses relations à autrui (affinités, sympathie, hostilité, etc.) — ou si l'on préfère de son « identité » — en ayant recours aux typologies forgées par la scène politique nationale. Une telle *dévaluation* de dispositions autrefois fortement valorisées n'est que le corollaire d'un travail symbolique métamorphosant ce qui n'était qu'un espace d'identification *subalterne* en une instance *prééminente* de la personnalisation du chasseur. Par là même, les raisons exaltées par le groupe – les « *traditions* », les « *racines* », « *l'Europe des différences* » – pourront être perçues comme des raisons, non seulement étrangères, mais plus encore supérieures aux loyautés partisanes d'antan. Elles apparaîtront d'autant plus précieuses qu'elles s'avéreront capables de dépasser des divergences désormais insignifiantes et stériles. Elles susciteront même l'émotion et le respect du fait de cette aptitude à rassembler des hommes et des femmes nonobstant les innombrables différences qui les distinguent. ■

C. Traïni,
« Les braconniers de la politique »,
op. cit.

Document 7

« Les écolos n'y comprennent rien ! Alors je vais vous dire... nous, nous sommes des victimes des écologistes ! Je trouve ces gens particulièrement nuisibles, ils viennent nous apprendre... ils ne connaissent rien à la terre pour la plupart... ni à la nature, ni à la terre... je peux en parler en plus en tant que pharmacien... ce sont vraiment des parasites. Ils n'y comprennent rien ! Ils font un mal épouvantable ces gens-là ! » (« Le *lobby* des chasseurs contre l'Europe », *Le Monde*, 26 février 1992.)
[...]
« À Bruxelles, à Strasbourg, les bureaucrates ignorent les réalités nationales. Les décisions se prennent dans le secret des bureaux, souvent sous l'influence de groupes de pression, loin des problèmes de terrain et sans réflexion scientifique ou biologique globale. Une approche irréaliste conduit à des décisions autoritaires [...] aux diktats de la Communauté. » (« Le grand ras-le-bol des chasseurs », Congrès spécial de l'UNFDC, Sénat, 3 décembre 1991.) [...]
« Un problème ? L'Europe ! On est en train de perdre notre identité ! Ça c'est très très important. Vous le savez, avec l'Europe, la France n'aura plus le droit de voter certaines lois : c'est l'Europe qui décide ! C'est là que cela devient dramatique, et malheureusement les gens qui n'ont pas suivi ça, ils ne comprennent pas. Ils pensent toujours que ce sera nos députés, oui nos députés ils en parlent, mais si ça leur plaît pas, ils leur mettent une... je sais pas comment ils appellent ça, j'ai pas les termes en tête, une loi là... [une directive] c'est eux qui décideront pour nous ! » (courrier en réaction à un dossier du *Chasseur français*, octobre 1996.) ■

C. Traïni, *« Les braconniers de la politique »*, ibid.

Document 8

02-04-1979 : Sous la présidence française les États de la Communauté européenne adoptent la directive n° 409 concernant la conservation des oiseaux sauvages (chasse ouverte seulement du 1er septembre au 31 janvier).
02-1989 : Importantes manifestations de chasseurs (Rennes, Rochefort, Périgueux, Marseille).
19-01-1994 : La Cour de justice des Communautés européennes rend un arrêt selon lequel l'échelonnement des dates d'ouverture et de fermeture de la chasse pratiquée en France [est] incompatible avec la directive 79/409.
02-1997 : Le gouvernement d'Alain Juppé crée un poste de commissaire à l'espace rural confié à André Goustat, président de CPNT.
13-11-1997 : La commission européenne notifie une mise en demeure à la France pour incompatibilité de ses dates d'ouverture et de fermeture de la chasse avec la directive 79/409.
14-02-1998 : Une manifestation rassemble 100 000 chasseurs à Paris.
19-06-1998 : L'Assemblée nationale française inscrit dans la loi des dates d'ouverture et de fermeture autorisant la chasse aux oiseaux migrateurs du 14 juillet au 28 février.
24-06-1998 : La Commission européenne relance la procédure d'infraction engagée contre la France.
16-02-2000 : D. Voynet, ministre de l'Environnement, présente le texte de la « loi sur la chasse », qui prend acte de la législation communautaire sur les dates d'ouverture et de fermeture.
13-07-2000 : Arrêtés ministériels fixant l'ouverture de la chasse au gibier d'eau au 10 août.
28-01-2002 : Le Conseil d'État annule l'arrêté du 13-07-2000.
17-07-2002 : R. Bachelot, ministre de l'Environnement, échelonne l'ouverture de la chasse à partir du 3 août.
01-08-2002 : Le Conseil d'État annule une partie des décrets d'ouverture.
27-12-2002 : Le Conseil d'État annule une partie des décrets de fermeture (date retenue : 31 janvier). ■

D'après C. Traïni, « Les braconniers de la politique », ibid., et communiqués du ministère de l'Environnement.

Document 9

Score des listes et candidats « CPNT » lors de différentes élections

	Européennes 1989	Régionales 1992	Régionales 1998	Européennes 1999	Présidentielles 2002
Gironde (33)	14,54	12,90	7,34	12,49	7,90
Landes (40)	14,58	12,85	10,31	16,18	12,11
Somme (80)	14,97	12,44	8,79	27,06	12,10
France	4,13	-	-	6,77	4,23

Source : http://elections.figaro.net/historique/select.html

Sujet de bac

DISSERTATION

▶ LES CONFLITS DE CLASSE

Sujet : Les conflits de classe ont-ils disparu des sociétés contemporaines ?

Document 1

Les « trente glorieuses » se caractérisent par une croissance économique exceptionnelle et par une transformation d'ampleur du rapport salarial. Parallèlement, des changements importants affectent le monde ouvrier et plus généralement les classes populaires salariées. Elles sont marquées d'abord par les consolidations statutaires du salariat. La généralisation de la Sécurité sociale (1945), la mise en place d'instances de représentation (comités d'entreprise, délégués du personnel), la loi cadre sur les conventions collectives (1950) et la négociation – certes tardive – d'accords substantiels entre partenaires sociaux, la stabilisation des statuts facilitée par le plein-emploi, concourent à rendre moins précaire la condition salariale. La généralisation de la mensualisation des salaires ouvriers, dans les années 1960, met fin à un clivage symbolique entre les cols bleus et les cols blancs (les premiers étaient traditionnellement payés à la semaine).
Surtout, le pouvoir d'achat enregistre une évolution sans commune mesure avec les périodes précédentes. […] Incontestablement on peut déceler [à cette époque] des tendances à la « déprolétarisation » d'une partie notable du monde ouvrier et des catégories proches : la pauvreté recule, la condition ouvrière n'est plus synonyme de précarité générale, de nombreux ménages ouvriers accèdent à un standing matériel proche de celui des employés et des salariés « moyens ». Ces évolutions autorisent certains observateurs à parler, dès les années 1960 d'intégration aux classes moyennes voire d'embourgeoisement de la classe ouvrière. ■

Serge Bosc, Stratification et classes sociales, *Nathan, 2001.*

Document 2

Dans la tradition marxiste, la classe sociale est liée de manière objective à la répartition inégale de la propriété des moyens de production, d'où résulte l'exploitation des classes laborieuses par les propriétaires desdits moyens. Les uns et les autres se trouvent dans des « situations de classes » spécifiques, qui permettent de repérer des classes « en soi ».
Mais ce n'est pas tout : une classe sociale se manifeste aussi par la conscience qu'ont ses membres de partager la même condition, et de devoir s'organiser en conséquence pour lutter contre l'exploitation. Pour Marx, donc, pas de classe ouvrière sans mouvement ouvrier, politique et syndical : c'est alors la classe « en soi et pour soi ». Pour les partisans de la disparition des classes sociales, cette définition est bien pratique : au vu d'une certaine « moyennisation » des revenus, de la diminution des effectifs ouvriers, et enfin du recul du mouvement syndical, il est évident que les classes sociales sont mortes. ■

Entretien avec Louis Chauvel, Sciences humaines, *hors-série n° 39, 2003.*

Document 3

Part des salaires dans la valeur ajoutée des entreprises en France, 1970-2001

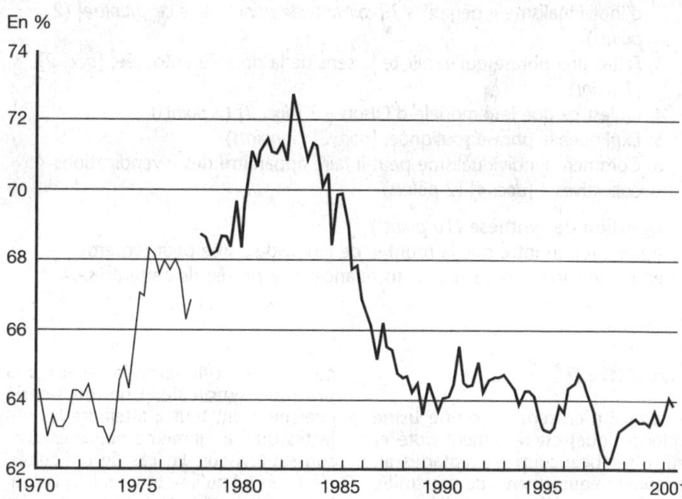

En 1978, la rupture de la série est due aux changements de la comptabilité nationale.
Source : INSEE, in L'état de la France 2002, *La Découverte, 2002.*

Document 4

« Mon objectif est la création de valeur pour l'actionnaire », telle est l'idée fixe des chefs d'entreprise aujourd'hui. D'où vient donc cette appropriation par les p-dg d'un terme générique qui décrit l'activité humaine dans l'ordre économique ? C'est qu'il entretient la confusion entre la *création de valeur,* activité noble s'il en est, et la *captation de la valeur,* une fois créée, qui l'est beaucoup moins. Il est évidemment souhaitable que la société dans son ensemble crée la plus grande valeur possible. Mais tout aussi importante est la question de la répartition de cette valeur entre les catégories sociales qui ont contribué à la créer.
Or le discours des entrepreneurs consiste à promettre aux actionnaires la plus grande création de valeur pour eux. L'objectif avoué est donc de faire en sorte que ces derniers puissent capter à leur profit la part la plus importante de la valeur créée par l'activité d'entreprise, dont l'un des moteurs principaux est le travail des salariés. ■

Jean-Paul Fitoussi, Le Monde, *12 juillet 1997.*

→ MÉTHODES POUR LE BAC pages 738-751

Document 5

– *Qu'est-ce au juste que la grande bourgeoisie ?*
– Un groupe social fondé sur la richesse matérielle. En permanence, il entretient les limites qui marquent ses frontières, instruit ses jeunes générations et se préserve des promiscuités gênantes. La noblesse fortunée y coexiste avec des familles bourgeoises traditionnelles. Des industriels, des hommes d'affaires, des banquiers – de vieille souche ou de récente extraction – y voisinent avec de très gros exploitants agricoles. Leur position sociale se définit par la possession des moyens de production, qui peut aller de pair avec l'exercice du pouvoir économique, en tant que P-DG, par exemple, mais qui peut très bien se contenter d'une attitude rentière, assortie ou non d'une activité professionnelle. Les bourgeois sont riches, mais d'une richesse multiforme, un alliage fait d'argent – beaucoup d'argent –, mais aussi de culture, de relations sociales et de prestige. Comme les handicaps sociaux se cumulent, les privilèges s'accumulent. Mais la grande bourgeoisie existe aussi à travers sa mobilisation pour préserver et transmettre cette position dominante : elle se construit comme classe dans la pratique, en défendant collectivement ses intérêts, tout en déniant l'existence de classes antagonistes. ■

Entretien avec Michel Pinçon et Monique Pinçon-Charlot, Alternatives économiques *n° 192, mai 2001.*

Document 6

Depuis trente ans, ouvriers et employés représentent invariablement 60 % de la population active et constituent les deux tiers des salariés. Ouvriers et employés vivent dans des conditions très similaires. Le salaire net moyen des premiers s'élevait à 1 240 euros en 2000 pour un temps complet, celui des seconds à 1 250 euros.
Même similitude en ce qui concerne les conditions de travail. Une partie des employés est en fait des ouvriers des services : des travailleurs routiniers du tertiaire, dont le travail est tout aussi peu valorisé, économiquement, que celui des ouvriers. Et une part importante des ménages est d'ailleurs constituée d'un couple ouvrier-employée. Par leurs conditions de travail, de rémunération et de vie, employés et ouvriers forment donc un ensemble suffisamment homogène pour qu'on puisse les rassembler dans un groupe : les classes populaires. ■

Alternatives économiques, *octobre 2002*

Sujet de bac

ÉPREUVE DE SYNTHÈSE

► INDIVIDUALISME ET ACTION COLLECTIVE

Travail préparatoire (*10 points*)
1. Pourquoi les salariés de l'usine évoquée ne sont-ils pas syndiqués ? [*doc. 1*] (*2 points*)
2. En quoi la précarité du travail peut-elle, à l'inverse, favoriser une forme d'individualisme « négatif » ? [*voir le texte principal de ce chapitre*] (*2 points*)
3. Faites une phrase qui explicite le sens de la donnée entourée. [*doc. 2*] (*1 point*)
4. Qu'est-ce que le « modèle d'Olson » ? [*doc. 3*] (*2 points*)
5. Expliquez la phrase soulignée. [*doc. 3*] (*2 points*)
6. Comment l'individualisme peut-il faire apparaître des revendications collectives ? [*doc. 4*] (*2 points*)

Question de synthèse (*10 points*)
Après avoir montré que la montée de l'individualisme peut remettre en cause l'action collective, vous nuancerez la portée de cette thèse.

→ MÉTHODES POUR LE BAC pages 738-751

Document 2

Évolution du taux de participation dans les conflits du travail, hors fonction publique

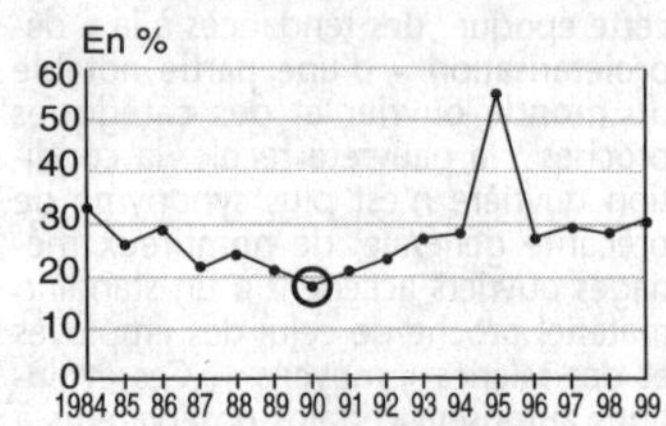

Champ : entreprises du secteur privé et public nationalisé pour les conflits localisés et généralisés. Source : DARES, Premières synthèses *n° 48-1, novembre 2000.*

Document 1

Le comité d'entreprise [d'une usine d'informatique] est richement doté et peut offrir beaucoup d'avantages au personnel : équipements de proximité, tennis, gymnase, foyer, activités pour les enfants, vacances, etc. La vie syndicale au sens strict n'existe pas vraiment et les salariés ne semblent pas s'en soucier. [...] En réalité, le style de management en vigueur fait appel [...] à la participation directe des salariés et constitue en cela un frein sérieux à la pratique syndicale. Chaque salarié cherche avant tout à atteindre les objectifs qu'il a lui-même négociés avec son superviseur. En cas de difficultés, c'est vers lui qu'il se tourne. [...] Les salariés expriment de façon très claire qu'ils ne voient, dans ces conditions, aucun intérêt à être syndiqués. ■

Serge Paugam, Le Salarié de la précarité, *PUF, 2000, p. 276-277.*

Document 3

Partant du modèle d'Olson, Gaxie le sollicite pour dresser une liste [...] des incitations sélectives que peut apporter un parti [politique] : postes de responsabilités, emplois permanents mais aussi acquisition d'une culture, d'un capital social pouvant avoir une rentabilité professionnelle [...]. Au-delà de ces gains, susceptibles d'être ramenés à des équivalents monétaires, c'est aussi toute une dimension d'intégration sociale [qui pousse au militantisme] : émotion partagée que peut apporter la tension du collage d'affiches en période électorale, chaleur du « pot » d'après réunion, sentiment gratifiant de participer à un juste combat, d'appartenir à une grande famille qui donne sens à toutes les dimensions de la vie sociale. ■

Érik Neveu, Sociologie des mouvements sociaux, *La Découverte, « Repères », 2000.*

Document 4

L'individualisme, en libérant les personnes des vieilles soumissions, a permis l'apparition de nouvelles revendications collectives. Il a suffi qu'au sein de tel ou tel groupe, certains parviennent à faire naître une conscience collective, une identité sociale propre. Ainsi le mouvement des femmes a-t-il pu se développer quand un nombre croissant d'entre elles a rejeté la morale dominante, qui les enfermait dans un statut d'être humain de seconde zone, banalisé et infériorisé. L'individualisme leur a permis d'affirmer à la fois leur spécificité et leur égalité, ouvrant la voie à une défense de leurs intérêts. Une analyse voisine peut être appliquée à l'essor du mouvement homosexuel. ■

Carole Yerochewski, Philippe Frémeaux, « Le mouvement social revivifié », Alternatives économiques, *hors-série n° 52, 2e trimestre 2002.*

Fiche-outil 1

Comment analyser un mouvement social ?

L'analyse d'un mouvement social demande toujours une connaissance fine du milieu où il se développe et une écoute de ses protagonistes. Six questions peuvent cependant guider l'enquête.

I. MILIEUX « CONDUCTEURS »

Comme diverses matières conduisent plus ou moins bien le courant électrique, les milieux sociaux sont inégalement « conducteurs » des mobilisations. Pour Tilly, deux critères peuvent être soulignés. Le premier consiste à se demander si le milieu concerné est marqué par une forte identité, une conscience collective. Celle-ci peut provenir de caractéristiques qui s'imposent aux individus : être femme, noir ou jeune sont des données dont on ne se débarrasse pas comme d'un costume. L'identité catégorielle peut aussi naître de la capacité d'un groupe à offrir à ses membres une image d'eux-mêmes forte et valorisante : sentiment d'appartenir à un groupe à la fois créateur des richesses économiques et porteur d'un projet de changement de la société pour le monde ouvrier à l'apogée du communisme, fierté de se sentir membre d'une élite de la naissance ou de la performance scolaire pour les aristocrates d'hier ou les diplômés des grandes écoles d'aujourd'hui. Mais à côté de ces éléments d'une identité, d'un « nous », qui reposent sur l'appartenance objective, parfois subie, à des *catégories* (les hommes, les fonctionnaires, les sans-papiers), il faut aussi considérer les liens sociaux dont les individus sont les constructeurs actifs. La notion de *réseau* peut résumer ces liens volontaires que sont l'appartenance à une association, une « bande », les loisirs partagés dans une chorale, un groupe de supporters. Plus un groupe social superpose une forte identité catégorielle et des réseaux de liens entre ses membres, plus il est apte à se mobiliser. On distingue alors des groupes dotés d'une très forte cohérence, comme l'étaient jadis les mineurs du Pas-de-Calais ou les instituteurs publics. La conscience fière d'appartenir à un groupe social respectable se combinait à d'intenses réseaux de liens volontaires : syndicats, mutuelles, clubs sportifs, loisirs partagés, mariages au sein du groupe. À l'inverse, d'autres groupes (chômeurs, intérimaires) combinent une identité faible ou peu valorisante. Ils associent des personnes dont les trajectoires de vie sont très diverses, dont les réseaux d'amitiés ou de loisirs – lorsqu'ils sont solides – se construisent largement en dehors de leur profession ou catégorie.

Les mots « groupe » ou « catégorie » ont été systématiquement associés dans ce texte au processus de mobilisation. On voit désormais qu'il serait plus juste de parler de groupe *latent* ou potentiel. Les « groupes » ont des degrés de réalité (on dit aussi d'institutionnalisation) très variés. Certains ont une existence consacrée par des syndicats, des catégories statistiques (les PCS de l'INSEE), parfois des règles très précises d'accès à la profession (médecins). D'autres peuvent ne jamais « prendre », ou uniquement dans des situations très particulières. Les ramasseurs de champignons constituent un groupe latent qui existe sur le papier. Il mêle des personnes très diverses qui s'ignorent mutuellement, n'a aucune organisation. Mais un arrêté municipal réservant la cueillette des cèpes aux habitants du village pourrait amener les ramasseurs du dimanche, venus de la ville voisine, à créer une association, à devenir un groupe « réel ».

II. MILIEUX SEGMENTÉS, MILIEUX INTÉGRÉS

Une autre distinction peut renvoyer à l'accès inégal dont disposent les groupes à l'égard des centres de pouvoir. Un groupe donné peut-il ou non facilement se faire écouter et entendre de ceux qui ont un pouvoir de décision sur sa situation (direction d'une entreprise, administrations, ministères) ? Parce qu'ils sont organisés, puissants ou capables d'exercer des menaces, certains groupes disposent de relais politiques, d'accès faciles aux « guichets » du pouvoir. Les anciens de l'ENA, les chefs d'entreprise, mais aussi le monde paysan à travers la FNSEA et le CNJA correspondent à ce cas de figure. À l'inverse, d'autres groupes, parce qu'ils sont stigmatisés (« sans-papiers », prostituées), parce qu'ils sont atomisés (chômeurs), ou dotés de peu de poids social (Gitans), ne parviennent pas à bénéficier de cet accès, plus encore de l'écoute des décideurs. Dans ces milieux « segmentés », c'est-à-dire coupés des foyers de décision, le recours au conflit constitue une stratégie presque obligée – ce qui ne veut pas dire facile, ni même toujours possible – pour faire réagir des autorités indifférentes ou inaccessibles.

Comme le montre le cas des médecins libéraux en 2001-2002, des groupes « intégrés », connectés aux lieux de décision, peuvent aussi faire usage de la mobilisation, s'ils ont le sentiment que des changements (de gouvernement par exemple) leur font perdre leur position stratégique et que leurs revendications n'aboutissent plus.

III. RESSOURCES

Les chances de se mobiliser, d'obtenir gain de cause dépendent aussi des ressources du groupe. Le mot désigne toutes les formes de capitaux, de savoir-faire, de relais que peut mettre en œuvre un mouvement. Il peut s'agir de ressources financières pour payer le transport de manifestants ou une campagne de publicité. C'est aussi la ressource du nombre pour manifester. Les ressources viennent aussi du pouvoir de nuisance. Un arrêt de travail des aiguilleurs du ciel crée plus de perturbations que celui des cracheurs de flamme. Savoir utiliser les médias est une autre ressource importante. Des organisations comme Greenpeace ou SOS Racisme ont su en faire un usage très efficace. D'autres sont plus maladroits, comme ces représentants des « familles » protestant fin 1997 contre le plafonnement des allocations familiales, en manteau Loden et jupe plissée bleue, suggérant à beaucoup de téléspectateurs l'image négative de BCBG. Les ressources peuvent encore renvoyer à l'image sociale du groupe : celle des infirmières ou des prix Nobel est plus positive que celle des huissiers ou des prisonniers. Il faut surtout manier la notion de ressource de façon *relationnelle* : la valeur d'une ressource donnée ne se mesure que dans un contexte particulier. La force physique peut être une ressource quand en janvier 1999 quinze mille mineurs roumains marchent sur Bucarest et arrachent des hausses de salaire de 30 % après une véritable bataille contre trois mille policiers, où ils font même des prisonniers ! Dans une société où la pacification des conflits est plus grande, où les médias diffusent en direct des images très émotionnelles, une violence moindre (celle de paysans bretons saccageant une gare et des réseaux électroniques de la SNCF en 1998) peut à l'inverse susciter le dégoût et dévaloriser le mouvement.

IV. LES MOTS POUR LE DIRE

Il faut aussi donner un langage à son mécontentement. Se mobiliser suppose toute une série d'opérations « intellectuelles » ou « symboliques » : définir une situation comme injuste ou problématique, identifier des responsables ou des adversaires, formuler des demandes précises pour mettre fin au problème. Contrairement à une idée reçue, rien de cela ne va de soi. Des difficultés peuvent être très malaisées à exprimer. Le chômage peut engendrer des sentiments de honte, de repli sur soi peu propices à une prise de parole. Certaines formes de domination peuvent être tenues pour naturelles par ceux qui les subissent. La romancière afro-américaine Toni Morisson décrit dans *L'Œil le plus bleu* la façon dont une partie des Noirs Américains a pu intérioriser les stéréotypes racistes associant le noir à la laideur, avant que les mouvements des années 1960 n'expriment une fierté de soi symbolisée par le slogan « *Black is beautiful* ». Un mouvement social doit aussi pouvoir répondre à des questions de base : d'où la situation contre laquelle il se mobilise vient-elle ? Où les responsables sont-ils ? Quelles solutions apporter ? Toutes ces opérations peuvent être difficiles à réaliser lorsqu'un « problème » naît de causes très complexes. Qui est « responsable » des naufrages de pétroliers ? de la « vache folle » ? du chômage ? Enfin dans un monde où les médias deviennent des acteurs à part entière des mouvements sociaux, la capacité des groupes à mettre en scène leur identité et leurs revendications d'une manière qui les fasse voir et « bien voir » est très inégale.

V. ORGANISATIONS ET ENTREPRENEURS

Il arrive que des mouvements sociaux naissent de façon spontanée de l'indignation suscitée par une situation d'injustice, par un acte interprété comme agressif ou méprisant. Mais aucun mouvement social ne peut aller au-delà du feu de paille d'une colère momentanée sans une certaine organisation. Convoquer une manifestation, définir des mots d'ordre ou des revendications exige un minimum de coordination volontaire. Un milieu social disposant d'organisations (syndicats, associations...) est plus propice à la mobilisation. On peut pousser l'analyse plus loin et considérer que sans organisations relativement structurées (même si elles peuvent être provisoires comme les « coordinations »), sans porte-parole, un mouvement social est voué à l'échec, à l'explosion sans lendemains. On peut comparer l'organisation ou le porte-parole à une sorte d'entrepreneur de protestation. Il bénéficie d'un minimum d'adhésion du groupe mobilisé, il met en œuvre des savoir-faire en matière d'organisation de la protestation, produit un discours qui rend la protestation intelligible au public. Il peut arriver que certains groupes latents cumulent tant de handicaps (atomisation, image dévalorisante, rareté des individus capables de prendre la parole conformément aux règles des médias et de la vie publique) que leur mobilisation suppose l'intervention d'entrepreneurs extérieurs au milieu. Les mobilisations de sans-logis ou celle du « quart monde » ont ainsi été au départ animées par des prêtres.

VI. LES CONJONCTURES POLITIQUES

L'effet d'un mouvement n'est jamais réductible à une sorte de mécanique où la mobilisation réussie d'une force X produit à coup sur un résultat Y. On trouverait au contraire bien des exemples où de petites mobilisations obtiennent de grands succès et de grandes mobilisations de petits résultats. Le pouvoir politique peut réagir de façon très différente à des mobilisations d'une force comparable. Les gouvernants se demanderont si la revendication met ou non en cause de grands choix politiques, si les protestataires se recrutent parmi leurs électeurs ou non, si des élections sont proches. Lycéens et étudiants ont rapidement obtenu le retrait d'un projet de « SMIC-Jeunes » fin 1994 car leurs manifestations constituaient une menace électorale pour le Premier ministre Balladur, candidat à la présidentielle. À l'inverse, la longue grève générale du personnel des impôts en 1989 n'a eu que de faibles résultats : s'étant développée après les élections, elle ne comportait donc pas de menace sur ce terrain, et ses revendications étaient perçues comme une mise en cause de la politique de gel des salaires menée par le gouvernement. La notion de conjoncture politique signifie aussi qu'un gouvernement soutenu par une majorité formée de plusieurs partis sera sensible à un mouvement social soutenu par un des partis de sa majorité, surtout si les élus de ce parti sont indispensables au Parlement. Le vote en 2000 d'une « loi de modernisation sociale » est ainsi né des tensions au sein de la « gauche plurielle » suite à des fermetures d'entreprises ou d'usines (Danone, Marks & Spencer).

Les six variables énumérées ici n'épuisent pas la réflexion sur les mouvements sociaux. Elles ne constituent pas une formule magique, mais les prendre en considération peut déjà conjurer beaucoup d'explications simplettes.

Érik Neveu

Chapitre IX

UNE SOCIÉTÉ INÉGALE ?

THOMAS PIKETTY

Introduction

C'est un champ d'une trentaine d'hectares, une bonne terre à blé, quelque part en Europe… Sous l'Antiquité, il était cultivé par un esclave. Le maître possédait la terre et l'esclave. Il laissait à ce dernier la moitié de la récolte, pour qu'il se nourrisse, lui et sa famille. Le maître ne travaillait pas, mais il faisait la fête, parfois la guerre.

Pendant le Moyen Âge, ce champ était cultivé par un serf. Le seigneur du lieu possédait la terre et le serf était assigné à résidence sur son fief. La récolte était partagée en deux : une moitié revenait au serf, pour qu'il se nourrisse, lui et sa famille. Le seigneur ne travaillait pas, mais il faisait la fête, parfois la guerre.

Vient le temps de la révolution, qui abolit le servage. Le champ est désormais cultivé par un homme libre, un salarié agricole. La production atteint 1 600 quintaux de blé panifiable. Elle appartient au propriétaire de la terre, qui la vend au prix de 16 euros le quintal, sous la protection de la Politique agricole commune. Le salarié travaille 1 600 heures par an et il est payé 8 euros de l'heure. Le propriétaire n'est ni un maître ni un seigneur ; il ne fait pas directement la guerre, quasiment pas la fête. Ce n'est pas un mauvais bougre : il n'a pas l'intention de voler son salarié ; il lui paye ses 1 600 heures, pas une de moins. L'esclave et le serf ne récupéraient que la moitié du fruit de leur travail. Et le salarié ?

Autrefois, on parlait d'« exploitation » pour désigner un rapport social par lequel une classe sociale s'appropriait une partie de la production résultant du travail d'une autre classe sociale. Et on a longtemps considéré que l'inégalité principale opposait ceux qui perçoivent des revenus sans travailler à ceux qui doivent travailler pour percevoir un revenu. Dans notre société, il est possible de recevoir, si l'on simplifie beaucoup, deux types de revenus : des revenus du capital (intérêts, dividendes, loyers) et des revenus du travail (salaires, traitements). Le partage de la valeur ajoutée entre ces revenus du capital et ces revenus du travail est-il l'indice d'un rapport d'exploitation ?

Mais l'histoire ne s'arrête pas là car le champ est racheté par une entreprise qui y construit une boulangerie industrielle. C'est une très grande entreprise, peut-être même une multinationale, avec des centaines de salariés, ce qui pose des problèmes complexes de gestion. Les propriétaires embauchent toutes sortes de cadres, d'ingénieurs, de techniciens, de salariés de qualifications diverses, situés à des échelons différents d'une structure hiérarchique. Sous l'effet de l'accroissement de la division du travail, du changement technique, des innovations en tous genres, cette structure ne cesse de se transformer et la hiérarchie des salaires évolue, elle aussi : parfois, la distance entre les différents échelons se creuse, parfois elle se réduit. Ces nouvelles inégalités, internes au salariat, l'emportent-elles désormais sur les anciennes, qui étaient fondées sur le rapport entre les propriétaires du capital et les salariés ?

Vous pouvez répondre seul(e) aux deux premières questions, mais vous avez besoin de Thomas Piketty pour répondre à la troisième.

Pascal Combemale

L'ÉVOLUTION DES INÉGALITÉS ÉCONOMIQUES

SOMMAIRE

L'ÉVOLUTION DES INÉGALITÉS ÉCONOMIQUES

Thomas Piketty, *économiste, est directeur d'études à l'École des hautes études en sciences sociales et chercheur au CEPREMAP.*

La question de l'inégalité et de la redistribution a toujours été au cœur du conflit politique, tout particulièrement dans les sociétés démocratiques, où l'égalité proclamée des droits du citoyen contraste singulièrement avec l'inégalité effective des conditions de vie.

En pratique, les désaccords sur la forme concrète et l'opportunité d'une action publique de redistribution ne sont pas nécessairement dus à des principes contradictoires de justice sociale, mais plutôt à des analyses contradictoires des mécanismes économiques et sociaux qui produisent les inégalités. Il existe en effet un certain consensus sur plusieurs principes fondamentaux de justice sociale. Si l'inégalité des conditions de vie est due, au moins en partie, à des facteurs que les individus ne contrôlent pas, comme l'inégalité des dotations initiales transmises par la famille (héritage, capital culturel...) ou par la bonne fortune (dons particuliers, chance...), ce dont les individus ne peuvent être tenus responsables, alors il est juste que l'État cherche à améliorer de la façon la plus efficace possible le sort des personnes les plus défavorisées, c'est-à-dire de celles qui ont eu à faire face aux facteurs non contrôlables les plus défavorables (ceux qui n'ont eu aucun héritage, qui n'ont pas eu chance, etc.). Les théories modernes de la justice ont exprimé cette idée sous la forme du principe du « maximin », selon lequel la société juste doit chercher à accroître autant que possible les opportunités et conditions de vie minimales offertes par le système social, principe développé notamment dans les travaux de John Rawls (1921-2002). Mais on la retrouve également sous des formes explicites beaucoup plus anciennes, comme par exemple avec la notion traditionnelle selon laquelle des droits égaux aussi étendus que possible (droit à l'éducation, droit à un travail et à un revenu décents...) doivent être accordés à tous, notion très largement acceptée à un niveau théorique.

Le véritable conflit porte souvent davantage sur la façon la plus efficace de faire progresser réellement les conditions de vie des plus défavorisés et sur l'étendue des droits sociaux qu'il est possible d'accorder à tous que sur les principes abstraits de justice sociale. Par exemple, les différences de points de vue au sujet de la redistribution des patrimoines s'expliquent souvent par le fait que certains considèrent que de fortes inégalités de fortunes sont nécessaires pour la croissance et bénéfiques à long terme pour l'ensemble de la société (y compris pour les plus pauvres), alors que d'autres sont moins convaincus par cette affirmation. Pour faire progresser cette question, il est plus prometteur de mobiliser les connaissances économiques, sociologiques et historiques dont nous disposons concernant l'évolution des inégalités face au capital que de débattre de principes théoriques abstraits. De même, pour décider dans quelle mesure il est plus efficace de concentrer les moyens financiers sur la réduction de l'inégalité des chances (notamment face à l'école), ou bien sur l'égalisation *a posteriori* des conditions de vie (grâce à l'impôt progressif et aux transferts), il faut commencer par analyser les processus économiques et sociaux qui produisent ces inégalités et la réalité

Bibliographie

Thomas Piketty, L'Économie des inégalités, *La Découverte, « Repères », 4e éd., 2002, 128 pages. Plus court que Thomas Piketty,* Les Hauts Revenus en France au XXe siècle, Inégalités et redistribution. 1901-1998, *Grasset, 2001, 807 pages.*
Michel Pinçon, Monique Pinçon-Charlot, Sociologie de la bourgeoisie, *La Découverte, « Repères », nouvelle éd., 2003.*

pratique de ces politiques. Nous verrons également que pour déterminer le niveau souhaitable d'égalisation des revenus (par exemple, quel est le montant idéal du RMI ?), il est indispensable d'étudier les conséquences de la redistribution sur les incitations au travail.

PLAN

I. L'INÉGALITÉ CAPITAL/TRAVAIL

L'inégalité séparant les détenteurs de patrimoine de ceux qui n'ont hérité que de leur force de travail est la plus criante et la plus difficile à accepter des inégalités sociales. Il n'est donc pas étonnant que les critiques les plus virulentes du capitalisme se soient pendant longtemps concentrées sur cette opposition capital/travail, notamment depuis les travaux de Karl Marx (1818-1883). Cette inégalité fondamentale est également celle qui a le plus clairement diminué au cours du XXe siècle, et les facteurs politiques ont joué un rôle certain dans cette évolution favorable. On aurait tort cependant de voir dans cette évolution l'aboutissement logique et irréversible de la démocratie : elle est liée au contraire à des circonstances bien particulières, et un retour aux inégalités du XIXe siècle est parfaitement possible.

Les inégalités dans le long terme : la fin des rentiers

Si l'on examine l'évolution des inégalités de revenus et de patrimoines sur l'ensemble du XXe siècle, la transformation la plus importante concerne la fin des rentiers. À la veille de la première guerre mondiale, le sommet de la hiérarchie des revenus était dominé par des revenus de patrimoine extrêmement concentrés, et leur poids dans l'économie nationale était considérable. Ce groupe social a beaucoup perdu de sa superbe au cours du XXe siècle. En France, la part des 1 % des revenus les plus élevés (le « centile supérieur » de la distribution) est ainsi passée de plus de 20 % du revenu total des ménages en 1900-1910 à environ 7-8 % en 2000. Surtout, le nombre de personnes disposant de revenus de patrimoine suffisamment importants pour pouvoir se permettre d'en vivre a fortement diminué. Concrètement, cela signifie que si aujourd'hui vous rencontrez par hasard quelqu'un qui dispose de 8 000 € de revenu mensuel (ce qui correspond au seuil d'entrée dans le centile su-

Graphique A

Une diminution des inégalités de revenus en France au XXe siècle...

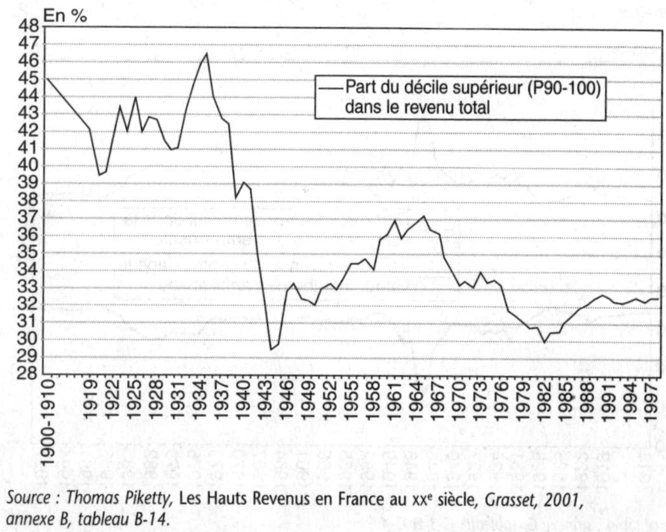

Source : Thomas Piketty, Les Hauts Revenus en France au XXe siècle, *Grasset, 2001, annexe B, tableau B-14.*

périeur de la hiérarchie des revenus), il y a toutes les chances qu'il s'agisse d'un cadre supérieur tirant l'essentiel de ses ressources de son salaire, avec éventuellement un petit supplément de revenu provenant de la location d'un appartement ou d'un placement financier. Il est fort peu probable que vous rencontriez quelqu'un percevant l'essentiel de ses 8 000 € mensuels sous forme de loyers ou de dividendes, tout simplement parce qu'il existe très peu de personnes dans cette situation. Si vous aviez pu mener cette expérience il y a un siècle, le résultat aurait été exactement inverse : avec un revenu équivalent (relativement au revenu moyen de l'époque), vous auriez sans doute eu affaire à un détenteur de patrimoine vivant de ses rentes. Pour simplifier, on peut dire que nous sommes passés d'une « société de rentiers » à une « société de cadres ».

Cette transformation n'est pas due à la disparition des revenus de patrimoine. En réalité, au niveau macroéconomique, les revenus du capital représentent la même part du revenu national aujourd'hui qu'il y a un siècle. Cette stabilité macroéconomique de la part du capital dans le revenu total s'observe dans tous les pays sur longue période, et elle était déjà considérée par John Maynard Keynes (1883-1946) comme la régularité la mieux établie de toute la science économique. La fin des rentiers s'explique par le fait que les patrimoines sont devenus nettement moins concentrés que par le passé. Les 1 % des successions les plus importantes représentaient au début du XXe siècle plus de 50 % du patrimoine total, contre moins de 20 % aujourd'hui. Le niveau proprement astronomique atteint par les grosses successions à la veille de la première guerre mondiale permet d'ailleurs de prendre la mesure du monde extrêmement inégalitaire dans lequel vivaient les théoriciens socialistes de la fin du XIXe siècle et du début du XXe siècle. Cela ne justifie pas les fausses solutions qui ont alors été proposées (abolition de la propriété privée et nationalisation intégrale de l'économie), dont on connaît aujourd'hui les désastres auxquels elles ont conduit, mais cela permet de mieux comprendre un certain nombre de choses.

On pourrait certes faire remarquer que les rentiers, même

Graphique B

… qui s'explique par l'effondrement des rentiers du centile supérieur au cours des années 1914-1945

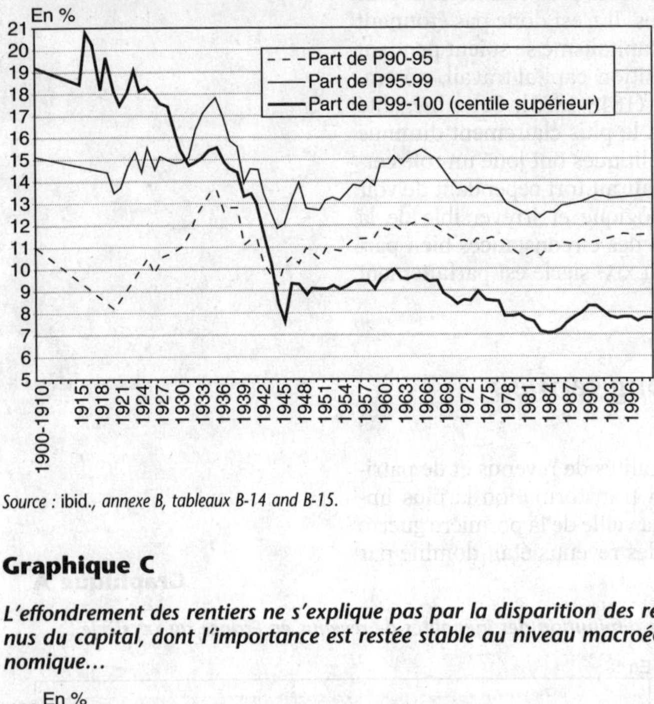

Source : ibid., *annexe B, tableaux B-14 and B-15.*

Graphique C

L'effondrement des rentiers ne s'explique pas par la disparition des revenus du capital, dont l'importance est restée stable au niveau macroéconomique…

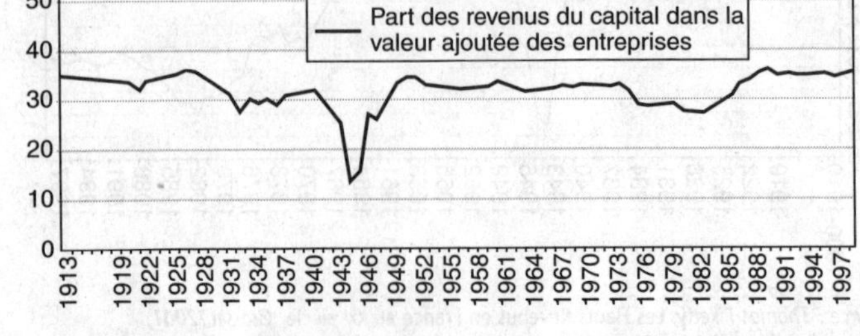

Source : ibid., *annexe G, tableaux G-3 et G-4.*

au temps de leur grandeur, n'ont jamais représenté plus que quelques % de la population, et que leur quasi-disparition n'a donc qu'une importance relative. Mais ce serait là commettre une erreur de perspective. Le centile supérieur de la distribution des revenus regroupe tout de même plus de 300 000 foyers (sur un total de plus de 30 millions), ce qui représente un groupe suffisamment visible dans le paysage social, sans compter que leur poids économique est très supérieur à 1 %. Pour prendre un point de comparaison, on peut rappeler que l'aristocratie ne représentait en 1789 qu'entre 1 % et 2 % de la population française. Il n'empêche que le passage d'une société aristocratique à une société bourgeoise a totalement restructuré le corps social et les perceptions des inégalités. Le passage d'une société de rentiers à une société de cadres au cours du XXe siècle représente un bouleversement d'une importance comparable. Le fait que les personnes vivant de revenus de patrimoines accumulés dans le passé n'aient plus aujourd'hui qu'une importance symbolique et ne constituent plus un groupe social en tant que tel explique dans une large mesure pourquoi le capitalisme ne connaît plus les contestations radicales exprimées il y a un siècle. La fin des rentiers a fortement contribué à légitimer les inégalités et à les rendre moins inacceptables : les inégalités passent aujourd'hui principalement à l'intérieur du travail et peuvent être plus aisément justifiées par des considérations méritocratiques que par le passé.

Graphique D

... mais par le fait que la concentration des patrimoines n'a jamais retrouvé le niveau astronomique du début du XXe siècle

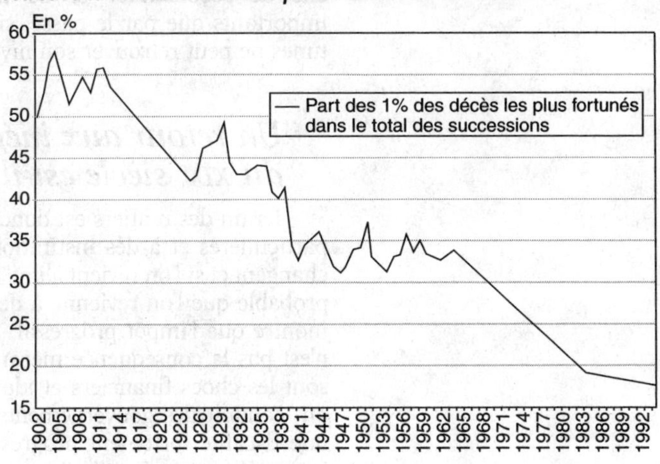

Source : ibid., annexe J, tableau J-11.

L'explication : les chocs des guerres et l'impôt progressif

Comment rendre compte de la fin des rentiers ? Une théorie optimiste consisterait à voir dans cette transformation la conséquence d'une évolution économique naturelle : les évolutions technologiques et organisationnelles des entreprises auraient progressivement conduit au remplacement des actionnaires bedonnants par les cadres compétents. C'est la marche en avant vers la rationalité technicienne qui aurait inexorablement conduit à une société plus juste et moins soucieuse des positions héritées du passé.

Graphique E

... ce qui s'explique notamment par l'apparition de l'impôt progressif sur le revenu et les successions

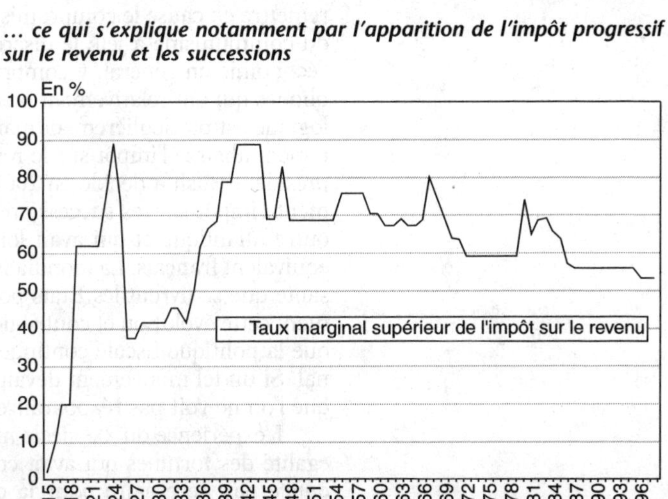

Source : ibid., annexe A, tableau A-2.

Malheureusement, rien dans les faits observés ne permet ne conforter cette vision optimiste. En réalité, la fin des rentiers s'explique pour l'essentiel par les chocs profonds subis par les détenteurs de patrimoines au cours des années 1914-1945 : destructions physiques de capital lors des deux guerres mondiales, faillites d'entreprises durant la crise économique des années 1930, élagage des patrimoines par l'inflation. Et si les rentiers ne se sont jamais complètement remis de ces chocs, en dépit du fait que les patrimoines et leurs revenus se sont parfaitement reconstitués au niveau macroéconomique, l'explication la plus vraisemblable est sans aucun doute l'arrivée sur la scène de la fiscalité progressive. Il n'existait pas d'impôt sur le revenu avant 1914, et le taux de l'impôt sur les successions n'était que de 1 % tout au long du XIXe siècle. Il s'agissait donc de conditions idéales pour accumuler des fortunes considérables. Après la première guerre mondiale, les taux de l'impôt sur le revenu et de l'impôt sur les successions atteignent des niveaux extrêmement élevés pour les contribuables les plus fortunés, et il devient très difficile de reconstituer et de transmettre des patrimoines aussi importants que par le passé, si bien que la concentration des fortunes ne peut retrouver son niveau d'avant 1914.

Un retour aux inégalités du XIXe siècle est-il possible ?

La fin des rentiers est donc due à des circonstances historiques particulières et à des institutions spécifiques. Si ces circonstances changent et si l'on revient à une fiscalité du XIXe siècle, alors il est fort probable que l'on revienne à des inégalités du XIXe siècle. L'histoire montre que l'impôt progressif, tel qu'il s'est appliqué au XXe siècle, n'est pas la conséquence mécanique de la démocratie politique. Ce sont les chocs financiers et idéologiques des années 1914-1945 qui ont conduit des gouvernements souvent hostiles à mettre en place une fiscalité fortement progressive. Le passage à une société plus juste n'était pas inscrit dans la marche vers la rationalité technicienne, et il ne l'était pas davantage dans l'avènement du suffrage universel.

De fait, à l'aube du XXIe siècle, plusieurs facteurs contribuent à remettre en cause le compromis fiscal du siècle précédent. La faillite du communisme a jeté le discrédit sur l'intervention de l'État dans l'économie en général, y compris sur les formes d'interventions publiques qui ont relativement bien fonctionné. Ce retournement idéologique est particulièrement marqué aux États-Unis. Après avoir fortement abaissé l'impôt sur le revenu pour les contribuables aisés, le président Bush a décidé en 2002 de supprimer purement et simplement l'impôt sur les successions, impôt qui avait vu le jour en 1916 outre-Atlantique et qui avait longtemps été plus progressif que son équivalent français. La mondialisation et la concurrence fiscale croissante que se livrent les États pour attirer les investissements accentuent cette évolution et contribuent à la propager en Europe, dès lors que la politique fiscale continue d'être déterminée à l'échelon national. Si un tel mouvement devait se confirmer, il serait fort étonnant que l'on ne voit pas réapparaître à terme une classe de rentiers.

L'expérience du XXe siècle montre également que la très forte inégalité des fortunes qui avait cours avant 1914 n'était de toute évidence pas nécessaire pour la croissance et le dynamisme économique : la réduction structurelle de la concentration des patrimoines qui a eu lieu entre 1914 et 1945 n'a pas conduit à un tassement de la croissance, bien au contraire. Cette expérience est certes insuffisante pour déterminer avec précision le degré optimal de dispersion des fortunes dans la société juste. Mais elle montre de façon claire qu'efficacité et égalité ne sont pas toujours des objectifs contradictoires. Lorsque la concentration de la richesse dépasse certaines limites, la redistribution n'est pas seulement souhaitable pour des raisons de justice sociale, mais également du point de vue de l'efficacité économique.

II. LES INÉGALITÉS FACE AU TRAVAIL

Si le XXe siècle a permis une réduction significative de l'inégalité capital/travail, il n'en pas été de même des inégalités face au travail, qui n'ont pas véritablement diminué sur longue période. En particulier, par-delà les fluctuations de court terme, les hiérarchies salariales sont restées extrêmement stables dans le long terme. Cette stabilité doit sans doute être mise en parallèle avec la permanence des écarts de formations et de qualifications, et avec le fait que la réduction de ces écarts constitue un défi autrement plus ardu que la fin des rentiers.

La permanence des inégalités de salaires

L'histoire de l'inégalité des salaires n'est pas un long fleuve tranquille. Que l'on utilise des indicateurs comme la part des hauts salaires (décile supérieur, centile supérieur, etc.) dans la masse salariale totale ou comme le rapport entre le décile le plus élevé et le décile le plus bas de la distribution, on observe une longue alternance de phases d'élargissement et de compression de la hiérarchie, au gré des ruptures économiques et politiques et de l'histoire propre à chaque pays. En France, la hiérarchie des salaires s'est comprimée pendant la première guerre mondiale, redressée pendant les années 1920, comprimée de nouveau pendant la seconde guerre mondiale, avant de s'élargir de façon significative de 1945 à 1968, date à partir de laquelle de forts relèvements du salaire minimum conduisent à une réduction sensible de la dispersion des salaires; cette phase de compression s'interrompt en 1982-1983 avec le blocage des salaires (entre 1968 et 1983, le pouvoir d'achat du SMIC a progressé de 130%, soit trois fois plus vite que le PIB!), et a été suivie dans les années 1980-1990 par un léger élargissement de la hiérarchie (l'élargissement serait plus marqué si l'on prenait en compte le nombre croissant de salariés exclus du marché du travail). Mais le phénomène le plus frappant est que chacune de ces phases a eu

Graphique F

Pendant ce temps, la hiérarchie des salaires n'a guère changé sur longue période

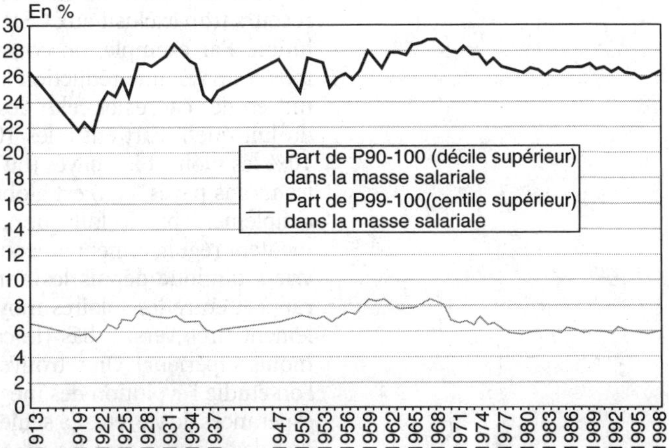

Source : ibid., annexe D, tableaux D-7 et D-16.

tendance à compenser les effets de la précédente, si bien que l'on n'observe aucune tendance claire sur longue période. Par exemple, la part des 10% des salariés les mieux rémunérés (le décile supérieur de la hiérarchie des salaires) a oscillé aux alentours de 25-28% de la masse salariale tout au long du XXe siècle, sans *trend* de long terme, ni à la hausse, ni à la baisse. Il en va de même des autres indicateurs : la part des 10% des salariés les moins bien rémunérés (le décile inférieur) a toujours gravité autour de 4-5%, la part des 1% les mieux payés (le centile supérieur) autour de 6-7%, etc.

Cette stabilité confirme tout d'abord que la chute de la part des hauts revenus dans le revenu total s'explique exclusivement par les chocs subis par les hauts revenus du capital et ne correspond nullement à un phénomène plus général de réduction des inégalités. Le pouvoir d'achat des salaires a été multiplié par cinq au cours du XXe siècle, mais la hiérarchie n'a pas changé. Les ouvriers agricoles et les domestiques, qui il y a un siècle constituaient la masse des salariés les moins bien rémunérés, ont quasiment disparu, mais la dispersion des salaires n'a pas diminué pour autant, contrairement aux prédictions de Simon Kuznets (1901-1985). Dans les années 1950, ce dernier avait défendu l'idée selon laquelle les transferts de main-d'œuvre du secteur rural vers le secteur urbain permettraient une réduction spontanée des inégalités dans les phases avancées du développement industriel. En réalité, les salariés ruraux ont été remplacés en bas de la distribution par des salariés urbains (caissières de supermarché, serveurs de restaurant, etc.), et les inégalités sont restées stables.

Cette stabilité montre également que le salariat a toujours constitué un monde fortement stratifié, bien avant que l'on ne se mette à le décrire comme tel. En particulier, les cadres, ou plus généralement les salariés à hauts salaires, ont toujours existé et n'ont pas attendu pour cela qu'on invente une catégorie socioprofessionnelle (CSP) permettant de leur donner un nom. C'est l'effondrement des rentiers qui a rendu les cadres plus visibles et qui a contribué à rendre plus pressante la nécessité de nommer le nouveau sommet la pyramide sociale. De fait, il est frappant de constater que le recensement de 1946, marqué par l'abandon de la catégorie des « rentiers » (utilisée dans tous les recensements précédents), est également celui où l'on utilise pour la première fois la CSP des « cadres » (auparavant, les salariés étaient uniquement classés comme « ouvriers » ou « employés »).

D'un point de vue méthodologique, il est également important d'attirer l'attention sur les erreurs d'appréciation que peut induire un recours trop exclusif aux CSP pour mesurer les inégalités et leur évolution. Par exemple, on constate toujours, en France comme dans tous les pays, une réduction substantielle du rapport entre le salaire moyen des cadres et celui des ouvriers sur longue période, en dépit du fait que l'écart entre les 10% des salariés les mieux payés et les 10% les moins bien payés (ou entre les 1% les mieux payés et les 1% les moins payés, etc.) est globalement stable. Ce paradoxe s'explique simplement par le fait que les effectifs de la CSP des cadres augmentent régulièrement au cours du temps (alors que le nombre d'ouvriers diminue depuis les années 1970), si bien que l'évolution du rapport entre les salaires moyens de ces deux groupes est artificiellement tirée vers le bas (le cadre « moyen » devenant de moins en moins supérieur). On retrouve le même biais de composition lorsque l'on étudie l'évolution des inégalités des taux de réussite scolaire, des espérances de vie, etc. La seule façon d'éviter ce type de biais est d'étudier des groupes dont les effectifs et la représentativité sociale restent stables au cours du temps, c'est-à-dire des déciles, centiles et autres fractiles. Cela n'implique évidemment pas qu'il faille se priver de cette précieuse source d'information que sont les CSP. L'idéal est sans doute de croiser les approches, en mesurant les inégalités en termes de fractiles de la hiérarchie sociale, tout en étudiant la composition des différents fractiles en termes de CSP.

Égalité et équité : le cas de l'école

Comment expliquer que les inégalités face au travail, notamment en termes de rémunération, ne se soient pas véritablement réduites au XXe siècle ? Ce résultat décevant s'explique sans doute en partie par le fait que l'inégalité capital/travail a d'une certaine façon monopolisé l'attention. En particulier, les inégalités entre travailleurs ont toujours tenu une place limitée dans les discours socialistes, qui ont pendant longtemps insisté sur le fait que les salariés formaient un groupe homogène, tout du moins par opposition à tout ce qui les sépare des détenteurs du capital.

Il existe toutefois des explications plus profondes. Si les inégalités face au travail sont restées stables, c'est d'abord du fait de la permanence des écarts de formations et de qualifications. Le développement de l'enseignement secondaire et supérieur a certes permis une élévation considérable des niveaux de formation au cours du XXe siècle. Mais il n'a pas mis fin à la stratification scolaire, bien au contraire. Grâce à la démocratisation de l'école, les enfants des travailleurs ruraux tout juste titulaires du certificat d'études primaires sont passés au niveau du brevet des collèges. Mais pendant ce temps-là, ceux qui étaient déjà au niveau du brevet des collèges sont passés au niveau du bac, ceux qui étaient au bac sont passés à bac +5, etc., si bien que la hiérarchie et l'ampleur des écarts entre les groupes ne se sont pas véritablement réduits. De multiples travaux ont par exemple montré que le recrutement des grandes écoles ne s'était guère démocratisé au cours du siècle écoulé. Pour réduire les inégalités éducatives, la profession de foi républicaine en défense de l'école obligatoire et gratuite ne suffit pas. L'inégalité des chances scolaires se transmet au sein de chaque famille, en fonction des lectures, des attentes, des réseaux offerts par les parents. Il est nettement plus difficile de réduire l'inégalité du capital humain que l'inégalité du capital physique.

C'est dans ce contexte que s'est développé le débat entre égalité et équité des politiques éducatives. Pour les tenants de *l'affirmative action* (la discrimination positive), l'égalité des moyens éducatifs offerts à chacun (la même école publique gratuite pour tous) ne suffit pas : pour contrecarrer les effets de la transmission intergénérationnelle des inégalités scolaires, l'équité exige que l'école donne plus à ceux qui ont moins dans leur famille d'origine. En France, les tenants de l'égalité républicaine considèrent au contraire que le principe d'équité risque d'aboutir à la stigmatisation de certains groupes sociaux ou communautés, désignés publiquement comme inférieurs et nécessitant des ressources supérieures pour réussir.

En pratique, plusieurs types de politiques d'*affirmative action* méritent d'être distingués. La forme la plus extrême est la politique des quotas. De nombreuses universités américaines ont ainsi développé depuis les années 1970 des systèmes de quotas pour les étudiants originaires de minorités ethniques (en particulier pour les étudiants noirs), ou encore des systèmes permettant de donner un certain nombre de points d'avance à ces étudiants dans les examens d'admission à l'université. À une échelle plus réduite, un dispositif préférentiel a été introduit en 2002 par Sciences-Po pour attirer des lycéens issus de banlieues défavorisées, provoquant un vif débat en France. Il ne fait pourtant aucun doute que des politiques aussi volontaristes peuvent être nécessaires dans certains cas, notamment lorsqu'il s'agit de lutter contre les pratiques discriminatoires subies par tel ou tel groupe, par exemple de la part des employeurs (ce qui peut avoir eu pour effet de décourager les personnes en question d'entreprendre des études supérieures).

En l'absence de pratiques discriminatoires caractérisées, il est généralement plus adapté d'utiliser des formes d'*affirmative action* moins extrêmes que les quotas, comme par exemple des financements plus importants pour les écoles ou les élèves les plus défavorisés. L'exemple typique de telles politiques est celui des ZEP (zones d'éducation prioritaires) en France. Le principe est que les établissements classés en ZEP reçoivent des ressources supplémentaires (effectifs plus réduits dans chaque classe, primes pour les enseignants, etc.). En pratique cependant, ces ressources supplémentaires sont d'un montant insuffisant et ne permettent absolument pas de compenser l'énorme déficit de moyens dont souffrent au départ les établissements les moins bien dotés. D'une part, le financement des écoles dépend non seulement de l'État (qui en principe égalise les ressources sur le territoire), mais également des collectivités territoriales (communes, départements, régions), notamment pour ce qui concerne les infrastructures, ce qui peut engendrer des inégalités importantes entre écoles. D'autre part et surtout, les établissements des banlieues défavorisées disposent dans la réalité des faits de moyens plus faibles que les autres en termes de personnel enseignant (en dépit du fait que les enseignants sont pris en charge par l'État et devraient donc en principe être répartis de façon égalitaire), dans la mesure où ils doivent souvent se contenter de vacataires au statut précaire et de professeurs peu expérimentés, pour la bonne et simple raison que les enseignants qui ont suffisamment de points pour être mutés fuient ces établissements (les primes offertes en ZEP sont nettement trop faibles pour espérer pouvoir contrebalancer cet effet massif). En France actuellement, les élèves socialement les moins favorisés bénéficient généralement de financements publics effectifs pour leur éducation inférieurs à ceux dont bénéficient les élèves les plus favorisés. De ce point de vue, le débat entre égalité et équité apparaît un peu académique : avant d'envisager de donner plus à ceux qui ont moins, ce ne serait déjà pas si mal de parvenir à leur donner autant…

Cette situation est d'autant plus regrettable que même si les moyens financiers derniers étaient répartis de façon égalitaire, les élèves issus de milieux défavorisés continueraient de faire face à une inégalité fondamentale, liée au fait qu'ils auraient plus de chances d'avoir dans leur classe une forte proportion d'élèves issus du même milieu qu'eux. Or de nombreuses études montrent que ces *peer effects* (comme les appellent les sociologues et économistes anglo-saxons), c'est-à-dire les effets sur sa propre réussite scolaire de la réussite et du niveau moyen de ses pairs, comptent souvent beaucoup plus que la qualité des enseignants, le nombre d'élèves par classe, etc. Pour contrecarrer les « effets de pairs », il faudrait que les politiques de logement assurent une certaine mixité sociale entre les quartiers, ou encore que la carte scolaire garantisse de façon volontariste la mixité sociale des établissements, en transportant vers les écoles des quartiers riches une partie des élèves des quartiers pauvres (et inversement), à la manière des politiques de *busing* (du nom des bus servant à transporter les élèves) expérimentées aux États-Unis dans les années 1960-1970 pour lutter contre la ségrégation raciale. La difficulté centrale rencontrée en pratique par ces politiques est l'extraordinaire résistance des parents de milieux favorisés, qui sont souvent prêts à tout, du déménagement au contournement de la carte scolaire, pour garantir à leur enfant le meilleur environnement social possible, quelles que soient les conséquences pour les élèves de milieux défavorisés. Il est vrai que la décision prise par des parents individuels donnés a un impact imperceptible sur le reste des élèves et un impact certain sur son propre enfant, si bien qu'il est tentant de faire le choix de l'intérêt de ce dernier, surtout si l'on suspecte les autres de faire de même. Il s'agit d'un exemple typique où la mise en place de la société juste se heurte à un problème presque insurmontable de coordination : il est fort possible que chacun préférerait que l'on s'engage collectivement pour la mixité sociale, mais soit incapable de respecter individuellement cet engagement.

Égalité des chances et égalité des conditions de vie

Pour combattre les inégalités professionnelles, il est évidemment préférable de s'attaquer aux racines mêmes de l'injustice, c'est-à-dire aux disparités de qualifications et à l'inégalité des chances, notamment face à l'école. Malheureusement, il n'est généralement pas possible de faire disparaître complètement l'inégalité des chances. Dans ces conditions, il est juste de chercher à limiter l'inégalité des conditions de vie découlant de l'inégalité des chances, grâce en particulier à des systèmes d'impôts et de transferts, l'impôt payé par les salaires élevés permettant de financer des transferts pour les salaires faibles, par exemple sous la forme d'un RMI ou d'un impôt négatif.

La réduction de l'inégalité des conditions de vie au moyen d'impôts et transferts joue également un rôle d'assurance sociale. Les inégalités face au travail sont en effet déterminées par bien d'autres facteurs que les écarts de formation initiale : elles dépendent des aléas de la trajectoire professionnelle, du hasard des rencontres, etc., facteurs qui sont autant de risques du point de vue des individus. En allouant des transferts aux personnes victimes de chocs négatifs, financés par des impôts acquittés en cas de choc positif, la redistribution permet de limiter les conséquences de ces risques. L'égalité des chances et l'égalité des conditions de vie sont de ce point de vue des objectifs complémentaires et non pas substituables, et il serait donc vain de les opposer.

Toute la question est de savoir jusqu'où on doit aller dans l'égalisation des conditions de vie. Il ne fait aucun doute que l'égalisation complète n'est pas un objectif souhaitable. Si tous les revenus étaient taxés à un taux de 100 % et redistribués intégralement sous forme d'un transfert forfaitaire égal pour tous, indépendamment du salaire obtenu par les uns et les autres, alors les incitations monétaires au travail seraient tellement faibles que le niveau du transfert en question serait dérisoire. Dans la logique du maximin rawlsien, un objectif *a priori* raisonnable consisterait à poursuivre l'égalisation des conditions de vie jusqu'à ce que cela cesse d'être dans l'intérêt des plus défavorisés. Autrement dit, l'inégalité juste est celle qui permet de financer le revenu minimum (ou *basic income*) le plus élevé possible.

Cet objectif d'inspiration rawlsienne a parfois été critiqué au motif qu'il légitimait par avance l'idée qu'il puisse exister des inégalités justes. En réalité, il s'agit d'un principe extrêmement exigeant (pour justifier une inégalité, il faut démontrer qu'elle est dans l'intérêt des plus pauvres), et son application stricte conduirait selon toute vraisemblance à une augmentation importante des transferts redistributifs. Il existe certes de très grandes incertitudes quant au montant maximum des transferts qu'il est possible de financer, et il serait naïf de prétendre pouvoir apporter une réponse parfaitement « scientifique » à cette question, qui fait d'ailleurs l'objet de profonds conflits politiques. Tout dépend en pratique de ce que les économistes appellent l'élasticité de l'offre de travail : dans quelle mesure une augmentation du taux d'imposition conduit-elle à une baisse importante de la quantité de travail fournie par les contribuables ? Si les revenus et trajectoires professionnelles individuelles dépendent avant tout de déterminismes sociaux et de choix non monétaires des individus, alors l'élasticité de l'offre de travail est faible et on peut financer sans risque une redistribution importante. Inversement, si les actions individuelles et les choix monétaires jouent un rôle essentiel dans la génération des inégalités, alors l'élasticité est forte et la redistribution a tout intérêt à être d'une ampleur limitée. Ce paramètre d'apparence faussement technique est difficile à estimer avec précision, mais on peut toutefois noter que la plupart des études disponibles suggèrent que l'élasticité de l'offre de travail est suffisamment faible pour qu'il soit possible de financer un revenu minimum plus élevé que celui actuellement en vigueur dans un pays comme la France.

L'objectif de maximisation du revenu minimum se heurte également à une critique d'une autre nature. Les titulaires du revenu minimum sont-ils systématiquement les personnes les plus défavorisées de la société (c'est-à-dire, rappelons-le, celles qui ont été le moins bien dotées par leur famille et la bonne fortune), ou bien ne trouve-t-on pas également un certain nombre de personnes qui ont fait le choix d'une existence sans travail ? Comme le note John Rawls lui-même, la société juste ne consiste pas à offrir un revenu garanti aussi élevé que possible aux surfers de Malibu. Dans cette perspective, nombreux sont ceux qui proposent de demander en échange du revenu minimum des contreparties en termes de recherche d'emploi et d'obligation d'accepter les postes proposés. En pratique, la difficulté est que ces contreparties peuvent facilement conduire à un système relativement bureaucratique et tatillon de travail forcé (*workfare* en anglais, par opposition au *welfare* et à ses transferts inconditionnels), ce qui peut entraîner des conséquences négatives non seulement pour les libertés individuelles mais également pour l'efficacité économique. Comme l'ont noté avec force les défenseurs du revenu minimum inconditionnel (revenu minimum garanti accordé à tous sans contrepartie), les contreparties ont souvent pour conséquence paradoxale que ceux qui ont réussi à remplir les conditions pour toucher le transfert peuvent avoir intérêt à se cramponner à leur droit acquis et à ne prendre aucun risque, de peur de tout perdre s'ils prennent temporairement un emploi et tentent ensuite de retrouver leurs droits. Dans la mesure du possible, il est sans doute préférable de manier la carotte plutôt que le bâton, avec un revenu minimum inconditionnel et des incitations financières à la reprise d'emploi suffisamment importantes pour que l'immense majorité des personnes préfèrent travailler (ce qui est le cas en pratique).

Les SES pour une société juste ?

Il va de soi que les questions évoquées ici ne sauraient en aucun cas épuiser la complexité des débats et des interrogations autour de la justice sociale et de la société juste. De multiples autres dimensions du problème jouent un rôle crucial dans les débats contemporains, comme par exemple celle de la justice entre générations (notamment à travers la question des retraites), des inégalités face à la santé, au temps de travail, etc. La diversité des questions évoquées permet toutefois de confirmer un point important. Pour comprendre comment se présente la question de la justice sociale dans tel ou tel contexte, il est toujours nécessaire de mobiliser des savoirs très différents et de croiser les approches, économiques, sociologiques, historiques, etc. En permettant d'analyser les processus générateurs d'inégalités et les conséquences de différents outils de redistribution, et surtout en déplaçant les faux débats idéologiques vers des enjeux plus profonds, les sciences économiques et sociales peuvent ainsi espérer apporter leur modeste contribution à la mise en place d'une société plus juste.

Thomas Piketty

Synthèse et révision

En répondant aux questions suivantes, vous allez pouvoir préparer, chez vous et/ou en classe, une synthèse des connaissances fondamentales à acquérir sur un grand thème du programme. Cet exercice va vous permettre de construire vous-même dès maintenant la fiche qui vous sera indispensable au moment de vos révisions parce qu'elle contient ces connaissances de base. L'expérience montre que ce travail, complété par la maîtrise systématique des mots clés, est beaucoup plus efficace que la lecture de fiches « toutes prêtes » ou d'autres produits miracles.

Questions

Introduction

1. Sur quels principes de justice sociale existe-t-il un certain consensus ?
2. Par conséquent, sur quoi le débat porte-t-il ?

I. L'inégalité capital/travail

3. Qu'est-ce que l'opposition capital/travail ?
4. Qu'est-ce qu'un rentier ?
5. Pourquoi l'auteur parle-t-il de « fin des rentiers » ?
6. Peut-on assister à un retour des rentiers ?

II. Les inégalités face au travail

7. Les inégalités face au travail ont-elles évolué comme l'inégalité capital/travail ?
8. Comment la hiérarchie salariale évolue-t-elle sur une longue période ?
9. Le salariat est-il un monde stratifié ?
10. Comment expliquer le maintien des inégalités face au travail ?
11. Expliquez la différence entre équité et inégalité.
12. Qu'est-ce qui justifie l'*affirmative action* ?
13. Quelles sont les limites de l'*affirmative action* ?
14. Qu'est-ce qui justifie la réduction de l'inégalité des conditions de vie ?
15. Jusqu'où aller dans cette réduction ?
16. Qu'est-ce qu'une inégalité juste selon Rawls ?
17. Faut-il maximiser le revenu minimum garanti ?
18. Comment les SES peuvent-elles contribuer à la mise en place d'une société plus juste ?

Mots clés

Inégalités • PCS • Patrimoine • Revenu • Société démocratique • Justice sociale • Équité • Incitations • Méritocratie • Exploitation • Capital économique • Capital social • Capital culturel • Reproduction.

Dossier 1

L'inégalité sociale devant la mort

En 1996, l'espérance de vie à la naissance des femmes est de 82 ans, celles des hommes de 74 ans. La notion d'inégalité sociale devant la mort ne désigne pas habituellement cette surmortalité masculine mais les différences de mortalité en fonction de la catégorie sociale.

Document 1

Mortalité des hommes suivant la catégorie socioprofessionnelle sur la période 1982-1996

Catégorie socioprofessionnelle	Probabilité de décéder entre 35 et 65 ans (en %)	Espérance de vie à 35 ans (en années)
Cadres, professions libérales	**13,0**	**44,5**
Cadres de la fonction publique, professions intellectuelles et artistiques	12,0	46,0
Cadres d'entreprise	13,5	43,5
Professions libérales	15,0	44,0
Agriculteurs exploitants	**15,5**	**43,0**
Professions intermédiaires	**17,0**	**42,0**
Artisans, commerçants, chefs d'entreprise	**18,5**	**41,5**
dont :		
– Chefs d'entreprise	12,5	43,5
– Artisans	18,5	41,5
– Commerçants et assimilés	19,5	41,0
Employés	**23,0**	**40,0**
Personnels des services directs aux particuliers	33,0	36,5
Ouvriers	26,0	38,0
Ouvriers qualifiés	24,5	38,5
Ouvriers agricoles	27,0	37,5
Ouvriers non qualifiés	29,0	37,0
Ensemble	**22,0**	**40,0**

Source : INSEE, échantillon de mortalité de 1982, in Annie Mesrine, « Les différences de mortalité par milieu social restent fortes », INSEE, Données sociales 1999*.*

Document 2

Évolution de la mortalité des hommes selon les groupes sociaux de 1975 à 1995

Groupe socioprofessionnel (nomenclature de 1982)	Période 1975-1980 (activité en 1975)	Période 1990-1995 (activité en 1990)
	Risque de mortalité par rapport aux cadres	Risque de mortalité par rapport aux cadres
Agriculteurs exploitants	1,3	1,3
Artisans, commerçants	1,4	1,3
Cadres, professions libérales	1,0	1,0
Professions intermédiaires	1,2	1,3
Employés	2,0	2,2
Ouvriers qualifiés	1,9	2,0
Ouvriers non qualifiés	2,6	2,4

Champ : hommes âgés de 30 à 64 ans en début de période (par exemple, le 1er janvier 1982 sur 1982-1987), Français nés en France métropolitaine.
Lecture : le groupe des cadres et des membres des professions libérales est pris comme référence; pour les hommes âgés de 30 à 64 ans au début de 1975, le risque de mortalité vaut 1,9 pour le groupe des ouvriers qualifiés sur la période 1975-1980; ceci signifie que, sur cette période, les ouvriers qualifiés avaient à chaque âge une probabilité de mourir 90 % plus forte que les cadres du même âge.
Source : INSEE, échantillon démographique permanent, in Annie Mesrine, « Les différences de mortalité par milieu social restent fortes », ibid.

Questions sur l'ensemble du dossier

1. À partir du document 1, comparez les risques de mortalité entre 35 et 65 ans des catégories les plus dissemblables par rapport à ce phénomène. Comparez la hiérarchie de la mortalité et la hiérarchie sociale.
2. Comment l'inégalité a-t-elle évolué ? [*doc. 2*]
3. Quel est l'avantage de la méthode dont les résultats sont présentés dans la note de lecture des graphiques ? [*doc. 3*]
4. Commentez les facteurs qui influencent la mortalité relative des hommes actifs. [*doc. 3*]
5. Même question pour les hommes mariés actifs.
6. Même question pour les femmes mariées actives.
7. Comment a évolué la surmortalité des chômeurs ? [*doc. 4*]
8. Peut-on établir un lien de causalité (et lequel) entre le chômage et les facteurs qui influencent la mortalité ? [*doc. 5*]
9. Dans quelle mesure l'inégalité sociale devant la mort résume-t-elle les inégalités économiques et sociales étudiées dans ce livre ? [*doc. 6*]

Document 3

Les risques de mortalité d'un individu selon quelques caractéristiques personnelles ou familiales sur la période 1982-1996

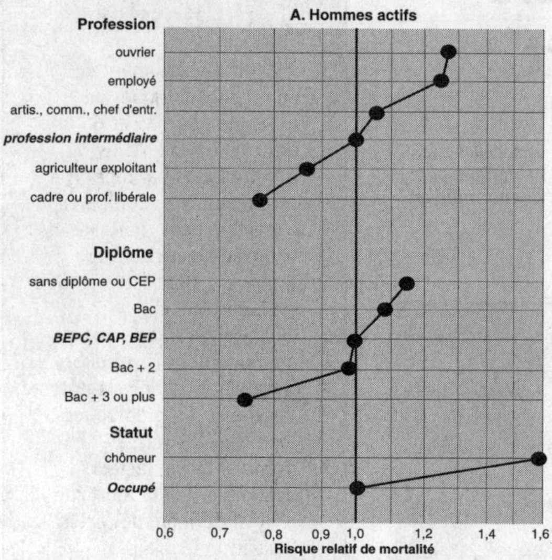

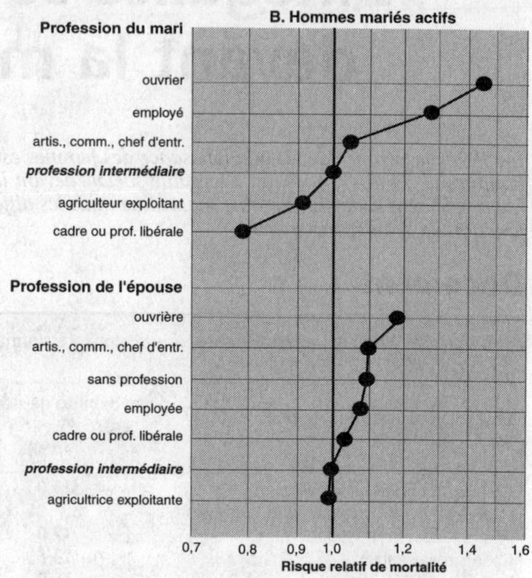

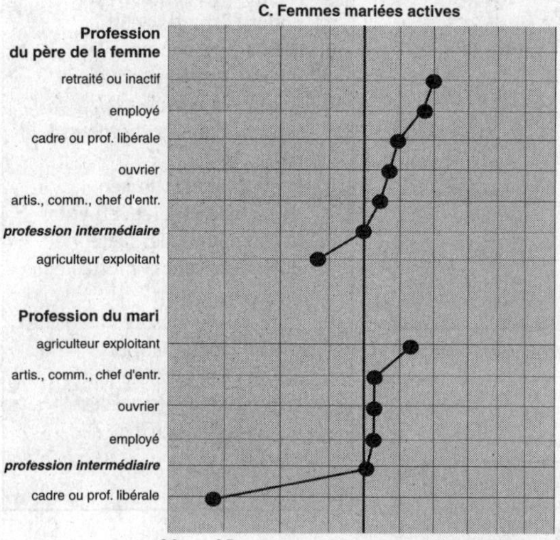

Lecture : on part d'une situation de référence arbitraire à laquelle on associe un risque de mortalité égal à 1. Les données sont représentées sur échelles logarithmiques.
– Un homme actif exerçant une profession intermédiaire, de niveau BEPC, et occupant son emploi a un risque de mortalité fixé à 1 [graphique A]. Par un modèle de durée, on calcule qu'un chômeur a un risque de mortalité (1,62) plus de 60 % supérieur à celui d'un homme du même âge ayant les mêmes caractéristiques (groupe social, diplôme), mais qui ne serait pas chômeur. Cet écart mesure l'effet propre du chômage sur la mortalité.
– Pour les hommes mariés [graphique B], on fixe à 1 le risque de mortalité d'un homme exerçant une profession intermédiaire dont l'épouse exerce elle aussi une profession intermédiaire. Un ouvrier a alors un risque de mortalité (1,46) 80 % plus élevé que celui d'un cadre du même âge (0,80) dès lors que leurs épouses appartiennent au même groupe social. Cet écart mesure l'effet propre de groupe social de l'homme sur sa mortalité, indépendamment du groupe social de son épouse. De même, à groupe social identique, un homme actif marié à une ouvrière a un risque de mortalité 18 % plus élevé qu'un homme actif marié à une femme agricultrice.
– Pour les femmes mariées [graphique C], on fixe à 1 le risque de mortalité d'une femme exerçant une profession intermédiaire dont le mari exerce lui aussi une profession intermédiaire. Si leurs maris appartiennent au même groupe social, une fille d'agriculteur exploitant a un risque de mortalité inférieur de 17 % à celui d'une fille d'ouvrier du même âge lorsqu'elles sont actives (0,90 contre 1,08). Il est inférieur de 23 % lorsqu'elles sont inactives (0,91 contre 1,18). Ces écarts mesurent l'effet propre de l'origine sociale de la femme, indépendamment du groupe social de son mari. La profession du père est celle exercée lorsque la femme avait 10 ans.

Source : INSEE, échantillon de mortalité de 1982, in Annie Mesrine, « Les différences de mortalité par milieu social restent fortes », ibid.

Document 4

Risque de mortalité des chômeurs comparé au risque des actifs ayant un emploi

	Période 1975-1980 (situation en 1975)	Période 1982-1987 (situation en 1982)	Période 1990-1995 (situation en 1990)
Actifs occupés	*1,0*	*1,0*	*1,0*
Chômeurs	3,2	2,7	3,1

Champ : hommes âgés de 30 à 64 ans au 1er janvier de l'année d'observation de l'inactivité ou du chômage, Français nés en France métropolitaine, hors retraités, étudiants et militaires du contingent.
Lecture : les actifs occupés sont pris comme référence ; entre 1982 et 1987, les hommes de 30 à 64 ans chômeurs en 1982 ont, à tout âge, une probabilité de décès 2,7 fois plus forte que les actifs du même âge qui avaient un emploi en 1982.
Source : INSEE, échantillon démographique permanent, in Annie Mesrine, « Les différences de mortalité par milieu social restent fortes », ibid.

Document 5

Mortalité et chômage

L'interaction entre chômage et santé peut jouer dans les deux sens : un homme en mauvaise santé a plus de risques de se retrouver au chômage ; à l'inverse, la santé peut être altérée par le chômage. Celui-ci est une situation temporaire mais les allers et retours entre chômage et emploi peuvent se multiplier. Parmi les hommes de 30 à 49 ans, plus de la moitié (55 %) de ceux qui étaient chômeurs en 1982 occupaient un emploi en 1990, mais trois

sur dix étaient de nouveau chômeurs et un sur sept inactif.
La montée du chômage touche en premier les individus les moins qualifiés ou les plus fragiles, puis s'étend à des catégories moins exposées. La surmortalité des chômeurs devrait donc diminuer au fur et à mesure qu'ils deviennent plus nombreux; ainsi, entre les années 1970 et 1980, elle est passée de 3,2 à 2,7. Au début des années quatre-vingt-dix, bien que le chômage ait continué à augmenter, la mortalité relative des chômeurs s'est légèrement accrue pour retrouver son niveau de 1975. Ceci pourrait traduire une aggravation relative de leurs conditions de vie : chômage de longue durée, dégressivité de l'allocation chômage, précarité de l'emploi lorsqu'ils retrouvent du travail. [...]
La surmortalité des chômeurs pourrait être due à des effets de structure. En effet, diplôme, groupe socioprofessionnel et chômage sont liés : par exemple, le chômage touche davantage les ouvriers qui ont par ailleurs une mortalité plus forte. Cependant, on peut mesurer l'effet d'une variable en neutralisant les effets des autres. La surmortalité de ceux qui ont connu le chômage subsiste. Dans tous les groupes sociaux et quel que soit le niveau de diplôme, un homme au chômage en 1982 a eu, de 1982 à 1996, une probabilité annuelle de mourir en moyenne 60 % plus forte qu'un actif du même âge occupé en 1982 [*voir doc. 3, graphique A*]. ■

Annie Mesrine, « Les différences de mortalité par milieu social restent fortes », ibid.

Document 6

La persistance de l'inégalité sociale face à la mort

Pour une large part, la baisse de la mortalité s'explique par l'amélioration de l'hygiène et des conditions sanitaires, et par les progrès médicaux. Elle a profité à l'ensemble du corps social. Cependant, les conditions de vie, les comportements et les consommations, l'attitude face à la santé ou le recours au système de soins sont très variables d'un individu à un autre.
[...] Le classement en matière de mortalité rappelle la hiérarchie sociale, telle qu'on la perçoit à travers d'autres variables (niveau d'éducation, revenu, etc.). La seule exception notable concerne les agriculteurs, dont la mortalité est relativement faible : ils se classent au niveau des cadres moyens. [...] Des disparités existent aussi pour les femmes en fonction de leur métier. La hiérarchie des catégories est à peu près la même, mais les écarts sont plus ténus que pour les hommes. Pour les femmes cadres, la probabilité de décès entre 35 et 60 ans, calculée sur la période 1980-1989, est de 5,1 %. Pour les ouvrières non qualifiées, elle s'élève à 7,7 %. Si on classe les femmes vivant en couple en fonction de la catégorie socioprofessionnelle de leur conjoint, on obtient un classement identique à celui des hommes. Ce résultat tend à conforter un effet de milieu plutôt qu'un effet lié au métier lui-même.
Les plus fortes disparités relatives entre les catégories sociales sont dues aux tumeurs de l'œsophage et des voies respiratoires. Elles conduisent à incriminer la consommation d'alcool et de tabac, mais aussi l'environnement de travail, notamment pour les tumeurs des bronches et des poumons.
Contrairement à certaines idées reçues, le risque de décès par maladie cardiovasculaire n'est pas spécifique aux cadres : il est plus fort pour les membres des catégories défavorisées. [...]
Ces résultats s'expliquent plutôt par des différences d'attitude face à la santé et au système de soins. Les maladies hypertensives, par exemple, sont moins souvent fatales dans les catégories aisées, où elles sont dépistées et traitées plus systématiquement. Ainsi, les progrès médicaux profitent d'abord à ceux qui sont les plus familiers du système de soins.
C'est en partie pour de telles raisons que les disparités sociales en matière de mortalité se sont maintenues et se sont même légèrement aggravées au cours des dernières décennies, malgré la croissance économique. ■

Guy Desplanques, in *INED*, Populations, l'état des connaissances, *La Découverte, 1996.*

Dossier 2

La persistance des inégalités hommes-femmes

Introduction

Ségrégation, discrimination, non-mixité, rapports sociaux de sexe, division sexuelle du travail : tous ces termes nous renvoient à l'analyse des inégalités de sexe, c'est-à-dire à l'étude d'une des inégalités qui traversent l'ensemble du monde social.

Qu'est-ce que la division sexuelle du travail ?

Calquée sur un concept classique – la division sociale du travail –, la notion de division sexuelle du travail traite d'un mécanisme simple à décrire, mais bien plus complexe à analyser. Elle indique tout d'abord que le travail ne se distribue pas de façon neutre, qu'hommes et femmes ont des positions différentes dans l'univers du travail professionnel et domestique. La division sexuelle du travail s'appuie donc sur une appréhension élargie du concept de travail qui englobe le professionnel et le domestique. Ou, plus exactement, elle rend compte de l'imbrication des deux

Questions sur l'ensemble du dossier

1. Que traduisent les courbes bimodales ? Que traduit la forme de la courbe du taux d'activité des femmes en 1991 ? [*doc. 1*]
2. Quel est l'intérêt de l'approche longitudinale ? Le développement de l'activité des femmes est-il un effet d'âge ou de génération ? [*doc. 3*]
3. Quelles sont les caractéristiques de la féminisation massive du salariat ? [*doc. 1, 2, 3 et 4*]
4. Dans quelle mesure les écarts de salaire entre hommes et femmes relèvent-ils d'un effet de structure ? [*doc. 4 et 6*]

sphères : si hommes et femmes ne sont pas en situation d'égalité professionnelle, c'est aussi parce qu'il y a une division inégalitaire des tâches dans la famille. Partant de l'hypothèse que les rapports sociaux entre les sexes sont antagoniques, le concept de division sexuelle du travail propose une lecture critique de la répartition des activités. C'est une des grilles pour analyser les inégalités entre hommes et femmes, pour penser la différence des sexes dans le travail et à partir du travail.

Margaret Maruani

Document 1

A. Taux d'activité des femmes

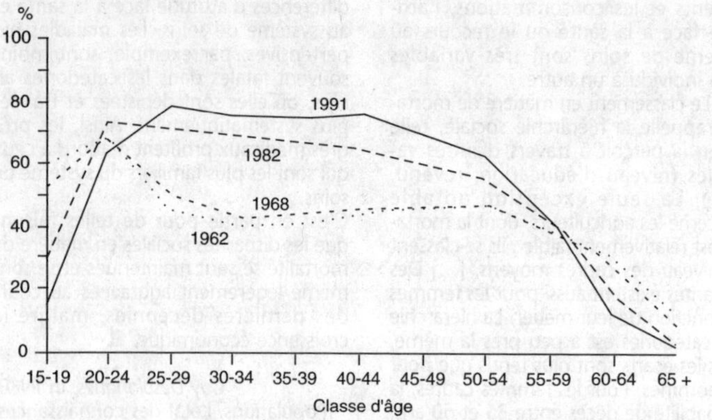

Source : Margaret Maruani, « L'emploi féminin à l'ombre du chômage », ARSS n° 115, décembre 1996.

B. Taux d'activité des femmes et des hommes selon l'âge (en %)

	Femmes	Hommes	Ensemble
15-24 ans	26,5	33,1	29,9
25-39 ans	78,9	94,6	86,7
40-49 ans	80,6	95,1	87,7
50-59 ans	64,8	80,5	72,5
60 ans et plus	3,3	5,0	4,0
Ensemble	**48,3**	**61,8**	**54,7**

Source : INSEE, enquêtes « Emploi », 2001.

Document 2

Transformations de la structure des actifs de 25 à 60 ans selon le sexe et le diplôme entre la génération 1940 et la génération 1960 en 1990 (en %)

Diplôme	Hommes		Femmes		Ensemble	
	Génération 1940	Génération 1960	Génération 1940	Génération 1960	Génération 1940	Génération 1960
Supérieur au bac	12,5	18,6	13,2	24,4	12,8	21,1
Bac	9,7	13,4	9,9	17,7	9,8	15,2
CAP, BEP	25,4	36,7	17,0	26,7	21,8	32,5
BEPC	5,7	7,5	10,1	9,2	7,6	8,2
CEP	22,7	3,0	29,3	4,1	25,6	3,4
Pas de diplôme	24,0	20,8	20,5	18,0	22,5	19,6
Ensemble	**100**	**100**	**100**	**100**	**100**	**100**

Source : INSEE, enquêtes « Emploi » de 1975 à 1994, ibid.

Questions sur l'ensemble du dossier

(suite)

5. Que signifie l'expression « la double journée de travail des femmes actives » ? [*doc. 9 et 10*]
6. Que traduit l'inégalité du partage des tâches domestiques en matière de socialisation des individus ? [*doc. 9 et 10*]
7. Quelles formes peuvent prendre les inégalités entre hommes et femmes face à l'emploi et aux conditions de travail ? [*doc. 5, 11 et 12*]
8. En quoi le travail à temps partiel est-il un marqueur social pour les femmes ? [*doc. 10 et 12*]
9. Analysez le passage souligné dans le document 12.
10. Quel est l'impact de la loi sur la parité ? [*doc. 13, 14*]
11. Quelles sont les stratégies des partis politiques pour atténuer la représentation des femmes dans la vie politique ? [*doc. 13, 14*]
12. Une présence des femmes dans la vie politique française ne passe-t-elle pas par une redéfinition des rôles sociaux masculins et féminins ? [*doc. 13, 14*]

Document 3

Taux d'activité féminins par âge et génération

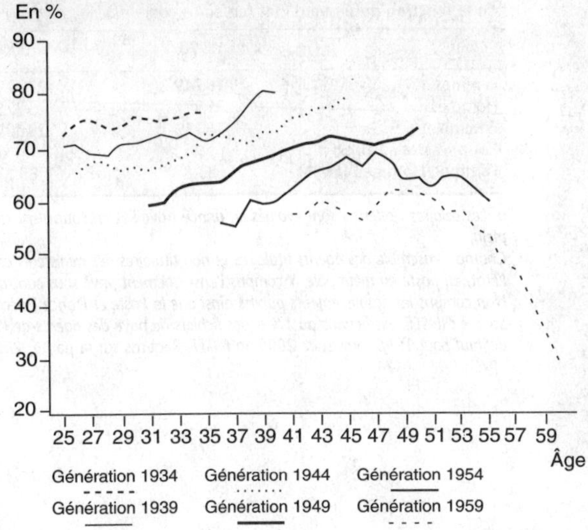

Source : INSEE, enquêtes « Emploi » de 1975 à 1994, in Économie et statistique *n° 300, 1996.*

Document 4

Répartition des diplômes à la sortie du système scolaire (en %)				
	Hommes		Femmes	
	Ensemble	Salariés à temps complet	Ensemble	Salariés à temps complet
CEP au plus	23,7	23,1	25,2	17,5
BEPC	6,4	6,4	9,0	8,6
CAP, BEP	37,9	40,8	26,3	29,3
Sous-total diplôme inférieur au bac	*67,2*	*70,3*	*60,5*	*55,4*
Bac professionnel	7,2	7,1	8,4	10,9
Bac général	5,3	5,1	8,2	8,9
BTS, DUT, DEUG	9,9	9,4	17,7	16,5
2e et 3e cycle universitaire	6,2	3,7	8,4	6,2
Grandes écoles	4,3	4,1	1,7	2,1
Sous-total « au moins le bac »	*32,8*	*29,7*	*39,5*	*44,6*
Total	**100**	**100**	**100**	**100**

Champ : salariés (hors enseignants) âgés de 45 ans au plus.
Source : INSEE, ETC, *1997,* in *INSEE,* Économie et statistique *n° 337-338, 2000.*

Document 5

Répartition de la population active (en %)		
	Femmes	Hommes
Chômeurs	10,7	7,1
Actifs occupés :		
– temps complet	62,2	88,2
– temps partiel	27,1	4,7
dont : sous-emploi	*8,5*	*2,0*
Ensemble	**100**	**100**

Source : INSEE, enquêtes « Emploi », 2001.

Document 6

La discrimination salariale entre les hommes et les femmes

Une étude de l'INSEE[1] a analysé les écarts de salaires entre les hommes et les femmes. Ces différences de salaires s'expliquent-elles par des caractéristiques d'emplois différents (PCS, secteur d'activité, expérience professionnelle, temps partiel...) ou par de la discrimination? En 1997, les femmes perçoivent en moyenne un salaire inférieur à 27 % à celui des hommes. 85 % de cet écart peut s'expliquer par des caractéristiques d'emplois différentes et des différences d'horaires, par conséquent 15 % de cet écart ne s'explique pas de façon structurelle. Cette étude affine son modèle pour déterminer si cette part « inexpliquée » des salaires est due soit à du favoritisme à l'égard d'un groupe, c'est-à-dire le surpaiement des hommes pour une même activité, ou soit à une discrimination à l'égard des femmes. Les résultats du modèle concluent que plus des neuf dixièmes de la part inexpliquée des écarts de salaires entre les hommes et les femmes sont dus à de la discrimination envers les femmes. Cette discrimination est très forte pour les professions intermédiaires et les ouvrières : le salaire des femmes dans les professions intermédiaires est inférieure de 7 % à celui de leurs homologues masculins, et 5,7 % de cet écart est discriminatoire; le salaire des ouvrières est de 19 % inférieur à celui des ouvriers, et 56 % de cet écart est de la pure discrimination. ■

Aline Mignan.

1. Dominique Mews, Sophie Ponthieux, « Une mesure de la discrimination dans l'écart du salaire entre hommes et femmes », *in* INSEE, *Économie et statistique* n° 337-338, 2000.

Document 7

Part du temps partiel subi selon le sexe et l'âge (en %)	Proportion de personnes à temps partiel souhaitant travailler davantage	
	1990	1995
Hommes		
15 à 24 ans	47,4	56
25 à 39 ans	40	71,7
40 à 49 ans	28,2	58,8
50 à 59 ans	20,0	33,5
60 ans et plus	7,6	6,9
Ensemble	33,3	53,5
Femmes		
15 à 24 ans	64,2	63,9
25 à 39 ans	33,5	39,5
40 à 49 ans	30,7	33,1
50 à 59 ans	21,0	23,9
60 ans et plus	9,9	10,8
Ensemble	33,7	36,4

Champs : actifs occupés (hors militaires du contingent).
Source : INSEE, enquêtes « Emploi ».

Document 8

Salaires annuels nets moyens (salaires offerts[a]) de la fonction publique d'État (en euros courants)	1990	2000
Femmes	16 749	21 779
Hommes	19 997	25 375
Ensemble	18 189	23 323
Rapport des salaires Femmes/Hommes (en %)	**83,8**	**85,8**

a. Les salaires « offerts » sont évalués en année-travail et en équivalent temps-plein.
Champ : ensemble des agents titulaires et non titulaires des ministères civils de l'État, en poste en métropole. Y compris l'enseignement privé sous contrat. Non compris les établissements publics ainsi que la Poste et France Télécom.
Source : INSEE, extractions au 1/12e des fichiers de paye des agents de l'État définitif pour 1990, provisoire 2000, in INSEE, Regards sur la parité, *2002.*

Document 9

Temps moyen d'une journée moyenne en 1999 (en heures et minutes par jour)	Hommes		Femmes		Ensemble
	Actif occupé	Inactif	Active occupée	Inactive	
Temps physiologique[a]	11 h 22	12 h 39	11 h 35	12 h 37	12 h 04
Temps professionnel et de formation[b]	6 h 22	1 h 32	5 h 01	0 h 59	3 h 23
Temps domestique	1 h 59	2 h 55	3 h 48	4 h 47	3 h 26
dont : ménage, cuisine, courses…	*1 h 04*	*1 h 35*	*3 h 06*	*3 h 59*	*2 h 30*
soins aux enfants et adultes	*0 h 11*	*0 h 06*	*0 h 27*	*0 h 26*	*0 h 18*
bricolage	*0 h 30*	*0 h 36*	*0 h 04*	*0 h 05*	*0 h 18*
jardinage, soins aux animaux	*0 h 14*	*0 h 38*	*0 h 11*	*0 h 18*	*0 h 20*
Temps de loisirs	2 h 57	5 h 06	2 h 19	3 h 57	3 h 35
Temps de sociabilité (hors repas)	0 h 47	1 h 10	0 h 43	1 h 04	0 h 56
Trajets (hors domicile-travail)	0 h 33	0 h 38	0 h 34	0 h 35	0 h 35
Total	**24 h**	**24 h**	**24 h**	**24 h**	**24 h**

a. Y compris les repas de réception avec des amis, des voisins ou des parents.
b. Y compris les temps de trajets domicile-travail. La prise en compte des samedis et dimanches pour le calcul de ces moyennes rend surprenants les temps quotidiens de travail ou d'études : multipliés par 7, ils sont plus conformes au sens commun.
Champ : personnes de 15 ans et plus.
Source : INSEE, enquête « Emploi du temps », 1999, in INSEE, Portrait social de la France, *2001-2002.*

Document 10

Temps partiel et rôles sociaux masculins et féminins

Malgré la progression régulière de l'activité féminine, le travail à temps partiel reste essentiellement pratiqué par les femmes et reflète la vision traditionnelle du partage des tâches entre hommes et femmes quant à l'éducation des enfants et au rapport à l'univers professionnel et salarial. Aux femmes de s'occuper du conjoint et des enfants, aux hommes de fournir les revenus du ménage. En 1995, plus de 80 % des actifs à temps partiel sont des femmes, quoique cette proportion soit un peu plus faible qu'en 1992 (85 %). Le temps partiel est plus fréquent chez les femmes vivant en couple que les femmes seules ; en revanche, il se raréfie chez les hommes quand ils sont en ménage. Il augmente avec les charges familiales pour les femmes, puisque 45 % de celles qui ont au moins trois enfants exercent une activité à horaires réduits, mais il diminue chez les hommes quand ils ont des enfants : entretenir leur famille les incite à travailler à temps complet.

La contrainte sociale peut aussi agir sur l'accès aux postes de responsabilité et d'encadrement dans les entreprises, postes encore peu féminisés et largement exclus du temps partiel. La norme du cadre masculin travaillant au-delà d'un temps complet prédomine encore et ne facilite pas le passage à temps partiel des femmes cadres qui le souhaiteraient. D'autant que la crainte de ne pas progresser dans sa carrière, aussi vite et aussi bien, à temps partiel qu'à temps plein peut constituer un frein. Par ailleurs, les garanties de pouvoir revenir sur un poste

à temps plein ne sont pas forcément acquises, surtout pour les femmes : en 1995, les passages annuels d'un poste à temps partiel sur un poste à temps plein sont deux fois plus fréquents pour les hommes que pour les femmes.
Autre signe du « marquage social » du temps partiel : c'est uniquement dans les domaines de la santé, de l'enseignement et de l'action sociale que la part des cadres et professions intermédiaires à temps partiel est importante. Ainsi, près de quatre médecins et pharmaciens salariés sur dix sont à temps partiel. Ce sont des secteurs féminins qui prolongent le rôle traditionnellement tenu par la femme dans la famille : être cadre à temps partiel y est accepté. ■

Laurent Bisault, Catherine Bloch-London, Sylvie Lagarde, Valérie Le Corre, « Le développement du travail à temps partiel », in *INSEE,* Données sociales 1996.

Document 11

Le travail des femmes ouvrières : une discipline rigide		
% de personnes qui déclarent que…	**Ouvrières**	**Ouvriers**
Elles travaillent à la chaîne	24 %	7 %
Leur travail est répétitif avec un temps de cycle inférieur à 1 minute	27 %	10 %
La hiérarchie leur dit comment faire le travail	29 %	21 %
Leur rythme de travail est déterminé par la surveillance au moins quotidienne de la hiérarchie	43 %	37 %
Leur rythme de travail est déterminé par des normes ou délais à respecter en une heure ou moins	41 %	34 %
Leurs horaires sont déterminés par l'entreprise sans qu'elles puissent les modifier	84 %	87 %
Elles n'ont pas le choix des moments de pause	22 %	13 %
Elles n'ont pas le droit de parler au cours du travail	10 %	2 %
Elles n'ont jamais l'occasion d'aborder collectivement les problèmes d'organisation ou de fonctionnement du service	54 %	38 %
Elles vivent des situations de tension dans leurs rapports avec la hiérarchie	25 %	31 %

Source : DARES, Enquête sur les conditions de travail, *1998.*

Avant la crise de l'emploi, les jeunes femmes acceptaient des postes d'ouvrières, durs et mal payés, parce qu'elles comptaient les fuir rapidement vers le commerce ou les services ou vers une situation de femme au foyer. Aujourd'hui ces postes durs et mal payés existent toujours. Il y a d'ailleurs maintenant des emplois analogues hors de l'industrie, dans la grande distribution ou la restauration rapide par exemple. Ils trouvent preneuses soit sur un mode contraint, en raison du taux de chômage élevé des femmes, soit auprès de jeunes femmes relativement diplômées, qui les supportent parce qu'elles espèrent elles aussi les fuir, en trouvant un jour un emploi plus qualifié.
Cependant les femmes tendent à intérioriser l'inégalité dont elles sont victimes. Elles ne se disent pas moins satisfaites de leur rémunération que les hommes, en dépit de salaires très inférieurs. Elles déclarent moins souvent des situations de tension avec leurs chefs, bien qu'elles soient soumises à des contraintes hiérarchiques plus strictes. Mais elles se plaignent davantage de leurs horaires de travail, car elles doivent accomplir l'essentiel du travail domestique. ■

Michel Gollac, Serge Volkoff, Les Conditions de travail, *La Découverte, « Repères », 2000, p. 64-65.*

Document 12

Chantage au licenciement

Depuis le cas bien connu et désormais emblématique de Bekaert-Cokerill, cette entreprise belge où des femmes ont été licenciées pour n'avoir pas voulu du travail à temps partiel, les cas de chantage au licenciement se sont multipliés en France.
Dans un certain nombre d'entreprises en effet, c'est quand vient le temps des licenciements qu'interviennent de providentielles propositions de travail à temps partiel. Des propositions qui, bien souvent, ont l'allure d'injonctions. Je voudrais en retracer le processus à partir d'un exemple. Un exemple en forme de caricature, mais une histoire vraie, tirée d'une enquête sociologique[1] sur une entreprise aux prises avec un problème de « sureffectifs ».
Trois possibilités sont proposées aux salariés, trois solutions qui suggèrent autant de modalités du partage de l'emploi : une charrette de 146 licenciements « secs » ; la réduction du temps de travail à 35 heures pour tous (sans compensation salariale) ; le travail à mi-temps pour 260 salariés.
Le syndicat opte pour la troisième solution et signe un accord avec la direction. Le lendemain, c'est l'ensemble des femmes de l'usine qui se voient proposer le choix entre le mi-temps ou la porte. Toutes *choisissent* le travail à temps partiel. Dès l'entrée en vigueur de cet accord, les femmes mises à temps partiel se voient contraintes d'effectuer, en sus de leurs 19 h 30 hebdomadaires, des heures supplémentaires. De leur côté, les hommes voient leur plein temps grignoté par du chômage technique. De fait hommes et femmes ont un temps de travail réel quasi identique. Dans ces conditions, quelle différence ? Quelle différence entre un homme à temps plein qui parfois ne travaille que la moitié du temps parce qu'il est en chômage technique et une femme à mi-temps qui, à certaines périodes, travaille à temps plein parce qu'on lui demande de faire des heures supplémentaires ? Ce serait oublier que le chômage partiel et le travail à temps partiel sont deux choses parfaitement distinctes. Dans le premier cas, la norme est le temps plein ; dans le second, c'est le mi-temps. Le chômage partiel est un instrument conjoncturel, le travail à temps partiel est une mesure structurelle : le travail à temps partiel tend à réorganiser la structure du travail alors que le chômage partiel reste, en tout état de cause, un outil provisoire. Enfin, le chômage partiel est assorti d'une compensation salariale, ce qui n'est pas le cas du travail à temps partiel. Ces distinctions entre chômage et travail à temps partiel ne sont pas des nuances. Car le mi-temps inscrit les

femmes dans de nouveaux rapports sociaux et modifie fondamentalement leur relation à l'emploi, alors que le chômage partiel n'agit en rien sur tout cela. Même lorsqu'elles travaillent 39 heures, les ouvrières à mi-temps demeurent des demi-salariées.

Pour certaines, ce semi-retour au foyer prend la forme violente d'une perte de statut en forme de déni de travail : « Depuis que je suis à mi-temps, mon mari n'arrête pas de me dire : ça ne te gêne pas de manger, toi qui ne travailles pas... Tu ne gagnes rien, mais tu bouffes... [2]. »

L'épilogue de cette histoire est, de ce point de vue, significatif : un an après l'instauration du mi-temps, un bon nombre de femmes quittent l'entreprise avec une prime au départ qu'elles avaient refusée à l'époque où elles étaient salariées à temps plein. L'introduction du travail à temps partiel ne vient pas seulement moduler, aménager ou réduire le temps de travail. Elle redéfinit le statut social des différentes catégories de salariés. Elle redessine au sein d'une même entreprise les frontières de la différence entre les sexes. Ce n'est pas seulement, ce n'est même pas essentiellement le temps de travail qui est en cause : c'est le statut de l'emploi qui est atteint. Par un chantage au licenciement. ■

ARSS *n° 115, décembre 1996.*

1. Margaret Maruani, Chantal Nicole, *Au labeur des dames*, Syros, 1989.
2. Interview d'une ouvrière à mi-temps, in *ibid.*, p. 180.

Document 13

Postes supérieurs, représentation politique : peu de femmes

Dans les entreprises du secteur privé, en 2001, les femmes représentent 24 % de l'encadrement (soit 1,7 million de femmes), ce qui est une progression notable puisque dix ans auparavant leur part s'élevait à 19 %. Dans la Fonction publique, les femmes sont majoritaires (55 %) mais encore très peu présentes dans les emplois de direction (14 % en 2000 pour l'ensemble des emplois de direction et d'inspection, 11 % pour les emplois laissés à la décision du gouvernement). Néanmoins la progression est sensible, puisque dix ans auparavant, la part des femmes était de 9 % au lieu de 14 % dans les emplois de direction et d'inspection, et de 3% au lieu de 11 % dans les emplois laissés à la décision du gouvernement.

En 1999, sur l'ensemble des 178 000 chercheurs, 25 % sont des femmes. Les chercheurs se répartissent à part égale entre recherche et développement dans le secteur public et en entreprise (autour de 66 000); les chercheuses sont nettement plus nombreuses dans la recherche publique (28 700) que dans le secteur privé (15 600).

En 1998, un créateur d'entreprise sur trois est une créatrice. La proportion de femmes créatrices d'entreprises est élevée dans le commerce (34 %) et les services aux particuliers (25 %), elle est très faible dans la construction (5 %) ou les transports (2 %).

Après plus de cinquante ans d'exercice du droit de vote, les femmes sont encore peu présentes en tant qu'élues sur la scène politique alors qu'elles constituent 55 % de l'électorat.

Depuis les élections municipales de 2001, la loi sur la parité politique impose des listes mixtes alternant des candidats hommes et femmes dans les communes de 3 500 habitants ou plus. ■

A. Part des femmes parmi les maires et les conseillers municipaux (en %)

Années	Femmes maires	Femmes conseillères municipales
1947	0,7	3,1
1953	0,8	2,9
1959	1,0	2,4
1965	1,1	2,4
1971	1,8	4,4
1977	2,8	8,3
1983	4,0	14,0
1989	5,5	17,2
1995	7,5	21,7
2001	10,9	31,6

B. Part des femmes élues à l'Assemblée nationale (en %)

Années	Part des femmes
1958	1,3
1962	1,7
1967	1,9
1968	1,7
1973	1,7
1978	4,0
1981	5,5
1986	5,8
1988	5,6
1993	5,9
1997	9,7

Champ : France métropolitaine.
Source : ministère de l'Intérieur.

INSEE, Djider Zohor, « Femmes et hommes. Les inégalités qui subsistent », INSEE Première *n° 834, mars 2002.*

Document 14

Les raisons de l'exception française

Le cumul des mandats, même s'il a été limité par la loi du 30 décembre 1985, demeure encore trop marqué aux yeux de certains et aboutit à ce que les principaux postes soient aux mains d'un nombre trop réduit de personnes. Une restriction de ce cumul permettrait d'agrandir le personnel politique et de l'ouvrir plus largement aux femmes, comme à des groupes encore peu représentés dans les assemblées élues.

Mais la raison majeure aujourd'hui pour rendre compte des difficultés des femmes à obtenir des mandats électifs tient à la mauvaise volonté de nombre de partis politiques qui sont des cénacles masculins fonctionnant en circuit fermé, se reproduisant à l'identique, et n'étant pas prêts à retirer une place à un homme pour la donner à une femme. Tous les témoignages de femmes politiques insistent à l'envi sur le fait qu'on accepte surtout de désigner des femmes comme candidates quand il s'agit de circonscriptions jugées perdues d'avance, où d'ailleurs certaines d'entre elles ont réussi, à la surprise générale, à l'emporter. [...]

La classe politique est désormais presque en permanence interpellée par des femmes qui soulignent ses carences et sa mauvaise volonté pour ce qui concerne la promotion du « deuxième sexe ». À quoi elle répond de manière bien discutable, en arguant notamment de ce qu'on ne trouverait pas suffisamment de femmes aptes à faire de la politique. En bref, on manquerait de candidates. Or [...] il est vrai que les femmes demeurent moins disposées que les hommes à entrer dans les partis politiques, [...] parce qu'elles ont moins de temps qu'eux puisqu'elles assument encore en France la plus grosse part des tâches domestiques et éducatives. ■

Janine Mossuz-Lavau, Femmes/hommes, pour la parité, *Presses de Sciences Po, « La Bibliothèque du citoyen », 1998.*

Dossier 3

Le système sociofiscal français est-il redistributif ?

Document 1

Les chemins de la redistribution

En théorie, les choses semblent donc simples. On aurait deux types de redistribution. D'un côté le système d'assurance sociale opère une redistribution instantanée entre les cotisants et ceux qui sont touchés par les risques assurés – chômage, maladie, retraite. De l'autre, des prélèvements de nature fiscale couvrent les transferts sans contrepartie, ou « prestations non contributives », qui relèvent quant à eux d'une logique d'« assistance » plutôt que d'assurance sociale.
À ces deux circuits, il convient d'ajouter la redistribution qui a lieu par l'intermédiaire de la fourniture par l'État de biens ou services privatifs à tout ou partie de la population, ou encore, et de façon équivalente, toute subvention implicite ou explicite visant à diminuer le prix payé par les utilisateurs de certains services ou tout impôt tendant à l'augmenter. Du côté prestations, l'éducation publique et les subventions accordées à l'enseignement privé ont probablement le meilleur exemple de cette redistribution.
Les dépenses d'éducation qui apparaissent au budget de l'État se substituent aux déboursements que les parents auraient effectués en l'absence d'éducation publique pour la scolarisation de leurs enfants. Si l'on tient compte de la fiscalité permettant de financer ces dépenses, une redistribution a bien lieu en faveur des ménages ayant des enfants scolarisés. En outre, comme les impôts finançant l'Éducation nationale sont proportionnels ou même progressifs, les parents des familles aisées contribuent plus à ce dispositif que les dépenses qu'occasionnent leurs enfants, le contraire ayant lieu pour des ménages moins favorisés. […]
De façon plus générale, cependant, on devrait y inclure toute intervention de l'État ayant pour effet de modifier directement le système de prix qui résulterait des mécanismes de marché. Réguler le prix d'un monopole est une opération dans laquelle il n'y a ni prélèvement ni prestation de service de la part de l'État. Pourtant, que l'on pense aux transports, à la production et la distribution d'énergie ou aux télécommunications, les effets redistributifs d'une telle régulation peuvent clairement être considérables. Il en est de même de la politique de gestion de la concurrence ou des réglementations imposées sur le marché du travail, et peut-être avant tout du salaire minimum.

En résumé, il existe donc quatre circuits de la redistribution : les assurances sociales, l'assistance sociale, le bloc constitué par l'ensemble de la fiscalité et la fourniture publique de services privés, et finalement l'ensemble des interventions publiques modifiant le jeu des marchés des biens et des facteurs de production. ■

François Bourguignon, Fiscalité et Redistribution, *Rapport du Conseil d'analyse économique n° 11, 1998.*

Document 2

La faible redistribution entre salariés en France

La seule façon de mesurer correctement la redistribution fiscale est d'avoir recours

Questions sur l'ensemble du dossier

1. Représentez par quatre schémas les différents circuits de la redistribution présentés dans le document 1.
2. En quoi le système sociofiscal est-il lié à l'ensemble des interventions économiques et sociales de l'État ? [*doc. 1*]
3. Relevez les modes de calcul du taux moyen effectif et du taux marginal effectif. [*doc. 2*]
4. Rappelez les définitions de tous les termes employés dans ces calculs. [*doc. 2*]
5. En quoi donnent-ils un indice de la redistributivité du système sociofiscal ? [*doc. 2*]
6. Pourquoi peut-on dire que ces taux ne donnent qu'un aperçu de la redistribution ? [*doc. 2*]
7. Quelles sont les catégories de la population française qui ne sont pas prises en compte dans les taux de prélèvement et de transferts ? [*doc. 3*]
8. Pourquoi le taux moyen effectif est-il toujours positif ? [*doc. 3*]
9. Quelle est l'ampleur de la variation des taux moyens ? des taux marginaux ? [*doc. 3*]
10. Quels sont les prélèvements progressifs ? [*doc. 4*]
11. Qu'est-ce qui explique la différence, quant à la progressivité, entre le système fiscal et le système sociofiscal ? [*doc. 4*]
12. Quelle est la particularité de l'impôt sur le revenu ? [*doc. 4*]
13. Expliquez la différence entre redistribution horizontale et redistribution verticale. [*doc. 5*]
14. En choisissant d'autres chiffres, expliquez le mécanisme du quotient familial. [*doc. 6*]
15. Donnez la signification des chiffres entourés. [*doc. 7*]
16. Les prestations familiales contribuent-elles à rapprocher le niveau de vie des familles du niveau de vie moyen de l'ensemble des ménages ? Précisez votre réponse à l'aide de chiffres. [*doc. 7*]
17. Montrez que l'impôt sur le revenu est progressif. [*doc. 8*]
18. La prime pour l'emploi contribue-t-elle à la progressivité du système fiscal ? Justifiez votre réponse. [*doc. 8*]
19. Ce tableau met-il en évidence une redistribution verticale ? Justifiez votre réponse. [*doc. 8*]
20. Pourquoi est-il difficile d'apprécier l'effet redistributif de l'impôt sur le revenu ? [*doc. 9 et 10*]
21. En quoi cet impôt implique-t-il un choix de société ? [*doc. 9 et 10*]
22. En quoi est-il efficace économiquement ? [*doc. 9 et 10*]

à la notion de taux moyen effectif et de taux marginal effectif de prélèvement et de transfert. Le taux moyen effectif associé à un niveau de revenu donné est défini comme la somme de tous les prélèvements et transferts, exprimée en pourcentage du revenu brut, c'est-à-dire du revenu total avant tout prélèvement ou transfert. Il peut être positif ou négatif pour différents niveaux de revenu, selon que la somme des prélèvements payés est supérieure ou inférieure à la somme des transferts reçus. Le taux marginal effectif de prélèvement et de transfert entre deux niveaux de revenu donnés est défini comme la somme de tous les prélèvements et transferts supplémentaires qu'un individu devra payer ou recevoir s'il passe de l'un à l'autre de ces deux niveaux de revenu, exprimée en pourcentage de la différence de revenu brut. Un taux marginal effectif est en général positif, puisqu'une augmentation de revenu brut conduit généralement à une augmentation du prélèvement, mais en principe il pourrait aussi être négatif; dans le cas, par exemple, où un revenu plus élevé donnerait droit à un transfert plus élevé, c'est-à-dire à un prélèvement net plus faible.

Ces taux moyens et marginaux ne sont effectifs que dans la mesure où l'on prend en compte au numérateur tous les prélèvements et transferts ou du moins les principaux d'entre eux. En particulier, il est indispensable de prendre en compte toutes les cotisations sociales, y compris les cotisations patronales : nous avons vu en effet que ces dernières ne réalisaient aucune redistribution du capital vers le travail et finissaient toujours en pratique par être payées par le travail. Idéalement, il faudrait également prendre en compte les transferts non monétaires que constituent les dépenses publiques. Le graphique ci-après [*voir le document 3*] représente les taux moyens et marginaux effectifs applicables aux différents déciles de la distribution des salaires en France en 1996 en prenant en compte l'impôt sur le revenu, les cotisations sociales et les prestations sociales (RMI, allocations logement...) dans le cas d'une personne seule. [...]

Les taux moyens effectifs de prélèvements et de transferts permettent de mesurer la redistribution effectivement opérée. Mais pour mesurer l'impact éventuel de la redistribution sur les comportements individuels, ce sont les taux marginaux effectifs qui sont pertinents. Le graphique montre que les taux marginaux effectifs sont plus élevés pour les revenus faibles et pour les revenus élevés que pour les revenus moyens, et dessinent donc une courbe en « U » assez marquée. Le fait que les taux marginaux remontent pour les hauts revenus n'est pas étonnant : les revenus élevés se trouvent dans les tranches supérieures du barème d'imposition de l'impôt sur le revenu. Le fait que les taux marginaux soient également élevés pour les bas salaires s'explique par le fait que le passage d'un salaire nul à un bas salaire s'accompagne non seulement de prélèvements élevés pesant sur le salaire obtenu, mais également de la perte de transferts sociaux réservés à ceux qui n'ont pas de revenu du travail. ■

Thomas Piketty, Économie des inégalités, *La Découverte, « Repères », 2002.*

Document 3

Les taux moyens et marginaux effectifs en France en 1996

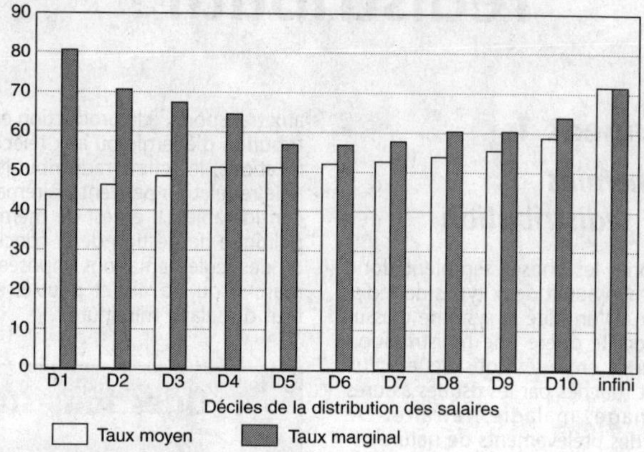

Source : Thomas Piketty, ibid.

Document 4

Taux de prélèvement sur les ménages en France : quelle progressivité ?

A. Taux de prélèvement fiscal

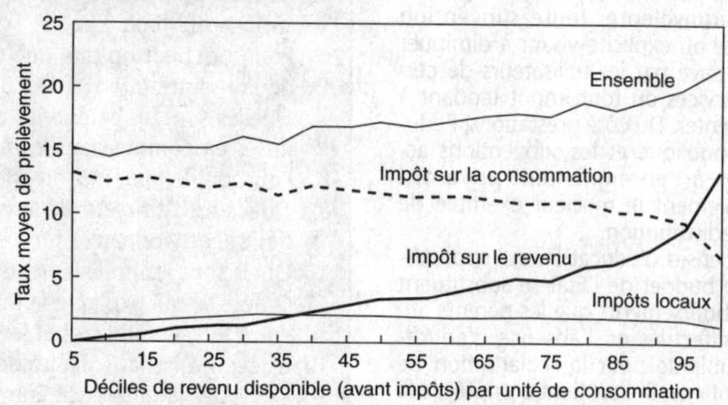

B. Taux de prélèvement sociofiscal

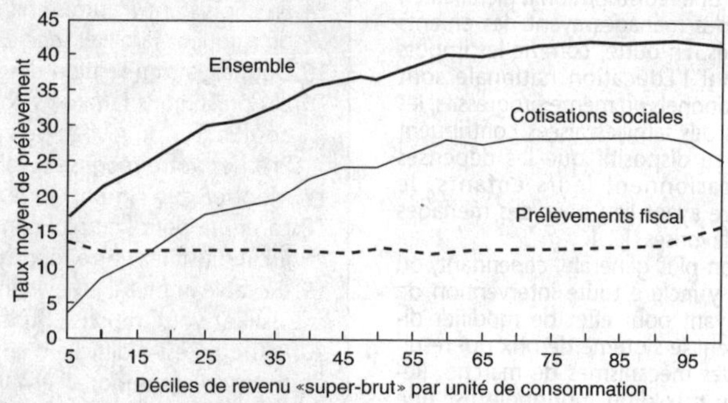

Note : Les données concernent la France pour l'année 1997. Pour les salariés, ce revenu « super-brut » correspond au « coût total du travail » payé par les employeurs.
Source : L. Caussat, S. Hel-Thelier, « Les transferts sociaux », in François Bourguignon, op. cit.

Document 5

La politique familiale : entre redistribution horizontale et verticale

Les prestations familiales, comme les minima sociaux, conduisent à réduire les inégalités de niveau de vie surtout dans le bas : les plus faibles sont rehaussés alors que les plus hauts sont pratiquement inchangés. Aux bas niveaux de vie, les prestations familiales permettent de compenser la perte de niveau de vie liée à la présence d'enfants. L'impôt, quant à lui, réduit d'abord les inégalités entre ménages non imposables et ménages imposables, puis, en raison de son caractère progressif, les inégalités de niveau de vie au sein des ménages imposables. Son effet se fait sentir sur un plus grand nombre de ménages situés pour l'essentiel dans la moitié supérieure des niveaux de vie. Pour ces ménages, c'est le quotient familial qui limite la perte de niveau de vie liée à la présence d'enfants. ■

Sylvie Le Minez, Bertrand Lhommeau, Muriel Pucci, « Bilan redistributif de la politique familiale en 2001 », in *INSEE,* Données sociales, *2002.*

Document 6

Quotient familial (impôt sur le revenu)

Résultat de la division du revenu imposable par un nombre de parts qui dépend de la taille de la famille. Soit (exemple totalement fictif) un ménage au revenu imposable de 1 000 € avec une première tranche d'imposition de 10 % entre 0 et 400 € et une seconde tranche de 20 % au-delà. L'impôt dû est égal à 40 € (10 % de 400) plus 120 € (20 % de 600 €), soit un total de 160 €. Si le ménage a quatre parts, le quotient familial est de 250 €. L'impôt dû pour une part est donc de 25 € (10 % de 250 €). L'impôt total du ménage est donc de 100€ (25 € multipliés par quatre parts), soit 60 € de moins qu'en l'absence de quotient familial. Cet exemple permet de comprendre que le système du quotient familial atténue considérablement la progressivité de l'impôt. Il conduit à une aide aux familles d'autant plus forte que leurs revenus sont élevés (aide nulle pour les familles non imposables). ■

Jean-Paul Piriou, Lexique de sciences économiques et sociales, *La Découverte, « Repères », 2003.*

Document 7

Transferts vers les familles et redistributivité horizontale

Niveau de vie moyen relatif avant et après transferts selon la configuration familiale en 2001

Type de ménage	Revenu initial par uc (niveau de vie avant transferts)	Revenu après impôt sur le revenu et prime pour l'emploi	Revenu après prestations de politique familiale	Revenu disponible par uc (niveau de vie final)	Variation du niveau de vie relatif (en %)
Ensemble[a]	100	100	100	100	0
Familles avec enfants	89	90	93	94	4,8
Familles monoparentales	66	65	70	73	11,7
Familles monoparentales avec 1 enfant	74	74	75	78	5
Familles monoparentales avec 2 enfants ou plus	54	51	62	67	24
Couples avec 1 enfant	109	111	109	108	–1,2
Couples avec 2 enfants	97	99	102	101	3,8
Couples avec 3 enfants ou plus	70	70	82	84	19,1
Ménages sans enfants	111	111	107	107	–4,1
Personnes seules	105	102	99	100	–4,3
Couples sans enfant	126	126	123	121	–4,2

a. Le niveau de vie moyen des ménages est au départ de 18 051 euros. Après impôt sur le revenu et prime pour l'emploi, il est de 16 246 euros. Il passe à 16 773 euros après prestations de politique familiale et à 17 455 euros après minima sociaux (hors allocation parent isolé). Au total, il a diminué de 3,3 %.

Champ : ménages dont la personne de référence est âgée de moins de 60 ans et n'est pas étudiante. Sont également exclus les ménages dont le revenu primaire est négatif ou dont le revenu disponible est négatif ou nul. Lire ainsi : le niveau de vie moyen des familles avec enfants, qui vaut initialement 69 % du niveau de vie initial moyen des ménages, s'élève finalement à 94 % du niveau de vie final moyen des ménages. Le niveau de vie relatif des familles avec enfant(s) s'est accru, par rapport à l'ensemble des ménages, de 4,8 % (leur niveau de vie absolu s'améliore d'environ 1,5 % = 4,8 % – 3,3 %).

Note : Le niveau de vie final comprend les minima sociaux. Afin de prendre en compte les économies d'échelle que peut réaliser un ménage de plusieurs personnes grâce au partage des biens collectifs, on rapporte son revenu au nombre d'unités de consommation (uc). On obtient alors une indication de son niveau de vie. L'échelle d'équivalence retenue est celle de l'INSEE, selon laquelle une uc est attribuée au premier adulte de la famille, puis 0,5 uc pour chaque personne supplémentaire âgée de 14 ans ou plus, et 0,3 pour chaque enfant de moins de 14 ans.

Source : INSEE-DGI, enquête « Revenus fiscaux » 1997, modèle INES, calculs Drees, in Sylvie Le Minez, Bertrand Lhommeau, Muriel Pucci, op. cit.

Document 8

Politique familiale et redistribution verticale

Taux de transferts et de prélèvement selon les quartiles de niveau de vie initial dans l'ensemble de la population en 2001

Impôt sur le revenu (après PPE)/revenu global (en %)

Type de ménage	1er quartile de niveau de vie initial moins de 10 003 € par an et par uc	2e quartile de niveau de vie initial 10 003 à 15 255 € par an et par uc	3e quartile de niveau de vie initial 15 255 à 21 990 € par an et par uc	4e quartile de niveau de vie initial plus de 21 990 € par an et par uc
Ensemble	**–0,6**	**1,2**	**4,1**	**11,8**
Famille avec enfant	–0,6	0,8	3,4	11,5
Ménage sans enfants	–0,3	1,7	4,9	12,2

Transferts liés à la famille/revenu global (en %)

Type de ménage	1er quartile de niveau de vie initial moins de 10 003 € par an et par uc	2e quartile de niveau de vie initial 10 003 à 15 255 € par an et par uc	3e quartile de niveau de vie initial 15 255 à 21 990 € par an et par uc	4e quartile de niveau de vie initial plus de 21 990 € par an et par uc
Ensemble	**12,6**	**4,5**	**2,1**	**0,8**
Famille avec enfants	17,5	6,8	3,5	1,5
Ménage sans enfant	0,2	0,2	0,2	0

Champ : ménages dont la personne de référence est âgée de moins de 60 ans et n'est pas étudiante. Sont également exclus les ménages dont le revenu primaire est négatif ou dont le revenu disponible est négatif ou nul.
Lire ainsi : le taux d'imposition des ménages situés dans le premier quartile de la distribution des niveaux de vie initiaux est de – 0,6 % grâce à la prime pour l'emploi (PPE) perçue par les ménages non imposables. Il atteint 11,8 % dans le dernier quartile. Le taux de transfert varie de 12,6 % dans le premier quartile à 0,8 % dans le dernier.
Le revenu global est égal au revenu disponible plus l'impôt sur le revenu.
Source : ibid.

Document 9

Impôt sur le revenu et redistribution des patrimoines

[…] L'impôt sur le revenu a également un impact plus complexe sur les inégalités, dont les effets ne se font pleinement sentir qu'au bout d'un certain nombre d'années : en comprimant la hiérarchie des revenus disponibles, l'impôt progressif modifie structurellement les capacités d'épargne et d'accumulation des uns et des autres, et il conduit donc à réduire les inégalités patrimoniales futures, et par conséquent l'inégalité future des revenus avant impôt. Ces effets dynamiques ne peuvent malheureusement pas être évalués avec autant de précision que les effets statiques. Mais tout laisse à penser qu'ils ont joué un rôle déterminant sur longue période, notamment pour les foyers très aisés, qui dépendent de façon essentielle de leur patrimoine et des revenus correspondants : ce sont ces effets dynamiques qui constituent à nos yeux le principal facteur explicatif permettant de comprendre pourquoi les très gros patrimoines et les très hauts revenus du capital qui en sont issus ne se sont jamais remis des chocs de la période 1914-1945. […]

Avant la première guerre mondiale […], les détenteurs de patrimoine payaient au maximum 3-4 % de leurs revenus au titre des impôts directs : il s'agissait donc d'un monde sans impôt (ou presque), où les capitalistes […] pouvaient se permettre de consommer la quasi-totalité des revenus de leur patrimoine, tout en préservant le niveau de leur fortune. Puis, soudainement, au début des années 1920, le fisc se mit à prélever des proportions substantielles des revenus les plus élevés. […]

Le fait important est que l'impôt sur le revenu limite très fortement ces possibilités d'accumulation du capital, y compris pour des capitalistes prêts à consacrer l'essentiel de leur revenu disponible à leur stratégie d'accumulation. […] Pour un train de vie donné, l'existence de cet impôt sur le revenu conduit à accumuler au bout de cinquante années des fortunes de l'ordre de cinq fois moins grandes que celles qu'il serait possible de constituer si cet impôt (*50 % du revenu du capitaliste*) n'existait pas. ■

Thomas Piketty, Les Hauts Revenus en France au XXe siècle, *Grasset, 2001.*

Document 10

Impôt progressif, fortunes et efficacité économique

Aux États-Unis et, dans une moindre mesure, au Royaume-Uni, l'élargissement des inégalités patrimoniales observé au cours des années 1980-1990 a été grandement facilité par les très fortes baisses d'impôt dont ont bénéficié les revenus les plus élevés depuis la fin des années 1970. En France et dans les pays d'Europe continentale, la conjoncture politique et idéologique initiale était différente : alors que la crise économique des années 1970 fut très vite interprétée par les opinions anglo-saxonnes comme un aveu d'échec des politiques interventionnistes mises en place à l'issue de la seconde guerre mondiale (à commencer par l'impôt progressif), les opinions européennes ont pendant longtemps refusé de remettre en cause les institutions associées à la période bénie de la croissance. Mais ce grand écart transatlantique a fini par se réduire : outre que la stagnation des pouvoirs d'achat constatée au cours des années 1980-1990 a partout conduit à un certain rejet de l'impôt sur le revenu, l'existence (réelle ou

supposée) d'une mobilité de plus en plus forte des capitaux et des « supercadres » constitue aujourd'hui un puissant facteur poussant les différents pays à s'aligner sur une fiscalité allégée pour les revenus en question.
Tout semble donc concourir à faire des premières années de ce siècle des années fastes pour les détenteurs de patrimoines. Mais cette conjoncture économique et intellectuelle durera-t-elle ? L'expérience du XXe siècle suggère que des sociétés trop évidemment inégales sont intrinsèquement instables. L'étude du siècle passé confirme qu'une trop forte concentration du capital peut avoir des conséquences négatives en termes d'efficacité économique, et pas seulement du point de vue de la justice sociale. Il est fort possible que l'aplatissement des inégalités patrimoniales survenu au cours de la période 1914-1945, en accélérant le déclin des anciennes dynasties capitalistes et en favorisant l'émergence de nouvelles générations d'entrepreneurs, ait contribué à dynamiser les économies occidentales des « trente glorieuses ». L'impôt progressif a le mérite d'empêcher que se reconstituent des situations analogues à celle qui prévalait à la veille de la première guerre mondiale et sa mise à mal pourrait avoir pour effet de long terme une certaine sclérose économique. ■

Thomas Piketty, « Sur la piste des nantis. Baisses d'impôt, retour des fortunes d'antan », Le Monde diplomatique, *septembre 2001.*

Dossier 4 • Fiche TD

Un siècle d'inégalités de revenus et de patrimoine

Document 1

Évolution du pouvoir d'achat des différents fractiles de hauts revenus entre 1900-1910 et 1990-1998

	Revenu moyen en francs de 1998		Ratio
	1900-1910 (a)	1990-1998 (b)	(b)/(a)
P0-100	28848	129380	4,48
P90-100	129815	419015	3,23
P95-100	196165	543087	2,77
P99-100	548107	1006845	1,84
P99,5-100	865432	1334205	1,54
P99,9-100	2307820	2587710	1,12
P99,99-100	8654324	7154769	0,83
P0-90	17629	97198	5,51
P90-95	63465	294943	4,65
P95-99	108179	427148	3,95
P99-99,5	230782	679484	2,94
P99,5-99,9	504836	1020828	2,02
P99,9-99,99	1602653	2080259	1,30
P99,99-100	8654324	7154769	0,83

Lecture : Le revenu moyen par foyer de l'ensemble de la population (fractile P0-100), exprimé en francs de 1998, passe de 28848 francs en moyenne sur la période 1900-1910 à 129380 francs en moyenne sur la période 1990-1998, soit une multiplication par 4,48 ; le revenu moyen des 10 % des foyers ayant les revenus les plus élevés (fractile P90-100) passe de 129815 francs en 1900-1910 à 419015 francs en 1990-1998, soit une multiplication par 3,23 ; etc. ; le revenu moyen des 0,01 % des foyers ayant les revenus les plus élevés (fractile P99,99-100) passe de 8654324 francs en 1900-1910 à 7154769 francs en 1990-1998, soit une multiplication par 0,83.
Source : Calculs effectués à partir des séries de revenu moyen de l'ensemble de la population et des différents fractiles de hauts revenus, in « Inégalités économiques », Rapport du Conseil d'analyse économique, *La Documentation française, 2001.*

Questions sur l'ensemble du dossier

1. Quelle est la différence entre foyer fiscal et ménage ?
2. a. Quel est le coefficient multiplicateur du revenu moyen entre la veille de la première guerre mondiale et la fin des années 1990 ? [*doc. 1 et 2*]
b. Que signifient les données entourées ? [*doc. 1*]
3. Repérer les ruptures de rythme dans la croissance du revenu moyen au cours du siècle.
4. [*doc. 3, 4 et 5*] a. Caractérisez l'évolution de la hiérarchie des revenus au cours de ce siècle. Comment l'écart des revenus au cours de la dernière décennie a-t-il évolué ?
b. Quels peuvent être les facteurs explicatifs ? [*voir aussi le dossier 3*]
5. Le coefficient de Gini le plus élevé est-il celui relatif à l'épargne ou celui correspondant au revenu ? [*doc. 5*]. Expliquez en utilisant notamment le document 6.
6. Pourquoi les inégalités dans le domaine de l'épargne sont-elles plus élevées que celles relatives au revenu, et plus faibles que celles constatées pour le patrimoine ? [*doc. 8*]
7. a. De quoi le patrimoine des ménages est-il composé ? [*doc. 11 et 12*]
b. Calculez la part relative des principales composantes du patrimoine net. [*doc. 10*]
8. Où la courbe de Lorenz relative au patrimoine devrait-elle se situer sur le document 7 ?

Document 2

Revenu annuel moyen par foyer en France de 1900 à 1998

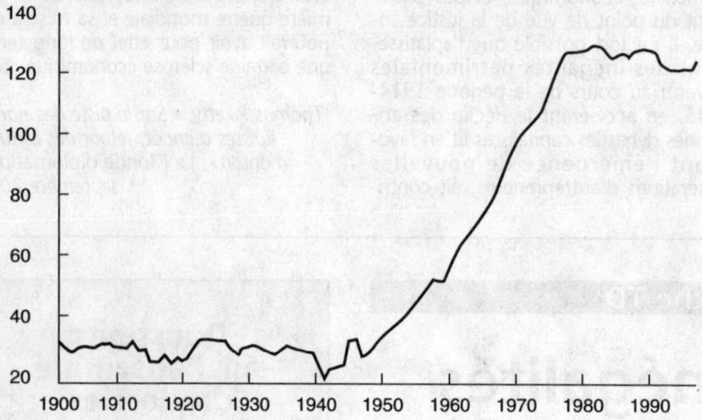

Source : ibid.

Document 3

Part du décile supérieur dans le revenu total en France en 1900-1910 et de 1919 à 1998

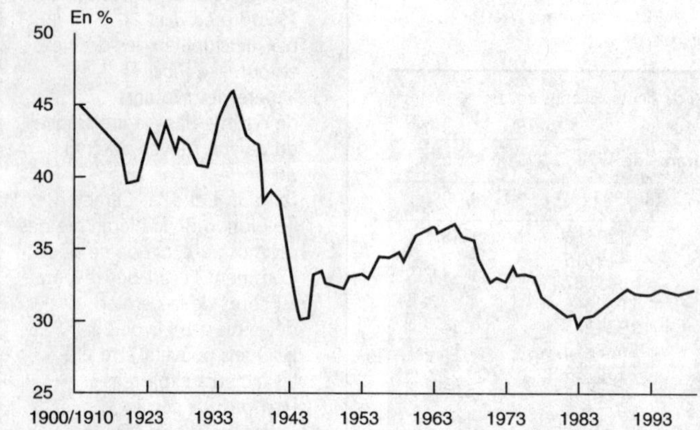

Source : ibid.

Document 4

Ratio P90/P10 de la distribution des salaires en France de 1950 à 1998

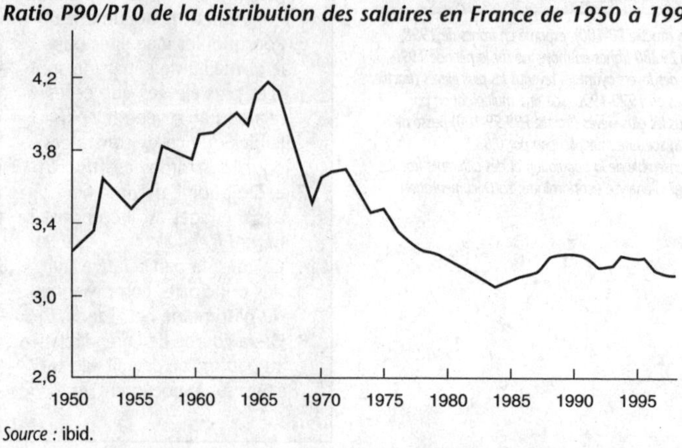

Source : ibid.

Questions sur l'ensemble du dossier (suite)

9. a. Comment les inégalités de patrimoine sur le long terme et sur le court terme ont-elles évolué ? Quelles en sont les conséquences sur l'image du « riche » ? [*doc. 9, 12, 13 et 14*]
   b. En quoi le patrimoine des ménages est-il plus diversifié et risqué ?
10. **Question de synthèse.** Montrez que le revenu et le statut social déterminent des possibilités et des formes d'accumulation de patrimoine différentes selon les catégories sociales.

Document 5

Taux d'épargne par catégorie socioprofessionnelle en %

Source : INSEE, enquête « Budget de famille » 1995, in Christian Loisy, « Taux d'épargne par catégorie de ménage », in OFCE, L'Économie française 1997, *La Découverte, « Repères », 1997.*

Document 6

Taux d'épargne par tranche de revenu

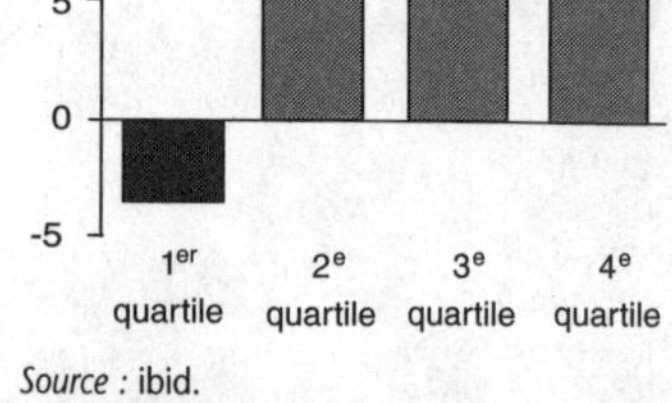

Source : ibid.

Document 7

Concentration de l'épargne : courbe de Lorenz[a]

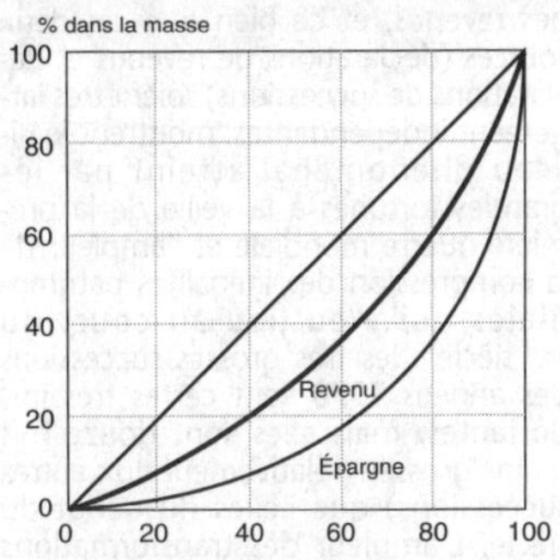

a. Courbe de Lorenz et indice de Gini : la courbe, toujours en dessous de la première bissectrice, permet de lire que les x % des individus les moins riches reçoivent y % du revenu total. Si tous les individus ont une part égale du revenu, la courbe se confond avec la bissectrice (les 10 % des individus les moins riches perçoivent 10 % du revenu, les 20 % des individus les moins riches, 20 % du revenu, etc.).
La courbe s'en éloigne quand l'inégalité de distribution augmente. À la limite, si un seul individu détient la totalité du revenu et tous les autres rien, la courbe se confond avec l'axe des abcisses et avec le segment vertical reliant le point (100,0) au point (100,100). Ceci suggère l'idée d'utiliser l'aire entre la courbe et la bissectrice comme indicateur d'inégalité. C'est ce que fait l'indice (ou coefficient) de Gini. Il est égal au quotient de l'aire située entre la première bissectrice et la courbe par l'aire du triangle; 0 correspond à une absence d'inégalités, 1 à une inégalité maximum.
Source : INSEE, enquête « Budget de famille » 1995, in Christian Loisy, *« Taux d'épargne par catégorie de ménage », INSEE,* Données sociales 1999.

Document 8

L'épargne se place à la jonction du revenu et du patrimoine : elle est à la fois la part non consommée du revenu et la source d'alimentation du patrimoine. On retrouve cette situation intermédiaire si l'on compare les disparités d'épargne, de revenu et de patrimoine. [...]
Globalement, l'indice de Gini s'établit à 0,3 pour le revenu et à environ 0,6 pour l'épargne. Les disparités d'épargne sont inférieures aux disparités de patrimoine mises en évidence par d'autres études, ce qui peut s'expliquer par des écarts de rendements sur les placements effectués ou par le patrimoine hérité qui aurait pour effet de transmettre d'une génération à l'autre les inégalités dans la répartition du patrimoine. Cette hypothèse semble étayée par l'écart plus important aux âges élevés entre les disparités d'épargne et de patrimoine. [...] À la source des inégalités de répartition de l'épargne totale, l'épargne financière (c'est-à-dire l'épargne moins l'investissement des ménages), beaucoup plus concentrée que l'investissement logement, a un rôle prépondérant. L'indice de Gini s'établit dans le premier cas à 0,8 et dans le second à 0,45. ■

INSEE, enquête « Budget de famille » 1995, in Christian Loisy, *« Taux d'épargne par catégorie de ménage »,* ibid.

Document 9

La transmission des patrimoines (en milliers de francs)

	Caractéristiques moyennes des défunts			
	Population totale	**1 % les plus riches**[a]	**5 % les plus riches**[a]	**10 % les plus riches**[a]
Transmission moyenne	580	10557	4510	2962
dont : succession	*514*	*7437*	*3540*	*2421*
Transmission minimale	0	4789	1704	1008
Revenu fiscal du défunt	45	242	152	112

a. Classés selon la transmission totale (succession et donations antérieures).
Champ : défunts dont la déclaration de succession a été enregistrée en 1987.
Source : DGI-INSEE, enquête « Mutations à titre gratuit », 1987, in Luc Arrondel, Anne Laferrère, *« La transmission des grandes fortunes »,* Économie et statistique *n° 273, 1994.*

Document 10

Le patrimoine des secteurs institutionnels fin 2000 (en milliards d'euros courants)

	Économie nationale	**Ménages**
Actifs non financiers (ANF)	**5899**	**2950**
dont : Logements	2037	1676
Autres bâtiments et génie civil	1238	98
Machines et équipements	549	49
Terrains	1403	943
Actifs financiers (AF)	**13349**	**3280**
dont : Numéraire et dépôts	2495	831
Titres hors actions	1819	73
Crédits	1723	12
Actions et titres d'OPCVM	5424	1496
Ensemble des actifs (A)=(ANF)+(AF)	**19248**	**6230**
Passifs financiers (PF)	**13256**	**639**
dont : Numéraire et dépôts	2610	0
Titres hors actions	1753	2
Crédits	1642	519
Actions et titres d'OPCVM	5411	0
Patrimoine financier net (AF)-(PF)	**93**	**2641**
Patrimoine (ou valeur nette) (A)-(PF)	**5992**	**5991**

Source : Comptes nationaux, INSEE et Banque de France, in INSEE Première *n° 756, 2001.*

Document 11

Taux de détention par grands types d'actifs patrimoniaux depuis 1986

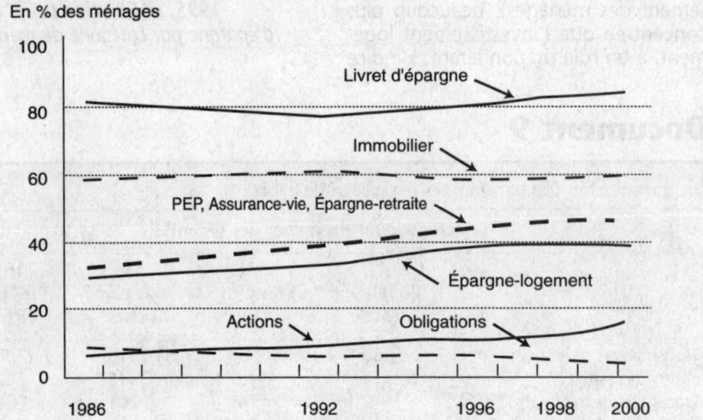

Source : INSEE, enquête sur les actifs financiers 1986 et 1992, enquête « Détention d'actifs » 1996, enquête « Patrimoine » 1998, enquête « Détention de patrimoine » 2000, in INSEE Première *n° 756, 2001.*

Document 12

Succession moyenne des « 200 familles » (fractile P99,99-100) de la hiérarchie des décès en France de 1902 à 1994

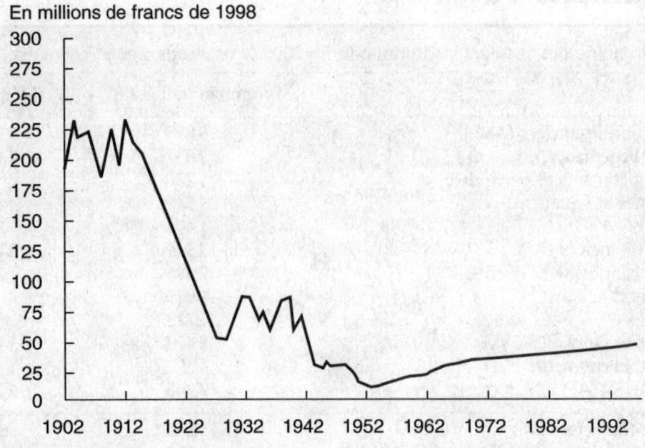

Source : Rapport du Conseil d'analyse économique, *La Documentation française, 2001.*

Document 13

Ratio entre la succession moyenne des « 200 familles » (fractile P99,99-100) et la succession moyenne des « classes moyennes » (fractile P90-95) en France de 1902 à 1994

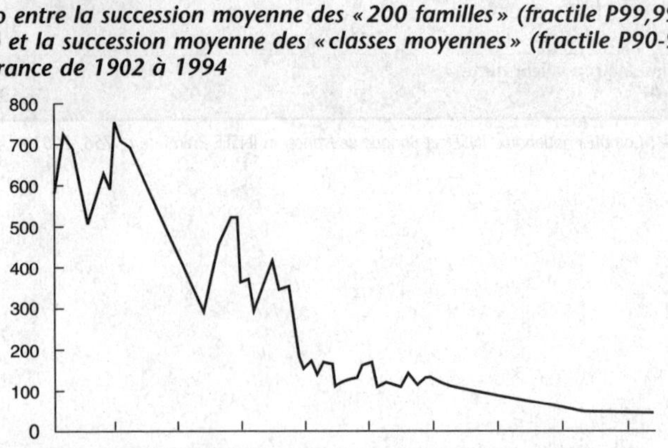

Source : ibid.

Document 14

Ces résultats, qui confirment pleinement les résultats obtenus au niveau des revenus, et ce bien que ces deux sources (déclarations de revenus et déclarations de successions) soient très largement indépendantes, montrent le niveau phénoménal atteint par les grandes fortunes à la veille de la première guerre mondiale et l'ampleur de la compression des inégalités patrimoniales qui a eu lieu au cours du XXe siècle : les très grosses successions des années 1990 sont certes très importantes, mais elles sont douze fois moins grosses (relativement aux autres successions) que celles du début du siècle. L'ampleur des transformations observées semble là encore beaucoup trop massive pour qu'elles puissent s'expliquer par des phénomènes de fraude ou de dissimulation (de même que pour les revenus), il est probable que la fraude aux successions n'a jamais été aussi importante qu'au début du siècle et dans l'entre-deux-guerres.
Ajoutons enfin que cette forte diminution de la concentration des patrimoines est un phénomène qui a profondément marqué l'évolution des représentations sociales de l'inégalité. Ce n'est pas par hasard si la figure du « rentier », si présente dans la société française du début du XXe siècle et de l'entre-deux-guerres, a laissé la place depuis 1945 à la figure du « cadre » : le fait est que les personnes vivant de leurs rentes étaient au début du siècle et dans l'entre-deux-guerres suffisamment nombreuses et opulentes pour constituer un type social connu de tous, ce qui n'est plus le cas depuis 1945. Outre qu'elles permettent de s'assurer que cette grande transformation des perceptions a certains fondements objectifs, un des principaux intérêts de nos estimations est qu'elles permettent de montrer que ce bouleversement n'est en aucune façon la conséquence d'un processus économique « spontané » et irréversible. ■

Rapport du Conseil d'analyse économique, ibid.

Sujet de bac

DISSERTATION

▶ INÉGALITÉS ET JUSTICE SOCIALE

Sujet : Dans quelle mesure la réduction des inégalités de revenus et de patrimoine fait-elle progresser la justice sociale ?

→ MÉTHODES POUR LE BAC pages 738-751

Document 1

Le patrimoine est très concentré. Les 10 % des ménages les plus riches en termes de patrimoine posséderaient, en 2000, 44 % du patrimoine total, alors que les 50 % des ménages les moins riches n'en posséderaient que 9 %. Cependant, surtout depuis 1992, cette concentration tend à se réduire. Ainsi, en 2000, le montant du patrimoine au-delà duquel se situent les 10 % de ménages les plus riches était de 3,7 fois supérieur au montant du patrimoine médian contre 4,6 en 1986. La diminution de cet indicateur montre que les petits patrimoines occupent donc en 2000 une place légèrement plus importante dans la masse du patrimoine total qu'en 1986. Toutefois, ce constat ne nous renseigne pas sur l'évolution des très gros patrimoines (détenus par les 1 % de ménages les plus riches), que les enquêtes cernent assez mal. ■

Catherine Rougerie, « Évolution des inégalités de patrimoine chez les salariés entre 1986 et 2000 », INSEE, Données sociales 2002.

Document 2

Répartition des niveaux de vie des individus par rapport au revenu médian (revenu médian = 100)

	1956	1962	1965	1970	1975	1979	1984	1990
D1[a]	27,0	29,6	36,8	42,9	46,3	53,2	55,4	59,6
D9[b]	229,2	223,8	215,0	206,3	195,5	188,6	192,8	185,8

a. Le premier décile est le niveau de revenu qui sépare les 10 % les plus pauvres des autres.
b. Le neuvième décile est le revenu qui sépare les 90 % les moins riches des 10 % les plus riches.
Source : Louis Chauvel, in L'état de la France 2002, *La Découverte, 2002.*

Document 3

Quelques différences hommes/femmes

Proportion de chômeurs qui le sont depuis 1 an ou plus (en %)

	Mars 1998	Mars 2000	Mars 2002
Ensemble	41,2	40,1	31,7
Hommes	40,2	38,9	30,2
Femmes	42,1	41,2	33,1

Temps libre quotidien

	1986	1999
Hommes	5h16	5h40
Femmes	4h17	4h32

Source : INSEE, enquête « Emploi », mars 2002, enquêtes « Emplois du temps » 1986 et 1999, in L'état de la France 2002, *La Découverte, 2002.*

Document 4

En classant les élèves à partir de contenus scolaires qui sont aussi des savoirs sociaux inégalement répartis selon les classes sociales, le système d'enseignement tient pour égaux des enfants qui ne le sont pas. Cette dénégation des différences culturelles est un corollaire de l'arbitraire culturel propre à la culture scolaire qui tire sa force d'imposition et sa légitimité sociale de la méconnaissance de cet arbitraire.

La non-reconnaissance des différences sociales et des spécificités de la culture scolaire permet au système d'enseignement de transformer des inégalités sociales en inégalités d'apparence scolaires. Cet anoblissement par les titres scolaires est conforté par l'idéologie du don et des aptitudes. Un des succès de cette idéologie tient à sa capacité à rejeter dans le domaine des différences naturelles entre individus ce qui relève des différences sociales. Cette naturalisation des différences sociales présente l'immense avantage de faire l'économie de toute interrogation réflexive et critique sur les fondements sociaux des inégalités de réussite selon les milieux sociaux, et notamment sur la faible efficacité du rapport pédagogique quand la culture du professeur et celle de l'élève sont aux antipodes. ■

Pierre Merle, La Démocratisation de l'enseignement, *La Découverte, « Repères », 2002.*

Document 5

La seconde moitié du XXe siècle a été, pour les femmes, porteuse de changements marquants. Ainsi en est-il du spectaculaire essor de la scolarité féminine. C'est au début des années 1970 que les filles rattrapent et dépassent les garçons en termes de réussite scolaire. [...]

La réussite des filles accompagne un projet professionnel ambitieux : à 15 ans, 48 % souhaitent en effet exercer une profession intellectuelle, scientifique ou de direction, contre 38 % des garçons. Cet écart subsiste même quand on compare les garçons et les filles présentant le même profil de performances en français et en mathématiques. Par ailleurs, les filles portent plus souvent leur choix sur des métiers « littéraires » (avocates, psychologues, journalistes, etc.) que les garçons (13 % pour les filles contre 5 % pour les garçons). Les professions de médecins ou d'enseignants les attirent aussi davantage (respectivement 10 et 15 % parmi les filles contre 3 et 6 % parmi les garçons). En revanche, peu d'entre elles envisagent d'être ingénieurs ou informaticiennes (4 % contre 17 % pour les garçons).

Ce projet peut être relié à la scolarité ultérieure : lors de l'orientation en fin de seconde, les filles vont plus souvent dans les filières générales (57,9 % contre 49 % des garçons). Cependant, elles boudent les filières scientifiques : à l'issue de l'enseignement secondaire, parmi ceux qui ont réussi le baccalauréat général, 68 % des garçons obtiennent un bac « S » contre 37 % des filles. Or, le baccalauréat scientifique ouvre plus largement que le baccalauréat littéraire l'accès aux filières sélectives de l'enseignement supérieur (classes préparatoires aux grandes écoles, IUT, etc.) dans lesquelles les garçons sont plus représentés que les filles. Les différences d'orientation viennent ainsi tempérer l'effet des compétences plus élevées des filles, notamment dans les disciplines littéraires. ■

Zohor Djider, Fabrice Murat, Isabelle Robin, « Motivation et performances scolaires : les filles creusent l'écart », INSEE Première, *mars 2003.*

Document 6

Les nouveaux mouvements sociaux [...] témoignent d'une nouvelle sensibilité aux inégalités. Depuis les années 1970, les conflits qui attestaient des profonds clivages entre le peuple des travailleurs et leurs dirigeants ont peu à peu laissé la place à des luttes féministes, à des manifestations de chômeurs ou menacés de l'être, des mobilisations pour les « sans-logis », des occupations de « sans-papiers », des marches des beurs, ou des démonstrations plus festives comme les *gay pride* tout autant destinées à réclamer un égal traitement des différences. [...]
D'autres inégalités également dénoncées par les sociologues depuis une vingtaine d'années sont celles qui se dévoilent entre les classes d'âge. [...] La crise économique survenue après 1975 a entraîné les difficultés que l'on connaît sur le marché du travail. Or, en France, les jeunes ont été les premiers à en faire les frais. Dans les années 1990, au moment où le taux de chômage a atteint ce qui fut – espérons-le – son sommet, autour de 13 % de la population active, c'étaient 25 % des actifs de moins de 24 ans qui étaient à la recherche d'un emploi. ■

Martine Fournier, « Inégalités : de quoi parle-t-on ? », Sciences humaines *n° 136, mars 2003.*

Sujet de bac

ÉPREUVE DE SYNTHÈSE

▶ INÉGALITÉS ET JUSTICE SOCIALE

Travail préparatoire (*10 points*)

1. Donnez la signification du chiffre entouré dans le document 2. (*1 point*)

2. Décrivez l'évolution du rapport interdécile du milieu des années 1960 à la fin des années 1990 en donnant la signification des points entourés. [*doc. 1*] (*1 point*)

3. Que montre l'évolution du rapport SMIC net / salaire net moyen ? Donnez la signification des points entourés. [*doc. 1*] (*2 points*)

4. Quel lien y a-t-il entre réflexion sur les inégalités et analyse du système de protection sociale ? [*doc. 3*] (*2 points*)

5. Selon quel principe la réduction des inégalités économiques peut-elle entraver l'efficacité économique ? [*doc. 3 et 4*] (*2 points*)

6. La relation égalité-efficacité est-elle à sens unique ? Pourquoi ? [*doc. 4*] (*2 points*)

Question de synthèse (*10 points*)

Après avoir étudié et rappelé l'évolution des inégalités économiques en France depuis une cinquantaine d'années, vous poserez la question du lien entre justice sociale et efficacité économique.

➡ MÉTHODES POUR LE BAC pages 738-751

Document 1

Évolution de la dispersion des salaires

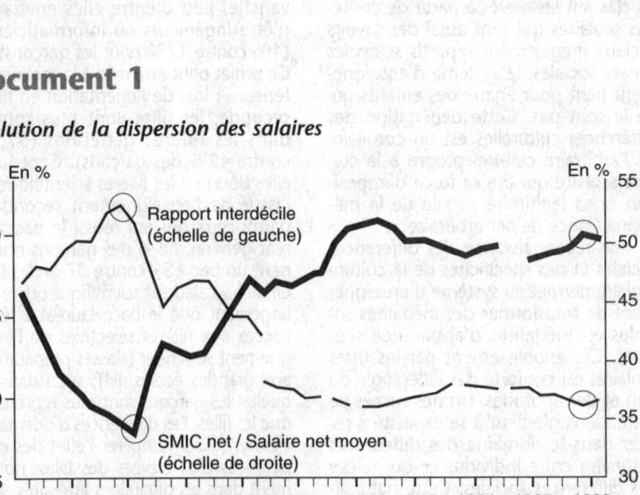

Champ : salariés à temps complet du secteur privé et semi-public.
Source : INSEE, Déclarations annuelles de données sociales (DADS), in Tony Atkinson, Michel Glaude, Lucile Olier, « Inégalités économiques », Rapport du Conseil d'analyse économique, *La Documentation française, 2001.*

Document 2

Taux de croissance annuel moyen (en %)	1950-1973	1973-1979	1979-1990	1990-1997	1997-2000
PIB français	5	2,8	2,2	1,4	③
Productivité du travail	5	2,6	2,1	1,3	1,4

Source : OCDE, in OFCE, L'Économie française 2002, *La Découverte, « Repères », 2002.*

Document 3

Y a-t-il [...] conflit entre les objectifs d'équité et d'efficacité ?
Pour répondre à cette question, on ne peut se fonder uniquement sur les résultats empiriques obtenus à un niveau très agrégé. De nombreuses études ont étudié l'impact du total des dépenses sur les transferts sociaux – exprimés en pourcentage du PIB – sur la croissance des pays de l'OCDE. Leurs résultats sont mitigés. [...]
Pour comprendre le lien entre protection sociale et croissance économique, il est nécessaire de revenir aux mécanismes sous-jacents. En matière d'investissement en capital humain, par exemple, les décisions peuvent être affectées par l'existence de transferts sociaux. Par exemple, on avance parfois que des taux d'imposition ou de cotisations sociales élevés sur les emplois les plus qualifiés risqueraient de décourager l'investissement dans l'éducation. *A contrario*, les prestations sociales sont une garantie contre le risque de na pas trouver d'emploi à l'issue de sa formation, et elles peuvent donc jouer un rôle moteur. La protection sociale peut réduire les risques associés à la création d'entreprise. On entend souvent dire

que les salariés sont réticents à quitter leur travail pour s'installer à leur compte. Là encore, leur décision peut être influencée, en partie du moins, par l'existence d'un filet de sécurité réduisant les coûts en cas d'échec. [...]
Il n'y a pas de relation simple entre protection sociale et performance économique. L'architecture des prélèvements et des transferts sociaux est cruciale. ■

Tony Atkinson, Michel Glaude, Lucile Olier, op. cit.

Document 4

Comment, à l'horizon des prochaines décennies, faire progresser les niveaux de vie les plus bas ? Si la redistribution ne peut permettre de faire qu'une petite partie du chemin, des progrès de productivité pourraient permettre de faire le reste. Donnons un chiffre pour seulement fixer les idées : si l'on voulait permettre à l'ensemble des Français de vivre demain, comme vivent aujourd'hui, en moyenne, la moitié des Français les plus favorisés, il faudrait que la productivité du travail soit d'au moins 50 % plus élevée.
Arriver, en quinze ans, à ce résultat impliquerait une croissance de l'activité extrêmement forte. D'autant que, par ailleurs, notre population continue d'augmenter. Mais il ne faut pas non plus être naïf : la croissance – les années 1980 l'ont montré – ne suffit pas forcément à renforcer la cohésion sociale. Seule une volonté délibérée et collective peut faire que la progression des revenus les plus bas soit effectivement la plus forte. Une telle évolution toutefois ne se décrète pas. Elle suppose que les entreprises actives en France puissent, de façon profitable, créer des emplois mieux rémunérés et qu'elles trouvent, pour les occuper, une main-d'œuvre qualifiée. Si ces deux conditions ne sont pas remplies, les salaires les plus bas ne monteront pas ou, s'ils montent, les créations d'emplois se réduiront. ■

Anton Brender, La France face à la mondialisation, *La Découverte, « Repères », 2002.*

Fiche-outil 1

Le BIP 40, baromètre des inégalités et de la pauvreté pour la France

■ Les grands indicateurs qui ont la faveur des médias sont peu nombreux, et ils sont principalement économiques et financiers. Les plus diffusés et commentés sont les indicateurs de croissance économique (la croissance du PIB), d'inflation, et les indices boursiers (en France, le CAC 40). Bien sûr, quelques indicateurs de « santé sociale » font aussi partie de ce petit nombre de chiffres très médiatisés. Ils concernent essentiellement le chômage : évolution du nombre de chômeurs ou du taux de chômage. Ils ne portent donc pas sur d'autres grandes questions sociales, comme celles de la pauvreté et des inégalités. Autrement dit, la santé économique et la santé boursière ont droit à des indices synthétiques qui sont repris partout, alors que la « santé sociale » est réduite à la portion congrue. C'est pour tenter de remédier à ce déficit d'informations sociales en direction du grand public que des économistes et statisticiens professionnels, associés à un réseau associatif militant pour la réduction des inégalités, le RAI (Réseau d'alerte sur les inégalités), ont mis au point et présenté à la presse en 2002 un nouvel indicateur synthétique, le BIP 40. Le nom de cet indicateur est une référence ironique à la fois au PIB et au CAC 40.

L'objectif de cet indicateur est de couvrir plusieurs dimensions des inégalités et de la pauvreté, de construire pour chaque dimension un indicateur (résultant lui-même de plusieurs indicateurs) permettant de suivre l'évolution dans le temps des inégalités correspondantes, et enfin d'additionner (ou « agréger ») ces indicateurs par dimensions pour obtenir un indicateur global (le BIP 40), un peu comme on le fait pour construire l'indicateur de développement humain à partir de trois dimensions [*voir chapitre introductif, fiche-outil 4, page 36*].

■ Commençons par les dimensions retenues et par leur contenu. Elles sont au nombre de six.
– Emploi et travail : les 24 indicateurs correspondant à cette dimension sont répartis en quatre rubriques : chômage (8 indicateurs, dont le taux global de chômage, mais aussi les inégalités hommes/femmes face au chômage, la part des chômeurs de longue durée...), précarité (5 indicateurs), conditions de travail (8 indicateurs), et relations professionnelles (3 indicateurs).
– Revenus : on trouve 15 indicateurs pour cette dimension. Ils portent sur quatre rubriques : salaires (inégalités, poids des bas salaires, etc., en tout 5 indicateurs), pauvreté (4 indicateurs), inégalités et fiscalité (3 indicateurs), consommation (3 indicateurs).
– Santé : en tout 5 indicateurs, proches de ceux qu'utilise le PNUD dans ses rapports annuels sur le développement humain (par exemple : espérance de vie, différence d'espérance de vie entre cadres et ouvriers...).
– Éducation : 5 indicateurs, dont les taux de jeunes sortant du système éducatif sans qualification et certaines mesures des inégalités de performances scolaires.
– Logement : 5 indicateurs, dont la part des logements « sociaux » (ou aidés) dans les mises en chantier.
– Justice : 4 indicateurs, dont le taux de personnes en prison par rapport à la population.

■ Comment procède-t-on pour « additionner » les indicateurs à l'intérieur de chaque dimension, puis les indicateurs par dimension, en vue d'aboutir à un seul chiffre de synthèse ? Deux opérations sont nécessaires. La première opération consiste à faire en sorte que tous les indicateurs partiels soient ramenés à une « note » comprise entre 0 et 10. Pour cela, on attribue la note 0 à la meilleure performance au cours de la période étudiée (ici, entre 1982 et 2000), et la note 10 à la pire. Ce choix signifie que l'indice progresse quand les inégalités et la pauvreté augmentent. Par exemple, si le taux de chômage le plus faible au cours de la période retenue a été de 8 %, et le plus fort de 12,5 % (ce qui est à peu près le cas sur la période 1982-2000), la note 0 sera attribuée à la valeur 8 % et la note 10 à la valeur 12,5 %. Pour les valeurs intermédiaires, on fait une règle de trois. Ainsi, la valeur 10 % (atteinte en 1992 et en 2000) fournira la note (10 – 8)/(12,5 – 8) × 10, soit 4,4.

La seconde opération consiste à « agréger » ces indicateurs (tous transformés en notes de 0 à 10), d'une part à l'intérieur de chacune des six dimensions, puis pour l'ensemble des dimensions. On pourrait se contenter de faire à chaque fois la moyenne. Mais il y a de bonnes raisons de penser que certains indicateurs sont plus importants que d'autres dans le débat public sur les inégalités et la pauvreté. On admet alors qu'il faut accorder plus de « poids » à certains, ce qui conduit à calculer une « moyenne pondérée ». Il y a une part évidente d'arbitraire dans le choix des coefficients de pondération, mais le débat autour de ce choix peut réduire cet arbitraire en tenant compte de certaines « préférences » de la société. Par exemple, ceux qui ont mis au point le BIP 40 ont attribué aux deux premières dimensions un poids deux fois plus important que celui des autres. Cela semble assez raisonnable si l'on admet le rôle décisif des inégalités de revenus, d'emploi et de travail dans un bilan des inégalités sociales.

Graphique A

Le BIP 40, 1982-2000

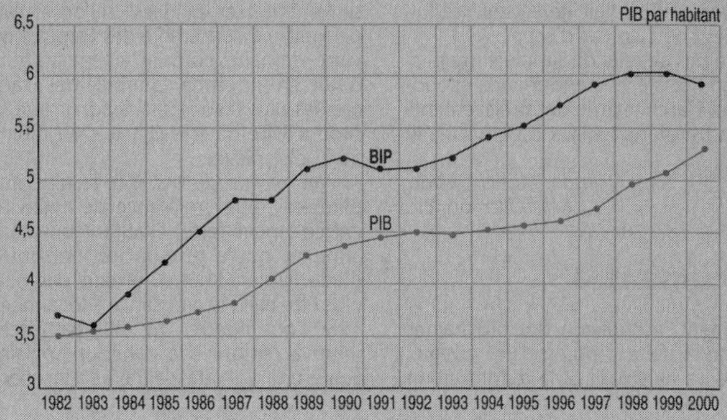

PIB par habitant : 1982 = 100

■ Le graphique A représente l'évolution de l'indice global entre 1982 et 2000. Le BIP 40 grimpe rapidement à partir de 1983, puis il marque une pause entre la fin des années 1980 et 1992, pour repartir franchement à la hausse jusqu'en 1998, avant de s'infléchir légèrement en fin de période. Il reste que, selon cet indice, les inégalités en France sont sensiblement plus importantes en 2000 qu'au début des années 1980. Les données concernant chacune des six dimensions, non reproduites ici, indiquent que la dégradation de la situation a été particulièrement marquée pour la dimension « travail et emploi », que les inégalités de revenus, de santé et d'éducation ont été assez stables, mais qu'elles ont progressé en matière de logement et de justice.

Jean Gadrey

Pour en savoir plus : un dossier assez complet sur le BIP 40 figure dans le numéro 202 (avril 2002) du mensuel Alternatives économiques.

Fiche-outil 2

Mesurer les inégalités

ATTENTION, UN DÉCILE PEUT EN CACHER UN AUTRE !

Pour obtenir le tableau A les ménages ont d'abord été classés par ordre croissant de revenu par unité de consommation. Puis ont été constitués des groupes comprenant chacun 10 % de l'ensemble des ménages. Un décile est le niveau de revenu qui sépare deux groupes consécutifs. Le premier décile, noté généralement D1, est le seuil en dessous duquel se trouve le premier dixième le plus pauvre : 10 % des ménages disposent en 1999 de moins de 7 194 € par unité de consommation (UC). Le revenu moyen (des ménages par unité de consommation, précision que nous ne rappelons plus à chaque fois par la suite) de ce premier dixième de la population est évidemment inférieur à D1 : 5 625 € soit 469 € par mois (3 075 francs). Le revenu du deuxième dixième est par définition compris entre le premier décile et le deuxième décile D2. Autrement dit, 20 % des ménages se trouvent disposer de moins de 9 003 € de revenu. 30 % sont sous D3, 90 % sous D9 (donc 10 % sont au-dessus). Il y a dix dixièmes mais seulement neuf déciles. Du moins en théorie, car en pratique vous rencontrerez souvent des tableaux comme le tableau B qui donnent le nom de décile à ce que nous avons appelé dixième. C'est assez facile à détecter : lorsqu'il y a dix déciles, ce sont en fait des dixièmes. On peut aussi s'en rendre compte parce qu'on parle alors de revenu moyen par décile, ce qui n'aurait pas de sens s'il s'agissait d'un vrai décile (puisqu'un décile est un seuil et pas une moyenne). On peut avoir l'impression que l'utilisation des faux déciles progresse y compris dans les publications officielles (INSEE...) et chez les meilleurs auteurs. Face à ce glissement de sens du terme décile notre langue n'a pas réussi à trouver une solution qui rétablisse la clarté.

Le cinquième décile, D5, est la valeur du revenu qui sépare en deux parties égales la population étudiée : 50 % des ménages reçoivent moins de D5. D5 correspond donc à la définition de la médiane. En Europe, on définit le seuil de pauvreté comme le niveau de revenu par unité de consommation correspondant à 60 % de la médiane. Pour l'ensemble des ménages en 1999, il était donc de 60 % de 13 151 €, soit 7 891 €. Il était situé entre D1 et D2, à 39 % de l'intervalle D2 moins D1 en partant de D1[1]. Sans doute environ 14 % de la population devaient être pauvres. On voit ici l'intérêt d'aller plus loin que les déciles et de découper la popula-

1. Le calcul est (7 891 – 7 191)/(9 003 – 7 191) = 38,5 %. Il s'agit d'une interpolation linéaire, c'est-à-dire qu'on suppose qu'il est acceptable de supposer que les ménages sont répartis uniformément entre D1 et D2.

Tableau A

Revenu disponible par unité de consommation de l'ensemble des ménages en 1999 (en euros)

Décile	Valeur du décile	Dixième	Montant moyen
D1	7194	1er	5625
D2	9003	2e	8165
D3	10466	3e	9751
D4	11790	4e	11123
D5	13151	5e	12479
D6	14760	6e	13935
D7	16660	7e	15679
D8	19325	8e	17894
D9	23789	9e	21280
		10e	32610
		Ensemble	**14859**

Champ : ménages (hors ménages étudiants) dont le revenu fiscal est positif ou nul et le revenu disponible positif. Les revenus du patrimoine sont exclus.
Source : INSEE-Direction générale des impôts, enquêtes « Revenus fiscaux ».

Tableau B

Revenu disponible des ménages de retraités par unité de consommation en 1999 (en euros)

Décile	Limite supérieure	Montant moyen
D1	7374	5844
D2	8935	8183
D3	10258	9581
D4	11486	10906
D5	12642	12057
D6	13878	13242
D7	15636	14705
D8	18044	16774
D9	22167	19851
D10		28899
Ensemble		**14003**

Champ : ménages (hors ménages étudiants) dont le revenu fiscal est positif ou nul et le revenu disponible positif. Les revenus du patrimoine sont exclus.
Source : INSEE-DGI, enquêtes « Revenus fiscaux ».

tion en 100 centièmes à l'aide de 99 *centiles,* voire en millièmes. Dans des tableaux ou des textes, vous pourrez également rencontrer des quintiles et des quartiles : les quatre quintiles découpent une population en cinq parties de 20 % et les trois quartiles la découpent en quatre parties (le deuxième quartile est donc la médiane).

LE RAPPORT INTERDÉCILE EST UN PEU CACHOTTIER

L'écart (ou l'intervalle) interdécile est la différence entre D9 et D1 ; il indique la distance entre les bornes à l'intérieur desquelles se trouvent 80 % de la population : 16 595 € pour l'ensemble des ménages, 14 793 € pour les retraités. On peut aussi s'intéresser à l'écart (ou l'intervalle) interquintile (ici D8 – D2). Les écarts ne sont en général pas très intéressants à étudier car ils se prêtent mal aux comparaisons pertinentes entre périodes ou entre populations. Pour étudier la dispersion des revenus, on préfère plutôt utiliser certains ratios calculés à partir des déciles. Un seul nous intéressera ici, le rapport interdécile D9/D1 : 3,3 pour l'ensemble des ménages et 3,0 pour les retraités, ce qui tendrait à montrer qu'il y a moins d'inégalités entre les retraités.

Il faut être prudent dans l'utilisation du rapport interdécile car, par définition, il ignore ce qui se passe entre D1 et D9 (la médiane, par exemple peut être proche de D1 ou proche de D9, ce qui n'est pas la même chose quant aux inégalités[2]). Mais surtout le rapport interdécile est insensible à ce qui se produit à l'extérieur de l'intervalle interdécile. Il n'est pas indifférent que les 10 % les plus pauvres soient plutôt concentrés vers D1 ou vers zéro ! Le tableau A nous indique que leur revenu est en moyenne à 5 625 €, c'est-à-dire inférieur de 1 569 € (22 %) à D1. Le problème est encore pire du côté des plus riches, si l'on peut dire. Alors qu'on sait que le revenu du plus pauvre des ménages est nécessairement à moins de 7 194 € de D1, D9 en revanche ne nous donne qu'un détail sur les 10 % les plus riches, car il nous indique seulement le niveau de revenu du plus pauvre des riches. Les autres peuvent être loin, très loin. Le tableau A nous dit qu'en moyenne leur revenu est de 32 610 €, soit 8 821 € (37 %) au-dessus de D9[3]. De ces considérations, on peut conclure que le rapport du revenu moyen des 10 % les plus riches aux 10 % les plus pauvres est un meilleur indicateur des inégalités que le rap-
~~indicateur des inégalités que le rap-~~
port interdécile : il est de 5,80 pour l'ensemble des ménages et de 4,95 pour les retraités. L'abus de langage signalé précédemment à propos des déciles, se retrouve évidemment aussi ici et on trouvera donc souvent désigné comme rapport interdécile le quotient du revenu moyen du 10e dixième au revenu moyen du 1er dixième. Il est quelquefois plus difficile à détecter, sauf lorsque l'on trouve la mention D10/D1 puisque la seule indication de D10 signale le glissement de sens dans l'utilisation du terme décile.

Le rapport des revenus moyens des deux dixièmes extrêmes est en général un meilleur indicateur des inégalités que le rapport interdécile dans des sociétés comme la nôtre. Par exemple, personne ne contestera qu'une amélioration des revenus des 5 % les plus pauvres correspond à une réduction des inégalités, or elle laisse inchangé le rapport interdécile (puisque D1 ne change pas de niveau) mais fait baisser l'autre rapport. De même, il ne fait aucun doute qu'une hausse des revenus des 1 % les plus riches constitue un accroissement des inégalités, mais elle laisse inchangé D9/D1 (le niveau de D9 n'ayant pas changé) alors qu'elle fait bien augmenter le rapport des revenus moyens des dixièmes extrêmes.

2. Pour apprécier la signification de ce rapport, on peut songer à le décomposer en divisant le numérateur et le dénominateur par la médiane : le rapport interdécile apparaît alors comme le quotient de D9/D5 et de D1/D5.

3. Les données de l'enquête permettent de calculer que parmi les 10 % les plus riches dont le revenu moyen est donc 32 610 €, la moitié la plus riche a elle-même un revenu moyen de 39 341 €, supérieur de 51 % au revenu moyen de l'autre moitié (25 980 €).

LA COURBE DE LORENZ

Jusqu'à présent on ne s'est préoccupé que des deux dixièmes extrêmes, laissant dans l'ombre 80 % de la population. C'est tout de même un peu gênant pour décrire les inégalités. Pour comparer les inégalités entre deux populations, on peut tout d'abord comparer le poids que représente le revenu de chacun des dixièmes par rapport au revenu total. C'est ce que fait le tableau C dans les colonnes a et b. On constate que jusqu'au 6e dixième, chaque dixième des retraités est dans une situation plus favorable que le dixième correspondant de l'ensemble des ménages. Par exemple, le 4e dixième des retraités dispose de 7,8 % du revenu total des retraités alors que le 4e dixième de l'ensemble des ménages ne reçoit que 7,5 % du revenu total correspondant. Comment obtenir la vision synthétique des inégalités que l'examen successif des différents dixièmes ne permet pas d'avoir ? En cumulant progressivement les résultats comme dans le tableau C (colonnes c et d) : le premier dixième de l'ensemble des ménages reçoit 3,8 % du revenu (colonne c), les deux premiers dixièmes reçoivent 9,3 %, les trois premiers 15,8 %, etc. La représentation graphique de ces résultats est la courbe de Lorenz. Pour qu'elle ne soit pas en escalier mais (presque) continue, il nous faudrait des cumuls de centième en centième. La courbe de Lorenz serait alors semblable à celle qui figure dans le lexique du manuel [*p.* 779]. Le graphique représente la courbe de Lorenz du revenu de l'ensemble des ménages[4]. Si vous représentez celle du revenu des retraités, vous constaterez qu'elles sont très proches l'une de l'autre et que la courbe des retraités est toujours au-dessus de celle de l'ensemble des ménages . Cette position signifie que les inégalités sont moins fortes chez les retraités, ce que montrent également les données du tableau C : le pourcentage du revenu total détenu par une fraction cumulée de la population est toujours supérieur chez les retraités ; par exemple, les 60 % les moins riches reçoivent 42,7 % du revenu total de l'ensemble des retraités, alors que pour l'ensemble des ménages cette proportion est de 41,1 %.

4. Pour comparer deux courbes de Lorenz, on a l'habitude de comparer les cœfficients de Gini [*voir lexique*].

REGARDER SOUS LES TABLEAUX

Les rapports interdéciles et les courbes de Lorenz conduisent donc dans le cas présent à une conclusion identique : les inégalités sont un peu moins fortes chez les retraités. Mais si l'on regarde bien les données (les indications sous les tableaux), on constate que cette conclusion s'applique à des revenus dans lesquels ne figurent pas les revenus du patrimoine. Or ceux-ci sont très inégalement répartis (D9/D1 est supérieur à 60 pour le patrimoine) et les retraités détiennent relativement plus de patrimoine que les actifs. Il est donc plus que vraisemblable que notre conclusion doive être inversée, sans que l'on puisse être plus précis. Dans le domaine des inégalités, vous rencontrerez souvent ce type de situation : les données dont on souhaiterait disposer ne sont pas toujours disponibles, ce qui n'est pas toujours le fruit du hasard, même si des progrès substantiels ont été réalisés au cours des dernières décennies.

Jean-Paul Piriou

Graphique A

Courbe de Lorenz du revenu disponible des ménages par unité de consommation en 1999 *(dans le cas où les données ne sont disponibles que pour chacun des dixièmes de la population)*

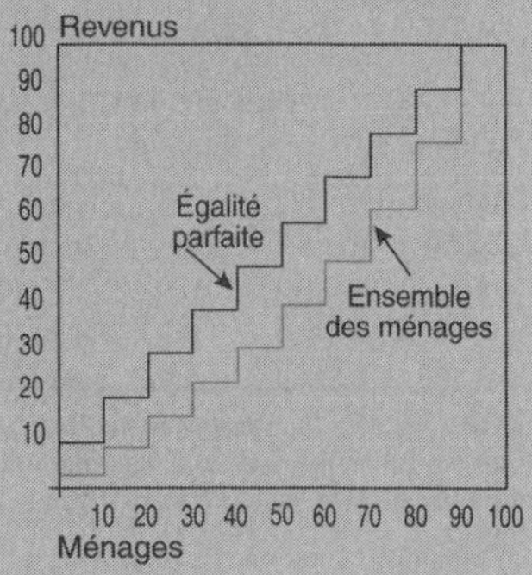

L'escalier supérieur correspond à l'égalité parfaite : 10 % des ménages ont 10 % des revenus, 20 % ont 20 % des revenus, etc.

Tableau C

Éléments pour construire la courbe de Lorenz

	Revenu par dixième En % du total			Revenu cumulé En % du total	
Dixième	Ensemble	Retraités	% de l'effectif total	Ensemble	Retraités
	a	b		c	d
1	3,8	4,2	10	3,8	4,2
2	5,5	5,8	20	9,3	10,0
3	6,6	6,8	30	15,8	16,9
4	7,5	7,8	40	23,3	24,6
5	8,4	8,6	50	31,7	33,3
6	9,4	9,5	60	41,1	42,7
7	10,6	10,5	70	51,7	53,2
8	12,0	12,0	80	63,7	65,2
9	14,3	14,2	90	78,0	79,4
10	22,0	20,6	100	100,0	100,0
Total	**100**	**100**			

Lecture : le 6e dixième des ménages de retraités dispose de 9,5 % du revenu total des retraités ; les 60 % des retraités les plus pauvres disposent de 42,7 % de ce même revenu total.

LE CHANGEMENT SOCIAL

Chapitre X

LA COHÉSION SOCIALE EN CRISE

Robert Castel

Introduction

S'il vous arrive de rencontrer quelques amis Indiens, dans une clairière amazonienne, essayez de leur expliquer que dans votre pays, terre des droits de l'homme, riche d'un PIB de plus de 250 000 euros par habitant, des hommes et des femmes meurent de froid l'hiver, parce qu'ils sont à la rue, sans logement. Ils ne vous comprendront pas. Chez eux, quand quelqu'un a faim c'est que toute la tribu a faim. Ils vous poseront peut-être de curieuses questions :

– « Ces hommes et ces femmes qui meurent ainsi, seuls, n'ont-ils donc aucune famille pour les aider ? Ni parents, ni époux, ni épouse, ni cousins, pas même un beau-frère ? Comment cela se peut-il ? Tout le monde appartient nécessairement à un groupe de parenté ! »

– « Ces hommes et ces femmes qui meurent ainsi, seuls, n'appartiendraient-ils pas à votre peuple ? Aucun peuple n'accepterait sans se déshonorer d'abandonner ainsi ses enfants. Pour être condamnés à un sort aussi funeste, auraient-ils commis un crime particulièrement horrible ? Car l'exclusion du groupe est la peine capitale dans beaucoup de tribus. »

– « Ces hommes et ces femmes qui meurent ainsi, seuls, seraient-ils vos ennemis ? Des prisonniers de guerre réduits à l'état d'esclaves, que l'on ne saurait traiter comme des êtres humains ? Mais cela semble impossible dans votre pays, puisque vous prétendez que tous les hommes sont égaux en droit… »

Et nous, que réussissons-nous à comprendre ? Ces hommes et ces femmes avaient un emploi, mais ils l'ont perdu, ils avaient un conjoint, mais ils s'en sont séparés, ils avaient des enfants, mais ils ne les voient plus, ils avaient un logement, mais ils ne peuvent plus payer leur loyer… Car dans cette société, les liens ne sont pas indissolubles, les devoirs et les obligations ne sont pas sacrés. Les liens se font et se défont au gré des circonstances et des choix de chacun ; quant aux obligations, elles sont de nature contractuelle. C'est ce que nous, les modernes, avons voulu, et continuons à vouloir, parce que c'est la condition de notre émancipation individuelle. Nous voulons pouvoir choisir notre lieu de résidence, notre conjoint, notre emploi… Cette liberté a une contrepartie nécessaire : le propriétaire de notre logement, notre conjoint, notre employeur peuvent aussi choisir un ou une autre que nous. Dès lors, notre existence sociale dépend de notre aptitude à offrir quelque chose en échange de ce que nous demandons. Cette règle du jeu est impitoyable. Elle ne signifie pas seulement que le jeu est inégal, certains gagnant beaucoup plus que d'autres. Elle signifie que l'on peut se trouver exclu du jeu.

La question qui se pose à nous est donc : comment former une société solidaire tout en préservant la liberté des individus ? Durkheim se l'était déjà posée dès la fin du XIXe, comme nombre de ses contemporains à la recherche d'une solution républicaine [*voir Pour aller plus loin, page 673*]. Dans le texte ci-après, Robert Castel montre que nous étions parvenus à trouver cette solution en inventant une société fondée sur l'intégration par le travail et la protection sociale. Sous l'effet d'évolutions déstabilisatrices, intervenues au cours du dernier quart de siècle, cette société salariale a beaucoup perdu de son pouvoir d'intégration. Faut-il tenter de la reconstruire sur les mêmes bases ou rechercher d'autres solutions, qui n'ont pas encore été explorées, au niveau national ou au niveau européen ? Parce qu'aucun individu ne peut vivre à l'extérieur de la société, cette question vous concerne, nécessairement.

Pascal Combemale

SOMMAIRE

LA COHÉSION SOCIALE

➡ **Robert Castel**, *sociologue, directeur d'études à l'École des hautes études en sciences sociales.*

Voir le chapitre : *Le changement social chez Durkheim,* page 673

Bibliographie
Robert Castel, Les Métamorphoses de la question sociale, *Fayard, 1995 (réédité chez Gallimard, « Folio », 1999). Philippe Combessie,* Sociologie de la prison, *La Découverte, « Repères », 2001.*

Parler de cohésion sociale est une manière de nommer les rapports d'interdépendance qui doivent unir tous les membres d'une société. Lorsque ces relations existent, on peut parler de société intégrée ou de « société de semblables » pour reprendre une expression de Léon Bourgeois, penseur et homme politique important de la IIIe République (il fut plusieurs fois ministre et son livre *Solidarité*[1] est l'ouvrage de référence du courant de pensée appelé « solidarisme » qui a inspiré les politiques sociales de la IIIe République). Une « société de semblables » est une société dans laquelle tous les individus qui la composent sont intégrés, c'est-à-dire sont associés pour exister ensemble et former une communauté. Parce qu'une société moderne est une société différenciée, dans laquelle les écarts se creusent entre les rôles occupés par chacun en fonction des progrès de la division du travail, elle est menacée de dissociation. Émile Durkheim appelle anomie ce manque d'intégration qui guette une formation sociale dans laquelle des relations de réciprocité ne sont pas maintenues ou restaurées par-delà la différenciation croissante des tâches accomplies par des individus et des groupes de plus en plus divers.

Une société de semblables

On peut ainsi comprendre qu'une société de semblables, ou une société qui assure une « solidarité organique », ne soit pas pour autant une société égalitaire, au sens où chacun aurait la même condition, les mêmes ressources, des biens et des pouvoirs équivalents. Au contraire, plus une société devient complexe et plus ses membres se différencient, c'est-à-dire occupent dans la structure sociale des positions incommensurables entre elles. Mais une telle société exige aussi que tous les sujets sociaux soient reliés par des liens « organiques », comme il en existe dans un organisme vivant, où le rôle joué par chaque organe est à la fois différent et essentiel pour qu'ils forment vraiment un tout.

Cette coexistence d'une différenciation accrue, qui peut comme aujourd'hui mener à des formes exacerbées d'individualisme, et de la nécessité de maintenir ou de reconstituer des rapports transversaux entre les individus et les groupes qui les rendent solidaires est un des grands défis que nous avons aujourd'hui à affronter. Ce que l'on appelle un peu schématiquement « l'exclusion » ou « la fracture sociale » ou « la société duale » est ce spectre – réalité, menace ou fantasme – d'une coupure qui ruinerait la possibilité même de « faire société », en entendant par là l'appartenance à un même ensemble dont tous les membres continuent d'être unis par des relations d'échanges réciproques.

On commencera par présenter le contexte dans lequel cette problématique est apparue en France à la fin du XIXe siècle et les premières réponses qui y ont été apportées par les politiques sociales de la IIIe République. On montrera ensuite comment ces réponses se sont consolidées après la seconde guerre mondiale dans le cadre de

1. Léon Bourgeois, *Solidarité*, 1896.

la « société salariale » : à la faveur d'une économie de croissance et de politiques de quasi plein emploi, la grande majorité des membres de la société jouissent de ressources et de droits qui constituent le socle d'une citoyenneté sociale. On indiquera enfin comment les cartes se sont redistribuées depuis une trentaine d'années, dans un contexte marqué par une progression sans précédent d'un individualisme qui affecte profondément le fonctionnement des principales institutions sociales. La conception même de la cohésion sociale et la possibilité de la maintenir ou de la restaurer apparaissent ainsi problématiques. La question se pose dès lors de savoir si le modèle de cohésion construit après la seconde guerre mondiale et qui a prévalu jusqu'au début des années 1970 est encore valide, ou dans quelle mesure il pourrait s'agir de le restaurer ou de le remplacer.

PLAN

I. L'ÉMERGENCE DE LA PROBLÉMATIQUE MODERNE DE LA COHÉSION SOCIALE

La question de la cohésion sociale n'est pas nouvelle puisque la société moderne s'est fondamentalement voulue, pour reprendre l'expression de Norbert Élias, « une société des individus ». La Déclaration des droits de l'homme et du citoyen, par exemple, est un magnifique manifeste d'individualisme conquérant, puisqu'elle prétend fonder sur les seuls droits de l'individu la légitimité politique, civile et pénale : le pouvoir politique est censé exprimer la volonté des individus-citoyens, les échanges sociaux consistent en relations contractuelles entre individus souverains, et l'individu est seul responsable de ses actes et personnellement sanctionné par la loi s'il la transgresse.

Si ces principes avaient été appliqués d'une manière absolue, la société aurait sans doute été complètement atomisée, sans aucune cohésion, ce qu'ont craint d'ailleurs beaucoup de contemporains de l'époque révolutionnaire et postrévolutionnaire. Mais des institutions ont échappé à l'hégémonie de l'individu : la famille, qui a continué à être gouvernée par un principe d'autorité de type patriarcal ; l'Église et les notables, qui ont conservé ou retrouvé une partie de leur influence traditionnelle ; des limitations au pouvoir absolu des individus ont été instituées sur le plan politique avec l'instauration du suffrage censitaire ; les philanthropes de la première moitié du XIXe siècle ont entrepris de moraliser les classes populaires en leur inculquant le sens de la loi et de l'ordre, etc. Même lorsque l'existence, dans cette première moitié du XIXe siècle, d'un prolétariat misérable et désocialisé présente le risque d'une véritable fracture sociale au sein de la société en voie d'industrialisation, on peut encore espérer contenir par la force la menace de subversion totale de l'ordre social que portent ces « nouveaux barbares » (cf. la répression de l'insurrection des ouvriers parisiens en juin 1848).

Le processus de désaffiliation

En revanche, la fin du XIXe siècle correspond à ce que les historiens appellent « la seconde révolution industrielle ». Elle est marquée par les progrès spectaculaires de l'urbanisation, un accroissement massif du nombre des salariés, une mobilité géographique rendue possible par les nouveaux moyens de transport comme le chemin de fer, le développement de modes de vie qui ne sont plus inscrits dans des communautés traditionnelles. La prise de conscience se fait, chez les esprits les plus éclairés du moins, qu'il s'agit là de transformations irréversibles dont l'impact sera de plus en plus considérable. Il leur apparaît en même temps que les formes antérieures de cohésion sociale fondées sur la proximité sociale et géographique entre des individus liés par des relations d'interconnaissance sont en déclin, et que ce déclin est également irréversible. Les solidarités qui dépendent de l'appartenance à des groupes primaires comme le voisinage, la famille étendue, les communautés locales, sont, non point toujours abolies comme dans les cas d'immigration rurale massive, mais à tout le moins distendues. On peut nommer désaffiliation ce processus de rupture avec les attaches antérieures, qui risque de laisser les individus isolés, livrés à eux-mêmes. Dès lors la cohésion sociale doit être dans une large mesure prise en charge sur un mode volontariste, construite ou reconstruite.

II. L'ENTRÉE EN SCÈNE DE L'ÉTAT

C'est dans ce contexte que l'État apparaît comme l'instance nécessaire pour suppléer aux carences des protections rapprochées et des formes de contrôle des groupes de proximité. Les mêmes penseurs qui, à la fin du XIXe siècle, portent le diagnostic d'un risque de dissociation sociale, préconisent en même temps ce qu'ils croient être le remède à cette situation : l'implication de l'État dans un rôle nouveau – l'État social ou l'État providence – pour construire de nouvelles solidarités. C'est l'essentiel des politiques sociales menées par la IIIe République.

Les trois axes des politiques sociales

1. *Assurer un droit au secours* aux plus démunis. Les situations de grande pauvreté dues à l'incapacité de travailler relevaient pour l'essentiel d'une assistance facultative dispensée par l'Église et par des associations philanthropiques. Reprenant le principe posé par les assemblées révolutionnaires « d'une dette inviolable et sacrée » de la nation à l'égard des citoyens dans le besoin, l'État républicain en fait un droit. Les plus démunis se trouvent ainsi maintenus dans la communauté nationale au nom de la loi. Il convient cependant de remarquer que l'application de ce droit est très restrictive puisqu'il

concerne seulement les populations qui sont dans l'impossibilité physique de pourvoir à leurs besoins (qui sont incapables de travailler).

2. *Mutualiser les principaux risques sociaux*. La maladie, les accidents du travail (loi de 1898), la vieillesse impécunieuse (loi sur les retraites ouvrières et paysannes votée en 1910) relèvent désormais de systèmes d'assurance également garantis par l'État. Cette protection sociale est d'une bien plus grande portée que le droit au secours car elle concerne en principe l'ensemble des travailleurs. Par exemple, le droit à la retraite donne l'assurance aux vieux salariés devenus incapables de subvenir à leurs besoins de jouir du minimum de ressources nécessaires pour mener une vie décente. Ils ne tombent pas dans la dépendance de formes plus ou moins dégradantes d'assistance. Plus généralement, comme le dit Alfred Fouillé, l'un de ces idéologues de la IIIe République qui ont combattu pour l'intervention de l'État, les systèmes d'assurance obligatoire fournissent « ces garanties du capital humain qui sont comme un minimum de propriété essentiel à tout citoyen vraiment libre et égal aux autres[2] ».

3. *Le développement des services publics*. Les services publics dispensent des biens qui doivent échapper à l'appropriation privée et à la logique marchande parce qu'ils présentent une utilité essentielle pour pouvoir participer à la vie collective. Léon Duguit, un autre de ces penseurs qui ont contribué à l'édification de la doctrine sociale de la IIIe République, définit ainsi le service public : « toute activité dont l'accomplissement doit être assuré, réglé par les gouvernements, parce que l'accomplissement de cette activité est indispensable à la réalisation et au développement de l'interdépendance sociale, et qu'elle est de telle nature qu'elle ne peut être réalisée complètement que par l'intervention de la force gouvernementale[3] ». On ne saurait mieux affirmer la nécessité de l'action de l'État pour le maintien de la cohésion sociale : c'est l'intervention de « la force gouvernementale » qui peut assurer « l'interdépendance sociale », c'est-à-dire la participation de tous au même ensemble social, condition de la réalisation de la « solidarité organique » selon Durkheim.

L'intégration par l'école républicaine

L'éducation, comme aussi la santé, représente un de ces biens à forte utilité à la fois personnelle et sociale dont on peut légitimement penser qu'il est trop important pour être laissé à la discrétion des intérêts privés. On connaît les efforts déployés par le régime républicain pour promouvoir une éducation publique, laïque, obligatoire et gratuite, qui représente sans doute la plus grande réussite de son programme social. L'instruction publique promeut une socialisation de l'ensemble des enfants, non seulement par l'acquisition des connaissances de base nécessaires pour se repérer dans le monde moderne, mais aussi par l'inculcation des valeurs de la République qui font intérioriser la commune appartenance à l'ensemble social, la nation (avec aussi la motivation « patriotique » d'être mieux armé pour préparer la revanche de la défaite de 1870 contre l'Allemagne). On sait aussi que cet effort soutenu pour diffuser une instruction essentiellement « primaire », c'est-à-dire en direction du peuple, a laissé subsister d'énormes disparités par rapport au type d'éducation réservé à peu d'exceptions près aux classes moyennes et supérieures qui constitueront l'élite de la nation. Mais ce constat illustre la ferme différence qu'il faut établir entre une société d'égaux et une société de semblables : comme pour le droit au secours et la protection sociale, l'objectif du programme social de la IIIe République est d'as-

2. Alfred Fouillé, *La Propriété sociale et la démocratie*, 1884.
3. Léon Duguit, *Le Droit social, le droit individuel et la transformation de l'État*, 1908.

surer à tous un minimum de ressources, de biens et de droits, afin que nul ne soit rejeté en dehors de l'ensemble social – ce que nous appellerions aujourd'hui l'exclusion. Le combat républicain pour l'intégration sociale concerne tout le monde, mais cela ne signifie pas que chacun doive être doté des mêmes attributs pour que la cohésion sociale soit préservée.

III. LA COHÉSION SOCIALE DANS LA SOCIÉTÉ INDUSTRIELLE

À la différence du développement des services publics et spécialement de la politique scolaire, le programme social de la IIIe République a globalement donné des résultats très modestes en matière de protection sociale. Avant la seconde guerre mondiale, on est bien loin d'avoir pourvu tous les membres de la société de ce « minimum de propriété essentiel à tout citoyen vraiment libre et égal aux autres » que préconisait Fouillé. On peut comprendre pourquoi. L'idée était de constituer ce « minimum de propriété » à partir du travail. Jusqu'à l'établissement des protections sociales, le pur travailleur était tragiquement dépourvu de protections, que pouvait seule procurer la propriété privée. Il risquait ainsi de basculer dans la déchéance lorsque l'accident, la maladie, le chômage, la vieillesse l'empêchaient de survivre et de faire survivre sa famille avec son maigre salaire. D'où l'importance fondamentale des cotisations sociales.

L'invention de la propriété sociale

Avec l'assurance obligatoire dont le principe s'impose avec la loi de 1910 sur les retraites, le travailleur se constitue « comme une propriété », il se construit un droit de toucher des prestations pour le temps où provisoirement (maladie, accident) ou définitivement (vieillesse) il cessera son activité. C'est le sens fort de l'expression « protection sociale » : ce sont les prestations sociales qui protègent. C'est-à-dire que le non-propriétaire lui-même est protégé par un équivalent de la propriété (une sorte de propriété sociale) qu'il tire de son travail. C'est aussi une contribution décisive à la problématique de la cohésion sociale : grâce à ces ressources garanties par la loi, le travailleur est maintenu dans le circuit des échanges sociaux, il ne décroche pas de la commune appartenance à la société, il demeure un « semblable ».

Une protection sociale limitée

Mais on voit aussi pourquoi, dans un premier temps, ces effets qui représentent un élargissement extraordinaire de la conception de la propriété sont restés très limités. La protection sociale est instituée pour des travailleurs dont le salaire est misérable et les « couvertures » qu'ils en tirent sont de ce fait très médiocres, les pensions versées étant proportionnelles au salaire. En fait, elles dépassent à peine les maigres secours dont bénéficient les indigents. On pourrait parler de « minima sociaux » avant la lettre, dont on peut douter qu'ils permettent de faire de leurs bénéficiaires, pour citer à nouveau Fouillé, « des citoyens vraiment libres et égaux aux autres ». C'est pourquoi, après les premières lois sociales qui se mettent en place à partir de la toute fin du XIXe siècle, la condition ouvrière ne s'est que très lentement améliorée. L'atroce misère de la condition prolétarienne qui plaçait les ouvriers des débuts de l'industrialisation et leurs familles en situation de quasi-exclusion de la société a sans doute été le plus souvent abolie. Mais l'ensemble du monde ouvrier vit encore pour longtemps sous le signe de la vulnérabilité. Il commence à avoir accès à des droits (droits du travail, protection sociale), mais ces acquis sont fragiles et la peur de la déchéance continue de hanter ceux qui, pour l'essentiel, vivent encore « au jour la journée » (cf. la crainte d'aller croupir et mourir à l'hospice dans la misère et le déshonneur, qui perdure encore très avant dans le XXe siècle).

De surcroît, l'intégration sociale n'a jamais constitué un idéal pour l'ensemble du monde ouvrier. Ses membres les plus dynamiques, organisés autour de syndicats et de partis révolutionnaires, combattent pour un modèle alternatif d'organisation sociale. À leurs yeux, la cohésion sociale n'est qu'un leurre qui dissimule les rapports réels d'exploitation du travail par le capital. Il faut changer de fond en comble la structure sociale elle-même et non se contenter de supprimer les caractères les plus criants de l'injustice par des réformes de surface qui donneraient l'illusion d'être dans une société unifiée. Cette posture est celle du syndicalisme révolutionnaire ou d'action directe, très puissant au tournant du XXe siècle, du parti communiste, et elle s'exprime avec vigueur en 1936 lors du Front populaire.

IV. LA COHÉSION SOCIALE DANS LA SOCIÉTÉ SALARIALE

L'accomplissement de la conception de la cohésion sociale portée par le programme social de la IIIe République s'est donc pleinement réalisé bien plus tard. Cet accomplissement a été rendu possible par une transformation profonde de la condition salariale. Il a fallu que le salariat cesse d'être essentiellement le salariat ouvrier, ce qu'il était jusqu'aux années 1930 où les ouvriers, ouvriers agricoles inclus, représentaient environ 60 % des salariés. C'est ensuite l'irrésistible ascension des catégories d'employés, de professions intermédiaires, de cadres moyens et supérieurs qui place le salariat ouvrier dans une position subordonnée (aujourd'hui les ouvriers représentent moins de 30 % de la population active, ils sont moins nombreux que les employés). Il est certes faux de prétendre que le monde ouvrier se soit dissout. Mais il faut constater qu'il n'occupe plus dans la structure sociale la position centrale qui était encore la sienne dans les années 1930.

Une cohésion sociale fondée sur la condition salariale

Parallèlement, les idéologies radicales portées par le mouvement ouvrier ont perdu progressivement leur pouvoir d'attraction. Au fur et à mesure que le salariat devient une condition solide à laquelle sont rattachés un salaire relativement confortable et des protections fortes, il apparaît qu'il peut être la matrice de base d'une intégration réelle dans la société moderne. Dès lors le mot d'ordre de l'abolition du salariat par une rupture révolutionnaire perd progressivement de sa crédibilité. On peut être à la fois salarié et parfaitement intégré aux modes de vie dominants, participer à la consommation de masse et jouir de droits sociaux étendus. Davantage : la condition salariale, de repoussoir qu'elle représentait sous la forme du prolétariat au début du XIXe siècle, est devenue un modèle d'identification dans une société moderne dont la cohésion paraît reposer dans une large mesure sur la gestion équilibrée de la différenciation sociale dont la condition salariale est le pivot central.

En effet, le développement et la différenciation du salariat ont permis l'extension à la grande majorité de la population des protections et des droits qui avaient d'abord été attachés majoritairement à un salariat encore misérable et déconsidéré. Dépassant les réalisations encore médiocres de la IIIe République en matière de protection sociale, la société dans son ensemble a pu devenir, pour reprendre une expression de François Ewald « une société assurantielle » : une société dans laquelle l'immense majorité de la population paraît assurée contre les principaux risques sociaux qui menacent de rompre l'équilibre social. Tout le monde ou presque peut disposer d'une sorte de coussin de sécurité, une sécurité sociale au sens fort du mot qui le garantit contre les aléas de l'existence.

Préserver la solidarité malgré la différenciation sociale

De plus, la structure même de la société salariale présente une association fortement articulée de différenciation sociale et de solidarité organique qui paraît relever le défi de la cohésion sociale dans une société moderne. Le monde du salariat est en effet fortement différencié, et il existe de très grandes disparités, non seulement en termes de revenus, mais aussi de prestige et de pouvoir, entre par exemple un ouvrier au SMIC et un cadre supérieur. Cependant tous deux s'inscrivent dans un même ensemble en ce qu'ils partagent les mêmes droits sociaux, droit du travail et protection sociale. En ce sens, ils sont à la fois inégaux et semblables, dans la mesure où même ceux qui sont placés au bas de la hiérarchie salariale sont censés disposer de ce minimum de ressources et de droits nécessaires pour assurer leur indépendance et tenir une place reconnue dans la société.

Le « partage des bénéfices »

Il faut ajouter que cette hiérarchie n'est pas figée comme elle l'est dans les sociétés traditionnelles. En période de croissance en particulier, il se produit un surcroît de richesses susceptible d'améliorer la condition de tous. Ce « partage des bénéfices » fait l'objet de débats et d'affrontements. Il se joue sur le mode de ce que l'on peut appeler une « négociation conflictuelle » entre les « partenaires sociaux » qui représentent les intérêts des différents groupes. Ces affrontements peuvent donner lieu à de fortes tensions sous-tendues par des grèves et des mouvements sociaux (cf. les négociations de Grenelle en 1968) avant de donner lieu à un accord-compromis, qui peut d'ailleurs toujours être remis en question. Mais le mouvement est porté par un processus de développement global de la société qui autorise à penser que demain sera meilleur qu'aujourd'hui. Ainsi ce que tel groupe n'a pas pu obtenir cette fois, il peut espérer l'acquérir bientôt. C'est la croyance au progrès social qui atténue la radicalité des antagonismes dans le présent en anticipant une amélioration de la situation dans le futur. De plus, l'État est présent dans ces négociations entre partenaires sociaux. Il ne s'agit pas d'un arbitre impartial puisqu'il exprime un rapport de forces politiques, mais il exerce un pouvoir de médiation pour désamorcer la radicalité de conflits qui remettraient en question la cohésion sociale.

V. LA COHÉSION SOCIALE COMME SYNTHÈSE DE L'ORDRE ET DU PROGRÈS

Ainsi a-t-on assisté, pendant la période qui a suivi la seconde guerre mondiale, à une *gestion régulée de la différenciation sociale*. La conflictualité sociale est demeurée vive et l'on est bien loin des analyses qui décrivent l'avènement d'une grosse classe moyenne pacifiée. De même, si la situation de chaque catégorie sociale s'est substantiellement améliorée (par exemple, le taux moyen des salaires augmente d'environ 3 % par an pendant toute la période dite des « trente glorieuses »), les différences *entre* les catégories sont demeurées pratiquement inchangées (par exemple, le rapport entre le salaire moyen des ouvriers et celui des cadres reste en gros de 1 à 3 pendant cette période, c'est-à-dire que, à part quelques variations conjoncturelles, les cadres sont 3 fois mieux payés que les ouvriers). Cependant la société n'a pas explosé et les risques de subversion totale (espoir pour les uns, crainte lancinante pour les autres) se sont progressivement estompés. La « société salariale » qui s'est installée en France, et plus largement en Europe occidentale après la seconde guerre mondiale, a ainsi d'une certaine manière réalisé la synthèse de l'ordre et du progrès dont Auguste Comte avait fait au moment de la révolution industrielle l'idéal de la modernité. Elle y est parvenue dans une large mesure en développant des politiques sociales énergiques. Il faut rappeler à ceux qui aujourd'hui affirment l'incompatibilité de l'économique et du social que l'on a assisté au contraire au développement simultané de ces deux registres. La période de plus grand développement et de modernisation de la société française a aussi été celle de la progression des régimes de plus en plus étendus de protections et de droits sociaux. Il est très vraisemblable que sans cette contrepartie aux bouleversements économiques, la cohésion de la société aurait éclaté, à moins qu'un régime beaucoup plus autoritaire n'imposât de force de nouvelles régulations.

Les résistances sociales au marché « autorégulé »

Mais si importante soit-elle, l'efficace de ce type de régulations sociales pour maintenir la cohésion de la société n'a pas été exclusive. Karl Polanyi a exprimé avec vigueur le pouvoir destructeur sur toutes les formes de régulations sociales de ce qu'il appelle le « marché autorégulé », c'est-à-dire un marché qui n'obéirait qu'à ses propres lois ou à ses propres intérêts[4]. Le marché s'impose en réduisant toute chose, naturelle, humaine ou sociale, à sa valeur marchande, et pour lui « le monde est une marchandise ». Cependant Polanyi remarque aussi que ce marché n'a jamais pu s'imposer sous sa forme pure et ne le pourrait sans détruire la société. Son avènement à partir de la révolution industrielle a suscité des résistances dont, au premier chef, les politiques sociales que nous venons d'envisager. Mais certaines institutions ont aussi résisté à l'hégémonie du marché. Au premier rang d'entre elles il faut sans doute placer la famille. On a déjà noté qu'en dépit de l'idéologie individualiste qui commence à s'imposer à partir du XVIIIe siècle et du rôle croissant des échanges économiques, la famille est restée largement dominée, du moins jusqu'aux années 1960, par des relations de type traditionnel : autorité paternelle, respect envers les parents, soumission des enfants aux disciplines, apprentissage de la bienséance et inculcation des valeurs sociales dominantes. Aussi la famille représentait-elle un puissant facteur de socialisation aux normes sociales, d'autant plus efficace qu'il s'exerce dès le jeune âge.

polanyi
marché autorégulateur
de la cohésion soc.

Les autres vecteurs d'intégration

On a aussi souligné le rôle socialisant de l'école dont l'influence s'est faite de plus en plus prépondérante. On pourrait dire que le programme de l'école moderne qui se met en place à la fin du XIXe siècle consistait à inculquer à l'ensemble des enfants les valeurs de la République qui sont le ciment de la cohésion nationale. L'entreprise elle-même était, en dépit des antagonismes qui la traversent, un espace de socialisation. Dans le capitalisme industriel qui se développe au long du XXe siècle, l'organisation dominante du travail se fait sous la forme de l'intégration à des collectifs, lieux où s'est forgée une solidarité ouvrière qui exerce également des effets en dehors de l'usine.

Les syndicats et les partis à prépondérance ouvrière comme le parti communiste ont aussi une action socialisante à travers les organisations qu'ils contrôlent, comme les organisations de jeunesse ou certaines municipalités. Il en va de même pour les communautés de voisinage. On a vu qu'elles avaient été fortement ébranlées par l'industrialisation et l'urbanisation. Mais elles n'ont pas été complètement abolies et ont même pu se reconstituer en partie. C'est ainsi que *le quartier ouvrier* a constitué un milieu foisonnant d'échanges et de solidarités concrètes qui a pu compenser en partie la dureté de la condition ouvrière, procurant à la fois des ressources matérielles dans les moments de dénuement et des supports affectifs qui accompagnent la vie quotidienne[5]. Même les « grands ensembles » à l'origine de ce que l'on appelle aujourd'hui « le problème des banlieues » ont été conçus dans un premier temps comme une solution progressiste à la crise du logement, inventant une manière nouvelle d'habiter la ville grâce à laquelle les problèmes de l'habitat devaient être résolus en permettant l'épanouissement des individus dans ces espaces conçus sur un mode rationnel[6].

Il faudrait encore ajouter la nébuleuse du monde associatif, d'obédience laïque ou religieuse, qui a gardé sa vigueur et où se sont tissés des liens sociaux souvent forts entre des individus unis par de multiples intérêts. Ce que l'on peut appeler la société civile, par opposition au domaine des interventions étatiques, disposait donc encore de réserves de solidarités pour assurer la cohésion de groupes plus

4. Karl Polanyi, *La Grande Transformation*, Gallimard, 1983.
5. Voir Suzanna Magri, Christian Topalov, *Villes ouvrières, 1900-1950*, L'Harmattan, 1990.
6. Voir Christian Bachman, Nicole Le Guenne, *Violences urbaines, 1945-1992*, Albin Michel, 1996.

restreints. On peut avancer que le modèle de cohésion sociale relativement satisfaisant qu'a présenté la société salariale s'est appuyé sur la conjonction de dispositifs de protection mis en place par l'État et de protections rapprochées encore présentes dans la société civile.

La société salariale, synthèse de l'ordre et du progrès ?

Il faut se garder d'idéaliser le passé, même proche, comme on a tendance à le faire en qualifiant de « trente glorieuses » la période qui a suivi la seconde guerre mondiale jusqu'au début des années 1970. Les inégalités sont restées fortes, les injustices vives, et même la pauvreté n'avait pas été complètement éradiquée. Il en subsistait des poches, ce que l'on appelle le « quart monde », constituées d'individus et de groupes marginaux porteurs de handicaps qui les avaient empêchés de s'intégrer au mouvement de la modernité. Mais on pouvait penser que cette pauvreté résiduelle, comme les inégalités les plus criantes, étaient en voie de résorption, emportées à terme par la dynamique du progrès social. C'est finalement sans doute cette manière de conduire le progrès qui rend le mieux compte du modèle de cohésion qu'a présenté la société salariale. La société moderne est mobile, elle est traversée par des processus de changement économique qui accroissent la richesse collective, mais créent de nouvelles inégalités et font craquer les formes anciennes d'intégration. Mais cette dynamique est contrôlée et encadrée par des régulations collectives qui continuent d'inscrire les individus dans des réseaux de solidarité. Dans la mesure où les formes anciennes de socialisation ne suffisent plus à assurer l'intégration, des prestations sociales et des droits sociaux viennent apporter, sous la garantie de l'État, des ressources et des protections nouvelles pour donner à chacun le maximum de chances de jouer aussi à son profit le jeu que le changement lui impose. Si le progrès de la civilisation passe par le changement et que la stabilité de la société impose un certain recours à l'ordre, il semble bien y avoir là une synthèse de l'ordre et du progrès grâce à laquelle la société peut être à la fois mobile et intégrée. Manière moderne en somme pour les individus de continuer à « faire société » dans un monde social de plus en plus diversifié et changeant.

VI. LE DÉCLIN DES INSTITUTIONS ?

De même qu'il ne faut pas idéaliser le passé, gardons-nous de noircir le présent. De puissants systèmes de protection sont encore à l'œuvre dans notre société et une gamme étendue d'institutions continue de dispenser des services, de transmettre des connaissances, d'inculquer des valeurs à des enfants ou à des adultes afin qu'ils s'intègrent à la société. Pour prendre un seul exemple, la Sécurité sociale « couvre » encore aujourd'hui la grande majorité de la population française contre les risques sanitaires et la plupart des risques sociaux, et la couverture médicale généralisée vient même récemment d'étendre à toutes les personnes résidant légalement sur le territoire français l'assurance d'une prise en charge sanitaire complète.

L'effritement de la cohésion sociale

Il est donc tout à fait faux de parler d'un *effondrement* des dispositifs dont l'objectif est d'assurer la cohésion sociale. Par contre, on peut observer leur *effritement* sous l'effet d'une dynamique d'individualisation qui prend aujourd'hui des formes exacerbées. On a signalé que l'affirmation de la suprématie de l'individu avait caractérisé depuis ses origines la société moderne. Mais elle avait été encadrée, contenue, équilibrée par la consolidation de certaines institutions et une construction de nouvelles régulations collectives pour lesquelles les interventions de l'État social ont joué un rôle prépondérant. Aujourd'hui tout se passe comme si ces dispositifs d'organisation collective craquaient sous les coups de boutoir d'un processus généralisé de *réindividualisation*.

Quand l'entreprise sape la cohésion sociale...

C'est dans le monde du travail, de l'entreprise et de l'organisation de la vie professionnelle que ses effets sont les plus sensibles. On observe une décollectivisation généralisée des formes d'organisation du travail et de structuration des carrières professionnelles qui se manifeste principalement à deux niveaux :
– sur le plan technique de la division du travail d'abord, s'impose ce que l'on traduit généralement par une exigence de *flexibilité* qui marque le passage de l'organisation tayloriste ou « fordiste » du travail à une organisation « postfordiste ». La production est de moins en moins réalisée au travers de longues chaînes d'opérations stéréotypées opérées par des collectifs de travailleurs interchangeables. L'individualisation des tâches à accomplir exige une responsabilisation de l'opérateur, une adaptabilité permanente, une capacité de se recycler pour faire face aux changements. Le travailleur acquiert ainsi une certaine marge d'indépendance. Mais il est en même temps surexposé. Il doit encore obéir aux exigences de productivité maximale, mais il ne peut plus compter sur les solidarités collectives qui ont constitué une part essentielle de la culture ouvrière. L'individualisation des tâches met en concurrence les travailleurs, y compris s'ils ont le même niveau de qualification. Se trouve ainsi brisée l'homogénéité des catégories professionnelles et chaque travailleur se retrouve souvent livré à lui-même, sommé de réussir, au risque d'être invalidé s'il échoue ;
– cette exigence de mobilité se ressent sur le plan des carrières professionnelles qui deviennent discontinues, au lieu d'être programmées d'une manière stable comme lorsque l'on entrait dans une entreprise à la sortie de la scolarité et qu'on y restait jusqu'à l'âge de la retraite. C'est maintenant souvent au travailleur lui-même que revient la responsabilité de gérer les aléas de son parcours professionnel, de savoir opérer des reconversions, changer d'orientation – quitte là aussi à se tromper et à devoir en payer les conséquences en se retrouvant, selon l'expression actuellement consacrée, « inemployable ». Comme pour les nouvelles formes d'organisation du travail au sein des entreprises, ces trajectoires professionnelles à haut risque sont la conséquence du caractère profondément ambigu de cette dynamique d'individualisation qui domine actuellement le monde du travail : elle libère effectivement les individus de contraintes collectives qui pouvaient être très pesantes, comme celles de l'organisation taylorienne du travail – mais elle les laisse

souvent isolés, démunis des protections qu'ils tiraient de leur appartenance à des groupes. Elle agit ainsi comme un puissant facteur de décohésion sociale.

La crise des institutions

Mais plus généralement, les effets de ce double processus d'individualisation-décollectivisation traversent aujourd'hui les principaux secteurs de la vie sociale. On peut parler à ce propos d'une « désinstitutionnalisation », ou d'un « déclin des institutions », entendu à la suite de François Dubet comme une remise en question du travail de socialisation opéré par les principales institutions sociales qui inculquaient aux individus des normes générales de conduite[7]. C'était, comme on l'a déjà souligné, un des rôles joués par l'école, la famille, les groupes professionnels. Mais les partis politiques, les syndicats, les Églises avaient aussi cette fonction de faire intérioriser des règles de conduite collectives qui permettaient l'intégration des individus dans des groupes homogènes. Or on reproche aujourd'hui à toutes ces institutions leur fonctionnement bureaucratique, leur abstraction, qui les rendraient incapables de répondre aux attentes des individus et les empêcheraient de déployer toutes leurs potentialités. Ce que l'on appelle la « crise des institutions » tient au fait qu'on ne leur fait plus confiance pour construire la cohésion sociale en transmettant aux acteurs sociaux les habitudes et les savoir-faire nécessaires pour participer à l'existence collective. Il ne faut pas confondre ce constat avec celui d'une fin ou d'une mort des institutions. L'école par exemple continue à transmettre des connaissances et des valeurs, et elle demeure, avec la famille, un moyen essentiel de socialisation. Mais elle a de plus en plus de mal à réaliser son programme, qui est d'assurer le passage de l'enfance à l'âge adulte en dotant les élèves de la panoplie des ressources requises pour se réaliser dans leur vie professionnelle et sociale. Ce n'est pas seulement l'autorité du maître qui ne va plus de soi. Ce qui fait problème c'est surtout l'adéquation entre ce qu'il enseigne et ce qu'il faudrait acquérir pour maîtriser le rapport au futur métier et à un environnement de plus en plus complexe, dont les pressions débordent de toutes parts l'univers scolaire.

L'affaiblissement des États-nations

Finalement, c'est le rôle de l'État conçu comme la clef de voûte du maintien de la cohésion sociale qui est contesté. On reproche à ses interventions d'être à la fois trop coûteuses, trop envahissantes, inadaptées et inefficaces. En fait l'État est menacé et perd beaucoup de ses prérogatives, parce que l'essentiel de son pouvoir se constituait et s'exerçait dans un cadre national. L'État moderne c'est l'État-nation, c'est-à-dire l'instance centrale qui exprime la souveraineté de pays comme la France, l'Allemagne, la Grande-Bretagne, etc. Sur la base de leur indépendance économique, ces États, comme on l'a vu dans le cas de la France, avaient développé des politiques sociales pour maintenir des relations d'interdépendance entre leurs membres et en faire des cocitoyens. De plus en plus les échanges, et en premier lieu les échanges économiques, ont pris un caractère transnational et obéissent à des dynamiques qui ne peuvent plus être contrôlées dans un cadre géographique aussi limité que la nation : concurrence à l'échelle de la planète, rôle prépondérant du capita-

7. François Dubet, *Le Déclin de l'institution*, Le Seuil, 2002.

lisme financier international, etc., c'est ce que l'on résume en parlant de « mondialisation ». Mais si les frontières géographiques sont devenues poreuses, elles laissent aussi entrer des facteurs de dissociation sociale qui ne peuvent pas être complètement maîtrisés par l'État-nation. Par exemple, compte tenu de la concurrence internationale, les salaires nationaux devraient être compétitifs sur le marché mondial. Comment dès lors maintenir des protections sociales comme les régimes de retraite dont on sait qu'elles sont largement financées à partir des cotisations salariales, accusées d'augmenter le prix du travail (pour les entreprises, il s'agit de « charges sociales ») ? Au nom des exigences du marché, qui est un marché mondialisé, on en vient ainsi à rogner sur les prestations sociales dont l'objectif est de maintenir des relations de solidarité entre les membres de la communauté nationale, avant peut-être de les abandonner. Ici aussi la tentation est de laisser à chaque individu le soin de s'assurer lui-même, mais on sait que certains pourront le faire, tandis que d'autres, laissés à eux-mêmes, viendront grossir le flot des exclus. À la limite c'est le modèle d'une société duale, et non plus d'une société de semblables, qui se profile.

VII. COHÉSION SOCIALE OU LOI DU MARCHÉ : UN CHOIX DE SOCIÉTÉ

On doit s'interroger sur les réponses qui pourraient être apportées à cette situation. Pour schématiser le problème : s'agit-il de défendre les structures qui ont assuré la cohésion de la société salariale et de tenter de les restaurer dans la mesure où elles se dégradent, ou bien faut-il chercher des réponses alternatives afin d'instaurer l'intégration sur de nouvelles bases – et dans ce cas, lesquelles ?

De l'État social à l'État sécuritaire ?

On peut observer tout d'abord une tentation aujourd'hui très répandue allant dans le sens de la restauration de la loi et de l'ordre, et le renforcement des structures institutionnelles classiques. La popularité actuelle du souci sécuritaire va bien au-delà de la lutte contre la délinquance qui s'exprime de la manière la plus spectaculaire sur le terrain des banlieues (le « problème des banlieues » est d'ailleurs le cas limite qui cumule dans un même espace tous les facteurs de dissociation sociale actuellement présents dans notre société : le chômage de masse, l'habitat dégradé, l'absence de perspectives d'avenir pour de nombreux jeunes, le racisme, etc.). Mais un glissement plus général paraît s'opérer en ce moment d'un État social à un État sécuritaire, comme si la puissance publique se mobilisait essentiellement autour de l'exercice de l'autorité. Au-delà de la recherche d'une « tolérance zéro » en matière de délinquance, il s'agit aussi de combattre le laxisme à l'école (cf. par exemple la loi récente qui pénalise les agressions commises à l'égard des enseignants). Mais la délivrance de certaines prestations sociales elle-même est soumise à des critères d'autorité. C'est ainsi que des prestations familiales peuvent être supprimées à des familles qui n'exercent pas un contrôle suffisant sur leurs enfants, ou que la délivrance des allocations chômage peut être soumise à des exigences très strictes pour obliger les chômeurs à reprendre un emploi quel qu'il soit. Il n'est nullement exclu de voir se multiplier et s'étendre ce type de mesures qui paraissent portées à la fois par une volonté politique dominante et par un assez large consentement populaire. Il paraît en revanche impossible qu'elles puissent commander une restructuration d'ensemble des institutions et des régulations sociales instaurant la cohésion sociale sur le mode d'un pur retour à l'autorité et à l'ordre. L'imposition par en haut de contraintes est en effet peu compatible avec ces processus d'individualisation et de désinstitutionnalisation dont on a souligné la force et qui traversent à peu près tous les secteurs de la vie sociale. On voit mal par exemple une autorité gouvernementale qui adopte les principes du libéralisme économique imposer aux entreprises des réglementations et des interdits qui les empêcheraient de jouer librement le jeu de la concurrence et de la compétitivité. Avec le développement des politiques sécuritaires et les tentatives de restauration de l'autorité, on risque d'aboutir ainsi à une coupure entre un autoritarisme s'exerçant dans les secteurs qui touchent au social, au juridique et au politique, et à un libéralisme dans les secteurs qui touchent à l'économie, contradiction qui serait ruineuse pour la cohésion sociale.

Agir à l'échelon local ?

Une autre réponse va dans le sens de l'investissement ou du réinvestissement d'espaces communautaires pour construire ou reconstruire la cohésion sociale sur une base territoriale. Ce type de réponse couvre une gamme étendue de situations. Il peut s'agir d'une décentralisation passant par une réforme profonde de l'État et des administrations, en redéployant à partir de communautés territoriales plus restreintes que la nation les ressources de la puissance publique. C'est un schéma général de recomposition des structures administratives qui va de pair avec les efforts réalisés depuis la fin des années 1980 dans le cadre de la « politique de la ville » et des politiques d'insertion : sur les territoires particulièrement menacés de dissociation sociale, déployer un ensemble de ressources supplémentaires pouvant concerner l'éducation (les ZEP), le rapport à l'emploi (les missions locales pour l'emploi, les différents programmes territorialisés pour faciliter l'insertion professionnelle, l'insertion par l'économie, les régies de quartiers, etc.), les opérations de rénovation urbaine, les projets locaux de développement social, l'encouragement apporté aux « initiatives citoyennes », etc.

Ces différentes initiatives contribuent certainement à combattre les facteurs de dissociation sociale. Il est incontestable par exemple que ce que l'on appelle « le problème des banlieues » ou des « quartiers sensibles » serait encore plus grave qu'il ne l'est aujourd'hui si cet ensemble diversifié de mesures n'avait pas commencé à se mettre en place depuis une vingtaine d'années. Mais on peut aussi douter qu'elles soient à la mesure de la gravité des problèmes qui se posent. En effet, c'est bien souvent en amont du territoire local, avec le chômage de masse par exemple, ou l'absence d'une politique efficace de logement social ou de traitement de l'immigration, que se produisent les dysfonctionnements qui vont se répercuter au niveau local. De même, si une certaine décentralisation des formes de l'intervention publique est certainement souhaitable pour en accroître l'efficacité, on peut craindre qu'elle soit l'occasion, ou le prétexte, d'un renoncement de l'État à continuer à assumer sa fonction essentielle de garant

➡ **Voir le dossier :** *Communautarisme et société multiculturelle*, page 389 de la cohésion d'ensemble de la société, dont on voit mal qu'elle puisse se passer du maintien d'une instance centrale dotée de pouvoirs étendus. De plus, le repli sur le local entretient les tentations du communautarisme, avec les risques d'enfermement qu'il porte.

Le tiers secteur, une solution périphérique

On a vu que le travail et les protections attachées au travail avaient constitué la matrice principale de la cohésion sociale dans la société salariale, à tel point que l'on a pu qualifier le travail de « grand intégrateur » (Yves Barel). Si ce socle se fissure avec le chômage de masse, la précarisation des relations d'emploi, la fragilisation des trajectoires professionnelles, on peut être tenté de chercher à travers la création de nouveaux types d'activités des supports alternatifs pour s'intégrer à la société. De fait, on assiste depuis une vingtaine d'années à la mise en place de multiples initiatives du type création d'entreprises par des publics en situation précaire, entreprises d'insertion par l'économique, économie sociale, économie solidaire, tiers ou quart secteur, etc. Ces pratiques se développent dans les marges du marché. Elles s'appuient sur les ressources de la « société civile » pour promouvoir de nouveaux modes d'échanges qui ne se réduisent pas aux échanges marchands dominés par l'économie capitaliste.

Certaines de ces initiatives sont effectivement très prometteuses. De surcroît, leur utilité n'est pas contestable dans la mesure où elles servent de refuge à des publics qui n'arrivent pas à s'intégrer dans les rapports salariaux classiques. Cependant, il convient de souligner qu'elles se développent à la périphérie des grandes dynamiques d'échanges dominées par le marché, et elles n'ont aucun pouvoir de les contrôler. Elles ne peuvent donc pas se présenter, en tous les cas aujourd'hui, comme une alternative globale à la crise contemporaine de la cohésion sociale.

Une crise des protections sociales

Cette crise de la cohésion sociale est aussi une crise des protections sociales. Celles-ci reposaient dans une large mesure sur des systèmes généraux d'assurance couvrant la grande majorité de la population contre les principaux risques sociaux et étaient principalement alimentées par des cotisations patronales et salariales issues du travail. Le chômage de masse et la précarisation des relations de travail ont miné cette assise. En deçà des problèmes de financement (le fameux « déficit de la Sécu ») on doit se demander si on n'assiste pas à un changement du régime des protections lui-même. Les bénéficiaires d'un emploi classique continuent à être « couverts » par des protections solides. Mais ceux qui sont plus ou moins éloignés du marché du travail se voient offrir des prestations et des aides ciblées en fonction de leur situation défavorisée. C'est ce que l'on appelle les « minima sociaux », qui sont actuellement en France au nombre de huit, le dernier en date étant le revenu minimum d'insertion (RMI). On voit ici à nouveau se profiler le sceptre d'une dualisation qui serait ruineuse pour la cohésion sociale : d'un côté les populations bien protégées sur la base d'un travail stable, et de l'autre tous ceux auxquels on octroie des secours parce qu'ils sont incapables de s'assurer eux-mêmes. Ou alors on peut être tenté de recentrer l'essentiel de la protection sociale autour du soutien accordé aux plus défavorisés.

Ici non plus on ne saurait récuser sans cynisme les efforts pour ménager aux plus démunis, sur un mode redistributif, des ressources minimales pour assurer leur vie ou leur survie. Mais à en faire l'axe majeur de la protection sociale, on s'exposerait à subvertir la conception même de la solidarité. Le sens fort de la solidarité envisagée dans la perspective du maintien de la cohésion sociale (la « solidarité organique » de Durkheim) est faite de l'ensemble des relations d'interdépendance entre les individus qui constituent ainsi un tout unifié (« société de semblables »). Ce que l'on appelle la solidarité spécialement exercée au bénéfice de catégories défavorisées (des chômeurs en fin de droit, des femmes isolées avec enfants, des veuves sans ressources, des indigents, etc.) consiste à leur octroyer des ressources qui les aident certes, mais en les maintenant dans une position subordonnée et souvent stigmatisée. À la limite c'est entériner la structure d'une société duale au détriment de sa cohésion d'ensemble.

L'érosion des régulations de la société salariale

Face aux risques d'éclatement qui menacent aujourd'hui une « société d'individus » dont les régulations collectives sont ébranlées, on ne peut mépriser les différentes tentatives de réponses, même partielles et imparfaites, qui tendent à se mettre en place depuis la « crise » des années 1970. Mais aucune d'entre elles, ni aucune autre, ne peut s'instituer comme une solution globale. Il en est cependant une dernière, qui n'est d'ailleurs pas exclusive des précédentes, mais qui paraîtrait, si elle était réalisable, avoir la plus grande portée pour le maintien de la cohésion sociale dans le cadre d'une « société de semblables ». Contrairement à certains discours catastrophistes, les transformations considérables auxquelles nous assistons depuis un quart de siècle ne signifient pas l'effondrement des régulations de la société salariale, mais plutôt leur érosion. En d'autres termes, les formes de socialisation et les protections qui assuraient la cohésion sociale sont affaiblies, mais elles n'ont pas disparu. Il ne s'agit pas de les maintenir ou de les restaurer sous la forme qu'elles ont prises dans la période de développement de la société salariale. Ce serait faire l'impasse sur ces processus d'individualisation et de désinstitutionnalisation qui sous-tendent les transformations actuelles et imposent une mise en mobilité généralisée. Mais, précisément, le défi à relever est celui-là. D'une part prendre en compte cette exigence de mobilité dont on pourrait montrer qu'elle correspond à une mutation profonde du capitalisme actuel, et en même temps maintenir ou réinventer des principes de cohésion, des dispositifs de solidarité qui surmontent les risques d'atomisation sociale. En somme concilier la mobilité, avec l'individualisation qui lui est associée et les risques de précarisation et à la limite d'exclusion qu'elle porte, et l'existence de supports collectifs qui inscrivent les individus dans des systèmes de protection et leur dispensent un minimum de sécurité.

Reconstruire la solidarité à l'échelle européenne

Ceci est évidemment plus facile à dire qu'à faire. Mais il existe cependant des propositions qui vont dans ce sens. C'est en particulier le cas du rapport rédigé pour la Communauté européenne par le juriste Alain Supiot[8]. Constatant qu'une part croissante des travailleurs ne peut plus être assurée sur la base d'un emploi stable qu'ils occupent toute leur vie, Alain Supiot propose d'attacher les droits sociaux à la personne du travailleur lui-même. Ainsi celui-ci conserverait-il ses droits, non seulement lorsqu'il change d'emploi, mais pendant les périodes de cessation de travail ou d'alternance entre deux emplois, qu'il s'agisse de chômage ou de périodes de formation à des fins de recyclage. Ce serait sans doute la manière la plus adéquate de concilier la mobilité et la sécurité. La mobilité est et sera de plus en plus exigée par les nouvelles formes d'organisation du travail imposées par la concurrence exacerbée et par les changements technologiques. Mais elle serait compensée par des sécurités permanentes, qui seraient des droits nouveaux pour les travailleurs. C'est donc d'un redéploiement des droits attachés au travail qu'il s'agit pour les adapter aux nouvelles conjonctures marquées par la mobilité. Cette référence au droit est essentielle parce que le droit (qui implique la garantie de l'État) est l'instance de la collectivité, l'imposition de la référence au tout (le point de vue de la solidarité organique) face aux facteurs de dissociation, d'atomisation et à la limite d'exclusion, que porte l'individualisme exacerbé.

Certes il s'agit là d'un chantier récemment ouvert, et qui soulève bien des difficultés. Par exemple, comment seraient financées et distribuées ces prestations ? N'est-il pas paradoxal de maintenir la nécessité d'une référence forte à l'État, alors que le pouvoir de l'État-nation est érodé avec la construction européenne et la mondialisation des échanges ? Mais la nation n'est peut-être pas la seule base géographique sur laquelle peuvent se développer les régulations administratives et juridiques nécessaires pour maintenir la cohésion sociale. On a vu que, jusqu'à une date récente, l'État-nation a constitué le « bon niveau » pour imposer cette exigence de cohésion. Cependant, à l'heure de la construction européenne, il faut sans doute envisager un élargissement de notre conception de l'État, qui ne renoncerait pas pour autant à l'ambition de construire la solidarité entre tous ses membres, mais pour en faire des citoyens à part entière de l'Europe. Les propositions du rapport Supiot s'inscrivent d'ailleurs dans ce cadre européen.

CONCLUSION : FAIRE DE LA COHÉSION SOCIALE UNE VALEUR DE RÉFÉRENCE

En dépit des difficultés et des incertitudes qu'elle soulève, le fait de privilégier cette dernière option, en continuité avec le point de vue qui a été soutenu tout au long de ce propos, suppose que l'on fasse de la cohésion sociale une valeur, et même la valeur de référence devant présider à l'organisation de la vie en société. On pourrait le contester et prétendre, comme le font aujourd'hui les orientations libérales ou néolibérales, que la libération complète du marché afin de maximiser la capacité de produire des richesses est l'impératif catégorique auquel une société moderne doit se plier, quelles qu'en puissent être les conséquences sociales. Cette position n'est pas réfutable seulement par des raisons, pas plus que n'est strictement

8. Alain Supiot, *Au-delà de l'emploi*, Flammarion, 1999.

démontrable la position que j'ai défendue ici. Elle repose sur un choix de valeur ou de société. À savoir qu'il est meilleur et plus digne de vivre dans une société de semblables, une société solidaire ou intégrée, dont tous les membres sont unis par des relations de réciprocité, plutôt que dans une société menacée d'être clivée par les exigences impitoyables de la concurrence économique entre gagnants et perdants, nantis et malheureux, inclus et exclus. Si choix il y a, il est entre la volonté de vivre dans une société animée par le souci du bien commun, ou de se contenter de former un conglomérat d'individus qui n'auraient d'autre objectif que d'imposer, à leurs risques et périls d'ailleurs, leur intérêt privé.

Robert Castel

Synthèse et Révision

En répondant aux questions suivantes, vous allez pouvoir préparer, chez vous et/ou en classe, une synthèse des connaissances fondamentales à acquérir sur un grand thème du programme. Cet exercice va vous permettre de construire vous-même dès maintenant la fiche qui vous sera indispensable au moment de vos révisions parce qu'elle contient ces connaissances de base. L'expérience montre que ce travail, complété par la maîtrise systématique des mots clés, est beaucoup plus efficace que la lecture de fiches « toutes prêtes » ou d'autres produits miracles.

Questions

Introduction

1. Qu'est-ce qu'une « société de semblables » ?

I. L'émergence de la problématique moderne de la cohésion sociale

2. Par quoi se caractérise la cohésion sociale de type moderne ?

II. L'entrée en scène de l'État

3. Quels sont les risques qui pèsent sur cette cohésion sociale et comment les politiques de l'État providence y ont-elles répondu jusqu'à présent ?

III. La cohésion sociale dans la société industrielle

4. Qu'est-ce que la « propriété sociale » dont parle l'auteur ? Justifiez l'expression.

IV. La cohésion sociale dans la société salariale

5. Comment la solidarité entre salariés a-t-elle pu se manifester en dépit de la hiérarchie entre catégories professionnelles ?

V. La cohésion sociale comme synthèse de l'ordre et du progrès

6. Par quelles institutions et actions de socialisation la société salariale est-elle parvenue à garantir une relative cohésion sociale ?
7. En quoi la croyance dans le progrès a-t-elle contribué à la cohésion sociale ?

VI. Le déclin des institutions ?

8. Comment les transformations de l'entreprise contribuent-elles à « l'effritement » de la cohésion sociale ?
9. En quoi la crise des institutions participe-t-elle d'une « réindividualisation » de la vie sociale ?
10. Quelles sont les conséquences de l'affaiblissement de l'État sur la cohésion sociale ?

VII. Cohésion sociale ou loi du marché : un choix de société

11. Quelles sont les réponses apportées aujourd'hui à « la crise des institutions » et quelles sont leurs limites ?
12. Pourrait-on fonder la protection sociale sur une autre base que l'emploi et dans un cadre plus large que celui de l'État-nation ?

Conclusion

13. Que veut dire l'auteur quand il affirme que la cohésion sociale est une valeur de référence ?

Mots clés

Anomie • Assurance sociale • Cohésion sociale • Désaffiliation • Dualisation • École publique • École républicaine • État • État providence • Exclusion • Flexibilité • Individu • Individualisation • Individualisme • Intégration sociale • Institution • Marché autorégulé • Minima sociaux • Néo-libéralisme • Politique sociale • Précarisation • Propriété sociale • Protection sociale • Régulation sociale • Risques sociaux • Salariat • Sécurité sociale • Service public • Socialisation • Société industrielle • Société salariale • Solidarité • Solidarité organique • Tiers secteur • Valeur.

Dossier 1

Une crise de la famille?

Document 1

Mariages et divorces		1970	1980	2000
Mariages	Nombre (milliers)	394	334	304
	Taux brut de nuptialité (nombre de mariages pour 1 000 habitants)	7,8	6,2	5,2
Divorces	Nombre (milliers)	39	81	117 (1999)
	Taux de divortialité (nombre de divorces pour 100 mariages)	11,8	22,3	39 (1999)
Âge moyen au premier mariage (années)	Hommes Femmes	24,4 22,4	25,2 23,0	30,0 28,0
Taux de célibat chez les 25-49 ans (%)	Hommes Femmes	16,8 10,4	18,0 12,2	<u>40,7</u> 31,9
Naissances hors mariage (%)		6,8	11,4	40,7
Mariages légitimant au moins une naissance, pour 100 mariages		5,2	6,9	27,9 (1999)
Nombre de Pacs conclus		-	-	23 718
		1975	1982	2000
Part en % des couples qui cohabitent hors mariage		3,6	6,3	<u>17,2</u>
Familles monoparentales	Nombre (milliers)	776,2	887	1 982 (1999)
	% de l'ensemble des familles avec enfants	9,4	10,2	<u>20,2</u> (1999)

Source : Recensements INSEE, enquêtes « Emploi » et « Bilan démographique », 2000, Bulletin mensuel de la statistique, in L'état de la France, *La Découverte, 2002, p. 90; INSEE,* Tableaux de l'économie française, 2002-2003, *p. 27; INSEE,* in Alternatives Économiques, *hors-série n° 50, 4ᵉ trimestre 2001. INED,* Populations et sociétés *n° 378, avril 2002, p. 3.*

Document 2

Structure des ménages (en %)	1986	2000
Ménages comprenant un couple	63,5	60,0
Familles monoparentales	5,3	7,2
Ménages d'une personne	26,7	30,8
Autres ménages	4,6	2,0
Ensemble des ménages (en milliers) (=100 %)	20 586	24 430

Source : INSEE, enquête « Emploi », tableau MEN 01, in L'état de la France, *ibid., p. 89.*

Questions sur l'ensemble du dossier

1. Faites une phrase donnant la signification de chacun des chiffres soulignés. [*doc. 1*]
2. Calculez le taux de croissance annuel moyen du nombre de mariages, puis du nombre de divorces, entre 1970 et 2000. [*doc. 1*]
3. Le Pacs concurrence-t-il le mariage « traditionnel » ? [*doc. 3*]
4. Dans quelle mesure assiste-t-on à un déclin de l'institution familiale ? [*doc. 1, 2 et 3*]
5. Comment peut-on expliquer ce phénomène ?
6. Montrez que l'affaiblissement de l'institution familiale peut être source d'affaiblissement du lien social. [*doc. 1, 2, 4, 7*]
7. Qu'appelle-t-on, dans les discours publics, « démission des parents » ? Cette idée vous paraît-elle pertinente ? [*doc. 5*]
8. Pourquoi peut-on dire que la famille devient de plus en plus « démocratique » ? [*doc. 1 et 6*]
9. En quoi peut-on relativiser l'idée de « crise du lien familial » ? [doc. 7]
10. Quel rôle la solidarité publique peut-elle jouer vis-à-vis de la solidarité familiale ? [*doc. 8*]
11. À quelles finalités contradictoires la politique de la famille est-elle confrontée ? [*doc. 9*]

Document 3

Le nombre de mariages a atteint en 2001 un niveau équivalent à celui de 2000 (303 500 contre 305 000). La hausse observée en 2000 n'était donc pas uniquement conjoncturelle et liée à l'effet millénaire ; elle correspond à une tendance de plus longue durée, qui n'a pas été touchée par la concurrence du pacte civil de solidarité (Pacs), mis en place en novembre 1999. 19 809 Pacs ont été conclus en 2001, contre 23 718 en 2000, soit une baisse de 16 %. Ce recul était prévisible après l'absorption des nombreux couples qui attendaient la loi pour contracter un Pacs. Le nombre de pactes conclus au cours du dernier trimestre 2001 est encore en retrait par rapport au dernier trimestre 2000, signe que la baisse n'est peut-être pas terminée et le régime de croisière pas encore atteint. Le nombre de nouveaux Pacs varie d'un trimestre à l'autre, les fluctuations saisonnières observées en 2000 se retrouvant presque à l'identique en 2001 : c'est au premier trimestre que se concluent le plus de Pacs, suivi des quatrième et second trimestres, les vacances d'été étant une période creuse. Les mariages suivent depuis longtemps un mouvement opposé : ils culminent en été. Pacs et mariages obéissent décidément à des logiques bien différentes ! ■

INED, Population et Sociétés *n° 378, avril 2002.*

Document 4

Quelle est l'insertion sociofamiliale des personnes vivant dans les institutions [pour personnes dépendantes] ? La proportion de personnes isolées de la vie extérieure est assez faible : si l'on combine les visites reçues de l'extérieur, les sorties dans la famille, les vacances, moins de 15 % des personnes n'ont aucun contact extérieur au cours de l'année. Cette proportion est minimale chez les enfants : à peine 1 à 2 % sont dans ce cas. Les personnes âgées paient le plus lourd tribut à l'isolement : 70 000 d'entre elles n'ont ni visite ni sorties [sur 473 293].
Les enfants sortent beaucoup : 79 % vont toutes les semaines dans leur famille [...] et 70 % partent en vacances au moins une fois par an. À l'opposé les personnes âgées sortent peu : moins de 4 % vont toutes les semaines dans leur famille, à peine 10 % tous les mois ; et 7 % prennent des vacances tous les ans. ■

P. Mormiche, « Les personnes dépendantes en institution » in INSEE Première *n° 669, août 1999.*

Document 5

Les parents des familles populaires sont souvent accusés de ne pas tenir leurs enfants, de les laisser sans surveillance, livrés à eux-mêmes, sans autorité. [...] [Pourtant] c'est la combinaison de la sévérité et de la liberté qui caractérise les relations entre parents et enfants dans les familles populaires. [...] Les parents fixent des cadres à respecter de façon impérative, c'est-à-dire des cadres peu négociables, et laissent toute liberté en dehors de ceux-ci. Par exemple, les enfants peuvent rester dehors, autour des immeubles ou dans la rue, pendant de longues heures mais doivent être rentrés à une heure précise. [...]

Dans l'ensemble, les enfants jouent souvent à l'extérieur de l'appartement avec plus ou moins de surveillance. Celle-ci est d'ailleurs difficile à établir directement par les parents pour des raisons pratiques : le fait d'habiter en étage n'autorise pas un contrôle permanent et efficace. [...] Au-delà, on peut se demander si le quartier, la « cité » où habitent les familles constitue réellement un lieu de risque aux yeux des parents. La « cité » populaire, le groupe d'immeubles, sont perçus comme un espace de danger *par les enseignants et les travailleurs sociaux*. [...] À l'inverse, pour les membres des familles populaires, la « cité » est un lieu familier, que l'on connaît, dont on connaît les habitants... Elle représente sans doute moins de dangers que le monde extérieur au quartier, le monde où les pratiques populaires n'ont pas cours [...]. ■

Daniel Thin, Quartiers populaires, l'école et les familles, *Presses universitaires de Lyon, 1998.*

Document 6

L'histoire de la famille occidentale n'est certainement pas achevée. Un des grand objectifs de la famille d'aujourd'hui est de permettre une réalisation de soi-même avec des proches qui vous soutiennent et qui vous aiment. [...] Le principe d'autonomie et de liberté est très grand. C'est évidemment un principe de déstabilisation de l'institution. [...] Ce que l'on observe depuis les années soixante, c'est l'individualisation de la relation conjugale. Une date clé est 1975 avec le divorce par consentement mutuel. La famille de demain va encore augmenter en termes de complexité. On aura plusieurs vies, plusieurs partenaires. [...] Les valeurs qui sont à l'œuvre aujourd'hui vont continuer à agir de plus belle, c'est-à-dire la logique affective et la logique de l'individualisation. La vie privée sera moins facilement lisible. Mais c'est aussi le signe d'une très grande importance accordée à la vie privée elle-même. [...] Dans nos sociétés, la logique de marché est une logique de concurrence, celle de l'individu mobile, sans attaches. La société ne tient en fait que par la vie privée, là où les gens sont persuadés qu'au moins il reste du lien. [...] Mais il faut aussi envisager le cas où la logique de marché ne fonctionnerait pas si bien que ça. S'il y avait véritablement crise de la société salariale, cette famille relationnelle, permettant le développement de chacun de ses membres serait en grave difficulté. Le paradoxe de nos sociétés, c'est que cette famille relationnelle suppose une vie salariale, c'est-à-dire structurée à la fois par le marché et l'existence de l'État-providence. La protection sociale, telle qu'elle a été créée après la Libération, nous a structurés de telle sorte qu'on a pu faire, à la limite, l'économie de l'institution du mariage. Mais les individus qui n'ont pas cette structuration, ce filet de sécurité, ne peuvent avoir ce type de famille relationnelle. [...] La famille relationnelle ne tient que par du travail et de l'État-providence. Si l'on supprime les deux, on a un individu cassé. ■

François de Singly, Le Monde, *2 mars 1999.*

Document 7

La solidarité entre trois générations

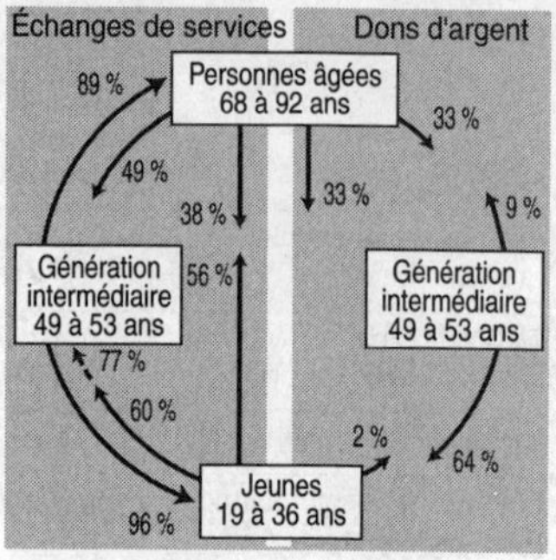

Lire ainsi : 77 % des jeunes ont déclaré fournir des services à leurs parents (génération intermédiaire) tandis que seulement 60 % des parents ont déclaré bénéficier de services rendus par leurs enfants. Dans tous les autres cas, les réponses fournies par les générations impliquées étant globalement concordantes, un seul chiffre est présenté ; il a été obtenu par la combinaison des réponses des générations impliquées et représente le taux de ceux pour lesquels il existe au moins un service donné et/ou reçu.
Source : CNAV, enquête « Relations entre générations et soutien familial », 1992, in Claudine Attias-Doufut, « Les solidarités entre générations », Données sociales, INSEE, *1996.*

Document 8

L'INSEE a évalué le nombre de personnes dépendantes à 1,2 million de personnes environ, dont 800 000 avec un niveau de dépendance donnant droit à une aide publique à compter du 1er janvier 2002, date de la création de l'allocation personnalisée à l'autonomie (APA). Plus de neuf sur dix de ces personnes âgées dépendantes vivent chez elles ou avec un de leurs proches. La cohabitation intergénérationnelle ayant diminué, 40 % des personnes de plus de 80 ans (et 30 % entre 70 et 80 ans) résident seules. Plus de la moitié des personnes vivant seules dans leur logement ont plus de 60 ans. La famille reste une fois encore le principal pour-

voyeur d'aide pour faire face à cette dépendance, et dans la famille, plus particulièrement les femmes. [...]
Comment articuler solidarités familiales et solidarités publiques ? Si la famille continue d'apparaître comme une ressource et une protection contre les risques de l'existence du fait des importants flux de services, d'argent et de soutien dont elle est le vecteur, il est clair que ces solidarités familiales ont toutes les chances de renforcer plus que de compenser les inégalités, autant entre les groupes sociaux qu'entre les genres. Il convient donc de se défier du mirage de la solidarité familiale, à laquelle les acteurs politiques font souvent appel pour compenser la crise et le déficit de budgets sociaux, et qui est parfois synonyme de générations et de genre sacrifiés. Si la solidarité familiale continue de s'exercer, c'est aussi grâce à l'appui de la protection collective, l'une complétant l'autre. ■

Claude Martin, « Familles et générations : grandes tendances » in L'état de la France, *op. cit., p. 93-94.*

Document 9

La famille comme problème public

Comme problème public, la famille est, dans la période actuelle et pour la France, la résultante d'un triple mouvement : de fortes traditions historiques qui en font un enjeu politique d'importance autorisant ainsi appropriations idéologiques et instrumentalisation politicienne, comme en témoigne la rhétorique utilisée dans les affrontements politiques; une redéfinition du rôle et du statut de l'État, et par conséquent du terme de « politique publique », notamment dans ce domaine de la famille où l'État a été omniprésent; un processus d'individualisation et d'autonomisation des individus par rapport aux contraintes de la famille traditionnelle, associé à une revendication de liberté dans la façon de concevoir la vie privée.
Les raisons qui peuvent expliquer de telles évolutions tiennent à la fois aux transformations du public (l'État et ses actions), à celles du privé (ce qui se passe dans l'univers personnel des individus) et aux logiques du marché (ce qui relève des intérêts économiques et de la volonté des entreprises, et est susceptible d'influer sur la situation des individus et l'organisation de leur univers privé).
Quelles que soient les raisons de ces évolutions, elles peuvent être interprétées de façon contradictoire : comme une menace pour la survie même de la société ou comme l'expression exemplaire d'un progrès qui, à partir de l'établissement d'une « démocratie du quotidien », est susceptible de contribuer à la réalisation du projet démocratique.
Mais ce lent cheminement du traitement de la question familiale, d'une recherche de soumission des individus aux intérêts supérieurs supposés de la société, vers une quête de liberté et d'égalité comme principes fondateurs d'un nouvel ordre politique, n'est pas sans risques. Pour certaines catégories sociales, la famille est restée ce qu'elle était dans les sociétés anciennes : un lieu de survie. La liberté peut alors avoir un coût : la dissolution du lien familial devient un risque social posant la question de la mise en œuvre d'une protection publique. Ces inégalités sociales ne sont d'ailleurs pas indépendantes de celles auxquelles sont exposées spécifiquement les femmes, puisque le destin social de ces dernières reste, plus que pour les hommes, souvent lié à la famille.
La politique de la famille est ainsi confrontée à des finalités contradictoires, portées par des logiques antagonistes se perpétuant dans les univers politiques, sociaux et culturels de la société française. Elle peut être investie par les nostalgiques de la famille traditionnelle qui aspirent à la restaurer. Elle est susceptible de faire l'objet de redéfinitions telles qu'à la limite son intitulé apparaît de plus en plus incommode. C'est bien dans cette perspective que se situe désormais la question de la famille comme problème public. ■

Jacques Commaille, Pierre Strobel, Michel Villac, La Politique de la famille, *La Découverte, « Repères », 2003, p. 4-5.*

Dossier 2

Les minima sociaux

Document 1

Lutte contre la pauvreté et intégration au salariat

Dans le cadre de l'ordonnance du 4 octobre 1945, qui institue la Sécurité sociale, la question de la pauvreté n'est abordée que de manière indirecte. En effet, le dispositif participe à cet objectif, non pas en offrant un minimum vital à des pauvres, mais en assurant une garantie de revenu aux travailleurs et à leur famille pour leur permettre de faire face aux différents risques de l'existence.
Cependant, la question de la pauvreté ne disparaît jamais complètement du débat public. [...] l'action publique traitant spécifiquement de la pauvreté procède à partir de populations cibles et instaure des prestations catégorielles telles que le minimum vieillesse en 1956, l'allocation adulte handicapé (AAH) en 1975 et l'allocation de parent isolé (API) en 1976. Malgré leurs différences, plusieurs aspects révèlent les principes qui les fondent. Leur montant, d'abord, se situe à un niveau compris entre la moitié et les deux tiers du SMIC mensuel (salaire minimum interprofessionnel de croissance) pour éviter un écart trop important entre les salariés du bas de l'échelle et les pauvres hors emploi. De plus, les ressources mobilisées, pour l'API et l'AAH, sont issues de cotisations et non d'impôts, afin d'affirmer l'appartenance de ces groupes à la société salariale. [...] Elles sont assorties de l'accès à des droits sociaux en matière de maladie, de logement ou de retraite et prennent place dans des dispositifs législatifs plus ou moins vastes visant l'intégration sociale des personnes concernées. Enfin, la question de l'accès à l'emploi n'est pas totalement absente, sauf pour le minimum vieillesse. Pour les bénéficiaires de l'API, elle est traitée de façon simple par la durée limitée de la prestation, ce qui doit inciter les allocataires à se porter spontanément sur le marché du travail au terme de leur couverture; pour les personnes handicapées, elle est traitée par différentes formules : ateliers protégés, centres d'aide par le travail (CAT), quotas.
La réforme de l'indemnisation du chômage qui intervient en 1979 marque le point d'orgue de cette période. [...] Les prestations se différencient selon le mode d'entrée au chômage et selon la durée; une allocation d'insertion et une allocation de fin de droits couvrent ainsi certains primo-demandeurs et les chômeurs de longue durée. Malgré leur caractère forfaitaire qui les rapproche de revenus de type minimum social, ces prestations rattachent les chômeurs concernés au salariat *via* le statut de demandeur d'emploi indemnisé et l'institution sociale qui les couvre. ■

Jean-Luc Outin, « Lutte contre la pauvreté et politiques de solidarité. Une mise en perspective », in L'état de la France 2002, ibid.

Document 2

De l'assurance à l'assistance

Au cours des années 1980, on assiste à une réorientation des politiques de lutte contre la pauvreté. L'inflexion est progressive, mais radicale. [...]
En fait, les préoccupations relatives à la pauvreté resurgissent après les réformes de l'indemnisation intervenues en 1982 et en 1984. Elles s'expriment par les désignations approximatives de fin de droits ou de nouveaux pauvres. Aboutissant à une réduction de la durée de couverture du chômage et à une scission entre un régime d'assurance et un régime de solidarité, ces transformations institutionnelles ont une portée pratique et symbolique décisive. D'un côté, les demandeurs d'emploi reçoivent un revenu de remplacement qui les rattache à la société salariale ; de l'autre, ils reçoivent des allocations de subsistance et sont constitués en groupes de chômeurs pauvres. Le niveau de ces prestations forfaitaires est bien inférieur à la moitié du SMIC, pour éviter les effets supposés défavorables à la reprise d'emploi. [...]
L'instauration du RMI (revenu minimum d'insertion), par la loi du 1er décembre 1988, prend acte de l'ampleur du problème. [...] Le dispositif a trois composantes : une garantie de ressources minimales pour les plus de 25 ans, des droits sociaux en matière de logement et de couverture maladie, un contrat d'insertion permettant l'accès à des mesures de nature variée et destinées à favoriser la sortie du dispositif. La modicité de la prestation est justifiée par les raisons déjà évoquées ci-dessus, renforcées par la volonté d'une transition rapide. [...]
Une nouvelle étape s'ouvre à la fin des années 1990. La loi contre les exclusions, en juin 1998, puis la mise en place de la Couverture maladie universelle (CMU), en juillet 1999, mettent l'accent sur l'accès aux droits sociaux. Les analyses des sociologues débouchent ainsi sur l'esquisse d'un modèle d'intégration par la citoyenneté et les droits de la personne humaine. En même temps, les analyses des économistes centrées sur la question de la désincitation au travail conduisent à l'extension de la mesure d'intéressement qui permet de cumuler le RMI, l'ASS (allocation de solidarité spécifique) ou l'API (allocation de parent isolé) avec un salaire. ■

Jean-Luc Outin, ibid.

Questions sur l'ensemble du dossier

1. De quelle manière les minima sociaux mis en place de la Libération à la fin des années 1970 sont-ils liés à la société salariale ? [*doc. 1*]
2. En quoi l'instauration de l'allocation de solidarité spécifique et du revenu minimum d'insertion marque-t-elle une rupture dans la politique sociale en France ? [*doc. 2 et 3*]
3. Expliquez ce qu'est la désincitation au travail. [*doc. 4*]
4. Pourquoi peut-on dire que les minima sociaux sont au centre du débat sur l'opposition entre efficacité économique et justice sociale ? [*doc. 4*]
5. Comment expliquer qu'un Rmiste reprenne un emploi alors que ce n'est pas avantageux financièrement ? [*doc. 4*]

Document 3

Les principales prestations sociales

	Année de création	Montant au 1er janvier 2003 (mensuel)	Bénéficiaires et conditions requises
Minimum vieillesse pour une personne seule	1941 et 1963	578 €	personnes âgées de plus de 65 ans et résidant en France
Allocation adulte handicapé (AAH)	1975	578 €	adultes ayant un taux d'incapacité au travail supérieur à 50 %
Allocation de parent isolé avec un enfant (API)	1976	695 €	versée jusqu'à ce que l'enfant ait 3 ans
Allocation d'assurance veuvage	1980	511 €	personnes veuves de moins de 55 ans
Allocation spécifique de solidarité (ASS)	1984	407 €	chômeurs ayant épuisé leurs droits à l'assurance chômage et ayant travaillé au moins 5 ans dans les 10 dernières années
Allocation d'insertion	1984	282 €	détenus libérés et personnes en attente de réinsertion : rapatriés, apatrides, réfugiés, demandeurs d'asile, expatriés non couverts par l'assurance chômage
Revenu minimum d'insertion (RMI)	1988	412 €	personnes de plus de 25 ans sauf si chargés de famille, ayant une résidence stable sur le territoire français et des ressources inférieures au RMI
Couverture maladie universelle (CMU)	1999		
Élément de comparaison : SMIC net		913 €	

Source : L'état de la France 2002, *La Découverte, 2002, actualisé.*

Document 4

Aucune réflexion sur le sous-emploi ne peut ignorer que si en dix ans, le RMI a beaucoup fait pour atténuer la misère, il a aussi créé des « trappes à inactivité » dont l'existence est maintenant bien documentée.

[...] Les études de cas montrent d'abord que dans certaines configurations familiales, prendre un emploi rémunéré au niveau du SMIC procure un gain pécuniaire effectif extrêmement faible, et peut même occasionner une perte de revenu. C'est toujours le cas lorsqu'un bénéficiaire du RMI prend un emploi à mi-temps au SMIC, c'est aussi le cas pour la prise d'un emploi au SMIC à plein temps (ou de deux emplois à mi-temps) au sein d'un ménage avec enfants. Cet « impôt sur le travail » résulte du caractère différentiel du RMI, des droits connexes (dégrèvements et exonérations) qui y sont attachés, et du mode de calcul d'un certain nombre de prestations dont la plus importante est l'allocation logement.

[...] l'étude récente de Laroque et Salanié (1999) [...] [*montre que*] 20 % de la population étudiée, essentiellement parmi les bénéficiaires d'allocations différentielles comme le RMI ou l'allocation de parent isolé, subissaient un taux d'imposition marginal supérieur à 90 %. En d'autres termes, pour 4 millions de personnes, un supplément de revenu du travail de 100 francs rapportait moins de 10 francs de revenu net. [...] pour des millions de personnes situées en bas de l'échelle des revenus, le travail est peu, ou n'est pas, rémunérateur. Le débat porte sur les conséquences qu'il convient de tirer de ce constat.

Deux arguments sont souvent avancés pour en minimiser la portée :

– ces calculs, qui ont un caractère statique, ne mesurent que des gains à court terme. La reprise d'un travail accroît l'espérance de gains futurs, et ceci devrait en principe être pris en compte (en termes moins techniques, cela signifie que les chômeurs ou les inactifs souhaitent travailler parce qu'ils savent que c'est leur intérêt à long terme);

– nombreuses sont les personnes qui travaillent ou qui recherchent activement un emploi alors que leur intérêt pécuniaire direct serait de ne pas le faire. Mettre l'accent sur les seules incitations financières serait donc réducteur, et mésestimerait l'attachement des allocataires de minima sociaux aux valeurs de la société du travail.

Factuellement exacts, ces deux arguments n'emportent pas nécessairement la conviction. S'agissant du premier, il est vrai que le calcul des gains que procure la reprise d'un emploi devrait être enrichi, pour prendre en compte tant l'intéressement, qui joue à court terme, que les bénéfices à moyen terme de cette décision. Mais il faudrait alors prendre en compte aussi que les emplois dont il s'agit ont souvent, dans un premier temps du moins, un caractère précaire – près de 70 % des sorties du RMI se font vers des emplois à durée déterminée, un quart des emplois durent moins de six mois –, et que les personnes concernées peuvent craindre de perdre un bénéfice certain (leurs revenus de transfert, qu'ils devront réactiver en cas de perte d'emploi) en échange d'un gain aléatoire.

Quant au second argument, il a le mérite de rappeler qu'il ne faut pas confondre incitations et comportements effectifs. Une étude récente de l'INSEE indique ainsi que les trois quarts des allocataires du RMI au chômage effectuent des démarches de recherche d'un emploi. Cela témoigne [...] de ce que le travail est pour beaucoup d'allocataires du RMI un lien social en même temps qu'une source de revenu. Mais il serait pour le moins excessif d'en conclure que la collectivité n'a pas besoin de s'interroger sur les incitations qu'elle adresse aux plus défavorisés de ses membres. ■

Jean Pisani-Ferry, « Plein emploi », Rapport du Conseil d'analyse économique, *La Documentation française, 2002.*

Document 5

Lutter contre les trappes à inactivité

L'idée de départ est assez simple à décrire : elle consiste à inciter les demandeurs d'emploi qui perçoivent des indemnités de chômage ou des minima sociaux à reprendre une activité professionnelle autre qu'à temps plein ou à durée indéterminée. Les demandeurs d'emploi qui acceptent d'exercer ces activités occasionnelles peuvent alors cumuler leur revenu d'activité avec une fraction de leurs allocations sociales, de sorte que le total prestation de chômage + salaire est supérieur au seul montant du revenu de remplacement. C'est là que se situe le contenu incitatif de ces dispositifs.

Le premier dispositif d'intéressement a été introduit en 1986 par les gestionnaires de l'assurance chômage. Il autorisait donc le cumul de la prestation chômage et du salaire tiré de l'activité occasionnelle. Plus tardivement, dans le cadre de la loi contre les exclusions adoptée en 1998, ce dispositif a été étendu aux chômeurs bénéficiant de minima sociaux. Ils pouvaient à leur tour cumuler le RMI (revenu minimum d'insertion) ou l'ASS (allocation de solidarité spécifique) avec un revenu d'activité.

[...] Le cumul est [...] limité dans le temps et ne peut excéder douze mois pour les minima sociaux et dix-huit mois pour les chômeurs indemnisés par le régime d'assurance chômage. ■

Carole Tuchszirer, « La politique de l'emploi mise en perspective. Des inflexions ambivalentes », in L'état de la France 2002, op. cit.

Questions sur l'ensemble du dossier

(suite)

6. Quelle est la logique des mesures décrites dans les documents 5 et 6 ?
7. Dites à quelle condition les mesures décrites dans les documents 5 et 6 peuvent être efficaces. [*doc. 7*]
8. Rappelez la date de création du RMI. [*doc. 8*]
9. Pourquoi existe-t-il aujourd'hui des « trappes à inactivité » ? [*doc. 8*]
10. Les mesures décrites dans les documents bénéficient-elles seulement aux Rmistes ? À quelles conditions peuvent-elles être efficaces ? Quels peuvent être les effets pervers de ces mesures ? [*doc. 8*]

Document 6

Une nouvelle inflexion de la politique sociale ?

En 2001, le gouvernement a décidé de créer une prime pour l'emploi. [...] Cet instrument [...] poursuit deux objectifs : augmenter le niveau de vie des travailleurs pauvres; inciter les personnes peu qualifiées à la reprise d'un emploi. [...]

Dans les années récentes, les entreprises ont proposé de plus en plus d'emplois non qualifiés à temps partiel; ceux-ci sont relativement peu coûteux du fait des mesures de réduction des cotisations sociales, et permettent aux entreprises une plus grande flexibilité dans l'organisation du travail. [...] Or un salarié ne gagnant qu'un demi-SMIC a un revenu inférieur au RMI. [...]

L'intitulé même de la prime pour l'emploi renvoie à une nouvelle thèse : ce serait le refus des travailleurs non qualifiés d'occuper des emplois au SMIC qui serait responsable de leur chômage. ■

OFCE, L'Économie française 2002, La Découverte, « Repères », 2002.

Document 7

Nombre de bénéficiaires du RMI (à la fin juin de chaque année)						
1992	1994	1996	1998	1999	2000	2001
618603	872188	993964	1089658	1137391	1134053	1096394

Source : CNAF, DIRMI, in L'état de la France 2002, *op. cit.*

Document 8

Les trappes ne fonctionnent pas pour les allocataires du RMI

L'enquête sur le devenir des bénéficiaires du RMI, effectuée par l'INSEE entre septembre 1997 et septembre 1998, fournit de nombreuses informations concernant aussi bien les allocataires restés chômeurs, que ceux qui ont repris un emploi. Elle permet donc d'évaluer la pertinence empirique de l'analyse en termes de trappe à chômage.

Cette étude montre que les chômeurs allocataires recherchent un emploi aussi activement que les autres chômeurs et que l'ancienneté dans le dispositif diminue peu l'intensité de la recherche. Pourtant, ces efforts sont très peu récompensés : la moitié d'entre eux ne sont pas convoqués aux entretiens d'embauche et, s'ils le sont, leurs entretiens ne débouchent que très rarement sur une embauche. On constate en outre que seulement 10% des allocataires au chômage déclarent avoir refusé un emploi offert, et les raisons financières ne constituent que très rarement la cause du refus. Si les allocataires restent au chômage, ce n'est donc pas parce qu'ils ne recherchent pas d'emploi; ce n'est pas non plus parce qu'ils refusent des offres, et encore moins pour des raisons financières. C'est tout simplement qu'ils se heurtent massivement à l'absence d'offres d'emploi et à l'échec de leurs démarches. [...]

Parmi ceux qui sont toujours dans le dispositif, il existe également des allocataires (à peu près 8%) qui travaillent à temps partiel, sans aucune mesure d'intéressement. Ils n'ont pourtant aucun intérêt financier à travailler puisque tout euro gagné par leur travail est déduit de leur allocation.

Par ailleurs, un tiers des allocataires sortent au bout de six mois du dispositif, 60% d'entre eux parce qu'ils ont pris un emploi. Un tiers des emplois sont des CES (contrat emploi solidarité), la moitié, des emplois à temps partiel, et les salaires horaires sont concentrés autour du SMIC. À partir de l'analyse des rémunérations, on constate notamment que parmi les anciens allocataires qui ont accepté un emploi, environ un tiers l'a fait bien que la rémunération associée se situe dans la zone théorique des trappes. Les autres y échappent, durablement grâce à un salaire un peu plus élevé, ou provisoirement grâce à l'intéressement.

Cette proportion est confirmée par la perception de leur situation financière que les anciens allocataires qui travaillent ont : un tiers déclarent ne voir aucune amélioration financière depuis la reprise d'emploi, et parmi eux 12% constatent même une dégradation. Le comportement de ces individus infirme donc l'analyse en termes de trappe qui se contente de comparer les revenus courants. Mais il n'infirme pas nécessairement l'approche économique de l'offre de travail : la théorie prévoit que des individus rationnels peuvent accepter un emploi sans gain immédiat s'il leur apporte des perspectives d'amélioration de leur situation financière à moyen et long termes.

Pourtant, il semble que si raisonnement intertemporel il y a, il devrait ici plutôt jouer *a contrario*. Les emplois qu'occupent les anciens allocataires étant le plus souvent précaires (45% de ceux qui occupent un emploi l'auront perdu dans un délai de six mois), les allocataires devraient les refuser, même si au contraire, ils leur procurent un gain financier immédiat. Les allocataires, qui travaillent sans incitation financière, déclarent simplement se sentir mieux, être plus optimistes, plus à l'aise, plus disponibles avec leur entourage : la grande majorité des anciens allocataires considèrent que l'emploi leur procure un bien-être. Ils ont sûrement intégré les valeurs d'une société qui dénigre la situation d'assisté, et où le travail est le vecteur essentiel de socialisation. Occuper un emploi, en leur permettant de sortir d'un statut stigmatisant, est pour eux une fin en soi. ■

Hélène Zajdela, « Les minima sociaux sont une source de désincitation au travail », in Les Éconoclastes, Petit bréviaire des idées reçues en économie, *La Découverte, 2003.*

Dossier 3

Quelle intégration pour les jeunes des « banlieues » ?

Document 1

Enquête sur des lycéens d'un quartier HLM de la région de Sochaux

[...] [Le] passage du collège au lycée [...] [correspond à] une série de changements importants : scolaire (de la troisième à la seconde), statutaire (du collégien au lycéen), géographique (de la cité HLM périphérique enclavée au centre ville) et social (les années de lycée constituant souvent une période d'affiliations nouvelles et de désaffiliations par rapport au groupe des amis du collège). [...] On s'aperçoit que les « bons » élèves, c'est-à-dire ceux qui se sont appropriés la culture scolaire, s'adaptent mieux au lycée. « Pris » dans une logique d'acculturation scolaire et de réaffiliation sociale, ils sont tentés par des formes plus ou moins brutales de rupture avec le quartier. Tout se passe comme si le processus d'ascension scolaire devait se payer d'une prise de distance vis-à-vis de ce qui fonctionne comme un lieu de relégation spatiale et sociale.

À l'opposé, ceux qui sont restés éloignés de la culture scolaire, qui ne se sentent pas à leur place au lycée et qui sont secrètement tenaillés par un sentiment d'illégitimité, sont davantage enclins à entretenir un lien étroit avec le quartier. Celui-ci continue à jouer pour eux le rôle de « matrice protectrice ». [...] Le quartier fonctionne alors comme un refuge et comme un entre-soi qui leur permet de se tenir à distance de la culture scolaire qu'ils laissent aux « autres ». ■

Stéphane Beaud, 80 % au bac... et après ?, *La Découverte, 2002.*

Document 2

[...] L'expérience que les élèves font de l'injustice ne se structure pas seulement autour des inégalités, elle se construit aussi sur le sentiment d'arbitraire, arbitraire des verdicts scolaires (notes, orientations) et des sanctions. Les conséquences sur l'expérience scolaire sont d'autant plus fortes que l'obtention de diplômes apparaît incontournable pour entrer sur le marché du travail.
Quand le pouvoir de l'institution est ressenti comme arbitraire, lorsque évaluations et sanctions paraissent injustes, les élèves peuvent réagir en tentant de se soustraire à la domination culturelle que l'école exerce (en la désertant dès que possible), en adoptant des conduites de résistance ou d'opposition (chahut, insolence, refus de travailler), ou bien alors en essayant d'imposer leur propre définition des rapports de force (agressions et vandalisme à l'encontre des autres élèves, des enseignants, des établissements). Ces comportements constituent une manière de résister aux identités négatives que peut imposer l'école. ■

Cécile Carra, Daniel Faggianelli, « École et violences, introduction », Problèmes politiques et sociaux *n° 881, La Documentation française, octobre 2002.*

Document 3

Parcours de trois mineurs délinquants issus de quartiers populaires

Les trois mineurs seront orientés vers la mission locale, dernier recours pour trouver une formation – souvent non qualifiante – ou un travail, qui s'apparente au petit boulot. Faute de mieux, et en sollicitant continûment la mission locale, ils s'inscrivent à des stages, stages de formation qui ne leur permettront jamais d'obtenir une qualification, stages gouvernementaux (contrat emploi solidarité) sans débouché. Ils travaillent dans la cuisine, la peinture, l'animation...
Stages, petits boulots et longues périodes d'inactivités se succèdent. La « bande » constitue alors un moyen d'occuper collectivement le temps libre, de surcroît en se valorisant; elle permet aussi d'attendre une véritable situation sur le marché du travail. La délinquance semble alors constituer pour ces mineurs n'accédant pas à une insertion professionnelle légale, la stratégie la plus facile et la plus efficace à court terme pour gagner du prestige, mais aussi de l'argent. « Attardés » pour l'école, « incapables » pour leurs parents, « inemployables » pour les patrons, le groupe constitue pour eux le seul lieu où ils sont valorisés. ■

Cécile Carra, Délinquance juvénile et quartiers « sensibles », *L'Harmattan, 2001.*

Document 4

Bien des quartiers se sentent abandonnés et délaissés à la périphérie des villes, interdisant à leurs habitants d'atteindre la vie sociale pleine et entière à laquelle ils aspirent. Les symboles de cette marginalité, notamment les transports en commun, deviennent alors des cibles de la violence juvénile, qui peut se lire comme une protestation sociale face à un sentiment de frustration. Les jeunes protestent contre la relégation et le stigmate tout en finissant par participer à la production du stigmate. La violence peut ainsi apparaître, paradoxalement, comme une aspiration à l'intégration et à la participation. [...]
Par l'effet de la culture de masse liée à la consommation de masse, et par celui de l'école, l'écrasante majorité des jeunes de banlieue participe pleinement à la culture commune et partage les mêmes aspirations que les autres. Mais en même temps, ces jeunes se heurtent à des manifestations plus ou moins directes de ségrégation et d'exclusion. La volonté d'intégration irréalisable se retourne alors en violence dès lors que ces jeunes découvrent que « la société ne veut pas d'eux ». ■

Françoise Dubet, « Violences urbaines », Cahiers français *n° 291, La Documentation française, mai-juin 1999.*

Document 5

Les comportements adolescents dans la cité des Quatre-Mille, à La Courneuve

L'affirmation fanfaronne, couramment entendue, selon laquelle les jeunes des autres cités seraient interdits de séjour dans l'enceinte des Quatre-Mille ne correspond certes pas à la réalité. Les liens interpersonnels entre jeunes outrepassent sans difficulté les clivages d'appartenance résidentielle. En temps normal, les relations se nouent au quotidien dans l'espace du grand ensemble comme dans celui des autres cités voisines. Cependant, en cas de confrontation ouverte avec des groupes extérieurs, l'espace de la cité devient tout à la fois le lieu et l'enjeu du conflit. Susceptible d'incursions et d'attaques ennemies, de vols ou même de saccages, il devient véritablement territoire et doit être activement défendu et protégé par les membres du groupe de pairs. [...]
Il découle de ces confrontations régulières [...] un sentiment d'appartenance et même de propriété territoriale. [...] La conscience d'appartenance territoriale entraîne parallèlement un sentiment de sécurité qui est paradoxal et contradictoire, au vu de l'insécurité, réelle ou fantasmée, qui règne par ailleurs dans l'espace du grand ensemble. Le thème de la cité-refuge fait ici pendant à celui de la cité-prison. Au sein de leur quartier, les adolescents se sentent en terrain conquis et familier, à la fois protégés par

Questions sur l'ensemble du dossier

1. Quelles sont les principales caractéristiques de la situation des « jeunes des banlieues » en matière de scolarité, d'emploi et de délinquance ? [*doc. 8*]
2. Comment peut-on expliquer les problèmes scolaires de certains jeunes des quartiers populaires ? [*doc. 1 et 2*]
3. En quoi la situation et le sentiment d'exclusion peuvent-ils contribuer à expliquer les actes de délinquance de certains jeunes ? [*doc. 3 et 4*]
4. Quelle fonction le « quartier » peut-il jouer pour les jeunes ? [*doc. 5*]
5. Pourquoi la présence des jeunes dans le quartier pose-t-elle problème aux autres habitants ? [*doc. 6*]
6. Les violences collectives des « jeunes de banlieue » sont-elles de la « violence gratuite » ou une forme de révolte ? [*doc. 7*]
7. **Question de synthèse.** Dans *La Métamorphose de la question sociale* (Fayard, 1998), R. Castel dit des jeunes des cités : « Ils interrogent toutes les instances de socialisation, mais aucune ne peut leur répondre. [...] Problème de place, d'avoir une place dans la société. » Commentez cette phrase en vous servant de votre travail.

leurs pairs des agressions physiques d'éventuels inconnus ou étrangers, et aussi et surtout à l'abri de la violence symbolique du monde extérieur. ■

David Lepoutre, Cœur de banlieue, *Odile Jacob, 1997.*

Document 6

La situation d'un quartier HLM d'une grande ville de banlieue

Au moment où apparaît localement un *problème jeunes,* les 13-25 ans représentent près de 25 % des habitants. Ce poids statistique est en outre redoublé par la présence physique de certains d'entre eux dans le quartier, qui est elle-même redoublée par un phénomène de regroupement. De jeunes individus se rassemblent en effet devant la « maison pour tous ». La localisation de cette structure au sein de la cité lui permet d'être vue par l'ensemble des habitants. La visibilité de ces jeunes est donc très grande, d'autant plus grande qu'elle subvertit l'organisation spatio-temporelle de la cité [...]. Ces jeunes occupent en effet le quartier toute la journée et aussi une partie de la nuit alors que, selon cette organisation spatio-temporelle, ils *devraient* être ailleurs : à l'école, au travail ou dans leur famille... Or beaucoup ne sont plus scolarisés et sans travail. Cette situation favorise en outre des conflits familiaux. Échappant ainsi aux principales instances de socialisation, ils constituent la catégorie qui semble la moins contrôlée et donc la plus préoccupante pour l'ensemble de la population.
C'est dans ce contexte qu'il faut resituer les reproches qui sont adressés aux jeunes. Si certaines des critiques se basent sur des faits constatés, vols, injures, tags, d'autres n'ont pas de fondement *objectif* autre que ce contexte : la rumeur les rend responsables de tous les méfaits. ■

Cécile Carra, op. cit.

Document 7

L'espace public est interdit aux populations des quartiers sensibles, qui n'accèdent pas à la démocratie. Les institutions représentatives, tout comme les institutions sociales et scolaires, sont monopolisées par les classes moyennes. Elles y imposent leur perception des problèmes, protégeant leurs intérêts en les cachant derrière l'évidence des normes qu'elles incarnent. Les catégories populaires sont ainsi définies en termes négatifs, par ce qu'elles n'ont pas (l'éducation, la civilité) et non comme des participants actifs à la société. Elles sont considérées comme des victimes de la crise ou accusées de produire du désordre. C'est pourquoi, elles ont un fort sentiment de non-reconnaissance car ces définitions les condamnent au silence : elles n'ont que le choix entre la soumission à l'ordre normatif des catégories moyennes et la rupture avec cet ordre par la violence et le ghetto.
Les populations des quartiers sensibles sont le pôle dominé d'un rapport social qui ne trouve pas de représentation politique car il est effacé par les catégories dominantes qui le transforment en une question d'ordre. Ne pouvant exprimer dans l'espace public leur sentiment d'injustice, les habitants des cités le vivent sous forme de difficultés personnelles et d'explosions de rage destructrice. Leur violence contribue alors à justifier les appels à la répression et à fermer un peu plus l'espace public.
La division de la société entre intégrés et exclus n'est pas une donnée objective. Elle est une solution et une interprétation politiques. La population des banlieues est à la fois aspirée par les mécanismes sociaux et écartée de la représentation politique. L'urgence n'est donc pas de remettre de l'ordre mais de casser le cercle de la violence par la démocratie. Elle est de faire entrer des demandes sociales dans l'espace public. Au XIXe siècle, la question des classes dangereuses a été dépassée par le mouvement ouvrier et la démocratie industrielle ; ne faut-il pas s'interroger aujourd'hui sur les conditions politiques de formation d'un nouvel acteur populaire et sur la nécessité de créer une véritable démocratie urbaine ? ■

Didier Lapeyronnie, Nouveau manuel de sciences économiques et sociales, *La Découverte, 1999.*

Document 8

Quelques données sur les jeunes des « banlieues »

			Zones urbaines sensibles		Agglomération ayant une ZUS	
SCOLARITÉ	Part des 15-24 ans en cours d'études (%, 1990)		52,8		60,9	
	Part des non-diplômés parmi les 15-24 ans ayant achevé leurs études (%, 1990)		36,7		27,3	
	Part des titulaires du bac ou + parmi les 15-24 ans ayant achevé leurs études (%, 1990)		12,5		21,6	
			Zones urbaines sensibles		**France métropolitaine**	
			1990	**1999**	**1990**	**1999**
EMPLOI	Population active		2 114 399	1 932 084	25 341 950	26 542 481
	Nombre de chômeurs (définition BIT)		400 265	491 601	2 732 571	3 401 611
	Part des 15-24 ans dans le chômage (%)		28,5	39,5	19,9	25,6
	Part des actifs ayant un emploi précaire (%) (CDD, intérim, stage, emploi aidé)		13,5	20,0	9,1	13,8
	Délinquance auto-déclarée selon le lieu d'habitation		**Quartiers HLM**		**Centre ville**	
DÉLINQUANCE	% des 13-19 ans qui déclarent avoir commis au moins...	un vol grave	10		4,8	
		une dégradation grave	12,9		5,9	
		une agression grave	31,3		21,5	

Les zones urbaines sensibles (ZUS) sont des territoires infra-urbains définis par les pouvoirs publics pour être les cibles prioritaires de la politique de la ville, en fonction des considérations locales liées aux difficultés que connaissent ces territoires.
Sources : J.L. Le Toqueux, J. Moreau, « Les zones urbaines sensibles », INSEE Première *n° 835, mars 2002. Sébastien Roché,* La Délinquance des jeunes, *Le Seuil, 2001. M.F. Goldberger, P. Choffel, J.-L. Le Toqueux, « Les zones urbaines sensibles »,* INSEE Première *n° 573, avril 1998.*

Dossier 4

Communautarisme et société multiculturelle

Document 1

Une des propriétés fondamentales de l'émigration algérienne est qu'elle a toujours eu tendance à se constituer en France en une structure *permanente* : chaque nouvelle vague d'émigrés arrivant en France y trouvait déjà établie une communauté formée d'émigrés plus anciens, à laquelle elle pouvait s'agréger. Parce que la tradition d'émigration lui a permis de tisser, en son propre sein, un réseau de liens de solidarité sans lequel il lui eût été impossible de se perpétuer, la communauté émigrée est en quelque sorte assurée de pouvoir trouver en elle-même toutes les conditions de sa propre cohésion. Recherche d'un emploi, assistance durant le chômage et la maladie, devant la mort ou l'accident, devant les difficultés non seulement matérielles mais surtout morales, tous ces mécanismes de solidarité agissent à leur tour comme de puissants facteurs de cohésion. Ainsi, sortes de petites « sociétés de compatriotes », les groupes que forment les émigrés [...] constituent une manière permanente de rappeler aux émigrés de la première « génération » leurs obligations à l'égard de la terre et de la condition paysanne et à ceux de la seconde « génération » leurs devoirs plus limités à l'égard de la famille.

[...] Sorte de projection en France du « grand pays » d'où est originaire l'émigré, le « petit pays », tel qu'il s'établit en France, assure auprès des émigrés des fonctions ambivalentes : si, à sa manière, il adapte à la condition d'immigré, c'est par contre par son intermédiaire que se renforcent et se revivifient les relations avec le pays d'origine; s'il assure la permanence de l'émigré, il entretient le *sentiment* du provisoire. Entre autres résultats, il contribue à aider à surmonter les contradictions inscrites dans la condition d'émigré mais en les redoublant, il concourt à confirmer les émigrés dans la condition qui leur est faite et qui est comme la résultante de deux données complémentaires : d'une part, l'exclusion de la société d'accueil qui, à des degrés inégaux, frappe tous les immigrés et, d'autre part, la coupure qui n'est pas seulement spatiale d'avec la terre natale. ■

A. Sayad, La Double Absence, *Le Seuil, 1999.*

Document 2

Nombreux sont les adolescents [des « cités »] qui affirment avec plus ou moins de prégnance leur appartenance ethnique d'origine : « Je me sens française parce que bon, je suis née ici, mais moi, pour moi, je suis une pure Arabe. Moi je me sentirais plus arabe que française. Je suis une Arabe ! [*rire*]. Par rapport à mes origines, par rapport à mes grands-parents, moi je serai toujours arabe » (Nassera). Cette affirmation posée et réfléchie, recueillie dans le cadre d'un entretien, est d'ailleurs moins représentative que celles, plus fanfaronnes et provocatrices, exprimées au quotidien dans le cadre scolaire – plus souvent par des garçons – à l'intention des représentants de la culture française par excellence que sont les enseignants. L'autodésignation ethnique peut aussi s'affirmer à l'écrit, par exemple dans les fiches d'inscription annuelles du collège dans lesquelles bon nombre d'élèves d'origine immigrée se déclarent de nationalité étrangère alors qu'ils sont français de droit.

[...] L'identité se fonde [...] sur une ethnicité inventée ou reconstruite, c'est-à-dire bricolée à partir d'éléments empruntés à la modernité du pays d'accueil et au passé mythique et fantasmé des origines. Certains jeunes Noirs entretiennent par exemple – se faisant ici l'écho d'un discours familial récurrent – la mémoire ardente du passé héroïque du peuple esclave, dont ils se font à l'occasion les chantres révoltés. [...]

Cette ethnicité, qui est à la base d'une sous-culture de l'exclusion, liée à la prise de conscience du stigmate imposé de l'extérieur, concerne principalement les adolescents noirs et maghrébins, qui seuls nourrissent un véritable discours d'appartenance ethnique et construisent leur identité personnelle autour de ce principe. Celle-ci est d'ailleurs d'autant plus affirmée que les individus se situent en marge des normes scolaires et dominantes et adhèrent aux valeurs de la culture des rues.

[...] L'ethnicité s'exprime d'abord par des conduites ostentatoires, surtout au plan religieux. La soumission aux interdits alimentaires et au jeûne annuel du ramadan, qui ne demande aucun apprentissage particulier et permet d'afficher de manière simple son appartenance ethnique, est très courante chez les adolescents de famille musulmane. Cet « islam imaginaire » a pour nombre d'adolescents une valeur bien plus symbolique et démonstrative que proprement spirituelle. ■

David Lepoutre, Cœur de banlieue, *Odile Jacob, 1997.*

Questions sur l'ensemble du dossier

1. Après avoir cherché une définition de « communauté », montrez que l'existence de « communautés » particulières peut être un facteur d'intégration mais aussi d'exclusion pour leurs membres. [*doc. 1 et 2*]
2. Quelle place le « modèle républicain d'intégration » accorde-t-il aux particularités culturelles de certains groupes (religion, langue, mœurs, etc.) ? Pourquoi ? Illustrez votre réponse d'exemples français. [*doc. 3 et 4*]
3. Expliquez le sens de la phrase soulignée. [*doc. 4*]
4. Quels sont les principes du multiculturalisme ? [*doc. 5*]
5. Donnez des exemples, en France ou dans d'autres pays, de groupes qui ont vu leur « spécificité culturelle » au moins partiellement reconnue publiquement. [*doc. 5 et 7*]
6. Expliquez la dernière phrase du document 6.
7. Quels sont les limites et les risques de l'affirmation identitaire et de la reconnaissance des communautés ? [*doc. 7, 8 et 9*]

Document 3

Que peut signifier le projet de vivre ensemble avec nos différences ? La question est lourde, et les réponses passionnées qu'elle suscite reposent dans bien des pays sur des positions rendant le débat houleux. En France, ce débat est presque impossible, et la question fonctionne comme le révélateur d'une culture politique profondément enracinée et n'appelant guère discussion. Elle touche en effet à un postulat qui

semble de l'ordre de l'évidence : ce serait faire courir à la collectivité nationale et à la démocratie un immense danger que d'envisager de reconnaître les particularismes culturels dans la vie politique ou dans les institutions, où ils ne peuvent qu'exercer des effets ravageurs ; ces particularismes n'ont pas à s'épanouir en dehors de la sphère privée, et toute demande identitaire ou communautaire qui tenterait sa chance dans l'espace public doit être rejetée, refoulée, condamnée.
Plus précisément, cette conception prédominante repose sur la défense inconditionnelle du « modèle républicain d'intégration », comme on dit depuis le milieu des années 1980 pour désigner en réalité deux logiques distinctes, la première soucieuse d'éradiquer les différences culturelles, la seconde, dans ses variantes les plus ouvertes, tolérante à leur égard. Dans cette seconde perspective, les particularismes, simplement, sont sommés de se plier eux-mêmes aux règles de la République, meilleur rempart, de ce point de vue, contre les tensions intercommunautaires, les violences, la fragmentation politique et culturelle, contre le risque de la destruction de l'espace public démocratique, du chaos. Combiner la liberté, l'égalité individuelle et la solidarité – la fraternité – exige, dans cette perspective, une opposition farouche à la reconnaissance politique et institutionnelle de l'altérité collective. ■

Michel Wieviorka,
Une société fragmentée ?,
« Introduction : un débat nécessaire », La Découverte, 1997.

Document 4

Le modèle républicain puise sa force dans la promesse d'intégration qu'il offre aux démunis au prix de leur renoncement au particularisme dans l'espace public et de leur identification à l'État-nation en tant qu'individus souverains. Or, cette promesse est de moins en moins tenue pour des franges importantes des jeunes d'origine immigrée, la dualisation sociale étant désormais un fait incontournable. L'universel abstrait perd sa crédibilité pour cette population d'exclus dans la mesure où le droit à la différence leur est dénié sans qu'on leur donne en retour cette intégration effective dans la nation dont l'idéologie républicaine était l'expression tangible (on est tous unis dans la nation, chacun ayant droit à l'intégration sociale, culturelle et économique). Dès lors, cette idéologie, de libératrice qu'elle était, devient répressive, puisqu'elle exige de chacun un comportement conforme au modèle universaliste mais dénie, simultanément, la capacité effective de participation à cette universalité qui suppose l'intégration économique et sociale. De nombreux jeunes se trouvent ainsi non seulement marginalisés et exclus sur le plan économique, mais aussi minorés et ethnicisés par leur incapacité d'incarner l'universel abstrait comme l'entendent les inclus. Ils ressentent cela comme une injustice, et leur particularisme a partie liée à la volonté de se doter d'une identité, cette fois, ailleurs qu'au sein de l'universel abstrait, c'est-à-dire en retrait de l'idéologie républicaine. ■

F. Khosrokavar, « L'universel abstrait, le politique et la construction de l'islamisme comme forme d'altérité », in *Michel Wieviorka (dir.),* ibid.

Document 5

Le terme « multiculturalisme » désigne aussi bien un fait (les sociétés sont composées de groupes culturellement distincts) qu'une politique (mise en œuvre selon des modalités et des degrés divers) visant au final à la coexistence pacifique entre des groupes ethniquement et culturellement différents. [...] Il y a moins d'une trentaine d'années, les premières mesures politiques d'inspiration multiculturaliste furent mises en œuvre en Amérique du Nord (Canada, États-Unis). [...] La doctrine multiculturaliste avance l'idée que les cultures minoritaires sont discriminées et doivent accéder à la reconnaissance publique. Pour ce faire, les spécificités culturelles doivent être protégées par des lois. C'est le droit qui va permettre de mettre en œuvre les conditions d'une société multiculturelle.
Mais de quelles différences culturelles parle-t-on ? Souvent réduites à l'ethnicité (minorités ethniques autochtones ou minorités issues de l'immigration), voire à la « racialité », les différences culturelles ne concernent plus seulement les particularismes d'origine ou de tradition (religieuses, linguistiques). Les revendications se fondent de plus en plus sur des particularismes de mœurs (préférences sexuelles...), d'âge, de traits ou de handicaps physiques (obèses, aveugles, handicapés...), etc. [...] Avec la libération des mœurs et l'émancipation sexuelle, le privé a été massivement réhabilité, il revêt désormais un sens potentiellement politique. Cela peut paraître paradoxal, mais la revendication culturelle semble associée à l'individualisme moderne, à la primauté du *« sujet singulier »* (Alain Touraine). Elle émane de la subjectivité personnelle de ceux qui se reconnaissent dans tel ou tel particularisme et décident de s'engager collectivement dans des revendications identitaires. ■

J. Souty, « Multiculturalisme »,
Sciences humaines,
hors-série n° 34, 2001.

Document 6

Dans les années 1980, les promoteurs de la visibilité et de la demande d'islam ont été en règle générale des personnes mariées, des pères de famille, installés depuis au moins dix ans dans la société française. Si, dans l'islam « transplanté », les premiers migrants n'ont jamais véritablement abandonné les pratiques individuelles, comme les prières, l'aumône ou le pèlerinage, désormais ils affichent dans l'espace public la dimension collective du culte, par la multiplication des lieux de prière, des boucheries *hallal*, ou la demande de carrés musulmans dans les cimetières. Or, jusqu'au début de la décennie 70, aucun signe cultuel n'apparaissait dans les espaces urbains : la dimension collective de l'islam était refoulée dans l'espace intime des demeures, des foyers ou des arrières boutiques.
[...] Depuis le milieu des années quatre-vingt-dix, se produit un essor associatif d'un nouveau genre. En effet, de l'Union des jeunes musulmans à la Jeunesse musulmane de France, en passant par les Étudiants musulmans de France, des associations sont créées par des jeunes gens qui n'hésitent pas à se définir collectivement par la dimension islamique. [...] Ces jeunes musulmans se rendent bien à la mosquée pour prier, mais créent des lieux alternatifs autour de l'éducatif et du culturel, pour mettre en adéquation leur foi et leur vie sociale. Ces nouveaux acteurs revendiquent la conciliation des registres de l'islam et de la citoyenneté. Pour ce faire, ils n'hésitent pas à multiplier les actions de formation à l'intérieur de la communauté musulmane et d'information à l'extérieur, sous forme de conférences, rencontres et débats publics.
[...] Cette émergence de l'islam va être interprétée par les pouvoirs publics comme le signe d'une non-adaptation, alors qu'elle est au contraire l'indice d'une acceptation de l'environnement. ■

J. Cesari, « De l'islam en France à l'islam de France », in *Philippe Dewitte (dir.),*
Immigration et intégration, l'état des savoirs, *La Découverte, 1999.*

Document 7

La montée des revendications identitaires qu'on peut observer dans beaucoup d'États contemporains est la conséquence de la centralisation et de la bureaucratisation du pouvoir. L'exaltation de l'identité nationale ne peut qu'entraîner une tentative de subversion symbolique contre l'inculcation d'identité.
[...] Le sentiment d'une injustice collectivement subie entraîne chez les membres d'un groupe victime d'une discrimination un sentiment fort d'appartenance à la collectivité. L'identifica-

tion à celle-ci sera d'autant plus fortement revendiquée que la solidarité de tous est nécessaire à la lutte pour la reconnaissance. Le risque est cependant de tomber d'une identité niée ou discréditée dans une identité qui serait à son tour exclusive, à l'image de l'identité de ceux qui appartiennent au groupe dominant, et dans laquelle devrait se reconnaître de façon absolue tout individu considéré comme membre du groupe minoritaire, sous peine d'être traité comme un traître. Cet enfermement dans une identité ethnoculturelle, qui dans certains cas efface toutes les autres identités sociales d'un individu, ne peut être que mutilante pour lui, dans la mesure où elle aboutit à la dénégation de son individualité. ■

Denys Cuche, La Notion de culture dans les sciences sociales, *La Découverte, « Repères », nouvelle éd., 2001.*

Document 8

L'affirmation de droits particuliers comporte toutefois des risques qu'on résume par le terme de « communautarisme ». Le premier est d'être contradictoire avec la liberté des individus. [...] Le second risque concerne l'intégration sociale. La reconnaissance publique de groupes particuliers risque de cristalliser et de consacrer les particularismes aux dépens de ce qui unit les citoyens, [d']organiser les replis des individus sur leur communauté d'origine au lieu de donner les moyens de la dépasser et d'entrer en relations avec les autres. Les groupes culturels ne sont pas non plus donnés une fois pour toutes, ils sont le produit d'une construction historique. En leur accordant à un moment donné des droits particuliers, la reconnaissance publique contribue à les faire exister de manière permanente. Elle risque de conduire à la fragmentation sociale en juxtaposant des « communautés », fermées les unes aux autres, sans échanges entre elles. ■

D. Schnapper, C. Bachelier, Qu'est-ce que la citoyenneté ?, *Gallimard, « Folio actuel », 2000.*

Document 9

L'équation identité = guerre mérite d'être vérifiée plus précisément. L'observation des mouvements à base ethnique en Amérique latine permet de douter de sa nécessaire vérité. Depuis les années soixante, des luttes indiennes sont apparues dans presque tous les pays de ce sous-continent. Elles ont fait irruption sur le devant de la scène dans plusieurs d'entre eux : Équateur, Bolivie, Colombie, Guatemala, Nicaragua, Mexique. [...]
Certes, les Indiens ont parfois été pris dans l'engrenage de la violence. Mais, plus souvent encore, ils ont accompagné les processus de démocratisation et en ont été des éléments actifs. Aucun de leurs mouvements n'a menacé de provoquer l'éclatement des sociétés nationales selon des frontières ethniques, ni d'alimenter des séparatismes ou des irrédentismes. Les Indiens ont accepté les cadres nationaux existants et ont été les acteurs d'un programme de réforme de ces sociétés sur une base plus égalitaire, moins raciste, moins excluante. [...] Les mouvements indiens latino-américains illustrent la possibilité de conflictualiser le culturel, à condition de le lier – sans le fusionner – au social et au politique, et de l'inscrire dans une perspective d'enrichissement de la démocratie par addition des droits culturels aux droits sociaux et politiques. Ils infligent un démenti à la thèse selon laquelle les revendications identitaires se nourrissent toujours de références raciales, ne sont pas négociables, débouchent nécessairement sur une guerre des cultures et ne peuvent qu'engendrer génocides et autres purifications ethniques. ■

Y. Le Bot, « Les revendications identitaires mènent-elles à la violence ? », Sciences humaines *n° 110, novembre 2000.*

Dossier 5

L'avenir des retraites

➡ **Voir Pour aller plus loin,** page 732

Document 1

Un contrat implicite entre les générations

Actuellement, la situation des retraités est globalement satisfaisante en France. Un travailleur qui a été payé au SMIC toute sa vie reçoit une retraite de 90 % de son salaire net, alors qu'un cadre reçoit environ 65 % de son dernier traitement net. Le niveau de vie des retraités est approximativement équivalent à celui des actifs. Le système français est fondé sur le principe de la répartition : les retraites sont financées par un prélèvement sur les revenus d'activité de la même période. Tant que le contrat implicite entre les générations n'est pas remis en cause, les actifs actuels sont assurés de recevoir une retraite gagée sur les revenus des actifs futurs. Pourtant l'inquiétude à propos de l'avenir des retraites grandit.
Dans le passé récent, le système a été fragilisé par la crise économique (augmentation du nombre de chômeurs et de préretraités, stagnation du nombre de salariés, baisse de la part des salaires dans la valeur ajoutée). À long terme, comme dans tous les pays développés, il est menacé par le vieillissement de la population, dû essentiellement à l'allongement de la durée de vie. Le financement des retraites oblige à effectuer des projections sur longue période, même s'il est impossible de prévoir en toute rigueur quelle sera la situation économique et sociale dans 25 ou 40 ans : la France sera-t-elle retournée au plein-emploi ? Serons-nous dans une société de loisirs qui conjuguera faible durée hebdomadaire de travail et retraite précoce ou dans une société productiviste ? Dans ce second cas, pourra-t-on revenir sur l'exclusion précoce des travailleurs mûrs qui, en raison de la progression à l'ancienneté, coûtent plus cher à l'entreprise et sont censés être moins dynamiques et moins aptes à s'adapter au progrès technique ? ■

Gérard Cornilleau, Alexis Dantec, Henri Sterdyniak, « Retraites : pour un contrat social explicite », in OFCE, L'Économie française 1999, *La Découverte, « Repères », 1999.*

Document 2

Projections nationales des taux de dépendance des personnes âgées dans les États membres de l'UE 2000-2050,
(population de 64 ans et plus, en % de la population de 20 à 64 ans)

	2000	2010	2020	2030	2040	2050
Belgique	28,1	29,4	35,6	45,8	51,3	49,7
Allemagne	26,0	32,9	36,3	46,7	54,7	53,3
Espagne	27,1	28,9	33,1	41,7	55,7	65,7
France	27,2	28,1	35,9	44,0	50,0	50,8
Irlande	19,4	19,1	24,5	30,3	36,0	44,2
Italie	28,8	33,8	39,7	49,2	63,9	66,8
Royaume-Uni	26,4	26,9	32,0	40,2	47,0	46,1
UE à 15	26,7	29,8	35,1	43,8	52,4	53,4

Source : Conseil de politique économique, Eurostat, Baseline projections.

Questions sur l'ensemble du dossier

Rappel : ce manuel contient un lexique (voir « régime de retraite », etc.).

1. Pourquoi s'agit-il d'un contrat implicite ? [*doc. 1*]
   Quel problème le fait qu'il soit implicite peut-il poser ?
2. Quel est l'intérêt de la notion de taux de dépendance [*doc. 2*] pour une réflexion sur l'avenir des retraites ?
   Quel problème l'évolution prévisible du taux de dépendance pose-t-elle ?
3. Pour qu'un système de retraite soit équilibré, il faut que la valeur des pensions reçues par les retraités égale celle des cotisations versées par les actifs occupés. Montrez que la relation située à la fin du document 3 correspond à cet équilibre.
4. Expliquez de quoi dépend l'évolution de chacune des fractions de la relation du document 3. Dans quel sens pèse chacune de ces variables sur l'évolution du taux de cotisation ?
5. Sur quelles fractions peut-on agir à court terme ? À long terme ?
6. À la lumière du document 12, commentez la phrase soulignée dans le document 4.
7. Quels sont les objectifs du patronat ? [*doc. 4*]
8. En quoi l'argumentation du document 5 s'oppose-t-elle à celle du patronat résumée dans le document 4 ?

Document 3

Les déterminants du taux de cotisation pour la retraite

Les principales variables qui déterminent le taux de cotisation, c'est-à-dire le rapport cotisation moyenne/revenu d'activité moyen, sont assez faciles à mettre en évidence à condition de s'en tenir au niveau de généralité le plus élevé, tous régimes confondus. On en retiendra cinq.

■ *Première variable,* le *taux de remplacement*, ou rapport entre pension moyenne et revenu d'activité moyen. S'il s'élève, il faut, toutes choses égales d'ailleurs, élever le taux de cotisation. Il est appelé à croître mais pas indéfiniment ; les générations de nouveaux retraités arrivent avec plus de droits que les anciennes ; plus d'annuités de cotisations, surtout chez les femmes, des régimes plus protecteurs (moins d'anciens agriculteurs et plus d'anciens salariés), etc.

■ *Deuxième variable,* le *vieillissement de la population*, mesuré ici par le rapport 60 ans et plus/20-59 ans. Déjà élevé, ce rapport marque un palier pour une vingtaine d'années encore. Son augmentation va reprendre à partir de 2005 à mesure que les générations du *baby boom* arriveront à 60 ans et seront remplacées dans la population adulte par des générations moins nombreuses.

■ Dans la population âgée, certains ne perçoivent pas de retraite. La *troisième variable* est le rapport retraités/population âgée ou *taux de couverture de la population âgée par les retraites.*

Ces trois variables sont orientées à la hausse. Les deux qu'il reste à considérer devraient jouer à la baisse, mais sans pouvoir contrebalancer les précédentes.

■ *La quatrième variable* est l'*inverse du taux d'activité de la population adulte* : 20-59 ans/actifs disponibles. Elle tend à augmenter du fait du raccourcissement de la durée de vie active ; on entre en activité plus tard et on en sort plus tôt. Mais ce mouvement est plus que compensé par l'augmentation de l'activité des femmes, et puisqu'on a envisagé plus haut un alignement de leur situation sur celle des hommes en matière de retraite, on le fera aussi pour leur activité : cela donne la valeur limite à laquelle l'extrapolation des tendances actuelles conduirait.

■ De même que toute la population de 20 à 59 ans n'est pas en activité, tous les actifs n'ont pas un emploi. Le retour au plein-emploi, comme l'augmentation de l'activité, contribuerait à réduire le prélèvement opéré sur le revenu de chacun. La *cinquième variable* mesure donc le *sous-emploi.*

Le taux de cotisation ou de prélèvement s'obtient par la multiplication des cinq variables précédentes. L'égalité : cotisations = prestations peut s'écrire : cotisation moyenne x actifs occupés = pension moyenne x retraités, et même

$$\frac{\text{cotisation moyenne}}{\text{revenu d'actif moyen}} = \frac{\text{pension moyenne}}{\text{revenu d'actif moyen}} \times \frac{\text{60 ans et +}}{\text{20-59 ans}} \times \frac{\text{retraités}}{\text{60 ans et +}} \times \frac{\text{20-59 ans}}{\text{actifs disponibles}} \times \frac{\text{60 ans et +}}{\text{actifs occupés}}$$

Le terme de gauche représente le taux de prélèvement et le terme de droite contient nos cinq variables. ■

Edgard Andréani, Les Retraites, *La Découverte, « Repères », 1986.*

Document 4

« Ne tolérer aucune augmentation de cotisation »

Nous consacrons aujourd'hui 12 % de notre produit intérieur brut à la retraite. Pour équilibrer tous les régimes en 2040, il faudrait y consacrer environ 17 %. D'aucuns diront que cela ne fait que 5 points de PIB supplémentaires et que c'est peut-être tolérable. Nous avons tendance à penser, au contraire, que passer de 12 % à 17 % <u>cela représente une augmentation de plus de 40 %, ce qui est totalement inimaginable !</u> [...]

Pour les dix à vingt ans qui viennent et aussi longtemps que le taux de prélèvements obligatoires français sera trop élevé, la position du MEDEF est de ne tolérer, pour les employeurs comme pour les salariés, aucune augmentation de cotisation. N'oublions pas que notre taux de prélèvements obligatoires est l'un des plus élevés d'Europe, seuls le Danemark ou la Suède nous dépassent. Tous les autres pays sont en dessous, parfois très sensiblement et nous dépassons de quatre points la moyenne européenne. Cela représente près de 400 milliards par an qui devraient revenir au secteur concurrentiel, seul vecteur de la croissance et de l'emploi. La priorité des priorités pour les quinze à vingt prochaines années est donc bien la baisse des prélèvements obligatoires, ensuite il sera toujours temps d'envisager d'éventuels réarbitrages.

Puisqu'il est hors de question d'augmenter les cotisations et que par ailleurs il est impératif de conserver un niveau de retraite décent, le seul paramètre sur lequel nous puissions agir est l'âge de départ à la retraite et la durée de cotisation. ■

[Le 13 avril 1999, le MEDEF a officiellement précisé sa position. Il demande que la durée de cotisations ouvrant droit à une retraite à taux plein passe à 180 trimestres (45 ans).]

MEDEF (Mouvement des entreprises de France, ex-CNPF), Revue des entreprises, *février 1999.*

Document 5

Une hausse tolérable des cotisations

La discussion en cours tourne autour du ratio de dépendance, qui mesure la proportion de retraités par rapport aux actifs. L'augmentation de ce ratio conduit logiquement à une augmentation du taux de la cotisation d'équilibre afin d'assurer l'égalité entre cotisations et pensions. Dans la présentation officielle, tout repose ensuite sur le postulat selon lequel cette hausse de cotisation, qui traduit le vieillissement de la population, serait « insupportable ».

C'est toute *la question de la « tolérabilité » des prélèvements obligatoires* qui est ainsi posée. Si l'on considère qu'il n'existe aucun plafond à ces prélèvements, l'adaptation au nouveau régime démographique devrait pouvoir s'effectuer en douceur – à supposer, bien sûr, que les progrès de la productivité se maintiennent au rythme actuel – et la réflexion peut s'arrêter là. Inversement, si l'on pense qu'un tel plafond existe réellement, une réflexion s'impose sur la façon de le contourner. C'est cette hypothèse répandue – mais « répandue » par qui et pour servir quels intérêts ? – selon laquelle ce plafond serait d'ores et déjà atteint qu'il convient de mettre à l'épreuve des faits. On va voir qu'elle repose sur une dramatisation excessive et irresponsable des projections. L'astuce consistant à jeter en pâture au public des hausses de cotisation réputées « insupportables » néglige *deux faits d'importance. Le premier est que le phénomène va s'étaler sur quarante ans*, ce qui remet en perspective la notion de tolérabilité : c'est justement l'avantage du système de répartition que d'effectuer les adaptations nécessaires année après année, en accompagnant les ajustements que connaîtra nécessairement la société. *Le second « oubli » est celui de la progression du pouvoir d'achat* : la cotisation plus élevée s'appliquera à un revenu dont le pouvoir d'achat aura considérablement augmenté.

Si l'on veut raisonner en toute clarté, *il faut mesurer l'augmentation du taux de cotisation en équivalent productivité.* Pour cela, on peut se fixer deux règles simples : la masse salariale globale augmentera comme le produit intérieur brut (PIB) et la retraite moyenne comme le salaire net moyen. Ce sont les seules références légitimes à long terme, même si elles sont loin d'avoir été vérifiées au cours des années récentes. Dans ces conditions, les chiffres de la commission Charpin[1] conduisent seulement à un transfert des salaires vers les retraites ne dépassant pas un demi-point de productivité par an, ce qui recoupe d'ailleurs des évaluations antérieures[2]. Et, rappelons-le, cette estimation repose sur les hypothèses restrictives évoquées plus haut quant à l'évolution de la population active.

En tablant sur une croissance de la productivité de 2 % par an (semblable à la moyenne observée au cours du siècle écoulé), il est possible de faire progresser les retraites au même rythme que le salaire net (0,5 % de productivité), de faire passer progressivement la durée hebdomadaire du travail à 30 heures (0,6 % de productivité) et d'assurer une progression générale du pouvoir d'achat de 0,9 % par an. Et cela sans même augmenter le sacro-saint coût salarial unitaire. Le pouvoir d'achat de tous aurait ainsi progressé de 50 %. À partir de choix différents, on peut aussi arriver en 2040 à une situation où la durée hebdomadaire du travail serait seulement de 25 heures et où chacun – salariés et retraités – disposerait d'un revenu supérieur de 25 % à ce qu'il est aujourd'hui. ■

Michel Husson, « Jouer sa retraite en Bourse ? », Le Monde diplomatique, *février 1999.*

1. Du nom du commissaire général au Plan chargé d'un rapport sur les retraites remis au Premier ministre en 1999.
2. « Prenons la période de dégradation la plus rapide, c'est-à-dire la période 2005-2025. Dans cette période, il suffirait d'un progrès de productivité de l'ordre de 0,5 % par an pour compenser la diminution relative du nombre d'actifs », écrivaient Didier Blanchet et Denis Kessler, actuellement vice-président du MEDEF et principal lobbyiste des fonds de pension, dans « Prévoir les effets économiques du vieillissement », *Économie et statistique* n° 233, juin 1990.

Questions sur l'ensemble du dossier *(suite)*

9. Imaginons que les cotisations pour la retraite représentent 30 % d'un salaire de 1 000 € avant cotisation, en 2000. Chaque année, le salaire réel augmente de 2 % et le taux de cotisation de 0,5 point. Calculez le salaire avant cotisation en 2040, le taux de cotisation, le montant du salaire après cotisation. De combien a augmenté le pouvoir d'achat du salaire net en 40 ans ? Utilisez ces résultats pour commenter la fin du document 5.
10. Pourquoi avec un système par capitalisation l'avenir des retraites paraît-il plus sûr ? [*doc. 6*] Pourquoi n'est-ce qu'une apparence ? Pourquoi le versement des retraites est-il toujours un prélèvement sur les actifs quel que soit le système ?
11. Quelle solution Anton Brender propose-t-il ? [*fin du doc. 6 et doc. 7*]
12. Quelle interdépendance un système par répartition suppose-t-il ? [*doc. 8*] Et un système par capitalisation ? Les deux systèmes renvoient-ils au même système de valeur ?
13. Pourquoi, selon l'auteur, la capitalisation ne peut-elle pas résoudre le problème démographique ? [*doc. 8*]
14. Expliquez pourquoi l'indexation des retraites sur les prix est plus défavorable que leur indexation sur les salaires ? [*doc. 9*]
15. Quels problèmes les documents 9, 10 et 11 soulignent-ils ?
16. Pourquoi les gains de productivité permettent-ils des choix ? [*doc. 13*]
17. **Question de synthèse.** Quels sont les enjeux de la réforme des retraites pour la société française ?

Document 6

Répartition et capitalisation

À partir de 2005 le rapport entre inactifs et actifs va commencer à croître. Il atteindra deux pour trois vers le milieu du siècle prochain, contre un pour trois actuellement. Qui paiera dans ces conditions nos retraites, se demandent, avec une certaine inquiétude, ceux qui cesseront de travailler à partir du début du siècle prochain ? Le problème a, bien sûr, une dimension financière. Mais sa nature profonde est autre. Et, là encore, l'arithmétique en montre la désarmante simplicité. Quel que soit le sens dans lequel on prend le problème, la conclusion est, en effet, toujours la même : si les retraités peuvent consommer alors qu'ils ne participent plus à la production, c'est qu'une part de la production n'est pas consommée par ceux qui y participent ! Le dispositif financier – le système de retraite proprement dit – n'est qu'un jeu de comptes, plus ou moins compliqué, sous lequel on trouve toujours une même situation concrète : des actifs capables de produire de quoi couvrir aussi bien leurs besoins que ceux des retraités. Ce transfert, bien réel, peut toutefois être effectué par des canaux financiers assez différents.

Le fonctionnement d'un système par répartition est simple : une part du revenu des actifs est prélevée pour servir les pensions des retraités. Les cotisations versées à la Sécurité sociale permettent ainsi à ses caisses de payer, chaque mois, les retraités. On ne peut toucher de plus près la solidarité financière qui unit ici les retraités aux actifs. Sa transparence est totale : les premiers subviennent à leurs besoins grâce au transfert d'une partie du revenu des seconds. Et ceux qui, aujourd'hui, ont droit à cette retraite, avaient bien sûr eux-mêmes subi, hier, un prélèvement analogue. Ce système, massivement privilégié en France, a donné des résultats remarquables : au début des années 1990, le revenu des retraités dépassait en moyenne celui des actifs ! Demain, toutefois, les choses vont se gâter. Que se passe-t-il, en effet, si la part des actifs diminue sensiblement, comme cela va être le cas dans la plupart des pays industriels ?

Le système par capitalisation est, en apparence au moins, profondément différent. Il n'y a plus ici cette solidarité financière immédiate entre les générations. La retraite de chacun est le produit de son épargne antérieure : pendant toute sa vie active, chacun met de côté des sommes qui, « capitalisées », vont lui permettre de toucher une rente pendant sa retraite. La répartition, on l'a vu, lie le versement des retraites à la collecte continue de cotisations : si celles-ci deviennent insuffisantes, le retraité pourra à juste titre s'inquiéter de la suite des événements. Avec la capitalisation, les choses *paraissent* plus sûres. Celui qui prépare sa retraite n'a plus à se demander si les actifs seront en nombre suffisant pour lui payer sa pension. Son épargne, accumulée année après année, est sa meilleure garantie. Regardons toutefois les choses de plus près. Le futur retraité n'accumule pas des biens et des services mais un capital qui produira une rente. Celle-ci lui permettra d'acheter ce qu'il voudra lorsqu'il sera retraité. Encore faut-il qu'alors des biens et des services soient disponibles en quantité suffisante. Derrière une tuyauterie financière différente, on retrouve donc bien la *même* situation « réelle » : la production des actifs peut, seule, permettre de couvrir les besoins des retraités. Si les actifs sont de moins en moins nombreux par rapport aux retraités, seul un accroissement de la productivité des premiers peut, pour l'essentiel, garantir le niveau de vie des seconds. Et pour obtenir, demain, cet accroissement de productivité, il faut, dès aujourd'hui, investir. ■

Anton Brender, La France face à la mondialisation, *La Découverte, « Repères », 3e éd., 2002.*

Document 7

Les retraites et l'investissement

Bien sûr, disposer d'usines dotées d'équipements modernes peut contribuer à accroître, demain, la productivité. Mais les formations reçues et l'expérience accumulée par ceux qui travailleront dans ces usines sont tout aussi déterminantes : pour tirer pleinement profit des investissements en capital matériel, il faut des investissements suffisants en capital humain. Pour une part importante, seul l'État peut les prendre en charge, comme il est seul, d'ailleurs, à pouvoir prendre en charge la mise en place d'une partie au moins des infrastructures nouvelles, indispensables à la bonne marche des entreprises privées. Là ne s'arrêtent toutefois pas les investissements à envisager.

Ne pas laisser s'éroder le capital social dont nous disposons est, à l'évidence, une priorité. En réduisant au fil des ans les inégalités, on y contribuera sûrement. Mais mener, très vite, des opérations de lutte contre l'exclusion y participe tout autant. Entre les dépenses « improductives » et les investissements « productifs », la frontière n'est pas toujours aussi nette qu'on le croit. Que vaudraient en effet les actions d'une entreprise dotée d'équipements ultramodernes mais paralysée régulièrement par les grèves ? Et quels dividendes recevraient les fonds de pension ou les compagnies d'assurances qui détiendraient ces actions ? On dira, justement, que l'un des avantages absolus de la capitalisation par rapport à la répartition est qu'elle permet aux futurs retraités de se mettre, en partie au moins, à l'abri d'un tel risque. En achetant des titres étrangers, on peut, en effet, gager les retraites versées demain par un prélèvement sur une production étrangère. Mais si cette part, au lieu d'être marginale, devenait prépondérante, en réponse à une défiance à l'égard de l'économie nationale, il y aurait vraiment de quoi s'inquiéter ! ■

Anton Brender, ibid.

Document 8

Dans un système de retraite *par répartition,* les cotisations des actifs sont immédiatement redistribuées, à chaque période, sous forme de prestations vieillesse. Un tel mécanisme repose sur une convention sociale : chaque génération cotise pour ses aînés – qui ont acquis auparavant une créance sur elle en la prenant en charge dans l'enfance – en anticipant que la génération suivante fera de même, sans pour autant que le montant des transferts ascendants puisse être spécifié à travers le temps. Cette convention a un statut très particulier : elle est nécessairement légale et centralisée, car personne ne doit pouvoir s'y soustraire (sinon le système irait à sa perte); elle engage les générations à venir, mais elle demeure à tout moment révocable. Un système par répartition instaure donc un mode de gestion éminemment politique de l'interdépendance entre les générations successives.

Par opposition, dans un système *par capitalisation,* qui peut être obligatoire ou facultatif, les cotisations versées servent à accumuler des actifs (actions, obligations, bien immobiliers), dont la liquidation ultérieure financera les pensions. Dans ce cadre, l'interdépendance entre les générations existe également, mais elle est indirecte : par le processus d'accumulation et les marchés. [...]

Le rendement des actifs d'un système par capitalisation dépend de l'offre et de la demande. Schématiquement, les retraités vendent pour subvenir à leurs besoins et les générations en activité achètent pour se constituer des droits à pensions. En situation de vieillissement démographique, la demande se contracte et l'offre devient plus abondante, entraînant une baisse du rendement. En outre, un système par capitalisation n'est pas mieux armé pour faire face à la nature du vieillissement contemporain : en cas d'augmentation de l'espérance de vie, le rendement des rentes viagères doit être nécessairement réduit, ou les primes majorées. En définitive, le financement des retraites est toujours un prélèvement sur le PIB de la période courante, que ce soit sur les revenus du travail (répartition) ou sur les revenus du capital (capitalisation). De sorte qu'en cas d'accroissement du nombre de retraités, la part du PIB consacrée aux retraites augmente nécessairement, sauf dévalorisation des droits à pension. ■

Arnaud Lechevalier, « Les retraites : idées fausses et vrais enjeux », Mouvements *n° 3, La Découverte, avril 1999.*

Document 9

Le sens des réformes en cours

Jusqu'à présent, l'axe majeur des réformes conduites au sein des régimes publics par répartition, en France comme dans de nombreux pays développés, a consisté d'abord et avant tout à réviser à la baisse le mode de revalorisation des droits à pension et des retraites elles-mêmes (indexation sur les prix et non plus sur les salaires). Parallèlement, le montant des prestations à percevoir a été lié plus étroitement à l'« effort contributif » préalable – par l'allongement de la durée de cotisation nécessaire pour obtenir la retraite à taux plein, par l'extension du nombre de salaires annuels « de référence » pris en compte pour le calcul de la retraite, par la remise en cause d'avantages « non contributifs ». Cette stratégie conduit à une baisse du montant des retraites liquidées et du niveau de vie *relatif* des retraités, et elle revient à subordonner l'existence d'un vrai droit à la retraite au modèle de la carrière salariale – étendue – à temps plein. Aller plus loin dans cette voie, alors même que ce modèle est ébranlé, surtout pour les cohortes les plus jeunes – qui subissent au premier chef les conséquences de la crise et qui auront à supporter le plein effet des réformes au siècle prochain –, conduirait à programmer une baisse encore plus substantielle du niveau des retraites pour une part croissante de la population. ■

Arnaud Lechevalier, ibid.

Document 10

Plus de retraités pauvres ?

Ne l'oublions jamais, *le principal défi lancé aux systèmes de retraite résulte d'une bonne nouvelle : l'allongement continu de la durée de la vie.* [...] *Au nom de l'équité entre générations,* pour ne pas assommer les actifs de cotisations vieillesse, *tous les gouvernements ont cherché à faire baisser progressivement les taux de remplacement*[1] *qu'assurent les retraites par répartition,* soit en modifiant les calculs qui fondent le droit à pension, soit en adoptant des règles d'indexation moins favorables, comme l'a fait le gouvernement Balladur en 1993 pour les retraites du régime général des salariés du secteur privé. Or, une légère baisse du taux de remplacement (qui est aujourd'hui de l'ordre de 70 % pour les bas salaires) est sans doute nécessaire pour éviter qu'avec la croissance du nombre de retraités la part du revenu national qui leur est destinée augmente trop rapidement. Mais toute baisse de ce taux pour les plus petites retraites provoquerait un retour de la pauvreté de masse au sein des personnes âgées. Le taux de pauvreté des ménages de retraités est passé de 14 % en 1984 à 7,4 % en 1994.

Si, comme on peut le craindre, les taux de remplacement baissaient demain à 50 % des salaires d'activité, des millions de retraités retomberaient à un niveau de revenu égal ou à peine supérieur au minimum vieillesse : n'oublions pas que plus de la moitié des salariés gagnent moins de 9 000 F par mois. À l'inverse, les plus hauts revenus anticiperaient cette évolution en se constituant une épargne qui leur permettrait de compenser la baisse du niveau des pensions. ■

Philippe Frémeaux, « Le casse-tête des retraites », Alternatives économiques, *novembre 1998.*

1. Taux de remplacement : rapport entre le montant de la pension de retraite et l'ancien salaire.

Document 11

Les retraites en 1997 (montants mensuels en euros)	**Hommes**	**Femmes**	**Ensemble**
Moyenne	1 423	1 016	1 283
Médiane	1 259	924	1 153
Montant du 1er décile	630	385	538
Montant du 9e décile	2 314	1 721	2 121
Rapport interdécile	3,7	4,5	3,9

Champ : retraités de droit direct de 60 ans ou plus, ayant exercé une carrière complète (ayant cotisé 150 trimestres ou plus).
Source : SESI, échantillon interrégimes de retraités, 1997, in Odile Dangerfield, Danièle Prangère, « Les retraites », Données sociales, *INSEE, 1999.*

Document 12

Part des prestations sociales dans le PIB en France (en % du PIB)	**1959**	**1970**	**1975**	**1980**	**1990**	**2000**
Prestations sociales totales	14,5	17,9	21,4	24,2	26,4	28,5
dont :						
prestations du risque vieillesse-survie[a]	5,4	7,3	9,1	10,3	11,2	12,6
et dont : prestations du risque santé	4,7	6,6	7,8	8,4	9,2	9,7

a. Les prestations de survie sont des prestations telles que l'assurance veuvage et les pensions de réversion.
Source : Contribution à l'histoire financière de la Sécurité sociale, *sous la direction de M. Laroque, DREES pour l'année 2002,* in Conseil d'orientation des retraites, Premier rapport 2001, *La Documentation française, 2002.*

Document 13

Les gains de productivité ouvrent des marges de manœuvre

Il faut [...] prendre en compte *l'apport des gains de productivité,* à l'origine de l'enrichissement collectif. Leur rythme de croissance est passé de 4 à 5 % au cours des « trente glorieuses » à 1,5 à 2 % ces vingt dernières années. Les projections macroéconomiques entérinent ce ralentissement, ce qui explique la croissance durablement molle qu'elles nous promettent au prochain siècle. Même plus faibles que par le passé, ces gains de productivité sont un surplus, dont le partage entre le capital et le travail, mais aussi entre les actifs et les retraités, doit faire

l'objet d'une réflexion en liaison avec le mode d'indexation des retraites. En tout état de cause, grâce aux gains de productivité, les actifs continueront à s'enrichir au siècle prochain.
Au total, il est donc nécessaire de considérer le taux de prélèvement global affecté à la protection sociale et de prendre en compte les marges de manœuvre offertes par les gains de productivité et la croissance. En outre, si « limite » il y a au taux de « prélèvements obligatoires », c'est-à-dire en fait au taux de redistribution global de la richesse nationale, elle est moins soumise aux impératifs de la concurrence internationale qu'à des choix politiques : quelle part de leur revenu les ménages souhaiteront-ils socialiser au siècle prochain au bénéfice des services et transferts collectifs, sachant qu'il s'agit précisément de domaines où la dynamique des besoins sociaux, expression du progrès de civilisation, demeura soutenue ? ■

Arnaud Lechevalier, op. cit.

Sujet de bac

DISSERTATION

▶ LE TRAVAIL, UN GRAND INTÉGRATEUR

Sujet : à l'aide de vos connaissances et des documents ci-joints, vous vous demanderez si le travail garde aujourd'hui encore les effets intégrateurs qu'on lui a attribués durant les « trente glorieuses ».

Document 1

L'intégration par le travail

Je fais ici la conjecture que notre Grand Intégrateur, depuis quatre siècles environ, est le *travail.* Bien entendu, il y a longtemps que les hommes travaillent. Mais il y a moins longtemps que s'est créée et développée une *civilisation du travail*, c'est-à-dire un ordre humain où *toute la société et tous ses composants commencent à s'articuler ou se ré-articuler autour du travail.*
De manière symbolique, j'inaugurerais volontiers la civilisation du travail par le dressage scolaire du petit peuple, mise au point par l'Œuvre des frères des Écoles chrétiennes fondée en 1680 par l'abbé de La Salle.
L'intérêt insolite des encyclopédistes pour les arts et techniques – insolite compte tenu de leur lectorat probable jusque-là fort dédaigneux du travail et des travailleurs – constitue un autre événement symbolique. Viennent enfin l'industrie moderne et le capitalisme qui, pour la première fois dans l'histoire humaine, fondent le pouvoir et la richesse sur la maîtrise *directe* du travail, des travailleurs, de la production. À partir de ce moment et pour un temps qui est encore un peu le nôtre, le travail est bien le Grand Intégrateur de nos petites pensées et actions personnelles et de nos grandes pensées et actions « sociétales ». ■

Yves Barel, « Le Grand Intégrateur », Connexions *n° 56, 1990.*

Document 2

La fin du travail

« Nous entrons dans une nouvelle phase de l'histoire du monde : de moins en moins de travailleurs seront nécessaires pour produire les biens et les services destinés à la population de la planète. » Pour l'Américain Jeremy Rifkin, les dés sont jetés : c'est la fin du travail. Rien ne sera plus comme avant. Ce discours n'est pas nouveau : depuis que les machines existent, elles sont accusées de tuer l'emploi. Mais, à un moment où le chômage atteint un niveau record en France, il a fait mouche. Voici enfin l'explication : l'économie ne pourrait plus, physiquement, fournir assez de postes de travail. Pour des raisons que l'on ne peut pas maîtriser, liées essentiellement au progrès technique et à la mondialisation. [...] ■

Louis Maurin, « Non, le travail n'est pas mort », Alternatives économiques *n° 149, juin 1997.*

Document 3

Le travail comme nécessité

Ce sont les catégories dont les conditions de travail sont les plus pénibles, les rémunérations les plus faibles et les risques de chômage les plus forts qui font du travail l'une des conditions essentielles du bonheur. En raisonnant toutes choses égales par ailleurs et en limitant l'investigation aux actifs occupés et aux chômeurs, la probabilité de citer le travail comme une condition ou un élément du bonheur apparaît dépendre de deux types de variables. Les premières, nettement liées à la position de l'individu à l'égard du travail, ont trait à la précarité et au risque, plus ou moins grand, de se retrouver au chômage. Le mot « travail » ou l'un de ses synonymes est cité par 43 % des ouvriers, contre 27 % des chefs d'entreprise, cadres et professions libérales. La deuxième dimension explicative relève de la position dans le cycle de vie et de la situation familiale. Elle ne joue pas de la même façon pour les hommes et pour les femmes. [...]
L'explication la plus simple consiste à supposer qu'il en va du travail comme de toutes les composantes du bonheur : c'est son absence qui en fait le mieux mesurer la valeur, et cela d'autant plus que cette absence est subie. Une analyse plus détaillée des réponses confirme cette explication tout en la nuançant. Qualifiés ou non, les ouvriers et, dans une moindre mesure, les employés estiment que l'accès au bonheur est d'abord suspendu à l'acquisition d'un certain nombre de ressources largement dépendante d'aléas extérieurs. Après la santé (43 % pour les ouvriers et 40 % pour les autres) et la famille, le « travail » est la première d'entre elles suivi de l'« argent » et de ses synonymes (salaire, revenus, finances) (23 % contre 15 %), du « logement » et de la « maison ». Pour « être » heureux, il faut d'abord « avoir ». Ce n'est pas tant le bonheur en soi qui est ici évoqué qu'un certain nombre de ses conditions minimales de possibilité. Le travail est ici la clé qui permet d'accéder à d'autres biens. ■

Christian Baudelot, Michel Gollac, INSEE Première *n° 560, décembre 1997.*

➞ **MÉTHODES POUR LE BAC** pages 738-751

Document 4

Le marché du travail	1991	1992	1993	1994	1995	1996	1997	1998	1999	2000	2001	2002
Emploi total[a, b]	**22 316**	**22 250**	**22 105**	**21 875**	**22 186**	**22 311**	**22 223**	**22 479**	**22 672**	**23 261**	**23 759**	**23 942**
Variation de l'emploi[a]	– 6	– 66	– 145	– 230	311	125	– 88	256	193	589	498	183
Chômeurs[a]	2 214	2 476	2 757	3 075	2 899	3 059	3 105	3 007	3 014	2 590	2 285	2 341
Durée du chômage[c]	13,9	13,2	12,4	13,0	14,6	14,7	15,0	16,0	14,9	15,9	14,5	12,8
Contrats à durée déterminée[a]	545	570	60	604	741	778	834	890	877	959	929	897
Taux de temps partiel[d]	11,9	12,5	13,7	14,7	15,5	15,8	16,6	17,1	17,2	16,9	16,4	16,2

a. En milliers. b. Population active occupée. c. En mois. d. En % de la population active.
Source : INSEE, enquêtes « Emploi ».

Document 5

Un rapport inquiet au travail

À s'en tenir d'abord aux faits et aux chiffres, le travail, et en premier lieu le travail salarié, continue à occuper la place centrale dans la structure sociale française. La proportion des salariés dans la population active est exactement la même (86 %) qu'au milieu des années 1970, moment qui peut être considéré comme l'apogée de la société salariale. Les statistiques disponibles ne montrent aucune régression ni du nombre ni de la proportion de salariés. Ce serait plutôt le contraire : en 1998, il y avait dans le secteur privé 155 000 salariés de plus qu'en 1997, soit une augmentation de 1,2 % en un an. On n'a jamais auparavant compté en France autant de salariés qu'aujourd'hui, 19,6 millions avec le secteur public (DARES, 1998).
Parler de disparition, ou même d'effacement du salariat représente donc aujourd'hui, du point de vue quantitatif, une contre-vérité. Parler de la perte de la centralité du travail repose sur une énorme confusion qui assimile le fait que l'emploi a perdu sa consistance au jugement de valeur qu'il aurait perdu son importance. La « grande transformation » intervenue depuis une vingtaine d'années n'est pas, on l'a vu, qu'il y ait moins de salariés mais – et cette transformation est décisive – qu'il y ait énormément plus de salariés précaires, menacés de chômage. En somme, il y a de plus en plus de travailleurs incertains de le demeurer et de pouvoir construire à partir de cette position un avenir stabilisé. Le *rapport au travail* a ainsi profondément changé. Pour beaucoup, il est vécu sous le mode de l'inquiétude et à la limite du drame, au lieu d'être conçu comme un socle stable à partir duquel on pourrait maîtriser l'avenir. Mais c'est sur le travail, que l'on en ait ou que l'on en manque, qu'il soit précaire ou assuré, que continue à se jouer aujourd'hui le destin de la grande majorité de nos contemporains. ■

Robert Castel, « Centralité du travail et cohésion sociale », in Le Monde du travail, *La Découverte, 1998.*

Document 6

Conditions de travail % de personnes qui déclarent que...	Intérimaires et contrats à durée déterminée	Apprentis, stagiaires, contrats aidés	Autres salariés
Elles travaillent à la chaîne	13 %	1 %	3 %
Leur travail est répétitif avec un temps de cycle inférieur à 1 minute	16 %	5 %	7 %
Leur rythme de travail est déterminé par des normes ou délais à respecter en une heure ou moins	28 %	19 %	23 %
Leur rythme de travail est déterminé par la surveillance au moins quotidienne de la hiérarchie	39 %	38 %	28 %
La hiérarchie leur dit comment faire le travail	28 %	41 %	12 %
Elles vivent des situations de tension dans leurs rapports avec la hiérarchie	18 %	20 %	31 %

Source : DARES, enquête « Conditions de travail », 1998, in Michel Gollac, Serge Volkoff, Les Conditions de travail, *La Découverte, « Repères », 2000.*

Sujet de bac

ÉPREUVE DE SYNTHÈSE

▶ LES ENJEUX DE LA COHÉSION SOCIALE

Travail préparatoire (*10 points*)

1. Quels sont les objectifs et les moyens de l'État-providence? [*doc. 1*] (*2 points*)
2. Quels liens peut-on faire entre citoyenneté politique et condition sociale? [*doc. 1*] (*2 points*)
3. Comment peut-on définir la «pauvreté» dans la société française? [*doc. 2*] (*1 point*)
4. Quels sont les liens entre les différents aspects de la pauvreté? [*doc. 2*] (*2 points*)
5. Que signifient les chiffres entourés? [*doc. 3*] (*1 point*)
6. Quels sont les facteurs qui favorisent la participation à une association? [*doc. 3*] (*2 points*)

Question de synthèse (*10 points*)

7. Après avoir rappelé les caractéristiques de la cohésion sociale dans les sociétés occidentales contemporaines, vous vous demanderez quels effets peuvent avoir les inégalités et la pauvreté sur la participation des individus à la vie politique et à la vie sociale.

Document 1

L'État-providence, sous sa forme actuelle, est né de la dynamique démocratique, des exigences et des instabilités propres à la société des citoyens [...]. On ne pouvait faire de l'égalité politique et juridique le principe du lien social et de la légitimité politique sans mener en même temps une action qui rendît les conditions économiques et sociales moins inégales. La seule égalité politique de tous les citoyens ne pouvait manquer d'apparaître insuffisante pour garantir la véritable citoyenneté. Le citoyen, souverain, dans des sociétés organisées autour de la production et riches, avait droit à connaître les conditions de vie matérielles qui fussent susceptibles d'assurer sa dignité. Il devait disposer des moyens nécessaires pour se nourrir, avoir un toit, élever décemment ses enfants afin d'être en mesure d'exercer concrètement ou, selon la formule marxiste, réellement, ses droits politiques. Les hommes ne sont pas seulement des producteurs mais des citoyens. L'État devait désormais, au nom de la solidarité induite par la «communauté des citoyens», compenser les effets sociaux de la stricte logique économique, qui apparaissent contraires à la justice sociale. Il devait intervenir parce qu'il est de son devoir de garantir à chaque citoyen les conditions d'existence qui sont collectivement jugées normales à un moment donné. ■

Dominique Schnapper,
La Démocratie providentielle. Essai sur l'égalité contemporaine
Gallimard, 2002.

Document 2

La pauvreté n'est pas seulement le *défaut d'avoir* : expropriation à l'égard des moyens de production et de consommation, revenus insuffisants et/ou irréguliers, absence de réserve et de fortune (patrimoine). C'est plus fondamentalement le *défaut de pouvoir* : l'absence de maîtrise sur les conditions matérielles et institutionnelles de sa situation, la précarité (la faible capacité à faire face aux aléas de l'existence) et la dépendance institutionnelle (notamment à l'égard des organismes de protection sociale) qui en résultent, la fragilité des réseaux de socialisation (milieu professionnel, voisinage, association), souvent limités à la famille, l'absence surtout de capacité politique (de capacité conflictuelle, de capacité à transformer sa propre situation par la lutte collective et/ou les médiations organisationnelles ou institutionnelles). La pauvreté, c'est enfin le *défaut de savoir* : non seulement la disqualification scolaire, le défaut de capital scolaire (l'absence de titres scolaires) et culturel (l'extranéité à la culture «savante»), mais plus fondamentalement encore la faible capacité à symboliser, à se construire une représentation cohérente du monde, à s'y repérer et à s'y orienter de manière à pouvoir le transformer à son avantage.
Si la pauvreté est multidimensionnelle, c'est qu'elle relève d'un processus cumulatif. Nous la définirons par l'accumulation de handicaps (de défauts, de déficits) résultant d'inégalités tendant à se renforcer réciproquement. ■

Alain Bihr, Roland Pfefferkorn,
Déchiffrer les inégalités, *Syros, nouvelle éd., 1999*

→ MÉTHODES POUR LE BAC pages 738-751

Document 3

Taux de participation à une association selon les caractéristiques démo-économiques des individus

Diplôme	Sans diplôme	(22,8)
	CEP	29,1
	BEPC - CAP - BEP	33,0
	Bac	38,3
	Bac + 2	43,9
	Supérieur à bac + 2	48,8
Catégorie sociale[a]	Agriculteur	39,1
	Indépendant	33,8
	Cadre	48,3
	Profession intermédiaire	41,9
	Employé	29,1
	Ouvrier	26,2
	Inactif	(32,5)
Revenu mensuel du ménage	Moins de 1 067 €	27,7
	De 1 067 à 1 524 €	28,9
	De 1 524 à 2 134 €	31,7
	De 2 134 à 3 201 €	37,8
	Plus de 3 201 €	42,8
Ensemble		33,6

a. Les retraités et les chômeurs ont été reclassés dans leurs catégories d'origine.
Source : INSEE, enquête «Emploi du temps» 1998-1999, in *Lionel Prouteau, François-Charles Wolff, «La participation associative au regard des temps sociaux»,*
Économie et statistique *n° 352-353, 2002.*

Fiche-outil 1

« Les cotisations sociales pèsent sur les profits » : une idée reçue démentie par les faits

On verra dans une autre fiche [*page 732*] qu'une hausse annuelle de quelque 0,3 point du taux des cotisations sociales pour les retraites permettrait (sans dégradation du pouvoir d'achat des retraités par rapport à celui des actifs et sans départ plus tardif à la retraite) de faire face au besoin de financement consécutif à l'allongement de la durée de vie au cours des prochaines décennies. Pourtant, cette solution est disqualifiée par beaucoup, qui affirment, comme une évidence impossible à mettre en doute, que les prélèvements obligatoires en général et les cotisations sociales en particulier ont déjà atteint un niveau insupportable.

Pour le patronat du MEDEF (Mouvement des entreprises de France, nouveau nom du CNPF, Conseil national du patronat français), toutes les cotisations sociales sont des charges supportées par les employeurs. Leur niveau excessif remettrait en cause la compétitivité des entreprises, entamerait les profits, et donc – pense-t-il – la capacité d'investir et de créer des emplois. Et le MEDEF de tirer les conséquences logiques de cette thèse : « Pour les dix à vingt ans qui viennent et aussi longtemps que le taux de prélèvements obligatoires français sera trop élevé, la position du MEDEF est de ne tolérer, pour les employeurs comme pour les salariés, aucune augmentation de cotisation[1] »

I. DEUX TYPES DE COTISATIONS SOCIALES

En France aujourd'hui, en moyenne pour 100 euros de salaire brut (celui qui figure sur le contrat de travail et en haut de la feuille de paie), les cotisations sociales dites à la charge de l'employeur sont de 36,4 euros[2]. Le total payé par l'entreprise, c'est-à-dire le coût du travail pour l'employeur, est donc de 136,4 euros. C'est ce que les comptables nationaux appellent la « rémunération des salariés » (et certains gestionnaires le « salaire super brut »). Mais il existe aussi 13,2 euros de cotisations sociales, dites à la charge du salarié, mais versées directement par l'employeur à la Sécurité sociale (comme les 36,4 euros). Le salaire net est donc de 86,8 euros. Ce dernier est celui que recevrait le salarié sur son compte bancaire si n'existaient ni CSG (contribution sociale généralisée, qui n'est pas une cotisation mais un impôt prélevé à la source, *voir lexique*) ni versements aux mutuelles.

Ce salaire net correspond à 64 % du coût total du travail (86,8 rapportés à 136,4). Les 36 % de cotisations sociales constituent un salaire indirect, qui sera perçu de façon différée ou conditionnelle, puisque toutes ces cotisations ouvrent des droits à la retraite, au remboursement des dépenses de santé, à l'indemnisation partielle en cas de chômage...

C'est une opinion répandue – pas seulement parmi les patrons – de considérer que ces cotisations sociales (donc 36 % de la « rémunération des salariés ») sont des « charges sociales » qui pèsent sur l'entreprise. « Si ces charges diminuaient, pense l'employeur – pourquoi ne pas l'appeler Monsieur Ernest ? –, mes coûts baisseraient ; donc mon profit augmenterait. »

II. UNE TENDANCE LOURDE

Monsieur Ernest a raison, mais à une condition : qu'il soit le seul patron dont les charges sociales baissent, celles des autres employeurs ne changeant pas, donc *toutes choses égales par ailleurs*. Mais que se passe-t-il si les charges sociales de tous les employeurs baissent de la même façon que celles de Monsieur Ernest ? Pour le savoir, il existe une démarche simple : arrêter de considérer qu'il s'agit seulement d'un problème d'opinion ou d'une question théorique et s'intéresser aux faits. Y a-t-il eu en France une réduction progressive de la part des profits dans la valeur ajoutée des entreprises au fur et à mesure que le « poids des charges sociales » s'accroissait ?

La réponse requiert un travail technique aujourd'hui bien maîtrisé par les spécialistes et bien présenté notamment par Thomas Piketty[3] ou par des publications de l'OCDE. Que nous disent les données ? Entre les deux guerres (période de faibles cotisations : seulement 8 % du coût du travail en 1931, 15 % en 1938), le poids du profit (excédent brut d'exploitation) correspondait en moyenne à 33 % de la valeur ajoutée des entreprises (nette d'impôts indirects), la part salariale était donc de 67 %. Depuis 1950, comme entre les deux guerres d'ailleurs, la part du profit a été assez stable, sauf du premier choc pétrolier à la fin des années 1980 : de 1973 à 1982, elle a perdu plus de 5 points, récupérés de 1983 à 1989 (on remarquera que cet « accident » n'a strictement rien à voir avec les cotisations sociales). Depuis le début des années 1990, la part du profit reste à un niveau supérieur à celui des « trente glorieuses ». Finalement, elle est de 35 % en moyenne sur la période 1950-2000. Plus qu'entre les deux guerres.

La réponse apportée par les faits est donc clairement négative : l'évolution spectaculaire du poids des cotisations sociales au XXe siècle n'a pas du tout pesé sur les profits, car elle s'est accompagnée d'une baisse du poids du salaire direct – le salaire net – dans la valeur ajoutée. Autrement dit, les cotisations sociales sont bel et bien un salaire indirect ; elles ne pèsent que sur les salariés, même si la plus grande partie est désignée à tort comme étant des cotisations « à la charge des employeurs ». Il s'agit d'un fait.

Monsieur Ernest peut émettre une objection : « Si vous preniez des pays où les charges sociales ne sont pas écrasantes, tels que les États-Unis ou le Royaume-Uni, vous verriez bien que la part des profits y est supérieure à ce qu'elle est en France. » Testons cette affirmation.

---

1. MEDEF, *Revue des entreprises*, février 1999. Il s'agit de la revue officielle du MEDEF.
2. Source : INSEE, *Comptes nationaux pour 2001*, publiés en 2002.
3. Thomas Piketty, *L'Économie des inégalités*, La Découverte, « Repères », 4e éd., 2002.

Entre les deux guerres le poids du profit dans la valeur ajoutée était en moyenne de 36 % pour les entreprises américaines et de 37 % pour leurs homologues britanniques (contre 33 % en France comme on l'a vu). Depuis 1950, ces proportions ont plutôt baissé : 34 % outre-Atlantique, 31 % outre-Manche (35 % en France). Il faut s'y résigner : les cotisations refusent obstinément de peser sur le profit !

III. IL EST DONC POSSIBLE DE CHOISIR

Les conséquences de ce fait majeur sont considérables. *La première* est que l'argument économique selon lequel les profits seraient menacés ne peut pas servir à refuser une hausse du taux des cotisations sociales pour financer les retraites (surtout si cette élévation est très progressive, ce que permet justement le rythme d'évolution du rapport retraités/actifs).

La deuxième leçon a trait aux négociations salariales. Puisque toutes les cotisations pèsent sur les salariés, mieux vaut renoncer à la distinction économiquement fictive entre les cotisations « à la charge des employeurs » et celles « à la charge des salariés ». Il serait meilleur pour la clarté des débats, donc pour la démocratie, que les négociations salariales (et les contrats de travail) fassent seulement référence à la « rémunération des salariés » (qui est à la fois le coût total pour l'employeur et le revenu total – direct et indirect – pour le salarié). Disparaîtrait ainsi le salaire brut actuel, une notion dépourvue de toute signification économique puisque ce n'est ni le coût du travail pour l'employeur ni le revenu du travail pour le salarié.

Troisième conséquence : n'étant pas prélevées sur les profits, les cotisations sociales n'appartiennent pas plus aux entreprises que les salaires nets. Dès lors que le coût du travail n'augmente pas plus vite que sa productivité (stabilité du coût salarial par unité produite), de quel droit les entreprises discuteraient-elles de l'évolution des cotisations, c'est-à-dire de la façon dont les salariés souhaitent collectivement répartir leur rémunération entre salaire direct et salaire indirect ?

Cette dernière remarque ne signifie pas qu'il faut augmenter toutes les cotisations sans compter, mais qu'il est tout à fait possible que notre société se pose les questions des cotisations sociales, de l'âge de la retraite, etc., sans que la réponse « on ne peut plus augmenter les cotisations » anéantisse à l'avance toute velléité de débattre et d'opérer des choix. Autrement dit, puisque les faits montrent à l'envi que les cotisations sociales ne pèsent pas du tout sur les profits, notre société peut choisir son avenir sans être paralysée par une contrainte économique imaginaire.

Jean-Paul Piriou

NB : Pendant longtemps, beaucoup de patrons ont prétendu que la TVA pesait sur les entreprises parce que c'étaient elles qui en versaient le montant au Trésor public. Aujourd'hui, la plupart ont compris que la taxe pesait sur les consommateurs. Mais cela n'empêche pas qu'il n'est pas indifférent pour l'activité des entreprises produisant un bien déterminé que celui-ci soit assujetti au taux réduit de 5,5 % ou au taux normal de 19,6 %. En effet le passage du taux normal au taux réduit pour un produit particulier permet une baisse de son prix relatif, donc induit (normalement) une hausse de sa demande. Il en est un peu de même pour les cotisations sociales. Cette fiche n'a abordé que la question de la baisse ou de la hausse générale des cotisations sociales et non celle de la variation de certaines d'entre elles. Les questions posées, par exemple, par les effets des politiques d'allégement des cotisations sur les bas salaires, toutes choses égales par ailleurs, sont différentes. Dans ce cas, il y a une déformation de la structure des coûts salariaux. Il est peu probable que la baisse du coût relatif du travail non qualifié n'ait pas d'effets sur l'emploi non qualifié, mais les économistes ne parviennent pas à s'accorder sur leur ampleur.

➡ **Voir le graphique C :** *« Part des profits dans la valeur ajoutée »*, page 324

C o n c l u s i o n

JUSTICE SOCIALE ET DÉMOCRATIE

BERNARD GAZIER

Dans une démocratie, l'intervention de l'État, qui est souvent contraignante pour les individus (la loi interdit certaines actions, les impôts sont des prélèvements obligatoires, etc.), est légitimée par la participation, très souvent indirecte, des citoyens aux décisions collectives (ils élisent le président de la République, les députés, etc.). Ces décisions ont presque toujours des effets redistributifs : les uns payent plus d'impôts que les autres, certains reçoivent plus de prestations que d'autres ou bénéficient de réglementations quand d'autres les perçoivent comme une entrave à leur liberté (par exemple, l'interdiction de construire une maison dans une zone protégée bénéficie aux promeneurs et pénalise le propriétaire du terrain inconstructible). Or la distribution et la redistribution de ressources sont immédiatement conflictuelles si les personnes concernées ne partagent pas la même conception de la justice. Parce qu'ils analysent les différentes formes d'inégalités et les réactions qu'elles suscitent dans nos sociétés, les chapitres de cette partie conduisent tous à se poser la question de la justice sociale. C'est la raison pour laquelle elle se conclut par ce texte de Bernard Gazier, qui présente l'état de cette question, au cœur du débat dans une société démocratique.

Pascal Combemale

➾ **Bernard Gazier** *est professeur d'économie à l'université Paris-I-Panthéon-Sorbonne et chercheur au MATISSE (Université Paris-I et CNRS).*

Qui n'a jamais contesté, dans sa famille ou entre amis, le découpage inégal d'un gâteau ? Il y a quelque chose d'évident dans l'injustice qui appelle la dénonciation et la rectification. Tout le monde a une idée de ce qui est juste ou injuste.

Il n'est pourtant pas simple de dire ce qui est juste économiquement et socialement. Comment partager un héritage ? Qui doit bénéficier prioritairement du don d'organe (un rein, par exemple) : les plus jeunes ou les plus âgés ? ceux qui ont le plus de chances d'en profiter ou les plus gravement atteints ? Les réponses varient selon les pays, selon les hôpitaux et parfois selon les services.

La diversité des critères de justice locale se retrouve au niveau global. Quelles inégalités sont tolérables dans un pays et dans le monde ? Sur le marché du travail, la discrimination pure et simple est évidemment injuste : payer différemment deux travailleurs équivalents ou refuser d'embaucher certains travailleurs en raison de leur sexe ou de leur race. Mais les choses peuvent être moins claires : en moyenne, un ingénieur français est payé trois fois plus cher qu'un ouvrier français ; l'ingénieur allemand, lui, n'est payé que deux fois plus cher que l'ouvrier allemand : notre pays est-il injuste ?

La misère du tiers monde pose la même question, en plus explosif parce qu'il ne s'agit plus de confort ou de prestige social mais bien de survie pour des millions et même des milliards de personnes.

Définitions

Il faut partir d'une distinction fondamentale entre un point de vue *positif* (on constate ce qui est, et on tente de l'expliquer) et un point de vue *normatif* (on cherche à préciser ce qui est souhaitable). *Étudier la justice sociale, c'est adopter un point de vue normatif pour une communauté (un groupe, une région, un pays...) en ce qui concerne les positions économiques et sociales de ses membres.* Il s'agit ainsi, à propos de la distribution des revenus et du patrimoine, mais aussi à propos des carrières, du chômage, d'institutions telles que la Sécurité sociale

📖 **Bibliographie**
Christian Arnsperger, Philippe Van Parijs, Éthique économique et sociale, *La Découverte, « Repères », nouvelle éd., 2003.*

ou le SMIC (salaire minimum interprofessionnel de croissance), le RMI (revenu minimum d'insertion), etc., de critiquer ce qui existe et de proposer (s'il y a lieu) des changements.

Une autre distinction essentielle existe entre justice *commutative* et justice *distributive*. La première concerne les échanges : les objets échangés (biens, services, argent) sont-ils équivalents ? La seconde porte sur toute position économique et sociale atteinte par une personne (pas seulement son revenu). On cherche alors à savoir si telle situation est justifiée au regard de critères tels que l'égalité, le besoin, le mérite…

Les travaux scientifiques sur la justice sociale sont nombreux et ils restent assez controversés parce qu'ils engagent toujours une conception de la société. Libéralisme, réformisme ou révolution ? L'essentiel peut être ramené à deux traditions, toujours vivantes, et trois novations.

PLAN

I. DEUX TRADITIONS

Le terme de « justice sociale » n'est apparu que tardivement, aux alentours de 1840 en Europe, au moment où s'impose la république. Au-delà des droits politiques fondamentaux en principe reconnus à tous, à quoi ont droit les plus défavorisés pour survivre et participer à la vie sociale ? En simplifiant beaucoup, cette question d'intégration ou d'exclusion a reçu deux grands types de réponses, l'une très interventionniste et l'autre plus proche d'un point de vue libéral.

■ D'un côté, on commence par la *dénonciation systématique de toute inégalité*, quelle qu'elle soit, parce qu'elle traduit et propage les propositions de pouvoir économique des uns sur les autres. Derrière les inégalités, est mise en cause l'*exploitation*, soit la capacité qu'ont certains groupes de contrôler et capter le surplus produit par d'autres. Les inégalités se reproduisent, se nourrissent les unes les autres, et l'exploitation est un processus qui s'autoreproduit en dépit de l'égalité politique formellement reconnue à tous. On a ainsi une vue globale et critique des sociétés capitalistes.

Cette tradition peut être nommée « courant critique » ou « *courant de la reproduction* » (parce que la pierre de touche de l'évolution sociale est la reproduction des inégalités). Parmi ses représentants, apparaissent principalement trois groupes qui se sont souvent opposés avec violence : les socialistes utopistes du début du XIXᵉ siècle, les anarchistes et les communistes.

Les premiers, dont les chefs de file sont le Britannique Robert Owen (1771-1858) et le Français Charles Fourier (1772-1837), proposent le passage immédiat à une autre société, notamment l'expérimentation directe de collectivités restreintes obéissant à des principes de réciprocité ; leurs successeurs explorant les deux grandes possibilités radicales d'alternative politique au capitalisme naissant : l'une fondée sur l'initiative individuelle et l'autre sur la propriété collective. Ces doctrines ont en commun l'ambition de transformer radicalement les sociétés afin d'éliminer l'exploitation et le jeu cumulatif des inégalités.

■ La seconde tradition obéit à une logique inverse, insistant sur la *liberté permanente* dont disposent les participants à l'économie. Si une personne choisit de travailler ou d'échanger, c'est qu'elle s'y « retrouve ». On ne peut donc intervenir dans le jeu des échanges et de la reproduction que si l'on ne lèse personne et que certains s'en trouvent mieux : c'est l'idée de l'*unanimité* comme point de repère fondamental. Dans cette perspective, la vision des inégalités est beaucoup plus tolérante : si une personne travaille beaucoup et accumule des capitaux pour finalement retirer beaucoup de profit de ses affaires, c'est parfaitement juste pour peu qu'elle ait conclu des accords *de plein gré* avec ses partenaires. Si quelqu'un travaille peu ou ne travaille pas et n'obtient donc peu ou pas d'argent, la chose n'est pas scandaleuse. Sa situation résulte de ses choix (bien entendu, il faudra dans une certaine mesure aider ceux qui ne peuvent gagner leur vie).

Ce courant de pensée s'est exprimé de plusieurs manières. Lorsqu'il s'est appuyé sur la pensée utilitariste britannique, il est devenu le courant du *bien-être* (*welfare*), parce que se fondant sur l'appréciation par chacun de sa situation. Le jugement subjectif, que tout individu porte sur tel niveau de revenu ou tel type de métier, revient à classer les différentes possibilités selon leur plus ou moins grande « utilité » : le but de la justice est d'envisager conjointement les « utilités » de tous les participants, pour maximiser cette utilité sociale. En majorité, les auteurs de cette tradition se sont rangés dans le camp libéral, mais d'autres, au nom de cette utilité sociale, ont prôné des choix politiques socialistes [*voir encadré A*].

Ces deux courants se sont développés de manière séparée pendant cent ans. Les fondateurs du premier sont Karl Marx (1818-1883), Michel Bakounine (1814-1876), et ceux du second Vilfredo Pareto (1848-1923), Arthur Pigou (1877-1959), Abraham Bergson. Aucun des deux n'est parvenu à une définition précise de la société juste. Alors même que se sont multipliées les initiatives bouleversant la situation de nombreux groupes sociaux – l'invention de la Sécurité sociale, la généralisation de l'impôt sur le revenu, la Révolution russe et le déroulement puis l'interruption d'une série d'expériences communistes –, ces mutations n'ont guère été guidées par des principes détaillés ou des théories développées de la justice sociale.

Cela s'explique doublement : par des raisons extérieures à ces doctrines et par des difficultés qui leur sont propres. En ce qui concerne le premier point, et pour prendre un exemple essentiel, les activités de redistribution (en France, près d'un euro sur deux transite par un mécanisme de redistribution avant d'être dépensé) ont davantage obéi à des choix politiques et à des priorités de type « allocation » ou « assurance » qu'à une volonté de « prendre aux riches pour donner aux pauvres ». On n'a pas eu besoin d'une théorie définitive de l'inégalité pour construire un système de retraite ou le RMI !

Surtout, les difficultés logiques ont été très grandes à l'intérieur de chaque courant. En exagérant à peine, on pourrait dire qu'ils ont été l'un et l'autre assez hostiles à l'idée même de redistribution, comme nous allons le voir.

La priorité à l'efficience du marché

Repartons du point de vue de l'utilité individuelle et de l'exigence d'unanimité. Il est impossible de comparer les utilités ressenties par les individus : les préférences des personnes sont incommensurables. On ne peut comparer le gain d'utilité d'un chômeur auquel on donne 100 € à la perte d'utilité du riche auquel on prend 100 €. La seule chose que peuvent donc dire aisément les économistes de ce courant est qu'il faut rechercher des situations où tous sont gagnants.

Seul le libre jeu des échanges concurrentiels mène à un résultat souhaitable : l'équilibre général des marchés est en même temps un *optimum de Pareto*, c'est-à-dire une *situation dans laquelle il n'est pas possible d'accroître l'utilité d'un agent sans diminuer celle d'un autre*. Sans entrer dans les détails de la démonstration, en voici le principe : compte tenu de ce qu'ils avaient à leur disposition avant que les échanges ne commencent (leurs *dotations initiales*), les agents ont procédé à des échanges libres et ont fait du mieux

Encadré A : *Utilitarisme et justice sociale : l'ambiguïté initiale*

On doit à l'Anglais Jeremy Bentham (1748-1832), fondateur de l'utilitarisme, le principe selon lequel il faut rechercher « le plus grand bonheur du plus grand nombre ». Cette maxime célèbre suppose que le bonheur est mesurable et que les responsables politiques doivent agir de manière à en obtenir la plus grande quantité. Bentham posait que l'action humaine bien orientée doit maximiser les plaisirs et minimiser les peines. Les gouvernants doivent s'efforcer de respecter ce guide à l'échelle d'une société. Ainsi formulé, l'impératif utilitariste débouche sur une question explosive : celle de l'éventuel sacrifice des uns pour obtenir le bonheur des autres et maximiser le bonheur collectif. En effet on en vient à considérer que certain(e)s sont plus ou moins aptes à ressentir du bonheur, et donc que prendre aux seconds pour donner aux premiers pourrait être légitime. Si le bonheur des bénéficiaires est plus important que la peine des perdants, on a augmenté la masse de bonheur présente dans la société et l'opération est justifiée !

Mais une autre maxime de l'utilitarisme, et de Bentham, dit aussi « Un compte pour un ». Cet égalitarisme exclut le sacrifice des uns pour les autres. Alors il faut laisser chacun rechercher son plus grand bonheur selon sa propre échelle et ses propres convictions, et l'on débouche sur l'idée qu'il faut préserver l'unanimité chaque fois que l'on envisage des changements dans la distribution des revenus. C'est cette seconde voie qui l'a emporté, la première restant vivace tant que des auteurs ont cru qu'il était possible de chiffrer l'utilité selon une échelle cardinale (avec une unité de mesure telle que le degré centigrade pour la température). Depuis le début du XXe siècle, la perspective retenue est le plus souvent celle de l'utilité ordinale : on se donne à constater des classements individuels, des ordres de préférence.

Encadré B : *Les externalités*

Un effet externe est l'effet que peut avoir l'activité d'un agent économique sur un autre agent économique, sans que cette activité fasse l'objet d'un accord et d'un échange entre eux. Parmi les exemples classiques d'effets externes négatifs, il y a l'encombrement : si je me sers de ma voiture en même temps que des millions de personnes, on ne pourra plus circuler, ce qui est pourtant ce que tous recherchent. Il y a aussi la pollution découlant d'une production, tel le réchauffement d'une rivière : aucun système de prix ne viendra compenser la perte éventuelle pour les riverains et la collectivité, et il faut une intervention publique.

Parmi les effets externes positifs, il y a l'effet de réseau : une forte concentration de commerces attire les clients, ce qui est intéressant pour d'autres commerçants; ou encore, exemple bucolique, le bon goût du miel produit par un apiculteur dont les abeilles butinent les arbres fruitiers du voisin...

La présence d'effets externes introduit une divergence entre l'optimum privé des agents (qui en tient compte) et l'optimum tel qu'il est traduit par le système des prix et par les échanges (qui n'en tient pas compte). Corriger cette divergence impose des activités de redistribution.

qu'ils ont pu, c'est-à-dire qu'ils ont échangé tant qu'au moins deux coéchangistes y ont trouvé un intérêt mutuel. En quelque sorte, la traduction concrète de l'unanimité est le marché concurrentiel, et toute tentative pour en modifier les résultats (produire autrement, modifier certains prix, redistribuer) se ferait au détriment de certains agents, ce que l'on ne veut pas envisager parce qu'on ne saurait ni évaluer le résultat ni gérer les conflits.

Cette conception est extraordinairement restrictive et conservatrice. Elle se heurte à une difficulté centrale : tout dépend des dotations de départ. Il y a autant d'équilibres concurrentiels (et donc d'optimums de Pareto) qu'il y a de dotations de départ... et le critère de Pareto ne permet pas de choisir entre les dotations de départ ! La priorité est donc l'efficacité économique (l'efficience sous la forme de l'optimisation des échanges), et la justice sociale dépend de cela.

L'essentiel des développements du courant du bien-être a consisté à compléter ce schéma pour introduire et justifier un minimum de redistribution. De nombreuses possibilités logiques ont été successivement explorées. La première, due à Pigou (1920), consiste à introduire l'idée d'*externalité* [*voir encadré B*]. Dans l'optimum de Pareto, un euro consacré à telle production rapporte exactement autant d'utilité que s'il était placé ailleurs : sinon il y aurait possibilité d'échanges mutuellement avantageux pour au moins deux agents.

Ce processus ne tient cependant compte que des effets économiques évaluables dans le système de prix, il néglige des « effets externes », positifs ou négatifs, par exemple la pollution d'une usine. Il y a divergence entre l'équilibre spontané et le bien-être social car certains apports et certaines nuisances n'ont pas été pris en compte. On peut donc redistribuer.

Quel critère pour la redistribution ?

Selon quels critères redistribuer ? Toute une série de travaux ont introduit des « critères de compensation » (Hicks, Kaldor) ou des « fonctions d'utilité collective » (Bergson) [*voir encadré C*]. Deux résultats négatifs célèbres, obtenus durant les années 1950, ont montré qu'ils étaient mal fondés.

Le théorème de l'optimum de second rang (Lancaster et Lipsey) montre que lorsqu'il existe plusieurs sources de distorsions de la concurrence dans une économie, il n'est pas souhaitable de corriger certaines d'entre elles si l'on ne peut les corriger toutes en même temps. Et le théorème d'Arrow (reprenant le paradoxe de Condorcet) [*voir encadré D*] ruine l'idée de fonction d'utilité collective en montrant qu'avec plusieurs choix ouverts au sein d'un groupe de personnes, on ne peut jamais exclure d'arriver à des choix collectifs incohérents.

Sur une base plus éclectique et plus modeste, on a fini par introduire les activités de redistribution dans le processus même des échanges de marché. Les agents économiques eux-mêmes peuvent appré-

Encadré C : *La fonction d'utilité collective*

La fonction d'utilité est l'un des outils principaux des raisonnements économiques. Elle explicite et ordonne les objectifs d'un individu et s'écrit : $U = f(x, y, z...)$, U représentant un indice d'utilité et x, y, z, différentes quantités possibles de consommations finales de biens ou services. Ce sont ainsi les préférences d'un consommateur qui sont classées. Parler de « fonction d'utilité collective » revient à supposer que la collectivité peut hiérarchiser ses préférences. Les « consommations » sont alors les grands choix d'un gouvernement : budgétaires (différentes combinaisons de beurre et de canons, pour prendre un exemple caricatural), politiques (beaucoup de redistribution, donc d'impôts, et moins d'inégalités ; ou le contraire).

Encadré D : *De l'unanimité à la dictature ? Le paradoxe de Condorcet*

Théoriquement, discuter de choix collectif suppose que l'on puisse classer les différentes options disponibles selon un ordre de préférence ou d'équivalence : on a donc besoin d'une *fonction d'utilité collective, construite à partir des préférences individuelles*. En simplifiant, un vote imaginaire permettrait de recueillir l'avis de tous et de faire triompher la loi de la majorité.

Dès 1785, le philosophe français Condorcet avait montré que la loi de la majorité pouvait conduire à des choix contradictoires.

Soit l'exemple élémentaire suivant. Trois individus 1, 2, 3 doivent classer trois états possibles : A, B, C. Ces choix sont supposés cohérents ; notamment, ils sont transitifs : si je préfère A à B et B à C, alors je préfère A à C. Supposons que l'ordre de classement des états possibles soit le suivant :

	1er	2e	3e
Individu x	A	B	C
Individu y	B	C	A
Individu z	C	A	B

La majorité préfère A à B (individus x et z) et B à C (individus x et y). On devrait donc avoir (transitivité) A préféré à C. Ce n'est pas le cas : les individus y et z préfèrent C à A !

Cette incohérence logique risque d'apparaître fréquemment si les votants et les options sont nombreux. La seule solution pour rétablir la cohérence est alors de faire prévaloir le point de vue – cohérent – d'une seule personne : c'est-à-dire un dictateur... La quête d'unanimité débouche ainsi sur son contraire.

cier la redistribution et la pratiquer spontanément en donnant volontairement à des mendiants ou à des fondations caritatives. Ensuite, pour participer au marché certaines conditions minimales doivent être réunies ; en particulier, il faut disposer d'un minimum de formation, ou encore de « capital humain » (pour reprendre le terme utilisé par des économistes tels que les Américains Milton Friedman et Gary Becker). Au nom du marché lui-même, il faut garantir un revenu minimum aux pauvres et l'installation d'équipements collectifs.

L'intervention sur les dotations n'est plus alors une perturbation illégitime de la liberté des personnes, c'est un des facteurs de l'efficience des marchés. Une société où tout le monde sait lire est davantage en mesure de produire efficacement ; il convient de contrôler collectivement la formation de base et, pour cela, la redistribution est nécessaire, selon une norme qui est celle de l'*égalité des chances* [*voir encadré E*].

Il est cependant préférable que cette redistribution demeure minimale et de nature monétaire. Minimale, parce qu'il s'agit avant tout de favoriser le fonctionnement des marchés, et monétaire, parce qu'on respecte mieux la liberté des personnes en les laissant choisir leurs dépendances.

Les fausses solidarités d'un système aliénant

Le courant de la reproduction devrait conduire à un point de vue interventionniste défendant clairement la redistribution. Ce n'est pas le cas. La redistribution y est parfois présentée comme une conquête ouvrière, mais souvent aussi elle est vue comme un pis-aller, un compromis qui va maintenir le système sans en infléchir le fonctionnement lui-même. Le but principal de ce courant est d'abolir l'exploitation, or, si la redistribution en atténue les effets, on s'écarte de ce but. Ensuite, la dénonciation des situations d'exploitation n'implique pas la définition précise d'un concept de justice.

Dans ce courant, les discussions (virulentes) ont avant tout porté sur les limites à apporter à l'égalitarisme fondamental. Ces limites sont faibles, voire inexistantes pour les plus radicaux des anarchistes, qui posent que chacun a d'abord et surtout droit à la vie. Il n'y aurait donc pas lieu de distinguer entre les apports ni de récompenser le mérite. Seule la diversité des besoins élémentaires est à prendre en compte (maladie, maternité...). Les penseurs de l'utopie communiste sont beaucoup plus éloignés de cette norme quasi absolue d'égalité et prévoient deux phases successives. La première rétribue selon la règle « à chacun selon son travail » ; la seconde, au sein de la société communiste, obéit au principe fouriériste « de chacun selon ses capacités, à chacun selon ses besoins ». Nous serions alors dans un monde d'abondance, où le travail lui-même serait devenu un besoin... Pour le courant de la reproduction, l'essentiel est donc le programme politique d'abolition du capitalisme, avec la question prioritaire du rôle du parti des travailleurs, des syndicats et de l'État. On comprend ainsi que les principes de justice aient été plus développés par ce courant que les analyses du cumul et du maintien des inégalités au sein du capitalisme.

Encadré E : ***Une norme libérale : l'égalité des chances***

L'égalité des chances apparaît comme la norme d'une action visant à remédier aux défaillances du marché sans limier pour autant son domaine ou ses principes. Au lieu d'agir sur les conditions du marché, on agira sur les conditions des personnes qui vont s'y porter comme offreurs ou comme demandeurs.

Les défaillances dont il s'agit correspondent au fait que les besoins des individus ne peuvent être satisfaits correctement par le marché, pour des raisons indépendantes de ces derniers. Le premier réflexe pourrait consister à garantir un revenu aux différents individus. Mais ce serait altérer l'un des principes de base du fonctionnement du marché : la liaison entre effort productif et rémunération ; aussi une telle solution ne peut-elle avoir qu'un caractère exceptionnel. Le second réflexe consiste à envisager une satisfaction plus spécifique des besoins, c'est-à-dire à sélectionner ces « besoins » fondamentaux qui, du fait de l'importance ou de la priorité qui leur est reconnue, doivent faire l'objet d'une intervention. Toute la nature de la politique sociale est donc liée au « critère » du caractère fondamental des besoins. Ces besoins fondamentaux pourraient être les plus « essentiels », au sens de ceux dont la non-satisfaction aurait des conséquences dramatiques. Mais on risquerait vite de supprimer certains marchés tels que l'alimentation, l'habillement, etc. En fait, la logique de l'égalité des chances nous conduit à un critère plus précis : les besoins fondamentaux sont ceux dont la satisfaction permet à l'individu d'être mieux armé face au marché et de compenser ainsi ses caractéristiques négatives. Les besoins en question sont donc ceux qui contribuent à former la capacité de gains des individus : la formation, la santé, le logement adéquat, etc. Assurer l'égalité des chances, c'est mettre les individus à égalité face aux marchés par l'amélioration des facteurs dont dépend leur capacité de gain, c'est-à-dire de leur capital humain.

L'action visant à améliorer ces facteurs peut conduire à mettre en place des productions publiques là où le marché n'a pas pu les produire en quantité satisfaisante. Mais elle peut tout aussi bien consister à stimuler l'ouverture de nouveaux marchés ou l'élargissement des marchés existants et c'est d'ailleurs là la conclusion la plus en conformité avec le concept de l'égalité des chances.

X. Greffe, La Politique sociale, *PUF, 1975.*

II. TROIS NOVATIONS

Hayek : la justice sociale est un mirage

Aux alentours de 1970, les travaux de Friedrich Hayek et des « libertariens » tels que Robert Nozick ont conduit à mettre en cause, au sein du courant libéral, la notion même de justice sociale, laquelle serait selon eux un « mirage ».

C'est qu'en fait Hayek conteste l'idée même d'une existence de la société en tant que telle [1]. Celle-ci n'est rien d'autre que l'addition des individus qui la composent, et elle ne peut relever d'une appréciation en termes de justice ou d'injustice. En fait il ne peut y avoir de droits « sociaux », par exemple à la compensation d'une situation de pauvreté. Se plaindre des inégalités sociales en disant que la société est injuste, est absurde, car cela suppose la question « qui donc a été injuste ? ». Seules les sociétés dictatoriales permettent d'accuser quelqu'un – le dictateur bien sûr. Pour les sociétés libres, les interactions entre les sujets passent par le marché, et une société libre bien organisée doit avant tout préserver le libre jeu de celui-ci, avec une redistribution minimale pour que tout le monde puisse y participer.

Le marché est un processus d'apprentissage et de communication autant sinon plus qu'un moyen d'échange. Chaque fois qu'un producteur ne parvient pas à écouler sa production, c'est qu'il n'a pas su interpréter correctement la demande et les désirs des autres. Il est contraint de réorienter ses activités (il a reçu un « signal négatif ») et doit améliorer son produit ou le changer, ou encore abandonner ce type de production. Rude école, qui ne récompense pas nécessairement le mérite, mais parfois la chance, et qui garantit que ce sont bien les besoins des autres qui ont été pris en compte. Aucune entrave ne doit donc être faite au marché, pas même au nom d'une meilleure efficacité de ce même marché.

Rechercher la justice sociale est en fait aussi injustifié que le serait la décision prise par un arbitre de football, à la fin d'un match de rajouter deux buts à une équipe parce qu'elle est méritante. D'ailleurs, le marché ne peut récompenser le mérite, il sanctionne simplement l'aptitude à satisfaire les besoins d'autrui.

Cette critique radicale a le mérite de souligner l'étroitesse des conceptions issues de l'optimum de Pareto ; elle a relancé tout un courant libéral non utilitariste dénonçant les méfaits de la redistribution (inefficience bureaucratique et captation de gains injustifiés par certains groupes). Elle n'est fondée cependant que si le marché est le seul processus d'apprentissage et de communication économique, ce qui n'est pas le cas.

1. Gilles Dostaler, *Le Libéralisme de Hayek*, La Découverte, « Repères », 2001.

La théorie de la justice de Rawls

À la même époque, le philosophe américain John Rawls a considérablement déplacé le débat en proposant une définition originale et relativement précise de la justice. Sur quoi doit porter l'unanimité ? Non sur les *résultats* des interactions économiques, mais sur les *règles* de fonctionnement de la société.

Rawls raisonne en termes de contrat social : il faut imaginer une situation « originelle » fictive, où chacun, d'un point de vue impartial, donnerait son accord pour un certain type de société. Pour que cela soit possible, il faut que personne ne puisse savoir quelle dotation, favorable ou défavorable, lui sera donnée, ni même de quelle race ou de quel sexe il ou elle sera...

Alors, selon Rawls, la société choisie (la société « juste ») obéira à *deux principes* unanimement choisis :

– chacun doit jouir du maximum de liberté compatible avec la même liberté pour tous. Autrement dit la liberté ne se négocie pas ;
– les inégalités sociales et économiques doivent être organisées de manière à ce que : 1. elles soient attachées à des positions économiques et sociales ouvertes à tous (égalité des chances) ;
2. les inégalités ainsi tolérées soient à l'avantage des plus défavorisés (*principe de différence*). On peut, par exemple, laisser s'enrichir des entrepreneurs s'ils créent des emplois.

Un comportement de prudence élémentaire justifie ces deux principes : comme personne ne sait qui sera le plus favorisé, tous recherchent une société qui soit ou égalitaire ou bien aidant les plus défavorisés. Il existe ainsi des inégalités justes : celles qui sont à l'avantage de plus pauvres.

Cette conception reste extrêmement générale et a donné lieu à de nombreuses interprétations. Rawls lui-même, dans ses premières formulations, ne tranche pas entre une économie de marché et une économie plus sociale-démocrate et interventionniste. il souligne la nécessité de développer des revenus minimums pour tous.

Deux grandes questions restent ouvertes : l'une porte sur l'application de cette théorie au tiers monde (tout cela n'est-il qu'un luxe pour pays riches ?) ; la seconde, sur la place sans doute excessive accordée au calcul individuel intéressé dans la détermination de la société juste. Rawls a cependant évolué sur ces deux points, pour présenter ses principes de justice comme soumis à un double impératif de survie de l'humanité et de démocratie, ce qui leur donne des fondements moins individualistes et relativise l'importance du marché.

Vers la « liberté réelle » de Sen et Van Parijs

Cette priorité se retrouve chez différents auteurs des années 1980 et 1990 qui ne souhaitent ni se limiter aux règles de fonctionnement de l'économie ni raisonner en termes d'utilité. Ils reprennent la question des conditions d'exercice *réel* de la liberté telle qu'elle a été posée dans le courant de la reproduction, mais en insistant directement sur les liens qui unissent justice et démocratie.

L'Indien Amartya Sen propose un critère de « capabilité », c'est-à-dire considérant l'ensemble des états qui peuvent être accessibles à une personne. Une personne peut être plus ou moins heureuse, elle peut être aussi plus ou moins nourrie ou plus ou moins en bonne santé. L'important est que ces différents états (que Sen appelle des « fonctionnements », « *functionnings* » en anglais), ne sont accessibles que si chacun dispose d'une série de capacités minimales : accès à la nourriture, au logement, à la maîtrise des naissances, mais aussi au débat politique. Ce sont ces « capabilités » qu'il convient de garantir à tous. Sen étudie les famines qui ont ravagé et ravagent les pays en voie de développement, et il montre que la plupart du temps ce n'est pas un manque absolu de nourriture qui conduit à la tragédie. C'est le manque de pouvoir des plus pauvres lorsque les ressources se font plus rares et lorsque les plus fortunés, par des comportements d'accaparement ou de spéculation, provoquent des hausses des prix. Alors la flambée laisse les plus faibles dans l'incapacité de se nourrir. Cette théorie de la pauvreté comme manque de pouvoir s'applique aussi bien aux pays riches qu'au pays en voie de développement : dans les pays riches le pauvre est celui qui n'a pas accès à l'éducation, à l'expression écrite, et qui ne peut s'exprimer dans le débat politique.

Pour Sen il y a donc une connexion intime entre justice et démocratie : parmi les critères de justice, il y a l'accès à la vie démocratique, et l'exercice de la démocratie permet de faire apparaître les priorités collectives sans qu'il soit nécessaire d'arbitrer entre des goûts différents ou des préférences incompatibles.

Le Belge Philippe Van Parijs analyse, quant à lui, les conditions de la « liberté réelle » dans les pays développés. Il est l'un des partisans de l'*allocation universelle*, c'est-à-dire d'un revenu minimum versé à tous, riches et pauvres, pour éviter les problèmes du contrôle des revenus et laisser chacun libre de vivre en travaillant peu ou pas, ou au contraire de s'enrichir [*voir encadré F*].

La justice sociale, un processus entre démocratie et organisation

On a longtemps cru que la justice était une affaire de *critères* permettant de juger des *résultats* : qui est riche ou pauvre ? Est-ce acceptable ? Le mérite de Rawls est d'avoir déplacé la question vers des *règles* et la définition des bases minimales d'une *société* acceptable par tous. Sa conception reste cependant statique, écartelée entre des individus calculateurs qui chercheraient seulement à préserver leur intérêt bien compris et des citoyens égaux devant l'essentiel, leur liberté.

Sans aucun doute, c'est le citoyen qui est le plus important : la clé de la justice est ainsi la démocratie en apprentissage permanent. Les normes de justice sont plurielles en nous, pas nécessairement épanouies ni cohérentes. Une société juste est celle qui s'autoréforme en favorisant leur expression et en créant des conditions d'*organisation* (formes variées d'entreprises et d'activités économiques ; réseaux de protection sociale et de solidarité) qui laissent le maximum d'options ouvertes à tous.

Bernard Gazier

Encadré F : *L'allocation universelle, ou la dernière utopie*

Si, depuis longtemps, les hommes ont pu rêver d'un monde sans injustices (d'une utopie) et ont plus pragmatiquement imaginé et cherché à instituer des revenus minimums, le débat s'est épanoui depuis les années 1980 autour de l'idée d'allocation universelle (AU). L'idée est simple : au lieu de réserver un revenu minimum aux seules personnes dans le dénuement (avec tous les inconvénients en termes de contrôles, de fraudes, et la crainte de voir une population entière vivre aux crochets de l'assistance en ne faisant rien), il serait versé à tous les citoyens d'un pays et serait suffisamment élevé pour vivre mais suffisamment bas pour que le travail apporte un complément apprécié.

On systématiserait ainsi les protections sociales qui se sont développées dans la crise (telles que le RMI – revenu minimum d'insertion, instauré en 1988). L'instauration de l'AU devrait normalement s'accompagner de la suppression des autres transferts sociaux, ainsi que du SMIC (salaire minimum interprofessionnel de croissance). Elle déboucherait sur une société différente, mais on ne sait pas laquelle :

– soit d'une société affranchie de la dictature du travail et fondée sur le loisir, les contacts interprofessionnels gratuits ;

– soit une société où le marché s'épanouirait sans entraves, chacun pouvant devenir un participant libre aux échanges.

Sociétés communistes, anarchistes, fouriéristes, notre monde a usé beaucoup d'utopies. L'AU, espoir de changement social radical, est curieusement fondée sur un seul instrument de réforme et fait l'impasse sur la complexité des itinéraires sociaux et la pesanteur des hiérarchies. Elle est l'utopie – la dernière ? – que produit notre époque désenchantée.

TROISIÈME PARTIE

LES ENJEUX DE LA MONDIALISATION

Davos et Porto Alegre

Depuis plus de trente ans se tient chaque année à Davos, lieu hautement symbolique puisqu'il s'agit d'une station des Alpes suisses, un « forum économique mondial » réunissant des dirigeants de multinationales, des personnalités politiques et des experts parmi les plus influents de la planète, dans leur très grande majorité issus des pays les plus riches… Depuis quelques années, à peu près au même moment, se tient également un « forum social mondial » à Porto Alegre, autre lieu symbolique puisqu'il s'agit d'une ville du sud du Brésil, connue pour son expérience de démocratie participative menée par une municipalité dirigée par le Parti des travailleurs. Il est tentant de mettre en scène le débat autour de la mondialisation en opposant Davos et Porto Alegre : d'un côté, une partie de ceux que l'on appelle « les maîtres du monde », qui détiennent le pouvoir économique et sont favorables à la mondialisation libérale ; de l'autre, les représentants de la « société civile », des partis et des mouvements sociaux qui prétendent parler au nom des déshérités, des victimes de la mondialisation libérale et militent pour une « autre » mondialisation. Cette opposition correspond à une réalité mais elle présente aussi l'inconvénient de reproduire la séparation entre l'économique, assimilé au marché et aux grandes firmes capitalistes, et le social, considéré comme l'infirmerie où l'on soigne les plaies causées par la vilaine économie. Or les pratiques économiques sont des pratiques sociales et la dissociation entre l'économique et le social tend à masquer le véritable enjeu, qui est le choix démocratique d'un modèle de développement.

Pour entrer dans ce débat, comme souvent en SES, il faut commencer par s'accorder sur le sens précis des mots. Or « mondialisation » est un concept « valise » : chacun, en fonction de ce qu'il veut montrer, y met un peu ce qui l'arrange. L'un des objectifs de cette troisième partie est de vous permettre de trouver vos repères.

Elle commence logiquement par un chapitre consacré à l'internationalisation des échanges parce que l'ouverture des économies se traduit d'abord par la circulation mondiale des biens et des services (dont le tourisme). Mais cette internationalisation, dont l'origine est très ancienne et dont l'évolution n'a pas été linéaire, n'est qu'un moment du processus qui conduit à la mondialisation. Celle-ci ajoute à l'idée d'interdépendance entre les États celle de la formation d'un espace intégré à l'échelle mondiale, qui échapperait à la souveraineté de ces États et tendrait à leur imposer ses règles de fonctionnement. On songe alors aux firmes multinationales, désormais si puissantes qu'elles mettent en œuvre des stratégies globales et jouent des différences et des concurrences entre les territoires. Toutefois, cette vision est réductrice si elle néglige le rôle et l'influence de nombreux autres acteurs : les États, qui peuvent redéfinir les règles du jeu s'ils acceptent de coopérer ; les organisations mondiales, telles que le FMI et la Banque mondiale ; les ONG et les mouvements sociaux, renforcés par les opportunités de mobilisation offertes par l'Internet ; les mafias qui ont, elles aussi, appris à agir à l'échelle mondiale… [*chapitre XII*].

En France, l'une des associations engagées dans une action collective en faveur d'une « autre » mondialisation demande l'instauration d'une taxe sur les mouvements de capitaux. Cette revendication nous rappelle que l'une des dimensions les plus spectaculaires de la mondialisation est la globalisation financière, dont les conséquences, principalement pour les pays en développement qui en étaient devenus dépendants, s'avèrent désastreuses quand elle n'est pas maîtrisée [*chapitre XIII*].

Dans le prolongement des travaux de Keynes, de nombreuses théories montrent en effet que les marchés doivent être encadrés, régulés, tout particulièrement deux d'entre eux : le marché du travail, dont l'équilibre spontané ne garantit pas le plein-emploi, et le marché financier, car le flux et le reflux de la spéculation déstabilisent l'économie. Mais cette régulation implique désormais une coopération entre les États, difficile à pratiquer à l'échelle mondiale. C'est ce qui peut justifier la formation d'unions économiques régionales, telles que l'Union européenne [*chapitre XV*]. Si l'on fait abstraction des raisons politiques, fort importantes, la construction européenne a en effet été justifiée par un objectif : reconquérir une autonomie vis-à-vis du reste du monde qui permette à nouveau de mener une politique économique active. De nombreuses étapes ayant été franchies, il est permis de manifester une certaine impatience et de se demander pourquoi la politique économique conjoncturelle n'a pas retrouvé l'efficacité espérée [*chapitre XVI*].

La mondialisation ne met pas seulement en relation des économies nationales, elle met aussi en relation des peuples, des cultures, des civilisations. Cette rencontre, souvent conflictuelle, parfois dramatique, entre des cultures différentes est aussi vieille que l'humanité, mais elle a acquis récemment une ampleur et une intensité sans précédent, grâce aux nouvelles technologies de l'information et de la communication. Selon certains auteurs elle aurait pour conséquence une occidentalisation du monde, dont les industries culturelles seraient l'un des vecteurs, mais les spécialistes des processus d'acculturation savent que les effets de tels contacts sont beaucoup plus complexes et ambivalents [*chapitre XIV*].

Se pose ici la question de l'émergence d'une conscience collective portée, dans chaque pays, par des citoyens du monde se référant à un ensemble de valeurs partagées. Car la mondialisation devrait au moins servir à nous rappeler une vérité élémentaire : nous habitons tous la même planète.

Pascal Combemale

Chapitre XI

INTERNATIONALISATION DES ÉCHANGES ET CROISSANCE

MICHEL RAINELLI

Introduction

Dans la cour de récréation d'une école primaire, deux camarades décident de procéder à l'échange d'un vieux vélo contre une paire de patins à roulettes apparemment neuve. Témoin neutre de cette transaction pacifique, comment interprétez-vous cet acte économique élémentaire ? Avez-vous tendance à rechercher lequel des deux protagonistes se fait rouler par l'autre ? Ou bien êtes-vous disposé à admettre qu'un échange volontaire peut profiter aux deux parties ?

Dans le premier cas, l'échange est perçu comme un jeu à somme nulle : pour que l'un gagne, il faut que l'autre perde, car ce que gagne l'un est très exactement égal à ce que perd l'autre. Dans le second cas, l'échange est perçu comme un jeu à somme positive : les deux peuvent gagner, simplement parce que l'échange engendre un gain (la situation après la transaction est jugée meilleure que celle qui prévalait avant, chacun préférant posséder le bien de l'autre, plutôt que conserver le sien).

Dans le débat sur le libre-échange, ce sont les théories favorables à l'ouverture des frontières qui prédominent. Elles tendent à montrer que tous les pays, grands ou petits, riches ou pauvres, ont intérêt à participer au commerce international. Certains y gagnent plus que les autres, mais tous y gagnent : le jeu est à somme positive.

La preuve : regardez vos T-shirts, vos jeans, vos baskets. Ne sont-ils pas superbes, et même « trop beaux » ? Ils sont probablement fabriqués dans des pays où le coût de la main-d'œuvre paraît dérisoire, comparé au nôtre. Quel serait leur prix s'ils étaient « made in France »? En tant que consommateur ne bénéficions-nous pas de l'importation de produits à bon marché ? Mais pour les payer, il faut tôt ou tard parvenir à exporter : quoi en particulier ? C'est le problème de la spécialisation : cela revient-il au même d'exporter des Airbus ou d'exporter des T-shirts ? Et peut-on s'en remettre complètement au marché pour effectuer ce type de choix ? Cette question ne se pose pas vraiment si les spécialisations sont, en quelque sorte, subies : quand un pays possède d'importantes réserves de pétrole, il exporte… du pétrole ! Mais les spécialisations sont le plus souvent construites : par exemple, pour se spécialiser dans la production de médicaments il faut avoir longuement investi dans la formation de chercheurs. Et la compétitivité de la France ou de l'Italie sur le marché mondial des produits de luxe ne s'explique pas par la richesse du sous-sol ou le coût de la main-d'œuvre ! Dans la plupart des cas, la conquête d'un avantage concurrentiel prend du temps. De plus, les premiers arrivés sur un marché bénéficient souvent d'avantages cumulatifs : ils acquièrent de l'expérience, tirent profit d'une image de marque, amortissent leurs coûts fixes sur un grand nombre d'unités vendues… Dès lors, comment un pays moins développé, ou un pays en retard dans telle ou telle branche dont les perspectives de croissance lui paraissent prometteuses, peut-il devenir compétitif ? Ne doit-il pas aider les entreprises nationales et les protéger temporairement de la concurrence étrangère jusqu'à ce qu'elles soient en mesure de conquérir des parts de marché à l'exportation ?

Mais tout le monde gagne-t-il vraiment à ce jeu de la spécialisation ? Qu'en pensent les salariés des entreprises qui licencient, ferment, ou délocalisent leur production parce qu'elles subissent la concurrence étrangère ? Les ouvrières du textile qui se retrouvent au chômage se réjouissent-elles de vous voir acheter des T-shirts « made in China » ? Certes, si tout se passe conformément à la théorie, les gains des consommateurs de produits importés excèdent les pertes des producteurs nationaux concurrencés par ces importations. Par conséquent, les premiers sont en mesure d'indemniser les seconds… Mais qui se charge d'effectuer ce transfert de revenus ?

Finalement, qu'il s'agisse du gain dans l'échange (quelles sont les spécialisations les plus favorables ?) ou de la répartition de ce gain (qui gagne et qui perd à l'intérieur de chaque pays ?), on retrouve une fois de plus le débat entre les partisans du laisser-faire, donc d'un libre-échange plus ou moins régulé par un arbitre (l'OMC), et les partisans de l'intervention de l'État, qu'elle soit justifiée par l'imperfection de la concurrence ou par un impératif de cohésion sociale. C'est ce débat, qui est aussi pour partie celui de la mondialisation, dont Michel Rainelli nous fournit les clés.

Pascal Combemale

SOMMAIRE

COMMERCE INTERNATIONAL ET CROISSANCE

➻ **Michel Rainelli**, *professeur d'économie à l'université de Nice-Sophia-Antipolis, directeur du LATAPSES, est un spécialiste reconnu en économie internationale et en économie industrielle.*

Les théories du commerce international ont deux objets principaux : d'une part, il s'agit d'expliquer la division internationale du travail, c'est-à-dire de rendre compte des spécialisations internationales (quels sont les biens qu'un pays exporte, quels sont les biens qu'il importe). D'autre part, les théories analysent l'impact des échanges internationaux sur les pays qui commercent, ce qui conduit à des recommandations en matière de politique commerciale : faut-il ouvrir les nations aux importations ou, au contraire, est-il nécessaire de les protéger de la concurrence étrangère ? Les réponses apportées à ces questions varient selon les courants théoriques, parce que les représentations de l'économie qu'ils retiennent ne sont pas les mêmes, mais aussi selon les périodes, parce que des données de plus en plus fiables sont disponibles avec les progrès des systèmes statistiques et aussi grâce aux avancées des méthodes économétriques qui permettent de tester les principes théoriques.

I. LES AVANTAGES COMPARATIFS, FONDEMENTS DES ANALYSES TRADITIONNELLES DU COMMERCE INTERNATIONAL ET DU LIBRE-ÉCHANGE

Les théories traditionnelles les plus importantes sont celle de David Ricardo et celle d'E. Heckscher et B. Ohlin. Elles reposent sur une vision identique de la nation. Celle-ci est considérée comme un espace au sein duquel les capitaux (dans la théorie de Ricardo) ou les facteurs de production comme le travail et le capital (dans la théorie Heckscher-Ohlin) sont parfaitement mobiles, alors qu'ils sont immobiles entre les nations. Ce sont les différences entre les nations ainsi définies qui permettent d'expliquer l'échange international. En revanche, les produits sont supposés parfaitement mobiles entre les nations et produits dans un marché de concurrence parfaite.

📖 **Bibliographie**
Michel Rainelli, Le Commerce international, *La Découverte, « Repères », Paris, 9e éd., 2003.*
Dans la même collection : L'Organisation mondiale du commerce, *7e éd., 2003.*

La théorie ricardienne

Le point de départ de la théorie ricardienne, exposée dans le chapitre VII des *Principes de l'économie politique et de l'impôt* (1817), est la comparaison de deux économies en autarcie, le Portugal et l'Angleterre, qui produisent deux biens, le vin et le drap, à partir de travail. Les coûts de production, mesurés en heures de travail nécessaires pour produire une unité physique de drap (un mètre) et une unité physique de vin (un litre), sont les suivants (l'exemple numérique diffère de celui présenté par Ricardo mais rend plus faciles les calculs) [*voir tableau A*] :

Les coûts absolus sont plus élevés en Angleterre, pour les deux produits (la productivité du travail est plus faible qu'au Portugal). En revanche, les coûts relatifs de production du drap par rapport au vin sont différents : ils sont de 10/10 en Angleterre et de 8/4 au Portugal. Si l'on accepte l'hypothèse que les prix des biens sont déterminés par les coûts de production exprimés en heures de travail, les prix relatifs du drap par rapport au vin sont au niveau 1 en Angleterre et 2 au Portugal : une unité de drap s'échange contre une unité de vin en Angleterre et contre deux unités de vin au Portugal. Selon Ricardo, l'Angleterre va donc se spécialiser dans la production de drap, le Portugal dans celle de vin. En effet, si le prix relatif du drap par rapport au vin lors de l'échange international s'établit entre les deux valeurs d'autarcie (1 et 2), les deux nations obtiennent davantage des deux biens grâce au commerce. Supposons que l'Angleterre et le Portugal échangent une unité de drap contre 1,5 unité de vin : pour chaque mètre de drap supplémentaire que produit l'Angleterre en remplacement de la production d'un litre de vin, elle peut obtenir sur le marché international un litre et demi ; lorsque le Portugal renonce à la production d'un mètre de drap, il peut à la place obtenir deux litres de vin qui s'échangent avec l'Angleterre contre un mètre un tiers (2/1,5). Donc les deux nations obtiennent plus des deux biens, grâce à leur spécialisation internationale.

Le principe des avantages comparatifs permet ainsi d'expliquer la composition des échanges, de déterminer les bornes entre lesquelles se situe le prix international, d'expliquer le gain simultané des deux pays à l'échange. Ricardo est donc le premier défenseur du libre-échange, c'est-à-dire d'une situation dans laquelle les importations peuvent librement pénétrer dans le territoire national. Il explique les échanges internationaux par la différence entre les techniques de production : les coûts comparatifs (ou relatifs) de production du drap et du vin diffèrent entre les deux pays. La théorie ricardienne est donc *a priori* pertinente pour expliquer les échanges entre des pays de niveaux de développement très différents, qui ne mettent pas en œuvre les mêmes techniques de production.

La théorie Heckscher-Ohlin

Les analyses ultérieures se sont intéressées à d'autres déterminants des échanges. C'est ainsi que la théorie développée par Heckscher en 1917, puis par Ohlin en 1933, retient une approche dans laquelle l'origine du commerce international se trouve dans l'abondance relative des facteurs de production. Soit deux nations qui disposent de stocks donnés de facteurs de production, le travail et le capital, indispensables pour produire deux biens. Les deux nations ont des *dotations relatives* en facteurs de production différentes, les dotations relatives étant mesurées par le stock de capital rapporté au travail disponible. Supposons que l'Angleterre ait un stock de capital relativement au travail plus élevé que le Portugal.

Plan

Tableau A

Les coûts de production d'une unité de drap et d'une unité de vin en Angleterre et au Portugal

	Angleterre	Portugal
Drap	10	8
Vin	10	4

Les deux biens sont produits avec des techniques différentes dans un pays, mais le même bien est produit avec la même technique dans les deux pays. Supposons que le drap nécessite relativement plus de capital que de travail, alors que la situation inverse prévaut pour le vin. Dans ce cas, l'Angleterre tendra à se spécialiser dans la production de drap et le Portugal dans celle de vin parce que le capital est relativement moins cher en Angleterre (car il est relativement plus abondant). Il existe toujours dans ce modèle des avantages comparatifs, mais leur origine diffère de celle retenue chez Ricardo : les différences des productivités relatives du travail sont remplacées par les différences des dotations factorielles relatives.

Comme celle de Ricardo, l'analyse d'Heckscher et d'Ohlin conclut que le libre-échange est souhaitable. Dans ce modèle, l'échange des produits entre les nations conduit, sous les hypothèses de la théorie, à une égalisation internationale des rémunérations des facteurs, c'est-à-dire des taux de salaire et des taux de profit. En effet, en Angleterre la spécialisation dans le drap induit une augmentation de la demande de capital, donc une augmentation de son prix ; symétriquement c'est le prix du travail qui augmente au Portugal ; le commerce entre les deux pays se développe jusqu'à ce que ces prix s'égalisent. Le libre-échange des produits a donc un effet identique à celui d'une parfaite mobilité internationale des facteurs de production. Ce résultat permet de comprendre les préoccupations récentes qui naissent des échanges entre les pays les plus développés et des nations à faibles salaires, comme par exemple la Chine. Si les conditions de la théorie sont respectées, les taux de salaire européens et américains devraient diminuer et le taux de salaire chinois augmenter, jusqu'à s'égaliser. Il est évident qu'un tel phénomène n'est pas observé ; néanmoins, dans des secteurs menacés par les importations chinoises et, plus généralement, pour des salariés ayant une faible qualification, en concurrence indirecte avec des travailleurs chinois, il existe des pressions à la baisse des salaires.

Quelles sont les limites aux effets bénéfiques du libre-échange que prédisent les deux théories ? Pour que le gain espéré soit réalisé, il faut que la spécialisation internationale se réalise. Cela implique, en Angleterre, que les producteurs de vin se reconvertissent dans la production de drap et, au Portugal, que le mouvement inverse se produise. Cette réaffectation des travailleurs et des capitaux peut être longue et, éventuellement impossible, par exemple si les qualifications nécessaires pour travailler dans les deux secteurs sont très différentes. Par ailleurs, si la nation comme un tout gagne à l'échange, c'est parce que, en Angleterre, le gain des producteurs de drap l'emporte sur la perte des producteurs de vin (et *vice versa* au Portugal). Ceux-ci, plutôt que de se reconvertir, peuvent se tourner vers les pouvoirs publics pour demander une protection contre les importations de vin. Si cette protection est obtenue, par exemple avec l'instauration d'un droit de douane, le gain à l'échange est réduit, mais la situation des producteurs de vin s'améliore, au détriment du gain global.

Le message des théories traditionnelles en ce qui concerne la politique commerciale est donc que le protectionnisme doit être banni : l'ouverture aux échanges internationaux est à l'origine de gains pour toutes les nations échangistes.

II. LA NOUVELLE THÉORIE DU COMMERCE INTERNATIONAL

Les théories traditionnelles ont fait l'objet de critiques nombreuses, notamment en raison de tentatives de vérifications empiriques décevantes, et parce qu'elles échouent à rendre compte de phénomènes importants, comme l'existence d'échanges entre pays ayant des dotations factorielles semblables. En effet, la partie la plus dynamique du commerce international contemporain s'effectue entre les pays les plus développés et se caractérise souvent par la coexistence d'importations et d'exportations d'un même produit (il s'agit de commerce « intrabranche » : par exemple, la France et l'Allemagne produisent des automobiles et chacun des deux pays importe des véhicules fabriqués par l'autre). Ces critiques sont restées parcellaires et n'ont pas conduit à l'élaboration d'une nouvelle théorie avant la fin des années 1970. La nouvelle théorie repose sur les outils de la concurrence imparfaite, ce qui conduit à retenir une représentation de la production dans un monde où il existe des rendements d'échelle croissants et où les firmes ont des stratégies de différenciation du produit.

La théorie traditionnelle repose sur l'hypothèse de rendements d'échelle constants qui implique que la spécialisation internationale n'est pas influencée par la taille des marchés nationaux (puisque les coûts moyens ne varient pas) ni par le calendrier d'entrée des firmes dans la production (puisque les premières à produire ne bénéficient pas de coûts moyens inférieurs). La nouvelle théorie, développée en particulier par Paul Krugman, repose sur la distinction entre économies d'échelle internes et externes à la firme, appliquée aux échanges internationaux.

L'explication du commerce international

Les économies d'échelle internes conduisent à la disparition de la concurrence : si les coûts unitaires de production diminuent de manière continue lorsque la taille de la firme augmente, elle élimine ses concurrents et le marché atteint une situation de monopole. Les échanges internationaux peuvent être analysés dans le contexte particulier du monopole contestable, c'est-à-dire d'un marché où la firme installée peut voir sa position contestée par un entrant potentiel. Pour éviter l'entrée sur son marché d'une entreprise qui lui ferait concurrence, le monopole est alors contraint de fixer le prix à un niveau égal à son coût moyen. Soit deux pays, A et B, qui, pour un monopole contestable donné dans chaque pays, ne diffèrent en autarcie que par le taux de salaire que les entreprises versent : les niveaux de leurs coûts de production sont donc différents. Supposons que le taux de salaire en A soit plus élevé qu'en B. L'ouverture au commerce international des deux pays conduit à la disparition de la firme localisée en A. La firme du pays B est alors la seule à approvisionner les deux pays et, en raison des économies d'échelle internes, le prix d'équilibre avec échanges internationaux s'établit à un niveau inférieur aux deux prix d'autarcie. Si tous les marchés sont des monopoles contestables, la spécialisation internationale est totale : chaque bien n'est produit que par une seule firme.

Les économies d'échelle externes à la firme mais internes au secteur sont compatibles avec la persistance de la concurrence, puisque le coût unitaire de production diminue alors avec la croissance de la taille du secteur et non avec celle d'une firme spécifique. Ces économies découlent par exemple du regroupement dans un même lieu de firmes produisant le même bien, notamment en raison de l'installation de fournisseurs spécialisés et des transferts de connaissances entre les firmes. L'existence de telles économies a pour effet de favoriser, toutes choses égales par ailleurs, les nations qui sont entrées les premières dans la production du bien et dont les firmes en produisent des volumes importants. Ainsi, les firmes de la nation A, entrées les premières dans la production du bien « i » ne pourront pas être concurrencées par les firmes de la nation B, où le taux de salaire est pourtant plus faible, mais qui ne peuvent produire une quantité suffisante pour bénéficier des économies d'échelle. Trois conséquences importantes découlent de cette situation : 1) la taille du marché intérieur d'une nation peut être un facteur explicatif du commerce international; 2) les spécialisations internationales résultant des économies d'échelle externes sont stables, même si les avantages comparatifs se modifient; 3) des « accidents historiques » conduisant à la production d'un bien dans un pays donné peuvent expliquer la création des flux commerciaux internationaux.

L'exemple de la création de la Silicon Valley illustre le rôle des « accidents historiques » : la création de *start-up* par des chercheurs à proximité de leur université est à l'origine de cette concentration localisée d'activités liées à l'informatique. Les caractéristiques du marché américain, notamment le revenu élevé des consommateurs, expliquent que les États-Unis aient été le premier marché de masse pour l'informatique. Les firmes de la Silicon Valley se sont progressivement spécialisées dans les logiciels et les applications. Les exportations américaines de ce secteur s'expliquent pour l'essentiel par le développement de ce pôle.

La nouvelle théorie introduit également la différenciation du produit : chaque firme est capable d'offrir un produit qui n'est pas identique à ceux de ses rivales, ce qui lui confère un degré de monopole en raison de l'attachement des consommateurs à un produit spécifique (on parle de concurrence monopolistique pour désigner cette situation). Ainsi, Renault et PSA sont en concurrence, mais les clients ont des préférences pour les modèles d'une marque. Si l'on introduit les échanges internationaux dans un modèle de marché de concurrence monopolistique, les consommateurs vont disposer d'une possibilité de choix entre un nombre plus important de variétés pour un bien donné qu'en économie fermée. Il devient possible, grâce à l'introduction de la différenciation des produits, d'expliquer l'existence du commerce intrabranche. Si l'on revient au cas des échanges d'automobiles entre la France et l'Allemagne, on constate que les modèles exportés par les deux pays ne sont pas situés au même niveau dans les gammes : en moyenne, les firmes allemandes vendent en France des véhicules haut de gamme alors que les firmes françaises exportent des véhicules bas de gamme.

La politique commerciale

La nouvelle théorie a développé une analyse qui montre que, dans certains cas, le libre-échange n'est pas nécessairement la meilleure solution. L'exemple le plus net est celui où existent des économies d'échelle. Dans ce cas, Krugman développe un argument particulier en faveur de la protection : la « promotion des exportations par la protection contre les importations ». La spécialisation internationale du Japon dans l'automobile relève de cette logique : les firmes japonaises ont pu se développer sur un marché intérieur protégé jusqu'au début des années 1970 avant de s'attaquer avec succès aux marchés étrangers. La protection de la nation a dans ce cas un double effet : elle diminue les quantités produites par les concurrents étrangers (et donc accroît leur coût unitaire) et elle étend l'échelle de production des firmes nationales ce qui, grâce à la diminution du coût unitaire, rend possible l'exportation.

Cette conséquence de la nouvelle théorie indique qu'il existe un débat au sein de la théorie économique sur la politique commerciale souhaitable.

III. LIBRE-ÉCHANGE OU PROTECTIONNISME ?

L'explication des échanges internationaux conduit à des recommandations en matière de politique commerciale : les théories traditionnelles conduisent à préconiser le libre-échange, alors que la nouvelle théorie conduit à considérer que, dans certains cas, le protectionnisme peut être souhaitable. Pour comprendre cette divergence, il est nécessaire de revenir sur les mécanismes en jeu dans les deux théories.

→ **Voir fiche-outil 1**, « Les instruments du protectionnisme », page 444

Le libre-échange et la théorie traditionnelle

Dans la théorie traditionnelle, le libre-échange permet à une nation de se spécialiser conformément à ses avantages comparatifs et donc de tirer bénéfice des différences (de techniques de production ou de dotations factorielles) entre les nations. Les avantages comparatifs permettent aux nations qui substituent des importations aux produits pour lesquelles elles sont désavantagées de se spécialiser dans les productions pour lesquelles elles détiennent un avantage. Le point fondamental est donc ce remplacement des productions locales par des importations qui permet, dans le modèle ricardien, de disposer de plus de biens ou, dans le modèle Heckscher-Ohlin, d'accroître le bien-être de la nation.

La question qui se pose est alors de savoir si l'application du libre-échange conduit au résultat que la théorie traditionnelle prédit. La vérification empirique de la théorie n'est pas possible, directement : il faut préciser l'impact du commerce international sur les économies pour tenter ensuite d'évaluer les conséquences de la politique commerciale appliquée. Ce problème peut être éclairé par le recours à l'histoire économique : Paul Bairoch a comparé les taux de croissance des économies d'Europe continentale au XIXe siècle (sur la période 1860-1892) selon les politiques commerciales appliquées[1]. Il établit un lien, d'une part, entre le choix du libre-échange et la récession et, d'autre part, entre protectionnisme et croissance. Cette thèse a été contestée par d'autres historiens de l'économie, comme Jean-Charles Asselain[2] : d'autres facteurs, qui n'ont rien à voir avec le commerce international, permettent d'expliquer les phases de récession et de croissance dans cette période.

1. Paul Bairoch, *Mythes et paradoxes de l'histoire économique*, trad. française, La Découverte/Poche, 1999.
2. Voir la postface de l'ouvrage de Paul Bairoch.

La démarche de Bairoch pose un autre problème : les théories traditionnelles recommandent le libre-échange parce qu'il augmente la quantité de biens disponibles (dans l'analyse ricardienne) ou le bien-être (dans la théorie Heckscher-Ohlin), mais ne disent rien sur le lien entre commerce international et croissance. Cette précision est d'autant plus importante que, dans la période contemporaine, des institutions internationales comme le Fonds monétaire international, la Banque mondiale, l'OCDE... considèrent l'ouverture des économies comme la politique de développement la plus efficace, en permettant aux pays qui suppriment les barrières aux échanges internationaux d'atteindre des taux de croissance élevés. Il est donc nécessaire de s'interroger sur la validité empirique de cette proposition.

De nombreux travaux appliqués réalisés dans les années 1990 se sont attachés à vérifier l'existence d'une relation positive entre l'ouverture au commerce international d'un pays et son taux de croissance. Ces recherches conduisent à considérer que la relation est établie et donc que le libre-échange est bien la meilleure politique commerciale possible. Cependant, ces travaux ont fait l'objet en 2000 d'une analyse critique détaillée de la part de Dani Rodrik et de Francisco Rodriguez, qui conduit à remettre en cause ce qui est considéré comme une évidence par une partie importante des économistes et par les organismes internationaux.

La question qui est soumise à l'épreuve de la vérification empirique est la suivante : les pays qui ont les plus faibles barrières aux échanges internationaux résultant de politiques commerciales croissent-ils plus vite que les autres, compte tenu des autres caractéristiques des nations qui peuvent expliquer la croissance ? Pour mener une analyse rigoureuse, deux précautions essentielles doivent être prises : tout d'abord, il faut arriver à mesurer toutes les barrières aux échanges internationaux, qui relèvent des tarifs douaniers mais aussi de toutes les barrières non tarifaires ; ensuite, il est indispensable de prendre en compte les variables explicatives de la croissance économique autres que le commerce international. Rodrik et Rodriguez montrent que les résultats obtenus par les études antérieures doivent être remis en cause notamment en raison de mesures défectueuses de l'ouverture des économies et de la fragilité des résultats statistiques. Ils établissent de manière convaincante qu'il n'est pas possible de considérer que l'existence d'un lien positif entre l'ouverture aux échanges internationaux et le taux de croissance d'une économie est établie. À l'inverse, et les auteurs insistent sur ce point, leur recherche ne conduit pas à défendre une position opposée, comme le fait Bairoch, en considérant que le protectionnisme a un impact positif sur la croissance.

Rodrik tire les conséquences de ces résultats pour les pays les moins développés : l'intégration dans l'économie mondiale ne doit pas être considérée comme la meilleure politique de développement. Il faut en effet raisonner en termes d'efficacité comparée de la politique d'ouverture des économies et d'autres politiques. L'adhésion à l'OMC implique des coûts, estimés à 150 millions de dollars par an pour un pays en développement moyen pour se mettre en conformité avec les obligations des membres de l'OMC, par exemple en matière de respect des normes sanitaires et des droits de la propriété intellectuelle ; ces coûts sont, dans bien des cas, identiques au montant du budget affecté au développement. La même somme, investie par exemple dans des programmes d'éducation de la population, aura des retombées plus certaines et plus importantes sur la croissance de l'économie.

La politique commerciale et la nouvelle théorie

La nouvelle théorie du commerce international, reposant sur une analyse en termes de concurrence imparfaite, conduit à considérer que, dans certains cas, les flux commerciaux internationaux ne s'expliquent pas par les avantages comparatifs, mais par des interventions des pouvoirs publics.

Cette idée peut être illustrée dans le cas où l'innovation technologique est l'arme essentielle de la concurrence, ce qui correspond à de nombreux secteurs (électronique, aéronautique...). Dans ces secteurs, la concurrence passe par l'apparition de nouveaux biens qui nécessitent des investissements importants dans la R & D. Il existe en général pour ces productions des effets d'apprentissage qui diminuent les coûts marginaux de production en fonction des quantités produites antérieurement, ce qui permet aux travailleurs de produire des biens dans un laps de temps décroissant. Pour tous les secteurs qui présentent ces caractéristiques, il existe donc un avantage au premier entrant : la firme entrée la première dans la production ne peut être rattrapée par un concurrent agissant seul qui entrerait ultérieurement dans ce secteur, puisqu'il produirait toujours avec un coût supérieur.

Quelles sont les implications de cette barrière à l'entrée pour les échanges internationaux ? Le pays dont est originaire la firme entrée la première dans la production aura un monopole dans la production, donc dans les exportations du bien. Il y a dans cette approche des éléments permettant de comprendre pourquoi les spécialisations internationales sont instables : une fois que le bien n'est plus demandé par les consommateurs ou que des biens substituables sont produits par des firmes localisées dans d'autres pays, les flux d'exportations du pays abritant la première firme vont diminuer puis disparaître. Cette thèse générale est le prolongement d'idées présentées dans les années 1960 par Michael Posner et par Raymond Vernon avec la théorie du cycle de vie du produit ; ses principaux défenseurs sont notamment Paul Krugman, James Brander et Barbra Spencer qui ont commencé à publier sur ce sujet à partir de 1981.

Ce schéma permet de comprendre l'effet des interventions des États au moyen de subventions : si les dépenses de R & D sont aidées par les pouvoirs publics, les gouvernements peuvent influencer les spécialisations internationales sans même établir des obstacles aux échanges internationaux, puisque les firmes ainsi aidées peuvent entrer les premières dans une production ou rattraper des firmes étrangères. C'est ainsi que le conflit entre les États-Unis et l'Europe dans le secteur aéronautique est né des subventions européennes versées à Airbus ; en l'absence de ces subventions, les firmes américaines auraient continué à vendre leurs avions sans concurrence étrangère. Cependant, les tentatives d'évaluation empirique des effets des politiques prônées par la nouvelle théorie conduisent à considérer que les effets positifs, s'ils existent, sont faibles. Par ailleurs, ces politiques sont difficiles à définir et sont très sensibles à la forme de concurrence existant entre les firmes. Ceci permet de comprendre pourquoi Krugman, après avoir défendu de telles politiques a, en 1993, changé de position et s'est déclaré en faveur du libre-échange.

Politique commerciale et concurrence déloyale

L'un des arguments des opposants au libre-échange est l'existence d'une concurrence déloyale que les règles établies par le GATT puis par l'OMC sont impuissantes à empêcher. C'est un thème développé notamment en France et aux États-Unis dans la période récente.

Si les États-Unis sont sensibilisés à cette question, c'est en raison de l'évolution structurelle des échanges internationaux qui les a installés dans une position de nation dont la balance commerciale est déficitaire. De surcroît, les exportateurs américains se sont plaints de difficultés nouvelles pour accéder aux marchés de certains pays. Cela conduit à assimiler les réussites étrangères à des pratiques déloyales qui nécessitent des rétorsions de la part des États-Unis. Les pratiques déloyales invoquées sont nombreuses : elles vont du non-respect des brevets déposés par les firmes américaines aux subventions aux firmes étrangères, en passant par des formes diverses de refus des droits internationalement reconnus aux travailleurs (travail forcé, âge minimum d'embauche...) dans des pays qui abaissent ainsi le coût du travail, ou encore des pratiques de dumping (vente à l'étranger à un prix inférieur au prix national). En réaction à cette forme de concurrence, les États-Unis ont adopté une législation en matière de politique commerciale qui leur permet de prendre des sanctions contre les exportations concernées et qui est aussi utilisée comme une menace à l'égard de nations étrangères [*voir encadré A*].

Dans le cas français, les accusations de concurrence déloyale sont principalement dirigées contre le Japon, au motif que son marché intérieur est difficilement pénétrable pour les firmes étrangères, mais surtout contre certains pays d'Asie en raison des différences très importantes de salaires. C'est là le fondement du débat sur les « délocalisations » des productions : les stratégies des firmes multinationales sont tenues pour responsables d'une partie de la montée du chômage. L'absence d'instrument de politique commerciale européenne équivalent à la réglementation américaine est fréquemment regrettée par des industriels ou des hommes politiques.

Politique commerciale et stratégies des firmes

Les choix de localisation des firmes multinationales, c'est-à-dire des entreprises qui produisent dans plusieurs pays, sont réalisés en tenant compte des caractéristiques économiques des pays (importance du marché intérieur, niveau des salaires, régime fiscal...) mais dépendent également des politiques commerciales et des politiques de subvention aux entreprises. Les implantations en Europe et aux États-Unis des firmes japonaises illustrent comment l'adaptation des stratégies des firmes à l'environnement international a des répercussions sur les spécialisations des nations.

Les implantations des firmes japonaises de l'automobile aux États-Unis à partir de 1982 résultent d'un accord de restrictions volontaires des exportations japonaises, après une phase de très forte croissance (elles passent de 4,6 % du marché intérieur en 1970 à 22 % en 1982). Les firmes japonaises ont alors décidé de geler leur volume d'exportations à cette part de marché, mais parallèlement installent aux États-Unis des filiales de production qui ont une part du marché intérieur d'environ 10 % dans les années 1990. À la suite de ces implantations, les États-Unis apparaissent comme des importateurs

Encadré A : *La législation commerciale américaine*

L'appareil législatif des États-Unis en matière de politique commerciale réside essentiellement dans *le Trade Act* de 1974 et l'*Omnibus Trade and Competitiveness Act* de 1988. Au sein des diverses dispositions, les plus importantes sont les « sections 301 » de 1974 et « super 301 » de 1988.

La section 301 donne au représentant des États-Unis pour le commerce international, nommé par le président des États-Unis, le pouvoir de prendre toutes les mesures possibles et appropriées pour mettre fin aux barrières commerciales qui gênent les exportations américaines, ainsi qu'aux subventions étrangères qui entravent les exportations américaines vers des pays tiers. Alors que la section 301 a trait aux barrières sectorielles, la section super 301 a pour but de combattre des pratiques génériques ou systémiques qui restreignent l'accès des produits américains dans un pays.

Il ne s'agit plus alors d'assurer une protection des firmes américaines contre des importations résultant d'une concurrence déloyale, mais de leur permettre de développer leurs exportations, menacées par la concurrence déloyale.

Quel est le domaine d'application de la section 301 ? Le texte prévoit que le représentant des États-Unis pour le commerce international doit engager des rétorsions contre tout acte politique ou toute pratique d'un pays étranger qui est considéré comme déloyal, c'est-à-dire « injustifiable », « déraisonnable » ou « discriminatoire », et qui s'attaque au commerce américain. Une pratique est injustifiable lorsqu'elle viole les droits internationaux des États-Unis (par exemple la contrefaçon, qui est une atteinte au droit de la propriété intellectuelle) ; une pratique discriminatoire est celle qui refuse de traiter les importations en provenance des États-Unis de la même façon que des biens nationaux ou selon la clause de la nation la plus favorisée. En revanche, le terme « déraisonnable » est beaucoup plus flou et permet un usage très large de la réglementation.

À la suite d'une plainte d'une entreprise américaine, le représentant des États-Unis pour le commerce international procède à une investigation qui peut aboutir ou non à un règlement négocié avec le gouvernement étranger. En l'absence d'accord, le représentant du commerce peut établir des mesures de rétorsion (suspension du bénéfice d'accords commerciaux pour les pays concernés, instauration de droits de douane ou d'autres restrictions aux importations qui peuvent être appliqués à des biens et services autres que ceux faisant l'objet de l'action).

Les dispositions de la section 301 sont apparues insuffisantes au Congrès des États-Unis qui, dans sa volonté d'être plus dur avec les concurrents étrangers déloyaux, a voté la section super 301 avec la loi de 1988. Les principes retenus sont les suivants : le représentant des États-Unis pour le commerce international doit désigner chaque année les nations recourant systématiquement à des pratiques déloyales. Les nations ainsi accusées disposent d'un an à dix-huit mois pour supprimer les barrières aux échanges ; si aucun accord n'est trouvé, des mesures de rétorsion sont prises.

La section super 301 a permis de mettre en accusation plusieurs pays : le Brésil en raison des restrictions quantitatives, le Japon pour les barrières techniques au commerce et la politique d'achat public, l'Inde notamment pour des mesures imposant des obligations particulières aux investisseurs étrangers. Le bilan de l'utilisation de ce texte révèle que son emploi est souvent stratégique. Ainsi la mise en accusation de l'Inde et du Brésil a pu être liée à leur rôle de leaders des pays en développement s'opposant aux positions américaines dans les négociations de l'Uruguay Round. Par ailleurs, la Corée du Sud et Taïwan auraient fait des concessions pour éviter d'être mis en accusation au titre de la section super 301 : la menace de mise en accusation serait donc suffisante pour ouvrir des marchés aux firmes américaines. Il reste que cette ouverture, comme le montrent les cas concrets, se fait au détriment des autres nations partenaires des pays concernés.

de composants d'automobiles (moteurs, transmissions…) en provenance du Japon : tous les composants ne sont pas produits sur place, certains demeurant localisés dans les maisons mères. De plus, une partie de la production des filiales américaines est exportée vers le Japon : en 1993, 64 % des importations japonaises d'automobiles en provenance des États-Unis proviennent des filiales américaines (cette stratégie a depuis été abandonnée).

Dans le cas de l'industrie électronique, le lien entre les mesures de politique commerciale européenne et les implantations japonaises est évident. Une plainte antidumping des producteurs européens, et des mesures administratives françaises, en 1982, ont conduit à la mise en place de restrictions volontaires à l'exportation des magnétoscopes japonais à destination de l'Europe. Entre 1983 et 1985, les implantations japonaises en Grande-Bretagne et en Allemagne se sont multipliées. Le relèvement des droits de douane sur ces produits en 1986 (de 8 à 14 %) et une nouvelle plainte antidumping en 1987 ont conduit à une nouvelle vague d'implantations.

Les deux exemples cités conduisent à une modification des spécialisations internationales, puisque des flux d'exportations sont, au moins partiellement, remplacés par des productions sur place. De plus, les filiales localisées dans un des pays de l'Union européenne approvisionnent l'ensemble de l'Union, ce qui conduit à la création de nouveaux flux qui ne peuvent s'expliquer par les caractéristiques des nations. Dans le cas des magnétoscopes, ce ne sont pas des firmes anglaises ou britanniques qui ont, grâce à des investissements en R & D, développé leurs capacités de production de ce bien, mais des entreprises japonaises qui ont transféré leur savoir-faire dans une autre nation.

Les politiques commerciales des nations sont, dans la période récente, fortement contraintes par les règles qu'elles ont acceptées en devenant membres de l'OMC. Les négociations qui se sont ouvertes après la conférence de Doha en 2001 joueront donc un rôle essentiel dans la définition des formes et des niveaux de la protection commerciale qui seront adoptés.

Michel Rainelli

Synthèse et révision

En répondant aux questions suivantes, vous allez pouvoir préparer, chez vous et/ou en classe, une synthèse des connaissances fondamentales à acquérir sur un grand thème du programme. Cet exercice va vous permettre de construire vous-même dès maintenant la fiche qui vous sera indispensable au moment de vos révisions parce qu'elle contient ces connaissances de base. L'expérience montre que ce travail, complété par la maîtrise systématique des mots clés, est beaucoup plus efficace que la lecture de fiches « toutes prêtes » ou d'autres produits miracles.

Questions

I. Les avantages comparatifs, fondements des analyses traditionnelles du commerce international et du libre-échange

1. Sur quelles hypothèses l'analyse traditionnelle repose-t-elle ?

La théorie ricardienne

2. Expliquez la notion d'avantages comparatifs.
3. Pourquoi les nations ont-elles intérêt à se spécialiser selon Ricardo ?

La théorie Heckscher-Ohlin

4. Selon Heckscher et Ohlin, quelle est l'origine des avantages justifiant la spécialisation ?
5. Pourquoi selon ces deux auteurs, l'échange des produits entre les nations conduit-il à une égalisation internationale des rémunérations des facteurs de production ?

II. La nouvelle théorie du commerce international

6. Qu'appelle-t-on le commerce intrabranche ?
7. Que signifie la notion de concurrence imparfaite ?
8. Expliquez les notions d'économies d'échelle internes et externes.
9. Comment peut-on expliquer l'existence d'économies d'échelle externes ?
10. Qu'est-ce qu'un monopole contestable ?
11. Qu'est-ce que la différenciation du produit ?
12. Quels sont les principaux apports de ces nouvelles théories par rapport aux théories traditionnelles ? Quels aspects du commerce international permettent-elles d'expliquer ?

III. Libre-échange ou protectionnisme ?

La politique commerciale et la nouvelle théorie

13. Qu'est-ce qu'un effet d'apprentissage ?

14. Pourquoi les autorités publiques peuvent-elles avoir intérêt à subventionner une entreprise nationale ?
15. Quels sont les effets de ces interventions publiques sur la spécialisation internationale ?

La politique commerciale et la concurrence déloyale

16. Quelles formes différentes le protectionnisme peut-il revêtir ?
17. Que signifie la notion de concurrence déloyale ?

Politique commerciale et stratégies des firmes

18. Pourquoi peut-on dire que la stratégie des firmes contribue à modifier les spécialisations internationales ?

Mots clés

Avantages comparatifs • Productivité • Économies d'échelle • Spécialisation • Division internationale du travail • Protectionnisme • Libre-échange • Balance des paiements • Terme de l'échange • Barrières tarifaires et non tarifaires • Commerce intrabranche • OMC • Multilatéralisme • Régionalisme • Compétitivité prix et compétitivité hors-prix • Différenciation des produits.

Dossier 1

Le commerce international en perspective

Document 1

Composition des exportations mondiales, 1963-2000 (en pourcentage du total[a])							
	1963	1973	1980	1985	1990	1997	2000
Produits agricoles	29	21	15	14	12	11	9
Produits minéraux et énergétiques	16	17	29	22	14	11	13
Produits manufacturés	52	61	55	62	71	74	75

a. Les totaux ne sont pas égaux à 100 car des produits n'ont pu être classés dans les trois catégories.
Source : GATT et OMC, in Michel Rainelli, Le Commerce international, *La Découverte, «Repères», 9e éd., 2003.*

Document 2

Le commerce mondial de services en 2000 par grandes régions (en pourcentage du total[a])		
	Exportations	Importations
Amérique du Nord	21,7	16,8
Amérique latine	4,2	5
Europe occidentale	45	42,8
Europe centrale et orientale (1999)	3,1	3,3
Afrique	2,1	2,7
Moyen-Orient (1999)	1,7	2,2
Asie	21,1	25,4

a. Les totaux ne sonts pas égaux à 100 car des services n'ont pas pu être affectés géographiquement.
Source : d'après OMC, Statistiques du commerce international 2001, *tab. A7 et A8, p. 180-185, in Michel Rainelli,* ibid.

Document 3

Taux d'exportation pour quelques pays développés, 1960-2000 (en pourcentage du PIB)						
	1960	1970	1975	1980	1991	2000
États-Unis	4,0	4,3	7,0	8,6	11	11
France	11,1	12,7	15,5	17,9	23	29
Royaume-Uni	14,3	15,9	19,1	22,3	24	27
Japon	9,4	9,8	12,2	12,6	10	11
Allemagne	20,7[a]	18,5[a]	21,5[a]	23,4[a]	34	33

a. Allemagne fédérale.
Source : calculs d'après GATT, Le Commerce international en 1976-1977 *et* en 1980-1981, *Genève, 1977 et 1981, et d'après CEPII,* L'Économie mondiale 1995 *et* 2003, *La Découverte, «Repères», 1994 et 2002.*

Questions sur l'ensemble du dossier

Illustrez chacune des affirmations suivantes par des constats statistiques tirés des documents composant le dossier.

1. La croissance économique et la croissance des échanges mondiaux sont corrélées.
2. Entre 1950 et 1990, les périodes de forte croissance économique s'accompagnent d'une croissance des échanges internationaux environ une fois et demie plus rapide.
3. Depuis le début des années 1990, la croissance des échanges mondiaux acquiert une certaine autonomie par rapport à la croissance de la production mondiale.
4. La baisse des droits de douanes a favorisé la croissance des échanges internationaux.
5. La structure du commerce mondial des marchandises par groupes de produits s'est profondément transformée.
6. Les échanges de services occupent une place croissante dans les échanges mondiaux et se font essentiellement au sein de la Triade.
7. L'essentiel des échanges mondiaux est le fait des nations industrielles.
8. Si certains pays du tiers monde voient leur part se marginaliser, d'autres au contraire prennent une place plus importante dans les échanges mondiaux.
9. Le commerce intrarégional reste prépondérant.
10. Le commerce des pays développés est essentiellement constitué de produits manufacturés.
11. La structure des échanges de l'Afrique et du Moyen-Orient révèle la spécialisation de leurs économies.
12. On assiste à une ouverture croissante des économies.
13. Les firmes multinationales sont au cœur des échanges mondiaux.

Document 4

Structure du commerce mondial de marchandises par grands groupes de produits et par zones en 2001 (en % des importations et des exportations de chaque zone)

		Produits agricoles	Produits des industries extractives	Produits manufacturés
Amérique du Nord	Exportations	10	8	77
	Importations	6	12	79
Amérique latine	Exportations	18	22	60
	Importations	9	11	77
Europe occidentale	Exportations	9	7	81
	Importations	10	11	76
Europe c./o., États baltes, CEI	Exportations	9	33	56
	Importations	11	14	75
Afrique	Exportations	15	57	25
	Importations	15	12	71
Moyen-Orient	Exportations	3	74	22
	Importations	13	8	75
Asie	Exportations	7	8	83
	Importations	10	18	70
Monde	exp.=imp.	9	13	75

Le total des lignes ne donne pas 100 % en raison de l'existence d'échanges de produits non spécifiés dans les statistiques.
Source : OMC.

Document 5

Commerce international et production
(taux de croissance annuel moyen, en %)

	Commerce internat. (A)	Production (B)	A — B
1950-60	6,5	4,2	1,5
1960-70	8,3	5,3	1,6
1970-80	5,2	3,6	1,4
1980-90	3,7	2,8	1,3
1990-96	5,9	1,4	4,2
1996-2000	8,2	3,4	2,4

Source : GATT, OMC, in *Michel Rainelli,* op. cit.

Document 6

Tarifs douaniers moyens
(pays industrialisés, en %)

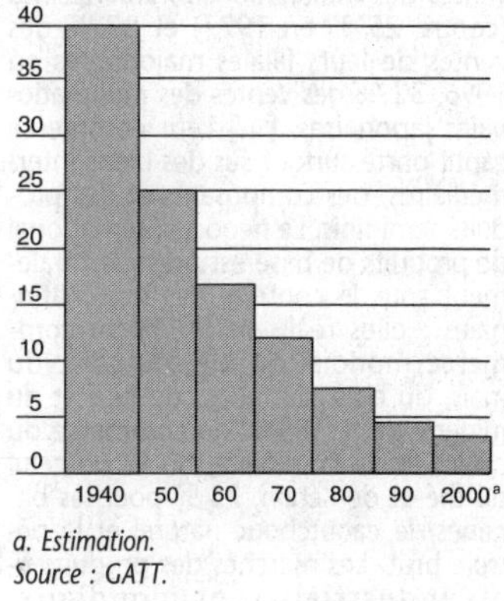

a. Estimation.
Source : GATT.

Document 7

Matrice des échanges tous produits en 1990 (en blanc) **et 2000** (en grisé)
(en % du total mondial : 3 345 milliards de dollars en 1990, 6 017 milliards en 2000)

Zones exportatrices \ Zones importatrices	ALENA	Amér. du Sud	UE	Autre Europe de l'Ouest	Europe de l'Est	M-O Afrique	Japon	NPI d'Asie	Chine Indochine	Océanie Autre Asie	Monde
ALENA	6,7	0,8	3,3	0,4	0,2	0,5	1,7	1,4	0,3	0,5	15,8
	10,3	1,1	2,9	0,4	0,1	0,4	1,1	1,5	0,5	0,4	18,7
Amérique du Sud	1,1	0,5	0,9	0,1	0,2	0,2	0,2	0,1	0,0	0,0	3,3
	1,3	0,9	0,6	0,1	0,0	0,1	0,1	0,1	0,1	0,0	3,3
Union européenne	3,6	0,7	29,3	3,3	1,1	2,4	0,9	1,2	0,5	0,8	44,1
	3,9	0,7	21,8	2,6	2,0	1,6	0,7	1,2	0,6	0,6	36,3
Autre Europe de l'Ouest	0,1	0,3	1,3	0,2	1,4	0,2	0,1	0,0	0,1	0,1	3,8
	0,6	0,1	2,1	0,2	0,1	0,1	0,1	0,2	0,1	0,0	3,7
Europe de l'Est	0,4	0,1	2,7	0,2	0,2	0,2	0,1	0,2	0,1	0,1	4,3
	0,3	0,1	2,0	0,3	1,2	0,1	0,1	0,1	0,1	0,0	4,4
Moyen-Orient Afrique	1,0	0,2	2,4	0,2	0,2	0,7	0,9	0,6	0,1	0,3	6,5
	0,9	0,1	1,7	0,1	0,0	0,6	0,8	0,9	0,2	0,3	5,8
Japon	3,0	0,2	1,7	0,2	0,1	0,4	0,0	2,1	0,5	0,4	8,6
	2,6	0,2	1,3	0,1	0,0	0,2	0,0	2,2	0,	0,3	7,8
NPI d'Asie	2,3	0,1	1,3	0,1	0,0	0,3	1,1	1,4	0,7	0,4	7,6
	2,7	0,2	1,5	0,1	0,1	0,3	1,2	2,4	1,5	0,5	10,3
Chine et Indochine	0,7	0,0	0,6	0,0	0,1	0,1	0,4	0,4	0,4	0,1	2,6
	1,7	0,1	1,1	0,1	0,1	0,2	0,9	0,7	0,3	0,2	5,3
Océanie et autre Asie	0,4	0,0	0,5	0,0	0,1	0,3	0,5	0,4	0,1	0,3	2,7
	0,5	0,0	0,5	0,0	0,0	0,2	0,3	0,4	0,2	0,3	2,6
Monde	19,1	2,9	44,3	4,8	3,6	5,4	6,2	8,0	2,6	3,0	100
	24,9	3,5	36,1	4,2	3,8	3,9	5,7	10,0	4,6	2,8	100

Source : CEPII, base de données CHELEM, in *CEPII,* L'Économie mondiale *2003,* op. cit.

Document 8

Le poids des multinationales dans le commerce mondial

La multinationale organise une circulation interne de produits, de technologie, de capitaux et d'hommes, qu'elle contrôle entièrement au sein de l'espace (international) constitué par la société mère et les filiales étrangères. Le commerce captif intrafirme est évalué à 30 % des échanges mondiaux de produits. Les flux intramultinationales pèsent 29 % des exportations de l'UE, 25 % de celles du Japon et 36 % de celles des États-Unis, plus de 50 % des importations du Brésil et du Mexique. Le poids du commerce intramultinationales augmente : il représente 46 % des ventes des multinationales américaines (contre 25 % en 1977) et 87 % des ventes de leurs filiales majoritaires en 1996, 32 % des ventes des multinationales japonaises. [...] Leur commerce captif porte surtout sur des biens intermédiaires, des composants et des produits semi-finis. Le négoce international de produits de base est presque totalement sous le contrôle des multinationales ; elles réalisent 90 % du commerce mondial du blé, du café, du maïs, du bois, du tabac, du jute et du minerai de fer, 85 % du commerce du cuivre et de la bauxite, 80 % de celui du thé et de l'étain, 75 % pour les bananes, le caoutchouc naturel et le pétrole brut. Les marchés des produits finis industriels sont mondiaux, spécialement dans l'électronique, où des normes internationales s'imposent après avoir été mises au point par des multinationales. [...] La production mondiale d'automobiles est réalisée à 90 % par moins de 20 multinationales, entre 5 et 7 multinationales produisent respectivement 90 % du matériel médical mondial, 85 % des pneumatiques, 92 % du verre, 87 % du tabac, 79 % des cosmétiques. [...]
Si l'on additionne le commerce intramultinationales et le commerce extramultinationales (celui d'une société mère ou d'une filiale de multinationale avec des firmes mononationales), on obtient la part du commerce extérieur d'un pays réalisée par les multinationales : depuis deux décennies, chaque année, plus de 75 % des exportations américaines sont engendrées par des multinationales (américaines et étrangères), et près de 80 % des exportations britanniques, plus de 90 % à Singapour, plus de 40 % au Brésil. ■

Wladimir Andreff,
Les Multinationales globales,
La Découverte, « Repères », 2003.

Document 9

Les problèmes de mesure des flux commerciaux

Les données relatives au commerce international sont tout d'abord élaborées par des services nationaux puis homogénéisées par des organismes internationaux qui publient des recueils statistiques. Pour rendre les chiffres comparables, les flux, mesurés initialement en monnaies nationales, sont convertis en dollars. Dans une perspective de moyenne ou longue période, cette pratique pose un problème bien connu. Un chiffre en valeur peut augmenter soit en raison d'une variation des *quantités* échangées, soit à la suite d'une modification des *taux de change* des monnaies contre le dollar. Il est donc parfois difficile d'interpréter correctement les évolutions. Bien qu'imparfaites, les données en valeur (en fait en dollars) sont en général les seules disponibles.
Par ailleurs, toute étude de long terme bute sur l'indisponibilité de séries statistiques homogènes. Ce n'est que depuis le début des années soixante, avec des initiatives prises par des organismes internationaux (ONU, FMI), que les méthodes d'estimation des importations et des exportations sont identiques dans la plupart des nations. Les chiffres antérieurs sont donc à la fois difficiles à réunir mais aussi peu fiables. Les données du GATT, construites à partir des statistiques de l'ONU, ne sont en général disponibles qu'à partir de 1963 et, pour quelques variables seulement, de 1955. ■

Michel Rainelli,
op. cit.

Document 10

L'enjeu croissant des services
Part des services dans les échanges mondiaux, en %

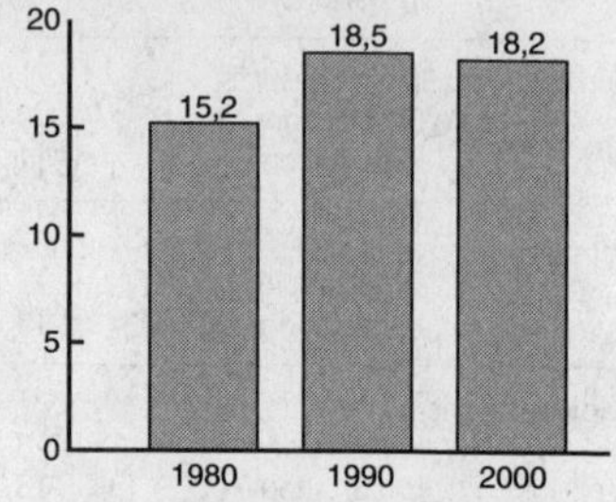

Source : OMC, in Alternatives économiques *hors-série n° 50.*

Document 11

La composition du commerce international en 1913 (% de la valeur des exportations mondiales)

Produits primaires	64
dont denrées alimentaires	29
produits bruts agricoles	21
énergie, minerai, métaux	14
Articles manufacturés	36
dont textiles, vêtements	13
machines	3
matériel de transport	2,5

Source : Yates, Forty Years of Foreign Trade, in *Denis Brun,* Le Commerce international dans le monde au xxe siècle, *Bréal, 1991.*

Dossier 2

La régionalisation : retour au protectionnisme ou tremplin du libre-échange ?

Questions sur l'ensemble du dossier

1. Qu'appelle-t-on multilatéralisme ? Quelle est la clause majeure des accords du GATT puis de l'OMC qui favorise ce principe ? [*voir la fiche-outil « Les négociations commerciales multilatérales », page 445*]
2. Qu'appelle-t-on régionalisation des échanges ? Distinguez avec précision les différentes formes qu'elle peut prendre. Qu'est-ce qui différencie la régionalisation du multilatéralisme ? [*doc. 1*]
3. Comment le phénomène de régionalisation a-t-il évolué sur la période récente ? [*doc. 2, 3 et 4*]
4. Retrouvez les arguments qui permettraient d'affirmer que la régionalisation est un obstacle au multilatéralisme. [*doc. 5, 6, 7 et 8*]
5. Retrouvez les arguments montrant au contraire que la régionalisation peut constituer un tremplin au développement du libre-échange planétaire. [*doc. 9, 10 et 11*]

Document 1

Qu'est-ce que le régionalisme ?

Le régionalisme, entendu comme formation d'unions économiques entre pays apparaît, *a priori*, comme un obstacle au multilatéralisme. Une union rassemble, en effet, des pays désireux de supprimer les barrières commerciales entre eux, les exportations du reste du monde vers l'union continuant à être soumises à des dispositifs protectionnistes. En réalité, les formes d'unions sont multiples et ne se résument pas toujours à l'existence de discriminations : elles vont des accords de préférence non réciproques pour lesquels les pays exportateurs bénéficient d'avantages sur les marchés des importateurs, sans que l'inverse soit vrai, au marché commun, en passant par la zone de libre-échange et l'union douanière. Dans la zone de libre-échange, les obstacles au commerce intrazone sont supprimés ou réduits, et chaque pays garde son système de protection par rapport aux pays tiers. L'union douanière est une zone de libre-échange doublée d'un tarif extérieur commun. Le marché commun est une union douanière dans laquelle certains facteurs de production peuvent circuler librement. C'est le cas de l'Union européenne, pour laquelle, au surplus, des politiques communes, en particulier agricole et monétaire, ont été mises en place. ■

Bernard Guillochon, Le Protectionnisme, *La Découverte, « Repères », 2001, p. 109.*

Document 2

La mode des accords régionaux
Nombre d'accords régionaux conclus dans le monde chaque année

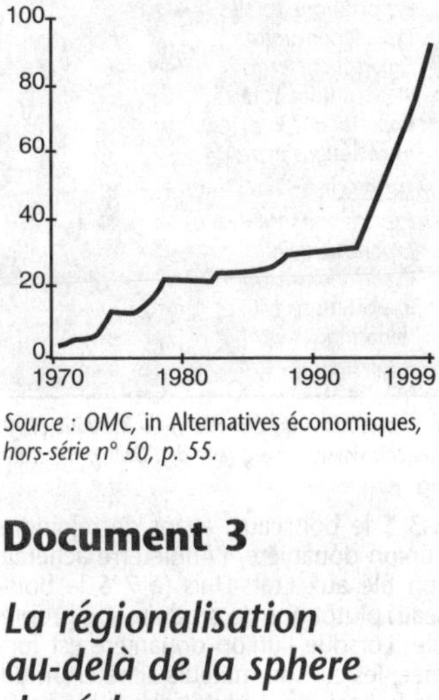

Source : OMC, in Alternatives économiques, *hors-série n° 50, p. 55.*

Document 3

La régionalisation au-delà de la sphère des échanges

[...] l'utilisation de la terminologie traditionnelle – zone ou accords de libre-échange – est devenue inadéquate. Elle recouvre une réalité très différente de celle des années 1960. Le contenu et les implications de ces accords débordent largement la sphère des échanges de biens et services pour englober les investissements directs et les mouvements de capitaux.
Le cas des accords de libre-échange signés avec les pays du Maghreb par l'Union européenne illustre cette analyse. Certains observateurs s'étonnent que des gouvernements du Maghreb s'engagent par ces accords à ouvrir leurs marchés aux produits des firmes européennes dont la compétitivité est largement supérieure à celle de la très grande majorité des firmes locales. Et cela d'autant plus que celles-ci avaient déjà la possibilité d'exporter sans entraves vers l'Union européenne une grande partie de leurs productions depuis le milieu des années 1970 (à l'exception, majeure, des fruits et légumes). Le gain final des accords de libre-échange apparaît douteux pour certains observateurs. Des exercices de simulation ont renforcé leurs appréhensions car ils ont montré que l'ouverture à la concurrence risquait d'avoir des effets désastreux sur les tissus industriels locaux si rien n'était fait au préalable pour les renforcer. La réponse à ces inquiétudes est dans une autre interprétation de l'enjeu économique de ces accords. Ils ne visent pas exclusivement le développement des échanges, ils ont aussi deux autres objectifs. En premier lieu, la volonté d'attirer plus d'investissements directs sur la rive sud de la Méditerranée. L'implantation de firmes européennes et non européennes aura pour effet de créer des emplois et par là de réduire les flux migratoires vers l'Europe. Elle aura aussi pour effet d'accroître les exportations, soit directement sur la base de l'activité des filiales étrangères, soit indirectement, en amé-

liorant la compétitivité des firmes locales. Pour accélérer ce dernier objectif, un programme de « mise à niveau » des entreprises nationales a déjà été mis en place en Tunisie et au Maroc, avec un financement européen. En second lieu, les accords visent à associer plus étroitement les économies du sud de la Méditerranée à l'Europe. Ils rendent les politiques de libéralisation, de privatisation et de promotion des investissements privés nationaux et étrangers plus crédibles et plus visibles. Cette augmentation attendue de l'attractivité devrait aussi bénéficier à l'expansion des marchés financiers. ■

Charles-Albert Michalet,
Qu'est-ce que la mondialisation ?,
La Découverte, « Cahiers libres », 2002.

Document 4

Importance du commerce intrarégional

Commerce des marchandises de divers arrangements d'intégration régionale, 2001
(en milliards de dollars et en pourcentage)

	Valeur	Part dans les exportations ou importations totales	
	2001	1990	2001
UE			
Exportations totales	2291	100,0	100,0
Exportations intra	*1417*	*64,9*	*61,9*
Exportations extra	*874*	*35,1*	*38,1*
Importations totales	2334	100,0	100,0
Importations intra	*1421*	*63,0*	*60,9*
Importations extra	*913*	*37,0*	*39,1*
ALENA			
Exportations totales	1149	100,0	100,0
Exportations intra	*637*	*42,6*	*55,5*
Exportations extra	*512*	*57,4*	*44,5*
Importations totales[a]	1578	100,0	100,0
Importations intra	*624*	*34,4*	*39,5*
Importations extra	*954*	*65,6*	*60,5*
ASEAN			
Exportations totales	385	100,0	100,0
Exportations intra	*90*	*20,1*	*23,5*
Exportations extra	*295*	*79,9*	*76,5*
Importations totales	336	100,0	100,0
Importations intra	*77*	*16,2*	*22,8*
Importations extra	*260*	*83,8*	*77,2*
MERCOSUR			
Exportations totales	88	100,0	100,0
Exportations intra	*15*	*8,9*	*17,3*
Exportations extra	*73*	*91,1*	*82,7*
Importations totales	84	100,0	100,0
Importations intra	*16*	*14,5*	*18,9*
Importations extra	*68*	*85,5*	*81,1*

a. Importations du Canada et du Mexique (1990-1999) FAB.
Source : www.wto.org (site de l'OMC), novembre 2002.

Document 5

Effet de création de commerce ou de détournement de commerce

Il est possible qu'un pays détériore sa situation en rejoignant une union douanière. Pour en expliquer la raison, on peut recourir à un exemple hypothétique faisant appel à la Grande-Bretagne, à la France et aux États-Unis. Les États-Unis produisent le blé à un coût très faible (4 $ par boisseau), la France à un coût moyen (6 $ par boisseau) et la Grande-Bretagne à un coût élevé (8 $ par boisseau). La Grande-Bretagne et la France maintiennent toutes deux des droits de douane sur les importations de blé. Si la Grande-Bretagne forme une union douanière avec la France, le droit de douane sur le blé français sera aboli mais non celui sur le blé américain. Est-ce que c'est bon ou mauvais pour la Grande-Bretagne ? Afin de répondre à cette question, considérons deux cas.

Supposons d'abord que le droit de douane initial en Grande-Bretagne était assez haut pour exclure les importations de blé de France comme des États-Unis. Si, par exemple, on a un droit de douane de 5 $ par boisseau, il en coûtera respectivement 9 $ et 11 $ pour importer le blé américain ou français : les Britanniques préféreront acheter du blé anglais au prix de 8 $. Lorsque le droit de douane sur le blé français est supprimé, des importations en provenance de France remplaceront la production anglaise. Du point de vue de la Grande-Bretagne, il y a là un gain : la production domestique d'un boisseau de blé coûte 8 $ alors que l'Angleterre doit seulement produire une valeur de 6 $ d'exportations pour payer un boisseau de blé en France.

D'un autre côté, supposons que le tarif douanier était plus faible, par exemple à 3 $ le boisseau : avant de rejoindre l'union douanière, l'Angleterre achetait son blé aux États-Unis (à 7 $ le boisseau) plutôt que de produire son propre blé. Lorsque l'union douanière est formée, les consommateurs achèteront du blé français à 6 $ plutôt que le blé américain à 7 $. Ainsi, les importations de blé en provenance des États-Unis s'arrêteront. Cependant, le blé américain était en fait moins cher que le blé français : la taxe de 3 $ que les consommateurs anglais devaient payer sur le blé américain revenaient à la Grande-Bretagne sous forme de recettes douanières et n'était donc pas une perte nette pour l'économie britannique. L'Angleterre devra consacrer plus de ressources en exportations en vue de payer ses importations : elle s'en trouvera plus mal plutôt que mieux. [...]

Si nous réexaminons ces deux cas, il faut souligner le point suivant : la Grande-Bretagne fait un gain si la formation de l'union douanière crée de nouveaux courants d'échange – avec le blé français remplaçant une production intérieure – tandis qu'elle fait une perte si le commerce au sein de l'union douanière remplace simplement des échanges qui avaient lieu avec des pays en dehors de cette union. Dans l'analyse des accords préférentiels de commerce, on appelle le premier effet *création de commerce* et le second effet *détournement de commerce.* Le fait qu'une union douanière est désirable ou indésirable dépend de la mesure dans laquelle elle conduit à une création ou à une diversion de commerce. ■

Paul R. Krugman et Maurice Obstfeld,
Économie internationale,
De Boeck Université, 1992.

Document 6

Des effets négatifs sur les pays non-membres

Si l'ouverture des échanges est considérée comme bonne en soi (ce qui relève du débat libre-échange contre protectionnisme), la question de ses formes devrait être secondaire. Les travaux de Viner, publiés en 1950, ont pourtant montré qu'une ouverture préférentielle, même fondée sur la réciprocité, n'améliorait pas nécessairement la situation des pays de la zone et que, vraisemblablement, elle dégradait celle des autres pays. En effet, si les accords préférentiels créent des flux d'échange à l'intérieur de la zone, d'autres sont détruits par la protection qu'elle maintient vis-à-vis du reste du monde. Par ailleurs, une union douanière peut créer un « bloc » commercial susceptible de manipuler à son profit les termes de l'échange : l'augmentation du tarif douanier commun pour les oranges diminue la demande que la zone adresse aux marchés mondiaux, déprime le prix mondial de l'orange. Les termes de l'échange de la zone s'améliorent au détriment des pays producteurs. ■

Jean-Marc Siroën, Nouveau manuel de sciences économiques et sociales, *La Découverte, 1999, p. 208.*

Document 7

Les objectifs de l'ALENA et ses effets

Faisant suite à l'accord bilatéral entre le Canada et les États-Unis de 1988, l'Accord de libre-échange nord-américain (ALENA) y adjoint le Mexique le 7 octobre 1992. Le déséquilibre des relations entre les partenaires est patent, les États-Unis absorbant plus des deux tiers des commerces extérieurs canadien et mexicain, la réciproque n'étant que de 25 %.

Les objectifs de l'ALENA...

À quelques jours de l'ouverture du marché intérieur européen, les États-Unis y voient le moyen d'étendre à l'ensemble de l'Amérique du Nord leur propre marché intérieur et de transplanter par ailleurs une partie de leurs productions au Mexique afin qu'elles bénéficient de coûts fortement réduits. Les États-Unis réalisent respectivement 21 et 17 % de leurs exportations et de leurs importations avec l'Union européenne, 32 et 40 % avec la zone Asie Pacifique, 30 et 25 % avec les Amériques. Le Mexique y voit quant à lui un moyen de développement en rendant son marché plus attractif aux investissements étrangers et en diversifiant son économie au détriment du pétrole qui n'assure plus aujourd'hui que 7 % des recettes d'exportation.

L'accord fixe un objectif de libre-échange au bout de quinze ans sous réserve d'une clause de contenu nord-américain de quelque 60 %. L'ALENA va être le principal instrument de la déréglementation de l'économie mexicaine avec des effets positifs concernant les investissements étrangers au Nord du pays. Du point de vue des investissements, l'accord insère fortement le Mexique dans l'économie mondiale. Mais du point de vue des échanges, il le « régionalise » au contraire en réorientant son commerce vers l'Amérique du Nord : les États-Unis représentent désormais 90 % de ses exportations et 75 % de ses importations. L'Union européenne perd la moitié de ses parts de marché (elles passent de 16 à 8 %). Point n'est besoin d'une protection douanière commune pour produire des détournements de flux. On comprend, dès lors, l'intérêt des deux parties, Union européenne et Mexique, à la signature à Lisbonne en juin 2000 d'un accord de libre-échange.

Cette libéralisation a un impact défavorable sur le consommateur mexicain et sur l'agriculture du pays. Elle expose celle-ci à la concurrence du Middle West et prive celui-là du bénéfice des subventions aux produits de consommation de base comme le maïs et le haricot. Elle s'est également traduite par une détérioration des salaires réels, de 20 % entre 1994 et 1998.

Le nouveau président mexicain, en place depuis le 1er décembre 2000, Vicente Fox, en tire la conclusion d'une nécessaire intégration politique permettant d'équilibrer le jeu du marché par des politiques inspirées de celles en vigueur dans l'Union européenne.

Tel n'est manifestement pas le projet du gouvernement des États-Unis qui cherche à accélérer la réalisation d'une zone de libre-échange des Amériques. ■

« Les organisations internationales et l'ordre mondial », in La Crise des organisations internationales, Cahiers français *n° 302, p. 32.*

Document 8

Le différend sur le bœuf aux hormones

Plusieurs directives du Conseil européen des ministres (31 juillet 1981, 7 mars 1988, 17 mai 1988), remplacées par la directive 96/22/EC du 29 avril 1996, prohibent le recours à des activateurs de croissance du cheptel bovin et donc la production et la vente sur le territoire européen de viande provenant d'animaux ainsi traités. Les États-Unis, rejoints ultérieurement par le Canada, l'Australie, la Nouvelle-Zélande et la Norvège ont introduit une action devant l'OMC en janvier 1996. Ces procédés d'activation de la croissance sont autorisés par les nations plaignantes ; elles considèrent donc que la politique européenne introduit une barrière protectionniste. ■

Michel Rainelli, L'Organisation mondiale du commerce, *La Découverte, « Repères », 9e éd., 2003, p. 103.*

Document 9

La marginalisation des petits pays

La formation d'un grand ensemble régional, *a fortiori* doté d'une monnaie commune, est un puissant facteur d'autonomie sur la scène mondiale mais aussi un facteur d'inégalités par rapport à des petits pays dont la faiblesse relative se trouve accentuée. Même une fois intégrés, les uns dans le SICA[1], les autres dans le CARICOM[2], les pays d'Amérique centrale et les pays des Caraïbes ne représentent respectivement qu'un peu plus de 3 % et un peu moins de 2 % du PIB du Mercosur, ceux de l'ancienne Afrique française, 3 % du PIB de la France.

Atteindre une masse critique pour peser sur la scène mondiale, y compris dans les négociations multilatérales, est un objectif pour chaque intégration régionale, mais sa réalisation est particulièrement difficile pour les plus petits pays. ■

« Les organisations internationales et l'ordre mondial », op. cit., *p. 35.*

1. Système intégré du marché commun d'Amérique centrale.
2. *Carribean Community and Common Market*; Communauté et marché commun des Caraïbes.

Document 10

Du régionalisme au multilatéralisme

Le texte fondateur du GATT définit les conditions de la compatibilité des organisations régionales avec la libéralisation du commerce mondial. L'article XXIV subordonne l'agrément des accords régionaux qui constituent une violation de la clause de la nation la plus favorisée au respect de plusieurs conditions :

– l'Union douanière ou la zone de libre-échange est autorisée si elle a « pour objet de faciliter le commerce entre les territoires constitutifs et non d'opposer des obstacles au commerce d'autres parties contractantes avec ces territoires » ;

– elle doit couvrir « l'essentiel des échanges commerciaux » et non pas rechercher la protection de grands secteurs économiques.

Ces conditions visent tout particulièrement les unions douanières qui définissent une frontière commune vis-à-vis du reste du monde à l'inverse des zones de libre-échange dont on peut penser que les droits de douane extérieurs des pays membres ne seront pas affectés par la suppression des droits intrazone. On voit donc s'établir ici les premières distinctions entre :

– un régionalisme dit ouvert et autorisé et un régionalisme à caractère protecteur et mondialement prohibé pour délit de protectionnisme;
– mais aussi entre les zones régionales selon leur prétention ou non à exister commercialement en tant que telles face au reste du monde. La zone de libre-échange accélère à quelques-uns, voire anticipe, le désarmement tarifaire mondial. Telle est bien la visée de l'AELE dans son projet concurrent de la Communauté européenne, telle est aujourd'hui la vision des États-Unis tant en Amérique (projet de zone de libre-échange de l'Alaska à la Terre de Feu d'ici à 2005) qu'en Asie-Pacifique (projet d'un libre-échange en 2010 pour les économies développées et 2020 pour les autres dans le cadre de l'APEC).

L'article V du GATS (*General Agreement on Tariffs and Services*) étend aux services les conditions d'agrément des accords régionaux. [...]

Les intégrations régionales supposent des réformes nationales. Elles présentent dès lors à la fois des contraintes et des opportunités.

Le libre-échange régional passe par la négociation de normes harmonisées ou de reconnaissance mutuelle essentielles pour la définition d'un accès effectif aux marchés.

Il déconstruit des règles nationales de protection de secteurs économiques héritières d'une époque où l'intervention étatique en économie était répandue. Déréglementations et privatisations sont consubstantielles au régionalisme ouvert des années 80 et 90 et participent clairement du mouvement de mondialisation de l'économie. ■

Ibid., *p. 30 et 36.*

Document 11

La régionalisation, un atout pour conquérir le marché mondial

[...] on peut raisonnablement admettre que la formation d'unions a des effets positifs pour l'ensemble de la collectivité, grâce aux économies d'échelle (les firmes de l'union produisent pour un plus vaste marché et vendent moins cher dans le monde entier), aux économies de gamme (on multiplie les variétés produites, ce qui augmente le bien-être des consommateurs), à la disparition des entreprises inefficaces (effet proconcurrentiel) et à la dynamique que cette formation engendre. Par l'effet «domino», les pays restés à l'extérieur de la région sont poussés à demander l'adhésion. De plus, si l'un des membres possède un poids économique supérieur aux autres (centre), l'intégration de pays dans sa zone d'influence fait naître des effets «moyeu-rayons», c'est-à-dire des effets d'entraînement liés aux échanges entre le centre et la périphérie.

Ainsi, la tendance actuelle au renforcement du régionalisme, en suscitant la réduction de coûts et la diversification des produits, peut conduire les zones à moins redouter la concurrence, donc à s'ouvrir plus. Cette dynamique positive rend *a priori* possible la poursuite du processus de négociation multilatérale, à condition que toutes les parties, en particulier les pays les moins développés, aient la certitude de partager les gains de la coopération.

[...] de 1979 à 1999, la croissance des échanges intrarégionaux est, en moyenne, à peine plus rapide que celle des échanges entre régions : le régionalisme n'a donc pas empêché le commerce extrarégional de se développer également. ■

Bernard Guillochon, op. cit.

Dossier 3

Faut-il craindre la concurrence des pays du Sud et de l'Est?

Document 1

Part des pays émergents et des pays en développement dans les exportations mondiales de produits manufacturés, 1970-1999

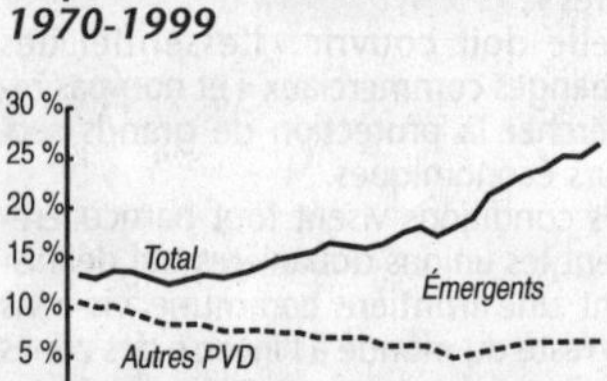

Source : CEPII-CHELEM, in Conseil d'analyse économique, Gouvernance mondiale, *Rapport n° 37, La Documentation française, mai 2002, p. 30.*

Document 2

Évolution de l'emploi par grande catégorie socioprofessionnelle

Champs : ensemble des salariés des entreprises privées, publiques ou nationales.
Source : INSEE, enquêtes «Emploi», in DARES, Premières synthèses *n° 47, 1er novembre 2000.*

Questions sur l'ensemble du dossier

1. Quelles sont les informations contenues dans ces documents qui peuvent faire craindre la concurrence des économies du Sud? [*doc. 1, 2, 3, 4, 5 et 6*] Vous présenterez chacune des idées principales tirées des documents dans la partie gauche du tableau.
2. Relevez dans les documents les arguments qui conduisent à relativiser l'hypothèse de la concurrence des pays du Sud et de l'Est [*doc. 7, 8, 9, 10 et 11*]. Vous présenterez chacune des idées principales tirées des documents dans la partie droite du tableau.

De bonnes raisons de s'inquiéter de la concurrence des pays du Sud et de l'Est...	... mais qu'il faut relativiser.

Document 3

Part de l'emploi des secteurs manufacturiers dans l'emploi total				
	les 23 pays les plus développés	Union européenne à 15	États-Unis	Japon
1970	28 %	30 %	28 % (en 1965)	27 % (en 1973)
1994	18 %	20 %	16 %	23 %

Source : R. Rewthorn, R. Ramaswamy, « Growth, trade and desindustrialization », IMF Stoff Papers, *vol. 46 n° 1, 1999 in Jean-Marie Cardebat,* La Mondialisation et l'emploi, *La Découverte, « Repères », 2002, p. 72.*

Document 4

A

Le coût du travail dans quelques pays en développement (coûts horaires de main-d'œuvre toutes charges incluses) SMIC horaire en France = indice 100			
Pays	Coût horaire moyen		
	Cadre ou équivalent	Agent de maîtrise ou équivalent	Ouvrier qualifié ou équivalent
Hongrie	35	25	11
Ex-Tchécoslovaquie	44	20	11
Roumanie	4	3	3
Pologne	13	6	5
Maroc	49	16,4	10
Tunisie	37	18	15
Madagascar	58	3	1
Maurice	35	9	6
Taïwan	94	34	23
Chine	20	10	9
Philippines	16	6	4
Thaïlande	55	28	6
Vietnam	8	3	2
Inde	9	5	3

Source : postes d'expansion économique, calculs DREE, commission des finances du Sénat, in H. Bonnaz, N. Courtot, A.-D. Nivat, « Le contenu en emplois des échanges industriels de la France avec les pays en développement », Économie et statistique, *septembre-octobre 1994, INSEE.*

B

Dans le cadre d'un marché du travail dual, notamment sous l'effet de la mondialisation, on peut se demander si les volumes d'emplois qualifiés et non qualifiés répondent à l'identique à leurs variations respectives de coûts. Cette interrogation a deux justifications. D'une part, la diminution du pouvoir de négociation des travailleurs non qualifiés les rend normalement plus vulnérables à des hausses exogènes de leur coût. Les travailleurs qualifiés étant dans la situation inverse. D'autre part, et surtout, la mondialisation crée une substituabilité de fait entre les travailleurs à l'échelle mondiale. En effet, les producteurs peuvent arbitrer parmi leurs choix de localisation internationale suivant, entre autres, les coûts salariaux de chaque zone. Ensuite, les consommateurs arbitrent également entre les produits nationaux et importés suivant leurs prix. en choisissant un produit importé parce qu'il est moins cher, ils substituent des travailleurs étrangers aux travailleurs nationaux. Dès lors, la mondialisation, *via* le commerce international, les investissements directs à l'étranger et autres délocalisations, devrait accroître la sensibilité de l'emploi au coût du tra vail. On peut penser que l'intégration des pays du Sud, formidable réservoir d'emplois peu qualifiés, dans le commerce mondial pénalise en priorité les travailleurs non qualifiés du Nord. ■

Jean-Marie Cardebat, op. cit., *p. 73.*

Document 5

La montée des inégalités dans les pays développés s'explique par leurs spécialisations dans les secteurs intensifs en capital et travail qualifié (les deux facteurs de production étant considérés comme complémentaires) et l'abandon progressif des productions dites traditionnelles ou de main-d'œuvre (textile, chaussure, etc.) qui utilisent intensivement du travail non qualifié. Autant d'activités assurées maintenant par les pays à bas salaires qui profitent ainsi pleinement de leurs avantages comparatifs en termes d'abondance de main-d'œuvre. Néanmoins, cette évolution, fondée sur une division internationale du travail claire, est surtout préoccupante dans la mesure où le profil des spécialisations n'est pas figé. Le problème s'analyse de façon dynamique et non pas statique comme si le choc était donné une fois pour toutes et qu'il suffise à présent de le digérer.

En effet, le processus date déjà des années 1970, mais le rattrapage des nations du Sud s'accélère. Ainsi, le développement des flux d'investissements directs du Nord vers le Sud accroît la dotation en capital physique de ces pays. De même, les transferts de technologies liés aux échanges ou aux investissements directs accroissent la dotation de ces pays en capital humain ou travail qualifié. Les mécanismes endogènes d'accumulation en facteurs de production jouent également. Par conséquent, les productions effectuées dans le Sud et plus précisément dans les zones émergentes (situées essentiellement en Asie du Sud-Est et en Amérique latine) concurrencent des secteurs du Nord à contenu en capital physique comme humain de plus en plus élevé. Cette dynamique des spécialisations internationales, ce rattrapage du Sud sur le Nord induisent donc une pression constante sur l'emploi et les salaires dans les secteurs industriels des pays développés. Mais cette pression est d'autant plus forte que le secteur est intensif en travail non qualifié même si elle s'étend progressivement à l'ensemble des secteurs. Ce sont donc les travailleurs non qualifiés qui continuent en priorité à pâtir de l'ouverture aux échanges. ■

Jean-Marie Cardebat, op. cit., *p. 9 et 10.*

Document 6

Longtemps restreinte à un petit nombre de pays à bas salaires, généralement peu peuplés, qu'on appela « nouveaux pays industrialisés » (NPI), tels les « dragons » d'Asie du Sud-Est (Corée, Taïwan, Singapour), la compétition s'élargit maintenant à ceux que j'appelle, pour les en distinguer, les « pays à bas salaires et à capacités technologiques » (PBSCT). Ces pays – la Chine, l'Inde, le

Brésil, l'Europe de l'Est – non seulement sont infiniment plus peuplés que les premiers NPI, mais ils ont aussi des capacités technologiques sans commune mesure avec celles qu'avaient les NPI quand ils ont commencé leur rattrapage dans les années soixante. Grâce à leur passé industriel ancien (en particulier socialiste) et à des transferts massifs de technologies par les firmes globales des pays riches qui, en général, visent d'abord leur marché intérieur, l'industrie et même les services exportables des PBSCT acquièrent également rapidement une compétitivité à l'exportation, y compris – et c'est une grande différence avec les premiers NPI – dans des industries de haute technologie. Pourtant, les niveaux de salaires dans les secteurs exportateurs des PBSCT resteront durablement bas, bien que significativement supérieurs à ceux de la grande majorité de la population, en raison de l'énorme poids des masses rurales et du secteur informel à très faible productivité qui pèsent sur leurs marchés internes du travail. Cette nouvelle compétition ne fait que commencer, car l'ouverture de ces PBSCT à l'économie mondiale est récente et va s'amplifier. Cela ne veut évidemment pas dire que les pays riches sont menacés d'une désindustrialisation massive et qu'ils n'auront bientôt plus rien à vendre à la Chine, par exemple. En effet, il existera toujours un taux de change entre la Chine et les anciens pays industrialisés susceptible d'équilibrer en valeur le commerce entre les deux zones, et la valeur de la monnaie chinoise s'appréciera au fur et à mesure du développement du pays. Mais le problème n'est pas là. *La montée en puissance des PBSCT va accélérer encore dans les pays riches la concentration des biens et services exportables sur des emplois de moins en moins nombreux et de mieux en mieux rémunérés, et donc la croissance des inégalités.* Il est donc, à mon avis, fort probable qu'aille s'amplifiant le rôle de la compétition avec les pays à bas salaires dans la croissance des inégalités dans les pays riches, rôle actuellement, on l'a dit, encore limité, quoique sous-estimé. Il s'agit là, en fait, d'une conséquence initialement imprévue de la victoire « économique » indiscutable que les capitalismes ont remportée sur des socialismes qui avaient isolé de l'économie mondiale des milliards d'hommes en moyenne très pauvres, mais pour beaucoup scientifiquement et industriellement très compétents. ■

Pierre-Noël Giraud, « Les causes des inégalités croissantes dans les pays riches », Études, *janvier 1998.*

Document 8

Le rôle de la compétition des pays à bas salaires dans la croissance du chômage et/ou des inégalités salariales dans les pays riches est une des questions les plus controversées. La plupart des économistes ne nient pas le phénomène, mais considèrent que son importance est limitée. Des échanges croissants entre un pays riche et un pays à bas salaires entraînent en effet une destruction nette d'emplois dans le pays riche, même s'ils restent équilibrés. La raison en est que dans un million de francs d'exportations d'un pays riche vers un pays à bas salaires (par exemple, des avions), il y a moins d'emplois que ceux qui ont été remplacés, dans le pays riche, par un million d'importations en provenance des pays à bas salaires, par exemple dans le secteur de l'habillement. C'est d'ailleurs tout l'intérêt de ce commerce pour le pays riche : en échangeant des avions contre des vêtements, il peut se procurer la même quantité de vêtements avec moins de travail, et donc rémunérer mieux ce travail. Mais cela s'accompagne, dans un premier temps, d'une destruction initiale d'emplois. Ce phénomène est incontestable, mais quelle est son ampleur ? Des études ont montré que le contenu en emplois des exportations des pays riches est de 20 % inférieur à celui des activités remplacées par les importations des pays pauvres. Puisque les importations totales des pays à bas salaires ne représentent que 3 % environ du PIB de l'Europe, le solde négatif en emplois de ce commerce serait de l'ordre de 0,6 % de l'emploi total, ce qui est effectivement très peu quand on connaît des taux de chômage de plus de 10 %. ■

Pierre-Noël Giraud, op. cit.

Document 7

Évolution comparée des secteurs « Textile et habillement » (A) et « Parachimie et pharmacie » (B) en France

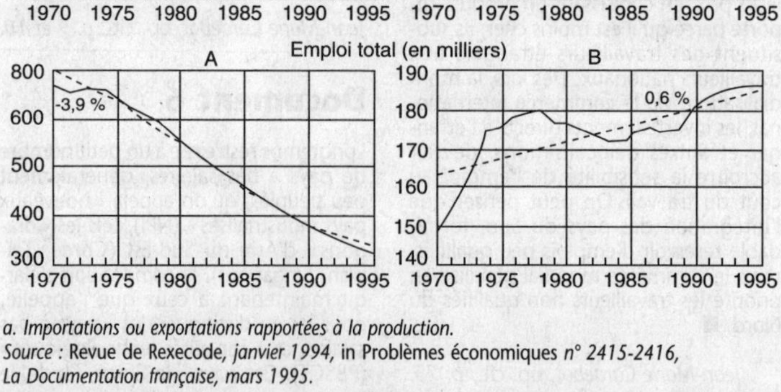

a. Importations ou exportations rapportées à la production.
Source : Revue de Rexecode, *janvier 1994,* in Problèmes économiques *n° 2415-2416,* *La Documentation française, mars 1995.*

Document 9

L'exemple des textiles et des vêtements [...] représente un affrontement international entre les pays riches, [...] et les pays du tiers monde. [...] Les obstacles mis aux échanges internationaux ont été négociés dans le cadre des accords multifibres (AMF), qui, depuis le 1er janvier 1974, avec trois accords successifs (1977, 1981, 1986), protègent les marchés des pays les plus développés (États-Unis, CEE) contre les exportations des pays en développement. L'arme essentielle est ici celle des quotas, fixés annuellement pays par pays, à un niveau de plus en plus contraignant.
Des études statistiques ont tenté d'offrir un bilan précis des coûts et des bénéfices induits par cette protection sectorielle (voir GATT, *Le Commerce international en 1985-1986*, p. 34 à 36). Ces études statistiques concluent en règle générale que le coût d'un emploi protégé est compris entre deux et huit fois le salaire annuel moyen du secteur. Ainsi, la protection induit un transfert de richesse entre diverses catégories sociales, les consommateurs payant pour le maintien d'emplois. Si l'on rapproche maintenant ces mesures de l'évolution de l'emploi dans les deux industries étudiées, il apparaît que celui-ci a néanmoins fortement diminué, par exemple de 22 % dans le textile et de 18 % dans les vêtements aux États-

Unis entre 1973 et 1984. Pour d'autres pays développés, l'impact de l'AMF est encore plus faible : pour la totalité des pays de la CEE, les disparitions d'emplois se chiffrent, pour les mêmes activités et périodes, à respectivement 46 % et 43 %.
Selon les appréciations du GATT, l'impact à moyen terme du protectionnisme entériné par l'AMF pourrait être encore plus négatif et expliquerait les pertes d'emplois par un mécanisme intéressant à démonter. Les industriels du textile ont pu, grâce à la protection, réaliser des profits significatifs sur une période assez longue (rappelons que l'AMF date de 1974), ce qui a contribué à modifier les structures de l'industrie. Il y a eu en effet modification de la combinaison productive : d'une industrie de main-d'œuvre qu'elle était, l'activité s'est radicalement transformée dans les pays industriels, utilisant aujourd'hui plus de capital productif par unité de produit que la moyenne des branches. Ce mouvement résultant en partie du protectionnisme aurait contribué à diminuer les emplois. L'analyse du GATT considère que cette mutation a conduit à un gaspillage de capitaux qui aurait pu être utilisés dans d'autres secteurs pour créer des emplois pouvant exister sans protection. ■

Michel Rainelli,
Le Commerce international,
La Découverte, « Repères », 9e éd., 2003.

Document 10

Dans la compétition entre pays riches, c'est essentiellement ce dernier mécanisme qui joue. Entre eux, en effet, pas de différences très importantes de structure des coûts du travail, d'où la prédominance d'un commerce intra-branche. Mais à partir des années 1970, avec le libre-échange croissant et les fluctuations de taux de change entre grandes monnaies, une compétition acharnée par les prix s'est également déployée entre firmes situées dans des pays riches différents, alors que ce type de compétition était beaucoup plus tempéré à l'intérieur des territoires en croissance autocentrée des « trente glorieuses ». Cette compétition par les prix a contraint les industries et les services exposés à la compétition internationale à des efforts drastiques de productivité au moment même où les actionnaires, libres de déplacer leurs capitaux où ils l'entendaient, exigeaient de toutes les firmes des rentabilités équivalentes à celles des « meilleures » d'entre elles. Ce fut le début de la vague de « chasse aux sureffectifs » et de « plans de restructuration » avec licenciements massifs.
Dans les pays riches, le libre-échange se traduit donc d'abord, depuis le milieu des années 1970, par une accélération du rythme de destruction des emplois dans les secteurs soumis à la compétition internationale. Tout se joue donc sur le rythme de création de nouveaux emplois dans ces secteurs. S'il est suffisant, la globalisation ne provoque ni chômage ni inégalités entre salariés. Mais on comprend que, ce rythme de création devant s'accélérer lui aussi, il y faut un très gros effort d'innovation et de formation. Sinon, soit on assiste à une montée du chômage, soit ceux qui ont perdu leur emploi doivent se « déverser » vers les secteurs « protégés », non soumis à la compétition internationale. Mais pour cela, il faut que la demande pour ces biens et services protégés augmente ; il faut donc que leur prix relatif baisse ; il faut donc que les salaires relatifs dans ces secteurs baissent, ce qui provoque un accroissement des inégalités salariales pouvant aller jusqu'à la multiplication du nombre des *working poors* effectuant des « petits boulots » (des gens qui, bien que travaillant, sont en dessous du seuil de pauvreté), comme on l'a constaté aux États-Unis et en Grande-Bretagne.
C'est à dessein que nous avons employé le terme de « déversement » utilisé par Alfred Sauvy pour décrire les effets du progrès technique. Pour Sauvy, lorsqu'un progrès technique très rapide détruit des emplois dans un secteur, ces emplois doivent se « déverser » dans un autre. En effet, du point de vue des mécanismes essentiels, le libre-échange agit exactement comme le progrès technique. Favorables à long terme, ils peuvent tous deux créer de graves problèmes d'adaptation se traduisant par une croissance des inégalités. Mais, dans les deux cas, les États ne sont pas impuissants pour atténuer, voire annuler ces effets négatifs. Il leur faut, cependant, profondément modifier leurs modes de régulation des mécanismes de marché, tant à l'intérieur de leurs frontières que dans le domaine de la coopération internationale. ■

Pierre-Noël Giraud, op. cit.

Document 11

[...] Dans la très grande majorité des cas, l'augmentation de la demande de travail qualifié est la conséquence d'une modification de la demande *interne* à chaque secteur d'activité, et non pas d'une recomposition de la structure sectorielle de l'économie américaine pour répondre aux exigences du commerce extérieur. Personne ne peut identifier en toute certitude la cause de la réduction de la demande relative de travail non qualifié dans l'ensemble de l'économie. Les transformations technologiques, en particulier l'utilisation croissante des outils informatiques, pourraient être une explication ; mais, dans tous les cas, la mondialisation ne peut avoir joué le rôle principal.
On comprend qu'il soit difficile d'admettre que la compétition internationale n'a pas joué un rôle important dans la baisse des salaires des travailleurs les moins qualifiés, au vu de la rapide croissance des exportations de produits manufacturés par les pays du tiers monde. En vérité, il n'en est pas besoin. Si la vague d'exportations de certains pays en voie de développement a beaucoup attiré l'attention, la plus grande part des importations américaines se fait toujours en provenance de pays développés dont les travailleurs ont des niveaux de qualifications et de salaires analogues aux nôtres. En 1990, le salaire moyen des travailleurs de l'industrie manufacturière des partenaires commerciaux des États-Unis (pondéré par les chiffres de l'ensemble du commerce bilatéral) atteignait 88 % du niveau des salaires américains. Les importations (autres que le pétrole) en provenance de pays à bas salaires (c'est-à-dire ceux dont les travailleurs gagnent moins de la moitié du salaire américain) atteignaient seulement 2,8 % du PIB.
Enfin, la concurrence croissante des bas salaires née du commerce avec les pays en voie de développement a été compensée par la progression des salaires et des niveaux de qualification chez les partenaires commerciaux traditionnels des États-Unis. En vérité, les importations en provenance des pays à bas salaires étaient presque aussi importantes en 1960 qu'en 1990, soit 2,2 % du PIB, parce qu'il y a trente ans le Japon et la majeure partie de l'Europe entraient dans cette catégorie. En 1960, les importations en provenance du Japon exerçaient une pression concurrentielle sur les industries de main-d'œuvre comme le textile. Aujourd'hui, le Japon est un pays à hauts salaires et la concurrence s'est portée sur les secteurs à fort coefficient de qualification, comme l'industrie des semi-conducteurs. ■

Paul R. Krugman,
La mondialisation n'est pas coupable,
La Découverte/Poche, 2000.

Dossier 4

Faut-il imposer des normes sociales dans le commerce international?

➡ **Voir lexique à la fin du manuel**
Dumping, dumping social

Document 1

L'évolution du comportement des multinationales

Un nombre croissant d'organisations non gouvernementales (ONG) – défenseurs des droits de la personne, mouvements de consommateurs, syndicats, organisations de solidarité internationale – se mobilisent pour obtenir des firmes multinationales qu'elles respectent les droits sociaux fondamentaux des salariés qui travaillent pour leur compte dans les pays en développement, que ce soit directement ou chez les sous-traitants. Revendication commune aux ONG : obtenir des entreprises qu'elles adoptent des codes de conduite en matière sociale, des codes qui ne soient pas de simples déclarations de façade, ce qui suppose que des processus de contrôle indépendants soient mis en place. En l'espace de quelques années, ce mouvement a pris une telle ampleur que les sociétés spécialisées dans le contrôle technique et la certification proposent aujourd'hui leurs services aux entreprises pour qu'elles intègrent dans leur organisation des mesures systématiques de contrôle des conditions sociales existant chez leurs sous-traitants. [...]

Placer chaque entreprise devant ses responsabilités en matière de conditions de travail permet de fixer une norme plus élevée que celles des réglementations nationales, souvent très basses, voire inexistantes. Dans le domaine des rémunérations, par exemple, l'Indonésie a fixé un salaire minimum garanti de 5750 roupies par jour au 1er avril 1997 pour les principales régions industrielles. Ce salaire est trop bas pour qu'une famille puisse survivre. [...]

L'instauration de tels contrôles soulève la question de leur fiabilité, de leur efficacité et de leur coût. Si l'efficacité du contrôle dépend en premier lieu de l'organisation et des procédures internes mises en place par l'entreprise pour vérifier l'application de son code, sa crédibilité ne peut se passer de l'intervention d'un organisme externe. ■

Martial Cozette,
« Les vertus du socialement direct »,
Alternatives économiques *n° 161, juillet-août 1998, p. 56-59.*

Document 2

L'insertion d'une clause sociale dans les statuts de l'OMC

[Le domaine] du travail comporte une organisation internationale chargée de la promotion de normes. Mais le mécanisme de supervision tripartite des conventions négociées sous l'égide de l'OIT [Organisation internationale du travail], fondé sur la persuasion et l'acceptation volontaire, ne permet pas de sanctionner efficacement le non-respect des normes sociales. Ainsi, le débat s'est souvent focalisé sur la perspective d'insérer dans les statuts de l'OMC une clause sociale, qui lierait l'appartenance à cette organisation au respect de certains standards minimaux inspirés par les conventions de l'OIT et prévoirait des sanctions commerciales à l'encontre des États qui ne les respecteraient pas. ■

Thomas Boisson,
« Panorama analytique des institutions de la gouvernance mondiale »,
in Gouvernance mondiale,
rapport du Conseil d'analyse économique n° 37, La Documentation française, mai 2002, p. 178.

Document 3

Extraits des conventions de l'OIT (Organisation internationale du travail)

Liberté syndicale et protection du droit syndical (conv. 87) :
Droit des travailleurs/ses à s'organiser librement en fondant ou en adhérant à un syndicat ou à une autre organisation de leur choix.
Droit d'organisation et de négociation collective (conv. 98) :
Droit des travailleurs/ses à être représenté(e)s par des organisations de leur choix et à mener des négociations collectives.
Âge minimum d'admission à l'emploi (conv. 138) :
Abolition du travail des enfants en âge de scolarité obligatoire.
Travail forcé (conv. 29 et 105) :
Interdiction du travail forcé : esclavage, servage, prisonniers, travail lié à une dette.
Égalité de rémunération pour un travail de valeur égale (conv. 100) et *Discrimination en matière d'emploi et de profession (conv. 111) :*
Droit à une égalité de traitement et interdiction de toute discrimination fondée sur la race, la couleur, le sexe, la religion, l'opinion politique, l'ascendance nationale et l'origine sociale. ■

www.evb.ch, décembre 2002, (site de la déclaration de Berne).

Document 4

Une clause qui fait débat

Le débat portant sur les *liens entre libéralisation commerciale et conditions de travail* oppose schématiquement deux groupes de pays. D'une part, les pays industrialisés se montrent soucieux de préserver les normes de travail en vigueur sur leur territoire et de les promouvoir dans les PED. Ils veulent empêcher ainsi qu'une absence de mise en œuvre de normes sociales, ou que des normes plus basses, permettent à ceux-ci d'améliorer artificiellement leur compétitivité commerciale à l'exportation (dumping social). D'autre part, les PED refusent que l'instauration de normes internationales de travail soit utilisée comme prétexte par les pays industrialisés pour protéger certaines de leurs industries les plus exposées à la concurrence dans des secteurs où le coût de la main-d'œuvre est un facteur important de compétitivité. ■

Thomas Boisson, op. cit.

Questions sur l'ensemble du dossier

1. Montrez que les firmes multinationales des pays développés ont bénéficié de l'absence de norme sociale. Comment leur comportement se modifie-t-il actuellement ? Qu'est-ce qui explique cette évolution ? [*doc. 1*]
2. Expliquez en quoi consisterait l'insertion d'une clause sociale dans les statuts de l'OMC ? [*doc. 2 et 3*]
3. L'instauration d'une telle clause fait aujourd'hui débat. Après avoir lu les documents 4, 5 et 6, montrez les divergences de point de vue que soulève le débat sur la clause sociale.
4. Que faut-il faire face au travail des enfants ? Pourquoi ce problème est-il complexe ? [*doc. 7, 8 et 9*]

Document 5

Le débat sur la « clause sociale »

L'idée de l'introduction d'une clause sociale dans l'accord de Marrakech (transformant le GATT en OMC) a été notamment défendue par le Parlement européen, qui a approuvé le 9 février 1994 le rapport présenté en ce sens par André Sainjon. Le fondement de cette démarche est que certains pays en développement procéderaient à un « dumping social », à l'origine d'avantages artificiels dans les échanges avec les pays industrialisés. Le terme de « dumping social » est particulièrement inopportun : pour que le dumping existe, il faut que les exportateurs pratiquent une discrimination de prix entre les ventes sur leur territoire national et les ventes à l'étranger. Or, les constats mis en avant sont simplement d'un traitement différent de la main-d'œuvre dans nombre de pays d'Asie, d'Afrique et d'Amérique latine où ne sont pas respectées les conventions de l'OIT (travail forcé, travail des enfants, absence des droits à la liberté syndicale et à la négociation collective, notamment). Ces caractéristiques s'appliquent à toute la main-d'œuvre et non pas seulement aux individus travaillant pour l'exportation ; il ne s'agit donc pas, rigoureusement, d'un dumping.
L'introduction d'une clause sociale dans le système commercial mondial, défendue par les États-Unis et la France, conduirait à imposer un minimum de règles sociales et donc à niveler les conditions de la concurrence. Cette position, au-delà de son apparence humanitaire, pose en fait la question du protectionnisme à l'égard de pays en développement. Considérer que le commerce entre les pays du Sud et les pays du Nord est affecté par les différences sociales et donc qu'il relève d'une forme de concurrence déloyale est une position difficile à soutenir.
Comme le rappelle une étude de la direction des relations économiques extérieures, les niveaux de revenu par tête en Chine, en Inde, en Indonésie et aux Philippines sont inférieurs à celui de la France au début du XIXe siècle. Imposer à ces nations le respect de règles qui, pour l'essentiel, n'ont émergé dans les pays développés qu'au XXe siècle reviendrait donc à les pénaliser en exigeant d'elles qu'elles soient plus « vertueuses » que ne l'ont été les pays maintenant industriels au cours de leur développement. De plus, l'expérience des pays d'Asie qui se sont rapidement développés montre que le rattrapage avec les normes occidentales est très rapide. Ainsi, en Corée, en 1994, 95 % de la population sont couverts par l'assurance maladie et l'assurance vieillesse, la durée légale hebdomadaire du travail est de 44 heures, l'âge minimal légal du travail est de 18 ans. Cet exemple, qui n'est pas isolé, montre que le progrès social est étroitement associé au développement économique.
L'introduction d'une clause sociale ne pourrait que retarder voire même empêcher le développement économique. De manière consciente ou inconsciente, cette revendication n'est qu'un habillage nouveau des tentations protectionnistes toujours présentes. ■

Michel Rainelli,
L'Organisation mondiale du commerce,
La Découverte, « Repères », 9e éd., 2003.

Document 6

Aujourd'hui, dans le contexte du débat sur la clause sociale et sur les liens entre la mondialisation du commerce et le respect des normes internationales du travail, des représentants du patronat et des gouvernements de pays en développement, comme le Mexique, le Costa Rica ou le Pérou, tiennent un discours analogue. Ils affirment que l'adoption de la clause sociale pourrait annuler l'avantage compétitif dont jouissent les entreprises de ces pays face à celles des pays industrialisés. Or, l'interdiction du travail des enfants et du travail forcé, le droit de s'organiser en syndicats, de négocier des conventions collectives et la non-discrimination en matière d'emploi sont des normes universellement acceptées comme Droits de l'homme. [...]
Le processus de mondialisation peut contribuer au combat contre la pauvreté et l'exclusion sociale, à condition de le transformer pour lui donner un caractère plus démocratique, plus intégrateur et moins élitiste, plus humain et moins commercial. Ce processus doit aussi préserver les acquis obtenus au cours du XXe siècle en ce qui concerne le respect des Droits de l'homme et des travailleurs. ■

Luis Anderson, « Les normes sociales ne sont pas négociables », Alternatives économiques *hors-série n° 35, 1er trimestre 1998, p. 50.*

Document 7

L'emploi salarié : usines, mines, tourisme, plantations

Le salariat dans le secteur économique structuré est certainement la forme la plus étudiée et la plus médiatisée du travail des enfants. Mais elle ne concerne qu'une minorité : le BIT ne localise que 8 % des enfants actifs de la planète dans les industries manufacturières (confection et cuir, chimie, tapis...) et autant dans le commerce et l'hôtellerie, un peu moins de 4 % dans les transports et la manutention, près de 2 % dans la construction et à peine 1 % dans les mines et les carrières.
Michel Bonnet affirme que le travail en sous-traitance pour les multinationales (articles de sport, vêtements) n'occuperait qu'une minorité : sans doute pas 10 % des enfants travailleurs. Il en est de même pour l'agriculture industrielle (grandes plantations de café, maïs, bananes, canne à sucre, thé...) où vraisemblablement moins de 5 % des enfants seraient actifs.
Quant aux millions d'enfants et d'adolescents présents dans les métiers liés au tourisme – caddies de golf, plongeurs et serveurs de restaurant, garçons de plage, grooms et jardiniers d'hôtel, jeunes femmes de chambre –, il est très difficile d'en évaluer le nombre.
Les conditions d'emploi dans l'industrie sont souvent très dures, parce que les activités exercées exigent une réelle endurance physique (chantiers de construction, usines, mines...), mais aussi parce que les employeurs, cherchant à tirer de la main-d'œuvre enfantine un profit maximal, imposent des conditions de travail éprouvantes (horaires très longs, cadences imposées, punitions) : il s'agit bel et bien d'exploitation. ■

Bénédicte Manier,
Le Travail des enfants dans le monde,
La Découverte, « Repères », nouvelle éd., 2003.

Document 8

Faut-il boycotter le produit du travail des enfants ?

Le boycott des produits fabriqués par les enfants est un indéniable outil de pression : le témoignage du petit Iqbal Masih, ancien esclave pakistanais, avait dévoilé le vrai visage de la fabrication de tapis au Pakistan. C'est sans doute pour cela qu'il a été assassiné, et son assassinat en 1995 n'a fait que renforcer la réaction du public : le chiffre d'affaires de l'exportation des tapis au Pakistan a plongé. Sans cette baisse, l'Association des fabricants et exportateurs de tapis du pays n'aurait jamais consenti à signer en 1998 un accord avec le BIT, concernant le retrait de 8 000 petits tisserands à domicile.

Mais un boycott peut avoir des effets pervers. En 1992-1993, quand les États-Unis débattaient d'une éventuelle interdiction de biens produits par des enfants, plusieurs usines textiles du Bangladesh, craignant une chute des commandes, ont procédé au débauchage de quelque 50 000 enfants, surtout des filles. Beaucoup ont dû se tourner vers des métiers informels ou plus dangereux (casseurs de pierres sur des chantiers par exemple), et certains ont échoué dans la prostitution. D'autres ont repris le travail ailleurs.

Le boycott constitue donc une arme à double tranchant. Cet effet de semonce sur les employeurs ne doit être utilisé que pour organiser une alternative : en 1995, l'UNICEF et le BIT ont d'ailleurs signé un accord avec le patronat de ces usines du Bangladesh pour remplacer progressivement les salariés de moins de quatorze ans par des adultes. ■

Bénédicte Manier, ibid.

Document 9

Abolitionnistes, et antiabolitionnistes

Les abolitionnistes, notamment les syndicats de la CISL[1], affirment que la place de l'enfant est à l'école et non au travail, quel que soit ce travail : ils plaident pour une répression des employeurs (qui doivent, selon eux, financer l'éducation des enfants retirés du travail), et pour une politique d'éducation capable de faire régresser toutes les formes de travail, y compris celui en famille.

De leur côté, les non-abolitionnistes, constitués surtout d'ONG agissant sur le terrain, se veulent réalistes : ils estiment impossible de proposer une alternative à court terme à tous les enfants travailleurs du monde, et admettent de les laisser travailler en famille ou à l'extérieur, tant que leurs parents n'ont pas d'autre solution pour subsister. Mais il doit s'agir d'une activité contrôlée, dépourvue d'exploitation, et si possible assortie d'une scolarité partielle. En visant à réglementer et non à proscrire, cette approche pragmatique comporte toutefois le risque de conforter le phénomène.

On retrouve là le débat qui existait en France à la fin du XIXe siècle entre la nécessité de supprimer ou d'encadrer le travail des enfants pauvres. Or, la vision abolitionniste a fini par triompher, grâce au projet social républicain qui a imposé la scolarisation de l'enfant et une protection des plus pauvres. Ce débat reste pourtant inévitable à un certain niveau de sous-développement : il est en effet difficile de supprimer du jour au lendemain le travail des enfants si les besoins primaires ne sont pas couverts, ou si des infrastructures essentielles manquent. Mais cela ne doit pas empêcher de développer une vision de long terme. Abolitionnistes et antiabolitionnistes se rejoignent en effet sur le diagnostic : mettre fin à l'activité des enfants nécessite d'aller bien au-delà de la seule réglementation du travail, et d'engager des réformes pour éliminer la pauvreté absolue. ■

Bénédicte Manier, ibid.

1. Confédération internationale des syndicats libres.

Dossier 5

L'évolution des termes de l'échange

Document 1

A-t-on assisté à une détérioration séculaire des termes de l'échange ?

Non seulement les termes de l'échange ou, pour être plus précis, les « termes d'échange nets » des pays faiblement développés se sont améliorés entre le XIXe siècle et le début du XXe siècle, mais on constate également une nette amélioration des prix relatifs de nombreuses denrées alimentaires tropicales par rapport au premier produit de l'agriculture occidentale qu'est le blé. Les progrès enregistrés dans le domaine de la productivité agricole dans les pays développés, ajoutés au fait qu'il restait des terres disponibles, essentiellement en Amérique du Nord, aboutirent à une baisse sensible du prix réel du blé au XIXe siècle, surtout dans sa seconde moitié. Par exemple, le prix moyen à l'exportation du coton égyptien entre 1876/1880 et 1926/1929 passa de 300 à 570 dollars la tonne, tandis que le blé américain passait de 44,30 dollars à 50,80 dollars, ce qui signifie qu'en 1876/1880 une tonne de coton égyptien valait moins de 7 tonnes de blé, alors qu'en 1926/1929 ce chiffre était passé à plus de 11. Notons au passage qu'en 1987/1991 il était de plus de 40. Mais le fait que les termes d'échange nets se soient améliorés dans le tiers monde ne signifie pas nécessairement que l'évolution ait été positive. Cela aurait pu être le cas si cette amélioration avait été accompagnée d'une hausse des salaires et des autres revenus, comme dans les pays développés. Le salaire réel des producteurs de produits primaires a probablement stagné ou a très faiblement progressé entre les années 1870 et les années vingt, tandis que les salaires de l'industrie connaissaient dans la même période une hausse de 100 % à 160 % dans les pays développés. Cela signifie qu'en moyenne, en 1926/1929, le salaire d'un ouvrier du tiers monde permettait d'acheter 10 % à 25 % de produits manufacturés de plus que ses grands-parents vers 1875. Ce gain est tout à fait modeste comparé à la situation dans le monde développé où l'ouvrier pouvait acheter avec un salaire moyen entre 80 % et 130 % de plus de produits primaires en provenance du tiers monde. Cette évolution doit toutefois être considérée comme normale puisque les gains de productivité obtenus dans les pays développés dans la production de biens manufacturés ont probablement été plus rapides que les gains de productivité dans le tiers monde dans la

Évolution des termes de l'échange des pays du tiers monde à économie de marché entre 1876/1880 et 1989/1991[a]

	Tous pays	Pays exportateurs de pétrole[b]	Autres pays
1876/1880	66-77	–	–
1928/1929	89-96	–	–
1938	80	–	–
1950/1954	111	100	115
1960/1964	101	101	101
1965/1969	91	89	104
1970/1972	90	98	107
1973/1975	147	236	116
1976/1978	171	300	111
1979/1981	225	484	106
1982/1984	235	549	100
1985/1987	189	365	95
1989/1991	175	310	90

a. 1963 = 100.
b. Vingt pays représentant 17 % de la population des pays du tiers monde à économie de marché.
Source : 1876/1880-1938 : voir le texte. 1930/1960-1964 : Nations unies, Yearbook of International Trade Statistics, divers numéros. *1960/1964 et années postérieures : Nations unies (CNUCED),* Unctad Handbook of International Trade and Development Statistics, *divers numéros, ainsi que des données communiquées par le secrétariat de la CNUCED.*

production de produits primaires. C'est à dessein que j'utilise le terme de « probablement ». La probabilité de l'existence d'une telle différence est effectivement élevée, mais nous manquons de statistiques sur les gains de productivité dans le secteur des produits primaires dans le tiers monde, surtout pour les denrées agricoles.
Non seulement elles n'existent pas pour la période 1870/1928, mais pas même non plus pour l'époque actuelle.

Mais l'erreur d'hier peut être la réalité d'aujourd'hui

Le problème des « termes d'échange nets », généralement simplement dits « termes de l'échange », s'est posé de façon très différente dans les années cinquante.
Du début des années cinquante jusqu'à 1961/1962, il y eut détérioration réelle des termes de l'échange des produits primaires en général, et plus encore des produits primaires exportés par les pays sous-développés. L'importance croissante des exportations de pétrole et les mouvements divergents et erratiques des prix de ces produits rendent vide de sens toute étude de l'évolution globale des termes de l'échange depuis le début des années soixante [*voir tableau*].
Pour les pays non exportateurs de pétrole, soit pour 83 % de la population des pays du tiers monde à économie de marché, la période de 1961/1962 à 1979/1981 est marquée par une relative stabilité des termes de l'échange. Mais, au regard des tendances antérieures, cette stabilisation peut être considérée comme une évolution négative.
Depuis 1979/1981, la détérioration a été importante et a duré au moins jusqu'en 1992. On peut donc affirmer que, globalement, l'évolution négative des termes de l'échange dans les pays non exportateurs de pétrole date du début des années cinquante. Le fait est paradoxal, mais l'origine de cette évolution négative a coïncidé avec la vague des indépendances politiques.
Les causes de cette évolution peuvent seulement être rapidement résumées ici. Parmi les facteurs explicatifs de cette modification de la tendance à long terme, citons le ralentissement de la demande pour une vaste gamme de produits primaires, ajouté à un accroissement de l'offre, au développement des produits synthétiques, aux mesures de restriction des importations de certains produits tropicaux (par le biais de taxes intérieures), aux progrès technologiques qui ont réduit les coefficients de consommation de matières premières dans l'industrie et, enfin – et ce n'est pas le moins important –, à la dichotomie structurelle que l'on présente généralement comme la thèse de Singer-Prebisch.
Cette théorie suggère que, en raison d'une organisation moins efficace dans le tiers monde, le rapport d'inégalité entre le monde développé et le monde sous-développé aboutit à une situation dans laquelle les gains de productivité dans le secteur des produits primaires se traduisent en baisse des prix, tandis que dans l'industrie ces gains se traduisent par une hausse des salaires et des profits. L'ironie veut que, dans une certaine mesure, l'indépendance politique ait aussi signifié la libération des grandes entreprises acheteuses qui ont pu imposer des baisses de prix puisque les problèmes locaux ne concernaient plus directement l'ancienne métropole développée.

Enfin, il existe une autre explication possible mais qui n'a pas encore été testée. Depuis les années cinquante en Europe occidentale, les taux relatifs de croissance de la productivité ont été totalement inversés entre l'agriculture et l'industrie. Depuis cette époque et jusqu'à aujourd'hui, la productivité (du travail) a augmenté presque deux fois plus vite dans l'agriculture que dans l'industrie, aboutissant ainsi à une détérioration des termes de l'échange des denrées agricoles produites dans les pays tempérés. Si, au cours des trente dernières années, le taux de croissance de la productivité dans l'agriculture tropicale a été plus élevé que celui de l'industrie des pays développés, cela pourrait expliquer, au moins en partie, l'évolution des termes de l'échange entre 1950 et 1990.
Pour l'instant, les statistiques disponibles ne sont pas suffisamment nombreuses pour permettre d'évaluer correctement l'évolution de la productivité du travail dans l'agriculture tropicale et il faudra donc attendre pour savoir si cette explication est valable.

Questions sur l'ensemble du dossier

1. Que mesurent les termes de l'échange nets ? [*voir fiche-outil 3*]
2. Posez l'opération qui permet de calculer les termes de l'échange nets du coton égyptien sur la période 1876-1880 ; puis sur la période 1926-1929. [*début du doc. 1*]
3. Comment Paul Bairoch explique-t-il l'amélioration des termes de l'échange nets des pays faiblement développés entre le XIXe siècle et le début du XXe siècle ? [*doc. 1*]
4. Pourquoi, selon Paul Bairoch, les termes de l'échange nets n'expliquent-ils pas tout ? Que faut-il prendre en compte également ?
5. Comment évoluent les termes de l'échange des pays du tiers monde depuis les années cinquante ? Quels sont les facteurs qui expliquent cette évolution selon Paul Bairoch ?
6. Commentez le document 2.
7. **Question de synthèse.** A-t-on assisté à une détérioration séculaire des termes de l'échange ?

En ce qui concerne l'évolution postérieure à 1979/1981, l'intervention des facteurs mentionnés ci-dessus ne peut être que très partielle puisque la détérioration des termes de l'échange fut beaucoup plus importante qu'elle ne l'aurait été par le seul jeu de ces modifications structurelles. Il y eut effectivement, dans les pays du tiers monde non exportateurs de pétrole, une détérioration de 15 % des termes de l'échange entre 1979/1981 et 1989/1991. Celle-ci est en grande partie la conséquence de la forte augmentation des prix du pétrole qui a abouti à une hausse également rapide des prix des produits manufacturés ainsi que de certains articles semi-manufacturés, comme les engrais, importés par les pays du tiers monde. ■

Paul Bairoch, Mythes et paradoxes de l'histoire économique, *La Découverte/Poche, 1999.*

Document 2

Les termes de l'échange de 1960 à 2000

Base 100 en 1960	1960	1965	1970	1975	1981	1985	1986	1995	1999	2000
Pays développés	100	103	104	93	77	86	94	101	100	96
Pays en voie de développement	100	89	84	162	242	213	158	142	143	149
dont – principaux exportateurs de pétrole	100	90	86	281	562	481	252	193	225	320
– principaux exportateurs de produits manufacturés	100	103	103	113	83	81	78	67	65	64
– pays les moins avancés	100	90	93	87	82	84	80	62	58	76

Source : À partir de CNUCED, Manuel de statistiques de commerce international et du développement, *éditions 2002 et années précédentes. Calculs Jean-Paul Piriou.*

Dossier 6 • Fiche TD

Le gain à l'échange

Cet exercice n'illustre que la question des avantages comparatifs. Soit un pays dans lequel un cultivateur et un éleveur peuvent chacun travailler 40 heures par semaine pour produire de la dinde et du blé. Le tableau A retrace leurs performances productives.

Dans un premier temps, ils se situent en autarcie, c'est-à-dire ne procèdent à aucun échange. Chacun ne consomme que ce qu'il produit et ne produit que ce qu'il consomme.

I. UNE ÉCONOMIE SANS ÉCHANGE

D'après le tableau A, si l'éleveur consacre tout son temps à la dinde, il peut en produire 40 kg ; s'il ne s'intéresse qu'au blé, il en obtient 10 kg. Mais il peut évidemment choisir de produire et consommer des deux produits en répartissant ses quarante heures de travail en fonction de ses préférences. Dans le graphique A, le segment représente toutes les combinaisons possibles pour l'éleveur. Il peut par exemple produire 5 kg de blé et 20 kg de dinde, 2 kg de blé et 32 kg de dinde, etc. Les économistes appellent *frontière des possibilités de production* ce segment.

[Détail qui n'est pas indispensable pour la suite : si Y est la quantité de dinde produite (en kg) et X la quantité de blé, on peut écrire $(1 \times Y) + (4 \times X) = 40$, puisque la quantité de travail disponible pour produire la dinde et le blé est de 40 heures. Autrement dit, $Y = -4X + 40$ (avec $X > 0$ et $Y > 0$) est l'équation de la frontière des possibilités de production.]

Si l'éleveur n'utilise pas tout son temps de travail, il sera à gauche de cette frontière.

Question 1. Reproduisez le graphique A et situez le point correspondant à une production de 7 kg de blé et 10 kg de dinde ; calculez ensuite le temps de travail de l'éleveur pour cette production.

Le résultat montre que c'est possible, mais pas très intéressant puisqu'une partie des ressources (les 40 heures) n'est pas utilisée.

Un point situé à droite de la frontière correspond à une impossibilité.

Question 2. Situez le point correspondant à 13 kg de dinde et 9 kg de blé ; à quelle durée de travail correspond-il ?

Ce niveau de production (et donc de consommation) est impossible à atteindre puisque le temps de travail est par hypothèse limité à 40 heures. Le segment correspond bien à la frontière des possibilités.

On suppose qu'en autarcie l'éleveur considère que son bien-être est maximum lorsqu'il produit et consomme

Tableau A

Nombre d'heures de travail nécessaires pour produire un kilogramme

	Dinde	Blé
Cultivateur	10	5
Éleveur	1	4

Graphique A (en kg)

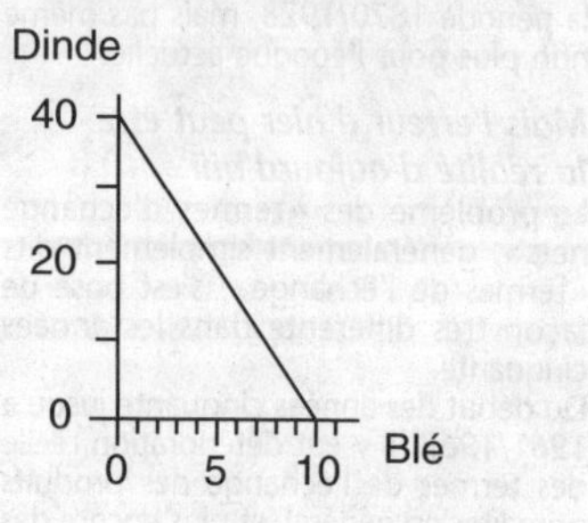

12 kg de dinde et 7 kg de blé. Soit *F* cette situation.

Question 3. Représentez *F* sur le graphique A.

On s'intéresse maintenant au cultivateur. En autarcie, il considère que sa situation est la meilleure lorsqu'il produit et consomme 2 kg de dinde et 4 kg de blé.

Question 4. Représentez la frontière des possibilités de production du cultivateur sur un graphique appelé *B* et situez le point *D* correspondant à son choix de production.

II. UNE ÉCONOMIE AVEC ÉCHANGE

Les performances de l'éleveur et du cultivateur sont très différentes. Avec la même quantité de travail, le premier peut produire 10 fois plus de dinde que le second. Pour le blé, l'écart est moindre, mais il peut néanmoins en produire 25 % de plus que le cultivateur.

Question 5. Dans ce contexte de compétitivité supérieure de l'éleveur, les deux hommes ont-ils intérêt à échanger ?,078

Après avoir longuement discuté, les deux hommes se rendent compte qu'ils améliorent leur situation s'ils se spécialisent et échangent. Après bien des palabres, ils se mettent d'accord pour que l'éleveur cède au cultivateur 3 kg de dinde pour lesquels il reçoit 3 kg de blé. Le cultivateur décide de se spécialiser entièrement dans la production du blé. L'éleveur augmente sa production de dinde de 12 à 16 kg. Chacun continue à travailler 40 heures.

Question 6. Reproduisez et complétez le tableau B, sauf la dernière ligne.

Comment apprécier ce qu'ils ont gagné à échanger ? En observant comment la consommation de chacun a pu varier grâce à l'échange.

Question 7. Remplissez la dernière ligne du tableau B.

Question 8. Situez sur les graphiques A et B les points correspondant à la production et à la consommation de l'éleveur et du cultivateur après l'échange.

Question 9. En situation autarcique, combien chacun aurait-il dû travailler pour pouvoir consommer la même chose qu'en économie avec échange ?

Question 10. Commentez les réponses aux questions 7 à 9. Quelle est l'origine du gain à l'échange ?

III. L'ÉCHANGE INTERNATIONAL

Imaginons maintenant que le cultivateur est un pays appelé *C* et l'éleveur un pays appelé *E*. Leurs performances productives sont celles du tableau A.

Dans chaque pays, on suppose que les producteurs travaillent 40 millions d'heures et peuvent produire indifféremment de la dinde ou du blé.

Question 11. Les pays C et E ont-ils intérêt à échanger entre eux ?

On suppose que dans chaque pays existent des éleveurs qui ne produisent que de la dinde et des cultivateurs qui ne produisent que du blé.

Question 12. À quelles conditions les deux pays ont-ils intérêt à échanger ? Pourquoi peut-il y avoir des perdants dans chacun des pays ? Que pourrait-on faire ? Commentez.

IV. LES LIMITES DU TAUX D'ÉCHANGE

Question 13. Lorsqu'il réduit de un kilo sa production de blé, combien E peut-il produire de quantité de dinde supplémentaire. Combien C peut-il produire de blé lorsqu'il réduit sa production de un kilo de dinde ? Déduisez de ces résultats les limites à l'intérieur desquelles doit se situer le taux d'échange pour que l'échange soit profitable à C et à E.

Tableau B

Production et consommation (en kg)	Cultivateur		Éleveur	
	Dinde	Blé	Dinde	Blé
Autarcie				
Production	2	4	12	7
Consommation	2	4	12	7
Avec échange				
Production	0	?	16	?
Consommation	?	?	?	?
Gain à l'échange	?	?	?	?

CONCLUSION

Question 14. Pourquoi les différents producteurs ou les différents pays n'ont-ils pas les mêmes performances ?

Question 15. Quelles conclusions tirez-vous de cet exercice ?

Jean-Paul Piriou

Dossier 7 • Fiche TD

Lire une matrice du commerce international

Support des travaux : La matrice des exportations mondiales en 1986, 1991 et 2000 (en millième du total des exportations), source OMC, in Michel Rainelli, Le Commerce international, *La Découverte, « Repères », 9ᵉ éd., 2003.*

Le « total des totaux »

Question 1. Que trouve-t-on à l'intersection de la dernière ligne et de la dernière colonne ?

Question 2. Que représente « 1 000 » à l'intersection de la ligne 8 et de la colonne 8 ?

Les marges du tableau

On appelle « marges » d'un tableau à double entrée, la dernière ligne « marge horizontale » et la dernière colonne « marge verticale ».

Ici, ce sont en fait les deux dernières lignes (8 et 9) et les deux dernières colonnes (8 et 9) qui constituent les marges, car la même information est donnée en valeur absolue (milliards de dollars) et en valeur relative (millième).

■ *La marge horizontale*

Elle renseigne sur la destination des exportations mondiales.

Question 3. Exprimez dans une phrase la signification des deux données de la première case des lignes 8 et 9.

Au niveau mondial, les exportations sont égales aux importations. *La marge horizontale fait donc apparaître la structure des importations mondiales.*

Question 4. Reprenez les données précédentes et faites une nouvelle phrase en utilisant le mot « importations » et non plus « exportations ».

Question 5. Quelle est la part en % de l'Europe occidentale dans les importations mondiales en 2000 ?

Question 6. Complétez les cases vides de la marge horizontale.

Document 1

Matrice des exportations mondiales en 2000

	1	2	3	4	5	6	7	8	9
Destination / **Origine**	**Amérique du Nord**	**Amérique latine**	**Europe occidentale**	**Europe orientale, centrale, ex-URSS**	**Afrique**	**Moyen-Orient**	**Asie**	**Total** (en millième)	**Total** (en milliards de dollars)
1 Amérique du Nord	68	28	32	1	2	3	37	171	1 057,8
2 Amérique latine	36	10	7	e^a	1	e^a	3	58	
3 Europe occidentale	43	9	267	21	10	10	32	391	2 418,7
4 Europe orientale, centrale et ex-URSS	2	1	24	12	e^a	1	3	43	266,0
5 Afrique	4	1	12	e^a	2	e^a	4	23	142,3
6 Moyen-Orient	7	1	8	e^a	2	3	20		247,4
7 Asie	68	7	45	2	4	7	130	263	1 626,9
8 Total (en millième)	227	56	394	37		24	231	1 000	
9 Total (en milliards de dollars)	1 404,2	346,4	2 437,3	228,9	117,5	148,5			6 186

e^a signifie inférieur à 0,5.
Remarque : les totaux comprennent des flux dont les destinations ne sont pas affectées, ce qui explique que les sommes générales (dernière ligne et dernière colonne) ne soient pas égales à 1000.
Source : OMC, 2001.

■ *La marge verticale*
Elle renseigne sur l'origine des exportations mondiales. D'où celles-ci proviennent-elles ?
Question 7. Exprimez dans une phrase la signification des deux données de la première case des colonnes 8 et 9.
La marge verticale fait donc apparaître la structure des exportations mondiales.
Question 8. Quelle est la part en % de l'Europe occidentale dans les exportations mondiales en 2000 ?
Question 9. Complétez les cases vides de la marge verticale.

■ *La comparaison des marges*
Les deux marges sont obtenues à partir du même ensemble : les échanges mondiaux. On peut donc les comparer.
Question 10. Comparez la première case de la marge verticale avec la première case de la marge horizontale (travaillez d'abord avec les données en milliards de dollars, puis avec les valeurs relatives). Que peut-on en déduire quant au commerce extérieur de l'Amérique du Nord ? Faites les calculs qui conviennent et exprimez vos résultats dans une phrase.
Question 11. Quelles sont les zones excédentaires en 2000 ? les zones déficitaires ?

La matrice

Elle est formée des lignes 1 à 7 et des colonnes 1 à 7. Les cases qui la constituent ont la particularité de fournir deux informations sur les flux d'échanges : leur origine et leur destination, contrairement aux marges qui n'apportent qu'une information : soit la destination des exportations (marge horizontale) soit leur origine (marge verticale).
Question 12. Exprimez dans une phrase la signification de la donnée qui se trouve à l'intersection de la ligne 3 et de la colonne 1.
Question 13. Calculez le montant de ces échanges en milliards de dollars.

■ *Lecture en colonne*
Elle renseigne sur la provenance des importations d'une zone.
Question 14. En adoptant ce mode de lecture, faites une phrase avec la donnée qui se trouve à l'intersection de la ligne 3 et de la colonne 1.
Question 15. Calculez la part des importations en provenance de l'Europe occidentale dans les importations de l'Amérique du Nord (faites le calcul de deux manières : à partir des valeurs ab-

Schéma A

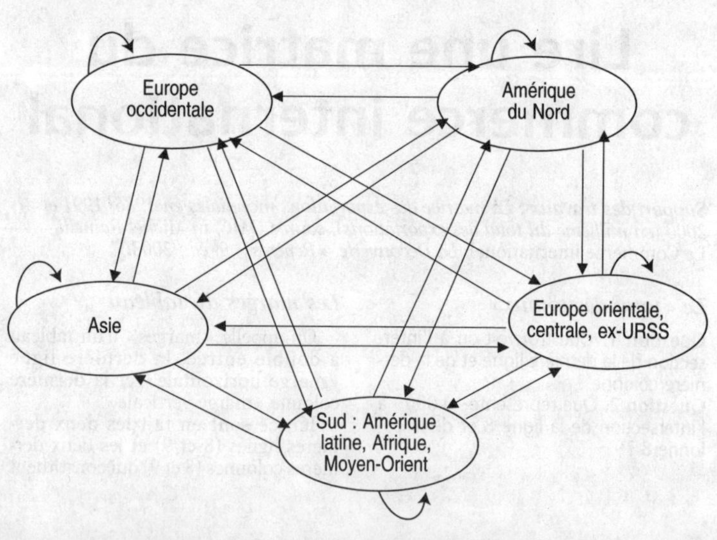

solues puis à partir des valeurs relatives). Exprimez le résultat dans une phrase.

■ *Lecture en ligne*

Elle renseigne sur la destination des exportations d'une zone.

Question 16. En adoptant ce mode de lecture, faites une phrase avec la donnée qui se trouve à l'intersection de la ligne 3 et de la colonne 1.

Question 17. Calculez la part des exportations à destination de l'Amérique du Nord dans les exportations de l'Europe occidentale (faites le calcul de deux manières : à partir des valeurs absolues puis à partir des valeurs relatives). Exprimez le résultat dans une phrase.

■ *Lecture de la diagonale*

Question 18. Quelle est la particularité des flux décrits par la diagonale du tableau ?

Question 19. Exprimez dans une phrase la signification de la donnée qui se trouve à l'intersection de la ligne 3 et de la colonne 3.

Question 20. Quelle part ces flux représentent-ils dans les exportations de cette zone ? Posez votre calcul à l'aide des valeurs relatives, puis exprimez le résultat dans une phrase. Que traduit un tel résultat ?

Question 21. Pour quelles autres zones la part de ces flux dans les échanges de la zone est-elle importante ? Pour quelles zones ne l'est-elle pas ?

■ *Autres utilisations possibles*

Question 22. Calculez la part des échanges réalisés entre l'Amérique du Nord, l'Europe occidentale et l'Asie dans le total des échanges mondiaux (y compris les flux intrarégionaux). Exprimez la signification de votre résultat dans une phrase.

Question 23. Comparez ce résultat à la part de ces trois zones dans les exportations mondiales. Concluez.

Question 24. Montrez que les pays du Sud occupent une place réduite dans les échanges mondiaux.

Question 25. Transposez les données de la matrice en % et portez-les sur le schéma A. Tracez en rouge les flux les plus importants. Commentez rapidement.

Question 26. Le tableau du document 2 superpose les matrices de trois années et permet de suivre l'évolution des flux commerciaux depuis une quinzaine d'années. Observez ces données et dégagez les principaux constats en terme d'évolution.

Document 2

Matrice des exportations mondiales en 1986, 1991 et 2000
(en millièmes du total des exportations)

Origine / Destination		Amérique du Nord	Amérique latine	Europe occidentale	Europe orientale, centrale, ex-URSS	Afrique	Moyen-Orient	Asie	Total[a]
Amérique du Nord	1986	58	16	32	1	3	4	33	149
	1991	**52**	**19**	**37**	**2**	**3**	**5**	**40**	**157**
	2000	*68*	*28*	*32*	*1*	*2*	*3*	*37*	*171*
Amérique latine	1986	20	6	9	3	1	1	4	44
	1991	**19**	**7**	**9**	**2**	**1**	**1**	**4**	**42**
	2000	*36*	*10*	*7*	*e**	*1*	*e**	*3*	*58*
Europe occidentale	1986	45	9	304	15	19	17	29	437
	1991	**33**	**9**	**334**	**15**	**15**	**14**	**34**	**454**
	2000	*43*	*9*	*267*	*21*	*10*	*10*	*32*	*391*
Europe orientale, centrale et ex-URSS	1986	1	3	18	42	2	2	6	75
	1991	**1**	**1**	**15**	**6**	**1**	**1**	**3**	**26**
	2000	*2*	*1*	*24*	*12*	*e**	*1*	*3*	*43*
Afrique	1986	4	1	15	1	2	e*	2	26
	1991	**4**	**1**	**15**	**1**	**2**	**1**	**3**	**24**
	2000	*4*	*1*	*12*	*e**	*2*	*e**	*4*	*23*
Moyen-Orient	1986	4	2	10	1	1	2	12	33
	1991	**5**	**1**	**10**	**1**	**1**	**2**	**15**	**24**
	2000	*7*	*1*	*8*	*e**	*2*	*3*	*20*	*40*
Asie	1986	75	5	37	6	4	9	82	218
	1991	**62**	**6**	**49**	**4**	**5**	**8**	**118**	**251**
	2000	*68*	*7*	*45*	*2*	*4*	*7*	*130*	*263*
Total (en milliards de dollars)	1986	207	43	426	70	32	36	168	1 000
	1991	**175**	**43**	**469**	**29**	**31**	**31**	**215**	**1 000**
	2000	*227*	*56*	*394*	*37*	*19*	*24*	*231*	*1 000*

a. 2 133 milliards de dollars en 1986, 3 506 en 1991, 6 186 en 2000. Ces totaux comprennent des flux dont les destinations ne sont pas affectées, ce qui explique que les sommes générales (dernière ligne et dernière colonne) ne soient pas égales à 1 000.
e signifie inférieur à 0,5.*
Source : calculs d'après GATT, Le Commerce international 1991-1992, *vol. Statistiques, tab. A. 2, GATT,* Le Commerce international 1994, *Statistiques, tab. A. 2, OMC,* Statistiques du commerce international 2001, *tab. A. 2 ; in Michel Rainelli,* Le Commerce international, *op. cit.*

Sujet de bac

DISSERTATION

▶ LIBRE-ÉCHANGE ET CROISSANCE ÉCONOMIQUE

Sujet : Le libre-échange est-il favorable à la croissance économique ?

Document 1

La baisse de la protection douanière et l'explosion des échanges

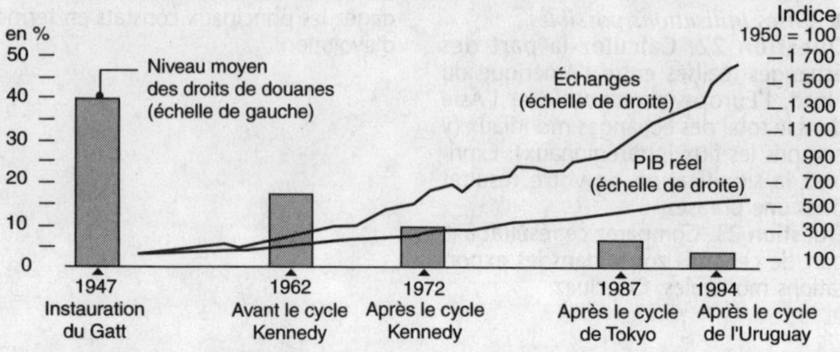

Source : Le Monde, *26 mai 1998.*

Document 2

L'échange international présente trois avantages principaux : il favorise la spécialisation, élargit les marchés et donne accès aux techniques. [...] La spécialisation est un avantage mis en avant depuis Ricardo. Elle permet à chacun d'utiliser au mieux son travail, en l'affectant aux productions les plus efficaces du pays. [...]

L'élargissement des marchés est un avantage très important de l'échange international pour les activités où existent des économies d'échelle. Lorsque les coûts de production sont principalement des coûts fixes, comme l'écriture d'un logiciel ou la réalisation d'un film, tout élargissement de la production permet de réduire les coûts.

D'autre part, pour les feuilletons télévisés comme pour les automobiles, il est souvent coûteux de développer de nouveaux modèles, qui ne peuvent être rentabilisés qu'en vendant beaucoup. Le nombre de modèles disponibles est donc limité par la taille du marché. Celui-ci s'accroît avec son ouverture. Les entreprises bénéficient alors d'un plus grand choix d'équipements, mieux adaptés à leurs besoins, et les consommateurs de possibilités élargies.

Tout aussi important est l'échange de facteurs de production. Il permet à un pays d'accéder à ceux qui lui font défaut, qu'il s'agisse d'un défaut de ressources naturelles, de capitaux ou de connaissances techniques. [...]

Pour les pays en développement, c'est le moyen d'aller directement aux techniques les plus récentes ou les plus adaptées. [...]

Cet accès aux techniques étrangères est tout aussi vital pour les pays développés : la France déposant 6 % des brevets mondiaux, la croissance française serait réduite à peu de choses si elle devait utiliser exclusivement des techniques indigènes. ■

A. Parienty, Alternatives économiques *n° 206, septembre 2002.*

Document 3

L'exemple des textiles et des vêtements [...] représente un affrontement international entre les pays riches, [...] et les pays du tiers monde. [...] Les obstacles mis aux échanges internationaux ont été négociés dans le cadre des accords multifibres (AMF), qui, depuis le 1er janvier 1974, avec trois accords successifs (1977, 1981, 1986), protègent les marchés des pays les plus développés (États-Unis, CEE) contre les exportations des pays en développement. L'arme essentielle est ici celle des quotas, fixés annuellement pays par pays, à un niveau de plus en plus contraignant. [...]

[...] Les industriels du textile ont pu, grâce à la protection, réaliser des profits significatifs sur une période assez longue (rappelons que l'AMF date de 1974), ce qui a contribué à modifier les structures de l'industrie. Il y a eu en effet modification de la combinaison productive : d'une industrie de main-d'œuvre qu'elle était, l'activité s'est radicalement transformée dans les pays industriels, utilisant aujourd'hui plus de capital productif par unité de produit que la moyenne des branches. Ce mouvement résultant en partie du protectionnisme aurait contribué à diminuer les emplois. L'analyse du GATT considère que cette mutation a conduit à un gaspillage de capitaux qui aurait pu être utilisés dans d'autres secteurs pour créer des emplois pouvant exister sans protection. ■

Michel Rainelli, Le Commerce international, *La Découverte, « Repères », 9e éd., 2003.*

Document 4

Niveau de tarifs douaniers et taux de croissance moyenne pour les années 1990[a]

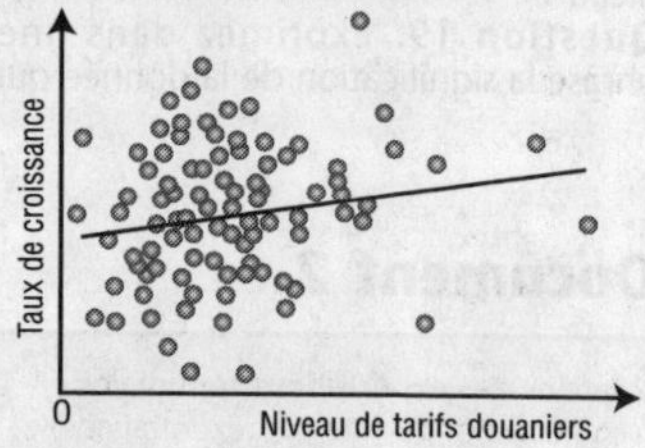

a. Une fois les effets de l'instabilité économique et de la localisation géographique supprimés.
Lecture : chaque point représente un pays.
Source : Dani Rodrik, The Global Gouvernance of Trade, *PNUD, 2001,* in Alternatives économiques *n° 206, septembre 2002, p. 71.*

Document 5

Le succès des dragons asiatiques repose en grande partie sur une insertion réussie de leurs économies dans le commerce international, *via* la promotion des exportations de produits manufacturés. Avec un objectif : contraindre les producteurs locaux à s'adapter aux normes de production et de qualité en vigueur sur le marché mondial. L'essor du secteur exportateur a permis, grâce aux recettes en devises, le financement des importations de biens d'équipement et de biens intermédiaires nécessaires à l'industrialisation du pays. Les exportations, initialement composées de biens à forte intensité de main-d'œuvre peu qualifiée (textile par exemple), ont progressivement monté en gamme vers des biens mettant en œuvre un savoir-faire plus complexe (électronique, automobile, etc.).

L'insertion a été mise au service du développement interne, favorisant ainsi la

→ MÉTHODES POUR LE BAC pages 738-751

constitution d'un tissu industriel diversifié. Cette industrialisation n'aurait pas été possible sans la réunion d'un ensemble de conditions internes, notamment une bonne articulation entre un secteur privé dynamique et un État fort, capable de mettre en place un environnement favorable. Le rôle déterminant de l'État s'établit à différents niveaux : politique douanière et commerciale protégeant les industries naissantes de la concurrence internationale, planification industrielle, développement du secteur éducatif pour accroître le niveau de qualification de la main-d'œuvre (l'un des plus élevés au monde aujourd'hui) et, enfin, une redistribution des revenus relativement égalitaire permettant d'élargir progressivement le marché intérieur. ■

Alternatives économiques, *hors-série n° 32, 2e trimestre 1997.*

Document 6

Une distribution inégale des bienfaits du commerce

Les politiques commerciales ne redistribuent pas que le revenu national. Elles peuvent aussi tenter de redistribuer le revenu mondial entre les nations. Même si l'on admet son cadre de raisonnement limité aux avantages et coûts monétaires, la théorie économique n'a démontré que l'existence d'un gain global du libre-échange. Rien ne garantit que ce gain soit équitablement réparti entre les nations. L'économie du développement a largement illustré à quel point des rapports de force déséquilibrés engendrent une distribution très inégale des bienfaits du commerce entre les nations. Et dans tout processus d'adaptation à un contexte de compétition renforcée, il n'y a pas que des gagnants. S'il est à la fois des gagnants et des perdants, l'éventuelle efficacité globale du libre-échange ne règle en rien la question de la juste répartition des coûts et avantages. ■

Jacques Généreux, Alternatives économiques *n° 201, mars 2002.*

Sujet de bac

ÉPREUVE DE SYNTHÈSE

▶ COMMERCE INTERNATIONAL ET INÉGALITÉS

Travail préparatoire (*10 points*)

1. Quels principaux constats peut-on établir à partir du document 4 ? (*1 point*)
2. Quelle relation peut-on déduire de l'évolution de ces trois variables ? [*doc. 4*] (*1 point*)
3. Expliquez la phrase soulignée. [*doc. 1*] (*2 points*)
4. Quelles sont les conséquences du processus de spécialisation des économies du Nord sur les salaires ? Justifiez votre réponse. [*doc. 1*] (*2 points*)
5. Expliquez l'expression soulignée. [*doc. 2*] (*2 points*)
6. Quelle thèse P. Krugman défend-il ? Quels sont ses arguments ? [*doc. 3*] (*2 points*)

Question de synthèse (*10 points*)

Après avoir recherché en quoi la concurrence des pays du Sud et de l'Est pouvait être à l'origine de la montée du chômage et des inégalités salariales dans les pays industrialisés, vous montrerez qu'elle n'est pas seule responsable de cette situation.

→ MÉTHODES POUR LE BAC pages 738-751

Document 1

Les secteurs en déclin, importateurs, libèrent essentiellement du travail peu qualifié, alors que les secteurs en expansion, exportateurs, réclament surtout des travailleurs qualifiés. Un déséquilibre apparaît donc sur le marché du travail. <u>La demande nette de travail qualifié et l'offre nette de travail non qualifié augmentent</u>. Si les salaires sont parfaitement flexibles, le plein emploi sera assuré malgré tout. Mais les travailleurs non qualifiés devront accepter des baisses de salaires alors que les travailleurs qualifiés pourront obtenir des salaires plus élevés. Une évolution inégalitaire des salaires accompagne donc, en théorie, le processus de spécialisation des énonomies du Nord. Si les salaires sont en partie rigides à la baisse, du chômage apparaîtra pour les travailleurs non qualifiés des secteurs en déclin. ■

Jean-Marie Cardebat, Ecoflash *n° 167, avril 2002.*

Document 2

Comme dans toutes les circonstances où les évolutions économiques engendrent des spécialisations, les restructurations induites par la mondialisation, soit directement du fait des délocalisations d'entreprises vers des pays où les coûts de production sont plus faibles, soit indirectement en raison du développement d'importations qui évincent les productions locales, comportent des coûts au moins transitoires, qui tiennent à la difficulté de reconvertir le capital humain et l'appareil productif. Ces coûts d'ajustement sont souvent très concentrés sur certaines activités, certaines régions et certaines catégories de main-d'œuvre, donc très visibles, bien plus que les bénéfices procurés de manière plus diffuse à tous les consommateurs. Leur existence est indéniable, même s'ils ne suffisent pas, en général, à annuler les gains procurés à tous par l'essor des échanges : <u>c'est bien plus l'égoïsme des gagnants</u> – qui souvent explique l'inaction des États – <u>que l'insuffisance des gains qui explique l'absence d'une compensation adéquate des perdants</u> que sont, au moins à court terme, ceux qui perdent leur emploi ou leur investissement du fait de la concurrence étrangère. En outre, de même que les processus d'agglomération des activités peuvent avoir un caractère cumulatif, les pertes de substance économiques de certains pays ou régions ont souvent également des effets irréversibles d'appauvrissement. ■

J.-Y. Durance, B. Richez, AcComex *n° 43, janvier-février 2002,* in Problèmes économiques *n° 2772, 2002, p. 13.*

Document 3

[...] Dans la très grande majorité des cas, l'augmentation de la demande de travail qualifié est la conséquence d'une modification de la demande *interne* à chaque secteur d'activité, et non pas d'une recomposition de la structure sectorielle de l'économie américaine pour répondre aux exigences du commerce extérieur. Personne ne peut identifier en toute certitude la cause de la réduction de la demande relative de travail non qualifié dans l'ensemble de l'économie. Les transformations technologiques, en particulier l'utilisation croissante des outils informatiques, pourraient être une explication ; mais, dans tous les cas, la mondialisation ne peut avoir joué le rôle principal.

On comprend qu'il soit difficile d'admettre que la compétition internationale n'a pas joué un rôle important dans la baisse des salaires des travailleurs les moins qualifiés, au vu de la rapide croissance des exportations de produits manufacturés par les pays du tiers monde. En vérité, il n'en est pas besoin. Si la vague d'exportations de certains pays en voie de développement a beaucoup attiré l'attention, la plus grande part des importations américaines se fait toujours en provenance de pays développés dont les travailleurs ont des niveaux de qualifications et de salaires analogues aux nôtres. En 1990, le salaire moyen des travailleurs de l'industrie manufacturière des partenaires commerciaux des États-Unis (pondéré par les chiffres de l'ensemble du commerce bilatéral) atteignait 88 % du niveau des salaires américains. Les importations (autres que le pétrole) en provenance de pays à bas salaires (c'est-à-dire ceux dont les travailleurs gagnent moins de la moitié du salaire américain) atteignaient seulement 2,8 % du PIB. ■

Paul R. Krugman,
La mondialisation n'est pas coupable,
La Découverte/Poche, 2000.

Document 4

L'emploi industriel en France

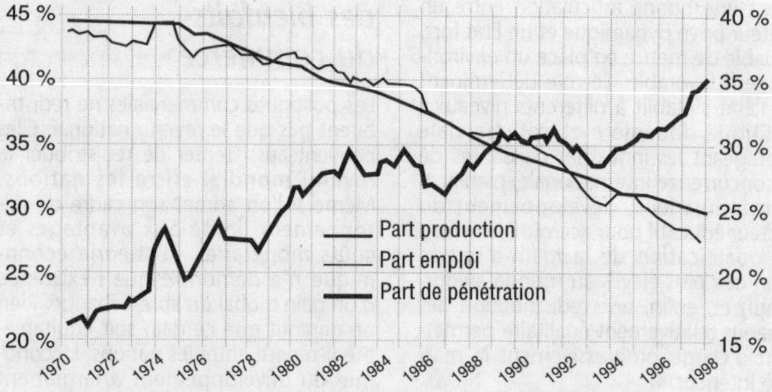

Échelle de gauche : part de la production industrielle dans la production de biens et services ; emploi industriel rapporté à l'emploi marchand.
Échelle de droite : taux de pénétration des importations dans le secteur industriel.
Source : INSEE, Comptes trimestriels, base 1980, in Mondialisation et inégalités, Cahiers français *n° 305, novembre-décembre 2001, p. 41.*

Fiche-outil 1

Les instruments du protectionnisme

Il existe deux grands types d'instruments pour protéger une nation : les *barrières tarifaires*, c'est-à-dire les *droits de douane*, et *les barrières non tarifaires*.

Les droits de douane sont la modalité la plus ancienne du protectionnisme, en raison de leur caractère de recette fiscale. C'est un type de barrière qui tend à disparaître sous l'effet des cycles de négociation du GATT (le prédécesseur de l'OMC) : à l'issue de l'Uruguay Round, en 1993, les droits de douane moyens sur les marchandises ne sont plus que de 3,7 % contre quelque 45 % à l'époque de la naissance du GATT en 1947. En revanche, selon les pays et les produits, les barrières non tarifaires sont d'un usage fréquent, même s'il est contraire aux principes de l'Organisation mondiale du commerce.

Il existe tout d'abord des restrictions quantitatives aux échanges. Celles-ci peuvent prendre la forme de *quotas*, imposés par une nation aux importateurs ou négociés; on parle alors d'accord d'autolimitation des exportations. Les firmes exportatrices acceptent de limiter leurs exportations pour atténuer les pressions protectionnistes qui s'exercent contre elles d'autant plus facilement que l'autolimitation leur permet, en fait, d'accroître leurs prix de vente. C'est par exemple ce qui s'est passé lorsque les firmes japonaises de l'automobile ont accepté en 1981 de limiter leurs importations au niveau de 22 % du marché intérieur des États-Unis.

Par ailleurs, les nations peuvent recourir à des mesures administratives comme les *normes nationales de qualité* destinées à protéger les consommateurs. Les règlements nationaux qui ont un tel but sont établis dans des secteurs comme l'agroalimentaire. C'est ainsi que les États-Unis considèrent que la réglementation européenne prohibant l'usage d'hormones afin de stimuler la croissance des veaux a une finalité protectionniste : leur usage est autorisé aux États-Unis. De nombreux autres secteurs sont concernés, comme l'électronique grand public (normes de conformité technique), l'automobile (normes antipollution et normes de sécurité)... Les normes ainsi fixées peuvent avoir un véritable fondement de protection des consommateurs, en empêchant la vente de produits dangereux, mais elles peuvent être détournées de leur fin initiale. Il suffit pour cela que la spécification du produit considéré comme respectant la norme corresponde aux seules qualités des productions nationales et, sans qu'il soit nécessaire de prendre de mesure explicite, les importations deviennent impossibles.

Parallèlement à l'usage des normes, de multiples mesures administratives peuvent être utilisées, par exemple en établissant des contraintes sur les lieux de dédouanement des produits ou encore sur les documents qui accompagnent les produits importés, ce qui crée un coût supplémentaire pour les importateurs.

Figurent également dans l'arsenal protectionniste des mesures particulières destinées à contrôler l'activité des firmes multinationales implantées sur le territoire national.

Les plus utilisées sont les *règles de contenu local* qui imposent un pourcentage minimum de composants d'origine locale pour qu'un bien soit considéré comme domestique. Elles visent à protéger les firmes nationales contre la concurrence de firmes étrangères, particulièrement japonaises, qui seraient de simples usines de montage (« usines tournevis »). Cette forme particulière de protection se présente fréquemment dans le contexte des blocs régionaux constitués ou en constitution comme l'Union européenne ou l'ALENA.

Les *subventions* constituent la dernière mesure protectionniste possible. Contrairement aux autres instruments, les subventions agissent directement sur les coûts de production des firmes domestiques. Elles ont donc comme résultat de modifier les coûts relatifs des entreprises et ainsi les flux du commerce international. En général, il s'agit de subventions à la production : si un État subventionne ses producteurs nationaux, il leur permet à l'évidence de concurrencer des importateurs, mais aussi d'améliorer leur position dans les échanges internationaux.

Michel Rainelli

Fiche-outil 2

Les négociations commerciales multilatérales

Le GATT (*General Agreement on Tariffs and Trade*) est à l'origine un simple traité multilatéral négocié entre 23 nations entre avril et octobre 1947 à Genève, qui devait déboucher sur une Organisation internationale du commerce, dont le principe est adopté lors de la conférence de La Havane de mars 1948, mais qui ne verra pas le jour en raison de l'opposition des États-Unis. En l'absence d'une véritable organisation, les nations vont accéder à ce traité et s'engagent à respecter des obligations en matière de commerce international. Ces obligations sont de deux ordres : des obligations centrales (consentir aux autres la clause de la nation la plus favorisée, consentir des concessions tarifaires) et un code de bonne conduite (absence de discrimination entre importations et productions nationales, interdiction du dumping, prohibition des restrictions quantitatives aux échanges sauf exceptions explicitement énoncées, réglementation des subventions). Le GATT ne concerne que les produits (agriculture, industrie minière, industrie manufacturière), mais dès 1955 l'agriculture est *de facto* en dehors des règles communes.

La vie du GATT a été marquée par l'organisation de cycles de négociations commerciales multilatérales dans lesquels les pays ont pris des engagements en matière de libéralisation des échanges. Sept principaux cycles ont été organisés entre 1947 et 1994. Le tableau A donne des renseignements généraux sur les caractéristiques des cycles.

L'histoire de ces cycles révèle une tendance générale à l'élargissement constant du GATT, à la fois par le nombre de participants aux cycles et par les domaines couverts dans les négociations. Alors que les 23 fondateurs du GATT représentent en 1947 environ 20 % du commerce mondial, les 123 signataires de l'Uruguay Round en réalisent environ 90 % en 1994.

L'OMC a pris la suite du GATT à partir du 1er janvier 1995. L'OMC compte, au 1er janvier 2003, 144 membres, la Chine étant le dernier pays important à avoir adhéré à l'organisation. Le passage du GATT à l'OMC s'est traduit par une nouvelle extension de son domaine : il existe maintenant, à côté de l'accord sur le commerce des marchandises, un accord sur le commerce des services, un accord sur les aspects des droits de la propriété intellectuelle qui touchent au commerce, un accord sur les mesures sanitaires et phytosanitaires, un accord sur les barrières

Tableau A

Les cycles de négociations du GATT (1947-1993)

Lieu Appellation	Année	Nombre de pays	Domaines couverts
Genève	1947	23	Droits de douane
Annecy	1949	33	Droits de douane
Torquay	1951	34	Droits de douane
Genève Dillon Round	1960-1961	45	Droits de douane
Genève Kennedy Round	1964-1967	62	Droits de douane; mesures antidumping
Genève Tokyo Round	1973-1979	102	Droits de douane; barrières non tarifaires; accords-cadres
Genève Uruguay Round	1986-1994	123	Droits de douane; barrières non tarifaires; extension du domaine du GATT (services, droits de la propriété intellectuelle); réforme institutionnelle. Établissement de l'OMC

techniques au commerce... Parmi les nouveaux domaines de compétence de l'OMC, le cas des services est sans doute le plus important. Les négociations de l'Uruguay Round n'ont pas permis de libéraliser ces échanges, mais simplement de poser des principes généraux. Ce sont des négociations postérieures à 1995 qui ont permis, par exemple, d'avancer pour la libéralisation des services financiers.

L'une des nouveautés de l'OMC est, avec l'Organe de règlement des différends, la mise en place d'une procédure efficace pour résoudre les différends entre les membres de l'OMC sur l'application des différents accords.

À Doha, lors de la quatrième conférence ministérielle de l'OMC en novembre 2001, a été prise la décision de lancer un nouveau cycle de négociations multilatérales au sein de l'OMC, d'une durée de trois ans. De nombreux sujets sont inscrits à l'agenda de ces négociations; parmi les plus sensibles figurent l'agriculture, les services (notamment l'inclusion des services d'éducation et de santé), le traitement des pays les moins avancés. Les tous premiers résultats enregistrés à propos du droit des pays les moins développés de produire des médicaments sans verser de *royalties* aux laboratoires détenteurs des brevets indiquent que les négociations seront difficiles : les États-Unis se sont opposés à cette mesure prévue à Doha.

Michel Rainelli

Fiche-outil 3

Les termes de l'échange

I. DAIM CONTRE SAUMON

Imaginons qu'un peuple de chasseurs commerce avec un peuple de pêcheurs. Vous êtes un chasseur. Si deux daims s'échangent contre dix saumons, le rapport 10/2 donne le prix relatif du daim (un daim vaut cinq saumons). En supposant que les daims soient le seul produit exporté et le saumon le seul produit importé, ce rapport (= quantité importée/quantité exportée ou Qm/Qx) nous donne aussi les termes de l'échange TE (du point de vue des chasseurs TE = 5). Les TE nous indiquent le pouvoir d'achat des exportations, c'est-à-dire la quantité de produits importés obtenue en échange d'une unité de produits exportés.

Les termes de l'échange évoluent au cours du temps. Selon qu'ils augmentent – passant par exemple de 5 à 6 – ou selon qu'ils diminuent – passant par exemple de 5 à 4 –, on dira qu'ils *s'améliorent* ou se *détériorent*. Il est permis de penser qu'une amélioration est synonyme d'enrichissement (on importe plus en échange de la même quantité d'exportations) et qu'une détérioration est synonyme d'appauvrissement. Cependant, peut-on aller jusqu'à considérer que le pays qui subit une détérioration est victime d'une injustice, d'un échange inégal (c'est-à-dire d'une exploitation par l'échange) ? On pense par exemple aux paysans du tiers monde qui doivent livrer de plus en plus de cacao ou d'arachide pour acheter un tracteur...

II. CHASSEUR CONTRE PÊCHEUR

En fait, il n'est pas possible de porter un jugement éclairé tant qu'on ne connaît pas l'évolution de la productivité. S'il fallait une heure de chasse pour tuer un daim et une heure de pêche pour ramener cinq saumons, derrière le rapport un daim contre cinq saumons, il y avait le rapport une heure de travail contre une heure de travail (ce que l'on appelle les termes de l'échange factoriels doubles, le facteur de production étant ici le travail). Si, parce que la rivière est plus poissonneuse, une heure de pêche permet de ramener désormais six saumons, derrière l'amélioration des termes de l'échange (du point de vue des chasseurs) ou leur détérioration (du point de vue des pêcheurs), il y a toujours le rapport entre une heure contre une heure (stabilité des termes de l'échange factoriels doubles).

Il importe donc de savoir si l'évolution des termes de l'échange est due ou non à l'évolution de la productivité et qui profite des gains de productivité. Si les TE étaient restés à cinq, alors les pêcheurs auraient réussi à échanger cinquante minutes de leur travail contre une heure du travail des chasseurs : dans ce cas ils auraient conservé leurs gains de productivité pour eux au lieu d'en faire profiter les chasseurs. Plus le marché est concurrentiel et plus les producteurs sont contraints de transférer les gains de productivité aux consommateurs sous la forme de baisse de prix relatifs (exemple : les micro-ordinateurs). Si les producteurs sont suffisamment puissants pour exercer un pouvoir de marché, ils peuvent conserver une partie plus ou moins importante des gains de productivité et distribuer le supplément de revenu correspondant, au sein des entreprises, sous la forme d'une augmentation des profits ou d'une augmentation des salaires. Quels sont les producteurs détenant un pouvoir de marché ? *A priori* il s'agit de très grandes entreprises, notamment des firmes multinationales, et/ou d'entreprises bénéficiant de rentes liées à l'innovation, mais aussi de cartels. Le plus souvent, les maisons mères de ces entreprises se trouvent dans les pays les plus développés. Certains économistes en déduisent que les termes de l'échange sont généralement défavorables aux pays les moins développés. Mais le prix sur le marché ne dépend pas seulement de l'offre : il faut aussi prendre en compte les élasticités prix et revenu de la demande. Toutefois, même dans cette hypothèse, ils doivent tenir compte de l'élasticité de la demande (une baisse de prix relatif est désavantageuse pour l'ensemble des producteurs si l'élasticité prix de la demande est inférieure à un).

III. QUELS TERMES DE L'ÉCHANGE ?

Il importe de bien distinguer les TE entre produits (qui ne sont pas des TE entre pays, hormis le cas extrême de pays monoexportateurs) et les TE factoriels. Pour ces derniers, on se contente souvent de calculer des TE factoriels simples, lesquels mesurent la quantité de produits importés que l'on réussit à acheter avec une unité de travail national (sachant que cette unité a permis de produire la quantité de produits exportés que l'on a fournis en contrepartie de ces importations). Une amélioration de ces TE signifie que la quantité de produits importés achetés par une heure de travail national a augmenté.

Lorsque le seul indicateur disponible est celui des TE entre produits, il convient donc de se demander si la variation observée s'explique par l'évolution de la productivité ou par l'évolution de la demande (en première approximation, car, d'autres facteurs peuvent jouer, par exemple les subventions à l'exportation).

IV. NETS OU BRUTS ?

Sauf cas particulier, l'échange international ne s'effectue pas marchandises contre marchandises, mais marchandises contre monnaie (ou devises). Il faut donc intégrer les prix monétaires dans le raisonnement.

Si le daim vaut 100 euros et le saumon 20 euros, alors le rapport 100 €/20 € = 5 nous donne le prix relatif du daim. On peut donc calculer l'évolution des TE en utilisant des indices de prix : au cours d'une période donnée, l'indice des TE (nets) est mesuré par le rapport = (indice de prix des produits exportés/indice de prix des produits importés) × 100. Les TE (nets) s'améliorent lorsque les prix à l'exportation augmentent plus vite que les prix à l'importation.

Il est également possible de calculer l'évolution des TE (bruts) en utilisant des indices de volume (rappelons que les volumes sont des valeurs mesurées à prix constants) : au cours d'une période donnée, l'indice des TE (bruts) est mesuré par le rapport = (indice de volume des importations/indice de volume des exportations) × 100. Le lecteur attentif aura remarqué l'inversion entre exportations (au numérateur de l'indice des TE nets) et importations (au numérateur des TE bruts). Expliquons-la brièvement : si les échanges sont équilibrés entre chasseurs et pêcheurs, 2 daims à 100 euros l'unité s'échangent contre 10 saumons à 20 euros l'unité, soit 2.100€ = 10.20€ ; le prix relatif du daim, ici 100€/20€ = 5 (un daim vaut 5 saumons), est égal au rapport entre la quantité de saumons (importée) et la quantité de daims (exportée) : 10/2. Cette égalité entre le rapport des prix et le rapport des quantités (ou des volumes dès lors que l'on agrège des produits différents) n'est plus vérifiée si les échanges sont déséquilibrés : l'indice des TE nets diffère alors de l'indice des TE bruts.

En général, on mesure l'évolution des TE nets. Il est donc important de mettre en relation cette mesure avec l'évolution du volume des exportations et des importations. En effet, une détérioration des termes de l'échange nets (les prix à l'exportation augmentant moins vite que les prix à l'importation) peut fort bien correspondre à une amélioration de la compétitivité prix et s'accompagner, par conséquent, d'une amélioration du solde extérieur en volume (le volume des exportations augmente plus vite que le volume des importations).

L'indice des termes de l'échange n'est donc qu'un indicateur partiel des conditions de l'échange international. Il n'est pas recommandé de tirer des conclusions hâtives de son évolution, sans prendre la précaution de le comparer à des indicateurs complémentaires...

Pascal Combemale

Chapitre XII

LA MONDIALISATION : ACTEURS ET STRATÉGIES

CHRISTIAN CHAVAGNEUX

Introduction

« Bond. My name is James Bond. » Du temps de sa jeunesse, qui était celui de la guerre froide, l'agent 007 luttait contre le KGB, les services secrets de « l'empire du Mal ». Mais les temps ont changé : de nos jours, l'ancien patron du KGB, devenu président de l'empire déchu vient jouer au cow-boy dans le ranch du président de l'empire d'en face. Pourtant, 007 n'a pas pris sa retraite. Il continue à nous protéger contre les « forces du Mal », désormais plus difficiles à identifier, qui prennent la forme de mystérieuses organisations dont le but est tout simplement de dominer le monde. À l'origine, cette fiction est l'œuvre de quelqu'un qui connaissait plutôt bien les services secrets. Elle rejoint toutes ces « théories du complot » qui expliquent l'histoire par l'action de groupuscules occultes et d'agents parallèles, agissant dans les coulisses, loin des projecteurs des médias. Est-il pour autant naïf de se poser la question : « Qui sont les maîtres du monde ? » ?

Si les marchés fonctionnaient conformément au modèle de la concurrence parfaite, et si les relations économiques internationales étaient entièrement régulées par de tels marchés, on pourrait éventuellement accepter l'hypothèse qu'aucun agent n'est suffisamment puissant pour exercer un réel pouvoir. Dans ce cas, les « maîtres du monde » économique ne seraient que des personnages de roman. Mais les marchés sont très « imparfaits », leur structure est souvent oligopolistique, les États mettent en œuvre des politiques commerciales, participent à des négociations internationales… Il existe aussi des organisations telles que le FMI et la Banque mondiale, des clubs des principales puissances mondiales, comme le G8, qui définissent et font respecter certaines règles du jeu. Il en résulte une orientation de la mondialisation conforme à des intérêts et à des conceptions que contestent certaines ONG et des mouvements sociaux, aujourd'hui de plus en plus actifs.

L'analyse économique des échanges internationaux, présentée dans le chapitre précédent, fournit un premier éclairage de cette mondialisation. Mais elle gagne à être complétée par une analyse pluridisciplinaire, moins formalisée, plus qualitative, des relations entre les différents acteurs, qu'il s'agisse des firmes multinationales, des gouvernements, des mouvements de contestation, des mafias… Aucune n'est superflue. La première démarche est utile lorsque la modélisation qui la sous-tend est soumise à des tests économétriques et qu'elle appuie des propositions normatives (que faut-il faire ?). La seconde approche, dont l'économie politique internationale fournit une bonne illustration, permet de résister au fatalisme des « lois » économiques en montrant que la mondialisation résulte de toute une série de décisions, de politiques, de rapports de forces…

C'est donc Christian Chavagneux, spécialiste d'économie politique internationale, et non l'agent 007, qui va nous expliquer « qui sont les maîtres du monde ».

Pascal Combemale

Sommaire

LES ACTEURS DE LA MONDIALISATION

➻ **Christian Chavagneux**
Journaliste au mensuel Alternatives économiques, *rédacteur en chef de la revue* L'Économie politique, *chercheur associé au* Center for Global Political Economy *de l'université de Sussex.*

La mondialisation des activités économiques que nous connaissons aujourd'hui s'inscrit dans le développement à long terme du capitalisme. Pour autant, cette mondialisation n'a rien de naturel. Si l'évolution technologique, celle des moyens de transport comme celle des processus de fabrication, y joue un rôle essentiel, elle résulte aussi des rapports de force et des compromis politiques passés par les différents acteurs à même d'en influencer le cours. Les principaux d'entre eux sont les firmes multinationales, les États, les organisations non gouvernementales, les réseaux marchands informels et les mafieux.

Loin d'être systématiquement en opposition (« les États contre les marchés », « les ONG contre le pouvoir des firmes », etc.), ces différents acteurs sont liés, engagés dans une négociation permanente et en évolution constante. Ils produisent, ensemble, une gouvernance mondiale que l'on peut définir comme l'ensemble des processus par lesquels des règles collectives sont élaborées, décidées, légitimées, mises en œuvre et contrôlées, pour promouvoir une économie mondiale porteuse de plus ou moins d'ordre, de justice, de liberté et d'efficacité.

I. LES MULTINATIONALES

D'après la CNUCED (Conférence des Nations unies sur le commerce et le développement, dans son *World Investment Report*), le monde compte 65 000 entreprises multinationales. Elles viennent de 67 pays (mais sur les 100 premières, on compte 54 américaines, 32 européennes et 5 japonaises) et contrôlent 850 000 filiales présentes dans 175 pays, soit la quasi-totalité des nations du monde. Les ventes de ces filiales représentent deux fois et demi le montant des exportations mondiales et l'équivalent de 11 % du PIB de la planète (contre 7 % en 1990). Par le choix de localisation de leurs activités, les multinationales organisent une division internationale du travail qui structure le système productif mondial. Elles jouent ainsi un rôle essentiel dans l'ensemble des accords qui déterminent ce qui est produit, par qui, pour qui, où, avec quelles méthodes et à quelles conditions.

Historiquement, le système productif mondial a connu deux changements substantiels : d'abord, la naissance en Europe du capitalisme et son développement dans cette région du monde à partir du XVe siècle, puis, le passage graduel de systèmes de productions organisés pour servir des marchés nationaux à une organisation productive – et non plus seulement marchande comme dans les siècles précédents – destinée à servir un marché mondialisé. Les firmes s'internationalisent selon deux logiques : soit en accédant à un marché, soit en produisant plus efficacement. Dans le premier cas, les entreprises investissent dans les pays où les consommateurs ont de quoi payer (les pays développés) ou dans ceux dont le développement est

📖 **Bibliographie**
Christian Chavagneux, L'Économie politique internationale, *La Découverte, « Repères », 2003 ;*
Serge Cordellier (dir.), La mondialisation au-delà des mythes, *La Découverte/Poche, 2000.*

prometteur (pays émergents). C'est pourquoi, selon les estimations de la CNUCED, 65 % des investissements directs à l'étranger (IDE) étaient à destination des pays développés en 2002. Dans le second cas, les entreprises cherchent à profiter des avantages comparatifs des différentes régions du monde en installant les différents segments de leur chaîne de valeur ajoutée dans les territoires où ils peuvent être le mieux produits de manière compétitive (les chaussures et produits textiles de l'entreprise américaine Nike sont ainsi produits dans environ 700 usines réparties dans plus de 50 pays et situées à plus de 80 % en Asie). La Chine est ainsi considérée par les multinationales comme un territoire particulièrement attractif : avec 9,4 % des IDE reçus en 2002, elle est le premier pays au monde à en bénéficier.

Plan

L'activité internationale des firmes a nettement progressé par rapport à son niveau du milieu du XXe siècle. Elle est même désormais plus importante que ce qu'elle était à la fin du XIXe siècle, une autre grande période de mondialisation (le stock des IDE mondiaux est de l'ordre de 18 % du PIB mondial en 2001-2002, le double de son niveau de 1913). Quelles sont les conséquences politiques internationales de ces évolutions ? Pour le philosophe et économiste écossais du XVIIIe siècle Adam Smith, « un marchand est citoyen du monde, parce qu'il ne tient nécessairement à aucun pays en particulier ». Cette vision de firmes apatrides est largement répandue aujourd'hui. Néanmoins, elle doit être fortement nuancée. Le degré de mondialisation des firmes dépend bien entendu du secteur de production concerné (l'automobile ou les télécommunications sont parmi les plus mondialisés) mais, d'une manière générale, on note que le territoire d'origine des firmes multinationales joue toujours un rôle essentiel dans leur organisation (même s'il faut noter que les grandes entreprises des petits États ont tendance à plus se mondialiser, comme par exemple Nestlé en Suisse). Leurs filiales continuent de s'approvisionner de manière significative auprès d'entreprises de leur nation d'origine. Les relations sociales restent majoritairement organisées dans un cadre national, y compris pour les multinationales à dimension européenne. La très grande majorité des activités stratégiques de recherche et d'innovation demeure concentrée dans les territoires d'origine. De même, les fonds propres de l'entreprise (les fonds que celle-ci n'a pas eu à emprunter et qui proviennent des actionnaires, des bénéfices réinvestis et des provisions faites en prévision de charges à venir) proviennent d'abord des marchés financiers nationaux d'origine. Enfin, et la France en est un bon exemple, les dirigeants des grandes entreprises restent plus en symbiose avec les élites politiques et administratives de leur propre pays qu'avec toute autre source de pouvoir politique étatique.

Si la « *World Company* » reste donc encore aujourd'hui du domaine du fantasme, cela ne signifie pas pour autant que les entreprises multinationales n'exercent pas un rôle politique international significatif. Bien au contraire, on peut montrer qu'elles sont à même d'influencer les règles de la mondialisation économique par de nombreux canaux.

Le pouvoir politique des firmes

Le premier canal réside dans le rôle joué par certaines entreprises dans la détermination des infrastructures essentielles de la mondialisation (comptabilité, environnement juridique, assurance…). Celles-ci sont souvent analysées en rapport avec l'efficacité et la sécurité des transactions qu'elles procurent. La façon dont elles sont produites et dont elles fonctionnent comporte pourtant des dimensions politiques importantes. On peut l'illustrer dans de nombreux domaines comme par exemple celui de la comptabilité ou de la normalisation internationale (on pourrait ajouter le conseil juridique, la réassurance, le contrôle des marchés boursiers, etc.).

Les grands cabinets d'audit internationaux (PricewaterhouseCoopers, KPMG, Ernst & Young, Deloitte Touche Tohmatsu et Arthur Andersen, ce dernier ayant partiellement disparu en raison de ses déboires liés au scandale Enron) ont ainsi été à l'origine de l'établissement de normes comptables internationales que l'Union européenne a adoptées et auxquelles les entreprises européennes doivent s'adapter d'ici 2005. Leurs fondements ressortent des principes de la comptabilité anglo-saxonne et de la place qu'ils laissent au marché dans l'appréciation de la valeur comptable des actifs détenus par les firmes, une pratique qui n'est pas répandue sur le continent européen où les actifs sont valorisés à leur coût historique (lié à la valeur où ils ont été achetés). Une source d'instabilité d'après de nombreux experts, à laquelle l'Europe devra s'adapter, mais qui permettra aux grands cabinets comptables mondialisés de minimiser leurs coûts en proposant les mêmes services partout dans le monde. Dans un autre domaine, les normes émises par des regroupements d'entreprises prennent un poids de plus en plus important dans les processus de normalisation internationale (normes sanitaires, techniques, etc.) par rapport aux normes publiques nationales ou celles mêlant acteurs publics et privés au niveau international (la norme ISO – de l'Organisation internationale de normalisation – par exemple).

Les firmes multinationales exercent également leur influence par le biais de partenariats stratégiques. Certaines entreprises se trouvent en effet à la fois en concurrence et en liaison étroite dans le cadre de coopérations qui concernent essentiellement la recherche. L'automobile, les semi-conducteurs, l'industrie pharmaceutique et les industries de technologie de l'information en sont des exemples (par exemple l'alliance IBM-Motorola-Apple pour inventer un microprocesseur concurrent au pentium d'Intel). Ce qui a conduit l'économiste américain John Dunning à soutenir que la mondialisation économique actuelle se développait dans le cadre d'un « capitalisme d'alliance ».

Au-delà de ces partenariats, on trouve des ententes illégales entre les entreprises qui ont, historiquement, toujours joué un grand rôle : les cartels. Ils se définissent comme des accords formels ou informels entre des entreprises *a priori* concurrentes pour fixer des prix élevés, limiter la production, empêcher la diffusion de leur avance technologique et gérer de manière coordonnée leurs parts de marché. Les accords internationaux comportent trois dimensions : laisser chaque entreprise dominante sur son marché local fixer ses prix comme elle l'entend, partager les marchés d'exportations vers les autres pays et organiser un « fonds de combat » pour aider les entreprises de l'accord qui se feraient prendre et condamner par des régulateurs (la Commission européenne, par exemple, en Europe). L'un des cartels internationaux les plus anciens a été constitué en 1823 entre les producteurs de rails d'acier et n'a dû sa disparition

Encadré A : ***Les cartels internationaux***

Presque tous les grands producteurs d'électrodes en graphite ont participé à une entente de cinq ans (1992-1997) qui a augmenté le prix des produits en moyenne de 50 % sur les différents marchés, leur rapportant une rente de 7 milliards de dollars. Le cartel de la lysine, un complément à la nourriture de la volaille et des porcs vendu aux agriculteurs, a multiplié par deux le prix du produit en trois ans. L'entente mondiale sur certaines vitamines organisée par Rhône-Poulenc, Hoffmann-Laroche et BASF, au détriment notamment de Kellog, Coca-Cola ou Procter et Gamble, a fonctionné pendant près de dix ans avant d'être mise à jour début 1999. Hoffmann-Laroche a payé l'amende la plus élevée de toute l'histoire de la lutte américaine contre les cartels, 500 millions de dollars, BASF, 225 millions de dollars et Rhône-Poulenc a été épargnée pour avoir accepté de dénoncer le cartel à la justice américaine. Fin 2001, la Commission européenne a également infligé aux entreprises de ce cartel l'amende la plus élevée de son histoire (855,2 millions d'euros). Le signe d'un début de prise de conscience des deux côtés de l'Atlantique de l'importance du rôle des cartels internationaux.

qu'au déclenchement de la première guerre mondiale. L'entre-deux-guerres a connu une prolifération importante des cartels. Un rapport des Nations unies de 1947 indiquait que durant la période 1929-1937, 42 % du commerce mondial était sous leur contrôle. Un rapport publié en 2000 par l'OCDE précisait que « de telles ententes sont beaucoup plus importantes et néfastes pour l'économie mondiale qu'on ne le pensait précédemment ». Dans un nouveau rapport publié en 2002, l'OCDE attire l'attention sur le fait que les entreprises adoptent d'autant plus ce genre de comportement que la probabilité d'être découvertes et les niveaux des sanctions restent faibles.

Les associations professionnelles transfrontalières constituent un autre canal d'influence des acteurs économiques privés. Au plan européen, la Business European Roundtable, par exemple, qui regroupe 45 patrons de multinationales européennes, a été l'un des fers de lance de la construction de l'Europe, soutenant auprès des gouvernements la nécessité de créer rapidement un marché unique, une monnaie unique et de procéder le plus tôt possible à un élargissement de l'Europe.

La forme la plus extrême d'influence des acteurs économiques privés se lit dans leur capacité à inscrire dans le droit international public les règles destinées à servir leurs intérêts particuliers. Le chercheur américain Susan Sell a montré comment une douzaine de dirigeants de multinationales américaines opérant dans les secteurs de la pharmacie, de l'informatique et du divertissement ont écrit ce qui deviendra les accords internationaux sur la propriété intellectuelle, instaurant une protection exclusive de leurs brevets sur une durée de vingt ans. Jamais, historiquement, la loi internationale n'avait été aussi favorable aux multinationales. Ces leaders ont d'abord convaincu les entreprises nationales de leurs secteurs respectifs de s'associer à leur démarche. Ils ont également su présenter leur cas au gouvernement américain avant de convaincre leurs concurrents étrangers de faire pression sur leurs gouvernements respectifs afin de donner une priorité à ces négociations. Au total, les multinationales américaines ont réussi à atteindre leur objectif à partir de jeux d'influences mélangeant autorités privées, publiques, nationales et internationales, dont les frontières apparaissent très poreuses[1]. On peut également montrer comment les pratiques prudentielles internationales (les pratiques imposées aux banquiers pour qu'ils évitent de prendre trop de risques) de la Banque des règlements internationaux (BRI) sont largement influencées par les grandes banques internationales et notamment américaines.

Ce passage en revue du pouvoir politique des firmes multinationales permet de présenter deux conclusions : on ne peut pas *a*

1. Cette norme a été jugée illégitime par certains États (Afrique du Sud, Brésil) dans le domaine des brevets pharmaceutiques. Ils ont obtenu gain de cause lors des accords de Doha de fin 2001, l'accord final autorisant tout pays à produire et distribuer des médicaments pour protéger la santé de sa population (notamment contre le sida) en copiant les brevets d'origine sans crainte de représailles juridiques. Néanmoins, un accord restait à trouver début 2003 sur la possibilité pour les pays pauvres non producteurs d'importer ces médicaments copiés.

priori mettre en évidence une forme unique d'influence ; de nombreux exemples soulignent la difficulté à distinguer parfaitement espace privé et espace public de décision (Internet en représente un cas exemplaire, la finance internationale en est un autre).

II. LES ÉTATS

Les décisions prises par les États contribuent aussi à façonner l'économie mondiale. Mais ils ne disposent pas tous du même pouvoir d'influence. Les États-Unis restent le pays le plus puissant au sein des pays riches, ces derniers exerçant une influence plus grande que les pays en développement. Une différence qui nourrit des stratégies étatiques variées face à la mondialisation.

L'hégémonie des États-Unis

Les États-Unis exercent une influence prépondérante aussi bien sur le plan économique que militaire, technologique et financier. Celle-ci tient dans la capacité des différents acteurs de la société américaine, l'État, mais aussi le Congrès, les entreprises, les banques, les ONG, etc., à déterminer les règles du jeu dans les domaines clés de l'économie mondiale. Dans le domaine de la production internationale, sur les 100 premières firmes multinationales, 54 sont américaines (32 européennes). Les entreprises installées aux États-Unis contrôlent 21 % du stock mondial des investissements directs à l'étranger. Les multinationales les plus rentables se trouvent aux États-Unis (par exemple, 6 des 10 premières firmes pharmaceutiques, le secteur le plus rentable au monde, sont américaines), ainsi que les marques les plus connues. Dans le domaine de la finance mondiale, toutes les grandes décisions importantes en matière de finance internationale depuis trente ans ont été le fait des États-Unis : passage des changes fixes aux changes flottants au début des années 1970, possibilité pour les investisseurs internationaux (banques, fonds de pension, compagnies d'assurance...) de financer les déficits budgétaires des États au début des années 1980 (et donc de maintenir les déficits plus longtemps en augmentant les dépenses ou en réduisant les impôts), libéralisation des services financiers en 1997 (la possibilité donnée aux établissements financiers de s'installer un peu partout dans le monde). Le dollar reste la monnaie reine du système monétaire international : il est impliqué dans 90 % des transactions contre 38 % pour l'euro (sur un total de 200 car chaque échange implique deux monnaies) ; les banques centrales du monde entier placent encore leurs réserves à près de 70 % en dollars (13 % en euros) ; à la fin juin 2002, 44 % du stock de prêts internationaux des banques étaient en dollars contre 31 % en euros ; à la fin septembre 2002, 48 % de l'encours des obligations internationales de moyen long terme étaient en dollars contre 36 % en euros. La domination américaine sur la finance internationale se lit également dans sa capacité unique à pouvoir maîtriser les paniques financières. Jérôme Sgard, chercheur au CEPII (Centre d'études prospectives et d'informations internationales), montre ainsi dans *L'Économie de la panique* (La Découverte, 2002) comment seule l'intervention politique du Trésor américain (le ministère des Finances), relayée par la Citibank (l'un des poids

Encadré B : *LTCM*

Grâce aux risques qu'ils prennent, les fonds spéculatifs proposent des placements avec des rendements élevés. Les banques sont alors incitées à leur prêter beaucoup d'argent. Généralement situées dans des paradis fiscaux, leurs activités sont peu transparentes. Les banques sont donc peu à même de juger du niveau de risque que prennent les fonds spéculatifs. D'où de mauvaises surprises possibles, comme dans le cas du fonds américain LTCM en septembre 1998 : un mauvais pari sur l'évolution des écarts entre les taux d'intérêt à long terme de différents pays européens a entraîné sa quasi-faillite, mettant en péril beaucoup de grandes banques internationales. Il avait réussi à leur emprunter l'équivalent de vingt-huit fois ses ressources propres !

lourds de la finance new-yorkaise), appuyée sur une banque centrale locale crédible, a permis l'arrêt de la crise de la monnaie coréenne, le won, en décembre 1997. De même, seule la Réserve fédérale, la banque centrale des États-Unis, disposait de l'influence nécessaire au sauvetage du système financier international en septembre 1998, après la crise de la dette russe et la quasi-faillite du fonds spéculatif LTCM. Cela ne signifie pas que les autorités monétaires et financières américaines peuvent empêcher les États-Unis de subir la force déstabilisatrice des marchés financiers. Mais elles et elles seules (en étant relayées par le FMI) disposent de la capacité de pouvoir jouer un rôle de coordination des acteurs publics et privés à même de mettre fin aux paniques.

Le pouvoir des États-Unis s'exerce également dans le domaine de la connaissance, qui recouvre deux dimensions. La première touche au monde des idées. Les universités et les publications américaines fixent le cadre de la réflexion du moment dans de nombreux domaines scientifiques – les économistes en savent quelque chose (sur les 54 prix Nobel en économie décernés depuis 1969, 34 sont américains). C'est un atout important, car c'est là que se trouve l'origine des croyances qui font qu'à un moment donné chacun se construit sa représentation du monde, de ses contraintes et de ses opportunités. C'est là également que se trouvent les sources des innovations qui changent la vie de tous. Des OGM à la chirurgie cardiaque, de la copie d'ADN aux traitements anti sida, en passant par la méthode qui permet de télécharger photos et animations sur un ordinateur sans attendre des heures, tous les brevets de ces inventions révolutionnaires sont le fait d'entreprises américaines. La seconde dimension concerne les conditions qui permettent de découvrir, d'accumuler, de stocker et de communiquer (ou non) des informations. Au premier rang des nouvelles technologies de l'information se place bien entendu Internet. Sa diffusion se fait de manière inégalitaire et donne une prime importante à ses initiateurs américains : le gouvernement des États-Unis a ainsi décidé, seul, de confier la gestion des adresses Internet (les .com, .org, etc.) aux acteurs privés, professionnels et ingénieurs américains, dont le mode d'élaboration des règles reste opaque.

Enfin, les États-Unis dominent la définition des menaces et des conditions de la sécurité du monde. Tant que perdurait la guerre froide avec l'URSS, la domination américaine et son engagement à défendre l'Ouest étaient indiscutables et souhaités. Après la chute du mur de Berlin, la question s'est posée aux Européens de se construire une identité propre en matière de défense et de sécurité. Ils n'en ont pas été capables. La guerre contre le régime taliban en Afghanistan en 2002, comme celle du Golfe et du Kosovo auparavant, confirment que seuls les États-Unis peuvent mobiliser rapidement les moyens humains (leurs alliés locaux s'engageant dans les combats), de renseignement et de logistique nécessaires pour répondre aux menaces et conflits du monde contemporain… qu'ils définissent eux-mêmes. Leurs dépenses militaires (351 milliards de dollars en 2002, avec une augmentation constante du budget prévu, jusqu'à 470 milliards en 2007, autour de 4 % du PIB) donnent aux États-Unis une large avance sur leurs alliés européens beaucoup moins bien équipés.

Les réponses régionales

Certains États s'inscrivent dans la mondialisation par une stratégie de régionalisation. Celle-ci prend plusieurs formes. Elle peut permettre aux États qui se regroupent de proposer un territoire économique plus large que celui d'un seul pays et plus attractif pour les grandes firmes multinationales. Ainsi, la constitution du Marché unique européen répondait-elle en partie à cet objectif, de même que celle de l'ALENA (Accord de libre échange nord-américain), qui regroupe dans un accord commercial le Canada, les États-Unis et le Mexique, ou que l'ensemble du MERCOSUR (Marché commun du cône Sud de l'Amérique) qui rassemble l'Argentine, le Brésil, le Paraguay et l'Uruguay. Cette stratégie de recherche de compétitivité a eu comme conséquence jusqu'à présent de favoriser l'ouverture des pays concernés et le développement du commerce mondial plutôt que de contribuer à créer des blocs commerciaux antagonistes, car elle reste souvent soutenue par les grandes entreprises.

Seuls les pays européens ont été beaucoup plus loin dans leur volonté d'association régionale en créant une monnaie unique et en posant les bases d'une politique étrangère et de défense commune. L'enjeu de l'euro est ainsi surtout celui de la capacité de l'Union européenne à pouvoir écrire les règles du jeu financier mondial en imposant plus de régulation. L'Europe en est encore bien loin. Elle est distancée dans tous les domaines clés de la mondialisation économique par l'influence des États-Unis et, faudrait-il ajouter, par celle des grands acteurs économiques privés. La perspective de l'adhésion des pays d'Europe de l'Est ne changera rien à la donne compte tenu de leur faible poids économique et politique mondial. Cela n'empêche pas néanmoins chaque gouvernement européen de pouvoir intervenir, s'il le souhaite, au sein de son propre territoire, pour s'assurer par la redistribution des richesses que les aspects positifs de la mondialisation économique profitent à tous.

Les stratégies des pays du Sud

Certains pays s'inscrivent dans la mondialisation en offrant aux multinationales un cadre fiscal avantageux ainsi qu'une main-d'œuvre bon marché et aux libertés contraintes. La Chine est aujourd'hui le grand gagnant de cette stratégie. Celle-ci comporte pourtant trois limites fortes : la bataille pour les investissements devient plus rude au moment où le nombre de pays suivant cette stratégie s'accroît ; la menace d'un protectionnisme des pays riches est toujours présente, comme le montre l'attitude des États-Unis (sur le textile par exemple) ; le développement de dynamiques inégalitaires internes entre les régions qui attirent les multinationales et les autres. Les pays du Sud-Est asiatique ont ainsi réussi à sortir de cette stratégie pour s'inscrire dans la production de biens au contenu en travail qualifié supérieur. Ils n'en ont pas pour autant gagné un poids politique fort sur la scène mondiale. Au cours des années 1990, les États-Unis, relayés par les institutions économiques internationales,

Encadré C : *Les paradis fiscaux*

Il n'est pas facile de définir les paradis fiscaux. Après quarante ans de dérégulation financière, pratiquement tous les pays du monde offrent des facilités fiscales aux personnes qui ne résident pas sur leur territoire. Ces territoires partagent quelques caractéristiques générales qui permettent de les repérer : des impôts sur les sociétés faibles ou inexistants, un secret bancaire important protégé par la loi – qui interdit le plus souvent aux banquiers de dévoiler l'origine, le nom et l'activité des détenteurs de comptes –, un secret des transactions financières peu ou pas du tout régulées, des relations de proximité forte avec un marché financier important et qui s'appuient sur des moyens d'échanges d'information sophistiqués. Les liens entre ces centres financiers *off-shore* et les grands marchés financiers sont importants : à la fin 2000, l'autorité de surveillance des banques suisses a révélé la provenance et la destination des 4 milliards de dollars détournés par la famille de l'ancien dictateur du Nigeria Sani Abacha et placés dans les banques installées en Suisse (notamment le Crédit suisse et la filiale locale de Crédit agricole Indosuez) : 59 % venaient du Royaume-Uni et 42 % y repartaient.

les ont incités à ouvrir leurs marchés financiers aux vents de la finance internationale. Résultat : une libéralisation trop rapide a entraîné les pays émergents d'Asie dans la crise en 1997.

D'autres États du Sud (Nigeria, Birmanie, Colombie...) ont choisi de recourir à des stratégies de parasites pour influencer l'économie mondiale. Elles reposent sur une organisation, à l'échelle transnationale, de trafics en tout genre (drogues, armes...). Ou bien sur la volonté d'offrir des territoires aux législations laxistes dans de nombreux domaines, en particulier dans ceux de la finance mondiale (les paradis fiscaux) ou des conditions de transport maritime (pavillons de complaisance). De même que les frontières entre États et firmes, celles entre stratégies « normales » et « parasites » sont souvent ténues, comme le montre l'exemple des paradis fiscaux : chaque grand État dispose, tolère, voire encourage des pratiques fiscales qui s'exercent au détriment de tous. Certains pays du Nord comme la Suisse ou, au sein de l'Union européenne, le Luxembourg, en font également leur stratégie d'insertion dans la mondialisation.

La quasi-totalité de l'Afrique subsaharienne semble de son côté enfermée dans des problèmes locaux qui déconnectent complètement le continent noir du reste de l'économie mondiale. Pourtant, l'importance des flux d'aide publique à destination de ces pays, le montant de leur dette extérieure, de leurs exportations de produits primaires et, surtout, de leur insertion réussie dans les filières risquées et rémunératrices du commerce mondial que sont par exemple les narcotiques (cannabis d'Afrique du Sud, héroïne du Nigeria) montrent que l'Afrique est loin d'être marginalisée dans l'économie mondiale (un commentaire que l'on pourrait faire également pour des pays d'Asie comme la Birmanie ou l'Afghanistan). Elle ne participe pas à la dynamique internationale du capitalisme formel, ce qui est différent.

Les institutions internationales

Les institutions internationales apparaissent comme des instruments de coopération entre les États capables de donner aux autorités publiques étatiques une capacité d'action collective au niveau mondial. Mais les jeux de pouvoir dans lesquels elles sont prises incitent à modérer cette appréciation.

Les organisations économiques internationales prolongent et reproduisent les inégalités de puissance qui existent entre les États qui les composent. De ce fait, les plus forts d'entre eux mobilisent le plus souvent ces organisations en faveur de leurs intérêts et de ceux de leurs entreprises. On l'a vu, par exemple, lorsque les États-Unis se sont servis en 1997 du FMI, lors de la crise asiatique, pour imposer l'ouverture aux investisseurs étrangers du secteur financier coréen, une ouverture réclamée par les banques américaines.

Les organisations économiques internationales exercent également leur pouvoir pour leur propre profit. En particulier, cet exercice autonome du pouvoir a bien souvent pour objectif de leur permettre de s'imposer face aux autres institutions. Ainsi la concurrence entre le FMI et la Banque mondiale depuis des années s'est-elle produite au détriment de la qualité de l'aide qu'ils sont censés apporter aux pays du Sud.

Enfin, certaines organisations internationales sont d'autant moins à même d'exercer un rôle de contre-pouvoir vis-à-vis des acteurs privés qu'elles subissent largement leur influence. On a signalé plus haut le rôle joué par une poignée de firmes multinationales américaines dans la mise en œuvre d'un accord, au niveau de l'Organisation mondiale du commerce, sur les droits de la propriété intellectuelle. Les organisations économiques internationales n'apparaissent donc pas comme le lieu rêvé d'une production de règles qui encadrent les effets de la domination des plus forts.

III. LA SOCIÉTÉ CIVILE EN MOUVEMENT

Les spécialistes des mouvements sociaux internationaux montrent que les premières mobilisations datent du XVIIIe siècle. Les organisations non gouvernementales (ONG) en sont les principaux animateurs. Elles ont su prendre une place politique essentielle dans les années 1920, y gagnant leur légitimité historique en œuvrant, souvent de manière déterminante, pour la défense des droits humains (abolition de l'esclavage, développement des droits des femmes, des minorités…). Après une période de relatif effacement, un mouvement citoyen international s'est reconstitué dans les années 1990 autour de différentes campagnes de mobilisation ciblées : annulation de la dette des pays pauvres, réformes des institutions financières, etc.

La première caractéristique de ces mouvements sociaux tient à la grande hiérarchisation des organisations qui les portent et à l'antagonisme des intérêts qui peut en résulter. Par exemple, Béatrice Pouligny, chercheur au CERI (Centre d'études et de recherches internationales), a pu montrer que les informations originales produites lors de la bataille contre l'AMI (Accord multilatéral sur l'investissement) en 1998 provenaient essentiellement de quelques ONG des États-Unis, en particulier le World Wilde Fund for Nature (WWF) et

Encadré D : ***Lexique***

La société civile internationale peut être définie comme un espace politique où des associations d'individus, formées sur une base volontaire, cherchent à modeler les règles de la vie sociale par des alliances internationales. Les organisations non gouvernementales (ONG) sont la forme de société civile la plus connue mais pas la seule. Les associations informelles de solidarité (les tontines en Afrique par exemple) ou les syndicats en font également partie.

Friends of the Earth. La première assurait la liaison entre l'OCDE et les contestataires et s'est assurée de conserver seule la maîtrise de ce rôle. Le recours à la diffusion d'informations et d'expertises par Internet favorise l'organisation de débats et de problématiques reflétant les préoccupations des ONG du Nord. En leur sein, les organisations américaines demeurent largement dominantes. L'expertise y joue, comme pour les gouvernements, un rôle essentiel et les passages des experts (économistes, juristes, etc.) d'un monde à l'autre (université, ONG, gouvernement) leur sont familiers. Contrairement à une image répandue, les ONG à dimension internationale ne contestent pas systématiquement les acteurs économiques privés et les alliances entre les deux mondes sont nombreuses (par exemple en France celle entre Carrefour et la Fédération internationale des droits de l'homme ou entre le cimentier Lafarge et le World Wilde Fund). De même, loin d'être contre l'État, les mobilisations transnationales portent le plus souvent des mots d'ordre réclamant plus d'interventions publiques dans la régulation de la mondialisation. Rappelons également que, en moyenne, 80 % des ressources financières des ONG proviennent de financements publics.

Ces mouvements citoyens ont déjà gagné deux batailles : en animant le débat social et politique international, ils ont ramené beaucoup de gens vers l'action politique ; ils se sont imposés comme des interlocuteurs incontournables et sont reconnus comme tels par les États (Greenpeace en matière d'environnement, par exemple). Après être passés des résistances aux propositions, l'enjeu crucial pour ces mouvements est aujourd'hui de définir une alternative au libéralisme. Les ONG, qui en sont les porte-parole, sont passées du statut de contestataires marginaux à celui d'interlocuteurs sérieux. Il leur reste maintenant à trouver les moyens de transformer ce premier pas en une capacité d'influence qui, pour obtenir quelques victoires (annulation d'une partie de la dette des pays les plus pauvres), reste encore limitée.

IV. LES RÉSEAUX INFORMELS ET LES RÉSEAUX MAFIEUX

À côté de la mondialisation « par le haut », celle des grands acteurs publics et privés, se produit une mondialisation par le bas, celle que bâtissent les individus en réseaux qui viennent des pays du bas de l'échelle. Les informations sur ces acteurs de la mondialisation contemporaine sont faibles. Les travaux du chercheur français Alain Tarrius fondés sur plus de quinze ans d'enquête pour décrypter le fonctionnement des réseaux commerçants informels entre le Maghreb et l'Europe sont précieux. D'autres travaillent sur les Latino-américains à Miami, les Turcs en Allemagne, les Libanais en Afrique, les Asiatiques en Grande-Bretagne, etc., pour expliquer cette dimension essentielle mais passée sous silence de la mondialisation économique contemporaine.

Alain Tarrius, dans *La Mondialisation par le bas* (Balland, 2002), nous décrit une mondialisation où la distinction entre le local, le national et l'international n'a plus aucun sens. Ses marchands sont des nomades en perpétuel mouvement, même s'ils restent profondément attachés à leur territoire d'origine (ce qui les différencie des diasporas dont les membres s'intègrent dans les territoires d'accueil).

Ils organisent une circulation de biens de consommation courante (tapis, chaussures, voitures, produits électroniques, etc.) à destination du Sud. Pour ces fourmis nomades, le territoire ne se limite pas aux emplacements de marché. Il n'y a pas de lieu mineur dans cette économie où les relations humaines jouent un rôle prépondérant dans les interstices qui relient les marchés.

De fait, cet aspect de la mondialisation de l'économie nous est restitué dans une dimension sociologique, politique et culturelle. Ce sont des réseaux où les marchandises circulent grâce à une économie fondée sur la parole donnée, sur une éthique des relations économiques. Des régulateurs politiques, les « notaires informels » résolvent les tensions en cas de conflit. Ce sont des hommes reconnus à la fois comme gens de parole et d'honneur et pour leurs capacités à mettre dans leurs poches policiers et douaniers. Ils jouent également un rôle essentiel pour éviter l'entrisme des mafieux dans ces réseaux commerciaux.

Ces travaux insistent en effet sur la distinction entre réseaux informels et réseaux mafieux. La mondialisation du crime économique, de l'avis de tous les experts, s'est largement accrue. D'abord parce que, ne constituant pas un monde à part, le crime économique transnational s'inscrit dans les réseaux licites de circulation des marchandises et des capitaux[2]. La mondialisation économique progressant, les réseaux criminels en ont profité. De cet accroissement des activités économiques criminelles et de leur internationalisation est née une légende. À côté du G7 politique et économique regroupant les principales puissances industrielles mondiales, évoluerait un autre G7, celui du crime organisé transnational (États-Unis, Japon, Italie, Russie, Colombie, Chine, Nigeria). Ainsi les démocraties seraient-elles aux prises avec un pouvoir caché, centralisé, hiérarchisé du crime, tel qu'il est représenté par les « méchants » des films de James Bond. Les experts du crime soulignent pourtant l'inanité d'une telle représentation : cette image n'est fondée sur aucun élément consistant. Les rares enquêtes sérieuses montrent que les activités économiques des mafieux procèdent plus de la PME et de l'association occasionnelle d'individus assez largement indépendants que de la multinationale hiérarchisée. Le rôle des « familles », telles qu'elles apparaissent dans *Le Parrain*, est en fait plus politique qu'économique : arbitres des conflits afin d'éviter la violence, organisatrices des relations avec les politiciens et les juges, bons samaritains pour ceux qui se font prendre et leur famille, ainsi que banquiers des activités illégales.

De la même façon, l'estimation traditionnelle d'un « produit criminel brut » mondial de 1 000 milliards de dollars ou celle d'un montant d'argent blanchi annuellement par le système financier international qui se situerait entre 2 % et 5 % du PIB mondial ne sont fondées sur aucune base sérieuse et paraissent largement excessives. La fourchette des 2 à 5 %, souvent reprise, a été lancée lors d'une réunion par Michel Camdessus, l'ancien dirigeant du Fonds monétaire international, sans jamais que les services du FMI n'aient sérieusement travaillé sur la question. Aussi, lorsque les grands États privilégient la lutte contre le blanchiment d'argent sale, ils luttent contre les gangsters les plus riches et les plus internationalisés, qui ne sont ni les plus violents ni ceux qui organisent l'insécurité locale au quotidien. Le seul résultat de telles politiques est un transfert de richesses des entrepreneurs criminels vers les financiers qui leur permettent de mieux cacher les profits de leurs crimes.

De plus, mobiliser les énergies contre les mafieux détourne l'attention d'une source beaucoup plus forte de criminalité économique

2. Le blanchiment d'argent sale consiste à conserver et placer l'argent illicite issu de l'évasion fiscale et des trafics en attendant de le réintroduire dans l'économie légale en cas de besoin.

mondialisée : la criminalité en col blanc, celle des actions illicites des entreprises légitimes (type Enron), celle de la fraude fiscale (qui prive les États de leur possibilité d'action).

Le développement de la délinquance économique internationale est l'une des caractéristiques du mouvement actuel de mondialisation de l'économie. Mais les approches sérieuses manquent encore pour en comprendre le rôle véritable. La seule conclusion commune aux études disponibles revient à souligner combien les frontières entre le licite, l'illicite, le national et l'international paraissent poreuses. Il ne s'agit bien évidemment pas de dire que tous les politiciens et toutes les multinationales versent dans l'illégal. Mais qu'il est difficile de comprendre la mondialisation de l'économie et de réfléchir à sa régulation sans tenir compte de sa part d'ombre.

CONCLUSION : UNE GOUVERNANCE HYBRIDE

Au-delà des effets importants de l'innovation technologique, la mondialisation de l'économie, la forme qu'elle prend et les valeurs qu'elle porte, est le résultat des compromis politiques passés entre un grand nombre d'acteurs. Au premier rang d'entre eux, les États-Unis (au sens large de l'ensemble des participants à la société américaine) et les grandes firmes multinationales exercent l'influence la plus forte. D'une manière générale, les acteurs non étatiques (entreprises privées, ONG, mafias, marchands informels, diasporas, chercheurs, etc.) pèsent d'un poids significatif dans la définition de la mondialisation. Tous ces acteurs n'agissent pas chacun de leur côté. Ils sont en relations permanentes et participent ensemble à la mise en œuvre d'une gouvernance hybride.

Celle-ci n'est pas toujours pour autant le fruit de décisions claires et délibérées de domination résultant de stratégies rationnelles déterminées à l'avance. Ronen Palan, chercheur à l'université de Sussex, montre par exemple comment les caractéristiques contemporaines des paradis fiscaux, qui jouent un rôle essentiel dans le fonctionnement de la finance mondiale, ont été construites progressivement, un peu au hasard de décisions prises dans différents pays. Du principe d'offrir un havre fiscal aux entreprises, né aux États-Unis à la fin du XIXe siècle, à la loi bancaire suisse de 1934 instaurant le secret bancaire en passant par l'invention de la résidence fictive par les tribunaux britanniques en 1929 (la capacité pour une entreprise de mener ses affaires dans un pays tout en étant enregistrée fiscalement dans un autre), les caractéristiques actuelles des paradis fiscaux se sont développées dans différents lieux, à différents moments sous l'impulsion non coordonnée des États, des firmes, des juges…

Enfin, de tous les rapports de force entre les acteurs de la mondialisation, il ne sort pas toujours une économie mondiale bien maîtrisée, au service des intérêts des uns ou des autres. La finance internationale peut être ainsi qualifiée de zone de « non gouvernance mondiale ». Le grand hebdomadaire britannique *The Economist*, favorable à la libéralisation financière, explique pourtant à ses lecteurs que les autorités monétaires et la très grande majorité des établissements financiers internationalisés sont incapables de connaître précisément leur niveau d'exposition total au risque. Ils ne sont guère plus en mesure d'apprécier les conséquences microéconomiques et macroéconomiques de leurs choix.

L'hégémonie américaine, la puissance des acteurs non étatiques, le résultat inattendu de décisions non coordonnées et le développement de zones de non-régulation mondiale apparaissent comme les quatre moteurs politiques mis en œuvre par les acteurs les plus puissants de la mondialisation économique.

Christian Chavagneux

Synthèse et révision

En répondant aux questions suivantes, vous allez pouvoir préparer, chez vous et/ou en classe, une synthèse des connaissances fondamentales à acquérir sur un grand thème du programme. Cet exercice va vous permettre de construire vous-même dès maintenant la fiche qui vous sera indispensable au moment de vos révisions parce qu'elle contient ces connaissances de base. L'expérience montre que ce travail, complété par la maîtrise systématique des mots clés, est beaucoup plus efficace que la lecture de fiches « toutes prêtes » ou d'autres produits miracles.

1. Expliquez la notion de gouvernance mondiale.

I. Les multinationales

2. Pourquoi les multinationales détiennent-elles un rôle clé dans la gouvernance mondiale ?
3. Pour quelles raisons les firmes sont-elles conduites à s'internationaliser ?
4. Qu'est ce qu'un IDE ?
5. Pourquoi le territoire d'origine des firmes multinationales joue-t-il toujours un rôle essentiel dans leur organisation ?
6. Comment le pouvoir politique des firmes multinationales s'exerce-t-il ?
7. Qu'est-ce qu'un cartel international ?
8. Qu'est-ce qu'une association professionnelle transfrontalière ? Citez des exemples.
9. Quel type d'influence ces associations peuvent-elles exercer à l'échelle internationale ?

II. Les États

10. Pourquoi peut-on parler de l'hégémonie des États-Unis ?
11. Comment les stratégies de régionalisation peuvent-elles permettre aux États de s'inscrire dans la mondialisation ?
12. Quelles sont les différentes stratégies d'insertion dans l'échange international retenues par les États du Sud ?
13. Qu'est-ce qu'un paradis fiscal ?
14. Comment expliquer la relative inefficacité des institutions internationales à imposer des règles de coopérations entre les États ?

III. La société civile en mouvement

15. Qu'est-ce qu'une ONG ?
16. Quel est le moyen d'intervention privilégié de ces organisations ?
17. Pourquoi peut-on considérer que les ONG sont désormais devenues un élément clé de la gouvernance mondiale ?

IV. Les réseaux informels et les réseaux mafieux

18. En quoi consistent les réseaux informels ?
19. Constituent-ils un frein à la mondialisation ?
20. Quelles sont les formes délinquantes et criminelles de la mondialisation ?

Conclusion

21. Pourquoi peut-on parler de gouvernance mondiale hybride ?

Mots clés

Gouvernance mondiale • FMN • Société mère • Filiale • Cartel • Délocalisation • IDE • ONG • Mondialisation.

Dossier 1

Compétitivité

Document 1

Qu'est-ce que la compétitivité ?

Dans un monde où les économies nationales sont de plus en plus ouvertes, croissance et compétitivité tendent à s'identifier. Le maintien de l'équilibre extérieur dans la longue période exige que les exportations augmentent aussi vite que les importations, lesquelles sont tirées par le revenu national. Une croissance durablement forte implique donc une bonne compétitivité. De plus, comme on le verra, les facteurs de la compétitivité sont pour partie identiques à ceux de la croissance.
Dans ce cadre, la compétitivité d'un pays peut être définie comme sa capacité à croître plus ou moins vite que les autres pays : c'est donc une notion relative, comparative. ■

Dominique Guellec, « Économie et technologie, quelques points de repère théoriques », INSEE Méthodes *n° 37-38, mars 1994.*

Document 2

Innovation et compétitivité

Le progrès technique intervient en premier lieu sur la compétitivité-prix : en augmentant la productivité, il permet de réduire les coûts de production et donc les prix de vente. [...]
Les effets de l'innovation de produit sont plus complexes. Le premier repose sur le constat que des biens dont le contenu en technologie est plus grand bénéficient généralement d'une demande plus dynamique que les autres. Ceci peut s'expliquer par plusieurs facteurs : un taux d'équipement initialement plus bas, loin de la saturation ; un effet de substitution, les biens nouveaux chassant les anciens ; et enfin, l'évolution des prix relatifs : les biens nouveaux bénéficient de gains de productivité plus rapides que les anciens, en liaison avec la « courbe d'apprentissage ». De plus, le niveau de revenu croissant des consommateurs des pays occidentaux les amène à accroître leurs exigences en matière de qualité, de sophistication, lesquelles sont directement issues de la technologie.

Le second effet (schumpeterien) de l'innovation de produit passe par les prix : l'innovateur, en situation de monopole temporaire (tant qu'il n'a pas été imité), peut fixer un prix supérieur au prix concurrentiel, qui lui procure une rente. Dans le cadre de l'échange international, ce mécanisme est le support de transferts de revenus entre pays (sans contreparties en volumes), des moins innovateurs vers ceux qui le sont plus. Cela se traduira dans l'évolution des termes de l'échange. Ainsi, paradoxalement, une meilleure compétitivité peut se traduire par une augmentation des prix : on parle alors de compétitivité-hors prix. ■

Dominique Guellec, « Économie et technologie, quelques points de repère théoriques », ibid.

Document 3

Innovation et compétitivité des nations

La spécialisation de chaque pays en matière technologique est donc décisive, quant à sa compétitivité. Il existe des spécialisations plus favorables que d'autres. La question est alors de déterminer les facteurs qui fondent le niveau technologique de la spécialisation. Si la technologie était un bien totalement public, le niveau de tous les pays serait identique. C'est par conséquent dans les aspects non publics que se trouvent ces facteurs déterminants.
Un premier élément réside dans la capacité différente des pays à maîtriser et engendrer la technique. La théorie traditionnelle du commerce international (modèle de Hecksher-Ohlin) énonce que chaque pays se spécialise plutôt dans les biens dont la production fait appel à des facteurs dont il est relativement plus doté que les autres pays. Ainsi, une dotation plus grande en main-d'œuvre qualifiée permettra une compétitivité élevée dans les secteurs plus intensifs en ce type de main-d'œuvre, qui sont généralement d'un niveau technologique supérieur.
Deuxième élément, le progrès technique est cumulatif : les avancées de la connaissance reposent sur la connaissance existante, dont une partie n'est pas transférable. Des pays placés sur des secteurs où ce trait est accentué, où les connaissances sont spécifiques et évoluent rapidement, tendront donc à y renforcer leur position, l'entrée devenant de plus en plus difficile et coûteuse pour d'éventuels candidats. Ceci est renforcé par l'existence d'économies d'échelle, qui limitent le nombre de producteurs pouvant coexister sur un même marché.
Un troisième élément réside dans les délais de diffusion horizontale et verticale des techniques. [...] les brevets protègent temporairement les innovateurs, et une certaine durée est nécessaire pour assimiler la technologie et donc imiter des produits nouveaux. Il y aura, par conséquent, un écart perma-

Questions sur l'ensemble du dossier

1. Qu'est-ce que la compétitivité ? [*doc. 1*]
2. Pourquoi l'innovation est-elle un facteur de compétitivité ? [*doc. 2*]
3. Y a-t-il de meilleures spécialisations que d'autres ? [*doc. 3*]
4. Qu'est ce qu'un territoire compétitif ? [*doc. 4*]
5. Pourquoi la hausse des rémunérations salariales n'a-t-elle pas porté atteinte à la compétitivité de la Corée du Sud ? [*doc. 5*]
6. Relevez les éléments montrant que la compétitivité dépend aussi de l'intervention de l'État. [*doc. 5*]
7. Un avantage compétitif est-il acquis une fois pour toutes ? [*doc. 5*]
8. Pourquoi semble-t-il aujourd'hui nécessaire d'établir une politique salariale européenne ? [*doc. 6*]
9. La modération salariale est-elle une politique qui suffit au maintien de la compétitivité sur le long terme ? [*doc. 1, 2, 3, 4, 5 et 6*]
10. Définissez le coût salarial unitaire. De quoi son évolution dépend-elle ? Commentez le document 7.
11. Si le classement du Forum économique de Davos était pertinent, où les points devraient-ils se situer dans le graphique ? [*doc. 8*]

nent entre pays innovateurs et pays suiveurs. ■

Dominique Guellec, « Économie et technologie, quelques points de repère théoriques », ibid.

Document 4

La compétitivité des territoires

La mondialisation [...] ne supprime pas la concurrence entre les nations. Elle vient au contraire la renforcer. Mais elle en modifie subrepticement le point d'application. [...] Le principe pourtant est d'une simplicité désarmante : ce qui bouge dans l'économie mondiale met en concurrence ce qui ne bouge pas. Dans un premier temps, celui du libre-échange commercial, le mouvement des marchandises, met les entreprises en compétition. Lorsque les entreprises et les capitaux peuvent aussi se déplacer, que mettent-ils en concurrence ? Tout simplement ce qui continue — et continuera longtemps ! — à rester immobile : les pays eux-mêmes, plus précisément ceux qui y vivent.

Le mécanisme de cette mise en concurrence est simple. Prenons une entreprise qui étudie l'implantation de sa prochaine usine. Elle s'interrogera sur le niveau des salaires exigés, la fiscalité pratiquée, les contraintes imposées par le droit du travail local, la plus ou moins grande pugnacité des syndicats... Pour elle, tous ces éléments vont constituer en effet des « coûts ». Qu'ils soient élevés n'est pas forcément rédhibitoire. Sinon, depuis quelques années, toutes les nouvelles usines se seraient implantées dans les régions du monde où les gens sont prêts à travailler pour presque rien et où la fiscalité, le droit du travail comme les syndicats sont inexistants. Des coûts extrêmement faibles ne constitueront véritablement un avantage que si une usine peut effectivement fonctionner dans de telles régions. Cela suppose une main-d'œuvre disposant des formations et des qualifications nécessaires, acceptant les disciplines de travail sans lesquelles l'usine ne pourra tourner normalement. Cela exige aussi des moyens de transport et de communication permettant une régularité minimale des approvisionnements et bien d'autres choses encore. À lui seul le niveau, élevé ou bas, des « coûts » d'une implantation ne suffira donc jamais à faire la décision. L'entreprise le mettra en balance avec ce qu'elle obtient en échange. Elle pourra être prête à rémunérer mieux des personnels plus qualifiés, à payer des impôts pour pouvoir accéder à des infrastructures de qualité, et même à accepter une pression syndicale continue, si c'est la condition pour pouvoir utiliser une main d'œuvre dont les compétences professionnelles sont hors pair ! La mobilité accrue des entreprises met ainsi en balance non pas les coûts, mais les rapports avantages/coûts des différents espaces nationaux.

Il en va de même des mouvements de capitaux. [...] Les pays dont le système social est stable et propice à l'industrie attireront ainsi beaucoup plus facilement les placements financiers que ceux où les troubles sociaux sont fréquents et où les entreprises ont du mal à être rentables... On voit ainsi toute l'ampleur du changement qu'introduit la mondialisation dans la compétition entre nations. Infrastructures, éducation, organisation sociale, stabilité politique... deviennent des facteurs essentiels. Ils décident de la rémunération qu'une nation peut exiger des entreprises qui fonctionnent chez elle, comme de celle qu'elle doit verser aux capitaux qu'elle emprunte. La compétitivité des entreprises nationales ne se confond alors plus du tout avec celle des nations. [...] La mondialisation met ainsi en compétition les systèmes sociaux nationaux. ■

Anton Brender, La France face à la mondialisation, *La Découverte, « Repères », nouvelle éd., 2002.*

Document 5

Rester compétitif : l'exemple de la Corée du Sud

Comme de nombreux pays émergents d'Asie, la Corée du Sud a basé son insertion internationale sur la faiblesse du coût de sa main-d'œuvre : en 1970, les coûts salariaux coréens équivalaient seulement à 5 % des coûts salariaux américains. Mais dès le milieu de la décennie 1980, les rémunérations salariales ont connu une progression marquée, assez générale dans la région d'ailleurs. [...] Face à cette perte progressive de compétitivité-prix, la Corée du Sud a cherché à améliorer son positionnement hors prix au cours des années 1980. [...] Plusieurs variables illustrent l'effort d'innovation remarquable réalisé par la Corée du Sud au cours des années 1980. Les dépenses en recherche et développement (R & D) sont passées de 1,2 % du PIB en 1984 à 2,8 % en 1996, soit un effort supérieur à celui des principaux pays industrialisés (2,3 % pour la France et l'Allemagne, 2,4 % pour les États-Unis). [...] De même, le nombre de chercheurs rapporté à la population coréenne approche, depuis 1995, la moyenne européenne, soit 50 pour 10 000. Enfin, [...] sur la première moitié de la décennie 1990 d'ailleurs, le nombre de brevets accordés par la Corée du Sud a augmenté de près de 30 % par an, signe d'un rattrapage technologique certain. L'enseignement intervient également largement dans la détermination de la compétitivité d'un pays. Or, là aussi, la Corée du Sud enregistre des performances proches de celles des pays occidentaux développés à la fois dans le primaire, dans le secondaire et dans l'enseignement supérieur. [...]

La perte de son avantage comparatif initial (faibles coûts de main-d'œuvre) au profit des pays voisins a conduit la Corée du Sud à une double stratégie :

– une diversification de son tissu industriel via la recherche de nouvelles spécialisations sur des filières à plus forte valeur ajoutée. La Corée du Sud apparaît d'ailleurs beaucoup moins spécialisée aujourd'hui qu'elle ne l'était dans les années 1970 [...];

– une montée en gamme des productions au sein des filières sur lesquelles elle tient à limiter le recul de son avantage comparatif. La filière « textile », qui constitue encore un point fort important pour la Corée du Sud, en est le premier exemple : largement spécialisée dans la confection de vêtements avant 1980, la Corée du Sud a ensuite tendanciellement délaissé cette industrie, intensive en main-d'œuvre, au profit de la fabrication du cuir. Mais si dans un premier temps elle est parvenue à conserver un avantage comparatif dans cette filière, elle s'est progressivement tournée vers la production des fils et tissus. Depuis 1993, c'est cette production, à plus forte valeur ajoutée, qui constitue sa principale spécialisation au sein de la filière « textile ». [...] Le même diagnostic s'applique à la filière « électronique », au sein de laquelle la production d'électronique grand public a été progressivement délaissée, depuis la deuxième moitié des années 1980, au profit de productions plus élaborées (matériel informatique et de télécommunications). ■

Sandrine Rol, « La compétitivité de la Corée du Sud au sortir de la crise de 1997 », Chambre de commerce et d'industrie de Paris, septembre-octobre 2001, in Problèmes économiques *n° 2757, 17 avril 2002.*

Document 6

La compétitivité entre pays européens

La mise en place de la monnaie unique accentue la compétition entre nations européennes. Le besoin d'une politique macroéconomique commune assurant croissance et emploi dans l'ensemble de la zone suppose de coordonner politique monétaire unique et politiques budgétaires nationales. Mais une autre variable doit également être prise en

compte : l'évolution des salaires.
L'évolution des salaires est une variable essentielle de la politique conjoncturelle en monnaie unique. Une relance salariale peut en effet constituer un moyen efficace pour soutenir l'économie dans un pays particulier, dès lors que la politique monétaire est commune et que l'usage de la politique budgétaire est limité par le pacte de stabilité. À l'inverse, une trop vive progression des salaires, en provoquant une dérive des prix au sein d'un pays de l'Union peut conduire à provoquer une perte de compétitivité.
En monnaie unique, une telle perte semble au premier abord moins grave : les déficits commerciaux à l'égard des autres pays de la zone euro se règlent en monnaie unique. Ils n'influencent donc pas le taux de change et se traduisent seulement par une montée de l'endettement du pays. Mais à terme, une telle dérive est dangereuse : [...] la perte de compétitivité entraîne des pertes de parts de marché, donc d'emplois. Avant l'euro, la monnaie d'un pays durablement en déficit était attaquée par la spéculation, et les autorités monétaires étaient contraintes de modifier le taux de change, de façon à dévaluer la monnaie nationale, ce qui rétablissait la compétitivité et relançait l'activité interne. En monnaie unique, les pertes de parts de marché provoquent une montée du chômage, qui finit par provoquer une baisse du niveau des prix et des salaires. L'ajustement nominal des prix est obtenu *via* une chute de l'activité réelle.
La tentation est forte, pour les pays parties prenantes de l'euro de pratiquer des politiques de désinflation compétitive, afin de maintenir, voire de renforcer, leur compétitivité. Ces politiques, qui consistent à limiter la progression des salaires, sont par nature non coopératives. De gains de parts de marché à l'exportation, elles attendent un surplus de croissance et une amélioration de l'emploi. Or, si tous les pays de la zone euro pratiquent ce type de politique, c'est la demande globale dans l'ensemble de la zone qui s'en trouve réduite et, avec elle, la croissance et l'emploi de tous. Mieux vaut mettre en place des mécanismes qui évitent cette tendance au *dumping* social, en assurant dans chaque pays des mécanismes de progression du pouvoir d'achat des salaires en phase avec les gains de productivité. Des mécanismes qui soutiennent la croissance sans provoquer d'inflation. Sachant qu'il est toujours possible de jouer sur le taux de change de l'euro vis-à-vis du reste du monde pour défendre la compétitivité de l'ensemble de la zone. ■

Philippe Frémeaux, « Quelles politiques salariales en Europe ? », Alternatives économiques, *hors-série n° 44, 2e trimestre 2000.*

Document 7

Évolution des coûts salariaux unitaires dans l'industrie (indices, 1995 = 100)

	1984	1995	2001
Allemagne	72	100	93
Belgique	87	100	87
Corée	92	100	66
Danemark	77	100	105
Espagne	80	100	110
États-Unis	165	100	118
Finlande	132	100	81
France	107	100	78
Grèce	105	100	98
Irlande	158	100	71
Italie	134	100	115
Japon	48	100	97
Mexique	142	100	131
Pays-Bas	100	100	97
Portugal	87	100	100
Royaume-Uni	109	100	143
Suède	121	100	94
Zone euro	86	100	83

Note : une baisse signifie une amélioration de la position compétitive.
Source : OCDE, décembre 2002.

Document 8

Le forum de Davos est-il compétitif ?

Classement 1997 du Forum économique mondial et classement selon la croissance du PIB en volume entre 1997 et 2001, sélection de pays.

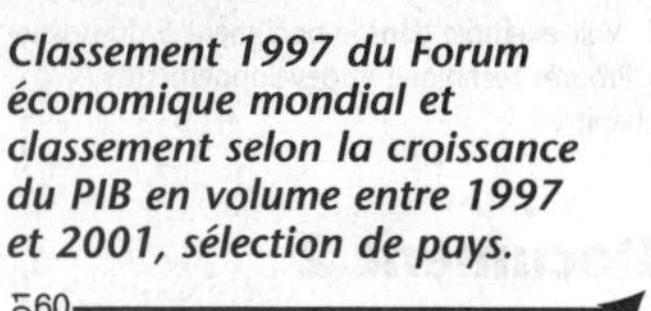

La forme du nuage de points reste la même si l'on prend en compte l'ensemble des pays étudiés.
Source : Forum économique mondial.

À côté de la plaque

Le Forum économique mondial a publié en novembre des évaluations de la compétitivité des pays (www.weforum.org). Selon cette organisation, financée par les principales multinationales de la planète et organisatrice des sommets de Davos, la France passe de la 20e place en 2001 à la 30e en 2002, car elle serait lourdement handicapée par le poids de ses dépenses publiques et de sa bureaucratie. L'indicateur de compétitivité est censé refléter, selon le Forum, le potentiel de croissance des économies. Or, les pays qui avaient été bien classés en 1997 ne sont pas ceux qui ont connu une forte croissance entre 1997 et 2001 ! Les écarts sont même très importants, puisque sur 53 pays étudiés, 25 ont un écart de plus de 15 points entre le classement du Forum et leur classement selon la croissance. Ces pays représentent 3,5 milliards d'habitants, soit 80 % de la population totale étudiée ! On peut dès lors s'étonner de l'écho médiatique donné à un classement si peu fiable. ■

Olivier Vaury, Alternatives économiques *n° 209, décembre 2002.*

Document 9

Les chercheurs de l'INSEE ont étudié très précisément les indices de compétitivité publiés par le Forum économique mondial de Davos. Voici comment ils résument leurs conclusions.
Les indices de compétitivité et le classement des pays selon ces indices, publiés par des organismes reconnus, semblent trouver un certain écho médiatique. Que classent réellement ces indices, quelles sont les logiques économiques qui les sous-tendent, et quel est leur degré de fiabilité ? Il est difficile de répondre précisément à ces questions.
[...] malgré une rhétorique élégante et une caution scientifique apportée par d'éminents spécialistes d'économie et de stratégie d'entreprise, ces indices souffrent de plusieurs défauts. En premier lieu, leur base théorique est au mieux approximative. Ils reposent ensuite sur de nombreux *a priori* quant aux déterminants (au sens causal) de la croissance et de la compétitivité, qui peuvent se révéler erronés. Enfin, ces déterminants sont mesurés quantitativement par des indicateurs contestables. Ces faiblesses conduisent *a priori* à des indices et des classements fragiles. ■

S. Grégoir, F. Maurel, « Les indices de compétitivité des pays : interprétation et limites », INSEE, Documents de travail, *décembre 2002.*

Dossier 2

Les OGM, les multinationales et le tiers monde : dépendance économique et technologique

Questions sur l'ensemble du dossier

1. Qu'est-ce qu'un OGM ? Donnez des exemples. [*doc. 1*]
2. Caractérisez le marché des OGM. [*doc. 2 et 3*]
3. Montrez par quels moyens les firmes multinationales essaient d'imposer leur domination technologique et économique. [*doc. 4, 5 et 6*]
4. Quelles sont les conséquences économiques et sociales de ces stratégies sur les agricultures et les agriculteurs, en particulier dans les pays en voie de développement ? [*doc. 7, 8 et 9*]
5. Les OGM sont-ils une solution pour vaincre la faim dans le monde ? [*doc. 8, 9 et 10*]
6. Qui doit s'occuper de faire face aux problèmes soulevés par les OGM ? Le marché, les États, les organisations internationales ?

Document 1

Qui est propriétaire de la nature ?

Les nouvelles connaissances génétiques ne s'appliquent cependant pas seulement à la médecine et à la biologie. Les technologies du vivant (les biotechnologies) sont aussi utilisées dans des buts économiques.

Depuis toujours, les paysans ont sélectionné les plantes en choisissant celles dont les caractéristiques leur paraissaient les plus intéressantes. La découverte, dans la seconde moitié du XIXe siècle, des mécanismes de l'hérédité par le moine tchèque Gregor Mendel va permettre de fabriquer des variétés hybrides. Cela est à la base de l'amélioration génétique des espèces. Des recherches scientifiques menées à la fois par des établissements d'État et des firmes privées ont permis par la suite, notamment à partir des années 1950, d'améliorer fortement les rendements agricoles.

Puis, on a su modifier le patrimoine génétique d'un être vivant en insérant dans celui-ci un gène issu d'un autre organisme vivant, qu'il soit animal, végétal ou humain. Celle technique s'appelle la transgenèse : on obtient un organisme génétiquement modifié (OGM), un organisme transgénique[1]. Les grandes firmes produisant des semences ont vu immédiatement le grand profit qu'elles pouvaient tirer de telles possibilités. Elles ont non seulement cherché à les utiliser pour produire industriellement des semences transgéniques, mais aussi à conserver un droit de propriété sur celles-ci en déposant des brevets. Si cette pratique se généralisait, les paysans deviendraient dépendants des firmes pour disposer de semences, ce qui ne s'est jamais produit dans l'histoire de l'agriculture. C'est d'ailleurs d'une manière plus large que les entreprises de la très puissante « industrie du vivant », qui comprend non seulement les firmes semencières, mais aussi toutes celles agissant dans la biochimie ou la pharmacie (Monsanto, Novartis, DuPont, Aventis, Zenzeca, etc.) ont entrepris de s'approprier des ressources génétiques pour les réduire à des objets brevetés (médicaments tirant partie des médecines traditionnelles, plantes et animaux transgéniques, etc.). S'il n'est pas fait obstacle à cette prétention, une concentration inégalée de pouvoir s'opérera sur les sources de la vie. Il en résultera un effritement des frontières entre les règnes et les espèces, entre les personnes et les choses, entre le vivant et la matière. ■

L'état du monde junior, *La Découverte, 2002, p. 165.*

1. Voir exemple dans le document 5 du dossier « Progrès technique et développement », chapitre I.

Document 2

L'essor des OGM dans le monde

En 2001, la surface plantée en OGM sur la planète était estimée à 52,6 millions d'hectares (5,5 millions d'agriculteurs). Celle-ci a augmenté de 19 % entre 2000 et 2001 contre 11 % entre 1999 et 2000. De 1996 à 2001, la surface en OGM a été multipliée par trente (1,7 million d'hectares en 1996). En 2001, plus du quart des OGM ont été semés dans les pays en développement. En 2001, quatre pays représentaient à eux seuls 99 % de la surface plantée en OGM dans le monde. Il s'agissait des États-Unis (35,7 millions d'hectares ou 68 % du total), de l'Argentine (11,8 millions d'hectares ou 22 % du total), du Canada (3,2 millions d'hectares ou 6 % du total) et de la Chine (1,5 million d'hectares ou 3 % du total). ■

Répartition de la surface totale plantée en OGM entre les principales plantes

	Soja	Maïs	Coton	Colza
2001 (en %)	63	19	13	5
Surface totale (millions ha)	33,3	9,8	6,8	2,7

Sources : Biosafety Information Network and Advisory Service binas.unido.org/binas/ ; International Service for the Acquisition of Agri-Biotech Applications (ISAAA), www.isaaa.org.

« Quelle place pour les OGM ? », Problèmes économiques *n° 2786, 27 novembre 2002.*

Document 3

Firmes multinationales, une mainmise planétaire

À l'échelle de la planète, une quinzaine d'entreprises[1] des sciences de la vie détiennent plus de 30 % du marché des semences et 81 % du marché agrochimique. Les groupes basés aux États-Unis dominent par leur nombre mais les Européens ne sont pas en reste. L'on assiste à un jeu de fusion et d'absorption qui ne cesse de transformer la hiérarchie de cette filière. Ainsi, Monsanto, la plus célèbre de ces firmes a fusionné, en avril 2000, avec Pharmacia & Upjonh pour créer le groupe Pharmacia au chiffre d'affaires de 17 milliards de dollars et aux 60 000 salariés. Déjà, en septembre 1999, DuPont avait initié pareille évolution en rachetant Pioneer. En Europe, si la fusion entre l'allemand Hoechst et Rhône-Poulenc a fait grand bruit pour donner naissance à Aventis, la réunion du suisse Novartis et de l'anglo-suédois Astrazeneca a porté sur les fonts baptismaux, en décembre 1999, Syngenta, désormais leader de la filière agrochimique en cumulant les places de numéro un mondial dans le secteur de la protection des plantes et numéro trois dans celui des semences.

La concentration spatiale de ces firmes en Europe et en Amérique du Nord est évidente et traduit la domination agricole totale de ces deux grands ensembles géographiques sur le reste du monde. Les rares firmes que l'on trouve en Asie ne doivent leur salut qu'aux multiples accords qu'elles ont passés avec les sociétés du Nouveau et du Vieux Monde. Ainsi, le japonais Toshoku est tombé dans l'escarcelle de l'américain Cargill.

Les montants pécuniaires, brassés par le monde de l'agrochimie, sont considérables et par surcroît en constante croissance. Le marché mondial des OGM représente à lui seul 30 milliards de dollars et est estimé à 120 milliards à l'horizon de 2010[2]. L'oligopole semencier mondial ne pouvait pas ne pas prétendre généraliser la pratique de la culture OGM dans le monde.

Un pouvoir tentaculaire

Parler d'oligopole n'est pas une simple figure de rhétorique : l'alliance des grands de l'agrochimie ne ressort pas d'une simple vue de l'esprit. En effet, ces derniers n'ont de cesse de développer des actions communes afin d'assurer la propagation de leurs productions à travers la planète, de lever les réticences des consommateurs qu'elles peuvent engendrer, et de convaincre les politiques du bien-fondé de la transgenèse. Ainsi, Aventis, Syngenta, BASF, Pharmacia, DuPont se sont réunis pour fonder le Council for Biotechnology Information, véritable organe de pression et de propagande, doté de 50 millions de dollars – tirés de leur bourse propre – afin d'apporter la bonne parole « biotech » au monde. ■

Stéphane Dubois, « Les OGM sont-ils à même de relever le défi alimentaire mondial ? (II) Les industries semencières et le monde agricole face aux OGM : de la tentation de l'oligopole au sursaut paysan », Géoéconomie *n° 23, automne 2002,*
in Problèmes économiques *n° 278, 27 novembre 2002.*

1. Il s'agit, pour l'essentiel, des américains DuPont, Pharmacia, Dow Chemical, American Home Products, des européens Aventis, Syngenta, BASF et Bayer, des japonais Takü et Sakata, du mexicain Seminis, du chinois Sinogen.
2. *Le Monde*, 17 septembre 1999.

Document 4

La firme PGS, en introduisant dans un colza un gène de résistance au glufosinate d'ammonium, substance active du Basta, l'herbicide de sa maison mère Agrevo, va pouvoir de fait, obliger les agriculteurs qui mettront en culture le colza PGS, à s'approvisionner avec l'herbicide Basta. Ces produits seront vendus en lot, la boucle sera bouclée et Agrevo aura ainsi trouvé le moyen de rendre les agriculteurs encore plus captifs. ■

www.confederationpaysanne.fr (Site Internet de la Confédération paysanne) octobre 2001.

Document 5

Une stratégie perverse : Terminator

Traditionnellement, le cultivateur conserve une partie des graines de sa récolte pour la resemer l'année suivante. C'est la raison pour laquelle les semenciers créateurs de semences transgéniques ont mis au point un système qui oblige les agriculteurs à leur racheter des semences tous les ans. Ce système, surnommé « Terminator », comporte trois gènes et fonctionne à retardement, au moment de la germination des graines de deuxième génération. Les gènes introduits par transgenèse fonctionnent comme des interrupteurs biologiques car ils déclenchent la production d'une protéine qui bloque le fonctionnement des gènes responsables de la formation du pollen.

La société Monsanto, qui a racheté le laboratoire à l'origine de cette invention, en a pour l'instant suspendu la commercialisation sous la pression de l'opinion publique. Cependant, elle a prévu un autre système, plus astucieux et moins provocateur : les graines de deuxième génération ne sont pas stériles mais les caractéristiques ajoutées par transgenèse ne s'expriment qu'au contact d'un produit distribué par la compagnie. ■

www.greenpeace.fr/campagnes/ogm.

Document 6

Monsanto s'explique

Monsanto commercialise le colza Roundup Ready depuis 1996 au Canada. La licence d'utilisation précise que l'agriculteur s'engage à ne pas réutiliser les semences d'une année sur l'autre, pour ses propres cultures ou celles d'autres agriculteurs. Si ces conditions commerciales ne lui conviennent pas, l'agriculteur dispose d'autres choix de variétés. À titre d'exemple, en 2001, sur quatre-vingt-neuf variétés de colza commercialisés dans le Manitoba (une des trois provinces productrices de colza au Canada), quarante et une étaient « conventionnelles », c'est-à-dire non génétiquement modifiées.

La nécessité pour une société de protéger ses découvertes et d'avoir un retour sur investissement en matière d'innovation agricole est une réalité. Afin de préserver ses intérêts et sa capacité d'investissement mais également l'intérêt des agriculteurs qui choisissent cette technologie, Monsanto Canada Inc. a mis en place un programme d'audit pour s'assurer du respect des conditions d'utilisation des semences de colza Roundup Ready. Les auditeurs de Robinson Investigations Ltd réalisent des prélèvements d'échantillons de colza le long des chemins qui bordent les parcelles ou dans les champs si les agriculteurs les y autorisent. Monsanto interdit aux auditeurs d'entrer dans les champs des agriculteurs sans permission et leur fait obligation de s'identifier clairement comme auditeurs. ■

Société Monsanto, extraits de la lettre adressée au Monde, *le 1er novembre 2002.*

Document 7

La logique des OGM va dans le sens d'un renforcement de la dépendance des agriculteurs vis-à-vis des firmes agrochimiques et d'une marginalisation des petits producteurs. En contrôlant la semence comme base de toute activité agricole, les firmes agrochimiques contrôlent l'amont et l'aval de la production agricole. Dans les pays du Sud, où 80 % des semences utilisées proviennent des champs des paysans, les cultures transgéniques auront des conséquences graves sur l'équilibre socio-économique de ces pays en supprimant le droit fondamental des agriculteurs de conserver et d'échanger des semences issues de leur récolte. Seuls les paysans les plus aisés auront accès à ces nouvelles technologies. ■

www.solagral.org, le 21 octobre 2002.

Document 8

Une autre inquiétude

Celle du risque encouru par les pays en développement de perdre leurs débouchés agricoles principaux – les marchés des pays riches –, c'est-à-dire une grande partie de leurs recettes d'exportation, à cause de l'apparition de produits de synthèse et de culture hors-sol obtenus à proximité des bassins de consommation (ce qui est déjà le cas – sans appel aux OGM – pour la vanille et le caoutchouc), tout en étant dépossédés de leur patrimoine génétique par des dépôts de brevets de la part des grandes firmes des pays riches. Ce risque n'est pas théorique : l'OMC a acté en 1999, dans le cadre des accords sur la propriété intellectuelle, le principe de la brevetabilité du vivant dès lors qu'il y a découverte de la séquence d'un gène et de sa fonction, ouvrant ainsi une compétition mondiale aux enjeux colossaux. L'Inde a dû inventer une procédure auprès de cet organisme pour éviter des dépôts de brevets concernant deux plantes appartenant au patrimoine national de ce pays : le riz basmati et l'arbre neen, aux propriétés pharmacologiques. ■

Sylvie Brunel, « OGM et faim dans le monde : pour une charte des aliments essentiels », Politique étrangère *n° 1, 2002,* in Problèmes économiques *n° 2786,* op. cit.

Document 9

Si personne ne s'oppose aux ambitions de ces multinationales qui ont mis en œuvre des moyens colossaux, les plantes transgéniques vont contaminer toutes les plantes naturelles et à long terme, il n'existera plus qu'une seule espèce de maïs, une seule espèce de colza, une seule espèce de coton, etc. Le monde agricole sera alors sous la dépendance totale de trois ou quatre firmes pour son approvisionnement en semences, en engrais, en herbicides et insecticides. Ces quelques multinationales pourront alors imposer leurs prix et leurs décisions aux agriculteurs, voire aux États qui auront besoin de semences brevetées pour nourrir la population. ■

www.greenpeace.fr/campagnes/ogm.

Document 10

80 % des enfants souffrant de malnutrition vivent dans des pays qui exportent des denrées alimentaires. Une partie des Argentins ne mange pas à sa faim, alors que ce pays est le deuxième exportateur mondial de plantes génétiquement modifiées. De même, 20 millions de Brésiliens, soit 10 % de la population, sont mal nourris, alors que le Brésil exporte chaque année plus de 11 millions de tonnes de soja. Il faut aussi trouver des débouchés rémunérateurs pour les productions : les paysans du Sud sont souvent les premières victimes de la faim, car ils doivent également faire face à la concurrence déloyale des produits issus de l'agriculture très subventionnée des pays du Nord. ■

www.greenpeace.fr/campagnes/ogm.

Dossier 3

Chronique ordinaire de la mondialisation

Avertissement : Daniel Cohen est professeur d'économie à l'École normale supérieure. Il a publié dans Le Monde *du 21 janvier 2003 une chronique intitulée « Quand les riches prennent les pauvres en otage », d'où sont extraits tous les documents de ce dossier.*

Document 1

Chaque vache européenne reçoit de l'Union une moyenne de 2 euros par jour, soit davantage que ce que près de 2 milliards d'humains réussissent à gagner. On n'en déduira pas qu'il vaut mieux être une vache en Europe qu'un humain en Afrique, mais qu'un peu d'humanité devrait obliger à questionner les politiques menées en ce domaine. On pourrait également réfléchir au fait qu'au sein de la population humaine, les dépenses consacrées à se soigner varient dans un rapport de 1 à 700 entre les plus pauvres et les plus riches : les pays les plus pauvres consacrent moins de 5 euros par an à leur santé, les dépenses des pays les plus riches pouvant atteindre 3 500 euros. Loin pourtant de progresser dans la recherche de réponses aux questions posées par ces chiffres, les pays les plus riches ont, juste avant Noël, fermé deux portes qui devaient redonner espoir aux pays pauvres. Au dernier sommet européen, tout d'abord, et sous l'impulsion du couple franco-allemand, la politique agricole commune a été « gelée », c'est-à-dire maintenue.
Les projets de réforme pourtant modestes de la Commission ont été rangés dans leurs cartons. Peu après, l'Organisation mondiale du commerce (OMC) – qui avait reçu mandat à Doha [en 2002] d'engager des négociations sur l'aménagement des droits de propriété intellectuelle « de manière à défendre le droit des pays à protéger leur santé publique » – a dû admettre qu'elle avait échoué dans cette mission.

Les pays en voie de développement avaient eu l'audace de réclamer que le cancer, l'asthme ou le diabète puissent figurer parmi les maladies justifiant qu'un pays pauvre importe des médicaments génériques. Selon l'Organisation mondiale de la santé (OMS), l'essentiel pourtant des 125 millions de nouvelles victimes de l'asthme, pour ne prendre que cet exemple, vivront dans les pays pauvres.
Mais l'OMS n'est pas décisionnaire dans de telles négociations… Qu'elle puisse l'être comme vient de le recommander la Commission européenne, serait une étape importante. ■

Document 2

Ce qui est extravagant dans ces deux cas – aides agricoles et produits génériques – est que les pays pauvres ne demandent pas une aide au sens habituel du terme ni même que les pays riches renoncent à leurs objectifs propres. Prenons ainsi la réforme de la PAC. Dans les projets présentés par la Commission et rejetés par les gouvernements, il ne s'agit nullement de mettre fin aux subventions versées aux agriculteurs. Il s'agit de mener à son terme une évolution visant à découpler totalement aide et production. Chacun comprend bien qu'en proportionnant l'aide versée aux agriculteurs aux volumes qu'ils produisent on incite à accroître les volumes au-delà du souhaitable. En revendant

leurs excédents sur les marchés mondiaux, les producteurs dépriment les cours des produits alimentaires.
On pourrait penser que c'est en soi une bonne chose pour les pauvres. La nourriture devenant bon marché, cela aide à combattre la faim. Or ce n'est pas le cas, tout simplement parce que l'écrasante majorité des pauvres de la planète sont eux-mêmes paysans : ils vendent, et non pas achètent, des produits agricoles. Oxfam, l'ONG britannique qui est en pointe sur ces sujets, a évalué que les subventions accordées aux vaches européennes dépriment le cours du lait de plus de 30 %, poussant à la ruine des milliers d'exploitations en Inde, au Kenya, en République dominicaine… Face à de tels enjeux, il ne semble pas qu'une réforme de la PAC qui consisterait à accorder aux agriculteurs européens une enveloppe forfaitaire plutôt que proportionnelle à leur production soit inacceptable. ■

Document 3

Dans le domaine pharmaceutique, le problème est encore plus déconcertant. Le marché mondial de la santé est l'un des plus florissant. Il devrait atteindre bientôt 4 000 milliards d'euros. Plus de 80 % de ce marché est situé dans les pays riches de l'OCDE. D'où il résulte que les médicaments sont chers : du simple fait que les riches peuvent payer pour leur santé, les médicaments sont de plus en plus sophistiqués et plus performants, incorporant des dépenses de recherche et développement de plus en plus lourdes, ce qui est en soi parfaitement normal.
Le problème n'est pas là. Il est que sur le marché mondial les pays pauvres doivent également payer très cher leurs médicaments. Une étude, présentée par la commission Macroéconomie et santé présidée par Jeffrey Sachs pour l'OMS, établit que les pays pauvres paient leurs médicaments à 85 % en moyenne du prix qui est payé dans les pays riches. Dans 98 des 465 cas de médicaments qu'elle a étudiés, la Commission a établi que les prix pratiqués sont en fait plus élevés dans les pays pauvres. Or, à ce tarif, la demande est presque nulle. Un médicament générique, qui aurait les mêmes propriétés mais qui n'inclurait pas dans son prix de vente l'amortissement des dépenses d'investissement des firmes pharmaceutiques, peut être dix fois moins cher que le médicament d'origine. Pourquoi en priver des pays qui n'ont pas les moyens de payer le prix fort et donc ne contribuent en pratique nullement à amortir les dépenses de recherche et développement payées par les fabricants. ■

Document 4

La principale raison donnée par les entreprises pharmaceutiques est qu'elles craignent que les médicaments génériques vendus aux pays pauvres ne soient réexportés clandestinement vers les pays riches. Il existe de fait un bon nombre de produits de contrefaçon qui sont introduits illégalement sur le marché américain : cigarettes, *T-shirt*… Comme le souligne Oxfam, il n'existe pourtant à ce jour aucun signe qui atteste que les produits pharmaceutiques fassent partie de la liste, sinon pour des montants dérisoires. Et il n'est pas difficile de comprendre pourquoi : on peut fumer des cigarettes de contrebande ou porter des contrefaçons. Prendre des pilules non labellisées et beaucoup plus audacieux, d'autant que, dans la plupart des cas, ce n'est pas le particulier mais sa mutuelle qui paie. L'argument officiel ne tient donc pas.
La raison inavouée est ailleurs : elle tient au risque politique que les produits génériques font peser sur la « légitimité » des tarifs pratiqués dans les pays riches eux-mêmes. Les firmes craignent qu'il ne leur soit plus difficile de justifier qu'elles vendent 1 000 € un produit dont il existe un équivalent générique qui ne coûte que 100 €. C'est pour se protéger de ce procès en légitimité qu'il leur semble « plus simple » de ne pas s'embarrasser d'une double tarification qui pourtant, fondamentalement, ne leur coûterait rien. ■

Document 5

On tient ici une raison qui explique aussi le problème des subventions agricoles. Le véritable risque auquel un système de subventions forfaitaires expose les agriculteurs européens est de mettre à nu le régime dont ils bénéficient. À l'instar des entreprises pharmaceutiques, il leur apparaît plus prudent pour des raisons de légitimité de recevoir des aides qui récompensent une activité « productrice ».
Il est évident que les critiques qui sont dirigées contre les *lobbies* pharmaceutiques ou agricoles débouchent rapidement sur une dénonciation plus large des profits qui sont engrangés sur le dos des malades « en général » ou de l'aberration que constitue le fait que les agriculteurs absorbent à eux seuls la moitié du budget de l'Union européenne. Il s'agit là de considérations touchant à des questions qui peuvent attendre. Et ce serait un geste digne de la part de nos démocraties prospères que de montrer qu'elles savent résoudre leurs querelles de légitimité autrement qu'en prenant les pays pauvres en otage. ■

Questions sur l'ensemble du dossier

1. Résumez la situation décrite par l'auteur. [*doc. 1*]
2. Qu'est-ce qu'un médicament générique ? Pourquoi l'OMC a-t-elle plus de pouvoir sur les médicaments que l'OMS ? [*doc. 1*]
3. Quelles sont les conséquences de la PAC sur les paysans du tiers monde ? [*doc. 2*]
4. Quelles seraient les conséquences d'un remplacement des aides proportionnelles à la production par des aides forfaitaires ? [*doc. 2*]
5. Pourquoi un prix de vente qui ne tiendrait pas compte des investissements de l'industrie pharmaceutique serait-il beaucoup moins élevé ? [*doc. 3*]
6. Pourquoi la vente de médicaments génériques ne ferait-elle pas baisser les profits des entreprises pharmaceutiques ? [*doc. 3*]
7. D'après l'auteur, pour quelle raison les médicaments génériques ne risquent-ils pas d'être réexportés vers les pays riches ? [*doc. 4*]
8. Expliquez et discutez la « raison inavouée ». [*doc. 4*]
9. La raison inavouée vous semble-t-elle plausible dans le cas de l'agriculture ? [*doc. 5*]
10. **Question de synthèse.** Repérez tous les acteurs de la mondialisation présents dans le texte de Daniel Cohen et commentez leurs rôles respectifs. Quels problèmes, à prendre en compte dans les débats sur la solidarité et les inégalités, ce texte met-il en évidence ?

Dossier 4 • Fiche TD

Les investissements directs à l'étranger (IDE)

Document 1

Les principales firmes multinationales en 1999

Les plus grandes du monde	Industrie	Actifs en milliards $	ITN[a] en %
General Electric (É.-U.)	Électronique	405,2	36,7
General Motors (É.-U.)	Automobile	274,7	30,7
Ford Motor (É.-U.)	Automobile	273,4	36,1
Daimler Chrysler (All.)	Automobile	175,9	53,7
Toyota Motor (Jap.)	Automobile	154,9	30,9
Exxon Mobil (É.-U.)	Pétrole	144,5	68,0
Royal Dutch Shell (PB-RU)	Pétrole	113,9	53,6
Hitachi (Jap.)	Électronique	91,5	17,9
IBM (É.-U.)	Informatique	87,5	53,7
SBC Communications (É.-U.)	Télécom.	83,2	12,9
Les plus transnationales du monde	**Industrie**	**Actifs en milliards $**	**ITN[a] en %**
Thompson Corp. (Can.)	Médias, édit.	13,8	95,4
Nestlé (Suisse)	Alimentaire	36,8	95,2
ABB (Suisse)	Éq. Électrique	30,6	94,1
Electrolux (Suède)	Électronique	9,8	93,2
Holcim (Suisse)	Matériaux	13,6	91,8
Roche Group (Suisse)	Pharmacie	27,1	91,5
British American Tobacco (RU)	Alimentaire	26,2	90,7
Unilever (PB-RU)	Alimentaire	28,0	89,3
Seagram Company (Can.)	Médias, alim.	35,0	88,6
Akzo Nobel (PB)	Chimie	12,0	82,6

a. Indice de transnationalité. Cet indice, calculé par la CNUCED depuis 1993, est destiné à évaluer le degré de transnationalité des multinationales. Il est la moyenne des trois ratios suivants : pourcentage des actifs étrangers dans les actifs totaux, pourcentage des ventes à l'étranger dans les ventes totales, pourcentage d'employés à l'étranger dans l'emploi total de la firme.
Source : CNUCED, World Investment Report, *Genève et New York, 2001* in *Wladimir Andreff,* Les Multinationales globales, *La Découverte, « Repères », nouvelle éd., 2003.*

Document 2

Les flux d'IDE (sorties et entrées annuelles de capitaux au titre de l'IDE) sont enregistrés, en monnaie nationale, dans la balance des paiements de chaque pays. L'IDE se réalise par des sorties de capitaux, mais aussi par le réinvestissement des profits des filiales étrangères, par leur appel de fonds sur les marchés financiers internationaux et auprès des systèmes bancaires étrangers. En 1990, l'IDE américain a été financé à 44 % par des flux de sortie de capitaux des maisons mères vers les filiales étrangères, à 31 % par les profits réinvestis de celles-ci et à 25 % par emprunts des filiales sur place. Les deux derniers flux ne figurent pas dans la balance des paiements. Malgré les recommandations du FMI de les recenser, ils restent inconnus pour de nombreux pays d'origine (surtout les PVD). [...]
Le seuil de contrôle, de plus en plus homogène (10 %) entre les différentes sources statistiques, peut dissimuler un IDE réalisé par une cascade de participations au capital d'une firme étrangère. Par exemple, si une firme américaine A détient 51 % du capital des firmes B, C et D, dont chacune détient 7 % du capital d'une firme française F, il est très probable que cette dernière agit comme filiale (indirecte) du groupe A puisque celui-ci contrôle, bien qu'indirectement, 21 % (supérieur au seuil retenu) des actions de F.
La sous-évaluation statistique de l'importance des multinationales tient aussi à ce que leur présence ne se réduit pas au seul IDE. L'usage est de ne pas additionner les chiffres concernant les IDE des multinationales et ceux relatifs à leurs investissements dans leur pays d'origine, alors que les multinationales de chaque pays d'origine sont bien sûr les mieux implantées dans celui-ci : elles y détiennent plus d'actifs qu'à l'étranger. Le poids des multinationales en paraît donc atténué. De plus, l'investissement « indirect » à l'étranger (exemple : IDE en France de la

Questions sur l'ensemble du dossier

1. Citez des exemples de produits et de marques de firmes multinationales ne se trouvant pas dans le document 1.
2. Qu'est-ce que l'IDE, quelles formes peut-il prendre ? [*voir lexique*]
3. Comment peut-il être financé ? [*doc. 2*]
4. Pourquoi peut-on parler d'une sous-évaluation statistique de l'IDE et de la multinationalisation des entreprises ? [*doc. 2*]
5. Quels sont les déterminants de l'IDE ? [*doc. 2*]
6. Qu'appelle-t-on le stock des IDE ? Qu'est-ce qui fait varier ce stock ? [*doc. 3*]
7. Caractérisez l'évolution du stock des IDE, de sa provenance et de sa destination au cours du siècle. [*doc. 3*]
8. Qu'appelle-t-on stock entrant ? stock sortant ? [*doc. 4*]
9. En vous appuyant sur les résultats de quelques calculs appropriés [*doc. 4*], décrivez :
   – la forte progression des IDE entre 1990 et 2000 ;
   – leurs provenances et leurs destinations sur cette période.
10. Comparez la croissance des IDE à celle de la production mondiale et des échanges mondiaux. [*doc. 5*]
11. Comment caractériser la répartition des IDE dans les PVD ? [*doc. 3*] Comment l'expliquer ? [*doc. 6 et 7 et connaissances personnelles*]
12. Que montrent les données du document 7 ?
13. Commentez l'évolution de la répartition sectorielle des IDE. [*doc. 8*]

filiale suisse d'une firme américaine) est comptabilisé comme IDE sortant dans la balance des paiements du pays relais (la Suisse) et non dans le vrai pays d'origine (États-Unis) ; très peu de pays ont des statistiques permettant d'identifier ce dernier. La sous-évaluation est aggravée du fait que la présence des multinationales liée à certains modes d'entrée (nouvelles formes d'internationalisation, ex : sous-traitance, alliances) n'est pas ajoutée aux statistiques d'IDE proprement dit. ■

Wladimir Andreff, ibid.

Document 3

Le stock des investissements directs étrangers, 1914-1995

Pays d'origine	1914	1938	1960	1975	1985	1995
Total (milliards de $)	14,3	26,4	63,1	275,4	707,8	2 879,4
dont en % :	100	100	100	100	100	100
Royaume Uni	45,5	39,8	17,1	13,1	14,2	10,6
États-Unis	18,5	27,7	52,0	44,0	35,5	24,3
Japon	0,1	2,8	0,8	5,7	6,2	8,3
Allemagne	10,5	1,3	1,3	6,5	8,5	9,0
France	12,2	9,5	6,5	3,8	5,2	7,2
Autres pays développés	13,2	18,9	21,2	24,5	25,8	31,6
Pays en développement	0	0	1,1	2,3	4,6	8,8
Économies planifiées	0	0	0	0,1	0	0,2
Pays d'accueil	100	100	100	100	100	100
Pays développés	37,2	34,3	67,3	75,1	77,1	71,3
Pays en développement	62,8	65,7	32,7	24,9	22,9	28,7

Source : ONU, in *Wladimir Andreff,* ibid.

Document 4

Le stock d'investissement direct étranger : principaux pays, 1990-2000
(en milliards de dollars)

	Stock d'IDE entrant		Stock d'IDE sortant	
	1990	2000	1990	2000
Total pays développés	1 398	4 210	1 637	5 249
États-Unis	395	1 239	431	1 245
Canada	113	194	85	201
Japon	10	54	201	282
Suisse	34	87	66	232
Union Européenne	740	2 376	790	3 111
Royaume Uni	204	483	229	902
France	100	267	120	497
Allemagne	120	461	148	443
Pays-Bas	67	248	103	326
Italie	58	115	57	176
Pays en développement	488	1 979	80	710
Chine (Hong Kong inclus)	187	816	14	412
Brésil	37	198	2	15
Singapour	29	89	8	53
Europe centrale-orientale	3	125	0,4	17
Total dans le monde	**1 889**	**6 314**	**1 717**	**5 976**

Le total des stocks entrant n'est pas égal au total des stocks sortant, en raison notamment de divergences dans les méthodes d'enregistrement statistique des différents pays.
Source : CNUCED, in *Wladimir Androff,* ibid.

Document 5

La dynamique de l'IDE dans l'économie mondiale

Indicateur (milliards de dollars)	Valeur à prix courants	
	1982	2000
Stock d'IDE sortant	568	5 976
Flux d'IDE sortant	37	1 150
PIB mondial	10 612	31 895
FBCF mondiale	2 236	6 466
Exportations mondiales	2 124	7 036

Source : CNUCED, op. cit. *et Banque des Règlements Internationaux,* in *Wladimir Andreff,* ibid.

Document 6

La répartition de l'IDE entrant dans les PVD, 1967-2000

	Stock entrant			
	1967	1980	1990	2000
Total pays en voie de développement (en milliards $)	33	241	488	1,979
dont en % :				
Nouveaux Pays Industriels émergents[a]	44	78	72	80
Exportateurs pétrole	28	5	16	9
Paradis fiscaux	7	5	5	5
Pays en voie de développement à revenu intermédiaire	14	9,5	5,3	4,2
Pays les moins avancés[b]	7	2,5	1,7	1,8

a. 17 NPI.
b. 48 PMA en 2000.
NB : PVD = pays en voie de développement.
Source : CNUCED, in *Wladimir Andreff,* ibid.

Document 7

Stocks d'IDE croisés au sein de la Triade (en milliards de dollars)

En 1985

Zone d'accueil ⟶	**États-Unis**	**Union européenne**	**Japon**	**Reste du monde**	**% Triade dans zones d'accueil**
Zone d'origine :					
États-Unis		89	9	140	41,2
Union européenne	128	118	5	214	54,0
Japon	16	7		21	52,3
Reste du monde	41	23	0		
% Triade/origines	77,8	90,2	100		

En 1999

Zone d'accueil ⟶	**États-Unis**	**Union européenne**	**Japon**	**Reste du monde**	**% Triade dans zones d'accueil**
Zone d'origine :					
États-Unis		512	48	573	49,4
Union européenne	554	980	17	312	83,3
Japon	177	76	150	62,8	
Reste du monde	235	267	1		
% Triade/origines	75,7	85,4	98,5		

NB : PDEM = pays développés à économie de marché.
Source : CNUCED, in *Wladimir Andreff,* ibid.

Document 8

Répartition sectorielle du stock mondial d'IDE, 1970-1999

Stock sortant des PDEM	**1970**	**1980**	**1990**	**1999**
Secteur primaire	23	18	11	9
Secteur secondaire	45	44	39	35
Secteur tertiaire	32	38	50	56
Stock entrant en PDEM				
Secteur primaire	16	7	9	10
Secteur secondaire	60	55	43	39
Secteur tertiaire	24	38	48	51
Stock entrant en PVD				
Secteur primaire	n.d.	23	22	14
Secteur secondaire	n.d.	54	48	65
Secteur tertiaire	n.d.	23	30	21

Source : CNUCED, in *Wladimir Andreff,* ibid.

Sujet de bac

DISSERTATION

▶ IDE ET DÉVELOPPEMENT ÉCONOMIQUE

Sujet : Dans quelle mesure la montée des investissements directs à l'étranger est-elle favorable au développement économique mondial ?

Document 1

Les investissements directs entrants posent certes le problème de l'augmentation de la concurrence locale et celui du risque de perte de l'indépendance nationale. Mais compte tenu de la situation du marché du travail et des impératifs de compétitivité, les investissements directs entrants sont de plus en plus considérés comme étant une source potentielle de création ou de préservation d'emplois. Ils sont aussi une source d'investissement, de transferts de technologie ou de savoir-faire (cf. le mode de gestion à la japonaise) et contribuent aux exportations et au renforcement des structures industrielles. La peur des investissements directs entrants a cédé le pas à la volonté de chaque pays d'attirer les entreprises, si bien qu'au sein de l'Europe les pays sont entrés en concurrence pour l'attraction des entreprises étrangères. [...] S'agissant des investissements directs sortants, le rapport Arthuis « Les délocalisations contre l'emploi » (1993) [...] a placé le débat au niveau des méfaits, sur l'emploi national, des délocalisations des firmes européennes dans les pays à bas salaires (essentiellement en Asie). Mais le problème est mal posé. [...] Le rapport Ribicoff, présenté devant le Sénat américain durant les années 1970, a montré que les délocalisations des firmes américaines avaient des effets favorables sur l'emploi aux États-Unis, ne serait-ce qu'en favorisant les exportations de biens d'équipements et en poussant à la montée en gamme des produits et des qualifications. Ce rapport a aussi montré que les firmes américaines qui n'avaient pas entrepris d'investissements directs avaient perdu de leur potentiel concurrentiel et étaient responsables de l'augmentation des importations américaines. ■

Nathalie Fabry,
Écoflash *n° 103/104, 1996.*

Document 2

Répartition des flux d'IDE en 1999 (en %)

	Flux d'IDE entrants	**Flux d'IDE sortants**
Pays développés	**74**	**91**
Europe de l'Ouest	36	67
États-Unis	32	19
Japon	1	3
Autres pays développés	4	3
Pays en développement	**24**	**8**
Afrique	1	< 1
Amérique latine et Caraïbes	10	3
Europe en développement	< 1	< 1
Asie de l'Ouest	1	< 1
Asie centrale	< 1	< 1
Sud, Est et Sud-Est asiatique	11	4
Pacifique	< 1	< 1
Europe centrale et orientale	**2**	**< 1**
Monde	**100**	**100**

Source : CNUCED, World Investment Report.

Document 3

Évolutions mondiales de la production, des exportations et des investissements à l'étranger (1980-2000), indice 100 en 1990				
	1980	1990	1995	2000
Exportations	68	100	136	196
IDE	23	100	153	591
PIB	78	100	107	127

Source : OMC pour les exportations et le PIB (en volume), CNUCED pour les IDE (flux sortants exprimés en dollars) dont l'indice est à 293 en 1998, 447 en 1999 et 226 en 2001.
En milliards de dollars et en 2000, le PIB mondial est de 31 800, les exportations mondiales s'élèvent à 6 000 et le flux d'IDE à 1 400.

Document 4

Avec la mondialisation, les multinationales ne font plus beaucoup de distinction entre les marchés intérieurs du pays d'origine et des divers pays hôtes. Leur entrée renforce la concurrence dans ces derniers, sauf lorsqu'elle évince des firmes locales ou qu'elle est réalisée par fusions et acquisitions transnationales. Les multinationales influencent fortement la compétitivité des pays et des firmes locales. Par là même, elles ont un impact sur le niveau d'activité des économies nationales et donc sur les revenus qui y sont distribués. Les multinationales sont de gros contribuables, source de revenus importants pour les États ; d'où leur penchant pour les paradis fiscaux évitant une telle taxation. L'IDE accroît directement l'investissement dans le pays hôte mais, indirectement, il peut évincer les firmes locales des sources de financement de l'investissement. Il a des conséquences environnementales, notamment dans les PVD où 16 % de la production des multinationales était intensive en pollution en 1996 ; mais 40 % pour l'industrie manufacturière (contre 6 % dans les PDEM d'origine). Dans les PVD plus encore que dans les PDEM, l'impact des multinationales se concentre sur quelques secteurs, en général intensifs en technologie, à croissance rapide et à forte valeur ajoutée, d'où sont évincées les firmes locales lorsqu'elles existent. La mondialisation étend les structures d'oligopole à la plupart des marchés intérieurs. Les filiales de multinationales ont une productivité plus élevée que celle des firmes locales et provoquent des effets d'entraînement en amont sur les fournisseurs locaux de composants et les sous-traitants, ou en aval sur des firmes clientes ; l'intensité de la concurrence augmente de même que la captation des ressources locales par les multinationales. En revanche, la fermeture d'une filiale de multinationale en difficulté disloque le tissu industriel. L'activité des multinationales induit des retombées technologiques, une exigence de qualification de la main-d'œuvre et un effort de formation (pris en charge par les multinationales). L'impact des multinationales sur l'activité économique nationale se distingue de moins en moins de celui des firmes locales à mesure que les systèmes productifs s'intègrent avec la mondialisation. ■

Wladimir Andreff,
Les Multinationales globales,
La Découverte, « Repères », 2003.

Document 5

Si nul ne considère plus les IDE comme un obstacle au développement, leur géographie mondiale montre qu'ils tendent plus à accompagner le succès qu'à enclencher un processus de décollage économique.
Les firmes n'ont aucune raison de produire là où le marché est très étroit, où la main-d'œuvre est peu qualifiée, les infrastructures insuffisantes et l'État de droit inexistant. Or, de nombreux pays en développement cumulent un ou plusieurs de ces handicaps.
Les IDE ne font donc qu'accompagner le succès de stratégies nationales mises en œuvre par des États soucieux du développement de leur pays, aptes à former la main-d'œuvre et à mobiliser l'épargne nationale au profit d'une accumulation de capital productif. Mais ces pays, dès lors, parviennent souvent à se passer d'IDE... Les nouveaux pays industrialisés d'Asie se sont ainsi développés en assurant d'abord la promotion de leurs propres firmes, tant sur le plan financier qu'industriel. Et il a fallu la récente crise financière pour que les firmes américaines, européennes et japonaises parviennent à prendre pied en Corée, en profitant de la déconfiture de certaines entreprises locales. ■

Alternatives économiques,
hors-série n° 48, 2001.

Document 6

L'essor de la production mondialisée se reflète dans la croissance des flux d'IDE. Le montant de ceux-ci – 865 milliards de dollars en 1999 – représente aujourd'hui 14 % de la formation brute de capital fixe mondiale (l'investissement des entreprises), contre 2 % il y a vingt ans.
Les investissements directs répondent à deux logiques distinctes : la création de capacités de production nouvelles dites *greenfield* – littéralement « dans un champ » – et l'acquisition ou la fusion d'entreprises existantes. Les investissements de type *greenfield* peuvent s'inscrire dans une logique de division internationale du travail ou d'implantations destinées à prendre une part de marché dans des pays en croissance.
Les fusions-acquisitions internationales suivent d'autres logiques. Elles résultent, pour une part, du processus de déréglementation-libéralisation de certains secteurs d'activité, comme les télécommunications, l'énergie ou les services financiers. La majorité des flux d'IDE vers l'Amérique latine, au cours de la dernière décennie, correspondait à la vente des services publics locaux à des opérateurs internationaux.
Les grandes opérations de fusions-acquisitions transfrontières traduisent aussi une restructuration-concentration du capitalisme sur une base européenne et transatlantique. ■

Alternatives économiques, ibid.

→ MÉTHODES POUR LE BAC pages 738-751

Sujet de bac

ÉPREUVE DE SYNTHÈSE

▶ L'ÉTAT ET LA MONDIALISATION

Travail préparatoire (*10 points*)

1. Quelle tendance globale observe-t-on à la lecture de ce graphique ? Que peut-on dire des mouvements internationaux de capitaux à la fin du xxe siècle ? [*doc. 1*] (*1 point*)
2. Qu'est-ce qui explique la nouvelle nature des échanges ? Argumentez votre réponse. [*doc. 2*] (*2 points*)
3. Expliquez l'expression suivante : « les États peuvent tenter de rendre leurs territoires attrayants » : attrayants pour qui ? attrayants de quelles façons ? [*doc. 2*] (*2 points*)
4. Maintien de la protection sociale et ouverture internationale sont-ils incompatibles ? [*doc. 4*] (*2 points*)
5. Comment l'État peut-il favoriser la compétitivité des entreprises nationales ? [*doc. 3*] (*2 points*)
6. Montrez le lien entre cohésion sociale et compétitivité. [*doc. 3*] (*1 point*)

Question de synthèse (*10 points*)

Après avoir montré en quoi la mondialisation remet en cause le pouvoir de l'État, vous expliquerez pourquoi celui-ci reste un déterminant essentiel de la cohésion sociale et de la compétitivité nationale.

Document 1

Pourcentage des pays appliquant des restrictions sur les mouvements de capitaux (en %)

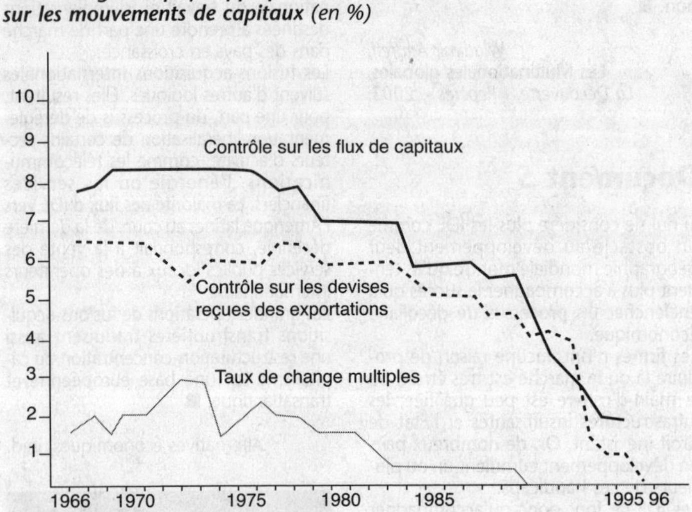

Source : Problèmes économiques *n° 2611/2612, avril 1999.*

Document 2

Les conséquences des échanges commerciaux comme de l'investissement sont amplifiées par la nature nouvelle des échanges : il s'agit de moins en moins d'un commerce de marchandises entre des systèmes de production nationaux, et de plus en plus d'un flux de biens à l'intérieur de réseaux de fabrication organisés à l'échelle mondiale plutôt que nationalement. Des biens sont créés par l'intégration de processus productifs qui prennent place sur de multiples territoires nationaux. L'inclusion ou l'exclusion de l'un quelconque de ces territoires dans ou hors de ces réseaux de production dépend de décisions d'acteurs privés. Les États peuvent tenter de rendre leurs territoires attrayants, mais la structure des réseaux mondiaux de production n'est pas en dernier ressort de leur décision. [...] Dans l'ordre mondial actuel, le statut politique des États se trouve confronté au fait que les « citoyens » qui jouissent du pouvoir économique le plus grand sur la scène internationale sont les firmes multinationales. ■

Problèmes économiques, ibid.

Document 3

Contraint par le passé, le budget public n'en est pas moins l'un des seuls instruments dont une société dispose pour préparer *collectivement* son avenir. Comment sinon prendre en charge le financement des activités d'aménagement du territoire, de formation et plus généralement d'intégration et d'assurance sociales qui seules permettront demain de garantir la compétitivité du travail des espaces économiques « chers » ? [...] Pour un pays riche, les dépenses publiques permettent d'assurer la cohésion sociale et sont, à ce titre, indispensables. [...] Dans la concurrence internationale, les pays européens, et la France en particulier, auraient tort de ne

➞ MÉTHODES POUR LE BAC pages 738-751

pas parier sur l'atout de la solidarité. Ils ont eu, il y a longtemps, l'intelligence de le mettre dans leur jeu. Il serait dommage qu'ils ne l'utilisent pas au moment où la mondialisation en fait une carte maîtresse ! Pour gagner ce pari, il faut toutefois moderniser les dispositifs par lesquels cette solidarité s'exprime effectivement [...]. La rénovation des grands appareils sociaux – l'éducation, la santé, la justice, la ville... – suppose une mobilisation d'attention et de ressources en tout point comparable à ce qui a été fait hier pour mettre en place les réseaux ferroviaires, électrique ou de télécommunication, dont la France bénéficie aujourd'hui. [...] Investir dans l'intégration sociale n'implique pas un accroissement des dépenses de l'État. Mais cela suppose un sérieux redéploiement de ses efforts. Cela ne veut pas dire que l'État doit se désintéresser totalement des affaires industrielles. Il lui devient au contraire possible de se concentrer sur une responsabilité qu'aucune des entreprises actives en France n'a de raison d'assumer : animer la réflexion sur la spécialisation de notre espace économique afin de valoriser au mieux notre travail dans l'échange international. Et il lui appartient aussi d'utiliser, en articulation bien sûr avec l'Union européenne, les incitations qu'il peut mobiliser et les leviers dont il dispose pour mettre en œuvre ces orientations : les positions défendues dans les négociations commerciales, la politique d'aménagement du territoire, les éventuels avantages fiscaux concédés à des entreprises doivent trouver ici leur justification. ■

Anton Brender, La France face à la mondialisation, *La Découverte, « Repères », nouvelle éd., 2002.*

Document 4

La relation entre commerce extérieur et dépenses de protection sociale

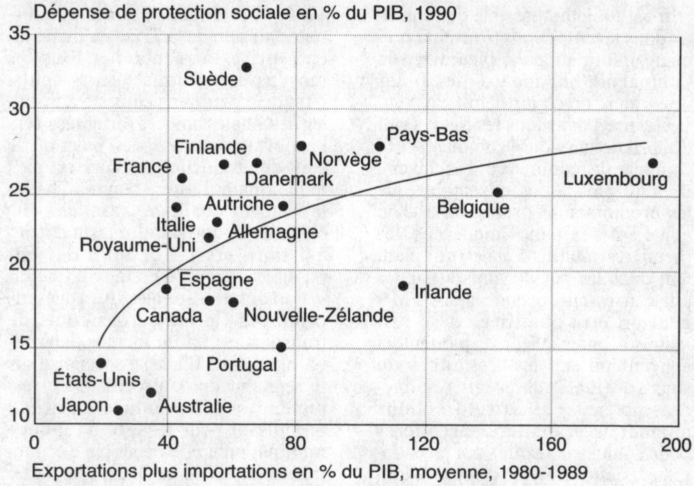

Source : Problèmes économiques, op. cit.

Fiche-outil 1

Les stratégies des multinationales

Une firme devient multinationale dès qu'elle possède ou contrôle des filiales dans au moins deux pays. Il en existe de toutes tailles, y compris des PME. L'opération qui permet à une firme de s'internationaliser est l'investissement direct à l'étranger (IDE) par lequel elle crée une filiale ou prend le contrôle d'une entreprise existante.

La typologie des stratégies des firmes multinationales (FMN) n'est pas seulement une classification qui vaut à un moment donné, elle a aussi une dimension historique au sens où ces stratégies apparaissent ou dominent à des moments différents, dans des configurations internationales différentes. Si l'on suit Charles-Albert Michalet, il est en effet possible de distinguer trois configurations :
– internationale, lorsque prévaut une logique de spécialisation entre des États que distinguent leurs dotations en facteurs de production (travail, capital...) et leur politique commerciale ;
– multinationale, lorsque prévaut une logique d'investissements directs à l'étranger et de délocalisation de la production mise en œuvre par des firmes qui cherchent à exploiter des différences entre les territoires et à conquérir des parts de marché mondial ;
– globale, lorsque prévaut une logique financière de gestion de portefeuille de titres et d'activités au sein de réseaux qui échappent aux régulations nationales.

Il est également utile de distinguer les IDE internes à la Triade (Amérique du Nord, Europe, Japon), entre pays de niveau de développement comparable, et les IDE des pays du Nord vers les pays du Sud (il existe aussi des flux Sud-Sud).

I. LA STRATÉGIE D'APPROVISIONNEMENT

Il est toujours possible de remonter dans le temps pour trouver la première multinationale, bien avant la Compagnie hollandaise des Indes orientales, créée au début du XVIIe siècle, mais dans tous les cas il s'agit d'abord de faire du « commerce » (y compris du commerce d'esclaves), d'autant plus risqué et rentable que les produits sont exotiques. Si l'on s'en tient aux temps modernes, les premières multinationales s'implantent dans les pays colonisés par les puissances européennes. Ces FMN peuvent être qualifiées de « primaires », parce qu'elles exploitent, et souvent pillent, les ressources du sous-sol (matières premières, métaux précieux) et du sol (produits alimentaires, matières premières pour l'industrie textile) des pays dominés. Cette stratégie d'approvisionnement existe toujours et l'on constate que les implantations s'expliquent encore souvent par l'héritage colonial.

II. LA STRATÉGIE DE MARCHÉ

Le processus de concentration des entreprises les conduit à rechercher sans cesse de nouveaux débouchés, donc à exporter dès que le marché domestique approche de la saturation (cycle de vie du produit). Mais l'existence de barrières tarifaires et non tarifaires rend souvent l'implantation et la production à proximité du client potentiel préférable à l'exportation. Au cours du XXe siècle, les FMN ont donc créé des filiales relais (orientées vers le marché local ou régional) dans les pays offrant les meilleures perspectives de débouchés, par conséquent au niveau de revenu moyen élevé ou fortement croissant. Cette stratégie de marché, dite aussi « multipays », induit un type d'IDE qualifié « d'horizontal », entre pays du Nord ou vers les pays émergents.

III. LES DÉLOCALISATIONS

À partir du milieu des années 1960, l'accentuation de la concurrence au sein de la Triade a incité les entreprises à rechercher tous les moyens de minimiser leurs coûts. L'un de ses moyens consiste à installer des filiales ateliers (orientées vers l'exportation) dans des pays où le coût de production unitaire est plus faible (main-d'œuvre bon marché relativement qualifiée, avantages fiscaux, droit du travail quasiment inexistant, etc.). Lorsqu'il devient possible de mettre en œuvre une division internationale du processus productif (la baisse des coûts de transport est ici un facteur déterminant), chaque filiale se spécialise sur le segment de ce processus correspondant à ses avantages relatifs ; produisant pour le reste du groupe multinational elle bénéficie d'économies d'échelle. À ce stade, une partie croissante des échanges internationaux deviennent en fait des flux internes aux FMN. Cette stratégie de minimisation des coûts se traduit par des IDE de type « vertical », souvent entre pays du Nord et pays moins développés, dont la conséquence est un mouvement de délocalisation/relocalisation des sites de production.

IV. LES STRATÉGIES GLOBALES

À partir des années 1980 émergent des stratégies globales : les FMN appartenant à l'oligopole mondial acquièrent une vision d'ensemble des marchés, principalement au sein de la Triade, et combinent toutes les stratégies précédentes en leur adjoignant des techniques financières sophistiquées (pour lever des capitaux, réaliser des fusions et acquisitions...). Elles recherchent l'intégration (de la production, de la commercialisation, de la finance, etc.) à l'échelle mondiale (le produit est désormais « made in FMN X » et non plus « made in pays Y »), si nécessaire en pratiquant des alliances, souvent en développant une organisation en réseau. La logique dominante de cette période est financière : les groupes achètent et vendent des entreprises, investissent et désinvestissent, comme on gère un portefeuille d'actions, avec pour seul critère la maximisation de la rentabilité financière. Les FMN globales sont en quelque sorte les plus transnationales des multinationales ; pour elles, le monde est effectivement un village planétaire.

CONCLUSION

Comme toutes les entreprises, les FMN doivent choisir entre la diversification (stratégie conglomérale) et le recentrage sur leur métier principal (recherche de la taille minimale requise par la concurrence oligopolistique sur le marché mondial), mais aussi se poser la question : faire soi-même ou faire faire ? Autrement dit : quelles activités faut-il internaliser, pour réduire les coûts de transaction ? Quelles activités faut-il externaliser, pour réduire les coûts d'organisation ? Les réponses à ces questions déterminent l'architecture organisationnelle, plus ou moins déconcentrée sur une base régionale, plus ou moins proche de la pyramide ou du réseau, etc.

La globalisation financière a offert aux FMN une très grande liberté d'action. Elles se trouvent souvent en position de mettre en concurrence les territoires d'accueil. Du fait de leur puissance économique elles façonnent la mondialisation, mais c'est au renoncement volontaire des États ou à l'absence de coopération interétatique (par exemple pour contrôler les zones de non-droit telles que les paradis fiscaux, les centres *off-shore*, etc.) qu'elles doivent d'abord leur pouvoir.

Pascal Combemale

🕮 Bibliographie

– *Charles-Albert Michalet,* Qu'est-ce que la mondialisation ?, *La Découverte, 2002.*

– *Wladimir Andreff,* Les Multinationales globales, *La Découverte, « Repères », nouvelle éd., 2003.*

ENJEUX DE LA MONDIALISATION

Chapitre XIII

FINANCE ET MONDIALISATION

Dominique Plihon

Introduction

Dans *Les Raisins de la colère*, John Steinbeck décrit de façon saisissante les effets de la crise des années trente aux États-Unis : on tue le bétail avant de l'enterrer, on tire sur des hommes affamés qui essaient de repêcher des pommes de terre que l'on vient de jeter à la rivière, on brûle du maïs et l'on détruit des oranges alors que des enfants meurent de faim…

Dans l'imaginaire collectif, cette crise terrible a débuté par un krach financier, en octobre 1929, à Wall Street. De cet épicentre du capitalisme, elle se serait ensuite répandue dans le reste du monde, surtout en Europe, où elle aurait contribué à la prise de pouvoir des fascistes et des nazis…

Bien que les causes de cette catastrophe ne furent probablement pas financières, les interdépendances créées par les systèmes financiers, nationaux et internationaux, favorisèrent sa propagation et son amplification. C'est l'une des raisons pour lesquelles le nouveau système mis en place après la Seconde Guerre mondiale par les accords de Bretton Woods se caractérisait par les restrictions imposées à la liberté de circulation des capitaux. Mais cette tentative de contrôle des flux financiers fit long feu. La preuve : il n'a jamais été aussi facile qu'aujourd'hui de vendre des actions japonaises pour acheter des bons du Trésor américains ou de vendre des actions brésiliennes pour acheter des obligations de la zone euro. Et chacun, lorsqu'il dispose d'un petit pécule, d'être tenté par le démon de la spéculation…

À ce jeu, le frisson est garanti : depuis le krach d'octobre 1987, il y a eu notamment la crise du SME en 1992-1993, la crise du peso mexicain en 1994-1995, la crise asiatique en 1997, la crise russe en 1998, le krach des valeurs de la « nouvelle économie » au début du XXIe siècle… Faut-il s'inquiéter de voir ainsi l'économie mondiale transformée en un gigantesque casino ? Après tout, ce n'est qu'un jeu : au Loto aussi il y a beaucoup de perdants pour quelques rares gagnants ! Tout dépend de l'impact sur l'économie réelle. Si le krach contraint les banques à réduire de façon drastique leurs crédits aux entreprises, si des ménages qui se croyaient riches ont l'impression d'être ruinés et réduisent brusquement leur consommation, si le paiement des retraites est amputé des pertes des fonds de pension, si les débiteurs entraînent dans leurs chute leurs créanciers, proches ou à quelques milliers de kilomètres… on risque de regretter, mais un peu tard, d'avoir oublié les leçons de 1929…

Alors, le jeu en vaut-il la chandelle ? Le moment n'est-il pas venu, après ces années de déréglementation aveugle, d'essayer de reprendre le contrôle du système monétaire et financier international ? Pendant qu'il en est encore temps, sans attendre qu'adviennent le krach des krachs et ses conséquences dramatiques ?

Pour essayer de répondre à ces questions, il faut d'abord comprendre comment on en est arrivé là, comment fonctionne et dysfonctionne ce système que nous ne maîtrisons pas et dont nous dépendons de plus en plus. Dominique Plihon va nous expliquer comment reprendre le contrôle de la globalisation financière.

Pascal Combemale

SOMMAIRE

LA GLOBALISATION FINANCIÈRE

➾ **Dominique Plihon,**
professeur d'économie à l'université de Paris-Nord, membre du Conseil d'analyse économique et président du Conseil scientifique d'ATTAC (Assocation pour la taxation des transactions pour l'aide aux citoyens).

L'un des phénomènes marquants de l'économie contemporaine est la montée en puissance de la finance internationale dans un contexte de globalisation. La globalisation financière peut être définie comme un processus d'interconnexion des marchés de capitaux aux niveaux national et international, conduisant à l'émergence d'un marché unifié de l'argent à l'échelle planétaire. La globalisation financière s'inscrit dans un processus historique long et complexe, conduisant à la mondialisation de l'économie. Ses causes sont multiples, d'ordre politique, démographique et technologique. La globalisation financière a donné lieu à des analyses divergentes, plus ou moins optimistes quant à ses effets sur le fonctionnement de l'économie mondiale. Il y a néanmoins un consensus sur la nécessité d'une réforme de l'architecture financière internationale, afin d'adapter celle-ci à la globalisation des marchés. Un « nouveau Bretton Woods » ne serait-il pas nécessaire en ce début du XXIe siècle ?

I. LES TROIS DIMENSIONS DE LA MONDIALISATION

Phénomène complexe, la mondialisation recouvre une grande diversité de processus. Elle correspond, en premier lieu, à l'ouverture des économies nationales aux transactions internationales et au développement des échanges de biens et services (dimension internationale). C'est, à un second niveau, la mobilité internationale des facteurs de production, et plus particulièrement des capitaux, que l'on désigne habituellement par la globalisation financière. Le vecteur le plus important de ce mouvement est constitué par les mouvements internationaux de capitaux, et plus particulièrement par les investissements directs à l'étranger (IDE), réalisés par les firmes multinationales (dimension multinationale). Enfin, la mondialisation est un processus d'interpénétration croissante des économies nationales, donc d'effacement progressif des frontières, d'affaiblissement des régulations nationales et de déterritorialisation des activités économiques : plus qu'une internationalisation de l'économie, il s'agit d'une mondialisation des processus de production et des marchés, avec des marchés intégrés et des entreprises qui deviennent des « acteurs globaux » dont les décisions et comportements semblent échapper à toute considération nationale et dicter leur loi aux responsables politiques nationaux (dimension globale). C'est dans le domaine de la finance que la globalisation des marchés est la plus poussée, avec une mobilité quasi parfaite des flux financiers à l'échelle de la planète[1].

Bibliographie
Jacques Adda, La Mondialisation de l'économie, 1. Genèse ; 2. Problèmes, *La Découverte, « Repères », 5e éd., 2002.*

1. Les concepts de globalisation et de mondialisation sont considérés ici comme synonymes. En anglais, seul le terme de « *globalization* » est utilisé.

II. UN PHÉNOMÈNE HISTORIQUE

Le processus de mondialisation n'est pas nouveau ; c'est un mouvement séculaire que les historiens font remonter au XVIe siècle, au moment du « décollage » économique de l'Europe, et à l'intensification des échanges de cette dernière avec les deux grandes civilisations de cette époque, le monde arabe et la Chine. Mais, pour beaucoup d'économistes, le premier grand épisode de mondialisation économique et financière se situe au XIXe siècle où l'on constate une intensification des échanges internationaux de marchandises et de capitaux entre l'Europe et le Nouveau Monde des Amériques. Il s'agit d'un processus d'expansion de l'« économie-monde », selon l'expression de l'historien Fernand Braudel, comparable à bien des égards à celui que nous connaissons actuellement. Le processus de mondialisation est interrompu par les deux conflits mondiaux et par les difficultés économiques et financières de l'entre-deux-guerres, notamment l'hyperinflation allemande de 1923-1924 et la Grande Dépression des années 1930. Le fractionnement de l'économie-monde se poursuit dans l'après-guerre pour deux séries de raisons. D'une part, la guerre froide coupe la planète en deux blocs. D'autre part, pendant les « trente glorieuses » (1945-1975), l'économie et la finance sont organisées sur des bases nationales, avec un interventionnisme accru des États : c'est le « régime fordiste ».

PLAN

III. LA REPRISE DU PROCESSUS DE MONDIALISATION : UN CHOIX POLITIQUE

Pour beaucoup d'observateurs, la phase contemporaine de la mondialisation ne serait que la reprise du processus interrompu par la guerre de 1914-1918, avec l'unité retrouvée d'un marché mondial global et le triomphe planétaire de l'économie capitaliste, qui s'impose à tous, comme avant 1914. L'essoufflement du régime de croissance fordiste, à partir des années 1970, explique le retour en force du capitalisme libéralisé et mondialisé. Le ralentissement de la croissance couplé à la montée de l'inflation (la stagflation), ainsi que la chute des taux de profit des entreprises entraînent un changement de cap des politiques économiques, marqué par la hausse brutale des taux d'intérêt imposée par la Fed américaine à partir de 1979. La « révolution conservatrice », impulsée par Ronald Reagan aux États-Unis et par Margaret Thatcher en Grande-Bretagne, cherche à redynamiser le capitalisme par des politiques de déréglementation et de privatisation. Ces politiques, dites « néolibérales », renouent avec l'idéologie du libre-échange et de la libre entreprise développée par

Adam Smith et David Ricardo au XIXe siècle, mais elles vont encore plus loin dans leur volonté de remettre en cause le rôle des États et de la régulation publique. La phase actuelle de la mondialisation, dominée par la finance, correspond ainsi à un projet politique bien précis qui consiste à donner la priorité absolue aux intérêts des détenteurs du capital financier et à la logique du marché dans toutes les dimensions de la vie économique et sociale.

IV. CRÉATION D'UN MARCHÉ GLOBAL DES CAPITAUX

Les politiques de libéralisation financière, telles que celles menées par Pierre Bérégovoy en France, ont donné un coup de fouet au processus de globalisation financière, qui peut être défini comme la création d'un marché unique de l'argent au niveau planétaire.

Aujourd'hui, le système financier international est devenu un mégamarché unifié de l'argent, qui se caractérise par une double unité :
– de lieu : les places financières sont interconnectées par les réseaux modernes de communication ;
– de temps : il fonctionne en continu, 24 heures sur 24, successivement sur les places d'Extrême-Orient, d'Europe et d'Amérique du Nord.

La globalisation s'est traduite par un « décloisonnement des marchés », avec l'ouverture des frontières : ouverture à l'étranger des marchés nationaux, en premier lieu ; mais également, à l'intérieur de ceux-ci, éclatement des compartiments existants : marché monétaire (argent à court terme), marché financier (capitaux à plus long terme), marché des changes (échanges des monnaies entre elles), marchés à terme... Désormais, l'opérateur qui « investit » (ou emprunte) recherche le meilleur rendement en passant d'un titre à l'autre, d'une monnaie à l'autre ou d'un procédé de couverture à l'autre : de l'obligation en euro à l'action en dollar, de l'action à l'option... Au total, ces marchés particuliers (financier, change, options...) sont devenus les sous-ensembles d'un marché financier global intégré, lui-même devenu mondial.

La place de la finance dans l'économie mondiale a également changé. Dans le passé, la fonction du système financier international était d'assurer le financement du commerce mondial et des balances des paiements. Or les flux financiers internationaux ont connu récemment une progression explosive, sans commune mesure avec les besoins de l'économie mondiale. Les chiffres suivants sont éloquents : d'après les estimations de la Banque des règlements internationaux, la taille du marché des changes – sur lequel les monnaies nationales sont échangées entre elles – a été multipliée par trois de 1989 à 2001 ; cette année-là environ 1 500 milliards de dollars, soit l'équivalent du PIB annuel de la France, ont été échangés chaque jour sur les marchés des changes dans le monde. Par ailleurs, sur ce marché, les transactions induites par les opérations financières sont 50 fois plus importantes que celles liées au commerce international de biens et services[2]. L'interprétation de ces chiffres est simple : la finance internationale se développe désormais avec sa propre logique qui n'a plus qu'un rapport indirect avec le financement des échanges et des investissements dans l'économie mondiale.

2. Voir Dominique Plihon, *Les Taux de change*, La Découverte, « Repères », 2001.

L'essentiel des opérations financières consiste en des va-et-vient incessants, de nature spéculative, entre les monnaies et les différents instruments financiers. Ce constat n'a rien de surprenant : on sait depuis Keynes que le développement rapide et non contrôlé des marchés financiers entraîne fatalement leur dérive spéculative : « Le risque d'une prédominance de la spéculation tend à grandir à mesure que l'organisation des marchés financiers progresse. » (*Théorie générale*, chapitre 12, p. 158 de l'édition anglaise.)

V. LES NTIC ET L'ÉVOLUTION DÉMOGRAPHIQUE, CATALYSEURS DE LA GLOBALISATION FINANCIÈRE

À côté des politiques de libéralisation financière, deux forces ont joué un rôle moteur dans l'accélération spectaculaire du processus de globalisation financière depuis le début des années 1980 : ce sont, d'une part, l'essor des nouvelles technologies de l'information et de la communication (NTIC) et, d'autre part, l'évolution de la démographie dans les pays développés. Les NTIC ont puissamment contribué à la globalisation des marchés, par trois séries d'effets : l'accélération de la circulation de l'information à l'échelle de la planète; la mise en réseau des entreprises dans le monde grâce à l'informatique et aux nouveaux moyens de communication; le développement de l'économie immatérielle et virtuelle non localisée, et donc difficile à contrôler (paradis fiscaux, par exemple).

L'évolution de la démographie dans les pays riches contribue également aux mutations financières. Dans l'après-guerre, les pays développés ont connu un choc démographique important : c'est le *baby-boom*, qui s'est traduit par un relèvement temporaire de la fécondité et de la natalité et est à l'origine d'une relance démographique qui a participé à la dynamique des « trente glorieuses ». Aujourd'hui, ces pays commencent à subir un contre-choc démographique qui se traduit par un vieillissement de la population résultant de trois séries de facteurs : la baisse de la fécondité qui revient au niveau antérieur au *baby-boom*, l'arrivée à l'âge de la retraite des générations nombreuses du *baby-boom* (c'est le *papy-boom*) et l'allongement de la durée de vie qui en 50 ans est passée de 63 à 75 ans pour les hommes et de 68 à 82 ans pour les femmes. Si l'on se réfère aux projections démographiques élaborées par l'INSEE, la part des plus de 60 ans dans la population totale française, qui s'élevait à 16,2 % en 1950 et à 19 % en 1990, passerait de 20,6 % en 2000 à 27,3 % en 2020, et devrait être de l'ordre de 35 % en 2050[3]. Ce vieillissement de la population se produit également dans les autres grands pays, notamment au Japon et aux États-Unis.

Ce contre-choc démographique agit sur les comportements d'épargne : c'est ici que la finance rejoint la démographie. Selon l'hypothèse dite du « cycle de vie », le taux d'épargne, c'est-à-dire la part du revenu épargnée, varie en fonction de l'âge. Le taux d'épargne serait modéré pendant la première partie de la vie active car les plus jeunes épargnent peu et s'endettent pour consommer et élever leurs enfants, puis serait maximal dans la tranche de 40 à 65 ans, au moment où les individus d'âge mûr préparent leur retraite, pour diminuer ensuite à la retraite lorsque les plus vieux consomment leur

3. « Projections de population à l'horizon 2050, un vieillissement inéluctable », *INSEE Première* n° 762, mars 2001.

patrimoine. Pour la France, le taux d'épargne brut des ménages a été estimé à 14,5% de 30 à 49 ans et à 18% de 50 à 59 ans ; de même, le *ratio* patrimoine total/revenu est de 3,5 de 30 à 49 ans et de 6 au-delà de 60 ans, la part du patrimoine financier passant de 35% à près de 60% pour ces mêmes tranches d'âge[4]. Ainsi selon cette analyse, du fait de leur vieillissement démographique, les ménages des pays riches sont amenés à augmenter leur taux d'épargne financière.

VI. LA MONTÉE EN PUISSANCE DES « ZINZINS »

Une des conséquences de l'effort accru d'accumulation financière des ménages a été le développement de la gestion collective de l'épargne. Les actifs financiers détenus par les particuliers (pour financer leur retraite par exemple) sont de plus en plus gérés par des fonds d'investissement, également dénommés « investisseurs institutionnels » ou encore « zinzins ». On distingue trois catégories d'investisseurs institutionnels : les fonds de pension, qui gèrent l'épargne-retraite dans les pays où le financement des retraites est fondé sur un régime de capitalisation (principalement les États-Unis et le Royaume-Uni) ; les compagnies d'assurance ; les fonds mutuels ou sociétés d'investissement appelées SICAV (sociétés d'investissement en capital variable) en France. Les fonds de pension sont les investisseurs les plus importants à l'échelle internationale ; ils sont détenus à plus de 70% par des épargnants américains.

Le poids des investisseurs institutionnels est devenu considérable dans l'économie mondiale. L'encours global de leurs actifs s'élevait à plus de 30 000 milliards de dollars en 2000, ce qui dépasse le PIB total des principaux pays industrialisés. La croissance de ces actifs a été extrêmement rapide, dépassant 100% de 1990 à 2000. On constate également que la propriété de ces actifs est très inégalement répartie entre les pays développés : quelque 60% pour les États-Unis, contre seulement 11% pour le Japon, 10% pour le Royaume-Uni, 5,5% pour la France et 5% pour l'Allemagne. Un des effets de la gestion collective de l'épargne, lourd de conséquences pour le fonctionnement du capitalisme, est la concentration de la détention du capital des entreprises entre les mains d'un petit nombre de grands investisseurs dont le pouvoir est devenu considérable à l'échelle internationale.

Les investisseurs institutionnels, par leur importance, exercent une grande influence sur la dynamique des marchés financiers. Ils contribuent en particulier à l'instabilité financière internationale par leur comportement grégaire. On observe, en effet, une grande homogénéité des comportements des gestionnaires de fonds car ceux-ci sont évalués en fonction de normes standard, les références de marché (*benchmarking*). Les gestionnaires sont ainsi à amenés à suivre la même stratégie que leurs pairs, ce qui engendre des comportements mimétiques. Une autre source de conformisme est liée aux méthodes d'allocation des actifs : les gestionnaires définissent leurs placements en cherchant à reproduire les principaux indices de référence (tels que le CAC 40 ou l'EuroStoxx 50), ce qui amène ces acteurs à acheter et à vendre les mêmes titres au même moment. Ainsi s'expliquent en grande partie les processus cumulatifs d'emballement et d'instabilité continuels sur les marchés financiers.

4. Conseil national du crédit et du titre, *Les Aspects financiers du vieillissement de la population*, Rapport, mars 2001.

VII. DEUX CONCEPTIONS THÉORIQUES OPPOSÉES DE LA GLOBALISATION FINANCIÈRE

Pour ses défenseurs, la mondialisation doit engendrer d'importants bienfaits pour la planète. Le développement des échanges est source de croissance et doit permettre aux pays les moins avancés de rattraper leur retard. La globalisation financière, en favorisant une meilleure allocation des ressources à l'échelle internationale, doit stimuler les secteurs et les pays les plus dynamiques. C'est l'idée que l'épargne des « papys » du Nord vient financer le développement du Sud. Cette vision optimiste est fondée sur l'hypothèse que, dans les conditions normales, les marchés financiers sont « efficients », c'est-à-dire que ceux-ci tendent spontanément à converger vers l'équilibre et à réaliser une allocation « optimale » des ressources financières à l'échelle de la planète. En d'autres termes, les opérateurs sur ces marchés seraient incités à utiliser au mieux toute l'information disponible. Selon la théorie de l'efficience des marchés, qui découle directement de la théorie néoclassique, les dysfonctionnements de la sphère financière s'expliquent principalement par l'existence d'obstacles à la libre circulation des capitaux, tels que les politiques publiques (réglementation). Une autre conception de la finance, moins optimiste et d'inspiration keynésienne, montre que les marchés financiers se caractérisent par d'importantes imperfections qui conduisent à leur instabilité et à leur incapacité à procéder à une allocation satisfaisante des capitaux. Dans les approches keynésiennes récentes, défendues notamment par Joseph Stiglitz (prix Nobel d'économie 2001), les imperfections des marchés concernent la qualité de l'information et prennent la forme d'« asymétries d'information » entre prêteurs et emprunteurs. Les dysfonctionnements des marchés financiers sont liés à ces asymétries d'information qui empêchent les marchés d'évaluer correctement les actifs financiers et de diriger efficacement les fonds vers les pays et les agents économiques qui ont l'opportunité de réaliser les investissements les plus productifs. D'autres travaux (André Orléan), inspirés directement de la pensée keynésienne, montrent que les dysfonctionnements des marchés financiers proviennent des comportements mimétiques et grégaires des acteurs financiers qui sont à l'origine de l'instabilité et des bulles financières.

VIII. LES EFFETS PERVERS DE LA GLOBALISATION FINANCIÈRE

L'observation du processus contemporain de globalisation financière semble plutôt donner raison à l'analyse keynésienne de la finance. On constate que la globalisation financière, d'une part, n'a pas permis de résoudre de manière satisfaisante le problème de l'allocation des ressources financières sur la planète et, d'autre part, a aggravé l'instabilité de l'économie mondiale, entraînant des crises financières graves et récurrentes.

Comme ce fut le cas au XIXe siècle pour les pays du Nouveau monde, la mondialisation actuelle a favorisé le développement d'un groupe de pays, qualifiés aujourd'hui de « marchés émergents », qui ont su s'insérer dans la division internationale du travail. Mais ces pays émergents, situés principalement en Asie du Sud-Est, en Amérique latine et en Europe centrale et orientale (et qui sont pratiquement absents du continent africain), ne sont qu'une vingtaine. Ce qui signifie que la grande majorité des pays en développement n'a pas profité de la mondialisation, et s'est même paupérisée en termes relatifs, et parfois absolus, par rapport aux pays développés et émergents. D'après les estimations de la Banque mondiale, les pays en développement ne parviennent ainsi à capter qu'une petite part des capitaux qui, chaque année, circulent à travers la planète. Avec 85 % de la population mondiale et 22 % de la richesse mondiale, ils attirent en 2000 seulement 7,6 % des capitaux privés, soit deux fois moins qu'au début des années 1990 [*voir tableau A*]. De plus, parmi les pays en développement, les pays émergents raflent la totalité de la mise : les trois quarts des investissements directs étrangers (IDE), qui servent à la construction d'usines ou à racheter des entreprises locales, profitent à dix pays, en tête desquels la Chine et le Brésil. Alors que les pays les plus pauvres – 47 pays dont le revenu par habitant ne dépasse pas 755 dollars par an – ne ramassent que 2,5 % des IDE dans le monde. Pour ces pays, l'aide publique au développement est la principale source de financement extérieur : estimée à 42 milliards de dollars en 2000, l'aide publique a diminué ces dernières années et ne représente plus que 0,2 % du PIB des pays riches, alors que ceux-ci s'étaient engagés à la porter à 0,7 %.

Peut-on parler de mondialisation alors qu'une partie si importante de la planète est pratiquement exclue de la finance internationale ?

Dans la réalité, ce sont les États-Unis qui recueillent la plus grande partie des financements internationaux. Ce pays a, en effet, le privilège d'émettre la principale monnaie internationale, ce que les économistes appellent le « droit de seigneuriage ». Le dollar est, de loin, la monnaie la plus utilisée dans les transactions commerciales et financières internationales. Ce privilège a permis aux États-Unis, jusqu'à présent, de s'endetter quasiment sans limite auprès des pays étrangers. Le déficit des comptes courants extérieurs des États-Unis, qui mesure le besoin de financement de l'économie américaine, a atteint 210 milliards de dollars en 1998, 330 milliards en 1999 et 435 milliards en 2000 : ces déficits correspondent à des entrées nettes de capitaux venus irriguer le tissu productif américain. À titre de comparaison, pendant la même période, le Mexique et l'Amérique latine n'ont reçu que 40 à 50 milliards de dollars par an, la Chine s'est bornée à 30 milliards, l'ensemble des pays émergents d'Asie à 10, l'Inde et le Pakistan, deux des pays les plus peuplés, à 5 ou 6 milliards. On peut considérer que, grâce à leur position dominante dans le système financier international, les États-Unis fonctionnent comme une gigantesque pompe aspirant l'épargne mondiale et sont à l'origine d'un phénomène d'éviction des pays en voie de développement.

Tableau A

Part des pays en développement dans la finance globale (en %)

	1991	1995	2000
Marchés financiers internationaux	10	9	6
Investissements directs	22	32	16
Production mondiale	20	21	22
Commerce mondial	26	30	33
Population mondiale	84	85	85

Source : Banque mondiale, Rapport sur le financement du développement, *2001.*

IX. L'INSTABILITÉ ET LES CRISES FINANCIÈRES AU CŒUR DU CAPITALISME MONDIALISÉ

L'accélération du processus de globalisation financière est allée de pair avec la montée de l'instabilité sur la planète. Ces phénomènes d'instabilité et de crise financières ne sont pas nouveaux. Dans sa passionnante *Histoire mondiale de la spéculation financière de 1700 à nos jours* (1989), Charles Kindleberger montre que les crises financières sont un éternel recommencement depuis que la finance a commencé à s'organiser dans le monde autour de la Hollande, de la Grande-Bretagne, de l'Allemagne et de la France. La forme concrète de l'instabilité financière se transforme au cours de l'évolution du capitalisme ; aux XVIIe et XVIIIe siècles, celle-ci s'identifie à la crise de la dette des souverains, à la spéculation sur le commerce des bulbes de tulipes à Amsterdam puis sur les actions de la Compagnie des Indes. Au XIXe siècle, l'instabilité s'étend aux bourses de valeurs et prend également la forme de faillites bancaires retentissantes (crise de la Baring anglaise en 1890).

Le XXe siècle connaît les trois formes principales de crises financières : les krachs boursiers, les crises de change et les crises bancaires. Les krachs boursiers se caractérisent par un effondrement des cours à la suite d'un mouvement brutal de défiance qui amène la plupart des opérateurs à vendre leurs titres. Les krachs boursiers les plus connus sont ceux de 1929 et de 1987 qui éclatent sur la place financière de New York et se propagent sur les autres places financières. Les crises de change se traduisent par une baisse brutale du cours des monnaies à la suite d'attaques spéculatives. Quant aux crises bancaires, elles prennent la forme de paniques des déposants et de faillites bancaires en chaîne. La période récente connaît une accélération spectaculaire de l'instabilité financière sous toutes ses formes. Les années 1990 se sont caractérisées par la récurrence des crises bancaires et des crises de change, que ce soit en Europe (crise du Système monétaire européen de 1992-1993), ou dans les pays émergents d'Asie, d'Amérique latine ou d'Europe centrale et orientale à la fin des années 1990. Le début du XXIe siècle est marqué par des crises boursières liées à l'effondrement des valeurs technologiques (*e-krach* de 2000), ainsi qu'aux difficultés et malversations de grandes entreprises (Enron, WorldCom, Xerox, Vivendi-Universal...). Cette instabilité a un coût économique et social élevé car elle perturbe le développement des pays en crise et ralentit la croissance de l'économie mondiale. La plupart des économistes s'accordent pour penser que ces crises ont un lien étroit avec le processus de globalisation financière. Selon une vision optimiste, ces désordres sont liés à un processus d'apprentissage : les acteurs privés et les pays émergents devraient apprendre à maîtriser les rouages complexes de la finance moderne ; ce qui signifie que le rythme des crises devrait se ralentir à l'avenir. Selon une conception plus réaliste découlant des enseignements de l'histoire, l'instabilité est inscrite au cœur du capitalisme ; et elle se trouve amplifiée par le poids considérable pris par la finance libéralisée dans l'économie mondiale contemporaine.

X. QUELLES POLITIQUES FACE À LA GLOBALISATION FINANCIÈRE ?

La globalisation financière soulève deux problèmes principaux, comme on l'a vu : l'allocation inégale des ressources financières sur la planète, au détriment des pays en développement, d'une part ; l'instabilité financière qui perturbe la croissance de l'économie mondiale, d'autre part. Il existe un consensus pour considérer nécessaire une réforme de « l'architecture du système monétaire international ». Toutefois, les propositions diffèrent sensiblement selon les écoles de pensée. Pour les défenseurs, aujourd'hui majoritaires, de la conception libérale de la globalisation financière, l'objectif est d'améliorer le fonctionnement des marchés. L'accent est mis sur les questions de stabilité financière.

Deux séries de problèmes doivent être résolus : 1) comment prévenir de nouvelles crises (politiques de prévention) ? et 2) comment gérer les crises une fois qu'elles se sont déclenchées (politiques curatives) ?

1. Les principales mesures proposées pour assurer la prévention des crises sont de deux ordres :
– améliorer la qualité de l'information : les crises des pays émergents dans les années 1990 ont montré que la communauté financière internationale était mal informée de la situation exacte de ces pays. C'est la découverte de l'état critique des banques et des finances extérieures de ces pays qui a conduit à la perte de confiance des investisseurs étrangers. Pour accroître la transparence de l'information, le Fonds monétaire international (FMI) a proposé la mise en place d'indicateurs avancés de vulnérabilité des banques et des systèmes financiers donnant, par exemple, des informations sur la qualité des actifs et les résultats bancaires ;
– renforcer la protection des usagers et la surveillance des acteurs financiers : la généralisation des mécanismes d'assurance de dépôts, garantissant aux déposants le remboursement de leurs avoirs bancaires, est un moyen de prévenir les paniques bancaires ; la mise en place de règles « prudentielles » normalisées, destinées à obliger les établissements bancaires à se protéger contre les risques : la mesure la plus connue est le « *ratio Cooke* », ou ratio de solvabilité international, défini par le comité de Bâle sur le contrôle bancaire, qui a amené les banques internationales à disposer, à partir de 1992, d'un montant de fonds propres au mois égal à 8 % de leurs risques, mesurés comme une moyenne pondérée (selon les risques) de leurs créances.

Ces mesures sont jugées insuffisantes par les économistes qui défendent la conception keynésienne d'une instabilité fondamentale des marchés financiers internationaux. Ces derniers ont fait des propositions pour assurer un contrôle global et renforcé du système financier international :
– il faut commencer par supprimer les « trous noirs » de la régulation financière internationale. Certains acteurs, tels que les « *hedge funds* » (fonds spéculatifs) ne font l'objet d'aucune supervision ; il est nécessaire de les assujettir à une surveillance renforcée car ceux-ci sont un facteur de déstabilisation des marchés. Le cas du fonds américain LTCM est exemplaire : ce fonds spéculatif a failli déstabiliser la place de New York en 1998, à la suite d'opérations spéculatives dans les pays émergents asiatiques. Par ailleurs, certaines zones géographiques échappent à tout contrôle : c'est le cas des paradis fis-

caux dont l'une des fonctions est le blanchiment de l'argent sale. Lever le secret bancaire et imposer à ces zones de « non-droit » les règles de droit commun est une question de salubrité publique ;
– en cas de crise, le fardeau de l'ajustement repose le plus souvent sur les pays débiteurs. Les créanciers internationaux (banques, investisseurs) sont remboursés grâce aux plans de sauvetage du FMI jouant le rôle de prêteur en dernier ressort international. Il est essentiel d'impliquer les créanciers dans le financement des crises et de leurs conséquences, ce qui aurait un double avantage : obtenir des ressources supplémentaires pour les pays en crise, et amener les créanciers à prendre moins de risques et à réduire leurs opérations spéculatives (argument de l'« aléa moral »). La proposition (2001) d'Ann Krueger, directrice adjointe du FMI, d'instaurer un dispositif de « faillite des États » s'inscrit dans cette logique ;
– les pays en développement doivent avoir la possibilité de mettre en place des mesures de contrôle des capitaux (réglementation et taxation), ce qui va à l'encontre du dogme de la libéralisation totale des mouvements de capitaux. L'observation montre, en effet, que les pays qui ont utilisé ces mesures (Chine, Chili, Malaisie) ont échappé aux crises financières.

2. La gestion des crises financières (politiques curatives) pose principalement la question du « prêteur en dernier ressort » (PDR), dont le rôle est de fournir de la liquidité en urgence aux établissements bancaires et financiers en difficulté. L'objectif du PDR est de réduire le « risque systémique », c'est-à-dire le risque que la défaillance d'un acteur individuel se propage à l'ensemble du système financier. Cette question du PDR a pris une dimension nouvelle dans le contexte de la globalisation financière. Car le risque de propagation des crises entre pays est devenu important, ce qui peut nécessiter une intervention rapide et massive des autorités monétaires internationales. Ce rôle de PDR international a été joué par le FMI lors de la crise mexicaine de 1994, et par le Trésor américain pour la crise de la Corée du Sud en 1998. Ces solutions, décidées en catastrophe, ne sont pas à la hauteur des nouveaux risques causés par l'instabilité croissante du système financier international. Cela pose la question de la création d'une Banque centrale supranationale.

Keynes avait fait deux propositions pour assurer la maîtrise du système financier international : d'une part, instaurer une taxation du capital pour réduire l'ampleur de la spéculation et pour frapper les acteurs les plus fortunés (*Théorie générale*, 1936, chapitre 12, p. 160); d'autre part, créer une institution supranationale – l'Union internationale de *clearing* – située au-dessus des États et des acteurs privés, pour dépasser les conflits d'intérêts et préserver ce « bien public mondial » qu'est la stabilité financière internationale (négociation des accords de Bretton Woods, 1944). Ces deux suggestions, avancées dans une période marquée par des désordres financiers internationaux, restent d'actualité. La proposition faite par Tobin en 1972, au moment de l'effondrement du système monétaire international de Bretton Woods, d'une taxe sur les opérations de change [*voir dossier 1*] se situe dans le prolongement des idées de Keynes. L'instauration de taxes globales apparaît aujourd'hui souhaitable pour deux raisons : d'une part, pour lutter contre les dysfonctionnements de l'économie mondiale (les économistes parlent d'« externalités négatives ») tels que la spéculation (taxe Tobin) et la pollution (écotaxes); et d'autre part, pour lever des ressources publiques à l'échelle internationale. Ces ressources pourraient compléter l'aide publique au développement, que les pays riches doivent accroître conformément à leurs engagements. Cela permettrait de financer le développement des pays les moins avancés qui sont les laissés-pour-compte de la globalisation financière.

Enfin, l'organisation d'une conférence monétaire internationale apparaît souhaitable afin de reconstruire une architecture monétaire internationale adaptée au nouveau contexte de la globalisation financière. Depuis l'abandon des principes de Bretton Woods au début des années 1970, les monnaies flottent et l'instabilité des taux de change est devenue la règle. L'Union européenne a répondu d'une manière radicale à cette situation en créant une monnaie unique, l'euro, qui assure une stabilité monétaire absolue entre ses pays membres. De leur côté, certains pays émergents ont tenté d'arrimer leur monnaie au dollar au cours des années 1990 (notamment la Thaïlande, la Russie, le Brésil et l'Argentine). Mais leur monnaie est devenue surévaluée, du fait de la hausse du dollar à partir de 1996. Cette situation a entraîné le creusement des déficits extérieurs et la fuite des capitaux débouchant sur de graves crises financières. Ces échecs montrent l'intérêt qu'il y aurait à « refaire Bretton Woods », et à reprendre l'idée lancée par Keynes d'une monnaie universelle multilatérale émise par une Banque centrale supranationale. On connaît depuis longtemps les solutions techniques pour organiser un ordre monétaire et financier plus efficace et équilibré à l'échelle internationale. Les obstacles à une telle réforme sont d'ordre politique. Ils viennent d'abord de ceux (acteurs privés ou publics) qui sont avantagés par le fonctionnement actuel de la finance internationale.

Dominique Plihon

Synthèse et révision

En répondant aux questions suivantes, vous allez pouvoir préparer, chez vous et/ou en classe, une synthèse des connaissances fondamentales à acquérir sur un grand thème du programme. Cet exercice va vous permettre de construire vous-même dès maintenant la fiche qui vous sera indispensable au moment de vos révisions parce qu'elle contient ces connaissances de base. L'expérience montre que ce travail, complété par la maîtrise systématique des mots clés, est beaucoup plus efficace que la lecture de fiches « toutes prêtes » ou d'autres produits miracles.

Questions

NB. Le plan de cette fiche ne reprend pas exactement le plan du texte.

I. Les trois dimensions de la mondialisation

1. Que traduit la notion de mondialisation ?

II. Un phénomène historique

2. Le phénomène de la mondialisation est-il un phénomène récent ?
3. Quel est le choix politique de la phase actuelle de la mondialisation ?

III. Création d'un marché global des capitaux / Les catalyseurs de la globalisation financière

4. Quels sont les facteurs explicatifs de la globalisation financière ?
5. Dans quelle mesure la sphère financière est-elle déconnectée de la sphère réelle ?
6. En quoi l'émergence de cette « nouvelle finance » inverse-t-elle les mécanismes de la régulation économique ?

IV. La montée en puissance des zinzins

7. a) Que sont les zinzins ?
   b) Dans quelle mesure l'intervention des zinzins contribue-t-elle à l'instabilité du système financier ?

V. Deux conceptions théoriques opposées de la globalisation financière / Les effets pervers de la globalisation financière

8. Qu'est-ce qu'un marché efficient ?
9. Construisez un tableau reprenant les arguments théoriques favorables et ceux défavorables au processus de globalisation financière.
10. Quelles sont les conséquences économiques et sociales de la globalisation financière ?

VI. Quelles politiques face à la globalisation ?

11. Définissez les termes : politique préventive, politique curative.
12. Complétez le tableau suivant :

	Politique préventive	Politique curative
Contenu		
Limites		

13. Est-il souhaitable, possible de réglementer le marché global des capitaux à l'échelle internationale ?

Mots clés

Mondialisation • Marché des capitaux • Bulle spéculative • Marché efficient • Déréglementation • Décloisonnement • Désintermédiation • Pays émergents • Zinzins.

Dossier 1

La taxe Tobin

Document 1

Évolution du volume journalier des échanges sur le marché des changes
(en milliards de dollars)

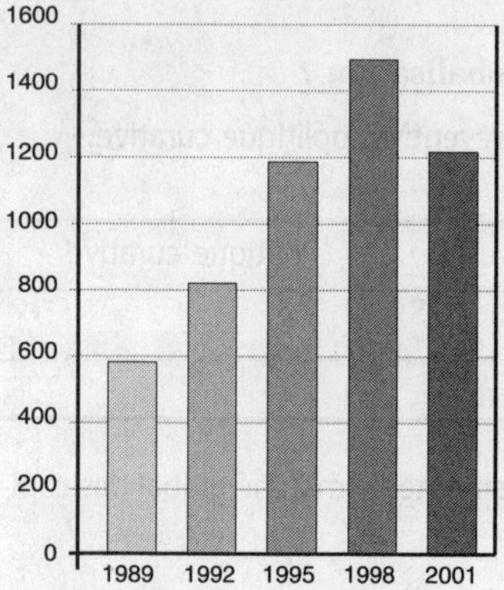

Source : Enquête trisannuelle de la BRI, 2001.

Cette expansion du volume des changes (celui-ci a été multiplié par 2,5 entre avril 1989 et avril 1998) a surpassé celle du commerce international : en 1998, le montant des opérations de change était 60 fois supérieur à celui des opérations du commerce extérieur de biens et services.

Cette déconnexion croissante traduit une double réalité : il apparaît d'une part que chaque transaction commerciale engendre une multiplicité de transactions de change liée notamment à la gestion du risque de change et, d'autre part, qu'une fraction importante des opérations sur devises n'est motivée que par des considérations financières sans réelle contrepartie commerciale : 59 % des transactions de change en 2001 se sont ainsi faites entre intervenants bancaires.

Cet essor sans précédent du marché des changes est à la fois la cause et la conséquence des mutations profondes que connaît le Système monétaire et financier international (SMFI) depuis vingt-cinq ans. À l'origine de cette évolution : la multiplication des produits dérivés qui a permis une gestion plus efficace du risque de change. ■

Yves Jégourel,
La Taxe Tobin, *La Découverte, « Repères », 2002.*

Document 2

Caractéristiques de la finance internationale des années 1990

Tout ce qui contribuait à clarifier le métier d'intermédiaire financier est en train de disparaître au profit d'une complexité croissante des circuits de répartition de l'argent au niveau mondial. Ainsi, ce n'est pas un hasard si, dans les premiers candidats au rachat du Crédit Lyonnais, on trouve des assureurs (Allianz, Nippon Life...) ou un groupe de distribution (Pinault).

Le problème avec tous ces mélanges, c'est que les banques centrales n'y retrouvent plus leurs petits. Si tout le monde se mêle de la création monétaire et bouscule les frontières traditionnelles de la monnaie, difficile d'établir une politique monétaire cohérente. Et difficile de réguler la finance mondiale, parce que maîtriser les flux de capitaux, c'est être capable de maîtriser l'ensemble de ces réseaux de circulation de la finance qui prennent la forme de gros conglomérats financiers aux activités multiples.

Les tentatives, qui démarrent à peine, de réguler ces monstres financiers ont du mal à aboutir. En fait, la Banque des règlements internationaux (BRI), dont c'est le rôle, a jeté l'éponge en laissant un blanc-seing aux grands acteurs financiers pour se réguler tout seuls. [...]

L'ensemble de ces phénomènes mis bout à bout explique pourquoi la contagion des crises financières, qui touchent les pays les uns après les autres, inquiète les dirigeants des pays riches : ceux-ci paraissent de plus en plus démunis devant une mondialisation financière qui paraît incontrôlable. À tel point que Bill Clinton a qualifié cette crise de « défi le plus important auquel doit faire face l'économie mondiale depuis cinquante ans ». Pourtant, en quoi le fait que des spéculateurs aient perdu de l'argent à l'autre bout du monde peut casser la croissance mondiale et réveiller le spectre d'une crise générale aux effets désastreux ? C'est la dernière caractéristique de la finance mondiale des années quatre-vingt-dix : sa capacité accrue de destruction. ■

Christian Chavagneux, Alternatives économiques *n° 163, octobre 1998.*

Questions sur l'ensemble du dossier

1. Comment les transactions ont-elles évolué sur le marché des changes ? Quels sont les facteurs explicatifs de cette évolution ? [*doc. 1*] [*voir aussi dans ce chapitre le texte de Dominique Plihon*]
2. Quels sont les risques liés à l'existence d'un grand marché unifié de l'argent ? [*doc. 2*]
3. En quoi la « taxe Tobin » consiste-t-elle ? [*doc. 3, 4 et 5*]
4. Quels sont les problèmes (techniques, économiques, politiques) liés à la mise en place de cette taxe ? [*doc. 6, 7, 8 et 9*]

Document 3

Améliorer le fonctionnement du marché

Un débat s'est ouvert au niveau international relaye par des initiatives citoyennes, comme l'association ATTAC en France[1], sur les meilleurs moyens d'éviter de mettre l'économie mondiale à la merci de l'humeur versatile des marchés financiers. [...]

La proposition la plus connue est celle des différentes versions de la taxe Tobin, qui consiste, selon les mots de son auteur, à « jeter du sable dans les rouages de la finance internationale ». Le principe est simple : taxer, même de manière modeste, toutes les opérations sur le marché des changes. Les spéculateurs qui veulent gagner de l'argent par des allers-retours rapides devront payer beaucoup de taxes alors que la faible importance relative de la taxe par rapport au coût total d'un investissement ne découragerait pas ce dernier. Différentes propositions font varier la base d'imposition mais le principe reste le même. ■

Christian Chavagneux,
in Alternatives économiques
n° 163, ibid.

1. Association pour une taxe Tobin d'aide aux citoyens (sur internet : www.attac.urg)

Document 4

Faut-il taxer les opérations de change ?

La déréglementation et les innovations financières ont amplifié le processus de substitution entre monnaies, ce qui a accru l'instabilité des taux de change. Certains économistes, et non des moindres, tels Tobin et Dornbusch, qu'on ne peut suspecter de dirigisme, ont proposé d'atténuer les effets de la libéralisation des changes par un mécanisme de taxation. L'idée est d'instituer une taxe sur les opérations de change, de manière à freiner le passage d'une monnaie à l'autre et, pour reprendre l'expression de Tobin, de « jeter du sable dans les rouages trop bien huilés » des marchés monétaires et financiers internationaux. La taxe doit être faible, de manière à ne pénaliser que les opérations purement spéculatives de va-et-vient à très court terme entre les monnaies.

Supposons, par exemple, qu'une taxe de 0,1 % soit prélevée sur toute opération de change et que l'horizon du spéculateur soit mensuel. Comme chaque transaction destinée à obtenir un gain de change implique un aller et retour entre deux monnaies (soit deux opérations de change), il faudrait alors un écart de rendement anticipé supérieur à 0,2% à un mois, soit environ 2,4% entre les rendements annuels des titres libellés en deux monnaies différentes pour que l'arbitrage soit avantageux. Si l'horizon de la spéculation est d'une journée, cet écart devient 61,5 % en taux annuel, sur la base de 240 jours ouvrables par an. Dans un tel environnement fiscal, la plupart des arbitrages spéculatifs à court terme seraient découragés, alors que les opérations à plus long terme (un an et plus) seraient moins défavorisées.

La taxation des opérations de change pourrait jouer un double rôle. D'une part, freiner la mobilité des capitaux et réduire l'instabilité monétaire internationale. D'autre part, constituer un mécanisme de financement qui pourrait servir à assainir la situation financière internationale. Avec un volume d'opérations sur le marché des changes de 1 600 milliards de dollars par jour ouvrable, soit environ 380,9 trillions de dollars par an, une taxe de 0,1 % procurerait 230 milliards de dollars l'an. Ces ressources pourraient être affectées à un fonds de développement au profit des pays du Sud et de l'Est. ■

Anton Brender, Face aux marchés, la politique, *La Découverte, 2002.*

Document 5

Que faire des recettes de cette taxe ?

La taxe Tobin : une arme contre la pauvreté ? – Beaucoup sont ceux qui, à l'instar du Programme des Nations unies pour le développement (PNUD) ou de Attac, soutiennent cette proposition, parce que la manne financière qu'elle engendrerait permettrait de réduire l'endettement des pays en développement. Jetin écrivait au sujet des recettes de la taxe Tobin : « Le principe de base est qu'elles doivent servir à réduire les inégalités sociales, à financer le développement, et préserver l'environnement, sans pour autant exonérer les gouvernements de leurs responsabilités. » D'après le rapport du PNUD de 2000, à l'échelle planétaire, il manque aux pays en développement quelque 80 milliards de dollars par an pour assurer tous les services de base. [...]

D'autres utilisations « humanitaires » ont aussi été évoquées : le financement de programmes spécifiques de lutte contre le sida, contre la faim dans le monde ou la création d'un fonds de réserve en cas de catastrophes naturelles. Assurément, les possibilités d'utilisation des revenus de la taxe ne manquent pas, mais le problème de l'affectation de ces ressources n'en est pas moins aigu. ■

Yves Jégourel, op. cit., *p. 66.*

Document 6

L'analyse économique

Les partisans de la taxe Tobin ont un souci bien précis : éviter le jeu dévastateur des anticipations autoréalisatrices. Du moment, en effet, où les marchés sont convaincus qu'une monnaie doit baisser *quel que soit le cours qu'elle vient d'atteindre*, elle peut très rapidement perdre une grande partie de sa valeur. En réduisant d'un montant fixé à 1 % le rendement anticipé qui intervient dans les mécanismes décrits plus hauts, on peut simuler grossièrement les effets de la mise en place d'une taxe Tobin, dans le cas où les anticipations sont de type spéculatif [...]. Si l'on prend en compte le fait que les périodes sur lesquelles on raisonne ici sont courtes, l'atténuation est appréciable : face à une anticipation de baisse du change de 10 % par mois, une taxe de 1 % permet au bout de dix mois de réduire de plus de moitié la baisse effective du change !

Ce type d'anticipation n'est toutefois pas, et de très loin, le plus général. Il est en effet caractéristique de situations, récurrentes certes mais brèves, de *crises* de changes. Le régime dominant, dans le cas en particulier des grandes devises auxquelles on s'intéresse ici, est, on l'a vu, celui où les marchés ont une *conviction faible* sur le niveau du change à venir : les « centaines de milliards » de dollars de transactions quotidiennes sur les marchés des changes sont le plus souvent associés à de très faibles mouvements du change. Or, dans le cas où les convictions sont faibles, les effets d'une taxe Tobin sont beaucoup moins bienvenus. En amputant le rendement anticipé du taux de la taxe, on rend l'amortisseur moins efficace : il faut pour obtenir une force de rappel de même intensité qu'auparavant, un écart plus important – à hauteur précisément du taux de cette taxe – entre change anticipé et change observé. La volatilité quotidienne du change s'en trouvera augmentée. [...]

Mais ceux des spéculations stabilisantes se trouveront eux aussi amoindris et ce d'autant plus que le niveau de cette taxe sera élevé. *Le prix à payer pour atténuer les effets de crises de changes relativement exceptionnelles serait donc d'accepter en permanence une instabilité accrue du change.* ■

Anton Brender, Florence Pisani, Les Marchés et la croissance, *Economica, 2001.*

Document 7

La faisabilité pratique

La dernière interrogation porte sur la possibilité d'un accord international sur le sujet. Comme nous l'avons vu, le marché a toutes les chances de devenir un marché électronique (ce risque a probablement été considérablement sous-estimé par Eichengreen : en quelques années, le développement des transactions électroniques a été considérable sur tous les marchés, grâce aux progrès réalisés en matière d'informatique et de réseaux de communication). Or un marché électronique se délocalise sans difficultés en quelques mois : les centres *off-shore* auront bien sûr la tentation de créer leurs propres marchés où la taxe ne serait pas perçue. De façon générale, introduire une plus grande transparence et une meilleure discipline dans les centres *off-shore* apparaît une nécessité. Il ne sera cependant pas facile d'empêcher les opérateurs d'utiliser leurs services. ■

Olivier Davanne, Rapport, in Conseil d'analyse économique, Instabilité du système financier international, *La Documentation française, 1998.*

Document 8

La taxe Tobin peut apparaître utopique dans le contexte actuel. Ses détracteurs font valoir que celle-ci serait contournée et ne serait efficace que si elle était adoptée par l'ensemble de la communauté financière internationale. Ces objections doivent être relativisées. Le propre de toute taxe est de faire l'objet d'une évasion fiscale. Faut-il renoncer aux impôts pour autant ? En fait, l'application de cette mesure symbolique, qui ne suffirait d'ailleurs pas à enrayer l'instabilité monétaire internationale, est avant tout une question de volonté politique de la part des États. D'autant que les opérations de change se concentrent sur un nombre limité de places financières. Un complément à la taxe Tobin pourrait prendre la forme de mesures de contrôle des entrées de capitaux, telles que celles pratiquées par le Chili et la Colombie. ■

Dominique Plihon, Les Taux de change, *La Découverte, « Repères », 2001.*

Document 9

Un grain de sable… de la taille d'un pavé

L'un des attraits premiers du projet de taxe Tobin réside, en effet, dans le montant de capitaux mis, chaque année, à disposition des pays en développement. La recette annoncée est particulièrement impressionnante, surtout si on la rapproche des quelques dizaines de milliards de dollars d'aide publique au développement dont ces pays peuvent disposer par ailleurs. Au taux le plus haut envisagé – 1 % –, celui initialement proposé par James Tobin, la taxe pourrait rapporter, nous explique H. Wachtel, la bagatelle de quelque… 720 milliards de dollars[1]. D'autres évaluations donnent un résultat plus modeste mais rondelet tout de même : entre 200 et 300 milliards de dollars. […]

Un point toutefois devrait faire réfléchir. Cette taxe est présentée comme un prélèvement sur des profits spéculatifs réalisés à l'occasion d'opérations de change. Pour une bonne part, ces opérations sont faites par des banques, américaines notamment. Or les profits annuels après impôts, de l'ensemble du secteur financier américain (il comprend les banques mais aussi toutes les autres institutions financières) ne représentaient, au moment où ces chiffrages ont été faits, *qu'une soixantaine de milliards de dollars.*

Supposons, pour fixer les idées, que le secteur financier américain réalise le tiers des profits du secteur financier occidental. Le produit annoncé de la taxe Tobin est donc, dans les estimations les plus basses, d'un ordre de grandeur comparable à celui du total des profits après impôts de ce secteur et, dans sa version haute, le dépasse largement. Au mieux donc, si l'on prélève les montants annoncés, les banques et autres assureurs n'auront, une fois leurs impôts payés, plus de profits ; au pire, sauf à augmenter le prix de leurs services, ils seront massivement en perte. On peut bien sûr s'en féliciter : les spéculateurs n'ont qu'à ne pas spéculer. On peut aussi se rassurer : la simple menace d'un tel prélèvement devrait dissuader la spéculation. Si tel était le cas, on aurait toutefois tué la poule aux œufs d'or : sans spéculation, la taxe Tobin ne rapportera pas grand-chose.

Reste, dans tous les cas, un constat dérangeant : les partisans de la taxe ne disent pas vouloir priver les banques de tout profit, ils cherchent seulement à capter une petite part de ceux générés par des spéculations sur le change. Les résultats des calculs décrits plus haut impliquent tout autre chose. Présentée comme un grain de sable malicieusement jeté dans les rouages de la spéculation, cette taxe apparaît comme un pavé massif capable de briser la mécanique de nos systèmes financiers ! ■

Anton Brender, Face aux marchés, la politique, op. cit.

1. H. Wachtel, « Trois taxes globales », *Le Monde diplomatique*, octobre 1998.

Dossier 2

La dette des pays en développement

Document 1

Pourquoi emprunter ?

Toute politique de développement nécessite une capacité de financement. Quand celle-ci ne peut être assurée par l'épargne nationale, il faut trouver à l'étranger les capitaux nécessaires. De façon simplifiée, cela peut se faire de trois façons pour une économie nationale :

– les investisseurs nationaux empruntent à l'étranger (auprès de banques ou autres organismes financiers) : cet endettement donne lieu au paiement d'intérêts ;

– des investisseurs étrangers prennent des participations dans le capital d'entreprises nationales, nouvelles ou existantes : ces investissements directs à l'étranger (IDE) donnent lieu à rémunération sous forme de dividendes ou de rapatriements de bénéfices (ce qui constitue des sorties de capitaux) ;

– des États ou des organismes internationaux accordent des dons ou des prêts sans intérêt (qu'il faut alors rembourser) : il s'agit de l'aide publique au développement (APD).

Normalement, les investissements publics ou privés ainsi financés doivent stimuler la croissance économique et donc dégager une capacité de remboursement de la dette contractée. À défaut, celle-ci croît et un cercle vicieux peut alors s'amorcer : il faut s'endetter pour rembourser, les intérêts à verser s'accroissent, et une éventuelle amélio-

Questions sur l'ensemble du dossier

1. Pourquoi les pays du Sud ont-ils besoin des pays industrialisés pour se développer ? [*doc. 1 et 2*]
2. Recherchez les avantages et inconvénients des deux premiers modes de financement de l'investissement présentés. [*doc. 1 et 2*]
3. Rappelez ce que signifient taux d'intérêt réel négatif, profitabilité. [*doc. 1 et 2*]
4. Quels sont les facteurs favorisant dans un premier temps l'endettement des pays en développement, dans un second temps la crise de la dette de ces mêmes pays ? [*doc. 1 et 2*]
5. Expliquez ce qu'est le risque de défaut. [*doc. 3 et 4*]

ration économique sert alors à payer ces intérêts accrus plutôt qu'à développer des investissements productifs... ■

Odile Castel, Le Sud dans la mondialisation. Quelles alternatives?, *La Découverte, 2002, p. 95-96.*

Document 2

Les conditions d'emprunts et de remboursement des années 1970

Dans les années 1970, les pays en développement, notamment ceux d'Amérique latine, bénéficient d'entrées massives de capitaux, et particulièrement de prêts bancaires. Peu d'observateurs se doutent alors de la crise sur le point de se déclencher. En effet, la plupart des pays en développement bénéficient d'un accroissement régulier des prix des produits de base sur les marchés mondiaux; les taux d'intérêt sont en général négatifs en termes réels en raison de l'attitude accommodante des banques centrales occidentales; les banques commerciales trouvent avec ces prêts une opportunité de recycler les pétrodollars; les crédits bancaires vont financer des projets d'investissement dont on espère qu'ils s'avéreront rentables; enfin, on estime qu'un État souverain ne peut pas faire faillite, par principe. Même si le Fonds monétaire avait pu réaliser l'ampleur de la crise qui allait se déclencher en 1982, il est probable qu'il n'aurait rien pu faire pour l'empêcher, car les pays en développement bénéficient alors de financements externes abondants et n'ont donc aucune raison de se plier à la discipline du Fonds. Tout change en 1982 : la politique monétaire restrictive conduite par le nouveau président de la Réserve fédérale américaine rend les taux d'intérêt de nouveau positifs en termes réels; les perspectives de désinflation dépriment les cours mondiaux des produits de base; les investissements qui devaient être rentables se révèlent être dépourvus de perspectives de rendement dans ce nouvel environnement; enfin, l'économie mondiale enregistre, en 1981 et 1982, une récession sans précédent. ■

Patrick Lenain, Le FMI, *La Découverte, «Repères», 2002.*

Document 3

L'aide aux pays en difficulté

Lorsque, en août 1982, le Mexique déclara officiellement qu'il n'était plus en mesure de faire face à ses engagements, les créances bancaires à plus d'un an sur les seuls pays d'Amérique latine atteignaient 200 milliards de dollars. À titre de comparaison, la totalité des fonds propres des cent premières banques mondiales s'élevait à la même date à 150 milliards, tandis que le niveau des provisions constituées par les banques américaines, de loin les plus exposées, ne dépassait pas 5 % de leurs créances douteuses. Prises de panique, les banques réagirent à la crise mexicaine en stoppant net leurs financements vers l'ensemble de l'Amérique latine, propageant du même coup la crise à l'ensemble de la région.
Confrontés à la défaillance en chaîne des pays débiteurs et au risque de déstabilisation du système financier international, les pays industriels mirent en place une stratégie dont l'axe essentiel consistait à gagner du temps. L'objectif premier était de parer à tout risque de défaut par un report dans le temps des échéances immédiates de remboursement du principal (technique dite du rééchelonnement) et un refinancement partiel des intérêts de la dette. Ces facilités de paiement procurées aux pays débiteurs étaient conditionnées par la mise en œuvre de politiques d'ajustement, consistant pour l'essentiel à ramener la demande intérieure à un niveau compatible avec l'équilibre de la balance courante. Cette stratégie, appliquée scrupuleusement par le FMI, avait pour défaut de briser la croissance des pays débiteurs. Les années 1980 furent ainsi une décennie perdue pour le développement de nombreux pays d'Amérique latine et d'Afrique. ■

Jacques Adda, La Mondialisation de l'économie, tome 2, Problèmes, *La Découverte, «Repères», 5e éd., 2002.*

Document 4

Pourquoi le FMI est-il intervenu ?

Pour éviter la faillite du système bancaire, le FMI a dû assumer un rôle de prêteur en dernier ressort – quand un emprunteur ne peut plus honorer le service de sa dette, et que personne ne veut plus lui prêter pour rembourser d'anciens prêts – et de catalyseur des capitaux privés : l'intervention du FMI constitue un certain gage de fiabilité pour l'économie endettée, ce qui peut rassurer les investisseurs privés. Résultat, les crédits nets du Fonds atteignaient près de 20 % des apports financiers aux pays du Sud en 1983. Cela donne une première mesure du rôle du FMI dans la gestion internationale de la dette qui débouche sur la mise sous tutelle des pays du Sud.
Le FMI a alors endossé un rôle inédit de gestionnaire des crises financières. Il disposait pour cela de deux instruments majeurs : la pratique du financement concerté et la conditionnalité attachée à son aide financière. Comme elle était le levier essentiel du financement concerté, l'importance de la conditionnalité s'est considérablement accrue. Au lendemain de la crise de la dette, la discipline imposée par le FMI est devenue pour de nombreux pays la condition *sine qua non* d'un retour des financements extérieurs puisqu'il leur fallait restaurer leur crédibilité financière. De ce fait, les politiques publiques des pays endettés ont dû se conformer aux prescriptions du FMI, c'est-à-dire des pays du Nord qui en sont les principaux actionnaires. ■

Odile Castel, op. cit.

Questions sur l'ensemble du dossier

(suite)

6. En quoi ce risque met-il en péril le système financier international? [*doc. 3 et 4*]
7. Quel a été l'objectif essentiel du FMI? [*doc. 3 et 4*]
8. Le FMI a-t-il atteint cet objectif? [*doc. 3 et 4*]
9. À quelle(s) théorie(s) les mesures de politique économique se rattachent-elles? [*doc. 5*]
10. Expliquez le passage souligné. [*doc. 5*]
11. Expliquez comment la dépréciation de la monnaie peut permettre un rééquilibrage de la balance commerciale. [*doc. 5*]
12. Quel est l'objectif des politiques d'ajustement? [*doc. 5*]
13. Quel est le problème qui n'est pas résolu par ces mesures? [*doc. 5*]
14. Le problème du financement se pose-t-il de la même façon pour tous les pays en développement? [*doc. 6*]
15. Qu'est-ce que le service de la dette? [*doc. 7*]
16. Pourquoi le *ratio* est-il plus faible dans les pays les plus pauvres? [*doc. 7*]
17. Résumez les arguments favorables et défavorables à la revendication de l'annulation de la dette. [*doc. 8*]
18. Est-ce que ce sont les pays qui remboursent la dette? [*doc. 9*]
19. Quel est le principal obstacle du remboursement? [*doc. 9*]

Document 5

Les programmes d'ajustement structurel

Les mesures préconisées par le FMI dans le cadre des programmes d'ajustement sont en règle générale les suivantes :

– la rigueur budgétaire : il s'agit d'augmenter les impôts et de diminuer les dépenses courantes de l'État de façon à équilibrer le budget public. Cependant, les réductions budgétaires ont fortement touché les budgets sociaux de la santé et de l'éducation;

– la déréglementation des prix à la production : il s'agit de ne plus contrôler les prix, ce qui permet aux producteurs d'augmenter leurs marges et de stimuler la production. Cette mesure est destinée à rétablir la vérité des prix sur les marchés nationaux. Cependant, elle a entraîné des hausses extrêmement fortes des prix de produits de première nécessité;

– la dépréciation de la monnaie nationale : il s'agit de stimuler les exportations et de réduire les importations pour équilibrer la balance commerciale. Il y a bien eu une augmentation des exportations, mais de nombreuses importations sont incompressibles et leur quantité importée n'a pas pu être réduite. De plus, le prix de produits primaires ayant baissé sur le marché mondial, l'accroissement des quantités exportées n'a pas permis une entrée de devises plus importante;

– le resserrement de la politique monétaire : il s'agit de stimuler l'épargne intérieure en limitant l'inflation; pour cela, les taux d'intérêt sont relevés. L'augmentation des taux d'intérêt a découragé l'investissement puisque le crédit est plus cher. Les investissements non réalisés limitent la reprise économique future;

– la libéralisation par la remise en cause de l'intervention de l'État : il s'agit de supprimer les quotas sur les importations et la multiplicité des taux de change, d'uniformiser et d'abaisser les droits de douane, d'éliminer les protections intérieures de différentes sortes qui visaient à favoriser une production ou une consommation particulière;

– la privatisation : il s'agit de vendre au secteur privé national ou étranger l'ensemble des entreprises nationalisées, qu'elles soient rentables ou non, qu'elles relèvent du service public ou non. ■

Ibid.

Document 6

Quel financement pour quel développement ?

Malgré la succession de périodes d'engouement et de reflux du financement privé, le financement du développement est de plus en plus dominé par les marchés internationaux des capitaux, qui peuvent mobiliser rapidement des montants énormes. L'existence même d'organisations publiques spécialisées est fréquemment remise en cause. La garantie implicite qu'elles donnent aux investisseurs favorise les comportements à risque. Les pays émergents pourraient trouver sur les marchés les montants dont ils ont besoin, à condition que des règles du jeu soient précisées et que la transparence de ces marchés soit bien assurée. Cela implique de mieux discriminer les flux spéculatifs et les investissements à long terme. Si la proposition de taxe sur les transactions de change (« taxe Tobin ») semble difficile à mettre en œuvre, certains pays, comme le Chili, ont pris des mesures pour freiner les flux de capitaux à court terme.

Les pays les plus pauvres n'ont pas ces problèmes. Ils sont purement et simplement exclus des marchés internationaux des capitaux et les organisations publiques spécialisées restent leur seul recours. L'aide ainsi fournie est d'un intérêt indéniable. D'un point de vue financier, elle présente l'avantage d'être relativement stable. Sur le plan économique et social, elle est de plus en plus orientée vers la lutte contre la pauvreté. Mais elle n'a pas prouvé son efficacité pour entraîner la croissance. Malgré les faibles taux d'intérêt des prêts et l'abondance des dons, les remboursements sont très partiels. C'est pourquoi les annulations de dette bilatérale se sont multipliées, et les organisations internationales elles-mêmes, dérogeant à des principes plus que cinquantenaires, ont dû annuler à leur tour une partie de leurs créances. Mais le financement par dons qui en découle logiquement n'est pas sans danger, une logique d'assistance se substituant à celle de développement. ■

Marc Raffinot, « Malgré ses évolutions, le financement du développement reste inadapté aux besoins des pays pauvres », in Le nouvel état du monde *La Découverte, nouvelle éd., 2002.*

Document 7

	Entrées nettes d'IDE (en % du PIB)		Ratio du service de la dette (service de la dette en % des exportations de biens et de services)			
	1990	2000	1985	1990	1998	2000
Pays en développement	0,9	2,5	28,3	18,6	11,3	18,6
Pays les moins avancés	(.)	2,6	20,3	15,6	13,1	9,6
Amérique latine et Caraïbes	0,7	3,9	36,8	23,5	33,7	38,7
Asie de l'Est et du Pacifique	1,7	2,8	nd	15,7	nd	10,8
Afrique subsaharienne	(.)	2,1	26,7	19,6	15,1	10,5

Source : PNUD, Rapports mondiaux sur le développement humain, *2000 et 2002.*

Document 8

Annuler la dette : une bonne idée ?

A priori l'idée que l'annulation de dette améliorera la situation des pays pauvres semble évidente. Comme une telle annulation fait économiser de l'argent, la cause paraît entendue. Il faut considérer cependant qu'une telle annulation entraîne logiquement l'arrêt des prêts ultérieurs. D'un simple point de vue coûts/avantages, ceci ne se justifierait donc que si la somme (actualisée) des remboursements futurs était supérieure à celle des nouveaux emprunts anticipés. Or jusqu'ici, les transferts nets (nouveaux prêts moins remboursements en capital et en intérêts) sont restés positifs pour les pays les plus pauvres, contrairement à ce qui se passe pour les pays à revenu intermédiaire. C'est pour cela que de nombreux pays pauvres remboursent volontairement leurs dettes. [...]

La revendication de l'annulation de la dette repose sur l'idée que celle-ci constitue un fardeau insupportable. Cette représentation pose au moins trois problèmes. En premier lieu, les situations des pays pauvres sont extrêmement diverses. Certains sont très endettés, d'autres très peu. Certains ne remboursent pratiquement rien, alors que d'autres remboursent régulièrement. De plus, certains sont à la fois endettés et créanciers d'autres pays pauvres (par exemple le Costa Rica). En deuxième lieu, le temps est passé où les créanciers envoyaient des canonnières récupérer leur dû auprès des pays récalcitrants. Au niveau international, les sanctions du défaut de paiement sont faibles ou inexistantes (en dehors de l'arrêt des prêts). Les arriérés de paiements sont certes comptabilisés, mais cela reste un jeu d'écriture – un peu comme les contraventions avant une élection présidentielle en France. Enfin, l'idée que la dette constitue l'obstacle principal au développement est très réductrice. On souligne souvent par exemple que le service de la dette dépasse pour de nombreux pays les dépenses de santé. Mais dans beaucoup de pays ces deux montants sont faibles, et ce n'est pas le service de la dette qui empêche les dépenses sociales de croître (on peut réduire les dépenses militaires, par exemple).

Annuler une dette revient à autoriser un débiteur à ne pas verser le service de la dette. Celui-ci économise ainsi les sommes qu'il aurait dû débourser, année après année, mais cela ne lui fournit pas d'argent frais. Annuler la dette de différents pays (États) revient donc à leur faire un don correspondant au service de la dette.

Une telle façon de procéder est visiblement inéquitable. Les pays qui ont beaucoup emprunté et peu remboursé reçoivent des montants bien supérieurs à ceux qui ont emprunté avec sagesse et remboursé ponctuellement. ■

Marc Raffinot, « L'annulation de la dette en débat », Cahiers français *n° 310, octobre 2002.*

Document 9

Une dette impossible à rembourser ?

Lorsque le rendement des capitaux empruntés est plus élevé que le taux d'intérêt, l'emprunt est avantageux, et génère les sommes nécessaires à son propre remboursement.

Pour les pays pauvres, qui empruntent auprès d'organismes publics à des taux extrêmement faibles (inférieurs à 1 %), la logique économique devrait au contraire pousser à maximiser les emprunts. La théorie économique (néoclassique ou marxiste) indique d'ailleurs que la rentabilité des capitaux devrait être plus forte dans les pays pauvres. Ils devraient donc logiquement être plus capables que d'autres de rembourser.

Pourquoi ces emprunts ne sont-ils pas toujours bien remboursés ? Si on laisse de côté certains scandales et autres « éléphants blancs », qui sont loin de constituer le cas le plus courant, cela tient essentiellement au fait que les emprunts réalisés dans les pays pauvres sont destinés à construire des infrastructures (pistes, forages, routes, écoles, dispensaires, etc.) qui ne font pas en général l'objet de recouvrement de coûts. La rentabilité de ces projets est diffuse. Pour que l'État rembourse, il doit capter une partie des augmentations de revenus générés par ces projets à travers les impôts. Le problème est donc essentiellement un problème fiscal. Généralement, le système fiscal lui-même est peu efficace et la corruption des agents chargés du recouvrement limite encore les rentrées.

Présenter un pays comme « pauvre » évacue la question de la répartition à l'intérieur du pays. Plus précisément, dans le cas de la dette, cela occulte le fait que c'est l'État qui est endetté et non le « pays ». Pour contourner cet écueil, on fait valoir que l'État contraint de payer le fera en pressurant les pauvres. L'argument paraît difficile à soutenir, car la pression fiscale est généralement faible dans les pays pauvres (c'est une des raisons de l'endettement), et la fiscalité y porte surtout sur les importations et quelques grandes entreprises. En Afrique subsaharienne, de manière typique, la fiscalité directe sur le secteur informel et sur la paysannerie qui pratique des cultures vivrières (c'est là que sont les plus pauvres) est très faible, voire inexistante. ■

Marc Raffinot, ibid.

Dossier 3 • Fiche TD

« Credit crunch »

Comprendre comment un problème de change peut provoquer une pénurie de crédit

N.B. : les données relatives à la banque (y compris son nom) et au niveau du baht par rapport au dollar sont fictives ; la présentation du bilan et l'application du ratio Cooke sont simplifiées ; tout le reste (dates, ordre de grandeur de la chute du baht, mécanismes en cause...) est bien réel.

Bilan de BCT au 31/12/96 (en milliards de bahts)

ACTIF	PASSIF
Crédits accordés : 30	Dépôts des clients à la banque : 25
	Emprunts de la BCT à l'étranger : 2
	Capitaux propres : 3
Total : 30	Total : 30

Situation avant la crise financière

Soit BCT, une banque thaïlandaise. Son bilan (simplifié) à la fin de l'année 1996 permet de prendre la mesure de son activité.

Le passif du bilan décrit l'origine de ses ressources. Les dépôts de ses clients thaïlandais se montent à 25 milliards de bahts, la monnaie nationale thaïlandaise. BCT a emprunté 100 millions de dollars à des banques étrangères, ce qui correspond à 2 milliards de bahts (parce que le baht vaut alors 0,05 dollar sur le marché des changes, soit 20 bahts pour un dollar). Les capitaux propres de la banque s'élèvent à 3 milliards de bahts. Ces capitaux représentent les apports initiaux des actionnaires (les liquidités qu'ils ont procurées à la banque à sa naissance) et les profits non distribués qui ont été accumulés par la banque au fil des ans (lorsque la banque conserve des profits plutôt que de verser des dividendes à ses actionnaires, ses capitaux propres augmentent ; lorsqu'elle enregistre des pertes, ses capitaux propres diminuent d'autant). Les ressources totales de la BCT sont donc de 30 milliards de bahts.

L'actif du bilan décrit l'utilisation des ressources de la banque, c'est-à-dire ce qu'elle a fait des liquidités qu'elle a rassemblées. On constate que la BCT emploie toutes ses ressources – soit 30 milliards de bahts – à l'octroi de prêts en bahts à des entreprises thaïlandaises.

La banque a-t-elle un comportement prudent ?

Pour limiter les risques pris par les banques, la banque centrale de Thaïlande leur impose de respecter la réglementation prudentielle internationale qui veut que les capitaux propres correspondent au moins à 8 % des crédits accordés par la banque ; la banque doit donc proportionner le stock (appelé aussi l'encours) de ses crédits (dans le vocabulaire du banquier, on parle d'engagements ou de risques) à ses moyens ; autrement dit, pour augmenter de 100 les crédits qu'elle accorde, il lui faut accroître de 8 ses capitaux propres. Cette réglementation est connue sous le nom de « ratio Cooke » ; c'est la Banque des règlements internationaux qui l'a fait adopter aux banques centrales depuis 1988. Elle vise à limiter les risques pris par une banque en la rendant capable de faire face à des défaillances de remboursement d'une partie de ses clients. On constate que la BCT respecte largement le ratio Cooke puisque ses capitaux propres représentent 10 % (3/30) de ses crédits. On peut en déduire que la BCT semble avoir, de ce point de vue, un comportement plutôt prudent. D'un autre côté, on peut se demander s'il n'est pas risqué pour la BCT d'emprunter en dollars et de prêter en bahts. En agissant ainsi, elle s'expose en effet à un risque de change.

En 1996, cela fait de nombreuses années que le baht (comme les monnaies de la région, à l'exception du yen) conserve un lien presque fixe avec le dollar et la poursuite de cet état de fait est alors considéré comme évident par les opérateurs sur les marchés, par les banques et par les autorités monétaires (y compris les organisations internationales comme le FMI). Pour cette raison, le fait que, à la fin de 1996, la BCT ait des emprunts libellés en dollars alors qu'elle a accordé des crédits en bahts peut être considéré comme un comportement raisonnable (il est d'ailleurs celui de presque toutes les banques thaïlandaises). Il y a bien un risque de change, mais il est considéré alors comme très très faible.

La crise financière

Pour des raisons faciles à comprendre (... après coup), le baht est attaqué sur les marchés des changes en 1997. En effet, comme la monnaie thaïlandaise est liée au dollar, la forte hausse de la devise américaine fait aussi monter le baht et finit par rendre les produits thaïlandais trop chers sur les marchés internationaux, ce qui remet en cause les exportations et les profits des entreprises. Les acteurs des marchés financiers révisent leur point de vue et se mettent à parier sur une dépréciation du baht. Après avoir tenté de leur résister (en vendant une partie de ses réserves de devises pour défendre sa monnaie), la banque centrale laisse « filer » sa monnaie au début de juillet 1997. Au milieu de septembre, le baht a perdu 50 % de sa valeur face au dollar (un baht vaut maintenant 0,025 dollar et un dollar vaut 40 bahts). Quelles sont les conséquences de cet effondrement ?

Questions

On admettra que si la valeur du baht n'avait pas changé, le bilan de la BCT aurait été le même à la fin de 1997 qu'à la fin de 1996.

1. Quelle valeur (en bahts) doit-on inscrire au bilan de la BCT pour sa dette de 100 millions de dollars ?

2. Soit X cette somme. Pour rembourser sa dette en dollars, la BCT doit maintenant céder sur le marché des changes non plus 2 milliards de bahts mais X, c'est-à-dire beaucoup plus. La dépréciation du baht lui fait donc perdre (X – 2) milliards. Le risque de change s'est transformé en perte de change. Après avoir relu la première partie du texte (« Situation avant la crise financière »), calculez à quel niveau sont réduits les capitaux propres de la banque à la fin de 1997 pour tenir compte de cette perte.

3. Compte tenu du nouveau niveau des capitaux propres de la banque et de la nécessité de respecter le ratio Cooke, quel peut être le montant total maximum (le stock ou encours) des crédits accordés par la BCT ? Quelle est la baisse par rapport à la situation antérieure ? Cette nécessité de réduire le montant des crédits se traduit par une quasi-interruption de l'ouverture de nouveaux crédits, c'est-à-dire une pénurie de crédit (« credit crunch », en anglais to crunch signifie croquer, ce qui n'a pas échappé aux chocolatiers, mais aussi broyer ; the crunch est l'instant critique, ce qui n'a pas échappé aux financiers).

4. Quelles sont selon vous les conséquences de cette pénurie sur les entreprises qui avaient obtenu des crédits de la BCT ? Que feriez-vous si vous aviez déposé des bahts à la BCT ? Quels seront les effets sur la BCT de ces réactions volontaires ou involontaires de ses clients ? Quelles seraient les conséquences d'un non-remboursement de la dette en dollars de la BCT ?

Jean-Paul Piriou

Fiche-outil 1

La balance des paiements

La balance des paiements est la présentation dans un cadre comptable de toutes les opérations effectuées pendant une période entre les résidents d'une économie nationale et les non-résidents [*la résidence est définie dans la fiche sur la comptabilité nationale à la fin du manuel*]. La balance de la France est annuelle et trimestrielle. Une autre balance importante pour la France est celle de l'UME (l'Union monétaire européenne, c'est-à-dire la zone euro), établie aussi mensuellement (à ne pas confondre avec la balance de l'UE).

La balance des paiements comprend trois comptes : compte des transactions courantes ; compte de capital ; compte financier. Les opérations peuvent être regroupées pour faire apparaître des soldes significatifs. Attention ! Les soldes ne sont pas plus intéressants que les montants dont ils résultent (certains figurent entre parenthèses dans notre tableau) ; il est par exemple essentiel de suivre l'évolution des montants importés et exportés pour interpréter l'évolution du solde commercial. On se tromperait également si l'on pensait qu'un solde positif est par nature un signe favorable ; un excédent commercial croissant peut par exemple correspondre à un chômage croissant, lorsqu'il résulte d'une politique d'austérité qui limite les importations.

Le compte des transactions courantes porte sur des biens et services, des revenus et des transferts courants.

■ Les biens : pour l'essentiel, les exportations et les importations ; un solde positif signifie que les premières sont supérieures aux secondes.

■ Les services échangés entre résidents et non-résidents sont très variés : assurances, transports, voyages, services de construction (grands chantiers à l'étranger...), services informatiques, financiers, audiovisuels, de communication, négoce international, licences, etc. Dans les exportations de services sont comptées les dépenses des individus présents sur notre territoire en séjours touristiques ou en voyages d'affaires, puisqu'elles correspondent à des achats de non-résidents à des résidents (ce ne sont pas les services qui franchissent la frontière mais les consommateurs) ; et symétriquement, les importations de services enregistrent les dépenses des résidents lorsqu'ils sont à l'étranger. Le solde des services est positif si le pays exporte plus de services (troisième place mondiale pour la France) qu'il n'en importe.

■ Les revenus qui circulent entre la France et l'étranger sont des salaires et des revenus obtenus grâce aux investissements étrangers en France ou français à l'étranger. Le solde des revenus est positif pour la France qui reçoit ainsi plus de revenus qu'elle n'en verse.

■ Les transferts courants sont principalement ceux qu'opèrent les administrations françaises vers l'étranger (par exemple vers l'UE ou vers l'ONU, etc.) et secondairement les envois de fonds des travailleurs à l'étranger (les envois vers la France sont évidemment plus faibles). Dans ces conditions, il n'est guère étonnant que le solde des transferts courants soit négatif.

Dans les anciennes balances des paiements, les « invisibles » regroupaient services, revenus et transferts courants. Cette appellation et ce regroupement ont disparu.

La somme des soldes 1 à 4 [*voir tableau A*] est le solde des transactions courantes (l'appellation « paiements courants » a le même sens mais n'est pas officielle). Un solde positif signifie que, grâce à ses relations avec l'étranger, la nation peut augmenter son stock de richesses.

Le compte de capital retrace pour l'essentiel des acquisitions d'actifs non financiers (achats moins ventes de brevets) et des remises de dettes (le prêteur renonce à sa créance). On obtient la *capacité de financement de la nation* en ajoutant le solde du compte de capital au solde des transactions courantes ; c'est sa capacité à augmenter sa richesse financière (si le total est négatif, il s'agit d'un besoin de financement).

Tableau A

En % du PIB[a]	2001
Compte des transactions courantes	
1. Solde des biens	0,3
2. Solde des services	1,4
Recettes en biens et services	(28,3)
Dépenses en biens et services	(–26,7)
3. Solde des revenus	1,1
4. Solde des transferts courants	–1,1
A. *Solde des transactions courantes* (1+2+3+4)	1,6
Compte de capital	
5. Solde du compte de capital	–0,02
B. *Capacité de financement de la nation* (A + 5)	1,7
Compte financier	
6. Solde des investissements directs	–2,3
ID français à l'étranger	(-6,3)
ID étrangers en France	(4,0)
7. Solde des investissements de portefeuille	1,4
Avoirs	(–6,4)
Engagements	(7,8)
8. Solde des autres investissements	–1,6
Avoirs	(–4,2)
Engagements	(2,6)
9. Solde des produits financiers dérivés	0,2
10. Avoirs de réserves	0,4
C. *Solde du compte financier* (6+7+8+9+10)	–1,9
Erreurs et omissions nettes (B-C)	0,2

a. PIB = 1500 milliards d'euros environ.
Source : calculs d'après www.banque-france.fr

Un pays augmente sa richesse en achetant plus de créances à l'étranger que l'étranger n'achète de créances dans ce pays. Dans **le compte financier** de la balance, ces achats s'appellent « investissements », ce qui peut être trompeur car il ne s'agit nullement de FBCF mais de crédits et d'achats d'actions et d'obligations.

Ces investissements financiers sont des investissements directs (IDE, opérations destinées à contrôler plus de 10 % du capital social d'une entreprise) et des investissements de portefeuille (achats de titres dans un but de placement). Un solde d'IDE négatif signifie que le flux d'investissements français à l'étranger de l'année (affecté du signe moins) est supérieur au flux d'investissements étrangers en France (affecté du signe plus). On vérifie bien ici que le solde (– 2,3) n'est pas la seule information intéressante : ce solde d'IDE résulte en effet de flux impressionnants (6,3 dans un sens, 4,0 dans l'autre) qui manifestent l'interdépendance croissante des économies.

Le poste « autres investissements » correspond à des crédits commerciaux (délais de paiement), à des prêts, bancaires ou non, etc. On se gardera de définir ou de commenter le solde des produits dérivés !

Dans le compte financier, qui inclut aussi les flux de monnaie et de devises, une valeur négative des avoirs de réserves signifie que les réserves de change ont augmenté pendant l'année (car les flux d'entrée de devises sont affectés du signe moins).

Après prise en compte des erreurs et omissions, on vérifie que le solde financier égale la capacité de financement et que la somme des soldes 1 à 10 est nulle (équilibre comptable de la balance).

Jean-Paul Piriou

Chapitre XIV

LA MONDIALISATION DE LA CULTURE ?

FRANÇOISE BENHAMOU

Introduction

Le 21 novembre 1980, 80 millions d'Américains étaient figés devant leurs téléviseurs, dans l'attente angoissante de la réponse à la question qui les avait tourmentés pendant tout l'été : « Qui a tué J.R. ? » Vous l'avez compris, il s'agit de la série « Dallas » : Sue Ellen, la femme de J.R., humiliée, trompée et alcoolique (à vous d'établir les relations causales), est la principale suspecte. Dans les foyers, les « pro » et les « anti » Sue Ellen s'affrontent.

Il faut dire que les choses étaient un peu compliquées dans la famille Ewing. La fortune du père, Jock Ewing, date de la prise de contrôle d'une entreprise pétrolière créée autrefois avec Willard « Digger » Barnes, un garçon quelque peu porté sur la boisson. Jock et Digger aimaient la même femme, évidemment : Eleanor Southworth, l'héritière du plus beau ranch de la région de Dallas. Dans le Texas des feuilletons, il n'y a que du pétrole et des vaches, et Jock l'emporte sur tous les tableaux : il devient un magnat du pétrole et séduit la gentille Ellie, qu'il épouse en secondes noces, dotée de toutes les vaches de Southwork. Commence alors la longue histoire de la haine inextinguible entre les familles Ewing et Barnes : dès 1951, lors d'un barbecue à Southwork (le barbecue étant le sommet de l'art culinaire dans ce ranch), Digger tente de tuer Jock...

La devise de J.R. (John Ross II), le digne fils de Jock, est : « Il ne faut pas s'énerver, il faut se venger. » Dans l'univers « impitoyable » de Dallas, le méchant, c'est lui. Et le gentil, un peu niais, c'est son frère Bobby, qui tient plutôt de la mère. Or, ce grand dadais de Bobby n'a rien trouvé de mieux à faire que d'épouser Pamela Barnes, que l'on croit être la sœur de Cliff Barnes, le fils de Digger et l'ennemi juré de J.R.

Tous les ingrédients de la déferlante « soap opera » sont déjà là, avec une dimension mythique qui n'aura échappé à personne : une lutte sans merci oppose deux frères et deux familles que devrait réunir une alliance matrimoniale, doublée d'une relation adultérine (le père de l'enfant de Sue Ellen ne serait-il pas Cliff Barnes ? !). Notons également la relation semi-incestueuse entre Ray Krebbs (le fils caché de Jock) et Lucy Ewing (la petite fille de Jock) et une fâcheuse propension des morts à ressusciter (par exemple Bobby, décédé à la fin de la septième saison, que l'on retrouve, hilare, dans la douche de Pamela, à la fin de la huitième). Mais, pour l'essentiel, on patauge dans le pétrole, les dollars et la sauce barbecue...

La France découvre Dallas le 24 janvier 1981. En 1982, 15 millions de téléspectateurs français regardent la série et 54 petites filles se voient attribuer le joli prénom de Sue Ellen (contre 1 642 Pamela, ce qui est injuste pour Sue; on ne dénombre aucun J.R., mais 15 Bobby). Cette production de 357 épisodes est diffusée dans 130 pays.

Le succès mondial de Dallas est-il une bonne illustration de l'hégémonie de l'industrie culturelle américaine ? La diffusion-consommation mondiale des produits standardisés de cette industrie détruit-elle les cultures dominées ? Partout dans le monde, une foule de jeunes adoptent la panoplie « Nike ou Adidas, Mac-Do et Coca-cola, cinéma et clips MTV... » : ce processus d'acculturation conduira-t-il à l'uniformisation culturelle ?

Des études sociologiques menées sur la réception de Dallas dans des environnements culturels différents confirment ce que l'on sait de toute communication : l'information ne passe pas directement de l'émetteur dans la tête du « récepteur » ; elle est traduite par des médiateurs, réinterprétée à partir des catégories de pensée des personnes qui se la réapproprient. D'un côté, le scénario repose sur des invariants qui traversent aisément les frontières culturelles : la rivalité entre deux clans, la loyauté ou la trahison, la défense de l'honneur ou la poursuite de l'intérêt matériel, le respect des obligations familiales ou la liberté individuelle, etc. De l'autre, ces invariants sont réinterprétés selon les normes et valeurs prévalant dans chaque culture : certains téléspectateurs perçoivent la série comme une fiction caricaturale, d'autres comme un documentaire sur le capitalisme américain ; certains considèrent que J.R. est un être immoral entièrement responsable de ses actes quand d'autres pensent que l'univers « impitoyable » de Dallas ne lui laisse aucune marge de choix ; les uns en concluent que « l'argent ne fait pas le bonheur », les autres que l'argent est la condition nécessaire d'une vie réussie, etc.

Cette dialectique entre le même, qui me ressemble, et l'autre, qui m'est étranger, entre l'universel et le particulier, conduit à douter de la pertinence d'une notion aussi contradictoire que la « mondialisation de la culture »… C'est ce doute qu'il convient de conserver à l'esprit au cours de l'étude du texte et des dossiers de ce chapitre.

Pascal Combemale

SOMMAIRE

ÉCONOMIE DE LA CULTURE ET MONDIALISATION

➾ **Françoise Benhamou,** *économiste, est professeur à l'université de Rouen et à l'École nationale du patrimoine, et chercheur au MATISSE (université Paris-I-Panthéon-Sorbonne).*

Parmi les dix films qui ont comptabilisé le plus d'entrées dans les salles de cinéma en France entre 1945 et 1991, on repère six films américains, deux films français et un italien. *Titanic*, sorti en 1998, a atteint 20,58 millions de spectateurs en salles.

La suprématie du cinéma américain, que l'on observe en de nombreux points du globe, procède du contenu des films, qui se destinent ouvertement à distraire tout en transcendant les frontières, comme de la force de frappe de l'industrie qui la porte. La diffusion de produits culturels à l'échelle planétaire est d'autant plus efficace qu'elle bénéficie ainsi de deux mouvements complémentaires : le développement progressif de normes et de goûts mondiaux, qui permettent à des films grand public ou à des séries télévisées de rencontrer des succès de masse en divers pays, et la capacité des groupes investis dans les médias à décliner leurs produits de façon à les adapter à des audiences nationales. De ce point de vue, l'échange est largement inégal, et les flux de biens et de services liés à la mondialisation sont extrêmement déséquilibrés.

I. LES INDUSTRIES CULTURELLES, INSTRUMENT D'ACCULTURATION ?

Mondialisation et acculturation

Jeremy Rifkin décrit l'absorption de la sphère culturelle par la sphère marchande, qui conduit à la standardisation des produits et à la domination d'entreprises propriétaires de réseaux qui contrôlent l'essentiel des contenus[1]. Ce que l'on appelle improprement la « mondialisation de la culture » pour désigner la circulation des produits à l'échelle mondiale, consiste en cette invasion des espaces locaux par des biens standardisés, dont l'origine culturelle est nord-américaine, ou du moins fortement déterminée par des standards nord-américains. Vecteur d'acculturation, elle conduit à l'émergence d'*habitus* mondialisés, telle la figure de l'adolescent mondial, baskets Nike ou Adidas, *jean*, *tee-shirt* et baladeur aux oreilles. Les séries télévisées, les clips proposés par les grandes chaînes musicales en véhiculent les attributs. MTV est captée dans 342 millions de foyers dans le monde, encourageant la propagation de *hits* mondiaux et la formation d'un goût transnational pour les marques qui y proposent leurs publicités. C'est ainsi que la production de biens culturels, livres, disques, films, vidéos, reflète *et* redessine en retour une partie de la culture entendue en un sens plus large, c'est-à-dire cette « totalité complexe faite de normes, d'habitudes, de répertoires d'action et de représentation, acquise par l'homme en tant que membre d'une société[2] ».

1. Jeremy Rifkin, *L'Âge de l'accès. La révolution de la nouvelle économie*, La Découverte, 2000.
2. Jean-Pierre Warnier, *La Mondialisation de la culture*, La Découverte, « Repères », 1999.

Bibliographie
Françoise Benhamou, L'Économie de la culture, *La Découverte, « Repères », Paris, 4e éd., 2003.*
Serge Regourd, L'Exception culturelle, *PUF, « Que sais-je ? », Paris, 2002.*
Jean-Pierre Warnier, La Mondialisation de la culture, *La Découverte, « Repères », Paris, 1999.*

Mais le terme « mondialisation » est trompeur : si les biens et les services culturels circulent, la mondialisation n'est pas l'uniformisation, ni au sein des espaces nationaux, où les découpages sociaux demeurent très forts, ni au sein de l'espace monde, où des pans entiers des industries culturelles maintiennent en vie des cultures locales.

La permanence des clivages sociaux

Toutes les enquêtes témoignent en effet de l'extraordinaire inertie des inégalités de consommation culturelle selon les catégories socioprofessionnelles [*voir tableaux A et B*]. Les consommations de biens culturels se concentrent sur les catégories sociales supérieures et dans les grandes agglomérations (plus de 100 000 habitants) : en France, les cadres et professions intermédiaires réalisent de l'ordre de 50 % des achats de livres, places de cinéma, dépenses pour les pratiques artistiques, et les grandes villes assurent plus de 60 % des entrées de cinéma, théâtres, concerts, musées. Cette concentration résulte de l'effet conjoint de la concentration de l'offre dans les centres urbains et du rôle crucial du capital culturel dans la dépense [*voir encadré A*].

Tableau A

Répartition des loisirs culturels en France, 1997

Sur chaque groupe, % de ceux qui, au cours des douze derniers mois, sont allés...	Au théâtre	À un concert de musique classique	À une exposition de peinture	Au musée	Visiter un monument historique	Au cinéma
Artisans, commerçants, chefs d'entreprise	11	10	28	33	18	59
Cadres supérieurs et professions intellectuelles	44	24	54	65	7	82
Employés	16	15	24	34	32	61
Ouvriers qualifiés	7	9	11	23	43	48

Source : Olivier Donnat, Les Pratiques culturelles des Français, *ministère de la Culture, La Documentation française, 1997.*

Tableau B

Répartition des dépenses culturelles en France, 1995

	Cadres	Professions intermédiaires	Indépendants	Employés	Agriculteurs	Ouvriers	Retraités	Autres inactifs	Total
Part de la catégorie de ménage	10,5	13,7	4,8	12,1	1,7	18,9	31,5	6,7	100
Dépenses totales des ménages	19,2	16,7	6,4	10,2	1,7	17,3	24,8	3,7	100
Dépenses culturelles totales	21,0	18,2	5,6	11,6	1,5	16,2	21,7	4,2	100

Source : Credoc, INSEE, enquête « Budget des familles », 1995.

La vitalité des productions locales

Parmi les enjeux des échanges culturels, on insiste sur l'importance des langues; les petits pays dont l'aire linguistique est restreinte y sont particulièrement attentifs. Tel est le cas de la Suède. Le marché « naturel » dont disposent les producteurs de culture y est étroit, de sorte que des soutiens publics peuvent s'avérer indispensables.

Dans le secteur de l'édition de livres, l'importance de la langue préserve une grande part de la production de la concurrence des produits anglo-saxons [*voir tableau C*]. Ce poids des particularismes

Encadré A : *Les dépenses culturelles. Une étonnante inertie*

On constate partout une stabilité des dépenses culturelles, en pourcentage du revenu des ménages. En 2000, les ménages français ont consacré à la culture 29,7 milliards d'euros, soit 3,5 % de leur budget. Ce pourcentage inclut les dépenses en équipement (télévision, ordinateur, piano...), les dépenses de sortie ou de divertissement (cinéma, discothèque, concert, parc de loisirs...) et les dépenses de services (abonnements à la télévision payante, inscriptions à des bibliothèques...). [*voir tableau ci-dessous*]

Aux États-Unis la ligne de partage entre loisirs culturels et divertissement est très floue, dans les pratiques des consommateurs comme dans les statistiques qui en rendent compte. À périmètre analogue avec les données françaises, les ménages consacrent à la culture un pourcentage équivalent de leur budget. [*voir tableau ci-dessous*]

En ce qui concerne le temps consacré à la culture, il est bien plus important, en pourcentage du temps disponible, que ne l'est la dépense : une grande part des consommations est gratuite, tout en requérant qu'on y consacre du temps. Chaque année, les Américains passent en moyenne 1 575 heures devant leur poste de télévision, 1 091 à écouter la radio, 249 heures à lire des journaux et des magazines, 99 heures à lire des livres, 12 heures au cinéma et 45 heures à visionner des films avec leur magnétoscope, 5 heures à assister à des spectacles culturels et 289 heures à écouter des disques ou de la musique enregistrée. On est frappé à la lecture de ces données par la faible part du livre, objet nomade pourtant, et par la part minime du spectacle. En France on observe des données analogues, avec en particulier une part écrasante de la télévision, devant laquelle les Français ont passé en moyenne 1 200 heures en 2001 ; le seul domaine en expansion, hormis celui-là, est la musique, qu'il s'agisse d'écouter de la musique enregistrée, d'aller au spectacle ou de pratiquer un instrument en amateur.

Dépenses pour des biens de loisirs aux États-Unis, 1970-1995
(en milliards de dollars réels base 1992)

	1970	1980	1985	1990	1995
Total	**93,8**	**189,7**	**215,8**	**291,8**	**395,5**
% de la consommation totale	*4,3*	*5,3*	*6,1*	*7,1*	*8,6*
Livres et cartes	12,8	12,5	13,9	17,6	19,4
Magazines, journaux, partitions musicales	16,7	23,3	21,7	23,8	23
Jouets non durables et affaires de sport	10,8	20,1	25,7	32,6	41,8
Jouets durables et équipements sportifs	11,7	21,4	25,2	31,2	42,1
Postes de radio, TV, disques et instruments de musique	6,2	12,7	24,7	47,9	106
Réparations des postes radio et TV	3,2	4,1	4,0	4,6	4,6
Fleurs et plantes vertes	4,8	7	8,7	12,5	13,5
Entrées dans des spectacles (cinéma, théâtre, musique)	10,9	13,1	14,2	16,5	18
Clubs et associations d'amis	4,5	4,8	7,5	9,5	11,7
Distractions de nature commerciale (dancings, parcs d'attraction, golf, etc.)	7,7	15,3	20	24,9	33,9
Paris, loteries	3,8	4,8	4,1	3,7	3
Autres[a]	4,2	32,2	52,7	68,3	82,1

a. Dépenses pour les animaux domestiques, TV par câble, photo, films d'amateurs, camps de vacances, etc.
Source : Vogel, 2001.

Dépenses des ménages en produits et services culturels par domaine en France en 2001
(en millions d'euros et en %)

	Montant	%
Appareils son et image	6 004	22
Presse	5 589	21
Activités de télévision	4 650	17
Spectacles	2 996	11
Livres	2 833	10
Disques	1 695	6
Vidéos	1 598	6
Cinéma	942	3
Instruments de musique	449	2
Musées, monuments historiques, bibliothèques	383	1
Total	**27 139[a]**	**99**

a. 3,4 % de la dépense de consommation des ménages.
Source : INSEE/DEP (Département des études et de la prospective, ministère de la Culture).

linguistiques ne résume pas la question de la survivance ou du développement des cultures nationales. Il faut par exemple souligner la vitalité de la musique et du cinéma indiens.

Toutefois, cette vitalité du « reste du monde » ne doit pas faire illusion ; dans le champ du marché de l'art par exemple, elle tient avant tout à la stratégie des maisons de ventes aux enchères les plus importantes, toutes deux anglo-saxonnes (Christie's et Sotheby's), de décentraliser les ventes d'œuvres d'art afin de se rapprocher des sources en « matières premières ». Un artiste qui se serait fait connaître à la périphérie se doit de conquérir le centre, s'il veut compter parmi les artistes consacrés. Et c'est de façon massive que se produit, en matière de culture, la récupération des talents par les marchands et les industriels des pays en position de force.

Tableau C

Production éditoriale dans le monde en 1996

Région ou pays	Population (en millions)	Nombre de titres publiés	Ratio pour 100 000 habitants
Afrique subsaharienne (hors Afrique du Sud)	599	7 514	12
Asie	3 051	220 665	72
Égypte	63,3	5 925	94
France	58,3	45 311	777
Pays baltes	7	6 853	890

Source : L'état du monde 1999, *La Découverte, 1998.*

L'uniformisation n'interdit donc pas l'émergence ou le développement des différences, même si elle en rend l'espace d'expression et de distribution singulièrement étroit. L'innovation est indispensable à la vie des industries culturelles, dont l'histoire montre que l'absence de qualité, et surtout la dégradation de la diversité et l'excès de conformisme se traduisent par un essoufflement de la demande. L'immense diversité des cultures, tout en étant menacée par l'uniformisation, nourrit les industries culturelles qui y trouvent une part de leur inspiration et de leurs chances de renouvellement. Les majors du disque ont su s'emparer des « musiques du monde », ou réinterpréter et reformater les musiques sud-américaines pour en faire les « tubes » des étés dansants...

La volonté d'affirmer une différence et une identité fortes s'est traduite en France par la défense consensuelle des différentes formes de soutien public à la culture. Un des débats les plus importants est celui qui a trait à l'exception culturelle, récemment rebaptisée « diversité ». Pour en saisir les enjeux, il convient de repérer ce qui fonde la nature économique des produits culturels et qui justifie qu'on en encadre ou soutienne la production et la diffusion, ou que l'on en protège la variété.

II. LA VARIÉTÉ ET L'IMPORTANCE ÉCONOMIQUE DES ACTIVITÉS CULTURELLES

Il est difficile d'évaluer de façon simple le poids des activités culturelles ; tout dépend du périmètre retenu. Quelques données permettent toutefois de situer l'importance économique des industries culturelles en France : en 2001, le chiffre d'affaires de l'édition de livres était de 2,064 milliards d'euros, celui du disque de 1,247 milliard, celui du cinéma de 0,893, et celui de la vidéo de 0,63, soit un total de 4,834 milliards, et de 5,96 milliards si l'on inclut le chiffre d'affaires de la presse[3].

3. Sources : Syndicat national de l'édition, Syndicat national de l'édition phonographique, ministère de la Culture.

À côté des industries, les activités culturelles se déroulent aussi au sein d'institutions non marchandes, qui ne poursuivent pas la recherche du profit mais d'autres objectifs plus qualitatifs. En règle générale, un théâtre par exemple, même lorsqu'il est privé, cherche à faire en sorte que les recettes d'entrées, les éventuels apports extérieurs (subventions, mécénat) lui permettent d'équilibrer ses comptes; les objectifs poursuivis concernent la qualité de la programmation, les caractéristiques du public, et non le profit. Les Américains utilisent le terme de *non-profit institutions* pour qualifier ces structures.

Des structures industrielles duales

Les structures qui abritent la production de culture sont le plus souvent duales : on rencontre d'un côté de grands groupes industriels investis en divers points du monde, tel le groupe AOL-Time Warner, premier groupe mondial de médias [*voir encadré B*], et de l'autre côté des firmes indépendantes de petite ou moyenne dimension. Par exemple, dans le secteur de l'édition de livres en France, à la date où nous écrivons, Gallimard ou Le Seuil sont des maisons de taille moyenne, Odile Jacob une maison de plus petite taille, qui toutes sont indépendantes. Les petites maisons tissent des relations de complémentarité avec les plus grandes en développant des stratégies innovantes, sur des créneaux à diffusion locale ou délaissés par les groupes (des « niches »). Une maison comme celle qu'a créée

Encadré B : *AOL-Time Warner, premier groupe mondial de communication*

Le groupe Time Warner s'est constitué en 1989 grâce à la fusion de Time et de Warner. Les deux maisons s'étaient engagées dans les secteurs des médias dès le début du siècle : les frères Warner avaient ouvert leur première implantation en 1918, et la première édition de *Time* datait de 1923. En 1996, la nouvelle entité s'empare du groupe Turner Broadcasting System, notamment propriétaire de la chaîne d'informations continues CNN, pour 7,2 milliards de dollars; en 2000 enfin, la fusion de AOL, créé en 1985 et premier fournisseur mondial d'accès à Internet, et de Time Warner est engagée, entérinant la croyance alors dominante en la convergence des contenus et des réseaux ainsi qu'en la suprématie d'Internet sur le secteur des médias traditionnels. La valorisation de AOL, en pleine euphorie sur les valeurs de la « nouvelle économie », lui permet de prendre le pouvoir dans la nouvelle entité : les actionnaires de AOL récupèrent 55 % des parts du groupe.

Mais les espérances dans la net-économie se voient largement déçues. Dès 2001, et malgré la progression du chiffre d'affaires, les pertes sont importantes et le groupe se réorganise avec la création de deux grandes branches, l'une se centrant sur les abonnements et l'autre sur les contenus. En janvier 2003, Richard Parsons, président de AOL-Time Warner, avoue près de 100 milliards de dollars de pertes, soit le record de pertes jamais atteint par une entreprise dans le monde : le groupe doit prendre en compte tout à la fois la dévalorisation de l'activité Internet et la dépréciation des activités de ses réseaux câblés.

Chiffre d'affaires d'AOL Time Warner par activités, 2001

Activités	**CA (en milliards de $)**	**CA (en %)**
AOL (Internet)	8,718	22
Câble	6,992	17
Cinéma	8,759	22
Télévision	7,050	17
Musique	3,929	10
Livre et presse	4,810	12
(Divers)	(2,024)	
Total	**38,234**	**100**

Source : Rapport d'activité.

AOL-Time Warner reste le premier groupe mondial de médias, avec un chiffre d'affaires 2002 de 38,2 milliards de dollars et 89 300 employés; il est investi dans la production cinématographique et télévisuelle, l'édition musicale, la télévision (dont Home Box Office, avec ses 21,3 millions d'abonnés et CNN), la presse *(Time, Fortune, People...)*, l'édition de livres et de cédéroms, les réseaux câblés, mais aussi le sport et les salles de spectacle. Time Warner a notamment produit les films et acquis l'ensemble des droits dérivés de *Harry Potter* et du *Seigneur des anneaux*. En ce qui concerne les réseaux, AOL est le premier fournisseur mondial d'accès à Internet avec 35 millions d'abonnés. Les pertes enregistrées en 2002 conduisent toutefois la direction de AOL-Time Warner à envisager des cessions d'une partie de ses activités, notamment dans le secteur de l'édition.

Jacqueline Chambon s'est ainsi spécialisée dans la publication de livres de qualité sur l'art dans des formats plutôt légers et à prix raisonnables.

La cohabitation entre ces structures industrielles hétérogènes n'est pas toujours pacifique, et le rachat des indépendants par les groupes est fréquent : ceux-ci souhaitent s'approprier des marques et des portefeuilles d'auteurs ou d'artistes. La *major* britannique du disque, EMI, est convoitée par BMG, Warner et d'autres du fait de la présence à son catalogue des Rolling Stones, de David Bowie ou de Janet Jackson par exemple; le groupe Seagram a racheté le label Def Jam en 2000 parce qu'il était un des plus réputés dans le secteur du rap : le rap entrait ainsi dans le catalogue de la *major*. Les groupes cherchent aussi à de se doter du savoir-faire et de l'expérience de personnalités reconnues et respectées dans leur milieu d'appartenance, privilégiant ainsi des stratégies de croissance externe. Dans l'industrie américaine du cinéma, des réalisateurs jouent la carte de l'indépendance : les frères Cohen, Abel Ferrara, Wayne Wang. Dès le succès venu, les groupes ont intérêt à les attirer dans leur giron, ou à passer avec eux des accords de coproduction ou de distribution.

Le rôle du régime juridique de la propriété intellectuelle, qui confère à l'éditeur initial un monopole temporaire sur les titres publiés, explique pour partie les stratégies de récupération de fonds.

On qualifie ces structures industrielles d'oligopoles avec frange concurrentielle : un tout petit nombre de firmes de grande taille se partage la majeure partie du marché, tandis qu'à la périphérie de cet oligopole, une myriade de petites ou moyennes entreprises se créent; peu d'entre elles atteignent la taille critique nécessaire à leur survie. Les petites et moyennes entreprises sont nombreuses car les marchés culturels présentent peu de barrières à l'entrée. Les difficultés se concentrent en revanche au niveau de la distribution : les coûts marginaux diminuent en raison de la taille des fonds distribués, et ces économies d'échelle imposent aux petites ou moyennes entreprises le recours aux distributeurs des firmes du noyau de l'oligopole ou le regroupement afin d'atteindre la taille critique indispensable à la rentabilité de cette activité.

Dans le secteur de l'édition de livres, sur les 331 maisons répertoriées en France en 1999, 211 maisons ont un chiffre d'affaires inférieur à 10 millions de francs. La moitié d'entre elles publient moins de 20 titres par an. Mais 57 % seulement des éditeurs créés depuis 1973 et répertoriés par l'hebdomadaire de la profession, *Livres Hebdo*, étaient encore en activité quinze années plus tard. Du fait du rachat de Vivendi Universal Publishing par le groupe Lagardère (déjà possesseur de Hachette), en 2002, une seule maison détient en France près de 50 % de l'édition de livres et 80 % de la distribution (sous réserve de l'autorisation de cette opération par les autorités européennes de surveillance de la concurrence).

On observe de même des structures duales dans le secteur de la production cinématographique. Aux États-Unis, le cinéma indépendant est prolixe, malgré la concurrence des Européens sur ce créneau et l'absence de subventions. Mais il ne représente qu'une petite part des recettes en salles, de l'ordre de 5 %. Il est d'autant plus fragile qu'un tiers des films indépendants, une fois achevés, ne réussissent pas à trouver preneur. En France c'est tout un système d'aides et de soutien qui permet à ce cinéma de vivre.

Ce sont sans doute les industries musicales qui font preuve du niveau le plus accompli de ce dualisme des structures. En 1999, cinq *majors* représentent près de 80 % du marché mondial : Universal en représente 23,2 %, tandis que Sony (Japon), EMI (Royaume-Uni), Warner (États-Unis), et BMG (Allemagne) en détiennent respectivement 19 %, 12,9 %, 11,9 %, et de nouveau 11,9 % [4]. Mais ce sont les indépendants qui sont à l'origine du lancement de la plupart des musiques nouvelles, à forte coloration locale. Les *majors* n'en organisent qu'exceptionnellement et à pas comptés une diffusion plus large, après les avoir reformatées en imposant des modifications de la durée, du rythme ou de la mélodie. Motown soutient ainsi la musique « noire » et la réadapte, tandis que A & M revoit le *Rythm and Blues* pour en faire une musique « acceptable » pour un public moins jeune. Bon nombre d'indépendants sont rachetés, tels Barclays par Polygram au début des années 1980, Carrère par Warner en 1989, ou Def Jam par Universal en 2000. D'autres labels disparaissent en arguant de la perte de leur âme avec l'accroissement de leur taille et la venue du succès. Quelques-uns conservent enfin leur indépendance sur des créneaux pointus, parfois expérimentaux.

La fragilité des plus petites structures, sources d'innovation et productrices de différences, justifie que les pouvoirs publics interviennent dans la vie des activités culturelles ; mais ce n'est pas là le seul enjeu.

III. LES FONDEMENTS ÉCONOMIQUES D'UNE INTERVENTION PUBLIQUE EN FAVEUR DES BIENS CULTURELS

Les spécificités des produits culturels

On observe une contradiction apparente entre le poids économique, moindre que l'on croit, et la force symbolique du domaine de la culture ; cette contradiction peut être rapportée aux caractéristiques des biens culturels [*voir encadré C*], qui peuvent être considérés, pour partie au moins, comme des biens collectifs.

Au sein de la production culturelle, on trouve en effet trois catégories de biens : *des biens privatifs*, c'est-à-dire divisibles, au sens où leur consommation par un individu prive de fait les autres de la consommation du même bien en même temps. Il est possible pour ces biens d'établir un prix, de sorte que les personnes qui ne souhaitent pas l'acquitter soient exclues de leur consommation. Un disque est un bien de ce type : celui qui l'acquiert le possède. De ce point de vue, le disque est un bien ordinaire ; toutefois, parce qu'il contient une création, il revêt une dimension collective. C'est là un élément original en regard des caractéristiques d'autres biens vendus sur les marchés. On trouve aussi, au sein des productions culturelles, *des biens semi-collectifs* ou « de club » : l'entrée dans une salle de spectacle est soumise à paiement, mais la consommation des spectateurs est jointe, au sens où elle ne saurait être divisée. Certains biens, telles les façades du Louvre par exemple, peuvent enfin être *collectifs*. Dans ce cas le seul financement possible est public : on ne saurait envisager un péage pour autoriser les passants à profiter de leur beauté.

4. Source : MBI World Music Report, 2001.

Encadré C : *Les biens culturels, une notion polysémique*

Qu'est ce qu'un bien culturel ? Au risque de la tautologie, on le définit comme un bien qui contient une création que l'on considère, à un moment donné, comme culturelle ; un tableau de maître est évidemment un bien culturel. Mais un simple récipient de cuisine conservé de siècle en siècle acquiert le statut de bien culturel lorsqu'il trouve place dans un musée.

On s'accorde de nos jours sur le fait que livres, disques, films de cinéma sont des biens culturels. Mais cela ne va pas tout à fait de soi : un livre de cuisine doit-il être considéré comme un bien culturel ? Parce qu'il n'est pas légitime (à supposer que cela soit possible) d'effectuer un tri qui permettrait de désigner, au sein de la production de livres, ce qui relève de la culture et ce qui en relève moins, les économistes s'accordent à considérer l'ensemble des produits offerts par cette industrie comme relevant de la sphère culturelle. La même conclusion s'impose pour les disques et les films.

Tous ces biens peuvent être produits en série ; ils sont toutefois des biens de prototype, au sens où chaque titre diffère des autres par son contenu. D'autres biens culturels se caractérisent au contraire par leur unicité : les activités liées aux beaux-arts, dans leur immense variété, produisent des biens uniques, tableaux, dessins, sculptures, mais aussi photographies, vidéogrammes, etc. Certes, certains d'entre eux, comme les photographies, peuvent être produits en plusieurs exemplaires, mais les artistes n'en tirent en règle générale que quelques-uns, organisant ainsi une rareté qui devient source de valeur.

Il faut bien sûr inclure dans la sphère culturelle les spectacles vivants, concerts, représentations lyriques et de théâtre, concerts de musiques actuelles, etc. Souvent insuffisamment rentables, les spectacles trouvent une seconde vie grâce à des enregistrements « *live* » qui passent ensuite sur les chaînes de télévision, et ils servent aussi de vitrine promotionnelle aux industries qui les reproduisent en série.

Une difficulté surgit ici. Quel statut conférer aux médias, presse, radio et télévision ? Si les logiques économiques sont en grande partie distinctes de celles qui prévalent dans les autres industries culturelles, la séparation entre culture et médias est difficile à dessiner clairement : les mêmes groupes industriels produisent des livres, des disques, des émissions de télévision et de radio, des journaux, etc. Les « pratiques culturelles », telles qu'elles sont aujourd'hui perçues et mesurées, prennent en compte le temps passé devant la télévision ou à lire le journal. La culture embrasse ainsi un domaine de plus en plus large, depuis ce qui relève de la culture « cultivée » jusqu'aux industries des loisirs, ce que les Américains désignent comme le domaine de l'*entertainment* : c'est ainsi que l'économiste Harold Vogel, spécialiste de ces secteurs, regroupe en un même ensemble la lecture de livres, la fréquentation des théâtres, celles des parcs d'attraction, et… la pratique du jardinage [*voir tableau A*]. De la culture, il glisse de la sorte vers la notion d'activité liée au temps libre.

Des biens générateurs d'effets externes

Nombre de ces biens culturels sont générateurs d'effets externes positifs, qui transcendent l'espace économique délimité par ses producteurs et consommateurs. Le Louvre participe du rayonnement culturel de la France, et l'on considère que la qualité des équipements culturels est une force de frappe pour le développement local ; l'effet externe tient à ce que le producteur de culture, à son origine, ne peut bénéficier des effets de son action par de simples mécanismes marchands. Un exemple très simple suffit à le comprendre : si la proximité d'un théâtre permet à un restaurateur de remplir son restaurant lors d'un second service, le théâtre ne peut récupérer une fraction de la recette du restaurant, qu'il a contribué à susciter, par le simple jeu du marché. Seul un prélèvement obligatoire, impôt local dont une part reviendrait aux institutions culturelles, permettrait de corriger cette défaillance du marché.

On argue fréquemment de cette double dimension, privée et publique, pour considérer que les biens culturels sont la propriété de tous ; tel est le sens de la définition par l'UNESCO d'un patrimoine mondial de l'humanité, longue liste de monuments et de sites qui, du fait de leur caractère historique ou esthétique exceptionnel, ont droit à un label supposé générateur de retombées de tous ordres, notamment touristiques. C'est d'ailleurs souvent à l'aune de ses effets économiques que l'on entend mesurer l'importance de la culture.

Que les biens culturels soient privés ou collectifs, ils revêtent ainsi des spécificités qui sont au fondement de la politique dite de « l'exception culturelle ».

Les enjeux du débat sur l'exception culturelle

Les échanges internationaux reposent sur un principe de libre-échange des marchandises et des services. En 1986, sur un modèle importé du Canada, la France décide d'appliquer des quotas à la diffusion des œuvres audiovisuelles : 60 % des œuvres diffusées sur les chaînes françaises de télévision doivent être d'origine européenne, et 40 % françaises ; adoptée en 1989 et révisée en 1997, la directive européenne « Télévisions sans frontières » en reprendra le principe, avec un quota indicatif de 50 %. Les quotas conduisent les services audiovisuels et cinématographiques à échapper à la double règle de la libre circulation et du traitement égal des nationaux et des non-nationaux ; tel est le sens de « l'exception culturelle ». Celle-ci a été, lors de chaque nouvelle négociation commerciale internationale, remise en question par les États-Unis : un accord multilatéral sur l'investissement (AMI), négocié par 29 pays en 1998, préconise une égalité de traitement des investisseurs ; il est abandonné provisoirement sous la pression de divers *lobbies*. Un peu plus tard, fin 1999, les négociations de l'Organisation mondiale du commerce (OMC), à Seattle, échouent à reformuler la liste des domaines soumis à la plus large ouverture.

Encadré D : *Quotas et diversité culturelle : un glissement sémantique ou un véritable changement de politique culturelle en Europe ?*

Les programmes américains, amortis sur leur marché national, vendus en certains cas à bas prix en Europe, chassent peu à peu des écrans les productions nationales. Les productions locales ou nationales, certes désirées par les consommateurs européens, ne sont pas toujours rentables, car leur marché n'est pas assez vaste pour en amortir les coûts fixes de production : le marché européen est loin d'être unifié, du fait des diversités linguistiques et culturelles qui le caractérisent. La préférence des consommateurs pour la diversité n'est alors pas couverte par leur disposition à payer. Dans ce cas, des dispositions réglementaires ou des aides peuvent s'avérer nécessaires. Tel est le fondement des quotas et des subventions à la production audiovisuelle et cinématographique.

Mais la protection a largement été critiquée, pour ses effets inflationnistes sur les coûts de production comme pour son caractère technologiquement obsolète, le câble ou le satellite permettant l'entrée de chaînes non soumises à ces obligations. De plus, les États membres de l'Union européenne appliquent inégalement les quotas, d'autant que la directive ne les préconise que « chaque fois que possible ». C'est pourquoi des obligations de production se substituent progressivement aux quotas de diffusion. En France, les chaînes hertziennes doivent consacrer 3,2 % de leur chiffre d'affaires net au financement de la production d'œuvres cinématographiques d'expression originale française ou à l'acquisition de droits de diffusion d'œuvres cinématographiques originales. Les chaînes ont aussi l'obligation de consacrer 16 % de leur chiffre d'affaires à la commande d'œuvres d'expression originale française et de diffuser un volume horaire annuel d'au moins 120 heures de ces mêmes œuvres, en première diffusion en clair, avec un début de diffusion entre 20 et 21 heures.

Le principe de la protection a fait école. Toujours selon un modèle déjà testé au Canada, la loi française, depuis 1996, oblige les radios nationales de variétés à diffuser 40 % d'œuvres musicales créées ou interprétées par des auteurs ou artistes français ou francophones, dont la moitié au moins provenant de nouvelles productions (artistes n'ayant pas vendu deux albums au moins à 100 000 exemplaires ou plus), entre 6 h 30 et 22 h 30. Si d'aucuns reprochent à cette loi son caractère nationaliste en un domaine qui se prête volontiers aux échanges multiculturels et regrettent que le consommateur soit ainsi mis sous tutelle, on ne peut que constater que l'audience des radios n'a pas diminué et que la part de la chanson française dans les ventes de disques est passée de 44,7 % en 1993 à 59,6 % en 1999 (SNEP).

Au-delà des mesures protectionnistes, se pose la question des contenus et des moyens de la lutte contre l'uniformisation des créations. Tel est le sens de la préconisation de diversité et d'indépendance qui préside aux discours sur la politique culturelle. Fort séduisant en son principe, l'objectif de diversité semble bien difficile à cerner : qu'est ce que la diversité ? Deux émissions d'animation proches par leur contenu et leur public concourent-elles à la diversité ? Les musiques du monde, lorsqu'elles sont reformatées afin de correspondre aux standards imposés par les radios, demeurent-elles porteuses de diversité ? La préconisation d'indépendance est sans doute plus aisée à mettre en œuvre que celle de diversité ; c'est ainsi par exemple que, parmi les obligations de financement de la production imposées aux chaînes de télévision, une part doit être réservée pour la production dite « indépendante ».

Pour les États-Unis, l'audiovisuel constitue le second poste des exportations : l'excédent des échanges américains vis-à-vis de l'Europe pour les programmes audiovisuels s'élevait à plus de 6 milliards de dollars en 1997, en hausse de 42,6 % par rapport à 1993 (Observatoire européen de l'audiovisuel). Les négociateurs américains n'entendent pas renoncer à une plus vaste diffusion de leurs produits que celle qu'ils connaissent aujourd'hui, d'autant que le cinéma américain a grand besoin de ses débouchés extérieurs : les recettes gagnées à l'étranger représentent en moyenne 50 % des recettes globales tirées de l'exploitation en salles aux États-Unis. Pour certains films, la proportion est plus forte encore : 341,4 millions de dollars à l'étranger contre 298,9 aux États-Unis pour *Le Roi Lion*, 208,1 contre 146,2 pour *True Lies*, 209 contre 91,1 pour *La Liste de Schindler*, ou encore 44,3 contre 4,5 pour *La Famille Addams*[5].

Un argument majeur préside à la position dite de l'exception [*voir encadré D*] : parce que les produits américains disposent d'un vaste marché unifié, ils peuvent être amortis aux États-Unis, puis vendus à bas prix aux diffuseurs étrangers. Leur compétitivité est alors assez élevée pour que les diffuseurs y voient un moyen commode d'offrir des programmes peu coûteux aux téléspectateurs européens. La principale objection soulevée par les Américains relève de la mise en application de la clause de la nation la plus favorisée. De quoi s'agit-il ? Cette clause implique que tout traitement plus favorable accordé à un État membre doit être étendu aux autres États ; les États membres doivent ainsi traiter les produits étrangers comme leurs produits nationaux. Pour les Américains, les aides octroyées par les pouvoirs publics français à l'industrie du cinéma et de la télévision, par le truchement du compte de soutien de l'industrie cinématographique et de l'industrie audiovisuelle, constituent une dérogation à cette clause. Elles introduisent une distorsion de concurrence entre produits nationaux et importés, car elles sont réservées aux producteurs français et européens. Les Américains avancent que ces aides devraient être également ouvertes aux ressortissants non européens, ou bien être supprimées de façon à supprimer ces pratiques discriminatoires de soutien au titre de la nationalité des œuvres.

Le Centre national de la cinématographie (CNC) octroie en effet deux sortes de subventions. D'une part, des aides automatiques sont versées aux producteurs au prorata des recettes de leurs films déjà sortis. Cela permet de financer les films à venir et d'assurer une certaine stabilité du système. D'autre part, des aides sélectives sont attribuées en fonction de la qualité des projets et servent d'outil de promotion de la création. Les Américains avancent un argument de poids : le budget du CNC (438 millions d'euros en 2001), provient essentiellement d'une taxe sur le chiffre d'affaires des diffuseurs télévisuels et d'une

5. Source : *Variety*, 13-19 février 1995.

Tableau D

Données sur le cinéma en France, 1992-2001

	1992	1994	1996	1998	2000	2001
Fréquentation (en millions)	116	124,42	136,74	170,57	165,54	185,82
Nombre de films agréés	155	115	134	183	171	204
Coût médian total[a]	2,9	2,74	2,64	2,67	3,19	2,42
Indice[b]	119,3	108,5	100,8	100,0	116,9	87,2
Part de marché des films américains (en %)	58,2	60,9	54,3	63,2	62,2	46,4

a. Coûts médians des films d'initiative française en millions d'euros courants.
b. Coûts médians des films d'initiative française, indices en volume, base 100 en 1998.
Source : Centre national de la cinématographie.

taxe prélevée sur le prix du billet à l'occasion de chaque entrée au cinéma, quel que soit le film projeté : les *blockbusters* profitent ainsi à la production française et européenne. Pourquoi s'inquiéter alors de la part du cinéma américain en Europe ?

Or, selon les professionnels de l'audiovisuel, le cinéma d'auteur et le cinéma indépendant ne sauraient se passer durablement d'un soutien indispensable au financement des films. Il est vrai que le cinéma français semble résister, non sans peine, aux aléas conjoncturels et à la concurrence nord-américaine [*voir tableau D*] ; il est tentant d'en attribuer la vigueur au système de soutien : la part du cinéma européen aux États-Unis est de 3 %, et la part du film américain s'élève à 73 % en Europe en 2001, mais seulement à 46,4 % en France [*voir tableau E*].

Les politiques culturelles se proposent donc soit par la réglementation, soit par la subvention, de soutenir l'offre réputée difficile, de préserver les œuvres pour le futur, et de protéger la variété des canaux de distribution des biens et services. Le soutien de l'offre peut passer par des aides ciblées en direction des segments les plus fragiles de la production culturelle, cinéma d'auteur, édition de poésie, etc. La préservation des œuvres et des monuments combine ainsi des aides et des obligations ; on ne peut par exemple transformer un immeuble ou une maison classés « monuments historiques » sans autorisation. Quant à la protection de la diversité, elle passe à la télévision, par exemple, par des obligations faites aux chaînes d'allouer une part de leur chiffre d'affaires à des productions nouvelles, pour partie commandées à des indépendants. Elle se manifeste aussi dans des lois telles que celle qui encadre le prix des livres en France et dans bon nombre de pays européens, en imposant au détaillant de pratiquer un prix effectif de vente au public compris entre 95 % et 100 % du prix fixé par l'éditeur ou l'importateur. La loi empêche ainsi les grandes surfaces de s'emparer de la totalité du marché du *best-seller*, pour lequel leur capacité de vendre en très grand nombre leur permet d'obtenir des remises importantes des éditeurs, qu'elles répercutent en partie sur le prix. En l'absence de réglementation, ne serait restée au libraire que la vente des livres réputés difficiles, d'écoulement lent et incertain ; son commerce aurait été rapidement

Tableau E

Production et fréquentation de cinéma dans l'Union européenne et aux États-Unis, 1992 et 2000

		Nombre de films produits	Nombre d'écrans	Entrées (en millions)	Entrées (par habitant)	Part du film américain
Union européenne	1992	489	19 056	587,0	1,6	73,0
	2000	595	24 200	844,0	2,3	73,0
Allemagne	1992	63	3 630	105,9	1,3	82,8
	2000	75	4 783	152,5	1,9	81,9
Espagne	1992	52	1 807	83,3	2,1	75,7
	2000	98	1 791	135,3	3,4	82,7
Italie	1992	127	3 522	83,6	1,4	59,4
	2000	103	3 567	92,2	1,6	70,0
Royaume-Uni	1992	48	1 837	102,9	1,8	85,8
	2000	90	2 954	142,5	2,4	75,3
États-Unis	1992	389	25 105	1 173,2	4,6	98,7
	2000	460	37 396	1 420,1	5,2	96,1

Source : Centre national de la cinématographie, d'après statistiques nationales.

mis en péril. À terme, c'est la diversité de la création qui eût été menacée.

Même en l'absence de cette préférence, la politique culturelle peut tenir au caractère tutélaire des biens; on désigne ainsi ces biens dont les citoyens tendent à sous-estimer l'importance pour la collectivité, et même pour leur propre bien-être, de sorte qu'ils rechignent à les produire ou à les financer spontanément. C'est ainsi qu'aux États-Unis, où les radios sont toutes privées, le Congrès vota en 1967 une loi autorisant le gouvernement à subventionner les radios éducatives et culturelles.

Mais cette question de la protection et de l'enrichissement des cultures singulières et locales, face à la mondialisation des échanges, est surtout cruciale dans les pays les plus pauvres, où le faible niveau d'éducation et la rareté de l'offre maintiennent les activités économiques à l'écart des progrès technologiques, de sorte que la marginalisation de la culture locale devient une condition du développement: le double objectif que constituent le respect des traditions et l'ouverture à la modernité ne va pas de soi. C'est là un des enjeux de la réflexion sur les rapports entre la culture et l'économie.

Françoise Benhamou

Synthèse et révision

En répondant aux questions suivantes, vous allez pouvoir préparer, chez vous et/ou en classe, une synthèse des connaissances fondamentales à acquérir sur un grand thème du programme. Cet exercice va vous permettre de construire vous-même dès maintenant la fiche qui vous sera indispensable au moment de vos révisions parce qu'elle contient ces connaissances de base. L'expérience montre que ce travail, complété par la maîtrise systématique des mots clés, est beaucoup plus efficace que la lecture de fiches « toutes prêtes » ou d'autres produits miracles.

Questions

Introduction

1. En quoi le cas du cinéma américain illustre-t-il les enjeux de la notion de « mondialisation culturelle » ?

I. Les industries culturelles, instrument d'acculturation ?

Mondialisation et acculturation

2. Définissez la notion d'acculturation.
3. En quoi la « circulation des produits à l'échelle mondiale » peut-elle être « vecteur d'acculturation » ?

La permanence des clivages sociaux

4. Montrez que cette circulation des produits est socialement limitée.

La vitalité des productions locales

5. Quelles sont les limites du phénomène d'uniformisation mondiale des pratiques culturelles ?

II. La variété et l'importance économique des activités culturelles

6. Quels sont les deux types d'institutions qui produisent des biens culturels ?

Des structures industrielles duales

7. Les industries culturelles sont décrites comme étant des « oligopoles avec frange concurrentielle » : définissez et illustrez cette expression.

III. Les fondements économiques d'une intervention publique en faveur des biens culturels

Les spécificités des produits culturels

8. Rappelez la définition de « bien collectif », et expliquez en quoi les produits culturels peuvent appartenir à ce type de bien.

Des biens générateurs d'effets externes

9. Rappelez la définition d'« externalité ». Comment les produits culturels peuvent-ils engendrer des externalités ?

Les enjeux du débat sur l'exception culturelle

10. Qu'appelle-t-on « l'exception culturelle » ?
11. En quoi le débat sur l'exception culturelle illustre-t-il l'importance de la circulation mondiale des biens culturels ?
12. En quoi ce débat illustre-t-il les possibilités de réactions locales face à la mondialisation culturelle ?
13. Quels sont les différents types d'intervention que l'État peut mettre en œuvre pour « protéger » les productions culturelles nationales ?

Mots clés

Acculturation • Différenciation culturelle • Normes sociales • Normes environnementales • Politique réglementaire • Biens collectifs • Externalités.

Dossier 1

Vers l'uniformisation culturelle ?

Document 1

Avant l'arachide, chaque village vivait en autosubsistance et, d'une certaine manière, en autogestion. Les habitants cultivaient le mil, le sorgho, le maïs, les patates douces, le coton dont ils avaient besoin pour leur propre consommation, et les greniers à mil servaient à tous pendant les périodes de soudure. Il y avait aussi un artisanat local, les femmes filaient le coton, les hommes le tissaient, les forgerons fabriquaient les outils nécessaires à la communauté dans leur propre fonderie. Les terres n'étaient pas fatiguées car on allait de l'une à l'autre et on n'avait pas besoin d'engrais.
L'arachide a commencé par les travaux forcés, puis les colonisateurs ont créé chez les paysans des besoins nouveaux, sans avoir à les brutaliser. Ils apportaient avec eux de nouveaux tissus, le « luxe » a commencé à pénétrer dans le pays. À la maison de traite, c'était tant de kilos d'arachides contre tant de mètres de tissu et tant d'argent. Moitié troc, moitié argent. Et on a commencé à assassiner ce qui existait en renforçant la culture arachidière. Les paysans ne gardaient pas l'argent qu'on leur donnait. Ils le dépensaient aussitôt pour payer les impôts et les dettes, car ils n'arrivaient plus à faire la soudure entre deux récoltes, et comme il n'y avait plus de greniers à mil, que le mil disparaissait au profit de l'arachide, ils étaient obligés de s'endetter. Ceux qui n'y arrivaient plus partaient vers les bidonvilles de Dakar, puis vers la France. ■

Le Monde diplomatique, *février 1979.*

Document 2

Retournant dans sa famille, dans son village, l'émigré retourne en « vacancier » et même en « étranger » dans un monde qui lui apparaît de plus en plus étrange. Tout dans ses comportements – son emploi du temps, ses horaires, ses activités, ses déplacements, ses loisirs, ses dépenses, son alimentation (le nombre, les heures et les menus des repas), son costume – doit rappeler à tout le monde son statut d'émigré (*i.e.* de « citadin »), sa position « d'invité dans sa propre maison », c'est-à-dire la distance que l'émigration lui a permis de prendre à l'égard de son groupe et à l'égard de la condition commune des paysans.
Si d'aventure l'émigré « en vacances » accepte de participer aux travaux agricoles et autres actes de la piété paysanne (visites rendues aux terres, rites agraires), c'est à condition qu'il puisse le faire « à sa guise », en tant « qu'émigré », c'est-à-dire selon son bon vouloir et selon ses « habitudes de France » (« comme on travaille en France », selon le « temps de la France », selon « la tenue de travail et l'habit de France », etc.).
[*extrait d'un entretien*]
« Je ne leur envoie que ce que bon me semble car ils demandent, eux, des milliers et des milliers [de francs anciens] par centaines. Ce n'est pas peu ce qu'ils demandent. Je fais un mandat et je demande qu'ils me fassent le compte, qu'ils me disent comment ils ont dépensé l'argent : nous avons acheté cela pour tant, nous avons payé tant ici et tant là. Seulement alors, je pense à leur envoyer un autre mandat; s'ils ne me rendent pas compte, tant pis pour eux, ils n'auront rien. [...] Mon argent est mieux [placé] ici : moi aussi, j'en ai besoin à côté de moi; il me tient chaud, il me tient compagnie. La confiance est épuisée dans le monde; aujourd'hui, elle n'existe plus ni entre frères ni entre père et fils. C'est pour moi, mon ventre passe avant. » ■

Abdelmalek Sayad,
La Double Absence. Des illusions de l'émigré aux souffrances de l'immigré.
Le Seuil, « Liber »,1999.

Document 3

Les Namibiens sont en colère. La série culte *Amour, gloire et beauté* vient d'être brutalement supprimée des grilles de la Namibian Broadcasting Corporation (NBC). Morgan venait juste d'annoncer à Stéphanie qu'elle avait découvert que Ridge avait toujours des sentiments pour elle... mais les téléspectateurs n'en sauront pas plus. Fin de l'épisode et fin du *soap*, par décret présidentiel. Le président Nujoma a tapé du poing sur la table, lundi dernier. Selon lui, les séries venues d'Occident auraient « une mauvaise influence sur la jeunesse namibienne ». Le chef de l'État, également ministre de l'Information, a fait savoir à la NBC que les émissions d'origine étrangère devaient être remplacées par des programmes glorifiant la Namibie et sa culture. Le moins que l'on puisse dire est que la mesure fait des déçus. *Amour, gloire et beauté* a tout simplement disparu de l'écran depuis une semaine. Quant à *Dune*, la série culte de science-fiction, elle a été remplacée par les retransmissions des congrès de la SWAPO (South West African People's Organization, le parti au pouvoir). Selon *The Namibian*, des membres du personnel de la NBC auraient été menacés de renvoi si ces programmes comprenant, aux dires de la présidence, « trop de sexe et trop de violence » n'étaient pas retirés. ■

www.dogori.com, 7 octobre 2002

Questions sur l'ensemble du dossier

1. Comment la culture de l'arachide a-t-elle modifié l'organisation sociale des pays où elle a été imposée pendant la colonisation ? [*doc. 1*]
2. Montrez que le retour des personnes émigrées dans leur groupe de départ (famille, village) peut y perturber les relations sociales traditionnelles. [*doc. 2*]
3. Quelles valeurs « occidentales » les séries télévisées sont-elles accusées de porter avec elles ? [*doc. 3*]
4. À partir du document 4, et éventuellement des questions 1 à 3, montrez que l'expansion mondiale de la logique capitaliste semble entraîner une occidentalisation du monde. [*doc. 4*]
5. Expliquez la phrase soulignée à l'aide de l'exemple développé dans le texte. [*doc. 5*]
6. Les films américains dominent-ils la culture au Ghana ? [*doc. 6*]
7. Peut-on dire que la religion catholique s'est « imposée » aux esclaves africains au Brésil ? [*doc. 7*]
8. Expliquez le passage souligné, éventuellement à l'aide des documents précédents. [*doc. 8*]

Document 4

Chaque culture-tradition possède ses propres pratiques dans les domaines des techniques du corps, de la culture matérielle, des mœurs. La production industrielle de biens de consommation courante déverse sur le marché des objets qui, poussés par l'expansion continue des échanges marchands jusque dans les recoins les plus reculés de la planète, sont en concurrence avec les produits des cultures locales : cassettes et transistors contre balafon, flûte andine, xylophone ou gamelan ; table et chaise contre natte ou tatami, hamburger contre pot-au-feu ; chemise et pantalon contre pagne ou paréo ; hypermarché contre échange villageois ; docteur en médecine contre chaman. En ce sens, tous les systèmes d'approvisionnement industriels de masse véhiculent et « marchandisent » de la culture. Ce privilège n'est pas réservé aux industries culturelles.
Ainsi la notion d'*industrie comme culture* apparaît-elle dans toute son ampleur. Ce n'est rien d'autre qu'une culture-tradition parmi d'autres, mais dotée par l'industrie d'une puissance de diffusion planétaire. L'industrie, en effet, est elle aussi une tradition, enracinée dans une histoire locale, mais qui, par le biais de la technologie, des investissements et du marché, a vocation mondiale. ■

Jean-Pierre Warnier,
La Mondialisation de la culture,
La Découverte, « Repères », 2003.

Document 5

Un restaurant vietnamien en France est sans doute plus déroutant pour un Vietnamien que pour nos compatriotes. Certes ce qu'on y mange ressemble un peu à ce que l'on mange au Vietnam, certes on y utilise bien des baguettes, mais que de transformations ont été nécessaires pour le rendre acceptable dans le modèle alimentaire français.
Si pour nous l'exotisme est assuré, point de bouleversement cependant : les plats y sont servis à la portion et les menus déclinés sur nos propres structures ; hors-d'œuvre, entrée, plat principal, dessert. Le service suit les règles de nos manières de table, chacun a sa portion, ses propres plats, bien à lui. Dans un tel lieu, l'Asiatique, nouvel arrivant, se trouve lui aussi, et peut-être plus encore que l'Occidental, dans un univers exotique. [...] D'aliment central, le riz est devenu périphérique, une simple « garniture », un « accompagnement », et les plats qui, au pays, sont communs à l'ensemble des mangeurs et se doivent d'être partagés, sont devenus, en même temps, éléments principaux et unités individuelles. Disparus les plats d'accompagnement (*non an*), au statut intermédiaire entre riz et plat et dont la fonction est de varier le goût du riz. Comme, par exemple, les bouillons de légumes (*canh*) dont on mouille le riz et qui deviennent, en France, de simples potages servis en entrée. Disparus également ces plats de légumes locaux pourtant disponibles en France : liserons d'eau (*rau muong*), feuilles de moutarde (*cal cay*), de patates douces (*khoal lang*), ou encore ces légumes saumurés (*muoi*), aubergines, carottes, navets...
[...] La rencontre entre les cultures alimentaires française et vietnamienne a donc donné naissance à une nouvelle forme alimentaire originale. Elle scandalisera sans doute les « puristes ». [...] Si la mondialisation arase certaines différences, elle est en même temps le moteur d'un processus de diversification-intégration. ■

Jean-Pierre Poulain,
Sociologies de l'alimentation,
PUF, 2002.

Document 6

Après l'indépendance [du Ghana], concurrencés par l'arrivée de la vidéocassette, les cinémas de la capitale [Accra], handicapés par leur coût d'entretien, ferment les uns après les autres. Les projections sont dès lors assurées par les vidéoclubs. Elles regroupent les cinéphiles autour d'une simple télé et d'un magnétoscope. Mais que faire pour annoncer les productions, nationales ou étrangères, quand on n'a pas les moyens d'imprimer des affiches grand format ? Le système D [...] commande de les peindre. Avec de la peinture pour bâtiment, sur du bois, du contreplaqué ou sur la toile des sacs de farine, tout est bon pour que les artistes puissent s'exprimer. [...]
Les affiches, hautes en couleurs, ne sont pas toujours des représentations fidèles du thème des films dont elles étaient censées faire la promotion. Elles s'inspirent de l'univers des films d'actions américains, des films de karaté asiatiques ou encore du mysticisme africain. Un homme, dans une scène spectaculaire, qui ne ressemble ni de près ni de loin à John Travolta et on obtient malgré tout une affiche pour la superproduction hollywoodienne *Broken Arrow*. Les artistes travaillent à partir des seuls documents d'archives qu'ils peuvent trouver. Et s'il faut signifier l'action, ils en peignent leur propre perception. Des armes, du muscle, des explosions : le cocktail est simple. Il s'agit juste de le décliner savamment en peinture.
Les affiches sont, en revanche, relativement différentes lorsqu'il s'agit de productions ghanéennes. Les représentations sont volontiers empreintes d'occultisme, comme pour *Child of Destiny*, *Cover Pot* ou *Blood of Jesus*. Dans la reproduction de chaque personnage, l'ensemble de la centaine d'œuvres exposées reste éminemment africain. ■

David Cadasse, www.afrik.com.

Document 7

[Au Brésil,] le candomblé[1], aujourd'hui synonyme de résistance culturelle des Noirs, est né à [l']époque de l'interpénétration des cultures africaines, européennes et amérindiennes, [et] a permis aux esclaves africains et à leurs descendants de préserver leurs traditions religieuses, tout en les adaptant aux nouvelles contingences.
[...] Lorsque les esclaves débarquaient sur le sol américain, ils étaient rapidement baptisés. Leur instruction religieuse se réduisait à une présentation superficielle des principes religieux catholiques, qui soulignait surtout les qualités de soumission et de résignation de tout bon chrétien. [...]
C'est [...] dans les villes que la religion des maîtres commença à se mêler à celle des esclaves, d'autant plus facilement qu'il existait des correspondances entre ces deux univers religieux. Cela donna naissance au syncrétisme afro-catholique : Jésus fut identifié avec Oxalà, le dieu de la création ; Omolu, le dieu de la variole, fut assimilé à saint Sébastien, criblé de flèches, ou à saint Lazare, couvert de plaies ; Yansan, la déesse guerrière du vent et des tempêtes, fut associée à sainte Barbe.
[...] À présent, le lien entre pratiques africaines et pratiques catholiques est remis en question par un mouvement dit de « désyncrétisation », qui vise à éliminer du candomblé toute influence catholique pour en laisser resurgir les racines africaines. Ce mouvement avait vu le jour au début des années 1980, lorsqu'un groupe de *maes-desanto* (prêtresses chefs d'un *terreiro* de candomblé) signa un manifeste fustigeant le syncrétisme entre *orixàs* africains et saints catholiques, héritage, selon elles, de l'époque coloniale où l'esclave était forcé de cacher ses dieux derrière les images des saints catholiques.
Aller à la messe après l'initiation, laver les escaliers d'une église, adresser les prières destinées aux *orixàs* à des saints catholiques, étaient les signes d'une époque révolue. L'Afro-Brésilien devait prendre en main sa destinée et revendiquer son identité africaine, renouant avec ses racines. ■

Stefania Capone,
« Le candomblé au Brésil, ou l'Afrique réinventée »,
Sciences humaines *n° 110, novembre 2000.*

1. Note des auteurs du manuel. Candomblé est le nom d'une religion pratiquée par des confréries afro-américaines du nord-est du Brésil, qui furent longtemps des sociétés

secrètes (pour échapper à l'Église et lutter contre l'esclavage). Pour les anthropologues, il s'agit d'une bonne illustration d'un processus de syncrétisme culturel parce qu'elle mêle des éléments empruntés à la religion catholique et à des religions africaines (principalement Yoruba, civilisation de l'aire culturelle du Bénin). L'un des aspects spectaculaires du candomblé est la communication avec les « esprits » à l'occasion de « crises de possession ».

Document 8

Parler de mondialisation de la culture est un abus de langage. Cette expression, bien commode au demeurant, devrait être bannie de tout discours rigoureux. Cet objet se dissout à l'analyse. Tout au plus peut-on parler de la globalisation de certains marchés des biens dits « culturels » (cinéma, audiovisuel, disque, presse, en particulier les magazines).

L'humanité, aujourd'hui comme autrefois, reste une machine à fabriquer de la différence, des clivages, du quant-à-soi, de la distinction de clans, de résidences, de classes, de pays, de fractions politiques, de régions. Ces clivages accrochent les groupes à leurs patrimoines inaliénables et non marchandisables, comme la langue, la religion, les valeurs morales, les lieux sacrés, le terroir, les œuvres d'art, les monuments, la gastronomie. Ils perpétuent des cultures existantes transmises par tradition, localisées, socialisées, verbalisées, identificatrices, et qui remplissent une fonction de boussoles individuelles et collectives. Ces cultures vivent et se transforment. [...] Le marché est un moyen d'échange globalisé. Certes, il mondialise les flux d'objets aliénables et de conduites. Mais, dans le même mouvement, il approvisionne les sociétés en biens infiniment diversifiés et qui servent à fabriquer de la différence, de l'identité et du patrimoine. ■

Jean-Pierre Warnier, op. cit.

Dossier 2

L'exception culturelle

Document 1

De l'« exception culturelle » à la « diversité culturelle »

En novembre 1999, à la veille de la conférence de l'OMC à Seattle devant ouvrir un nouveau cycle de négociations (*Millenium Round*), les pays membres de l'UE s'étaient mis d'accord pour exiger que les industries culturelles ne soient pas intégrées à l'ordre du jour. Le président de la République Jacques Chirac et le Premier ministre Lionel Jospin avaient même proposé à leurs partenaires de rapatrier la question de la culture vers un organisme plus idoine, telle l'UNESCO (Organisation des Nations unies pour l'éducation, la science et la culture). L'UE avait aussi troqué l'expression « exception culturelle » pour celle de « diversité culturelle », en espérant masquer les désaccords. Ce fut en vain : cette façade consensuelle n'a pas tardé à se craqueler.

Fin 2001, à la tribune de l'UNESCO, la « diversité culturelle » était au cœur du discours du chef de l'État français en faveur du nécessaire « dialogue des cultures ».

Plus qu'une simple querelle sémantique, cette controverse rejoint des débats plus globaux portant sur la question des « biens publics communs » que sont la culture, mais aussi l'éducation, la santé et l'environnement, autrement dit tous ces domaines collectifs où les logiques techno-marchandes risquent de dévoyer le concept de diversité. ■

Armand Mattelart, « La défense de l'"exception culturelle" reste légitime », in L'état de la France *2002, La Découverte, 2002, p. 42.*

Document 2

La spécificité des biens culturels

La reproductibilité est une caractéristique essentielle des industries culturelles. Elle concerne les supports de diffusion (copie d'un film, vidéocassette, enregistrement d'un disque), non l'acte de création lui-même. L'unicité des compositions artistiques va de pair avec la reproductibilité des supports. Les industries culturelles sont donc marquées par l'importance de la phase de création d'un prototype au sein d'un processus industriel dans lequel les logiques de fabrication et de diffusion sont très proches de celles de secteurs plus traditionnels. Beaucoup d'autres activités fonctionnent cependant en produisant des prototypes. Mais demande-t-on au concepteur d'une voiture de course de rentabiliser cette perle rare sans sponsor et sans profiter des synergies avec la production de véhicules en série ? Demande-t-on à un grand cuisinier qui renouvelle ses plats d'allécher chaque soir plusieurs milliers, voire plusieurs millions de gourmets ? Demande-t-on à un architecte, qui imagine de long mois de nouveaux quartiers, de financer son projet en séduisant un à un les futurs habitants ? La particularité des industries culturelles est bien de devoir amortir les coûts fixes de la création de prototypes par un nombre très élevé de consommateurs finaux qu'il faut conquérir un à un. ■

Joëlle Farchy, La Fin de l'exception culturelle ?, *CNRS éditions, 1999.*

Questions sur l'ensemble du dossier

1. Que signifient les notions d'« exception culturelle » et de « diversité culturelle » ? [*doc. 1*]
2. Quelles sont les implications de la diversité culturelle au niveau des accords mondiaux du commerce international ? [*doc. 1*]
3. En quoi les biens culturels se démarquent-ils des autres biens ? [*doc. 2 et 3*]
4. Construisez un tableau reprenant les arguments économiques favorables et défavorables à la protection des activités culturelles. [*doc. 3, 8 et 9*]
5. a. Caractérisez la situation du marché mondial de l'industrie cinématographique.
   b. La diversité culturelle en matière cinématographique vous semble-t-elle respectée ? [*doc. 4, 5, 6 et 7*]
6. **Question de synthèse.** La création culturelle doit-elle être asservie aux seules considérations économiques ?

Document 3

Pour une intervention publique ?

Il y a une légitimité économique à la mise en place d'une régulation sur le marché des biens culturels, qui tient à ce que ces types de biens défient les lois de l'économie de marché. Ce sont des biens collectifs : le coût marginal du consommateur supplémentaire est quasi nul, en tout cas négligeable par rapport au coût de production. chaque œuvre est un prototype : deux biens culturels ne sont pas jugés équivalents par les consommateurs. Défaillances de marché et concurrence imparfaite rendent leur économie spécifique. […]

En termes industriels, du fait de l'organisation du marché, une demande existante pour des films potentiellement rentables peut ne pas être satisfaite, parce qu'elle est répartie soit dans l'espace, soit dans le temps. Un film peut avoir un marché potentiel global très large, mais si disséminé qu'il ne peut être rentabilisé localement par aucune salle. De même, un film peut avoir un potentiel à moyen terme, mais qui s'avère insuffisant à court terme pour être rentabilisé par une salle. Or, depuis quelques années, les marchés occidentaux se restructurent autour de multiplexes et de très grandes salles, ce qui se traduit par des impératifs accrus en termes de remplissage. En ce sens, l'intervention publique pallie l'insuffisance du marché à favoriser l'innovation et la recherche.

Ces derniers arguments plaident en faveur de l'idée selon laquelle les biens culturels ne sont pas des biens comme les autres. Notamment, ils peuvent avoir besoin de temps pour rencontrer leur public et s'accordent donc mal avec le temps de la vie économique. À ce propos, le film de Jean Renoir, *La Règle du jeu*, est souvent cité en exemple : considéré aujourd'hui unanimement comme un chef-d'œuvre et faisant partie du patrimoine cinématographique national et mondial, il n'avait eu aucun succès lors de sa sortie en salles.

[…] La diversité dans l'offre est un argument avancé. D'une part, il traduit l'idée que le public doit pouvoir choisir les œuvres qu'il voit. D'autre part, il repose sur l'argument qu'aussi bien la qualité que les résultats publics des biens culturels sont très aléatoires, et qu'en conséquence seule une production abondante et diverse permet d'avoir quelques œuvres de qualité commerciale ou artistique. L'intervention publique subventionne en quelque sorte les œuvres qui ne seront pas rentabilisées. ■

Thomas Paris, « Industries culturelles et mondialisation », in T. de Montbrial, P. Moreau - Defarges (dir.), Rapport Ramses 2003, *IFRI - Dunod, p. 97.*

Document 4

Les 10 principaux pays producteurs de longs métrages en 1999

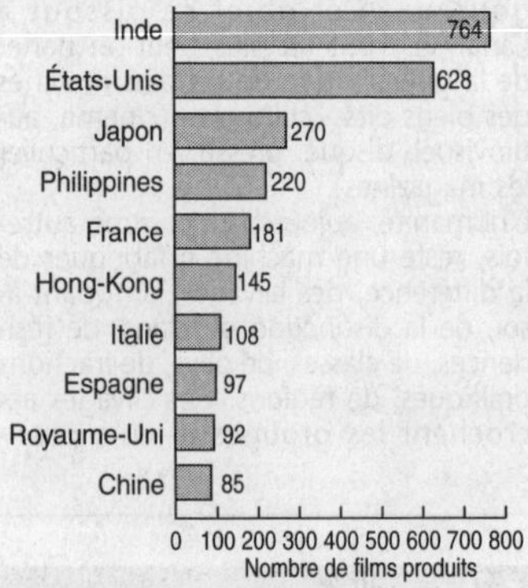

Source : « Screen digest », in Rapport Ramses, ibid.

Document 5

Les principaux pays investissant dans le cinéma en 1999[a]

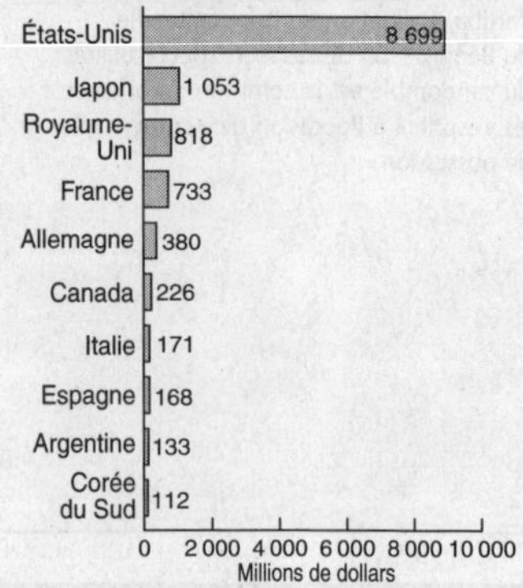

a. Pays pour lesquels ces données sont disponibles.
Source : ibid.

Document 6

A

Les marchés américain et européen	États-Unis	Union européenne
Habitants (en millions, 2000)	280	370
Nombre d'écrans (1999)	37000	24000
Fréquentation annuelle par personne (1998)	5,4	2,15
Recettes annuelles (millions d'euros, 1999)	7000	400
Coût de production moyen (millions de dollars) d'un long métrage (2000)	55[a]	10
Coût de distribution moyen (millions de dollars, 2000), tirage des copies et distribution (2000)	24,5[a]	1

a. Cette moyenne ne prend en compte que les films produits par les majors.
Tableau construit à partir de chiffres provenant de sources multiples : « Screen digest », Montanar (2002), Lange (2002), Alternatives économiques *n° 195, septembre 2001.*
Source : ibid.

B

Répartition des films du box-office de l'Union européenne par origine (2000, en %)

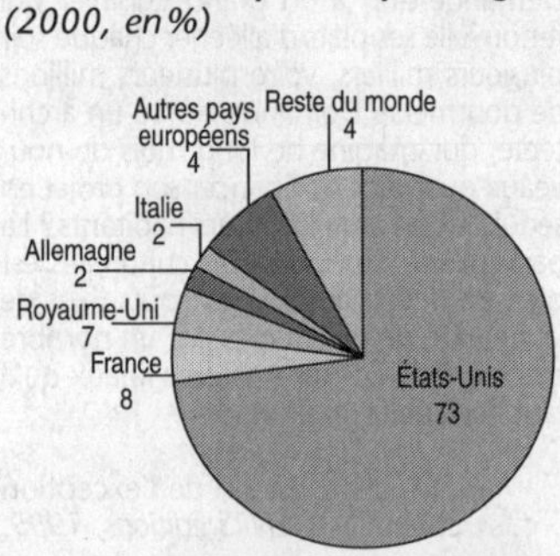

Source : Observatoire européen de l'audiovisuel, in ibid.

Document 7

Parts de marché des films américains (en %)	1989	1990
Allemagne	65,7	83,8
Belgique	69,5	73,4
Danemark	63,7	77
Espagne	73	72
Finlande	ca 70	ca 80
France	55,5	55,9
Grèce	86	87
Irlande	75	87
Italie	63,1	70
Luxembourg	87	80
Norvège	61,3	63,5
Pays-Bas	75,6	85,8
Portugal	81	85
Royaume-Uni	84	89
Suède	69,3	82,3
Suisse	71	76

Source : Media Salles, 1996, in Joëlle Farchy, op. cit.

Document 8

Mondialisation de la culture ?

Un véritable renversement historique s'est opéré : ce sont aujourd'hui des entreprises européennes qui achètent des sociétés américaines de musique, de cinéma, d'édition. Ce sont des entreprises européennes – Vivendi Universal, Bertelsmann RTL, ou Lagardère dans la presse magazine – qui se hissent aux premiers rangs mondiaux et bousculent la suprématie américaine. Que certains, contre toute logique, voient dans ces mouvements inespérés l'ultime avatar de l'américanisation triomphante me laisse tout simplement pantois…

[…] La culture n'est pas un *produit* comme les autres. Mais une partie de son champ immense, celle liée au divertissement, a toujours été destinée à être « *consommée* », c'est-à-dire vue, lue, partagée, appréciée par le plus grand nombre. *Don Giovanni* et *Hamlet* ont aussi été créés avec l'ambition de trouver un large public. Quant aux œuvres d'art, arts plastiques, peintures, sculptures, elles ont le plus souvent vu le jour grâce à des commandes, avant de constituer de très rentables monnaies d'échange entre rois, papes ou musées.

La culture est vivante et sa promotion nécessite des soutiens économiques forts, des réseaux de distribution efficaces, capables de détecter les nouveaux talents, de leur donner tous les moyens de s'exprimer. […]

L'horizon pour les générations à venir, ne sera ni celui de l'hyperdomination américaine ni celui de l'exception culturelle à la française, mais celui de la différence acceptée et respectée des cultures. « *Cultures-exception* » ? Non, parce que l'exception exclut, et que l'exclusion est antinomique avec la culture. « *Culture-domination* » ? Non, parce que la culture porte mal l'uniforme et ne se laisse pas enrégimenter. ■

Jean-Marie Messier, « Vive la diversité culturelle », Le Monde, *10 avril 2001 (à cette date, Jean-Marie Messier était encore p-dg de Vivendi Universal).*

Document 9

La logique de la vitesse n'est pas celle de la culture

Mais on ne peut comprendre vraiment ce que signifie la réduction de la culture à l'état de produit commercial que si l'on se rappelle comment se sont constitués les univers de production des œuvres que nous considérons comme universelles dans le domaine des arts plastiques, de la littérature ou du cinéma. Toutes ces œuvres qui sont exposées dans les musées, tous ces ouvrages de littérature devenus classiques, tous ces films conservés dans les cinémathèques, sont le produit d'univers sociaux qui se sont constitués peu à peu en s'affranchissant des lois du monde ordinaire, et en particulier de la logique du profit. Pour faire comprendre, un exemple : le peintre du *Quattrocento* a dû – on le sait par la lecture des contrats – lutter contre les commanditaires pour que son œuvre cesse d'être traitée comme un simple produit, évalué à la surface peinte et au prix des couleurs employées ; il a dû lutter pour obtenir le droit à la signature, c'est-à-dire le droit d'être traité comme un auteur, et aussi pour ce que l'on appelle, depuis une date assez récente, les droits d'auteur (Beethoven luttait encore pour ce droit) ; il a dû lutter pour la rareté, l'unicité, la qualité, il a dû lutter, avec la collaboration des critiques, des biographies des professeurs d'histoire de l'art, etc., pour s'imposer comme artiste, comme « créateur ».

Il a fallu près de cinq siècles aux peintres pour conquérir le droit de choisir les couleurs employées, la manière de les employer, puis, tout à la fin, le droit de choisir le sujet, notamment en le faisant disparaître, avec l'art abstrait, au grand scandale du commanditaire bourgeois ; de même, pour avoir un cinéma d'auteurs, il faut avoir tout un univers social, des petites salles et des cinémathèques projetant des films classiques et fréquentées par les étudiants, des ciné-clubs animés par des professeurs de philosophie cinéphiles formés par la fréquentation desdites salles, des critiques avertis qui écrivent dans les *Cahiers du cinéma*, des cinéastes qui ont appris leur métier en voyant des films dont ils rendaient compte dans ces *Cahiers*, bref tout un milieu social dans lequel un certain cinéma a de la valeur, est reconnu. Ce sont ces univers sociaux qui sont aujourd'hui menacés par l'irruption du cinéma commercial et la domination des grands diffuseurs, avec lesquels les producteurs, sauf quand ils sont eux-mêmes aujourd'hui dans un processus d'involution ; ils sont le lieu d'un retour en arrière, de l'œuvre au produit, de l'auteur à l'ingénieur ou au technicien utilisant des ressources techniques, les fameux effets spéciaux, et de vedettes, les uns et les autres extrêmement coûteux, pour manipuler ou satisfaire les pulsions primaires du spectateur (souvent anticipées grâces aux recherches d'autres techniciens, les spécialistes en marketing).

Le choix n'est pas entre mondialisation et nationalisme

Ainsi le choix n'est pas entre la « mondialisation », c'est-à-dire la soumission aux lois du commerce, donc au règne du « commercial », qui est toujours le contraire de ce que l'on entend à peu près universellement par culture, et la défense des cultures nationales ou telle ou telle forme de nationalisme ou localisme culturel. Les produits *kitsch* de la « mondialisation » commerciale, celle du *jean* ou du Coca-Cola ou du *soap opera*, ou celle du film commercial à grand spectacle et à effets spéciaux, ou encore celle de la « *world fiction* », dont les auteurs peuvent être italiens ou anglais, s'opposent sous tous rapports aux produits de l'internationale littéraire, artistique et cinématographique, dont le centre est partout et nulle part, même s'il a été très longtemps et est peut-être encore à Paris, lieu d'une tradition nationale d'internationalisme artistique, en même temps qu'à Londres et à New York.

[…] C'est mal poser les problèmes que d'opposer, comme on le fait souvent, une « mondialisation » et un mondialisme qui seraient du côté de la puissance économique et commerciale, et aussi du progrès et de la modernité, à un nationalisme, attaché à des formes archaïques de conservation de la souveraineté. Il s'agit en fait d'une lutte entre une puissance commerciale visant à étendre à l'univers les intérêts particuliers du commerce et de ceux qui le dominent et une résistance culturelle, fondée sur la défense des œuvres universelles produites par l'internationale dénationalisée des créateurs. ■

Pierre Bourdieu, extraits du discours prononcé au cours de la réunion annuelle du Conseil international du musée de la Télévision et de la Radio, in Libération, *13 octobre 1999.*

Dossier 3

Le capital social, facteur de bien-être

Document 1

La diversité des formes de capital

En quelques décennies, un formidable stock de machines, de bâtiments, de routes, de voies ferrées... a été accumulé. Il donne à ceux qui travaillent en France une productivité élevée, très supérieure à celle de la plupart des travailleurs du monde. Pour une part importante, ce capital *matériel* est la propriété privée d'un nombre relativement limité d'individus. Certains détiennent les actions des sociétés auxquelles appartiennent une bonne partie de ces bâtiments, de ces machines dont on se sert pour produire ; le reste est détenu en propre par des entrepreneurs individuels. Pour une part – les routes, les voies ferrées... –, ces biens sont propriété de l'État. Ce capital matériel est important; il est loin toutefois d'être le fondement le plus essentiel de notre richesse. Les objets, bien visibles, qui le constituent n'auraient qu'un piètre intérêt si nous ne savions les produire et les utiliser efficacement. Les savoir-faire, les expériences, les connaissances accumulées et, plus encore, la capacité à les transmettre et à les développer, constituent un impressionnant capital *humain*. Cette composante, plus immatérielle, de notre patrimoine a une dimension collective importante. Elle réside en effet, pour beaucoup, dans les enseignements que dispensent nos écoles et nos universités, comme dans les apprentissages qui peuvent être acquis dans nos usines [...]
Mais il y a plus rare et plus précieux encore. Nous ne disposons pas seulement des équipements les plus perfectionnés, de techniciens et de savants parmi les meilleurs ; il existe aussi, dans notre pays comme dans un petit nombre d'autres, quelque chose de difficile à toucher du doigt mais d'essentiel pourtant : un relatif accord sur les règles du jeu social, sur les principes qui président au partage du revenu national. Nous ne sommes pas seulement capables de produire un « gâteau » meilleur et plus gros qu'ailleurs, nous savons aussi le partager sans le réduire en miettes ! Toutes les parts ne sont certes pas égales. Mais une certaine distribution de la propriété du capital matériel est acceptée. Quant aux revenus individuels, nous sommes d'accord, au moins, sur la manière de revendiquer et de négocier leur évolution.
Ces accords, tacites pour certains, explicites pour d'autres, ont été acquis, au fil des décennies, non sans peines ni sans luttes. Ils constituent un capital *social*. Peu s'en rendent compte, mais la cohésion qui en résulte est un extraordinaire facteur de richesse. ■

Anton Brender, La France face à la mondialisation, *La Découverte, « Repères », 2002, p. 30-31.*

Document 2

Une ressource pour les individus

L'idée qui est la base de la notion de *capital social* est la suivante : les individus ont intérêt, pour réaliser leurs propres objectifs, à se placer et à évoluer dans le cadre de relations de coopération et de confiance. Si Adam Smith avait affirmé que la vertu du marché consistait à rendre bénéfique pour tous la recherche des intérêts individuels (grâce à la fameuse main invisible du marché) il reste que l'environnement social se prête avec plus ou moins de bonheur à la réalisation d'un optimum social, c'est-à-dire une situation dans laquelle la plus grande satisfaction est assurée au plus grand nombre.
L'environnement social est alors présenté comme un facteur de possibles perturbations ou, au contraire, d'encouragement aux conduites rationnelles. Ce que soulignent la plupart des auteurs, par exemple Putnam est qu'une conduite rationnelle (c'est-à-dire celle d'un individu qui vise ses intérêts particuliers) peut être contrariée, détournée, et finalement produire un résultat qui, lui, n'est pas rationnel. « L'irrationalité » d'une action, au sens économique du terme, n'est donc pas nécessairement le résultat de l'irrationalité des individus, mais peut être celui des perturbations de l'environnement. Plus précisément, l'idée qui traverse l'essentiel de la littérature anglo-saxonne est que les groupes sociaux, le voisinage, les collectifs de travail, les réseaux de sociabilité ou l'organisation sociale dans son ensemble représentent les « ressources » pour les individus s'ils veulent optimiser leurs actions. Tous ces éléments doivent être pris en compte à partir du moment où il est démontré qu'ils assument une fonction dans l'activité des individus. Pour J. Coleman, de nombreux exemples indiquent que « l'organisation sociale constitue le capital social en facilitant la réalisation des buts qui ne pourraient pas être atteints en son absence ou qui pourraient l'être avec un coût plus élevé. [...] La fonction que l'on identifie par le concept de " capital social " est la valeur pour les acteurs de ces aspects de la structure sociale en tant que ressources qui peuvent être utilisées par ces mêmes acteurs pour atteindre leurs intérêts. » ■

Christian Laval, Louis Weber (dir.), Le Nouvel Ordre éducatif mondial, *Nouveaux regards/Syllepse, 2002.*

Questions sur l'ensemble du dossier

1. Définissez les trois formes de capital distinguées par l'auteur en donnant pour chacunes des exemples. [*doc. 1*]
2. En quoi le capital social peut-il être considéré comme un facteur de richesse ? [*doc. 1*]
3. Devrait-on en conclure que le conflit social est un facteur d'appauvrissement ? [*doc. 1*]
4. En quoi la notion de capital social marque-t-elle une rupture avec la conception libérale de l'action des individus ? [*doc. 2*]
5. Quels sont les signes relevés par Robert Putnam qui font penser à une dégradation du capital social aux États-Unis ? [*doc. 3 et 4*]
6. Ne peut-on imaginer d'autres formes d'adhésion et d'engagement qui nuanceraient le constat ? [*doc. 4*]
7. Quel rôle peut jouer l'investissement public dans la formation du capital social ? Dans quelle mesure peut-on suivre l'auteur quand il en fait une priorité ? [*doc. 5*]
8. **Question de synthèse.** En pensant aux conceptions économiques plus traditionnelles du capital, montrez les continuités mais aussi les apports de la notion de capital social.

Document 3

Baisse du nombre de réunions de clubs aux États-Unis, 1975-1999

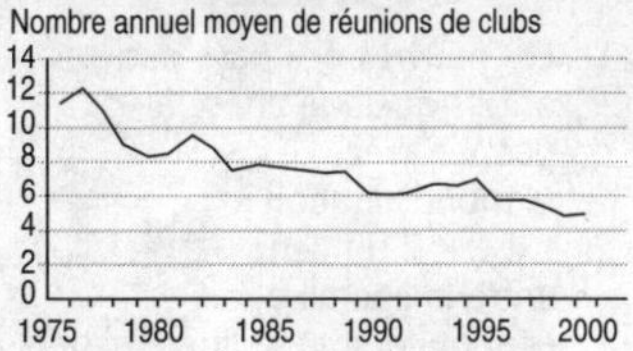

Donnés : Archives de l'enquête DDB Needham sur les modes de vie, 1975-1999.
Source : Robert Putman, Bowling Alone, *Simon and Schuster, New York, 2000, in OCDE,* Du bien-être des nations. Le rôle du capital humain et social*, 2001, p. 115.*

Document 4

Une dégradation du capital social ?

En se fondant sur des données provenant de sources diverses, [...] Putman fait observer que l'adhésion à des groupes et les contacts sociaux informels diminuent aux États-Unis. Le recul des taux d'adhésion à des organisations officielles s'est accompagné d'une baisse encore plus marquée de l'intensité de la participation (nombre de réunions, volonté de jouer un rôle d'encadrement, etc.). Ce phénomène est intervenu malgré l'élévation des niveaux de formation qui est généralement associée à un accroissement de l'engagement civique. Au milieu des années 1970, près des deux tiers des Américains déclaraient avoir assisté à des réunions de club au cours des douze mois précédents. À la fin des années 1990, près de deux tiers n'assistaient jamais à ce type de réunion.
L'engagement dans des organisations politiques, civiques, religieuses et professionnelles diminue depuis vingt-cinq ans aux États-Unis, qu'on le mesure en nombre absolu de membres ou en « part de marché » (pourcentage de la population visée pouvant être membre d'une organisation donnée).
Diverses formes de contacts sociaux informels (repas en famille, pique-niques, parties de cartes, dîners entre amis, visites, repas à l'extérieur, etc.) ont aussi diminué sur le long terme. Les gens semblent consacrer plus de temps à eux-mêmes et à leur famille proche qu'à la collectivité en général. Pour ce qui est des activités sportives, la présence à des manifestations sportives en tant que spectateur augmente (de même que les visites de musées, les sorties au cinéma, etc.) mais la participation active à un sport (ou à une activité musicale) diminue. ■

OCDE, ibid.*, p. 115-116.*

Document 5

Une priorité pour l'investissement public

Le parc des équipements de tous ordres, le capital matériel, doit sans cesse être élargi et renouvelé. Les techniques et les savoir-faire, le capital humain, doivent être maintenus à la pointe du progrès. Mais cela ne saurait suffire. Cette richesse, on l'a vu, est loin de reposer seulement sur une collection d'objets et de connaissances : elle est fondée aussi sur un capital social. Lui aussi demande à être maintenu et développé, si l'on ne veut pas le voir s'éroder peu à peu. Là se profilent aujourd'hui des menaces.
La qualité comme la densité du réseau de solidarités et de services sociaux mesure le prix qu'une société accorde à la vie des siens. Les droits qui font notre richesse collective sont assurés par ce réseau. Or, depuis quelque temps, ses mailles se distendent de façon inquiétante et ceux qui passent au travers sont de plus en plus nombreux. Beaucoup sont exclus des prestations ou des assurances auxquelles, en principe, tous ont droit. Plus nombreux encore sont ceux qui bénéficient de services de qualité, pour dire le moins, médiocre. Justice encombrée ou expéditive, police absente, médecine surchargée, classes *parkings*... tel est souvent le lot de ceux qui peu à peu se sont trouvés poussés vers les bords de cette gigantesque assiette au beurre qu'est devenue notre société, assiette qui n'a cessé, au fil des ans, de tourner toujours plus vite. Souvent d'ailleurs, ce sont ceux dont les revenus individuels sont les plus faibles et les plus incertains qui « bénéficient » de ces services collectifs de deuxième choix. Ce qui a été, pendant des décennies, une formidable machine à fabriquer de la cohésion sociale, devient ainsi, pour une part de moins en moins marginale, une mécanique à engendrer amertumes et exclusions. Cette saturation de notre capacité d'intégration sociale est inquiétante : elle implique un lent mais sûr délitement de notre capital social et risque même, à terme, de remettre en cause la paix civile. ■

Anton Brender, op. cit.*, p. 32-33.*

Dossier 4

Débat : la mondialisation heureuse ?

Document 1

Les bénéfices du marché global

Un grand événement économique marque notre époque : la mondialisation. Elle détermine ce que les gouvernements peuvent – et devraient – faire. Mais qu'est-ce exactement que la mondialisation ? Et pourquoi est-elle si désirable ?

Dans son dernier panorama de l'économie mondiale, le Fonds monétaire international (FMI) la définit comme « l'interdépendance économique croissante de l'ensemble des pays du monde, provoquée par l'augmentation du volume et de la variété des transactions transfrontières de biens et de services, ainsi que des flux internationaux de capitaux, en même temps que par la diffusion accélérée et généralisée de la technologie. » Entre 1930 et 1990, le prix moyen facturé pour chaque mile de transport aérien a baissé de 0,68 à 0,11 dollar ; celui d'une communication téléphonique de trois minutes entre Londres et New York est passé de 244,65 à 3,32 dollars. Entre 1960 et 1990, le coût d'une unité de puissance informatique a décru de plus de 99 %. De l'amélioration des communications est née une innovation organisationnelle : la firme multinationale, superbe mécanisme de transfert de technologies par-delà les frontières. [...]
Pourquoi tant de gouvernements ont-il choisi – ou été contraints – de s'ouvrir à l'économie mondiale ? La réponse tient dans les leçons de l'expérience. Les États ont le pouvoir de mettre leurs citoyens en prison, mais ils ne peuvent pas obliger des prisonniers à faire preuve du même esprit d'initiative que des individus libres. Comparez l'Allemagne de l'Est et l'Allemagne de l'Ouest, la Corée du Nord et la Corée du Sud, la Chine maoïste et Taïwan. Dans chacun de ces cas, les premières

nommées choisirent – ou furent contraintes de choisir – l'isolement, alors que les secondes optèrent pour l'intégration économique mondiale. Après une quarantaine d'années, les revenus réels par habitant y étaient au moins trois fois plus élevés. On dispose là de ce que l'histoire offre de plus proche d'une série d'expériences économiques contrôlées. Leurs résultats expliquent pourquoi la Chine s'est libéralisée, pourquoi l'Union soviétique s'est effondrée et pourquoi M. Tony Blair a choisi d'appeler son parti le « Nouveau travaillisme ». [...]

Les prétendus dommages infligés à certains habitants des pays avancés par la mondialisation relèvent largement du mythe. N'en relèvent pas, au contraire, les chances qu'offre l'intégration économique aux pays pauvres. Entre 1965 et 1995, par exemple, les revenus réels par tête des nouveaux pays industrialisés d'Asie ont été multipliés par sept, cependant que quadruplait leur part du commerce mondial. De la même manière, on peut dater le début de la période de développement rapide de la Chine : c'est celui de sa décision de libéraliser l'agriculture et de s'ouvrir à l'économie mondiale. Là où le commerce a été mis au poste de commandement, les flux de capitaux ont suivi : la Chine a accueilli à elle seule davantage d'investissements en 1996 que la totalité des pays en voie de développement en 1989.

La mondialisation n'était pas inévitable, pas plus qu'elle ne reflète simplement la marche en avant de la technologie. Elle marque la réussite de la diffusion mondiale d'une libéralisation économique entamée en Europe occidentale, il y a un demi-siècle, avec le plan Marshall. Elle apporte des possibilités sans précédent à des milliards d'hommes partout dans le monde.

Inévitablement, elle provoque les clameurs de ceux qui ont peur des marchés et des étrangers. Il ne faut pas les écouter. Il convient, en revanche, d'examiner de près ce que les gouvernements peuvent – et devraient – faire lorsque leur marché est global et que leur périmètre d'intervention est simplement local. ■

Martin Wolf, rédacteur en chef associé et chroniqueur économique, Financial Times, *« Mais pourquoi cette haine des marchés–Le Grand Débat,* Financial Times-Monde diplomatique », Le Monde diplomatique, *juin 1997.*

Document 2

L'effet moral et politique de la mondialisation

Les débats sur la mondialisation se polarisent généralement sur ses enjeux économiques. Je voudrais, pour ma part, mettre en avant les arguments profondément moraux qui plaident en sa faveur, et que l'on peut résumer en une phrase : l'intégration accélérée de sociétés autrefois marginalisées est la meilleure chose qui soit arrivée du vivant de la génération d'après-guerre.

La mondialisation constitue une authentique collaboration par-delà les frontières, des sociétés et des cultures, contrairement aux collaborations factices des dialogues Nord-Sud et des élites bureaucratiques. Non seulement elle a sapé les fondations de l'empire du mal soviétique, mais elle est en train d'en faire autant en Chine. Même sans ces effets politiques directs, ses vertus auraient été extraordinaires : elle a provoqué une énorme amélioration du bonheur humain dans les sociétés ayant su saisir les chances qu'elle offre.

Je considère que les positions hostiles à la mondialisation sont profondément immorales, en ce qu'elles prétendent refouler les aspirations du tiers monde pour préserver les avantages d'un modèle particulier du travail en Occident.

On nous rétorque que la mondialisation produit beaucoup plus de perdants que de gagnants. Cela est tout simplement inexact, en termes aussi bien relatifs qu'absolus, comme le démontrera toute étude des statistiques économiques sur la période d'après-guerre.

Les critiques les plus raffinés admettent que des millions d'emplois ont été créés. Mais, disent-ils, il ne s'agit pas de véritables emplois, mais d'une exploitation éhontée de la main-d'œuvre. Allez dire cela aux travailleurs bien formés de Hong Kong, de Singapour, de Malaisie, de Thaïlande, aux ouvriers de l'électronique d'Acer, aux ouvriers de l'automobile de Daewoo. Allez dire cela aux travailleurs de la Chine méridionale qui ont échappé à la vie misérable et éreintante des campagnes et qui avancent – effectivement dans les pires conditions de travail – vers une authentique prospérité et une authentique autonomie de vie. [...]

Il est possible de sortir de la mondialisation, mais le prix à payer n'est pas uniquement économique. Il est aussi politique, car la prétention de la contenir conduit à une inévitable extension des pouvoirs de l'État et à la perte de la liberté individuelle. Elle passe par la répression des désirs naturels des individus et par un maquis toujours plus dense de réglementation, de législation, de criminalisation de l'activité économique naturelle et de politisation des décisions quotidiennes. Nous avons bien connu tout cela dans beaucoup de pays européens au cours des vingt ou trente dernières années. Sortir de la mondialisation se traduirait par une remise en question fondamentale des droits démocratiques, en particulier de ce droit précieux entre tous : celui de vaquer en paix à ses occupations.

On dit parfois que le libre-échange doit être subordonné à des valeurs plus importantes. Mais y a-t-il valeur plus importante que celle de tirer des milliards de gens de la pauvreté, de créer des opportunités de choix et de développement personnel et de renforcer la démocratie partout dans le monde ? L'économie libérale de marché est par nature globale. Elle constitue ce qu'il y a de plus achevé dans l'aventure humaine. Nous devrions être fiers, individuellement et collectivement, d'avoir contribué à la construire par notre travail et par nos votes. ■

Peter Martin, rédacteur en chef de l'édition internationale, Financial Times, *« Une obligation morale – Le Grand Débat* Financial Times-Monde diplomatique », Le Monde diplomatique, *juin 1997.*

Questions pour animer le débat

1. Les pauvres des pays pauvres ont-ils quelque chose à gagner avec la mondialisation ?
2. Existe-t-il un lien entre la libéralisation économique et la libéralisation politique ?
3. Qu'est-ce qui oppose le consommateur et le citoyen ? Peut-on imaginer un « consommateur-citoyen » ?
4. Le néolibéralisme est-il « l'utopie d'une exploitation sans limites » ?
5. La mondialisation favorise-t-elle le nationalisme et l'intégrisme ?
6. Ce dossier vous semble-t-il refléter la complexité des phénomènes et des approches présentés dans les chapitres de ce manuel ?

Document 3

Le consommateur et le citoyen

Une des difficultés politiques majeures de la mondialisation tient au fait que celle-ci oppose en permanence l'individu citoyen à l'individu consommateur. En effet, en tant que consommateurs, nous nous réjouirons très aisément de pouvoir acheter un micro-ondes chinois dix fois moins cher qu'un micro-ondes français. Mais en tant que salariés ou citoyens, nous serons tout aussi naturellement enclins à combattre la délocalisation d'une entreprise française à l'étranger. Cette contradiction, nous la vivons en France de manière très évidente. Les Français, qui se montrent le plus attachés au commerce de proximité, vivent dans le pays d'Europe où le quadrillage par les grandes surfaces est le plus spectaculaire. Bien que fortement attachés à leur identité nationale, ils n'envisagent pas d'aligner leur consommation sur leur citoyenneté. Cette dynamique conduit à opposer le consommateur, surpuissant et flatté de toute part, au citoyen impuissant qui se sent délaissé. Il ne fait guère de doute que la mondialisation renforce ce déséquilibre, car les demandes et les droits des citoyens se nourrissent de plus en plus de l'environnement international. Mais, simultanément, les ressources dont les sociétés disposent pour satisfaire ces demandes restent, elles, très limitées. Malgré tout ce qui se dit sur la mondialisation, les dispositifs représentatifs comme les mécanismes redistributifs continuent à être organisés sur une base strictement nationale. ■

Zaki Laïdi, Malaise dans la mondialisation, *Textuel, 1998, p. 26 et 27.*

Document 4

La destruction des structures collectives

La mondialisation des marchés financiers, jointe au progrès des techniques d'information, assure une mobilité sans précédent des capitaux et donne aux investisseurs (ou actionnaires) soucieux de leurs intérêts immédiats, c'est-à-dire de la rentabilité à court terme de leurs investissements, la possibilité de comparer à tout moment la rentabilité des plus grandes entreprises et de sanctionner en conséquence les échecs relatifs. Les entreprises elles-mêmes, placées sous une telle menace permanente, doivent s'ajuster de manière de plus en plus rapide aux exigences des marchés; cela sous peine de «perdre, comme on dit, la confiance des marchés», et du même coup le soutien des actionnaires qui, soucieux d'obtenir une rentabilité à court terme, sont de plus en plus capables d'imposer leur volonté aux *managers*, de leur fixer des normes, à travers les directions financières, et d'orienter leurs politiques en matière d'embauche, d'emploi et de salaire. Ainsi s'instaure le règne absolu de la flexibilité, avec les recrutements sous contrats à durée déterminée ou les intérims et les «plans sociaux» à répétition, et l'instauration, au sein même de l'entreprise, de la concurrence entre filiales autonomes, entre équipes, contraintes à la polyvalence, et, enfin, entre individus, à travers l'*individualisation* de la relation salariale. [...] Le mouvement, rendu possible par la politique de déréglementation financière, vers l'utopie néolibérale d'un marché pur et parfait, s'accomplit à travers l'action transformatrice et, il faut bien le dire, *destructrice*, de toutes les mesures politiques [...] visant à *mettre en question toutes les structures collectives* capables de faire obstacle à la logique du marché pur : *nation*, dont la marge de manœuvre ne cesse de décroître ; *groupes de travail*, avec par exemple l'individualisation des salaires et des carrières en fonction des compétences individuelles et l'atomisation des travailleurs qui en résulte ; *collectifs de défense* des droits des travailleurs, syndicats, associations, coopératives ; *famille* même, qui, à travers la constitution de marchés par classes d'âge, perd une part de son contrôle sur la consommation. Tirant sa force sociale de la force politico-économique de ceux dont il exprime les intérêts, [...] le programme néolibéral tend globalement à favoriser la coupure entre l'économie et les réalités sociales, et à construire ainsi, dans la réalité, un système économique conforme à la description théorique, c'est-à-dire une sorte de machine logique, qui se présente comme une chaîne de contraintes entraînant les agents économiques. ■

Pierre Bourdieu, « Le néolibéralisme, utopie (en voie de réalisation) d'une exploitation sans limites », in Contre-feux, *Liber, « Raisons d'agir », 1998, p. 110 à 112.*

Document 5

Le retour des nationalismes et des intégrismes

Cette fin de siècle sera-t-elle celle du retour des identitarismes ethniques, religieux et culturels? Tout le laisse à penser si l'on prête un tant soit peu l'oreille au bruit et à la fureur qui montent un peu partout de par le monde. Cela ne peut être l'effet du hasard dès lors qu'on admet qu'il s'agit d'un phénomène universel. [...] La question identitaire nationale, c'est le grand trou noir de la connaissance... Pourtant, l'évidence s'impose que le procès actuel de la mondialisation provoque une recrudescence de ce phénomène. S'agit-il d'une réaction moderne, défensive et de repli schizophrénique face à la grande déferlante technologique, économique et culturelle portée par la mondialisation? Est-ce une prise de conscience qui vient des profondeurs archaïques de l'appartenance et qui a de plus en plus tendance à se figer dans les violences, racismes et autres purifications ethniques d'aujourd'hui? [...]
Or le processus de mondialisation interroge en profondeur ces identitarismes. Il dépossède culturellement en possédant économiquement. Il attaque le principe de souveraineté, cœur du processus d'identification nationalitaire. La mondialisation, même si elle n'est pas toujours la cause directe de la montée des identitarismes, reproblématise fondamentalement le rôle de l'État-nation tel qu'il est apparu un peu partout. Si la nation s'est historiquement construite sur un substrat territorial, si la guerre inter-ethnique, confessionnelle se produit précisément sur la base du redécoupage territorial, si les nationalités sans territoire reconnu (par l'existence d'un État, dans la communauté internationale, revendiquant la souveraineté politique) en réclament un, la mondialisation, elle, en déterritorialisant le capital, sape les fondements de l'État-nation. [...]
Le lien national est, bien sûr, à chaque fois différent : il n'y a pas grand-chose de commun entre la nation du Prophète, qui est d'essence religieuse, celle de la communauté organique, qui est biologico-mythologique, et celle de la volonté commune du peuple souverain, qui est républicaine. La formule la plus systématique en a été donnée par la Révolution française de 1789, réalisée ensuite par la IIIe République : identification de la souveraineté inconditionnelle de la nation avec celle du peuple souverain. De là l'intégration du peuple dans la nation, et de la nation dans le peuple. C'est ce modèle qui, au XIXe et au XXe siècle, s'exporte un peu partout dans le monde. La nation républicaine devient alors la nation produite par la volonté des citoyens. Ce principe de volonté, constitutif de la plus extrême modernité de la nation, est précisément ce qui disparaît dans le processus de mondialisation. Il n'y a ici aucune volonté génératrice de vie commune – non parce que le système n'en veut pas mais parce qu'il *ne peut pas* la concevoir : le marché n'a pas de subjectivité et il ne peut devenir un mythe organisateur, comme Dieu ou l'origine commune. À défaut de récit originaire et de volonté commune, l'époque «postnationale» régresse vers le passé, vers les formes les plus primaires de la formation de l'identité groupale : l'ethnie, la confession, le sang. L'époque de la désintégration mondiale est aussi celle de la régression archaïque. Voilà pourquoi le nationalisme d'aujourd'hui est aussi réactif, archaïque, compulsif. Ethnique et religieux, il renoue avec les identifications collectives qui prennent forme avant l'expression même du capitalisme : en Espagne, à l'époque de l'Inquisition, de la *limpieza de sangre* (déjà la «pureté» !) et de l'expulsion des juifs et des musulmans; en Angleterre, avec la chasse aux catholiques; dans la France de la révocation de l'édit de Nantes, de l'affaire Dreyfus ou encore de la phobie anti-immigré aujourd'hui. ■

Edgar Morin, Sami Naïr, Une politique de civilisation, *Arléa, 1997, p. 85 à 88.*

Sujet de bac

DISSERTATION

▶ MONDIALISATION CULTURELLE ?

Sujet : Dans quelle mesure la mondialisation conduit-elle à l'uniformisation culturelle ?

Document 1

Par son exploitation du marché mondial, la bourgeoisie a rendu cosmopolites la production et la consommation de tous les pays. [...] Les anciens besoins qui étaient satisfaits par les produits nationaux font place à de nouveaux besoins qui réclament pour leur satisfaction les produits des pays et des climats les plus lointains. L'autosuffisance et l'isolement régional et national d'autrefois ont fait place à une circulation générale, à une interdépendance générale des nations. Et ce pour les productions matérielles aussi bien que pour les productions intellectuelles. [...]
Par l'amélioration rapide de tous les instruments de production, par les communications rendues infiniment plus faciles, la bourgeoisie entraîne toutes les nations, jusqu'aux plus barbares, dans le courant de la civilisation. Le bas prix de ses marchandises est son artillerie lourde, avec laquelle elle rase toutes les murailles de Chine, avec laquelle elle contrait à capituler les barbares xénophobes les plus entêtés. Elle contraint toutes les nations, si elles ne veulent pas courir à leur perte, à adopter le mode de production de la bourgeoisie ; elle les contraint à introduire chez elles ce qu'on appelle civilisation, c'est-à-dire à devenir bourgeoises. En un mot, elle se crée un monde à sa propre image.
La bourgeoisie a soumis la campagne à la domination de la ville. Elle a créé des villes énormes, elle a considérablement accru la population des villes par rapport à celle des campagnes et elle a donc arraché une part importante de la population à l'abrutissement de la vie rurale. [...] En un siècle à peine de sa domination de classe, la bourgeoisie a créé des forces de productions plus imposantes et plus colossales que toutes les générations précédentes réunies. La domestication des forces naturelles, le machinisme, les applications de la chimie à l'industrie et à l'agriculture, la navigation à vapeur, les chemins de fer, le télégraphe, le défrichement des continents entiers, la canalisation des rivières, l'apparition soudaine de populations entières – dans quel siècle passé pouvait-on prévoir que de telles forces productives sommeillaient au sein du travail social ? ■

Karl Marx, Friedrich Engels,
Manifeste du parti communiste, *1848.*

Document 2

L'émergence des nationalismes d'exclusion et des intégrismes religieux n'est pas seulement le produit des mutations internes des sociétés ; c'est aussi le résultat de la mondialisation. Mutations technologiques et modifications du rôle du travail dans la production des valeurs se produisent en l'absence d'une alternative au système du marché. Or ce capitalisme mondialisé qui semble aller de pair avec le projet démocratique d'organisation de la société signifie en réalité, surtout, une autonomisation du marché mondial par rapport aux sociétés. L'impuissance face à ce système, la frénétique course des élites pour s'y adapter, le rôle de gendarme désormais dévolu aux organismes financiers internationaux (FMI, Banque mondiale, etc.) engendrent la perte de crédibilité des États-nations et la dislocation de groupes sociaux entiers. [...]
Mais en même temps que l'État-nation est battu en brèche, revient au centre des sociétés la question nationale ; la dislocation des groupes sociaux suscite la question de l'intégration sociale ; l'émasculation des cultures d'appartenance provoque les interrogations sur l'identité des individus ; la sécularisation des comportements – parce que non maîtrisée et souvent imposée par un système aliénant – déclenche l'inquiétude éthique, le besoin de sacralité et l'appel au religieux. Le mécanisme est donc profondément contradictoire : en unifiant il divise ; en intégrant il exclut – en désacralisant il reconfessionnalise, en mondialisant il renationalise...
Si l'on accepte l'idée que ce système planétaire engendre le déracinement culturel, la désafiliation identitaire, la précarité sociale, on peut interpréter les nationalismes d'exclusion et les intégrismes comme autant de réponses émotionnelles et régressives face à ce processus. [...]
Ces chocs culturels, identitaires, sociaux, des couches de plus en plus importantes les subissent désormais. En Europe comme dans le monde musulman des mouvements apparaissent qui sont suscités par ce processus mondial – bien qu'ils obéissent à des situations historico-nationales très différentes. ■

Sami Naïr,
Manière de voir *n°28, novembre 1995.*

Document 3

La culture globale prend appui sur la « capitalisation des références et des symboles culturels universellement reconnus ». S'il y a « convergence culturelle des consommateurs » ou confluence des attitudes et des comportements vers un « style de vie global », c'est parce qu'il y a eu auparavant les investissements en « éducation du consommateur » distillés au fil des années par les films et les programmes, plus spécialement ceux des États-Unis, « supports naturels d'universalité ». Cette alphabétisation médiatique au grand dénominateur planétaire a posé les prémices de la « McDonaldisation » de la planète. Un phénomène que vient parachever la multiplication de flux alimentés par les voyages d'affaires, le tourisme, la cuisine, la mode ou la décoration intérieure. Mais, selon les tenants de l'idée globalitaire, « le facteur le plus important dans l'accélération du développement d'un style de vie globale unique (*single global lifestyle*) reste la langue anglaise, agent d'homogénéisation par excellence, qui s'est imposée comme langue universelle ». Ponctuée par des cas d'école, la saga de telle ou telle firme ou marque globale – Coke, Marlboro, Levi-Strauss, Pepsi, IBM, McDonald's, Nike mais aussi Adidas ou Nestlé – devient ainsi le grand récit de l'ubiquité d'un style de vie, dont la globalisation est scandée par l'expansion vertigineuse des réseaux de communication. ■

Armand Mattelart, « La globalisation de la culture est inévitable », in Club Merleau-Ponty, La Pensée confisquée, *La Découverte, 1997.*

Document 4

On peut d'abord douter que la demande se globalise de façon irréversible et complète. Que quelques biens emblématiques produits et commercialisés par les grandes multinationales se diffusent dans le monde entier (Coca-Cola, Windows, le Big Mac McDonald's, les jeux Sega, la carte American Express...) ne signifie pas qu'à terme les modes de vie soient façonnés par ces objets à diffusion mondiale.
D'une part, l'offre d'un bien uniforme quels que soient les pays ne correspond qu'à l'une des stratégies déployées par les multinationales. À la Mondéo, voi-

➡ **MÉTHODES POUR LE BAC** pages 738-751

ture mondiale de Ford, s'oppose la Palio spécialement conçue par Fiat pour les marchés des pays du tiers monde.
Depuis le passage de la Ford T à la gamme complète proposée par General Motors, les grandes entreprises ont appris à combiner les rendements d'échelle liés à la production de masse de composants avec la différenciation du produit final en fonction des caractéristiques de la demande locale.
D'autre part, une très large partie de la consommation au jour le jour, c'est-à-dire de la reproduction matérielle des individus et des familles, reste conditionnée par des déterminants très largement spécifiques à chaque société : de la consommation alimentaire aux dépenses de logement en passant par la santé, les comparaisons internationales ne suggèrent pas une tendance forte à la convergence. De ce fait, les multinationales, en dépit de leurs efforts, ne peuvent ni radicalement ni rapidement changer ces comportements collectifs, inscrits dans l'histoire.
De plus, seul un tout petit nombre de pays, concentrant une fraction réduite de la population, se partage l'essentiel du revenu mondial et adhère au mode de vie occidental.
À un autre extrême, les pays africains semblent engagés dans un processus d'accentuation du sous-développement, qu'il s'agisse du revenu par habitant ou du niveau d'éducation ou de santé. En outre, au sein même du club des pays industrialisés, anciens et nouveaux, il existe des persistantes différences en matière de logement, de transport, de santé, d'éducation, d'environnement. ■

La Mondialisation au-delà des mythes, *La Découverte, 1997.*

Document 5

Les interactions culturelles ne conduisent pas nécessairement à la domination d'une forme unique. L'Antiquité, période d'intenses relations entre les civilisations grecque, romaine et égyptienne notamment, en est un exemple ancien.
Plutôt que la disparition des cultures, on assiste à une acculturation, c'est-à-dire à une prise en compte de la nouveauté. Chaque culture est en perpétuelle reconstruction : de façon interne, mais aussi à travers les échanges qu'elle peut entretenir avec les autres cultures. Les apports extérieurs sont toujours réinterprétés *via* le prisme de lecture particulier que constitue sa propre culture. Le sport, pourtant établi aujourd'hui comme une pratique universelle, ne porte pas les mêmes valeurs selon les peuples.
L'homogénéisation de la culture n'est donc pas inéluctable. Culture et distinction vont de pair : revenus, diplômes, lieu d'habitation, tous ces éléments sont porteurs de différences culturelles, avant même les frontières. ■

Alternatives économiques, *hors-série n° 46, 4e trimestre 2000.*

Document 6

Nombre d'ordinateurs destinés à l'usage individuel, pour 1 000 habitants, en 1998

Pays riches	311
Europe et Asie centrale	35
Amérique latine et Caraïbes	34
Asie de l'Est et Pacifique	14
Moyen-Orient et Afrique du Nord	10
Afrique subsaharienne	8
Asie du Sud	3

Source : Banque mondiale.

Sujet de bac

ÉPREUVE DE SYNTHÈSE

▶ MONDIALISATION CULTURELLE ?

Travail préparatoire (*10 points*)

1. Expliquez la phrase soulignée. [*doc. 1*] (*2 points*)
2. Comment peut-on interpréter la pratique du « maquillage » en Afrique ? [*doc. 2*] (*2 points*)
3. En quoi peut-on dire que l'implantation des restaurants « McDonald's » obéit à une logique de mondialisation économique et culturelle ? [*doc. 3*] (*2 points*)
4. Montrez que l'implantation de *fast-foods* au Japon a entraîné un phénomène d'acculturation. [*doc. 3*] (*2 points*)
5. Illustrez la phrase soulignée à l'aide de trois exemples de votre choix. [*doc. 4*] (*2 points*)

Question de synthèse (*10 points*)
Après avoir montré que la mondialisation peut entraîner une domination de la culture occidentale, vous nuancerez la portée de cette thèse.

Document 1

Depuis toujours, le capitalisme a été étroitement lié à l'urbanisation et à la salarisation dans les zones où il se déploie. Parallèlement, il a entraîné la déstructuration des sociétés rurales traditionnelles, fondées principalement sur l'autoproduction, où la monnaie et l'échange marchand ne jouaient qu'un rôle très secondaire. Ce mouvement se traduit également toujours par une profonde transformation du statut social des femmes généralement cantonnées, dans les sociétés traditionnelles, au sein de la cellule familiale.
Avec ce qu'on appelle la mondialisation, ce phénomène, arrivé à son terme dans les pays développés, est en train d'embrasser les grandes masses démographiques du Sud, et notamment la Chine. On assiste ainsi à un rapprochement des modes de vie et des rapports sociaux fondamentaux à l'échelle de la planète. […]
Le passage d'une société rurale à une société urbaine se traduit toujours par le glissement d'une économie d'autoproduction, c'est-à-dire d'une économie où la production pour sa famille ou son clan joue le rôle central, à une économie basée sur l'échange monétaire, où chaque personne et chaque famille ne produit plus qu'une faible part des biens et des services qu'elle consomme. Les principaux pays développés ont connu cette mutation pour l'essentiel au cours du XIXe siècle. ■

Alternatives économiques, *hors-série n° 56, 2003.*

➡ MÉTHODES POUR LE BAC pages 738-751

Document 2

Depuis les années 1970 s'est développée chez les Africains une pratique de dépigmentation volontaire de la peau : « blanchissement », « Xessal » ou « maquillage » ; phénomène socioculturel de grande envergure, en pleine expansion, qui correspond cependant à une pratique extrêmement individuelle et ritualisée. À l'aide de produits pharmaceutiques (en particulier la cortisone), de produits de beauté (à base d'hydroquinone) et de toutes sortes d'autres produits (Javel, ciment, mercure, lessives, shampooings), des Africains obtiennent une peau éclaircie, ni noire ni blanche, « jaune moutarde » (comme le chanteur Michael Jackson). Cette pratique est dangereuse : elle entraîne à terme une baisse des défenses immunitaires, des complications rénales, des cancers de la peau ; en outre, l'interrompre expose à divers troubles ; le « maquillage » cause des brûlures et des dermatoses très difficiles à traiter, dont certaines sont atypiques. ■

J. Ondongo,
in L'état du tiers monde,
La Découverte, 1989.

Document 3

– *Comment les restaurants McDonald's se sont-ils implantés au Japon ?*
– Le premier McDonald's a été introduit en 1971, en plein boom économique, dans le quartier très à la mode de Ginza à Tokyo. Le développement a été fulgurant. En 1986, il y avait 556 enseignes McDonald's au Japon, et 1 048 en 1994. [...]
Il ne faut pas penser que les produits servis aux Américains aient été importés tels quels au Japon. En fait, des nouveaux produits, adaptés aux goûts asiatiques, sont apparus dans les enseignes japonaises de cette firme américaine, tels le *McChao* (au riz frit) ou le hamburger aux crevettes. [...] Des boissons qui n'étaient pas proposées aux États-Unis sont aussi apparues dans les McDonald's japonais : thé *oolong* (chaud ou froid), café glacé, soupe aux céréales...
Mais il ne faut pas croire que tous les Japonais aient été conquis par ces innovations culinaires. Les adultes ne trouvent pas ça très sérieux. Il faut dire que manger debout (*tachigui*) est demeuré très longtemps tabou chez les Japonais car ce sont les animaux qui agissent de la sorte. ■

Entretien avec Emiko Ohnuki-Tierney,
Sciences humaines
n° 135, février 2003.

Document 4

Ce qu'on appelle la mondialisation n'est pas un phénomène complètement nouveau. Pour la plupart, les sociétés du monde entier ont vécu dans des mondes plus larges que le seul cercle de leur intériorité. [...] Avant la globalisation actuelle, il y en a eu d'autres : la diffusion du christianisme en Europe, de l'islam en Afrique, de l'Occident dans le Nouveau Monde ont amené les sociétés locales à se définir par rapport à un monde qui les dépassait.
C'est également vrai, à plus petite échelle, des sociétés qui semblent les plus enclavées : lorsque Malinowski a étudié les Mélanésiens, il s'est étonné de trouver chez eux des circuits commerciaux très organisés qui s'étendaient sur des centaines de kilomètres. Bref, la notion de culture isolée, autonome, est une illusion liée aux méthodes d'observation des ethnologues, qui ont tendance à se concentrer sur un village, une île, une ethnie, pour instaurer une sorte de huis clos. Ce faisant, on renforce l'idée que ces cultures sont engluées dans leur passé, on leur dénie tout caractère contemporain. Par contraste, l'époque actuelle est décrite comme celle de l'explosion de toutes les barrières, comme s'il s'agissait de quelque chose d'inédit dans l'histoire. C'est une illusion. ■

Entretien avec J.-L. Amselle,
Sciences humaines *n° 110,*
novembre 2000.

Fiche-outil 1

Cultures et acculturation

I. AU COMMENCEMENT ÉTAIT L'ÉCHANGE

La culture n'existe pas en dehors de l'échange, car elle n'existe pas en dehors des individus. La culture est produite par l'échange entre les individus et entre les groupes. C'est pourquoi toute culture est nécessairement plurielle et évolutive, car elle n'est jamais qu'une synthèse plus ou moins aboutie et plus ou moins provisoire d'apports divers. Depuis les débuts de l'humanité, les groupes humains ont toujours communiqué entre eux. L'échange est même ce qui spécifie le plus profondément l'être humain, être de langage et de communication sous toutes ses formes.

Dans l'analyse des cultures particulières, il faut inverser la façon de considérer les choses : il n'y a pas d'abord des cultures séparées qui, ensuite, se rencontreraient. Imaginer que les cultures existeraient dans un premier temps indépendamment les unes des autres et que ce serait seulement dans un deuxième temps que se produirait la rencontre des cultures, c'est commettre un contresens (au sens propre et au sens figuré du mot). Tout processus de formation culturelle est, en même temps, un processus d'acculturation, d'échange culturel. Aussi est-il illusoire de rechercher une supposée « pureté » ou « authenticité » originelle, préalable à tout contact. Du reste, où situer l'origine d'une culture ? Ce qu'on prétend être l'origine d'une culture n'est qu'un état antérieur d'acculturation, de synthèse d'éléments de provenances diverses.

Il n'y a pas, par conséquent, d'un côté les cultures « pures » et de l'autre les cultures « métisses ». Toutes, par le fait universel des contacts culturels, sont à des degrés divers des cultures « mixtes », faites de continuités et de discontinuités. Et il y a souvent plus de continuité entre deux cultures qui sont en contact prolongé qu'entre les différents états d'un même système culturel pris à des moments distincts de son évolution historique.

Les recherches sur les processus d'acculturation ont profondément renouvelé la conception que les chercheurs se faisaient de la culture. La perspective s'est retournée : on ne part plus de la culture pour comprendre l'acculturation, mais de l'acculturation pour comprendre la culture. Pour analyser une culture particulière, on est dans l'obligation de reconstituer et d'évaluer l'histoire de ses relations avec les cultures environnantes.

L'acculturation n'est donc pas un phénomène occasionnel, secondaire, et encore moins récent, dans l'histoire des sociétés humaines. Ce n'est pas un processus qui ne se produirait que dans les pays dominés, colonisés ou sous-développés et qui ne concernerait que les groupes en situation socialement minoritaire. L'acculturation est un phénomène universel, constitutif des différentes cultures, même s'il connaît des formes et des degrés très divers.

II. L'INVENTION DU CONCEPT D'ACCULTURATION

Le terme « acculturation » ne désigne pas une pure et simple « déculturation ». Dans « acculturation », le préfixe « a » n'est pas privatif ; il provient étymologiquement du latin ad et indique un mouvement de rapprochement. C'est en 1936 que la notion a été conceptualisée d'une façon précise et opératoire par Robert Redfield, Ralph Linton et Melville Herskovits dans le célèbre *Mémorandum pour l'étude de l'acculturation*. Leur définition fait depuis autorité :

« L'acculturation est l'ensemble des phénomènes qui résultent d'un contact continu et direct entre des groupes d'individus de cultures différentes et qui entraînent des changements dans les modèles (*patterns*) culturels initiaux de l'un ou des deux groupes. »

Il ne faut pas confondre acculturation et « assimilation » qui n'est qu'une voie parmi d'autres que peut prendre le processus d'acculturation, et une voie extrême, puisque l'assimilation implique pour un groupe la disparition totale de sa culture propre et l'intériorisation complète de la culture de l'autre groupe avec lequel il est en contact. L'assimilation est un phénomène plutôt rare et ne peut se réaliser que sur une longue durée qui implique plusieurs générations d'individus.

Par son préfixe et par son suffixe (« ation »), le terme « acculturation » désigne clairement un phénomène dynamique, un processus en cours de réalisation. Ce qui doit être analysé, c'est précisément ce processus en train de se produire et pas seulement les résultats du contact culturel, qui ne sont, du reste, jamais définitifs. Aussi est-il inapproprié de faire usage, comme cela est fréquent dans le langage commun, de l'adjectif « acculturé » et plus encore de sa forme substantivée (« les acculturés »), qui sous-entendent l'aboutissement d'un processus qui, en réalité, n'en connaît pas, et la conversion à une culture jugée (par ceux qui utilisent ces termes) supérieure.

L'anthropologie s'est attachée à montrer l'extrême complexité des phénomènes d'acculturation. On n'a rien expliqué du tout quand on se contente d'utiliser le mot « acculturation » pour rendre compte des conséquences d'un contact culturel. Faire usage du concept d'acculturation, c'est désigner le phénomène à analyser, ce n'est pas réaliser l'analyse elle-même.

III. LA COMPLEXITÉ PHÉNOMÈNES D'ACCULTURATION

Contre l'idée simpliste et ethnocentriste d'une acculturation jouant nécessairement « en faveur » de la culture occidentale, supposée plus avancée, les anthropologues ont montré que les changements culturels s'opèrent de façons très diverses selon les cas.

Les groupes qui connaissent un processus d'acculturation ne subissent pas passivement le changement culturel induit par ce processus. Bien au contraire, ils y participent activement et modifient dans la forme ou dans le fond, pour se les approprier, les éléments, matériels ou symboliques, qu'ils empruntent ou qu'on leur impose. Un des procédés les plus courants d'appropriation est celui de la « réinterprétation » : il consiste soit à attribuer d'anciennes significations culturelles à des éléments nouveaux (par exemple, les saints catholiques identifiés aux esprits vaudous africains dans les cultes afro-américains du vaudou d'Haïti), soit à conférer une signification nouvelle à des éléments anciens (par exemple, la circoncision, rite traditionnel d'identification masculine dans bon nombre de sociétés, présentée aujourd'hui par des « progressistes » de ces sociétés comme une simple mesure d'hygiène). C'est parce que les groupes ne restent pas passifs quand ils sont confrontés à des changements culturels exogènes que l'acculturation n'aboutit pas à l'uniformisation culturelle, contrairement à ce que certains imaginent : chaque groupe a sa manière propre de réagir et d'opérer de nouvelles synthèses culturelles.

Le processus que connaît chaque culture en situation de contact culturel, celui de déstructuration puis de restructuration, est en réalité le principe même d'évolution de n'importe quel système culturel. Toute culture est un processus permanent de construction, déconstruction et reconstruction. Ce qui varie, c'est l'importance de chaque phase, selon les situations. L'étude de la phase de déstructuration est aussi importante du point de vue scientifique, car aussi riche d'enseignements, que celle de la restructuration. Elle révèle que la déculturation n'est pas forcément un phénomène négatif, aboutissant nécessairement à la décomposition totale de la culture initiale et à sa disparition pure et simple. Si la déculturation peut être l'*effet* de la rencontre des cultures, elle peut aussi agir comme *cause* de la reconstruction du système culturel, qui associera le neuf et l'ancien.

Il est vrai que, dans certains cas, la déculturation peut être si profonde que toute restructuration devient impossible (c'est le cas, par exemple, de certains groupes dont l'organisation sociale et culturelle repose sur le nomadisme : Tsiganes, Touaregs, etc. Lorsqu'on leur impose la sédentarisation à la périphérie des villes, ils ne peuvent échapper à une certaine « clochardisation » sociale et économique qui leur interdit toute reconstitution d'un système culturel original). Des restes fragmentaires de la culture initiale peuvent coexister avec des apports fragmentaires de la culture triomphante, mais il n'y a pas de liaisons structurelles entre eux, et les significations originelles de ces éléments sont définitivement perdues. Ce tout hétéroclite ne fait pas système. Cette déstructuration sans restructuration entraîne une désorientation (au sens propre de « perte de sens ») des individus, qui peut se traduire par des pathologies mentales ou par des conduites délinquantes (par exemple, sentiment d'insécurité, d'anxiété, dépréciation de soi entraînant la perte du désir même de vivre, l'impuissance sexuelle, voire même des conduites suicidaires).

Cependant, la plupart du temps, la déstructuration n'est que la première phase d'une recomposition culturelle qui sera de plus ou moins grande ampleur. Quelquefois, on assiste à une véritable « mutation » culturelle ; autrement dit, la discontinuité l'emporte sur la continuité, interdisant tout retour en arrière. Paradoxalement, c'est dans ces cas-là qu'apparaissent les phénomènes dits de « contre-acculturation », comme les mouvements messianiques, les mouvements fondamentalistes et, d'une façon générale, toutes les tentatives de « retour aux sources ». En effet, contrairement à ce qu'on pourrait attendre et à ce que prétendent les leaders de ces mouvements, la contre-acculturation n'est jamais la simple inversion de l'acculturation. L'analyse montre que la contre-acculturation ne se produit que lorsque la déculturation est suffisamment profonde pour empêcher toute recréation à l'identique de la culture originelle. Bien plus, très fréquemment, les mouvements de contre-acculturation empruntent, sans parfois s'en rendre compte, leurs modèles d'organisation et même leurs systèmes inconscients de représentations à la culture dominante qu'ils affirment pourtant combattre. La contre-acculturation, loin d'être un retour aux origines – ce qu'elle voudrait être –, n'est en fait qu'un type, parmi d'autres, de nouvelle structuration culturelle. Elle produit non pas de l'ancien, mais du nouveau.

IV. ACCULTURATION ET RAPPORTS SOCIAUX

On ne doit jamais perdre de vue que ce ne sont pas des cultures qui entrent en contact les unes avec les autres, mais des individus. Il ne faut pas en effet réifier les cultures qui ne sont que des abstractions. Ce qui existe réellement, ce sont les individus. Mais ces individus appartiennent à des groupes sociaux, groupes de sexe, d'âge, de statut, etc. On ne peut donc comprendre leur implication dans le processus d'acculturation sans tenir compte des contraintes sociales qui s'imposent à eux.

D'autre part, il ne faut pas oublier non plus que les relations culturelles ne peuvent se réaliser qu'au sein de situations sociales concrètes. Il n'est donc pas possible de faire abstraction des cadres sociaux à l'intérieur desquels se produisent les échanges. Ces cadres sociaux orientent les échanges et, par conséquent, orientent les changements culturels. Ils peuvent favoriser des rapports d'intégration, de compétition, de conflit, etc. Les faits de syncrétisme, de métissage culturel, voire d'assimilation, ou au contraire de contre-acculturation, doivent donc être replacés dans le cadre de la situation sociale dans laquelle ils se produisent.

Dans l'analyse de tout processus d'acculturation, il faut prêter attention autant au groupe dit « donneur » qu'au groupe « receveur ». D'une part, parce que c'est la nature de leur relation qui explique l'orientation du processus. D'autre part, parce que, si l'on applique ce principe, on découvre vite qu'il n'y a pas à proprement parler de culture uniquement « donneuse », pas plus que de culture seulement « receveuse ». L'acculturation ne se produit jamais à sens unique : c'est un échange à double direction, même si cet échange est le plus souvent inégal.

Les études sur les processus d'acculturation ont donc conduit à un réexamen du concept de culture. La culture est dorénavant comprise comme un ensemble dynamique, plus ou moins (mais jamais totalement) cohérent et plus ou moins homogène. Les éléments qui composent un système culturel, parce qu'ils proviennent de sources diverses dans l'espace et dans le temps, ne sont jamais parfaitement intégrés les uns aux autres. Autrement dit, il y a du « jeu » dans le système. D'autant plus qu'il s'agit d'un système extrêmement complexe. Ce jeu est l'interstice dans lequel se glisse la liberté des individus et des groupes pour « manipuler » la culture.

Cependant, reconnaître que ce sont les individus qui, par leur action, font évoluer les cultures ne revient pas pour autant à admettre l'idée que chacun pourrait, individuellement, bricoler son système culturel propre. Un individu n'est pas en mesure de se confectionner une culture singulière en fonction de ses aspirations personnelles du moment. Réduire la culture à n'être qu'une sorte de panoplie qu'on pourrait endosser ou rejeter, comme tendent à le faire les auteurs qui confondent « cultures » et « styles de vie » (ou « sociostyles »), c'est appauvrir considérablement le concept de culture et régresser à un état de l'analyse culturelle caractérisé par l'ignorance de l'importance déterminante des rapports sociaux. Toute culture est une construction sociale et non individuelle. Et les changements culturels – notamment ceux qui sont la conséquence d'un processus d'acculturation –, parce qu'ils résultent des interactions entre les groupes sociaux, dépendent en définitive de la structure générale des rapports sociaux.

Denys Cuche,
maître de conférences en ethnologie à la Sorbonne (université Paris-V). Il a publié La Notion de culture dans les sciences sociales, *La Découverte, « Repères », nouvelle éd., 2001.*

Chapitre XV

L'EUROPE, POUR QUOI FAIRE ?

JEAN PISANI-FERRY

Introduction

Longtemps, les nations européennes se sont fait la guerre, non seulement des guerres « en dentelles », mais aussi des guerres de masse.

Les anciens combattants de Verdun pensaient que la première guerre mondiale avait été « la der des ders ». Hélas, de la première et de la crise économique des années 1930 est née la seconde et, avec elle, la barbarie absolue des camps d'extermination. Quiconque le sait doit normalement en déduire : « Plus jamais ça. » Mais l'histoire récente nous a une fois de plus démontré que le retour du pire était toujours possible, non pas très loin de nous, mais à quelques centaines de kilomètres...

Après la seconde guerre mondiale, la construction de l'Europe apparut à quelques esprits éclairés comme une nécessité pour garantir définitivement la paix entre les anciens belligérants. Deux obstacles se dressaient toutefois devant ce projet : l'ancienne Europe était coupée en deux par le « rideau de fer »; les États n'étaient pas disposés à renoncer à leur souveraineté politique. Cela explique la stratégie adoptée : commencer par l'intégration économique entre les pays les plus proches, autour d'un attelage France-Allemagne, en espérant qu'elle rendrait nécessaire, ensuite, l'union politique.

Le premier pas, la formation de la Communauté européenne du charbon et de l'acier, date de 1951. Plus d'un demi-siècle plus tard, il n'est toujours pas possible de savoir si cette stratégie fut la bonne. Sur le plan économique, bien qu'il y ait aussi un passif à son bilan, elle a été couronnée de succès : le Marché commun est devenu une union économique et monétaire; il existe des politiques communes; la communauté, devenue Union européenne, n'a cessé de s'étendre. Mais sur les plans politique et social, les avancées sont beaucoup moins évidentes. S'affrontent ici au moins deux conceptions : d'un côté, il y a ceux qui veulent s'en tenir à l'intégration économique, conçue dans une optique libérale (liberté de circulation des marchandises, des capitaux et des hommes; harmonisation des réglementations pour favoriser la concurrence, etc.); de l'autre, il y a ceux qui croient nécessaire la construction d'un État européen disposant des moyens de réguler l'économie et de mener une politique sociale.

Les partisans de la première conception ont plus de chances de l'emporter, au moins à court terme, d'autant que la poursuite de l'élargissement de l'UE complique sérieusement la réalisation de la seconde. La formation d'un État démocratique présuppose en effet un minimum de conscience collective, de solidarité effective et de citoyenneté active, sans même évoquer l'obstacle de la langue.

Le retard du politique et du social sur l'économique rappelle des situations passées qui n'étaient pas particulièrement enthousiasmantes. Mais l'histoire ne se répète pas et l'Europe est engagée dans un processus inédit. C'est pourquoi les questions abordées dans le texte de Jean Pisani-Ferry et dans les dossiers qui le suivent, sont ouvertes.

Il revient à votre génération la lourde responsabilité de trouver les bonnes réponses.

Pascal Combemale

SOMMAIRE

LA CONSTRUCTION EUROPÉENNE

➾ Jean Pisani-Ferry, *économiste, est professeur associé à l'université Paris-IX Dauphine.*

I. INTÉGRER POUR RÉCONCILIER : DE LA CECA AU MARCHÉ COMMUN

La Communauté européenne est née d'une idée simple : rendre la guerre impossible en créant entre les ex-belligérants des solidarités concrètes. C'est cette idée qui inspire le projet que Jean Monnet soumet en 1950 au ministre français des Affaires étrangères Robert Schuman : mettre en commun la gestion des deux branches industrielles sur lesquelles repose tout effort de guerre, le charbon et l'acier. Ainsi naît en 1951 la CECA, la *Communauté européenne du charbon et de l'acier,* à laquelle participent l'Allemagne fédérale, la Belgique, la France, l'Italie, le Luxembourg et les Pays-Bas.

La mine a quasiment disparu et la sidérurgie, qui a subi de multiples restructurations, n'est plus qu'une branche industrielle banale. Mais à l'époque, le symbole est fort : c'est avec de l'acier qu'on construit des chars et des avions. Et surtout, la CECA préfigure l'Europe communautaire par ses principes (libre circulation des produits, mise en œuvre de politiques communes) et son architecture institutionnelle (création d'une institution indépendante des gouvernements, établissement d'un droit communautaire).

Six ans après, le traité de Rome (25 mars 1957) institue le Marché commun. L'ambition est plus grande : il s'agit de créer une

Bibliographie
Christian Hen, Jacques Léonard, L'Union européenne, *La Découverte, « Repères », 11e éd., 2003.*
Guillaume Courty et Guillaume Devin, La Construction européenne, *La Découverte, « Repères », 2001.*

Encadré A : ***Zone de libre-échange, union douanière, marché unique***

Dans une *zone de libre-échange,* les produits fabriqués par les pays participants circulent en franchise de droits de douane. Mais chaque pays conserve la maîtrise de sa politique commerciale vis-à-vis des pays tiers. Ainsi les États-Unis, le Canada et le Mexique, associés depuis 1992 au sein de l'Accord nord-américain de libre-échange (ALENA), n'imposent-ils pas les mêmes droits de douanes sur les importations en provenance de l'Europe. La gestion d'une zone de libre-échange est complexe, parce que ces écarts de droits de douane créent une incitation à la fraude. Il faut établir des règles d'origine qui spécifient à quelles conditions un produit est considéré comme provenant effectivement d'un pays de la zone.

Dans une *union douanière,* toutes les importations de l'union en provenance du reste du monde sont frappées des mêmes droits de douane, quels que soient leurs lieux d'entrée et de destination. Ainsi un téléviseur coréen supporte-t-il les mêmes droits, qu'il soit importé par Anvers ou Barcelone, vendu à Paris ou à Rome. La gestion d'une union douanière est plus simple, mais elle exige que les pays qui y participent adoptent une politique douanière commune.

Un *marché unique* est plus ambitieux. Dans une union douanière, l'intégration économique reste limitée. D'abord, les pays peuvent conserver des instruments de protection comme les quotas d'importation : jusqu'à la fin des années 1980, la France était beaucoup plus restrictive que la Belgique à l'égard des importations de voitures japonaises. Ensuite, la disparité des règlements, en particulier des normes techniques ou sanitaires, freine la circulation des biens ; un exemple bien connu est celui de la réglementation allemande sur la pureté de la bière, qui faisait en pratique obstacle à l'importation de bières d'autres pays. Parallèlement, les services (banques et assurances, transport, énergie) restent protégés. Enfin la mobilité ne s'étend ni aux travailleurs ni aux capitaux : les Français de 1985 ne pouvaient pas faire fructifier leur épargne en tirant parti des taux d'intérêt espagnols. Créer un marché unique, c'est éliminer les derniers obstacles à la libre circulation des produits, assurer la libre prestation de service, permettre la mobilité du travail et du capital.

union douanière [*voir encadré A*], de mettre en place des politiques communes, de fixer le cadre juridique et institutionnel de l'intégration. Celui-ci se caractérise par deux traits originaux :

– un système de gouvernement sans équivalent associant une institution indépendante des États-membres (la *Commission européenne*), qui dispose du monopole des propositions et met en œuvre les décisions prises, une institution intergouvernementale (le *Conseil* des ministres), qui prend les décisions. S'y adjoindra dans les années 1970, un organe de pilotage politique (le *Conseil européen* des chefs d'État, qui fixe les orientations stratégiques). Initialement de faible importance, le *Parlement européen* verra son rôle s'affirmer progressivement : il ne dispose toujours pas des mêmes prérogatives que les parlements nationaux en matière budgétaire et fiscale, mais son rôle législatif et son pouvoir de contrôle se sont accrus au fil du temps ;

– un ordre juridique, fondé sur les traités qui permettent à la Communauté de prendre des décisions directement applicables dans les États-membres sans vote des parlements nationaux, chapeauté par une *Cour de justice*, qui tranche les litiges entre les États et entre ceux-ci et la Commission, et peut être saisie par les citoyens. Point important, le droit communautaire a primauté sur les droits nationaux des États-membres. En cas de conflit, la loi de l'Union prévaut.

Dans les années 1960, le Marché commun suscite beaucoup d'appréhensions en France. Pour une économie principalement tournée vers le commerce colonial, et qui s'est reconstruite à l'abri de protections douanières, c'est effectivement une aventure : en 1956 encore, les exportations vers les pays de la future CEE à six pèsent 31 % des exportations totales, contre 32 % pour les pays de la zone franc. Les industriels craignent d'être écrasés par leurs rivaux allemands, les salariés redoutent la concurrence des bas salaires italiens. Pour assurer la compétitivité il faudra plusieurs dévaluations. Cependant le Marché commun est une réussite. L'économie s'ouvre, l'industrie tient le choc, et la croissance ne montre aucun signe d'affaiblissement : elle atteindra 5,6 % sur la décennie 1960 ; seule, dans la Communauté, l'Italie fait mieux avec 5,7 %. Les exportations vers les partenaires européens se développent rapidement [*voir tableau A*], et la France peut anticiper sur le calendrier prévu pour la libéralisation tarifaire.

PLAN

I. Intégrer pour réconcilier : de la CECA au Marché commun

II. L'intégration profonde : le Marché unique

III. Quand Bruxelles décide : les politiques communes

IV. Un saut qualitatif : la monnaie unique

V. Le fonctionnement de la zone euro

VI. Que fait l'Europe ?

VII. L'élargissement

Tableau A

Exportations de biens de la France (en % du PIB)

CEE à 12	Vers CEE	Extra CEE
1960	4,3	6,9
1970	7,2	5,2
1980	9,2	7,4
1990	11,0	6,5

Source : INSEE, Comptes nationaux.

Exportations (non compris matériel militaire)

	Vers UE à 15	Extra UE
1992	11,2	6
2000	14,2	8,5

Source : Ministère de l'Économie et des finances, dir. des Douanes, in Annuaire statistique de la France.

II. L'INTÉGRATION PROFONDE : LE MARCHÉ UNIQUE

Au milieu des années 1980, le désarmement douanier au sein du Marché commun a épuisé ses effets, et avec l'abaissement généralisé des droits de douane négocié dans le cadre du GATT [*voir chapitre XI*], l'intégration européenne se distingue de moins en moins de l'ouverture tous azimuts. L'Europe, aussi, s'inquiète de ses médiocres performances économiques. Une relance est alors décidée, autour d'un objectif : supprimer toutes les entraves à l'interpénétration des économies en créant le Marché unique au 1er janvier 1993.

L'idée est simple, mais la réalisation complexe. Car les obstacles à l'intégration tiennent à la trame même de la législation économique : aux normes techniques ou sanitaires qu'impose notamment la protection des consommateurs (quand un produit cacaoté a-t-il le droit de s'appeler « chocolat » ?) ; aux réglementations professionnelles (qui a le droit de s'installer comme médecin ?) ; à la fiscalité (combien de taxes une bouteille de whisky supporte-t-elle ?) ; à la surveillance des activités financières (quelles garanties les banques offrent-elles aux déposants ?) ; à la législation sociale (quelle est la durée de conduite autorisée pour les camionneurs ?) ; au partage entre sphère publique et sphère privée (la distribution d'électricité est-elle un monopole public ?). Le bon fonctionnement d'une économie de marché requiert le plus souvent la mise en place de telles réglementations, car sans elles le coût d'accès à l'information serait prohibitif pour les consommateurs, et les producteurs feraient face à des distorsions de concurrence. Mais au sein de la Communauté, cette grammaire de l'échange s'est développée indépendamment dans chaque pays. Concrètement, ce que les Anglais appellent chocolat n'a pas le droit de se nommer ainsi en France ou en Belgique. Quant à la frontière entre services publics et services privés, elle ne passe pas partout au même endroit : en France, la distribution de l'eau est de longue date concédée au secteur privé ; ailleurs, elle est monopole public.

Face à cette situation, la voie traditionnelle est l'harmonisation des réglementations [*voir encadré B*]. Mais elle garantit surtout des discussions sans fin, car autour de la table, chacun est convaincu de la supériorité de son propre système. Pour en sortir, il faudra deux innovations : d'une part, la *reconnaissance mutuelle* ; l'idée sous-jacente est qu'il n'est pas nécessaire de tout harmoniser, parce que les Douze partagent les mêmes objectifs généraux et que si un produit est reconnu propre à la consommation chez l'un d'entre eux, il convient vraisemblablement aux consommateurs des autres pays ; d'autre part, le *vote à la majorité qualifiée* permet d'éviter les blocages. En 1987, le traité dit de l'*Acte unique* permet de mettre la machine en route. Des centaines de décisions et directives[1] communautaires seront cependant nécessaires pour aboutir à l'objectif, car même avec la reconnaissance mutuelle, un minimum d'harmonisation est inévitable. Il y aura bien entendu des dérapages, et le chancelier Kohl s'élèvera en 1992 contre la « furie réglementaire » de Bruxelles qui veut tout normaliser. Il y aura à l'inverse des oublis

1. Une *décision* communautaire est d'application directe dans les États membres. Une *directive* doit être transposée dans la législation nationale de chaque pays.

Encadré B : *Quand faut-il harmoniser ?*

Deux conceptions s'opposent. Les Français considèrent en général qu'il est nécessaire de procéder à une harmonisation poussée des réglementations afin d'éviter un alignement par le bas. Une absence d'harmonisation, disent-ils, favorisera le pays où la fiscalité est la plus légère, où la réglementation est la plus laxiste, où le droit social est le moins contraignant.

Les Britanniques défendent fréquemment une conception opposée. Pour eux, le Marché unique organise une « compétition entre les règles », qui va récompenser l'organisation socio-économique la plus efficace. Harmoniser, disent-ils c'est contraindre les pays efficaces à s'aligner sur ceux qui ne le sont pas, pour le seul bénéfice des bureaucraties nationales ou bruxelloises.

Au-delà de l'opposition des intérêts nationaux ou de l'antagonisme idéologique entre une conception interventionniste et une conception libérale, de bons arguments peuvent être avancés à l'appui de chacune des deux thèses. Si l'on considère, par exemple, que les normes techniques sont pour le consommateur final une garantie de qualité, alors celui-ci finira sans doute par reconnaître les mérites des bonnes réglementations. La réputation du *Made in Germany* en est l'illustration. Mais à l'inverse, il est clair que l'absence d'harmonisation de la fiscalité des revenus du capital a permis au Luxembourg de miser sur la concurrence fiscale pour attirer des capitaux au détriment de ses voisins, sans que ceci produise un quelconque bénéfice général.

malheureux, comme en matière de fiscalité de l'épargne. Il y aura aussi quelques déceptions dans les domaines des services, où l'intégration progresse souvent à petits pas. Mais au total, l'objectif est atteint. Les gains économiques associés sont cependant moins apparents que ne le laissaient attendre les évaluations initiales [*voir encadré C*].

III. QUAND BRUXELLES DÉCIDE : LES POLITIQUES COMMUNES

C'est un poncif du débat français que d'opposer une Europe réduite à une zone de libre-échange, que voudraient les Anglais, et une Europe intégrée, que voudraient les Français et les Allemands. C'est une caricature, mais elle met l'accent sur un point important : la Communauté ne se définit pas seulement par ce qu'elle élimine – les entraves aux échanges –, elle existe aussi par ce qu'elle ajoute – les *politiques communes*. Lorsqu'il y a politique commune, c'est à Bruxelles qu'on décide ou qu'on dépense, même si la décision appartient aux ministres des Quinze réunis au sein du Conseil. Bien sûr, Bruxelles décide aussi en l'absence de politiques communes. Mais son intervention est alors d'ordre législatif. Dans les domaines relevant de politiques communes, Bruxelles prend des décisions d'application, engage des budgets, se prononce sur des cas concrets. En cela, on peut dire qu'existent bel et bien des éléments de gouvernement européen. Mais quels domaines faut-il mettre en commun ? Et selon quels critères ?

En premier lieu, certaines politiques communes sont la contrepartie mécanique de l'intégration économique. C'est le cas de la *politique commerciale extérieure* : par définition, les Quinze n'ont qu'un seul tarif extérieur ; depuis le Marché unique, ils n'ont plus qu'une

Encadré C : *Où sont passés les gains du Marché unique ?*

Les effets économiques du Marché unique ont fait l'objet en 1988 d'une évaluation détaillée par les services de la Commission. Trois types d'effets *microéconomiques* étaient attendus :
– une baisse des coûts de production en raison de la réduction des barrières aux échanges (formalités douanières, adaptation des produits aux différentes réglementations) ;
– des économies d'échelle résultant d'une rationalisation des processus de production (fusions d'entreprises pour atteindre une taille européenne) ;
– une réduction des inefficacités internes aux entreprises et des rentes de monopoles résultant d'un accroissement de la concurrence.
On le voit, il s'agissait essentiellement de gains associés à une amélioration de l'*offre* des entreprises. Les services de la Commission européenne associaient à ces effets d'offre des gains *macroéconomiques* en termes de PIB et d'emplois, qui avaient été chiffrés à 4,5 points de PIB sur une période de six ans postérieure à 1992.
Certains de ces effets ont été observés par anticipation. Les *fusions et acquisitions* d'entreprises à l'intérieur de la Communauté ont plus que doublé entre 1987 et 1990. Parallèlement, les *investissements directs à l'étranger* se sont fortement développés ; ainsi la part de la Communauté dans les investissements des firmes françaises à l'étranger est-elle passée de 28 % entre 1981 et 1985 à 61 % entre 1986 et 1990. Indubitablement, les firmes ont par anticipation adapté leur stratégie à la perspective du Marché unique. Les échanges ont aussi augmenté. Dans le même temps, cependant, l'Europe a connu en 1992-1993 une sévère récession et des pertes d'emploi substantielles, et sa croissance au cours des années 1990 a été plus que décevante, surtout en comparaison des États-Unis. Ceci illustre les limites d'une évaluation macroéconomique de mesures structurelles dont les effets se font sentir à long terme, mais sont à plus brève échéance totalement dominés par des développements macroéconomiques indépendants. Une chose est sûre en tous cas : le Marché unique n'a pas eu sur l'emploi et la croissance les effets spectaculaires qu'on lui avait un peu rapidement prêtés.

seule politique en matière de quotas, car un pays ne pourrait imposer des quotas d'importation spécifiques qu'en restreignant la liberté de circulation des produits ; c'est la Commission européenne qui négocie à l'Organisation mondiale du commerce (OMC) au nom des Quinze. Ces derniers ne sont pas inactifs, mais leur rôle se limite à donner un mandat de négociation à la Commission et à surveiller sa mise en œuvre. Ils sont un peu dans la position du Congrès américain vis-à-vis de l'administration.

L'intégration peut en second lieu rendre nécessaire la mise en place de politiques communes pour des raisons de cohérence. C'est le cas en matière de *politique de la concurrence.* Une politique de la concurrence est nécessaire pour éviter que les États se lancent dans des guerres de subventions au profit de tel ou tel secteur, budgétairement coûteuses et sans bénéfice d'ensemble pour les économies européennes. C'est pourquoi la Commission européenne a été dotée d'un pouvoir de police des aides d'État : on en a beaucoup parlé tout au long de l'affaire du Crédit Lyonnais dans les années 1990, lorsque la Commission a imposé à la banque des cessions de filiales en contrepartie de l'acceptation du plan de renflouement préparé par les pouvoirs publics. La politique de la concurrence a aussi pour but d'éviter que se constituent au détriment des consommateurs des monopoles ou des positions dominantes. C'est déjà le cas dans la plupart des pays. Mais si l'Europe forme un espace économique intégré, c'est au niveau communautaire et non au niveau des États qu'il faut juger si une entreprise atteint une taille critique. C'est pourquoi une réglementation communautaire des fusions-acquisitions a été mise en place en 1989. Tout regroupement d'entreprises dépassant un certain seuil est soumis à autorisation de la Commission. Cette dernière est souveraine, mais peut être démentie par la Cour de justice, comme cela s'est produit en 2002 dans le cas de la fusion Schneider-Legrand, que la Commission avait interdite.

➡ **Voir dossier 1**, « La politique de la concurrence », page 552

Troisième argument, celui de l'efficacité. Il s'applique notamment à la recherche. L'existence de laboratoires de recherche performants sur le territoire européen bénéficie aux entreprises quelle que soit leur nationalité. En l'absence de politique communautaire de stimulation de la recherche, chaque pays compterait sans doute sur les efforts de ses voisins, et consacrerait ses moyens budgétaires à des actions dont les bénéfices vont plus directement à ses propres citoyens (les économistes parlent de *bien public* pour désigner ces actions dont les bénéfices sont répartis, de sorte que personne ne veut en supporter le coût). En pareil cas, des décisions décentralisées et non coordonnées risquent d'aboutir à une insuffisance d'offre de bien public. *Mutatis mutandis*, l'argument vaut aussi pour les infrastructures de transport (TGV, réseaux de satellites), l'aide extérieure ou la défense.

Quatrième argument, celui de l'équité. La Communauté ne s'intéresse pas à la répartition des revenus entre les personnes, qui est du ressort des États nationaux. Mais elle s'intéresse à la répartition du revenu entre les collectivités (régions et États) et a mis en place des instruments pour aider les régions en retard de développement. Ce sont les *Fonds structurels*, qui financent jusqu'à 50 % des travaux d'infrastructure, et dont le montant (un tiers du budget européen) a été fortement accru à partir du milieu des années 1980 au profit de l'Irlande, du Portugal, de la Grèce et de l'Espagne. Cette augmentation a été justifiée par la nécessité de corriger les effets de concentration du Marché unique, dont on craignait qu'il contribue à la désindustrialisation des régions périphériques et des régions moins bien dotées en infrastructures publiques.

La liste des compétences communautaires n'est pas figée. Jusqu'où faut-il aller ? Que faut-il remettre en cause ? Pour ses critiques, Bruxelles a fait un usage extensif des arguments ci-dessus et accapare des compétences qui ne lui reviennent pas. À l'inverse, des voix s'élèvent pour que le soutien au revenu des agriculteurs, qui relève actuellement de la Politique agricole commune (PAC), soit de manière croissante pris en charge par les États eux-mêmes. C'est le débat sur le cofinancement, que l'Allemagne avait proposé lors des discussions sur la réforme de la PAC au début 1999 et que la France a refusé. Pour déterminer ce qui doit revenir à Bruxelles et ce qui doit rester du ressort des États nationaux, un principe au nom barbare a été introduit dans le traité de Maastricht : le *principe de subsidiarité* [*voir encadré D*]. Mais il est plus facile de poser un principe général que de se mettre d'accord sur son application.

Quoi qu'il en soit, le budget communautaire reste, en proportion de la richesse nationale, d'un ordre de grandeur dix à vingt fois inférieur à ceux des grandes fédérations comme les États-Unis ou le Canada [*voir tableau B*]. Même si la Communauté emprunte la voie fédérale que certains appellent de leurs vœux, il le restera à l'avenir, car les budgets fédéraux comme celui des États-Unis se sont constitués en ajoutant de nouvelles fonctions à celles qu'assuraient déjà les États (la sécurité sociale, la défense, etc.). Or en Europe, il n'y a plus grand-chose à ajouter aux fonctions des États. Tout accroissement du budget communautaire doit donc se faire par transfert vers Bruxelles de fonctions antérieurement assurées par les États. Un tel transfert suscite des oppositions, et c'est pourquoi on n'ira jamais très loin dans cette voie.

Mais avec les institutions, les politiques communes existantes font déjà de la construction communautaire autre chose qu'une simple zone de libre-échange. La combinaison d'une intégration par la levée des entraves aux actions des agents privés et d'une intégration par la mise en commun de politiques publiques distingue l'expérience européenne des autres expériences d'intégration régionale qui existent dans l'économie mondiale.

Tableau B

Le budget communautaire comparé à ceux des grandes fédérations

	Dépenses publiques totales (en % du PIB)	Dépenses de l'administration fédérale (en % du PIB)
Australie	36	20
Canada	45	19
Suisse	38	19
États-Unis	36	22
CE	49	1,2

Note : pour les besoins de la comparaison, les dépenses communautaires sont ici assimilées à celles d'une administration fédérale.
Source : Commission européenne.

Encadré D : *Le principe de subsidiarité*

Pour faire le partage entre compétences communautaires et compétences nationales, le traité de Maastricht fixe un principe : la subsidiarité. Ce principe pose que la Communauté n'intervient que si « les objectifs de l'action envisagée ne peuvent pas être réalisés de manière suffisante par les États membres [...] et peuvent être mieux réalisés au niveau communautaire ». Il s'agit d'un principe de décentralisation, qui ne s'applique pas dans la délimitation des compétences respectives de l'État français et des collectivités territoriales (régions, départements, communes).
Pour l'appliquer, l'analyse économique invite à déterminer, au cas par cas, si le transfert d'une décision du niveau national au niveau communautaire permet de gagner en efficacité. C'est facile dans certains cas : par exemple, certaines pollutions (effet de serre, en particulier) ignorent les frontières ; dans ce cas, il est préférable de centraliser les décisions, et il est logique qu'un objectif d'ensemble de réduction des émissions de gaz à effet de serre ait été fixé pour l'ensemble de l'Union européenne. *A contrario*, il y a souvent de grands avantages à prendre une décision au niveau le plus décentralisé : pourquoi faudrait-il que Bruxelles se mêle de pollutions locales qui affectent quasi exclusivement les habitants d'une ville ou d'un canton ?

Un point délicat, que ne tranche pas le principe de subsidiarité, est celui de l'*équité*. Un argument souvent invoqué en faveur de la centralisation est celui de l'égalité entre les citoyens. Il est clair qu'il n'y a pas égalité entre les citoyens européens (par exemple, tous n'ont pas droit aux mêmes prestations sociales). Mais à l'inverse, de trop grandes inégalités entre les citoyens des États membres finiraient par provoquer des migrations. Il faut donc trouver un équilibre entre l'autonomie des États et le minimum d'harmonisation qu'implique l'appartenance à un ensemble intégré.

IV. UN SAUT QUALITATIF : LA MONNAIE UNIQUE

L'Europe des politiques macroéconomiques a longtemps été à la traîne par rapport à celle des marchés, jusqu'à la création du Système monétaire européen (SME), et surtout à son prolongement par l'union monétaire [*voir encadré E*].

Ce délai est compréhensible. Il est plus facile à des États de supprimer des obstacles au mouvement des biens ou du capital que d'abandonner la maîtrise des grands instruments de politique économique que sont la monnaie et le budget. En outre, les chocs successifs (dévaluation du dollar, chocs pétroliers) que l'économie mondiale a subis dans les années 1970 et 1980 ont donné lieu en Europe à des réactions disparates qui ont fait diverger les taux d'inflation.

À partir du milieu des années 1980, cependant, deux facteurs vont redonner vie au projet d'union monétaire :
– les initiatives de politique économique autonome échouent. En pleine récession, en 1981, la France de François Mitterrand tente une relance budgétaire en solitaire. L'accroissement du déficit extérieur et la méfiance des marchés des changes ont bientôt raison de cette tentative. Cette leçon ne sera oubliée par personne en Europe. En France, nombreux sont ceux qui en tirent la conclusion que pour réussir, les politiques de relance doivent désormais être conduites à l'échelle de l'Europe ;
– établi à la fin des années 1970, le Système monétaire européen (SME), qui vise à limiter à ± 2,25 % les fluctuations de taux de change entre les pays qui y participent, s'affirme comme un succès. Initialement fréquentes, en raison des écarts d'inflation, les dévaluations se font de plus en plus rares : du fait du coût politique d'une dévaluation pour le gouvernement qui y a recours, le SME joue le rôle d'une machine à faire converger les taux d'inflation. Peu à peu, la plupart des pays de la Communauté rejoignent le SME. Ils étaient sept en 1979, ils sont onze en 1992.

Il redevient alors possible d'imaginer une politique monétaire commune. D'une certaine manière, celle-ci existe déjà : c'est celle de la banque centrale allemande, la *Bundesbank*. Bien que formellement parfaitement symétrique, le SME fonctionne en effet de manière asymétrique. De fait, la *Bundesbank* choisit sa politique

Encadré E : ***L'histoire tourmentée de l'intégration monétaire européenne***

1970 : le « plan Werner » prévoit l'union monétaire pour 1980.
1971-1973 : fin du système de changes fixes de Bretton Woods. Divergences économiques et monétaires entre pays européens.
1972 : création du « Serpent monétaire européen », destiné à limiter les fluctuations de taux de change.
1973-1974 : premier choc pétrolier ; éclatement du Serpent.
1979 : création du Système monétaire européen (SME).
1981-1983 : dévaluations à répétition en France. Doutes sur l'avenir du SME.
1984-1992 : stabilité croissante des changes à l'intérieur du SME.
1989 : « rapport Delors » sur l'Union économique et monétaire (UEM).
1991 : négociation du traité de Maastricht qui prévoit l'UEM pour 1999 au plus tard.
1992-1993 : crises de change à répétition ; l'Italie et le Royaume-Uni sortent du SME. Élargissement des marges de fluctuation du SME. Doutes sur l'avenir de l'UEM.
1995-1997 : réaffirmation de l'objectif de l'UEM. Efforts de convergence des États membres.
1998 : onze pays se qualifient pour l'euro.
1999 : entrée en vigueur de l'UEM. L'euro devient la monnaie officielle des onze.
2002 : introduction des pièces et billets en euro. La Grèce rejoint la monnaie unique.

monétaire comme elle l'entend, et les banques centrales des autres pays déterminent la leur de manière à maintenir leur taux de change fixe vis-à-vis du mark. Cette asymétrie s'affirme avec la libération des mouvements de capitaux qui se généralise dans les années 1990 : contraints de choisir entre autonomie et stabilité du change, les pays européens choisissent dans leur ensemble la stabilité du change [*voir encadré F*].

L'Allemagne ne s'est pas retrouvée au poste de commandement du SME par un coup de force ou une négociation. Elle doit cette position à la réputation de stabilité de la monnaie allemande. C'est pour cette raison que d'autres pays européens ont trouvé avantage à accrocher leur monnaie au mark : ils ont voulu ainsi convaincre de ce qu'ils visaient effectivement et sérieusement une faible inflation. Mais une fois le but atteint, l'asymétrie du SME perd à la fois sa justification et son intérêt. La France, notamment, n'a plus de raison d'accepter de voir les décisions de politique monétaire lui échapper. C'est pourquoi le succès du SME débouche sur le projet d'union monétaire.

Faire une union monétaire, c'est fixer irrévocablement les taux de change entre les pays participants et mettre en place l'institution qui mènera la politique monétaire commune : la Banque centrale européenne. Dès lors, les monnaies des différents pays participants deviennent équivalentes. On peut alors les remplacer par une monnaie unique.

L'union monétaire est d'abord voulue par la France qui a été avec l'Allemagne à l'origine du SME et a consenti beaucoup d'efforts (hausse du chômage) pour purger son économie de toute trace d'inflation. Elle rencontre des réticences en Allemagne, où la monnaie fait office d'emblème national. Le projet d'union monétaire fait l'objet d'âpres négociations. Les Français veulent un engagement ferme de calendrier. Les Allemands veulent des garanties de stabilité monétaire. Les Italiens ne veulent pas être exclus. Les Anglais ne veulent pas qu'on leur force la main. Le résultat est le traité de Maastricht, qui fixe un calendrier – la monnaie unique en 1997 ou, au plus tard, en 1999 –, impose à tous les participants de rendre leur banque centrale indépendante du gouvernement, fixe des critères, notamment

Encadré F : *Pourquoi les changes fixes sont incompatibles avec l'autonomie des politiques monétaires*

En régime de liberté des mouvements de capitaux, il faut choisir entre la stabilité des changes et l'autonomie des politiques monétaires. Un exemple simple, inspiré par l'histoire des années 1990, permet de comprendre pourquoi.

Supposons que le taux d'intérêt soit de 6 % en Allemagne et que le taux de change franc-mark soit stable. Si la Banque de France abaisse son taux d'intérêt à 4 %, les détenteurs de capitaux (c'est-à-dire les trésoriers d'entreprises, les gestionnaires d'assurance-vie, etc.) vont préférer détenir des marks qui leur rapportent 6 %. Ils vendent donc des francs. Certains empruntent même des francs à 4 % pour les placer en mark à 6 %. Comme il y a plus de vendeurs de francs que d'acheteurs, la Banque de France est contrainte de puiser dans ses réserves de devises (dollars, marks) pour acheter des francs contre des marks (sinon le prix du franc, c'est-à-dire le taux de change, baisserait). Mais comme les réserves de la Banque de France sont finies, elle ne peut faire l'appoint très longtemps. Elle est donc contrainte de remonter son taux d'intérêt à 6 %.

Il y a bien une autre solution : c'est que le franc baisse de 2 % pour remonter ensuite. Si les détenteurs de capitaux sont convaincus de ce que le franc va effectivement remonter, alors il sera équivalent pour eux de détenir des marks qui rapportent 6 % ou des francs qui rapportent 4 % plus 2 % de valorisation du change. Mais cette solution est incompatible avec la stabilité du taux de change.

En régime de liberté des mouvements de capitaux, la fixité des taux de change implique donc l'unicité de la politique monétaire. Dans un système asymétrique, cette politique est celle d'un des pays participants. Dans une union monétaire, elle est fixée par une banque centrale commune. Dans un cas comme dans l'autre, il n'y a qu'un centre de décision.

budgétaires, pour déterminer quels seront les pays admis à participer à l'union monétaire, et donne aux Anglais et aux Danois l'option de ne pas s'y joindre.

Pour pouvoir participer à l'union monétaire, de nombreux pays doivent consentir de grands efforts de réduction de leur déficit budgétaire, afin de le ramener sous le seuil de 3 % du PIB, et poursuivre leur désinflation, alors même que la récession de 1991-1993 provoque une hausse du chômage et un gonflement des déficits. Tous doivent rendre leur banque centrale indépendante du gouvernement, ce qui est pour certains (dont la France) en rupture avec une longue tradition de concentration des pouvoirs économiques entre les mains du ministre des Finances. Tous doivent aussi renoncer à l'option de la dévaluation, qui demeurait ouverte au sein du SME même si l'on ne s'en servait pas. Or la crise de change de 1992-1993 vient montrer que la dévaluation peut intervenir quand bien même on croyait l'avoir remisée au magasin des accessoires inutiles. Le choc inflationniste induit par la réunification allemande de 1990 a en effet conduit la *Bundesbank* à durcir sa politique monétaire. Mais la hausse des taux d'intérêt a aussi frappé des économies qui, loin de connaître une surchauffe inflationniste, étaient aux prises avec la récession : le Royaume-Uni, la France ou l'Italie. Anticipant que la dévaluation sera au bout du chemin, la spéculation s'est déclenchée au sein du SME. Après une attaque d'une rare ampleur à l'été 1993, les gouvernements renoncent à défendre strictement les taux de change et instaurent des marges de fluctuation de ± 15 %.

Cette crise illustre les difficultés d'une union monétaire. La leçon des années 1992-1993 est rude : la spéculation a montré qu'elle pouvait mettre le SME en pièces, et donc que la stabilité des changes ne pouvait être durablement garantie que par une union monétaire. Mais la crise a aussi montré que la fixité des changes n'était effectivement pas sans coût. Pendant un temps, l'histoire hésite. Beaucoup croient l'union monétaire enterrée. Mais la dynamique d'intégration l'emporte finalement : à l'automne 1995, un Jacques Chirac fraîchement élu fait le choix de l'ajustement budgétaire ; à la fin 1995, les chefs d'État européens réaffirment leur volonté de faire l'union monétaire. L'Italie, que beaucoup d'observateurs croient vouée à l'exclusion en raison de l'état de ses finances publiques, redouble d'efforts pour faire partie des élus. En France, où les rigueurs de l'ajustement budgétaire à venir ont sans doute pesé dans la décision de dissoudre l'assemblée, le gouvernement Jospin issu des élections de juin 1997 affirme aussitôt sa volonté de qualifier le pays pour l'euro.

En mai 1998, au terme d'un vote de qualification, onze pays sont retenus pour l'aventure de l'euro. Trois s'abstiennent volontairement : le Royaume-Uni, la Suède et le Danemark. Et un est recalé : la Grèce. Pour en arriver là, il a fallu que tous prennent des engagements supplémentaires de discipline budgétaire : négocié à la demande de l'Allemagne, le Pacte de stabilité et de croissance (mais ce dernier ajout est cosmétique) fixe aux États-membres l'objectif d'un solde public proche de l'équilibre ou en surplus et spécifie les sanctions qu'encourraient les pays dont le déficit dépasserait durablement 3 % du PIB.

V. LE FONCTIONNEMENT DE LA ZONE EURO

En adhérant à l'union monétaire, douze États-membres de l'Union européenne se sont dotés d'un *système de politique économique* précisément défini. On peut le résumer en deux volets :
– la politique monétaire de la zone euro est conduite par une banque centrale unique, la Banque centrale européenne (BCE). Celle-ci est indépendante des gouvernements et reçoit pour mandat prioritaire d'assurer la stabilité des prix [*voir encadré G*]. Le pouvoir monétaire est fédéral : les décisions de hausse ou de baisse des taux d'intérêt sont prises par un Conseil qui regroupe les six membres du directoire de la BCE et les gouverneurs des banques centrales nationales (douze en 2003), chacun pesant pour une voix. C'est ce qu'on appelle l'*Eurosystème* ;
– les politiques budgétaires et fiscales restent de la responsabilité des gouvernements nationaux. Mais leur marge de liberté est encadrée : ils doivent, sous peine de sanctions, « éviter les déficits excessifs », en pratique des déficits supérieurs à 3 % du PIB, sauf récession prononcée. Pour garantir qu'ils ne franchiront pas cette limite en période de ralentissement, ils doivent aussi viser pour le moyen terme des soldes budgétaires « proches de l'équilibre ou en surplus ». Par ailleurs, les États membres se consultent sur la conjoncture et les choix de politique économique, et adoptent des orientations communes : c'est ce qu'on appelle la *coordination des politiques économiques*.

Le premier volet découle logiquement du choix de l'union monétaire : à monnaie unique, politique monétaire unique et banque centrale commune. Le mandat et les statuts de cette banque centrale portent cependant la trace des circonstances dans lesquelles le traité a été négocié : le mandat et les statuts de la BCE sont très proches de ceux de la *Bundesbank*, la priorité à la stabilité des prix est affirmée avec une très grande force, et en pratique, la définition numérique de l'objectif d'inflation relève de la seule banque centrale. C'est une différence avec le système britannique, où la banque centrale est indépendante dans le choix des moyens mais où l'objectif à atteindre est fixé par le gouvernement.

Le second volet découle de la dissymétrie entre le choix de confier la politique monétaire à une institution commune et celui de laisser la politique budgétaire entre les mains des États. Il pouvait difficilement en aller autrement. Pour des raisons politiques, mais aussi pour des raisons économiques : il importe que les États membres, entre lesquels l'union monétaire laisse subsister de nombreuses différences de structure, conservent à leur disposition un instrument de politique macroéconomique. Mais politique monétaire et politique budgétaire interagissent l'une sur l'autre. D'où les garde-fous contre les déficits excessifs, censés protéger la banque centrale des risques d'instabilité que ferait courir une politique budgétaire laxiste.

La coordination des politiques économiques figure parmi les principes constitutifs de l'union économique et monétaire. C'est un principe auquel les Français sont particulièrement attachés. L'idée sous-jacente est que si la BCE a la responsabilité de la politique monétaire, tandis que les États conservent la maîtrise de leurs décisions budgétaires, il importe néanmoins que ces différents acteurs veillent à ce que ces différents instruments concourent à doter la zone euro d'une politique favorable à la croissance non-inflationniste. Une ins-

Encadré G : *La BCE*

Responsabilités :
– définir et conduire la politique monétaire de la zone euro ;
– conduire les opérations de change ;
– assurer le fonctionnement du système des paiements.

Mandat :
– objectif prioritaire : la stabilité des prix ;
– sans préjudice de cet objectif, apporter son soutien aux politiques économiques générales de la Communauté.

Organisation :
– un directoire de six membres nommés par le Conseil européen, parmi lesquels le président (Wim Duisenberg de 1999 à 2003), qui prépare les décisions et dirige les services de la BCE ;
– un conseil composé du directoire et des douze gouverneurs des banques centrales nationales, qui prend les décisions de politique monétaire.

Indépendance :
– les mandats des membres du directoire sont de huit ans, irrévocables ;
– ils ont interdiction de recevoir des instructions ;
– les banques centrales nationales sont elles-mêmes indépendantes.

Tableau C

La taille de la zone euro				
	Population au 1er janvier 2001 (en millions d'habitants)	**PIB en 2000**[a] (en milliards d'euros)	**PIB par habitant en 2000**[a] (en euros)	**PIB par habitant en 2000** (en dollars PPA[b])
Zone euro	303	6 553	21 500	17 700
UE	377	8 526	22 500	18 500
États-Unis	278	10 709	38 900	28 000
Japon	127	5 145	40 600	20 500

a. Aux taux de change courants.
b. Parité pouvoir d'achat
Sources : Eurostat et CEPII.

tance a été créée à cette fin : l'Eurogroupe, qui réunit les ministres des Finances de la zone euro, la Commission et la Banque centrale européenne.

Depuis le premier janvier 1999, l'euro est légalement la monnaie de plus de 300 millions d'Européens [*voir tableau C*]. Le système financier fonctionne en euro, et un nombre croissant d'entreprises établissent leur comptabilité en euro. Les monnaies nationales ont disparu au début 2002 (même si elles subsistent dans les têtes comme unités de compte). Si d'aventure un État membre de la zone euro décidait de la quitter, il devrait rembourser sa dette publique en euros.

Contrairement à bien des prévisions, la transition vers l'euro s'est faite sans heurt et la BCE a pris en mains la politique monétaire de la zone. C'est un grand succès. Cependant plusieurs questions se posent :
– la stratégie de la BCE est très critiquée. On lui reproche moins d'être excessivement restrictive, comme on le craignait souvent avant 1999, que d'être peu lisible. Beaucoup d'économistes pensent aussi qu'elle s'est donné une cible d'inflation trop étroite (officiellement moins de 2 %, en réalité 1 à 2 % compte tenu du fait qu'une inflation trop basse fait courir un risque de déflation), et qu'il aurait mieux valu définir une fourchette de type 1 à 3 % ;
– les pays de la zone euro ne forment pas une entité homogène. À un instant donné coexistent des pays à très faible inflation (1 % ou moins) et des pays où la hausse des prix est sensiblement plus rapide (4 à 5 %). Comme le taux d'intérêt est le même partout, le coût réel des emprunts est beaucoup plus faible dans les seconds que dans les premiers. Or ce sont souvent les pays à inflation plus forte qui auraient besoin de taux d'intérêt élevés ! Il est difficile de conduire une politique appropriée pour un ensemble de pays aux conjonctures disparates [*voir graphique A*] ;
– le Pacte de stabilité fonctionne mal. Au cours des bonnes années 1998-2000, il était facile de respecter ses contraintes. En conséquence, beaucoup de pays ont profité de la bonne conjoncture pour baisser les impôts ou augmenter les dépenses. En phase de ralentissement, ils sont obligés de mener une politique restrictive, qui ralentit encore la croissance. On commence à parler de réforme du Pacte ;
– la coordination est un exercice difficile auquel les États ne sont pas habitués. L'union monétaire change les règles du jeu. Elle implique plus de transparence en matière de politique économique, plus de dialogue et de coopération, et ce qui est parfois le moins aisé, une vision commune des enjeux et des priorités. Au cours des premières années, la mise en place d'une politique coordonnée a connu des succès et des revers.

Qu'il y ait rodage de l'euro n'est pas en soi inquiétant. Il est naturel que les adaptations prennent du temps. Mais deux points méritent d'être soulignés.

Il faut rappeler, d'abord, qu'une union monétaire comporte inévitablement des bénéfices *et* des coûts. Or les coûts sont potentiellement d'autant plus importants que les pays diffèrent les uns des autres par leurs structures ou leurs comportements, parce qu'il est alors coûteux de ne pouvoir ni dévaluer le taux de change des pays ayant subi un choc inflationniste, ou dont les produits se vendent moins bien sur le marché international, ni fixer pour chaque pays le taux d'intérêt qui correspond à sa conjoncture. Bref, l'union monétaire n'est ni sans enjeu ni sans risques. Elle n'apportera tous les bénéfices attendus que si les différents acteurs – gouvernements, banque centrale, entreprises, salariés – comprennent les nouvelles règles du jeu.

Les débats sur la coordination sont, ensuite, révélateurs d'une hésitation plus profonde. Le projet d'union monétaire a dès l'origine réuni deux courants dont les conceptions de politique économique sont opposées. Pour un premier courant, il s'agissait d'établir un ordre monétaire, garant de la stabilité des prix, et protégé par des règles de discipline budgétaire. Dans ce cadre, certains pays peuvent réussir et d'autre échouer, en fonction de la qualité de leurs politiques économiques. Pour un second courant, il s'agissait de recouvrer, à l'échelle européenne, l'autonomie macroéconomique perdue au niveau national, et pour cela de construire une politique économique commune. Ils envisageaient donc de coupler des politiques budgétaires coordonnées avec une politique monétaire active. En somme, les premiers voyaient la monnaie à la manière du XIXe siècle et les second à la façon du XXe. Ils s'étaient retrouvés autour d'un projet que chacun peignait à ses couleurs.

Ce débat n'a pas encore été tranché. Les tenants de la première approche ont fait inscrire dans les traités des dispositions fortes : objectif de stabilité des prix, indépendance de la banque centrale, discipline budgétaire. Les avocats de la seconde ont obtenu que soient créés les instruments de l'autonomie collective : monnaie unique, politique monétaire commune, Eurogroupe. Les premiers peuvent aujourd'hui prendre appui sur une base juridique solide, les seconds tentent de construire une culture commune au gré des réponses aux événements. Beaucoup de pays, surtout parmi les plus petits, restent réticents à la notion de coordination et se contenteraient volontiers d'un ordre monétaire. Mais nul ne peut dire aujourd'hui si dans dix ans, l'Europe de l'euro sera régie par quelques règles fixes ou si elle se sera forgé une culture de politique économique.

VI. QUE FAIT L'EUROPE ?

Les traités de Maastricht (1991) et d'Amsterdam (1997) visaient à donner des fondements solides à la Communauté – à l'Union européenne, selon la nouvelle appellation – pour assurer sa prospérité dans un monde rendu plus dur par la mondialisation de la compétition et lui permettre d'affronter les défis de la nouvelle Europe née de la fin du communisme. Les questions sur l'avenir et la finalité de la construction européenne sont cependant plus nombreuses et plus aiguës que jamais. On peut les classer en deux catégories qui

Graphique A

Dispersion de l'inflation dans la zone euro

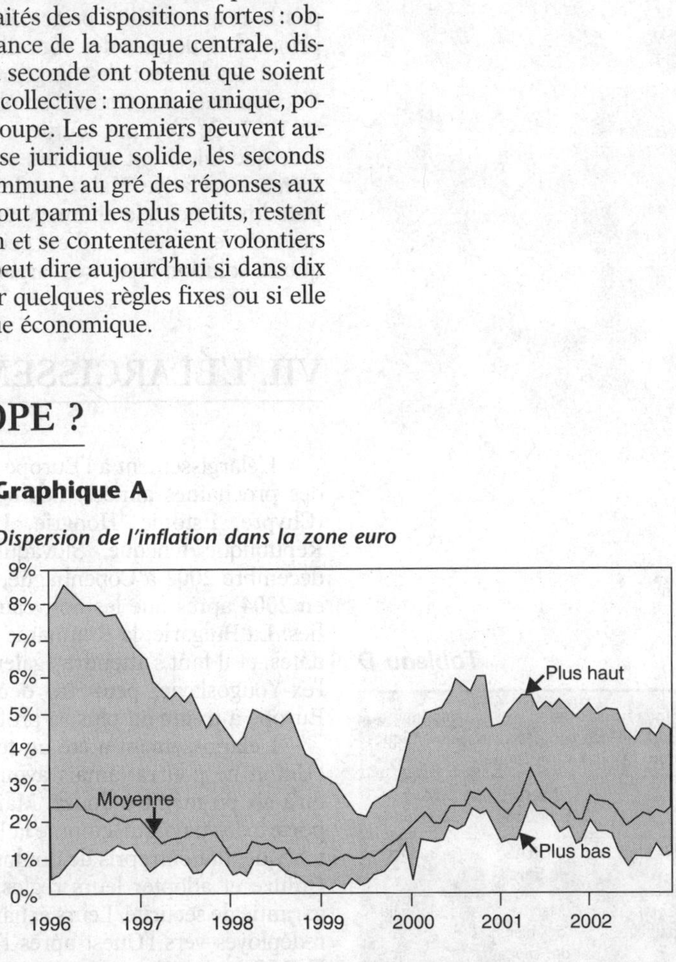

Source : Eurostat.

concernent l'orientation économique de l'Europe communautaire et son architecture.

Les débats sur l'orientation économique de l'Union européenne sont nombreux et anciens : doit-elle être libre-échangiste ou protectionniste ? libérale ou dirigiste ? monétariste ou keynésienne ? Il est dans leur nature qu'ils ne soient jamais tranchés, puisque toute décision est le fruit de compromis entre gouvernements. Il est cependant clair que la conception très largement dominante en Europe est celle d'une Union ouverte sur le reste du monde, régulatrice mais modérément interventionniste.

Les citoyens, eux, jugent l'Europe communautaire aux réponses qu'elle apporte à leurs problèmes les plus pressants. Et le premier d'entre eux est le chômage. Or l'Union est en cette matière singulièrement dépourvue de moyens d'action : la politique budgétaire, la fiscalité, les cotisations sociales, les réglementations du marché du travail et la formation relèvent des États. En forçant un peu le trait, on peut en fait résumer les fonctions actuelles de l'Union dans un tableau carré [*voir tableau D*].

Cette représentation est évidemment une simplification, mais elle fait réfléchir. Il est clair, d'abord, qu'aucune construction de ce type n'existe dans le monde. En particulier, la plupart des États fédéraux ont *à la fois* des fonctions monétaires et budgétaires. Ensuite, l'Union n'est pas vraiment absente dans les domaines où elle n'exerce pas la responsabilité principale. Elle en est réduite à affirmer des priorités, à donner des conseils, et à comparer les expériences des uns et des autres : c'est largement ce sur quoi débouchent les plans d'action nationaux pour l'emploi dont la préparation a été décidée en 1997. Ce n'est pas inutile, car chaque gouvernement est sensible à ce que lui disent ses pairs et à la manière dont est jugée sa performance relative. Mais c'est de portée limitée et, surtout, peu lisible : paradoxalement, le chômage apparaît comme un problème spécifiquement européen, et il est perçu comme tel par les opinions, alors que sa solution reste très largement un problème national.

VII. L'ÉLARGISSEMENT

L'élargissement à l'Europe centre-orientale est la grande affaire des prochaines années. Les négociations avec dix pays candidats (Chypre, Estonie, Hongrie, Lettonie, Lituanie, Malte, Pologne, République tchèque, Slovaquie, Slovénie) ont été conclues en décembre 2002 à Copenhague, et l'élargissement devrait intervenir en 2004 après que les nouveaux traités d'adhésion auront été ratifiés. La Bulgarie, la Roumanie et la Turquie sont également candidates, et il faut s'attendre également à des candidatures des pays de l'ex-Yougoslavie, peut-être demain de l'Ukraine. Bref, la grande Europe à trente ou plus se profile.

L'élargissement a été un temps contesté parce qu'à vingt-cinq, l'Union ne pourra jamais avoir les mêmes ambitions intégratrices qu'à six ou même à douze. Mais il n'était pas possible de fermer la porte à des pays qui, comme la Pologne, la Hongrie ou la République tchèque, ont entrepris de douloureux efforts pour se rapprocher des Quinze et adopter leurs règles, et pour lesquels une adhésion est garantie de sécurité. Leurs échanges extérieurs se sont d'ailleurs déjà redéployés vers l'Ouest après l'effondrement des exportations vers l'URSS.

Tableau D

Une représentation très schématique du partage des compétences économiques dans l'Union européenne

	Micro-économie	Macro-économie
National	Marché du travail	Budget
Communautaire	Marchés des biens et des capitaux	Monnaie

L'impact économique direct de l'élargissement sera sans doute de faible ampleur. Les pays concernés sont nombreux mais, à l'exception de la Pologne, de petite taille. Globalement, leur population est de l'ordre d'un quart de celle de l'Union européenne et leur produit intérieur brut entre un dixième et un vingtième, selon le taux de change retenu. Et surtout, l'élargissement est en bonne partie déjà fait : les derniers droits de douane sur les produits industriels ont été éliminés en 1999 ; depuis les débuts de la transition, les échanges réciproques ont été multipliés par quatre. L'entrée des pays candidats dans l'Union aura trois effets immédiats :

– *la suppression des protections contingentes*, c'est-à-dire de la possibilité d'imposer des droits anti-*dumping* sur les importations. Cette garantie d'accès au marché va accélérer l'investissement en Europe centrale, en particulier dans les industries de main d'œuvre. Il y aura des délocalisations ;

– *l'extension de la libéralisation à l'agriculture*, qui était restée en dehors du processus, ainsi qu'aux services. L'agriculture des Quinze a jusqu'ici énormément bénéficié de l'ouverture de l'Europe centre-orientale : nos exportations ont été multipliées par dix alors que les importations ont seulement doublé. Il va certainement y avoir un certain rééquilibrage ;

– *les migrations*, puisqu'après une transition de sept ans, les nouveaux citoyens de l'Union pourront s'installer et travailler partout. Il est très difficile d'anticiper ce qui se passera. Après l'élargissement des années 1980, la population espagnole en France a baissé. Mais les nouveaux entrants sont plus pauvres. Depuis 1989, environ 650 000 citoyens est-européens se sont établis dans l'Union. On estime que la liberté d'installation induira l'entrée de 200 000 à 400 000 personnes supplémentaires par an, et qu'à terme (20 ans) ils seront de l'ordre de 3 millions à résider dans un autre pays de l'Union. Ces chiffres absolus sont impressionnants, mais il faut les rapporter à la population des Quinze : 380 millions. On serait donc, même dans dix ou vingt ans, au-dessous d'un pour cent. Tout laisse penser que cette migration restera, comme c'est le cas actuellement, très concentrée sur l'Allemagne et l'Autriche. L'impact sur la France devrait être très faible.

Il n'en demeure pas moins que l'élargissement va changer la nature de l'UE. Sa taille, d'abord, va passer de quinze à vingt-cinq et bientôt à davantage encore. Les méthodes de gouvernances élaborées pour six États-membres et qui ont simplement fait l'objet d'adaptations au fur et à mesure des élargissements précédents ne pourront plus être conservées. L'Union va devenir aussi beaucoup plus diverse. La disparité des revenus en son sein va beaucoup augmenter [*voir graphique B*] : le PIB par tête du pays le plus pauvre, la Lettonie, sera égal au quart de celui du plus productif[2], alors que dans l'Europe des six le revenu du plus pauvre, l'Italie, atteignait 70 % de celui du plus riche, l'Allemagne.

Les États européens seront donc à la fois beaucoup plus nombreux et beaucoup plus divers : l'Union de demain sera nombreuse, diverse, inégale. Les principes sur lesquels nous fonctionnons vont être soumis à rude épreuve : pourrons-nous maintenir une législation uniforme ? Les citoyens feront-ils confiance aux certifications sanitaires ou environnementales décernées par les administrations nationales de pays perçus comme lointains ? Saurons-nous définir des priorités communes ? Irons-nous vers la géométrie variable ? Quel degré de redistribution accepterons-nous ?

L'élargissement impliquera parfois davantage de « centralisation » : par exemple, le champ des décisions qui seront prises à l'una-

2. Si l'on exclut le Luxembourg, c'est l'Irlande pour le PIB par habitant (sa croissance annuelle a été supérieure à 6 % depuis 1990), mais pas pour le PNB (RNB) car, ayant accueilli beaucoup d'IDE, elle verse maintenant beaucoup de revenus au reste du monde.

Graphique B

PIB par tête dans les pays candidats et les moins riches des membres actuels (Europe des 15 = 100)

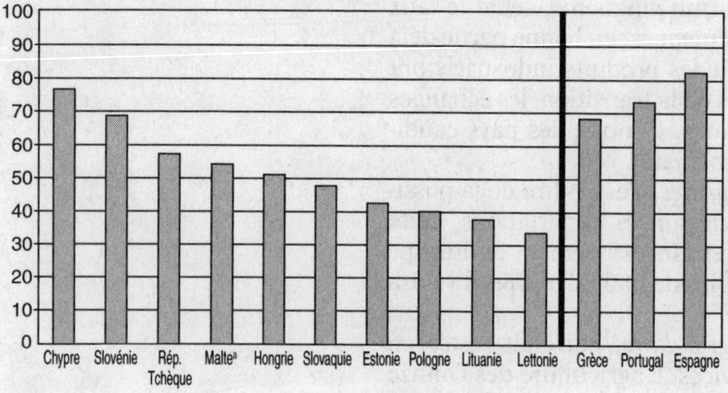

a. Prévisions pour 2002.
Source : Eurostat.

nimité va se restreindre pour la simple raison qu'il y aura presque toujours un État récalcitrant. Le vote à la majorité qualifiée va donc se généraliser, sauf dans quelques domaines symboliques ou très sensibles. Cela impliquera dans d'autres domaines davantage de décentralisation : on en viendra certainement à rendre certaines responsabilités aux États, lorsqu'on constatera que les préférences sont trop différentes pour qu'une politique ou une réglementation communes fassent sens. Par exemple, il est peu probable que les Lettons et les Danois puissent durablement s'entendre sur les normes sanitaires ou environnementales : ce qui apparaît comme une nécessité absolue aux habitants d'un pays riche fait souvent figure de luxe inutile pour ceux d'un pays trois fois moins riche.

L'élargissement mettra sans doute en cause les procédures de coordination qui laissent aux États la responsabilité de certaines politiques (subsidiarité) tout en organisant sous une forme ou une autre une coopération entre eux. Ces procédures permettent de décentraliser les décisions sans renoncer à une certaine concertation entre les États. Parce qu'elles sont évidemment très consommatrices de temps, elles auront beaucoup de mal à persister dans une Europe à vingt-cinq.

Ses conséquences se feront aussi sentir dans le domaine budgétaire. L'Europe riche pouvait se permettre d'être généreuse avec la Grèce, le Portugal et l'Irlande (avant son ascension, et même après), elle ne pourra faire autant avec 40 millions de Polonais ; il est pour les mêmes raisons hors de question de garantir aux agriculteurs d'Europe centrale les mêmes soutiens qu'à ceux du Berry ou de la Toscane. L'équilibre entre les dispositifs d'intégration par le marché et les politiques publiques va donc s'en trouver sérieusement affecté. D'ores et déjà, les négociations d'élargissement ont limité pour les nouveaux membres les bénéfices à venir des politiques de redistribution.

La dynamique qui s'est mise en route est donc de nature à transformer l'intégration européenne. Peut-être les anciens membres, ou plus probablement certains d'entre eux, réagiront-ils en mettant en place entre eux une intégration renforcée. Si tel est le cas, l'uniformité de la construction européenne, déjà mise à mal avec la non-participation britannique à l'euro, se trouverait mise en cause. L'Europe entrerait dans la logique de la géométrie variable.

Jean Pisani-Ferry

Synthèse et révision

En répondant aux questions suivantes, vous allez pouvoir préparer, chez vous et/ou en classe, une synthèse des connaissances fondamentales à acquérir sur un grand thème du programme. Cet exercice va vous permettre de construire vous-même dès maintenant la fiche qui vous sera indispensable au moment de vos révisions parce qu'elle contient ces connaissances de base. L'expérience montre que ce travail, complété par la maîtrise systématique des mots clés, est beaucoup plus efficace que la lecture de fiches « toutes prêtes » ou d'autres produits miracles.

Mots clés

Acte unique • Traité d'Amsterdam • Banque centrale • Banque centrale européenne (BCE) • Bien public • Changes fixes • Coordination (des politiques économiques) • Déficit public • Dette publique • Élargissement • Équité • Harmonisation (des réglementations) • Inflation, Intégration économique • Intégration monétaire • Libre-échange • traité de Maastricht • Marché commun • Marché unique • Pacte de stabilité et de croissance (PSC) • Parlement européen • Politique agricole commune (PAC) • Politique budgétaire • Politique commune • Politique monétaire • Protectionnisme • Quota • Traité de Rome, Principe de subsidiarité • Union économique • Union européenne • Union douanière • Union monétaire • Zone euro.

Questions

I. Intégrer pour réconcilier...

1. Quels ont été les objectifs et les outils institutionnels de la création de la Communauté européenne ?
2. Qu'est-ce qui distingue le Marché unique d'une union douanière ? [*voir encadré A*]

II. L'intégration profonde

3. Pourquoi faut-il des réglementations pour construire un marché ?
4. Pourquoi est-il difficile d'opérer une « harmonisation » des règlements et des politiques ?

III. Quand Bruxelles décide

5. Dans quels domaines les politiques européennes communes se sont-elles développées ?
6. Définition, avantages et inconvénients du « principe de subsidiarité » [*voir encadré* C]

IV. Un saut qualitatif...

7. Quelles ont été les étapes de la création de la monnaie unique ?
8. Quelles ont été les conditions institutionnelles et économiques de réalisation de l'union monétaire ?

V. Le fonctionnement de la zone euro

9. Comment les leviers de la politique économique se partagent-ils entre la Banque centrale européenne et les gouvernements nationaux ?
10. Quelles sont les difficultés de fonctionnement de la zone euro ? Expliquez leurs causes.

VI. Que fait l'Europe ?

11. Pourquoi est-il difficile de définir une politique économique européenne très lisible ?

VII. L'élargissement

12. Quels vont être les effets de l'élargissement de l'Europe ?
13. Quels problèmes nouveaux devront être surmontés du fait de l'élargissement ?

Dossier 1

La politique de la concurrence

Document 1

La Commission européenne, entre défense de la concurrence et stratégie industrielle

Pour un peu, le cap du milliard d'euros était atteint : en infligeant le 21 novembre dernier (2002) une amende record aux fabricants de vitamines (855 millions d'euros, soit 5,6 milliards de francs), la Commission européenne a frappé vraiment très fort. Durant dix ans, explique-t-elle, sous la houlette de Hoffman-Laroche (Roche, le numéro trois européen des laboratoires pharmaceutiques), de BASF (le numéro deux européen de la chimie) et d'Aventis (ex-Rhône-Poulenc, le numéro un français de la chimie fine), treize sociétés productrices de vitamines se sont organisées pour imposer des prix mondiaux nettement supérieurs à ceux qui auraient résulté d'une concurrence normale. [...]

La direction de la Commission européenne chargée de la concurrence ne chôme pas. Quinze jours après les fabricants de vitamines, elle vient en effet de sanctionner, pour des motifs similaires, cinq producteurs d'acide citrique (135 millions d'euros d'amendes, dont 63 pour Roche) et deux producteurs de bière (amende de 91 millions d'euros, dont 44 pour Danone, aujourd'hui désengagé de la bière). Soit un total d'amendes supérieur à 1,5 milliard d'euros pour la seule année 2001 : « Les entreprises doivent être pleinement conscientes des risques qu'elles courent au cas où elles seraient tentées d'adopter un comportement collusoire », a commenté à ce propos le commissaire chargé de la concurrence, Mario Monti. [...]

Sévérité, donc. Pourtant, le jour même où les sanctions étaient annoncées par Mario Monti, les autorités européennes donnaient leur feu vert à la fusion entre trois grandes firmes européennes de l'acier : le regroupement d'Usinor (France), Arbed (Luxembourg) et Aceralia (Espagne) va donner naissance à Newco, premier sidérurgiste mondial, avec une capacité de production de 45 millions de tonnes et un chiffre d'affaires de 30 milliards d'euros. Cette union n'était pourtant pas gagnée d'avance. Les firmes en question – qui détiennent 34 % du marché européen de l'acier plat, 70 % de celui des aciers galvanisés pour l'automobile et l'électroménager et 75 % de la distribution d'acier en Europe – craignaient en effet que leur fusion ne soit refusée pour « position dominante », comme cela a été le cas pour la fusion Schneider-Legrand dans le domaine du matériel électrique, pour celle de Sidel et Tetra Laval dans celui de l'emballage de produits alimentaires ou, surtout, pour celle de Honeywell et de General Electric. Or, cette fusion dans la sidérurgie menaçait davantage les acheteurs d'acier que celle de Schneider et de Legrand (aux produits plutôt complémentaires que concurrents : moyenne tension pour Schneider, basse tension pour Legrand) ne menaçait les acheteurs de matériel électrique. Renault et Peugeot avaient d'ailleurs fait savoir que l'autorisation européenne avait toutes les chances de se traduire, pour eux, par des hausses de prix substantielles sur leurs achats.

La Commission a conclu autrement : dans un secteur en crise, où l'actuel ralentissement économique risque d'accentuer encore les surcapacités productives, elle a estimé que la fusion, en permettant de restructurer l'offre, donc de concentrer sur les usines les plus modernes davantage de production, aurait plus pour effet de réduire les coûts moyens que d'inciter les producteurs à augmenter leurs prix. Industrie lourde par excellence, la sidérurgie est en effet caractérisée par des économies d'échelle importantes : quand la production d'une usine diminue, le coût total ne baisse guère, ce qui se traduit par un effondrement des marges bénéficiaires et une hausse du coût moyen. En empêchant ce scénario (donc en provoquant la fermeture vraisemblable d'une ou deux usines), la fusion devrait permettre, selon la Commission, d'assainir le secteur et d'éviter une dérive « à l'américaine » : aux États-Unis, vingt-cinq groupes sidérurgiques ont déposé leur bilan depuis 1997, parmi lesquels dix ont cessé toute activité, auxquels s'ajoute, le 20 novembre dernier, le numéro trois du secteur, LTV Steel, qui a demandé sa mise en liquidation à la justice. ■

Denis Clerc, « Les hésitations de la commission », Alternatives économiques *n° 199, janvier 2002.*

Questions sur l'ensemble du dossier

1. Qu'est-ce que la Commission européenne ? [*travail de recherche*] [*doc. 1*]
2. Pourquoi les fabricants de vitamines ont-ils été sanctionnés ? Comment nomme-t-on ce genre de comportement entre entreprises ? [*doc. 1*]
3. Pourquoi la fusion entre Usinor (France), Arbed (Luxembourg) et Aceralia (Espagne) aurait-elle pu être interdite ? Pourquoi la Commission européenne l'a-t-elle finalement acceptée ? [*doc. 1*]
4. Quelle est la structure du marché de l'entreprise Microsoft ? [*doc. 2*]
5. Quelles sont les agents économiques qui peuvent être désavantagés par les pratiques de Microsoft ? [*doc. 2*]
6. Pourquoi certains considèrent-ils que les pratiques de la firme Microsoft sont condamnables ? [*doc. 2*]
7. Quels peuvent être les arguments de Bill Gates ? [*doc. 2*]
8. À quel exemple du document 1 correspond chaque volet de la politique de la concurrence présentée dans le document 3 ?
9. Que signifie diluer le pouvoir économique ? Quel est le but recherché ? [*doc. 4*]
10. Pourquoi l'école structuraliste préconise-t-elle une politique de la concurrence active ? [*doc. 4*]
11. Qu'est ce qu'un marché contestable ? [*doc. 4*]
12. Quelles sont les contraintes qui pèsent sur les politiques de la concurrence ? [*doc. 4*]
13. Pourquoi qualifie-t-on certains monopoles de naturels ? Quel peut être le rôle d'une instance de régulation dans ce cas ? [*doc. 5*]
14. Pourquoi et à quelle(s) condition(s) un monopole peut-il être acceptable ? [*doc. 5*]

Document 2

Le cas Microsoft

En juillet 1994, le Département américain de la Justice (DOJ) ouvre une première enquête sur les pratiques de licence du logiciel Windows : Microsoft obligeait les constructeurs qui souhaitaient installer le logiciel d'exploitation Windows sur leurs ordinateurs à payer une redevance sur chaque ordinateur vendu (en réalité sur chaque microprocesseur) et non sur chaque ordinateur incorporant Windows : cette pratique décourageait les constructeurs d'ordinateurs d'installer d'autres logiciels d'exploitation concurrents de celui de Microsoft. Cette première affaire se termine en 1995 par un accord stipulant que Microsoft mette fin à ces pratiques de paiement par microprocesseur (*per processor*).

Une seconde plainte est déposée en 1997 par le DOJ : la firme Microsoft est accusée cette fois d'avoir tenté d'étendre son monopole sur les logiciels d'exploitation (avec Windows) au marché des logiciels de navigation sur Internet. En effet, sur ce dernier marché, Microsoft occupe en 1996 une place dérisoire, le leader étant la firme Netscape qui commercialise le logiciel Netscape Navigator. Conscient de son retard, Microsoft décide de réagir en exigeant des constructeurs d'ordinateurs qu'ils installent avec Windows le logiciel de navigation sur Internet de Microsoft, dénommé « Internet Explorer » : il s'agit en fait d'une stratégie de « vente liée » (*tying*) qui aurait [...] pour objectif d'étendre le monopole de Microsoft.

Internet Explorer est incorporé à Windows et étendu aux constructeurs d'ordinateurs sans coût supplémentaire : cela revient à dire que le prix de vente d'Internet Explorer est fixé par Microsoft à 0 dollar. Très rapidement, les ventes de Netscape diminuent puisque les consommateurs disposent déjà, en achetant un ordinateur, d'un logiciel de navigation préinstallé. La part de marché de Microsoft sur ce nouveau segment de marché passe de 5 % en 1996 à près de 50 % au milieu de l'année 1998, bien que Netscape réagisse en fixant à son tour un prix égal à 0 dollar. Microsoft argue pour sa défense que l'intégration de Windows et du logiciel Internet Explorer répond à un souci d'efficacité pour le consommateur et obtient gain de cause en appel en mai 1998. ■

Emmanuel Combe, La Politique de la concurrence, *La Découverte, « Repères », 2002.*

Document 3

Les instruments de la politique de la concurrence

La politique de la concurrence s'inscrit dans un cadre législatif précis, celui du droit de la concurrence : ce dernier se compose de trois volets fondamentaux, que l'on retrouve aujourd'hui avec quelques nuances dans la plupart des pays développés. La première disposition du droit de la concurrence est relative aux accords horizontaux et verticaux entre firmes visant à « restreindre le commerce ». [...]

Le deuxième volet du droit de la concurrence concerne l'« abus de position dominante », expression très générale désignant tout à la fois les pratiques de prix prédateurs, d'exclusion de concurrents, ou bien encore de forclusion ou de discrimination par les prix. [...]

Le troisième volet de la politique de la concurrence porte sur le « contrôle des opérations de concentration », et notamment sur la formation d'une position dominante par le biais de fusion-acquisition : énoncé dès le *Clayton Act* de 1914 (article 7), ce dispositif de contrôle a été renforcé aux États-Unis avec l'adoption du *Hart Scott Rodino Act* en 1978 et occupe aujourd'hui une part importante de l'activité des autorités antitrust ; dans le cas européen, ce volet est apparu assez tardivement puisqu'il faut attendre le règlement du 20 décembre 1989 pour qu'entre en vigueur un contrôle préalable et systématique des opérations de concentration.

Dans le cas européen, une quatrième disposition du droit de la concurrence concerne les aides d'État : l'article 88 prohibe les aides accordées par l'État qui faussent ou menacent de fausser la concurrence, en favorisant notamment les entreprises nationales. Si certaines dérogations atténuent la portée de cette interdiction (aide aux PME, etc.), toute aide de l'État dépassant un certain montant minimum doit être notifiée à la Commission européenne. ■

Emmanuel Combe, ibid.

Document 4

Quels objectifs ?

Il apparaît [...] que deux visions différentes de la politique de la concurrence coexistent : la première, qualifiée de « structuraliste », met l'accent sur la nécessaire dilution du pouvoir économique, la seconde inspirée des thèses de l'école de Chicago, accorde une place plus importante à l'objectif d'efficacité économique.

La dilution du pouvoir de marché. Cette première conception trouve son origine dans le modèle de la « concurrence pure et parfaite », développé à la fin du XIXe siècle par les auteurs néoclassiques. [...]

L'idée selon laquelle il existe une relation entre la structure de marché (mesurée par le nombre de firmes et la répartition des parts de marché) et le pouvoir de marché a été reprise par l'école structuraliste, appelée également « école de Harvard » [...] : selon ces derniers, plus un marché est concentré, plus les profits réalisés par les firmes (aux dépens des consommateurs) sont importants. Cette relation entre concentration et rentabilité s'explique notamment par le comportement anticoncurrentiel des firmes : sur un marché concentré, les firmes peuvent plus facilement s'entendre sur les prix ou ériger des barrières à l'entrée face aux nouveaux concurrents. [...]

Les structuralistes insistent également sur le fait que les positions dominantes sont durables : le libre jeu du marché ne permet pas à lui seul de les remettre en cause. Il s'agit là d'une vision très critique de la concentration, assimilée systématiquement à l'exercice d'un pouvoir de marché durable, et qui conduit à préconiser la dilution du pouvoir économique pour éviter que les firmes n'augmentent les prix au détriment des consommateurs. Il revient précisément à la politique de la concurrence de limiter la concentration industrielle, de manière préventive (contrôle des concentrations par exemple) ou punitive (démantèlement de firmes, etc.).

Cette conception de la concurrence n'est pas sans poser problème : elle repose en effet sur l'hypothèse selon laquelle la présence d'un grand nombre d'offreurs (condition d'atomicité) est un gage d'absence de pouvoir de marché. La condition d'atomicité n'apparaît pourtant pas nécessaire, comme l'a mis en évidence la théorie des « marchés contestables »[1] : ce qui est important pour qu'un marché soit concurrentiel, ce n'est pas tant le nombre de firmes effectivement présentes sur le marché que la menace potentielle d'entrée de nouvelles firmes. Dans cette perspective, une firme seule sur un marché peut paradoxalement être en situation de concurrence, dès lors que les conditions d'un « marché contestable » sont réunies :

– absence d'obstacles à l'entrée ;
– absence de barrières à la sortie : les firmes entrantes peuvent à tout moment ressortir du marché sans supporter de pertes, dans la mesure où les actifs (capital physique, humain, etc.) peuvent être réalloués dans d'autres activités ;
– entrée instantanée.

Cette première critique a une implication directe quant aux objectifs intermédiaires poursuivis par la politique de la concurrence : si l'objectif final est d'obtenir des prix proches des coûts de production, il n'est pas toujours nécessaire de diffuser le pouvoir économique ; il « suffit » de rendre le marché contestable, par exemple en déréglementant l'accès au marché. ■

Emmanuel Combe, ibid.

1. W. Baumol, J. Panzar, R. Willig, *Contestable Markets and the Theory of Industry Structure*, Harcourt, Brace & Jovanovich, 1982.

Document 5

La promotion de l'efficacité économique

L'approche structuraliste a suscité de nombreuses critiques notamment de la part de l'école de Chicago [...]. [Elle] s'est attachée à valoriser la concentration industrielle et à remettre en cause l'équation structuraliste : concentration = monopole = prix élevés.

En premier lieu, la concentration industrielle ne dépend pas seulement du comportement des firmes, mais résulte bien souvent des caractéristiques structurelles du marché. Prenons l'exemple d'une activité présentant de fortes économies d'échelle : lorsque la production « augmente », le coût unitaire de production diminue continuellement. Dans ce cas, la structure de marché naturelle est celle du monopole : il vaut mieux qu'une seule firme produise la totalité de la production, même si elle dispose alors d'un pouvoir de marché (sauf si le marché est contestable). La dilution du pouvoir économique, par la multiplication du nombre de producteurs, serait ici inefficace.

En deuxième lieu, la concentration industrielle n'est rien d'autre que le résultat d'un processus de sélection des firmes les plus efficaces, en ce sens, elle atteste de la vivacité de la concurrence entre les firmes sur un marché. Comme le suggère H. Lepage[1], « lorsqu'une entreprise est particulièrement efficace et qu'elle réussit à réduire ses coûts au-delà de ce que savent faire ses concurrents, elle réalisera des profits élevés, mais elle aura aussi tendance à gagner des parts de marché croissantes ; si elle a une capacité d'innovation suffisante pour faire constamment face à temps à la concurrence, il en résultera à la fois un taux de concentration élevé et des profits également plus forts que la moyenne. Dans ce cas, la corrélation entre concentration et profits n'est pas un indice de concurrence insuffisante, mais au contraire le résultat de la présence d'une entreprise surconcurrentielle ». La rente dont disposent les « survivants » constitue simplement la récompense de leur supériorité technologique et commerciale. Cette rente revêt d'ailleurs un caractère transitoire puisque les forces du marché (au travers de l'imitation par exemple) vont rapidement rétablir des prix proches des coûts de production : la relation causale entre concentration et rentabilité n'est donc pas durable.

En troisième lieu, et de manière paradoxale, l'exercice d'un pouvoir de marché n'est pas néfaste pour les consommateurs... pour peu que l'on raisonne à long terme. Il convient en effet de distinguer l'efficacité statique et l'efficacité dynamique : en concurrence pure et parfaite, l'absence de pouvoir de marché permet aux consommateurs d'obtenir à court terme des produits à des prix proches des coûts de production, mais les faibles profits réalisés par les firmes risquent de décourager l'activité d'innovation, laquelle permet le lancement à long terme de nouveaux produits. Dans cette perspective, le pouvoir de marché apparaît comme un « mal nécessaire » propice à l'innovation : telle était d'ailleurs la thèse développée dès les années cinquante par l'économiste Joseph Schumpeter. Au demeurant, le système juridique des droits de propriété industrielle atteste de cet arbitrage entre efficacité statique et dynamique : en accordant un droit de monopole temporaire sur une innovation, le brevet pénalise à court terme les consommateurs, qui paient un prix de monopole ; mais ce coût est présenté comme la condition pour encourager les firmes à innover.

Cette vision optimiste de la concentration industrielle débouche logiquement sur une redéfinition des objectifs et du périmètre de la politique de la concurrence : cette dernière doit évaluer les stratégies des firmes, en prenant en compte à la fois le pouvoir de marché mais aussi les gains d'efficacité qui peuvent en résulter. ■

Emmanuel Combe, ibid.

1. H. Lepage, *La Nouvelle économie industrielle*, Hachette-Pluriel, 1989.

Dossier 2

L'Europe et l'éducation

Document 1

Des compétences partagées

1. La Communauté contribue au développement d'une éducation de qualité en encourageant la coopération entre États membres et, si nécessaire, en appuyant et en complétant leur action tout en respectant pleinement la responsabilité des États membres pour le contenu de l'enseignement et l'organisation du système éducatif ainsi que leur diversité culturelle et linguistique.

2. L'action de la Communauté vise : à développer la dimension européenne dans l'éducation, notamment par l'apprentissage et la diffusion des langues des États membres; à favoriser la mobilité des étudiants et des enseignants, y compris en encourageant la reconnaissance académique des diplômes et des périodes d'études; à promouvoir la coopération entre les établissements d'enseignement; à développer l'échange d'informations et d'expériences sur les questions communes aux systèmes d'éducation des États membres; à favoriser le développement des échanges de jeunes et d'animateurs socio-éducatifs; à encourager le développement de l'éducation à distance.

3. La Communauté et les États membres favorisent la coopération avec les pays tiers et les organisations internationales compétentes en matière d'éducation, et en particulier avec le Conseil de l'Europe.

4. Pour contribuer à la réalisation des objectifs visés au présent article, le Conseil adopte : statuant conformément à la procédure visée à l'article 251 et après consultation du Comité économique et social et du Comité des régions, des actions d'encouragement, à l'exclusion de toute harmonisation des dispositions législatives et réglementaires des États membres; statuant à la majorité qualifiée sur proposition de la Commission, des recommandations. ■

Article 149 du traité d'Amsterdam (ex-article 126 du traité de Maastricht)

Document 2

Les grandes étapes

Le traité de Rome du 25 mars 1957 instituant la Communauté économique européenne (CEE) ignore l'éducation. Tourné vers le progrès économique et social et l'amélioration des conditions de vie et d'emploi, il fait uniquement référence dans son article 128 à « l'établissement de principes généraux pour la mise en œuvre d'une politique commune de formation professionnelle, pour contribuer au développement harmonieux tant des économies nationales que du marché commun ». Cette politique se préoccupe davantage de l'accès des travailleurs à la formation et à l'emploi, c'est-à-dire des conséquences immédiates des libertés de circulation et d'établissement sur la formation professionnelle initiale et continue des adultes, que de la formation générale ou professionnelle des jeunes. Tout se passe comme si les six États membres fondateurs de la Communauté laissaient au Conseil de l'Europe, organisme créé à Strasbourg en 1949, le soin de réaliser l'Europe culturelle, conçue comme une union en vue de « sauvegarder le patrimoine commun » et d'« en encourager le développement » (Convention culturelle européenne, 1954).

Cependant, la nécessité pour la CEE d'intervenir dans le secteur de l'éducation s'impose rapidement comme une conséquence de l'action communautaire dans le champ économique et social et comme une réponse au désir politique de réaliser une « véritable communauté culturelle » (Résolution du Parlement européen, 28/10/69). [...]

Depuis 1993, avec l'entrée en vigueur du traité sur l'Union européenne, l'éducation fait, de façon explicite, partie intégrante de l'action communautaire. La formation, tout en conservant ses objectifs spécifiques, occupe une place équivalente à celle de l'éducation. Mais les articles 126 et 127 du traité de Maastricht ne vont pas au-delà de l'acquis communautaire de ces vingt dernières années. Il ne peut en être autrement dans un contexte politique fortement marqué par le principe de subsidiarité tel qu'il est inscrit dans le nouvel article 3B. Les programmes d'action communautaire Leonardo da Vinci et Socrates, adoptés en 1994 et 1995 pour cinq ans, rassemblent l'essentiel des mesures et des moyens de cette coopération. [...]

La Commission souhaite aller plus loin. Elle considère que si l'action communautaire est aujourd'hui enserrée dans les limites étroites tant juridiques que financières, la réflexion qu'elle peut proposer aux États membres pour atteindre les objectifs du traité n'est pas bridée et ne se limite plus à des « lignes directrices pour l'action de la Communauté ». Elle trace les contours d'une politique commune visant à réformer en profondeur les systèmes d'éducation et de formation. Elle incite les États à « repenser les systèmes de formation et d'éducation en fonction du besoin croissant [...] de recomposition et de reconstruction permanentes des connaissances et des savoirs », et leur suggère un certain nombre de mesures qui, pour beaucoup d'entre elles, influent sur les choix politiques nationaux. La Commission se réserve le soin de définir, dans les domaines de l'éducation et de la formation, « de manière ferme et lisible les exigences essentielles et les objectifs à long terme pour les actions et politiques menées » au niveau communautaire. ■

Antoine Bousquet, Éducation et formation dans l'Union européenne, un espace de coopération, *La Documentation française, 1999.*

Document 3

Un chemin difficile

Les premiers programmes d'action, impliquant des financements communautaires, ne pouvaient concerner, faute de compétence, l'enseignement général. Le programme *Lingua* (échanges linguistiques) était ainsi réservé, à l'origine, à l'enseignement technique. Les élèves des séries générales n'y avaient pas accès. Par contre, l'université, considérée dans son ensemble comme relevant de la formation professionnelle, a bénéficié très tôt non seulement de *Lingua* mais des premiers programmes *Erasmus* (bourses pour des semestres d'études dans un autre pays de la Communauté). De ce point de vue, l'intégration de l'éducation dans le traité de Maastricht a, entre autres choses, permis de dépasser cette situation. Ce qui allait ouvrir la voie aux grands programmes toujours renouvelés depuis (*Socrates*, créé en 1995, notamment).

Au total, cette période est considérée aujourd'hui, dans le jargon européen, comme celle de construction de la confiance réciproque (*trust-building*), entre les États d'une part, entre les États et la Commission d'autre part. Cette vision assez poétique des choses montre indirectement que les tensions ont été fortes dans le champ de l'éducation. Plus prosaïquement, on peut penser aussi que l'influence de la conception utilisatrice de l'éducation qui, à la suite des périodes Reagan et Tatcher, allait influencer de plus en plus les politiques européennes en même temps que celle des pays membres, conduisait tendanciellement à faire de plus en plus de la formation un outil au service de l'économie et de sa compétitivité. Ce qui, très naturellement en quelque sorte, tirait l'éducation vers le centre de gravité des politiques communautaires. ■

Louis Weber, « La longue histoire de l'Europe de l'éducation », Nouveaux regards *n° 17, printemps 2002.*

Questions sur l'ensemble du dossier

1. Comment l'article 149 du traité de l'Union européenne d'Amsterdam définit-il les compétences respectives des États et de la Communauté en matière d'éducation ? [*doc. 1*]
2. Montrez quelles sont les grandes étapes de la politique européenne en matière éducative. [*doc. 2 et 3*]
3. En quoi le sommet de Lisbonne (2000) a-t-il marqué un tournant dans la politique éducative européenne ? [*doc. 4*]
4. Quelles sont les considérations économiques et sociales qui conduisent les responsables européens à proposer un « espace européen d'éducation et de formation » ? [*doc. 5 et 6*]
5. Quelle critique le document 7 fait-il de la conception de l'éducation développée par la Commission européenne ?
6. **Question de synthèse.** Après avoir résumé la conception de l'éducation développée aujourd'hui par la Commission, vous vous demanderez si c'est la seule politique européenne possible en ce domaine.

Document 4

Le tournant de Lisbonne (2000)

C'est durant la présidence finlandaise, au deuxième semestre de 1999, que les ministres ont manifesté la volonté de travailler plus longuement et plus durablement sur trois thèmes : qualité, mobilité et nouvelles technologiques. L'idée était de s'appuyer sur des expériences nationales, des rapports de la Commission, etc. En fait ; le moment était venu d'imposer un agenda ainsi défini aux présidences à venir.

C'est dans cette logique qu'a été préparé le sommet de Lisbonne sur l'emploi en mars 2000.

Les pays membres ont donné une sorte de mandat à la Commission, à travers l'objectif stratégique adopté à Lisbonne : « devenir l'économie de la

connaissance la plus compétitive et la plus dynamique du monde, capable d'une croissance économique durable accompagnée d'une amélioration quantitative et qualitative de l'emploi et d'une plus grande cohésion sociale. »
Ce texte est assez général, mais il contient une nouveauté. On y affirme la volonté d'élaborer un modèle social européen. Comme ce modèle se soucie de la qualité des emplois et de la cohésion sociale, l'éducation entre nécessairement dans cette logique. Les ministres de l'Éducation ont donc été invités à élaborer une « réflexion générale sur les objectifs concrets futurs du système d'enseignement axés sur les préoccupations et les priorités communes tout en respectant les diversités nationales en vue de contribuer au processus de Luxembourg et Cardiff ». C'est une révolution ! Les chefs d'État demandent à leurs ministres de se concentrer sur ce qu'il y a de commun aux différents systèmes et d'identifier ensemble les objectifs au lieu, comme on l'a dit, d'en rester à ce qui les distingue. Ce sont les chefs d'État et de gouvernement qui ont souhaité intégrer l'éducation dans le processus communautaire. ■

Anders Hingel, « L'éducation, nouveau-née dans la politique communautaire », ibid.

Document 5

Un nouveau paradigme éducatif en Europe

Dans le cadre de la globalisation, de plus en plus d'entreprises définissent leurs stratégies au niveau mondial et les grands centres financiers génèrent de plus en plus de mouvements de capitaux, en fonction de la compétitivité des nations et des entreprises. Or, cette compétitivité est de plus en plus tributaire de la capacité à répondre rapidement et en innovant aux besoins plus personnalisés qui se font sentir sur les marchés. À cet effet, il est nécessaire de produire et de diffuser des quantités considérables de connaissances, ce qui a été rendu possible par la révolution en cours des technologies de l'information et de la communication.
Un nouveau paradigme est en train d'émerger. Il ne s'agit pas seulement d'une révolution technologique, mais d'une modification importante des échanges sociaux de connaissances ayant des incidences sur toutes les institutions, de l'école à l'entreprise, des services publics aux médias. Nous sommes dans une période de transition vers une société et une économie de l'innovation et de connaissance.
L'innovation et la connaissance deviennent de plus en plus la source de richesse essentielle et également la source principale de différences entre les nations, les entreprises et les personnes. C'est ainsi qu'apparaissent de nouvelles possibilités de redéfinir la compétitivité européenne et de créer de nouveaux emplois, mais aussi de nouveaux risques d'exclusion sociale. ■

Conseil européen de Lisbonne, Emploi, réformes économiques et cohésion sociale, pour une Europe de l'innovation et de la connaissance, *Lisbonne, 2000.*

Document 6

L'espace européen d'éducation et de formation

Les politiques européennes en matière d'éducation et de formation doivent se projeter au-delà des réformes successives des systèmes existants. Elles doivent avoir pour objectif la construction d'un espace européen d'éducation et de formation tout au long de la vie et l'émergence d'une société cognitive qui offre à chacun sa chance. Sans cette société cognitive, la transition vers une économie fondée sur le savoir provoquera de nouvelles fractures et de nouvelles formes d'exclusion sociale.
La société cognitive doit être organisée de manière à fournir des réponses diversifiées et appropriées aux groupes-cibles les plus divers : jeunes, adultes sans emploi, travailleurs en situation de précarité, mais également chefs d'entreprises, cadres moyens et supérieurs, sans oublier la grande masse des travailleurs qui doit avoir accès à des possibilités réelles de formation tout au long de la vie. C'est là, également, un domaine d'intervention privilégié des partenaires sociaux, car il ne peut y avoir d'éducation et de formation tout au long de la vie sans participation des entreprises. Ce devrait être aussi une des préoccupations essentielles des politiques de la jeunesse dans l'Union européenne.
En outre, il faut orienter les politiques d'éducation et de formation de telle sorte qu'elles favorisent la création de très nombreux emplois qualifiés. Ce potentiel existe déjà aujourd'hui. Mais ces emplois ne seront effectivement créés que s'il existe des personnes qualifiées pour les occuper.
La diversité des systèmes d'éducation et de formation des États membres est considérable mais, quels que soient les objectifs plus généraux poursuivis en matière de développement personnel, social et culturel des citoyens, l'adaptation des formations aux exigences des nouveaux emplois est une préoccupation commune. ■

Conseil européen de Lisbonne, ibid.

Document 7

Éducation et adaptation au marché du travail

La politique éducative de la Commission européenne est en réalité subordonnée à des objectifs d'adaptation de la main-d'œuvre aux conditions nouvelles du marché du travail, comme le montre le *Mémorandum sur l'éducation et la formation tout au long de la vie* (30 octobre 2000) qui place délibérément l'éducation et la formation tout au long de la vie dans une logique d'emploi. Le « nouveau paradigme » est gros de danger de confusion des lieux, de dissolution des contenus et d'appauvrissement culturel quand il est interprété dans la logique restrictive du capital humain. [...]
Ce « nouveau paradigme » entend « responsabiliser "les citoyens" devant leur devoir d'apprendre ». En ce sens, plus qu'une réponse aux besoins d'autonomie et d'épanouissement personnel, c'est plutôt une obligation de survie sur le marché du travail qui commande cette pédagogisation de l'existence. Autodiscipline et autoapprentissage se complètent ainsi. Si les individus ne sont pas capables de « gérer l'incertitude » et d'« assurer leur employabilité », dans une société où le risque de marginalisation et d'exclusion est de plus en plus grand, l'efficacité globale de l'économie sera amoindrie. Les coûts entraînés par une trop grande fraction de la population économiquement inutile alourdiront les comptes sociaux et les prélèvements fiscaux. L'épanouissement personnel n'est d'ailleurs pas « gratuit », il est au contraire regardé comme source de gain pour l'entreprise et la société. ■

Christian Laval, L'école n'est pas une entreprise, *La Découverte, 2003, p. 68-69.*

Dossier 3

L'Europe et la protection sociale

Document 1

L'Europe, d'abord une construction économique

La CEE – l'Union européenne depuis le traité de Maastricht – n'est pas, à l'origine, une construction sociale, mais une construction économique, s'appuyant, pour être plus précis, sur la constitution progressive d'un grand marché. Le moteur de l'intégration, c'est la liberté de circulation, qui se décline, dès 1957 dans le traité de Rome qui institue la CEE, en quatre libertés de circulation, celle des marchandises, des services, des capitaux et des personnes (article 3 du traité de Rome). D'ailleurs, si le traité de Rome affiche un objectif « d'amélioration des conditions de vie et de travail de la main-d'œuvre permettant leur égalisation dans le progrès », il affirme que cette « évolution résultera tant du fonctionnement du Marché commun » que de mesures spécifiques (article 117).

En revanche, les politiques sociales nationales peuvent être concernées de diverses façons par l'ouverture européenne des marchés. D'un côté, elles peuvent constituer des freins à la liberté de circulation, notamment des personnes. De l'autre, ces politiques sociales peuvent se voir remises en cause par l'ouverture des marchés – généralement associée d'ailleurs à une libéralisation et à une déréglementation –, celle-ci conduisant, d'une certaine façon, à les mettre en concurrence entre elles. ■

Daniel Lenoir, L'Europe sociale, *La Découverte, « Repères », 1994, p. 49.*

Document 2

Mise en place des systèmes d'assurance sociale dans différents pays européens

Pays	Date	Risques concernés
Allemagne	1883 1884 1889	Assurance-maladie Accidents du travail Invalidité-vieillesse
Belgique	1894 1900	Maladie Vieillesse
Luxembourg	1901	Assurance-maladie
France	1898-1905	Accidents du travail
Pays-Bas	1903	Accidents du travail
Royaume-Uni	1897 1991	Accidents du travail Maladie, invalidité, chômage
Italie	1919	Invalidité, décès, vieillesse

Source : Daniel Lenoir, ibid.

Document 3

Les premiers pas d'une politique sociale

La réglementation sociale est considérée comme un moyen nécessaire pour faire progresser le marché commun lui-même. Le traité de 1957 comportait déjà un chapitre sur la politique sociale, ainsi qu'un chapitre sur la libre circulation des travailleurs. Sur cette base, le Conseil a adopté, dès 1958, des règlements concernant la libre circulation des travailleurs et la coordination de la sécurité sociale des travailleurs. En 1967, une directive relative à la sécurité et à la santé au travail a été adoptée. [...]

Les grandes lignes d'une politique sociale cohérente ont commencé à se dégager lors du sommet de Paris de 1972 et par le biais du programme d'action de la Commission élaboré pour y donner suite. Il était axé sur trois thèmes :

Questions sur l'ensemble du dossier

1. Selon l'auteur du document 1, la construction économique européenne a-t-elle pris en compte la dimension sociale ? Comment cette construction économique a-t-elle affecté les politiques sociales nationales ?
2. Quels sont les domaines concernés par la politique sociale européenne depuis 1957 ? [*doc. 3*] Y a-t-il une contradiction entre le document 3 et le document 1 ?
4. Que peut-on conclure de la comparaison historique entre les politiques sociales des différents pays européens ? [*doc. 2 et 4*]
5. Expliquez les différences de modes de financement de la protection sociale. En quoi la diversité observée en Europe constitue-t-elle un « obstacle majeur au rapprochement des systèmes de protection sociale » ? [*doc. 7*]
6. Comment la France se situe-t-elle par rapport aux autres pays européens en matière de poids des prestations de protection sociale ? Observe-t-on une convergence au sein de l'Union européenne ? [*doc. 4*]
7. Comparez la structure des prestations en France avec celles des autres pays. Que constatez-vous ? [*doc. 5*]
8. En comparant les différents indicateurs d'égalité et de solidarité, peut-on parler d'un « modèle social européen » qui l'opposerait à un « modèle anglo-saxon » ? L'Europe a-t-elle un ou plusieurs « modèles sociaux » ? [*doc. 8*]
9. Expliquez les différentes formes de crise de l'État-providence en Europe. Cherchez des exemples qui illustreraient l'idée défendue par l'auteur. [*doc. 9*]
10. **Question de synthèse.** L'« Europe sociale » constitue-t-elle une réalité, est-elle un slogan mobilisateur, appartient-elle déjà au passé avant même d'avoir existé ?

le plein emploi et la qualité des emplois dans la Communauté, l'amélioration des conditions de vie et de travail et une participation accrue des partenaires sociaux à la prise de décision économique de la Communauté, ainsi que du personnel au développement de son entreprise. Après le sommet de Paris, dans le cadre de la mise en œuvre du programme d'action de la Commission, plusieurs directives ont été adoptées dans le domaine de la sécurité et de la santé au travail, ainsi que du droit du travail. À Maastricht, un protocole sur la politique sociale a été annexé au traité.

Le traité d'Amsterdam a représenté un tournant dans la définition des compétences en matière de politique sociale. Le nouveau traité a donné un nouvel élan, fournissant un nouveau titre consacré à la coordination de l'emploi, ainsi qu'un nouveau chapitre social révisé, facilitant ainsi les efforts déployés pour développer et renforcer la politique sociale de l'UE tout en respectant le principe de subsidiarité. ■

Rapport du groupe de travail « Europe sociale » de la Convention européenne, février 2003, p. 4-5.

Document 4

Dépenses de protection sociale (en % du PIB)

	1991	1993	1996	1998	1999	2000
Europe des 15	26,4	28,8	28,4	27,6	27,5	27,3
Belgique	27,1	29,3	28,6	27,6	27,4	26,7
Danemark	29,7	31,9	31,4	30,2	29,8	28,8
Allemagne	26,1	28,4	29,9	29,3	29,6	29,5
Grèce	21,6	22,1	22,9	24,2	25,5	26,4
Espagne	21,2	24,0	21,9	20,6	20,2	20,1
France	28,4	30,7	31,0	30,5	30,2	29,7
Irlande	19,6	20,2	17,8	15,5	14,8	14,1
Italie	25,2	26,4	24,8	25,0	25,3	25,2
Luxembourg	22,5	23,7	24,0	21,7	21,8	21,0
Pays-Bas	32,6	33,6	30,1	28,4	28,0	27,4
Autriche	27,0	28,9	29,5	28,4	28,8	28,7
Portugal	17,2	21,0	21,2	22,1	22,6	22,7
Finlande	29,8	34,6	31,6	27,3	26,7	25,2
Suède	34,3	39,0	34,7	33,4	32,9	32,3
Grande-Bretagne	25,7	29,0	28,1	26,9	26,5	26,8

Source : Eurostat-SESPROS, in Gérard Abramovici, La Protection sociale en Europe, *Statistiques en bref, thème 3, mars 2003.*

Document 5

Prestations sociales par groupe de fonctions en 2000
(en % du total des prestations sociales)

	Vieillesse, survie	Maladie, soins de santé	Invalidité	Famille, enfants	Chômage	Logement exclusion sociale n.c.a.[a]
Europe des 15	46,4	27,3	8,1	8,2	6,3	3,7
Belgique	43,8	25,1	8,7	9,1	11,9	1,4
Danemark	38,1	20,2	12,0	13,1	10,5	6,1
Allemagne	42,2	28,3	7,8	10,6	8,4	2,6
Grèce	49,4	26,6	5,1	7,4	6,2	5,4
Espagne	46,3	29,6	7,6	2,7	12,2	1,6
France	44,1	29,1	5,8	9,6	6,9	4,5
Irlande	25,4	41,2	5,3	13,0	9,7	5,5
Italie	63,4	25,0	6,0	3,8	1,7	0,2
Luxembourg	40,0	25,2	13,7	16,6	3,3	1,2
Pays-Bas	42,4	29,3	11,8	4,6	5,1	6,8
Autriche	48,3	26,0	8,2	10,6	4,7	2,1
Portugal	45,6	30,6	13,0	5,5	3,8	1,5
Finlande	35,8	23,8	13,9	12,5	10,4	3,5
Suède	39,1	27,1	12,0	10,8	6,5	4,5
Grande-Bretagne	47,7	25,9	9,5	7,1	3,2	6,8

a. Non classé ailleurs.
Source : ibid.

Document 6

Les racines du modèle social européen

Au cours du XIXe siècle, les principales nations européennes ont cherché à réguler les conséquences de l'industrialisation : urbanisation rapide, misère des ménages ouvriers, problèmes d'hygiène publique et de sécurité, etc. Question sociale et question ouvrière sont les moteurs de cette transformation du rôle de l'État.
Ce type d'État chargé de favoriser un minimum de bien-être économique, de réguler les tensions sociales et de promouvoir une « citoyenneté sociale » grâce à une législation et au développement de services collectifs a été qualifié d'État-providence. Selon les configurations nationales et les courants théoriques, cette mission régulatrice a été interprétée comme le complément indispensable du capitalisme ou comme une conquête du mouvement ouvrier. Apparaissent ainsi, à des périodes et des rythmes différents selon les nations, des systèmes institutionnels complexes ayant pour vocations de protéger les individus, travailleurs ou citoyens, contre un certain nombre de « risques » de l'existence, et tout particulièrement le risque de pauvreté, mais aussi celui de perte du revenu, en cas de maladie, d'accident du travail, de chômage ou de vieillesse. À cela s'ajoute parfois, dans quelques pays comme la France, un secteur d'intervention sociale lié aux questions démographiques et familiales (promotion de la natalité et compensation du coût de l'enfant). ■

Claude Martin, « État-providence et cohésion sociale en Europe », in Nouveau manuel de sciences économiques et sociales, *La Découverte, 1999, p. 572.*

Document 7

La diversité des modes de financement

Les modes de financement de la protection sociale témoignent de la mixité des principes originels. L'impôt et les contributions publiques occupent une place importante dans les pays beveridgiens d'Europe du Nord : le Danemark (81 %), l'Irlande (60 %) et le Royaume-Uni (43 %). Elle est réduite dans les pays de tradition bismarckienne (autour de 25 % en Allemagne, Belgique, Pays-Bas), où les cotisations assises sur les salaires sont prépondérantes. C'est en France que la structure de financement dépend le plus des cotisations professionnelles où elles représentent plus de

80 % des ressources. Dans les pays du Sud, les cotisations assises sur les salaires ont tendance à reposer davantage sur les employeurs que les salariés. Toutefois, dans l'ensemble des pays, les augmentations de cotisations effectuées au cours des années 1980 ont eu tendance à augmenter la part relative des salariés. La généralisation des dispositifs d'assurance sociale comme les effets négatifs sur l'emploi des cotisations sociales ont conduit en outre à une progression générale des ressources résultant de la fiscalité, dont la part se développe dans les systèmes bismarckiens, même si ce mouvement a été parfois tardif, comme en France, avec l'institution, en 1990, de la contribution sociale généralisée (CSG), et son augmentation en 1993.

La prise en charge par l'impôt ou par des ressources budgétaires concerne en priorité les prestations familiales, dans la mesure où elles ont le plus souvent un caractère général : c'est la voie dans laquelle s'est d'ailleurs engagée la France, avec l'affectation d'une partie de la CSG et l'exclusion d'une partie du salaire de l'assiette des cotisations familiales. Dans les pays où existe un système national de santé, celui-ci est très souvent pris en charge par des ressources fiscales ou budgétaires. L'évolution du mode de financement est la conséquence de la généralisation qui affecte ces deux risques, et les fait sortir d'une logique purement bismarckienne.

Le financement de la protection sociale révèle toutefois une extrême diversité qui constitue un obstacle majeur au rapprochement des systèmes de protection sociale. ■

Daniel Lenoir, ibid., *p. 25-26.*

Document 8

Six indicateurs d'égalité et de solidarité

	États-Unis	Canada	Australie	Royaume-Uni	Suède	Danemark	Norvège	Finlande	Pays-Bas	France	Allemagne	Belgique
1. Inégalité de revenu (rapport interdécile)	16,6	8,5	12,5	12,3	5,4	5,7	5,3	5,1	9,0	9,1	7,1	7,3
2. % de pauvres (moins de 50 % du revenu médian)	16,9	12,8	14,3	13,4	6,6	9,2	6,9	5,1	8,1	8,0	7,5	8,2
3. Classement IPH-2 2002 (17 pays)[a]	17	12	14	15	1	5	2	4	3	8	6	13
4. Dépenses de protection sociale (en % du PIB)	12,6	12,6	8	13,5	18,9	17,7	15,5	17,9	12,6	18,4	18,9	15,7
5. Aide publique au développement (en % du PIB, 2000)	0,10	0,25	0,27	0,32	0,80	1,06	0,80	0,31	0,84	0,32	0,27	0,36
6. Émissions de CO_2, en tonnes/hab. (1998)	19,9	15,3	17,9	9,2	5,5	10,1	7,6	10,3	10,5	6,3	10,1	10

a. IPH-2 : indice (synthétique) de pauvreté humaine du PNUD, dans sa variante 2 adaptée aux pays développés.
Sources : 1, 2, 3, 5, 6 : PNUD ; 4 : OCDE. Il s'agit des « transferts de Sécurité sociale » payés par les administrations publiques en 1999 (et dans quelques cas 1998). In *Jean Gadrey*, Socio-économie des services, *La Découverte, « Repères », 2003.*

Document 9

Assistons-nous à une progressive convergence européenne et/ou à un démantèlement des États-providence ? Les composantes de la crise que traversent les systèmes de protection sociale à l'échelle européenne sont multiples. Crise financière tout d'abord, du fait de l'effet de ciseau entre l'augmentation des dépenses (en matière de santé, de retraite, de maintien du revenu des plus démunis, etc.) et le ralentissement de la croissance des recettes. Plusieurs éléments sont en cause ici : les transformations démographiques, tout d'abord, à savoir le vieillissement des populations européennes mais aussi la fragilisation des structures et des liens familiaux. Ensuite, l'effet de la progression du chômage, qui n'est pas un risque comme les autres, au sens où à lui seul il peut compromettre le financement de tous les autres risques. Ces différents facteurs se combinent dans un contexte de mondialisation de l'économie et de construction européenne dominée par une logique économique et par les normes du marché et de la concurrence. [...]

La crise de l'État-providence est aussi sociale, du fait de la persistance des inégalités et des problèmes de pauvreté. La dégradation du marché du travail et l'ampleur du chômage au cours des deux dernières décennies ont mis en évidence les limites de l'État-providence et de ses capacités protectrices. Celui-ci ne semble plus à même de garantir la cohésion sociale, dans la mesure où il existe toujours des exclus de la protection sociale. [...]

Enfin, la crise de l'État-providence est aussi une crise de légitimité politique, alimentée par les critiques libérales et populistes adressées aux systèmes de protection sociale et à leur manque d'efficacité. Les thèmes de la bureaucratisation excessive, de la lourdeur administrative, de l'hyperprotection des fonctionnaires, de la préférence nationale sont autant d'expressions de cette volonté de rompre avec les fondements solidaires de l'État-providence. ■

Claude Martin, op. cit., *p. 579-580.*

Sujet de bac

DISSERTATION

▶ **EUROPE SOCIALE ?**

Sujet : La construction européenne est accusée par certains d'être trop « libérale » et de n'être pas assez « sociale ». En vous servant de vos connaissances et des documents, vous vous interrogerez sur la légitimité de cette critique.

Document 1

L'Europe, nous dirait-on, doit marcher sur deux jambes : l'économie et le social. Presque cinquante ans après, force est de constater que l'Europe sociale est balbutiante alors que l'Europe du marché prospère et reste l'objet de toutes les sollicitudes. Cette situation serait incompréhensible si l'on voulait l'expliquer par la mauvaise volonté sociale des acteurs de la construction européenne. [...]
La législation sociale communautaire est donc bien maigre, sans proportion avec la législation économique. L'explication ne peut se résumer à la vague libérale. Elle ne saurait non plus être trouvée dans la seule diversité des situations des États membres : celle-ci n'a pas empêché la prolifération des règles en matière de libre circulation ou de politique de la concurrence. L'explication, c'est la primauté donnée au marché, auquel la politique sociale, lorsqu'elle apparaît dans les textes, est subordonnée. C'est d'ailleurs au titre de l'égalisation des conditions de la concurrence que certains articles « sociaux » ont été introduits dans le traité de Rome. L'action communautaire est ainsi fondamentalement orientée vers la construction d'un marché unique, attaché à la suppression des obstacles à la libre circulation et à la généralisation de la concurrence. ■

Yves Salesse, Réformes et Révolution, *Agone, 2001, p. 174-175.*

Document 2

Quand le conseil européen d'Amsterdam (16 et 17 juin 1997) « réaffirme l'importance qu'il attache à la promotion de l'emploi », les salariés ont de bonnes raisons de se méfier : l'objectif visé, qui tourne à l'obsession, est uniquement de faire progresser la « flexibilité ». Il s'agit de donner au monde patronal toute latitude pour remplacer le « bon emploi » par l'emploi précaire et mal payé. Le traité d'Amsterdam affirme certes que l'un des objectifs de l'Union est « de promouvoir un niveau élevé d'emploi », mais aussi, et c'est là l'essentiel, « un haut degré de compétitivité et de convergence des performances économiques ». Rien n'est dit sur la qualité des emplois à « promouvoir », ni sur la stabilité, la protection sociale ou la garantie des droits sociaux liés au travail. Bien au contraire ! Ce texte précise en effet que la main-d'œuvre doit être « susceptible de s'adapter », et les « marchés du travail susceptibles de réagir rapidement aux changements économiques ». La résolution adoptée lors de ce sommet affirme que, pour favoriser la « création d'emplois plus nombreux, [...] il conviendrait de moderniser les régimes de protection sociale », et que « les systèmes d'imposition et de protection sociale devraient être rendus plus favorables à l'emploi ». ■

Corinne Gobin, « Une Europe sociale en trompe-l'œil », Le Monde diplomatique, *novembre 1997.*

Document 3

La protection sociale en Europe en 2000

	Dépenses par habitant. Évolution 1995-2000 (en %)	Part des dépenses de protection sociale dans le PIB (en %) 1996	2000
Belgique	6,7	28,6	26,7
Danemark	1,8	31,4	28,8
Allemagne	7,9	29,9	29,5
Grèce	42,6	22,9	26,4
Espagne	9,7	21,9	20,1
France	7,0	31,0	29,7
Irlande	21,4	17,8	14,1
Italie	12,9	24,8	25,2
Luxembourg	17,9	24,0	21,0
Pays-Bas	4,6	30,1	27,4
Autriche	10,8	29,5	28,7
Portugal	27,1	21,2	22,7
Finlande	– 0,1	31,6	25,2
Suède	5,2	34,7	32,3
Royaume-Uni	13,8	28,1	26,8
UE	**8,7**	**28,4**	**27,3**

Source : Eurostat.

Document 4

Si en banlieue la police est incapable de faire respecter la loi, si l'école n'est plus le véhicule d'intégration, si la Sécurité sociale rembourse de plus en plus mal, la solidarité nationale perd son sens au profit d'un « débrouillons-nous nous-mêmes ». Pourquoi alors payer des impôts aussi lourds ? Les politiques ont senti cet air du temps et les programmes de droite comme de gauche, en France comme ailleurs, s'axent autour d'une baisse des prélèvements.
Les nécessités économiques rejoignent-elles une volonté populaire pour remettre en cause l'État-providence et lui couper singulièrement ses moyens ? La droite européenne sera-t-elle l'instrument de cette révolution ? Très probablement non. D'abord parce que la demande des milieux économiques comme des électeurs est plus ambiguë. Aucune entreprise du continent ne demande l'importation brute du modèle anglo-saxon qui serait rejeté. La recherche d'une meilleure compétitivité européenne passe par l'encouragement des entrepreneurs mais aussi par la bonne qualité des infrastructures publiques, celle de formation publique et la prise en charge publique des dégâts sociaux. Le MEDEF lui-même, pourtant à l'avancée du combat libéral, entend réformer la protection sociale mais sans en abaisser le niveau. Le progrès ne peut plus venir de la seule « libéralisation » : au sein de l'Union, l'essentiel a été fait, hormis dans l'énergie et les transports. L'Europe semble plutôt, depuis le sommet de Lisbonne (mars 2000), chercher son futur dans plus de régulation de l'État que moins. ■

Éric Le Boucher, « L'Europe à droite toute ? Pas si simple », Le Monde, *9 juin 2002.*

➜ **MÉTHODES POUR LE BAC** pages 738-751

Document 5

Des conditions de travail contrastées dans les États de l'Union européenne							
Pourcentage de travailleurs qui déclarent…	Union européenne	Grèce	Suède	Grande-Bretagne	Allemagne (partie ouest)	Pays-Bas	France
Travailler dans une situation pénible[a]	45	68	45	39	43	28	54
Ne pas pouvoir ajuster la position de leur siège	54	65	31	39	49	35	62
Être mal informés des risques	10	12	8	12	8	8	12
Travailler au moins une nuit par mois	21	28	19	26	18	21	22
Que la cadence de travail dépend de la demande	67	61	79	78	56	69	73
Ne pas pouvoir modifier la méthode de travail	28	35	14	27	33	19	30
Ne pas pouvoir être aidé par des collègues	17	32	9	6	19	8	21
Ne pas participer aux décisions	54	59	27	43	71	36	54

a. Au moins un quart de leur temps de travail.

Source : Enquête européenne de 1995 sur les conditions de travail, in Michel Gollac et Serge Volkoff, Les Conditions de travail, *La Découverte, « Repères », 2000, p. 63.*

Document 6

La politique des institutions européennes de Bruxelles renforce les évolutions vers la démocratie providentielle.

[…] La collaboration ou l'union économique et financière entre les nations de l'Europe, s'accompagne progressivement du développement d'un État-providence dont témoignent les « recommandations » – forme de régulation « douce » mais sanctionnée par les Cours européennes de justice – pour lutter contre la pauvreté en imposant un revenu minimum, garantir les droits des salariés et l'égalité entre les sexes, prendre des mesures en faveur de l'agriculture et des agriculteurs, adopter des politiques d'aménagement du territoire, reconnaître et encourager les identités régionales. ■

Dominique Schnapper, La Démocratie providentielle, Essai sur l'égalité contemporaine, *Gallimard, 2002, p. 269.*

Sujet de bac

ÉPREUVE DE SYNTHÈSE

▶ LES CRITÈRES DE MAASTRICHT ET LE PACTE DE STABILITÉ ET DE CROISSANCE

Travail préparatoire (*10 points*)

1. Qu'appelle-t-on « zone euro » ? [*doc. 1*] (*1 point*)
2. Rappelez ce que sont les « critères de Maastricht ». [*doc. 1*] (*1 point*)
3. À quelle considération économique répondent ces critères ? [*doc. 1*] (*2 points*)
4. Qu'est-ce qu'un « déficit public » ? Comment ont évolué en France les déficits publics entre 1992 et 2002 ? [*doc. 2*] (*2 points*)
5. Qu'est-ce que « l'investissement public » ? Donnez-en des exemples. [*doc. 3*] (*1 point*)
6. Expliquez les arguments de ceux qui critiquent les critères du traité de Maastricht. [*doc. 3*] (*3 points*)

Question de synthèse (*10 points*)

Après avoir rappelé les justifications des « critères de Maastricht » en matière de politique budgétaire repris par le Pacte de stabilité et de croissance, vous réfléchirez aux effets qu'ils peuvent avoir sur l'activité économique et l'emploi et à leur difficulté d'application.

Document 1

Le ralentissement marqué et prolongé de l'activité économique que connaît l'Europe, et notamment la zone euro, depuis le début de l'année 2001, a révélé les faiblesses du contexte institutionnel destiné à encadrer les politiques budgétaires nationales et à favoriser leur coordination. Âprement discuté et critiqué par certains lors de son adoption, en 1997, le Pacte de stabilité et de croissance (PSC) avait, depuis 1999, semblé moins contraignant que prévu, au point d'apparaître comme un instrument utile. Dans une période de croissance soutenue, le PSC avait favorisé la poursuite, dans tous les pays membres de la zone euro, des politiques d'ajustement budgétaire entamées sous la pulsion des fameux « critères de Maastricht » : les déficits publics se réduisait jusqu'à atteindre, dans plusieurs petits pays la zone, des excédents budgétaires significatifs, et les ratios d'endettement public (dette publique brute/PIB) s'inscrivaient, partout, à la baisse. Conçues comme un cadrage global destiné à mieux planifier les politiques nationales à moyen terme et à mieux les coordonner au sein de la zone euro, les grandes orientations de politique économique (GOPE) devaient conférer à l'ensemble une plus grande cohérence, tout en préservant, en théorie, l'autonomie des gouvernements nationaux en matière budgétaire et fiscale. ■

Jérôme Creel et Jacques Le Cacheux, « Le Pacte de stabilité et de croissance », in OFCE, L'Économie française 2003, *La Découverte, « Repères », p. 94.*

➜ MÉTHODES POUR LE BAC pages 738-751

Document 2

***Déficits publics** (en % du PIB)*

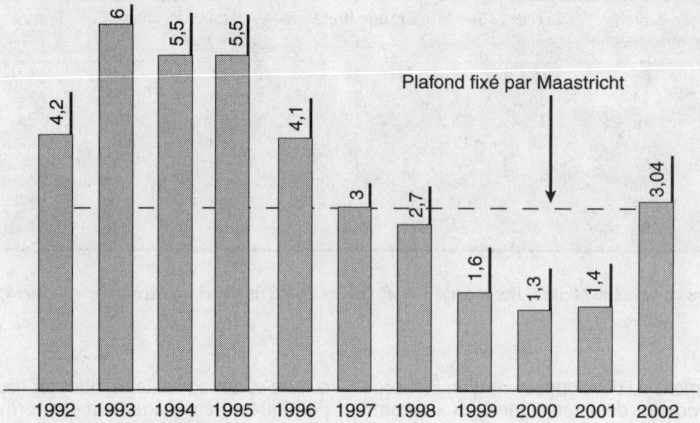

Source : ministère de l'Économie et des Finances, janvier 2003.

Document 3

Première question soulevée : le déficit zéro est-il la panacée ? Charles Wyplosz, professeur d'économie à l'Institut supérieur d'études internationales, à Genève, le conteste. Parmi d'autres. Aucune théorie économique n'étaye en effet une telle règle et dans les faits, force est de constater que le déficit zéro reste une exception. Selon les données de l'Organisation de coopération et de développement économique (OCDE), les États-Unis ont affiché en moyenne un déficit annuel de 3 % entre 1985 et 2000, les Pays-Bas 3,3 %, la France 3,18 % et l'Allemagne 1,95 %. Et bien plus, en période de faible croissance. Au sortir de la crise de 1991, les États-Unis ont enregistré, pendant plusieurs années, un déficit supérieur à 5 %. Le prix Nobel d'économie Robert Solow juge ainsi la limite de 3 % fixée par le traité de Maastricht largement arbitraire. Elle prive, selon lui, les gouvernements de flexibilité pour affronter les retournements conjoncturels. [...]

On connaît le raisonnement de la Commission. Les 3 % ne sont pas une contrainte en situation de finances publiques à l'équilibre. Un impératif qu'elle justifie par ailleurs par la nécessité de faire reculer le poids de la dette publique, dont le service absorbe dans plusieurs pays une part importante des recettes de l'État. Faut-il pour autant demander le même effort à la Grèce, dont la dette dépasse 100 % du PIB ou aux Pays-Bas, où elle avoisine 50 % ? Les économistes de l'Office français des conjonctures économiques (OFCE), ou ceux du DIW allemand, font valoir que cette obsession conduit les États à sacrifier l'investissement public, qui est censé préparer l'avenir et donc jouer un rôle clé dans la croissance potentielle d'un pays. L'investissement public devrait donc, selon eux, être sorti du calcul du déficit. ■

Laurence Caramel,
« Le Pacte de stabilité et de croissance à l'épreuve des critiques »,
Le Monde Économie, *octobre 2002.*

Fiche-outil 1

Les États-providence en Europe

Pour saisir la variété des dispositifs de protection sociale en Europe, il est courant d'opposer le système imposé en Allemagne par le chancelier Otto von Bismarck (1815-1898) à la fin du xixe siècle et celui mis en œuvre en Angleterre au sortir de la Seconde Guerre mondiale suite au rapport remis par l'économiste William Henry Beveridge (1879-1963) au gouvernement britannique. Deux modèles sont ainsi repérés, desquels se seraient inspirés la plupart des autres pays européens.

Non seulement ces deux dispositifs sont apparus à des périodes et dans des contextes économiques et politiques très différents, mais ils tentent de répondre à deux questions distinctes. Les lois sociales adoptées en Allemagne sous le régime de Bismarck tentent de répondre principalement à la « question ouvrière » et aux risques associés à une industrialisation tardive, mais très rapide. En revanche, le modèle proposé par Beveridge prend appui sur la question de la pauvreté et de son irréductibilité, malgré la longue tradition amorcée en Angleterre dès le début du xviie siècle avec les lois des pauvres (*Poor Laws*).

I. LES SYSTÈMES BISMARCKIENS

Les lois adoptées en Allemagne entre 1883 et 1889, concernant l'assurance maladie, les accidents du travail et les pensions de retraite s'appuient sur un principe fondamental : l'assurance obligatoire et la proportionnalité entre cotisations et prestations. Cette logique assurantielle permet de couvrir les coûts des prestations sociales en imposant un principe de cotisations, diversement réparties entre patronat et ouvriers selon le risque (cotisation à parité pour la vieillesse; cotisation répartie aux deux tiers sur l'ouvrier et un tiers sur l'employeur pour la maladie et totalement à la charge de l'employeur pour l'accident du travail).

Enfin, ce dispositif instaure un principe d'auto-administration (*Selbsverwaltung*) des caisses par les financeurs, représentants des employeurs et des ouvriers. L'État ne joue donc qu'un rôle d'instigateur des règles du jeu, la gestion étant paritaire. Cette logique a permis aussi le développement d'un syndicalisme modéré, réformiste, associé à la gestion du système. Ce dispositif est donc un des fondements du modèle social-démocrate allemand basé sur la négociation collective par branches ou corporations professionnelles.

Ce modèle va influencer toute l'Europe. Il sera implanté en Autriche, en Hongrie, en Scandinavie dans les années 1910 et en Angleterre qui adopte une série de lois selon les principes de l'assurance sociale entre 1906 et 1911, venant rompre la longue tradition assistantielle des *Poor Laws*, à la nuance près que l'assurance chômage est mise en œuvre dès cette période, contrairement à l'Allemagne où il faudra attendre les années 1930. La France suit également ce chemin assurantiel avec les législations de 1898 sur les accidents du travail, la loi de 1910 sur les retraites ouvrières et paysannes, et les lois sur les assurances sociales de 1929-1930.

II. LES SYSTÈMES BEVERIDGIENS

C'est dans le contexte de la seconde guerre mondiale que l'économiste Beveridge, ancien directeur de la prestigieuse London School of Economics, est chargé par le gouvernement de Churchill de réfléchir aux conséquences de la crise des années 1930 et de la guerre sur le système de protection sociale. Largement influencé par les théories keynésiennes, Beveridge remet en 1942 un rapport (*Social Insurance and Allied Services*) qui va connaître une audience remarquable, dans lequel il propose une profonde réforme du système adopté jusque-là. Sa logique est d'éliminer l'indigence par un effort social de la nation, au travers de la mise en œuvre d'un dispositif, dit « de sécurité sociale », fondé sur la citoyenneté. Sans remettre en cause intégralement la dimension assurantielle, il suggère de développer un système *universel*, permettant à tout citoyen, quelle que soit sa position sur le marché du travail, d'accéder à un minimum de prestations sociales (*uniformité*). Le dispositif propose également de recourir à un autre type de financement : l'impôt, avec l'instauration d'une gestion par l'État et un service public de sécurité sociale (*unicité*). Le meilleur exemple de ces logiques est fourni par le service national de santé (National Health Service), qui permet à tout citoyen d'accéder à un système public et gratuit de santé.

Si le modèle de Bismarck est conçu pour protéger le travailleur (et de manière indirecte ceux qui lui sont rattachés), le modèle de Beveridge vise l'universalité et l'extension de la citoyenneté par l'État-providence. Pour autant, ce libéral reste attaché à un certain nombre de principes, comme la possibilité pour chacun de compléter une protection minimale par des mutuelles ou des assurances. Ce programme sera mis en œuvre par le gouvernement travailliste, à la Libération, entre 1944 et 1946. Là encore, l'impact de ce modèle sera très important. Il influencera aussi bien les pays scandinaves, le Canada, les États-Unis que la France. En effet, Pierre Laroque est à Londres à la fin de la guerre, aux côtés du général de Gaulle, et sera chargé de proposer un plan pour instaurer une « sécurité sociale » en France. Les nombreuses oppositions corporatistes viendront à bout du modèle unifié préconisé par Laroque, ce qui fait dire couramment que le système français est un système mixte, hybride entre Bismarck et Beveridge. En effet, la Sécurité sociale française reste principalement bismarckienne du point de vue du financement, avec une dominante de ressources provenant des cotisations des travailleurs (pas d'universalité). Pas d'unicité du système de gestion non plus, avec le maintien de nombreux régimes particuliers [*voir tableau A*] et un principe de gestion paritaire, même s'il ne s'agit pas pour autant d'une auto-administration à l'allemande, au sens où l'État joue un rôle majeur. *Depuis les ordonnances de 1945, l'État a en effet un rôle de contrôle et de tutelle sur la Sécurité sociale. Il définit aussi les procédures de nomination des dirigeants des caisses et agit par voie réglementaire en fixant le niveau des cotisations et des prestations.*

III. LA TYPOLOGIE D'ESPING-ANDERSEN

Les travaux comparatifs distinguent généralement trois ou quatre grands types d'État-providence, que l'on peut synthétiser dans le tableau A.

Le Danois Gøsta Esping-Andersen (en 1990, dans *The Three Worlds of Welfare Capitalism*, Polity Press, Cambridge, trad. frse, PUF, 1999) a par exemple proposé de distinguer trois principaux « régimes » d'État-providence, en fonction de trois variables principales : la qualité des droits sociaux (universalistes, assurantiels, assistantiels) ; les effets de

Tableau A

Tableau synthétique des régimes d'État-providence en Europe

	Libéral	Europe du Sud	Corporatiste	Social-démocrate
Finalité du système	Orienté vers le traitement de la pauvreté et la satisfaction des besoins par le marché	Couverture dualiste des risques sociaux	Couverture de risques sociaux	Accès égal à un haut niveau de prestations et de services
Critères d'accès	Niveau de ressources	Travail et citoyenneté	Travail	Citoyenneté
Mode de financement	Impôts (+) et cotisations (–)	Cotisations (+) et impôts (–)	Cotisation obligatoire	Impôts
Principes de fonctionnement	Sélectivité	Mixte	Contributivité	Universalité
Modes de régulation	État central	État clientéliste	Partenaires sociaux	État décentralisé

la redistribution en termes de stratification sociale ; enfin, la manière dont État, marché et famille contribuent respectivement à la protection. À l'aide de ces variables est construite une échelle de performance permettant de classer les différents types en fonction de leur capacité respective de démarchandisation (*decommodification*) de la force de travail, c'est-à-dire la plus ou moins importante marge de liberté que détiennent les acteurs sociaux, selon les systèmes, par rapport à la nécessité de vendre leur force de travail sur le marché de la production capitaliste pour atteindre des conditions de vie acceptables.

Le premier type (social-démocrate) correspondrait aux pays d'Europe du Nord (surtout à la Suède). Son objectif est de permettre un accès universel à un niveau élevé de prestations et de services pour l'ensemble des citoyens, avec un État régulateur et interventionniste. Le deuxième type (corporatiste) domine essentiellement dans l'Europe continentale (Autriche, Belgique, Pays-Bas, France), mais correspond surtout à l'Allemagne. Ce régime a pour finalité de protéger les travailleurs contre un certain nombre de risques sociaux, à l'aide d'un système contributif (basé sur la cotisation). Le dernier type (libéral) correspond, en Europe, surtout au Royaume-Uni depuis les « années Thatcher » et, audelà de l'Europe, aux systèmes des États-Unis, du Canada, de l'Australie et de la Nouvelle-Zélande. Dans ce régime minimal, la logique consiste à renvoyer au marché et à la famille la charge de protection contre les risques de l'existence, l'État n'ayant vocation à intervenir que de façon résiduelle, assistantielle et dissuasive pour ceux qui ne peuvent compter sur ces deux leviers de protection. La démarchandisation de la force de travail est maximale dans le premier régime et minimale dans le dernier.

IV. UNE TYPOLOGIE À COMPLÉTER

À ces trois régimes, on peut ajouter un modèle correspondant à l'Europe du Sud, dont les particularités sont les suivantes : une genèse tardive, liée aux transitions démocratiques des années soixante-dix ; le rôle protecteur joué par la famille et les liens intergénérationnels ; le dualisme de la protection sociale avec la surprotection de certaines catégories de travailleurs, *relevant du marché du travail régulier et institutionnalisé*, et la sous-protection de nombreux citoyens, notamment due à l'absence de systèmes de revenu minimum ; le clivage entre le volet assurantiel obligatoire (bismarckien) au plan des retraites et la dimension faussement universaliste des systèmes nationaux de santé qui favorisent le développement d'une offre privée de santé ; le clientélisme qui fait de la protection sociale une quasi-monnaie d'échanges locaux ; l'absence d'efficacité de l'administration sociale ; et les problèmes persistants de financement liés à la fois à un développement de ces systèmes en période de récession, mais aussi aux importantes fuites fiscales.

Mais pour appréhender la diversité des États-providence en Europe, on peut aussi adopter un autre angle : celui qui consiste à évaluer la capacité de chaque système d'émanciper non pas seulement l'homme salarié à temps plein de la nécessité de vendre sa force de travail pour subvenir à ses besoins, mais aussi la femme du rôle de responsable du travail domestique et gratuit. Si la référence n'est plus la démarchandisation de la force de travail, mais les enjeux liés à la division du travail entre les sexes, travail de production et travail de reproduction, travail rémunéré et travail non rémunéré, on débouche sur une autre typologie.

Les différents systèmes nationaux de protection sociale peuvent dès lors être lus comme offrant aux femmes plus ou moins de possibilité d'autonomisation par rapport au lien familial (défamilialisation des femmes), mais aussi plus ou moins de protection contre les risques d'appauvrissement liés à cette autonomisation. Les pays scandinaves représentent un premier type, où l'État reste neutre du point de vue du genre, c'est-à-dire favorise un accès des femmes au marché du travail, et donc à une citoyenneté pleine et entière, par la socialisation des tâches de soins aux dépendants (enfants, malades, personnes âgées) et le développement de services publics. Dans ces configurations à forte démarchandisation, les femmes accèdent à une forte indépendance par rapport à leur mari. D'où l'idée de « défamilialisation » et de droits individuels.

À l'opposé, on trouve des pays comme les États-Unis, le Royaume-Uni ou l'Allemagne, dans lesquels l'accès au *Welfare* est profondément inégalitaire du point de vue du genre : l'assurance et les revenus de remplacement (des droits sociaux garantis) pour les hommes salariés ; des droits dérivés en tant qu'épouse, ou l'assistance pour les autres femmes (en tant que mère) dispensée sur la base d'une gestion administrative discrétionnaire. La position de l'État consiste alors bien souvent à ne pas faciliter (voire à lutter contre) la présence des femmes sur le marché du travail et à renforcer les principes d'obligation au sein des ménages. Un troisième type correspond à des pays comme la France ou la Belgique qui, en se préoccupant plus de l'enfant dans leur dispositif de protection sociale et en reconnaissant les femmes à la fois comme des parents (épouses et mères) et des travailleuses, ont développé un type « parental » de protection sociale.

Claude Martin,
extraits de « *État-providence et cohésion sociale en Europe* », in
Nouveau manuel de sciences économiques et sociales,
La Découverte, 2e éd., 1999.

LES ENJEUX DE LA MONDIALISATION

Chapitre XVI

QUELLES POLITIQUES ÉCONOMIQUES ET SOCIALES ?

FRANÇOISE MILEWSKI

Introduction

La longue marche des keynésiens arrive-t-elle enfin à son terme ? Exilés au début des années 1980, vont-ils effectuer leur retour grâce à l'euro ? Rien n'est moins sûr.

Au cours des années 1960, l'économie semblait se piloter aussi facilement qu'une deux-chevaux : la politique budgétaire décidait apparemment de la reprise (*go*) et du ralentissement (*stop*) de l'activité ; la politique monétaire était accommodante ; la politique conjoncturelle paraissait avoir dompté le cycle des affaires. Lorsque le premier choc pétrolier provoqua la première véritable récession depuis la reconstruction de l'après-guerre, on appuya par conséquent sur l'accélérateur, mais les commandes ne répondaient plus. La montée inexorable du chômage ébranla les certitudes keynésiennes et la stagflation apporta un crédit rétrospectif aux critiques friedmaniennes. En 1981-1982, notre pays fut l'un des derniers à tenter une relance, mais le décalage conjoncturel avec nos principaux concurrents se traduisit par une série de déséquilibres (déficit extérieur, sortie des capitaux, dévaluation de la monnaie...) qui sanctionnèrent cette audace de courte durée. En l'absence de coopération internationale, la contrainte extérieure réduisait considérablement l'efficacité des politiques keynésiennes : il fallait rentrer dans le rang et se contenter de « faire moins de bêtises que les autres ».

Cette conjoncture maussade permit aux monétaristes de prendre le pouvoir. La banque centrale fut le cheval de Troie de cette conquête. En témoigna le renversement de la hiérarchie des objectifs de la politique économique : de fait, la priorité à court terme n'était plus la lutte contre le chômage mais la lutte contre l'inflation et la restauration de la rentabilité et de la compétitivité des entreprises. De ce point de vue, cette politique de désinflation compétitive fut un succès : inflation terrassée, taux de marge rétablis au niveau antérieur à la crise, excédents extérieurs records... Elle eut également comme effet secondaire de paralyser la politique budgétaire, désormais prise dans l'étau de l'insoutenabilité de la dette (les taux d'intérêt dépassant le taux de croissance de l'économie) et des critères de Maastricht.

Il restait alors aux keynésiens à espérer que la création d'une zone euro, en desserrant la contrainte extérieure, allait redonner les marges de manœuvre nécessaires à la mise en œuvre d'un *policy mix* efficace. Françoise Milewski montre clairement ci-après pourquoi cet espoir risque d'être déçu. Le « pacte » d'Amsterdam place les politiques budgétaires nationales sous camisole de force, le budget communautaire est très faible, il n'y a pas de véritable gouvernement économique européen... Selon la doctrine dominante, la politique conjoncturelle se réduit à la politique monétaire, et le chômage dépend essentiellement de la politique structurelle : c'est le rythme de croissance qui importe et celui-ci dépend d'abord de la capacité d'adaptation et d'innovation de l'économie.

Les nostalgiques du keynésianisme doivent-ils pour autant s'avouer vaincus ? En expliquant de façon pédagogique les enchaînements évoqués de façon elliptique dans cette introduction, le texte de Françoise Milewski va vous permettre d'aborder cette question en toute connaissance de cause.

Pascal Combemale

SOMMAIRE

REPÈRES ET PERSPECTIVES

DOSSIERS

SUJETS DE BAC

FICHES-OUTILS

LES CONTRAINTES DE LA POLITIQUE ÉCONOMIQUE EN EUROPE

➾ **Françoise Milewski** *est maître de conférences en économie à l'Institut d'études politiques de Paris et rédactrice en chef des publications de l'OFCE.*

Depuis le début des années 1980, le chômage a fortement crû en Europe. La politique économique s'est révélée incapable de résoudre ce problème, que ce soit en favorisant la croissance, qui a nettement fléchi, ou par des politiques structurelles. Durant cette période, les politiques ont privilégié d'une part, au plan macroéconomique, la lutte contre l'inflation, au détriment de la priorité donnée auparavant à la croissance et à l'emploi, et d'autre part, l'ajustement microéconomique par le libéralisme, la déréglementation et, de façon plus générale, le retrait de l'intervention de l'État.

Parallèlement, la mondialisation a modifié les modalités de la politique économique, tant ses objectifs que ses conditions d'application. Le développement des marchés financiers – la globalisation – a accentué l'interdépendance des économies. Une nouvelle forme de contrainte extérieure réduit le degré de liberté des politiques économiques, d'autant plus qu'elles demeurent nationales et non coordonnées.

L'intégration européenne, et tout particulièrement l'union monétaire, est une tentative pour surmonter cette contrainte.

I. L'EUROPE DANS LE MONDE, UNE AUTONOMIE ACCRUE EN TANT QUE ZONE ?

Les objectifs multiples de la politique économique et les contraintes externes

Il faut distinguer les différents objectifs de la politique économique. Aux fonctions incompressibles de l'État (les fonctions régaliennes), se sont historiquement ajoutées : des politiques structurelles avec des objectifs de long terme (qui peuvent concerner la compétitivité, le tissu industriel, la cohésion sociale, etc.) ; des politiques microéconomiques visant à soutenir des secteurs en particulier, jugés prioritaires ; des politiques sociales de protection et de redistribution ; d'éventuelles fonctions de production au travers de la nationalisation de certaines industries ou de la mise en place de services publics ; enfin, des politiques macroéconomiques de régulation conjoncturelle visant à amortir l'ampleur des cycles économiques, en particulier à éviter les récessions.

Bibliographie

Jacques Mazier, Les Grandes Économies européennes, *La Découverte, « Repères », Paris, 1999.*

OFCE, L'Économie française, *La Découverte, « Repères », Paris, une édition entièrement nouvelle chaque année.*

Agnès Benassy-Quéré, Benoît Cœuré, Économie de l'euro, *La Découverte, « Repères », Paris, 2002.*

Ce sont précisément ces politiques de court terme qui sont mises en cause par la mondialisation et modifiées par l'intégration européenne : l'efficacité de mesures nationales est fortement limitée, en même temps que des mesures prises par d'autres pays ont un effet sur la conjoncture intérieure. Mais les autres champs d'intervention sont également concernés, ne serait-ce que dans la mesure où ils interfèrent avec les contraintes macroéconomiques (prestations sociales et budgets publics, financements d'infrastructures et politiques fiscales, etc.).

PLAN

I. L'Europe dans le monde, une autonomie accrue en tant que zone ?

Les objectifs multiples de la politique économique et les contraintes externes
L'intégration de l'Europe dans le monde
Perte d'autonomie et degré de liberté : spécificités nationales et choix

II. La politique économique européenne : quels choix, quelle autonomie pour les pays ?

Plus ou moins de souveraineté ?
La politique monétaire après l'euro
Les politiques budgétaires après l'euro
Déficit public et stabilisateurs automatiques
Le *policy mix*
Les enchaînements à court terme et moyen terme
Chocs symétriques et chocs asymétriques
L'euro et la concurrence

Conclusion : contagion, convergence, coordination

L'intégration de l'Europe dans le monde

■ *L'ouverture commerciale de l'Europe*

L'Europe est le premier exportateur mondial de marchandises, devant les États-Unis et le Japon [*voir chapitre XI, page 410*]. Sa place est donc majeure. Si l'on s'attache au degré d'ouverture (demi-somme des exportations et des importations, en pourcentage du PIB), dont va dépendre l'autonomie relative des zones, on constate qu'il est de 28 % en 2000 (ensemble des marchandises), et de 11,6 % si l'on ne retient que les échanges extra-européens (échanges de l'Europe vers ou à destination du reste du monde) [*voir tableau A*]. Le degré d'ouverture de l'Europe est un peu plus élevé que celui des États-Unis (9,9 %) et que celui du Japon (8,6 %). Les écarts sont cependant modérés. Ils ont été sensiblement réduits depuis 1960 car les États-Unis étaient à l'époque faiblement ouverts sur l'extérieur [*voir tableau B*]. La convergence est manifeste.

Historiquement, la prise en compte de l'Europe comme un tout n'est que partiellement justifiée : sur toute la période considérée, la part des échanges extra-européens rapportée à l'activité a progressé faiblement du fait de la réorientation vers le marché continental. De plus, les échanges intra-européens ont été de vrais flux de commerces extérieurs, même si les barrières douanières ont progressivement reflué jusqu'à disparaître, et même si, depuis 1993, les déclarations aux frontières ont été supprimées. En effet, tant que les taux de change étaient multiples, on ne pouvait considérer qu'il s'agissait de flux régionaux. La définition d'un degré d'ouverture extra-européen vaut donc essentiellement à partir de 1999, en union monétaire, et pour la compréhension de la contrainte extérieure qui s'exerce désormais sur l'Europe en tant que zone.

Avec l'union monétaire, l'Europe devient bien un *grand marché intérieur* : l'essentiel de

Tableau A

Parts des échanges extérieurs de biens dans le PIB en Europe, en 2000 (en % du PIB)

	France	Italie	Royaume-Uni	Allemagne	Espagne	Europe des 15
Exportations	23,1	26,7	20,7	29,3	20,1	27,8
intra-Europe des 15	14,4	16,6	12,0	16,6	14,0	16,9
extra-Europe des 15	8,7	10,1	8,7	12,7	6,1	10,9
Importations	23,8	21,9	31,0	26,7	27,2	28,0
intra-Europe des 15	13,9	12,2	19,2	13,8	17,2	15,8
extra-Europe des 15	9,9	9,7	11,8	12,9	10,0	12,2
Degré d'ouverture	23,5	24,3	25,9	28,0	23,7	28,0
intra-Europe des 15	14,2	14,4	15,6	15,2	15,6	16,4
extra-Europe des 15	9,3	9,9	10,3	12,8	8,1	11,6

Source : EUROSTAT.

Tableau B

Degré d'ouverture pour les biens (exportations + importations)/2 (en % du PIB)	1960	1970	1980	1990	2000
France[a]	6,8	5,2	8,3	6,7	9,3
Europe des 15[a]	9,3	7,5	10,0	8,1	11,6
États-Unis	3,3	4,0	8,5	7,7	9,9
Japon	8,6	8,3	11,9	8,4	8,6

a. Échanges extra-communautaires uniquement.
Sources : EUROSTAT, Bank of Japan, US department of commerce, estimations de l'auteur.

son PIB est orienté vers l'activité interne. Certes des divergences des fiscalités indirectes demeurent et induisent des distorsions de prix telles que les échanges intra-européens continuent d'être soumis à des règles transitoires où les ventes s'effectuent hors TVA et se voient appliquer la fiscalité du pays destinataire. Mais on peut envisager qu'à terme des écarts de fiscalités subsistent au plan régional, comme c'est le cas aux États-Unis.

Certes la concurrence à l'exportation reste soumise à la variation du dollar, amputant ou restaurant la compétitivité des produits européens. Mais la mise en œuvre d'une politique économique tournée prioritairement vers le marché intérieur est possible. C'est le « *benign neglegt* », la « douce insouciance » à l'américaine. Une autonomie supplémentaire est ainsi potentiellement restaurée.

➡ **Voir chapitre XIII, fiche-outil 1 :** « *La balance des paiements* » page 500

■ *Une balance des paiements courants excédentaire en Europe*

Les balances des paiements courants se sont profondément modifiées en Europe. Globalement, la balance européenne est devenue excédentaire, d'environ 1 % du PIB en 2002. De plus, alors que l'excédent européen était essentiellement allemand dans la deuxième moitié des années 1980, c'est l'inverse à la fin des années 1990 [*voir graphique A*].

L'excédent courant de l'Europe lui confère une marge de manœuvre significative dans la conduite de sa politique économique intérieure. En effet, de l'existence d'un déficit extérieur durable naît habituellement une contrainte extérieure : l'État doit adopter une politique économique destinée à résorber ce déficit. Sinon, la perte de confiance des opérateurs financiers provoque des pressions sur le change et des fuites de capitaux. Cette politique est restrictive : elle vise surtout à réduire les importations en réduisant la demande intérieure. Il s'agit là d'une perte d'autonomie manifeste puisqu'une politique intérieure peut se trouver remise en cause. Ce fut le cas au début des années 1980 : arrivé au pouvoir en mai 1981 avec des objectifs sociaux (relèvement des bas salaires et des prestations sociales, lutte contre le chômage), le gouvernement de gauche a mené une politique de relance économique, qui s'est trouvée isolée en Europe puisque les autres pays menaient des politiques restrictives. Le creusement du déficit extérieur fut rapide et ample. Un revirement vers une politique restrictive eut lieu en 1983.

Graphique A

Balance des paiements courants en Europe

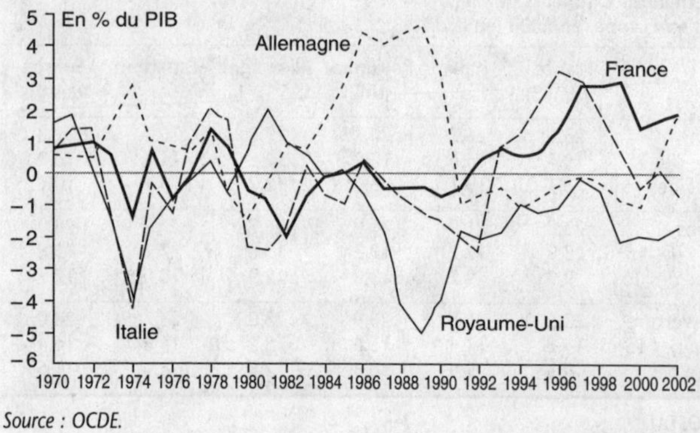

Source : OCDE.

Tout décalage conjoncturel est porteur de dégradation des soldes extérieurs. L'Allemagne aussi en a fait les frais, au début des années 1990, sous l'effet de l'unification RFA-RDA. Celle-ci, opérée pour des raisons politiques, s'est traduite sur le plan économique par une relance massive de la demande intérieure. Les producteurs allemands n'ont pas pu répondre à tout ce surcroît de demande, faute de capacités de production suffisantes, et ont donc massivement importé. L'Allemagne, qui disposait d'excédents commerciaux élevés, les a vu disparaître en l'espace de dix-huit mois.

Cependant, la place croissante prise par les flux financiers relativise l'importance des flux commerciaux dans la conduite des politiques économiques. Ainsi, la configuration mondiale des balances de paiements courants se caractérise désormais par un déficit américain et des excédents européen et japonais [*voir graphique B*], sans que l'autonomie américaine ait jusqu'à maintenant été atteinte. Cette configuration traduit à la fois les compétitivités relatives dans les échanges, les écarts de croissance économique et les comportements d'épargne intérieure. En effet, le solde de la balance des paiements courants avec le reste du monde correspond à l'agrégation des capacités et des besoins de financement des agents intérieurs : un déficit courant correspond à un besoin de financement de la nation (excès de dépense, insuffisance d'épargne), qui doit être comblé par des entrées nettes de capitaux; un excédent courant correspond symétriquement à une capacité de financement de la nation (excès de l'épargne sur l'investissement), donc à des sorties nettes de capitaux. Ainsi, dans la décennie 1990, l'Europe a-t-elle exporté ses capitaux vers les États-Unis, dont elle a contribué à financer la croissance avec ses excédents d'épargne intérieure.

■ *L'intégration financière, contrainte majeure de la politique économique*

Le développement des investissements directs à l'étranger et des marchés financiers est devenu l'aspect essentiel de la mondialisation et de l'interdépendance des pays.

Les investissements directs se dirigent là où les perspectives de rentabilité et de croissance sont les plus élevées. On vient de voir que la croissance américaine a bénéficié du financement européen et japonais.

La logique spéculative des marchés de capitaux finit par s'imposer : si le rendement entre les places financières diffère, les actifs se déplacent instantanément [*voir chapitre XIII, page 480*]. La politique économique en est contrainte. Son horizon est raccourci : la logique de court terme prédomine et l'instabilité est accrue. La propagation des crises, notamment boursières, est accentuée. Non seulement l'horizon est changé, mais aussi la nature des objectifs. L'accent permanent mis, depuis le début des années 1980, sur l'évitement de toute accélération de l'inflation, y compris lorsque son niveau est faible, ne peut s'expliquer autrement que par la contrainte exercée par les marchés financiers : en effet, l'inflation dévalorise les titres à revenu fixe.

■ *Un monde tripolaire ?*

L'apparition de l'euro modifie le fonctionnement du Système monétaire international (fondé sur le dollar, le yen et désormais l'euro) et l'équilibre mondial des flux de capitaux. Un marché en euros s'est créé, qui modifie le compor-

Graphique B

Balance des paiements courants dans le monde

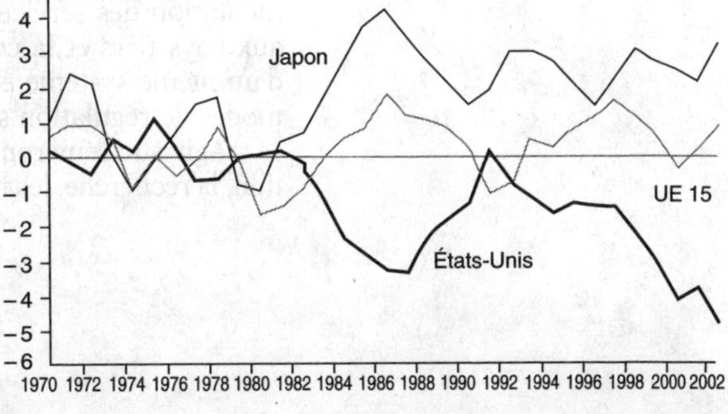

Source : OCDE.

tement des investisseurs internationaux. Substitut potentiel au dollar, l'euro acquiert un poids international qu'aucune des monnaies européennes ne pouvait obtenir.

Mais dans le fonctionnement actuel du SMI – changes flexibles –, il peut en résulter davantage d'instabilité et de volatilité des taux de change. En soi, l'existence de l'euro ne réduit pas les fluctuations des changes, sauf si l'on suppose qu'elle donne un poids suffisant aux institutions européennes pour négocier (et obtenir) une stabilisation monétaire, par une coordination des interventions des banques centrales. La question de la «*gouvernance*» mondiale est ainsi posée, dans le contexte de la globalisation financière [*voir chapitre XIII*].

Perte d'autonomie et degré de liberté : spécificités nationales et choix

La stabilité des taux de change, dans un contexte de libre circulation des capitaux, suppose que la rémunération des capitaux (les taux d'intérêt) soit attrayante et que la confiance des opérateurs financiers ne soit pas entamée. L'ampleur des masses en jeu a pour conséquence que des décisions privées viennent de plus en plus contrecarrer les décisions publiques. On parle des «marchés» comme d'un acteur de la politique économique : tous les responsables de décisions publiques s'interrogent désormais sur la perception que les opérateurs privés auront des mesures prises par le gouvernement. On entend de plus en plus souvent dire que tel ou tel responsable de politique économique envoie des signaux aux marchés financiers, tente de les rassurer. Il y a là une perte d'autonomie générale, qui n'est plus spécifique à un pays et qui concerne toutes les économies, y compris les plus puissantes.

La limitation devient-elle perte d'autonomie et la perte d'autonomie devient-elle impossibilité, voire inefficacité, des politiques macroéconomiques ? Resterait alors le seul domaine des stratégies microéconomiques ou structurelles. En réalité, si la politique économique est de plus en plus contrainte, si les modes de régulation ont changé, des choix demeurent possibles au plan national et en coopération avec les autres pays. Les spécificités nationales subsistent, y compris dans les pays fortement intégrés au système mondial. L'importance de la présence de l'État, l'ampleur des systèmes de protection sociale, le mode de relations entre les entreprises et les banques diffèrent beaucoup d'un pays à l'autre.

La dose de libéralisme demeure l'objet d'un choix. Elle n'est pas inhérente au système. L'exemple européen le montre : rien ne dit que de façon inéluctable la mondialisation passe par la déréglementation des services publics, l'ouverture commerciale complète aux pays tiers et la concurrence en tous domaines. Dans le cadre d'un même système économique (économie de marché), plusieurs modes de régulation sont possibles.

Agir sur l'environnement de la croissance, développer l'éducation, la recherche, les infrastructures demeure nécessaire et possible.

II. LA POLITIQUE ÉCONOMIQUE EUROPÉENNE : QUELS CHOIX, QUELLE AUTONOMIE POUR LES PAYS ?

Qu'en est-il de l'autonomie de l'Europe, non plus seulement en tant que zone, mais pour ses pays membres ? Les marges de manœuvre sont-elles accrues ou restreintes par l'intégration européenne croissante, en particulier par l'intégration monétaire ?

Plus ou moins de souveraineté ?

À l'origine, on présentait les avantages de l'UEM (Union économique et monétaire) :
– en insistant d'abord sur l'avancée dans la construction européenne, l'utilisation de mêmes signes monétaires renforçant l'identité européenne ;
– en décrivant ensuite les avantages microéconomiques : disparition des coûts de transaction entre entreprises européennes, élimination des coûts dus aux risques de change ;
– en montrant la suppression des perturbations liées aux dévaluations et à l'instabilité des changes (les crises de 1992 et 1993 ont concrétisé ces perturbations de façon spectaculaire). L'union monétaire est l'aboutissement de la logique du grand marché intérieur : en surmontant les fluctuations monétaires intra-européennes, on élimine les distorsions de concurrence qu'elles provoquaient ;
– en soulignant enfin le rôle international accru d'une monnaie européenne face au dollar et au yen.

Les inconvénients étaient aussi assez clairs : la perte d'autonomie de la politique monétaire induisait un coût, puisque chaque pays abandonnait toute possibilité d'une politique utilisant le taux de change et le taux d'intérêt. À cela les défenseurs de l'UEM répondaient à deux niveaux : l'autonomie monétaire était illusoire dans le cadre du SME, puisque l'ancrage sur le mark conduisait, de fait, à un suivisme vis-à-vis de la politique allemande. La coopération future serait de toute façon meilleure que la contagion antérieure. D'autre part et surtout, l'autonomie de la politique budgétaire serait préservée, et peut-être même accrue, puisque disparaîtrait la contrainte extérieure d'avoir à défendre une parité de change, en élevant les taux d'intérêt ou en infléchissant la politique économique.

Mais la réalité de l'autonomie de la politique budgétaire a été démentie par les faits. La satisfaction des critères de convergence, nécessaire pour l'entrée dans l'union monétaire, est venue contraindre les politiques des États, notamment dans leur composante budgétaire (critères concernant les déficits et les dettes publics). Pour rassurer les pays à monnaie forte et les banques centrales, ces critères ont privilégié la *convergence nominale* (déficit, dette, inflation…), au détriment de la *convergence réelle* (PIB, emploi…). [*voir chapitre XV, page 534 et encadré A*]

Mais cette contrainte ne fut pas transitoire. Le Pacte de stabilité et de croissance prolonge la discipline budgétaire de façon permanente. On est ainsi en présence, pour les pays européens, d'une politique monétaire commune et de politiques budgétaires nationales mais contraintes.

La politique monétaire après l'euro

La politique monétaire est désormais dirigée par la Banque centrale européenne (BCE), indépendante des pouvoirs politiques. Sa mission est de défendre la stabilité des prix et elle dispose pour cela de l'instrument des taux d'intérêt.

Les *taux d'intérêt* directeurs des pays ont été unifiés à 3 % pour l'entrée dans l'union monétaire. Leur gestion devient par définition centralisée. L'appréciation de la « stabilité des prix » n'est cependant pas évidente : y a-t-il un niveau optimum ? maximum ou minimum ? La norme implicite de 2 % d'inflation au maximum, que s'est fixée la BCE, est-elle justifiée ? Quels objectifs de masse monétaire sont les plus adéquats ? Sur tous ces points, le débat de politique économique se poursuit.

Encadré A : ***Critères de convergence du traité de Maastricht pour l'entrée dans l'union monétaire et leur réalisation*** *(bilan de la réalisation en 1997, rapport sur la convergence de mars 1998)*

Respect des critères

Il a été apprécié en valeur absolue de la façon suivante :

1. *Stabilité des prix* : moyenne des prix à la consommation pour les trois pays ayant la meilleure performance, + 1,5 point ;
2. *Finances publiques* : respect des deux ratios retenus :
– déficit public/PIB inférieur à 3 % ;
– dette publique/PIB inférieure à 60 % ;
3. *Change* : appartenance depuis deux ans aux marges normales du mécanisme de change européen sans dévaluation ;
4. *Taux d'intérêt* : moyenne des taux à 10 ans appréciés en moyenne annuelle pour les trois pays ayant la meilleure performance en matière d'inflation, + 2 points.

Liste des 11 pays retenus

Allemagne, Autriche, Belgique, Espagne, Finlande, France, Irlande, Italie, Luxembourg, Pays-Bas, Portugal

L'union monétaire au 1er janvier 1999 a été décidée le 2 mai 1998. Onze pays y participent, sur les douze qui le souhaitaient, la Grèce ne remplissant par les critères à l'époque. Le Danemark, la Suède et le Royaume-Uni ont choisi d'attendre. Les parités de change des pays participants ont été gelées dès cette date. La Grèce a finalement rejoint l'union monétaire au 1er janvier 2001.

Réalisation des critères de convergence en 1997

	Inflation[a]	Déficit public (en % du PIB)	Dette publique (en % du PIB)	Taux d'intérêt à long terme	Change
Allemagne	1,9	–2,7	**61,3**	5,6	Oui
Autriche	1,8	–2,5	**66,1**	5,7*	Oui
Belgique	1,6	–2,1	**122,2**	5,8	Oui
Danemark	2,3	0,7	65,1[b]	6,3	Oui
Espagne	2,5	–2,6	**68,8**	6,4	Oui
Finlande	1,4*	–0,9	55,8	6,0*	Oui
France	1,1*	–3	58	5,6	Oui
Grèce	**5,5**	**–4**	**108,7**		**Non**
Irlande	1,4	0,9	66,3[b]	6,3*	Oui
Italie	2,4	–2,7	**121,6**	6,9	Oui
Luxembourg	1,4*	1,7	6,7	5,6	Oui
Pays-Bas	2,2	–1,4	72,1[b]	5,6	Oui
Portugal	2,1	–2,5	**62**	6,4	Oui
Royaume-Uni	2,3	–1,9	53,4	7,1	**Non**
Suède	2,2	–0,8	**76,6**	6,6	**Non**
Moyenne UE	2,1	–2,4	72,1	6,2	
Limite	2,8	–3	60	8	

Les éléments en gras dans le tableau indiquent le non-respect du critère.
a. Indices implicites de prix de la consommation privée.
b. Décision Ecofin du 19 septembre 1994 écartant l'Irlande de la procédure de déficit public excessif, décision Ecofin du 03 juin 1996 écartant le Danemark, décision du 12 mai écartant les Pays-Bas de la même procédure.
** Moyenne des trois pays les plus performants en matière d'inflation : 1,3 % pour les prix, 6 % pour les taux d'intérêt. La limite pour les prix est donc de 1,3 + 1,5 = 2,8 %. La limite pour les taux d'intérêts est donc de 6 + 2 = 8 %.*
Source : Commission européenne (rapport sur la convergence, mars 1998).

Moins *réactive* que celle de la Fed, la politique monétaire de la BCE privilégie davantage la lutte contre l'inflation que la croissance. Elle est considérée par certains économistes comme *suiviste* vis-à-vis de la Fed, puisque les taux d'intérêts européens ont suivi, en les amortissant, les taux américains [*voir graphique C*]. Ainsi, la BCE subirait la contrainte mondiale, au lieu de faire preuve d'autonomie. L'objectif de *crédibilité* vis-à-vis des marchés financiers que la BCE s'est fixé dès ses premières années d'existence, l'a conduite à privilégier la surveillance de l'inflation [*voir graphique D*], à ne pas changer de cible d'inflation au premier retournement conjoncturel, et ainsi à l'*inertie* et au *gradualisme*.

Graphique C

Taux d'intérêts à court terme BCE et Fed

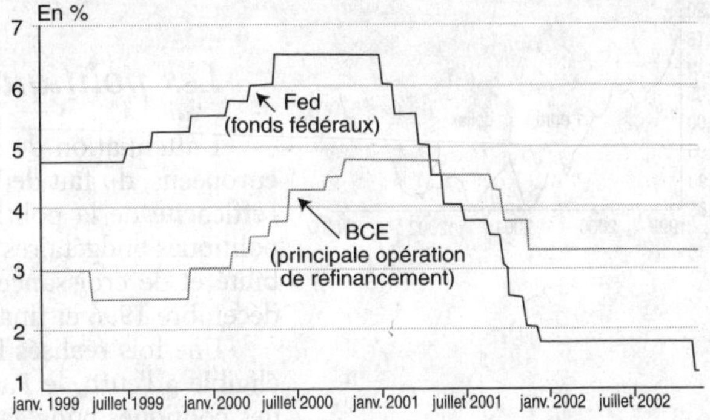

Source : Datastream.

La politique monétaire unique en Europe s'est heurtée à des difficultés objectives, du fait de l'accroissement des écarts de croissance au sein de la zone euro. Ceux-ci ayant induit de forts écarts d'inflation, un même niveau européen de taux nominaux a conduit à des niveaux différents de taux d'intérêts réels (taux nominaux moins l'inflation), négatifs dans les pays à forte inflation (Irlande, Espagne), positifs ailleurs, tout particulièrement là où la hausse des prix était faible (France). L'impact de la politique monétaire était donc expansif dans les pays déjà en progression soutenue, restrictif ou neutre dans les pays qui connaissaient le ralentissement le plus marqué. Après la naissance de l'euro, des problèmes nouveaux dans la conduite de la politique monétaire ont ainsi émergé, du fait d'écarts de croissance dont l'ampleur n'était pas anticipée.

Graphique D

Taux d'intérêts à court et à long terme dans la zone euro

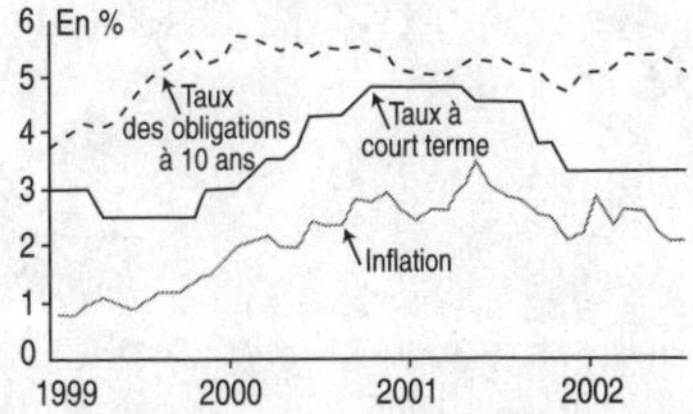

Source : Datastream.

Le niveau du *taux de change* n'est pas un objectif explicite de la BCE. Y a-t-il une préférence pour une appréciation ou une dépréciation vis-à-vis du dollar ? Cela demeure l'objet de débats, plus généralement sur les conditions de la reconnaissance internationale de l'euro et/ou sur les effets de son niveau relatif par rapport aux autres monnaies. Quoi qu'il en soit, le niveau de l'euro a un effet

Encadré B : *La politique monétaire de 1999 à 2002*

La BCE a réagi au passage à vide de l'économie européenne de l'automne 1998 et du début de l'année 1999 par une baisse de son taux de refinancement à 2,5 % en avril 1999 ; elle a ainsi soutenu l'activité, alors que la baisse des prix importés renforçait la désinflation (1 % en moyenne européenne au début de 1999, inférieure à la norme de 2 %).

La reprise économique à partir du milieu de l'année a conduit la BCE à relever son taux à partir de novembre 1999 jusqu'à 4,75 % en octobre 2000. Elle a considéré que des risques de surchauffe existaient d'abord dans certains pays (Espagne, Irlande), puis généralement en Europe. Que l'inflation s'accélérait exagérément avec la montée du prix des matières premières, la hausse des prix importés due à la baisse de l'euro, et certaines tensions sur les capacités de production. Enfin, que la croissance du crédit et de la masse monétaire s'accélérait excessivement.

Après un repli à la charnière de 2000 et 2001, la hausse des prix s'est de nouveau accélérée en Europe jusqu'à la mi-2001 (3,4 %), sous l'effet supplémentaire des hausses de prix des produits alimentaires. Le ralentissement économique était pourtant bien engagé en Europe. La BCE a cependant attendu avant d'abaisser ses taux d'intérêt. Modérées, ces baisses ont été tardives au vu de l'activité, ce qui a été justifié par le dépassement de la cible de l'inflation.

La prudence de la BCE face à ce qu'elle qualifie de risque de résurgence inflationniste et ses hésitations à contrecarrer le ralentissement de la croissance par une baisse des taux d'intérêt se sont distinguées de la politique menée par la Réserve fédérale américaine (Fed). Celle-ci n'a en effet pas hésité à réduire son taux d'intérêt plus précocement, plus souvent et plus fortement que la BCE. Elle a mené une politique monétaire expansive, à l'inverse de la BCE.

Graphique E

Taux de change euro-dollar

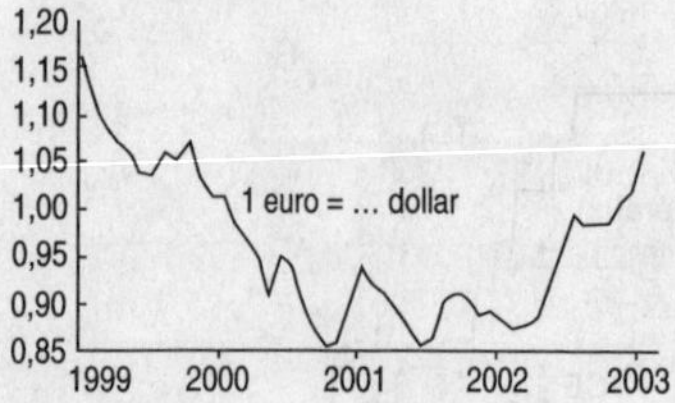

sur l'inflation européenne, *via* les prix d'importation, et donc sur la politique des taux d'intérêt de la BCE puisque l'inflation est un objectif central.

Les politiques budgétaires après l'euro

L'atténuation de la contrainte extérieure de chacun des pays européens, du fait de la disparition de leur taux de change, accroît l'efficacité de la politique budgétaire de façon générale. Mais les politiques budgétaires nationales sont encadrées par le Pacte de stabilité et de croissance élaboré au Conseil européen de Dublin en décembre 1996 et finalisé au Conseil d'Amsterdam de juin 1997.

Une fois réalisés les critères du traité de Maastricht pour être éligible à l'euro, le Pacte de stabilité prolonge en effet le contrôle des politiques budgétaires des pays membres en cherchant à éviter les « *déficits publics excessifs* ». Un maximum de 3 % de déficit est prévu, sous peine de sanctions financières. Seule une récession forte peut justifier un déficit supérieur à 3 %, considéré alors comme exceptionnel. Par ailleurs, les États s'engagent à équilibrer leur situation budgétaire à *moyen terme*, voire à obtenir un excédent [*voir encadré D*].

Afin de ne pas dépasser 3 % de déficit, y compris en période de ralentissement ou de récession (faible), c'est-à-dire lorsque le déficit conjoncturel se creuse, il faut fortement réduire le déficit total en période d'expansion, c'est-à-dire obtenir un excédent conjoncturel. En d'autres termes, un surcroît de recettes fiscales qui découle de la croissance ne doit pas être utilisé pour accroître les dépenses publiques mais pour réduire le déficit et l'annuler à terme.

Ainsi, le Pacte de stabilité est une forme de coordination négative (ne pas dépasser un certain seuil). Avec ce Pacte, les pays européens renoncent à utiliser immédiatement leurs marges de manœuvre budgétaires, au nom de leur reconstitution future.

Déficit public et stabilisateurs automatiques

Un déficit public est la différence entre les recettes et les dépenses. Il dépend d'une part d'une action délibérée (ou discrétionnaire) des pouvoirs publics, qui vont, par exemple, développer ou restreindre telle ou telle catégorie de dépense, et/ou modifier le taux ou l'assiette des prélèvements obligatoires, impôts ou cotisations sociales. Il dépend d'autre part de l'évolution cyclique de l'activité économique : par exemple, une forte croissance gonfle les rentrées fiscales, même sans modification des taux ou de la base,

Encadré C : ***La politique du change depuis 1999***

Avant 1999, on avait craint qu'une surévaluation de l'euro bride les exportations et le dynamisme européen. Mais ce risque ne s'est pas concrétisé. L'euro s'est fortement déprécié vis-à-vis du dollar à partir du début de 1999 [*voir graphique E*], reflétant les écarts conjoncturels entre les deux zones et les sorties de capitaux de l'Europe vers les États-Unis. Les hésitations de la politique économique européenne, en particulier de sa coordination, ont aussi pesé sur le niveau de l'euro. Mais sa dépréciation durant ses trois premières années d'existence a soutenu l'activité européenne en dynamisant les exportations. La BCE a tenté de contrecarrer cette dépréciation dans la mesure où elle renforçait l'inflation importée et accentuait ainsi la hausse de l'indice général des prix.

du fait de l'augmentation de la consommation et donc de la TVA induite, ou du fait de l'augmentation des revenus et des impôts correspondants. Inversement, une faible croissance (*a fortiori* une récession) entraîne une perte de recettes fiscales et un accroissement des dépenses de protection sociale (allocations chômage par exemple). La partie du solde qui dépend de l'évolution cyclique de l'activité économique est nommée «*solde conjoncturel*».

On distingue donc, au sein du solde public total, un «*solde structurel*» et un «*solde conjoncturel*». Celui-ci dépend de la comparaison entre le niveau effectif du PIB et son niveau potentiel (ou tendanciel) [*voir encadré E et graphique F*]. Si la croissance effective est supérieure à la croissance potentielle, on a un excédent conjoncturel; inversement, on a un déficit conjoncturel. À moyen terme, ces

Encadré D : *Le Pacte de stabilité et de croissance*

L'objectif du Pacte de stabilité et de croissance est de limiter le déficit budgétaire agrégé de la zone euro et de prévenir des dérapages budgétaires préjudiciables aux autres États membres, tout en permettant de faire face aux fluctuations cycliques de l'activité. Le Pacte comprend deux volets.

Chaque État membre définit un *programme de stabilité* — stratégie pluriannuelle d'ajustement des finances publiques vers un niveau «proche de l'équilibre ou en excédent». Ce programme, qui couvre un horizon de quatre ans environ, est réévalué chaque année et soumis à l'approbation du Conseil des ministres des Finances après avoir donné lieu à un avis public de la Commission. La notion de «proche de l'équilibre ou en excédent» fait l'objet de discussions régulières entre les ministres et avec la Commisssion. Dans un premier temps, et compte tenu des niveaux élevés de déficit lors du lancement de l'euro, l'idée a prévalu qu'un déficit «proche de l'équilibre» était celui qui permettrait d'éviter de dépasser le seuil de 3 % en cas de ralentissement normal de l'activité, c'est-à-dire dans la limite des fluctuations cycliques observées historiquement. Par exemple, pour un pays comme la France, un déficit de 1,5 % du PIB environ était considéré comme acceptable. Les progrès accomplis après 1999 en matière de réduction du déficit, et la prise en compte croissante des déséquilibres financiers à venir du fait du vieillissement de populations, ont conduit la Commission à durcir ce critère et à exiger de tous les États membres qu'ils ramènent effectivement leurs déficits à zéro.

Sauf «circonstance exceptionnelle», le déficit public d'un État membre ne doit jamais dépasser *3 % du PIB*. Le Pacte définit une «circonstance exceptionnelle» comme une année durant laquelle le PIB baisse d'au moins 2 %, avec une marge d'appréciation possible pour les ministres si la baisse est comprise entre 0,75 % et 2 % sur l'année. En deçà de 0,75 %, en revanche, un pays ne peut prévaloir de circonstances exceptionnelles. En cas de déficit jugé excessif par le Conseil, une procédure se met en place qui peut aboutir à des sanctions : dépôt non rémunéré auprès de l'Eurosystème, ou même, amende à verser aux pays partenaires. Ces sanctions sont décidées par les ministres des Finances de la zone euro votant à la majorité qualifiée (c'est-à-dire avec les poids usuellement appliqués aux États membres dans les décisions européennes). En cas de dépassement, le montant de la sanction est de 0,2 % du PIB plus 0,1 point de PIB par point de déficit en trop, dans la limite de 0,5 % du PIB. Pour un déficit de 5 % du PIB, par exemple, la sanction est de 0,2 + 0,1 x (5–3) % du PIB. Pour un déficit de 8 % du PIB, la sanction devrait être de 0,7 % du PIB, mais elle est plafonnée à 0,5 % du PIB. Cette sanction prend la forme d'un dépôt non rémunéré auprès de la Banque centrale. Si le déficit persiste l'année suivante, un nouveau dépôt doit être effectué, et le dépôt peut être transformé en pénalité irrécouvrable au bout de deux ans.

Le plafond de 3 %, qui concerne l'ensemble des administrations publiques (État + Sécurité sociale + collectivités locales), s'inscrit dans la lignée des critères de convergence du traité de Maastricht. Ce chiffre de 3 % assure la stabilité de la dette publique à 60 % du PIB si le PIB augmente de 5 % par an en euros courants, ce qui correspond à la somme d'une inflation de 2 % par an (plafond de la BCE) et d'une croissance réelle de 3 %. En notant B_t, la dette publique à la fin de l'année *t*, D_t le déficit public de l'année *t* et PIB_t le PIB nominal de l'année *t*, et en remarquant que l'accumulation de la dette est décrite par $B_t = B_{t-1} + D_t$, on a en effet :

$$\frac{B_t}{PIB_t} = \frac{B_{t-1}}{PIB_{t-1}} \times \frac{PIB_{t-1}}{PIB_t} + \frac{D_t}{PIB_t}$$

Avec les chiffres mentionnés plus haut, on vérifie que 60 % x 100/105 + 3 % = 60 %.

Le plafond de 3 % pour le déficit ne garantit pas que la dette reste stable à tout moment. Si la croissance nominale est inférieure à 5 %, un déficit de 3 % du PIB accroît en effet la dette publique en proportion du PIB. Néanmoins, ce chiffre constitue un repère utile puisqu'à l'inverse, un déficit supérieur à 3 % du PIB alourdit la dette publique *même* si le PIB nominal est sur son sentier de long terme de 5 % par an. Dans l'idéal, il aurait fallu différencier ce seuil selon les capacités de croissance des pays membres, certains d'entre eux comme le Portugal ayant des perspectives de croissance plus importantes en raison de leur retard initial. Mais la nécessité d'une règle simple et universelle a prévalu, pour faciliter la discussion politique et convaincre les marchés de la discipline budgétaire de la zone.

Agnès Benassy-Quéré, Benoît Coeuré, Économie de l'euro, *La Découverte, «Repères», 2002, p. 78-79.*

Graphique F

Solde conjoncturel

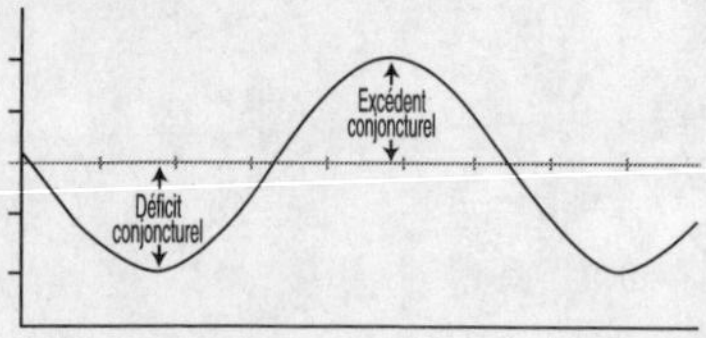

excédents et déficits s'annulent. Le solde structurel représente ainsi le niveau auquel reviendrait spontanément le solde effectif, à cet horizon.

Si conceptuellement cette distinction est simple, elle pose des problèmes de mesure difficiles. En pratique, le solde structurel se déduit par différence du solde total et du solde conjoncturel. Mais celui-ci donne lieu, en général, à plusieurs évaluations à cause des écarts de mesure du PIB potentiel [*voir encadré E*]. Les conclusions de politique économique peuvent en être différentes.

La notion de « *stabilisateurs automatiques* » découle de celle du solde conjoncturel. En cas de récession, les pouvoirs publics seront confrontés à un choix. Soit ils ne modifient pas la politique budgétaire, c'est-à-dire qu'ils laissent les dépenses au niveau prévu. Dans ce cas, le déficit effectif, comparé au déficit prévu, se creusera du montant des pertes de recettes induites par la récession ; on dit alors que les pouvoirs publics laissent jouer les stabilisateurs automatiques, au sens où le creusement du déficit public est spontané. Soit, au contraire, les pouvoirs publics privilégient le maintien du déficit au niveau voté, et ils doivent alors réduire les dépenses du montant des pertes de recettes ; ce faisant, ils ne laissent pas jouer les stabilisateurs automatiques et accentuent la récession par une politique procyclique de réduction des dépenses publiques. Par exemple, lors de la récession européenne de 1993, les gouvernements ont laissé jouer les stabilisateurs automatiques et tous les déficits se sont creusés bien au-delà du niveau requis par les critères de convergence du traité de Maastricht.

Encadré E : *La croissance potentielle*

On peut définir la production potentielle comme le niveau maximal de production durablement soutenable sans tensions excessives dans l'économie, et plus précisément sans accélération de l'inflation. Déterminée par la quantité et l'efficience des facteurs de production disponibles, c'est un indicateur d'offre. L'écart de production (*output gap*) est la différence entre la production effective et le niveau estimé de la production potentielle : c'est donc un indicateur du déséquilibre entre l'offre et la demande. Toutefois, le taux de croissance effectif peut être supérieur au taux de croissance potentiel sans créer de tensions s'il existe un déficit initial de production. Même si le taux de croissance potentiel n'est que de 2 %, un pays qui souffre au départ d'un déficit de production de 10 % peut croître de 3 % pendant 10 ans ou de 4 % pendant 5 ans.

L'évaluation de la production et de la croissance potentielles constitue un enjeu d'importance. En phase de ralentissement de la croissance, des politiques économiques expansionnistes sont opportunes si le ralentissement provient d'une faiblesse de la demande relativement à la capacité de production ; néfastes s'il correspond à un ralentissement de la croissance potentielle elle-même.

En dépit du consensus apparent sur la définition et l'utilisation de la production potentielle, cette notion reste problématique. La production potentielle n'est pas une grandeur observable : son évaluation repose sur diverses hypothèses statistiques et théoriques. Ce concept est une construction subjective et discutable de l'analyste : une croissance maximale, sans tensions excessives, dictée par les seules contraintes d'offre que l'on oppose à la croissance réalisée, dictée par la demande. Trois méthodes sont utilisées pour évaluer la production potentielle : des méthodes statistiques d'extraction de la tendance, des indicateurs directs de l'écart de production, et la méthode structurelle consistant à évaluer la fonction de production de l'économie.

Sa mise en œuvre par les organismes internationaux aboutit à deux conclusions fortes pour l'Europe : la faiblesse de la croissance potentielle actuelle, et donc le bas niveau de l'écart de production. Mais ces évaluations sous-estiment les disponibilités tant en ce qui concerne le facteur travail, le facteur capital que le progrès technique. En Europe, la croissance effective est depuis de nombreuses années inférieure à la croissance potentielle. La production potentielle n'est pas actuellement une contrainte à la croissance et à la création d'emploi en Europe.

Quatre causes ont été évoquées pour expliquer le ralentissement de la croissance potentielle : une baisse exogène du progrès technique, les rigidités du marché du travail, l'insuffisance de l'accumulation du capital, enfin, l'impact de la croissance effective sur la croissance potentielle.

D'après Olivier Passet, Christine Rifflart, Henri Sterdyniak, « Ralentissement de la croissance potentielle et hausse du chômage », Revue de l'OFCE *n° 60, janvier 1997.*

Lors d'une reprise économique, si l'on utilise le surcroît de ressources, non pas pour réduire le déficit, mais pour amplifier des dépenses ou réduire les impôts, on ne laisse pas jouer les stabilisateurs automatiques qui, dans ce cas, contribueraient à réduire le déficit, et on creuse le déficit structurel. Cela peut être justifié si l'on considère que la croissance passée a été trop faible et a restreint exagérément les dépenses de l'État au regard de ses missions jugées essentielles (cohésion sociale, éducation...), ou bien si l'on veut accentuer la reprise de la croissance.

Graphique G

Solde des finances publiques

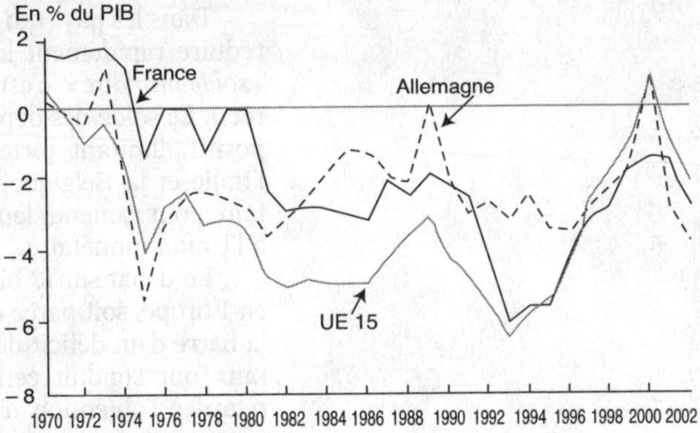

Source : EUROSTAT.

Le Pacte de stabilité européen, en anticipant un équilibre des finances publiques à moyen terme et en fixant un montant maximum de déficit à 3 %, quelle que soit la conjoncture, restreint donc la possibilité de laisser jouer les stabilisateurs automatiques en cas de ralentissement conjoncturel. Son objectif premier est de réduire le poids des dettes publiques en Europe. Un argument important est aussi d'éviter les « *passagers clandestins* » ; en l'absence de risque de taux de change et d'intérêt, un pays pourrait creuser son déficit, sans sanction économique, puisque le financement serait européen et non plus seulement national. C'est ce que l'on nomme aussi les « *effets de débordement* », c'est-à-dire les effets sur l'ensemble de la zone d'une politique budgétaire nationale. Il y a en effet une *interdépendance* entre les économies nationales au sein de l'UEM. Une totale autonomie des politiques budgétaires nationales a donc été considérée comme potentiellement dangereuse, faisant courir le risque de conséquences négatives pour toute la zone euro d'une politique « irresponsable » d'un seul pays. D'où l'idée d'un encadrement permanent des politiques nationales.

Encadré F : *La politique budgétaire à partir de 1999*

En 1998, 1999 et 2000, les déficits publics ont continué de se réduire en Europe, grâce aux surcroîts de recettes fiscales induits par la croissance économique, par le jeu des stabilisateurs automatiques. Mais le ralentissement économique a conduit à une dégradation des déficits publics en moyenne dans la zone euro en 2001 et 2002 [*voir graphique G*]. Les replis les plus importants se situaient dans les pays où la croissance s'était ralentie le plus. En Irlande et aux Pays-Bas, l'excédent s'était contracté mais les soldes restaient positifs et donc conformes aux objectifs du Pacte de stabilité. En revanche, au Portugal, en Allemagne, en Italie, puis en France, les déficits s'approchaient ou dépassaient les 3 % fatidiques. Cela a suffi pour que ces pays aient été montrés du doigt comme ne disposant pas des marges de manœuvre nécessaires pour laisser jouer les stabilisateurs automatiques. Au contraire, Commission et BCE ont formulé des recommandations pour que l'effort de réduction des déficits soit intensifié.

Ainsi, la question de la réaction des politiques publiques s'est posée avec davantage d'acuité, à la fois du point de vue de la nature des objectifs retenus et des modalités de la coordination entre les pays. Maintenir les objectifs du Pacte de stabilité tels qu'ils étaient à moyen terme avant le ralentissement économique ne pouvait que conduire à des politiques restrictives accentuant le repli d'activité. Renforcer la modération des dépenses et/ou suspendre les programmes de baisse d'impôts dans les trois grands pays de la zone a amplifié le ralentissement. Face à un choc économique comme celui de 2001, à la fois récessif et d'incertitude, seule l'annonce de mesures destinées à contrecarrer les effets négatifs du repli de la demande aurait pu contribuer à redresser la croissance. Or les appels à l'orthodoxie budgétaire (maintenir les objectifs initiaux à moyen terme) sont restés de mise.

Un argument supplémentaire est donné par les autorités européennes : la nécessité d'accumuler des excédents budgétaires pour faciliter le financement à moyen terme des retraites.

Dans les pays qui ont des dettes publiques importantes, vouloir réduire rapidement les déficits publics implique un excédent du « *solde primaire* », c'est-à-dire du solde hors charge de la dette (intérêts). Le solde des dépenses et des recettes courantes doit ainsi être positif, limitant fortement l'intervention de l'État. C'est ce que l'Italie et la Belgique, pays européens fortement endettés, ont dû faire pour ramener leur déficit à 3 % du PIB en 1997 et être éligibles à l'Union monétaire.

Le débat sur le bien-fondé du Pacte de stabilité s'est intensifié en Europe, soit parce que des pays comme l'Allemagne dépassaient la barre d'un déficit de 3 %, soit parce que des engagements électoraux ont conduit certains gouvernements, comme en France, à retarder l'obtention d'un équilibre des comptes publics à moyen terme et à maintenir, voire à intensifier, à court terme, les programmes de baisses d'impôts. La Commission a engagé des procédures de recommandations, d'avertissements et de sanctions. Certains pays ont reporté dans le temps (à 2006 au lieu de 2004) les objectifs d'équilibre, ou même prévu le maintien d'un déficit et parfois affiché leur volonté de laisser jouer à court terme les stabilisateurs automatiques en fondant les projets de budgets sur une croissance soutenue et en conditionnant la réduction du déficit à la réalisation de cette croissance. Ces polémiques ont débouché sur la mise en cause des modalités mêmes du Pacte de stabilité, à savoir la prise en compte du déficit total comme objectif : la référence au seul déficit structurel, voire au déficit structurel hors investissement, est désormais l'objet d'un débat au sein de l'Union européenne. Cela permettrait de laisser jouer pleinement les stabilisateurs automatiques dans les phases de ralentissement d'activité.

Le policy mix

Le *policy mix*, ou combinaison des politiques économiques, peut être appréhendé à partir du modèle de Mundell et Fleming sur la spécialisation des instruments et l'efficacité de leur combinaison.

Dans les années 1990, les expériences ont été multiples. Les États-Unis sont sortis de la récession de début de la décennie par une politique monétaire expansionniste (taux d'intérêts réels nuls) et une réduction progressive des déficits publics fondée sur la baisse des dépenses militaires puis, surtout, sur le surcroît de recettes dû à la croissance économique; cela les a conduits, en laissant jouer les stabilisateurs automatiques, à un excédent budgétaire à la charnière des années 1990 et 2000. Celui-ci a été largement utilisé lors de la récession de 2001, pour relancer l'économie.

L'Europe en revanche s'est caractérisée par un *policy mix* restrictif sur toute cette décennie, alternativement d'origine monétaire (forte montée des taux d'intérêts réels au début des années 1990, par contagion de la politique de la *Bundesbank* allemande) et budgétaire, avec un accent mis sur la réduction des déficits publics à partir de 1994, afin de satisfaire les critères de convergence du traité de Maastricht.

À partir de 1999, en union monétaire, le *policy mix* a combiné une politique monétaire menée en commun et des politiques budgétaires menées nationalement, mais dans le cadre contraint du

Pacte de stabilité. Le budget européen est par ailleurs trop faible pour être un instrument de coopération [*voir chapitre XV, page 534*].

Le risque existe d'aboutir à un «*équilibre non coopératif*». Ce serait le cas, par exemple, si la BCE réagissait par une hausse des taux d'intérêts à un déficit public jugé excessif ; dans ce cas, les gouvernements augmenteraient les déficits pour maintenir l'activité, malgré des taux élevés qui gonfleraient d'autant plus la charge de la dette, ou bien hésiteraient à engager des programmes restrictifs tant que les charges d'intérêts ne seraient pas réduites. On obtiendrait alors une «*politique non optimale*» de hausse des taux et de hausse des déficits.

Il faut au contraire envisager une coordination effective sur les objectifs à atteindre. Actuellement en Europe se superposent une spécialisation des instruments (monétaire/budgétaire) et une spécialisation des objectifs (faible inflation/politique conjoncturelle de croissance). Or l'économie européenne était déséquilibrée au moment de l'instauration de l'euro : elle se caractérisait en effet par un chômage de masse. Il aurait donc fallu que les deux instruments œuvrent dans le même sens du soutien à la croissance et à l'emploi.

Les enchaînements à court terme et moyen terme

Le Programme de stabilité et de croissance (PSC) s'insère dans le cadre des Grandes orientations de politique économique (GOPE), qui fixent les lignes de la politique économique européenne, y compris structurelles (concurrence, marchés du travail, etc.)

Dans le cadre du PSC, chaque pays doit fournir des perspectives de finances publiques, appelées *programmes de stabilité*, qui spécifient comment l'obtention de l'équilibre budgétaire est réalisée

Encadré G : *Le* policy mix *au début des années 2000*

En 1999 et 2000 en Europe, le *policy mix* associait une politique budgétaire accommodante et une politique monétaire, qui, de détentes en resserrements, accompagnait avec prudence le profil de l'activité, plus qu'elle ne l'infléchissait. Aux difficultés spécifiques de la conduite de la politique monétaire, s'ajoutaient celles de la combinaison avec les politiques budgétaires. Les pays en forte croissance, voire en surchauffe, accumulant des excédents budgétaires et bénéficiant d'une politique monétaire expansive qui renforçait leur croissance, se voyaient recommander la conduite d'une politique budgétaire restrictive pour brider leur activité et leur inflation, alors qu'ils étaient les plus performants du point de vue du respect des objectifs du Pacte de stabilité.

La rupture de 2001 a accentué l'enjeu de ces débats. La politique économique européenne a été confrontée depuis 2001 à plusieurs chocs majeurs, à la fois en importance et en degré d'incertitude, combinant l'éclatement de la bulle technologique, les conséquences des attentats de New York en septembre 2001 et le marasme boursier. Sur le plan budgétaire, on l'a vu plus haut, l'orientation du Pacte de stabilité et les défauts de la coordination européenne ont empêché que la politique publique œuvre dans le sens du soutien à l'activité. Sur le plan monétaire, la BCE et la Fed ont réagi immédiatement après les attentats de septembre 2001, de concert, assurant la liquidité du système et abaissant les taux d'intérêts. On l'a vu également, la Fed a continué de réduire ses taux à plusieurs reprises ; la réactivité de la BCE a été effective, mais plus modérée et plus lente que celle de la Fed. La BCE a mis en avant le maintien de l'inflation européenne à un niveau supérieur à la cible de 2 % et l'insuffisance de l'effort de réduction des déficits publics, qui conduirait à terme à tendre les taux d'intérêt.

C'est donc bien du côté de la combinaison avec les politiques budgétaires que la question est posée. Hésitations de la politique monétaire et des politiques budgétaires nationales en Europe se sont combinées en un ensemble peu coopératif d'une part, peu susceptible de soutenir l'activité d'autre part. Ces débats de politique économique sont essentiels car l'on sait depuis longtemps combien, dans un contexte conjoncturel de montée des risques et d'anticipations défavorables, il est important que les autorités publiques réduisent l'incertitude et montrent leur volonté de soutenir les demandes intérieures.

à l'horizon de cinq ans. Chaque année, ces programmes de stabilité sont réactualisés.

La question de l'horizon temporel, du lien court terme/moyen terme est très importante. On a vu comment, dans une première période, les règles du Pacte de stabilité n'étaient pas contraignantes, puisque la phase de croissance 1998-2000 assurait d'abondantes rentrées fiscales et donc la réduction spontanée des déficits publics. Et comment, en revanche, dans la phase de ralentissement de croissance de 2000-2002, elles sont devenues très contraignantes, du fait du butoir des 3%, limitant ainsi l'action des pouvoirs publics. Réduire les marges de manœuvre du présent au nom de leur reconstitution future conduit de fait, en pratique, à mener des *politiques économiques procycliques*, c'est-à-dire des politiques qui accentuent le cycle économique (qui renforcent la croissance ou bien la récession). En effet, en période de forte croissance, une partie des surcroîts de rentrées fiscales est utilisée à réduire le déficit, mais une autre est souvent destinée à augmenter les dépenses ou à réduire les taux d'imposition ; ce faisant, les pouvoirs publics renforcent la croissance par une politique de relance. En sens inverse, en phase de ralentissement ou de récession, les déficits se creusent spontanément et les gouvernements doivent couper dans leurs dépenses ou accroître les impôts pour ne pas dépasser la barre des 3% ; ce faisant, ils renforcent le repli d'activité. Les *politiques contracycliques* à court terme sont ainsi restreintes, en particulier celles qui permettraient, en phase de ralentissement, de tenter de le contrecarrer par des mesures de relance.

Les enchaînements dans le temps peuvent alors se révéler contreproductifs : à force de vouloir réduire les déficits y compris en phase creuse du cycle économique, en menant une politique restrictive, il se peut que le repli soit accentué au point de dégrader davantage encore à terme les déficits ; c'est donc l'effet inverse de celui souhaité. On rejoint là le débat sur les modalités du Pacte de stabilité.

Chocs symétriques et chocs asymétriques

Les contraintes de la conduite de la politique économique sont, on l'a vu, importantes en permanence. Elles le deviennent tout particulièrement en cas de choc.

On peut distinguer les « *chocs symétriques* » et les « *chocs asymétriques* ». Un choc symétrique concerne tous les pays de la zone. La réponse peut donc être commune, en utilisant l'instrument monétaire ou budgétaire. En cas de choc asymétrique, qui ne concerne qu'un pays, seul l'instrument budgétaire national peut être utilisé puisque la politique monétaire est unifiée en référence à une moyenne européenne.

La distinction choc symétrique/asymétrique n'est pas toujours évidente. Par exemple, l'unification allemande de 1989-1990 était un choc spécifique à un pays, donc asymétrique, mais du fait de l'importance de l'Allemagne en Europe et des transmissions par les institutions monétaires existantes, elle est rapidement devenue un choc symétrique. La crise des pays émergents de 1997-1998 a eu un effet dépressif sur tous les pays d'Europe, mais qui a été différencié selon l'ouverture des pays aux échanges avec l'Asie ou la Russie ; l'Allemagne et l'Italie ont été davantage touchées. Le choc de 2001 était aussi un choc symétrique.

Un choc asymétrique pur concernerait donc essentiellement un choc spécifique qui se produirait dans un pays de taille petite ou moyenne : forte variation de prix de matières premières pour un pays très concentré sur une industrie, mouvements sociaux locaux, etc. Aucun mécanisme de solidarité intra-européenne n'existe de façon institutionnelle. Formellement, le budget européen pourrait suppléer à cette carence. Mais sa faiblesse l'en empêche. Un mécanisme de solidarité automatique devrait être mis en place pour répondre à ces chocs asymétriques, sous peine d'accroissement du chômage dans les pays concernés. Plus généralement, même en cas de choc commun, les résultats sont asymétriques car celui-ci s'applique à des situations nationales hétérogènes du point de vue des structures productives (degré de spécialisation industrielle par exemple), des marchés du travail, des degrés d'ouverture et des rythmes de croissance. Comme pour les chocs asymétriques, il faudrait éviter que le chômage en soit la conséquence ou que le remède soit la mobilité du travail. Seule la coordination des politiques budgétaires peut y suppléer.

L'euro et la concurrence

L'euro est un facteur de transparence et donc de concurrence. La concurrence est plus rude puisque tous les prix, exprimés en euros, sont comparables. Les entreprises, dont les plus petites étaient souvent hésitantes dans le passé à assumer un risque de change, peuvent désormais avoir une stratégie continentale. Les grandes chaînes de distribution se fournissent au prix le plus faible, où qu'il soit.

La localisation des investissements dépend de la compétitivité. Le remodelage du tissu productif peut être de grande ampleur : délocalisations, voire désertification de certaines régions. Ainsi, la taille du marché s'accroît en même temps que la concurrence. Le risque existe donc que la compétition entre les États pour attirer les productions, *via* les fiscalités ou les marchés du travail, conduise à une harmonisation vers le bas :

- fiscalité la plus faible pour séduire les investisseurs étrangers, détaxes les plus fortes pour attirer les implantations ;
- coût du travail le plus réduit, qu'il s'agisse des salaires bruts ou des cotisations versées par les entreprises pour financer une partie de la protection sociale ;
- législations du travail les moins contraignantes, flexibilité accrue de l'emploi et des salaires, mobilité.

De telles pratiques correspondent à un intérêt immédiat du pays. Mais elles sont préjudiciables à l'ensemble de l'Europe. À terme, personne ne gagne au *dumping social ou fiscal*. L'intérêt collectif n'est pas la somme des intérêts individuels immédiats. Là encore la coordination éviterait les attitudes non coopératives.

L'objectif de concurrence a été voulu : dans le cadre du grand marché intérieur européen, les fluctuations de change entre les monnaies nationales induisaient des distorsions de concurrence pour les produits qui circulent librement. L'union monétaire annule ces distorsions. Mais, par là même, l'outil de la dévaluation pour rétablir une compétitivité dégradée, disparaît.

L'ajustement se fait donc par d'autres variables : fiscalités, tant qu'elles ne sont pas harmonisées, et marchés du travail. Comme pour la régulation conjoncturelle, la coordination devrait être développée, pour éviter que, par contagion, le plus petit dénominateur commun devienne la règle européenne.

CONCLUSION : CONTAGION, CONVERGENCE, COORDINATION

La mondialisation a réduit les marges de manœuvre des politiques économiques, même si elle ne les a pas annulées et que des choix demeurent. Ce sont les politiques macroéconomiques de régulation conjoncturelle qui sont le plus mises en cause. Elles le sont d'autant plus qu'elles demeurent nationales et non coordonnées. L'intégration européenne est une option pour dépasser cette contrainte. Jusqu'à l'union monétaire, la politique économique, le plus souvent, s'adaptait, par contagion, à celle de l'Allemagne, *via* le SME, la politique du change et des taux d'intérêt. L'interdépendance était croissante mais la coordination insuffisante. L'union monétaire peut conduire à restaurer des degrés de liberté. Avec cette union, l'Europe peut acquérir une autonomie accrue, en tant que zone. Mais du point de vue des pays membres, la question de la souveraineté demeure posée ; l'Europe est un espace unifié sur le plan monétaire, et conserve « n » politiques budgétaires.

La coordination est nécessaire à deux niveaux. Dune part entre politique monétaire et politique budgétaire, pour favoriser la croissance et l'emploi ; or au nom de l'indépendance des instruments, la coopération a du mal à s'établir. D'autre part entre les politiques budgétaires des différents pays ; mais le Pacte de stabilité limite l'autonomie en fixant un seuil maximum de déficit. L'Europe renonce ainsi aux marges de manœuvre des politiques économiques qu'elle a restaurées. La monnaie unique est un instrument, non une fin en soi. À la perte d'autonomie monétaire, en partie formelle dans le passé, pourrait correspondre une plus grande liberté dans la conduite des politiques budgétaires. Mais cette liberté a été contenue par des règles contraignantes et le cadre institutionnel de la coopération européenne est encore balbutiant.

Contagion et autonomie s'opposent toujours. La coordination internationale vise à surmonter la réduction des marges de manœuvre des politiques économiques nationales. Elle évite les attitudes non coopératives dans le domaine fiscal, social, etc. Sans cette coordination, l'ajustement se fait par le marché du travail, c'est-à-dire par un accroissement de la mobilité, des destructions d'emplois dans certaines régions et une montée du chômage. L'enjeu de la coopération européenne est donc fondamentalement l'emploi. L'Europe se caractérise toujours au début des années 2000 par un déséquilibre majeur, le chômage de masse. La coordination, à ses différents niveaux, doit œuvrer dans le sens de sa résolution. Ce devrait être l'objectif de la convergence.

Françoise Milewski

Synthèse et révision

En répondant aux questions suivantes, vous allez pouvoir préparer, chez vous et/ou en classe, une synthèse des connaissances fondamentales à acquérir sur un grand thème du programme. Cet exercice va vous permettre de construire vous-même dès maintenant la fiche qui vous sera indispensable au moment de vos révisions parce qu'elle contient ces connaissances de base. L'expérience montre que ce travail, complété par la maîtrise systématique des mots clés, est beaucoup plus efficace que la lecture de fiches « toutes prêtes » ou d'autres produits miracles.

Questions

NB. Le plan de cette fiche ne reprend pas exactement le plan du texte.

I. L'Europe dans le monde, une autonomie accrue en tant que zone ?

1. Définissez les termes suivants : politique conjoncturelle, structurelle, excédent courant, contrainte extérieure, contrainte financière.

La contrainte extérieure

2. Caractérisez la place de l'Europe au niveau du commerce mondial.
3. Par quels mécanismes économiques un excédent courant permet-il une marge de manœuvre pour la politique économique intérieure ?

La contrainte financière

4. En quoi l'internationalisation des flux financiers limite-t-elle l'autonomie de la zone européenne ?
5. Quel comportement économique favorise la contagion des crises financières ?
6. Quel est l'impact de cette relative perte d'autonomie sur les politiques macroéconomiques ?

II. La politique économique : quels choix, quelle autonomie pour les pays ?

7. Rappelez les avantages théoriques de l'UEM.
8. a) Quel est l'objectif principal de la BCE ?
   b) Quel est le fondement théorique de la politique monétaire affichée par la BCE ?
   c) Expliquez le canal de transmission de la politique monétaire par le taux d'intérêt.

Les politiques budgétaires après l'euro

9. Définissez les termes suivants : déficit public, solde conjoncturel, solde structurel, solde primaire, croissance potentielle, stabilisateurs automatiques.
10. Pourquoi dit-on que les stabilisateurs automatiques jouent un rôle contracyclique ?
11. a) Quelle est la *policy mix* appliquée dans la zone euro ?
    b) Peut-on parler de coordination de la politique monétaire européenne et des politiques budgétaires nationales ?
12. Quel est le contenu du Pacte de stabilité et de croissance (PSC) ?
13. Dans quelle mesure la contrainte du PSC exerce-t-elle un effet procyclique sur les politiques budgétaires européennes ?

La concurrence et l'euro

14. a) La politique de la concurrence est-elle une politique structurelle ou conjoncturelle ?
    b) En quoi cette politique interdit-elle toute relance conjoncturelle ?
15. En quoi une coordination européenne permettrait-elle d'optimiser les avantages de la zone euro ?

Mots clés

Politique conjoncturelle • Politique structurelle • Politique budgétaire • Politique monétaire • *Policy mix* • Stabilisateurs automatiques • Pacte de stabilité et de croissance • Déficit public • Solde conjoncturel • Solde structurel • Croissance potentielle.

Dossier 1

Les services publics : la conception française

Document 1

Les services publics français ont une histoire

Alors que la conception traditionnelle de l'État était fondée sur la puissance et l'autorité, une série de mutations économiques, politiques et idéologiques sont intervenues au cours de la seconde moitié du XIXe siècle : l'industrialisation et les concentrations appelaient une intervention plus active de l'État pour préserver les équilibres sociaux ; les fondements antérieurs de solidarité (familles élargies, corporations, communautés villageoises, etc.) étaient déstabilisés ; le libéralisme politique et l'idéal républicain mettaient l'accent sur la construction d'un État de droit, c'est-à-dire d'un État qui respecte les droits fondamentaux des citoyens, ce qui impliquait de limiter la puissance étatique et de la soumettre à des règles de droit ; des idéologies nouvelles (le socialisme, le solidarisme) voulaient faire de l'État un acteur social. Résultat de ces différentes logiques, l'intervention de l'État s'est développée, notamment au tournant du siècle [...]. Dans certains cas, l'État, souvent parallèlement aux collectivités locales, se substitue à l'initiative privée pour mettre en place des infrastructures (équipements collectifs) ou assurer la gestion de services d'intérêt collectif en matière éducative, sociale ou économique (réseaux d'eau, de gaz, d'électricité, enseignement, etc.). Dans d'autres cas (routes, postes, chemins de fer, télégraphe, etc.), l'État poursuit l'action de l'Ancien Régime, où l'intérêt général était représenté par le roi. La conception d'un État prestataire de services se construit. L'État passe progressivement du rôle de « garant externe » à celui de « responsable effectif » du développement économique et du progrès social. La doctrine de service public [...] s'est alors efforcée de renouveler la théorie de l'État, en complétant l'idée de puissance par celle de service. L'État est ainsi placé dans un statut de subordination, assujetti au droit et mis au service des citoyens, même si, en parallèle, se développent le droit et les juridictions administratives spécifiques à l'État. [...] Au début du siècle est élaboré par la jurisprudence du Conseil d'État le « noyau dur » de la conception de service public, avec les trois grands principes de continuité, d'égalité et d'adaptabilité : préposés à la satisfaction des besoins du public, les services publics sont tenus de fonctionner de manière régulière et continue (l'eau ou l'électricité doivent être disponibles à tout moment), dans des conditions égales pour tous (péréquation géographique des tarifs) et leurs règles de fonctionnement doivent pouvoir être modifiées à tout moment par l'autorité politique compétente (nationale ou locale) pour répondre à l'évolution des besoins.
Contrairement à l'idée qu'on s'en fait aujourd'hui, le régime de service public est ainsi conçu comme un moyen d'imposer à l'administration certaines normes, certaines disciplines de fonctionnement au bénéfice individuel et collectif des usagers, de limiter ses prérogatives, de combattre ses abus de pouvoir. ■

Pierre Bauby, Reconstruire l'action publique : services publics, au service de qui ?, *Syros, 1998.*

Document 2

L'Europe contre les services publics ?

Le service public, tel qu'on l'entend en France, est au cœur d'une conception qui, à côté du marché, fait une large place à l'État. Il incarne une autre démarche, ancrée dans l'idéologie républicaine et enrichie par la tradition keynésienne de l'économie mixte, par la tradition caritative du christianisme social (la loi et l'État défenseurs des pauvres), par la tradition solidariste de la social-démocratie (l'État protecteur des faibles et réducteur des inégalités) et, enfin, par la tradition scientifico-technocratique des administrateurs et ingénieurs des grands corps (l'État organisateur du progrès économique et scientifique).
Cette conception est indissociable d'un ordre républicain qui vise à intégrer les individus à la société sur la base de leur identité de citoyens – et par conséquent de leur égalité de statut –, ce qui implique la fourniture, hors mécanismes marchands, des biens et services de base. Les traditions chrétienne et social-démocrate ajoutent l'idée de la nécessaire correction de la répartition des richesses et des revenus engendrés par le marché.
Quant à l'apport keynésien, il met en évidence les limites de la régulation marchande : l'intervention étatique, notamment via la production et le financement publics, peut corriger l'instabilité de la conjoncture, élever le taux de croissance en éclairant l'avenir, donc en fournissant une base rationnelle aux anticipations privées. La tradition scientifico-technocratique, qui plonge ses racines dans l'absolutisme monarchique et dans l'interventionnisme colbertiste, permet d'organiser un puissant secteur d'État impulsant une dynamique de

Questions sur l'ensemble du dossier

1. Qu'est-ce qui a entraîné l'intervention de l'État ? Qu'est-ce qui a limité cette intervention ? Pourquoi peut-on dire que les services publics à la française sont le résultat d'un compromis ? [*doc. 1*]
2. Recherchez dans un livre d'histoire les secteurs touchés par les nationalisations au lendemain de la seconde guerre mondiale et les raisons de ces nationalisations. [*doc. 1*]
3. Expliquez les trois principes de la conception du service public. [*doc. 1*]
4. Quels sont les éléments spécifiques aux services publics à la française mis en cause par la notion de service universel ? [*doc. 2*]
5. Répertoriez et expliquez à l'aide d'exemples les différentes défaillances du marché qui peuvent être palliées par une intervention de l'État. [*doc. 3*]
6. Les défaillances du marché impliquent-elles toujours que l'État produise lui-même le service en question ? [*doc. 3*]
7. Pourquoi l'État doit-il aussi intervenir dans les domaines de l'éducation et des communications (au sens large : télécommunications, poste, transport...) ? [*doc. 3*]

l'innovation autonome par rapport au calcul économique classique.
Tous ces éléments sont étrangers à l'actuelle construction européenne qui se développe dans le contexte de la globalisation des marchés. [...] Ainsi, en lieu et place du service public, la Commission propose un concept emprunté aux lexiques reaganien et thatchérien : le « service universel ». Présenté comme « l'accès à un ensemble minimal de services définis, d'une qualité donnée, à tous les utilisateurs, indépendamment de leur localisation géographique et, à la lumière de conditions spécifiques nationales, à un prix abordable[1] », il est au service public ce que le revenu minimum d'insertion (RMI) est au salariat : un dispositif d'assistance, voire de survie, pour ceux qui échouent à l'examen d'entrée sur le marché.
On ne s'étonnera donc pas que le périmètre de ce qu'il serait plus approprié d'appeler un service minimum d'insertion (SMI) soit strictement circonscrit – la poste mais pas le téléphone, l'électricité mais pas le gaz – et que soient dissociés service universel et service commercial. La conséquence inévitable de cette dissociation sera l'organisation d'une segmentation complète des besoins. Car si le service universel est, pour l'instant, conçu comme devant être accessible à tout citoyen européen, son évolution naturelle devrait conduire à le réserver aux nécessiteux. ■

Christian Barrère,
Le Monde diplomatique, *janvier 1996*

1. Commission européenne, *Livre vert sur la libéralisation des infrastructures de télécommunications et des réseaux de télécommunications par câble*, Bruxelles, janvier 1995.

Document 3

Existe-t-il un fondement économique à la notion de service public ?

Les défaillances de marché qui concernent le service public sont l'existence d'indivisibilités à la consommation et la présence d'externalités et de rendements croissants dans la production de certains biens ou services.
[...] L'équilibre de marché n'est pas optimal tout d'abord lorsqu'il s'agit de biens collectifs, c'est-à-dire de biens pour lesquels il n'y a pas de rivalité à la consommation. [...] La protection nucléaire, l'éclairage public, la digue érigée contre les inondations [...] sont autant d'exemples de biens et de services collectifs. Le marché ne peut évidemment pas produire de biens que les agents peuvent consommer gratuitement, dès lors qu'on met ces biens à leur disposition et à propos desquels ils ont intérêt à se comporter en « passagers clandestins ». C'est pourquoi, sans l'État, le risque est grand que ces biens ne soient pas produits du tout. [...] Le service public est alors le bénéfice que retirent les consommateurs de la production d'un bien ou d'un service qui, sans l'État, ne le serait pas, en raison des comportements de « passagers clandestins » que le marché ne peut éviter. Ce faisant, l'État ne remplit pas ce qu'on appelle aujourd'hui une mission de service public. Il agit dans le sens de l'efficacité économique [...].
Du côté de la production, il existe [...] des activités qui fonctionnent à rendements croissants (ou à coûts décroissants). Lorsque ces coûts fixes sont très élevés et le produit unique, les firmes ont intérêt à augmenter le volume de leur production pour bénéficier d'économies d'échelle et aussi d'économies d'envergure lorsqu'elles sont multiproduits. Cette situation [...] conduit inéluctablement au monopole qualifié de naturel puisque le coût de production est plus faible lorsqu'une seule entreprise produit plutôt que plusieurs. C'est le cas par exemple des grandes infrastructures de transport qui fonctionnent en réseau : transport ferroviaire, réseau électrique ou gazier. L'échec du marché réside ici dans le fait qu'en situation de rendements croissants la courbe de coût marginal du monopole est toujours décroissante et inférieure à sa courbe de coût moyen. Il ne peut donc pas vendre au coût marginal sous peine de faire faillite. Et s'il vend au-dessus, il encaisse un profit de monopole incompatible là encore avec l'optimum. [...] C'est pourquoi les pouvoirs publics sont conduits soit à nationaliser le monopole naturel [...], soit à encadrer son fonctionnement en réglementant ses tarifs ou son taux de profit. [...]
Enfin, la présence d'externalités est aussi un échec de marché qui requiert une intervention correctrice au titre de l'efficience économique. Elles peuvent être positives (effet de club, retombées de la R & D), ou négatives (congestion des infrastructures, pollution). Ce sont des gains (pertes) obtenus (subies) par un agent du fait de l'activité d'un autre agent. Comme elles ne sont pas prises en compte dans les calculs privés, les externalités sont à l'origine d'une différence entre les bénéfices (coûts) privés et les bénéfices (coûts) collectifs d'une activité de production. [...] La production par le marché est soit excessive (en cas d'externalités négatives), soit insuffisante (en cas d'externalités positives). C'est la nécessité de corriger ces situations qui justifie alors nombre de politiques publiques, comme celle de l'aménagement du territoire, les actions en faveur de l'environnement ou l'aide à la R & D par exemple.
[...] L'argument d'efficience qui précède peut donc être résumé ainsi : chaque fois que le marché échoue à rendre compatibles équilibre et optimum, une intervention de l'État est économiquement légitime. [...] Mais il existe [des] services publics que [cet] argument [...] ne permet pas de justifier. [...] Comment comprendre que l'État produise ou subventionne toute une série d'activités – l'éducation, la santé, la protection sociale, mais aussi la culture et même le sport – alors que la fourniture de ces services par le marché n'est pas techniquement impossible ?
[...] La justification de ces services publics doit être recherchée [...] du côté de l'intérêt général, avec ses dimensions d'équité et de solidarité.
C'est au nom de l'intérêt général que l'État produit et subventionne des biens dits tutélaires. [...] C'est à Musgrave (1959) que l'on doit la notion de biens tutélaires (*merit goods*). Elle désigne les biens et services dont la production est jugée trop importante pour être laissée aux seuls mécanismes marchands. Dans ce cas, en effet, la production qui en résulterait serait insuffisante pour satisfaire la demande sociale au niveau que l'État juge souhaitable ; ou ce qui est équivalent, le prix de marché exclurait trop de consommateurs potentiels. [...] Le service public apparaît comme le moyen de corriger le niveau insuffisant de satisfaction des besoins tutélaires par le marché. Il complète le marché au lieu de le remplacer puisque le marché n'est pas ici techniquement défaillant.
[...] Un autre point d'application des considérations relatives à l'équité est la tarification des services publics de réseau. Ces services – de mobilité, de communication, postal... – sont actuellement fournis aux usagers à des prix de péréquation, c'est-à-dire inférieurs aux coûts, parfois très sensiblement, comme c'est notamment le cas dans les transports ferroviaires, afin d'en exclure le moins possible. [...] Pour justifier la péréquation, il faut s'appuyer sur des arguments de solidarité ou de cohésion sociale, en bref d'équité car c'est bien elle qui rend compte de la péréquation géographique des prix des communications téléphoniques, locales et interurbaines par exemple : les abonnés des zones urbaines denses paient en partie le raccordement des abonnés non rentables. [...] Ces prix de péréquation sont la traduction économique du principe d'égalité devant le service public. Aucun usager ne peut en être exclu pour cause de revenu insuffisant ou de localisation excentrée. ■

Lysiane Cartelier,
Sociétés contemporaines *n° 32, 1998.*

Dossier 2

Les services publics et l'Europe

Document 1

La diversité des activités de service public en France

Les activités de service public regroupent un ensemble très vaste et hétérogène de services collectifs réglementés par l'État : des services administratifs tels que l'enregistrement de l'état civil, des services sociaux comme ceux offerts par les hôpitaux, des services industriels et commerciaux comme ceux fournis par EDF ; des services qui sont assurés aussi bien par des administrations centrales, des établissements publics ou des régies municipales, que par des entreprises publiques ou privées ; des services étendus à l'ensemble du territoire, telle la télévision publique nationale, ou des services collectifs locaux tels que la distribution d'eau ; enfin, on trouve aussi bien des services payants que des services gratuits.
Le tableau montre que les services publics s'étendent bien au-delà des services qui possèdent la double propriété de non-excludabilité et de non-rivalité. Ils concernent également des biens de club, c'est-à-dire des biens dont la consommation collective peut être fermée à certains usagers.
Le haut et le bas du tableau regroupent deux types simples de services publics qui présentent des caractéristiques opposées. En bas, on trouve des services non marchands correspondant à des biens collectifs purs. Leur accès est gratuit. Leur production est financée par des fonds publics alimentés par l'impôt. Autre caractéristique, leur usage s'impose à tous. Les coûts d'évitement pour les individus réfractaires à leur consommation sont en effet très élevés. Ceux qui ne veulent pas bénéficier de ces services n'ont souvent pas d'autre choix que de quitter la commune ou le pays où ils résident. La défense nationale d'un territoire, l'éclairage des rues d'une cité et la signalisation routière sont donnés en exemple. Cette catégorie de services publics comprend les services offerts et imposés par la puissance publique à chaque citoyen de la nation (ou à chaque habitant de la collectivité locale dans le cas des services publics locaux). En haut, on trouve les services publics marchands. Cette fois, il s'agit de biens de club : leur consommation est donc facultative et les droits d'entrée doivent couvrir la totalité du coût de fourniture des services. En France, les réseaux de distribution d'électricité et de communication téléphonique vocale se rangent dans cette catégorie.
Au milieu du tableau se concentrent plusieurs types intermédiaires de ser-

Classification économique des services publics

Électricité Téléphone	Bien de club	Consommation facultative	Accès payant	Financement par les recettes perçues auprès des usagers
Transports collectifs parisiens Cantines scolaires Piscines municipales				Financement mixte
Minitel (à son lancement) Musées (le dimanche)			Accès gratuit	Financement par l'impôt
Écoles Vaccination		Consommation forcée		
Défense nationale Éclairage des rues Signalisation routière	Bien collectif pur			

Questions sur l'ensemble du dossier

1. Précisez à l'aide d'exemples ce que sont la non-excludabilité et la non-rivalité. [*doc. 1*]
2. Quels sont les services publics français qui ne possèdent pas ces caractéristiques ? [*doc. 1*]
3. Quels sont les critères qui permettent de classer les activités de service public ? [*doc. 1*]
4. Qu'est-ce qu'un bien de club ? [*doc. 1*]
5. Comment comprendre qu'il existe des services publics à caractère commercial ? [*doc. 1*]
6. Expliquez ce que sont les subventions croisées. [*doc. 2*]
7. Pourquoi est-il nécessaire de définir précisément les missions de services publics ? [*doc. 2, 3 et 4*]
8. Qu'est-ce qu'un service universel ? [*doc. 2, 3 et 4*]
9. Qu'est-ce que cela implique en termes de financement ? [*doc. 2, 3 et 4*]
10. Qu'est-ce que cela implique au niveau de l'opérateur ? [*doc. 2, 3 et 4*]
11. Pourquoi la déréglementation pousse-t-elle irrémédiablement à la privatisation ? [*doc. 5*]
12. Quelle est la logique qui pousse EDF et La Poste à se positionner sur les marchés internationaux ? En quoi cette stratégie implique-t-elle une ouverture du capital aux investisseurs privés ? Pourquoi ne peuvent-elles pas rester la propriété de l'État français ? [*doc. 5 et 6*]

vices publics. Ils sont délimités par trois frontières que l'État a le pouvoir de déplacer. L'État peut d'abord décider de rendre gratuit l'accès à certains biens de club. Ce peut être, par exemple, l'entrée à l'école, dans un musée ou sur une autoroute. Ces biens sont souvent offerts gratuitement alors qu'il est techniquement facile d'en réserver l'accès à ceux qui paient. Si l'entrée d'un musée national est libre le dimanche, ce n'est pas parce qu'il n'est pas possible d'exclure les passagers clandestins. Ici, la non-excludabilité est le résultat de l'action publique plutôt que la cause. Par ailleurs, l'État peut décider de subventionner en partie des biens de club d'accès payant. C'est le cas des transports collectifs parisiens. Les recettes de billetterie de la RATP et de la SNCF ne couvrent qu'une partie des coûts de fourniture de l'infrastructure du métro et du RER. De même, les cantines scolaires ou les piscines municipales sont subventionnées en partie par les collectivités locales. Enfin, l'État peut utiliser son pouvoir de coercition pour imposer la consommation de certains biens de club. C'est le cas de l'école, qui est, en France, obligatoire jusqu'à l'âge de seize ans. ■

François Lévêque,
Économie de la réglementation,
La Découverte, « Repères » 1998.

Document 2

Les subventions croisées

Les monopoles SNCF, EDF, France Télécom ou La Poste sont des services publics à caractère industriel et commercial. Historiquement, ils jouent un grand rôle dans la réduction d'inégalités liées aux conditions géographiques, à l'insuffisance de revenus ou à des handicaps individuels. Le moyen de redistribution utilisé consiste à appliquer un tarif commun à plusieurs catégories d'usagers indépendamment des écarts de coûts qui peuvent exister pour les servir. Par exemple, le tarif de base de l'électricité en Guyane et en Martinique est identique à celui pratiqué en métropole alors qu'elle revient beaucoup plus cher à produire et à distribuer. De même en France, l'affranchissement d'une carte postale ne dépend pas de la boîte aux lettres dans laquelle elle est déposée ni de l'adresse du destinataire s'il réside dans l'Union européenne. Autre exemple, pour le ramassage des ordures ménagères, la contribution demandée aux habitants ne varie pas selon que la résidence est plus ou moins excentrée par rapport au circuit de collecte et à la localisation de la décharge. Certains segments de marché sont ainsi déficitaires tandis que d'autres sont bénéficiaires, le profit des uns compensant la perte des autres. Le montant des transferts qui s'opèrent entre différentes catégories d'usagers peut atteindre des sommes très élevées. La dernière statistique publique des transferts en France entre abonnés du téléphone date de 1984. Les subventions croisées géographiques entre zones rurales et zones urbaines s'élèvent à 6,8 milliards de francs par an, au bénéfice des premières. Les subventions croisées entre raccordement et trafic, qui ont pour effet d'avantager les ménages faibles consommateurs (ce qui réunit aussi bien les familles à faibles revenus que les propriétaires de résidences secondaires), représentent 26 milliards de francs. ■

François Lévêque, ibid.

Document 3

La définition précise des missions de service public

L'ouverture à la concurrence exige désormais une définition précise des missions de service public. Cette définition fait l'objet d'une discussion ouverte à l'ensemble des parties prenantes et non plus d'un tête-à-tête à l'abri des regards extérieurs entre le monopole et sa tutelle. L'ouverture à la concurrence dans les télécommunications illustre cette nouvelle donne. En 1996, le gouvernement et le Parlement ont été amenés dans le cadre de la loi sur les télécommunications à redéfinir les missions de service public de ce secteur. Elles ont été réparties en trois composantes. La première concerne le service universel. Elle comprend la mise à disposition du service de téléphonie vocale, la fourniture d'un service de renseignements et d'un annuaire d'abonnés, la gratuité des appels d'urgence. La deuxième composante, celle des services obligatoires, recouvre des prestations moins courantes (mais que l'opérateur doit aussi offrir sur l'ensemble du territoire), telles que l'accès au réseau numérique, les liaisons louées, les transmissions de données ou le télex. La dernière composante correspond à des missions d'intérêt général en matière de défense et de sécurité, de recherche publique et d'enseignement supérieur. ■

François Lévêque, ibid.

Document 4

Le financement du service public

La réforme de la réglementation des industries de réseau met fin à l'usage généralisé des subventions croisées comme moyen de financement des obligations de service public. En régime de concurrence, le recours aux subventions croisées est contre-indiqué ; les nouveaux entrants vont s'emparer des segments les plus rentables et l'ancien monopole n'occupera plus qu'une position dominante sur les segments à pertes. Désormais l'État ou les collectivités locales doivent subventionner directement, c'est-à-dire à partir de recettes fiscales, les prestations non rentables des entreprises de réseau. En d'autres termes, les pouvoirs publics doivent payer aux prestataires de service les actions qu'ils leur demandent d'entreprendre au titre de la réduction d'inégalités. Il ne suffit donc pas que les missions de service public soient précisément définies dans leur contenu, il est également nécessaire de déterminer leur coût.
Le financement des obligations de service public par le mécanisme de subvention croisée est d'une grande simplicité de mise en œuvre mais il présente l'inconvénient d'être opaque. Il y a encore peu de temps, le voyageur d'Air Inter entre Paris et Toulouse subventionnait – sans connaître le montant de sa contribution et même le plus souvent sans le savoir – les déplacements des usagers sur la ligne Paris-Béziers. Quel type et quel montant de transferts le service public entraîne-t-il ? Voilà qui était encore récemment une question saugrenue. La révélation des transferts a un effet déterminant sur l'évolution des prestations qui seront offertes à tous les citoyens car elle fait apparaître les gains et les pertes de bénéficiaires et de contributeurs qui, auparavant, ignoraient leur participation. Elle facilite alors l'organisation de nouveaux groupes d'intérêts qui vont chercher à influencer la décision publique dans un sens qui leur est favorable. Dans ces circonstances, les méthodes et les résultats d'évaluation des coûts de service public présentent un caractère stratégique. Pour l'opérateur historique des télécommunications, qui souvent bénéficie encore du monopole de la fourniture du service universel, il s'agit d'en surestimer le coût pour obtenir une compensation financière plus élevée. ■

François Lévêque, ibid.

Document 5

Au bout de la logique libérale

L'Europe ne se prononce pas sur le statut des opérateurs, laissé au libre choix des États-membres. Cette neutralité est garantie par l'article 295 du traité CE. Mais elle l'influence de deux façons. D'une part, les directives sont désormais une norme juridique supérieure aux lois nationales ; d'autre part, les nouvelles règles de compétitivité et de rentabilité introduites en Europe entraînent la nécessité pour les opérateurs historiques de se positionner sur les marchés internationaux ; cela passe par des prises de participation. Des dotations en capital par l'État, actionnaire de l'entreprise publique, deviennent alors indispensables. Mais la Commission prohibe les aides étatiques, et les États s'en tiennent à des politiques budgétaires restrictives. Dès lors, l'ouverture du capital, l'introduction en Bourse, puis la privatisation totale, en découlent de façon quasi mécanique.

Malgré leur pseudo-neutralité concernant le statut des opérateurs, les traités européens placent ceux-ci dans une contradiction majeure. Alors que les services publics sont avant tout le fruit d'un choix politique, les entreprises publiques « doivent être exploitées conformément à des principes commerciaux » et ne peuvent pas être discriminées du point de vue de leurs droits ou obligations. [...] L'entreprise publique est donc considérée comme une entreprise comme les autres, devant fonctionner comme une entreprise privée. Ce qui est présenté comme une non-discrimination est en fait une véritable discrimination au détriment des entreprises publiques. Il faut désormais apprécier « si, dans des circonstances similaires, un associé privé se basant sur les possibilités de rentabilité prévisible, abstraction faite de toute considération de caractère social ou de politique régionale ou sectorielle, aurait procédé à un tel apport en capital ».

Ainsi, les apports de capitaux publics ne peuvent être réalisés que dans des conditions qui seraient acceptables pour un investisseur privé opérant dans les conditions normales d'une économie de marché. ■

Collectif Promouvoir les services publics, Services publics, le livre noir des privatisations, *L'Harmattan, 2002.*

Document 6

Des entreprises publiques qui s'adaptent au nouveau contexte

En 2001, les activités autres que la vente d'électricité en France ont représenté 35 % du chiffre d'affaires [d'EDF] (contre 25 % en 2000). L'objectif affirmé par l'entreprise était qu'à l'horizon 2005 la moitié de son activité soit réalisée hors de France et hors électricité. Cette évolution, acceptée par le pouvoir politique, a suscité des remontrances à l'étranger, tant sur le degré d'ouverture du marché français de l'électricité que sur le statut public de l'entreprise EDF. Le rachat en 2001, en alliance avec Fait, de l'Italien Montedison en a été une nouvelle manifestation. Par ailleurs, la stratégie d'expansion internationale est coûteuse. Cette situation est un argument pour les partisans de l'ouverture du capital, solution désormais acceptée par les principales forces politiques françaises. [...]

La Poste est aussi entrée, avec ses spécificités, dans une logique d'adaptation au nouveau contexte. La concurrence s'est en effet développée en matière de messagerie express et de transport des colis. [...] Chronopost, filiale à 100 % de La Poste, possède désormais de nombreuses filiales à l'étranger. L'international a, en 2001, contribué à hauteur de 12 % au chiffre d'affaires de La Poste. La branche colis et logistique de La Poste a engagé un rapprochement avec Geodis, société cotée dont l'un des principaux actionnaires est la SNCF. ■

Norbert Holcblat, « Privatisations et services publics, cinq années de profondes transformations », in L'état de la France 2001-2002, *La Découverte, 2001.*

Dossier 3

Déréglementation-reréglementation

Document 1

L'électricité en Californie : chronique d'une crise sans précédent

La Californie, symbole du rêve américain, de la ruée vers l'or et de la conquête de l'Ouest connaît une situation pour le moins paradoxale. Ce bel État, le plus riche des États-Unis, berceau de la Silicon Valley, représentant à lui seul la sixième puissance économique mondiale, vit désormais en « état d'urgence » permanent. Celui-ci a été décrété le 17 janvier 2001 sur tout le territoire : les réserves d'électricité disponibles étant inférieures à 1,5 % de la demande, les autorités n'ont alors eu d'autre alternative que de procéder à des coupures de courant. « Mercredi noir », donc, que ce 17 janvier pour San Francisco dont les habitants sont alors privés d'électricité, tout comme ceux d'autres grandes villes de l'État. Rien de tel n'était plus arrivé depuis 1945. Ironie de l'histoire, cet état d'urgence a contraint le gouverneur Gray Davis à renoncer à se rendre au Sommet de Davos...

Déjà, peu avant Noël, les Californiens avaient été invités à limiter leur consommation d'électricité par divers moyens comme débrancher leurs guirlandes électriques. Il s'agissait alors

Questions sur l'ensemble du dossier

1. Pourquoi la production et la distribution d'électricité ont-elles été déréglementées et privatisées en Californie à partir de 1996 ? [*doc. 1 et 2*]
2. La déréglementation a-t-elle été totale ? Pourquoi ? [*doc. 1 et 2*]
3. Dans quel cas un producteur a-t-il intérêt à limiter les quantités offertes ? [*doc. 1 et 2*]
4. Qu'appelle-t-on l'inélasticité de l'offre et de la demande ? [*doc. 1 et 2*]
5. Qu'y a-t-il de commun entre la privatisation de l'électricité en Californie et celle du rail en Grande-Bretagne ? [*doc. 3*]

pour eux de gestes simples faisant appel au civisme. Mais lorsque quelques minutes seulement après avoir inauguré le sapin de Noël de la capitale –Sacramento – le gouverneur le fit éteindre, ils comprirent alors la gravité de la situation. Dans les jours qui suivirent, les autorités instaurèrent des coupures tournantes d'une heure, quartier par quartier. Pour éviter cambriolages et pillages, le choix des zones visées est tenu secret. ■

Collectif Promouvoir les services publics, Services publics, le livre noir des privatisations, *L'Harmattan, 2002.*

Document 2

Privatisation et séparation des activités de production et de distribution de l'électricité

La loi de 1996 prévoit que les prix, fixés par le marché doivent rester « justes et raisonnables ». Pour ce faire, l'État (californien) plafonne le prix du kWh facturé aux usagers pour une période de quatre ans devant se terminer en mars 2002. Ce dispositif, destiné à protéger le consommateur des dérives du marché est un facteur clé de la crise car il n'est contraignant que pour les distributeurs. Ceux-ci ne peuvent répercuter sur leurs clients la totalité du coût de l'électricité qu'ils achètent en Bourse aux producteurs et dont ils subissent l'envolée des cours. Ils revendent donc l'électricité à perte. [...]
La concurrence, recherchée par le réformateur entre producteurs, devait faire baisser les prix. Dans les faits, une compétition oligopolistique s'est installée. La structure même du marché californien de la production est de type oligopolistique : sept producteurs (Duke Energy, AES, Enron, Reliant Energy, Calpine, Dynegy, Williams Company) détiennent 81 % du marché et peuvent aisément s'entendre pour organiser la pénurie. Une étude publiée en décembre 2000 et financée par le distributeur Southern California Edison (SCE) démontre que les fournisseurs d'électricité engrangent d'importants bénéfices en réduisant la production de certains sites. La pénurie, provoquée ainsi artificiellement, faisant grimper les cours, les profits des producteurs ont parfois augmenté jusqu'à 500 %.
Par ailleurs, malgré la forte croissance de la demande en électricité due au boom démographique en Californie (plus 4 millions en 10 ans), à la multiplication des industries technologiques de la Silicon Valley et aux aléas climatiques de ces dernières années (canicule en 1999 et hiver rigoureux en 2000), les producteurs attisent la pénurie en n'investissant pas dans de nouvelles capacités de production... À ce contexte s'ajoute l'explosion des prix du gaz, matière première utilisée pour la génération du courant et indexée sur les prix du pétrole. [...]
À San Diego, les factures 2000 ont été multipliées par 2,7 par rapport à 1999. En prime au renchérissement du coût de ce service, celui-ci s'est dégradé : sa continuité n'est plus assurée du fait des coupures. Alors, à quoi pensent quotidiennement les Californiens, été comme hiver : pourquoi remplir mon congélateur, aurai-je du chauffage pour l'hiver, avec 40°C à l'ombre espérons que ma climatisation fonctionnera, cette fois je ne prendrai pas l'ascenseur... Quant aux directeurs d'hôpitaux, de maternités ou de collèges, aux magasins d'alimentation... C'est sans doute en expérimentant de telles situations qui, dans nos pays développés, nous font retourner 50 ans en arrière, que l'on saisit combien l'électricité n'est pas une simple marchandise. [...]
Cette crise permet d'observer la tendance naturelle du marché : maximiser les profits en organisant la pénurie, spéculer sur un service de première nécessité, mettre en place des ententes. À la fin de la chaîne se trouve le citoyen californien qui comme partout ailleurs dans le monde, porte une double casquette : il est consommateur et contribuable. En tant que consommateur, il paie désormais plus cher un service dégradé. En tant que contribuable, il paie une seconde fois pour éviter la rupture complète du système puisque depuis cette réforme, censée faire baisser les prix en instaurant plus de concurrence, jamais l'État de Californie n'a été autant contraint d'intervenir. ■

Collectif Promouvoir les services publics, ibid.

Document 3

Les trains britanniques : « un enfer absolu » selon Tony Blair

La privatisation du rail britannique est décidée en 1993, par le gouvernement de John Major qui lance alors le démantèlement du groupe public British Rail. Celui-ci vendu par appartements, est éclaté en une trentaine d'entités, cédées ensuite à des groupes privés : Railtrack est le nouveau propriétaire des voies ferrées, 5 firmes s'occupent du fret, 25 effectuent le transport des voyageurs chacune disposant d'un monopole régional, et 3 autres se partagent le matériel roulant. [...]
Selon les termes mêmes de Tony Blair, le 12 décembre 2000 les transports ferroviaires sont devenus « un enfer absolu (*an absolute hell*) ». Depuis leur privatisation en 1994, les accidents mortels se succèdent. Ils ont déjà coûté la vie à près de 60 personnes. Le dernier en date est celui de Hattfield. Le 28 février 2001, la collision d'un train de passagers de la compagnie privée Railtrack et d'un train de marchandises fait 13 morts et 75 blessés. Sans tous les citer, celui de Paddington, est le plus meurtrier. Survenu en plein cœur de Londres, le 5 octobre 1999, il fait 31 morts et 400 blessés parmi les usagers de Railtrack. Traumatisés par l'ampleur du drame et l'horreur des images des wagons calcinés, les Londoniens comptent leurs morts. [...]
[...] si aucun réseau n'est à l'abri d'un accident, celui-ci aurait pu être évité comme le conclut l'enquête de l'inspecteur en chef des chemins de fer : « La catastrophe aurait pu être évitée si un système de freinage automatique avait été installé et avait fonctionné... notre conviction est qu'il y a eu une accumulation de défaillances dans l'ensemble du système... ». Il en est de même pour les autres accidents ferroviaires. Le manque de sécurité en est également à l'origine.
Outre leur système de sécurité défaillant, les trains britanniques sont bondés, vétustes, en retard, ne s'arrêtent

Questions sur l'ensemble du dossier *(suite)*

6. Pourquoi la privatisation du rail britannique est-elle un échec ? [*doc. 3*]
7. Quels sont les deux inconvénients liés à la privatisation et la déréglementation de certaines activités ? [*doc. 4*]
8. Quelle différence fait-on entre efficacité et efficience ? [*doc. 4*]
9. Rappelez brièvement les logiques qui conduisent à la libéralisation des services publics. [*doc. 4*]
10. À quelle condition un service public peut-il être pris en charge par une entreprise privée ?
11. Quels sont les aspects de la modernisation des services publics qui paraissent induire une rupture avec la notion de services publics à la française ? [*doc. 5*]

pas aux gares prévues, sacrifient la sécurité à la ponctualité en grillant les feux rouges… et même l'Eurostar se transforme en tortillard en arrivant sur le sol britannique ! Il faut deux heures pour faire les 150 kilomètres qui séparent les deux principales villes du pays, Londres et Birmingham. Quant aux tarifs, ils sont deux à trois fois supérieurs à ceux pratiqués par la SNCF.

Très clairement, les usagers pâtissent de la course aux économies. Qu'il s'agisse d'équiper les trains de système de freinage automatique, d'allonger les quais pour accueillir des trains plus longs ou d'améliorer la signalisation, aucun groupe ne se lance dans de tels investissements dont la contribution aux profits est nulle à court terme. […]

À la suite de Paddington et face au mécontentement des usagers, le gouvernement de Tony Blair prend des mesures. Fin 1999, il met en place la Strategic Rail Authority (SRA) chargée de contrôler avec plus de rigueur l'usage des subventions publiques et d'inciter les opérateurs privés à investir. ■

Collectif Promouvoir les services publics, ibid.

Document 4

Quel avenir pour les services publics en Europe ?

Les expériences étrangères de privatisation des services publics étaient déjà édifiantes : pénuries chroniques d'électricité en Californie, difficultés de British Energy, faillite de Railtrack et défaut de sécurité dans les chemins de fer britanniques. Certes, les « usagers » ont pu aussi constater quelques avantages partout où l'ouverture des services publics à la concurrence les a transformés en « clients ». Mais on ne peut plus désormais échapper au bilan des coûts et des avantages de l'introduction de la logique marchande ordinaire dans la production des services publics.

[…] Les anciens monopoles publics n'étaient certainement pas tout à fait « efficients » : ils n'optimisaient pas les coûts nécessaires pour atteindre un objectif donné ; mais ils étaient relativement « efficaces » : ils atteignaient les objectifs fixés par la collectivité. Là où des biens d'utilité publique sont en cause, le marché est parfois plus efficient qu'un décideur public, mais toujours moins efficace que lui parce qu'il se trompe nécessairement d'objectif en valorisant la taille ou la profitabilité de l'entreprise.

L'inefficience des monopoles publics aurait pu être corrigée par une nouvelle gouvernance démocratique et rigoureuse, mais seulement dans un contexte où l'entreprise n'est pas en réalité déjà tout entière gouvernée par les pressions impérieuses des marchés. N'oublions pas que dans la théorie pure du marché concurrentiel, il n'y a pas d'entrepreneur, car c'est le marché qui prend les décisions ! Si les politiques européennes ne reprennent pas la main sur les services d'intérêt général, le marché continuera à prendre des décisions. Ainsi, il n'est pas exclu qu'après la phase actuelle de compétition accrue, suivie par une phase de concentration des survivants, on ne retrouve des télécoms et un secteur énergétique en situation d'oligopole à concurrence très imparfaite. Devra-t-on alors ouvrir le marché européen aux opérateurs chinois et indiens pour bénéficier à nouveau des « vertus » de la concurrence ? Ou bien réalisera-t-on qu'avant de soumettre les services publics à la pression de la concurrence, il était peut-être plus urgent de soumettre le secteur privé à quelques exigences élémentaires de service public ? ■

Jacques Généreux, « Services publics : la démocratie ou le marché ? », Alternatives économiques *n° 208, novembre 2002.*

Document 5

L'indispensable modernisation

Les services publics ont été pendant longtemps soustraits à tout jugement en termes d'efficacité : leur unique préoccupation devait être d'accomplir la mission qui leur était confiée avec régularité, exactitude, fiabilité, sans s'interroger sur sa pertinence éventuelle ou sur son coût. Cette conception est désormais obsolète : le service public est invité à tirer le meilleur parti possible des moyens matériels et humains qui lui sont alloués, en améliorant sans cesse sa productivité et son rendement ; il est invité à se doter d'une stratégie cohérente de développement, en définissant ses priorités et ses ambitions ; il est tenu enfin de se soumettre à l'exigence d'évaluation de ses performances.

Cet impératif d'efficacité passe par une série de conditions.

– D'abord, la transformation des relations sociales. Les services publics sont appelés à rénover profondément leurs rapports avec leurs agents, en passant d'une « administration du personnel » fondée sur les seules préoccupations juridiques et budgétaires, à une authentique « gestion des ressources humaines », prenant en compte les aspects organisationnels et personnels.

– Ensuite, la responsabilisation des gestionnaires. Cette politique passe, comme dans l'entreprise, par la définition d'un « projet », fixant les objectifs à atteindre et servant d'instrument de mobilisation des agents ; elle suppose que les gestionnaires disposent, en contrepartie des engagements souscrits en amont et de l'évaluation des résultats en aval, de « marges de manœuvre », qui leur permettent de prendre les initiatives propres à améliorer la qualité du service rendu ; la contractualisation est le vecteur privilégié de cet assouplissement.

– Enfin, l'amélioration des rapports avec le public : les services publics sont invités à prendre en compte les aspirations de leurs usagers, d'ajuster leurs prestations en fonction de leurs attentes, d'augmenter la qualité de leurs performances.

Important des méthodes de gestion et, partant, des valeurs du privé, cette « nouvelle gestion publique » tend à réduire le particularisme du service public. Cette évolution conduit à une réévaluation en profondeur de la conception classique du service public. Positive, dans la mesure où elle soumet les services publics à une contrainte permanente de justification et les astreint à un effort continu d'adaptation, elle pose cependant le problème de l'identité de services invités à se plier à la loi de la concurrence et à s'inspirer des modèles de gestion du privé. Plus profondément, l'ébranlement de l'édifice du service public met en cause les cadres axiologiques et pratiques sur lesquels l'État a construit en France sa légitimité. ■

Jacques Chevalier, « Quel avenir pour les services publics à la française ? » in L'état de la France 2001-2002, *La Découverte, 2001.*

Sujet de bac

DISSERTATION

→ MÉTHODES POUR LE BAC pages 738-751

▶ LA POLITIQUE BUDGÉTAIRE EN EUROPE

Sujet : Les pays de la zone euro peuvent-ils mener une politique budgétaire efficace ?

Document 1

Quelques indicateurs pour les principaux pays de l'OCDE

	Taux de croissance annuel réel du PIB (%)			Taux de chômage (% de la population active)			Solde budgétaire des administrations publiques[a] (% du PIB)			Dette publique brute (% du PIB)		
	1990/1995[b]	1997	1999	1990/1995[b]	1997	1999	1990/1995[b]	1997	1999	1990/1995[b]	1997	1999
États-Unis	2,4	4,2	4,2	6,4	4,9	4,2	– 4,5	– 0,9	1,0	72,9	68,6	60,2
Allemagne	3,6	1,5	1,5	7,1	9,8	9,0	– 2,7	– 2,6	– 1,1	47,1	63,3	63,5
France	1,0	1,9	2,9	10,7	12,4	11,1	– 4,3	– 3,0	– 1,8	48,4	65,2	63,9
Royaume-Uni	1,6	3,5	2,1	8,8	6,9	5,9	– 5,2	– 2,0	1,1	49,2	56,2	49,7
Japon	1,4	1,6	0,3	2,5	3,4	4,7	0,0	– 3,3	– 7	64,6	97,4	112,8

a. – = déficit.
b. Moyenne sur la période.
Source : OCDE, in Thierry de Montbrial, Pierre Jacquet (dir.), IFRI, RAMSES 2001, *Dunod, 2000.*

Document 2

Le ralentissement marqué et prolongé de l'activité économique que connaît l'Europe, et notamment la zone euro, depuis le début de l'année 2001, a révélé les faiblesses du contexte institutionnel destiné à encadrer les politiques budgétaires nationales et à favoriser leur coordination. [...] Conçues comme un cadrage global destiné à mieux planifier les politiques nationales à moyen terme et à mieux les coordonner au sein de la zone euro, les grandes orientations de politique économique devaient conférer à l'ensemble une plus grande cohérence, tout en préservant, en théorie, l'autonomie des gouvernements nationaux en matière budgétaire et fiscale. [...]
L'année 2002 a vu se multiplier les tensions et les polémiques entre autorités européennes et nationales autour des orientations budgétaires [...]. La France présentait au Parlement un projet de loi de finances [...] affichant un déficit public qui, bien que respectant les limites des 3 % devait se creuser en 2003 [...] et le déficit de l'Allemagne devrait atteindre 3,8 % en 2002 et 3,1 % en 2003. ■

Jérôme Creel et Jacques Le Cacheux, « Le Pacte de stabilité et de croissance », in OFCE, L'Économie française 2003, *La Découverte, « Repères », 2003.*

Document 3

L'effet d'éviction est certainement l'argument favori des adversaires des politiques budgétaires. Il a d'abord été développé par les monétaristes dans les années 1960 et repris ensuite de façon plus générale par les écoles libérales hostiles aux politiques conjoncturelles.
On considère qu'il y a éviction du secteur privé par le secteur public quand le développement des dépenses publiques se traduit par un recul des productions privées. Si l'éviction est totale, les dépenses publiques n'ont en fait aucun effet stimulant sur l'économie nationale ; elles modifient seulement la structure du PIB au profit du public et au détriment du privé, et laissent le niveau du PIB inchangé. ■

Jacques Généreux, Introduction à la politique économique, *Le Seuil, « Points », 1999.*

Document 4

La remise en cause du consensus keynésien dépasse la simple politique conjoncturelle et conduit vers un mouvement plus général de désengagement de l'État. Si le chômage et la croissance ralentie ont des causes essentiellement structurelles, la seule chose que l'État puisse vraiment faire consiste en effet à réduire les charges qu'il fait peser sur l'économie et les obstacles que ses interventions opposent à un fonctionnement plus efficace des marchés. En matière de croissance, on entre dans l'ère des *politiques de l'offre* : il ne s'agit plus de stimuler la demande, mais d'encourager l'offre de biens et facteurs en allégeant les charges et les contraintes que l'État fait peser sur les agents privés. [...]
Les formes du désengagement de l'État sont multiples :
– privatisation des entreprises publiques [...] ;
– remise en cause des réglementations et législations limitant la liberté de gestion de la main-d'œuvre et des salaires (autorisation de licenciement, SMIC, durée de travail, etc.) [...] ;
– allégement des impôts sur les revenus pour créer une incitation au travail et à l'épargne ;
– allégement des cotisations sociales à la charge des entreprises. ■

Ibid.

Document 5

N'est-il pas de l'ordre de l'évidence que d'affirmer qu'il est préférable que les finances soient équilibrées ? Eh bien non ! Il est des dépenses – celles d'investissement – susceptibles d'accroître de façon permanente les revenus futurs, et qu'il est donc légitime de financer par emprunt. Ces dépenses peuvent être immatérielles, de recherche et développement ou d'amélioration du fonctionnement du système judiciaire, par exemple. Plus généralement, si aujourd'hui le revenu est transitoirement plus faible que ce qu'il aurait dû être et que ce qu'il sera dans le futur, il est de meilleure politique d'emprunter, plutôt que de renoncer à des dépenses utiles pour préparer l'avenir. Il en irait différemment si la baisse présente devait se perpétuer, car alors il faudrait sérieusement réduire le train des dépenses pour éviter l'insolvabilité. ■

Jean-Paul Fitoussi, « La doctrine ou la croissance », Le Monde, *31 août 2002.*

Document 6

Un débat pourrait prendre place sur une question essentielle pour l'avenir : quel est le taux de croissance que les autorités européennes et nationales jugent normal et qui devrait servir de référence pour la détermination du niveau et de l'évolution des dépenses publiques et des prélèvements obligatoires ? Et si ce taux apparaît objectivement faible, quelles politiques les gouvernements entendent-ils poursuivre pour le rehausser ? Car on ne peut pas se résigner à la croissance molle, surtout en un temps de chômage élevé et croissant. Mais poser le débat en ces termes revient à bousculer ce qui est devenu une tradition européenne depuis deux décennies, à savoir celle de raisonner en termes d'objectifs intermédiaires plutôt que d'objectifs finals – hier la parité de la monnaie, aujourd'hui l'équilibre budgétaire, plutôt que la croissance et l'emploi. Or le bien-être des gens dépend au premier chef de leurs possibilités d'insertion sociale (l'emploi) et de l'évolution des niveaux de vie (la croissance). C'est ainsi qu'un grand malentendu s'établit entre les populations et leurs gouvernants : ces derniers se donnent à faire pour atteindre des objectifs qui ne sont pas ceux de la société dans son ensemble, comme semblent le montrer les mésaventures électorales de la plupart des gouvernements européens depuis le début des années 1980. ■

Ibid.

Sujet de bac

ÉPREUVE DE SYNTHÈSE

▶ BAISSER LES PRÉLÈVEMENTS OBLIGATOIRES

Travail préparatoire (*10 points*)

1. Que signifient les données entourées ? [*doc. 1*] (*1 point*)
2. Un taux de prélèvements obligatoires plus faible signifie-t-il un montant d'impôts plus bas à verser ? [*doc. 1*] (*1 point*)
3. Qu'est-ce qu'un effet de substitution ? [*doc. 2*] (*2 points*)
4. Un haut niveau de prélèvements obligatoires est-il compatible avec la compétitivité internationale ? [*doc. 2*] (*2 points*)
5. Expliquez la phrase soulignée. [*doc. 3*] (*2 points*)
6. Dans quelle mesure une baisse des impôts peut-elle pénaliser l'investissement public ? [*doc. 4*] (*2 points*)

Question de synthèse (*10 points*)

Après avoir présenté les arguments en faveur d'une baisse des prélèvements obligatoires dans les pays développés, vous mettrez en évidence les limites d'un tel choix.

Document 1

Structure fiscale de quelques pays de l'OCDE
(en % des prélèvements obligatoires, année 1999)

Pays	Impôts sur le revenu	Impôts sur les sociétés	Cotisations sociales	Impôts sur les salaires	Impôts sur le patrimoine	Taxes sur les biens et services	Divers
Allemagne	25,1	4,8	39,3	–	2,5	28,0	0,0
États-Unis	40,7	8,3	23,9	–	10,7	16,4	–
France	17,4	6,4	36,1	2,1	7,0	26,8	3,9
Italie	26,4	7,0	28,5	0,0	4,6	27,5	5,1
Japon	18,5	12,9	37,2	–	11,0	20,1	0,3
Royaume-Uni	27,8	10,4	17,1	–	10,9	32,3	0,0
OCDE	26,3	8,8	25,1	0,9	5,4	31,7	1,3
UE (à 15)	25,6	8,7	27,5	1,2	4,9	30,4	0,8

Source : Statistiques des recettes publiques, 1965-1999, OCDE, 2001, in L'état de la France 2002, *La Découverte, 2002.*

Document 2

Des charges sociales excessives accroissent le coût du travail, donc dégradent la compétitivité, ce qui peut entraîner des pertes de parts de marché et des délocalisations industrielles. De plus, dans la plupart des pays, on est confronté à un mouvement de réduction de l'emploi industriel qui ne peut être compensé que par un accroissement des emplois de services. Le contenu en charges salariales des services étant très élevé, une réduction du coût du travail conduit à une baisse significative du prix de vente, et à un développement de la demande. Il faut voir que dans la plupart des pays modernes, la baisse du coût du travail ne génère pas d'effet de substitution, c'est-à-dire de changement de la technique de production au profit d'une technique moins capitaliste, et plus riche en emplois, mais permet plutôt de réduire le prix de vente de nouveaux produits et services, et de susciter une demande solvable pour ces produits nouveaux. ■

Patrick Artus, « Prélèvements obligatoires : quels effets sur l'économie ? », Droit social, *mars 1997.*

Document 3

En fait, nul n'a jamais mis en évidence une corrélation entre taux de croissance de l'économie et niveau des prélèvements obligatoires. Un haut niveau de protection sociale joue un rôle de stabilisateur macroéconomique et contribue à provoquer des anticipations positives : chacun peut faire des projets d'avenir et s'investir dans son travail. Reste la concurrence internationale entre systèmes sociaux, qui joue à deux niveaux : sur les entreprises, d'une part, qui peuvent choisir leur lieu d'implantation, et sur les individus, d'autre part, qui peuvent être tentés d'émigrer

ou de chercher à délocaliser une partie de leurs revenus. Là encore, le constat empirique est paradoxal : de nombreux pays cumulent une ouverture internationale (donc une exposition à la concurrence) très élevée et un très haut niveau de prélèvements. C'est le cas notamment des Pays-Bas ou des pays scandinaves. Comment est-ce possible ? Parce que ces pays ont aussi une main-d'œuvre hautement qualifiée, des infrastructures de qualité, etc.
Pour ce qui concerne les individus, le rapport qualité-prix des pays à moindre fiscalité n'est pas toujours évident, une fois pris en compte les frais de scolarité, l'assurance maladie privée, etc. ■

Louis Maurin, Philippe Frémeaux, Alternatives économiques *n° 174, octobre 1999.*

Document 4

La contrainte qu'exercent le Programme de stabilité et les programmes nationaux de stabilité incite les gouvernements nationaux à pratiquer des politiques budgétaires non seulement procycliques, mais aussi biaisées à l'encontre des investissements publics. En cas de nécessité, ceux-ci apparaissent en effet comme plus faciles à sacrifier que les dépenses courantes constituées essentiellement de salaires de fonctionnaires et de transferts aux ménages, ou à décider de hausses d'impôts. De ce fait, la règle budgétaire européenne se révèle à la fois défavorable à la croissance à long terme et incompatible avec les objectifs ambitieux, que l'UE peut afficher par ailleurs, notamment en matière de réseaux de transport par exemple. ■

Jacques Le Cacheux, « Le Pacte de stabilité n'est ni tenable, ni crédible pour les politiques budgétaires européennes », in L'état de la France 2002, *La Découverte, 2002.*

→ **MÉTHODES POUR LE BAC** pages 738-751

Fiche-outil 1

Le multiplicateur keynésien

Ce chapitre comporte plusieurs fiches pour vous permettre d'approfondir des mécanismes simples. Elles doivent être lues dans l'ordre où elles se trouvent. Travaillez-les un crayon à la main. Lorsqu'elles comportent des questions dans le corps du texte de la fiche, il est conseillé d'y répondre sans lire la suite, qui fournit des éléments de réponse. C'est en vous entraînant à travailler ainsi que vous serez de plus en plus efficace.

I. LE PRINCIPE DU MULTIPLICATEUR

Préliminaire hydraulique

Imaginons le dispositif suivant [*voir le schéma A*] : 100 litres d'eau sont introduits par un entonnoir à la partie supérieure d'un tuyau. L'eau descend et passe en A où un compteur enregistre le flux (donc 100 litres). Arrivés en bas du tuyau, 20 % de l'eau (20 litres) tombent dans un bac, le reste continuant dans le tuyau. Aspirés par une pompe, les 80 % (80 litres) qui restent, remontent en haut du tuyau, puis redescendent, sont enregistrés par le compteur (il enregistre donc 80 litres), puis continuent. De ces 80 litres, 20 % – c'est-à-dire 16 litres – tombent dans le bac ; les 64 litres restants (80 % de 80 litres) poursuivent dans le tuyau, remontent, repassent par le compteur (qui enregistre donc 64). Etc. Au bout d'un certain temps, le processus s'interrompt (ne polémiquons pas sur la dernière goutte...). *Quel flux total Y le compteur a-t-il enregistré ?*

100 litres au « premier tour », puis 80, 64, 51,2 (80 % de 64), 40,96 (80 % de 51,2), etc. On pourrait calculer cette somme en remarquant qu'il s'agit d'une progression géométrique de raison égale à 0,8. Mais, il y a plus simple.

Si l'eau a cessé de tourner dans le tuyau, c'est parce que les 100 litres initialement introduits par l'entonnoir sont tombés dans le bac. Mais nous savons par ailleurs qu'à chaque tour tombaient dans le bac 20 % de ce qui venait d'être enregistré au compteur.

Schéma A

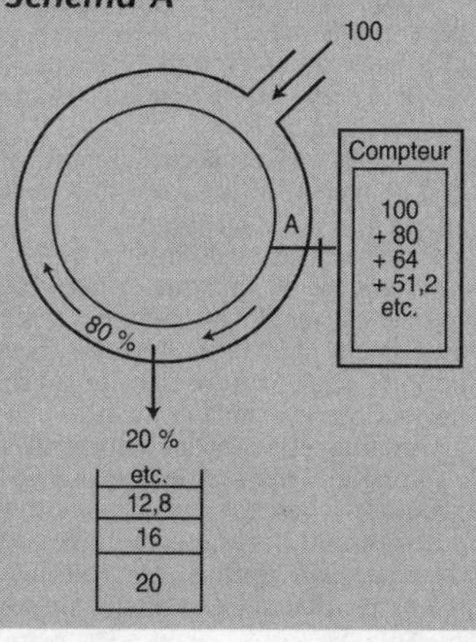

Les 100 litres tombés dans le bac correspondent donc à 20 % du total Y recherché. D'où : 100 = 0,2 Y (rappel : 0,2 se lit aussi bien 2/10 que 20/100, c'est-à-dire 20 %).

Donc Y = 100/0,2 = 500. Si on appelle 0,2 le taux de fuite, l'inverse du taux de fuite est 1/0,2 c'est-à-dire 5. Le total de ce qui a été enregistré au compteur (500 litres) est donc égal au volume introduit initialement (100 litres) *multiplié* par l'inverse du taux de fuite (5).

Le multiplicateur d'investissement

Imaginons que dans une économie en sous-emploi (autrement dit, le tuyau n'est pas déjà rempli d'eau) les entreprises augmentent de 100 € (peu importe les unités monétaires) leurs dépenses d'investissement (c'est l'eau initialement injectée dans le tuyau) ; peu importe ici les causes de cette variation de l'investissement. Ces dépenses correspondent à des achats de machines ; les revenus des fabricants de machines, de leurs salariés, actionnaires, fournisseurs, etc., augmentent donc de 100 € (les revenus distribués sont le flux d'eau que le compteur enregistre au fur et à mesure).

Les 100 € de revenus distribués ne sont pas tous dépensés : 20 % sont épargnés (20 € sortent du circuit et tombent dans le bac). Le reste – 80 % – est dépensé en biens de consommation (80 € restent dans le tuyau) qu'il est possible de produire parce qu'on est dans une économie – par hypothèse – en sous-emploi, ce qui signifie qu'existent des capacités de production disponibles qu'il est possible d'utiliser en embauchant des chômeurs. Grâce à ces ventes supplémentaires, les fabricants de biens de consommation peuvent ainsi distribuer 80 € de revenus supplémentaires aux salariés, etc. (le compteur de revenus distribués enregistre 80 € de plus). 20 % de ces revenus sont épargnés (16 € tombent dans le bac). Le reste – 64 € – sert à acheter des biens de consommation, ce qui permet une nouvelle distribution de revenus de 64 € (le compteur les enregistre). Etc.

Question 1. Quel revenu l'investissement initial a-t-il induit ?

En appliquant les résultats du « préliminaire hydraulique », il est possible de répondre 500 €.

Un peu de vocabulaire. Le « taux de fuite » (20 % ou 0,2) est le taux d'épargne (ou la propension à épargner) ; c'est la part du revenu disponible qui n'est pas consommée ; le taux d'épargne est noté s par les économistes (en anglais *saving* est l'épargne) ; la proportion non épargnée (donc consommée) du revenu disponible est nommée propension à consommer et notée c ; elle est ici de 80 % (0,8).

Question 2. Montrez que la somme des propensions à consommer et à épargner est de 100 %.

La somme $s + c$ peut s'écrire S/Y + C/Y = (S + C)/Y = Y/Y = 1, c'est-à-dire 100 %. Par définition, la somme de la propension à consommer et du taux d'épargne fait 100 % (l'eau tombe ou reste dans le tuyau, les revenus sont épargnés ou consommés). On peut donc écrire $c + s = 1$ et $s = 1 - c$.

L'accroissement de l'investissement ΔI = 100 a donc induit dans l'économie un revenu supplémentaire ΔY = 500 (Δ se lie delta et signifie « variation de »). En appliquant le même raisonnement que pour l'eau, on peut écrire ΔY = $(1/s)$ ΔI, donc ΔY = 5 ΔI.

Comme un investissement de 100 € a induit un revenu de 500 €, on dit que l'*effet multiplicateur* de l'investissement est de 5. Le multiplicateur est souvent noté k. On peut écrire que $k = 1/s$.

Question 3. Montrez que k = 1/(1 – c).
Comme k = $1/s$ ou a $k = 1/(1 - c)$, puisque s = $1 - c$.

Au commencement était la dépense

Du mécanisme du multiplicateur qui vient d'être décrit, il est essentiel de retenir que :

1. ce n'est pas seulement le revenu qui a augmenté à la suite de l'investissement, mais également – et *pour le même montant* – la production (le PIB). Il a en effet fallu produire 100 € de biens d'investissement supplémentaires (variation initiale de l'investissement) et 400 € de biens de consommation pour faire face à la consommation de 80 % des 500 € de revenus supplémentaires. Il est donc indifférent de parler globalement de revenu ou de production : la valeur des biens et services produits par les entreprises est nécessairement égale à la valeur des revenus engendrés par cette production (les profits conservés dans les entreprises sont un revenu qui est directement de l'épargne) ;

2. l'investissement est logiquement antérieur à l'épargne (il n'y a d'eau dans le bac que parce qu'on en a versé d'abord dans l'entonnoir...). Ce n'est pas l'épargne qui permet l'investissement, mais l'investissement qui induit un flux de revenus juste suffisant pour engendrer l'épargne équivalente (tant que le bac n'a pas récupéré toute l'eau, celle-ci continue à circuler et à faire avancer le compteur).

Remarque : que l'investissement précède le revenu confère à l'évidence un rôle essentiel au crédit, donc à la monnaie. C'est une des raisons qui permettent de dire que, dans une perspective keynésienne, l'économie est d'emblée monétaire. Il n'y a pas de *dichotomie*, c'est-à-dire de séparation, entre le « réel » et le monétaire. La monnaie n'est pas un voile (à la différence de la loi des débouchés de Say [*voir « Une initiation à Keynes », en fin de manuel)*].

L'épargne n'est donc pas la condition mais la conséquence de l'investissement. On est loin du schéma néoclassique dans lequel l'épargne dépend du taux d'intérêt (pour les économistes néoclassiques, lorsque le taux d'intérêt s'élève, l'épargne augmenterait au détriment de la consommation ; pour les keynésiens, l'épargne dépend du revenu indépendamment du taux d'intérêt).

Dans le schéma décrit ici, l'épargne S dépend du revenu (S = sY). Donc la consommation aussi. On peut écrire la *fonction de consommation* suivante :

C = c Y, où C est la consommation et Y le revenu disponible (on a déjà vu que $c + s = 1$) ;

3. le mécanisme du multiplicateur n'est pas lié au fait que la dépense initiale est de l'investissement, mais au fait que c'est de la dépense (peu importe ce qui rentre dans le tuyau pourvu que ce soit liquide...). On a les mêmes effets si les entreprises augmentent leurs stocks (pour les produire, elles doivent acheter des consommations intermédiaires et distribuer des revenus). On a aussi le même résultat si l'État augmente les dépenses publiques (traditionnellement notées G). Tout accroissement des dépenses publiques (subventions, prestations sociales, dépenses d'infrastructure, achats d'armes, etc.) se traduit en effet par une distribution équivalente de revenus supplémentaires qui sont épargnés ou consommés selon le même mécanisme que celui qui a déjà été décrit. On a finalement : ΔY = $(1/s)$ ΔG.

On peut calculer le multiplicateur sans tuyau...

II. UN MODÈLE KEYNÉSIEN TRÈS SIMPLIFIÉ

La production Y est à l'origine de biens et services qui sont soit des biens de consommation, soit des biens d'investissement. Donc : Y = C + I. La production Y est simultanément à l'origine d'une distribution de revenus d'une valeur Y qui sont soit consommés soit épargnés : Y = C + S.

I = S

On a vu plus haut que la valeur de la production ne peut pas être différente des revenus qui en sont la contrepartie. Donc : C + I = C + S et I = S (évidemment si C + I = C + S, alors ΔC + ΔI = ΔC + ΔS et ΔI = ΔS).

Cette égalité I = S est obtenue grâce au jeu du taux d'intérêt dans la théorie néoclassique traditionnelle [*voir « Une initiation à Keynes »*]. Pour Keynes, I dépend surtout des débouchés rentables anticipés par les entrepreneurs et S est fonction du revenu, soit S = sY. On peut donc écrire la relation I = S sous la forme I = sY, d'où Y = $(1/s)$ I ; si on part de ΔI = ΔS, on parvient à ΔY = $(1/s)$ ΔI.

On peut raconter la même chose autrement en partant de l'équilibre nécessairement réalisé des ressources et des emplois en produits dans une économie. Les ressources en produits de l'économie sont Y (la production) et elles sont utilisées pour la consommation ou l'investissement. Mais la consommation est fonction du revenu disponible. On a donc :

Y = C + I avec C = cY

Question 4. En déduire que

$$Y = \frac{1}{(1-c)} I$$

On peut en effet écrire Y = cY + I. En faisant passer cY à gauche, on a Y – cY = I ; avec Y en facteur, il vient Y $(1 - c)$ = I ; puis en divisant par $(1 - c)$ on obtient la relation 1 :

$$Y = \frac{1}{(1-c)} I$$

On peut aussi écrire Y = *k* I, avec *k* = 1/(1 – *c*).

On constate que le multiplicateur est d'autant plus fort que la propension à consommer est forte. Dit autrement : le multiplicateur est d'autant plus faible que le taux d'épargne est élevé : *k* = 1/*s*.

Notons que si Y = *k*I, on a ΔY = *k* ΔI ; donc ΔY = [1/(1 – *c*)] ΔI. Imaginons que *c* = 0,8 ; donc *k* = 1/(1 – 0,8) = 5. Une hausse de l'investissement de 10 € augmente alors le revenu de 50 €.

(À partir de maintenant toutes les grandeurs sont des F, sans que nous le précisions à chaque fois, sauf évidemment pour *c*, *s*, *k* et toutes les minuscules qui figurent des nombres.)

On peut déjà tirer deux conséquences de ce petit modèle simple :
– la hausse de l'investissement a d'autant plus d'effet sur l'activité que le taux d'épargne des ménages est faible. L'épargne n'est donc pas une vertu dans une économie en sous-emploi, bien au contraire ;
– une hausse du taux d'épargne peut à elle seule aggraver la situation de l'économie puisque épargner, c'est ne pas consommer ; c'est donc réduire les débouchés, la production et l'emploi.

Effet d'une hausse du taux d'épargne

Situation 1. Soit un état de l'économie (toujours en sous-emploi) où I = 20 et *c* = 0,8 (autrement dit *s* = 0,2).

Question 5. À quel niveau Y doit-il s'établir ?

D'après la relation 1, Y = 100.

Imaginons que le taux d'épargne passe de 20 % à 25 % (à cause d'une crainte plus forte du chômage, par exemple, les agents économiques ont envie d'épargner plus, c'est-à-dire une plus grande proportion de leur revenu).

Question 6. À quel niveau s'établit maintenant Y ?

Le même niveau de l'investissement I = 20 s'accompagne d'un plus faible niveau de l'activité. Comme s est plus élevé, *k* est plus faible (*k* = 1/0,25 = 4). Y passe de 100 à 80 (relation 1). L'épargne est donc de 20 (c'est 25 % du revenu Y). Les agents économiques voulaient épargner plus, mais la hausse de leur taux d'épargne n'a pas augmenté l'épargne (elle reste égale au montant de l'investissement).

Question 7. Pourquoi le montant de l'épargne n'a-t-il pas augmenté alors que la propension à épargner s'est élevée ?

Quel est le mécanisme en cause ? La hausse du taux d'épargne signifie une baisse de la propension à consommer. La diminution de la demande de biens de consommation contracte les débouchés des entreprises qui ne peuvent que produire moins, distribuent donc moins de revenus, ce qui contracte encore leurs débouchés.

Ainsi s'annonce un message keynésien important : même si l'on admet qu'épargner peut être un comportement vertueux pour un individu, il n'en demeure pas moins que *dans une économie en sous-emploi* c'est un comportement dangereux pour la collectivité. Vertu privée, vice public.

Jean-Paul Piriou

Fiche-outil 2

Le modèle keynésien simplifié et la politique budgétaire

Le modèle keynésien esquissé dans la fiche précédente peut être complété de deux façons : en introduisant la politique budgétaire (c'est-à-dire les impôts et les dépenses publiques) et en raisonnant en économie ouverte (c'est-à-dire avec des importations et des exportations). Depuis la création de la zone euro, la réflexion sur l'économie ouverte est devenue moins essentielle. Le commerce extérieur des pays de la zone est en effet pour une très forte proportion devenu intérieur (c'est-à-dire intra-européen). De ce fait, la contrainte extérieure a vu son influence pratiquement divisée par trois [*voir le texte de Françoise Milewski au début de ce chapitre*]. Pour cette raison, nous ne traitons ici que de politique budgétaire en économie fermée. Toutefois une fiche sur la politique budgétaire en économie ouverte se trouve à la fin du manuel.

Comment l'équilibre de l'économie est-il modifié par la prise en compte des impôts T (pour taxes) et des dépenses publiques G (pour gouvernement) ?

Les impôts amputent le revenu disponible pour l'épargne et la consommation. Les dépenses publiques sont un élément des emplois (des utilisations) des produits, donc un élément de la demande, à côté de la consommation ou de l'investissement.

Le multiplicateur

L'équilibre de l'économie n'est donc plus Y = C + I, mais : Y = C + I + G ; avec C = *c* (Y – T). c est toujours la propension à consommer le revenu disponible, mais le revenu disponible ne se confond plus avec le revenu distribué Y comme dans une économie sans impôt [*voir fiche précédente*] ; le revenu disponible pour la consommation et l'épargne est maintenant le *revenu après impôt*, c'est-à-dire Y – T.

Il y a une forte asymétrie entre G et T. Le parlement vote des montants de dépenses (des francs ou des euros) mais ne peut voter que des taux d'imposition (des pourcentages) : taux de la TVA, taux de l'impôt sur le revenu des personnes physiques, taux de l'impôt sur les sociétés. Le montant des impôts résulte de l'application de ces taux à la matière imposable. Si un déficit budgétaire peut être prévu, c'est en appliquant ces taux à la matière imposable prévisible au moment du vote de la loi de finances de l'automne et en comparant le montant total des impôts ainsi obtenu au montant des dépenses publiques votées.

Nous supposons donc ici que G est donné et que T = *t*Y, où *t* est le taux d'imposition (on peut l'appeler aussi la pression fiscale).

Question 1. (lire l'avertissement en tête de la fiche précédente). Calculez le revenu disponible en fonction de *t* et T.

Le revenu disponible est maintenant le revenu après impôt Y – T = Y – *t*Y ; soit Y (1 – *t*).

Question 2. Écrivez l'équilibre de l'économie après introduction des impôts et des dépenses publiques.

L'équilibre s'écrit
$Y = c\,(1 - t)\,Y + I + G$
$Y - c\,(1 - t)\,Y = I + G$
$Y\,[1 - c\,(1 - t)] = I + G$
D'où la relation 2 (la relation 1 est dans la fiche précédente) :

$$Y = \frac{1}{1 - c\,(1 - t)}(I + G)$$

Si l'on raisonne sur les variations, il vient

$$\Delta Y = \frac{1}{1 - c\,(1 - t)}(\Delta I + \Delta G)$$

Question 3. Calculez le multiplicateur k si $c = 0{,}8$ et $t = 0{,}25$.

Le multiplicateur k est maintenant $1/[1 - c\,(1 - t)]$; on a $k = 2{,}5$. Le multiplicateur est plus faible que sans fiscalité (dans le tuyau de notre « préliminaire hydraulique » de la fiche précédente, il y a maintenant un trou supplémentaire situé avant la fuite vers l'épargne ; cette nouvelle fuite fait tomber 25 % de l'eau enregistrée par le compteur dans un bac fiscal ; c'est seulement 20 *% de ce qui reste* qui tombe ensuite dans le bac de l'épargne ; quant aux dépenses publiques, elles entrent dans le tuyau par l'entonnoir, avec l'investissement). Comme 25 % du revenu sont versés à l'État, il en reste 75 % dont 80 % sont consommés. Tout se passe donc bien comme si c'était seulement 60 % du revenu avant impôts qui étaient consommés (80 % de 75 %). Autrement dit, à une propension à consommer le revenu disponible (c'est-à-dire après impôts) de 0,8, correspond une propension à consommer le revenu avant impôts de 0,6. (On peut remarquer – relation 1 de la fiche précédente – que le multiplicateur sans impôts mais avec une propension à consommer de 0,6 serait d'ailleurs $1/(1 - 0{,}6) = 2{,}5$.)

L'introduction de G et de t dans le modèle permet de mettre en évidence certains phénomènes essentiels pour la politique économique. C'est ce qu'illustre l'exemple suivant.

Politique budgétaire expansive

Situation 2 (la situation 1 est dans la fiche précédente). On a : $c = 0{,}8$; $t = 0{,}25$; $I = 20$; $G = 36$. La relation 2 permet de calculer le multiplicateur : $k = 2{,}5$.

[*Remarque : pour mieux suivre les raisonnements de cette fiche, vous avez intérêt à construire un tableau dans lequel figureront en colonne les différentes situations et variantes envisagées, et en ligne le niveau des variables : I, G, Y, T et le déficit budgétaire D.*]

Question 4. Calculez le niveau du revenu, le montant des impôts et le déficit budgétaire.

D'après la relation 2, Y = 140. Les impôts tY s'élèvent à 35. Le déficit budgétaire D (dépenses publiques G moins impôts T) : D = 36 – 35 = 1.

Imaginons que pour lutter contre le chômage, le gouvernement augmente G de 12.

Question 5. Calculez Y après cette hausse des dépenses publiques.

La relation 2 donne le niveau de Y que cette politique permet d'atteindre : Y = 170. Le multiplicateur étant de 2,5, il est logique qu'un ΔG de 12 se traduise par un ΔY de 30. On pourrait penser que la hausse de G a fait passer le déficit budgétaire à 13 (il était de 1 et avant que G n'augmente de 12). Ce serait une conclusion trop hâtive. L'élévation de Y consécutive à la hausse des dépenses publiques procure en effet des recettes fiscales supplémentaires. On a maintenant $D = G - tY = 48 - (0{,}25 \times 170) = 48 - 42{,}5 = 5{,}5$. Le déficit a donc augmenté seulement de 4,5. De la relation $D = G - tY$, on déduit : $\Delta D = \Delta G - t\Delta Y$. Les dépensent augmentent de 12 mais les impôts de 7,5 (25 % des 30 de revenus supplémentaires). 12 – 7,5 = 4,5. Le déficit supplémentaire n'est pas de 12 car les dépenses supplémentaires ont été autofinancées par des recettes fiscales consécutives à la relance.

S – I = G – T

L'équilibre s'écrit Y = C + I + G. Comme le revenu est soit consommé, soit épargné, soit versé à l'État sous forme d'impôts, on peut donc aussi écrire Y = C + S + T. Donc C + I + G = C + S + T. On en tire I + G = S + T donc I – S = T – G. Cette relation met bien en évidence que l'investissement privé peut être supérieur à l'épargne privée si le budget est excédentaire, mais que le déficit budgétaire va de pair avec un investissement privé inférieur à l'épargne privée.

On peut écrire la relation sous la forme S – I = G – T. L'excédent de l'épargne par rapport à l'investissement (S – I) est la capacité de financement des agents privés. L'excédent des dépenses publiques sur les impôts (G – T) est le besoin de financement de l'État, son déficit. La relation signifie donc que la capacité de financement des agents privés est nécessairement égale au besoin de financement public : le déficit public sera toujours financé.

Les stabilisateurs automatiques

Situation 3. $c = 0{,}8$; $t = 0{,}25$; I = 20 ; G = 48. Donc (relation 2) Y = 170, $T = tY = 42{,}5$ et $D = G - T = 48 - (0{,}25 \times 170) = 5{,}5$. L'équilibre se présente ainsi :

Y	= C	+ I	+ G
170	102	20	48

Imaginons le *choc macroéconomique* suivant : à la suite d'une détérioration brutale de l'opinion des entrepreneurs à propos de l'avenir (leur « moral » chute pour une raison qui importe peu ici), ceux-ci réduisent leurs dépenses d'investissement de 25 % (I s'établit donc à 15).

Imaginons que les impôts, au lieu d'être proportionnels au revenu, soient forfaitaires et fixés à 42,5 (leur valeur dans la situation initiale 3).

Question 6. À quel niveau Y s'établirait-il si les impôts étaient fixés forfaitairement à 42,5 ?

On aurait l'équilibre (Y = C + I + G) suivant :
$Y = 0{,}8\,(Y - 42{,}5) + 15 + 48$
d'où Y = 145 (c'est-à-dire une baisse de 25 par rapport à la situation initiale). Puisqu'une baisse de l'investissement de 5 s'est traduite par une baisse du revenu de 25, on peut dire que le multiplicateur est de 25/5 donc 5.

En réalité, l'effet du choc macroéconomique va être moins violent, parce que la valeur des impôts n'est pas forfaitaire mais dépend du niveau du revenu ($T = tY = 0{,}25Y$).

Question 7. À quel niveau Y s'établit-il lorsque les impôts sont proportionnels au revenu ?

De la relation 2 se déduit que Y = 157,5. Le revenu baisse donc de 12,5 (par rapport à 170) et non pas de 25 comme dans le cas où les impôts sont forfaitaires. Autrement dit, que les impôts ne soient plus forfaitaires mais proportionnels suffit à faire tomber le multiplicateur de 5 à 2,5. Cette proportionnalité de T par rapport à Y peut être considérée comme un *stabilisateur automatique* de la conjoncture économique puisqu'elle réduit l'ampleur des conséquences du choc. Les économistes disent que le stabilisateur automatique est *contracyclique*, parce qu'il atténue la fluctuation de l'économie (ici la fluctuation à la baisse).

Question 8. Quel est le déficit budgétaire après le choc macroéconomique ?

Le choc macroéconomique a gonflé le déficit budgétaire puisque celui-ci atteint maintenant 8,625 [D = G – tY = 48 – (0,25 × 157,5) = 48 – 39,375 = 8,625]. Autrement dit, le déficit a augmenté de 3,125 (8,625 – 5,5 = 3,125). Ce n'est pas étonnant puisque la diminution du revenu de 12,5 a provoqué une perte de recettes fiscales de 25 % de 12,5 soit 3,125, alors que les dépenses publiques n'ont pas changé. C'est précisément cette baisse des recettes fiscales qui atténue les effets du choc.

[*Le stabilisateur automatique a des effets identiques – mais de sens contraire – lorsque le choc macroéconomique stimule la conjoncture économique. Un accroissement de l'investissement voit alors ses effets expansifs atténués parce qu'une partie des revenus supplémentaires n'est pas disponible mais absorbée par les recettes fiscales. Dans ces conditions, le déficit budgétaire diminue.*]

V. POLITIQUE DE RIGUEUR FACE À UNE RÉCESSION

Situation 4. Notre point de départ est la situation qui résulte du choc précédent : c = 0,8 ; I = 15 ; G = 48. Donc Y = 157,5 ; D = 8,625.

Imaginons que le gouvernement refuse le gonflement du déficit budgétaire qui résulte du stabilisateur automatique fiscal à la suite du choc macroéconomique. Il décide de réduire G de 4.

Question 9. Quels sont les effets de cette diminution des dépenses publiques sur le revenu et sur le déficit budgétaire ?

La relation 2 permet d'établir les conséquences de cette rigueur budgétaire :

Y = 2,5 (I + G) = 2,5 (15 + 44) = 147,5

Le choc macroéconomique avait fait passer Y de 170 à 157,5 ; la rigueur budgétaire le fait chuter encore de 10 (c'est logique puisque le multiplicateur de 2,5 s'applique à une baisse de 4 de G : 2,5 × (– 4) = – 10). Cette politique aggrave donc une situation conjoncturelle déjà détériorée par le choc. On dit que cette politique restrictive est *procyclique* parce qu'elle accentue le mouvement spontané de l'économie. Autrement dit, elle ne contrarie pas l'évolution de la conjoncture mais va dans le même sens.

Calculons le déficit budgétaire.

D = G – T = 44 – (0,25 x 147,5) = 44 – 36,875 = 7,125

La diminution de 4 des dépenses publiques G ne permet finalement de réduire le déficit que de 1,5 (de 8,625 à 7,125). C'est que la rigueur budgétaire induit une contraction des revenus de 10 qui ampute les recettes fiscales de 2,5 (25 % de 10).

La conclusion est dépourvue d'ambiguïté. Face à un choc macroéconomique, le jeu des stabilisateurs automatiques a un effet contracyclique mais aggrave le déficit budgétaire. S'opposer à la hausse du déficit par une politique de rigueur budgétaire amplifie les conséquences du choc initial (politique économique procyclique) sans vraiment résoudre la question du déficit.

Si le gouvernement choisit d'augmenter les impôts plutôt que de diminuer les dépenses, l'effet général est du même ordre. Imaginons par exemple que la pression fiscale t passe de 25 à 28 %, ce qui *a priori* pourrait porter les recettes fiscales de 39,375 à 44,1, soit 4,725 de plus (3 % de 157,5).

Question 10. Calculez le revenu Y et le déficit budgétaire lorsque la pression fiscale passe de 25 à 28 % et lorsque les dépenses publiques restent inchangées (G = 48).

En utilisant la relation 2, on obtient :

Y = (1/[1 – 0,8 (1 – 0,28)]) (15 + 48)
Y = 148,585

La hausse de la pression fiscale ampute le revenu disponible, donc la consommation des ménages, donc les débouchés des entreprises, ce qui fait baisser la production et les revenus. Les recettes fiscales sont en définitive de 41,6. D'où un déficit de 6,4 (les dépenses sont de 48).

VI. COMMENT SAVOIR SI UNE VARIATION DU DÉFICIT BUDGÉTAIRE EST DÉLIBÉRÉE

Comme on vient de le voir, le stabilisateur automatique budgétaire provoque un accroissement du déficit budgétaire lorsque l'économie subit une récession. Mais on sait aussi [*voir le paragraphe « Politique budgétaire expansive »*], qu'une politique de soutien de l'activité par accroissement des dépenses publiques élève aussi le déficit budgétaire. Dans ces conditions, lorsque l'économiste observe un accroissement du déficit budgétaire, comment peut-il savoir s'il est dû à une politique délibérée de relance budgétaire ou s'il résulte seulement du jeu du stabilisateur automatique en période de récession ? L'enjeu de cette question est considérable pour juger des intentions réelles de la politique économique. Cette question sera sans doute également centrale dans les polémiques qui ne manqueront pas de survenir entre la Commission européenne et certains gouvernements. Nul doute que certains gouvernements invoqueront l'évolution défavorable et imprévue de la conjoncture pour justifier des déficits plus élevés que ceux autorisés par le pacte de stabilité et de croissance qui prolonge la contrainte des critères de Maastricht [*voir la fiche-outil 3 sur la soutenabilité de l'endettement public*].

Imaginons que le déficit prévu au moment du vote du budget à l'automne soit D_p et que le déficit constaté soit D_c. Pour savoir si la variation du déficit ΔD (ΔD = $D_p - D_c$) correspond à une politique délibérée, il faut comprendre qu'elle a trois composantes :

– une première partie ΔD1 est due à la modification de la conjoncture ; elle correspond au *jeu du stabilisateur automatique* et peut être évaluée à l'aide d'un modèle (voir plus haut dans ce texte) qui permet de comparer le déficit initialement prévu (par exemple, celui qui résultait du vote de la loi de finances par le parlement à l'automne) et le déficit qui aurait dû résulter de l'évolution effectivement constatée de l'environnement économique à politique économique inchangée (cette évolution peut aussi bien avoir provoqué une hausse du déficit si l'environnement s'est dégradé, qu'une réduction de ce même déficit si c'est une amélioration de la conjoncture qui prévaut) ;

– une deuxième composante ΔD2 de la variation du déficit est due à la *variation du taux d'intérêt* par rapport à celui qui était prévu dans le budget initialement voté. Dans un pays dont la dette publique représente 60 % du PIB, il suffit que le taux augmente de 1 % pour que le déficit augmente de 0,6 % du PIB (en 2004, 1 % du PIB correspond à quelque 16 milliards d'euros) ;

– la troisième partie est la différence ΔD3 = ΔD – ΔD1 – ΔD2. C'est la *variation délibérée du déficit*. Si elle est positive le gouvernement a eu une politique de soutien de l'activité (son action a fait augmenter le déficit). Si la variation est négative, c'est le contraire : la politique budgétaire a été restrictive.

Exercice d'application

La Zizanie est un pays sans relation avec le reste du monde. Les dépenses publiques G sont de 1 000 zeds. Les impôts représentent 40 % du revenu. L'investissement I est de 300 zeds et la propension moyenne à consommer égale 90 % du revenu disponible. Le revenu correspondant au plein-emploi est de 3 200 zeds.

1. Écrivez l'équilibre Y = C + I + G de cette économie à partir de ces données.

2. Calculez le niveau du revenu Y et le solde budgétaire.

3. Pour résorber le chômage, le gouvernement décide d'augmenter les dépenses publiques de 100 zeds et de ne pas modifier la fiscalité. Calculez le nouveau niveau du revenu Y. En confrontant la variation de Y à celle de G, calculez la valeur du multiplicateur.

4. Calculez le nouveau solde budgétaire. De combien a-t-il changé par rapport au solde budgétaire initial ? Pourquoi n'a-t-il pas varié de 100 zeds alors que les dépenses publiques ont augmenté de 100 zeds ?

5. À quel niveau faudrait-il porter les dépenses publiques pour que le revenu atteigne le niveau d'équilibre ? Quel serait alors le solde budgétaire ?

Jean-Paul Piriou

Fiche-outil 3

La soutenabilité de l'endettement public

Les critères de convergence définis et acceptés par les pays signataires en février 1992 du traité de Maastricht qui organisait notamment le passage à la monnaie unique étaient notamment relatifs à l'endettement des administrations publiques (limité à 60 % du PIB) et au déficit public (à contenir sous 3 % du PIB). Le Pacte de stabilité et de croissance *entériné au Conseil européen d'Amsterdam en juin 1997 prolonge ces contraintes selon le principe éprouvé du pâté d'alouette : un cheval de stabilité, une alouette de croissance.*

On essaie ici de comprendre la cohérence de ces critères, c'est-à-dire les relations qu'ils entretiennent. Pour un panorama plus large, on se référera au texte principal de ce chapitre (Françoise Milewski) et à celui du chapitre précédent (Jean Pisani-Ferry).

I. LE RATIO DE LA DETTE PUBLIQUE AU PIB

Le ratio dette/PIB mesure le poids que représente la dette (notée B) de l'État par rapport au PIB, c'est-à-dire à la richesse annuellement produite Y. Dans les années quatre-vingt-dix, certains acteurs des marchés financiers attribuent à ce ratio une grande importance. Il importe donc de comprendre le lien qu'il entretient avec le déficit budgétaire D, le taux d'intérêt et le taux de croissance de l'économie (c'est-à-dire du PIB).

La dette est un stock (B) qui augmente si les nouveaux emprunts contractés pendant l'année par l'État (qui recouvre dans ce texte toutes les administrations publiques) sont supérieurs aux emprunts remboursés ; nous appelons ΔB cette différence, c'est-à-dire la variation de la dette (Δ se lit *delta*).

Par définition, la variation de l'endettement ΔB est égale au déficit D (si D est négatif, le solde budgétaire est donc positif, ce qui permet à l'État de se désendetter : ΔB est négatif). On peut donc écrire :

$\Delta B = D = G - T$

où G figure les dépenses publiques et T les impôts.

Quel est le déficit budgétaire compatible avec la constance du ratio ?

Pour que le ratio dette/PIB, c'est-à-dire B/Y, soit fixe, il suffit que son numérateur B connaisse la même variation relative que celle de son dénominateur Y. Autrement dit que ΔB/B (taux de croissance de la dette) soit égal à ΔY/Y (taux de croissance de l'économie que nous notons *g*) : $\Delta B/B = \Delta Y/Y = g$. Or $\Delta B = D$. Donc $D/B = g$ est la condition recherchée.

En notant *b* le poids de la dette publique par rapport au PIB et *d* le déficit budgétaire en pourcentage du PIB, cette condition de stabilité du ratio B/Y devient (après division de D par Y et de B par Y) :

$d = bg$ relation 1.

Exemple : un ratio dette/PIB de 60 % restera stable si $d = 0,6$ g. Pour une croissance en volume du PIB de 2,8 % associée à une inflation de 7 %, soit une croissance nominale de 10 % (car 1,07 x 1,028 = 1,10), on pourra donc avoir un déficit budgétaire de 6 % du PIB, ce qui est considérable. Mais si la même croissance réelle s'accompagne d'une hausse des prix de 2,15 %, soit une croissance nominale de 5 % (car 1,028 x 1,0215 = 1,05), le déficit budgétaire qui n'augmente pas le ratio dette/PIB sera seulement de 3 % du PIB.

La relation 1 ne donne qu'une perception médiocre de la contrainte qui pèse sur le budget. Pour mieux l'appréhender, il faut considérer le déficit primaire.

Le lien entre le taux d'intérêt et le déficit primaire qui stabilise le poids de la dette

On appelle *déficit primaire* le déficit budgétaire avant paiement des intérêts de la dette publique, c'est-à-dire de ce qu'il faut verser à ceux qui ont prêté à l'État ; si le taux d'intérêt est noté *r*, ces intérêts s'écrivent *r*B (*r* est donc le taux d'intérêt nominal moyen). Ce solde primaire exprime assez bien la dureté réelle de la contrainte budgétaire puisqu'il est la différence entre les dépenses publiques hors paiement des intérêts (ce sont donc les dépenses qui permettent la mise en œuvre des politiques publiques : assistance, défense, enseignement...) et les impôts. En notant P le déficit primaire et *p* son poids par rapport au PIB, on peut écrire :

$D = P + rB$. En divisant les deux termes par Y, on obtient

$d = p + rb$. Comme $d = bg$ (c'est la relation 1), il vient $p + rb = bg$, puis $p = bg - rb$ qui s'écrit aussi :

$p = b\,(g - r)$ relation 2.

La relation 1 ne faisait intervenir que le taux de croissance nominale de l'économie et le poids de la dette ; la relation 2 introduit une variable supplémentaire : le taux d'intérêt.

Si le taux d'intérêt égale le taux de croissance, $g - r = 0$; donc $p = 0$. D'après la relation 2, *il suffit donc que le déficit primaire soit nul pour que le poids de la dette par rapport au PIB reste constant*. Si, par exemple, $g = r = 4\ \%$ et $b = 60\ \%$, ce ratio restera fixe si le déficit primaire est nul, donc si le déficit budgétaire (déficit primaire plus intérêts) correspond juste aux intérêts, c'est-à-dire si $d = rb$, soit 2,4 %.

Si le taux d'intérêt est inférieur au taux de croissance

$g - r > 0$. Imaginons par exemple que $b = 40\ \%$, $g = 12\ \%$ et $r = 7\ \%$. D'après la relation 2, le ratio dette/PIB peut rester stable malgré un déficit primaire de 2 % de PIB ($p = 0{,}4\,[0{,}12 - 0{,}07]$). Le déficit budgétaire correspondant est de 4,8 % du PIB (relation 1). Ce cas de figure est favorable. Il correspond généralement à un contexte de forte inflation et de taux d'intérêt faible soit par volonté des autorités monétaires (pour les taux à court terme), soit parce que l'existence de dettes à taux fixe et échéance lointaine introduit une certaine inertie du taux d'intérêt moyen lorsque l'inflation s'élève (seuls les nouveaux emprunts enregistrent la montée des taux qui accompagne celle de l'inflation). C'est le type de configuration qui prévalait avant 1983 dans l'Europe des Douze. En 1978-1979, par exemple, le taux de croissance nominale (environ 14 %) l'emporte de près de 7 points sur le taux d'intérêt ; le solde primaire requis pour stabiliser le poids de la dette est alors de – 2 %; il peut donc y avoir un déficit primaire (source : OCDE).

Si le taux d'intérêt est supérieur au taux de croissance

$g - r < 0$. La constance du ratio implique que le déficit primaire soit négatif, donc qu'il y ait un *excédent budgétaire avant versement des intérêts.*

Si $b = 60\ \%$, $g = 2\ \%$ et $r = 7\ \%$, la relation 2 nous indique que le ratio ne restera fixe que si $d = -3\ \%$. Autrement dit, s'il existe un excédent primaire correspondant à 3 % du PIB (un déficit négatif est un excédent). La stabilité du ratio n'est donc possible qu'au prix d'une très forte contrainte budgétaire sur le financement des politiques publiques. Ce cas correspond plutôt à la situation qui prévaut après 1984 dans l'Europe des Douze.

II. EFFETS D'UNE POLITIQUE D'AUSTÉRITÉ SUR LE RATIO DETTE/PIB

Dans les années 1990, les pays européens ont appliqué des politiques de rigueur dans le but avoué d'endiguer la montée du poids de l'endettement. L'endiguement du ratio dette/PIB a pratiquement remplacé la lutte contre l'inflation (déjà victorieuse) comme l'objectif principal de la politique économique.

Ces politiques de rigueur ont rendu paradoxalement plus difficile la lutte contre la montée de l'endettement. D'abord parce qu'elles se sont traduites par des taux d'intérêt nominaux nettement supérieurs à la croissance nominale du PIB (l'écart entre g et r s'est accru). D'autre part parce que les politiques budgétaires qui les ont accompagnées ont conduit à un ralentissement de la croissance (et même à une récession dans l'Europe des Quinze en 1993) qui a rendu plus difficile la solution du problème. Voulant casser l'évolution du numérateur (l'endettement), ces politiques ont surtout fortement ralenti celle du dénominateur (le PIB) [*voir tableau A*].

Les leçons d'une simulation

Ces résultats catastrophiques (le taux de chômage passe de 7,7 % en 1990 à 11,2 % en 1994 dans l'Union européenne à quinze) avaient été bien anticipés par certains économistes. Par exemple, en France, ceux de l'OFCE dans une simulation réalisée en 1991 à l'aide du modèle MIMOSA (une « maquette » de l'économie française mise au point par l'OFCE et le CEPII, voir *Lettre de l'OFCE* n° 84, 1991).

Pour étudier cette question la simulation reproduit plusieurs épisodes.

1. Cette maquette montre qu'un choc macroéconomique dans les grands pays industrialisés (équivalent à une baisse initiale de la FBCF de 1 % du PIB en Europe, au Japon et aux États-Unis) provoque l'année suivante – toutes choses égales par ailleurs – une chute du PIB français de 2,4 % (le multiplicateur associé est donc de 2,4). Cette récession s'accompagne d'une hausse du déficit public de 1,1 % du PIB (parce qu'elle a fait baisser les rentrées fiscales, cette baisse constituant un exemple de stabilisateur automatique présenté dans la fiche 2 de ce chapitre et dans le texte de Françoise Milewski). Le ratio dette/PIB (25 % initialement) passe de 25/100 à 26,1/97,6 atteignant donc 26,7 % (25 + 1,1 = 26,1 ; 100 – 2,4 = 97,6).

2. Imaginons que le gouvernement français souhaite limiter cette croissance du poids de la dette en limitant le déficit budgétaire par une hausse de l'impôt sur le revenu en France égale à 1 % du PIB. Il s'agit donc d'un refus de laisser jouer le stabilisateur automatique. Le déficit (qui avait augmenté de 1,1 point de PIB initialement) ne serait réduit que de 0,7 % (il serait donc encore de 0,4 % du PIB) car la ponction fiscale accrue, réduisant la demande, provoquerait une chute supplémentaire du PIB de 0,9 %. Compte tenu de la chute initiale de 2,4 %, elle atteindrait ainsi au total 3,3 %. La dette représenterait alors 26,3 % du PIB [(25 + 0,4) / (100 – 3,3) = 25,4/96,7 = 0,263].

3. Cette politique de rigueur budgétaire en période de récession aggraverait encore plus la chute de l'activité si elle n'était pas seulement mise en œuvre par la France (cas présenté jusqu'à maintenant), mais aussi par tous les pays touchés par la récession initiale. Elle conduirait en effet à une contraction plus générale des débouchés (la baisse supplémentaire du PIB en Allemagne contracte encore plus les exportations de la France, etc.). Une hausse de l'impôt égale à 1 % du PIB dans tous les pays ferait chuter le PIB français de 2,3 % (au lieu de 0,9 %) ne permettant une réduction du déficit que de 0,25 % (au lieu de 0,7 %). La chute du PIB due à la récession initiale (2,4 %) verrait ainsi son ampleur

Les résultats des politiques économiques présentés au Conseil européen de 1998 qui a fixé la liste des pays admis dans la zone euro

	1986-90	1991-96	1991-92	1993-94	1995-96	1997
PIB[1] (volume)	3,3	1,5	1,2	1,2	2,1	2,6
PIB[1] (valeur)	8,4	5,2	6,3	4,3	4,9	4,4
Taux de chômage[2]	8,9	10,2	8,7	11,0	10,8	10,7
Inflation[3]	4,9	3,6	5,0	3,1	2,7	1,8
Dette publique/PIB[2]	54,9	65,7	58,2	67,0	72,0	72,3
Déficit des administrations publiques[4]	3,3	5,0	4,6	5,8	4,6	2,7
Taux d'intérêt[2]						
– court terme	9,8	8,2	11,1	7,6	5,9	4,6
– long terme	9,8	8,6	10,0	8,0	7,7	6,2

1. Variations annuelles en %.
2. En %.
3. Prix du PIB.
4. En % du PIB.
Source : Services de la Commission européenne.

multipliée pratiquement par deux par l'austérité budgétaire. Avec un résultat assez négligeable dans le domaine du déficit public dont la hausse serait ramenée de 1,1 % à 0,85 % (1,1 – 0,25). Le ratio dette/PIB atteindrait 27,1 % [(25 + 0,85)/(100 – 4,7) = 0,271].

« On voit à quel point il serait dangereux de se donner le ratio dette/PIB comme objectif de politique économique » concluaient ces économistes de l'Observatoire français des conjonctures économiques à l'issue de cet exercice de simulation (*Lettre de l'OFCE* n° 84, 1991).

Le jeu coopératif américain

Que la politique d'austérité conduite en Europe pour endiguer la croissance de la dette publique ait eu des conséquences aussi dramatiques ne signifie pas qu'il ne faille jamais rien faire pour stopper l'effet boule de neige de la dette publique, c'est-à-dire une situation dans laquelle les intérêts ne peuvent être payés que grâce à des emprunts supplémentaires. Cela signifie qu'il n'est pas indispensable de faire n'importe quoi au nom des dogmes. À cet égard, il est facile de constater qu'une autre politique économique a fait la preuve de son efficacité : celle conduite par les États-Unis au cours de la décennie 1990 sous l'égide d'Alan Greenspan, gouverneur de la banque centrale américaine (le *Federal Reserve System*).

Cette politique a reposé sur une coopération entre politique budgétaire et politique monétaire. Moyennant des engagements de réduction des déficits budgétaires à moyen terme pris par le Congrès, le Fed a conduit une politique de taux d'intérêt peu élevés qui ont aidé au rétablissement des finances publiques de deux façons : du côté des dépenses, la baisse des taux a réduit la charge des intérêts à payer ; du côté des recettes, elle a stimulé l'économie, ce qui a augmenté les impôts sans augmenter les taux d'imposition. À la fin du siècle, le déficit budgétaire était devenu un excédent et le chômage était au plus bas.

À peu près le contraire des modalités et des résultats de la politique européenne inspirée par des monétaristes dont les recommandations n'étaient pas encore déconsidérées comme c'était le cas aux États-Unis.

Un fardeau pour les générations futures ?

On entend souvent dire qu'il faut tout faire pour réduire l'endettement public afin de ne pas laisser le fardeau du remboursement à nos enfants ou petits-enfants (il serait en quelque sorte aussi décisif de réduire l'endettement public que de lutter contre l'effet de serre). Cette remarque, apparemment frappée au coin du bon sens, illustre une fois de plus à quel point, en économie, il est dangereux d'étendre à l'ensemble de la société des raisonnements peut-être légitimes lorsqu'ils sont énoncés à propos d'un individu ou d'une famille.

Pour comprendre à quel point l'affirmation est fausse, il faut tout d'abord bien comprendre que l'État ne remboursera peut-être jamais ses dettes : soit qu'il rembourse les emprunts échus par de nouveaux emprunts, soit qu'il compte sur un redémarrage de l'inflation pour rembourser en monnaie dépréciée. L'histoire aurait plutôt tendance à montrer que la première méthode est souvent utilisée dans l'attente de la seconde... Plaçons-nous dans l'hypothèse où l'État renonce à l'espoir de l'inflation et rembourse ses dettes.

La dette pourrait être considérée comme un fardeau pour les générations futures si l'État empruntait à l'étranger. La génération actuelle vivrait ainsi au-dessus de ses moyens au détriment de la génération future qui devrait se serrer la ceinture pour rembourser. Mais ce cas de figure ne correspond pas à la réalité puisque la France n'est pas un emprunteur net vis-à-vis du reste du monde ; autrement dit, elle n'emprunte pas plus au reste du monde qu'elle ne lui prête. La balance commerciale française étant excédentaire, c'est le reste du monde qui s'endette année après année auprès des Français et non pas le contraire (le reste du monde ne peut nous acheter plus que ce que nous lui achetons que parce que nous lui prêtons ou que nous achetons des actions de ses entreprises).

Il faut ensuite comprendre que lorsque l'État paiera ses dettes plus tard, les impôts des Français de l'époque serviront à rembourser d'autres Français. La génération alors vivante ne paiera collectivement rien (à qui pourrait-elle payer d'ailleurs ?). Ce sont seulement les revenus des contribuables d'alors qui serviront à rembourser à d'autres contribuables (ceux qui auront reçu en héritage des titres de la dette publique) les emprunts contractés par l'État, c'est-à-dire par l'ensemble des Français, à l'égard de certains d'entre eux. Il y aura donc un changement dans la répartition de la richesse à l'intérieur de cette génération, mais la richesse globale de cette génération ne sera en rien amputée. Symétriquement, on pourrait soutenir – mais si on refuse cette idée, cela n'invalide pas le raisonnement précédent – que la croissance de la dette publique est aussi un problème de redistribution aujourd'hui : c'est parce que l'État manque de la volonté de « faire payer les riches » (ou qu'il ne le peut pas : au nom de la mondialisation), qu'il leur emprunte...

En laissant l'État s'endetter, la génération actuelle ne lègue pas de fardeau financier à la suivante. Au contraire ! Si les déficits publics à l'origine de la dette correspondent à des dépenses d'éducation, à des investissements dans des infrastructures publiques améliorant la qualité de la vie et la compétitivité du pays, à des dépenses de recherche qui élèvent à terme l'efficacité productive et élargissent l'assortiment des produits disponibles, à des dépenses qui favorisent l'investissement privé, etc., alors il est possible de dire que la dette d'aujourd'hui allégera le fardeau des générations futures en les dotant de meilleurs moyens de produire plus. Tout dépend donc de l'utilisation des déficits.

Si la croissance de la dette peut inquiéter, c'est en revanche parce qu'elle peut conduire à une situation où le niveau des taux d'intérêt élevé conduit à détourner année après année une part croissante de la richesse vers les rentiers.

Jean-Paul Piriou

Fiche-outil 4

Politique monétaire, politique monétariste

Ces deux notions, inscrites au programme, renvoient à des registres très différents : la politique monétaire est un *instrument* de la politique économique; la politique monétariste est une *conception* de la politique économique.

I. LA POLITIQUE MONÉTAIRE

Dans une logique keynésienne, il y a apparemment une certaine substituabilité entre les politiques budgétaire et monétaire. La politique budgétaire permet d'agir sur le niveau de l'activité d'une économie en sous-emploi : la hausse du PIB dépend de celle des dépenses publiques, ou de la baisse des impôts, grâce aux effets du multiplicateur [*fiche-outil 1 de ce chapitre*]. La politique monétaire met en jeu finalement le même mécanisme : lorsqu'elle fait baisser le taux d'intérêt, l'investissement privé augmente, ce qui débouche sur une hausse du PIB grâce à ce même multiplicateur.

Dans cette perspective, l'efficacité de la politique monétaire reste suspendue à une question apparemment empirique : l'investissement est-il sensible (élastique) au taux d'intérêt ? Keynes n'y croyait pas trop, notamment parce que la politique monétaire ne peut agir directement que sur le taux à court terme, alors que l'investissement est par nature (compte tenu de son horizon temporel) plus sensible au taux d'intérêt à long terme. Or celui-ci dépend lui-même du taux à court terme actuel et des anticipations des niveaux futurs de ce taux court : si les agents anticipent que le taux court doit rester faible de façon durable, ils choisissent de se financer au moyen d'emprunts à court terme répétés et réduisent donc leur demande sur le marché du long terme, ce qui fait baisser les taux longs.

Pour Keynes, l'essentiel reste tout de même que l'investissement est plus sensible au moral des entrepreneurs qu'au taux d'intérêt. Bref, la politique monétaire seule est globalement impuissante à porter la demande effective au niveau requis par le plein-emploi (et d'autant plus que la récession est forte). Il est donc préférable de cantonner la politique monétaire à un rôle d'accompagnement

Encadré A : *Objectifs intermédiaires, instruments et canaux de transmission*

Élément de la politique économique, la politique monétaire est l'ensemble des moyens mis en œuvre pour agir sur l'évolution de la masse monétaire et/ou du taux d'intérêt. Il est utile de ne pas confondre :

– *les objectifs intermédiaires* : il s'agit de variables monétaires dont la banque centrale pense que le contrôle lui permettrait d'atteindre les objectifs généraux de la politique monétaire (lutte contre l'inflation et/ou contre le chômage...); par exemple, objectifs de croissance de certains *agrégats monétaires* ou objectif de taux d'intérêt à court terme;

– les *instruments* de la politique monétaire : ce sont les moyens d'atteindre les objectifs intermédiaires. L'idée générale est d'agir sur les contreparties de la masse monétaire (notamment sur la distribution de crédits par les banques). Depuis une vingtaine d'années, ce sont des instruments de contrôle indirect qui cherchent à utiliser les mécanismes de marché. Il s'agit d'intervenir sur des grandeurs qui influencent les comportements bancaires de création de monnaie : pour l'essentiel, le (ou les) *taux directeur* ou *taux d'intervention* de la Banque centrale. Sans entrer dans des détails ici inutiles, il s'agit du taux d'intérêt à *court terme* auquel la banque centrale procure des liquidités aux banques pour leur propre refinancement. En augmentant ce taux, la banque centrale contraint les banques à augmenter les taux qu'elles consentent à leurs clients;

– les *canaux de transmission* de la politique monétaire, enfin, sont les mécanismes par lesquels les variables monétaires influencent les variables réelles. Une baisse du taux d'intérêt, par exemple, doit inciter les entreprises à mettre en œuvre certains projets d'investissement dont la rentabilité était jusqu'alors trop faible pour supporter des coûts d'emprunt élevés; elle doit permettre à certains ménages d'emprunter pour acheter un logement en diminuant le poids des mensualités de remboursement dans leur revenu; etc.

Encadré B : *L'effet d'éviction*

Il s'agit d'une tentative pour démontrer que la politique budgétaire est inefficace parce que ses conséquences vont à l'encontre de ses objectifs.

La hausse des dépenses publiques augmente le déficit public. Pour le financer, l'État élève sa demande sur le marché financier, ce qui accroît le taux d'intérêt. Les entreprises sont pénalisées par cette hausse du taux qui les oblige à réduire leurs investissements. La chute de l'investissement conduit, *via* l'effet multiplicateur, à une baisse du PIB qui annihile le regain d'activité procuré par la politique budgétaire. Finalement, une dépense publique a évincé une dépense privée, mais le chômage ne régresse pas.

Cette théorie ne semble pas empiriquement vérifiée. Elle préfigure les raisonnements sur l'équivalence ricardienne [*voir lexique*] qui est une théorie encore plus radicale de l'inefficacité de la politique budgétaire.

de la politique budgétaire en empêchant les taux d'intérêt de s'élever. C'est bien ainsi que la politique économique des « trente glorieuses », puis la réponse au premier choc pétrolier (jusqu'à la fin des années 1970) furent conduites : une politique monétaire globalement accommodante qui permit des taux d'intérêt réel faibles, voire nuls, malgré des déficits budgétaires importants. L'*effet d'éviction* promis par certains économistes antikeynésiens ne survint pas [*voir encadré B*].

À la fin des années 1970, la montée simultanée du chômage et de l'inflation remet en cause l'idée sous-jacente à la courbe de Phillips [*voir page 712*] d'un arbitrage possible entre les deux maux. L'arrivée au pouvoir de Margaret Thatcher au Royaume-Uni (1979), de Ronald Reagan aux États-Unis (1981), les politiques économiques d'austérité en réponse au second choc pétrolier (fin 1979), la hausse des taux d'intérêt réels à des niveaux considérables, illustrent le succès des idées monétaristes qui vont devenir hégémoniques dans les années 1980 et conservent d'importants bastions au début du siècle.

II. LA POLITIQUE MONÉTARISTE

Alors que les keynésiens subordonnaient l'objectif de défense de la valeur de la monnaie à celui du plein-emploi, parce qu'ils redoutaient finalement moins l'inflation que la déflation, les monétaristes considèrent que le seul objectif qui doit et qui peut être atteint par la politique économique est celui de la stabilité de la valeur de la monnaie, c'est-à-dire la fin de l'inflation. Pour eux, le chômage ne peut être combattu durablement ni par la politique monétaire, ni par la politique budgétaire.

Le point de départ monétariste est la théorie quantitative de la monnaie selon laquelle il existe une relation causale entre l'évolution de la quantité de monnaie et celle des prix. Pour les monétaristes, la politique monétaire ne peut donc agir que sur l'inflation. Elle ne peut pas agir sur l'activité (la monnaie est neutre : il y a « dichotomie », c'est-à-dire séparation, entre le réel et le monétaire). À l'époque du keynésianisme triomphant, Milton Friedman, fondateur du monétarisme contemporain, admet toutefois une efficacité transitoire, à court terme (plusieurs années dans certains de ses écrits), de la politique monétaire pour augmenter l'emploi; mais ce répit face à la montée du chômage est obtenu au prix d'une accélération de l'inflation (l'arbitrage chômage-inflation de Phillips est remplacé par un arbitrage chômage-accélération de l'inflation). Cette concession est refusée par les *nouveaux classiques* qui sont, en quelque sorte, des ultramonétaristes : ils soutiennent que la politique monétaire ne peut jamais être efficace, *même à court terme*, parce que les agents économiques anticipent qu'elle sera inefficace et se comportent à court terme comme si elle allait l'être, ce qui la rend inefficace (prophéties autoréalisatrices). Ils étendent leur verdict sans nuance à la politique budgétaire, frappée d'inefficacité pour soutenir l'activité grâce à la clairvoyance des agents économiques [*voir « équivalence ricardienne » dans le lexique*].

La politique monétariste dans le domaine de la politique monétaire est donc simple : en augmentant les taux d'intérêt (ou par d'autres techniques), elle vise à limiter la progression de la masse monétaire pour éradiquer l'in-

Encadré C : *Taux d'intérêt* ex ante *et* ex post

C'est le taux d'intérêt réel [*voir lexique*] qu'il faut considérer pour comprendre l'influence de l'intérêt sur l'économie réelle. Par définition, il ne peut être connu qu'après coup (*ex post*). *Ex ante*, c'est-à-dire au moment où l'entrepreneur se demande s'il va investir, seul peut être envisagé un taux d'intérêt réel anticipé (un taux *ex ante*), approximativement égal à la différence entre le taux nominal effectif et le taux de l'inflation anticipée. Cette raison explique une grande partie des difficultés des économistes à rendre compte des relations constatées empiriquement entre l'investissement et le taux d'intérêt.

L'influence du taux d'intérêt *ex post* (le taux constaté après coup, compte tenu de l'inflation constatée) est sans doute au moins aussi importante; ce taux ne joue pas directement sur l'investissement mais sur la répartition du revenu. S'il est supérieur au taux *ex ante* (donc si l'inflation effective a été inférieure à l'inflation anticipée au moment de l'emprunt), il pénalise les débiteurs qui vont devoir payer en réalité plus que prévu (globalement, les entreprises dont le risque d'insolvabilité augmente, mais surtout l'État [*voir fiche-outil 3 de ce chapitre*]) et favorise les créanciers qui vont recevoir plus de pouvoir d'achat que prévu (globalement, les ménages, directement ou par l'intermédiaire des investisseurs institutionnels) [*voir lexique*].

Encadré D : *La théorie quantitative de la monnaie*

Soit M la masse monétaire, P les prix, T les quantités échangées pendant l'année et V la *vitesse de circulation de la monnaie* (nombre de paiements que chaque signe monétaire effectue en moyenne pendant l'année). L'*équation des échanges* $MV = PT$ est une évidence comptable : par définition la valeur des transactions (c'est-à-dire les prix P multipliés par les quantités T, autrement dit quelque chose qui évolue comme la valeur de la production) est égale à la quantité d'unités monétaires (M, la masse monétaire) multipliée par le nombre moyen de paiements effectué par chaque unité. La théorie quantitative soutient : 1. que T est exogène (T ne peut atteindre qu'un seul niveau parce que les « lois du marché » sont censées garantir le plein-emploi des ressources, notamment du travail); 2. V est exogène (dépend des habitudes et des institutions); 3. dans ces conditions le niveau de M détermine le niveau des prix P et, si M augmente (par exemple à la suite d'une création monétaire par les banques), P augmente. Les conséquences : pour contrôler l'inflation, la banque centrale doit maîtriser l'évolution de la masse monétaire. La théorie quantitative correspond à une conception *dichotomique* de l'économie (séparation entre les phénomènes réels et les phénomènes monétaires).

flation. Dans cette perspective, le chômage est *totalement indépendant* de la politique budgétaire ou monétaire : il est structurel, c'est-à-dire dû à une inadéquation des structures : niveau excessif de salaire, insuffisante flexibilité du marché du travail, existence du salaire minimum, indemnisation du chômage, syndicats et droit du travail trop protecteur. Il faut donc des « politiques structurelles » pour supprimer ces causes d'un chômage fondamentalement volontaire. Ce programme s'accompagne d'une remise en cause systématique de la légitimité de la dépense et du prélèvement publics [*voir « courbe de Laffer » dans le lexique*] et d'une religion de l'équilibre budgétaire public.

Le programme monétariste a influencé depuis 1982 assez largement les politiques économiques, quelle que soit la couleur politique des gouvernements [*voir le chapitre XIII*]. Un des grands succès des monétaristes a été d'obtenir des gouvernements qu'ils rendent les banques centrales indépendantes du pouvoir politique pour renforcer la crédibilité de leur détermination à lutter toujours contre l'inflation (et permettre ainsi une baisse des taux nominaux d'intérêt à long terme). Cette défiance à l'égard d'un pouvoir élu, donc à l'égard de la démocratie, pose évidemment problème s'agissant de l'un des attributs de la souveraineté qu'est la monnaie ; sa logique ultime serait une privatisation des banques centrales (qui souffrent encore pour certains « ultralibéraux » d'avoir des gouverneurs nommés tout de même par le pouvoir politique) et un retour à un mécanisme déconnecté (prétendument) de tout pouvoir : l'étalon-or. C'est un fait qu'il n'a pas été nécessaire d'attendre que la Banque de France soit indépendante (1993) pour que l'inflation soit attaquée et vaincue.

III. LA POLITIQUE MONÉTAIRE DE LA BCE

La Banque centrale européenne a en charge la politique monétaire de la zone euro depuis le début de 1999. Les textes qui l'instituent la chargent de lutter contre l'inflation mais ne lui fixent pas d'objectif de taux de change. La BCE a annoncé qu'elle considérerait que la stabilité de la monnaie correspondait à une hausse annuelle des prix à la consommation inférieure à 2 %.

Pour comprendre de quel côté penche la BCE, il faut citer les propos de son gouverneur, Wim Duisenberg, lors de l'inauguration de l'euro ? (*Le Monde* du 31 décembre 1998.)

« De temps en temps, on dit que nous devrions nous soucier du chômage. Mais nous nous en soucions ! Nous sommes convaincus que la meilleure contribution que nous puissions faire à la lutte contre le chômage est de créer un climat de stabilité et de confiance dans le futur. Et nous avons comme instrument réel la politique monétaire. Mais nous avons un deuxième instrument, qui consiste à parler publiquement de tous les problèmes. Nous ne serons jamais fatigués d'expliquer. Nul ne nous empêchera de dire que le chômage en Europe, particulièrement dans les grands pays, est essentiellement de nature structurelle et qu'en ce domaine la politique monétaire ne peut rien faire. Le chômage est dû au manque de flexibilité du marché du travail. Ce sont les autres qui doivent apporter les changements nécessaires, les gouvernements, mais aussi les partenaires sociaux. » Et face à la perspective d'un gouvernement économique de l'Europe, le gouverneur poursuit : « Je n'accepte pas l'idée qu'il faille un contre-pouvoir [à celui de la BCE], comme on l'entend en France. [...] Nous ne cesserons de redire [...] qu'il est nécessaire à moyen terme d'avoir un budget à l'équilibre, voire en léger excédent comme l'exige le pacte de stabilité et de croissance. »

En quelques lignes tout est dit. Mais les banques centrales agissent souvent avec plus de pragmatisme que leurs déclarations ne pourraient le laisser craindre (cf. A. Benassy-Quéré, Benoît Coeuré, *Économie de l'euro*, La Découverte, « Repères », 2002).

Jean-Paul Piriou

LES ENJEUX DE LA MONDIALISATION

Conclusion

L'AVENIR DU CAPITALISME

ROBERT BOYER

Vous venez de parcourir un long chemin et vous avez accumulé de nombreuses connaissances. Le but était de vous permettre de mieux vous repérer dans un monde de plus en plus complexe et dont vous ne pouvez vous désintéresser parce que son destin est aussi le vôtre. Apprendre et réfléchir pour comprendre est à la fois enthousiasmant et frustrant.

Enthousiasmant, cela devrait paraître évident. Frustrant parce que celui qui apprend découvre progressivement l'ampleur de ses... lacunes et les limites de toute connaissance rationnelle. Parmi ces limites il y a notre incapacité radicale à prévoir l'histoire, tout simplement parce que celle-ci n'est écrite nulle part. Le mieux que nous puissions faire consiste à nous appuyer sur l'analyse du passé pour construire les différents scénarios de l'avenir. Si l'analyse porte sur la dynamique du capitalisme, alors les scénarios doivent explorer les trajectoires probables de ce mode de production. Jusqu'à présent il est parvenu à survivre en se transformant au cours des crises structurelles que son fonctionnement induit périodiquement. Mais sa logique étant l'expansion illimitée, se pose à nouveau aujourd'hui la question des obstacles qui obstruent son horizon. Quel est l'avenir du capitalisme ? Le capitalisme est-il un mode de développement durable ? Nous avons demandé à Robert Boyer de prolonger la fresque qui concluait la première partie par un exercice de prospective. En voici les résultats.

Pascal Combemale

Robert Boyer, *économiste, est directeur de recherche au CNRS (CEPREMAP) et directeur d'études à l'École des hautes études en sciences sociales (EHESS).*

L'effondrement de l'Union Soviétique avait parfois été interprété, au début des années 1990, comme la victoire du marché et de la démocratie, qui annonçait l'entrée dans une période pacifique et prospère marquée par l'épanouissement du capitalisme. Une décennie plus tard, une réévaluation s'est imposée. Le bilan de cet épisode éclaire les perspectives ouvertes à un capitalisme en profonde mutation dont, paradoxalement, la diversité se renouvelle sous l'effet de la mondialisation.

I. TENSIONS ET DÉSÉQUILIBRES CONTEMPORAINS

Euphorie et crise se sont succédé et révèlent diverses contradictions, porteuses de transformations majeures.

L'accumulation déborde les frontières, les politiques demeurent nationales

Si la période des « trente glorieuses » avait marqué une forte cohérence entre l'espace politique et l'espace économique sur lequel se déployait le fordisme, tel n'est plus le cas depuis les années 1990. Offre et demande qui tendaient à s'équilibrer principalement sur le marché national opèrent maintenant sur un espace transnational. De ce fait, il est beaucoup plus difficile d'établir les compromis institutionnalisés qui permettraient de gouverner ces régimes de croissance tirée par les ex-

Bibliographie

Rober Boyer, La Croissance début de siècle, *Albin Michel, 2002.*
Serge Cordellier (dir.), Le nouvel état du monde. Les idées-forces pour comprendre les nouveaux enjeux internationaux, *La Découverte, 2002.*
Gérard Duménil, Dominique Lévy, Économie marxiste du capitalisme, *La Découverte, «Repères», 2003.*

portations, surtout pour les économies de taille moyenne qui n'ont en général pas la flexibilité des petites économies ouvertes ni le pouvoir d'influence des empires que sont par exemple les États-Unis et la Chine, qui jouissent de la capacité à façonner leur environnement à leur profit.

L'ouverture de sources de profit moins exigeantes en matière de salaire et de couverture sociale que ne l'était le fordisme pour les économies de vieille industrialisation déstabilise la plupart des formes institutionnelles des économies dont la croissance était essentiellement autocentrée. Or les précédents historiques suggèrent que ce relâchement des contraintes portant sur le travail – ou encore la préservation de l'environnement – favorise les formes les plus extensives de l'accumulation, c'est-à-dire sans amélioration permanente de la productivité et du niveau de vie. Ainsi se trouvent réduites ou redéfinies les conquêtes sociales du salariat des pays de vieille industrialisation, alors que symétriquement dans les nouveaux pays industrialisés se crée un salariat qui expérimente souvent une dureté des conditions de vie équivalente à celle que connurent les salariés lors des premières révolutions industrielles.

Mais le phénomène le plus préoccupant est sans doute que, pour la plupart des pays, l'activité économique dépasse largement le territoire national, domaine de la souveraineté, du contrôle démocratique et de la politique économique. Symétriquement ne se recomposent pas, au niveau international, les instances politiques qui permettraient de piloter la phase actuelle de la mondialisation. Ce divorce n'est pas seulement préoccupant pour la démocratie, il l'est aussi pour l'efficacité économique. Lorsque, par exemple, les crises financières se diffusent par contagion, au point de présenter un risque d'effondrement systémique, il n'est pas clair que l'on dispose, à l'échelle internationale, de l'équivalent de ce que sont le banquier central et le ministère des Finances pour la résolution des crises financières et bancaires nationales. Le FMI et la Banque des règlements internationaux (BRI) ont certes certains des attributs correspondants, mais pas toutes les armes nécessaires à la prévention et au traitement des crises internationales. Cette faiblesse structurelle est porteuse de risques nouveaux.

La finance contre la stabilité ?

Le début des années 2000 a conduit à une réévaluation des perspectives ouvertes par la multiplication des innovations financières et leur diffusion à des économies qui n'avaient pas le même niveau de développement. Le caractère massif et concentré des mouvements de capitaux a d'abord engendré une phase d'expansion soutenue par un optimisme excessif, avant qu'un retrait brutal de ces mêmes capitaux précipite le retournement de la conjoncture et surtout l'accumulation de mauvaises dettes dans le secteur bancaire. À cet égard, la nouveauté des deux dernières décennies est la réapparition de crises bancaires qui mettent en péril la stabilité même de certains systèmes financiers. Même si les évolutions ne sont pas aussi dramatiques que celles observées en Argentine depuis la fin de l'année 2001, il est de plus en plus reconnu qu'une ouverture indifférenciée aux mouvements de capitaux internationaux a souvent précipité des crises, du fait de l'inadéquation des modalités internes de supervision et de contrôle des banques et des marchés financiers.

Parmi les conséquences négatives de la financiarisation [*voir le chapitre XIII, page 487*], il y a le développement de marchés perçus comme extrêmement liquides – c'est-à-dire sur lesquels il est toujours possible de vendre une masse importante d'actifs – ce qui encourage l'émergence de bulles financières (André Orléan). Au cours de tels épisodes, le rendement, tel que le mesurent les grandes entreprises cotées en bourse, s'envole par rapport à un relèvement modéré de la rentabilité économique appréciée au niveau global. Dans ce but, elles sont conduites à jouer de l'effet de levier, lié à une détente des taux d'intérêt et à un alourdissement de la dette. Le retournement est dès lors inéluctable. Beaucoup d'experts anticipent que la décennie 2000 risque d'être marquée par la récurrence de telles bulles financières. Une crise systémique provenant de la conjonction d'une série de chocs négatifs et de la perte de contrôle par les autorités monétaires des grands pays n'est pas à exclure (Michel Aglietta).

PLAN

L'économie de la connaissance peut-elle être régie par de pures relations marchandes ?

La diffusion des TIC (technologies de l'information et de la communication) convergera-t-elle vers l'épanouissement d'une société de la connaissance ? Telle est aujourd'hui la vision dominante des spécialistes du changement technique, qui s'inspirent souvent d'une problématique néoschumpétérienne. Or, les connaissances constituent par définition un bien public : une fois effectué l'investissement conduisant à une nouvelle connaissance, il est de l'intérêt de la société qu'elle se diffuse au plus vite. Voilà qui pose un dilemme redoutable à la logique marchande. Pour qu'un entrepreneur accepte d'investir dans la recherche conduisant à l'innovation, il faut qu'il puisse s'en approprier une partie des bénéfices. Mais ce faisant, il ralentit, voire bloque, la diffusion des connaissances associées à cette invention. Réciproquement, si l'innovateur n'est pas récompensé, qui acceptera de se consacrer à la recherche et à l'innovation ? La création du brevet a eu pour objet de donner une solution, imparfaite mais réaliste, à cette contradiction. Or, si le contenu en connaissance générale des innovations s'accroît – qu'on songe à l'impact du décryptage du génome humain sur les perspectives de thérapies géniques – un conflit peut s'exacerber entre les avancées de la science et la logique marchande, qui voudrait que les chercheurs, et surtout les entreprises qui les emploient, s'approprient les bénéfices de leur découverte.

L'économie des réseaux informatiques montre, pour sa part, le caractère explosif pour la viabilité d'une relation marchande du fait que le coût de copie et de transmission est quasiment nul. On en mesure d'ores et déjà les conséquences quant à la diffusion des textes, de la musique et des films. De son côté, le système Linux montre qu'un système d'exploitation créé par la libre coopération d'informaticiens disséminés dans le monde entier peut concurrencer le produit de la firme privée emblématique qu'est Microsoft. *Mutatis mutandis*, on pourrait trouver le même dilemme à propos de la recherche de nouveaux médicaments. Faut-il par exemple priver de traitement les malades atteints du SIDA en Afrique du Sud, en vertu de l'argument qu'il est nécessaire de constituer de confortables rentes de monopoles aux inventeurs de ces traitements ?

On mesure en l'occurrence un possible conflit entre la norme d'efficacité qu'est censé porter le marché avec le fait qu'il s'avère incapable de gérer les externalités tant positives (avancées des connaissances) que négatives (destruction de l'environnement, encombrement des villes). Plus encore, la logique marchande peut entrer en conflit direct avec un principe de solidarité et de justice sociale. Implicitement le capitalisme fait du profit un impératif catégorique, alors que le jugement éthique le considère comme un moyen plus que comme une finalité.

Un divorce entre besoins sociaux et direction de l'innovation

Dans les économies de marché, le consommateur est supposé être roi, car c'est l'agent qui oriente par ses choix la production des firmes. Avec la montée de la concentration du capital, le déploiement des efforts de persuasion en vue de transformer des modes de vie, et plus encore l'orientation de l'innovation à partir des stratégies des grandes firmes, la souveraineté du consommateur est toute relative. Ce thème était traditionnellement développé dans les années 1970 par des auteurs tels que Kenneth Galbraith et des économistes radicaux. Il prend toute son actualité à propos de la trajectoire des TIC.

Fondamentalement, ces techniques ont pour objectif de surmonter les difficultés considérables de gestion que rencontraient les grandes organisations publiques et privées à l'époque du fordisme, caractérisées par une forte centralisation des circuits d'information et de décision. Ce n'est en effet que dans un second temps qu'elles ont commencé à se diffuser auprès des consommateurs. L'hypothèse selon laquelle les TIC seraient l'équivalent de ce qu'avaient été l'automobile, les biens d'équipement ménager, et par extension le logement, a été adoptée par les marchés financiers, qui ont considéré que ces technologies définissaient un secteur d'avenir. Cette croyance a suscité un afflux d'investissement, et les surcapacités associées à la rapidité du changement technique dans ce secteur ont fait baisser les prix relatifs, au point que la demande totale de biens durables – y compris l'achat des TIC – n'a pas vu sa part dans la consommation totale croître. La rentabilité des firmes productrices de TIC a chuté, seules quelques firmes en situation de quasi-monopole parvenant à défendre une rentabilité élevée.

Ainsi, l'aiguillon de la concurrence aboutit à une configuration typique de la logique capitaliste : la lutte contre la rareté débouche sur la surproduction et sur une crise, d'abord sectorielle, puis globale. Or, il est une catégorie de dépenses qui connaît une hausse continue depuis un demi-siècle : ce sont celles qui ont trait à la santé, à l'éducation, à la formation et aux loisirs. Au demeurant, les États-Unis sont aux avant-postes de cette évolution. Dans beaucoup d'autres pays, le caractère collectif du financement, et souvent de l'offre des services correspondants, a pour conséquence pernicieuse de ne pas permettre la satisfaction des besoins latents, d'autant plus que des politiques budgétaires rigoureuses visent à limiter la part des dépenses correspondantes. Situation fréquente au Royaume-Uni par exemple, mais qui tend à se généraliser dans tous les pays où les stratégies libérales ont délibérément cherché à réduire l'allocation des fonds publics attribués à la santé et à l'éducation. Sous le prétexte souvent fallacieux que les secteurs publics sont inefficaces et qu'il importe de réduire les prélèvements obligatoires qui sont la contrepartie de ces services.

La question est alors la suivante : l'incitation à l'innovation dans la santé, l'éducation, la formation, suppose-t-elle la privatisation de ces services comme le proposent les tenants du libéralisme, ou n'est-ce pas propager dans la sphère de la production de l'homme par l'homme, les déséquilibres récurrents et les inégalités typiques d'une logique marchande ?

Le dépérissement du contrôle démocratique, pourtant rempart contre le « tout marché »

Un tel jugement de valeur s'impose lorsque le discours sur la rationalité de l'allocation des ressources, la transparence et la bonne gouvernance des firmes débouche sur leur strict opposé : destruction de capital dans la plupart des jeunes pousses de la nouvelle économie, corruption et avidité de dirigeants inventifs surtout en matière de dissimulation comptable, multiplication des délits d'initié au détriment des épargnants attirés par la perspective d'un enrichissement rapide fondé sur la prolongation de rendements irréalistes.

Comment faire prévaloir un impératif de justice sociale si l'on ne mobilise pas les armes de la démocratie et du politique contre les tendances contraires qui se manifestent dans l'ordre économique ? Or les sociétés contemporaines souffrent d'un déficit démocratique dont les origines sont multiples.

– Autant l'histoire du XXe siècle a forgé des identités sociales et collectives fortes à travers les partis, les syndicats, les associations, autant la période contemporaine est marquée par la *fragmentation des identités*, l'hétérogénéité croissante des compétences et des styles de vie. En conséquence, l'intermédiation politique est devenue beaucoup plus difficile que par le passé. Or, par le passé, les contraintes imposées par le politique à la sphère économique ont joué un rôle déterminant dans la légitimation mais aussi l'efficacité des régimes capitalistes.

– La montée des déficits publics, la multiplication des innovations financières et l'ouverture à la finance internationale, tout au long des années 1970 et 1980, sont autant de facteurs qui ont mis les gouvernements sous l'observation permanente de la *communauté financière*. Comme les marchés financiers sont ouverts en permanence à travers le monde, les investisseurs sont les premiers juges des politiques économiques et sociales, alors que le contrôle démocratique n'opère que périodiquement à travers le renouvellement des dirigeants politiques. Dans certains cas extrêmes, la communauté financière ambitionne même de remplacer des pouvoirs politiques défaillants qui se sont avérés incapables d'honorer leurs dettes. Certains experts du FMI n'ont-ils pas envisagé de mettre sous tutelle le gouvernement argentin, faisant ainsi passer le remboursement de la dette publique avant tout principe démocratique ?

– *L'extraversion* du régime économique de nombre de pays va dans le même sens. Comme les salariés sont très généralement attachés à un territoire national, leur pouvoir de négociation se trouve réduit dès lors que les groupes économiques et sociaux qui gagnent à l'internationalisation s'allient pour proposer des politiques visant à atténuer les garanties du droit du travail et de la sécurité sociale. Or, l'analyse des relations entre sphères politique et économique montre que l'exclusion d'un groupe social aussi significatif qu'une fraction importante du salariat se paie à terme par une crise et de piètres performances économiques. En effet, la coalition au pouvoir utilise à son seul bénéfice les outils de la politique économique que sont la fiscalité, les dépenses publiques ou encore le choix du régime de change, quitte à aggraver le chômage et à réduire la croissance.

En définitive, la faiblesse des contraintes que posent les gouvernements à la généralisation du marché joue contre la stabilité à long terme de la société. Cet enseignement de l'histoire longue des relations entre le marché et respectivement le travail, la monnaie et la nature, trouve une nouvelle application dans la période contemporaine. Il se pourrait fort que le capitalisme soit en train de détruire les bases même de sa viabilité. Les stratégies de flexibilisation du marché du travail induisent une déstabilisation de la formation des compétences, un surcroît de stress et pas nécessairement de meilleures performances économiques. La financiarisation perturbe les conditions de la gestion monétaire et rend plus vraisemblable l'occurrence de crises systémiques, susceptibles de mettre en péril le régime économique actuel. La gravité des problèmes d'environnement montre combien la logique du marché est contraire à la préservation des conditions générales de l'activité économique. On peut certes utiliser le marché pour répartir efficacement des droits à polluer, mais encore faut-il décider et mettre en œuvre des objectifs globaux de réduction des diverses pollutions, ce qui suppose un pouvoir politique à l'échelle internationale suffisamment fort pour imposer à tous les pays le respect de cette contrainte environnementale.

Comment se présente dès lors l'avenir ?

II. VISIONS ET STRATÉGIES

Si le capitalisme est innovation, alors il est *a priori* impossible de projeter son avenir. Marx pouvait-il prévoir que les luttes ouvrières déboucheraient un jour sur le compromis fordiste permettant de stabiliser, pendant un temps, un régime d'accumulation sans précédent ? Les scénarios successivement imaginés par les meilleurs experts se sont révélés erronés ou ne correspondaient qu'à une fraction limitée des changements observés. Modestie donc dans l'ambition de cerner les voies de l'avenir.

Que le marché triomphe : rhétorique plus que réalité !

La forte institutionnalisation des compromis sociaux et politiques observés après la seconde guerre mondiale a été remise en cause sous la pression d'une contre-révolution conservatrice qui s'est attachée à montrer que les ajustements de marché seraient préférables à la poursuite des arrangements antérieurs. Ainsi le libéralisme se présente-t-il plus comme transformateur que comme conservateur des sociétés contemporaines. Certes, les déréglementations n'ont pas toujours donné les résultats attendus : formation de nouveaux oligopoles dans l'industrie informatique, les transports aériens, l'énergie ; succession de crises bancaires et financières. Pourtant les disciples de Friedrich von Hayek réaffirment leur vision : les crises, la stagnation, le chômage proviendraient essentiellement d'une insuffisance dans la diffusion du mécanisme du marché. Que l'on étende son champ d'application et que l'on approfondisse sa logique, et les économies retrouveront leur dynamisme. D'autant plus que, dans cette vision, les allocations que réalise le marché sont toujours efficaces et justes, au sens où chacun y est rémunéré conformément à sa contribution à l'accroissement de la richesse.

Pourtant, c'est oublier pourquoi les pouvoirs publics ont été amenés à interférer avec une telle fréquence avec les mécanismes de marché. Tout simplement parce que, dans de nombreux cas, le marché peut ne pas fonctionner, il conduit au rationnement, à l'inefficacité, sans oublier qu'il a une fâcheuse tendance à l'approfondissement des inégalités. Par le passé, l'intervention des gouvernements n'a pas tenu seulement à leur orientation keynésienne ou sociale-démocrate : en effet, la théorie microéconomique contemporaine confirme les multiples limites du marché. Il est incapable de gérer des externalités, aussi bien positives que négatives, et les interdépendances stratégiques, il ne peut livrer les biens publics les plus essentiels et déclenche des comportements opportunistes qui lui ôtent de sa légitimité. D'ailleurs, le « tout marché » est plus un argument rhétorique qu'une description réaliste des pratiques des gouvernements se réclamant du libéralisme. Aux États-Unis, les décisions des gouvernements successifs illustrent le caractère nécessaire et systémique de la plupart des interventions publiques : prise en charge des coûts liés aux grandes catastrophes, contrôle par la loi des comportements opportunistes que déclenche la recherche d'un enrichissement rapide, rôle contracyclique, donc keynésien, des dépenses publiques et de la fiscalité, etc.

Un libéralisme tempéré par la redistribution

Un second courant reconnaît que le marché est le moins mauvais mécanisme d'allocation des ressources qui ait été trouvé dans l'histoire, mais qu'il a des conséquences préjudiciables quant à la distribution du revenu et des richesses. C'était déjà la position de John Maynard Keynes, qui considérait que la concentration des revenus et l'enrichissement général de la société étaient défavorables à la consommation et donc au niveau d'activité, à travers le mécanisme de la demande effective. C'est aujourd'hui la position de certains gouvernements sociaux-démocrates : on peut laisser le marché régler l'allocation de l'emploi et les salaires à condition de l'encadrer par une législation protectrice du niveau de vie des plus défavorisés. De plus, l'idée d'un impôt négatif, c'est-à-dire du versement d'un complément de revenu en dessous d'un certain seuil du revenu d'activité, initialement proposé par Milton Friedman aux États-Unis, se retrouve, dans une mesure équivalente mais dénommée autrement, dans le cas de la France contemporaine. Ainsi, revenu minimum d'insertion et aide à l'emploi tendent à remplacer le salaire minimum comme outil d'intervention.

Paradoxalement cette même division des responsabilités entre la sphère de la production et la sphère de la distribution se retrouve dans la proposition d'un revenu du citoyen perçu indépendamment de toute condition d'éligibilité ou incitation à l'activité. En effet, ce revenu est supposé être alimenté par le dynamisme de l'activité économique du secteur privé, le plus souvent grâce à la stimulation du marché et à l'ouverture à l'international. Mais ce modèle présente une part d'utopie puisqu'il est supposé amorcer une rupture par rapport à la toute puissance du marché : certains individus pourraient s'adonner à des activités sans but lucratif, alors que d'autres continueraient à être soumis à la logique du profit et de l'accumulation. Les doutes concernant la viabilité économique et sociale de ce modèle le font appartenir au domaine de l'utopie, fut-elle réaliste.

Un capitalisme de la transparence et de l'éthique ?

Les scandales financiers de l'économie américaine qui se sont succédé depuis le début des années 2000 ont mis au premier plan une question clé de l'économie politique trop longtemps oubliée : comment s'assurer que la poursuite rationnelle de l'intérêt individuel ne débouchera pas sur la généralisation de l'avidité et de la cupidité ? La bulle Internet a fourni, une fois de plus, un terrain privilégié à l'application d'une stratégie bien connue : acheter, mentir et vendre au plus haut ! Comment, dès lors, l'épargnant moyen ou encore le salarié pourraient-ils avoir confiance dans les déclarations des dirigeants des grandes entreprises ? Si l'essor du capitalisme est associé à la construction de la confiance, la généralisation de la méfiance ne peut que bloquer le fonctionnement des marchés financiers et, par voie de conséquence, l'investissement, l'innovation et la croissance.

Aussi la présente décennie a-t-elle quelques chances de voir se développer diverses stratégies de moralisation du capitalisme, d'élaboration de codes d'éthiques par et pour les entreprises et finalement d'interventions publiques, afin d'éviter que l'appât du gain rapide ne détruise l'ingrédient clé du capitalisme : la confiance. Voilà pourquoi on s'intéresse aujourd'hui à nouveau à l'esprit du capitalisme, au sens où il importe qu'émerge une représentation du monde assurant cohésion et légitimité à un processus potentiellement instable et sujet à la critique sociale.

On pourrait ainsi imaginer un scénario dans lequel l'incorporation de normes de bonne conduite joue le même rôle qu'avait eue en mai 1968 la critique du travail. Un mouvement parallèle s'observe à propos des règles à l'échelle internationale. Faute d'exercer un pouvoir de contrôle sur les acteurs, les organisations internationales envisagent de recourir à des codes de bonne conduite, élaborés et éventuellement supervisés par des organisations non gouvernementales. Cette réglementation souple (*soft regulation*) à l'échelle internationale aura-t-elle la même efficacité que le cadre législatif et légal contraignant qu'imposaient et qu'imposent encore les États-nations sur leur territoire ? Il est permis d'en douter.

La résurgence des luttes sociales et politiques civilise les capitalismes

Une quatrième perspective s'inscrit dans la tradition inaugurée par Karl Polanyi. Pour que le capitalisme manifeste son caractère progressif – à savoir améliorer le niveau de vie à travers le développement de la productivité – il faut qu'il bute sur des contraintes imposées par la société. Au XIXe siècle, l'interdiction du travail de nuit et des enfants n'est-il pas à l'origine de l'essor de la mécanisation ? Sous le fordisme, la dynamique de la progression négociée du salaire réel n'est-elle pas le stimulant de la productivité et de l'innovation ? Au Japon, l'imposition de contraintes écologiques strictes au processus industriel n'a-t-elle pas permis l'épanouissement de nouvelles méthodes de production ? Dans la France contemporaine, la loi sur les 35 heures n'a-t-elle pas été l'aiguillon d'une réorganisation des firmes et d'une accélération de l'adoption des nouvelles technologies ?

Il se pourrait certes que les contraintes imposées par l'institutionnalisation du régime de croissance fordiste se soient avérées contre-productives, une fois ouverte la crise de ce régime. Il serait pourtant faux d'en déduire que l'absence de contrainte est toujours favorable à l'efficacité. Certaines contraintes, à condition qu'elles soient judicieusement placées, s'avèrent en fait bénéfiques pour les acteurs concernés comme pour la société dans son ensemble. Cependant la difficulté de ce scénario est double. D'une part semblent manquer les forces politiques et sociales susceptibles de remplir ce rôle : les syndicats sont surtout présents dans les branches mûres ou en déclin et pour leur part les organisations non gouvernementales se multiplient mais sont loin d'avoir le pouvoir de négociation et d'imposition qu'avaient les associations qui émergèrent des premières révolutions industrielles. D'autre part, les économistes sont tentés d'interpréter *ex post* ces contraintes nées des luttes sociales comme la solution fonctionnelle à une imperfection de marché. Pour John Maynard Keynes, déjà, l'existence d'un équilibre de sous-emploi justifiait l'usage de la politique budgétaire et monétaire pour tenter de retourner au plein-emploi. Or, après la seconde guerre mondiale, c'est le pouvoir de négociation acquis par les salariés qui permet une synchronisation entre l'extension des capacités de production et la genèse de la demande. Pour leur part, les politiques contracycliques, chères aux keynésiens, ne jouent qu'un rôle secondaire.

Mutatis mutandis, on retrouve la même ambiguïté chez les néokeynésiens contemporains qui fondent la nécessité d'une intervention publique sur les imperfections de marchés, alors que l'économie politique, comme la sociologie économique, montrent que les interventions sont déterminées de façon endogène par l'interaction des groupes d'intérêt concernés. Où sont les acteurs collectifs qui feront émerger les formes institutionnelles du capitalisme de demain ? Pour l'heure, ce sont principalement les organisations financières, les multinationales et les professionnels de haut niveau qui forment le noyau dur à partir duquel se décident la plupart des mesures de politique économique. Mais il serait abusif de prolonger cette tendance à l'échelle de la décennie.

La multiplication des crises financières, incitation à une sortie du capitalisme ?

En effet la répétition de crises bancaires et financières, quasiment absentes à l'époque du système de Bretton Woods, fait non seulement douter de la viabilité à long terme d'une finance mondialisée, mais encore pousse à la création de formes alternatives d'organisation économique dans les sociétés les plus sévèrement touchées par les crises. Ainsi en Argentine les exclus du salariat, privés d'accès aussi bien à l'emploi qu'au crédit, ont-ils multiplié des expériences d'organisation locale des échanges grâce à la création de monnaies parallèles privées. Parallèlement, l'incapacité dans laquelle se trouvaient les provinces d'assurer les dépenses liées en particulier à la paupérisation a incité celles-ci à créer des monnaies publiques alternatives en remplacement de la monnaie émise par la Banque centrale argentine. Pour certains des initiateurs de ces circuits de troc et d'échanges, les organisations émergentes sont non seulement une réaction à l'effondrement du système bancaire, financier et étatique mais aussi l'amorce de la construction d'une société alternative.

La même stratégie se retrouve pour les pays qui n'ont plus accès au crédit international. Sous l'empire de la nécessité, les gouvernements ont à gérer de fait une déconnexion, souvent d'ailleurs plus subie que désirée, vis-à-vis des relations internationales. Enfin, si les sommets tenus à Davos dans les années 1990 magnifiaient et propageaient l'essor de la finance internationalisée, ceux de Porto Alegre se sont progressivement intéressés à proposer une autre mondialisation dont le moteur ne serait pas le seul profit financier.

En effet, les stratégies de déconnexion n'ouvrent pas nécessairement des perspectives engageantes pour l'amélioration du niveau de vie. Certes, les communautés locales maîtrisent mieux leur devenir en organisant des échanges sur un espace restreint, mais elles se privent alors d'une large partie des bénéfices de la division du travail, et donc à terme de la progression du niveau de vie. Mais d'un autre côté, comment une myriade de petites communautés peuvent-elles parvenir à développer des relations internationales distinctes de celles qu'impose la logique des avantages comparatifs ? Si l'État-nation n'a plus toujours la capacité d'action et d'autonomie face aux flux transnationaux, le déséquilibre est encore aggravé à l'échelon local. Richesse et diversité des expérimentations mais caractère problématique de leur généralisation, alors que la mondialisation du capital productif et financier tisse ses réseaux à une échelle sans précédent. Peut-être une crise financière majeure donnerait-elle une chance à l'expérimentation de stratégies alternatives, du type de celles explorées au niveau local ? Aux États-Unis dans les années 1930, le *New Deal* est précisément né de la tentative de généralisation, par le gouvernement fédéral, d'expériences locales réussies de lutte contre le chômage et la pauvreté.

Sous le capital cognitif, un nouveau socialisme percerait-il ?

Une tout autre vision considère que la montée des interdépendances entre les pays, les sphères d'activité, l'économique et le politique et les externalités liées à la finance, marque le glas d'un capitalisme fondé sur la propriété privée. Ce pronostic avait déjà été formulé à la fin du XIXe siècle par Rudolph Hilferding, qui considérait que la concentration du capital productif en un petit nombre de grandes entreprises et le rôle déterminant du capital financier dans l'allocation de ce capital travaillaient à une socialisation de fait des moyens de production. La transition d'un capitalisme de petits producteurs vers un capitalisme de monopole annonçait en fait un passage sans heurts majeurs à une socialisation de fait. Ne suffirait-il pas de nationaliser la finance pour que soit maîtrisée par la collectivité l'évolution des forces productives grâce à l'instauration de nouveaux rapports de production, en l'occurrence la propriété collective ?

On le sait, ce pronostic a été démenti, mais la multiplication contemporaine des interdépendances redonne actualité à ce scénario. Si l'on imagine que les TIC marquent l'entrée dans l'ère du capital cognitif comme axe directeur de l'accumulation, alors percent déjà les signes d'une socialisation de ce capital dont il est difficile, par nature, aux entités privées de s'approprier les bénéfices. Plus généralement, le rôle déterminant des infrastructures collectives de transports, de télécommunication, d'éducation et de recherche, ne signale-t-il pas l'entrée dans un nouveau régime économique où la notion de propriété privée perdrait de son sens ?

L'histoire a déjà tranché une première fois par la négative, mais ce n'est pas une raison pour rejeter d'emblée ce scénario. Il suppose cependant deux conditions. D'abord la constitution en une classe ou un groupe social dominant de tous ceux qui sont à l'origine du capital cognitif. Ensuite l'impossibilité d'incorporer dans des routines, des brevets et des organisations, ce qui ne peut être incorporé que dans les individus.

La destruction de l'environnement : vers les limites écologiques du capitalisme

Un dernier sentier d'avenir se concentre sur les solutions aux crises écologiques qui ont émergé au cours des trois dernières décennies. Soit les plus libéraux des capitalismes, au premier rang desquels les États-Unis, alliés aux pays en voie d'industrialisation, continuent à refuser toute règle concernant la gestion des ressources environnementales et l'on peut imaginer que l'accumulation se trouve un jour bloquée par une destruction irréversible de la biosphère. Soit l'incorporation de ces contraintes par des économies qui ont expérimenté de façon plus précoce les dangers d'une détérioration de l'environnement – le Japon par exemple – leur donne un avantage concurrentiel tel qu'elles finissent par servir de modèle aux autres gouvernements hier adeptes d'un laisser-faire en la matière.

Mutatis mutandis, il est concevable que les régimes économiques qui traitent le travail à partir de l'objectif de formation des compétences et de respect des droits sociaux, parviennent à transformer cette contrainte en une force et une source de redéploiement de l'accumulation. De même, les économies qui parviendraient à discipliner l'innovation financière et à restaurer toute son efficacité à la politique monétaire conçue comme expression de la souveraineté, pourraient bénéficier d'un avantage certain par rapport à celles dont la monnaie ne fait qu'exprimer le rapport à la finance privée.

Inégalités Nord-Sud, retour des guerres : vers un capitalisme de la sécurité ?

Un dernier scénario considère l'impact des inégalités sur l'ordre international et la sécurité des sociétés. L'extraordinaire polarisation des revenus, des richesses et des capacités d'innovation à l'échelle mondiale n'est pas sans poser problème quant à la stabilité d'un ordre international dans lequel la mobilité des biens et des capitaux tend à devenir complète, mais pas celle des individus. De plus, au cours des deux dernières décennies, la phase d'internationalisation – abusivement qualifiée de globalisation – a tout autant conduit à un développement accéléré des rapports capitalistes dans de nouvelles zones (le Sud-Est asiatique), qu'elle a impliqué l'abandon d'un continent entier tel l'Afrique, marquée par la stagnation économique, le développement des pandémies, la récurrence de guerres civiles. Le flux et le reflux des espoirs mis en l'Amérique latine illustrent aussi l'instabilité de la situation internationale contemporaine.

Par ailleurs, la transition vers l'économie de la connaissance avait convaincu du caractère inessentiel des ressources naturelles, puisque les biens informationnels devaient se substituer progressivement aux biens manufacturés. La flambée des prix de l'immobilier, dans les années 1980 dans les grandes villes japonaises, et dans les années 1990 dans la Silicon Valley, montre que la terre – la nature chez Polanyi – ne peut pas être reproduite, de sorte que c'est un obstacle récurrent à la dynamique de l'accumulation. De la même façon, faute d'une percée rapide dans les énergies non polluantes et les produits recyclables, les pays industrialisés ont encore recours aux ressources naturelles, au premier rang desquelles le pétrole, dont une large partie se trouve hors de leur territoire, dans des pays qui n'ont pas connu la révolution du capitalisme. Dès lors sont remplies les conditions de conflits que l'on croyait dépassés, à savoir des guerres pour maintenir la continuité des approvisionnements en pétrole, sur le modèle de ce qui a été observé à l'occasion de l'invasion du Koweït par l'Irak. Voilà qui dément l'hypothèse selon laquelle le commerce international pacifie les relations entre les nations et les prévient de se faire la guerre.

Les événements du 11 septembre 2001 s'inscrivent dans une configuration mondiale dans laquelle l'exaspération des laissés-pour-compte se traduit par une forme originale de terrorisme dont l'efficacité tient au retournement des réseaux et des techniques qui sont au cœur des économies riches. On note une impressionnante montée des problèmes de sécurité, susceptibles d'alimenter une forme bien particulière de capitalisme, centré sur la défense nationale. Mais, au sein même de sociétés de plus en plus inégalitaires, au premier rang desquelles les États-Unis, la garantie de la sécurité des plus riches ouvre de nouvelles perspectives à l'innovation et à la recherche d'activités rentables. Resurgit donc une forme de capitalisme que l'on croyait dépassé depuis la fin de la seconde guerre mondiale.

Insécurité, crise économique, guerre, nouvelle donne… n'est-ce pas renouer avec l'histoire longue du capitalisme ?

Robert Boyer

SCIENCES SOCIALES ET DÉMOCRATIE

Pierre Bourdieu (1930-2002), alors professeur au Collège de France, nous avait fait l'amitié de rédiger la conclusion de ce *Nouveau manuel.* Le texte du sociologue n'a rien perdu de son intérêt. Il illustre avec vigueur des enjeux qui transparaissent dans les instructions officielles : « L'objectif de l'enseignement des SES consiste à aider les élèves à devenir des citoyens conscients et responsables en leur fournissant des outils théoriques et méthodologiques, empruntés aux différentes sciences sociales, pour comprendre la société dans laquelle ils vivent. » Au travail accompli tout au long de l'année en sciences économiques et sociales, ce texte donne un sens qui dépasse la seule réussite au baccalauréat.

P. C. et J.-P. P.

Il se dit et il s'écrit beaucoup de sottises à propos des sciences sociales : qu'elles ne servent à rien, qu'elles sont déterministes, donc bien faites pour décourager et démobiliser, qu'elles favorisent le relativisme, donc le désenchantement, voire l'irrationalisme ou le nihilisme, qu'elles fournissent des armes à tous les ennemis de la pensée libre, de la critique, de la démocratie, propagandistes, publicitaires, démagogues. Autant d'arguments, pour la plupart aussi vieux que les sciences sociales elles-mêmes, et souvent contradictoires, qui sont inlassablement invoqués, sous le nom usurpé de philosophie, et sous couvert de défendre les droits sacrés de la liberté et de l'unicité de la personne « créatrice » dans laquelle les intellectuels, confirmés ou apprentis, aiment à se reconnaître.

Par un extraordinaire renversement, la science est tenue pour responsable de la nécessité, psychologique ou sociale, qu'elle porte au jour, alors que, en donnant les moyens de la connaître, elle procure une chance de s'en libérer. Et certains, à la faveur d'un climat politique de restauration, poussent aujourd'hui le terrorisme de l'antiterrorisme jusqu'à identifier le souci de cohérence et de vérification à une forme de dogmatisme et d'autoritarisme.

En fait, loin d'incliner au désenchantement sceptique, générateur d'indifférence et d'opportunisme, la science, et tout spécialement la science sociale, fournit ses meilleurs instruments à l'exercice normal de la critique des illusions sociales qui est la condition des choix démocratiques en même temps qu'elle permet de fonder un utopisme réaliste, aussi éloigné du volontarisme irresponsable que de la résignation scientiste à l'ordre établi.

Dans la mesure où il n'est pas d'objet qui, en bonne logique, puisse échapper à son action d'objectivation et à l'effort pour porter au jour les ressorts cachés de la production et de la reproduction des relations d'ordre constitutives de l'ordre social, elle exerce, sans même avoir besoin de le vouloir, une fonction de critique tout à fait déterminante. Fonction qui est de plus en plus indispensable à un moment où les pouvoirs économiques et politiques s'appuient toujours davantage sur des usages abusifs de la science pour s'exercer : à travers l'empire croissant que le verdict de l'audimat exerce sur la télévision et, par son intermédiaire, sur tout le champ journalistique, et à travers aussi l'emprise des sondages qui voue toujours davantage le monde politique à une démagogie à courte vue, c'est la loi du marché qui tend à s'imposer de plus en plus complètement sur les microcosmes sociaux relativement autonomes que sont les mondes de l'art, de la littérature ou de la science et même le monde politique. Comment ne pas craindre en effet que, cyniquement utilisés comme instruments de démagogie ou de marketing, tous les instruments de mesure fictifs de cet artefact qu'est l'opinion publique ne viennent à réduire les électeurs ou les auditeurs à l'état de simples consommateurs asservis à une production capable d'ajuster par avance ses produits aux besoins les plus asservissants ou de produire et d'imposer le besoin de ses propres produits ?

Contre-pouvoir critique, capable de porter au jour les mécanismes qu'exploitent ceux qui travaillent à l'asservissement individuel et collectif, la science sociale peut aussi donner les moyens réalistes de contrecarrer les tendances immanentes à l'ordre social et permettre de trouver dans une juste évaluation des chances de réussite ou d'échec le principe de stratégies visant à se servir de la connaissance des lois sociales pour en contrarier les effets, à la façon de l'ingénieur qui s'appuie sur la loi de la pesanteur pour construire des machines volantes qui la défient.

Quant à la connaissance de la relativité des traditions et des mœurs, loin de condamner, comme le croient les demi-habiles, à un relativisme désenchanté, elle libère du pessimisme conservateur qui puise dans la croyance en une nature immuable la conviction qu'il n'est jamais rien de nouveau sous le soleil et qu'il est donc vain d'essayer de changer quoi que ce soit à l'ordre en vigueur. Enseignant que les prétendues « natures », masculine et féminine notamment, sont le produit de l'histoire et que ce que l'histoire a fait, l'histoire peut le défaire, elle ouvre d'immenses possibilités à une action visant à rendre les hommes et les femmes, quels qu'ils soient, « maîtres et possesseurs » de leur histoire collective et individuelle.

Reste la question de l'encouragement que la science sociale donnerait au relativisme, voire au cynisme et au nihilisme. Comment ceux qui tiennent l'appartenance de l'historien à l'histoire et du sociologue à la société pour un obstacle insurmontable à la scientificité de l'une et de l'autre science peuvent-ils ignorer que les sciences sociales ont le privilège de pouvoir prendre pour objet leur propre genèse et leur propre fonctionnement social ? Et qu'elles sont ainsi en mesure de porter au jour les contraintes qui pèsent sur la pratique scientifique et de se servir de la conscience et de la connaissance qu'elles possèdent de l'histoire et de la structure des champs sociaux dans lesquelles elles se produisent pour tenter de lever certains des obstacles sociaux à leur avancement ? Loin de ruiner, comme on l'a beaucoup dit, ses propres fondements, une telle science réflexive peut au contraire fournir les principes d'une *Realpolitik* visant à instaurer les conditions sociales du progrès de la raison scientifique, c'est-à-dire une certaine forme de justice, ou de démocratie, dans le microcosme scientifique. Principe de cette politique, la défense de l'autonomie contre toute intrusion de pouvoirs non scientifiques (donc tyranniques), capables de distordre les relations dans lesquelles les constructions scientifiques sont produites, communiquées, discutées, critiquées, évaluées, est une des contributions fondamentales à la démocratie, même s'il arrive parfois que, par son apparence d'élitisme, elle contredise la représentation la plus commune de la démocratie : elle est en effet la condition sine qua non de l'exercice de ce quatrième pouvoir, purement critique, que la science sociale est seule en mesure d'exercer pleinement aujourd'hui et sans lequel il n'est plus de véritable démocratie.

Pierre Bourdieu

■ *Questions sur le texte de Pierre Bourdieu* ■

Lisez une première fois le texte en soulignant les mots qui vous paraissent difficiles (par exemple : nihilisme, opportunisme, objectivation, scientisme, démagogie, microcosme, réflexive, *Realpolitik*, etc.). Vérifiez que vous les comprenez bien en consultant un dictionnaire. N'hésitez pas à le faire : c'est ainsi que l'on progresse. Ensuite, répondez aux questions :

1. Donnez des exemples qui illustrent l'idée selon laquelle c'est la connaissance des déterminismes qui « procure une chance de s'en libérer ».
2. En quoi la science sociale exerce-t-elle une « fonction de critique tout à fait déterminante » ? Dans quelle mesure est-elle un « contre-pouvoir critique » ?
3. Quels sont, selon Pierre Bourdieu, les dangers qui menacent actuellement la démocratie ?
4. Qu'est-ce qui permet d'affirmer que la sociologie est une « science réflexive » ?
5. Qu'est-ce que le « quatrième pouvoir » ? Quels sont les trois premiers ?

Question de synthèse

6. Commentez la phrase : « Ce que l'histoire a fait, l'histoire peut le défaire. »

POUR ALLER PLUS LOIN

UN FIL DIRECTEUR : L'INDIVIDUALISME

L'enseignement de spécialité a pour objectif « d'approfondir l'étude de certains des thèmes du programme obligatoire à partir d'auteurs qui ont joué un rôle essentiel dans le développement des sciences sociales ». Cette logique d'approfondissement du programme obligatoire oriente aussi cette deuxième partie du *Nouveau manuel*, mais de façon plus complète : elle reprend tous les auteurs au programme de l'EDS, sans exception, comble certaines lacunes, telles que le débat entre Keynes et les classiques, et apporte des connaissances indispensables ou utiles (sous la forme de fiches « Comprendre...»). Il s'agit donc bien « d'aller plus loin », parce que cela en vaut la peine.

Mais « aller plus loin » signifie aussi que l'on prend le risque d'accumuler des connaissances « en vrac », sans parvenir à les relier, à les organiser, à les problématiser. Il faut donc disposer d'un fil directeur. Il en existe plusieurs, tels que le débat sur les places respectives du marché et de l'État. Ce texte en propose un, qui s'inscrit dans le prolongement du chapitre introductif et présente l'avantage de vous parler directement... de vous.

La conclusion du texte principal du chapitre introductif présentait l'individualisme comme l'un des traits majeurs de notre société. Avant de tirer les conséquences de cette affirmation, il convient de s'entendre sur le sens des mots.

Dans les sociétés traditionnelles il existait évidemment des individus au sens physique du terme. Mais les choix les plus importants de leur vie leur étaient dictés par les communautés auxquels ils appartenaient : c'est la famille qui imposait le choix du conjoint, la profession du père qui déterminait la profession du fils, le groupe dans lequel on était né qui décidait définitivement de la place occupée dans la société, de la religion pratiquée, etc. Rien de tel dans les sociétés modernes issues d'un processus d'émancipation de toutes ces tutelles que les différents groupes (la famille, le clan, la corporation...) faisaient peser sur les individus. La preuve : accepteriez-vous que l'on choisisse à votre place votre conjoint, que l'on vous interdise de poursuivre les études qui vous intéressent, que l'on vous barre l'accès aux professions qui vous attirent, que l'on vous empêche d'accéder à un statut social enviable ? Certainement pas : ceux et celles qui ont le sentiment de ne pas bénéficier des mêmes chances que les autres, qui s'estiment victimes de discriminations pour des raisons ne dépendant pas de leur volonté ou de leur mérite personnel (leur sexe, leur origine sociale, la couleur de leur peau...) revendiquent au contraire la liberté de choisir. Or l'individualisme moderne, c'est très exactement ça : ce refus des transcendances et des dépendances, cette revendication individuelle d'autonomie, chacun prenant les décisions qui le concernent en fonction de ce qu'il croit bon et juste.

C'est mon choix

Ce que résume fort bien le titre d'une émission célèbre : « C'est mon choix. » Autrement dit : j'ai le droit de vivre comme je l'entends, de m'habiller comme je veux, de fréquenter qui je veux, d'aller où je veux, etc. Sous une réserve importante : chacun est libre de faire ce qu'il veut à la condition que cela n'empêche pas autrui de faire lui aussi ce qu'il veut. Ainsi énoncé, ce principe induit un certain relativisme : chacun justifiant ses choix par ses goûts personnels (selon la tautologie imparable : mon choix est le bon justement parce que c'est le mien), dans « la société des individus » il faut admettre que tous les choix se valent *a priori*, dès lors que les individus eux-mêmes sont réputés égaux : « chacun son opinion » signifie « la mienne vaut bien celle d'un autre ». C'est pourquoi l'individualisme ne doit pas être confondu avec l'égoïsme : puisque cette société vous rend libre d'agir, rien ne vous interdit d'aider les autres, par exemple de travailler bénévolement pour les « Restaurants du Cœur » ou dans une association de soutien scolaire de votre quartier. Finalement, la seule chose qui importe vraiment, la seule valeur qui domine les autres, ce n'est pas le contenu des choix, c'est le fait de pouvoir choisir.

« *Ça ne nous regarde pas* »

Cette revendication d'un droit individuel égal à la liberté de choix est probablement la tendance la plus forte de nos sociétés, la plus irrésistible, ce qui n'implique pas qu'elle n'engendre pas des contre-tendances, comme nous le verrons bientôt. Elle tend à faire de nous des personnes qui se comportent en toutes circonstances comme des consommateurs souverains et capricieux, adeptes du *zapping*, dans un monde transformé en gigantesque supermarché, où l'on change de préférences morales, politiques, voire religieuses, comme l'on change de vêtements, au gré des modes. Ce qui n'est pas sans conséquences, au niveau individuel comme au niveau social.

Pour l'individu lui-même les deux principales sont probablement la solitude et le vide existentiel. Libre de mes choix je peux changer d'amis autant de fois que je veux, divorcer quand je veux, passer d'un emploi à un autre, multiplier les expériences. Fort bien, mais les autres peuvent évidemment se comporter de la même façon avec moi : me laisser tomber, m'être infidèles, me licencier, m'oublier, etc. Dans une société individualiste il faut assumer le risque de la solitude : on ne peut pas à la fois revendiquer le droit de rompre à son gré tous les liens qui nous unissent aux autres et le droit d'être aidé, soutenu, secouru inconditionnellement par les autres.

De la même façon c'est le respect de la liberté d'autrui qui invite à ne pas intervenir dans sa vie privée, laquelle « ne nous regarde pas », et peut conduire par conséquent à l'indifférence aux autres. Où l'on découvre l'une des premières contradictions de l'individualisme : il rapporte tout à l'individu, qui se veut son propre maître, qui s'aime plus que tout, alors que l'identité de chacun dépend de la reconnaissance que lui accordent les autres… s'ils le veulent bien. Autrement dit : il est difficile de s'aimer soi-même si les autres ne vous aiment pas. Il faut donc souhaiter qu'ils aient le « goût des autres », et de vous en particulier, ce qui n'a rien d'évident *a priori* dans une société où la concurrence de tous contre tous incite plutôt au « chacun pour soi » (tant mieux pour les vainqueurs, tant pis pour les autres)…

Les fruits amers du désenchantement

Alors que nos ancêtres avaient le sentiment d'appartenir à un monde qui avait un sens, où chacun avait sa place, savait ce qu'il avait à faire et pourquoi il le faisait, nous vivons dans un univers « désenchanté » [*voir Max Weber, page 683*], sans repères : être libre, c'est très bien, mais pour faire quoi, dans quel but ? Confronté aux difficultés de l'existence, aux échecs professionnels, à la maladie, à la perte des êtres chers, l'individu en vient inévitablement à se poser la question du sens de sa vie et il découvre son incapacité à y répondre seul. Notre société a incontestablement un versant positif, cette liberté individuelle qui vaut d'être défendue, mais elle exige de cet individu qu'elle a émancipé une très grande force morale, car elle l'abandonne à l'incertitude et à l'insignifiance.

Cette crainte du vide autour de soi, ce besoin de se sentir reconnu, soutenu, cette quête de réponses aux questions que l'on se pose sur la vie et le monde, toutes ces conséquences de l'individualisme expliquent aussi les réactions qu'il suscite, notamment la tentation du communautarisme, c'est-à-dire de la recherche d'une identité partagée avec ceux que l'on considère, selon des critères culturels ou religieux, comme ses semblables, au risque d'un enfermement à l'intérieur de groupes fondés sur l'opposition radicale entre « nous » et « les autres ».

Fiction individuelle, réalité sociale

Cette réaction extrême à l'individualisme, qui peut conduire à désirer la négation du moi dans des sectes aux formes diverses, parfois jusqu'au sacrifice de sa vie, révèle brutalement qu'il est pour partie un mensonge. Car l'individu moderne, qui s'imagine totalement libre, ou d'autant plus libre que son compte en banque est bien garni, n'a peut-être jamais été aussi objectivement dépendant de ses congénères : il est libre de déjeuner tous les jours, mais ce n'est pas lui qui fabrique son pain ou élève ses poulets, il est libre de prendre le métro mais ce n'est pas lui qui l'a construit, il est libre d'aller à l'Université mais ce n'est pas lui qui paye ses professeurs, il est libre de consulter un médecin mais c'est la Sécurité sociale qui rembourse la consultation… Bien plus, tous ces droits qu'il revendique n'existent que parce que l'État les lui garantit, plus ou moins bien : le droit à l'éducation, le droit à la santé, le droit à la sécurité, le droit au logement, etc. Cette liste en est d'ailleurs la preuve : à qui

demande-t-on d'intervenir quand ces droits ne sont pas suffisamment respectés, par exemple le droit au logement ?
L'individu moderne se prend souvent pour un petit Dieu, au sens où il se croit sa propre créature, ne devant rien à personne, alors qu'il est la créature de la société, sans laquelle il ne saurait même pas qui il est ni ce qu'il veut. L'individualisme, qui est souvent une fiction individuelle, est d'abord une réalité sociale, la réalité d'une société dont nous nous demandons aujourd'hui si elle sera capable de maîtriser son destin à temps.

Les conséquences politiques de l'individualisme

Tocqueville [*voir page 662*] avait bien perçu certaines des conséquences négatives de l'individualisme : chacun étant prédisposé à « s'isoler de la masse de ses semblables et à se retirer à l'écart avec sa famille et ses amis », il « abandonne volontiers la grande société à elle-même ». Les individus se préoccupent essentiellement de leurs intérêts privés, de leurs petites affaires, et se désintéressent de la vie publique, de l'intérêt général. Ils sont les spectateurs de l'évolution du monde mais renoncent à être des citoyens actifs, soit parce qu'ils sont indifférents au sort des autres, soit parce qu'ils se sentent impuissants. Cette tendance centrifuge, chaque individu vivant dans sa coquille séparément des autres, menace-t-elle la cohésion sociale ? Doit-on s'en inquiéter ?
Certainement pas si l'on considère que la société peut reposer sur l'intérêt bien compris de ses membres : « bien compris » signifie que tous savent qu'ils ont besoin des autres (le boulanger a besoin du boucher qui a besoin du boulanger etc.), de telle sorte que l'échange de biens et services sur le marché préserve « naturellement » le lien social [*voir Adam Smith, page 623*]. De plus, en conformité avec le principe individualiste selon lequel personne n'est mieux placé que l'individu lui-même pour prendre les décisions qui le concernent directement, il suffit que le marché assure la coordination des choix individuels pour que la plupart des problèmes soient résolus efficacement. Le risque majeur serait au contraire du côté de l'excroissance d'un État tutélaire décidant à la place des individus au nom d'un prétendu intérêt général, et dont l'histoire a maintes fois prouvé qu'il ne servait qu'à légitimer le pouvoir et les privilèges d'une minorité ou de quelques groupes de pression.
Certainement pour ceux qui refusent d'abandonner notre destin collectif au jeu spontané et aveugle des intérêts privés. L'alternative au marché est alors l'intervention d'un pouvoir politique, à différents niveaux, mais elle pose le problème de la définition et de la mise en œuvre effective de procédures de décisions démocratiques. Or l'apathie politique, dont nous avons vu qu'elle était une conséquence probable de l'individualisme, est un virus mortel pour la démocratie. Une probabilité d'autant plus forte que les enjeux paraissent lointains dans le temps ou dans l'espace, concernant d'abord d'autres pays, d'autres cultures, d'autres générations… Quand « la grande société » à laquelle fait référence Tocqueville devient l'humanité tout entière, il y a de quoi s'inquiéter…

Où est la sortie, s'il vous plaît ?

L'individualisme, la concurrence, ou le marché, ne sont pas des maux en soi, mais ils deviennent des poisons lorsque plus rien ne contient leur logique aveugle. Les antidotes sont connus et ils existent : le sens des responsabilités collectives, la coopération, la solidarité, l'association, la participation active à la vie de la cité… Ils existent, mais, pour l'instant, à trop faible dose pour que nous puissions échapper aux catastrophes annoncées. Ceci n'est qu'un point de vue. En tant qu'individu, rien ne vous contraint à le partager.

Pascal Combemale

1

ADAM SMITH

Qui a écrit : « Les lois et le gouvernement peuvent être considérés comme une association des riches pour opprimer les pauvres et pour préserver l'inégalité qui serait autrement bientôt détruite par les attaques des pauvres qui, s'ils n'étaient empêchés par le gouvernement, réduiraient les autres à l'égalité par la violence ouverte » ? Michel Bakounine ? Karl Marx ?

Non, Adam Smith, celui que l'on considère pourtant comme l'un des pères du libéralisme économique... Longtemps réduite à quelques clichés (tels que la division du travail dans la manufacture d'épingles), son œuvre est aujourd'hui redécouverte comme l'une des clés qui nous permettent de mieux comprendre la singularité de nos sociétés modernes. En effet, après beaucoup d'autres, notamment des philosophes du XVIIe et du XVIIIe siècle, Smith cherche une réponse à la question de la régulation de la société : après tant de guerres civiles et religieuses, comment assurer l'ordre social ?

L'originalité de Smith tient à ce qu'il donne une réponse économique là où les autres proposaient une réponse politique (avec les théories du contrat social) : une société peut fonctionner tout en laissant chacun poursuivre son intérêt individuel, parce qu'il existe une harmonie naturelle entre ces intérêts. N'est-ce pas merveilleux ? Nous pourrions tous rechercher notre avantage particulier (maximiser notre utilité, comme disent les économistes contemporains), sans nous préoccuper de l'intérêt général et sans que cela aboutisse au chaos et à la guerre civile ! Qui ne reconnaît là l'un des fondements idéologiques de nos sociétés ?

La lecture de Smith ne nous apporte pas seulement cette thèse d'une régulation du social par une « main invisible ». Elle nous fait découvrir une théorie complexe de la nature humaine selon laquelle, contrairement à ce que postulent d'ordinaire les économistes, il apparaît que les hommes ne sont ni rationnels, ni purement égoïstes : les passions sont beaucoup plus fortes que la raison (une idée que Smith tient de son ami le philosophe David Hume) ; les buts que nous poursuivons sont souvent illusoires (à commencer par l'enrichissement matériel). Dans l'ouvrage qui précède sa célèbre Recherche sur la nature et les causes de la richesse des nations *(1776), la* Théorie des sentiments moraux *(1759), Smith nous décrit des hommes mus par la sympathie, laquelle n'est pas la bienveillance, mais cette capacité que nous avons d'essayer de nous mettre à la place des autres par la pensée, surtout pour nous demander comment ils nous jugent, sans parvenir à abolir complètement la distance qui nous sépare d'eux. C'est, écrit Smith, « la vanité qui est notre but... et notre vanité est toujours fondée sur la certitude que nous avons d'être l'objet de l'attention et de l'approbation des autres ».*

Smith, comme on a pu le constater dès la citation liminaire, n'est pas un idéologue naïf du capitalisme libéral. Dans de nombreux passages, il exprime au contraire des jugements de valeur dépréciatifs sur un tel système. C'est seulement par réalisme qu'il s'en fait l'avocat (on pourrait dire « faute de mieux », compte tenu des imperfections de la nature humaine). Cette ambivalence n'est pas une contradiction si l'on admet qu'existe nécessairement un écart entre ce qui est possible dans la réalité et ce qui devrait être dans l'idéal. Partant d'une analyse tout aussi réaliste, d'ailleurs pour partie inspirée de Smith lui-même, Marx aboutit, via une critique de l'économie politique, à une conclusion opposée. Essayer de comprendre cette opposition entre ces deux très grands auteurs, c'est se donner les moyens de comprendre l'un des clivages politiques majeurs de ce siècle.

L'ensemble qui suit est construit pour vous aider à réfléchir sur ces questions.

Pascal Combemale

SOMMAIRE

REPÈRES ET PERSPECTIVES

DOSSIERS

📖 **Bibliographie**

– *L'introduction à la* Richesse des nations *rédigée, dans l'édition de poche Garnier-Flammarion (Paris, 1991), par Daniel Diatkine (elle vous donnera peut-être envie de lire de larges extraits des deux tomes de l'ouvrage...).*

– *Jean-Pierre Dupuy,* Introduction aux sciences sociales, *Ellipses, Paris, 1992 (chapitres 6 et 7).*

– *Françoise Dubœuf,* Introduction aux théories économiques, *La Découverte, « Repères », Paris, 1999.*

➾ Daniel Diatkine, *professeur d'économie à l'Université d'Évry-Val-d'Essonne, directeur du pôle d'Histoire de l'analyse et des représentations économiques (PHARE, CNRS, Paris X, Paris I).*

ÉCONOMIE ET SOCIÉTÉ CHEZ ADAM SMITH

■

DANIEL DIATKINE

La plupart des économistes considèrent à juste titre Adam Smith (1723-1790) comme le fondateur de leur discipline. Le grand public, certains journalistes et certains économistes aiment également l'imaginer comme le « père » du libéralisme économique. Cette seconde assertion a été abondamment discutée, depuis longtemps, par les spécialistes, et l'expérience montre qu'elle constitue un obstacle à la compréhension de la première. Il est donc utile de commencer par s'en débarrasser.

La publication de *Recherches sur la nature et les causes de la richesse des nations*, en 1776, rencontra un grand succès. Cet ouvrage fut très rapidement traduit, et l'autorité de Smith aussitôt invoquée par la plupart des économistes européens. Cette œuvre fut tout de suite perçue comme magistrale, en ce sens qu'elle réunissait la somme du savoir économique de son temps ; mais elle impressionna d'abord par sa portée politique.

Il n'existe pas en effet de grand texte théorique qui n'ait pas, en même temps, un enjeu politique. La *Richesse des nations* ne fait pas exception à la règle. Smith désigne son ennemi sous le nom de « système mercantile », ce qu'on appellera ensuite le « mercantilisme », et qui désigne l'ensemble des politiques économiques mises en place dès le XVIe siècle, au moins, par les grandes monarchies européennes. Elles étaient destinées à favoriser le développement des activités commerciales et préindustrielles grâce à un arsenal très compliqué de mesures de protection douanière et d'octroi de privilèges (de monopoles). Smith s'efforce de montrer que ces politiques économiques ont été inspirées par les marchands, qui réussirent ainsi à faire croire à l'État que leurs intérêts privés sont identiques à l'intérêt général.

I. LA « RICHESSE DES NATIONS » ET LA « MAIN INVISIBLE »

La politique « mercantiliste » trouve son expression la plus caricaturale dans les grandes compagnies commerciales, dont la plus importante est la Compagnie anglaise des Indes orientales, compagnie de marchands à laquelle a été concédé le monopole du commerce avec l'Orient ainsi que des pouvoirs souverains aux Indes. Pour Smith, la politique mercantile conduit nécessairement à un gaspillage des ressources, donc à une diminution du taux de croissance de l'économie, et parfois même (c'est le cas de l'Espagne aux XVIe et XVIIe siècles) à un appauvrissement réel du pays. Les marchands (capitalistes) savent mieux que quiconque, et en particulier mieux que le gouvernement, où réside leur intérêt privé. Sur ce terrain, le gouvernement ne peut se substituer à eux. Or, le gouvernement doit veiller à l'intérêt public et se garder de l'emprise des capitalistes qui, eux, n'en ont aucun souci. C'est très exactement ce que signifie la plus célèbre métaphore de la *Richesse des nations*, grâce à laquelle Smith montre que les marchands sont conduits, comme s'ils étaient guidés par une « main invisible », à poursuivre des fins qui n'entrent nullement dans leurs intentions. Ainsi, en cherchant à satisfaire leurs intérêts privés, les marchands concourent à l'intérêt général, *si certaines conditions sont remplies*. C'est cette dernière assertion qui est généralement omise lorsqu'on présente Smith comme le « père du libéralisme économique ». **(◄ *Question 1*)**

Ces conditions sont nombreuses et Smith consacre une part très importante (mais rarement lue par les lecteurs pressés) de la *Richesse des nations* à montrer que l'État doit accomplir, dans l'intérêt général, de nombreuses tâches qui ne se limitent pas à la défense et à l'administration de la justice. De la même façon, Smith préconise des réglementations pour les contrats de location de terre, ou l'intervention de l'État dans les domaines de l'éducation. Surtout, il introduit de nombreuses limitations au principe du libre-échange international. **(◄ *Question 2*)**

L'ouvrage de Smith, publié en même temps que la Déclaration d'indépendance des États-Unis, a donc d'abord été lu comme une déclaration de guerre contre les monopoles et les privilèges de certaines compagnies de marchands, monopoles et privilèges qui apparaissaient alors comme des survivances d'un passé féodal. Smith est donc moins un adversaire de l'intervention de l'État dans la vie économique qu'un adversaire de l'intervention des marchands dans la vie politique. L'image de Smith avocat inconditionnel de la non-intervention de l'État dans la vie économique a été forgée peu après, lorsque le monde ouvrier a réclamé, dès le début du XIXe siècle, l'intervention de l'État contre l'introduction des machines dans les établissements industriels. C'est contre ces premières revendications ouvrières que le libéralisme économique s'est constitué, en cherchant à s'appuyer sur l'autorité d'Adam Smith. Cependant, l'importance de la *Richesse des nations* réside moins dans son aspect doctrinal (comme source de légitimité d'une politique économique) que dans son caractère fondateur d'une discipline nouvelle, l'économie politique.

II. LE DÉSIR D'ENRICHISSEMENT

Comprendre cet aspect fondateur nécessite d'exposer les questions auxquelles *la Richesse des nations* répond. Pour ce faire, il faut s'appuyer sur l'autre grand ouvrage de Smith, la *Théorie des sentiments moraux*, où Smith pose la question suivante : comment parvenons-nous à énoncer un jugement moral ? C'est-à-dire : d'où viennent nos idées sur le vice et la vertu, le bien et le mal, le juste et l'injuste ? Plus précisément, comment pouvons-nous juger telle action bonne ou mauvaise, juste ou injuste ?

Pour Smith, comme pour la plupart des moralistes britanniques du XVIIIe siècle, ce sont les passions, et non la raison, qui sont les moteurs de l'action. Il en résulte que porter un jugement moral sur telle ou telle action, c'est aussi porter un jugement moral sur telle ou telle passion. Il existe donc des passions vertueuses et des passions vicieuses. La question posée devient donc : pourquoi jugeons-nous telles ces passions ?

Une passion vicieuse était considérée comme particulièrement redoutable

PLAN

aussi bien dans la tradition judéo-chrétienne que dans la tradition grecque : il s'agit de la cupidité, qui est *une forme* du désir d'enrichissement. Il convient d'être clair à propos de cette notion. Le désir d'enrichissement peut prendre trois formes.

■ Sous sa forme la plus simple, le désir d'enrichissement apparaît comme le « souci incessant d'améliorer son sort ». Sous cette forme, il n'est pas condamnable. Bien au contraire, travailler afin de vivre mieux, de satisfaire des besoins (qui sont bien entendu variables d'un lieu à un autre, d'une époque à une autre), de produire ce que l'on appelait des « biens nécessaires », loin d'être un vice, est une vertu qui s'oppose à l'indolence et la paresse.

■ Tout le XIIIe siècle a été agité par une grande querelle concernant une deuxième forme du désir d'enrichissement. Elle apparaît quand l'acquisition des biens n'a pas pour fin de satisfaire des besoins, mais de satisfaire la vanité et d'impressionner les proches. Les biens en question sont les biens de luxe. Ce problème, posé par B. de Mandeville dans la *Fable des abeilles*, au début du XVIIIe siècle, est de savoir si cette passion vicieuse est nécessaire au bien public. Les dépenses de luxe des riches permettraient aux pauvres de vivre. Cette « querelle du luxe », comme elle fut appelée en France où elle opposa, entre autres, Rousseau et Voltaire, renvoie en fait à un débat profond sur le rapport entre la morale et la politique : non seulement le bien public n'implique pas, comme l'avait déjà montré Machiavel, que les citoyens soient vertueux, mais de plus il implique que certains d'entre eux ne le soient pas. Cette deuxième forme du désir d'enrichissement est donc vicieuse, mais, si l'on en croit les « partisans du luxe » tels Mandeville et Voltaire, elle est bénéfique à la société.

■ La troisième forme du désir d'enrichissement s'oppose radicalement aux deux premières et, de ce fait, est considérée comme « destructive de toute société » (David Hume, 1711-1776). À la différence des deux premières formes dont l'objet était l'acquisition des biens nécessaires ou des biens de luxe, son objet est la monnaie. Celui qui est le sujet de cette passion recherche l'argent pour l'argent. Le terrain d'exercice par excellence de cette passion est le prêt à intérêt. Le prêteur, par définition, *ne dépense pas* son revenu (l'intérêt de ses prêts). Au contraire, il l'utilise pour augmenter le volume de ses prêts et pour ainsi poursuivre un enrichissement qui ne connaît pas de fin. La soif de l'or est insatiable – on le sait depuis l'Antiquité. Sous cette forme, le désir d'enrichissement est illimité. ***(◄ Question 3)***

III. L'ACCUMULATION DU CAPITAL...

Il est bien possible que l'originalité première de Smith, qui explique qu'il soit considéré comme le fondateur d'une discipline, réside dans le point suivant : Smith modifie l'objet du désir d'enrichissement illimité. Avant Smith, l'or (la monnaie) étanchait cette « soif insatiable ». Après Smith, le *capital* remplace l'or. La figure du capitaliste remplace celle de l'usurier. Comme celui-ci, le capitaliste n'accumule pas du capital pour le dépenser plus tard en biens de luxe. Il accumule pour accumuler (comme le dira plus tard Karl Marx, 1818-1883). Cependant, et c'est essentiel, son enrichissement nécessite l'emploi de travailleurs *productifs*. Selon Smith, est productif le travail dont la vente du produit non seulement rembourse les salaires qu'il a été nécessaire de payer, mais aussi rapporte un profit. Ces profits sont à leur tour utilisés pour embaucher une quantité accrue de travailleurs et ainsi de suite. Ainsi, l'accumulation du capital permet et nécessite l'emploi de travailleurs *productifs*.

Au contraire, si les dépenses de luxe de la part des propriétaires fonciers engendrent l'emploi de travailleurs, ceux-ci sont considérés comme *improductifs*, puisque les salaires qu'ils perçoivent sont dépensés sans espoir de retour. Le salaire payé à un travailleur improductif (une danseuse, un professeur, un curé) ne revient jamais à son possesseur. Cette distinction est certes très discutable (et sera très discutée), mais exprime ici la différence entre dépense du revenu et accumulation du capital. ***(◄ Question 4)***

Le désir d'argent étant maintenant considéré comme un désir de capital, il n'est plus aussi évident que cette passion soit nécessairement contraire à l'intérêt général. Se pose donc un problème qui n'est plus moral, mais économique : à quelles conditions l'intérêt des capitalistes est-il compatible avec l'intérêt général ?

IV... EST-ELLE CONTRAIRE À L'INTÉRÊT GÉNÉRAL ?

Plus précisément, cette question peut se poser sous la forme suivante, et c'est ainsi que Smith la pose lui-même dans l'introduction de la *Richesse des nations* : à l'évidence, l'accumulation du capital engendre une inégalité croissante dans la répartition des richesses. L'écart des richesses qui existe entre les Anglais les plus riches et les plus pauvres est bien supérieur à celui qui existe entre les plus riches et les plus pauvres des « Indiens d'Amérique ». Néanmoins, l'Anglais le plus pauvre vit beaucoup mieux que le plus riche Indien. Cette remarque était banale au XVIIIe siècle. Ce qui est nouveau, c'est la question : à quelles conditions ceci est-il vrai, sachant que les plus riches Anglais sont identifiés maintenant comme les capitalistes et les plus pauvres comme les travailleurs salariés ? Autrement dit : à quelles conditions l'accumulation du capital est-elle compatible avec l'augmentation du bien-être collectif ?

C'est pour répondre à cette question théorique que Smith va utiliser le savoir économique qui avait été produit antérieurement. Pour s'en tenir à l'essentiel, nous rappellerons deux éléments importants : le marché et le produit net.

Encadré : *Repères biographiques*

Adam Smith, né à Kirkcaldy (Écosse) en 1723, s'inscrit en 1737 à l'université de Glasgow. Il poursuit ensuite ses études à Oxford de 1740 à 1746, puis rentre à Édimbourg où il rencontre en 1750 le philosophe David Hume qui restera son ami. En 1751, il est nommé professeur à l'université de Glasgow. Il publie la *Théorie des sentiments moraux* en 1759. Puis, en 1764, il devient précepteur du jeune duc de Buccleuch, qu'il accompagne dans son « grand tour » en Europe, principalement en France où il fait la connaissance de d'Alembert, Holbach, Helvetius et surtout de François Quesnay et de Turgot.
Adam Smith rentre à partir de 1767 en Écosse où il s'attache à la rédaction de la *Richesse des nations* (publiée en 1776). En 1778, il est nommé commissaire des douanes et s'installe à Édimbourg. Il s'occupe, pour l'essentiel, des rééditions de ses deux œuvres qu'il considère comme les plus importantes : la *Théorie des sentiments moraux* et la *Richesse des nations*. Il meurt en 1790.

De façon significative, Smith commence par étudier une société très simple, sous les couleurs apparentes d'une description des « temps primitifs ». Dans cette société, tous les individus sont des producteurs individuels, qui échangent les produits de leurs travaux sur le marché. Tous les individus « sont donc en quelque sorte des marchands » et la propension à l'échange économique apparaît comme une des caractéristiques de l'espèce humaine. Les relations qui les unissent ne ressortissent pas à la bienveillance ou à l'amitié, mais « à leurs intérêts bien compris ». Dans cette économie très simple, les individus travailleurs-marchands cherchent à améliorer leur sort, et ils travaillent à cette fin. Leur désir d'enrichissement est limité par leurs besoins (qui sont considérés comme des *données*, susceptibles de varier selon les temps et les lieux). Il s'agit donc de la première forme (vertueuse) du désir d'enrichissement.

Smith explique que les individus peuvent s'enrichir par la *division du travail*. Il s'agit là d'un thème majeur de la *Richesse des nations*. La division du travail et l'échange marchand se définissent mutuellement : l'une ne peut exister sans l'autre, et les progrès de la division du travail engendrent un accroissement de la productivité du travail. La *Richesse des nations* débute par le célèbre exemple de la « fabrique d'épingles », qui sert à illustrer comment la spécialisation des tâches permet, pour une même dépense de travail, un accroissement considérable du nombre des produits.

Cependant, et en même temps, cet accroissement de la division du travail n'est possible que si la demande « effective » des biens (c'est-à-dire la quantité demandée par ceux qui sont disposés à en payer le prix) est suffisante. Smith énonce donc que la division du travail (et donc l'enrichissement) est « limitée par l'étendue du marché ». ***(◄ Question 5)***

Le point important, ici, est que l'enrichissement des uns n'est pas le résultat de l'appauvrissement des autres. Smith généralise à l'ensemble des activités industrielles une propriété que, avant lui, François Quesnay (1694-1774) et les physiocrates n'avaient conférée qu'à l'agriculture : la capacité d'engendrer un produit net. Pour ces derniers, seule la production agricole, où un grain de blé semé permet de faire naître un épi entier, avait le privilège d'engendrer un produit net. Cette idée est importante, car pour la première fois elle exprime le fait que le jeu économique n'est pas à somme nulle, que le profit des uns n'est pas provoqué par l'appauvrissement des autres. Dans la *Richesse des nations*, grâce à la division du travail, le produit net n'est plus seulement une propriété de l'agriculture, mais aussi de l'industrie. ***(◄ Question 6)***

C'est donc la demande présente sur le marché qui est la condition de l'augmentation de la production des richesses, et c'est le marché qui assure leur répartition équitable.

Cette équité s'exprime par l'équivalence des échanges (les prix sont tels que personne n'est volé). Les marchandises (les produits du travail) constituent la richesse de la société et confèrent à leurs possesseurs un pouvoir d'achat sur le produit du travail d'autrui ou, ce qui revient au même, un droit sur son travail.

V. LE CONCEPT DE CAPITAL

Cependant, Smith ne s'attarde pas sur cette économie de travailleurs marchands. Très vite, il introduit dans ce cadre l'appropriation des terres et l'accumulation du capital. Propriétaires fonciers et capitalistes sont les sujets des deux dernières formes du désir d'enrichissement : les premiers se caractérisent par leurs dépenses somptuaires, les seconds, par l'accumulation pour l'accumulation (pour reprendre une expression de Marx).

Nous laisserons de côté le délicat problème de la propriété foncière, et nous nous concentrerons sur l'essentiel : le concept de capital. De façon très caractéristique, la prise en considération d'une société capitaliste nécessite, aux yeux de Smith, la prise en compte d'un nouveau type d'échange : celui du travail contre les salaires, c'est-à-dire, et en dernière analyse, contre les marchandises consommées par les travailleurs. Capital et salariat apparaissent indissociables, mais Smith n'explicite pas cette relation. Les capitalistes représentent donc des marchands de type nouveau. Ils avancent les biens de consommation (ou leur équivalent) et les moyens de production aux travailleurs qui en sont démunis, et, comme le dit immédiatement Smith, ils ne le feraient pas si ce n'est pour en attendre un profit. Le capital apparaît donc comme l'ensemble des moyens de production (matières premières, outillage, etc.) et des biens consommés par les salariés (ou, ce qui revient au même, leur équivalent en monnaie) en tant qu'ils rapportent un profit. Il ne s'agit donc pas d'un ensemble de « choses », mais d'un ensemble de « choses » qui ne sont *appréciées* qu'en tant qu'elles peuvent rapporter un profit. Ces « choses » sont donc mesurées par leurs prix. ***(◄ Question 7)***

Tous les agents économiques (salariés, propriétaires fonciers et capitalistes) sont ainsi, en principe (seulement), soumis à l'emprise de la concurrence. Si tel est le cas, Smith s'efforce de montrer que l'économie connaîtra alors le taux d'enrichissement le plus grand possible, étant donné ses ressources physiques et humaines.

Cependant, les capitalistes ont la capacité non seulement d'échapper à la concurrence (grâce aux « secrets de fabriques » et à des coalitions), mais sur-

■ *Questions sur le texte de Daniel Diatkine* ■

1. Qu'est-ce qu'une politique mercantiliste ?
2. Selon Smith, quels sont les domaines d'intervention de l'État ?
3. En quoi la troisième forme du désir d'enrichissement évoquée dans le texte est-elle condamnable ?
4. Définissez, après Smith : « travail productif » et « travail improductif ».
5. Expliquez pourquoi la division du travail est « limitée par l'étendue du marché ».
6. Qu'est-ce que le « produit net » ? En quoi l'existence d'un produit net est-elle une condition de la croissance économique ?
7. Qu'est-ce que le « capital » ?
8. En quoi la Richesse des nations est-il un ouvrage fondateur de l'économie politique ?

Question de synthèse

9. Expliquez pourquoi Smith ne peut être considéré comme le père du libéralisme économique.

tout de l'utiliser à leur profit, ne serait-ce que parce qu'ils ont accès à des informations (économiques) auxquelles les autres catégories sociales n'ont pas accès. Ils peuvent alors développer un discours qui séduit les autorités politiques, et qui leur donne l'illusion que l'intérêt des capitalistes est identique à l'intérêt général. C'est ce qui explique la naissance de la politique « mercantile », par laquelle l'État accorde subventions, privilèges et protections aux marchands-capitalistes ou à certaines catégories d'entre eux.

La *Richesse des nations* apparaît donc comme fondatrice des théories économiques dans la mesure où elle énonce, pour la première fois, une problématique qui n'est pas directement dépendante d'une interrogation morale ou politique. (◄ **Question 8**)

Soulignons, pour conclure, trois éléments de l'héritage smithien :

■ L'hypothèse de l'efficacité du marché. Nous avons vu qu'elle est présente dès la description des « temps primitifs ». Elle ne sera remise en cause que très récemment, par certains développements de la théorie contemporaine. Cette hypothèse n'est vraie que sous des conditions parfois très restrictives.

■ La relation nécessaire entre capital et travail salarié. Définir la nature de cette relation et sa forme constituera une question centrale de la théorie développée par David Ricardo (1772-1823) au début du XIXe siècle. Dans le cadre d'une problématique bien différente, on retrouvera cette question également au centre de la théorie de Marx.

■ La définition du capital en tant que substitut à la monnaie comme objet du désir d'enrichissement sans fin posera la question de la nature de la monnaie et des relations qu'elle entretient avec la richesse réelle. Keynes tentera d'y répondre, mais la question reste encore ouverte.

Daniel Diatkine

Dossier 1

Division du travail et accumulation du capital, facteurs de la croissance économique

La division du travail est un thème transversal que l'on retrouve chez de nombreux auteurs : Marx [voir p. 639]*, Tocqueville* [voir p. 662]*, Durkheim* [voir p. 673]*, Weber* [voir p. 683]*. Il importe de l'étudier en tant que tel, en reliant toutes les analyses* [voir aussi le chapitre III sur les mutations du monde du travail]*.*

Document 1

La division du travail

Les plus grandes améliorations dans la puissance productive du travail, et la plus grande partie de l'habileté, de l'adresse, de l'intelligence avec laquelle il est dirigé ou appliqué, sont dues, à ce qu'il semble, à la *division du travail.* Prenons un exemple dans une manufacture de la plus petite importance, mais où la *division du travail* s'est fait souvent remarquer : une manufacture d'épingles.

La manufacture d'épingles

Un homme qui ne serait pas façonné à ce genre d'ouvrage, dont la *division du travail* a fait un métier particulier, ni accoutumé à se servir des instruments qui y sont en usage, dont l'invention est probablement due encore à la *division du travail,* cet ouvrier, quelque adroit qu'il fût, pourrait peut-être à peine faire une épingle dans toute sa journée, et certainement il n'en ferait pas une vingtaine. Mais de la manière dont cette industrie est maintenant conduite, non seulement l'ouvrage entier forme un métier particulier, mais même cet ouvrage est divisé en un grand nombre de branches, dont la plupart constituent autant de métiers particuliers. Un ouvrier *tire le fil à la bobine*, un autre le *dresse*, un troisième *coupe la dressée*, un quatrième *empointe*, un cinquième est employé à *émoudre* le bout qui doit recevoir la *tête*. Cette *tête* est elle-même l'objet de deux ou trois opérations séparées : la *frapper* est une besogne particulière; *blanchir* les épingles en est une autre; c'est même un métier distinct et séparé que de *piquer* les papiers et d'y *bouter* les épingles; enfin, l'important travail de faire une épingle est divisé en dix-huit opérations distinctes ou environ, lesquelles, dans certaines fabriques, sont remplies par autant de mains différentes, quoique dans d'autres le même ouvrier en remplisse deux ou trois. J'ai vu une petite manufacture de ce genre qui n'employait que dix ouvriers, et où, par conséquent, quelques-uns d'entre eux étaient chargés de deux ou trois opérations. Mais, quoique la fabrique fût fort pauvre et, par cette raison, mal outillée, cependant, quand ils se mettaient en train, ils venaient à bout de faire entre eux environ douze livres d'épingles par jour; or, chaque livre contient au-delà de quatre mille épingles de taille moyenne. [...]

Les effets de la division du travail

Dans tout autre art et manufacture, les effets de la *division du travail* sont les mêmes que ceux que nous venons d'observer dans la fabrique d'une épingle, quoique dans un grand nombre le travail ne puisse pas être aussi subdivisé ni réduit à des opérations d'une aussi grande simplicité. Toutefois, dans chaque art, la *division du travail,* aussi loin qu'elle peut y être portée, amène un accroissement proportionnel dans la puissance productive du travail. C'est cet avantage qui paraît avoir donné naissance à la séparation des divers emplois et métiers. [...]

Cette grande augmentation dans la quantité d'ouvrage qu'un même nombre de bras est en état de fournir, en conséquence de la *division du travail,* est due à trois circonstances différentes : – premièrement, à un accroissement d'habileté chez chaque ouvrier individuellement; – deuxièmement, à l'épargne du temps qui se perd ordinairement quand on passe d'une espèce d'ouvrage à une autre; – et troisièmement enfin, à l'invention d'un grand nombre de machines qui facilitent et abrègent le travail, et qui permettent à un homme de remplir la tâche de plusieurs. [...]

Cette grande multiplication dans les produits de tous les différents arts et métiers, résultant de la *division du travail,* est ce qui, dans une société bien gouvernée, donne lieu à cette opulence générale qui se répand jusque dans les dernières classes du peuple. Chaque ouvrier se trouve avoir une grande quantité de son travail dont il peut disposer, outre ce qu'il en applique à ses propres besoins; et comme les autres ouvriers sont aussi dans le même cas, il est à même d'échanger une grande quantité des marchandises fabriquées par lui contre une grande quantité des leurs, ou, ce qui est la même chose, contre le prix de ces marchandises. Il peut fournir abondamment ces autres ouvriers de ce dont ils ont besoin, et il trouve également à s'accommoder auprès d'eux, en sorte qu'il se répand, parmi les différentes classes de la société, une abondance universelle. ■

Adam Smith,
Recherche sur la nature et les causes de la richesse des nations, *1776.*

Document 2

Bienveillance ou égoïsme?

Cette *division du travail,* de laquelle découlent tant d'avantages, ne doit pas être regardée dans son origine comme l'effet d'une sagesse humaine qui ait prévu et qui ait eu pour but cette opulence générale qui en est le résultat; elle est la conséquence nécessaire, quoique lente et graduelle, d'un certain penchant naturel à tous les hommes qui ne se proposent pas des vues d'utilité aussi étendues : c'est le penchant qui les porte à trafiquer, à faire des trocs et des échanges d'une chose pour une autre. [...]

Mais l'homme a presque continuellement besoin du secours de ses semblables, et c'est en vain qu'il l'attendrait de leur seule bienveillance. Il sera bien plus sûr de réussir, s'il s'adresse à leur intérêt personnel et s'il leur persuade que leur propre avantage leur commande de faire ce qu'il souhaite d'eux. C'est ce que fait celui qui propose à un autre un marché quelconque; le sens de sa proposition est ceci : *Donnez-moi ce dont j'ai besoin, et vous aurez de moi ce dont vous avez besoin vous-même*; et la plus grande partie de ces bons offices qui nous sont nécessaires s'obtiennent de cette façon. Ce n'est pas de la bienveillance du boucher, du marchand de bière et du boulanger, que nous attendons notre dîner, mais bien du soin qu'ils apportent à leurs intérêts. Nous ne nous adressons pas à leur humanité, mais à leur égoïsme; et ce n'est jamais de nos besoins que nous leur parlons, c'est toujours de leur avantage. [...]

Inégalité et division du travail

Dans la réalité, la différence des talents naturels entre les individus est bien moindre que nous ne le croyons, et les aptitudes si différentes qui semblent distinguer les hommes de diverses professions quand ils sont parvenus à la maturité de l'âge, n'est pas tant la cause que l'effet de la *division du travail,* en beaucoup de circonstances. La différence entre les hommes adonnés aux professions les plus opposées, entre un philosophe, par exemple, et un portefaix, semble provenir beaucoup moins de la nature que de l'habitude et de l'éducation. Quand ils étaient l'un et l'autre au commencement de leur carrière, dans les six ou huit premières années de leur vie, il y avait peut-être entre eux une telle ressemblance que leurs parents ou camarades n'y auraient

Questions sur l'ensemble du dossier

1. Essayez de résumer ce que Smith nous décrit comme étant l'application de la « division du travail », en le présentant comme un principe d'organisation du travail (tel qu'on en trouve dans les livres de gestion des entreprises). [*doc. 1*]
2. S'agit-il d'une division sociale du travail ou d'une division technique du travail? En quoi peut-on dire qu'une division technique est aussi pour partie une division sociale? [*doc. 1*]
3. Quelles sont les conséquences de la division du travail sur la productivité du travail (définir ce terme), la nature du travail effectué, le niveau de vie, l'organisation de l'économie dans son ensemble? [*doc. 1*]
4. Qu'est-ce qui a conduit les hommes à diviser le travail? [*doc. 2*]
5. C'est parce qu'il ne vaut mieux pas compter sur la bienveillance de ses semblables que le marché – nous dit Smith – constitue la réponse réaliste à la question de la vie en société (au fait que nous ayons besoin les uns des autres). Sur quel type de comportement humain est fondé le marché? Pensez-vous que l'intérêt individuel, que le calcul égoïste [*voir aussi l'extrait de Marx p. 644*] soient les déterminants principaux de nos comportements? [*doc. 2*]
6. La spécialisation est-elle la conséquence des inégalités de talents et de compétences? Quelle est la réponse de Smith à cette question? La vôtre? [*doc. 2*]
7. Montrez qu'il existe une causalité réciproque entre l'approfondissement de la division du travail et l'extension du marché. En quoi cette causalité peut-elle expliquer un processus cumulatif de croissance économique? Justifie-t-elle la création d'un marché mondial? [*doc. 2*]
8. Expliquez pourquoi l'accumulation du capital est une condition de la division du travail. [*doc. 3*]
9. Expliquez le mécanisme de la croissance économique à partir du schéma. [*doc. 4*]
10. Quelle conséquence la division du travail peut-elle avoir sur « la masse du peuple » ? Comment le gouvernement peut-il « prévenir ce mal » ? [*doc. 5*]
11. Selon Charles Babbage, la principale explication de la division du travail serait passée inaperçue. Résumez ce que l'on pourrait appeler le « principe de Babbage » en une phrase dans laquelle on trouvera les mots suivants : diviser, spécialiser, déqualifier, dévaloriser la force de travail. [*doc. 6*]
12. Arrêtez-vous quelque temps sur ce principe de Babbage (il pourrait vous être utile au cours de votre vie professionnelle...) : si son application conduit à déqualifier certains travailleurs, ne conduit-elle pas à en « surqualifier » d'autres? Expliquez pourquoi. Les travailleurs surqualifiés seront-ils aussi nombreux que les travailleurs déqualifiés? Ce processus de déqualification-surqualification vous semble-t-il dépassé ou vous permet-il de comprendre l'évolution des qualifications dans certaines branches? Illustrez votre réponse par des exemples. Ne pourrait-on considérer que l'application du principe de Babbage procure au « maître de la manufacture » un autre avantage : diviser pour régner? Expliquez cette idée (et retenez tout ce que vous venez de noter, car vous vous en servirez à nouveau dans le chapitre V). [*doc. 6*]
13. Pour en terminer avec Babbage, que pensez-vous de l'idée de M. de Prony? Cette idée a-t-elle été souvent imitée depuis? [*doc. 7*]

POUR ALLER PLUS LOIN

pas remarqué de différence sensible. Vers cet âge ou bientôt après, ils ont commencé à être employés à des occupations fort différentes. Dès lors a commencé entre eux cette disparité qui s'est augmentée insensiblement, au point qu'aujourd'hui la vanité du philosophe consentirait à peine à reconnaître un seul point de ressemblance. Mais, sans la disposition des hommes à trafiquer et à échanger, chacun aurait été obligé de se procurer lui-même toutes les nécessités et commodités de la vie. Chacun aurait eu la même tâche à remplir et le même ouvrage à faire, et il n'y aurait pas eu lieu à cette grande différence d'occupations, qui seule peut donner naissance à une grande différence de talents. [...]

Marché et division du travail

Puisque c'est la faculté d'échanger qui donne lieu à la *division du travail*, l'accroissement de cette division doit, par conséquent, toujours être limité par l'étendue de la faculté d'échanger, ou, en d'autres termes, par l'étendue du *marché*. Si le *marché* est très petit, personne ne sera encouragé à s'adonner entièrement à une seule occupation, faute de pouvoir trouver à échanger tout le surplus du produit de son travail qui excédera sa propre consommation, contre un pareil surplus du produit du travail d'autrui qu'il voudrait se procurer. ■

Adam Smith, ibid.

Document 3

La nécessité de l'accumulation du capital

Dans cet état primitif de la société, où il n'y a aucune division du travail, où les échanges sont rares et où chaque individu pourvoit lui-même à tous ses besoins, il n'est pas nécessaire qu'il existe aucun stock accumulé ou emmagasiné d'avance pour faire marcher les affaires de la société. Chaque homme cherche à satisfaire, par sa propre industrie, ses besoins du moment, à mesure qu'ils se font sentir. Quand il a faim, il va chasser dans la forêt; quand son vêtement est usé, il s'habille avec la peau du premier grand animal qu'il tue, et si sa hutte commence à menacer ruine, il la répare, du mieux qu'il peut, avec les arbres et la terre qui se trouvent sous sa main.

Mais lorsque la division du travail est généralement établie, le produit du travail de chaque homme peut seulement satisfaire une très petite partie des besoins qui lui surviennent. Il pourvoit à la plus grande partie de ses besoins par les produits du travail d'autrui qu'il achète avec le produit ou, ce qui revient au même, avec le prix du produit de son propre travail. Or, cet achat ne peut se faire qu'à partir du moment où le produit de son propre travail a non seulement été achevé, mais vendu. Jusqu'à ce moment, un stock de marchandises de diverses sortes doit être mis en réserve quelque part, en quantité suffisante pour le faire subsister et lui fournir les matières et les instruments nécessaires à son ouvrage. Un tisserand ne peut pas se consacrer entièrement à sa besogne particulière s'il n'y a quelque part, mis en réserve à l'avance, soit en sa possession, soit en celle d'un tiers, un stock suffisant pour le faire subsister et lui fournir la matière et les instruments nécessaires à son ouvrage, jusqu'à ce que sa toile soit non seulement achevée, mais encore vendue. Cette accumulation doit être évidemment constituée antérieurement au moment où il se mettra au travail et pour le temps nécessaire à l'accomplissement de cette besogne particulière.

De même que l'accumulation d'un stock doit, dans la nature des choses, être antérieure à la division du travail, de même le travail ne peut être de plus en plus subdivisé que dans la mesure où un stock a été progressivement accumulé au préalable. À mesure que le travail se subdivise, la quantité de matière qu'un même nombre de personnes peut mettre en œuvre augmente dans une grande proportion, et comme la tâche de chaque ouvrier se trouve successivement réduite à un plus grand degré de simplicité, il arrive qu'on invente une foule de nouvelles machines pour faciliter et abréger ces tâches. À mesure donc que la division du travail devient plus grande, il faut, pour qu'un même nombre d'ouvriers soit constamment occupé, qu'on accumule d'avance une égale provision de vivres et une provision de matières et d'outils plus forte que celle qui aurait été nécessaire dans un état de choses moins avancé. ■

Adam Smith, ibid.

Document 4

Le processus cumulatif de l'accumulation du capital

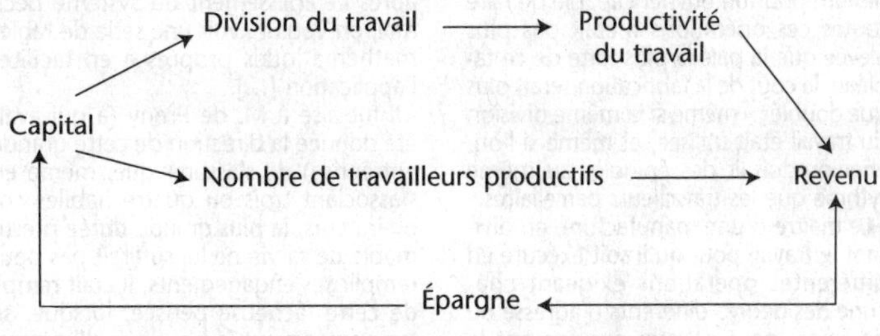

Source : A. Béraud, Nouvelle Histoire de la pensée économique, *La Découverte, 1992.*

Document 5

Dans les progrès que fait la division du travail, l'occupation de la très majeure partie de ceux qui vivent de travail, c'est-à-dire de la masse du peuple, se borne à un très petit nombre d'opérations simples, très souvent à une ou deux. Or, l'intelligence de la plupart des hommes se forme nécessairement par leurs occupations ordinaires. Un homme qui passe toute sa vie à remplir un petit nombre d'opérations simples, dont les effets sont aussi peut-être toujours les mêmes ou très approchant les mêmes, n'a pas lieu de développer son intelligence ni d'exercer son imagination à chercher des expédients pour écarter des difficultés qui ne se rencontrent jamais; il perd donc naturellement l'habitude de déployer ou d'exercer ces facultés et devient, en général, aussi stupide et aussi ignorant qu'il soit possible à une créature humaine de le devenir. [...]

[...] Ainsi, sa dextérité dans son métier particulier est une qualité qu'il semble avoir acquises aux dépens de ses qualités intellectuelles, de ses vertus sociales et de ses dispositions guerrières. Or, cet état est celui dans lequel l'ouvrier pauvre, c'est-à-dire la masse du peuple, doit tomber nécessairement dans toute société civilisée et avancée en industrie, à moins que le gouvernement ne prenne des précautions pour prévenir ce mal. [...] ■

Adam Smith, op. cit.

Document 6

Le « principe de Babbage »

Dans le chapitre 19, intitulé « Sur la division du travail », de son livre *On the Economy of Machinery and Manufacture*, publié pour la première fois en 1832, Babbage remarque que « la cause la plus importante et la plus déterminante

Opération	Travailleur	Salaire
Tirer la tige	homme	3 s 3 d
La dresser	femme	1 s
	fillette	6 d
Faire la pointe	homme	5 s 3 d
Tordre et	garçon	4,5 d
couper les têtes	homme	5 s 4,5 d
Placer les têtes	femme	1 s 3 d
Polir ou blanchir	homme	6 s
	femme	3 s
Envelopper	femme	1 s 6 d

[des gains obtenus par la division du travail] est passée tout à fait inaperçue. [...] Bien que toutes les causes soient importantes et que chacune influe sur le résultat, il me semble clair que toute explication du bon marché des articles manufacturés, conséquence de la division du travail, serait incomplète si l'on oubliait de mentionner le principe énoncé dans le tableau ci-dessus.
Ici, pour chaque opération, le travail est défini selon son type (c'est-à-dire l'âge et le sexe des travailleurs) et selon son coût dans la manufacture anglaise produisant ces épingles».
Il est clair, à la vue de ce tableau, comme le souligne Babbage, que, si la paie minimum pour un ouvrier capable de faire toutes ces opérations n'était pas plus élevée que la paie la plus forte de ce tableau, le coût de la fabrication serait plus que doublé; «même si la même division du travail était utilisée, et même si l'ouvrier produisait des épingles au même rythme que les travailleurs parcellaires.
«Le maître d'une manufacture, en divisant le travail pour qu'il soit exécuté en différentes opérations exigeant chacune des degrés différents d'adresse ou de force, peut acheter exactement la quantité précise de chacune de ces qualités qui sera nécessaire à chaque opération; alors que, si tout le travail est exécuté par un seul ouvrier, cette personne devra posséder assez d'adresse pour réaliser l'opération la plus difficile et assez de force pour réaliser la plus dure de celles qui composent l'ensemble du travail ainsi divisé.» ■

H. Bravermann, Travail et capital monopoliste, *Maspero, Paris, 1976.*

Document 7

«La manufacture de logarithmes de M. de Prony»

«La *division du travail* peut être appliquée avec le même succès aux opérations de l'esprit; [...] dans ces opérations, comme dans celles dont la matière est l'objet, elle procure une économie de temps considérable. [...] L'économie intérieure des manufactures repose sur des principes d'une profondeur dont on se fait peu d'idée, et [...] ses enseignements peuvent être d'un grand secours dans les plus hautes investigations de l'esprit humain.
«[...] Dans les premiers temps de la Révolution française [...], peu de temps après l'établissement du système décimal, on voulut avoir une série de tables mathématiques propres à en faciliter l'application [...].
«Il fut aisé à M. de Prony (à qui avait été donnée la direction de cette grande entreprise) de s'assurer que, même en s'associant trois ou quatre habiles coopérateurs, la plus grande durée présumable de sa vie ne lui suffirait pas pour remplir ses engagements. Il était rempli de cette fâcheuse pensée, lorsque, se trouvant devant la boutique d'un marchand de livres, il aperçut la belle édition anglaise de Smith, donnée à Londres en 1776. Il ouvrit le livre au hasard, et tomba sur le premier chapitre, qui traite de la *division du travail,* et où la fabrication des épingles est citée pour exemple. À peine avait-il parcouru les premières pages, que, par une espèce d'inspiration, il conçut l'expédient de mettre ses logarithmes en manufacture comme les épingles.
«M. de Prony [...] réunit cinq ou six des plus célèbres mathématiciens de France, qui formèrent sa *première section.* [...] Sa mission était de rechercher, parmi les différentes expressions analytiques applicables à une même fonction, celle qui pouvait être le plus facilement adaptée à un simple calcul numérique effectué par un grand nombre de personnes travaillant en même temps [...]. La *seconde section* [...] se composait de sept ou huit personnes encore très versées dans les mathématiques. Elle était chargée de convertir en chiffres les formules données par la première section [...]. La *troisième section* [...], dont la composition variait de soixante à quatre-vingts membres, prenait les nombres tels qu'ils étaient établis par la seconde, et ne s'occupait pas d'autre chose que de faire les additions et les soustractions, au moyen desquelles les tables se trouvaient complètement achevées. Il est remarquable que les neuf dixièmes de ces membres ne connaissaient de l'arithmétique que les deux premières règles qu'ils avaient à appliquer, et que leurs calculs étaient généralement reconnus plus exacts que ceux des personnes dont l'instruction en ce genre était plus étendue.» ■

C. Babbage, Science économique des manufactures, *in A. Chenu,* Les Employés, *La Découverte, «Repères», 1994.*

➡ **Voir dossier sur :**
la critique de la divison du travail chez Marx, page 646.

Dossier 2

De Smith à Friedman, puis Hayek : le même libéralisme?

Document 1

La main invisible

Chaque individu qui emploie son capital à faire valoir l'industrie nationale, tâche nécessairement de diriger cette industrie de manière que le produit qu'elle donne ait la plus grande valeur possible.
Le produit de l'industrie est ce qu'elle ajoute au sujet ou à la matière à laquelle elle s'applique. Suivant que la valeur de ce produit sera plus grande ou plus petite, les profits de celui qui met l'industrie en œuvre seront aussi plus grands ou plus petits. Or, ce n'est que dans la vue du profit qu'un homme emploie son capital à faire valoir l'industrie, et par conséquent il tâchera toujours d'employer son capital à faire valoir le genre d'industrie dont le produit promettra la plus grande valeur, ou dont on pourra espérer le plus d'argent ou d'autres marchandises en échange.
Mais le revenu annuel de toute société est toujours précisément égal à la valeur échangeable de tout le produit annuel de son industrie, ou plutôt c'est précisément la même chose que cette valeur échangeable. Par conséquent, puisque chaque individu tâche, le plus qu'il peut, 1. d'employer son capital à faire valoir l'industrie nationale; 2. de diriger

cette industrie de manière à lui faire produire la plus grande valeur possible, chaque individu travaille nécessairement à rendre aussi grand que possible le revenu annuel de la société. À la vérité, son intention en général n'est pas en cela de servir l'intérêt public, et il ne sait même pas jusqu'à quel point il peut être utile à la société. En préférant le succès de l'industrie nationale à celui de l'industrie étrangère, il ne pense qu'à se donner personnellement une plus grande sûreté ; et en dirigeant cette industrie de manière à ce que son produit ait le plus de valeur possible, il ne pense qu'à son propre gain ; en cela, comme dans beaucoup d'autres cas, il est conduit par une main invisible à remplir une fin qui n'entre nullement dans ses intentions ; et ce n'est pas toujours ce qu'il y a de plus mal pour la société, que cette fin n'entre pour rien dans ses intentions. Tout en ne cherchant que son intérêt personnel, il travaille souvent d'une manière bien plus efficace pour l'intérêt de la société, que s'il avait réellement pour but d'y travailler. Je n'ai jamais vu que ceux qui aspiraient, dans leurs entreprises de commerce, à travailler pour le bien général, aient fait beaucoup de bonnes choses. Il est vrai que cette belle passion n'est pas très commune parmi les marchands, et qu'il ne faudrait pas de longs discours pour les en guérir.

Quant à la question de savoir quelle est l'espèce d'industrie nationale que son capital peut mettre en œuvre, et de laquelle le produit promet de valoir davantage, il est évident que chaque individu, dans sa position particulière, est beaucoup mieux à même d'en juger qu'aucun homme d'État ou législateur ne pourra le faire pour lui. L'homme d'État qui chercherait à diriger les particuliers dans la route, qu'ils ont à tenir pour l'emploi de leurs capitaux, non seulement s'embarrasserait du soin le plus inutile, mais encore il s'arrogerait une autorité qu'il ne serait pas sage de confier, je ne dis pas à un individu, mais à un conseil ou à un sénat, quel qu'il pût être ; autorité qui ne pourrait jamais être plus dangereusement placée que dans les mains de l'homme assez insensé et assez présomptueux pour se croire capable de l'exercer. ■

Adam Smith, Recherche sur la nature et les causes de la richesse des nations, *1776.*

Document 2

Les trois devoirs du souverain

Dans le système de la liberté naturelle, le souverain n'a que trois devoirs à remplir ; trois devoirs, à la vérité, d'une haute importance, mais clairs, simples et à la portée d'une intelligence ordinaire. Le premier, c'est le devoir de défendre la société de tout acte de violence ou d'invasion de la part des autres sociétés indépendantes. Le second, c'est le devoir de protéger, autant qu'il est possible, chaque membre de la société contre l'injustice ou l'oppression de tout autre membre, ou bien le devoir d'établir une administration exacte de la justice. Et le troisième, c'est le devoir d'ériger et d'entretenir certains ouvrages publics et certaines institutions que l'intérêt privé d'un particulier ou de quelques particuliers ne pourrait jamais les porter à ériger ou à entretenir, parce que jamais le profit n'en rembourserait la dépense à un particulier ou à quelques particuliers, quoiqu'à l'égard d'une grande société ce profit fasse beaucoup plus que rembourser les dépenses. ■

Adam Smith, op. cit.

Document 3

Lire, écrire, compter

[...] quoique dans aucune société civilisée les gens du peuple ne puissent jamais être aussi bien élevés que les gens nés dans l'aisance, cependant les parties les plus essentielles de l'éducation, lire, écrire et compter, sont des connaissances qu'on peut acquérir à un âge si jeune, que la plupart même de ceux qui sont destinés aux métiers les plus bas ont le temps de prendre ces connaissances avant de commencer à se mettre à leurs travaux. Moyennant une très petite dépense, l'État peut faciliter, peut encourager l'acquisition de ces parties essentielles de l'éducation parmi la masse du peuple, et même lui imposer, en quelque sorte, l'obligation de les acquérir. [...]

L'État peut encourager l'acquisition de ces parties les plus essentielles de l'éducation, en donnant de petits prix ou quelques petites marques de distinction aux enfants du peuple qui y excelleraient.

L'État peut imposer à presque toute la masse du peuple l'obligation d'acquérir ces parties de l'éducation les plus essentielles, en obligeant chaque homme à subir un examen ou une épreuve sur ces articles avant de pouvoir obtenir la maîtrise dans une corporation, ou la permission d'exercer aucun métier ou commerce dans un village ou dans une ville incorporée. ■

Adam Smith, op. cit.

Questions sur l'ensemble du dossier

1. À quel mécanisme se réfère la « main invisible » dans cet extrait de la *Richesse des nations* ? Quel argument Smith oppose-t-il à l'intervention de l'État dans l'économie ? [*doc. 1*]
2. Les deux premiers devoirs sont toujours cités par les libéraux. Quel courant de pensée irait jusqu'à refuser d'y voir une justification à l'intervention de l'État ? Comment Smith justifie-t-il le troisième devoir ? Le critère utilisé par Smith impose-t-il une limite stricte à l'intervention de l'État ? [*doc. 2*]
3. Pourquoi l'État doit-il rendre l'éducation obligatoire ? L'obligation scolaire implique-t-elle un système d'éducation public ? [*doc. 3*]
4. Smith est souvent considéré comme le père du libéralisme économique. Le document 4 confirme-t-il ce jugement ? Le constat de Smith justifie-t-il une intervention de l'État sur le marché du travail ? [*doc. 4*]
5. Quelle argumentation permet à Friedman de conclure que les syndicats agissent aux dépens des travailleurs ? Quelle argumentation lui permet d'imputer le chômage aux lois sur les salaires minimaux ? Sur quelles hypothèses reposent ces argumentations ? Friedman en appelle souvent à Smith pour justifier son libéralisme : le titre du document 5 est-il erroné ? [*doc. 5*]
6. L'idée hayekienne d'« ordre spontané » diffère-t-elle de l'idée smithienne de « main invisible » ? Quel est le principal argument en faveur du marché ? Pour Hayek, le marché n'est pas un mécanisme, c'est une procédure : expliquez cette distinction. Le jeu du marché est-il juste ? Pourquoi l'un des ouvrages de Hayek s'intitule-t-il : *La Route de la servitude* ? [*doc. 6*]
7. Le néolibéralisme est-il un ultra-libéralisme ?
8. **Question de synthèse.** Peut-on étudier l'État et le marché séparément l'un de l'autre ?

Document 4

Un conflit d'intérêts

À la vérité, il arrive quelquefois qu'un ouvrier qui vit seul et indépendant a assez de capital pour acheter à la fois la matière du travail et pour s'entretenir jusqu'à ce que son ouvrage soit achevé. Il est en même temps maître et ouvrier, et il jouit de tout le produit de son travail personnel ou de toute la valeur que ce travail ajoute à la matière sur laquelle il s'exerce. Ce produit renferme ce qui fait d'ordinaire deux revenus distincts, appartenant à deux personnes distinctes, les profits du capital et les salaires du travail.

Ces cas-là, toutefois, ne sont pas communs, et dans tous les pays de l'Europe, pour un ouvrier indépendant, il y en a vingt qui servent sous un maître; et partout on entend, par *salaires du travail*, ce qu'ils sont communément quand l'ouvrier et le propriétaire du capital qui lui donne de l'emploi sont deux personnes distinctes.

C'est par la convention qui se fait habituellement entre ces deux personnes, dont l'intérêt n'est nullement le même, que se détermine le taux commun des salaires. Les ouvriers désirent gagner le plus possible; les maîtres, donner le moins qu'ils peuvent; les premiers sont disposés à se concerter pour élever les salaires, les seconds pour les abaisser.

Il n'est pas difficile de prévoir lequel des deux partis, dans toutes les circonstances ordinaires, doit avoir l'avantage dans le débat, et imposer forcément à l'autre toutes ses conditions. Les maîtres, étant en moindre nombre, peuvent se concerter plus aisément; et de plus, la loi les autorise à se concerter entre eux, ou au moins ne le leur interdit pas, tandis qu'elle l'interdit aux ouvriers. Nous n'avons point d'actes du parlement contre les ligues qui tendent à abaisser le prix du travail; mais nous en avons beaucoup contre celles qui tendent à le faire hausser. Dans toutes ces luttes, les maîtres sont en état de tenir ferme plus longtemps. Un propriétaire, un fermier, un maître fabricant ou marchand pourraient en général, sans occuper un seul ouvrier, vivre un an ou deux sur les fonds qu'ils ont déjà amassés. Beaucoup d'ouvriers ne pourraient pas subsister sans travail une semaine, très peu un mois et à peine un seul une année entière. À la longue, il se peut que le maître ait autant besoin de l'ouvrier que celui-ci a besoin du maître; mais le besoin du premier n'est pas si pressant.

On n'entend guère parler, dit-on, de *coalitions* entre les maîtres, et tous les jours on parle de celles des ouvriers. Mais il faudrait ne connaître ni le monde, ni la matière dont il s'agit, pour s'imaginer que les maîtres se liguent rarement entre eux. Les maîtres sont en tout temps et partout dans une sorte de ligue tacite, mais constante et uniforme, pour ne pas élever les salaires au-dessus du taux actuel. Violer cette règle est partout une action de faux frère et un sujet de reproche pour un maître parmi ses voisins et ses pareils. À la vérité, nous n'entendons jamais parler de cette ligue, parce qu'elle est l'état habituel, et on peut dire l'état naturel de la chose, et que personne n'y fait attention. Quelquefois les maîtres font entre eux des complots particuliers pour faire baisser au-dessous du taux habituel les salaires du travail. Ces complots sont toujours conduits dans le plus grand silence et dans le plus grand secret jusqu'au moment de l'exécution ; et quand les ouvriers cèdent comme ils font quelquefois, sans résistance, quoiqu'ils sentent bien le coup et le sentent fort durement, personne n'en entend parler. Souvent, cependant, les ouvriers opposent à ces coalitions particulières une ligue défensive; quelquefois aussi, sans aucune provocation de cette espèce, ils se coalisent de leur propre mouvement, pour élever le prix de leur travail. Leurs prétextes ordinaires sont tantôt le haut prix des denrées, tantôt le gros profit que font les maîtres sur leur travail. ■

Adam Smith, op. cit.

Document 5

Milton Friedman contre Adam Smith ?

Si les syndicats font augmenter les taux de salaires dans une profession ou une industrie particulière, ils rendent nécessairement le nombre d'emplois disponibles dans cette profession ou cette industrie moindre que ce qu'il aurait été autrement – de la même façon exactement que toute augmentation des prix diminue le volume des achats. Il en résulte qu'un nombre accru de personnes cherchent du travail, ce qui fait baisser les salaires dans les autres professions. Comme les syndicats sont généralement plus forts dans les groupes qui de toute façon seraient bien payés, leur présence a eu pour effet de fournir aux travailleurs à salaires élevés des salaires plus élevés encore aux dépens des travailleurs les moins payés. Par conséquent, les syndicats ont non seulement nui au public dans son ensemble mais aussi aux travailleurs dans la majorité des cas, de même ils ont rendu plus inégaux les revenus de la classe laborieuse en réduisant les chances des travailleurs les plus désavantagés. [...]

Les lois sur les salaires minimaux constituent sans doute l'exemple le plus parlant que l'on puisse trouver d'une mesure dont les effets sont exactement à l'opposé de ceux qu'en attendaient les hommes de bonne volonté qui la soutenaient. C'est à bon droit que nombre de partisans de ces lois déplorent l'existence de certains taux de salaires extrêmement bas; ils y voient un signe de pauvreté, et ils espèrent réduire cette pauvreté en rendant illégaux les salaires inférieurs à un niveau spécifié. En fait, pour autant que les lois sur les salaires minimaux aient un effet quelconque, celui-ci est, à l'évidence, d'accroître la pauvreté. L'État peut en effet décider d'un taux minimal des salaires; mais il lui est difficile d'exiger des employeurs qu'ils embauchent à ce taux minimal tous ceux qui touchaient auparavant des salaires inférieurs à ce minimum. Il n'est évidemment pas de l'intérêt des employeurs d'agir ainsi. Le salaire minimal a par conséquent pour effet de rendre le chômage plus important qu'il ne le serait autrement. Dans la mesure où de faibles salaires sont effectivement un signe de pauvreté, les gens que l'on voue ainsi au chômage sont précisément ceux qui peuvent le moins se permettre de renoncer au revenu qui leur était auparavant assuré, aussi mince que celui-ci puisse paraître aux gens qui votent en faveur du salaire minimal. ■

Milton Friedman, Capitalisme et Liberté, *Robert Laffont, 1971.*

Document 6

Main invisible et ordre spontané chez Friedrich von Hayek

« La morale du marché nous conduit à agir de façon bénéfique envers les autres non pas parce que telle est notre intention, mais parce que le marché nous fait agir d'une manière qui aura très précisément cet effet. L'ordre étendu circonvient l'ignorance des individus (et de cette manière leur permet aussi de s'adapter à l'inconnu [...]) d'une façon telle que les bonnes intentions seules ne pourraient parvenir au même résultat, et donne ainsi un effet altruiste à nos efforts. »

« Loin d'être appropriée seulement à des situations relativement simples, c'est au contraire la complexité même de la division du travail à l'époque moderne qui fait de la concurrence la seule méthode susceptible de réaliser la coordination recherchée. Le contrôle et le planisme ne présenteraient pas de difficulté dans une situation assez simple pour permettre à un seul homme ou à un seul conseil d'embrasser tous les faits. Mais lorsque les facteurs deviennent si nombreux qu'il est impossible d'en avoir une vue synoptique, alors, mais alors seulement, la décentralisation s'impose. Mais une fois la décentralisation nécessaire, le problème de la coordination surgit, coordination qui doit laisser les organismes isolés libres d'ajuster leurs activités aux faits qu'eux seuls peuvent connaître, et en même temps d'ajuster leurs plans respectifs les uns aux autres. » En d'autres termes, dans une société complexe, nul pouvoir central ne peut maîtriser les informations nécessaires pour agir au mieux. Il faut donc laisser chacun agir librement, le marché se révélant une procédure bien plus efficace pour traiter les informations que toute procédure planifiée. Plus une société est complexe, plus elle a besoin du marché pour fonctionner efficacement.

C'est par tâtonnements successifs que procèdent les sociétés libres : « La concordance des anticipations qui rend possible aux diverses parties de réaliser ce qu'elles recherchent est en fait engendrée par un processus d'apprentissage par essais et erreurs, qui implique nécessairement que certaines anticipations soient déçues. » S'il y a des victimes, des perdants ou des exclus, ce n'est de la faute de personne, puisque personne n'a voulu explicitement ce qui arrive : « La part de chacun est le résultat d'un processus dont les conséquences pour les individus n'ont été ni prévues ni voulues par qui que ce soit au moment où les institutions ont pris corps. » La supériorité du marché provient justement de ce que les réussites des uns proviennent en partie du hasard, de circonstances dont les bénéficiaires eux-mêmes ne sont pas totalement responsables, et qu'il en est de même des échecs des autres : « Il n'y a là rien qui puisse être juste ou injuste parce qu'il s'agit de résultats qui n'ont été ni voulus ni prévus, et qui dépendent d'une multitude de circonstances que personne ne connaît en totalité. [...] C'est la seule procédure jusqu'ici découverte, dans laquelle l'information infiniment éparse parmi des millions d'hommes puisse être effectivement utilisée pour l'avantage de tous, et utilisée en assurant à tous une liberté individuelle désirable en elle-même pour des motifs éthiques. C'est là une procédure qui, bien entendu, n'a jamais été organisée "à dessein" mais que nous avons appris à améliorer graduellement lorsque nous avons découvert comment elle accroissait l'efficacité des efforts humains dans les groupes où elle avait été développée. »

« C'est la soumission de l'homme aux forces impersonnelles du marché qui, dans le passé, a rendu possible le développement d'une civilisation qui sans cela n'aurait pu se développer : c'est par cette soumission quotidienne que nous contribuons à construire quelque chose qui est plus grand que nous pouvons le comprendre. [...] Il faut ou bien détruire cette société complexe, ou bien choisir entre la soumission aux forces impersonnelles et en apparence irrationnelles du marché et l'institution d'un pouvoir arbitraire. »

« En mettant à la disposition de quelques-uns un pouvoir exercé auparavant par beaucoup, on crée un pouvoir infiniment plus grand qu'il n'en a jamais existé, et d'une efficacité tellement plus élevée qu'elle n'est plus de la même essence. [...] Partager ou décentraliser le pouvoir, c'est en diminuer la force absolue : seul le système de concurrence est capable de réduire, par le moyen de la décentralisation, le pouvoir exercé par l'homme sur l'homme. [...] Le pouvoir économique, même comme instrument de coercition, est toujours détenu par des individus particuliers, il n'est jamais exclusif et total, et n'est jamais un pouvoir sur la vie des hommes. Mais une fois centralisé, ce pouvoir devient un instrument politique qui met les hommes dans une situation qui diffère à peine de l'esclavage. » ■

Denis Clerc, Déchiffrer les grands auteurs de l'économie et de la sociologie, *Syros, 1997.*

[*Les citations de Hayek sont extraites de :* La Route de la servitude (*1944*), La Présomption fatale : les erreurs du socialisme et Droit, législation et liberté (*1973*).]

Document 7

Qu'est-ce que le néolibéralisme ?

D'un usage relativement récent, mais désormais très répandu, le terme « néolibéralisme » est multidimensionnel, comme du reste le libéralisme dont il se réclame ou le keynésianisme qu'il combat. Il s'agit tout à la fois d'une idéologie, d'une vision du monde, d'un ensemble de politiques et d'une collection de théories qui ne sont pas nécessairement cohérentes les unes avec les autres. L'expression désigne ainsi la remise en question et le démantèlement de l'État-providence, qui s'est structuré à la sortie de la Seconde Guerre mondiale et consolidé durant ce que l'on a appelé les « trente glorieuses ». Le ralentissement de la croissance, la hausse simultanée des taux d'inflation et de chômage, à partir de la fin des années soixante, déclenchent l'offensive néolibérale, dont le monétarisme se présente comme la première forme. Convertis aux thèses de Milton Friedman, les gouvernements mettent au premier rang de leurs priorités la lutte contre l'inflation, devant la lutte contre le chômage. La campagne contre les déficits, que l'on attribue aux imprudences de la gestion keynésienne, entraîne par la suite des coupures radicales dans les dépenses gouvernementales. On met en cause les programmes sociaux, en particulier la sécurité du revenu et l'assurance chômage, considérés comme responsables de la hausse du chômage. La recherche d'une plus grande flexibilité des marchés du travail entraîne des offensives contre le mouvement syndical. Des programmes importants de privatisation et de déréglementation sont mis en œuvre partout dans le monde, en même temps qu'est favorisée la libre circulation des capitaux à l'échelle mondiale. Les noms de Ronald Reagan, président des États-Unis de 1981 à 1989, et de Margaret Thatcher, Premier ministre du Royaume-Uni de 1979 à 1990, sont étroitement associés à ces politiques.

Elles s'appuient sur une vision du monde, une idéologie, qui s'impose dans les années soixante-dix et surtout quatre-vingt. On la retrouve dans les écrits des théoriciens du néolibéralisme, mais aussi dans tous les autres champs du discours social, en particulier dans les médias et les discours des décideurs. Il s'agit essentiellement d'une manière de voir les rapports entre l'ordre social et l'économie. Le marché est désormais conçu comme un mécanisme naturel qui, laissé à lui-même, engendre spontanément équilibre, stabilité et croissance. Les interventions des pouvoirs publics ne peuvent que perturber cet ordre. Le néolibéralisme se présente donc comme la réhabilitation du laisser-faire. ■

Gilles Dostaler, Le Libéralisme de Hayek, *La Découverte, « Repères », 2001.*

2

DAVID RICARDO

Qui est le père de l'économie politique ? Si l'on vous pose cette question à l'occasion d'un jeu télévisé, nous vous conseillons de répondre : « Adam Smith, bien sûr », même s'il est toutefois possible de contester sérieusement l'attribution de ce titre honorifique à l'illustre Écossais. La recherche en paternité peut s'effectuer en amont, et l'on pourrait s'arrêter immédiatement à James Steuart, pour ne pas quitter la terre d'Écosse. Il semble plus difficile de rechercher un candidat en aval de Smith puisque celui-ci est assurément le père des économistes classiques, au sens où ceux-ci ont consacré l'essentiel de leurs travaux à commenter la Richesse des nations *(1776). Ainsi, c'est en lisant par hasard cet ouvrage en 1799, à Bath, le détail est sans importance, que David Ricardo s'est passionné pour l'économie politique. Peut-on pour autant classer ce dernier dans la catégorie des simples commentateurs ? Certainement pas si l'on en croit des auteurs aussi différents que Marx, parfois considéré comme un ricardien hétérodoxe, et Keynes qui le voue aux gémonies, en compagnie de Jean-Baptiste Say, pour avoir détourné l'analyse économique du cours plus heureux qu'elle aurait pu suivre en lui préférant son ami Malthus.*

Trois caractéristiques font de Ricardo un candidat sérieux au titre :

– il appartient en premier lieu à l'ensemble très restreint des économistes qui ont une expérience personnelle directe, et réussie, de leur objet d'étude ; en effet, fils et petit-fils d'agents de changes, lui-même agent de change à son compte dès son plus jeune âge, Ricardo a fait fortune rapidement – il était riche à vingt-quatre ans –, entre autres grâce à une spéculation réussie sur les titres d'État, peu de temps avant Waterloo… ;

– comme tous les bons économistes il a cherché à apporter des réponses concrètes aux principales questions économiques de son temps ; c'est ce qui l'a conduit à prendre position, entre autres, dans les débats animés sur les corn laws *– il est alors le meilleur avocat du libre-échange – et sur la réforme monétaire – il se situe alors dans le camp des quantitativistes favorables à l'étalon-or… ;*

– bien que se contentant d'exemples chiffrés, il raisonne déjà comme les économistes modernes, de façon hypothético-déductive, dans le cadre de petits modèles ; c'est d'ailleurs ce que lui reprochera Schumpeter, qui qualifiait de « vice ricardien » ce goût pour des raisonnements abstraits, trop éloignés de la réalité…

Cela suffit-il pour détrôner Smith, certainement moins rigoureux, mais qui moissonne un champ beaucoup plus étendu ? Probablement pas. Malgré les efforts ultérieurs de Alfred Marshall (1842-1924) pour réaliser une synthèse dont Ricardo serait resté l'un des piliers, puis les tentatives louables, après le brillant travail de restauration effectué à Cambridge par Piero Sraffa (1898-1983), pour faire vivre une économie ricardienne en marge de l'orthodoxie néoclassique, ce sont des fragments de son œuvre qui servent encore de référence, comme le montre ici Michel Rainelli, plus que son système théorique. Peut-être parce qu'il avait commis un péché impardonnable aux yeux des économistes orthodoxes : fonder son analyse sur la théorie de la valeur-travail, qu'il croyait vraie à 93 % (selon le mot célèbre de Stigler).

Pascal Combemale

SOMMAIRE

REPÈRES ET PERSPECTIVES

DOSSIER

Bibliographie

– *Françoise Dubœuf*, Introduction aux théories économiques, *La Découverte, « Repères », 1999.*

– *Michel Rainelli*, La Nouvelle Théorie du commerce international, *La Découverte, « Repères », 3e éd., 2003.*

Michel Rainelli, *est professeur d'économie à l'université de Nice-Sophia Antipolis et directeur du LATAPSES.*

POUR ALLER PLUS LOIN

DAVID RICARDO

MICHEL RAINELLI

David Ricardo (1772-1823) est à l'origine de la formulation la plus aboutie du système classique de l'économie politique. Sa trajectoire personnelle est originale : fils d'un agent de change à la bourse de Londres, il commence à travailler avec lui à l'âge de quatorze ans et, à vingt et un ans, il s'établit à son compte, avec un succès remarquable, puisqu'il s'arrête en 1814, fortune faite, et se retire à la campagne. Il est élu à la Chambre des communes en 1819 dans la circonscription de Portalington, en Irlande (par 12 électeurs...) et siégera au Parlement jusqu'à sa mort. Son intérêt pour l'économie date de sa lecture de la *Richesse des nations* d'Adam Smith, à la fin du XVIIIe siècle et est nourri par des discussions avec des amis, en particulier James Mill qui l'incite à mettre ses idées par écrit. C'est en 1809 qu'il commence à publier des articles sur la question monétaire où il défend l'étalon-or. Ses positions sur l'impossibilité d'une crise due à la surproduction seront à l'origine de controverses avec Robert Malthus. Ses contributions ultérieures les plus importantes à la théorie économique relèvent de trois domaines : la théorie de la valeur, la théorie de la croissance, la théorie du commerce international.

I. LES THÉORIES DE LA VALEUR ET DE LA CROISSANCE

C'est dans deux ouvrages que Ricardo a développé ses conceptions dans ces domaines.

L'*Essai sur les profits* (1815) lui permet d'exposer sa théorie de la rente différentielle, qui explique l'origine des revenus des propriétaires terriens par la différence de productivité des terres mises en culture. En effet, les rendements sont décroissants : les premières terres cultivées sont les plus productives, mais l'accroissement de la population conduit à exploiter des champs de moins en moins fertiles. Or le prix du blé est fixé par les conditions de production des dernières exploitations (sinon elles ne seraient pas rentables) et ce prix est unique pour une qualité de blé donnée. Ainsi, les propriétaires des terres les plus fertiles perçoivent une rente dont l'importance est fonction de l'écart de productivité (donc de coût de production) entre leurs exploitations et l'exploitation marginale (celle dont le coût est le plus élevé).

Les *Principes d'économie politique et de l'impôt* (1817), son œuvre essentielle, présentent la formulation la plus achevée de la théorie classique de la valeur. La valeur des marchandises, correspondant à leur prix « naturel » (de longue période) est déterminée par le travail direct et indirect incorporé dans leur production. Si les capitaux peuvent librement se déplacer entre les branches, les taux de profit seront identiques dans toute l'économie et les prix de marché convergeront vers les prix naturels. Par ailleurs, Ricardo expose une théorie de la croissance qui débouche sur un état stationnaire. Les profits sont laminés par l'augmentation des salaires (qui suivent la hausse des prix des produits agricoles consommés par les salariés) et par l'accroissement de la rente, et l'accumulation du capital s'arrête lorsque les profits tendent à s'annuler.

La théorie du commerce international de Ricardo présente des liens avec ses analyses de la valeur et de la croissance, mais elle s'en éloigne sur un point fondamental.

II. LES AVANTAGES COMPARATIFS, FONDEMENTS DU COMMERCE INTERNATIONAL

Pour comprendre l'originalité de la théorie ricardienne du commerce international, il est nécessaire de revenir sur celle d'Adam Smith. Dans les *Recherches sur la nature et les causes de la richesse des nations* (1776), Smith indique que « les avantages naturels qu'un pays a sur un autre sont quelquefois si grands, qu'[...] il y aurait de la folie à vouloir lutter contre eux. [...] Tant que l'un des pays aura ces avantages et qu'ils manqueront à l'autre, il sera toujours plus avantageux pour celui-ci d'acheter au premier que de fabriquer lui-même[1] ». Cette conception conduit à expliquer le commerce international par les *avantages absolus* de coût : une nation achète à l'étranger les biens dont les coûts moyens de production sont plus faibles. Le raisonnement semble sans faille, mais il pose un problème de taille : les nations désavantagées dans toutes les productions seraient dans l'impossibilité d'exporter et ne pourraient donc pas payer leurs importations.

Ricardo, en raisonnant sur les *avantages comparatifs*[2] de coût, renverse cette perspective et introduit un concept qui va jouer un rôle essentiel dans la théorie du commerce international. L'exemple chiffré présenté dans le chapitre XI décrit une situation où le Portugal a des avantages absolus de coût pour les deux biens. Selon Smith, il devrait les exporter, l'Angleterre cessant de les produire; Ricardo montre qu'en raison des différences dans les coûts relatifs, les deux nations gagnent à se spécialiser dans la production d'un bien. Ricardo développe ainsi l'idée que la spécialisation internationale selon les avantages comparatifs permet aux nations qui échangent d'améliorer simultanément leur situation; cette proposition est souvent résumée par la formule : « L'échange international est un jeu à somme positive. »

Les avantages comparatifs sont encore aujourd'hui une référence pour la théorie du commerce international. Ce succès est toutefois paradoxal, puisque l'explication des échanges internationaux est en rupture avec sa théorie de la valeur travail. En effet, selon Ricardo, l'absence de mobilité internationale des capitaux, qu'il postule dans sa définition de la nation, conduit à considérer que les prix internationaux ne peuvent être déterminés par le travail incorporé. Ricardo ne fournit pas une véritable explication de ces prix : il se contente d'indiquer que le prix relatif des biens sur le marché mondial est fixé entre les prix relatifs d'autarcie dans les deux pays.

1. Adam Smith, *Recherches sur la nature et les causes de la richesse des nations*. Les grands thèmes, trad. française, Gallimard, « Idées », Paris 1976, p. 259-260.
2. Ricardo est passé à la postérité comme « l'inventeur » des avantages comparatifs, mais c'est en fait Robert Torrens qui est à l'origine du concept, en 1815. Une des raisons
du succès de Ricardo tient à l'exposé à partir d'un exemple chiffré qui permet de comprendre plus aisément la notion.

PLAN

Le commerce international joue un rôle particulier dans la dynamique des économies : les importations de blé peuvent contrebalancer le jeu de la rente (en exerçant une pression à la baisse sur le prix) et donc retarder la venue de l'état stationnaire. Cela permet de comprendre le combat de Ricardo en faveur du libre-échange et en particulier contre les *Corn Laws*, un ensemble de lois protégeant les producteurs de blé britanniques. Ce thème est privilégié par Ricardo lors de ses interventions au Parlement, sans grand succès puisqu'elles ne seront abolies qu'en 1846, vingt-trois ans après sa mort.

III. LES AVANTAGES COMPARATIFS DANS LA THÉORIE DU COMMERCE INTERNATIONAL

L'origine des avantages comparatifs chez Ricardo réside dans les différences des techniques de production mises en œuvre au sein des deux pays. Des théories postérieures ont conservé le même principe explicatif tout en mettant en avant d'autres déterminants des échanges. C'est le cas de la théorie Heckshser-Ohlin qui explique l'avantage comparatif des nations par les dotations relatives en facteurs de production. Mais les résultats décevants des tests empiriques des théories traditionnelles ont conduit à un renouvellement de l'analyse qui s'éloigne au moins partiellement de ce principe, d'une part en introduisant la possibilité d'une construction des avantages comparatifs, de l'autre en réhabilitant partiellement les avantages absolus.

Les avantages comparatifs sont-ils donnés ?

Les théories de Ricardo et d'Heckscher-Ohlin ont un point commun : les éléments déterminant les avantages comparatifs sont donnés. Dans la première, les différences des techniques de production entre les pays sont supposées, sans que l'origine de ces différences ne soit expliquée. Dans la seconde, les dotations factorielles constituent également un présupposé de l'analyse lié aux caractéristiques des nations.

Il est possible, en conservant le raisonnement sur les avantages comparatifs, de considérer que, pour une part importante, ces avantages peuvent être construits, dès lors que les capitaux sont mobiles entre les pays. Lorsqu'une firme multinationale européenne investit dans un pays d'Asie du Sud-Est, elle introduit des techniques de production nouvelles qui vont modifier le rapport entre les facteurs de production. La filiale implantée dans ce pays combine une technique reflétant les conditions prévalant dans le pays d'origine, fortement capitalistique, avec des salariés percevant des salaires liés à l'offre abondante de travail du pays hôte. Ainsi, le commerce international lié à ces filiales de firmes multinationales ne reflète pas les avantages comparatifs « naturels » du pays hôte, mais des avantages comparatifs construits.

La construction des avantages comparatifs peut également résulter de l'action des pouvoirs publics : une politique qui favorise l'éducation et la recherche augmente la dotation en travail hautement qualifié et donc modifie, en moyenne période, la dotation en facteurs de production. Il en est de même pour des politiques tendant à favoriser l'investissement national ou à attirer des firmes étrangères.

Le retour des avantages absolus

Les raisonnements qui privilégient le rôle des économies d'échelle pour expliquer le commerce international conduisent à abandonner les avantages comparatifs : si une nation exporte un bien produit avec des rendements d'échelle croissants, c'est parce que ses firmes entrées les premières dans la production de ce bien ont des coûts plus faibles. Il s'agit donc d'un avantage absolu, qui se retrouve dans les analyses reposant sur le rôle de l'innovation. Les firmes innovatrices bénéficient d'un monopole temporaire à l'échelle mondiale et exportent leur production parce qu'elles bénéficient d'une forme particulière d'avantage absolu.

Cependant, ces explications échouent à rendre compte de la totalité des échanges internationaux : à l'évidence, tous les secteurs ne connaissent pas des rendements d'échelle croissants et tous les secteurs ne sont pas caractérisés par une concurrence entre les firmes portant sur l'innovation.

Ainsi, en raison des résultats des tests empiriques, un nouveau consensus émerge dans la théorie du commerce international : il est impossible de trouver un principe explicatif unique des échanges internationaux et il est donc nécessaire d'admettre la cohabitation d'explications différentes selon les secteurs et selon les pays échangistes. Les avantages com-

■ *Questions sur le texte de Michel Rainelli* ■

I. Les théories de la valeur et de la croissance

1. D'où vient, d'après Ricardo, la valeur des marchandises ?
2. Pourquoi l'économie se dirige-t-elle vers un « état stationnaire » ? [*voir aussi encadré A*]

II. Les avantages comparatifs, fondements du commerce international

3. Expliquez la théorie des « avantages absolus » de Smith.
4. Pourquoi et comment, d'après Ricardo, tous les pays ont-ils intérêt à se spécialiser et à commercer ?
5. À quelles conditions le modèle des « avantages comparatifs » fonctionne-t-il ?

III. Les avantages comparatifs dans la théorie du commerce international

6. Quelles différences faites-vous entre la thèse de Ricardo et la théorie « Heckshser-Ohlin » ?

Les avantages comparatifs sont-ils donnés ?

7. Comment les avantages comparatifs peuvent-ils être construits, s'ils ne sont pas donnés au départ ?

Le retour des avantages absolus

8. Qu'est-ce qu'une économie d'échelle ?
9. Pourquoi l'existence de rendements d'échelles croissants réhabilite-t-elle le rôle des avantages absolus dans les échanges internationaux ?

paratifs ont leur place lorsqu'il s'agit d'expliquer certains échanges entre pays ayant des dotations factorielles très différentes et permettent, par exemple, de comprendre pourquoi les États-Unis se spécialisent dans des activités de service incorporant un fort contenu en travail hautement spécialisé comme les logiciels, alors que la Chine exporte des biens nécessitant le recours à une main-d'œuvre abondante et peu qualifiée. Dans des secteurs comme l'automobile, en revanche, les économies d'échelle et la différenciation du produit sont décisives pour expliquer le commerce international; les avantages absolus ont alors un rôle prépondérant.

Encadré A : *La théorie de la rente de David Ricardo*

L'origine du revenu des propriétaires fonciers, la rente, est expliquée par l'existence de terres de fertilité différente et par leur mise en culture de manière séquentielle. Les terres les plus productives sont les premières cultivées et, avec l'accroissement de la demande de produits agricoles liée à l'augmentation de la population, de nouvelles exploitations s'étendent sur des champs de moins en moins productifs. Supposons que seul du blé est produit par l'agriculture; le prix qui s'établit couvre le coût de production de la terre la moins productive; les propriétaires des champs plus fertiles perçoivent un revenu particulier, d'autant plus important que l'écart entre le prix du blé et leur coût de production est important.

Supposons qu'il existe quatre catégories de terre, A, B, C et D, avec des coûts unitaires de production supposés constants respectivement de C_1, C_2, C_3 et C_4. La première terre permet de produire la quantité q_A, la deuxième q_B, la troisième q_C et la quatrième q_D. L'évolution des prix selon les quantités produites n'est pas linéaire mais est en escalier, le prix augmentant chaque fois qu'une terre moins productive est mise en culture. La droite en gras du graphique A représente cette évolution des prix.

Graphique A

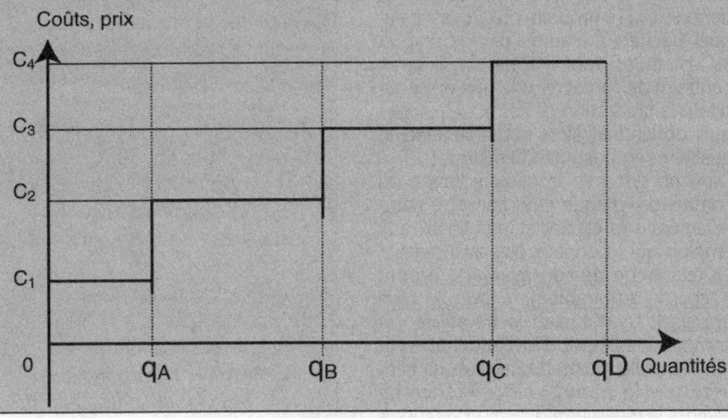

Supposons que la demande de blé soit telle qu'il soit nécessaire de produire la quantité q_D. Les propriétaires de la terre de qualité D ne perçoivent pas de rente, ceux de la terre de qualité C perçoivent une rente d'un taux unitaire ($C_4 - C_3$) et d'un montant global ($C_4 - C_3$) ($q_C - q_B$). Pour les propriétaires de la terre de qualité A, la rente perçue est de ($C_4 - C_1$) q_A.

Ainsi, ce n'est pas la rente qui explique le prix élevé du blé mais, au contraire, c'est son prix élevé qui est à l'origine de la rente.

Dossier 1

Ricardo et le commerce international

Avertissement : tous les documents de ce dossier sont extraits de David Ricardo, Des principes de l'économie politique et de l'impôt, *Garnier Flammarion, 1992 (1821).*

Document 1

En règle générale, dans un seul et même pays, les profits sont toujours au même niveau; ils ne peuvent différer que dans la mesure où l'emploi du capital est plus ou moins sûr et opportun. Mais il n'en va pas ainsi de pays à pays. Si les profits du capital employé dans le Yorkshire devaient excéder ceux du capital employé à Londres, le capital se déplacerait rapidement de Londres vers le Yorkshire, et les profits s'égaliseraient; mais si une diminution des rendements sur les terres

Questions sur l'ensemble du dossier

1. Pourquoi le capital est-il mobile au sein d'un même pays? Quelle est la conséquence de cette mobilité? [*doc. 1*]
2. Pourquoi le capital est-il immobile entre les nations? [*doc. 1*]
3. Pourquoi la théorie de la valeur-travail ne s'applique-t-elle pas au commerce international? [*doc. 2*]

anglaises, consécutive à un accroissement du capital et de la population, devait entraîner une hausse des salaires et une baisse des profits, il ne s'ensuivrait pas nécessairement un déplacement du capital et de la population de l'Angleterre vers la Hollande, l'Espagne ou la Russie, où les profits pourraient être plus élevés. […] L'expérience montre […] que l'insécurité imaginaire ou réelle du capital, lorsqu'il n'est pas sous le contrôle immédiat de son détenteur, et la réticence naturelle de chacun à quitter son pays natal et ses proches, et à se placer, avec ses habitudes établies, sous l'autorité d'un gouvernement étranger et de lois nouvelles, freinent l'émigration du capital. Ces sentiments, que je serais désolé de voir s'affaiblir, incitent la plupart des détenteurs de fonds à se contenter d'un taux de profit réduit dans leur propre pays, plutôt que de rechercher pour leurs fonds un emploi plus avantageux dans les pays étrangers. ■

Document 2

La règle qui détermine la valeur relative des marchandises dans un pays, ne détermine pas la valeur de celles échangées entre deux ou plusieurs pays. […]
La quantité de vin offerte en échange du drap anglais n'est pas déterminée par les quantités de travail respectives consacrées à la production de chaque bien, comme cela serait le cas si les marchandises étaient toutes deux produites en Angleterre, ou toutes deux au Portugal. ■

Document 3

La situation peut être telle en Angleterre que la production de drap exige le travail de 100 hommes pendant un an; mais, que ce pays tente de produire son vin, cela pourrait nécessiter le travail de 120 hommes pendant le même temps. L'Angleterre jugerait donc qu'elle a intérêt à importer son vin, et à le payer par ses exportations de drap.
Au Portugal, la production de vin pourrait n'exiger que le travail annuel de 80 hommes, et la production de drap le travail de 90 hommes pendant la même période. Il s'avérerait donc avantageux pour ce pays d'exporter du vin en échange de drap. Cet échange pourrait survenir quand bien même la marchandise importée par le Portugal pourrait être produite dans ce pays avec moins de travail qu'en Angleterre. Bien que le Portugal pût fabriquer le drap en employant 90 hommes, il l'importerait d'un pays où cette production requiert le travail de 100 hommes, parce qu'il serait plus avantageux pour lui d'employer son capital à produire du vin contre lequel il obtiendrait davantage de drap anglais, que de fabriquer du drap en détournant une part de son capital de la culture des vignes pour le placer dans la manufacture du drap.
Ainsi, l'Angleterre offrirait le produit du travail de 100 hommes contre le produit du travail de 80. Un tel échange ne pourrait se faire entre individus d'un même pays. Le travail de 100 Anglais ne peut être échangé contre le travail de 80 Anglais; par contre, le produit du travail de 100 Anglais peut être échangé contre le produit du travail de 80 Portugais, de 60 Russes ou de 120 habitants des Indes orientales. La différence entre le cas d'un pays isolé, et celui où plusieurs pays sont en présence est facile à expliquer, il suffit pour cela de considérer la difficulté avec laquelle le capital se déplace d'un pays à un autre à la recherche d'un emploi plus profitable, et la facilité avec laquelle ce même phénomène se produit d'une province à l'autre dans un même pays. ■

Document 4

Si le Portugal n'avait aucun lien commercial avec d'autres pays, au lieu d'employer une grande part de son capital et de son travail à produire du vin, grâce auquel il achète à d'autres pays le drap et les ustensiles dont il a besoin, il serait contraint de consacrer une part de ce capital à la fabrication de ces marchandises qu'il obtiendrait alors probablement en qualité et en quantité inférieures. […]
Dans un système de parfaite liberté du commerce, chaque pays consacre naturellement son capital et son travail aux emplois qui lui sont le plus avantageux. La recherche de son avantage propre s'accorde admirablement avec le bien universel. En stimulant le travail, en récompensant l'esprit d'invention, et en tirant le meilleur parti des facultés particulières de la nature, cette recherche favorise la répartition du travail la plus efficace et la plus économe; dans le même temps, en augmentant la masse totale des productions, elle répand partout le bien-être, et réunit par le lien de l'intérêt et du commerce réciproque, les nations du monde civilisé en une société universelle. C'est ce principe qui conduit à ce que la France et le Portugal produisent du vin, que l'Amérique et la Pologne cultivent du blé, ou encore que l'Angleterre fabrique les ustensiles et les autres biens manufacturés. ■

Document 5

Dans tout le cours de cet ouvrage, j'ai cherché à prouver que le taux des profits ne peut jamais hausser qu'en raison d'une baisse des salaires, et que cette baisse ne peut être permanente qu'autant qu'il y aura une diminution dans le prix des denrées que l'ouvrier achète avec ses gages. Si, par l'accroissement du commerce étranger, ou par des perfectionnements dans les machines, on peut fournir aux travailleurs la nourriture et les autres objets de première nécessité à plus bas prix, les profits hausseront. Si, au lieu de récolter du blé chez nous, et de fabriquer nous-mêmes l'habillement et les objets nécessaires pour la consommation de l'ouvrier, nous découvrons un nouveau marché où nous puissions nous procurer ces objets à meilleur compte, les salaires devront baisser et les profits s'accroître. ■

Questions sur l'ensemble du dossier (*suite*)

4. Construisez un tableau résumant les données fournies par Ricardo sur les coûts unitaires de production des deux marchandises dans les deux pays; quelle est la relation entre ces coûts unitaires et la productivité du travail? [*doc. 3*]
5. Selon la théorie de Smith (« avantages absolus »), les deux pays ont-ils intérêt à échanger? Pourquoi? [*doc. 3*]
6. Pour chaque marchandise et pour chaque pays, calculez les prix relatifs en situation d'autarcie, sous l'hypothèse que ces prix relatifs sont déterminés par les coûts relatifs de production. Dans quelle production l'Angleterre possède-t-elle un avantage relatif? [*doc. 3*]
7. Sous quelle condition les deux pays ont-ils intérêt à participer à l'échange? Choisissez un prix relatif international qui satisfasse cette condition et calculez le gain à l'échange pour les deux pays. [*doc. 3*]
8. Montrez que la spécialisation induit une économie de facteurs de production qui rend possible une hausse de la production. Que signifie la phrase soulignée? [*doc. 4*]
9. Pourquoi le commerce international permet-il de contrecarrer la baisse du taux de profit? [*doc. 5*]
10. Quelles sont les hypothèses cruciales du modèle de Ricardo? Quelles critiques peut-on adresser à ce modèle?

3

KARL MARX

Après l'effondrement du régime soviétique totalitaire, à quoi bon faire l'effort de lire Marx ? Un lycéen peut-il trouver dans cette œuvre foisonnante, difficile, inachevée, de quoi nourrir sa propre réflexion sur le monde dans lequel il vit aujourd'hui, un monde qui, par bien des côtés, est si différent de celui dans lequel vivait un auteur du XIXe siècle ?

À première vue la réponse serait plutôt négative. Toute une partie de cette œuvre apparaît désormais, avec le recul, comme enfermée dans une époque où prédominaient la croyance au progrès, le scientisme et l'évolutionnisme. De plus, nombre de prédictions marxiennes furent infirmées (du moins jusqu'à ce jour) et l'on sait ce qu'il advint des économies qui cherchèrent à se passer du marché. Il suffit pourtant d'évoquer ces arguments pour songer à leur en opposer d'autres. Le capitalisme ne serait-il pas en train d'achever son processus de mondialisation ? Une fraction croissante de nos sociétés ne serait-elle pas menacée de paupérisation, sans parler de la misère qui sévit dans le tiers monde ? Pouvons-nous nous risquer à prédire la disparition des conflits sociaux et, avec elle, la « fin de l'histoire » ?

Marx fut philosophe, économiste, historien, sociologue, sans jamais s'enfermer dans aucune de ces disciplines (en ce sens il fut un précurseur des sciences économiques et sociales !). Il importe de se souvenir qu'il fut d'abord ce jeune homme révolté contre l'injustice sociale, l'exploitation et la domination, qui devint et resta ensuite toute sa vie un militant révolutionnaire luttant pour qu'advienne une société libre, humaine et fraternelle. On comprend alors que sa pensée soit essentiellement critique : critique de toute philosophie (l'une des formes de l'aliénation de l'être humain), de la politique (notamment de l'État, instrument d'oppression au service de la classe dominante), de l'économie politique (expression de la vision bourgeoise de la société), de l'idéologie (les idées dominantes n'étant que les idées des dominants)… Plus d'un siècle après sa mort, cette dimension critique de l'œuvre est celle qui reste la plus vivante (par opposition à la dimension prophétique, celle qui annonce la révolution inéluctable, l'avènement du paradis sur terre, et conduit à ce monstre que fut le « socialisme scientifique », cette prétention d'un parti à gouverner par la terreur au nom de la connaissance des lois de l'histoire). N'oublions pas, en effet, que l'exercice quotidien de la raison critique (et autocritique) est l'une des conditions d'existence de la démocratie.

Conformément au programme, le texte qui suit ne s'intéresse qu'à un fragment de la pensée de Marx, celui qui concerne l'analyse de la structure de nos sociétés et le changement social. Bien qu'il s'agisse seulement d'un fragment, il n'échappe pas à l'une des contradictions majeures qui marquent la théorie marxienne de l'évolution historique. En effet, d'un côté, la philosophie matérialiste de l'histoire conduit à annoncer la crise inéluctable du mode de production capitaliste et l'avènement de la société communiste. De l'autre, la théorie du changement social met l'accent sur le rôle moteur de la lutte des classes. Y aurait-il un sens à parler de lutte si l'issue de celle-ci était connue à l'avance ? On peut au contraire constater rétrospectivement que les luttes menées par la classe ouvrière ont contribué à transformer considérablement la société dans laquelle nous vivons. Il est même permis d'avancer que c'est justement parce qu'elle s'est transformée que cette société n'a pas été emportée par une révolution (l'augmentation du pouvoir d'achat des salaires a évité les crises de surproduction, l'État-providence a évité l'effet cumulatif des récessions, etc.). Selon cette dernière conception, le cours de l'histoire n'est pas déterminé a priori *et l'avenir reste ouvert (pour le meilleur ou pour le pire). Comme l'a écrit Marx lui-même : « Les hommes font leur histoire, mais ils ne savent pas l'histoire qu'ils font. » Il n'est pas inutile de se le rappeler à un moment où apparaissent dans nos sociétés de nouvelles fractures…*

Pascal Combemale

SOMMAIRE

► L'ensemble Smith-Marx-Weber forme un bloc du point de vue de l'analyse du capitalisme; mais il ne faut pas oublier que Marx (1818-1883) et Tocqueville (1805-1859) étaient des contemporains (ils vivent par exemple tous les deux la révolution de 1848). Certains des outils d'analyse forgés par Marx ne sont pas dépassés : on peut notamment les appliquer aux réalités étudiées dans les chapitres III (monde du travail), VII (structure sociale), IX (inégalités sociales) et X (cohésion sociale).

Bibliographie

Rien ne vaut la lecture des textes originaux. Un lycéen peut commencer par ceux dans lesquels Marx fait un effort pédagogique, notamment :

– Manifeste du parti communiste, *10/18, Paris, 1989.*

– Travail salarié et capital, *Gallimard, « La Pléiade », t. I, Paris, 1994 (à emprunter à la bibliothèque).*

Albert Camus, L'Homme révolté, *Gallimard, « Folio-Essais », Paris, 1994.*

Jean-Pierre Durand, La Sociologie de Marx, *La Découverte, « Repères », Paris, 1995.*

➜ Serge Bosc *est agrégé de sciences sociales. Après avoir été professeur de SES en classes préparatoires HEC, il enseigne actuellement la sociologie à l'université Paris-VIII. Il travaille sur l'évolution des classes et des classifications sociales. Il a publié* Stratification et classes sociales *(Nathan, « Circa », Paris, 2001).*

POUR ALLER PLUS LOIN

LE CHANGEMENT SOCIAL CHEZ MARX

■

SERGE BOSC

Dans un texte célèbre datant de 1859 (préface de la *Contribution à la critique de l'économie politique*), Marx fournit un canevas pour analyser le monde social.

Toute société constitue un édifice hiérarchiquement structuré en trois instances : la « structure économique de la société » (dénommée le plus souvent « mode de production »), articulation de « forces productives » et de « rapports de production », en constitue la base sur laquelle s'élève la « structure juridique et politique » et à quoi correspondent des « formes déterminées de la conscience sociale » [*voir dossier 1, doc. 1*].

Les forces productives ne se réduisent pas aux moyens de production matériels (le « capital constant » dans sa terminologie), mais englobent les travailleurs et leur savoir-faire. Dans *Le Capital*, Marx parle de « force productive du travail » déterminée par le « niveau d'habileté moyen de l'ouvrier », « le développement de la science et ses possibilités d'application technologique, la combinaison sociale du travail, l'ampleur et l'efficacité des moyens de production... ».

Les rapports de production désignent les relations que nouent les individus dans la sphère productive. Celles-ci sont simultanément économiques et sociales. À de nombreuses reprises, Marx parle de « rapport *social* de production ». Elles sont, le plus souvent, asymétriques : elles opposent les « maîtres des conditions de production » aux « producteurs directs » (autrement dit les travailleurs manuels). Ce rapport inégal se traduit par l'extorsion d'un « surtravail non payé » et, plus largement, par une relation « de domination et de servitude » [*voir dossier 1, doc. 2*]. En ce sens, la division du travail, du moins celle qui s'institue au sein d'un même processus de production, est fondamentalement inégalitaire.

Les rapports de production typiques, en correspondance avec un état donné des forces productives, constituent le « fondement caché de toute la structure sociale », autrement dit la « société civile » [*voir dossier 1, doc. 2*] avec sa division en classes [*voir plus loin*].

L'« édifice juridique et politique » prend racine sur la « structure économique ». Les « rapports juridiques » et en particulier les rapports de propriété sont l'expression dans l'ordre du droit des rapports de production. Les « formes de l'État » correspondent aux caractéristiques de la « société civile ».

Les « formes de la conscience sociale », enfin, sont directement fonction de l'« existence sociale » des individus, autrement dit de leurs conditions matérielles d'existence et des relations qu'ils nouent dans la production. Sont évoquées ici « les formes juridiques, politiques, religieuses, artistiques, philosophiques, bref les formes idéologiques... ». Il s'agit ici du sens large de l'idéologie qu'on peut rapprocher de la notion de « représentations collectives » chez Durkheim. Cependant, Marx emploie aussi le terme idéologie dans un sens plus restreint pour désigner le travestissement de la réalité et les illusions qu'elle nourrit, ainsi que l'imposition du point de vue des dominants sur les dominés [*voir dossier 1, doc. 3*].

I. UN SCHÉMA D'ÉVOLUTION DE L'HISTOIRE HUMAINE

La préface de la *Contribution à la critique de l'économie politique* esquisse parallèlement un schéma du développement historique des sociétés :
– la dynamique du développement des forces productives (FP) se heurte périodiquement à l'inertie relative des rapports de production : ceux-ci en viennent à constituer des entraves au développement économique. Ces contradictions engendrent une ère de révolution sociale qui est exacerbée par les actions des protagonistes, *i.e.* les groupes et les classes sociales en opposition ;
– dans une perspective à très long terme (l'histoire au long cours), on passe du mode de production asiatique aux modes de production antique, féodal et, pour finir, « bourgeois moderne » ;
– le mode de production capitaliste sera lui-même l'objet d'un dépassement par lequel, pour la première fois, l'antagonisme entre les agents productifs sera aboli (cette remarque finale souligne la dimension prophétique de la pensée marxienne).

Ce texte [*voir dossier 1, doc. 1*] est très souvent cité car il passe pour résumer en quelques paragraphes la présentation du « matérialisme historique ». Cette expression (qui n'est pas de Marx lui-même mais d'Engels) signifie précisément que les formes sociales déterminées par les conditions d'existence matérielles (matérialisme) sont des « produits historiques et transitoires » (d'où le qualificatif « historique »). Encore faut-il préciser, ce qui n'est sans doute pas assez marqué dans l'ouvrage, que Marx accorde une place importante à la pratique, à la fois dans le rapport des hommes à la nature et à travers les liens et les rapports des hommes entre eux. Ceux-ci sont simultanément conditionnés et créateurs : « Les hommes font leur propre histoire, mais ils ne la font pas arbitrairement, dans les conditions choisies par eux, mais dans des conditions directement données et héritées du passé » (*Le 18-Brumaire de Louis Bonaparte*). Que, par ailleurs, sa vision de l'histoire soit emprunte d'une pensée évolutionniste, caractéristique de son époque, n'est pas niable. De même peut-on lui imputer une tendance au déterminisme techno-économique, mais ce n'est là qu'un aspect de sa démarche [*voir encadré A*].

Les apports les plus décisifs de Marx à la sociologie moderne, ceux qui ont le moins vieilli et qui apparaissent les plus stimulants, nonobstant les impasses qu'ils contiennent, consistent avant tout dans ses études fort documentées sur la division du travail industriel et son évolution (développées principalement dans *Le Capital*) et dans son esquisse d'une théorie des classes sociales dont on trouve des éléments épars dans nombre de ses écrits. Le premier aspect ne sera pas développé ici [*voir chapitre I, dossier 2*]. Notons cependant l'idée essentielle qui lui sert de fil conducteur : loin d'être un simple impératif économique et/ou un pur problème technique, la division du travail est avant tout un rapport social.

II. FONDEMENTS SOCIO-ÉCONOMIQUES DE LA DIVISION EN CLASSES

Il n'existe pas de théorie achevée des classes chez Marx, mais toute son œuvre est articulée autour de cette

PLAN

Encadré A : *Déterminisme technologique*

Plusieurs textes ou fragments de son œuvre semblent attester l'idée reçue d'un Marx adepte du déterminisme techno-économique et d'un évolutionnisme fondé sur le développement des forces productives. On cite souvent les fameuses formules de *Misère de la philosophie* : « Le moulin à bras donnera une société avec suzerain [*i.e.* : mode de production « féodal »], le moulin à vapeur, une société avec capitalisme industriel. »

En dynamique, le changement social serait ainsi subordonné aux transformations des forces productives. On aurait une suite d'enchaînements : changement des forces productives → changement du mode et des rapports de production → transformation des rapports sociaux et donc de la structure sociale.

Mais *quid* du changement technique lui-même ? Dans ses écrits de jeunesse transparaît une philosophie prométhéenne qui lie le perfectionnement des techniques à la domestication de la nature elle-même. L'homme se produit en produisant ses conditions matérielles d'existence.

Sans être complètement dénuée de fondement, cette vision est réductrice. Il suffit de reprendre le *Manifeste du parti communiste* et certains passages du *Capital* relatifs à l'avènement de la révolution industrielle et du mode de production capitaliste. Les bouleversements techniques (la manufacture, la division des tâches dans l'atelier, la mécanisation), loin de surgir *sui generis*, sont expliqués par deux séries de processus :

■ *La dynamique des marchés et de la demande*. Les grandes découvertes, l'expansion coloniale impulsent simultanément le commerce, les moyens d'échange et les débouchés de la production. Les techniques et l'organisation antécapitalistes ne peuvent répondre à la demande. L'artisanat cède la place à la manufacture, laquelle devient insuffisante à son tour et est supplantée progressivement par la grande industrie.

■ *L'expropriation des travailleurs immédiats*. Sous cette expression générique est désigné le long processus de spoliation des producteurs directs par les propriétaires fonciers et les capitalistes marchands : paysans parcellaires expulsés de leur terre, artisans subordonnés au pouvoir des marchands, prolétarisation indirecte (travail à domicile) ou directe (vente de leur force de travail). Ce processus conflictuel est un moment décisif de la « lutte de classes » ; « la séparation du producteur d'avec les moyens de production » correspond à ce que Marx appelle l'accumulation primitive, c'est-à-dire la mise en place des bases de l'exploitation capitaliste. La manufacture et la fabrique et les nouveaux procédés de production qui les accompagnent s'enchaînent à partir de ce conflit fondateur.

Ainsi, les innovations techniques (l'utilisation de la machine à vapeur, la mécanisation) supposent que soient réunies les conditions économiques (l'appel des marchés) et socio-politiques (l'assujettissement et la concentration des travailleurs « libres »).

Encadré B : *La théorie marxienne de la valeur*

Cette théorie est particulièrement complexe; nous en exposons un résumé délibérément simplificateur. Marx ne cherche pas à expliquer comment se forment des prix. Il veut expliquer pourquoi, dans un certain type de société, caractérisé par une double séparation (celle des travailleurs et des moyens de production; celle des producteurs entre eux), les produits transitent par le marché et deviennent donc ainsi des marchandises qui s'échangent selon la règle de l'équivalence. Si, à un moment donné, on constate que, en moyenne, dix litres de lait s'échangent contre deux litres de vin, alors dix litres de lait sont réputés valoir deux litres de vin; la question est de savoir ce qui permet de dire que la valeur de la quantité x de la marchandise A est égale à la valeur de la quantité y de la marchandise B ($xA = yB$). Une question du même genre consiste à comparer deux figures géométriques du point de vue de leur surface, ou deux objets par rapport à leur masse. Pour que deux marchandises qualitativement différentes (du lait et du vin) puissent s'échanger dans certaines proportions, il faut qu'elles appartiennent toutes les deux à un même espace de mesure, l'espace des valeurs (comme il existe un espace des longueurs). Mais de quelle substance est constitué cet espace ?

Au terme d'une démonstration que nous omettons ici, Marx parvient au résultat suivant : la valeur représente un travail abstrait socialement nécessaire. Décomposons :

– nécessaire, parce que la valeur d'une marchandise est déterminée par la quantité de travail direct et indirect (incorporé aux outils) nécessaire à la production de celle-ci;

– socialement, c'est-à-dire en moyenne dans la société (s'il faut en moyenne dix heures pour fabriquer une chaise, le paresseux ou le malhabile qui met quinze heures ne peut pas l'échanger pour une valeur supérieure à dix heures; la valeur unitaire d'une marchandise diminue donc en fonction des gains de productivité du travail);

– abstrait, parce que la comparaison des différents travaux nécessaires à la production des différentes marchandises impose de les rapporter à ce qu'ils ont en commun, à savoir d'être des dépenses d'énergie humaine; la difficulté consiste ici à reconnaître l'existence de travaux plus complexes que d'autres (mais à tout moment la société établit une hiérarchie entre les travaux et l'on sait combien une heure d'ingénieur vaut d'heures de travailleur sans qualification).

Résumons : la valeur est un processus d'évaluation par la société des différentes marchandises, sur la base des quantités de travail nécessaires à la production de ces marchandises. Cette évaluation est synchronique, donc toujours recommencée. Elle a lieu au moment de l'échange (si le produit ne correspond à aucune demande, le travail correspondant n'a créé aucune valeur). Cependant, elle porte sur des marchandises dont la production (processus diachronique) a exigé une certaine dépense de travail (dans le passé), sans que l'on sache, au moment où cette dépense a été effectuée, si ces marchandises se vendraient. Cette rencontre du passé et du présent, du travail privé (effectué dans l'incertitude) et du travail social (qui se manifeste dans l'échange) fait toute la difficulté de la théorie.

Pascal Combemale

réalité, plus précisément autour des oppositions et des conflits de classes. Par ailleurs, la notion même de classe dans son sens moderne, c'est-à-dire détachée des anciens concepts d'« état » et d'ordres, n'a pas été forgée par lui. On la trouve sous la plume des physiocrates et des économistes classiques.

Dans le dernier chapitre – à peine ébauché – du *Capital* et qui devait porter sur les classes, Marx semble reprendre le canevas d'Adam Smith (1723-1793) et de David Ricardo (1772-1823). Aux trois types de revenus (les salaires, le profit, la rente foncière) issus de la mise en valeur de leurs « ressources » (la force de travail, le capital et la terre) correspondent « les trois grandes classes de la société moderne », « les salariés, les capitalistes et les propriétaires fonciers ». Les critères de constitution d'une classe résideraient donc dans l'identité des revenus et des sources de revenus [*voir dossier 1, doc. 4*]. Cependant, Marx fait précéder cette assertion par l'expression « à première vue ». En réalité, c'est à partir de là qu'il diverge d'avec les économistes classiques : considérer la propriété comme catégorie abstraite et universelle est une erreur, ce qui importe est d'analyser, derrière les formes juridiques de propriété et le statut formel des agents, les « conditions sociales de la production », autrement dit les rapports sociaux qui s'y nouent, lesquels, comme on l'a vu, sont le plus souvent caractérisés par la domination des maîtres des conditions de production sur les « producteurs directs », et par l'extorsion du « surtravail impayé » qui en résulte. Cette réalité antagonique provoque l'opposition entre classes.

Ce schéma élémentaire demande à être historiquement spécifié : à chaque mode de production correspond une forme spécifique d'extorsion et de domination, c'est-à-dire des relations singulières entre des groupes sociaux « face à face ».

Dans les formations précapitalistes, le rapport de domination et l'appropriation du surtravail apparaissent souvent transparents : ainsi en est-il de la corvée dans le cadre du servage, forme explicite de subordination des sujets à leur maître.

Avec le système capitaliste, caractérisé par la « séparation radicale du producteur d'avec les moyens de production », les réalités sont plus voilées : le contrat, « rapport officiel entre le capitaliste et le salarié, revêt un caractère purement mercantile ». Il y a apparence de réciprocité entre deux agents libres qui signent un accord. Le langage juridique masque la dissymétrie de la relation : les travailleurs salariés sont obligés de louer leur force de travail, ils n'ont « pas d'autre marchandise à vendre » (*Le Capital*) (non-possession de moyens de production, contrainte de revenu). Dans le procès de production, le travailleur est soumis à l'entrepreneur. Enfin, le surtravail, ce travail que le capitaliste ne paie pas [*voir encadré C*], est à première vue invisible : « À la base du système du salariat, même le travail non payé semble être du travail payé » (*Travail salarié et capital*).

La relation conflictuelle spécifique d'un mode de production donné engendre un voire deux couples de classes « fondamentales » en opposition. Cependant, « la même base économique [...] peut présenter dans sa manifestation une infinité de variations et de gradations » parmi ces classes (ouvriers de métiers et ouvriers non qualifiés, par exemple). Par ailleurs, « la division en classes n'apparaît pas sous une forme pure » : même en Angleterre, pays le plus avancé dans le développement du capitalisme à l'époque de Marx, « les stades intermédiaires et transitoires estompent les démarcations précises » (*Le Capital, chap. XLVIII*). Marx entend montrer par ces expressions qu'une société, à un moment donné de son évolution, n'est pas entièrement gouvernée par la logique d'un seul mode de production, que des réalités typiques d'un mode de production antérieur continuent à subsister. Il n'est pas contradictoire pour lui de distinguer quatre ou cinq classes (dont la paysannerie et la petite bourgeoisie) dans la France de 1848 et d'affirmer simultanément que le mode de production capitaliste, en simplifiant les

Encadré C : *Les théories de l'exploitation*

Le capital est de la valeur qui « enfante » de la valeur. La création de valeur supplémentaire résulte de l'usage d'une marchandise qui a la propriété de créer de la valeur. Il s'agit de la force de travail, c'est-à-dire de « l'ensemble des facultés physiques et intellectuelles qui existent dans le corps d'un homme, dans sa personnalité vivante, et qu'il doit mettre en mouvement pour produire des choses utiles ». Comme toute marchandise, la force de travail possède une valeur, déterminée par le temps de travail nécessaire à la production des moyens de subsistance indispensables à l'entretien et à la conservation du travailleur (la quantité des moyens de subsistance variant selon les sociétés et les époques, la valeur de la force de travail comprend un « élément moral et historique »). Elle possède également une valeur d'usage : l'usage de la force de travail, c'est le travail. Il suffit donc que l'usage de la force de travail crée plus de valeur que la force de travail n'en coûte pour qu'apparaisse une plus-value (= valeur créée par les travailleurs productifs moins valeur de leur force de travail).

La condition d'existence de la plus-value est donc l'exploitation des travailleurs salariés, c'est-à-dire le fait qu'existe une différence positive entre la valeur de ce qu'ils produisent et la valeur de leur force de travail. Par conséquent, l'exploitation n'est pas le vol, car les capitalistes paient la force de travail à sa valeur. L'exploitation est un rapport social entre deux classes dans une société déterminée : elle présuppose qu'existent d'un côté des travailleurs « libres » contraints de vendre leur force de travail pour vivre et, de l'autre, des capitalistes, seuls possesseurs des moyens de production (situation qui résulte d'un processus historique appelé « accumulation primitive »).

La particularité du mode de production capitaliste n'est pas de reposer sur l'exploitation (tous les modes de production se caractérisent par un rapport d'exploitation dès lors que le degré de développement des forces productives permet l'apparition d'un surplus accaparé par un groupe qui ne l'a pas produit). Elle tient au fait que ce rapport d'exploitation y prend la forme d'un rapport d'échange économique : le travailleur y échange sa force de travail contre un salaire. La monnaie joue ici un rôle fondamental car elle entretient l'illusion que ce sont les heures de travail qui sont payées (si le salaire horaire est de 7 € et que je travaille 10 heures, on me verse 70 €). De ce fait, à la différence de l'esclave ou du serf (qui travaillent gratuitement pour le maître ou le seigneur), le salarié n'a pas immédiatement conscience de cette exploitation (entendue ici au sens de Marx, c'est-à-dire comme une réalité objective, et non au sens commun, comme le sentiment d'être traité de façon injuste).

Pascal Combemale

antagonismes sociaux, voit la société se diviser en deux grandes classes, la bourgeoisie et le prolétariat.

III. LES CLASSES COMME GROUPES SOCIAUX ET COMME ACTEURS POLITIQUES

L'analyse marxienne ne se réduit pas à un déterminisme économique, fût-il enrichi d'une dimension sociale. Ainsi en est-il des classes : les rapports de production et la division du travail engendrent la division des individus en classes sans pour autant que le simple fait de vivre des conditions similaires suffise à former une classe au sens plein du terme. Un passage célèbre du *18-Brumaire de Louis Bonaparte* précise ce point : les paysans constituent une classe car « les conditions économiques [...], leur genre de vie, leurs intérêts et leur culture » les distinguent du reste de la société. Ils n'en forment pas une en l'absence de communauté, par défaut d'organisation politique qui leur soit propre [*voir dossier 1, doc. 5*]. Qu'importe si Marx a une vision pour le moins sommaire des paysans de son temps... ce passage indique deux choses : 1. les classes ont une réalité socio-culturelle (genre de vie, culture); 2. elles n'accèdent à leur pleine dimension que dans la mesure où elles forment une communauté et où elles s'auto-organisent politiquement.

Dans d'autres écrits, Marx précise le processus par lequel les travailleurs d'industrie forment progressivement une classe : sur les lieux de production ne se concentrent d'abord que des individus « inconnus les uns des autres » et divisés par la concurrence. « La même pensée de résistance » les réunit en « coalitions » d'abord éphémères, puis plus durables, qui débouchent sur des « associations ». Celles-ci, d'abord locales, tissent des liens pour former une organisation au niveau national [*voir dossier 1, doc. 6*]. Dans le même sens, il évoque à plusieurs moments de son œuvre comment les luttes économiques et politiques, à travers les défaites comme les victoires, forgent la classe ouvrière et façonnent son identité [*voir dossier 1, doc. 6*].

La bourgeoisie elle-même n'est pas le simple résultat des progrès du négoce et de l'industrie. Sa gestation comme classe s'opère à travers un long processus socio-politique d'émancipation (formation des communes et des cités urbaines indépendantes) et de subversion de l'ordre social traditionnel (dissolution – plus ou moins complète – des institutions qui le caractérisaient : corporations, « ordres », droit coutumier, etc.).

IV. STRUCTURES DE CLASSE ET CONFLITS POLITIQUES

Dans le *Manifeste du parti communiste*, Marx et Engels esquissent à grands traits la dynamique économique et sociale du système capitaliste : le bouleversement des forces productives, l'accumulation accélérée du capital conduisent tendanciellement à une simplification des antagonismes de classes; le déclin des propriétaires fonciers, le laminage des couches intermédiaires, la concentration de masses de travailleurs sur les nouveaux lieux de production (manufactures puis fabriques) vont aboutir à une polarisation du corps social autour de la bourgeoisie et du prolétariat.

A contrario, quand Marx prend pour objet une situation historique concrète, son propos, sans être contradictoire avec le schéma général, est singulièrement différent. Tel est le cas de son analyse de la société française au milieu du XIXe siècle présentée dans *Les Luttes de classes en France* et dans *Le 18-Brumaire de Louis Bonaparte*. Marx insiste sur le développement limité du capitalisme industriel. La grande industrie est « concentrée en quelques points disséminés », le petit atelier et la boutique occupent une place importante, l'agriculture domine et, avec elle, la rente foncière se taille une place de choix dans le revenu national. L'accent est mis par ailleurs sur l'omniprésence de l'État, qui s'explique tant par le poids du passé (centralisation monarchique antiféodale) que par les nécessités d'impulser l'unité bourgeoise de la nation. Son endettement énorme alimente les revenus de ses créanciers.

La configuration sociale est dès lors fort éloignée de la figure bipolaire. On a affaire à une pluralité de classes et de fractions de classes :
– une paysannerie nombreuse, pressurée par la rente et la dette, isolée, incapable de défendre ses intérêts;
– une classe ouvrière relativement influente à Paris, mais un prolétariat industriel fort limité et non organisé au plan national dans le reste de la France;
– une petite bourgeoisie d'artisans et de petits commerçants, menacée par

■ *Questions sur le texte de Serge Bosc* ■

1. Qu'est-ce qu'un mode de production dans la pensée de Marx ? Une formation sociale ? Comment Marx explique-t-il le passage d'un mode de production à un autre ? Qu'est-ce qui distingue le mode de production capitaliste des autres modes de production ?
2. En distinguant éventuellement des déterminants économiques, politiques et idéologiques, essayez de définir la notion marxienne de « classe sociale ».
3. Pourquoi les classes sociales sont-elles nécessairement en lutte ?
4. Qu'est-ce que la bourgeoisie ? Le prolétariat ? La petite bourgeoisie ?
5. Combien Marx définissait-il de classes sociales ? Pourquoi ce nombre semble-t-il varier d'un texte à un autre ?
6. Quelles relations peut-on établir entre les luttes politiques et les luttes de classes ?

Question de synthèse

7. Vous vous demanderez s'il y a contradiction entre, d'un côté, une philosophie matérialiste de l'histoire qui annonce la crise inéluctable du mode de production capitaliste et l'avènement de la société communiste, et, de l'autre, une théorie qui explique le changement social par la lutte des classes, donc par le conflit entre des groupes sociaux.

la prolétarisation, également endettée ;
– la bourgeoisie, enfin, divisée, socialement et politiquement, en trois fractions : la première, industrielle et commerciale, que le développement limité de l'industrie moderne empêche de dominer sa propre classe, une deuxième, foncière, qui pèse lourd, surtout en province, une troisième, financière (banquiers et boursicoteurs, rois du chemin de fer), qui spécule sur les emprunts de l'État.

Les luttes politiques, loin de dériver simplement de l'opposition des intérêts en présence, se déroulent, sauf exceptions, dans la confusion et le travestissement. Aucune classe ou fraction de classe ne peut prétendre agir pour son propre compte. De plus, « sur les conditions d'existence sociale s'élève toute une superstructure d'impressions, d'illusions "forgées" par la tradition ou par l'éducation », entretenant un rapport imaginaire à la réalité. Ainsi, les querelles dynastiques (l'opposition entre les légitimistes et les orléanistes) masquent, de prime abord, l'opposition entre la grande propriété foncière, « avec ses prêtres et ses laquais », et le grand capital (les fractions industrielle et financière). En réalité, si la bourgeoisie foncière est légitimiste, c'est qu'elle dominait politiquement sous la Restauration (à l'époque des Bourbons).

La classe ouvrière, quant à elle, est soit subordonnée aux partis réformistes (qui veulent renverser la monarchie de Louis-Philippe), soit isolée et écrasée quand elle combat pour ses propres intérêts. Les journées de juin 1848 représentent le seul épisode de lutte frontale entre la bourgeoisie et le prolétariat.

Alors que Marx qualifie couramment l'État d'instrument de la classe dominante – et donc de la bourgeoisie dans une société capitaliste –, l'analyse qu'il en fait dans ses essais sur la société française prend une autre tonalité. Trois caractéristiques en ressortent : la lourdeur de l'institution (« une immense organisation bureaucratique »), son aspect parasitaire (l'État « se nourrit sur la société et en paralyse les pores »), son extériorité aliénante (« chaque intérêt commun [est] enlevé à l'initiative des membres de la société »). Ainsi, non seulement l'État se pare d'une autonomie relative et ne se laisse pas réduire à l'instrumentalisation des intérêts dominants, mais exerce une contrainte pesante sur l'ensemble du corps social. C'est suggérer parallèlement que les personnels dirigeants de la machine étatique peuvent se constituer en groupe social défendant ses objectifs particuliers. Marx, dans la *Critique de la philosophie du droit de Hegel*, avait esquissé un jugement acerbe de la bureaucratie et il notait : « Quant à l'individu bureaucrate, il fait du but de l'État son but privé : c'est la curée des postes supérieurs, le carriérisme. »

Il est indéniable que l'on trouve chez Marx des accents messianiques pour le moins obsolètes. Il est difficile de souscrire aujourd'hui au schéma d'une classe révolutionnaire condensant toutes les potentialités d'une humanité réconciliée avec elle-même. Néanmoins, on trouve aussi dans son œuvre des éléments qui demeurent féconds : une analyse du monde productif comme rapport social, la mise en évidence de la dimension relationnelle des classes, une problématique du conflit social créateur d'histoire infiniment plus suggestive que la seule opposition, par exemple, des riches contre les pauvres.

Dossier 1

Mode de production et classes sociales

Document 1

Forces productives, rapports de production, et dynamique sociale

Les rapports juridiques, pas plus que les formes de l'État, ne peuvent s'expliquer ni par eux-mêmes, ni par la prétendue évolution générale de l'esprit humain; bien plutôt, ils prennent leurs racines dans les conditions matérielles de la vie que Hegel, à l'exemple des Anglais et des Français du XVIIIe siècle, comprend dans leur ensemble sous le nom de « société civile »; et c'est dans l'économie politique qu'il convient de chercher l'anatomie de la société civile. [...]
Dans la production sociale de leur existence, les hommes nouent des rapports déterminés, nécessaires, indépendants de leur volonté; ces rapports de production correspondent à un degré donné du développement de leurs forces productives matérielles. L'ensemble de ces rapports forme la structure économique de la société, la fondation réelle sur laquelle s'élève un édifice juridique et politique, et à quoi répondent des formes déterminées de la conscience sociale. Le mode de production de la vie matérielle domine en général le développement de la vie sociale, politique et intellectuelle. <u>Ce n'est pas la conscience des hommes qui détermine leur existence, c'est au contraire leur existence sociale qui détermine leur conscience</u>. À un certain degré de leur développement, les forces productives matérielles de la société entrent en collision avec les rapports de production existants, ou avec les rapports de propriété au sein desquels elles avaient évolué jusqu'alors, et qui n'en sont que l'expression juridique. Hier encore formes de développement des forces productives, ces conditions se changent en de lourdes entraves. Alors commence une ère de révolution sociale. Le changement dans les fondations économiques s'accompagne d'un bouleversement plus ou moins rapide dans tout cet

Questions sur l'ensemble du dossier

1. Expliquez les phrases soulignées. [*doc. 1*]
2. Comment Marx caractérise-t-il les différents modes de production : asiatique, antique, féodal, bourgeois ? [*doc. 1*]
3. Qu'est-ce que l'exploitation ? [*doc. 2*]
4. L'exploitation implique-t-elle nécessairement la lutte des classes ? [*doc. 2*]
5. Cette thèse selon laquelle la classe dominante dispose en même temps des moyens d'exercer une domination culturelle vous semble-t-elle toujours d'actualité ? [*doc. 3*]
6. La lutte des classes est-elle un conflit entre les riches et les pauvres ? [*doc. 4*]
7. Expliquez la phrase soulignée; cette phrase justifie-t-elle la distinction (hégélienne) entre « classe en soi » et « classe pour soi » ? [*doc. 5*]
8. Expliquez la phrase soulignée. [*doc. 6*]

énorme édifice. Quand on considère ces bouleversements, il faut toujours distinguer deux ordres de choses. Il y a le bouleversement matériel des conditions de production économique. On doit le constater dans l'esprit de rigueur des sciences naturelles. Mais il y a aussi les formes juridiques, politiques, religieuses, artistiques, philosophiques, bref les formes idéologiques, dans lesquelles les hommes prennent conscience de ce conflit et le poussent jusqu'au bout. On ne juge pas un individu sur l'idée qu'il a de lui-même. On ne juge pas une époque de révolution d'après la conscience qu'elle a d'elle-même. Cette conscience s'expliquera plutôt par les contradictions de la vie matérielle, par le conflit qui oppose les forces productives sociales et les rapports de production. Jamais une société n'expire avant que soient développées toutes les forces productives qu'elle est assez large pour contenir ; jamais des rapports supérieurs de production ne se mettent en place avant que les conditions matérielles de leur existence ne soient écloses dans le sein même de la vieille société. C'est pourquoi l'humanité ne se propose jamais que les tâches qu'elle peut remplir ; à mieux considérer les choses, on verra toujours que la tâche surgit là où les conditions matérielles de sa réalisation sont déjà formées ou sont en voie de se créer. Réduits à leurs grandes lignes, les modes de production asiatique, antique, féodal et bourgeois moderne apparaissent comme des époques progressives de la formation économique de la société. Les rapports de production bourgeois sont la dernière forme antagonique du processus social de la production. Il n'est pas question ici d'un antagonisme individuel ; nous l'entendons bien plutôt comme le produit des conditions sociales de l'existence des individus ; mais les forces productives qui se développent au sein de la société bourgeoise créent dans le même temps les conditions matérielles propres à résoudre cet antagonisme. Avec ce système social c'est donc la préhistoire de la société humaine qui se clôt. ■

Karl Marx, Introduction à la Critique de l'économie politique, *1859.*

Document 2

Exploitation, domination et structure sociale

La forme économique spécifique dans laquelle du surtravail non payé est extorqué aux producteurs immédiats, détermine le rapport de domination et de servitude, tel qu'il découle directement de la production elle-même et, à son tour, réagit sur elle. C'est là, d'ailleurs, la base de toute la configuration que présente une collectivité économique, qui prend ses racines dans les conditions mêmes de la production, et c'est aussi sur ce fondement que repose la forme politique de cette société. C'est toujours dans les rapports immédiats entre les maîtres des conditions de production et les producteurs directs – rapports qui, sous toutes leurs formes, correspondent toujours et nécessairement à un niveau déterminé du développement du genre et du mode de travail et par suite de sa productivité sociale – c'est toujours dans ces rapports que nous découvrons le secret intime, le fondement caché de toute la structure sociale, et par conséquent de la forme politique revêtue par les rapports de souveraineté et de dépendance, bref, de toutes les formes spécifiques de l'État.
Cela n'empêche pas que la même base économique – la même, du moins, quant aux conditions principales – peut, en raison des innombrables conditions empiriques distinctes – facteurs naturels et raciaux, influences historiques agissant de l'extérieur, etc. –, présenter dans sa manifestation une infinité de variations et de gradations qui ne peuvent être saisies que par l'analyse de ces circonstances empiriques données. ■

Karl Marx, Le Capital, *livre I, 1867.*

Document 3

Classe dominante et domination culturelle

La classe qui dispose des moyens de la production matérielle dispose en même temps et par là même des moyens de la production spirituelle, si bien que, en général, les idées de ceux à qui ces moyens font défaut sont soumises à la classe dominante.
La division du travail, dans laquelle nous avons déjà reconnu un des facteurs les plus importants et les plus puissants de l'histoire, se manifeste dans la classe dominante également comme division du travail spirituel et du travail matériel. À l'intérieur de cette classe, l'une des parties fonctionne comme penseurs de cette classe : ce sont ses *idéologues* actifs et conceptifs. ■

Karl Marx, L'Idéologie allemande, *1845.*

Document 4

Classes et sources de revenus

La question qui se pose tout d'abord est la suivante : qu'est-ce qui constitue une classe ? La réponse découle tout naturellement de la réponse à une autre question : qu'est-ce qui fait que les ouvriers salariés, les capitalistes et les propriétaires fonciers constituent les trois grandes classes de la société ?
À première vue, c'est l'identité des revenus et des sources de revenus. Nous avons là trois groupes sociaux importants dont les membres, les individus qui les constituent, vivent respectivement du salaire, du profit et de la rente foncière, de la mise en valeur de leur force de travail, de leur capital et de leur propriété foncière. ■

Karl Marx, Le Capital, *livre III, chapitre XLVIII (inachevé), 1894.*

Document 5

Les paysans français du XIXe siècle

Les paysans parcellaires constituent une masse énorme dont les membres vivent tous dans la même situation, mais sans être unis les uns aux autres par des rapports variés. Leur mode de production les isole les uns des autres, au lieu de les amener à des relations réciproques. Cet isolement est encore aggravé par le mauvais état des moyens de communication en France et par la pauvreté des paysans. L'exploitation de la parcelle ne permet aucune division du travail, aucune utilisation des méthodes scientifiques, par conséquent aucune diversité de développement, aucune variété de talents, aucune richesse de rapports sociaux. […] Dans la mesure où des millions de familles paysannes vivent dans des conditions économiques qui les séparent les unes des autres et opposent leur genre de vie, leurs intérêts et leur culture à ceux des autres classes de la société, elles constituent une classe. Mais elles ne constituent pas une classe dans la mesure où il n'existe entre les paysans parcellaires qu'un lien local et où la similitude de leurs intérêts ne crée entre eux aucune communauté, aucune liaison nationale, ni aucune organisation politique. C'est pourquoi ils sont incapables de défendre leurs intérêts de classe en leur propre nom, soit par l'intermédiaire d'un Parlement, soit par l'intermédiaire d'une Assemblée.
Ils ne peuvent se représenter eux-mêmes, ils doivent être représentés. Leurs représentants doivent en même temps leur apparaître comme leurs maîtres, comme une autorité supérieure, comme une puissance gouvernementale absolue qui les protège contre les autres classes et leur envoie d'en haut la pluie et le beau temps. L'influence politique des paysans parcellaires trouve, par conséquent, son ultime expression dans la subordination de la société au pouvoir exécutif. ■

Karl Marx, Le 18-Brumaire de Louis Bonaparte, *1852.*

Document 6

Des travailleurs à la classe ouvrière

C'est sous la forme des coalitions qu'ont toujours lieu les premiers essais des travailleurs pour *s'associer* entre eux.

La grande industrie agglomère dans un seul endroit une foule de gens inconnus les uns aux autres. La concurrence les divise d'intérêts. Mais le maintien du salaire, cet intérêt commun qu'ils ont contre leur maître, les réunit dans une même pensée de résistance – *coalition*. Ainsi la coalition a toujours un double but, celui de faire cesser entre eux la concurrence, pour pouvoir faire une concurrence générale au capitaliste. Si le premier but de résistance n'a été que le maintien des salaires, à mesure que les capitalistes à leur tour se réunissent dans une pensée de répression, les coalitions, d'abord isolées, se forment en groupes, et, en face du capital toujours réuni, le maintien de l'association devient plus nécessaire pour eux que celui du salaire. Cela est tellement vrai, que les économistes anglais sont tout étonnés de voir les ouvriers sacrifier une bonne partie du salaire en faveur des associations qui, aux yeux de ces économistes, ne sont établies qu'en faveur du salaire. Dans cette lutte – véritable guerre civile – se réunissent et se développent tous les éléments nécessaires à une bataille à venir. Une fois arrivée à ce point-là, l'association prend un caractère politique.

Les conditions économiques avaient d'abord transformé la masse du pays en travailleurs. La domination du capital a créé à cette masse une situation commune, des intérêts communs. Ainsi cette masse est déjà une classe vis-à-vis du capital, mais pas encore pour elle-même. Dans la lutte dont nous n'avons signalé que quelques phases, cette masse se réunit, elle se constitue en classe pour elle-même. Les intérêts qu'elle défend deviennent des intérêts de classe. Mais la lutte de classe à classe est une lutte politique. Dans la bourgeoisie, nous avons deux phases à distinguer : celle pendant laquelle elle se constitua en classe sous le régime de la féodalité et de la monarchie absolue, et celle où, déjà constituée en classe, elle renversa la féodalité et la monarchie, pour faire de la société une société bourgeoise. La première de ces phases fut la plus longue et nécessita les plus grands efforts. Elle aussi avait commencé par des coalitions partielles contre les seigneurs féodaux. ■

Karl Marx, Misère de la philosophie, *1847.*

Dossier 2

Division du travail dans l'entreprise Division du travail dans la société

Document 1

La coopération

La production capitaliste ne commence en fait à s'établir que là où un seul maître exploite beaucoup de salariés à la fois, où le procès de travail, exécuté sur une grande échelle, demande pour l'écoulement de ses produits un marché étendu. Une multitude d'ouvriers fonctionnant en même temps sous le commandement du même capital, dans le même espace (ou si l'on veut sur le même champ de travail), en vue de produire le même genre de marchandises, voilà le point de départ historique de la production capitaliste. C'est ainsi qu'à son début la manufacture proprement dite se distingue à peine des métiers du Moyen Âge si ce n'est pas le plus grand nombre d'ouvriers exploités simultanément. L'atelier du chef de corporation n'a fait qu'élargir ses dimensions. La différence commence par être purement *quantitative*. [...]

Quand plusieurs travailleurs fonctionnent ensemble en vue d'un but commun dans le même procès de production ou dans des procès différents mais connexes, leur travail prend la forme coopérative.

Aux débuts du capital, son commandement sur le travail a un caractère purement formel et presque accidentel. L'ouvrier ne travaille alors sous les ordres du capital que parce qu'il lui a vendu sa force; il ne travaille pour lui que parce qu'il n'a pas les moyens matériels pour travailler à son propre compte. Mais dès qu'il y a coopération entre des ouvriers salariés, le commandement du capital se développe comme une nécessité pour l'exécution du travail, comme une condition réelle de production. Sur le champ de la production, les ordres du capital deviennent dès lors aussi indispensables que le sont ceux du général sur le champ de bataille.

Tout le travail social ou commun, se déployant sur une assez grande échelle, réclame une direction pour mettre en harmonie les activités individuelles. Elle doit remplir les *fonctions générales* qui tirent leur origine de la différence existante entre le mouvement d'ensemble du corps productif et les mouvements individuels des membres indépendants dont il se compose. Un musicien exécutant un solo se dirige lui-même, mais un orchestre a besoin d'un chef.

Cette fonction de direction, de surveillance et de médiation devient la fonction du capital dès que le travail qui lui est subordonné devient coopératif, et comme fonction capitaliste elle acquiert des caractères spéciaux.

Le capitaliste n'est point capitaliste parce qu'il est directeur industriel; il devient au contraire chef d'industrie parce qu'il est capitaliste. Le commandement dans l'industrie devient l'attribut du capital, de même qu'aux temps féodaux la direction de la guerre et l'administration de la justice étaient les attributs de la propriété foncière. ■

Karl Marx, Le Capital, *livre I, chapitre XIII, 1867.*

Document 2

La division du travail et la manufacture

C'est le travailleur collectif formé par la combinaison d'un grand nombre d'ouvriers parcellaires qui constitue le mécanisme spécifique de la période manufacturière. Les diverses opérations que le producteur d'une marchandise exécute tour à tour et qui se confondent dans l'ensemble de son travail, exigent, pour ainsi dire, qu'il ait plus d'une corde à son arc. Dans l'une, il doit déployer plus d'habitude, dans l'autre plus de force, dans une troisième plus d'attention, etc., et le même individu ne possède pas toutes ces facultés à un degré égal. Quand les différentes opérations sont une fois séparées, isolées et rendues indépendantes, les ouvriers sont divisés, classés et groupés d'après les facultés qui prédominent chez chacun d'eux. Si leurs particularités naturelles constituent le sol sur lequel croît la division du travail, la manufacture, une fois introduite, développe des forces de travail qui ne sont aptes qu'à des fonctions spéciales. Le travailleur collectif possède maintenant toutes les facultés productives au même degré de virtuosité et les dépense le plus économiquement possible, en n'employant ses organes, individualisés dans des travailleurs ou des groupes de travailleurs spéciaux, qu'à des fonctions appropriées à leur qualité. En tant que membre du travailleur collectif, le travailleur parcellaire devient même d'autant plus parfait qu'il est plus borné et plus incomplet. L'habitude d'une fonction unique le transforme en organe infaillible et spontané de cette fonction, tandis que l'ensemble du mécanisme le contraint d'agir avec la régularité d'une pièce de machine. Les fonctions diverses du travailleur collectif étant plus ou moins simples ou complexes, inférieures ou élevées; ses organes, c'est-à-dire les forces de travail individuelles, doivent aussi être plus ou moins simples ou complexes; elles possèdent par conséquent des valeurs différentes.

Division du travail dans l'atelier et dans la société

Malgré les nombreuses analogies et les rapports qui existent entre la division du travail dans la société et la division du travail dans l'atelier, il y a cependant entre elles une différence non pas de degré mais d'essence. L'analogie apparaît incontestablement de la manière la plus frappante là où un lien intime entrelace diverses branches d'industrie. L'éleveur de bétail par exemple produit des peaux; le tanneur les transforme en cuir; le cordonnier du cuir fait des bottes. Chacun fournit ici un produit gradué et la forme dernière et définitive est le produit collectif de leurs travaux spéciaux. Joignons à cela les diverses branches de travail qui fournissent des instruments, etc., à l'éleveur de bétail, au tanneur et au cordonnier. On peut facilement se figurer avec Adam Smith que cette division sociale du travail ne se distingue de la division manufacturière que *subjectivement*, c'est-à-dire que l'observateur voit ici d'un coup d'œil les différents travaux partiels à la fois, tandis que là leur dispersion sur un vaste espace et le grand nombre des ouvriers occupés à chaque travail particulier ne lui permettent pas de saisir leurs rapports d'ensemble. Mais qu'est-ce qui constitue le rapport entre les travaux indépendants de l'éleveur de bétail, du tanneur et du cordonnier? C'est que leurs produits respectifs sont des marchandises. Et qu'est-ce qui caractérise au contraire la division manufacturière du travail? C'est que les travailleurs parcellaires ne produisent pas de marchandises. Ce n'est que leur produit collectif qui devient marchandise. L'intermédiaire des travaux indépendants dans la société, c'est l'achat et la vente de leurs produits; le rapport d'ensemble des travaux partiels de la manufacture a pour condition la vente de différentes forces de travail à un même capitaliste qui les emploie comme force de travail collective. La division manufacturière du travail suppose une concentration de moyens de production dans la main d'un capitaliste; la division sociale du travail suppose leur dissémination entre un grand nombre de producteurs marchands indépendants les uns des autres. Tandis que dans la manufacture la loi de fer de la proportionnalité soumet des nombres déterminés d'ouvriers à des fonctions déterminées, le hasard et l'arbitraire jouent leur jeu déréglé dans la distribution des producteurs et de leurs moyens de production entre les diverses branches du travail social.

Régulation **«a priori»** *et régulation* **«a posteriori»**

Les différentes sphères de production tendent, il est vrai, à se mettre constamment en équilibre. D'une part, chaque producteur marchand doit produire une valeur d'usage, c'est-à-dire satisfaire un besoin social déterminé : or, l'étendue de ces besoins diffère quantitativement et un lien intime les enchaîne tous en un système qui développe spontanément leurs proportions réciproques; d'autre part, la loi de la valeur détermine combien de son temps disponible la société peut dépenser à la production de chaque espèce de marchandise. Mais cette tendance constante des diverses

Questions sur l'ensemble du dossier

Ce dossier prolonge le dossier consacré à A. Smith page 627; il peut préparer au chapitre IV consacré au monde du travail en présentant les tendances originelles de la division capitaliste du travail (tendances dont il conviendra de se demander dans quelle mesure et sous quelles formes elles se manifestent encore aujourd'hui).

1. À partir de quand peut-on commencer à parler de production capitaliste? [*doc. 1*]
2. Qu'est-ce que la coopération? [*doc. 1*]
3. À partir de quand les travailleurs salariés sont-ils dominés formellement? Réellement? [*doc. 1*]
4. Quelle légitimation de son rôle social le capitaliste retire-t-il de la coopération? [*doc. 1*]
5. Expliquez la phrase soulignée. Essayez de la critiquer. [*doc. 1*]
6. Définissez la division manufacturière du travail. [*doc. 2*]
7. Qu'est-ce que le «travailleur collectif», le «travailleur parcellaire»? [*doc. 2*]
8. Expliquez la première phrase soulignée. [*doc. 2*]
9. Distinguez la «division du travail dans la société» de la «division du travail dans l'atelier». [*doc. 2*]
10. Expliquez la deuxième phrase soulignée. [*doc. 2*]
11. À la fin du texte, Marx oppose une coordination des activités économiques «*a priori*» à une coordination «*a posteriori*». Dans quelle mesure cette distinction correspond-elle à l'opposition entre «économie de marché» et «économie centralement planifiée»? [*doc. 2*]
12. Expliquez la première phrase soulignée. [*doc. 3*]
13. Expliquez la deuxième phrase soulignée. Essayez de la critiquer. [*doc. 3*]
14. Expliquez la phrase soulignée (une phrase dont il conviendra de se souvenir au moment de l'étude du taylorisme). [*doc. 4*]
15. Selon ce texte, quel était le problème rencontré par les capitalistes au stade de la manufacture? [*doc. 4*]
16. Comment le système de la fabrique achève-t-il d'assurer la domination réelle des capitalistes sur les travailleurs salariés? Qu'en est-il aujourd'hui? [*doc. 4*]
17. À quoi servent les «officiers de la production»? Qui sont-ils aujourd'hui? [*doc. 5*]
18. Qu'est-ce que la scission entre la propriété et la gestion du capital? Qui sont les propriétaires? Les gestionnaires? Qui détient le pouvoir économique? [*doc. 5*]

sphères de la production à s'équilibrer n'est qu'une réaction contre la destruction continuelle de cet équilibre. Dans la division manufacturière de l'atelier, le nombre proportionnel donné d'abord par la pratique, puis par la réflexion, gouverne *a priori* à titre de règle la masse d'ouvriers attachée à chaque fonction particulière; dans la division sociale du travail, il n'agit qu'*a posteriori*, comme nécessité fatale, cachée, muette, saisissable seulement dans les variations barométriques des prix du marché, s'imposant et dominant par des catastrophes l'arbitraire déréglé des producteurs marchands. ■

Karl Marx, Le Capital, *livre I, chapitre XIV, 1867.*

[…] Pour porter remède à cette détérioration complète, qui résulte de la division du travail, A. Smith recommande l'instruction populaire obligatoire, tout en conseillant de l'administrer avec prudence et à doses homéopathiques.

Un certain rabougrissement de corps et d'esprit est inséparable de la division du travail dans la société. Mais comme la période manufacturière pousse beaucoup plus loin cette division sociale, en même temps que, par la division qui lui est propre, elle attaque l'individu à la racine même de sa vie, c'est elle qui la première fournit l'idée et la matière d'une *pathologie industrielle.* ■

Karl Marx, Le Capital, *livre I, chapitre XIV, 1867.*

exploite la force de travail vivante. La séparation des puissances intellectuelles du procès de travail d'avec le travail manuel et leur transformation en moyens par lesquels le capital s'assujettit le travail, s'opèrent, ainsi que nous l'avons indiqué plus haut, dans la grande industrie basée sur le machinisme. L'habileté particulière, individuelle, de l'ouvrier ainsi dépouillé n'est plus qu'un accessoire infime et disparaît devant la science, les forces naturelles énormes et la masse de travail social qui, incorporées au système mécanique, constituent la puissance du « Maître ». ■

Karl Marx, Le Capital, *livre I, chapitre XV, 1867.*

Document 3

Les conséquences de la division du travail

Originairement, l'ouvrier vend au capital sa force de travail, parce que les moyens matériels de la production lui manquent. Maintenant, sa force de travail refuse tout service sérieux si elle n'est pas vendue. Pour pouvoir fonctionner, il lui faut ce milieu social qui n'existe que dans l'atelier du capitaliste. De même que le peuple élu portait écrit sur son front qu'il était la propriété de Jéhovah, de même l'ouvrier de manufacture est marqué comme au fer rouge du sceau de la division du travail qui le revendique comme propriété du capital.

Les connaissances, l'intelligence et la volonté que le paysan et l'artisan indépendants déploient, sur une petite échelle, à peu près comme le sauvage pratique tout l'art de la guerre sous forme de ruse personnelle, ne sont désormais requises que pour l'ensemble de l'atelier. Les puissances intellectuelles de la production se développent d'un seul côté parce qu'elles disparaissent sur tous les autres. Ce que les ouvriers parcellaires perdent se concentre en face d'eux dans le capital. La division manufacturière leur oppose les puissances intellectuelles de la production comme la propriété d'autrui et comme pouvoir qui les domine. Cette scission commence à poindre dans la coopération simple, où le capitaliste représente vis-à-vis du travailleur isolé l'unité et la volonté du travailleur collectif; elle se développe dans la manufacture, qui mutile le travailleur au point de le réduire à une parcelle de lui-même; elle s'achève enfin dans la grande industrie, qui fait de la science une force productive indépendante du travail et l'enrôle au service du capital.

Dans la manufacture l'enrichissement du travailleur collectif, et par suite du capital, en forces productives sociales a pour condition l'appauvrissement du travailleur en forces productives individuelles.

Document 4

La fabrique

C'est en vain qu'en décomposant les métiers, elle diminue les frais d'éducation, et par conséquent la valeur de l'ouvrier; les travaux de détail difficiles exigent toujours un temps assez considérable pour l'apprentissage; et lors même que celui-ci devient superflu, les travailleurs savent le maintenir avec un zèle jaloux. L'habileté de métier restant la base de la manufacture, tandis que son mécanisme collectif ne possède point un squelette matériel indépendant des ouvriers eux-mêmes, le capital doit lutter sans cesse contre leur insubordination. « La faiblesse de la nature humaine est telle, s'écrie l'ami Ure, que plus un ouvrier est habile, plus il devient opiniâtre et intraitable, et par conséquent moins il est propre à un mécanisme, à l'ensemble duquel ses boutades capricieuses peuvent faire un tort considérable. » Pendant toute la période manufacturière, on n'entend que plaintes sur plaintes à propos de l'indiscipline des travailleurs. […] Dans la manufacture et le métier, l'ouvrier se sert de l'outil, à la fabrique il sert la machine. Dans le premier cas, c'est lui qui fait mouvoir le moyen de travail, dans le second cas, il n'a qu'à suivre le mouvement. Dans la manufacture, les ouvriers sont les membres d'un mécanisme vivant; dans la fabrique, ils ne sont que les compléments vivants d'un mécanisme mort qui existe indépendamment d'eux. […]

Toute production capitaliste, en tant qu'elle crée non seulement de la valeur, mais encore de la plus-value, a ceci de particulier : l'ouvrier ne domine pas les conditions du travail, il est dominé par elles; mais ce renversement des rôles ne devient réel et effectif au point de vue technique qu'avec l'emploi des machines. Transformé en automate, le moyen de travail, pendant le procès de travail, se dresse devant l'ouvrier sous forme de capital, de travail mort, qui domine et

Document 5

La scission de la propriété et de la gestion

Le capitaliste commence par se dispenser du travail manuel. Puis, quand son capital grandit et avec lui la force collective qu'il exploite, il se démet de sa fonction de surveillance immédiate et assidue des ouvriers et des groupes d'ouvriers et la transfère à une espèce particulière de salariés. Dès qu'il se trouve à la tête d'une armée industrielle, il lui faut des officiers supérieurs (directeurs, gérants) et des officiers inférieurs (surveillants, inspecteurs, contre-maîtres), qui, pendant le procès de travail, commandent au nom du capital. Le travail de la surveillance devient leur fonction exclusive. […] La production capitaliste en est arrivée à un point où le travail de direction, complètement séparé de la propriété du capital, court les rues, si bien que, désormais, le capitaliste n'a plus besoin de remplir lui-même cette fonction. Un chef d'orchestre ne doit nullement être le propriétaire des instruments de musique, et il ne lui appartient pas de s'occuper du « salaire » de ses musiciens. […]

Le travail de direction et de gestion, qui dérive des rapports antagoniques de la domination du capital sur le travail est commun à tous les modes de production fondés sur l'opposition des classes. Dans le système capitaliste également, il se trouve directement et indissolublement confondu avec les fonctions productives que tout travail social coordonné impose à certains individus comme une tâche spéciale. Le salaire d'un *régisseur* (comme on l'appelait dans la France féodale) est tout à fait séparé du profit et prend également la forme du salaire pour un travail qualifié, à partir du moment où l'échelle de l'entreprise permet de rétribuer un tel *manager* […]. ■

Karl Marx, Le Capital, *livre III, chapitre XV, 1894.*

Dossier 3

Luttes des classes et conflits sociaux

NB : la compréhension de ce dossier suppose la lecture préalable du texte d'Érik Neveu au chapitre VIII.

Document 1

L'histoire de la lutte des classes

L'histoire de toute société jusqu'à nos jours est l'histoire de la lutte des classes. Homme libre et esclave, patricien et plébéien, seigneur et serf, maître et compagnon, bref, oppresseurs et opprimés ont été en constante opposition ; ils se sont menés une lutte sans répit, tantôt cachée, tantôt ouverte, une lutte qui s'est chaque fois terminée par une transformation révolutionnaire de la société tout entière ou par l'anéantissement des deux classes en lutte.
Au début de l'histoire nous trouvons presque partout une organisation complète de la société en différents groupes, une série hiérarchique de situations sociales. Dans la Rome antique nous avons les patriciens, les chevaliers, les plébéiens, les esclaves ; au Moyen Âge les seigneurs féodaux, les vassaux, les maîtres de corporation, les compagnons, les serfs.
La société bourgeoise moderne, issue de l'effondrement de la société féodale, n'a pas dépassé l'opposition des classes. Elle n'a fait que substituer aux anciennes de nouvelles classes, de nouvelles conditions d'oppression, de nouvelles formes de lutte.
Ce qui distingue notre époque, l'époque de la bourgeoisie, c'est qu'elle a simplifié l'opposition des classes. La société tout entière se divise de plus en plus en deux grands camps ennemis, en deux grandes classes qui s'affrontent directement : la bourgeoisie et le prolétariat. [...]
Au développement de la bourgeoisie, c'est-à-dire du capital, répond dans une proportion égale le développement du prolétariat, de la classe des ouvriers modernes qui ne vivent que tant qu'ils trouvent du travail, et qui ne trouvent du travail que tant que leur travail augmente le capital. Ces ouvriers, contraints à se vendre par morceaux, sont une marchandise comme tout autre article du commerce et sont donc exposés de la même manière à toutes les vicissitudes de la concurrence, à toutes les fluctuations du marché. [...]
La condition essentielle de l'existence et de la domination de la classe bourgeoise est l'accumulation de la richesse dans des mains privées, la formation et l'accroissement du capital ; la condition du capital est le salariat. ■

Karl Marx et Friedrich Engels,
Le Manifeste du Parti communiste,
1848.

Document 2

De la classe en soi à la classe pour soi

C'est sous la forme des coalitions qu'ont toujours lieu les premiers essais des travailleurs pour *s'associer* entre eux.
La grande industrie agglomère dans un seul endroit une foule de gens inconnus les uns aux autres. La concurrence les divise d'intérêts. Mais le maintien du salaire, cet intérêt commun qu'ils ont contre leur maître, les réunit dans une même pensée de résistance – *coalition.* Ainsi la coalition a toujours un double but, celui de faire cesser entre eux la concurrence, pour pouvoir faire une concurrence générale au capitaliste. Si le premier but de résistance n'a été que le maintien des salaires, à mesure que les capitalistes à leur tour se réunissent dans une pensée de répression, les coalitions, d'abord isolées, se forment en groupes, et, en face du capital toujours réuni, le maintien de l'association devient plus nécessaire pour eux que celui du salaire. Cela est tellement vrai, que les économistes anglais sont tout étonnés de voir les ouvriers sacrifier une bonne partie du salaire en faveur des associations qui, aux yeux de ces économistes, ne sont établies qu'en faveur du salaire. Dans cette lutte – véritable guerre civile – se réunissent et se développent tous les éléments nécessaires à une bataille à venir. Une fois arrivé à ce point-là, l'association prend un caractère politique.
Les conditions économiques avaient d'abord transformé la masse du pays en travailleurs. La domination du capital a créé à cette masse une situation commune, des intérêts communs. Ainsi cette masse est déjà une classe vis-à-vis du capital, mais pas encore pour elle-même. Dans la lutte dont nous n'avons signalé que quelques phases, cette masse se réunit, elle se constitue en classe pour elle-même. Les intérêts qu'elle défend deviennent des intérêts de classe. Mais la lutte de classe à classe est une lutte politique. [...]
Une classe opprimée est la condition vitale de toute société fondée sur l'antagonisme des classes. L'affranchissement de la classe opprimée implique donc nécessairement la création d'une société nouvelle. Pour que la classe opprimée puisse s'affranchir, il faut que les pouvoirs productifs déjà acquis et les rapports sociaux existants ne puissent plus exister les uns à côté des autres. De tous les instruments de production, le plus grand pouvoir productif c'est la classe révolutionnaire elle-même. L'organisation des éléments révolutionnaires comme classe suppose l'existence de toutes les forces productives qui pouvaient s'engendrer dans le sein de la société ancienne.
Est-ce à dire qu'après la chute de l'ancienne société il y aura une nouvelle domination de classe, se résumant dans un nouveau pouvoir politique ? Non.
La condition d'affranchissement de la classe laborieuse c'est l'abolition de toute classe, de même que la condition d'affranchissement du tiers état, de l'ordre bourgeois, fut l'abolition de tous les états et de tous les ordres.
La classe laborieuse substituera, dans le cours de son développement, à l'ancienne société civile une association qui exclura les classes et leur antagonisme, et il n'y aura plus de pouvoir politique proprement dit, puisque le pouvoir politique est précisément le résumé officiel de l'antagonisme dans la société civile.
En attendant, l'antagonisme entre le prolétariat et la bourgeoisie est une lutte de classe à classe, lutte qui, portée à sa plus haute expression, est une révolution totale. ■

Karl Marx,
Misère de la philosophie,
chapitre II, 5e section.

Document 3

Le paradoxe de l'action collective

En fait, il est illogique de conclure à l'absence de conflits de classes sous prétexte que Marx les avait surestimés. Au contraire, cette absence est due à un type de comportement utilitaire et rationnel. *Car les actions de classe n'auront pas lieu dès lors que les individus qui les composent agissent rationnellement.* Car un bourgeois a beau désirer un gouvernement qui serve sa classe, il n'est pas forcément de son intérêt d'agir pour promouvoir ce type de gouvernement; que celui-ci arrive au pouvoir, il en profitera de toute manière puisque la théorie marxiste elle-même nous apprend que l'État œuvrera au bénéfice de la classe entière. Et de toute façon, un bourgeois isolé ne sera guère en mesure d'exercer une influence décisive sur le choix du gouvernement; si bien que la raison exige d'un membre de la bourgeoisie qu'il ignore ses intérêts de classe et s'attache à son seul intérêt personnel. De même, le travailleur qui trouverait son bénéfice dans un gouvernement « prolétarien » jugera irrationnel de risquer sa vie et ses moyens de subsistance dans une entreprise révolutionnaire contre le pouvoir bourgeois; l'hypothèse contraire serait aussi déraisonnable que celle d'une classe laborieuse acceptant volontairement de réduire ses heures de travail en vue d'améliorer sa rémunération. Car dans les deux cas, l'individu profitera du mouvement, qu'il y ait ou non participé. (On comprend ainsi que les révolutions « marxistes » aient été le fait d'une petite élite de conspirateurs venant à bout de gouvernements faibles à des périodes de désorganisation sociale. Les théoriciens de ce type de révolution sont Lénine et Trotsky, et non Marx. Le *Que faire?* de Lénine se réfère à la nécessité pour les communistes de s'appuyer sur une minorité choisie, disciplinée et prête à tous les sacrifices, plutôt que sur les intérêts de masse du prolétariat.)

L'action de classe marxiste a tous les caractères de l'entreprise d'un groupe latent visant à satisfaire des buts collectifs, et comme tous les groupes de ce genre, l'individu trouvera son avantage à voir le poids et les sacrifices supportés par les autres. Par définition, une « législation de classe » avantage la classe comme un tout et non les individus et n'offre en aucun cas à ceux-ci une incitation à l'action. La relation de l'ouvrier au prolétaire est la même que celle de l'industriel à la bourgeoisie, du contribuable à l'État, de la firme en concurrence à son industrie. ■

Mancur Olson,
Logique de l'action collective, *1966, trad. française PUF, 1978, p. 133-134.*

Questions sur l'ensemble du dossier

1. Énumérez les classes évoquées dans cet extrait. Existe-t-il des classes dans toutes les sociétés? Quelle est la spécificité de la société contemporaine de Marx et Engels? [*doc. 1*]
2. Pour quelle raison les travailleurs forment-ils des « coalitions »? Ces coalitions ont-elles pour objectif de faire la révolution? [*doc. 2*]
3. Comment le passage de la classe « en soi » à la classe « pour soi » s'effectue-t-il? Ce passage est-il inéluctable? [*doc. 2*]
4. Quel argument Marx emploie-t-il pour prédire que la victoire du prolétariat accouchera d'une société sans classe et sans État? [*doc. 2*]
5. Quel argument Olson oppose-t-il à Marx? Qu'est-ce que « le paradoxe de l'action collective »? [*doc. 3*]
6. On observe pourtant des actions collectives : comment les expliquer? [*doc. 3*]
7. Quels sont, selon Alain Touraine, les trois principes qui permettent d'identifier un mouvement social? Définissez chacun de ces principes. [*doc. 4*]
8. Quel était le mouvement social caractéristique de la société industrielle? Quels sont les mouvements sociaux caractéristiques de la société post-industrielle? [*doc. 4*]
9. Selon Alain Touraine, le conflit de classes est-il toujours le moteur du changement social? [*doc. 4*]
10. Quelles sont les trois conditions d'une régulation des conflits? [*doc. 5*]
11. Ces trois conditions sont-elles réunies dans le cas des conflits du travail? [*doc. 5*]
12. En quoi l'institutionnalisation des conflits contredit-elle la thèse de Marx? [*doc. 5*]
13. Comment le conflit contribue-t-il à l'intégration des groupes sociaux? [*doc. 6*]
14. Sous quelles conditions cette hypothèse est-elle vérifiée? [*doc. 6*]
15. L'affirmation selon laquelle « les cadres et les employés constituent de nouvelles classes sociales » est-elle compatible avec la théorie marxiste? [*doc. 7*]
16. Les « financiers » forment-ils une classe ou une « fraction de classe »? [*doc. 7*]
17. Quels sont ces nouveaux rapports de production qui expliquent l'émergence de la finance et de la classe des cadres et des employés? [*doc. 7*]
18. Peut-on parler d'une opposition d'intérêts entre « la finance » et les cadres? Justifiez votre réponse. [*doc. 7*]
19. Peut-on parler d'une lutte des classes entre « la finance » et les cadres? [*doc. 7*]
20. Qu'est-ce qui permet d'affirmer que les cadres dominaient pendant les « trente glorieuses » et que « la finance » a rétabli sa domination au cours des vingt dernières années? Cette domination de la finance est-elle irréversible? [*doc. 7*]
21. Comment caractériser ce nouveau mode de production qui ne serait ni « capitaliste » ni « socialiste » ? [*doc. 7*]

Questions de synthèse

22. Tous les conflits sociaux sont-ils des conflits de classes? Justifiez votre réponse en donnant des exemples.
23. Tous les conflits sociaux sont-ils des facteurs de changement social?
24. Les conflits sociaux sont-ils les seuls facteurs du changement social?

Document 4

Les trois principes du mouvement social

Le conflit a un enjeu, se place dans un champ. *Les adversaires parlent toujours le même langage*, faute de quoi ils ne pourraient débattre et se combattre.

Dans une société définie par le rôle de l'innovation scientifique et technologique, par des organisations qui gèrent le changement, par une hiérarchie sociale fondée sur la connaissance et par la recherche de la privatisation dans l'ordre de la consommation, il ne peut exister de mouvement social orienté vers un autre type d'historicité. De même au XIXe siècle le mouvement libéral, porté par les capitalistes, et le mouvement ouvrier n'opposent nullement deux types de sociétés entièrement différents, mais *deux versions conflictuelles, opposées* du progrès. On parle souvent aujourd'hui de l'hostilité de la jeunesse et du mouvement étudiant en particulier à la société de consommation. Rien n'est plus faux. Le conflit est entre le monde des objets et le monde de la jouissance, de l'expression et de l'imagination, deux versions opposées de la consommation. Technocrates et contestataires parlent également de la créativité, du changement, du rôle central de la connaissance, mais chacun considère que l'adversaire s'approprie et détruit les orientations fondamentales du système d'action historique.

C'est pourquoi je définis un mouvement social comme la combinaison d'un principe d'identité, d'un principe d'opposition et d'un principe de totalité, et considéré plus largement, comme un acteur d'un champ d'action historique.

1. *Le principe d'identité* est la définition de l'acteur par lui-même. Un mouvement social ne peut s'organiser que si cette définition est consciente; mais la formation du mouvement précède largement cette conscience. *C'est le conflit qui constitue et organise l'acteur.* [...]

Dans la pratique des relations sociales, le principe d'identité se présente comme un dépassement du groupe ou de la catégorie qui en est porteur. Les ouvriers d'une usine, d'un atelier ou d'une ville se considèrent, dans certaines circonstances, comme engagés dans une lutte qui déborde le cadre où elle apparaît, qui mobilise des demandes qui ne peuvent être entièrement satisfaites dans un cadre organisationnel ou politique. Ils ont conscience d'être plus qu'eux-mêmes, à la fois parce qu'ils se heurtent à un adversaire qui s'appuie sur plus que ses propres forces et parce qu'ils ont des objectifs qui ne leur sont pas propres. Les observateurs des grèves distinguent souvent les grèves instrumentales, définies par leurs buts précis, et les grèves expressives, à travers lesquelles le groupe affirme ou construit sa solidarité. C'est cette expression de soi qui fait apparaître le principe d'identité. Si j'emploie cette expression, ce n'est donc pas pour laisser croire qu'un mouvement social part de la conscience de lui-même, de ses intérêts et de ses buts, avant d'entrer en lutte avec l'adversaire sur un champ de bataille déterminé par les circonstances. L'identité de l'acteur ne peut pas être définie indépendamment du conflit réel avec l'adversaire et de la reconnaissance de l'enjeu de la lutte.

2. On doit définir de la même manière *le principe d'opposition.* Un mouvement ne s'organise que s'il peut nommer son adversaire, mais son action ne présuppose pas cette identification. *Le conflit fait surgir l'adversaire*, forme la conscience des acteurs en présence.

Même si le conflit est limité par son enjeu immédiat et les forces qu'il mobilise, on ne peut parler de principe d'opposition que si l'acteur se sent confronté à une force sociale générale en un combat qui met en cause des *orientations générales de la vie sociale.*

La dimension du conflit est fondamentale dans tout mouvement social. [...]

L'agent du mouvement social peut n'être pas définissable directement en termes de classes. Les mouvements étudiants révèlent, j'en suis convaincu, les conflits sociaux d'une société postindustrielle, mais nul ne défend l'idée que les étudiants sont une classe sociale. Un mouvement de citadins, de consommateurs, un mouvement régional ou culturel peuvent être des manifestations d'un mouvement social. [...]

3. Enfin, il n'existe pas de mouvement social qui se définisse uniquement par le conflit. Tous possèdent ce que je nomme *un principe de totalité.* Le mouvement ouvrier n'a existé que parce qu'il n'a pas considéré l'industrialisation seulement comme un instrument du profit capitaliste mais a voulu construire une société industrielle non capitaliste, anticapitaliste, libérée de l'appropriation privée des moyens de la production et capable d'un développement supérieur.

Le principe de totalité n'est rien d'autre que le *système d'action historique* dont les adversaires, situés dans la double dialectique des classes sociales, se disputent la domination. [...]

En cherchant dans le passé préindustriel l'équivalent du mouvement ouvrier on risque de ne pas reconnaître les mouvements sociaux propres aux sociétés préindustrielles et dont ni les acteurs, ni les enjeux, ni les formes d'action ne sont les mêmes que ceux du mouvement ouvrier. De la même manière la référence au mouvement ouvrier peut empêcher de comprendre les mouvements sociaux qui se forment dans les sociétés postindustrielles et qui mettent en cause la société de consommation au nom des formes les plus diverses d'autogestion culturelle. ■

Alain Touraine,
La Production de la société,
Le Seuil, 1993 (1973), p. 322-327.

Document 5

La régulation des conflits

Tout d'abord, pour qu'une régulation effective du conflit soit possible, il importe que les deux parties impliquées dans un conflit reconnaissent la nécessité et la réalité de la situation conflictuelle et par là, la légitimité de la cause adverse. On se trouve là en quelque sorte sur le terrain des valeurs. Le fait de reconnaître la légitimité de la cause adverse ne signifie certes pas qu'il faille dès le départ reconnaître comme justifiés les intérêts de l'adversaire. Il faut plutôt entendre ici par reconnaissance le fait que les deux parties acceptent leur conflit pour ce qu'il est, à savoir le produit inévitable de la structure d'autorité des associations. À chaque fois que l'on tente de taxer d'« irréalisme » le point de vue adverse ou même de dénier à l'adversaire tout droit à la contestation, la régulation effective du conflit est impossible. Ceci est également vrai des conflits qui ne sont pas reconnus pour ce qu'ils sont et où l'on fait excessivement porter l'accent sur ce que l'on appelle trop souvent et mal à propos les « intérêts communs ».

[...] Mais le facteur décisif pour une régulation effective des conflits est la reconnaissance affirmée d'une divergence et d'une opposition systématique. Tenter de masquer les lignes de conflit au moyen d'idéologies toutes faites d'harmonie et d'unité, c'est en fait accroître plus qu'atténuer la violence des manifestations de conflit.

Le deuxième préalable à une régulation effective du conflit est l'organisation effective des groupes d'intérêts. Tant que les forces conflictuelles ne sont que des agrégats informes et incohérents, la régulation est virtuellement impossible. [...]

Enfin le troisième et dernier préalable à une régulation effective des conflits est que les parties adverses dans les conflits sociaux se mettent d'accord sur un certain nombre de règles du jeu qui fournissent le cadre de leurs relations. ■

Ralf Dahrendorf,
Classes et conflits de classe dans la société industrielle, *Mouton, 1972 (1957), p. 225-232.*

Document 6

Le conflit peut avoir une fonction intégratrice

Il arrive souvent que certains groupes perdent leur unité, parce qu'ils n'ont plus d'adversaires. Ce qui a été mis en lumière, à différents points de vue, à propos du protestantisme. Son caractère essentiel étant évidemment la « protestation », dès que l'adversaire contre lequel il proteste ne serait plus dans sa ligne de mire, il perdrait son énergie ou son unité intérieure; et pour celle-ci, à un point tel que dans ce cas il irait même jusqu'à répéter en son sein le conflit avec son ennemi, éclatant en un parti libéral et un parti orthodoxe; c'est exactement de la même manière que dans l'histoire des partis en Amérique du Nord, il arriva à plusieurs reprises que le recul complet de l'un des deux grands partis eut pour conséquence directe la décomposition immédiate de l'autre en sous-groupes, avec des oppositions partisanes. De même, il n'est absolument pas bon pour l'unité du protestantisme qu'il n'ait pas vraiment d'hérétiques. En revanche, l'existence de l'hérésie et la guerre menée contre elle ont incontestablement renforcé le sentiment d'unité de l'Église catholique. Les divers éléments de l'Église ont toujours pu voir dans l'intransigeance de son opposition à l'hérésie une sorte de repère, qui malgré bien des divergences d'intérêts, leur rappelle son unité. C'est pourquoi la victoire totale d'un groupe sur ses ennemis n'est pas toujours heureuse au sens sociologique du terme ; car cela diminue son énergie, qui garantit sa cohésion, et les forces de dissolution, toujours à l'œuvre, gagnent du terrain. [...] Il se peut même qu'à l'intérieur de certains groupes, il soit politiquement habile de veiller à ce que l'on ait des ennemis, afin que leurs éléments gardent leur unité consciente et active, parce que c'est leur intérêt vital.

Ce dernier exemple nous conduit à cette intensification de la fonction de rassemblement du conflit : grâce à lui, non seulement une unité existante se concentre plus énergiquement sur elle-même, éliminant tous les éléments qui pourraient brouiller la netteté de ses contours face à l'ennemi – mais encore, des personnes et des groupes qui sans cela n'auraient rien à faire ensemble sont amenés à se rassembler. ■

Georg Simmel,
Le Conflit, *Circé, 1992, p. 122-125.*

Document 7

Le rapport de classes entre les cadres et la finance

À nos yeux, les cadres et employés constituent de nouvelles classes sociales sur le même plan que capitalistes et prolétaires. On ne peut en traiter comme une simple couche ou catégorie sociale, ou des fractions d'une grande classe de salariés. Les cadres forment actuellement une classe intermédiaire, parce qu'ils sont dominés par les propriétaires capitalistes et, eux-mêmes, dominent employés et ouvriers. [...]

Marx avait également souligné au XIXe siècle la formation d'une classe de financiers, mais c'est à partir du début du XXe siècle qu'on peut vraiment parler de la finance comme acteur social. Elle s'affirme à cette époque comme un acteur prépondérant dans la dynamique du capitalisme et la lutte des classes. [...]

À la fin du XIXe siècle, le capitalisme entre en crise aux États-Unis et en Europe. Cette crise structurelle fait suite à une phase de diminution du taux de profit. La même transformation technique qui s'exprime dans la mécanisation et l'augmentation de la taille des entreprises, aboutit simultanément à la baisse du taux de profit et à la crise de la concurrence.

Deux traits caractéristiques des nouveaux rapports jouent un rôle majeur dans le renouvellement du capitalisme :

– la croissance de la taille des entreprises, expression du progrès des forces productives, suscite l'apparition d'une finance à la mesure des nouveaux besoins. Le développement de cette finance *résout*, d'une certaine manière, les problèmes de la concurrence, car elle permet la mobilisation des masses énormes de fonds que nécessite l'entrée dans une nouvelle branche. L'avancée des forces productives s'en trouve ainsi libérée. Cette finance définit une nouvelle forme de la propriété capitaliste, donc de nouvelles configurations des rapports de production et de la classe dominante ;

– cette même croissance de la taille des entreprises requiert la délégation des tâches de gestion, désormais beaucoup plus complexes, à de vastes groupes salariés, les cadres et employés. C'est dans ce contexte que prend son essor la révolution de la gestion. Ce second développement *résout* également, à sa manière, la menace que la baisse du taux de profit de la fin du XIXe siècle faisait peser sur le progrès des forces productives, en créant les conditions de la hausse du taux de profit. La seconde composante de la propriété capitaliste, la gestion, s'en trouve métamorphosée, ce qui complète la transformation des rapports de production ; les nouveaux groupes définissent de nouvelles classes. La prolongation du rapport capitaliste est ainsi obtenue au prix de l'émergence en son sein de mécanismes qui résolvent ses problèmes mais sont porteurs de son dépassement dans les directions ouvertes par le capito-cadrisme.

[...]

Contribuant de manière décisive à la résolution des contradictions historiques du capitalisme, la finance et les cadres se voient propulsés au premier rang des luttes de classes, du moins des luttes entre les fractions des classes dominantes. L'histoire se complique donc. L'antagonisme bipolaire entre capitalistes et prolétaires se dissout dans la structure plus complexe du capito-cadrisme.

L'interprétation que nous donnons de l'histoire du capitalisme depuis le début du XXe siècle, privilégie ainsi *le rapport de classes entre la finance et les cadres.* Comme il s'agit d'un rapport entre fractions de classes dominantes, il est fait de *coopération* et de *lutte.* [...]

[...] Si un mode de production doit succéder au capitalisme, il ne faut pas se précipiter pour le désigner comme socialiste ou y voir une société sans classes. Tout ce qui n'est pas capitaliste n'est pas nécessairement prolétarien ou populaire. Plus vraisemblablement, les cadres occuperont dans la société post-capitaliste la position de classe dominante. C'est, en effet, un enseignement fondamental de la théorie marxiste que ceux qui contrôlent le système productif se constituent en classe et tiennent les rênes de l'État. ■

Gérard Duménil, Dominique Levy,
Économie marxiste du capitalisme,
La Découverte, « Repères », 2003.

4

JOSEPH ALOÏS SCHUMPETER

C'est dans la société fondée en 1971 par André Truong, R2E, que François Gernelle crée le Micral en utilisant le tout nouveau processeur 8 bits d'une société créée en 1968 : Intel. En juin 1973, la revue américaine Byte *baptise le Micral* « microcomputer ». *Le terme est resté, mais saviez-vous que le micro-ordinateur est une invention française ?*

Car l'innovatioin fut américaine : l'Altair, vendu en kit par la société MITS en janvier 1975, est le premier micro-ordinateur à rencontrer un petit succès commercial. Parmi les premiers acquéreurs se trouve un dénommé Bill Gates, qui crée avec Paul Allen la société « Microsoft ». Le 3 février 1976, le jeune Bill se distingue déjà par un sens aigu de la propriété privée en publiant une lettre ouverte dans laquelle il accuse de vol les vilains hackers *suspectés d'avoir copié l'interpréteur* Basic *qu'il vient de développer pour l'Altair... Un peu plus tard, d'autres feront à peu près exactement le contraire en créant des logiciels libres* (Free Software) *tels que Linux (lancé en 1991), qui est une version « non propriétaire » du système d'exploitation Unix, et démontrant l'efficacité d'une conception opposée de l'innovation.*

En avril 1976, Steven Wozniak et Steven Jobs créent la société Apple, sans que l'on sache vraiment d'où vient cette pomme. L'année suivante est lancé l'Apple II, premier ordinateur personnel carrossé en plastique et présentant une interface graphique en couleur. Il faut attendre 1981 pour qu'IBM réagisse et sorte enfin un Personal Computer. *Cette même année est marquée par la sortie du ZX81 de Clyve Sinclair, qui fut le premier micro à être vendu à un prix « grand public » (1 500 francs à l'époque). Trois ans plus tard, Amstrad, la société de Sir Alan Sugar, est la première à inclure le moniteur dans sa gamme CPC (3 000 francs pour le modèle de base) et Macintosh nous fait découvrir un animal qui allait devenir familier : la souris.*

Ces petites histoires auraient ravi Joseph Aloïs Schumpeter, grand admirateur de ces entrepreneurs-innovateurs auxquels le capitalisme doit son dynamisme. Des histoires qui se déroulent souvent dans des garages. En 1896, Henri Ford termine la fabrication de sa première voiture, mais il doit faire abattre la façade de son garage parce que l'engin est plus large que la porte d'entrée. En 1971, c'est dans le garage de son ami Bill Fernandez que Steven Wozniak fabrique son premier ordinateur, mais cette création ne sera pas une innovation car le Creme Soda Computer *est parti en fumée lorsque le système d'alimentation a pris feu. Quant à Jeffrey Bezos, le fondateur d'Amazon.com, l'une des sociétés phares de la « nouvelle économie », il aime raconter qu'il a, lui aussi, créé sa* start-up *dans un garage de la Silicon Valley, mais de mauvais esprits prétendent qu'il a acheté le garage après sa réussite, pour rendre son autobiographie plus romanesque...*

Vous avez compris la recette du succès : il faut lire Schumpeter et louer un garage.

Pascal Combemale

SOMMAIRE

Bibliographie

(disponible en français)

– Théorie de l'évolution économique, *Dalloz, Paris, 1999.*

– Impérialisme et classes sociales *(recueil de trois articles), Flammarion, « Champs », Paris, 1984.*

– Capitalisme, socialisme et démocratie, *Payot, Paris, 1990.*

– Histoire de l'analyse économique *(trois tomes), Gallimard, Paris, 1983.*

Une bonne introduction de la partie économique de l'œuvre se trouve dans l'ouvrage de Jean-José Quiles, Schumpeter et l'évolution économique, *Circa-Nathan, Paris, 1997.*

POUR ALLER PLUS

SCHUMPETER : LA DYNAMIQUE DU CAPITALISME

■

Pascal Combemale

Bien qu'il occupe dans l'espace politique et idéologique une position radicalement opposée à celle de Marx, Schumpeter s'inspire largement de son œuvre. Mêlant l'histoire, l'économie, la sociologie, conformément à l'air du temps en Allemagne[1], il s'intéresse, lui aussi, à la nature et au destin du capitalisme, qu'il perçoit avant tout comme un système dynamique, inconcevable au repos. Après Marx, il n'interprète pas le cycle économique, l'alternance de phases d'expansion et de récession, comme un écart à une norme qui serait la croissance équilibrée, mais accepte l'idée que ces fluctuations, ponctuées de crises, sont inhérentes à un mode de développement rythmé par des vagues d'accumulation et des périodes de liquidation. Enfin, il va jusqu'à prédire la mort du capitalisme, mais pour des raisons très différentes de celles qu'avance Marx. En effet, selon Schumpeter, le capitalisme ne succombera pas à ses contradictions économiques internes, à la polarisation des richesses, à l'ampleur croissante des crises... Au contraire : il sera victime des effets pervers de ses succès économiques, des conséquences sociales et idéologiques que son développement a engendrées.

I. LE CAPITALISME EST UN SYSTÈME DYNAMIQUE DONT L'ÉVOLUTION EST CYCLIQUE

Non seulement le capitalisme « n'est jamais stationnaire, mais il ne pourrait jamais le devenir ». Il évolue sans cesse, quantitativement et qualitativement. Mais cette évolution est heurtée : aux phases de prospérité succèdent les phases de récession. Dès lors que l'amplitude et la périodicité de ces phases paraissent plus ou moins régulières, il devient possible de les interpréter comme des cycles. Schumpeter en distingue trois, qu'il tente de combiner pour expliquer l'évolution d'ensemble : le plus long, le désormais célèbre cycle Kondratieff (du nom d'un statisticien russe), s'étend sur environ un demi-siècle; il inclut six cycles Juglar (économiste français) qui durent en moyenne neuf ou dix ans; chaque Juglar inclut trois Kitchin (économiste américain), puisque ceux-ci durent un peu plus de trois ans chacun. Le cycle long est la manifestation de changements structurels; le cycle Juglar est le cycle des affaires, celui auquel se réfèrent généralement les conjoncturistes; le cycle Kitchin s'explique par les variations de stocks.

Indépendamment des problèmes méthodologiques, fort complexes, que soulève l'extraction d'un cycle à partir de séries statistiques, cet enchevêtrement est difficile à analyser (Schumpeter attribue par exemple l'ampleur de la crise des années 1930 à la conjonction des trois cycles dont les effets dépressifs se seraient mutuellement renforcés). En restant sur le plan des généralités, il est possible de décomposer un cycle en quatre phases :
– la prospérité se caractérise par l'augmentation du crédit, de la masse monétaire, des prix, des taux d'intérêt, de la production, de l'emploi, etc.; c'est donc une phase d'expansion;
– la récession se caractérise par l'inversion de ces tendances, notamment par la baisse de la production et de l'emploi...; la crise est le point de retournement haut, elle interrompt brutalement la phase de prospérité et précipite l'économie dans la récession;
– la dépression se caractérise par l'aggravation de la récession, notamment par un chômage de masse et la déflation; elle peut être interprétée comme une phase de résorption des déséquilibres antérieurs qui prépare la reprise;
– la reprise correspond, comme son nom l'indique, au redémarrage de l'économie; c'est aussi le point de retournement bas et le moment du cycle le plus difficile à expliquer...

Dans le cas du cycle Kondratieff, on se contente généralement, après Simiand, de distinguer les phases A (hausse tendancielle des prix et de la production) et les phases B (baisse tendancielle des prix et croissance faible), soit, de façon très approximative : de la Révolution française (1789) à la Restauration (1815) pour la phase A,

Schéma A

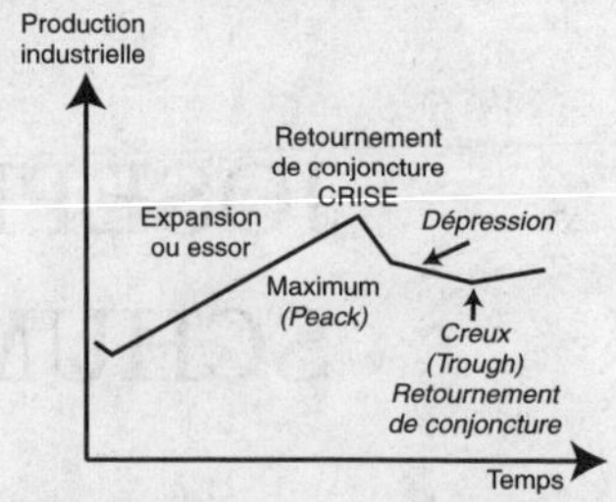

Source : Bernard Rosier, Les Théories des crises économiques, *La Découverte, « Repères », nouvelle éd., 2003.*

puis jusqu'en 1850 pour la phase B; ensuite de 1850 à 1873 (à peu près le Second Empire) pour la nouvelle phase A, puis de 1873 à 1896 pour ce que l'on appelle souvent « la grande dépression » ; de 1896 à la première guerre mondiale (la Belle Époque) ou jusqu'en 1929 (A), de 1929 jusqu'aux « trente glorieuses »... Schumpeter publie *Business Cycles* en 1939, mais il est possible de prolonger cette alternance : les « trente glorieuses » nous emmènent jusqu'en 1975, puis ce sont les « vingt piteuses ». Voilà qui devrait rendre optimiste pour la suite (!), mais ces quelques dates montrent déjà qu'une telle régularité est *a priori* contestable et a d'ailleurs été fortement contestée (la période 1873-1896 n'a pas été une « grande dépression », l'entre-deux-guerres est une période particulièrement perturbée, il existe des décalages conjoncturels entre les pays, etc.). Il est toujours tentant de construire une périodisation qui corresponde à la théorie que l'on veut illustrer... Quelle est cette théorie ? Schumpeter reprend à son compte l'hypothèse de Clément Juglar selon laquelle il faut rechercher la cause de la récession dans la phase de prospérité qui la précède. Si les récessions et les dépressions sont des phases « d'assainissement », de résorption des déséquilibres et des tensions créés par les phases d'expansion qui les précèdent, alors ce sont effectivement ces dernières qu'il convient d'expliquer.

Plan

I. **Le capitalisme est un système dynamique dont l'évolution est cyclique**

II. **L'innovation est le moteur de l'évolution économique**

III. **L'entrepreneur, héros du capitalisme**

IV. **Le capitalisme « mine les institutions qui le protègent »**

V. **Schumpeter aujourd'hui**

1. [illegible]ns le prolongement des débats animés [illegible] historique allemande, on peut [illegible]avaux de Sombart et de Weber.

II. L'INNOVATION EST LE MOTEUR DE L'ÉVOLUTION ÉCONOMIQUE

Afin de mettre en scène de la façon la plus démonstrative possible l'impact du facteur qui lui semble déterminant, les « grappes » d'innovations, Schumpeter prend comme situation de référence une représentation statique de l'économie, qu'il appelle le « circuit » (*Kreislauf*), par homologie avec « la circulation du sang dans un corps animal ». Enfermée dans ce circuit, dont la principale caractéristique est que les agents se contentent de suivre des routines, l'économie se reproduit mais ne connaît aucun changement qualitatif. Dès lors, l'évolution (*Entwicklung*) va résulter de ce qui s'oppose à la routine : l'innovation, définie comme « l'exécution de nouvelles combinaisons ». Schumpeter dénombre cinq types de « nouvelles combinaisons » :

– la fabrication d'un bien nouveau (l'exemple classique étant la célèbre Ford T);
– l'introduction d'une nouvelle méthode de production, de transport, ou de commercialisation;
– l'ouverture d'un nouveau débouché (conquête ou création d'un marché);
– la découverte d'une nouvelle source de matière première ou d'énergie (on peut penser au pétrole);
– la création d'une nouvelle organisation (au sens large du terme : le passage de la manufacture à l'usine, la formation d'un trust, la conquête d'une situation de monopole, les fusions de sociétés, etc.).

En termes plus contemporains, cette théorie explique la croissance économique par le progrès technique sous ses deux formes principales : l'innovation de produit et l'innovation de procédé. Explique-t-elle également le cycle économique ?

Pour rendre compte du caractère heurté de l'évolution, d'une croissance par « à coups », il faut supposer que les innovations ne se répartissent pas uniformément dans le temps mais apparaissent au contraire de façon discontinue, « en grappes » (ensemble d'innovations interdépendantes). On peut en effet admettre que certaines innovations majeures (par exemple le chemin de fer), induisent des bouleversements en chaîne (la baisse du coût du transport permet de conquérir de nouveaux marchés, de se spécialiser, etc.), comme on a pu en observer lors des différentes révolutions industrielles (l'introduction d'une nouvelle machine à tisser incite à mettre au point une nouvelle machine à filer, etc.). Ces innovations représentent pour les entreprises d'importantes opportunités de profits (un exemple parmi d'autres : la micro-informatique), qui les incitent à investir, à créer des capacités de production et des emplois. Si elles trouvent le financement requis par tous ces projets – Schumpeter met l'accent sur le crédit bancaire –, alors l'essor des branches innovatrices entraîne le reste de l'économie, qui s'engage dans un processus cumulatif de croissance soutenue.

Cette évolution s'accompagne ainsi d'une transformation du tissu industriel et des structures de l'économie : les nouveaux produits démodent les substituts plus anciens, les nouvelles techniques déclassent les équipements obsolètes et les anciennes méthodes de production, etc. Schumpeter qualifie ce processus de « destruction créatrice » : les entreprises à la pointe de l'innovation éliminent les entreprises en retard, des emplois sont créés, d'autres sont détruits (les chauffeurs de taxis remplacent les cochers de fiacres...). Ce qu'il conviendrait d'appeler plutôt une « création destructrice », pour désigner cette tendance périodique à révolutionner les modes de production et de consommation, se trouve, comme Marx l'avait déjà montré, au cœur de la dynamique du capitalisme. Son intensité est liée à celle de la concurrence, mais d'une concurrence imparfaite puisque les entreprises recherchent avant tout un pouvoir de marché.

Finalement, c'est parce que les innovations apparaissent groupées et qu'elles induisent une dynamique cumulative que le système économique les absorbe ensuite par des dépressions périodiques, l'exubérance du boom rendant inévitable un retournement de conjoncture et une phase de résorption des excès passés. Le processus d'imitation qui explique la diffusion de l'innovation explique aussi la crise puisqu'il conduit des individus sans compétence à (sur) investir dans les branches en expansion au moment où l'on se rapproche de la saturation des marchés. Les illustrations de ce renversement sont nombreuses : l'essor du chemin de fer et de la sidérurgie, à partir des années 1840-1850, précède la grande dépression, la grappe d'innovations de la fin du XIXe et du début du XXe siècle (électricité, chimie, moteur à explosion) précède la crise des années 1930... Certains auteurs contemporains ajouteraient : le krach des valeurs technologiques aux États-Unis, en 2000, a fait éclater la bulle spéculative qui s'était formée à la fin des années 1990, au terme d'une période de forte croissance due aux investissements dans la « nouvelle économie », née de la grappe d'innovations dans le domaine des technologies de l'information et des communications.

Il reste alors à découvrir le *deus ex machina* de cette évolution cyclique.

III. L'ENTREPRENEUR, HÉROS DU CAPITALISME

La réponse de Schumpeter à cette question est parfaitement claire :

Encadré A : *Joseph Schumpeter (1883-1950)*

Né en Moravie en 1883, fils d'un riche industriel, orphelin à 4 ans, Joseph Aloys Schumpeter côtoie, grâce à son beau-père, l'aristocratie de la cour et la haute bourgeoisie de Vienne. Il étudie le droit et l'économie entre 1901 et 1906. Sa participation aux séminaires de Böhm Bawerk et de Von Wieser, lui permet de découvrir ce que l'on appellera ensuite l'école autrichienne, issue de Carl Menger, et les débats internes à l'austro-marxisme : il se lie par exemple avec Ludwig von Mises, qui sera le principal inspirateur de Hayek, et côtoie Rudolf Hilferding, qui sera l'auteur d'un livre célèbre sur le « capitalisme financier ». Entre 1908 et 1912, il publie trois ouvrages importants, dont *La Théorie de l'évolution économique* en 1911. Notons que Schumpeter est fortement influencé par Max Weber et qu'il revendique son appartenance au camp de « l'individualisme méthodologique ».

En 1919, il devient sept mois le ministre des Finances du gouvernement de coalition du socialiste Otto Bauer. Ensuite il sera président d'une banque qui fera rapidement faillite. Il devient professeur à Bonn en 1925, mais la montée du nazisme le fait s'exiler aux États-Unis : il s'installe définitivement à Harvard en 1932. *Business Cycles* (sous-titre : *A Theoretical Historical and Statistical Approach of the Capitalist Process*) est publié en 1939, sans grand succès, ce qui ne sera pas le cas de *Capitalisme, socialisme et démocratie*, publié en 1942. Les trois volumes de son *Histoire de l'analyse économique* inachevée paraissent en 1954, donc après sa mort en janvier 1950.

« nous appelons "entreprise" la mise en place de nouvelles combinaisons et "entrepreneur" celui dont la fonction est de les mettre en place. » En tant qu'il prend l'initiative de l'innovation et possède les qualités d'exception requises pour persévérer et réussir dans son entreprise, l'individu est un entrepreneur. Schumpeter, dont l'ethos est aristocratique, partage, hélas, avec nombre de ses contemporains, le culte du chef, nécessaire dans tous les domaines (*Führerschaft*), ici décliné sous la figure du capitaine d'industrie.

L'entrepreneur n'est pas celui qui découvre (l'inventeur), mais celui qui surmonte toutes les résistances liées aux habitudes, aux traditions, aux routines pour appliquer l'invention à l'échelle industrielle et transformer ainsi la réalité économique. Tant qu'il bricole dans son garage, Ford n'est pas encore un entrepreneur. Il le devient quand il fabrique le modèle T (innovation de produit) puis quand il introduit le convoyeur (innovation de procédé). Il cesse de l'être lorsque sa gestion devient routinière et qu'il perd alors des parts de marché à l'avantage de General Motors. L'entrepreneur se distingue donc par ces traits de personnalité que nous vantent inlassablement les *success stories* : c'est un homme d'action et de décision, volontaire, que les obstacles ne découragent pas, qui n'hésite pas à affronter l'opinion majoritaire, sait prendre des initiatives, convaincre, imposer son autorité, etc. Comme tous les héros, les entrepreneurs, et par conséquent les innovations, sont rares. En revanche, les imitateurs, les suiveurs, les opportunistes, sont beaucoup plus nombreux. Lorsque les premiers ont ouvert la voie, montré l'exemple, lorsque l'innovation s'avère rentable, les seconds entrent dans la danse et contribuent à sa diffusion.

Bien qu'il prétende s'en tenir à une explication endogène de l'évolution économique, Schumpeter nous offre là une théorie psychologique et sociologique du développement. En effet, quelle est la motivation de l'entrepreneur ? La réponse la plus immédiate serait l'appât du gain, le profit. Et il est vrai que l'innovation permet de conquérir un pouvoir de marché, une position temporaire de monopole, dont la rançon est le prélèvement d'un profit élevé, qui a la nature d'une quasi-rente. Nombre d'auteurs voient d'ailleurs là une justification du profit, qui serait la « juste » rémunération de la prise de risque. Et il est également vrai que l'innovation est, par définition, une prise de risque puisqu'elle rompt avec les routines fondées sur l'expérience passée. Mais ce n'est pas l'entrepreneur en tant que tel qui assume le risque, tout simplement parce qu'il n'est pas celui qui finance l'investissement. Parvenir à lever des capitaux n'est pas pour lui une mince affaire, justement parce que les banquiers auxquels il s'adresse, ou, plus généralement les capitalistes, savent que c'est leur argent qui sera en jeu, et non le sien. Alors, si l'on ne confond pas les rôles de l'entrepreneur et du capitaliste, qu'elle est la motivation du premier ? François Perroux résume assez bien ses mobiles : « la volonté de puissance, le goût sportif de la nouvelle victoire à remporter, la joie de créer et de donner forme à ses conceptions[2]. » Il s'ensuit que la dynamique du capitalisme dépend de l'existence d'un certain type d'hommes, que distingue leur état d'esprit, en relation avec un contexte institutionnel et culturel propice à leur activité. Ce sont la disparition de ce contexte, le déclin de cet ethos qui vont sceller le destin du capitalisme.

2. François Perroux, *Marx, Schumpeter, Keynes*, PUG, 1993, p. 151.

IV. LE CAPITALISME « MINE LES INSTITUTIONS QUI LE PROTÈGENT »

À l'opposé de Marx, cette fois, Schumpeter affirme que la principale conséquence du progrès technique est une élévation du niveau de vie dont bénéficie la grande majorité de la population, y compris les ouvriers (et les ouvrières qui peuvent désormais s'offrir « les bas de soie », autrefois réservés aux reines !). Le capitalisme devrait se trouver renforcé par ses succès économiques. Il n'en est rien : Schumpeter pense au contraire qu'il est condamné, du fait même des transformations que sa dynamique engendre. Parmi ces transformations il y a notamment la concentration des entreprises et leur bureaucratisation.

Malgré les opportunités temporairement offertes dans les périodes d'inno-

■ Questions sur le texte de Pascal Combemale ■

I. Le capitalisme est un système dynamique dont l'évolution est cyclique

1. Quelle est la principale caractéristique du système capitaliste ?
2. Comment évolue l'activité économique selon Schumpeter ?
3. Représentez graphiquement les quatre phases du cycle économique décrit par Schumpeter, puis reportez les différentes périodes historiques correspondantes.

II. L'innovation est le moteur de l'évolution économique

4. Quelle est l'activité qui permet de rompre la routine économique ?
5. Quels sont les différents types d'innovation selon Schumpeter ?
6. Comment Schumpeter explique-t-il le caractère heurté de l'activité économique ?
7. Que signifie l'expression « destruction créatrice » ?
8. Pourquoi Schumpeter évoque-t-il la notion de « grappes d'innovations » ?

III. L'entrepreneur, héros du capitalisme

9. Qu'est-ce qu'un entrepreneur selon Schumpeter ?
10. Pourquoi détient-il un rôle essentiel dans la dynamique capitaliste ?
11. Qu'est-ce qui justifie le profit selon Schumpeter ?

IV. Le capitalisme « mine les institutions qui le protègent »

12. Quel avenir Schumpeter prédit-il au capitalisme ?
13. Comment explique-t-il la disparition des entrepreneurs et de l'esprit capitaliste ?

V. Schumpeter aujourd'hui

14. Pour quelles raisons l'analyse de Schumpeter serait-elle à nouveau d'actualité ?

vations majeures où se créent de nouveaux marchés (la téléphonie mobile est une illustration récente), la tendance de fond est à la concentration, du fait des économies d'échelle, mais aussi pour atteindre le seuil requis pour financer des investissements lourds, dont la recherche-développement. Or, la domination des grandes entreprises annonce le déclin des entrepreneurs : les *managers,* mus par une rationalité instrumentale, au service de bureaucraties sans âme, éclipsent les valeureux chevaliers des temps modernes.

L'essentiel est toutefois ailleurs car le capitalisme est d'abord un état d'esprit (*Zeitgeist*), un ensemble d'institutions, un système de valeurs. Or c'est précisément cela qui se trouve remis en question, qu'il s'agisse de la famille, de l'entreprise privée, de certaines règles de comportement au sein du monde des affaires... Parmi les vecteurs de cette remise en question il y a la classe des intellectuels, dont le nombre augmente avec le niveau de vie moyen. Par ressentiment et méconnaissance de la réalité « du monde des affaires », ils nourrissent la critique des institutions amorcée par les Lumières : après la religion, les privilèges aristocratiques, ce sont désormais la recherche du profit et l'économie de libre entreprise qui se trouvent délégitimées.

Cette montée en puissance des *managers* au sein de grandes entreprises bureaucratisées et cet effritement des institutions et de l'idéologie protectrices du capitalisme ouvrent la voie au socialisme, qui sera un système médiocre, mais viable. Schumpeter ne croit pas à une rémission pour le capitalisme. Il fait partie de ceux qui pensent préférable d'explorer une troisième voie, dans la direction d'un régime corporatiste...

V. SCHUMPETER AUJOURD'HUI

Longtemps oublié, Schumpeter est redevenu d'actualité lorsque l'on a cherché des explications structurelles à la crise du milieu des années 1970. Des économistes, un peu rapidement qualifiés de « néoschumpeteriens » ont recherché dans l'émergence d'un nouveau système technique, au terme de la phase de croissance ralentie, le facteur principal du retour d'une croissance forte. Les débats autour de la « nouvelle économie » et des causes de la prospérité exceptionnelle qu'ont connue les États-Unis au cours des années 1990 ont relancé cette problématique. Il existe également un courant « évolutionniste » que l'on rattache pour partie à Schumpeter. Mais les liens de filiation sont ténus car l'analyse économique a beaucoup changé au cours du dernier demi-siècle, notamment sur le plan des méthodes. La façon dont les théories de la croissance endogène formalisent le progrès technique illustre cette distance entre une œuvre essentiellement littéraire et les modèles mathématiques ou les techniques économétriques utilisés aujourd'hui.

Dans les manuels, on lit que Schumpeter aimait se vanter auprès de ses étudiants d'avoir atteint deux des trois objectifs qu'il s'était fixé dans l'existence : « être un bon cavalier, être un bon amant, être un bon économiste ». Nous savons qu'il était bon cavalier et qu'il eut trois épouses, mais fut-il un bon économiste? La réponse n'est pas évidente. Il nous laisse une *Histoire de l'analyse économique* qui témoigne d'une érudition impressionnante et vaut toujours d'être lue. Cette érudition lui permit de récupérer nombre d'apports de ses prédécesseurs, mais il ne parvint pas à faire la synthèse entre la théorie économique et l'histoire économique. Ses meilleures contributions se trouvent probablement à la marge de son œuvre principale; c'est par exemple le cas de son analyse économique de la démocratie ou d'éléments qui relèvent de ce que l'on appelle aujourd'hui la sociologie économique.

Dossier 1

L'innovation au cœur de la dynamique du capitalisme

Avertissement : les documents sont des textes de Joseph Schumpeter, extraits du livre Capitalisme, socialisme et démocratie *(traduction française, édition révisée, Payot, Paris, 1990).*

Document 1

Le capitalisme, constitue, de par sa nature, un type ou une méthode de transformation économique et, non seulement il n'est jamais stationnaire, mais il ne pourrait jamais le devenir. Or, ce caractère évolutionniste du processus capitaliste ne tient pas seulement au fait que la vie économique s'écoule dans un cadre social et naturel qui se transforme incessamment et dont les transformations modifient les données de l'action économique. Certes, ce facteur est important, mais, bien que de telles transformations (guerres, révolutions, etc.) conditionnent fréquemment les mutations industrielles, elles n'en constituent pas les moteurs primordiaux. Le caractère évolutionniste du régime ne tient pas davantage à un accroissement quasi automatique de la population et du capital ni aux caprices des systèmes monétaires – car ces facteurs, eux aussi, constituent des conditions et non des causes premières. En fait, l'impulsion fondamentale qui met et maintient en mouvement la machine capitaliste est imprimée par les nouveaux objets de consommation, les nouvelles méthodes de production et de transport, les nouveaux marchés, les nouveaux types d'organisation industrielle – tous éléments créés par l'initiative capitaliste.
Le contenu des budgets ouvriers, disons de 1760 à 1940, n'a pas simplement grossi sur la base d'un assortiment constant, mais il s'est constamment modifié du point de vue qualitatif. De même, l'histoire de l'équipement productif d'une ferme typique, à partir du moment où furent rationalisés l'assolement, les façons culturales et l'élevage jusqu'à aboutir à l'agriculture mécanisée contemporaine – débouchant sur les silos et les voies ferrées –, ne diffère pas de l'histoire de l'équipement productif de l'industrie métallurgique, depuis le four à charbon de bois jusqu'à nos hauts-fourneaux contemporains, ou de l'histoire de l'équipement productif d'énergie, depuis la roue hydraulique jusqu'à la turbine moderne, ou de l'histoire des transports, depuis la diligence jusqu'à l'avion. L'ouverture de nouveaux marchés nationaux ou extérieurs et le développement des organisations productives, depuis l'atelier artisanal et la manufacture jusqu'aux

entreprises amalgamées telles que l'US. Steel, constituent d'autres exemples du même processus de mutation industrielle – si l'on me passe cette expression biologique qui révolutionne incessamment de l'intérieur la structure économique, en détruisant continuellement ses éléments vieillis et en créant continuellement des éléments neufs. ■

Document 2

Certes, l'ouvrier moderne peut acquérir certains biens que Louis XIV aurait été enchanté d'obtenir, sans pouvoir le faire – par exemple, des appareils modernes de prothèse dentaire. Dans l'ensemble, néanmoins, les achèvements capitalistes n'auraient guère pu procurer de satisfactions supplémentaires important réellement à une personne disposant d'un budget aussi considérable que celui du Roi Soleil. On peut admettre qu'un gentilhomme aussi solennel n'aurait pas attaché grand prix à la faculté même de se déplacer plus rapidement. L'éclairage électrique n'améliore pas grandement le confort de quiconque est assez riche pour acheter un nombre suffisant de chandelles et pour rémunérer des domestiques pour les moucher. Les tissus bon marché de laine, de coton et de rayonne, les chaussures et automobiles de série représentent des fruits caractéristiques de la production capitaliste : or, en règle générale, de tels progrès techniques n'ont guère amélioré le sort des riches. La reine Elisabeth possédait des bas de soie. L'achèvement capitaliste n'a pas consisté spécifiquement à procurer aux reines davantage de ces bas, mais à les mettre à la portée des ouvrières d'usine, en échange de quantités de travail constamment décroissantes. ■

Document 3

Cette même donnée sociologique se dégage encore plus nettement quand nous considérons ces fluctuations de longue durée affectant l'activité économique dont l'analyse nous révèle, davantage que celle de n'importe quel autre phénomène, la nature et le mécanisme de l'évolution capitaliste. Chacune de ces oscillations comprend une « révolution industrielle », puis l'assimilation des effets de cette dernière. Nous sommes, par exemple, en mesure d'observer historiquement et statistiquement – et le phénomène est si net que les données dont nous disposons, pour maigres qu'elles soient, suffisent à l'établir – l'ascension d'une telle « vague de longue durée » vers le terme de la période 1780-1790, son point culminant aux alentours de 1800, son mouvement de baisse ultérieur, puis une sorte de reprise qui a pris fin vers le début de la période 1840-1850. Telle a été l'allure de la « révolution industrielle », chère aux auteurs de manuels économiques. Sur ses talons, cependant, est survenue une autre révolution analogue, génératrice d'une autre oscillation de longue durée, dont l'ascension, amorcée à partir de 1840, a culminé juste avant 1857, puis a reflué jusqu'en 1897, pour être suivie, à son tour, par la vague dont le sommet a été atteint environ en 1911 et qui, depuis lors, poursuit son mouvement reflux[1]. ■

1. Il s'agit là des « vagues de longue durée » qui, dans la littérature consacrée aux cycles économiques, sont principalement associées au nom de N. D. Kondratieff.

Document 4

Ce processus de destruction créatrice constitue la donnée fondamentale du capitalisme ; c'est en elle que consiste, en dernière analyse, le capitalisme et toute entreprise capitaliste doit, bon gré mal gré, s'y adapter.

De telles révolutions remodèlent périodiquement la structure existante de l'industrie, en introduisant de nouvelles méthodes de production – l'usine mécanisée, l'usine électrifiée, la synthèse chimique, et ainsi de suite ; de nouveaux biens – tels que les services ferroviaires, les automobiles, les appareils électriques ; de nouvelles formes d'organisation – telles que les fusions de sociétés ; de nouvelles sources d'approvisionnement – laine de la Plata, coton d'Amérique, cuivre du Katanga ; de nouvelles routes commerciales et de nouveaux marchés pour les achats ou pour les ventes. Ce processus de mutation industrielle imprime l'élan fondamental qui donne leur ton général aux affaires : pendant que ces nouveautés sont mises en train, la dépense est facile et la prospérité est prédominante – nonobstant, bien entendu, les phases négatives des cycles plus courts superposés à la tendance fondamentale en hausse – mais, en même temps que ces réalisations s'achèvent et que leurs fruits se mettent à affluer, l'on assiste à l'élimination des éléments périmés de la structure économique et la « dépression » est prédominante. Ainsi se succèdent des périodes prolongées de gonflement et de dégonflement des prix, des taux d'intérêt, de l'emploi, et ainsi de suite, ces phénomènes constituant autant de pièces du mécanisme de rajeunissement récurrent de l'appareil de production. Or, ces révolutions se traduisent chaque fois par une avalanche de biens de consommation qui approfondit et élargit définitivement le courant du revenu réel, même si, initialement, elle provoque des troubles, des pertes et du chômage. Et si nous observons ces avalanches de biens de consommation, nous constatons de nouveau que chacune d'entre elles consiste en articles servant à la consommation des masses et accroît le pouvoir d'achat du dollar-salaire plus que celui de n'importe quel autre dollar – en d'autres termes, nous constatons que l'évolution capitaliste améliore progressivement le niveau d'existence des masses, non pas en vertu d'une coïncidence, mais de par le fonctionnement même de son mécanisme. ■

Questions sur l'ensemble du dossier

1. Quelle est la principale caractéristique du système capitaliste ? [*doc. 1*]
2. Quel est le facteur principal de ces transformations ? [*doc. 1*]
3. À quels types d'innovations les différents exemples cités par Schumpeter correspondent-ils ? [*doc. 1*]
4. Quelle est la conséquence majeure du progrès technique ? [*doc. 2*]
5. Comment évolue l'activité économique selon l'auteur ? [*doc. 3*]
6. Représentez sur un schéma les « vagues de longue durée » présentées par Schumpeter. [*doc. 3*]
7. Comment caractériser cette évolution ? [*doc. 3*]
8. À quoi chacune de ces oscillations de l'activité économique correspond-elle ? [*doc. 3*]
9. Trouver les technologies correspondantes. [*doc. 3*]
10. Imaginez une évolution possible jusqu'à aujourd'hui. [*doc. 3*]
11. Que signifie l'expression : « destruction créatrice » ? [*doc. 4*]

Dossier 2

Innovation et concurrence imparfaite

Avertissement : les documents sont des textes de Joseph Schumpeter, extraits du livre Capitalisme, socialisme et démocratie *(traduction française, édition révisée, Payot, Paris, 1990).*

Questions sur l'ensemble du dossier

1. Pourquoi Schumpeter conteste-t-il l'hypothèse de concurrence parfaite ? [*doc. 1*]
2. En plus de la stratégie par les prix, quelles sont les autres formes que prend la concurrence ? [*doc. 1*]
3. Pourquoi les pratiques monopolistiques s'avèrent-elles indispensables et plus efficaces que la concurrence parfaite ? [*doc. 2*]
4. Quelle est la critique principale à l'égard de la théorie néoclassique ? [*doc. 3*]

Document 1

Si nous examinons de plus près les conditions [...] qui doivent être remplies aux fins de réaliser la concurrence parfaite, nous nous rendons immédiatement compte que, abstraction faite de la production agricole commune, les cas où elle joue ne sauraient être nombreux. Certes, un agriculteur fournit dans de telles conditions son blé ou son coton : à son point de vue, les prix courants de ces produits sont des données (d'ailleurs très variables) et, n'étant pas en mesure de les influencer par son action personnelle, il se borne à y adapter sa production; comme tous les agriculteurs agissent de même, les prix et quantités finissent par s'ajuster conformément aux exigences de la théorie de la concurrence parfaite. Toutefois, même à s'en tenir au secteur agricole, on constate qu'une telle passivité cesse d'être de règle pour de nombreux produits – tels que volailles, saucisses, légumes et beaucoup de produits laitiers. Enfin, en ce qui concerne pratiquement tous les produits et services finis de l'industrie et du commerce, il est évident que chaque épicier, chaque station d'essence, chaque fabricant de gants ou de crème à raser ou de scies à main dispose en propre d'un petit marché précaire qu'il essaie – qu'il doit essayer – de créer et de maintenir en faisant jouer la stratégie des prix, la stratégie des qualités «différenciation des produits» et la publicité. Du même coup, nous avons affaire à un «modèle» entièrement différent, pour lequel il n'y a, semble-t-il, aucune raison de s'attendre à ce qu'il donne les résultats de la concurrence parfaite, mais qui s'ajuste beaucoup mieux au schéma du monopole. En pareils cas, nous parlons de concurrence monopolistique... En règle générale, des conséquences analogues se manifestent sur les marchés, dans la mesure où ceux-ci constituent en majeure partie le domaine de firmes de très grande taille qui, isolément ou de concert, sont en mesure de manipuler les prix sans même différencier leurs produits – c'est-à-dire en cas d'oligopoles. À cet égard encore, le schéma, correctement adapté, du monopole paraît décrire ce type de politique commerciale beaucoup mieux que ne le fait le schéma de la concurrence parfaite. Aussitôt que l'on a reconnu la prévalence de la concurrence monopolistique ou de l'oligopole ou de combinaisons de ces deux formules, beaucoup des thèses enseignées avec une parfaite sérénité par la génération d'économistes contemporains deviennent ou bien inapplicables, ou bien beaucoup plus difficiles à démontrer. Ceci vaut, en premier lieu, pour les propositions pivotant autour du concept fondamental de l'équilibre, c'est-à-dire d'un état déterminé de l'organisme économique vers lequel tend n'importe quel autre état temporaire et que caractérisent certaines propriétés. Dans le cas général de l'oligopole, il n'existe en fait aucun équilibre déterminé et la possibilité apparaît d'une série indéfinie de marches et de contremarches, d'un état de guerre perpétuel entre les firmes concurrentes. Certes, il se trouve beaucoup de cas spéciaux pour lesquels un état d'équilibre existe théoriquement. Cependant, en second lieu, même dans de tels cas, non seulement l'équilibre est beaucoup plus difficile à atteindre que dans celui de la concurrence parfaite (et encore plus difficile à maintenir), mais de plus il y a beaucoup de chances, semble-t-il, pour que la concurrence «bienfaisante» du type classique fasse place à une concurrence destructrice, à une «guerre au couteau» ou, simplement, à des luttes pour prise de contrôle, menées sur le terrain financier. Or, de telles manœuvres constituent autant de sources de gaspillage social, auxquelles s'en ajoutent bien d'autres telles que les frais des campagnes de publicité, l'étouffement des nouvelles méthodes de production (achats de brevets pour ne pas les exploiter) et ainsi de suite. Enfin, et ce point est le plus important de tous : dans les conditions envisagées, l'équilibre, même s'il est finalement atteint en usant de procédés extrêmement onéreux, cesse de garantir soit le plein emploi, soit la production maximum au sens de la concurrence parfaite. L'équilibre peut exister sans plein emploi; il doit, semble-t-il, s'établir à un niveau de production inférieur au maximum réalisable, car la stratégie visant à défendre le profit, inapplicable dans des conditions de concurrence parfaite, non seulement devient alors possible, mais encore s'impose d'elle-même. ■

Document 2

En pratique, tout investissement entraîne, en liaison nécessaire avec les initiatives des entrepreneurs, certaines mesures de protection, telles que l'assurance ou l'arbitrage. Investir à long terme, quand les conditions se modifient rapidement (et, notamment, quand elles changent et peuvent changer à tout moment sous le choc de techniques ou produits nouveaux), constitue un exercice à peu près aussi hasardeux que celui consistant à tirer sur une cible, non seulement indistincte, mais encore mobile – et, qui plus est, se déplaçant par saccades.

Les plans conçus sur une très grande échelle ne pourraient pas, dans bien des cas, recevoir le moindre commencement d'exécution, si leurs auteurs ne comptaient pas dès le début soit sur le découragement de la concurrence, motivé par l'énormité des capitaux requis ou par le défaut d'expérience technique, soit sur la mise en jeu éventuelle de moyens propres à écœurer ou à paralyser les rivaux et, du même coup, à ménager à l'innovateur le champ d'action et le temps nécessaires pour pousser ses avantages. ■

Document 3

Puisque nous avons affaire à un processus dont chaque élément ne révèle ses véritables caractéristiques et ses effets définitifs qu'à très long terme, il est vain d'essayer d'apprécier le rendement de ce système à un moment donné – mais on doit juger son rendement à travers le temps, tel qu'il se déroule sur des dizaines ou des centaines d'années. Chaque mouvement de la stratégie des affaires ne prend son véritable sens que par rapport à ce processus et en le replaçant dans la situation d'ensemble engendrée par lui. Il importe de reconnaître le rôle joué par un tel mouvement au sein de l'ouragan perpétuel de destruction créatrice – à défaut de quoi il deviendrait incompréhensible, tout comme si l'on acceptait l'hypothèse d'un calme perpétuel. Cependant une telle hypothèse est précisément adoptée par les économistes qui, d'un point de vue instantané, considèrent, par exemple, le comportement d'une industrie oligopolistique – comprenant seulement quelques grandes firmes – et observent les manœuvres et contre-manœuvres habituelles, lesquelles ne paraissent viser d'autre objectif que de restreindre la production en rehaussant les prix de vente. Ces économistes acceptent les données d'une situation temporaire comme si elle n'était reliée ni à un passé, ni à un avenir et ils s'imaginent avoir été au fond des choses, dès lors qu'ils ont interprété le comportement des firmes en appliquant, sur la base des données observées, le principe de la maximisation du profit.

Le problème généralement pris en considération est celui d'établir comment le capitalisme gère les structures existantes, alors que le problème qui importe est celui de découvrir comment il crée, puis détruit ces structures. ■

Dossier 3

L'entrepreneur, héros d'un capitalisme qui s'autodétruit

Avertissement : les documents sont des textes de Joseph Schumpeter, extraits de Impérialisme et classes sociales *(traduction française, Éditions de Minuit, Paris, 1972, et en poche dans la collection « Champs », Flammarion, Paris, 1984) pour le document 1, et de* Capitalisme, socialisme et démocratie *(traduction française, édition révisée, Payot, Paris, 1990) pour les documents 2 et 3.*

Questions sur l'ensemble du dossier

1. Quel est l'agent économique au cœur de la dynamique capitaliste ? [*doc. 1*]
2. Qu'est-ce qui le motive et le caractérise ? [*doc. 1*]
3. Quelle est la crainte affichée par Schumpeter ? [*doc. 2*]
4. Comment justifie-t-il cette évolution ? [*doc. 2*]
5. Quel est le danger de la société anonyme selon Schumpeter ? [*doc. 3*]

Document 1

La transformation de l'outillage, la mise en place de nouvelles méthodes de production, la conquête de nouveaux marchés et, plus généralement, le recours à de nouveaux procédés dans les affaires introduisent, avec la dimension du pari, le risque de l'erreur et se heurtent à des obstacles que l'on ne rencontre pas lorsque l'on s'en tient à une gestion routinière. Voilà qui paralyse la majorité des entrepreneurs, si bien qu'ils ne peuvent changer leurs méthodes que lorsqu'ils perçoivent clairement le succès des autres. La stratégie de l'innovation réclame de l'énergie, de la décision et l'aptitude à reconnaître dans une situation donnée, les facteurs qui déterminent le succès. On rencontre rarement toutes ces qualités réunies et c'est ce qui explique pourquoi, même en l'absence d'entraves réelles à la concurrence comme les cartels par exemple, le réflexe concurrentiel ne fonctionne pas automatiquement; et cette circonstance, en retour, explique l'importance des bénéfices qui peuvent accompagner certaines réussites de ce type. C'est ainsi qu'au XIXe siècle se sont constituées les fortunes dans l'industrie et qu'elles se constituent encore de nos jours. C'est ainsi que la position de certaines familles bourgeoises s'élève absolument et relativement. Ce n'est ni l'épargne ni la gestion efficace en tant que telles, mais l'aptitude à remplir cette tâche novatrice qui est décisive. Et dans le passé des dynasties industrielles les plus importantes, on trouve en général une ou plusieurs décisions stratégiques, qui ont été pour beaucoup dans l'établissement de leur position, alors que la simple gestion du patrimoine, quelle qu'en soit par ailleurs la qualité, a toujours été un signe de déclin. Dans le second cas, celui de l'entreprise industrielle à caractère de trust, les relations entre la réussite d'un individu, la prospérité d'une famille et la marche de l'entreprise sont plus complexes. Bien que les aptitudes requises pour réussir soient *grosso modo* les mêmes, elles se sont cependant développées dans une autre direction et l'apparition des *trusts* et des grands *Konzern* a favorisé la montée d'hommes de types différents. La propriété individuelle, même réduite à la possession d'un « paquet d'actions » assurant le contrôle de l'entreprise, n'est plus possible que dans un nombre limité de cas. En dehors de ces cas, seule une personnalité d'envergure peut se trouver en mesure de diriger un *trust* de la même façon que le chef d'entreprise « ancien style » dirigeait son usine; encore le fera-t-il en tant qu'individu plutôt qu'en tant que membre d'une dynastie... Si nous cherchons maintenant à savoir ce qui peut assurer le succès d'un dirigeant de *trust* et l'élever au-dessus du reste de l'appareil, nous sommes obligés de constater que la puissance de travail et la résistance nerveuse sont plus étroitement liées au succès qu'on ne le pense en général. Il faut considérer que, dans un poste de direction, les industriels ont un nombre démesuré de travaux de routine à expédier pendant la première partie de la journée, que, par suite, ils arrivent dans un état de fraîcheur ou de fatigue très variable aux « réunions de travail » ou aux « négociations », et que de cet état dépend en grande partie leur aptitude à s'imposer. En conséquence, le moment du travail véritablement créateur, qui constitue le fondement d'une véritable politique de direction industrielle, se trouve repoussé à des heures avancées de la soirée ou de la nuit; la plupart ont alors perdu l'énergie et l'originalité dont ils auraient besoin, si bien que l'étude des dossiers nouveaux et des décisions importantes se fait dans un état de fatigue et de lassitude intellectuelles. Quelques-uns seulement conservent suffisamment d'énergie pour être, à l'heure des décisions, en pleine possession de leurs moyens. Le lendemain, la différence se fait sentir. Cette somme d'énergie doit se compléter (comme pour le type d'entrepreneur traditionnel) par une acuité de vue toute particulière, c'est-à-dire par l'aptitude à se concentrer sur l'affaire en cours et à se fermer aux autres sollicitations et en somme par un esprit froid et inflexible, qui n'exclut d'ailleurs pas la passion. ■

Document 2

Nous avons vu que le rôle de l'entrepreneur consiste à réformer ou à révolutionner la routine de production en exploitant une invention ou, plus généralement, une possibilité technique inédite (production d'une marchandise nouvelle, ou nouvelle méthode de production d'une marchandise ancienne, ou exploitation d'une nouvelle source de matières premières ou d'un nouveau débouché, ou réorganisation d'une branche industrielle, et ainsi de suite).
C'est à ce genre d'activités que l'on doit primordialement attribuer la responsabilité des « prospérités » récurrentes qui révolutionnent l'organisme économique, ainsi que des « récessions » non moins récurrentes qui tiennent au déséquilibre causé par le choc des méthodes ou produits nouveaux.
Or, cette fonction sociale est, dès à présent, en voie de perdre son importance et elle est destinée à en perdre de plus en plus et à une vitesse accélérée dans l'avenir, ceci même si le régime économique lui-même, dont l'initiative des entrepreneurs a été le moteur initial, continuait à fonctionner sans perturbations. En effet, d'une part, il est beaucoup plus facile désormais que ce n'était le cas dans le passé, d'accomplir des tâches étrangères à la routine familière – car l'innovation elle-même est en voie d'être ramenée à une routine. Le progrès technique devient toujours davantage l'affaire d'équipes de spécialistes entraînés qui travaillent sur commande et dont les méthodes leur permettent de prévoir ces résultats pratiques de leurs recherches. Au romantisme des aventures commerciales d'antan succède rapidement le prosaïsme, en notre temps où il est devenu possible de soumettre à un calcul strict tant de choses qui naguère devaient être entrevues dans un éclair d'intuition génial.
Ainsi, le progrès économique tend à se dépersonnaliser et à s'automatiser. Le travail des bureaux et des commissions tend à se substituer à l'action individuelle. ■

Document 3

Pour résumer cette partie de notre thèse : si l'évolution capitaliste – le « progrès » – ou bien prend fin, ou bien devient complètement automatique, le support économique de la bourgeoisie industrielle sera finalement réduit à des salaires analogues à ceux qui rémunèrent la besogne administrative courante, exception faite pour les résidus de quasi-rentes et de bénéfices monopolistiques dont l'on peut s'attendre à ce qu'ils persisteront en décroissant pendant un certain temps. Comme l'initiative capitaliste, de par ses réussites mêmes, tend à automatiser les progrès, nous conclurons qu'elle tend à se rendre elle-même superflue – à éclater en morceaux sous la pression même de son propre succès. L'unité industrielle géante parfaitement bureaucratisée n'élimine pas seulement, en « expropriant » leurs possesseurs, les firmes de taille petite ou moyenne, mais, en fin de compte, elle élimine également l'entrepreneur et exproprie la bourgeoisie en tant que classe appelée à perdre, de par ce processus, non seulement son revenu, mais encore, ce qui est infiniment plus grave, sa raison d'être. ■

POUR ALLER PLUS LOIN

5

ALEXIS DE TOCQUEVILLE

Comment concilier la liberté politique et l'égalité démocratique ? Dans la Déclaration d'indépendance *des treize colonies britanniques d'Amérique (4 juillet 1776) est affirmé le principe des régimes démocratiques : « Tous les hommes ont été créés égaux. » Alexis de Tocqueville est l'un des premiers à avoir compris que la passion pour l'égalité conduirait les hommes de l'âge démocratique à ne plus souffrir aucun privilège, quel que soit son fondement. La démocratie est donc d'abord une société caractérisée par l'égalité des conditions. Cela ne signifie bien sûr pas que serait réalisée une égalité absolue dans tous les domaines, mais que chacun est autorisé à se dire, devant un plus riche ou un plus puissant : pourquoi lui, pourquoi pas moi, puisque tous les hommes se valent en droit ?*

Tous les traits de la société démocratique dérivent de ce sentiment égalitaire : l'individualisme, la concurrence, la quête du bonheur matériel, le règne de l'opinion, une certaine médiocrité...

De cette évolution que Tocqueville juge irréversible, il peut résulter deux régimes politiques : la démocratie libérale ou le despotisme démocratique. En effet, bien que les hommes souhaitent en général et l'égalité et la liberté, s'il leur faut choisir entre les deux, ils préféreront l'égalité, y compris au prix de la servitude, dès lors que l'État leur garantira un minimum de sécurité et de confort matériel.

Puisqu'un retour à l'aristocratie est devenu impossible, le problème politique consiste à trouver les moyens de préserver la liberté, sans attenter au principe égalitaire, alors même que l'individu paraît de plus en plus impuissant (parce que isolé des autres et replié sur son petit univers privé) face à un État que le processus de centralisation rend au contraire de plus en plus puissant...

Les expédients auxquels songe Tocqueville (la liberté communale, la liberté d'association, les jurys populaires, une morale fondée sur une religion, etc.) peuvent-ils suffire, quand on a compris que la liberté politique, c'est-à-dire la participation aux affaires publiques, exige de chacun de nous un minimum de vertu civique ?

L'ouvrage majeur de Tocqueville, De la démocratie en Amérique, *se conclut ainsi : « Les nations de nos jours ne sauraient faire que dans leur sein les conditions ne soient pas égales ; mais il dépend d'elles que l'égalité les conduise à la servitude ou à la liberté, aux lumières ou à la barbarie, à la prospérité ou aux misères. »*

Aujourd'hui encore, c'est à cette même question de la tension entre liberté et égalité que nous sommes confrontés.

Pascal Combemale

SOMMAIRE

Bibliographie

– *Raymond Aron,* Essais sur les libertés, *Hachette-Pluriel, Paris, nouvelle éd., 1991.*

– *Alexis de Tocqueville,* De la démocratie en Amérique, *Gallimard « Folio », Paris (2 tomes).*

Anne Amiel *est professeur de philosophie, en classes préparatoires.*

POUR ALLER PLUS LOIN

TOCQUEVILLE ET LA DÉMOCRATIE

■

ANNE AMIEL

Que va chercher Charles Alexis Clérel de Tocqueville (1805-1859) aux États-Unis, fuyant les suites de la révolution de 1830, alors que la vogue de l'américanophilie est passée ? Qu'est-ce qui explique le succès littéraire et politique de son livre *De la démocratie en Amérique* (1835, un second tome paraît en 1840 ; on abrégera *I DA et II DA*) ?

I. POURQUOI ÉTUDIER LES ÉTATS-UNIS ?

Cet exemple fournit la solution à deux problèmes obsédants. Dans ce grand pays, la République jouit d'une longévité qui manque cruellement aux régimes français après 1789. Montesquieu, le « maître » de Tocqueville, avait assuré que les démocraties étaient réservées aux cités, aux petits États, à moins d'adopter la forme fédérative. C'est donc la question classique de la démocratie (dont le modèle remonte à l'Antiquité) appliquée à un grand État que Tocqueville part examiner. Il découvre un régime stable, où le principe démocratique s'est développé sans convulsions révolutionnaires. En bon libéral, admirateur de 1789, il pense qu'une grande révolution peut fonder la liberté, mais il craint qu'une suite de révolutions ne la fasse dépérir et n'amène une alternance d'apathie et de despotisme. D'où la célèbre tirade : « J'avoue que dans l'Amérique j'ai vu plus que l'Amérique ; j'y ai cherché une image de la démocratie elle-même » *(I DA)*. Les États-Unis représentent un grand État où se sont développés des principes démocratiques et que n'ont pas obscurcis des convulsions révolutionnaires, et ce dans tous les domaines : politique, social, intellectuel et moral *(◄ Questions 1 et 2)*.

II. QUE FAUT-IL ENTENDRE PAR « DÉMOCRATIE » ?

Mobilité et égalité sociales

Le terme de « démocratie » est employé par Tocqueville en des sens très divers. Son acception fondamentale n'est pas politique, mais sociale. La démocratie ne se pense pas essentiellement en opposition à la monarchie, mais par rapport à l'aristocratie (◄ *Question 3*). La démocratie représente avant tout l'égalité des conditions, *fait générateur* qui « étend son influence au-delà des mœurs politiques et des lois, et qui n'obtient pas moins d'empire sur la société civile que sur le gouvernement ; il crée les opinions, fait naître des sentiments, suggère des usages et modifie tout ce qu'il ne produit pas » (*I DA*). Cette égalité des conditions est, elle-même, le résultat d'un processus pluriséculaire. L'histoire de France depuis le XIIe siècle montre, avec le clergé et les rois niveleurs, les progrès de cette démocratisation, qui est donc une séquence historique irrésistible (◄ *Question 4*).

L'égalisation est un *fait providentiel* qu'on ne peut empêcher, mais qu'on peut instruire et conduire et qui peut recevoir plusieurs traductions politiques. Il faut ici écarter toute comparaison avec les démocraties antiques, précisément parce que ce qui est en cause est une égalisation non pas politique mais sociale, touchant tous les hommes (et non seulement les citoyens au détriment des esclaves et des « métèques »). « Il faut une science toute nouvelle à un monde tout nouveau » ; « Il faut des idées nouvelles à un État social nouveau » (*I DA*). La modernité est cette égalisation qui exige un effort théorique inédit.

La République peut être agitée ou tranquille, libérale ou oppressive. C'est là une difficulté qu'ont résolue les États-Unis. Aussi se trouve-t-on renvoyé à leur description pour comprendre ce que signifie l'égalité des conditions, ses dangers et remèdes spécifiques.

Égalité sociale et inégalité économique

Le terme d'« égalité sociale » ne doit pas égarer. Il y a bien sûr toujours des riches et des pauvres, c'est-à-dire des inégalités économiques. Si l'égalité sociale s'en accommode, elle ne se réduit pas non plus à une simple égalité juridique et formelle, à la disparition de la société d'ordres. Son sens fondamental renvoie à la mobilité sociale et à l'image que la société se donne d'elle-même, autrement dit à un imaginaire social particulier. Mobilité et imaginaire social correspondent à une émergence de l'individualité, émancipée des liens familiaux et des hiérarchies sociales. C'est ce qu'explique le chapitre consacré aux maîtres et aux serviteurs (*II DA*), où il s'agit précisément de retrouver l'égalité au sein d'une situation par définition inégalitaire.

Dans une société *aristocratique*, les maîtres et les serviteurs ont leurs places respectives, fixées au-delà des générations : ils forment deux sociétés *distinctes*. Ainsi l'obéissance et le commandement se trouvent-ils légitimés. Paradoxalement, cette stabilité de la distinction finit cependant par « lier ensemble » maître et serviteur, par leur donner, de façon imaginaire certes, une communauté d'intérêts, de sentiments. Il y a donc là un lien social, personnel, et qui perdure (◄ *Question 5*).

La même relation dans un cadre *démocratique* définit un autre ordre (« La règle est différente, mais il y a règle »). Il n'y a pas là deux peuples, l'un de maîtres, l'autre de serviteurs, puisqu'il existe une mobilité sociale. Qu'est-ce qui alors justifie l'obéissance ? « L'accord momentané et libre de deux volontés. Naturellement ils ne sont point inférieurs l'un à l'autre, ils ne le deviennent momentanément que par l'effet du contrat [...] en dehors, ce sont deux citoyens, deux hommes. » Puisque les hommes changent sans cesse de place, ce qui légitime l'obéissance est donc l'intérêt bien entendu et temporaire de chacun. Il s'ensuit « une sorte d'égalité imaginaire, en dépit de l'inégalité réelle de leur condition ». Ce qui définit l'égalité démocratique est donc la mobilité sociale (et l'espoir, justifié ou non, de changer de métier, de condition), l'égalité juridique, et, par la pensée du contrat, l'égalité imaginaire qui produit des effets bien réels (◄ *Question 6*).

L'homogénéité sociale qui en résulte et l'indépendance accrue de l'in-

PLAN

dividu-citoyen ont cependant des contreparties. Il y a en quelque sorte rupture du lien social; dans la société démocratique, les rapports entre maître et serviteur sont impersonnels, sans sentiment, sans chaleur, sans solidarité. Du même coup ils sont mobiles et temporaires, sans continuité. Les États-Unis sont ainsi le pays où les seules archives nationales sont les journaux et où « chaque génération nouvelle est un nouveau peuple » [*II DA*]. La logique de la démocratie rencontre sa forme extrême dans le Far West avec une atomisation excessive, une perte de tradition et de stabilité. À l'inverse, l'Ancien Régime est comparable à une chaîne qui relie et unit tout individu, du paysan au roi; la démocratie « casse la chaîne et met chaque anneau à part » ***(◀ Question 7).***

III. LE LIEN SOCIAL EN DANGER

Le lien social se trouve ainsi menacé. C'est l'impuissance de l'individu isolé qui constitue un danger (l'individu seul, égal aux autres, insignifiant face à la masse). L'aristocratie connaissait des individus puissants, unis par des liens de famille et de vassalité et par une tradition, qui pouvaient constituer un contre-pouvoir face au gouvernement et à la pression du conformisme. L'indépendance et l'atomisation démocratiques laissent, au contraire, le sujet en proie à l'impuissance, au repli sur soi, au conformisme, puisque la seule autorité qui perdure est celle du nombre. En politique comme en matière de mœurs et de production intellectuelle, l'émergence de l'individualité émancipée de tout lien personnel et de toute sujétion à la force contraignante de la tradition est toujours menacée de ne pouvoir créer de contre-pouvoir. La face sombre de l'émancipation est l'individualisme et le conformisme ***(◀ Question 8).***

Ce repli sur la sphère privée laisse les mains libres au despotisme doux de la dictature bureaucratique, à la tyrannie de la majorité, aux perversions de l'intérêt mal entendu, aux impulsions des passions passagères et de la démagogie.

IV. L'ART DES CONTRE-POUVOIRS : DE LA DÉMOCRATIE SOCIALE À LA LIBERTÉ POLITIQUE

Ces dangers inhérents à la logique démocratique peuvent cependant être conjurés par la diffusion des Lumières et par l'enseignement, par la « science mère de l'association » sociale et politique, enfin, par la reconnaissance du rôle fondamental de la religion. Dans tous les cas, il s'agit d'instaurer des contre-pouvoirs, de restaurer le lien social, de préserver les droits de l'individu, ceux de la minorité contre l'emprise du conformisme et de l'individualisme, contre l'abandon à un pouvoir tutélaire, plus capable d'empêcher que d'agir.

Individualisme, apathie et « science des associations »

Ce que Tocqueville redoute par-dessus tout est le désinvestissement de la sphère publique et politique par les citoyens. En cela, il se distingue de Benjamin Constant (1767-1830) et de sa vision de la liberté privée des modernes, opposée à la liberté de participation des anciens. B. Constant écrit en effet : « Dans l'espèce de liberté dont nous sommes susceptibles, plus l'exercice de nos droits politiques nous laissera de temps pour nos intérêts privés, plus la liberté nous sera précieuse » (*De la liberté chez les modernes*). Pour Tocqueville, au contraire, le désinvestissement au profit des intérêts privés peut soit favoriser l'émergence d'un tyran (si les « bons pères de famille », soucieux de l'ordre et aveuglés par les biens matériels, refusent les agitations de la liberté), soit la création d'un « nouveau despotisme » bureaucratique, qui, profitant du repli sur soi des « individualistes », enserre la société dans un réseau de règles tatillonnes, empêchant ainsi toute initiative de l'individu rendu impuissant par son isolement ***(◀ Question 9).***

C'est pourquoi, si la liberté doit être associée à la démocratie, il faut une éducation des citoyens, qui les rappelle à leurs intérêts réels, c'est-à-dire publics, et qui les arrache à leur isolement (« Le gouvernement démocratique qui se fonde sur une idée si simple et si naturelle suppose toujours, cependant, l'existence d'une société très civilisée et très savante » (*I DA*) ***(◀ Question 10).*** Cette éducation est donc l'apprentissage de l'action commune et publique. Elle s'exerce au

Encadré A : *Biographie de Tocqueville*

Dès 1829, Alexis de Tocqueville (1805-1859) écrit à Gustave de Beaumont (qui l'accompagnera dans son voyage aux États-Unis) : « C'est l'homme politique qu'il faut faire en nous. » Tocqueville est à la fois écrivain, homme politique (élu à la députation en 1839, membre de la Constituante de 1848, ministre des Affaires étrangères sous la IIe République dirigée par Louis Napoléon Bonaparte), témoin politique et grand voyageur (outre les États-Unis et la Grande-Bretagne, où il se lie avec John Stuart Mill, l'un des « pères » de l'utilitarisme, il visite notamment l'Algérie, à peine conquise). « Libéral atypique », il est à la fois le dernier des classiques à louer la participation politique et le « prophète » des dangers de la bureaucratie (ce qu'il nomme la « centralisation administrative »), du conformisme et de l'individualisme des sociétés démocratiques modernes.

De la démocratie en Amérique comporte deux tomes, parus en 1835 et 1840. La seconde Démocratie est un approfondissement plus abstrait. Seul un tiers du texte est consacré aux États-Unis. Tocqueville consigne par ailleurs son témoignage et ses analyses de la crise qui s'ouvre en 1848 dans les *Souvenirs*, lesquels n'étaient pas destinés à la publication. Après le coup d'État de 1851, son refus de prêter serment au régime de Napoléon III lui interdit la vie publique. Il projette alors un livre sur le Premier Empire, ce qui le conduit à analyser la Révolution française. Bien qu'une première partie de *L'Ancien Régime et la Révolution* paraisse en 1856, l'ouvrage reste inachevé à la mort de l'auteur. Il y défend une thèse audacieuse pour l'époque, selon laquelle la Révolution aurait parachevé l'œuvre de la monarchie, destructrice de la féodalité : « Tout ce que la révolution a fait se fût fait, je n'en doute pas, sans elle : elle n'a été qu'un procédé violent et rapide à l'aide duquel on a adapté l'état politique à l'état social, les faits aux idées et les lois aux mœurs. »

Les éditions Robert Laffont ont publié les œuvres complètes de Tocqueville dans la collection « Bouquins ».

moyen de la commune (petite Athènes, principe et vie de la démocratie américaine, qui par l'exercice du *self-government* est à la liberté ce qu'est l'école primaire à la science [*I DA*]), par l'institution du jury (qui assure la diffusion du droit jusqu'au dernier des citoyens), et surtout par la « science mère » de l'association (◀ *Question 11*).

La communauté volontaire des citoyens, constituée dans un but précis, rendu public, entrave par une activité responsable la passivité qui rend étranger à la destinée de son propre pays et qui fait tout attendre du gouvernement (◀ *Question 12*). La communauté recrée, grâce au groupe, l'équivalent des « grands individus » aristocratiques, limitant l'arbitraire du pouvoir et la force irrésistible de la majorité contre les droits de la minorité. Tocqueville conclut ainsi : « Le droit d'association me paraît presque aussi inaliénable de sa nature que la liberté individuelle » (*I DA*).

Intérêt bien entendu et religion

Un autre danger guette la démocratie. En effet, si la théorie philosophique la mieux adaptée à l'époque est celle de l'intérêt bien entendu (Tocqueville est un ami de John Stuart Mill [1806-1873], théoricien de l'utilitarisme), il faut un contre-pouvoir à l'idée « impie » que, dans l'intérêt de la société, tout est permis à la mobilité des mœurs. Il faut aussi arracher l'individu au sentiment de sa « fugacité » et de son impuissance. Le remède pour Tocqueville, pourtant incroyant, est la religion, sorte de limite que la société se donne à elle-même « car il faut craindre un peuple maître de lui-même et qui ne craint pas Dieu ». La religion modère le matérialisme démocratique (c'est-à-dire l'attachement aux seuls biens terrestres et éphémères), consolide les mœurs, fixe des limites morales. L'une des réussites des États-Unis est d'avoir su lier l'esprit de liberté et l'esprit de religion. Si cette alliance peut choquer, c'est que la Révolution française et le compagnonnage du catholicisme et de l'État ont rendu incompatible, aux yeux des Français, ce qui s'accorde si bien : le dogme chrétien et l'idée d'égalité. Dans la mesure même où il y aura séparation de l'Église et de l'État, l'Église pourra remplir son rôle de contre-pouvoir stabilisant. Ainsi faut-il comprendre que ce qui est important pour la société (distinguée ici de l'individu) n'est pas la vérité de telle ou telle religion, mais le fait que les citoyens en aient une (◀ *Question 13*).

On peut donc espérer, par la décentralisation, les communes, les jurys, le bicamérisme, la liberté de la presse, la science des associations, la religion etc., en somme par la mise en place des contre-pouvoirs et la promotion de l'action des citoyens, diriger la démocratie sociale vers une forme politique libre (◀ *Question 14*).

V. L'ARISTOCRATIE INDUSTRIELLE, MONSTRE DANS L'ÉTAT SOCIAL

Demeure cependant un « monstre dans l'État social », qui, de plus en plus, va inquiéter Tocqueville et lui faire porter un jugement fort nuancé sur le socialisme (*Souvenirs II, 2*).

La démocratie repose sur la mobilité sociale et la perméabilité des classes. Or, lors de son second voyage en Angleterre, Tocqueville découvre les ravages de l'industrialisation, la fixation de deux classes sans classe intermédiaire et dont les intérêts sont opposés ; ici le capital, là le prolétariat. Il consacre alors un texte important à la « paupérisation ». Ce « monstre social » qui effraie Tocqueville est, en effet, ce qu'il appelle « l'aristocratie industrielle » (*II DA*). Reprenant l'exemple de la manufacture d'épingles d'Adam Smith [*voir page 627*], où l'octroi à l'ouvrier d'une place fixe le fait échapper de fait à la loi démocratique de la mobilité sociale et de la rotation des emplois, et recrée une « humanité à part », Tocqueville dénonce une exploitation consciente de la part des industriels. Ce qui confère un caractère monstrueux à l'industrie, c'est qu'elle conjugue les caractéristiques négatives de la démocratie (c'est-à-dire l'impersonnalité des liens de l'ouvrier au patron, qui ne veut pas gouverner mais utiliser, instrumentaliser les hommes) avec celles de l'aristocratie (avec la fixité et la différenciation d'humanités distinctes). C'est du sein même de la démocratie et de ses Lumières que naît ce qui la contredit et ce qui peut faire douter du lien établi par le libéralisme entre commerce, liberté et civilisation (◀ *Question 15*).

Tocqueville ne peut guère penser cette contradiction dans ses propres cadres conceptuels, qui sont ceux de la propriété foncière, et de l'opposition de la démocratie et de l'aristocratie. Sous la poussée du socialisme, cette « philosophie de la révolution de 1848 », il se demandera si les « lois immuables de la société » (qui justifient la propriété privée et l'inégalité des richesses) le sont réellement et il reprendra l'étude des origines de la Révolution française. Cela nous vaudra l'extraordinaire texte qu'est *L'Ancien Régime et la Révolution* (1856).

Encadré B : *La méthode de Tocqueville*

« J'avoue que dans l'Amérique j'ai vu plus que l'Amérique ; j'y ai cherché une image de la démocratie elle-même. » Cette affirmation renvoie à la question de la méthode employée par Tocqueville. Il procède essentiellement par comparaison, afin d'isoler l'essentiel du principe démocratique des accidents tenant à l'Histoire et à la singularité des peuples. Quand la comparaison est impossible, cette distinction de l'essentiel et du contingent manque, et l'on sort du domaine de la certitude : « Ainsi nous n'avons point d'objet de comparaison en cette matière ; on ne peut hasarder que des opinions » (*I DA*). Ce procédé contraint à une sorte de passage à la limite : « L'auteur qui veut se faire comprendre est obligé de pousser chacune de ses idées dans toutes leurs conséquences théoriques, et souvent jusqu'aux limites du faux et de l'impraticable [...] » (*I DA*).

On peut donc utilement rapprocher la méthode de Tocqueville de celle des idealtypes chez Weber. Cependant, quelles que soient les différentes traductions politiques du principe démocratique ou l'adaptation nécessaire du principe aux mœurs de tel ou tel peuple, il existe pour Tocqueville *une* image de la démocratie, *un* modèle, *une* logique. Chez Weber, l'idealtype est un instrument de théorisation ; pour une même période, on peut se donner autant d'idealtypes que l'on souhaite, afin d'éviter toute confusion entre modèle théorique et réalité empirique. Ainsi, l'idealtype est une utopie, et « il faut considérer comme certain qu'il est possible d'esquisser plusieurs et même à coup sûr un très grand nombre d'utopies de ce genre dont aucune ne ressemblerait à l'autre et, raison de plus, dont aucune ne se laisserait jamais observer dans la réalité empirique [...] » (*Essai sur la théorie de la science*).

■ Questions sur le texte ■ de Anne Amiel

1. Pourquoi la démocratie est-elle un régime politique qui semble réservé à des sociétés de petite dimension ?
2. Définissez « apathie » et « despotisme ». En quoi l'« apathie » menace-t-elle la démocratie ?
3. Définissez « monarchie » et « aristocratie ».
4. Que signifie « rois niveleurs » ?
5. En quoi la démocratie moderne n'est-elle pas comparable à la démocratie antique ?
6. Comment peut-on parler d'égalité sociale tout en constatant l'existence d'inégalités économiques ?
7. Qu'est-ce qui distingue la nature de la relation « maître-serviteur » selon son contexte, aristocratique ou démocratique ?
8. Expliquez la phrase soulignée.
9. Quelles sont les conséquences négatives de l'individualisme ?
10. Pourquoi faut-il éduquer les citoyens ?
11. Pourquoi l'éducation du citoyen doit-elle être essentiellement pratique ?
12. Commentez la phrase soulignée.
13. Définissez brièvement l'utilitarisme.
14. Quelle est la fonction de la religion dans une société démocratique ?
15. Pourquoi Tocqueville parle-t-il d'« aristocratie industrielle » ? En quoi cette nouvelle aristocratie menace-t-elle la démocratie ?

Question de synthèse

16. La société démocratique parvient-elle à concilier égalité et liberté ?

Dossier 1

L'égalité démocratique

Document 1

Un fait providentiel

Le développement graduel de l'égalité des conditions est donc un fait providentiel, il en a les principaux caractères : il est universel, il est durable, il échappe chaque jour à la puissance humaine; tous les événements, comme tous les hommes, servent à son développement.

Serait-il sage de croire qu'un *mouvement social* qui vient de si loin pourra être suspendu par les efforts d'une génération? Pense-t-on qu'après avoir détruit la féodalité et vaincu les rois, la démocratie reculera devant les bourgeois et les riches? S'arrêtera-t-elle maintenant qu'elle est devenue si forte et ses adversaires si faibles? Où allons-nous donc? Nul ne saurait le dire; car déjà les termes de comparaison nous manquent : les conditions sont plus égales de nos jours parmi les chrétiens qu'elles ne l'ont jamais été dans aucun temps ni dans aucun pays du monde; ainsi la grandeur de ce qui est déjà fait empêche de prévoir ce qui peut se faire encore.

Le livre entier qu'on va lire a été écrit sous l'impression d'une sorte de terreur religieuse produite dans l'âme de l'auteur par la vue de cette révolution irrésistible qui marche depuis tant de siècles à travers tous les obstacles, et qu'on voit encore aujourd'hui s'avancer au milieu des ruines qu'elle a faites.

Il n'est pas nécessaire que Dieu parle lui-même pour que nous découvrions des signes certains de sa volonté; il suffit d'examiner quelle est la marche habituelle de la nature et la tendance continue des événements; je sais, sans que le Créateur élève la voix, que les astres suivent dans l'espace les courbes que son doigt a tracées.

Si de longues observations et des méditations sincères amenaient les hommes de nos jours à reconnaître que le développement graduel et progressif de l'égalité est à la fois le passé et l'avenir de leur histoire, cette seule découverte donnerait à ce développement le caractère sacré de la volonté du souverain maître. Vouloir arrêter la démocratie paraîtrait alors lutter contre Dieu même, et il ne resterait aux nations qu'à s'accommoder à l'état social que leur impose la Providence. ■

Alexis de Tocqueville, De la démocratie en Amérique, *tome I, Introduction, 1835.*

Document 2

Les facteurs de l'égalisation des conditions

Je me reporte pour un moment à ce qu'était la France il y a sept cents ans : je la trouve partagée entre un petit nombre de familles qui possèdent la terre et gouvernent les habitants; le droit de commander descend alors de générations en générations avec les héritages; les hommes n'ont qu'un seul moyen d'agir les uns sur les autres, la force; on ne découvre qu'une seule origine de la puissance, la propriété foncière.

Mais voici le pouvoir politique du clergé qui vient à se fonder et bientôt à s'étendre. Le clergé ouvre ses rangs à tous, au pauvre et au riche, au roturier et au seigneur; l'égalité commence à pénétrer par l'Église au sein du gouvernement, et celui qui eût végété comme serf dans un éternel esclavage, se place comme prêtre au milieu des nobles, et va souvent s'asseoir au-dessus des rois.

La société devenant avec le temps plus civilisée et plus stable, les différents rapports entre les hommes deviennent plus compliqués et plus nombreux. Le besoin des lois civiles se fait vivement sentir. Alors naissent les légistes; ils sortent de l'enceinte obscure des tribunaux et du réduit poudreux des greffes, et ils vont siéger dans la cour du prince, à côté des barons féodaux couverts d'hermine et de fer.

Les rois se ruinent dans les grandes entreprises; les nobles s'épuisent dans les guerres privées; les roturiers s'enrichissent dans le commerce. L'influence de l'argent commence à se faire sentir sur les affaires de l'État. Le négoce est une source nouvelle qui s'ouvre à la puissance, et les financiers deviennent un pouvoir politique qu'on méprise et qu'on flatte.

Peu à peu, les lumières se répandent; on voit se réveiller le goût de la littérature et des arts; l'esprit devient alors un élément de succès; la science est un moyen de gouvernement, l'intelligence une force sociale; les lettrés arrivent aux affaires. [...] Dès que les citoyens commencèrent à posséder la terre autrement que suivant la tenure féodale et que la richesse mobilière, étant connue, put à son tour créer l'influence et donner le pouvoir, on ne fit point de découvertes dans les arts, on introduisit plus de perfectionnements dans le commerce et l'industrie, sans créer comme autant de nouveaux éléments d'égalité parmi les hommes.

À partir de ce moment, tous les procédés qui se découvrent, tous les besoins qui viennent à naître, tous les désirs qui demandent à se satisfaire, sont des progrès vers le nivellement universel. Le goût du luxe, l'amour de la guerre, l'empire de la mode, les passions les plus superficielles du cœur humain, comme les plus profondes, semblent travailler de concert à appauvrir les riches et à enrichir les pauvres. [...]

Lorsqu'on parcourt les pages de notre histoire, on ne rencontre pour ainsi dire pas de grands événements qui depuis sept cents ans n'aient tourné au profit de l'égalité. ■

Alexis de Tocqueville, ibid., tome I, Introduction, 1835, p. 58 et 59.

Document 3

Maîtres et serviteurs

Chez les peuples aristocratiques, les serviteurs forment une classe particulière qui ne varie pas plus que celle des maîtres. Un ordre fixe ne tarde pas à y naître; dans la première comme dans la seconde, on voit bientôt paraître une hiérarchie, des classifications nombreuses, des rangs marqués, et les générations s'y succèdent sans que les positions changent. Ce sont deux sociétés superposées l'une à l'autre, toujours distinctes, mais régies par des principes analogues.

Cette constitution aristocratique n'influe guère moins sur les idées et les mœurs des serviteurs que sur celles des maîtres, et, bien que les effets soient différents, il est facile de reconnaître la même cause.

Les uns et les autres forment de petites nations au milieu de la grande, et il finit par naître, au milieu d'eux, de certaines notions permanentes en matière de juste et d'injuste. On y envisage les différents actes de la vie humaine sous un jour particulier qui ne change pas. Dans la société des serviteurs comme dans celle des maîtres, les hommes exercent une grande influence les uns sur les autres. Ils reconnaissent des règles fixes, et, à défaut de loi, ils rencontrent une opinion publique qui les dirige; il y règne des habitudes réglées, une police. Ces hommes, dont la destinée est d'obéir, n'entendent point sans doute la gloire, la vertu, l'honnêteté, l'honneur, de la même manière que les maîtres. Mais ils se sont fait une gloire, des vertus et une honnêteté de serviteurs, et ils conçoivent, si je puis m'exprimer ainsi, une sorte d'honneur servile.

Dans les sociétés aristocratiques, non seulement il y a des familles héréditaires de valets, aussi bien que des familles héréditaires de maîtres; mais les mêmes familles de valets se fixent, pendant plusieurs générations, à côté des mêmes familles de maîtres (ce sont comme des lignes parallèles qui ne se confondent point ni ne se séparent); ce qui modifie prodigieusement les rapports mutuels de ces deux ordres de personnes.

Chez les peuples aristocratiques, le maître en vient donc à envisager ses serviteurs comme une partie inférieure et secondaire de lui-même, et il s'intéresse souvent à leur sort, par un dernier effort de l'égoïsme.

De leur côté, les serviteurs ne sont pas éloignés de se considérer sous le même point de vue, et ils s'identifient quelquefois à la personne du maître, de telle sorte qu'ils en deviennent enfin l'accessoire, à leurs propres yeux comme aux siens.

L'égalité des conditions fait, du serviteur et du maître, des êtres nouveaux, et établit entre eux de nouveaux rapports.

Lorsque les conditions sont presque égales, les hommes changent sans

Questions sur l'ensemble du dossier

1. Relevez dans le document 1 tous les termes et toutes les expressions qui soulignent le caractère « providentiel » de l'égalité.
2. De quelle façon chacun des phénomènes évoqués par Tocqueville a-t-il contribué à l'égalité démocratique ? [*doc. 2*]
3. Quels sont les rapports entre maîtres et serviteurs ? [*doc. 3*]
4. Que deviennent ces rapports dans un cadre démocratique ? [*doc. 3*]
5. La société démocratique est-elle une société de classes moyennes ? [*doc. 4*]
6. **Question de synthèse.** D'après vos connaissances historiques et sociologiques, l'évolution des sociétés occidentales depuis 1840 a-t-elle confirmé l'analyse tocquevillienne des effets et des risques de la « passion de l'égalité » ?

cesse de place ; il y a encore une classe de valets et une classe de maîtres ; mais ce ne sont pas toujours les mêmes individus, ni surtout les mêmes familles qui les composent ; et il n'y a pas plus de perpétuité dans le commandement que dans l'obéissance.

Les serviteurs ne formant point un peuple à part, ils n'ont point d'usages, de préjugés ni de mœurs qui leur soient propres ; on ne remarque pas parmi eux un certain tour d'esprit ni une façon particulière de sentir ; ils ne connaissent ni vices ni vertus d'état, mais ils partagent les lumières, les idées, les sentiments, les vertus et les vices de leurs contemporains ; et ils sont honnêtes ou fripons de la même manière que les maîtres.

Comme on ne trouve point, dans la classe des serviteurs, de rangs marqués ni de hiérarchie permanente, il ne faut pas s'attendre à y rencontrer la bassesse et la grandeur qui se font voir dans les aristocraties de valets aussi bien que dans toutes les autres.

Dans les démocraties, les serviteurs ne sont pas seulement égaux entre eux ; on peut dire qu'ils sont, en quelque sorte, les égaux de leurs maîtres.

À chaque instant, le serviteur peut devenir maître et aspire à le devenir ; le serviteur n'est donc pas un autre homme que le maître.

Pourquoi donc le premier a-t-il le droit de commander et qu'est-ce qui force le second à obéir ? L'accord momentané et libre de leurs deux volontés. Naturellement ils ne sont point inférieurs l'un à l'autre, ils ne le deviennent momentanément que par l'effet du contrat. Dans les limites de ce contrat, l'un est le serviteur et l'autre le maître ; en dehors, ce sont deux citoyens, deux hommes.

Chez les peuples démocratiques, le serviteur et le maître sont fort proches ; leurs corps se touchent sans cesse, leurs âmes ne se mêlent point ; ils ont des occupations communes, ils n'ont presque jamais d'intérêts communs. ■

Alexis de Tocqueville, ibid.,
tome II, chapitre V, 1840.

Document 4

Une grande classe moyenne de propriétaires

Presque toutes les révolutions qui ont changé la face des peuples ont été faites pour consacrer ou pour détruire l'inégalité. Écartez les causes secondaires qui ont produit les grandes agitations des hommes, vous en arriverez presque toujours à l'inégalité. Ce sont les pauvres qui ont voulu ravir les biens des riches, ou les riches qui ont essayé d'enchaîner les pauvres. Si donc vous pouvez fonder un état de société où chacun ait quelque chose à garder et peu à prendre, vous aurez beaucoup fait pour la paix du monde.

Je n'ignore pas que, chez un grand peuple, démocratique, il se rencontre toujours des citoyens très pauvres et des citoyens très riches ; mais les pauvres, au lieu d'y former l'immense majorité de la nation comme cela arrive toujours dans les sociétés aristocratiques, sont en petit nombre, et la loi ne les a pas attachés les uns aux autres par les liens d'une misère irrémédiable et héréditaire.

Les riches, de leur côté, sont clairsemés et impuissants ; ils n'ont point de privilèges qui attirent les regards ; leur richesse même, n'étant plus incorporée à la terre et représentée par elle, est insaisissable et comme invisible. De même qu'il n'y a plus de races de pauvres, il n'y a plus de races de riches ; ceux-ci sortent chaque jour du sein de la foule, et y retournent sans cesse. Ils ne forment donc point une classe à part, qu'on puisse aisément définir et dépouiller ; et, tenant d'ailleurs par mille fils secrets à la masse de leurs concitoyens, le peuple ne saurait guère les frapper sans s'atteindre lui-même.

Entre ces deux extrémités de sociétés démocratiques, se trouve une multitude innombrable d'hommes presque pareils, qui, sans être précisément ni riches ni pauvres, possèdent assez de biens pour désirer l'ordre, et n'en ont pas assez pour exciter l'envie.

Ceux-là sont naturellement ennemis des mouvements violents ; leur immobilité maintient en repos tout ce qui se trouve au-dessus et au-dessous d'eux, et assure le corps social dans son assiette.

Ce n'est pas que ceux-là mêmes soient satisfaits de leur fortune présente, ni qu'ils ressentent de l'horreur naturelle pour une révolution dont ils partageraient les dépouilles sans en éprouver les maux ; ils désirent au contraire, avec une ardeur sans égale, de s'enrichir ; mais l'embarras est de savoir sur qui prendre. Le même état social qui leur suggère sans cesse des désirs renferme ces désirs dans des limites nécessaires. Il donne aux hommes plus de liberté de changer et moins d'intérêt au changement.

Non seulement les hommes des démocraties ne désirent pas naturellement les révolutions, mais ils les craignent.

Il n'y a pas de révolution qui ne menace plus ou moins la propriété acquise. La plupart de ceux qui habitent les pays démocratiques sont propriétaires ; ils n'ont pas seulement des propriétés ; ils vivent dans la condition où les hommes attachent à leur propriété le plus de prix.

Si l'on considère attentivement chacune des classes dont la société se compose, il est facile de voir qu'il n'y en a point chez lesquelles les passions que la propriété fait naître soient plus âpres et plus tenaces que chez les classes moyennes.

Souvent les pauvres ne se soucient guère de ce qu'ils possèdent, parce qu'ils souffrent beaucoup plus de ce qui leur manque qu'ils ne jouissent du peu qu'ils ont. Les riches ont beaucoup d'autres passions à satisfaire que celle des richesses, et, d'ailleurs, le long et pénible usage d'une grande fortune finit quelquefois par les rendre comme insensibles à ses douceurs.

Mais les hommes qui vivent dans une aisance également éloignée de l'opulence et de la misère mettent à leurs biens un prix immense. Comme ils sont encore fort voisins de la pauvreté, ils voient de près ses rigueurs, et ils les redoutent ; entre elle et eux, il n'y a rien qu'un petit patrimoine sur lequel ils fixent aussitôt leurs craintes et leurs espérances. À chaque instant, ils s'y intéressent davantage par les soucis constants qu'il leur donne, et ils s'y attachent par les efforts journaliers qu'ils font pour l'augmenter. L'idée d'en céder la moindre partie leur est insupportable, et ils considèrent sa perte entière comme le dernier des malheurs. Or, c'est le nombre de ces petits propriétaires ardents et inquiets que l'égalité des conditions accroît sans cesse. ■

Alexis de Tocqueville, ibid.,
tome II, chapitre XXI, 1840.

Dossier 2

L'individualisme démocratique

Document 1

L'*individualisme démocratique*

L'*individualisme* est une expression récente qu'une idée nouvelle a fait naître. Nos pères ne connaissaient que l'égoïsme.

L'égoïsme est un amour passionné et exagéré de soi-même, qui porte l'homme à ne rien rapporter qu'à lui seul et à se préférer à tout.

L'individualisme est un sentiment réfléchi et paisible qui dispose chaque citoyen à s'isoler de la masse de ses semblables et à se retirer à l'écart avec sa famille et ses amis; de telle sorte que, après s'être ainsi créé une petite société à son usage, il abandonne volontiers la grande société à elle-même.

L'égoïsme naît d'un instinct aveugle; l'individualisme procède d'un jugement erroné plutôt que d'un sentiment dépravé. Il prend sa source dans les défauts de l'esprit autant que dans les vices du cœur.

L'égoïsme dessèche le germe de toutes les vertus, l'individualisme ne tarit d'abord que la source des vertus publiques; mais, à la longue, il attaque et détruit toutes les autres et va enfin s'absorber dans l'égoïsme.

L'égoïsme est un vice aussi ancien que le monde. Il n'appartient guère plus à une forme de société qu'à une autre.

L'individualisme est d'origine démocratique, et il menace de se développer à mesure que les conditions s'égalisent.

Chez les peuples aristocratiques, les familles restent pendant des siècles dans le même état, et souvent dans le même lieu. Cela rend, pour ainsi dire, toutes les générations contemporaines. Un homme connaît presque toujours ses aïeux et les respecte; il croit déjà apercevoir ses arrière-petits-fils, et il les aime. Il se fait volontiers des devoirs envers les uns et les autres, et il lui arrive fréquemment de sacrifier ses jouissances personnelles à ces êtres qui ne sont plus ou qui ne sont pas encore. [...]

Chez les peuples démocratiques, de nouvelles familles sortent sans cesse du néant, d'autres y retombent sans cesse, et toutes celles qui demeurent changent de face; la trame des temps se rompt à tout moment, et le vestige des générations s'efface. On oublie aisément ceux qui vous ont précédé, et l'on n'a aucune idée de ceux qui vous suivront. Les plus proches seuls intéressent.

Chaque classe venant à se rapprocher des autres et à s'y mêler, ses membres deviennent indifférents et comme étrangers entre eux. L'aristocratie avait fait de tous les citoyens une longue chaîne qui remontait du paysan au roi; la démocratie brise la chaîne et met chaque anneau à part.

À mesure que les conditions s'égalisent, il se rencontre un plus grand nombre d'individus qui, n'étant plus assez riches ni assez puissants pour exercer une grande influence sur le sort de leurs semblables, ont acquis cependant ou ont conservé assez de lumières et de biens pour pouvoir se suffire à eux-mêmes. Ceux-là ne doivent rien à personne, ils n'attendent pour ainsi dire rien de personne; ils s'habituent à se considérer toujours isolément, ils se figurent volontiers que leur destinée tout entière est entre leurs mains.

Ainsi, non seulement la démocratie fait oublier à chaque homme ses aïeux, mais elle lui cache ses descendants et les sépare de ses contemporains; elle le ramène sans cesse vers lui seul et menace de le renfermer enfin tout entier dans la solitude de son propre cœur. ■

Alexis de Tocqueville, De la démocratie en Amérique, *tome II, chapitre II, 1840.*

Document 2

Une nouvelle morale utilitariste

Je doute que les hommes fussent plus vertueux dans les siècles aristocratiques que dans les autres, mais il est certain qu'on y parlait sans cesse des beautés de la vertu; ils n'étudiaient qu'en secret par quel côté elle est utile. Mais, à mesure que l'imagination prend un vol moins haut et que chacun se concentre en soi-même, les moralistes s'effrayent à cette idée de sacrifice et ils n'osent plus l'offrir à l'esprit humain; ils se réduisent donc à rechercher si l'avantage individuel des citoyens ne serait pas de travailler au bonheur de tous, et, lorsqu'ils ont découvert un de ces points où l'intérêt particulier vient à se rencontrer avec l'intérêt général, et à s'y confondre, ils se hâtent de le mettre en lumière; peu à peu les observations semblables se multiplient. Ce qui n'était qu'une remarque isolée devient une doctrine générale, et l'on croit enfin apercevoir que l'homme en servant ses semblables se sert lui-même, et que son intérêt particulier est de bien faire. [...]

Je ne vois autour de moi que des gens qui semblent vouloir enseigner chaque jour à leurs contemporains, par leur parole et leur exemple, que l'utile n'est jamais déshonnête. N'en découvrirai-je donc point enfin qui entreprennent de leur faire comprendre comment l'honnête peut être utile?

Il n'y a pas de pouvoir sur la terre qui puisse empêcher que l'égalité croissante des conditions ne porte l'esprit humain vers la recherche de l'utile, et ne dispose chaque citoyen à se resserrer en lui-même.

Il faut donc s'attendre que l'intérêt individuel deviendra plus que jamais le principal, sinon l'unique mobile des actions des hommes; mais il reste à savoir comment chaque homme entendra son intérêt individuel.

Si les citoyens, en devenant égaux, restaient ignorants et grossiers, il est difficile de prévoir jusqu'à quel stupide excès pourrait se porter leur égoïsme, et l'on ne saurait dire à l'avance dans quelles honteuses misères ils se plongeraient eux-mêmes, de peur de sacrifier quelque chose de leur bien-être à la prospérité de leurs semblables. ■

Alexis de Tocqueville, ibid., *tome II, chapitre VIII, 1840.*

Questions sur l'ensemble du dossier

1. Quelles sont les différences de nature entre l'individualisme et l'égoïsme? [*doc. 1*]
2. Comment expliquez-vous cette rupture des liens entre générations qui apparaît dans les sociétés démocratiques? Est-ce une observation que l'on pourrait encore faire de nos jours? [*doc. 1*]
3. Sur quel fondement repose la morale utilitariste? [*doc. 2*]
4. Peut-on éviter que cette morale débouche sur l'égoïsme? [*doc. 2*]
5. Pourquoi la passion du bien-être matériel n'est-elle répandue ni chez les riches ni chez les pauvres dans les sociétés aristocratiques? [*doc. 3*]
6. Quels sont les rapports entre la passion de l'égalité et celle du bien-être? [*doc. 3*]

Document 3

La passion du bien-être

En Amérique, la passion du bien-être matériel n'est pas toujours exclusive, mais elle est générale ; si tous ne l'éprouvent point de la même manière, tous la ressentent. Le soin de satisfaire les moindres besoins du corps et de pourvoir aux petites commodités de la vie y préoccupe universellement les esprits. [...]

Quand les richesses sont fixées héréditairement dans les mêmes familles, on voit un grand nombre d'hommes qui jouissent du bien-être matériel, sans ressentir le goût exclusif du bien-être.

Ce qui attache le plus vivement le cœur humain, ce n'est point la possession paisible d'un objet précieux, c'est le désir imparfaitement satisfait de le posséder et la crainte incessante de le perdre.

Dans les sociétés aristocratiques, les riches, n'ayant jamais connu un état différent du leur, ne redoutent point d'en changer; à peine s'ils en imaginent un autre. Le bien-être matériel n'est donc point pour eux le but de la vie; c'est une manière de vivre. Ils le considèrent, en quelque sorte, comme l'existence, et en jouissent sans y songer. [...]

Si, des rangs supérieurs, je passe aux basses classes, je verrai des effets analogues produits par des causes différentes.

Chez les nations où l'aristocratie domine la société et la tient immobile, le peuple finit par s'habituer à la pauvreté comme les riches à leur opulence. Les uns ne se préoccupent point du bien-être matériel, parce qu'ils le possèdent sans peine; l'autre n'y pense point, parce qu'il désespère de l'acquérir et qu'il ne le connaît pas assez pour le désirer.

Dans ces sortes de sociétés l'imagination du pauvre est rejetée vers l'autre monde; les misères de la vie réelle la resserrent; mais elle leur échappe et va chercher ses jouissances au-dehors.

Lorsque, au contraire, les rangs sont confondus et les privilèges détruits, quand les patrimoines se divisent et que la lumière et la liberté se répandent, l'envie d'acquérir le bien-être se présente à l'imagination du pauvre, et la crainte de le perdre à l'esprit du riche. Il s'établit une multitude de fortunes médiocres. Ceux qui les possèdent ont assez de jouissances matérielles pour concevoir le goût de ces jouissances, et pas assez pour s'en contenter. Ils ne se les procurent jamais qu'avec effort et ne s'y livrent qu'en tremblant.

Ils s'attachent donc sans cesse à poursuivre ou à retenir ces jouissances si précieuses, si incomplètes et si fugitives.

Je cherche une passion qui soit naturelle à des hommes que l'obscurité de leur origine ou la médiocrité de leur fortune excitent et limitent, et je n'en trouve point de mieux que le goût du bien-être. La passion du bien-être matériel est essentiellement une passion de classe moyenne; elle grandit et s'étend avec cette classe; elle devient prépondérante avec elle. C'est de là qu'elle gagne les rangs supérieurs de la société et descend jusqu'au sein du peuple. ■

Alexis de Tocqueville,
ibid., *tome II, chapitre X, 1840.*

Dossier 3

Les risques de la démocratie et un remède

Document 1

La tyrannie de la majorité

Lorsqu'un homme ou un parti souffre d'une injustice aux États-Unis, à qui voulez-vous qu'il s'adresse? À l'opinion publique? C'est elle qui forme la majorité; au corps législatif? Il représente la majorité et lui obéit aveuglément; au pouvoir exécutif? Il est nommé par la majorité et lui sert d'instrument passif; à la force publique? La force publique n'est autre chose que la majorité sous les armes; au jury? Le jury, c'est la majorité revêtue du droit de prononcer des arrêts : les juges eux-mêmes, dans certains États, sont élus par la majorité. Quelque inique ou déraisonnable que soit la mesure qui vous frappe, il faut donc vous y soumettre. [...]

Je ne dis pas que dans le temps actuel on fasse en Amérique un fréquent usage de la tyrannie, je dis qu'on y découvre point de garantie contre elle, et qu'il faut y chercher les causes de la douceur du gouvernement dans les circonstances et dans les mœurs, plutôt que dans les lois. [...]

La toute-puissance me semble en soi une chose mauvaise et dangereuse. Son exercice me paraît au-dessus des forces de l'homme, quel qu'il soit, et je ne vois que Dieu qui puisse sans danger être tout-puissant, parce que sa sagesse et sa justice sont toujours égales à son pouvoir. Il n'y a donc pas sur la terre d'autorité si respectable en elle-même, ou revêtue d'un droit si sacré, que je voulusse laisser agir sans contrôle et dominer sans obstacles. Lors donc que je vois accorder le droit et la faculté de tout faire à une puissance quelconque, qu'on l'appelle peuple ou roi, démocratie ou aristocratie, qu'on l'exerce dans une monarchie ou dans une république, je dis : là est le germe de la tyrannie, et je cherche à aller vivre sous d'autres lois.

[...]

Questions sur l'ensemble du dossier

1. Expliquez la phrase soulignée. [*doc. 1*]
2. Sur qui s'exerce la « tyrannie de la majorité » ? [*doc. 1*]
3. La « tyrannie de la majorité » est-elle, aujourd'hui encore, une menace réelle dans les sociétés démocratiques ? [*doc. 1*]
4. Quels sont les risques de la passion de l'égalité ? [*doc. 2*]
5. Pourquoi l'oppression qui menace sera-t-elle d'un genre nouveau ? [*doc. 3*]
6. Quelles sont les caractéristiques du pouvoir qui risque de s'installer ? [*doc. 3*]
7. La menace imaginée par Tocqueville renvoie-t-elle selon vous à des réalités contemporaines ? lesquelles ? [*doc. 3*]
8. À quel risque l'association permet-elle de s'opposer ? [*doc. 4*]
9. L'association est-elle un remède suffisant ? Citez des exemples pour illustrer votre réponse. [*doc. 4*]

Je ne connais pas de pays où il règne, en général, moins d'indépendance d'esprit et de véritable liberté de discussion qu'en Amérique.
En Amérique, la majorité trace un cercle formidable autour de la pensée. Au dedans de ces limites, l'écrivain est libre; mais malheur à lui s'il ose en sortir. Ce n'est pas qu'il ait à craindre un autodafé, mais il est en butte à des dégoûts de tous genres et à des persécutions de tous les jours. La carrière politique lui est fermée : il a offensé la seule puissance qui ait la faculté de l'ouvrir. On lui refuse tout, jusqu'à la gloire. Avant de publier ses opinions, il croyait avoir des partisans; il lui semble qu'il n'en a plus, maintenant qu'il s'est découvert à tous; car ceux qui le blâment s'expriment hautement, et ceux qui pensent comme lui, sans avoir son courage, se taisent et s'éloignent. Il cède, il plie enfin sous l'effort de chaque jour, et rentre dans le silence, comme s'il éprouvait des remords d'avoir dit vrai.
Des chaînes et des bourreaux, ce sont là les instruments grossiers qu'employait jadis la tyrannie; mais de nos jours la civilisation a perfectionné jusqu'au despotisme lui-même, qui semblait pourtant n'avoir plus rien à apprendre.
Les princes avaient pour ainsi dire matérialisé la violence; les républiques démocratiques de nos jours l'ont rendue tout aussi intellectuelle que la volonté humaine qu'elle veut contraindre. Sous le gouvernement absolu d'un seul, le despotisme, pour arriver à l'âme, frappait grossièrement le corps; et l'âme, échappant à ces coups, s'élevait glorieusement au-dessus de lui; mais dans les républiques démocratiques, ce n'est point ainsi que procède la tyrannie; elle laisse le corps et va droit à l'âme. Le maître n'y dit plus : Vous penserez comme moi, ou vous mourrez; il dit : Vous êtes libres de ne point penser ainsi que moi; votre vie, vos biens, tout vous reste; mais de ce jour vous êtes un étranger parmi nous. Vous garderez vos privilèges à la cité, mais ils vous deviendront inutiles; car si vous briguez le choix de vos concitoyens, ils ne vous l'accorderont point, et si vous ne demandez que leur estime, ils feindront encore de vous la refuser. Vous resterez parmi les hommes, mais vous perdrez vos droits à l'humanité. Quand vous vous approcherez de vos semblables, ils vous fuiront comme un être impur; et ceux qui croient à votre innocence, ceux-là mêmes vous abandonneront, car on les fuirait à leur tour. Allez en paix, je vous laisse la vie, mais je vous la laisse pire que la mort. [...]
L'inquisition n'a jamais pu empêcher qu'il ne circulât en Espagne des livres contraires à la religion du plus grand nombre. L'empire de la majorité fait mieux aux États-Unis : elle a ôté jusqu'à la pensée d'en publier. On rencontre des incrédules en Amérique, mais l'incrédulité n'y trouve pour ainsi dire pas d'organe. ■

Alexis de Tocqueville,
De la démocratie en Amérique,
tome I, 2e partie, chapitre VII.

Document 2

La passion de l'égalité

Les peuples démocratiques aiment l'égalité dans tous les temps, mais il est de certaines époques où ils poussent jusqu'au délire la passion qu'ils ressentent pour elle. Ceci arrive au moment où l'ancienne hiérarchie sociale, longtemps menacée, achève de se détruire, après une dernière lutte intestine, et que les barrières qui séparaient les citoyens sont enfin renversées. Les hommes se précipitent alors sur l'égalité comme sur une conquête, et ils s'y attachent comme à un bien précieux qu'on veut leur ravir. La passion d'égalité pénètre de toutes parts dans le cœur humain, elle s'y étend, elle le remplit tout entier. Ne dites point aux hommes qu'en se livrant aussi aveuglément à une passion exclusive, ils compromettent leurs intérêts les plus chers; ils sont sourds. Ne leur montrez pas la liberté qui s'échappe de leurs mains tandis qu'ils regardent ailleurs; ils sont aveugles, ou plutôt ils n'aperçoivent dans tout l'univers qu'un seul bien digne d'envie. [...]
Je pense que les peuples démocratiques ont un goût naturel pour la liberté; livrés à eux-mêmes, ils la cherchent, ils l'aiment, et ils ne voient qu'avec douleur qu'on les en écarte. Mais ils ont pour l'égalité une passion ardente, insatiable, éternelle, invincible; ils veulent l'égalité dans la liberté, et, s'ils ne peuvent l'obtenir, ils la veulent encore dans l'esclavage. Ils souffriront la pauvreté, l'asservissement, la barbarie, mais ils ne souffriront pas l'aristocratie.
Ceci est vrai dans tous les temps, et surtout dans le nôtre. Tous les hommes et tous les pouvoirs qui voudront lutter contre cette puissance irrésistible seront renversés et détruits par elle. De nos jours, la liberté ne peut s'établir sans son appui, et le despotisme lui-même ne saurait régner sans elle. ■

Alexis de Tocqueville, ibid.,
tome II, chapitre I, 1840.

Document 3

Un nouveau despotisme est à craindre

Je veux imaginer sous quels traits nouveaux le despotisme pourrait se produire dans le monde : je vois une foule innombrable d'hommes semblables et égaux qui tournent sans repos sur eux-mêmes pour se procurer de petits et vulgaires plaisirs, dont ils emplissent leur âme. Chacun d'eux, retiré à l'écart, est comme étranger à la destinée de tous les autres : ses enfants et ses amis particuliers forment pour lui toute l'espèce humaine; quant au demeurant de ses concitoyens, il est à côté d'eux, mais il ne les voit pas; il les touche et ne les sent point; il n'existe qu'en lui-même et pour lui seul, et, s'il lui reste encore une famille, on peut dire du moins qu'il n'a plus de patrie.
Au-dessus de ceux-là s'élève un pouvoir immense et tutélaire, qui se charge seul d'assurer leur jouissance et de veiller sur leur sort. Il est absolu, détaillé, régulier, prévoyant et doux. Il ressemblerait à la puissance paternelle si, comme elle, il avait pour objet de préparer les hommes à l'âge viril; mais il ne cherche, au contraire, qu'à les fixer irrévocablement dans l'enfance; il aime que les citoyens se réjouissent, pourvu qu'ils ne songent qu'à se réjouir. Il travaille volontiers à leur bonheur; mais il veut en être l'unique agent et le seul arbitre; il pourvoit à leur sécurité, prévoit et assure leurs besoins, facilite leurs plaisirs, conduit leurs principales affaires, dirige leur industrie, règle leurs successions, divise leurs héritages; que ne peut-il leur ôter entièrement le trouble de penser et la peine de vivre?
C'est ainsi que tous les jours il rend moins utile et plus rare l'emploi du libre arbitre; qu'il renferme l'action de la volonté dans un plus petit espace, et dérobe peu à peu chaque citoyen jusqu'à l'usage de lui-même. L'égalité a préparé les hommes à toutes ces choses : elle les a disposés à les souffrir et souvent même à les regarder comme un bienfait.
Après avoir pris ainsi tour à tour dans ses puissantes mains chaque individu, et l'avoir pétri à sa guise, le souverain étend ses bras sur la société tout entière; il en couvre la surface d'un réseau de petites règles compliquées, minutieuses et uniformes, à travers lesquelles les esprits les plus originaux et les âmes les plus vigoureuses ne sauraient se faire jour pour dépasser la foule; il ne brise pas les volontés, mais il les amollit, les plie et les dirige; il force rarement d'agir, mais il s'oppose sans cesse à ce qu'on agisse; il ne détruit point, il empêche de naître; il ne tyrannise point, il gêne, il comprime, il énerve, il éteint, il hébète, et il réduit enfin chaque nation à n'être plus qu'un troupeau d'animaux timides et industrieux, dont le gouvernement est le berger.
J'ai toujours cru que cette sorte de servitude, réglée, douce et paisible, dont je viens de faire le tableau, pourrait se combiner mieux qu'on ne l'imagine avec quelques-unes des formes exté-

rieures de la liberté, et qu'il ne lui serait pas impossible de s'établir à l'ombre même de la souveraineté du peuple.

Nos contemporains sont incessamment travaillés par deux passions ennemies : ils sentent le besoin d'être conduits et l'envie de rester libres. Ne pouvant détruire ni l'un ni l'autre de ces instincts contraires, ils s'efforcent de les satisfaire à la fois tous les deux. Ils imaginent un pouvoir unique, tutélaire, tout-puissant, mais élu par les citoyens. Ils combinent la centralisation et la souveraineté du peuple. Cela leur donne quelque relâche. Ils se consolent d'être en tutelle, en songeant qu'ils ont eux-mêmes choisi leurs tuteurs. Chaque individu souffre qu'on l'attache, parce qu'il voit que ce n'est pas un homme ni une classe, mais le peuple lui-même, qui tient le bout de la chaîne. ■

Alexis de Tocqueville, ibid., *tome II, chapitre VI, 1840.*

Document 4

Un remède : l'association

Ce sont les associations qui, chez les peuples démocratiques, doivent tenir lieu des particuliers puissants que l'égalité des conditions a fait disparaître.

Sitôt que plusieurs des habitants des États-Unis ont conçu un sentiment ou une idée qu'ils veulent produire dans le monde, ils se cherchent, et, quand ils se sont trouvés, ils s'unissent. Dès lors, ce ne sont plus des hommes isolés, mais une puissance qu'on voit de loin, et dont les actions servent d'exemple; qui parle, et qu'on écoute.

La première fois que j'ai entendu dire aux États-Unis que cent mille hommes s'étaient engagés publiquement à ne pas faire usage de liqueurs fortes, la chose m'a paru plus plaisante que sérieuse, et je n'ai pas bien vu d'abord pourquoi ces citoyens si tempérants ne se contentaient point de boire de l'eau dans l'intérieur de leur famille.

J'ai fini par comprendre que ces cent mille Américains, effrayés des progrès que faisait autour d'eux l'ivrognerie, avaient voulu accorder à la sobriété leur patronage. Ils avaient agi précisément comme un grand seigneur qui se vêtirait très uniment afin d'inspirer aux simples citoyens le mépris du luxe. Il est à croire que si ces cent mille hommes eussent vécu en France, chacun d'eux se serait adressé individuellement au gouvernement, pour le prier de surveiller les cabarets sur toute la surface du royaume.

Dans les pays démocratiques, la science de l'association est la science mère; le progrès de toutes les autres dépend des progrès de celle-là.

Parmi les lois qui régissent les sociétés humaines, il y en a une qui semble plus précise et plus claire que toutes les autres. Pour que les hommes restent civilisés ou le deviennent, il faut que parmi eux l'art de s'associer se développe et se perfectionne dans le même rapport que l'égalité des conditions s'accroît. ■

Alexis de Tocqueville, ibid., *tome II, 2e partie, chapitre V.*

6

ÉMILE DURKHEIM

Représentons-nous un centre-ville, à l'heure de la sortie des écoles, des lycées, des bureaux... Imaginons toute cette agitation désordonnée, ces individus qui partent dans toutes les directions, qui se bousculent... La plupart paraissent comme enfermés sur eux-mêmes, étrangers aux autres, isolés au milieu de la foule anonyme... Il suffit de s'arrêter de courir comme les autres et de contempler cet étrange spectacle pour éprouver un sentiment de malaise. Nous voyons des individus, c'est-à-dire des êtres séparés les uns des autres, qui se pensent uniques et différents, mais nous voyons aussi des masses plus ou moins compactes, composées d'atomes semblables, sans personnalité... Pour le sociologue, cette simple observation conduit à la question suivante : comment tous ces individus tiennent-ils ensemble pour former une société ?

À cette question du lien social, il est possible d'apporter plusieurs réponses. On peut, comme le firent des philosophes, au XVIIe et au XVIIIe siècle, s'imaginer que les hommes ont passé entre eux un contrat social, de nature politique, afin de garantir leur sécurité et l'ordre public. On peut aussi, comme le firent les économistes libéraux du XVIIIe siècle, considérer que la société « tient » toute seule parce que les individus ont intérêt à échanger leurs services. Cette réponse économique est, pour partie, fondée sur l'idée que la division du travail (le fait que certains soient bouchers, d'autres boulangers, d'autres menuisiers, etc.) est utile à tous (plus on est spécialisé, plus on est efficace...).

Durkheim apporte une autre réponse, sociologique. Selon lui, alors que dans les premières sociétés, la cohésion est fondée sur la ressemblance (tout le monde partage les mêmes croyances et les déviants sont sévèrement sanctionnés), dans les sociétés modernes, beaucoup plus complexes, la cohésion est fondée sur la différenciation : le devoir de chacun est d'occuper la place qui lui revient, en fonction de ses aptitudes et de ses mérites, au sein de la division du travail. À l'opposé des économistes, qui ont tendance à prendre l'individu comme une donnée évidente et naturelle pour en faire le point de départ de leurs analyses, Durkheim montre que l'individu moderne (il s'agit bien sûr ici de l'individu au sens moral, tel qu'il se pense dans sa relation aux autres, et non de l'individu physique) est une création sociale, le résultat d'un processus d'individuation dans une société qui se complexifie et se différencie.

Vue par le sociologue, la division du travail n'est pas d'abord la source de gains de productivité, mais le facteur de la cohésion sociale dans les sociétés modernes. On perçoit ainsi la nécessité d'une analyse économique et sociale d'une réalité qui est elle-même économique et sociale. Elle prend un relief particulier aujourd'hui, alors qu'un nombre croissant d'individus ne parviennent plus à s'intégrer par le travail.

Serions-nous en train de vivre la crise de ce qui constituait le principal facteur d'intégration et de cohésion dans les sociétés modernes ?

Pascal Combemale

SOMMAIRE

REPÈRES ET PERSPECTIVES

DOSSIERS

▶ Durkheim est l'un des fondateurs de la sociologie. Il est donc conseillé de mettre en relation cet ensemble et ceux consacrés à Marx et à Weber (pages 639 et 683). On trouve un prolongement du thème de l'intégration chez Maurice Halbwachs (p. 270) ; quant à la question du lien social, elle est abordée aussi dans le chapitre X .

Bibliographie

– *Philippe Steiner,* Sociologie de Durkheim, *La Découverte, « Repères », Paris, 3e éd., 2000.*

– *Christian Baudelot, Roger Establet,* Durkheim et le suicide, *PUF, « Philosophies », Paris, 1984.*

– *Émile Durkheim,* De la division du travail social, *PUF, « Quadrige », Paris, 1991.*

Philippe Steiner, *économiste et sociologue, est professeur de sociologie à l'université Lille-III.*

POUR ALLER PLUS LOIN

LE LIEN SOCIAL CHEZ DURKHEIM

■

PHILIPPE STEINER

En mettant le thème de la division du travail au centre de son premier ouvrage, Émile Durkheim (1858-1917) aborde en 1893 une question dont les économistes ont fait un pilier de leur discipline. Depuis les *Recherches sur la nature et les causes de la richesse des nations publiées* par Adam Smith en 1776, la division du travail est consacrée comme un élément fondateur de l'économie politique. Toutefois, à la fin du siècle, et en dehors des travaux de facture plutôt historique en provenance des économistes allemands, ce domaine n'a plus été vraiment traité. *(◄ Question 1)*

Durkheim ne se place pas sur le terrain des économistes; ce faisant, il montre que ce qui apparaît clos à leurs yeux est un domaine où la réflexion n'en est qu'à ses débuts. Les conséquences économiques bénéfiques (en termes de croissance de la richesse) ou délétères (en termes d'impact sur les travailleurs) de la division du travail étant reconnues, Durkheim s'interroge sur la portée générale de l'introduction de la division du travail au cœur de l'organisation sociale. Quel type de société surgit lorsque la division du travail organise la vie des hommes et des femmes qui composent cette société? Quel type d'êtres humains est appelé à se développer dans son sein?

I. LE LIEN SOCIAL EST UN LIEN MORAL

D'emblée, Durkheim écarte deux façons de concevoir les liens qui unissent les individus entre eux pour former une société. D'une part, le lien social n'a pas une nature essentiellement politique, au sens où il dépendrait des décisions volontaires des agents du gouvernement à quelque niveau que ce soit : le social n'est donc pas institué politiquement. D'autre part, il rejette tout fondement individualiste et utilitariste du social : la société n'est pas la résultante des actions d'individus recherchant leur intérêt personnel. Ainsi Durkheim critique-t-il le sociologue anglais Herbert Spencer (1820-1903) et les économistes libéraux pour avoir cru que la forme moderne du lien social était le contrat d'échange élaboré par les seules volontés intéressées des échangistes.

Une fois écartés ces deux points de vue, Durkheim avance une idée centrale selon laquelle le lien social est avant tout un lien moral. Qu'est-ce à dire? Selon lui, la morale désigne « les règles qui président aux relations des hommes formant une société » (*De la division du travail social*), et qui « énoncent les conditions fondamentales de la solidarité sociale » (*ibid.*). Il en ressort une idée selon laquelle la morale est à la fois une contrainte et une représentation de l'idéal vers lequel l'individu doit tendre pour se dépasser et s'attacher à un groupe social. La division du travail a un caractère moral car elle demande aux individus de se plier à certaines exigences pour prendre leur place dans la vie sociale moderne. Cette contrainte fait de l'ensemble social un tout cohérent où l'absence de trop nombreux heurts entre les individus rend possible la coopération dont la société a besoin. La division du travail définit aussi l'idéal vers lequel doit se diriger l'homme moderne. À la question de savoir s'il faut se spécialiser et avoir une compétence dans un domaine délimité ou, plutôt, que chacun s'efforce de ressembler à l'« honnête homme » rompu à toutes sortes d'activités, au risque de n'être, finalement, qu'un dilettante, la société moderne se prononce nettement dans le sens de la première option.

La division du travail déborde alors le caractère économique qui, le plus souvent, est le seul à lui être reconnu, et acquiert un caractère moral en définissant les conditions impératives au travers desquelles les hommes participent à la vie sociale et forgent en conséquence leur personnalité. Ainsi doté d'une signification morale, le fait économique devient un fait social puisqu'il a les caractéristiques essentielles par lesquelles Durkheim définit le social dans *Les Règles de la méthode sociologique* (1895) : il est extérieur à l'individu en ne dépendant pas de sa volonté et en n'étant pas réductible à une psychologie, et il est contraignant, c'est-à-dire qu'il s'impose aux individus. *(◄ Question 2)*

II. SOLIDARITÉ MÉCANIQUE ET SOLIDARITÉ ORGANIQUE

Durkheim entend démontrer que la société moderne ne signifie pas disparition du lien social, mais qu'elle a pour origine un *changement dans la forme prise par le lien social*. Pour procéder à sa démonstration, Durkheim, en suivant une perspective qui lui est propre, approfondit la réflexion sur la *communauté* (où le lien social est caractérisé par le fait que la volonté individuelle se soumet, pour une large part, aux impératifs du groupe) et sur ce qui l'oppose ou non à la *société*. Il construit deux modèles théoriques suivant lesquels s'organisent les relations entre l'individu et la *société*. Le premier, exempt de toute division du travail à l'intérieur du groupe, donne lieu à des relations qualifiées de *solidarité mécanique* alors que le second, fondamentalement associé au plein développement de la division du travail, donne lieu à un nouvel ensemble de relations portant le nom de *solidarité organique*.

La solidarité mécanique correspond à une société où les individus sont semblables en cela qu'ils partagent tous, d'une même manière et suivant une même intensité, un ensemble de croyances permanentes et précises comme, par exemple, le fait de ne pas porter atteinte à tel objet ou tel lieu sacré. Cet ensemble de croyances constitue ce que Durkheim appelle la *conscience collective* [*voir encadré B*]. Une société à solidarité mécanique ne connaît donc ni la spécialisation des tâches, ni celle des individus; la solidarité mécanique repose sur la similitude des éléments constitutifs de la société. À l'inverse, la solidarité organique repose sur la différenciation des tâches et des individus qui les accomplissent; l'existence de sous-groupes spécialisés à l'intérieur du groupe social ouvre la possibilité d'une autonomie individuelle. En effet, la spécialisation impose aux individus de se particulariser, ce qui veut dire qu'ils ne partagent plus tous les mêmes croyances et que celles-ci ne s'imposent plus à eux avec la même intensité. Cette moindre prégnance de la conscience collective laisse donc place aux diverses personnalités. Une telle

PLAN

POUR ALLER PLUS LOIN

Encadré A : *Caractéristiques des faits sociaux*

Voilà donc un ordre de faits qui présente des caractères très spéciaux : ils consistent en des manières d'agir, de penser et de sentir, extérieures à l'individu, et qui sont douées d'un pouvoir de coercition en vertu duquel ils s'imposent à lui. Par suite, ils ne sauraient se confondre avec les phénomènes organiques, puisqu'ils consistent en représentations et en actions; ni avec les phénomènes psychiques, lesquels n'ont d'existence que dans la conscience individuelle et par elle. Ils constituent donc une espèce nouvelle et c'est à eux que doit être donnée et réservée la qualification de *sociaux*.

Elle leur convient, car il est clair que, n'ayant pas l'individu pour substrat, ils ne peuvent en avoir d'autre que la société, soit la société politique dans son intégralité, soit quelqu'un des groupes partiels qu'elle renferme, confessions religieuses, écoles politiques, littéraires, corporations professionnelles, etc. D'autre part, c'est à eux seuls qu'elle convient; car le mot de social n'a de sens défini qu'à condition de désigner uniquement des phénomènes qui ne rentrent dans aucune des catégories de faits déjà constituées et dénommées. Ils sont donc le domaine propre de la sociologie. Il est vrai que ce mot de contrainte, par lequel nous les définissons, risque d'effaroucher les zélés partisans d'un individualisme absolu. Comme ils professent que l'individu est parfaitement autonome, il leur semble qu'on le diminue toutes les fois qu'on lui fait sentir qu'il ne dépend pas seulement de lui-même. Mais puisqu'il est aujourd'hui incontestable que la plupart de nos idées et de nos tendances ne sont pas élaborées par nous, mais nous viennent du dehors, elles ne peuvent pénétrer en nous qu'en s'imposant : c'est tout ce que signifie notre définition.

Émile Durkheim, Les Règles de la méthode sociologique, *chapitre I, 1895.*

Deux lectures possibles

« Il faut traiter les faits sociaux comme des choses. » En formulant ainsi en 1894 sa règle de la méthode sociologique, Durkheim inscrit les sciences sociales dans une perspective d'objectivation, caractéristique des sciences de la nature. Mais cette formule est ambiguë. Elle peut être lue de deux façons, comme une affirmation de réalité, ou comme un parti pris de méthode : « Les faits sociaux *sont* des choses », ou : « Il faut traiter les faits sociaux *comme si* ils étaient des choses. » Dans la seconde lecture, les mots importants sont *traiter* et *comme si.* Ils impliquent une attitude instrumentaliste, mettant entre parenthèses la question de la réalité de ces choses. L'essentiel est alors le traitement, et les conventions sur celui-ci, pour faire « comme si ».

A. Desrosières, La Politique des grands nombres, *La Découverte, 1993.*

Encadré B : *La conscience collective*

L'ensemble des croyances et des sentiments communs à la moyenne des membres d'une même société forme un système déterminé qui a sa vie propre; on peut l'appeler *la conscience collective ou commune.* Sans doute, elle n'a pas pour substrat un organe unique; elle est, par définition, diffuse dans toute l'étendue de la société; mais elle n'en a pas moins des caractères spécifiques qui en font une réalité distincte. En effet, elle est indépendante des conditions particulières où les individus se trouvent placés; ils passent, et elle reste. Elle est la même au Nord et au Midi, dans les grandes villes et dans les petites, dans les différentes professions. De même, elle ne change pas à chaque génération, mais elle relie au contraire les unes aux autres les générations successives. Elle est donc tout autre chose que les consciences particulières, quoiqu'elle ne soit réalisée que chez les individus. Elle est le type psychique de la société type qui a ses propriétés, ses conditions d'existence, son mode de développement, tout comme les types individuels, quoique d'une autre manière.

Émile Durkheim, De la division du travail social, *livre I, chapitre II, 1893.*

Encadré C : *L'essor de la conscience individuelle*

Tant que les sociétés n'atteignent pas certaines dimensions ni un certain degré de concentration, la seule vie psychique qui soit vraiment développée est celle qui est commune à tous les membres du groupe, qui se retrouve identique chez chacun. Mais, à mesure que les sociétés deviennent plus vastes et surtout plus condensées, une vie psychique d'un genre nouveau apparaît. Les diversités individuelles, d'abord perdues et confondues dans la masse des similitudes sociales, s'en dégagent, prennent du relief et se multiplient. Une multitude de choses qui restaient en dehors des consciences parce qu'elles n'affectaient pas l'être collectif, deviennent objets de représentations. Tandis que les individus n'agissaient qu'entraînés les uns par les autres, sauf les cas où leur conduite était déterminée par des besoins physiques, chacun d'eux devient une source d'activité spontanée. Les personnalités particulières se constituent, prennent conscience d'elles-mêmes, et cependant cet accroissement de la vie psychique de l'individu n'affaiblit pas celle de la société, mais ne fait que la transformer. Elle devient plus libre, plus étendue, et comme, en définitive, elle n'a pas d'autres substrats que les consciences individuelles, celles-ci s'étendent, se compliquent et s'assouplissent par contre-coup.

Émile Durkheim, op. cit., *livre II, chapitre V, p. 339.*

situation forme donc la base sociale du processus d'individuation d'où il ressort que chacun est considéré comme une source autonome d'action et de décision.

Pour résumer [*voir encadré C*], la solidarité mécanique désigne une société organisée autour d'un ensemble de croyances et de sentiments communs, où la place accordée à l'autonomie individuelle est faible et où le rapport de l'individu au groupe social est direct, c'est-à-dire n'est pas médiatisé par des groupes intermédiaires. La solidarité organique, quant à elle, désigne une société fondée sur un système de fonctions spécialisées, unies entre elles par des relations fonctionnelles. La division du travail entre les différentes branches de l'économie, telle que la décrit Adam Smith, en est un bon exemple. Chaque branche produit une marchandise pour les autres activités particulières et le mécanisme de détermination des prix sur le marché définit les niveaux de production adaptés à la demande. La place accordée à l'autonomie individuelle y est grande et les rapports de l'individu au groupe social passent par l'intermédiaire de groupes spécialisés comme, par exemple, les groupes professionnels. *(◄ Question 4)*

Encadré D : *L'anomie*

Dans De *la division du travail social* (1893), Durkheim explique que l'anomie caractérise l'une des quatre pathologies de la division du travail. Il s'agit d'une situation où « la division du travail ne produit pas la solidarité [car] les relations des organes ne sont pas réglementées ». Cela renvoie au manque de contiguïté entre ces organes, c'est-à-dire au fait que ceux entre lesquels le travail est divisé ne sont pas suffisamment en contact ou bien que cette rencontre n'est pas suffisamment prolongée pour produire les relations sociales nécessaires au bon fonctionnement de sociétés à solidarité organique.
Dans un ouvrage ultérieur (*Le Suicide, étude de sociologie*, 1897), l'anomie renvoie toujours au défaut de normes sociales mais l'accent est placé sur le fait que les passions issues du processus social d'individuation ne sont plus contenues par les règles morales et que les individus en pâtissent. L'individu souffre alors « du mal de l'infini que l'anomie apporte partout avec elle ».
Dans ce dernier cas, l'anomie peut prendre diverses formes : l'anomie économique atteint les commerçants et les industriels dont la profession est dépouillée d'un système de normes sociales reconnues ; l'anomie conjugale ou sexuelle frappe les hommes dont les passions amoureuses ne sont plus contenues par les règles du mariage. Elle peut être aiguë ou chronique, régressive ou progressive selon la détérioration ou l'amélioration de la position sociale. Ces différents aspects ne sont pas tous compatibles entre eux. Cependant, s'il faut distinguer les deux définitions de l'anomie (« le mal de l'infini » et le défaut de contiguïté), les deux approches ne sont pas sans rapport puisque, par exemple, elles permettent une analyse similaire de la situation du producteur faisant face à un marché concurrentiel. En effet, le producteur souffre du défaut de contiguïté puisque, hors la concurrence, il n'entretient pas de relations sociales définies avec les autres producteurs. Il se trouve dans une situation où ses passions économiques « infinies » ne sont plus contenues par des règles sociales définissant clairement le point où il doit se limiter (◄ *Question 3*).

Encadré E : *Les trois formes anormales de la division du travail*

La bureaucratie. Cette forme anormale s'observe lorsque, dans une entreprise ou une organisation quelconques, « les fonctions sont distribuées de telle sorte qu'elles n'offrent pas une matière suffisante à l'activité des individus ». Il y a bien une division du travail, elle est même très poussée, mais les travailleurs ont une activité insuffisante, ce qui entraîne une mauvaise coordination des fonctions et donc un relâchement de la solidarité. [...]
L'inégalité des chances. Durkheim discerne deux aspects dans les inégalités qui mettent en péril la solidarité organique : l'inégalité dans l'accès aux positions sociales et l'inéquité dans les contrats qui fixent les gratifications des services rendus. [...] Avec le premier, il s'agit de la non-correspondance entre la « distribution des fonctions sociales » et la « distribution des talents naturels », autrement dit l'inégalité des chances dans l'accès aux positions socio-professionnelles. [...] Une autre source d'injustice est que chaque valeur sociale ne soit pas estimée à son juste prix. Pour que les objets ou services échangés aient une valeur sociale équivalente, il faut, là encore, que « les contractants soient placés dans des conditions extérieures égales ». [...]
L'anomie. Les conditions nécessaires au bon fonctionnement de la division du travail sont au nombre de trois : existence d'un système de relations entre les « organes », prise de conscience par ces organes de leur solidarité, enfin réglementation qui « prédétermine » la manière dont ils doivent habituellement concourir. [...] Ainsi l'état d'anomie n'est autre que la non-réalisation de la troisième condition : c'est l'absence d'une réglementation capable d'assurer la coopération entre des fonctions spécialisées. Quant à la cause de cette anomie, c'est la non-réalisation de la première condition, à savoir l'insuffisance des contacts entre « organes », autrement dit l'insuffisance de l'interaction entre les rôles sociaux. [...]
Le travail en miettes. « Un des plus graves reproches qu'on ait faits à la division du travail », écrit Durkheim, est de réduire l'individu « au rôle de machine ». « S'il ne sait pas où tendent ces opérations qu'on réclame de lui, s'il ne les rattache à aucun but, il ne peut plus s'en acquitter que par routine. Tous les jours, il répète les mêmes mouvements avec une régularité monotone, mais sans s'y intéresser ni les comprendre [...] ce n'est plus qu'un rouage inerte. »

Philippe Besnard,
« Les pathologies des sociétés modernes »,
in *P. Besnard, M. Borlandi et P. Vogt,*
Division du travail et lien social,
PUF, 1993.

POUR ALLER PLUS LOIN

III. UNE VISION ÉVOLUTIONNISTE

L'œuvre de Durkheim énonce plus précisément quelques-unes des conditions qui assurent la stabilité des sociétés modernes. Le processus d'intégration indique que les individus doivent entretenir des rapports fréquents entre eux ; ils doivent partager les mêmes pratiques et avoir des buts communs. Mais ce n'est pas tout, il faut encore que la société satisfasse à des conditions régulatrices (ce qu'on appelle le processus de régulation). Les relations sociales se situent donc dans une hiérarchie sociale, les attentes et les passions sont adaptées à la place occupée dans la hiérarchie et, enfin, la hiérarchie sociale est considérée comme juste.

L'argumentation de Durkheim associe aux deux modèles de relations sociales une vision évolutionniste. La solidarité organique ne peut prendre place qu'au détriment de la solidarité mécanique. Il consacre de longues pages à démontrer l'existence d'une mutation des sociétés qui les mène vers la modernité telle qu'on la connaît alors en cette fin du XIXe siècle. Cette évolution se traduit par des transformations radicales de la vie sociale, avec l'affaiblissement progressif et inéluctable de la conscience collective et l'affirmation de la place accordée à l'individu. Le sociologue voit dans ce dernier phénomène le maintien d'une conscience collective puisque ce qu'il appelle le « culte de l'individu » (*De la division du travail*) est, selon lui, le fondement de la morale moderne [*voir dossier 1*].

Parmi les causes majeures de cette évolution, il met en avant le rôle joué par les caractéristiques suivantes : le *volume social* et la densité morale. La première variable désigne le nombre d'éléments composant la société et, tout particulièrement, la taille de la population [*voir dossier 2*]. *La densité morale* est un paramètre plus directement sociologique. Durkheim désigne par là tous les phénomènes susceptibles d'accroître les interrelations entre les membres du groupe social. Il s'agit d'une variable distincte de la première car, même si le volume social ne change pas, la densité morale peut s'accroître si la population se concentre en certains lieux, comme cela arrive avec le développement des villes, ou bien si les moyens de circulation et de communication et leur rapidité s'accroissent. Avec une plus forte densité morale, il se produit, à l'image de ce que Charles Darwin (1809-1882) a démontré dans le règne végétal, une concurrence plus vive entre les différentes parties du corps social. La spécialisation et la différenciation constituent une réponse adaptée où la coopération permet de limiter la pression concurrentielle due à l'accroissement de la densité morale. (◄ **Question 5**)

IV. LES GROUPEMENTS PROFESSIONNELS

Bien que la problématique développée par Durkheim s'écarte de celle des économistes, cela ne signifie pas qu'il est aveugle devant les défauts dont souffre la division du travail. La dernière partie de sa réflexion est précisément consacrée aux formes anormales ou pathologiques de la division du travail.

Comment porter remède aux situations anormales où la division du travail ne produit pas, ou pas suffisamment, de solidarité ? La réponse que Durkheim propose, avant de réorienter massivement ses réflexions vers la religion, tient dans le diagnostic suivant. Premièrement, les anciennes formes du lien social associées aux vestiges de la solidarité mécanique disparaissent et, ainsi, l'Église, la famille et l'État ne peuvent plus jouer leurs rôles socialisateurs comme avant. Deuxièmement, Durkheim souligne combien la vie de l'individu moderne est centrée autour du travail, domaine dans lequel ces anciennes institutions ne sont pas adaptées. En conséquence, il suggère de mettre en place une nouvelle institution à même de remplacer celles qui ne peuvent plus jouer leur rôle socialisateur. Cette nouvelle institution, appelée le *groupement professionnel*, réunirait, par secteur d'activité, les patrons et les ouvriers de façon à constituer un groupe social propice à la formation d'une discipline morale dont manque le monde du travail dans l'industrie et le commerce. Elle aurait pour charge d'organiser l'activité économique à l'intérieur de l'entreprise pour éviter les dysfonctionnements les plus graves, notamment la « bureaucratie », le « travail en miettes », l'anomie [*voir encadré E*], entre les entreprises d'une même branche. Elle sera en outre un intermédiaire entre l'État et les individus en permettant d'adapter la réglementation économique en provenance du pouvoir central. Durkheim pousse sa réflexion jusqu'à suggérer que ces groupes professionnels constitueront une pièce importante de la démocratie en offrant une plus large communication entre les citoyens et entre ces citoyens et l'État. (◄ **Question 6**)

■ *Questions sur le texte* ■ *de Philippe Steiner*

1. Rappelez le rôle attribué par Adam Smith à la division du travail dans les progrès de la richesse.
2. En quoi la division du travail a-t-elle aussi une fonction morale aux yeux de Durkheim ?
3. Quels sont les phénomènes désignés par le terme d'anomie ? [*Voir encadré D sur l'anomie*]
4. Mettez bien en évidence les traits qui opposent les deux sortes de solidarité.
5. Comment Durkheim explique-t-il les progrès de la division du travail ?
6. Quelles ont été les formes de régulation dans les relations professionnelles depuis la fin du XIXe siècle ? Correspondent-elles au remède proposé par Durkheim ?

Question de synthèse

7. Comment la division du travail peut-elle engendrer à la fois une plus grande autonomie individuelle et une solidarité sociale d'un type particulier ?

V. LA SOCIOLOGIE ÉCONOMIQUE

En intégrant ainsi la dimension morale à l'intérieur des questions discutées par les économistes, Durkheim ouvrait la porte à une sociologie économique dès la fin du XIXe siècle. Tout particulièrement, il attirait l'attention de ses lecteurs sur le fait que des institutions comme, par exemple, le contrat d'échange étaient des éléments indispensables au fonctionnement économique. À défaut d'une telle institution sociale et des contraintes qui lui sont associées (les clauses imposées aux deux contractants), les échangistes seraient considérablement embarrassés en devant élaborer à chaque transaction les formes juridiques de l'échange dans le moment présent, mais aussi pour le futur (c'est-à-dire prendre en compte les modalités de règlement des différends susceptibles de les opposer). Cela empêcherait pratiquement de procéder à la multitude d'échanges que les membres de la société moderne accomplissent. Ainsi, selon Durkheim, la sociologie économique montre-t-elle que le contrat n'est pas une forme accessoire de la vie économique, mais qu'il en constitue une condition indispensable.

Au même moment, d'autres économistes (Vilfredo Pareto [1848-1923]) ou sociologues (Max Weber [1864-1920]) réfléchissent à ces problèmes et proposent, eux aussi, une sociologie économique, mais en la fondant sur la théorie de l'action. Et si, par la suite, Durkheim ne s'intéressa guère à la sociologie économique, un de ses disciples (François Simiand) y consacra l'essentiel de son œuvre, notamment pour étudier la façon dont les différentes manières de chercher son intérêt pouvaient expliquer les relations entre patrons et ouvriers et rendre compte des fluctuations cycliques de la production, de la productivité et des revenus (salaires et profits) que l'on constatait au début du XXe siècle.

Dossier 1

Les deux types de solidarité

Document 1

Les deux solidarités

La vie sociale dérive d'une double source, la similitude des consciences et la division du travail social. L'individu est socialisé dans le premier cas, parce que, n'ayant pas d'individualité propre, il se confond, ainsi que ses semblables, au sein d'un même type collectif; dans le second, parce que, tout en ayant une physionomie et une activité personnelles qui le distinguent des autres, il dépend d'eux dans la mesure même où il s'en distingue, et par conséquent de la société qui résulte de leur union.

La similitude des consciences donne naissance à des règles juridiques qui, sous la menace de mesures répressives, imposent à tout le monde des croyances et des pratiques uniformes; plus elle est prononcée, plus la vie sociale se confond complètement avec la vie religieuse, plus les institutions économiques sont voisines du communisme.

La division du travail donne naissance à des règles juridiques qui déterminent la nature et les rapports des fonctions divisées mais dont la violation n'entraîne que des mesures réparatrices sans caractère expiatoire. ■

Émile Durkheim,
De la division du travail social,
livre I, chapitre VII, 1893.

Document 2

Les deux faces de la société

[...] Nous reconnaîtrons deux sortes seulement de solidarités positives que distinguent les caractères suivants :

1. La première relie directement l'individu à la société sans aucun intermédiaire. Dans la seconde, il dépend de la société, parce qu'il dépend des parties qui la composent.

2. La société n'est pas vue sous le même aspect dans les deux cas. Dans le premier, ce que l'on appelle de ce nom, c'est un ensemble plus ou moins organisé de croyances et de sentiments communs à tous les membres du groupe : c'est le type collectif. Au contraire, la société dont nous sommes solidaires dans le second cas est un système de fonctions différentes et spéciales qu'unissent des rapports définis. Ces deux sociétés n'en font d'ailleurs qu'une. Ce sont deux faces d'une seule et même réalité, mais qui ne demandent pas moins à être distinguées.

3. De cette seconde différence en découle une autre qui va nous servir à caractériser et à dénommer ces deux sortes de solidarités.

La première ne peut être forte que dans la mesure où les idées et les tendances communes à tous les membres de la société dépassent en nombre et en intensité celles qui appartiennent personnellement à chacun d'eux. Elle est d'autant plus énergique que cet excédent est plus considérable. Or, ce qui fait notre personnalité, c'est ce que chacun de nous a de propre et de caractéristique, ce qui le distingue des autres. Cette solidarité ne peut donc s'accroître qu'en raison inverse de la personnalité. Il y a dans chacune de nos consciences, avons-nous dit, deux consciences : l'une, qui nous est commune avec notre groupe tout entier, qui, par conséquence, n'est pas nous-même, mais la société vivant et agissant en nous; l'autre qui ne représente au contraire que nous dans ce que nous avons de personnel et de distinct, dans ce qui fait de nous un individu. La solidarité qui dérive des ressemblances est à son *maximum* quand la conscience collective recouvre exactement notre conscience totale et coïncide de tous points avec elle : mais, à ce moment, notre individualité est nulle. Elle ne peut naître que si la communauté prend

Questions sur l'ensemble du dossier

1. Rappelez, à l'aide du texte précédent de Philippe Steiner et du dossier 1, les attributs de chacune des solidarités.
2. Pourquoi, selon Durkheim, les deux solidarités qu'il distingue constituent-elles deux faces d'une même réalité et non deux types de société complètement différentes ?
3. Pourquoi les deux types de solidarité ne peuvent-ils croître en même temps ?
4. Pourquoi Durkheim donne-t-il aux deux solidarités les adjectifs de « mécanique » et d'« organique » ?

moins de place en nous. Il y a là deux forces contraires, l'une centripète, l'autre centrifuge, qui ne peuvent pas croître en même temps. Nous ne pouvons pas nous développer à la fois dans deux sens aussi opposés. Si nous avons un vif penchant à penser et à agir par nous-même, nous ne pouvons pas être fortement enclin à penser et à agir comme les autres. Si l'idéal est de se faire une physionomie propre et personnelle, il ne saurait être de ressembler à tout le monde. De plus, au moment où cette solidarité exerce son action, notre personnalité s'évanouit, peut-on dire, par définition; car nous ne sommes plus nous-même, mais l'être collectif.

Les molécules sociales qui ne seraient cohérentes que de cette seule manière ne pourraient donc se mouvoir avec ensemble que dans la mesure où elles n'ont pas de mouvements propres, comme font les molécules des corps inorganiques. C'est pourquoi nous proposons d'appeler mécanique cette espèce de solidarité. Ce mot ne signifie pas qu'elle soit produite par des moyens mécaniques et artificiellement. Nous ne la nommons ainsi que par analogie avec la cohésion qui unit entre eux les éléments des corps bruts, par opposition à celle qui fait l'unité des corps vivants. Ce qui achève de justifier cette dénomination, c'est que le lien qui unit ainsi l'individu à la société est tout à fait analogue à celui qui rattache la chose à la personne. La conscience individuelle, considérée sous cet aspect, est une simple dépendance du type collectif et en suit tous les mouvements, comme l'objet possédé suit ceux que lui imprime son propriétaire. Dans les sociétés où cette solidarité est très développée, l'individu ne s'appartient pas, nous le verrons plus loin; c'est littéralement une chose dont dispose la société. Aussi, dans ces mêmes types sociaux, les droits personnels ne sont-ils pas encore distingués des droits réels.

Il en est tout autrement de la solidarité que produit la division du travail. Tandis que la précédente implique que les individus se ressemblent, celle-ci suppose qu'ils diffèrent les uns des autres. La première n'est possible que dans la mesure où la personnalité individuelle est absorbée dans la personnalité collective; la seconde n'est possible que si chacun a une sphère d'action qui lui est propre, par conséquent une personnalité. Il faut donc que la conscience collective laisse découverte une partie de la conscience individuelle, pour que s'y établissent ces fonctions spéciales qu'elle ne peut pas réglementer; et plus cette région est étendue, plus est forte la cohésion qui résulte de cette solidarité. En effet, d'une part, chacun dépend d'autant plus étroitement de la société que le travail est plus divisé, et, d'autre part, l'activité de chacun est d'autant plus personnelle qu'elle est plus spécialisée. Sans doute, si circonscrite qu'elle soit, elle n'est jamais complètement originale; même dans l'exercice de notre profession, nous nous conformons à des usages, à des pratiques qui nous sont communes avec toute notre corporation. Mais, même dans ce cas, le joug que nous subissons est autrement moins lourd que quand la société tout entière pèse sur nous, et il laisse bien plus de place au libre jeu de notre initiative. Ici donc, l'individualité du tout s'accroît en même temps que celle des parties; la société devient plus capable de se mouvoir avec ensemble, en même temps que chacun de ses éléments a plus de mouvements propres. Cette solidarité ressemble à celle que l'on observe chez les animaux supérieurs. Chaque organe, en effet, y a sa physionomie spéciale, son autonomie, et pourtant l'unité de l'organisme est d'autant plus grande que cette individuation des parties est plus marquée. En raison de cette analogie, nous proposons d'appeler organique la solidarité qui est due à la division du travail. ■

Émile Durkheim, op. cit., *livre I, chapitre III, p. 98 à 101.*

Dossier 2

Les causes du progrès de la division du travail

Document 1

L'explication classique en économie politique

D'après la théorie la plus répandue, la division du travail n'aurait d'autre origine que le désir qu'a l'homme d'accroître sans cesse son bonheur. On sait, en effet, que plus le travail se divise, plus le rendement en est élevé. Les ressources qu'il met à notre disposition sont plus abondantes; elles sont aussi de meilleure qualité. La science se fait mieux et plus vite; les œuvres d'art sont plus nombreuses et plus raffinées; l'industrie produit plus et les produits en sont plus parfaits. Or, l'homme a besoin de toutes ces choses; il semble donc qu'il doive être d'autant plus heureux qu'il en possède davantage et, par conséquent, qu'il soit naturellement incité à les rechercher.

Cela posé, on explique aisément la régularité avec laquelle progresse la division du travail; il suffit, dit-on, qu'un concours de circonstances, qu'il est facile d'imaginer, ait averti les hommes de quelques-uns de ces avantages, pour qu'ils aient cherché à l'étendre toujours plus loin, afin d'en tirer tout le profit possible. Elle progresserait donc sous l'influence de causes exclusivement individuelles et psychologiques. Pour en faire la théorie, il ne serait pas nécessaire d'observer les sociétés et leur structure : l'instinct le plus simple et le plus fondamental du cœur humain suffirait à en rendre compte. C'est le besoin du bonheur qui pousserait l'individu à se spécialiser de plus en plus. Sans doute, comme toute spécialisation suppose la présence simultanée de plusieurs individus et leur concours, elle n'est pas possible sans une société. Mais, au lieu d'en être la cause déterminante, la société serait seulement le moyen par lequel elle se réalise, la ma-

Questions sur l'ensemble du dossier

1. Quel est, selon Durkheim, le raisonnement typique des économistes? Est-ce exactement ainsi que Smith présente l'origine de la division du travail? [*doc. 1*]
2. Quelle est l'objection principale que fait Durkheim à l'argumentation des économistes? [*doc. 2 et 3*]
3. Distinguez clairement densité morale, densité matérielle, volume social. [*doc. 4*]
4. Expliquez la phrase : « Ils marchent parce qu'il faut marcher. » [*doc. 5*]
5. Question générale. Montrez que Durkheim met en œuvre, dans les explications qu'il donne des progrès de la division du travail, sa conception du « fait social ». [*Voir aussi, pour un rappel de cette notion, le texte de Philippe Steiner*]

tière nécessaire à l'organisation du travail divisé. Elle serait même un effet du phénomène plutôt que sa cause. Ne répète-t-on pas sans cesse que c'est le besoin de la coopération qui a donné naissance aux sociétés ? Celles-ci se seraient donc formées pour que le travail pût se diviser, bien loin qu'il se fût divisé pour des raisons sociales ?

Cette explication est classique en économie politique. Elle paraît d'ailleurs si simple et si évidente qu'elle est admise inconsciemment par une foule de penseurs dont elle altère les conceptions. ■

Émile Durkheim, De la division du travail social, *livre II, chapitre II, 1893.*

Document 2

La division du travail a des causes sociales

Le travail ne se partage pas entre individus indépendants et déjà différenciés qui se réunissent et s'associent pour mettre en commun leurs différentes aptitudes. Car ce serait un miracle que des différences, ainsi nées au hasard des circonstances, pussent se raccorder aussi exactement de manière à former un tout cohérent. Bien loin qu'elles précèdent la vie collective, elles en dérivent. Elles ne peuvent se produire qu'au sein d'une société et sous la pression de sentiments et de besoins sociaux ; c'est ce qui fait qu'elles sont essentiellement harmoniques. Il y a donc une vie sociale en dehors de toute division du travail, mais que celle-ci suppose. C'est, en effet, ce que nous avons directement établi en faisant voir qu'il y a des sociétés dont la cohésion est essentiellement due à la communauté des croyances et des sentiments, et que c'est de ces sociétés que sont sorties celles dont la division du travail assure l'unité. ■

Émile Durkheim, op. cit., *chapitre I.*

Document 3

L'harmonie des fonctions sociales

Mais si la division du travail produit la solidarité, ce n'est pas seulement parce qu'elle fait de chaque individu un échangiste comme disent les économistes ; c'est qu'elle crée entre les hommes tout un système de droits et de devoirs qui les lient les uns aux autres d'une manière durable. De même que les similitudes sociales donnent naissance à un droit et à une morale qui les protègent, la division du travail donne naissance à des règles qui assurent le concours pacifique et régulier des fonctions divisées. Si les économistes ont cru qu'elle engendrait une solidarité suffisante, de quelque manière qu'elle se fît, et si, par suite, ils ont soutenu que les sociétés humaines pouvaient et devaient se résoudre en des associations purement économiques, c'est qu'ils ont cru qu'elle n'affectait que des intérêts individuels et temporaires. Par conséquent, pour estimer les intérêts en conflit et la manière dont ils doivent s'équilibrer, c'est-à-dire pour déterminer les conditions dans lesquelles l'échange doit se faire, les individus seuls sont compétents ; et comme ces intérêts sont dans un perpétuel devenir, il n'y a place pour aucune réglementation permanente. Mais une telle conception est, de tous points, inadéquate aux faits. La division du travail ne met pas en présence des individus, mais des fonctions sociales. Or, la société est intéressée au jeu de ces dernières : suivant qu'elles concourent régulièrement ou non, elle sera saine ou malade. Son existence en dépend donc, et d'autant plus étroitement qu'elles sont plus divisées. C'est pourquoi elle ne peut les laisser dans un état d'indétermination, et d'ailleurs elles se déterminent d'elles-mêmes. Ainsi se forment ces règles dont le nombre s'accroît à mesure que le travail se divise et dont l'absence rend la solidarité organique ou impossible ou imparfaite. ■

Émile Durkheim, op. cit., *livre III, Conclusion, p. 402 et 403.*

Document 4

Densité et volume

La division du travail progresse donc d'autant plus qu'il y a plus d'individus qui sont suffisamment en contact pour pouvoir agir et réagir les uns sur les autres. Si nous convenons d'appeler densité dynamique ou morale ce rapprochement et le commerce actif qui en résulte, nous pourrons dire que les progrès de la division du travail sont en raison directe de la densité morale ou dynamique de la société.

Mais ce rapprochement moral ne peut produire son effet que si la distance réelle entre les individus a elle-même diminué, de quelque manière que ce soit. La densité morale ne peut donc s'accroître sans que la densité matérielle s'accroisse en même temps, et celle-ci peut servir à mesurer celle-là. Il est, d'ailleurs, inutile de rechercher laquelle des deux a déterminé l'autre ; il suffit de constater qu'elles sont inséparables.

Mais ce facteur n'est pas le seul. Si la condensation de la société produit ce résultat, c'est qu'elle multiplie les relations intra-sociales. Mais celles-ci seront encore plus nombreuses si, en outre, le chiffre total des membres de la société devient plus considérable. Si elle comprend plus d'individus en même temps qu'ils sont plus intimement en contact, l'effet sera nécessairement renforcé. Le volume social a donc sur la division du travail la même influence que la densité. ■

Émile Durkheim, op. cit., *chapitre II.*

Document 5

La civilisation est un effet

En déterminant la cause principale des progrès de la division du travail, nous avons déterminé du même coup le facteur essentiel de ce qu'on appelle la civilisation.

Elle est elle-même une conséquence nécessaire des changements qui se produisent dans le volume et dans la densité des sociétés. Si la science, l'art, et l'activité économique se développent, c'est par suite d'une nécessité qui s'impose aux hommes ; c'est qu'il n'y a pas pour eux d'autre manière de vivre dans les conditions nouvelles où ils sont placés. Du moment que le nombre des individus entre lesquels les relations sociales sont établies est plus considérable, ils ne peuvent se maintenir que s'ils se spécialisent davantage, travaillent davantage, surexcitent leurs facultés ; et de cette stimulation générale résulte inévitablement un plus haut degré de culture. De ce point de vue, la civilisation apparaît donc, non comme un but qui meut les peuples par l'attrait qu'il exerce sur eux, non comme un bien entrevu et désiré par avance, dont ils cherchent à s'assurer par tous les moyens la part la plus large possible, mais comme l'effet d'une cause, comme la résultante nécessaire d'un état donné.

Ce n'est pas le pôle vers lequel s'oriente le développement historique et dont les hommes cherchent à se rapprocher pour être plus heureux ou meilleurs ; car ni le bonheur, ni la moralité ne s'accroissent nécessairement avec l'intensité de la vie. Ils marchent parce qu'il faut marcher, et ce qui détermine la vitesse de cette marche, c'est la pression plus ou moins forte qu'ils exercent les uns sur les autres, suivant qu'ils sont plus ou moins nombreux. ■

Émile Durkheim, op. cit., *chapitre V.*

Dossier 3

Les deux individualismes

NB : Ces deux documents sont extraits d'un même article de Durkheim, « L'individualisme et les intellectuels », publié le 2 juillet 1898 dans le contexte de « l'affaire Dreyfus » (l'article d'Émile Zola, « J'accuse », est paru le 13 janvier 1898).

➡ **Voir le chapitre sur Tocqueville,** dossier 2, *L'individualisme démocratique, page 669.*

Questions sur l'ensemble du dossier

1. Quels sont ces deux individualismes auxquels Durkheim se réfère ? [*doc. 1*]
2. Expliquez pourquoi Durkheim qualifie le deuxième individualisme de « religion de l'humanité » ? [*doc. 1*]
3. On fait souvent de Durkheim l'exemple type du sociologue « holiste ». Pourtant il se déclare ici « individualiste ». Expliquez ce paradoxe. [*doc. 2*]
4. Commentez l'affirmation de Durkheim : « La liberté politique est un moyen, non une fin ». [*doc. 2*]

Document 1

La religion de l'humanité

Pour faire plus facilement le procès de l'individualisme, on le confond avec l'utilitarisme étroit et l'égoïsme utilitaire de Spencer et des économistes. C'est se faire la partie belle. On a beau jeu, en effet, à dénoncer comme un idéal sans grandeur ce commercialisme mesquin qui réduit la société à n'être qu'un vaste appareil de production et d'échange, et il est trop clair que toute vie commune est impossible s'il n'existe pas d'intérêts supérieurs aux intérêts individuels. Que de semblables doctrines soient traitées d'anarchiques, rien donc n'est plus mérité et nous y donnons les mains. Mais ce qui est inadmissible, c'est qu'on raisonne comme si cet individualisme était le seul qui existât ou même qui fût possible.

[...] Il existe un autre individualisme dont il est moins facile de triompher. Il a été professé, depuis un siècle, par la très grande généralité des penseurs : c'est celui de Kant et de Rousseau, celui des spiritualistes, celui que la Déclaration des droits de l'homme a tenté, plus ou moins heureusement, de traduire en formules, celui qu'on enseigne couramment dans nos écoles et qui est devenu la base de notre catéchisme moral. On croit, il est vrai, l'atteindre sous le couvert du premier, mais il en diffère profondément et les critiques qui s'appliquent à l'un ne sauraient convenir à l'autre. Bien loin qu'il fasse de l'intérêt personnel l'objectif de la conduite, il voit dans tout ce qui est mobile personnel la source même du mal. Suivant Kant, je ne suis certain de bien agir que si les motifs qui me déterminent tiennent, non aux circonstances particulières dans lesquelles je suis placé, mais à ma qualité d'homme *in abstracto.* Inversement, mon action est mauvaise, quand elle ne peut pas se justifier logiquement que par ma situation de fortune ou par ma condition sociale, par mes intérêts de classe ou de caste, par mes passions, etc. C'est pourquoi la conduite immorale se reconnaît à ce signe qu'elle est étroitement liée à l'individualité de l'agent et ne peut être généralisée sans absurdité manifeste. [...]

[...] Une fois qu'on a cessé de confondre l'individualisme avec son contraire, c'est-à-dire avec l'utilitarisme, toutes ces prétendues contradictions s'évanouissent comme par enchantement. Cette religion de l'humanité a tout ce qu'il faut pour parler à ses fidèles sur un ton non moins impératif que les religions qu'elle remplace. Bien loin qu'elle se borne à flatter nos instincts, elle nous assigne un idéal qui dépasse infiniment la nature; car nous ne sommes pas naturellement cette sage et pure raison qui, dégagée de tout mobile personnel, légiférerait dans l'abstrait sur sa propre conduite. Sans doute, si la dignité de l'individu lui venait de ses caractères individuels, des particularités qui le distinguent d'autrui, on pourrait craindre qu'elle ne l'enfermât dans une sorte d'égoïsme moral qui rendrait impossible toute solidarité. Mais, en réalité, il la reçoit d'une source plus haute et qui lui est commune avec tous les hommes. S'il a droit à ce respect religieux, c'est qu'il a en lui quelque chose de l'humanité. C'est l'humanité qui est respectable et sacrée; or elle n'est pas toute en lui. Elle est répandue chez tous ses semblables; par suite, il ne peut la prendre pour fin de sa conduite sans être obligé de sortir de soi-même et de se répandre au-dehors. Le culte dont il est, à la fois, et l'objet et l'agent, ne s'adresse pas à l'être particulier qu'il est et qui porte son nom, mais à la personne humaine, où qu'elle se rencontre, sous quelque forme qu'elle s'incarne. ■

Document 2

La liberté politique est un moyen, non une fin

Une similitude verbale a pu faire croire que l'*individualisme* dérivait nécessairement de sentiments *individuels,* partant égoïstes. En réalité, la religion de l'individu est d'institution sociale, comme toutes les religions connues. C'est la société qui nous assigne cet idéal, comme la seule fin commune qui puisse actuellement rallier les volontés. Nous la retirer, alors qu'on n'a rien d'autre à mettre à la place, c'est donc nous précipiter dans cette anarchie morale qu'on veut précisément combattre[1].

Il s'en faut toutefois que nous considérions comme parfaite et définitive la formule que le XVIIIe siècle a donnée de l'individualisme et que nous avons eu le tort de conserver presque sans changements. Suffisante il y a un siècle, elle a maintenant besoin d'être élargie et complétée. Elle ne présente l'individualisme que par son côté le plus négatif. Nos pères s'étaient exclusivement donné pour tâche d'affranchir l'individu des entraves politiques qui gênaient son développement. La liberté de penser, la liberté d'écrire, la liberté de voter furent donc mises par eux au rang des premiers biens qu'il fallait conquérir, et cette émancipation était certainement la condition nécessaire de tous les progrès ultérieurs. Seulement, emportés par les ardeurs de la lutte, tout entiers au but qu'ils poursuivaient, ils finirent par ne plus rien voir au-delà et par ériger en une sorte de fin dernière ce terme prochain de leurs efforts. Or la liberté politique est un moyen, non une fin, elle n'a de prix que par la manière dont elle est mise en usage; si elle ne sert pas à quelque chose qui la dépasse, elle n'est pas seulement inutile; elle devient dangereuse. Arme de combat, si ceux qui la manient ne savent pas l'employer dans des luttes fécondes, ils ne tardent pas à la tourner contre eux-mêmes.

Et c'est justement pour cette raison qu'elle est aujourd'hui tombée dans un certain discrédit. Les hommes de ma génération se rappellent quel fut notre enthousiasme quand, il y a une vingtaine d'années, nous vîmes enfin tomber les dernières barrières qui contenaient nos impatiences. Mais hélas ! le désenchantement vint vite ; car il fallut bientôt s'avouer qu'on ne savait pas quoi faire de cette liberté si laborieusement conquise. [...]

[...] Si nous n'apprenons pas enfin à mettre en œuvre les moyens d'action que nous avons entre les mains, il est inévitable qu'ils se déprécient. Usons donc de nos libertés pour chercher ce qu'il faut faire et pour le faire, pour adoucir le fonctionnement de la machine sociale, si rude encore aux individus, pour mettre à leur portée tous les moyens possibles de développer leurs facultés sans obstacles, pour travailler enfin à faire une réalité du fameux précepte : à chacun selon ses œuvres ! Reconnaissons même que, d'une manière générale, la liberté est un instrument délicat dont le maniement doit s'apprendre et exerçons-y nos enfants ; toute l'éducation morale devrait être orientée dans ce but. ■

1. Voilà comment on peut, sans contradiction, être individualiste tout en disant que l'individu est un produit de la société, plus qu'il n'en est la cause. C'est que l'individualisme lui-même est un produit social, comme toutes les morales et toutes les religions. L'individu reçoit de la société même les croyances morales qui le divinisent. C'est ce que Kant et Rousseau n'ont pas compris. Ils ont voulu déduire leur morale individualiste, non de la société, mais de la notion de l'individu isolé. L'entreprise était impossible, et de là viennent les contradictions logiques de leurs systèmes.

7

MAX WEBER

Il y avait un dieu du feu, un dieu de l'eau, un dieu de la forêt ; du ciel, de la terre, du vent ; de la guerre, de l'amour, de l'enfer et des ténèbres. Partout des démons, des esprits, des puissances maléfiques, des anges gardiens. Alors, tout paraissait avoir un sens : l'origine des temps, le mystère de la vie, la souffrance physique, l'angoisse de la mort… Comme les enfants que l'imagination transporte dans l'univers merveilleux des contes de fées, les hommes vivaient dans un monde enchanté ; les guerriers valeureux tombés au combat galopaient dans les plaintes éternelles du Grand Manitou.

Aujourd'hui, la forêt de Brocéliande n'est plus qu'un bosquet menacé de destruction ; les choses n'ont plus de sens, elles ont un prix. Le réel est plus réel, mais il est aussi plus fade, ou simplement utilitaire.

Max Weber nous aide à comprendre les raisons de ce désenchantement du monde, qui nous laisse seuls face à nos doutes et à nos angoisses, en le rapportant au processus de rationalisation du mode de vie, typique de la civilisation occidentale.

En même temps qu'elle détruit les anciennes croyances, les mythes, la magie, donc tout ce qui pouvait donner une signification au monde et à la vie, la science moderne n'apporte pas de réponse à la question du sens.

En même temps qu'elle rationalise l'exploitation du travail et maximise l'efficacité économique, l'entreprise capitaliste instrumentalise les hommes et réduit les rapports sociaux au calcul des intérêts individuels.

En même temps qu'il impose le règne de la loi et l'objectivité du fonctionnement bureaucratique, l'État rationnel contribue à la dépersonnalisation et à l'anonymat des rapports humains.

Il reste à comprendre comment ce monde moderne est sorti de la matrice religieuse dans laquelle restait englouti le monde ancien. En effet, si l'on admet que la religion tissait, depuis l'origine, le réseau de significations qui enserrait toute la vie, économique, politique, sociale, alors c'est bien ce processus de sortie de la religion qu'il faut expliquer en premier lieu. Max Weber, d'abord grand historien et sociologue des religions, s'efforce de le faire notamment dans son étude célèbre de l'affinité entre l'esprit du capitalisme et l'ethos puritain des sectes calvinistes.

Autant le reconnaître : cet auteur n'est pas facile à lire. Pourtant, renoncer à l'étudier sérieusement serait se priver de l'une des clés qui nous permettent de mieux comprendre la nature profonde de notre société.

Pascal Combemale

SOMMAIRE

Bibliographie

– *Catherine Colliot-Thélène,* Max Weber et l'Histoire, *PUF, « Philosophies », Paris, 1990.*

- *Florence Weber, « Max Weber : les textes essentiels », Hachette, Paris, 2001.*

Catherine Colliot-Thélène *est professeur des universités et directrice du Centre Marc Bloch à Berlin. Elle a notamment publié :* Max Weber et l'Histoire *(PUF, Paris, 1990),* Le Désenchantement de l'État, de Hegel à Max Weber *(Les Éditions de Minuit, Paris, 1992), ainsi que divers articles sur la philosophie politique et l'histoire et l'épistémologie des sciences sociales dans les revues* Actes de la recherche en sciences sociales, Philosophie, Philosophie politique, Actuels Marx, Science(s) politique(s).

POUR ALLER PLUS LOIN

MAX WEBER : UNE SOCIÉTÉ DÉSENCHANTÉE

CATHERINE COLLIOT-THÉLÈNE

L'œuvre du sociologue allemand Max Weber (1864-1920) est à première vue disparate. D'un côté, un ensemble de travaux consacrés à la sociologie des religions, dont le plus célèbre est *L'Éthique protestante et l'esprit du capitalisme* (1904) ; de l'autre, un ouvrage monumental, inachevé : *Économie et Société*. À ces deux composantes principales de son œuvre s'ajoute le recueil des articles relatifs aux conditions particulières de la connaissance dans le domaine des sciences sociales et historiques, publié sous le titre *Essais sur la théorie de la science*.

La disparité de cette œuvre n'est cependant qu'apparente. Un intérêt unique domine la totalité de ces recherches, qui peut se résumer en deux questions solidaires : 1. En quoi consiste la spécificité de la civilisation occidentale moderne ? 2. Quelles sont les causes qui ont été historiquement déterminantes dans le processus de formation de cette civilisation ? Ces deux questions inspiraient déjà les philosophies de l'histoire du siècle précédent (Kant, Hegel). L'originalité de Max Weber consiste à vouloir y répondre dans les termes d'une science strictement empirique, c'est-à-dire visant à l'explication des faits, en s'abstenant de tout présupposé relatif à leur sens.

Cette exigence empirique interdit d'expliquer l'évolution historique par le progrès des « idées », c'est-à-dire des conceptions du monde. Toutefois, malgré son refus explicite d'imputer la transformation des pratiques sociales à la rationalisation des modes de pensée, Max Weber a interprété l'évolution des différents aspects de ces pratiques (économiques, juridiques et politiques notamment) comme les manifestations diverses d'un unique processus de rationalisation du mode de vie, qu'il qualifie de « procès de rationalisation occidentale ».

I. UNE SOCIOLOGIE COMPARATIVE

Max Weber entreprend de répondre à ses deux questions directrices par une démarche comparatiste. Celle-ci s'appuie sur une matière première exceptionnellement riche : elle fait appel à l'histoire du droit, des structures sociales et politiques, aussi bien qu'à celle des religions ; elle emprunte ses exemples à l'Antiquité grecque et romaine, à la période médiévale ou aux débuts des Temps modernes en Occident, mais également à l'histoire de la Chine, de l'Inde ou du Moyen-Orient.

Cette comparaison de grande envergure ne vise pas à établir des lois de développement, mais au contraire à mettre en évidence l'originalité de la civilisation occidentale et des conditions de sa formation. Weber est en effet hostile à l'*évolutionnisme*, c'est-à-dire à la théorie selon laquelle toutes les sociétés devraient nécessairement parcourir une série d'étapes ordonnées, qui seraient partout les mêmes (positivisme d'Auguste Comte, théorie de la succession des modes de production dans le marxisme). Tout développement historique concret constitue, selon Weber, un phénomène unique, et la formation de l'Occident ne peut, par conséquent, être considérée comme le modèle d'un procès de civilisation qui aurait valeur universelle.

Pourtant, la sociologie poursuit des objectifs de connaissance distincts de ceux de l'historiographie. Tandis que la seconde s'attache aux détails de la séquence historique particulière qui est son objet d'étude (le règne d'Henri IV, le siècle de Louis XIV, la guerre de 1914-1918), la première cherche à fournir une explication logique de ces successions événementielles. C'est pourquoi la sociologie procède de manière *typologique*.

On peut construire des types correspondant à une configuration sociale (l'éthique protestante, l'économie marchande, etc.) ou à un procès de développement (le passage d'un mode de domination charismatique à un mode bureaucratique, par exemple, ou celui d'une économie d'échange en nature à une économie monétaire) (◄ ***Question 1***). Dans les deux cas, le type (ou l'idealtype, dans la terminologie technique de Weber) ne prétend être ni la description d'un phénomène historique concret ni l'expression des lois essentielles régissant ce phénomène, mais simplement un instrument conceptuel construit par le savant pour rendre la réalité concrète intelligible rationnellement (◄ ***Question 2***).

II. RELIGION ET ÉCONOMIE

On trouve chez Weber une critique sévère de la doctrine marxiste, à laquelle il reproche d'avoir arbitrairement posé que toute transformation sociale, politique ou idéologique s'expliquait en dernière analyse par des causes économiques. *L'Éthique protestante et l'esprit du capitalisme* défend, en effet, une thèse à première vue opposée. Max Weber tente d'expliquer les raisons pour lesquelles l'entreprise capitaliste s'est développée tout d'abord dans les milieux de confession protestante, particulièrement chez les calvinistes et dans les sectes puritaines. Selon lui, l'« éthique du travail », c'est-à-dire le zèle professionnel et le mode de vie frugal que l'on constate chez les protestants, serait la conséquence paradoxale du dogme de la prédestination. Le protestantisme

Encadré A : *Principaux ouvrages de Max Weber traduits en français*

- *Économie et Société,* Pocket, 2003 (2 volumes).
- *Économie et Société dans l'antiquité,* La Découverte/Poche, 2001.
- *Essais sur la théorie de la science,* Pocket, « Agora », Paris, 1992.
- *L'Éthique protestante et l'esprit du capitalisme,* Pocket, « Agora », Paris, 1985.
- *Histoire économique,* Gallimard, Paris, 1991.
- *Le Judaïsme antique,* Plon, Paris, 1971.
- *Le Savant et le Politique,* 10/18, Paris, 1979.
- *Sociologie du droit,* PUF, Paris, 1986.
- *La Ville,* Aubier, Paris, 1994.
- *Sociologie des religions,* Gallimard, Paris, 1996.

PLAN

Encadré B

Une sociologie de la compréhension

Nous appelons sociologie (au sens où nous entendons ici ce terme utilisé avec beaucoup d'équivoques) une science qui se propose de comprendre par interprétation [*deutend verstehen*] l'activité sociale et par là d'expliquer causalement [*ursächlich erklären*] son déroulement et ses effets. Nous entendons par « activité » [*Handeln*] un comportement humain (peu importe qu'il s'agisse d'un acte extérieur ou intime, d'une omission ou d'une tolérance), quand et pour autant que l'agent ou les agents lui communiquent un sens subjectif. Et par activité « sociale », l'activité qui, d'après son sens visé [*gemeinten Sinn*] par l'agent ou les agents, se rapporte au comportement d'autrui, par rapport auquel s'oriente son déroulement.

M. Weber, Économie et Société, *I, Plon, 1971.*

« La rationalité est un concept historique »

À vrai dire, il faudrait placer en épigraphe à toute étude sur la rationalité ce principe très simple mais souvent oublié : la vie peut être rationalisée conformément à des points de vue finaux extrêmement divers et suivant des directions extrêmements différentes. La rationalité est un concept historique qui renferme tout un monde d'oppositions.

M. Weber, L'Éthique protestante et l'esprit du capitalisme, *Pocket, « Agora », 1985.*

Motivations de l'action sociale

Max Weber distingue quatre types de motivations de l'action (*typologie des déterminants de l'action sociale*). L'action sociale est déterminée :

1. par les anticipations que chacun peut faire du comportement des autres, qui lui permettent d'adapter de façon réfléchie ses moyens aux fins qu'il poursuit (action « rationnelle en finalité », ou instrumentale) ;
2. par la conviction qu'un certain comportement est souhaitable en raison de sa valeur intrinsèque, quels que soient les effets qui peuvent en découler (action « rationnelle en valeur », qui peut être exemplifiée par le comportement du militant révolutionnaire ou celui d'un croyant convaincu, de quelque religion que ce soit, qui fait passer ses principes moraux avant toute considération utilitaire) ;
3. par les passions et les sentiments immédiats ;
4. par la coutume (tradition).

nie que le chrétien puisse gagner son salut par ses œuvres, c'est-à-dire par ses bonnes actions ou par le respect scrupuleux des obligations du culte. Le salut n'est pas une récompense, mais le produit de la grâce divine, dont les raisons échappent à la compréhension des hommes. Toutefois, le croyant peut trouver le signe (la « confirmation ») qu'il fait partie des élus dans la réussite de ses activités terrestres. L'ardeur des protestants au travail s'expliquerait par la quête des signes de leur élection.

Max Weber n'a jamais renié les deux thèses fondamentales de *L'Éthique protestante* : 1. dans toutes les sociétés historiques connues jusqu'à l'époque moderne, l'éthique religieuse contribua de manière décisive à la détermination des conduites sociales, et particulièrement des conduites économiques ; 2. seule l'éthique protestante a permis la formation de l'entrepreneur capitaliste, toutes les autres formes d'éthique religieuse ayant, au contraire, fait obstacle au développement des structures de l'économie moderne.

L'importance que Max Weber accorde aux idées religieuses implique bien entendu de rompre avec la distinction marxiste entre « infrastructure » et « suprastructure ». La religion n'est pas un simple reflet des conditions sociales existantes, c'est-à-dire une idéologie qui justifierait la distribution inégale des richesses et du pouvoir en présentant cette distribution comme conforme à la volonté divine. Pourtant, Max Weber s'est élevé contre une interprétation « spiritualiste » (ou idéaliste) de *L'Éthique protestante*.

Loin de défendre une interprétation idéaliste des transformations sociales (pour laquelle les « idées » sont le facteur décisif) contre une interprétation matérialiste (pour laquelle ce sont les « intérêts » qui jouent ce rôle), Max Weber rejette tout privilège exclusif accordé à un aspect des pratiques sociales, quel qu'il soit : à une conception moniste de la causalité historique, il oppose une conception *pluraliste* (◄ ***Question 3***).

Les études qu'il a consacrées ultérieurement aux religions de l'Inde et de la Chine, ainsi qu'au judaïsme, maintiennent l'autonomie des croyances religieuses ; mais elles considèrent également la manière dont les conditions d'existence des différentes couches sociales prédisposent à accepter certaines formes de croyances religieuses plutôt que d'autres. Ainsi, la noblesse militaire du Moyen Âge ou encore les bureaucrates d'un État centralisé (Égypte ancienne, Chine) se satisfont de cultes formels, qui consacrent les privilèges de leur statut, tandis que les artisans et les couches petites-bourgeoises des villes, dont la position sociale dépend du travail fourni par chacun, constituent au contraire un terrain de diffusion favorable pour les religions qui lient le salut au mérite individuel.

L'objet central de ces études, rassemblées sous le titre *L'Éthique économique des grandes religions du monde*, demeure le même que celui des travaux sur le protestantisme : il s'agit d'apprécier les effets des croyances religieuses sur les pratiques économiques. Le détour comparatiste effectué par Weber lui permet de démontrer *a contrario* la validité de la thèse défendue dans *L'Éthique protestante*. La valorisation religieuse du travail professionnel qui découle de la logique de la « confirmation » protestante a été un élément clé du développement du capitalisme en Occident. Toutes les grandes civilisations ont en effet connu, à différents moments de leur histoire, des conditions apparemment favorables à l'émergence du capitalisme (abondance monétaire, croissance démographique, intensité des échanges, etc.). Ce sont les particularités des mentalités, liées aux croyances religieuses, qui, à chaque fois, ont entravé la formation d'une pratique économique rationnelle comparable à la « conduite de vie » du protestant puritain.

La comparaison des éthiques économiques des grandes religions du monde est aussi l'occasion pour Weber d'élaborer une typologie des « rapports au monde » permettant d'expliquer les effets des mentalités religieuses sur les conduites de vie quotidiennes. Le confucianisme, religion sans Dieu transcendant et ignorant l'idée de « rédemption », repose sur une *acceptation du monde* : l'idéal éthique du lettré confucéen est celui d'une *adaptation* aux conventions du monde tel qu'il est. Il conforte par là même la perpétuation de la tradition. L'hindouisme illustre les conséquences d'un *refus du monde*, qui détermine des attitudes de fuite hors du monde : ses conséquences sont également conservatrices. Au contraire, le protestantisme conjugue le *refus du monde* (sa dévalorisation) et l'impératif d'un travail *dans le monde* qui aboutit à la transformation de celui-ci. La formation du capitalisme d'entreprise illustre les effets révolutionnaires de cette combinaison exceptionnelle (◀ *Question 4*).

III. UN TYPE SPÉCIFIQUE DE RATIONALISATION

Les sociétés occidentales modernes se distinguent par un type spécifique de rationalisation du « style de vie » qui se manifeste dans tous les aspects des pratiques sociales : dans les modalités d'édiction du droit et de son application, dans la manière dont s'effectuent l'appropriation du pouvoir et son exercice, dans les formes de l'activité économique. La codification du *droit*, la régulation constitutionnelle de la *domination politique*, le développement de l'économie capitaliste sont des procès parallèles qui permettent une *prévisibilité* croissante de l'action des agents sociaux.

Cette prévisibilité est synonyme d'*objectivité* c'est-à-dire qu'elle exclut l'intervention de motivations arbitraires : c'est en vertu de lois en principe connues de tous que sont prononcées les décisions judiciaires, c'est sur la base de règlements officiels que fonctionnent les administrations publique et privée, c'est en fonction d'anticipations calculables (parce qu'elles font l'objet d'évaluations monétaires) que les biens matériels sont produits et circulent. La rationalisation des sociétés modernes s'accompagne donc d'une impersonnalité croissante des rapports sociaux : les motivations d'ordre affectif ou éthique, que l'on peut rencontrer dans des relations sociales traditionnelles, fondées sur la parenté ou le voisinage, sont incompatibles aussi bien avec la logique du marché qu'avec celle de la politique, en particulier dans les relations internationales où les États n'obéissent qu'à leurs intérêts de puissance (élargissement et défense de leurs zones d'influence, par exemple).

Max Weber reconnaît cependant que les concepts de « rationnel », « rationalité », « rationalisation » ont plusieurs significations. En soulignant que la formation de l'Occident moderne représente un type *spécifique* de rationalisation, il laisse place à d'autres modes possibles de rationalisation sociale. La possibilité de conceptions contradictoires de la rationalisation sociale peut être illustrée par l'opposition entre les exigences morales des religions universalistes (c'est-à-dire des religions qui prônent l'amour de tous) et les règles de fonctionnement de l'économie capitaliste ou de l'État moderne (« légal-bureaucratique »). Du point de vue d'une morale universaliste, la stricte observation des règles objectives (lois juridiques, règlements administratifs, contraintes du marché) paraît génératrice d'injustices. Une « juste » application de ces règles suppose en effet l'indifférence à la personne et au cas singulier : une infraction à la loi sera punie d'une amende identique, quel que soit l'état de fortune de l'accusé ; une usine sera fermée en raison d'une rentabilité insuffisante, sans considération des conséquences sociales éventuelles.

Au regard des devoirs de solidarité et de générosité que défendent les religions universalistes (ainsi que les morales séculières qui en sont les héritières), le règne des puissances anonymes que sont l'économie marchande, la loi et le pouvoir bureaucratique, est donc profondément irrationnel. C'est pourquoi l'Église, par exemple, s'est opposée au prêt usuraire jusqu'aux commencements des Temps modernes (◀ *Question 5*).

IV. LE DÉSENCHANTEMENT DU MONDE

Un autre aspect, plus décisif encore, confère à la rationalité du monde moderne son caractère ambigu. La rationalisation des conduites sociales s'accompagne du développement des sciences et d'une représentation scientifique du monde. Or cette dernière, qui s'impose au détriment des mythes et des croyances religieuses, ne peut toutefois assumer toutes les fonctions symboliques des religions.

Les religions donnent généralement un sens au monde et à l'action des hommes. La magie suppose que des forces surnaturelles peuvent être mobilisées par des moyens divers pour prévenir les malheurs, corriger l'injustice ou assurer la réalisation des souhaits des individus. Les formes plus élaborées de la religion comprennent des interprétations du monde (théodicées) qui indiquent aux hommes des voies de salut. Ainsi un chrétien peut-il être convaincu qu'une vie vertueuse, si elle ne garantit pas le bonheur en ce monde, sera récompensée par la béatitude éternelle.

Les sciences modernes, au contraire, ne proposent aucune réponse à la question du sens du monde. Posséder une culture scientifique n'est certes pas le fait de tous, mais la plupart des membres des sociétés modernes (y compris les croyants) présupposent que les choses et les événements sont régis par des forces purement naturelles. Celles-ci peuvent être connues et maîtrisées par la science, mais cette maîtrise ne va pas jusqu'à la suppression du mal, de la souffrance et de la mort, c'est-à-dire de tout ce qui, pour l'individu, constitue l'absurde irréductible inhérent à la condition humaine.

Ce lien entre la rationalité spécifique des sociétés modernes et le manque de sens est ce que Max Weber nomme le « désenchantement du monde ». On y reconnaît l'écho du thème nietzschéen de la « mort de Dieu » ainsi qu'une anticipation de réflexions philosophiques plus tardives sur les rapports entre le sentiment de l'absurde et la liberté (existentialisme). La thèse du « désenchantement du monde », telle qu'elle est exposée dans la conférence sur *La Vocation de savant*, doit cependant être maniée avec prudence. Max Weber ne soutient pas que les croyances

Encadré C :
Refus de l'interprétation « spiritualiste » ?

Ce sont les intérêts (matériels et idéels) et non les idées qui commandent directement l'action des hommes. Toutefois, les « images du monde », qui ont été créées par le moyen d'« idées », ont très souvent, tels des aiguilleurs, déterminé les voies à l'intérieur desquelles la dynamique des intérêts a constitué un moteur de l'action.

Max Weber, Économie et Société, *I, Pocket, 2003.*

Est-il nécessaire de protester que notre dessein n'est nullement de substituer à une interprétation causale exclusivement « matérialiste », une interprétation spiritualiste de la civilisation et de l'histoire, qui ne serait pas moins unilatérale ? Toutes deux appartiennent au domaine du possible, il n'en demeure pas moins que, dans la mesure où elles ne se bornent pas au rôle de travail préparatoire, mais prétendent apporter des conclusions, l'une et l'autre servent aussi mal à la vérité historique.

Max Weber, L'Éthique protestante et l'esprit du capitalisme, *Pocket, « Agora », 1985.*

et pratiques religieuses sont condamnées à disparaître. Il constate simplement que l'éthique religieuse, qui était autrefois un facteur déterminant de la structuration des conduites sociales, a perdu cette fonction dans les sociétés modernes.

Ces conduites sont désormais déterminées par les contraintes mécaniques découlant du jeu des intérêts économiques et politiques si bien qu'il est illusoire d'espérer corriger le fonctionnement de nos sociétés par des mouvements religieux ou quasi religieux. Nous vivons une époque « indifférente aux dieux et aux prophètes » (*Le Savant et le Politique*). Il est impossible aujourd'hui qu'un prophète (tel Mahomet au VIIe siècle) ou un réformateur religieux (Luther ou Calvin au XVIe siècle) modifie le cours de l'histoire en instituant de nouvelles normes éthiques pour l'action des hommes, non pas parce que des phénomènes de renouveau religieux ne peuvent plus se produire, mais parce que les mouvements sociaux qu'ils suscitent se heurteront inévitablement aux forces anonymes du marché et de la politique bureaucratique (◄ **Question 6**).

V. LA BUREAUCRATISATION DE LA POLITIQUE

L'ambivalence de la rationalité du monde moderne est particulièrement sensible au plan de la politique. L'État moderne, que Max Weber qualifie de

Encadré D : *Modes de domination politique*

Weber distingue quatre types possibles de *justification des institutions socio-politiques*, qui correspondent aux quatre « déterminants de l'action sociale » :
1. par la tradition ;
2. par une croyance de nature affective ;
3. par la croyance en la validité absolue de certaines normes éthiques (par exemple, le « droit naturel ») ;
4. par la légalité, établie par le droit positif, du mode de formation de ces institutions et de leur fonctionnement.

En revanche, *la typologie des modes de domination légitime* se réduit à trois cas :
1. la domination légale ou rationnelle, qui repose sur la conformité aux règles de droit positif. L'État bureaucratique moderne est l'exemple le plus pur de ce type de domination ;
2. la domination traditionnelle, dans laquelle les traditions ancestrales sont le garant de la légitimité des règles et de l'autorité ;
3. la domination charismatique, où les individus se soumettent aux ordres ou aux règles énoncés par un chef en vertu du caractère sacré ou exemplaire qu'ils lui prêtent (prophète religieux, mais aussi leader politique).

De nombreux commentateurs se sont étonnés que Weber n'ait pas inclus dans cette typologie des modes de domination légitime une forme de domination reposant sur des valeurs rationnelles, c'est-à-dire sur des principes éthiques dont on peut supposer que tous les hommes pourraient les accepter comme base de la vie collective (ainsi le « droit naturel » dont Weber reconnaît qu'il est le « type le plus pur de la validité rationnelle en valeur » (*Économie et Société*). Mais cette omission était volontaire : Weber considérait que les valeurs morales rationnellement justifiées ne pouvaient constituer le fondement d'une domination politique stable. Ces valeurs rationnelles ont eu une influence importante à certaines époques de l'histoire de l'Occident (périodes révolutionnaires) et elles contribuent encore à limiter les formes d'exercice légitime de la politique dans les régimes démocratiques modernes (Déclaration des droits de l'homme dans la Constitution française, *Bill of Rights américain*). Mais Weber était convaincu que ces valeurs idéales ne sont plus ce qui inspire aujourd'hui l'élaboration et l'application des lois, et qu'elles ne sont pas non plus les raisons pour lesquelles les simples citoyens respectent le droit et acceptent de se soumettre à une domination exercée au nom du droit. Pour le citoyen ordinaire comme pour les législateurs et les juristes, les lois ne sont que des techniques de régulation sociale que l'on peut modifier à tout moment en fonction des besoins de l'administration et des pressions des différents groupes sociaux. C'est à cette conception « désenchantée » de la nature du droit que correspond le « mode de domination légal », dont la rationalité, comme on le voit, n'est pas morale, mais purement fonctionnelle.

Encadré E : *Qu'appelle-t-on individualisme méthodologique ?*

Le principe de l'individualisme méthodologique définit une méthode importante des sciences sociales. Selon ce principe, expliquer un phénomène collectif, c'est toujours – au moins dans l'idéal – analyser ce phénomène comme la résultante d'un ensemble d'actions, de croyances ou d'attitudes individuelles.

Selon cette perspective, l'explication dans les sciences sociales comporte donc toujours une dimension psychologique. Ainsi, l'on expliquera, par exemple, la baisse d'un taux de natalité ou de criminalité en montrant comment et pourquoi des conditions changeantes ont amené les acteurs sociaux à se comporter différemment de leurs prédécesseurs. L'individualisme méthodologique s'accompagne couramment d'une conception « rationnelle » de l'action (l'acteur social étant supposé avoir de bonnes raisons de se comporter comme il le fait). La pertinence de l'individualisme méthodologique a parfois été contestée : par les durkheimiens qui ont hérité d'Auguste Comte son hostilité à la psychologie, par les structuralistes et par ceux des néomarxistes qui tendent à se représenter l'individu comme le simple jouet des « structures » sociales. L'individualisme méthodologique s'oppose à l'*holisme méthodologique*.

B.-P. Boudon, M. Besnard, P. Cherkaoui, R. Lécuyer,
Dictionnaire de la sociologie, *Larousse, 1993.*

« rationnel », repose sur le fonctionnariat spécialisé et le droit codifié par les juristes. La codification juridique et la constitution d'un corps d'administrateurs professionnels qualifiés soustraient l'exercice de la gestion des affaires publiques aux puissances irrationnelles de la tradition ou du charisme personnel du chef. Mais le fait de substituer à une légitimation du pouvoir par la tradition ou le charisme une légitimation par sa conformité aux lois ne rend pas ce pouvoir mieux contrôlable par ceux sur lesquels il s'exerce.

Ici encore, Max Weber appuie son analyse sur une notion empruntée à Marx, la « séparation des travailleurs et des moyens de production », c'est-à-dire le fait que ceux qui travaillent dans une entreprise ne sont pas propriétaires de leurs instruments de travail (comme l'est, par exemple, l'artisan) et doivent par conséquent vendre leur force de travail. Mais, tandis que Marx avait limité le champ d'application de cette notion aux seules relations socio-économiques (le rapport entre l'ouvrier salarié et l'entrepreneur capitaliste), Max Weber l'étend au cas des relations politiques (◄ *Question 7*).

Ce que l'on appelle la « bureaucratisation » de la politique se traduit concrètement par la substitution de fonctionnaires salariés, recrutés sur la base d'un examen sanctionnant une connaissance acquise par une formation spécialisée, aux notables de jadis (qui exerçaient les fonctions publiques « gratuitement », et sans compétence spécifique, parce que leur fortune ou leurs revenus personnels privés leur en donnaient le loisir). La réalité du pouvoir n'appartient pas aux élus, mais à ces fonctionnaires salariés qui maîtrisent les techniques de l'administration. La « rationalisation » de la politique est donc synonyme de « bureaucratisation ».

À mesure que se consolident les systèmes, techniquement efficaces (cette efficacité constitue leur rationalité), de gestion de l'économie ou des affaires publiques, les espaces ouverts à la liberté se réduisent inexorablement. Les analyses wébériennes aboutissent ainsi à une représentation de l'histoire occidentale empreinte de fatalisme, très différente de celle de Marx. Tandis que Marx pensait possible une rupture avec la logique que l'on dirait aujourd'hui « systémique » (c'est-à-dire indépendante de la volonté et de l'action des individus qui y sont impliqués) de l'économie capitaliste, grâce à l'action révolutionnaire des classes

Encadré F : *Le polythéisme des valeurs* (◄ Question 9).

Les savants peuvent – et doivent – [...] vous dire que tel ou tel parti que vous adoptez dérive logiquement, et en toute conviction, quant à sa signification, de telle ou telle vision dernière et fondamentale du monde. Une prise de position peut ne dériver que d'une seule vision du monde, mais il est également possible qu'elle dérive de plusieurs, différentes entre elles. Ainsi le savant peut vous dire que votre position dérive de telle conception et non d'une autre. [...] La science vous indiquera qu'en adoptant telle position vous servirez tel dieu et vous offenserez tel autre parce que, si vous restez fidèles à vous-mêmes, vous en viendrez nécessairement à telles conséquences internes, dernières et significatives. [...] Si nous sommes, en tant que savants, à la hauteur de notre tâche [...], nous pouvons alors obliger l'individu à se rendre compte du sens ultime de ses propres actes, ou du moins l'y aider. Il me semble que ce résultat n'est pas tellement négligeable, même en ce qui concerne la vie personnelle. [...] Les opinions que j'expose présentement devant vous ont, en vérité, pour base la condition fondamentale suivante : pour autant que la vie a en elle-même un sens et qu'elle se comprend d'elle-même, elle ne connaît que le combat éternel que les dieux se font entre eux ou, en évitant la métaphore, elle ne connaît que l'incompatibilité des points de vue ultimes possibles, l'impossibilité de régler leurs conflits et par conséquent la nécessité de se décider en faveur de l'un ou de l'autre.

« Le métier et la vocation de savant » (Wissenschaft als Beruf), in Le Savant et le Politique, *UGE, « 10/18 », 1963, p. 90 et 91.*

Max Weber vient d'évoquer quelques exemples de conflits éthiques. Il poursuit :

« Toute méditation empirique sur ces situations nous conduirait, selon la juste remarque du vieux Mill, à reconnaître que le polythéisme absolu est la seule métaphysique qui leur convienne. Une analyse non empirique mais orientée vers l'interprétation des significations, bref une authentique philosophie des valeurs qui dépasserait ce point de vue devrait reconnaître qu'aucun système conceptuel des "valeurs", si ordonné fût-il, n'est de taille à prendre en compte la mesure du point décisif de cet état de choses. Il s'agit en fin de compte, partout et toujours, à propos de l'opposition entre valeurs, non seulement d'alternatives, mais encore d'une lutte mortelle et insurmontable, comparable à celle qui oppose "Dieu" et le "diable". Ces deux extrêmes refusent toute relativisation et tout compromis. Bien entendu, ils les refusent quant à leur signification, car, ainsi que chacun peut en faire l'expérience au cours de sa vie, il y a toujours en réalité et selon toute apparence des compromis : on les rencontre même à chaque pas. En effet, dans presque toutes les prises de position importantes d'hommes concrets les sphères de valeurs s'entrecroisent et s'embrouillent. Ce que nous appelons au sens propre la platitude de la vie "quotidienne" consiste précisément en ce que l'homme qui s'y trouve plongé n'est pas conscient, et surtout ne veut pas prendre conscience, pour des raisons psychologiques et pragmatiques, de cet enchevêtrement de valeurs foncièrement hostiles les unes aux autres. Au contraire il refuse tout simplement de choisir entre "Dieu" et le "diable" et de prendre la décision fondamentale personnelle en vue de déterminer quelles sont parmi ces valeurs antagonistes celles qui sont sous l'empire du premier et celles qui sont sous celui du second. Le fruit de l'arbre de la connaissance, si amer pour notre commodité humaine mais inéluctable, ne consiste en rien d'autre qu'en la nécessité de prendre conscience de ces antagonismes et de comprendre que chaque action individuelle et, en dernière analyse, la vie en sa totalité, à condition qu'elle ne se meuve point comme un phénomène de la nature mais qu'elle soit menée de façon parfaitement consciente, ne signifie rien d'autre qu'une chaîne de décisions ultimes, grâce auxquelles l'âme choisit, comme chez Platon, son destin – ce qui veut dire le sens de son action et de son être. »

« Essai sur le sens de la "neutralité axiologique" dans les sciences sociologiques et économiques », in Essais sur la théorie de la science, *Plon, 1965, p. 427 à 429.*

exploitées, Max Weber considère que la bureaucratisation, qui affecte aussi bien les appareils politiques (partis et syndicats révolutionnaires compris) que le fonctionnement de l'économie, est un processus irréversible. Selon lui, l'abolition de la propriété privée des moyens de production, loin de rendre aux hommes la maîtrise de leur action collective, ne ferait que porter à un point extrême la bureaucratisation de l'administration politique et économique (◀ *Question 8*).

VI. UNE SCIENCE EMPIRIQUE

La sociologie wébérienne se veut une science empirique. Cela n'interdit pas l'usage de concepts abstraits, mais impose des précautions dans leur élaboration et leur usage. Le danger majeur auquel est exposée l'explication sociologique (de même que l'histoire) est de confondre les abstractions conceptuelles avec la réalité ou de prétendre déduire la seconde des premières.

L'usage de concepts collectifs tels que « État », « classe sociale », « capitalisme » est inévitable, et les modèles théoriques des systèmes d'action ou de procès de développement constituent des instruments d'explication utiles. Ces concepts et ces modèles théoriques ne doivent cependant avoir pour le sociologue que la signification d'un *idealtype* : ils schématisent une interprétation compréhensible des phénomènes sociaux concernés. L'analyse concrète doit à chaque fois vérifier dans quelle mesure et jusqu'à quel point la réalité leur correspond. Ainsi, la théorie abstraite de l'échange (marginalisme) ne rend pas compte de la façon dont fonctionnent effectivement les sociétés marchandes historiques, mais décrit une sorte d'idéal : ce que seraient les relations sociales dans une société où régnerait une libre concurrence parfaite et où les individus agiraient de manière rigoureusement rationnelle.

La méfiance de Max Weber envers les pseudo-explications que suscite l'usage des concepts collectifs l'amène à souligner que les structures sociales doivent toujours leur existence à l'activité des agents sociaux. Afin d'éviter d'attribuer à ces structures ou à ces êtres collectifs le statut de sujets autonomes dont les tendances, les intérêts ou la volonté tiendraient lieu d'explication (en invoquant par exemple les « tendances de développement du capitalisme », ou les « intérêts objectifs de la classe ouvrière », ou la « volonté du peuple français »), l'explication sociologique doit s'appuyer sur une interprétation de la logique compréhensible de l'action des agents sociaux (◀ *Question 10*).

Toutefois, par deux aspects, l'« individualisme méthodologique » de Max Weber se distingue des définitions que l'on en donne aujourd'hui [*voir encadré D*]. Tout d'abord, il n'est pas exclusif de la méthode typologique. Les travaux de Weber montrent qu'il ne donnait pas pour but à la sociologie la compréhension des motivations effectives (infiniment complexes et diverses) des individus, mais bien celle de groupes sociaux, qui ne peut être précisément que reconstruite à travers des schémas idéaux (idealtypes). En second lieu, cet « individualisme méthodologique » ne s'oppose à aucun « holisme ». Weber ne nie pas, en effet, que les contraintes exercées par les structures puissent contribuer de manière décisive à la détermination des conduites sociales (ce qui est le cas, par exemple, des conduites économiques dans les sociétés capitalistes contemporaines), bien qu'il invite à reconnaître qu'à l'inverse les « idées », notamment les convictions religieuses, peuvent être parfois l'élément principal de cette détermination.

■ *Questions sur le texte de Catherine Colliot-Thélène* ■

1. Dégagez les caractéristiques de la démarche sociologique de Max Weber (définition de la sociologie, questions fondamentales, méthode d'analyse). [*voir encadrés B et E*]
2. Qu'est-ce qu'un idealtype dans la terminologie de Weber ?
3. Quelle relation Max Weber établit-il entre le dogme calviniste de la prédestination et le zèle professionnel des protestants ?
4. En quoi l'étude comparative des grandes religions confirme-t-elle la thèse défendue dans *L'Éthique protestante* ?
5. Qu'est-ce qui spécifie la rationalisation occidentale ? Montrez, à partir de cas précis, comment elle peut s'opposer à d'autres formes de rationalisation.
6. Que signifie exactement l'expression « désenchantement du monde » ? Comment Durkheim expliquait-il, quant à lui, la régression de l'influence de la religion ? Comparez les deux analyses.
7. Présentez les caractéristiques du mode de domination de l'État bureaucratique moderne et montrez ce qui le distingue des autres modes de domination.
8. Fatalisme de Weber contre optimisme de Marx : justifiez l'opposition avancée par l'auteur.
9. Qu'est-ce que le « combat éternel des Dieux » ? Quel est le « fruit de l'arbre de la connaissance » ? [*encadré F*]
10. Quel danger faut-il éviter dans l'utilisation des abstractions en sociologie ? Marx et Durkheim ne sont-ils pas tombés à certains égards dans le piège repéré par Weber ? Comment Weber échappe-t-il à l'opposition du holisme et de l'individualisme méthodologique ?

Dossier 1

Aspects de la rationalisation occidentale

Document 1

Civilisation occidentale et formes particulières de rationalité

À quel enchaînement de circonstances doit-on imputer l'apparition, dans la civilisation occidentale et uniquement dans celle-ci, de phénomènes culturels qui – du moins nous aimons à le penser – ont revêtu une signification et une valeur universelles?

Ce n'est qu'en Occident qu'existe une science dont nous reconnaissons aujourd'hui le développement comme «valable». Certes, des connaissances empiriques, des réflexions sur l'univers et la vie, des sagesses profondes, philosophiques ou théologiques, ont aussi vu le jour ailleurs – bien que le développement complet d'une théologie systématique, par exemple, appartienne en propre au christianisme, influencé par l'hellénisme (seuls l'Islam et quelques sectes de l'Inde en ont montré des amorces). Bref, nous constatons ailleurs le témoignage de connaissances et d'observations d'une extraordinaire subtilité, surtout dans l'Inde, en Chine, à Babylone, en Égypte. Mais ce qui manquait à l'astronomie, à Babylone comme ailleurs – l'essor de la science des astres à Babylone n'en est que plus surprenant –, ce sont les fondements mathématiques que seuls les Grecs ont su lui donner.

On trouve en Chine, dans l'Islam, toutes sortes d'instituts d'enseignement supérieur dont certains ne sont pas sans analogies superficielles avec nos universités, du moins avec nos grandes écoles. Mais une recherche scientifique rationnelle, systématique et spécialisée, un corps de spécialistes exercés n'ont existé nulle part ailleurs à un degré approchant l'importance prédominante qu'ils revêtent dans notre culture. C'est vrai avant tout du bureaucrate spécialisé, pierre angulaire de l'État et de l'économie modernes en Occident. Voilà un personnage dont on a connu des précurseurs, mais qui jamais et nulle part n'avait encore été partie intégrante de l'ordre social. Le bureaucrate, le bureaucrate spécialisé lui-même, est sans doute un phénomène fort ancien dans maintes sociétés, et des plus différentes. Mais à aucune autre époque, ni dans aucune autre contrée, on n'aura éprouvé à ce point combien l'existence sociale tout entière, sous ses aspects politiques, techniques, économiques, dépend inévitablement, totalement, d'une organisation de bureaucrates spécialisés et compétents. Les tâches majeures de la vie quotidienne sont entre les mains de bureaucrates qualifiés sur le plan technique et commercial, et surtout de fonctionnaires de l'État qualifiés sur le plan juridique.

L'organisation de la société en corps ou états (*Stand*) a été largement répandue. Mais la monarchie fondée sur les états (*Ständestaat*), le *rex* et *regnum* au sens occidental, n'a été connue que de notre civilisation. De plus, parlements constitués par des «représentants du peuple» élus périodiquement, gouvernements de démagogues, chefs de partis, «ministres» responsables devant le parlement, tout cela appartient en propre à l'Occident, bien que naturellement les «partis» politiques, au sens d'organisations cherchant à influencer et à conquérir le pouvoir, aient existé partout. D'une façon générale, l'«État», défini comme une institution politique ayant une «constitution» écrite, un droit rationnellement établi et une administration orientée par des règles rationnelles ou «lois», des fonctionnaires compétents, n'est attesté qu'en Occident avec cet ensemble de caractéristiques, et ce en dépit de tous les rapprochements possibles.

Tout cela est également vrai de la puissance la plus décisive de notre vie moderne : le capitalisme.

La «soif d'acquérir», la «recherche du profit», de l'argent, de la plus grande quantité d'argent possible, n'ont en elles-mêmes rien à voir avec le capitalisme. Garçons de cafés, médecins, cochers, artistes, cocottes, fonctionnaires vénaux, soldats, voleurs, croisés, piliers de tripots, mendiants, tous peuvent être possédés de cette même soif – comme ont pu l'être ou l'ont été des gens de conditions variées à toutes les époques et en tous lieux, partout où existent ou ont existé d'une façon quelconque les conditions objectives de cet état de choses. Dans les manuels d'histoire de la civilisation à l'usage des classes enfantines on devrait enseigner à renoncer à cette image naïve. L'avidité d'un gain sans limite n'implique en rien le capitalisme, bien moins encore son «esprit». Le capitalisme s'identifierait plutôt avec la domination (*Bändigung*), à tout le moins avec la modération rationnelle de cette impulsion irrationnelle. Mais il est vrai que le capitalisme est identique à la recherche du profit, d'un profit toujours renouvelé, dans une entreprise continue, rationnelle et capitaliste – il est recherche de la rentabilité. Il y est obligé. Là où toute l'économie est soumise à l'ordre capitaliste, une entreprise capitaliste individuelle qui ne serait pas animée (*orientiert*) par la recherche de la rentabilité serait condamnée à disparaître. ■

Max Weber, Avant-propos à L'Éthique protestante et l'esprit du capitalisme, *1904.*

Questions sur l'ensemble du dossier

1. Quels sont les traits principaux de la civilisation occidentale selon Max Weber? [*doc. 1*]
2. Quelle est l'originalité majeure de la forme occidentale du capitalisme? [*doc. 2*]
3. En quoi consiste le «désenchantement du monde»? [*doc. 3*]
4. Pourquoi le progrès supprime-t-il le sens de la mort et de la vie d'après M. Weber? [*doc. 4*]
5. Expliquez pourquoi certains traits culturels en Chine et en Inde apparaissent comme des obstacles au capitalisme. En quoi ces contre-exemples illustrent-ils la démarche générale de Max Weber? [*doc. 5*]

Document 2

L'organisation rationnelle capitaliste du travail

Mais, dans les temps *modernes*, l'Occident a connu en propre une autre forme de capitalisme : l'organisation rationnelle capitaliste du *travail* (formellement) *libre*, dont on ne rencontre ailleurs que de vagues ébauches. Dans l'Antiquité, l'organisation du travail servile n'a atteint un certain niveau de rationalisation que dans les plantations et, à un moindre degré, dans les *ergasteria* [*ergasterion* : lieu où on travaille, en grec]. Au début des temps modernes, la rationalisation a encore été plus restreinte dans les fermes et les ateliers seigneuriaux, ainsi que dans les industries domestiques des domaines seigneuriaux utilisant le travail servile. De véritables industries domestiques, recourant au travail libre, n'ont existé hors de l'Occident – le fait est avéré – qu'à l'état isolé. L'emploi pourtant très répandu de journaliers n'a conduit qu'exceptionnellement à la mise sur pied de manufactures – et cela sous des formes très différentes de l'organisation industrielle moderne (monopoles d'État) –, jamais en tout cas à une organisation de l'apprentissage du métier à la manière de notre Moyen Âge.

Mais l'organisation rationnelle de l'entreprise, liée aux prévisions d'un marché régulier et non aux occasions irrationnelles ou politiques de spéculer, n'est pas la seule particularité du capitalisme occidental. Elle n'aurait pas été possible sans deux autres facteurs importants : la *séparation du ménage* et de l'entreprise, qui domine toute la vie économique moderne; la *comptabilité* rationnelle, qui lui est intimement liée. [...]

Cependant, en dernière analyse, toutes ces particularités du capitalisme occidental n'ont reçu leur signification moderne que par leur association avec l'organisation capitaliste du travail. Ce qu'en général on appelle la « commercialisation », le développement des titres négociables, et la Bourse qui est la rationalisation de la spéculation, lui sont également liés. Sans l'organisation rationnelle du travail capitaliste, tous ces faits – en admettant qu'ils demeurent possibles – seraient loin d'avoir la même signification, surtout en ce qui concerne la structure sociale et tous les problèmes propres à l'Occident moderne qui lui sont connexes. Le calcul exact, fondement de tout le reste, n'est possible que sur la base du travail libre. ■

Max Weber, ibid.

Document 3

Le désenchantement du monde

Le progrès scientifique est un fragment, le plus important il est vrai, de ce processus d'intellectualisation auquel nous sommes soumis depuis des millénaires et à l'égard duquel certaines personnes adoptent de nos jours une position étrangement négative.

Essayons d'abord de voir clairement ce que signifie en pratique cette rationalisation intellectualiste que nous devons à la science et à la technique scientifique. Signifierait-elle par hasard que tous ceux qui sont assis dans cette salle possèdent sur leurs conditions de vie une connaissance supérieure à celle qu'un Indien ou un Hottentot peuvent avoir des leurs? Cela est peu probable. Celui d'entre nous qui prend le tramway n'a aucune notion du mécanisme qui permet à la voiture de se mettre en marche – à moins d'être un physicien de métier. Nous n'avons d'ailleurs pas besoin de le savoir. Il nous suffit de pouvoir « compter » sur le tramway et d'orienter en conséquence notre comportement; mais nous ne savons pas comment on construit une telle machine en état de rouler. Le sauvage au contraire connaît incomparablement mieux ses outils. Lorsque aujourd'hui nous dépensons une somme d'argent, je parierais que chacun ou presque de mes collègues économistes, s'ils sont présents dans cette salle, donnerait une réponse différente à la question : comment se fait-il qu'avec la même somme d'argent on peut acheter une quantité de choses tantôt considérable tantôt minime? Mais le sauvage sait parfaitement comment s'y prendre pour se procurer sa nourriture quotidienne et il sait quelles sont les institutions qui l'y aident. L'intellectualisation et la rationalisation croissantes ne signifient donc nullement une connaissance générale croissante des conditions dans lesquelles nous vivons. Elles signifient bien plutôt que nous savons ou que nous croyons qu'à chaque instant nous *pourrions*, pourvu *seulement que nous le voulions*, nous prouver qu'il n'existe en principe aucune puissance mystérieuse et imprévisible qui interfère dans le cours de la vie; bref que nous pouvons *maîtriser* toute chose par la *prévision*. Mais cela revient à désenchanter le monde. Il ne s'agit plus pour nous, comme pour le sauvage qui croit à l'existence de ces puissances, de faire appel à des moyens magiques en vue de maîtriser les esprits ou de les implorer mais de recourir à la technique et à la prévision. Telle est la signification essentielle de l'intellectualisation. ■

Max Weber,
« Le métier et la vocation de savant » (1919), in Le Savant et le Politique, *10/18, 1963, p. 89 et 90.*

Document 4

Désenchantement et sens de la vie

D'où une nouvelle question : ce processus de désenchantement réalisé au cours des millénaires de la civilisation occidentale et, plus généralement, ce « progrès », auquel participe la science comme élément et comme moteur, ont-ils une signification qui dépasse cette pure pratique et cette pure technique? Ce problème a été exposé avec la plus grande vigueur dans l'œuvre de Léon Tolstoï. Il y est arrivé par une voie qui lui est propre. L'ensemble de ses méditations se cristallisa de plus en plus autour du thème suivant : la mort est-elle ou non un événement qui a un sens? Sa réponse est que pour l'homme civilisé [*Kulturmensch*] elle n'en a pas. Et elle ne peut pas en avoir, parce que la vie individuelle du civilisé est plongée dans le « progrès » et dans l'infini et que, selon son sens immanent, une telle vie ne devrait pas avoir de fin. En effet, il y a toujours possibilité d'un nouveau progrès pour celui qui vit dans le progrès; aucun de ceux qui meurent ne parvient jamais au sommet puisque celui-ci est situé dans l'infini. Abraham ou les paysans d'autrefois sont morts « vieux et comblés par la vie » parce qu'ils étaient installés dans le cycle organique de la vie, parce que celle-ci leur avait apporté au déclin de leurs jours tout le sens qu'elle pouvait leur offrir et parce qu'il ne subsistait aucune énigme qu'ils auraient encore voulu résoudre. Ils pouvaient donc se dire « satisfaits » de la vie. L'homme civilisé au contraire, placé dans le mouvement d'une civilisation qui s'enrichit continuellement de pensées, de savoirs et de problèmes, peut se sentir « las » de la vie et non pas « comblé » par elle. En effet il ne peut jamais saisir qu'une infime partie de tout ce que la vie de l'esprit produit sans cesse de nouveau, il ne peut saisir que du provisoire et jamais du définitif. C'est pourquoi la mort est à ses yeux un événement qui n'a pas de sens. Et parce que la mort n'a pas de sens, la vie du civilisé comme telle n'en a pas non plus, puisque du fait de sa « progressivité » dénuée de signification elle fait également de la vie un événement sans signification. ■

Max Weber, op. cit.*, p. 90 et 91.*

Document 5

La magie comme obstacle à la rationalisation économique

Hors des régions où le christianisme est en vigueur, la domination de la magie est en effet l'un des freins les plus puissants à la rationalisation de la vie économique. La magie implique une attitude stéréotypée face à la technique et à l'économie. Lorsqu'en Chine on voulut commencer la construction de voies de chemin de fer et d'usines, un conflit surgit avec la géomancie. Elle exigeait que des sites se trouvant sur certaines montagnes, certaines forêts, certains fleuves, certains tumuli fussent reconsidérés car les esprits risquaient sinon d'être perturbés dans leur repos. En Inde, l'attitude des castes à l'égard du capitalisme ne fut pas différente. Utiliser une technique nouvelle, quelle qu'elle soit, signifie en premier lieu pour un Indien qu'il perd sa caste et qu'il en intègre une nouvelle, et surtout de condition plus basse. Puisqu'il croit à la migration des âmes, cela signifie d'abord pour lui qu'il lui faudra attendre pour gagner en purification sa prochaine réincarnation. Or il ne s'en trouvera guère qui consente à une telle démarche. Si l'on ajoute à cela que toute caste rend les autres impures, il s'ensuit, une fois de plus, qu'il est impossible de faire travailler ensemble, dans le même atelier d'usine, des ouvriers qui ne peuvent pas se passer mutuellement un seau d'eau. Il fallut attendre notre époque pour qu'après presque un siècle d'occupation du pays par les Anglais ces obstacles puissent être aplanis. Il était en tout cas impossible que le capitalisme fût issu d'un groupe économique à ce point assujetti à la magie. ■

Max Weber, Histoire économique, *NRF, Gallimard, 1991.*

Dossier 2

Religion et économie

Le rôle du protestantisme dans l'essor du capitalisme

Document 1

Le problème majeur de l'expansion du capitalisme moderne n'est pas celui de l'origine du capital, c'est celui du développement de l'esprit du capitalisme. Partout où il s'épanouit, partout où il est capable d'agir de lui-même, il *crée* son propre capital et ses réserves monétaires – ses moyens d'action – mais l'inverse n'est pas vrai. ■

Max Weber, L'Éthique protestante et l'esprit du capitalisme, *1904.*

Document 2

L'idealtype de « l'esprit du capitalisme »

Souviens-toi que le *temps*, c'est de l'*argent*. Celui qui, pouvant gagner dix shillings par jour en travaillant, se promène ou reste dans sa chambre à paresser la moitié du temps, bien que ses plaisirs, que sa paresse, ne lui coûtent que six pence, celui-là ne doit pas se borner à compter cette seule dépense. Il a dépensé en outre, jeté plutôt, cinq autres shillings. […]

Souviens-toi que le *crédit*, c'est de l'*argent*. Si quelqu'un laisse son argent entre mes mains alors qu'il lui est dû, il me fait présent de l'intérêt ou encore de tout ce que je puis faire de son argent pendant ce temps. Ce qui peut s'élever à un montant considérable si je jouis de beaucoup de crédit et que j'en fasse bon usage.

Souviens-toi que l'argent est, par nature, *générateur et prolifique*. L'argent engendre l'argent, ses rejetons peuvent en engendrer davantage, et ainsi de suite. Cinq shillings qui travaillent en font six, puis se transforment en sept shillings trois pence, etc. jusqu'à devenir cent livres sterling. […]

Souviens-toi du dicton : *Le bon payeur est le maître de la bourse d'autrui.* Celui qui est connu pour payer ponctuellement et exactement à la date promise peut à tout moment et en toutes circonstances se procurer l'argent que ses amis ont épargné. […]

Il faut prendre garde que les actions les plus insignifiantes peuvent influer sur le *crédit* d'une personne. Le bruit de ton marteau à 5 heures du matin ou à 8 heures du soir, s'il parvient à ses oreilles, rendra ton créancier accommodant six mois de plus; mais s'il te voit jouer au billard, ou bien s'il entend ta voix dans une taverne alors que tu devrais être au travail, cela l'incitera à te réclamer son argent dès le lendemain; il l'exigera d'un coup, avant même que tu l'aies à ta disposition pour le lui rendre.

Cela prouvera, en outre, que tu te souviens de tes dettes; *tu apparaîtras comme un homme scrupuleux et honnête*, ce qui augmentera encore ton *crédit*.

Garde-toi de penser que tout ce que tu possèdes t'appartient et de vivre selon cette pensée. C'est une erreur où tombent beaucoup de gens qui ont du crédit. Pour t'en préserver tiens un compte exact de tes dépenses et de tes revenus. Si tu te donnes la peine de tout noter en détail, cela aura un bon résultat : tu découvriras combien des dépenses merveilleusement petites et insignifiantes s'enflent jusqu'à faire de grosses sommes, tu t'apercevras alors de ce qui aurait pu être épargné, de ce qui pourra

Questions sur l'ensemble du dossier

1. Pourquoi Weber attache-t-il tant d'importance au facteur religieux dans l'expansion du capitalisme occidental? Faut-il pour autant négliger les facteurs économiques, selon cet auteur? [*doc. 1*]
2. Recensez les vertus conseillées par Benjamin Franklin. [*doc. 2*]
3. Quelle interprétation en propose Weber? [*doc. 3*]
4. En quoi cette éthique nouvelle s'oppose-t-elle à ce qu'il appelle la *tradition*? [*doc. 4*]
5. Quelle est la signification de l'activité professionnelle pour le calviniste? [*doc. 5*]
6. Quel lien précis Weber établit-il entre l'impératif religieux et l'éthique du travail? [*doc. 6*]
7. Quels rapports Weber établit-il entre l'ascétisme puritain, l'accumulation du capital et le comportement calculateur de l'*homo œconomicus*? [*doc. 7*]
8. Expliquez la phrase soulignée. [*doc. 8*]
9. Quelles sont les principales objections d'ordre historique que fait Fernand Braudel à la thèse de Weber? Celle-ci est-elle véritablement invalidée par les arguments de l'historien? [*doc. 9*]
10. Montrez que *L'Éthique protestante et l'esprit du capitalisme*, dont vous venez d'étudier des extraits significatifs, peut être considéré comme particulièrement exemplaire des questions et de la méthode propres à la sociologie de Max Weber. [*texte de Catherine Colliot-Thélène, p. 684 et suiv.*]

POUR ALLER PLUS LOIN

l'être sans grand inconvénient à l'avenir. [...] ■

Benjamin Franklin,
Conseils à un jeune négociant, *1748.*
Cité par Max Weber, ibid.

Document 3

L'« éthique sociale » du capitalisme

[...] Cette idée particulière – si familière pour nous aujourd'hui, mais en réalité si peu évidente – que le *devoir* s'accomplit dans l'exercice d'un métier, d'une profession, c'est l'idée caractéristique de l'« éthique sociale » de la civilisation capitaliste ; en un certain sens, elle en est le fondement. C'est une obligation que l'individu est supposé ressentir et qu'il ressent à l'égard de son activité « professionnelle », peu importe celle-ci ; en particulier, peu importe qu'elle apparaisse au sentiment naïf comme l'utilisation par l'individu de sa force de travail personnelle, ou seulement comme l'utilisation de ses biens matériels (en tant que « capital »). ■

Max Weber, op. cit.

Document 4

Esprit du capitalisme et tradition

En tant que style de vie déterminé, surgissant drapé dans une « éthique », l'« esprit du capitalisme » eut à lutter tout d'abord contre cette façon de sentir, de se comporter et de réagir aux situations nouvelles que l'on appelle la *tradition.* [...]
L'homme ne désire pas « par nature » gagner de plus en plus d'argent, mais il désire, tout simplement, vivre selon son habitude et gagner autant d'argent qu'il lui en faut pour cela. Partout où le capitalisme a entrepris son œuvre d'augmentation de la productivité du travail humain par l'accroissement de son intensité, il s'est heurté à la résistance obstinée de ce leitmotiv du travail de l'économie précapitaliste. Il s'y heurte d'autant plus aujourd'hui que la main-d'œuvre à laquelle il a affaire est plus « arriérée » (du point de vue capitaliste). ■

Max Weber, op. cit.

Document 5

Éthique protestante et esprit du capitalisme

L'éthique protestante à laquelle s'attache Max Weber est essentiellement la conception calviniste qu'il résume en cinq propositions en s'inspirant notamment du texte de la Confession de Westminster de 1647.
– Il existe un Dieu absolu, transcendant, qui a créé le monde et qui le gouverne, mais qui est insaisissable à l'esprit fini des hommes.
– Ce Dieu tout-puissant et mystérieux a prédestiné chacun de nous au salut ou à la damnation sans que, par nos œuvres, nous puissions modifier un décret divin pris à l'avance.
– Dieu a créé le monde pour sa propre gloire.
– L'homme, qu'il doive être sauvé ou damné, a pour devoir de travailler à la gloire de Dieu et de créer le royaume de Dieu sur cette terre.
– Les choses terrestres, la nature humaine, la chair, appartiennent à l'ordre du péché et de la mort, et le salut ne peut être pour l'homme qu'un don totalement gratuit de la grâce divine.
Tous ces éléments, précise Max Weber, existent dispersés dans d'autres conceptions religieuses, mais la combinaison de ces éléments est originale et unique. Et les conséquences en sont importantes. ■

Raymond Aron, Les Étapes de la pensée sociologique, *Gallimard, 1976.*

Document 6

L'« éthos » de la besogne

Un *éthos* spécifiquement *bourgeois* de la besogne avait pris naissance. Ayant conscience de se tenir dans la plénitude de la grâce de Dieu, d'être manifestement une créature bénie, aussi longtemps qu'il demeurait dans les limites d'une conduite formellement correcte, que sa conduite morale était irréprochable et que l'usage qu'il faisait de ses richesses n'était en rien choquant, l'entrepreneur bourgeois pouvait veiller à ses intérêts pécuniaires ; mieux, son devoir était d'agir de la sorte. En outre, la puissance de l'ascétisme religieux mettait à sa disposition des ouvriers sobres, consciencieux, d'une application peu commune, faisant corps avec une tâche considérée comme un but voulu par Dieu.
Enfin, elle lui donnait l'assurance réconfortante que la répartition inégale des biens de ce monde répond à un décret spécial de la Providence qui, avec ces différences comme avec la grâce particulière, poursuit des fins pour nous secrètes. Calvin lui-même n'avait-il pas émis l'assertion citée que ce n'est qu'autant que le « peuple » – c'est-à-dire la masse des ouvriers et des artisans – demeure dans la pauvreté qu'il reste dans l'obéissance de Dieu ? ■

Max Weber, op. cit.

Document 7

Refus ascétique du gaspillage et désir d'acquérir

[...] L'ascétisme protestant, agissant à l'intérieur du monde, s'opposa avec une grande efficacité à la *jouissance* spontanée des richesses et freina la *consommation,* notamment celle des objets de luxe. En revanche, il eut pour effet psychologique de *débarrasser* des inhibitions de l'éthique traditionaliste le *désir d'acquérir.* Il a rompu les chaînes [qui entravaient] pareille tendance à acquérir, non seulement en la légalisant, mais aussi, comme nous l'avons exposé, en la considérant comme directement voulue par Dieu. [...]
Si pareil frein de la consommation s'unit à pareille poursuite débridée du gain, le résultat pratique va de soi : le capital se forme par l'épargne forcée ascétique. Il est clair que les obstacles qui s'opposaient à la consommation des biens acquis favorisaient leur emploi productif en tant que capital à *investir.*
On peut dire qu'aussi loin que s'est étendue l'influence de la conception puritaine de l'existence – et ceci est autrement important que le simple encouragement à l'accumulation du capital –, cette conception a favorisé la tendance à une vie bourgeoise, économiquement plus rationnelle ; elle en fut le facteur le plus important et, surtout, le seul qui fût conséquent. Bref, elle a veillé sur le berceau de l'*homo œconomicus* moderne. ■

Max Weber, op. cit.

Document 8

L'ascétisme, « échappé de la cage »

Le puritain *voulait* être un homme besogneux – et nous sommes *forcés* de l'être. Car lorsque l'ascétisme se trouva transféré de la cellule des moines dans la vie professionnelle et qu'il commença à dominer la moralité séculière, ce fut pour participer à l'édification du cosmos prodigieux de l'ordre économique moderne. Ordre lié aux conditions techniques et économiques de la production mécanique et machiniste qui détermine, avec une force irrésistible, le

style de vie de l'ensemble des individus nés dans ce mécanisme – et pas seulement de ceux que concerne directement l'acquisition économique. Peut-être le déterminera-t-il jusqu'à ce que la dernière tonne de carburant fossile ait achevé de se consumer. [...]
En même temps que l'ascétisme entreprenait de transformer le monde et d'y déployer toute son influence, les biens de ce monde acquéraient sur les hommes une puissance croissante et inéluctable, puissance telle qu'on n'en avait jamais connue auparavant. Aujourd'hui, l'esprit de l'ascétisme religieux s'est échappé de la cage – définitivement? qui saurait le dire... Quoi qu'il en soit, le capitalisme vainqueur n'a plus besoin de ce soutien depuis qu'il repose sur une base mécanique. ■

Max Weber, op. cit.

Document 9

Braudel critique Weber

Que dire enfin de la rupture de la Réforme? A-t-elle favorisé l'essor d'un capitalisme libéré de ses inquiétudes, de ses repentirs, pour tout dire de sa mauvaise conscience? C'est en gros la thèse de Max Weber, dans un petit livre, publié en 1904, *L'Éthique protestante et l'esprit du capitalisme*. Il est vrai qu'au-delà du XVIe siècle une corrélation évidente se marque entre les pays que touche la Réforme et les zones où le capitalisme marchand, plus tard industriel, va s'épanouir avec les gloires d'Amsterdam, qu'éclipseront les gloires de Londres. Il ne peut y avoir là simple coïncidence. Alors Max Weber a-t-il raison? [...]
Il est indéniable, à mes yeux, que l'Europe réformée, considérée en bloc, a pris l'avantage sur l'économie méditerranéenne très brillante, travaillée déjà depuis des siècles par le capitalisme – je songe particulièrement à l'Italie. Mais de tels transferts sont monnaie courante en histoire : Byzance s'efface devant l'islam; l'Islam cède à l'Europe chrétienne; la chrétienté méditerranéenne gagne la première course à travers les Sept Mers du monde, mais l'Europe entière bascule aux environs des années 1590 vers le Nord protestant qui se trouve alors privilégié. [...]
Que le sort se décide pour le Nord, avec ses salaires plus bas, son industrie bientôt imbattable, ses transports peu coûteux, sa nuée de caboteurs et de voiliers de charge qui naviguent à bon compte, cela vient d'abord de causes matérielles qui relèvent du doit et avoir, de coûts concurrentiels. Tous se produit à meilleur compte dans le Nord : le blé, les toiles, les draps, les navires, le bois, etc. La victoire du Nord est sans doute celle du prolétaire, du gagne-petit, de celui qui mange plus mal sinon moins que l'autre. À quoi s'ajoute, vers 1590, le retournement de la conjoncture, la crise qui, hier comme aujourd'hui, frappe d'abord les pays avancés, aux machineries plus compliquées. Il s'est agi là, pour le Nord, d'une série de chances, perçues, reconnues comme telles, jouées par des hommes d'affaires venus en Hollande d'Allemagne, de France et non moins d'Anvers. Cela finira par la grande poussée d'Amsterdam qui entraîne, avec elle, la bonne santé générale des pays protestants. La victoire du Nord est celle de concurrents aux exigences plus modestes – jusqu'au jour où, selon le schéma classique, ayant éliminé leurs rivaux, ils auront, à leur tour, toutes les exigences des riches. [...]
Est-ce à dire que la Réforme n'a pas pesé sur les comportements, les attitudes des hommes d'affaires, avec d'évidentes répercussions sur toute la vie matérielle? Il serait absurde de le nier. Tout d'abord la Réforme crée une cohérence des pays du Nord. Elle les dresse, unis, contre leurs concurrents du Sud. Ce n'est pas un médiocre service. Puis les guerres de Religion ont laissé derrière elles, issue de la communauté des croyances, une solidarité des réseaux protestants qui a joué son rôle dans les affaires, un temps au moins, jusqu'à ce que les querelles nationales l'emportent sur toute autre considération.
En outre, si je ne m'abuse, l'Église, en se maintenant, en se renforçant même dans l'Europe catholique, y est comme un ciment pour la société ancienne. Les divers étages de l'Église, ses sinécures qui sont une monnaie sociale, soutiennent l'architecture traditionnelle et les autres hiérarchies. Elles consolident un ordre social qui, dans les pays protestants, sera plus souple, moins assuré. Or le capitalisme exige d'une certaine façon une évolution de la société favorable à son expansion. Le dossier capitaliste de la Réforme n'est donc pas à refermer purement et simplement. ■

Fernand Braudel,
Civilisation matérielle,
économie et capitalisme,
Armand Colin, tome II, 1986.

Dossier 3

La bureaucratie

Document 1

La domination légale

Tous les pouvoirs de domination, qu'ils soient profanes ou religieux, politiques ou non politiques, peuvent être considérés comme des formes modifiées ou approchées de quelques types purs, que l'on peut construire en posant la question du fondement de *légitimité* revendiqué par la domination. Nos groupements actuels, surtout les groupements politiques, correspondent au type de la domination «légale»; ce qui veut dire que la légitimité de commander repose pour le détenteur du pouvoir de commandement sur une règle fixée rationnellement, établie par contrat ou imposée, et la légitimation à fixer ces règles repose à son tour sur une «constitution» fixée rationnellement ou interprétée rationnellement. Le commandement est émis non pas au nom d'une autorité personnelle, mais au nom d'une norme impersonnelle, et l'injonction d'un commandement représente ellemême aussi l'obéissance à l'égard d'une norme, et non pas un libre arbitre, une grâce ou un privilège. L'«agent» *(Beamte)* est le porteur du pouvoir de commandement : il ne l'exerce jamais pour son propre compte, mais il le détient au contraire toujours par délégation de l'«institution» *(Anstalt)* impersonnelle, c'est-à-dire de la coexistence de personnes déterminées ou indéter-

Questions sur l'ensemble du dossier

Questions sur le document 1
1. Pourquoi les dominés obéissent-ils aux ordres que leur donnent les dominants?
2. Sur quoi repose la domination «légale-rationnelle»?
3. À qui obéit-on dans un système bureaucratique?

Question sur le document 2
4. Expliquez ce qui justifie chacune des caractéristiques du fonctionnaire du point de vue d'une domination qui se veut légale et rationnelle.

Questions sur l'ensemble du dossier *(suite)*

Questions sur le document 3

5. Qu'est-ce qui fait de la bureaucratie le mode de domination le plus rationnel «du point de vue formel»?
6. Expliquez la phrase soulignée.
7. Weber a-t-il eu raison de prévoir que le socialisme serait bureaucratique?
8. Les entreprises capitalistes échappent-elles à la bureaucratisation?
9. Quel nom donne-t-on à «la domination en vertu du savoir»?

Questions sur le document 4

10. Expliquez la phrase soulignée.
11. Quelles sont les principales «dysfonctions» de la bureaucratie?

Questions sur le document 5

12. En quoi la définition de la bureaucratie de Michel Crozier s'oppose-t-elle à celle de Max Weber?
13. Expliquez le titre de ce document.

minées, mais désignables selon des critères réglés – coexistence spécifique dominée par la norme de règles établies. Le pouvoir légitime du fonctionnaire a son domaine délimité par la «compétence», c'est-à-dire un domaine, défini concrètement, d'objets pouvant être soumis à son commandement. Le «citoyen» ou le «membre» du groupement fait face à une hiérarchie de «supérieurs» auxquels il peut adresser ses plaintes «selon la voie hiérarchique». Il en va de même aujourd'hui dans l'Église, comme groupement hiérocratique. La «compétence» du pasteur ou du prêtre est bien délimitée : elle est établie par des règles. Et cela vaut également pour le sommet de l'Église : l'«infaillibilité» actuelle est un concept de compétence, différent dans sa signification de la conception qui l'a précédé (jusqu'à l'époque d'Innocent III). La séparation entre «sphère officielle» (pour ce qui est de l'infaillibilité, cela concerne les définitions *ex cathedra*) et «sphère privée» s'effectue tout à fait de la même manière que pour l'agent (politique ou autre). La «séparation» juridique de l'agent d'avec les moyens d'administration (que ceux-ci existent sous forme physique ou sous forme monétaire) se passe dans la sphère des groupements politiques et hiérocratiques exactement de la même manière que la «séparation» du travailleur d'avec les moyens de production dans l'économie capitaliste : la première est le parallèle parfait de la seconde.

Mais tout cela n'est poussé à son terme qu'à l'époque moderne, même si l'on en trouve des prodromes dans un passé très lointain. ■

Max Weber, Sociologie des religions, *«Introduction», trad. Jean-Pierre Grossein, Gallimard, 1996.*

Document 2

«Le type pur de la domination légale : la direction administrative bureaucratique»

Le type le plus pur de domination légale est la domination par le moyen de la *direction administrative bureaucratique*. Seul le chef du groupement occupe la position de détenteur du pouvoir soit en vertu d'une appropriation, soit en vertu d'une élection ou d'un successeur désigné. Mais ses attributions de détenteur du pouvoir elles-mêmes constituent des «compétences» légales. La totalité de la direction administrative se compose, dans le type le plus pur, de *fonctionnaires individuels [Einzelbeamte]* (monocratie, le contraire de la «collégialité», dont nous traiterons plus tard), lesquels,
1) personnellement libres, n'obéissent qu'aux devoirs objectifs de leur fonction,
2) dans une *hiérarchie* de la fonction solidement établie,
3) avec des *compétences* de la fonction solidement établies,
4) en vertu d'un contrat, donc (en principe) sur le fondement d'une sélection ouverte *[frei]* selon
5) la *qualification professionnelle* : dans le cas le plus rationnel, ils sont nommés (non élus) selon une qualification professionnelle révélée par l'examen, attestée par le diplôme;
6) sont payés par des appointements fixes en espèces, la plupart donnant droit à retraite, le cas échéant (en particulier dans les entreprises privées) résiliables de la part des patrons, mais toujours résiliables de la part des fonctionnaires; ces appointements sont avant tout gradués suivant le rang hiérarchique en même temps que suivant les responsabilités assumées, au demeurant suivant le principe de la «conformité au rang» *[Standesgemäßheit]* ;
7) traitent leur fonction comme unique ou principale profession;
8) voient s'ouvrir à eux une carrière, un «avancement» selon l'ancienneté, ou selon les prestations de service, ou encore selon les deux, avancement dépendant du jugement de leurs supérieurs;
9) travaillent totalement «séparés des moyens d'administration» et sans appropriation de leurs emplois;
10) sont soumis à une discipline stricte et homogène de leur fonction et à un contrôle.

En principe, cette organisation est également applicable – et aussi démontrable historiquement (en s'approchant plus ou moins du type pur) – aux entreprises économiques de profit, aux entreprises charitables ou à n'importe quelle autre entreprise poursuivant des buts privés idéaux ou matériels. ■

Max Weber, Économie et société, *Plon, 1971.*

Document 3

L'administration bureaucratico-monocratique

L'administration purement bureaucratique, donc fondée sur la conformité aux actes, l'administration bureaucratico-monocratique, par sa précision, sa permanence, sa discipline, son rigorisme et la confiance qu'elle inspire, par conséquent par son caractère de prévisibilité pour le détenteur du pouvoir comme pour les intéressés, par l'intensité et l'étendue *[Intensität und Extensität]* de sa prestation, par la possibilité formellement universelle qu'elle a de s'appliquer à toutes les tâches, perfectible qu'elle est du point de vue purement technique afin d'atteindre le maximum de rendement – cette administration est, de toute expérience, la forme de pratique de la domination *la plus rationnelle* du point de vue formel. Dans tous les domaines (État, Église, armée, parti, entreprise économique, groupement d'intérêts, association, fondation, etc.), le développement des formes «modernes» de groupement s'identifie tout simplement au développement et à la progression constante de l'administration bureaucratique : la naissance de celle-ci est, pour ainsi dire, la spore de l'État occidental moderne. [...] Notre vie quotidienne tout entière est tendue dans ces cadres. Car si l'administration bureaucratique est sans restriction – *ceteris paribus!* – la plus rationnelle du point de vue formel et du point de vue technique, elle est aujourd'hui tout bonnement inévitable de par les besoins de l'administration de masse (des personnes ou des biens). On n'a que le choix entre la «bureaucratisation» et la « dilettantisation » de l'administration, et le grand instrument de supériorité de l'administration bureaucratique est le *savoir spécialisé* dont le besoin absolu est déterminé par la technique moderne et l'économie de la production des biens, que celle-ci soit organisée par le capitalisme ou – ce qui, si une prestation technique égale devait être obtenue, signifierait un accroissement formidable de la bureaucratie spécialisée – par le socialisme. [...] Cet appareil continue à fonctionner pour les révolutionnaires qui parviennent au pouvoir et pour l'occupant ennemi comme il fonctionnait auparavant pour le gouvernement légal. Et toujours se pose la question de savoir qui domine l'appareil bureaucratique existant. Et toujours sa domination n'est possible que d'une manière limitée pour un non-spécialiste : le conseiller privé spécialisé finit le plus souvent par l'emporter sur le ministre non spécialiste dans l'exécution de sa volonté. Le besoin d'une administration permanente, rigide, intensive et prévisible *[kalkulierbar]* telle que le capitalisme – non seulement lui, mais indéniablement lui par-dessus tout – l'a historiquement créée (il ne peut exister sans elle) et que tout socialisme rationnel devrait prendre à son compte et intensifier, conditionne ce destin inéluctable de la bureaucratie en tant que noyau de toute administration de masse. Seule la petite entreprise (politique, hiérocratique, unioniste, économique) pourrait, dans une large mesure, s'en passer. De même que, à son stade de développement actuel, le capitalisme requiert la bureaucratie – bien que l'un et l'autre soient issus de racines historiques différentes, – de même celui-là représente le fondement économique le plus rationnel grâce auquel celle-ci peut exister sous sa forme la plus rationnelle parce qu'il lui permet, par la fiscalité, de disposer des moyens financiers nécessaires. ■

Max Weber, ibid.

Document 4

Qualités et dysfonctions de la bureaucratie

Le principal mérite de la bureaucratie réside dans son efficacité technique, l'accent étant mis sur la précision, la rapidité, le contrôle, la continuité, la discrétion et le rendement. De par sa structure elle tend à l'élimination complète des relations personnelles et des considérations irrationnelles (affectivité, hostilité, anxiété, etc.). [...]
Dans une véritable bureaucratie, on est donc en présence d'une grande régularité de comportement et d'un haut degré de conformité aux types d'action prescrits. Il s'ensuit qu'on donne une importance fondamentale à la discipline, aussi développée dans une bureaucratie religieuse ou économique que dans l'armée. La discipline, pour être effective, doit être étayée par un fort attachement sentimental aux modèles idéaux, ce qui rend l'individu assidu à son travail, conscient des limites de son autorité, compétent et méthodique dans ses activités routinières. [...]
L'adhésion aux règles, conçue à l'origine comme un moyen, devient une fin en soi, « d'instrumentales les valeurs deviennent finales ».
Cette surestimation peut transformer le bureaucrate en un être rigide et incapable d'adaptation rapide. Il en découle un formalisme et même un ritualisme pointilleux. Un autre exemple presque caricatural nous est fourni par le virtuose bureaucratique qui n'oublie jamais aucune des règles qui lui lient les mains, ce qui le conduit à n'être d'aucun secours pour ses « clients ». [...]
Rappelons brièvement les sources structurelles de ces inadaptations : 1. Une bureaucratie réelle requiert que la réponse convenable vienne automatiquement d'une obéissance aux règlements. 2. Une telle dévotion aux règles entraîne leur transformation en absolus ; elles ne sont plus conçues par rapport à un ensemble de buts. 3. Cela met une entrave à la faculté d'adaptation qui n'a pas été prise en considération par ceux qui ont fait les règlements. 4. Ainsi, dans certains cas, ce sont les éléments mêmes de l'efficacité qui produisent l'inefficacité. [...]
Tout au long de sa vie officielle, le bureaucrate doit gravir des échelons à travers le mécanisme de la promotion à l'ancienneté, des pensions, de l'augmentation du salaire, etc., bref tout ce qui en général sert d'aiguillon à la discipline et au conformisme. On s'attend à ce qu'il adapte ses pensées, ses actions, et ses sentiments en vue du succès de sa carrière. Mais ces aiguillons peuvent également engendrer la timidité, le conservatisme et le technicisme. Un autre trait de la structure bureaucratique tend au même résultat. Les fonctionnaires qui travaillent ensemble ont une destinée commune : ils partagent les mêmes intérêts, et tant que leur promotion se fait à l'ancienneté, ils sont peu compétitifs. Il y a donc peu d'agressivité au sein du groupe ; par contre cette situation fait naître un esprit de corps et le personnel dépend plus de ses propres intérêts que ceux du client ou du supérieur hiérarchique. [...]
L'accent mis sur la dépersonnalisation des relations humaines joue également un rôle dans ce manque d'adaptation du bureaucrate. On lui propose en effet de cristalliser sa personnalité à partir d'un modèle d'impersonnalité ; ainsi naissent des conflits dans les relations du bureaucrate avec sa clientèle. Les relations personnelles réduites à l'extrême, et la classification des cas laissent échapper les particularités individuelles ; mais le client, convaincu évidemment de la spécificité de son problème, refuse d'être classé dans une catégorie. Un comportement stéréotypé ne peut prendre en considération ses exigences et ses problèmes. ■

Robert Merton, Éléments de théorie et de méthode sociologique, *trad. française H. Mendras, Plon, 1965.*

Document 5

Le cercle vicieux de la bureaucratie

Nous proposons d'appeler « système bureaucratique d'organisation » tout système d'organisation dans lequel le circuit erreurs-informations-corrections fonctionne mal et où il ne peut y avoir, de ce fait, correction et réadaptation rapide des programmes d'action, en fonction des erreurs commises. En d'autres termes, *une organisation bureaucratique serait une organisation qui n'arrive pas à se corriger en fonction de ses erreurs.* Les modèles d'action « bureaucratique », auxquels elle obéit, tels que l'impersonnalité des règles et la centralisation des décisions, se sont si bien stabilisés qu'ils sont devenus partie intégrante de son équilibre interne et que quand une règle ne permet pas d'effectuer les activités prescrites de façon adéquate, la pression qui naîtra de cette situation dysfonctionnelle n'aboutira pas à l'abandon de cette règle, mais au contraire à son extension et à son renforcement. [...]
Quatre traits essentiels permettent dans nos deux cas de rendre compte de la rigidité des routines que nous avons observée : l'étendue du développement des règles impersonnelles, la centralisation des décisions, l'isolement de chaque strate ou catégorie hiérarchique et l'accroissement concomitant de la pression du groupe sur l'individu, le développement des relations de pouvoir parallèle autour des zones d'incertitude qui subsistent. [...]
La caractéristique essentielle du système d'organisation bureaucratique est que les difficultés, les mauvais résultats et les frustrations qui découlent de l'expérience des quatre traits fondamentaux que nous venons d'analyser, tendent finalement à développer de nouvelles pressions qui renforcent le climat d'impersonnalité et de centralisation qui leur a donné naissance. En d'autres termes un système d'organisation bureaucratique est un système dont l'équilibre repose sur l'existence d'une série de cercles vicieux relativement stables, qui se développent à partir du climat d'impersonnalité et de centralisation. ■

Michel Crozier, Le Phénomène bureaucratique, *Le Seuil, « Points Essais », 1971.*

8

JOHN MAYNARD KEYNES

La Théorie générale de l'emploi, de l'intérêt et de la monnaie *publiée en février 1936 par l'Anglais John Maynard Keynes (1883-1946) a profondément marqué les théories et les politiques économiques. On a pu parler de révolution keynésienne. Aujourd'hui encore, il est utile de savoir en quoi cette théorie s'oppose aux thèses néoclassiques traditionnelles pour mieux comprendre les grands débats de politique économique.*

*L'objectif ici est de proposer à la fois des compléments par rapport à d'autres textes qui traitent de Keynes dans ce manuel et des éléments de synthèse sur l'économie de Keynes en insistant sur les oppositions entre Keynes et les néoclassiques [*les autres textes sont pages 82, 729, 595, 597, 603 et 719*].*

Soixante ans après la publication de la Théorie générale, *la nature des oppositions entre Keynes et les néoclassiques est encore un thème de débat entre les économistes. Il n'existe pas de consensus sur l'emplacement de la frontière qui séparerait keynésiens et néoclassiques. Des économistes qui se définissent comme des keynésiens sont considérés comme des néoclassiques par d'autres ; et réciproquement. Certains économistes nient que le clivage néoclassique-keynésien ait encore un sens. Il existe des économistes qui se réclament de Keynes sans l'avoir lu, voire en affirmant qu'il s'agit d'une lecture inutile…*

L'économie de Keynes est-elle une méthode (macro contre micro), une sensibilité à certains thèmes (le chômage…), une prise de position éthique, autre chose ? On se limitera à deux observations :

– il ne faut pas oublier que Keynes n'a jamais conçu la théorie économique qu'au service de l'action politique au sens le plus large. Il avait notamment une perception forte du fait que la démocratie et la paix étaient menacées si les grands problèmes économiques ne trouvaient pas de solutions. Un tel message reste actuel ;

– les spécialistes du pugilat épistémologique à partir de l'exégèse des textes de Keynes devraient relire chaque matin l'introduction de l'article de 1937 dans lequel Keynes résume sa théorie. La voici : « Je suis plus attaché aux idées fondamentales et relativement simples qui sous-tendent ma théorie, qu'aux formes particulières dans lesquelles je les ai incorporées ; et je ne désire aucunement que celles-ci soient cristallisées en l'état actuel du débat. S'il s'avère que mes idées simples de base peuvent devenir familières et acceptables, le temps, l'expérience et la collaboration de nombreux esprits permettront de découvrir la meilleure façon de les formuler. » (John Maynard Keynes, « La théorie générale de l'emploi », Quarterly Journal of Economics, *1937, traduit dans* Revue française d'économie, *automne 1990).*

Pascal Combemale

SOMMAIRE

REPÈRES ET PERSPECTIVES

DOSSIERS

Bibliographie

– *Mickael Stewart,* Keynes, *Le Seuil, « Points économie », 1973.*

– *Pascal Combemale,* Introduction à Keynes, *La Découverte, « Repères », nouvelle éd., 2003.*

UNE INITIATION À KEYNES

■

JEAN-PAUL PIRIOU

Dans la préface à l'édition française de son livre, Keynes précise pourquoi il l'a appelé *Théorie générale* : « Par là nous avons voulu marquer que nous avions principalement en vue le fonctionnement du système économique pris dans son ensemble. » Autrement dit, qu'il fallait envisager les revenus globaux, l'emploi global, l'investissement global, l'épargne globale, etc., et non pas les revenus, l'emploi, etc., « d'entreprises ou d'individus considérés isolément ». « Nous prétendons, ajoute-t-il, qu'on a commis des erreurs graves en étendant au système pris dans son ensemble des conclusions qui avaient été correctement établies en considération d'une seule partie du système prise isolément. » (*Théorie générale de l'emploi, de l'intérêt et de la monnaie*, traduction française, Payot). Illustrons l'enjeu de cet énoncé.

Imaginons un individu qui assiste à une séance de cinéma, mais voit mal. Pour mieux voir, il se lève et... voit mieux. Pour que ce résultat soit vrai, il faut raisonner *ceteris paribus*, c'est-à-dire toutes choses supposées égales par ailleurs. Cette hypothèse est sous-jacente à ce que les économistes appellent un *raisonnement en terme d'équilibre partiel*. Dans ce cas, on s'intéresse à un seul élément du système (une firme, un individu, le marché d'un bien déterminé, etc.), *ceteris paribus*. On étudie par exemple l'équilibre sur un marché en faisant comme si tout le reste (les prix équilibrant l'offre et la demande sur chacun des autres marchés) était donné, c'est-à-dire comme s'il n'existait pas d'*interdépendances ou de rétroactions entre les marchés*. Puis on généralise à l'ensemble du système.

Le raisonnement en équilibre partiel conduit à affirmer : l'individu qui voit mal le film sur l'écran verra mieux en sc levant. En généralisant, on devrait donc dire : si tous se lèvent, tous verront mieux. C'est au moyen de ce type de raisonnement que les économistes néoclassiques démontrent que dans une économie de marché en concurrence parfaite la recherche par chacun de son intérêt conduit à l'intérêt général.

C'est cette démarche que rejette explicitement Keynes dans le passage précité. Pour mieux comprendre l'originalité de la position keynésienne, il est utile de rappeler à quelles conclusions conduit le raisonnement en équilibre partiel appliqué au marché du travail. Ce raisonnement est typique des économistes néoclassiques (que Keynes appelle économistes classiques parce qu'ils sont d'une certaine façon les héritiers de Ricardo).

I. LE MARCHÉ DU TRAVAIL AVANT KEYNES

Les néoclassiques le traitent comme n'importe quel marché : de l'intersection d'une courbe d'offre et d'une courbe de demande résulte un équilibre qui satisfait tout le monde aussi bien les offreurs que les demandeurs. Cette analyse, « supposée simple et évidente », affirme Keynes, « a été [...] fondée, pratiquement sans discussion, sur deux postulats fondamentaux » (*ibid*, page 27). Keynes accepte le premier, relatif à la demande de travail, mais rejette fermement le second postulat relatif à l'offre de travail. On peut même soutenir qu'il n'admet pas l'existence d'un véritable marché du travail.

La demande de travail

Supposons que les 100 salariés d'une entreprise lui permettent d'obtenir une valeur ajoutée hebdomadaire totale de 200 000 €. Supposons également que l'emploi d'un cent unième salarié fasse augmenter cette valeur ajoutée de 1 500 €, celui d'un cent deuxième de 1 450 €, etc., conformément au tableau A. Autrement dit, l'hypothèse ici retenue conformément à l'habitude néoclassique est celle d'une productivité marginale décroissante du travail : au fur et à mesure que l'effectif employé augmente, la valeur ajoutée totale augmente mais de moins en moins vite [*voir l'encadré A dans le chapitre V, page 168*].

L'entreprise a intérêt à accroître l'emploi tant que l'embauche d'un salarié supplémentaire augmente son profit total, c'est-à-dire lui rapporte un profit marginal positif ; autrement dit, tant que la productivité marginale (la valeur ajoutée marginale) est supérieure au salaire. Le tableau A montre que son profit total est maximum lorsqu'elle a poussé le niveau de l'emploi à un point tel que la productivité marginale du travail égale le salaire. Si le salaire hebdomadaire est de 1 350 €, la demande de travail est donc de 104 (ou 103, l'imprécision étant la conséquence du fait que l'exemple choisi ne fait pas varier les grandeurs d'une façon continue).

Comme les salariés sont alors tous payés 1 350 € et que la productivité marginale du travail est de 1 350 €, on peut dire que la demande de travail dépend de la productivité marginale du travail : elle est telle que cette productivité marginale égale le salaire.

Que se passerait-il si le salaire était plus faible, 1 200 € par exemple ? L'entreprise aurait évidemment intérêt à embaucher des salariés supplémentaires. Le tableau B montre que son profit serait maximum si l'emploi était 107. La productivité marginale du travail serait alors à nouveau égale au salaire. Ressort de ces exemples que – dans un graphique ayant l'emploi en abscisses et le salaire et la productivité marginale du travail en ordonnées – la courbe de demande de travail est confondue avec la courbe de la productivité marginale du travail.

Avec l'hypothèse d'une productivité marginale décroissante du travail, il est donc clair que les entreprises ont intérêt à embaucher jusqu'à ce que la productivité marginale du travail soit égale au salaire (leur profit est ainsi maximum). Elles n'augmenteront donc l'emploi que si le salaire baisse.

PLAN

POUR ALLER PLUS LOIN

Tableau A

Exemple avec un salaire hebdomadaire par tête de 1 350 €					
Effectif salarié (N)	Valeur ajoutée totale (VA)	Valeur ajoutée marginale (i)	Profit marginal (i) – 1 350	Masse salariale (M = 1 350 X N)	Profit total (VA – M)
100	200 000			135 000	65 000
101	201 500	1 500	150	136 350	65 150
102	202 950	1 450	100	137 700	65 250
103	204 350	1 400	50	139 050	65 300
104	205 700	1 350	0	140 400	65 300
105	207 000	1 300	– 50	141 750	65 250
106	208 250	1 250	– 100	143 100	65 150
107	209 450	1 200	– 150	144 450	65 000
108	210 600	1 150	– 200	145 800	64 800

Les données (sauf première colonne) sont en euros.

Tableau B

Exemple avec un salaire hebdomadaire par tête de 1 200 €					
Effectif salarié (N)	Valeur ajoutée totale (VA)	Valeur ajoutée marginale (i)	Profit marginal (i) – 1 200	Masse salariale (M = 1 200 X N)	Profit total (VA – M)
104	205 700	1 350	150	124 800	80 900
105	207 000	1 300	100	126 000	81 000
106	208 250	1 250	50	127 200	81 050
107	209 450	1 200	0	128 400	81 050
108	210 600	1 150	– 50	129 600	81 000

Les données (sauf première colonne) sont en euros.

Récapitulons. *La demande de travail des entreprises (on peut l'appeler aussi l'offre d'emplois) est d'autant plus élevée que le salaire réel est bas ; autrement dit, c'est une fonction décroissante du salaire réel* (rappel : le salaire réel est le pouvoir d'achat du salaire nominal).

L'offre de travail

L'offre de travail des salariés (la demande d'emploi) est une fonction croissante du salaire réel ; autrement dit, la quantité de travail offerte par les salariés est d'autant plus élevée que le salaire réel est élevé. Cette thèse néoclassique peu évidente mérite une explication.

Imaginons que le salaire horaire soit de 70 €. Si le salarié choisit de travailler une heure de moins, il dispose d'une heure de loisir en plus, mais son salaire total baisse de 70 €. Pour cette raison, on peut considérer qu'il « achète » l'heure de loisir supplémentaire 70 € (les économistes disent que le salaire d'une heure est le *coût d'opportunité* d'une heure de loisir, c'est-à-dire le manque à gagner qu'elle implique). Par ailleurs, avec son salaire le salarié peut acheter des biens qui lui procurent une certaine utilité. Autrement dit, tout se passe comme si, en modifiant la durée de son travail, le salarié pouvait échanger du loisir contre des biens : à chaque fois que son temps de loisir diminue, il travaille plus longtemps et achète donc plus de biens avec son salaire ; et réciproquement.

Le problème du salarié est donc d'arbitrer (de choisir) entre loisir et travail pour que l'utilité totale que lui procurent le loisir et la consommation de biens soit la plus élevée possible. S'il préfère consommer des biens, il travaille beaucoup mais a peu de loisir ; s'il préfère consommer du temps, il travaille moins mais consomme peu de biens. Imaginons qu'il décide que, pour un salaire horaire de 70 €, son utilité totale atteint le maximum s'il travaille 36 heures par semaine. Sa consommation est alors de 2 520 € (on suppose qu'il n'y a pas d'épargne).

Que se passe-t-il si le salaire passe de 70 à 75 € ? Pour les néoclassiques, la hausse du salaire a deux effets :

■ Effet de revenu. La hausse du salaire accroît la richesse du salarié. Deux solutions extrêmes sont alors possibles. S'il continue à travailler 36 heures par semaine, il augmente son salaire hebdomadaire de 180 € (36 fois 5 €), ce qui lui permet de consommer plus de biens. Il peut aussi – seconde solution – décider de maintenir sa consommation de biens inchangée à 2 520 €, donc de travailler 2,4 heures de moins (180 € divisés par 75 €). Au lieu d'acheter des biens, il « achète » donc alors 2,4 heures (2 heures 24 minutes) de loisirs supplémentaires.

Il semble assez raisonnable d'envisager que le salarié adoptera une solution intermédiaire (raisonnable et conforme aux hypothèses néoclassiques habituelles sur la forme des

Graphique A
Le marché du travail

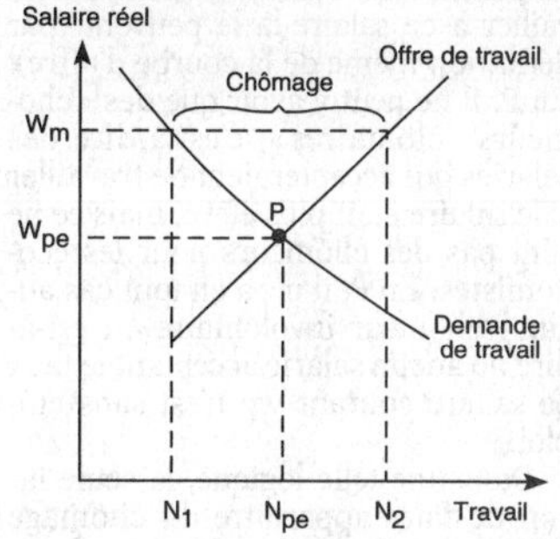

préférences du consommateur) ; il répartira l'accroissement de sa richesse entre un surcroît de loisir (ce qui suppose une baisse de son temps de travail) et un surcroît de consommation. En résumé, *l'effet de revenu est tel qu'à une hausse du salaire correspond une baisse de l'offre de travail*.

■ Effet de substitution. L'élévation du salaire élève le coût d'opportunité (le « prix ») du loisir, parce que ne pas travailler coûte plus cher (le manque à gagner d'une réduction d'une heure de travail s'accroît de 5 €). Autre façon de dire la même chose, le salarié doit renoncer à plus de biens qu'auparavant pour obtenir une heure de loisir. Autrement dit encore, le prix des biens baisse par rapport à celui du loisir.

Pour atteindre l'utilité (le bien-être) maximum, le salarié réduit sa consommation de loisir (car elle est devenue plus coûteuse) et augmente sa consommation de biens (dont les prix relatifs ont baissé). Autrement dit, le salarié réagit à la hausse du salaire en augmentant son temps de travail. De cette façon, il *substitue* des biens à du loisir. On parle pour cette raison d'effet de substitution. En résumé, *l'effet de substitution est tel qu'à une hausse du salaire correspond une hausse de l'offre de travail*.

L'élévation du salaire a donc deux effets opposés : l'effet de revenu réduit l'offre de travail ; l'effet de substitution l'augmente. En énonçant d'une façon générale que l'offre de travail s'élève lorsque le salaire croît, *les néoclassiques postulent que l'effet de substitution l'emporte sur l'effet de revenu*.

Récapitulons : l'offre de travail est une fonction croissante du salaire réel ; la demande est une fonction décroissante du salaire réel. Les droites (ou les courbes, peu importe) qui en sont la représentation graphique doivent donc se couper en un point P [*graphique A*]. Ainsi se définit un équilibre du marché du travail qui satisfait à la fois les salariés et les entreprises. Au salaire W_{pe}, les premiers offrent une quantité de travail N_{pe}, c'est-à-dire précisément ce que les secondes demandent.

Cet équilibre correspond au plein-emploi : tous ceux qui veulent travailler à ce salaire-là le peuvent (par définition même de la courbe d'offre). En P, il ne peut y avoir que des « chômeurs volontaires », c'est-à-dire des salariés qui accepteraient de travailler si le salaire était plus élevé, mais ce ne sont pas des chômeurs pour les économistes. En P, il n'y a en tout cas aucun « chômeur involontaire », c'est-à-dire qu'aucun salarié acceptant le taux de salaire courant wp n'est sans emploi.

Dans une telle logique, la seule façon de faire apparaître du chômage est d'imaginer que le salaire est durablement supérieur au salaire d'équilibre W_{pe}. Le plus simple est alors de supposer qu'il existe un salaire minimum wm (supérieur à W_{pe}) en dessous duquel le salaire courant ne peut pas descendre, soit parce que c'est un minimum légal (SMIC) ou contractuel (accords de salaires dans certaines branches), soit parce que les salariés font obstacle à la concurrence parfaite en se concertant pour refuser des salaires plus bas (les néoclassiques ont imaginé de nouvelles théories pour avancer que le salaire peut être durablement au-dessus du salaire d'équilibre [*voir page 170*]).

La demande de travail des entreprises va s'établir à N_1, c'est-à-dire plus bas que N_{pe} (si vous ne comprenez pas pourquoi, relisez plus haut le passage qui explique la relation entre salaire, productivité marginale du travail et demande de travail). L'offre de travail sera N_2, donc plus élevée que N_{pe} (pour le comprendre, relisez éventuellement le passage sur l'offre de travail). Sur le graphique A, le chômage est donc N_1N_2.

Un tel raisonnement débouche nécessairement sur l'idée que la lutte contre le chômage passe principalement par une baisse du salaire; sur l'idée également que cette baisse aurait lieu spontanément si les mécanismes ou les institutions qui entravent le bon fonctionnement de la concurrence parfaite étaient détruits.

Keynes refuse l'analyse néoclassique du marché du travail

Dans la perspective néoclassique, tout chômage véritable (c'est-à-dire involontaire), ne peut provenir que de mécanismes qui entravent la baisse du salaire jusqu'au niveau d'équilibre W_{pe}. Pour Keynes, cette assertion n'est pas fondée car elle repose sur un raisonnement en équilibre partiel, c'est-à-dire *ceteris paribus*. Certes, si une entreprise baisse les salaires qu'elle verse, elle pourra réduire les prix de vente de ses produits, accroître ainsi sa part du marché et embaucher des salariés supplémentaires. Mais si un tel comportement est généralisé, il devient impossible de raisonner toutes choses égales par ailleurs : la baisse des salaires réduit les débouchés des entreprises et va donc vraisemblablement aggraver la situation au lieu de l'améliorer. La seule exception apparente est celle où un seul pays pratique ce type de politique de baisse générale des salaires et accroît ainsi sa part du marché mondial en réduisant ses coûts, mais c'est encore un raisonnement en équilibre partiel. Il est en effet peu probable que les autres pays ne réagissent pas, par exemple en dévaluant ou en mettant en œuvre une politique analogue, ce qui internationalise la récession (« Si vous faites partie d'un système international, vous pouvez toujours améliorer vos affaires en diminuant les salaires davantage que vos voisins » déclarait Keynes).

Bref, pour Keynes, les économistes néoclassiques ont donc tort de déplorer l'insuffisante flexibilité du marché du travail, car une plus grande flexibilité aggraverait la situation.

Plus fondamentalement, Keynes réfute l'idée qu'il existerait un marché du travail au sens néoclassique, *c'est-à-dire un mécanisme qui relierait les quantités de travail offertes et demandées au salaire réel*. Du côté de la demande, il admet qu'à l'équilibre le salaire égale le produit marginal du travail (c'est-à-dire le premier postulat évoqué plus haut); mais cette égalisation est le résultat d'un processus complexe et ne détermine en rien la demande de *travail* [*voir plus loin*].

Du côté de l'offre, Keynes refuse totalement l'idée qu'il existerait un lien entre celle-ci et le salaire réel; pour lui, les salariés (et les entrepreneurs) ne peuvent signer que des contrats faisant référence à des salaires nominaux. Ils sont dans l'incapacité de négocier sur les salaires réels (l'inflation n'est connue qu'après coup). En outre, si la théorie néoclassique était valide, les salariés devraient réduire leur offre de travail lorsque les prix à la consommation augmentent puisque dans ce cas le salaire réel diminue. Or ils ne réagissent pas ainsi. La théorie est donc fausse.

Si le marché du travail ne fonctionne pas comme l'indiquent les néoclassiques, alors il est évidemment illusoire d'attendre le plein-emploi d'une flexibilité du salaire. Bref, il faut renoncer à la croyance d'une régulation automatique du système par le jeu des mouvements de prix (le salaire est un prix). « Il se peut, écrit Keynes dans la *Théorie générale*, que la théorie [néo] classique décrive la manière dont nous aimerions que notre économie se comportât. Mais supposer qu'elle se comporte réellement ainsi, c'est supposer que toutes les difficultés sont résolues » (*ibid*, page 55).

II. LA THÉORIE KEYNÉSIENNE DE L'EMPLOI

Pour les néoclassiques, tous les acteurs de l'économie de marché peuvent être mis sur le même plan parce qu'ils sont tous simultanément offreurs et demandeurs de biens et services. Keynes rejette cette conception d'une économie homogène. Il raisonne sur un système hiérarchisé dans lequel les entrepreneurs jouent un rôle décisif parce qu'ils ont le pouvoir de décider du niveau de l'investissement.

Keynes rejette ce que l'on appelle la « loi de Say », c'est-à-dire l'idée que « les produits s'échangent contre les produits » et qu'il n'y a en définitive pas de problèmes de débouchés. Bien au contraire, il pense que l'économie de marché est pleine d'incertitude. Il faut donc raisonner d'emblée dans ce que Keynes appelle une *économie monétaire*, c'est-à-dire « une économie où la variation des vues sur l'avenir peut influer sur le volume actuel de l'emploi » (préface de la première édition anglaise, *Théorie générale*, page 15). Le schéma A présente de façon simplifiée la théorie de Keynes.

Le niveau de l'emploi est lié à celui de la production (plus on produit, plus on embauche) qui détermine également l'ampleur des revenus mis en circulation (salaires, consommations intermédiaires, FBCF, etc.).

Le niveau de la production dépend des décisions prises par les entrepreneurs lorsqu'ils imaginent le niveau de la « *demande effective* », c'est-à-dire de la demande solvable. Il s'agit nécessairement d'une prévision pleine d'incertitude car chaque entrepreneur est isolé (l'économie est par nature décentralisée), mais elle joue un rôle essentiel. Keynes intitule d'ailleurs le chapitre V de la *Théorie générale* « De la prévision en tant qu'elle détermine le volume de la production et de l'emploi ». La demande effective dépend des dépenses de consommation et des dépenses d'investissement.

La consommation

La consommation est liée au revenu des ménages par l'intermédiaire de la propension à consommer, proportion consommée du revenu des ménages relativement stable. Cette « propension des gens à consommer [...] est influencée par de nombreux facteurs comme la distribution du revenu [elle est plus forte si les revenus sont très inégalitairement répartis parce que les riches épargnent plus, note de l'auteur], leur attitude vis-à-vis de l'avenir en temps normal et – quoique probablement à un degré moindre – le taux d'intérêt. Mais, dans l'ensemble, il apparaît une loi psychologique prépondérante, à savoir que lorsque le revenu agrégé augmente, la dépense de consommation augmente également, mais dans une mesure un peu moindre » (Keynes, « La théorie générale de l'emploi », art. cité).

L'investissement

L'autre composante de la demande effective est l'investissement. Il dépend des perspectives de profit anticipées par les entrepreneurs, plus précisément de l'efficacité marginale du capital, c'est-à-dire de la rentabilité future espérée qui se déduit de la comparaison des revenus *attendus* de l'investissement et de son coût [*voir pages 82, 730*]. Celle-ci est fonction de prévisions portant nécessairement sur le long terme, qui relèvent de la haute voltige.

Redonnons la parole à Keynes (art. cité) pour expliquer la difficulté : « Comment, dans de telles circonstances, arrivons-nous à nous comporter d'une façon qui nous permet de sauver la face et d'apparaître comme des hommes économiques rationnels ? Nous avons inventé, à cet effet, une palette de techniques variées. » Keynes explique alors que « nous admettons que le présent est un guide de l'avenir bien plus utilisable que ne le montrerait jusqu'ici un examen candide de l'expérience passée. Autrement dit, nous ignorons largement quelles sont les perpectives de changements futurs, et nous ne savons rien de la forme que prendront ces changements. [...] Sachant que notre opinion propre et individuelle est dénuée de valeur [...], nous nous efforçons de nous conformer au comportement de la majorité ou au comportement moyen. La psychologie d'une société d'individus où chacun s'efforce de copier les autres suscite ce que nous sommes en droit de nommer très exactement un jugement conventionnel » [*sur ce point voir « Comprendre la finance (presque) sans peine », page 719*]. Dans ces conditions, une « théorie pratique de l'avenir [...], puisqu'elle repose sur des fondements si peu solides, [...] est sujette à des changements soudains et violents. La pratique établie, faite de tranquillité et d'immobilité, de certitude et de sécurité, peut s'effondrer tout à coup. [...] En tout temps, les peurs paniques les plus vagues ainsi que les espoirs sans fondement et tout aussi vagues ne sont jamais vraiment endormis et reposent juste en dessous de la surface ». Ce texte a été écrit il y a plus de soixante ans et n'a pas pris une ride. Mais les économistes n'en savent pas vraiment plus sur ces phénomènes pourtant fondamentaux dans une économie où les forces des marchés, notamment financiers, sont plus considérables que dans les années 1930 (où elles avaient conduit au pire).

L'efficacité marginale du capital ne suffit pas à déterminer ce que Keynes appelle *l'incitation à investir*. Cette dernière dépend en effet de la relation entre l'efficacité marginale du capital et le taux d'intérêt. C'est seulement si le taux d'intérêt est inférieur à l'efficacité marginale du capital que l'entrepreneur sera incité à investir.

Un équilibre de sous-emploi

La demande effective, somme de la consommation et de l'investissement, détermine le niveau de la production et l'ampleur du revenu distribué. Mais la consommation, on l'a vu, est elle-même fonction du revenu.

Par définition, la valeur de la production (Y) est la somme de celle des biens de consommation (C) et de celle des biens d'investissement (I) : Y = C + I. La valeur des revenus distribués à l'occasion de la production est par définition égale à celle de la production. Ces revenus (Y) sont soit consommés (C) soit épargnés (S). On a donc Y = C + S. Finalement on a nécessairement I = S. I dépend des décisions des entrepreneurs et S est une proportion du revenu (comme la consommation est une proportion du revenu, l'épargne – excédent du revenu par rapport à la consommation – l'est aussi). Si c est la propension à consommer, on peut écrire C = cY. Mais S = Y – C, donc S = (1 – c) Y. On peut en conclure que I = (1 – c) Y. D'où Y = kI avec k = 1/1 c. [*Des détails pages 595 et 597*]

Rien dans la détermination du niveau de Y ne garantit qu'il correspond au revenu (ou à la production) permettant d'atteindre le plein-emploi. Ce serait même le résultat d'un hasard qu'il en soit ainsi. En effet, Y dépend de la propension à consommer (qui est indépendante de l'emploi) et de l'investissement qui est fonction de décisions qui ne font à aucun moment intervenir la préoccupation de l'emploi.

Le chômage n'est donc pas une exception mais la norme dans une économie laissée à elle-même dès lors que l'incitation à investir est insuffisante. Une telle économie est pourtant en situation d'équilibre (de sous-emploi), c'est-à-dire dans un état qui risque de se perpétuer parce que les agents économiques n'ont aucune raison de modifier les comportements ou les décisions qui y ont conduit. En d'autres termes, contrairement à la logique néoclassique du marché du travail, il n'existe ici aucune force de rappel qui écarterait du sous-emploi. La régulation par les prix est inopérante.

Dans ces conditions, l'État doit prendre ses responsabilités pour renforcer l'incitation à investir défaillante, par exemple en faisant baisser le taux d'intérêt par la politique monétaire. Mais cette politique peut ne pas être efficace, notamment lorsque le taux d'intérêt est déjà très faible. Aussi de façon générale est-il préférable que l'État intervienne directement sur le niveau de la demande effective en augmentant ses dépenses et/ou en diminuant les impôts, même s'il lui faut aggraver le déficit budgétaire. Enfin, l'État peut soutenir l'activité en essayant d'élever la propension à consommer au moyen d'une fiscalité qui retire des revenus aux détenteurs de revenus élevés dont la propension à épargner est très élevée. Toutes conclusions parfaitement opposées à la thérapeutique néoclassique. L'éloge keynésien de la dépense et le refus de croire aux vertus de la flexibilité ont évidemment fait (et continuent à faire) scandale. De même que la théorie qui consiste à considérer que l'épargne n'est pas le résultat de l'abstinence mais de l'investissement.

Attention ! Ne confondez pas Colbert et Keynes. La nationalisation des entreprises ou le développement d'un secteur public puissant ne relèvent pas de la politique keynésienne. Keynes fait confiance à l'entreprise privée et aux mécanismes de marché pour réguler les choix microéconomiques, dès lors que l'État se charge de veiller activement à la régulation macroéconomique. Il explique avoir limité son ambition « simplement à indiquer la nature du cadre qu'exige le libre jeu des forces économiques pour que les possibilités de la production puissent être toutes réalisées ». Et Keynes de poursuivre ainsi ces « Notes finales sur la philosophie sociale à laquelle la théorie générale peut conduire », dernier chapitre de la *Théorie générale* : « L'élargissement des fonctions de l'État, nécessaire à l'ajustement réciproque de la propension à consommer et de l'incitation à investir, semblerait à un publiciste du XIXe siècle ou à un financier américain d'aujourd'hui une horrible infraction aux principes individualistes. Cet élargissement nous apparaît au contraire et comme le seul moyen d'éviter une complète destruction des institutions économiques actuelles et comme la condition d'un heureux exercice de l'initiative individuelle. » (*op. cit.*, page 394).

III. INVESTISSEMENT, ÉPARGNE ET TAUX D'INTÉRÊT

Remarque : la conception keynésienne du taux d'intérêt est présentée dans la deuxième partie de « Comprendre la finance (presque) sans peine » page 719; la conception keynésienne de l'investissement pages 82 et 729; la question de l'égalité de l'épargne et de l'investissement chez Keynes, ainsi que le principe du multiplicateur sont traités pages 595 à 597.

On retrouve à propos de l'épargne et de l'investissement le même type de conflit entre Keynes et les néoclassiques qu'au sujet du marché du travail. Pour les néoclassiques, l'équilibre de l'offre de capital (l'épargne) et de la demande de capital (l'investissement) s'effectue par l'intermédiaire de la variation du prix du capital (le taux d'intérêt). Comme il l'avait fait pour le marché du travail, Keynes refuse l'idée qu'il existerait un marché du capital dont le taux d'intérêt serait le prix.

L'investissement chez Keynes et chez les néoclassiques

Keynes et les néoclassiques ne sont d'accord que sur un point : la décision d'investir résulte de la comparaison du taux d'intérêt et de la rentabilité de l'investissement. À un niveau plus bas du taux d'intérêt correspond un niveau plus élevé de l'investissement. Autrement dit, une élévation du taux doit provoquer une baisse de l'investissement, et réciproquement. Cette thèse signifie simplement que :
– les différents projets d'investissement possibles n'ont pas tous le même taux de rentabilité [*voir la définition du taux de rentabilité interne page 729*];
– il est toujours possible de les classer par ordre de rentabilité décroissante;
– ne seront réalisés que les projets dont la rentabilité est supérieure au taux d'intérêt;
– dans ces conditions, une baisse du taux d'intérêt rend intéressants (profitables) certains des projets d'investissement qui ne l'étaient pas pour un taux plus élevé, ce qui accroît le niveau de l'investissement.

Au-delà de ces banalités, le désaccord est total. Il porte sur l'essentiel : la façon de calculer la rentabilité. On sait que ce calcul n'est possible que si l'on connaît les revenus procurés par l'investissement pendant toute sa durée de vie [*voir page 728*].

Pour les néoclassiques, les revenus attendus de l'investissement sont fondamentalement connus. Parce que les néoclassiques font l'hypothèse qu'il existe un système *complet* de marchés, c'est-à-dire qu'existent aujourd'hui des marchés pour tous les biens présents et futurs (les biens futurs sont des biens qui seront produits et utilisés à une date ultérieure). Dans un tel contexte théorique, calculer la rentabilité future d'un investissement et constater après coup quelle a été la rentabilité du même investissement sont deux opérations en définitive identiques.

Keynes se situe aux antipodes d'une telle conception. Il pense que les revenus futurs d'un investissement sont entachés d'une forte incertitude. Keynes explique qu'en parlant d'incertitude, son « intention n'est pas simplement de distinguer ce qui est su avec certitude de ce qui est seulement probable. Le jeu de la roulette n'est pas sujet à l'incertitude, en ce sens, ni la perspective de tirer un bon numéro au loto. Ou encore, l'espérance de vie n'est soumise qu'à une légère incertitude. Même le temps qu'il fera n'est que modérément incertain. Le sens dans lequel j'utilise ce terme – poursuit-il – est celui selon lequel la perspective d'une guerre européenne était incertaine, ou encore le prix du cuivre et le taux d'intérêt dans vingt ans, ou la date d'obsolescence d'une invention nouvelle [...]. En ces matières, il n'y a pas de fondement scientifique sur lequel on puisse formuler, de façon autorisée, quelque raisonnement probabiliste que ce soit. Nous ne savons pas, tout simplement. » (John Maynard Keynes, « La théorie générale de l'emploi » 1937, art. cité et passage déjà reproduit dans « Pour comprendre l'investissement ».) *Soutenir l'idée que le futur est incertain, comme le fait Keynes, c'est finalement penser que l'histoire existe réellement, qu'elle n'est pas la reproduction aléatoire du passé (sinon l'incertitude serait réductible à des risques probabilisables), mais aussi invention et création de quelque chose de radicalement nouveau.*

Que les revenus attendus de l'investissement soient incertains est évidemment un frein puissant à l'incitation à investir. Cependant, les entrepreneurs n'ont pas d'autre possibilité que d'essayer de les prévoir s'ils veulent pouvoir calculer l'efficacité marginale du capital. Mais – différence essentielle avec les néoclassiques – les opinions qui servent de support à l'évaluation de cette rentabilité attendue sont susceptibles de modifications brutales en fonction de l'évolution du climat des affaires, du contexte économique mais aussi social et politique.

Autrement dit, le niveau de l'investissement dépend, certes, de celui du taux d'intérêt (comme chez les néoclassiques) mais il est également sensible à l'état de l'opinion. Or l'opinion est capable de changer brutalement, en raison de ces « jugements conventionnels » résultats de la « psychologie d'une société d'individus où chacun s'efforce de copier les autres » [*voir plus haut la citation complète*].

Un dernier point mérite d'être souligné à propos de l'investissement chez Keynes. Il découle de la distinction, d'ailleurs facile à comprendre, entre les décisions d'investissement et les dépenses d'investissement. Une décision d'investir 100 prise pendant l'année « n » ne peut pas se traduire instantanément par une dépense de 100. Il existe des délais de mise en œuvre qui peuvent aller de quelques semaines à plusieurs années. La dépense d'investissement sera peut-être de 10 en « n », de 60 en n + 1, de 20 en n + 2 et de 10 en n + 3. En général, lorsque la réalisation de l'investissement a commencé, elle est poursuivie jusqu'au bout, même si l'état de l'opinion des entrepreneurs s'est modifié en n + 2.

Dans ces conditions, les dépenses d'investissement de l'année « n » correspondent à des décisions d'investissement prises en n, en n – 1, en n – 2, etc. Ceci a une conséquence très importante pour la stabilité du système économique. Comme le niveau de l'investissement (c'est-à-dire les dépenses) pendant une année dépend des états successifs de l'opinion (des entrepreneurs) au cours des années « n », n – 1, n – 2, etc., une modification brutale de l'opinion a un effet moindre sur ce niveau qu'on aurait pu le penser *a priori*. Autre façon de dire la même chose : la modification de l'état de l'opinion des entrepreneurs en « n » fera sentir ses effets pendant plusieurs années, ce qui en diluera en partie les aspects déstabilisants. Autrement dit, grâce à l'inertie de l'investissement, le système économique est moins atteint par les modifications de l'incitation à investir qu'on aurait pu le penser. Il n'en sera évidemment pas du tout ainsi dans le domaine financier où l'inertie est par définition faible voire nulle, ce qui permet aux variations des « jugements conventionnels » d'avoir des effets plus brutaux. On observera que le fait de distinguer le moment de la décision d'investissement de celui de sa réalisation complique singulièrement la question de l'influence du taux d'intérêt. Car si celui-ci intervient dans la décision d'investissement, il est clair que ses modifications éventuelles pendant la réalisation, c'est-à-dire au moment où il faut effectivement se procurer les fonds, risquent de remettre en cause la rentabilité de l'investissement. Autrement dit, l'évolution du taux d'intérêt après la décision d'investir n'est pas la moindre des incertitudes qui pèsent sur l'investissement.

Taux d'intérêt et épargne chez les néoclassiques

L'offre de capital est égale à l'épargne pour les néoclassiques et le taux d'intérêt joue le rôle décisif dans la détermination de l'épargne. C'est en fonction du niveau du taux d'intérêt que les ménages vont répartir leur revenu entre la consommation et l'épargne. Épargner aujourd'hui permet de consommer demain; et même de consommer plus, grâce à l'intérêt reçu.

Le taux d'intérêt est la rémunération de l'abstinence (de la renonciation à la consommation présente). En se privant aujourd'hui, on peut consommer plus demain. Les néoclassiques font comme si toute l'épargne

Schéma A

Schéma keynésien simplifié

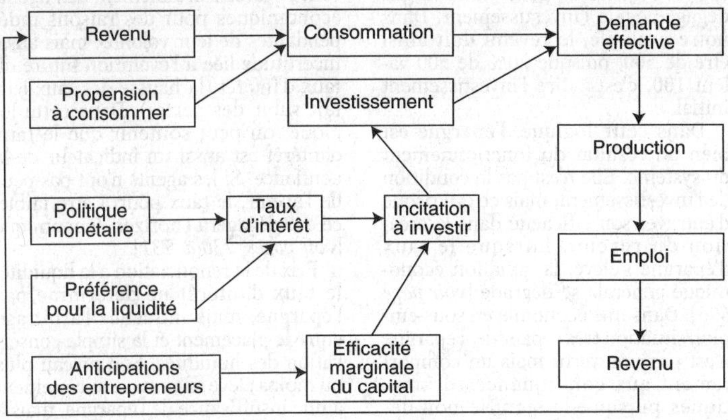

était placée ; autrement dit, ils confondent épargne et épargne placée. C'est cohérent avec leur logique : si l'épargne est une abstinence, il ne serait pas rationnel d'épargner sans placer (dans ce cadre, l'idée qu'un agent économique conserve sous forme de monnaie non rémunérée une partie de son épargne est une incongruité). Comme elle est entièrement prêtée, l'épargne est donc aussi entièrement une offre de capital.

Quel est l'effet d'une hausse du taux d'intérêt sur l'épargne ? Elle accroît l'épargne, répond la *vulgate* néoclassique (et le ministre des finances [de gauche ou de droite] lorsqu'il se félicite d'avoir augmenté le taux du livret A de la caisse d'épargne « pour encourager l'épargne », déclare-t-il généralement sans rire...). Réponse de bon sens ? Nous allons décortiquer le raisonnement qui la sous-tend.

Prenons le cas d'un individu qui dispose d'un revenu de 100 à la période A et de 60 à la période B (pour simplifier, on suppose que sa vie se limite à ces deux périodes). Le taux d'intérêt est de 10 %. L'individu considère qu'il atteint son bien-être maximum sur l'ensemble des deux périodes lorsqu'il épargne 20 pendant la première période et rien pendant la seconde (on suppose que toute l'épargne est placée). Sa consommation est donc de 80 en A et de 82 en B (60 plus 22, parce que l'épargne de 20 a rapporté 2).

Imaginons qu'au lieu de 10 % le taux d'intérêt soit de 20 %. Les effets de la variation du prix (le taux d'intérêt) sur l'offre de capital peuvent s'analyser dans les mêmes termes que ceux de la variation du salaire sur l'offre de travail [*voir plus haut*] : effet de revenu et effet de substitution.

■ Effet de revenu. Une élévation du taux d'intérêt accroît le revenu (la richesse) de l'individu. On peut le comprendre en décrivant deux cas limites :

– soit l'individu ne modifie pas le niveau de son épargne en A (20) ; il peut donc consommer 80 en A et 84 en B, c'est-à-dire plus que lorsque le taux est de 10 % (20 d'épargne en A permettent de consommer 24 en B avec un taux de 20 %, au lieu de 22 avec 10 %) ;

– soit l'individu décide de consommer autant en B qu'auparavant, c'est-à-dire 82. Il lui suffit donc d'épargner 18,33 en A (18,33 placés à 20 % deviennent 22, car 18,33 x 1,2 = 22). Dans ces conditions, il peut consommer 81,67 en A (au lieu de 80).

Récapitulons. Avec un taux d'intérêt de 10 %, l'individu consommait 80 à la période A et 82 à la période B. Avec un taux de 20 %, l'individu peut consommer 80 en A puis 84 en B (premier cas), ou 81,67 en A puis 82 en B (second cas). Il est donc plus riche puisqu'il peut consommer plus.

Comment va-t-il utiliser ce surcroît de richesse ? Il est logique de penser qu'il ne va pas le réserver soit à la consommation en A soit à la consommation en B. Les hypothèses néoclassiques habituelles permettent de dire qu'il obtiendra le bien-être maximum en augmentant sa consommation à la fois en A et en B ; autrement dit, qu'il va réduire son épargne en A.

Bref, *l'effet-revenu correspondant à une élévation du taux d'intérêt réduit l'épargne.*

■ Effet de substitution. Tout se passe comme si l'épargne permettait à l'individu d'échanger moins de consommation présente contre plus de consommation future. Lorsque le taux d'intérêt s'élève, cet échange devient plus intéressant (l'« abstinence » rapporte plus). En renonçant à consommer un bien aujourd'hui, on en obtient plus demain. Lorsque le taux d'intérêt est de 10 %, ne pas consommer un litre de lait aujourd'hui permet d'en consommer 1,1 demain (1 litre de lait présent vaut donc 1,1 litre de lait futur). Si le taux est de 20 %, 1 litre de lait présent vaut 1,2 litre de lait futur. On peut donc affirmer que le prix du litre de lait actuel exprimé en litre de lait futur a augmenté.

Ce type de raisonnement permet de dire que la hausse du taux d'intérêt élève d'une façon générale le prix des biens présents par rapport aux biens futurs. C'est ici qu'intervient l'effet de substitution. Pour obtenir le bien-être maximum, l'individu modifie ses choix de consommation. Il consomme moins des biens dont le prix (relatif) a augmenté, c'est-à-dire moins des biens présents et donc plus de biens futurs (il substitue les premiers aux seconds). Autrement dit, il augmente son épargne (car consommer moins aujourd'hui, c'est épargner plus).

Bref, *par le biais de l'effet de substitution l'épargne augmente quand le taux d'intérêt s'élève.*

Conclusion : lorsque le taux d'intérêt s'élève, l'effet de revenu fait régresser l'épargne, mais l'effet de substitution l'élève. Lorsque les néoclassiques affirment que l'élévation du taux d'intérêt accroît l'épargne, ils supposent donc que l'effet de substitution l'emporte sur l'effet de revenu.

L'égalisation de l'épargne et de l'investissement chez les néoclassiques

Récapitulons les résultats déjà obtenus :

1. La demande de capital (l'investissement) est une fonction décroissante du taux d'intérêt (elle diminue quand le taux s'élève).
2. L'offre de capital (l'épargne) est une fonction croissante du taux d'intérêt (elle augmente lorsque le taux s'accroît).

Ces deux fonctions peuvent être représentées graphiquement par des courbes ou – peu importe – par des droites [*graphique B*]. Il existe donc un taux d'intérêt qui concilie les souhaits des offreurs et ceux des demandeurs. À ce taux d'intérêt l'épargne et l'investissement sont égaux. Il est important d'observer que cette égalisation n'a rien à voir avec la question du plein-emploi (rappelons-nous que celui-ci dépend exclusivement de l'équilibre du marché du travail, donc du niveau atteint par le salaire).

L'égalisation de l'épargne et de l'investissement chez Keynes

On a présenté plus haut ce qui détermine le niveau de l'investissement selon Keynes. Reste l'épargne.

On a déjà vu que, pour Keynes, la consommation est une fonction du revenu. Il est facile d'en déduire comment se détermine l'épargne, puisque celle-ci est la partie non consommée du revenu : l'épargne est donc fonction du revenu. La propension à épargner – part de l'épargne dans le revenu – est généralement appelée aujourd'hui le taux d'épargne [*voir « Comprendre la comptabilité nationale », page 716*]. L'idée est que ce taux d'épargne est d'autant plus élevé que le revenu est élevé. Il a en tout cas peu de rapport avec le taux d'intérêt.

On a expliqué dans la deuxième partie de ce texte comment s'égalisent l'épargne et l'investissement chez Keynes. Les intentions d'épargne et les intentions d'investissement n'ont *a priori* aucune raison de coïncider. Mais, alors que les décisions d'investissement s'expriment par un montant en valeur absolue (100 milliards d'euros par exemple), celles d'épargne se manifestent par la volonté d'épargner une certaine proportion du revenu (par exemple 20 %). La nécessaire égalité de l'épargne et de l'investissement a bien lieu (par définition, il ne pourrait d'ailleurs pas en être autrement). Elle se fait par l'évolution du revenu. Les dépenses d'investissement se traduisent par une création de revenu [*effet multiplicateur décrit, fiche-outil 1, page 595*] jusqu'au point où l'épargne dégagée égale l'investissement. Dans notre exemple, le revenu doit ainsi être de 500, puisque 20 % de 500 valent 100, c'est-à-dire l'investissement initial.

Graphique B

Le marché du capital

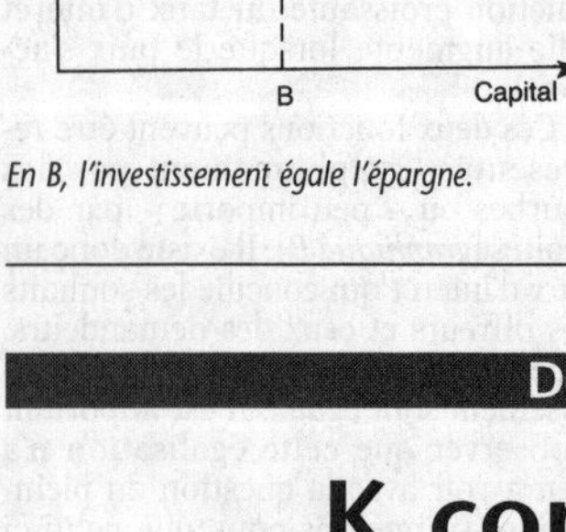

En B, l'investissement égale l'épargne.

Dans cette logique, l'épargne est bien un résultat du fonctionnement du système. Elle n'est pas la condition de l'investissement, mais ce qui risque d'entraver son efficacité dans la création du revenu. Lorsque le taux d'épargne s'élève, la situation économique générale se dégrade [*voir page 596*]. Dans une économie en sous-emploi, situation très répandue, l'épargne n'est pas une vertu mais un comportement aux conséquences dramatiques puisqu'elle signifie non-dépense, c'est-à-dire absence de débouchés.

Si le taux d'intérêt doit avoir un impact sur l'épargne, c'est par des détours qui sont récusés par les néoclassiques. Imaginons par exemple une hausse du taux d'intérêt. Sa conséquence immédiate est une contraction de l'investissement (relisez la partie II de ce texte). Celle-ci provoque une chute du revenu (effet multiplicateur), donc une baisse de l'épargne. On voit donc à quel point la théorie keynésienne nie qu'il existe un marché du capital régulé par le taux d'intérêt.

Le taux d'intérêt pour Keynes

S'il ne l'est pas du capital, de quoi le taux d'intérêt est-il le prix ? On l'explique ailleurs dans ce livre [*« Comprendre la finance (presque) sans peine », page 717*]. Keynes y voit le prix de la liquidité, c'est-à-dire ce qu'il faut verser aux détenteurs de monnaie pour qu'ils renoncent pour un temps aux avantages de la liquidité. Ici encore, l'incertitude intervient. Incertitude quant aux besoins de liquidité qui peuvent se révéler brutalement aux agents économiques pour des raisons indépendantes de leur volonté ; mais aussi incertitude liée à l'évolution future du taux d'intérêt (la hausse des taux leur fait subir des pertes). Dans cette logique, on peut soutenir que le taux d'intérêt est aussi un indicateur de la confiance. Si les agents n'ont pas peur de l'avenir, le taux pourra être faible, ce qui dégagera l'horizon économique [*voir pages 730 à 731*].

Prix de la renonciation à la liquidité, le taux d'intérêt ne détermine pas l'épargne, mais influence l'arbitrage entre le placement et la simple conservation des liquidités. Son niveau plus ou moins élevé ne renvoie aucunement à une insuffisance de l'épargne, mais à la psychologie des marchés financiers et aux rapports de force entre les créanciers et les débiteurs.

Dans la *Théorie générale*, Keynes désigne « par le terme *spéculation* l'activité qui consiste à prévoir la psychologie du marché et par le terme *entreprise* celle qui consiste à prévoir le rendement escompté des capitaux pendant leur existence entière » (c'est-à-dire l'activité de l'entrepreneur qui investit par opposition au spéculateur qui place) (*op. cit.*, page 174). « Le risque d'une prédominance de la spéculation tend à grandir à mesure que l'organisation des marchés financiers progresse [...]. Les spéculateurs, poursuit-il, peuvent être aussi inoffensifs que des bulles d'air dans un courant régulier d'entreprise. Mais la situation devient sérieuse lorsque l'entreprise n'est plus qu'une bulle d'air dans le tourbillon spéculatif. Lorsque dans un pays le développement du capital devient le sous-produit de l'activité d'un casino, il risque de s'accomplir en des conditions défectueuses » (*ibid.*, page 174).

Dossier 1

K contre C : débat sur le chômage

Le texte suivant est une adaptation par Pascal Combemale d'un extrait de son Introduction à Keynes, *La Découverte, « Repères », Paris, nouvelle éd., 2003.*

Pour illustrer le débat entre Keynes et les classiques (ceux qui croient en la « loi de Say » et à l'autorégulation du marché), voici un petit débat entre deux économistes : Monsieur K et Monsieur C. Le thème principal du débat est l'explication du chômage...

C : Si rien ne vient entraver le fonctionnement du marché du travail, alors le plein emploi est réalisé, au sens où il n'y a pas de chômeurs involontaires ; en effet, sur ce marché comme sur tous les autres, il existe un prix d'équilibre qui assure l'égalité entre l'offre et la demande ; à condition d'accepter le salaire réel d'équilibre, tous les individus qui veulent travailler trouvent un emploi (et les autres, qui refusent ce salaire, sont des chômeurs volontaires) ; les keynésiens ne remettent pas radicalement en cause cette conclusion puisqu'ils se contentent d'introduire comme hypothèse supplémentaire la rigidité à la baisse des salaires nominaux, ce qui bloque bien sûr le processus d'ajustement ; la régulation par le marché n'est pas en cause puisqu'on l'empêche tout simplement de fonctionner (**◄ *Question 1***) !

K : Non, il y a du chômage involontaire ; des chômeurs sont disposés à travailler pour un salaire réel qui permettrait de les employer mais on ne parvient pas à atteindre ce salaire réel car les négociations entre demandeurs d'emploi et entreprises portent seulement sur les salaires nominaux. Ce n'est pas la rigidité du salaire nominal qui pose véritablement problème, c'est la rigidité du salaire réel; elle est due au fait que le niveau des prix n'est pas « négocié » sur le marché du travail; il faut donc élargir le raisonnement, sortir de l'équilibre partiel, et prendre en compte l'interdépendance avec le marché des biens. Or, une baisse des salaires nominaux telle que la souhaitent les classiques en période de chômage se traduit par une baisse de la demande sur le marché des biens, donc par une baisse des prix qui contrebalance l'effet de la baisse des salaires nominaux sur les salaires réels; d'ailleurs l'expérience a montré qu'en période de déflation les prix baissaient plus vite que les salaires... *(◄ Question 2)*

C : Même si l'on admettait ce point, la baisse des prix produirait des effets favorables à la reprise économique et par conséquent à l'emploi; d'abord un effet fondé sur un mécanisme exposé par Keynes lui-même, car la baisse des prix se traduit par une augmentation du pouvoir d'achat de la monnaie, ce qui équivaut à une augmentation de la quantité de monnaie offerte, avec pour conséquence une baisse du taux d'intérêt qui relance l'investissement... *(◄ Question 3)*

K : Keynes ne croit pas à l'impact de cet effet dans ces circonstances : d'une part parce que l'investissement est peu élastique au taux d'intérêt en période de dépression; d'autre part, si l'on se trouve en situation de trappe à liquidités, parce que l'offre de monnaie supplémentaire ne fera plus baisser le taux d'intérêt... *(◄ Question 4)*

C : D'où l'importance du deuxième effet, mis en avant par Pigou et systématisé par Patinkin, l'effet d'encaisses réelles, ainsi dénommé parce que la baisse des prix accroît le pouvoir d'achat des encaisses monétaires, donc enrichit les ménages et les incite à consommer plus, ce qui relance la demande... ; il n'y a d'ailleurs rien d'extravagant à supposer qu'une baisse des prix stimule la demande *(◄ Question 5)*!

K : L'argument est fort mais il néglige un certain nombre d'effets désastreux des processus déflationnistes; d'abord, si l'on prend en compte les anticipations des agents, il néglige le fait que la baisse des prix peut tout aussi bien inciter les ménages à différer leurs achats, dans l'attente de prix encore plus bas, comportement qui provoque la baisse des prix qu'il appelait, donc valide les anticipations et incite à persévérer dans la même direction, d'où une spirale à la baisse. Mais la déflation a surtout pour effet, comme l'a montré Fisher dans un article remarquable de 1933, de renchérir les dettes en valeur réelle, tout en renchérissant aussi le taux d'intérêt réel, ce qui contraint les débiteurs, pris à la gorge, à liquider des actifs pour se procurer la monnaie requise par les remboursements, donc accroît l'offre sur les marchés, ce qui aggrave la déflation et fait basculer l'économie dans un gouffre sans fin (plus les emprunteurs remboursent, plus la valeur réelle de leur dette augmente!), comme ce fut le cas pendant la grande crise... *(◄ Question 6)*

C : L'argument se retourne car l'appauvrissement des débiteurs a pour contrepartie l'enrichissement des créanciers...

K : Non, car l'effet n'est pas symétrique, l'impact négatif sur les débiteurs étant plus destructeur, ceux-ci sont de jeunes ménages qui s'étaient endettés pour consommer ou acquérir un logement, ou des entreprises qui s'étaient endettées pour investir; ce sont donc les forces vives de l'économie qui sont frappées par la déflation; de plus, ce processus cumulatif finit par atteindre aussi les créanciers, les faillites des uns entraînant la faillite des autres, surtout si les banques sont touchées à leur tour... »

Pascal Combemale

Questions sur l'ensemble du dossier

1. En admettant qu'existe un salaire d'équilibre qui égalise l'offre et la demande de travail, cela signifie-t-il que, à ce niveau d'équilibre, tous ceux qui souhaitent travailler trouvent un emploi?
2. Quelle est la définition du chômage involontaire selon monsieur K? Pourquoi le niveau de l'emploi n'est-il pas déterminé seulement sur le marché du travail? Pourquoi la prise en compte du marché des biens conduit-elle à rejeter une politique de baisse des salaires? Qu'observe-t-on en période de déflation?
3. Expliquez pourquoi une baisse du niveau général des prix équivaut à une augmentation de la quantité de monnaie en circulation? Pourquoi, dans le schéma keynésien, l'augmentation de la quantité de monnaie induit-elle une baisse du taux d'intérêt? Pourquoi la baisse du taux d'intérêt stimule-t-elle l'investissement?
4. Pourquoi l'investissement devient-il inélastique au taux d'intérêt en période de récession? Expliquez le mécanisme de la trappe à liquidités.
5. Expliquez l'effet d'encaisses réelles. Pourquoi avoir dénommé cet effet ainsi?
6. Expliquez pourquoi la réaction à une baisse des prix peut s'inverser (la demande n'augmente plus, elle diminue) si l'on introduit les anticipations dans le raisonnement? Montrez que l'on se trouve ici en présence d'un phénomène de prédiction créatrice ou d'anticipation autovalidante. Construisez un schéma qui explique l'effet Fisher.

Dossier 2

E contre U : le chômage, effet de système

Le texte suivant est une adaptation par Pascal Combemale d'un extrait de son Introduction à Keynes, *La Découverte, « Repères », nouvelle éd., 2003.*

Dans une économie qui fonctionnerait comme une économie d'échanges réels, on retrouverait les résultats classiques parce que le marché assurerait parfaitement sa fonction de coordination : un offreur de travail y apparaîtrait en même temps comme un demandeur de biens; un excès d'offre sur le marché du travail (chômage temporaire) serait nécessairement compensé par un excès de demande sur le marché des biens, le retour à l'équilibre de plein-emploi pouvant par conséquent s'opérer par l'ajustement des prix. Dans une économie monétaire de production, la production n'est décidée que si les recettes anticipées par les entreprises sont au moins égales aux coûts encourus, dont les salaires. Autrement dit, le niveau de l'emploi y dépend du profit anticipé par les entreprises. On ne retrouve pas les résultats classiques parce qu'il s'agit d'une économie monétaire, que l'économiste Clower caractérise ainsi : le travail achète la monnaie, la monnaie achète les biens, mais le travail n'achète pas les biens; de ce fait, l'offreur de travail, qui n'accède pas à la monnaie tant qu'il n'est pas embauché, n'apparaît pas en même temps comme un demandeur de biens, ce qui met en échec la coordination par le marché. Dans une telle économie, le marché n'est plus nécessairement efficace : du chômage peut persister qui ne s'explique pas par la « volonté » des individus mais par le dysfonctionnement du système.

Montrons-le avec le dialogue suivant entre un chef d'entreprise E et un chômeur U.

U : « Je suis disposé à travailler pour un salaire correspondant à ma productivité; prenez-moi à l'essai et payez-moi en fonction de ce que j'aurai produit; dans ces conditions vous ne risquez rien…

E : Je ne dirige pas une association caritative; ma fonction n'est pas de créer des emplois, mais, comme me le rappellent régulièrement mes actionnaires, de maximiser le profit de cette entreprise; si je vous embauche, je commence par perdre de l'argent sans être sûr de pouvoir le récupérer en vendant ce que vous aurez produit, car vous allez dépenser votre salaire en achetant des marchandises offertes par d'autres entreprises…

U : Dans ce cas, je m'engage à utiliser la totalité de mon salaire à vous racheter ce que j'aurai produit…

E : Cela ne suffirait pas puisque je ne ferais alors que récupérer ce que j'aurais dépensé; ce serait au mieux une opération blanche pour moi, sans perte, mais à coup sûr sans profit…

U : Pour que je sois embauché, il faudrait donc, en plus de mon engagement à racheter avec l'intégralité de mon salaire une partie de ce que j'aurais produit, que quelqu'un d'extérieur à l'entreprise achète l'autre partie !

E : Exactement : pour que je vous embauche, il faudrait au minimum qu'une autre entreprise embauche en même temps un autre chômeur et que celui-ci vienne dépenser son salaire chez moi; mais c'est peu probable parce que mon concurrent fera le même raisonnement que moi et en déduira que je gagne ce qu'il perd… »

Pascal Combemale

Questions sur l'ensemble du dossier

1. Selon les « classiques », l'individu qui recherche un emploi renonce au « loisir » parce qu'il veut consommer. Son offre de travail est donc en même temps une demande de biens. Dès lors toute offre excédentaire de travail se traduit pas une demande excédentaire de biens. Expliquez pourquoi, sous ces hypothèses, le fonctionnement des marchés conduit au plein-emploi. Que change l'introduction de la monnaie dans le raisonnement ?
2. Selon les classiques, il suffit que l'offre de travail se traduise par une demande de biens pour que le chômage soit éliminé (si les chômeurs acceptent de travailler pour un salaire réel correspondant à leur productivité). Ce petit dialogue montre que ce n'est pas une condition suffisante : pourquoi ? Pourquoi la création des emplois nécessaires pour résorber le chômage ne dépend-elle pas seulement de négociations bilatérales entre employeurs et demandeurs d'emploi au niveau microéconomique ? Dans quelle mesure ce constat justifie-t-il l'intervention de l'État ?

Dossier 3

La relation salaire-emploi chez les classiques et Keynes

Document 1

La loi des débouchés

[...] C'est la production qui ouvre des débouchés aux produits.

Que si un marchand d'étoffes s'avisait de dire : « Ce ne sont pas d'autres produits que je demande en échange des miens, c'est de l'argent », on lui prouverait aisément que son acheteur n'est mis en état de le payer en argent que par des marchandises qu'il vend de son côté. « Tel fermier, peut-on lui répondre, achètera vos étoffes si ses récoltes sont bonnes ; il achètera d'autant plus qu'il aura produit davantage. Il ne pourra rien acheter, s'il ne produit rien.

« Vous-même, vous n'êtes mis à même de lui acheter son froment et ses laines, qu'autant que vous produisez des étoffes. Vous prétendez que c'est de l'argent qu'il vous faut : je vous dis, moi, que ce sont d'autres produits. En effet, pourquoi désirez-vous cet argent ? N'est-ce pas dans le but d'acheter des matières premières pour votre industrie, ou des comestibles pour votre bouche ? Vous voyez bien que ce sont des produits qu'il vous faut, et non de l'argent. La monnaie d'argent qui aura servi dans la vente de vos produits, et dans l'achat que vous aurez fait des produits d'un autre, ira, un moment après, servir au même usage entre deux autres contractants ; elle servira ensuite à d'autres ; et à d'autres encore, sans fin : de même qu'une voiture qui, après avoir transporté le produit que vous aurez vendu, en transportera un autre, puis un autre. Lorsque vous ne vendez pas facilement vos produits, dites-vous que c'est parce que les acquéreurs manquent de voitures pour les emporter ? Eh bien ! l'argent n'est que la voiture de la valeur des produits. Tout son usage a été de voiturer chez vous la valeur des produits que l'acheteur avait vendus pour acheter les vôtres ; de même, il transportera, chez celui auquel vous ferez un achat, la valeur des produits que vous aurez vendus à d'autres.

« C'est donc avec la valeur de vos produits, transformée momentanément en une somme d'argent, que vous achetez, que tout le monde achète les choses dont chacun a besoin. Autrement comment ferait-on pour acheter maintenant en France, dans une année, six ou huit fois plus de choses qu'on n'en achetait sous le règne misérable de Charles VI ? Il est évident que c'est parce qu'on y produit six ou huit fois plus de choses, et qu'on achète ces choses les unes avec les autres. »

Lors donc qu'on dit : « La vente ne va pas, parce que l'argent est rare », on prend le moyen pour la cause ; on commet une erreur qui provient de ce que presque tous les produits se résolvent en argent avant de s'échanger contre d'autres marchandises, et de ce qu'une marchandise qui se montre si souvent paraît au vulgaire être la marchandise par excellence, le terme de toutes les transactions dont elle n'est que l'intermédiaire. On ne devrait pas dire : « La vente ne va pas, parce que l'argent est rare », mais parce que les autres produits le sont. Il y a toujours assez d'argent pour servir à la circulation et à l'échange réciproque des autres valeurs, lorsque ces valeurs existent réellement. Quand l'argent vient à manquer à la masse des affaires, on y supplée aisément, et la nécessité d'y suppléer est l'indication d'une circonstance bien favorable : elle est une preuve qu'il y a une grande quantité de valeurs produites, avec lesquelles on désire se procurer une grande quantité d'autres valeurs. La marchandise intermédiaire, qui facilite tous les échanges (la monnaie), se remplace aisément dans ce cas-là par des moyens connus des négociants, et bientôt la monnaie afflue, par la raison que la monnaie est une marchandise, et que toute espèce de marchandise se rend aux lieux où l'on en a besoin. C'est un bon signe quand l'argent manque aux transactions, de même que c'est un bon signe quand les magasins manquent aux marchandises.

Lorsqu'une marchandise surabondante ne trouve point d'acheteurs, c'est si peu le défaut d'argent qui en arrête la vente, que les vendeurs de cette marchandise s'estimeraient heureux d'en recevoir la valeur en ces denrées qui servent à leur consommation, évaluées au cours du jour ; ils ne chercheraient point de numéraire, et n'en auraient nul besoin, puisqu'ils ne le souhaitaient que pour le transformer en denrées de leur consommation.

Le producteur qui croirait que ses consommateurs se composent, outre ceux qui produisent de leur côté, de beaucoup d'autres classes qui ne produisent pas matériellement, comme des fonctionnaires publics, des médecins, des gens de loi, des prêtres, etc., et qui de là tirerait cette induction qu'il y a des débouchés autres que ceux que présentent les personnes qui produisent elles-mêmes ; le producteur, dis-je, qui rai-

Questions sur l'ensemble du dossier

1. Expliquez : « C'est la production qui ouvre des débouchés aux produits. » La loi de Say repose sur une théorie de la monnaie : laquelle ? Expliquez la phrase soulignée. Pourquoi le vendeur est-il « empressé de se défaire de l'argent que lui procure sa vente » ? Est-il économiquement rationnel de thésauriser de la monnaie ? La loi de Say signifie-t-elle qu'une entreprise ne rencontre jamais de problèmes de débouchés ? Expliquez la phrase : « Chacun est intéressé à la prospérité de tous. » Pourquoi la loi de Say constitue-t-elle la base de la théorie classique de l'emploi ? [*doc. 1*]
2. À quelles conditions le plein-emploi est-il réalisé selon Pigou ? Dès lors, qu'est-ce qui peut expliquer le chômage ? [*doc. 2*]
3. Qui était Jacques Rueff ? Quelle corrélation établit-il à partir des statistiques anglaises de la période 1919-1925 ? Quelle conclusion en tire-t-il ? Corrélation vaut-elle causalité ? [*doc. 3*]
4. Qu'est-ce que le « produit marginal du travail » ? De quel calcul résulte cette égalité entre le salaire et le « produit marginal du travail » ? Ce calcul détermine-t-il l'offre ou la demande de travail ? Comment le produit marginal du travail varie-t-il quand l'emploi augmente ? Quelle conclusion en tirer ? Keynes en déduit-il cette conclusion ? [*doc. 4*]

sonnerait ainsi, prouverait qu'il s'attache aux apparences, et ne pénètre pas le fond des choses. En effet, un prêtre va chez un marchand pour y acheter une étole ou un surplis. La valeur qu'il y porte est sous la forme d'une somme d'argent : de qui la tient-il? D'un percepteur qui l'avait levée sur un contribuable. De qui le contribuable la tenait-il? Elle avait été produite par lui. C'est cette valeur produite, échangée d'abord contre des écus, puis donnée à un prêtre, qui a permis à celui-ci d'aller faire son achat. Le prêtre a été substitué au producteur; et le producteur, sans cela, aurait pu acheter pour lui-même, avec la valeur de son produit, non pas une étole ou un surplis, mais tout autre produit plus utile. La consommation qui a été faite du produit appelé surplis a eu lieu aux dépens d'une autre consommation. De cette manière, l'achat d'un produit ne peut être fait qu'avec la valeur d'un autre.

La première conséquence qu'on peut tirer de cette importante vérité, c'est que, dans tout État, plus les producteurs sont nombreux et les productions multipliées, et plus les débouchés sont faciles, variés et vastes.

Dans les lieux qui produisent beaucoup, se crée la substance avec laquelle seule on achète : je veux dire la *valeur*. L'argent ne remplit qu'un office passager dans ce double échange : et, les échanges terminés, il se trouve toujours qu'on a payé des produits avec des produits.

Il est bon de remarquer qu'un produit terminé offre, *dès cet instant*, un débouché à d'autres produits pour tout le montant de sa valeur. En effet, lorsque le dernier producteur a terminé un produit, son plus grand désir est de le vendre, pour que la valeur de ce produit ne chôme pas entre ses mains. Mais il n'est pas moins empressé de se défaire de l'argent que lui procure sa vente, pour que la valeur de l'argent ne chôme pas non plus. Or, on ne peut se défaire de son argent qu'en demandant à acheter un produit quelconque. On voit donc que le fait seul de la formation d'un produit ouvre, dès l'instant même, un débouché à d'autres produits.

C'est pour cela qu'une bonne récolte n'est pas seulement favorable aux cultivateurs, et qu'elle l'est en même temps aux marchands de tous les autres produits. On achète davantage toutes les fois qu'on recueille davantage. Une mauvaise récolte, au contraire, nuit à toutes les ventes. Il en est de même des récoltes faites par les arts et le commerce. Une branche de commerce qui prospère fournit de quoi acheter, et procure conséquemment des ventes à tous les autres commerces; et d'un autre côté, quand une partie des manufactures ou des genres de commerce devient languissante, la plupart des autres en souffrent.

Cela étant ainsi, d'où vient, demandera-t-on, cette quantité de marchandises qui, à certaines époques, encombrent la circulation, sans pouvoir trouver d'acheteurs? Pourquoi ces marchandises ne s'achètent-elles pas les unes les autres? Je répondrai que des marchandises qui ne se vendent pas, ou qui se vendent à perte, excèdent la somme des besoins qu'on a de ces marchandises, soit parce qu'on en a produit des quantités trop considérables, soit plutôt parce que d'autres productions ont souffert. Certains produits surabondent, parce que d'autres sont venus à manquer.

En termes plus vulgaires, beaucoup de gens ont moins acheté, parce qu'ils ont moins gagné; et ils ont moins gagné, parce qu'ils ont trouvé des difficultés dans l'emploi de leurs moyens de production, ou bien parce que ces moyens leur ont manqué.

Aussi l'on peut remarquer que les temps où certaines denrées ne se vendent pas bien sont précisément ceux où d'autres denrées montent à des prix excessifs; et comme ces prix élevés seraient des motifs pour en favoriser la production, il faut que des causes majeures ou des moyens violents, comme des désastres naturels ou politiques, l'avidité ou l'impéritie des gouvernements, maintiennent forcément d'un côté cette pénurie, qui cause un engorgement de l'autre. Cette cause de maladie politique vient-elle à cesser, les moyens de production se portent vers les routes où la production est demeurée en arrière; en avançant dans ces voies-là, elle favorise l'avancement de la production dans toutes les autres. Un genre de production devancerait rarement les autres, et ses produits seraient rarement avilis, si tous étaient toujours laissés à leur entière liberté.

Une seconde conséquence du même principe, c'est que chacun est intéressé à la prospérité de tous, et que la prospérité d'un genre d'industrie est favorable à la prospérité de tous les autres. En effet, quels que soient l'industrie qu'on cultive, le talent qu'on exerce, on en trouve d'autant mieux l'emploi, et l'on en tire un profit d'autant meilleur, qu'on est plus entouré de gens qui gagnent eux-mêmes. Un homme à talent, que vous voyez tristement végéter dans un pays qui décline, trouverait mille emplois de ses facultés dans un pays productif, où l'on pourrait employer et payer sa capacité. Un marchand, placé dans une ville industrieuse et riche, vend pour des sommes bien plus considérables que celui qui habite un canton pauvre où dominent l'insouciance et la paresse. Que feraient un actif manufacturier, un habile négociant dans une ville mal peuplée et mal civilisée de certaines portions de l'Espagne ou de la Pologne? Quoiqu'il n'y rencontrât aucun concurrent, il y vendrait peu, parce qu'on y produit peu; tandis qu'à Paris, à Amsterdam, à Londres, malgré la concurrence de cent marchands comme lui, il pourra faire d'immenses affaires. La raison en est simple : il est entouré de

Questions sur l'ensemble du dossier
(suite)

5. Si l'utilité du salaire est égale à la désutilité marginale du travail pour un volume d'emploi donné, alors il n'y a pas de chômage involontaire : pourquoi? Par conséquent, quand y a-t-il du chômage involontaire? [*doc. 3*] Qu'est-ce que le chômage volontaire? Comment expliquer l'existence d'un tel chômage? Selon Robert Lucas, économiste contemporain qui se définit comme un « nouveau classique », tout chômage est nécessairement, pour partie, volontaire : comment justifier une telle affirmation? [*doc. 4*]
6. Si les demandeurs d'emploi pouvaient négocier un salaire réel, pourquoi le chômage serait-il volontaire (sur un marché concurrentiel)? [*doc. 4*]
7. Qu'est-ce qui distingue le raisonnement en équilibre partiel du raisonnement en équilibre général? Résumez les critiques adressées par Keynes à la théorie classique. [*doc. 5*]
8. Qu'est-ce que la demande effective? Faites un schéma simple qui résume « les grandes lignes » de la théorie de Keynes. Dans ce schéma, de quoi dépend le niveau de l'emploi? Que se passe-t-il si le niveau des salaires baisse? [*doc. 6*]
9. Donnez un exemple d'anticipations autoréalisatrices. Si les salaires baissent, que vont anticiper les entreprises? Avec quelle conséquence pour l'emploi? [*doc. 7*]
10. Quelle est la critique majeure adressée par Keynes aux économistes classiques? Existe-t-il une relation nécessaire entre libéralisme économique et libéralisme politique? [*doc. 8*]

gens qui produisent beaucoup dans une multitude de genres, et qui font des achats avec ce qu'ils ont produit, c'est-à-dire avec l'argent provenant de la vente de ce qu'ils ont produit. ■

Jean-Baptiste Say, Traité d'économie politique (1803), *livre I, chapitre XV, Calmann-Lévy, 1972.*

Document 2

Le plein-emploi existe toujours, ce terme étant interprété au sens large comme l'emploi de tous les gens désireux d'être salariés, moins ceux qui sont empêchés de l'être en raison d'une insuffisante mobilité, et d'autres frictions semblables... Le plein-emploi n'existe certes pas toujours, mais il tend toujours à s'instaurer... si le système économique [n'est] pas sujet à des influences modificatrices. [...]

Si la libre concurrence parfaite joue parmi les travailleurs et que le travail soit parfaitement mobile [...], il y aura toujours une forte tendance en action pour mettre le taux des salaires dans un rapport tel avec la demande que tout le monde sera embauché. Donc, dans des conditions stables, tout le monde le sera effectivement. Ceci implique que tout chômage quelconque a uniquement sa cause dans le fait que des changements dans les conditions de la demande ont lieu sans cesse, et que les résistances de frictions empêchent que l'ajustement des salaires appropriés ne s'effectue instantanément. [...]

Lorsque le pourcentage du chômage est élevé, la concurrence entre les salariés en vue de se faire employer, entravée et retardée comme elle l'est par des frictions et des éléments de politique monopoliste, tend alors à leur faire accepter des salaires en monnaie moins élevés; d'autre part, lorsque ce pourcentage est faible, la concurrence entre les employeurs en vue de se procurer une main-d'œuvre rare tend à relever lesdits salaires. Mais, lorsque les salaires en monnaie sont réduits, ceci entraîne en général une chute des salaires en monnaie par rapport aux prix, c'est-à-dire des taux réels de salaires; ceci rend profitable pour les employeurs l'embauche de plus de main-d'œuvre, et *vice versa.* Ainsi donc, quand la proportion de travailleurs embauchés par rapport à ceux disponibles baisse, un processus est mis en action qui tend à l'augmenter, et, de même encore, *vice versa.* S'il n'y avait ni friction ni immobilité, mais concurrence parfaite entre salariés, ces ajustements correctifs feraient que, pratiquement, toute la main-d'œuvre disponible serait toujours employée. ■

Arthur Cecil Pigou, « The Theory of Unemployment » (1905), in Textes choisis, *Dalloz, 1958, p. 338 à 340.*

Document 3

L'observation des faits permet d'affirmer que pendant toute la période 1919-1925 il a existé en Angleterre, entre le nombre des chômeurs et le rapport du niveau des salaires au niveau général des prix, une relation permanente, toute variation de la valeur de ce rapport entraînant sans délai une variation concomitante de l'indice du chômage. On est, par là, fondé à penser que la cause immédiate du chômage généralisé – non la cause profonde dont nous parlerons tout à l'heure – consiste dans le défaut d'adaptation des salaires au niveau général des prix. S'il a sévi en Angleterre une crise sans précédent dans l'histoire, c'est que la baisse des prix n'y a été suivie que tardivement par la baisse des salaires – et qu'après stabilisation, à la fin de 1921, le pourcentage d'augmentation des salaires par rapport à l'avant-guerre est resté trop élevé par rapport au pourcentage d'augmentation des prix. [...]

Il est très curieux, et en apparence contraire à toutes les lois économiques, que le niveau des salaires ait pu rester stable, alors que l'offre de travail dépassait aussi sensiblement la demande de main-d'œuvre. L'anomalie, toutefois, n'est là qu'apparente, et l'explication s'en trouve immédiatement dans les conditions mêmes dans lesquelles elle a pris naissance. La discipline des *trade-unions* en premier lieu est, en Angleterre, exceptionnellement puissante et le régime du contrat de travail collectif plus généralisé que partout ailleurs. La tradition, toutefois, eût été insuffisante à maintenir la résistance des ouvriers sans travail aux inévitables mouvements de salaires si une politique de subsides aux chômeurs, aussi généreuse que coûteuse pour le pays, n'avait permis à ceux-ci de rester indéfiniment inoccupés plutôt que de transgresser les instructions syndicales.

On est conduit à cette conclusion qu'à partir du moment où les prix ont été stabilisés en Angleterre, c'est d'une part la puissance traditionnelle des syndicats anglais, obstacle à l'adaptation des salaires aux conditions nouvelles nées de l'appréciation monétaire, d'autre part la politique de secours aux chômeurs, condition nécessaire du maintien de la discipline syndicale, qui ont été la cause profonde de la subsistance en Angleterre d'une crise qui ne paraît pas en voie d'atténuation.

On peut affirmer, en outre, que deux remèdes sont possibles : ou une hausse des prix sans hausse des salaires, éventualité que le retour de l'Angleterre au régime de la circulation métallique ne rend vraisemblable qu'en cas de hausse des prix mondiaux, ou une baisse des salaires sans baisse nouvelle des prix. ■

Jacques Rueff, « Les variations du chômage en Angleterre », Revue politique et parlementaire, *décembre 1925.*

Document 4

La théorie classique résumée par Keynes

La théorie classique de l'emploi, supposée simple et évidente, a été, croyons-nous, fondée, pratiquement sans discussion, sur deux postulats fondamentaux, savoir :

1. Le salaire est égal au produit marginal du travail.

Ceci veut dire que le salaire d'une personne employée est égal à la valeur qui serait perdue si l'emploi était réduit d'une unité (déduction faite des autres coûts que la réduction corrélative de la production épargnerait); avec cette restriction que l'égalité peut être contrariée, conformément à certains principes, par l'imperfection de la concurrence et des marchés.

2. L'utilité du salaire, quand un volume donné de travail est employé, est égale à la désutilité marginale de ce volume d'emploi.

Ceci veut dire que le salaire réel d'une personne employée est celui qui est juste suffisant (au jugement des personnes employées elles-mêmes) pour attirer sur le marché tout le volume de travail effectivement employé; avec cette restriction que l'égalité pour chaque unité individuelle de travail peut être contrariée par une coalition des unités disponibles, analogue aux imperfections de la concurrence qui affaiblissent le premier postulat. La désutilité doit s'entendre ici comme englobant les raisons de toute nature qui peuvent décider un homme ou un groupe d'hommes à refuser leur travail plutôt que d'accepter un salaire qui aurait pour eux une utilité inférieure à un certain minimum.

Ce postulat n'exclut pas ce qu'on peut appeler le chômage « de frottement ». Interprété dans le monde réel il se concilie en effet avec divers défauts d'ajustement qui s'opposent au maintien continu du plein-emploi. Un tel chômage peut être dû par exemple à un déséquilibre temporaire des ressources spécialisées, résultant d'un calcul erroné ou du caractère intermittent de la demande, ou aux retards consécutifs à des changements imprévus, ou encore au fait que le transfert d'un emploi à un autre ne peut être effectué sans un certain délai de telle sorte qu'il existe toujours dans une société non statique une certaine proportion de ressources inemployées à reclasser. Outre le chômage « de frottement », le postulat admet encore le chômage « volontaire », dû au refus d'une unité de main-d'œuvre d'accepter une rémunération équivalente au produit attribuable à sa productivité marginale, refus qui peut être libre ou forcé et qui peut résulter soit de la législation, soit des usages sociaux, soit d'une coalition au cours d'une négociation collective de salaires, soit de la lenteur des adaptations aux changements, soit enfin

de la simple obstination de la nature humaine. Mais en dehors du chômage «de frottement» et du chômage «volontaire», il n'y a place pour aucune autre sorte de chômage. Les postulats classiques n'admettent pas la possibilité d'une troisième catégorie, que nous définirons par la suite, le chômage «involontaire». [...]
En bref, la théorie traditionnelle soutient que *les accords conclus entre les entrepreneurs et les ouvriers pour la fixation du salaire nominal déterminent aussi le salaire réel*, de telle sorte que, dans le cas d'une libre concurrence chez les employeurs et d'une absence de coalition chez les ouvriers, ceux-ci pourraient, s'ils le désiraient, faire concorder le taux de leurs salaires réels avec la désutilité marginale de la quantité d'emploi offerte par les employeurs à ce taux. ■

John Maynard Keynes,
Théorie générale de l'emploi, de l'intérêt et de la monnaie *(1936), Payot, 1971, p. 31, 32 et 37.*

Document 5

La critique du raisonnement classique en termes d'équilibre partiel sur le marché du travail

Il est possible que dans une certaine limite les exigences de la main-d'œuvre portent sur un minimum de salaire nominal et non sur un minimum de salaire réel. Les économistes classiques ont supposé tacitement que ce fait ne changeait pas grand-chose à leur théorie. Mais ce n'est pas exact. Car, si les salaires réels ne sont pas la seule variable dont l'offre de travail dépend, leur raisonnement s'écroule tout entier et laisse complètement irrésolue la question de savoir ce que sera en fait le volume de l'emploi. [...]
Or l'expérience courante enseigne indiscutablement qu'une situation où la main-d'œuvre stipule (dans une certaine limite) en salaires nominaux plutôt qu'en salaires réels n'est pas une simple possibilité, mais constitue le cas normal. Alors que la main-d'œuvre résiste ordinairement à la baisse des salaires nominaux, il n'est pas dans ses habitudes de réduire son travail à chaque hausse du prix des biens de consommation ouvrière. [...]
Au surplus, que le chômage caractéristique d'une période de dépression soit dû au refus de la main-d'œuvre d'accepter une baisse des salaires nominaux, c'est une thèse qui n'est pas clairement démontrée par les faits. Il n'est pas très plausible d'affirmer que le chômage aux États-Unis en 1932 ait été dû soit à une résistance opiniâtre de la main-d'œuvre à la baisse des salaires nominaux, soit à sa volonté irréductible d'obtenir un salaire réel supérieur à celui que le rendement de la machine économique pouvait lui procurer. Le volume de l'emploi connaît d'amples variations, sans qu'il y ait de changements apparents ni dans les salaires réels minima exigés par la main-d'œuvre ni dans sa productivité. L'ouvrier n'est pas plus intransigeant en période de dépression qu'en période d'essor, bien au contraire. Il n'est pas vrai non plus que sa productivité physique diminue aux époques de crise. Ces faits d'observation forment donc un terrain préliminaire où l'on peut mettre en doute le bien-fondé de l'analyse classique. [...]
Les conclusions classiques, il ne faut pas l'oublier, sont destinées à s'appliquer à la main-d'œuvre dans son ensemble. Elles ne signifient pas simplement qu'un individu peut trouver du travail en acceptant un abaissement de salaire nominal que ses compagnons refusent. [...]
Il n'est pas évident que le niveau général des salaires réels dépende du montant du salaire nominal stipulé par les employeurs et les ouvriers. On peut s'étonner, à la vérité, que si peu d'efforts aient été consacrés à établir le bien ou le mal-fondé de cette assertion. Car ladite assertion se concilie difficilement avec la teneur générale de la théorie classique, laquelle nous a enseigné que les prix sont gouvernés par le coût premier marginal exprimé en monnaie et que ce coût premier lui-même dépend en grande partie des salaires nominaux. Il aurait donc été logique pour l'école classique de soutenir qu'en cas de variation des salaires nominaux les prix varient dans une proportion sensiblement égale, de telle sorte que le salaire réel et le niveau du chômage restent pratiquement inchangés, le gain ou la perte limités qui en résultent pour la main-d'œuvre étant imputés aux autres éléments du coût marginal qui n'ont pas été affectés par la variation. ■

John Maynard Keynes,
op. cit., *p. 34, 35 et 37.*

Document 6

Le niveau de l'emploi dépend de la demande effective

Les grandes lignes de notre théorie peuvent être décrites comme suit. Lorsque l'emploi croît, le revenu réel global augmente. Or l'état d'esprit de la communauté est tel que, lorsque le revenu réel global croît, la consommation globale augmente, mais non du même montant que le revenu. Par suite les employeurs réaliseraient une perte, si l'emploi supplémentaire était consacré en totalité à produire des biens de consommation immédiate. Pour qu'un certain volume d'emploi soit justifié il faut donc qu'il existe un montant d'investissement courant suffisant pour absorber l'excès de la production totale sur le volume que la communauté désire consommer lorsque l'emploi se trouve à ce niveau. Car, faute d'un tel montant d'investissement, les recettes des entrepreneurs seraient inférieures au chiffre nécessaire pour les décider à offrir ce volume d'emploi. Il s'ensuit que, pour une valeur donnée de ce que nous appellerons la propension de la communauté à consommer, c'est le montant de l'investissement courant qui détermine le niveau d'équilibre de l'emploi, *i.e.* le niveau où rien n'incite plus les entrepreneurs pris dans leur ensemble à développer ni à contracter l'emploi. Le montant de l'investissement courant dépend lui-même de ce que nous appellerons l'incitation à investir et nous verrons que l'incitation à investir dépend de la relation entre la courbe de l'efficacité marginale du capital et la gamme des taux d'intérêt afférents aux prêts d'échéance et de sécurités diverses.
Ainsi, la propension à consommer et le montant de l'investissement nouveau étant donnés, il n'y aura qu'un seul volume de l'emploi compatible avec l'équilibre; tout autre volume conduirait à une inégalité entre le prix de l'offre globale et le prix de la demande globale de la production considérée dans son ensemble. Ce volume ne peut être plus grand que le plein-emploi, en d'autres termes le salaire réel ne peut être moindre que la désutilité marginale du travail. Mais en général il n'y a pas de raison de penser qu'il doive être égal au plein-emploi. C'est seulement dans un cas spécial que la demande effective se trouve associée au plein-emploi; et pour que ce cas se réalise il faut qu'il y ait entre la propension à consommer et l'incitation à investir une relation particulière. Cette relation particulière, qui correspond aux hypothèses de la théorie classique est, en un certain sens, une relation optimum. Mais elle ne peut exister que si, pour des raisons fortuites ou voulues, l'investissement courant assure un montant de demande exactement égal à l'excès du prix de l'offre globale de la production résultant du plein-emploi, sur le montant que la communauté désire dépenser pour la consommation lorsqu'elle est employée à plein. [...]
Cette analyse nous explique le paradoxe de la pauvreté au sein de l'abondance. Le seul fait qu'il existe une insuffisance de la demande effective peut arrêter et arrête souvent l'augmentation de l'emploi avant qu'il ait atteint son maximum. L'insuffisance

POUR ALLER PLUS LOIN

de la demande effective met un frein au progrès de la production alors que la productivité marginale du travail est encore supérieure à sa désutilité. ■

John Maynard Keynes, op. cit., *p. 51, 52 et 54.*

Document 7

Chômage involontaire et anticipations autoréalisatrices

L'existence de chômage involontaire (durable) peut aussi être expliquée par les anticipations des agents, dans une logique d'autoréalisation. Keynes a beaucoup insisté sur ce point : les entrepreneurs embauchent sur la base d'une demande anticipée qui dépend du niveau d'embauche; l'équilibre correspond alors au cas où la demande de ceux qui participent à la production est égale à l'offre (Keynes appelle demande effective la demande d'équilibre établie de la sorte). Ainsi, des anticipations pessimistes sur les recettes futures entraînent une embauche limitée, et donc une demande restreinte des travailleurs, ce qui « confirme » les entrepreneurs dans leur pessimisme. La situation reste donc « bloquée », avec un chômage (involontaire) plus ou moins important, tant que les entrepreneurs ne révisent pas leurs prévisions (cette révision peut se traduire par une hausse ou par une baisse du chômage). Dans ce contexte, une baisse du salaire peut renforcer leur pessimisme (sur les recettes futures) et entraîner une diminution de l'emploi. ■

Bernard Guerrien, Dictionnaire d'analyse économique, *La Découverte, « Dictionnaires Repères » 1996.*

Document 8

Logique sociale des politiques économiques

Les entrepreneurs, qui veulent anticiper l'évolution de la demande effective, se préoccupent plus de l'évolution des salaires au plan macroéconomique que de leur niveau. Si la baisse des salaires nominaux constatée aujourd'hui est interprétée comme annonçant une baisse plus importante encore demain, alors l'effet sur l'emploi sera négatif et la prophétie pessimiste se réalisera. Keynes précise que c'est souvent le cas lorsque les salaires nominaux « fléchissent lentement » : baisse des salaires et hausse du chômage forment alors un cercle vicieux. Pour que la reprise advienne il faudrait donc que la baisse actuelle soit interprétée comme annonçant très probablement une hausse future : « Au début d'une période de déclin de la demande effective, une réduction soudaine et importante des salaires nominaux, qui les amènerait à un niveau si bas que personne ne pourrait croire à sa persistance indéfinie, serait l'éventualité la plus favorable à la restauration de la demande effective. » Or, nous dit Keynes, une baisse aussi importante est incompatible avec une société libérale : « Une telle politique ne pourrait réussir que dans une société soumise à une forte autorité, capable d'imposer des réductions de salaires soudaines, profondes, générales. Sa mise en œuvre pourrait se concevoir en Italie, en Allemagne, ou en Russie, mais non en France, aux États-Unis ou en Grande-Bretagne. »

La critique majeure adressée par Keynes aux économistes classiques n'est pas que leur solution est théoriquement irrecevable, mais qu'elle est politiquement inacceptable. Il met ainsi en évidence le paradoxe des ultra-libéraux : leur libéralisme économique sans concession exige en fait un État autoritaire, politiquement anti-libéral. Le verdict est sans appel : sachant qu'il faut choisir entre une « politique de salaires souples » et une « politique monétaire souple », qui reviennent « analytiquement au même », sachant que l'application de l'une est « trop difficile » alors que l'application de l'autre est « comparativement aisée », « connaissant la nature humaine, et les institutions existantes, il faudrait être dépourvu de bon sens pour préférer une politique de salaire souple à une politique souple de la monnaie ». Mais le « bon sens » n'est pas toujours bien partagé. ■

Pascal Combemale, Introduction à Keynes, *La Découverte, « Repères », nouvelle éd., 2003.*

9

COMPRENDRE LA RELATION INFLATION-CHÔMAGE

PASCAL COMBEMALE

En 1958, un économiste néo-zélandais nommé Alban William Phillips (1914-1975) écrit un article dans lequel il teste une relation statistique entre le chômage et le taux de croissance des salaires nominaux au Royaume-Uni, sur la période 1861-1957. Malgré les imperfections méthodologiques de ce travail, on en retiendra ensuite :

– qu'il existe une relation inverse entre le taux de chômage et le taux de croissance des salaires nominaux ;
– qu'il existe un taux de chômage qui annule la hausse des salaires (pour l'une des sous-périodes étudiées ce taux de chômage est de 5,5 %).

Phillips interprète sa relation en termes de demande excédentaire sur le marché du travail : lorsque le chômage recule, la main-d'œuvre disponible devient rare et se trouve par conséquent en position de force pour négocier des salaires plus élevés.

Deux ans plus tard, les économistes Paul Samuelson et Robert Solow partent de cette première relation de Phillips pour mettre en évidence un dilemme inflation-chômage. Leur modèle est fondé, entre autres, sur deux hypothèses :

– ce sont les entreprises qui fixent les prix sur les marchés en appliquant un coefficient de marge à leur coût unitaire de production (exemple : un coefficient de 1,2 signifie que l'entreprise vend 120 euros un produit qui lui coûte 100 euros ; sa marge est donc de deux euros pièce) ;
– l'inflation s'explique par la hausse des coûts salariaux ; en effet, lorsque les salaires nominaux augmentent plus vite que la productivité du travail, il en résulte une hausse du coût salarial par unité produite que les entreprises répercutent dans leurs prix de vente afin de préserver leur taux de marge.

Sous ces hypothèses, l'inflation résulte de l'écart entre la croissance des salaires nominaux et la croissance de la productivité du travail (l'inflation est de 5 % si les salaires augmentent de 8 % quand la productivité augmente de 3 %). Pour un taux de croissance donné de la productivité du travail, Samuelson et Solow en déduisent une relation entre le taux de chômage et l'inflation, que l'on appelle aussi, improprement, la relation de Phillips [*voir les schémas A et B*]. Cette nouvelle relation, elle aussi inverse, met en évidence un dilemme : à un taux de chômage faible correspond un taux d'inflation élevé ; à un taux d'inflation faible correspond un taux de chômage élevé.

Ce dilemme inflation-chômage est apparu aux économistes néo-keynésiens des années 1960 comme l'expression d'une contrainte de politique économique : il revenait aux gouvernements d'effectuer un arbitrage entre l'inflation et le chômage. Certains gouvernements pouvaient privilégier la lutte contre le chômage en engageant des politiques de relance (déficit budgétaire, baisse des taux d'intérêt sur le marché monétaire, etc.) dont la contrepartie était une inflation élevée, quand d'autres privilégiaient la lutte contre l'inflation en menant des politiques d'austérité (rigueur budgétaire, hausse des taux d'intérêt, etc.). Mais cela semblait plutôt une bonne nouvelle : on pouvait « acheter » le plein emploi avec une certaine dose d'inflation.

Cette relation de Phillips était inacceptable pour les économistes néoclassiques parce qu'elle mettait en évidence un impact des variables nominales (inflation) sur les variables réelles (chômage, emploi) de l'économie, contrevenant ainsi à l'hypothèse traditionnelle de dichotomie (séparation) entre l'économie réelle (dont l'équilibre est déterminé par les prix relatifs) et l'économie monétaire (dans laquelle l'inflation dépend de la quantité de monnaie en circulation).

Elle fut donc critiquée, entre autres par Milton Friedman en 1968. Ce dernier était disposé à concéder l'existence temporaire de courbes de Phillips de court terme, mais il va essayer de démontrer que c'est la dichotomie entre l'inflation et le chômage que l'on retrouve à long terme. Sa critique de la relation de Phillips telle que l'interprètent les néokeynésiens est fondée sur deux piliers :

1. la référence à un taux de chômage d'équilibre de long terme indépendant de l'inflation qu'il appelle *le taux de chômage naturel* ; ce taux dépend des imperfections du marché du travail (temps nécessaire entre deux emplois pour acquérir l'information sur les postes disponibles, changer de qualification, etc.) et de son cadre institutionnel (législation sur les licenciements, le salaire minimum, indemnités chômage, taux de syndicalisation, etc.). Le taux de chômage naturel a une composante frictionnelle et une composante structurelle, mais il n'a, par définition, aucune composante cyclique. À un instant donné, le taux de chômage courant peut s'écarter du taux de chômage naturel mais des forces que nous allons décrire tendent à le faire revenir vers ce niveau d'équilibre de long terme ;
2. l'introduction dans le raisonnement d'erreurs d'anticipations de la part des salariés. En effet, les salariés déterminent leur offre de travail en fonction du salaire réel mais ils négocient avec les entreprises un salaire nominal ; leur comportement dépend par conséquent de la façon dont ils anticipent l'inflation car c'est sur la base de cette anticipation qu'ils calculent le salaire réel correspondant à un salaire nominal donné. Or, ils commettent des erreurs : par exemple, s'ils sous-évaluent sans le savoir l'inflation à venir, alors ils surévaluent le salaire réel et acceptent des propositions d'emploi des entreprises qu'ils n'auraient pas acceptées s'ils avaient prévu correctement la hausse des prix ; dans ce cas le taux de chômage courant devient temporairement inférieur au taux de chômage naturel. Temporairement, parce que les salariés prennent progressivement conscience de l'erreur commise et corrigent en conséquence leurs anticipations, ce qui les conduit à revendiquer des hausses de salaire nominal suffisantes pour retrouver le salaire réel de départ. Lorsque les erreurs sont entièrement corrigées, il n'y a plus d'écart entre l'inflation anticipée et l'inflation effective, de telle sorte que le salaire nominal sur le marché du travail correspond au salaire réel d'équilibre de long terme. Le taux de chômage est alors revenu à son taux naturel ; ce taux est celui qui stabilise l'inflation et c'est la raison pour laquelle on l'a appelé par la suite le NAIRU *(Non Accelerating Inflation Rate of Unemployment)*, le taux de chômage qui n'accélère pas l'inflation. C'est un *taux de chômage d'équilibre* de long terme en un double sens : il existe des mécanismes qui font converger vers lui les taux de chômage courant ; lorsque l'économie atteint ce taux de chômage, l'inflation ne varie plus.

Voici les deux conséquences principales de ce raisonnement :

– en partant d'une situation d'équilibre naturel, la seule façon d'accroître la production et l'emploi, donc de réduire le chômage, c'est d'obtenir une baisse du salaire réel du point de vue des entreprises (ce qui les incite à em-

baucher), sans baisse de ce salaire du point de vue des salariés (ce qui les incite à accepter les emplois) ; ce résultat temporaire est la conséquence d'une politique économique suffisamment inflationniste pour que l'inflation effective soit supérieure à l'inflation anticipée ; c'est donc bien l'inflation non anticipée par les salariés qui permet « d'acheter » le recul du chômage à court terme ;
– dès lors que les salariés finissent par corriger leurs erreurs d'anticipation, les autorités monétaires ne peuvent maintenir durablement le chômage au-dessous du taux naturel qu'au prix d'une inflation qui ne cesse de s'accélérer, jusqu'à prendre le risque de l'hyperinflation.

Selon Friedman, bien qu'elle soit affaiblie à court terme du fait des erreurs d'anticipation, on retrouve la dichotomie à long terme : lorsque les marchés ont eu le temps de s'ajuster, le taux de chômage ne dépend plus de l'inflation ; en refusant de l'admettre, les politiques keynésiennes fondées sur la relation de Phillips se soldent par une accélération de l'inflation sans effet durable sur le chômage.

La suite des événements semble donner raison à Friedman puisque les années 1970 sont celles de la stagflation : un chômage croissant coexiste avec des taux d'inflation élevés ; les politiques keynésiennes ont apparemment perdu leur efficacité et cet échec ouvre la voie aux politiques monétaristes.

Les élèves de Friedman, les nouveaux classiques, tels que Robert Lucas et Thomas Sargent, vont plus loin encore que leur maître. Selon eux, si les salariés forment leurs anticipations rationnellement, alors ils ne peuvent pas se tromper systématiquement. Ils ont maintenant l'expérience des politiques keynésiennes et savent qu'elles se traduisent par une accélération de l'inflation qu'ils sont par conséquent capables d'anticiper. Seule une politique complètement imprévisible, parce que complètement erratique, pourrait les surprendre. Dès lors il n'existe même plus de relation de Phillips de court terme : le taux de chômage et l'inflation sont complètement déconnectés ; la politique conjoncturelle n'a plus d'incidence sur le taux de chômage.

Si l'on accepte cette conclusion, alors la camisole qui immobilise les politiques économiques dans la zone euro est justifiée :
– la BCE doit se consacrer exclusivement à la lutte contre l'inflation ; il est vain de lui imputer la responsabilité du chômage car son action n'a pas d'effet sur lui ;
– la politique budgétaire ne doit pas non plus induire de tensions inflationnistes par des déficits excédant la norme du pacte de stabilité ;
– seule une politique structurelle agissant sur la formation et la mobilité des salariés, ainsi que sur le contexte institutionnel, pour le rapprocher de l'idéal du marché parfaitement flexible, sera susceptible de faire reculer le chômage.

L'économie américaine ayant fonctionné, au cours de la deuxième moitié des années 1990, à proximité du plein emploi sans résurgence apparente de l'inflation (sur le marché des biens et services, mais certainement pas sur le marché des actifs financiers et immobiliers), les héritiers des économistes keynésiens sont restés sur la défensive. Pour l'essentiel ils ont essayé de démontrer que la relation de Phillips, bien qu'augmentée des anticipations, subsistait à court terme, de telle sorte qu'une politique contracyclique demeurait justifiée. C'est notamment le cas si l'on constate que le taux de chômage courant est sensiblement supérieur au NAIRU, mais il faut s'accorder sur la mesure de ce dernier, ce qui n'est pas facile car il a la fâcheuse tendance à dériver au cours du temps.

Il existe d'autres arguments pour soutenir une politique économique offensive, mais la charge de la preuve se trouve désormais dans le camp keynésien : il doit au moins démontrer que l'obsession monomaniaque de la lutte contre l'inflation est l'une des causes du chômage de masse. Cette démonstration est possible si l'on veut bien se souvenir de ce que fut le coût en emplois de la politique française de « désinflation compétitive », mais le véritable test serait une relance concertée de grande ampleur à l'échelle européenne. On peut toujours rêver.

Schéma A

Courbe de Phillips pour la France (1800-2002)

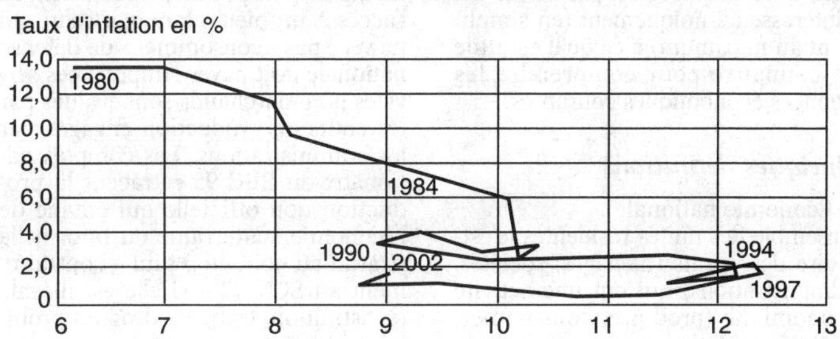

Schéma B

Courbe de Phillips pour les États-Unis (1980-2002)

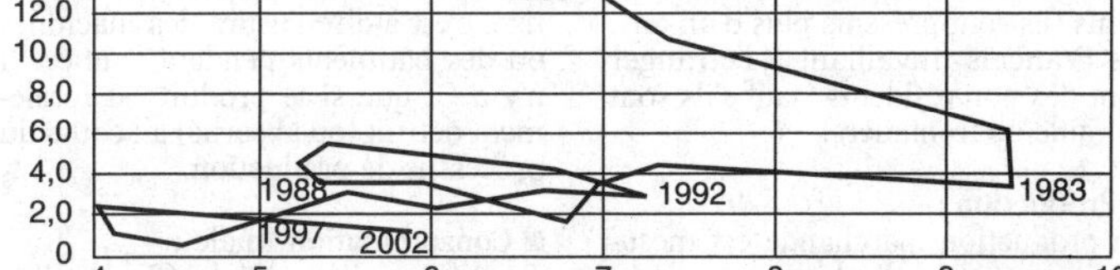

Source : OCDE. On peut actualiser chaque année les données avec OFCE, L'Économie française, *La Découverte, « Repères ». Le millésime change chaque année.*

10

COMPRENDRE LA NOUVELLE COMPTABILITÉ NATIONALE

JEAN-PAUL PIRIOU

Depuis l'été 1999, la comptabilité nationale française a fait peau neuve. En accord avec tous les autres pays de l'Union européenne, un système commun (appelé SEC 95, c'est-à-dire « système européen de comptabilité », adopté en 1995) a été mis en place pour appliquer le SCN 93, c'est-à-dire le nouveau « système de comptes nationaux » adopté sous l'égide de l'ONU en 1993 en liaison notamment avec le FMI, la Banque mondiale, l'OCDE et la Communauté européenne. Les comptes publiés conformément au nouveau système sont appelés « comptes de la base 1995 » ; ils succèdent à ceux de la base 1980.

L'objectif de ce texte est de vous aider à réviser les connaissances que vous avez acquises en première. On s'intéresse ici uniquement (en simplifiant au maximum) à ce qu'il est utile de connaître pour comprendre les données économiques courantes.

Quelques définitions

■ **Économie nationale :**
Ensemble des unités résidentes, c'est-à-dire des agents (ménages, sociétés, administrations) qui ont une activité économique (produire, consommer, etc.) pendant plus d'un an sur le territoire économique (approximativement la France, y compris les départements d'outre-mer). Certains résidents peuvent être provisoirement absents du territoire (touristes français à l'étranger) et certains non-résidents être provisoirement présents sur le territoire (touristes étrangers en France). Les immigrés sont des résidents (ils sont présents plus d'un an) ; les Français travaillant à l'étranger sont des non-résidents (sauf s'ils sont travailleurs frontaliers).

■ **Production :**
La production marchande est mesurée par la valeur des biens et services vendus sur le marché. Il existe aussi une production non marchande qui est décomposée en deux parties. La première est appelée « production pour usage final propre » ; il s'agit pour l'essentiel de la production de services de logements par les propriétaires qui occupent le logement qu'ils possèdent (mesurée par des « loyers imputés » : ceux qu'ils devraient verser s'ils étaient locataires) et de services non marchands correspondant à l'emploi par les ménages de personnel domestique salarié (mesurée par les salaires versés). La seconde partie est dénommée « autre production non marchande » et représente des services mis gratuitement ou presque à la disposition des usagers par les administrations (école, défense nationale, éclairage public, signalisation routière, etc.) ; ces services non marchands sont financés par l'impôt, qui n'est en rien comparable à un prix (celui qui ne paie pas un prix est exclu de l'accès à un bien, alors que celui qui ne veut pas « consommer » de défense nationale doit payer l'impôt) ; ces services non marchands sont évalués par les coûts de production engagés par les administrations. Les comptes nationaux du SEC 95 retracent la production non officielle qui émane de l'économie souterraine ou informelle (travail au noir, etc.) sauf – contrairement au SCN 93 – si elle est illégale (prostitution, trafic de drogues prohibées...).

■ **Consommation intermédiaire (CI) :**
Ce sont les produits consommés entièrement dans des processus de production. La farine est par exemple une CI pour le boulanger, les pneumatiques une CI pour un constructeur automobile. Il ne faut pas confondre la CI avec la consommation de capital fixe, c'est-à-dire l'usure des machines ou des bâtiments pendant l'année. Il n'y a CI que si le produit est totalement détruit (ou absorbé) au cours du processus de production.

■ **Consommation finale :**
Traditionnellement, la CF des ménages est la valeur des produits utilisés pour la satisfaction directe des besoins humains individuels. Par convention, les achats de bien durables (automobiles, téléviseurs...) sont de la CF des ménages. Seuls les achats de logements sont classés dans la FBCF. Pour mieux distinguer les consommations sur lesquelles les ménages ont directement prise de celles qui sont liées à la maladie ou à des décisions collectives, le nouveau système comprend deux notions de consommation finale pour les ménages :
– *la dépense de consommation* correspond aux dépenses directement supportées par les ménages et aux « loyers imputés » ;
– *la consommation effective* est supérieure d'environ 25 % à la précédente car elle comprend aussi les *transferts sociaux en nature* : remboursements de soins (la part non remboursée fait partie de la dépense de consommation) et valeur des services « individualisables » d'éducation et de santé fournis gratuitement par les administrations aux ménages.

Il existe aussi une *consommation finale des administrations* : on suppose que les administrations consomment leur propre production de services non marchands (à l'exception des services individualisables, déjà présentés, dont le bénéficiaire est parfaitement identifiable : éducation, santé).

■ **Formation brute de capital fixe :**
La FBCF est la valeur des biens durables acquis par des unités de production pour être utilisés pendant au moins un an. Une partie de l'investissement immatériel est désormais comptée dans la FBCF : achats et dépenses de mise au point de logiciels utilisés dans un processus de production et dépenses de prospection minière, œuvres artistiques et littéraires originales destinées à entrer dans un circuit commercial. La recherche-développement reste exclue de la FBCF, de même que les dépenses de formation du personnel [*voir chapitre II*].

■ **Variation des stocks :**
C'est la différence entre ce qui est entré dans les stocks pendant l'année et ce qui en est sorti. Un produit non vendu gonfle le stock du producteur. Par convention, on suppose que les ménages et les administrations ne détiennent pas de stocks (pour les ménages cela revient à confondre, par exemple, consommation d'automobiles et achats d'automobiles).

Bibliographie

– *Pour découvrir plus complètement le nouveau système, vous pouvez consulter Jean-Paul Piriou,* La Comptabilité nationale, *La Découverte, « Repères » (12e éd., 2003, une nouvelle édition à peu près chaque année).*

POUR ALLER PLUS LOIN

■ **Exportations et importations :** Les exportations représentent la valeur des biens et services fournis par des unités résidentes à des unités non résidentes (la définition des importations est symétrique). Compte tenu de la définition de la résidence (voir « économie nationale » plus haut), il n'est pas nécessaire que les produits franchissent la frontière : les dépenses des touristes français dans le reste du monde (en général 1 % du PIB français) sont des importations pour l'économie nationale; celle des touristes étrangers en France (près de 2 % du PIB français) sont des exportations.

L'équilibre des ressources et des emplois d'un produit

Quelles sont les ressources en produits ? Autrement dit, d'où viennent les produits ? De la production (P) et des importations (Imp).

Quels sont les emplois des produits ? Autrement dit, à quoi les produits sont-ils utilisés ? À la consommation intermédiaire (CI), à la consommation finale (CF), à la formation brute de capital fixe (FBCF), à la variation des stocks (ΔS, Δ se lit delta et symbolise la notion de variation) et aux exportations (Exp).

Pour un produit déterminé, il y a toujours égalité entre le total des ressources et le total des emplois (la variation des stocks étant considérée comme un emploi). On peut donc écrire : ressources = emplois ou P + Imp = CI + CF + FBCF + ΔS + Exp.

Cet équilibre est comptable; il est toujours réalisé même si d'énormes quantités du produit n'ont pas été vendues (elles sont alors classées dans la variation des stocks).

La valeur ajoutée

La valeur de la production (les ventes) d'un boulanger est de 1 000 €, mais il a utilisé 100 € de farine et 50 € de produits divers (électricité, loyers, etc.) pour produire le pain vendu. Autrement dit à 150 € de consommations intermédiaires, il a ajouté par son travail et l'utilisation de machines une valeur de 850 €. On appelle **valeur ajoutée l'excédent de la valeur des biens et services produits sur la valeur des consommations intermédiaires utilisées pour les produire** (attention : les salaires ne font pas partie des consommations intermédiaires). La valeur ajoutée est donc la **valeur nouvelle créée au cours du processus de production.**

La valeur ajoutée est brute parce qu'on ne retire pas de la valeur de la production la valeur du capital fixe usé à l'occasion de cette production (consommation de capital fixe).

L'équilibre des biens et services pour l'économie nationale

Pour savoir quels sont toutes les ressources disponibles et tous les emplois possibles pour l'économie nationale, on peut croire qu'il suffit d'additionner membre à membre les équilibres des ressources et des emplois de chacun des produits. On obtient alors : P + Imp = CI + CF + FBCF + ΔS + Exp.

Dans la partie droite de cette égalité, parmi toutes les utilisations possibles des produits, figurent toutes les consommations intermédiaires utilisées dans l'économie nationale. Ce qui ne présente pas d'intérêt : ces CI correspondent à des produits qui ne sont pas vraiment disponibles pour l'économie nationale puisqu'ils sont utilisés pour produire d'autres produits. On décide donc de les retirer du côté droit et donc également du côté gauche (sinon l'équilibre n'en serait plus un).

À gauche de l'égalité, on a donc maintenant P – CI + Imp. P est la valeur des produits, donc la valeur des productions de tous les agents résidents. P – CI est donc la somme de toutes les valeurs ajoutées produites dans l'économie. On appelle cette somme le *produit intérieur brut* (PIB, on verra plus loin que cette définition reste incomplète). L'équilibre des biens et services pour l'économie nationale s'écrit donc :

PIB + Imp = CF + FBCF + ΔS + Exp

qui se transforme en :

PIB = CF + FBCF + DS + Exp – Imp.

Cette relation est la façon la plus synthétique de présenter les résultats (ou les prévisions) d'une économie. On peut encore l'écrire :

PIB = demande intérieure + solde extérieur.

Les sociétés

Elles sont appelées SNF (sociétés non financières) par les comptables nationaux. Comment décrivent-ils leurs performances et leurs comportements ?

Lorsqu'on a retiré de la valeur ajoutée des SNF la rémunération versée aux salariés (toutes cotisations sociales comprises), soit en général un peu plus de 60 % de leur valeur ajoutée (VA), il reste l'**excédent brut d'exploitation** (EBE). Il s'agit d'un profit brut (c'est-à-dire avant la prise en compte de la consommation de capital fixe appelée aussi amortissement économique). Il est souvent commode de suivre l'évolution du ratio EBE/VA, appelé **taux de marge**, souvent supérieur à 30 % de la VA. Ce n'est pas un taux de profit mais un indicateur de répartition de la valeur ajoutée. [*voir chapitre II, fiche-outil 2*]. Les sociétés ne conservent pas entièrement le profit brut qu'est l'EBE. Elles doivent payer des impôts sur leurs bénéfices; elles versent des intérêts à leurs créanciers (et en reçoivent, en rémunération des prêts qu'elles ont consentis); elles distribuent des dividendes à leurs actionnaires et en reçoivent pour les participations qu'elles possèdent dans d'autres sociétés. Ce qui reste après toutes ces entrées et ces sorties est l'épargne brute (EB). C'est le profit brut conservé par les sociétés. Le ratio EB/VA (autour de 17 %) s'appelle le **taux d'épargne.**

L'épargne brute permet aux sociétés d'augmenter leurs stocks de richesse. Tout d'abord, elles acquièrent de la richesse non financière en achetant de la FBCF. Le ratio FBCF/VA est le **taux d'investissement** (en général entre 16 et 20 %, mais le poids de la consommation de capital fixe est de l'ordre de 14 % de la VA).

Le ratio EB/FBCF est le **taux d'autofinancement**; celui-ci mesure donc la proportion de l'investissement qui est financée sans recourir à du financement externe (emprunt bancaire...). *Attention* ! Le fait qu'il s'élève (ou soit élevé) n'est pas nécessairement bon signe. En effet, le taux d'autofinancement peut se décomposer ainsi : EB/FBCF = (EB/VA)/(FBCF/VA). Autrement dit, il est égal au rapport du taux d'épargne par le taux d'investissement. Sa hausse peut donc par exemple signifier – mais d'autres configurations sont possibles – que le taux d'épargne a baissé pendant que le taux d'investissement baissait encore plus rapidement.

Normalement, le taux d'autofinancement est inférieur à 100 %. Les sociétés ont donc un **besoin de financement** pour faire face à la FBCF. Il est tout à fait normal que les sociétés s'endettent ou émettent des actions pour financer leur croissance [*voir « Comprendre la finance (presque) sans peine »*]. Il arrive cependant exceptionnellement que le taux d'autofinancement soit supérieur à 100 %. C'est ce qui s'est produit par exemple en 1998. Dans ce cas, les sociétés disposent d'une **capacité de financement**. Elles peuvent se désendetter ou acheter des actions en France et dans le reste du monde.

Attention ! Il ne suffit pas que les sociétés investissent pour qu'elles aient un besoin de financement. Elles n'ont de besoin de financement que si leur FBCF excède leur épargne brute, c'est-à-dire leur autofinancement.

Les ménages

La comptabilité nationale décrit la formation du revenu disponible brut (RDB) des ménages et l'utilisation qu'ils en font.

Rappelons que – pour les comptables nationaux – les ménages comprennent aussi les entrepreneurs individuels (agriculteurs, professions libérales, artisans et petits commer-

çants). Le revenu des ménages est donc formé de :
– *l'excédent brut d'exploitation (EBE) des entrepreneurs individuels*; celui-ci est défini comme l'EBE des sociétés mais il n'a pas la même signification puisqu'il rémunère aussi le travail de l'entrepreneur individuel (qui n'est pas un salarié), raison pour laquelle le SEC 95 l'appelle *revenu mixte*;
– *l'EBE des autres ménages*, c'est-à-dire les revenus qu'ils obtiennent grâce aux logements qu'ils possèdent;
– les salaires nets, c'est-à-dire ce qu'il reste aux salariés après paiement de toutes les cotisations sociales à la charge des salariés ou des employeurs (le salaire net correspond à quelque 60% de la rémunération des salariés);
– *les prestations sociales en espèces* correspondent à des droits acquis grâce à des cotisations sociales ou sont versées par l'État grâce au financement fiscal. Les prestations sociales en espèces sont relatives à la vieillesse (minimum vieillesse, retraites), à la maternité, à la famille (allocations familiales), au chômage;
– *les revenus de la propriété* : les ménages reçoivent des dividendes parce qu'ils sont actionnaires, des intérêts parce qu'ils ont prêté (livrets de caisse d'épargne, etc.); les ménages versent des intérêts parce qu'ils sont endettés.

De tous ces éléments, il faut retirer les impôts sur le revenu (dans lesquels est classée notamment la CSG, contribution sociale généralisée) pour obtenir le revenu disponible brut (le revenu disponible net est inférieur de quelque 4%, compte tenu de la valeur de la consommation de capital fixe).

Le RDB est donc un revenu après impôts directs, cotisations sociales et versement d'intérêts. Il est *disponible* pour la dépense de consommation ou l'épargne brute. Dans la logique de ce qui a été déjà dit à propos de la consommation, il existe une autre définition du revenu : c'est **le revenu disponible ajusté**, somme du RDB et des prestations sociales en nature. Ce RDBA est disponible pour la consommation effective et pour l'épargne brute. Donc, l'écart entre RDB et RDBA est égal à celui qui existe entre la dépense de consommation et la consommation effective.

Le poids de la consommation des ménages dans leur revenu s'appelle la **propension à consommer**. L'épargne est par définition la part du revenu qui n'est pas consommée. La proportion de l'épargne par rapport au revenu est le **taux d'épargne**. Avec la nouvelle comptabilité nationale, ces notions peuvent donc être définies de deux façons différentes selon que l'on se réfère au revenu disponible ou au revenu disponible ajusté.

La partie de l'épargne qui n'est pas utilisée par les ménages à la FBCF, c'est-à-dire aux achats de logements (ou à la FBCF des entreprises individuelles), s'appelle la **capacité de financement** (globalement, les ménages n'ont jamais de besoin de financement). Le rapport de la capacité de financement au revenu disponible est appelé **taux d'épargne financière**. Il indique l'ampleur des moyens dont disposent les ménages pour faire des opérations financières.

Attention ! Ne confondez pas l'épargne et la capacité de financement. Les ménages ont une capacité de financement non pas parce qu'ils épargnent, mais parce qu'ils épargnent un montant supérieur à leur FBCF. D'autre part, ne confondez pas l'épargne (ou l'épargne financière) avec les placements. L'épargne financière peut ne pas être placée (cas du dépôt à vue non rémunéré dans une banque ou à la poste) ou être conservée sous forme de billets ou de pièces. Quant à l'épargne, elle est plus vaste que la seule épargne financière puisqu'une partie sert à acheter des logements.

Les agrégats : PIB, PNB, RNB

Les agrégats sont des grandeurs synthétiques caractéristiques de l'économie nationale. Ils permettent des comparaisons dans le temps et dans l'espace [*pour les problèmes des comparaisons internationales, reportez-vous au chapitre introductif de ce* Nouveau manuel.]

Le produit intérieur brut (PIB) est la somme des valeurs ajoutées des branches ou des secteurs de l'économie (plus la TVA – et les droits de douane, mais ils sont négligeables – car la valeur ajoutée est mesurée hors taxe alors qu'on veut obtenir un agrégat aux prix du marché, c'est-à-dire taxes comprises). En 2003, le PIB est voisin de 1600 milliards d'euros. Un ordre de grandeur à retenir pour pouvoir convertir facilement en points de PIB le déficit budgétaire ou toute autre grandeur qui est par elle-même dépourvue de signification.

Le revenu national brut (RNB), jadis appelé le **produit national brut** (PNB) est égal au PIB plus les revenus du travail et de la propriété reçus du reste du monde (environ 5% du PIB), moins les revenus analogues versés au reste du monde (à peu près autant). En définitive, le RNB est très proche du PIB dans un pays comme la France dont les relations avec le reste du monde sont relativement équilibrées. Ce n'est pas le cas d'un certain nombre de pays du tiers monde dont le RNB est nettement plus faible que le PIB parce qu'ils versent beaucoup d'intérêts ou de dividendes à d'autres pays. Symétriquement, les pays qui disposent d'avoirs importants à l'étranger ont un RNB supérieur au PIB (émirats pétroliers, Suisse, etc.).

PIB et RNB sont bruts. On peut leur préférer des agrégats nets obtenus en retirant la consommation de capital fixe de l'ensemble de l'économie, c'est-à-dire l'amortissement économique, qui n'est pas un vrai revenu puisqu'elle correspond à la valeur du capital fixe usé pendant l'année. Le revenu national net vaut environ 86% du PIB.

Consommation effective et revenu ajusté en 2001 (PIB = 100)

<table>
<tr><td rowspan="2">RDB
ménages
64,8</td><td>EB *ménages* 10,4</td><td>EB *ménages* 10,4</td><td rowspan="3">RDAB *ménages* 79,6</td></tr>
<tr><td>DC *ménages* 54,4</td><td rowspan="2">CE *ménages* 69,2</td></tr>
<tr><td rowspan="3">RDB
APU
26,4</td><td>DC *individuelle*
APU 14,8</td></tr>
<tr><td>DC *collective*
APU 9,1</td><td>CE APU 9,1</td><td rowspan="2">RDAB APU 11,6</td></tr>
<tr><td>EB APU 2,5</td><td>EB APU 2,5</td></tr>
</table>

La DC individuelle des APU comprend pour 8,5 points de PIB de prestations sociales en nature (remboursement de dépenses de santé par la sécurité sociale, allocation logement...) et pour 6,3 points de transferts de produits individualisables (éducation et santé fournies gratuitement). APU : administrations publiques. CE : consommation finale effective. DC : dépense de consommation finale. EB : épargne brute. RDB : revenu disponible brut. RDAB : revenu RDB disponible ajusté brut.

11

COMPRENDRE LA FINANCE (PRESQUE) SANS PEINE

JEAN-PAUL PIRIOU

Avertissement : nous ne nous intéressons pas ici à la finance pour elle-même. L'objectif – raisonnablement ambitieux – est uniquement de présenter simplement des éléments de finance pour mieux comprendre l'économie contemporaine. Ces quelques pages complètent et permettent de lire plus efficacement plusieurs textes de ce manuel dans lesquels la finance joue un certain rôle.

Par beaucoup d'aspects, ce texte peut être considéré comme un rappel de notions présentées en classe de première ES. Si vous manquez de temps, essayez au moins de bien assimiler la deuxième partie de ce texte consacrée à la notion de liquidité, plus particulièrement les passages sur le risque de taux.

SOMMAIRE

Capacités de financement et besoin de financement

Certains agents économiques ont des revenus supérieurs à leurs dépenses ; ils ont donc une capacité de financement (ils peuvent prêter). Globalement, les ménages sont dans cette situation. Mais *ne confondez pas leur capacité de financement* (appelée aussi épargne financière) *et leur épargne. Les ménages ont une capacité de financement parce que leur épargne* (revenu non consommé) *excède leur investissement* (la FBCF des ménages correspond à leurs achats de logements).

D'autres agents – en général, les entreprises et les États – sont dans la situation inverse. Parce que leurs dépenses excèdent leurs revenus, ils ont donc un besoin de financement (ils doivent emprunter). Là encore, ce n'est pas parce que ces agents économiques investissent qu'ils ont un besoin de financement, mais parce que *leur investissement est supérieur à leur épargne* (pour les sociétés, l'épargne correspond à l'autofinancement, c'est-à-dire à la partie non distribuée du profit).

La finance est l'art de faire en sorte que les capacités de financement des uns servent à satisfaire au mieux les besoins de financement des autres.

La difficulté de la finance n'est pas d'ordre mathématique. Car globalement, dans une économie fermée (or, la planète est une économie fermée...*), la somme des capacités de financement est nécessairement du même montant que la somme des besoins de financement*. Pour une raison simple : une opération économique quelconque est toujours simultanément ressource pour un agent (elle augmente donc sa capacité de financement) et dépense pour un autre agent (elle augmente donc *du même montant* le besoin de financement de celui-ci).

Des souhaits variés et opposés

Le problème de la finance, c'est de satisfaire *au mieux* les souhaits des uns et des autres. Ils sont très différents.

L'agent à capacité de financement a plusieurs objectifs. Il recherche bien évidemment la *rentabilité* maximale : s'il prête, il veut toucher l'intérêt le plus élevé possible. Il désire sans doute plus encore la *sécurité* : il veut que l'emprunteur ne disparaisse pas et soit capable de payer ce qu'il a promis, toutes choses qui requièrent que le prêteur dispose au moins d'une information de qualité sur l'emprunteur.

L'agent qui dispose d'une capacité de financement peut aussi avoir un objectif de *liquidité* : il veut bien prêter, mais, si par hasard il a lui-même immédiatement besoin d'argent, il veut pouvoir récupérer rapidement les liquidités prêtées. Un tel besoin imprévu de liquidités ne doit pas être sous-estimé car l'incertitude caractérise la vie économique. Par exemple, le client principal d'une entreprise prospère fait défaut et ne peut lui régler une dette importante (pour une raison qui peut être totalement indépendante de sa volonté) ; l'entreprise pourrait être en grande difficulté si elle ne parvient pas très rapidement à reconvertir en liquidités certaines des créances qu'elle possède. Nous reviendrons sur cette notion de liquidité : elle est complexe, mais essentielle.

On peut s'attendre à ce qu'il soit impossible de concilier parfaitement rentabilité, liquidité et sécurité : le placement le plus sûr pourra être liquide mais ne sera pas le plus rentable (exemple : un livret de caisse d'épargne).

L'agent à besoin de financement a des souhaits évidemment différents. Il veut tout d'abord être certain de la *durée* (le terme) pendant laquelle le prêt lui est consenti ; il désire de la *souplesse* (trouver la quantité qu'il faut au moment où il la faut) ; il préfère évidemment payer le *coût* le plus bas possible mais désire aussi connaître ce coût de façon certaine (sans cette certitude, il est souvent impossible de calculer la rentabilité des projets financés par l'emprunt). Celui qui a un besoin de financement veut enfin ne pas être obligé d'obéir à son prêteur (explicitement ou tacitement) ; autrement dit, il ne veut pas perdre son *indépendance*. Là encore, il est évidemment difficile de tout concilier.

Les modes de financement se distinguent par la façon dont ils satisfont à ces critères contradictoires. On en distingue deux variétés principales : la finance directe qui repose notamment sur les marchés (financiers) et la finance indirecte qui fait intervenir des intermédiaires financiers (on parle aussi de finance intermédiée).

I. LA FINANCE DIRECTE

Les agents qui ont besoin de financement peuvent entrer directement en relation avec les agents qui disposent d'une capacité de financement. Ils leur vendent (on dit qu'ils émettent) des titres : principalement des *actions ou des obligations*.

Les actions

Les actions sont des droits de propriété sur les sociétés. Une entreprise crée (émet) des droits de propriété sur elle-même et, en les vendant, se procure des liquidités. La détention de l'action ouvre notamment deux droits : celui de voter à l'assemblée générale des actionnaires de l'entreprise (le vote y est donc censitaire) et celui de recevoir des *dividendes*, c'est-à-dire une partie des bénéfices distribués chaque année (le dividende n'est donc pas fixé *a priori* mais variable, éventuellement nul). Les actions ne sont jamais remboursées par les sociétés qui les ont créées, mais peuvent être revendues dans certaines conditions à d'autres agents, éventuellement en Bourse si les actions y sont cotées. Ce dernier cas n'est pas si fréquent : quelque deux mille sociétés cotées à la Bourse de Paris que ce soit au *premier marché* (ancienne cote officielle) pour les grandes, sur le *second marché* (ouvert depuis 1983 surtout aux PME) ou sur le *nouveau marché* [*voir le paragraphe IV de ce texte*]. Le prix des actions cotées – le cours – est alors déterminé sur le marché, *donc incertain*. Exemple : le prix à l'émission en 1987 de l'action Eurotunnel était de 35 francs. Le cours de l'action a dépassé 100 francs à la Bourse en 1989, puis est retombé. En mars 2003, elle cotait 0,36 €, soit un peu plus de 2 francs. Autre exemple : en septembre 1998, l'annonce d'un bénéfice inférieur aux prévisions fait chuter de 38 % en quelques heures le cours d'Alcatel, l'une des plus grandes entreprises françaises.

Les obligations

Les obligations sont des titres représentatifs de fractions d'emprunt. Ce sont donc des reconnaissances de dette. En émettant par exemple 100 000 obligations vendues chacune 500 €, une société Édouard se procure 50 millions d'euros. Le contrat d'émission de l'obligation fixe les droits du détenteur de l'obligation : celui d'être remboursé à l'échéance prévue (plus de sept ans, mais le terme peut aller jusqu'à trente ans ou ne pas être déterminé dans le cas d'obligations perpétuelles) ; le détenteur a aussi le droit de recevoir, en général chaque année, une certaine somme, déterminée dès le départ (les intérêts).

Les intérêts (on parle aussi du coupon) représentent une certaine proportion de la valeur initiale de l'obligation. Si le contrat prévoit de verser annuellement 50 € au détenteur (quel qu'il soit) de l'obligation B émise à 500 € (c'est-à-dire vendue 500 € par l'emprunteur Édouard à celui qui lui fournit des liquidités), on dira que le taux d'intérêt de l'obligation est de 10 %. Mais la valeur de l'obligation peut ensuite varier sur le marché (nous verrons pourquoi plus loin). Si un épargnant rachète sur le marché cette obligation déjà émise pour 400 €, il reçoit non pas 40 € (10 % de 400 €) mais l'intérêt de 50 € initialement promis (ce que l'émetteur de l'obligation doit verser chaque année ne change pas). Pour l'épargnant qui a racheté le titre, le taux d'intérêt de son placement est donc de 50/400 soit 12,5 %. Évidemment, si quelqu'un – appelons-le Jacques – a acheté l'action 500 € à Édouard, puis, ayant besoin de liquidités, l'a revendue 400 € un an après (c'est un exemple), il n'a pas réalisé une opération très brillante. Comme il a reçu 50 € d'intérêt mais a subi une moins-value de 100 € au moment de la revente, sa perte est finalement de 50 €. Après coup, son placement apparaît désastreux : il lui a en quelque sorte rapporté un taux d'intérêt négatif (– 10 %). Nous raisonnons par la suite – pour simplifier – comme si tous les titres étaient négociables sur un marché (la Bourse).

Faible coût de la finance directe

L'avantage principal de la finance directe est relatif aux coûts. Peu d'intermédiaires s'interposent normalement entre celui qui émet les titres (actions ou obligations) et celui qui souscrit. Il y a donc peu de différence entre ce que l'opération coûte à celui qui a un besoin de liquidités et ce qu'elle rapporte à celui qui dispose d'une capacité de financement ; cela permet de concilier faible coût pour le financé et bonne rémunération pour le financeur.

Comme de nombreux épargnants peuvent acheter les titres émis par un seul émetteur, la finance directe permet de faire face à des besoins énormes (par exemple Eurotunnel a émis pour plus de 20 milliards de francs d'actions pour financer une partie de la construction du tunnel sous la Manche). Comme les titres peuvent être revendus à tout moment sur un vaste marché (la Bourse), les acheteurs peuvent satisfaire apparemment facilement leur besoin de liquidités.

Les coûts fixes d'information

L'inconvénient principal de la finance directe semble bien être le risque. Le financé sera-t-il capable de payer les intérêts prévus et de rembourser la valeur prévue à l'échéance de l'obligation ? Suspense... Pour éviter les scénarios-catastrophes, il est nécessaire de s'informer correctement. Il est donc essentiel d'engager des *coûts de collecte, de traitement et d'interprétation de l'information.*

Ce sont des *coûts fixes* (s'informer coûte autant à celui qui possède 10 obligations ou actions qu'à celui qui en détient 10 000). Ils peuvent être élevés parce que l'épargnant doit diversifier ses risques (ne pas mettre tous ses œufs dans le même panier) en achetant des titres d'émetteurs différents. En outre, il ne s'agit pas seulement de s'informer une fois pour toutes avant d'acheter le titre, mais en temps réel aussi longtemps qu'on le détient (le problème ne se pose évidemment pas si l'emprunteur est l'État).

Cette question des coûts fixes amoindrit l'intérêt de la finance directe pour les « petits » épargnants. Mais aussi pour les émetteurs : que leur émission soit faible ou forte génère à peu près les mêmes coûts (par exemple, coût de la publicité auprès des épargnants, coût de l'expertise de leurs comptes par des sociétés spécialisées afin que l'information soit d'une qualité fiable pour les souscripteurs éventuels).

L'existence de coûts fixes élevés n'est pas un problème lorsque les financements sont importants, mais elle est une barrière au financement direct de très nombreux emprunteurs. Les faibles coûts de la finance directe ne sont donc une réalité que pour les très grandes entreprises ou les États.

Ces considérations indiquent que la finance directe (la finance de marché) n'est pas la solution à tous les problèmes financiers. D'autant plus que, même si l'information sur les emprunteurs (les débiteurs) était parfaite, il subsisterait encore pour les prêteurs (les créanciers) un risque lié au problème de la liquidité.

II. LA LIQUIDITÉ

La liquidité d'un actif (c'est-à-dire de ce que quelqu'un possède) *est sa capacité à être reconverti en moyens de paiement sans délais, sans coûts et à une valeur certaine.* La liquidité d'un actif n'est pas seulement liée aux caractéristiques intrinsèques de l'actif mais dépend aussi de l'évolution de l'environnement. La liquidité des actifs non financiers (maisons, immobilier en général, équipements, œuvres d'art, etc.) est évidemment en général nettement plus faible que celle des actifs financiers (actions, obligations, etc.).

Par définition, seule la monnaie est parfaitement liquide. Les actions ne le sont pas beaucoup : même si elles sont cotées en Bourse, ce qui permet de les céder rapidement à des coûts assez bas (intermédiaires et impôts éventuels), on ne sait évidemment jamais à quels prix elles pourront être vendues (le cours dépend des perspectives de profit de l'entreprise dont l'action représente une petite part de la propriété, etc.).

On pourrait penser que les obligations sont très liquides parce que leur revenu étant parfaitement prévisible, leur prix le serait aussi. Il n'en est rien car les obligations sont exposées au risque de taux.

Le risque de taux

C'est le risque de perte (ou de gain, mais c'est moins gênant...) que subit le détenteur d'un titre lorsque le taux d'intérêt varie. *Nous sommes aujourd'hui dans une économie où ce risque joue un rôle très important* ; tellement important qu'il est absolument essentiel de bien le comprendre. Nous partirons d'un exemple.

Supposons que l'obligation B évoquée précédemment (il serait utile de relire ce qui a déjà été dit à son propos) soit une obligation perpétuelle émise en janvier 1999 (ce type d'obligation existe, mais la perpétuité est ici choisie moins par réalisme que parce qu'elle simplifie le calcul). Autrement dit, en vendant l'obligation, *l'émetteur Édouard a obtenu 500 € en 1999 en échange de l'engagement de verser au détenteur du titre, chaque année et jusqu'à la fin des temps, 10 % de cette somme, donc 50 €.* On dit qu'il s'agit d'une *obligation à taux fixe car le versement annuel* (50 €) *correspondra toujours à la même proportion* (10 %) *de la valeur du titre à l'émission* en janvier 1999, c'est-à-dire 500 €.

Quand le taux monte, le cours baisse

Imaginons que le détenteur de l'obligation, Jacques, ait un besoin urgent de liquidités en juin 2000 (en fait, peu importe la date). C'est le moment de mettre à l'épreuve la *liquidité* de son titre B. Combien pourra-t-il récupérer en le vendant ? Autrement dit, combien ce titre vaut-il ?

500 € ? C'était le prix payé par Jacques à Édouard en janvier 1999 ; pourquoi serait-ce sa valeur en juin 2000 ? Insistons : Jacques ne détient pas une obligation de 500 €, mais une obligation achetée 500 € à Édouard. Alors, plus de 500 € ? Moins ? La réponse est assez déconcertante de simplicité : Jacques pourra vendre son obligation B au prix (on parle de cours) qu'acceptera de payer un acheteur quelconque Lionel... Pour calculer ce cours, il faut bien se souvenir de ce que possède exactement Jacques.

Jacques détient *le droit de recevoir éternellement 50 € chaque année.* Or – nous allons le voir – la valeur de ce droit (le cours du titre à la Bourse) dépend du taux d'intérêt en janvier 2000 sur le marché des obligations perpétuelles. Imaginons que ce taux soit de 20 %. Cela signifie que les émetteurs de *nouvelles obligations perpétuelles* (les emprunteurs) doivent s'engager à verser annuellement 100 € pour se procurer 500 € en janvier 2000 (100 € font bien 20 % de 500 €). Si le droit de recevoir 100 € chaque année s'achète (et se vend) 500 € en janvier 2000, Jacques, détenteur du droit de toucher chaque année 50 €, ne pourra vendre l'obligation B que 250 €. Lorsque le taux d'intérêt monte, le cours des titres déjà émis (les « titres d'occasion » en quelque sorte) baisse.

Pour Jacques, l'opération tourne au cauchemar. Il a acheté l'obligation 500 € et la revend 250 €. Il essuie donc une *perte en capital* de 250 €. Les 50 € d'intérêts touchés en un an sont une piètre consolation puisqu'il a réussi à perdre en définitive 200 €, c'est-à-dire 40 % des 500 € placés en janvier 1999.

Taux d'intérêt et préférence pour la liquidité

Si Jacques s'était douté de cette hausse du taux d'intérêt, nul doute qu'il aurait eu avantage à ne pas prêter, à conserver de la monnaie. Il n'aurait ainsi pas bénéficié du taux d'intérêt mais serait resté *liquide* (donc à l'abri des risques de perte en capital). Le taux d'intérêt apparaît ainsi – idée introduite par Keynes – comme la « récompense de la renonciation à la liquidité, [il] mesure la répugnance des détenteurs de monnaie à aliéner leur droit d'en disposer à tout moment » (Keynes, *Théorie générale de l'emploi, de l'intérêt et de la monnaie*, chapitre XIII) : c'est le prix payé au prêteur pour qu'il renonce à être liquide. En d'autres termes, on ne rémunère pas le prêteur parce qu'il a renoncé à la consommation pour épargner (idée néoclassique du taux d'intérêt comme rémunération de l'abstinence), mais parce qu'il a renoncé à la liquidité. Autrement dit, parce qu'il prend le risque d'une perte en capital (baisse des cours à la suite d'une hausse des taux).

Celui qui renonce à la liquidité le fait parce qu'il considère que le taux d'intérêt ne s'élèvera plus (donc, que le cours des titres ne baissera pas). S'il n'en est pas convaincu, il doit renoncer à prêter et rester liquide. Dans ces conditions, il ne touche pas d'intérêt. Il est prêt à perdre le taux d'intérêt parce que sa *préférence pour la liquidité* l'emporte sur toute autre considération. Le taux d'intérêt apparaît ainsi comme « la récompense de la renonciation à la liquidité » (Keynes, *Théorie générale de l'emploi, de l'intérêt et de la monnaie*, chapitre XIII).

Il faut signaler que même si Jacques n'est pas obligé de vendre son obligation pour se procurer des liquidités en janvier 2000, il a fait le mauvais choix en janvier 1999. En conservant ses 500 € sous forme monétaire, il n'aurait certes pas reçu d'intérêts en 1999 ; mais il pourrait acheter aujourd'hui le droit de toucher 100 € chaque année puisque le taux d'intérêt est de 20 %.

Quand le taux baisse, le cours monte

Imaginons maintenant que le taux d'intérêt en janvier 2000 ne soit pas de 20 %, mais de 5 %. À quel prix, à quel cours, Jacques peut-il espérer vendre son obligation achetée 500 € en janvier ? Pour se procurer 500 €, les émetteurs de nouvelles obligations n'ont à promettre de verser que 25 € chaque année. Comme Jacques dispose du droit de toucher 50 € chaque année, il peut donc vendre son titre 1 000 €. Joli coup ! Jacques a réalisé un *gain en capital*. Quand le taux d'intérêt baisse, le cours du titre monte. Il est à peine utile de préciser que si Jacques pense que le taux d'intérêt risque de remonter au-dessus de 5 %, il a évidemment intérêt à vendre. Car toute hausse du taux fait baisser les cours.

Quand le cours baisse, le taux monte

La relation entre le taux d'intérêt et le cours des obligations émises à taux fixe (voir plus haut la définition) est donc claire : les cours montent lorsque les taux diminuent et baissent lorsque les taux s'élèvent. On n'abordera pas ici les raisons de la variation du taux d'intérêt. Observons simplement que lorsque l'offre des obligations B sur le marché s'accroît, le prix qui permet l'égalité de l'offre et de la demande doit baisser. Imaginons qu'il passe de 500 à 400 €. Celui qui achète l'obligation à 400 € recevra néanmoins chaque année 50 € ; il a donc acheté un titre dont le rapport est de 50/400 soit 12,5 %. Autrement dit, *il est équivalent de dire que les cours baissent ou que les taux montent.*

[*La relation entre le taux d'intérêt et le cours du titre est très spectaculaire dans l'exemple choisi ici parce que l'obligation est perpétuelle. La sensibilité des titres à la variation du taux diminue au fur et à mesure que l'échéance du remboursement du titre se rapproche ; elle disparaît totalement le jour de l'échéance : la valeur de remboursement par l'émetteur au détenteur du titre a été fixée au moment de l'émission et est donc indépendante de l'évolution ultérieure du taux d'intérêt. Avec un certain nombre de complications supplémentaires, le cours des actions (bien que leur revenu ne soit pas fixe) suit aussi la même logique.*]

Quand la hausse du chômage fait monter la Bourse

Voici un exemple d'application possible du raisonnement précédent. Soit l'annonce par l'office américain de statistique que le chômage a augmenté aux États-Unis pendant le dernier mois plus vite que prévu. Immédiatement les cours boursiers s'élèvent... Le phénomène peut paraître scandaleux, mais ce qui précède permet d'en comprendre la logique.

Si le chômage a augmenté plus vite que prévu, la probabilité d'une baisse du taux d'intérêt s'accroît. L'idée est la suivante : la hausse du chômage va inciter (risque d'inciter) la banque centrale américaine à infléchir sa politique monétaire pour diminuer le taux d'intérêt afin de soutenir l'activité économique (la baisse du taux facilite l'endettement des ménages pour acheter des logements ou des automobiles, ou celui des entreprises pour investir, toutes choses qui relancent l'économie). La proportion des « opérateurs » qui *croient à la baisse* du taux d'intérêt augmente donc brutalement. Croire à la baisse du taux, c'est être convaincu que les cours vont s'élever. Dans ces conditions, certains opérateurs (les « croyants ») se précipitent pour acheter avant que la hausse ne se concrétise. La demande de titres augmente donc à un moment où certains de ceux qui possèdent des titres renoncent à les vendre car ils croient aussi à la hausse des cours. Conséquence : les cours montent (ce qui fait donc baisser le taux d'intérêt). La prophétie des opérateurs a été autoréalisatrice : le seul fait de croire que la hausse va avoir lieu suffit à susciter des réactions qui la provoquent.

Après la présentation des complications provoquées par la prise en compte des arcanes de la liquidité, il est clair que la finance directe n'a pas que des vertus. Sa fascinante simplicité apparente (capacités et besoins de financement se rencontrent sur le marché) s'accompagne de risques redoutables. En toute hypothèse, elle ne peut satisfaire que des financements importants.

III. LA FINANCE INDIRECTE OU INTERMÉDIÉE

Un intermédiaire financier (une institution financière) s'interpose maintenant entre les acteurs. Il collecte les liquidités des agents qui disposent d'une capacité de financement et les distribue aux agents qui ont un besoin de financement. L'intermédiaire financier est souvent une banque. Pour comprendre son rôle, il suffit de regarder quelques-uns des postes de son bilan.

Le passif décrit l'origine de ses ressources : elle *collecte des liquidités* auprès des agents à capacité de financement. En ouvrant un compte à la banque, ceux-ci peuvent déposer des fonds à vue sans rémunération (comptes de chèques), avec rémunérations (comptes sur livret, etc.) ou à terme (comptes ou dépôts à terme, etc.). La banque leur offre une rémunération souvent faible (nulle pour les comptes de chèques) et gère les moyens de paiement (chèques, retraits d'espèces, etc.).

Tableau A

Éléments du bilan d'une banque	
ACTIF	**PASSIF**
(C'est-à-dire créances, utilisation des liquidités)	(C'est-à-dire dettes ou origine des liquidités)
Crédits Obligations Actions Etc.	Dépôts à vue (transférables par chèques) Dépôts à vue rémunérés (livrets,...) Dépôts à terme Etc.

Moins de risques

La liquidité des fonds déposés est évidemment meilleure que dans la finance directe et les risques presque nuls. Il n'y a en effet aucun risque de taux pour les déposants : à tout moment les fonds peuvent être récupérés à leur valeur nominale au moment du dépôt. En cas de défaillance (faillite) de la banque, il existe une organisation interbancaire d'assurance qui indemnise les épargnants. Mais la faillite des banques importantes aurait trop de conséquences dramatiques pour que les pouvoirs publics (et les banques concurrentes...) ne l'empêchent pas (exemple du Crédit Lyonnais en France dans les années quatre-vingt-dix, ou des caisses d'épargne aux États-Unis dans la décennie quatre-vingt). En toutes hypothèses, il est plus facile pour un épargnant de se renseigner sur la « qualité de la signature » d'une banque que sur celle de l'un des innombrables émetteurs de la finance directe.

La lecture de son actif nous apprend que la banque offre aux agents à besoin de financement plusieurs possibilités : elle peut leur consentir des crédits ou souscrire à leurs émissions d'actions ou d'obligations (vous avez dû étudier en première qu'à ces occasions la banque crée de la monnaie). Dans le cas des crédits et des obligations, sa rémunération est déterminée par un taux d'intérêt ; dans le cas d'achat d'actions, elle escompte moins recevoir des dividendes que réaliser une substantielle plus-value au moment de la revente (lorsque la banque achète des actions non cotées en Bourse, on parle d'opérations de « capital risque », voir plus loin).

De meilleures informations

Les avantages de la finance intermédiée sur la finance de marché sont substantiels dans le domaine du risque lié à la qualité de l'information sur les emprunteurs. D'abord parce que la banque est organisée autour de l'idée qu'il lui faut absolument collecter, traiter et interpréter au mieux toute l'information possible sur ses clients ; pas seulement au moment où le crédit est consenti, *mais aussi après*. Il y a là une différence essentielle avec la finance de marché (le souscripteur d'une obligation a des difficultés pour savoir si les liquidités qu'il a prêtées sont correctement utilisées).

Cette *particularité peut jouer un grand rôle dans le financement de l'entreprise qui innove ; dans ce cas, en effet, la qualité de l'information est décisive pour apprécier le risque, et il est clair qu'une banque peut obtenir et prendre en considération des informations beaucoup plus fines que le marché*. La sélection des engagements de la banque est donc normalement de bonne qualité.

Des règles prudentielles

La finance intermédiée est aussi moins risquée parce que des *règles prudentielles* édictées par les pouvoirs publics ou les autorités monétaires (banque centrale, etc.) limitent la marge de manœuvre de la banque.

Elle est par exemple obligée de respecter un ratio de *couverture des risques*, c'est-à-dire de maintenir une proportion minimale entre ses fonds propres (ce qui lui appartient vraiment, ce qu'elle n'a pas emprunté) et les crédits qu'elle a consentis à ses clients (dans le langage bancaire, les crédits sont appelés des engagements, ou des risques). L'objectif de cette règle est d'obliger la banque à proportionner ses engagements à ses moyens. Depuis 1988, les principales banques centrales ont réussi à s'entendre pour imposer le même ratio de 8 % (dit *ratio Cooke*) aux banques commerciales.

Autre exemple de règle prudentielle, celle de *division des risques* ; elle interdit à la banque que le total de ses engagements sur un seul de ses clients dépasse une certaine proportion de ses fonds propres. Cela empêche la banque de mettre tous ses œufs dans le même panier. Si l'un de ses clients a besoin d'un très gros financement, la banque est donc obligée de le partager (c'est-à-dire de le faire cofinancer) avec d'autres banques au sein d'un *pool* (ou syndicat) bancaire. Le *pool* qui a apporté plus de 10 milliards d'euros à Eurotunnel avant l'ouverture du tunnel comprenait 220 banques de plusieurs pays.

La logique de la finance intermédiée (meilleure information sur les emprunteurs, pas de risque de taux), renforcée par les règles prudentielles, conduit à des risques plus faibles pour les agents à capacité de financement que dans la finance directe, et à une bonne liquidité. Au détriment, évidemment, de la rentabilité des placements.

Mais la finance intermédiée présente aussi des inconvénients. Elle est réputée être coûteuse parce que la collecte, le traitement et l'interprétation de l'information requièrent du personnel nombreux et aux compétences très diverses (la prolifération bureaucratique guette) ; coûteuse aussi parce que les banques peuvent être tentées – voire incitées par les pouvoirs publics – de développer des pratiques contraires à la concurrence (ententes, etc.).

Depuis 1958, le célèbre théorème de Modigliani-Miller établit que la forme que prend le financement (action, emprunt bancaire, etc.) est indifférente dès lors que la concurrence est parfaite. Nous observons depuis le début de ce texte à quel point au contraire les formes du financement ne sont pas équivalentes. Un indice supplémentaire de l'irrecevabilité de l'hypothèse de concurrence parfaite. L'examen des conditions du financement de l'innovation illustre bien l'inanité du théorème.

IV. LES PARTICULARITÉS DU FINANCEMENT DE L'INNOVATION

Ce que nous avons déjà présenté, permet de comprendre un peu mieux les problèmes posés par le financement de l'innovation [*voir Dominique Guellec,* Économie de l'innovation, *La Découverte, « Repères », 1999, p. 40 à 43,* court et lumineux].

L'innovation est plus risquée que les investissements classiques ; sa réussite suppose que l'information reste imparfaite. Parce que l'innovation est un processus risqué, *un financement par l'emprunt bancaire ou obligataire est inadapté* : en cas d'échec, le prêteur perd tout, alors que la réussite ne lui fait percevoir qu'un taux d'intérêt insuffisant pour atteindre le niveau qu'exigerait le risque pris. Reste le financement par émission d'actions.

L'innovation ne peut réussir si trop d'information est divulguée sur la nature et les modalités du projet à financer (au moment où le financement est recherché, l'innovation n'est pas encore opérationnelle). *Cela interdit l'appel au marché financier*, inconcevable sans la diffusion d'informations importantes en l'absence desquelles aucun épargnant n'acceptera de s'engager. Bref, pas d'emprunt bancaire ou obligataire, mais pas d'appel au marché pour une émission d'actions.

On comprend mieux alors le fait que l'innovation est très souvent financée par autofinancement et l'intérêt de la formule du *capital-risque*, inventée aux États-Unis au début des « trente glorieuses ». Pour l'essentiel, il s'agit d'un financement par émission d'actions qui ne peuvent pas être vendues pendant un certain temps par leurs détenteurs. Les fonds sont rassemblés et gérés par des intermédiaires financiers très spécialisés – les capital-risqueurs – pour une durée déterminée considérée comme nécessaire à la manifestation du succès. À l'issue de cette période, et en cas de succès de l'innovation, les actions sont introduite sur un marché boursier spécialisé (en France le « nouveau marché », aux États-Unis le NASDAQ). Elles peuvent être également achetées directement par une (généralement) grande entreprise. C'est la plus-value plus ou moins importante réalisée à cette occasion par les détenteurs initiaux des actions qui rémunère ceux qui ont pris le risque de financer l'innovation.

Financer l'innovation dans de bonnes conditions a conduit à l'innovation financière que constitue le capital-risque. Dans les années quatre-vingt, d'autres innovations financières ont transformé les conditions du financement de l'économie.

V. LES INNOVATIONS FINANCIÈRES

Les systèmes financiers concrets combinent dans des proportions variées la finance (directe) de marché et la finance intermédiée. Les économistes ont souvent insisté sur l'opposition entre une logique propre à *l'économie de marchés financiers* (celle des systèmes où l'emportait la finance directe, cas des États-Unis) et une logique *d'économie d'endettement* à l'œuvre dans les systèmes où prévalait, comme en France, la finance indirecte.

Des innovations financières ont renouvelé les problèmes de la liquidité, du risque et de l'efficacité de la finance. Nous l'illustrons par quelques exemples empruntés au cas français qui est assez représentatif des bouleversements intervenus presque partout dans le monde.

Les SICAV

Les sociétés d'investissement à capital variable sont la variété la plus exubérante des OPCVM (organismes de placement collectif en valeurs mobilières). Le principe est simple : un épargnant peut acheter à une SICAV à n'importe quel moment les parts de cette SICAV (c'est en général une banque qui les commercialise) ; avec les liquidités ainsi obtenues, la SICAV achète des titres (actions, obligations, titres du marché monétaire, etc.). Le dividende versé par la SICAV à ses détenteurs de parts correspond aux revenus de ses placements diminués des frais de fonctionnement (très faibles en regard des sommes gérées).

Chaque jour, la valeur de marché des titres possédés par la SICAV divisée par le nombre de parts émises par la SICAV donne la valeur de la part. C'est à cette valeur quotidienne que l'épargnant peut à tout moment revendre ses parts à la SICAV (le montant des liquidités collectées par la SICAV change donc sans cesse, raison pour laquelle la société est dite « à capital variable »).

Les SICAV permettent de répondre à la plupart des souhaits des épargnants (ils ont été présentés au début de ce texte). Certaines, par exemple, privilégient la rentabilité. D'autres ont pour objectif la meilleure liquidité possible. On parle dans ce cas de SICAV *monétaires*. Celles-ci se protègent complètement contre le risque de taux (défini précédemment dans ce texte) au moyen de techniques rendues possibles grâce aux innovations financières (marchés à terme, options, etc., voir plus loin).

L'immense succès remporté par les SICAV monétaires n'est pas étonnant. Elles ont en effet permis de contourner l'interdiction de la rémunération des dépôts à vue dans les banques, puisqu'elles concilient une certaine rémunération et une liquidité parfaite (ou de tourner la réglementation sur les dépôts à terme traditionnellement effectués dans les banques par les entreprises qui souhaitaient placer leur trésorerie, c'est-à-dire leurs liquidités en attente d'emplois).

Le marché monétaire

Une autre innovation financière d'importance des années quatre-vingt est la création d'un large marché monétaire. Il s'agit d'un marché de titres « courts » ouvert aux agents financiers (banques, SICAV,...) ou non financiers (ménages, sociétés, État, etc.).

Les *titres du marché monétaire* (on parle aussi de titres de créances négociables) ont des noms différents selon la personnalité de l'émetteur (*certificats de dépôts* si l'émetteur est une banque, *billet de trésorerie* si c'est une entreprise, *bons du Trésor* si c'est l'État, etc.), mais leurs caractéristiques sont identiques : montant unitaire élevé (150 000 €, mais pour une SICAV c'est une miette), durée de 10 jours à 7 ans, etc.

Le marché monétaire prend place entre les marchés financiers traditionnels (les obligations ont des durées supérieures à 7 ans) et la finance indirecte. Il diversifie les possibilités des prêteurs et des emprunteurs (notamment de l'État). Il renforce la panoplie de la finance directe.

Les taux d'intérêt variables

L'expansion de la finance (directe) de marché augmente l'acuité de la question du risque de taux pour les prêteurs à taux fixe (voir plus haut dans ce texte). Pour pallier ce risque, se sont développées des émissions à *taux d'intérêt variable* : le taux d'intérêt varie alors en fonction d'un critère choisi au départ, par exemple l'EURIBOR à trois mois (*Euro Interbanks Offered Rate*, c'est-à-dire taux auquel les banques se prêtent mutuellement en euros pour 90 jours). Cette *méthode supprime le risque de taux pour le prêteur mais le transfère à l'emprunteur* ; ce dernier peut ainsi se trouver dans la situation de devoir payer un taux d'intérêt incompatible avec la rentabilité des projets financés.

Marché à terme et options

Pour couvrir les risques de taux des prêteurs à taux fixe ou des emprunteurs à taux variable, se sont développés des *marchés à terme* d'instruments financiers tel le MATIF (marché à terme international de France) ou le LIFFE (Londres). Sur un marché à terme, on peut vendre (ou acheter) à un *prix déterminé dès maintenant* un produit (du blé, du café, des devises, des instruments financiers représentatifs) *livrable à une échéance ultérieure déterminée* (le terme).

En achetant sur le MATIF des contrats adaptés à sa situation, un détenteur de titres à taux fixe (par exemple) pourra en cas de hausse des taux, gagner grâce au MATIF une somme égale à celle qu'il aura perdue à cause de la baisse du cours de ses titres (mécanisme décrit plus haut). Et réciproquement : en cas de baisse des taux, il perdra sur le MATIF une somme égale au gain provoqué par la hausse des cours des titres détenus.

Le marché à terme permet donc de supprimer le risque de perte dû à la variation d'un taux d'intérêt (ou d'un taux de change, etc.), mais au prix de la renonciation au gain qu'aurait procuré la variation contraire du taux. Le marché à terme permet aussi à des spéculateurs d'intervenir. Ils font le pari qu'ils devineront l'évolution future des taux d'intérêt (des taux de change ou des prix d'actifs divers) mieux que les autres, ce qui n'est évidemment pas toujours vrai...

Les options sur instruments financiers permettent de neutraliser le risque de perte sans entamer l'éventualité d'un gain. Sur un marché d'options s'achètent (et se vendent) des possibilités de choix : l'option est le droit de faire ou de ne pas faire quelque chose. Par exemple, le propriétaire d'une action Passecoit valant aujourd'hui 500 € pense que le cours du titre va monter au cours des six prochains mois, mais il veut se prémunir contre le risque de perte si celui-ci baisse (par exemple à la suite d'une chute générale de l'ensemble de la Bourse). Il souhaite gagner, mais ne veut pas perdre... Il achète donc une option de vente. Plus précisément, le droit de vendre dans six mois l'action Passecoit à 500 €. Si le cours de l'action dans six mois est tombé en dessous de 500 €, il exerce évidemment son droit de vendre le titre 500 € et il n'aura donc rien perdu (sauf le prix d'achat de l'option de vente). Si le Passecoit vaut plus de 500 €, le propriétaire n'utilise pas son droit de vendre puisqu'il est alors plus rentable de vendre au cours du marché comptant. L'option étant une assurance contre les pertes qui n'empêche pas les gains, elle coûte évidemment plus cher qu'un contrat à terme classique qui neutralise simultanément les possibilités de gain et de perte.

VI. LES CONSÉQUENCES DE LA MONTÉE DE LA FINANCE DE MARCHÉ

Les innovations financières présentées ont accompagné une libéralisation financière dont elles sont à la fois l'une des causes et l'une des conséquences. Les évolutions globales qui en résultent ont modifié les relations de l'économie et de la finance.

Désintermédiation

Depuis la décennie quatre-vingt, certains dépôts ont fui le passif des banques [*voir le tableau A sur le passif bancaire*] attirés par la rentabilité et la liquidité des SICAV ; celles-ci sont devenues ainsi des acteurs majeurs sur les marchés financiers (notamment sur le marché monétaire).

Du côté de l'actif bancaire, les opportunités offertes aux grandes entreprises par le marché monétaire et le nouveau dynamisme de la Bourse ont limité la demande de crédit.

On a, dans ces conditions, beaucoup parlé de *désintermédiation du financement*, c'est-à-dire d'un *recul de la part du financement qui transite par les intermédiaires financiers, au profit de la finance directe*. Le mouvement n'est pas niable, mais la désintermédiation est sans doute moins significative du nouveau cours que la marchéisation.

« Marchéisation »

En mettant en avant la marchéisation des financements, on n'insiste pas tant sur l'idée que les financements se font de plus en plus sur les marchés financiers (cette idée est déjà dans la notion de désintermédiation) ; on veut surtout souligner que *même la finance intermédiée opère à des conditions qui sont de plus en plus celles du marché.*

Du côté de leur passif (leurs ressources), les banques ont dû concéder des conditions de rémunération de plus en plus proches de celles du marché monétaire pour éviter une trop grande fuite des dépôts, notamment vers les SICAV. Le meilleur symbole de cette situation est la présence aujourd'hui dans leur passif de certificats de dépôts négociables [*voir le paragraphe sur le marché monétaire*] : ce sont des titres du marché monétaire qui leur coûtent donc par définition le taux d'intérêt monétaire.

Du côté de l'actif, les banques ont dû aligner les taux de beaucoup de leurs crédits sur les conditions du marché monétaire, sous peine de voir leurs meilleurs clients diminuer fortement leurs financements bancaires. Comble de la contamination de la finance intermédiée par les conditions du marché, on trouve maintenant dans l'actif bancaire des billets de trésorerie (c'est-à-dire des titres du marché monétaire, voir plus haut) achetés par les banques à certains de leurs clients pour les financer. Des titres du marché monétaire vendus par les banques (certificats de dépôts) finançant des titres du marché monétaire achetés par les banques (billets de trésorerie). Une intermédiation que n'importe quelle entreprise non financière serait capable de faire…

La finance comme branche d'activité

Cette marchéisation renforce les risques de marché dans la finance intermédiée. De plus en plus d'actifs bancaires y deviennent sensibles (voir les effets de la chute du prix des actifs immobiliers sur certaines banques japonaises ou sur le Crédit Lyonnais). Les banques doivent gérer la structure de leur bilan pour éviter d'être trop exposées aux risques de taux d'intérêt ou de change. Cela complexifie la gestion bancaire et fragilise la stabilité du système financier.

La marchéisation renforce la pression concurrentielle sur les banques. Les préoccupations de productivité, de baisse des coûts y deviennent donc progressivement décisives. Dans certains cas, la concurrence peut conduire à une augmentation de la prise de risque par les banques.

La finance était considérée traditionnellement en France d'abord comme une *fonction* : il s'agissait de mettre en relation, directement ou non, besoins et capacités de financement, de favoriser un haut niveau d'investissement éventuellement à l'aide de méthodes peu orthodoxes mais efficaces (création monétaire, taux d'intérêt réel négatifs du fait de l'inflation, etc.). Bref, *la finance servait d'abord à financer…*

La finance est peut-être devenue aujourd'hui d'abord une *branche d'activité, une industrie*. Il s'agit de produire des services financiers aux meilleures conditions, d'innover, de gagner des parts de marché par rapport aux concurrents dans un match planétaire. *L'objectif n'est plus tant de financer au mieux l'économie française que de vendre des services pour capter une part du PIB mondial*, comme n'importe quelle branche de l'économie. La finance se banalise.

Si les objectifs de la finance-fonction et ceux de la finance-branche d'activité entrent en conflit, lesquels l'emporteront ?

VII. QUELQUES ASPECTS MACROÉCONOMIQUES

Les techniques évoquées précédemment (marché à terme, options, etc.) permettent de réduire les risques microéconomiques liés à la finance de marché. Ainsi une SICAV peut-elle aujourd'hui se protéger contre le risque lié à la détention de titres à taux fixe, ou un emprunteur à taux variable se prémunir contre le risque d'une remontée des taux.

En renforçant le rôle des marchés, la déréglementation et les innovations financières devaient en théorie diminuer les coûts des systèmes financiers ; mais elles ont accru leur fragilité et leur instabilité, multipliant les crises financières et les krachs. L'ampleur, voire la nature, de l'accroissement de l'instabilité divise les économistes.

Pour certains, il s'agit d'un phénomène passager, appelé à disparaître lorsque sera achevée la phase inévitable de tâtonnements et d'apprentissage des nouveaux mécanismes par les agents économiques.

Pour d'autres – souvent de sensibilité plus keynésienne –, il s'agit d'un phénomène structurel non transitoire. D'abord parce que l'apprentissage n'est par définition jamais terminé : à chaque nouvelle innovation financière se reposent inévitablement les mêmes problèmes d'identification et d'évaluation des risques. Ensuite et surtout parce que, par nature, la finance de marché est instable en raison du mode de formation des cours des titres.

C'est ce que manifeste notamment l'existence des *bulles financières*. Ce sont des situations dans lesquelles les cours des titres (ou des taux de change, etc.) augmentent parce que les acheteurs croient que leur hausse va se poursuivre, ce qui accroît les achats,… fait monter les cours et incite d'autres agents à acheter, etc. Lorsque les opérateurs prennent conscience (en général à la suite d'un événement fortuit) que les cours ont atteint des niveaux absurdes, la bulle éclate aussi rapidement qu'elle était apparue. Si ce type de phénomène peut apparaître, c'est parce que les opérateurs n'agissent pas en fonction de ce qu'ils pensent sur la valeur future d'un titre, mais en fonction de ce qu'ils imaginent que les autres pensent…

Face à de tels phénomènes, certains économistes avancent l'idée que la réduction des risques microéconomiques, grâce aux innovations financières décrites plus haut (marchés à terme, options, etc.), a des effets pervers : étant mieux prémunis contre les risques, les agents sont moins prudents (situation d'aléa moral, *voir le lexique*) ; ils accroissent ainsi le *risque de système* lié à la finance de marché. On peut définir le risque de système comme l'éventualité d'apparition de situations économiques dans lesquelles les réponses individuelles aux risques microéconomiques perçus aggravent l'insécurité générale au lieu de la réduire. Les « bulles financières » en sont un élément. Pour comprendre intuitivement le risque de système, il suffit de penser à la façon dont les clients d'un grand magasin pourraient réagir s'ils perçoivent l'imminence d'un incendie : pour réduire son risque personnel, chacun se précipite vers la sortie ; c'est un comportement individuellement rationnel, mais il peut provoquer un phénomène collectif de panique qui engendre une catastrophe.

D'autres économistes (qui peuvent être également de sensibilité keynésienne) soutiennent aussi la thèse selon laquelle la libéralisation financière est en réalité responsable de l'ampleur des déficits qu'elle a permis de financer : sans elle, les États, par exemple, n'auraient pas pu autant s'endetter et auraient donc dû réduire leurs déficits (dette du tiers monde, etc.). Ce qui aurait aussi évité l'extension du pouvoir de la finance et des marchés.

Depuis la fin des années soixante-dix, les réformes financières ont toujours eu pour objectif de décloisonner les marchés, de mettre en concurrence les différents types de financement, de banaliser le statut des agents financiers (les particularismes et les privilèges notamment fiscaux sont des obstacles à la concurrence). L'objectif ultime est la création d'un espace unifié, homogène, dans lequel la raison économique pourrait enfin se propager sans obstacle et la « vérité » des prix s'affirmer, pour conduire à une bonne allocation des ressources financières. Dans ces conditions la politique monétaire a renforcé son hégémonie puisqu'elle est supposée être en charge des taux d'intérêt, seuls régulateurs admis dans l'espace financier « libéré ».

Il est clair que les conditions de l'exercice et de l'efficacité de la politique monétaire sont profondément modifiées par tous ces bouleversements. Mais la grandiose régulation des marchés par le jeu des taux d'intérêt se révèle moins simple que prévu. L'espace financier plus homogène produit par la libéralisation ne propage pas seulement la raison, mais aussi les bourrasques et les ouragans financiers qui se jouent des quelques digues réglementaires qui subsistent.

Même s'il faut se garder de prendre l'effet pour la cause, on peut au moins observer que la grandiose régulation des marchés s'est accompagnée d'un accroissement de l'instabilité. La libéralisation financière a plus favorisé les riches que la croissance. À lire plusieurs chapitres de ce manuel (y compris ceux où il est question d'exclusion et de pauvreté), il est tentant de dénoncer les méfaits de cette nouvelle économie politique des rentiers.

12

COMPRENDRE LE MULTIPLICATEUR EN ÉCONOMIE OUVERTE

JEAN-PAUL PIRIOU

Avertissement : ce texte complète les fiches du chapitre XVI sur le multiplicateur et le modèle keynésien simplifié (nous numérotons les relations et les situations dans la continuité par rapport à ces fiches). Il ne peut être utile que si ces fiches ont été assimilées au préalable. Pour travailler efficacement répondez aux questions au fur et à mesure mais sans lire auparavant le texte qui les suit car il donne les réponses.

I. ÉCONOMIE OUVERTE SANS IMPÔTS NI DÉPENSES PUBLIQUES

Raisonner en économie ouverte revient d'une part à augmenter les ressources en produits (Y) du montant des importations M, d'autre part à ajouter aux emplois intérieurs des produits (C + I) la valeur des exportations X. En ignorant provisoirement les dépenses publiques G et les impôts T, l'équilibre devient Y + M = C + I + X [Remarque : vous avez normalement dû étudier en classe de première, dans le cadre de l'initiation à la comptabilité nationale, cette égalité comptable entre les ressources en produits et les emplois de ces produits présentée ainsi : PIB + importations = consommation finale + FBCF + variation des stocks + exportations.]

Le multiplicateur

On admettra que les importations sont proportionnelles au revenu : M = mY où m est la propension à importer (le degré d'ouverture de l'économie). Lorsque Y est plus élevé, les importations le sont aussi, parce qu'il faut acheter à l'étranger plus de consommations intermédiaires (énergie, matières premières, etc.) et de biens d'équipement pour produire plus, mais aussi plus de biens de consommation pour répondre à une partie des besoins des ménages dont les revenus ont augmenté.

On admettra aussi que les exportations X sont données (elles sont déterminées par des facteurs nombreux – compétitivité, change, croissance des pays clients – que nous ne prenons pas en considération dans ce petit modèle). En n'oubliant pas que la consommation est fonction du revenu (C = cY), l'équilibre peut s'écrire : Y + mY = cY + I + X. D'où la relation 3

$$Y = \left(\frac{1}{[1 - c + m]}\right)(I + X)$$

$$\text{ou } \left(\frac{1}{[s + m]}\right)(I + X)$$

puisque $s = 1 - c$

La contrainte extérieure

Situation 5. (Les situations 1 à 4 sont présentées dans les fiches-outils du chapitre XVI.) Partons de la situation initiale suivante : c = 0,8 ; m = 0,3 ; I = 20 ; X = 30. D'après la relation 3 on a Y = 100 (vérifiez-le). On remarque que le solde extérieur X – M est nul (X = 30 ; M = 0,3 × 100 = 30).

Imaginons (peu importe la raison : recul du pessimisme des entrepreneurs, baisse du taux d'intérêt, etc.) que l'investissement augmente de 10.

Question 1. Vérifiez que Y atteint 120.
Question 2. Calculez les importations et le solde extérieur.
Question 3. Calculez l'épargne et comparez-la à l'investissement.
Question 4. Calculez le multiplicateur d'investissement. Pourquoi est-il plus faible qu'en économie fermée ?

On constate que :
– les importations sont maintenant de 36. L'équilibre du commerce extérieur cède donc la place à un déficit commercial de 6 ;
– l'épargne (0,2 × 120 = 24) n'est plus égale à l'investissement (30) ;
– le multiplicateur est de 2 alors qu'il serait de 5 en économie fermée [*voir relation 1 dans la fiche-outil 1 du chapitre XVI*]. À cause de la propension à importer, l'accroissement de la demande de biens suscité par l'élévation de l'investissement (et ses effets induits sur la consommation) ne se traduira pas par une hausse équivalente de la production (et donc des revenus) dans le pays, mais dans d'autres pays. Dans ce cas, la relance de l'un soutient l'économie des autres (pays fournisseurs). [C'est d'un mécanisme du même ordre qu'est quelquefois attendue la reprise : certains pays espèrent relancer leur économie grâce au dynamisme des importations d'autres pays, voire d'un seul (ce qui n'a de sens que s'il s'agit d'un grand pays, souvent qualifié alors de « locomotive »).]

Les importations, comme l'épargne, sont une fuite dans le circuit (tout se passe comme si la fuite des importations s'ajoutait à celle de l'épargne dans le tuyau de la fiche). La relation 3 montre d'ailleurs que m et s ont le même statut (il est indifférent pour le résultat final que ce soit m ou s qui s'élève). Une hausse de m aurait les mêmes effets qu'une élévation de s. [La hausse du prix du pétrole dont la consommation est peu compressible à court terme fait monter la propension à importer ; la relation 3 signifie donc qu'un « choc pétrolier » a des effets dépressifs analogues à ceux d'une hausse du taux d'épargne.]

On peut observer que l'accroissement du degré d'ouverture de l'économie française a évidemment fait baisser la valeur du multiplicateur français. Autrement dit, une politique de soutien de l'activité en France développe aussi celle de ses partenaires commerciaux [*voir le tableau A*]. Le degré d'ouverture de l'Union européenne est évidemment plus faible que celui des différents pays qui la composent (par définition, le commerce entre ces pays – le commerce intra-européen – n'est pas un commerce extérieur à l'Union). Le « multiplicateur européen » est donc plus fort que le « multiplicateur français ». Pour cette raison est souvent avancée l'idée que c'est au niveau européen que doivent être conçues et mises en œuvre les politiques de régulation de l'activité économique.

La relation 3 ne montre pas seulement que les propensions à épargner et à importer jouent le même rôle, mais également qu'une augmentation des exportations a le même effet qu'un accroissement de l'investissement. [Les exportations augmentent la demande de biens adressée aux entreprises résidentes, autrement dit rajoutent de l'eau dans l'entonnoir du schéma de la fiche-outil 1 du chapitre XVI.]

S – I = X – M

Cette équivalence entre I et X d'un côté, S et M de l'autre peut être mise en évidence d'une autre façon en repartant de l'égalité Y + M = C + I + X. Comme Y = C + S (où S est l'épargne), on peut écrire C + S + M = C + I + X ; d'où S + M = I + X et S – I = X – M.

Autrement dit, le solde extérieur (X – M) est nécessairement égal à l'excès de l'épargne (intérieure) sur l'investissement (intérieur), c'est-à-dire à la capacité de financement de la nation. Dans notre exemple S – I = 24 – 30 = – 6 ; et X – M = 30 – 36 = – 6.

II. ÉCONOMIE OUVERTE AVEC IMPÔTS ET DÉPENSES PUBLIQUES

L'équilibre des ressources et des emplois est maintenant :

Y + M = C + I + G + X

mais M = mY et C = c (Y – T) avec T = tY ;

donc Y + mY = c (Y – tY) + I + G + X

D'où la relation 4 :

Y = k (I + G + X)

avec k = 1/[1 + m – c (1 – t)]

Politique budgétaire expansive

Situation 6. c = 0,8 ; m = 0,3 ; t = 0,25 ; I = 17 ; G = 28 ; X = 32.

Question 5. Calculez le niveau de Y, le multiplicateur, le déficit budgétaire et le solde extérieur.

D'après la relation 4, le multiplicateur k = 1/[1 + 0,3 – 0,8(1 – 0,25)] = 1/0,7 soit environ 1,43. On a donc : Y = 77/0,7 = 110. Déficit budgétaire : G – T = 28 – 0,25Y = 28 – 27,5 = 0,5 (c'est un déficit). Solde extérieur : X – M = 32 – 0,3Y = – 1 (c'est donc aussi un déficit).

Imaginons une première variante à partir de cette situation 6. Le gouvernement souhaite réduire le chômage en développant l'activité par une politique budgétaire augmentant les dépenses publiques de 7,7.

Question 6. Calculez le niveau de Y, le déficit budgétaire et le solde extérieur.

Nous savons déjà que l'effet multiplicateur de la dépense publique va élever le revenu (mais les importations et la fiscalité proportionnelle vont atténuer l'ampleur de cet effet) ; nous savons aussi que la hausse du revenu doit se traduire par un accroissement des importations (d'où une dégradation du solde extérieur) et une amélioration des rentrées fiscales qui va atténuer l'ampleur du déficit budgétaire supplémentaire lié à la politique budgétaire expansive. La relation 4 permet de calculer simplement le nouveau niveau du revenu et les nouveaux soldes budgétaires et extérieurs.

Y = (17 + 35,7 + 32)/0,7 = 121 (Y augmente de 11)

ΔT = 0,25 x 11 = 2,75 ; or, DG = 7,7 ; le déficit budgétaire augmente donc de 4,95 et atteint 5,45.

ΔM = 0,3 × 11 = 3,3. Le déficit extérieur passe donc de 1 à 4,3.

Un choc macroéconomique

Imaginons une autre variante à partir de la situation 6. G reste à 28 et un choc macroéconomique d'origine externe – peu importe finalement sa cause (récession américaine, crise financière asiatique ou non…) – se manifeste par une contraction brutale des exportations de 7.

Question 7. Calculez Y et le déficit budgétaire.

La relation 4 appliquée aux données initiales de la situation 6 conduit à Y = (I + G + X)/0,7 = (17 + 28 + 25) /0,7 = 100

Cette diminution du revenu de 10 induite par la baisse des exportations fait baisser les recettes fiscales de 2,5 (25% de 10) : le déficit budgétaire passe donc de 0,5 à 3.

C'est parce que le déficit budgétaire se creuse que l'activité ne plonge pas plus : la fiscalité proportionnelle fonctionne encore une fois comme stabilisateur automatique.

Question 8. Calculez quel serait le niveau de Y si les impôts n'étaient pas proportionnels au revenu mais forfaitaires et égaux à 27,5 (niveau des impôts dans la situation initiale 6).

Dans ce cas, la réduction du revenu consécutive à la réduction de 7 des exportations serait de 14 et non pas de 10. Le revenu Y serait en effet tel que : Y + 0,3Y = 0,8 (Y – 27,5) + 17 + 28 + 25 ; d'où Y = 96

Revenons à cette variante où le choc macroéconomique fait passer Y de 110 à 100. La baisse du revenu provoquée par la chute des exportations entame aussi les importations de 3 (30% de 10) : le solde extérieur ne se détériore donc pas de 7 (baisse des exportations) mais de 4. Le déficit extérieur atteint maintenant 5. On remarquera que le fait que les importations soient proportionnelles au revenu introduit un stabilisateur automatique supplémentaire. Si les importations restaient à 33 (situation 6 initiale), on aurait :

Y + 33 = 0,8 (Y – 0,25Y) + 17 + 28 + 25 ; d'où Y = 92,5, soit une baisse de 17,5 au lieu de 10.

Question 9. Comparez le niveau du revenu avec stabilisateurs automatiques et sans stabilisateurs (c'est-à-dire si on avait T = 27,5 et M = 33).

En l'absence des deux stabilisateurs automatiques, le revenu Y serait tel que : Y + 33 = 0,8 (Y – 27,5) + 17 + 28 + 25.

Y se serait donc effondré de 110 à 75 alors que les stabilisateurs automatiques ont permis de limiter la chute à 100.

Politique budgétaire restrictive

Le choc macroéconomique a fait plonger les déficits : celui du commerce extérieur est passé de 1 à 5 (parce que DM = 0,3 × – 10 = – 3 et que DX = – 7) et celui du budget de 0,5 à 3. Il est évidemment possible de les résorber, mais à quel prix !

Imaginons que le gouvernement décide de réduire les dépenses publiques de 3,5 (elles passent donc à 24,5).

Question 10. Quel est le nouveau niveau du revenu ? De combien le déficit budgétaire est-il réduit ? Commentez.

La relation 4 nous donne les conséquences de cette austérité budgétaire renforcée :

Y = (17 + 24,5 + 25)/0,7 = 95

Bref, c'est une nouvelle chute du revenu, donc de l'emploi.

Avec Y = 95, le déficit budgétaire est D = 24,5 – 0,25 × 95 = 0,75. Le déficit extérieur de 5 se réduit à 3,5 puisque les importations régressent à 30% de 95, soit 28,5 (elles étaient précédemment de 30).

Ces mesures sont insuffisantes pour rétablir les « grands équilibres », comme les appelle la direction du Trésor du ministère de l'Économie et des Finances. Il faudrait encore plus d'austérité… Face à ce type de conjoncture, on peut se demander s'il n'est pas préférable – pour sauvegarder un peu l'emploi (car tout affaiblissement de Y signifie plus de chômeurs) – de laisser filer le déficit budgétaire. Mais les déficits augmentent la dette publique. Étudier la faisabilité d'une telle politique nécessite de s'interroger sur la dynamique et les limites de la dette publique [*voir la fiche-outil 3 du chapitre XVI*].

(S – I) + (T – G) = (X – M)

Il est possible d'enrichir la relation entre I, S, M et X établie précédemment en y introduisant G et T.

L'équilibre des ressources et des emplois de l'économie s'écrit Y + M = C + I + G + X qui devient Y – C + M = I + G + X. Or les revenus sont soit consommés, soit épargnés, soit versés en impôts ; autrement dit, Y = C + S + T ; donc Y – C = S + T ; d'où la relation suivante :

S + T + M = I + G + X

Cette relation comptable peut encore s'écrire :

(S – I) + (T – G) = (X – M)

(S – I) est la capacité de financement des agents privés (excédent de leur épargne sur leur investissement). (T – G) est le solde budgétaire (capacité de financement de l'État, ou besoin de financement si le solde est négatif, c'est-à-dire est un déficit). (X – M) est le solde extérieur. Cette égalité nous dit que le solde extérieur est donc égal à la somme des capacités de financement privée et publique, c'est-à-dire à la capacité de financement de la nation.

III. L'ÉCHEC DE LA « RELANCE MAUROY » INFIRME-T-ELLE L'ANALYSE KEYNÉSIENNE ?

En 1981, dans le contexte du deuxième « choc pétrolier », le gouvernement de Pierre Mauroy met en œuvre un programme de relance comme il l'avait promis aux électeurs. Une politique de même nature avait été conduite après le premier choc pétrolier par le gouvernement de Jacques Chirac. La politique Mauroy va échouer et est depuis présentée comme la démonstration de l'inanité de l'analyse keynésienne. Les choses sont un peu plus compliquées : cet échec montre qu'il n'est pas possible à une économie largement ouverte sur l'extérieur de conduire une politique à contre-courant de celles de ses principaux partenaires. Nous allons le comprendre grâce à une analyse… keynésienne.

Pour juger des effets de la relance, il faut tenir compte de l'évolution de l'environnement international. Au moment où la politique est lancée, les « experts » de l'OCDE prévoient un redémarrage de l'économie européenne qui n'aura en réalité pas lieu. On peut donc décomposer ce qui s'est produit en distinguant deux causes : la politique de relance proprement dite et la dégradation de la conjoncture internationale par rapport à ce que prévoyait l'OCDE.

Les résultats de la simulation opérée à l'aide d'un modèle macroéconométrique (c'est-à-dire une maquette de l'économie française) sont présentés dans le tableau A. La relance Mauroy à elle seule suffit à dégrader le solde extérieur : c'est logique puisque la croissance du revenu provoquée par la relance suscite une augmentation des importations. La dégradation du solde extérieur reste faible (23 milliards de francs, soit 0,6 % du PIB), mais c'est un prix élevé pour un gain de croissance du PIB de seulement 0,9 %. L'effet de la dégradation de la conjoncture internationale est d'une autre ampleur : elle accroît fortement le déficit extérieur parce que la faible activité de nos partenaires les conduit à réduire leurs importations. Les exportations françaises se contractent donc. L'effet multiplicateur de la réduction des exportations joue à plein et le PIB baisse de 2 %.

Tableau A

La « relance Mauroy »		
Évolution observée	**PIB (en %)**	**Solde extérieur (en milliards de F)**
En 1981	0,5	– 55
En 1982	1,8	– 100
Impact en 1982		
De la relance Mauroy	0,9	– 23
De la dégradation internationale[a]	– 2,0	– 44
Impact simulé pour 1982		
Relance sans dégradation	3,8	– 56
Dégradation sans relance	0,9	– 77
Ni relance, ni dégradation	2,9	– 33

a. Dégradation de l'environnement international par rapport aux prévisions de l'OCDE de juillet 1981.
N.B. : PIB 1981 = 3 165 milliards de francs, 1982 = 3 626.
Source : Jean Pisani-Ferry, Alternatives économiques, *décembre 1985, d'après Alain Fonteneau, Pierre-Alain Muet,* La Gauche face à la crise, *FNSP, 1985.*

Tableau B

Effets d'une hausse des dépenses publiques de 1 % du PIB au début des années 1980			
en % du PIB	**Délai (années)**	**Relance isolée**	**Relance coordonnée**
Croissance du PIB	1	1,1	1,8
	3	1,4	3,0
Solde extérieur	1	– 0,5	– 0,1
	3	– 0,6	0
Solde budgétaire	1	– 0,9	– 0,6
	3	– 0,7	+ 0,6

Lecture : une hausse des dépenses publiques équivalente à un point de PIB, si elle n'a lieu qu'en France (relance isolée), provoque une hausse du PIB de 1,1 % au bout d'un an, trois ans après, le PIB est supérieur de 1,4 % au niveau qu'il aurait atteint sans cette relance, le solde budgétaire s'est dégradé de 0,7 point de PIB et le solde extérieur de 0,6 %. Une baisse du solde budgétaire correspond à une diminution de l'excédent budgétaire ou à une hausse du déficit.
Source : modèle Interlink, OCDE 1983, in *Alain Fonteneau et Pierre-Alain Muet,* ibid.

La relance Mauroy est donc surtout à interpréter comme la démonstration qu'en économie ouverte est difficilement soutenable un « décalage conjoncturel » défavorable, c'est-à-dire une situation qui voit le PIB de la France augmenter plus rapidement que celui de ses partenaires : dans ce cas, les exportations se contractent et les importations augmentent (relançant partiellement l'économie de ces partenaires). Cette situation se traduit par une forte dégradation de la balance commerciale qui déclenche une spéculation à la baisse du franc, les opérateurs s'attendant à une dévaluation. Pour éviter que cette « contrainte extérieure » ne prenne trop d'importance, la France fut rapidement conduite à mettre en œuvre une politique d'austérité qui changea le décalage conjoncturel de signe. La croissance française moins forte que celle des partenaires conduisit à un rétablissement rapide de la balance extérieure et à une hausse du chômage.

La quasi-impossibilité de conduire une politique autonome dans une « petite » économie ouverte comme la France au début des années 1980 ressort du tableau B qui reprend les résultats de simulations réalisées alors avec le modèle Interlink de l'OCDE. Ils montrent qu'une politique de relance isolée est vouée à l'échec alors qu'une politique de relance coordonnée (hausse simultanée des dépenses publiques d'un point de PIB dans les principaux pays) a des effets spectaculaires et positifs non seulement sur la croissance du PIB (le multiplicateur est finalement de 3), mais également sur les finances publiques dont le solde s'améliore même de 0,6 point de PIB au bout de trois ans. Le tableau B montre qu'une relance coordonnée anesthésie la « contrainte extérieure » : comme les importations de tous les pays « relanceurs » augmentent, leurs exportations augmentent également ; le multiplicateur peut donc jouer pleinenement ce qui permet aux États d'autofinancer largement après coup la relance grâce à l'amélioration des rentrées fiscales permise par l'expansion du PIB. Las ! Quelque vingt ans après, l'utilisation coordonnée de politiques budgétaires expansives en Europe ressemble beaucoup à l'horizon dont on sait qu'il recule au fur et à mesure qu'on croit s'en rapprocher.

13

COMPRENDRE L'ACTUALISATION : INVESTISSEMENT ET TAUX D'INTÉRÊT

JEAN-PAUL PIRIOU

Dans le texte principal du chapitre II, nous évoquons la rentabilité de l'investissement sans nous appesantir sur les problèmes de définition. Qu'est-ce qu'un investissement rentable ? Pour répondre, il faut évoquer quelques rudiments de calcul économique. En dépit de la référence à la notion de calcul, cette fiche ne requiert aucune compétence particulière en mathématique. Au-delà de la question de l'investissement, elle permet de commencer à faire connaissance avec le rôle du taux d'intérêt. Pour en savoir plus sur cette notion essentielle dans une économie de marché, on peut se reporter au texte sur la finance qui figure page 717.

Faire du calcul économique, c'est principalement comparer des *coûts* et des *avantages monétairement évaluables.* Les uns et les autres sont *datés* ; autrement dit, les *coûts* sont subis à certains moments et les avantages sont obtenus à d'autres moments. Pour en faire le bilan, il faut rendre comparables ces coûts et ces avantages subis ou perçus à des moments différents. C'est l'objet de l'*actualisation.*

Soit le projet d'investissement X suivant. L'investissement initial de 144 € est effectué à la fin de l'année 0. Il correspond à des machines d'une durée de vie de deux ans. Les profits (différences entre les recettes et les coûts) sont de 100 € chaque année (pour simplifier, on suppose qu'ils sont touchés le dernier jour des années 1 et 2).

Le projet est apparemment rentable puisqu'il rapporte 200 € alors qu'il ne coûte que 144 €. En réalité, les choses sont moins simples car on ne peut pas comparer directement des sommes reçues à deux dates différentes.

Les intérêts composés

Une somme de 100 € placée aujourd'hui à 10 % rapporte 10 € au bout d'un an ; Les 100 € sont donc devenus 110 €. Replacés une année de plus au même taux, ces 110 rapportent 11 ; ils sont ainsi devenus 121 ; replacés encore une année, les 121 € rapportent 12,1 € ; ils sont donc devenus 133,1 €.

Les 100 € initiaux ont donc été multipliés par 1,1 à l'issue de la première année ; à nouveau par 1,1 au cours de la deuxième ; soit par 1,1 x 1,1 c'est-à-dire $(1,1)^2$ ou 1,21 ; enfin, à l'issue de la troisième année, les 133,1 € obtenus correspondent bien à 100 € multipliés par $(1,1)^3$. C'est le principe des intérêts composés : une somme S placée *n* années au taux d'intérêt *r* devient $S\ (1 + r)^n$. L'actualisation est la réciproque de ce phénomène.

Le coefficient d'actualisation

Imaginons que le taux d'intérêt soit encore de 10 % et que vous deviez recevoir (pour une raison qui importe peu) 121 € dans un an. Quelle somme accepteriez-vous de recevoir *aujourd'hui* pour renoncer à ces 121 € *dans un an* ? La réponse est 110 €. Placés *aujourd'hui* (à 10 %), ces 110 € vous rapporteraient en effet 11 € ; ils seraient donc devenus 121 € dans un an (ils auraient été multipliés par 1,1). Autrement dit, 121 € dans *un an* et 110 € *aujourd'hui* sont des sommes équivalentes.

On dit que 110 € est la *valeur actuelle* des 121 €. Pour obtenir cette valeur actuelle, il a suffi de diviser 121 € par 1,1 ou – ce qui revient au même – de les multiplier par 1/1,1 soit 0,9091. Ce nombre est appelé *coefficient d'actualisation.* Si le taux d'intérêt est *r*, le coefficient d'actualisation d'une somme disponible dans un an est donc 1/1 + r.

Imaginons maintenant que vous ne deviez recevoir les 121 € que dans deux ans. Quelle est leur valeur actuelle, c'est-à-dire la somme qu'il vous serait indifférent de recevoir aujour-

Encadré A : ***Le changement de taux d'intérêt change la perspective***

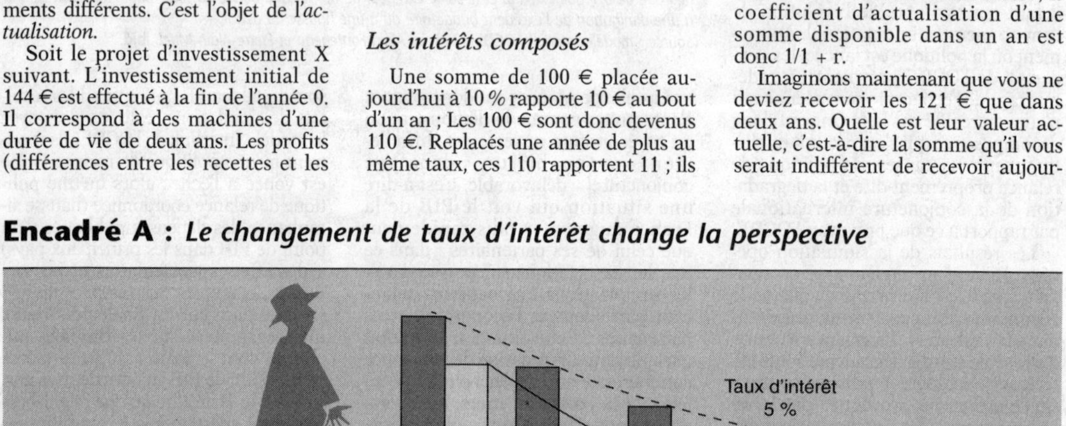

L'entrepreneur voit différemment 100 € de profit à recevoir dans 5 ans, 10 ans, 15 ans ou 20 ans. Plus les 100 € de profit sont éloignés, plus l'entrepreneur les voit petits. C'est la logique profonde de l'actualisation : ce qui est proche pèse d'un poids plus lourd que ce qui est lointain. Lorsque le taux d'intérêt augmente de 5 % à 10 %, la valeur actuelle de chaque flux est plus petite : tout se passe comme si l'horizon se déplaçait.

d'hui à la place des 121 € ? Cette somme, si vous la placiez pendant deux ans devrait devenir 121 €. Or, une somme placée pendant deux ans à 10 % voit par définition sa valeur multipliée par 1,1 chaque année, c'est-à-dire au total par 1,12, soit 1,21. La valeur actuelle de 121 € à recevoir dans deux ans est donc 121/1,21 = 100 (par le jeu des intérêts composés, 100 aujourd'hui donnent 121 dans deux ans). Le coefficient d'actualisation est donc maintenant $(1/1,1)^2$, soit 0,8264.

Récapitulons. 121 € à recevoir dans un an valent aujourd'hui 110 €. Mais seulement 100 € s'ils sont à recevoir dans deux ans. Autrement dit, *plus la somme à recevoir est éloignée, plus sa valeur actuelle est faible.* C'est logique puisque le coefficient d'actualisation diminue avec la durée : 0,9091 pour une somme disponible dans un an, 0,8264 si elle l'est dans deux ans ; $(1/1,1)^{10}$, c'est-à-dire 0,386 si la somme est disponible seulement dans dix ans ; $(1/1,1)^{20}$, c'est-à-dire 0,149 si la somme est disponible seulement dans vingt ans ; *d'une façon générale* $(1/1 + r)^n$ *si la somme à actualiser doit être reçue dans* n *années.*

Revenons maintenant au projet X en imaginant que le taux d'intérêt est de 10 %. La valeur actuelle des 100 € de profit prévus à la fin de la première année est donc (1/1,1) x 100 €, soit 90,91 €. En utilisant le même principe, on peut aussi dire que la valeur actuelle des 100 € de profit prévus à la fin de la seconde année est $(1/1,1)^2$ x 100 €, soit 82,645 €. La valeur actuelle de l'ensemble du profit (on peut aussi l'appeler sa valeur actualisée) est donc de 173,6 €. Comme le projet correspond à une dépense de 144 €, cet investissement est rentable.

On appelle valeur actuelle nette (rien à voir avec la valeur ajoutée) la valeur actualisée des profits moins la valeur de l'investissement initial. Le tableau A présente le résultat des calculs de cette valeur nette pour différents taux d'intérêt.

La valeur actuelle nette

La valeur actuelle dépend du niveau du taux d'intérêt auquel on *actualise* ; plus le taux d'actualisation *r* est élevé, plus la valeur actuelle est faible, puisque *r* apparaît au dénominateur du coefficient d'actualisation. Par exemple, au bout de deux ans, le coefficient est de 0,826 avec un taux de 10 %, mais de 0,592 si *r* = 30 %.

Nous disposons maintenant de tous les éléments pour étudier le projet X précédemment décrit. Le tableau A donne les valeurs actuelles des profits attendus de l'investissement. Il suffit, pour chaque année, de multiplier 100 € (profit attendu) par le coefficient d'actualisation $(1/1 + r)^n$ qui convient. On a calculé plus haut ceux qui correspondent à *r* = 10 %. La valeur actuelle des profits des deux années est dans ce cas 173,6 €. Compte tenu d'un investissement initial de 144 €, la valeur actuelle nette du projet – profits actualisés moins dépense d'investissement – est donc de 29,6 € (au lieu de valeur actuelle nette, on peut parler de bilan actualisé).

On constate que la valeur actuelle des profits est d'autant plus faible que le taux d'actualisation (le taux d'intérêt) est élevé.

Taux interne de rendement ou taux de rentabilité interne

Il existe un taux – 25 % exactement – pour lequel la valeur actuelle des profits est égale à celle de l'investissement, autrement dit pour lequel la valeur nette du projet est nulle. *Ce taux d'actualisation qui annule la valeur actuelle nette est en général appelé « taux interne de rendement » de l'investissement* par les spécialistes de la gestion et « *taux de rentabilité interne* » par les économistes. Il s'agit d'une définition rigoureuse de la rentabilité. Si l'entrepreneur emprunte les fonds nécessaires au projet X à un taux d'intérêt supérieur à ce taux de rendement, il fait des pertes. S'il emprunte à un taux d'intérêt inférieur, il réalise un profit. S'il emprunte au même taux, il réalise donc un profit nul. L'encadré C propose une vérification de ces affirmations.

Imaginons par exemple que le projet d'investissement X ne rapporte que 94,25 € par an au lieu de 100 €. On peut vérifier que dans ce cas sa valeur nette s'annule pour un taux de 20 %. On vérifiera également que pour un profit annuel de 105,8 €, la valeur actuelle nette est nulle lorsque le taux d'actualisation est 30 %. Le taux de rendement interne est donc d'autant plus faible que le projet est moins rentable, et réciproquement.

Il est possible de classer tous les projets d'investissement par ordre de rentabilité décroissante. Au fur et à mesure que le taux d'intérêt baisse, le nombre de projets rentables (c'est-à-dire dont le taux interne de rendement

Tableau A

Valeur actuelle nette (VAN) des profits du projet X en euros

Taux d'intérêt (%)	Profit année 1	Profit année 2	Profit actualisé	Valeur actuelle nette[a]
0	100,0	100,0	200,0	56,0
10	90,9	82,7	173,6	29,6
20	83,3	69,4	152,8	8,8
25	80,0	64,0	144,0	0,0
30	76,9	59,2	136,1	- 7,9

a. La VAN est égale au profit actualisé moins l'investissement initial (144 €).

Encadré B : *La valeur d'un revenu perpétuel*

Imaginons que 100 € soient reçus chaque année perpétuellement. Quelle est la valeur actuelle V d'un tel échéancier de revenus ? En mettant 100 en facteur, on peut écrire $V = 100 [(1/1,1) + (1/1,1)^2 + (1/1,1)^3 + (1/1,1)^4 + ... + (1/1,1)^n + ...]$. Si nous posons (1/1,1) = q, nous obtenons (en mettant aussi q en facteur) : $V = 100\, q\, [1 + q + q^2 + q^3 +... + q^{n-1} +...]$
Le terme entre crochets est une progression géométrique de raison « q » inférieure à 1. Vous avez normalement dû apprendre en mathématique que lorsque le nombre de termes tend vers l'infini, la somme d'une telle suite tend vers 1/(1 – q). Tous calculs faits, V tend vers 100/0,1 c'est-à-dire 1 000. Si le taux d'intérêt est 20 %, V devient 100/0,2 soit 500. [*On retrouve très exactement les résultats obtenus avec un raisonnement différent dans la fiche « Comprendre la finance (presque) sans peine », page 719*]. D'une façon générale, si le taux d'intérêt est « r », la valeur actuelle d'un revenu R reçu chaque année perpétuellement est R/r.
On peut donc dire qu'une baisse du taux d'intérêt augmente la richesse actuelle de ceux qui possèdent le droit de recevoir un échéancier déterminé de revenus.

est supérieur au taux d'intérêt) augmente ; le volume de l'investissement doit donc augmenter lorsque le taux d'intérêt diminue [*voir hypothèses supplémentaires dans le texte principal du chapitre II*].

L'efficacité marginale du capital

Pour Keynes l'*efficacité marginale du capital* est très précisément *le taux interne de rendement (ou le taux de rentabilité interne) le plus élevé qu'il est possible d'obtenir en augmentant d'une unité l'investissement dans l'ensemble de l'économie.* Par rapport aux néoclassiques (qui parlent de productivité marginale du capital), l'originalité de Keynes sur ce point réside seulement dans le fait – mais il est décisif – qu'il affirme que les profits futurs qu'il s'agit d'actualiser avant de décider ou non d'investir sont incertains. Ils dépendent donc – d'après Keynes – des anticipations des entrepreneurs, c'est-à-dire de la façon dont ils perçoivent l'avenir. Ces anticipations peuvent se modifier brutalement et jouer ainsi un rôle en général plus décisif que les variations du taux d'intérêt sur le niveau de l'investissement [*voir le texte principal du chapitre II*].

L'horizon se rapproche lorsque le taux d'intérêt augmente

Imaginons maintenant un projet d'investissement d'une durée de vie beaucoup plus longue que les deux ans du projet X. On a vu que le coefficient d'actualisation $(1/1 + r)^n$ est d'autant plus faible que les profits attendus de l'investissement sont lointains. Avec un taux d'intérêt de 5 % par exemple, le coefficient d'actualisation des profits à recevoir dans dix ans est de 0,61 ; de 0,38 si le délai est de vingt ans.

Le taux d'intérêt (l'actualisation) introduit donc un effet de perspective. On peut parler d'un *horizon économique* puisque plus les profits sont éloignés, plus ils semblent petits après actualisation ; autrement dit, plus on s'éloigne et moins les événements ont d'influence dans l'évaluation d'un projet.

Lorsque le taux d'intérêt s'élève tout se passe comme si l'horizon se rapprochait : la visibilité baisse. Nous venons de voir qu'avec un taux d'intérêt de 5 %, le coefficient d'actualisation était réduit à 0,38 au bout de vingt ans. Les calculs montrent que ce coefficient est atteint dès la dixième année si l'intérêt s'élève à 10 % et dès la septième année s'il est de 15 %. La hausse du taux d'intérêt accroît mécaniquement la myopie des investisseurs. Plus le taux s'élève, plus la logique de l'actualisation les incite à ignorer les conséquences lointaines de leurs actes. Le profit rapproché importe, mais le profit éloigné semble petit.

Le taux d'intérêt s'élève lorsque l'horizon se rapproche

Lorsque l'avenir est très incertain, il est évidemment rationnel de ne tenir compte que du futur rapproché dans les évaluations des projets d'investissement. En d'autres termes, il est plus prudent d'avoir un horizon court. On sent donc qu'il existe une relation entre le taux d'intérêt et l'incertitude.

Encadré C : *Mieux vaut actualiser !*

L'entrepreneur E emprunte 144 € pendant deux ans au taux d'intérêt du marché pour financer son projet X. Si le taux d'intérêt est de 30 %, il doit verser 43,20 € d'intérêt à la fin de la première année. Comme son profit est de 100 € cette année-là, il lui reste 56,80 €... qu'il peut placer à 30 % pendant un an. À la fin de la seconde année, il reçoit donc 17,04 € d'intérêt et dispose donc au total de cette somme plus les 56,80 € récupérés après le prêt d'un an, auxquels s'ajoutent les 100 € de profit de l'année 2. Cette somme de 173,84 € ne suffit pas à rembourser les 144 € empruntés et les intérêts de la seconde année (43,20 €), soit 187,20 €. Bref, « à l'arrivée », il lui manque 13,36 €. À noter que cette perte, actualisée à 30 % sur deux ans, correspond à 13,36 x $(1/1,3)^2$, soit 7,90 €. On retrouve la valeur calculée dans le tableau A.

Date	Taux d'intérêt des prêts et emprunts	a	20 %	25 %	30 %
1er janvier 1	Entrepreneur emprunte 144 € pour 2 ans	b	144,0	144,0	144,0
31 décembre année 1	Profit obtenu pour la première année.	c	100,0	100,0	100,0
	Intérêts à verser pour l'emprunt.	d = a b	28,8	36,0	43,2
	Liquidités à placer	e = c – d	71,2	64,0	56,8
	Bilan des entrées et sorties de liquidités	c – d – e	0,0	0,0	0,0
31 décembre année 2	Intérêts reçus pour ce placement.	f = e a	14,24	16,0	17,04
	Recouvrement du prêt	g = e	71,2	64,0	56,8
	Profit obtenu pour la seconde année	h	100,0	100,0	100,0
	Intérêts à verser pour l'emprunt	i = a b	28,8	36,0	43,2
	Remboursement de l'emprunt	j = b	144,0	144,0	144,0
	Bilan des entrées et sorties de liquidités	k = f + g + h – i – j	12,64	0,0	13,36
	Coefficient d'actualisation $1/(1+a)^2$	l	0,694	0,64	0,592
	Valeur actuelle nette au 1er janvier 1	k l	8,8	0,0	7,9

Lorsque l'incertitude augmente, il est logique de prendre des primes de risque, c'est-à-dire de ne prendre en considération qu'une partie des profits futurs attendus. Ceci a le même effet que si le taux d'intérêt augmentait.

Revenons au projet X dont le taux de rendement était de 25 %. Si l'incertitude augmente, il peut être plus prudent de considérer que le profit annuel ne sera pas de 100 €, mais par exemple de 94,25 €. Dans ce cas, on l'a vu, le taux de rendement passe de 25 à 20 %. Il faut donc que le taux d'intérêt soit inférieur à 20 % pour qu'on accepte d'investir, alors qu'avant l'introduction de la prime de risque on était prêt à investir dès que le taux d'intérêt passait en dessous de 25 %. Autrement dit, introduire une prime de risque produit le même effet sur la décision d'investir que si le taux d'intérêt augmentait.

La réduction de l'incertitude a des effets symétriques. Lorsque l'incertitude régresse, l'horizon s'éloigne ; autrement dit le taux d'intérêt baisse.

Le cas le plus caricatural de relation entre l'horizon et le taux d'intérêt est celui de l'individu (ou de l'entreprise ou du pays) qui accepte de payer un taux d'intérêt très élevé à un usurier ; cette attitude correspond à un horizon très court.

Certains dictons font implicitement référence à des taux d'intérêt très élevés : « après moi, le déluge » ou « un tiens vaut mieux que deux tu l'auras »...

L'État, réducteur d'incertitude ?

Un taux d'intérêt élevé écarte presque par définition les projets d'investissement à durée de vie longue (puisque les revenus obtenus à long terme pèsent alors peu dans la valeur nette). Se développent alors l'obsession du court terme et/ou des placements financiers.

Derrière cette arithmétique de l'actualisation se profile en définitive pour l'État une nouvelle raison d'intervenir. Il est le seul à pouvoir prendre le risque des investissements qui n'ont de sens que dans la durée parce que leurs avantages se font sentir très longtemps (infrastructures comme les canaux...) et/ou après un long délai (recherche scientifique).

L'enjeu des questions abordées ici est évidemment considérable pour la croissance : parce que l'innovation est par nature synonyme d'incertitude, des taux d'intérêt élevés la pénaliseront.

L'enjeu est également considérable pour la réflexion écologique qui par définition attribue beaucoup de poids au futur. L'arithmétique de l'actualisation explique par exemple que certaines contraintes écologiques soient mal prises en compte. Un exemple simple permet de l'illustrer. Imaginons que le coût de démantèlement d'une centrale nucléaire corresponde à 25 % de l'investissement initial. Si le taux d'actualisation est de 7 %, et le démantèlement effectué trente ans après l'investissement initial, le coefficient d'actualisation est de $(1/1,07)^{30}$, soit 0,13 ; le coût du démantèlement a donc une valeur actuelle de 13 % de 25 %, soit 3,25 % de l'investissement initial... Trop peu pour modifier la décision ou affecter la rentabilité de ce type d'investissement. Autrement dit, dans une logique d'actualisation, la nécessité de consacrer demain beaucoup de ressources à l'atténuation des conséquences néfastes de nos actions actuelles compte peu dans les décisions d'aujourd'hui. À moins que nous ne leur donnions une valeur future considérable.

Encadré D : *Un petit exercice pour vérifier que le principe de l'actualisation est compris*

Soit une entreprise qui a étudié trois projets d'investissement A, B et C qui permettent d'obtenir des profits (supposés reçus à la fin de chaque année) pendant trois ans, durée de vie des projets. Chacun des projets se traduirait par un investissement au début de la première année. Les données sont résumées dans le tableau.

1. Calculez la valeur actuelle nette de chacun des projets si le taux d'investissement est de 30 %.
2. Quels investissements la firme a-t-elle intérêt à entreprendre ?
3. Comment les résultats seraient-ils modifiés si le taux d'intérêt était de 25 % ?

	A	B	C
Investissement initial	118	120	125
Profit de l'année 1	40	80	60
Profit de l'année 2	60	60	60
Profit de l'année 3	80	40	60

14

COMPRENDRE COMMENT LES GAINS DE PRODUCTIVITÉ PEUVENT FINANCER LES RETRAITES

JEAN-PAUL PIRIOU

Avertissement : Cette fiche peut se lire indépendamment du dossier sur l'avenir des retraites du chapitre X qu'elle complète. Sur les retraites, on peut également consulter le lexique (régime de retraite, capitalisation, répartition...), et Gaël Dupont et Henri Sterdyniak, Quel avenir pour nos retraites ?, *La Découverte, « Repères », 2000.*

Au début du XXIe siècle, 12,6 % du PIB sont versés aux retraités[1]. La pension de retraite assure en moyenne aux retraités 78 % du revenu net moyen des travailleurs actifs (salariés ou non-salariés). Comment continuer à assurer le financement des retraites dans une société où la proportion des retraités par rapport aux actifs (ratio de dépendance) va passer de 44 % en 2000 à 83 % 40 ans plus tard ? Il existe trois solutions principales : 1. reculer l'âge du début de la retraite ; 2. réduire le montant des retraites ; 3. augmenter le prélèvement sur les actifs, c'est-à-dire les cotisations sociales.

COMMENT LA PENSION DE RETRAITE EST-ELLE CALCULÉE ?

Pour bien percevoir les mécanismes des différentes solutions, il est nécessaire de comprendre comment le montant des pensions est déterminé (nous simplifions car le système se caractérise par une grande complexité qui est d'ailleurs un facteur d'opacité nuisible au débat démocratique). La pension de retraite est une proportion déterminée du *salaire de référence* du salarié, par exemple 70 %, cette proportion étant appelée le *taux de remplacement* (sous-entendu du salaire par la pension). Pour l'obtenir, il faut atteindre un certain âge (actuellement 60 ans) et avoir versé des cotisations sociales pendant un certain nombre d'années (40 ans dans le secteur privé à partir de 2003). Ceux qui remplissent ces conditions ont alors droit à une retraite *à taux plein*, c'est-à-dire correspondant à 100 % du taux de remplacement de 70 % (dans notre exemple). Ceux qui ont cotisé plus longtemps lorsqu'ils atteignent leur 60e anniversaire ne touchent pas plus (c'est le cas par exemple de ceux qui sont nés en 1943, ont commencé à travailler à 16 ans en 1959 et partent en retraite en 2003 après 44 années de cotisations). Ceux qui ont cotisé moins longtemps ou partent avant l'âge requis sont pénalisés : une année manquante réduit de 10 % la pension.

Comment le *salaire de référence* est-il déterminé ? Pour la plupart des salariés, il était obtenu par la moyenne des 10 meilleures années de salaire. Depuis 1993, le nombre d'années prises en compte augmente d'une année par an jusqu'à atteindre 25 ans pour ceux qui partiront en retraite en 2008. Après ce premier repérage, nous pouvons présenter les trois méthodes disponibles pour faire face au financement des retraites lorsque la population vieillit.

PREMIÈRE SOLUTION : RECULER L'ÂGE DE LA RETRAITE

La première méthode consiste donc à reculer l'âge de fin d'activité. Elle a deux effets : augmenter les ressources (chaque actif cotise plus longtemps) et réduire le montant des dépenses (la durée moyenne de la retraite est réduite). Le recul de l'âge de la retraite permet de réduire le ratio de dépendance puisqu'il augmente le nombre d'actifs tout en diminuant celui des retraités. Stabiliser ce ratio au niveau atteint en 2000 (44 %) de telle sorte que le taux de remplacement puisse être maintenu sans hausse du taux de cotisation nécessiterait un recul de 9 ans de l'âge de la retraite au cours des 40 premières années du siècle, c'est-à-dire beaucoup plus que les 5,5 années supplémentaires d'espérance de vie à 60 ans que nous promettent les démographes.

Pour l'instant, l'âge effectif moyen de départ est de 58,7 ans, inférieur donc à l'âge légal de 60 ans, en raison notamment de nombreux dispositifs liés de près ou de loin à la gestion du chômage. Il n'existe pratiquement personne pour remettre en cause directement le symbole des 60 ans (en 1982, un gouvernement de gauche a fait passer l'âge légal de 65 ans à 60 ans). Mais il est possible de parvenir à ce résultat par des moyens indirects, par exemple en exigeant que le nombre d'années de cotisation nécessaires pour bénéficier d'une retraite à taux plein soit impossible à atteindre à 60 ans (ainsi le MEDEF exige-t-il depuis la fin du siècle dernier que ce nombre atteigne 45 ans).

DEUXIÈME SOLUTION : RÉDUIRE LES RETRAITES

La réduction du montant des pensions – deuxième méthode – a été mise à contribution par la réforme Balladur en 1993. Cette réforme ne concerne que le secteur privé. La mesure qui a le plus frappé l'opinion est le passage de 37,5 à 40 annuités de cotisations pour pouvoir bénéficier d'une pension à taux plein, mais tout se passe comme si c'était un leurre utilisé pour détourner l'attention des mesures les plus pénalisantes pour les retraités. On estime aujourd'hui qu'en 2040 cette mesure et la disparition des systèmes de préretraite décaleront d'à peine un an en moyenne le départ à la retraite des salariés du privé parce qu'ils auront presque tous cotisé 40 ans à leur 60e anniversaire (une nouvelle augmentation de 2,5 ans au-

1. Sauf précision contraire, et pour éviter les débats secondaires sur les chiffres, nous reprenons les données qui figurent dans le consensuel premier rapport du Conseil d'orientation des retraites (COR, *Retraites : renouveler le contrat social entre les générations. Orientations et débats,* La Documentation française, 2002). L'hypothèse à notre avis la plus discutable du COR est d'avoir supposé que la productivité du travail n'augmenterait au cours des quarante prochaines années que de 1,6 % par an, ce qui est sensiblement inférieur à sa hausse au cours du XXe siècle, comme on le verra.

rait évidemment des effets d'une tout autre ampleur).

La mesure de la réforme Balladur la plus pénalisante pour les futurs retraités est la modification des règles de calcul du salaire qui sert de référence à la détermination de la pension. Jusque-là on commençait par recenser tous les salaires annuels reçus par le salarié. Chacun était ensuite réévalué en fonction de la hausse du salaire moyen nominal constatée depuis le moment où il avait été reçu, puis on prenait la moyenne des 10 meilleures années comme salaire de référence pour le calcul de la pension. Ainsi, pour une hausse annuelle moyenne des salaires nominaux de 5 % (3 % pour l'inflation et 2 % pour le pouvoir d'achat), 1 000 € de salaires reçus il y a 10 ans étaient comptés 1 629 € ($1\,000 \times 1{,}05^{10}$). Pour modifier ce calcul, la réforme Balladur décide d'une indexation des salaires des différentes années sur les seuls prix. Les 1 000 € d'il y a 10 ans ne comptent donc plus que pour 1 344 € ($1\,000 \times 1{,}03^{10}$), soit une baisse de 17,5 %. La réforme Balladur amplifie les effets de cette mesure sur le calcul du salaire de référence en remplaçant la moyenne des 10 meilleures années par celle des 25 meilleures. Avec les mêmes hypothèses, 1 000 € gagnés il y a 25 ans auraient compté pour 3 386 avec l'indexation sur les salaires nominaux ($1\,000 \times 1{,}05^{25}$), ils comptent maintenant pour 2 094 € ($1\,000 \times 1{,}03^{25}$) soit près de 39 % de moins que précédemment. Cet effet est évidemment d'autant plus important que l'évolution du pouvoir d'achat du salaire moyen est élevée (une hausse moyenne annuelle de 3 % du pouvoir d'achat du salaire moyen ferait passer la baisse de 39 à 51 %).

UNE DÉGRADATION ENCORE INSUFFISANTE POUR ENRAYER LA HAUSSE DES COTISATIONS

Quelle est l'ampleur des effets réels de la réforme Balladur ? Grâce à elle, si l'on peut dire, le taux de remplacement du salaire par la pension sera passé de 78 % en 2000 à 64 % en 2040 si la croissance de la productivité n'est que de 1,6 % par an d'ici là (scénario de référence du COR), et de 78 % à 57 % si la productivité croît annuellement de 2,5 % (sous l'hypothèse que le salaire brut évolue comme la productivité). Autrement dit, le pouvoir d'achat relatif des retraités par rapport aux actifs aura baissé en moyenne de 18 % dans le premier cas (64/78 = 0,82) et de 27 % dans le second (taux globaux à ap-

Encadré A : *La relation entre le taux de remplacement, le taux de cotisation et le ratio de dépendance retraités/actifs*

Soit S le salaire brut moyen (pour simplifier la terminologie, on fait comme si tous les actifs étaient des salariés ; salaire signifie donc revenu d'activité), P la pension de retraite moyenne reçue par R retraités, C la cotisation (et c le taux de la cotisation en % de S) pour la retraite payée par A salariés sur le salaire brut. Le salaire net est donc égal au salaire brut après cotisation (S – C). On suppose ici que les cotisations sociales ne financent que les retraites, ce qui est légitime puisqu'on ne s'intéresse qu'à ce problème. On appelle *d* le rapport de l'effectif des retraités à celui des actifs : $d = R/A$ (souvent appelé ratio de dépendance démographique, bien qu'il dépende aussi d'hypothèses qui ne sont pas démographiques comme le taux de chômage et les taux d'activité par âge). On appelle taux de remplacement (noté *r*) la proportion du salaire net moyen de tous les salariés à laquelle correspond la pension moyenne de tous les retraités. On a donc : $P = r\,(S - C)$.

L'équilibre du système suppose que les cotisations payées par les salariés (A x C) égalent les pensions reçues par les retraités (R x P). Compte tenu des notations et définitions précédentes et de l'égalité AC = RP, on obtient $C = RP/A = dP = rd\,(S - C)$. D'où $C = rdS - rdC$, $C + rdC = rdS$ et $C\,(1 + rd) = rdS$, donc $C/S = rd/(1+rd)$. Mais C/S est le taux de cotisation *c*. On a donc :

$$c = rd/(1+rd)$$

Cette relation exprime les liens entre *c*, *r* et *d* pour que le financement soit assuré. Évidemment on constate que le taux de cotisation doit s'élever lorsque *d* ou *r* augmentent.

Pour 2000, le ratio de dépendance démographique *d* est de 44 % et le taux de remplacement *r* vaut 78 %. Le taux de cotisation qui équilibre le système est donc de 25,6 % du salaire brut.

En 2040, *d* doit atteindre 83 %. Trois scénarios chiffrés A, B et C sont envisagés dans le texte et repris dans les tableaux :

A. si le taux de remplacement *r* reste de 78 %, le taux de cotisation *c* doit s'élever à 39,3 % ;

B. le deuxième scénario reprend les conséquences de la réforme de 1993 dont les experts prévoient qu'elle va conduire à une baisse du taux de remplacement de 78 % à 64 % ; la relation établie plus haut implique que le taux de cotisation passe de 25,6 % à 34,7 % ;

C. enfin, on peut imaginer que le taux de cotisation *c* reste en 2040 à son niveau de 2000 (25,6 %) ; alors le taux de remplacement *r* tombe à 41,5 % en 2040.

Tableau A

Conditions pour que le financement des retraites soit équilibré (en %)

	Retraités/actifs *d*	Taux de remplacement *r*	Taux de cotisation *c*
2000	44	78	25,6
2040 (A)	**83**	**78**	39,3
2040 (B)	**83**	**64**	34,7
2040 (C)	**83**	41,5	**25,6**

Lecture : voir le texte de l'encadré ; en gras, les hypothèses ; en maigre les données (2000) ou les conséquences.

préciser en n'oubliant pas que la réforme de 1993 ne touche que le privé). L'incohérence principale de cette réforme apparaît ainsi clairement : elle organise une dégradation de la situation relative des retraités d'autant plus forte que la croissance économique sera élevée (c'est la conséquence du mécanisme de l'indexation sur les seuls prix décrit plus haut). Autrement dit, plus les actifs auront les moyens de financer les retraites et plus la situation relative des retraités se détériorera.

Cette dégradation du pouvoir d'achat relatif des retraités semble malgré tout très insuffisante à beaucoup, dont Édouard Balladur qui explique dans un article publié dans *Le Monde* du 7 janvier 2003, qu'il faut – entre 2005 et 2010 – faire passer de 40 à 42 les annuités qui permettent de prétendre à une retraite à taux plein. Balladur est très clair sur le fait que cette nouvelle étape n'est pas la dernière. Notons que ce type de réforme n'affiche jamais d'objectif en termes de taux de remplacement : on laisse donc totalement dans l'ombre l'avenir de la situation relative des retraités par rapport aux actifs, alors que c'est tout de même la question centrale à laquelle doit répondre un système de retraite. Tout se passe comme si la seule préoccupation – pour ne pas dire obsession – était de réduire le besoin de financement du système par tous les moyens sauf une hausse des cotisations.

Or la dégradation du taux de remplacement d'au moins 18 % programmée par la réforme de 1993 n'empêche pas une hausse du taux des cotisations requis pour financer les retraites : de 2000 à 2040, il devrait passer de 25,6 % à 34,7 % du salaire brut [*voir encadré A*]. L'horreur absolue pour Édouard Balladur, qui professe dans *Le Monde* : « L'augmentation généralisée des cotisations aurait pour principal inconvénient d'alourdir le poids, déjà excessif dans notre pays, des prélèvements obligatoires. Elle doit donc être écartée. » Cet avis est celui du MEDEF : « Pour les dix à vingt ans qui viennent et aussi longtemps que le taux de prélèvements obligatoires sera trop élevé, la position du MEDEF est de ne tolérer, pour les employeurs comme pour les salariés, aucune augmentation de cotisations. » (MEDEF, *Revue des entreprises*, février 1999). À quelle situation cette phobie de la hausse des cotisations sociales conduit-elle précisément ?

Tableau B

Cotisations sociales, salaires nets et retraites de 2000 à 2040 en fonction des trois scénarios analysés dans le texte (A, B, C)[a]

	2000	2040			Variation annuelle moyenne		
		A	B	C	A	B	C
Ratio retraités/actifs *d*	44 %	**83 %**			1,0 point		
Productivité du travail	100	**189**			1,6 %		
Salaire brut S	1000 €	1890 €			1,6 %		
Taux de remplacement *r*	78 %	**78 %**	**64 %**	41,5 %	0 p	– 0,35 p	– 0,91p
Taux de cotisation retraite *c*	25,6 %	39,3 %	34,7 %	**25,6 %**	0,34 p	0,23 p	0 p
Cotisation C = C*s*	256 €	743 €	656 €	484 €			
Salaire net S – C	744 €	1147 €	1234 €	1406 €			
Pension P = *r* (S – C)	580 €	895 €	790 €	584 €			
Cotisation sociale retraite	100	290	256	189	2,7 %	2,4 %	1,6 %
Salaire net	100	154	166	189	1,09 %	1,27 %	1,6 %
Pension de retraite	100	154	136	101	1,09 %	0,78 %	0,01 %
Pouvoir d'achat relatif de la retraite par rapport au salaire net[b] (indice 100 en 2000)	100	100	82	53	0 %	– 0,5 %	– 1,6 %

a. A. maintien du taux de remplacement actuel ; B. effets de la réforme Balladur 1993 ; C. maintien du taux de cotisation actuel.

Lecture : En gras, les hypothèses ; en maigre, les données (2000) et les conséquences des hypothèses. On suppose qu'il n'y a aucune inflation de 2000 à 2040 ; p = point.

b. C'est le rapport de la ligne précédente sur celle d'avant.

Quatre hypothèses sont communes aux différents scénarios :

1. la proportion des retraités par rapport aux actifs passe de 44 % à 83 % ; 2. la productivité horaire du travail augmente de 1,6 % chaque année ; 3. le salaire brut augmente comme la productivité (autrement dit, il y a stabilité de la répartition de la valeur ajoutée entre salaire et profit) ;

4. le financement des retraites est équilibré ; il y a donc respect de la relation entre taux de cotisation, ratio de dépendance et taux de remplacement présentée dans l'encadré A. Situation de départ en 2000 : pour un salaire brut de 1 000 €, les cotisations sont de 256 €, le salaire net est donc de 744 € ; la pension représente 78 % de ce salaire net soit 580 €. Scénario A : en 2040, les cotisations représentent 39,3 % des 1 890 € de salaire brut 743 € ; le salaire net est de 1 890 – 743 = 1 147 € ; la pension correspond à 78 % de ce salaire net de 1147, soit 895 €. Les quatre dernières lignes du tableau présentent les évolutions ainsi calculées sur base 100 en 2000.

LES EFFETS DU REFUS D'UNE HAUSSE DU TAUX DE COTISATIONS

La stabilisation du taux des cotisations, qui est l'objectif du MEDEF, de la réforme de 1993 et de celles qui s'annoncent, peut être obtenue à âge de départ inchangé en réduisant le taux de remplacement. Les calculs (simples, comme le montre l'encadré A) indiquent que si le taux des cotisations sociales pour la retraite n'augmente plus, le taux de remplacement doit passer de 78 % en 2000 à 41,5 % du salaire moyen en 2040. Autrement dit, le pouvoir d'achat relatif des retraités par rapport aux actifs serait en baisse de 47 % (41,5/78 = 0,53), c'est-à-dire divisé par près de 2. Si la productivité du travail augmente de 1,6 % par an pendant 40 ans, il est raisonnable de supposer que le salaire évoluera de la même façon : une telle hypothèse implique, rappelons-le, une stabilité de la répartition entre les salaires et les profits qui est bien une des tendances lourdes des économies développées [*voir fiche-outil 1 du chapitre X*]. Sur cette base, le pouvoir d'achat du salaire net doit augmenter de 89 % [*voir tableau B*] et celui des retraites de... 1 % !

Pour pallier ces conséquences socialement désastreuses, les partisans de cette stratégie de non-accroissement des « prélèvements obligatoires », admettent qu'il faudra faciliter le développement de la retraite par capitalisation avec une épargne facultative exonérée d'impôts sur le revenu. Les conséquences de cette stratégie sont malheureusement très faciles à prévoir : les actifs qui en ont les moyens épargneront, aidés par la collectivité (exonération fiscale qui, soit dit en passant, ne peut pas bénéficier aux détenteurs de faibles revenus dont le taux d'imposition directe est faible ou nul) ; en outre, persuadés qu'ils pourront s'en sortir seuls, ils ne seront pas incités à défendre le régime par répartition. Les autres devront se contenter d'un taux de remplacement fortement amputé. Bref, alors que les inégalités entre les retraités ont été

Encadré B : *« Retraites : les Français prêts à travailler plus longtemps » : un bien curieux sondage*

Le Monde du 13 mars 2003 l'annonce sur six colonnes. L'essentiel de la page ainsi titrée est consacrée aux résultats d'un sondage d'opinion commandée à la SOFRES avec RTL et le magazine *Notre Temps* (le quotidien ne donne pas l'effectif des sondés, ce qui n'est pas très légal). « Quelle réforme du système par répartition des retraites vous semble la plus acceptable ? » est la question principale. Voici les réponses des sondés :

A. « Allongement de la durée de cotisation de 2 ou 3 ans pour une retraite pleine » : 42 %

B. « Forte augmentation des cotisations pour partir à 60 ans avec une retraite pleine » : 28 %

C. « Maintien de la même durée et du même taux de cotisation mais avec une retraite moins importante » : 20 %

D. Sans opinion : 10 %

Chacune des réponses proposées correspond à la variation d'un seul des trois paramètres dont on a vu qu'ils déterminent l'équilibre du régime de retraite. A fait varier la durée de cotisation, B le taux de cotisation et C le taux de remplacement. L'idée générale du sondage est donc intéressante, mais malheureusement les sondeurs avaient dû épuiser leur stock de déontologie. D'abord parce que ne sont pas présentées aux sondés les conséquences, actuellement très largement invisibles, de la réforme Balladur. Autrement dit, on leur demande leur avis alors qu'ils sont pour la plupart dans l'ignorance des effets à terme de la réforme de 1993. Ensuite parce que l'utilisation de la notion de retraite à taux plein n'a aucun sens si l'on ne précise pas le taux de remplacement auquel correspond le taux plein (voir le début de ce texte). Le niveau zéro de la déontologie est enfin atteint lorsque les formulations des réponses proposées sont contraires à l'honnêteté intellectuelle la plus élémentaire. Examinons-les :

B. Évidemment la notion de « forte augmentation » est dépourvue de sens si ce n'est qu'en émane une volonté de tout faire pour que cet *item* soit rejeté par les sondés. Comment peuvent-ils penser que leur pouvoir d'achat ne va pas baisser avec cette « forte augmentation » ? Pour être cohérente avec l'état des connaissances sur la retraite, la phrase proposée aux sondés aurait dû préciser que la hausse des cotisations se traduisait par une réduction de la hausse annuelle du pouvoir d'achat de 0,5 % par an (0,33 % si la réforme Balladur n'est pas abrogée).

C. La hausse des cotisations était « forte » en A ; ici la retraite promise est seulement « moins importante ». Cherchez l'erreur ! Pourquoi l'intitulé ne précise-t-il pas « une hausse annuelle de 1,6 % du salaire net et une division par 2 du pouvoir d'achat relatif des retraités à l'horizon 2040 » ? Car c'est bien de cela qu'il s'agit.

A. Nous l'avons gardé pour la fin car l'énoncé de cette proposition est tout à fait incroyable. Si l'on veut éviter une hausse des cotisations et une baisse des retraites comme le proposent B et C, il ne faut pas retarder de 2 ou 3 ans la durée des cotisations mais de quelque 9 ans à l'horizon 2040, autrement dit d'un trimestre par an pendant 40 ans.

Il est clair que les questions de ce sondage ont été rédigées pour que les sondés répondent d'abord A, puis B mais surtout pas C. On remarquera enfin que l'énoncé de A parle de durée de cotisation et non de durée de travail ; ce n'est pas un détail car aujourd'hui encore beaucoup de sondés savent que le passage des 37,5 aux 40 années de cotisations ne se traduira pas pour eux par un recul de l'âge de la retraite, parce qu'ils auront cotisé au moins 40 ans lorsqu'ils atteindront l'âge de 60 ans. Il est donc particulièrement hasardeux d'en déduire que ceux qui adoptent cette réponse sont d'accord pour travailler plus longtemps comme le prétend le titre sur six colonnes. Encore plus hasardeux d'affirmer que les Français en général sont d'accord pour travailler plus longtemps, alors qu'en dépit des formulations manipulatrices de ce sondage, il n'y en a que 42 %, 48 % étant formellement d'un avis contraire ; autrement dit 53 % de ceux qui ont exprimé une opinion refusent de travailler plus.

Synthétisons : le titre de l'article sur six colonnes affirme le contraire des résultats d'un sondage dont il est facile d'établir que la formulation des questions manque de rigueur scientifique, voire de déontologie. Faudra-t-il que tous les Français aient été formés aux SES pour que ce genre d'article devienne improbable ?

fortement réduites depuis 30 ans et sont actuellement du même ordre que les inégalités entre les actifs, elles redeviendront sensiblement plus élevées dans un contexte de baisse importante du pouvoir d'achat relatif des pensions. La proportion des pauvres avait fortement baissé parmi les retraités (16% touchent moins de 60% du revenu disponible médian – définition habituelle du seuil de pauvreté – contre 17% en moyenne dans l'UE à la fin du siècle, d'après DREES, *Études et résultats* n° 213, janvier 2003); il est facile de prévoir qu'elle augmentera sensiblement. Un autre scénario, plus honorable pour un pays qui est tout de même un des plus riches de la planète, est possible.

TROISIÈME SOLUTION : AFFECTER UNE PARTIE DES GAINS DE PRODUCTIVITÉ AU FINANCEMENT DE LA HAUSSE DES COTISATIONS SOCIALES

Le maintien du pouvoir d'achat relatif des retraités (taux de remplacement stabilisé à 78%) sans modification des conditions d'âge pour le départ, suppose que le taux de cotisation passe de 25,6% en 2000 à 39,3% en 2040 [*voir encadré A*] (ce résultat suppose que la réforme Balladur de 1993 est entièrement remise en cause, mais l'encadré A et le tableau B donnent également les résultats si cette réforme n'est pas abrogée). Les adversaires de cette approche de la question des retraites mettent évidemment en avant – pour ne pas dire en scène – cette hausse de 14 points pour asséner que les actifs n'accepteront jamais une amputation aussi brutale de leur pouvoir d'achat. Ils auraient sans doute raison si les actifs d'aujourd'hui n'étaient pas les retraités de demain, si l'économie stagnait et si le changement devait être brutal. Bref, ils ont tout faux!

Pour faire face à l'évolution du ratio de dépendance retraités/actifs, la hausse des cotisations n'a pas à être brutale : elle peut être étalée sur plusieurs dizaines d'années. Et elle se réalisera dans le contexte d'une économie en croissance, même si les « trente glorieuses » sont bien derrière nous. Avec l'hypothèse minimaliste d'une variation annuelle de la productivité de 1,6%, le salaire net peut augmenter de 54% en 40 ans malgré la hausse sensible des cotisations pour la retraite (+2,7% par an) qui permet aux retraités de voir leur pension augmenter autant chaque année que le revenu net des salariés : 1,1%. Sans cette hausse du taux de cotisation, les actifs auraient vu leur salaire net s'accroître de 1,6%. Il y a donc une différence de 0,5% chaque année.

LES CHOIX POSSIBLES

Résumons. Pour résoudre à l'horizon 2040 la question du financement des retraites, trois solutions principales sont bien disponibles. Elles devraient donner lieu à des débats parce que chacune a des conséquences assez différentes sur la société dans laquelle nous souhaitons vivre (l'encadré B montre que certains sondages n'aident pas à animer le débat).

1. Première solution : travailler plus. Si nous souhaitons que le taux de cotisation n'augmente pas et que le pouvoir d'achat relatif des retraités ne diminue pas, alors il faut accepter de travailler 9 ans de plus. Le pouvoir d'achat des actifs et des retraités augmentera chaque année comme la productivité, de 1,6%.

2. Deuxième solution : baisser les retraites. Si nous souhaitons conserver la retraite à 60 ans sans accepter une hausse du taux de cotisation, alors il faut accepter que le pouvoir d'achat relatif des retraités par rapport aux actifs se réduise de 47%. Le pouvoir d'achat des actifs augmentera de 1,6% par an mais celui des retraites restera figé à son niveau de 2000.

3. Troisième solution : cotiser plus. Si nous refusons un recul de l'âge de départ à la retraite et une dégradation du pouvoir d'achat relatif des pensions, alors il faudra cotiser plus, de telle sorte que le pouvoir d'achat du salaire net et celui des retraites augmenteront chaque année de 0,5% de moins que la hausse de la productivité. Donc ce pouvoir d'achat augmentera annuellement de 1,1% si la productivité elle est de 1,6% comme le pense un peu frileusement le COR. Mais de 2,2% si la productivité augmente en moyenne chaque année au cours des 40 prochaines années comme elle l'a fait en moyenne depuis 120 ans (2,7% sur la période 1870-2000 comme l'indique le dossier 3 chapitre III); 1,9% si elle se contente des performances des 30 dernières années (2,4% de hausse de la productivité sur la période 1973-2003). On notera que l'incertitude sur l'évolution future de la productivité est largement supérieure au fameux 0,5% annuel requis pour préserver le système de retraite.

La troisième solution a un avantage incontestable : en maintenant le pouvoir d'achat relatif des pensions par rapport à celui du salaire net, elle contribue à ne pas marginaliser les retraités par rapport aux actifs. Il y va tout simplement de la cohésion sociale. Mais cette solution se traduit par des taux de cotisation tels que les citoyens peuvent se dire qu'ils sont incompatibles avec la compétitivité de notre économie. Leur crainte est-elle fondée?

UNE HAUSSE DES COTISATIONS SOCIALES « TOTALEMENT INIMAGINABLE » ?

D'après le COR, le poids des retraites dans le PIB passerait de 12,6% du PIB en 2000 à 18,5% en 2040 si la réforme Balladur de 1993 était supprimée, à 16,3% si elle était maintenue. L'enjeu est donc une variation de 4 à 6 points de PIB (il est commode de se souvenir qu'un recul d'une année de l'âge de la retraite correspond à 0,6 point de PIB). Pour le MEDEF, on le sait, une telle évolution est inacceptable : « Passer de 12% à 17% [du PIB] cela représente une augmentation de plus de 40%, ce qui est totalement inimaginable » (article déjà cité). Quel manque d'imagination et surtout de perspective historique! Au cours des 40 dernières années le poids des retraites dans le PIB est passé de 5,4% à 12,6%, une variation de 7 points, c'est-à-dire une augmentation de plus de 130%. Cette impressionnante évolution n'a pourtant pas du tout affecté la part des profits. Faut-il s'en étonner?

On a vu [*fiche-outil 1 du chapitre X, p. 397*] qu'il est contraire aux faits bien établis d'affirmer que les cotisations sociales mettent en cause la compétitivité du pays et de ses entreprises en pesant sur les profits : contrairement à ce qu'on pourrait penser, la répartition de la valeur ajoutée entre salaires (y compris toutes les cotisations sociales) et profits n'a pas été affectée par la spectaculaire croissance du poids des cotisations sociales au cours de l'ensemble du XXe siècle puisque la part des profits est passée de 33% en moyenne entre les deux guerres mondiales à 35% en moyenne pendant la seconde moitié du XXe siècle (source OCDE). Aujourd'hui encore le poids des profits dans la valeur ajoutée n'est pas supérieur dans les pays qui connaissent peu de cotisations sociales à ce qu'il est dans ceux qui ont une protection sociale développée comme la France ou l'Allemagne. Cette part est de 34% en moyenne aux États-Unis depuis 1950 et de 31% au Royaume-Uni, c'est-à-dire un peu moins que les 35% de la France! Les cotisations sociales ne pèsent pas sur la part des profits dans la valeur ajoutée mais sur celle du salaire net. Ne craignons pas d'insister : que le poids des cotisations sociales ne pèse pas sur les profits n'est pas une opinion, mais un fait.

DES QUESTIONS OUVERTES

Restent des questions fondamentales que les débats et les conflits sur le financement des retraites risquent de masquer ou de poser de façon biaisée.

Au cours des 20 dernières années, l'espérance de vie à 60 ans des ouvriers (17 ans) a été inférieure de 5,5 ans à celles des cadres et professions libérales. En outre, ils ont eu deux fois plus de « chances » de décéder entre 35 et 60 ans (17 % contre 8,5 %) et ils ont cotisé plus longtemps que les cadres parce qu'ils ont commencé plus tôt à travailler. Tout se passe donc comme si les ouvriers finançaient une partie de la retraite des cadres. Cette situation risque de durer car l'inégalité devant la mort ne se réduit pas [*voir dossier 1 du chapitre IX, p. 339*]. Est-il normal que les retraites soient ainsi l'occasion d'opérer des transferts des salariés à faible revenu vers ceux dont le revenu est plus élevé ou faut-il en tenir compte dans le niveau des pensions et/ou des cotisations des uns et des autres ? On observera que le décalage de l'âge de la retraite accentuerait le problème : un recul de 5 années par exemple diminuerait la retraite des ouvriers de 29 % et celle des cadres de 22 %.

Au cours des 40 dernières années du XXe siècle, les Français ont fait passer l'âge légal de la retraite de 65 à 60 ans, alors que pendant cette période leur espérance de vie à 60 ans a augmenté de 5,3 années. Les démographes prévoient une hausse de l'espérance de vie de quelque 5,5 années de 2000 à 2040. Qu'en ferons-nous ? En utiliserons-nous une partie pour prolonger la durée de la vie active ?

D'un autre côté, la hausse de la productivité du travail se poursuit, même s'il est difficile de prévoir son rythme. Depuis 1870, la productivité a été en moyenne multipliée par 2,7 tous les 40 ans. La production de richesse ne sera peut-être multipliée que par 1,9 entre 2000 et 2040 comme le suppose le COR. Mais finalement peu importe. Que le rythme soit plus ou moins élevé ne nous dispensera pas de répondre à des questions apparemment simples : que ferons-nous de notre richesse supplémentaire ? Préférerons-nous acheter plus de biens et services ou disposer de plus de temps ? Comment ferons-nous évoluer les durées hebdomadaire et annuelle du travail ? Quels rôles joueront dans ces choix les objectifs de développement durable et de réduction des inégalités ?

Les réponses à ces questions ne sont pas prédéterminées par des contraintes économiques inexorables, notamment pas par la menace que ferait planer sur notre efficacité une hausse du poids des cotisations sociales. Les marges de choix sont larges. Encore faudrait-il en débattre. La difficulté tient ici au fait que l'organisation institutionnelle du système de retraite est complexe, émiettée et sans doute peu équitable. Le pire serait sans doute que chaque profession se replie sur elle-même en croyant qu'elle pourra s'en sortir seule, sans remettre les choses à plat. Les retraites posent finalement moins de problèmes économiques qu'elles ne soulèvent de questions d'équité et de qualité du débat démocratique.

Encadré C : *La capitalisation : une quatrième solution ?*

Le lecteur aura remarqué que le développement d'un régime par capitalisation [*voir lexique, p. 760*] n'est pas présenté dans ce texte comme une quatrième solution au financement des retraites [*voir dossier 5 du chapitre X, p. 389*]. Parce qu'il ne s'agit pas d'une solution.

D'un point de vue macroéconomique en effet, quel que soit le mode de financement, les retraites sont toujours payées grâce à un prélèvement effectué sur les actifs au moment où elles sont versées. Les retraités ne ressemblent pas à des écureuils trop vieux pour « travailler » qui survivraient grâce à des noisettes progressivement stockées tout au long de leur vie d'écureuils actifs. D'un point de vue macroéconomique, tous les régimes de retraite sont donc des régimes par répartition, parce que les produits consommés par les retraités pendant une période déterminée sont nécessairement produits par les actifs occupés au cours de cette période. Dans les régimes par capitalisation, le prélèvement sur les actifs n'est pas assuré par des cotisations sociales mais par l'intermédiaire de leur épargne. Les fonds de pension qui collectent l'épargne-retraite des actifs s'en servent pour acheter des titres (actions, obligations) dont les revenus (dividendes, intérêts) servent à acheter des titres supplémentaires.

Lorsque ces actifs deviennent des retraités, ils reçoivent une pension grâce aux revenus procurés par les titres accumulés et à la revente progressive de ceux-ci à des actifs en phase d'épargne-retraite. À quel prix les actifs vont-ils acheter ces titres ? Si le nombre de retraités a augmenté, l'offre de titres à vendre sur le marché va s'accroître. Si le nombre d'actifs diminue, la demande de titres va baisser. Lorsque le ratio de dépendance retraités/actifs s'élèvera, la conjonction de ces deux facteurs va nécessairement se traduire par une baisse du prix des titres. S'ensuivra une baisse du taux de remplacement au détriment des retraités (on est donc en face de la deuxième solution examinée dans le texte). Pour l'éviter, il faudrait que les actifs acceptent d'acheter plus de titres chaque année, donc augmentent leur effort d'épargne. S'ils l'acceptent, leur consommation augmentera alors moins rapidement que leur revenu. Exactement comme dans un système par répartition dans lequel le maintien du taux de remplacement n'est possible qu'avec une hausse du taux de cotisation (troisième solution examinée dans le texte) Reste une autre solution (la première examinée dans le texte) : que les actifs le restent plus longtemps, ce qui réduit le ratio de dépendance et permet de maintenir les pensions grâce à un effort annuel d'épargne identique mais consenti pendant plus d'années.

On retrouve donc les mêmes types de solution qu'avec un système par répartition. Avec au moins un inconvénient majeur supplémentaire : le taux de remplacement est plus que difficile à prévoir puisqu'il dépend du ratio de dépendance et de l'évolution des cours de la Bourse !

15

L'ART DU BAC

I. LES INSTRUCTIONS OFFICIELLES

ÉPREUVE ÉCRITE

La durée de l'épreuve est de quatre heures, coefficient 7. Les candidats ayant choisi cette discipline comme enseignement de spécialité sont évalués pendant une heure sur le programme de spécialité, coefficient 2. Pour eux, la durée de l'épreuve est donc portée à cinq heures.

Formes de l'épreuve

Deux sujets de nature différente, une dissertation s'appuyant sur un dossier ou une question de synthèse étayée par un travail préparatoire, sont offerts au choix du candidat. Ils sont déterminés de manière à ne pas limiter ce choix à une seule des dimensions du programme, à un seul des divers champs de savoir que couvre son enseignement.

1. Dissertation s'appuyant sur un dossier

Le libellé du sujet invite le candidat à poser et à traiter, d'une façon organisée et réfléchie, un problème exigeant un effort d'analyse économique et/ou sociologique.

Pour aider le candidat à asseoir son travail sur des bases positives et des références précises, un dossier est mis à sa disposition. Ce dossier ne doit ni borner son horizon (en le détournant du recours à ses propres connaissances), ni lui servir de prétexte à une paraphrase ou à un commentaire systématique et détaillé.

Il comporte six documents de nature différente (textes, graphiques, tableaux statistiques, schémas...) au maximum. Chaque texte ne devra pas dépasser mille trois cents signes et chaque document statistique comporter plus de soixante-cinq données chiffrées.

2. Question de synthèse étayée par un travail préparatoire

La question de synthèse se distingue de la dissertation en ce qu'elle s'appuie sur un travail préparatoire imposé où la réflexion est guidée. Le travail préparatoire et la réponse à la question de synthèse constituent deux parties d'égale importance pour la notation. Portant sur le même thème, elles reposent notamment sur l'étude de trois ou quatre documents de source différente. Ces documents répondent aux mêmes normes que celles définies pour le dossier de la dissertation.

Le travail préparatoire consiste en cinq à sept questions ayant pour objet : de vérifier la connaissance de notions essentielles et la maîtrise des outils et des savoir-faire nécessaires, (définitions, utilisation de termes dans un nouveau contexte, mise en œuvre de mécanismes, réalisation de calculs graphiques...) ; de mesurer la capacité d'analyse du candidat sur un ou plusieurs éléments des documents proposés, en liaison avec le sujet.

Le libellé du sujet doit inviter le candidat à effectuer une démonstration en suivant la problématique imposée par la question. Il doit permettre au candidat : de rassembler les informations issues du travail préparatoire et de ses connaissances personnelles ; d'argumenter, c'est-à-dire de mettre en ordre les informations pertinentes au regard du sujet proposé ; de faire preuve d'esprit critique ; de s'exprimer de façon claire, correcte, concise (réponse de l'ordre de trois pages).

Compétences évaluées

1. Dissertation sur documents

Il est demandé au candidat : de répondre à la question posée explicitement ou implicitement dans le sujet ; de construire une argumentation à partir d'une problématique qu'il devra élaborer ; de mobiliser des connaissances et des informations pertinentes pour traiter le sujet, notamment celles figurant dans le dossier ; de rédiger en utilisant le vocabulaire économique et social spécifique et approprié à la question, en organisant le développement sous la forme d'un plan cohérent qui ménage l'équilibre des parties. Il sera tenu compte, dans la notation, de la clarté de l'expression et du soin apporté à la présentation.

2. Question de synthèse

Cette épreuve comporte deux parties d'égale importance pour la notation. Il est demandé au candidat :
a. de conduire le travail préparatoire qui fournit des éléments devant être utilisés dans la synthèse ;
b. de répondre à la question de synthèse par une argumentation assortie d'une réflexion critique, répondant à la problématique donnée dans l'intitulé ; en faisant appel à ses connaissances personnelles ; en composant une introduction, un développement, une conclusion pour une longueur de l'ordre de trois pages.

Il sera tenu compte, dans la notation, de la clarté, de l'expression et du soin apporté à la présentation.

La définition des « compétences évaluées » figurera en introduction de chacun des sujets distribués aux candidats.

Enseignement de spécialité

Les candidats ayant suivi l'enseignement de spécialité disposent d'une heure pour traiter, au choix, l'un des deux sujets portant sur le programme de spécialité.

Chaque sujet prend appui sur un ou deux documents et comporte deux ou trois questions. Dans le cas où le sujet ne comporte qu'un seul document, il s'agit obligatoirement d'un extrait de texte (deux mille six cents signes au maximum) de l'un des auteurs référencés dans le programme de l'enseignement de spécialité.

Dans le cas où le sujet comporte deux documents, le premier document est un extrait court de texte (mille trois cents signes au maximum) de l'un des auteurs référencés dans le programme de l'enseignement de spécialité ; le second est un document plus contemporain (texte, graphique, tableau statistique, schéma...) s'inscrivant dans le prolongement ou en opposition avec la problématique développée dans l'extrait du texte d'auteur. Ce second document comprendra au maximum huit cents signes s'il s'agit d'un texte et vingt-cinq données chiffrées s'il s'agit d'un tableau statistique.

Consignes aux concepteurs de sujets

■ *Épreuve obligatoire*

Pour les deux types de sujets, les concepteurs devront proposer un barème indicatif de correction qui constituera une première base de travail pour la commission académique d'harmonisation.

1. Dissertation s'appuyant sur un dossier

Le libellé du sujet ne consiste pas en une question de cours.

Bien qu'il soit parfois souhaitable de préciser le cadre spatio-temporel, ce libellé doit éviter d'induire une description ou une reconstitution chronologique. Il doit également éviter une réflexion purement prospective et ne pas porter sur la seule actualité qui ne fournit pas le recul suffisant pour guider la réflexion.

Le dossier doit permettre au candidat d'utiliser des informations pertinentes, notamment en se montrant capable de combiner et d'exploiter les données qu'il contient (par le calcul, la représentation graphique, la mise en évidence d'une idée force, la construction d'un schéma...) pour mieux étayer son raisonnement. En ce qui concerne les sujets à dominante sociologique, on peut admettre comme documents de nature différente des résultats d'entretiens ou de sondages, ou encore des comptes rendus de monographies...

Les documents n'ont pas à rappeler la signification des notions de base qui figurent dans le libellé du programme et dans la deuxième ou la troisième colonne, mais les notions n'y figurant pas pourront être explicitées par une note.

Ces documents doivent apporter des informations, principalement factuelles, plutôt que suggérer des interprétations toutes faites : on privilégiera, dans la mesure du possible, les textes des auteurs eux-mêmes et les sources statistiques en provenance des organismes de collecte et de traitement des données reconnus (INSEE, INED, OCDE, Banque mondiale, FMI...).

2. Question de synthèse étayée par un travail préparatoire

La constitution du dossier documentaire respectera les règles énoncées précédemment.

Les questions du travail préparatoire porteront pour une part sur les connaissances, outils et savoir-faire élémentaires ; elles devront également amener progressivement le candidat à préparer sa réponse à la question de synthèse.

■ *Enseignement de spécialité*

Les questions accompagnant le ou les documents permettront de vérifier certaines des capacités suivantes :
- identifier le problème évoqué par l'extrait du texte d'auteur et mettre en évidence son intérêt ;
- mettre en évidence l'argumentation développée par l'auteur (par exemple, réalisation d'un schéma d'implication logique) ;
- montrer en quoi la pensée de l'auteur peut porter un éclairage pour l'analyse d'un problème économique et social contemporain ;
- expliquer certains passages de l'extrait du texte d'auteur en les mettant éventuellement en relation avec des connaissances personnelles ;
- confronter la thèse développée par l'auteur à la thèse opposée ou à des données empiriques.

■ *Épreuve orale de contrôle*

Durée : 20 minutes.

Temps de préparation : 30 minutes.

Le candidat a le choix entre deux sujets portant sur des thèmes différents du programme. Ces sujets prennent appui sur deux documents courts, simples, et de nature différente (texte de mille trois cents signes au maximum ; documents statistiques : soixante-cinq données chiffrées au maximum). Pour les candidats ayant suivi l'enseignement de spécialité, l'un de ces documents portera obligatoirement sur les auteurs du programme.

Ils comportent également deux ou trois questions simples permettant de vérifier la connaissance par le candidat des notions de base figurant dans le libellé du programme, y compris les notions essentielles et complémentaires, ainsi que la maîtrise des outils et savoir-faire nécessaires.

Bulletin officiel de l'Éducation nationale, 4 septembre 1997.

II. DES CONSEILS DE MÉTHODE

Qu'exige-t-on de vous ?

Vous lirez les instructions officielles ci-dessus : elles définissent les règles des trois épreuves et explicitent les attentes.

Comment s'y préparer ?

Acquérir la méthode de la dissertation est la meilleure façon de se préparer aux trois épreuves (écrites et orales) ainsi qu'aux études supérieures que vous poursuivrez après le baccalauréat. En effet, au-delà de la dissertation sur dossier caractéristique des sciences économiques et sociales, les conseils que nous vous proposons sont applicables à bien des situations, à commencer par la nouvelle épreuve (question de synthèse) et par l'oral de rattrapage. C'est pourquoi les conseils qui suivent sont centrés sur la dissertation.

MÉTHODE DE LA DISSERTATION

Il existe de nombreuses façons d'échouer. On ne cesse d'ailleurs d'en inventer. L'une d'elles consiste à se contenter de faire ce qui a été demandé par le professeur uniquement parce qu'il l'a demandé, donc sans chercher à comprendre pourquoi il l'a demandé. Ainsi en va-t-il trop souvent dans le cas de la dissertation. L'élève qui ressent la dissertation comme une corvée, voire comme une punition, y voit un exercice artificiel, formel, arbitraire. Or, à la différence de modes d'évaluation plus accessibles, mais plus fermés, elle s'impose dès lors qu'il y a débat, réflexion et argumentation autour d'une question. C'est un exercice difficile, parfois pénible, mais c'est le seul qui vous offre la possibilité d'exprimer une pensée personnelle. En ce sens, c'est aussi le plus noble. Vous ne devez pas le subir passivement. Au contraire, vous devez le considérer comme une opportunité à saisir, voire un droit à revendiquer.

L'apprentissage de la méthode de la dissertation est en effet l'un de ceux qui vous seront le plus utile pour la suite de vos études et de votre vie professionnelle. La plupart des travaux intellectuels requièrent la maîtrise de cet art. Ainsi en va-t-il de la rédaction de notes (à l'attention de son supérieur hiérarchique...), d'articles divers, de mémoires de recherche, voire même d'exposés oraux. Certes, les contraintes (notamment le temps et la quantité d'informations disponibles) et les ficelles à utiliser varient (dans un article de journal, on peut décider de commencer par la conclusion pour intéresser le lecteur), mais les règles élémentaires restent les mêmes.

Hélas, il arrive que l'élève, accablé par de mauvais résultats, en vienne à se décourager. Pourtant, les conseils ne manquent pas. On en trouve à donner le vertige dans toute la littérature parascolaire, aussi détaillés que l'on veut, et en couleur. L'ennui, c'est que la dissertation en temps limité est avant tout un art personnel.

C'est un art, ce qui signifie que tout dépend finalement de la pratique, donc de l'action; or il est bien connu que celle-ci peut être paralysée par un excès de consignes; agir, c'est choisir, prouver le mouvement en avançant, donc mettre en œuvre certains principes au détriment d'autres principes.

Il est personnel car, qu'on le veuille ou non, écrire engage une part de soi-même; l'écriture n'a rien de naturel, c'est souvent un acte douloureux; quelques règles élémentaires, parfois de simple bon sens, doivent être respectées par tous, mais au-delà chacun doit trouver sa voie. Les progrès sont parfois très lents, mais ils dépendent toujours de la pratique. Il faut écrire, écrire... Persévérer. Votre professeur vous aidera. Il sait que derrière le travail le plus scolaire se cache une personne, qu'il convient de ne pas froisser. Pour lui aussi c'est un exercice difficile : ce qui doit le rendre indulgent.

Pascal Combemale

CE QUE NOUS VOUS PROPOSONS

Nous avons choisi de présenter sept fiches qui constituent les étapes successives de la réalisation de la dissertation.

Pour mieux rendre compte de cette nécessaire progression, nous accompagnons les conseils généraux de l'étude complète d'un sujet donné dans les académies d'Amiens, Créteil, Lille, Paris, Rouen et Versailles à la session de juin 1991 du baccalauréat B. Quatre documents du dossier initial ont été conservés et mis à jour (n°s 1, 3, 4, 5).

Chaque fiche comporte :
– des conseils généraux;
– leurs applications au sujet retenu;
– des astuces pour travailler plus efficacement;
– des renvois aux exercices du manuel pour s'entraîner.

La liste des sujets de bac du manuel avec les indications de pages se trouve dans le sommaire.

Savoir gérer son temps est un préalable!

Voici donc des ordres de grandeur du temps à consacrer aux différentes étapes présentées ci-après.

Pour la dissertation :
Étapes 1 à 4 : 15 min environ.
Étape 5 : une heure environ.
Étape 6 : 3/4 d'heure environ.
Étape 7 : 2 h.

Pour la question de synthèse :
Étape 1 à 4 : 15 min environ.
Étape 5 : 2 h environ.
Étape 6 : 20 min.
Étape 7 : 1 h 25 environ.

Ce minutage n'est qu'indicatif, à chacun de l'adapter. Par exemple, certains rédigent plus vite que d'autres.

LISTE DES FICHES DE MÉTHODE

Fiche 1

Une lecture efficace du sujet

Pesez bien tous les mots pour éviter le hors-sujet ! Tous les mots et même les signes (« », !, ?... .) sont très importants pour repérer...

■ Méthode ■

■ Application ■

Dans quelle mesure les *« employés »* *d'aujourd'hui* *constituent-ils* *en France*, *un groupe social particulier ?*

... le cadre, **le thème,** **la question.**

Le cadre :

- délimitation spatiale — *x : en France* — *sans ambiguïté*
- délimitation temporelle — *aujourd'hui* — *légèrement ambiguë : à vous de préciser ! (les dix dernières années par exemple)*

Le thème : Son repérage ne devrait pas poser de problème. Ici : *étude d'un groupe socioprofessionnel, les employés.*

Lorsque le cadre n'est pas fixé avec précision dans l'énoncé :
– c'est à vous de le faire ;
– et vous devez justifier rapidement votre choix dans l'introduction.

La question :

Si elle est implicite, il faut la rendre explicite.
Ici, ce n'est pas le cas : elle est énoncée clairement.
Ensuite, il faut la comprendre.

« dans quelle mesure »
cette expression appelle une réponse nuancée. « Par certains aspects : oui ; par d'autres : non. »
Énoncés similaires : *« en quoi », « peut-on dire »*.
Si l'énoncé avait commencé ainsi : *« démontrez que »* ou *« montrez que »*, seuls les arguments du « oui » devaient être présentés.

les « employés » : à définir.
Pourquoi des guillemets ? *Y aurait-il un problème de définition du contenu de ce groupe ?*
d'*(aujourd'hui)* : supprimez ce « d » et demandez-vous si le sujet conserve exactement le même sens.
Les employés n'auraient-ils donc pas toujours été ce qu'ils sont aujourd'hui ?

« constituent-ils » : remplacez si besoin ce verbe par un autre, par exemple : *« forment-ils »*. Les verbes sont très importants.

« un groupe social » : à définir. (Il faut aussi des connaissances pour comprendre la question posée...).
« particulier » : supprimez cet adjectif ; le sujet conserve-t-il le même sens ? Pas tout à fait ! *Quelles sont donc ces particularités ?*

Astuces

Pour vérifier votre délimitation et votre bonne compréhension du sujet :
– Supprimez tour à tour les mots ou signes dont vous n'avez pas repéré l'utilité et demandez-vous si le sujet conserve toujours le même sens.
– Reformulez le sujet sous forme de question si nécessaire, changez les formules interrogatives (pronoms, etc.) et observez la façon dont le sujet se « déforme », c'est un bon moyen pour mieux le centrer.

POUR ALLER PLUS LOIN

Fiche 2

Une problématique appropriée

Questionnez le sujet ! Disserter, c'est l'art de se poser les bonnes questions.

■ Méthode ■

Deux préalables...

1. Avoir bien compris la question posée dans l'énoncé.
2. Avoir bien questionné le sujet. [*voir fiche 1*]

... pour élaborer une bonne problématique

Répondre à la question posée dans le sujet nécessite en fait :
1. de poser d'autres problèmes qui y sont liés (questions intermédiaires) ;
2. de les inscrire dans un raisonnement logique centré sur *la question structurante* (celle que pose le sujet et qui doit structurer le devoir).

C'est ainsi que s'élabore une problématique.

Définir une problématique, c'est se poser les bonnes questions ; se construire un parcours pour la réflexion.
C'est difficile, cela exige de bonnes capacités d'analyse, mais c'est aussi la clé du devoir réussi. Malheureusement, il n'existe aucune « recette », il faut s'y entraîner individuellement. Plusieurs dossiers de ce manuel vous y invitent.
Plus généralement, et bien au-delà des sciences économiques et sociales, prenez l'habitude de vous poser des questions plutôt que de vous laisser guider : vous en verrez très vite les effets positifs... y compris dans vos dissertations.

■ Application ■

La question structurante : [*revoir la fiche 1*]

Dans quelle mesure les « employés » constituent-ils un groupe social particulier ?

Les questions intermédiaires :

Qui sont les employés ? Y a-t-il un problème de définition du groupe ? Pourquoi spécifier « d'aujourd'hui » ? Qu'est-ce qu'un groupe social ? En quoi les employés sont-ils un groupe particulier ?

Une problématique possible :

Répondre à cette question nécessite d'abord de définir qui sont les employés. Les contours de ce groupe sont-ils nettement définis ? Peut-on réduire ce groupe à la catégorie de la nomenclature INSEE ?
Si, comme le sous-entend l'énoncé, les employés d'aujourd'hui sont différents de ceux d'hier, quelles sont ces différences ? Comment s'expliquent ces évolutions ? En quoi éclairent-elles le sujet ?
Il faut ensuite partir de la définition du groupe social pour chercher si les employés en présentent les caractéristiques. L'énoncé induit déjà la réponse (« dans quelle mesure »), on doit donc rechercher des signes d'unité mais aussi d'hétérogénéité.
Enfin, il faut s'interroger sur les particularités que ce groupe peut présenter par rapport aux autres groupes socioprofessionnels.

Astuces

Comment présenter sa problématique ?
[*fiche 7 et 2e partie de l'introduction*]
En mettant en valeur les articulations logiques :
« Répondre à cette question nécessite de démontrer que... de s'interroger sur... »
« Démontrer que... implique de rechercher si... », etc.
On peut aussi utiliser la forme interrogative, mais évitez la multiplication de questions enchaînées.

Fiche 3

Un plan provisoire

Ne partez pas à l'aveuglette ! Suivez des pistes même si vous devez les abandonner ensuite.

■ Méthode ■

Si votre lecture du sujet a été efficace et si vous êtes parvenu à élaborer une problématique, alors vous voyez déjà un ou plusieurs plan(s) possible(s).
– Notez-le (ou les) rapidement.
– N'entrez surtout pas dans le détail de l'organisation, ce n'est pas le moment. Les grandes parties suffisent (éventuellement les sous-parties si vous les entrevoyez, mais ne perdez pas de temps à cela).

Ce plan est provisoire : c'est un balisage pour la réflexion. On pourra l'adopter définitivement et le « peaufiner » plus tard… ou l'abandonner s'il risque d'être déséquilibré ou si l'on a fait fausse route.

Mais ne paniquez pas si vous n'avez encore aucune idée de plan ! Passez à l'étape suivante, ne perdez pas de temps !

■ Application ■

La problématique dégagée précédemment [*voir fiche 2*] permet d'ébaucher le plan suivant :
I. Des signes d'unité et des particularités
II. Des signes d'hétérogénéité

À ce stade, on ne peut guère détailler le plan. Il faut poursuivre la réflexion [*voir étape 4*].

Astuces

Les libellés de sujet induisent souvent un type de plan :

– « Dans quelle mesure », « Peut-on dire », ou questions dans lesquelles on peut réintroduire ces expressions sans en changer le sens.
Plan en deux parties : « oui, mais » ; « non, mais ».
Plan en trois parties : « thèse, antithèse, synthèse », plan difficile à équilibrer, la synthèse demandant une excellente maîtrise du sujet.

– « Après avoir…, vous… »
Ce type d'énoncé impose la problématique d'ensemble et le plan général du devoir : il faut s'y conformer (c'est le cas de l'épreuve « Question de synthèse »).

– « Montrez que », « Démontrez que »
On ne vous demande pas d'analyse critique, il faut retrouver des mécanismes et articuler le plan sur ces mécanismes.

– « Analysez », « Étudiez » un phénomène.
Plan difficile à construire si les aspects à étudier ne sont pas précisés. Dans ce cas, c'est à vous de trouver la question structurante !
Il faut partir des faits pour chercher à les expliquer, mais le plan « I. Constats, II. Explications » est tout à fait déconseillé. Il vaut mieux articuler constats et explications autour d'une démarche d'ensemble qui permette d'entamer l'analyse dès la première partie.

– Mettre en relation deux concepts X et Y *(ex. : « Croissance et investissement »)*
Il s'agit d'étudier des interrelations, d'où le plan : I. Comment X agit-il sur Y ?
II. Comment Y agit-il sur X ?

– « Comparez »
Plan classique : Que proposez-vous ?

Attention aux plans « tiroirs », au « catalogue », à la juxtaposition !
Disserter, c'est construire une démonstration : il doit y avoir une articulation logique entre les parties.
Se méfier par exemple du plan « I. économique, II. social » qui ne permettra pas de montrer les interrelations alors que c'est précisément ce que l'on attend de vous !

Fiche 4

Une mobilisation des connaissances personnelles

Faites confiance à vos connaissances... Trois ans de SES, tout de même ! Ne vous laissez pas « emprisonner » par les documents.

■ Méthode ■

Ne lisez surtout pas le dossier de documents avant de faire ce travail...

Vous avez nécessairement des connaissances sur le sujet, il faut immédiatement les mobiliser.
Le dossier de documents ne couvre jamais la totalité du sujet. C'est un choix volontaire des concepteurs. Le candidat doit montrer qu'il possède les connaissances de base sur la question, aucun document ne les lui rappellera.

Vous risqueriez d'oublier ce que vous savez !

L'étude du dossier vous « enferme » : certains documents présentent des difficultés d'interprétation, d'autres abordent des aspects du sujet auxquels vous n'aviez pas pensé. Tout ceci vous accapare au point que vous risquez de ne pas utiliser vos propres connaissances.

Prenez au moins cinq minutes pour rassembler vos connaissances.

Sur votre brouillon :
– notez les idées telles qu'elles vous arrivent à l'esprit ;
– ne cherchez surtout pas à les ordonner ;
– ne faites pas confiance à votre mémoire, notez tout ce qui vous paraît important.

> **et sur le recto uniquement !** car utiliser le verso, c'est s'exposer aux risques d'oubli.

Les idées les plus géniales peuvent s'envoler, surtout le jour de l'examen... ;
– ne faites pas de phrase, il faut aller vite. Utiliser des abréviations, des schémas, etc. ;
– ne restez pas bloqué : si vous avez peu d'idées, passez vite à la suite !

Puis reprenez votre plan provisoire :

– convient-il toujours ?
– voit-on plus nettement le contenu des parties ?
Si jusqu'à présent vous n'aviez aucune idée de plan, il faut y réfléchir.
Faute d'inspiration, procédez par regroupement de vos idées, constituez des « blocs », nommez-les.

Mais si vous ne parvenez toujours pas à dégager de plan, rien n'est encore perdu ! Passez vite à la suite.

■ Application ■

Par exemple, aucun document du dossier ne vous rappelle ce qu'est un groupe social, ni une catégorie socioprofessionnelle.
Tout élève de terminale est donc censé savoir que l'existence d'un groupe social se repère à l'aide de différents critères. [*fiche 1 dans le chapitre V*]

Il faut montrer son existence réelle :

– son importance numérique, sa composition ;
– son unité : place dans la division du travail et dans l'économie, pratiques culturelles, valeurs et représentations communes ;
– sa permanence : processus de reproduction sociale ;
– son rôle (ou sa position) dans la société et sa reconnaissance par les autres.

Le plan provisoire présenté dans la fiche 3 se confirme ; on voit même se dessiner le contenu des sous-parties.
Par exemple, on sait déjà que chacun des critères repérés ci-dessus alimentera l'une ou l'autre des parties selon qu'il révèle une unité ou est un signe d'hétérogénéité.

Astuces

Sachez mobiliser rapidement vos idées !
Utilisez :
– le questionnement méthodique :
les « 5 W » (en anglais) : qui, quoi, où, quand, pourquoi, auxquels on ajoutera « comment » ; quelle partie du cours ? quelles théories ? quels exemples ? quels contre-exemples ?
– votre mémoire visuelle : représentez-vous vos notes de cours, vos fiches, votre manuel, tel schéma, tel article ;
– et/ou votre mémoire auditive : évoquez le discours de votre prof, vos réponses, vos discussions entre élèves, une émission, un débat.

Fiche 5

Une utilisation judicieuse des documents

Ne paraphrasez pas !
Les documents sont au service de votre réflexion.

■ Méthode ■

Conseils généraux :

Faire vite : pas plus d'une heure pour étudier le dossier. Soit 5 à 10 minutes par document.
Les documents ne sont pas là pour eux-mêmes. Il ne faut pas les commenter, mais ne retenir que ce qui est utile pour traiter le sujet.

Qu'y cherchez-vous ?

Des éléments de réponse aux questions posées lors de l'élaboration de la problématique [*voir fiche 2*].

Qu'apportent-ils ?

- des informations ;
- des exemples, des contre-exemples ;
- des analyses.

Où et comment les utiliser ?

Le retour au plan provisoire doit être permanent (celui-ci peut évoluer au cours de l'étude) ;
- un même document peut être utilisé à plusieurs endroits, sous des angles différents ;
- deux documents peuvent se compléter ou s'opposer ;
- la date, la source, le titre, le nom de l'auteur et les notes qui accompagnent le document ont souvent beaucoup d'importance (pour éviter les contresens, pour contextualiser, situer, etc.).

■ Application ■

Document 1

Dans le vocabulaire contemporain des sciences sociales, on utilise le terme « employés » dans deux sens assez différents : d'une part, on range sous ce mot deux catégories professionnelles relativement précises, les
❶ employés de bureau et les employés de commerce ; d'autre part, dans une acception plus riche mais plus vague, on tend à faire des employés un groupe ou une
❷ classe sociale particulière qui serait formée de tous les non-manuels salariés, de responsabilité ou de qualification peu élevées. Cette catégorie de petite classe moyenne se distinguerait tout aussi nettement de la classe ouvrière que de la bourgeoisie.
On s'interroge sur la situation réelle et les perspectives d'évolution d'une catégorie professionnelle qui s'est trouvée entièrement bouleversée au cours des cinquante dernières années du fait tout d'abord de la croissance accélérée de ses effectifs qui ont décuplé depuis 1900 dans les pays les plus industrialisés ; puis en
❸ raison de l'amenuisement ou même de l'élimination des avantages dont elle bénéficiait par rapport aux ouvriers ; en troisième lieu à cause de la transformation complète de tâches désormais gouvernées par les techniques les plus avancées (ordinateurs) ; en quatrième lieu enfin, et accompagnant ce déclin relatif, par suite d'une très rapide « féminisation ».

Michel Crozier, Encyclopaedia Universalis.

Astuces

Écrivez le moins possible au brouillon, soulignez ou surlignez (l'indispensable), annotez de façon très brève pour **faire ressortir l'essentiel pour le sujet** sans avoir à relire.

Dans le document 1 : problème de définition ❶, ❷ employés d'hier, employés d'aujourd'hui ❸

Ne paraphrasez pas, il faut expliquer, démontrer les affirmations que contiennent les textes. Les raisonnements sont souvent implicites ou partiellement développés : à vous de les expliciter.
Une astuce : ponctuez votre lecture. Ajoutez « pourquoi ? » à la fin de chaque phrase. Si le texte n'y répond pas, et que vous savez le faire, n'hésitez pas, mais vérifiez que vous ne dérivez pas vers un autre sujet.

Toujours dans le document 1 :
Quels avantages ? Les « cols blancs », statut social, nature du travail, etc.
Quelle transformation des tâches ? Déqualification du travail liée à l'information, ex. : guichetier ou rédacteur de contrat d'assurance. Etc.
Et oui, il faut aussi des connaissances personnelles pour exploiter correctement le dossier de documents !

Document 2

Hors agriculture, un salarié sur trois est un employé (en millions)			
	1906	1962	1989
Cadres, prof. intell., prof. intermédiaires		2,9	6,3
Employés	3,6[a]	3,5	6,0
Ouvriers	5,6	6,6	5,9
Ensemble	9,2	13,0	18,2

a. Jusque vers 1930, le terme d'« employé » avait généralement un sens plus large qu'aujourd'hui. « Où finit l'employé, commence l'homme d'État », écrit Balzac dans sa Physiologie de l'employé (1841). Les statisticiens ne faisaient donc pas de distinction entre les employés d'exécution et les employés d'encadrement.
Source : recensements 1906 et 1962; enquête « Emploi » 1989; Écoflash n° 62, octobre 1991.

Document 3

Les employés se distinguent peu des membres des professions intermédiaires au regard de la plupart des indicateurs de pratiques familiales.
Les changements intervenus dans ce domaine se situent sur la toile de fond commune de l'extension de l'activité féminine salariée et de l'élévation du niveau moyen de formation : continuité de l'activité professionnelle féminine, maîtrise de la fécondité, compatibilité entre vie professionnelle et maternité, autant de pratiques qui se sont diffusées socialement – en direction des cadres moyens, puis des employés et enfin des ouvriers – à partir du milieu des cadres supérieurs. Les milieux où les femmes sont employées ont vécu des expériences davantage marquées par le poids de la nécessité : il y est plus difficile, pour une femme, de mener de front vie professionnelle et éducation des enfants, et plus impératif, pour un homme, de participer aux tâches domestiques. Une forme majeure de l'accès des milieux populaires à la modernité a consisté dans l'accès des femmes au statut d'employée : cet accès a eu pour corrélat à la fois un alignement sur des pratiques qui s'étaient d'abord répandues dans des milieux plus favorisés, et l'affirmation de traits spécifiques tels qu'une forte divortialité, une faible fécondité et une certaine symétrisation des rôles masculins et féminins.

Alain Chenu, L'Archipel des employés, INSEE, « Études », 1990.

Astuces

Tirez profit de tous les renseignements, ne négligez pas les informations qui accompagnent les documents.

Mettez les documents en relation.

Transformez les données statistiques pour faire apparaître d'autres informations intéressantes (mais seulement si cela est utile). [*document 2*]

Mais ayez aussi le sens critique!
Si le document présente une thèse, un point de vue : cherchez des contre-arguments. Peut-être un autre document du dossier permet-il de le faire?

Document 2 : la note est utile pour interpréter correctement les données mais aussi pour mieux comprendre la nuance de l'énoncé : en effet, les employés d'aujourd'hui ne sont pas ceux d'hier. Voilà une information précise que vous pourrez réutiliser, en introduction par exemple ou pour débuter votre première partie.

On peut calculer ici la variation relative des employés depuis 1962 et leur proportion dans l'ensemble des salariés, chaque année. [document 2]

Dans le document 3, l'auteur affirme que, malgré une tendance à l'adoption de comportements des catégories supérieures, on peut repérer chez les employés des comportements spécifiques. On peut se demander si ce point de vue est juste, s'il est vérifié, si les autres documents du dossier confirment sa validité [voir document suivant]. *On peut aussi faire usage de connaissances personnelles.*

Document 4

Pratiques culturelles selon la CSP en 1987-1988 (en %)

Catégorie socioprofessionnelle	Théâtre 2/an	Concert classique Opéra 1/an	Musée 2/an	Livres 2/mois	Cinéma 1/mois	Concert rock, jazz 1/an	Appartient à une association	Pratique un sport
Cadres supérieurs, prof. lib.	31,2	38,3	45,0	28,4	29,9	21,4	43,2	71,6
Professions intermédiaires	16,9	19,2	23,8	15,9	20,8	18,9	32,2	55,6
Employés	10,1	10,5	13,2	13,6	19,0	16,4	22,0	47,3
dont :								
Emp. du sect. public	7,6	9,1	13,6	11,6	16,9	12,2	24,1	45,2
Emp. adminis. d'entreprise	16,5	14,8	18,2	17,0	23,4	22,0	25,1	56,5
Emp. de commerce	8,4	9,9	7,3	10,5	18,2	16,9	14,9	48,7
Pers. de serv. dir. aux part.[a]	3,9	5,4	7,7	12,5	14,2	12,2	17,2	31,6
Ouvriers	3,0	4,2	6,1	6,6	11,9	9,3	20,0	36,1
Ensemble	10,5	15,5	16,2	13,9	19,0	14,4	24,6	47,7

a. Personnel de service direct aux particuliers.
Lecture : 31,2 % des cadres et professions libérales sont allés au moins deux fois par an au théâtre.
Source : INSEE, enquête « Loisirs », 1987-1988.

Astuces

Ne sélectionnez que les informations utiles et n'inondez pas votre devoir de chiffres.

Après le constat, les explications !
À vous d'utiliser vos connaissances sociologiques : explications en termes d'origine sociale, de formation des couples, de proximité des milieux socioprofessionnels.

Attention, les documents peuvent avoir certaines limites et être difficilement utilisables pour traiter le sujet. Il faut l'indiquer (de façon positive bien sûr, sans accabler les concepteurs qui ont peut-être voulu tester votre capacité d'analyse...).

Le document 4 montre l'hétérogénéité des pratiques culturelles des employés et surtout le clivage entre, d'une part, les employés administratifs d'entreprise et, dans une moindre mesure, les employés du secteur public, dont les pratiques culturelles sont très proches de celles des professions intermédiaires ; d'autre part, les personnels de service aux particuliers et, dans une moindre mesure, les employés de commerce, dont les pratiques s'apparentent à celles des ouvriers.
Dans le devoir, c'est cette idée qu'il faut reprendre. Il suffira de l'accompagner d'un ou deux exemples chiffrés.
16,5 % des employés administratifs d'entreprise sont allés au moins deux fois au théâtre dans l'année en 1987-1988, c'est une fréquentation aussi élevée que celle des professions intermédiaires mais cinq fois plus importante que celle des personnels de services directs aux particuliers qui, comme les ouvriers, ne fréquentent guère le théâtre (3,9 % et 3,0 %).

Document 5 : quand plus de 75 % des employés sont des femmes, l'intérêt d'une table de mobilité portant sur des hommes est plutôt mince...
Par contre, juxtaposé à une table de mobilité féminine, ce document aurait un grand intérêt [relire le texte de Dominique Merllié, page 245] ! On pourrait montrer que, si cette catégorie est un tremplin pour l'ascension sociale chez les hommes, il n'en est pas de même pour les femmes !

Document 5

Mobilité sociale des employés (en %)

	Groupe socioprofessionnel des fils d'employés	Origine sociale des employés
Agriculteur	0	15
Artisan, commerçant, chef d'entreprise	8	10
Cadre et profession intellectuelle supérieure	22	7
Profession intermédiaire	32	11
Employés	11	13
Ouvrier	27	44
Total	**100**	**100**

Champ : hommes, actifs occupés ou anciens actifs en mai 1993, âgés de 40 à 59 ans.
Source : INSEE, enquête « Formation et qualification professionnelle », 1993.

À vous de jouer !

Le document 6 apporte des informations, lesquelles ?
Nécessite-t-il des transformations statistiques ?
À quel moment l'utiliser dans le devoir ?

Document 6

Répartition de la population de 15 ans et plus selon la catégorie sociale

Catégorie socioprofessionnelle (PCS)	1990 Total (en milliers)	1990 Part des femmes (en %)	1999 Total (en milliers)	1999 Part des femmes (en %)	Évolution 1990/1982 (en %)	Évolution 1999/1990 (en %)
Employés civils, agents de service de la Fonction publique	1 998	79,5	2 343	77,7	18,3	17,3
Policiers et militaires	414	6,7	523	9,1	7,4	26,3
Employés administratifs d'entreprises	2 344	84,7	2 178	84,6	– 8,3	– 7,1
Employés de commerce	969	81,0	1 115	77,8	31,4	15,1
Personnels de services directs aux particuliers	1 189	83,6	1 649	84,7	34,3	38,7
Total employés	**6 913**	**77,8**	**7 809**	**76,5**	**10,6**	**13,0**

Source : INSEE, Recensements de la population 1982, 1990 et 1999, in INSEE, Tableaux de l'économie française 2002-2003.

Fiche 6

Un plan détaillé bien bâti

Évitez les « tiroirs », les « catalogues ». Disserter, c'est démontrer ! Il faut trouver des articulations logiques.

■ Méthode ■

Vous avez désormais réuni tous les éléments pour répondre à la question posée.

Vous êtes même un peu submergé ! Il faut mettre un peu d'ordre. Reprenez donc le plan provisoire : s'il vous semble toujours convenir, il vous reste à le détailler.
Si vous n'aviez encore aucune ébauche, il faut maintenant construire un plan pour organiser la dissertation, c'est un impératif !
Revoyez si besoin les « astuces » de la fiche 3.

■ Application ■

Un plan détaillé est une ossature, une structure sur laquelle vous allez pouvoir vous appuyer pour développer vos idées sans risquer de vous égarer, de vous répéter.
Il doit tenir debout : il est équilibré.
Il est articulé : c'est une trame, un fil conducteur.
C'est votre argumentation d'ensemble.
S'il est bien construit, il comporte plusieurs niveaux de lecture.

	I.A.	I.B.	II. I.A.	II. I.B.
1er niveau de lecture	*Des particularités* (I.)		*mais* *pas d'homogénéité* (II.)	
2e niveau	*Un groupe socioprofessionnel en expansion rapide,*	*aux traits particuliers ;*	*mais* *sans unité réelle*	*et* *sans véritable identité*
		mais...		
3e niveau	*1. Constitué des salariés non manuels effectuant des tâches d'exécution,*	*1. Une population très féminine,*	*1. Des professions différentes et des origines sociales différentes, qui expliquent :*	*1. Des frontières floues avec les groupes limitrophes.*
	2. ses effectifs ont décuplé depuis 1900.	*2. et des comportements spécifiques.*	*2. des comportements différents.*	*2. Un groupe écartelé entre classes populaires et classes moyennes.*

On peut réaliser un 4e niveau de lecture en détaillant chaque paragraphe. On aura compris que le premier niveau est le point de départ de la construction du plan.
Construire le plan sous forme de phrases « gigognes », qu'on peut lire verticalement ou horizontalement, n'est pas un pur exercice de style. Bien sûr, en temps limité, pas question de rechercher la perfection et de rester bloqué : seule l'organisation compte.
Quand on maîtrise cette méthode (pour cela, seul l'entraînement est efficace), elle permet :
– d'éviter les plans « tiroirs » ou « catalogues » ;
– de construire un plan équilibré (pas question de passer au troisième niveau si on n'a pas terminé le deuxième niveau) ;
– de vérifier à chaque niveau si on est toujours en train de traiter le sujet et pas un autre ;
– d'avoir quasiment rédigé l'annonce de plan et les phrases d'introduction des parties (niveau 1), sous-parties (phrases de niveau 2) et des paragraphes (phrases de niveau 3). Ces phrases sont essentielles pour guider votre lecteur. Vous gagnerez ainsi du temps lors de la rédaction finale.

Astuces

Pour construire son plan :
– Rédiger une seule phrase qui permette d'apporter une réponse (la plus générale possible) au sujet. Cette réponse ne doit pas être partielle ; elle ne doit pas contenir d'arguments.
– Trouver les deux (ou trois) parties que cette phrase fait apparaître.
– Pour chacune de ces parties, rédiger une nouvelle phrase permettant de faire apparaître les principaux arguments qui la justifient (sans entrer dans les détails). Vous faites apparaître ainsi les sous-parties.
– Procéder de la même façon pour dégager les paragraphes.

⚠ Ne développez jamais entièrement une partie ou une sous-partie sans savoir ce que vous allez faire dans le reste du devoir. Vous risqueriez la catastrophe ou de devoir tout restructurer en cours de route !

Fiche 7

Un devoir bien rédigé

Ménagez votre lecteur ! Évitez-lui l'égarement, l'asphyxie, l'apoplexie, les troubles de la vue...

■ Méthode ■

La forme a une importance capitale. On oppose souvent à tort la forme au fond : il ne suffit pas d'avoir des idées pour bien disserter, encore faut-il savoir les exprimer et les présenter.

Le lecteur doit pouvoir vous suivre

Il faut donc le guider : c'est le rôle de l'introduction, des mots et des phrases de liaison, des transitions, enfin de la conclusion.
Rédigez soigneusement introduction et conclusion immédiatement après avoir rédigé votre plan détaillé.

L'introduction a trois fonctions :
- elle présente le sujet (de façon simple);
- elle expose la problématique;
- elle annonce le plan.

⚠ L'introduction ne doit pas répondre à la question posée. Il faut y définir les termes du sujet et le cadre spatio-temporel.

La conclusion a deux fonctions :
- elle fait le bilan du devoir en répondant à la question posée;
- elle propose un élargissement du sujet, une ouverture sur une question plus générale.

Les transitions et les liaisons sont les articulations de votre devoir. Elles doivent être logiques et refléter votre argumentation d'ensemble.
Si vous multipliez les « mais », « aussi », « également », « de plus », à coup sûr vous n'avez pas de plan mais une série de tiroirs !

Le lecteur doit pouvoir vous comprendre

Il faut soigner votre style :
- de la concision ! (contre le délayage);
- de la précision ! (contre les approximations);
- de la clarté ! (contre la confusion);
- de la simplicité ! (contre le jargon).

Le lecteur ne doit pas s'irriter

- Choisissez le ton qui convient.

Il faut savoir être ferme en restant courtois, argumenter en restant nuancé, répondre à la question en restant prudent, paraître objectif (pluralisme, tolérance et modestie).
- Évitez les fautes d'orthographe !
- Soignez votre **présentation** : une écriture lisible; une copie aérée, sans rature, avec la structure apparente.

■ Application ■

Introduction :

Six millions d'employés en France aujourd'hui : c'est le groupe socioprofessionnel le plus nombreux. Sous l'effet de l'approfondissement de la division du travail, du développement de la taille des entreprises et des administrations, de la tertiarisation de l'économie, il n'a cessé de croître. Ce phénomène a touché l'ensemble des pays industrialisés; nous l'étudierons ici dans le cadre de la France.
Salariés non manuels à qui sont confiées des tâches d'exécution, les « cols blancs », tels qu'ils furent surnommés dès le début du siècle, se distinguent-ils encore aujourd'hui des autres groupes sociaux du point de vue de leur travail, de leur mode de vie et de leur statut social ? Forment-ils vraiment un groupe social ? Répondre à ces questions implique de définir qui sont les membres de ce groupe, donc de chercher à délimiter ses contours et à repérer quelles sont ses caractéristiques, voire ses particularités; se demander si des différences importantes existent entre ses membres et si elles constituent autant de clivages qui brisent son unité et son identité.
Après avoir recherché quelles sont les particularités de ce groupe, nous montrerons sa forte hétérogénéité.

Conclusion :

Une expansion rapide depuis les années soixante et une forte féminisation caractérisent effectivement les employés; ils sont devenus le premier groupe socioprofessionnel en France aujourd'hui. Pourtant ce groupe n'est pas homogène : ni réelle unité, ni véritable identité. Sous l'effet des transformations de l'appareil productif et des nouvelles technologies, il est devenu composite. Employés de bureau, employés de commerce, personnels de service, ses membres présentent des caractéristiques très différentes qui les rapprochent davantage des groupes limitrophes que de leurs pairs. Choix du conjoint, vie professionnelle, origine sociale tendent à attirer les employés vers deux pôles opposés : les ouvriers et les professions intermédiaires. On peut donc conclure comme Alain Chenu : « les employés : ce groupe qui n'en est pas un ».
Cette évolution s'inscrit en fait dans le processus de moyennisation qui s'opère dans la société française. Les clivages entre groupes sociaux apparaissent de moins en moins nettement, mais sont-ils pour autant prêts à disparaître ?

Astuces

Pour faire apparaître les articulations logiques de votre devoir, rédigez vos liaisons et vos transitions en utilisant des mots connecteurs de sens, tels que :
- « car, en raison de, puisque, etc. » pour montrer des liens de causalité;
- « d'où, par conséquent, de ce fait, c'est pourquoi » pour exprimer les liens de cause à effet;
- « par contre, à l'inverse, en revanche, etc. » pour exprimer une opposition;
- « toutefois, pourtant, etc. » pour exprimer une limite, une restriction.

La question de synthèse

Cette nouvelle épreuve se décompose en deux parties

– Le travail préparatoire (noté sur 10 points).
– La réponse à une question de synthèse, appuyée sur ce travail et sur les connaissances personnelles (10 points également). Voir textes officiels.

Comme la dissertation, elle requiert les compétences suivantes :

– savoir lire efficacement les questions posées;
– savoir mobiliser ses connaissances personnelles;
– savoir utiliser correctement les documents, même si les questions préparatoires apportent une aide;
– savoir bâtir un plan détaillé;
– savoir rédiger une introduction, une conclusion, des liaisons, des transitions.

Elle se différencie de la dissertation car :

– elle impose une *parfaite maîtrise des notions et savoir-faire élémentaires* pour effectuer correctement le travail préparatoire.
Par exemple, il faut savoir utiliser les instruments statistiques et les indicateurs spécifiques aux différents thèmes du programme (taux de couverture, indicateur conjoncturel de fécondité, indices, etc.). Il est donc plus difficile de dissimuler ses lacunes.
Des exercices et des fiches-outils sont prévus dans le manuel;
– elle nécessite des *qualités de synthèse* pour répondre de façon courte et structurée à la question posée (*trois pages environ*).

Mais cette épreuve n'est pas plus difficile

Elle avantage l'élève sérieux qui grâce aux questions du travail préparatoire pourra facilement faire la preuve de ses connaissances et de sa maîtrise des savoir-faire de base.
Elle guide le travail :
– par des questions qui conduisent l'analyse des documents, et préparent ainsi à la synthèse;
– par une problématique imposée dans le libellé de la question de synthèse, ce qui facilite l'organisation du devoir.

Comment s'y prendre ?

1. Avant de commencer le travail préparatoire et la lecture des documents, lisez attentivement la question de synthèse, comme vous le feriez pour la dissertation [*fiche 1*].

2. Pas de problème pour le plan général : il est imposé par la formulation du sujet et vous êtes contraint de le suivre.
Mais quelle démarche adopter pour traiter chaque partie ? Il est nécessaire de s'appuyer sur une problématique [*fiche 2*], sinon vous risquez de réciter votre cours, ou de faire un catalogue.

3. Mobilisez vos connaissances avant de faire le travail préparatoire [*fiche 4*].

4. Établissez un plan provisoire.

5. Étudiez les documents et effectuez le travail préparatoire. (Attention aux réponses trop longues : environ 10 lignes.) À ce stade, vous comprendrez sans doute mieux l'intérêt des questions pour la synthèse (plutôt que d'essayer d'y répondre dès le départ, sans objectif précis).

6. Élaborez le plan détaillé.
La méthode exposée dans la fiche 6 est recommandée.
La synthèse doit être construite sur une argumentation d'ensemble.

7. Rédigez introduction et conclusion [*fiche 7*].

8. Rédigez la synthèse :
– respectez les consignes de forme [*fiche 7*];
– utilisez les apports du travail préparatoire (même si vous devez vous répéter);
– allez au-delà en vous appuyant sur vos connaissances personnelles;
– votre argumentation sera moins détaillée que dans la dissertation.
Dans un devoir de trois pages construit en deux parties, l'introduction et la conclusion peuvent occuper entre 1/2 et 2/3 de page, ce qui laisse un peu plus d'une demi-page pour chaque sous-partie. C'est peu, cela nécessite un réel effort de synthèse : savoir sélectionner les informations utiles et privilégier l'argumentation d'ensemble sur l'analyse du détail.

Entraînez-vous !
– Plusieurs sujets de ce type vous sont proposés dans le manuel.
– La plupart des dossiers sont construits selon cette démarche : questions facilitant l'étude du dossier, puis question de synthèse sur l'ensemble du dossier.

L'oral de rattrapage

Il ne faut pas négliger son éventualité : le coefficient des sciences économiques et sociales étant très élevé, c'est une matière que vous serez amené à choisir si jamais vous deviez subir les épreuves de rattrapage…
Son contenu est décrit dans le texte officiel (voir ci-dessus). Le temps de préparation est de trente minutes et l'interrogation orale dure vingt minutes.

Cette épreuve se situe dans la même logique que la question de synthèse :

– le libellé de la question générale devrait être simple et proposer une problématique ;
– deux à trois questions préalables sont posées au candidat (vérifications de savoirs ou de savoir-faire) ;
– deux documents de nature différente.
Le candidat est évalué sur sa compréhension du sujet, ses connaissances, sa maîtrise des outils, la construction de sa réponse (introduction, développement, conclusion), la qualité de son argumentation et la façon dont il a intégré les documents dans son raisonnement, mais également sur sa présentation, son expression.

Ces fiches ont été élaborées par **Christiane Padiolleau**

Comment s'y préparer ?

C'est une épreuve de rattrapage, attendez-vous à ce que l'examinateur vérifie si vous possédez au moins les connaissances de base.
Vous produirez un très mauvais effet si vous butez sur la définition de notions telles que valeur ajoutée, productivité, investissement ! Il faut donc réviser toutes les notions importantes. Utilisez l'index ou la colonne centrale du programme de terminale pour lister l'essentiel et repérer vos lacunes.
Vos devoirs écrits sont un excellent entraînement pour la partie « préparation » de cette épreuve.
Pour travailler l'expression orale :
– prenez la parole en classe ;
– chez vous, ou avec vos camarades, racontez à voix haute votre synthèse avant de la rédiger.

Comment réussir son oral ?

La préparation
Pendant les trente minutes de préparation, procédez comme pour la question de synthèse. Voir consignes proposées page précédente.

L'exposé
Comme dans un devoir, il faut introduire votre exposé, rappeler la question posée, définir les termes essentiels, présenter la démarche que vous allez suivre. Puis commencer à développer votre réponse… N'attendez pas que l'examinateur vous questionne, il saura vous interrompre s'il le souhaite. L'idéal est de pouvoir exposer sa réponse en une dizaine de minutes.
N'oubliez pas de faire référence aux deux documents. Vous pouvez intégrer dans votre exposé les réponses aux questions préalables (signalez-le simplement à votre examinateur) ; cela semble préférable plutôt que de répondre d'abord à des questions ponctuelles pour commencer ensuite l'exposé dans lequel ces éléments de réponse devraient en principe être repris.

L'entretien
L'examinateur dirige cet entretien comme il le souhaite. Il va nécessairement tester vos connaissances de base si vous ne les avez pas montrées au cours de l'exposé. Il peut vous demander de développer un des points de votre exposé, vous questionner sur une théorie, un auteur (si vous avez suivi l'enseignement de spécialité) ; ces questions d'approfondissement sont souvent destinées à voir jusqu'où vont vos connaissances.
Exprimez-vous correctement, faites des phrases, ne répondez pas seulement par des mots, justifiez vos réponses.
Évitez l'esbroufe, le style « cool », n'essayez pas d'influencer votre examinateur pour le choix du sujet, en général tout cela passe assez mal.

Le programme de sciences économiques et sociales de la classe de terminale, série ES.

Arrêté du 30 juillet 2002*

ENSEIGNEMENT OBLIGATOIRE : CROISSANCE, CHANGEMENT SOCIAL ET DÉVELOPPEMENT

L'enseignement des sciences économiques et sociales en classe terminale ES s'inscrit en continuité avec celui des classes de seconde (option sciences économiques et sociales) et de première ES.

La finalité de cet enseignement est de conduire l'élève à la connaissance et à l'intelligence des économies et des sociétés contemporaines, et ainsi de concourir à la formation du citoyen. Elle est aussi de préparer les élèves à la poursuite d'études supérieures. Dans cette perspective, elle vise à favoriser chez les élèves l'acquisition d'une culture générale fondée sur la maîtrise de connaissances, d'outils et de méthodes d'analyse permettant un traitement rigoureux des questions économiques et sociales. L'enseignement de sciences économiques et sociales s'appuie sur l'observation de faits économiques et sociaux guidée par des questionnements théoriques. Tout en étant ancré dans les savoirs académiques de référence des disciplines constitutives des sciences sociales, il a la caractéristique d'être pluridisciplinaire. Cette caractéristique est prise en compte de deux façons : à travers la complémentarité des analyses économiques et sociologiques et grâce à un travail sur des thèmes transversaux.

Cette triple exigence (place faite à l'observation, recours aux savoirs académiques, pluridisciplinarité) doit permettre de développer des compétences requises pour la poursuite d'études dans l'enseignement supérieur : capacité à identifier et formuler des problèmes, à construire des raisonnements inductifs, déductifs ou hypothético-déductifs, à exercer l'esprit critique.

En classe terminale, le programme est consacré à l'étude des mouvements longs de l'économie et de la société, dont les dernières manifestations en date sont la mondialisation et l'intégration régionale. Il importe cependant de veiller à ne pas étendre, en raison de cette référence à une réalité complexe et multiforme, les connaissances exigibles des élèves. Il faut, avant tout, veiller à ce qu'ils maîtrisent les concepts et mécanismes de base qui leur sont présentés et qu'ils sachent conduire des raisonnements analytiques précis.

Le programme de terminale est décliné en trois colonnes selon une logique d'arborescence de façon à clarifier les éléments exigibles :
– dans la première colonne figurent les principaux thèmes à propos desquels des questionnements sont formulés.

Ces questionnements sont éclairés par les indications complémentaires afférentes qui délimitent les problématiques ;
– dans la deuxième colonne figurent les notions essentielles à travailler pour traiter ces questionnements quand elles ne figurent pas déjà dans la première colonne. Sont ajoutés certains agrégats et indicateurs nécessaires à l'exploitation de statistiques ;
– dans la troisième colonne, apparaissent les notions complémentaires dont la connaissance est nécessaire à une approche pertinente des éléments des deux premières colonnes. Les notions de la deuxième et de la troisième colonnes ne sont, généralement, mentionnées qu'une fois. Elles peuvent être mobilisées sur d'autres thèmes du programme que ceux en face desquels elles figurent.

Les indications complémentaires ont un triple objectif :
– aider les professeurs à délimiter le contenu des différents thèmes du programme ;
– faciliter sa mise en œuvre dans les classes en suggérant des approches et des appuis documentaires ainsi qu'en proposant des perspectives propres à chacun des thèmes comme à leurs articulations ;
– favoriser l'harmonisation des lectures conduites par les professeurs afin de parvenir à une cohérence accrue des évaluations.

Les contenus des différents items doivent être appréciés au regard des durées indicatives retenues. L'ordre de présentation des contenus du programme n'est pas contraignant.

Dans le cadre de sa liberté pédagogique, chaque professeur organise sa progression selon son projet et sa classe, choisit les voies et moyens qui lui paraissent appropriés, en faisant en sorte que les objectifs de contenu et de méthode soient atteints et la cohérence d'ensemble assurée.

Le programme est articulé autour de trois questionnements structurants en rapport avec le développement économique et le changement social. Le premier concerne les mécanismes de la croissance économique : l'accent est mis sur les conditions de l'accumulation du capital et l'organisation du travail (thèmes 1 et 2). Le second concerne la dynamique sociale : l'accent est mis sur les inégalités et les conflits, d'une part, et sur les buts et moyens de la cohésion sociale, d'autre part (thèmes 3, 4 et 5). Le troisième concerne l'impact de l'ouverture internationale sur la croissance et le changement social : l'accent est mis sur la mondialisation et l'intégration régionale (en l'occurrence européenne) et leurs conséquences sur les moyens de politique économique et sociale des États (thèmes 6 et 7).

* Les indications complémentaires destinées aux professeurs ne sont pas reproduites.

Avertissement important

En comparant le programme officiel à la table des matières du manuel, on pourra vérifier que les items des trois colonnes sont traités, sans exception aucune.

La seule différence réside dans le découpage des chapitres et l'ordre dans lequel ils se succèdent.

Cette différence s'explique aisément : un programme est une liste d'items juxtaposés; le plan d'un manuel est le résultat d'une réflexion pédagogique et d'un effort de problématisation.

P.C. et J.-P.P.

Programme	Notions essentielles	Notions complémentaires

INTRODUCTION

(durée indicative, 2 semaines)

L'objectif de l'introduction est de présenter les thèmes du programme. Il s'agit, en fait, d'établir une problématique d'ensemble, de proposer un fil conducteur sans entrer dans le détail des concepts et raisonnements. Elle permet de définir et de mettre en relation les trois concepts généraux qui structurent le programme : la croissance, le changement social et le développement.

I. ACCUMULATION DU CAPITAL, ORGANISATION DU TRAVAIL ET CROISSANCE ÉCONOMIQUE

On montrera comment l'accumulation de capital et les transformations de l'organisation du travail concourent à la création de richesses et au changement social.

1. Croissance, capital et progrès technique (durée indicative 4 semaines)
On étudiera :

Programme	Notions essentielles	Notions complémentaires
– les sources, les limites de la croissance économique;	– Valeur ajoutée, produit intérieur brut (PIB), revenu par tête, population active, capital, productivité du travail,	– Indice de développement humain, développement durable
	– Investissement, formation brute de capital fixe (FBCF)	– Investissement immatériel, investissement public
– l'accumulation du capital, progrès technique et croissance.	– Innovation, taux de rentabilité, taux d'intérêt, demande anticipée	– Épargne, innovation de procédé, de produit et organisationnelle, recherche-développement (R & D) autofinancement, financement externe, destruction créatrice.

2. Travail et emploi (durée indicative 4 semaines)
On étudiera :

Programme	Notions essentielles	Notions complémentaires
– l'organisation du travail et croissance;	– Division du travail	– Qualification, taylorisme, fordisme, toyotisme, contrat de travail
– la croissance, le progrès technique et l'emploi.	– Marché (de biens et services), salariat, salaire, coût du travail, marché du travail, chômage, précarité, flexibilité	– Rendements croissants, marchés interne/externe du travail

II. INÉGALITÉS, CONFLITS ET COHÉSION SOCIALE : LA DYNAMIQUE SOCIALE

On rappellera que les sociétés démocratiques sont caractérisées par une tension entre l'existence des inégalités et des conflits, d'une part, et l'exigence de cohésion sociale, d'autre part.

1. Stratification sociale et inégalités (durée indicative 5 semaines)
On étudiera :

Programme	Notions essentielles	Notions complémentaires
– la dynamique de la stratification sociale;	– Inégalités, professions et catégories socioprofessionnelles (PCS)	– Patrimoine, revenu, moyennisation/polarisation
– les enjeux et déterminants de la mobilité sociale;	– Égalité/inégalité des chances, mobilité/immobilité, reproduction	– Destinée, recrutement, mobilité structurelle/nette, capital économique/culturel/social
– l'idéal démocratique et les inégalités.	– Société démocratique, justice sociale, équité	– Incitations, méritocratie, exploitation

Programme	Notions essentielles	Notions complémentaires
2. Conflits et mobilisation sociale (durée indicative 3 semaines) On étudiera :		
– les mutations du travail et conflits sociaux;	– Classes sociales, syndicat, rapports sociaux	– Lutte des classes
– la diversification des objets et des formes de l'action collective	– Mouvements sociaux, institutionnalisation des conflits	– Mobilisation collective, identités, valeurs, groupes de pression
3. Intégration et solidarité (durée indicative 4 semaines) On étudiera :		
– la cohésion sociale et les instances d'intégration;	– Lien social, socialisation, intégration, exclusion	– Pauvreté, anomie, déviance, individualisme, solidarité mécanique/organique
– la protection sociale et solidarités collectives	– État-providence, assurance/assistance, redistribution	– Risques sociaux, universalisme/communautarisme/corporatisme

III. LES ENJEUX DE L'OUVERTURE INTERNATIONALE

On montrera que les formes actuelles de l'ouverture internationale – mondialisation et intégration régionale – sont source de croissance, mais peuvent affecter la cohésion sociale et faire obstacle au développement. L'objectif est de prolonger les thèmes précédents du programme en leur adjoignant une dimension supplémentaire : celle induite par l'ouverture aux échanges internationaux (de biens, de services, de capitaux). Il sera systématiquement fait état des avantages et difficultés associés aux formes contemporaines de la mondialisation et de d'intégration régionale, en retenant, dans ce dernier cas, l'exemple de l'Union européenne.

Programme	Notions essentielles	Notions complémentaires
1. Internationalisation des échanges et mondialisation (durée indicative : 4 ou 5 semaines) On étudiera :		
– le commerce international, croissance et développement;	– Avantages comparatifs, division internationale du travail, protectionnisme, libre-échange	– Balance des paiements, termes de l'échange, barrières tarifaires/non-tarifaires, taux de change, régimes de change, OMC, FMI, Banque mondiale.
– les stratégies internationales des entreprises;	– Firmes transnationales, compétitivité, différenciation des produits	– Compétitivité prix/produit, commerce intra-firme, investissement direct à l'étranger, investissement de portefeuille, délocalisation
– la mondialisation, les évolutions sociales et culturelles et régulation.	– Acculturation, différenciation culturelle	– Normes sociales, normes environnementales
2. Intégration européenne et politiques économiques et sociales (durée indicative : 4 semaines) On étudiera :		
– l'Union européenne et la dynamique de l'intégration régionale;	– Union économique et monétaire, union politique, Europe sociale	– Zone de libre-échange, union douanière
– les nouveaux cadres de l'action publique.	– Politique économique, politique monétaire, politique budgétaire, consommations collectives, service public, service universel	– Coordination des politiques économiques et sociales, déréglementation/nouvelles régulations, subsidiarité

CONCLUSION

La conclusion est l'occasion de reprendre brièvement la perspective d'ensemble du programme qui est de traiter de l'articulation entre croissance, développement et changement social.

ENSEIGNEMENT DE SPÉCIALITÉ

Conformément aux objectifs généraux de l'enseignement de sciences économiques et sociales, l'enseignement de spécialité vise à approfondir l'étude de certains des thèmes du programme obligatoire à partir de la découverte de textes de quelques-uns des auteurs qui ont joué un rôle essentiel dans le développement des sciences sociales.

En aucun cas il ne s'agit de mener une étude exhaustive des travaux des auteurs retenus. Seule une problématique caractéristique de la pensée de chacun d'entre eux et en rapport avec le programme du tronc commun est retenue. Les contenus de cet enseignement ne sauraient donc être confondus avec un enseignement du type « histoire de la pensée ».

L'étude d'extraits des œuvres majeures des sciences sociales doit permettre aux élèves de s'approprier des grilles de lecture et des outils théoriques pour penser le monde contemporain.

L'analyse de l'actualité de chaque auteur, qui ne saurait revêtir un caractère exhaustif, et des prolongements contemporains peut être conduite en se référant à des textes d'autres auteurs y compris des contemporains ou à des études factuelles.

Les diverses configurations de classe indiquent au professeur les choix pédagogiques et les supports qu'il juge les mieux adaptés pour répondre aux attentes, parfois contradictoires des élèves.

Le programme est présenté en trois colonnes :

– la première colonne présente la problématique choisie, l'auteur étudié et la partie correspondante du programme obligatoire ;

– la deuxième colonne précise les concepts propres à l'auteur que les élèves doivent connaître ;

– la troisième colonne se rapporte à la question de l'actualité de la pensée de l'auteur et propose quelques exemples de prolongements théoriques et factuels contemporains possibles.

Les indications complémentaires ont pour fonction de délimiter les contenus et l'orientation des thèmes traités susceptibles d'une évaluation au baccalauréat. Elles comportent, à l'occasion, des suggestions laissées à l'appréciation des professeurs.

Introduction

L'introduction n'est centrée sur aucun auteur. Elle se donne pour objectif de préciser quelques concepts que les élèves auront à manier durant l'année d'enseignement de spécialité (sciences, sciences sociales, théorie, concept, paradigme). Elle n'a pas vocation à constituer, en tant que telle, le support d'une évaluation au baccalauréat.

En se référant à quelques-unes des questions abordées en classe de première, on montrera que l'activité scientifique se caractérise par la formulation d'hypothèses et par une double préoccupation de cohérence interne et de corroboration par confrontation au réel. On insistera sur le fait qu'une théorie n'est pas un ensemble de certitudes, mais une série cohérente de propositions et de résultats provisoires résultant d'investigations analytiques et empiriques et susceptibles d'éclairer les décisions des acteurs publics et privés. On soulignera que la diversité des approches théoriques répond à la diversité des questionnements et constitue la source des débats propres à accroître la compréhension des phénomènes économiques et sociaux. Si le professeur l'estime utile, il pourra présenter, à partir de quelques extraits de textes d'auteurs de référence, quelques-uns des clivages qui permettent de distinguer ces approches, qu'il s'agisse, par exemple, de la place accordée à l'individu individualisme/holisme, notions étudiées en classe de première) et/ou de celle accordée à l'histoire (naturalisme/historicisme).

	Concepts que les élèves doivent connaître et savoir utiliser	Actualité de la pensée de l'auteur et prolongement
Joseph Schumpeter		
Progrès technique et évolution économique « Capital, investissement et progrès technique »	Innovation, entrepreneur, cycle long, destruction créatrice, rente de monopole, profit, capitalisme, capitaliste	Recherche-Développement (R & D), taille des entreprises, irrégularité de la croissance
Adam Smith		
Division du travail et extension des marchés « Travail et emploi (organisation du travail et croissance) »	Extension des marchés et division du travail, organisation	Nouvelles formes d'organisation du travail, ouverture des marchés
John Maynard Keynes		
Sous-emploi et demande « Travail et emploi (croissance, progrès technique et emploi) »	Demande effective, taux de salaire réel et nominal, chômage involontaire	Causes du chômage, rôle de la demande et ses salaires

Alexis de Tocqueville		
Égalisation des conditions de la démocratie « Stratification sociale et inégalités »	Liberté/égalité, individualisme, despotisme démocratique, tyrannie de la majorité	Représentation politique, société démocratique et uniformisation des comportements, opinion publique
Karl Marx		
Conflits de classe et changement social « Conflits et mobilisation sociale »	Lutte de classe, conscience de classe, rapports de production, forces productives, plus-value, exploitation, modes de production, capital	Classes sociales, nouveaux mouvements sociaux
Émile Durkheim		
Lien social et intégration « Intégration et solidarité »	Fait social, division du travail social, solidarité mécanique, solidarité organique, anomie, conscience collective	Cohésion sociale, exclusion sociale, intégration par le travail
David Ricardo		
Échange international et croissance « Internationalisation des échanges et mondialisation »	Avantage comparatif, commerce interbranche, spécialisation internationale, libre-échange	Politiques commerciales, rendements d'échelle croissants, commerce intrabranche
Max Weber		
La rationalisation des activités sociales	Action sociale, rationalité en finalité, rationalité en valeur, bureaucratie, désenchantement du monde	Rationalité limitée

Savoir-faire applicables à des données quantitatives

Les calculs, toujours simples, sont appliqués aux données fournies dans le dossier. Ils ne sont jamais demandés poureux-mêmes : ils ont pour fonction de prouver, à l'occasion de l'exploitation du dossier documentaire, l'acquisition d'une compétence à analyser, interpréter, voire relativiser les résultats.

- Calcul et lecture d'indices, de proportions et pourcentages de *répartition (toutes les classes à partir de la sixième)* (notamment pour transformer une table de mobilité en table de destinée et table de recrutement).
- Calcul et lecture d'une moyenne arithmétique simple *(à partir de la classe de troisième)* et pondérée, médiane *(à partir de la classe de troisième).*
- Lecture de représentations graphiques : histogrammes, diagrammes de répartition *(toutes les classes à partir de la sixième)*, représentations de séries chronologiques y compris le graphique semi-logarithmique *(en terminale ES).*
- Calcul et lecture d'écarts interquantiles *(à partir de la classe de seconde).*
- Lecture de tableaux à double entrée, éventuellement avec subdivisions *(à partir de la classe de première ES).*
- Lecture de courbes de Lorenz quantiles *(à partir de la classe de seconde).*
- Calcul et lecture des variations absolues relatives *(en terminale ES).*
- Calcul et lecture des taux de variation ou de croissance *(en classe de première ES).*
- Lecture et interprétation de la notion d'élasticité *(en terminale ES).*
- Lecture et interprétation des taux de croissance moyens *(en classe de première ES).*
- Calcul et lecture d'un coefficient multiplicateur *(à partir de la classe de quatrième).*
- Calcul et lecture des évolutions en volume et des évolutions en valeur *(en terminale ES).*
- Calcul et lecture du coût marginal, de la productivité marginale, de la propension marginale. Ces notions pourront être reliées à la notion mathématique de dérivée, sans que ce lien puisse donner lieu à une évaluation au baccalauréat *(en classe de première ES).*
- Lecture et interprétation de la droite des moindres carrés *(en terminale ES).*

Le niveau de correspondance avec les programmes de mathématiques est indiqué en italique.

LEXIQUE

Si un terme ne figure pas dans les quelque 800 entrées de ce lexique, vous le trouverez sans doute dans l'index, ce qui vous permettra de retrouver la définition dans le manuel. Certaines entrées de ce lexique renvoient à la fiche sur la comptabilité nationale qui figure dans « Pour aller plus loin » (indiquée « fiche CN »).

Accroissement naturel
V. mouvement...

Acculturation
Les anthropologues Redfield, Linton et Herskovits (« *Memorandum* » publié en 1936 dans *American Anthropologist*) la définissent comme l'*ensemble des changements provoqués dans les modèles culturels originaux par l'entrée en contact prolongé de groupes d'individus de cultures différentes*. Elle se traduit par des emprunts, des échanges et des réinterprétations. Le sociologue Roger Bastide (1898-1974) parle d'une acculturation *matérielle* lorsqu'elle touche la vie publique mais pas la vie privée, et d'une acculturation *formelle* lorsque des modifications de la sensibilité et du mode de pensée conduisent à une nouvelle culture (exemple : acculturation des enfants d'immigrés).

Accumulation du capital
Investissement net : condition et résultat de la croissance. Le taux d'accumulation est le taux de croissance du capital (investissement net rapporté au stock de capital).

Accumulation extensive/intensive (théorie de la régulation)
V. croissance extensive.

Accumulation primitive
Chez Marx, désigne le processus (fortement marqué par la violence) qui conditionne la naissance du capital (v. ce terme) comme rapport social dominant : la transformation des producteurs indépendants (agriculteurs, artisans...) en travailleurs n'ayant plus que leur force de travail à vendre (salariés) y joue un rôle décisif.

Actif
V. bilan, population active.

Actifs financiers
Droits sur le patrimoine d'autres agents. Les actifs financiers des uns sont les passifs financiers des autres. Comprennent principalement la monnaie (**actifs monétaires**) et les liquidités en général, les valeurs mobilières et les prêts.

Actifs non financiers
La comptabilité nationale distingue les **actifs non produits** (*corporels* comme les terrains et gisements, ou *incorporels* comme les brevets) et les **actifs produits** classés en **actifs fixes** (*corporels* comme les logements, bâtiments, machines et équipements, ou *incorporels* comme les logiciels et les œuvres originales tels les films), *stocks* et *objets de valeur* (bijoux, objets d'art...).

Actifs
Avoirs détenus par un agent. V. patrimoine.

Action
Titre représentatif d'une partie du droit de propriété sur une entreprise. L'ensemble des actions représente le capital social de l'entreprise. L'**actionnaire** (celui qui détient une action) bénéficie principalement du *droit de vote* (une voix par action) à l'assemblée générale des actionnaires (le « parlement ») qui, notamment, élit le conseil d'administration (le « gouvernement ») et du droit de percevoir un *dividende* (revenu variable puisque égal au bénéfice distribué divisé par le nombre d'actions). Il peut généralement revendre librement l'action. Attention ! Ce sont seulement une petite minorité des sociétés anonymes dont les actions sont cotées à la Bourse.

Action collective
Toute action dans laquelle des individus se mobilisent ou se rassemblent pour atteindre des fins partagées. L'économiste américain Mancur Olson (*La Logique de l'action collective*, 1966) a mis en évidence le « paradoxe de l'action collective » : les individus n'ont pas nécessairement besoin de participer à l'action collective (par exemple une grève) pour bénéficier de ses résultats (par exemple une hausse du salaire) ; si chaque individu adopte le comportement du « passager clandestin » (v. ce terme) qui profite des résultats de l'action sans y participer, elle est possible.

Action sociale (ou activité sociale)
« Nous entendons par "activité" un comportement humain (peu importe qu'il s'agisse d'un acte extérieur ou intime, d'une omission ou d'une tolérance), quand et pour autant que l'agent ou les agents lui communiquent un sens subjectif. Et par activité "sociale", l'activité qui, d'après son sens visé par l'agent ou les agents, se rapporte au comportement d'*autrui*, par rapport auquel s'oriente son déroulement » (Max Weber, *Économie et société*). Pour Max Weber (1864-1920) les quatre types de la motivation de l'action sociale sont : 1. la coutume, l'habitude, la tradition ; 2. les émotions, les passions, les sentiments ; 3. la conviction qu'un comportement est désirable quelles que soient ses conséquences (définit l'action « rationnelle en valeur », la rationalité axiologique, du militant révolutionnaire ou du croyant convaincu) ; 4. la confrontation rationnelle des fins et des moyens (définit l'action « rationnelle en finalité »). Seuls les troisième et quatrième correspondent à une conscience importante du sens de l'orientation de l'action sociale. V. rationalité...

Activité
V. taux d'...

AELE
Association européenne de libre-échange ; regroupait à partir de 1958, à l'initiative du Royaume-Uni, des pays hostiles au traité de Rome (Communautés européennes).

Affirmative action
V. discrimination positive.

Agence (relation d')
Il existe des situations (qui résultent d'un contrat) où une personne (le mandataire) doit accomplir des tâches pour le compte d'une autre personne (le mandant) : relations entre propriétaire foncier et métayer, malade et médecin, automobiliste et garagiste, actionnaires et dirigeants de l'entreprise, État et entreprise publique... On a pris l'habitude d'appeler relation d'agence, ce rapport mandant-mandataire (*principal-agent* en anglais) qui s'accompagne d'une asymétrie d'information, le mandataire (*agent*) pouvant dissimuler des informations nécessaires au contrôle de la qualité de son action par le mandant. Pour résoudre le problème, il faut mettre en place des contrats comportant des incitations adéquates. V. antisélection, asymétrie, gouvernement d'entreprise, risque moral.

Agrégats
Grandeurs synthétiques caractéristiques d'une économie nationale (PIB...), ils permettent de caractériser les performances ou les comportements de l'ensemble des agents d'une économie nationale et de comparer les différents pays.

Agrégats monétaires
Regroupements d'actifs monétaires ou quasi monétaires détenus par des agents non financiers ; ces indicateurs statistiques sont censés refléter leur capacité de dépense ; souvent utilisés comme référence dans la politique monétaire ; les agrégats monétaires se distinguent selon la plus ou moins grande *liquidité* des éléments qu'ils regroupent.

Aide au développement
La notion mesurée par l'OCDE est l'**aide publique au développement** (APD), c'est-à-dire les dons et les prêts à des conditions préférentielles accordés par les pays développés (**aide bilatérale**) et les institutions intergouvernementales (**aide multilatérale**) aux PED pour financer des projets de développement, mais aussi l'aide alimentaire d'urgence, celle aux réfugiés, une partie de l'assistance militaire et certaines remises de dettes. L'aide bilatérale est souvent une **aide liée** (assortie de conditions politiques ou d'obligations d'achats au pays donateur). L'aide au développement comprend aussi une **aide caritative** privée surtout mise en œuvre par des ONG.

Ajustement structurel
L'application de programmes d'ajustement structurel (PAS) est une condition mise par le FMI au rééchelonnement de la dette de certains pays en développement. Les PAS se sont développés à partir des années quatre-vingt avec la crise de la dette du tiers monde, lorsque le FMI a considéré que ses procédures habituelles de crédit, accompagnées de *politiques conjoncturelles* d'austérité, n'étaient plus adaptées à l'ampleur des déficits à résorber. Les PAS visent à rétablir notamment l'équilibre financier extérieur. D'un point de vue conjoncturel, il s'agit de diminuer la *demande intérieure* (baisse des salaires, des dépenses sociales, des subventions à l'alimentation, des dépenses publiques en général, politique monétaire restrictive, dévaluation) ; les mesures structurelles essaient de développer les mécanismes de marché (privatisations, libéralisation du commerce extérieur).

Aléa moral (ou risque moral)
En anglais *moral hazard*. Chez les assureurs, risque lié au fait que l'assuré, *du fait même qu'il est assuré*, a un comportement moins prudent. En économie, il y a risque moral lorsque le signataire d'un contrat peut recourir à des *actions cachées* dont l'autre va pâtir; c'est un exemple de défaillance du marché. Exemple : le garagiste a-t-il réellement changé la pièce?

ALENA
Accord de libre-échange nord-américain; en vigueur depuis janvier 1994 entre les États-Unis, le Canada et le Mexique.

Aliénation
Le latin *alienus* signifie « qui appartient à un autre ». Aliénation a un sens juridique (aliéner un bien, c'est le vendre ou le donner), un sens médical (l'aliénation mentale est un trouble qui rend l'individu étranger à lui-même), etc. Dans les sciences sociales, on utilise le terme aliénation (*Entfremdung*) en référence à son sens dans la philosophie allemande (Hegel, Marx) : c'est la transformation de l'activité de l'homme en une puissance qui lui est étrangère et le domine. Selon Marx, le travailleur est aliéné, notamment parce qu'il est privé d'une partie du produit de son travail (plus-value); celle-ci, transformée en capital, le domine comme une puissance extérieure (le travailleur en est réduit à être l'appendice de la machine); l'aliénation se traduit aussi par une expropriation du processus de production (soit en condamnant le travailleur au chômage – armée de réserve –, soit en rendant inutiles ses capacités professionnelles). L'aliénation peut également être religieuse (la religion comme *opium du peuple*). La révolution est censée mettre fin à l'aliénation. V. fétichisme de la marchandise.

Allocation adulte handicapé, allocation d'insertion, allocation de parent isolé, allocation spécifique de solidarité
V. minima sociaux.

Allocation des ressources
Répartition des ressources entre les utilisations qu'il est possible d'en faire.

Amortissement
Évaluation, généralement annuelle, de la dépréciation (perte de valeur) des actifs ou des biens de production due à l'usure ou à l'obsolescence (v. ce terme). L'amortissement doit permettre, en théorie, d'*étaler le coût de renouvellement de l'actif tout au long de sa durée d'utilisation* (c'est-à-dire de sa durée de vie).

Amortissement comptable
Appelé quelquefois **amortissement industriel** pour éviter la confusion avec l'amortissement financier. Cet amortissement (voir ce terme) ne dépend pas de la réalité économique de l'usure de l'actif (machine, bâtiment); il est défini par des textes réglementaires de nature généralement fiscale qui définissent notamment la durée de vie théorique des différents actifs. L'entreprise a le droit de considérer les amortissements de l'année comme une charge enregistrée dans son compte de résultat, ce qui réduit son bénéfice imposable, donc les impôts dus.

Amortissement économique (consommation de capital fixe en comptabilité nationale)
Amortissement qui se différencie de l'amortissement comptable parce qu'il est évalué en tenant compte de « vraies » durées de vie (obtenues par des études) et du coût de remplacement du capital fixe. En France, il représente de 13 à 14 % du PIB et – selon que celle-ci est élevée ou non – de 60 à 70 % de la FBCF. Parce que l'évaluation de la consommation de capital fixe est difficile, les comptables nationaux ont décidé de fournir des résultats bruts d'amortissement. V. brut/net.

Ancrage du taux de change
On parle de politique d'ancrage du taux de change d'une monnaie A sur une monnaie B, lorsque les autorités monétaires essaient de stabiliser le taux de change de A par rapport à B.

Annualisation de la durée de travail
Détermination de la durée du travail en référence à l'année et non plus à la semaine, ce qui accroît la flexibilité du travail.

Anomie
Étymologiquement, absence de règles, de normes. Pour Émile Durkheim, il y a anomie lorsque l'activité des hommes est déréglée et qu'ils en souffrent (c'est le contraire de la régulation); l'anomie est un affaiblissement du lien social tel que les individus ne savent plus comment se conduire. Dans *De la division du travail social* (1893), il la considère comme une pathologie de la division du travail : l'insuffisance des contacts entre ceux entre lesquels le travail est divisé conduit à un déficit de relations sociales. Dans *Le Suicide, étude de sociologie* (1897), l'anomie caractérise pour Durkheim un état psychologique, le « mal de l'infini », marqué par l'absence de limites aux passions individuelles. Après une éclipse, la notion d'anomie a été reprise par la sociologie américaine. Selon Robert K. Merton (*Structure sociale et anomie*, 1938), elle est une situation où l'individu n'a pas les moyens légitimes d'atteindre un objectif proposé par la culture (par exemple,aux États-Unis, le succès financier). Une société anomique incite alors à la *déviance*.

Anticipations
Hypothèses relatives à l'avenir (prévisions), aux États-Unis, le succès financier). Unsions. Les **anticipations adaptatives** prévoient la valeur future d'une variable à partir de sa valeur présente et de l'écart entre celle-ci et la valeur prévue (erreur de prévision). Les **anticipations rationnelles** ne consistent pas seulement, comme on l'affirme souvent, à « utiliser au mieux l'information disponible », mais à connaître le vrai modèle de l'économie (cas particulier de prévisions parfaites). V. autoréalisatrice, bulle.

Anticyclique
Qui atténue l'ampleur du cycle. V. procyclique.

Antisélection
Adverse selection en anglais. Au départ, vocabulaire de l'assurance : les individus à hauts risques s'assurent plus que les autres, ce qui produit une « sélection » défavorable à l'assureur. En économie, il y a antisélection à chaque fois que l'*asymétrie de l'information* ne permet pas de passer des contrats en connaissance de cause, ce qui par définition est défavorable à l'efficacité du marché. Exemple : le vendeur de voitures d'occasion qui peut profiter du fait que la qualité de l'automobile est difficile à déterminer pour l'acheteur; celui-ci se méfie et n'a aucun moyen simple de savoir si le vendeur est honnête... L'État-gendarme doit ici mettre en place un système de contrôle technique crédible des véhicules et de garantie.

Appréciation
Augmentation de la valeur d'une monnaie (par rapport à d'autres) en régime de change flexible.

Armée industrielle de réserve (Marx)
Formée des travailleurs sans emploi du fait que l'accumulation du capital tend à substituer des machines aux salariés; permet de faire pression sur les salaires et d'augmenter rapidement la production lorsque l'économie est dans une phase (temporaire) de croissance rapide.

ARRCO
Association des régimes de retraite complémentaires fondée en 1961 (pour les non-cadres); l'affiliation y est obligatoire depuis 1972 pour les salariés de l'industrie et du commerce.

Assiette
Base retenue pour le calcul d'un impôt, d'une cotisation sociale, etc.

Assimilation
Désigne par exemple souvent l'issue habituelle du processus d'acculturation des immigrés en France : abandon de la culture d'origine au profit de la culture française.

Assurance
Activité qui consiste à « transformer des risques individuels en risques collectifs en garantissant le paiement d'une somme (indemnité ou prestation) en cas de réalisation d'un risque » (INSEE) à ceux qui ont préalablement versé une prime contractuelle (cas de l'entreprise d'assurances) ou une cotisation sociale volontaire (cas de la mutuelle).

Asymétrie de l'information
Inégal accès à l'information entre signataires d'un contrat; à l'origine notamment de l'antisélection et du risque moral.

Autocentrée (stratégie de développement ou d'industrialisation)
Elle cherche à limiter la dépendance à l'égard du marché mondial (v. centre/périphérie) en organisant l'industrialisation à l'abri des droits de douane, en privilégiant l'utilisation des ressources nationales (« compter sur ses propres forces ») et les débouchés intérieurs; elle suppose une forte intervention étatique; la faible spécialisation entrave la productivité. Dans les PED, les tentatives historiques de « déconnexion » du marché mondial ont échoué. Le développement extraverti est le contraire du développement autocentré.

Autoconsommation
Consommation finale par les ménages de leur propre production.

Autofinancement
Financement à l'aide de ses propres ressources, sans appel à un *financement externe* (emprunt, émission d'actions). En comptabilité nationale, il est égal à l'épargne brute qui mesure le profit brut conservé par l'entreprise. Ne pas confondre capacité de financement (excès de l'épargne sur l'investissement) et capacité d'autofinancement (égale à l'autofinancement plus les dividendes versés), appelée souvent *cash flow*. V. taux d'autofinancement.

Autoréalisatrice (anticipation, prédiction, prophétie)
Le fait de l'annoncer ou d'y croire suffit à assurer sa réalisation. En anglais *self-fulfilling prophecy*. V. bulle.

Autorité
Capacité de se faire obéir sans recourir à la force. V. domination légitime.

Avantages comparatifs (loi des)
David Ricardo (*Principes de l'économie politique et de l'impôt*, 1817) conteste l'idée d'une spécialisation en fonction des *avantages absolus* (Smith). Qu'un pays dispose des coûts absolus les plus hauts pour tous les produits, ou qu'il soit dans la situation contraire, il gagne à se spécialiser dans la production de ceux pour lesquels ses avantages comparatifs sont les plus élevés, c'est-à-dire ses coûts relatifs les plus bas. La théorie n'épuise pas les questions posées par les conditions et les avantages du libre-échange. Les avantages comparatifs sont-ils le résultat spontané du marché ou sont-ils construits à l'aide de politiques publiques (éducation, R-D...)?

Baisse tendancielle du taux de profit
Marx considère qu'il s'agit d'une loi de l'accumulation du capital. Si la *plus-value* (profit) est P, *le capital constant* C et *le capital variable* V, alors le taux de profit s'écrit P/ (C + V). En divisant les deux termes de la fraction par V, on obtient au numérateur P/V, au dénominateur (C/V) + 1. Comme C/V (*composition organique du capital*) s'élève inexorablement (mécanisation...), le dénominateur augmente, ce qui fait baisser le taux de profit, car l'élévation de P/V, le taux de plus-value, rencontre des limites. La baisse (facteur de crise) n'est pas mécanique mais tendancielle (partiellement contrecarrée par des contre-tendances diverses).

Balance
Synonyme de compte, de bilan et d'équilibre. De nombreux documents retraçant des entrées et des sorties sont ainsi désignés : balance migratoire, commerciale... On parle de balance positive lorsque son solde est positif. En comptabilité, la balance est la récapitulation à la fin d'une période du solde de tous les comptes tenus par l'entreprise.

Balance commerciale
Terminologie de l'ancienne balance des paiements. Récapitulation des importations et exportations de marchandises; elle fait apparaître le *solde commercial* ou *solde des marchandises*, c'est-à-dire la différence entre les exportations et les importations. La balance commerciale est excédentaire lorsque son solde est positif (ne pas le confondre avec le solde extérieur).

Balance des paiements
Document statistique établi par la Banque de France, elle donne une présentation comptable pour une période donnée de toutes les opérations entre le pays et l'extérieur. Elle est par définition globalement équilibrée, mais on peut y faire apparaître des soldes : solde des transactions courantes, capacité de financement de la nation, solde à financer, solde de la balance globale... V. fiche du chapitre XIII.

Banking Principle
Théorie qui soutient contre le *currency principle* que les banques doivent pouvoir créer librement de la monnaie en contrepartie des crédits qu'elles consentent aux entreprises. V. *Currency*....

Banque
Établissement habilité à recevoir des dépôts du public (à vue ou à moins de deux ans), à gérer des moyens de paiement et à consentir des crédits. Une **banque commerciale** (dite aussi **banque de second rang**) est une **banque de dépôts** (reçoit des dépôts à vue ou à terme et distribue des crédits à court terme) ou une **banque d'affaires** (distribue des crédits, prend des participations; ses ressources sont des dépôts à terme et ses capitaux propres). Depuis la loi bancaire de 1984, il n'y a plus de différence officielle entre ces types de banque.

Banque centrale
Responsable de l'émission de la monnaie fiduciaire (institut d'émission est synonyme de banque centrale), de la *compensation* des règlements entre les banques, de la gestion des réserves de change et de la *politique monétaire*. Souvent considérée comme la banque des banques, comme le *prêteur en dernier ressort*, c'est-à-dire celui qui a toujours la possibilité, lorsque toutes les autres procédures ont échoué et quelle que soit la réglementation affichée, de refinancer les institutions financières (ou l'État) pour prévenir le *risque de système* et éviter des défaillances majeures qui remettraient en cause la confiance dans la monnaie.

Banque centrale européenne
V. BCE.

Banque de France
Banque centrale, créée comme banque privée en 1800; jusqu'en 1936, le gouverneur nommé par l'État rend compte à l'assemblée générale réunissant ses deux cents actionnaires les plus importants (les fameuses *deux cents familles*) qui élisent les quinze membres du *Conseil de régence*; nationalisée en 1945, devenue indépendante du gouvernement depuis deux lois de 1993 (dans la perspective de l'UEM). A un rôle subordonné depuis le passage à l'euro en 1999.

Banque mondiale
Siège à Washington; créée en même temps que le FMI, comprend plusieurs organismes dont la BIRD (Banque internationale pour la reconstruction et le développement créée en 1945) et l'AID (Association internationale pour le développement, créée en 1960); passée du simple financement de projets à la promotion des réformes sectorielles et structurelles dans les politiques d'*ajustement structurel* développées par le FMI.

Barrière à l'entrée
Tout ce qui a pour effet de rendre plus difficile (voire impossible) l'entrée d'un concurrent supplémentaire sur un marché : importance des coûts fixes à subir pour atteindre le *seuil de rentabilité*, contrôle de la technologie (brevets), réglementation publique anticoncurrentielle... V. marché contestable.

Barrière non tarifaire
Tout obstacle, autre qu'un droit de douane, au commerce international : contingentement (quota), norme industrielle ou sanitaire abusive, formalité administrative arbitraire.

BCE
Les statuts de la Banque centrale européenne lui donnent pour objectif la stabilité des prix (la BCE a décidé que cet objectif était atteint si la progression au cours des douze derniers mois des prix à la consommation était inférieure à 2 %), mais pas d'objectif de niveau du taux de change. Depuis début 1999, elle définit et met en œuvre la politique monétaire de la zone euro (v. agrégats monétaires), conduit les opérations de change et assure le fonctionnement du système des paiements. Elle est dirigée par un directoire de six membres nommés par le Conseil européen (parmi lesquels le président) pour 8 ans et irrévocables, auxquels il est interdit de recevoir des instructions. Le conseil des gouverneurs de la BCE est formé des membres du directoire et des 12 gouverneurs des banques centrales nationales (également indépendantes). V. SEBC.

Benign Neglect
Expression anglaise pour désigner la *négligence tranquille* avec laquelle les Américains considèrent le déficit de leur balance des paiements parce qu'ils peuvent le régler avec leur propre monnaie.

Besoin de financement
Lorsque l'épargne brute d'un agent économique est inférieure à sa FBCF (et à la variation des stocks dans le cas des entreprises), il a un besoin de financement. Lorsque c'est le contraire, il dispose d'une capacité de financement. Attention! Le besoin de financement n'est pas égal à l'investissement, mais à l'excédent de l'investissement sur l'épargne. Lorsqu'il a un besoin de financement, l'agent doit nécessairement augmenter ses dettes (par exemple, en empruntant). Il doit nécessairement augmenter ses créances (par exemple en prêtant) s'il a une capacité de financement. Un besoin de financement négatif s'appelle une capacité de financement.

Besoins fondamentaux (*Basic needs*)
Promus par une conférence mondiale de l'OIT en 1976 comme objectif à atteindre à la fin du siècle, ce sont ceux dont l'insatisfaction rend impossible le développement humain; ils concernent la nourri-

ture, la santé, l'accès à l'eau potable, l'éducation de base…

Béveridgien (système)
V. protection sociale.

Biens collectifs ou publics
Éclairage public, signalisation routière, défense nationale sont pour l'économiste des exemples de biens collectifs. Un bien collectif (service mais on parle de bien) est un bien dont la disponibilité n'est pas diminuée par la présence d'un consommateur supplémentaire (on parle de *non-rivalité* des consommateurs). Il serait économiquement irrationnel (contraire à l'*optimum de Pareto*) de faire payer ces biens (le *coût marginal* pour un consommateur supplémentaire est nul) et cela serait souvent impossible (car les biens sont indivisibles). Par nature, les biens collectifs échappent à la logique du marché : ce sont des *externalités* positives. Ils justifient donc l'intervention de l'État (même dans une optique libérale) puisque la collectivité doit décider quels biens collectifs produire (quantité, qualité) et les financer. V. externalité, passager clandestin.

Biens complémentaires
Exemple : une chaussure gauche et une chaussure droite. L'huile et le vinaigre.

Biens substituables
Biens concurrents : l'élasticité de la demande de l'un par rapport au prix de l'autre est élevée (beurre et margarine).

Bilan (d'une entreprise)
Document de nature comptable donnant une représentation du patrimoine à un moment donné, c'est-à-dire récapitulant l'ensemble des droits et des engagements de l'entreprise. Le *passif* (partie droite du bilan) décrit les engagements à l'égard des associés (capital social et bénéfice non distribué conservé en réserve qui constituent les *capitaux propres*) et à l'égard des tiers (dettes). Le passif présente donc l'*origine des ressources* dont dispose l'entreprise. L'actif (partie gauche du bilan) décrit l'*emploi de ces ressources*, c'est-à-dire les droits acquis sur des choses (droits de propriété sur des immeubles, des machines, des marchandises stockées, etc.) ou sur des personnes (droits de créance comme les prêts).

BIRD
V. Banque mondiale.

Bismarkien (système)
V. protection sociale.

BIT
V. OIT.

Blanchiment
Opération qui consiste à transformer de l'« argent sale » (résultant d'activités illégales) en créances dont on ne puisse pas identifier l'origine. D'après le FMI (1996), le blanchiment sur les seuls marchés financiers représenterait annuellement 2 % du PIB mondial (500 milliards de dollars).

Bon du Trésor
Titre de créance à court terme sur le Trésor par lequel l'État finance son déficit.

Branches
V. secteur.

Bretton Woods
La conférence de Bretton Woods (juillet 1944) entérine pour l'essentiel le *plan White* (position américaine) et non le *plan Keynes* (position anglaise) pour créer le SMI qui a prévalu pendant les « trente glorieuses ». Elle crée aussi des institutions (FMI, Banque mondiale). L'objectif principal du *système de Bretton Woods* est la stabilité des monnaies. Celles-ci sont convertibles à un taux fixe ; leurs parités officielles sont définies en or ou en dollars américains de 1944 (35 dollars pour une once d'or), ce qui rend le dollar « *as good as gold* ». Les cours de chaque monnaie peuvent fluctuer au plus de 1 % autour des parités. Les taux de change sont fixes *mais ajustables* : des dévaluations sont permises pour « corriger un déséquilibre fondamental » de la balance des paiements (notion bien floue). Un pays qui s'oppose sur ce point au FMI peut être privé des ressources du Fonds (cas de la France de 1948 à 1955). Le SMI de Bretton Woods est un *Gold Exchange Standard* (v. ce terme) dont la devise clé est le dollar. Il a prévalu jusqu'au 15 août 1971 (date de la suppression de la convertibilité du dollar en or, proclamée par le président des États-Unis, Richard Nixon), pour être remplacé assez vite par un flottement des monnaies.

Brevet
Titre de propriété temporaire sur un procédé ou sur un produit accordé par l'État (ou plusieurs États) à l'inventeur. Le monopole d'exploitation ainsi garanti peut être vendu ou loué (v. licence). La durée des brevets dépend de la législation nationale : 20 ans, etc.

BRI
La Banque des règlements internationaux (siège à Bâle) promeut la coopération entre banques centrales, la supervision des activités internationales des banques et la détermination de règles prudentielles. Elle avait été créée en 1930 pour gérer le paiement des réparations allemandes prévues par le traité de Versailles. V. Cooke (ratio), prudentielle.

Brut/net
Les grandeurs nettes sont égales aux grandeurs brutes (revenu disponible brut, FBCF…) moins un élément, généralement l'amortissement (appelé consommation de capital fixe par les comptables nationaux). On a donc : revenu net = revenu brut – amortissement. Les grandeurs nettes sont de meilleures évaluations du revenu puisque la somme mise en réserve pour l'amortissement n'est pas un vrai revenu (elle ne fait que compenser une perte de valeur). Plus exceptionnellement, la différence entre brut et net peut provenir, non de l'amortissement, mais de cotisations sociales (v. salaire) ou d'impôts.

Budget temps
Emplois du temps effectifs des individus, obtenus à partir d'enquêtes réalisées par l'INSEE.

Bulle
Si de nombreux agents économiques se portent acheteurs d'un actif financier (action, devise…) ou non financier (logement, matière première) parce qu'ils anticipent une hausse de son prix, l'augmentation de la demande de l'actif conduit à une hausse de son prix ; dans ce cas on parle de *prévision autoréalisatrice* (parce que les agents croient que le prix va augmenter, ils achètent ; donc le prix monte, ce qui leur donne raison d'avoir prévu une hausse du prix !). Une bulle (on parle quelquefois de **bulle spéculative**) est une situation dans laquelle les agents pensent que le prix va augmenter *parce qu'il a déjà augmenté* (autrement dit, que la hausse va se poursuivre). Dans ces conditions, ils achètent ; ce qui fait monter les prix et convainc d'autres agents (ou les mêmes…) que la hausse du prix va se poursuivre. Etc. Une bulle est donc une situation dans laquelle le prix d'un actif augmente… parce qu'il a déjà augmenté. On est en présence de *comportements mimétiques* : les agents achètent parce qu'ils en ont « vu » d'autres acheter (« si tout le monde le fait, ça doit être intelligent », pensent-ils). Les **bulles financières, immobilières**, ou autres, finissent par éclater (elles peuvent enfler longtemps : bulle du dollar de 1980 à 1985), en général à la suite d'un événement fortuit qui fait prendre conscience aux spéculateurs que les prix sont devenus absurdes. Les agents vendent alors le plus vite possible de peur que les prix ne baissent, ce qui fait baisser les prix, etc. L'existence de bulles ne plaide pas (euphémisme) pour le caractère spontanément autorégulateur du marché.

Bureaucratie (forme d'organisation)
Pouvoir des bureaux. Habituellement, désignation péjorative d'une administration peu efficace, procédurière, arbitraire et pléthorique. Pour Max Weber (1864-1920), la bureaucratie est rationnelle et efficace parce qu'elle correspond à un fonctionnement plus standardisé et plus prévisible que les organisations traditionnelles. Ses caractéristiques sont : une définition précise des postes de travail, un accès aux différents postes en fonction des compétences (examens, concours), une hiérarchie claire des fonctions et des postes, des procédures généralement écrites et impersonnelles. Des sociologues, notamment Michel Crozier (*Le Phénomène bureaucratique*, 1964), ont mis en évidence l'écart entre l'idéal de la bureaucratie et son fonctionnement effectif, les sources des dysfonctionnements bureaucratiques, et comment ceux-ci pouvaient être à l'origine de « cercles vicieux bureaucratiques » qui les accentuent.

Bureaucratie (groupe social)
La bureaucratie n'est pas seulement une forme d'organisation ; c'est aussi un groupe social dont le rôle et la nature ont été l'objet de débats, notamment au sein de la sociologie marxiste à propos de la société soviétique. En son temps, Marx (1818-1883) considérait la bureaucratie comme un groupe parasitaire et transitoire, qui ne prospérait que parce qu'existait un État au service de la classe dominante. Contre Trotski qui développe la même thèse à propos du stalinisme, Bruno Rizzi (*La Bureaucratisation du monde*, 1939) analyse la bureaucratie comme la nouvelle classe dominante d'un nouveau type de société, qui exploite économiquement la classe ouvrière parce qu'elle la domine politiquement (renversement de l'analyse marxiste). L'Américain (conservateur) James Burnham (*L'Ère des organisa-*

teurs, 1941) étend la notion de bureaucratie à la montée en puissance, à l'Est comme à l'Ouest, des *managers* dont le pouvoir s'appuie sur leurs compétences en matière d'organisation. V. technocratie, technostructure.

Cambistes
Personnes qui effectuent des opérations de change; opérateurs sur le marché des changes (de l'italien *cambio*, change).

Capacité de financement de la nation
Somme des capacités de financement des secteurs institutionnels. Elle est aussi égale au solde extérieur plus l'excédent des revenus reçus du reste du monde moins les revenus versés au reste du monde. Positive, elle signifie que le reste du monde a plus accru ses dettes à l'égard de la nation que celle-ci ne l'a fait à l'égard du reste du monde. Négative, elle signifie que la nation a un besoin de financement (elle a dû plus emprunter que prêter). Dans l'optique de la nouvelle balance des paiements, la capacité de financement de la nation est la somme du solde des transactions courantes et du solde du compte de capital.

Capacité de financement
V. besoin.

Capital (Bourdieu)
Le sociologue Pierre Bourdieu étend la notion économique de capital à l'ensemble des phénomènes sociaux : **capital social** (relations sociales d'un individu), **capital culturel** (diplômes, biens culturels, maîtrise de la «culture légitime», savante), **capital économique**, **capital linguistique** (maîtrise du langage). Ces différents capitaux peuvent s'accumuler, se transmettre d'une génération à la suivante; ils sont en partie corrélés et leurs effets se renforcent mutuellement. Le **capital symbolique** est ce qui confère une légitimité aux détenteurs des capitaux précédents.

Capital
Pour un économiste, le capital est un stock de richesses qui permet de produire d'autres richesses et, à son détenteur, de toucher un revenu appelé profit. Certains économistes néoclassiques ont une conception extensive du capital : tout stock produisant un flux de revenu est du capital (v. capital humain). Pour Marx, le capital est un rapport social (il n'y a pas de capital sans travail salarié); le capital existe lorsqu'il est possible d'acheter une marchandise (la force de travail) dont l'utilisation permet de créer de la valeur (plus-value). V. accumulation primitive, exploitation.

Capital constant, variable (Marx)
Le capital constant correspond à l'achat des moyens de production (biens intermédiaires et biens d'équipement), le capital variable à l'achat de la force de travail (salaires). Le capital variable fait varier la valeur (v. exploitation), alors que le capital constant ne fait que transmettre sa valeur. V. composition organique.

Capital financier
Notion rarement utilisée par les économistes; il correspond alors au capital investi dans les entreprises financières, par opposition à celui qui est investi dans les entreprises industrielles (**capital industriel**) ou dans les entreprises commerciales (**capital commercial**). En finance, il désigne la valeur des capitaux propres d'une entreprise (sa capitalisation boursière si elle est cotée, v. capitalisation). À la suite de Rudolf Hilferding (*Le Capital financier*, 1910) et de Lénine (*L'Impérialisme, stade suprême du capitalisme*, 1916), l'expression désigne chez les marxistes la «fusion» du capital bancaire et du capital industriel, c'est-à-dire la domination des banques sur l'industrie.

Capital fixe, circulant
Pour les comptables nationaux, le capital fixe est l'ensemble des biens durables acquis pour être utilisés pendant plus d'un an dans un processus de production. Il augmente si la FBCF est supérieure à la consommation de capital fixe (amortissement économique). Le **capital fixe productif** comprend le capital fixe à l'exception des logements. Le capital est dit fixe (voir FBCF) parce qu'il fixe de la valeur pendant plusieurs cycles de production (sa valeur n'est pas détruite entièrement au premier usage); il est circulant lorsque sa valeur est entièrement détruite lors du cycle de production (c'est le cas des consommations intermédiaires utilisées). Cette opposition renvoie à la question de la rotation du capital.

Capital humain
Notion développée par l'économiste américain Gary Becker (né en 1930, à ne pas confondre avec le sociologue américain Howard S. Becker, né en 1928). L'idée (néoclassique) est de considérer la force de travail à l'instar du capital. Le capital humain est constitué par le niveau de formation, l'état de santé. L'individu (ou la collectivité) peut investir pour améliorer son efficacité : dépenses d'éducation...

Capital-risque
Forme de financement des jeunes entreprises créées autour d'une innovation. Il s'agit d'un contrat (construit pour financer des investissements très risqués) entre un innovateur (qui engage son propre argent dans l'affaire) et un fonds de capital-risque (qui achète des actions de la société innovante) géré par un capital-risqueur (intermédiaire spécialisé qui engage aussi ses fonds propres et aide à la réalisation du projet) et principalement financé par des investisseurs (banques, entreprises, particuliers) qui s'engagent à rester dans le fonds pendant une certaine durée à l'issue de laquelle – en cas de succès de l'innovation – les actions de l'entreprise sont introduites sur un marché boursier (nouveau marché, Nasdaq...), ce qui permet à tous de réaliser de très fortes plus-values. Le capital-risque est le mode de financement privilégié de la nouvelle économie.

Capital social
Ensemble des apports mis de façon permanente à la disposition d'une société par ses associés ou ses propriétaires. V. action, capital (Bourdieu) et dossier du chapitre XIV.

Capitalisation (retraite par)
Dans un régime par capitalisation, les cotisations versées, année après année, par une génération d'actifs sont capitalisées, c'est-à-dire placées. Le niveau des pensions de retraite de cette génération dépendra du rendement de ce placement. Le système par capitalisation ne résout aucun des problèmes posés aux régimes de retraite par le vieillissement de la population. V. régime de retraite, pour les problèmes.

Capitalisation boursière
Pour une société cotée en Bourse, c'est le produit du nombre de ses d'actions par leur cours boursier. Pour une Bourse, c'est la somme des capitalisations boursières des sociétés qui y sont cotées.

Capitalistique
Une activité l'est lorsque le capital fixe par travailleur y est élevé.

Capitaux flottants (ou fébriles)
Hot money en anglais. Masse des capitaux spéculatifs qui vagabondent d'une place financière à l'autre en fonction des anticipations de taux d'intérêt et de taux de change.

Capitaux permanents (d'une entreprise)
Capitaux propres plus dettes à moyen et long terme. appelés également *ressources permanentes.*

Capitaux propres
Ceux qui appartiennent en propre à l'entreprise, c'est-à-dire tous les fonds non empruntés figurant au passif du bilan (capital social, bénéfices non distribués conservés dans des *réserves*). Ils sont synonymes d'indépendance financière.

Carré magique
Proposé par l'économiste britannique Nicholas Kaldor (1908-1986), c'est une représentation graphique (difficile à interpréter) des objectifs de la politique économique à travers quatre indicateurs : taux de chômage, taux de croissance du PIB, taux d'inflation, solde extérieur (en % du PIB). Il serait «magique» que les performances soient simultanément bonnes pour les quatre.

Cartel
Entente entre des entreprises (ou entre des pays) qui ont la même activité. L'entente peut porter sur des prix (de vente minimum ou d'achat maximum), sur les quantités à vendre (quotas), sur la répartition de marchés publics (travaux publics, armements...), etc. L'OPEP est un cartel.

Cash flow
V. autofinancement.

Caste
Groupe social spécialisé (dans une fonction rituelle, ou une fonction économique...) dont le recrutement est héréditaire; pour conserver leurs privilèges, les castes pratiquent l'endogamie.

Catégories socioprofessionnelles
V. index.

CDD, CDI
V. contrat de travail.

CECA
Communauté européenne du charbon et de l'acier (c'est-à-dire des produits sur les-

quels reposait alors tout effort de guerre), née en 1951 à l'initiative de Jean Monnet, entre France, Italie, RFA et pays du Benelux. Préfigure la CEE par ses principes et ses institutions.

Centre/périphérie
Cette opposition (structurale et non spatiale), dont l'origine peut être trouvée dans les travaux de la CEPAL, considère que le tiers monde s'est formé comme « périphérie » exploitée par les pays capitalistes industrialisés qui se sont érigés en « centre » de l'accumulation mondiale du capital grâce à une domination commerciale, technologique, financière et politique. La version radicale de cette thèse débouche sur l'idée qu'une *déconnexion* (Samir Amin) du marché mondial est un préalable au développement (v. développement autocentré).

CEPAL
Commission économique (de l'ONU) pour l'Amérique latine. Elle a été un moyen d'expression important d'économistes (Celso Furtado, Raul Prebisch...), promoteurs des théories de la dépendance et prônant une stratégie d'industrialisation par substitution d'importation couplée à une réforme agraire et à une redistribution des revenus.

Cercle de qualité
Appelé aussi *groupe de résolution de problèmes*. Petit groupe de personnes volontaires exerçant une action de maîtrise de la qualité dans un atelier ou dans un service. Créés au Japon, importés en France, les cercles de qualité se réduisent quelquefois à une technique de gestion destinée à faire avaliser des changements décidés ailleurs.

Cessation de paiement (ou des paiements)
Situation d'une entreprise (ou d'un pays) dont les disponibilités ne permettent pas de faire face aux dettes exigibles.

Chaebol
Conglomérat en coréen.

Champ
Le sociologue Pierre Bourdieu (né en 1930) découpe l'espace social en différents champs (l'école, l'État, la mode, le sport, le travail...); chacun correspond à une pratique sociale et/ou à des institutions particulières; il a une autonomie relative. Dans ces champs sont produits et circulent des biens, du pouvoir, du sens.

Change
Transformation d'une monnaie en une autre monnaie. V. régime de..., taux de...

Change fixe
Dans un régime de change fixe, le cours d'une monnaie (sa parité officielle) est défini par rapport à un étalon de référence (dollar dans le système de Bretton Woods).

Change flexible (flottant)
Dans ce régime de change, la banque centrale laisse fluctuer le cours de sa monnaie car elle n'a aucun objectif de taux de change à atteindre ou à défendre. Depuis 1973, les changes flottants se sont généralisés; il s'agit plutôt d'un « flottement impur », d'un « flottement administré », car les banques centrales interviennent plus ou moins pour régulariser les variations des cours ou agir sur les tendances. Pour leurs défenseurs, les changes flexibles sont censés ramener à l'équilibre la balance des paiements de façon plus ou moins automatique, donc permettre une politique économique plus autonome; ils dispensent par ailleurs les banques centrales de constituer d'importantes réserves de change puisqu'elles n'ont – en théorie – plus à intervenir.

Charges sociales
Ensemble des cotisations sociales versées par les employeurs. V. compétitivité.

Chiffre d'affaires (CA)
Total des ventes d'une entreprise, éventuellement calculé hors taxes, c'est-à-dire sans la TVA. Même s'ils abondent dans la presse « économique », les classements d'après le chiffre d'affaires ont peu de sens; leur préférer les comparaisons en terme de valeur ajoutée ou de capitalisation boursière. Ne pas confondre avec la production.

Choc pétrolier
Hausse massive du prix du pétrole. Attention, le *premier choc pétrolier* ne date pas de 1974, comme on l'écrit souvent ! Dans un contexte de guerre entre Israël, l'Égypte et la Syrie, en octobre 1973, les pays du Golfe portent le prix de référence du baril d'*Arabian light* de 3 à 4,1 dollars; une nouvelle hausse décidée par l'OPEP, le hisse en décembre 1973 à 11,65 dollars. Après cinq ans de relative stabilité, le *second choc pétrolier* conduit le baril à 35 dollars au cours du quatrième trimestre 1979. V. contre-choc.

Chômage au sens du BIT
Quatre critères à remplir simultanément pour être chômeur au sens du BIT : 1. être dépourvu d'emploi; 2. être à même de travailler; 3. chercher un travail rémunéré; 4. le rechercher activement. En France, le chômage BIT est évalué à partir de l'*enquête sur l'emploi*.
Les critères sont traduits ainsi : 1. ne pas avoir travaillé pendant la semaine de référence; 2. être disponible pour travailler dans un délai de 15 jours (un mois en cas de maladie bénigne); 3. chercher un travail salarié ou non salarié; 4. avoir fait un acte de recherche pendant le mois précédant l'enquête. Cette mesure repose sur des faits relativement indépendants de la réglementation sociale, contrairement aux DEFM de l'ANPE.

Chômage classique
Dans la théorie dite du déséquilibre, chômage accompagné d'un excès de demande sur le marché des biens (les entreprises considèrent qu'il n'est pas rentable d'augmenter leur offre) : le salaire réel est trop élevé; une baisse du salaire réduirait donc le chômage et la demande de biens, une politique de relance aggraverait la situation. V. chômage keynésien.

Chômage de longue durée
Les chômeurs depuis plus d'une année. V. employabilité.

Chômage de prospection (*Job Search*)
Chômage volontaire pour rechercher le meilleur emploi (l'acquisition des informations sur les caractéristiques des emplois vacants requiert du temps). Les théoriciens ultralibéraux du *Job Search* (Alchian, Lucas...) considèrent que la plus grande partie du chômage contemporain s'explique ainsi, les licenciements s'analysant alors comme l'anticipations des démissions que la nécessité de baisser les salaires aurait de toute façon provoquées.

Chômage d'équilibre
Taux de chômage qui n'accélère pas l'inflation (en anglais, NAIRU : *Non Accelerating Inflation Rate of Unemployment*). Pour un état donné de la rentabilité des entreprises, il est atteint lorsque la hausse du salaire réel est égale à celle de la productivité du travail. Les conditions dont il dépend montrent qu'il n'a rien de naturel. V. chômage naturel.

Chômage frictionnel
Ou de frottement. Le chômeur frictionnel est un demandeur d'emploi pour lequel existe dans son métier et dans sa région un emploi vacant qu'il n'a pas encore trouvé.

Chômage involontaire
Situation dans laquelle des actifs accepteraient de travailler au salaire courant (c'est-à-dire existant effectivement), mais ne trouvent pas d'emploi. Pour la plupart des économistes néoclassiques, une réduction du salaire courant réduirait le chômage volontaire (en réduisant l'offre de travail des salariés et en augmentant la demande de travail de la part des employeurs). Pour Keynes, ce raisonnement serait valable pour un employeur *ceteris paribus*, c'est-à-dire toutes choses égales par ailleurs (approche d'équilibre partiel) : si le salaire diminue, un employeur augmentera l'embauche parce que cette baisse de salaire lui permettra de produire moins cher et donc de produire plus (le salaire est ici d'abord considéré comme un coût). Mais, pour Keynes, le raisonnement *ceteris paribus* manque l'essentiel et doit être rejeté : la baisse du salaire des uns diminue les débouchés de toutes les entreprises, ce qui conduit à des licenciements (le salaire est ici aussi un revenu). V. effet prix.

Chômage keynésien
Dans la théorie dite du déséquilibre, chômage accompagné d'un excès d'offre sur le marché des biens : une politique de relance améliorerait la situation, une baisse du salaire la détériorerait. V. chômage classique.

Chômage naturel
Le taux de chômage naturel (appellation du monétariste Milton Friedman) est celui qui correspond à un taux d'inflation constant (quel qu'il soit). Selon les monétaristes, on ne peut le réduire provisoirement, en profitant de l'illusion monétaire, qu'en augmentant sans cesse l'inflation. V. Phillips.

Chômage partiel
Diminution imposée (normalement provisoire et partiellement indemnisée) de la durée effective du travail en dessous de la durée légale.

Chômage technique
Dû à une impossibilité de poursuivre la production : incendie de l'usine, manque

de consommations intermédiaires (électricité, pièces détachées…) pour diverses raisons (grève chez un fournisseur, faillite de celui-ci…).

Chômage technologique
Chômage structurel lié à la disparition ou à la régression de certains métiers à la suite des changements techniques en général.

Chômage volontaire
Robert Lucas, le plus célèbre des nouveaux économistes monétaristes, a écrit : « Il y a un élément volontaire dans tout chômage, en ce sens que, aussi misérables que soient les possibilités courantes de travail, on peut toujours choisir de les accepter » (dans l'*American Economic Review* en 1978).

Citoyenneté sociale
Idée que l'affiliation de l'individu au système de protection sociale est, à l'instar du droit de vote, une composante essentielle de la citoyenneté. En ce sens la protection sociale correspond à un approfondissement du *contrat social.*

Classes sociales
Elles n'ont pas été inventées par Karl Marx (1818-1883), la plupart des penseurs du XIXe siècle considérant leur existence comme une évidence (v. article précédent). Au-delà de l'affirmation générale que les classes sont des ensembles de grande taille d'individus qui ont des comportements et des valeurs proches, les définitions proposées par les sociologues manifestent leur divergence dans l'analyse de la société. Aux analyses en terme de classes sociales s'opposent les analyses de la stratification sociale.

Classes sociales (Marx)
Le concept de classe se déduit de celui de *mode de production* (v. ce terme). Les classes *ne sont pas des agrégats d'individus,* mais un *système de positions antagonistes définies par des rapports sociaux* (relations de propriété, de possession, d'organisation des forces productives). Les classes sont donc *indépendantes des individus* qui y appartiennent indépendamment de leur volonté individuelle car elles leur préexistent. La division sociale découle des rapports de production (rapports sociaux noués entre les hommes à l'occasion de la production de leurs conditions matérielles d'existence). Deux groupes apparaissent alors : celui des détenteurs des moyens de production et celui des prolétaires (qui ne possèdent que leur force de travail, qu'ils sont formellement libres et réellement contraints de louer pour vivre). Une classe ne doit jamais être isolément définie parce que les classes n'existent que dans et par la lutte des classes.

Clause de la nation la plus favorisée
Accorder cette clause à un pays (qu'il soit développé ou non), c'est s'engager à le faire bénéficier de toute réduction de droit de douane accordée à un autre pays. Exception : v. système généralisé de préférence.

Clause sociale
Défendue par les États-Unis et le Parlement européen (1994), son introduction dans le système commercial mondial (OMC) conduirait à imposer un minimum de règles sociales dans les PED exportateurs. V. *dumping* social.

Club de Londres
Nommé ainsi par analogie avec le Club de Paris. Système informel de comités consultatifs agissant pour le compte de banques commerciales créancières (quelquefois plusieurs centaines) d'un gouvernement débiteur. La négociation porte sur le rééchelonnement des dettes.

Club de Paris
Système informel (secrétariat assuré par la France) qui réunit à Paris les principaux États créanciers pour une négociation avec un gouvernement débiteur. Elle est pratiquement toujours conditionnée par un accord préalable entre le pays endetté et le FMI. Les négociations portent principalement sur le rééchelonnement des dettes.

CMU
Couverture maladie universelle mise en place par le gouvernement Jospin au début de 2000. Elle permet un accès aux soins entièrement gratuit pour les personnes dont le revenu mensuel est inférieur à 530 €. Dans les faits, la CMU a permis une couverture de base pour 150 000 personnes jusque-là écartées de toute protection sociale et une couverture complémentaire gratuite pour les 6 000 000 personnes les plus pauvres.

CNUCED
Conférence des Nations unies pour le commerce et le développement; créée en 1964 par les pays en développement qui jugeaient le GATT trop favorable aux pays développés.

Coefficient budgétaire
Poids représenté par un poste de consommation dans le total de la consommation. V. loi d'Engel.

Coefficient de capital
Rapport du stock de capital fixe productif à la valeur ajoutée. C'est l'inverse de la productivité du capital.

Coefficient multiplicateur
V. taux de croissance, et indice.

Cohorte
Ensemble de ceux qui ont vécu le même événement démographique (naissance, mariage…) pendant la même année. En démographie, une **génération** est une cohorte particulière : l'ensemble de ceux qui sont nés la même année.

Coin fiscal et social
Différence entre ce qu'il reste de sa rémunération au salarié après prélèvements obligatoires directs (impôts directs et cotisations à la charge du salarié) et le coût total pour l'employeur.

Comité d'entreprise
Institution créée en 1945, obligatoire dans les entreprises d'au moins 50 salariés, formée d'élus du personnel, des représentants syndicaux et présidé par le chef d'entreprise ; il gère des œuvres sociales (cantines, colonies de vacances…) et est consulté sur certains aspects de la gestion, ce que fait également dans les groupes de sociétés le **comité de groupe** (composé de délégués des comités d'entreprise des filiales). Dans les entreprises comprenant plusieurs établissements existent des **comités d'établissement** et un **comité central d'entreprise**
La *Charte sociale* de l'UE organise des **comités d'entreprise européens** pour les sociétés de plus de 1 000 salariés. V. représentants…

Commodité (*commodity*)
Anglicisme seulement apparent ; au XVIIe siècle, le terme désigne couramment un bien matériel. Les économistes appellent aujourd'hui commodité un produit standardisé dont les producteurs s'adressent à un marché mondial où la concurrence porte uniquement sur les prix. La plupart des matières premières sont des commodités, mais certains produits manufacturés également : ronds à béton, pâte à papier… Les économistes ont tendance à considérer que la spécificité des marchés de matières premières tient au fait qu'il s'agit de commodités.

Communauté
Collectivité dans laquelle se développent des liens de solidarité (lien social) fondés sur une forte identité, un sentiment d'appartenance, l'acceptation de règles de conduite particulières. Elle peut être ethnique, professionnelle, religieuse, scientifique, villageoise… Sa puissance peut être une entrave à la démocratie lorsque l'individu est d'abord considéré comme membre d'une communauté particulière avant d'être défini comme citoyen. Dans un livre célèbre (*Gemeinschaft und Gesellschaft, 1887*), Ferdinand Tönnies oppose la communauté (*Gemeinschaft*) fondée sur des liens de sang, de parenté, une tradition, un héritage, intégratrice (chaude), à la société (*Gesellschaft*), fondée sur des relations contractuelles, utilitaires, dont il doute, à la différence de Durkheim, qu'elle puisse intégrer les individus dans un ensemble solidaire (froide).

Compétitivité
La compétitivité d'un pays ou d'une entreprise est son aptitude à faire face à la concurrence. On oppose souvent la **compétitivité prix** (mesurable par les *termes de l'échange ou les prix de vente unitaires* par rapport aux concurrents) dont l'évolution dépend de celle des coûts unitaires en monnaie nationale et du change, à la **compétitivité hors prix** (qualité des produits et des services après-vente…) ; mais il ne faut pas oublier que la compétitivité dépend aussi de l'*assortiment offert*, c'est-à-dire de la *qualité de la spécialisation* : s'agit-il de produits dont la demande est croissante ou de produits arrivés à maturité ? À noter que les *prix de vente unitaires* dépendent de l'évolution du profit unitaire et des coûts unitaires ; parmi ceux-ci le coût unitaire salarial dépend de l'évolution de la productivité et du salaire, mais ne dépend pas de la proportion des cotisations sociales dans le salaire ou du *taux de prélèvements obligatoires.* La compétitivité s'apprécie ex post par l'évolution des parts de marché.

Comportement stratégique
J'ai un comportement stratégique si j'agis en anticipant les réactions des autres à mes propres actions. Le « preneur de prix » n'a pas un comportement stratégique,

mais un **comportement concurrentiel**, c'est-à-dire qu'il agit en faisant comme si son comportement n'avait aucune conséquence sur celui des autres. Pour désigner celui qui essaie de bénéficier des avantages sans participer aux coûts, on parle de **comportement opportuniste**. V. passager clandestin.

Composition organique du capital (Marx)
Rapport entre le capital constant et le capital variable. V. baisse tendancielle...

Concentration des entreprises
Processus d'augmentation de la taille des entreprises motivé par des raisons techniques (bénéficier d'économies d'échelle), commerciales (renforcer le pouvoir de négociation pour acheter ou vendre), financières (faciliter un financement moins coûteux), économiques (éliminer un concurrent). On distingue la **concentration horizontale** (réunion d'entreprises ayant la même activité), la **concentration verticale** (réunion d'entreprises ayant des activités complémentaires), la **concentration conglomérale** (v. conglomérat). V. absorption, OPA.

Concurrence imparfaite
Tous les cas dans lesquels la concurrence n'est pas parfaite. La complexité des analyses auxquelles ils conduisent est une des raisons du succès de l'hypothèse de concurrence parfaite. V. comportement stratégique.

Concurrence monopolistique
Désigne, à la suite de l'Américain Edward Chamberlin (*La Théorie de la concurrence monopolistique*, 1933), une situation dans laquelle chaque firme essaie de *différencier* son produit pour disposer d'un pouvoir de monopole relatif sur celui-ci. Exemple : Renault a le monopole des *Twingo*. La différenciation, qu'elle soit ou non fictive, passe souvent par des dépenses publicitaires importantes qui insistent sur des caractéristiques secondaires du produit, ou sur la marque (Perrier, Évian...). V. segmentation.

Concurrence parfaite
Situation dans laquelle les agents économiques sont tous *preneurs de prix* (*price takers*), c'est-à-dire que les prix s'imposent à eux. Autrement dit, le producteur peut vendre autant qu'il le souhaite au prix du marché sans que celui-ci ne baisse, et le consommateur acheter autant qu'il le désire sans que le prix n'augmente. Est répandue, bien qu'elle ne soit pas rigoureuse, la définition qui caractérise la concurrence parfaite par l'*atomicité* du marché (nombreux acheteurs et vendeurs), l'homogénéité des produits, la transparence du marché (information parfaite et sans coût), la fluidité (aucune barrière à l'entrée sur le marché, libre sortie) et la mobilité des facteurs de production.

Concurrence pure et parfaite
Notion inconnue des économistes sérieux (de même qu'il n'existe pas de *concurrence impure et imparfaite*...).

Conditionnalité
Fait de soumettre les prêts et les aides des organismes internationaux (FMI...) à des conditions économiques ou financières, mais aussi, quelquefois, environnementales, politiques (démocratisation...), etc. V. ajustement structurel.

Conflits sociaux
Se manifestent lorsqu'un groupe social veut imposer sa volonté malgré la résistance de l'autre. Ne sont pas nécessairement des conflits du travail entre les employeurs et les salariés ; peuvent être ethniques, linguistiques, religieux. Peuvent être des facteurs de cohésion sociale selon la manière dont ils sont institutionnalisés (v. institutionnalisation). Pour les marxistes, réductibles à des conflits de classes, en dernière analyse.

Conglomérat
Ensemble d'entreprises, contrôlées par un *holding*, offrant des biens ou des services diversifiés sans relations évidentes.

Conscience collective
Notion due à Émile Durkheim (*De la division du travail social*, 1893) : « L'ensemble des croyances et des sentiments communs à la moyenne des membres d'une même société forme un système déterminé qui a sa vie propre ; on peut l'appeler la *conscience collective ou commune*. [...] elle est indépendante des conditions particulières où les individus se trouvent placés ; ils passent et elle reste. »

Consensus de Washington
Expression utilisée (à partir de 1990) pour désigner la doctrine néolibérale que le FMI et la Banque mondiale (institutions dont le siège est à Washington) ont imposée aux politiques économiques dont ils étaient les tuteurs et les pourvoyeurs de financement par l'intermédiaire de l'ajustement structurel : privatisations, libéralisation notamment financière, stabilisation (stabilité des prix, retour à l'équilibre budgétaire...). Consensus mal au point au début du millénaire : FMI et Banque commencent à soupçonner que l'ajustement requiert aussi des politiques sociales pour limiter l'explosion des inégalités.

Consommation de capital fixe
V. amortissement.

Consommation finale des administrations, des ménages
V. fiche CN.

Consommation effective :
V. fiche CN.

Consommation intermédiaire (CI)
Produit consommé entièrement (détruit ou transformé) pendant l'année dans un processus de production. La farine est par exemple une CI pour le boulanger, les pneumatiques une CI pour un constructeur automobile, mais aussi l'électricité que boulanger et constructeur utilisent, ou les services d'avocats auxquels ils font appel. Ne pas confondre avec la consommation de capital fixe.

Consommations collectives
Services mis gratuitement, ou presque, à la disposition des ménages ou des entreprises, qu'ils relèvent ou non des *biens collectifs* (v. ce terme). La décision de les produire relève de la collectivité (commune, département, région, État...) et leur financement, des prélèvements obligatoires. Ces consommations présupposent généralement des investissements collectifs (routes, écoles...).

Consumérisme
Américanisme (*consumerism*). Défense des intérêts des consommateurs.

Contingent
Ou quota. Quantité de marchandises qu'il est permis d'importer, ou de produire, ou d'exporter... ; on dit qu'elles sont contingentées.

Contracyclique
Qui atténue l'ampleur du cycle. V. procyclique.

Contrat de travail
Convention par laquelle un salarié met son activité à la disposition d'un employeur qui lui verse un salaire et a autorité sur lui (droit de donner des ordres et d'en contrôler l'exécution). Depuis une directive européenne de 1993, ce contrat doit impérativement être écrit. Le contrat à durée indéterminée (CDI) est le plus répandu : il peut être résilié à tout moment par le salarié (démission) ou l'employeur (s'il existe une « cause réelle et sérieuse » de rupture et en respectant la procédure de licenciement). Se développent des contrats à durée déterminée (CDD), par exemple pour six mois, et d'autres formes d'emplois précaires. V. formes particulières...

Contrat social
Notion philosophique (Hobbes, Locke, Rousseau, Rawls...) qui désigne le pacte sur lequel reposerait la société; fiction qui permet de raisonner. Chacun est censé renoncer à la liberté dont il bénéficie dans l'*état de nature* (situation fictive dans laquelle les hommes vivent seuls, séparés les uns des autres, avant toute société), au profit de la communauté qui lui garantit en contre-partie des droits et le fait bénéficier d'un certain nombre d'avantages qui résultent de l'efficacité collective. La notion permet; *1*) la recherche d'un fondement à l'ordre social et politique qui ne soit plus Dieu ou la tradition; *2*) la promotion de l'individualisme (affirmation fondamentale que les individus existent avant la société). Couramment utilisé au sens large; par exemple, on considérera qu'il y a eu refondation du contrat social avec les nouvelles institutions de l'État-providence après 1945.

Contre-choc pétrolier
Chute importante du prix du pétrole à partir de juillet 1986 (l'Arabie Saoudite cesse de réduire ses exportations pour compenser les dépassements des quotas de l'OPEP par certains pays); le baril se stabilise autour de 15-20 dollars; phénomène accentué par une forte chute du dollar.

Contribution sociale généralisée (CSG)
Dans le vocabulaire fiscal, contribution est synonyme d'impôt. La CSG a été mise en place par le gouvernement du socialiste Michel Rocard en 1991 (loi du 29 décembre 1990) *pour remplacer des cotisations sociales reposant sur les salaires par un prélèvement fiscal opéré sur tous les revenus.* La volonté de fiscaliser partiellement le fi-

nancement de la protection sociale part du constat que cette dernière bénéficie à tous alors que son financement est encore principalement assis sur les salaires. Bien qu'elle soit proportionnelle au revenu, la CSG contribue à la *redistribution verticale* car elle pèse aussi sur des revenus qui échappaient jusque-là aux cotisations sociales.

Contrôle social
Notion introduite par le sociologue américain Edward A. Ross à la fin du siècle dernier : ensemble des processus mis en œuvre par la société pour réguler les conduites des individus conformément à des valeurs. Il dépend de nombreuses institutions et est d'autant plus efficace qu'elles sont redondantes. V. déviance, sanctions positives.

Convention collective
Accord écrit relatif aux conditions de travail et de rémunérations, conclu entre un employeur ou une organisation d'employeurs et une ou plusieurs organisations syndicales. Bénéficie à tous les salariés, syndiqués ou non. Peut être *étendue* à une branche ou à une zone géographique par arrêté du ministre du Travail (elle s'impose alors aussi aux employeurs qui ne l'avaient pas signée).

Convertibilité monétaire
Possibilité d'échanger une monnaie contre une autre monnaie (ou contre de l'or en *étalon-or*). Peut être restreinte (v. *Gold Bullion Standard*) par exemple par un contrôle des changes (supprimé totalement en France seulement à la fin des années quatre-vingt) qui ne permet aux résidents d'obtenir des devises que pour certains types d'opérations économiques ou financières. La *convertibilité interne* de la monnaie a disparu avec le *cours forcé*.

Cooke (ratio)
À la suite d'un accord de 1988 entre banques centrales à l'initiative de la BRI, chaque banque commerciale qui a une activité internationale est tenue, depuis 1993, de respecter le ratio Cooke, c'est-à-dire que ses fonds propres doivent représenter au moins 8 % des crédits distribués (pondérés en fonction de la nature des risques). Premier recul du « moins-disant réglementaire » (Michel Aglietta). V. prudentiel.

Coopérative
Entreprise appartenant aux adhérents (sociétaires) pour le service desquels elle est conçue. Le pouvoir y repose sur le principe « un homme, une voix ».

Corrélation
Liaison apparente entre deux phénomènes A et B; n'implique pas nécessairement un lien de cause à effet (causalité). Peut être due au fait que A et B dépendent chacun d'un même phénomène C. S'il y a causalité entre A et B, encore faut-il savoir dans quel sens elle opère : de A vers B, ou le contraire.

Cotisation sociale
Versement obligatoire (sécurité sociale) ou volontaire (mutuelles...) effectué par les non-salariés, les employeurs et leurs salariés pour acquérir des droits à prestations sociales. V. compétitivité, salaire.

Courbe de Laffer
Symbole de l'offensive idéologique libérale contre l'impôt, présentée en 1979 par Arthur Laffer (avec Jan P. Seymour) dans *The Economics of the Tax Revolt* à l'époque de la campagne électorale présidentielle américaine de Ronald Reagan (président de 1981 à 1989). *Représente les recettes fiscales totales* (en ordonnées) *en fonction du taux d'imposition* (en abscisses). Exprime une évidence : entre un taux d'imposition nul (impôt nul) et un taux d'imposition de 100 % (impôt nul), les recettes fiscales doivent nécessairement passer par un maximum; *il existe donc un taux d'imposition T pour lequel l'impôt est maximum.*
Laffer affirme que : 1. le taux d'imposition T a été déjà dépassé; 2. (conséquence logique) la baisse du taux d'imposition augmentera les recettes fiscales car elle incitera ceux que les taux élevés avaient découragés d'entreprendre à augmenter leur activité. Sur ces deux points Laffer et ses adeptes n'apportent aucune trace de soupçon de début d'esquisse de preuve (Thomas Piketty a montré en 1998 que les données fiscales françaises permettaient d'affirmer qu'une hausse du taux d'imposition ne provoquait pas de baisse significative de l'activité, encore moins une baisse des impôts). La logique implicite du raisonnement de Laffer est qu'il faut subventionner les riches (baisse des taux) parce qu'ils ont montré qu'ils étaient plus aptes que les pauvres à produire de la richesse. La politique dont Laffer est un propagandiste talentueux a été appliquée par l'administration Reagan; elle n'a pas augmenté les recettes fiscales mais les a réduites; d'où des déficits budgétaires sans précédent en temps de paix qui ont relancé l'économie américaine, conformément aux enseignements keynésiens... Malgré son inconsistance, la courbe de Laffer est un bon produit d'exportation : « Trop d'impôt tue l'impôt, comme l'a démontré la courbe de Laffer » entend-on souvent dire dans les campagnes (post) électorales françaises. La seule chose finalement démontrée par Laffer, c'est qu'un bon graphique était efficace pour communiquer. Sa courbe est devenue le logo de l'*économie de l'offre.*

Cours
Prix; le terme est utilisé lorsque le prix est susceptible de varier assez rapidement sur un marché ouvert et assez large (cours boursier, cours de l'or, d'une matière première...).

Cours du change (ou cours d'une monnaie)
Sont synonymes de taux de change.

Coût comparatif
V. avantages...

Coût d'opportunité
Le coût d'opportunité du loisir est la perte de revenu subie du fait que le loisir suppose le non-travail : jouer aux cartes une heure m'empêche de travailler une heure de plus...

Coût de production
C'est la somme des coûts fixes et des coûts variables.

Coût de transaction
Coûts induits par le recours au marché. L'entreprise peut faire elle-même (par exemple, le nettoyage de ses bureaux, la maintenance de ses ordinateurs...) ou acheter les biens et services dont elle a besoin sur le marché (contrat avec des prestataires de services : entreprises de nettoyage, de maintenance, etc.). Les coûts de transaction sont liés à l'analyse des éventualités possibles (il y a beaucoup de prestataires possibles...), à l'établissement des contrats (cahier des charges...) et au suivi de leur exécution (contrôle, règlement des conflits) lorsque l'entreprise achète sur le marché. S'ils sont plus élevés que les coûts d'organisation, l'entreprise a intérêt à internaliser, donc à allouer des ressources hors marché dans le cadre de relations de subordination (salariat). S'esquisse ainsi une théorie de l'existence de la firme : son « périmètre » dépend du niveau des différents coûts de transaction par rapport aux avantages de l'appel au marché. Certaines activités ou certaines fonctions peuvent être abandonnées (externalisation) parce qu'il devient moins coûteux d'acheter sur le marché que de continuer à faire soi-même.

Coût fixe
À court terme, indépendant de la quantité produite. Exemple : les machines.

Coût marginal
Coût de la dernière unité produite (accroissement du coût total dû à la production d'une unité supplémentaire). Lorsqu'il augmente avec la quantité produite (les équipements restant inchangés), on dit que les rendements sont décroissants; ceux-ci sont croissants si le coût marginal est décroissant. V. productivité marginale, vente au coût marginal.

Coût moyen ou unitaire
Coût de production d'une unité; égal au coût total divisé par la quantité produite.

Coût salarial unitaire
Salaire total divisé par la quantité produite. Son évolution dépend de celles du salaire et de la productivité.

Coût variable
Varie avec la quantité produite. Exemple : les consommations intermédiaires.

Couverture de risque
V. marché à terme.

CRDS
Contribution au remboursement de la dette sociale; depuis 1996 et pendant 13 ans, prélèvement de 0,5 % sur tous les revenus au profit de la Caisse d'amortissement de la dette sociale (qui a financé les dettes accumulées fin 1995 par la Sécurité sociale).

Créance
Droit d'exiger quelque chose de quelqu'un; pour l'économiste la créance est un droit financier, celui d'exiger la remise d'une somme d'argent dans des conditions déterminées. On appelle aussi créance le titre établissant la créance. Il ne peut pas apparaître de créance sans que soit créée simultanément une dette de même montant. La somme des créances est donc nécessairement égale à celle des dettes. Celui qui détient une créance sur quelqu'un est son créancier.

Création monétaire
Une banque crée de la monnaie lorsqu'elle accorde un crédit. Ce crédit se traduit en effet par un dépôt à vue monétaire (c'est-à-dire transférable par chèque, virement...) pour son bénéficiaire, autrement dit par une création de *monnaie scripturale* (lorsque la banque ouvre un crédit à un client, elle crédite son compte, c'est-à-dire fait apparaître sur son compte une somme équivalente). Les crédits font les dépôts et non pas le contraire. On parle de *monnaie de crédit*. Le crédit (qui est une créance sur une société, un ménage...) est ainsi une *contrepartie* de la monnaie créée. Cette monnaie est détruite lorsque le crédit est remboursé à la banque. D'une façon générale, la banque crée de la monnaie lorsqu'elle « monétise » une créance, c'est-à-dire lorsqu'elle paie un actif (des biens, des valeurs mobilières, des devises...) en créditant le compte d'un de ses clients. La création de monnaie est limitée par les conditions de *refinancement* de la banque, influencées par la *politique monétaire*

Critères de convergence
Voir chapitres XV et XVI.

Croissance endogène (théories de la)
Apparues en 1986 (P. M. Romer), elles veulent expliquer la croissance sans avoir recours à des variables exogènes (progrès technique...). Elles mettent l'accent sur le stock de capital technique et humain mais aussi sur le fait que des externalités (v. ce terme) positives sont à l'origine de la croissance. S'en déduit l'idée que la politique économique peut influencer le taux de croissance de l'économie, ce que niaient les anciennes théories.

Croissance et développement
L'opposition est traditionnelle : la croissance serait celle de quelque chose (le PIB, le bien-être matériel), le développement celui de quelqu'un (la société ou l'homme, « tout l'homme et tous les hommes » pour François Perroux [1903-1987]). Si le développement ne se réduit pas à du quantitatif, il peut néanmoins être en partie quantifié par des indicateurs tels que l'IDH (v. développement durable).

Croissance extensive, intensive
L'accumulation du capital (ou la croissance) est extensive lorsqu'elle opère dans de nouvelles branches et de nouveaux marchés sans modification importante des conditions de production et de la productivité (la croissance – extensive – est le résultat d'un accroissement de la quantité des facteurs de production utilisés); l'accumulation est intensive lorsqu'elle est orientée vers la transformation des conditions de production (la croissance – intensive – se fait alors par accroissement de la productivité du travail). Il s'agit plus d'une distinction logique que d'un repérage historique.

Croissance externe, interne
La croissance d'une entreprise est externe lorsqu'elle augmente son chiffre d'affaires en absorbant d'autres entreprises; interne si elle l'élève en développant sa propre activité.

Croissance
V. taux.

CSG
V. contribution sociale généralisée.

CSP (nomenclature des)
Nomenclature des catégories socioprofessionnelles de l'INSEE de 1954 à 1982. Combine trois logiques : celle des métiers, celle du statut (salarié, non salarié) et celle d'une hiérarchie des qualifications. Son niveau le plus rudimentaire distingue neuf CSP : agriculteurs exploitants, salariés agricoles, patrons de l'industrie et du commerce, professions libérales et cadres supérieurs, cadres moyens, employés, ouvriers, personnels de service, autres catégories (artistes, clergé, armée, police) V. PCS.

Culture
Ensemble des faits de civilisation (art, connaissances, coutumes, croyances, lois, morale, techniques, etc.) par lesquels un groupe (société, communauté, groupe social particulier) pense, agit et ressent ses rapports avec la nature, les hommes et l'absolu; système de hiérarchisation des valeurs; ne se manifeste pas seulement dans les formes d'expression culturelles mais aussi à travers la religion, les structures politiques, l'organisation familiale, l'éducation, voire le développement matériel et technique. Les dictateurs invoquent souvent les particularismes culturels pour justifier leur refus de la conception « occidentale » des droits de l'homme. Ne pas confondre culture et *culture savante* : connaissances scientifiques et artistiques.

Cultures vivrières
Celles dont les produits sont destinés à l'alimentation de la population.

Currency Principle
Théorie selon laquelle il est préférable que chaque billet de banque ait sa contrepartie métallique (or ou argent) dans les caisses de la banque émettrice (*currency* signifie circulation). L'Act de Peel (1844), qui réorganise la Banque d'Angleterre, consacre le triomphe de ce principe défendu par Ricardo contre le *Banking Principle* (v. ce terme).

Cycles
Fluctuations récurrentes (c'est-à-dire qui se répètent, sans que la périodicité soit complètement régulière) du niveau de l'activité économique (*ou de son taux de croissance*). On découpe le cycle en cinq phases (ou moments) : l'*expansion* (*boom*, essor), la *crise* (pic, point haut, sommet), la *dépression* (récession, contraction), le *creux* (point bas), la *reprise* (le « bout du tunnel » vu – disait-il – par Jacques Chirac en août 1975). On distingue le **cycle de Kondratief** (au moins 50 ans, appelé aussi *onde longue*) dans lequel Simiand opposait une *phase A* (croissance) et une *phase B* (baisse), le **cycle de Juglar** ou **cycle des affaires** (6 à 10 ans), le **cycle de Kitchin** ou **cycle mineur** (3-4 ans), etc.

De gré à gré (vente)
Sans offre publique; en discutant avec un acheteur. V. OPV.

Décalage conjoncturel
Écart entre le taux de croissance du PIB de la France et celui de ses principaux partenaires commerciaux. Influence notamment le solde commercial : si la France a un faible taux de croissance, ses importations sont faibles; si ses partenaires ont un fort taux de croissance, ils importent beaucoup, donc les exportations françaises sont élevées. Ainsi un solde commercial favorable peut-il ne pas refléter une compétitivité forte mais un décalage conjoncturel « favorable » (défavorable à l'emploi, mais favorable au solde commercial).

Déciles
Lorsqu'une population est classée selon la valeur d'un caractère (le salaire par exemple), les déciles sont les valeurs du caractère telles qu'elles définissent des intervalles successifs correspondant chacun à 10 % de la population. 10 % des salariés ont un salaire plus faible (resp. plus élevé) que le premier décile (resp. neuvième décile). V. rapport interdécile.

Déficit budgétaire
Solde budgétaire négatif (les recettes sont inférieures aux dépenses). Ne pas confondre avec la dette de l'État. Le déficit est généralement financé par emprunt, ce qui accroît la dette publique.

Déflation
Diminution du niveau général des prix; il n'y a pas seulement diminution du taux de croissance des prix (désinflation), mais taux de croissance négatif des prix. D'une façon plus générale, la déflation désigne une situation dans laquelle la baisse des prix s'accompagne d'une régression du PIB.

Déflationniste
V. politique...

DEFM
Demandes d'emploi en fin de mois à l'ANPE. Classées en 8 catégories dont la première ressemble au chômage BIT : « personnes sans emploi, immédiatement disponibles, tenues d'accomplir des actes positifs de recherche d'emploi, à la recherche d'un emploi à durée indéterminée à plein temps ». L'*évolution du chômage au sens du BIT* n'est pas nécessairement identique à celle de ces DEFM.

Délégué syndical, du personnel
V. représentants...

Délinquance
Comportement caractérisé par des délits (interdits et punis par la loi). Ne pas confondre avec la déviance. D'un point de vue juridique, les délits se distinguent des crimes (plus graves : criminalité) et des contraventions (moins graves).

Délocalisation
Transfert à l'étranger d'une activité assurée sur le sol national.

Demande de travail
Elle est exprimée par les employeurs; c'est une offre d'emploi. V. productivité marginale.

Demande d'emploi
Exprimée par ceux qui recherchent un emploi. Elle correspond à une offre de travail.

Demande effective (principe de la)
Cœur de la théorie de Keynes. La demande effective est la demande globale *anticipée*

par les entrepreneurs. Elle est donc influencée par leurs vues sur l'avenir. En fonction du niveau de cette demande effective, ils déterminent le niveau de l'investissement et le niveau de l'emploi. Ce serait un hasard si ce dernier correspondait au plein-emploi (le marché du travail n'intervient à aucun moment du raisonnement).

Demande intérieure
Quelquefois appelée **demande domestique** (en anglais *domestic* signifie intérieur). Correspond à la demande finale des résidents : consommation finale + FBCF + variation des stocks.

Démocratie
Du grec *dêmos* «peuple» et *kratos* «puissance, force». Régime politique dans lequel la souveraineté appartient au peuple, aux citoyens. Elle suppose leur liberté et leur égalité. Il y a **démocratie directe** lorsqu'ils exercent la souveraineté sans intermédiaire, **démocratie représentative** lorsqu'ils élisent des représentants. Attention ! Chez Tocqueville, la démocratie est aussi un état social. V. société démocratique.

Dépendance (théories de la)
Avancent que le sous-développement est principalement dû à des causes externes aux PED : technologie, capitaux, spécialisation internationale, termes de l'échange. V. autocentré, extraverti.

Dépense de consommation finale :
V. fiche CN.

Dépense fiscale
Perte de recette fiscale (par rapport à la législation fiscale antérieure) correspondant à un aménagement de la fiscalité dans le but d'inciter les ménages ou les sociétés à prendre une décision (par exemple, économie d'énergie).

Dépréciation (d'une monnaie)
Ne pas confondre avec dévaluation. Diminution de la valeur d'une monnaie (par rapport à d'autres monnaies ou à un étalon de référence) *dans un système de change flexible.*

Dépression
V. cycle.

Déréglementation
Recul, voire suppression des réglementations qui encadraient l'activité économique et financière (exemple : autorisation administrative pour les licenciements d'une certaine importance); très importante à partir des années quatre-vingt; favorise l'expansion des marchés : un des moteurs de la globalisation financière. Elle est censée mettre un terme à la complexité de la régulation administrative. L'expérience montre que celle-ci n'est pas remplacée par la simplicité des mécanismes marchands, mais par *une autre forme de complexité* : l'institution et le contrôle des règles du jeu sans lesquelles les marchés suscitent la fraude, encouragent la corruption et propagent l'instabilité; la déréglementation s'accompagne finalement d'une *re-réglementation.*

Désaffiliation
Notion proposée par le sociologue Robert Castel pour désigner le «mode particulier de dissociation du lien social», la «rupture du lien sociétal» qu'ont en commun les exclus, les pauvres. «Au bout du processus, la précarité économique est devenue dénuement, la fragilité relationnelle isolement. [...] En schématisant : être dans la *zone d'intégration* signifie que l'on dispose des garanties d'un travail permanent et que l'on peut mobiliser des supports relationnels solides; la *zone de vulnérabilité* associe précarité du travail et fragilité relationnelle; la *zone de désaffiliation* conjugue absence de travail et isolement social.» V. index.

Descendance finale
Nombre moyen d'enfants mis au monde tout au long de leur vie féconde (avant 50 ans) par les femmes appartenant à une même *génération.* Indicateur *longitudinal* à ne pas confondre avec l'indicateur conjoncturel de fécondité, indicateur *transversal.*

Désenchantement du monde
Expression utilisée par Max Weber (1864-1920) pour désigner le manque de sens lié au développement d'une représentation scientifique du monde au détriment de son interprétation religieuse. Ne signifie pas la disparition du religieux mais que l'éthique religieuse a été remplacée comme facteur déterminant des conduites sociales par les intérêts économiques et politiques. V. rationalité.

Désindexation salariale
Lorsque le salaire nominal n'est plus ajusté périodiquement en fonction de l'évolution des prix (indexation) comme le prévoyaient de nombreux accords de salaires jusqu'au début des années quatre-vingt. Ne signifie pas que le salaire nominal reste constant et/ou que le salaire réel diminue.

Désinflation
Recul de l'inflation, c'est-à-dire du taux de croissance des prix. Lorsque l'inflation est stabilisée à un niveau faible, il n'y a plus désinflation mais... faible inflation. Ne pas confondre avec déflation.

Désinflation compétitive
Objectif principal de la politique économique française à partir de 1983 (dite du «franc fort»). L'idée est d'obtenir un taux d'inflation durablement plus faible que celui des pays partenaires (principaux concurrents, clients et fournisseurs : Allemagne...), pour augmenter ses *parts de marché* en France et à l'exportation (grâce à l'amélioration de *compétitivité* ainsi obtenue), ce qui doit permettre une croissance plus forte et une réduction du chômage. Cette politique a vaincu l'inflation grâce à une sévère désindexation salariale, à la baisse du prix des importations liée au contre-choc pétrolier et à la baisse du dollar, à la «sagesse» des salaires liée à la montée du chômage. Si la compétitivité a été améliorée (balance commerciale excédentaire), malgré le «franc fort», c'est au prix d'une croissance ralentie (v. décalage conjoncturel) et le chômage a finalement augmenté. Cette politique non coopérative, voire agressive (elle ne peut pas réussir si les pays partenaires adoptent la même) s'est heurtée aux dévaluations (qualifiées de compétitives par la France et l'Allemagne) de ceux qui voulaient conserver leur compétitivité (Espagne, Italie...).

Désintermédiation
Recul relatif de l'intermédiation, c'est-à-dire du poids de la finance indirecte (intermédiée), le plus souvent bancaire, dans le financement de l'économie.

Dette publique
Stock de dettes qui résulte des emprunts que l'État et les autres administrations publiques ont contractés pour financer année après année leur déficit.

Dévaluation
Ne pas confondre avec *dépréciation.* Diminution de la valeur d'une monnaie (par rapport à d'autres monnaies) *dans un système de change fixe.* Résulte d'une décision des autorités publiques (souvent destinée à améliorer le solde de la balance commerciale). Exemple d'une dévaluation du franc : le mark passe de 3 à 4 francs. Le prix (en monnaie nationale) des produits importés augmente : une voiture allemande vendue 20 marks (60 francs) avant la dévaluation, vaudra 80 francs après. La dévaluation diminue le prix (en monnaie étrangère) des exportations au sens où l'automobile française exportée en Allemagne qui valait 120 francs et était donc vendue 40 marks en Allemagne, peut être vendue 30 marks après la dévaluation du franc.

Dévaluation compétitive
Pas toujours facile à distinguer d'une dévaluation simple; destinée à augmenter la compétitivité de l'économie à l'exportation pour soutenir la croissance. Considérée comme non coopérative, voire agressive, si elle est trop forte (c'est-à-dire ne se contente pas de compenser l'écart d'inflation avec les pays concurrents), elle peut susciter des représailles (protectionnisme, autre dévaluation compétitive).

Développement
V. croissance et...

Développement durable (ou soutenable)
Notion inventée en 1980 par l'Union internationale pour la conservation de la nature et popularisée par le rapport Brundtland (1987) de la Commission mondiale sur l'environnement et le développement, qui le présente comme «celui qui répond aux besoins du présent sans compromettre la capacité des générations futures à répondre à leurs propres besoins».

Déviance
Mot apparu dans la sociologie à la fin des années cinquante. Comportement non conforme (transgression) aux normes d'un groupe à un moment donné (elle est donc relative); objet d'une sanction qui n'est pas nécessairement pénale ou même légale (ne pas confondre avec délinquance ou criminalité), par exemple une stigmatisation, une exclusion, une réprobation. Selon les courants de la sociologie, la déviance peut être considérée comme : 1. un échec du groupe à réguler les passions et les humeurs inhérentes à la nature humaine; 2. un produit de la société qui encourage certains désirs sans donner les moyens de les satisfaire (v. anomie); 3. la conséquence des réactions du groupe à un acte (et non pas comme une propriété de l'acte); 4. une catégorie construite dans des interactions entre tous les acteurs

(notamment ceux qui défendent certaines normes et ceux qui veulent en promouvoir d'autres).

Devises
Moyens de paiement libellés en unités monétaires étrangères.

Discrimination non tarifaire
V. barrières…

Discrimination positive
En anglais, *affirmative action*. Mesure prise au profit de certaines catégories de personnes considérées comme handicapées socialement, pour compenser une inégalité de fait en donnant plus à ceux qui ont moins.

Dividende
Revenu reçu par le détenteur d'une action. Variable : résultat de la division du bénéfice distribué par le nombre d'actions.

Division du travail
La **division technique du travail** résulte de la décomposition des activités productives à l'intérieur de l'entreprise (malgré cette appellation, elle est évidemment également sociale); la **division sociale du travail** correspond à la répartition des activités entre des unités de production et des fonctions spécialisées dans l'ensemble de la société; la **division internationale du travail** (DIT) définit la spécialisation des pays (v. avantages comparatifs). Économistes et sociologues s'intéressent à la division du travail pour des raisons différentes. Les premiers y voient par exemple une condition de la croissance de la productivité (Adam Smith, *Recherches sur la nature et les causes de la richesse des nations*, 1776), un facteur de domination du capital sur les travailleurs (Karl Marx, *Le Capital*, 1867); les seconds considèrent par exemple qu'elle change la nature du lien social (solidarités mécanique et organique chez Durkheim).

Dollarisation
Lorsque le dollar devient de fait la monnaie utilisée dans certains pays où l'utilisation de la monnaie nationale est peu commode, notamment en raison d'une hyperinflation (Russie…).

Domination
« Chance de trouver des personnes déterminables prêtes à obéir à un ordre de contenu déterminé » (Max Weber). Suppose une légitimité. Selon Max Weber (1864-1920), il y a trois modes de domination légitime (présentés ainsi par Catherine Colliot-Thélène dans ce manuel) : « 1. la domination légale ou rationnelle, qui repose sur la conformité aux règles de droit positif. L'État bureaucratique moderne est l'exemple le plus pur de ce type de domination; 2. la domination traditionnelle, dans laquelle les traditions ancestrales sont le garant de la légitimité des règles et de l'autorité; 3. la domination charismatique où les individus se soumettent aux ordres ou aux règles énoncés par un chef en vertu du caractère sacré ou exemplaire qu'ils lui prêtent (prophète religieux, mais aussi leader politique). » Weber accorde aussi de l'importance aux fondements économiques de la domination. Pour Marx, ceux-ci sont essentiels, mais l'idéologie joue un grand rôle dans la domination d'une classe sociale sur les autres, car elle sert à la légitimer en masquant son origine et sa nature (l'exploitation) : les idées dominantes sont les idées de la classe dominante; dans le capitalisme, cette domination culturelle n'est pas la cause de la domination économique mais son effet et un élément important de sa reproduction.

Droit naturel
Loi éternelle, valant toujours et partout. Donnée par Dieu ou définie par la nature même de l'homme supposée invariable. Certains pensent que le droit naturel permet de déterminer si le droit positif est juste ou injuste, légitime ou illégitime.

Droit positif
Ensemble des lois en vigueur dans un pays. Elles sont adoptées par le législateur et varient selon les époques et les pays.

Droits de tirage spéciaux (DTS)
Créés en 1969 par le premier amendement aux statuts du FMI. Esquisse d'une nouvelle monnaie internationale émise par le FMI *ex nihilo* au profit de tous ses adhérents (il s'agit donc de crédits non remboursables); les « allocations » de DTS ont pour objectif d'augmenter le volume des liquidités internationales (les banques centrales peuvent les utiliser entre elles). La valeur d'un DTS est fixée en référence à un panier de monnaies. Le DTS est depuis 1978 la seule unité de compte du FMI. La création des DTS va dans le sens des thèses de Keynes, mais leur poids dans les liquidités internationales reste très faible.

Dualisme du marché du travail
V. segmentation…

Dumping
Discrimination de prix entre les ventes sur le territoire national du producteur et les ventes à l'étranger (à prix réduits, voire à perte).

Dumping monétaire
Défini par ceux qui utilisent cette expression comme un maintien du taux de change à un niveau artificiellement bas pour stimuler les exportations. La lecture attentive de la définition du *dumping* montre que c'est une stupidité.

Dumping social
Compte tenu de la définition du *dumping*, il s'agit d'un abus de langage. Cette notion est en effet utilisée pour désigner le non-respect des conventions de l'OIT dans certains pays (travail des enfants, absence de libertés syndicales…); mais ces mauvaises conditions de travail ne sont pas limitées à la production des biens exportés.

EBE
Excédent brut d'exploitation. V. fiche CN.

EBITDA
Équivalent américain de l'EBE.

Échange inégal (théorie de l')
Proposée par l'économiste marxiste Arghiri Emmanuel en 1969; soutient que les prix pratiqués dans le commerce international permettent de transférer de la valeur produite dans les pays à bas salaires vers les pays à salaires élevés; les salariés du « centre » bénéficient donc de l'exploitation de ceux de la « périphérie » à travers la dégradation des termes de l'échange.

Échelle d'Oxford
Sert à calculer le nombre d'unités de consommation (UC) à l'intérieur d'un ménage. Le premier adulte correspond à une UC, les suivants à 0,7 UC, les enfants (moins de 14 ans) à 0,5. Ces pondérations renvoient notamment à l'idée de coûts fixes à l'intérieur du ménage. Dans le système retenu par l'INSEE aujourd'hui, le premier adulte vaut une UC, les adultes supplémentaires 0,5 et les enfants 0,3.

Économie de l'offre
En anglais *Supply-side Economics* (économie du côté de l'offre). A l'ambition de supplanter le keynésianisme considéré, très abusivement, comme une *économie de la demande*. Le message : il faut détruire tout ce qui entrave l'offre, c'est-à-dire la production de richesse. Psalmodiée dans les milieux conservateurs américains (puis européens) à partir de la fin des années soixante-dix, il ne s'agit que d'une nouvelle (?) théorisation des bienfaits de la loi d'une jungle dans laquelle l'État (par nature inefficace et pervers) serait le plus réduit possible, le marché ayant par principe réponse à tout. Les seules nouveautés sont l'appellation et le logo (v. courbe de Laffer). Une des bêtes noires de l'économie de l'offre est la protection sociale; pour George Gilder (*Wealth and Poverty*, 1981), elle constitue un obstacle à la croissance et une menace pour la civilisation (car elle incite les pauvres à se multiplier, vieille idée de Malthus).

Économie de marché financier
Appelée aussi économie de financement, s'oppose à l'*économie d'endettement* (v. ce terme). Caractérisée par la prépondérance de la *finance directe* (l'investissement est financé par de l'épargne et non par création monétaire), un endettement important de l'État (seul susceptible d'alimenter un marché financier large et liquide), une régulation de la création monétaire par les taux d'intérêt. Les sociétés ont un taux d'autofinancement élevé et font plus appel à la finance directe qu'à la finance indirecte (désintermédiation). Les ménages diversifient leurs placements financiers (épargne liquide ou à court terme dans les banques, mais aussi placements financiers dans les SICAV et l'assurance vie). Cette économie incite peu à l'investissement, permet une faible inflation et renforce le pouvoir des créanciers (taux d'intérêt réels élevés).

Économies d'échelle
Synonymes : effet de taille, effet de dimension, rendement d'échelle. Lorsque chacun des facteurs de production augmente dans la même proportion (1 % par exemple), les rendements d'échelle sont croissants si la production augmente plus (1,4 % par exemple) : il y a *économies d'échelle* (une baisse du coût unitaire résulte de l'augmentation de l'échelle de la production). Si la production augmente moins que les facteurs, les rendements d'échelle sont décroissants : il y a *déséconomies d'échelle*. V. productivité marginale.

Économie d'endettement
Appelée aussi économie de découvert (*overdraft economy*). L'opposition de cette

notion, par l'économiste britannique John Richard Hicks (1904-1989), à celle d'*économie de marché financier* est une clé commode pour comprendre les changements provoqués par la « révolution financière » des années quatre-vingt, notamment en France. L'économie d'endettement (avant la révolution) est caractérisée par la prépondérance du financement bancaire (*création monétaire*) et de la *finance indirecte*. La banque centrale refinance largement les banques et le Trésor. La tutelle des pouvoirs publics sur les institutions financières permet d'orienter les ressources vers les secteurs jugés prioritaires et de maintenir des taux d'intérêt réels faibles, voire négatifs. Les sociétés ont un faible taux d'autofinancement et font massivement appel au financement bancaire ; les ménages ont une épargne financière liquide déposée auprès des banques. L'économie d'endettement permet un taux d'investissement élevé mais favorise le développement de l'inflation. V. économie de marché financier.

Économie externe
V. externalité.

Économie informelle
V. économie non officielle, dont le sens est équivalent.

Économie nationale
V. fiche CN.

Économie non officielle
Activité économique qui ne donne lieu à aucun versement de cotisations sociales ou d'impôts. Recouvre des activités licites (pourraient être déclarées, comme le travail au noir) et illicites (prostitution, trafic de drogue, racket...). Secteur informel et économie souterraine sont synonymes.

Économie souterraine
V. économie non officielle.

Effet d'annonce
Conséquence de l'annonce d'une action future, due au fait que les agents anticipent les effets de la décision. Suppose une crédibilité de l'annonceur... V. crédibilité.

Effet d'aubaine
L'aubaine désigne un profit inattendu. Lorsqu'une subvention (une aide à l'emploi par exemple) est destinée à inciter les agents économiques à prendre une certaine décision (embaucher une personne supplémentaire), on parlera d'effet d'aubaine pour désigner le fait que la subvention bénéficiera aussi à ceux qui de toute façon auraient pris cette décision.

Effet de composition
Résultat collectif inintentionnel d'actions individuelles décentralisées (effet pervers s'il est contraire aux intentions individuelles). Notion centrale pour l'individualisme méthodologique : sans elle, le tout ne pourrait qu'être la somme des parties.

Effet de démonstration, d'imitation, de contagion
Consommation par un individu de certains biens pour imiter un groupe de référence différent (« supérieur ») de son groupe d'appartenance ; étudié par J. Duesenberry.

Effet de dimension, de taille
V. économies d'échelle.

Effet de levier de l'endettement
Conséquence du poids de l'endettement sur la rentabilité. Explique la différence entre la rentabilité économique et la rentabilité financière (v. ces termes). Lorsque sa rentabilité économique est supérieure au taux d'intérêt de ses dettes (écart appelé *bras du levier*), l'entrepreneur obtient une rentabilité financière supérieure à cette rentabilité économique. Cette supériorité est d'autant plus forte que le *levier* (rapport dettes/fonds propres) est élevé et son bras est important. On parle d'effet de levier de l'endettement sur la rentabilité.

Effet de noria
Conséquence sur la masse salariale du simple renouvellement des effectifs : les salaires des nouveaux salariés ne sont pas identiques aux salaires de ceux (plus âgés) qui quittent l'entreprise.

Effet de seuil
Conséquence du fait que le franchissement de certains seuils modifie certains phénomènes pour des raisons qui peuvent ou non être psychologiques. Exemple : la législation sur la *représentation du personnel* dissuaderait (prétendent ses adversaires) les entreprises d'embaucher si cela doit se traduire par le franchissement du seuil des 50 salariés.

Effet de stigmatisation
Lorsqu'une politique de *discrimination positive* souligne que ses bénéficiaires appartiennent à une catégorie socialement handicapée. V. stigmatisation...

Effet de structure
Phénomène (éventuellement paradoxal) explicable par un changement de structure. Exemple : le salaire moyen peut augmenter plus que les salaires des différentes professions parce que, à la suite de licenciements, la *proportion* des salariés appartenant aux professions les moins payées a diminué.

Effet de substitution
V. effet prix.

Effet d'encaisses réelles
Lorsque les prix baissent, la valeur réelle (pouvoir d'achat) des encaisses monétaires des ménages augmente. Pour la rétablir à son ancien niveau, les ménages doivent réduire leur épargne, ce qui augmente la consommation. C'est le contraire si les prix augmentent.

Effet d'éviction
Diminution de l'investissement privé provoquée par la hausse du taux d'intérêt consécutive à l'accroissement du déficit budgétaire. Son existence, présentée comme une évidence par les monétaristes, est très controversée parce que : 1. le lien entre le déficit budgétaire et le taux d'intérêt n'est pas clair ; 2. l'influence du taux d'intérêt sur l'investissement n'est ni générale, ni décisive ; 3. la réduction du déficit budgétaire pourrait bien contracter les débouchés et conduire les entreprises à réduire leurs investissements. Une conception large de l'effet d'éviction partagée par les ultralibéraux considère que les dépenses publiques correspondent fondamentalement à un *détournement de fonds* qui seraient autrement disponibles pour la dépense privée. V. courbe de Laffer.

Effet externe
V. externalité.

Effet pervers
Effet non désiré contraire à l'objectif de l'action entreprise (exemple : une politique de lutte contre le chômage des jeunes se traduit par une hausse du chômage des moins jeunes). Peut résulter d'une mauvaise analyse préalable de la situation ou être un *effet de composition*.

Effet prix
Modification des choix d'un agent économique à la suite de la variation du prix d'un bien. On le décompose traditionnellement en un effet de substitution et un effet revenu. Soit une hausse du prix de A. L'*effet de substitution* se traduit par une baisse de la demande du bien A et par une hausse de la demande des biens B, C, D, etc. Cet effet est la conséquence d'un changement des *prix relatifs* (celui de A a augmenté par rapport aux prix des autres biens, ceux de B, C, D, etc., ont baissé par rapport à celui de A) et de la plus ou moins grande *substituabilité* entre A et les autres biens. L'*effet revenu* est la conséquence du fait que la hausse du prix du bien A a fait baisser le pouvoir d'achat du revenu. Il se traduit normalement par une baisse de la consommation de tous les biens en fonction de l'*élasticité-revenu* de chacun ; l'ampleur de l'effet revenu dépend du poids occupé par le bien A dans la consommation. Dans un raisonnement en *équilibre partiel*, l'économiste a souvent tendance à considérer que l'effet prix se réduit à un effet de substitution, l'effet revenu étant négligeable. Les économistes (néoclassiques) qui voient dans la baisse du prix du travail (salaire) un remède au chômage ne mettent en avant que l'effet de substitution ; ils « oublient » que le bilan de l'effet prix doit aussi considérer l'effet revenu (baisse de la demande de biens des salariés qui contracte les débouchés). V. élasticité.

Effet revenu
V. effet prix.

Effet tequila
Fuite des capitaux par crainte d'une dépréciation de la monnaie. L'appellation remonte au krach du peso mexicain en décembre 1994.

Effet Veblen
Phénomène d'élasticité-prix de la demande positive constaté par Thorstein Veblen à la fin du siècle dernier pour certains biens de luxe et certains groupes sociaux. La hausse du prix du bien le rend plus désirable car moins accessible ; il devient davantage une source de distinction. On parle d'effet de snobisme.

Efficacité marginale du capital
Expression utilisée par Keynes pour désigner la rentabilité attendue de l'investissement, c'est-à-dire celle que les entrepreneurs anticipent compte tenu de la façon dont ils perçoivent l'avenir.

Égalitaire
Qui cherche l'égalité absolue.

Égalitariste
Qui cherche à développer un système égalitaire. Termes souvent employés péjorativement, *par ceux qui veulent les remettre en cause*, pour désigner les politiques de réduction des inégalités, ou l'État-providence. V. équité.

Égalité des chances
Situation dans laquelle l'avenir d'un individu ne dépendrait pas du capital économique, culturel, social qui lui a été transmis, mais de ses seuls talents. La sociologie (notamment de l'éducation) n'atteste pas d'un recul significatif de l'inégalité des chances.

Égalité des conditions
Caractérise la société démocratique selon Alexis de Tocqueville (1805-1859) dans *De la démocratie en Amérique* (1835). Elle est à la fois égalité juridique (égalité devant la loi), égalité sociale (égalité des chances et mobilité sociale), égalité de respect (égale dignité de chacun). Elle n'implique pas l'égalité réelle, c'est-à-dire l'égale répartition des biens sociaux (richesse, pouvoir, prestige), mais la possibilité ouverte à chacun d'entrer dans la compétition pour y accéder (en opposition à la société aristocratique caractérisée par la concentration de ces biens et leur transmission héréditaire au profit du même groupe). Il y a égalité des conditions lorsque, en regardant les riches, chacun peut se dire : « Pourquoi pas moi ? » V. société démocratique.

Élasticité
Sensibilité d'une variable X à une variable Y, mesurée par le rapport de la variation relative de X à celle de Y (approximation acceptable pour de faibles variations de Y, la définition rigoureuse de l'élasticité faisant référence à des dérivées). Exemple : si X varie de –3 % quand Y varie de 1,5 %, l'élasticité est de –2. Si X est la demande d'un bien et Y son prix, on parle d'**élasticité-prix de la demande** (élasticité de la demande par rapport au prix) ; d'**élasticité-prix de l'offre** si X est l'offre. Si X est la demande d'un bien et Y le revenu des consommateurs, on parle d'**élasticité-revenu de la demande** (élasticité de la demande par rapport au revenu). X et Y peuvent être des offres, des demandes, des prix, des revenus, etc. On parle de demande (ou d'offre) *inélastique* (par rapport au prix, ou au revenu) lorsque l'élasticité est voisine de zéro. La demande est d'autant plus *élastique* que son élasticité s'éloigne de zéro.

Élasticité-revenu
Définition à l'entrée élasticité. Le niveau de l'élasticité-revenu permet de classer les biens. Les *biens inférieurs* (élasticité négative) sont ceux dont la demande diminue lorsque le revenu augmente (pain, pommes de terre...). Les *biens normaux* ont une élasticité positive inférieure à 1. Les *biens supérieurs* (biens de luxe) sont ceux dont l'élasticité est supérieure à 1.

Élites
L'élite militaire regroupe les meilleurs soldats, l'élite sportive regroupe les meilleurs sportifs, l'élite scientifique les plus grands chercheurs, l'élite artistique les plus grands artistes, etc. ; il y a donc autant d'élites que de domaines d'activité (Al Capone appartenait à l'élite des gangsters) ; se pose par conséquent la question de leurs relations : s'opposent-elles ? Forment-elles une coalition ? Etc. Selon Vilfredo Pareto (1848-1923), les élites sont en lutte pour le pouvoir : quand une minorité qui monopolisait le pouvoir en vient à le perdre, c'est parce qu'une autre a réussi à prendre sa place (l'histoire est un « cimetière d'élites ») ; les masses, dominées et manipulées, n'accèdent jamais au pouvoir. Selon C. Wright Mills (1916-1962), les élites politiques, économique et militaire forment aux États-Unis un « complexe militaro-industriel » qui détient le pouvoir (*L'Élite du pouvoir*, 1956) et domine la société, sans pour autant former une classe dirigeante unifiée.

Emplois atypiques, précaires
V. formes particulières d'emplois.

Employabilité
Capacité à obtenir un emploi. Ce n'est pas un jugement sur une situation individuelle mais une notion qui permet de définir la position relative des différentes catégories de chômeurs. Statistiquement, c'est la probabilité de sortir du chômage en accédant à un emploi. Elle décroît avec l'ancienneté au chômage en raison d'un phénomène de file d'attente tel que les nouveaux chômeurs s'insèrent devant les plus anciens dans la file. V. stigmatisation...

Encaisse
Quantité de monnaie détenue par un agent économique ; comprend la monnaie manuelle et la monnaie scripturale.

Encours
Montant de la valeur à un moment donné du stock des dettes (encours de dettes), du *stock* des crédits (encours des crédits), etc.

Endettement
Montant total des dettes contractées. Chaque année l'endettement augmente à cause de nouvelles dettes et diminue parce que des dettes antérieures sont remboursées. Ne pas confondre endettement et déficit (ou besoin de financement) : le déficit annuel est à l'origine de la variation annuelle de l'endettement.

Endogamie
Obligation de se marier à l'intérieur du groupe auquel on appartient (groupe territorial, caste, etc.). Ne pas confondre avec inceste ou homogamie.

Endogène
Une variable est endogène (ou dépendante, ou expliquée) si sa valeur dépend de celle des autres variables du modèle. Exemple : dans la théorie keynésienne, le revenu et la consommation sont endogènes. V. exogène.

Entreprise conjointe
V. joint-venture.

Entreprise intermédiaire
Créée par des éducateurs et autres travailleurs sociaux pour favoriser l'insertion d'individus en difficulté.

Entreprises individuelles
V. fiche CN.

Épargne
Partie non consommée du revenu. Son niveau est déterminé par le taux d'intérêt (théorie néoclassique) ou le niveau du revenu (propension à épargner chez Keynes). L'épargne est transformée en richesse non financière par l'investissement, et en richesse financière par l'acquisition de créances. Ne pas confondre épargne et placement.

Épargne brute
V. fiche CN.

Épargne financière
Appellation souvent donnée à la capacité de financement (des ménages).

Équilibre de sous-emploi
Keynes a montré dans la *Théorie générale de l'emploi, de l'intérêt et de la monnaie* (1936) que le sous-emploi (le chômage) ne dépendait pas d'un déséquilibre sur le marché du travail (qui aurait par exemple pu disparaître grâce à une baisse des salaires), mais était le résultat des décisions de production et d'investissement prises par les entrepreneurs (v. demande effective). Cette situation est un équilibre de sous-emploi parce qu'aucun mécanisme de marché ne permet de s'en écarter. De là résulte, d'après Keynes, la nécessité de mettre en œuvre une politique économique active (politique budgétaire...). V. multiplicateur.

Équilibre des biens et services d'une économie nationale
V. fiche CN.

Équilibre général
Situation dans laquelle « rien ne bouge », tous les agents économiques étant dans la meilleure situation possible compte tenu des dotations initiales (capital, travail, terre...) de chacun. Les néoclassiques ont démontré, moyennant des hypothèses très restrictives (absence d'incertitude et de monnaie, centralisation de toutes les offres et demandes de l'économie par un commissaire priseur, etc.), qu'en concurrence parfaite il existait un système de prix correspondant à l'équilibre général, mais que la stabilité (v. ce terme) de cet équilibre serait un hasard. V. optimum de Pareto.

Équilibre partiel
Raisonner en équilibre partiel, c'est considérer l'offre et la demande sur un marché (celui des pommes par exemple), *ceteris paribus* (toutes choses égales par ailleurs), c'est-à-dire sans tenir compte de l'interdépendance des marchés ; autrement dit, ne pas tenir compte du fait que le marché des pommes n'est pas indépendant de celui des poires et des scoubidous, mais aussi de celui du travail et, finalement – directement ou indirectement –, de tous les marchés. La prise en compte complète de ces interdépendances est l'objectif de la démarche d'équilibre général. V. chômage involontaire.

Équité
Ce terme imprécis renvoie à l'idée de justice ; elle est compatible avec des inégalités dès lors que celles-ci sont justes (v. théorie de la justice) ; la notion est souvent utilisée, par leurs partisans, pour maquiller (en les faisant passer indûment pour une

application de la théorie de la justice de Rawls) des politiques qui remettent en cause l'État-providence ou la lutte contre les inégalités.

Équivalence ricardienne
Expression inventée par Barro pour désigner l'équivalence entre le financement des dépenses publiques par l'emprunt (pour faire face au déficit) et leur financement par l'impôt. Cette *équivalence* est mise en avant par les nouveaux classiques (Robert Barro dès 1975) pour démontrer l'inefficacité d'une politique de relance keynésienne. Constatant un accroissement du déficit, les ménages anticipent qu'il faudra un jour rembourser la dette publique correspondante au moyen d'une élévation de l'impôt; ils décident donc d'augmenter immédiatement leur épargne pour faire face ultérieurement à la hausse de l'impôt. La baisse de la consommation qui s'ensuit réduit les débouchés et tue dans l'œuf la relance keynésienne. Suscite beaucoup de controverses. Le raisonnement est utilisé en France pour laisser entendre que la réduction du déficit public n'aurait pas d'effet récessif, contrairement à ce que prédit l'analyse keynésienne.

Espérance de vie à la naissance (ou vie moyenne)
Lorsque ce n'est pas précisé, il s'agit de l'espérance de vie dite *du moment*, c'est-à-dire du nombre moyen d'années que vivrait une personne si elle connaissait tout au long de sa vie les conditions de mortalité observées au cours d'une année (perspective *transversale*). Ne pas confondre avec l'espérance de vie d'une génération (analyse longitudinale) : nombre moyen d'années effectivement vécues par ceux qui sont nés la même année.

Établissement
Ensemble des bâtiments et installations d'une entreprise implantés dans un même lieu. N'a pas de personnalité juridique propre. Une entreprise a souvent plusieurs établissements. Une succursale est un établissement commercial.

Étalon-or (*gold Standard*)
Système monétaire international dans lequel chaque monnaie est définie par rapport à un poids d'or et convertible en or. Il a fonctionné jusqu'en 1914. Dans un tel système, le déficit de la balance des paiements d'un pays est réglé par une sortie d'or au bénéfice des pays excédentaires. Parce que la livre sterling était utilisée comme monnaie de règlement pour les transactions internationales, on a pu dire que l'étalon-or était en fait déjà un *Gold Exchange Standard*. Mais c'est bien l'or qui était utilisé comme monnaie de réserve par toutes les banques centrales, celles-ci ne conservant en sterling qu'un fonds de roulement pour les transactions courantes.

État (fonctions économiques de l')
Pour les économistes (non marxistes), les interventions économiques de l'État (détenteur du monopole de la violence légale) relèvent de trois registres : 1. l'*allocation des ressources* (politique de la concurrence, gestion des imperfections inévitables du marché : externalités, monopoles naturels...); 2. la *redistribution des revenus* si elle n'est pas conforme aux attentes de la collectivité; 3. la *régulation de l'activité économique* (par exemple, lutte contre le chômage et l'inflation). La conception d'un **État-gendarme** correspond surtout à une partie de la première fonction : l'État veille au respect des règles du jeu économique. L'**État-providence** (*Welfare State*) qui s'est développé après 1945 correspond aux trois fonctions, avec un accent sur la deuxième (expansion de la *protection sociale*) et la troisième (politique budgétaire active). Le mode d'exercice de toutes ces fonctions est remis en cause par la *mondialisation*.

Ethnocentrisme
Tendance à faire de sa propre culture le seul modèle de référence, à voir les autres cultures à travers la sienne.

Euribor
L'Euribor est la moyenne des taux d'intérêt offerts (c'est-à-dire proposés) par 47 banques de la zone euro, 4 dans le reste de l'Europe et 6 hors d'Europe. Il sert notamment de référence aux crédits à taux variable. « ibor » est l'acronyme de *Inter-Bank Offered Rate*, c'est-à-dire taux d'intérêt interbancaire.

Euro
Nom (choisi au Conseil européen tenu à Madrid en décembre 1995) de la monnaie unique européenne. Aucun rapport avec les eurodevises.

Eurodevises
Les **eurodollars** sont des dollars prêtés par des banques situées à l'extérieur des États-Unis (cette création monétaire échappe donc au contrôle des autorités monétaires américaines). « Euro » était le nom de télex de la première banque (propriété des Soviétiques...) qui a réalisé ce type d'opération. Il existe aussi des **eurofrancs**, des **eurodeutschemarks**, etc.

Évasion fiscale
Utilisation de toutes les possibilités offertes par la législation fiscale pour échapper le plus possible à l'impôt. Se distingue de la fraude parce qu'elle est licite, mais son résultat est identique puisqu'elle soustrait des revenus ou des patrimoines à l'imposition. Exemples : société transférant son siège social dans un paradis fiscal (*délocalisation fiscale*).

Ex ante, ex post
Notions introduites en 1933 par l'économiste suédois Gunnar Myrdal (1898-1987) précurseur de la révolution keynésienne. Il distingue les grandeurs *ex ante*, c'est-à-dire anticipées, et les grandeurs *ex post*, c'est-à-dire réalisées. Exemple : *ex ante*, l'épargne et l'investissement n'ont aucune raison d'être compatibles; *ex post*, en revanche, ils sont nécessairement égaux.

Excédent brut d'exploitation
V. fiche CN.

Exit, Voice and Loyalty
Ouvrage publié en 1970 par l'économiste Albert Hirschman. Critiquant la notion d'*homo œconomicus*, il intègre dans son raisonnement passions et pouvoirs en distinguant trois comportements types : le mécontentement peut se manifester par le renoncement et la défection (*exit*) ou par la mobilisation et l'utilisation de la parole (*voice*); s'il est satisfait, l'acteur social (le salarié face à l'entreprise, le citoyen face à l'élu, etc.) adopte un comportement de loyauté (*loyalty*).

Exogamie
Interdiction de se marier à l'intérieur d'un certain groupe (parenté, groupe territorial, etc.).

Exode des cerveaux (*brain drain*)
Migration de travailleurs très diplômés vers des régions ou des pays qui leur offrent de meilleures conditions de vie et d'emplois. Touche particulièrement le tiers monde au profit des pays développés.

Exogène
Une variable est exogène si sa valeur est déterminée à l'extérieur du système que l'on cherche à expliquer. Exemple : le prix en dollar du baril de pétrole pour l'économiste qui essaie de prévoir la conjoncture française. V. endogène.

Exonération
Réduction partielle ou totale d'impôts (exonération fiscale) ou de cotisations sociales prévue par la législation.

Exportations, importations
V. fiche CN.

Externalisation
V. coût de transaction.

Externalité
Interaction entre agents économiques sans transactions sur le marché. Il y a *externalité positive* (*effet externe positif, économie externe*) lorsque A bénéficie d'une action de B sans que B soit en mesure d'obtenir une rémunération; exemples : voisinage d'un apiculteur (A) et d'un horticulteur (B); éclairage public financé par la collectivité (B) et dont bénéficie le piéton (A); bonne formation des travailleurs dont bénéficie l'entreprise (A) grâce aux dépenses de formation supportées par l'État (B). Il y a *externalité négative* (*effet externe négatif, déséconomie externe*) lorsque A est pénalisé par une action de B sans que A soit en mesure d'obtenir un dédommagement de B; exemples : je (A) « bénéficie » de la fumée de la cigarette de mon voisin (B); je (A) suis bloqué sur l'autoroute parce qu'un accident a été provoqué par un automobiliste ivre (B). À la réflexion, de très nombreux biens, services et comportements émettent des externalités. Les externalités ne peuvent être correctement gérées par le marché (qui ne peut fonctionner que si les coûts et les avantages sont totalement supportés par l'individu qui prend une décision). Elles justifient des interventions massives de l'État (lois particulières, dépenses, fiscalité) pour : 1. produire des externalités positives (v. biens collectifs); 2. en favoriser la production par des lois ou la modification des prix spontanés du marché (vaccination obligatoire, école gratuite et/ou obligatoire, subvention à la production ou à la consommation des biens culturels, etc.); 3. interdire certaines externalités négatives (meurtres, obligation d'être assuré pour l'automobiliste, etc.); 4. en rendre d'autres plus coûteuses à émettre (taxa-

tion lourde du tabac, de l'alcool, de l'essence). V. passager clandestin.

Extraversion de l'économie
Qualification traditionnellement péjorative donnée à une économie tournée vers l'extérieur et dépendante. Mais l'extraversion peut être un résultat recherché et positif. V. extravertie.

Extravertie (stratégie de développement ou d'industrialisation)
Tournée vers l'extérieur (s'oppose à autocentrée); elle repose sur la conviction qu'il est plus efficace d'ouvrir l'économie sur l'extérieur et de se spécialiser en exploitant ses avantages comparatifs; l'industrialisation par promotion des exportations correspond à cette stratégie; elle est positive ou négative selon la nature de la spécialisation (politique de *remontée des filières* suivie par certains NPI ou spécialisation dans la production des matières premières?). Les industrialisations extraverties se sont accompagnées le plus souvent d'une forte intervention de l'État et non pas du laisser-faire défendu par les libre-échangistes qui soutiennent généralement ce modèle. Elles n'ont pas reposé seulement sur la promotion des exportations mais aussi sur l'expansion parallèle du marché intérieur (salaires en hausse, investissements publics).

Famille étendue
Famille qui regroupe plus de deux générations dans une résidence commune (ascendants, descendants...).

Famille monoparentale
Composée d'un seul parent vivant avec au moins un enfant.

Famille nucléaire
Famille réduite aux parents et aux enfants non mariés, appelée aussi **famille conjugale** ou **famille élémentaire** ou **famille restreinte**.

Famille recomposée
Formée d'un couple d'adultes (divorcés ou non, mariés ou non) qui vivent avec au moins un enfant né d'une union précédente de l'un des deux conjoints.

FAO
Sigle anglais de l'Organisation des Nations unies pour l'alimentation et l'agriculture.

FBCF (formation brute de capital fixe, cn).
Mesure de l'investissement brut en comptabilité nationale; valeur des biens durables acquis pour être utilisés pendant au moins un an dans un processus de production (la FBCF comprend aussi les grosses réparations de ces mêmes biens). Pour les ménages, il s'agit des logements; pour les entreprises et les administrations, la FBCF correspond aux machines, matériels divers (notamment de transport), bâtiments, travaux de génie civil (routes, ponts...) et logements. Depuis 1999, on intègre aussi à la FBCF des actifs incorporels correspondant à une partie de l'investissement immatériel : achats et dépenses de mise au point de logiciels utilisés dans un processus de production, dépenses de protection minière, œuvres artistiques et littéraires originales destinées à entrer dans un circuit commercial. Les dépenses de recherche-développement et de formation restent exclues. Les achats de terrains ne sont pas classés dans la FBCF. La FBCF est *brute* (v. ce terme). Les achats d'automobiles ou autres biens durables par les ménages ne sont pas de la FBCF mais de la consommation finale. V. investissement.

FCP
Fonds commun de placement.

Fécondité
On emploie ce terme – et non pas celui de natalité – lorsque les naissances sont mises en relation avec l'effectif des femmes d'âge fécond (conventionnellement, jusqu'à 50 ans). La fécondité d'une génération est résumée par la *descendance finale*, celle d'une année l'est par l'*indicateur conjoncturel de fécondité*.

Fétichisme de la marchandise
Une marchandise correspond à une certaine quantité (et une certaine qualité) de travail. L'échange de marchandises est donc fondamentalement un rapport entre les travaux de producteurs différents. Mais il n'apparaît pas ainsi. Marx parle de «fétichisme attaché aux produits du travail», de «caractère fétiche de la marchandise» (*Le Capital*, premier chapitre de la première section du livre premier) pour désigner le fait que lorsque les produits du travail prennent la forme de marchandises (c'est-à-dire sont vendus sur un marché), ils apparaissent comme des rapports entre des choses alors qu'ils sont des rapports entre des personnes (les producteurs). V. aliénation.

Filiale
Société dont plus de 50% du capital sont détenus par une autre, appelée société mère ou maison mère (on a tendance à parler de filiale lorsque le pourcentage est plus faible, s'il permet le contrôle). Ne pas confondre avec établissement ou succursale. V. groupe.

Filière
V. remontée des filières.

Finance
Art de faire en sorte que les *capacités de financement* des uns servent à satisfaire au mieux les *besoins de financement* des autres. On distingue la **finance directe** (les opérations ont comme support des titres) et la **finance indirecte** ou **finance intermédiée** (des banques, par exemple, s'interposent entre les financeurs et les financés). V. économie d'endettement, économie de marché financier.

Financement externe
V. autofinancement.

Flexibilité
Pour les libéraux et les employeurs, c'est la souplesse sans laquelle les mécanismes de marché seraient inefficaces. Cette notion n'a de sens qu'en *équilibre partiel*. Si l'on tient compte de toutes les interdépendances entre les marchés (perspective d'*équilibre général*), il est scientifiquement impossible d'affirmer, même d'un point de vue néoclassique, que la flexibilité n'aggrave pas la situation. V. juste-à-temps.

Flexibilité du travail
Les formes de la **flexibilité externe** sont le recours à l'externalisation de l'emploi (sous-traitance), l'assouplissement du droit de licenciement, le recours au travail temporaire et aux CDD. Celles de la **flexibilité interne** sont la possibilité de faire varier la durée (v. annualisation) et les rémunérations, la possibilité de modifier l'organisation du travail et l'affectation des salariés. La flexibilité du travail est censée améliorer l'efficacité productive et réduire le chômage, d'après les libéraux. C'est un facteur de précarisation de l'emploi.

Flexion des taux d'activité
Variation des taux d'activité due à des modifications du contexte économique. Par exemple, une détérioration de la conjoncture peut diminuer les taux d'activité si des chômeurs découragés cessent de chercher un emploi, ou si les étudiants prolongent leurs études pour éviter le chômage. Inversement, des créations d'emplois peuvent attirer des inactifs sur le marché du travail.

Flottement de la monnaie
V. changes flexibles.

Fluidité sociale
V. mobilité structurelle.

Flux
Les flux économiques correspondent à une circulation de produits, de revenus, de monnaie... On ne peut pas les mesurer à un moment donné (comme les stocks), mais seulement pendant une période déterminée.

Flux tendus
V. juste-à-temps.

FMI
Fonds monétaire international; créé en 1945, en même temps que la Banque mondiale, en application des décisions de la conférence de Bretton Woods en 1944, il conseille les gouvernements dans les domaines monétaire et financier. Le FMI joue aujourd'hui un grand rôle dans le tiers monde ou dans les pays «en transition» en imposant des programmes draconiens d'ajustement ou en organisant des soutiens financiers massifs dont les considérations géopolitiques sont évidentes (Russie...).

Fonds commun de placement
Repose sur le même principe que la SICAV, mais le FCP n'est pas une société et est plus petit. C'est un OPCVM.

Fonds de pension
Il permet de financer un régime de retraite par capitalisation.

Fonds propres
Synonyme de capitaux propres.

Fordisme
Régime d'accumulation intensive centré sur la consommation de masse, correspondant à peu près aux «trente glorieuses». L'appellation de fordisme lui a été donnée par les économistes régulationnistes (Aglietta, Boyer...) en hommage aux travaux du marxiste italien Antonio Gramsci qui, le premier, avait attiré l'attention sur l'importance des réformes mises en œuvre par le

constructeur automobile Henry Ford après la première guerre mondiale.

Formation brute de capital fixe
V. FBCF.

Formation brute de capital
Somme de la FBCF et de la variation des stocks (ceux-ci ne sont pas du capital fixe mais du capital circulant).

Formes particulières d'emploi
Se distinguent de l'emploi « normal » (contrat à durée indéterminée, *qu'il soit à temps plein ou non*). Cette notion de l'INSEE correspond à quatre catégories : emplois intérimaires, CDD, apprentis et « contrats aidés » (contrats d'aide à l'emploi et certains stages de la formation professionnelle). On parle quelquefois d'emplois atypiques ou d'emplois précaires pour désigner ces emplois dans lesquels la situation des salariés est particulièrement instable et le rapport de force avec l'employeur très défavorable.

Francs constants, courants
V. valeur, prix.

Futures
En anglais, désigne les contrats terme. V. marché à terme.

G 7 (groupe des 7)
Allemagne, Canada, États-Unis, France, Grande-Bretagne, Italie et Japon. Les réunions informelles des responsables politiques de ces sept pays sont une des façons de contourner les instances officielles de l'ONU.

G 8 = G 7 + Russie

GATT (*General Agreement on Tariffs and Trade*).
Accord général sur les tarifs douaniers et le commerce (de 1948 à 1995); traité multilatéral, le GATT a connu huit cycles de négociations commerciales multilatérales (NCM) dont *Kennedy Round* (1964-1967), *Tokyo Round* (1973-1979), *Uruguay Round* (1986-1994). V. OMC.

Gini (coefficient de)
V. Lorenz.

Glissement
Soit le taux de croissance (ou de variation) entre T1 et T2. Si T1 et T2 sont deux années consécutives, il s'agit d'un *taux de croissance en moyenne annuelle*; si ce sont des dates séparées par un délai d'un an, il s'agit d'un *taux de croissance en glissement annuel*. Comme on ne dispose pas – on peut s'en réjouir ! – de données statistiques quotidiennes sur toutes les grandeurs économiques, on est souvent conduit à calculer des taux en glissement en comparant des *périodes courtes séparées en moyenne d'un an*. Le glissement annuel des prix pendant l'année n sera ainsi obtenu en comparant le niveau de l'indice des prix en décembre de l'année *n*–1 à celui de l'année *n*, ou celui de janvier n à celui de janvier *n* + 1. On peut évidemment aussi calculer des glissements de mars à mars ou de septembre à septembre.

Globalisation financière
Anglicisme, synonyme de mondialisation financière. Mise en place d'un marché unifié de l'argent au niveau planétaire à partir des années quatre-vingt, permise par les nouvelles techniques (télécommunications, informatique), la *déréglementation*, le décloisonnement des marchés et la *désintermédiation*.

Gold Exchange Standard (étalon devise-or)
Le GES est un système monétaire international dans lequel l'or et une ou plusieurs devises dites devises clés sont monnaie internationale. V. Bretton Woods (GES dont le dollar est la devise clé).

Goulet d'étranglement (ou goulot)
Désigne la cause d'un retard dans un processus. La capacité portuaire insuffisante d'un pays peut être le goulot d'étranglement de ses exportations.

Gouvernance
Terme attesté en français depuis plus de cinq siècles, mais utilisé aujourd'hui par amour des anglicismes (governance), avec une signification proche du sens initial de gouvernement : pilotage; ou ensemble des règles et des institutions qui contribuent à piloter et à réguler (gouvernance d'entreprise, gouvernance de l'économie mondiale).

Gouvernement (ou gouvernance) d'entreprise
En anglais, *corporate governance*. Comme le capital est dispersé entre de nombreux actionnaires, ceux-ci ont dû déléguer la gestion de l'entreprise à des cadres dirigeants (on parle d'entreprises *managériales*). Cette relation d'*agence* (v. ce terme) met les dirigeants en situation d'adopter des comportements opportunistes plus préoccupés de leurs intérêts que de ceux des propriétaires. Au sens le plus étroit – dominant – le gouvernement d'entreprise est l'ensemble des dispositifs d'incitation et de contrôle qui organisent les relations entre les actionnaires et les dirigeants pour limiter l'opportunisme de ces derniers et les inciter à la *création de valeur* (v. ce terme). Le gouvernement d'entreprise se traduit souvent par un fonctionnement plus important du conseil d'administration (élu par l'assemblée générale des actionnaires) avec la création en son sein de plusieurs comités en charge de l'audit (contrôle) de l'information communiquée aux actionnaires, du recrutement et de la rémunération des cadres dirigeants (poids croissant donné aux *stock-options*, v. ce terme). Mais le cumul des mandats dans de nombreux conseils d'administration favorise la connivence entre administrateurs contrôleurs (mais dirigeants contrôlés d'autres sociétés) et dirigeants contrôlés (mais administrateurs contrôleurs de ces autres sociétés). Dans ces conditions, les mécanismes de marché jouent aussi un grand rôle dans le gouvernement d'entreprise : variations du cours de la société en Bourse (qui manifestent la confiance ou la défiance du marché), OPA hostiles (qui permettent de changer les dirigeants et les... contrôleurs). Une conception moins étroite du gouvernement d'entreprise prendrait en compte notamment les salariés.

Groupe d'appartenance
V. groupe de référence.

Groupe de pression
Lobby en anglais. Contrairement aux partis politiques, les groupes de pression ne veulent pas exercer le pouvoir; ce sont des organisations plus ou moins structurées qui veulent influencer les décisions des autorités pour qu'elles soient favorables aux intérêts communs de leurs membres. Ils interfèrent directement ou indirectement dans le travail législatif, mais aussi réglementaire (car les décrets d'application sont souvent plus importants que les lois) et administratif courant. Leur activité pose des problèmes à la démocratie lorsqu'elle est discrète, voire dissimulée, et recourt à l'illégalité (corruption, recours aux menaces et à la violence), mais aussi parce que l'importance des moyens dont ils disposent n'est pas nécessairement proportionnelle à la légitimité des intérêts en jeu (*lobby* de l'automobile, du tabac, de l'alcool).

Groupe de référence
Celui dont les valeurs, les normes et comportements sont adoptés comme critères de jugement ou d'action, comme modèle, par un individu. Il peut être simultanément un **groupe d'appartenance**, c'est-à-dire celui auquel l'individu appartient en fonction de ses statuts (profession, famille...). L'individu en situation d'ascension sociale peut être tiraillé entre les groupes d'appartenance qu'il espère quitter et les groupes d'appartenance auxquels il cherche à accéder.

Groupe primaire, groupe secondaire
Distinction introduite par le sociologue américain Charles H. Cooley (*Social Organisation*, 1909). Dans les groupes primaires (famille, groupe de camarades, groupe de voisinage), les rapports interpersonnels sont dominants, la coopération et la solidarité développées; ils ont une certaine permanence et sont non spécialisés. Les groupes secondaires sont de plus grande taille et ont des objectifs plus utilitaires (syndicat, parti politique, association...). Le contrôle social y est formalisé (règles écrites). V. socialisation.

Groupe social
Terme général désignant un ensemble d'individus en interaction et/ou ayant conscience d'appartenir au groupe.

Habitus
En latin « manière d'être ». Notion philosophique très ancienne, utilisée par quelques sociologues classiques. Elle est essentiellement utilisée aujourd'hui par Pierre Bourdieu. L'*habitus* est le système de dispositions plus ou moins inconscientes, inculquées par son milieu (famille, classe...) à l'individu et qui guident, balisent, ses opinions, représentations et conduites. Il existe des *habitus* individuels, des *habitus* de groupe, des *habitus* de classe.

Hiérarchie sociale
Tout système de différenciation fondé sur le classement ordonné d'individus ou de groupes en fonction de l'inégale distribution de biens sociaux tels que le pouvoir, la richesse, le prestige, le savoir; il y a hiérarchisation, et non simple différenciation, dès lors que les positions sont considérées, les unes par rapport aux autres, comme supérieures ou inférieures.

Holding
Société qui détient des actions d'autres sociétés dont elle contrôle et/ou dirige l'activité.

Holisme
V. individualisme méthodologique.

Homo œconomicus
Individu abstrait de la théorie néoclassique. Il est rationnel au sens où il est maximisateur, cohérent et souverain. Maximisateur : il recherche toujours un maximum de satisfaction, compte tenu des ressources dont il dispose. Cohérent : ses choix sont transitifs, c'est-à-dire que s'il préfère A à B et B à C, alors il préférera A à C. Souverain : ses préférences ne dépendent que de lui (de sa nature humaine); elles ne sont pas influencées par la société et l'histoire. V. individualisme méthodologique, *exit*...

Homogamie
Tendance, statistiquement bien établie, qui incite un individu à choisir un conjoint aux caractéristiques sociales, culturelles, etc., proches des siennes. L'homogamie est sociale en générale, mais peut être religieuse, ethnique...

Hystérésis (ou hystérèse)
Notion empruntée par les économistes à la physique où elle désigne une *situation où l'effet demeure alors que sa cause a disparu*; surtout invoquée pour essayer d'expliquer pourquoi le *taux naturel de chômage* est resté au niveau élevé atteint à la suite des chocs macroéconomiques pétroliers et monétaires des années soixante-dix et quatre-vingt, alors que la cause supposée du phénomène a disparu. La notion d'hystérésis est plus la désignation d'un phénomène à élucider qu'une explication.

IDE
V. investissement direct à l'étranger.

Idéologie
La sociologie considère, sans porter de jugement de valeurs, que l'idéologie est un système de références, idées, valeurs, propre à un groupe, une classe ou une société déterminés, et qui sert à décrire, expliquer, interpréter le monde, et à orienter et légitimer leurs actions. Pour Marx, l'idéologie dominante est celle des dominants. La proclamation de la « fin des idéologies » est une idéologie.

IDH (indicateur du développement humain)
Compris entre zéro et un. Calculé depuis 1990 par le PNUD (Programme des Nations unies pour le développement) comme la moyenne de trois indicateurs relatifs à l'espérance de vie à la naissance, au niveau d'éducation et au niveau de vie mesuré par le PIB réel corrigé par habitant (la correction consiste à considérer que le niveau de vie augmente avec le PIB exprimé en parité de pouvoir d'achat, mais de moins en moins vite à partir d'un certain seuil).

Illusion monétaire
Tendance à prendre les évolutions nominales pour des évolutions réelles; par exemple à considérer que son salaire réel n'a pas baissé alors que son salaire nominal est constant mais que les prix ont augmenté. Elle met à mal l'hypothèse de *neutralité de la monnaie*, c'est-à-dire d'indépendance (ou de dichotomie) entre les phénomènes monétaires (hausse de la masse monétaire par exemple) et les phénomènes réels (prix relatifs, quantités), postulée par la théorie quantitative et les monétaristes. Certains monétaristes (Milton Friedman...) considèrent que l'illusion monétaire est possible à court terme mais qu'elle se dissipe ensuite. D'autres – ultramonétaristes – considèrent qu'il n'y a jamais illusion monétaire.

Immigré
En théorie, toute personne née à l'étranger et résidant (c'est-à-dire présente plus d'un an) en France. En pratique (définition retenue par l'INSEE), personne née étrangère à l'étranger et résidant en France (cas de 7,3 % de la population métropolitaine au recensement de 1990). Un immigré naturalisé (cas de 2,3 % de la même population), c'est-à-dire qui a acquis la nationalité française, est toujours un immigré (mais pas ses enfants, même si certains les qualifient d'**immigrés de la deuxième génération**). Une personne née étrangère en France et y résidant (4 %) n'est pas un immigré.

Impôt négatif
Exemple. 1 000 € sont versés à une personne disposant d'un revenu d'activité A nul. Si ce revenu s'élève, le versement diminue d'une fraction du revenu d'activité supplémentaire, de telle sorte que le revenu total perçu augmente. Avec un taux de 50 % par exemple, le versement sera diminué de 250 € pour un revenu B de 500 €, de 500 € pour un revenu C de 1 000 €, et de 1 000 € pour un revenu D de 2 000 €. Le revenu total de l'individu (impôt négatif + revenu d'activité) sera donc de 1 000 € dans le cas A (1 000 + 0), 1 250 € dans le cas B (750 + 500), de 1 500 € dans le cas C (500 + 1 000) et de 2 000 dans le cas D (0 + 2 000). L'impôt négatif cherche à compléter l'aspect redistributif de l'impôt sur le revenu. Pour certains économistes, il permet de réduire les trappes à inactivité. Il a été défendu par des économistes aussi différents que le monétariste Milton Friedman ou le keynésien James Tobin. Il en existe plusieurs formes (Earned Income Tax Credit depuis 1975 aux États-Unis, Prime pour l'emploi à partir de 2001 en France...).

Incertitude
À bien distinguer du risque. Celui-ci renvoie à l'idée que la réalisation future d'un événement est prévisible (peut être associée à une distribution de probabilités) donc assurable. L'incertitude (au sens du risque non probabilisable) joue un grand rôle chez Keynes.

Indexation
Indexer une variable, c'est lier son évolution à celle d'une autre variable; par exemple, indexer les salaires sur les prix.

Indicateur conjoncturel de fécondité (ou indice synthétique de fécondité, ou somme des naissances réduites, ou nombre moyen d'enfants par femme)
Nombre moyen d'enfants qu'une femme mettrait au monde si elle connaissait, durant toute sa vie féconde, les conditions de fécondité observées pendant l'année. Il peut s'interpréter comme la descendance finale d'une génération fictive de femmes qui auraient connu tout au long de leur vie féconde ces taux de fécondité par âge. Compte tenu des conditions de mortalité et de l'âge moyen à la maternité, le renouvellement à l'identique de la population française requiert que cet indicateur conjoncturel ne descende pas durablement en dessous de 2,1. Il est inférieur à ce niveau depuis 1975.

Indicateur du développement humain
V. IDH.

Indice
Nombre résumant la variation relative d'un phénomène simple ou complexe (indice synthétique) entre deux dates ou deux périodes, l'une des deux étant prise comme référence. Exemple : mesurée aux prix de 1980, la consommation des ménages est passée de 1 169 milliards de francs en 1970 à 2 252 milliards de francs en 1995. Sur base 1 en 1970, l'indice de la consommation s'établit donc à 1,926 en 1995 (2 252 : 1 169 = 1,926). L'indice sur base 1 est souvent appelé coefficient multiplicateur. La racine vingt-cinquième de ce coefficient (égale à 1,0266) permet de calculer le TCAM de la consommation : 2,66 %. Si l'on calcule sur base 100 (ce qui n'est pas obligatoire), l'indice est à 192,6; une hausse de 92,6 % en 25 ans.

Indice boursier
Indice des cours boursiers. En général calculé à partir d'un échantillon non représentatif : les quarante principales valeurs de la cote pour le CAC 40 à Paris, les trente premières (*blue chips*) pour le Dow Jones à Wall Street.

Indice de prix
Indice synthétisant l'évolution des prix d'un ensemble de produits. À côté de l'*indice mensuel des prix à la consommation des ménages*, il existe des indices de prix de la FBCF, des exportations, des importations, du PIB, des prix de gros, etc.

Individualisme
Doctrine qui considère l'individu comme une valeur suprême. D'un point de vue sociologique, l'individualisme désigne le résultat de processus qui ont permis le relâchement, voire la disparition, des tutelles qui déterminent dans de nombreuses sociétés les choix et les modes de vie des individus (parenté, religion, communautés diverses, classe, etc.). Ces processus s'accompagnent selon Max Weber d'un *désenchantement du monde*. Pour Durkheim, l'individualisme est le produit de la *solidarité organique*; l'*anomie* en est sa pathologie. Pour Tocqueville, il est la conséquence de l'*égalité des conditions* (v. les termes en italiques).

Individualisme méthodologique
Méthode des sciences sociales qui consiste à considérer que les phénomènes économiques et sociaux doivent s'analyser à partir des comportements individuels. La théorie néoclassique part ainsi de l'*homo œconomicus* (v. ce terme) pour (essayer de) tout expliquer. Ce point de vue est partagé par certains sociologues pour lesquels les phénomènes collectifs sont tou-

jours réductibles à la composition d'actions individuelles rationnelles (Raymond Boudon en est un porte-drapeau). Dans cette perspective, il n'existe pas de sujet collectif doué de volonté; on ne peut par exemple pas parler d'une classe sociale ou d'une nation comme de sujets. L'individualisme méthodologique s'oppose au *holisme*; celui-ci met l'accent sur le fait que les individus sont socialisés : ce sont *d'abord* des héritiers produits par leur *groupe d'appartenance* (apprentissage du langage, des normes, etc.). En économie également, le holisme est une démarche qui part de la totalité, de l'ensemble, pour s'intéresser seulement dans un second temps aux éléments. Individualisme méthodologique et holisme sont des catégories qui servent aussi, dans un contexte souvent polémique, à discréditer les sociologues ou les économistes du camp opposé. L'attitude élégante consiste à penser ensemble la société et les individus, le tout et les parties...

Industries industrialisantes
Stratégie d'industrialisation autocentrée reposant sur une priorité à l'industrie lourde (c'est le modèle soviétique) censée induire des effets d'entraînement.

Industries naissantes
V. protectionnisme éducateur.

Inflation
Hausse du niveau général des prix qui équivaut à une perte de valeur de la monnaie. Mesurée souvent par l'indice mensuel des prix à la consommation des ménages (l'indice des prix du PIB serait préférable, mais il ne permet pas un suivi mensuel). L'**inflation importée** est due à une hausse du prix des importations à la suite d'une dévaluation (ou d'une dépréciation) de la monnaie, d'un choc pétrolier. L'**inflation sous-jacente** est définie par l'INSEE comme la hausse des prix à la consommation, hors alimentation, énergie, tabac et mesures fiscales. Il s'agit de retracer les tendances fondamentales.

Innovation
On laisse souvent entendre que l'innovation serait l'application d'une invention à des fins productives; mais Joseph Alois Schumpeter (*Théorie de l'évolution économique*, 1911), chez lequel la notion d'innovation joue un rôle décisif, la définissait déjà de façon plus large, comme ce qui explique l'évolution économique : nouveaux produits, nouveaux procédés de production, nouvelles formes d'organisation, nouveaux marchés, nouvelles sources d'énergie.

Input
Élément entrant dans un processus de production (consommation intermédiaire, etc.).

Insertion
Désigne le résultat du processus d'intégration sociale des individus ou ce processus lui-même.

Institutionnalisation des conflits
Mise en place de procédures, de règles, de normes destinées à organiser, canaliser, réguler les conflits et reconnues par les parties en conflit. Le droit du travail, la mise en place de procédures de négociation régulière et de représentation, les conventions collectives, etc. conduisent à une institutionnalisation des relations de travail (remise progressivement en cause par les déréglementations qui accompagnent la montée du libéralisme économique dans un contexte de croissance du chômage et de mondialisation de la concurrence).

Institutionnalisation du marché
Le marché n'est pas un phénomène naturel; il est le produit de la mise en place d'institutions qui le construisent, l'organisent et le régulent. Dans ces conditions, l'opposition du marché et de l'État est simpliste (la Russie d'aujourd'hui illustre à quel point le marché n'est pas spontané). Dans *La Grande Transformation* (1944), Karl Polanyi (1886-1964) a particulièrement insisté sur cette question : « Le laisser-faire n'avait rien de naturel, écrit-il, [...] l'économie du laisser-faire était produite par l'action délibérée de l'État [...]. Le laisser-faire était planifié [...]. »

Institutions financières
Banques, caisses d'épargne, établissements de crédits, OPCVM, sociétés de Bourse, etc. La nouvelle comptabilité nationale les regroupe avec les entreprises d'assurance dans les « sociétés financières ».

Intégration
Terme dont les usages sont très flous, aussi bien dans le langage courant que chez les sociologues. On oppose quelquefois l'intégration à l'assimilation à propos des immigrés. L'intégration ne signifierait pas nécessairement l'abandon de la culture d'origine, contrairement à l'assimilation.

Intérêt
V. taux.

Intérim
Un salarié A (travailleur temporaire ou intérimaire) d'une société de travail temporaire B est mis à la disposition (pour un temps normalement limité) d'une société C. Le contrat de travail est entre A et B (qui rémunère A), un contrat lie B et C, prévoyant notamment la rémunération de B par C. Le travailleur intérimaire peut être en CDD ou en CDI, à plein temps ou à temps partiel. Classé dans les formes particulières d'emploi.

Intermédiation bancaire
On parle d'intermédiation bancaire pour désigner la fonction remplie par les banques comme intermédiaires financiers. V. fiche « Comprendre la finance ».

Invention
Les découvertes scientifiques qui accroissent les connaissances (recherche fondamentale) permettent des inventions (nouveau produit, nouveau processus de production) qui relèvent plutôt de la recherche appliquée et sont susceptibles d'être brevetées; l'innovation est, notamment, l'application d'une ou plusieurs inventions à des fins productives.

Investissement direct à l'étranger (IDE)
Son objectif est le contrôle ou la création d'une entreprise à l'étranger. Il revêt plusieurs formes : opérations de création de succursales, achats de biens immobiliers, prêts à une filiale, achats d'actions d'une société lorsqu'il permet une participation d'au moins 10 % à son capital (seuil de contrôle retenu par la balance des paiements). Les autres opérations (dépôts bancaires, achats de titres...) relèvent de l'**investissement de portefeuille** dont l'objectif n'est pas le contrôle ou l'influence, mais la rentabilité.

Investissement
Ne pas confondre avec *placement*. L'investissement correspond traditionnellement à l'acquisition de biens de production. À côté de cet **investissement matériel**, corporel (appelé **investissement productif** s'il est réalisé par une entreprise), se développe un **investissement immatériel**, incorporel (dépenses de *recherche-développement*, logiciels, formation...). Le capital est un *stock* qui augmente si l'**investissement brut**, c'est-à-dire l'ensemble du flux d'investissement nouveau (les naissances), est supérieur à l'*amortissement* (les décès). La différence entre naissances et décès est l'**investissement net**. Tant que celui-ci est positif, le capital augmente (le capital peut donc croître alors que l'investissement brut régresse). L'investissement brut moins l'investissement net est égal à l'**investissement de remplacement**. Selon les objectifs poursuivis, on distingue l'**investissement de capacité** (il crée des emplois) et l'**investissement de productivité** (il détruit des emplois), mais en pratique l'investissement permet souvent à la fois de produire plus et d'augmenter la productivité. Les financiers emploient le terme investissement comme synonyme d'achats de titres.

Investisseurs institutionnels
Fonds de pension, entreprises d'assurance, OPCVM, etc., institutions qui sont devenues des intervenants très importants sur les marchés financiers.

Invisibles
Dans l'ancienne balance des paiements, somme des services, des revenus et des transferts unilatéraux.

Joint-venture
Entreprise conjointe; par exemple, constitution d'une filiale commune entre deux sociétés de nationalité différente.

Juste-à-temps (JAT)
Principe d'organisation de la production, selon lequel les produits ne doivent être livrés ni trop tôt ni trop tard à leur destinataire (méthode des *flux tendus*). Le *kanban* (fiche cartonnée en japonais) est l'élément qui, en circulant, informe l'amont qu'une unité de production située en aval a ponctionné un stock, ce qui déclenche un ordre de production. Cela suppose la flexibilité des moyens de production (notamment le *SMED*, *Single Minute Exchange of Dies*, « changement d'outil dans la minute »). Le juste-à-temps s'atteint par l'application du principe de *kaizen* (amélioration permanente); il suppose une conception exigeante de la qualité dont les attributs sont les cinq « zéros » : zéro stock, zéro délai, zéro papier, zéro défaut (obtenu par le *TQC*, *Total Quality Control*) et zéro panne (auxquels on pourrait ajouter le zéro grève). L'idée générale est que les coûts

directs et indirects entraînés par la non-qualité sont supérieurs aux coûts de production de la qualité.

Kaizen, kanban
V. juste-à-temps.

Keiretsu
Signifie « lignage » en japonais. Les *keiretsu* sont des conglomérats puissants et durables d'entreprises industrielles, commerciales et financières.

Laffer
V. courbe de...

Lean production
Production au plus juste. V. toyotisme.

Légalité
Conformité au droit.

Légitimité
À distinguer de la légalité. Une situation est légitime lorsqu'elle est acceptée par ceux qui en subissent les conséquences. Max Weber (1864-1920) a étudié les fondements de la légitimité du pouvoir (v. domination). Pour les sociologues, la **légitimation** est l'ensemble des processus par lesquels les dominants parviennent à se faire reconnaître et accepter par les dominés.

Libéralisme
Le terme apparaît dans les années 1820. Le libéralisme est un ensemble de doctrines, souvent très différentes, relatives à de nombreux aspects de la vie en société (éthique, politique, économique) qui reposent sur l'affirmation du principe de liberté (privilégié lorsqu'il entre en conflit avec l'égalité, la justice ou d'autres principes). Les clivages au sein de la nébuleuse libérale résultent de la *diversité des conceptions* de la liberté (on peut opposer par exemple les libertés formelles, garanties par des droits, et les libertés réelles qui sont des capacités d'exercice réel de ces droits) et des *domaines d'application*. Pour certains, la liberté individuelle est une fin en soi (limitée seulement par le respect des autres libertés individuelles); pour d'autres, elle est surtout désirable parce qu'elle est le moyen le plus efficace de rendre maximale l'utilité (le bien-être) de la collectivité. L'expérience historique incite à ne pas confondre le **libéralisme politique**, fondé sur des droits politiques (droit de participer aux décisions collectives, protection contre l'arbitraire, pluralisme...), et le **libéralisme économique**, fondé sur des droits économiques : libre disposition de sa force de travail (contrairement à l'esclavage ou au servage), liberté de contracter, légitimité de la propriété privée... Dans le domaine des mœurs, le libéralisme se définit par une grande tolérance. Aux États-Unis, un « libéral » est situé plutôt à gauche.

Licence
Cession temporaire à un tiers du droit d'utiliser un brevet (v. ce terme) moyennant paiement d'une redevance (*royalties*).

Lien social
Chez le sociologue allemand Ferdinand Tönnies (*Communauté et société*, 1887), cette notion exprimait ce qui différencie la société et la *communauté* (v. ce terme), le lien social étant très intense dans cette dernière. La notion, très vague, fait partie du vocabulaire élémentaire de l'homme politique qui disserte sur la « perte du lien social » ou la « rupture du lien social ».

Liquidité
La liquidité d'un *actif* est la capacité de celui-ci à être transformé en moyens de paiement sans délais, sans coûts et à valeur certaine. Seule la monnaie est parfaitement liquide (dans la zone où elle est reconnue). Les autres actifs sont plus ou moins liquides en fonction de leurs caractéristiques propres et de la conjoncture. La notion de valeur certaine est essentielle : un actif convertible en monnaie sans coûts, sans délais mais à un prix ridicule n'est pas liquide.

Liquidités internationales
Réserves officielles des banques centrales (or, devises, DTS) et monnaies utilisées par les agents privés dans leurs transactions internationales.

Lobby
V. groupe de pression.

Loi d'airain (des salaires)
D'airain signifie implacable (l'airain est du bronze). L'expression a été inventée par le socialiste allemand Ferdinand Lassalle (1825-1864) pour caractériser le fait que le salaire se fixe en moyenne à un niveau qui ne dépasse pas ce qui est nécessaire à la subsistance et à la reproduction des travailleurs compte tenu des habitudes nationales. S'il dépasse ce niveau, la mortalité diminue; l'augmentation de l'offre de travail qui s'ensuit fait baisser le salaire. Un mécanisme de sens contraire a lieu lorsque le salaire descend en dessous du salaire de subsistance.

Lois de finance
Prévoit et autorise chaque année l'ensemble des recettes et des dépenses de l'État. Peut être modifiée en cours d'année par une (ou plusieurs) *loi de finances rectificative* (souvent appelée *collectif budgétaire*). Son exécution est contrôlée à l'occasion d'une *loi de règlement*.

Loi de Say, loi des débouchés
Énoncée par Jean-Baptiste Say (*Traité d'économie politique*, 1803), vulgarisateur d'Adam Smith. Souvent confondue avec la loi de Walras. Elle affirme que « les produits s'échangent contre les produits » : *dès qu'il a vendu son produit*, le producteur en achète un autre; il n'y a ainsi aucun problème de débouchés. Autrement dit : 1. les phénomènes monétaires n'interfèrent pas avec l'activité économique réelle (la monnaie n'est qu'un voile, qu'un intermédiaire neutre, il y a dichotomie entre le réel et le monétaire); 2. les crises de surproduction générale sont impossibles. Le problème est évidemment la phrase en italiques qui suppose le problème résolu. Loi combattue par Malthus, Marx et Keynes.

Loi de Walras
Identité comptable qui constate que, lorsque chaque bien a un prix unique connu de tous (autrement dit, pour un système de prix donné), la somme des valeurs des demandes nettes (demandes moins offres) est nulle. Ne pas confondre avec la loi de Say.

Loi d'Engel
On en invoque souvent plusieurs, mais Ernst Engel considérait (1857) que les données d'enquête ne lui permettaient d'en établir qu'une : le coefficient budgétaire de l'alimentation est une fonction croissante de la pauvreté.

Loi naturelle
V. droit naturel.

Loi positive
V. droit positif.

Longitudinal
En démographie, l'analyse longitudinale suit le parcours réel d'une génération pendant sa durée de vie; la notion de descendance finale s'inscrit dans cette logique. Elle s'oppose à l'analyse transversale qui opère en quelque sorte une coupe instantanée en s'intéressant aux phénomènes relatifs à toutes les générations pendant une année donnée; l'indicateur conjoncturel de fécondité relève d'une perspective transversale.

Lorenz (courbe de)
Classons les salariés par ordre de salaire croissant. Calculons quelle proportion de la masse salariale totale reçoivent les 1 % de salariés les plus mal payés, puis quelle proportion reçoivent les 2 % les plus mal payés, puis les 3 %, etc. Dans un graphique ayant en ordonnées la masse salariale (en % du total de cette masse) et en abscisses les effectifs salariés (en % du total des salariés), reportons les résultats obtenus (exemple du point E : les 80 % les plus mal payés reçoivent 60 % des salaires). L'ensemble obtenu a l'aspect d'une courbe qui est appelée la courbe de Lorenz. Elle correspond à une répartition d'autant plus égalitaire qu'elle est proche de la diagonale (si tous les salariés ont le même salaire, la courbe de Lorenz se confond avec la bissectrice) et inégalitaire qu'elle est proche du point C (si un seul salarié reçoit toute la masse salariale la courbe de Lorenz correspond au segment BC). On considère que le coefficient de Gini permet de savoir si une répartition des salaires est plus inégalitaire qu'une autre. Ce coefficient est obtenu en multipliant par 2 la surface entre la courbe de Lorenz et la diagonale AB et en la divisant par la surface du carré. Le coefficient de Gini varie donc de 0 (égalité parfaite) à 1. Évidemment, courbe et coefficient peuvent être obtenus pour d'autres variables que les salaires : revenus, patrimoines...

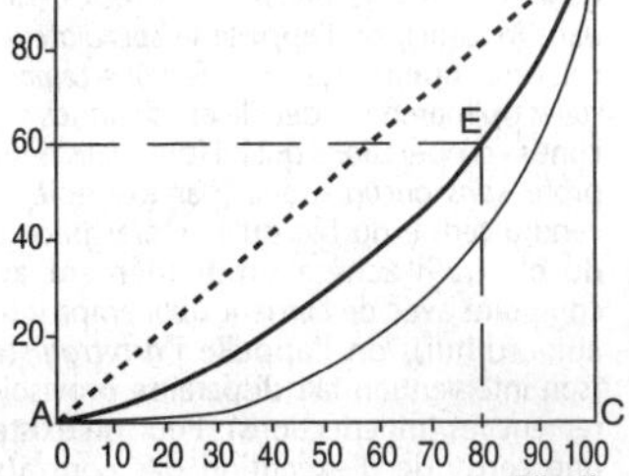

Main invisible
Métaphore utilisée par Adam Smith (1723-1790) à propos des conséquences collectives positives *inintentionnelles* d'un comportement individuel.

Malthusianisme
Dans son *Essai sur le principe de population* (1798), le pasteur anglais et économiste Thomas Robert Malthus (1766-1834) soutient que la population augmente naturellement plus vite (progression géométrique) que la production (progression arithmétique, qui renvoie à l'idée de rendements décroissants). Il pense qu'il n'est possible d'agir que sur la croissance démographique. Pour des raisons morales, il ne voit que le *moral restraint* (concrètement, l'abstinence sexuelle) comme réponse adaptée (c'est encore la position officielle de l'Église catholique, hostile à la contraception « artificielle »). En outre, Malthus insiste sur le fait que l'assistance aux pauvres ne peut qu'aggraver la situation en leur donnant des moyens supplémentaires de se reproduire. L'expérience de la transition démographique permet de mettre en perspective historique le malthusianisme (doctrine qui prône la limitation des naissances par la « contrainte morale »). Le **néomalthusianisme** (à partir des années 1870) est favorable à la limitation des naissances par des moyens contraceptifs. Par analogie, on parle de **malthusianisme économique** à propos des comportements anticoncurrentiels destinés à maintenir ou à créer des rentes de situation (*numerus clausus* officiel ou officieux pour l'accès à certaines professions, barrières à l'entrée sur les marchés...). V. développement durable, transition démographique.

Marché (de produits dérivés)
Marché sur lequel se négocient les produits qui permettent de se protéger contre les risques de marché, de taux et de change. Exemples : en France, le MATIF et le MONEP.

Marché à terme
Marché sur lequel se négocient des *contrats à terme* (en anglais *futures*) qui permettent de se prémunir contre les *risques de change, de marché et de taux*. Exemple : j'achète aujourd'hui (à un prix convenu aujourd'hui) un produit (devises, instruments financiers, valeurs mobilières, marchandises diverses : café, soja, carcasse de porc, sucre...) livrable et payable dans six mois. Trois types d'acteurs interviennent sur un tel marché : celui qui veut se protéger contre un risque (le paysan qui vend à terme dès maintenant son blé pour être certain du prix), on dit qu'*il est en couverture de risque*; celui qui affronte le risque (il achète dès maintenant parce qu'il prévoit une hausse du prix du blé dans le futur), on l'appelle le *spéculateur*; celui qui profite des *imperfections temporaires* du marché et décide en quelques secondes d'opérations qui lui font réaliser un profit *sans aucun risque* (par exemple, il vend à terme du blé qu'il livrera grâce à du blé qu'il achète simultanément au comptant avec de l'argent qu'il emprunte aujourd'hui), on l'appelle l'*arbitragiste* (son intervention fait disparaître provisoirement les imperfections). Pour qu'existe une certitude d'exécution des contrats (sans laquelle ils n'auraient aucune *crédibilité*), ces marchés doivent être fortement organisés. Que les marchés à terme soient un facteur de stabilité ou de déstabilisation des marchés est une question controversée parmi les économistes.

Marché des changes
Les offres et les demandes de devises se rencontrent sur ce marché (au comptant ou à terme).

Marché commun
Nom donné à la Communauté économique européenne.

Marché du travail
Selon les néoclassiques, mécanisme qui permet l'équilibre entre l'*offre de travail et la demande de travail*. V. chômage involontaire, demande effective, équilibre de sous-emploi.

Marché financier
Marché des capitaux à long terme; quelquefois synonyme de marché boursier.

Marché interbancaire
Marché réservé à la Banque de France, au Trésor, aux établissements de crédit et assimilés qui s'accordent mutuellement des crédits pour assurer l'équilibre de leur trésorerie.

Marché international des capitaux
V. eurodevises.

Marché monétaire
V. marché interbancaire. Marché où se négocient depuis 1985 les *titres du marché monétaire* : titres de créances négociables « courts » (échéance de dix jours à sept ans) qui portent des noms différents selon l'émetteur (*bons du Trésor négociables* dans le cas de l'État, *certificats de dépôt négociables* dans celui d'une banque, *billets de trésorerie* si c'est une entreprise qui émet).

Marché primaire
Émissions de titres nouveaux (actions, obligations...) avec le concours de banques qui placent les titres moyennant des commissions.

Marché secondaire
Lieu où s'effectue la négociation des titres déjà émis; la Bourse est un marché secondaire. On parle aussi de marché secondaire à propos des créances sur certaines entreprises ou certains pays surendettés, que les banques revendent à bas prix pour « nettoyer » leurs bilans.

Marché unique
En vigueur depuis janvier 1993 dans la Communauté européenne (prévu par l'*Acte unique européen* du 17 février 1986). *Union douanière* dans laquelle sont supprimées toutes les disparités réglementaires (normes techniques, sanitaires...) et tous les obstacles à la libre circulation des produits. Permet la *libre prestation de service* (possibilité pour un Français de s'assurer en Belgique, de faire appel aux services d'une banque anglaise non installée en France...) et la mobilité du capital et du travail.

Marchéisation
Ce néologisme ne désigne pas seulement le fait que les financements se font sur les marchés financiers au détriment de la finance indirecte (désintermédiation), mais aussi celui que *même la finance intermédiée opère à des conditions qui sont de plus en plus celles du marché.*

Marchés contestables (théorie des)
Proposée en 1982, notamment par William J. Baumol. Essaie de montrer que, sous certaines conditions, des situations comportant peu d'entreprises peuvent être concurrentielles en raison des menaces d'entrée d'entreprises supplémentaires que risqueraient d'entraîner des comportements non concurrentiels.

Marge
V. taux de marge.

Marge (comportement de)
Celui adopté par l'entrepreneur pour fixer son prix de vente. On parle de *mark-up* lorsque les prix de vente sont fixés pour être la somme des coûts de production et d'une marge (EBE, bénéfice) proportionnelle à ceux-ci.

Marge commerciale
Différence entre prix de vente et prix d'achat. Ne pas confondre avec le bénéfice, le profit ou le résultat.

Marginalité
Situation *choisie* par certains groupes ou individus pour vivre en fonction de valeurs rejetées par la société; mais aussi, situation *imposée* par la société à des groupes ou à des individus (chômage de longue durée, grande pauvreté, mécanismes divers d'exclusion...).

Masse monétaire
Ensemble des disponibilités monétaires et quasi monétaires.

Masse salariale
Total des salaires versés (y compris les cotisations sociales).

MATIF
Marché à terme international de France, créé en février 1986 sous l'appellation « Marché à terme des instruments financiers ». V. marché à terme.

Médiane
Sépare l'effectif d'une population préalablement classée en deux parties égales : le salaire médian (médiane des salaires) est le niveau de salaire tel que 50 % des salariés reçoivent moins et 50 % reçoivent plus.

Médiation
Procédure dans laquelle un médiateur (nommé par un tiers) formule des propositions de solution à un conflit; celles-ci ne s'imposent pas aux parties en conflit.

Ménage
Ensemble des personnes qui partagent un même logement.

Ménages
V. fiche CN.

Microéconomie
Approche théorique qui consiste à chercher à expliquer les phénomènes économiques en partant des choix individuels des agents.

Minima sociaux
Aides différencielles qui permettent de garantir un certain seuil de ressources à quelque 3,5 millions de Français (début 1999). Le montant de l'aide est la différence entre le niveau garanti par le minimum social et le niveau des ressources du bénéficiaire. On distingue (la date est celle de création et le montant est le maximum mensuel garanti début 2002) : le *minimum vieillesse* (1956, 570 € pour une personne seule) pour les plus de 65 ans, le *minimum invalidité* (570 € pour une personne) pour les moins de 60 ans dont l'invalidité réduit le revenu au moins des deux tiers, l'*allocation adulte handicapé* (AAH, 1975, 570 €), l'*allocation de parent isolé* (API, 1976, 684 € pour un parent avec un enfant à charge), l'*allocation d'assurance veuvage* (1981, 503 €), l'*allocation de solidarité spécifique* (ASS, 1984, 401 €) pour les chômeurs qui ont épuisé leurs droits à l'assurance chômage, l'*allocation d'insertion* (AI, 1984, 282 €) qui est une aide de douze mois maximum pour certains détenus libérés, certains réfugiés et certains demandeurs d'asile, le *revenu minimum d'insertion* (RMI, 1988, 405 € pour une personne, majorés de 50 % pour la deuxième personne de la famille, 30 % pour la troisième, 40 % pour chacune des suivantes). De nombreux « libéraux » pensent que ces minima sont trop proches du SMIC et n'incitent pas à reprendre une activité. Les mêmes pensent généralement que le SMIC est à un niveau trop élevé (en 2002, le SMIC était de 893 €).

Minimum invalidité, minimum vieillesse
V. minima sociaux.

Mobilité sociale
Circulation des individus entre les positions sociales (en pratique, les CSP, puis les PCS). La **mobilité intragénérationnelle** (appelée **mobilité professionnelle** par l'INSEE) a trait à celle d'un individu pendant sa vie active. La **mobilité intergénérationnelle** (appelée *mobilité sociale* par l'INSEE) correspond aux changements de position sociale d'une génération à l'autre. On distingue la **mobilité verticale** entre des positions considérées comme de niveaux différents (**mobilité ascendante, descendante**), la **mobilité horizontale** entre des positions différentes mais socialement équivalentes.

Mobilité structurelle
Mobilité sociale minimale indispensable du fait des changements de la structure sociale (part des différentes catégories dans la population) entre la génération des pères et celle des fils. La **mobilité nette** est un indicateur de la *fluidité sociale*; c'est la différence entre la **mobilité brute** (mobilité effectivement constatée) et la **mobilité structurelle**.

Mode de vie
Façon particulière de vivre, ensemble des pratiques sociales et culturelles, repérables au niveau de l'individu, du groupe, de la société. Il semble bien que au fur et à mesure de l'élévation du *niveau de vie*, les modes de vie se diversifient. Le *genre de vie* est une appellation synonyme de mode de vie utilisée surtout par les géographes.

Mondialisation
Passage d'une économie internationale (mise en relation – par les échanges et l'IDE – de nations relativement autonomes dans un ensemble non intégré, respect relatif des souverainetés des États responsables de la régulation d'un espace économique national) à une économie mondiale : la concurrence se généralise; les nations sont intégrées (sur une base privée et non pas politique) dans un espace économique mondial qui échappe aux régulations étatiques nationales; les nouvelles techniques accélèrent la dissolution des frontières; cette revanche des marchés sur les États pose avec une acuité nouvelle la question d'une régulation régionale (UE...) puis mondiale.

Monétarisme
Courant de pensée apparu à la fin des années soixante (le mot date de 1968); considère que l'action de l'État est nuisible à l'économie, même lorsqu'elle est passagèrement positive. Milton Friedman (né en 1912) est le monétariste le plus célèbre. Il essaie de réhabiliter la *théorie quantitative de la monnaie* pour détruire l'édifice keynésien. L'appellation de monétarisme vient de ce qu'il estime la politique monétaire moins inefficace que la politique budgétaire qui est sa bête noire. V. taux naturel de chômage.

Monnaie centrale
Tous les établissements de crédit et le Trésor ont un compte courant à la banque centrale. La monnaie centrale (ou base monétaire) est la somme de ces comptes et des billets en circulation.

Monnaie scripturale
Dépôts monétaires, c'est-à-dire à vue (non rémunérés) dans les banques, transférables par chèque, virement, carte... (du latin *scriptura*, écriture).

Monopole naturel
Situation dans laquelle la *vente au coût marginal* (v. ce terme) conduirait à la faillite parce que les rendements sont croissants (le coût marginal est donc toujours inférieur au coût moyen). Même dans une perspective libérale, on montre que l'efficacité est alors mieux garantie si la production est confiée à un monopole contrôlé par l'État. Pour vendre au coût marginal, ce monopole doit être subventionné; situation préférable, du point de vue de l'optimum de Pareto (v. ce terme), à celle où le monopole a des comptes équilibrés.

Moratoire
Délai, suspension provisoire, accordé à un débiteur pour le paiement des intérêts (moratoire des intérêts) et/ou le remboursement des dettes.

Mouvement naturel (accroissement naturel, solde naturel)
Différence entre les naissances et les décès au cours d'une période. Naturel s'oppose à migratoire.

Mouvement social
Entreprise collective cherchant à modifier l'ordre social. Ne se réduit pas à une organisation politique ou sociale (parti, syndicat...). Pour Marx, celui qui joue le rôle central dans le capitalisme est le mouvement ouvrier. Avec l'avènement de la « société post-industrielle » émergent, selon Alain Touraine (*Production de la société*, 1973), de « nouveaux mouvements sociaux » (mouvements écologiste, féministe...).

Moyenne mobile
Pour une variable mensuellement calculée (par exemple, le solde commercial), la *moyenne mobile sur 3 mois* (abrégée *mm3*) du mois de mars est la somme de janvier, février et mars divisée par 3 (février, mars et avril si elle est *centrée*); elle permet de lisser les données (enlever les effets des aléas ou des accidents). On peut calculer des moyennes mobiles sur d'autres durées.

Multilatéralisme
V. aide.

Multinationale (entreprise, firme, groupe)
Ou transnationale. Entreprise nationale possédant des filiales de production dans plusieurs pays.

Multiplicateur keynésien
Relation entre l'augmentation de l'investissement (ou des dépenses publiques) et le revenu.

NAIRU
Non Accelerating Inflation Rate of Unemployment. V. chômage d'équilibre.

Nasdaq
National Association of Securities (c'est-à-dire titres) *Dealers Automated Quotation.* V. indice boursier.

Néotaylorisme, post-taylorisme
Le néotaylorisme est une adaptation du taylorisme à un nouveau contexte socio-historique (les principes demeurent, les modalités de leur application changent : on maintient, par exemple, la séparation verticale entre ceux qui conçoivent et ceux qui exécutent, mais le style de la relation de commandement évolue); le post-taylorisme est un dépassement du taylorisme (dans ce cas, il y a rupture, les principes sont remis en cause).

Niveau de vie
Généralement mesuré par le revenu par unité de consommation. Contrairement à l'idée évoquée par la notion de niveau, il est difficilement mesurable sur une échelle unique : il dépend de la quantité de biens et services achetés, mais aussi des services gratuits rendus par la détention d'un patrimoine plus ou moins diversifié et important (biens durables, culturels, résidence...), de l'accès à des services publics de qualité, etc.

Nominal
V. valeur, prix...

Normative (théorie économique)
Lorsqu'elle cherche à démontrer *ce qui doit être.* V. optimum de Pareto, positive.

Normes
Règles ou usages reconnus comme légitimes dans un groupe ou une société (ils ne sont pas nécessairement juridiques). V. conformité, déviance.

Nouveau marché
V. second marché.

Nouveaux classiques
Économistes «ultralibéraux» qui soutiennent que les politiques monétaire et budgétaire sont totalement inefficaces.

Nouvelle économie
À partir de la fin du siècle dernier, cette appelation désigne tout d'abord les nouveaux secteurs des technologies de l'information et de la communication (informatique, Internet, téléphonie mobile...), des nouveaux matériaux, des biotechnologies... Les gains de productivité y sont considérables, les innovations incessantes et les marchés en croissance très rapide. Les entreprises de cette nouvelle économie soulèvent des espérances de rentabilité future démesurées qui favorisent une évolution déraisonnable des cours des actions (v. bulle) et seraient justifiées par le fait – qui reste à établir – que la nouvelle économie obéirait à des «lois» différentes de l'ancienne. Cette croyance a été détruite par les évolutions boursières du début du siècle. La principale nouveauté, sans doute, est que les formes de la concurrence y sont particulières car les coûts fixes y jouent un rôle essentiel (le coût de duplication d'un logiciel est infime par rapport à celui de sa conception, phénomène déjà connu avec les médicaments ou les films, mais amplifié). Dans un second sens, plus macroéconomique, la nouvelle économie désigne un nouveau régime de croissance (très hypothétique). Dans ce second sens, encore plus que dans le premier, on se réfère à l'expérience de l'économie américaine – surtout à partir de 1995 – caractérisée par (un retour à) une croissance soutenue de la productivité du travail et de la productivité globale (v. ces termes). La maîtrise de l'inflation, du chômage et du cycle y sont sans doute moins la preuve de l'existence de ce nouveau régime de croissance que les conséquences d'un *policy mix* bien dosé et d'une politique vigoureuse de la concurrence.

NPI (nouveaux pays industriels)
D'après la classification de l'OCDE, en dehors de quelques pays d'Europe du Sud (Espagne, Portugal, Grèce), ce sont : Hong Kong, Singapour, Corée du Sud, Taiwan, Brésil, Mexique. On peut ajouter à cette liste une «deuxième génération» : Malaisie, Maurice, Chine et Thaïlande.

Obligation
Titre de créance représentant une partie d'un emprunt à long terme (généralement de 7 à 15 ans) émis par une personne morale (société, État...).

Obsolescence
Usure d'un moyen de production lorsqu'elle est liée à l'évolution technique; se différencie de l'usure matérielle consécutive à l'utilisation (un ordinateur, par exemple, peut devenir obsolète même s'il ne sert pas).

Obstacle non tarifaire
V. barrière non tarifaire, union douanière.

OCDE
L'Organisation de coopération et de développement économiques est un lieu d'études et de concertation des pays industrialisés qui a succédé en 1960 à l'OECE (Organisation européenne de coopération économique) créée en 1948 pour favoriser la reconstruction de l'Europe au moyen de l'aide américaine.

Offre d'emploi
Proposition d'emploi émanant des employeurs. Elle correspond à une demande de travail.

Offre de travail
Elle est exprimée par les travailleurs; c'est une demande d'emploi.

OIT
L'Organisation internationale du travail, créée en 1919, réunit des représentants des gouvernements, des employeurs et des travailleurs, pour recommander des normes internationales minimales et rédiger des conventions internationales. Le Bureau international du travail (BIT) assure le secrétariat de la conférence et du conseil de l'OIT.

Oligopole
Situation dans laquelle n'existent que quelques offreurs en face de nombreux demandeurs. L'**oligopsone** correspond à quelques demandeurs face à de nombreux offreurs.

OMC
V. Organisation mondiale du commerce.

ONG
Organisations non gouvernementales : organismes privés à but non lucratif qui agissent dans le domaine du développement et de l'action humanitaire (exemple : Amnesty International, Médecins sans frontières...).

OPA, OPE
Une société s'engage publiquement à acquérir tout ou partie des actions d'une autre société (la «cible») à un prix donné et pendant une période déterminée. Si le paiement a lieu en espèces, il s'agit d'une OPA (offre publique d'achat); s'il est prévu avec des actions de l'offreur (selon une parité d'échange annoncée), c'est une OPE (offre publique d'échange).

OPCVM
Organismes de placement collectif en valeurs mobilières dont les plus connus sont les FCP et les SICAV.

Open market
En anglais, marché ouvert. En français, désigne une technique d'intervention de la banque centrale qui consiste à acheter ou à vendre des titres sur le marché interbancaire ou le marché monétaire.

OPEP
Organisation des pays exportateurs de pétrole, créée en 1960 par le Venezuela, l'Iran, l'Irak, l'Arabie Saoudite et le Koweït; cartel dont les douze membres (1992) contrôlent une part importante de la production mondiale du pétrole.

Optimum de Pareto
Situation dans laquelle on ne peut pas améliorer le bien-être d'un individu sans détériorer celui d'un autre individu. L'équilibre général en concurrence parfaite est un *optimum* de Pareto (c'est la référence à atteindre pour les néoclassiques). Cette définition correspond au refus de comparer l'utilité de deux individus, la notion d'utilité étant subjective.

Option
Acheter une option d'achat sur un produit, c'est acheter aujourd'hui (à un prix convenu aujourd'hui) le droit d'acheter à une échéance convenue ce produit.

OPV (offre publique de vente)
Opération conduite par les propriétaires d'une société pour vendre une partie de leurs actions à un prix annoncé à l'avance.

ORD
V. Organisation mondiale du commerce.

Organisation mondiale du commerce (OMC).
Créée pour succéder au GATT par l'accord de Marrakech (15 avril 1994) qui a conclu *l'Uruguay Round*. Existe depuis janvier 1995. Dispose de plus de pouvoirs que le GATT pour résoudre les conflits commerciaux, à travers notamment un *mécanisme de règlement des différends* (Organe de règlement des différents, ORD) contraignant à deux niveaux (groupes spéciaux appelés *panels*, organe d'appel); cela devrait normalement provoquer de sérieux conflits avec les États-Unis, qui considèrent souvent que leur propre législation commerciale est supérieure aux traités internationaux qu'ils ont signés (ce qui est contraire à ces traités).

Organisation scientifique du travail
V. taylorisme.

Output
Produit, c'est-à-dire bien ou service résultant d'un processus de production.

Ouverture (taux d')
Rapporte la demi-somme des exportations et des importations au PIB.

PAC (politique agricole commune)
La plus ancienne et la plus ambitieuse des politiques communes de l'UE (on parle quelquefois d'Europe verte).

Pacte de stabilité et de croissance
Signé à Amsterdam en juin 1997. Complète le traité d'Union européenne (Maastricht) en précisant notamment la procédure de contrôle de la situation budgétaire des pays de l'UE déjà prévue. Les États s'engagent à présenter des *programmes budgétaires* pluriannuels, appelés aussi *programmes de stabilité* précisant comment ils pensent atteindre, à terme, l'objectif d'équilibre (voire d'excédent) budgétaire. Une procédure est prévue contre ceux dont le déficit public dépasserait 3 % du PIB (sauf circonstances exceptionnelles ou récession annuelle de 2 %). La sanction contre un pays récalcitrant peut aller jusqu'à une amende de 0,5 %. Exemple de coordination négative des politiques économiques, le pacte entérine un renoncement à l'éventualité d'une politique budgétaire active.

Paradoxe de Solow
Ou paradoxe de la productivité, souvent résumé ainsi : «Les ordinateurs sont par-

tout sauf dans les statistiques. » Robert Solow désignait ainsi le fait que l'informatisation ne se traduisait pas clairement dans les performances économiques, notamment dans le domaine de la productivité du travail. La nouvelle économie met peut-être fin au paradoxe.

Parcellisation des tâches
V. taylorisme.

Parités de pouvoir d'achat, PPA (méthode des)
Méthode destinée à permettre les comparaisons internationales en évitant les problèmes posés par les *taux de change* (v. ce terme) et par le fait que la structure des prix relatifs n'est pas la même partout (dans un pays développé, par exemple, le *prix relatif* des services est plus élevé que dans un PED). L'utilisation des PPA permet de faire comme si on utilisait un seul système mondial de prix pour mesurer les différents PIB. Pour un bien, la PPA du dollar par rapport au yen est le prix que l'on doit payer au Japon (donc en yens) pour acheter une quantité de ce bien vendue un dollar aux États-Unis. On peut donc définir autant de PPA élémentaires que de produits. La PPA du dollar par rapport au yen est la moyenne des PPA élémentaires correspondant aux différents produits qui entrent dans les agrégats que l'on souhaite comparer (consommation, FBCF, PIB...). V. termes en italique.

Passager clandestin
En anglais *free rider*. Désigne celui qui bénéficie d'un avantage sans en supporter le coût : resquilleur dans les transports en commun (le coût marginal du passager clandestin est nul, mais si tout le monde resquille, il n'y a plus de transport collectif), etc.

Passif (du bilan)
V. bilan.

Patrimoine
État des avoirs (actifs financiers et non financiers) et des dettes (passifs financiers) détenus par un agent à un moment donné.

Paupérisation
Abaissement du niveau de vie. Les partis communistes ont soutenu, après la Seconde Guerre mondiale, la thèse stalinienne selon laquelle le développement du capitalisme conduisait à la *paupérisation absolue* de la classe ouvrière. Les marxistes désignent par *paupérisation relative* la modification de la répartition des revenus au détriment de la classe ouvrière (sans que son pouvoir d'achat ne diminue).

Paupérisme
V. question sociale.

Pauvreté
Cumul de manques : d'avoir, de pouvoir, de savoir, de santé, de considération, etc. De nombreuses définitions statistiques retiennent le critère de la faiblesse *relative* du revenu. Par exemple, les ménages pauvres sont ceux qui disposent de moins de la moitié du revenu médian par unité de consommation.

Pays émergents
Cette appellation très vague tend à remplacer celle de NPI. Elle est sans doute un peu plus englobante, désignant les PED d'Amérique latine et d'Asie (ou les *pays en transition* d'Europe) engagés durablement dans un processus de croissance significatif.

Pays en développement, en transition
V. PED, transition.

PCS (nomenclature des)
La nomenclature des professions et catégories socioprofessionnelles a remplacé celle des CSP à partir du recensement de 1982. Six PCS au niveau le plus rudimentaire (en italique sont données les anciennes CSP correspondantes) : agriculteurs exploitants, artisans, commerçants et chefs d'entreprise (anciens *patrons de l'industrie et du commerce*), cadres et professions intellectuelles supérieures (anciens *cadres supérieurs et professions libérales + professions de l'information, des arts et des spectacles*, dont les journalistes, anciennement classés avec les cadres moyens), professions intermédiaires (anciens *cadres moyens + contre-maîtres + clergé*), employés (anciens *employés + personnels de service*), ouvriers (anciens *ouvriers + ouvriers agricoles*). V. CSP.

PED (pays en développement)
Intitulé officiel utilisé par les institutions internationales pour désigner ceux dont le revenu est inférieur à un certain niveau; cette appellation succède à celle de PVD (**pays en voie de développement**) qui avait remplacé celle de **pays sous-développés** après la première CNUCED de 1964. Les PED sont subdivisés en pays à faible revenu (PNB par habitant inférieur à 700 dollars), à revenu intermédiaire (entre 700 et 8 500 dollars). Les pays à revenu élevé (plus de 8 500 dollars) sont les **pays développés** (cette classification sert à déterminer certaines conditions de financement par la Banque mondiale). V. PMA.

Pension (mise en)
Dans le vocabulaire bancaire, une banque met des créances en pension lorsqu'elle les cède provisoirement (à une autre banque par exemple) à titre de garantie pendant la durée d'un prêt qu'elle a obtenu.

Pension
Revenu de substitution : pension de retraite, pension d'invalidité, pension alimentaire.

PER (price earning ratio)
Coefficient de capitalisation des résultats : cours boursier divisé par le bénéfice par action. Un PER élevé signifie que la Bourse anticipe avec optimisme les résultats futurs de la société.

Périphérie
V. centre.

Pétrodollars
Euro-dollars résultant du recyclage des excédents des pays pétroliers après les chocs pétroliers.

Phillips (courbe ou relation de)
Relation inverse (fonction décroissante) du taux de chômage et du taux de variation des salaires nominaux, mise en évidence en 1958 par le Néo-Zélandais Alban William Phillips à partir de données statistiques relatives à la Grande-Bretagne sur la période 1861-1957. Souvent interprétée comme la possibilité pour la politique économique de choisir entre l'inflation (assimilée à la hausse des salaires nominaux) et le chômage.

PIB aux prix du marché (cn)
Le produit intérieur brut peut être défini de trois façons. Par l'équilibre comptable suivant (v. équilibre des biens...) : PIB = DCF + FBCF + ΔS + Exp – Imp = demande intérieure + solde extérieur (le PIB est ici la somme des biens et services produits par des unités résidentes pour des emplois finals). Par la somme des valeurs ajoutées produites par les branches ou les secteurs de l'économie, plus les impôts sur les produits moins les subventions sur les produits, car la valeur ajoutée est mesurée au *prix de base* alors qu'on veut obtenir un agrégat aux prix du marché. Par la somme des rémunérations des salariés versées par les unités résidentes, des EBE de ces unités et des impôts liés à la production et à l'importance nets de subventions d'exploitation reçues. Ces trois évaluations sont respectivement appelées : approche par la demande (ou par les produits), approche par la production (ou par l'activité) et approche par les revenus. V. PPA.

PIB potentiel
PIB qui pourrait être atteint si les facteurs de production n'étaient pas en sous-emploi.

Placement
Affectation de l'épargne à d'autres fins que l'investissement productif, pour obtenir un revenu. Placements financiers (achats de titres, dépôts rémunérés...), immobiliers (logements).

Plafond de la Sécurité sociale
Niveau de salaire au-delà duquel changent (diminuent en général) certains taux de cotisations sociales; il est périodiquement réajusté. V. régime de retraite.

Plan Keynes
En 1943, Keynes propose de reconstruire le système monétaire international en instituant une banque internationale indépendante des États, organisant la compensation (*clearing*) des paiements entre les pays et émettant sa propre monnaie (le « bancor », défini par rapport à l'or) en ouvrant des crédits aux pays déficitaires. V. Bretton Woods.

Plan Marshall
Aide américaine importante à la reconstruction de l'Europe après la dernière guerre mondiale.

Plus-value (Marx)
Appelée aussi survaleur (en allemand *Mehrwert*). On distingue la **plus-value absolue** obtenue en augmentant la durée de la journée de travail et/ou l'intensité du travail, et la **plus-value relative** obtenue en réduisant la proportion de la journée de travail qui correspond à la valeur de la force de travail, grâce au progrès de la productivité du travail qui permet de diminuer le coût de production des biens consommés par les ouvriers. La **plus-value extra** est le surprofit temporaire que peut capter le capitaliste qui utilise des techniques de production supérieures à la

moyenne. Sa recherche est un des moteurs du progrès de la productivité.

PMA (pays les moins avancés)
Catégorie définie par l'ONU en 1971 à partir de trois critères : PNB par habitant inférieur à 100 dollars (aux prix de 1968); valeur ajoutée de l'industrie inférieure à 10% du PIB; analphabétisme supérieur à 20% des plus de quinze ans. 47 pays en 1995. V. PED.

PNB
Produit national brut; égal au PIB plus les revenus du travail et de la propriété reçus du reste du monde, moins les revenus analogues versés au reste du monde.

PNUD
Programme des Nations unies pour le développement; organisme d'assistance technique, créé en 1965, il publie annuellement le *Rapport sur le développement humain*. V. IDH.

Point mort
V. seuil de rentabilité.

Policy mix
Toute politique (macro) économique peut être considérée comme un dosage, un mélange (*mix*) de politique budgétaire (plus ou moins expansive ou restrictive), de politique monétaire (plus ou moins « accommodante »), etc. Il y a changement du *policy mix* lorsque le dosage entre ces éléments évolue.

Politique active de l'emploi
Vise à modifier les conditions de l'offre et de la demande sur le marché du travail : formation des actifs occupés ou des chômeurs, aide à la création d'emplois, meilleure circulation de l'information entre offreurs et demandeurs d'emplois, etc.

Politique budgétaire
Utilisation (d'inspiration keynésienne) du budget de l'État pour réguler l'activité économique. Un accroissement des dépenses publiques accroît l'activité et le revenu national en raison de l'effet *multiplicateur*. Une diminution des impôts a des effets analogues. Des mesures de contraction des dépenses et d'augmentations des impôts ont des effets contraires. Attention! Ce n'est pas l'existence d'un déficit budgétaire qui influence l'évolution de l'économie, mais la variation de ce déficit : si le déficit s'accroît, la politique budgétaire soutient l'activité; s'il diminue, l'économie est freinée. V. équivalence ricardienne.

Politique commune
Dans le cadre de l'UE existent des politiques financées par l'Union (c'est-à-dire à Bruxelles) et décidées par le *Conseil* des ministres dans le domaine de l'agriculture, du commerce (c'est la Commission qui négocie au GATT ou à l'OMC), de la concurrence, etc. V. subsidiarité.

Politique conjoncturelle, structurelle
Différence d'horizon des effets attendus : le court terme pour *la* politique conjoncturelle (dont les instruments principaux sont les politiques budgétaire et monétaire); le moyen-long terme pour *les* politiques structurelles qui cherchent à modifier les structures et les règles du jeu dans des secteurs (agriculture, infrastructures, formation...), ou dans l'ensemble de l'économie (aménagement du territoire, droit du travail, droit de la concurrence, fiscalité...).

Politique contracyclique
V. procyclique.

Politique d'austérité, de rigueur
Limitation de la demande par des politiques monétaires et budgétaires restrictives. Le contraire de la relance. Bien qu'elle se présente généralement comme globale, elle ne pèse pas nécessairement sur toutes les catégories sociales de la même façon.

Politique de la concurrence
Mesures destinées à établir ou restaurer les règles du jeu nécessaires à la concurrence. Il s'agit de répondre à des problèmes très variés (et très nombreux dans le cadre de la construction européenne). Par exemple : quand un produit cacaoté a-t-il le droit à l'appellation « chocolat » ? Quelle durée de conduite pour les camionneurs? Quelle garantie les banques offrent-elles à leurs déposants?

Politique de la demande
Intervention sur le niveau de la demande intérieure au moyen d'une politique budgétaire et/ou monétaire pour soutenir l'activité en cas de sous-emploi ou la ralentir en cas de menace de renaissance de l'inflation.

Politique de l'emploi
À toute politique économique correspond implicitement une politique de l'emploi. Mais l'utilisation la plus répandue de l'expression fait de la politique de l'emploi l'ensemble des interventions spécifiques qui permettent de réduire ou de rendre socialement moins intolérable le chômage. On distingue des politiques active et passive (v. ces termes).

Politique de l'offre (ou d'offre)
Deux sens très différents. Dans une optique ultralibérale, elle désigne une politique qui déréglemente, réduit l'intervention publique et les prélèvements obligatoires accusés d'entraver l'initiative individuelle et d'être un frein à l'exubérance spontanée de l'offre que le fonctionnement « naturel » du marché est censé garantir (v. économie de l'offre, courbe de Laffer). Dans une seconde acception (on parle alors plutôt, au pluriel, de politiques d'offre), il s'agit des interventions (nécessairement) publiques qui visent à favoriser la production des externalités (v. ce terme) nécessaires au développement de technologies nouvelles, à l'amélioration de la qualité des produits, à la croissance de la productivité, etc. qui sont indispensables pour que l'offre nationale reste compétitive malgré l'élévation des salaires et/ou du taux de change. Les externalités sont ici liées à la qualité de l'éducation, des infrastructures, de la R-D, à la mise en place de financements adaptés à l'innovation, etc.

Politique de relance
Politique économique conjoncturelle qui s'efforce de lutter contre le sous-emploi en utilisant les politiques budgétaire, monétaire, voire de change (v. dévaluation compétitive).

Politique de stabilisation
Politique économique luttant contre les déséquilibres (inflation, déficit budgétaire, déficit extérieur, mais pas chômage). Les programmes d'ajustement structurel du FMI sont des politiques de stabilisation de grande ampleur. Dans un sens plus général, on parle quelquefois de politique de stabilisation à propos des mesures de politique économique destinées à atténuer l'ampleur du cycle économique.

Politique déflationniste
Désigne en fait souvent une politique de restriction de la demande dont l'objectif est plutôt la désinflation que la déflation.

Politique monétaire
Ensemble des moyens mis en œuvre pour agir sur la conjoncture économique et/ou agir sur la valeur de la monnaie en modifiant l'évolution de la masse monétaire et/ou le niveau des taux d'intérêt.

Politique monétariste
Politique économique reposant sur l'idée que les mécanismes de marché peuvent résorber tous les déséquilibres économiques, que la politique budgétaire est inefficace et que la politique monétaire n'est que provisoirement efficace. V. équivalence ricardienne, monétarisme, théorie quantitative...

Politique passive de l'emploi
Vise à distribuer des revenus à ceux qui sont privés d'emploi : indemnisation du chômage, financement des cessations anticipées d'activité (« préretraites »).

Politique sociale
Deux sens. On qualifie quelquefois une politique de sociale lorsqu'elle se préoccupe de soutenir les revenus les plus faibles en modifiant le SMIC ou les prestations sociales. Les politiques sociales sont celles qui sont conduites par les ministères dits sociaux : ministère du Travail, de la Santé, des Affaires sociales.

Population active
Personnes qui exercent une activité rémunérée (*population active occupée*) ou qui en recherchent une (chômeurs).

Population inactive
Toutes les personnes qui n'occupent pas un emploi et n'en recherchent pas. Définition à problèmes : v. flexion.

Position monétaire extérieure
Contrepartie du solde de la balance globale (balance des paiements).

Positive (théorie)
Cherche à analyser *ce qui est* (exemple, théorie de l'emploi chez Keynes). V. normative.

Post-taylorisme
V. néotaylorisme.

Pouvoir
« Chance de faire triompher, au sein d'une relation sociale, sa propre volonté, même contre la résistance d'autrui » (Max Weber,

Économie et société, 1922). Légitimité et contrainte sont les deux ressources du pouvoir.

PPA
V. Parité de pouvoir d'achat.

Précarité
Synonyme d'instabilité, d'incertitude, de fragilité, d'angoisse. Se développe avec le chômage, la différenciation des formes d'emploi (v. formes particulières d'emploi). La précarité propre au salariat a historiquement reculé à la suite de luttes sociales qui ont permis l'extension du droit du travail, le développement de la protection sociale, et progressivement construit une citoyenneté sociale à côté de la citoyenneté politique. Le développement de la précarité passe par la remise en cause de ces droits au nom de la supériorité proclamée des mécanismes du marché.

Préférence pour la liquidité
Notion keynésienne. Le taux d'intérêt n'apparaît pas à Keynes comme le prix de la renonciation à la consommation (conception néoclassique de l'épargne), mais comme la « récompense de la renonciation à la liquidité, [il] mesure la répugnance des détenteurs de monnaie à aliéner leur droit d'en disposer à tout moment ». En conséquence, celui qui préfère rester liquide perd le taux d'intérêt qui est donc le coût d'opportunité de cette préférence.

Prélèvement libératoire
Prélèvement par le fisc sur les revenus des obligations, des SICAV, etc. d'un pourcentage indépendant de la situation fiscale du détenteur du revenu.

Prélèvements obligatoires
Impôts et cotisations sociales obligatoires reçus par toutes les *administrations publiques*. Rapportés au PIB, ils donnent le fameux *taux de prélèvements obligatoires*.

Preneurs de prix
V. concurrence parfaite.

Prénotion
Terme d'abord utilisé par Durkheim pour désigner un énoncé du sens commun, une notion spontanée utilisée avant toute démarche scientifique.

Pression fiscale
Recettes fiscales rapportées au PIB ou impôts directs rapportés au revenu avant impôts.

Prestations sociales
Revenus attribués personnellement à des ménages, principalement par les administrations publiques pour prendre en charge les besoins correspondant à des « risques » déterminés dans les domaines de la santé (remboursement partiel ou total de soins médicaux...), de la vieillesse (minimum vieillesse, retraites), de la survie (RMI), de la maternité, de la famille (allocations familiales), du chômage (indemnités), etc. V. minima sociaux.

Prêt bonifié
Un prêt est bonifié lorsqu'il est accordé à un taux préférentiel, la différence entre le taux préférentiel et le taux normal étant par exemple prise en charge par le budget de l'État.

Prêteur en dernier ressort
V. banque centrale.

Privatisation
Dénationalisation. Vente par l'État d'une entreprise qu'il possède soit par OPV, soit *de gré à gré*. L'objectif est de financer le déficit budgétaire et/ou de réduire le périmètre de l'intervention publique.

Prix courants, constants
V. valeur, prix...

Prix d'équilibre
Celui qui correspond à l'égalité de la quantité offerte et de la quantité demandée.

Prix réel
Notion peu utilisée. On parle du prix réel d'un bien lorsqu'on l'exprime par rapport à un étalon considéré comme significatif (avec l'idée de s'intéresser à une évolution longue). Par exemple, prix d'une automobile divisé par le salaire horaire d'un ouvrier non qualifié, prix d'un tracteur divisé par celui d'un quintal de blé. V. prix relatif, termes de l'échange.

Prix relatif
Rapport du prix d'un bien au prix d'un autre bien. En pratique, on s'intéresse surtout à l'*évolution du prix relatif* d'un bien (ou d'un groupe de biens) par rapport aux prix de l'ensemble des biens.

Procyclique
Qui accentue l'ampleur du cycle économique. Par exemple, une politique de diminution des dépenses publiques (pour réduire le déficit budgétaire) est procyclique lorsque l'économie est en phase de récession (par le jeu du multiplicateur keynésien, elle accentue la récession) et anticyclique (ou contracyclique) en phase de reprise économique (elle atténue l'expansion).

Production au plus juste (lean production)
V. toyotisme.

Production domestique
Non mesurée par les comptables nationaux ; c'est celle qui résulte d'un travail accompli dans le cadre de la famille et nécessaire au bon déroulement de la vie quotidienne dans les normes sociales actuelles.

Production vivrière
V. cultures vivrières.

Production
Voir fiche CN.

Productivité
La productivité est une mesure de l'*efficacité* du processus productif, c'est-à-dire de la relation entre le niveau de la production et la quantité des facteurs qui l'ont permis. Elle est mesurée par un rapport. Le numérateur peut être la production ou la valeur ajoutée d'une entreprise ou d'une branche ou de l'économie nationale. Le dénominateur représente les facteurs de production.

Productivité du capital
Rapport de la valeur ajoutée au capital fixe productif. Il s'agit d'une productivité apparente. Pour calculer son évolution, il faut évidemment raisonner à prix constants (autrement dit, en volume).

Productivité du travail
Rapport entre le volume de la production (ou de la valeur ajoutée) et le volume du travail. Si c'est le nombre d'heures qui est pris en compte au dénominateur, on parle de **productivité horaire du travail** ; si c'est l'effectif occupé, on parle de **productivité par tête**. La productivité du travail est souvent appelée **productivité apparente du travail** pour bien montrer qu'elle dépend aussi d'autres facteurs.

Productivité globale des facteurs
Rapport de la production (ou de la valeur ajoutée) aux facteurs utilisés (travail, capital).

Productivité marginale (d'un facteur)
Accroissement de la production dû à l'utilisation d'une unité supplémentaire de ce facteur lorsque le volume des autres facteurs est inchangé. La décroissance de la productivité marginale entraîne une croissance du coût marginal du produit.

Produit intérieur brut
V. PIB.

Produit national brut
V. PNB.

Profit
Excédent des recettes sur les coûts. Synonyme de bénéfice.

Profitabilité
Différence entre la rentabilité financière et le taux d'intérêt réel.

Progrès technique
Pour l'économiste, c'est ce qui accroît la production sans que varie la quantité de facteurs de production utilisée.

Prolétariat
V. lutte des classes.

Promotion des exportations (stratégie de)
Encouragée par les libéraux comme stratégie d'industrialisation. V. extravertie.

Propension à consommer
Proportion de la consommation des ménages dans leur revenu disponible.

Propension à épargner
Taux d'épargne des ménages, mesuré par le poids de l'épargne brute dans le revenu disponible brut.

Protection sociale (systèmes de)
On oppose classiquement en Europe les systèmes bismarkien et béveridgien. Le premier repose sur l'assurance professionnelle financée par des cotisations (à l'image de la Sécurité sociale allemande créée par le chancelier prussien Bismarck). Le second est fondé sur l'idée de solidarité nationale et est financé par l'impôt (à l'image du système britannique mis en place après la seconde guerre mondiale conformément au rapport rédigé par lord Beveridge en 1942). Le système français assez bismarckien à l'origine, occupe une situation intermédiaire et évolue vers un

système plus béveridgien puisque la CSG perçue dans le cas général (au taux de 7,5 %, à partir de 1998, ce qui la rend supérieure à l'impôt sur le revenu) sur pratiquement tous revenus a remplacé une partie des cotisations sociales prélevées seulement sur les salaires.

Protectionnisme
Doctrine et ensemble de pratiques qui cherchent à protéger une économie nationale des effets redoutés de la concurrence internationale. À côté des droits de douane, les *barrières non tarifaires* sont les principaux instruments du protectionnisme.

Protectionnisme éducateur
Limité aux produits industriels et temporaire, il est, selon Friedrich List, indispensable pour fournir aux *industries naissantes* un marché intérieur et les moyens de grandir et préparer le libre-échange. V. autocentrée.

Prudentielle (règle)
Règle imposée par la législation et/ou des organismes de contrôle (par exemple à propos du niveau que doivent atteindre certains ratios) à des institutions financières pour limiter les risques liés à la défaillance de leurs clients. V. Cooke.

Qualification
On distingue la qualification de l'emploi et la qualification du travailleur. La première correspond aux compétences pour occuper un poste de travail ou une fonction déterminés : aptitudes, expérience, connaissances éventuellement sanctionnées par des diplômes.

Quart monde
Les individus en situation de détresse dans les pays développés.

Quasi-monnaie
Actifs financiers facilement transformables en moyens de paiement (comptes sur livrets...).

Question sociale (la)
Nom donné au siècle dernier aux problèmes posés par l'extension de la pauvreté à la suite de l'industrialisation; l'indigence, phénomène individuel, est alors remplacée par le paupérisme (le mot date de 1823 en français, de 1815 en anglais, *pauperism*), c'est-à-dire un état permanent de pauvreté d'une partie de la population, qui est menaçant pour l'ordre social (« classes laborieuses, classes dangereuses »).

Quintiles
Comme les déciles, mais l'intervalle correspond à 20 % de la population. La population en dessous du premier quintile survit avec 1 à 2 % du PIB mondial; celle qui est au-dessus du dernier quintile en détient 85 %.

Quota
V. contingent.

Quotient familial
Résultat de la division du revenu imposable par un nombre de parts qui dépend de la taille de la famille. Le système du quotient familial atténue considérablement la progressivité de l'impôt.

Rapport de production
V. mode de production, classes sociales.

Rapport interdécile
Rapport du neuvième décile au premier décile. V. déciles.

Rapport salarial
C'est l'ensemble des conditions qui régissent l'emploi des salariés.

Rapport social/rapports sociaux
L'unité d'analyse de la sociologie est la relation sociale entre les individus ou les groupes; lorsque cette relation dérive de la position qu'occupent ces individus ou ces groupes au sein de la structure sociale, on peut parler de rapport social; le rapport salarial est un bon exemple de rapport social : il relie tout en les opposant ceux qui possèdent les moyens de production et ceux qui ne possèdent que leur force de travail; il est inscrit dans la structure du mode de production capitaliste et ne dépend pas de la volonté des individus.

Ratio
Rapport de deux grandeurs.

Rationalité (Max Weber)
Max Weber (1864-1920) oppose la rationalité en valeur et la rationalité en finalité. La première, quelquefois appelée rationalité axiologique (axiologique = relatif aux valeurs), correspond au capitaine qui se laisse couler avec son navire pour sauver son honneur : il n'agit pas pour atteindre un objectif extrinsèque, mais pour rester fidèle à une valeur. La rationalité de l'action réside dans la cohérence interne entre l'acte et la conviction de l'acteur, indépendamment de la conséquence prévisible. C'est une logique de la conviction. La rationalité par rapport à un but (défini et extérieur), ou rationalité en finalité, est celle de l'ingénieur, du spéculateur, du général; l'action est définie à partir des connaissances de l'acteur et non de celles de l'observateur (l'acteur rationnel peut se tromper parce que ses connaissances sont inexactes). C'est une logique de l'optimisation, de l'adéquation des moyens et des fins.

Rationalité économique
Au niveau individuel, elle s'incarne dans l'*homo œconomicus*; au plan collectif, elle est définie par la recherche de l'*optimum de Pareto*. Elle correspond à un principe de maximisation de l'utilité (pour la firme, c'est le profit) sous contrainte des ressources disponibles (comme les besoins sont illimités, les ressources sont rares). Elle fonde l'approche néoclassique. V. termes en italiques.

Rationalité limitée
L'Américain Herbert Simon (né en 1916) a mis en avant l'hypothèse d'une rationalité limitée des agents : ceux-ci ne cherchent pas à maximiser une grandeur (utilité, profit) comme le postulent les néoclassiques, mais à trouver une solution « satisfaisante » dans un contexte où existent plusieurs objectifs et où *leur information est nécessairement limitée*. Simon l'appelle aussi **rationalité procédurale** (les agents se contentent d'adopter la meilleure procédure compte tenu de leur expérience dans ce contexte d'incertitude et d'information limitée) et l'oppose à l'irréaliste **rationalité substantielle** (*substantive* en anglais) de l'agent optimisateur néoclassique traditionnel omniscient.

Rawls
V. théorie de la justice.

R-D
V. recherche-développement.

RDS
V. CRDS.

Récession
V. cycles.

Recette marginale
Accroissement de la recette totale de l'entreprise lorsqu'une unité supplémentaire du produit est vendue. En concurrence parfaite (v. ce terme), elle est strictement égale au prix du marché. Dans les autres situations, l'augmentation des ventes n'est possible que si le prix de vente diminue; la recette marginale est donc inférieure au prix du marché.

Recherche-développement
La définition et la mesure de la R-D ont été précisément codifiées par l'OCDE dans le *Manuel* de Frascati : « travaux de création entrepris de façon systématique en vue d'accroître la somme des connaissances, y compris la connaissance de l'homme, de la culture et de la société, ainsi que l'utilisation de cette somme de connaissances pour de nouvelles applications ». La R-D comprend la recherche fondamentale, la recherche appliquée et le développement expérimental (utilisation des résultats de la recherche pour de nouveaux produits ou procédés). La R-D est un investissement immatériel.

Redistribution
Modifie la répartition primaire des revenus : une partie de ceux-ci est prélevée (impôts, cotisations sociales...) puis reversée (prestations sociales...). Le revenu disponible est défini après ces opérations de redistribution.

Redistribution horizontale
Son objectif est d'opérer des transferts de ressources au profit de personnes exposées à un « risque social » : chômage, retraite, maternité... Certains mécanismes comme celui du *quotient familial* participent à la fois de la redistribution horizontale et de la redistribution verticale.

Redistribution verticale
Elle cherche à réduire les inégalités de revenu en prélevant proportionnellement plus sur les revenus élevés (progressivité de l'impôt sur le revenu) et en versant plus aux titulaires de revenus faibles. En France, le bilan de la redistribution verticale est mauvais parce que : 1. le taux de nombreuses cotisations sociales décroît au-delà du plafond de la Sécurité sociale (les taux sont donc d'autant plus faibles que les salaires sont élevés); 2. le poids de la fiscalité indirecte (TVA...) est considérable et pèse relativement plus sur les ménages dont la propension à consommer est élevée; 3. la fiscalité sur les revenus du patrimoine en général et de l'épargne en particulier est faible.

Rééchelonnement des dettes (accord de)
Accord entre un débiteur et ses créanciers pour modifier les échéances de rembour-

sement et/ou organiser un moratoire des remboursements.

Réel
V. valeur, prix…

Réévaluation
Augmentation de la valeur d'une monnaie (par rapport à d'autres monnaies) dans un régime de changes fixes.

Refinancement
À propos des banques, désigne les opérations qui leur permettent de se procurer des liquidités en cédant des créances ou en s'endettant (v. création monétaire, taux directeurs, pension, marché interbancaire).

Régime complémentaire de retraite
Les régimes complémentaires complètent le régime de la Sécurité sociale (on parle quelquefois de « retraite complémentaire »). L'adhésion à ces régimes est progressivement devenue obligatoire, ce qui les rend proches de la Sécurité sociale. Se développent également des régimes « surcomplémentaires », facultatifs. V. ARRCO.

Régime de change
Se caractérise par l'existence ou l'absence de certaines règles auxquelles obéissent les transactions sur le marché des changes. On distingue les deux cas extrêmes des changes fixes et des changes flexibles (ou flottants).

Régime de retraite
Ensemble des règles qui organisent un système de retraite. On distingue les régimes par *répartition* et les régimes par *capitalisation* (v. ces termes). Le débat entre partisans des deux systèmes met en jeu des intérêts matériels considérables (les assureurs et les banquiers ne sont pas hostiles à la capitalisation…) et des valeurs (la répartition suppose une solidarité collective intergénérationnelle, la capitalisation se contente de l'individualisme). Le développement de régimes par capitalisation est souvent présenté (par l'activiste *lobby* des assureurs notamment) comme une solution aux problèmes que le vieillissement de la population pose à l'équilibre entre les recettes et les dépenses des régimes par répartition. À tort. D'un point de vue macroéconomique, tous les régimes de retraite sont des systèmes par répartition, parce que les biens et services consommés par les retraités pendant une année sont nécessairement produits par les actifs occupés au cours de cette année. Le fait que le prélèvement opéré sur les actifs se traduise par des cotisations sociales dans le cas d'un régime par répartition, ou par des intérêts, des dividendes, etc., obtenus par les fonds de pension et autres organismes gérant les retraites par capitalisation ne change rien à l'ampleur du prélèvement nécessaire pour assurer un certain *taux de remplacement*. En revanche, le développement de la capitalisation, plus individualiste, peut être une méthode efficace pour accroître les inégalités et miner les régimes par répartition en s'attaquant à leur crédibilité.

Régime de retraite de la Sécurité sociale
Créé en 1945 sur le principe de la répartition; recouvre des cotisations et verse des prestations proportionnelles aux revenus professionnels dans la limite du *plafond de la Sécurité sociale*. V. régime complémentaire.

Réglementation
V. déréglementation.

Régulation des conflits
V. institutionnalisation des conflits.

Régulation
Pour les économistes de l'école de la régulation, la régulation est le processus dynamique d'adaptation de la production et de la demande sociale, conjonction d'ajustements économiques associés à une configuration donnée de rapports sociaux, de formes institutionnelles et de structure.

Remontée des filières
Une filière est un ensemble d'activités productives complémentaires orientées vers un produit (un marché) final donné. La remontée de filière est une stratégie qui consiste, à partir d'une activité dans les domaines les plus simples de la filière (industrie de main-d'œuvre peu qualifiée), à acquérir progressivement la maîtrise des maillons les plus complexes (industrie à technologie évoluée).

Rendements (factoriels) croissants, décroissants
V. coût marginal, productivité marginale.

Rendements d'échelle
V. économies d'échelle.

Rentabilité
À ne pas confondre avec la productivité. La rentabilité, c'est la capacité d'un capital à obtenir un revenu. On compare le profit obtenu (un flux) au capital engagé (un stock), ce qui permet de calculer un taux de profit. De nombreuses manières de la définir et de la calculer existent.

Rentabilité économique
Compare le revenu obtenu par l'entreprise (EBE par exemple) aux capitaux engagés dans la production quelle que soit leur origine : fonds propres ou endettement. Elle est donc une mesure de performance de la mise en œuvre des actifs (capitaux) indépendamment de leur mode de financement.

Rentabilité financière
S'intéresse au profit conservé par le propriétaire de l'entreprise (profit après paiement des intérêts sur les emprunts) rapporté aux fonds qu'il a immobilisés dans l'entreprise. On peut en obtenir une version en retirant de l'EBE les intérêts versés et en rapportant le résultat aux fonds propres. La différence entre les rentabilités économique et financière est liée à l'*effet de levier de l'endettement*.

Répartition (retraite par)
Dans un régime par répartition, toutes les générations d'actifs versent des cotisations qui sont immédiatement utilisées par les caisses de retraite pour les pensions aux retraités. Ce système exprime une *solidarité collective intergénérationnelle* : les « jeunes » cotisent pour les « vieux » en supposant que les futures générations de « jeunes » accepteront de cotiser pour ces « jeunes » devenus « vieux ».

Répartition primaire des revenus
Répartition des revenus primaires, c'est-à-dire avant redistribution. La **répartition secondaire des revenus** résulte de cette redistribution; c'est celle du revenu disponible.

Reproduction sociale
Étudier la reproduction sociale, cela revient à analyser les stratégies mises en œuvre par les groupes dominants, au sein de chaque société, de chaque champ, pour perpétuer leur domination malgré la concurrence des prétendants et la résistance des dominés.

Réserves obligatoires
Avoirs non rémunérés que les banques doivent conserver à la banque centrale.

Réserves officielles de change
Liquidités internationales détenues par les banques centrales : or, DTS et devises.

Résident
V. économie nationale.

Reste du monde
Ensemble des agents non résidents. V. économie nationale.

Retraite complémentaire
V. régime complémentaire.

Revenu
Le revenu d'un agent économique pendant une période est égal à ce qu'il pourrait consommer pendant cette période sans s'appauvrir (John R. Hicks). « Sans s'appauvrir » signifie : en laissant inchangée la valeur des stocks qu'il possède, c'est-à-dire son patrimoine.

Revenu de transfert
V. revenus sociaux.

Revenu disponible brut et revenu disponible brut ajusté
Voir fiche CN.

Revenu minimum d'insertion
Organisée par la loi du 1er décembre 1988 qui 1. établit une allocation différencielle pour porter le revenu des plus démunis au-dessus d'un certain seuil; 2. prévoit que les bénéficiaires signeront un « contrat d'insertion » avec le président d'une « commission locale d'insertion ». V. minima sociaux.

Revenu national
V. fiche CN.

Revenu primaire
Primaire en ce sens qu'il est défini avant tout prélèvement fiscal (impôts) ou social (cotisations sociales) et avant toute redistribution (subventions, prestations sociales).

Revenus sociaux
Revenus issus des mécanismes de redistribution : prestations sociales. On peut considérer que l'accès quasi gratuit à des services publics est l'équivalent de revenus sociaux. V. fiche CN.

Rigueur
V. politique d'austérité.

Risque
V. incertitude.

Risque de change
Risque de marché particulier. Risque de perte couru du fait de l'évolution incertaine des changes.

Risque de marché
Risque de perte couru par le détenteur d'un actif négociable sur un marché (action, immeuble, stock de marchandises…) du fait que le prix de marché n'est jamais certain.

Risque de système, de taux
V. index.

Risque moral
V. aléa moral.

Rite
Ensemble codifié (formellement ou non) de pratiques plus symboliques qu'utilitaires qui se répète à chaque fois que survient l'événement auquel il est lié. Par extension, les actes habituels et répétés de la vie quotidienne sont considérés comme des rites (un des objets de l'ethnométhodologie).

RMI
V. revenu minimum d'insertion.

Rôle
Comportement attendu de quelqu'un compte tenu de ses différents statuts; façon dont il interprète (un rôle se «joue») ces attentes plus ou moins strictes selon les domaines. V. statut.

Rotation de la main-d'œuvre (taux de)
Appelé aussi *turnover*. Demi-somme des effectifs entrés et sortis d'une entreprise pendant une période, rapportée à l'effectif moyen pendant cette période.

Salaire
Rémunération du travail (de la force de travail pour Marx). Les comptables nationaux distinguent la *rémunération des salariés* (ensemble A des coûts du travail pour l'employeur, toutes cotisations sociales comprises), le **salaire brut** B égal à A moins les *cotisations sociales à la charge des employeurs* (les négociations salariales portent sur les salaires bruts), le **salaire net** C égal à B moins les *cotisations sociales à la charge des salariés* (c'est approximativement le salaire reçu par le salarié sur son compte bancaire). En France (2001), B représente 73 % de A, et C 64 %. On distingue souvent le **salaire direct** (directement versé au salarié) et le **salaire indirect** (36 %), appelé ainsi parce que les salariés et leurs familles le recevront indirectement à travers les prestations sociales financées par les cotisations.

Salaire d'efficience (théorie du)
Idée que la productivité du travail n'est pas indépendante du salaire, mais qu'elle est une fonction croissante du salaire réel. Un salaire plus élevé incite le salarié à augmenter sa productivité (il est d'autant plus motivé qu'il pense ne pas pouvoir retrouver ailleurs un tel salaire). Dans ces conditions, l'employeur peut ne pas avoir intérêt à diminuer les salaires, même en période de chômage.

Salaire réel, nominal
Le salaire nominal est le salaire exprimé en euros. Le salaire réel est le salaire exprimé en biens et services; autrement dit, c'est le pouvoir d'achat du salaire nominal. Au cours d'une année, l'évolution du salaire réel dépend de celle du salaire nominal et de celle des prix des biens de consommation. V. valeur, volume, prix.

Salariat
Au XIXe siècle, le salariat, la condition du salarié, se caractérise par la dépendance (vis-à-vis de son employeur) et l'insécurité (il est à la merci d'un accident du travail, d'un licenciement, d'une maladie, qui le laissent sans ressources); avec les conquêtes sociales de la seconde moitié du XXe siècle, le salariat devient un statut – le travail salarié lui confère un ensemble de droits sociaux qui réduit, sans l'éliminer, l'insécurité sociale; sous l'effet de la crise de l'emploi, une fraction croissante des salariés subit la précarité; le salariat peut par conséquent désigner des réalités fort différentes selon le lieu et l'époque.

Sanction positive
Les sanctions jouent un grand rôle dans la socialisation des individus, dans l'intériorisation des normes. Elles sont formalisées ou non, et ne sont pas nécessairement négatives. Les sanctions positives sont des récompenses, des gratifications plus ou moins symboliques (approbation par le groupe…).

SEBC
V. Système européen de banques centrales.

Second marché
Depuis 1983, compartiment du marché des valeurs mobilières (Bourse) dont les conditions d'accès sont plus accessibles aux moyennes entreprises que celles du marché officiel. À partir de 1996, le *nouveau marché* joue le même rôle pour des sociétés plus petites.

Secteur informel
V. économie non officielle.

Secteur institutionnel
Voir fiche CN.

Secteur
Ensemble des entreprises qui ont la *même activité principale*. La notion de secteur s'oppose à celle de *branche* (regroupements des unités élémentaires de production qui produisent le même produit). En général, une grande firme appartient à un seul secteur, mais à plusieurs branches. L'opposition d'un **secteur public** (ne pas confondre avec administrations publiques) et d'un **secteur privé** renvoie à la nature juridique du contrôle. V. tertiarisation.

Sécurité sociale
Créée après la seconde guerre mondiale. Ensemble d'organismes qui collectent les cotisations sociales des assurés et leur distribuent des prestations sociales. À côté du régime général, existent encore des régimes particuliers ou spéciaux, contraires à l'esprit de l'institution. Pour l'essentiel, les cotisations sont collectées par les URSSAF (Unions de recouvrement des cotisations de la Sécurité sociale et des allocations familiales), centralisées par l'ACOSS (Agence centrale des organismes de sécurité sociale) qui gère la trésorerie; et les prestations sont versées par la Caisse d'assurance maladie, la Caisse d'allocations familiales et la Caisse d'assurance vieillesse (les caisses sont organisées à plusieurs niveaux : caisse nationale, caisses primaires…).

Segmentation du marché du travail
Décomposition du marché du travail en compartiments relativement étanches (dualisme s'il n'y en a que deux) relevant de logiques différentes. Exemple : emplois stables, emplois précaires; marché interne (les salariés présents dans l'entreprise, *insiders*), marché externe (travailleurs extérieurs à l'entreprise, *outsiders*).

Segmentation d'un marché
Démarche classique du marketing qui consiste à identifier au sein du marché d'un produit des sous-ensembles homogènes (segments) correspondant à la diversité des acheteurs potentiels et pour lesquels une différenciation du produit et une approche commerciale particulière sont envisageables.

Service de la dette
D'une façon générale, somme des intérêts à payer et des emprunts à rembourser pendant une période. Pour un pays, total des paiements d'intérêts et des remboursements afférents aux dettes extérieures (publiques et privées) de ce pays. Le poids du service de la dette dans le PIB est un indicateur de fragilité et de dépendance. On lui préfère souvent le rapport du service de la dette à la valeur des exportations.

Services non marchands
V. fiche CN.

Seuil de remplacement
Niveau de la descendance finale nécessaire pour assurer le remplacement des générations. Dans les pays de l'Union européenne, ce seuil est de 2,1.

Seuil de rentabilité
Appelé aussi point mort ou (très rarement) taille critique. C'est le niveau d'activité (volume de production) pour lequel l'entreprise couvre exactement ses coûts par son chiffre d'affaires. Au-dessus, elle fait du profit; en dessous, elle subit des pertes (la production est insuffisante pour faire face aux coûts fixes).

SICAV
Société d'investissement à capital variable.

Siège social
Domicile d'une société. Son lieu est précisé dans ses statuts et il sert généralement à déterminer sa nationalité.

SMI
V. système monétaire international.

SMIC
Aucun salarié ne doit être payé normalement en dessous du SMIC (*salaire minimum de croissance*). Le non-respect des horaires affichés (notamment dans les services et le commerce), l'extension des stages et des contrats destinés à l'insertion (CES…) vident en partie l'obligation de son contenu. Le SMIC est revalorisé en fonction de l'indice des prix (*indice des prix*

à la consommation des ménages urbains dont le chef est ouvrier ou employé, hors tabac, dès que la hausse des prix dépasse 2 % depuis la revalorisation précédente) et, en juillet, de façon à ce que son pouvoir d'achat augmente au moins de la moitié de celui du salaire ouvrier. Le SMIC a remplacé en 1970 le **SMIG** (*salaire minimum interprofessionnel garanti*), institué en 1950 et revalorisé seulement en fonction des prix. Le SMIC mensuel net a franchi le seuil des 5 000 francs pendant l'été 1996, un niveau que certains libéraux jugent responsable du chômage.

Sociabilité
Aptitude à vivre en société, qui peut être sans objectif utilitaire (« la forme ludique de la socialisation » écrit Georg Simmel en 1918 dans *Sociologie et épistémologie*). On oppose souvent des formes de sociabilité populaire (café, voisinage, sports d'équipe...) et des formes de sociabilité bourgeoise (salons, soirées mondaines, golf...).

Socialisation
Processus par lequel la société, par l'intermédiaire de groupes et d'institutions (famille, école, etc.), inculque des normes, des valeurs et des croyances à un individu. Combine des mécanismes d'apprentissage (d'habitudes, de savoir-faire), d'identification (à un héros, aux parents). Se traduit par le fait que l'individu a *intériorisé*, fait siennes ces normes, valeurs et croyances. V. groupe primaire.

Société de Bourse
Les sociétés de Bourse ont remplacé les agents de change en 1988 pour la négociation des valeurs mobilières.

Société démocratique
On doit à Tocqueville (*De la démocratie en Amérique*, 1835) d'avoir distingué l'état social démocratique du régime politique démocratique ; la société démocratique est définie objectivement par l'égalité des conditions (ou son corollaire la mobilité des situations), et, subjectivement, par le sentiment de l'égalité (« au fond de leur âme, le maître et le serviteur n'aperçoivent plus entre eux de dissemblance profonde ») ; la société démocratique est mue par la passion de l'égalité (« quand l'inégalité est la loi commune d'une société, les plus fortes inégalités ne frappent point l'œil ; quand tout est près de niveau, les moindres le blessent. C'est pour cela que le désir de l'égalité devient toujours plus insatiable à mesure que l'égalité est plus grande »), et se soumet à la « tyrannie de l'opinion » ; mais l'individualisme auquel conduit le rejet du holisme aristocratique met en péril le lien social (« l'égalité place les hommes à côté les uns des autres, sans lien commun qui les retienne ») ; tout cela peut conduire, si la passion du bien-être s'accompagne d'apathie politique, à accepter la servitude dans l'égalité sous la domination d'un État tutélaire (despotisme démocratique)... V. démocratie.

Société mère
V. filiale.

Sociétés et quasi-sociétés non financières, SQS
Ancien nom des sociétés non financières dans la comptabilité nationale. V. fiche CN.

Sociétés financières
V. institutions financières.

Sociocentrisme
Synonyme d'ethnocentrisme (v. ce mot).

Sociologie compréhensive
Conception de la sociologie de Max Weber (1864-1920) ainsi définie dans *Économie et société* : « science qui se propose de comprendre par interprétation l'activité sociale et par là d'expliquer causalement son déroulement et ses effets ».

Solde (d'un compte)
Différence entre les deux côtés d'un compte (ou d'une balance) : entre les ressources et les emplois (les utilisations), entre les entrées et les sorties. Lorsque les ressources l'emportent sur les emplois, le solde correspond à un excédent (solde excédentaire ou positif) ; dans le cas contraire, il correspond à un déficit (solde négatif).

Solde budgétaire
Différence entre les recettes de l'État et ses dépenses.

Solde commercial
Exportations moins importations (au sens des douanes).

Solde des transactions courantes
Somme des soldes des biens, des services, des revenus et des transferts courants dans la balance des paiements. Additionné au solde du compte de capital, il est égal à la capacité de financement de la nation. Synonyme : solde des paiements courants.

Solde extérieur
Notion de comptabilité nationale. Il est égal aux exportations moins les importations.

Solde migratoire
Différence entre l'immigration et l'émigration.

Solde naturel
V. mouvement naturel.

Solidarité mécanique, organique
Modèles théoriques d'organisation des relations entre l'individu et la société dans la sociologie de Durkheim.

Solvabilité (financière)
Aptitude d'un agent à rembourser ses dettes à l'échéance prévue.

Sous-emploi
Lorsqu'il existe du chômage, on dit que l'économie est en situation de sous-emploi. Si c'est le capital qui est sous-employé, on parle plutôt de **sous-utilisation** des capacités de production (qui s'oppose à pleine utilisation).

Souveraineté
Autorité suprême. La démocratie repose sur la souveraineté du peuple.

Souveraineté du consommateur
V. *homo œconomicus*.

Stabilisateur automatique.
V. index.

Stabilité d'un équilibre
Un équilibre est stable lorsqu'il se rétablit automatiquement après avoir été perturbé.

Stagflation
Coexistence de l'inflation et de la stagnation.

Statut
Position occupée par un individu en fonction d'un critère socialement pertinent (âge, niveau d'instruction, profession, revenu, sexe...). Chacun de ces statuts implique des droits et des devoirs ; leur ensemble définit l'identité sociale de l'individu. Max Weber, à côté des classes (critère économique), définit des *groupes de statut* qui se distinguent par leurs styles de vie différents. Un individu a plusieurs statuts mais un seul **statut social** qui est la résultante de ses statuts divers.

Stigmatisation des chômeurs
Même dans un contexte de chômage massif, les employeurs interprètent souvent l'ancienneté au chômage d'un candidat à un emploi comme l'indice d'une médiocre performance de l'individu. Le chômage stigmatise donc d'autant plus les candidats à un emploi que leur ancienneté au chômage augmente (un stigmate est une marque, un signe). V. discrimination...

Stock options
Expression anglaise (option sur actions). Supplément (éventuellement colossal) de rémunération reposant sur la cession d'actions par une entreprise à ses cadres dirigeants dans des conditions particulièrement avantageuses.

Stocks
V. fiche CN.

Stratégie de développement autocentrée
V. autocentrée.

Stratification sociale
Au sens large : tout système de différenciation sociale fondé sur la distribution inégale des ressources (pouvoir, richesse, prestige, savoir) ; cette inégalité s'applique à des individus, mais elle engendre aussi la formation de groupes, de droit ou de fait (castes, ordres, classes...). Au sens strict : vision de la société comme ensemble de strates hiérarchisées en fonction de critères multiples (revenu, statut professionnel, pouvoir, prestige) ; l'analyse en termes de strates s'oppose aux analyses en termes de classes (qui mettent l'accent sur l'antagonisme, les relations de domination et d'exploitation).

Subsidiarité (principe de)
Fixé dans le traité d'Union européenne pour faire le partage entre compétences communautaires et compétences nationales. La Communauté n'intervient que si « les objectifs de l'action envisagée ne peuvent pas être réalisés de manière suffisante par les États membres [...] et peuvent être mieux réalisés au niveau communautaire ».

Surplus de productivité globale
Différence entre l'accroissement du volume de la production et celui du volume des facteurs de production.

Swap
Terme anglais : crédit croisé. Échange pour une durée déterminée de deux monnaies, ou d'un crédit à taux fixe contre un crédit à taux variable (*swap* de taux).

Syndicats
Associations dont l'objectif est la défense d'intérêts communs. Les syndicats ouvriers, interdits (comme toutes les associations) par la loi Le Chapelier de 1791, n'ont été reconnus qu'en 1884 par la loi Waldeck-Rousseau. La liberté syndicale est inscrite dans la Constitution française depuis 1946. La reconnaissance de la présence du syndicat dans l'entreprise est un résultat de Mai 68. Les lois Auroux (ministre du Travail) de 1982 ont amélioré les possibilités d'activité syndicale dans l'entreprise.

Système européen de banques centrales (SEBC)
Formé de la Banque centrale européenne (indépendante) et des banques centrales nationales (indépendantes). *Son objectif est de maintenir la stabilité des prix.*

Système financier
Ensemble des institutions et des marchés qui concourent au financement de l'économie.

Système monétaire international
Organisation des relations monétaires entre les pays. Un SMI doit remplir trois fonctions : assurer l'échange et la circulation des monnaies nationales (*convertibilité* des monnaies nationales, *régime de change* fixe ou flexible); permettre l'ajustement des *balances des paiements*; assurer l'alimentation en *liquidités internationales* pour favoriser la croissance mondiale.

Taille critique
V. seuil de rentabilité.

Tarif extérieur commun
V. union douanière.

Taux d'accroissement naturel
Accroissement naturel pendant une période divisé par la population moyenne pendant cette période.

Taux d'activité
Rapport entre le nombre de personnes actives (donc, y compris les chômeurs) et l'ensemble des personnes. On distingue des taux par sexe et par âge.

Taux d'autofinancement
Proportion de la FBCF financée avec l'épargne brute, c'est-à-dire sans recours à un *financement externe* à l'entreprise. C'est donc l'épargne brute rapportée à la FBCF.

Taux d'emploi
Proportion de personnes ayant un emploi parmi les 15 à 64 ans (en 2000, 61,7 % en France, 63,1 % pour l'UE).

Taux de base bancaire
Le TBB est le taux de référence en fonction duquel les banques fixaient les taux d'intérêt de leurs crédits. Par exemple, un client obtenait un crédit à TBB + 3 (%). Supplanté presque complètement par le taux du marché monétaire.

Taux de change
Prix auxquels s'échangent les monnaies nationales sur le marché des changes.

Taux de chômage
Effectif des chômeurs rapporté à l'effectif de la population active (c'est-à-dire actifs occupés et chômeurs).

Taux de couverture
Exportations rapportées aux importations.

Taux de croissance annuel moyen
V. index.

Taux de croissance en moyenne annuelle, en glissement annuel
V. glissement.

Taux de croissance
Ou taux de variation. Mesure de l'évolution relative d'une grandeur entre deux périodes ou entre deux dates. Soit une grandeur passant de 115 à 138 entre T1 et T2. Sa *croissance* (*variation*) *absolue* est de 23; son taux de croissance (ou sa variation relative) entre T1 et T2 est de 23 : 115 = 0,2; 0,2 peut se lire 20 % (v. pourcentage). Le plus simple pour calculer un taux de croissance (notamment avec une calculette) est de calculer d'abord le *coefficient multiplicateur* (138 : 115 = 1,2), puis de retirer 1; si une grandeur est multipliée par 1,2, ce qui valait 1 vaut 0,2 de plus; autrement dit, elle s'est accrue de 20 %. V. glissement, indice.

Taux de marge
Part de l'excédent brut d'exploitation dans la valeur ajoutée.

Taux de prélèvements obligatoires
V. prélèvements...

Taux de profit
V. rentabilité.

Taux de variation
V. taux de croissance.

Taux d'épargne financière
Capacité de financement des ménages rapportée à leur revenu disponible.

Taux d'épargne
V. fiche CN.

Taux d'équipement
Proportion d'une population donnée (ménages, familles, PCS particulière...) possédant un bien durable déterminé.

Taux d'imposition
Apparent : taux par lequel il faut multiplier l'assiette fiscale pour obtenir les impôts dus. Réel : recettes fiscales rapportées au revenu.

Taux d'intérêt fixe, variable
Le taux d'intérêt est le rapport entre le montant de l'intérêt dû pour une année et le montant de la somme prêtée. Si ce rapport est constant, le taux est fixe; dans le cas contraire, il est variable (par exemple en fonction de l'évolution de l'Euribor).

Taux d'intérêt nominal
Taux d'intérêt apparent, c'est-à-dire calculé en francs courants, sans tenir compte du fait que l'inflation déprécie la somme prêtée.

Taux d'intérêt réel
Taux d'intérêt nominal corrigé pour tenir compte de l'inflation. Si p est l'inflation, n le taux d'intérêt nominal et r le taux réel, on peut donc écrire $1 + r = (1 + n)/(1 + p)$. Pour p et n pas trop élevés, $r = n - p$ est une approximation satisfaisante.

Taux d'investissement
FBCF rapportée à la valeur ajoutée.

Taux directeurs
Désignent les principaux **taux d'intervention** d'une banque centrale, c'est-à-dire les taux d'intérêt à court terme par lesquels elle intervient pour atteindre les objectifs de la politique monétaire. Ces taux déterminent les conditions de refinancement des banques, donc influencent le coût du crédit qu'elles accordent à leurs clients.

Taux du marché monétaire
Taux d'intérêt pratiqué sur le marché monétaire au sens large. Il sert de référence à de nombreux crédits bancaires. La banque centrale peut l'influencer, notamment en modifiant ses *taux directeurs*. V. Euribor.

Taxe professionnelle
Impôt direct perçu sur les entreprises au profit des collectivités locales, institué en 1975.

Taylorisme
Se confond pratiquement avec l'*organisation scientifique du travail* (OST). En anglais *scientific administration ou scientific management*. L'ingénieur et inventeur américain Frederick Winslow Taylor (1856-1915) est le principal promoteur de ce vaste mouvement de rationalisation et d'approfondissement de la division du travail. L'OST, plus couramment appelée *taylorisme*, repose sur la séparation totale des tâches d'exécution et de conception (division verticale du travail), la décomposition des tâches en gestes élémentaires (parcellisation) susceptibles d'être contrôlés, la définition du mode opératoire le plus efficace (« *the one best way* ») en recourant au chronométrage des exécutants, la lutte contre la porosité de la journée de travail (« flânerie » ouvrière, temps morts).

Technocratie
Système dans lequel des techniciens, des experts, détiennent un pouvoir déterminant. Ensemble des technocrates. V. bureaucratie.

Technostructure
Terme créé par l'économiste canadien John Kenneth Galbraith dans *Le Nouvel État industriel* (1967) pour désigner ceux qui détiennent le pouvoir réel de décision (le pouvoir formel appartenant aux hommes politiques ou aux actionnaires).

Terme
Échéance, horizon, délai, limite, période. En finance, le *court terme* correspond à moins de deux ans. En économie, c'est la période pendant laquelle on considère que les équipements sont donnés; seuls, les effectifs employés ou la durée du travail peuvent varier.

Termes (nets) de l'échange
Rapport de l'indice des prix des exportations à l'indice des prix des importations.

Il y a *dégradation* de ces termes pour un pays lorsque ce rapport diminue.

Tertiarisation
La distinction entre un **secteur primaire** (agriculture, pêche, sylviculture, voire mines), un **secteur secondaire** (industrie au sens large, c'est-à-dire industrie manufacturière, énergie, bâtiment et travaux publics) et un **secteur tertiaire** (le reste) a été proposée par l'Australien Colin Clark (*Les Conditions du progrès économique*, 1947). La régression des deux premiers secteurs entraîne nécessairement une tertiarisation de l'économie. Certains ont proposé un **secteur quaternaire** pour casser un tertiaire devenu pléthorique, mais il n'y pas d'accord sur la définition (éducation et santé pour les uns, télécommunications, informatique pour d'autres, etc.).

Théorie de la justice
Le philosophe américain contemporain John Rawls (*A Theory of Justice*, 1971) définit de façon très générale la justice en fonction de *règles* de fonctionnement de la société et non pas de *résultats*. Une société juste doit obéir à deux principes : chacun doit jouir du maximum de liberté compatible avec la même liberté pour tous; les inégalités doivent être attachées à des positions ouvertes à tous (égalité des chances) et n'être tolérées que si elles sont à l'avantage des plus défavorisés (*principe de différence*). Exemple : on laisse l'entrepreneur s'enrichir s'il crée de l'emploi. Il existe donc des inégalités justes : celles qui sont à l'avantage des plus pauvres. Pour Rawls, le principe d'égale liberté pour tous est supérieur à tous les autres; cela signifie que l'accroissement des inégalités justes ne doit pas être toléré s'il menace des principes prioritaires, tels que l'égalité des chances ou le droit à une égale dignité.

Théorie quantitative de la monnaie
Théorie selon laquelle il existe une relation causale entre la quantité de monnaie et le niveau des prix (défendue aujourd'hui par les monétaristes).

Thésaurisation
Thésauriser, c'est amasser de l'argent, sans le placer ou l'investir.

Ticket modérateur
Ce qui reste à la charge de l'assuré après remboursement de l'assurance maladie.

Tiers monde
Expression inventée par le démographe Alfred Sauvy le 14 août 1952 dans *France-Observateur* (devenu Le *Nouvel Observateur*) par comparaison avec le tiers état de l'Ancien Régime « ignoré, exploité, méprisé ».

Titre
Document représentant un droit de propriété (actions...) ou un droit de créance (obligations...).

Toyotisme
Combinaison de techniques d'organisation dont l'objectif est d'améliorer de façon continue l'efficacité de la production. D'abord développé par Taiichi Ohno, ingénieur puis vice-président de Toyota, inventeur du « système de production Toyota », puis appliqué par d'autres firmes japonaises et enfin transféré, mais souvent partiellement, dans certaines entreprises occidentales. Repose sur l'idée de production au plus juste (*lean production*, littéralement production maigre); le « juste-à-temps » (v. ce terme) en est un élément essentiel.

Traité d'Amsterdam
V. Pacte de stabilité.

Transfert de technologie
S'emploie à propos des méthodes par lesquelles des techniques sont transférées d'une entreprise (ou d'un laboratoire de recherche) vers une autre entreprise, d'un pays vers un autre pays par l'intermédiaire de brevets, licences (autorisation d'utilisation de brevets), constitution d'une *joint venture*, mission d'experts... L'intérêt du sujet est lié au fait que transférer une technique vers une entreprise permet, dans certains cas, d'y exercer une influence sans détenir une partie de son capital social. Au fait également que transférer une technique conduit souvent à transférer implicitement ou non une certaine forme d'organisation, voire de rapports sociaux. D'où des débats sur les *technologies appropriées* (aux besoins du pays récepteur) à propos du transfert des techniques vers le tiers monde.

Transferts sociaux
V. revenus sociaux.

Transition (économies en)
Anciens « pays socialistes »; ils seraient en phase de transition de l'« économie planifiée » à l'« économie de marché ». Avec la mondialisation, on peut se demander si les pays les plus développés ne sont pas eux-mêmes des pays en transition vers le marché...

Transition démographique
Passage du régime démographique traditionnel (fécondité et mortalité élevées mais voisines, d'où une croissance démographique minime) à un régime moderne caractérisé par une fécondité et une mortalité faibles. Comme la baisse de la mortalité est antérieure à celle de la fécondité, la transition s'accompagne d'une très forte élévation de la population (explosion démographique).

Transnationale
V. multinationale.

Transversal
V. longitudinal.

Travail à la chaîne
Le support du travail défile à un rythme régulier devant un travailleur qui accomplit une courte série de tâches élémentaires dans un ordre imposé. En France, 3 % des salariés (1995).

Travail à temps partiel
Travail dont la durée hebdomadaire est inférieure à la durée légale (inférieure de 80 % à la durée légale dans la définition de l'INSEE). Peut être choisi ou subi.

Travail au noir
Exercice d'une activité légale sans déclaration afin de ne payer ni cotisations sociales ni impôts.

Travail intérimaire
V. intérim.

Travail intermittent
Discontinu, irrégulier. Par exemple, alternance de périodes de chômage et d'emplois précaires.

Travail posté
Travail en équipes alternantes utilisant successivement les mêmes équipements toute la journée (par exemple en 3 x 8, avec une équipe de nuit, éventuellement par roulement) ou seulement une partie de la journée.

Travail précaire
Qui ne bénéficie pas d'un statut protecteur; travail instable, incertain, fragile, éphémère, passager. V. précarité, formes particulières...

Travail temporaire
V. intérim.

Travailleur découragé
Chômeur qui cesse de chercher un emploi parce qu'il a perdu l'espoir d'en trouver un. Il devient donc inactif dans les statistiques.

Trend
Terme anglais (tendance, direction) très utilisé par les économistes. En économie, la notion de *trend* renvoie au long terme. On peut mesurer le *trend* par le taux de croissance annuel moyen.

Trente glorieuses
Nom donné par l'économiste Jean Fourastié (1907-1990) à la période 1945-1975, pendant laquelle les taux de croissance de la production, de la productivité, des revenus et de l'État-providence ont été exceptionnellement élevés (l'appellation est une allusion aux *Trois Glorieuses*, journées révolutionnaires de 1830).

Trésor
Nom de l'État lorsqu'il exécute des opérations financières.

Trésorerie
Moyens de financement liquides ou à court terme dont dispose un agent économique pour faire face à des dépenses.

Triade
En économie, désigne le groupe formé des trois zones les plus industrialisées : États-Unis et Canada, UE, Japon.

TRIM (*trade related investment measures*)
« Mesures concernant les investissements et liées au commerce. » Réglementations particulières dont l'objectif est de limiter les effets négatifs des implantations étrangères (règles sur le « contenu local » imposant un minimum de composants d'origine locale dans les biens produits par une multinationale, règles obligeant les multinationales à procéder à des transferts de technologie, etc.). Les TRIM visent à éviter, par exemple, les usines « tourne visse » qui ne procèdent qu'au montage de produits importés. V. transferts de technologie.

Turnover
V. rotation de la main-d'œuvre

TVA
Taxe sur la valeur ajoutée; impôt indirect compris dans le prix payé par le consommateur final; perçu par le vendeur qui la reverse à l'État. Selon les produits, elle est de 5,5 % ou de 19,6 % du prix hors taxe.

UE
V. Union européenne.

UNEDIC
L'Union nationale pour l'emploi dans l'industrie et le commerce, créée en 1958 par une convention nationale interprofessionnelle, regroupe les ASSEDIC.

Union douanière
Zone de libre-échange dotée d'un *tarif extérieur commun* (les importations sont frappées des mêmes droits de douane quels que soient les lieux d'entrée et de destination). Les barrières non tarifaires peuvent subsister. Les droits de douane dotent l'union d'une ressource commune qui peut être redistribuée ou affectée à un budget commun (cas de l'UE).

Union européenne (UE)
Nouveau nom de la Communauté européenne depuis l'*entrée en vigueur* le 1er novembre 1993 du traité d'Union européenne *négocié* au sommet européen de Maastricht, les 9 et 10 décembre 1991, et *signé* le 7 février 1992 également dans cette ville.

Union monétaire
Caractérisée par une fixation irrévocable des taux de change entre les participants et une politique monétaire commune.

Unité de consommation
V. échelle d'Oxford et index.

URSSAF
V. Sécurité sociale.

Utilitarisme
Doctrine éthique (c'est-à-dire qui dit ce qui est bien ou mal) selon laquelle une action, une loi ou une institution sont bonnes si elles augmentent le bonheur de la collectivité.

Utilité marginale
Utilité (subjectivement évaluée par chaque consommateur) procurée par la consommation d'une unité supplémentaire d'un bien.

Valeur (création de)
Le profit n'ayant sans doute pas bonne presse, les entreprises justifient souvent depuis les années 1990 par la création de valeur des décisions peu consensuelles : licenciements, restrusturation, délocalisation, fusions... Cette création de valeur (actionnariale ou pour l'actionnaire) est devenue la revendication principale des actionnaires; elle exprime l'évolution du rapport de forces au profit des marchés financiers et d'un capitalisme patrimonial (v. gouvernement d'entreprise). La valeur créée est ce qu'il reste du bénéfice lorsqu'on en a soustrait une rémunération « normale » des capitaux propres (taux d'intérêts des placements sans risque à long terme — emprunts d'État — plus prime de risque liée à la nature de l'entreprise). Bref, si le profit est inférieur à la moyenne il y a destruction de valeur; et création de valeur s'il lui est supérieur. C'est ce qu'un certain Karl Marx appelait précisément il y a quelque 150 ans la *plus-value extra* ou la *survaleur extra*. Aujourd'hui *Economic Value Added* (EVA) et *Market Value Added* (EVA) et *Market Value Added* (MVA), indicateurs les plus utilisés pour estimer la création de valeur sont des marques déposées...

Valeur ajoutée
V. fiche CN.

Valeur d'échange, d'usage
La valeur d'usage d'une marchandise est son utilité (elle satisfait un besoin); sa valeur d'échange correspond au fait qu'on peut l'échanger contre une autre : c'est son prix relatif.

Valeur mobilière
Action ou obligation.

Valeur, prix, volume
Les évolutions des grandeurs économiques sont connues en valeur lorsqu'elles sont *nominales*, exprimées en francs *courants*. Lorsqu'on les mesure en faisant abstraction de l'évolution des prix, elles sont *réelles*, exprimées à *prix constants* s'il s'agit de biens et services (on parle alors de *volume*, v. ce terme), en *francs constants* s'il s'agit de revenus (on parle alors de pouvoir d'achat). Si V, P, Q sont respectivement les indices de valeur, de prix et de volume (ou de pouvoir d'achat), exprimés en base 1 pour la même année, alors on peut écrire V = P x Q (si une grandeur est multipliée par Q et son prix par P, alors sa valeur est évidemment multipliée par P x Q). S'en déduit que l'indice de volume (l'indice du *pouvoir d'achat*, si V est l'indice d'un revenu et P celui des prix des produits qu'il sert à acheter) Q = V/P. Exemple : mon salaire a augmenté de 25 %, et les prix de 20 %; l'indice de mon pouvoir d'achat est 1,25/1,20 = 1,042; une hausse de 4,2 % (v. pourcentage). V. indice de prix.

Valeurs (sociologie)
Idéaux collectifs plus ou moins formalisés qui définissent dans une société ou dans un groupe les critères du désirable (on peut donc porter un *jugement de valeur* sur une situation, une conduite...). Elles ne sont pas indépendantes : il existe des *systèmes de valeurs*. Elles sont hiérarchisées en fonction d'une *échelle des valeurs* et s'incarnent dans des normes. V. culture, rationalité en valeur.

Variation des stocks
V. fiche CN.

Vente au coût marginal
Lorsque le coût marginal est croissant (cas des rendements décroissants) et la concurrence parfaite, l'entreprise a intérêt à produire une quantité telle que ce coût marginal atteigne le prix du marché. Dans ces conditions, en effet, son profit est maximum : si elle produisait plus, son profit marginal (recette marginale moins coût marginal) serait négatif, ce qui ferait baisser son profit total; si elle produisait moins, son profit marginal serait positif, c'est-à-dire qu'elle pourrait augmenter son profit total en accroissant le niveau de la production. Pour les économistes, la vente au coût marginal est juste au sens où chaque acheteur paie exactement ce qu'il en coûte pour produire le bien qu'il désire. En ce sens, la vente au coût marginal est optimale au sens de Pareto. V. monopole naturel (pour les rendements croissants), optimum.

Vieillissement (d'une population)
Augmentation de la proportion des personnes âgées (par exemple de plus de 60 ans) dans la population totale. Elle peut être la conséquence d'une baisse de la mortalité et/ou d'une baisse de la natalité.

Voice
V. exit...

Volatilité
Variabilité à très court terme des taux d'intérêt ou de change, ou du cours des valeurs boursières.

Volume
Mesurer une grandeur économique en volume, c'est mesurer sa *valeur à prix constants*, c'est-à-dire sa valeur si les prix n'avaient pas changé depuis une certaine période.

Walrasienne (économie, situation)
Économie où prévaut la concurrence parfaite : tous les agents sont *preneurs de prix*. Référence à Léon Walras (1834-1910), père de la théorie de l'équilibre général.

Welfare
Aux États-Unis, « filet de sécurité » de l'aide sociale versée par l'État fédéral, sans limitation de durée et sans contrepartie de travail, aux plus démunis (13 millions de personnes); créé par le président Franklin D. Roosevelt à l'époque du *New Deal* et renforcé dans le cadre son programme de « Grande Société » (1964-1968) par le président Lyndon B. Johnson. C'est un autre président démocrate, Bill Clinton, qui donne son aval à sa remise en cause radicale en 1996 par une nouvelle législation conservatrice (v. économie de l'offre).

Welfare State
État-providence. En anglais, *welfare* signifie bien-être, mais aussi assistance et aide sociale.

Xéno-devises
V. eurodollars.

Zone de libre-échange
Les produits fabriqués par les pays membres circulent en franchise de (c'est-à-dire sans) droits de douane à l'intérieur de la zone, mais chaque pays reste maître de sa politique douanière à l'égard des non-membres. D'où des écarts de droits de douane qui incitent à la fraude.

Zone franche
Espace bénéficiant de privilèges en matière fiscale et réglementaire (l'espace peut être un secteur économique).

Zone monétaire
Ensemble de pays regroupés autour d'un pays central et dont les monnaies sont convertibles entre elles à taux fixe et les réserves de change mises en commun. Zone sterling (de 1931 à 1967), zone franc, zone rouble à l'époque soviétique.

INDEX

Avertissement : si vous ne trouvez pas dans l'index, cherchez dans le lexique ; certains termes y font l'objet de définitions d'une certaine ampleur.

A

B

C

D

E

F

G

H

I

O

P

Q

R

S

T

U

Malgré tous les soins apportés à la réalisation de ce manuel, il est possible que vous trouviez des erreurs. Merci de nous les signaler en écrivant à La Découverte, 9 bis rue Abel-Hovelacque, 75013 Paris. Elles seront répertoriées sur la fiche relative au manuel qui figure sur le site www.editionsladecouverte.fr.

P.C. et J.P.P.

Ce ***Nouveau manuel,***
composé et mis en page
par Nord Compo
à Villeneuve-d'Ascq (Nord),
a été achevé d'imprimer
en avril 2003
sur les presses de l'imprimerie
Herissey à Evreux (Eure).

Dépôt légal : mai 2003.

Imprimé en France

La Découverte